中国·安龙
China · Anlong

安龙县志

（1989—2012）

ANLONG XIANZHI

下册

贵州省安龙县地方志编纂委员会 编

方志出版社
Publishing House of Local Records

目 录

第十二篇　商业贸易　金融业

第一章　商业体制改革

中共十一届三中全会以后，县内商业在县委、县政府的领导下，坚持改革开放，坚持以市场化为导向，实现改制、转制工作。到20世纪80年代初，全县商业体制开始从计划经济逐步向市场经济转型，政府鼓励社会自然人从事商业贸易、合股开办民营企业从事商贸活动。到20世纪80年代中期，全县个体工商户已达到1.5万户，主要从事商品批发和零售，个体经营的旅店业、餐饮业也达到1200多户。到20世纪80年代末，县境民营经济更加活跃，民营经济占据越来越重要位置，国营商业企业和集体商业企业所占市场比重逐年下降。1988年，全县共有商业机构1854个，从业人员2851人，社会商品零售总额5259万元，比1976年增长2.5倍。1989年以来，县内商业在县委、县政府的领导下，坚持改革开放，坚持以市场化为导向，实现了改制、转制工作。商业模式从单一的柜台服务，发展为多层级的超市、仓储等多元化服务模式，商品供应从卖方市场发展成为了买方市场，各类商品应有尽有，计划经济时代的凭票供应彻底沉入了历史长河。

1989年，县内商业机构1869个、从业2675人，其中国营商业机构117个、从业758人，供销合作社机构180个、从业323人，集体所有制商业机构4个、从业22人，个体有证商业机构1568个、从业1572人；商业零售机构1773个，从业2000人。实现社会商品零售总额5647.88万元。到1997年，县内批发贸易业机构45个、网点61个、从业236人，其中国有经济机构7个、网点23个、从业159人，集体经济机构2001个、网点2144个、从业3168人，个体经济机构1970个、网点1970个、从业2768人。实现社会消费品零售总额10962万元。

进入21世纪后，全县加快国有商业经济改制、转制工作步伐，商业贸易总额逐年上升，至2012年，全县实现社会消费品零售总额73004.1万元，其中批发业增加值5096万元、零售业增加值3034万元、住宿业增加值15412万元、餐饮业增加值4806万元。

第一节　国有商业

一、20世纪90年代国有商业企业销售

1990年，全县国有商业企业销售实绩1064.5万元，购进实绩199.6万元。商办工业产值完成9.24万元(不变价)，盈利企业利润实现96012元。费用水平为13.8%，资金周转一次需300天，较上年慢107天。

1991年，全县国有商业企业销售实绩981.24万元，购进实绩750.4万元，利润亏损10.49万元。全年共实现各种税收26.8万元，支付银行利息37.7万元，费用水平为15.86%，资金周转一次需252天。

1992年，全县国有商业企业全年销售实绩970.92万元，购进实绩753.54万元，盈利企业利润1.13万元，费用水平为15.89%，资金周转一次246天。

1994年，全县国有商业企业全年销售实绩609万元，全年购进实绩442万元，全年亏损37.6万元，全年费用水平为184.5万元。

1995年，全县国有商业购进817.92万元，销售991.95万元，纳税23万元，支付利息37.2万元。

1996年，全县国有商业购进1060万元，销售1130万元。

1997年后，全县国有商业企业除县物资总公司经营尚属正常外，其余企业均实行承包经营，国有商业贸易在全县贸易总额中所占比例逐年下降。

二、国有商业企业

（一）县物资总公司

县物资总公司前身为县物资局，成立于1963年，是政企合一单位，主要从事金属材料、建筑材料、机电产品、化工、民爆物品等物资的经营管理。1992年，公司全体干部职工全部进入社会养老保险。1993年4月，实行政企分开，撤销县物资局，改制建立县物资总公司，行政隶属安龙县贸易局，主要经营民爆物品。至2006年，公司全年销售量700吨、销售额680万元、上缴税款68万元。2006年后，由于市场压力大，县物资总公司经营开始出现萎缩，勉强支撑经营。

（二）县食品公司

县食品公司成立于20世纪50年代末期，为国有小型商业企业。1986年，全县停止统购统销生猪屠宰加工后，公司主要从事鲜冻猪肉业务，供应天生桥电站、南昆铁路、盘百公路等重点工程建设。

20世纪80年代末，公司实行租赁经营。1992年3月，县商业局、县财政局代表县政府，将县食品公司的指挥决策和经营运行权，顺延承包给甘先志经营管理，承包期3年。1992年，购进76.34万元，销售74.77万元，补贴亏损2.17万元，上缴国家税金6754元；1993年，购进50.88万元，销售61.73万元，补贴亏损2.62万元，上缴国家税金9896.5元；1994年，购进39.61万元，销售40.27万元，补贴亏损4.01万元，上缴国家税金1.44万元。

1999年后，因天生桥电站、南昆铁路和盘百公路建设接近尾声，公司鲜冻猪肉供应业务日趋萎缩，无力开拓新的市场，被迫停止主营业务，靠租赁房屋（门面）维持公司的正常费用。至2003年，公司固定资产原值103万元。是年，县政府收回公司管理使用的养猪场国有土地9.33公顷，用于新建县委、县政府行政办公大楼，对收回的土地上的附着物一次性补偿食品公司60万元。2004年，县政府专门做出决议，食品公司全部职工纳入社会养老保险，公司（含原区站）房产、土地进行清理评估实行挂牌拍卖或转让，拍卖或转让金作为职工个人缴纳的社会养老保险基金，职工进入社会养老保险资金缺口部分由县财政解决，公司全部职工办理了社会养老保险手续。后，县国土局挂牌拍卖了龙山、洒雨、木咱食品站的房地产，拍卖收入30多万元。至2008年4月，县食品公司在职职工30人，退休职工36人。

（三）县蔬菜公司

县蔬菜公司成立于1977年，为国营小型商业企业，隶属县商业局。1987年9月29日，由县商业局、县财政局、县税务局作为政府代表，将蔬菜公司租赁给刘祥伟、王家庆经营管理。1987年10月至年底实现利润389.94元，1988年实现利润6620.01元，1989年实现利润2075.11元，1990年实现利润2036.29元，1991年实现利润1262.73元。至1992年9月底，公司有固定资产原值5.9万元、国家流动资金3万元，国有资产总额10.07万元。

1993年7月31日，县商业局、县财政局代表县政府，将县蔬菜公司继续承包给刘祥伟经营管理，承包期3年。1993年，完成商品销售总额12.29万元，亏损1.1万元；1994年，完成商品销售总额12.35万元，亏损5.98万元；1995年，完成商品销售总额9.11万元，亏损11.3万元。至1995年底，公司在册职工15人，离退休人员5人，下设门市2个、仓库1个、加油站1个，有流动资产14.46万元，固定资产净值5.49万元，流动负债35.22万元，国有资产总额—7.45万元。

20世纪90年代中期后，由于国家政策调整，市场竞争激烈，县蔬菜公司无力参与市场竞争，停止经营。2006年，与金融部门协商，原银行贷款23.85万元，只偿还5000元结清，其余欠款全部豁免。此后，公司将部分房产拍卖，解决拖欠职工的部分养老保险金。

（四）县糖烟酒公司

县糖烟酒公司属国有小型商业企业，隶属于县商业局。1990年12月22日，由商业局、县财政局作为发包方，将县糖烟酒公司发包给桑世钊经营管理。1991年，完成商品销售总额66.07万元，亏损3.81万元；1992年，完成商品销售总额67.46万元，亏损2.31万元。至1992年底，公司拥有国家流动资金20.09万元，企业流动资金4.4万元，固定资产原值47.93万元，下设承包柜组4个、代销点2个、租赁门市2个。是年底，桑世钊承包期结束后，该公司即停止经营业务。后因债务包袱沉重，无力参与市场竞争，公司职工全部下岗，自谋生路，多数职工靠领取低保生活。至2008年，公司主要收入靠出租门面缴纳职工社会养老金，确保退休人员工资正常发放。

（五）县饮食服务公司

县饮食服务公司位于县城北门洞黄金地段，为国有小型商业企业。1993年9月，公司实行“国有民营”改革，由县贸易局、县财政局代表县政府，与王连生签订承包经营管理合同，对公司各经营门点进行定额承包，各承包点实行独立核算，向公司上交承包费。1994年，公司完成商品销售收入50.33万元，实现利润2000元，上交承包费12.89万元，其中上缴税金和附加1.21万元；1995年，完成商品销售收入52.95万元，亏损2.47万元。至1995年底，公司有在职职工59人，实际在岗25人，离退休人员39人，有流动资金23.37万元，固定资产5.55万元，流动负债13.9万元，长期负债7.38万元，所有者权益57.55万元。此后，继续实行承包经营，至1998年，县饮食服务公司有职工60人，退休人员38人，流动资产20.6万元、应收账款5000元、固定资产71万元，银行短期贷款8万元、长期贷款7.4万元、历年亏损3.5万元，资产负债率29.3%。

进入21世纪后，由于国家政策调整，市场竞争激烈，县饮食服务公司无力参与市场竞争，停止经营，后经县政府批准，将部分房产拍卖，解决拖欠职工垫支单位部分养老保险金。至2008年，全部职工都参与社会保险，退休人员从社会部门领取养老金和公司适当补助维持基本生活。公司尚差欠财政无息贷款4万元。

（六）县纺织百货公司

县纺织百货公司建立于1953年，为国有小型批零兼营商业企业，隶属县商业局，主要经营纺织百货，兼营五金、烟酒等。1992年初，县商业局、县财政局代表县政府，将该公司指挥决策权及经营运行权发包给杨海全权经营管理，承包期2年。1991年，完成销售478.46万元，亏损15.99万元，库存定额274.87万元，上缴营业税10.11万元；1992年，完成销售476.39万元，亏损9.32万元，库存定额257.14万元，上缴营业税9.28万元；1993年，完成销售256.68万元，亏损9.17万元，库存定额243.31万元，上缴营业税10.35万元。至1993年末，公司下设仓库、批发部、门市、柜组27个，有实收资本金217.29万元。

1998年，县纺织百货公司有流动资产271.6万元、应收账款65.8万元、库存134.7万元、固定资产

248.5万元，流动负债340.8万元、银行短期贷款224.1万元、长期贷款53.7万元、历年亏损221.2万元，资产负债率94.4%。实际在岗47人，负担73名退休人员生活，公司举步维艰。进入21世纪后，虽经几次改革，但终未能将公司带出困顿的局面。公司负债严重，至2006年12月，公司所欠银行贷款570万元，经公司和主管部门多方努力，只偿还90万元一次性结清，基本达到成意向协议。至2012年，公司职工仅靠租赁经营门面、仓库收取租金上缴职工社会养老保险，确保退休人员退休金按时足额发放，下岗职工未发放基本生活费，部分下岗职工领取城镇居民最低生活保障费。

（七）县煤炭公司

归口县经济贸易局管理。2003年，对公司资产进行挂牌拍卖，将所得资金对企业职工一次性安置，解除职工国有企业职工身份。

（八）县农机公司

县农机公司成立于1967年7月，位于县城广东街大田坝69号，主要经营的产品有耕作机械、农副产品加工机械、排灌机械和农机配件4大类，近100个品种，诸如农用汽车、盘式拖拉机、手扶式拖拉机及其配件。1989年，完成销售收入70.81万元，实现利润2.22万元；1990年，完成71.08万元，实现利润2.86万元；1991年，完成销售收入55.62万元，实现利润1.18万元。1995—2000年，商品销售收入逐年增加，平均每年200万元左右，最多的是1995年商品销售收入达272万元，1996年为241万元，最少的1999年也有146万元，实现利润平均每年5.5万元，最多的是1995年达10.6万元，最少的是1999年仅为0.7万元。2001年后，由于大量的外地农机商品销售商涌进安龙，县农机公司3个销售点销售收入仅为18.53万元，亏损5386.22元。公司销售门市先后关闭，职工仅靠门面租金缴纳社保基金。2005年该公司将其坐落在广东街大田坝69号办公楼及库房变卖处理，所得资金还贷款和欠款后剩20余万元交由社保局用作扣缴职工的社保基金。

（九）县五交化公司

县五交化公司为一个批零兼营的小型的商业企业，隶属县商业局。20世纪80年代末，县五交化公司由熊应元承包管理，主要经营五金、交电、化工商品。1990年12月，县商业局、县财政局代表县政府作为甲方，将五交化公司指挥决策及经营运行权顺延承包给熊应元经营管理。1991年，实现销售总额175.42万元，完成利润3.32万元；1992年，实现销售总额180.08万元，但利润仅完成595.65元。至1992年底，公司下设3个仓库、9个门市，有职工52人，离退休人员7人，拥有固定资产52.35万元、流动资产10.24万元。

1993年7月30日，县商业局、县财政局与向时鸿签订目标管理经营合同；1994年10月，县商业局根据职工意见，改由缪兴跃继续履行合同。期间，1993年，公司完成商品销售收入172.08万元，亏损6.19万元；1994年，完成商品销售收入182.35万元，亏损8.83万元；1995年，完成商品销售收入128.38万元，亏损13.47万元。至1995年底，公司资产总额142.86万元，其中流动资产100.95万元、固定资产原值50.93万元、固定资产净值41.91万元；负债118.9万元，所有者权益23.95万元。

20世纪90年代中期后，由于企业负债严重，市场竞争力弱，县五交化公司逐步完成改制，中止经营业务。至1998年，县五交化公司有流动资金79.9万元、应收账款2万元、库存64.2万元、固定资产118万元，流动负债111.9万元、银行短期贷款87万元、长期贷款15万元、历年亏损61.8万元，资产负债率69%。公司收入主要为承包费和门面租金，入不敷出。2002年7月，县政府召开专题会议，专门对工商银行安龙支行减免五交化公司拖欠的工行贷款问题进行商讨。经协调，县五交化公司尚欠工行债务147.3万元，拟减免企业债37.3万元及以后产生的利息，只归还工行贷款110万元。2009年，将五交化公司北大街商铺公开挂牌拍卖，所得资金对企业职工一次性安置，解除职工国有企业职工身份。

（十）县轻工业公司

2009年，成立改革领导小组，启动资产清理、资产评估、安置职工方案等前期工作，对企业资产挂牌公开拍卖或转让，所得资金对企业职工一次性安置，解除职工国有企业职工身份。

第二节　国营及集体商业经营机制转换

1982年，改革商业体制，国营商业实行政企分开。1985年，在饮食服务公司实行国家所有、租赁经营试点，后又在百货、民贸公司推行经理负责制试点。1987年，全县国营商业推行“包死基数，确保上交，超收多留，歉收自补”的承包经营责任制。1988年，全县国营商业公司全部实行租赁承包经营。是年，全县国营商业机构125个（管理机构28个、经营机构97个），职工775人，实现商品零售额1829万元，占全县商品零售额的45%。

一、转换经营机制

1989年，县内国营商业企业90%实行不同形式的承包租赁经营责任制，通过合同形式，确定国家与企业的关系，推进政企分开。在原企业承包的基础上，做好商业企业“改、转、租、卖、破”，贯彻国务院批转“重庆四放开”经验，在全县国有及集体商业企业中推行放开经营、放开价格、放开用工、放开分配“四放开”，重点是搞好企业“内包”，加强企业内部管理。多数企业把承包基数层层分解，使“包”字进入企业的各门市、柜组和个人，做到“层层包、层层保”。民贸公司对民族商店的10个柜组，分别实行“包死上缴利润，超利分成”的承包经营责任制，并且当月检查兑现成果。对店外分散的6个门点则实行租赁。食品公司对所属冷库、门点实行内包后，承包的第一年就可减少亏损1.22万元，减亏承包数的38%。五金公司实行联销计酬，根据柜组经营品种、经营环节、经营地段并按照历史经营情况，每销售100元，提取一定比例的资金，作为职工工资、福利、奖金，销售额大，职工收入增加，销售额小，职工收入相应减少，具体到个人，由柜组按全组所得进行分配，有的按个人劳动态度，出勤率等分配，有的扣出基本工资后，余下的平均分配，还有的则按柜组内人头平均分配。

1991年7月，安龙县民贸公司和县百货公司合并为纺织百货公司。12月，县商业局成立商业系统深化商业改革领导小组，负责全县商业系统改革工作。

1993年，县饮食服务公司实行“国有民营”办法，将企业承包给个人。企业上级主管部门暂时履行企业所有者代表的职能，将企业经营场地、门点、设施等国家资产有偿交给个人使用，承包人有偿取得国有资产的经营权。

1995年5月8日，县政府批复同意县贸易局《关于糖食厂现有固定资产的处理意见》，同意将糖食厂拍卖，拍卖收入用于退休人员的待遇和在职职工的生活安排。同时决定将县糖食厂使用的国有资产无偿划拨给供电局管理使用。

1996年，全县贸易系统职工全员实行劳动合同制。

1998年5月，县委、县政府成立安龙县国有企业改革领导小组，县委副书记张和平任组长。提出国有贸易企业改革方案：全县国有贸易企业现有7个公司1个厂，即纺织百货、蔬菜、食品、盐业、五金、饮食服务、糖酒7个公司和酱菜厂，有在职职工353人，其中上岗职工103人，离退休人员192人，其中离休5人。全系统占地面积52891平方米，这些企业都是20世纪50年代建立的。全系统流动资金520.60万元，流动负债612.80万元，应收账款82.70万元，库存240.80万元，固定资产原值704.90万元，固定资产净值532.90万元，短期贷款400.50万元，长期贷款77.90万元，累计挂息154.50万元，所有者权益328.10万元，实收资本516.30万元，历年亏损374.70万元。（1）改组、合并，实行股份合作制。将蔬菜公司的酱菜厂进行重组。将企业净资产全部或部分出售给内部职工，并按一定比例吸收增量投入，组成由内部职工持股为主的股份合作制。(2) 出售。将酱菜厂现有厂房地出售，用于安居工程。(3) 分立重组。将纺织百货公司、五交化公司进行重组。采取“分路突围、分块盘活”的办法，将纺织百货公司的百货大楼和钟鼓楼商场及五交化公司大楼从公司的经营中分离出来，改组成独立的企业，分出来的企业按比例承担原公司的债务，让职工管理自己。将两公司的门面进行评估，根据有形资产和无形资产合理作价出售给企业内部职工，成为一企多制，多个法人经营。(4) 租赁经营。将服务公司实行租赁经营。(5) 风险抵押承包。将盐业公司实行风险抵押承包。(6) 关闭、破产。糖烟酒、蔬菜这两个公司长期未开发经营，仅靠门点租金维持几名在职职工和退休人员的生活，处于资不抵债的困难局面，对两个公司可将资产进行处置为前提，依法进行破产。(7) 出售、转让。纺织百货、五交化公司、蔬菜、糖酒、酱菜厂所处的边远门点，在清产核资的基础上，将这部分闲置土地、门点全部或部分出售，出售收入，参加社会统筹，用于解决职工和退休人员的生活待遇。对食品公司，认真清理的各食品站的财产以及债务，根据食品站所处的地理环境，可将食品站出售或转让，优先于政府用地，采取以协议或折卖的方式进行有偿转让，对地处边远的地方，采取出售的方式，其出售收入用于解决职工出路或一次性打发，和公司签订脱离全民所有制企业的协议，独立承担民事刑事责任的公民。

1998 年 9 月，县贸易局成立再就业指导中心。

2001 年，全县加快国有企业改革步伐，坚持建立现代企业制度的国企改革方向，抓大放小的方针，围绕两个指导性改变，着力从整体上搞活经济，使国有企业逐步成为适应市场经济体制的独立法人实体和市场竞争主体。具有一定实力，经营状况良好的国有企业，如纺织百货公司、饮食服务公司、印刷厂、物资公司等企业，积极探索多种实体形式，利用股份制的财产组织形式，吸引多方投资，促进投资主体多元化和股权分散化，加快这些企业的发展；产品有市场，但企业包袱过重，经营困难的企业，采取兼并、联合等形式进行资产重组和结构调整，盘活其有效的存量资产，防止国有资产进一步流失；产品没有市场，经营无方、长期亏损、扭亏无望或资源枯竭的企业，实行破产、关闭、拍卖等形式，避免造成更大的损失，如酒厂、酱菜厂、蔬菜公司等企业。从浙江引进资金、技术，成立长通装饰建材厂（股份制企业），发展蔬菜种植，为企业的发展寻求一条新的出路。

2002 年 7 月，县政府召开专题会议，专门对工商银行安龙支行减免五交化公司、中西药公司等企业拖欠的工行贷款，减免企业债务问题进行商讨。经协调，县中西药公司尚欠工行债务 350.2 万元，拟减免企业债务 230.2 万元及以后产生的利息，只归还工行贷款 120 万元，后经协商仅归还 89.4 万元；县五交化公司尚欠工行债务 147.3 万元，拟减免企业债 37.3 万元及以后产生的利息，只归还工行贷款 110 万元。

此后，全县国有商业系统采取多种形式进行改革，逐步完成改制、转制工作，所有企业员工脱离国有商业企业职工身份，由企业承担社会保险费用，职工到达相应年龄后由社保发放退休金。对困难职工，企业和主管部门设法与社保、民政部门联系，将其纳入城镇低保范围。

到 2012 年年底，全县原有国有商业企业，除安龙县物资公司专营民爆物品外，其他企业已不再进行具体的商业贸易活动，未改制的企业以房屋或门面出租形式获取租金来解决职工的基本养老保险和基本医疗保险费用以及基本生活费。

二、从业人员及社会商品零售

1989 年，县内商业机构 1869 个、从业 2675 人，其中国营商业机构 117 个、从业 758 人，供销合作社机构 180 个、从业 323 人，集体所有制商业机构 4 个、从业 22 人，个体有证商业机构 1568 个、从业 1572 人；商业零售机构 1773 个，从业 2000 人。实现社会商品零售总额 5647.88 万元。

1990 年，县内商业机构 2002 个、从业 4586 人，其中全民所有制商业机构 126 个、从业 787 人，集体所有制商业机构 182 个、从业 411 人，个体有证商业机构 1694 个、从业 3388 人；商业零售机构 1909 个，从业 3867 人。实现社会商品零售总额 5647.88 万元，其中社会消费品零售额 4403.45 万元。

1991 年，县内商业机构 1951 个、从业 2833 人，其中全民所有制商业机构 120 个、从业 759 人，集体所有制商业机构 195 个、从业 438 人，个体有证商业机构 1636 个、从业 1636 人。实现社会商品零售总额万元 5386.85 万元，其中社会消费品零售额 5179.79 万元。

1992 年，县内商业机构 1982 个、从业 3712 人，其中全民所有制商业机构 129 个、从业 765 人，集体所有制商业机构 178 个、从业 459 人，个体有证商业机构 1675 个、从业 2488 人；商业零售机构 1924 个，从业 3224 人。实现社会商品零售总额 7157.9 万元，其中社会消费品零售额 5727.22 万元。

1993 年，县内商业企业商品购进总额 5567 万元，销售总额 6357.2 万元，社会零售总额 5809.95 万元。

1994 年，县内批发贸易业法人机构 21 个、网点 61 个，从业 310 人；其中国有经济机构 16 个、网点 43 个、从业 260 人，集体经济机构 5 个、网点 18 个、从业 50 人。零售贸易业机构 24 个、网点 172 个、从业 479 人，其中国有经济机构 15 个、网点 57 个、从业 294 人，集体经济机构 9 个、网点 115 个、从业 185 人。实现社会消费品零售总额 6692 万元。

1995 年，县内批发贸易业机构 42 个、网点 88 个、从业 339 人，其中国有经济机构 11 个、网点 33 个、从业 214 人，集体经济机构 6 个、网点 30 个、从业 89 人，个体经济机构 25 个、网点 25 个、从业 36 人；零售贸易业机构 1784 个，其中国有经济机构 20 个、网点 65 个、从业 341 人，集体经济机构 8 个、网点 156 个、从业 194 人，个体经济机构 1756 个、网点 1756 个、从业 2642 人。实现社会消费品零售总额 7573.3 万元。

1996 年，县内批发贸易业机构 43 个、网点 92 个、从业 332 人，其中国有经济机构 8 个、网点 35 个、从业 215 人，集体经济机构 5 个、网点 27 个、从业 72 人，个体经济机构 30 个、网点 30 个、从业 45 人；零售贸易业机构 1968 个、网点 2168 个、从业 3263 人，其中国有经济机构 23 个、网点 71 个、从业 318 人，集体经济机构 10 个、网点 162 个、从业 224 人，个体经济机构 1935 个、网点 1935 个、从业 2721 人。实现社会消费品零售额万 9301 元。

1997 年，县内批发贸易业机构 45 个、网点 61 个、从业 236 人，其中国有经济机构 7 个、网点 23 个、从业 159 人，集体经济机构 2001 个、网点 2144 个、从业 3168 人，个体经济机构 1970 个、网点 1970 个、从业 2768 人。实现社会消费品零售总额 10962 万元。

进入 21 世纪后，县内加快国有商业企业改制、转制工作步伐，商业贸易总额逐年上升，至 2012 年，全县实现社会消费品零售总额 73004.1 万元，其中批发业增加值 5096 万元、零售业增加值 3034 万元、住宿业增加值 15412 万元、餐饮业增加值 4806 万元。

第三节　供销合作

一、机构

供销合作商业与国营商业经历了多次的分合，1978 年供销社与商业局第三次合并，次年复分开。1980 年，全县供销系统实行以“官办”改“民办”为核心的体制改革，清理社员原有股金，发展新社员。1983 年 9 月，召开县供销合作社联合社第四届社员代表大会，制定新的章程，供销社集体经济组织的性质和民主管理体制得到全面恢复。1988 年，全县供销系统实行“包死基数，确保上缴，超收多留，少收自补”经营管理改革，全县 12 个核算单位全部签订合同，实行承包经营。年末，全县供销合作机构 205

个（管理机构13个、经营机构192个），职工512人，农副产品购进100万元，商品销售1140万元，占全县社会消费品零售总额的28%。

1989年，安龙县供销合作社联合社（以下简称县联社）沿用集体所有制体制，内设办公室、基层股、政工股、会统股。下设机构有：县农资公司、县土产公司、县日杂公司、县供销社工业品贸易中心、县供销社贸易公司5个县属公司和新安、龙广、德卧、普坪、兴隆、龙山、洒雨、化力8个基层供销社，8个基层供销社按区镇行政区划负责辖区各乡分销工作。全社职工440人，其中女职工190人，少数民族职工113人。1990年10月，经县联社党组会议讨论，县联社内部机构进行调整：撤销县联社基层股，原基层股一切业务工作由业务股办理；物价、统计两项工作由会统股划归业务股；县联社政工股改称人保股，人事保卫安全工作由人保股统一管理；县联社会统股改称财会股。1992年，“撤区并乡建镇”工作结束后，化力供销社按行政区划名称更名为“木咱供销社”，新安供销社负责新安镇辖区分销店，德卧供销社负责德卧镇辖区分销店，洒雨供销社负责洒雨镇、海子乡辖区分销店，龙山供销社负责龙山镇、笃山乡辖区分销店，普坪供销社负责普坪镇、戈塘镇、钱相乡辖区分销店，兴隆供销社负责兴隆镇、平乐乡辖区分销店，木咱供销社负责木咱镇、新桥乡、坡脚乡辖区及设在原停西乡的分销店，龙广供销社负责龙广镇、永和镇辖区分销店。1996年8月，经人民法院审理，县土产公司完成破产程序。2001年12月，全县党政机关机构改革，县供销社作为县政府赋予政府部分职能的事业单位，参照公务员法管理，核定编制11人，其中事业编制10人、工勤编制1人，县联社内设办公室、计财审计股、业务股。至2012年，县土产公司、县供销社贸易公司在体制改革中已经破产或兼并重组，县联社下设的机构为：县农资公司、县日杂公司、县供销社贸易中心3个县属公司和新安、龙广、德卧、普坪、兴隆、龙山、洒雨、木咱8个基层供销社。

二、供销合作社体制改制

1989年，在化力、洒雨、普坪、龙山、兴隆5个基层供销社推广新安、龙广供销社的多指标经营实施方案，重点推广承包经营责任制，实行“风险抵押”“三定”“两挂”“三统一”和“一奖一分成”办法。

1992年，国务院对国有工业企业和大中型企业转换经营机制作出一系列批示，全县供销系统推行“四放开”，实行自主经营、自负盈亏、自我发展。

1994年，全县供销系统按“一负责、两允许、三自主、四不变”原则，推行全额或部分风险抽资委托经营。“一负责”，就是被委托承包者对本单位的资产保值和增值负责；“两允许”，就是允许承包人投入资金参予周转，允许承包人聘用工作人员；“三自主”，就是在规定的经营范围内自主经营，在国家物价部门的指导下价格自主、分配自主；“四不变”，就是集体资产不变、企业名称不变、原单位职工的身份不变、职工原待遇不变。

1995年，中共中央、国务院作出《关于深化供销合作社改革的决定》，全县供销系统进一步加大职工的经营积极性，广大职工主动进入市场。

1996年，执行黔西南州政府1号文件，全县化肥由各级供销社和农资公司专营，对化肥专营点实行“四统四定”。“四统”即是计划内与计划外、州内生产与州外购进、运输距离远与近、库存与新调进的化肥全部实行统一销售价格，“四定”是定点、定人、定挂牌、定明码标价。

1998年，执行国务院《关于深化化肥流通体制改革的通知》，全县农业生产资料经营全面放开，实行市场化经营。

2000年，根据省公安厅《贵州省烟花爆竹安全管理办法》要求，全县烟花爆竹由各级供销合作社及日杂公司专营。是年，县供销合作社拟定企业改革方案，按“彻底改、改彻底”方针，以置换投资主体和置换职工身份为重点，因企施策，全面推进全县供销系统改革，妥善安置退休职工和下岗职工。

三、业务情况

1988—1990年，全县供销系统进行“经营承包责任制”第一轮承包。

1989年，全县供销系统共有流动资金1065.33万元，其中自有资金148万元，社员股金19292元，银行贷款739万元。是年，全县供销系统完成销售额1621.47万元，比上年同期增加171.7万元，购进总额804.77万元，占年计划的134.13%，实现利润总额21.59万元，比上年增长11.35万元，13个独立核算单位均有盈利。

1990年，全县供销系统完成购进总额765.25万元，是年计划的115.95%；销售总额完成1732.19万元，是年计划的119.05%；实现利润14.41万元（县土产公司亏损4.94万元、兴隆供销社亏损2.37万元），每百元商品销售额实现利润0.77元，比上年下降0.56元。

1991年，是全县供销系统“经营承包责任制”第二轮承包的第一年，全县供销系统完成销售1585.23万元，购进总额完成747.55万元，实现利润4.14万元。

1992年，全县供销系统完成销售总额1675.13万元，整体亏损12.03万元。全系统13个企业中实现利润较好的有农资公司、龙广供销社和德卧供销社，分别盈利2.13万元、1.37万元和1.37万元；亏损严重的有土产公司、供销贸易公司和工业品贸易中心，分别亏损9.48万元、4.7万元和1.67万元。

1993年，是全县供销系统“经营承包责任制”第二轮承包的最后一年，全系统购进总额1966.4万元，完成销售总额2016.6万元，全系统亏损58.38万元，经济包袱300余万元。

1994年，依法查处供销系统贪污、贿赂经济案件及职工短欠款案件共18件，收回短欠款14.73万元。是年，全县供销系统完成购进总额2572.8万元，完成销售3004.6万元，亏损12.95万元。

1995年，全县供销系统购进总额3693万元，完成销售3311万元，实现利润1.17万元；上缴税金22.9万元，比1994年增加1.2万元。

1996年，全县供销系统购进4296万元，完成销售4035万元，亏损15.8万元。

1997年，根据贵州省政府《关于进一步完善化肥流通体制的通知》，县工商局、县供销社和县农资公司组成检查组，对全县农资市场进行清理整顿，查处化肥152.24吨，收缴4.1吨。是年，全县供销系统完成购进4355万元，销售4663万元，亏损86.5万元。

1998年，全县供销系统完成购进4925万元，销售3327万元，亏损92.5万元。

1999年，执行《国务院深化化肥流通体制改革的通知》，全面放开农业生产资料经营市场，供销系统不再享有对化肥等农业生产资料的专营权。是年，全县供销系统完成销售总额3458万元，亏损63.1万元。

2000年，执行《国务院关于解决当前供销合作社几个突出问题的通知》和中华全国供销合作总社有关深化改革的文件精神，全县供销系统在经营放开、市场剧变、价格下跌、资金紧缺的情况下，继续搞好全县农业生产资料的供应，全年完成商品销售总额2801万元，累计亏损27.9万元。

2001年，全县供销系统完成商品购进总额1600万元，销售1802万元，利润总额亏损26.3万元。是年，将6个基层企业的部分资产进行拍卖，偿还了长城公司的全部债务。

2002年，全县供销系统完成商品购进总额1642万元，销售1874万元，亏损13.3万元。

2003年，全县供销系统完成销售总额1500万元，实现利润2万元。

2004年，全县供销系统完成销售总额1559万元，其中销售化肥16674吨，实现利润3万元。

2006年，全县供销系统在册职工250人，其中下岗职工235人，退休职工120人，离休职工4人。是年，据日杂公司、木咱供销社、普坪供销社统计，全年完成销售总额1774万元，亏损10.1万元。

2007年，全县供销系统完成销售总额1111万元，其中销售化肥9280吨，实现利润1.1万元。

2008年，全县供销系统完成销售总额1552万元，其中销售化肥12137吨，实现利润1.4万元。

2010年，全县供销系统系统全年完成销售总值2385万元，比上年增加605万元。全年销售化肥15138吨，比上年增加3086吨。全年实现利润6.1万元，比上年增加3.9万元。

2011年一季度至三季度，全县供销系统化肥销售23815吨，销售额为3210万元。

2012年安龙县供销社下属企业11个，其中3个公司（农资公司、日杂公司、贸易中心）、8个基层社（新安供销社、木咱供销社、龙广供销社、德卧供销社、洒雨供销社、普坪供销社、龙山供销社、兴隆供销社），总资产1105.6万元，负债298.6万元，所有者权益682万元。在册职工218人，其中140人进了社保；退休人员141人，全部领取了养老保险金。全年销售完成5014万元，其中化肥销售20123吨，实现利润29.2万元。

农资公司 至2010年，县农资公司有资产537.6万元（主要是固定资产），负债298.6万元（案件罚款），所有者权益239万元。在册职工16人，其中15人进了社保；退休人员12人，全部领取了养老保险金。全年房屋门面租金20多万元，主要用于为职工上缴养老保险费。在职职工主要自行筹集资金从事化肥等农业生产资料的经营贸易。

日杂公司 至2010年，县日杂公司有资产150万元（主要是固定资产），无负债，所有者权益150万元。在册职工26人，其中26人进了社保；退休人员15人，全部领取了养老保险金。全年房屋门面租金30多万元，主要用于为职工上缴养老保险费。在职职工主要自行筹集资金从事烟花爆竹贸易。

贸易中心 至2010年，县贸易中心有资产22万元（主要是固定资产），无负债，所有者权益22万元。在册职工9人，其中8人进了社保；退休人员2人，已领取了养老保险金。全年房屋租金2多万元，主要用于为职工上缴养老保险费。

新安供销社 至2010年，新安供销社有资产115万元（主要是固定资产），无负债，所有者权益115万元。在册职工18人，其中18人进了社保；退休人员9人，全部领取了养老保险金。全年房屋租金15万多元，主要用于为职工上缴养老保险费。

木咱供销社 至2010年，木咱供销社有资产20万元（主要是固定资产），无负债，所有者权益20万元。在册职工17人，其中11人进了社保；退休人员13人，全部领取了养老保险金。全年房屋租金3万多元，主要用于为职工上缴养老保险费。

龙广供销社 至2010年，龙广供销社有资产85万元（主要是固定资产），无负债，所有者权益85万元。在册职工28人，其中20人进了社保；退休人员37人，全部领取了养老保险金。全年房屋租金5万多元，主要用于为职工上缴养老保险费。

德卧供销社 至2010年，德卧供销社无资产。在册职工13人，其中6人进了社保；退休人员7人，全部领取了养老保险金。

洒雨供销社 至2010年，洒雨供销社有资产1万元（主要是固定资产），无负债，所有者权益1万元。在册职工20人，其中3人进了社保；退休人员5人，全部领取了养老保险金。

普坪供销社 至2010年，普坪供销社有资产50万元（主要是固定资产），无负债，所有者权益50万元。在册职工19人，其中7人进了社保；退休人员15人，全部领取了养老保险金。全年房屋租金2万多元，主要用于为职工上缴养老保险费金。在职职工以单位的30多万元资金为基础，从事化肥等农业生产资料的经营贸易。

龙山供销社 至2010年，龙山供销社无资产。在册职工20人，其中6人进了社保；退休人员9人，全部领取了养老保险金。

兴隆供销社 至2010年，兴隆供销社无资产。在册职工19人，其中8人进了社保；退休人员8人，全部领取了养老保险金。

1989－2012年安龙县供销系统商品购销情况

表12—1—1　　　　单位：万元

年度	国内纯购进计划	完成实绩	占年计划（%）	比上年同期增减	国内纯销售计划	完成实绩	占年计划（%）	比上年同期增减
1989	600	804.77	134.13	138.40	1400	1499.10	106.95	175.57
1990	660	765.25	115.95	−39.52	1455	1732.19	119.05	233.09
1991	800	939.70	117.46	174.45	1500	1585.22	105.68	−146.97
1992	800	992.15	124.02	52.45	1500	1675.13	111.68	89.91
1993	800	1966.40	245.80	974.25	1500	2016.60	134.44	341.47
1994	654	2572.80	393.40	606.40	1455	3004.60	206.50	988.00
1995	1725	3692.00	214.00	1119.20	2600	3311.00	127.30	306.40
1996	1955	4296.00	219.74	333.00	2850	4035.00	141.58	816.00
1997	1955	4355.00	223.00	59.00	2850	4663.00	163.60	628.00
1998	1955	4925.00	251.91	570.00	2850	3327.00	116.73	−1336.00
1999	2000	2100.00	105.00	−2825.00	3225	3458.00	107.15	131.00
2000	1500	1600.00	106.66	−500.00	2800	2801.00	100.10	−657.00
2001	1500	1600.00	106.67	—	2000	2080.00	104.00	79.00
2002	1500	1642.00	109.40	42.00	1700	1874.00	110.00	72.00
2003	1000	1278.00	127.80	−364.00	1500	1500.00	100.00	−374.00
2004	1000	1241.00	124.10	−37.00	1500	1559.00	103.93	59.00
2005	1500	2139.00	142.60	898.00	1700	1774.00	104.35	215.00
2006	1500	1801.00	120.00	−338.00	1700	1775.00	104.41	1.00
2007	1000	1093.00	109.30	−708.00	1100	1111.00	101.00	−664.00
2008	1500	2018.00	134.53	925.00	1500	1552.00	103.47	441.00
2009	1500	1926.00	128.40	−92.00	1500	1779.00	118.60	227.00
2010	2000	2625.00	131.25	699.00	2000	2385.00	119.25	606.00
2011	3000	4426.00	147.53	1801.00	5000	5100.00	102.00	2715.00
2012	5000	6885.00	137.70	2459.00	5000	5014.00	100.28	−86.00

1989－2012年安龙县农资公司销售情况

表12—1—2

年份	尿素（吨）	碳铵（吨）	磷肥（吨）	复合肥（吨）	普钙（吨）	农药（吨）	农膜（吨）	农具（万元）	日用杂品（万元）
1989	2000	5000	3000	—	—	30	5	2	10
1990	2000	5000	3000	—	—	30	5	2	10

续表 12—1—2

年份	尿素（吨）	碳铵（吨）	磷肥（吨）	复合肥（吨）	普钙（吨）	农药（吨）	农膜（吨）	农具（万元）	日用杂品（万元）
1991	2000	5000	3000	—	—	35	10	2	10
1992	2500	6000	3500	—	—	35	15	2.5	8
1993	3500	10000	6000	—	—	40	25	2.5	5
1994	5000	11000	8000	—	—	50	50	2.5	—
1995	5000	11000	8000	—	—	50	50	2	—
1996	6000	12000	8000	—	—	50	60	2	—
1997	6000	13000	8000	—	—	45	60	2	—
1998	6000	14000	8000	—	—	45	60	2	—
1999	3000	10000	6000	—	—	20	30	—	—
2000	2000	2000	6000	—	—	—	—	—	—
2001	1000	1000	3000	—	—	—	—	—	—
2002	500	500	2000	—	—	—	—	—	—
2003	600	800	2000	50	500	—	—	—	—
2004	600	1000	3000	200	500	—	—	—	—
2005	800	1000	5000	500	1000	—	—	—	—
2006	1000	1000	6000	500	800	—	—	—	—
2007	1000	1200	7000	800	800	—	—	—	—
2008	1000	1200	7000	1000	1000	—	—	—	—
2009	1000	1000	7000	1000	800	—	—	—	—
2010	2000	11000	1000	1200	800	—	—	—	—
2011	2200	15000	1000	1200	800	—	—	—	—
2012	2500	16000	1500	1200	800	—	—	—	—

2000－2012 年安龙县日杂公司烟花爆竹销售情况

表 12—1—3　　　单位：元

年度		2000	2001	2002	2003	2004	2005	2006	2007	2008	2009	2010	2011	2012
爆竹类	2 号盘炮	16560	18144	21024	24336	27072	29376	33984	38736	48384	49248	34560	39052	42278
	3 号盘炮	24024	31416	33096	36624	39816	43008	48216	57456	64176	64848	54566	60076	60345
	4 号盘炮	29440	23840	25440	28480	31840	37120	42240	52320	63520	60320	50816	54528	64512
	5 号盘炮	20160	31520	37760	42240	47360	54720	58880	63680	68480	69760	55808	59648	63616
	6 号盘炮	19296	27216	34848	41328	43776	47952	53136	62208	69984	70416	54604	57945	60364
	8 号盘炮	22880	32640	33280	44000	50720	55360	61760	66560	75520	78080	68659	80793	86630
	10 号盘炮	21800	37400	44400	53800	57800	63200	78800	84800	93600	80800	78720	91520	96480

续表 12—1—3

年度		2000	2001	2002	2003	2004	2005	2006	2007	2008	2009	2010	2011	2012
烟花类	2 寸 49 发	7673	11995	14464	16493	18169	21432	23196	26195	29017	30340	28905	36379	38484
	2 寸 36 发	6220	6998	7711	8812	11275	12506	13867	17107	20347	19440	19634	30067	32011
	2 寸 80 发	9936	14832	21024	—	—	—	—	—	—	—	—	—	—
	2 寸 100 发	17640	20880	27720	35460	37440	42480	51660	58320	70560	73620	66980	92310	99960
	2 寸 64 发	—	11174	14630	17740	19929	24422	30182	35020	38937	42278	42105	47436	50700
	2 寸 25 发	—	—	—	—	11070	12015	13680	15120	17820	17955	15555	23205	23970
	2 寸 88 发	—	—	—	—	—	—	—	—	—	—	—	75398	81232
合计		195629	268055	315397	349313	296267	443591	509601	577522	660345	657105	570912	748357	800582

第二章　粮油经营

1978 年，中共十一届三中全会以后，将粮食收购基数在 1971 年的基础上调减 21.96%，同时调高收购价格。1982 年，实行粮食包干管理办法，在坚持统购统销前提下一定五年不变，超额奖售化肥，余粮实行议销，参与市场调节。1985 年 4 月 1 日，国家取消粮食统购，实行指令性计划合同定购。在粮油供应上，1954 年，对市镇居民凭户口册发证计划供应粮食。从 1955 年开始，对非农业人口以人分等定量到户，发给购粮证定点凭证供应，实行劳动差别、年龄大小，按 6 类 18 级标准定量供应。到 1988 年，全县收购 7885 吨、油菜籽 495 吨，销售粮食 8585 吨、食用植物油 265 吨。

第一节　粮食流通体制改革

1990 年，恢复粮油议购议销公司，并改名为安龙县粮油贸易总公司。1991 年，县粮食局成立粮食内部银行，实行粮食企业内部结算。

1993 年 7 月 1 日，全县实行粮食流通体制改革，取消对城镇居民凭证定量供应粮食、取消城镇定量口油供应、取消各类粮食补贴，放开粮食市场收购和销售价格，全县粮食供应全部实行市场供应。停止粮票在粮食市场上流通。取消油菜籽统购统销政策，食油供应全部实行市场议价供应。取消粮食定购，改由粮食部门与农民签订收购合同。自此，粮食部门流通体制由计划经济时期的统一收购、统一销售、统一调拨、统一库存逐步迈向自主经营、自负盈亏、自我约束、自我发展转变。为把粮食企业推向市场，县粮食系统开始推行改革：一是改平价经营体制为代理制，县粮油贸易总公司对平价粮油实行统一管理、统一核算、统负盈亏，资金实行统贷统还，全县平价粮油亏损集中反映在公司，粮站为公司的代理企业，代理平价粮油的购、销、调、存和加工业务；二是改单一经营为多种经营，由过去的只卖米、面、油“老三样”发展到只要政策允许，可以“多种经营”；三是改分配上的平均主义为按劳分配、按利计奖、上不封顶、下不保底，整套粮食部门机关工作人员“下海”。与此同时，全县个体、集体粮店、米厂也雨后春笋般地发展起来。

1994年5月20日，县粮食局下属粮管所由原来的32个粮管所（站）合并为新安粮油管理所、德卧粮油管理所、龙广粮油管理所、普坪粮油管理所、龙山粮油管理所5个粮管所和大坪直属粮库；县粮油贸易总公司下属机构调整为新安粮油贸易公司、德卧粮油贸易公司、龙广粮油贸易公司、普坪粮油贸易公司、龙山粮油贸易公司、多种经营部6个机构；粮油加工厂改革后分为鑫源粮食工业公司、华星饲料公司。1998年4月，实行粮食机构改革，成立安龙县粮油购销总公司，下设新安分公司、普坪分公司、龙广分公司、粮油工业公司、饲料公司。同期，相继成立新安农工商有限公司、德卧农工商有限公司、龙广农工商有限公司、普坪农工商有限公司、龙山农工商有限公司、鑫源粮油工业公司、华星饲料公司。1999年，县粮食局4室2股调整为3室2股，分流8人。2003年，粮食系统进一步深化改革，粮食购销总公司下辖6个分公司、26个站点，改革后调整为1个独立核算的总公司，下辖3个分公司、9个站点和1个粮库。至2006年，粮食局内设机构为办公室、财会股、综合业务股。下辖安龙县粮油购销总公司、工业公司、饲料公司。

2007年，对县购销、工业、饲料3个粮食企业人员进行清理和职工安置一次性补偿的测算，全县补偿人员人数为233人。对全县3个粮食企业的负债进行清理，截止到2007年5月底，购销公司银行借款为1218.72万元，工业企业银行借款为153.68万元，饲料企业银行借款为186.87万元。对3个粮食企业的财务管理情况及固定资产进行清理。通过清理，全县粮食企业财务挂账1626.08万元、流动资产338.72万元、固定资产原值989.77万元，净值581.70万元。6月，制定《安龙县粮食企业国有资产管理办法（试行）》，按“委托管理”的方式对县内粮食企业进行改革。即县粮食局代表县人民政府将现在粮食企业管理使用的国有资产委托粮食企业管理经营，县粮食局与购销公司、工业公司、饲料公司3个公司签订《国有粮食企业国有资产委托监管协议》。对新桥、木咱两地粮站的闲置空地和仓房改建成集贸市场，于2008年投入使用。

2009年2月，县粮油购销公司自筹资金25万元，对龙广火车站1万吨仓房维修改造；12月，再次筹集资金22万元，在大坪粮库后舒心园处新建幼儿园，占地300平方米。

2010年4月，县政府机构改革后，全县粮油和经贸工作由县经济贸易和科学技术局负责管理，加挂“安龙县粮食局”牌子。9月，启动新安粮油农副产品交易市场建设。

2012年10月，将原新安粮油站改建为城东集贸市场，撤销县城金龙贸易市场，所有经营业主全部搬迁至城东集贸市场经营。

第二节　粮食购销

一、粮食收购

20世纪80年代后，粮食流通体制改革深入，中共中央、国务院决定从1985年起，取消粮食征购，对小麦、稻谷、玉米和主产区的大豆实行合同定购。1989年，全县全年共收购粮食7466吨，其中大米4592吨。1990年，全年共收购粮食8199吨，其中大米5259吨。

1993年7月1日，全县实行粮食流通体制改革，取消对城镇居民凭证定量供应粮食、取消城镇定量口油供应、取消各类粮食补贴，放开粮食市场收购和销售价格，全县粮食供应全部实行市场供应。全年共收购粮食7719吨。

1994年5月9日，国务院发出《关于深化粮食流通体制改革的通知》，重新明确粮食定购任务“既是国家任务，又是农民应尽的义务，也是各级党委、政府的责任，必须保证完成”，恢复粮食国家定购，强调国家必须掌握必要的粮源，粮食部门必须收购社会商品粮的70%—80%。全年共收购粮食7274吨。

1995年，全年共收购粮食7371吨。1996年，州下达定购任务数7020吨，实际收购7290吨。州下达市场收购任务数9645吨，实际收购1331吨。收购油菜籽61吨、菜油32.6吨。1997年，全年共收购粮食7290吨。

1998年4月，实行粮食机构改革，成立安龙县粮油购销总公司；7月15日，根据国务院《关于进一步深化粮食流通体制改革的决定》、省政府《关于一九九八年粮食收购价格的通知》及有关配套文件精神，县政府下达安龙县1998年议购粮食收购价格的通知。以1997年省政府制定的保护价为基价，下浮5%—7%制定安龙县1998年粮食议购收购保护价。

1999年共收购粮食1954吨。2000年，全年收购粮食2180吨，其中定购粮521吨，市场收购1588吨，保护价收购71吨。

2001年以后，国家对粮食收购实行保护价，全县粮食收购数量没有大的变动，全年共收购粮食4357吨，其中稻谷591吨、香谷110吨。2002年，全年共收购粮食4136吨（其中定购稻谷955吨）；市场收购粮食3181吨（其中稻谷1645吨、香谷110吨、小麦130吨、玉米1165吨、大米及其他品种1086吨）。2003年，全年共收购粮食5095吨，其中稻谷3723吨、玉米1256吨、大米110吨。2004年，全年共收购粮食6601吨（包括州级储备粮3000吨），其中稻谷5581吨、玉米865吨、小麦54吨、大米101吨。2005年，全省免征农业税，全县共收购粮食1779吨，其中稻谷1321吨、玉米5吨、小麦453吨。2006年，全县粮食部门共收购粮食4288吨，其中稻谷2737吨、玉米288吨、小麦1263吨。

此后，县粮食局与有关部门合作，建立优质稻生产基地1000公顷，签订长期订单收购合同200户。全县粮食购销企业按国家对粮食收购保护价政策，按保护价收购粮食产品，确保农民增产增收。据统计，2006—2010年，全县粮食企业收购粮食9643吨，其中收购小麦2537吨、稻谷6363吨、玉米843吨。

二、粮食销售

20世纪80年代后，随着粮食流通体制改革的不断深入，城镇居民吃粮不再单独依靠粮食部门供应，可到市场购置。1989年，全县粮食部门销售粮食7350吨；1990年，全县粮食部门销售粮食5210吨。

1992年，根据省政府办公厅转发财政部《关于提高粮食统销价格后适当发给职工等有关人员粮价补贴的通知》，在粮食销售价格提高后，为了不使城镇居民生活受到较大的影响，本着国家、企业、个人三者共同负担的原则，对职工及有关人员发给粮价补贴。

1993年7月1日，全县实行粮食流通体制改革，取消对城镇居民凭证定量供应粮食、取消城镇定量口油供应、取消各类粮食补贴，放开粮食市场收购和销售价格，全县粮食供应全部实行市场供应。是年，全县粮食企业实行政策性和经营性在财务核算上分开，全年销售粮食370.5万千克。

粮食市场放开后，由于一些地区遭受严重自然灾害，粮食减产，加上宏观调控不力，粮价暴涨，市场动荡，国务院于1994年5月9日发出《关于深化粮食流通体制改革的通知》，重新明确粮食定购“既是国家任务，又是农民应尽的义务，也是各级党委、政府的责任，必须保证完成”，恢复粮食国家定购，强调国家必须掌握必要的粮源，粮食部门必须收购社会商品粮的70%—80%。根据中央和省、州的要求，县政府明确规定：在未完成粮食定购任务前，不得放开粮食市场。当年5月20日，全县32个粮管所（站）合并为新安粮油管理所、德卧粮油管理所、龙广粮油管理所、普坪粮油管理所、龙山粮油管理所等5个粮管所和大坪直属粮库；县粮油贸易总公司组建新安粮油贸易公司、德卧粮油贸易公司、龙广粮油贸易公司、普坪粮油贸易公司、龙山粮油贸易公司、多种经营部6个机构。1994年，全县粮食部门销售粮食109万千克；1995年，全县粮食部门销售粮食586万千克。

1996年，县粮食局根据省政府《关于粮食部门深化改革实行两条线运行实施方案的通知》，将政策性业务与商品性经营分开，实行单独核算，分清国有粮食企业政策性亏盈和经营性亏盈，明确粮油政策性业务范围，核定补贴标准。

1997年，全县粮食部门销售粮食245万千克。

1998年4月，全县深化粮食机构改革，成立县粮油购销总公司，下设新安分公司、普坪分公司、龙广分公司、粮油工业公司、饲料公司；后又相继改组成立新安农工商有限公司、德卧农工商有限公司、龙广农工商有限公司、普坪农工商有限公司、龙山农工商有限公司、鑫源粮油工业公司、华星饲料公司。

1999年，全县粮食部门全年销售粮食313.5万千克，其中销售陈化粮138.5万千克。

2000年，全国粮食大幅增产，粮食市场供大于求，粮食销售处于低价位、销售疲软的局面。县粮食企业一方面提高成品粮的加工精度，生产优质米、香米、标一米等；一方面组织人员到外地设点推销，在云南省及省内贵阳、六盘水、兴义等地设置专销点，全年粮食部门共销售混合粮834.9万千克，其中处理陈化粮532.4万千克。

2002年，国家实行退耕还林、还草和"以工代赈"工程。是年，全县退耕还林供应粮食233.4万千克，其中稻谷160.9万千克、玉米72.5万千克。粮食部门全年共销售粮食536.4万千克，其中小麦4.2万千克、香米及其他品种14.6万千克、普通大米141.3万千克、稻谷268.2万千克、玉米108.1万千克。

2003年，粮食系统进一步深化改革，粮食购销总公司下辖6个分公司、26个站点共有在册职工127人，在改革过程中调出3人，实际参加124人。定编68人，内退26人，应分流30人。实际共有50人报名参加竞聘上岗，自愿申请领取补偿分流48人。改革后的粮食购销企业为1个独立核算的总公司，下辖3个分公司、9个站点和1个粮库，共有在岗职工50人，内退职工26人、退休职工117人。粮食部门全年共销售粮食595.5万千克，供应退耕还林粮食598.2千克。

2004年，粮食部门共销售粮食789.6万千克，其中退耕还林补助粮273.6万千克、陈化粮销售292万千克、商品周转粮销售224万千克；2005年，销售粮食118.5万千克。

2006年后，为解决"谷贱伤农"和农民"卖粮难"问题，粮食部门一方面积极开展市场议购，一方面敞开粮食议销，鼓励发展优质粮食产品，鼓励开展多种经营。是年，全县有"农村粮食经纪人"18人，其中兴隆4人、幺塘1人、新桥3人、龙广6人、普坪2人、钱相2人。

2007年，全县办理粮食经营许可证8户，其中国有企业5户、私营企业1户、个体工商户2户；粮食部门全年销售贸易粮食304.9万千克，其中小麦76.5万千克、玉米42.4万千克、稻谷186万千克。

2008年1—11月，全县粮食部门销售粮食153.8万千克，其中稻谷134.8万千克、小麦17万千克、玉米2万千克。

2009年1—11月，全县粮食部门销售粮食148.3万千克，其中稻谷81.6万千克、小麦21.7万千克、玉米3.8万千克、大米41.2万千克。

2010年4月，启动"放心粮油工程"建设。9月，按统一店名标识、统一采购配送、统一经营方针、统一服务规范、统一质量承诺的"五统一"要求，建立不合格商品退市、退换机制，挂牌成立金州农业开发公司放心粮油经销店、安龙县粮食购销公司放心粮油经销店、安龙县食为天放心粮油经销店、安龙县龙广镇正兴放心粮油经营店等4个"放心粮油经销店"。

据统计，2006—2010年，全县粮食企业共销售粮食1009.2万千克。

三、主要购销单位

安龙县粮食购销有限责任公司　组建于1998年，位于安龙县城西郊国道324线旁，距县城中心区4千米，占地面积1.62万平方米。公司下设新安、德卧、普坪3个报账式分公司，负责全县16个乡镇的粮油购销经营业务，有18个粮站、点，仓容量3.9万吨，固定资产729万元，有职工49人，其中管理人员

16人、中专及以上学历20人、专业质检人员3人，有先进的国产组合式日加工50吨流水线1条，主要生产“荷城”牌满口香米和“荷城”牌优质稻米（K优、两优、香优、丰优、宜香等）系列产品，基本形成集收购、销售、储藏、加工为一体的服务体系。2001年12月，该公司生产的“荷城”牌优质大米，被省消费者协会推介为“绿色消费品”；2003年12月，获得国家食品生产许可证（即“QS”标识）。2005年9月，中国粮食协会授予“荷城”牌特等晚籼米为“放心米”。

安龙县鑫源粮油贸易工业公司　位于县城顺城街58号，1999年粮改时组建，其前身是县打米厂，属国有粮食工业企业。公司占地3000平方米，固定资产98万元，负债120万元。2004年，公司生产的“十里馨”满口香米于获得国家食品生产许可证（即“QS”标识）。2005年，国家拨款25万元，进行生产线技术改造。至2010底，公司在册职工13人，其中在岗5人、外聘6人，有日生产50吨生产线1条，产品远销云南及省内贵阳和安龙周边县市，受到广大消费者的好评。

第三节　粮食储运

一、粮食仓储

20世纪80年代末至90年代初，全县有32个粮管所（站），每个粮管所（站）均建有粮食仓库，较大的有县粮食局直属大坪粮库和龙广粮库、普坪粮库等。1994年，撤销原32个粮管所（站），合并为新安粮油管理所、德卧粮油管理所、龙广粮油管理所、普坪粮油管理所、龙山粮油管理所5个粮管所和大坪直属粮库。

1989年，全县共储粮1444万千克，达到“四无”（无虫、无霉、无鼠雀、无事故）标准的有1333万千克；全县总仓容3944万千克，达到“四无”标准的有3761万千克；共检查26个储粮点，达到“四无”标准的有24个。

1991年，全县共储粮2662.4万千克，达到“四无”标准的有2449.5万千克；全县总仓容4037万千克，达到“四无”标准的有3664.5万千克；共检查25个储粮点，达到“四无”标准的有23个。

1996年，全县共储粮2342.4万千克，达到“四无”标准的有2154.2万千克；全县总仓容4302.8万千克，达到“四无”标准的有4016.8万千克；共检查27个储粮点，达到“四无”标准的有27个。

1998年，全县共储粮2074.6万千克，达到“四无”标准的有2067.2万千克；全县总仓容4302.8万千克，达到“四无”标准的有4302.8万千克；共检查25个储粮点，达到“四无”标准的有25个。

2000年，全县共储粮2150.2万千克，实现“四无”粮食2050.1万千克。

2002年，全县共有各级储备粮1530.4万千克，其中省级储备139万千克、州级储备278万千克、周转粮1113.4万千克。实现“四无”仓容3525万千克，储备“四无”粮食1405.5万千克。实现“双低”（低氧、低剂量技术保管）储备粮417万千克，占储粮总量的27.2%。

2003年，全县储粮1433.5万千克，实现“四无”仓容3710万千克，储存“四无”粮食1284万千克，实现“双低”储粮566万千克。

2004年，全县储粮388.5万千克（其中州级储备粮300万千克），实现“四无”仓容1800万千克，储备“四无”粮食388.5万千克。

2005年，全县共有储粮1455.9万千克（包括粮油购销公司、鑫源粮油工业有限公司粮食总库存167.8万千克），其中州级储备粮300万千克，代中央储备粮1000万千克。实现“四无”粮仓仓容3580万千克，“四无”粮食1455.9万千克。

2006年，执行国家粮食宏观调控政策，保持粮食年度产需总量平衡、品种结构平衡和粮食市场的稳定，对稻谷在主产区实行最低收购价制度，对小麦在主产区实行结合中央储备小麦轮换按国家规定的挂牌收购价临时收储小麦的价格调控政策，全县粮食储备超过1600万千克。

2007年，全县共有储粮182万千克，代中央储备粮1000万千克。

2008年，全县粮食购销企业有储粮1081.6万千克，其中代中央储备粮1000万千克。

2009年，全县粮食购销企业有储粮2010.3万千克，其中代中央储备粮1203.6万千克、移库粮685万千克、商品粮121.7万千克。

2010—2012年，县粮食部门重点加强州级100万千克和县级107万千克储备粮的安全管理。2012年，县粮食部门完成州级补充储备100万千克任务。

惠农粮仓 为减少农户粮食储备中的毁坏，安龙县自2010年起实施"惠农粮仓"工作，向广大农户推广使用铁制粮仓。该粮仓采用优质彩钢板制作，直径为1.25米，标准为3—4层，层高0.5米，每仓装粮1250千克左右，成本价每个400元，省粮食局、县级财政和农户按3∶4∶3比例共同出资建造。当年7月宣传发动，到11月底完成"惠农粮仓"1000个（原计划500个），木咱镇、龙山镇分别实施500套。2012年，全县发放"惠农粮仓"2003个，惠及德卧、木咱、钱相3个乡镇。

中央储备粮兴义（安龙）直属库 1998年7月13日，国家计委市场司0103号电报批准立项，在德卧建设中央储备粮安龙直属库，项目总投资4859万元，1999年12月28日竣工，征用建设用地10.76万平方米，建成仓容7700万千克，建有铁路专用线1022米，钢罩棚2839平方米，综合楼980平方米，机修器材库877平方米，道路、晒场2419平方米，有各类设备102台（套）。2000年3月，经中国储备粮管理总公司成都管理公司下文批准设立，注册名为"贵州安龙中央直属粮食储备库"。2001年9月28日，国家发展计划委员会、财政部、国家粮食局、中国农业发展银行、中国储备粮管理总公司5部委联合下文，将粮库上收为中国储备粮管理总公司直属粮库，由中国储备粮管理总公司直接管理，工商注册名为"中央储备粮安龙直属库"。2006年9月26日，由中国储备粮管理总公司下文，将"中央储备粮安龙直属库"更名为"中央储备粮兴义直属库"。

二、粮食调运

20世纪80年代末，粮食管理体制进入全面深化改革时期，为帮助贫困地区脱贫，安龙县开始调入"以工代赈"粮、调整农业产业结构专用粮，县内粮食调运逐渐从主要调出地转变为主要调入地，调入粮食主要为大米、小麦、大豆、马铃薯，调入粮食主要有湖南大米、陕西玉米，以及从美国、法国、加拿大等国进口的小麦等。

1989—1999年，全县共调入稻谷1517吨。

2003年，完成新库，新装粮食调运180吨。此后，县内粮食市场逐步放开，县内粮食部门随行就市购置粮食，不再进行大规模的粮食调运工作。

三、安龙县粮食应急预案

2006年，县人民政府制定，分总则、机构应急和职责、应急准备、应急响应、应急措施、事后处理、附则7章共23条。建立粮食供求行情监测、预测和预警机制，建立粮食应急加工系统和储运系统；当出现紧张情况时，应启动就急供应系统，组织采购，作好粮食调配，若本县粮食商品库存不足时，可动用储备粮供应市场。确定粮食应急保障供应点10个、粮食应急加工企业3个。《粮食应急预案》制定后，在2008年全县雪凝灾害和每年抗旱防洪中均按县委、县政府的统一安排，及时向灾区调配粮食，稳定灾区人民生活。

第四节 油脂购销

一、油脂油料收购

1989年3月前，县内油菜籽收购和菜油执行1988年4月调整的价格，其中油菜籽收购价为每50千克38.8元，菜油为每50千克114.2元，比例价油菜籽为每50千克50.4元，菜油为每50千克148.4元。上等油菜籽每50千克63元，中等每50千克60元，下等每50千克57元。

1989年3月，县人民政府对全县粮油价格进行调整。粮油定购价提高后，返销农村的粮油，凡按购销同价供应的，执行调整的统购价执行；凡按统销价供应的，不分城乡，统销价格不变。其中定购粮油副产品在销售价格调整中，菜油饼价格由每50千克14元调整为18元。

1990年2月，油菜籽中等的定购（即“倒四六”比例价）每50千克由53.8元调为70.4元。定购价格提高后，统购价格也按“倒四六”的比例相应提高，即每50千克中等油菜籽的统购价由41.38元调为54.15元，二级菜油由每50千克121.85元调为215元。

1991年4月，黔西南州粮食局、物价局调整食用油价格：用于收购油菜籽返销农户的菜油价格按调整后的统一销价即购销价（二级菜油每千克4.36元）执行，供应在校学生的中价菜油价格一律按调整后的统销价（二级菜油每千克4.36元）执行。

1992年后，国外进口棕榈油和大豆油对国内油品市场产生的巨大压力，国内菜油价格一直低位徘徊，油菜籽收购价格变化不大。1993—2002年，县内菜油价格保持每千克7—8元。

2003年，国家对粮食生产先后出台“三补一免”等多项优惠政策，粮食收购价格相对较稳定，油菜籽价格一降再降，至2004年夏，县内油菜籽收购价下降至每千克2.3—2.4元，2005年夏再下降至每千克1.6—1.7元。且企业收购不积极，县内部分地方出现油菜籽销售困难现象。其中仅降价一项，每公顷油菜减收1200元左右，严重影响了县内农民种植油菜的积极性。

2006年，受市场供求的影响，油菜籽平均销售价格比2005年略有回升，但涨幅很小。此后，县内粮油市场逐步放开，粮食部门不再统一收购油脂。

二、油脂销售

从1985年开始，完全放开食用油的购销限制，花生油进入本县食用油市场。价格也逐年上升，至2006年，每千克由1985年的6元上涨到16元左右，部分优质花生油价格更高。

从1987年起，大豆、食用油购销价格全部放开，实行议购议销，并从统购统销品种中退出。

1993年6月26日，省政府批复黔西南州粮食购销体制改革方案，城乡粮油销售全面放开，价格随行就市。

2000年后，随着粮油市场的完全放开，食用油供应也由粮食系统单一经营销售转变成粮食系统、供销社、个体商户、超市等多渠道经营。

第三章 私营商业与集贸市场

中共十一届三中全会以后，明确个体商业是社会主义商业不可缺少的补充。1980年10月，财政部下发通知，决定个体商业不再实行1963年制定的14级金额累进税制和加成征税制，改按手工业的纳税原则纳税。1983年核发营业执照，1984年，全县个体商业猛增到1603户，从业1606人。到1988年，全县个体有证商业1518户，从业1533人，实现商品零售额1011万元，占全县商品零售额的24.8%。同时，合作商业也得到恢复和发展，到1988年，全县有集体所有制商业机构6个（管理机构2个、经营机构4个），从业31人，实现商品零售额98万元，占全县商品零售额的2.4%。至2012年，全县全年共评审并登记设立微型企业160户，带动就业921人。

第一节 个体及私营商业

1989年，县境消费品市场经营形式比较单一，在个体和私营商业方面经营的主要是传统的百货、副食品和土产日杂等，从业者多数为无收入来源人员。1990年以后，随着改革开放进一步深入，县境个体和私营商业得到较大发展，特别是1992年邓小平视察南方重要讲话以后，个体和私营商业发展迅猛。2000年以后，个体和私营商业经营区域由县城逐步辐射到广大农村，特别中央西部大开发政策的贯彻落实，个体和私营商业发展迎来新的发展机遇。至2010年，全县登记注册的个体和私营商业3903户，注册资金9517万元，从业人员5893人，有百货店、食杂店、便利店等传统经营模式，也有大兴隆、家家旺、好又多、喜洋洋、喜乐福等综合购物超市、专营店、专业店、连锁店、折扣店等新型的商业经营模式。

1990年，全县个体工商户发展到2191户，从业人数为2863人，注册资金1032.30万元。

1991年4月，经国务院批准，国家工商行政管理局发布《工商行政管理所条例》，明确工商所是县级工商行政管理局的派出机构，直接承担监督管理辖区个体工商户的生产经营活动，指导辖区个体工商户正确申请商标注册，并对其使用商标进行监督管理等责任。1992年，邓小平视察南方重要讲话发表后，县境个体工商户迅猛地发展起来。至1995年底，全县实有个体工商户2983户，从业人员4084人，注册资金1844.70万元。

1996—1999年，贯彻省委、省政府《关于进一步加快个体、私营经济发展的决定》，对农村专业户、农村个体经济采取扶持政策。2000年，国务院实施西部大开发战略，进一步促进县境个体工商业的发展。至2000年年底，全县实有个体工商户3975户，从业人员6072人，注册资金3522.6万元。

2001年后，规范、简化个体工商户办证程序，对计划生育户、下岗职工、大中专院校毕业生再就业工作、城镇退役士兵、农民从事个体经营的开辟“绿色通道”，积极鼓励支持非公有资本进入基础设施、垄断行业、公用事业以及法律法规未禁止的其他行业和领域，引导符合条件者依法登记，合法经营。至2012年底，全县个体工商户已发展到10551户，注册资金14377.3万元，从业人员14985人。

2012年，贯彻省人民政府《关于大力扶持微型企业发展的意见》，县工商行政管理部门履行微企发展牵头职责，加强宣传引导，搞好配套衔接，积极协调相关部门，强化扶持力度，全力保障“3个15万元”政策的实施，全县全年共评审并登记设立微型企业160户，带动就业921人。

超级市场 又称自选商场，简称超市，是以顾客自选方式经营食品、家庭日用品、食物为主的大型综合性零售商场，在入口处为备有手提篮或手推车供顾客使用，顾客将挑选好的商品放在篮或车里，到出口处收款台统一结算。21世纪初进入县境，2010年后逐步成为县境商业经营主要模式，经营的商品主要有各种食品、服装、家庭日用杂品、家用电器、玩具等。

安龙县喜洋洋购物广场 成立于2011年4月12日，个人经营，主要从事日用品经营，企业总投资500万元，营业面积2500平方米，仓储500平方米。2011年4—12月，企业职工40人，主要营业收入累计70万元，税金2.7万元。2012年，有企业职工45人，主要营业收入累计100万元，税金4万元。

安龙县好又多商贸有限公司 成立于2010年7月26日，其他有限责任公司，主要从事日用百货经营，企业总投资150万元，营业面积300平方米，仓储60平方米。2010年8—12月，有企业职工15人，主要营业收入累计90万元，税金1万元。2011年，有企业职工15人，主要营业收入累计220万元，税金2.5万元。

安龙县沪申欢乐购商贸有限公司　成立于2012年9月19日，有限责任公司，主要从事日用百货经营，企业总投资1000万元，营业面积2600平方米，仓储600平方米。2012年9—12月，有企业职工65人，主要营业收入累计80万元，上缴税金4.4万元。

1989－2012年安龙县个体工商户发展情况表

表12—3—1

年度	户数（户）	从业人员（人）	注册资金（万元）	年度	户数（户）	从业人员（人）	注册资金（万元）
1989	2073	2699	984.7	2001	4111	6317	3795.9
1990	2191	2863	1032.3	2002	4232	6540	3988.7
1991	2430	3288	1544.1	2003	4423	6824	4255.6
1992	2534	3443	1620.5	2004	4120	5961	3807.3
1993	2661	3642	1682.4	2005	4484	6547	4067.5
1994	2781	3845	1770.0	2006	4299	6072	4300.6
1995	2893	4084	1844.7	2007	5029	6959	4388.0
1996	3540	5066	2961.1	2008	5489	7306	4818.63
1997	3885	5481	3079.1	2009	6959	9245	5155.5
1998	3742	5564	3038.5	2010	7946	10924	6273.9
1999	4017	5857	3156.3	2011	9266	13456	11359.7
2000	3957	6072	3522.6	2012	10551	14985	14377.3

第二节　集贸市场

1989年，县境有集贸市场23个。到2012年，县境在原有集贸市场的基础上巩固、恢复和发展形成县城（招堤街道、栖凤街道）、龙广、兴隆、新桥、笃山、龙山、洒雨、万峰湖、戈塘（鲁沟）、木咱、平乐、普坪、德卧、海子、停西、石头寨、果药、放羊湾、幺塘、阿赖、者干、坡贡、乔马、沙厂坪、白水河、板磨、梨树、叉路口、东妹场、关爷庙、龙蛇、古里32个集贸市场。原坡脚、甘河集贸市场因平班水电站蓄水发电，已被淹没。

上述集贸中，龙广集市每3天一场，海子集市、古里集市分别固定于星期六、星期天赶场，其余集市均为6天一场。

一、县城（招堤街道、栖凤街道）集市

1989年，县城集市主要集中在马场坝市场。马场坝市场有钢筋混凝土场棚4栋共800平方米，设水泥固定摊位159个，设猪肉市、蔬菜市、水产蛋禽市、粮油市、陶瓷市等。在县城主要地段还设置有纺织市、旧货市、牲畜市、水果市、土杂市、柴草市、竹木市、小吃一条街等。1989年以来，县城赶场日

一直定为子（鼠）和午（马）日。

1994年，县政府在县城东北小河边征拨土地8公顷，有偿转让开发，在开发的金龙小区内以街为市，设蔬菜市农副产品市、小商品市、小吃市、水果市、竹木制品市、鸡鸭市等，群众习惯将此市场称为“金龙市场”或“农贸市场”。

2008年5月，县农业林业和扶贫开发局在县城西南郊投资建成“大西南牲畜交易市场”，市场占地1.5万平方米，建有钢筋混凝土永久性牲畜圈棚1000平方米。建成后，每逢赶场之日在此交易的大牲畜300余头，县工商行政管理局原设于懒板凳安坡公路一侧的大牲畜交易市场停止交易。

至2009年，县城主要有金龙小区农贸市场、西城区西龙商贸城农贸市场等，市场基本做到划行归市，每逢赶场之日，赶场群众1万余人。

栖凤街道辖区村级集贸市场还有幺塘集市，场市面积800平方米，每个赶场日人数400人。

2012年10月，由安龙县粮食购销公司筹建安龙县城东集贸市场，市场占地8000平方米，共设经营门市部43个，摊位及摊点430个，设猪肉市、蔬菜市、水果市、水产蛋禽市等，市场基本做到划行归市，每天进入市场交易人数5000余人，原设于金龙小区的农贸市场停止交易。

二、龙广集市

龙广集市位于龙广镇新场坝，即龙广街上。

龙广集市有固定摊位78个，占地1500平方米，其余以街为市，共有商业门市420余间，个体工商户500余户。集市沿街分设牛马市、蔬菜市、禽蛋市、竹木市、粮食市、百货市、杂货市、水果市等，场期3天一场，每逢赶场之日除龙广镇18个村的群众外，还有县内新安、木咱、永和、新桥、德卧、洒雨、海子及兴义市所属黄草坝、顶效、郑屯、万屯、鲁屯等地群众来此交易，共约8000余人，交易的主要有大米、猪肉、生猪、牛、鸡、鸭、鲜蛋、红糖、香蕉、粉丝、白酒、土烟、大豆、蔬菜、水果、竹木等农副产品及铁制农具、煤炭、家具和日用百货等，是黔西南州最大农村集贸市场之一。

三、德卧集市

德卧集市位于德卧镇驻地的盘龙社区，场期为6天一场。

德卧集市原为露天集市，1998年，村民晏登学出资在集市东面修建场棚500平方米。德卧集市主要是以街为市，有商业门面102间，固定摊位120个，公司企业32户、工矿企业15户、个体工商户300余户。每逢赶场之日除德卧镇群众外，尚有县城及龙广、新桥、木咱等地群众、商户到此运销棉布、服装、农副产品等，共约3000余人。德卧集市上市交易的农副产品主要有大米、玉米、金银花、红糖、香蕉、甘蔗、猪肉、鸡、鸭、禽蛋及蔬菜、农具、竹木制品等；主要服务对象为天生桥水电站、新桥茶场、金宏化工厂、安龙工业园区、白水河水电站等单位的职工和家属等。2008年后，金银花的种植加工业成为德卧镇农民脱贫致富的新兴产业。

德卧镇辖区内村级集市还有白水河集市和停西集市，场期均为6天一场。位于南盘江岸边的甘河集市，因平班水电站蓄水发电，已被淹没。

四、万峰湖集市

万峰湖集市原名坛罐窑集市，后改为永和集市，1998年永和镇更名为万峰湖镇，故改称万峰湖集市。

万峰湖集市原为露天集市，有村民集资在集市旁建有场棚200平方米。集市内有商业门面98间，固定摊位300余个，个体工商户110余户。每逢赶场之日除万峰湖镇群众外，还有广西隆林及州内兴义、县内龙广等地群众、商户到此销售日杂用品和农副产品，上市交易的农副产品主要有大米、玉米、桐油、菜油、红糖、香蕉、甘蔗、猪肉、鸡、鸭、禽蛋及蔬菜、农具、竹木制品等，每个场日上市交易的群众、商户300余人。

万峰湖镇辖区村级集市还有纳赖集市和放羊湾集市，均为6天一场；至2010年，纳赖集市基本停止交易。

五、新桥集市

新桥集市位于新桥镇政府驻地324国道旁，占地约2000平方米。1998年，新桥镇富新村村民罗廷先等人，投资建成场棚100平方米，水泥摊位300个。新桥集市有商业门市60余个，个体工商户200余户，各类企业7户。集市每6天赶一场，赶场人数3000人。上市交易的商品主要有日用工业品、日用百货及大米、玉米、蔬菜、猪肉、鸡、鸭、禽蛋、茶叶、土烟、水果、中草药、竹木制品等。新桥特产"新桥茶"系列产品由新桥茶场出品，畅销省内外。

新桥镇辖区村级集市还有东妹场集市，距县城15千米，主要依托324国道形成集市，每6天赶一场。

六、木咱集市

木咱集市位于木咱镇政府驻地，面积3000平方米，市场内建有固定摊位150个，在其辖区有商业门市110个、综合超市3个、各类企业7户、个体工商户115户，加工业主要有桐油、菜油、粮食和芭蕉芋粉丝等。集市每6天赶一场，上市交易的有日用商品、工业品及大米、玉米、小麦、油菜籽、红糖、甘蔗、猪肉、香蕉、蔬菜、水果等农副产品，每逢场日赶场人数达到5000人。木咱地处万亩大坝中央，其"满口香"大米、黑糯米、小麦和油菜籽等久负盛名。

木咱镇辖区还有坡贡集市，位于坡贡村，每6天赶一场，逢场日赶场人数300人左右，主要交易日用商品、工业品及大米、玉米、小麦、油菜籽、红糖、甘蔗、猪肉、香蕉、蔬菜等农副产品。

七、兴隆集市

兴隆集市原名狗场，群众俗称"狗厂"，建有固定摊位200余个，在其辖区内有个体工商户120余户，每6天赶一场，逢场日赶场人数3000人左右，上市交易的商品除日用百货、工业品外，主要有大米、玉米、小麦、油菜籽、红糖、甘蔗、猪肉、香蕉、蔬菜、中药材、水果及竹木制品、农具等，每逢场日还有许多来自县城及外地的客商到此采购鸡、鸭、猪肉、鲜蛋等，运往县城及广西等地销售。

兴隆镇辖区还有关爷庙集市，集市面积约500平方米，每6天赶一场，赶场人数约300人。

八、普坪集市

普坪集市位于安龙县城北面19千米处，省道313线穿市而过。集市建有场坝2100平方米，其余以街划行归市，每6天赶一场，上市交易的商品除日用百货、工业品外，主要有粮食、猪肉、禽、蛋、土烟、中草药、竹木制品、农具蔬菜、干鲜水果等农副产品，每场人数约3000人。

九、龙山集市

龙山集市面积约1000平方米，有固定摊位500余个，其余以街为市，每6天赶一场，每个场日赶场人数3000人左右，上市交易的商品主要有日用百货及大米、猪肉、蛋禽、蔬菜、水果、铁木农具等。

十、洒雨集市

洒雨集市位于安龙县城西北33千米处，场坝面积约1000平方米，设固定摊位190余个，其余以街为市，每6天赶一场，上市人数3000人左右，上市交易的主要有玉米、黄豆、荞麦、豌豆、蔬菜、猪肉、鸡、禽蛋、茶叶、板栗、葵花籽、南瓜籽、中草药、竹木制品、农具等。

十一、戈塘（鲁沟）集市

戈塘集市位于安龙县城东北端29千米处，是安龙县与兴仁县交界处的重要集镇。面积约2000平方米，有固定摊位100余个，其余以街为市，每6天赶一场，上市交易的主要有日用百货、土杂商品及粮食、蛋禽、猪肉、水果、蔬菜、竹木制品等农副产品。戈塘镇境世居有苗族，喜画眉，戈塘集市于街旁竹林专门设立鸟市，每逢场日均有数十笼鸟雀集于此交易。

十二、者干集市

者干集市位于坡脚乡境内，在县境南部的南盘江北岸通往册亨县城和广西隆林的三角地带，沿公路形成，面积约1000平方米，距安龙县城28千米，每6天赶一场，赶场人员大部分为南盘江沿岸两省（区）三县之居民，最多时达到2000人，赶场之时使用的交通工具大部分为水上船只，上市交易的以农副产品为主，主要有甘蔗、香蕉、红糖、黄果及南盘江鱼类等。集市之上，有数家布依餐馆，以经营布依族特色的酸笋盘江鱼为主，风味独特，小有名气。

平班水电站蓄水发电后，原位于坡脚村的坡脚集市淹没。坡脚乡境的村级集市还有位于乡政府驻地的沙厂坪集市和位于岩怀村石头寨的石头寨集市，两个集市均为6天赶一场。

十三、海子集市

海子集市位于县城西北海子乡政府驻地，面积约2000平方米，设固定摊位200余个，其余以街划行归市，固定于星期六赶场，上市交易的除日用百货和日用工业品外，主要有大米、薏仁米、猪肉、蛋禽、土烟、中草药、竹木农具、蔬菜、干鲜水果等农副产品，赶场人数约3000人。

海子乡境村级集市还有古里集市，距海子乡政府约9千米，场坝面积约1000平方米，有固定摊位100余个，固定于星期天赶场，上市交易的主要为农副产品，赶场人数约1500人。

十四、笃山集市

笃山集市位于县城东北笃山乡政府驻地，面积约2000平方米，其余以街划行归市。集市6天赶一场，上市交易的主要为农副产品，主要粮食、猪肉、蛋禽、土烟、中草药、竹木农具、蔬菜、干鲜水果等，赶场人数约2000人。

十五、平乐集市

平乐集市位于平乐乡政府驻地，面积约1000平方米，其余以街为市，每6天赶一场，上市交易的农副产品主要有粮食、猪肉、禽蛋、竹木农具、蔬菜、干鲜水果等，赶场人数约200人，主要为附近寨子的群众。

十六、乔马集市

乔马集市为钱相乡村级集市，位于乔马村安（龙）贞（丰）公路旁，面积约1500平方米，其余以街为市，每6天赶一场，上市交易的农副产品主要有粮食、猪肉、禽蛋、土烟、竹木农具、蔬菜、干鲜水果等，赶场人数约500人。

钱相乡境村级集市还有岔路口集市和阿赖集市，面积均为600平方米左右，均为6天赶一场，每个场坝赶场人数约400人。

1989－1992年全县社会消费品零售总额

表12—3—2 单位：万元

年度	社会消费品零售总额	商业零售额				饮食业零售额				工业零售额				其他行业零售额
		总计	全民	集体	个体	总计	全民	集体	个体	总计	全民	集体	个体	
1989	4823	4398.23	1611.09	1336.14	1451	76.2	37.6	—	38.6	188.5	57.5	—	131	88.95
1990	4404	3986.39	1363.18	1498.01	1125.2	133.9	37.9	—	96	123.82	45.42	—	78.4	93.44
1991	5180	4863.13	1457.01	1569.32	1836.80	105.22	41.42	—	63.8	126.34	40.9	—	85.44	154.66
1992	5727	5473.46	1826.2	1705.36	1941.9	244.36	20.16	—	224.2	105.9	33.74	—	72.16	325.78

1993－1998 年全县社会消费品零售总额

表 12—3—3　　单位：万元

年度	社会消费品零售总额	按销售地区分		按经济类型分				按行业分				
		县	县以下	国有经济	集体经济	个体经济	其他经济	批发零售贸易	餐饮业	制造业	其他	农民对非农业居民零售
1993	5809.95	3440.64	2369.31	1920	618.5	—	3271.45	4191.38	305.35	122.92	159.7	1030.6
1944	6692	3774	2918	2128	618	—	3946	4792	348	121	1431	1261
1995	7573.3	4367.9	3205.4	2126	559.7	3451.9	1435.7	5375.7	402.6	196	1599	1435.7
1996	9301	5313	3988	2543	920	3925	1913	6256	394	527	2124	1913
1997	10962	6031	4931	2904	674	4380	3004	6737	405	535	3285	3004
1998	12026	6643	5383	2777	773	5354	3122	7745	489	670	3122	3122

1999－2009 年全县社会消费品零售总额

表 12—3—4　　单位：万元

年度	社会消费品零售总额	按销售地区分				按行业分						
		县		县以下		批发零售贸易		餐饮业		其他	制造业直销	农业生产者直销
		总计	个体	总计	个体	总计	个体	总计	个体			
1999	12514	6742	2817	5772	3816	7872	5194	496	452	307	680	3204
2000	20938	11813	4805	9125	5115	13472	6724	1210	1115	5547	709	5161
2001	22493	12168	5224	10325	5546	14296	8307	1228	1167	6969	937	5530
2002	24391	13557	5550	10834	5930	15657	8820	1331	1265	7403	1005	5983
2003	27386	14838	6561	12548	6762	24931	10509	1883	1742	572	1067	7041
2004	30652	16600	7655	14052	7517	27409	11568	2724	2392	519	1090	7850
2005	24513	13306	—	11204	—	20656	—	3313	—	544	—	—
2006	28122	15275	—	12847	—	23650	—	3871	—	601	—	—
2007	32778	18634	—	14144	—	27176	—	4985	—	617	—	—
2008	39523.8	23498.8	—	16025	—	33276.2	—	6208.2	—	39.4	—	—
2009	—	—	—	—	—	—	—	—	—	—	—	—

2010－2012年全县社会消费品零售总额

表12—3—5　　单位：万元

年度	社会消费品零售总额	按销售单位所在地分		按行业分								
		城镇	乡村	批发业		零售业			住宿业		餐饮业	
				总计	限额以下	总计	限额以上	限额以下	总计	限额以下	总计	限额以下
2010	54788.2	49227.5	5560.7	37.8	37.8	50976.1	2560	48416.1	99	99	3675.3	3675.3
2011	63263.2	56921.7	6341.5	44	44	58797.7	2777.8	56019.9	115.9	115.9	4305.6	4305.6
2012	73004	65706.7	7291.4	51	51	67821.6	3389.6	64432	139	64.2	4992.5	4688.5

三、农家店及家电下乡

“万村千乡市场工程”　2007年启动，当年选定农家店21个，主要集中在钱相打凼、坡脚者干码头、万峰湖等风景区内。2009年选定农家店92户，2010年选定农家店60户，2011年选定农家店70户，由兴义家家商贸负责建设改造及配送物资，每户补贴6000元。至2011年，全县改造农家店共计222户，其中乡级店60户、村级店162户，辐射全县16个乡镇。

“家电、汽车、摩托车下乡工程”　2009年3月启动家电下乡，6月启动汽车摩托车下乡工程，是继“万村千乡市场工程”建设之后的又一项惠民工程。至2010年11月，全县家电下乡销售网点备案登记103家、摩托车销售网点78家，全年销售家电、汽车、摩托车3.77万台（辆），销售总额1.41亿元，兑现补贴资金1414万元，其中家电销售2.41万台，兑现补贴329万元，汽车、摩托车销售1.36万辆，兑现补贴1085万元。

第四章　服务业

1987年8月，国务院发布《城乡个体工商户管理暂行条例》，县境相继发展了交通运输业、商业、饮食、旅店、理发、浴室、照相、洗染、修理等传统服务业经营行业。1992年6月，国务院颁布《关于加快发展第三产业的决定》后，安龙县积极实施沿路、沿城镇、沿矿山的“三沿”经济发展战略。至2000年，全县有各种类型、各种所有制性质的服务经营单位3176户、从业人员6328人。2007年，全县服务业初步形成以交通运输业、批零贸易业、餐饮业、房地产业为支柱，旅游休闲、社会服务、商务服务等新兴行业竞相发展的格局。

第一节　服务业概况

1987年8月，国务院发布《城乡个体工商户管理暂行条例》，规定城乡劳动者在国家法律和政策允许的范围内，可以经营交通运输业、商业、饮食业、服务业、修理业及其他行业。到1990年，县境相继发展了交通运输业、商业、饮食、旅店、理发、浴室、照相、洗染、修理等传统服务业经营单位1257户，从业人员2037人，其中全民、集体所有制及私营企业59户、从业人员59人，个体1198户、从业人员1483人。

1992年6月，国务院颁布《关于加快发展第三产业的决定》后，安龙县积极实施沿路、沿城镇、沿矿山的“三沿”经济发展战略，先后建成永和镇综合服务公司、新安加油站、安龙县汽车配件有限公司、普坪车队、德卧车队等服务企业。至1995年，全县已发展交通运输业、商业、饮食、房地产、文化体育、邮政、金融等服务经营单位2722户、从业人员5104人，其中国有、集体所有制和私营企业150户、从业人员1187人，个体2572户、从业人员3917人。

1996年后，县境服务行业逐渐由分散发展转为以小城镇为依托、主要公路为纽带的发展格局，在巩固提高传统产业的同时，不断拓宽发展领域，先后有盘百停车场、鸿祥综合货运站、祥兴宏发汽车有限公司、出租汽车有限公司、液化气有限公司、万峰湖旅游船出租公司、新安国道饭店等一批个体、联户、私营、股份合作等第三产业建成。临盘百公路（即324国道）的新安大水井村饮食服务一条街基本形成规模。到2000年，全县有各种类型、各种所有制性质的服务经营单位3176户、从业人员6328人，其中国有、集体所有制和私营企业207户、从业人员1660人，个体2969户、从业人员4668人。

2001年12月，国务院办公厅下发《关于转发国家计委关于“十五”期间加快发展服务业若干政策措施意见的通知》；2003年6月，中共贵州省委、省政府发布《关于加快发展服务业的指导意见》。安龙县紧抓西部大开发机遇，采取优化服务业行业结构、放宽服务市场准入、多渠道增加服务业投入等措施，在巩固和提高商贸流通和餐馆业、交通运输业、农业服务业等传统服务业的基础上，逐步发展旅游业、现代物流业、中介服务业、信息服务业、文化体育产业等，相继建成神舟科技、宏伟出租汽车、荷城旅游开发、恒通货物配载运输、绿宇物业等有限公司及农村综合技术培训中心、鸿发服务中心、建材加油站、普坪加油站、荷苑旅社、泓芙蓉酒店、皇城大酒店、大兴隆超市、右江民族医学院安龙联合医院等服务企业。到2005年，全县有各种类型、各种所有制形式的服务经营单位4193户、从业人员9099人，注册资金24718万元，其中国有、集体所有制经营单位248户，从业人员2840人，注册资金19048万元；私营经营単位（含有限公司）57户，从业人员464人，注册资金2341万元；个体3888户，从业人员5705人，注册资金3329万元。

2007年，国务院颁布《关于加快服务业发展若干问题的意见》，强调发展服务业的重要意义，提出科学调整服务业发展布局、优化服务业结构、完善服务业功能等目标和促进服务业发展的基本原则、指导思想。县委、县政府把发展服务业作为加快经济结构调整、促进经济发展的战略重点，推进和提升服务业的水平和层次。相继建成安盛物业管理、百草园绿化、玖方劳动服务、德卧镇劳动服务、麒麟典当、远东物业管理、泓汰房地产开发、创天房地产经纪、海洋汽车（摩托车）驾驶培训、福陵殡葬、腾强汽车销售服务、金宏物流贸易、顺达汽车服务、家家旺商贸、好又多商贸等有限公司和安龙县农机技术培训学校、喜羊羊购物广场、喜乐福购物超市、仁爱医院、鸿钰酒店等私营、合伙、独资及个体服务经营单位，全县服务业初步形成以交通运输业、批零贸易业、餐饮业、房地产业为支柱，旅游休闲、社会服务、商务服务等新兴行业竞相发展的格局。到2012年，全县实有企业549户（不含微型企业），注册资金140883.25万元，个体工商户10626户，从业人员15048人，注册资金14502.3万元。

第二节　传统服务业

一、饮食业

1988年，全县有饮食业179户（个），从业人员421人。

1989—2000年，随着经济体制改革不断推进和社会经济的不断发展，社会投资餐饮业资本不断增加。首先是县政府招待所改扩建，投入使用。接着，招堤宾馆、春华酒店等一批具有一定规模的酒店相继开业，个体、私营、合伙投资的餐馆、火锅店、早餐店、特色小吃等大众化饮食服务网点相继发展起来。

2001年后，县境餐饮业发展的质量和内涵发生重大变化，经营领域和市场空间不断拓宽，经营档次和企业管理水平不断提高，呈现消费的个性化、特色化。经营层次高档化，鸿芙蓉酒店、双龙酒店、瑞安酒店、鸿钰酒店、泰安酒店等一批有一定规模和档次的综合性酒店相继落户安龙。经营业态多样化，各类酒吧、茶吧、咖啡吧等高档消费场所发展迅猛，至2010年县境已发展到30余家；连锁经营、加盟经营等现代经营模式在县境悄然兴起，并受到消费者的青睐。开始创建自己的品牌，招堤宾馆、鸿芙蓉酒店等综合性酒店努力申报星级酒店，其他纯餐饮企业，从食品安全入手打造自己的品牌。餐饮大众化，县境餐饮行业经营网点越来越多、服务范围越来越广，特别是2005年以来，各类独具特色的“农家乐”遍布县境城乡。至2012年，县境登记注册的饮食和旅馆业企业和个体户共1638户（个），从业人员2312人，注册资金2378万元。

二、旅馆业

1989年以来，人们生活方式和消费观念逐步转变，社会交往日益频繁，公务住宿、旅游住宿、休闲住宿等服务性需求快速增长，县境旅馆业及其关系密切的餐饮、设计、会展、娱乐等相关服务业得到了发展，至2012年全县登记注册的旅馆业企业、个体户共153户，注册资金2130万元，从业人员476人。至2012年，县境登记注册的饮食和旅馆业企业和个体户共1638户（个），从业人员2312人，注册资金2378万元。

泓芙蓉酒店：泓芙蓉酒店是黔西南州安龙县按四星级规模设计的旅游涉外酒店，创始于2007年6月，酒店坐落于省级风景名胜区安龙招堤旁，占地面积7691.5平方米，建设面积1.8万平方米，总投资额3600万元，至2012年年末有员工60余人。酒店外部环境优美、荷花飘香、交通便利，酒店拥有A、B两幢大楼，A楼10层（含地下1层）、B楼五层。A楼有富丽堂皇、设施齐全的大堂、设备先进的商务中心、情调优雅的大堂水吧、商品琳琅满目的商场1个、多功能会议厅3个（大、中、小）、豪华客房95间（套）、大餐厅1个（可同时容纳500人用餐）、大包餐厅1间（大餐桌可同时容纳24人用餐）、中包餐厅2间（餐桌可同时容纳16人用餐）、小餐厅11间、康乐球健身厅1间、茶艺、棋牌室14间等；B楼有男、女区桑拿、容纳38人的休闲大厅、风格各异的KTV等。酒店适用中央空调，A楼、B楼各有2台电梯，设置有大型停车场，有锅炉房1个及员工住宿楼1幢（容纳160多名员工住宿）。

泰安酒店：安龙泰安酒店是泰安贸易有限公司投资兴建的商务型酒店，集客房、餐饮、会议、休闲为一体。坐落于县城西区入口处，整体建筑面积7000平方米，距离安龙客运站仅两分钟车程。行政楼层有体现巴喱岛风情韵味的空中花园，酒店所有房内均设有免费互联网和国内长途电话。餐厅包房、宴会厅、休闲卡座装修典雅舒适，可容纳300人同时就餐。店内还设有豪华包房、棋牌室、大堂吧以及多功能会议厅、多媒体会议厅，可同时为200人提供会议服务。酒店服务中心可提供旅游、票务、打字、复印、传真等各项服务。

伊留酒店：建于2008年，位于贵州省金龙市场南环路30号。法人代表章育进，投资资金200万元，面积1500平方米，用工人数11人。酒店是安龙老城区一家具有新时代气息的经济型酒店，接待能力、住宿88人。

三、其他服务业

浴室：随着生活水平的不断提高，人们由原来传统的露天洗浴、家庭洗浴逐步走向大堂洗浴，至2012年，县境登记注册浴室个体户共16户（个），从业人员16人，注册资金147.9万元。

缝补：至2012年，县境登记注册缝补个体户共15户（个），从业人员15人，注册资金30.1万元。同时各乡镇赶集天固定缝补摊点64户。

理发：至2012年，县境登记注册理发个体户共168户（个），从业人员168人，注册资金307.05万元。同时各乡镇赶集天固定及流动理发小摊点309个。

第三节　新兴服务行业

一、广告业

县境广告业的发展起步于20世纪90年代，主要以个体、私营广告企业为主。至2012年，全县有广告制作与经营的企业、个体户10户，从业人员15人，注册资金3.5万元。上述广告企业、个体户中，除县广播电视台为国有事业单位外，可应广告业主的要求进行广告设计、制作并发布媒体广告外；其他均为个体性质，主要从事户外广告设计、制作、安装和喷绘等。县境广告企业发布的广告类型主要有电视广告、印刷品广告及墙体、路牌、灯箱、霓虹灯、电子显示屏广告等。

二、保健业

县境保健业始于20世纪90年代，至2012年县境保健业仍处于零星、小规模、低档次阶段，主要以个体经营为主，多为沐足、汗蒸、桑拿、美容、按摩等预防保健服务。至2012年年底，全县经工商登记的保健服务业21户，注册资金101.14万元，从业人员93人；其中私营企业1户，注册资金60万元，从业人员20人，其余均为个体户。

三、家政行业

家政服务业是以家庭为服务对象，向家庭提供各类劳务，满足家庭生活需求的服务行业。

县境家政服务业始于21世纪初，至2012年主要包括家庭清洁、家庭搬家、家庭装饰、家庭婴幼及老人护理、家庭家电维修等。全县家政服务企业、个体户经工商登记的仅5家，注册资金43万元，从业人员41人，主要从事房屋装饰装潢服务，其余的均未进行工商登记。在登记注册的5户中，有限公司2家，即安龙县忆佳装饰工程有限公司、鑫艺装饰有限公司；分公司1家，即云南美汇装饰装潢工程公司安龙分公司；个体独资企业2户，分别为安龙县雅舍装饰服务部和家家乐电器商店装饰装潢门市。

四、中介与其他

社会中介机构是指依法设立的运用专门的知识和技能，按照一定的业务规则或程序为委托人提供中介服务，并收取相应费用的组织。包括独立审计机构，资产、土地、工程等评估机构，工程监理机构，法律、档案等服务机构，信息、技术、工程等咨询机构，检测、检验、公证、认证机构，职业、人才、婚姻等介绍机构，工商登记、商标、专利、税务、房地产、招投标、因私出入境等代理机构及法律、法规、规章规定的其他组织等。其中属于工商行政管理监督管理的类型主要有经纪性中介组织，如经纪公司；协调性中介组织，如个体私营企业协会、消费者协会等；代理性中介组织，如专利代理事务所、商标代理服务所、广告公司、商贸代理公司等。

1989年，县消费者协会成立，履行消费者权益保护职能。1990年后，县境中介组织机构逐步发展起来，但到2000年，其规模和数量都很小，社会影响非常有限。2001年后，县境相继成立承担社会公共管理事务、服务社会公益的律师事务所、教师协会、会计师事务所、煤炭协会、个体私营企业协会、计量检测中心、从略资源市场、房地产交易中心等非市场中介组织；纯经济性质的市场中介组织也得到了一定的发展，到2012年，县境经工商登记注册的市场中介组织10余户，注册资金522.5万元，从业人员60余人；办有经纪人资格证的职业经纪人10余人；农民专业合作社26户，出资总额2827.4万元，成员总数614人，其中较为典型有安龙县圆满中介服务公司和安龙县大水井金银花育苗种植农民专业合作社。圆满中介服务公司主要从事房屋中介、婚姻中介服务等，在县城主要街道开辟有4个信息广告栏；大水井金银花育苗种植农民专业合作社，主要从事金银花育苗、中药材种植销售与中介服务等。

第五章　专卖专营

安龙县专卖专营主要是指烟草、食盐、石油制品。1983年，成立县烟草专卖局和县烟草公司，实行一套机构、两块牌子运作方式，受上一级烟草专卖行政主管部门和本级人民政府的双重领导，以上一级烟草专卖行政主管部门的领导为主。中国石化安龙石油公司前身系安龙地区石油五交化燃料公司，始建于1977年，2001年作为中国石化的下属企业改制上市，成为国有控股的中国石油化工股份有限公司贵州黔西南石油分公司安龙石油公司。

1990年，根据安龙县编制委员会《关于成立安龙县盐务管理支局的通知》，建立安龙县盐务管理支局，与盐业公司实行一套人员机制，隶属县商业局。1995年1月，经县编制委员会研究决定，明确贵州省盐务管理局安龙支局为事业单位，对外同时挂盐业公司牌子，隶属县贸易局。2000年11月8日，经贵州省人民政府批准，正式挂牌成立贵州盐业（集团）安龙有限责任公司（以下简称“安龙盐业公司”），内设办公室、财会股、运销股。贵州省盐务管理局安龙支局（以下简称“安龙盐务支局”）是省人民政府授权的盐业行政主管机构，下设盐政管理股，与安龙盐业公司“一套机构，两块牌子，职责分开，合署办公”。2003年，全县盐业系统整建制划转为企业单位。

第一节　烟　草

一、烟叶收购

（一）收购设施与方式

1995年以前，全县采用15级制收购烤烟；1996年，全县按40级制收购，实行一证一卡、约时定点、分村轮流、合同收购。2005年，实行烟叶预检制，烟叶购进微机结算；2007年后，全面实行机收购、电子秤过磅、语音报级、IC卡售烟和收购款项电子结算。

1. 收购设施

1994年以前，县内有普坪、洒雨2个烟叶站和6个收购点。1995年，县境烟叶收购点调整为海子烟叶站和3个收购点。1997年，全县调整为5个烟叶站、9个收购点。1998年，调整为3个烟叶站和7个收购点。2000年，调整为6个烟叶站和6个收购点。2004年，再次调整为3个烟叶站和9个收购点。2008年，调整为6个站和13个收购点。2003年，新建普坪烟叶站，改建海子烟叶站。2005年，新建戈塘烟叶站。2008年，新建钱相烟叶站。至2011年底，全县有海子、钱相、普坪3个标准化烟叶站和13个收购点。

2005年起，县内烟叶购进实行微机结算。2006年，县烟草局购进语音报级系统13套、条屏显示13台、电子秤13台，购进烟农集成电路卡（IC卡）2200张。2007年，全县全面实行微机收购、电子秤过磅、语音报级、集成电路卡（IC卡）售烟、电子结算烟款；对海子、普坪烟叶收购点进行封闭式设施改造。至2011年年底，完成钱相、戈塘、古里、竹林烟叶收购点封闭式设施改造，全县有液压打包机9台。

2. 收购方式

约时、定点、分片区、分批轮流交售。20世纪80年代中期至21世纪初，全县推行定时、定点、定量收购。1997年，全县实行合同管理制度，各收购点以村为单位分成若干片区，定期、定点排队交售，非约时定点者不得出售，收购工作集中在8月至10月。

封闭式收购。2005年，在海子、普坪2个试点烟叶封闭式收购，2006年全县推广。该收购方式是在约时、定点、分片区、分批轮流交售的基础上，对烟叶的定级过程实行人、烟分离，封闭操作，烟农只能从观察窗里看到验级全过程。整个收购过程分为排队编号、初检、主检定级、过磅、入库几个阶段，较好地整顿收购秩序，杜绝收人情烟、受贿烟、关系烟。

入户预检收购。2005年，在海子、普坪烟叶站试运行入户预检收购烟叶方式，2006年全县推广。由预检员对所辖区或烟叶进行分级扎把指导，对分级扎把合格烟叶与烟农共同打包、封签，填写烟叶预检合格证。交售时收购人员检查合同、封签和预检合格证，符合要求的直接验级。

（二）计划与价格

1. 计划

1988—1997年，国家烟草局每年下达指令性收购计划，但地方各级仍大量存在超种超收情况。1998年，国家实行宏观调控制定，严格指令性计划的严肃性，各级政府和烟草部门行文要求不能突破计划。

1989－2012年安龙县烤烟种植和烟叶收购情况表

表12—5—1

年度	计划收购烤烟（吨）	烤烟种植面积（公顷）	烤烟总产量（吨）	实际收购烤烟（吨）	烤烟收购均价（元/50千克）	烟草生产产值（万元）	烤烟收购上等烟率（%）	烤烟收购上中等烟率（%）
1989	300	418.13	381	306.75	104	—	—	—
1990	300	437.07	285	296.45	108	—	—	—
1991	800	424.8	434	800	106	—	—	—
1992	1000	746	786	1280	110	—	—	—
1993	1000	806	857	1200	—	—	—	—
1994	75	191	118	80	—	—	—	—
1995	250	167	205	240	—	—	—	—
1996	500	384	682	439.7	—	—	—	—
1997	1000	1079	1629	1300	—	653.7	—	—
1998	500	436	834	471.5	—	340.5	—	—
1999	500	456	698	575	—	290	—	—
2000	500	706	1071	750	—	435	—	—
2001	750	797	1446	860	—	810	—	—
2002	1100	970	1654	1100	—	516	—	—
2003	1100	814	1279	1100	—	398	—	—
2004	1200	931	1365	1200	—	1103	—	—

续表 12—5—1

年度	计划收购烤烟（吨）	烤烟种植面积（公顷）	烤烟总产量（吨）	实际收购烤烟（吨）	烤烟收购均价（元/50千克）	烟草生产产值（万元）	烤烟收购上等烟率（%）	烤烟收购上中等烟率（%）
2005	1350	1073	1843	1699.74	475.29	1525	26.03	80.02
2006	1350	917	1557	1701.19	464.18	1286	23.33	80.76
2007	1800	1062	1834	1802.4	558.1	1730	49.91	83.69
2008	2600	1142	1909	3269.42	688.24	2086	54.80	87.26
2009	3700	2135	4139	4075	700.5	6262	38.31	85.77
2010	5000	2481	5081	5151	709.23	8237	47.09	82.36
2011	5000	2901	5029	3881.69	799.92	6140	—	92.9
2012	6000	4335	7413	7060	1015.93	12976.3	—	93.03

2. 价格

安龙县自1984年起执行三价区收购价格，2005年执行二价区收购价格。1995年以前，采用15级制收购烤烟；1996年后，实行40级制收购。20世纪80年代中期至2005年，国家对烤烟收购价格进行6次较大调整。

国家十五级制价格（表一）

表 12—5—2　　单价：元/50千克

等级	现行价	调整价	等级	现行价	调整价	等级	现行价	调整价
合计	109.42	120.6	中四	90	105	上四	50	60
上等	226.6	226.6	上二	126	145	青二	25	25
中一	280	280	上三	80	95	低等	22.59	24.96
中二	215	215	青一	60	60	中六	35	38
上一	205	205	下等	54.65	60.7	上五	25	25
中等	117.45	134.14	中五	60	65	青三	10	12
中三	142	160				末级	5	8

国家四十级制价格（表二）

表 12—5—3　　单位：元/50千克

等级			国家收购价	奖励标准	合计	等级			国家收购价	奖励标准	合计	等级			国家收购价	奖励标准	合计
	简称	代号					简称	代号					简称	代号			
上等烟	中桔一	C1F	440	300	740	中等烟	中柠三	C3L	250	240	490	下等烟	上柠四	B4L	60	50	110

续表 12—5—3

等级			国家收购价	奖励标准	合计	等级			国家收购价	奖励标准	合计	等级			国家收购价	奖励标准	合计
	简称	代号					简称	代号					简称	代号			
上等烟	中桔二	C2F	375	280	655	中等烟	下桔二	X2F	180	230	410	下等烟	下柠三	X3L	100	70	170
	中桔三	C3F	295	260	555		下桔三	X3F	140	140	280		下柠四	X4L	60	40	100
	中柠一	C1L	410	280	690		下柠一	X1L	225	240	465		下桔四	X4F	75	50	135
	中柠二	C2L	340	260	600		下柠二	X2L	160	180	340		光滑二	S2	60	50	110
上等烟	上桔一	B1F	360	260	620	中等烟	上桔三	B3F	170	800	370	下等烟	下杂一	CX1K	80	60	140
	上桔二	B2F	270	260	530		上桔四	B4F	115	130	245		下杂二	CX2K	50	40	90
	上柠一	B1L	230	240	470		上柠二	B2L	165	200	365		上杂一	B1K	90	60	150
	上红一	B1R	210	240	450		上柠三	B3L	110	130	240		上杂二	B2K	60	30	90
	完熟一	H1F	290	240	530		上红二	B2R	140	160	300		上杂三	B3K	40	10	50
	下桔一	X1F	255	240	495		上红三	B3R	95	100	195		青黄一	GY1	50	20	70
							完熟二	H2F	230	200	430		青黄二	GY2	20	10	30
							下微二	X2V	110	160	270						
							中微三	C3V	180	230	410						
							上微二	B2V	130	160	290						
							上微三	B3V	100	130	230						
							光滑一	S1	100	130	230						

2001 年三价区烤烟收购价格（表三）

表 12—5—4　　单位：元 /50 千克

等级		收购价	等级		收购价	等级		收购价	等级		收购价
上等	C1F	820	中等	C3L	530	中等	B3R	255	下等	X3L	230
	C2F	720		X2F	380		H2F	458		X4L	110
	C3F	620		C4F	455		X2V	288		X4F	120
	C1L	750		C4L	420		C3V	450		S2	150
	C2L	650		X3F	280		B2V	350		CX1K	145
	B1F	635		X1L	470		B3V	250		CX2K	80
	B2F	525		X2L	360		S1	210			

续表 12—5—4

等级		收购价	等级		收购价	等级		收购价	等级		收购价
上等	B1L	508	中等	B3F	310	中等			下等		
	B1R	525		B2L	320						
	H1F	548		B3L	160						
	X1F	495		B2R	435						

2004 年三价区烤烟收购价格表（表四）

表 12—5—5 单位：元 /50 千克

等级	收购价	等级	收购价	等级	收购价	等级	收购价	等级	收购价	等级	收购价
C1F	820	B1L	560	C4L	420	B3L	200	B3V	260	CX1K	120
C2F	750	B1R	525	X3F	380	B2R	440	S1	210	CX2K	80
C3F	650	H1F	550	X1L	550	B3R	260	B4L	100	B1K	105
C1L	760	X1F	580	X2L	450	H2F	460	X3L	210	B2K	60
C2L	680	C3L	580	B3F	370	X2V	300	X4L	110	B3K	30
B1F	660	X2F	480	B4F	200	C3V	480	X4F	120	GY1	50
B2F	540	C4F	520	B2L	370	B2V	355	S2	100	GY2	20

2005 年烤烟收购价格（表五）

表 12—5—6 单位：元 /50 千克

等级	二价区	三价区	等级	二价区	三价区	等级	二价区	三价区	等级	二价区	三价区
C1F	860	820	C3L	605	580	B2R	460	440	X4F	210	200
C2F	790	750	X2F	500	480	B3R	285	280	S2	105	100
C3F	690	650	C4F	540	520	H2F	480	460	CX1K	200	190
C1L	790	760	C4L	500	480	X2V	310	300	CX2K	135	130
C2L	710	680	X3F	400	380	C3V	500	480	B1K	185	180
B1F	690	660	X1L	580	550	B2V	375	355	B2K	100	100
B2F	560	540	X2L	465	450	B3V	275	260	B3K	80	80
B1L	590	560	B3F	395	390	S1	220	210	GY1	80	80
B1R	550	525	B4F	235	230	B4L	150	140	GY2	60	60
H1F	580	550	B2L	410	400	X3L	300	290			
X1F	605	580	B3L	245	240	X4L	180	170			

（三）烤烟分级标准

1984—1995 年，本县烤烟收购等级执行国家 15 级制分级标准。1996 年，执行国家 40 级制分级标准。

2001年后，执行42级制等级标准。其中40级制标准的等级代号为：C1—3F、C1—3L、X1—4F、X1—4L、B1—4F、B1—4L、B1—3R、H1—2F、X2V、C3V、B2—3V、S1—2、CX1—2K、B1—3K、GY1—2。

二、卷烟购销

（一）卷烟流通

1995年前，典型的坐商经营模式，卷烟零售户自行到卷烟批发部批发卷烟。1986年，设龙广镇卷烟批发站，批发兼营卷烟零售；1990年，委托德卧镇供销社代理德卧地区卷烟批发业务。

1995年，成立卷烟经理部。1996年，建立龙广、德卧、普坪卷烟批发站，建立永和、龙山、木咱委托批发站。执行卷烟批发最低限价和批发一价制，规范批发市场，取消三级、四级批发。1998年，建立兴隆、新桥委托批发站，基本实现卷烟专营和垂直管理。1999年，县城开展上门送货服务。2000年，落实“访销配送，实行访送分离”的方针，访销员、送货员“定片、定点、定时、定线路、定零售户数”送货服务。

21世纪后，落实国家烟草局“狠抓基础、稳中求进”行业指导思想和“一要规范、二要改革、三要创新”工作要求，取消卷烟经理部设卷烟配送部，全县卷烟销售业务垂直管理，将10个批发部缩减为4个卷烟配送部，基本形成城网“全面访销、全面配送、访送分离、专销结合”、农网“全面访销、全面配送、访送一体、专销结合”的网建运行模式。

2004年4月，撤销卷烟配送部，成立卷烟营销中心，负责全县卷烟的购进、货源分配、电话访销、卷烟一级配送、全县卷烟网建业务指导等工作。下设电访中心和物流中心，负责全县零售户的销售订单的采集和物流一级配送工作。将原来的4个配送部整合客户服务中心（卷烟配送中心），成为独立的生产经营单位。2005年5月，全面开展卷烟货款无货币化结算。

1. 购进

2002年前，全县卷烟实行“二级批发站面向全国，三级批发站（县公司）面向全省，毗邻地区按照传统习惯进行业务往来”的经销方式，县烟草公司与贵阳卷烟厂、贵定卷烟厂、兴义卷烟厂、青松卷烟厂、毕节卷烟厂、遵义卷烟厂等卷烟企业签订采购合同，自行采购。2002年，组建黔西南烟草分公司营销中心，取消县级公司法人资格，全县卷烟由州营销中心统一采购。

2. 批发

1994年以前，县烟草公司缺乏资金和网点，委托供销社等进行社会商业批发，一些个体烟贩非法也进入卷烟批发市场。1994年后。逐渐形成以县营销中心为核心的本区域的卷烟分拣和配送网络。2005年，县烟草公司与县农业银行建立电子结算系统，实现以电子结算为主、传统结算方式为辅的订单结算模式。

3. 零售

1991年4月1日，省内卷烟销售零售价格统一放开，“随行就市”。2004年4月22日，根据黔西南州物价局、黔西南州烟草专卖局要求，凡持有卷烟零售许可证，取得合法经营卷烟零售资格的单位和个人，必须执行统一后的零售指导价，分品牌明码标价，统一使用州物价局监制的卷烟零售价格标签。

（二）计划

1989年，计划卷烟国内纯销售3400箱，销售总值250万元。1990年，计划卷烟销售3300箱，销售总值360万元。1991年，计划销售3600箱，销售金额430万元，毛利4.8%。1992年，计划销售卷烟4500箱，其中地产烟184箱以上。

1994年，黔西南烟草分公司要求分配卷烟年末控制数在400箱以内，不准突破。1995年，计划全年税后毛利任务55万元。1996年，计划卷烟销售数量5000箱，卷烟年末库存控制数量200箱。1997年，计划销售卷烟1万箱，其中兴义卷烟厂产卷烟7300箱。1998年，计划销售卷烟1万箱，其中地产烟7000

箱、州外烟3000箱，税后毛利300万元。1999年，地产烟销售的指导性计划7300大箱。2000年，计划地产烟销售任务6600箱，其中甲烟1300箱。2000年，计划销售8600箱。

2001年，计划卷烟销售目标9850箱；完成地产卷烟销售6400箱，其中甲烟600箱；毛利率6.3%。实行工效挂钩，完不成销售计划的按比例扣发工资。

2002年，卷烟销售任务9600箱，其中地产烟6000箱、“六大名烟”占销售总量的35%以上；单箱销售收入增加365元以上、毛利率10.1%。平均每月销售任务800箱。新安（城网）卷烟访销部300箱、龙广德卧卷烟配送部320箱、普坪卷烟配送部180箱。2003年，总销售计划8000箱，其中地产烟4000箱；城网配送部2400箱、新安配送部1800箱、普坪配送部1800箱、龙广配送部2000箱。2004年，卷烟销售任务6700箱，其中地产烟1850箱，毛利488万元。2005年，计划销售6830箱，其中省产烟6700箱、省外烟130箱。2006年，计划销售7800箱，其中省产烟7650箱、省外烟150箱，毛利1070万元，单箱值7930元，毛利率20%。2007年，计划销售7539箱。2008年，计划销售8500箱，实际销售8680.79箱。其中低档烟计划销售2950箱，实际销售2990.98箱。2008年，计划卷烟销售毛利1831.2万元，毛利率23.52%。完成销售毛利1831.2万元。

2009年，计划销售9300箱，实际销售9522.94箱，其中一类烟216.028箱、二类烟36.904箱、三类烟1472.644箱、四类烟4188.476箱、五类烟3608.888箱，完成销售毛利2260.71万元，毛利率23.85%。

2010年，计划销售10200箱，实际销售10310.784箱，其中一类烟327.7箱、二类烟57.724箱、三类烟2070.748箱、四类烟5206.928箱、五类烟2647.496箱、雪茄烟0.188箱，完成销售毛利2978.62万元，毛利率24.84%。

2011年，计划销售10600箱，实际销售10600.0229箱，其中一类烟501.096箱、二类烟85.24箱、三类烟2417.94箱、四类烟6703.688箱、五类烟891.188箱、雪茄烟0.8709箱，完成销售毛利3800.76万元，毛利率25.97%。

2012年，计划销售11100箱，实际销售11230.66箱，其中一类烟628.896箱、二类烟107.048箱、三类烟5269.52箱、四类烟4302.47箱、五类烟921.7箱、无价类1.03箱，完成销售毛利4405.79万元（含税），毛利率25.97%。

（三）价格

1988年以来，全县卷烟价格管理大致可分为以下几个阶段：

统一价格阶段。1988年起，在国家、省物价和烟草专卖局的文件指导下，县级所在地实行的是县物价与县烟草局（公司）联合行文下发卷烟批发价格和零售价格，分为一价区、二价区、三价区。

逐步放开省内卷烟三级批发价阶段。1992年起，全省放开省内批发价，卷烟价格由企业根据进货成本和市场供求关系自行定价。

实行限价销售阶段。1996年起，加强对省产卷烟生产经营的调控，各批发部门实行批发挂牌价，零售价格只能高于批发挂牌价销售，不能以任何形式变通低价执行。

信息化管理阶段。2002年4月起，贵州省与西南五省联合执行“三级批发一价制”，全省实行统一批发价，不得上浮和下调，价格由省卷烟销售公司信息中心统一制定发布执行。

（四）仓储

顺城街办公楼二楼卷烟仓库 1987年12月竣工投用，建筑面积90平方米，为混砖结构，2001年停止使用。

住宅综合楼仓库 2000年12月竣工，2001年投入使用，使用面积213平方米。2006年2月，按网建提升要求，统一电访、统一送货，该仓库停用。

（五）销售网络

1995年10月，成立普坪卷烟批发站，服务零售户49户。

1996年3月，成立龙广卷烟批发站，服务零售户84户。5月，成立龙山卷烟批发站，服务零售户53户。6月，成立德卧卷烟批发站，服务零售户56户。7月，成立木咱卷烟批发站，服务零售户45户。11月，成立永和卷烟批发站，服务零售户56户。

1997年5月，成立新桥卷烟批发站，服务零售户58户；成立兴隆卷烟批发站，服务零售户47户。

1998年3月，成立第一卷烟批发站，服务零售户149户；成立第二卷烟批发站，服务零售户149户；成立戈塘卷烟批发站，服务零售户45户。6月，成立海子卷烟批发站，服务零售户42户。是年，县烟草局业务股更名为县烟草公司卷烟销售经理部。

2002年6月，设立"联购分销点"，聘请卷烟"联购分销员"，建立和完善送货服务网络体系，实行多级配送。

2004年，全州各县市全面实行"城乡一体、统一运行、全面访销、集中配送、分拣到户"即"一库式"网建模式，设兴义、兴仁、安龙、普安、晴隆、贞丰、册亨、望谟8个物流中心，安龙物流中心负责除万峰湖、海子以外的安龙区域卷烟零售户送货工作，万峰湖、海子划归兴义物流中心配送。

2006年3月，撤销安龙物流中心，由兴仁物流中心统一配送。

1995－1998年安龙县卷烟零售客户分布

表12—5—7

批发点成立时间	负责片区	零售户数量（户）	批发点成立时间	负责片区	零售户数量（户）
1995	普坪	49	1997	新桥	58
1996	龙山	53		兴隆	47
	龙广	84	1998	新安（一、二批发站）	298
	德卧	56		戈塘	45
	木咱	45		海子	42
	永和	56			

2002－2012年安龙县卷烟销售网络

表12—5—8

时间	零售客户总数（户）		批发许可证	特有许可证	时间	零售客户总数（户）		批发许可证	特有许可证
	客户总数	国营				客户总数	国营		
2002	1388	1	无	无	2008	1681	2	无	无
2003	2259	1	无	无	2009	1753	2	无	无
2004	1505	1	无	无	2010	1746	2	无	无
2005	1526	2	无	无	2011	1861	2	无	无
2006	1629	2	无	无	2012	1853	2	无	无
2007	1656	2	无	无					

三、烟草专卖管理

（一）许可证

1989年，全县换发“烟草专卖许可证”397户，其中集体15户、个体382户。2002年，全县办理“烟草专卖许可证”1388户，其中国营1户。2004年，全县办理“烟草专卖许可证”1505户，其中国营1户。2005年，全县办理“烟草专卖许可证”1526户，其中国营2户。2006年，全县办理“烟草专卖许可证”1629户，其中国营2户。2007年，全县办理“烟草专卖许可证”1656户，其中国营2户。2008年，全县办理“烟草专卖许可证”1905户，其中集体4户。2009年，全县办理“烟草专卖许可证”1421户，其中集体4户，注销164户，不予延续120户。2010年，全县办理“烟草专卖许可证”1526户，其中国营2户。2011年，全县办理“烟草专卖许可证”1699户，其中集体4户，注销164户。2012年，全县办理“烟草专卖许可证”1843户，其中集体16户，注销164户。

1992年以前，县内办理批发许可证收费20元，集体零售许可证收费10元，个体零售许可证收费5元，准购证收费0.3元。1993年，办理国营（集体）零售许可证收费32元、个体零售许可证收费16元。1998年，个体零售许可证每证21.5元。2004年，每证收费12元。2004年9月后，县内办理卷烟零售许可证不再收取费用。

（二）准运证

2002年6月，国家经济贸易委员会发布《烟草专卖品准运证管理办法》，对烟草专卖品运输实行准运证管理。2008年前，安龙县没有开具准运证。

2009年，开具准运证323份，调拨烟叶409.5万千克；2010年，开具准运证386份，调拨烟叶515.73万千克；2011年，开具准运证281份，调拨烟叶381.56万千克；2012年，开具准运证386份，调拨烟叶707.81万千克。

（三）烟草专卖标识

安龙县从1998年开始使用卷烟防伪标识。1998—2001年，采用3色激光防伪标识，标识内容为“安龙专卖”。标识的保管、发放由专卖部门负责，销售部门负责领用，加贴条或包，专卖部门负责监督管理。2002—2007年，采用油墨喷码。标识内容为“安龙专卖”加编码。由销售部门负责喷码，专卖部门负责监督管理。2008年后，采用激光打码。标识内容为32位编码，其中1—5位编码代表年月日，6—16位编码代表卷烟派生码，17—20位编码代表黔西南，21—32位编码代表零售户行业代码。由物流配送部门负责喷码，内部专卖管理监督部门负责监督管理。

（四）违法案件查处

1992年1月1日，《中华人民共和国烟草专卖法》实施，县烟草专卖局与公安部门开展路检路查，主要查处非法运输烟草专卖品的违法违规行为。其中，1992年，查处无证运输1起，查获卷烟65条；1993年，查处无证运输1起，查获卷烟350条；1994年，查处无证运输2起，查获卷烟150条、烟叶1.5吨；1995年，查处无证运输4起；1996年，全年查处无证运输11起；1997年，查处无证运输6起，其中卷烟3起、烟叶3起；1998年，查处无证运输14起，其中卷烟9起、烟叶5起；2000年，查处无证运输12起，其中卷烟8起、烟叶4起；2001年，查处无证运输8起，其中卷烟6起、烟叶2起；2002年，查处无证运输13起，其中卷烟10起、烟叶3起；2003年，查处无证运输卷烟2起；2004年，查处无证运输烟叶3起；2005年，查处无证运输4起，其中卷烟1起、查获卷烟250条，烟叶3起、查获烟叶37吨；2006年，查处无证运输4起，其中卷烟2起、查获卷烟239条，烟叶2起、查获烟叶135.35吨；2007年，查处无证运输5起，其中卷烟1起、查获卷烟177条，烟叶4起、查获烟叶38.7吨；2008年，查处无证运输2起，查获卷烟74条、烟叶16.83吨；2009年，查处无证运输3起，查获烟叶2.15吨；2010年，查处无证运输

1起，查获卷烟72条；2011年，查处无证运输7起，查获卷烟4239条；2012年，查处无证运输4起，查获烟叶22.5吨。

第二节　石　油

中国石化安龙石油公司前身系安龙地区石油五交化燃料公司，始建于1977年，2001年作为中国石化的下属企业改制上市，成为国有控股的中国石油化工股份有限公司贵州黔西南石油分公司安龙石油公司，下设金强、金丰、南盘江、普坪、西龙桥、大坪、新桥、龙广、万峰湖、戈塘、龙城等12座加油站，分布在县城、郊区和重要集镇及高速公路、国（省、县）道旁，加油站日销总量近1000吨，是县内成品油销售主渠道，市场占有率提升到85%以上。

“十一五”期间，投资加油站网络建设2亿多元，新建改造加油站6座，网点覆盖率提升到80%。

至2011年，全县有加油站16座，其中中国石化集团所属14座、社会（个体）2座。

2012年，安龙县石油公司成品油销售量超过4.4万吨，实现税费330万元，是1982年的39倍。公司从业人员与30年前比增加60余人，员工队伍也向高学历转变。

中国石化安龙石油公司加油站非油品易捷便利店以客户需求为导向，以为民服务为出发点，以易捷品牌内涵为着眼点，打造“汽车生活驿站”。至2012年，安龙石油公司所辖加油站非油品易捷便利店发展到12座，经营的商品品种近1000种，营业额突破256万元。

1989－2012年安龙县石油分公司主要经营业绩

表12—5—9　　单位：吨

年度	销售网点（个）	销售量				
		0号柴油	90号汽油	93号汽油	97号汽油	煤油
1989	2	450	120	0	0	2
1990	2	550	148	0	0	3
1991	2	620	185	0	0	3
1992	2	688	190	0	0	3
1993	2	785	252	0	0	3
1994	2	850	389	0	0	2
1995	4	1840	520	0	0	2
1996	5	2025	755	0	0	2
1997	5	3585	850	0	0	2
1998	5	4520	1011	0	0	2
1999	5	5200	1450	0	0	2
2000	6	6820	1840	120	0	1
2001	9	7855	1950	420	0	0
2002	9	8910	2095	652	0	0

续表 12—5—9

年度	销售网点（个）	销售量				
		0 号柴油	90 号汽油	93 号汽油	97 号汽油	煤油
2003	9	9210	1985	1012	0	0
2004	9	9650	1890	1198	0	0
2005	9	9801	—	3008	60	0
2006	10	10125	—	3701	120	0
2007	10	11880	—	3850	151	0
2008	9	13250	—	4500	185	62
2009	10	15369	—	6649	234	59
2010	11	20708	—	8568	312	35
2011	10	26441	—	10118	331	11
2012	14	28755	—	11910	709	8

第三节　食　盐

一、经营管理

20 世纪 80 年代末起，县盐业公司实行租赁经营，主要销售大麻袋包装食盐，采取零称散卖和单膜塑料袋分装销售。1992 年 5 月 9 日，由县商业局、县财政局代表县政府，将县盐业公司顺延承包给林荣先全权经营管理至 1994 年底。1992 年，公司购进 68.59 万元，销售 137.24 万元，实现利润 13.38 万元、库存定额 24.05 万元；1993 年，公司购进 84.59 万元，销售 142.64 万元，实现利润 9.58 万元、库存定额 21.41 万元；1994 年，购进 69.93 万元，销售 93.21 万元，实现利润 4.88 万元、库存定额 27.63 万元。3 年承包期内，上缴各类税金 27.47 万元。至 1994 年年底，公司有职工 20 人，退休人员 5 人，拥有固定资产 32.92 万元，有折旧基金 7.85 万元，有实收资本金 54.97 万元。

根据轻工业部《改进盐包装的意见》，自 1994 年起，安龙县盐业公司供应小包装加碘食盐。

1996 年 8 月 1 日，对食盐批发实行许可证制度，经营食盐批发业务，应当依法申请领取《食盐批发许可证》。许可证的有效期为 2 年，由省级盐业主管机构进行年检。根据国务院《中国 2000 年消除碘缺乏病规划纲要》要求，1996 年起全国碘盐包装全部使用经过国家工商行政管理局核准注册的防伪“碘盐标志”，碘盐防伪标志和食盐小包装袋由贵州盐业集团统一印制管理。

2000 年，贵州省盐业系统资产上划，安龙盐业公司在县工商局注册，注册资本为 55 万元。11 月，随着南昆铁路的全线贯通，安龙盐业公司购进的食盐由安顺转运站改为兴义（顶效）转运站进行转运。

2001 年，接省物价局批复，食盐销售实行城乡两种价格。县城以上市场复合膜小包装食盐每 500 克售价 1 元，县城以下市场复合膜小包装食盐每 500 克售价 0.9 元、1 千克包装食盐售价 1.8 元。县城以下市场复合膜与单膜两种包装食盐同时销售，县城以上市场单膜袋销售至 2001 年 3 月 31 日。

2002 年，遵照集团公司《关于在全省盐业系统开展“解放思想、转变观念大讨论活动”的安排意见》，安龙盐业公司有5人办理内退手续。是年，安龙盐业公司按“A”级企业标准，建立健全各工作环节的规章制度和业务流程，制定《仓管员岗位责任制》《小袋盐分装岗位责任制》《复合膜小袋盐管理岗位责任》《小包装操作规程》《小包装违规处罚细则》等制度。对仓库进行改造，在库内设置高13厘米的水泥板，贴耐磨砖；在仓库内设立“两箱一柜”(更衣箱、工具箱、档案柜)。县物价局、计量局授予县盐业公司“物价、计量信得过单位”称号。

2003年，遵循“便于管理、方便群众、布局合理、辐射到位”的原则，建设以安龙盐业公司对外营业厅为网络主体的1个直批点，设置107个委托食盐代销点(县城22个、乡镇85个)，挂“盐政协查站”牌子17块。经县物价局批准，县城代销户的代销手续费为现行零售价的5%—10%；乡镇代销户的代销手续费为平均每吨20元。8月，对1975年至2002年的档案进行了收集、整理、鉴定、立卷、归档，共立卷38卷，其中永久卷20卷、长期卷12卷、定期卷6卷。

是年，“非典型肺炎”在全国爆发，全县城乡出现食盐抢购风潮。安龙盐业公司成立食盐市场供应保障工作领导小组，2月13—17日向市场供应小袋盐420吨；与物价部门联合在电视台反复播出《关于食盐价格仍维持全省统一批发、零售价格的通知》《县人民政府关于整顿规范我县食盐购销市场的通知》，并印制2000份广泛散发宣传；联合工商、物价、公安等部门，集中检查经营门市、摊点320个，查出擅自抬价销售食盐门市30个，查处违规食盐77千克，没收自制食盐10包。及时平息食盐抢购风波，稳定了盐业市场。

2004年，全省形成省级盐业公司统一的食盐批发经销配送网络，食盐销售直达零售，与毗邻省区衔接的接壤点暂不实行代售制，仍以委托批发为主，批发价与对方相对衔接。根据省物价局黔价格〔2004〕284号文件精神，黔西南州物价局将安龙县手续费率和配送标准调整为：手续费率按6%执行，运费由代销户负担；安龙县与广西接壤点执行8%；配送费额安龙县为每吨每千米1.6元。8月，安龙盐业公司档案工作，达到《贵州省机关档案管理工作标准》二级标准。

2005年，安龙盐业公司变更经营范围，包括食盐、工业用盐、盐化工产品、建筑材料、家电、钢材、装饰材料、日用百货、农副产品、酒、糖、副食品、农、牧、渔业用品、洗涤、洗浴用盐、五金；二、三类机电产品、包装物、汽车配件的批零兼营；粮油零售；汽车货物运输；碘盐防伪标志；房屋租赁；小袋盐的分装加工；盐及盐化工产品配送。

2006年，安龙盐业公司被评为“A级食盐批发企业”；2008年，被认定为民族贸易企业。

2009年，安龙盐业公司在新安镇西龙商贸城购置6个商业门面，建筑面积182.54平方米。

2011年3月17日，县境内发生食盐抢购风潮，出现食盐市场异常波动。安龙盐业公司积极采取应对措施：及时向县政府汇报，联合物价局、工商局、消费者协会对食盐市场进行执法检查，严厉查处不法商贩囤积居奇，私自抬高盐价行为；做好正面宣传，由安龙盐务支局、物价局、工商局、消费者协会联合下发公告在安龙县境内16个乡镇张贴，在电视台以滚动横条播出，由移动公司群发短信上万条，告知广大市市民安龙县食盐库存充足，能确保全县人民的生活用盐，以消除群众恐慌心理；开设两个食盐零售窗口，采取限购措施。同时迅速组织货源，及时补充库存，确保安龙县食盐市场供应，及时控制、稳定了社会秩序。

2012年，公司购进各类盐制品1208.53吨，销售1312.41吨。

二、盐政执法

安龙盐务支局主要负责全县的盐政管理工作，在全县辖区范围内开展盐政执法工作，查处全县范围内出现的各种涉盐违法行为，对涉盐违法行为依法进行打击，为全县人民吃上合格碘盐提供保障服务。

1990年，安龙盐务支局成立以来，把依法打击制、售、窝、贩私盐、劣质无碘盐和工业盐等违法犯罪活动作为工作重点，将辖区内食品加工企业登记在册，建档立案，核定用量，适时监控酱油加工业、蔬菜腌制业等相关食品加工行业。根据《食盐专营办法》和《贵州省盐业管理条例》，对辖区内食盐销售网点进行审查和监管，重点检查有无销售无碘盐、工业盐的行为，规范盐业企业经营行为。

三、宣传教育

1994年以来，每年“3·15”消费者权益保护日、5月15日“碘缺乏病宣传日”，安龙盐务支局都根据当年的宣传主题，利用图版展示、样品陈列、发放宣传资料、接受群众咨询等形式，开展盐业政策、法规、规章、知识的宣传，与中小学校广泛开展“小手拉大手”活动。2003年、2011年，两次成功平息食盐抢购风潮。

1993－2012年全县食盐购销情况表

表12—5—10　　单位：吨

年度	购进					销售				
	合计	散精盐	食品盐	工业盐	畜牧盐	合计	散精盐	食品盐	工业盐	畜牧盐
1993	2291	2291	—	—	—	2471	1543	748	—	—
1994	1902	1902	—	—	—	1556	1464	346	—	—
1995	2309	2309	—	—	—	1916	1792	517	—	—
1996	1461	1461	—	—	—	1876	1758	118	—	—
1997	1815	1815	—	—	—	1718	1620	98	—	—
1998	1621	1621	—	—	—	1668	1510	158	—	—
1999	1831	1831	—	—	—	2004	1936	68	—	—
2000	2134	2134	—	—	—	2026	1960	66	—	—
2001	2431	2431	—	—	—	2154	1980	168	6	—
2002	2033	2033	—	—	—	2282	2113	138	31	—
2003	2201	2201	—	—	—	2418	2204	149	65	—
2004	2267	2197	—	70	—	1852	1662	153	37	—
2005	2064	1728	101	204	31	2297	1745	314	215	23
2006	2146	1689	187	196	74	2383	1944	191	181	67
2007	1922	1547	174	153	48	1918	1450	192	112	63
2008	2333	2000	186	123	24	2026	1733	170	99	24
2009	1621	1455	92	42	32	1619	1433	123	46	17
2010	1545	1253	265	27	—	2189	1901	234	39	15
2011	1416.48	1317.3	35.73	104	16	1277.95	871.13	72.075	102	16
2012	1208.53	—	—	—	—	1312.41	—	—	—	—

说明：2011年，购进绿标盐163吨，销售绿标盐23.667吨

第六章　招商引资与对外贸易

1978年以前，全县生产经营活动，全部按照国家计划分配进行，县域经济对外交流活动很少。中共十一届三中全会以后，随着改革开放的深入发展，县域经济对外活动逐渐增多。

第一节　招商引资

安龙县招商引资工作启动于20世纪80年代，1985年，县资源开发公司与湖南锡矿山矿务局工业公司进行横向联合，各投入资金30万元，在招堤乡李箐村民组创办安龙县第一家股份合作制企业——龙锡冶炼厂（当时划属集体企业）。

安龙县大规模招商引资工作始于20世纪末，1998年8月，安龙县举行第一届荷花节，首次集中宣传推介县内招商此次项目。

2001年，县工业局接待外地客商12人（次），洽谈项目6个，落实引进项目2个：一是云南昆明客商投资建设金丰加油站，总投资80万元；二是兴义客商投资建设环保2108型微型电瓶车辆厂，总投资150万元。是年，县内有中外合资企业、与港澳台合资企业各1家，有员工248人，全年完成投资8万美元，累计完成投资175万元，其中客商投资65万元，完成工业增加值335万元。

2002年，分别引进湖南、广西资金650万元，投入星光电冶厂、兴源水泥厂和嘉兴电锌厂的技术改造；引进浙江资金兼并德卧工业园，新建安龙长通建材厂。9月，引进广西锌总厂、浙江温州电锌厂技术、人才及资金500余万元，组织县有色冶炼有限公司，11月投产，是年生产精锑300余吨。县经济贸易局还引进省外资金30万元，联合社会闲散资金30万元、建筑系统职工自筹资金30万元，生产建筑建材装饰材料，解决建筑系统职工就业20余人。

2003年，引进资金1.2亿元，建设昌宏化工厂，其中1号、2号炉先后投产运行。

2005年，引进资金4.26亿元，建设重化工基地，建成金宏公司一期年产12万吨聚氯乙烯、10万吨烧碱项目，是年12月28日进行单机试产。

1998年8月至2012年8月，县委、县政府举办6届荷花节，以荷为媒，向外界宣传安龙，签订招商引资项目。其中，第一届荷花节于1998年8月5日举行，其间，印刷宣传手册和招商引资项目表，首次集中宣传安龙县招商引资项目；第二届荷花节于2000年7月举行，成功引进右江民族医学院附属医院安龙联合医院等项目；第三届荷花节于2003年7月举行，推出61处招商引资项目，总投资6.17亿元，涉及农业、工业、基础设施、旅游、资产或经营权转让等项目，签订投资协议书35份，总投资55487万元。其中签订投资协议项目26个、总投资41672万元，意向性投资协议9个、总投资13815万元。第四届荷花节于2008年7月举行，其间达成签约意向性投项目3个，签约资金60.31亿元，包括万隆矿业有限公司大型煤电铝项目、柳州安瑞金属材料有限公司有色金属再生资源开发项目、闽龙金属有限公司铁合金炼厂项目等。第五届荷花节于2011年7月举行，推出储备年产3万吨优质米加工厂扩建及基地建设项目、10万亩金银花茶叶及金银花饮料系列产品深加工项目、10万亩优质茶叶系列产品深加工项目、10万头肉牛养殖与加工项目等22个招商大项目和40个招商小项目共100亿元；期间，与广东广隆集团有限公司、华润新能源控股有限公司、四川省都江堰市源森科技有限公司等22家企业签约，项目涉及安龙县煤电一体化合作补充协议、风力发电、甘蔗种植及加工、出口蔬菜及加工、浙商创业园、中药材种植与加工、西区五星级酒店、石材城、焦炉气回收与利用、核桃产业发展、德卧教育集团联合办学等共22个，总投资80余亿元。第六届荷花节于2012年8月举行，与贵州盘江投资控股（集团）有限公司、黔西南泰龙（集团）闽龙金属冶炼有限公司、重庆群英农业投资有限责任公司、福建迪佩克投资有限公司等21家企业达成意向性协议，签约项目21个，项目涉及安龙中心商贸区一体化开发、安龙招堤湿地公园整体开发、铁合金及特种钢生产、高淀粉甘薯种植及精深加工、生态茶叶金银花精深加工、高质面粉加工、煤炭洗选、现代医院、仓储物流服务中心、生猪产业化示范基地、农产品交易市场建设等，签约项目总投资128.19亿元。

第二节　对外贸易

20世纪80年代以来，县内锑生产企业生产精锑等产品为出口免检产品，广泛出口日本、欧洲等国家。2001年，以安龙县金杯贸易有限责任公司为代表的安龙县精锑冶炼企业，生产精锑挂靠广东外贸企业出口日本、欧洲等国家，每年出口创汇在100万美元左右。其中，2001年，大坪冶炼厂有员工10人，是年完成出口交货值68万元；新星锑氧粉厂有员工8人，是年完成出口交货值60万元。2009年以后，受国际金融危机影响，精锑出口受挫，县内生产的精锑对外出口锐减。

1999年，星光电冶有限公司获自营进出口经营权许可证，产品主要出口韩国、日本、美国和东南亚等国家和地区。2001年，该公司有员工120人，全年生产铁合金6962吨，实现营业收入2281万元，工业总产值2437万元、增加值609万元，完成出口交货值2281.4万元。2002年，星光电冶公司引进湖南资金200万元，由3200千伏技改为6300千伏，年生产能力提高到1万吨，全年生产铁合金1137吨，实现营业收入2264万元、工业总产值2264万元、增加值215万元，出口交货值2264万元，上缴税金94万元。2003年，有企业员工155人，生产铁合金1万吨，实现营业收入4178万元、工业总产值1014万元、增加值335万元，出口交货值4178万元。2004年，有企业员工127人，全年生产铁合金1万吨，实现营业收入4815万元、工业总产值21104万元、增加值428万元，出口交货值4815万元。

2011年，县农业开发公司在德卧八光海子创建100公顷出口蔬菜基地，经出口检疫检验部门跟踪检测，认可德卧八光海子蔬菜基地为出口蔬菜基地。2012年，县农业开发公司注入新的资本，组建贵州金州农业开发公司，以经营出口蔬菜为主，相继将芥蓝、菜心、上海青、青白仔、娃娃菜、莜麦菜、豆苗等产品销往马来西亚等东南亚国家及中国港澳地区。是年，贵州金州农业开发公司挂靠云南省进出口企业外销创汇50多万美元。

第七章　金融业

1979年前，县内用于基本建设的资金，由县财政局设专人管理。1979年5月，建立中国人民建设银行安龙县支行，按国家政策、计划，管理基本建设、地质勘探的支出预算，办理基本建设更新改造拨款、信贷和结算，管理建筑安装企业的财务，并对这些单位实施财政和信贷监督。1980年1月，中国农业银行安龙县支行再次从人民银行分离出来，下领县信用合作联社及下属8个区（镇）中心社和8个营业所。中国人民银行安龙县支行下领城关储蓄所和各区办事处。1984年，中国人民银行在县内履行中央银行相关职责，具体领导和管理全县的金融事业，不再办理对个人、企业的存贷业务，只办理国库业务和金融机构往来业务，承办人民银行总行支持“老、少、边、穷”地区专项贷款、金银开发贷款等的考察、评估、发放。1984年1月，设立中国工商银行安龙县支行，主要办理城市工商信贷和储蓄业务，下设北大街、顺城东街两个储蓄所和各区及天生桥办事处，1987年增设支行储蓄专柜和马场坝办事处。1987年，农业银行安龙县支行分设安龙信用合作联社，下领8个区镇中心社和38个信用社。1988年5月，成立安龙兴融城市信用社，为县内首个民间集资的金融机构。到1988年，全县金融机构各项存款余额3842万元，比1978年增长431.4%；全县金融机构各项贷款余额9399万元，比1978年增长890.41%。

1985年1月，建立中国人民保险公司安龙县支公司，委托农业银行城乡分支机构，在信用社县联社、城市信用社开设保险业务代办处，主要险种有企业财产强制保险、运输工具保险、货物运输保险、家庭财产保险、团体人身保险、简易人身保险、旅客意外伤害保险、人身意外伤害保险、学生平安保险、养老金保险和农业保险等。到1988年，县保险机构共经办保额3864万元，收取保费83万元，理赔440件次，赔偿金额47.76万元。

第一节　银　行

一、中国人民银行安龙县支行

1986年7月1日，根据中国人民银行〔1985〕银发433号文件和贵州省人民政府《关于中国人民银行机构有关内容的通知》，分设中国人民银行安龙县支行，行使中央银行的职能。中国人民银行安龙县支行分设后，下设行长室和人事秘书股、计划股、会计股、货币发行股等内部机构，1988年增设保卫股、纪检股和稽核股。1995年，下设机构调整为行长、副行长室，金融监管股、综合调研股、保卫股和营业室。1997年7月，增设农村信用合作管理股，负责农村信用社的监督管理；8月，再次对下设机构进行调整，具体设置为：人事秘书股（含人事、办公室、监察、工会），金融监管、稽核股，农村合作金融管理股，会计国库股（含支付、清算、科技），货币、信贷管理、调查统计股，货币发行、保卫股，金融纪检组、监察室；10月，将货币发行、保卫股分设为货币发行股和保卫股。2000年6月，内设机构调整为：办公室，金融机构监管股，会计、国库发行股（对内称会计国库发行股，对外称会计发行股、国库股），保卫股。2004年，又调整为：办公室，综合业务股，国库会计股，货币金银股和保卫股。2005年，对内设机构和岗位进行整合调整。中国人民银行安龙县支行主要职责是，贯彻执行货币政策，维护辖区金融稳定，提供金融服务，支持县域经济发展。

二、中国农业银行安龙县支行

1989年，中国农业银行安龙县支行办公地点位于小西门。1991年，搬迁至马场坝1号。

1989年，中国农业银行安龙县支行内设人事秘书股、工商信贷股、农金信合股、会计出纳股、计划统计股、资金组织股、稽核审计股、纪检室。此后不断进行调整，至2012年7月，内设综合管理部、对公业务部、个人金融部、营业部。

1989年中国农业银行安龙县支行下设龙山营业所、兴隆营业所、洒雨营业所、化力营业所、新安营业所、德卧分理处、龙广营业所。1996年，设北门分理处、金龙分理处。1997年，撤销龙山营业所、兴隆营业所、洒雨营业所、化力营业所。2004年，撤销新安营业所。2005年，撤销德卧分理处。2006年，金龙分理处更名为金龙支行，北门分理处更名为北门支行，龙广分理处更名为龙广支行。2009年5月，中国农业银行进行股份制改革，在安龙县设置“中国农业银行股份有限公司安龙县支行”，简称“中国农业银行安龙县支行”。

存款业务 品种主要有单位活期存款、单位定期存款、单位通知存款、单位协定存款、约期存款，财政性存款，保险公司存放款项，同业存款。个人存款主要有活期储蓄、定期储蓄、教育储蓄、存本取息、定活两便储蓄、个人人民币理财计划（本利丰）、外汇储蓄存款业务。

贷款业务 农业信贷，是农业银行的主要信贷业务，包括国营农业、集体农业、农户贷款，扶贫贷款、扶贫贴息贷款、农业开发贷款、林业贷款等；商业贷款，是农业银行极为重要的一项贷款业务，包括商业、供销、粮食、烟草、乡镇企业、预购定金以及集个体商业贷款等业务；工业贷款，是农业银行增长最快的一项信贷业务，包括国营和集体工业贷款、乡镇企业贷款。按照支持的对象，可分为单位贷款业务、个人贷款业务、贴现业务。单位贷款业务主要有房地产业务、扶贫贴息业务、一般扶贫业务、单位项目融资业务、一般固定资产贷款、流动资金贷款、单位其他贷款；个人贷款业务有个人扶贫贴息贷款、个人一般扶贫贷款、个人生产经营贷款、个人商用房贷款、个人消费贷款、个人住房贷款、个人汽车贷款、助学贷款等。

银行卡业务 1998年，经人行黔西南州中心支行批准，农行安龙支行于1999年正式发行借记卡。主要产品：按照是否具有信用透支功能，分为借记卡和准贷记卡；按照发卡对象可分为单位卡、个人卡。

电子银行业务 2003年推出网上银行业务。主要产品：按照客户类型分为个人网上银行业务和企业网上银行业务。个人网上银行主要是办理信息查询、转账交易、网上缴费、银证通、银证转账、开放式基金买卖、记账式债券买卖、个人信息管理。企业网上银行业务主要是信息查询、转账交易、银行卡交易、集团理财、网上缴费、预约业务、系统管理、复核打印等。按照功能不同分为网上银行、电话银行、手机银行、消息服务、自助银行等。

2002－2012年中国农业银行安龙县支行各项存贷款余额表

表12—7—1　　　　单位：万元

年度	存款余额	贷款余额	年度	存款余额	贷款余额	年度	存款余额	贷款余额
2002	23172	18866	2006	36897	11149	2010	84389	15903
2003	28882	23709	2007	45826	11747	2011	—	—
2004	33867	23862	2008	63169	8366	2012	121655	—
2005	34715	13965	2009	64292	11607			

三、中国建设银行股份有限公司安龙县支行

1984年10月1日，成立中国人民建设银行安龙县支行，支行本部设在城关镇新马路，另在县城北大街钟鼓楼设有储蓄所。

建行安龙县支行成立以来，在承继原有财政职能的同时，不断拓展银行职能，先后开办信贷资金贷款、居民储蓄存款以及政策性房改金融业务和个人住房抵押贷款等多种业务。各项业务快速发展，信贷资产和负债取得数倍增长，从单一管理财政资金、办理基建拨款监督的银行，发展成为既管财政投资，又经营信贷业务，既办理固定资产投资信贷，又发放配套流动资金贷款，以办理中长期信用为主的国家专业银行。

1989年9月，成立中国人民建设银行安龙县支行龙广铁道办事处；1991年8月，成立建行德卧铁道办事处。

1994年3月，中国人民建设银行安龙县支行不再履行财政职能，向商业银行转轨，全商业化运作，更名为中国建设银行安龙支行。中国建设银行安龙支行按照商业银行管理的要求，对经营管理体制进行全面改革，向商业银行转轨迹。建设银行安龙支行下辖钟鼓楼储蓄所、德卧镇铁道办事处、龙广镇铁道办事处3个网点和支行本部。两个铁道办事处为南昆铁路建设提供金融服务，支行本部和钟鼓楼储蓄所为城乡居民提供金融服务。是年末，按总行改革要求，先后对资金管理体制、信贷管理体制、财务管理体制和会计核算体制进行或正在进行一系列重大改革，建设银行对客户经营战略和区域经营战略进行重新定位。

1996年，建成资金清算系统，为客户提供快捷、安全、高效的电子汇划服务，实现异地系统内资金清算24小时内到账。基本完成从单机操作向全行性网络包括电子资金清算系统、龙卡网络网络化交易过渡。1997年，建设银行系统、会计总账传输系统和电子邮箱系统实现全国联网，成为县境首家全国联网的商业银行。

1998年9月，随着南昆铁路建设工程结束和中国建设银行总行机构改革步伐的逐步推进，应总行要求，撤销龙广铁道办事处。

2003年8月，应中国建设银行总行股改要求，对机构进行撤并，撤销钟鼓楼营业所和德卧铁道办事处。2004年9月，更名为中国建设银行股份有限公司安龙支行。

2005年，分别给予贵州省金宏化工、安龙县华虹化工2.5亿元、2亿元信贷支持。

2010年，建行安龙县支行仅保留支行本部1个营业网点，属于综合型业务机构，内设客户部、营业室、行长室，位于县城金龙市场，另在县城西区设置自动取款机1台。主要经营信贷资金贷款、居民储蓄存款、外汇业务、信用卡业务，以及政策性房改金融业务和个人住房抵押贷款等多种业务。年末存款总额73417万元，贷款总额6417万元，实现利润总额958万元。至2012年年末，建设银行安龙县支行一般性存款余额92579万元，其中对公存款余额51923万元，比年初下降1478万元，个人存款余额40656万元，比年初新增5365万元。

四、中国工商银行安龙县支行

1984年1月1日，中国人民银行决定不再开展商业银行业务，将中国人民银行原有个人及工商企业存款划拨出来单独成立中国工商银行。1988年6月，成立马场坝办事处，1991年10月撤销。2001年，成立西城分理处，撤销天生桥分理处。

2005年4月18日，国家批准工商银行的股份制改革方案；6月末，中国工商银行的股改财务重组基本完成。是年，工行安龙县支行撤销东门办事处、西城分理处、北大街办事处和支行储蓄专柜，实行“两部一室”。

20世纪90年代，工行安龙县支行率先推出95588电话银行服务；2004年，推出“银保通”系统，代理销售保险，代收保费。至2010年，由自助银行、电话银行、手机银行和网上银行构成的电子银行立体服务体系日益成熟，中国工商银行安龙县支行设置两个离行式自助银行和1个在行式自助银行，发行贷记卡、准贷记卡、灵通卡、商友卡、交通卡、多币种信用卡等多种信用卡产品。2010年年末，工行安龙县支行各项存款总额为62402万元，其中活期存款53180万元、定期存款9222万元；各项贷款余额22569万元，中间业务收入337万元，实现账面利润1592万元。

中国工商银行安龙县支行2012年主要经营指标

表12—7—2　　　　单位：万元

分类	项目		责任目标	实际完成
发展目标	存款	储蓄存款时点增量	3450	4873
		机构存款时点增量	3500	978
		公司存款时点增量	4500	−8169
		同业存款时点增量	1000	3025
	贷款	公司贷款日均增量	600	−2.5
		个人贷款日均增量	1500	2
	扩户（户）	机构客户净增数	10	11
		公司客户净增数	37	71
		个人中高端客户净增数	190	797

分类	项目	责任目标	实际完成
效益目标	拨备前利润	2440	1351
	中间业务收入	625	173
渠道结构变化	柜面业务可分流率（%）	45.52	47
风险控制	内控评价一级，贷款不良率下降，保持零案率。		

五、信用合作机构

1989年，县农村信用合作联社，下领8个区（镇）中心社和38个农村信用合作社，行政隶属于县农业银行。另外还单独设有兴融城市信用合作社。

1996年，农村信用合作社与县农业银行脱离行政隶属关系，建设成为农村合作型金融组织，全县辖16个农村信用社和1个营业室。1998年，县信用联社设置业务综合股、稽核股、监保股、营业室，辖12个法人机构和6个非法人机构。1999年，增设金龙分社，并以此为试点社，在全县范围内推行“双聘”制度，对员工公开竞聘；全县辖12个法人机构和8个非法人机构。2000年，县信用合作联社内部设置为综合业务科、稽核监察科、保卫科、联社营业室，撤销业务量小的分社2个，全县辖12个法人机构和6个非法人机构。2001年，经中国人民银行成都分行批准，兴融城市信用合作社更名为兴融农村信用合作社，纳入农村信用合作社机构管理；县联社内部设置改为业务财务科（含人事综合、办公室职能）、监察稽核科、保卫科、科技科和营业室；撤销业务量小，安全设施不达标的信用分社5个，全县辖12个法人机构和1个非法人机构。

2002年，实现联社营业室、兴融、新桥、龙广和普坪5个营业网点储蓄业务通存通兑，全县辖13个法人机构和3个非法人机构。2003年，撤销分社2个，全县14个营业网点全部过渡到全省统一的计算机综合门柜业务系统，全部业务操作实现电子化处理。

2005年4月28日，县农村信用合作联社以县为一级法人社挂牌营业。县联社设置营业部，负责对外营业，同时设置联社办公室、财务信息部、人力资源部、稽核审计部、业务发展部和监察保卫部。2006年3月，县联社内部机构增设科技部，并建立专门的工会组织。

1996－2012 年安龙县农村信用合作联社年末存贷款余额

表 12—7—3　　　　单位：万元

年度	存款	贷款	年度	存款	贷款	年度	存款	贷款	年度	存款	贷款
1996	4939	3234	2001	9188	6066	2006	37520	23069	2011	151761	93658
1997	5988	3549	2002	12406	12959	2007	47520	30610	2012	186826	118443
1998	6582	3762	2003	13663	13803	2008	—	—			
1999	6839	4752	2004	18385	15780	2009	85806	59855			
2000	7003	4755	2005	28442	18556	2010	121820	76178			

六、中国邮政储蓄银行安龙县支行

2011 年 11 月 8 日，中国邮政储蓄银行安龙县支行挂牌成立，内设综合业务部、信贷部、公司业务部 3 个职能部门。新成立的中国邮政储蓄银行安龙县支行继续依托邮政网络经营，按照公司治理架构和商业银行管理的要求，建立内部控制和风险管理体系，实行市场化经营管理。其市场定位是：依托和发挥邮政网络优势，完善城乡金融服务功能，以零售业和中间业务为主，为城市社区和广大农村地区居民提供基础金融服务，与其他商业银行形成互补关系，支持社会主义新农村建设。

2012 年年初，中国邮政储蓄银行安龙县支行个人储蓄余额 1289 万元，年底增长到 3091 万元，信贷业务结余 5682 万元，商务贷款结余 3559 万元，再就业小额贷款结余 1270 万元，小额贷款结余 850 万元，二手房贷款结余 2.62 万元。12 月，建成新桥镇荷花村信用村。

第二节　存款与贷款

一、信贷

中国人民银行安龙县支行自 1987 年行使中央银行的职能，不再直接从事存贷款金融业务。

1989 年，中国人民银行安龙县支行以“紧缩银根、稳定金融，整顿金融秩序、深化金融改革”为指导思想，执行“控制总量，调整结构，保重点，压一般，适时调节”金融政策，年末各项存款余额 3694 万元，比 1987 年增长 10%，其中企业存款 1188 万元、财政存款 151 万元、机关团体存款 284 万元、储蓄存款 1539 万元；各项贷款年末余额 9731 万元，比 1987 年增长 12%，主要支持商业、供销、粮食购进等项巨，特别加大了对农村的贷款，全年发放贷款 36 笔共 1660 万元。

1990 年，执行“控制总量，调整结构，保证重点，压缩一般，提高效益”的货币信贷方针，积极组织资金，搞好供应，年末各项存款余额 5661 万元，比年初增长 52.34%，是 1987 年的 168.58%。

1995 年，围绕“适度从紧的货币政策，坚决抑制通货膨胀，进一步强化　金融监管，改善金融服务”方针，以“大监管、大调研、大服务”为重点，加强内部机构改革，转换职能，年末各项存款余额 23376 万元，较年初增长 40.05%，是 1987 年的 5.96 倍，其中企业存款 3925 万元、财政存款 529 万元、机关团体存款 1018 万元、储蓄存款 16558 万元；年末各项贷款余额 19253 万元，较年初增长 14.2%，是 1987 年的 2.22 倍。

1998 年，深化金融改革，以“统揽全局，精心部署，狠抓落实，团结一致，艰苦奋斗，开拓向前”为指导，狠抓干部队伍精神文明建设，强化内部管理，加大辖区内金融监管力度，进一步完善农村信用社的清理整顿，有效化解地方金融风险，保证金融经济平稳运行，年末各项存款余额41997万元，较年初增长20.48%，是1987年的12.5倍，其中企业存款13329万元、财政存款816万元、机关团体存款1348万元、储蓄存款23645万元；年末各项贷款余额33236万元，较年初增长19.42%，是1987年的3.84倍。

2003年，以“加大力度，改进作风，切实强化内部管理，提高金融服务质量，支持地方经济发展”为指导思想和行动目标，年末各项存款余额74100万元，较年初增长21.33%，是1987年的20.7倍，其中企业存款17567万元，财政存款2691万元、机关团体存款2675万元、储蓄存款49669万元；年末各项贷款余额38292万元，较年初下降0.25%，主要是围绕县委、县政府提出的落实“两个基础”培育“八大支柱”工作思路，重点支持电力、扶贫开发、冶金和农业，其中农村信用社发放支农再贷款3900万元，惠及18173户农户。

2005年，遵照“严格管理，保证安全，扎实工作，全面履职，奋发进取、创先争优”工作思路，年末各项存款余额116922万元，较年初增长21.38%，是1987年的34.82倍，其中企业存款21377万元、财政存款5581万元、机关团体存款7421万元、储蓄存款77566万元；年末各项贷款余额70053万元，较年初增长74.25%，是1987年的8.11倍，主要是围绕县委、县政府提出的“做大重化工，搞好煤加工，发展小水电，建设小城镇”，搞好金融服务工作，重点倾斜重化工和三农经济发展。

至2012年，全县金融运行平稳，存贷款呈“双增”态势。全县金融机构各项存款余额为550145万元，较年初增加68978万元，增长14.34%。其中个人存款余额为331057万元，较年初增加56756万元，增长20.69%。全县会融机构各项贷款余额为190738万元，较年初增加42257万元，增长28.466%。其中短期贷款为75438万元，较年初增加18070万元，增长34.50%；中长期贷款为115299万元，较年初增加24187万元，增长26.55%。

二、专项和短期贷款

1989年，县人民银行向专业银行发放临时贷款36笔共1660万元。

1991年，发放短期贷款685万元，其中春耕生产85万元、夏粮收购240万元、秋粮收购300万元、烤烟收购60万元；发放专项贷款500万元；发放地方经济贷款1笔、10万元，用于新桥茶场大叶茶抚育；发放县城自来水工程建设贷款42万元。

1992年，发放短期贷款30笔、2545万元，发放经济开发贷款66万元，发放老、少、边、穷地区经济发展贷款24万元，发放金银专项贷款1395万元。

1993年，发放短期贷款9笔、870万元，发放专项贷款759万元。

1996年，收回专项贷款本金8.9万元，收回利息5.4万元。

1989－2012年安龙县存款、贷款情况表

表12—7—4　　单位：万元

年份	存款余额	其中				贷款余额	其中		现金投放	现金回笼	净投放
		企业存款	财政存款	机关团体	储蓄存款		短期贷款	中长期贷款			
1989	3694	1188	151	284	1539	9731	—	—	10138	10180	−42
1990	5661	1808	208	335	2550	10309	—	—	10771	10793	−22
1991	7185	1744	157	485	3911	12384	—	—	13045	12285	760
1992	10627	3329	174	515	4883	14591	—	—	16604	14599	2005

续表 12—7—4　　　　单位：万元

年份	存款余额	其中				贷款余额	其中		现金投放	现金回笼	净投放
		企业存款	财政存款	机关团体	储蓄存款		短期贷款	中长期贷款			
1993	12595	3411	288	461	6312	16077	—	—	23382	19068	4314
1994	16690	4303	467	875	9021	13557	8593	4964	36173	26665	9508
1995	23376	3925	529	1018	16558	19256	11425	6645	44348	35575	8773
1996	29962	5211	1997	1120	20242	22706	14097	7060	60238	48198	12040
1997	34858	9999	1004	835	22747	27830	11997	9334	82481	70187	12294
1998	41997	13329	816	1348	23645	33236	11110	5913	123093	115912	7181
1999	44369	13779	1116	1662	26424	29853	13370	7958	133556	127273	6283
2000	49930	16340	979	1743	29769	32060	13482	18528	169154	169611	−457
2001	54263	14639	1240	2418	34891	33403	11869	21534	210062	212043	−1981
2002	61072	15512	1475	1872	40662	39260	18701	20559	237676	233971	3705
2003	74100	17567	2691	2675	49669	38292	19506	17970	280083	276529	3554
2004	96569	24033	5166	2396	62335	40202	17864	22228	347329	331372	15957
2005	116922	21377	5581	7421	77566	70053	18757	51296	373990	364112	9878
2006	114101	18438	10682	12376	96345	73619	21345	52274	403343	391188	12155
2007	184288	25624	17655	14557	117970	72579	27571	45008	495624	482480	13144
2008	241271	37680	16768	29686	145868	84684	27255	57129	48890	46588	2302
2009	307102	42870	27150	41020	176285	103900	42596	61304	69897	63746	6151
2010	405339	58250	24712	65089	225269	121814	51360	70454	79247	75019	4228
2011	481167	80511	27270	99072	274301	148481	57368	91112	88853	45375	43478
2012	550145	98523	37843	82712	331057	190738	75438	115299	84920	50809	34111

第三节　金融业监管

1986 年 7 月，中国人民银行安龙县支行分设后，行使银行业监管职责。

1989 年，全县银行业监管工作重点是：加强货币发行管理，维护发行工作目标制度。全年货币回笼 1452.4 万元，发行 1434.4 万元，发行国库券、保值公债 125 万元，兑付国库券 408 万元，整点残损券 526 捆共 48.6 万元，出入库 457 次，合格率 100%。在会计制度监管上，办理票据交换 1844 笔，抵用率 100%。清核各项利息收入 631.21 万元，各项利息支出 147.73 万元，金融机构往来利息 8524.88 万元，金融机构利息支出 4549.05 万元。

1990 年，对兴融城市信用社进行清理整顿，收回逾期贷款 31.7 万元；对县境 7 个区、2 个镇和县信用社等金融机构进行清理整顿，完善规章制度，严格会计结算纪律，杜绝“吃、拿、卡、要”等歪风。

1993 年，重点监管短期贷款，全年发放短期贷款 6 笔共 410 万元，收回贷款 870 万元；对专项贷款执行“五优先、五从严、八不贷”和“区别对待、扶优限劣”原则，发放专项贷款 759 万元。

1995年，遵照“加强金融管理、整顿金融秩序”精神，开展金融机构的设、撤、迁及金融许可证的更换、年检工作，审核上报申请设立机构6个，更换许可证1个。

1996年，重点对全县金融机构货币实施、信贷资金管理、结算管理、机构负责人任职资格等方面检查，全年现金检查3次、10人次、39个工作日，利率检查1次、2人次、22个工作日，检查机构22个，结算制度检查2次、8人次，对13个国库经理处分别检查2次，对44个金融机构进行年检。

1997年，遵循“履行中央银行职能、加强金融管理、保一方金融平安”“遇疑必查、有查必复”原则，完成会计业务14.4万笔，清算辖区内资金2692笔，涉及资金6993万元，联行往来20641笔共161.2亿元。

1998年，完成中国建设银行安龙县支行龙广办事处、中国农业银行安龙县支行龙广办事处的撤销和中国农业银行安龙县支行兴隆营业所、安龙邮政储蓄的迁址工作；3月底和10月初，分别对全县商业银行进行结算纪律检查。对农村信用社专项监管，年初有资不抵债的高风险社6个，债额130万元；两呆贷款（呆滞贷款：逾期超过一年期限仍未归还的贷款，呆账贷款：不能收回的贷款）比例超过30%的有4个；至年底，高风险社10个，其中资不抵债的4个，债额76万元，“两呆”贷款比例超过30%的有10个。在监管中，采取各种化解措施，完成化解指标95%。

1999年，召开全县监管工作会议，组织15人，分别对辖区内21家金融机构现场监查，审查批准设立机构2家、撤销金融机构2家、营业地址搬迁2家，分别将18个机构、23名高级管理人员资料进入微机管理，审查通过高级管理人员资格14人。

2001年，以“制度治行、制度兴行”为指导，制定《中国人民银行安龙县支行责任目标津贴分配管理办法》《中国人民银行安龙县支行内部待岗实施办法》《中国人民银行安龙县支行选拔正、副股长暂行办法》《中国人民银行安龙县支行请休假规定》，补充完善《中国人民银行安龙县支行公物采购制度》《中国人民银行安龙县支行医药费报销管理制度》等。

2002年，加强现场检查和非现场检查，督促农村信用社完成等级评定，制定《不良贷款“双降”工作措施》，全县13个农村信用社实现盈益。是年，全县不良贷款下降至1213万元，下降9.8%，其中农村信用社不良贷款下降572万元，为计划的266%，较年初下降28%；化解农村高风险信用社10个。在全县16个乡镇、287个行政村、1890个村民小组中开展作用等级评定工作，评定信用户79306户，占全县总农户数的87%。

2003年，围绕不良贷款“双降”工作，分管行长、股长、在岗人员分别签订《工作目标责任书》，明确监管任务。

2004年3月4日，中国银行业监督管理委员会黔西南监管分局安龙办事处（简称安龙县银监办）挂牌成立，为中国银行业监督管理委员会黔西南监管分局的派出机构。其职责是，在黔西南银监分局的授权下，重点对辖内独立法人的农村中小金融机构（主要是县信用联社）实施非现场监管；在黔西南银监分局的统一部署下开展对辖区银行业金融机构现场检查；在黔西南银监分局的授权下，对涉及县辖银行业金融机构的行政许可事项实施调查、考察、谈话，并出具初审意见；对辖区内银行业金融机构开展案件专项治理工作督查；收集辖区内银行业金融机构业务报告、报表和有关金融风险信息，向上级监管部门报告；定期向县委、县政府汇报工作开展情况，协调相关单位和部门，支持和促进县域经济的发展；承办黔西南银监分局交办的其他工作任务。是年，全县有工商银行、农业银行、建设银行、县信用联社和邮政储蓄5家金融机构，下辖营业网点29个，其中工商银行2个、农业银行4个、建设银行2个、县信用联社16个、邮政储蓄5个，为客户办理存款、取款、对公、贷款和代理中间业务等。年末全县金融机构各项存款91436万元，其中工行19618万元、农行33867万元、建行12087万元、信用联社18320万元、邮政储蓄7544万元。

2004—2012年，安龙县银监办开展的工作主要有：①增设银行业金融机构1家：安龙县邮政储蓄银行；增加6个银行业分支机构：县信用联社增加城北、金荷信用社，县邮政储蓄增加兴隆、平乐、新桥、坡脚营业所。②对全县银行业金融机构实施案件专项治理工作督查，银监办每季度定期开展对辖区内工行、农行、建行、邮储银行、邮政储蓄和县信用联社的案防工作督查。③对辖区银行业金融机构的现场检查，开展序时性检查、信贷检查、财务真实性检查、内控制度检查、主要监管指标和经营成果真实性检查、案件专项治理检查、拨备真实性检查、营业机构安全设施检查、中间业务检查等。④参加对被监管机构高级管理人员任职资格审查、机构撤销、升格、新增机构设立等行政审批事项和重要事项变更等方面的初审。⑤重点监管农村中小金融机构县级法人，完善其法人治理。⑥推进县信用联社向农村商业银行改制。2012年5月，启动安龙县农村商业银行股份有限公司筹建工作。⑦启动村镇银行建设工作，力争在2014年前成立安龙县村镇银行。

至2012年年末，县境共有工商银行、农业银行、建设银行、邮储银行、县信用联社、邮政储蓄6家金融机构；有营业网点33个，其中工商银行1个、农业银行4个、建设银行1个、县信用联社18个、邮政储蓄9个；银行业金融机构各项存款51.46亿元，其中工行6.77亿元、农行12.17亿元、建行9.26亿元、邮储银行2761万元、联社18.68亿元、邮政储蓄4.3亿元；有自动取款机（ATM机)46台，其中存取款一体机13台、自动取款机33台，工行7台、农行15台、建行2台、邮储银行1台、联社14台、邮政储蓄7台；乡镇便民取款点113台，其中农行87台、县信用联社26台。

第四节　民间信贷

县境民间信贷主要表现为民间小额信贷和典当。民间小额信贷公司和典当行自2009年开始落户县境，至2012年年底，县内共有4家小额贷款公司、1家典当行：安龙县融信小额贷款有限责任公司、安龙县民生小额贷款有限责任公司、安龙县恒信小额贷款有限责任公司、安龙县琼源小额贷款有限责任公司和安龙县麒麟典当有限责任公司。安龙县小额贷款公司、典当行以支持县域经济发展为主要为宗旨；以信用、保证和抵押物为主要方式；以利率合理、额小面广、风险分散为原则；以依法合规、稳健经营、持续发展、实现目标为经营理念。面向全县广大农户、个体工商户、个体经营户、中小微企业发放贷款。

安龙县融信小额贷款有限责任公司，成立于2011年12月27日，法人代表吴明海，注册资本1100万元；安龙县民生小额贷款有限责任公司，成立于2012年4月20日，法人代表王永宏，注册资本1000万元；安龙县恒信小额贷款有限责任公司，成立于2011年11月7日，法人代表颜克忠，注册资本2000万元；安龙县琼源小额贷款有限责任公司，成立于2011年8月4日，法人代表宋战波，注册资本1000万元；安龙县麒麟典当有限责任公司，成立于2009年，注册资本1000万元。

第五节　保险业

一、中国人民保险公司安龙县支公司

1985年，中国人民保险公司安龙县支公司成立，当年收取保费8万元。1993年，保费收入突破100万元。1996年，中国人民保险公司分业经营，分别成立中保财产保险有限公司安龙县支公司和中保人寿保险有限公司安龙县支公司。1998年10月，中保财产保险有限公司安龙县支公司更名为中国人民保险公司安龙县支公司，主要从事财产保险业务。2003年7月，更名为中国人民财产保险股份有限公司安龙县支公司。2007年，保费突破1000万元。2012年，保费突破2000万元，有员工20人，营销服务部3个，

主要办理车辆保险、财产保险、责任保险、意外保险、健康保险、船舶货运保险、农业保险六大类40多个险种。

1989－2012年中国人民财产保险股份有限公司安龙支公司保险业务经营表

表12—7—5 单位：万元

年度	机构数	保费收入	增长率	已决赔款金额	满期返还金额	税金	利润
1989	1	47	46.88%	31	—	—	—
1990	1	43	−8.51%	42	—	—	—
1991	1	60	39.53%	59	—	—	—
1992	1	87	45.00%	56	—	—	—
1993	1	149	71.26%	177	—	—	—
1994	1	195	30.87%	136	—	—	—
1995	1	263	34.87%	128	—	—	—
1996	1	265	0.76%	134	2	14	20
1997	1	316	19.25%	119	—	29	64
1998	1	382	20.89%	140	123	33	96
1999	1	373	−2.36%	167	17	32	91
2000	1	362	−2.95%	196	24	32	91
2001	1	403	11.33%	193	32	28	80
2002	1	450	11.66%	250	7	30	63
2003	2	503	11.78%	284	2	30	82
2004	3	536	6.56%	291	10	29	98
2005	3	728	35.82%	267	—	40	−51
2006	3	894	22.80%	464	—	49	194
2007	3	1238	38.48%	618	—	63	63
2008	4	1422	14.86%	1003.95	—	68	149
2009	4	1706	19.97%	897	—	87	123
2010	4	1864	9.26%	831	—	93	151
2011	4	1980	6.22%	776	—	102	383
2012	4	2270	14.65%	1238	—	115	209

二、中国人寿财产保险安龙县支公司

中国人寿财产保险股份有限公司（以下简称“中国人寿财险”）系中国人寿保险（集团）公司旗下核心成员，成立于2006年12月30日，注册资本人民币150亿元，经营范围包括财产损失保险、责任保险、信用保险和保证保险、短期健康保险和意外伤害保险，上述业务的再保险业务，国家法律、法规允许的保险资金运用业务，经中国保监会批准的其他业务。在全国设立33家分公司、268家中心支公司、801家支公司、317家营销服务部。中国人寿财险安龙县支公司成立于2010年10月12日，至2012年，实现保费收入690.2万元。

2010－2012年中国人寿财险安龙县支公司保险业务经营表

表12—7—6 单位：万元

年度	机构数	保费收入	增长率（%）	已决赔款数	税金	利润
2010	1	199.15	—	197.78	11.05	−86.68
2011	1	493.11	147.61	181.47	27.13	58.07
2012	1	690.2	39.97	331.3	37.96	−3.86

三、中国人寿保险股份有限公司安龙支公司

中国人民保险公司安龙县支公司成立于1985年5月，经营人寿和财产保险。1996年2月，中国人民保险公司分业经营，分别成立中保人寿保险公司和中保财产保险公司。1999年1月，中保人寿保险公司更名为中国人寿保险公司。2003年8月28日，经国务院同意，中国保险业监督管理委员会批准，中国人寿保险公司正式重组为中国人寿保险（集团）公司。中国人寿保险股份有限公司为集团公司下设的子公司，主要经营人身保险、子女婚嫁教育金保险、健康保险、意外伤害及各类投资理财分红、养老等50余种人寿保险产品，值得一提的是学生幼儿平安保险，由于保费低、保障高，该业务开办20多年来深受学生和家长的喜爱。近年来，中国人寿保险股份有限公司安龙支公司开办的投资理财类分红养老等系列保险产品，扭转了保险产品单一的问题。同时，中国人寿保险股份有限公司安龙支公司及时推行农村小额贷款借款人意外伤害保险及定期寿险，县公司与县农村信用联社等多家商业银行对该业务建立合作关系，化解了银行贷款金融风险，发挥了商业保险在社会保障中的补充功能。

至2012年12月，中国人寿保险股份有限公司安龙支公司下设个人业务部、团体业务部、银行保险部、组训部、综合部和客户服务中心和德卧、龙广营销服务部，保险服务网点将逐步覆盖全县各乡镇，有员工（含保险营销员）85人，其中高、中级管理人员12人，年保费收入2308万元，累计承保客户65万人次，累计承担风险保障近75亿元，累计支付各类赔款2.56万余件，金额4150万元。

1989－2012年中国人寿保险股份有限公司安龙支公司保险业务经营表

表12—7—7 单位：万元

年度	机构个数	保费收入	增长率（%）	已决赔款金额	满期返还金额	税金	利润
1989	1	47	46.88	31	—	—	—
1990	1	43	−8.51	42	—	—	—
1991	1	60	39.53	59	—	—	—
1992	1	87	45	56	—	—	—
1993	1	149	71.26	177	—	—	—

续表 12—7—7 单位：万元

年度	机构个数	保费收入	增长率（%）	已决赔款金额	满期返还金额	税金	利润
1994	1	195	30.87	136	—	—	—
1995	1	263	34.87	128	—	—	—
1996	1	350	33.08	101	18	15	18
1997	1	388	10.86	108	32	16	52
1998	1	456	17.53	125	53	26	65
1999	1	502	10.09	136	58	30	63
2000	1	535	6.58	153	63	33	92
2001	1	580	8.41	135	68	35	95
2002	1	610	5.17	160	59	38	81
2003	1	686	12.46	163	82	42	96
2004	1	725	5.69	206	85	39	82
2005	1	908	25.24	225	106	45	62
2006	1	1260	38.77	218	123	51	121
2007	1	1383	11.71	233	134	66	123
2008	1	1520	9.91	256	142	69	153
2009	1	1765	16.12	245	160	81	162
2010	1	1985	12.46	275	169	92	183
2011	1	2160	8.82	239	251	103	268
2012	1	2308	6.85	213	265	116	313
合计	—	18965	—	3919	1868	897	2029

第十三篇　旅游业

第一章　历史文化名城建设

安龙县历史悠久，早在旧石器时代晚期，安龙就已有人类的活动。人们在这块土地上繁衍生息，创造了古老的文明，留下了龙广观音洞、七星洞、铜鼓山菩萨洞等古人类遗址。南明永历六年、清顺治九年（1652年），南明永历朝廷播迁安龙，使安龙成为全国抗清斗争的中心，带来了文化发展的第一次高潮。清代以后，安龙成为黔西南地区政治、经济、军事、文化中心，影响久远。20世纪80年代以后，县委、县政府加强历史文化建设，启动历史文化名城申报工作。1992年6月，安龙县被贵州省人民政府批准为贵州省首批省级历史文化名城。

第一节　历史文化资源

一、地理环境

安龙城始建于明代永乐年间，背山面水，“西北踞于平陆，可借绿海以为池，东南渐高，盘于龙井、桅峰二山之腰；雉堞飞驻，峰峦突兀，可划疆而守”（见《兴义府志》）。

城的东、西、南三面群峰罗列，山无连绵之势，孤峰卓立，峭插碧空，状如一群“金字塔”。城东北是著名的陂塘海子，过去，水面有十数里之遥，遍植芰荷，盛产鱼虾，时有渔船穿梭其间。山环水抱的特殊地理环境，产生神秘奇特的“烟锁龙城”奇观。清晨或傍晚，远望龙城，有一层淡蓝的雾霭浮游在小城上空，疑是海市蜃楼。清代诗人黄世文曾咏赞道：“奇峰环立绕名城，岚气晴光日送迎。远翠连空朝有致，轻烟著树听无声。重重竞秀凝秋色，浅浅含虚接太清。为谢长风开别面，春山万里一时明。”

二、古代建筑

县城旧基，原在城南，古城所依恃的龙井、桅峰二山之腰，尚可见城墙、石碉遗迹。城墙最初修筑于明洪武二十三年（1390年），经清乾隆、道光年间两次扩建，蔚为壮观，成为贵州著名的城垣之一。

古城内街巷呈十字布局，建筑风格多姿多彩，有清幽朴素的灰檐瓦舍，有现代建筑构成的繁华街市，有古色古香的青石小巷，尤其是众多的近、现代著名人物的历史遗迹点缀其间，形成一座既有现代气息，又较多地保留古城风貌。

城内名胜古迹众多，有著名的风景区招堤，驰名省内外的“明十八先生墓”，清咸丰、同治年间回民起义军首领“张凌翔、马河图墓”及同时期的“万人坟”，有晚清军机大臣、体仁阁大学士张之洞于此读书时的遗迹；还有“南明三王墓”，纪念辛亥革命武昌起义副总指挥、苗族革命先驱王宪章的“豹皮亭”以及“兴义府试院”、天主教堂、基督教福音堂及一些庙宇寺观等古建筑。

1992年6月，由于历史悠久，名胜古迹众多，安龙县被贵州省人民政府批准为贵州省首批省级历史文化名城。

第二节 建设规划与修复保护

新中国成立后，县城建设发展迅速。1955年拆除城墙，填平护城壕，形成新大街，并发展成商业贸易中心地段。县城继续向东、西、北三方延伸，主要街道在原有基础上扩宽，铺砌水泥路面，增修排水沟，架设输电线路，安装自来水。1978年以后，钢筋混凝土楼房竞相出现，瓦房则逐渐减少，草房逐渐绝迹。

1989年，城内有北大街、草纸街、卷洞街、北门坡、新马路、顺城西路、顺城东路、广东街、大同路、市巷口、硫磺街、府后街、段石街、周家巷、杨家巷、景家巷、张家巷、西关街、大西门、公园路、太平街、义仓街、水闸子、文化路、罗家院、姬家井、景家冲、张家塘、小西门、新街口、马家井、顺山街、梓桐阁、滨海路等34个街巷。顺城街横穿东西，北大街、草纸街纵贯南北，纵横交汇处为县城商业中心，两侧多为三层以上楼房，浓荫匝地，店铺林立。城南多古街巷，石板路面层叠而上，石墙瓦檐，藤萝披拂，高墙深院，较多地保存了古城的风貌。

进入21世纪后，安龙县以打造“荷都”品牌为目标，提出“都市生活、南明文化、招堤景区”的三元建设格局，将县城建设分为3个相对独立而又有联系的整体。从县城的西龙桥以西，建一座功能完备、具有现代都市色彩的集办公、商贸、居住和娱乐为一体的“都市生活”新城区。西龙桥以东至招堤风景区，以挖掘南明历史文化、重现明清历史风貌为建设重点，恢复“南明古城区”，彰显历史文化名城的文化底蕴。从“招堤”往东至绿海子，重点扩大荷花种植面积，建设万亩荷花基地和完善旅游设施。围绕3个建设重点，投资1000多万元建成一条宽36米、长1800米的西城区开发大道，另有南一横大道和晒纳路、迎宾路和10余条城市次干道，构成西城区道路骨架网络。拓宽融资渠道，筑巢引凤，招商引资，由房地产公司投资开发建设西苑小区、金凤苑小区、西龙商贸城、金荷名都商住小区、鸿福商住小区、盛世龙城等商住小区；投入600多万元，在老城区修复南明行宫和兴义府试院，使之与原有的南明十八先生墓、招堤半山亭等历史人文景观连成一片，构成“南明文化”景区；投资3000多万元，新增连片荷花种植130余公顷（2000多亩），形成名副其实的“十里荷花”。

2007年，县政府委托黔西南自治州设计院编制《永历行宫——试院片区控制性详细规划》，编制范围20公顷。

2008年8月，启动县城历史民居保护和北门坡古街修复整治工程，以北门坡片区修复整治为起点，逐步修复整个古城。北门坡是县城北城门内的主要街巷，北接钟鼓楼，修复后北门坡将成为传统商贸休闲片区和居民客栈接待游览片区，成为展示南明历史文化的旅游名片。北门坡片区修复整治规划总用地面积3.44公顷、特色民居建筑面积15580平方米，商业开发建筑面积8100多平方米，规划结构为“一轴、三片”，以北门坡为轴线形成南明历史文化展示游览片区，恢复北门坡两侧传统民居建筑，再现历史商业街区，开拓特色民间餐饮、休闲产业，民居客栈接待游览片，修复以蒋家大院为主的建筑院落，增加家庭客栈、休闲餐饮，实现保护与利用相结合。根据现状房屋质量、历史价值等确定采用拆除、翻修和修缮整治方式，统一提供仿古建筑图纸，改造主体体现在屋顶为小青瓦坡屋面、灰、白色墙面、暗红色木门窗及山墙、栏杆、柱础、屋脊等细部结构上，出台优惠政策，对古民居翻修、修缮等进行资金扶助。

2009年6月17日，县人大常委会组织调研组，启动安龙县古建筑古民居保护开发调研工作。县城西龙桥以东至塔山、桅峰山范围纳入古城修复规划，以恢复明清风貌为重点，彰显历史文化名城品牌，将保护与经济发展合理结合，建设具有安龙特色的历史文化古城，打造“锦绣安龙”“文化荷都”。将招堤景区在现有的基础上扩大2至3倍，打造成为云贵高原上独具特色的湿地公园；把古建筑、古民居的保护开发作为实施城乡一体化战略的重要举措抓好抓实，实现“都市生活、南明文化、招堤景区”的三元城市建设格局。

8月，《安龙县历史文化古城保护规划》文本通过县级评审。规划范围为以县城古城墙为界限的古城区和域墙外一定范围的协调区域，包括古城整体风格、历史文化街区和古城内各级文物保护单位，发挥历史文化资源丰厚的优势，围绕古城保护开发，倾力恢复明清古城风貌。

2010年，《安龙历史文化名城保护规划》《北门坡历史街区修复整治规划》正式实施，按照现代一历史一自然三元架构，打造“南明古都，荷香之城”。以安龙博物馆为中心，把东至新安粮管所、南至桅峰山、西至西龙桥、北至北门洞列为古城保护范围，对古城范围内遗存的具有历史、艺术、科学价值的古街、古巷、古民居、古建筑、古树等进行保护与修复。县政府发布《对第一批安龙古民居实行挂牌保护的决定》，对北门坡4号、西关街15号、景家巷7号等20户古民居进行第一批挂牌保护，并投入100多万元资金，对上述居民每年给予3000元维修补助费。县城西龙桥以东至塔山、南至桅峰山范围列入古城保护开发范围，恢复明清古城风貌，彰显厚重历史文化为重点，扎实开展古城保护开发工作。

附：

安龙文化名城历史掌故

唐保华

一、安龙简史

安龙，地处贵州西南部，早在1万多年前旧石器时代晚期，在安龙这片土地上，就已经有人类活动。人们在这里繁衍生息，创造了古老的文明，留下了观音洞、铜鼓山菩萨洞等古人类遗址。

明代以前，由于史料的匮乏，县境历史记载较少。明代以后，随着中央强化西南地区的统治，改土归流、强化教育，特别是永历朝廷播迁安龙和南笼厅、南笼府、兴义府、安义镇等政治、军事机构的建立，逐步确立了安龙在黔西南地区的政治、经济、军事、文化中心的地位，集中涌现了范文安、李琼英、景寿春等一批本土知识分子，文化教育得到前所未有的发展，也上演了“十八先生之狱”“石门关大战”“南笼府布依族人民起义”等一系列影响中国历史进程的重大事件。

安龙是贵州省第一批省级历史文化名城，一部安龙古代史就是一部贵州西南地区的古代发展史。

(一) 古人类在县境的活动

据近年来的考古发现，早在1万多年前旧石器时代晚期，县境就有人类的活动，其中较为著名的是龙广观音洞和铜鼓山菩萨洞古人类文化遗址。龙广观音洞和铜鼓山菩萨洞古人类文化均属旧石器时代晚期，与半坡氏族、河姆渡氏族等遗址在时间上大致相同。

1. 龙广观音洞古人类文化遗址

龙广观音洞古文遗址位于龙广镇七星村平广寨北的一个小峰南侧，距安龙县城37千米，系旧石器时代—新石器时代的洞穴遗址，当地人称为“先人洞”。观音洞地处槽谷型盆地中的一个溶蚀残存的小山上，洞口高12米，宽约20米，斜深约15米，南向，高出盆地面约20米。洞口西则有一穿洞，高8米，宽5米多，向里斜伸5米处有一天窗，20米处有地下水渗露。整个洞穴通风向阳，干湿适度，适宜远古人类栖息生存。

1985年3月，贵州省博物馆考古人员在这里发现古文化遗址。遗址堆积平面略呈三角形，近棕色，面积约200平方米，厚3米。初分为9层：表层为石灰华钙板覆盖，第7、9层为灰烬，厚度分为10—30厘米。除表层外，各层均含有不同程度的文化遗物。出土文物有石制品40余件，骨器7件，动物化石10多种，并有大量动物骨片和用火遗迹。用火遗迹有灰烬、烧骨和炭屑。大量的灰烬遗存，证明当时人类不但会用火，也会保留火种；而螺壳化石数量之多，在贵州同期遗址中为罕见，反映了当时生活在观音洞的人类，在进行狩猎与采集的同时，也向水域捕食。

观音洞古文化遗址的文化时代为旧时器时代晚期，距今1万多年。1985年11月2日，贵州省人民政府公布龙广观音洞古文化遗址为省级文物保护单位。2013年，国务院公布龙广观音洞古文化遗址为第七批全国重点文物保护单位。

2. 铜鼓山菩萨洞古人类文化遗址

铜鼓山菩萨洞古人类遗址位于招堤街道铜鼓井村南约4千米铜鼓山南侧，系旧石器时代—新石器时代洞穴遗址。洞呈岩厦状，向南偏西，高出地面约50米。洞高5.5米，宽10.8米，进深5米，面积约50平方米。1983年发现并发掘。文化层以棕色及褐色为主，厚约1.5米，分3层。获石制品2000余件。有石核、石片、石锤、砍砸器、刮削器、尖状器、雕刻器等。哺乳动物化石均为碎骨片，含5片鹿角和2片食肉类动物头骨等。化石中烧骨占一半，为用火证据。文化性质与兴义“猫猫洞文化”颇为相似，属旧石器时代晚期。洞外坡脚拾得磨制石锛1件，器体上保留有打制疤痕，表示其晚期已进入新石器时代早期。铜鼓山菩萨河古人类遗址系贵州省重点文物保护单位。

安龙县境除龙广观音洞古人类遗址和铜鼓山菩萨洞古人类遗址外，还有招堤街道廖家湾福洞遗址、海子镇陇桥坡地遗址、戈塘镇香车河村张家洞遗址、普坪镇胡巷村落步桥观音洞遗址、新桥镇木科村过凼干洞遗址、洒雨镇免底村下花大洞遗址等多处古人类遗址，均被列为县级以上文物保护单位。众多的古人类遗址表明，县境在旧石器时代晚期已有大量的人类活动并创造了古老的文明。

（二）古夜郎文化

据《兴义府志》《安龙县志》等史料记载，春秋战国至秦汉时期，今安龙县境属古夜郎国辖地。西汉建元六年（前135年），汉武帝遣唐蒙沿牂牁江通夜郎，说服夜郎侯多同降附，于今盘江流域置夜郎县，今县境为其辖地。元鼎六年（前111年），夜郎侯入朝，以其地置牂牁郡，今县境为其辖地。元始四年（4年），王莽改牂牁郡为同亭郡。东汉建武元年（25年），复牂牁郡县原名，今县境隶牂牁郡。蜀汉建兴元年（223年），牂牁太守朱褒反；三年（225年），蜀汉丞相诸葛亮平服朱褒反叛，析牂牁郡置兴古郡，今县境为兴古郡辖地。东晋太宁三年（325年），宁州刺史尹奉析兴古郡置西平郡，在今县境置义成县。南齐永明三年（485年），裁义成县，今县境为西平郡辖。梁代，东爨乌蛮占据今县境。唐武德四年（621年），东爨乌蛮内附，于盘江流域置西平州，为羁縻州，今县境隶属。唐太宗贞观八年（634年），改西平州为盘州。天宝十年（751年），东爨乌蛮叛附南诏，自号于矢部，废除盘州。

春秋战国至汉唐，我们的先民于今安龙县境留下了神秘的古牂牁、古夜郎文化，特别是羊角钮铜钟和青铜剑等大量文物有县境的出土，为我们揭开古牂牁、古夜郎文化文明的神秘面纱打开了一扇窗。

1984年6月，在南盘江北岸停西乡施工中，于3米以下土层中出土羊角钮铜钟1座。该铜钟形似半截橄榄，上细下大。顶端有两片羊角形扳纽，中空、底部横截面呈椭圆形，以青铜铸造，高38厘米，重7.5千克。据贵州省博物馆初步鉴定，羊角钮铜钟声音洪亮，音质纯净，是一种古老的民族乐器。该钟从质量、形制和纹饰来看，与云南楚雄万家坝出土的羊角钮钟相似，推断其铸造年代为战国时期。据考古资料记载，羊角钮铜钟多发现于我国云南、广西及越南北部，在贵州省出土尚属首次。春秋战国时期，我国南方百越族生产比较发达，创造了灿烂的文化，南盘江流域是百越族活动的地区之一。羊角钮铜钟在县境的出土，对于研究安龙乃至盘江流域先秦时代的民族交往、民族文化等都具有一定的价值。

1983年，有人在县境招堤后之魁星山上溶洞中掘出青铜剑一枚，剑长26厘米、重150克，剑柄长约10厘米，剑身呈青绿色，有光泽；剑中部有“一”字格，剑柄和剑背有匀称的几何图纹，全剑系青铜铸造。据初步鉴定，县境出土的青铜剑与普安县铜鼓山遗址出土的青铜剑相似，其铸造年代为西汉时期。

其后，文物部门又先后在栖凤街道幺塘、龙广镇七星等地出土或征集到了一字格曲刃剑、扁圆茎空手首无格剑、“T”形茎一字格青铜剑等青铜器具，经鉴定铸造于战国至西汉时期。大量的珍贵文物在县境出土，表明县境在春秋战国至汉唐时期，已有普遍的人类活动并创造了灿烂的文明，但由于史料记载的匮乏，有的文明依然埋没于地下，需要我们进一步挖掘、整理和深化。

（三）安龙作为黔西南政治、军事、文化中心地位的确立与发展

宋代以后，随着人员的聚集，安龙县境开始设置军事、政治机构，并开始建设城池，到明代末期，安龙已经发展成为黔西南地区的重要军事基地。南明永历六年、清顺治九年（1652年），南明永历朝廷由广西经云南播迁安龙，改安隆千户所为安龙府，安龙由此成为全国抗清的政治、军事中心。有清以来，随着改土归流深入，南笼厅、南笼府、兴义府和安义镇等政治、军事机构在县境的设立，安龙作为黔西南地区政治、军事、文化中心的地位得到进一步巩固与发展。

1.安龙建城历史开始与军政机构在县境的设立

据《兴义府志》《安龙县志》等史料记载，南宋理宗宝祐元年（1253年），于今县城东北7千米处的干龙洞置安隆洞，隶广西泗城州。安隆洞的建立，标志着今安龙县境有了政治、军事机构建置的雏形。元至元二十二年（1285年），于今安龙县城西区九峰山上置棂钵寨。明洪武十五年（1382年），明军征讨云南的右副将军沐英留镇滇黔，奉诏自盘江至大理每30千米设一堡，留军屯田，于今县城老城区置陵元堡，筑土城。洪武二十三年（1390年），明朝政府在今县境置安隆守御千户所，辖花障、阿能2甲地共36寨，所置设于今安龙县城老城区南门上，安龙建城历史自此开始。明朝卫所兵制规定，在卫之下设置千户所，以千户为长官，驻于重要府州，统兵1120人，分为10个百户所，统隶于卫。自公元1390年建立安隆守御千户所，直至明末，今安龙县境均为安隆守御千户所建置。

安隆守御千户所在县境的建立与所署的建设为日后永历朝廷播迁安龙建立陪都，以及安龙在黔西南地区中心地位的确立奠定了基础。

2.永历朝廷播迁安龙与安龙中心地位的初步确立

南明永历六年、清顺治九年（1652年），南明永历朝廷从广西经云南播迁至安龙，改安隆千户所为安龙府，安龙由此成为南明朝廷和全国各族人民抗清斗争的政治、军事中心。据有关史料记载，永历朝廷播迁安龙期间主要进行了以下几项活动：

一是提升安龙抗清政治中心地位和声望。永历六年（1652年）正月二十五日，永历朝廷朱由榔一行从云南广南出发，二月初一日到达呼马（今广西隆林县天生桥镇），次第经过扁牙后，渡过南盘江，从板屯（今栖凤街道者干）、板桥（今栖凤街道板江）、峒沙（今栖凤街道洞洒）。二月初六日，永历朝廷君臣50余人到达安隆所城。永历帝到了安隆所城后，第一件事就是改安隆所为安龙军民府，实行军政合一地方政权体制，安龙由此成为永历朝廷的京畿之地。

二是整肃吏治，修补正统权威。永历帝在安龙理政4年，整肃吏治，培植亲信，试图中兴明朝统治，抗击清兵南下。永历八年（1654年），在安龙发生的“明十八先生之狱”，就是永历朝廷征召李定国入卫安龙，强化朝廷对抗清力量的节制，引起孙可望的忌恨，屠杀永历朝廷吴贞毓等18位大臣的恶性事件。

三是奖挹良臣，开科取士。永历朝廷入驻安龙之初，即设置考试院和庶常馆教学机构。永历六年

（1652年）十二月，永历帝依祖制，临轩亲试，考选了一批官员，其中就有后来积极征召李定国入卫安龙，而被孙可望杀害的“明十八先生”中蒋乾昌等人。永历八年（1654年）二月，永历帝在安龙文华殿开科取士，这是永历朝廷第一次在安龙举行的会试。经过策论等考试，取士48人，这些人后来成为永历朝廷倚重的中坚力量。

四是下诏调整地方建制，以拓展抗清动力。永历八年（1654年）正月，永历帝整顿地方政府，下诏改云南府为云兴府、改辰州（今湖南沅陵县）为沅兴府、改沅州（今湖南黔阳县）为黔兴府；十一月，又诏改安隆州（今广西凌云县）为府，改都康（今甘肃康县）、万承（今广西大新县龙门镇）、安平（今河北安平县）、龙安（今广东龙安县）诸州为府。上述封诏表明，时在安龙的永历朝廷仍然控制着湖南、甘肃、广东、广西、云南诸省全部或大部地区。

五是感化郑成功，台湾未旁落异族。永历六年（1652年）六月，朱由榔在隆武帝朱聿键赐郑成功朱姓的基础上，封郑成功为漳国公。永历八年（1654年）七月，又遣内臣至厦门岛，册封郑成功为延平王，称之为“国姓爷”。郑成功后来收复台湾岛，以台湾岛、厦门、金门和澎湖列岛为基地，坚持抗清斗争，拥朱由榔永历年号为正统，直至清康熙二十二年（1683年）清廷收复台湾。

六是大兴土木和建构地方文化。永历六年（1652年）五月，永历帝朱由榔动用安龙府（原安隆所）库银，命工部在府城西关街修整各公署。不久，吏、户、礼、兵、刑、工六部各公署初具规模，为安龙日后城市建设的进一步扩展奠定了基础。

永历朝廷在安龙时间虽然短暂，但却十分重视教育，建官学国子监，强翰林院，建立安龙府学宫，教化苗童。清康熙南笼通判张士佳《建南笼厅学文移碑》详细记载当时安龙府学的规模：“敷设大成殿、启圣祠、大成门，大成殿内供奉孔子牌位。”

南明永历十年、清顺治十三年（1656年）正月，李定国率军赴安龙，奉永历君臣离开安龙进入云南，安龙作为南明朝廷陪都的历史自此结束。永历朝廷在安龙期间虽然采取了一些改革措施，但由于统治集团内部，以及所依附的大西军内部矛盾重重，再加上明末以来战乱和灾祸不断、苛税繁重，人民渴望国家统一、社会安定和休养生息，清政府也及时改变入关初期的屠杀、镇压政策，采取一些比较缓和的招抚策略，南方各省各族人民群众对南明政权的抗清斗争逐渐失去信心，永历政权作为南明时期的最后一个政权，离开安龙5年后全面溃败，最终覆灭。

永历朝廷播迁安龙建立陪都近4年时间，改安隆千户所为安龙府，设立教育和考试机构，开科取士。追随永历朝廷来到黔西南地区的汉族知识分子，或在永历朝廷任官，或在永历朝廷离开安龙后，隐居山林，教书育人，将先进的中原文化引入偏僻的黔西南地区，黔西南地区由此出现了教育文化发展的第一次高潮，使安龙一举成为全国抗清斗争的政治中心和黔西南地区的政治、军事、文化中心。

3. 改土归流与安龙在黔西南地区中心地位的巩固

清顺治十五年、南明永历十二年（1658年），清廷加快统一步伐，命明降将吴三桂、洪承畴加快对盘踞在西南地区的南明政权进行围剿与镇压。六月，清军大举进攻中国西南地区的云南和贵州。十一月，清将卓布泰在安龙府城南凉水井一带击败南明守将李成爵，攻取安龙府，改安龙府为安笼所。清政府收复黔西南地区，为统一全国、强化西南地区的统治奠定了基础。

顺治十六年（1659年），清政府改安笼千户所为千总，设安笼游击驻所城，直隶于贵州提督，安龙军事地位得到进一步加强。康熙四年（1665年），清政府裁撤安笼游击，在县境建安笼镇总兵，直隶于贵州提督，安龙成为贵州省境4个兵镇之一。

康熙六年（1667年）十月，清政府裁撤安南、安笼二所，设南笼厅，驻故安南所城，隶贵阳府。康熙十年（1671年）十二月，贵州巡抚曹申吉改南笼厅隶安顺府，通判移驻安笼所城，即今安龙县城。

安笼镇、南笼厅在县境的建立，为清政府实行改土归流，强化对西南地区的统治，在黔西南地区建府设县奠定了基础。但就在此时，叛降清政府的原明山海关守将、清平西王吴三桂因不满清政府裁撤三藩，悍然发动“三藩之乱”，叛离清政府统治，于康熙十二年（1673年）十二月，攻陷南笼厅及广西泗城土府，今安龙县全境悉数落入吴三桂叛军之手。康熙二十年（1681年）正月初一日，清政府派平南将军赉塔率军渡过南盘江，以5万兵力在南笼厅城南石门关攻破吴三桂守将周应龙、何继祖的阻击，收复南笼厅。

清代雍正以前，今安龙县境在很长一段时间内为广西岑氏土司的管辖范围。土司实际上是割据一方的地方政权，土官则有其名却行土司之实。雍正皇帝为打通西南三省腹地的交通线，以加强对这一地区控制，沿用明朝时期和顺治、康熙一脉相承的改土归流政策，任命鄂尔泰为云、贵和广西三省总督，大规模对这一地区实行改土归流，就是废除土司制度，改为清政府委派的流官直接进行统治。雍正二年（1724年），诏议滇黔桂接壤的协、营及土司受安笼镇总兵辖制，安笼镇受三省提督节制。雍正五年（1727年）五月，云贵总督鄂尔泰、工部侍郎李绂、广西巡抚韩良辅相会于南笼，议划广西、贵州界与“改土归流”，议定南盘江为黔桂两省分界线，江之南属广西，江之北属贵州。同时上疏朝廷，请准削除岑氏土司世职，岑氏土司对南盘江流域的管理自此彻底结束。七月，清政府裁定原西隆州所属罗烦、册亨，泗城府所属上江、长坝、桑郎、罗斛等地均在江北，割隶贵州。以18甲新设永丰州，并设罗斛州判和册亨州同隶永丰州，升南笼厅为南笼府，以永丰州隶之。经吏部核准，福建晋江人黄世文成为南笼府第一任知府。同时，为加强对盘江流域的军事统治，鄂尔泰还奏请将安笼镇划归贵州提督节制，扩大编制，总兵驻府城，增设长坝、永安、普安3个协营。南笼府建立后，府设同知、通判、经历、教授等官职，州设知州、州判、州同、教谕、训导等行政官员，均由朝廷统一调配，一改过去当地土司割据一方，朝廷授予相当官职的土官制度，中央政府政令得以直达地方，强化了中央政权对地方的统治，强化了国家的统一。

改土归流是一次深刻的政治制度、军事制度改革，触动了一些土司的利益，激起了一些土司头目的反抗。雍正六年（1728年），西隆州八达寨土目颜光色谋反，安笼镇总兵蔡成贵调集重兵在南笼土练的配合下，平息了这次叛乱，巩固了清政府在黔西南地区的统治。

改土归流之后，土司占有的土地大部分收归国家所有，只有少部分“私田”作为其生活用地。赋税与地租分离，赋税由政府征收，地租仅是“私田”的收入和少量“公田”的附加。农奴对土目的人身依附逐渐解除，等级界限日渐打破。此后，湖南、四川、广东、广西及本省遵义、思南等地汉民纷纷移居南笼府，大多数贫苦农民前来租垦荒山，少数城镇商人和手工业者或开设店馆进行贸易，或建立作坊从事手工业生产。后来，这些“客民”中的富户买田置产，放贷收息，成为新兴地主。领主经济逐渐破坏，封建地主经济逐步形成。

随着大量民众的涌入，安龙作为黔西南地区的政治中心逐渐繁荣起来。为进一步加强对黔西南地区的统治，南笼府官吏在强化军事力量的同时强化文化教育，雍正九年（1731年）在府署后侧建南笼府试院，乾隆十二年（1747年）在城北海潮寺前建九峰书院，奏请朝廷增加南笼府文生、武生名额，南笼府城教育得到长足发展，集中涌现了范文安、李琼英、景寿春等一批本土知识分子，出现了黔西南地区教育文化发展的第二次高潮，对后世影响巨大。同时，南笼府地方官吏还加强府城城市建设，于乾隆七年（1742年）扩建南笼府城，府城周长达到4010米、高5米，建城门5座，成为黔西南地区的中心城市。

4. 王囊仙起义与安龙在黔西南地区中心地位的进一步巩固与发展

改土归流之后，满汉官吏执掌地方政权，实行阶级压迫和民族压迫。清政府推行“以夷治夷”政策，仍然使用一些土舍、土牟作为封建基层统治工具，满汉地主和商人与这些土官勾结在一起，使用各种手段盘剥贫苦农民，民族矛盾逐渐显现出来。原来土司制度中的农奴对土目的人身依附逐渐解除，等级界限日渐打破，生活在社会底层的贫苦农民开始觉醒与反叛。在阶级压迫和民族压迫双重压力下，激起了县境布依族人民的反抗，其中以清嘉庆年间发生的王囊仙起义规模较大、影响较为深远。

王囊仙起义，又称“嘉庆南笼府布依族人民起义”，发生于嘉庆二年（1797）正月初五日，以王囊仙、韦朝元、王化明、韦抱堵为首领，聘汉族知识分子桑鸿升为军师，以幺塘洞洒、当丈为基地，发动布依族人民起义。起义军建立自己的军、政、巫等机构，先后攻克册亨州同城，包围永丰州（今贞丰）、新城（今兴仁）、黄草坝（今兴义）、捧乍。安顺府属之永宁（今关岭）、归化（今紫云），贵阳府属之广顺（今属长顺县）、长寨（今长顺）、定番（今惠水），大定府属之威宁、黔西、平远（今织金）等地布依族、苗族、彝族人民也举起义旗，参加起义，军锋直指贵阳，省城戒严。南笼起义的烽火震惊了清廷，嘉庆皇帝亲自布置，命云贵总督勒保、贵州巡抚冯光熊派重兵予以镇压。在清廷的重兵镇压下，起义军寡不敌众，于当年八月全面失败。王囊仙起义虽然失败了，但起义军的烽火给“康乾盛世”后的清朝政府敲响了警钟，迫使清廷对黔西南地区各族人民采取怀柔政策，以缓和日趋尖锐的民族矛盾和阶级矛盾。在政治上，酌减把事、土舍、亭长以杜科累；在经济上，迫使统治者蠲免兴义府及所属各州县应征秋粮12960石，等等。

九月，清廷改南笼府为兴义府、改永丰州为贞丰州，设兴义县于黄草坝；十月，改安笼镇为安义镇，增设册亨营。清朝政府对黔西南地区的统治进一步加强，清政府对民族地区的怀柔政策使得人民得到一定的休养生息，安龙作为黔西南地区的政治、军事、经济、文化中心地位得到进一步巩固与发展。

5. 鸦片战争前后兴义府的发展

道光二十年（1840年），英帝国主义利用坚船利炮向闭关锁国的满清政府发动了贸易侵略战争，第一次鸦片战争暴发，中国社会由此发生根本性转变，由闭关锁国的封建社会逐渐沦为半封建半殖民地社会。

就在英帝国主义的隆隆炮声中，直隶南皮人张锳于道光二十一年（1841年）出任兴义府知府。张锳莅任之初，以旧试院在城外，士子往来苦跋涉，且房舍卑陋，遂建议择地别建，与所属州县相商，劝官绅士民捐输，自捐银1000两，共集资3.08万两，于次年建成新试院，规模宏阔，建筑精良，时称甲于天下。张锳修建府试院的同时，加强书院、义学、义仓建设，还多方筹措士子学习费用，鼓励府城内外广大学子勤奋学习。同时，张锳多方筹措资金修城池、建亭阁、筑道路，强化吏治与治安，府境学风兴盛，整个兴义府城也空前繁荣起来，民间称为“旷古未有”。此外，张锳还召集府属各州县士子10余人广征资料，多方采撷图书，聘地方志大家邹汉勋、朱逢甲来郡协修，历时13载，修成千古名志《兴义府志》，为后世留下宝贵的精神文化财富。

张锳在国家内忧外患之时，出任兴义府知府10余载，修试院、建书院、纂府志，鼓励广大士子勤勉学习，在艰难与困苦中将贵州西南地区的文化教育发展推向了一个前所未有的高峰，形成了县境文化教育发展的第三次高潮，对后世影响巨大。张锳、张之洞父子在兴义府的事迹与贡献（有关张锳在兴义府的贡献，参见总附录《张锳在贵州宦迹叙略》）。

（四）安龙作为黔西南政治、军事、文化中心地位的延续与终结

1. 张凌翔、马河图起义后的兴义府

鸦片战争后，中国逐步沦为半封建半殖民地社会，清王朝更加腐败无能。太平天国起义后，咸丰四年（1854年），新城（今兴仁）巴铃人冉秉成、涂令恒发动起义，连陷新城、安南（今晴隆）、普安诸城，直扑兴义府，虽遭到残酷镇压，起义失败，但黔西南人民反抗清统治者的斗争并没有停止。咸丰八年（1858年）11月，受云南杜文秀领导的回民起义的影响，普安厅（今盘县）回民奉张凌翔、马河图为首领发动起义，新城（今兴仁）、安南（今晴隆）、贞丰等地回民、苗民和布依族群众纷纷起义响应，起义规模迅速扩大，因起义军使用白色长方形旗帜，故又称“白旗起义”。咸丰九年（1859年）11月，义军攻陷新城，共推张凌翔为大元帅，主持军务，马河图为副元帅，负责行政。接着，起义军连续攻陷贞丰州、册亨州

同、王母亭（今望谟）。同治元年（1861年）3月，起义军攻陷兴义府城（今安龙）；9月，起义军攻陷安南县城和兴义县城（今兴义）。至此，兴义府五属全部被义军攻占。起义军的烽火震惊了清廷，贵州巡抚韩超、提督田兴恕急令兴义府、安义镇调集军兵和当地团练镇压起义军，同时急调云南开化镇军兵和广西西隆州团练入黔作战。同治三年（1864年）10月，张凌翔、马河图在兴义府城作战中牺牲。张凌翔、马河图牺牲后，起义军余部在金万照等人指挥下继续坚持斗争。此后，云贵总督劳崇光亲自布置征剿，云南巡抚岑毓英、贵州提督周达武分率云南、贵州军兵对起义军进行血腥镇压。同治十一年（1872年），张凌翔、马河图起义在清廷的血腥镇压下彻底失败。

白旗起义先后经历14年，最后虽然失败了，但动摇了清政府对黔西南地区的统治，地主团练在镇压起义中兴起并逐步演变为地方军阀，成为日后反抗清朝统治又一支力量。

在战火中，兴义府城教育设施遭到彻底毁坏，兴义府试院、珠泉书院在兵火中被全部焚毁，后虽经修复，却难以恢复到原来的规模，文化教育事业受到极大地打击。

2. 辛亥革命前后的兴义府

光绪二十六年（1900年），兴义府知府石廷梁在修复后的府城文峰书院旁挂新建中学堂牌，“延请教授张圣钦主讲其中”，仍袭书院旧制。光绪三十一年（1905年）9月2日，张之洞等奏请朝廷立停科举，以便推广学堂，咸趋实学。清廷诏准自次年起，所有乡会试一律停止，各省岁科考试亦即停止，废除了科举。在知府李祖章的支持下，府城中学堂堂长、湖南新化人李润庵等人公开宣传变法图强、改良政体的思想，并购置宣扬资产阶级维新变法思想的书籍供学生阅读。同时，在武汉求学的兴义府青年，不断给家乡带来反封建、改革国家的新消息，使广大青年学生从封建思想的桎梏中解放出来。兴义府学堂成为议论时弊、探索国家命运和个人前途的集中地。

府城举人张鸿藻在留学日本期间，接受孙中山革命思想加入同盟会。回国后，与张百麟等人成立革命团体“贵州自治学社”，以宣传革命思想。同时，在各地发展成员，成立分社。兴义府为一个分社，成员有张鸿藻、蒙养正、许可权、曾宪章、黄任侠等，争取到驻守府城安义镇中营管带秦安邦、商人苏世臣、陈育之的支持，组织革命力量数百人。自治学社兴义分社人员经常在府试院举行会议，揭露和斥责清统治者的腐败无能，鼓吹“灭清复汉”。此举遭到兴义府知府方荃的痛恨，多次要求镇台衙门和总兵祁以德前往镇压，祁以德知全国大势已去，未能应允，方荃只得指使湖南籍武师佘清明组织人员进行捣乱。宣统三年（1911年）11月4日，受辛亥革命武昌起义胜利的影响，贵州革命党人在贵阳发动起义，推翻清廷在贵州的统治，成立“大汉贵州军政府”。消息传到安龙，自治学社兴义分社成员积极行动起来，加紧策动起义，知府方荃知势不可挽，在清兵的护卫下与家属离开府城，向贵阳方向逃遁。随后，自治学社兴义分社宣告结束清廷在兴义府的统治，拥护“大汉贵州军政府”。府城反正的消息传到贵阳，军政府令原来的地方官员和士绅维持社会治安，等候组织政府。1912年2月，以刘显潜为安义镇总兵兼贵州西路防军总领，任聂树楷代理兴义府知府。

辛亥革命后，由于革命的不彻底，革命胜利果实被新兴的军阀窃取。地处贵州西南的兴义府也不例外，在镇压太平天国起义和白旗起义中兴起的地主团练，逐渐演变为地方军阀，与当地官僚相互勾结，把持地方。同时，朝廷对抗法战争中的兵士未能妥善安置，逐步从中越边境集结到广西西北部，时常对南盘江北岸的兴义府城实施抢劫和掠夺，兴义府城经济文化发展受到极大地打击，在咸丰、同治年间被毁的府试院、书院，在地方军阀政权争夺中无法恢复到原来的规模。府辖之兴义县，王氏、刘氏、何氏等地方军阀相继兴起，依靠把持贵州省、安义镇军政的优势，在兴义县境办教育、兴实体，当地文化教育事业迅速崛起，到民国年间已经成为黔西南地区重要的文教中心。同时，随着公路运输的发展，地处府城北面的新城，因地处黔西南地区中心位置，交通优势逐渐凸现出来。文教优势和地理优势的散失，

1913年废府撤县后，安龙未能再一次成为黔西南地区的政治、军事、文化中心。稍后建立的贵州省第三行政督察区专员公署，其行政中心北移至兴仁；新中国成立后建立的兴义专区和黔西南州，其行政中心西迁至兴义县。安龙失去黔西南地区的政治、军事中心地位后，致使地方经济发展也受到了一定的制约。

（五）安龙县在探索中发展与人民政权的建立

1.中央红军长征过安龙

辛亥革命的胜利，未能彻底扭转中国半封建半殖民地的社会现实。1921年7月，中国共产党诞生。中国共产党从成立的那一天起，就把民族独立与复兴作为党的最大政治诉求，但国民党当局面对日寇野蛮侵略，置民族危亡于不顾，向革命根据地连续发动大规模“围剿”。1934年10月，中国工农红军第五次反围剿失败，被迫战略转移，开始了举世闻名的二万五千里长征。

1935年1月，中央红军长征胜利到达遵义，党在这旦召开了中央政治局扩大会议，实现了伟大的历史性转折，结束了“左”倾教条主义错误，确立了毛泽东在全党全军的领导地位，使党和红军重新获得了强大的生命力。

此时，蒋介石为了阻止中央红军与红四方面军在四川会师，企图围歼红军于黔北、川南一带，于1935年3月24日由重庆到达贵阳坐镇指挥。他调动其嫡系部队第二路军以及地方部队川军、黔军及民团对中央红军进行尾追、堵击、拦截。3月下旬，中央红军“四渡赤水”，由川南回师贵州，南渡乌江，直逼贵阳。这不仅使蒋介石的企图未能得逞，而且危及其自身安全。蒋介石无可奈何，急调滇军孙渡“保驾”。这给红军西进云南，强渡金沙江北上创造了有利条件。在国民党军还未来得及作出新的部署时，红军于4月10日至13日，连克定番（今惠水）、长寨（今长顺）、广顺、紫云等县城。4月14日渡过北盘江，从贵州腹地南下西进，甩掉敌人，取道册亨、贞丰、安龙、兴仁、兴义进入云南，于5月9日巧渡金沙江，而后实现了与四方面军的会师。

中央红军于1935年4月19日进入安龙县境，21日全部离开安龙县境，包括红一军团直属部队及1师，红一军团1师2、3团，红一军团2师及中央军委纵队后梯队等，途经安龙县境行程总计约250千米，基本遍及安龙县全境。其中中央军委纵队后梯队于4月20日进入安龙县城，红军总部设于草纸街，毛泽东、朱德等中央领导人随中央军委纵队后梯队行动，当晚住宿于草纸街。中央红军长征过安龙是四渡赤水战役的组成部分。

中央红军长征经过安龙期间，主要开展了以下几项活动：一是清查国民党安龙县等机关，释放监押在监狱中的平民11人。二是广泛地开展政治宣传方。以标语、漫画、传单和群众大会等形式，广泛地宣传红军北上抗日的主张，还将查抄地主的家财全部分配给贫苦百姓，帮助贫困民众渡过难关。三是公买公卖，不拿群众一针一线。中央红军长征经过安龙期间，公买公卖，不拿群众一针一线，急需者则有借有还，从不损害群众的利益，损坏东西向物主道歉、赔偿。用了群众的粮、菜、柴火，一定公平付酬，物主不在家也都是如此。红军离开时，还将用出的苏维埃币全部兑换成了银圆或大洋，以免群众遭受损失。

1935年4月19日至21日，在历史的长河中仅仅是不经意“弹指一挥间”。但是，中国工农红军长征经过安龙产生的影响是巨大而深远的。红军所到之处，无论是安龙县城或是偏僻的山寨，都广泛地宣传了中国共产党的基本主张，表明了红军全心全意为人民服务的基本宗旨，发扬了党和红军的优良传统和作风，表现出了人民军队所向无敌的英雄气概。这使安龙各族人民在黑暗中看到了希望，鼓舞了处于水深火热中的安龙人民争取生存和解放的斗志。

2.抗击侵略，支援抗日

1937年7月7日，侵华日军悍然发动卢沟事变，全国全面抗战开始。7月8日，中国共产党向全国发出通电，指出只有实行全民族抗战，才是中国的出路，号召全国人民、军队和政府团结起来，筑成民族统一战线的坚固长城，抵抗日本的侵略。1937年7月至1945年8月，地处抗日后方的安龙县积极响应中国共产党“全民抗战”的号召，积极开展各种形式的抗日救亡活动，向前线输送兵员、为前线将士捐赠款物、修建机场和道路为前线筹备物资，慰劳途经安龙的抗战兵士等。1937年12月，安龙妇女界发起抗日救国会，后改组为安龙县妇女会，积极宣传抗日救亡事迹，向县内企业劝捐款物支援抗日，还组织全县妇女缝制布鞋200余双赠送给途经安龙开往抗日前线的将士，被誉为“抗日靴”。

安龙虽处抗日后方，日寇也在此犯下滔天大罪。1941年6月3日上午9时，侵华日机在空袭晴隆北盘江铁索桥的途中，向安龙县政府旁罗家院投下50磅炸弹1枚，炸死我无辜贫民20人，重伤3人，震坏民房20余间，县府房舍5间。事件发生后，全县居民和广大学生纷纷响应中国共产党全民抗战号召，踊跃参军，抗击日寇。据不完全统计，1938年至1945年，安龙县共向抗战部队输送兵员6849人，在抗战中牺牲的安龙籍官兵近1000人，其中阵亡的连级以上的抗战志士有王懋长、黄旭、王龙、蒋光景等。

3.永和—龙广暴动

1948年12月，经中共中央军委批准，滇桂黔边纵成立。1949年春，中共中央决定将中共桂滇边工委和中共云南省工委合并，成立中共滇桂黔边区党委，统一领导云南、桂西和黔西南边区的工作。安龙县属于中共滇桂黔边区罗盘地委领导的革命武装的活动范围(当时的罗盘地区包括：云南的罗平、师宗、平彝、宜良，贵州的盘县、普安、晴隆、兴义、兴仁、安龙、贞丰、关岭、镇宁、安顺、普定、郎岱、水城、织金、纳雍、赫章、威宁，广西的西林、西隆等县)。

罗盘地区位于滇桂黔三省交界的南、北盘江流域，为滇桂黔三省交通要冲。这里山峦起伏，峡谷纵横，地势险峻，战略地位十分重要。罗盘地区是一个多民族地区。居住在这里的各族人民，不仅遭受国民党地方政府的横征暴敛，而且还遭受当地恶霸、劣绅的残酷压榨，生活贫困不堪，抗暴斗争此起彼伏。

1949年6月中旬，中共地下党领导的罗盘区主力团由杨江司令员率领，由云南挺进贵州边境黄泥河，遭到贵州保安一团、保安五团的阻击。为策应我主力部队的行动，王秉鋆、王雄等于6月19日组织发动“永和—龙广暴动”。

6月19日，王秉鋆、王雄等在贵州省安龙县永和乡领导武装暴动，全歼永和乡保警分队，占领乡公所，开仓赈民，进行革命宣传。6月24日，贵州保安五团某营、兴仁专署独立营及安龙县保警队的两个中队，分两路向永和进攻，王秉鋆、王雄等率部分精干武装，抄小路奔袭龙广镇，攻克镇公所，后在攻打地主冯开龄家碉堡时失利。已暴露的骨干立即转移，未暴露的骨干组织龙广的武装人员分散隐蔽，暴动失败。

永和、龙广暴动，是在中共滇桂黔边区罗盘地委领导下的武装斗争，这次暴动的时间虽短，但震动较大，影响深远，既策应了人民解放军主力部队的行动，又发动了群众，为迎接中国人民解放军第四兵团的大军过境，以及人民政府的建立、清匪反霸等作出了积极的贡献。

4.安龙和平解放

1949年11月15日，在永和—龙广暴动的影响下，在接替王秉鋆工作的共产党员黄河等人努力下，驻扎在安龙的国民党保安十七团宣布起义并改编为中国人民解放军滇桂黔边纵队罗盘支队安龙游击团。12月10日，驻扎在普安的国民党第十九兵团，以副司令员、安龙县人王伯勋为首，与国民党四十九军、八十九军、黔西北绥靖区、黔西南绥靖区通电起义，黔西南和平解放。22日，国民党安龙县政府宣布起义，接受和平解放，驻扎在安龙县境的国民党黔桂边区绥靖司令部安龙指挥所和234师也相继宣布起义。27日，成立安龙解放委员会，维护全县社会治安，等待中共军政代表团前来接管。次年1月20日，中国人民解放军第五兵团和贵州省人民政府代表团（即兴仁军政代表团）安龙办事处成立，开始政权接管工作。

5. 支援二野四兵团过境安龙

1949年12月9日，国民党云南省主席卢汉宣布起义。奉中共中央军委命令，刚刚结束广西战役的中国人民解放军第二野战军第四兵团（简称“二野四兵团”）提前入滇。二野四兵团所辖13军3个师及四野的2个师，从广西直插滇南，完成对国民党残余部队的围歼。从1949年12月下旬起，四兵团14军、15军一部按原计划陆续从南宁等地出发，经百色、田林，取道贵州册亨、安龙、兴义进入云南。1950年1月24日，二野四兵团先头部队123团以滇桂黔边纵第三（罗盘）支队为向导，由广西百色地区进入安龙县城。2月1日，二野四兵团司令员陈赓率四兵团团部到达安龙；5日，刚刚被任命为二野四兵团政委的宋任穷率西南服务团云南支队从贵阳到达安龙。二野四兵团、西南服务团云南支队和滇桂黔边区纵队在安龙胜利会师。6日，在国民党安龙县参议馆举行著名的“安龙会议”，贯彻中央提出的“团结第一、工作第二”的方针，成立了中共云南省委等云南省党军政机构，研究和制定了接管和建设云南的大政方针。13日，陈赓、宋任穷率部离开安龙，经兴义西进云南。

自1950年1月24日四兵团先头部队到达，直至4月下旬，四兵团10万大军过境安龙基本结束，安龙都在源源不断地为四兵团供应粮草。据统计，人民解放军四兵团过境安龙期间，安龙县共筹措稻谷220万千克、柴草181万千克及大量蔬菜、肉类等。

6. 建立和巩固人民政权

1950年3月25日，撤销兴仁军政代表团安龙办事处，成立安龙县人民政府，着手全面接管安龙县军政事务。

面对人民政权的建设，国民党反动势力和封建地主势力不甘心失败，相互勾结，占山为王，自命为司令、师长、军长，四处烧杀抢掠，屠杀我平民百姓和派驻地方的干部。遵照省人民政府指示，县人民政府全面实施清匪、反霸、减租、退押、征粮“五大任务”工作。1950年年初至当年底，我人民解放军和地方民兵和广大人民群众支持下，实施剿匪斗争第一阶段工作，全年历次战斗中共毙匪717名，俘匪967名，缴获步枪164支、手枪323支、火药枪1027支、大刀22把、子弹3268发，有匪首70名、匪兵612名向人民解放军投诚；1951年初，根据中共贵州省委“清匪、反霸、减租、退押、征粮”五大任务，各级政权建立清匪一元化领导，放手发动群众参加清匪，建立人民武装自卫队，实行重点戒严、山山搜捕、路路设岗，置土匪于人民战争的汪洋大海之中。人民解放军与民兵组织发动了以“安南合围”等对土匪的围剿战斗，至1951年底，人民解放军和参战民兵历尽艰辛，全面剿灭了县境土匪，多年的匪患被彻底根除。安龙县还将反霸与反匪首结合起来，发动群众，控诉并公共审判、镇压了袁德龄、蒋德安、陆英圣等地主恶霸分子；在清匪反霸的同时，开展减租退押、退帮工帮粮的斗争，共产党领导贫困农民彻底翻了身。

在实施“五大任务”工作中，中共安龙县委、县政府放手发动群众，轰轰烈烈地开展了取缔反动会道门、禁绝烟毒工作，召开各族各界人民代表会议，建立和巩固区、乡人民政府，人民当家作了主人。

二、一座由四位皇帝三次赐名的县城

地处西南一隅的安龙小城，虽没有秦砖汉瓦铺就的历史与恢宏，也没有江南丝竹的温婉与缠绵，但却多次受到封建帝王的重视，自明末以后，曾有四位皇帝三次下旨为之命名。

第一次　永历帝建行都“安龙”

安龙城始建于明朝初年。明洪武十五年（1382年），明朝政府于今安龙县城南桅峰山麓设置陵元堡，筑土城，留兵屯戍。洪武二十三年（1390年），又在县境设置安隆守御千户所，始建安隆所城。永乐二年（1404年）扩建城垣，城周287丈、高1.8丈，建城门4座：东曰“朝阳”，西曰“柔远”，南曰“雍熙”，北曰“顺天”，城内有南北两条大街，民居沿街而建，所署、仓狱俱在城外北隅，一座小城初具规模。南明永历六年、清顺治九年（1652年），南明永历皇帝朱由榔，由广西入驻安隆所。永历皇帝自命真龙天子，真龙天子住的地方当然就是龙城，朱由榔入驻安隆所后的第一件事就是下旨改安隆所为安龙府。永历朝廷以安隆所署为文华殿，在此建行都4年，后又扩建吏、户、礼、兵、刑、工六部衙门和国子监、安龙府学宫，城市规模进一步扩大，使之成为全国抗清斗争的政治和军事中心，也使安龙有了“龙城”的美誉。

第二次　雍正皇帝钦名“南笼府”

顺治十五年（1658年）十一月，清征南将军卓布泰，击斩明将李成爵于凉水井，克取安龙府城。捷报传至京城，改安龙府为安笼所。康熙五年（1666年）十月，裁安南所并入安笼所，名南笼所。六年（1667年），升南笼所为南笼厅，驻安顺府通判于南笼厅。雍正以后，由于贵州、广西两省犬牙交错，地方发生事件，官吏互相推诿，为解决土司纷争，朝廷逐步推行“改土归流”政策。雍正五年八月癸卯（1727年10月4日），云贵总督鄂尔泰上疏朝廷：“广西、贵州交界地方，犬牙交错，惟红水一江，天之所以限黔、粤地也。议以红水江为界，江以南属之广西，江以北属之贵州。凡广西西隆州所属罗烦、册亨等四甲及泗城府所属上江、长坝、桑郎、罗斛等十六甲，俱在江北，应请割隶贵州。其地南北约三百里，东西径六七百里，势既辽阔，民复凶悍。请于泗城对江之长坝地方，建设州治，添知州一员、吏目一员、学正一员管理之；东北罗斛四甲，与贵州定番、永宁二州相连，土苗凶顽，山溪尤险。请于罗斛甲地方，设州判一员，分理之；西隆州所割四甲，距长坝窎远，请于册亨甲地方，设州同一员分理之。其武弁亦属紧要，请设城守游击一员、千总一员，兵二百五十名，防守长坝地方；守备一员、把总一员，兵一百五十名，防守册亨甲地方；把总一员，兵一百名，防守罗斛甲地方，俱归安笼镇统辖。至泗城之北有一肩作山，为黔、粤分界，黔属之董家旗等十寨穿入泗城，请将此十寨，俱归新设之州管理。再，安顺一府，原辖三州五县，南笼一厅，地方广阔，再辖新设州地数百里，势难兼顾，请将南笼厅改为府治，添设知府一员、经历一员，仍留南笼通判为之佐理。将安顺府所属之普安一州，安南、普安二县并新设一州，俱归南笼府管辖，其镇宁、永宁二州，普定、安平、清镇三县仍归安顺府管辖。又，普安州之捧鲊地方，有养马箐，穿连三十余里，为三江之咽喉，夷侬之要隘；上江白云屯，险峻异常，惟一径迂回攀援而上；法岩寨山高十五里，路险岩危；歪染寨，烟户百余家，田多民富。若于捧鲊地方，设立一营；白云屯之上，拨弁员带兵扼险；法岩、歪染二处，设立大汛防守，不惟黔夷可以控制，即粤侬亦不敢起衅。查黄草坝，在捧鲊之内，请即以驻防黄草坝之安笼镇标左营游击一员、千总一员、把总一员、兵三百名，移驻捧鲊，将原防捧鲊汛之把总一员、兵五十名移驻黄草坝。黄草坝民居稠密，汉多夷少，且距州遥远，请于普安州添设州判一员，分驻其地稽察奸宄。即将贵州按察使司经历裁汰，改设普安州判。”雍正皇帝大笔一挥：“准。”安龙由此成为贵州西南地区的政治、经济、文化和军事中心。

乾隆七年（1742年），扩建南笼府新城，包旧城于内，建城墙1203丈，高1.5丈，下宽1丈，下宽7尺，女墙长8尺，建雉堞1203个。建城楼5座：东名聚奎，西名怀远，南名从风，北名拱宸，另置西便门；并于城墙建城门5座，宏伟壮丽。

第三次　乾隆、嘉庆皇帝御赐嘉名“兴义府”

嘉庆二年正月初五日（1797年2月1日），以王囊仙、韦朝元、王化明、韦抱堵为首领，聘汉族知识分子桑鸿升为军师，以幺塘洞洒、当丈为基地，发动布依族人民起义。起义军建立自己的军、政、巫等机构，先后攻克册亨州同城，包围南笼府城（今安龙县城）以及永丰州（今贞丰）、新城（今兴仁）、黄草坝（今兴义）、捧乍。安顺府属之永宁（今关岭）、归化（今紫云），贵阳府属之广顺（今属长顺县）、长寨（今长顺）、定番（今惠水），大定府属之威宁、黔西、平远（今织金）等地布依族、苗族、彝族人民也举起义旗，参加起义，军锋直指贵阳，省城戒严。南笼起义烽火震惊了朝廷，嘉庆皇帝亲自布置，命云贵总督勒保、贵州巡抚冯光熊派重兵予以镇压。六月，嘉庆皇帝又命两广总督吉庆、云南巡抚江兰出兵驰援，义军不支。闰六月，清军破解义军对南笼城的包围，太上皇乾隆听闻，狂喜之余作《南笼围解志事诗》三十六韵，有言："吏民胥合旌，次第施恩厚；更与赐府名，兴义新额茂。"嘉庆二年闰六月戊申（1797年8月2日），嘉庆皇帝颁旨："贵州南笼系由厅改郡，本年仲苗滋事以来，改郡绅士民人等深明大义，众志成城，被围多日，固守无虞，允宜特赐嘉名，用昭劝励。南笼府着改为兴义府，所有该府印信，着该部照例改铸发给，俾其顾名思义，共勉敦庞，以副朕褒奖善良至意。"南笼府自此改名兴义府，此即乾隆、嘉庆御赐嘉名"兴义府"之经过，也是封建王朝至高无上的皇帝为安龙这座小城第三次御批改名。

在清廷重兵镇压下，南笼布依族起义军寡不敌众，于当年八月全面失败。王囊仙起义虽然失败了，但起义烽火给"康乾盛世"中的清王朝敲响了警钟，迫使清王朝对贵州西南地区各族人民采取怀柔政策，使得人民得到一定的休养生息，安龙作为贵州西南地区的政治、军事、经济、文化中心地位得到进一步巩固与发展。至道光年间，城内街道纵横，主街4条，呈十字布局，中有小街小巷相互连接。主要街道有北大街、草纸街、广东街、文庙街、市巷口、北门坡、老城内、府后街、牛行街、周家巷、景家巷、西关上、杨柳街、太史街、水榨子等10余条。街面均石板铺砌，两侧民居多为石木结构瓦房、二进堂建筑。主要建筑有府署、总兵署、教授署、训导署、经历署、游击署、都司署、守备署等官署，万寿宫、演武厅、拱极亭、育婴堂、养济院、书院、试院等公所，东山字塔、招堤诸亭阁、十八先生祠墓等名胜，此外还建有10余座"节孝""军功"石坊及众多祠堂庙宇。府城居民达数万人，人文荟萃商旅繁盛，为黔桂滇三省边界的一座名城。《兴义府志》载："西北踞于平陆，可借绿海以为池，东南渐高盘于龙井、桅峰二山腰，雉堞飞驻峰峦突兀，可划疆而守其据胜然。"

辛亥革命后，封建皇帝被彻底废止，兴义府也被撤销，因邻近已设有兴义县，北洋政府的那班遗老们竟从废纸篓里捡出一个"南笼"罩在这座小城上，直至1923年县人袁祖铭主政贵州，才恢复为"安龙"。

第二章　旅游景区与景点

安龙县旅游资源融自然风光、历史人文、民族风情、红色旅游、休闲度假、探险体育等6大内容为一体，是享誉滇、黔、桂三省的旅游胜地。大体可分为4个片区：一是以县城为中心的招堤、南明历史遗址、红军长征遗址等历史文化、人文旅游景区，主要景点有招堤湿地公园、安龙博物馆、南明十八先生墓祠、兴义府试院、王宪章将军园、卧龙洞、红军长征遗址草纸街71号等；二是以龙头大山、笃山溶洞群为中心的自然风光、溶洞探险旅游景区，主要景点有省级自然保护区——龙头大山、世界第二大溶洞群——笃山溶洞群，国家首个户外运动示范公园等；三是以仙鹤坪国家森林公园为中心的东南部风景区，主要景点有仙鹤坪国家森林公园、兴隆一线天、坡脚南盘江风光等；四是以龙广、万峰湖为中心的自然风光、历史人文和民族风情景区。主要景点有国家级风景名胜区——万峰湖、龙广观音洞古人类遗址、袁祖铭故居、永和——龙广武装革命暴动遗址等。

21世纪以来，安龙县先后获评"中国生态文化旅游示范地""中国最美的小城（五十佳）""中国最具发展潜力的小城"，"南明之都、荷香之城"的知名度和美誉度进一步提升，已成为贵州西南旅游线上的一颗明珠。

第一节　历史人文景观

一、招堤风景区

招堤风景区位于安龙县城东北部，是集历史人文与自然风光于一体的风景名胜区。清康熙三十三年(1694)，安笼镇游击招国遴为保护城坦，沟通海子两岸，培植风水，捐俸银并亲率工匠开山伐石，抬土挖泥，经一年时间始筑成一道石堤。为纪念招国遴，遂取名“招堤”。历经乾隆、道光、光绪等时期地方官培植，修建了涵虚阁、省耕亭、一览亭、半山亭等建筑；又于堤畔种柳、水中植荷，使招堤风光俊逸秀美，卓然可观。清代著名学者朱逢甲以“水色涵山色，荷香杂稻香”的联语描绘它的特色。根据整体规划，招堤风景区东起刷把寨，西至泓芙蓉宾馆，南起卧龙洞，北至313省道，总面积为18.39平方千米。以十里苛香、绿海平湖、海庄田园为主要特色，兼有南明文化等人文遗迹。根据景源分布、景观特征、游赏组织和保护的需要，可划分为招堤、十里荷香、绿海、海庄和元宝山5个景区，包括30个景点，已开发、开放的景点有招堤、金星山诸亭阁、十里荷塘及观景亭廊、绿海子、王宪章将军纪念园、卧龙洞等。

据《南笼府志》《兴义府志》记载，安龙县城东北原是一片汪洋，水面有10余里之遥，俗称陂塘海子。每年雨季，山水下泄，陂塘水涨，直涌城厢。清康熙三十三年（1694年)，安笼游击招国遴为保护城垣，沟通海子东西两岸，培植风水，捐俸银2000两，亲率工匠开山伐石、抬土挖泥，经一年多时间，始筑成一道长260余米(80余丈)、宽2.67米(8尺)的石堤。后人将此举誉为“仿白堤”“肖苏堤”，为纪念招国遴，遂将此堤取名“招堤”。

乾隆五年（1740年)，南笼知府杨汇倡议在堤两岸遍植垂柳，并集资在堤西端金星山上建3层高阁1座，题额“巍然紫府”，招堤渐成南笼府城居民游览之地。

道光二十八年(1848年)，兴义府知府张锳将堤加高1.67米（5尺)，于堤东海子遍植荷花，在金星山上建“半山亭”1座，其子张之洞作《半山亭记》，镌于亭壁。咸丰四年(1854年)，又在山上筑“省耕亭”；福建商人黄绍奇在堤上建“挹秀”石亭，招堤成为游览胜地。每当春深盛夏，垂柳夹岸，芰荷飘香，水绿波澄，虹跻倒影，游人或泛舟荡漾，或堤上赏荷，为兴义府城一大乐事。

咸丰、同治年间，招堤亭阁毁于兵火。宣统三年（1911年)，代理安义镇总兵刘显潜、代理兴义府知府聂树楷始与地方人士集资修复招堤诸亭阁，增建“一览亭”、山门和石坊。民国时期，在魁星山麓修建“袁、何二公祠”(袁祖铭、何厚光祀祠)及“周公祠”(周西成祀祠)，驻军49师师长彭壁生在山下修“新生游泳池”。

1954年，贵州省公安厅在陂塘海子兴办农场，开挖水渠5千米，将陂塘海子之水排入绿海，造田130余公顷，“十里荷花”景观不复见。

1956年，省人民政府拨款整修招堤建筑群。“文化大革命”中，金星山诸建筑遭到严重损坏。1972年，县人民政府拨款于魁星山上修建烈士陵园，拓宽招堤景区。

20世纪80年代后，省、州、县人民政府迭次拨款，全面维修招堤古建筑、新修部分建筑，招堤风景区得以重放光彩。

1980年，恢复招堤北侧荷花池4.7万平方米，于池中建钢筋混凝土曲桥。1982年，于荷池上建成5座湖心亭，维修金星山诸亭阁；原福建省军区副司令员杨滨捐款1000元，在堤侧建设“怀乡桥”1座。1985年后，铺砌长堤及荷池四周石块路面，增建牌楼，重建“禅房”，修葺金星山围墙，于后山凿圆形拱门1座，题额“绿天深处”。

1985年11月2日，省人民政府公布招堤为省级文物保护单位。1987年3月12日，将招堤列入贵州省十大风景区之一。2008年，入选贵州省十大魅力景区。

招堤景区三面环山，一面傍城。十里平畴之中，一堤横亘，绿柳如烟。堤东端耸立一座仿石牌楼，四柱三门，绿瓦覆顶，雄伟壮丽。过牌楼即步入长堤，堤长300余米，以块石铺砌，有溪水自堤下桥洞缓缓流动。堤南稻田，一片绿稼直抵城厢；堤北荷池，荷花竞放，舞翠摇红。池中曲桥回环，连缀5座赏荷亭，中心一亭名“醉荷亭”，画栋雕梁，彩绘斑斓，匾额系当代著名女书法家肖娴题写。盛夏，满池荷花竞相开放，亭、桥浮于花海，轻风过处，馨香袭人。2002年，在原荷池北端扩建荷花种植面积，建设观赏长廊，并在荷池中修建王囊仙铜像。

堤西端金星山上，花木扶疏，掩映着历代修葺的亭台楼阁。依次建有山门、尽幅石坊、一览亭、半山亭、禅房、涵虚阁，造型各异，依自然地形布局，错落有致，格调典雅，山门突兀壮丽，红墙黄瓦，石刻门额“苕清霅绿”，楹联“忽惊华构依岩出，不断海风吹月来”。小石坊如画幅横悬，额刻“尽幅千里”，联云：“髯苏欲乞鉴湖以老，醉翁始饮滁水而甘。”“一览亭”为四楹石柱长廊，凭栏而立，绿柳长堤尽归眼底。“涵虚阁”高耸于小山之顶，三层三檐六角，凌空而出，雄伟壮观。登上阁楼，依稀城廓，隐约渔村，又别是一番风景。阁后有禅房数间，昔为游人休息饮宴之所。“半山亭”三面石柱，依岩临池，构筑天然。

亭阁石柱之上题咏甚多，或描青山秀水之佳趣，或发思乡怀古之幽情，其中颇多佳句。尤其著名的是张之洞的《半山亭记》，700余字，将招堤四时风光描绘得淋漓尽致。半山亭落成之时，张锳大宴宾朋，仿曹丕在南皮“浮瓜沉李”和阎伯舆重修滕王阁故事，邀宾朋以翰墨记其胜。其子张之洞时年11岁，临席而作，文惊四座，成为安龙文化史上的一段佳话，也使得半山亭生色增辉。

2011年7月，县政府在金星山南端树立张之洞铜像。张之洞塑像底座宽3米、高6.8米，由铸铜和花岗岩组成，背靠金星山，坐东朝西，展现了张之洞“以天下为己任”“西学东用”的远大抱负，为国家富强、民族独立奋斗一生的博大胸怀，以及热爱家乡、建设家乡的道德情操。

魁星山上，松柏森森，石级蜿蜒，有烈士纪念碑巍然耸立于山巅。1978年，在山上修建烈士陵园，陵园依山而建，陵墓层叠而上，庄严凝重。山腰有红军墓四座。登上山顶，可观赏有名的“环峙笼烟”奇景，但见十里平畴上空雾岚飘浮，安龙城上淡蓝的烟霭之中，若隐若现，疑是幻景。

堤之东侧为景区集散中心，建设有大型停车场。2011年7月，在此树立招公筑堤浮雕，与半山亭旁的张之洞塑像遥相呼应，它们是互有关联的历史人物和历史事件，如今共同构成招堤风景区的文化景观。招公筑堤浮雕再现了招公率工匠修建石堤、根治龙城水患的恢宏巨大、生动感人的场面，讲述安龙招堤的由来和发展历程，反映筑堤前后的历史风貌，将进一步激发人们开发安龙、建设荷都美好家园的热情。

由招堤北行，十里清流，两行绿柳，渠水汇处即为绿海。21世纪初以来，安龙县人民政府与贵州省海子农场签订土地租用协议，进一步加大景区建设力度，沿陂塘河两侧扩种各类荷花，荷花种植面积一直延伸到绿海，总长5000余米，并兴建3座观荷亭，增建防洪设施，新增种植连片荷花，新建景区道路，恢复了“十里荷塘”的秀美景观。

绿海是贵州西南最大的天然淡水湖，面积约40公顷。湖中有小岛，湖岸怪石林立，四山环抱，清幽静谧。每当风和日丽，湖水泛起微波，辽阔的水面波光粼粼，水天一色，湖中盛产鱼虾，细腻味美，绿海历来是县人垂钓、泛舟的佳地。

绿海东、南、北岸皆有深洞，洞内钟乳石千姿百态，均有观赏价值。北岸干龙洞内的石龙，沿壁盘旋，形象生动，遍体有晶亮的颗粒，在灯光照耀下闪烁夺目，奇异迷人。南岸的老鸹洞中，钟乳石宛如千笋破土，万莲竞放，美不胜收，东面的神仙洞深约1000米，洞中奇石林立，如人如兽，如鸟如器，尤以石柱最为壮观。

自清代以来，招堤风景区以其绮丽的风光，成为滇桂黔三省交界地区的风景名胜，吸引无数游人前去观赏，历代文人墨客留下为数众多的赞颂文字。1988年8月，省建设厅召集专家学者对风景区资源进行评价，以作规划，认为招堤风景区以安龙古城为依托，向四周辐射；景区内奇峰耸立，峭插碧空，峰林之下一片田畴，阡陌纵横，溪流潺湲，众多的古树、古建筑、古文化遗址点缀其间，既有秀丽多姿的风光，又有灿烂的历史文化，融自然风光与人文景观于一体，形成了一个独特的风景名胜区域，是贵州西线一个重要的旅游点。

招堤风景区以安龙古城为依托，向四周辐射；景区内奇峰耸立，峰林之下田畴广阔，阡陌纵横，溪流潺缓，众多的古树、古建筑、古文化遗址点缀其间；既有秀丽多姿的自然风光，又有灿烂的历史文化，融自然景观与人文景观为一体，形成一个风格独特的风景名胜区域。如今，县委、县政府将招堤风景区作为国家湿地公园来建设，投入大量加以保护与建设，其魅力必将迎来更加美好的明天。

半山亭

系清道光二十八年（1848），兴义知府张锳在加高招堤同时，于金星山上“涵虚阁”旁依岩构建的三面石柱亭阁。竣工时，张锳在此宴请士绅文人，赋诗作文庆贺招堤又添新景。席间，张锳之子、年仅11岁的张之洞竟也提起笔来，一气写成700余言的《半山亭记》，将招堤的四时风光描绘得淋漓尽致，其文辞之华美，比喻之贴切，让在座的宾客无不惊叹，称为神童。后人将《半山亭记》镌刻在石壁上，供游人观赏。全文为：“万山辐凑，一水环潆，雉堞云罗，鳞原星布者，兴郡也。城东北隅，云峰耸碧，烟柳迷青，秋水澄空，红桥倒影者，招堤也。缘是数里，蒹葭苍苍，有阁巍然，峙于岩畔者，魁阁也。穿绿阴，梯白石，禅房乍转，画槛微通，石壁一方，茅亭三面者，半山亭也。做亭者谁？吾家大人也。翠萝红蓼，罗列于轩前；竹榭茅檐，欹斜于矶畔。太守之意，得之半山，而志以亭也。岁在壬寅，家大人先守是邦，文风雅俗，焕然一新，故常与民同乐者也。夫其德及则信孚，信孚则人和，人和则政多暇。由是常徘徊于此阁，以寄胜概，而亭未有焉。然其烟云万状，锦绣千重，早以毕具于目前。盖天钟灵于是，必待太守以启之也。爰乃建亭于阁之东偏，古径半弯，危廊数转，不崇朝而功成，易如也。每当风清雨过，岩壑澄鲜，凭栏远眺，则有古树千红，澄潭一碧，落霞飞绮，凉月跳珠，此则半山亭之大观也。且夫画栏曲折，碧瓦参差，昭其洁也。烟光挹翠，竹影分青，昭其秀也。松床坐弈，筠簟眠琴，昭其趣也。分瓜请战，煮茗资谈，昭其事也。若夫柳岸晓风，芦花残月，云腾碧嶂，日落深林者，亭之朝暮也。水绿波澄，莲红香远，月白风清，水落石出者，亭之四时也。沙明荷净，舞翠摇红，竟秀于汀沚者，亭之晴也。柳眉烟锁，荷盖声喧，迷离于远岸者，亭之雨也。晴而明，雨而晦，朝而苍翠千重，暮而烟霞万顷，四时之境无穷，而亭之可乐，亦与为无穷也。至若把钓人来，一蓑荷碧，采莲舟去，双桨摇红，渔唱绿杨，樵歌黄叶，往来不绝者，人之乐也。鹭眠荻屿，鱼戏莲房，或翔或集者，物之乐也。衣带轻缓，笑语喧哗者，太守游也。觥筹交错，肴核杂陈者，太守宴也。觞飞金谷，酒吸碧筒，宾客纷酬，杯盘狼藉者，太守欢也。题诗励士，把酒劝农，四境安恬，五谷垂颖者，则太守之真乐也。俄而夕阳在山，人影散乱者，太守归而众宾从也。是则知其乐，而不知太守之乐者，禽鸟也。知太守之乐，而不知太守之乐民之乐者，众人也。乐民之乐，而能与人、物同知者，太守也。夫美不自美，因人而彰。兰亭也，不遭右军，则清湍修竹，芜没于空山矣。岳阳之楼，晴川之阁，不有范、崔之品题，则巍观杰构，沉沦于湖滨江渚矣。是地也，不逢太守，则锦谷琼花，不现其佳境矣。为此亭也，则胜迹不令就荒，名花俱能见赏，凡夫出尘拔翠，必无沉滞而不彰矣，所以谓之与民同乐也。不志其佳，使花香山翠湮于野塘，不传于奕世，是贻林泉之愧也。故挥毫而记之，犹恐未能尽其致也。”

卧龙洞

卧龙洞位于招堤风景区内，距县城约5千米。乘车由塔山（或海农）至元宝山宋家湾即可见到卧龙洞。

卧龙洞由8个大厅组成，已开发4个大厅。洞内景点较多，发育完好、堆积物种类齐全、品位高。有大面积的复瓣边石坝；大面积的水域；钟乳石笋、石幔、石柱等堆积物比比皆是，蔚为壮观。第一厅玲珑剔透，第二厅雄阔壮观，第三厅形象逼真，第四厅如临仙境。

主要景点有：田园风光、桂林山水、贾府大观园、桃园三结义、悟空别师、九龙玉柱、鳄鱼下水、双狮迎宾、二龙戏珠、千年神龟、飞流直下、世纪之吻、绿海碧波、祥云朵朵、观音显灵、如来现身、父子对栾、南国风光、海底世界、北海银滩、卧龙欲飞等，真可谓是琳酿满目、妙趣横生、别具洞天。

绿海

贵州西南最大的天然岩溶湖——绿海，距县城5千米。湖面面积约40公顷，平均水深达5米，湖面海拔1345米。四周青山环抱，清幽静谧，波光照影，微风吹拂，宽阔的湖面上清波粼粼，在朝阳晚霞映照下，绚烂无比。

湖岸怪石林立，湖中小岛孤悬，倒影参差，相映成趣。湖上荡舟，置身蓝天碧水间，涤尽尘俗，令人忘忧。

早在清代，居住在附近的村民就以种田、捕鱼为主，几乎家家都有捕鱼船，清初诗人黄世文曾写一首描述当地渔民生活的《渔舟唱晚》：“夕阳一抹柳梢头，远浦回风返钓舟；击楫看山争晚唱，停桡对月发清讴。高穿云去惊归鸟，低逐波来起宿鸥；欸乃数声依古岸，渔灯几点下芳洲。”如今，每逢节假日，人们结伴来到这里，或环湖垂钓，或荡舟游览，或游泳嬉戏，尽一日之乐。

绿海东、南、北岸皆有溶洞，洞内钟乳石千姿百态，均有观赏价值。

北岸有一布依山寨，名刷把寨，寨后山麓有一溶洞名“干龙洞”。据《兴义府志》记载，干龙洞即明代之安隆洞，因古人读音有误，将“干”读为“安”，安隆由得此名。洞内深广，有一钟乳石龙沿壁盘旋，其形游走欲飞，遍体布满方解石晶粒，如鳞甲般闪烁夺目，极其生动。

南岸有老鸹洞，洞长100余米，洞厅高大，厅顶钟乳倒悬，大小错杂，参差各异，似蘑菇丛生，春笋破土；如睡莲舒展，鲜花绽开，绚丽多姿。

东北面有神仙洞，洞长1000余米，洞中奇石林立，如人如兽，如鸟如器，尤以巨大钟乳石柱最为壮观。

绿海，这颗镶嵌在安龙大地上的明珠，是惠泽安龙人民的圣湖，千百年来已成为安龙的一种象征。

今天的绿海美化荒山，修整道路，建设了王宪章建军园等亭台楼廓、宾馆酒店，这里已成为安龙乃至贵州的胜景名湖，与十里荷花连成一线，互为比美。游人到此可观岸上渔人垂钓，湖中渔舟唱晚，或漫步湖边，荡舟湖中，可谓逍遥自在。

王宪章将军园

王宪章将军园位于安龙县城东北招堤风景区绿海之滨，距县城5千米，修建于2002年，其前身为民国时期修建于县城北郊的“豹皮亭”。

1940年，安龙县社会各界人士在县城北郊为辛亥革命武昌起义副总指挥王宪章建纪念亭和赞功碑。亭为六角石亭，名为“豹皮亭”。平刚题联“乃父威名留夹寨，先生大义凛长江”，并撰《故江苏江北讨袁军总司令王宪章君赞功碑》，文中有“乡祀流风，神廻里閈”之语。乡人朱徽五撰《革命先烈王宪章先生事略》，赞誉“未竟其志少作国殇”。亭及碑在“文化大革命”中被损毁。

2002年，安龙县政府、贵州省苗学会，于省级风景名胜区安龙招堤绿海湖畔修建苗族爱国将领王宪章将军纪念园，以将军雕像、瞻仰台、观赏园、豹皮亭为一体，铺以石雕、石阶、石径和栽种苍松翠柏，其中瞻仰台基四周镌刻《故江苏江北讨袁军总司令王宪章君赞功碑》及《革命先烈王宪章先生事略》，详细介绍了王宪章将军的生平事迹。

二、安龙博物馆

安龙博物馆为中国传统式宫殿建筑，位于安龙县城大同路，建于2003年3月，2006年6月对外开放。占地面积约5600平方米，展览面积2300平方米，主要由正殿、门楼、东西配殿、东西角楼组成，根据南明永历朝廷入居安龙之史料复建。

南明永历六年、清顺治九年（1652年）二月，南明永历朝廷从广西辗转播迁到安隆所城，改安隆所为安龙府，以安隆所署为文华殿，把这里作为陪都，治国理政。安龙由此成为全国抗清斗争的政治、军事指挥中心，先后进行了4年的抗清复明斗争。

安龙博物馆是按照传统宫殿设计理念修建，以门楼至正殿形成南北中轴线，东西两边有配殿和角楼，均衡对称。在平面布局上，严格遵循我国“中”位是“我”之所在，天下之“中”是“王”之所在的传统文化观念，整个建筑具有严格纵直的“中轴”线。单个建筑，无论是门、窗、柱，还是梁枋上的雕花，都存在中轴对称，建筑外形方正。屋顶采用黄色琉璃瓦，门、窗、柱均为红色。

安龙博物馆建筑而布局合理，展陈空间紧致，展线长约230米。2006年，第一次基础展陈为“安龙通史”展，正殿为“南明历史文化”展，东配殿为“民族民俗文化”展，西配殿为“安龙历史文化”展，东角楼为“游客服务中心”，西角楼为“数字博物馆”。但本次展陈并未完全按照设计完成，仅展示了部分图片和文字资料，未能完成实物展陈。

2010年10月后，县文物管理所逐年提升博物馆展陈：正殿为“南明历史文化”展，以永历皇帝上朝听政蜡像为主体，补充完善南明历史图文资料，增加字画、服饰等实物展示，更进一步探讨南明永历政权入居安龙、给安龙带来的发展机遇等。东配殿为“民族民俗文化”展，展示大量民族服饰、生产生活用具，如葫芦做的酒具、少数民族过节时吃的花糯米饭、布依族的口弦琴、苗族跳舞时所用的小板凳和芦笙、民族服饰、手工制香、古法造纸、纺车、织布机等，向游客展示县境各族人民多姿多彩的文化生活。西配殿为“安龙历史文化”展，展示有古生物化石，如三叠纪海生爬行动物化石海百合、菊花石、贵州龙、鱼化石等；另展示有在县境出土的旧石器时代的石器，战国至西汉时期“T”型茎一字格青铜剑、青铜器铸造的羊角钮钟、铜鼓、铜胎掐丝嵌珐琅水盂、清代器皿，以及房屋构件等，以时间顺序展示安龙的历史发展进程。东角楼为“游客服务中心”，专门开辟了奇石展。西角楼为“石刻专题”展，以安龙石刻为主，附展匾额、家具等。门楼为“书画”展，展示安龙及周边地区地方书法爱好者创作的有关安龙历史和人文景观的书画等。以上展陈共展示实物400余件，多角度展示了安龙县境厚重的历史与文化。

三、明十八先生墓祠

坐落于安龙城内西北隅天榜山下，分别于1964年、1980年两次明确为贵州省重点文物保护单位。

南明永历八年（1654年）四月初八日，拥戴永历帝、力主抗清复明的吴贞毓、郑允元等18位朝廷重臣，因不满大西军首领孙可望飞扬跋扈、篡权夺位，为孙可望所害。十八先生的铮铮铁骨，高风亮节，为后人所仰慕。死后不久，人们便为他们修墓建祠。历代不少名人来此凭吊，并留下大量题词，使这里成为贵州西南部名人摩崖石刻最多的地方，也是国内最重要的南明历史文化遗迹之一。

吴贞毓等南明18位朝臣殉难于南明永历八年（1654年），其家属及安龙百姓将他们的尸体合葬。永历十年（1656年），李定国入卫安龙后，为18人垒墓，建庙于马场。永历十二年（1658年），永历帝遣通政使尹三聘会同安龙军民府知府范春鳌于清明为十八先生墓立碑，永历帝亲题“明十八先生成仁之处”大字于碑；尹三聘将18人姓名、职官、死难之因镌刻于碑。

清康熙中，南笼厅通判曾为十八先生墓立碑，略记18人姓名、殉难始末及诸臣绝命诗于后。乾隆初年，朝廷为吴贞毓等人赐祭，守土官将《明史·吴贞毓传》刻于碑石。于“亨堂”中增设18位殉难朝臣栗主，“配殿”内附祀古其品、李如月、林青阳3人。乾隆六十年（1795年），贵州学政洪亮吉、南笼府知府曹廷奎修墓，沈爀撰记立碑。道光三年（1823年），兴义府知府陈熙补修墓。二十四年（1844年），知府朱臒著诗2首，刻石列于墓右。

道光二十九年（1849年），知府张锳重修墓，其子张之洞撰《吊十八先生文》，刻石列于墓左。张锳在原试院右侧（今安龙天主教堂一带）改建“十八先生祠”，祠宇轩敞，有祠门、敬业堂、流芳堂、怀清堂、享堂、正祠、多节亭、净香池等，形成一组规模宏大的建筑群，诸多建筑造型各异，工艺精巧，与兴义府试院诸建筑浑然一体。祠内诗文楹联众多，不少出于名家之手，如洪亮吉、叶酉、舒位、赵翼等人，其语义深刻，书法精湛。张之洞代其父作《十八先生祠堂记》刻石勒碑于祠。咸丰、同治年间，十八先生墓、祠全部毁于兵火。

光绪九年（1883年），兴义府知府余云焕、安义镇总兵何雄辉重修十八先生墓，将十八先生祠复建于墓后山麓，在墓区修建亭榭、池塘，种植花草树木，余云焕补刻“十八先生成仁处”大字于墓后石壁。三十一年（1905年），知府李祖章再次修墓，增建“虚舟”“多节亭”等。

民国5年（1916年），南笼县知事洪寅加修墓，在墓前建石坊1座，在壮观瞻。26年（1937年），县长张曾复呈请拨款增修墓、祠，中央行政院、贵州省政府允准拨款修复，并定于4月8日为公祭日，蒋中正、居正、王伯群、李烈钧、吴鼎昌、任可澄、胡刚、刘时范等国民党军政要员题词刻于祠后山麓石壁。

新中国成立后，县人民政府迭次拨款维修祠、墓。1964年，贵州省人民政府将“明十八先生墓”列为省级重点文物保护单位。“文化大革命”中，古迹遭到人为破坏。

1980年，贵州省人民政府拨款修复明十八先生墓，并定为省级重点文物保护单位。此后，又迭次拨款维修祠、墓，并对外开放。2000年，贵州省文化厅、省财政厅和安龙县人民政府筹资修建门楼、休息长廊、凉厅、景墙等设施，为参观游览提供了方便。

经多次修复的十八先生墓、祠，占地1.2万平方米，由墓区、祠堂、摩崖等3部分组成，依次渐高，与天榜山明代寺观遗址相连，集重大史事、独特建筑风格、精湛的石木雕刻艺术于一体，规模宏大，独具特色。

墓前有大小石坊各1座。大石坊为4柱3门，坊上正中刻有“岿然千古”、左右分刻“成仁”“取义”8个大字，系贵州省著名书法家陈恒安题书，坊上刻松、梅、竹、兰花卉浮雕；小石坊树于大石坊之后，上刻“明十八先生之墓”7字，坊柱、坊幅上刻云龙、狮子，刻工精细，形态生动。坊后即墓，墓为圆形，细钻青石镶砌，封土高2.5米，直径约3米，墓碑按原样镌刻。墓后两侧树有石碑18块，镌刻历代凭吊诗文，均为当代贵州书法名家的墨迹，书体各异，具有较高的观赏价值。墓区遍植松柏花木，庄严肃穆。

祠堂建于墓后，地势较墓区略高，石级层迭而上。“享堂”面对陵墓，歇山顶28柱石木结构，两厢配殿为16柱硬山顶石木结构，堂殿均以浮雕石墩作柱础，配以卷棚式回廊，刻花门窗，细磨石板镶嵌地面，翘檐飞斜，雕梁画栋，凝重古雅。

享堂内设18位殉难朝臣及古其品、李如月、林青阳栗主牌位，两旁分别陈列历代文人凭吊诗文及殉难朝臣生平事迹等；西配殿悬挂20幅“明十八先生之狱”绘画，系贵州省国画家黄天虎所绘，配有文字，以便游人观赏并了解史事；东配殿陈列当代文人凭吊十八先生的墨迹。

享堂之后有“忠泉”一方，泉水清冽，细流涓涓，终年不断，上有石桥横跨。泉后紧傍山岩，岩下即为“多节亭”；右侧有圈棚式石木小屋1间，形似小船，名“虚舟”；亭后石壁上刻满题咏，有蒋介石题“碧血千秋”、居正题“孔曰成仁，孟曰取义；惟其义尽，所以仁至”、王伯群题“浩气长存”、李烈钧题“瀛州神境”、吴鼎昌题“重如泰山”、任可澄题“藏碧辉岩”、胡刚题“浩气长存”、刘时范题“天地正气”

等，均保存完好。由亭而上即是天榜山，山势雄峻，林木蓊郁，有明代建成的寺观掩映于林木之间。

十八先生墓、祠自20世纪80年代修复开放以来，已成为国内外研究南明史学者注目之地，2012年8月，贵州省文史研究馆与安龙县人民政府共同在这里挂牌成立“南明历史文化研究基地”，2013年列为全国第十批重点文物保护单位。同时，十八先生墓、祠也已成为安龙县最重要旅游景点之一，每年接待游客上万人。

四、兴义府试院

位于安龙县城南桅峰山下，是一组集祭祀、讲学、考试、游览、休闲娱乐等功能为一体的建群筑。

清雍正九年（1793年），贵州巡抚张广泗上疏请建南笼府试院，清廷准奏，时任知府黄世文建于府署右，后迁东门外大佛山麓。嘉庆五年（1800年），又迁兴义府城北三里许。道光二十一年（1841年），兴义府知府张锳认为试院偏僻简陋，倡议在城内署右（现址）新建府试院，道光二十二年（1842年）三月动工，九月建成，新建房舍209间，并为赴试考生准备了全部的几案和住宿设施，耗资3.08万余两。建成后的试院大门前为左、右辕门，辕门侧为告示房，门外两侧建石坊2座，坊内左侧为万寿宫，右侧为提调所、府学公所、各学公所。前行有头门，头门后有魁星阁，两侧即是考棚号舍，可容纳1000余人。一条100余米长的石板甬道直达大堂，其后建有澄熙堂、左右官厅，穿堂后即是二堂。由二堂折而左行，树石清秀，植红杏、林青、芭蕉等树，其正屋三楹名“红杏山房”，沿曲廊前行，有“纳旭亭”，再前有“他山楼”。从楼下北折，为“蕉雨轩”，庭中全种芭蕉。再进，曲径通幽，有“双清厂”，楼侧有半船形建筑，名“绿天深处”，其前便是皇殿和朝房。由二堂折而右行，有“望杏楼”“植桂轩”“戏台”，植桂轩后有一亭，名“木犀香里”，轩左后有穿堂名“意舟”，两侧有书室名“芝兰室”，东有回楼，南有“骋怀楼”，中为“观海楼”，北为“天香阁”。登上骋怀楼，凭栏远眺，“城中万家烟火尽在目前，雉堞以外，近则蔬圃菜圃，远则谷塍稻垅，又远者青山绿海，古寺丛林，五里长堤，架虹腰于山畔，十寻碧塔，翻倒影于水湄，洵为边城雅观”（见《兴义府志》）。兴义府试院不仅规模宏阔，而且其中的建筑群布局有致，工艺精细，充分体现了中国古代园林建筑的优点，是清代兴义府劳动人民的智慧的结晶，试院内楹联众多，不少出于名家之手，有较高的艺术价值，因而号称“甲于天下”。

兴义府试院落成后，张锳又筹银150两增修珠泉书院，拨出公田，每年收入作为固定的膏火、试卷费，又延聘名师任书院主讲，购置图书供士子阅览。张锳在听政之余就到书院与诸生谈学论艺，鼓励诸生切磋砥砺。安龙县城现依然流传着“知府添灯油”的故事：道光年间的兴义府城，每夜交更以后，便有两个差役准时从府衙出来，前面的提着灯笼，后面的挑着油篓，沿着城内的大街小巷悠悠走去。只要见到那家灯光不熄，并且有读书声传出来，他们就会在这家门口歇下担子，随即高唱一声：“府台大人给相公添灯油啰！”待主人打开房门后，差役便将油篓里桐油加进书生的灯盏里，然后又向着读书声的地方走去，如此反复，前后持续10余年，府城学风由此大变，数年间，偏僻的山乡竟也出了几个进士，甚至还点了翰林，泉珠书院也因此名声大噪，成为滇、桂、黔边区文化朝宗之所。珠泉书院里还有两个少年琅琅读书声，而这两人后来都成为封疆大吏，进而位居宰辅，死后分别被清朝廷封谥为“文恭”“文襄”。一是曾官任四川、两广总督、军机大臣、武英殿大学士鹿传霖，他是张锳的女婿；一是是张锳的幼子，曾官任两江、湖广总督、军机大臣、体仁阁大学士，近代洋务派领袖，“南皮相公”张之洞。

清同治年间，兴义府试院毁于兵火。光绪十五年（1889年）复建。民国元年（1912年），县议会筹办中学，定于试院基址改建校舍，15年（1926年）春建成盘江中学，后改为安龙县立中学。民国二十六年（1937年），在红楼（今植桂轩）设“安龙幼稚园”；1949年后，改为安龙县第一中学，由中学使用和保护。由于后期人为改造和自然腐蚀等原因，试院建筑大部分损毁，仅存大堂、二堂、植桂轩、议事亭及跨水曲梁石桥等建筑。

20世纪80年代，兴义府试院移交县文物管理部门管理，1988年对二堂朝廷抢救性维修。2004年，省文物保护研究中心对兴义府试院实地考察、勘测，设计制作《安龙兴义府试院修复工程设计方案》，并通过省文物局批复。

2005年起，根据批复方案，省文物局先后拨款对兴义府试院大堂、二堂、议事亭、植桂轩、后东西官厅等进行整体性维修，拟恢复试院主体建筑。2011年4月初，在兴义府试院维修施工中，意外掘出号舍（考棚）基址。鉴于这一发现的重要性，省文物局委派省考古研究所专家组于2011年6月16日至7月4日对试院旧址展开抢救性清理，揭露面积1600余平方米，根据年代推进共发现3组不同时期的石砌基础遗迹，即早期民宅、试院部分已毁建设及试院被毁后的民国建筑遗迹，为恢复兴义府试院的原始布局奠定了基础。

大堂：坐南向北，为穿斗木结构带抱厦式勾连搭硬山筒瓦顶，面阔3间，大堂前檐廊柱均为整石石柱，明间石柱之上纵向楷书阴刻楹联一副。前后檐廊柱间檐下装风窗，两次间廊柱间安装石裙板、装挂落，明间未装。前檐檐柱间，明间装隔扇门、两次间装槛窗，抱厦屋面采用鹅颈椽式样铺装，在黔西南地区乃至贵州省都较为罕见。大堂石柱有兴义府知府张锳撰写对联：“帝泽诞春敷，申鸿奖，劝鸠工，舍旧图新，庶一郡菁莪同游广厦；文风蒸日上，登龙门，舒凤翰，扬华摛藻，看六庠英俊连步巍阶”。据《兴义府志》记载，张锳任兴义府知府期间，政余之遐常在大堂授课，凡听课者，均是府属州县的优秀学子。当时府属学子以能聆听知府讲课为殊荣。

二堂：坐南向北，位于大堂之后，与大堂处于同一轴线之上，为穿斗木结构硬山筒瓦顶，面阔3间，二堂前檐带廊，廊柱均为石柱，两次廊柱间装挂落，明间未装。前后檐檐柱间，明间装隔扇门、两次间下槛装石裙板，上装槛窗。

议事亭：位于大堂东侧14米，坐南向北，建于一直径15.4米的人工水池正中，以毛石砌筑基础，基础高度距池底2.2米。亭为穿斗式石木结构四角攒尖顶，亭基平面为正方形。亭内4根立柱间安装隔扇，形成封闭式房屋1间，平面呈正方形，房间外围为回廊。亭内房屋北侧装有四扇隔扇门与廊道相通连，北侧廊道西端建有跨水曲梁石桥与人工水池外地坪相通连。

植桂轩：位于议事亭东侧13米，坐南向北，一楼一底，穿斗式石木结构庑殿小青瓦顶。

后东、西官厅：位于中轴线大堂北，后东官厅坐东向西、后西官厅坐西向东，穿斗式石木结构青筒瓦顶。

魁星阁：位于中轴线前东西官厅南，穿斗式石木结构青筒瓦屋面；重檐四角攒尖顶，平面方形。

前东、西官厅：位于中轴线大门南，前东官厅坐东向西；前西官厅坐西向东，穿斗式石木结构青筒瓦顶。

大门：位于试院中轴线北端，坐南向北，穿斗式石木结构青筒瓦顶。

据《兴义府志》载，张锳为重修试院，亲捐俸银1000两，并在试院植桂轩前的空地上种植桂花6株。新试院落成后，“平时课书院士子，擢其优秀者，读书其中”，张锳也在听政之余“时过从，亲为讲论”。数年之后，试院便人才辈出，“选拔而贡于朝、捷乡闱而联翩以去者，若孝廉景其全、胡尔昌、徐世德，副贡生缪振经、拔贡生曾永泰、景其泽、副选拔生周汝桢等若干人，皆试院中读书佳士也”，更出现咸丰二年（1852年）数人一同中举的盛况。据《兴义府志》载，这一年秋天，张锳种植的6株桂花突然一齐绽放。不久，乡试揭榜，兴义府士子4人及张锳的堂弟甘萍、子张之洞共6人同时登榜，数与桂符。作为试院的倡建者，张锳喜极而作《植桂轩记》，抒发“愿郡士联翩掇高地”“为栋梁材”的美好愿望。

兴义府试院众多的建筑或毁于战火、或自然损毁，未能存留。如今，根据考古资料、历史记载等，逐步恢复主体功能性建筑，将历史文化与当今教育密切结合，让保护、传承、利用有机结合，为地方教育服务。

1985年12月13日，州人民政府公布兴义府试院为第一批州级文物保护单位；1999年11月23日，省人民政府公布为第三批省级文物保护单位。

五、天榜山风景区

天榜山风景区位于安龙城内西北隅，包括天榜山、水峒山、弥格修道院等景点，景区内有佛教、道教、天主教、伊斯兰教的庙宇寺观，有着十分浓郁的宗教文化气息。

天榜山

位于明十八先生墓祠之后。此山坐北朝南，山巅向城一面，悬崖绝壁，如刀切斧削一般，光滑平整，似一幅幅蕊榜（科举时代的进士榜或举人榜）张挂在碧空之间，山由此而得名。昔日，天榜山上满山世代苍松翠柏，林木蓊郁，云雾缭绕，城中居民有重阳登天榜山之习俗。“天榜连云”为安龙县城著名八景之一，清代诗人、学者黄世文、李他山曾有“蕊榜高悬近斗城，风云常向此中生”“人家树半炊烟出，城郭峰高雁影来”等句来赞颂天榜登高之乐趣。

由天榜山脚至山顶，需爬一段陡坡后便有一段坦途，呈台阶状上升，共约五级之多，每登高一级，回首俯瞰城周景物，感觉迥然不同，别是一番景象，此是一奇。天榜山有前后两个山顶，形如纺锤，均宽阔平坦，面积各有1000平方米左右。两山顶之间相距100余米，有一条天然鱼脊状石梁相连，石梁宽约2米，两侧均是陡峻悬崖，天造地设一条“天街”，行走其上，惊而不险，有飘飘欲仙之感，此是二奇。明崇祯年间，天榜山顶有寺观两座，前有“观音阁”，后有“三清殿”，佛家与道家均将此山视为风水胜地，同处一山，各行法事，和睦相处，此为三奇。

站立天榜山顶，县城全貌尽收眼底。北眺群山逶迤，连绵不绝，忽卧忽奔，神态各异；东看招堤，红绿相间，闪闪烁烁，烟水迷茫，如梦如幻；南望县城，龙井、桅峰二山，如桅似笔，屏障南疆，万家房舍伏于山脚，参参差差、红墙绿宇，尽收眼底，忆旧事、看前景，颇为感慨。自明清以来，天榜山就为县城著名的游览胜地，每逢重阳佳节，城中老幼摩肩接踵，登高望远，成为郡中在大乐事。

水峒山

水峒山，位于县城西里许，紧傍天榜山。水峒山坐北朝南，东西两边均在小山环护，正南视野开阔，远山如屏。水峒山虽不高峻，但饱含灵秀之气，山、林、水、泉、塔诸景皆备，林木秀野，水流花放，寺院幽森，佛塔庄严，既是佛教信徒礼佛朝宗之所，也是县民休闲观景之地。

此山地处城区，隐于闹市之后。山脚有一石洞，泉水自洞中流出，清澈纯净，终年不绝，附近居民世代饮用，僧人取之制作豆腐，绵白柔韧，为素斋中之上品。据传洞内极其深广，洞深处有一洁白石笋，状如莲萼倒立，犹如观音宝座，因此名为“涌莲洞”，俗称“观音洞”。

由山脚至山巅，有石阶数百级，蜿蜒曲折，紧傍山岩，踏着石级上山，诸景历历在目。山中树木参差错落，重重叠叠。春天，梨花如雪，覆盖山麓，清香淡雅，沁人心脾；盛夏时节，青枝绿叶，郁郁葱葱，浓荫蔽日；入秋之后，硕果累累，落叶飘飞，满山金黄。

山巅昔有古刹“圆通寺”。据道光《兴义府志》记载：清乾隆年间，有滇南高士吴永兆云游到此，见水峒山山水绝佳，云蒸霞蔚，实为不可多得的修身养性之地，舍不得离去。于是，便在此搭盖茅庐栖身，餐风饮露数年，每天四处劝善化缘，倡议地方人士捐资，修路建寺，使水峒山逐渐修葺成为观光礼佛的风水胜地。原建于山巅的圆通寺，寺墙高峻，庭院幽深，殿内金碧辉煌，佛像林立，栩栩如生，寺周遍植苍松翠柏，古木萧森。吴永兆曾利用山上的参差岩石凿刻文殊、普贤诸佛像数十个，形象生动逼真。自寺庙建成后，250余年间，一直香火不断，最兴盛时有僧尼数十人。其开山祖师为突空制极禅师，由四川经贵阳黔灵山来此住持，传播南岳临济宗派佛学，此后，代有传人，僧尼自耕自织，去世后亦埋葬于此，至今山上仍遗有数十座墓塔。

2000年以来，县政府作出圆通寺、莲花寺两寺合一，逐步完善寺庙建设的规划，协调民营企业筹资140万元，在水峒山修建了圆通寺大雄宝殿，左厢药师房、右厢地藏房及附属设施，建筑面积1000余平方米。泓发煤矿捐资230万元，新建观音殿、财神殿、山门、围墙、停车场。2006年11月全部竣工。2006年12月9日，举行了圆通寺新寺落成典礼，此后又修建观音殿和财神殿，水峒山由此又成为观光礼佛的风水胜地。

伫立山巅鸟瞰，安龙县城风物一一尽归眼底。《兴义府志》描绘其景云："一水横腰曲屈，如拖玉带；水之外，远峰无数，俱在或隐或见之间，旁则九峰丛列，如九朵芙蓉，洵奇观也。"

水峒山北麓是一椅形谷地"景家冲"。谷地一端坐落着一片建筑群。该建筑群始建于宣统三年（1910年），由天主教法籍传教士卫利亚募款所建，1934年扩建，名为"安龙天主公教弥格修院"，是培养初级神职人员的学校。清代至民国时期，罗马教廷在贵州建有两个教区，一为贵阳，一为安龙；安龙教区负责管理贵州、广西共15个县的教务。景家冲"弥格修院"为本教区源源不断输送了初级神职人员。

新中国成立后，弥格修院征为国有，县政府在此建设县农机厂。20世纪80年代以来，中国天主教广泛开展"三自"革新运动，坚持独立自主、自办教会原则，恢复天主教活动，县委、县政府也将原县农机厂占用的弥格修院房产全部归来给安龙天主教堂。

弥格修院处于四山环抱之中，仅有一条小路与外界相连。建筑群总体呈四合院格局，二层石木结构，游廊宽敞，台阶高耸，圆拱形门窗，既有中国古典建筑特点，又融会了西欧某些建筑风格，形成一处中西合璧的建筑群，颇具观赏价值。

六、卧雪山庄和五省宫

位于龙广镇，距安龙县城32千米，距黔西南布依族苗族自治州首府兴义市39千米。

卧雪山庄

光绪十九年（1893），在兴义府知府石廷栋的器重和劝说下，袁廷泰（字干臣）由五台山迁到龙广，协办西区团务。然后在龙广街建草房5间，织布开染坊，当地人称之为"袁家店"；又买下对面荒坡一片，种植黄袍（即橘子）1000余株，龙广人称为"黄袍林"，农、工、商三业并举。不几年，袁廷泰在龙广扎下根基。光绪二十八年（1902年），袁廷泰被石廷栋委为"西区团总"，全权处理西区官司事务。袁廷泰利用身份和权力，广置田产，坐收巨额租谷，成为兴义府境内大户。民国5—6年（1916—1917年），袁廷泰鸠工集材，大兴土木，雇请安龙著名石匠王仁孝设计督工，兴建五台山、袁家店两处第宅。并将袁家店宅第命名为"卧雪山庄"，仿照西式洋楼建造，是黔西南境内唯一的一处欧式建筑。"卧雪山庄"占地百余亩，室舍可容两三百人住宿。室内陈列名家书画、玉器古玩，极尽奢丽，专作款待权贵之所。室外辟花园，鱼池假山，盆景罗列，品种繁多，富丽堂皇，类似公侯之家，炫耀于千里，乡人称其为"龙广金字塔"。房舍至今仍完好保存，卧雪山庄现为省级文物保护单位。2008年，省、州、县人民政府拨专款进行了保护性修缮。

五省宫

"五省宫"又名"五省会馆"，省级文物保护单位，位于龙广场坝中心繁华地段。民国12年（1923年），袁廷泰之子袁祖铭（号鼎卿）率军出黔，逐鹿湘、鄂、川、陕诸省，所战皆捷。北洋军阀吴佩孚欲回笼络，委袁祖铭以"五省联军总司令"职备。袁廷泰得知，自命不凡，在龙广场坝兴建"五省宫"，命名为"五省会馆"，供奉"五星聚奎"神牌，实则纪念袁祖铭官升荣显，炫耀其袁家权势。"五省会馆"为四合大院，占地700余平方米，正大厅5间，两厢各3间，门楼亦5间，均为砖木瓦面结构。天井坝置花坛，植玉兰、桂、樱等花木。一度成为袁廷泰坐镇龙广办理事务之所。现除门楼戏台被拆改建办公楼外，其余保存完好，可供游人参观。1988年8月24日，县人民政府公布为县级文物保护单位；2006年6月6日，贵州省人民政府公布为第四批省级重点文物保护单位。2012年，龙广镇人民政府从其中搬出，在此处正式建设旅游景点。

七、安龙革命历史陈列馆（草纸街71号）

位于贵州省安龙县城北万寿山下，原为湖广会馆旧址，1945年改建为安龙县参议会会馆，新中国成立后为安龙县兵役局（县人民武装部）营地，因其现门牌号为草纸街71号，俗称“草纸街71号”。

据余厚墉《兴义府志续编》载，光绪五年（1879）兴义府知府吴宗兰在北门外原“三楚宫”原址上，创建湖广会馆，下殿三楹。八年（1882），知府余云焕建修大殿五楹，厢房、花厅、头门、围墙等俱备，正祀大禹，附祀濂溪、寿、佛诸神。

1935年4月20日，中国工农红军第一方面第一军团二师及中央军委纵队后梯队长征到达安龙县城，毛泽东在西南边隅的安龙县城内见到家乡人（吴宗兰祖籍湖南）修建的湖广会馆，倍感亲切，当晚与朱德、周恩来、洛甫、李德等中央领导同志住宿于湖广会馆内。

据相关史料记载，1935年4月18日，红一军团奉令分别沿册亨县坡妹、纳新、石板井3路向安龙县境进发，其中红一军团直属部队及1师于4月19日经鲁贡、联合、渡过大田河进入册亨县拉荣、同心，经坡妹进入安龙县境，22日全部离开县境；红一军团2师于4月19日在贞丰县弄羊分为两路西进，20日拂晓以2师4团作先锋，从纳新、石板井分两路进入安龙县境，经乐居（今平乐）、乌寨、干海子、岔河进入安龙县城，4月21日经大坪、娃娃井、十垭口、长冲、喜格、马鞭田、龙广、塘坊、狮子山进入兴义县境。红一军团1师2、3团从广西省隆林县石头林经日州、册亨冗贝、安龙石盘、兴隆、巧凹、绿海子到达安龙县城配合军团行动。同时，红五军团亦从贞丰县大田河进入安龙县境。红军部队于4月19日开始进入安龙县境，21日至22日先后离开安龙县境。红军在今安龙县境共经过笃山、龙山、戈塘、普坪、海子、平乐、兴隆、招堤、栖凤、新桥、木咱、德卧、龙广、坡脚、钱相15个乡镇、街道，基本遍及安龙县全境，行程总计约250千米。

1945年，国民党当局推行“宪政治国”，安龙县政府遂征收湖广会馆部分土地修建安龙县参议会馆，与湖广会馆融为一体。

1950年1—2月，中国人民解放军第二野战军第4兵团、中国人民解放军滇桂黔边纵队、西南服务团云南支队在此胜利会师，并于1950年2月6日在安龙县参议会会馆内召开了具有重要历史意义的中共云南省委第一次会议（即“安龙会议”）。会议贯彻中央“团结第一、工作第二”等一系列指示，成立了中共云南省委，宋任穷任第一书记，陈赓任第二书记；成立了云南省军政委员会、昆明军事管制委员会等云南省军政机构，撤销滇桂黔边纵队和中共滇桂黔边党委；讨论了《进入云南接管工作纲要（草案）》等文件，为顺利接管云南统一了思想，制定了进入和接管云南的大政方略。2月13日，会议胜利闭幕；14日，部队离开安龙。

此后，安龙县参议会会馆先后作为安龙县兵役局、安龙县人民武装部营地保留下来。2003年，安龙县人民政府将此列为安龙县重点文物保护单位予以保护。2009年5月，被批准为黔西南州第一批爱国主义教育基地。2015年，安龙革命历史陈列馆（草纸街71号）与中华苏维埃共和国国家银行旧址和王宪章将军园、安龙烈士陵园等基地，被批准为贵州省爱国主义教育基地。

八、中华苏维埃共和国国家银行旧址（韦杵旧居）

位于安龙县城广东街原县印刷厂内，为民国时期修建的中西合璧式建筑，沿中轴线分布一、二、三进，穿斗式石木结构，为传统走马转角楼四合庭院。一进明间面阔三间，二进四合庭院，三进面阔三间，楼下明间为过厅。宅内梁枋雀替、门窗、柱础、吊柱、撑拱等用材考究。据调查，该建筑由县人韦杵出资委托他人修建，后由县内地主蒋德安占有并修建完善。20世纪30年代，韦杵回乡出任治安委员会主任后，长期在此居住，故名“韦杵故居”。该四合院基本特征保存完整，是安龙民居四合院建筑的典型代表之一。

1935年4月下旬，红一方面军住安龙期间，中华苏维埃共和国国家银行曾将此作为办公场所。中华苏维埃国家银行进驻安龙县城后，其工作人员在钟鼓楼、东门、西门等处贴出告示，告知城内群众如收到“中华苏维埃纸币”可到大田坝中华苏维埃国家银行兑换小洋、滇洋和大洋。4月21日晨，红军离开安龙前，为减轻当地百姓的损失，中华苏维埃国家银行的工作人员敲着铜锣告诉安龙县城居民，到大田坝中华苏维埃国家银行将红军战士支付的苏维埃币兑换小洋、滇洋和大洋，直至将红军在安龙县城支出的每一张苏维埃币都已兑换完毕，中华苏维埃国家银行工作人员才将居住的院落打扫干净，整齐地离开安龙县城。

红军离开安龙后，韦杵应县内乡绅邀请，回乡出任治安委员会主任，长期在此居住，组建“晨呼队”，县城面貌焕然一新。新中国成立后，该建筑为安龙县人民医院；20世纪60年代后，为县印刷厂所在地。

韦杵（1883—1951），原名明俊，字天培，布依族，安龙县钱相人。韦杵自幼好学，光绪二十八年（1902年）入湖南师范学校，三十一年（1905年）回乡应聘就教于兴义府高等小学堂。宣统元年（1909年），弃教从戎，入昆明新军，改名韦杵。翌年，考入云南讲武堂特别班，参加蔡锷领导的重九起义。之后，随军入川作战，先后任护国军第三梯团顾品珍部排长、连长、营长。民国9年（1920年），任顾部第3混成旅第6团团长。11年（1922年），顾品珍被杀，韦杵辗转到达柳州，与桂军沈鸿英、刘震寰等部誓师东征。15年（1926年），任国民革命军第3军第8师22团团长，率部北伐，任第9师师长，出席国民党第二次全国代表大会。16年（1927年）五月，韦杵出任28师师长。“八一”南昌起义胜利后，韦杵被以宋庆龄、邓演达、贺龙、周恩来等25人为委员的中国国民党革命委员会，任命为国民革命军第二方面军第9军军长。时，韦杵在九江养伤，未到职。1933年，韦杵参加蔡廷锴等人组织的抗日反蒋活动，是年11月20日，到福州参加蔡廷锴、李济深等主持召开的“中华共和国人民政府”成立大会，由于参加“闽变”的一些将领先后倒戈，韦杵坚决支持人民政府，率部在龙溪口苦战半月失败，被蒋介石四处追杀。辗转回到贵州，到望谟板陈王海平处避祸。1935年4月，安龙地方土匪肆虐，县中士绅往请韦杵回县维持地方治安。5月，杵回安龙，成立治安委员会，被推举为主任，组织城防大队，社会秩序井然，提倡“早睡、早起、早耕读”的新生活运动，县城面貌焕然一新。1936年初，云南省主席龙云遣人到安龙迎请韦杵赴昆明委以滇黔绥靖公署干部大队少将大队长，负责军官训练，使一批又一批经过严格训练的中、下级军官源源不断地输往抗日前线补充滇军，直至抗日战争胜利。1946年韦杵因反对蒋介石发动内战退出军界、主持贵州旅昆同乡会办的黔灵中学。新中国成立后，韦杵任云南省人民政府参事室参事等职。1951年，韦杵在昆明去世。

2012年11月9日，安龙县人民政府公布为县级文物保护单位。

第二节　自然风光景点

一、仙鹤坪国家森林公园

有贵州省西南部一颗美丽的绿宝石之美誉的国家级森林公园仙鹤坪，位于安龙县东南部，是令人神往的奇特重量级旅游胜地。该景区地处云贵高原东南边缘的斜坡地带，公园总规划面积9065公顷，由仙鹤坪景区、笃山景区、平乐景区和坡脚景区4个景区组成。公园的自然地理环境独特，喀斯特地貌、森林、水文、生物、天象独具特色，风土人情古朴深厚，气候凉爽宜人，是黔西南和滇黔桂交界地区特色鲜明的生态旅游及避暑胜地。仙鹤坪国家森林公园是一个喀斯特自然博物馆及侵蚀地貌的特殊地带，是两种地貌的结合体，两种地貌均非常具有特色。仙鹤坪公园内的峰林从兴隆镇的下扎村、冗华村到平乐乡、笃山乡、钱相乡、招堤街道、栖凤街道连成一片，登高而望，一望无际，群峰如海，蔚为壮观，风景如画。浓郁的布依族风情迎接着各地的游客。该景区既有形似泰山的高远和博大，又有类似浅岭洪荒的灵气和妩媚。该景区既有形似泰山的高远和博大，又有类似浅岭洪荒的灵气和妩媚。

仙鹤坪主峰海拔1756.7米，顶部平坦开阔，四周林木蓊郁，堆绿叠翠。这里是珍稀植物的王国，生长着国家一级保护植物红豆杉、云南穗花杉、长瓣兜兰、硬叶兜兰和国家二级保护植物喜树、马尾树、香果树、短叶黄杉，以及石果红山茶。

除了丰茂的植被、清新的空气和四季的美景，还有独特的垂直气候。更令人称奇的是，这里不光有秀美的近于原始的绿色风光可供漫步观看，还有飘径幽谷供乐于惊险刺激享受的探险者挑战！总的来说，即使您看惯乡间的自然风光，您也一定会感叹那是神奇的自然奇观；如果您是久居闹市的雅士，那它完全可以让您返璞归真、融身自然！那里的确是自驾旅游、探险旅游的首选目的地。

天街

先王顶上，平坦开阔，面积1000余平方米，状如一巨大平台。台上绿草如茵，野花丛生，平台中央裸露出一块块赭红砂岩，大小相近，排列整齐，形如一段天然甬道，竟若人工錾凿铺砌而成。犹如先王顶上的一条街市，故此，山民呼为“天街”。站在先王顶，眼前骤然明亮，心胸豁然开朗，远山半掩在白云中，群峰拱卫，一片青黛，隐约可见几处烟树笼罩的村落，那是分隶于安龙、册亨两县的布依族、苗族村寨。漫步天街，山风习习，衣衫飘飘，天地静穆，仿佛置身仙境。也许正因此故，那一群群孤傲高贵的白鹤方能来此休息，才能成为“仙鹤之坪”。先王顶的得名，却是缘于一段历史传说。据说，南明永历朝廷播迁安龙后，李定国东进之师连败清军于湖南、广西，军威大振，永历帝甚为欣慰，视安龙为发祥之地，打算以此为基地，号令南方各省抵抗清军，恢复明室。因此，欲将其父朱常瀛的灵柩由广西梧州迁来此地安葬，依恃老桂王在天之灵祐佑永历政权的稳固。他对心腹朝臣说，先王灵柩久置梧州，未曾入土，不能祭祀，每每想起，寝食难安，朕看这安龙，虽是边隅小城，但山川灵秀，云蒸霞蔚，甚为吉祥，卿等以为如何？众臣皆附和。一位精于风水之术的朝臣负责寻觅皇陵墓地，他踏遍了安龙的山山水水，最后来到仙鹤坪，站在坪顶上放眼望去，无数山峰齐聚脚下，犹如百官拱卫，层层叠叠的远山更如千军万马呼啸面奔腾，这位朝官激动不已，立刻绘制图形，带回宫中呈献。永历帝看了也觉满意，遂将这坪顶命名“先王顶”，打算待南方平定后即着手此事。不久，由于孙可望意图称帝，欲除掉李定国，并专擅朝政，制造了震惊南明王朝的“十八先生之狱”，永历帝悲愤抑郁，移柩修陵之事搁置，置下这先王顶之名供人叹息。

猕猴桃坡

坡岭上有一片约数百余株的野生中华猕猴桃林，藤粗枝密，浓郁覆盖，其间杂有些许山茶灌丛，别无他树，挂果之时，遍坡金铃，诱人馋涎。

仙鹤池

在西岭山间谷地中，山上溪泉之水渗透到这里，形成18个串珠状的沼泽，池沼中水草茂密，水面上漂浮着一簇簇水葫芦，开放着淡紫色的花朵。据山民说，这里是仙鹤飞来洗浴及觅食之地，故名仙鹤池。

石林

在西岭北麓入山小道旁，有一片石林，面积有3000余平方米。这片溶柱状似石矛，参差耸立，高者8米，低者5米，入林小道蜿蜒回环，如进迷宫。石林雄踞峡谷一侧，晴天丽日，阳光不能全部透射，形成半阴半阳景观。并且，其景会随太阳位置移动而变幻，颇为奇异。

石门

进入仙鹤坪西岭，必经一道山谷，谷宽约20米，两侧断崖峭壁，如刀切斧削，岩壁呈现褚色，壁上丛生着一丛丛小灌木。千年水渍浸润出一幅幅图案，令人目不暇接；入山小道在谷中蜿蜒穿行，石壁又犹如一道天然门户。谷中有草坪数块，何供游人憩息，于此观赏画壁，妙不可言。

二、龙头大山自然保护区

位于安龙、贞丰、兴仁县交界处。其山势宛若游龙，由东向西逐渐升高，蜿蜒数十千米，为安龙北部屏障。矗立于山脉西嵯的主峰公龙山，海拔1966米，犹如龙首昂然朝天，吞云吐雾，蔚为壮观。山上林草茂密，沟壑纵横，溪泉众多，珍稀动植物资源十分丰富，被专家誉为“大自然生物基因库”。抬头仰望龙头大山主峰，可见腭嘴长伸，眼睛鼓凸，状如龙头，龙身向东南伸展，逐渐低隐于贞丰境内。自明、清以来，龙头大山就被列为贵州名山之一，《贵州通志》《兴义府志》均有记载。古人有“龙山东向拥群峦，策仗入来路曲盘；古木萧森饶画意，危岩环拱椅奇观”的诗句描绘其景。

龙头大山有林地1100公顷、草坡灌木1万公顷，主要植物有96种、211属、366种以上，有速生用材、树种、稀有珍贵庭园观赏植物、古老孑遗植物、药用植物以及栲胶植物等。奇异的是，在海拔1600—1930米的公龙岭上，连片生长着原始矮林杜鹃100余公顷，其林冠郁闭度达80%以上，树高约6—8米，树径一般10—15厘米，最大的约30厘米，树龄多在100年以上，枝干虬曲苍劲，树叶终年常绿。除常见的多花杜鹃外，还有少见的马缨杜鹃、长蕊杜鹃、百合杜鹃、青莲杜鹃、露珠杜鹃、蝴蝶杜鹃等12种。

三、笃山溶洞群

位于安龙县东北部的笃山溶洞群，是神奇、庞大的溶洞群。在不到20平方千米的范围内，分布着大大小小30多个溶洞。其主洞犀牛洞，长达17.6千米，洞内有10余个洞厅，最大的一个约8万平方米，可容纳3个足球场。

20世纪80年代，有近10个国家的专家多次深入笃山溶洞群进行探险、考察，认为此洞群集奇、险一身，有的堪称中国之最，有的在世界上也属罕见。英国洞穴专家鲍勃·刘易斯为此还特地写下一段抒情的文字：“安龙县笃山溶洞群是上亿年前造就成的，是与南北盘江同庚的地下大世界，位于南北盘江中心，像一座神秘的地下城堡，南北盘江就是它的护城河。”

笃山喀斯特地带不仅有着罕见的地下洞穴系统，其地面洞穴景观，也令人叫绝：笃山穿洞，阔大浑圆；龙井天坑，如巨型竖井。横洞竖洞，明洞暗洞，大洞小洞，处处皆有，好一个中国的洞穴之乡。

犀牛洞

犀牛洞全长17.6千米，由10余个洞厅组成。洞前翠竹灌木丛丛，树影婆娑，优雅宁静。进入洞口是一个广阔的大厅，半是沙土半是水，其间有无数堆积物，状如数条石牛，沉浮游弋于沙河内，相互嬉戏。前行数十米，有一巨大天然石屏，横亘厅前，将洞口隔成左右两扇门，进门便是第一厅。10米开外有一高5米、周长2.8米的石笋柱，镶嵌在一块斜置的长方形巨石礅上，恭候游客光临。再行10米，又一高1.4米、周长1.5米的石笋柱似一位导游，向游人指引前进的方向；左侧洞顶，长约10米的幔状钟乳，似一条飞腾在洞天上的巨龙，翘首俯望；右侧厅顶一簇簇悬挂钟乳，犹如一盏盏美丽的吊灯；厅内左侧150米处，一片钙华坡麓，交错发育有高0.5米，长达100米的边石坝，交织呈碟形边盆，似桑田阡陌，坝埂虬结蜿蜒，如巨蟒游弋；右侧约200米处，有一广约3000平方米的洞中洼地，积水成湖，洞壁是高20米、长100米的钙华扇，顶上晶莹透明的钟乳，高高低低，散散落落，正叮叮咚咚往下滴着琼浆。前行数十米，一断柄关刀竖插于钙华堆中，前面只有一个隘口，真是一夫当关，万夫莫开，有游人为之取名“云长关”。

顺着隘口匍匐前行便可进入第二厅。一群高矮不齐，胖瘦不一的石仙相聚一起，正在观赏台前蔚为壮观的石瀑布、飞瀑溅莲花。空寂寂的大厅中央，直线排列着三根直立石笋，分别高2.4米、3米、1.6米，周长1.6米、2.4米、3.6米，名曰“三元柱”。穿过三元柱，厅左侧的斜坡中腰，一巨形石蛙，匍匐欲跳，张嘴惊鸣，试图逃避右侧虎视眈眈的石猫。石猫的后面，一石笋形如顽童，正仰首嬉看猫捕青蛙；另一侧有一高达7米，周长约15米的石笋山丘，其上生满朵朵宛若珊礁的石花。在石花山右下侧20米的厅缘边，有一高20米、周长25米的石笋，如巨钟吊挂厅顶。厅西北端，一排并列的高约10米的笔架状石笋柱，直射天穹，顶端尖细，嵯峨峻峭，尖顶有数只形态各异的玉兔嬉戏，栩栩如生。再往前行，厅径曲折，蜿蜒通幽，曲径边有一排高约1.5—2米的竖立石笋，似栅栏护道，妙趣横生。二厅与三厅之间被一狭窄通道隔开，通道长5米、宽0.8米、高1.5米，通道上下、左右均为高低参差、大小不一、形状如玉络珠缨、帘幔帷幕式的垂吊钟乳或直立石笋所遮掩，人行至此几入绝境而疑无路通行，但近道口可闻呼呼风啸，阵阵狂飙迎面扑来，始觉“柳暗花明”，这就是凉风台隘口，是继续前行的唯一孔道。穿越凉风台后，豁然开阔，一个圆径达100米以上，高约50米的第三厅堂即呈现在前。

第三厅厅堂空旷，四周支洞如叉，极易迷途。尤以西南侧为甚，支洞多而长，盲目进入其中只能折转而回，厅底地势坎坷不平，时而拱起如堤，时而深陷泥泞，只宜盘绕踽行。右侧一岔洞，高2米、宽3米，洞内玲珑剔透，钟乳缨垂，石笋林立，瑰丽异常，如入珠宫贝阙。再往前，钙华山丘如寂寂空山，只能沿空山羊肠曲径拾级前行。行约50米，右侧洞壁，有一宽约20米、高约30米之钙华帷幕，流光晶莹，似飞瀑银练。三厅后段，有一道面积亩许的边石坝，纵横交织，蜿蜒曲折，如数百条巨蟒在此盘绕嬉戏，溅起一片粼粼水波，荡漾回旋，景色幽奇。三厅末端，洞道突然下坠，形成一道宽30米、高60米的直立陡坎，崖下阴森而险峻. 广阔洞厅内飘散着阵阵水雾，似面临深涧绝壑，坎缘有3根高1.5米的石笋，犹似三位洞仙在向游人提示：此处危险，注意安全！果然，过跌坎后，一巨形竖井垂于脚下，该井直径约50米、垂深在60米以上，井壁四周皆为悬岩绝壁，系犀牛洞中最险峻地段。竖井下即是宽广无垠的第四大厅。

第四厅面积约8万平方米，是犀牛洞最大的厅堂，也是世界地下溶洞的“第四大厅堂”。仰望似穹空，俯瞰宽广无垠，放声呼喊则声如潮涌，此起彼伏，排荡回旋。洞厅内水气缭绕，如烟似雾，显得幽深莫测。无垠大厅右侧半壁由较厚钙华层铺就，宛如飞瀑流挂，在末端有一高15米，周长约10米的石笋柱，形如宝塔屹立于飞瀑旁，形态古拙瑰丽，气势恢宏。位于巨形竖井下左侧巨形广厅中，有一白色石笋堆，似一对小玉狮攀伏在一对大雄狮的背上，紧紧依偎，状极亲切，形态逼真。沿大厅继续往下是一段500米长的水道，水势平缓，可行船。地下暗河一直通到板洞下面，在板洞口可听到淙淙水声。

板洞为一径宽50米 ×100米的椭圆形竖井，垂深250米，在井壁东南隅有较厚的泥沙堆积，生长着茂密蕉丛，成为天然的洞天花园，其余三面皆是悬崖绝壁，仅西北面有一条险峻曲折的羊肠小道，可伏壁攀崖踽行至西侧半崖上的溶洞内，除沿道迂回绕行可下达井底外，无他路可行。井壁东西两侧伴随着众多的大小洞穴，其底层溶洞是东连犀牛洞、西通出烟洞的主洞道；板洞是笃山溶洞体系中一座绝妙的通天竖井——天井。板洞东侧洞口内左面，由溶塌角砾岩构成的高约10米的残丘，其上虬藤杂草交覆，碧叶掩映，微风吹拂，翠带摇曳，景色秀丽，与南面千余株碧叶如伞，浓鲜肥润的野蕉林遥相辉映。在板洞东侧主洞道厅口中部，有拔地撑天的钙华堆，高15米，周长端段约15米、中段约30米、底部为50米，正看形如一口悬挂的巨大金钟，侧视又若三层玲珑宝塔，岿然屹立厅口，将大厅分隔开来。钟塔的下缘，石帷帘如绸缎飘拂，壁上一簇簇绿茵如绒的苔藓和一丛丛青幽似锦的藤草，像刺绣或蜡染于飘带上的奇花异卉。在钟塔崖后右侧约10米处，有一由钙华堆积而成的巨大石狮匍匐厅内，其头高昂达4米，尾低伏达2.5米，身长5米，一身金色披毛晶莹闪烁，头顶银盏玉盘，盛满了白天宫玉阙溢来的琼浆玉液，昂首四盼，等待游客饮用，被称为“金狮迎宾”。这便是第五厅。

第六厅是位于板洞西面的二层洞，该洞高悬于板洞半岩上，低于上层洞约30米，距底约50米，洞厅面积约2500平方米，以30度坡角向西伸延而连接各层洞道，洞厅内有十数处散立石笋堆积，异态殊形，有的如石龟、石鼠，有的似报晓雄鸡、长颈怪兽，无不形态逼真。沿西侧斜上200米便到达上层洞厅，即第七厅。

第七厅内钟乳、石笋林立，形态殊奇，有一石笋形极似开屏孔雀。沿回环盘旋的洞道继续前行，便来到了流沙河（第八厅）。

该厅长约100米、坡角达30度的斜坡上，铺垫着一层细如粉砂的白色流沙，人行其间如履沙滩，并可借沙向前滑动。在沙河末端，为一高约5米之跌坎，坎下为宽30米以上的扇形钙华滩，滩上布满了直径1—2米、深0.3—0.5米的碟形冲蚀坑，坑中盛满粒径0.3—0.5厘米扁平状或珍珠状的滚圆或次圆石珠，如一盘盘银色糕饼，呈献给渡过流沙河后的旅行者。前行30米，在低洼处有一直径约30米的积水浅塘，塘中钙华坝及边石盆交错发育，边石盆中有1—3厘米滚圆石球，如累累珍珠，玲珑晶莹。再往西行，即到第九厅。

这是一片长近100米的缓平地段，纵横交错地发育着大小不一的边石盆景，最大边盆面积可达45平方米，钙华埂高度0.3—0.5米，埂宽10—30厘米，盆中碧波闪闪，映水如虹；右侧洞壁钟乳流挂，似飞瀑倒泻，流光晶莹，望如星闪；壁顶见一对悬吊巨形钟乳，如铜钟高挂天际，钟周围的石帷屏、小吊钟似缨带垂饰，黄白相映，分外鲜明。

继续前行，进入第十厅。洞厅中有广约亩许的地段，形成一片巨大的边石盆，单个边盆有200平方米左右，盆深0.5—1米，埂面呈刀刃状，纵横交织，曲折蜿蜒如龙蛇串行，边盆西与一钙华滩相连，滩面及埂堤流光晶莹，尤其在灯光照射下，时而银辉闪闪，时而金光灿灿，金色银辉相映，晶莹幻彩，缤纷瑰丽，是难见之奇景。厅堂之中，有一高8米、径3米之石笋，色泽金黄，如一巨形芭蕉，在芭蕉后约40米处，矗立一座高15米，直径亦15米的钙华堆，恰似旧时男人饰戴的“瓜皮帽”。洞厅右侧壁，长达80米，高10米的悬挂的片状钟乳石，如一幅巨形帷幔，色呈黄色晶玉，光影离离。左侧有一片高1—2米，排列无序、参差不齐、粗细不一的石笋林，恰似雨后春笋破土而出。位于石笋林前方，一挂长35米的屏幕式石帘垂吊在洞壁上，壁前有一高3米，径2米的直立石笋，状如一位少女在企盼隐藏在帷屏后的情人启屏相会。几经曲折，再经过“高悬平台”“宝瓶口”，便游完犀牛洞全程，重见光明。

月亮洞

月亮洞由3个大厅构成。第一厅——金银厅。大厅靠后处，一座巨大的黄色钙华堆似小山耸立，在灯光、火把的照射下闪烁着耀眼的金光，当地百姓称之为“金山”。距金山20米开外有一片雪白的钙华坡，在光亮的照射下银光闪闪，令人眼花缭乱，被称为“银山”。在金山前面有一片呈坡状的边石坝，洞厅两壁及厅顶的石笋、石钟乳中夹杂着许多玻管状的透明钙华物。进入该厅，犹如进入阿里巴巴四十大盗的藏宝洞，金碧辉煌，令人目不暇接。再上一层便是第二厅——音乐厅。该厅中央耸立着一座由众多石钟乳、石笋构成的宝塔，宝塔的四周伸展出片片形如蘑菇的钙华片，在石块的敲击下可发出高低不同的音阶，几经摸索便可敲击出美妙悦耳的乐曲，四壁的堆积物，有的像孔雀开屏，有的如顽童嬉戏，有的似老僧对弈。厅内还有几许清澈的甘泉可供饮用。置身其中犹如童话般的世界。继续往上是第三厅——月亮厅。该厅钟乳石笋堆积颇多，形状千姿百态。更奇妙的是灭掉光源后，在空旷的大厅上空便出现一弯新月，静静的，只听到泉水叮咚，隐隐可见一些石钟乳和石笋的轮廓，跟自然界的夜空极为相像。原来这月亮是高悬的另一个洞口。

褐麻洞 燕子洞

褐麻洞是整个洞群中最小的，也是发育最好的，全洞仅长300余米。进洞后首先映入眼帘的是一幅恢宏的山水画卷，50米长的石瀑市把我们带进琳琅满目的世界，200余米的洞道中，到处是晶莹剔透的石笋、石钟乳，如人如鸟，如花树、如垂莲，千姿百态，绚丽多彩，充满了神秘而梦幻的色彩。

燕子洞整个洞道异常宽大，没有明显的厅堂，每一段各具特色，除洞顶洞壁的钟乳、石笋外，地面有的是黄沙铺就，有的是白沙垫成，人在上面行走松软舒适，如履沙滩。还有的地面是颗粒状的卵石，且闪闪发光，如夽金光大道。有的地面由边石坝构成，图案美丽异常。洞口成百只燕子翩翩飞舞，筑巢于洞壁之上。

穿洞 天坑洞 朱砂洞

穿洞是由3座山形成的3个巨大的天生桥，气势宏大，蔚为壮观，恰似3道迎宾门，迎接远道而来的客人。

天坑洞呈褚红色的地面，犹如铺垫着迎宾的红地毯。

朱砂洞通过狭长的洞道，可直抵洞中暗河。洞道壁有五颜六色的钙华物。

四、王院悬竹山

位于县境东北部笃山乡王院村。悬竹枝条柔长，叶片细密，形若柳丝，悬垂性强，姿态独特，是我国的一种稀有竹类。而安龙县笃山乡王院村附近一座山上，却旺长着遍山的悬竹，故被专家们称之为“王院悬竹山”。在阳光下，在轻风中，遍山悬竹跳荡起伏，油绿发亮，转眼化作满山滚不息的绿色波涛。由于悬竹对石山地区有极强的覆盖功能，又被植物学家们盛赞为“神奇的岩溶绿毯”。

五、万峰湖风景区

万峰湖景区位于黔、滇、桂三省区结合部，分属兴义市、史龙县和广西隆林等县（市），距安龙县城61千米，1998年底由天生桥一级水电站蓄水形成，由于它位于万峰丛峦之中而得名。万峰湖湖面之宽阔，蓄水量之丰富，相当于2个云南大理洱海，17个贵州清镇红枫湖，76个杭州西湖。整个湖面烟波浩渺，重峦叠嶂，湖光山色，美不胜收，早、中、晚景致各异，有一日三景的美誉。湖泊主航线长144千米，湖面面积176平方千米，蓄水102.6亿立方米，内有30多个全岛，58个半岛，82个港湾，其中有40多个深港湾，12个内湖。主要景点有：水上石林、神龟上山、猫鼠下棋、万宝归库、雄鹰展翅、双驼迎宾、水破山门、藏宝洞、老曹沟溶洞、野猴峡、手爬岩等。景区内有规模巨大的现代化电站，气势雄伟的天生桥拦河高坝，朴实别致的布依古寨，峻峭的峡谷，融山、谷、湖、林于一体，集游船、漂流、垂钓于一湖。整个水域湖深面广，水质好，溶氧高，温度适宜，中下层水流交换快，水体透明度2米以上，湖水pH值为6.8—7.2，每升溶氧9—15毫克，水温18℃—29℃，无工业污染，属优良的水质类型，是生态旅游和发展亚热带经济作物的最佳之处。万峰湖美景天成，鱼肥水美，钓者云集，被誉为“野钓者的乐园”，在国际国内享有较高的知名度。安龙县辖区濒临的龙头湖区，奇峰环立，碧波荡漾，恰似一幅绝妙的天然水墨画。

六、兴隆山一线天

兴隆山，旧名坡叠山，在城东兴隆镇兴隆村，距安龙县城约5千米。

兴隆山势陡峻，四面巉岩，仅有一道石径盘旋而抵山腰。山腰有一台地，宽约10米，两侧石壁高耸，东傍主峰，西面壁岩之上，伫立着一排溶蚀残柱，大小高低，参差错落，高者10余米，低者2—3米，远看似一群仙人驻足观赏兴隆山之风光，近看又如放置在崖顶的一列盆景。台地中时有空穴来风，夏似凉风吹拂，冬如蒸气送暖，据地质专家推测，其地下极有可能存在相当规模的洞室发育，还有尚未揭示的地下景观。

由山腰至山顶看似无路可走，只有攀缘绝壁一途。不料，在石壁上却显露出一条岩缝，岩缝呈“之”

字形断裂，长、高均约30米，缝中仅可容一人通行，缝壁对立，如刀斧劈出，其上有小树顽强生长，人在缝中仰望，天空呈一条曲线，蔚为奇观。

出一线天后，眼界豁然开朗，但脚下仍是峭壁千尺，傍石壁小径而上即达山巅，山顶原有古刹一座，名“兴隆寺”，始建于明崇祯年间。据道光《兴义府志》记载，清道光年间，兴隆寺香火极盛，夜晚寺内鸣钟，其音嘹远，十里可闻，是县境著名的寺观之一。

山顶鸟瞰，远处万峰罗列，势如游龙；近则田野阡陌，小溪纵横，翠竹庐舍，无异于江南田园风光。

兴隆山以一线天风光奇绝而著称，历来为县境著名游览胜地，清道光诗人、主讲贵山书院的县内著名学者张蔚斋有诗记其景：“古寺临坡叠，回环树万株；玥看人入石，曲似蚁穿珠。窄路云根起，晴天日影无；当年占设险，曾为壮雄图。”

七、筏子河

安龙县北部普坪镇境内，由鲁沟河与马路河交汇而成的筏子河，沿普坪与巧岭交界蜿蜒东下入梨树海尾，伏流出贞丰县石屯四方洞大田河汇入北盘江。筏子河水系干、支流总长90千米，流域面积757平方公里，多年平均流量每秒15.6立方米。

筏子河因两岸群众常划竹筏往来而得名。筏子河一级水电站建成后，河面变宽，呈现出一片湖光山色，当地少数民族青年划动竹筏漂于水上，山歌唱和，笑语飞洒，其乐融融。筏子河下游河段，两岸巨崖高耸，崖树茂密，峡谷蜿蜒幽深。进入夏秋季节，雨水增多，条条瀑布垂挂而下，飞珠溅玉，令人称奇。

八、八坎河

八坎河，从安龙县城南部栖凤街道八坎村八坎寨中山洞流出，瀑布层叠，十分壮观。河流穿寨而过，流经纳长、纳銮，于把因南汇入南盘江。河水清澈见底，流域形成数个天然游泳池，河中有微型小岛，岛上及河流两岸孕育着千年古树群。

八坎河所在的八坎村居住着布依族和苗族两个民族，历史文化底蕴深厚、民族风情浓郁、自然景观优美。该村完好保持着“十位寨老敬山”“三月三”等布依族传统节日活动和纯正的民族语言。

附一：

全国首个户外示范公园——安龙笃山户外运动公园

安龙国家山地户外运动公园位于安龙县笃山镇境内，距县城15千米，总规划面积约132.04平方千米。2016年7月18日开工建设，第一期建设约10平方千米，投资3.6亿元，建设包含的基础设施和户外运动项目。园区秉承“安全、环保、科学”的三大核心理念，利用生态工程法，利用独有的山地资源价值，充分展现了地域风格与户外运动文化精髓。2016年9月26日，中国贵州安龙国际攀岩精英赛暨全国攀岩分站赛（安龙站）期间，国际攀岩联合会副主席、国家体育总局登山运动管理中心主任、中国登山协会主席李致新向安龙县授予“安龙国家户外运动示范公园”牌，全国首个国家户外运动示范公园在安龙笃山正式落成。

安龙国家山地户外运动示范公园是国内第一座融合了极限运动、户外休闲、旅游度假、餐饮会议为一体的综合性山地户外运动公园，也是国家体育总局授牌的全国首个山地户外运动示范公园。园区内规划有近30个山地户外运动及休闲游憩功能区，以及高品质的游客服务中心、精品度假酒店、艺术观景平台等配套服务设施。运动项目的设置全面覆盖了国际山地户外运动的多个领域，兼顾各年龄段及体能层次的人群，充分发挥了山地资源价值，是一座山地户外运动的“迪士尼乐园”。

附二：

安龙金州农耕文化园

安龙金州农耕文化园位于黔西南国家农业科技园区安龙核心区和贵州省重点现代高效农业示范园区——安龙县金州出口蔬菜农业扶贫示范园区拓展区栖凤街道者跃、响乐村。2015年开工建设，当年初具规模。

农耕文化园辖40个村民组2620户10480人，规划面积333.33公顷（5000亩），总投资4.5亿元。按5A级高效生态农耕文化休闲旅游景区建设。至2017年，园区投入资金2.5亿元，完成土地流转及整治333.33公顷（5000亩），完成主干道5.5千米、机耕道21.5千米、排洪渠3千米、引水渠10千米，蓄水池40000立方米，种植大棚13.33公顷，智能育苗温室10000平方米，遮雨栽培26.67公顷，露天喷灌120公顷，大棚喷灌40公顷，种植的160公顷蔬菜已投产。建成2万平方米的农耕旅游文化接待区、7000平方米的新品种新技术科技研发中心、2.2千米沿河生态水系景观河道、占地8公顷的农耕文化体验区（含QQ农场）、2万平方米的露营地、5.5千米的农耕文化长廊、占地3.33公顷的生态公园、民居改造169户。初步建成农耕旅游文化接待区、新品种新技术科技研发中心、生态水系、自然村落保护、农耕文化体验区、生态公园、农耕文化长廊等主体功能区。

园区主要产品有上海青、芥蓝、菜心、青白仔、娃娃菜、菠菜、茄子、斗白、莜麦菜、西红柿、豆苗等高端蔬菜品种。公司拥有专业技术人员18人，管理人员20余人，基地员工300余人。

第三节　民族风情村寨

一、坝盘古寨

坝盘古寨位于万峰湖镇东南，天生桥一级电站下游500米，与广西隆林县隔河相望，与南盘江大桥毗邻，兴义至天生桥公路贯境而过，距国家4A级风景名胜区万峰林、马岭河峡谷40千米，距汕昆高速30千米，距南昆铁路安龙站30千米，距兴义万峰林机场36千米，距广西隆林县37千米，是滇、黔与两广联系的重要通道。

坝盘古寨占地面积2万平方米，年平均气温在17摄氏度左右，辖3个村民组，共145户，600余人，全部是布依族。古寨依山傍水、花木茂盛，江水清澈碧透，两岸翠竹簇拥，民风古朴、风情浓郁芭蕉林下“浪哨”情深，盘江河鱼鲜美肥嫩，火熛狗肉鲜香滋补，更有参天如伞的“古榕树”、古色古香的“吊脚楼”、工艺原始的“古法造纸”、天籁之音“古乐八音”的古寨“四古”文化。古寨吊脚楼，外露的木构架，屋面的小青瓦，特别是融于整个建筑群的花窗垂瓜，典雅细腻，美观精巧，内涵丰富，构思奇特，精雕细刻，具有南方建筑的秀雅风格。古法造纸，坝盘古寨的“竹纸”传统古法造纸工艺，是传统造纸作坊的典型代表，堪称中国古法造纸的“活化石”，特别是研究我国布依族传统造纸技术工艺流程、造纸技术传播及演变的难得实物。古乐“八音”坐唱，又叫“布依八音”，是布依族世代相传的一种民间曲艺说唱形式，演出队伍8—14人不等，所唱生、旦、净、丑诸戏曲，不化妆。因用牛腿骨、竹筒琴、直箫、月琴、三弦、芒罗、葫芦、短笛等8种乐器合奏而得名。清澈的南盘江、粗壮的古榕树、茂密的翠竹林、传统的吊脚楼，将整个寨子组合成一幅秀美的风景画。生活在这里的布依族村民，总是怀着火一般的热情，将客人迎进家中，让他们品尝香甜的米酒，观看土法造纸和土法织布。布依族后生和姑娘，脸上写满笑意，揣着一曲曲“浪哨”歌，走出家门，穿过竹林，撒在漂着竹筏的南盘江上。古榕树，古寨内参天如伞的古榕树到处可见，树龄至少应有500年以上，历经几百年的沧桑，古榕树已成为今天历史见证的活化石。

中央电视台中文国际频道汉语桥节目《与中国第一次亲密的接触》、电视剧《黑山汉子》、电影《朝霞工程》、贵州电视台娱乐节目《开心旅程》《发现贵州》及广东电视台、中央电视台西部频道等多家媒体多次将这里的美好景致和浓郁风情搬上屏幕；许多书画家、摄影家也慕名前来写生和采风，接待了来自泰国、日本等许多国家的游客，知名度极高，是民族风情旅游和休闲度假的绝佳景地。

二、打凼布依民族村

打凼村位于钱相乡东北部，距县城15千米，辖5个村民组。至2012年，全村人口246户1013人，其中布依族人口占98.5%，是一个典型的少数民族村寨。打凼村生态良好，全村森林覆盖率90%以上，郁郁葱葱，是一个高质量的天然氧吧。弯弯小河穿村而过，水流清澈见底，流经村寨家家户户，10亩见方的水潭，构成了一幅"小桥流水人家"的天然水墨山水画。在寨旁矗立着高达100余米的绝壁，山光水色，相映成趣。当地人称的情人坡，是青年谈情说爱和浪哨的场所，有两泉出于山中，泉水清冽，水量较大，终年不绝，称为鸳鸯泉和珍珠泉。

打凼村民分别来自江西、湖广和山西，称"京兆氏"和"太原氏"，现在村里还立有"京兆氏"和"太原氏"牌坊，历史渊源久远，在长时间的历史进程中，形成了信仰、居住、服饰、饮食、节庆活动等多姿多彩、独具特色的民俗风情。

"重阳文化"。打凼村生长的重阳树，树形高大优美，古人以九为阳数，九九相合即为重阳，重阳树与重阳节、老龄树与老年节是生态文化与人文文化的融合，这其中潜藏着深远的历史渊源和丰富的文化信息。"孝文化"。打凼村民有着久远的尊老爱幼、父贤子孝、妯娌和睦、婆媳得宜的优良传统，寨中小山上建有慈母庙、立有慈母碑纪念（有优美动人的传说）。岁时节令习俗。打凼村经过多年的民风民俗积淀，形成了哭嫁、拦门酒、对山歌、祭祖、祭山等生活习俗，重阳节开百叟宴等等习俗。娱乐竞技习俗。有演武、推磨、舂臼、射水、陀螺、斗鸡等习俗，未围湖造田时，打凼湖上还举行端午赛龙舟。特色文艺节目。打凼民族风情浓郁，在长期的生产生活中形成了布依古歌、簸米谣、竹竿舞、篝火舞、纺布、舞龙、舞狮、八音坐唱等众多特色文艺节目。打凼有许多神奇有趣的典故与传说，如赶山、云盘洗马、卖河契、告水状纸等典故和传说，把打凼衬托得神秘而富有韵味。

打凼还有"三绝"与"三谜"。第一绝是打凼村生长着56株树龄为数百年至千年的重阳树，树龄多少至今仍是个"谜"。重阳树有"美木"之称，属大戟科，已被列入古树名木名录，如此众多的重阳树生长一起，构成了一个密度很高且保存较为完好的天然古植物群落，为全省唯一，其中最古老的一株，胸径达3米左右，需5人方能环抱。第二绝是打凼村表土之下埋藏着"万年化石"，化石何时形成仍是个"谜"。有人说这里曾有一个极大的淡水湖，故称为"凼"，但究竟是何年何月，又无从可考。第三绝是打凼村别具一格的武术，其流派至今仍是个"谜"。村里人家人人习武，年龄最大的已经是耄耋之年，但仍天天演武不辍，成为打凼村最具特色的一绝。

20世纪90年代以来，打凼村建成通村路和打凼景区的旅游环线，改造房屋、修建了古朴典雅的石板路，建成环绕村寨流经寨内的水渠和仿树石桥、景区拦水坝、水车、水碾等设施，丰富了旅游文化内涵。打凼村山野之间褐麻菜、灰灰菜、铃铛菜、剪刀菜等野菜品种、数量极多，是纯天然的绿色食品，其中"打凼褐麻菜"被当地村民誉为长寿密码。

三、香车河

位于县城西北部30余千米的戈塘镇境内，又名"洞广河"，当地少数民族又称"鲁沟河"，发源于乌蒙山系马鞍山腹地，是北盘江支流，全长7千米。上游的香车河村主要居住布依族，保持传承了千百年的传统制香手工艺。伴着河边小水车的转动，当地人们把香樟木磨成木浆，滤水晒干后加上其他配料，制作成一棵棵黄亮亮的贡香。每逢节日，当地的村民都要点燃供香，祭拜神灵，祈求六畜兴旺，五谷丰登，国泰民安。在沿河两岸的村村寨寨上空，飘荡着经久不息的香气，当地人们因而将这条河称为香车河。香车河下游纳利村，主要居住苗族，以芦笙舞、板凳舞、苗族手绣和民间绝技而名扬国内外。民间艺人班安芬和她创造的“仰桑欧”品牌手绣领带，不但系在中央领导胸前，还走出了国门；民间绝技王杨光合，更用他的惊险技艺征服了海内外观众。

附：

安龙八景

陈翰辉

安龙“八景”名称，有人说是“夜雨洒金街”“三步五条街”“鲤鱼跳龙门”等等，但终没有统一口径。目前，言及安龙八景，较为统一的是黄世文《南笼八咏》诗中的诗题。黄世文，字象纬，福建晋江人，进士出身。雍正五年（1727），裁南笼厅设南笼府，黄世文是南笼府第一任知府。南笼设府之初，百事待兴，修府署，修文庙，建试院，创制度，政务纷繁，但黄世文是一个诗人，终究脱不了诗人的秉性，闲暇之时仍邀集地方文人寻幽访胜，咏诗作赋。不久，黄世文将描述南笼府城及周边风景的诗作辑成一卷，题为《南笼八咏》。这是一组七律诗，包括《桅峰耸翠》《天榜连云》《龙泉涌珠》《鱼跃龙门》《招堤夜月》《绿海澄波》《渔舟唱晚》《环峙笼烟》8首诗，描绘贴切而不牵强，用词典雅而不拙朴，朗朗上口而易于传诵，深受地方人士喜爱。

第一景：桅峰耸翠

崔崔山势耸穹窿，不伍群峦并泰嵩。
拔地孤峰能卓立，擎天一柱插晴空。
浓青满廓经微雨，飞翠迎人带好风。
须省似桅还似笔，文明倩卜甲黔中。

“桅峰耸翠”是指城南桅峰山，拔地高耸，峭插碧空，似船桅又似大笔，是安龙县城的依托，昭示此间风气的文明。

第二景：天榜连云

蕊榜高悬近斗城，风云常向此中生。
青山有客书浓淡，碧落谁人注姓名。
雁塔题名占叶兆，鹿鸣雅句可同赓。
地灵此郡多佳士，拭上扶摇九万程。

“天榜连云”是描写安龙城西天榜山，其形状犹如科举时代的进士榜，高高地悬挂在安龙县城的上空，预示此地科甲隆盛。

第三景：龙泉涌珠

原泉活泼漾清涟，乱迸珍珠万颗圆。
绝胜扶荷承早露，雅宜抱瓮汲烹鲜。
喷跳细点随飞雨，溅散清流好媚川。
应是骊龙常不寐，领珠常戏碧波前。

“龙泉涌珠”是指城东龙井（又名珍珠泉）。据《南笼府志》《兴义府志》记载，此泉甚大，方圆二丈，底部有小泉眼百余个，泉水汩汩上涌，形似晶莹圆润的粒粒珍珠，洵为奇观。该泉是城中人民世代饮用的水源，1976年在此泉上建自来水提水站，施工中竟以水泥平底，泉眼被堵塞，泉涌如珠景观就此消失。现在，我们只能从黄世文的诗文中体会到当年的珍珠泉奇观了。

第四景：鱼跃龙门

莫道寻常水族俦，待时暂守碧溪头。
潜鳞素抱冲霄志，露角终成济世猷。
三级浪翻从变化，一声雷动任遨游。
龙门咫尺无难跃，矫首天池任自由。

“鱼跃龙门”是指卷洞门外的跃鱼石。清代，柔远门（俗称卷洞门）外是一片汪洋，属陂塘海子。岸边有数条长丈余的巨石，形似大鱼，昂首向着城门，势欲飞跃。因此，人们又称之为“鲤鱼跳龙门”。黄世文借以此诗勉励郡士奋发有为。

第五景：招堤夜月

伐石成堤一道长，招公姓氏至今香。
游春小步观朝景，消夏微行纳晚凉。
近水遥山皆入画，赏荷醉月共飞觞。
燕间太守频来往，漫把苏堤细较量。

“招堤夜月”是描绘在招堤纳凉、观荷、赏月的感受，诗人将它与杭州苏堤相提并论。

第六景：绿海澄波

一片空明浸薜萝，縠纹微绉好风过。
绿如柳色恬无浪，碧映山光静不波。
春水添痕青黛染，晴天倒影蔚兰多。
临流为羡平干镜，高咏沧浪发浩歌。

“绿海澄波”泛指城北陂塘海子和绿海，诗人描绘的是当年十数里水面的山光水色。1953年，贵州省兴办海子农场，开挖十里水渠，将陂塘海子之水引入绿海，陂塘海子变成农田。20世纪90年代以来，县委、县政府将当年陂塘海子改造而成的农田全部收回种植荷花，逐步恢复了十里荷塘的景色。但当年的十数里水面的山光水色已无法恢复，只能通过黄世文的诗文慢慢品味感悟。

第七景：渔舟唱晚

夕阳一抹柳梢头，远浦回风返钓舟。
击楫看山争晚唱，停桡对月发清讴。
高穿云去惊归鸟，低逐波来起宿鸥。
欸乃数声依古岸，渔灯几点下芳洲。

“渔舟唱晚”描绘的是当年陂塘海子上，黄昏时候打鱼人驾着小舟，唱着渔歌，水面之上亮起星星点点的渔灯。

第八景：环峙笼烟

奇峰环立绕名城，岚气晴光日送迎。

远翠连空朝有致，轻烟著树听无声。
重重竞秀凝秋色，浅浅含虚接太清。
为谢长风开别面，春山万里一时月。

“环峙笼烟”描绘是安龙县城特有的一种奇景。由于安龙县城山环水抱的地理环境，林木森森，空气清新洁净，遇明朗天气之时，安龙县城上空就会出现一层半透明的雾岚，犹如泛起的轻烟。因此，人们又称这一奇景为“烟锁龙城”，寓意为“云从龙、风从虎”，视为吉祥。修复后的招堤半山亭石柱上有一副楹联:“到此暂驻脚跟，细数莲撑书画舫；向前放开眼界，好观烟锁桂王城”，其下联指的就是烟锁龙城的奇观。

第三章　旅游管理

安龙县旅游局始建于1989年，1996年更名为外事旅游局。2002年，根据工作职责和业务发展需要，安龙县外事旅游局更名为安龙县旅游事业局，编制8人，内设办公室和旅游股，工作职能是负责全县旅游发展规划，旅游宣传推介、招商引资，旅游业务洽谈，旅游管理，景区景点、所辖宾馆酒店的安全执法检查，旅游从业人员培训，旅游市场经济秩序整顿，对外联系旅游事务等。2010年5月，县政府机构改革，撤销县旅游局，设置县文化体育旅游和广播电影电视局，下设旅游股。2012年5月18日，挂牌成立安龙县荷韵旅游文化开发有限责任公司，主要负责全县旅游市场营销工作。

第一节　旅游业发展规划

2011年5月，完成《安龙县旅游总体规划》编制，其总体战略思路为：贯彻“融入滇黔桂、面向两广、辐射东南亚、打响文化牌、做足避暑文章”的旅游发展总体指导思想，以安龙县深厚的历史民俗文化内涵、良好的山水生态环境、宜人的气候条件为基础，利用广泛的经济联系和独特的区位优势，积极接轨“滇黔桂国际旅游合作区”；持续推进旅游市场开发，不断加强基础配套升级，积极开发高品位旅游景区，培育持续的旅游吸引力，将安龙县打造成国内知名、西南地区一流的文化生态型休闲度假目的地。

此后，又相继完成《安龙县招堤风景区旅游开发总体规划》《安龙县招堤旅游景区建设发展规划》等相关规划编制工作。规划指导思想：立足荷花文化、南明文化，突出景区休闲度假功能，保护生态环境，促进和谐发展。依据《安龙招堤风景名胜区发展规划》和《安龙县城总体规划（2010—2030）》，以及贵州省、黔西南州及安龙招堤风景区最新的发展战略要求，确定招堤旅游景区的总体发展目标、空间布局、基础设施布局等重要内容，科学塑造以荷花文化为主体的生态休闲区的魅力与特色，促使社会、经济、环境效益最优化；近远期协调发展；实现沟通区域内外交通联系和创造环境空间景观最优化的目的。招堤旅游景区是招堤风景名胜区旅游发展的重要核心内容，拟建成贵州省重要生态文化旅游基地和廉政建设教育基地。招堤旅游景区突出生态休闲、运动健身、休闲娱乐、度假疗养、会议培训五大功能，依托于景区优美的自然风光、深厚的南明文化，发展为黔西南地区的生态资源最优化利用的示范性休闲、观光基地和旅游度假综合区。景区以荷花为品牌，以赏荷休闲、运动修身、度假疗养、商务会议和自然观光为主导，突出招堤生态魅力和君子文化内涵。度假区以文化娱乐服务业、生态休闲度假产业、商务度假服务业、旅游地产业为核心，发展具有持续创新力、高科技设施和综合服务功能的现代化度假区。发展目标：①重点开展与生态休闲有关的旅游度假项目，突出荷花观光休闲、度假特色，发展成为贵州示范性的休闲度假基地；②与黔西南旅游事业联动发展，提高旅游业综合服务能级，打造4A级水平的生态、文化、时尚、创新高度融合的旅游目的地；③形成与自然和谐共生的地区环境，营造旅游发展与生态保护的互动关系，实现地区未来的可持续发展；④完善地区的各项基础设施建设，同时与周边区域衔接和协调。

第二节　旅游发展论坛

2008年7月，县委、县政府举办“纪念改革开放30周年——‘荷都三十年’系列活动”，由县人民政府与贵州省旅游资源保护与开发促进会共同举办了“安龙县旅游文化发展论坛”，邀请省内旅游、文化方面的领导、专家、学者等20余人汇聚安龙，围绕旅游的形势、如何凸显和开发安龙历史文化、安龙旅游文化发展面临的问题及成因、安龙旅游文化发展的对策、如何推进安龙乡村旅游发展，以及安龙古城的保护与开发、安龙旅游品牌的创造等主题，为安龙县旅游发展问诊把脉，建言献策。会后，出版了《安龙旅游文化论文集》，由曾在安龙工作过的贵州省人民政府副省长顾庆金题序。

安龙旅游文化论文集论文目录

表13—3—1

论文标题	作者	作者单位及职务
序言	顾庆金	贵州省人民政府副省长
在“安龙旅游文化发展论坛”上的发言	陈国钧	贵州省旅游局机关党委书记
安龙县城功能分区的保护与开发	周玉仁	中共安龙县委书记
浅谈如何发展安龙旅游业	邓修宇	安龙县人民政府县长
安龙县旅游发展研究	肖进源	贵州省政府旅游发展中心旅游经济研究所所长
安龙县文物资源保护与利用的思考	吴建伟	贵州省文物局副局长
黔西南旅游产业的优势与思考	颜仕亮	中国人民政治协商会议安龙县委员会副主席
打造荷文化之都	冉　兵	安龙县人民政府副县长
把“十里荷花”做大做强	傅汝吉	贵州省旅游资源保护与开发促进会副会长
打造荷城皇都品牌带动安龙旅游产业快速发展	宋章海	贵州大学人文学院旅游系主任
从历史文化宝库到旅游审美天堂 ——论安龙历史文化的旅游开发	陈昌茂	贵州大学区域文化与发展研究中心主任、硕导
	吕庆华	贵州大学人文学院旅游美学2007级硕士研究生
	袁　媛	贵州大学人文学院旅游管理2007级硕士研究生
安龙旅游业发展的几点思考	陈翰辉	贵州省旅游资源保护与开发促进会常务理事
民俗文化与现代旅游——兼谈安龙民俗文化资源的利用和开发	张业强	贵州大学美学专业副教授
发展乡村旅游　推进新农村建设	彭远森	贵州省旅游资源保护与开发促进会副会长

续表 13—3—1

论文标题	作者	作者单位及职务
安龙乡村旅游简介	詹　萍	安龙县旅游局办公室主任
龙广镇纳桃村布依民乐	杨荣方	安龙县人民代表大会常务委员会副主任
发展安龙民族旅游业浅谈	罗汛河	贵州省文学艺术界联合会《南风》杂志原副主编
安龙古城保护之我见	郑井泉	贵州省贵阳市越剧团资深演奏员
谈谈安龙古街、古建筑的保护与开发	傅汝吉	贵州省旅游资源保护与开发促进会副会长
用文艺表演拓展安龙旅游文化内涵的构想	冯景林	黔西南州民族文艺专家、国家二级编导
浅谈开发安龙特色旅游文化产业	谢　鑫	中共贵州省望谟县委宣传部干部
舞翠摇红的“荷香之城”——安龙依托历史文化加快经济社会发展	胡丽华	贵州省人民政府《西部开发报》记者
	袁国斌	贵州省人民政府《西部开发报》记者
编后语	黄朝文	中共安龙县委常委、县人民政府常务副县长

第四章　旅游服务

第一节　旅游线路

县境旅游线路主要有一日游和二日游两种旅游线路，客源主要来自广西、广东、云南、四川及省内周边县市区等。

一日游：上午，游览路线：明十八先生墓—天榜山—南明历史博物馆；下午，游览路线：招堤—绿海—王宪章将军纪念园—打凼，住县城。

二日游 A 线：第一天上午，游览路线：明十八先生墓—天榜山—南明历史博物馆；下午，游览路线：招堤—绿海—王宪章将军纪念园—卧龙洞，住县城。第二天上午，游览路线：钱相万亩草场—打凼布依寨（在打凼吃中餐）；下午，游览戈塘香车河苗寨，住县城。

二日游 B 线：第一天上午，游览路线：明十八先生墓—天榜山—南明历史博物馆；下午，游览路线：招堤—绿海—王宪章将军纪念园—卧龙洞，住县城。第二天全天游览万峰湖景区，住县城。

第二节　安龙荷花节

一、第一届荷花节

1998 年 8 月 5 日，以弘扬民族文化，加快县域经济发展为目的的“98 贵州安龙荷花节”开幕。来自省内外的 10 余万客人云集荷城安龙，参加活动。省、州领导及老同志龚贤永、罗尚才、王秉鋆、蒙素芬、王思明、黄康生、王敬祥、彭兴禄等出席活动，并表示祝贺。开幕式在安龙师范学校操场举行，县长贺登祥在开幕式上致辞。开幕式上讲话的还有中国人民解放军云南省军区原政委陈连富（兴义籍，少将军衔）。7日，本届荷花节圆满结束。这次活动是加快改革开放、招商引资进程和旅游推介的一次尝试，对县域经济发展起到了积极作用。

二、第二届荷花节

第二届荷花节于2000年7月举行，正值新旧世纪交替之时。荷花节举行了大型文艺演出，邀请国内歌唱家郁钧剑等到安龙参加演出。在新修的农贸市场举办大型商品展览，各乡镇、各企业近100个单位组织参展，全面推介安龙县招商引资和旅游发展项目，成功引进右江民族医学院附属医院安龙联合医院等项目。

三、第三届荷花节

第三届荷花节于2003年7月举行。7月29日，在第三届荷花节暨西部大开发招商会上，经贸洽谈、项目签约成效明显。本届荷花节推出61处招商引资项目，总投资6.17亿元，涉及农业、工业、基础设施、旅游、资产或经营权转让等项目。签订投资协议书35份，总投资55487万元。其中签订投资协议项目26个、总投资41672万元，意向性投资协议9个、总投资13815万元，包括工业、基础设施、商贸、社会发展、农业等项目。

四、第四届荷花节

第四届荷花节于2008年7月举行，本次荷花节举行了安龙县纪念改革开放30周年“荷都三十年”系列活动。在“荷都三十年”暨第四届荷花节共招商签约意向性投项目3个，签约资金60.31亿元。县政府与万隆矿业有限公司签定的大型煤电铝建设意向性投资项目，预计总投资超过60亿元，建设规模为年产原煤150万吨，建设60万千瓦坑口电厂、20万吨电解铝项目。与柳州安瑞金属材料有限公司签定的有色金属再生资源开发项目，总投资2000万元，年产锌10000吨，该项目建成投产后，可创产值1.6亿元，年创税金约450万元。与安龙县闽龙金属有限公司签定的铁合金炼厂项目，总投资1100万元，年产铁合金10000吨，该项目建成投产后，年可创产值1.8亿元，创税约500万元。

五、第五届荷花节

2011年7月28日，第五届荷花节作为第六届贵州省旅游产业发展大会系列活动之一在安龙县开幕。

节前，安龙县秉承“以节促美”的办节理念，共投资1.3亿余元，实施街道路面改造、绿化、美化工程。

一是实施城区道路“白改黑”油路改造工程，全长4千米；投资230余万元，对城区和招堤景区主街道的人行道进行改造，对县城人行道铺设青石板，增添安龙县城“古”韵味。

二是投入2267万元，修建日处理污水3000吨的城西污水处理厂；投入500余万元，配套西城区供水管网10.4千米，并相继实施绿化、亮化、垃圾收集与处理、供电、通信等工程；投入3400余万元，新建城西垃圾填埋场；投资1300余万元，对县城3.47千米的陂塘河道治理工程，有效保护沿河耕地面积5.5平方千米，2.58万人受益。拆除黄金地段的原人民会场、档案馆，投资120余万元，建成古城生态停车场、顺城街桂花休闲广场及公厕等城市基础设施；投资50余万元，对城区7个公厕进行升级改造，打造干净、卫生的城市公共卫生；投资40万元，在西城区迎宾大道新增样式新颖、节能美观的路灯40盏，成为西城区一道亮丽的风景线；投入150万元，修建垃圾中转站3个。

三是投资400余万元建成安龙人民会场及广场，使之成为广大市民休闲娱乐、体育健身、会议及文化交流的重要场所；投资300余万元，新建新安粮油公司农贸综合交易市场（城东农贸市场）共500个摊位、48个门面；引资1.2亿元建设煤气综合利用项目，在县城区率先铺设煤气管道，成为全州唯一铺设煤气管道的县。

四是修复“南明皇宫”“十八先生墓”“将军园”等古迹、恢复“十里荷塘”历史原貌、兴义府试院等景区设施的基础上，又投资修建兴义府试院的官厅、号舍、石栏、魁星楼等建筑，进一步完善兴义府试院的建筑楼群，新建张之洞塑像、招公筑堤浮雕。

五是结合村庄整治、农村危房改造、“一事一议”财政奖补等项目工程资金1000余万元，启动改善戈塘镇香车河村、万峰湖镇坝盘村、龙山镇下坛村等10个乡村旅游景点的基础设施建设，对100栋明清时代遗存古民居进行修缮，让乡村旅游景点美起来。

在荷花节期间，安龙县储备年产3万吨优质米加工厂扩建及基地建设项目、10万亩金银花茶叶及金银花饮料系列产品深加工项目、10万亩优质茶叶系列产品深加工项目、10万头肉牛养殖与加工项目等22个招商大项目、40个招商小项目，“推销”出招商项目资金逾100亿元。

7月29日，在招商引资项目签约仪式上，安龙县与广东广隆集团有限公司、华润新能源控股有限公司、四川省都江堰市源森科技有限公司等22家企业签约，项目涉及安龙县煤电一体化合作补充协议、风力发电、甘蔗种植及加工、出口蔬菜及加工、浙商创业园、中药材种植与加工、西区五星级酒店、石材城、焦炉气回收与利用、核桃产业发展、德卧教育集团联合办学等共22个，总投资80多亿元。

7月31日，安龙县还邀请到国务院法制办公室、清华大学、帅康集团等单位知名专家、企业家等10余人，参与“民营经济论坛”，围绕民营经济的发展，就法律需求、融金、创新发展、品牌打造等方面，共襄胜举、共话发展、共绘安龙县域经济又好又快、更好更快发展的蓝图。

六、第六届荷花节

2012年8月2—4日，第六届荷花节作为黔西南州建州30周年“黔西南民族风情旅游季”系列活动之一，在安龙县城举行。其中大型文艺演出，以“荷”为主题，分《荷色生香》《荷之史》《荷之韵》《荷之歌》《荷都等你》5个部分，展示安龙自然风光、历史人文、民族风情、非物质文化遗产和旅游文化项目，展现安龙历史与荷文化内涵。期间，还举行了招商引资推介暨签约仪式、贵州省文史研究馆安龙南明历史文化研究基地挂牌仪式、招堤消夏音乐会、“全国武术之乡”武术表演、民族民间文艺会演、名家采风活动及龙城书画摄影展、亲近荷都户外活动、炫丽彩灯靓荷都、荷都特色美食商品展等。在招商引资项目推介暨签约仪式上，安龙县分别与贵州盘江投资控股（集团）有限公司、黔西南泰龙（集团）闽龙金属冶炼有限公司、重庆群英农业投资有限责任公司、福建迪佩克投资有限公司等21家企业达成意向性协议，签约项目21个，项目涉及安龙中心商贸区一体化开发、安龙招堤湿地公园整体开发、铁合金及特种钢生产、高淀粉甘薯种植及精深加工、生态茶叶金银花精深加工、高质面粉加工、煤炭洗选、现代医院、仓储物流服务中心、生猪产业化示范基地、农产品交易市场建设等。签约项目总投资达128.19亿元。

第三节　旅游商品

一、特色旅游商品

苗绣领带　安龙“仰欧桑”苗绣领带，系当地苗族妇女手工绣制而成，做工精细，图案新巧，色彩艳丽，经久耐用，深受国内外游客喜爱，为当地畅销旅游商品。

招堤藕粉　以招堤荷塘所产的优质鲜藕加工而成，营养丰富，具有清热止渴、静心宁神、滋补身智，延年益寿之功效。

“满口香”大米　品质上佳，口感糯香，2003年获评“贵州省名牌产品”，2005年经农业部农产品质量安全中心认证为无公害农产品。

笃山腊肉香肠 以安龙县笃山乡土猪鲜肉为原料，采用民间独特的配料腌制、天然木叶烧烤加工而成，色泽黄亮，肥而不腻，味道鲜香，远销省外。

安龙土鸡蛋面条 以本地小麦磨制成面粉，配以山区土鸡蛋、自制植物土碱加工而成。具有口感滑爽、耐煮不浓汤、营养丰富的特点，是馈赠亲友的上好佳品。

通草画屏 通草是一种野生植物，出生于南盘江沿岸。通草质轻、细腻、雪白，易着色。早在清代，手工艺人，就将它制作假花，近年在继承传统上又有创新，所制通草画屏有山水、花鸟，配以镜框，色彩鲜艳，典雅华丽。通草切片，每年亦大量外销。

棕制品 安龙棕树资源丰富，用棕片加工的生产、生活用具有棕绳、棕垫、棕刷及沙发垫、床垫、汽车、拖拉机垫等制品，柔软耐用，颇受消费者欢迎。

梓油木制品 梓油木坚硬、沉重、细腻，颜色铜红，木纹清晰美观，产于南盘江沿岸箐林中。用梓油木加工的算盘、“木奈何”等工艺品，是不可多得的上品。

黑糯米 安龙黑糯米含人体所需的多种微量元素，具有强身补脑、治疗产妇头昏等功效。

魔芋粉丝 魔芋能防治肥胖、便秘、糖尿病及高胆固醇。县轻工粉厂生产的魔芋粉丝，曾在全国星火科技食品博览会上获奖。

新桥茶叶 新桥茶场所产菜叶芽头重、色泽鲜艳、茶味清香，品质优良，畅销省内外。

蔗糖 南盘江沿岸盛产甘蔗，蔗农用以榨汁熬糖，历史悠久，清代即为地方贡物，称“府糖”。其色橙红，质纯味正，营养丰富，远销河南、四川、云南等省。

鸡枞油 鸡枞菌为野生食用菌，味鲜如鸡肉，分解似鸡丝，用菜油将鲜菌炸干，制成鸡枞油，储于坛罐，其味醇美，为佐食佳肴，馈赠珍品。

安龙竹筷 以南盘江荆竹为原料，采用传统方法削制加工而成。成品色泽光亮，直挺坚实，不易折断，不易受虫蛀，经久耐用。

二、地方风味小吃

安龙饵块粑 本县传统食品，用特产粳米经浸泡、初蒸、冷却喷水、复蒸后加工而成，形似江南年糕，但比年糕略大。安龙饵块粑色白脂丰、柔软适口，加糖或甜酒煮食，清香爽口；与肉丝、香肠或鱿鱼丝、牛干巴爆炒，滋味纯美。

鲜椒马蹄菌 马蹄菌表面呈淡紫色，为安龙特有的一种珍稀菌类。将其切成片状加油配以青红椒、鲜猪肉爆炒而成，鲜嫩爽脆，味道甚佳，外地游客赞不绝口。

安龙剪粉 白中透青，皮薄柔润，因不用刀切而用大剪刀剪成小指一般的薄条，故称“剪粉”。在食法上多为凉拌，即将剪好的粉条放入碗中，配以香葱、芫荽、油辣椒、油炸花生或黄豆、大头菜末、姜汁、蒜泥、酱油、香醋等，拌匀即食，色香味俱全，清爽可口。

丝娃娃 安龙街头夜市上常见的一种小吃，因其外形如同裹在襁褓中的婴儿，故称“丝娃娃”。其吃法，先将烙好的小圆面皮摊在手掌之中，放入绿豆芽、海带丝、芹菜丝、胡萝卜丝、白萝卜丝、折耳根（鱼腥草）等，然后卷成筒状，再将下端面皮折上封住，上端浇进特制之汤汁，即可食用。外软里脆，清香爽口，开胃健脾，颇受妇女儿童喜爱。

柴火炸鸭子 选用安龙本地水鸭，配以多种植物香料，调制后放入油锅之中炸制，以柴火控制油温，掌握火候。炸制而成的鸭子，色泽金黄，皮脆肉嫩，香气扑鼻。

酸汤饺子 采用新鲜猪肉为馅，饺子煮好以后，配以特制的酸汤进行浸泡，再浇上大红辣椒油，撒上芫荽、胡椒面等调料，即可食用。色香诱人，酸椒可口。

安龙沙糕 为安龙传统名糕点，其做法是将芝麻、麻油、熟油、蔗糖及精糯米粉拌匀后，放入大蒸格中压制成宽扁形，随即用大火蒸熟，待凉后再用格刀分割成均匀小块。此糕香糯不腻，微甜可口，极受外地游客喜爱。

三合汤　安龙著名小吃，摊馆必备，居家常食。在糯米饭内放适量本县特产的四季豆米，加酥肉片、酱油、醋、葱、胡椒粉、辣椒等佐料，掺入鸡汤或猪脚汤，味道鲜美，营养丰富。

抓饼　安龙特有宴席食品，用料讲究，工序繁多，制作技艺高超。抓饼形似盘，薄如纸，食者围桌而坐，以饼包数十样小菜而食，不仅能满足一桌之中口味各异的食客喜好，并且颇多乐趣，为旧明文人雅士聚会佳肴。

2005－2012 年安龙县旅游收入情况

表 13—4—1

年度	旅游接待人数（万人）	旅游总收入（万元）	年度	旅游接待人数（万人）	旅游总收入（万元）
2005	10.3	3100	2009	24.5	5500
2006	12.6	3400	2010	31.1	8540
2007	14.7	4100	2011	44.12	27000
2008	20.4	5000	2012	120	73900

第十四篇　财政　税务

第一章　财　政

1978年中共十一届三中全会以后，1979年，安龙县财政体制改为“增收分成，收支挂钩”，当年实际收入比上年增加的部分实行比例分成，70%交省、30%归县，安龙县同时执行1963年国务院对民族自治地方财政管理的某些特殊照顾。1980年，实行“划分收支，分组包干”的财政管理体制。1985年，实行“划分税种，核定收支，分级包干”的财政管理体制，按照第二步利改税后设置的税种划分收入。同时，安龙县对区乡财政管理也进行了部分改革。1983年，实行区乡财政收入实行包干管理，收入包干范围包括农业税、工商税和其他收入3项，超收部分县区两级对半分成。1984年，对区（镇）财政收支实行包干管理，包干收入包括农业税、工商税和其他收入3项，支出部分包括行政费、农业、教育、卫生等事业费，包干基数一年一定，超收分成，减收受罚。1985年，在上年下放项目的基础上又将农业、畜牧、林业、水电、农机、工商、财政等事业费由区管理。1986年，对收大于支的城关镇、德卧镇实行定额上交，超支不补，结余留用办法，超收部分县与镇七三分成；对其他支大于收的区实行财政定额补贴。1987年，调整县区镇超收分成比例，由七三分成改为六四分成。

在本级财政收入中，农业税和工商税一直是安龙财政收入的主体，约占90%以上。1950—1988年，科技和文教卫生支出为县级财政支出最大项，占总支出的33.76%；其次为支援农业支出，占总支出的22.98%；第三为行政管理费支出，占总支出的20.58%。至1988年，全县财政总收入1615.39万元，比1978年增长171.87%；全县财政总支出1517.78万元，比1978年增长160.36%。

第一节　县财政管理体制

1989年，全县财政管理体制执行1985年的“划分税种，核定收支，分级包干”的财政管理体制。其主要内容是：预算收入，按照第二步利改税后设置的税种划分收入，一类是中央的固定收入，一类是地方的固定收入，一类是中央和地方共享的收入预算支出，仍按中央、地方企业、事业的隶属关系划分。

根据黔西南州财政收支划分的规定，县级财政的固定收入包括：县级国营企业的所得税，调节税和承包费，集体企业所得税，县利用外交、合资企业的工商统一税，所得税、个人所得税、资金税、农业税、车船使用牌照税、城市房地产税、牲畜交易税、屠宰税、集体交易税、契税、税收滞纳金、补税罚款收入、县级企业亏损，城市维护建设税和其他收入，尚待开征的土地使用税、房产税和车船使用税，也列为地方财政固定收入。

县级财政支出包括：县级自筹基本建设投资，地方企业挖潜改造资金、县级科技三项费用和简易建筑费，支援农业支出，工业、交通、商业部门事业费，文教科学卫生事业费，抚恤和社会救济，行政管理费（包括公安、司法、法院、档案支出），其他部门事业费，城市维护建设费和城镇青年就业经费，民兵事业费，其他支出等。

为了照顾民族自治地方发展经济和各项文化科学教育事业的需要，州政府决定，从1988年起州对安龙县每年给予一次性困难补助40万元。

1994年，全国进行分税制改革，详见本篇第二章“税务”。

第二节　乡镇财政管理体制

1989年，全县乡镇财政管理体制执行1983年制定的“统收统支”“定收不定支，超收分成，超支不补”，此后又改为“核定收支基数，下放到部门所管经费切块包干，超收分成，自求平衡”管理办法。县财政对乡镇财政机构健全完善的同时，按照规定建立财政总会计和预算结算制度，定期向乡镇人民代表大会报告年度预算情况。8月，省人大审议通过《贵州省乡镇财管理条例》，明确乡镇财政的职责、权利及管理体制、收支范围、公共事业的管理等。

全县各区公所设有区财政所，负责区内财政的预决算和预算执行管理、农村税收政策的执行和农业回税的征收管理、区社内国有资产管理和五项统筹的征收管理、区社内预算外资金和收费票据的监督管理，通过县财政安排支出，维持区社政府及各机构的运转、指导村组财政管理。

1992年，全县“撤区并乡建镇”，撤销原区级财政所，设置16个乡镇财政所，有干部职工117人，其中股级干部19人、一般干部89人、工勤人员9人。

1994年，国家全面实行“分税制”财政体制改革，州对各县（市）的财政体制进行调整。

1995—1999年，“财力上收”，乡镇财政主体税种被层层截留、分成，财政转移支付制度不健全，随着乡镇行政、事业单位人员工资等刚性支出和各种保障性支出标准提高和建设性支出的增长，乡镇财政渐渐入不敷出，严重的乡镇债台高筑，运转困难；财政职能局限于收收支支的框架内，资金监管和服务职能得不到发挥。

2000年后，乡镇财政进入转型期。随着农村税费改革的深入，农村义务教育管理体制的完善，取消农业税，以及公共财政体制的实施，乡镇财政内涵和职能发生变化，从“收支管理型”向“支出管理型”过渡，再向“监管服务”型转变。

2003年，县人民政府下发《关于进一步完善乡镇财政管理体制的暂行办法》，对乡镇财政的收入划分、支出划分以及县对乡镇财政补助的上解数额作出如下规定：

1. 划分收入。①共享收入：资源税、土地使用税、土地增值税，除省级财政分享50%以外，余下的50%由乡镇财政分享；个人所得税和企业所得税除中央分享60%外，其余由乡镇分享；增值税收入中央分享75%、省分享10%，余下15%由乡镇分享。农业税附加、农业特产税附加属于村级集体资金，由乡镇财政征收，乡管村用，专户专储、财政监督，用于村组干部报酬及其管理费用。②乡镇固定收入：除中央、省、州、县固定收入和共享收入的工商各税收入，农业税、农业特产税、耕地占用税、罚没收入、行政事业费收入，本级干部职工教育费附加，其他各项收入等。

2. 支出划分：乡镇财政主要承担乡镇行政机关、事业单位职工所需经费，乡镇机关运转和乡镇各项事业发展的支出。

3. 县对乡镇财政补贴和上解数额的确定。

根据收入划分，当年乡镇地方财政预算收入未完成的，地方财政预算收入任务与当年年初核定乡镇财政供养人员经费、公务员定额（按距离县城远近核定）两项预算总额的差额部分，由乡镇地方财政定额上解或县财政定额补助乡镇财政。当年乡镇地方财政的预算收入完成或超额完成任务的，地方财政预算收入实际决算数与当年年初核定乡镇供养人员经费，公务员定额两项预算总额的差额部分，列为乡镇财政定额上解或定额补助乡镇财政。

是年发生的人员调动或增减，相应调整乡镇财政定额上解或定额补助乡镇财政。在乡镇地方财政收入完成的情况下，属于新增发展财源建设项目税收中的县级财政分享部分，第一年由县财政返还80%给乡镇财政，第二年县财政返还50%给乡镇财政，第三年县财政返还20%给乡镇财政；属于农业特产税比上年决算增加的部分，按80%返还给乡镇财政。

县级财政按确定后补助和上解财政实行预算包干，乡镇只能在各自的能力上支配和管理，自求平衡，财政结余留用，若出现财政赤字，自行消化。

2004年，根据分税制财政体制的要求，县财政局坚持和完善乡镇财政体制，规范各乡镇支出范围。新增的农业税收入留归乡镇，因政策因素导致财力减少的地方，县级财政给予适当补助，加大对困难乡镇的转移支付力度，保证乡镇机关的正常运转。

2005年，全面取消农业税后，乡镇财政主要承担乡镇罚没收入，行政事业性收费、政府性基金、国有资产（资源）有偿使用收入征管；社会抚养费（计划生育罚款）和新型农村合作医疗费用的解缴上划等管理工作；编制年度乡镇财政收支预算结算；指导、监督乡镇行政事业单位财务管理及会计核算工作，规范财务收支行为；对各项涉农专项资金的审核发放和监督管理；管理乡镇国有资产；培训会计人员，督促会计人员依法履行职责；监督村级组织财政性资金的使用等。

2007年后，县级财政的工作重点为整顿村级组织财力。税费改革后村级组织财力困难的，县级财政给予适度补助；清理乡镇和村级负债，分类研究解决办法，凡不是为农民办事所形成的债务，不得由农民承担。

2012年2月，继乡镇财政推行惠农补贴金发放“一卡通”，实施“一事一议”财政奖补等改革后，按“定责、定编、定岗、定制、定程”要求，规范乡镇机构及队伍建设。7月，撤销乡镇财政所，按乡镇（街道）行政区划，设置17个财政分局，为县财政局派出机构。

第三节　财政收入

一、工商各税收入

1989年后，县财政工商各税收入主要包括产品税、增值税、营业税、集体企业所得税、城乡个体工商户所得税、个人收入调节税、城市维护建设税、车船使用税、房产税、屠宰税、牲畜交易税、印花税、建筑税、工商税收税款滞纳金和补税罚款收入等。其中，1989年全县工商各税总收入406.68万元，至2012年，全县各项税收收入27992万元，24年间增加了68倍。

1989－2012年安龙县工商各税收入情况表

表14—1—1(分表1)　　　　单位：万元

年度		1989	1990	1991	1992	1993	1994	1995	1996	1997	1998	1999	2000
工商各税总收入		406.68	447.65	580	682.1	1247	2269	2347	3481	3686	4255	4953	4551
产品税		101.07	83.82	147.8	187.7	389.9	—	—	—	—	—	—	—
增值税		33.9	49.89	35.5	40.8	344	149	231	815	754	754	754.25	784.47
营业税		203.98	217.43	272.7	343.3	378.5	435	788	987	1147	1506	1544.27	1461.48
企业所得税		—	—	—	—	—	—	—	—	—	577	688.92	796.5
个人所得税		—	—	—	—	—	—	—	—	—	281	310.74	213.53
集体企业所得税		15.75	56.47	68.4	4.6	46.6	—	—	—	—	—	—	—
个体工商户所得税		0.6817	0.9502	0.9	9.9	25.7	—	—	—	—	—	—	—
个体收入调节税		1.54	0.6012	3.9	4.8	8.6	—	—	—	—	—	—	—
城市维护建设税		8.79	9.1	10.1	11.4	15.6	—	—	—	—	272	436.21	341.76
其他工商税	合计	17.58	—	—	—	24.1	—	—	—	—	—	—	—
	车船使用税	4.51	5.14	3.6	3.6	—	—	—	—	—	9	8.39	6.27
	房产税	8.33	6.04	9.8	9.6	—	—	—	—	—	23	34.57	33.65
	屠宰税	1.03	0.6961	1.3	1.3	—	—	—	—	—	43	54.39	100.8
	牲畜交易税	3.71	4.07	5	5.9	—	—	—	—	—	—	—	—
资源税		—	—	—	2.1	3.5	—	—	—	—	5	12.12	17.4
城镇土地使用税		—	8.4	5.2	4.9	6.4	—				8	7.56	7.15
国营企业资金税		—	0.3393	0.8	—	—	—	—	—	—	—	—	—
集体企业资金税		—	0.7348	2.7	—	—	—	—	—	—	—	—	—
印花税		1.63	0.2595	1.6	11	1.4	—		—	—	3	3.39	5.02
固定资产调节税		—	—	5.2	4.7	1.7	—	—	—	—	3	135.26	1.8
建筑税		21.49	3.5	5.1	—	—	—	—	—	—	—	—	—
滞纳金和补税收入		0.2711	0.2072	0.4	0.5	1	—	—	—	—	—	—	—

表14—1—1(分表2)

年度	2001	2002	2003	2004	2005	2006	2007	2008	2009	2010	2011	2012
工商各税总收入	4966	4726	5079	5320	5931	6095	8423	11182	13658	16496	20454	27992
增值税	906	1035	1178	1387	1560	1970	2438	3199	3240	3386	3929	4083
营业税	799	1110	1502	1624	2417	2261	2270	2830	3569	4285	6449	8334

续表 14—1—1(分表 2)

年度	2001	2002	2003	2004	2005	2006	2007	2008	2009	2010	2011	2012
企业所得税	1138	—	388	377	379	409	612	585	—	—	—	1546
个人所得税	448	—	328	192	191	292	433	1000	—	—	—	3337
城市维护建设税	538	—	358	598	783	920	1378	1487	—	—	—	1838
车船使用和牌照税	10	—	23	12	11	36	77	106	—	—	—	—
屠宰税	60	—	—	—	—	—	—	—	—	—	—	—
房产税	37	—	42	40	62	52	48	63	—	—	—	—
资源税	9	—	38	54	55	104	347	409	—	—	—	—
城镇土地使用税	4	—	9	6	10	23	22	56	—	—	—	—
土地增值税	—	—	—	—	—	17	16	112	—	—	—	—
印花税	2	—	4	5	13	12	30	75	—	—	—	—

二、企业收入

1989 年以来，全县国营企业整体处于亏损状态，每年均由财政给予大量的亏损补贴，直至 20 世纪末完成国营企业改制改革。

1989 年，全县国营企业所得税类收入 24.76 万元，国营企业上缴利润类收入 2.02 万元，国营企业亏损补贴类收入—84.4 万元。

1990 年，全县国营企业所得税收入 14.65 万元，国营企业上缴利润收入 2.33 万元，国营企业计划亏损补贴收入—85.6 万元。1991 年，全县国营企业所得税收入 10 万元，国营企业上缴利润收入 1.1 万元，国营企业计划亏损补贴收入—3.6 万元。1992 年，全县国营企业所得税收入 9.7 万元，国营企业上缴利润收入 1.8 万元，国营企业计划亏损补贴收入—119.5 万元。1993 年，全县国营企业所得税收入 7.3 万元，国营企业上缴利润收入 4.5 万元，国营企业计划亏损补贴收入—8.7 万元。1994 年，全县企业所得税收入 419.4 万元，国营企业上缴利润收入 6.1 万元，国营企业计划亏损补贴收入—103 万元。1995 年，全县企业所得税收入 548.2 万元，国营企业上缴利润收入 3 万元，国营企业计划亏损补贴收入—56.7 万元。1996 年，全县企业所得税收入 523.2 万元，国营企业计划亏损补贴收入—40.7 万元。1997 年，全县企业所得税收入 542.9 万元。1998 年，全县企业所得税收入 577 万元，国营企业计划亏损补贴收入—38 万元。

此后，全县国有企业逐步进行改制改革，财政不再给予企业亏损补助。

三、农业税收入

1989 年以来，县内农业税由全县财政部门组织征收，包括农业税、契税、农林特产税等。2004 年，停止征收除烟叶以外的农业特产税，农业税在 2003 年的基础上降低 1 个百分点征收；2005 年，停止征收农业税。自此，全县农业税收入仅剩烤烟物产税和契税收入。

至 2012 年，全县耕地占用税、契税收入 4155 万元，烟叶税收入 3156 万元。

1989－2008年安龙县农牧业税和耕地占用税收入情况表

表14—1—2　　单位：万元

年度	合计	农业税	契税	农林特产税	耕地占用税	烟叶税	农业税附加
1989	224.43	210.43	4.07	9.93	—	—	—
1990	234.73	218.37	2.8	13.56	—	—	—
1991	243	213.9	3.1	26	—	—	—
1992	257	228.6	3.5	24.9	—	—	—
1993	370.8	337.7	10.9	22.2	—	—	—
1994	1186.3	—	—	—	—	—	—
1995	574	—	—	—	—	—	—
1996	713.4	—	—	—	—	—	—
1997	822.8	—	—	—	—	—	—
1998	—	511	20	247	31	—	—
1999	—	664.03	63.22	123.69	11.3	—	139
2000	—	493.76	68.43	163.54	55.59	—	40
2001	—	687	92	202	34	—	—
2002	—	682	81	227	45	—	—
2003	—	720	16	269	204	—	—
2004	—	530	26	298	171	—	—
2005	—	—	71	—	25	354	—
2006	—	—	174	—	23	353	—
2007	—	—	283	—	25	444	—
2008	—	—	173	—	96	991	—

四、其他收入

1989年以来，县财政其他收入包括中央和省、州给予县财政的各类补助、转移支付收入，以及各类专款收入、罚没收入、预算调节基金等其他各类财政收入。

1989年，全县财政其他收入54.26万元；省补助收入1250.27万元，其中定额补助421.3万元、专项补助697.37万元、调整收入任务增加或减少补助90.5万元。

1990年，全县财政专款收入（教育费附加收入）1万元，其他收入48.69万元，国营预算调节基金收入8万元，国营企业承包收入退库—2856元；省补助收入1382.87万元，其中定额补助416.26万元、一定三年增强县级财力补助40万元、专项补助833.71万元、调整收入任务增加或减少补助92.9万元。

1991年，全县财政专款收入5.3万元，其他收入102万元，国营预算调节基金收入8.3万元；省补助收入1167.2万元，其中定额补助416.3万元、一定三年增强县级财力补助40万元、专项补助598万元、调整收入任务增加或减少补助113.1万元。

1992年，全县财政其他收入113.8万元，其中其他杂项收入97万元、工商罚没收入1.4万元、政法罚没收入2.6万元、物价罚没收入1.6万元、其他罚没收入11.2万元；国家预算调节基金收入6.4万元，其中地方国营企业上缴的调节基金3.9万元、地方行政事业单位上缴的调节基金2.5万元；专款收入9.3万元，其中征收排污费收入3.2万元、教育费附加收入6.1万元；中央补助收入1654.1万元。

1993年，全县财政其他收入235.1万元，其中其他杂项收入229.3万元、工商罚没收入2000元、政法罚没收入2.8万元、其他罚没收入2.8万元；国家预算调节基金收入5.5万元；专款收入11万元，其中征收排污费收入2.9万元、教育费附加收入8.1万元；省补助收入1069.3万元。

1994年，全县财政其他收入112.7万元，国家预算调节基金收入3万元，专款收入15.3万元。中央补助收入1947.6万元，其中税收返还补助681.3万元、原体制补助456.3万元、专项拨款补助685万元、调整收入任务增加或减少补助125万元。

1995年，全县财政其他收入57.3万元，国家预算调节基金收入1.2万元，专款收入13.6万元，罚没收入、行政性收费收入29.2万元。省补助收入2095.6万元，其中税收返还补助793.7万元、原体制补助456.3万元、专项拨款补助691.2万元、调整收入任务增加或减少补助154.4万元。

1996年，全县财政其他收入36.5万元，国家预算调节基金收入0.3万元，专款收入16.4万元，罚没收入、行政性收费收入59.6万元。省补助收入2709.4万元，其中税收返还补助1395.1万元、原体制补助456.3万元、专项拨款补助703.6万元、调整收入任务增加或减少补助154.4万元。

1997年，全县财政其他收入157.4万元，罚没收入、行政性收费收入187.2万元。中央补助收入3735.6万元，其中税收返还补助1363.8万元、原体制补助416.3万元、专项拨款补助1922.5万元、各项结算补助−36万元、调整收入任务增加或减少补助69万元、社会保险基金收入376.5万元。

1998年，县内财政行政性收费收入48万元，罚没收入138万元，专项收入28万元，其他收入208万元。省补助收入3473万元，其中税收返还补助1272万元、原体制补助416万元、专项拨款补助1686万元、各项结算补助−36万元、调整收入任务增加或减少补助135万元，国债转贷收入86万元。

1999年，全县财政行政性收费收入81.5万元，罚没收入193.35万元，专项收入35万元，其他收入481.93万元，一般预算调拨收入4652.57万元。中央补助收入4781万元，其中税收返还补助1272万元、原体制补助416万元、专项拨款补助2965万元、各项结算补助−30万元、调整收入任务增加或减少补助157万元、其他补助收入1万元，国债转贷收入86万元。

2000年，全县财政行政性收费收入480.72万元，其中公安行政性收费4.52万元、其他行政性收费476.2万元；罚没收入137万元，其中物价罚没收入2.72万元、公安罚没收入45.24万元、检察院罚没收入4.45万元、法院罚没收入18.99万元、烟草罚没收入2.51万元、其他罚没收入63.11万元；专项收入（教育费附加）19.63万元；其他收入（利息及其他）554.46万元；一般预算调拨收入4802.67万元，其中专项补助收入2337.7万元。省补助收入4696万元，其中税收返还补助1287万元、原体制补助416万元、专项拨款补助2066万元、增加工资补助824万元、各项结算补助−61万元、调整收入任务增加或减少补助144万元、其他补助收入20万元。

2001年，全县财政行政性收费收入726万元，罚没收入202万元，专项收入22万元，其他收入346万元。中央补助收入7934万元，其中税收返还补助1272万元、原体制补助416万元、专项拨款补助3213万元、民族地区转移支付补助569万元、增加工资中央补助1692万元、艰苦边远地区津贴补助372万元、各项结算补助−40万元、调整收入任务增加或减少补助120万元、其他补助收入320万元。

2002年，全县财政行政性收费收入906万元，罚没收入289万元，专项收入91万元，其他收入1098

万元。中央补助收入10817万元，其中税收返还补助1326万元、所得税基数返还补助714万元、原体制补助416万元、中央专项补助3404万元、民族地区转移支付补助706万元、农村税费改革转移支付补助1180万元、增加工资中央补助2980万元、各项结算补助—58万元、调整收入任务增加或减少补助43万元、其他补助收入106万元。

2003年，全县财政行政性收费收入421万元，罚没收入416万元，专项收入144万元，其他收入250万元。中央补助收入11351万元，其中增值税和消费税返还1381万元、所得税基数返还857万元、原体制补助416万元、专项补助3257万元、民族地区转移支付补助685万元、农村税费改革转移支付补助1180万元、调整工资转移支付收入3210万元、一般性转移支付收入334万元、结算补助6万元、农业税灾歉减免及企事业单位预算划转补助25万元。

2004年，全县财政行政性收费收入883万元，罚没收入463万元，专项收入412万元，其他收入202万元。中央补助收入13260万元，其中增值税和消费税返还1454万元、所得税基数返还857万元、原体制补助416万元、专项补助3589万元、民族地区转移支付补助891万元、农村税费改革转移支付补助1180万元、调整工资转移支付收入3449万元、一般性转移支付收入1198万元、结算补助—4万元、农业税灾歉减免及企事业单位预算划转补助64万元、国债转贷收入250万元。

2005年，全县财政行政性收费收入1003万元，罚没收入465万元，专项收入420万元，其他收入479万元。中央补助收入18142万元，其中增值税和消费税返还1508万元、所得税基数返还857万元、原体制补助416万元、专项补助4851万元、民族地区转移支付补助1656万元、农村税费改革转移支付补助1180万元、调整工资转移支付收入3449万元、一般性转移支付收入2346万元、结算补助—4万元、取消农业特产税降低农业税率转移支付补助934万元、国债转贷收入50万元、缓解县乡财政困难转移支付补助949万元。

2006年，全县财政行政性收费收入456万元，罚没收入838万元，专项收入585万元，其他收入868万元。中央补助收入23365万元，其中增值税和消费税返还1709万元、所得税基数返还857万元、原体制补助416万元、专项补助6137万元、民族地区转移支付补助2303万元、农村税费改革转移支付补助1180万元、调整工资转移支付收入5262万元、一般性转移支付收入971万元、结算补助—4万元、取消农业特产税降低农业税率转移支付补助934万元、农村义务教育补助收入798万元、缓解县乡财政困难转移支付补助2804万元。

2007年，全县财政非税收入2773万元，其中行政性收费收入129万元，罚没收入646万元，专项收入1112万元，其他收入716万元。返还性收入2608万元，其中增值税和消费税返还1751万元、所得税基数返还857万元；财力性转移支付收入21269万元，其中体制补助收入416万元、一般性转移支付收入1968万元、民族地区转移支付补助2586万元、农村税费改革转移支付补助2114万元、调整工资转移支付收入7074万元、结算补助—6万元，农村义务教育补助收入1421万元、缓解县乡财政困难转移支付补助5696万元、专项转移支付收入8195万元。

2008年，全县财政非税收入2945万元，其中行政性收费收入425万元，罚没收入534万元，专项收入1813万元，其他收入53万元。返还性收入2772万元；财力性转移支付收入29398万元，其中专项转移支付收入22915万元。

2011年，全县财政上级补助收入100955万元，其中返还性收入2983万元、一般性转移支付收入56594万元、专项转移支付收入41378万元。

2012年，全县财政非税收入16127万元，其中行政性收费、罚没收入、其他收入13334万元，专项收入2783万元。

第四节　财政支出

一、上解支出

1989年，全县财政专项上解63.8万元，其中农业税上解58.83万元、烤烟税上解4.97万元。

1990年，全县财政专项上解60.03万元，其中农业税上解59.95万元、国家预算调节基金807元。

1991年，全县财政专项上解59.5万元，其中农业税上解58.5万元、烤烟税上解1万元。

1992年，全县财政上缴中央支出63.1万元，社会保险基金支出8.8万元。

1993年，全县财政上解省支出58.4万元。

1994年，全县财政上解支出402.3万元，其中专项上解农业税提价54.6万元、上解州347.7万元（耕地占用税221.6万元、土地使用税2.5万元、黄金所得税123.6万元）。

1995年，全县财政上解省支出64.5万元，上解州支出228.2万元。1996年，县内财政上解省支出64.5万元，上解州支出304.4万元。1997年，县内财政专项上解支出5.2万元，上解州支出178.2万元。1998年，县内财政专项上解省支出44万元，上解州支出83万元，国债转贷收入安排的支出86万元。1999年，县内财政专项上解支出28万元，上解州支出225万元，国债转贷收入安排的支出86万元。2000年，县内财政专项上解中央支出34万元，上解州支出249万元。

2001年，全县财政上解中央支出241万元，原体制上解州204万元，专项上解37万元，上解机场建设基金125万元。

2002年，全县财政上解中央支出497万元，原体制上解州428万元，专项上解89万元。

2003年，全县财政上解中央支出613万元，原体制上解州467万元，专项上解146万元。

2004年，全县财政上解中央支出782万元，原体制上解州623万元，专项上解159万元，拨付国债转贷资金数200万元。

2005年，全县财政上解中央支出814万元，原体制上解州657万元，专项上解157万元，拨付国债转贷资金数50万元。

2006年，全县财政上解中央支出947万元，原体制上解州647万元，专项上解324万元。

2007年，全县财政上解中央支出950万元，原体制上解州750万元，专项上解200万元。

2008年，全县财政上解中央支出1192万元，原体制上解州890万元，专项上解302万元。

2010年，全县财政上解支出1902万元。

2011年，全县财政上解上级支出2585万元。

二、支农费用

1989年，全县财政支援农村生产支出181.02万元，农村水利气象等部门事业费支出99.64万元。

1990年，全县财政支援农村生产支出198.09万元，农村水利气象等部门事业费支出117.34万元。

1991年，全县财政支援农村生产支出53.8万元，农村水利气象等部门事业费支出131.3万元。

1992年，全县财政支援农村生产支出206.8万元，其中小型农田水利和水土保持补助费21.8万元、支援农村合作生产组织资金14.8万元、农村农技推广和植保补助费4万元、农村草场和畜禽保护补助费1.4万元、农村造林和林木保护补助费3.5万元、农村水产补助费7000元、农业发展专项资金支出44.2万元、发展粮食生产专项资金支出116.4万元；农村水利气象等部门事业费支出134.7万元，其中农业事业费35.9万元、畜牧事业费21.7万元、农机事业费13.2万元、林业事业费17.1万元、水利事业费27.8万元、乡镇企业事业费4000元、农业资源调查和区划费8.5万元、土地管理事业费4.8万元、其他农村事业费5.3万元。

1993年，全县财政支援农村生产支出159.1万元，其中小型农田水利和水土保持补助费37.9万元、支援农村合作生产组织资金7.6万元、农村农技推广和植保补助费2万元、农村水产补助费8000元、农业发展专项资金支出10.8万元、发展粮食生产专项资金支出100万元；农村水利气象等部门事业费支出175.1万元，其中农业事业费57.8万元、畜牧事业费32万元、农机事业费15.2万元、林业事业费27.3万元、水利事业费32.6万元、气象事业费2000元、农业资源调查和区划费1万元、土地管理事业费6.5万元、其他农村事业费2.5万元。

1994年，全县财政支援农村生产支出72.9万元，农村水利气象等部门事业费支出273.4万元。

1995年，全县财政支援农村生产支出95万元，农村水利气象等部门事业费支出371万元。

1996年，全县财政支援农村生产支出342.2万元，农村水利气象等部门事业费支出435.8万元。

1997年，全县财政支援农村生产支出323.3万元，农村水利气象等部门事业费支出449.8万元。

1998年，全县财政支援农村生产支出268万元，农业综合开发支出10万元，农林交通等部门事业费支出479万元。

1999年，全县财政支援农村生产支出308万元，农业综合开发支出19万元，农林水利气象等部门事业费支出578万元。

2000年，全县财政支援农村生产支出308万元，农业综合开发支出19万元，农林水利气象等部门事业费支出578万元。

2001年，全县财政支援农村生产支出221万元，农林水利气象等部门事业费支出951万元。

2002年，全县财政支援农村生产支出372万元，农业综合开发支出350万元，农林水利气象部门事业费1073万元，支援不发达地区支出1140万元。

2003年，全县财政农业支出1123万元，林业支出309万元，水利气象支出298万元。

2004年，全县财政农业支出1498万元，林业支出604万元，水利气象支出444万元。

2005年，全县财政农业支出1957万元，林业支出790万元，水利气象支出878万元。

2006年，全县财政农业支出2149万元，林业支出712万元，水利气象支出659万元。

2007年，全县财政农林水事务支出6392万元。

2008年，全县财政农林水事务支出12761万元。

2010年，全县财政农林水事务支出32448万元。

2012年，全县财政农林水事务支出28571万元。

三、支持基本建设

1989年，全县财政基本建设支出5万元。1990年，全县财政基本建设支出3万元。1991年，全县财政基本建设支出25万元。1992年，全县财政基本建设支出9万元。1993年，全县财政基本建设支出13万元。1994年，全县财政基本建设支出16万元。1995—1998年，县财政没有专门列支基本建设支出预算。1999年，全县财政基本建设支出252万元。进入21世纪后，全县基本建设资金列入一般公共预算支出。

四、文教卫生和科技事业经费

1989年，全县财政支出文教卫生事业费579.96万元，其中文化事业费4.9万元、文物事业费1.43万元、教育事业费400.3万元、党政群干部训练事业费3.18万元、卫生事业费81.88万元、公费医疗经费支出40.28万元、体育事业费1.88万元、档案事业费2.46万元、广播电影电视事业费3.64万元、计划生育事业费37.01万元。另外，县内财政还支出科技三项经费1万元、科学事业费1万元。

1990年，全县财政支出文教卫生事业费681.89万元，其中文化事业费5.92万元、文物事业费15.4万元、教育事业费461.37万元、党政群干部训练事业费6.01万元、卫生事业费74.68万元、公费医疗经费支出53.23万元、体育事业费1.96万元、档案事业费3.5万元、广播电影电视事业费4.33万元、计划生育事业费54.5万元、其他文教事业费1万元。另外，县内财政还支出科技三项经费4万元、科学事业费1万元。

1991年，全县财政支出文教卫生事业费725.8万元，其中文化事业费5.7万元、文物事业费3.7万元、教育事业费530.4万元、党政群干部训练事业费5.8万元、卫生事业费92.9万元、公费医疗经费支出31.3万元、体育事业费2.5万元、档案事业费3.5万元、广播电影电视事业费4.8万元、计划生育事业费44.4万元、其他文教事业费0.8万元。另外，县内财政还支出科技三项经费1万元、科学事业费1万元。

1992年，全县财政支出文教卫生事业费935.9万元，其中文化事业费9.1万元、文物事业费2.7万元、教育事业费641.8万元、党政群干部训练事业费11.8万元、卫生事业费115.6万元、公费医疗经费支出78.4万元、体育事业费3.6万元、档案事业费4.3万元、广播电影电视事业费5.8万元、计划生育事业费62.8万元。另外，县内财政还支出科技三项经费1万元、科学事业费1万元。

1993年，全县财政支出文教卫生事业费1044.1万元，其中文化事业费11万元、文物事业费2.8万元、教育事业费739.3万元、党政群干部训练事业费8.4万元、卫生事业费139.5万元、公费医疗经费支出78万元、体育事业费4.7万元、档案事业费5.4万元、广播电影电视事业费6.9万元、计划生育事业费46.6万元。另外，县内财政还支出科技三项经费1万元、科学事业费1.1万元。

1994年，全县财政支出文教卫生事业费1379.3万元，科技三项经费1万元、科学事业费1.1万元。

1995年，全县财政支出文教卫生事业费1967.9万元，科技三项经费1.5万元、科学事业费1.3万元。

1996年，全县财政支出文教卫生事业费2179.4万元，科技三项经费1.5万元、科学事业费3.8万元。

1997年，全县财政支出文教事业费1811.1万元，科技三项经费2万元、科学事业费2.6万元，卫生经费支出462.7万元。

1998年，全县财政支出文体广播事业费247万元，教育事业费2043万元，科技立项经费4万元、科学事业费3万元，卫生经费支出514万元。

1999年，全县财政支出文体广播事业费212万元，教育事业费2527万元，科技三项经费9万元、科学事业费3万元，卫生经费支出601万元。

2000年，全县财政支出文体广播事业费246万元，教育事业费3190万元，科技三项经费7万元、科学事业费3万元，卫生经费支出704万元。

2001年，全县财政支出文体广播事业费422万元，教育事业费4441万元，科技三项经费14万元、科学事业费3万元，卫生经费支出618万元。

2002年，全县财政支出文体广播事业费431万元，教育事业费5697万元，科技三项经费11万元、科学事业费2万元，卫生经费支出809万元。

2003年，全县财政支出文体广播事业费540万元，教育事业费5243万元，科技三项经费10万元、科学事业费5万元，医疗卫生经费支出768万元。

2004年，全县财政支出文体广播事业费662万元，教育事业费6052万元，科技三项经费11万元、科学事业费6万元，医疗卫生经费支出646万元。

2005年，全县财政支出文体广播事业费866万元，教育事业费8075万元，科技三项经费12万元、科学事业费7万元，医疗卫生经费支出1069万元。

2006年，全县财政支出文体广播事业费982万元，教育事业费9631万元，科技三项经费13万元、科学事业费6万元，医疗卫生经费支出1266万元。

2007年，全县财政文化体育和传媒经费支出365万元，教育经费支出13018万元，医疗卫生经费支出2308万元，环境保护经费支出238万元，科学技术经费支出57万元。

2008年，全县财政文化体育和传媒经费支出612万元，教育经费支出28558万元，医疗卫生经费支出5313万元，环境保护经费支出1166万元，科学技术经费支出137万元。

2010年，全县财政文化体育和传媒经费支出957万元，教育经费支出30421万元，医疗卫生经费支出12339万元，环境保护经费支出4909万元，科学技术经费支出45万元。

2012年，全县财政教育经费支出54579万元，医疗卫生经费支出16138万元，节能和环境保护经费支出10079万元，科学技术经费支出479万元。

五、机关单位经费

1989年，全县财政支出行政管理费288.37万元，公检法支出79.15万元，工业交通等部门事业费支出5.98万元，城市维护费支出8.8万元，其他部门事业费支出42.24万元。

1990年，全县财政支出行政管理费300.54万元，公检法支出84.67万元，工业交通等部门事业费支出10.08万元，城市维护费支出11.68万元，其他部门事业费支出60.06万元。

1991年，全县财政支出行政管理费325.9万元，公检法支出91.8万元，工业交通等部门事业费支出9.4万元，城市维护费支出22.7万元，其他部门事业费支出62.4万元。

1992年，全县财政支出行政管理费472.3万元，其中行政支出375.9万元、党派团体补助支出96.4万元；公检法支出114.3万元，其中公安安全支出60.2万元、司法支出6.4万元、法院支出29.3万元、检察院支出18.4万元；工业交通等部门事业费支出10.2万元，城市维护费支出25.8万元，其他部门事业费支出69.7万元。

1993年，全县财政支出行政管理费560.8万元，公检法支出126.7万元，工业交通等部门事业费支出16.5万元，城市维护费支出124.1万元，其他部门事业费支出100.2万元。

1994年，全县财政支出行政管理费682.4万元，公检法支出150.9万元，工业交通等部门事业费支出13.9万元，城市维护费支出194.8万元，其他部门事业费支出104.9万元。

1995年，全县财政支出行政管理费958.3万元，公检法支出244.7万元，工业交通等部门事业费支出17.8万元，城市维护费支出77.5万元，其他部门事业费支出138.9万元。

1996年，全县财政支出行政管理费1178.7万元，公检法支出323.6万元，武装警察部队支出22万元，工业交通等部门事业费支出24.2万元，城市维护费支出237.8万元，其他部门事业费支出254.6万元。

1997年，全县财政支出行政管理费1213.3万元，公检法支出366.8万元，武装警察部队支出11万元，工业交通等部门事业费支出13.4万元，商业部门事业费支出13.4万元，城市维护费支出649.6万元，其他部门事业费支出250.3万元。

1998年，全县财政支出行政管理费1391万元，公检法支出323万元，武装警察部队支出20万元，工业交通等部门事业费支出20万元，流通部门事业费支出26万元，税务、统计、财政、审计等部门事业费支出219万元，城市维护费支出323万元。

1999年，全县财政支出行政管理费1663万元，公检法支出493万元，武装警察部队支出41万元，工业交通等部门事业费支出25万元，流通部门事业费支出46万元，税务等部门事业费支出271万元，城市维护费支出483万元。

2000年，全县财政支出行政管理费1718万元，公检法支出431万元，武装警察部队支出12万元，工业交通等部门事业费支出52万元，流通部门事业费支出47万元，税务等部门事业费支出301万元，城市维护费支出172万元。

2001年，全县财政支出行政管理费2110万元，公检法支出581万元，武装警察部队支出24万元，工业交通等部门事业费支出132万元，流通部门事业费61万元，税务等部门事业费380万元，城市维护费支出331万元。

2002年，全县财政支出行政管理费2367万元，公检法支出670万元，武装警察部队支出30万元，工业交通等部门事业费支出123万元，流通部门事业费37万元，其他部门事业费支出392万元，城市维护费支出363万元。

2003年，全县财政支出行政管理费2499万元，公检法司支出785万元，武装警察部队支出34万元，工业交通等部门事业费支出245万元，流通部门事业费支出37万元，其他部门事业费支出422万元，城市维护费支出310万元。

2004年，全县财政支出行政管理费2613万元，公检法司支出968万元，武装警察部队支出65万元，工业交通等部门事业费支出339万元，流通部门事业费支出93万元，其他部门事业费支出445万元，城市维护费支出391万元。

2005年，全县财政支出行政管理费3000万元，公检法司支出1222万元，武装警察部队支出48万元，工业交通等部门事业费支出435万元，流通部门事业费支出103万元，其他部门事业费支出408万元，城市维护费支出749万元。

2006年，全县财政支出行政管理费3212万元，公检法支出1449万元，武装警察部队支出41万元，工业交通等部门事业费支出520万元，流通部门事业费119万元，其他部门事业费支出698万元，城市维护费支出565万元。

2007年，全县财政一般公共服务支出6850万元，公共安全支出1779万元，交通运输经费支出224万元，工业商业金融等事务经费支出851万元。

2008年，全县财政一般公共服务支出11826万元，公共安全支出3215万元，交通运输经费支出266万元，工业商业金融等事务经费支出1365万元。

2010年，全县财政一般公共服务支出10665万元，公共安全支出4232万元，交通运输经费支出653万元，资源勘探电力信息等事务费用支出1883万元，商业服务业等事务经费支出2621万元，国土资源气象等事务经费支出657万元，粮油物资管理事务经费支出41万元。

2011年，全县财政一般预算支出130776万元。

2012年，全县财政一般公共服务支出24127万元，交通运输经费支出2471万元。

六、政策性增加支出

1989年，全县财政支出抚恤和社会福利救济费105.95万元，价格补贴支出285.54万元，城镇青年就业费支出4000元，支援不发达地区支出126.92万元。

1990年，全县财政支出抚恤和社会福利救济费112.67万元，价格补贴支出242.09万元，城镇青年就业费支出2700元，支援不发达地区支出56.59万元，简易建筑费支出3万元，专款支出（教育费附加支出）1万元。

1991年，全县财政支出抚恤和社会福利救济费96.8万元，价格补贴支出353.8万元，支援不发达地区支出69.8万元，简易建筑费支出10万元，专款支出19.3万元，粮食企业亏损支出102.9万元。

1992年，全县财政支出抚恤和社会福利救济费146.8万元，其中抚恤事业费31.7万元、退休退职费3万元、社会救济福利事业费27.1万元、自然灾害救济事业费85万元；价格补贴支出184.5万元，支援不发达地区支出131.9万元，简易建筑费支出8万元，专项支出（教育费附加支出）2.8万元。

1993年，全县财政支出抚恤和社会福利救济费99.1万元，价格补贴支出14.7万元，支援不发达地区支出92.3万元，专项支出5.5万元。

1994年，县内财政支出抚恤和社会福利救济费201.1万元，价格补贴支出97.3万元，支援不发达地区支出45.9万元，专项支出8.9万元。

1995年，全县财政支出抚恤和社会福利救济费161.2万元，价格补贴支出93.3万元，支援不发达地区支出93.5万元，简易建筑费支出23万元，专项支出14万元，农业综合开发支出5.4万元。

1996年，全县财政支出抚恤和社会福利救济费243.5万元，价格补贴支出248.2万元，支援不发达地区支出141.6万元，简易建筑费支出32万元，专项支出22.1万元，农业综合开发支出11.4万元。

1997年，全县财政支出抚恤和社会福利救济费172.9万元，政策性补贴支出82.6万元，支援不发达地区支出799.9万元，简易建筑费支出20万元，农业综合开发支出462.7万元。

1998年，全县财政支出抚恤和社会福利救济费192万元，社会保障补助支出28万元，政策性补贴支出32万元，支援不发达地区支出748万元，简易建筑费支出11万元。

1999年，全县财政支出抚恤和社会福利救济费273万元，社会保障补助支出107万元，政策性补贴支出85万元，支援不发达地区支出1179万元。

2000年，全县财政支出抚恤和社会福利救济费273万元，社会保障补助支出108万元，政策性补贴支出92万元，支援不发达地区支出1280万元，企业挖潜改造资金31万元。

2001年，全县财政支出抚恤和社会福利救济费485万元，社会保障补助支出98万元，支援不发达地区支出2037万元，企业挖潜改造资金50万元。

2002年，全县财政支出抚恤和社会福利救济费537万元，社会保障补助支出310万元，支援不发达地区支出1140万元，企业挖潜改造资金3万元。

2003年，全县财政支出抚恤和社会福利救济费710万元，社会保障补助支出380万元，支援不发达地区支出1147万元，政策性补助支出58万元，企业挖潜改造资金48万元。

2004年，全县财政支出抚恤和社会福利救济费980万元，社会保障补助支出483万元，支援不发达地区支出1568万元，企业挖潜改造资金39万元。

2005年，全县财政支出抚恤和社会福利救济费1224万元，社会保障补助支出594万元，支援不发达地区支出1641万元，企业挖潜改造资金62万元。

2006年，全县财政支出抚恤和社会福利救济费1722万元，社会保障补助支出642万元，支援不发达地区支出1632万元，企业挖潜改造资金39万元。

2007年，全县财政安排社会保障和就业经费支出2821万元，城乡社区事务经费支出622万元。

2008年，全县财政安排社会保障和就业经费支出5626万元，城乡社区事务经费支出1412万元。

2010年，全县财政安排社会保障和就业经费支出8795万元，城乡社区事务经费支出932万元，保障性住房支出8169万元。

2012年，全县财政安排社会保障和就业经费支出11321万元，住房保障支出2024万元。

七、其他支出

1989年，全县财政其他支出104.97万元。1990年，全县财政其他支出54.58万元。1991年，全县财政其他支出77.4万元。1992年，全县财政其他支出45.1万元。1993年，全县财政其他支出470.8万元。1994年，全县财政其他支出172.8万元。1995年，全县财政其他支出150.6万元。1996年，全县财政其他支出474.6万元。1997年，全县财政其他支出1387.4万元。1998年，全县财政专项支出33万元、其他支出1062万元。1999年，全县财政专项支出36万元、其他支出958万元。2000年，全县财政专项支出

42万元、其他支出634万元。2001年，全县财政专项支出52万元、其他支出664万元。2002年，全县财政专项支出100万元、其他支出1118万元。2003年，全县财政专项支出132万元，其他支出1591万元。2004年，全县财政专项支出135万元，其他支出1651万元。2005年，全县财政专项支出422万元，其他支出2768万元。2006年，全县财政专项支出336万元、其他支出2078万元。2007年，全县财政其他支出459万元。2008年，全县财政其他支出798万元。

1989－2012年安龙县财政收支情况表

表14—1—3　　　　单位：万元

年度	财政收入					财政支出										
	财政总收入	一般预算收入	各项税收			财政总支出	基本建设支出	科技三项经费	文教科卫事业费					农业支出	福利救济费	社会保障补助
			总收入	增值税	营业税				合计	文化支出	教育支出	科学支出	卫生支出			
1989	2077.4	—	409.94	33.9	2039.83	2077.4	5	1	580.96	4.9	400.3	1	81.88	280.67	105.95	—
1990	2170.92	—	447.65	49.89	217.43	2170.92	3	4	682.89	5.92	461.37	1	74.68	315.43	112.67	—
1991	2279.6	—	580	35.5	272.7	2279.6	25	1	726.8	5.7	530.4	1	92.9	185.1	96.8	—
1992	2735.5	—	682.1	40.8	343.3	2735.5	9	1	936.9	9.1	641.8	1	1156	341.5	146.8	—
1993	3144.6	—	1247	344	378.5	3144.6	13	1	1045.2	11	739.3	1	139.5	334.2	99.1	—
1994	3202	2358	2269	149	435	3417	16	1	1206	—	988	1	217	346	201	—
1995	3714	2405	2347	231	788	4415	—	2	1709	15	1416	1	277	476	161	—
1996	8175	3556	3481	815	987	6177	—	2	2031	19	1562	4	446	789	244	—
1997	8304	4030	3686	754	1147	8056	—	2	2093	18	1609	3	463	789	173	—
1998	8946	4672	4255	754	1506	7996	—	4	2580	20	2043	3	514	757	192	28
1999	10021	5745	4953	754	1544	10169	252	9	3152	21	2527	3	601	905	273	107
2000	10189	5743	4551	784	1461	10274	—	7	3927	30	3190	3	704	931	273	108
2001	11396	6262	4966	906	799	13675	—	14	5102	40	4441	3	618	1172	485	98
2002	12699	6121	4726	1035	1110	15935	—	11	6543	35	5697	2	809	1795	537	310
2003	14062	6310	5079	1178	1502	16672	—	10	6048	32	5243	5	768	1708	710	380
2004	16021	7280	5320	1387	1624	19693	—	11	6797	93	6052	6	646	2546	980	483
2005	18020	8298	5931	1560	2417	26370	—	12	—	—	—	—	—	—	—	—
2006	23256	9393	6095	1970	2261	28506	—	13	—	—	—	—	—	—	—	—
2007	26600	11196	8424	2438	2270	35984	—	—	—	—	—	—	—	—	—	—
2008	38400	14127	11181	3199	2830	73055	—	—	—	—	—	—	—	—	—	—
2009	40689	17206	13658	3240	3569	75580	—	—	—	—	—	—	—	—	—	—

续表 14—1—3

年度	财政收入					财政支出											
	财政总收入	一般预算收入	各项税收			财政总支出	基本建设支出	科技三项经费	文教科卫事业费					农业支出	福利救济费	社会保障补助
			总收入	增值税	营业税				合计	文化支出	教育支出	科学支出	卫生支出			
2010	47065	20073	16496	3386	4285	123099	—	—	—	957	30421	45	12339	32448	8795	—
2011	64375	32009	20454	3929	6449	133361	—	—	—	1667	33368	60	14131	20820	10149	—
2012	76166	44119	27992	4083	8334	170478	—	—	—	1858	54579	476	16138	28571	11321	—

第五节　资金资产管理

一、预算内资金管理

预算内资金主要是指由国家各级财政部门统一集中和管理的财政资金部分。县财政预算每年由县财政局提出上一年的预算执行情况和编制下一年收支计划，县人民代表大会行使审查和批准职权；各乡镇财政预算执行情况和下一年收支计划，由各乡镇财政所分别提请乡镇人民代表大会审议通过执行。财政预算年度如对预算进行重大调整，也需提请县人民代表大会常务委员会审议通过，方能调整执行。

二、行政事业费管理

1989 年 1 月 20 日，县政府发出《关于改革我县行政、事业单位公费医疗经费包干给职工个人掌握使用的通知（试行）》，决定将公费医疗经费随工资清册按月包干给职工个人掌握使用，结余归己。对于就医超过个人包干经费部分的，根据不同情况给予适当补贴。

1990 年 2 月 1 日，安龙县执行省财政厅下发的《事业单位财务管理的若干规定的实施细则》。对没有稳定的经常性收入或全年收入较少的事业单位，实行全额预算管理。对有稳定的经常性收入，但不足以解决本单位的经常性支出，需要财政给予补助的事业单位，实行差额预算管理，具体管理形式有 3 种：全额预算管理，定项补助，结余留用；全额预算管理，定额补助，结余留用；全额预算管理，差额补助或差额上交，结余留用。

三、国有资产管理

国有资产管理是指国家与各种形式投资及其收益、拨款、接受馈赠，凭借国家权利取得的或者依据法律认定的各种类型的财产或财产权利，一般划分为经营性国有资产、行政事业单位国有资产（含公益性资产）和资源型国有资产。经营性国有资产，包括有形资产（如道路、桥梁、城市雕塑、公路候车厅、广场的户外广告经营权等）和无形资产（如公交车线路经营权、出租车线路经营车权、农村客运汽车线路经营权、烟花爆竹、生猪定点屠宰经营权等）两类；行政事业单位国有资产，包括被行政事业单位占有使用的国有资产（如土地、房屋等）和公益性资产（如城市基础设施、公用设施、文化、体育、环卫设施等）两类；资源性国有资产，包括土地资源、矿产、河流、砂石、水力、森林、人文风景等各类资源。

1991 年，县财政局内设国有资产股，清查登记全县行政、事业单位固定资产。

1992 年，对企业占用国有资产进行清查和产权登记，加强企业联营、兼并，租赁、资产转让以及国有资产的审批管理。

1993 年，根据《国有资产产权登记管理试行办法》，对全县国有企业的国有资产产权展开年度检查登记，清查行政、事业单位财产。启动全国第三期清产核资试点，选择清产核资清查试点企业2户，11月底完成清查。

1994—1996年，继续开展国有企业产权年度检查登记、清产核资、产权界定以及资产评估把关，帮助企业、行政部门和事业单位拟定《国有资产管理办法》，建立《账卡物定点盘点核对制度》。

1996年，国务院颁布《企业国有资产管理权登记管理办法实施细则》，县级资源性国有资产由企业部门清理产权登记，县财政局行使事业单位的国有资产管理权力。

1997年，全县办理国有资产产权年度检查登记39户，国家资本7800万元，占实收资本的99.2%，国有资产总额（国家资本及权益加国有法人资本及权益之和）1.22亿元，占所有者权益的99.3%。完成1996年度国有资产统计报表的编制工作，参加企业统计年报41户，国家资本8600万元，国有所有者权益1.29亿元，国有资本总额为1.3亿元。

1998年，成立县国有资产监督管理委员会，县财政局设立国有资产管理办公室。按州财政局要求，全县国有资产年度统计采用全州统一报表。据统计，全县企业类决算单位38户，国有资产11943万元；行政事业类决算单位89户，国有资产11964万元；经产权登记，企业类39户，其中产权变动1户，涉及国有资产84万元。启动国有企业保值增值考核，全县纳入考核34户，平均保值增值考核率108.4%。全县全年开展资产评估5项，完成确认5项，评估原值97.8万元，评估确认11.95万元。在全县开展城镇集体企业清产核资工作，据清查，全县有工商类企业23户，企业资产总额8200万元，负债7100万元；金融类企业18户，企业资产总额9300万元，负债9100万元。

1999年起，县财政局对全县行政事业单位，特别是规模较大单位，如公安、教育、医院、农业等，进行国有资产权登记、资产清查和资产统计，会同县编委办、监察局、物价局、质监局等部门，界定县直行政事业单位国有资产产权，加强产权纠纷调处、资产评估监督等。是年，全县纳入国有资产统计企业37户，国有资产13145万元；行政事业类99户，国有资产13176万元。全县产权登记的企业类单位39户，行政事业类单位国有资产13355万元。全县全年资产评估8项，完成确认8项。全县全年纳入城镇集体企业年报决算单位37户，其中工商类20户，资产总额7200万元，集体资本1047万元、国家资本183.75万元；金融企业类17户，资产总额9952万元，集体资本489万元。

2000年，全县纳入统一年报决算国有资产企业单位33户，国有资本1286.5万元，国有资产9685万元；行政事业类单位98户，国有资产1286.8万元；城镇集体企业类17户，资产总额5934万元。全县纳入产权登记年度考核企业类单位39户，行政事业类单位132户。

2001年，全县纳入年度会计决算国有企业33户，行政事业单位79户，城镇集体企业13户，国有建设单位8户；全县国有企业完成产权年度登记检查38户。

2002年，按财政部《国有资产评估管理若干问题的决定》要求，评估管理工作由立项确认制改为“核准、备案、抽查”制。全县全年纳入国有企业年度统计决算单位25户，比2000年减少8户，主要原因是乡镇粮管所合并成粮油贸易公司，列为一个单位统计决算，县盐业公司整体上划，部门企业停产或停业等。全县国有企业国有资产总额41810万元，所有权益总额15436万元；参报行政事业单位类决算单位86户，国有资产总额4183万元；参报集体企业类决算户数为12户。

2003年，全县参与年度会计决算单位31户。全县国有资产总额45729万元，比上年增长5.9%，负债总额29709万元，比上年增长9.1%；所有权益总额16017万元，比上年增长0.58%，全县参编行政事业决算单位88户、国有建设类决算企业单位11户、集体企业类决算户数88户。

2004年，全省机构改革，调整财政职能，全县国有资产管理工作中止。

2006年5月30日，财政部发出《行政事业单位国有资产管理暂行办法》，明确县级财政部门行使全县行政单位国有资产综合管理职责，对全县行政事业单位国有资产实行综合管理。

2007—2010年，县财政局加大对全县行政事业单位国有资产的综合管理力度，拟订全县行政事业单位国有资产管理规章制度。

2011年后，全县国有资产管理工作重点是重新清理和登记全县国有资产的产权、产值、评估等。至2012年12月，基本建立和完善行政事业单位国有资产管理信息系统。

四、社会保障经费管理

20世纪80年代末以来，全县逐步建立养老、医疗、工伤、生育、失业、教育等社会保障制度。基本养老保障制度方面，1987年建立企业职工养老保险制度，1997年建立机关事业单位养老保险制度，2012年建立城乡居民养老保险制度；基本医疗保险制度方面，2001年建立城镇职工基本医疗制度、2007年建立新型农村合作医疗制度、2008年建立城镇居民基本医疗制度，2011年，新型农村合作医疗、城镇居民基本医疗保障制度合并为城乡居民医疗保险制度；1999年全面启动失业保险制度，2000年建立被征用土地农民社会保障制度，2004年建立工伤、生育保险制度。县民政部门还建立了城镇居民最低生活保障和农村居民最低生活保障制度。

2010年，县财政局行政事业股加挂社会保障股牌子，制定《安龙县行政事业单位社会保障经费管理制度》《安龙县行政事业单位社会保障经费管理办法》，对全县社会保障经费专项资金进行追踪，会同县人力资源和社会保障、民政、卫生等部门拟订并执行有关资金（基金）的管理制度，对社会保险金进行财政监管、编制、审核。此后，建立健全制度，严格审批程序，对社保资金执行收支两条线管理规定和“三专一封闭”（资金专户管理，财务专账结算、资金专人管理、拨付封闭）运行，在财政社会保障资金专户下建立基本养老保险、失业保险、工伤保险、企业、生育等52个资金专户，分账单独核算、单独管理、专款专用。

五、预算外资金管理

预算外资金管理是指国家机关、事业单位和社会团体为履行或代办政府职能，依据国家法律法规和具有法律效力的规章而收取、提取和安排使用的未纳入国家预算的各种财政性资金，如教育类收费、文化卫生类收费、交通工业部门收费、公检法司收费、民政部门收费、财政部门收费等，由财政部门按“收支两条线”原则进行综合管理。

1989年11月，省七届人大常委会第10次会议通过《贵州省预算资金管理条例》，明确指出“各级财政部门是管理预算外资金的职能部门，负责预算外资金管理与监督工作”，“各部门、各单位的财务机构是预算外资金的管理机构”，“财政部门的预算外资金，由各级财政部门编制年度收支计划，进行统一管理，统筹安排；行政事业单位和企业主管部门的预算外资金，必须按时存入由同级财政部门指定的银行开立的财政代管专户”。

1991年，按省政府《贵州省预算外资金收支管理实施细则（试行）》，县财政局对全县预算外资金（财政性资金）管理工作作出要求：凡行政事业单位的预算外资金，必须采取“专户储存，计划管理，财政审批，银行监督”方式运行管理，各单位年度结余资金可结转下年使用；行政事业单位取得的预算外收入必须交存“财政代管专户”，不得另立“小金库”，使用资金时由单位提出用款计划，报主管部门审核后报财政部门拨款。

1997年，全县行政事业单位国家财政性资金全部列为预算外资金管理，包括国务院或省人民政府及其财政、物价部门审批的行政事业性收费、政府性基金和附加收入，主管部门所属单位集中的上缴资金，由乡镇政府开支的乡镇资金和乡镇统筹资金，其他未纳入预算管理的财政性资金等。

1998年，预算外资金实行年度收支计划管理，县政府每年下达净调控收入计划，调控收入由县政府统一掌握使用。

1999年，县政府下发《安龙县公安、检察、法院、工商部门行政性收费和罚没收支两条线管理试行办法》及《实施细则》，全县预算外资金实行“银行代收制”。

2000年3月，在新安、龙广、德卧3镇进行预算外资金“银行代收制”试点；5月，全县各乡镇预算外资金全部推行“银行代收制”；县财政部门会同县纪委、监察、物价部门对公安、检察、交警、法院和工商部门行政事业性收费进行专项检查，取消不合理收费项目7项，清理票据2000本、银行账户131个。

2001—2010年，制定和完善“单位开票，银行代收，财政统管，票款分离”预算外资金管理规定，实现收入模式税收化、支出模式预算化、操作运行网络化、监控管理制度化，对票据实行源头控管、凭证购买、限量购买、按月结算、验旧换新。

2012年6月，依据财政部《关于将按预算外资金管理的收入纳入预算管理的通知》，全县各部门、各单位预算外收入全部纳入预算管理，通过公共财政预算或政府性基金预算安排支出，县财政局修订《政府收支分类科目》，取消预算外收入科目。

六、财政周转金管理

周转资金是国家财政为支援经济欠发达地区的经济发展而设置的有偿投放，定期收回，周转使用的专用资金，是财政信用资金的主要组成部分。

1991年10月，县财政局成立“安龙县财政信用资金管理办公室”，专门负责全县财政信用资金投放与管理工作。财政信用资金主要来源渠道有二：一是州财政局申报省财政信用资金管理局拆借指标，二是由本县财政统筹安排。到当年底，全县财政信用资金242.98万元，其中向有关单位借入354.2万元、向本县财政借入19.6万元，全县累计发放财政信用资金616.78万元。

1992年，通过预算安排、平级借入、各单位拆借、其他收入等，拓展财政信用资金来源渠道，到12月底，全县财政信用资金845.6万元，比1991年增加238.82万元，全年累计发放财政信用资金914.6万元。

1993年，全县财政信用资金合计914.3万元，累计发放财政信用资金896.2万元。

1994年，全县财政信用资金投放工业部门7个、农业部门11个、商业部门6个、文教卫生部门2个，总投入资金897.2万元。

1995年，强调经济效益，兼顾社会效益、长期效益，以“短、平、快”项目为主，全县扶持项目63个，投放财政信用资金856.2万元。

1996年，争取到省级帮扶资金403.5万元，解决企业流动资金周转困难问题。

1997年，县财政局制定《财政周转资金会计制度》，成立县财政局各类资金清收机构，采取“包、挂、催、奖、扣”等措施，强化财政周转资金回收，至年底，全县回收财政周转资金89.3万元，占应回收资金的84.5%。

1998年，对周转资金进行清理整顿，暂停发放周转金，至年底全县实际回收资金674万元，占应回收总额的40.51%。

1999—2000年，重点清理回收原投放的逾期资金，至2000年底，除呆账外，全县财政周转资金回收率89.41%。

2001年以后，国家逐年增加财政专项资金投入，包括扶贫发展基金、农业发展资金、“一事一议”财政奖补资金等，财政周转金回收工作进入尾声，工作重点转移到涉农专项资金的分配、发放和监督管理。

第六节　财务管理与财政监督

财务管理主要是对农业财务和征收行政事业单位的财务管理。其中，农业财务管理范围包括农业税、农业特产税、耕地占用税、契税以及国家涉农资金的管理；行政事业单位财务管理，是指事业单位按照国家有关部门的方针、政策和财务制度的规定，有计划筹集、分配和运用资金，对单位经济活动进行核算，财务监督，以保证事业计划及任务的全面完成。主要任务是合理编制单位预算，如实反映单位财务状况，依法组织收入，努力节约开支，建立健全财务制度，加强经济核算，提高资金使用效益，加强国有资产管理，防止国有资产流失，对单位经济活动进行财务控制和监督。

一、财务制度和扶贫资金管理

1989年3月，依照财政部《关于事业单位财务管理的若干规定》，县财政局对全县行政事业单位财务管理进行全面清查，清查的重点为行政事业单位会计人员岗位责任制度、账务处理程序制度、内部牵制制度、财产清查制度、财务收支审批制度、重大决策制度等制度建立及执行情况等。

1990—1993年，根据《中华人民共和国预算法》《中华人民共和国会计法》等法律法规，对全县行政事业单位实行考核管理，考核内容包括会计机构和从业人员管理、日常财务管理、国有资产管理和非税收入管理等。

1994年以后，全县财务管理工作重点转向农业以及扶贫发展资金管理。

2001－2012年安龙县扶贫发展资金使用情况表

表14—1—4　　单位：万元

年度	通村道路	农田水利建设	人畜饮水工程	种养殖发展	其他	合计	备注
2001	—	193.00	—	—	—	193.00	
2002	—	389.00	—	—	—	389.00	
2003	—	432.00	—	—	—	432.00	
2004	226.00	506.00	159.00	105.00	856.32	1852.32	
2005	581.00	465.00	54.00	196.00	98.00	1394.00	
2006	448.00	333.00	78.00	192.52	90.50	1142.02	
2007	375.90	231.00	431.50	230.00	619.90	1888.30	
2008	694.10	527.00	518.00	386.80	360.40	2468.30	
2009	634.80	427.00	173.50	525.50	638.80	2406.80	
2010	1985.00	482.00	523.00	513.00	227.60	3730.60	含通组硬化路
2011	2180.00	473.00	60.00	1462.00	985.90	5160.90	含通组硬化路
2012	2424.00	479.00	48.00	2162.00	3224.98	8337.98	含通组硬化路
总计	9548.80	4937.00	2045.00	5754.82	7102.40	28381.22	

二、会计核算管理

1992年，全县会计工作执行财政部《企业财务通则》《企业会计准则》以及分行业的新会计制度。

1993年12月，县财政局举办新修订《中华人民共和国会计法》和新会计制度培训班，全县各单位财务人员参加学习。

1998—2000年，州财政局对持有会计证的财务人员进行《会计人员工资基础规范》培训，安龙县参加培训675人(次)。

2001—2003年，依照财政部《会计人员继续教育管理暂行办法》《会计从业资格管理办法》《会计电算化管理办法》要求，州财政局举办初级电算化培训班56期，安龙县参加培训284人。

2002年3月，全县推行国库集中收付制度，挂牌成立会计核算中心，内设7个股室，有干部职工17人。县会计核算中心在“两权不变”“四个集中”“两个职责”模式下运作：资金使用权、财务自主权不变，对纳入集中核算的单位，核算中心在尊其“两权”不变的原则下，将其各项资金纳入中心账户，实行统一管理和监督。单位集中、资金集中、会计人员集中和银行账户集中，按照“集中管理，统一开户，分户核算”的办法，对纳入集中核算的单位一律取消会计岗位，只在单位设置报账员，撤销单位银行账户，实行零账户管理。合理划分单位的财务管理职责和会计核算及监督的职责。分清单位与会计核算中心所担负的法律责任。

在工作运行中，分批将集中核算单位银行账户资金集中划转，撤销单位银行账户31个；收费票据由核算中心代财政局发放，达到“以票据核算收入”“收支两条线”目的。

2004—2010年，财政、审计、监察部门每年对相关单位账户进行监督核查，主要存在票据管理混乱、财务公开不及时、固定资产管理不善、多头开设银行账户、经费开支大手大脚问题。

2011—2012年，根据财政部《关于进一步加强行政事业单位财务管理工作的意见》，县财政局先后制定《财务管理办法》《财经制度》《实施细则》等一系列文件，健全财务公开制度、财务审批制度、固定资产管理制度，加强小车费、招待费、会议费、差旅费管理，规范财务管理行为。

三、财政监督

财政监督是财政部门对国家机关、企事业单位、社会团体和其他组织或个人涉及财政收支、财务收支、国有权益及其他有关财政管理事项的真实性、合规性和效益性进行的监控、检查、稽核、督促的反映。

1989年2月，完成1988年税收、财务、物价大检查自查222户，查出违纪问题单位53户，违纪金额71万元。其中，偷漏工商各税38万元，违反国家物价法规18.8万元，罚没收入4.3万元，其他违反财政法规的9.9万元，收缴上交国库63.19万元。10月，派出工作组、检查组10个共46人，继续开展税收、财务、物价大检查，自查企业、事业、行政单位135户，重点检查33户，查出各项违纪资金109.2万元，其中单位自查交出37.07万元。

1991年10月，再次开展税收、财务、物价检查工作，至11月10日，全县自查152户，上报违纪金额1.9万元，重点检查(不包括个体商户)41户，至1992年1月10日，全县查出各项违纪资金81万元，入库69.5万元，经济处罚单位3个，党纪政纪处理人数2人、移交司法部门立案处理1人。

1992年9月，开展税收财务物价大检查，至1993年1月，自查363户，自查中交“白卷”(无问题)的342户，重点检查211户，查出违纪金额79万元，其中偷漏税(包括农业特产税)55.5万元，偷漏能源交通基金和调节基金4.5万元，不按规定使用财政资金6万元，乱收费、乱罚款2.25万元，其他违纪金额10.75万元，入库63万元。

1993年8月，组织工作组6个、检查组2个，共48人，开展本年税收财务物价大检查，至12月31日，查出违纪金额120.38万元，入库101万元，其中偷税漏税54.17万元，偷漏所得税、调节税等14.24万元，偷漏能源交通基金和调节基金19.03万元。

1995年10月，派出检查组13个共68人，开展全县税收财政物价大检查。至1996年2月，自查849户，其中国有企业47户、集体企业23户、行政事业单位74户、个体工商户704户、其他1户，查出各项违纪资金128万元、预算外资金169万元（未统计入报表但已收入财政专户），自查后入库110万元。在违纪金额中，偷漏各种工商税82万元，违反物价法规的20万元、不按规定用途支出各项财政资金12.875万元、乱收费3万元、其他12万元。清理学校乱收费87所，其中小学82所、中学5所，收缴清退乱捐资、乱收费10.56万元，其中5万元返还补助学校校舍建设、5.56万元全数退还学生家长。

1996年8月，调整税收财务物价大检查领导小组，县政府县长担任领导小组组长，组建检查组10个共58人，至12月31日，重点检查526户，其中国有企业29户、集体企业12户、行政事业单位20户、个体工商户462户、其他3户，检查出违纪资金81.38万元，检查后入库81.38万元。在违纪总额中，偷漏工商税73.24万元、应交利润8万元、乱收费3.13万元、其他3.12万元。

1997年10月15日，组织检查组8个，参加检查人数80人，开展全县税收财政物价大检查，1998年1月结束，检查单位434户，查出违纪金额201.44万元，入库169.41万元。组织工商、公安、民政、林业、城建、交通、物价、水电、运输管理等部门查出隐瞒报预算外资金161.67万元，其中公安23.34万元、民政26.74万元、坐支预算外资金27.82万元，违反规定购买专控商品20.1万元。

1998年，县财政部门配合纪检部门，清理县直部门公款安装住宅电话59部、移动电话3户、BP机8个，追查入库5.6万元。

2000年，开展县财政局内审，初步建立财政内部监督制约体制。

2001年3—5月，由州财政局牵头，煤炭局、国家税务局和地方税务局抽调8人组成检查组，重点检查全州煤炭税费收支管理情况。通过检查，缴存财政专户管理676.98万元，其中安龙县缴入79.83万元。

2002年，县财政局“财政监察股”，更名为“财政监察检查股”。此后，不断完成财政监察工作内部管理体制，财政监察检查逐渐步入信息化管理和良性发展阶段。

四、政府采购

政府采购亦称为公共采购，是指各级国家机构、事业单位和团体组织使用财政性资金购买货物、服务和工程的行为，是一项包括采购政策、采购程序、采购过程及采购管理在内的综合管理制度，是规范政府行为的制度体系，是市场经济条件下政府加强财政收支管理的一项基本制度。

安龙县政府采购工作是21世纪初开始施行。2005年，县政府成立政府采购领导小组，下设办公室于县财政局，至年底，全县政府采购共26批次，包括党政机关、事业单位和社会团体等25个部门，完成采购预算408.40万元，实际采购295.38万元，节约资金113.02万元。其中，货物类采购预算250.3万元，实际采购225.27万元，节约资金25.03万元；工程类采购预算185.10万元，实际采购158.81万元，节约资金26.29万元。

2006年，全县采购预算资金261万元，实现政府采购237万元，节约资金24万元。

2007年，全县采购预算资金437万元，实现政府采购376万元，节约资金61万元。

2008年5月，对政府采购执行情况进行专项检查，8月中旬结束，经核查，全县政府采购执行情况良好。全县全年预算采购资金1995万元，比2007年增加1558万元，实现政府采购1688万元，比2007年增加1312万元，节约资金307万元。

2009年，全县预算采购资金2271万元，实现政府采购1987万元，节约资金284万元。

2010—2012年，建立“管采分离、机构分设、政事分开、相互制约”机制，严把“五个关口”：指导和监督政府采购项目纳入州公共资源交易中心交易、严把采购项目申报审批及信息发布关、严把采购文件审核关、严把采购评标监督关、严把公开竞争关。其中2010年，预算采购6561万元，实现政府采购5713万元，节约资金848万元；2011年，预算采购6734万元，实现政府采购6021万元，节约资金713万元；2012年1—6月，预算采购10516万元，实现政府采购8913万元，节约资金1603万元。

据统计，2006年1月至2012年6月，全县预算采购资金累计28775万元，实现政府采购24935万元，累计节约采购资金3840万元。

第二章　税　务

1978年以后，随着改革开放和经济建设不断深入发展，税务工作也不断进行改革，1983年，推行第一步“利改税”，实行税代利、税利并存的办法，对企业实行由上缴利润改为上缴所得税。1984年，推行第二步“利改税”，全面改革工商税制，将国营企业应当上交国家财政的部分按11个税种纳税，由税利并存逐步过渡到以税代利，税后利润归企业所有。

在农业税征收方面，1979年起，农业税实行起征点办法，即以生产队为单位，生产稻谷队人均口粮200千克、杂粮队口粮150千克、稻杂兼产队口粮175千克为起征点，达不到规划标准的免征农业税。1980年，仍实行农业税起征点办法，实行一定三年不变。1983年，对已达到起征点的恢复征收，尚未达到起征点的继续给予照顾，一年一定。1984年9月1日，农业税征收改以往以粮食交纳、货币结算方法为直接征收现金，按粮食部门收购籼稻中等价每500千克16.10元计算征收，由财政部门组织征收，不另委托其他部门代征。至1988年，全县共征收农业税160.86万元，比1978年增长73.77%。

第一节　分税制改革前的税务工作

1989年，设有安龙县税务局，负责全县工商税收工作。1992年，县税务局内设机构为办公室、天生桥分局、税政、征管、征收、人教、监察、计会等股，税务稽查队、检察室、票证管理所、工会、纪检组、法院驻税务执行室等15个职能单位。

一、“价税分流购进扣税法”试点改革

1989年5月，国家税务局在1988年武汉、上海等地“价税分流购进扣税法”计算增值税试点的基础上，统一选定纺织、有色金属工业、自行车、铝制品、搪瓷制品行业扩大“价税分流购进扣税法”试点。根据《贵州省税务局、贵州省轻工厅转发国家税务局、轻工业部〈关于在保温瓶、地毯、手表、洗衣机、电风扇、肥皂行业进行“价税分流购进扣税法”试点通知〉的通知》和《贵州省税务局、贵州省建材局转发国家税务局、国家建材局〈关于在建材行业进行“价税分流购进扣税法”试点通知〉的通知》，安龙县从1990年1月1日起，在保温瓶、地毯、手表、洗衣机、电风扇、肥皂行业和建材行业试行“价税分流购进扣税法”。“价税分流购进扣税法”是在现行的价内税制度下，将生产应税产品或者从事应税业务而购进的扣除项目中所含的流转税从价格中分离出来，据以计算应纳增值税税额。试点企业愿实行“实耗法”的，其期初库存扣除项目中的应扣税金和在产品、半成品、产成品中所耗用的扣除项目中的应扣税金，企业应单独记账，不得作为实行期的购进数。但对企业当年动用库存，即期末库存小于期初库存的部分，允许在当年抵扣。

二、征收征管

1989年8月25日，县税务局下发《关于统一营运车辆税收定额和加强运输业税收管理的通知》，全县营运车辆一律实行定额征税。各类型货车，每吨每月税收定额40元，年税收定额480元。20座以内客车，每月税收定额100元，年税收定额1200元；30座以内客车，每辆每月税收定额130元，年税收定额1560元；40座以内客车，每辆每月税收定额170元，年税收定额2040元；40座以上客车，每辆每月税收定额200元，年税收定额2400元。是年，在天生桥电站受枯水时间长影响，电力税收下降的情况下，开征土地使用税，加强精锑等重点税源的征收工作，全年各项税收完成505.6万元。

1990年，县税务局将征收股、基层税务所全体职工的年度奖金、征收补贴和职工基本工资实行"三挂钩"考核办法，即年度奖金同年度税收任务及目标管理的完成情况挂钩考核，征收补贴同征管制度及基础建设挂钩考核，基本工资同劳动出勤挂钩考核。出台《安龙县公开办税试行办法》，公开、公正办税，接受群众监督。是年，全县税务系统完成税收总额547.94万元。

1991年，县税务局以抓收入为主，巩固和完善税务基层建设，强化税收征管，工商税收收入首次突破600万元大关，达618.29万元。至12月31日，全县12个征收单位中，有11个单位按时完成全年工商任务，其中城关完成70.46万元，为年计划的130.48%；化力完成9.9万元，为年计划的141.43%；坡脚完成13.15万元，为年计划的131.48%；兴隆完成8.73万元，为年计划的134.28%；普坪完成13.31万元，为年计划的133.14%；洒雨完成6.73万元，为年计划的103.58%；税二股完成185.22万元，为年计划的127.33%；龙广完成44.53万元，为年计划的103.55%；龙山完成25.1万元，为年计划的100.38%；仅有德卧完成26.37万元，为年计划的85.08%。

1992年，全县税务部门开展争当"四能手"，创建"文明税务所"活动，至12月31日，全县共组织税收入库786.52万元，其中工商税完成747.65万元，为年计划的115.02%。

1993年，县税务部门抓住"一站"(天生桥电站)、"一矿"(戈塘金矿)、"两路"(南昆铁路、盘百公路)等重点工程建设项目的税收征管，加强个体、集贸"芝麻"税收，11月20日，税收入库871万元，提前40天完成年度工商税收任务；至12月31日，全县工商税收首次突破千万大关，达1338万元，为年计划的157%。

1989－1993年安龙县税务局税收完成情况表

表14—2—1　　　　单位：元

年度	1989	1990	1991	1992	1993
总　计	5056018	5479371	6546284	7865231	—
一、工商税合计	4524001	5025247	6182887	7476544	13380000
征收股	—	—	—	—	5600000
税三股	2117496	2017053	2126849	2163805	—
税二股	442222	974746	1852175	1462140	—
天生桥分局	—	—	—	1418813	4870000
城关	541044	482257	704617	778360	—
新安	17649	15561	—	—	1100000

续表 14—2—1

年度	1989	1990	1991	1992	1993
化力	58974	59910	99003	75059	148000
坡脚	93860	100558	131487	52755	75000
龙广	334240	406167	445298	501688	678000
德卧	354269	482316	263749	386171	638000
洒雨	60362	65707	67333	67606	102000
普坪	77451	94602	133142	151529	310000
戈塘	21151	27724	—	—	—
龙山	227635	234822	250974	185552	178000
兴隆	63764	56744	87282	126746	140000
稽查	113834	7080	20978	106320	—
二、国营企业所得税	247556	146532	99936	97122	—
三、国家能交基金	172721	147632	81415	90256	—
四、国家预算调节基金	111740	159960	165674	140412	—
五、教育费附加	—	—	16372	—	—
1. 产品税	1010689	838209	1478180	—	—
酒	38337	18998	11300	—	—
电力	102509	201810	232546	—	—
烟叶	292484	181034	205613	—	—
原木	14935	13136	17998	—	—
茶叶	92985	114175	162049	—	—
煤	174700	143921	127447	—	—
其他	293794	165135	721227	—	—
2. 增值税	339021	498935	355304	—	—
红糖	32308	21607	40206	—	—
精锑	263791	408803	236422	—	—
植物油	16786	40691	55558	—	—
建材	1126	2534	1651	—	—
工业性加工	6110	5708	2208	—	—
修理、修配	7473	8118	7447	—	—
其他	11457	10057	11839	—	—

续表 14—2—1

年度	1989	1990	1991	1992	1993
3. 营业税	2409083	2525800	2981436	—	—
商业零售	1104114	988068	1027067	—	—
商业批发	179320	197608	149198	—	—
金融保险	369253	352364	254023	—	—
运输	—	372105	273773	—	—
建筑安装	—	276809	805900	—	—
临时经营	104256	92487	118855	—	—
其他	652140	456591	342620	—	—
4. 集体企业所得税	157542	564678	684493	—	—
5. 私营企业所得税	360	—	—	—	—
6. 个人收入调节税	15405	6012	38727	—	—
7. 城市维护建设税	87915	91025	101010	—	—
8. 印花税	23305	3707	22218	—	—
9. 城镇土地使用税	69149	280105	174097	—	—
10. 屠宰税	10290	6960	13008	—	—
11. 房产税	83296	60438	97858	—	—
12. 车船使用税	45054	51358	35839	—	—
13. 奖金税	11364	10741	35125	—	—
14. 建筑税	214874	35006	50312	—	—
15. 城乡个体工商税	6816	9502	8630	—	—
16. 牲交税	37127	40699	50169	—	—
17. 税款滞纳金	2711	2072	3847	—	—
18. 固定资产投资方向调节税	—	—	52125	—	—

第二节　中央与地方分税制改革

1994 年，经国务院批准，进行全国第五次税制改革，也叫分税制改革，是新中国成立以来的规模最大、范围最广泛、内容最深刻的税制改革。

一、分税制主要改革内容

分税制改革是按征收管理权和税款支配权划分，将税种统一划分为中央税、地方税、中央与地方共享税，建立中央和地方两套税收管理制度，凡征收管理权、税权所有权归中央财政的税种，属于中央税；凡征收管理权、税权所有权归地方财政固定收入的税种，属于地方税。征收管理权、税款所有权由中央和地方按一定方式分享的税种，属于共享税。并分设中央与地方两套税收机构分别征管，成功实现在中央政府与地方政府之间税种、税权、税管的划分，实现财政“分灶吃饭”。

本次改革的主要内容是统一税法，公平税负。实行内外统一的以增值税为主，消费税、营业税为辅的流转税制，减少重复征税；统一内资企业所得税，统一个人所得税，基本实现各类内资企业平等纳税，实现中外公民统一缴纳个人所得税。规范和取消部分减免税，公平税负，促进市场经济条件下的平等竞争。简化税制，全部税种从37个减少到25个，税制要素的设计更为科学合理。理顺中央与地方、国家与企业的分配关系，中央税、地方税、共享税的设立以及新的企业所得税和个人所得税，取消原来的包干体制和承包制；调整税收政策，提高中央财政收入占全国财政收入的比重，强化中央宏观调控的作用。保证税收收入的连续增长，全国平均每年税收增长额都在1000亿元以上。

中央税、地方税和共享税分税种收入划分

表14—2—2

级次、项目	收入范围
中央政府收入	关税、消费税、海关代征增值税、消费税、中央企业所得税、地方银行、外资银行和非银行金融机构企业所得税、铁道部门、各银行总行、各保险公司集中缴纳的营业税、所得税和城市维护建设税、对储蓄存款利息征收的个人所得税
地方政府收入	营业税、城市维护建设税、个人所得税（不包括上述列入中央收入的部分）、地方企业所得税（不包括上述地方银行、外资银行和非银行金融企业缴纳的部分）城镇土地使用税、耕地占用税、固定资产投资方向调节税、土地增值税、房产税、城市房地产税、车船使用税、车船使用牌照税、印花税、契税、屠宰税、筵席税、农业税及地方附加、牧业税及其附加、遗产税（未开征）
共享收入	增值税（中央分享75%，地方政府分享25%）、资源税（海洋石油企业缴纳的部分归中央）、证券交易税

分税制下各部门各税种的税收征管范围

系统	项目
国家税务局	增值税、消费税、铁道部门、各银行总行、各保险总公司集中缴纳的营业税、所得税、城市维护建设税和教育费附加、中央企业所得税、中央与地方所属企业、事业单位组成的联营企业、股份制企业的所得税、地方银行、外贸银行和非银行金融企业所得税、海洋石油企业所得税、资源税、外商投资企业和外国企业所得税、对储蓄存款利息征收的个人所得税、证券交易税（开征之前为对证券交易征收印花税），中央税的滞纳金、补税、罚款
地方税务局	营业税、城市维护建设税、个人所得税和教育费附加（不包括上述由国家税务总局系统负责征收管理的部分）、地方国有企业、集体企业、私营企业所得税、资源税、城镇土地石油税、耕地占用税、固定资产投资方向调节税、土地增值税、房产税、城市房地产税、车船使用税、车船使用牌照税、印花税、契税、屠宰税、筵席税、农业税及其地方附加、牧业税及其地方附加、契税、耕地占用税
海关	关税，行李和邮递物品进口税 负责代征进口环节的增值税和消费税

二、分设县国家税务局和地方税务局

1994年9月29日，撤销安龙县税务局，分设安龙县国家税务局和安龙县地方税务局。县国家税务局征收管理范围为：增值税，消费税，进口产品消费税、增值税、直接对口贸易调节税（委托海关代征），中央企业所得税，地方和外资银行及非银行的金融企业所得税，证券交易税，对境内外商投资企业和外国企业的各项税收以及外籍人员（华侨、港澳台同胞）缴纳的个人所得税（按税种分别入中央库和地方库），出口退税的管理，集贸市场和个体户的各项税收（按税种分别入中央库和地方库），中央税的滞、补、罚收入，按中央税、共享税附征的教育费附加（入地库），国家能源交通重点建设基金，国家预算外调节基金。

县地方税务局征收管理范围为：营业税，个人所得税，土地增值税，城市维护建设税，车船使用税，房产税，屠宰税，资源税，城镇土地使用税，固定资产投资方向调节税，地方企业所得税（包括地方国有、集体、私营企业），印花税，筵席税，地方税的滞、补、罚收入，按地方营业税附征的教育费附加，农业税，农业特产税，耕地占用税，契税。

第三节　税种及税率

一、财政局负责的税种

1. 农业税

2004年前，全县农业税征收工作由县财政部门组织实施，详见第六编第二章第二节“取消农业税和国家对农业直补”、第十一编第一章“财政”。

2. 农业特产税

1989年，省人民政府下发《关于修改补充〈贵州省征收农林产农业税的实施办法〉的规定》，取消20元起征点的规定，农林特产税附加按正税的8%计征，将果用瓜、野采集药材、中幼林转让收入等列入征税范畴。安龙县除省统一规定的品目外，对薏仁米、芭蕉芋等农特产品征收农林特产税。

1994年税制改革后，取消产品税，其应税农产品分别改征农业特产税和屠宰税。是年，省财政厅下发《关于调整烤烟农业特产税税率的通知》，将原来执行烤烟叶适用税率31%降至20%，按烤烟收购实际价格计收。

2004年，省委、省政府下发《关于促进农民增收若干政策的意见》，从2004年起，除烟叶外，各地不得对原农业特产税产品征收农业特产税。由此带来财政收入的减少，由中央财政和省财政给予补助。

3. 耕地占用税

1987年4月1日，国务院发布《中华人民共和国耕地占用税暂行条例》规定：凡占用耕地建房或从事非农业建设的单位和个人，都是耕地占用税的纳税义务人。安龙县列为二类区域，平均税额为每平方米4.8元。县人民政府可按照规定的税额，结合人均耕地占有情况，制定具体征收标准，但最多不得超过每平方米10元，最低不得少于每平方米1元。征收的耕地占有税，50%上缴中央财政，50%留给地方财政。

1989年，根据国务院《关于切实加强耕地占用税征收工作的通知》，从1989年1月1日起，耕地占用税收入中央与地方的分成比例调整为“三七开”，即中央财政占30%、地方财政占70%。耕地占用税留给地方的部分，必须作为农业发展专项资金使用，纳入各级财政预算管理，本着“取之于土，用之于土”“取之于农，用之于农”原则，先收后支，专款专用，用于开垦宜耕地、整治、改良现有土地，不得挪作他用。

1994年，“分税制财政体制”后，耕地占用税收入全部留给县。1989年以来，安龙县耕地占用税主要来源是国家重点工程天生桥一、二级电站和南昆铁路建设等。

4. 契税

契税是在土地、房屋一类不动产所有权和使用权发生转移变动时，按当事人双方所定契约产价的一定比例向产权承受人征收的一次性税收。

1987年，根据省财政厅《关于征收契税问题的若干补充规定》，安龙县恢复征收契税，由县财政局负责征收全县契税。1988年后，契税下放给区级财政所就地征收。凡属城乡的集体单位和个人发生房屋买卖、赠与、典当、交换的，均属契税征收范围；国家单位和受国家补助团体，以及外商投资企业（含中外合资经营企业，外商合作经营企业和外商独资企业）房屋产权发生转移时，暂不征收契税，但须办理契证手续，办理契证时按契证价的1%收取手续费；耕地和宅基地不准买卖，故不征收契税。

1997年10月1日起执行新的《契税暂行条例》，安龙县统一实行3%的税率征收契税。此后在实施《契税暂行条例》的过程中逐步缩小减税，减税范围；征收契税不再具有保障土地，房屋权属的作用；取消典当行为征收契税。

1989－2008年全县部分年度农业特产税、耕地占用税和契税征收情况

表14—2—3　　单位：万元

年度	农业特产税	耕地占用税	契税	税率
1989	19.93	14.01	4.07	1. 农业特产税率：1989—1993年，按正税的8%计征，1994年将原来执行烤烟叶适用税率31%降低为20% 2. 耕地占用税税率为每平方米4.8元征收 3. 契税税率为3%。
1990	13.56	16.35	2.80	
1991	26.00	29.10	3.10	
1992	24.90	28.40	3.50	
1993	22.20	33.20	10.90	
1998	247.00	31.00	20.00	
1999	123.69	11.30	63.22	
2000	163.22	55.59	68.43	
2001	202.00	34.00	92.00	
2003	269.00	204.00	16.00	
2004	298.00	171.00	26.00	
2005	354.00	25.00	71.00	
2007	404.00	25.00	283.00	
2008	991.00	96.00	173.00	

二、国家税务局负责的税种

（一）增值税

增值税的纳税义务人及扣缴义务人：在中华人民共和国境内销售货物或者提供加工、修理修配劳务以及进口货物的单位和个人，为增值税的纳税义务人。境外的单位或个人在境内销售应税劳务

而在境内未设有经营机构的，其应纳税款以代理人为扣缴义务人，没有代理人的，以购买者为扣缴义务人。

增值税征税范围包括货物的生产、批发、零售和进口4个环节。此外，加工和修理修配也属于增值税的征税范围。另外一些特殊项目，例如货物期货、银行销售金银、典当业的死当销售业务和寄售业代委托人销售物品的业务、集邮商品的生产、调拨及邮政部门以外的其他单位和个人销售的，也应征收增值税。

增值税设置两档税率，一档为基本税率17%，一档为低税率13%。

小规模纳税人销售货物或者应税劳务的，按6%或4%的征收率征税。自1998年7月1日起，商业企业小规模纳税人的增值税征收率由6%调为4%。

增值税的起征点：对于从事销售货物的个体工商户，坐落在各市、州政府所在地的市区内的增值税起征点为月销售额3000元；坐落在县城及所属乡镇的增值税起征点为月销售额2000元。对于从事销售应税劳务的个体工商户，增值税起征点为月销售额1500元。将按次纳税的增值税起征点确定为每次（日）销售额200元。

（二）消费税

在中华人民共和国境内从事生产、委托加工和进口应税消费品的单位和个人，为消费税纳税义务人。其中，委托加工的应税消费品由受托方于委托方提货时代扣代缴（受托方为个体经营者除外），自产自用的应税消费品由自产自用单位和个人在移送使用时缴纳消费税。

消费税征税范围包括共11个税目：烟、酒及酒精、化妆品、护肤护发品、贵重首饰及珠宝玉石、鞭炮焰火、汽油、柴油、汽车轮胎、摩托车、小汽车。

在消费税税率的设计上根据不同行业以及应税消费品的不同特点，采取比例税率和定额税率两种形式。卷烟、粮食白酒及薯类白酒采取比例税率和定额税率复合计税办法。

卷烟的定额税率为每标准箱（5万支）150元。卷烟的比例税率：每标准条（200支）调拨价格在50元以上的卷烟税率为45%；每标准条调拨价格在50元以下的卷烟税率为30%；进口卷烟、白包卷烟、手工卷烟、自产自用没有同牌号、规格调拨价格的卷烟，未经国务院批准纳入计划的企业和个人生产的卷烟，一律适用45%的比例税率。

酒的征收范围包括粮食白酒、薯类白酒、黄酒、啤酒、其他酒及酒精。采用定额税率的有：粮食白酒、薯类白酒定额税率为每千克1元；啤酒的定额税率分为250元、220元两档，每吨啤酒出厂价格（含包装物及包装物押金）在3000元以上的，单位税额每吨250元，每吨啤酒出厂价格在3000元（不含3000元）以下的，单位税额每吨220元；娱乐业、饮食业自制啤酒，单位税额每吨250元。黄酒定额税率为每吨240元。采用比例税率的有：粮食白酒25%、薯类白酒15%、其他酒10%、酒精5%。

（三）企业所得税

企业所得税以取得应税所得、实行独立经济核算的中华人民共和国境内企业或者组织（外商投资企业和外国企业除外）为纳税人。包括国有企业、集体企业、私营企业、联营企业、股份制企业，以及有生产、经营所得和其他所得的其他组织。从2000年1月1日起，独资、合伙性质的私营企业该按《中华人民共和国个人所得税法》征收个人所得税，不再是企业所得税的纳税人。

企业所得税采用33%的比例税率。对小型企业实行两档低税率，即对年应纳税所得额在3万元以下（含3万元）的企业，按18%的税率征收企业所得税；对年应纳税所得额超过3万元至10万元（含10万元）的企业，按27%的税率征税。如果企业以前年度发生亏损，可用当年应税所得进行弥补，按弥补亏损后的应纳税所得来确定适用税率。

（四）外商投资企业和外国企业所得税

在中华人民共和国境内的外商投资企业和外国企业是外商投资企业和外国企业所得税纳税义务人。外商投资企业和外国企业在中国境内设立的从事生产、经营的机构、场所取得的所得，按照比例税率征收，税率为30%。另按应纳税所得额征收3%的地方所得税，两项合计，总体税率为33%。

（五）车辆购置税

车辆购置税的纳税人是指在中华人民共和国境内购置应税车辆的单位和个人及扣缴义务人。车辆购置税的应税行为具体包括：购买使用行为，包括购买使用国产应税车辆和购买使用进口应税车辆的行为；进口使用行为，指直接进口使用应税车辆的行为；自产自用行为；受赠使用行为，作为受赠人在接受使用（包括接受免税车辆）后，就发生了应税行为，就要承担纳税义务；获奖使用行为；上述以外以其他方式取得并使用应税车辆的行为，如拍卖、抵债、罚没等方式取得并自用的应税车辆。

车辆购置税的征税范围包括汽车、摩托车、电车、挂车、农用运输车。车辆购置税实行从价定率的办法计算应纳税额，其税率为10%。

三、地方税务局负责的税种

根据贵州省人民政府《关于批转省国家税务局和省地方税务局组建筹备组关于组建两个税务机构实施意见的通知》的要求，地方税务局主要负责以下各税的征收管理：营业税、个人所得税、土地增值税、城市建设维护税（在城建税为改革之前暂随流转税分布有国家税务局和地方税务局征收）、车船使用税、房产税、屠宰税、资源税、城镇土地使用税、固定资产投资方向调节税、地方企业各税（包括地方国有、集体、私营企业）、印花税、筵席税、地方税的滞补罚收入、按地方营业税附征的教育费附加等。

第四节 税收征管

一、国税

1994年9月，贯彻《国务院关于实行分税制财政管理体制的决定》《国务院批转国家税务总局工商税制改革实施方案的通知实施新税制和分税制财政体制》，撤销安龙县税务局，分设安龙县国家税务局和安龙县地方税务局，年初统一分配考核任务，年末合并一起考核。10月18日，提前74天超计划1.74%完成全年工商税收任务，达1526.12万元。到12月底，共组织入库工商税收2048.37万元，占年度计划的136.56%。主要税种收入情况：增值税完成收入992.17万元，其中电力增值税完成457万元、有色金属（主要是精锑）完成290万元、商业零售完成180万元；消费税完成收入1.68万元；营业税完成收入495万元，其中建筑安装营业税（主要来自天生桥）完成373万元，交通运输营业税完成62.73万元，金融保险营业税完成62.72万元；企业所得税完成414万元（主要来自戈塘辖区金矿所缴黄金所得税）；个人所得税完成58.48万元；土地使用税完成16.71万元；房产税完成13.12万元；城建税完成37万元；车船使用税完成4.41万元；征集教育费附加11.65万元。

1995年1月30日，县国家税务局下发《关于征收单位对票证管理及审核监督的实施办法》，规范票证领取和使用。至10月21日，县国家税务局组织入库工商税收1240.12万元，占年度任务的105.09%，提前40天完成全年税收任务。到12月底，全县共组织入库工商税收1883.40万元，为年初计划的177.654%，其中增消两税共完成1541万元。

1996年，按国家税务总局建立“以税种申报和优化服务为基础，以计算机网络为依托，集中征收，重点稽查”新征管模式的要求，启动征收征管改革，制定《安龙县国家税务局税收改革方案》。第一步，1996—1997年试点，建立办税服务厅（室），固定业户实行自行申报，县国税局建立计算机内部网络，农村税务所立足建立中心税务所；第二步，1998—1999年实现模式转换，主要依托计算机按新模式正常运行，农村税务所开始应用计算机进行征管，分步实现手工作业向依托计算机管理过渡；第三步，到2000年，县以上所有税务局全面实现征管模式转换和系统内网络互联，与银行、海关、工商等部门联网，新的征管模式基本建立。投入10多万元改造装修县城内征税大厅和龙广征收服务室，投入20多万元资金购买计算机及相应配套设备，推行银行划账缴税征收，组建税务师事务所，建立重点纳税大户税源管理档案。9月6日，县国税局7台微机联网运行。微机征管软件共设立发票管理、开票征收、税务登记、办税卡管理、企业查询、大屏幕电视、文件通知、通告等模块，纳税人从纳税申报到开具税票，从办税卡销售到持卡纳税，全部运用电脑操作，实行一条龙办税服务体系。取消农资公司、新安粮管所、五金公司、种子公司、工业品贸易公司、药材公司、白水河电站、粮贸公司、粮食局直库、钱相粮管所、梨树粮管所、龙山粮管所、普坪粮管所、戈塘粮管所、洒雨粮管所、海子粮管所、新桥粮管所、龙广粮管所、德卧粮管所、木咱粮管所、兴隆粮管所、平乐粮管所、坡脚粮管所、永和粮管所、粮油加工厂、九局南江商店、农机公司等28家单位一般纳税人资格。全年共组织工商税收5436.32万元，为年计划的155.32%，其中新安国税所完成150.33万元、龙广国税所完成80.14万元、德卧国税所完成43.33万元、龙山国税所完成25.55万元、普坪国税所完成18.59万元、化力国税所完成7.63万元、洒雨国税所完成8.96万元、兴隆国税所完成5.38万元、坡脚征收点完成8.44万元、征收分局完成5085.89万元。

1997年，县国税局试行领导干部招聘制，在全局范围内公开招聘新安国税所副所长两名。出台《安龙县国税税务局关于在全县国税系统竞聘（招聘）上岗的实施办法》。分两步进行改革，第一步在第一征收管理分局进行试点，搞好一般干部工作岗位的竞聘（招聘）工作，1997年9月底结束；第二步在一分局试点成功的基础上，在全县国税系统内全面推开（人事、监察除外，包括各股、室、所分局主要领导的竞聘和一般干部岗位的招聘），1997年12月中旬完成。到12月底，共完成工商税收5034万元，为年度计划5000万元的107%。

1998年，至12月3日，安龙县累计完成工商税收4211.2万元，为年度计划的4200万元的100.27%，提前27天完成州国税局下达的工商税收任务，得到州国税局的通报表彰。

1999年，县国家税务局实行“分类管理、户籍管理”。直属征收管理分局：对一般纳税人实行B、C类管理，对烟草公司、石油公司、新华书店、自来水公司、盐业公司实行B类管理；其他一般纳税人作为C类管理；对小规模纳税人实行片区管理，分为3个片区。一分局：在县城内实行分行业管理，分为处理修配、糖烟酒、土杂成衣、针织百货、加油站5个行业；片区管理分木咱、兴隆平乐、龙山、坡脚四个片区。二分局：分片区管理，分为龙广、德卧、新桥、永和4个片区。三分局：分片区管理，分为普坪、戈塘、洒雨3个片区。是年11月16日，县国家税务局建成数据通信网二期工程。

2001年，全县全年完成国税收入任务6228万元，为年度计划的103.37%，同比增长16.41%，增收税额878万元。

2002年，至12月12日，全县共组织工商税收入库7233.34万元，为年度计划7200万元的103.04%，其中增值税6919.03万元，消费税8708元，营业税10.48万元，企业所得税200.93万元，储蓄存款利息个人所得税101.99万元，提前19天完成全年税收计划任务。

2003年，至10月28日，县国税局共组织各项税收入库8155.87万元，完成年度计划的103.24%，提前64天完成全年税收计划，其中增值税7715.68万元、消费税1.15万元、营业税2.12万元、存款利息所得税95.78万元、企业所得税341.14万元。

2004年，至12月14日，县国税局共组织各项税收入库9333.73万元，提前17天完成全年税收任务，为年度计划的103.71%，其中增值税入库8920.25万元、消费税入库1.15万元、企业所得税入库290.53万元、个人所得税入库121.81万元。

2005年，至12月20日，县国家税务局累计组织入库各项税收11140万元，为年度税收计划10500万元的106.1%，提前10天完成全年国税收入任务。其中，增消两税入库10451万元，企业所得税入库545万元，储蓄存款利息个人所得税入库144万元。

2006年，县国税局共组织入库各项税收15380.42万元（不含车购税），完成年税收计划的106%，其中增消两税完成14752.63万元、企业所得税入库424.81万元、个人储蓄利息所得税入库202.99万元，累计入库车辆购置税92.09万元。

2007年，县国税局共组织入库各项税收17549.85万元，占年计划的103.24%，其中增消两税完成16264.13万元、企业所得税入库966.67万元、个人储蓄利息所得税入库234.7万元，车辆购置税入库84.35万元。

2008年，县国税局共组织入库各项税收22636万元，其中增消两税完成21330万元、企业所得税入库1002万元、外商投资企业所得税入库65万元、个人储蓄利息所得税入库147万元，入库车辆购置税91万元。

2009年，县国税局共组织入库各项税收24577万元，其中增消两税完成22686万元、企业所得税入库1400万元、个人储蓄存款利息所得税入库62万元，入库车辆购置税429万元。

2010年，县国家税务局出台《征管服务实体化建设方案》。以县国税局为整体，在原有机构不变的前提下，将各税源管理部门、稽查局、征收大厅以及各业务和行政科室进行工作职责、业务流程和人员进行整合，建立一个厅（办税大厅）、一个局（稽查局）、3个综合服务中心（税收业务中心、税务监督中心、行政保障中心），4个专业税源管理组。将信息中心涉税软件的安装维护前置到办税大厅；将稽查局的选案、审理集中到税收业务中心，将案件执行调整到税源管理；将“两权监督”、工作纪律、督查督办等涉及监督执行的事项集中到税务监督中心；将涉及税收审批、行政诉讼复议、税收预警分析发布、税收分析、税收票证管理、税收收入核算等按照压缩层级的方式集中到税收业务中心；将稽查案件执行调整到税源管理。同时印发《安龙县国家税务局行业分类管理办法（试行）》和《安龙县国家税务局行业分类管理指标分析法（试行）》，按照属地管理、集中征收、重点稽查征管模式，根据税源分布情况界定4个管理组的征管范围，对新办户按行业归类。煤炭管理组主要负责原煤和焦炭生产、煤炭转运3个行业的煤炭税收的管理工作，共计40户；冶炼化工组主要负责冶炼、化工、石灰、小水电、砂石、建材、石材等7个行业的税收管理工作，共计177户；商业管理组主要负责烟草、供电、石油、房地产、金融、超市等6个商业行业的管理工作，共计56户；个体管理组主要负责全县个体工商业户的税收管理工作，实行按行业加片区的管理办法进行，共计1947户，其中达起征点的591户，不达起征点的1356户。是年，县国税局共组织入库各项税收27586万元，其中增消两税完成24796万元、企业所得税入库1687万元、个人储蓄存款利息所得税入库16万元，入库车辆购置税1087万元。完成政府财政口径税收26003万元，其中增消两税完成24786万元、企业所得税完成1217万元。

2011年，县国税局共组织国税收入32046万元，为年度税收计划的107%，其中增消两税入库29227万元、企业所得税入库1773万元、车辆购置税入库1037万元、个人所得税入库7.3万元。

2012年，县国税局完成税收收入31924万元。据12月12日统计，县国家税务局完成税收收入28072万元，其中增值税完成23919万元、消费税完成861万元、企业所得税完成1979万元、车购税1311万元、个人所得税2万元。

2007－2011年安龙县国家税务局主要税种、税目完成进度

表14—2—4　　　　单位：元

项目	2007年	2008年	2009年	2010年	2011年
税收总收入合计	175498547	226363159	245770942	275859221	320456246
其中：中央	130097482	168179739	185885616	212312324	247827731
地方	45401065	58183420	59885326	63546897	72628515
其中：国有企业	74278765	93490168	102597884	77698616	77779555
集体企业	1049689	138984	1717623	4429038	7622553
股份公司	70451399	69945919	50860435	70204261	80111336
私营企业	13788292	37452813	43634832	62016838	81219826
涉外企业	154008	789392	1306890	721414	750043
其他企业	15776394	2455883	45653278	60789054	72972933
1. 国内增值税	162637623	213298164	216151472	225861064	262023179
卷烟	—	—	1900000	3800000	690000
化工产品	19877092	23176434	13876956	6430200	11554887
煤炭	29577005	65882714	89203604	113993161	148979667
其中：流通环节	18228077	4198068	3500608	3851359	6671315
生产环节	27748928	61684646	85702996	110141802	142308352
电力	92310083	97147433	84125533	63370873	60993544
其中：发电环节	86161362	91191838	72846402	48548343	47985252
供电环节	6148721	5955595	11279131	14822530	13008292
有色金属	8487695	11144864	7614225	99600	221600
其中：硅锰	6825122	10716053	7613899	12420357	8776867
商业	7407489	8983702	11365603	12798821	15309622
其中：烤烟	826456	1541406	1703139	2217477	1378467
卷烟	—	—	—	—	4038143
建材产品	2538499	4548614	5590736	9445675	7482608
其中：水泥	239369	538731	1822274	1933592	2001393
其他	2439760	2414403	2474815	3502377	1804384
2. 消费税	3693	3016	10705969	22102382	30250021

续表 14—2—4

项目	2007 年	2008 年	2009 年	2010 年	2011 年
卷烟	—	—	10702912	22099322	30246961
其他产品	3693	3016	3057	3060	3060
3. 企业所得税	9666714	10023719	13995491	16866866	17733615
国有企业	2532662	2017809	6701888	4781629	4354636
股份公司	7123546	7675296	5293908	7642312	5823910
集体企业		221024	314113	4329885	7551888
私营企业	10506	109589	1685582	105100	3081
4. 外商投资企业所得税	—	653755	1177	7940	—
5. 车船购置税	843542	914778	4294843	10866689	10376233
6. 存款利息个人所得税	2346975	1469727	612990	162220	73198

二、地税

（一）营业税

是对在国内提供应税劳务、转让无形资产或销售不动产的单位和个人，就其所取得的营业额征收的一种税，属于流转税制中的一个主要税种。其他纳税主体包括在中国境内提供应税劳务、转让无形资产和销售不动产的国有企业、集体企业、私营企业、外商投资企业、外国企业、股份制企业、其他企业、行政单位、事业单位、军事单位、社会团体、其他单位、个体经营者和其他个人。营业税根据不同的行业和征税项目实行差别比例税率。

1997 年 2 月 19 日，国务院发出《关于调整金融保险业税收政策有关问题的通知》。将金融保险业营业税的税率由 5%提高到 8%，对国家政策性银行减按 5%税率征收，农村信用社营业税在 1997 年 12 月 31 日前减按 5%税率征收，1998 年 1 月 1 日起按 8%税率征收（后减按 6%税率征收）。

2000 年 7 月 18 日，国务院办公厅发出《关于加强青少年学生活动场所建设和管理工作的通知》，电子游戏厅一律按照 20%的税率征收营业税。

2001 年起，金融保险业营业税税率每年下调 1 个百分点，分 3 年从 8%降低到 5%。其中，农村信用社从 2001 年 10 月起先行降到 5%。

2001 年 4 月 19 日，经国务院批准，财政部、国家税务总局将娱乐业营业税税率统一调到 20%。

2003 年 1 月 15 日，财政部、国家税务总局发出《关于营业税若干政策问题的通知》，单位和个人快递业务，按照邮政、电信业务征税；网吧，按照娱乐业征税；个人购买并居住超过 1 年的住宅，个人自建自用的住房，在销售时可免征营业税；下岗失业人员从事个体经营（不包括建筑业、娱乐业和广告业、桑拿、按摩、网吧、氧吧）的，从领取税务登记证之日起，3 年内免征营业税。

免征营业税的项目：托儿所、幼儿园、养老院、残疾人福利机构提供的育养服务、婚姻介绍、殡葬服务；残疾人员个人提供的劳务；医院、诊所和其他医疗机构提供的医疗服务；学校和其他教育机构提供的教育劳务，学生勤工俭学提供的劳务；农业机耕、排灌、病虫害防治、植保、农牧保险以及相关技术培训业务，家禽、牲畜、水生动物的配种和疾病防治；纪念馆、博物馆、文化馆、美术馆、展览馆、书画院、图书馆、文物保护单位举办文化活动的门票收入，宗教场所举办文化、宗教活动的门票收入。

(二) 企业所得税

企业所得税是对内资企业和经营单位的生产经营所得和其他所得征收的一种税。纳税人范围比公司所得税大。企业所得税纳税人即所有实行独立经济核算的中华人民共和国境内的内资企业或其他组织，包括以下6类：国有企业、集体企业、私营企业、联营企业、股份制企业、有生产经营所得和其他所得的其他组织。企业所得税的征税对象是纳税人取得的所得。包括销售货物所得、提供劳务所得、转让财产所得、股息红利所得、利息所得、租金所得、特许权使用费所得、接受捐赠所得和其他所得。

企业所得税税率，分法定税率和优惠税率两种。法定税率是33%；优惠税率是指对应纳税所得额在一定数额之下的企业给予低税率照顾，分为18%和27%两种。年应纳税所得额在3万元以下（含3万元）的按18%的税率征收；年应纳税所得额超过3万元至10万元（含10万元）的，减按27%的税率征收。

(三) 个人所得税

个人所得税是调整征税机关与自然人（居民、非居民）之间在个人所得税的征纳与管理过程中所发生的社会关系的法律规范的总称。

个人所得税的纳税义务人，既包括居民纳税义务人，也包括非居民纳税义务人。居民纳税义务人负有完全纳税的义务，必须就其来源于中国境内、境外的全部所得缴纳个人所得税；而非居民纳税义务人仅就其来源于中国境内的所得，缴纳个人所得税。个人所得税的征收项目一共有11个，即工作、薪金所得，个体工商户的生产、经营所得，对企业、事业单位的承包经营、承租所得，劳务报酬所得，稿酬所得，特许权使用费所得，利息、股息、红利所得，财产租赁所得，财产转移所得，偶然所得，国务院财政部门确定的其他所得。

工资、薪金所得，包括个人因任职、受雇取得的工资、薪金、奖金、年终加薪、劳动分红、津贴、补贴和其他所得。在一般情况下，工资薪金所得以纳税人每月取得的工资、薪金收入额减除800元费用以后的余额为应纳税所得额，按照9级超额累进税率计税应纳个人所得税额。

个体工商户的生产经营所得包括：个体工商户从事工业、手工业、建筑业、交通运输业、商业、饮食业、服务业、修理业以及其他行业生产经营所得，个人经政府有关部门批准，取得执照。从事办学、医疗、咨询和其他有偿服务活动取得的所得，其他个人从事个体工商业生产、经营取得的收入。上述个体工商户和个人取得的与生产经营有关的各项应纳税所得。

企业、事业单位的承包经营、承租经营所得是指个人承包经营、承租经营和转包转租取得的收入，包括个人按照经营合同分得的利润和工资、薪金性质的所得。其计税方法是以纳税人每一纳税年度的收入总额减除必要费用（规定标准为每月800元）以后的余额为应纳税所得额，按照前列《个人所得税税率表二》计算应纳税所得额。纳税人在多处取得承包经营、承租经营收入的，应当将其从各处取得的收入合并计算缴纳个人所得税。

财产租赁所得，按照纳税人每次取得的收入计算缴纳个人所得税，每次收入不超过4000元的，减除费用800元；超过4000元的，减除20%的费用，以其余额为应纳税所得额，按照20%的税率计算应纳税所得额。

财产转让所得，包括个人转让有价证券、股票、建筑物、土地使用权、机器设备、车船和其他财政取得的所得。计算缴纳个人所得税的时候，以纳税人转让财产取得的收入额减除被转让财产的原值和合理费用以后的余额为应纳税所得额，按照20%的税率计算缴纳个人所得税税额。

偶然所得是指个人得奖、中奖、中彩和其他的偶然性所得。其计税方法为每次获得的收入额为个人的个人所得税应纳税所得额，按照20%的税率计算应纳税所得额。

1996年6月20日，国家税务总局发出《关于企业经营者试行年薪制后如何计征个人所得税的通知》。试行年薪制的企业经营者取得的工资、薪金收入，可以按年计算、分月预缴的方式计征个人所得税。

1999年8月30日，九届全国人大常委会第十一次会议通过《全国人民代表大会关于修改〈个人所得税法修正案（草案）〉的决定》，取消现行个人所得税法中关于储蓄存款利息免税的规定，对储蓄存款利息征收个人所得税。

1999年9月30日，国务院发布《对储蓄存款利息所得税征收个人所得税的实施办法》。自同年11月1日起，对从中国境内的储蓄机构取得的人民币、外币储蓄存款的利息征收20%的个人所得税。

2000年6月20日，国务院发出《关于个人独资企业和合伙企业征收所得税问题的通知》，规定个人独资企业和合伙企业的生产、经营所得，比照个体工商户的生产、经营所得征收个人所得税。

2005年10月27日，十届全国人大常委会十八次会议通过关于修改个人所得税法的决定，免征额调整至1600元，2006年1月1日施行。

2007年12月29日，十届全国人大常委会第三十一次会议表决通过关于修改个人所得税法的决定，免征额1600元调整至2000元，2008年3月1日施行。

2008年，暂免征收储蓄存款利息所得个人所得税。

2010年，对个人转让上市公司限售股取得的所得征收个人所得税。

2011年，个人所得税免征额将从现行的2000元提高到3500元，同时，将现行个人所得税第1级税率5%修改为3%，9级超额累进税率修改为7级，取消15%和40%两档税率，扩大3%和10%两个低档税率的适用范围。

（四）土地增值税

指转让国有土地使用权、地上的建筑物及其附着物并取得收入的单位和个人，以转让所取得的收入包括货币收入、实物收入和其他收入为计税依据向国家缴纳的一种税赋，不包括以继承、赠与方式无偿转让房地产的行为。纳税人为转让国有土地使用权及地上建筑物和其他附着物产权、并取得收入的单位和个人。课税对象是指有偿转让国有土地使用权及地上建筑物和其他附着物产权所取得的增值额。土地价格增值额是指转让房地产取得的收入减除规定的房地产开发成本、费用等支出后的余额。土地增值税实行4级超额累进税率：1级，增值额未超过扣除项目金额50%的部分，税率为30%；2级，增值额超过扣除项目金额50%、未超过100%的部分，税率为40%；3级，增值额超过扣除项目金额100%、未超过200%的部分，税率为50%；4级，增值额超过扣除项目金额200%的部分，税率为60%。

（五）印花税

印花税是对经济活动和经济交往中书立、领受具有法律效力的凭证的行为所征收的一种税。因采用在应税凭证上粘贴印花税票作为完税的标志而得名。印花税的纳税人包括在中国境内书立、领受规定的经济凭证的企业、行政单位、事业单位、军事单位、社会团体、其他单位、个体工商户和其他个人。现行印花税采用比例税率和定额税率两种税率。比例税率有5档，即千分之一、千分之四、万分之五、万分之三和万分之零点五。适用定额税率的是权利许可证照和营业账簿税目中的其他账簿，单位税额均为每件5元。

（六）固定资产投资方向调节税

是指国家对在我国境内进行固定资产投资的单位和个人，就其固定资产投资的各种资金征收的一种税。计税依据为固定资产投资项目实际完成的全部投资额，其中更新改造项目为减征工作世界完成的投资额。纳税人包括境内使用各种资金进行固定资产投资的各类企业、单位、个体经营者和其他个人（包括外商投资企业、外国企业和外国人）。

1994年9月29日，国家税务总局通知要求执行《国务院关于加快中西部地区乡镇企业的决定》，中西部地区乡镇企业只要产品质量高，销路好，有治理污染和保护资源、环境的可靠措施，免征固定资产投资方向调节税。

1996年10月26日，国家税务总局发出《关于加强固定资产投资方向调节税管理工作的通知》，规定新建项目的装饰装修工程投资，无论是否与项目主体工程同步进行，一律按照项目主体工程的使用税率征收固定投资方向调节税；原有建筑物的装饰装修工程投资额超过10万元的，比照更新改造项目计征固定投资方向调节税。

1997年7月，国务院作出决定，固定资产投资方向调节税从当年下半年减半征收，2001年停征。

（七）城市维护建设税

简称城建税，是为了加强城市的维护建设，扩大和稳定城市维护建设资金的来源，对有经营收入的单位和个人征收的一个税种，是1984年工商税制全面改革中设置的一个新税种。纳税人包括缴纳增值税、消费税、营业税的各类企业、单位、个体经营者和其他个人（不包括外商投资企业、外国企业和外国人）。按照纳税人所在地实行差别税率：市区税率为7%；县城、建制镇为5%；其他地区税率为1%。此税以纳税人实际缴纳的增值税、消费税、营业税为计税依据，分别与上述3种税收同时缴纳。

（八）车船使用税

车船税是指对在国内应依法到公安、交通、农业、渔业、军事等管理部门办理登记的车辆、船舶，根据其种类，按照规定的计税依据和年税额标准计算征收的一种财产税。纳税人为在国内拥有并使用车辆的各类企业、单位、个体经营者和其他个人（不包括外商投资企业、外国企业和外国人）。

车船使用税的计税标准分为车辆计税标准和船舶计税标准两类：车辆的计税标准为应纳车辆的数量或者净吨位；船舶的计税标准为应纳税船舶的净吨位或者载重吨位。

车辆税额标准：乘人汽车每辆每年60—320元；载货汽车每吨（净吨位）每年16—60元；摩托车每辆每年20—80元；非机动车按照载重吨位计征，每吨每年0.6—1.4元。

国家机关、人民团体、军队自用的车船，由国家财政部门拨付事业单位经费自用的车船，公安、消防、卫生、环保等部门使用的各种专用车船；为便利残疾人行动而特制的车辆，主要用于农业生产的拖拉机，可以免税。

（九）城镇土地使用税

是以开征范围的土地为征税对象，以实际占用的土地面积为计税标准，按规定税额对拥有土地使用权的单位和个人征收的一种行为税。纳税人包括在城市、县城、建制镇、工矿区范围内使用土地的各类企业、单位、个体经营者和其他个人（不包括外商投资企业、外国企业和外国人）。

城镇土地使用税的应纳税额按照纳税人实际占用的土地面积和当地适用税额标准计算。应纳税额＝纳税人实际占用的土地面积×适用税额标准。

国家机关、人民团体、军队自用的土地，由国家财政部门拨付事业经费的单位自用的土地，宗教寺庙、公园、名胜古迹自用的土地，市政街道、广场、绿化地带等公共用地，直接用于农业、林业、牧业、渔业的生产用地，水利设施及其护管用地，符合国家规定的能源、交通用地，可以免税。

（十）房产税

房产税是以房屋为征税对象，按房屋的计税余值或租金收入为计税依据，向产权所有人征收的一种财产税。房产税在城市、县城、建制镇和工矿区征收。纳税人包括房屋产权所有人、经营管理单位、承典人、房产代管人和使用人（不包括外商投资企业、外国企业和外国人）。

房产税的计税依据和税率分为两种：一种是以房产税原值一次减除10%至30%以后的余值为计税依

据，使用税率为1.2%；一种是以房产租金收入为计税依据，适用税率为12%。

国家机关、人民团体、军队自用的房产免征房产税；由国家财政部门拨付事业经费的单位自用的房产免征房产税；宗教寺庙、公园、名胜古迹自用的房产免征房产税；个人所有非营业用的房产免征房产税；对行使国家行政管理职能的中国人民银行总行所属分支机构自用的房地产，免征房产税；对高校后勤实体免征房产税；对非营利性医疗机构、疾病控制机构和妇幼保健机构等卫生机构自用的房产，免征房产税；老年服务机构自用的房产免税。

（十一）屠宰税

屠宰税是向屠宰牲畜的单位和个人征收的一种税收。此税由地方管理，征收与否，由各省、自治区、直辖市人民政府自行决定。

屠宰税的征收范围包括生猪、菜牛、羊以及经有关部门批准屠宰的耕牛、马、驴、骡、骆驼等牲畜。具体征收范围由各省、直辖市、自治区人民政府自行确定。

1994年1月15日，省财政厅、省地方税务局联合下发《贵州省财政厅、税务局关于屠宰税的征收办法的通知》，规定对农民自养、自宰、自食牲畜的税率保持不变，仍按定额征收，即猪每头3元，牛每头2元，羊每只4角。

1997年3月30日，黔西南州地方税务局发布《黔西南州地方税务局关于统一屠宰税征收有关事项的通知》，统一全州屠宰税收标准。

1998年2月21日，省政府颁布《贵州省屠宰税征收办法》。屠宰或收购猪、牛、羊3种牲畜需缴纳屠宰税；屠宰税采用定额税率：猪、牛每头10元，羊每只2元，自食自养自宰牲畜，实行减半征收。

少数民族传统节日自宰自食的牲畜，农民宰杀伤残的牲畜，军事机关、部队自宰自食的牲畜，教育、科研单位因教学科研需要宰杀的牲畜，经省财政厅、省地方税务局确定免税的其他项目免征屠宰税。

屠宰税原则上按牲畜屠宰后的实际重量从价计征。在实际征收过程中，屠宰税的计税依据有两种：按实际重量计征、按每头定额税率计征。

根据《中共中央、国务院关于进行农村税费改革试点工作的通知》精神，从2000年起，实行农村税费改革试点地区，取消屠宰税环节和收购环节征收的屠宰税，原来地方随屠宰税附征的其他收费项目也一律停止（按国家规定收取的检疫费等合法收费除外），2004年，贵州省人民政府决定废止《贵州省屠宰税征收办法》，《屠宰税征收条例》自2006年2月17日起废止。

（十二）资源税

资源税是以各种应税自然资源为课税对象，为了调节资源级差收入并体现国有资源有偿使用而征收的一种税。资源税在理论上可区分为对绝对矿租课征的一般资源税和对级差矿租课征的级差资源税，体现在税收政策上就叫做“普遍征收，级差调节”，即：所有开采者开采的所有应税资源都应缴纳资源税。同时，开采中、优等资源的纳税人还要相应多缴纳一部分资源税。资源税的纳税人包括在我国境内开采应税矿产品和生产盐的各类企业、单位、个体经营者和其他个人。

资源税税目、税额标准幅度的调整，由国务院决定。纳税人具体使用的资源税税额标准，由财政部、国务院有关部门，根据纳税人所开征或者生产应税产品的资源状况，在税法规定的税额标准幅度以内确定。

1997年3月，黔西南州地方税务局发文，对砂石、黏土、非金属矿原矿统一征收资源税。建筑用砂石按每立方米3元的税额标准征收资源税，砖每450—500块按3元的税额标准征收资源税，瓦按每1500块—2000块按3元的税额标准征收资源税，石灰每750—1250千克按3元的税额标准征收资源税，生产水泥用石灰石按每吨2元的税额标准征收资源税。

1995－2012年安龙县地方税务局各类税种征收情况表

表14—2—5　　单位：元

年度	营业税	企业所得税	个人所得税	印花税	固定投资方向调节税	城市维护建设税	车船使用税	城镇土地使用税	房产税	屠宰税	资源税
1995	6358049.06	5478197.85	504001.39	60202.30	77710.00	65631.69	44811.00	156800.22	11654.57	10343.00	11369.98
1996	10759890.00	5232166.00	1165583.00	7587.00	119210.00	2736786.00	58143.00	148861.00	150853.00	135347.00	8769.00
1997	12558660.47	5428561.91	1654195.63	26378.04	52812.00	1747459.22	57110.90	179172.85	280262.08	280262.08	104058.30
1998	15887282.41	5767410.11	2806351.67	32373.24	25750.00	2719425.76	87315.00	152655.18	235857.36	425616.40	98686.70
1999	15921327.03	6889217.57	2608621.00	33963.00	185436.00	4362165.59	83935.62	151169.89	345737.59	543930.10	242478.60
2000	15289998.00	7965043.00	2135340.00	50288.00	18067.00	3417611.00	62724.00	143024.00	336526.00	1008063.00	348017.00
2001	8869832.00	11383616.00	4478593.00	24900.00	—	5376410.00	103205.00	71323.00	369159.00	600993.00	183058.00
2002	12009847.00	7674434.00	4615145.00	59689.00	—	6797559.00	232719.00	424954.00	577053.00	227040.00	396300.00
2003	16029450.00	5702110.00	8195169.00	41117.00	—	3579380.00	225520.00	186360.00	416687.00	—	770047.00
2004	17351593.00	9192036.00	4805758.00	48992.00	—	5976151.00	120555.00	91686.00	395021.00	—	769252.00
2005	26043030.00	6769855.00	4779090.00	130400.00	—	7828940.00	111814.00	152196.00	615789.00	—	785456.00
2006	25391810.00	10324607.00	7284152.00	121491.00	—	9201922.00	360993.00	334258.00	515903.00	—	1482801.00
2007	26427220.00	8208125.00	10817633.00	298658.00	—	13777421.00	776784.00	301577.00	468992.00	—	4954810.00
2008	2087373.00	917845.00	536804.00	216398.00	—	853727.00	93008.00	329014.00	48877.00	—	843263.00
2009	40006862.00	3274267.00	46644290.00	887367.00	—	17520257.00	1595015.00	650948.00	540633.00	—	7817279.00
2010	75792145.00	5932536.00	71061168.00	1240604.00	—	15425867.00	1635833.00	926786.00	1084192.00	—	7165872.00
2011	86237432.00	11022216.00	89276267.00	1639057.00	—	18410357.00	2192433.00	711492.00	1266762.00	—	7746466.00
2012	94542237.00	21118734.00	83412753.00	1811426.00	—	18383282.00	2589164.00	851410.00	1907320.00	—	6545454.00

第五节 税收稽查

一、国税稽查

1995年，县国税局成立稽查分局，作为县国税局的机动征收单位，发挥“外查内促”的稽查职能。是年，先后组织个体稽查组到全县各乡镇集贸市场巡回检查，对个体纳税定额重新进行调整，理顺纳税秩序。对内积极协助各基层征收单位开展工作43次，协助征收和核定税款5.24万元，对外及时开展查稽征税，先后开票补税和罚款5.15万元。企业稽查组在征收分局和税政股的配合下，检查纳税企业26户，其中一般纳税人20户，查出应补税款8.67万元，除按增值税条例规定进行抵扣外，入库1.03万元。

1996年，县国税局稽查分局查检企业8户(其中一般纳税人7户)，查补税款267167元，检查小规模纳税人304户，查补税款51700元。

1997年，根据省国家税务局《关于做好稽查工作的通知》和州国税局《一九九七年国税稽查工作要点》的通知精神，各税务所、征收分局统一实行“稽查长”负责制。各征收单位的稽查组长或主管领导聘为稽查分局的“稽查长”，稽查员在稽查长的统一部署下开展稽查工作。实行《稽查系列报告制度》，每月终了当天前编制《税务稽查工作情况月报表》上报稽查分局，稽查分局在次月2日前上报州稽查分局。

1998年，根据省国家税务局《关于做好稽查工作的通知》和州国税局《一九九七年国税稽查工作要点》，建立纳税申报跟踪制度，由各征收管理分局检查组，对异常申报户，实施稽查；建立稽查跟踪制度，对稽查后补税、罚款的纳税户，有重点、有目标地进行跟踪；建立报停跟踪检查制度，根据征管中的具体情况，报停业户必须由各征收管理分局的检查小组检查后方能停业。确立三级审理标准：①个体业户的补税额在2万元以下的由稽查分局内部依照税收有关法规审理，个体业户补税额2万—5万元的报送政策法规股审理，个体业户补税额在5万元以上的报送审理委员会审理，企业补税在5万元以下的由稽查分局内部依照税收有关法规审理。②企业补税5万—10万元的报送政策法规股审理，企业补税在10万元以上的报送审理委员会审理。③个体业户因偷税被查处罚款额在1000元以下的由稽查分局内部依照税收有关法规审理，罚款额1000—2000元的报送政策法规股审理，罚款额在2000元以上的报审理委员会审理。④企业因偷税被查处罚款额在5000元以下的由稽查分局内部依照税收有关法规审理，罚款额在5000元至1万元的由报送政策法规股审理，罚款额在1万元以上的报送审理委员会审理。⑤一般纳税人有违反增值税发票管理规定的直接报送审理委员会审理。纳税人有违反普通发票管理规定的罚款额在1000元以下的由稽查分局内部依照税收有关法规审理，罚款额1000—5000元的报送政策法规股审理，罚款额5000元以上的报送审理委员会审理。

1999年4月20日，黔西南州安龙片区稽查业务培训在安龙师范学校举行，册亨、望谟、安龙3县国税局干部共34人参加培训学习。

2007年，选定房地产企业进行专案检查，专项检查纳税人9户，共查补入库税款、滞纳金、罚款115.34万元。2008年，县国税局共检查纳税户16户，结案10户，补缴税款、滞纳金、罚款共计3.16万元。2009年，查补税款、滞纳金、罚款共计426.99万元，查补收入占同期入库税收的1.86%，处罚率22.58%。

2010年1—11月，县国税稽查局共实现执行入库886.43万元，查补入库共561.44万元，其中增值税62.93万元，企业所得税186.64万元，滞纳金138.88万元，罚款172.99万元。组织企业自查查补入库324.99万元，其中增值税290.55万元、企业所得税26.46万元、滞纳金7.98万元。

二、地税稽查

1995年，县地税局成立稽查局，作为县地税局的机动征收单位，发挥“内查外促”的稽查职能。1996年，县地税稽查局通过专项检查和区域税收专项整治工作，整顿和规范税收秩序，依法查处重点行业、重点地区存在的税收违法行为，构建公平和谐的税收环境，保障税收收入稳定增长。

2000年，县地税稽查局工作重点是理顺国地税之间的管户关系，堵塞征管漏洞，配合管理分局查补税款，避免税款流失。2002年，县地税稽查局抽调12人组建稽查队伍，分4组在税务稽查环节开展税务稽查业务，理顺征纳关系，基本达到检查一个行业，整顿规范一个行业的效果。

2003—2004年，县地税稽查局重点对行政事业单位进行税务检查，查补税款、滞纳金、罚款107.3万元。

2005年，县地税稽查局重点加强对小水电行业、冶炼厂、矿山、建材行业、水泥厂和乡镇信用社的稽查。2006年，以高收入行业纳税情况为稽查重点，重点稽查交通运输业、煤炭行业私营企业及个人所得税，清理入库税费159.92万元。

2007年，重点抽查已办结的税务稽查案件10起，对县内8户企业、1户个体户进行税务稽查，追缴税款40万元，罚款23万元。2008年，县地税稽查局重点核查矿山价格调节基金征收，突出抓好房地产、运输等重点行业和重点税源企业的专项检查与整治，全年累计查补收入108.57万元，其中查补税款88.42万元、罚款18.72万元；办结2007年未结案7户，查补税款18.88万元，罚款8.63万元，被查单位主动索取税务发票补缴67万元。2009年，组织企业自查18户，重点检查企业4户。通过自查，企业补缴税款437.16万元，稽查局查补税款10.39万元、加收滞纳金6100元、罚款5.99万元。2010年，重点检查案件10起，查补税款40万元，罚款23万元。2011年，重点稽查房地产业、建筑安装行业及其他私营企业12户，查补各项税款86.35万元。2012年，按照省地方税务局“大稽查”要求，撤销县级地税稽查局，辖区税务稽查任务由州地税稽查局承担。

第十五篇　城乡建设

第一章　城乡建设规划

安龙县城乡建设规划工作，开始于中共十一届三中全会以后。1984年，县城乡建设环境保护局对城关镇进行1984—2000年总体规划设计，规划以保证用地、合理用地、节约用地为方针，充分利用现状，合理调节布局，适当进行功能分区；具体以改造旧城为基础，远近期相结合，提高管理运行效率，解决生产与生活相关的问题。1985年，完成县城总体规划。1986年，完成城关镇主要街、巷、路、道建筑红线详细规划。同年，完成普坪、洒雨、化力、龙广等集镇的规划，并着手进行城郊麦子湾工业区道路骨架布置，龙广集镇详规、县城西向排水详规，以及招堤风景区布局等规划。其中，县城总体规划规定：县城是以手工业为主体并具有旅游发展前景的城镇，城市发展方向为首先向东西方向发展，其次向东北方向发展；规划提出在安龙一中背后修建南环路，在城东北修建北环路，顺城街仍然作为城市东西联系主干道，南环路为次干道；规划还提出城西一带设工业区、仓库区，城东为文化区，中部为商业区，招堤至绿海为风景区。

第一节　县城建设规划

一、20世纪90年代的县城规划

1989年，制定《安龙县城镇建设管理暂行规定》。1990年，绘制县城总规划扩大的控制区域图、招堤风景区轿顶山小区详细规划及草纸街小商品市场半封闭定点布置图。

1991年，县政府下发《安龙县城规划建设管理暂行规定》，调整城镇总体规划，将安坡路口东1公顷原规划仓库用地调整为运输用地，磨园海坝规划为居民区（后仍保留田园风光，取消居民区规划），西向从大坪乡政府延伸到大树脚，北向从新安中学延伸至金碑垭口，东向不变，工业区推至麦子湾。出台《安龙县建设事业“八五”计划十年规划（草案）》《安龙县城镇市政设施建设规划》。

1992年，投入资金1.3万元，对县城中心区域张家塘、段石街、安坡路、环城南路进行详细调查，拟定规划大纲。对行政区划进行界定，批准行政区划图。

1993年，编制县城环城路（盘百公路至324国道）规划，县人民代表大会批准西城区建设规划。

1994年，完成安龙火车站（德卧）总体规划编制报批工作，启动县城各小区详细规划和金龙市场道路规划。

1995年，启动第二次编修安龙县城总体规划，编制完成天生桥移民点规划。

1996年，规划西河片区及延伸控制区，完成县城总体规划编修文本。

二、进入21世纪以来的县城规划

2001年，召开《安龙县西城区建设规划》论证会，开展《安龙县城总体规划》《安龙县城详细规划》《安龙县历史文化名城保护规划》编制的前期准备工作。

2002年，委托贵州省规划院对《安龙县城总体规划》进行第三轮修编。

2003年，委托云南城乡规划设计院编制县城西城区控制性规划，规划面积2.59平方千米，已实施1.75平方千米。

2004年，县人民代表大会常务委员会批准《安龙县西城区控制性规划》。

2005年，县委、县政府提出“十一五”规划方案，围绕“做大重化工、搞好煤化工、发展水火电、推进城镇化、建设新农村”发展战略，调整经济结构，转变经济增长方式，壮大优势产业，发展循环经济，以建设“化工大县、电力大县、畜牧大县、生态强县”为目标，以“做大工业、做强农业、做活三产”为主线，建设“经济型、效益型、环保型”产业，推进和谐社会建设。根据“十一五”规划方案，县政府委托省城乡规划设计院编制设计县城总体规划（第三轮修编），编制成果于9月29日在省政府2005年第二次规划审查专题会上通过。

2006年，省政府批准《安龙县县城总体规划（2004—2020）》第三轮修编成果。县城市规划区为新安镇行政辖区范围，包括8个社区、24个村，总面积为222.25平方千米。委托云南省城乡规划设计院编制西城区控制性详细规划，规划面积2.98平方千米。

2007年，启动老城区安龙博物馆至兴义府试院片区修建性详细规划编制，委托黔西南州设计院编制《永历行宫—试院片区控制性详细规划》，编制范围20公顷。

2008年9月22日，县规划部门完成安龙供电局修试车间、县计生局计生服务站业务楼、县供电局培训业务楼、晒纳北路安置规划方案、乡镇烟叶站、全县学校建设设计等16个项目规划和设计工作。制定《安龙县房地产2008—2012年发展计划》，2008—2010年，将新建商品房居住小区5—6个共25万平方米。

2009年，以“撤县建市”目标实现城市空间向县城西南方向拓展，委托云南昆明规划设计院对县城总体规划进行第四轮修改。完成德卧中学教师住宅楼、慢性病防治医院业务楼、烈士陵园管理用房、洒雨、普坪、德卧和新桥计生服务站业务楼、平乐卫生院业务楼、德卧多功能烤房等20个项目设计，完成桑家院安置小区、桑家院道路系统施工、城区污水收集系统一期工程、北门坡单体建筑设计。委托云南省昆明建筑规划设计有限公司编制完成《安龙历史文化名城保护规划》《北门坡历史街区修复整治规划》，召开《安龙县特色工业园区总体规划设计方案（草案）》《城市总体规划》县级征求意见会，其中《特色工业园区总体规划设计方案》由云南省昆明城市规划设计研究院设计。《安龙县兴义府试院环境整治保护规划》《安龙物流园区控制性详细规划》通过县级评审。《老城区历史文化名城保护规划》《西城区控制性详细规划》《招堤风景区总体规划》等，通过省城市规划委员会审查。

2010年，启动安龙县城总体第四轮规划调整，《安龙县轻工业园区控制性详细规划》（昆明城市规划设计研究院设计）、《安龙县物流园区控制性详细规划》通过县级评审。

2012年，省政府同意安龙县城市总体规划进行第四轮修改，县政府委托云南省昆明建筑设计院进行规划设计，完成安龙县城市总体规划（2011—2030）第四轮修改初稿，按程序经县城市规划委员会评审后，报州、省城市规划委员会审查批准。西城区控规修编通过州城规委评审、老城区历史文化名城保护规划拟报省政府审批；完成老城区控规和西城区生态景观绿化轴修建性详细规划编制。

第二节　村镇建设规划

一、乡镇规划

1989年，启动试点集镇龙广镇的详细规划，龙广镇被评为贵州省文明集镇。1990年，发布《安龙县城镇建设管理暂行规定》，完善城关镇街、巷、道路的建筑红线控制。1991年，县政府出台德卧镇控制区域界定和建筑红线管理方案。德卧镇、龙广镇村镇建设管理站分别启动德卧、龙广两镇总体规划编制工作。1995年，编制完成德卧商住小区规划，启动新桥乡规划管理，启动安龙火车站站前大道项目申报。1996年，编制完成德卧镇总体规划和德卧商住小区测量、规划、供水、道路骨架设计。1998年，编制完成新桥乡的总体规划。

2001年，启动12个乡镇总体规划编制工作。2002年，根据龙广镇、德卧镇、新桥镇总体规划要求，对龙广镇、德卧镇、新桥镇规划建设开展管理工作。2004年，启动德卧镇城镇总体规划第二轮修编，完成龙山镇、钱相乡城镇总体规划编制。2005年，委托黔西南州建设局设计室编制完成龙山镇、钱相乡村镇总体规划。《钱相乡村镇规划》由贵州新天设计院编制，经县政府批准实施；龙山镇总体规划报经县政府审核后上报通过州的审查。

2006年，开始编制兴隆镇、笃山乡、普坪镇、德卧镇、新桥镇小城镇总体规划。2007年，完成普坪镇、兴隆镇、龙山镇、笃山乡小城镇总体规划编制工作。完成德卧、普坪、兴隆、龙山等建制镇消防规划编制，通过州城市规划委员会的审查。完成龙广镇狮子山村、新桥镇荷花村等2个村的村庄整治规划。

2008年，开展新安、兴隆、钱相、笃山、龙山、普坪、德卧、龙广、新桥等9个乡镇的城镇总体规划编制和报批，启动木咱、戈塘、洒雨、万峰湖、海子等乡镇的城镇总体规划编制。2009年，投入17万元，完成兴隆、笃山、普坪、德卧、龙广、木咱等乡镇的城镇总体规划编制报批工作。完成《安龙县城市总体规划修编纲要（2010—2030）》文本。2010年，通过海子、洒雨、戈塘等10个乡镇总体规划编制，批准实施兴隆、钱相、笃山、龙山、普坪、龙广总体规划。2011年，完成海子乡、戈塘镇、洒雨镇、新桥镇等乡镇总体规划编制并按照程序报批审核，启动平乐乡城镇总体规划编制工作，木咱镇总体规划融入县城总体修编一起编制。2012年，县政府审核批准兴隆、钱相、笃山、龙山、普坪、龙广、洒雨、戈塘、海子等乡镇总体规划编制实施；完成德卧总体规划（修编），申报省建设厅审查备案；完成平乐乡总体规划编制，报县政府评审并批准实施；县住建局指导万峰湖镇、坡脚乡创造条件，编制总体规划。

二、新农村规划

2006年，安龙县全面启动试点村规划工作。按照“布局合理、功能配套、环境优美、特色突出”的原则，以夯实“四基”（基础设施、基础产业、基础教育、基层组织建设），突破“五好”（好规划、好产业、好公路、好村庄、好班子）为主要内容，科学编制规划。8月，完成龙广镇狮子山村、新桥镇荷花村的试点规划文本初稿。11月，10个村试点规划全部完成。

2007—2008年，笃山乡开始编制城镇规划，由省党建扶贫工作队成员单位省城乡规划设计院筹备编制《安龙县笃山乡龙井村新农村建设规划（2010—2020年）》。

2009年，笃山乡邀请黔西南州设计院对龙井村建设发展进行规划，开始编制《安龙县笃山乡龙井村新农村建设规划（2010—2020年）》。2010年，在完成洒雨、海子、戈塘、钱相、笃山、平乐、兴隆等7个乡镇的村级规划文本评审的基础上，召开村级规划工作评审会议，对新安、新桥、龙广、万峰湖、德卧、木咱、坡脚等7个乡镇的行政村村级规划文本进行评审。编制完成《安龙县笃山乡龙井村新农村建设规划》，确定“做大两产业（烤烟、金银花）、修建三条公路（政府至村中心油路、上坪至长田至瓦厂公路改造、上坪至下坪通组公路)、打造一个布依特色旅游业”的“231”工作思路。2011年，将村庄整治融入新农村规划。对具有民族文化浓郁、民居特色突出和旅游资源丰富的新安镇海庄村、戈塘镇香车河村、万峰湖坝盘村、钱相乡打凼村等6个村庄开展规划编制，把农村危房改造等工作与村庄整治结合起来，完善公共环境基础设施建设，统一房屋风貌和风格，实现城乡互动，共同发展。2012年，完成新安镇海庄村、万峰湖坝盘村村庄整治(新农村建设)规划编制按程序上报县城市规划委员会审核、州城市规划委员会审批批准实施。戈塘镇香车河村、钱相乡打凼村等4个村庄整治规划编制完成，按程序上报相关规划部门审核批准。

第二章　市政及镇乡建设

1978年，安龙县城在大同路铺设第一条混凝土路面，至1989年，城内铺设混凝土路面15条共4378米。县城面积2平方千米，有北大街、草纸街、卷硐街、北门坡、新马路、顺城西路、顺城东路、广东街、大同路、亍巷口、硫磺街、府后街、段石街、周家巷、杨家巷、景家巷、西关街、大西门、公园路、太平街、义仓街、水闸子、张家巷、文化路、罗家院、姬家井、景家冲、张家塘、小西门、新街口、马家井、顺山街、梓橦阁，共33条街巷。其中，顺城等横穿东西，城南多古街巷，石木结构房屋依山而建，小青瓦屋面鳞次栉比，石墙围护的小院花木扶疏，青石铺砌的路面光可鉴人，虽有砖混小楼夹杂其间，但仍保留了较多的古城风貌。

第一节　旧城改造

一、20世纪末期的旧城改造

1989年，投资4万元，实施县城东向排水沟遗留工程改造；投资2000元维修县委机关至县教育局道路；在县城小河边新建公厕1座；修建荷花池人行道。完成荷花池景点清捞、整理3公顷。

1990年，强化县城主要街、巷、路、道建房红线控制，开展县城道路东、西、南三大出口占线调查。县建设局筹集资金2.5万元，修建小河边块石路面1千米共1850平方米；集资3万多元，治理县城区环境；翻修县城区主干道水泥路400余平方米、清掏下水道和河道2100米、检修疏通桥涵6座、改造河道21米、新建沉沙坑2座、新建排水沟247米、河道加盖65米。

1991年，重新设计城关镇街、巷、路道建筑红线控制网络，对城关镇辖区内的建设，全部依法履行“两证一书”审批。完成马场坝和北大街人行道及排水沟翻修、农贸市场改造、草纸街小商品市场改造和安龙师范学校校园绿化。

1992年，依法办理建设用地规划许可证、建设工程规划开工许可证，强制拓宽招堤风景区出入口转弯半径；制定荷塘东扩计划；强制规划马家坝、塔山岔道、钟鼓楼私人建房；集资联建(改造)人民路、罗家院、磨园小路3条巷道；投资60万元，实现1号成井并网供水。

1993年，动工修建招堤风景区荷花池扩大工程；投入4万元，修建招堤风景区旅游环线道路。

1994年，投资48万元，开工建设县城南环路同期加宽工程，改造义仓街等。

1995年，争取资金16万元，实施招堤水泥路面延伸工程、北大街排洪设施改造。

1996年，开工建设县城集贸市场，占地8.2公顷，道路2.7千米，设置小商品市场、蔬菜市场各1处，总投资2000万元；投资50万元，建成县城中心区排洪沟1平方千米、新增排水设施1.56千米、拓宽改造养护段西向出入口道路、大修城市道路780米；投入18万元，建设城市风景园林基础设施；投入资金18万元，改造招堤景区两个荷塘混凝土连接曲桥和新荷塘鹅卵石旅游路。

1997年，新设招堤景区停车场1处，维修清代"万人坟"，修建王囊仙雕像和王宪章纪念亭；投入50万元，实施养护段至畜牧局、养护段至酒厂道路修补近5000平方米。

1998年，完成招堤风景区的荷花池扩建规划、设计和可行性方案，在景区内修建公厕，并在荷花池的四周栽种花草、树木。完成县城主要街道路灯改造工程预算编制，完成城区路灯线杆改造。

1999年，规范化管理顺城街临街建筑立面装修，改造旧房20户共6756平方米；建招堤风景区公厕1座；改造恢复电缆埋设破土900余米，更换破损盖板30处共320平方米；改造西关街、姬家井、党校及档案馆后道路共1500平方米。

二、进入21世纪以后的旧城改造

2000年，新增老城区水冲式公厕2座、照明路灯70盏，完成基础设施总投资220万元。

2001年，按照《安龙县城总体规划》要求，严格控制规划红线，对不按规划乱搭乱建的建筑物一律拆除。投入12万元，增设路灯32盏，维修县城路灯，亮灯率95%以上。

2002年，完成鼠场口至段石街道路改造，投入资金70余万元；投入资金116.8万元，增设路灯176盏、更换路灯256盏。西区开发大道竣工投入使用。

2003年，按照"把旧城区逐步恢复为具有明清时期风格的文化古城"的要求，着手恢复"南明之都"，动工修建永历行宫（安龙博物馆）一期工程，修复后为古建筑群，建筑面积4500平方米，投资500万元，主体建筑包括文华殿、皇殿、行宫、附属建筑有门房、前后院两侧厢房、行宫厢房、连廊及围墙，行宫后花园为二期工程。新建地埋式垃圾转运站1座；成立城市路灯管理中队，安装路灯29盏，改造更换路灯440盏；改造路灯电缆电线3700米；将招堤风景区6.67公顷鱼塘改建为荷塘。实施草纸街路面硬化改造，长210.5米、宽9米，面积1800平方米，总投资24万元；硬化改造皂角村至烈士陵园路面，长1700米、宽6米，面积7200平方米，总投资110万元；硬化改造怀安中学道路路面，长461米、宽6米，面积2766平方米，总投资54万元；改造南明永历行宫（安龙博物馆）至一中青石板道路，长498米、宽6米，面积2988平方米，总投资42万元；建设天榜山、水桶山旅游步道（含护栏、观景亭廊），长2800米，宽1.8米，面积5160平方米，总投资102万元；投资50万元，修建招堤停车场1万平方米；投资42万元，修建招堤景区观景1号、2号、3号亭廊；改造汽车站至新安五小人行道5551.2平方米，投资110万元。

2004年，投资51万元，建设西城区行政办公区基础设施；永历行宫（安龙博物馆）修复工程（大殿、东西厢房、钟楼、鼓楼、城门）竣工，建筑结构为明朝风格，雕花石栏杆，主体抬梁式木结构，占地4500平方米；完成招堤至元宝山旅游公路6千米、皂角树至五洞桥至招堤公路1.5千米；完成天榜山旅游步道及护栏2条，全长6千米；完成招堤扩建观景带道；完成陂塘河观景亭廊3处共200平方米，天榜山观泉亭廊2处共50平方米，完成招堤牌坊停车场建设。

2005年，投资19万元，改造太平街排水沟346.7米、塔山片区道路综合治理改造930米；投资1万元，修补城区人行道小板135平方米；投入34.4万元，维修城区路灯；投入1.5万元，补种修剪城区绿化苗木；投入151万元，建设招堤停车场、观景亭廊；投入20万元，新建永历行宫停车场1402平方米；投入19万元，添置环卫设施；投入721万元，新建城区污水处理厂。

2006年，设置城市道路交通标志标线，新建西城区农副产品交易市场公厕1座，新建城市交通红绿灯监控和城区交通监控测速设备，新增县城路灯29盏、线路1800米，新建大田坝垃圾转运站2座，新建招堤风景区观景亭廊、步道、绿化基础设施，维护城区绿化苗木，完善金龙市场"小吃一条街"供电、供水、照明等设施。完成招堤路口至绿海子景区道路建设，长5880米，宽6.5米，面积4万平方米，总投资350万元；投入3.3万元，改造半山亭公厕1座；投入68万元，改造永历行宫道路1150米。

2007年，总投资314.54万元，建设老城区道路5条：车站至景家冲道路改造（混凝土路面），长809.5米、宽6米；太平街（体育场）道路（不含路基及排水系统）改造（青石板路面），长356.05米、宽5米；天主教堂至试院道路（含硫磺街）改造（青石板路面），长345米、宽3米；金龙市场至半山亭步道改造（青石板路面），长700米、宽2.5米；西关街道路改造工程（青石板路面），长260米、宽3米。

2008年，永历行宫（安龙博物馆）、金星山诸亭阁、张公祠、文庙、十八先生墓、武庙等一批景点相继建设完工，"明清安龙"骨架日渐成型；投入资金8万余元，完成原百货公司宿舍化粪池建设和小西门河道治理。

2009年，完成老城区污水管网改造工程（一期）污水收集管道埋设600米，项目投资130万元；开工建设污水管网改造二期工程，总投资270万元；实施钟鼓楼至市巷口、十八先生墓至邮政局人行道青石板路面改造1700平方米，投资30万元；东门社区水闸子组道路硬化113米，投资7万元（补助东门社区资金2万元）。景家冲道路改造400米，投入9万元；新增路灯28盏，投入资金12.6万元。出台《安龙县古城保护管理暂行办法》，加强古城保护与管理。

2010年，投入11万元，修复城区破损人行道、道路绿化带，疏通排洪沟；投入11万元，将大田坝原档案局危房改造为停车场；投入71.3万元，清掏、改造招堤荷花池、人行道；投入7.8万，改造景家冲道路300米；投入资金3.73万元，增设路灯线路3510米，增设路灯33盏；投入18万元，出车86次维修路灯360盏次；投入220万元，改造污水收集管网4.2千米；投入210万元，用青石板改造老城区人行道1.5万平方米；投入资金50余万元，改造桂花广场（原电影院）2500平方米；投入资金120多万元，修复兴义府试院植桂轩（包括考棚、官厅、魁星阁），施工人员在进行降土施工时，意外发现原房屋基础。

2011年，投资1200万元，完成老城区人行道改造2.2千米、道路改造5.1千米、排水系统改造800米、绿化1.2万平方米、煤气管道安装4.8千米、通信线路2.6千米。投入资金75.54万元，改造老城区路灯线路5千米、招堤荷灯主线埋设6千米；建成古城生态停车场、桂花休闲广场、金荷名都广场主体工程，投资400万余元；投资145万元，建设以"龙城荷灯"为主的县城亮化工程，对行政办公区大楼、人民会场、十八先生墓、招堤牌坊、招堤公园、半山亭、醉荷亭等8处建筑节点进行灯饰亮化，在主街道安装形态各异、主题鲜明的荷灯800余盏；投资45万元，修缮兴义府试院（后栋、西厅）；投入资金96万元，改造北大街至安龙博物馆至鼠场口青石板道路4200平方米；投资370万元，建设县社会福利中心；投资450万元，建设专业农副产品交易市场1个，摊位454个；投入资金100万元，新建公厕3个；投资19.32万元，购置果皮箱210个。

2012年，投资1014万元建设安龙一中教学楼；投资60万元，增设6块以招堤荷花为主题的图案灯雕，对招堤风景区灯饰进行恢复及部分曲桥回廊进行加固处理；根据《安龙县北门坡修复整治规划》，老城区规划建设按自然、历史、现代"三结合"结构进行，按规划确定的核心区（即顺城街以南—安龙一中—广东街—大田坝—竹林湾）房屋建筑二层（含二层）以下、重点区（试院—市巷口—西关街—马家坝—十八学士周边—老武装部周边）房屋建筑二层（含二层）以下、协调区（除核心区和重点区以外地区）房屋建筑四层（含四层）以下标准进行建设改造。投资50多万元对老城区北门坡历史文化街区古民居修复整治，加强对老城区北门坡历史文化街区古民居修复整治建设进行指导管理；投资20多万元，对金龙农产品交易市场摊点进行搬迁，巩固安龙文明卫生城市创建成果，规范农副产品交易秩序，解决老城区脏、乱、差现象，提升"南明之都、荷香之城"形象。

第二节　西区开发建设

一、西城区规划及建设

西城区建设，20世纪90年代初提出，是县委、县政府推进城镇化，提高城市承载力、竞争力而建设的重点项目。1993年，县人民代表大会批准西城区建设规划。

1998年，开工建设西边龙井至大坪的西环线。

2000年，县委、县政府决定将城市空间向西区拓展，城市现代化建设的重心转移到新区，成立以新安镇为主体的西城区建设管理委员会，全面负责西城区的规划、建设、管理工作。是年，省政府批准新安镇西河村和大坪村24.22公顷（363.2亩）农用地、未利用土地征为国有，为西城区的开发奠定基础。

2002年，着手西城区规划，明确将西城区分为324国道和西城区城市建设两个层次，道路系统以隔网式为主，在干道间运用支道形成网式格局，功能区初步规划为：住宅区75公顷、行政办公用地11.2公顷、商业区及公共设施27.26公顷、科教及学校5.53公顷、汽车站1.1公顷、公园及娱乐用地11.5公顷（其中市民广场3.3公顷）。是年，西城区主干道路开发大道（后更名为市府大道）一期工程竣工，长1800米、宽36米，总投资940万元。

2003年1月，中共安龙县第九次代表大会决定，县委、县人大、县政府、县政协由新安镇硫黄街搬迁至县城西郊新建办公大楼，以带动西城区的开发与建设。原县委、县人大、县政府、县政协办公地用于建设“南明行宫”（安龙博物馆），带动老城区旅游业的发展。是年，西边龙井至大坪西环线竣工，全长2914米。

2005年1月1日，县委、县人大、县政府、县政协正式搬迁至西城区行政办公区办公。县行政办公区综合办公楼项目由贵州工业大学勘察设计院设计，总建筑面积为9586.94平方米，采用砖混机构、框架机构相结合方式，由黔西南州汇源有限责任公司安龙分公司承建，黔西南州正诚监理公司负责监理，安龙县质量监督站负责监督，2003年10月28日正式动工建设，2004年8月2日竣工，12月3日验收交付使用，总投资589万元。

2004年，成立县城市规划委员会，委托云南省城乡规划院编制西城区控制性详细规划，对西城区建设规划范围作出具体的用地使用分配，对规划范围内的小区、住宅、行政办公区、商业金融、文化体育等相应的基础设施（交通、通信、园林绿地、商业服务网点和其他公共设施）作出具体位置的安排，确定道路红线、水域白线、园林绿线，明确建设各项控制的技术经济指标，提出建筑艺术要求等。12月11日，西城区控制性详规通过黔西南州城市规划委员会评审。成立县基本建设有限公司，具体负责西城区建设工作。

2005年后，在西城区建设上重点夯实市政基础设施，围绕现代、历史、自然的县城三元空间结构，不断完善城市功能。是年，西城区管委会采取贷款、垫资、预售土地等方式融资，完成日处理9000吨、干管长6100米的供水系统，覆盖西城区规划范围；完成35千伏供电电网、电视传输、电信光缆等市政公用设施干线建设。投资416万元，新建西城区道路746.7米；投资16.2万元，新建西城区至华虹化工基地供水管道2800米。

2008年，《安龙县生活垃圾卫生填埋场工程可行性研究报告》获省发改委、省建设厅批复，总投资3465.13万元；《安龙县城西污水处理工程可行性研究报告》获省发改委、省环境保护局批复，总投资2266.53万元；完成西城区站前商贸区一期市政道路建设项目，投资131万元；动工建设西城区步行街，投资310万元。

2009年，投资近5亿元的西城区8大重点项目同时开工。位于西城区的一批城市基础设施建设相继竣工投用：开发大道（后更名为市府大道）1865米，投资862.14万元；杨柳街346.7米，投资139.77万元；迎宾大道一期400米，投资394万元；晒纳路北段520米，投资297万元；晒纳路南段968.79米，投资1226.6万元；南一横次干道819米，完成460米，投资361万元；迎宾大道二期工程1000米，投资1427.7万元；加油站支线道路30.4米，投资18.9万元；站前安置点，路长275米，投资131万元；商业步行街580米，投资310万元；迎宾路绿化工程，投资31.2万元。完成富民路道路建设，投资310万元，面积1.18万平方米；启动西环路建设前期工作，总投资1940万元，项目建成后可安置门面土地760宗。至2009年，西城新区总投资达10亿多元，居住人口近7万人，进驻各种商铺、超市、酒店等300余家，全县城镇化增长率达到1.18%，标志着安龙县进入城镇化快速增长期。

2010年，围绕"城乡一体化"发展战略，以撤县设市为目标，优化发展环境，掀起城镇建设热潮。建设完成开发大道、晒纳路、南横一路、迎宾路一期为主的西城区骨干路网，启动新汽车站站前商贸区、供电大楼、烟草大楼、开发大道延伸线、西环安置点路网、桑家院开发大道和县城垃圾填埋场等项目建设，建成城西污水处理厂。基本完成西苑小区、西龙商贸城、西龙花园、泓福小区、步行街、行政办公大楼、信用办公大楼、盛世龙城等为主体的商贸建筑、办公楼群建设，初步建成富有现代都市气息的新城区。

2011年，投入5900万元，建设开发大道二期工程；投入1850万元，建设西环安置点路网工程建设；投入2267万元，建成日处理污水3000吨，配套管网18.4千米的西区污水处理厂；投入500万元，配套新区供水管网10.4千米；投入720万元，改造西区城市电网入地工程；开工建设晒纳路利民小区旁总投资2338万元，占地1万平方米，建设面积1.9万平方米的廉租住房382套及配套经济适用住房24套；投资111万元，建设安龙县慢性病防治医院医疗业务用房；投资230万元完成桑家院大道道路工程；开工建设开发大道延伸线，总长2119米，路幅宽50米，总投资5050万元，起于西区开发大道一期终点（县公安局），终点于汕昆高速匝道延伸线（物流园区）；完成投资3.6亿元的安龙大道初步设计，路幅宽62米、长6.3千米，接汕昆高速木咱匝道。

2012年，建成县教育局职工食堂，投资136万元；建成县卫生监督用房，投资199万元；开工建设县第一幼儿园综合楼，投资814万元；开工建设县第五中学教学楼、学生食堂、宿舍，投资2482万元；开工建设县教育园区第四中学运动场，投资392万元；开工建设安龙大道，起于迎宾大道，终点接汕昆高速公路（G78）安龙匝道，全长6303.65米，路幅宽62米，项目总投资3.6亿；完成开发大道延伸线续建、市府大道改造；完成物流园区的物流二路、三路、四路，安园一路、二路、六路等6条园区道路一期建设；基本完成县生活垃圾处理续建工程，投资为3465.13万元，建成西龙商贸城公厕和压缩式垃圾转运站、金龙市场公厕和压缩式垃圾转运站工程；建成晒纳路廉租住房382套、配套经济适用住房24套。

二、机关事业单位基本建设

20世纪80年代末至90年代，县内机关事业单位建设，一般局限于办公楼改造升级，没有大规模地搬迁改造。进入21世纪后，立足高起点、高标准、高定位，切实加快城镇建设步伐，按照"现代—历史—自然"的三元空间架构，着力在县城以西，主要以原来的大坪村为主，开发建设集办公、住宅、商贸于一体现代都市新区。随着西城区开发大道一期工程及配套设施建成，到2004年，县行政办公区，县公安局、检察院、地方税务局、残疾人联合会等多家单位办公楼相继搬迁至西城区；此后，又有国家税务局、发展和改革局、国土资源局、环境保护局、教育局、物价局、人力资源和社会保障局等多家机关事业单位整体从老城区搬迁至西城区办公。以下为1989年以来，全县机关事业单位建设情况：

1989年，批复县粮油加工厂职工宿舍和洒雨区办公房设计。

1990年，批复公安局职工宿舍、县交通局马场坝基地建设，建成县交通局办公综合楼、招堤风景区旅游接待站。开工建设县职业技术高级中学教学楼。

1991年，投资12万元，建成县职业技术高级中学教学楼，占地500平方米，建设教学用房1500平方米。

1992年，批复乡镇计生服务站基建和县自来水公司续建工程设计、概算，批复拆建城关清真寺大殿。

1993—1994年，批复县计划生育委员会技术站建设业务房；审批建设县土地管理局环城路宿舍、县工商行政管理局马场坝宿舍、县供销社汽车站营业带宿舍、县财政局杨家巷宿舍、县人大办公室杨家巷宿舍；批复县税务局拆建新马路旧房1栋、新安税务所在环城路北侧征地新建职工宿舍、县电力公司在五洞桥修建变电站值班宿舍。

1995年，批准海农小学扩建。

1996年，重建海农小学教学楼，批复龙广中学筹建教师宿舍，批复县委宣传部、县教育局集资建房。

1997年，批复社会福利院综合用房规划选址。

1998年，县残疾人联合会综合服务楼在西区开工建设。

1999—2000年，开工建设县医院综合楼、县种子公司营业大楼、烟草公司仓储楼、防疫站综合用房、怀安中学实验楼、新安供销社综合楼。

2001年，广东中人集团公司承建邮电综合大楼。

2002年，新建县房地产交易中心办公楼1300平方米，总投资85万元。

2003年，新建招堤风景区管理所办公楼。

2004年，开工建设安龙民族师范职工宿舍，投资130万元；县车辆检测中心，总投资250万元。县行政办公区进行招投标。

2005年，在西城区建成县综合行政办公区。开工建设县检察院、县公安局、县地方税务局、县残疾人联合会综合用房，总投资1668万元，总建筑面积16578平方米；投资250万元，开工建设新安农副产品交易市场，占地3万平方米，建筑面积9629平方米；投资108万元，开工建设县青少年活动中心，建筑面积2390平方米；投资35万元，开工建设县物价检查所，建筑面积780平方米。开工建设安龙一中和笃山中学学生宿舍楼、德卧中学和龙广三中教学楼，总建筑面积11174.05平方米；开工建设县医院传染病区、信用联社办公楼，总投资700万元。

2007年，新建县图书馆，总投资60万元。

2008年，建成安龙一中运动场、实验楼、学生宿舍、食堂和安龙二中教学楼、食堂。

2009年，建成投用县青少年活动中心、县物价局、县行政办公区、县公安局、县检察院、县法院、县国土资源局、县发展和改革局、县国家税务局、县地方税务局、县药监局、县环境保护局、妇幼保健站等办公大楼；开工建设黄金公司、移动公司和烟草公司综合楼，分别投资589万元、379万元、719万元。

2010年，建成烟草公司大楼、移动公司综合楼和供电局生产调度大楼，开工建设信用合作大楼等。

2011年，建成县疾病预防控制中心、县社会福利中心、县运输管理所和县慢性病防治医院医疗业务用房，建成新安六小教学楼、县农村信用合作联社办公楼，扩建老干部活动中心。

2012年，建成安龙一中、四中、五中教学楼及其附属设施，建成龙广二中、普坪小学宿舍楼和县教育局职工食堂，建成县第一幼儿园综合楼主体工程、县卫生监督用房、龙山法庭公楼、县煤炭行业发展与健康安全协会培训楼等。

第三节　县城街道及其他设施建设

一、20世纪末期的县城街道建设

1989年，完成硫磺街县委机关大院至文化路县教育局道路维修。1990年，翻修城区主干道水泥路面400平方米，新铺砂石路面1000平方米。1991—1992年，县城南环城路纳入盘百公路建设，完成南环城路建设的前期准备工作。1993年，改造周家巷道路300米，新设排水暗沟。1994年，完成南环城路拓宽前期准备，投资60万元，路面由8.5米拓宽至18米，红线控制由14.5米拓宽至30米；在金龙市场道路规划上，完成道路规划、道路施工图。1995年，开工建设招堤景区水泥路面延伸工程和南环路拓宽工程。1996年，改造西城区交通干道，立项修建安龙火车站进站公路，完成县城主要交通干道修补，协助盘百公路指挥部建成南环路砂石路面2.45千米。1997年，完成顺城街县汽车站至县酒厂路面混凝土浇筑和西边龙井干道改造。1998年，完成县汽车站至塔山县城主要交通干道混凝土路面改造2千米，完善供电、运输、电信、排水、环卫设施，完成海农至绿海宾馆砂石路面改造5千米。1999年，更换县城破损沟盖板30处共320平方米，改造西关街道路800米、排水沟1600米，改造县委党校、县档案馆后路面345米，改造姬家井道路355米、排水沟355米。

二、进入21世纪后的县城街道建设

2000—2001年，新增城市道路200米。

2002—2003年，建成西城区开发大道，长1.8千米、宽36米，全程路面混凝土浇筑；改造鼠场口至段石街2千米，平均路宽7.5米。

2004年，改造安龙博物馆至安龙一中道路439.5米，改造怀安路671米；招投标建设西苑小区至大坪村新庄道路。2005年，综合治理塔山片区环境，改造道路930米；修补城区人行道小板135平方米；新建西城区道路746.7米。开工建设西苑小区至大坪村新庄道路，投入资金123万元，长346.7米。

2006—2007年，改造老城区安龙博物馆道路1150米，改造招堤至绿海子景区道路。完成县城西城区迎宾大道一期工程建设，新建迎宾大道二期工程、晒纳至练家湾开发大道、南一横大道等3296米，西城区骨干路网基本形成。

2008年，开工建设新汽车站站前商贸区一期市政道路，投资131万元。完成顺城街汽车站至景家冲道路改造，混凝土路面长809.5米、宽6米。实施太平街（体育场）青石板路面改造，长356.05米、宽5米；实施老鱼市道路改造，长87米、宽4.5米，两项道路改造总投资68万元。2009年，完成西城区富民路道路建设，投资310万元，道路面积1.18万平方米。

2010年12月，开工建设安龙物流园区一期路网工程6条园区道路共6340米；动工建设西环安置点路网3194米、投资1800万元；启动开发大道二期道路建设，长2200米、宽50米，总投资7000万元；动工建设桑家院道路，长1200米、宽18米，总投资600万元。

2011年，完成老城区道路改造5.1千米；开工建设西环安置点路网工程，投资1850万元；开工建设桑家院大道道路工程，投资230万元；开工建设开发大道二期工程（开发大道延伸线工程），起于西区开发大道一期终点（县公安局），终点接汕昆高速匝道延伸线终点（物流园区），全长2119米、宽50米，投入5900万元。

2012年2月18日，开工建设安龙大道工程，安龙大道起于西城区迎宾大道、终于汕昆高速公路安龙匝道口，全长6303米，路幅宽62米，项目总投资为3.6亿元，由太平洋建设集团广西苏辰建设有限责任公司采取BT模式进行建设；4月，建成开发大道（市府大道）延伸线，全长2119米，路幅宽50米，项目总投资7541万元；7月，完成市府大道改造，全长2400米，路幅宽36米，总投资1150万元，东起人民会场，西至公安局，实行道路白改黑，设立中央分隔带，人行道青石板改造等附属及配套设施。

安龙县城区主干道

（2012年）

表15—2—1

干道名称	总长度（米）	宽度（米）	起点	终点	路基	路面
市府大道	4600	36	新安五小门口	县公安局门口	钢筋混凝土	沥青
开发大道延伸线	2119	50	县公安局门口	汕昆高速匝道延伸线终点	钢筋混凝土	沥青
西环安置点路网	2100	25	开发大道延伸线	迎宾大道	混凝土	混凝土
桑家院大道	3350	18	鸿钰酒店门口	环城北路	混凝土	混凝土
安龙大道	7690	62	市府大道	汕昆高速匝道口	钢筋混凝土	沥青
北大街	170	7	北门	钟鼓楼	混凝土	沥青
草纸街	380	9	北门	原县人武部	混凝土	沥青
卷洞街	370	7	原县人武部	新安三小	混凝土	沥青
新马路	2600	9	市巷口	金碑垭口	混凝土	沥青
顺城街	2400	10	新安五小门口	塔山脚	混凝土	沥青
大同路	310	4.5	钟鼓楼	鼠场口	混凝土	青石板
广东街	220	6	钟鼓楼	大田坝	混凝土	沥青
金龙大道	370	11	新马路	顺城街	混凝土	沥青
环东路	2190	14	塔山脚	懒板凳324国道	混凝土	沥青

三、市场

金龙市场　金龙市场是20世纪90年代末期建成的县城最大的集贸市场，占地面积3万平方米，有门面（摊位）300余个，主要经营建材、中药材、服装、餐饮等。有小吃一条街（夜市）1条、服装小商品商场1个、农副产品交易市场1个（2012年搬迁至城东农贸市场）。1994年，县人民代表大会常委会批准《安龙县金龙集贸市场规划设计》，州计委批复同意建设金龙集贸市场，由县建设局、县国土资源局、县工商行政管理局等单位具体实施。1995年，建设单位根据金龙市场拆迁安置协议，依法组织拆迁安置工作，完成金龙市场一、二期转让建房用地工作。1996年，金龙市场正式开工建设。1997年，完成主体工程建设“三通一平”，开工建设小商品市场、农副产品市场、公厕等公益设施。1998年，竣工交付使用。2012年10月，安龙县城东集贸市场建成，金龙市场停止使用。

西区农贸市场　贵州晶森房地产开发公司投资建设西龙花园房地产项目时配套建设，整个项目规划方案于2007年4月经安龙县城市规划委员会审查通过，2007年5月动工建设，2010年建成投入使用。市场占地4000平方米，停车位200余个，摊位150余个，配套建设公厕、垃圾收集和转运等公用设施。

城东农贸市场　2009年，县政府投入资金480多万元，在老城区原新安粮管所内建设城东农贸市场。市场占地面积2万平方米，设粮油铺面34个、固定摊位454个、流动摊点330个，分水果交易区、熟食制品交易区、蔬菜交易区、活禽宰杀区、各类肉类销售区及加工区、水产品交易区等区域，此后又进一步完善了市场消防通道、通风、噪音、停车等设施。

四、广场

招堤广场　位于招堤荷花池畔，2002年动工建设，2004年建成，占地8700平方米，投资69.86万元，是老城区（城东）市民健身休闲、文化娱乐主要场所。

金荷名都广场　位于西龙桥东面，2010年底动工建设，占地1.5万平方米，是老城区、西城区市民健身休闲、文化娱乐场所，是金荷名都房地产项目工程的配套项目，配套设置喷泉等设施，彰显现代都市气息。

桂花广场　位于顺城街，由原电影院拆建而成，总投资60多万元，占地2400平方米，全部用青石板铺面，周边全部栽种桂花树，是城区中心市民休闲娱乐场所，配套建设公厕1座。

第四节　供水　排水

一、供水

安龙县县城供水由县自来水公司统一调度。

1989年，改造县城东门的提水站电动机组，更新提水设备。

1990年，供水比较平衡，水厂每天连续工作20小时，全年供水50万吨，县城自来水工程列入1991年社会发展计划。

1991年，实施县城供水续建工程，完成顺城街水厂机房57.7平方米，自备柴油发电机组，完成招堤风景区地下水1号成井基础建设。日供水2500吨，县城自来水普及率75%。

1992年，贵州省第二工程地质勘察院对县城规划区水资源进行勘察评估。

1993年，投入60万元，完成1号成井并网供水，架设输水管2千米，日供水2600吨，县城自来水普及率80%，年度供水基本正常。

1994年，划拨海子农场国有土地做取水厂用地，建设水处理厂；日供水2800吨，县城自来水普及率80%。

1995年，完成加压供水系统和消毒、加凝剂设施，建成县城供水处理厂；投资87万元，实现1、2号井并网取水，日均取水能力为2900—3000吨，县城自来水普及率80%。投入10余万元，建设西半城供水主管延伸工程810米。分别向省建设厅、省计委争取资金各10万元，投入西城区主水管道建设。

1996年，铺设环城路供水主管道，县城西片区铺设供水主管980米，全年实现供水83万吨。

1997年至1998年，新建海农3号、4号和竹林湾取水井，总投资150万元。

1999年，对县城自来水扩容、并网，完成海农3号、4号和竹林湾、苦瓜营取水成井，铺设管道3500米与原县城主水管并网，增加自来水日产量6000吨；动工兴建3000吨储水池。

2000年，完成4000吨高位水池及竹林湾、苦瓜营与城区主水管并网工程，日供水能力1万吨。

2001年6月，动工兴建县城2万吨自来水改扩建工程，新建取水点两个，安装管线7.4千米，三洞桥水厂主体工程通过验收。

2002年底，县城2万吨自来水扩建工程竣工投入使用；自来水公司建立供水生产各项管理制度，各岗位人员经考核合格后持证上岗，供水生产人员持健康证上岗。

2003年，新增水厂2座，金碑水厂改扩建工程通过验收，铺设安装供水管道17.2千米。年供水105万吨。

2004年，投入国债资金2400万元，动工建设2万吨水厂两座；投资500万元，改造输水管网10.32千米。年供水110万吨。

2005年，一期管网改造工程建成，改造De100—De315主管网10.32千米，投入国债资金500万元；投入16.2万元，新建西城区至华虹化工基地供水管道2800米。年供水126万吨。

2006年，动工建设县供水管网改造9.09千米，项目总投资300万元。年供水144.8万吨。

2007年，投入国债资金300万元，实施西城区管网改造9千米；县城供水管网改造工程（二期）建成投用。年供水186万吨。

2008年，县自来水公司供水190万吨。

2009年，县自来水公司供水210万吨，实现销售收入520万元。

2011年，建成西区配套供水管网10.4千米，投资500万元。县城运行主管网De100—De400管网达到170千米。县城自来水厂3座，海农水厂水源水质属深井水源，金碑水厂、城西水厂水源水质属地表管道水源，各水厂有完善的消毒处理工艺，出厂水质达到国家饮用水卫生标准，每年供水设备设施投入技改资金40余万元。日供水量3.3万吨，供水用户9000户共10万人，年实际供水量250万吨，自来水普及率98%以上。县自来水公司有正式职工27人、临时用工18人，其中机电管理助理工程师1人，施工安装技术员3人，机电技术员5人，给排水技术员1人，水质检测技术员1人，水质化验员2人；现有水厂3个，化验设备2套，消毒设备5套。县城日供水量近4.5万吨，供水用户1万余户共12.3万人，年实际供水量700万吨，自来水普及率达99%。

2012年，加强县城区及教育园区、物流园区等供水管网建设维护。县城区日供水量6万吨（含工业用水），供水用户1.3万余户15万人（含郊区），年实际供水量近1000万吨。

二、排水与污水处理

1990年，清淘下水道1755米，检修疏通桥涵6座，清淘河道372米，改造河道21米，新建沉沙坑2座，新建排水沟247米，河道加盖65米。

1991年，建立县排污监理站。

1995年，争取资金5.5万元，改建北大街排洪设施。

1996年，国道324线新建排水工程收方；投资50万元，建成县城中心区排洪沟1平方千米；新增排水设施1.56千米。

1997年，改造城区道路排水设施。

1998年，疏浚县城排水主管道，投资150万元，重新挖井3口。

1999—2001年，投资5.71万元，治理新老荷池排水沟213米；改造姬家井排水沟355米；改造西关街排水沟1600米。建老城区沉沙池2个，清理排污沟40余米。

2002—2003年，完成城市排水工程主要有：体育场大门至安东路排水沟，长168米，宽1米，深1.2米，总投资8.4万元；草纸街排水沟，长200米，宽1米，深1.2米，总投资10万元；怀安中学道路排水沟，长461米，宽1米，深1.2米，总投资22.58万元；安龙博物馆至一中排水工程，长498米，宽1米，深1.2米，总投资24.96万元；城市防洪工程——海农排洪工程，长4200米，宽4米，深2米，总投资407万元。

2004年8月，开工建设城东污水处理厂，总投资721万元，其中县自筹221万元、省专项资金500万元，总占地面积2.8公顷，设计日处理污水5000吨，处理技术为“地沟式污水处理技术”，污水处理总成本为每立方米0.32元（其中折旧每立方米0.13元），处理后的水质达到《城市污水处理厂污染物排放标准》（GB18918—2002）一级标准B标准。

2005 年，改造太平街排水沟 346.7 米，城东污水处理厂基本建成。

2006 年，改造市政排水设施 200 米；城东污水处理厂投入试运行。委托贵州省城乡建设研究设计院，编制城西污水处理厂《可行性研究报告》。

2007 年，完成安东路至壕沟组排水沟工程，长 108 米，宽 1 米，深 1.35 米，总投资 5.03 万元。

2008 年，省发展和改革委员会批复城西污水处理厂立项。

2009 年，安装城东污水处理厂出水在线监控系统，投入 39 万元。完成老城区污水管网改造工程（一期）1600 米污水收集管道的埋设，项目总投资 330 万元。开工建设西区污水处理工程，设计日处理污水 3000 吨，总投资 2267 万元，其中中央预算内专项补助资金 1300 万元、省级财政补助资金 200 万元、地方自筹资金 20 万元，当年完成项目的进厂公路建设，完成项目投资 900 万元。

2010 年，完成西区污水处理工程建设及设备安装，总投资 2318 万元，配套建设污水收集管网 18 千米，对粗格栅、细格栅、钟式沉砂池、沙水分离器、水下推进器、曝气转碟机、在线检测系统及自动化控制系统进行单机调试。完成城区排水管网的改造，在主街道开挖 1500 毫米 ×700 毫米和 1200 毫米 ×500 毫米管沟，铺设直径 600 毫米、直径 400 毫米的聚乙烯双壁污水波纹管，住户污水出水口采用直径 100 毫米聚氯乙烯管与暗井连接；电力、通信、广播电视和路灯采取套管入地方式敷设和电缆沟方式建设，地下管网施工结束后人行道采用青石板铺装。

2011 年，完成招堤风景区陂塘河（上段）河道治理 1000 余米，改造老城区排水系统 800 米。日处理污水 3000 吨的城西污水处理厂正式投入运行。

2012 年，配套建设安龙大道、市府大道延伸线、园区路网雨污分流管道共计 15.3 千米。完成安龙招堤范围陂塘河河道（上段）治理 2.8 千米，改造维护老城区水篦子等设施 135 处，改造排水管道 1050 米。

第五节　绿化与亮化工程

一、园林绿化

1999—2000 年，招堤荷花池内种植紫金树、榕树 6000 余株、三角梅 300 余株、铁树 100 余株，当年成活 95% 以上。

2001—2002 年，县城区绿化注重突出林业生态效益和经济效益、长期效益和短期效益、林业项目与林业产业结构调整、林业生产和农民脱贫致富，实施绿化、美化、亮化“三化”工程，主街道种植绿化树 1110 株，招堤风景区种植观赏树 140 余株。

2003 年，新增县城绿化面积 13054 平方米。

2004 年，新增县城绿化面积 29865 平方米。

2005 年，新增县城绿化面积 10340 平方米，城区公共绿地面积达到 44.5 公顷，建成区绿地率为 25%，人均公共绿地面积 5.5 平方米。

2006 年，投资 43.2 万元，建设园林绿化项目 1 个，新增县城绿化 14384 平方米，县城区公共绿地达到 69 公顷，建成区绿地率为 35%，人均公共绿地 6.7 平方米。

2007 年，新增县城绿化面积 5086 平方米，城市公园绿地面积达 15000 平方米。城镇建成区绿地率增长 0.1%，建成区绿化面积增加 10210 平方米，人均公园绿地面积年增长 0.06 平方米。

2008 年，完成招堤风景区内花草树木的培植和全天保洁工作，修剪景区内大树木 76 株。

2009 年，由中国县域旅游网（www.xyly66.com）策划发起，会同中国传统文化促进会、中华民族和谐发展促进会、德国欧中经济技术交流促进会、中国影响力传媒等国内外有关机构，在全国范围内开展

“中国最美的小城”评选活动，安龙县入选“中国最美的小城”50强。

2010年，县城区规划区公园绿地77780平方米，建成区公园绿地28600平方米。城市规划区绿化覆盖率41.17%，绿地率26.6%。城市建成区绿化覆盖率25%，绿地率15%。城市道路绿地面积为6523平方米，道路绿化率44%；居住区附属绿地面积31万平方米，居住区绿化率23.4%；单位附属绿地面积3690平方米，绿化率30%。至2010年12月，县城主街道、招堤风景区等地种植绿化树3万余株，主要有梧桐、雪松、琵琶玉兰、香樟等。

2011年，新建桂花广场面积2300平方米，栽植桂花树20余株，投资22万元。开工实施西龙桥脚绿化带、四头坡环形绿地、检测中心三角绿化带、塔山三角绿化带建设共5000平方米，投资65万元；完成人民会场绿地建设3000平方米，投资55万元；改建晒纳路绿地2000平方米，投资10万元。完成老城区主街道、迎宾大道、招堤风景区等绿化共1.2万平方米。

2012年，完成市府大道（含开发大道延伸线）绿化2万平方米，其中移植黄花槐200余株、栽植桂花树200余株、琵琶玉兰100余株；完成西龙桥脚绿化带、四头坡环形绿地、检测中心三角绿化带、塔山三角绿化带绿化建设共5000平方米，投资65万元；完成人民会场绿地建设3000平方米，投资55万元；完成晒纳路绿地建设2000平方米，投资10万元。

二、路灯亮化

20世纪80年代末，安龙县县城街道基本没有安装路灯。

1990—1996年，县城区主次干道逐步规划安装单排路灯。

1997年，西河至塔山主街道安装8米路灯共88盏，北门洞十字路口中央安装24米高杆灯，金龙市场十字路口安装16米高杆灯。

1998年，投资30万元，改造县城路灯线杆。

1999年，西区开发大道安装9米路灯120盏。

2000年，新增路灯70盏。

2001年，投入资金12万元，新增路灯32盏，对县城区路灯进行维修，亮灯率95%。

2002年，在塔山至西河、北大街、鼠场口、金龙市场、南环路等路段全新安装8米路灯222盏，部分建筑物安装霓虹灯、轮廓灯。在安龙一中、市巷口、草纸街、新马路、招堤、广东街、段石街、梓橦阁、皂角树、兴仁街、五洞桥、大西门、小西门等路段利用供电部门电杆安装、改造路灯464盏；投入40万元，安装西城区开发大道路灯。

2003年，增设路灯296盏，改造更换路灯440盏，改造路灯电缆电线3700米，总投资110万元。成立路灯管理中队。查处破坏、损害照明设施案件8起。

2004年，增设老城区路灯5棵，总投资4.38万元；安装迎宾大道10米8叉9火华灯44盏，安装新型节能控制柜。

2005—2007年，增设老城区路灯16盏，总投资14万元。

2008年，晒纳路安装9米高压钠灯36盏、下晒纳路安装10米8叉9火华灯55盏，安装新型节能控制柜2个；三洞桥安装路灯25盏，投资49.34万元；新增一中南门路灯3盏、马场坝路灯3盏、靠山街12盏，维修更换路灯337盏。

2009年，投入资金26万元，安装景区庭院灯96盏，铺装电缆1700米。

2010年，投入资金37.3万元，增设路灯线路3510米，增设路灯33盏；投入资金18万元，出车86次维修路灯360盏次。

2011年，迎接“高原荷都、魅力安龙”第五届荷花节，投入89万元安装城区道路路灯98盏；投资

145万元建设以“龙城荷灯展”为主的县城亮化工程，对行政办公区大楼、人民会场、十八先生墓、招堤牌坊、招堤、半山亭、醉荷亭等8处建筑节点进行灯饰亮化；在主街道安装荷花主题街灯800余盏。

2012年，安装市府大道（含延伸线）中华灯2145盏，投资120万元；增设以招堤荷花为主题图案的灯雕6块，投资60万元；县城主街道及高层建筑、行政办公区大楼、人民会场、十八先生墓、招堤牌坊、半山亭、醉荷亭、招堤景区行道树等建筑节点进行灯饰恢复亮化，投资80万元。

第六节 县城环境卫生管理

1989年7月，县城环境卫生工作由城关镇环境卫生管理站负责，有人员19人，负责县城区清扫、垃圾处理，清扫主要路段为顺城街环境卫生管理站至汽车站。凌晨3点左右开始清扫，白天由环卫工人沿街收集垃圾，挑往城外掩埋。

1992年，购置垃圾斗吊车1辆。

1993年，新安镇环境卫生管理站更名为县城镇环境综合管理站，由县城乡建设环境保护局负责管理。有垃圾清运车3辆、垃圾斗20个，日清运能力50吨。

2000年，县城环卫工人增加到23人，购置道路清扫车、洒水车各1辆。

2001年，增加洒水车、保洁车各1辆。

2002年，安龙县获省级卫生县城称号。开工建设县城垃圾处理填埋场，省建设厅贴息补助资金56万元。

2003年，县城区清扫面积为26万平方米，有环卫在职职工80人，年清除垃圾2.56万吨。有卫生监督车、市政作业车各1辆。

2004年，县城区清扫面积为27万平方米，有环卫在职职工87人，年清除垃圾2.92万吨；购置垃圾收集车1辆，投资13.5万元。

2005年，县城区清扫面积28万平方米，有环卫队伍在职职工94人，年清除垃圾3.29万吨。

2006年，县城区清扫总面积约29万平方米，聘请下岗职工20名（协管员），环卫队伍在职职工107人，年清除垃圾3.65万吨。投入21.99万元增加完善环卫设施，新建大田坝地埋式垃圾中转站两座；投入10万元，购置东风牌垃圾清运自卸1辆。

2007年，县城区清扫总面积约30万平方米，环卫队伍在职职工，108人，年清除垃圾4.02万吨。在324线、北大街、顺城街、金龙市场等县城区主街道设置果皮箱80个；投入“整脏治乱”经费6万元，新做垃圾斗；投入“整脏治乱”经费1.5万元，筑栏垃圾坝基、排洪沟、维修及新修公路排水沟，解决垃圾临时堆放问题。

2008年，向金碑沿线住户、商户印发《关于金碑沿线整治方案公告》150份，落实“门前三包”责任制，要求各商户不得把经营范围内产生的垃圾扫出公路。购置垃圾收集车1辆。

2009年，增加市政作业车、垃圾车各1辆；购置5辆人力三轮车替代原有收集车，投资4000元；投入2万元，为环卫工人购置反光环卫标志马夹、长袖衣和雨衣等。省发展和改革委员会批复建设县城生活垃圾卫生填埋场。

2010年，购置人力垃圾三轮车20辆，投入资金3.7万元。完成县城垃圾填埋场项目申报前期工作，动工建设进场道路。县城垃圾填埋场占地7.5万平方米，日平均处理垃圾80吨，服务期内平均日处理垃圾97.25吨，总库容量55.1万立方米，垃圾渗滤液日处理能力55吨，垃圾转运站日处理105吨（7座，每座日处理15吨），总投资3465.13万元。

2011年起，县自来水公司随水费一起征收垃圾处理费，城区日产日清垃圾100余吨，年清运垃圾近4万吨。12月，完成县城垃圾填埋场项目招投标工作，分3个标段分别由贵州方程总公司和中康建设管理股份有限公司建设。

2012年，城区道路分4个片区共45个路段进行清扫保洁，增设城区果皮箱38个，年清除垃圾4万吨，年末有环卫在岗人员125人，其中正式职工8人、临时合同工97人、公益性岗位人员20人。

第七节　镇乡建设

中共十一届三中全会以后，随着县域经济的发展，县境镇乡、村建设迅速发展起来。1985年，国家重点工程天生桥电站开工建设，大量施工人员进驻德卧，使德卧城镇建设迅速发展起来，逐渐成为教育、卫生、交通、广播电视、供电、供水和商业网点齐全的小型城镇；古镇龙广以安（龙）兴（义）公路为依托，大力发展城镇基础设施建设，使龙广也逐渐成为水、电、路、广播电视和教育、卫生配套齐全的小型城镇。以龙广、德卧镇为龙头，重点发展区公所在地城镇建设，到1988年，县境德卧、龙广、木咱、洒雨、普坪、北乡、狗场等区镇所在地城镇建设已初具规模。同时，自20世纪70年代以来，相继建成普坪至古里、北乡至巧岭、梨树至笃山、化力至洒雨、大坪地至竹林、木咱至坡贡、龙广至纳赖、巧凹至冗华、洒雨至木科、冗堡至戛那、坡贡至白水河、竹林至平安寨、大坝至八坎、北乡至马路河等公路，全县广大农村水、电、交通等基础设施大为改善，全县镇乡建设日新月异。

1990年，龙广镇作为村镇建设的试点镇，因基础设施建设与规划管理成绩突出，被评为国家级和省级文明集镇。

1994年，完成安龙（德卧）火车站总体规划。

1995年，启动德卧镇规划区规划，基本完成规划区基础设施建设。启动德卧镇等乡镇天生桥移民工作，编制各移民点规划。

1998年，建成龙广镇南环路及集镇与324线搭接道路2条，修建混凝土路面3000米，铺设人行道路面积1.2万平方米，排水沟6000米；建成安龙火车站和中央直属粮库，建成火车站进站大道3千米、宽30米，排水沟6千米，扩建火车站万吨货场。县建设局拨付1.2万元，建设龙广镇城镇基础设施。

2000年，申报建设龙广镇蔬菜水果产地批发市场。

2001年，德卧镇以工业园建设为龙头，发展工业、贸易和物资集散业，带动服务业及相关产业，筹集资金2亿元建设小城镇，建成11万伏和3.5万伏变电站各1个，建成通讯和无线寻呼，城区面积2.8平方千米，人口1.5万人；龙广镇立足发展交通运输、商贸、工业、煤焦转运等优势，围绕324国道建设环线，建成长950米、宽20米的开发大道东西两段，建设完善镇区供水供电设施，镇内有水力发电站1个、变电站2个，开通程控电话2560门，移动通讯和无线寻呼投入使用，城区扩大至3平方千米，人口1.5万人。新桥乡以交通运输为主，带动服务业、餐饮业，小城镇功能日趋明显。万峰湖镇以旅游为龙头，配套建设旅游设施，水、电、交通、通讯得到改善。钱相乡把握发展和建设重点，优化投资环境，引进外部资金，借鸡生蛋，推进小城镇建设。

2003年，完成德卧镇金银花市场场地平整、大棚建设，安装路灯23盏，完成主要街道排污沟、绿化初步设计。完成龙广镇文化路路面改造施工图，制定龙腾小区详细规划；完成垃圾箱、垃圾桶布置，完成8千米排水沟、路面改造的相关准备和设计。新桥镇新建垃圾池1个。县境集市面积达2万平方米，摊位500个。

2004年，县境乡镇集市面积超过3万平方米，摊位600个。

2005年，完成德卧镇道路路面改造，完成垃圾箱、垃圾桶布置，完成排水沟、路面改造2.4千米；改扩建龙山镇、德卧镇、洒雨镇城镇道路3200米，新建龙山镇农贸市场8000平方米。

2006年，开工建设笃山乡移民大道487米、洒雨镇市政道路改造800米、龙广市政道路改造592米；投资16万元，修建万峰湖镇排洪工程。建成乡镇所属办公楼、教学楼、中学实验楼、私人住宅兼商业用房94栋共1.41万平方米。

2009年4月，安龙县首个乡镇小区房地产开发项目龙广镇幸福小区开盘。

2011年，龙广镇筹资建设历史文化古街，修缮卧雪山庄；德卧镇投入资金300万元改造城镇道路1千米，投入18.6万元新增路灯87盏；新桥镇投入4000多万元，改造国有工矿棚户区、搬迁改造贸易市场，投入195万元新建供水工程；笃山乡投入285万元，建设大理石街二期工程600米；兴隆镇投入20万元，安装路灯42盏；普坪镇民族风情一条街建设初具规模。

2012年，龙广镇筹资1000多万元建设历史文化古街、修缮卧雪山庄，完成小场坝村道路硬化二期工程、排洪渠工程，建成幸福小区经适房72套；德卧镇完成安龙火车站广场改造，完成三十米大道油路硬化改造，建成德卧镇娱乐活动中心，基本完成新农贸市场规划。

新安集镇　新安镇是黔西南州第二大镇，全省十大乡镇之一，全省首批历史文化名城，是安龙县政治、经济、商业、文化的中心，有著名的“招堤”“明十八先生墓”“永历皇宫”等景区、景点，是一个休闲观光的旅游胜地。至2010年末，全镇幅员面积222.25平方千米，耕地面积2641.87公顷，其中水田1414.4公顷、旱地1227.47公顷，辖22个行政村（社区），总人口7.5万余人，农业人口4.8万余人。

2008年，立足本地资源优势，以“科学发展建新安，强镇惠民作表率”为主题，以“抓产业，促就业，富集生产要素，促进新安镇经济社会又好又快发展”为载体，围绕产业、创业、就业，形成“三套车”良性互动新格局。全镇财政总收入6429.56万元，比上年增长6.3%；农民人均纯收入2449元，增长5.8%；城镇居民可支配收入9164元，增长14%。2009年，随着汕昆高速、望安高速开工建设，安（龙）兴（仁）、安（龙）贞（丰）、二级公路建成投用，新安镇成为贵州腹地连接“珠三角”及东盟经济区的重要交通节点。

2010年，实施“城乡一体化、旅游市场化”战略，把旅游业作为驱动新一轮发展的重要经济增长点来抓。重点配合开发和打造好古街古巷古民居等旅游项目，逐步建成融自然景观、人文景观、饮食文化、休闲娱乐于一体的消闲避暑旅游胜地，形成具有“新安特色”的旅游业。辖区内有三星级酒店1家（泓芙蓉）、二星级宾馆2家（紫薇园、皇城酒店），设施较全的宾馆10余家，有标间240个，歌舞厅、酒吧29家。

2011年，新增博爱医院等综合性医院4家。有大小商业企业1922家，其中200万产值以上的企业117家，支柱产业6家，特色产业14家。文化体育健身娱乐场所152处，公交车11辆，大小农家乐52家，星级宾馆2家，电信、移动通讯、有线电视、广播覆盖率100%。

2012年，实现城市公交与出租汽车交通互补；老城区金荷名都、桂花广场等休闲广场投入使用；北门坡古民居改造与历史街区保护有序推进；新增泰安酒店、浙江大酒店，基本能够承载县域内商务活动和大型会议。安龙大道、开发大道二期等城市路网和污水处理厂、供水水厂管网工程逐渐完善，实施城市绿化、城市照明、电网入地、通信管网入地、广播电视管网、煤气管网和保障性住房等工程，公共服务设施、商业贸易和房地产开发等项目逐步落户西城区，新安镇的承载力和竞争力优势逐步凸现。

龙广集镇　龙广镇位于黔西南州腹地的重要交通、通信干线上，位居“南昆铁路经济走廊”的中心地段，处在兴义、安龙和天生桥水电站（即两城一站）的交汇点上，是一个交通便利、地理位置较优越的中心城镇。全镇最高海拔1719米，最低海拔825米。境内喀斯特地貌显著，旅游资源丰富，有袁祖铭故居、卧雪山庄、七星观音洞古人类遗址、海尾龙化石遗址、龙广革命武装暴动纪念碑、塘坊苏氏庄园等文物古迹、旅游景点。至2012年末，全镇国土面积167.17平方千米，镇区面积1.75平方千米，城镇道路9千米，土地总面积1928.6公顷，辖18个村1个居民委员会共179个村民组，总人口51391人，总户数13008户，镇区人口1.5万余人。居住着汉族、布依族、彝族、苗族等多种民族，主要支柱产业是农业、交通运输、商业贸易、农副产品加工等。龙广镇是全国100个重点集镇和全省20个文明集镇之一，是黔西南少有的三天一集的农村集镇市场，也是黔西南州有名的商贸重镇。

1989年，龙广镇投入1.1万元，加强城镇基础设施建设。1993年，龙广镇农副产品加工取得成效，小场坝村自酿"布依醇"酒、纳桃村饵块粑、顾屯粉丝初步形成品牌。1998年，县建设局拨付资金1.2万元，建设龙广镇城镇基础设施。2004年，龙广镇建成冷藏保鲜库1个1200平方米储量500吨，发展蔬菜、水果基地各666.67公顷，建成满口香基地233.33公顷、脱毒马铃薯基地33.33公顷。2009年，县内首个乡镇小区房地产开发项目龙广镇幸福小区开盘，小区占地2400平方米，建设规模7100平方米，总投资600万元，小区绿化率40%，共71套住房。2011年，完成历史文化古街、集贸市场控制性详细规划编制，筹资建设历史文化古街、修缮卧雪山庄；新建幸福小区经济适用房72套。龙广至万峰湖油路龙广段改造竣工投用。完成小场坝村道路硬化一期工程，启动小场坝村道路硬化二期工程和排洪渠工程；安装完成主街区路灯3.5千米。2012年，小场坝村道路硬化二期工程和排洪渠工程完成。

德卧集镇 德卧镇位于县境西南部，处于"兴安兴（即兴义、安龙、兴仁）半小时经济圈"中心区域。2012年末，辖12个行政村和1个社区，全镇面积209.15平方千米，辖13个村（社区），145个村民组，3.9万人（其中城镇居民人口约1.3万人）。居住着汉族、布依族、苗族、彝族、壮族等8个民族。

德卧镇距安龙县城29千米、州府兴义市35千米、省府贵阳370千米、云南昆明340千米、广西百色300千米，设有县级火车站安龙站和煤炭专用货场。境内水能资源丰富，建成投入使用的天生桥一级、二级水电站，白水河一级、二级水电站，中山堡电站，红岩电站，是西电东送和地区的能源基地之一。

德卧镇属全省36个重点小城镇建设试点镇之一，先后筹集近5亿余元资金用于德卧小城镇建设，建成日供水5000吨、2000吨自来水供水站各1座，建成11万伏和22万伏、50万伏变电站各1座，形成四通八达的交通网络，城镇面积也从原来不足1平方千米拓展到的3.6平方千米（城镇容纳能力从原来的8000人增加到可容3万人）。

2000年，实施小城镇规划建设。

2004年，镇区人口由20世纪90年代的6000余人增加到1.5万余人，拉动餐饮服务业、交通运输业、建筑建材业等行业的发展与繁荣，农村人口加快向城区转移。

2010年，围绕黔西南州循环经济工业园区建设，制定《德卧镇小城镇建设五年规划》，包括交通运输发展专项规划、水利发展专项规划、生态建设和林业发展专项规划、工业循环经济和新型工业化转项规划、物流业发展专项规划、旅游业发展专项规划、城镇化发展专项规划、环境保护和节能减派专项规划、促进城乡就业和社会保障专项规划、教育事业发展专项规划、卫生事业发展专项规划、人口和计划生育事业发展专项规划、文化事业与文化产业发展专项规划等。

2011年，完成德卧城镇总规修编、金银花市场规划及30米大道改造设计，启动新农贸市场规划，建设经适房23套。投入资金300万元，改造城镇道路1千米；投入资金18.6万元，新增路灯87盏。

2012年，完成德卧火车站广场改造，完成30米大道油路硬化改造，建成德卧镇娱乐活动中心，基本完成新农贸市场规划并启动建设，工作重点转移到服务工业园区建设上。

第三章　房地产与建筑

中共十一届三中全会以后，随着经济社会不断深入发展，县境建筑业也逐渐发展起来。

据统计，20世纪80年代，安龙县城建房总面积21.63万平方米，占新中国成立后安龙县城建房的55.38%，其中以混合结构为主要材料，占85.4%。所建房屋中，公房中约有半数为4—6层混合结构楼房，私房以2—3层混合结构小楼居多，亦有少数4层以上楼房，开始出现水磨石地板和瓷砖、马赛克贴面新工艺。1989—2002年，全县实施住房制度改革，鼓励单位职工集资合作建房，城镇规划区内新建住宅33.78万平方米，是新中国成立至1989年房屋建设的1.5倍。其中商品及经适房开发9.3万平方米，住宅建设中基本为5—7层混合结构楼房，水磨石地板、瓷砖、马赛克贴面等装饰装修材料广泛普及。2003—2008年，全县经济适用房、商品房建设总投资达12480万元，建筑面积17万平方米，销售面积17万平方米。全县房地产业开发建设总投资完成22271万元，创各项税收2449万元。为社会提供就业5400多人次，带动建筑行业及装饰行业等近百个相关产业的发展。

2006—2010年，全县商品房开发面积达48.59万平方米，是“十五”时期的9.24倍。

2011—2012年，完成盛世龙城、西龙花园、金荷名都等住宅小区现房销售4.19万平方米；建成龙广幸福小区经适房72套并出售入住、利民小区配建经济适用房24套。建成廉租住房448套，占地面积1.2万平方米，建设面积2.23万平方米，总投资2682万元。出售入住惠民小区廉租住房196套。结合教师周转房需要新建公共租赁住房440套，建设总面积15424平方米，基本解决海子乡、笃山乡、洒雨镇、万峰湖镇、木咱镇、新桥镇、戈塘镇等乡镇教师周转住房需要。开展新桥茶场垦区棚户区改造建设（含改造危旧房），新建85套，建筑总面积5100平方米。

第一节　房地产开发

一、经济适用房建设

1998年，制定《安龙县安居工程实施方案》，明确要求到20世纪末，全县人均居住面积达到8.5平方米，住宅成套率达到70%。《方案》同时规定了安居工程的优惠政策和具体措施，但在后来的操作中，一些优惠政策未能落实，尤其是税费减免方面。

1999年，县安居工程建设发展中心与县档案局联合建设经济适用住房12套共1318.44平方米。

2000年，县安居工程建设发展中心开工建设马场口经济适用住房19套共1885.4平方米、大同路经济适用住房21套共2220平方米。

2001年，县安居工程建设发展中心开工建设金龙市场经济适用住房77套共7601.65平方米。

2002年，县物价局批复“社会福利院”经济适用住房价格，社会福利院职工宿舍总面积2892.41平方米，房屋价格每平方米450元。

2003年，县直单位利用自有闲置空地建设经济适用住房15331.42平方米，其中县公安局7840.71平方米、县法院1829平方米、新安五小1951.6平方米、县防疫站817.7平方米，全县累计建设经济适用住房129套共13025.49平方米；开工建设检察院、新安五小、公路管理段职工住宅经济适用房7800平方米。

2004年，建成检察院、新安五小、公路管理段经济适用房（职工住宅）7838.6平方米。

2005—2006年，投资600万元，建设经济适用住房1.15万平方米；竣工6000平方米，完成总投资460万元，销售9000平方米，完成建安营业税32万元。

据统计，2003—2006年，全县经济适用住房建设累计投入开发资金910.72万元，总建筑面积17200平方米，完成国家各项税收301万元。

2007年，开工建设德卧经济适用住房23套，总投资200万元。

2008—2009年，开工建设龙广幸福小区经适房72套，总投资800万元。完成德卧经济适用住房建设。

2010年，开工建设县城利民小区配建经济适用房24套共1680平方米。

2011年，完成龙广幸福小区经适房、利民小区配建经济适用房共计96套。

2012年，龙广幸福小区经适房72套全部出售入住。

二、商品房建设

1998年前，安龙县没有实质性的房地产开发和商品房建设。

1999年，安龙县昌鑫房地产开发公司在金龙市场开工建设商品住房5000平方米。

2000年，由昌鑫房地产开发有限公司投资280万元开发的“金龙市场小区”建成，占地面积2500平方米，建筑面积5000平方米。全县全年建成商品房3248.44平方米。

2001年，开发商品房9638.9平方米。

2002年，开发商品房2.3万平方米。一批环境优美、功能配套、设施齐全的商住小区相继建成入住，城镇规划区内人均居住面积达到17.34平方米。

2003年起，引进外地开发商进入县内发展。是年4月24日，贵州晶森房地产开发有限责任公司进驻安龙，开发西苑小区一期，占地29608.4平方米，总投资2500万元。7月31日，贵州顺兴房地产开发有限责任公司进驻安龙，开工建设“金凤苑”小区，占地面积4582.4平方米，总建筑面积17000平方米，总投资1000万元。全年商品房开发完成3.4万平方米，销售1.2万平方米。

2004年，商品房竣工3.09万平方米，销售2.26万平方米，其中西苑小区一期竣工、二期开工，总建筑面积4.5万平方米共400余套（含一期）；建成金凤苑商住小区。

2005年，全县商品房竣工30861.4平方米，销售22640平方米。

2006年，全县商品房建设计划总投资1800万元，开发2.85万平方米，竣工2.32万平方米，实际完成总投资1600万元，销售面积2.2万平方米，完成建安营业税108万元、契税86万元、营业税110万元。

2007年，开工建设商品房项目4个，总投资1.21亿元，总建筑面积14.5万平方米。完成房地产投资4900万元，完成建筑面积4.6万平方米。其中，龙御花园总投资1500万元，总建筑面积4万平方米，完成投资1000万元，完成建筑面积2.5万平方米，预售3万平方米，销售1.8万平方米；泓福小区总投资2700万元，总建筑面积3.12万平方米，完成投资1500万元，完成建筑面积1.5万平方米，销售1.5万平方米；诚信商住楼投资500万元，建筑面积9600平方米，完成投资350万元，完成建筑6000平方米。

2008年，以龙御花园、西龙花园、泓福小区等住宅小区为主的房地产开发建设步伐加快，全年商品房开发13.01万平方米，其中龙御花园三期完成总投资890万元，建筑面积17810平方米；泓福小区一期完成总投资2700万元，建筑面积31700平方米；诚信商住楼完成总投资500万元，建筑面积9600平方米；西龙花园一期完成总投资5400万元，建筑面积64000平方米；龙广幸福小区一期完成总投资500万元，建筑面积7000平方米。

2009年，引进湖南鸿发房地产开发有限公司、重庆中龙房地产开发有限公司，分别投资2亿元、1.1亿元，建设金荷名都和盛世龙城两个工程项目。金荷名都项目规划用地6.92万平方米，规划有会场、图书馆、广场、商业购物步行街、高层和小高层高档住宅，总建筑面积12.38万平方米，其中会场、广场用地2.8万平方米，设计居住600户；盛世龙城项目规划用地9698.7平方米，建筑占地2996.25平方米，为一类高层商业及住宅用房综合楼建筑，建筑地下1层和地上28层，总建筑面积5.2万平方米，设计居住364户。全县当年完成房地产投资9100万元，其中泓福小区二期3000万元3万平方米、西龙花园二期5400万元7.4万平方米590户、龙广幸福小区二期700万元2000平方米。

2010年，全县房地产计划完成投资3.63亿元，实际完成投资2.48亿元，其中泓福小区（二期及步行街）总投资6500万元，建筑面积7.5万平方米，实际完成投资4000万元，450户；金荷名都总投资1.8亿元，建筑面积12.18万平方米，实际完成投资1.2亿元；盛世龙城总投资1.1亿元，建筑面积5.2万平方米，实际完成投资8000万元；龙广幸福小区总投资800万元，建筑面积8000平方米，实际完成投资800万元。全年批准商品房预售28.58万平方米，其中住宅批准预售18.61万平方米，占批准预售的65%。

2011—2012年，完成盛世龙城、西龙花园、金荷名都现房销售4.19万平方米。新增鑫凯龙城房地产、圣际印象荷城房地产公司开发投资备案，预计开发总投资85000万元。

2000－2012年安龙县城部分商品房开发情况表

表15—3—1

房地产开发公司	小区名称	所处地域	占地面积（平方米）	建筑面积（平方米）	投资金额（万元）	成品房数量（幢）	开发时间
昌鑫房地产	金龙市场	金龙市场	2500	5000	280	3	2000
顺兴房地产	金凤苑	西河社区	4582.4	17000	1000	4	2004
诚信房地产	诚信大楼	安坡路	600	9600	500	1	2007
泓太房地产	金荷铭都	西河社区	40498.30	105031.63	17000	18	2009
泓峰房地产	泓福小区	大坪社区	34541	68482.46	3265	19	2007.4
	步行街	大坪社区	10648	48826.84	3500	6	2010.7
中龙房地产	盛世龙城	大坪社区	9698.7	54860.33	13000	2	2009
	龙御花园	安坡路	19607	54646.99	7000	14	2007
贵州省晶森房地产	西苑小区	西二社区	29608.4	41806.48	2500	15	2007
	西龙花园	西二社区	11674.13	84415.93	6500	13	2009
鑫凯龙城房地产	鑫凯龙城	大坪社区	45288	230000	40000	—	2012.12
圣际印象荷城房地产	印象荷城	大坪社区	49950	270000	45000	—	2012.12

三、保障性住房建设

2007年，根据党中央、国务院关于解决城镇低收入家庭住房问题的要求，安龙县按照省、州住房建设部门安排，开始编制住房保障计划，全力做好住房保障建设的准备工作。

2008年，开工建设惠民小区，计划建设200套共1万平方米，总投资800万元，其中中央补贴资金400万元、地方政府匹配400万元。8月，项目主体工程完工；2009年1月，正式验收并交付使用，实际建成260套共1.4万平方米。

2009年，开工建设利民小区，计划建设4.5万平方米，总投资4500万元，其中中央投资1800万元、地方投资2700万元，其中有60套共3000平方米已列入2008年惠民小区计划。

2010年，全县实施农村危房改造“整县推进”，未下达廉租住房建设任务。

据统计，2008—2010年，全县共投入资金8970万元，建设廉租住房1594套共7.97万平方米。

2011年，在新安镇大坪社区利民小区旁新建廉租住房382套，占地面积1万平方米，建设面积1.9万平方米，总投资2338万元。出售入住惠民小区廉租住房196套。完成经济适用房96套，其中龙广镇幸福小区经适房72套、利民小区配建经适房24套。结合教师周转房，新建公共租赁住房280套，其中新桥镇金州大道旁新建112套、木咱镇新建56套、戈塘镇新建56套、笃山乡新建56套。在汕昆公路改造拆迁户275户，县城内拆建391户，完成棚户区改造666户。

2012年，在县地税局后侧新建廉租住房建设任务66套，建设面积3300平方米。海子乡、洒雨镇、万峰湖镇新建公共租赁住房160套，建设总面积5344平方米。启动新桥茶场垦区棚户区改造建设（含改造危旧房），新建85套，建筑总面积5100平方米。

第二节　房地产管理

一、房地产市场及房屋产权产籍管理

1989年，建立安龙县房地产管理所，负责征收公房租、维护政府公房产权和房屋产权发证工作。当年登记单位公产房36.99万平方米，发证16.1万平方米，其中私产登记13.63万平方米、发证8.12万平方米。

1990年，加强政府房产管理，征收房租；根据财政安排，对部分公房进行维修。

1991年，完成房屋产权颁证工作任务，公房管理工作由县财政局负责改为县建设局负责。

1996—1997年，全县全面推进房改工作，处理出售部分公有住房。

1998—2001年，办理转移登记188宗，交易额643万元，征收税金54万元。

2002年，按《城市房地产抵押管理办法》，全县办理贷款抵押登记441户共10.49万平方米，贷款3100万元；办理房改房所有权登记135户共9369.1平方米；县城及乡镇房屋所有权登记发证165户，其中初始登记103户、转移登记35户，金额134.01万元；变更登记22户，征收税金11.25万元；房屋安全鉴定9宗共1540平方米，其中县畜牧局1宗480平方米、县公路养护管理段5宗共594平方米、德卧和龙广私人住宅各1宗共430平方米。

2003年，出台《安龙县房改房上市交易办法》。办理房屋权属登记1076件，其中初始登记191件共6.16万平方米，转移登记159件共2.73万平方米，成交金额701.64万元，变更登记42件共2.03万平方米，受理房屋抵押贷款登记684件共14.32万平方米，贷款金额4695.33万元。完成房产权产籍档案整理1200多卷3000余册，其中登记卡、表998卷近3000册，投入资金20万元购置档案密集架70立方米，实现产权产籍档案管理规范化、现代化。办理商品房预售备案登记77件共6900平方米，合同金额508.02万元。受理房屋安全鉴定12宗共920.25平方米。归集住房公积金899.11万元，发放住房公积金贷款180.04万元。

2004年，全县房地产交易与权属规范化管理，经黔西南州房地产交易与权属规范化管理考核领导小组考核，达到省二级标准。归集房产档案15546卷，其中永久档案9368卷、短期档案6178卷。全县全年办理房屋权属登记1108件，其中初始登记191件共6.16万平方米，转移登记159件共2.73万平方米，成交金额701.64万元；变更登记42件共2.03万平方米。办理房屋抵押贷款登记684件共14.32万平方米，贷款金额4695.33万元。办理房改房上市交易许可证1360户，收缴土地收益金130万余元。受理房屋安全鉴定4宗共1509平方米，办理商品房预售备案登记1件1.5万平方米，归集住房公积金217.03万元。

2005年，房地产产权发证向农村延伸，办理城乡房屋权属登记1543户共63.56万平方米。其中，办理房地产交易登记129宗，交易金额919.67万元；初始登记229户共7.93万平方米、转移登记185户共14.54万平方米、变更登记56户共2.66万平方米；注销登记335户共6.28万平方米；房改房发证195户共1.84万平方米；抵押登记688户共25.43万平方米，抵押贷款金额9759.27万元。产权产籍档案从2004年6月的4878卷增加到6493卷，其中抵押登记档案2848卷、永久档案3645卷。办理房改房上市交易准入许可证204户，收缴土地收益金36.86万元。开展房屋安全鉴定共5宗共1830.25平方米。办理商品房预售备案登记1件1.04万平方米。全县累计缴存住房公积金899.11万元。

2006年，办理房地产交易登记1523宗共143万平方米，交易金额1.58亿元；贷款抵押登记720户共20.87万平方米，贷款金额为6183.89万元。归集住房公积金464.86万元，发放公积金贷款285.8万元。办理历史遗留房改房所有权发证145户，总建筑面积2.1万平方米。开展房屋测绘358户，测绘面积16.26万平方米。受理房屋安全鉴定共12宗共2600平方米。完善房屋产权产籍档案归档4299个，产权产籍管理达到省级标准。

据统计，2003—2006年，收缴土地收益金168.54万元，完成93个单位共1743户的房改房发证工作。

2007年，办理城乡房屋权属登记4656户共65.32万平方米，其中初始登记164户共7.49万平方米、转移登记294户共4.58万平方米、变更登记51户共3.28万平方米、注销登记444户共7.92万平方米、房改房发证2840户共22.47万平方米，抵押登记860户共19.58万平方米，抵押贷款金额12438.8万元。完成房产档案整理、装订、填卡、填表、归档553件，累计4450件。办理房改房上市交易准入许可证441户。开展房屋安全鉴定15宗共1350平方米。

2008年，县房管局办理房屋所有权确权登记1088件，确权面积21.45万平方米，归集房产档案1000余卷（宗）。抵押登记557户，抵押金额0.8亿元。

据统计，1998—2008年，全县共办理房屋产权属登记1.12万件，受理房屋抵押贷款登记6310件共121万平方米，抵押贷款金额37.8亿元。办理房屋安全鉴定48宗共8200平方米；缴存住房公积金1731.74万元，支取586.71万元，余额1145.03万元，发放住房公积金贷款484.7万元，解决城镇无房户职工65户的住房困难问题。

2009年，完成房屋登记2531宗，总建筑面积61.55万平方米。其中国有土地初始登记197件（宗）共5.59万平方米、转移登记318件（宗）共5.92万平方米，交易金额5096.94万元；变更登记137件（宗）共4.5万平方米、注销登记318件（宗）共5.92万平方米、他项权利登记1225件（宗）共33.06万平方米，贷款金额21170.98万元；他项权利注销登记171件（宗）共4.34万平方米。集体土地房屋登记336件（宗）共6.56万平方米。房屋发证1877本，其中所有权证652本、他项权证1225本。房屋产权产籍档案整理、装订、打码、归档档案335件（宗）。房产测绘504件（宗），总建筑面积9.88万平方米。

2010年，完成房屋登记2074件（宗），总建筑面积39.89万平方米。其中国有土地初始登记111件（宗）共7.77万平方米、转移登记341件（宗）共5万平方米，交易金额1869.47万元；变更登记36（宗）共1.39万平方米、他项权利登记1160件（宗）共22.24万平方米，贷款金额39408.53万元。集体土地登记72件（宗），建筑面积1.65万平方米。房屋发证总计1720本，其中所有权证560本、他项权证1160本。

2011年，完成房屋登记2300件（宗），总建筑面积51.56万平方米。其中初始登记145件（宗）共7.77万平方米、转移登记594件（宗）共8.49万平方米、变更登记122（宗）共9.59万平方米、他项权利登记1079件（宗）共22.71万平方米，贷款金额50165.25万元；注销登记360件（宗），建筑面积3万平方米。完成房屋发证1975本，其中所有权证526本、共有权证365本、他项权证1084本；完成房产档整理、装订、归集1120卷；完成年度房地产开发总投资45700万元，销售面积4.19万平方米。

2012年，完成房屋登记2430件（宗），总建筑面积45.01万平方米。其中初始登记105件（宗）共6.18万平方米、转移登记601件（宗）共8.04万平方米、变更登记67件（宗）共2.81万平方米、他项权利登记件（含在建抵押登记证明）924件（宗）共23.17万平方米，贷款金额28790.54万元；注销登记583件（宗），建筑面积2.86万平方米。完成商品房销售备案登记150件（宗），建筑面积1.95万平方米，贷款金额45.82万元；完成房屋发证3015本，其中所有权证1189本、共有权证904本、他项权证（含在建抵押登记证明）924本。办理房改房上市交易证90余户，交易面积1.1万平方米，交易金额2100万元。

二、维修资金管理

1998年底，建设部、财政部发布《住宅共用部位共用设施设备维修基金管理办法》，购房职工和售房单位分别按建筑面积每平方米26元的标准交纳公共维修基金。因当时为非强制性缴纳，安龙县未收取公共维修基金。

2000年4月1日，公共维修基金的交纳标准调整为：多层楼房别墅一般按照购房款的2%，高层楼房及多层带电梯楼房一般按照购房款的3%，售房单位按多层住宅售房款的2%、高层住宅售房款的3%，筹集公共维修基金。安龙县未收取。

2003年，县政府下发《关于印发安龙县商品住宅维修基金管理办法的通知》。但是，2003—2004年，安龙县仍然没有收取商品住宅维修基金。

2005年，全县收缴住宅公共维修基金3.21万元。

2006年，全县收缴住宅公共维修基金6.65万元，维修支出1750元。

2007年，根据建设部、财政部《住宅专项维修资金管理办法》，简化住宅专项维修资金缴纳程序，县建设局坚持“银行代收，单位统管，专户储存、专款专用、业主决策、政府监督”的原则，委托中国建设银行安龙县支行设立专户，代收住宅专项维修资金，按月与县房地产交易中心财务对账。当年收缴住宅公共维修基金37.94万元，维修支出5610元。

2008年，县住房保障和房地产管理股作为维修资金代管机构，住宅专项维修资金存储于中国建设银行安龙县支行维修资金专户，县建设局和县财政局共同监管。是年，全县收缴住宅公共维修基金31.3万元，维修支出5857.4元。

2009年，全县收缴住宅公共维修基金57.1万元，维修支出4450元。

2010年，全县收缴住宅公共维修基金8.73万元，拨付使用住宅专项维修资金8550元。

2011年，全县收缴住宅公共维修基金36.1万元，拨付使用住宅专项维修资金13.4万元，余额165.5万元。

2012年，全县收缴住宅公共维修基金102万元，拨付使用住宅专项维修资金6.1万元，余额261.4万元。

三、公房管理

1990年，县内公房由县财政局移交县建设局下属机构房地产管理所负责。当年收取房租1.7万元，维修支出2000元。

1991年，县政府处置公房1幢共3间给食品公司，剩余公房73幢共195间，征收房租8000元，维修公房81幢。

1992年，丈量清理县政府直管公房，县政府划拨公房宅基地165平方米给城乡建设局管理使用。

1993年，县政府处置一批直管公房，其中草纸街96号1处两正一厢，处置给县计委，价格2000元；硫磺街6号公房二处处置给个人：其一20.94平方米4187元、其二28.83平方米5766元；北大街棉百门市53平方米，作价4.6万元处置给个人等。

1999年，房屋改革开始，除已进入市场的部分公房外，其余直管公房由县财政局委托县建设局代管。

2003年，县国有资产管理办公室下发《关于加强全县国有资产管理的通知》，明确全县公房管理职责由县房地产管理局履行。

2010年4月，县直管公房由安龙县住房和城乡建设局管理。县城公房有住宅房建筑面积6100多平方米，其中简易、砖、石木结构房屋（住房）80幢共3500平方米，砖混结构房屋（营业性店铺）11处共2600平方米，主要分布在西关街、广东街、草纸街、北门坡、周家巷等地，建筑时间多数为晚清时代至民国期间，房龄在60—150年之间，建筑物多已自然老化，绝大多数已经变形、歪斜、裂缝，屋面和承重墙体破烂不堪，抗暴风、暴雨等自然灾害能力十分脆弱。

2011年，根据春、冬两季安全检查要求，加强对直管公房管理，全年发放催搬直管公房通知书27份。2012年，开展对直管公房安全管理，全年开展安全检查4次，共发放催搬直管公房通知书45份。

四、物业管理

2003年12月，县建设部门指导建立县内第一个物业管理单位"安龙县绿宇物业有限责任公司"。

2007年，全县有居住小区45个共35万平方米，其中无人管理小区20个共15万平方米；成立业委会的小区15个，物业管理从业人员120余人，均未取得建设部物业管理上岗资格。

2009年，西苑小区物业公司、金凤苑小区物业公司、新居苑物业公司（均为前期物业），管理总户数为1400户，有职工28人，人均月工资仅800元，低于全省2007年平均工资1000元。

2010年，全县有物业公司6家：安龙县绿宇物业有限责任公司、贵阳双诚物业管理有限公司，驻西龙商贸城，负责西龙商贸城物业管理；黔西南州宜仙居物业管理有限责任公司，驻泓福商业步行街，负责泓福商业步行街、泓福小区物业管理；黔西南州翠福物业管理有限责任公司安龙物管部，驻西苑小区，负责西苑小区物业管理；黔西南州峥嵘物业管理有限责任公司安龙物管部，驻盛世龙城，负责盛世龙城物业管理；安龙县远东物业管理有限责任公司，驻诚信商住大楼。

2011—2012年，进驻安龙县的贵阳双诚物业管理有限公司、黔西南州宜仙居物业管理有限责任公司、黔西南州翠福物业管理有限责任公司安龙物管部、黔西南州峥嵘物业管理有限责任公司安龙物管部、安龙县远东物业管理有限责任公司等5家物管企业经住建局住房保障和房地产管理股培训和规范后，分别对原服务小区开展规范化管理，大多数业主反映较好。

五、保障性住房管理

（一）住房保障调查与措施

2005年，县房管局根据省、州文件要求，开展农村进城务工人员调查和城镇最低收入家庭住房调查准备工作。

2006年，县房管局、县统计局、县民政局和各乡镇联合开展全县城镇最低收入家庭住房调查，2007年结束。据调查，全县有城镇最低收入家庭1973户共5145人，其中住房困难户373户共1012人。成立安龙县住房保障工作领导小组，印发《安龙县城镇低收入家庭住房保障管理办法》《安龙县廉租住房保障资金管理办法》《安龙县最低收入住房困难家庭廉租住房实施细则》《安龙县2007—2010年城市低收入家庭住房建设发展规划》《安龙县惠民小区（廉租住房）建设实施方案》。

2008—2010年，分别编制完成《安龙县2009年度城市低收入家庭住房困难发展规划及年度计划》《安龙县2010年度城市低收入家庭住房困难发展规划及年度计划》《安龙县2011年度城市低收入家庭住房困难发展规划及年度计划》。

2011—2012年，县政府下发《安龙县廉租住房实物分配方案》《安龙县廉租住房保障对象民主评议办法（试行）》，规范廉租住房保障对象准入条件。

（二）廉租住房租赁补贴发放

2008年，根据《关于印发安龙县城镇低收入家庭住房保障管理办法》，人均住房保障标准为8平方米，发放城镇最低收入住房困难家庭廉租住房补贴777户共2050人，补贴资金88.56万元。

2009年，廉租住房保障范围由2008年的城镇最低收入住房困难家庭，扩大到城镇低收入（含工矿区）住房困难家庭，居住标准由人均住房面积8平方米提高到12平方米。按“三道门槛、两榜定案”，确定租赁补贴对象，发放2008年度城镇低收入家庭廉租住房补贴1218户共2806人，补贴资金121.22万元。

2010年，居住标准由人均住房面积12平方米提高到15平方米，发放廉租住房补贴1146户共2926人，补贴资金210.68万元。

2011年，发放廉租住房补贴1390户共2759人，补贴资金198.34万元。

2012年，发放租赁补贴1541户共3003人，发放补贴资金216万元（含新增廉租住房租赁补贴249户）。

（三）廉租住房出售、管理

2009—2010年，根据省建设厅《关于廉租住房出售的指导意见》，出台《安龙县廉租住房出售管理暂行办法》和《安龙县廉租住房出售管理实施细则》，制定《安龙县惠民小区廉租住房出售管理方案》，规定出售对象和范围、出售的方式、价格、付款办法、上市准入、物业管理和监督管理等，为保障性住房规范化管理奠定基础。

2011年，按照《安龙县廉租住房出售管理暂行办法》规定，完善《安龙县惠民小区廉租住房出售管理方案》，出售惠民小区廉租住房196套，均价每平方米932元。

2012年，县政府下发《安龙县廉租住房实物分配方案》《安龙县廉租住房保障对象民主评议办法（试行）》，规范廉租住房保障对象准入条件。完成利民小区廉租住房申请购房300户的登记审核工作，12月中旬公示，收取预付款后进行公开摇号确定廉租住房购买户。

第三节　地标性建筑

一、盛世龙城

盛世龙城项目由重庆中龙房地产开发有限公司建设。中龙房开公司是较早进入安龙的房地产开发企业，先后实施金凤苑、龙御花园等楼盘。2008年，开始实施“盛世龙城”项目。2009年，“盛世龙城”项目动工建设，工程总投资2亿元，建筑规划用地9698.7平方米，建筑占地面积2996.25平方米，容积率4.82，建筑密度30%，绿地占有率32.17%。建设规模为地下1层、地面28层，是县境首栋超过15层的高层建筑。地下一层为车库和设备用房，1—2层为商业用房，3—28层为住宅；总建筑面积52434.65平方米，居住户数364户，住宅建筑面积43010.44平方米，商业建筑面积4683.35平方米，配套设施建筑面积1087.2平方米，车库建筑面积3653.66平方米，停车泊位100辆。2011年，“盛世龙城”主体工程完工进行预售备案，开展预售工作。2012年，“盛世龙城”全面竣工出售，当年有10余户购房户装修入住。

二、明十八先生墓（南明历史博物馆）

明十八先生墓（南明历史博物馆）坐落于安龙城西北隅天榜山下，为国家重点文物保护单位。1654年4月8日，拥戴永历帝、力主抗清复明的吴贞毓、郑允元等18位朝廷重臣，因不满大西军首领孙可望专横跋扈、篡权夺位，为孙可望所害，上演了一幕感慨苍凉、异代同悲的历史壮剧。十八先生的铮铮铁骨，高风亮节，以及他们不为奸活宁为忠瘁的民族精神和气概为后人所仰慕。他们遇难后，人们便为他们修墓建祠。历代不少名人贤士特来此凭吊，并留下大量题词，成为贵州西南部名人摩崖石刻最多的地方。

改革开放以来，县委、县政府十分重视明十八先生墓的修复建设，多次拨款维修祠、墓。1989—

1999年，共投入资金近20万元，主要对十八先生墓区木质建筑、石刻、道路、展厅设施、围墙等进行维修维护。2000年，贵州省文化厅、省财政厅、安龙县人民政府筹资修建了门楼，休息长廊、凉厅、景墙等设施，为参观游览提供了方便。这一古迹自修复开放以来，吸引了国内外众多研究南明史专家学者及游人，已先后接待过10多个国家的外宾。

2001—2010年，县政府筹集资金对十八先生墓区进行修缮，改造十八先生墓区建筑、道路，实施墓区绿化，建设安全设施等。2006年，修缮一新的安龙县明十八先生墓正式向游客开放。

2012年8月，创建南明历史文化研究基地，由贵州省文史研究馆和安龙县人民政府共同创建，是省文史馆与地方共建的首个历史文化研究基地。11月21日，由省文史馆文研处牵头，《贵州文史丛刊》编辑部、安龙县史志办等部门配合，全面启动南明历史文化学术研讨等相关工作。

三、安龙博物馆（永历行宫）

安龙博物馆（永历行宫）位于新安镇大同路，距汽车站3千米。博物馆采用仿古建筑风格，是一处集明清建筑风格于一体的古建筑群，整个博物馆占地面积5600平方米，建筑面积2750平方米。2006年，建成并对外开放，当地人称为“永历行宫”。博物馆由门楼、文华殿、配殿、角楼组成，建筑风格上主要采取当年永万皇宫的建筑样式。后配套建设3700平方米停车场1个。

博物馆由南明历史陈列馆、数字博物馆、游客服务中心、民族文化展演中心、安龙历史文化展厅、民俗文化展厅6个部分组成，其中安龙历史文化展厅、民俗文化展厅，是迄今全州第一、全省第二的县级综合性博物馆，是外界了解安龙历史文化、民族风情、自然景观的主要窗口。

四、兴义府试院

兴义府试院，位于安龙县城南桅峰山下。清道光二十二年（1842年）由兴义知府张锳（张之洞之父）主持建成，与稍后增建的明十八先生祠、珠泉书院连为一体，形成规模宏阔的建筑群，当时共有房舍209间，是当时盘江流域诸县学子考取秀才之地，在黔、滇、桂交界地区享有盛名，有“甲天下”之称。试院大部分建筑建于清同治年间，后毁于战乱，尚存大堂、议事亭、小憩楼等。兴义府试院是贵州省目前仅存的保护完整的科举考试试院。兴义府试院不仅规模恢宏，而且建筑群布局有致，工艺精细，吸收了中国古代园林建筑的优点，是清代兴义府劳动人民智慧的结晶。试院内楹联众多，不少出于名家手笔，有较高的艺术价值。

1999年，省政府公布为省级文物保护单位。2005年起，兴义府试院修复方案经批准逐步实施。2009年，《安龙县兴义府试院环境整治保护规划》通过县级评审。兴义府试院环境整治保护规划范围北至永历宫后墙，南至现试院，西至安龙一中，东至东门鼠场坝。2010年，县政府投资57.6万元，由贵州祥和古建工程有限公司对兴义府试院开始进行维修。

2011年4月初，施工方在试院大堂前早已夷为操场的空地上作业时，意外掘出号舍基址。鉴于这一发现的重要性，2011年6月16日至7月4日，省文物考古研究所会同安龙县文物管理所对试院旧址展开抢救性清理，共揭露面积1600余平方米，发掘初步厘清不同时期的石砌基础3组，即试院、建试院前的民宅及试院废弃后的民国建筑。县政府投资45万元由贵州保利文物古建有限公司对兴义府试院（后栋、西厅）进行修缮。

五、县行政办公大楼

安龙县行政办公区综合办公楼项目由贵州工业大学勘察设计院设计，总建筑面积为9586.94平方米，工程采用砖混机构、框架机构相结合。该工程系安龙县政府自筹资金修建，由黔西南州汇源有限责任公司安龙分公司承建，黔西南州正诚监理公司负责监理，安龙县质量监督站负责监督，于2003年10月28日正式动工建设，2004年8月2日竣工，12月3日验收交付使用，投入资金总计589万元。2005年1月1日，县委、县人大、县政府、县政协及所属大部分行政部门正式搬迁至西城区行政办公区办公。

六、安龙人民会场

安龙人民会场坐落于原新安镇西河社区桑家院（金荷名都广场内），于2010年初由湖南长沙华艺工程设计有限公司设计，安龙县鸿太房地产开发有限公司组织建设，湖南省宇泰建筑有限公司负责施工，同年完成主体施工，2011年初进行装修及附属工程施工，3月竣工验收投入使用。总投资1470万元，总面积13660平方米，为－1+3层结构，其中地上建筑总面积8164.18平方米，地下建筑面积1252平方米（有停车位近50个），附属工程4244平方米。

人民会场会议厅规模为容纳1500人（2700平方米）的大会议厅1个、小会议室20个（每间不少于50平方米）、医务室1个（200平方米）及体育娱乐设施、绿化等附属设施。

七、安龙县新汽车站

安龙县新汽车站位于西城区晒纳路旁，总投资530万元（其中省交通厅专项投资299万元，其余由安龙县政府、兴义运输总公司筹集投入）。占地面积1.67万平方米，建筑面积2750平方米，车棚400平方米，检修车间210平方米，公厕80平方米，站前广场2000平方米，混凝土地面停车场1万平方米。2005年5月动工建设，主体工程于2007年完工，2009年底主体工程及配套附属工程全部竣工并通过验收，2010年1月正式投入运行。汽车站站前广场可同时停靠公交车6辆、出租汽车10余辆。安龙汽车站投入营运后，每年发客车6万多班次、运送乘客70余万人次。

八、龙广革命武装暴动纪念碑

位于龙广镇新场坝村、塘坊村、小场坝村结合部的坡外山顶。

2004年8月，为纪念1949年6月由中共党员王秉鋆等领导的永和—龙广暴动，缅怀革命先烈的丰功伟绩，在贵州省建设厅、黔西南州党史办、中共安龙县委、县政府支持下，龙广镇党委、政府在龙广镇新场坝、塘坊、小场坝结合部的坡外山顶上修建“龙广革命武装暴动纪念碑”。纪念碑由7根龙狮柱逐步收升为3片碑体，中间碑体较高，且用横梁连接各碑体，其基座为6.24米 ×6.24米的方形基座，左右和后面环以弧形柱廊。其隐喻在中国共产党的领导下，团结全国各族人民共同起来斗争，取得斗争的胜利。7根龙狮柱代表工、农、商、兵、知识分子、各民主党派和妇女各界，方形基座代表祖国大地（天圆地方）；3片碑体隐喻：主碑体象征全国革命的成功，较矮的碑体象征龙广武装革命暴动是整个中国革命的一个组成部分，用横梁将之联系，代表与中国革命紧紧相连。主碑书“龙广革命武装暴动纪念碑”，碑文由原中共罗盘地委书记刘清题写。

基座及环廊座位均高为49厘米，基座长、宽均为6.24米，隐喻永和—龙广暴动时间1949年6月24日；主体碑基部与基座之间平台的长均为4.9米，高1949毫米，主体碑基部至第一棵横梁上沿及7根龙狮柱（环廊位以上）均高1949毫米，代表1949年；主体碑第一棵横梁上沿至顶部高6.24米，隐喻6月24日；三片碑体下部的支撑墙，隐喻中国共产党深受全国各族各界人民群众的支持和拥护。基座周围（广场）长49米、宽19.49米，隐喻1949年。2011年，被列为黔西南州爱国主义教育基地。

安龙县城8层（含）以上建筑物（2012年）

表15—3—2

建筑名称	地址	最高层数	施工单位	产权性质	开工、竣工时间	建设（产权）单位
盛世龙城一栋	大坪社区	-1层 +28层	贵州省遵义市通达建筑工程有限公司	商住楼	2009—2011年	重庆中龙房地产开发有限公司

续表 15—3—2

建筑名称	地址	最高层数	施工单位	产权性质	开工、竣工时间	建设（产权）单位
盛世龙城二栋	大坪社区	−1层+28层	贵州省遵义市通达建筑工程有限公司	商住楼	2009—2011年	重庆中龙房地产开发有限公司
金荷名都	西一社区	9层	湖南省宇泰建筑有限公司	商住楼、健身休闲、文化娱乐、购物消费	2009—2012年	安龙县泓太房地产开发有限公司
安龙县信用合作大楼	大坪社区	−1层+11层	贵州建工集团第二建筑工程有限公司	营业、办公	2010—2012年	安龙县农村信用合作社
电力生产调度六楼	大坪社区	−1层+11层	贵州省建筑工程联合公司	营业、办公	2009—2011年	安龙县供电局
烟草公司综合业务楼	大坪社区	−1层+9层	贵州竞亿建筑工程有限公司	办公楼	2009—2011年	安龙县烟草公司
县医院综合住院楼	大坪社区	−1层+13层	黔西南州兴达建筑安装工程有限公司	住院、办公综合	2010年开工	安龙县人民医院
博爱医院	西二社区	−1层+9层	私人自建	商业、自住	2010—2012年	私人（余大权）

第四章　城乡建设管理

1979年，撤销县建设委员会，设立县基建局，全县城镇建设始有专门管理机构。1982年，县基建局内设施工管理股和集体施工队伍管理站，负责建筑企业管理。1983年，县基建局改为城乡建设环境保护局。1986年7月，建立建筑工程质量监督站，与集体施工队伍管理站分工合作，强化建筑施工管理：管理站负责考察企业技术资格，审核建筑承包合同，组织技术培训，审核外来建筑队伍，引导县属各建筑企业经营方向，制止无证照单位承包工程；建筑工程质量监督站则对国家、集体建筑工程质量进行全面监督。至1988年，县建筑工程质量监督站共监督工程质量19项，查处损失千元以上项目7个。同时，县管公房于1988年由财政局移交城建局，在城建局内设房地产管理所，负责管理和维修新中国成立以来所接管、没收的房屋，征收房租，办理管理范围内房屋产权变更手续，依法履行政府职责，维护公有房屋产权的合法性。

第一节　管理机构

一、住房管理机构

1989年，县财政局公产管理所与县建设局房屋产权发证办公室合并成立县房地产管理所，为股级事业单位，定编8人，隶属县城乡建设环境保护局。

1993年2月，成立县城镇住房制度改革领导小组，下设房改办公室和住房资金管理委员会办公室。

1998年6月，成立县房地产管理局，为正科级单位，房地产管理所和县房地产管理局合署办公，下设办公室、资金管理股、房地产管理所（股），归口管理自收自支、企业化管理的事业单位县房地产交易中心、县安居工程建设发展中心。

2002年，组建县房屋安全鉴定办公室。

2005年，县房地产管理局获得房地产测绘丁级资质。

2010年4月，组建县住房和城乡建设局，不再保留县建设局、县房地产管理局。6月，县房地产管理局所有人员及业务全部合并入县住房和城乡建设局，房地产管理职责由县住房和城乡建设局住房保障和房地产股履行，并管理县房地产交易中心；县安居工程建设发展中心，由县住房和城乡建设局直接管理。

二、建设管理机构

1989年，全县建设工作由县城乡建设环境保护局负责，内设人秘股、规划设计室、建筑工程质量监督站、城乡建设股、环境保护监理站、招堤风景区管理所，归口管理自来水公司和建筑公司。

1990年，建立县村镇建设管理站和龙广区、德卧镇建设管理所。

1991年，建立县排污监理站。

1992年，建立县城建设管理监察队。

1993年10月11日，新安镇环境卫生管理站归口县城乡建设环境保护局管理，更名为县城镇环境综合管理站。

1995年，建立县城建管理监察中队，为副科级事业单位，定事业编制10人，隶属于县建设局。

1996年，县建设局内设机构调整为办公室、综合业务股、财务股、环保股，定行政编制9人；直属机构调整为城建监察中队、村镇建设管理站、建筑企业管理站（挂质量监督站牌子）、规划设计室、房地产管理所、风景区管理所、环境监理站。组建县城乡建设工程队，隶属县建设局。

1998年，县城建中队更名为新安镇城管中队，划归新安镇管理。

2001年，县建设局内设机构调整为办公室、城乡建设股、建筑市场管理股、综合业务股，核定行政事业编制23人；下设直属正股级自收自支事业站（室）3个：建筑队伍管理站、建筑工程质量安全监督站、城乡规划设计室。

2002年，新安镇城管中队仍划归县建设局管理，更名为县城建监察大队。

2005年，撤销德卧镇、龙广镇、新桥镇村镇建设管理所，归入县村镇建设管理站。

2007年，按照精简、高效、合理设置原则，县建设局内设事业机构调整为县城建监察大队、县村镇建设管理站、县建筑工程质量监督站、县建筑企业管理站、县规划设计室和县招堤风景区管理所。

2010年4月，组建县住房和城乡建设局，不再保留县建设局、县房地产管理局。内设机构有行政股室5个：办公室、住房保障和房地产股、城乡规划建设股、建筑工程质量安全与市场监督股、城市园林与风景区管理股；下属事业单位9个：县城建监察大队（副科级参公）、县住房和城乡建设执法大队（副科级）、县村镇建设管理站（副科级）、县规划设计室、县建筑工程质量监督站、县建筑企业管理站、县招堤风景区管理所。至2012年，县住房和城乡建设局有正式干部职工53人，其中公务员5人、工勤1人；参公管理干部17人、工勤1人、工人11人；事业单位管理人员13人、工勤2人、工人3人。

第二节　城镇建设监察

1989—1990年，强化主街、巷、路、道建房红线控制，开展城镇道路东、西、南三大出口旧房占线调查，作占线标志。

1991年，县建设局、工商局与城关镇联合行动，强制拆除马场坝道路北侧人行道乱搭乱建61处，依法申请法院强制拆除违法挤占公共过道空间1处。

1992年，处理违法用地两户，强制性拓宽招堤风景区出入口转弯半径，强制性规划马家井、塔山岔道、钟鼓楼私人建房各1幢。

1993年，县政府制定《关于对县城规划建设和环境卫生管理的暂行规定》，规范城区建设、生活，严禁违章建筑，严禁往街、巷倒垃圾、泼水泼污；凡在县城沿街、巷新建或改造经营门市，必须到县城建局办理审批手续；限期改造经营性用煤大户设备。依法查处周家巷等违法违规建房325户，其中处理38户、没收8户、申请法院强拆8户、拆除61处。

1994年，处理单位违章建房9起、私人违法违章建房79户。

1996—1997年，检查规划建设工程质量等38项，查处招堤景区内电击鱼类等不法行为。

1998年，责令县电信局限期恢复擅自开挖的人行道和破坏的人行道小板。

1999—2000年，规范化管理顺城街临街建筑立面装修。

2001年，配合相关部门清理、拆除县城主街道违章搭棚209户。

2002年12月1日，全面取缔餐馆、旅社、宾馆、理发室、各种饮食摊点、生活锅炉等营业性燃煤炉灶，改用液化气、电热和汽化炉等清洁能源。制定《安龙县建设局关于整顿金龙市场市容市貌实施方案》，清除金龙市场主干道、人行道的构筑物、外棚伸延、占道经营摊位、户外广告标牌、经营性燃煤灶等。全年查处违法建设案件26起，占道经营等违法违章案件148起，大货车违章进城92起，乱停乱放27起。

2003年，整治违章占道等132起，查处违法建设38起，违章施工12起。成立路灯管理中队，查处破坏、损害照明设施案件8起。

2004年，综合治理顺城街汽车站至安坡路口、金龙市场、马场坝市场、皂角树至金碑路口、塔山至招堤入口至国土局等路段违章违法行为，重点整顿规划城区三轮摩托车、出租车营运秩序。共整治违章占道等173起，查处违法建设24起，违章施工5起。查处破坏、损害照明设施案件2起。

2005年，查处违法违章建筑、未批先建、少批多建、乱搭乱建、侵占公共绿地和道路规划红线等违法违章案件6起，查处违反《环卫条例》行为79起，查处占道经营、燃放烟花爆竹等违章行为300余起。

2006年，查处违法违章建筑、未批先建、少批多建、乱搭乱建、侵占公共绿地和道路规划红线等违法违章案件28起，申请人民法院强制执行1起；纠正违章占道经营2000余次，处罚占道修理86起，处罚违章碾压人行道机动车辆266台次，责令拆除破旧广告牌42块；查处损坏市政工程设施23起，其中责令限期改正14起，处罚并补办手续9起；查处损坏城市花草、园林绿化设施20余起。

2007年，成立城乡规划效能监察机构，对城市规划、建设、管理与“两证一书”颁发事项开展监察，完善《安龙县城市规划技术管理规定》《安龙县城市规划管理办法》，查处违反城市规划案件16起。

2008年，开展“公民道德建设满意在贵州”活动，建立“整脏治乱”工作长效机制，环境卫生经省政府督查组检查评定达标，排列全州第二。县城公交车试运行。

2009年，全县共审查、批准、颁发“一书两证”155份，发放施工许可证84份共31.47万平方米，总投资2.6亿元。将县城划分为6个管理辖区，实行目标绩效考核。规范县城占道经营897人(次)、流动摊点968个(次)，取缔撑杆搭棚15处，查处违章乱停乱放车辆354起。限制大型货运车、农用运输车、拖拉机、货运三轮车非法入城，打击非法城市客运机动车，查处和规范城市出租汽车营运28起，查处违法建设案件38宗。启动县城公交线路公开招投标。

2010年，治理占道经营330余次，取缔占道经营摊点700余处；清理和涂抹野广告7.5万处，清理马路市场3个、流动摊点350个，清除乱贴乱画3200条，拆除不规范广告标牌100余块；取缔大田坝菜市、西城区杨柳街菜市，新增西龙商贸城农贸市场；开工建设城东市场，建设规模7000余平方米，投入资金400万元。

2011年，根据“整脏治乱”工作实际，加大城市管理力度，将路段和片区责任落实到人，层层签订责任状，对重点、难点问题采取集中整治。全年整治占道经营605起，查处违章乱停乱放车辆65起（次）、大货车违规入城10次，清除沿街撑杆棚11家，规范流动摊点129次、落地式灯箱广告23个，拆出废旧广告34幅。投资19.32万元，购置果皮箱210个；登记农贸市场固定摊位310个，为市场搬迁做好基础工作。

2012年，以“整脏治乱”、争创“国家卫生城市”活动为契机，对辖区内道路4个片区共45个路段进行清扫保洁，整治占道经营536起、违章乱停乱放车辆58起次、大货车违规入城61次，清除沿街撑杆棚23家，规范流动摊点116次、落地式灯箱广告18个。拆除废旧广告23幅。完成城东农贸市场整体搬迁，增设城区果皮箱38个。

第三节　建筑业管理

一、建筑工程质量安全管理

1989—1991年，主要开展城区民房建筑的指导及机关单位办公、职工宿舍建设、直管公房的安全及维修管理。

1992年，根据《关于推广使用新型防水防渗材料的通知》，要求县域建筑企业、建筑工地在施工时使用新型防水防渗材料。

1994年，县公安局办公楼竣工，为县内第一栋砖混结构6层钢筋混凝土楼房，深基础推行钢筋混凝土机械打桩沉孔灌注桩深基础。

1995年6月，县建筑工程质量监督站对全县15家混凝土预制构件场（厂）生产的预应力空心板承重构件产品进行质量检查，合格13家，不合格2家；对全县混凝土预制构件场（厂）实施资质管理，禁止无资质的单位生产空心板。县内职工住宅楼室内开始建设卫生间、化粪池。

1996年，全县建设工程局部推行预制钢筋混凝土空心板。

1997年，建设工程深基础推行人工挖孔灌注桩深基础。

1998年，县建筑工程质量监督站以市场运作形式，依法对建设工程的投资、工期和质量实施监督管理。当年管理建设工程69项，总投资2572万元。

1999—2000年，实施工程建设强制性条文，标准质量监督和建设工程质量责任人终身负责制，开展建筑执业资格及安全生产大检查，监督检查在建工程48个，建筑面积4.7万平方米，总投资1900万元。

2001年，监督检查在建工程36个，建筑面积51350平方米，总投资1853万元。

2002年，监督检查开工建设项目57个，建筑面积65972.6平方米，总投资4379.8万元。鉴定危险房屋9幢共1540平方米。房管所检查直管公房56处共3600平方米，对有隐患房屋下发整改通知。

2003年，监督检查建筑工程项目37个，其中市政基础设施8个，投资528.6万元；民用建筑29个，建筑面积78731.6平方米，投资2414.48万元。全年完成总投资2943.08万元。县城300平方米以上建筑施工现场，推广使用筋竹代替钢管脚手架，全封闭施工。

2004年，监督检查建筑工程项目25个、民用建筑29个，总建筑面积37491.94平方米，总投资1642.66万元。

2005年，县建筑工程质量监督站对全县建设工程竣工验收实行备案制度。全年监督检查建筑工程项目57个，其中市政基础设施4个，投资759.44万元；民用建筑53个，总建筑面积87772.1平方米，投资3292.11万元。全年完成投资4051.55万元。

2006年，监督检查建筑工程项目31个，其中市政基础设施4个，投资3297.55万元；民用建筑27个，总建筑面积46227.2平方米，投资4259.80万元。全年完成总投资4957.35万元。

2007年，全县建设工程禁止使用实心黏土砖、实心页岩黏土砖，推广使用多孔烧结黏土砖、多孔页岩烧结砖、空心免烧砖、免烧蒸汽节能砖等新型墙体材料。监督检查建筑工程项目41个、民用建筑41个，总建筑面积115360.5平方米，投资4849.96万元，全年共完成总投资4849.96万元。县境38个建设工程竣工验收备案，项目总投资3685.03万元，总建筑面积61417.09平方米。

2008年，受理建筑工程质量监督项目54个，总建筑面积76941平方米，总投资5057.02万元。建筑工程质量监督、验收、备案项目33个共4.05万平方米，备案总投资1775.57万元；市政工程质量监督、验收、备案项目4个，备案总投资43.26万元。

2009年，全县招标投标建设项目实行建设工程质量监督申报。总投资额人民币500万元以上的，实施纸质文档和电子文档同时备案；总投资额人民币在500万元以下的，用文字说明。当年审核竣工工程项目备案86个，总建筑面积11万平方米，备案总投资6527万元。申报工程质量监督项目68个，总建筑面积9.63万平方米，总投资7974万元。房屋工程质量鉴定238件。

2010年，受理监督项目28个，总建筑面积21万平方米，总投资26193万元。竣工验收备案建设项目30个，总建筑面积42779万平方米，总投资3185万元。

2011年，坚持“安全第一，预防为主，综合治理”方针，紧紧围绕“质量和安全”在重点行业和领域开展安全生产隐患排查。县内在建房屋工程建设项目18个，总建筑面积18万平方米，总投资1.9亿元，开展建筑施工质量安全生产大检查39次（其中日常检查33次、大检查6次）。

2012年，开展建筑施工安全生产“打非治违”专项行动“回头看”，对县内重点行业和领域开展安全生产隐患排查工作。在建工程项目有55个（含2011年27个项目），总建筑面积16.万平方米，总投资近10.68亿元。配合公安、消防等单位，开展汕昆高速公路安龙段模拟隧道撞车事故应急演练。

二、建筑企业管理

1989—1990年，建设项目和单位建筑工程从单一的行政分包转向建设单位按资质条件择优选定施工队伍，由县建筑市场管理站负责建筑市场管理、施工队伍资质初审、申报、人才培训，参与检查建筑施工质量、建筑施工安全，参与工程竣工验收。协助县直有关单位开展建设工程招标项目2个，投资50万元，建筑面积2000平方米。

1991年，县境3家上等级建筑企业均购置混凝土搅拌机等重型机械，在招堤风景区旅游接待站、县职业高中、戈塘金矿安龙工区使用。

1995年，实施招投标项目6项，工程造价400万元。

1996年，成立县建设领域专项治理领导小组，整顿规范建筑市场、房地产市场和工程建设责任主体行为。至1997年，实施管理招投标建设项目18项，总投资824万元。

1998年，工程建设招投标项目69个，投资总额2572万元，建筑面积5万平方米。暂停黔西南州建安公司第二工程处投标资格。

1999—2000年，对全县建筑工程现场施工人员实行人身意外保险；对全县建安企业资料员、架子工、木工、钢筋工、混凝土工、砖瓦工、泥工进行安全培训。管理工程建设招投标项目27个，投资总额1031.7万元，建筑面积30289平方米。对龙广建筑公司未招投标擅自建设行为，处罚1.2万元。

2001年，管理公开招标建设项目23个，中标金额2646.85万元，全县限额以上建设工程招投标率100%。

2002年，取消议标，实行公开招标。管理公开招投标项目38个，中标金额2313.8万元。

2003年，公开招投标项目9个，中标金额877.5万元，总投资3383.1万元，创税363.4万元。

2004年，根据“凡20万元以上项目必须实行招投标”的规定，全县实行公开招投标项目8个，中标金额548.67万元，总投资1642.66万元，税收110.7万元。

2005年，按新修订《中华人民共和国招投标法》，开展建设工程招投标工作，建筑工程公开招投标建设项目41个、建设业主自行邀标或直接发包项目20个，建筑面积74351.2平方米，总投资1096.88万元；道路招投标工程2个、长746米，总投资415.7万元。

2006年，建筑工程公开招投标建设项目27个，项目总投资2334.15万元，建筑面积39908.68平方米；市政供水管网改造项目1个，改造管网9.09千米，总投资300万元；市政道路项目5个，总投资2106.4万元；园林绿化项目1个，总投资43.2万元；直接发包项目2个，投资34.75万元。查处因挂靠引起拖欠农民工工资行为1起。

2007年，筹建丽锋劳务分包公司。

2008年，在贵州省建筑企业管理网站上建立县内建筑企业信誉档案，清理兑现建设领域拖欠工程款743.83万元、农民工工资199.26万元。

2009年，对普坪镇计生服务业务用房施工过程中产生质量问题的黔西南州兴达建筑安装工程公司的项目经理、专职质检员、项目总监、监理工程师作州级不良行为通报；对安龙县金宏新型建筑材料有限公司拖欠工程款和民工工资问题进行调查并将处理结果向县政府作书面汇报；清理德卧计生服务业务用房转包和拖欠民工工资问题，兑现农民工工资8万多元。备案登记发包房屋市政建设项目100个，总投资11616.85万元；委托招标代理机构公开招标的项目32个，投资10977.13万元；邀请招标的项目2个，投资97万元。

2010年，备案公开招投标建筑工程项目33个，总投资5000万元，其中新开工备案项目16个，总建筑面积53539.64平方米。

2011年，加强对外来施工队伍和从业人员的管理，实行备案制。建立健全规章制度，规范招投标运作。协助县社保局做好原县建筑公司职工参加养老保险工作；对新开工的建设工程收取安全保证金，协助社保局搞好收取民工工资保证金的管理，杜绝新开工的工程发生拖欠工程款、民工工资现象。全年县境内新开工的房屋市政工程29个，总投资22135.95万元。

2012年，建立健全招投标工作规章制度，规范招投标运作；完善企业和专业人员数据库，建立信用档案。将企业和专业人员的处罚决定、不良行为和履行合同的情况载入数据库，列入“黑名单”。完成县境委托招标代理机构公开招标的项目13个，投资31185.76万元；邀请招标的项目18个，投资2052.57万元；自行招标18个，投资6781万元。新开工的工程34个(其中市政工程4个)，总投资33689.8万元。

三、建筑节能减排

2006年，基本取消黏土实心砖生产。全县有页岩砖厂6家，年生产2900万块；砼实心砖厂2家，年生产1300万块；砼空心小型砌块砖厂20家，年生产100万块。城乡年需求2500万块，面积15万平方米。

2007年，县建设局成立节能降耗工作领导小组。县境国家、企事业单位建房推广使用页岩实心砖，城乡建房面积20万平方米，砖用量3600万块。县建设局对县境墙体材料生产厂家进行摸底调查，引导和鼓励企业生产实心水泥标砖、实心叶岩砖等新型墙体材料。

2009年，全县建筑工程墙体材料全部使用节能空心砖。

2010年，推广免烧砖，使用页岩实心砖，建筑主体工程禁用黏土实心砖。

2011年，全面推广使用节能砂浆、挤塑板、抗裂砂浆及节能砖。

2012年，推广新型建筑节能墙体保温材料，加强建筑节能基金收缴。对未预缴建筑节能基金等15个项目工地的建设业主、施工单位、监理单位下发责令停工整改通知书45份。

第五章　住房制度改革

新中国成立以后，全县城镇住房实行福利分房、实物分配住房制度。中共十一届三中全会以后，国家和企业一方面增加住房投资，加快住房建设步伐，另一方面开始探索改革住房制度。1988年以后，安龙县住房制度改革实质性推行，县政府成立县城镇住房制度改革领导小组，下设县房改办公室和县住房资金管理委员会办公室。出台了《安龙县城镇住房制度改革实施方案》，1993年以前，全县城镇住房实行福利分房、实物分配住房制度；1993年以后，公有住房制度不断改革。

第一节　公有住房制度改革

一、住房机构沿革

1989年，县财政局公产管理所与县建设局房屋产权发证办公室合并成立县房地产管理所，为股级事业单位，隶属县城乡建设环境保护局。履行全县房屋产权、产籍管理等工作职责，负责办理房屋产权证明等。

1993年2月，成立县城镇住房制度改革领导小组，下设县房改办公室和县住房资金管理委员会办公室。

1998年，原县房地产管理所与县房地产管理局合署办公，成立县房地产管理局，为正科级单位，下设县房地产交易中心、县安居工程建设发展中心。

2002年，组建县房屋安全鉴定办公室。

2005年，县房管局获得由省国土厅测绘处颁发的房地产测绘丁级资质。

2010年，组建县住房和城乡建设局，不再保留县建设局、县房地产管理局。县住房和城乡建设局机关行政编制9名，工勤编制2名，列入县级财政全额预算管理。内设办公室、住房保障和房地产股、城乡规划建设股、建筑工程质量安全与市场监督股、城市园林与风景区管理股等5个行政股室；下设县城建监察大队、县住房和城乡建设执法大队、县安居工程建设发展中心、县房地产交易中心、县村镇建设管理站、县规划设计室、县建筑工程质量监督站、县建筑企业管理站、县招堤风景区管理所等9个事业单位。商品住房、房地产市场监督及保障性住房管理等职责归并入安龙县住房和城乡建设局住房保障和房地产股。

二、公有住房制度改革

1993年前，全县城镇住房实行福利分房、实物分配住房制度。

1993年秋，安龙县城镇住房实施公有住房制度改革，实行标准价出售公有住房，实行公积金。9月，黔西南州住房制度改革领导小组批准《安龙县城镇住房制度改革实施方案》，开黔西南州住房制度改革之先河。《方案》明确实施住房制度改革的原则和指导思想以及改革的目标，其基本做法是推行公积金、提租发补贴、租房买债券、出售公有住房、鼓励集资合作建房，建立住房基金。出售71%产权比例，标准价为每平方米180元、每平方米190元，全县69个单位参加房改，累计出售公有住房1120套共5.04万平方米，归集住房资金530万元。

1994年，根据《国务院关于深化城镇住房制度改革的决定》，安龙县把住房建设投资由国家、单位“统包”的体制逐步转变为国家、单位、个人三者合理负担的体制；把各单位建设、分配、维修、管理住房的体制改变为社会化、专业化运行的体制；把住房实物福利分配的方式改变为以按劳分配为主的货币工资分配方式；逐步建立以中低收入家庭为对象、具有社会保障性质的经济适用住房供应体系，和以高收入家庭为对象的商品房供应体系；建立住房公积金制度；发展住房金融和住房保险，建立政策性和商业性并存的住房信贷体系；建立规范化的房地产交易市场和发展社会化的房屋维修、管理市场，逐步实现住房资金投入产出的良性循环，促进房地产业和相关产业的发展。

1997年，根据《国务院关于深化城镇住房制度改革的决定》，贵州省宣布逐步停止福利分房，至1998年下半年停止福利分房。

1998年，按照《国务院关于进一步深化城镇住房制度改革加快住房建设的通知》《贵州省人民政府关于进一步深化城镇住房制度改革加快住房建设的通知》《安龙县人民政府关于深化我县城镇住房制度改革的通知》，全县住房从实物分配全部转变为货币分配。按照资产、职工分头算账，过去、将来两相衔接，存量按照工龄补偿，增量分步理入工资，租售价格统筹调整，多种支付并存过渡。具体而言，就是利用各种可利用的住房资源，区分新房、旧房，估实级差地租，搞清楚每个职工及其家庭的住房分配情况和已参加房改情况，在此基础上按照成本或微利水平同步调整租售价格，考虑过去长期实物分配的历史及其遗留问题和将来货币化分配的目标及转轨进程，对职工实行存量和增量两种补贴；职工购、租房屋以工资收入、住房补贴、公积金和多种抵押信贷方式支付，逐步实现住房分配和消费支出的货币化。当年6月，县内实行成本价出售公有住房，对已按标准价出售的公有住房，实行补足成本价，办理“房屋所有权证”；全县全年完成88个单位（含中央、省、州驻县单位19个）的全产权售房工作，共计2100套（含集资建房566套）。规定凡1993年未参加房改的单位和个人，严格按成本价全产权一次性购买。

1999年，安龙县城镇职工继续执行成本价出售公有住房政策，逐步实行职工以市场价购买的住房，产权归个人所有，可以依法进入市场，按规定交纳有关税费后，收入归个人所有；职工以成本价购买的住房，产权归个人所有，交清购房款一年后，可以依法进入市场，按规定交纳有关税费后，收入归个人所有；职工以标准价购买的住房，拥有部分产权，即占有权、使用权、有限的收益权和处分权，可以继承。产权比例按售房当年标准价占成本价的比重确定。职工以标准价购买的住房，住用5年后可依法进入市场，原售房单位有优先购买、租用权，原售房单位已撤销的，县房产管理部门有优先购买、租用权。售、租房收入在补交土地使用权出让金或含土地收益和按规定交纳有关税费后，单位和个人按各自的产权比例进行分配。是年，安龙县昌鑫房地产开发有限公司开工建设金龙市场房地产项目，标志着安龙县商品住房开发进入新的历史阶段。

2000年，“金龙市场小区”建成，由昌鑫房地产开发有限公司投资建设，总投资280万元，占地2500平方米，建筑面积5000平方米，当年开发商品住房3248.44平方米。

2001年，县政府印发《安龙县住房分配货币化改革方案》，明确提出住房分配货币化改革的目的和基本原则。要求从2000年1月起，在职职工个人住房公积金缴交率在5%前提下，单位为职工缴交率可提高到职工工资总额的10%，有条件的单位经房改办（房管局）批准可提高到职工工资总额的20%。

2002年，县房改领导小组下发《关于明确我县住房分配货币化改革中有关问题的通知》，明确规定“房改房成为危房后需拆建办理手续及程序”“国家机关企事业单位在自有闲置土地上修建职工住宅需办理的手续及程序”，根据黔西南州房改领导小组要求，全县逐步停止集资建房。

2004年下半年，对已出售的公有住房，补缴土地收益金，办理“房改房上市交易准入许可证”。

2005年，县政府办下发《关于印发安龙县住房分配货币化改革补充意见的通知》，先后出台《安龙县房改房上市交易暂行规定》《安龙县住房公积金贷款实施细则（初稿）》，全面开放县内住房二级市场。全县职工集资合作建房达到5.54万平方米，其中全额集资建房4.82万平方米，享受房改政策集资建房7200平方米，房屋维修380平方米。

2006年，全县停止集资建房，城镇职工及进城务工经商人员等所需住房全部进入市场。

2007年，安龙县开始编制廉租住房建设规划，开展廉租住房建设的前期准备工作。

2008年后，县政府按照中央关于对城镇低收入家庭实行住房保障等相关制度要求，开工建设廉租房、公租房，实行城市、垦区、棚户区改造及农村危房改造。当年实施廉租住房建设240套共1.5万平方米。对城镇低收入家庭，人均住房低于保障面积8平方米的，按照每人每月每平方米3元标准进行租赁保障。

2009年，根据中央、省、州要求，拓宽住房保障渠道，保障面扩大到城镇低收入（含工矿区）住房困难家庭。实施利民小区保障性住房建设840套共4.5万平方米。人均住房保障面积由8平方米提高到12平方米。按“三道门槛、两榜定案”，确定廉租住房租赁补贴对象，发放2008年度城镇低收入家庭廉租住房补贴1218户共2806人，补贴资金121.22万元。

2010年，继续开展利民小区建设，人均住房面积标准由12平方米提高到15平方米，租赁补贴按每人每月每平方米5元标准执行。全县全年发放廉租住房补贴1146户共2926人，补贴资金210.68万元。

2011年，按照《安龙县廉租住房出售管理暂行办法》，完善《安龙县惠民小区廉租住房出售管理方案》，出售惠民小区廉租住房196套，均价每平方米932元。在新安镇大坪社区（利民小区旁），新建廉租住房382套，占地1万平方米，建筑面积1.9万平方米。完成经济适用房建设96套，其中龙广镇幸福小区72套、利民小区新配建经适房24套。结合教师周转房建设，在木咱、新桥、戈塘、笃山等乡镇新建公共租赁住房280套。为展现安龙地方特色，在汕昆公路改造拆迁户275户，县城内拆建391户，完成棚户区改造任务666户。

2012年，县政府下发《安龙县廉租住房实物分配方案》《安龙县廉租住房保障对象民主评议办法（试行）》，规范廉租住房保障对象准入条件。

第二节 住房增量补贴

根据省政府《关于进一步推进我省住房分配货币化改革的补充意见》、省政府住房制度改革领导小组办公室《关于进一步加强我省住房增量补贴管理的通知》、省委办公厅《关于提高省直行政事业单位干部职工住房增量补贴标准的通知》、州政府《关于贯彻落实〈省人民政府关于进一步推进我省住房分配货币化改革的补充意见〉的通知》、安龙县政府《关于发放职工住房增量补贴的通知》的有关规定，安龙县自2006年10月起发放行政事业单位职工住房增量补贴。

一、发放条件

已购买房改房和参加集资建房的职工，取得“上市交易准入许可证”的，从2006年10月起计发住房增量补贴。新参加工作的试用人员从转正次月起计发。已购买房改房和参加集资建房但未取得“上市交易准入许可证”的职工，2007年3月31日及以前取得“上市交易准入许可证”的，从2006年10月起计发住房增量补贴；2007年4月1日及以后取得“上市交易准入许可证”的，从得证次月起计发住房增量补贴。

二、发放标准

行政事业单位在职职工住房增量补贴，按上年度12月份工资总额扣除岗位津贴、通信补贴和特种职业补贴后（即基本工资和补贴工资中的粮贴、知识分子补助、书刊费、交通费、边远津贴、洗理费、少数民族补贴、菜篮子补贴）的30%计发。行政事业单位离、退休人员住房增量补贴，按其上年度12月份工资总额扣除岗位津贴后（即：离退休金，其他补贴工资中的粮贴、知识分子补助、书刊费、交通费、边远津贴、洗理费、少数民族补贴、菜篮子补贴）的40%计发。

三、财政负担范围

全额预算拨款单位职工的住房增量补贴，由县财政全额负担；差额预算拨款单位职工的住房增量补贴，按照原确定的差额比例拨款，其余由单位自行负担；离、退休人员的住房增量补贴由县财政全额负担；中央、省、州驻县单位及县内自收自支事业单位在职和离、退休人员的住房增量补贴由单位自行负担，参照行政事业单位标准执行。规范异地调动职工住房补贴，从外县调入县内的职工住房补贴，按省委办公厅、省政府办公厅关于印发《省建设厅、省委组织部、省财政厅关于规范异地调动职工住房补贴规定的通知》执行。

是年，全县累计发放县直机关（含离退休）职工住房增量补贴109.47万元、乡镇职工（含离退休）住房增量补贴185.28万元。

2007年7月，省政府办公厅下发《关于省以下垂直管理部门职工住房增量补贴等经费管理有关的通知》，规定缴交比例在职职工最高不超过30%、离退休职工最高不超过40%，缴交基数为职工上一年度月平均工资，但最高不应超过职工工作所在地统计部门公布的上一年度在岗职工月平均工资的3倍。凡超过以上标准的，一律予以下调。

2006—2007年，全县审核245个行政事业单位，发放单位196个，发放人员9730人，发放住房增量补贴发放3540万元。其中县直3274人（在职职工2290人、离休49人、退休925人、岗前培训10人）、乡镇6456人（在职职工4775人、离休12人、退休1372人、岗前培训297人）。

2008年，县房管局负责住房增量补贴的审核工作，全年审核发放行政事业单位住房增量补贴3950万元。

2009年，仍按2004年省政府《关于进一步推进我省住房分配货币化改革的补充意见》、2005年省房改办《关于进一步加强我省住房增量补贴管理的通知》、2006年安龙县政府《关于发放职工住房增量补贴的通知》等规定，在职人员按工资总额扣除岗位津贴等项后的30%、离退休人员按工资总额扣除岗位津贴后的40%计发住房增量补贴，全县全年审核发放行政事业单位职工住房增量补贴4100万元。

2010年，根据省房改办《关于办理2006年7月后省级行政机关事业单位新增人员住房增量补贴的通知》，对因招考招聘转正人员住房增量补贴执行新的标准，全年审核发放行政事业单位住房增量补贴（含补发）9800万元。

2011年，全县新增住房增量补贴人员215人，新增审核发放住房增量补贴103万元，全县全年审核发放行政事业单位职工住房增量补贴1.26亿元。

2012年，全县新增住房增量补贴人员112人，新增审核发放住房增量补贴53.76万元，全县全年审核发放行政事业单位职工住房增量补贴1.27亿元。

第十六篇 交通 邮电

第一章 交 通

1978年以来，中共安龙县委、县政府大力发展交通基础设施建设，县境交通运输事业发展较快，至1988年，全县有公路1490.9千米，实现乡乡通公路，干线可达贵阳及云南、广西等地。随着改革开放的不断深入，县境城乡专业及联运组织应运而生，1983年6月，县交通局组织个体汽车运输专业户成立安龙县交通车队。1987年5月，成立于20世纪50年代的国营安龙县运输公司破产倒闭。至1988年，全县有大小货车448辆，全年运量19万吨，周转量400万吨千米；县汽车站客运量3.7万人次，客运周转量147.6万人千米，另有私人客车15辆、企事业单位兼营客车5辆，年客运量17.86万人次，客运周转量372.55万人千米；另有小型客货混装车于县境接送赶场商人和农民。有各式拖拉机232辆，单套马车526辆。

20世纪70年代初，建成坡脚航运管理站，县境南盘江通航里程约26千米，到1985年，坡脚航运站有小型机动木船20艘。1986年，建成南盘江坡脚航运码头。到1988年，县境水域共有货运机动木船6艘、人力木船102艘，其中坡脚航运站全年吞吐量2500吨，年旅客吞吐5000人左右；州交通局另为岜皓、坝盘、大湾3个渡口各配备20个客钢质人力摆渡船1艘。

第一节 公路建设

一、高速公路

至2012年年底，县境仅有汕昆高速公路过境。汕头至昆明高速公路属《国家高速公路网规划》7918网中第17条横线，编号为“G78”，起于汕头，经梅州、韶关、贺州、柳州、河池、百色、安龙、兴义、石林至昆明，是中国南部东西向的一条大通道。2011年12月31日，汕昆高速公路板坝至江底段建成通车。板坝至江底段是其中重要的组成部分，同时也是《贵州省高速公路网规划》的重要组成部分，其中安龙段占地426.67公顷，在安龙境内途经坡脚、新安、新桥、木咱、德卧、龙广6个乡镇共13个行政村，设安龙、德卧两个匝道，长43千米，投资33亿元。该高速公路采用4车道高速公路标准，设计时速80千米、路基宽度24.5米，桥涵设计汽车荷载等级为公路一级。建成通车后，可东接广西直达珠三角，西进云南通向东南亚，对改善贵州省西南部地区的交通运输条件和投资环境，促进贵州特别是黔西南州与东部沿海及西部东盟地区交流与合作，推进实施工业强省和城镇化带动战略，加快滇桂黔石漠化片区扶贫开发攻坚进程具有十分重要的战略意义。

二、国道

至2012年年底，县境仅有324国道过境。324国道起点为福建福州，终点为云南昆明，经过福建、广东、广西、贵州和云南5个省区，全程2712千米。其中安龙段原为广西旧州经册亨至县境兴隆，过安龙县城，出龙广达兴义境内；1997年改造为山岭重丘二级公路，将安龙县城经册亨至广西段，改为由安龙县城经幺塘、梅子关、石头寨、者干，过南盘江入广西境。原安龙至兴义段线路不变。

三、省道

210省道 210省道原为都（匀）安（龙）线、四煤（四门洞至龙山煤厂）线，实施路网改造后改称断（桥）安（龙）线，简称省道210线（S210线）。2006年由安龙公路段管养，路段起讫桩K118—K142.6，共24.6千米。从张家桥至龙山煤厂划归地方群养。安龙段管养的断安线路有永久性桥梁3座，多跨径总长30米，桥梁全长54.2米。

313省道 313省道原为沙（子岭）八（渡）线，1959年改称兴（仁）八（渡）线。1995年，改使用省道代号“S”，兴仁至安龙路段称S215线。2000年实施路网改造后，原兴八线改称册盘线（册亨至盘县），简称省道313线（S313线）。安龙公路段管养路段起讫桩K35—K92，共47千米，有桥梁4座，跨径总长57.5米，桥梁全长99.8米；石拱涵3道共27.05米、石盖板涵22道共214.6米、砼板涵5道共43.7米、砼管涵36道共318.6米。

四、县道

大坪至白水河公路 东起安龙至顶效公路（324国道）距县城2千米（大坪）处，经化力（木咱）、坡贡至白水河，总长21.5千米。其中大坪至化力（木咱）段长10.3千米，1958年动工修建，1959年竣工，1963年整修通车；1974年，化力（木咱）至坡贡段6千米建成，公路全长达到16.3千米。1985年9月至12月，以粮、油、棉、布补助整修化力（木咱）至坡贡段6千米，新建坡贡至白水河段5.2千米，1986年4月竣工验收。

1999年1月，对大坪至白水河公路进行路基镶边和路面改造工作，改造路段总长21.5千米，总投资72万元，其中黔西南州交通局补助28万元、县政府补助44万元，11月竣工。2010年1月，开工建设大坪至木咱通乡油路改造工程，全长12.85千米，路基宽度6.5米，路面宽度5.5米，3.5厘米厚沥青路面，总投资661.31万元，10月完工。

新桥至洒雨公路 全长13千米，先后分洒雨至木科、木科至新桥两段建成。其中洒雨至木科段长7.9千米，1972年12月由洒雨区组织测量，1973年4月开工，完成石方工程量10.08万立方米、土方工程量2.01万立方米，建设涵洞17道共136米，共用工21万个，自筹资金1万元，1974年8月1日建成通车，1975年2月经兴义地区交通局验收。1986年3月至1987年1月，以粮、棉、布补助投资16万元对该线改建，最大纵坡为9%，最小平曲线半径为25米。新桥至木科段起点位于安龙至顶效公路22千米（新桥）处，至木科乡接洒雨至木科公路，全长5.1千米，1985年9月开工，同年12月竣工，1986年3月验收。该路段采用粮、棉、布补助（折价15.49万元）投资修建，泥结平石路面，路基宽6.5米，路面宽4.5米，平曲线最小半径为30米，最大纵坡9%（2处），挖填土石方5.91万立方米，建设桥梁1座26米，桥梁最高载荷15吨。

1998年，县交通局争取黔西南州交通局交通扶贫资金12万元，对该路进行了整修。2001年6月15日，县交通局对该公路实施镶边改造，总投资80万元，12月底工程结束。

2009年3月，实施新桥至洒雨至普坪通乡油路改造工程，按部颁山岭重丘区四级公路建设，全长23千米，路基宽6.5米，沥青表处路面，项目总投资1231.744万元，其中中央车购税920万元、县政府匹配

311.744万元，2012年6月竣工验收。

万屯至普坪公路　东起安龙县普坪，经九头、洒雨、大坝、古里，经兴义县佐舍至万屯接黔滇公路南线，总长54千米，是安龙至顶效公路复线。

其中普坪至洒雨段，总长12千米，经龙潭坝、马路槽子、乐庄、龙潭坡、竜金、九头、大寨等地，1959年7月动工，在原修筑的乡道基础上修建，同年底完成90%，1960年完工通车，1962年修整完善。1965年，采取民工建勤办法再次进行全面整修，除工料具、医药、炸药等费由县交通科用群养经费解决外，以每个工发给补贴0.15元，发放民工补贴费3096.64元；洒雨至古里段33.7千米，1971年冬至1973年春，由洒雨区区长吴成忠带队测量，组织全民工施工建成通车。1973年后经过修整，并于1979年由兴义地区交通局拨款进行大中修工程，逐步完善。

2001年6月15日，动工实施兴义万屯至普坪公路镶边改造工程，总投资299万元，12月底全部完成。2007年，实施县道616线（即原普万线）洒雨镇至兴义市万屯镇独林段进行油路改造工程。该项目是县内由国家立项投资建设的第一条县道油路项目，是安龙县当年拟办的十件实事之一。该公路在安龙县境内33.77千米，辐射洒雨镇、海子镇和戈塘镇大坝等地，总投资1768万元，将原来的砂石路面改造为油路路面，按部颁山岭重丘区四级公路标准建设。工程分两个合同段实施，分别由兴义公路工程有限责任公司、四川大西南工程有限公司承包建设，2007年12月开工建设，2009年完成建设。

笃山至马路河公路　笃山至兴仁县屯脚镇马路河公路，总里程22.3千米，先后分北乡至马路河、龙山（北乡）至王家营两段建设。

北乡至马路河公路起自四煤公路（四门洞至龙山煤厂）27千米加400米处，经纳院至兴仁县屯脚镇马路河乡才娃山处，全长10.6千米，1986年10月县交通局用粮、棉、布补助安排新建，1987年4月竣工，总投资30.7万元，用劳动力23.01万个工日，完成土石方量18.07万立方米，修挡墙10820立方米，修桥梁3座共84米（其中中桥1座68米，总投资19.77万元）、涵洞71道共495米，最大纵坡8%（5处），平曲最小半径15米（3处），路基度6.5米（3处），路面宽度4.5米，泥结碎石路面。2001年6月15日，动工实施北乡至马路河公路镶边改造工程，总投资72万元，12月底建成。

1995年4月，开工建设龙山（北乡）至笃山乡王家营公路，全长11.7千米，路基宽6.5米，路宽5.5米，1998年2月竣工，总投资65.86万元。2000年4月，为进一步开发龙山镇煤矿资源，龙山至王家营公路由四级路路基提高到三级路路基，路基宽增加到7.5米，总投资193.8万元，其中县政府匹配141.8万元，年底竣工交付使用。

2005年4月，笃山至马路河（王家营至柿花坪段）公路开工建设，2006年春竣工验收，全长18千米，总投资825万元，按部颁山岭重丘区三级公路标准改造建设，路基宽7.5米，路面宽6.5米，为沥青表处路面。

2009年8月，实施王家营至龙山通乡油路改造大修工程，总长14千米，总投资820万元，年底完工。

兴义至天生桥公路　1992年6月，县交通局实施兴义至天生桥公路安龙县境3.34千米主体工程建设，当年底结束。2003年，全面改造兴义至天生桥公路，全路段全长35千米，其中安龙县境18千米，总投资1134万元，标准为三级油路，当年底结束。

龙广至万峰湖公路　龙广至万峰湖公路公路（原龙广至纳赖公路），北起龙广镇，经纳桃、孔家坝、长瓦房、龙井、放羊湾、胡家垭口、白岩弯、竜袍、永和等村寨至纳赖，该公路北与安龙至兴义公路（324国道）连接，南与兴义至万峰湖公路连接，全长29.4千米。该公路于1975年1月5日动工，县拨款3.4万元、兴义地区交通局拨款1.5万元，由龙广区组织修建龙广至永和段，8月竣工，1976年修通永和至纳赖段。1999年，国家用以工代赈补助改建龙广至万峰湖公路，全长25千米，分两期实施，第一期

17千米、第二期8千米，总投资283.8万元，其中县人民政府匹配23.8万元。1999年9月，第一期工程正式动工建设，2000年1月竣工；2000年3月，实施第二期工程，年内完成全部工程。

2010年1月，实施龙广至万峰湖通乡油路改造，10月完工，公路全长25.03千米，总投资1582.39万元，改造后路基宽度6.5米，路面宽度5.5米，3.5厘米厚沥青路面。

五、通村公路

1989年，全县修建乡村道路4条，总长22千米，补助火工材料费（投资）1万元。是年12月中旬，组织测量队测设坡脚乡七道拐至八坎公路，全长12千米，按乡村公路标准建设。1990年，修建和整修乡村道路7条，全长34千米，补助火工材料费（投资）3.6万元。1991—1993年，全县无新建乡村道路项目。1994年，修建和整修通村公路27条共154千米，新增通公路村32个。1995年，完成全县25个村共150千米通村简易公路建设。1996年，以群众集资、投工投劳方式，建设完成通村简易公路15条共165千米。

1997年，县交通局将16个乡镇划为3个片区，新修通村简易公路的村为20个，总里程120千米。到年底，全县284个村有269个村通简易公路，全县累计完成通村简易公路1200千米，公路进村率达到95%。1998年，新修10个村的通村简易公路，总里程228千米，全县累计通简易公路的村达到279个，全部里程1228千米，简易公路通村率98.2%。

1999年，争取以工代赈资金修建坡脚至者孔、木咱至新加、戈塘至龙兴、大坝至水井湾、蒋家坝至大寨、巧烂至高普陇等6个通村公路项目，总里程48.7千米，总补助资金50万元，由相关乡镇组织实施。2000—2001年，县内无新修通村公路项目。

2002年1月，实施木咱至坝力通村公路建设，总里程3.5千米，补助工程经费4.5万元，由县交通局制定施工方案，木咱镇政府组织村民投工投劳修建，2月底完工。是年，黔西南州交通局下达普坪至筏子河7千米通村公路建设计划，其中交通部补助30万元，2001年12月动工，2002年12月竣工。

2003年，省委、县政府提出“用五年时间，解决行政村通机动车问题”的计划。县交通局出台《安龙县通村公路建设实施意见》，明确乡村公路建设资金投入，每千米国家补助3万元、县政府匹配1万元，其余缺口资金由当地群众投工投劳完成。是年，全县安排沙厂坪至八坎、巧烂至峰洞、木咱至鲁贡、龙洞至新庄、笃山至小堡云、新桥至高普陇、巧洞至石头、桥马至打凼、德卧至大水井、塔山至平乐、海子至青底、龙（山）马（路河）公路至邱家湾、大庆至洒垤等13条通村公路建设，全年完成通村公路建设105千米。2004年，建设9条通村公路共213.9千米，总投资641.7万元，新增通公路行政村23个，均按《贵州省乡村公路技术标准》建设。

2005年9月18日，开工建设海子乡沙厂至安岭、德卧中学至阿油槽、东妹场至杀赖桥、龙广至五台、国道324线至作坊、省道313线至打靶场、钱相至雷达站、龙雁至坡关、巧凹至板磨、坡贡至安马至东妹场等10条通村公路建设，全长68.06千米，全部按照《贵州省乡村公路技术标准》改造，12月28日竣工。2006年3月17日，省、州、县验收组验收，工程总投资208.43万元。

2006年，县交通局组织新建安（龙）贞（丰）公路至暗河、土坝子至砦磨、龙山至巧岭、停西至郎行、顾屯至狮子山、蜜蜂寨至黄角庆、纳西至赖马7条通村公路共79千米，总投资316万元，由所在乡镇组织实施大水井至秧地、上陇至峰岩等2条通村公路建设，工程全部按照《贵州省通村路建设方实施意见》《农村公路工程竣工验收要求》《贵州省通村公路建设专项资金管理暂行办法》组织实施。至2006年底，除大井至秧地公路受秧地小桥影响外，其余项目全部竣工，完成M5浆砌路肩墙及挡土墙20368立方米、路基土石方9146立方米、路面基层石5665立方米、路面面层18900立方米、涵洞255道共1185千米。

2007年，完成2006年通村公路建设计划76千米，总投资304万元；新开工建设2007年通村公路计划10条共119千米，完成投资378.3万元，工程形象进度95%；开工建设追加2007年计划项目17条共170.5千米，总投资1023万元，年内完成投资204.6万元；实施2006年以工代赈通村公路项目8条共85千米，完成投资243.9万元，工程形象进度90%；开工建设2007年以工代赈交通项目12条共90千米，完成投资115万元，工程形象进度37.5%。

2008年，实施乡村硬化路项目2个共23千米，总投资525万元（中央投资345万元、地方匹配180万元），其中海联至独山村硬化路14千米；完成313省道至关桥村（新安镇）、东妹场至阿科、龙山纳院村等3条硬化路，开工建设塔山至岔河、海子村、洒雨场坝村3条硬化路。省交通厅、州交通局下达安龙县通村路改造计划9条共89.5千米，总投资537万元，其中万头村8千米、602县道至下箐2.4千米、堵瓦村4.6千米、坪洋至龙新18千米、排冗村15千米、海子村14千米、石埡口12.6千米、坡老村6.9千米、岩怀8千米，2009年底完成建设。实施通达（村）工程，2007年省交通厅下达安龙县农村公路建设项目畅通工程9个共119千米，国家投资714万元，涉及30余个村，2008年4月竣工；追加2007年通畅工程项目17条共170.5千米，中央预算内资金投资10238元，涉及60余个村，其中白水河至海子庄8千米、孙家湾至聋熟7千米、龙埡公路至平寨8千米、大咱公路至冗桑5千米、矿厂至卡作18千米、616县道至安王寨马赤黑13.5千米、小场坝至纳早6千米、岩脚至坡利6千米、岩脚至石灰9千米、海厂至讲埂至巧岭10千米、硫磺厂至陇松9千米、永和至坡脚12千米、海联至独山13千米、阿台至山岔13千米、纳马至空头至联合13千米、正格至冗若8千米、海子至东头12千米，2008年5月竣工；实施2008年通达工程项目9条共89.5千米，投资537万元，其中九头村通村公路8千米、602县道至下箐2.4千米、墙瓦村通村公路4.6千米、坪增至龙新公路18千米、排冗村通村公路15千米、海子乡通村公路14千米、石埡口通村公路12.6千米、坡老村通村公路6.9千米、岩怀村通村公路8千米，2009年春完成建设。实施移民农村公路建设，其中坡脚环湖移民公路8.05千米，总投资162万元，2007年11月开工，2008年竣工；坡脚小桥、巴猫河小桥项目总投资76万元，2007年10月动工，2008年竣工；万峰湖镇马安营公路6.8千米，投资120万元，2008年11月开工，2009年竣工。

2009年，实施通村公路建设23条共140.11千米。2010年，实施农村公路通达工程建设项目35个共127.8千米。2011年，实施通畅工程项目6个共41.5千米，总投资1838.5万元；实施通达工程海子村通村公路12.9千米，总投资77.4万元。2012年，完成通村公路硬化6个共43.1千米，总投资1829万元；续建324国道至箐山、五格至平寨至冗若、塔山至平乐、笃山龙井至花障坪、孙家湾至马鞭田、纳大至果约、新街至廷必、牙皂村通村、望城坡至大海子、岩上至新加等通村公路硬化项目10个共100.1千米，总投资4206万元；开工建设2013年预安排阿召至山岔、乔马至打函、香车河至龙新、戈塘至洒雨、免底村、纳万至塘坊、双明中学至坡云至巧洞、324国道至海子坝、324国道至阿八、324国道至柘仑村、九头至纳坎、瓦厂至纳西、梨树至红泥等通村公路硬化项目14个，总投资9004万元。至2012年底，全县建制村共296个，村道总长1492.89千米。

2009－2012年安龙县通村公路建设情况表

表16—1—1

年度	公路起讫地点	总里程（千米）	投资总额（万元）	路面要求	最大纵坡（%）	平曲线最小半径（米）	路基宽度（米）	路面宽度（米）	备注
2009	纳大至果约	5.50	26.00	砂石	10	12	4.5	3.5	龙广镇

续表 16—1—1

年度	公路起讫地点	总里程（千米）	投资总额（万元）	路面要求	最大纵坡（%）	平曲线最小半径（米）	路基宽度（米）	路面宽度（米）	备注
2009	324国道至安叉	22.27	143.60	砂石	12	12	5.5	3.5	龙广镇
	拉然沟至马安营	3.90	25.40	砂石	9	12	4.5	3.5	万峰湖镇
	602县道至拉然沟	4.00	26.00	砂石	12	20	4.5	3.5	万峰湖镇
	602县道至茅草坪	6.10	37.80	砂石	20	12	4.5	3.5	万峰湖镇
2009	313省道岔道至上阳方	20.20	11.20	砂石	6	20	4.5	3.5	兴隆镇
	红星至曲底	3.73	15.40	砂石	8	20	4.5	3.5	兴隆镇
	和平至久长	3.40	36.00	砂石	8	20	4.5	3.5	兴隆镇
	贵马至坪上	6.50	30.80	砂石	12	20	4.5	3.5	兴隆镇
	石盘至冗华	7.00	99.80	砂石	12	12	4.5	3.5	兴隆镇
	324国道至哪界	5.10	29.00	砂石	8	30	4.5	3.5	新桥镇
	硫磺厂至坛子厂	4.17	26.60	砂石	8	30	4.5	3.5	戈塘镇
	警科（313省道）至阿兴	4.04	27.80	砂石	8	20	4.5	3.5	兴隆镇
	德卧至扁占村	4.40	28.40	砂石	12	12	4.5	3.5	德卧镇
	烂田湾至雷打石	6.30	40.80	砂石	7	20	4.5	3.5	德卧镇
	324国道至坡关村	9.49	68.60	砂石	10	15	4.5	3.5	龙广镇
	小场坝（纳早）至680县道	13.50	88.00	砂石	12	15	4.5	3.5	万峰湖镇
	磨舍村岔道至荒田	4.35	16.60	砂石	8	30	4.5	3.5	洒雨镇
	大坝公路至免补	3.78	13.00	砂石	12	12	4.5	3.5	戈塘镇
	巧烂至洒垤	6.80	39.00	砂石	12	12	4.5	3.5	新桥镇
	龙平小学至花障坪至宜拉小学	4.02	29.00	砂石	12	12	4.5	3.5	龙山镇
	宜拉至河坝	5.23	17.20	砂石	12	12	4.5	3.5	龙山镇
	纳秧田垭口至白岩村	4.30	27.80	砂石	12	15	4.5	3.5	万峰湖镇
2010	纳西至佳皂	1.50	11.00	砂石	7	12	4.5	3.5	
	瓦厂至纳西	1.50	11.00	砂石	5	12	4.5	3.5	
	新桥至德卧公路至团山堡	1.50	11.00	砂石	3	30	4.5	3.5	
	毛杉树至田坝	2.50	18.00	砂石	4	30	4.5	3.5	
	602县道至放羊湾	2.50	18.00	砂石	12	12	4.5	3.5	
	兴天公路至平方	3.00	21.00	砂石	9	12	4.5	3.5	
	龙垭公路至江坡村	0.50	4.00	砂石	5	12	4.5	3.5	

续表 16—1—1

年度	公路起讫地点	总里程（千米）	投资总额（万元）	路面要求	最大纵坡（%）	平曲线最小半径（米）	路基宽度（米）	路面宽度（米）	备注
2010	602 县道（交尾）至永和村	3.5	25.00	砂石	10	12	4.5	3.5	
	680 县道至冗袍村	2.50	18.00	砂石	10	12	4.5	3.5	
	602 县道至六躲	5.00	35.00	砂石	9	12	4.5	3.5	
	马窝至岜皓	2.00	14.00	砂石	9	12	4.5	3.5	
	678 县道至响乐	1.50	11.00	砂石	7	12	4.5	3.5	
2010	嘎拉至安沙	7.00	49.00	砂石	10	12	4.5	3.5	
	新洒公路至落卡	4.00	28.00	砂石	10	12	4.5	3.5	
	九头至聋金	2.70	19.00	砂石	11	12	4.5	3.5	
	长塘至鸭子井	3.00	21.00	砂石	9	12	4.5	3.5	
	龙王公路至坡基	1.50	11.00	砂石	12	12	4.5	3.5	
	纳花至四煤线	2.00	14.00	砂石	11	12	4.5	3.5	
	巧岭至扯陇	6.00	42.00	砂石	12	12	4.5	3.5	
	龙王公路（坡仙）至纳舵村	4.20	29.00	砂石	12	12	4.5	3.5	
	花障（下坛）至岜秧村	2.50	18.00	砂石	12	12	4.5	3.5	
	616 县道至长田村	4.50	32.00	砂石	12	12	4.5	3.5	
	安兴路至大水井	1.50	11.00	砂石	10	12	4.5	3.5	
	坛子厂至科发	8.20	57.00	砂石	9	12	4.5	3.5	
	巧烂至峰硐	4.50	32.00	砂石	9	12	4.5	3.5	
	杨柳井岔道至老寨村出口	9.50	67.00	砂石	10	12	4.5	3.5	
	古里街上至砂厂	2.60	18.00	砂石	9	12	4.5	3.5	
	陇桥岔道至砂厂	7.00	49.00	砂石	10	12	4.5	3.5	
	梨树电站至胡家坪	3.00	21.00	砂石	10	12	4.5	3.5	
	梨树亖龙山县道至大坡出口	2.00	14.00	砂石	11	12	4.5	3.5	
	坡糯至四煤线	8.50	60.00	砂石	12	12	4.5	3.5	
	毛垭口至垭口	2.90	20.00	砂石	11	12	4.5	3.5	
	红星农场至大路	3.70	26.00	砂石	9	12	4.5	3.5	
	玻璃厂至黑土地	3.50	25.00	砂石	8	12	4.5	3.5	
	者京下坝弄至钱相	6.00	42.00	砂石	10	12	4.5	3.5	
2011	笃山至龙井通村油路	3.50	—	硬化	—	—	—	—	通畅工程
	德卧坡告村公路	2.8	—	硬化	—	—	—	—	通畅工程

续表 16—1—1

年度	公路起讫地点	总里程（千米）	投资总额（万元）	路面要求	最大纵坡（%）	平曲线最小半径（米）	路基宽度（米）	路面宽度（米）	备注
2011	龙广新场坝至小场坝	4.9	—	硬化	—	—	—	—	通畅工程
	戈塘至大水井	8.8	—	硬化	—	—	—	—	通畅工程
	石冲至总科	8.4	—	硬化	—	—	—	—	通畅工程
	绿海子至铜鼓井	13	—	硬化	—	—	—	—	通畅工程
	海子村通村公路	12.90	77.40	硬化	—	—	—	—	通达工程
2012	324国道至箐山	—	—	硬化	—	—	—	—	通村公路硬化续建
	五格至平寨至冗若	—	—	硬化	—	—	—	—	通村公路硬化续建
	塔山至平乐	—	—	硬化	—	—	—	—	通村公路硬化续建
	笃山龙井至花障坪	—	—	硬化	—	—	—	—	通村公路硬化续建
	孙家湾至马鞭田	—	—	硬化	—	—	—	—	通村公路硬化续建
	纳大至果约	—	—	硬化	—	—	—	—	通村公路硬化续建
	新街至廷必	—	—	硬化	—	—	—	—	通村公路硬化续建
	牙皂村通村公路	—	—	硬化	—	—	—	—	通村公路硬化续建
	望城坡至大海子	—	—	硬化	—	—	—	—	通村公路硬化续建
	岩上至新加	—	—	硬化	—	—	—	—	通村公路硬化续建
	阿召至山岔	—	—	硬化	—	—	—	—	2013年预安排
	乔马至打函	—	—	硬化	—	—	—	—	2013年预安排
	香车河至龙新	—	—	硬化	—	—	—	—	2013年预安排
	戈塘至洒雨	—	—	硬化	—	—	—	—	2013年预安排
	免底村	—	—	硬化	—	—	—	—	2013年预安排
	纳万至塘坊	—	—	硬化	—	—	—	—	2013年预安排
	双明中学至坡云至巧洞	—	—	硬化	—	—	—	—	2013年预安排
	324国道至海子坝	—	—	硬化	—	—	—	—	2013年预安排
	324国道至阿八	—	—	硬化	—	—	—	—	2013年预安排
	324国道至柘仑村	—	—	硬化	—	—	—	—	2013年预安排
	九头至纳坎	—	—	硬化	—	—	—	—	2013年预安排
	瓦厂至纳西	—	—	硬化	—	—	—	—	2013年预安排
	梨树至红泥	—	—	硬化	—	—	—	—	2013年预安排

六、专用公路

至2012年，县内专用公路仅有龙广镇至广西隆林县桠杈镇公路1条，原为天生桥二级水电站专用公路，全长30.53千米，路基宽7.5米，起点位于龙广镇赖山村324国道加油站处，途经龙广镇赖山村、德卧镇陡坡村、坡告村、德卧村、盘龙社区、团山堡村、白水河村（原平安村）、停西村、郎行村（原灰老村），止于天生桥二级电站、中山堡电站驻地广西壮族自治区隆林县桠杈镇，涉及天生桥一、二级电站库区移民409户共1700人及公路沿线9个村群众共2万余人，也是白水河一级电站、二级电站、天生桥二级电站和中山堡电站职工通行公路。该公路始建于1983年，由水电部第九工程局天生桥分局建设，设计路基宽9米，沥青贯入式路面；1999年，水电部第九工程局天生桥分局迁回贵阳，该路段处于失管失养状态；2001年，中国南方电网出资对该路段进行路面改造，改造路基宽7.5米，沥青表处路面，2002年竣工投用；2009—2010年，中国南方电网再次出资，对德卧镇至广西隆林县桠杈镇路段进行水泥砼路面改造。

第二节 车站 桥梁 隧道 渡口

一、汽车站

安龙汽车站 安龙汽车站原位于新安镇马场坝（景家冲路口旁），2010年初停止使用。2005年5月，在西城区动工兴建新汽车站，主体工程于2007年完工，2009年竣工验收，2010年1月18日正式投入运行。西城区新汽车站项目总投资530多万元，占地面积16667平方米（25亩），建筑面积2699.85平方米，发车棚400平方米，检修车间210平方米，公厕80平方米，站前广场2000平方米，混凝土地面停车场1万平方米。主要承担县内主要客运线路的发车、停车业务，经营线路主要有安龙至贵阳、昆明、南宁、兴义、德卧、万峰湖等，经停省际过境班车。

县交通综合服务中心 成立于1998年，负责停发贵阳、安顺、金矿客运班车，2001年撤销。

五金公司发车点 位于新马路县五金公司仓库大院内，成立于2002年，等外级发车点，隶属安龙县金祥汽车运输服务有限公司，主要负责安龙至兴仁、贞丰、龙山、金矿、嘎拉、海子、古里班线客车的始发，进站车辆46辆，日均客运量达900余人次。2010年，西区新汽车站投入后，曾经关闭，后又重新经营，县城棚户区改造后彻底关闭，所有车辆改停安龙汽车站。

德卧汽车站 位于德卧镇街上，1985年兴义汽车运输总公司投资修建的乡镇客运站，2006年5月启用，有进站车辆40辆，日均客运量达800人次，是兴义汽车运输总公司唯一直接管理的乡镇客运站。

塔山发车点 位于县城东面的塔山脚，主要承担望谟、册亨、兴隆、平乐等东部州内、县内客运线路和停发车业务。2010年，西区新汽车站投入后，曾经关闭，后又重新经营。

龙广汽车站 位于龙广镇环城路旁，2011年12月28日建成投入使用，占地2000平方米，设公厕60平方米，总投资50万元。龙广汽车站投入使用后，原在龙广老街停靠的安龙、兴义、德卧、万峰湖、桠杈、板坝方向车辆一律改走环城路，进汽车站停靠。

二、桥梁

1. 公路桥梁

板屯河大桥 位于324国道上，中心桩号为K2124.15，原为钢混公路小桥，平班电站蓄水发电后，原桥被淹没，改为钢混公路中桥。大桥多跨径总长64米，桥梁全长100米，桥面净宽7.9米，桥面宽8.9米，主跨16米，边跨16米，由贵州省桥梁公司承建。

犀牛洞大桥 位于安（龙）至贞（丰）的二级公路笃山乡境，大桥全长330米，高73米，总投资

3100万元，有主桥墩11个。

芭猫河桥 位于国道324线2130千米加268米处，为单孔18—空心板梁桥，全长26.6米，桥面净宽9.8米，跨径10米，设计荷载等级为2—汽车—20一级。2002年5月建成。

大坪立交桥（西龙桥） 位于国道324线2158千米加597米处，为3孔21—板拱桥，全长95.4米，桥面净宽7米，多跨径总长64米，设计荷载等级为2—汽车—20一级。1995年10月建成。

新桥 位于国道324线2181千米加281米处，为单孔23—双曲拱桥，全长62米，桥面净宽7米，跨径30米，设计荷载等级为2—汽车—20一级。1987年1月建成。

八达桥 位于省道210线123千米处，为双孔11—板梁桥，全长23米，桥面净宽6.4米，跨径总长14米，设计荷载等级为4—汽车—10级。

石冲桥 位于省道313线74千米加898米处，为单孔21—板拱桥，全长14.3米，桥面净宽7米，跨径6.5米，设计荷载等级为4—汽车—10级。2004年10月建成。

小河桥 位于省道313线87千米加217米处，为4孔21—板拱桥，全长32.5米，桥面净宽6米，跨径总长21米，设计荷载等级为4—汽车—10级。

鲁沟桥 位于省道313线88千米加739米处，为单孔21—板拱桥，全长38米，桥面净宽7米，跨径22米，设计荷载等级为3—汽车—15级。

巧硐桥 位于县道672线500米处，为单孔21—板拱桥，全长38.5米，桥面净宽7.8米，跨径20米，设计荷载等级为2—汽车—20一级。

长桠大桥 位于龙广至科丰公路上，横跨南盘江，左岸位于安龙县长田村，右岸位于广西隆林县桠杈镇。桥长352.1米，宽11米，高40.68米，为钢筋混凝土箱形拱桥。该桥分为四等跨，每跨78米，设计荷载等级为2—汽车—20一级。1988年9月建成。

洒雨桥 位于普（坪）万（屯）公路12千米处，为单孔石桥，全长11米，桥面净宽5米，跨径10米，设计荷载等级为4—汽车—10级。

2. 铁路桥梁

县境铁路桥共13座：沙厂坪隧内桥、沙厂坪桥、冗百桥、停西1号桥、停西2号桥、停西隧内桥、停西3号桥、停西4号桥、白水河1号桥、白水河2号桥、德卧桥、赖山桥、龙广桥。

三、隧道

县境有铁路隧道23座：石头寨1号隧道，石头寨2号隧道，沙厂坪1号隧道，沙厂坪2号隧道，沙厂坪3号隧道，八坎1号隧道，八坎2号隧道，八坎3号隧道，乐欢隧道，冗百1号隧道，冗百2号隧道，冗百3号隧道，冗百4号隧道，冗百明洞隧道，停西1号隧道，停西2号隧道，停西3号隧道，停西4号隧道，停西5号隧道，八光1号隧道，八光2号隧道，德卧隧道，长地隧道。

四、渡口

县境南盘江沿岸在清代有灰老、落凹、岜皓、坡脚、板屯等民间渡口。由于经济、人口及交通发展变化，有的废弃又另辟渡口，至1988年仍有坡脚、甘河、坝盘、大湾、岜皓5个民间渡口。2006年，安龙县海事处登记监管的有德卧马鞭田浮（胡）桥渡口1道、万峰湖永和港口1个、万峰湖天生桥电站高坝码头1座。至2012年，县境有乡镇渡口1道，码头2个，便民码头10个。

胡桥渡口 位于白水河电站库区上游马鞭田村。1995年3月，县人民政府行文批准设立胡桥渡口，海拔1000米。5—9月为丰水期，渡口水面直径宽400—500米，容量约1750万立方米，平均流量为每秒7.58立方米，10月至次年2月渡口水面直径宽20—25米，3月至5月为枯水期，船只停航。年渡运量达3万余人次，在渡口两岸设立渡口碑和渡运须知，渡口项目总投资20余万元。

永和港　位于万峰湖人民政府所在地，1997年10月开工，2007年3月全面竣工。永和港为汽车引导加斜坡式，岸线总长315米，港区建设总面积为2216平方米，总投资289.9万元，房屋砖混结构，价值141万元。泊位数1个，停靠船舶吨级300吨，设计年吞吐能力：货运量11万吨，客运量44万人次。

坡脚码头　位于坡脚乡坡脚村者干组，2004年6月2日开工，9月18日全面竣工。码头为阶梯式，岸线长度70米，码头前沿最低设计水位437米，低于库区水位0.5米，最高设计水位441米，高于正常蓄水位1米，后方场地914平方米。码头总投资为39.134万元。

便民码头　2010年，全县共建有便民码头10个，投入资金共104.87万元。其中，万峰湖镇7个，投入资金76.27万元（岜皓村2个，投入资金28.78万元；港湾村1个，投入资金9万元；马安营村2个，投入资金23.96万元；纳赖村2个，投入资金15.53万元）；德卧镇2个，投入资金19.6万元（郎行村1个，投入资金9.6万元；甘河村1个，投入资金10万元）；坡脚乡1个（者贵村者贵组），投入资金9万元。

第三节　道路养护

一、干线公路养护

1989年，县境有干线公路4条共125千米，养护工作由安龙县养护段承担，养护完成好路87.6千米，好路率为70.08%，差路6.6千米。1990年，好路率70.4%。1991年，养护125千米，有正规油路38千米、简易油路32千米，好路率70.4%，差路率7.12%。1992年，好路率74.38%，差路率3.8%。1993年，好路率75%，差路率2%。1994年，养护干线公路3条123.5千米，好路率73.4%，差路率2.7%。1995年，好路率78.6%。1996年，好路率69.3%。1997年，好路率68.9%。1998年，干道公路综合好路率69.95%，差路率4.24%。1999年，养护段综合养护干线公路171.5千米，完成投资223.54万元，好路率77.23%，差路率4.19%。

2000年，安龙县公路养护段更名为安龙公路管理段，属贵州省公路局，由兴义公路管理局直接管理，负责管养县境国道、省道125千米，本年完成公路养护171.5千米，完成投资221.12万元，好路率73.4%，差路率5.82%。

2001年，建立健全各项规章制度，制定养护目标责任制，查路、养护等综合养护171.5千米，完成养护投资244.23万元，好路率80.67%，差路率3.65%。2002年，国省道综合养护171.8千米，完成投资235.73万元，好路率70.5%，差路率14.4%。2003年，管护国省道171.8千米，完成投资247.1万元，好路率77.74%，差路率10%。2004年，综合养护国道、省道共171.8千米，完成投资209.9万元，好路率80.88%，差路率13.7%。2005年，国省道综合养护171.8千米，完成投资392.61万元，好路率73.06%，差路率28.7%。2006年，国省道综合养护171.8千米，完成投资310.25万元，好路率76.65%，差路率28.1%。2007年，国省道小修保养105处，完成中修治理水毁199处，实施保养工程1596米，好路率87.8%。2008年，查路里程99.7千米，完成良等路89.7千米，好路率为89.7%。2009年，查路里程99.7千米，优良等路69千米，优良路率69.2%，无差等路。2010年，管养公路里程为161.58千米，优良等路125千米，优良路率77.4%，无差等路。2011年，查路里程161.58千米，优良等路118.88千米，优良路率73.6%，无差等路。2012年，查路里程159.64千米，优良等路129.23千米，优良路率80.95%，差等路1千米，差路率0.6%。

二、地方公路养护

1989年，设有县地方公路养护工区，承担县、乡公路养护任务247.8千米，公路好路率38.99%，差路率8.67%。1990年，养护工区养护22条共279.2千米（县公路5条共136.9千米、乡公路17条共142.3千米），其中县公路好路56.2千米，好路率41.7%。1991年，养护工区养护县、乡公路279.7千米，其他未接养的专用线和等外级拖拉机道473.3千米，其中县公路136.9千米，好路率41.7%。1992年，好路率48.78%，差路率1.73%。1993年，好路率51%。1994年，养护工区养护县级公路5条116.9千米，好路率51.3%，差路率完成1.7%。1995年，好路率59.6%。1996年，地方养护公路451.3千米，县公路好路率51%。1997年，县级公路由养护工区负责养护，乡公路和村道路由各乡（镇）负责，县公路好路率62.9%。1998年，县乡公路综合好路率61.27%，差路率0.8%，新增公路绿化里程10千米。1999年，县乡公路综合发路率64%，差路率为零，消灭了差路率。

2000年，安龙县地方公路养护工区负责管理养护县境内的县、乡级公路151.3千米（县级公路为部颁四级，乡级公路未达到部颁标准），养护经费由州交通局公路处按公路等级分配养护指标，不足部分由县政府财政补贴（以前称民工建筑）。是年，安龙地方公路县乡公路率66%，差公路为零，完成公路绿化10千米。

2001年，县级公路好路率80.52%，差路率为零，新增公路绿化12千米。2002年，县级公路好路率75%，差路率为零，新增公路绿化7千米。2003年，县级公路好路率80%，差路率为零，新增公路绿化5千米。

2004年，养护工区实际管养县公路4条共104.9千米，省道1条14.4千米，设7个道班，其中安贞公路为固定道班，其余道班由沿线的农民工代表担任班长，完成机制碎石7980立方米；乡公路18条共143.7千米，由各乡镇选定人员进行管养，每季度抽样。县级以上公路良等路76千米，次等路28.9千米，好路率为72.45%。2005—2006年，县级公路的好路率为80%，差路率为零。2007年，对682县道18千米的路面进行补油、填坑槽处理，县乡道实施保养修复79处，治理行车隐患60余次，累计治理80余千米，全年好路率82%。

2008年10月，撤销地方公路养护工区，设立“安龙县公路管理所”，为县交通局管理的副科级事业单位，全县16个乡镇设置交通管理站，为公路管理所的派出机构，规格为正股级；设立“安龙县交通大队”，正股级事业单位，归县交通局管理。纳入全县管理养护公路26条共308.1千米，其中县道11条共171.2千米、乡道15条共136.9千米，好路率80.5%。2009年，实际养护公路35条397.36千米，其中县道混结碎石路面3条共68.8千米：大白线21.2千米、龙万线25千米、王马线22.6千米，乡道混结碎石路面3条共21.634千米：四楞至柘仑10千米、东妹场至刹赖桥5.4千米、冗堡至嘎拉6.23千米；乡道油路1条：新桥至德卧8千米；村道混结碎石路面共28条298.921千米，水泥路面1条（海联至绿海14千米）。全年投入养护经费130.8万元，完成机制碎石2298立方米、保畅线路机制山砂560立方米。检查乡公路29.63千米，良等路26.5千米，次等路3.13千米，好路率98.42%，综合值76.83%；村公路312.92千米，良等路253.14千米，次等路53.48千米，差等路6.3千米，好路率为80.9%，综合值为73.63%。

2010年，全县实际在养农村公路总里程1518.95千米，其中县公路5条共67.2千米：王家营至马路河22.6千米、大坪至白水河5.1千米、南环线和西环线4.8千米、古里至洒雨34.7千米；乡公路12条共100.1千米：平寨至大坪14千米、鲁沟至大坝16.1千米、三道沟至坡脚4.7千米、龙山至巧岭8.2千米、化力至停西15千米、巧凹至冗华6.7千米、新桥至德卧8千米、木城至龙蛇8千米、冗堡至戛拉6.6千米、巧凹至巴巴坳6.4千米、东妹场至刹赖桥5.4千米、四楞碑至柘仑1千米；通村公路322条共1351.65千米。

2011年，全县农村公路实际在养里程1569.84千米，其中县公路6条共92.2千米，增加龙广至万峰湖公路25千米；乡公路12条共100.1千米，通村公路增加到1377.54千米。

2012年，全县农村公路养护里程为1727.47千米，其中县公路170.06千米（油路141.61千米、泥路28.45千米）、乡公路148.83千米（油路16.51千米、泥路132.32千米）、通村公路1408.58千米（油路38.15千米、泥路1370.43千米）。

第四节　公路运输

一、道路客货运输

1989年，全县有民用汽车376辆，其中私人所有242辆。载客汽车55辆，其中私人所有15辆；大型载客汽车10辆，全为私人所有；小型载客汽车45辆。普通载货汽车309辆，总吨位1349吨，其中私人所有229辆，总吨位1115吨；大型载货汽车238辆，总吨位1207吨，其中私人所有185辆，总吨位1018吨；小型载货汽车71辆，总吨位142吨；专用汽车4辆、特种汽车8辆。轮胎式拖拉机115辆，其中手扶拖拉机30辆；摩托车188辆，其中两轮摩托车79辆；其他机动车68辆，马车375架93.75吨。据公路运输管理所和县汽车站统计，1989年完成货运276万吨，货运周转量60万吨千米；客运量45.26万人次，客运周转量3491.1万人千米。

1990年，全县有机动车1092辆，其中水电部（天生桥电站）牌照139辆；非机动车513台，小马车242部，驮马4500座，板车115部，装卸搬运工135人，手扶式拖拉机137台，中型拖拉机99台。营业性货运汽车359辆，总吨位1529.9吨，非营运汽车62辆74.3吨，客车22辆522座位。有汽车修理业户147家，其中二类二保9家，二类一保5家，专项修理29家，摩年车修理4家，从业人员共有104人。

1991年，汽车货运量107万吨，周转量1070.7万吨千米，拖拉机完成货运量15.23万吨，周转量150.23万吨千米。客运量完成39.6万人次，周转量158.4万人千米。1992年，完成客运量60万人次，旅客周转量3700万人千米，货运量42万吨，货物周转量7180万吨千米。1993年，完成客货运量35.32万吨千米，货运周转量5464万吨，客运量85.55万人次，客运周转量3654.28万人千米。1994年，完成客货运量35.32万吨千米，货运周转量5464万吨，客运量85.55万人次，客运周转量3654.28万人千米。1995年，县内有运输业户1570户，其中客运业户520户、货运业户1050户，有营运客车74辆1332座（不含兴义运输公司在安龙站的车）、营运货车384辆1100.47吨，拖拉机125辆，人力车980辆。全年完成货运量30万吨，货运周转量5500万吨千米，客运量40万人次，客运量周转量2591万人千米。

1996年，有运输业户527户，其中客运业户86户、货运业户441户，有客运客车86辆共1452座（不含兴义运输公司在安龙站的车辆），营运货车411辆共1293.55吨，拖拉机306车共160.5吨。人畜力车805辆，全年完成货运量34万吨，货运周转量5058吨千米，客运量13.5万人次，客运周转量2607万人千米。

1997年，运管部门完成货运量36万吨，货运周转量5620万吨千米，客运量68万人次，客运周转量2830万人千米。1998年，县汽车站日发送客运班车75辆次，日发送旅客650人次，全年客运周转量152.46万人千米。1999年，开辟农村班线10条，投入客车19辆共342座。县汽车站日发送客运班车90辆次，日发送旅客720人次，全年客运周转量612.24万人千米。2000年，全县有货运汽车364辆1820吨位，客运汽车22辆，全部是个体运输业。全年完成货运量1800吨，货运周转量62.79万吨千米，完成43200班次，完成客运量25.35万人次。

2001年，取缔城市人力三轮车，发展机动三轮车，全县经营性机动车三轮车400辆；县城投入奥拓出租车20辆。客运站月发班次120班，年发班4.32万班，月发送旅客量980人，年发送35.28万人次，客运周转量2869.45万人千米。

2002年4月，成立安龙县宏伟出租车公司；整合成立安龙县金祥汽车运输服务有限公司和安龙县祥兴汽车运输综合服务部（祥兴汽车运输公司），其中金祥汽车运输公司为四级客运企业，注册资金10万元。全县拥有客运汽车84辆共1680座，货运车756辆共3780吨；完成客运量20.94万人次，客运周转量35.28万人千米，货运量420万吨，周转量4200万吨千米。全县汽车维修场25个、摊点187个，营业额895万元；洗车场89个，营业额890万元。

2003年，取缔城市机动三轮车客运，新增长安羚羊出租车10辆。县汽车站客运4.32万班次，35.28万人次，客运周转量2869.45万人千米，主要营运班线：贵阳、百色、兴义、德卧、隆林、昆明。五金公司和塔山发车点，完成客运量125万人次，周转量46260万人千米，货运量完成42万吨，货运周转量4620万吨千米，主要营运班线：兴仁、贞丰、册亨、望谟等。

2004年，开辟安龙至龙山、金矿、德卧、万峰湖、嘎拉、海子等乡镇的客运线路，投入赶集公交车6辆；取缔拼装城市客运机动三轮车168辆，审查合格214辆。汽车站发客运输4.32万班次，35.28万人次，客运周转量2869.45万人千米，完成营业额69.57万元。五金公司、塔山发车点完成客运量1278万人次，客运周转量4733万人千米，货运量完成43万吨，货运周转量4850万吨千米。

2005年，新增长安羚羊出租汽车40辆，全县出租车总数达到70辆。五金公司、塔山发车点完成运输客运量128.5万人次，客运周转量4762万吨千米，客运量完成44万人次，货运周转量48.28万吨千米，主要经营线：兴仁、贞丰、册亨、望谟、龙山等。汽车站有客运车辆28辆1481座，主要经营线：贵阳、百色、兴义、德卧、隆林、昆明，日发120班，全年发班4.32万班，日发送客量980人次，全年发送客量35.28万人次。2006年，完成客运量120万人次，旅客周转量15000万人千米，货运量90万吨，货物周转量2亿吨千米。城市客运出租汽车70辆、机动三轮车89辆。

2007年8月，成立安龙县煜焜化工产品销售责任公司，注册资本50万元，为专业从事危险化学品运输、销售的有限责任公司，有35辆运输车辆，专业安全管理人员3名，驾驶员35名、押运员58名。是年，安龙县完成客运量123万人，旅客周转量15000万人千米，货运量90万吨，货物周转量20000万吨千米，公路运输共完成客运量48万人，旅客周转量9620万人千米，货运量45万吨，货物周转量11030万吨千米。

2008年，全部淘汰机动三轮车经营城市客运资格，开通县市公交3路车新汽车站至塔山，投入大型公交客车4辆。汽车站有81辆共1961座，主要经营班线：贵阳、百色、兴义、德卧、隆林、安顺、昆明、册亨、望谟、坡坪、田林等。金祥汽车运输服务有限公司拥有中型普通级、中型中级、中型高一级客车共84辆，主要营运省际班线2条：安龙至百色、隆林，市际班线2条：安龙至贵阳、德卧至贵阳，二类班线4条：安龙至兴义、德卧至兴义、洒雨至兴义、化力至兴义；三类班线4条：安龙至兴仁、贞丰、册亨、望谟；四类班线8条：安龙至德卧、龙山、金矿、海事、嘎拉、化力、兴隆，龙广至万峰湖。祥兴汽车运输公司，有大中型货车362余辆，管理人员6名，从业人员362人。全县参加社会运输的农用车933辆。

2009年，新增大型城市公交车辆5辆，开通1路（金碑至新汽车站）、2路（金碑至懒板凳车检所，2010年停运）市内公交线路。全县全年共完成公路旅客运输277万人次，旅客周转量17275万人千米；完成公路货运234.6万吨，其中水泥12万吨、原煤160万吨、焦煤25万吨、电石20万吨、烧碱8万吨、聚氯乙烯9.6万吨，货运周转量4638万吨千米。

2010年4月，成立安龙县顺达汽车运输服务公司，注册资本100万元，有货运车辆16辆，从事道路普通货物运输。2011年，全县累计完成客运量375万人次，客运周转量18750万人千米，货物运输量360万吨，全年货运量1200多万吨，货运周转量39600万吨千米。完成指令性运输任务8次，调派客车39辆，完成1030人的运输任务。2012年，全县完成公路旅客运输量498万人，完成客运周转量23081万人千米，完成货运量298万吨，货运周转量52280万吨千米，完成公路运输总周转量54588万吨千米。

二、汽车维修保养

20世纪80年代后，随着经济体制改革的发展，打破了公路交通运输独家经营的局面，城乡运输专业户和联运组织应运而生，汽车维修业开始起步。1988年1月，成立安龙县汽车修理行业整顿领导小组，对全县从事汽车维修的国营、集体、个体经营户进行整顿，核发开业许可证33户。1998年成立安龙县祥兴汽车修理厂，为二类汽车维修企业。至2006年，县内有二类维修企业1家，三类汽车维修点183户，从业人员549人；摩托车维修店29个，从业人员104人。至2012年，县内取得行政许可的机动车修理企业有锦文修理厂、银光修理厂、永胜修理厂、锦通修理厂、祥宇修理厂、祥兴修理厂、黔安修理厂、昌隆修理厂等8家，涵盖一、二类和三类机动车修理。

三、机动车驾驶培训

2008年，黔西南州海洋驾校由兴义搬迁至安龙县西城区，注册资本200万元，为综合性二类驾驶员培训学校，有科目二考场和道路货物运输（出租车汽车）从业资格，至2012年，设有汽车教学模拟器7台，实验修理车间设有拆装整车模型2台，4台大货教练学车，34台小型教练车，理论教练员10人，考核教练员19人，实操教练人员50人，管理人员15人。2010年4月，成立顺达驾校，注册资本100万元，从事二类普通机动车驾驶培训，至2012年，有教练员44人，教练车36台。此后，又相继成立二类机动车驾驶培训学校安龙县四通驾驶培训学校、黔西南州交通驾校安龙分校，三类机动车加强培训学校宏顺驾驶培训学校等。

至2012年年底，县内有小型汽车科目一、科目二考试中心各1所。2011年9月，在县公安交警大队五楼建成科目一考试中心1个；安龙县顺达驾驶培训学校科目二考试中心，位于钱相乡沈红村，2012年6月建成并投入使用。科目一、科目二考试中心，分别接受册亨县、望谟县、贞丰县、兴仁县等周边县市驾校学员的考试业务。

第五节　铁路与铁路运输

一、铁路建设

县境南昆铁路正线47.5千米（K393+000M—K440+500M）。途经坡脚、木咱、德卧、龙广4个乡镇。设有石头寨、沙厂坪、冗百、白水河、安龙、龙广6个车站，有桥梁13座，隧道23座。1997年11月30日建成通车。

石头寨站（四等站），位于县境坡脚乡石头寨，距县城26千米。324国道从车站下面经过，车站有便道与324国道相连。石头寨站原是缓开站，2001年12月18日开站运营。车站使用6502电气集中联锁设备。2003年3月5日开通使用DMIS行车调度指挥信息系统。设有正线、到发线共3股，最大有效长度923米，最小有效长度850米。

沙厂坪站（四等站），位于县境坡脚乡沙厂坪，距县城17千米。车站与324国道垂直高差超过400米，从324国道有“之”字公路盘旋下坡脚乡政府，通往车站。沙厂坪站于1997年11月30日随南昆全线开通而开站运营。车站使用6502电气集中联锁设备。2003年3月5日开通使用DMIS行车调度指挥信息系统。设有正线、到发线共3股，有效长度分别为：1道916米，2道870米，3道938米。下行进站信号机外制动距离内为10.9‰的上坡道，上行进站信号机外制动距离内为7.4‰的下坡道。旅客候车室面积65.3平方米，行包房面积20.5平方米，客运站台面积1200平方米。

冗百站（四等站），位于县境木咱镇冗百，车站距木咱镇约8千米。冗百站原为缓开站，2002年12月5日开站运营。车站使用6502电气集中联锁设备。2003年3月5日开通使用DMIS行车调试指挥信息系统。设有

2股道，有效长分别为：2道855米、3道851米，1道预留。站房面积215平方米，站台面积700平方米。

白水河站（四等站），位于县境德卧镇荣山，车站西面是白水河，建有白水河电站，车站因而得名。白水河站于1997年11月30日随南昆线全线通车而开站营运。车站使用6502电气集中联锁设备。2003年3月5日开通使用DMIS行车调试指挥信息系统。设有正线、到发线共3股，最大有效长937米（1道），最小有效长869米（2道）。车站一半建在半山腰上，一半建在桥上，两端均为隧道。站房面积600平方米，候车室面积62.32平方米，行包房面积16.45平方米，站台面积160平方米。

安龙站（四等站），位于县境德卧镇，以安龙县之名命名，为安龙县级站，距县城23千米。安龙站于1997年11月30日随南昆线全线开通而开站运营。车站使用6502电气集中联锁设备。2003年3月5日开通使用DMIS行车调度指挥信息系统。有正线、到发线共3股，预留的第4道作为存车线，最大有效长903米（3道），最小有效长845米（1道）。货物装卸线有效长258米。东西头牵出线各1条，有效长分别为270米和380米。东头设有中央直属粮库专用线2条，有效长均为158米。西头设有煤炭经销基地专用线2条，有效长分别为270米和283米。候车室面积348.4平方米，行包房面积136.9平方米，客运站台2座，总面积6300平方米，第一站台设雨棚。货物仓库面积1120平方米，货物站台面积2400平方米，煤炭运堆场2500平方米，5吨单斗装载机4台。

龙广站（四等站），位于县境内龙广镇，距县城34.5千米。龙广站于1997年11月30日随南昆线全线开通而开站运营。车站使用6502电气集中联锁设备。2003年3月5日开通使用DMIS行车调度指挥信息系统。有正线、到发线共3股，最大有效长920米，最小有效长846米。有接触网工区专用线。站房面积1000平方米，候车室面积70平方米，客运站台面积450平方米。露天货场堆场总面积2100平方米，装载机2台，2007年后露天货场停用。

二、铁路运输

至2012年年末，安龙县境建设完成的仅有南昆铁路，1997年11月30日正式建成运行，设沙厂坪、白水河、安龙（德卧）、龙广4个火车站，开通威舍至百色管内客运列车，4个火车站均开设客运业务；2001年12月18日，建成开通石头寨火车站，2002年12月5日，建成开通冗百火车站，均办理威舍至百色区间管内客运列车的客运业务。作为县级铁路客运站，经停安龙火车站的客运列车还有昆明至南宁的客运列车。2004年，威舍至百色管内客运列车停运，除安龙站办理客运业务外，县境其余火车站不再办理客运业务。

南昆铁路建成运行后，安龙火车站设立南昆货运物流有限公司安龙分公司和安龙火车站货运营业部。安龙火车站货运营业部为办理安龙站货运业务的班组，办理货运业务时对外称安龙站。有衔接专用线2条：中央储备粮兴义直属库专用线、贵州宁铁南昆物流有限公司安龙分公司专用线（路产专用线），主要吸引安龙、兴义、册亨等地货源。货源品类以煤炭为最多，此外还有水晶、石英、硫、铁、钾等20多种矿产；通过铁路发送货物主要有煤、铁合金、聚氯乙烯等，到达货物主要有锰矿、稻谷、工业盐等。

2000－2011年安龙站货运任务与货运量完成情况表

表16—1—2

年度	货运收入（万元）	保价收入（万元）	货运运输量（万吨）		静载重（吨）	停时（小时）
			整车发送	整车到达		
2000	1739.7	7.1	32.3	9.6	60.6	38.9
2001	2604.3	9.8	49.5	2.4	60.8	29.7
2002	2726.6	8.6	52	4.3	60.8	28.3

续表 16—1—2

年度	货运收入(万元)	保价收入(万元)	货运运输量(万吨)		静载重(吨)	停时(小时)
			整车发送	整车到达		
2003	3016.9	10.4	59	5.1	60.9	24
2004	2422.8	26.7	45.1	7.5	61.9	30
2005	3002.7	41.6	53.3	12	62.7	25.2
2006	4045.2	75.6	59.4	13.5	62.9	27.5
2007	5139.8	73.1	66	19.9	62.9	26.6
2008	5125	63.95	54.85	28.36	62.9	23.7
2009	3499	60.5	40.44	22.8	63.4	31.1
2010	4983	94.9	47.69	27.7	63.5	21.7
2011	4188.6	69.1	41.4	44.7	64.3	37.2

21世纪初，县境龙广火车站曾开通货运业务，后停办。同时，经招商引资，广西客商启动坡脚乡沙厂坪火车站货场建设，完成土地征拨5公顷，后因铁路货物运输政策的调整，沙厂坪火车站货场停止建设。

第六节 水路与水路运输

一、水路

安龙县辖区水域面积38.79平方千米，主要分布在万峰湖镇(万峰湖库区)、坡脚乡(平班库区)、德卧镇(胡桥渡口、甘河水域)、新安镇(招提风景区、绿海风景区)，共6个水上运输、旅游观光监管点，涉水乡镇4个(万峰湖镇、坡脚乡、德卧镇、新安镇)，涉水行政村14个，共有通航河流71.5千米(万峰湖库区29千米、平班库区35千米、胡桥渡口5千米、绿海风景区2千米、招提风景区0.5千米)，乡镇渡口1道，码头2个，便民码头10个。至2012年，全县共有船舶441艘，其中工作船7艘、交通船2艘、客船27艘、农用船9艘、渔船369艘、货船1艘、游览船2艘、游乐船24艘。

二、水路运输

1991年，建立民间渡口4个，渡口船6艘，国家配备铁壳船4艘，农用生产用船81艘，季节性运输机动船30艘，整治南盘江坡脚至册亨界河道5千米，修坡脚码头1个，配套修建码头公路和站房1栋。

1995年，县境民间渡口发展到6个。2004年，经普查，全县共有船舶205艘，其中渔船103艘、自用船62艘、货船11艘、普通船18艘、旅游船3艘、游乐船8艘。

至2012年，县境有乡镇渡口1道，码头2个，便民码头10个；共有各类船舶441艘，其中工作船7艘、交通船2艘、客船27艘、农用船9艘、渔船369艘、货船1艘、游览船2艘、游乐船24艘。

附：

安龙物流园区简介

安龙物流园区地处汕(头)昆(明)高速公路安龙段，响乐下匝口九头坡地段。园区规划面积2.25平方千米，建设用地为2.21平方千米。规划建设以仓储、物流聚散和特色农产品加工、包装等为主的产业集群，园区将打造成为西南出海通道的一个重要物流园。至2012年年底，园区路网工程总投资2.6亿元，完成投资1.09亿元。园区供水主要依托安龙县城供水建设。园区以北分别有110千伏和35千伏高压线，可满足园区用电需求。申请入园企业18家，在建企业2家，分别为：安龙县城权机动车驾驶培训学校及物流运输项目，总投资8000万元，已完成投资2948万元。煤炭洗选储运中心项目，煤炭洗选储运中心是一个煤炭转运项目，项目规划占地85.4公顷。该中心总投资将达6亿元（一期建设预计总投资2亿元），项目建成后，将成为黔西南州规模最大、标准最高、交通极为便利的集储运、洗选、加工三位一体的煤炭储运和加工中心，预计每年转运煤炭1000万吨，创税1亿元左右，可解决1000多人的就业，同时，通过对煤炭进行洗选和加工，延长产业链，增加附加值。安龙县金鑫机动车检测服务中心位于安龙物流园区，占地8公顷，项目总投资4000万元，服务范围为机动车销售、检测维修、美容保养、物流运输等。新建安全检测线、综合性能检测线、摩托车检测线、环保尾气检测线4条机动车检测线，办证大厅和大面积的停车场地，检测机动车能力可满足本县和周边县市的需求。

第七节　交通管理

一、路政管理

1986年10月，县交通局和安龙公路养护段分别成立路政中队。

2000年11月，安龙公路管理段路政管理分队更名“安龙公路管理路政管理中队”，同时设立安龙路政执法分队。

2008年10月，设立县交通局路政管理大队，归口县交通局管理。县地方公路养护工区更名为县公路管理所，原有路政管理人员划转县交通局路政大队管理。

（一）国道、省道公路执法

1991年，制止、拆除公路两侧违章建筑176平方米、围墙38米、电线杆5棵，清除堆积物119处共568平方米，处理挖损坏公路案件32起，收取赔偿费2300元。

1994年，解决324国道东妹场公路用地纠纷问题，制止、拆除违章建房10处共756平方米，消除违章堆积物95车共3216平方米，收取占道费3050元、破损费5385元、公路搭接费13处共1.09万元、超限运输赔偿和补偿费10.28万元。

1996年，制止公路红线控制内违章建筑10处共3535平方米，清除违章占道堆积物74处共2734平方米，拆除红线内违章建房1处6.5平方米，收取违章公路破损费28处共1.53万元、违章占道费2734处共3440元、平交道口占用公路留地赔偿费19处共9080元。

1997年，拆除历史遗留在公路边缘围墙36处，拆除在公路红线控制区内砖混结构平房2处共48.7平方米、屋顶型瓦面房子81.6平方米。

1999年，清除公路两侧堆积物94处共1198.4平方米，制止红线内违章建筑3幢共133.1平方米，收取各种损害路产赔偿、补偿费11.13万元。

2000年，制止公路两侧违章建筑8起共436平方米，清除公路违法堆积物30处共3000平方米。

2003年，拆除公路两侧违章建筑5幢共90平方米，制止控制区违章建筑12幢共190平方米，拆除围墙3处共52米，清除违章堆积物500平方米，查处各类路政案件125起。

2006年，制止在公路控制区违章建筑12幢共241平方米，拆除在控制区内违章建筑1幢19.5平方米，清除公路留用地内违法堆积物115处共1388平方米。

2008 年，全年路政上路巡查共 148 天，查处案件 108 起，共制止建筑控制区内违法建筑 42 幢共 1436 平方米，清除违法堆积物 83 处共 1434 平方米。共制止 30 余辆超过 55 吨以上车辆驶入大桥，处罚驾驶员 43 人。检测车辆 19 万余台，超卸载标准 3481 辆，其中运载可卸载物品车辆 378 辆，卸货 875 吨，超限车辆控制在 2% 以下。

2009 年，全年共检测车辆 123837 台，超卸载标准 4541 辆，其中运载可卸载物品车辆 4079 辆，卸货 21190 余吨，超限车辆控制在 2% 以下。公路段路政大队共上路巡查 194 天，查处案件 45 起，办理行政许可 9 起，民事索赔 7 起。

2010 年，清除省道 210 线笃山至犀牛洞大桥控制区内违法建筑 7 家共 800 平方米。安龙公路段办理路政行政许可 14 起、许可年审 60 件，办理行政处罚案件 61 起，路政赔（补）偿案件 83 起，查处路政案件（含民事索赔案件）162 件，路政案件结案 161 件；查处非法道口 200 处、路面违法堆物 1170 平方米，制止违法建筑 278 平方米，查处非公路标志 304 块。公路段路政大队上路巡查 215 天，检测车辆 17 万余辆，超卸载标准 4551 辆，其中运载可卸载物品车辆 298 辆，卸货 1315 吨，超限车辆控制在 3% 以下。

2011 年，共检测车辆 145540 台，超卸载标准 4920 辆，其中运载可卸载物品车辆 1714 辆，卸货 192.75 吨，超限车辆控制在 3.4% 以下。安龙公路段路政大队全年上路巡查 206 天，查处案件 56 起。全年，开展专项整治活动 6 次，清除非公路标志 100 余块，取缔不符合规范的平交道口 40 余处，整治乱堆乱放 80 余处。

2012 年，安龙公路段路政大队上路巡查 195 天，查处案件 180 起；检测车辆 55509 台，超限卸载 1205 辆，其中运载可卸载物品车辆 594 辆。

（二）地方公路管理

县内地方公路管理工作自 20 世纪末正常开展。1998 年 9 月，县交通局联合安龙公路养护段开展《中华人民共和国公路法》宣传活动，张贴公路法文本 12853 份、标语 1789 幅，悬挂横幅宣传标语 128 幅，发放公路法手册 1669 本，受教育群众 20 万人。是年，在地方公路管理中制止公路红线内违章建筑 2 处共 45 平方米，清理路面堆积物 77 处共 332 平方米，收取占道费 1000 元、破路费 200 元、超限运输费 50 元，取缔料场 3 个、石灰窑 1 个、小煤窑 2 个。

1999 年，清理路面堆积物 212 处共 1286 平方米。2000 年，清理路面堆积物 236 处共 1398 平方米。2001 年，清理路面堆积物 230 处共 1311 平方米。

2002 年，制止公路线内违章建筑 22 处共 412 平方米，清理堆积物 304 处共 1982 平方米，收取占道费 390 元、破路费 390 元、超限运输费 8.28 万元、车辆肇事损坏公路赔偿费 2800 元。

2003 年，制止公路红线内违章建筑 8 处共 110 平方米，清理堆积物 233 处共 2306 平方米，收取平交占道（搭接）费 5 处 1.35 万元、车辆肇事损路赔偿 8320 元、超限运输费 138.11 万元，取缔路边堆放沙石料场 67 个。

2004 年，制止公路红线内违章建筑 8 处共 390 平方米，清理堆积物 133 处共 1003 平方米，收取平交塔接占道费 1.65 万元、超限运输费 22.367 万元、车辆肇事损路赔偿费 5900 元、占道费 350 元，取缔路边堆放沙料场 67 个。

2005 年，制止在公路红线内违章建筑 2 处共 46 平方米，清理堆积物 91 处共 825 平方米，收取平交占道（搭接线）1.11 万元、车辆肇事路损赔偿费 5200 元，取缔路边堆放沙料场 15 处。

2006 年，查处非法搭接线 4 处，查处在公路边堆积物 80 处共 1367 平方米，制止公路红线内违法建筑 11 处共 229 平方米，收取日常赔偿费 2.7 万元、运输超限费 3.65 万元，办理行政许可文件、赔偿（索赔）3 件。

2007 年，清理公路堆积物 92 处共 988 平方米，制止在公路红线内违法建筑 2 处共 34 平方米，查处损害行道树3株，损害路基25平方米，收取日常赔偿费1.35万元、运输超限费5400元，办理行政许可1件。

2008年，清理公路边堆积物218处共1395平方米，制止公路红线内违法建筑22处共414平方米，查处路基损害6.2立方米，收取日常赔偿费4300元。

2009年，清除公路上堆积物141处共941平方米，制止控制区内违法建筑18处共296平方米，制止供电部门控制区内竖立电杆3处，查处车辆肇事损坏路产案件2宗，查处砍伐行道树案件1宗，制作宣传标语8幅，收取路赔费6450元。

2010年，全年清除堆积物175处共2376.97平方米，制止控制区内违法建筑4处共28平方米；办理行政许可（增设平面交叉道口）5起，收取平交道口增设费1.3万元；查处公路赔（补）偿3起，其中车辆肇事2起，收取赔（补）偿费4900元；查处砍伐公路防护林事件1起，收取赔（补）偿费900元。

2011年，全年共清除堆积物162处共1752.8平方米，查处制止污染公路7处共186.81平方米，制止控制区内违法建筑19处共142平方米；拆除违法建筑3处共164.28平方米；查处边沟损害5处共158米；查处非法道口或不规范搭接公路案件3起，办理行政许可（增设平面交叉道口）5起，收取平交道口增设费1万元。

2012年，清理公路边堆积物222处共2748.07平方米，制止公路红线内违法建筑4处共28平方米、损害路基12.64立方米，查处公路污染4处共280.49平方米、损坏公路防护林1株，收取日常赔偿费1.97万元、超限运输费1.1万元，办理行政许可4件、公路赔偿4件。

二、公路稽查

20世纪80年代后，县交通局运输管理总站开展公路稽查工作。至1990年，每年路检路查1700人次，主要工作是户外追缴交通规费。1999年，配置稽查车3辆，平均每年路检路查2200次。至2008年，配置公务车6辆，年路检路查3385人次，检查客货运输车辆2.43万辆。

三、运输管理

1988年10月，撤销县交通运输管理总站，设置县公路运输管理所，为股级事业单位。至1989年初，县运输管理所有固定资产总值214172.53元，下设普坪、洒雨、兴隆、化力、龙广、德卧6个区站。2001年，县公路运输管理所升级为副科级事业单位，2009年下设办公室、财务股、稽查股、综合业务股。2012年11月，撤销黔西南州公路运输管理处安龙运输管理所，设置县道路运输局。是年，出动执法车辆889车次、道路运输执法人员6394人次，检查客货运输车辆3万余辆，处罚和教育制止违法违章经营行为1200余次。

四、车辆检测与管理

（一）车辆检测

2005年8月，在新安镇懒板凳建成北京吉利特安龙机动车辆检测站，开展机动车检测业务工作。由黔西南州公安交警支队派出车管民警住站办理机动车查验、签章工作；2006年，由县交警大队派驻民警开展办理机动车查验、签章工作；2012年6月，住站民警全部撤出，机动车检测工作完全实行社会化管理。至2012年底，共办理机动车检测业务5万余台次（其中检测各类汽车2万台次、摩托车3万台次）。

2012年9月，在栖凤街道甘井坡建成安龙县金鑫机动车检测服务有限责任公司，开展安检、综合性能检测、环境尾气检测、等级评定、二级维护保养等多项业务。

（二）车辆管理

1997年前，县公安交通民警每年上门为辖区车属单位或企业办理驾驶证审验工作，比如龙广联营公司、安龙交通汽车总队、安龙轻工业公司、安龙县汽车站、安龙县金祥公司、安龙宏发祥兴车队、县直机关车队、水电九局德卧分局、戈塘金矿等，采取分片集中上门办理驾驶证审验业务。

1997 年 2 月起，县公安交警大队办理二、三轮摩托车或轻便摩托车注册登记工作，由车管民警收集备齐车辆入户资料后送黔西南州交警支队车管所制作车辆行驶证。

2001 年，县公安交警大队配置机动车驾驶证、行驶证制证设备，在准许制作核发业务权限范围内核发机动车驾驶证和行驶证。

2009 年 5 月，成立县公安交警大队车辆管理所，办理大、中、小型汽车和二、三轮摩托车的注册登记、转移登记、抵押登记、注销登记、转入业务、档案更正、车辆年检。并为广大驾驶员办理驾驶证审验、换证、补牌补证、违法记分学习，办理二、三轮摩托车驾驶证业务。警用车辆、校车、救护车、危险化学品运输车辆等部分车管业务仍需到黔西南州公安交警支队车管所办理相关业务手续。

机动车注册登记：2009 年 1 月至 2010 年 1 月，办理机动车辆注册登记 7548 台（其中大型汽车 15 台、小型汽车 758 台、普通摩托车 6766 台、轻便摩托车 8 台、低速车 1 台）；2010 年 1 月至 2011 年 1 月，办理机动车辆注册登记 7806 台（其中大型汽车 66 台、小型汽车 1169 台、普通摩托车 6552 台、轻便摩托车 14 台、低速车 5 台）；2011 年 1 月至 2012 年 1 月，办理机动车辆注册登记 5566 台（其中大型汽车 3 台、小型汽车 962 台、普通摩托车 4595 台、轻便摩托车 5 台、低速车 1 台）。

办理二、三轮摩托车驾驶证：2009 年，办理驾驶证 2103 本；2010 年，办理驾驶证 2136 本；2011 年，办理驾驶证 1664 本；2012 年，办理驾驶证 2069 本。

五、水上交通安全管理

1989 年，建立安全责任制，各级政府实行“主要负责人对安全员第一位责任”制度，落实渡口“五定”（定渡口、渡船、渡工、制度、乘客和载重），乡、村设置安全管理员。

1990 年，省船运局下拨钢质船 3 艘，县交通局下拨给永和乡岜浩、大湾、坝盘村使用，下发《渡口钢质船使用管理通知》。

1991 年，县境各港监站对 4 个渡口船只进行经常性检查。

1992 年 10 月，举办船员培训班 1 期。

1993 年，检查船只 260 艘次，查处违章船只 29 艘，下发违章通知书 18 份。

1994 年，检查船只 136 艘次，查处违章船只 11 艘，下发违章通知书 2 份。

1995 年，主要抓好 6 个民间渡口水上安全管理工作。

1996 年，检查船只 83 艘次，查处违章船只 18 艘次，下发违法通知书 6 份，警告 6 人次。

1997 年，检查船只 215 艘次，纠正违章 33 艘次，下发违章通知书 8 份，警告 8 人次；举办船员培训 1 期，参加 56 人。

1998 年，检查渡口 29 处次，水库 3 座次，查船 268 艘次，下发违章通知书 13 份，纠出违章船舶 53 艘次，警告 9 人次。

1999 年，培训船员 1 期，参训 39 人；检查船舶 210 艘次，纠正违章 52 艘次，下发违章通知书 16 份，警告 13 人次，扣证 2 本，吊销证书 1 本。

2000 年，检查渡口 2 处 2 次，查船 63 艘次，纠正违章事件 19 起，下达违章通知书 3 份。

2001 年，检查渡口 3 处 5 次，查船 236 艘次，纠正违章 46 次，制止自用船、“三无”船舶载客 23 次，分流乘客 269 人次，签证放行船舶 194 艘次，进出港旅客 5307 人次，行政处罚 12 次，下达整改通知书 6 份。

2002 年，对马鞭田、坡脚渡口检查 4 次，查验船舶 195 艘次，纠正违章船舶 42 艘次，查处“三无”（无证、无照、无牌）载客 12 次，分流乘客 187 人次，行政处罚 5 次，下达违章作业整改通知书 7 份。

2003 年，检查渡口 2 处共 6 次，查船 205 艘次，纠正违章船舶 56 艘人次，制止自用船“三无”船舶载客18次，分流乘客180人次，行政处罚6次，下达整顿通知书10份。

2004年，落实“五定”“监检”工作（五定：定渡口、定渡工、定渡船、定载额、定制度，监检、监督、检查），对全县船舶进行普查，全县有船只205艘。

2005年，查检船舶246艘次，查出违章船舶113艘次，拆除动力装置4艘。

2007年，下发水上交通安全宣传资料1000余份，张贴标语70余条，悬挂横幅4幅，共出动检查人员317人次，检查渡口23道次，港区57次，检查船舶545艘次，行政处罚36艘次，其中罚款23艘次4730元、警告11艘次，没收非法财物2艘，重大安全隐患通报5次。

2008年，出动检查人员165人次、车辆125辆次、船（艇）20艘次，检查船舶386艘次，查处隐患23起。

2009年，搭建咨询台4次（县城、坡脚、德卧、万峰湖），发放水上交通安全宣传资料4300余份，开展船员培训一期11人，检查渡口（含渡船）10余次，检查船舶1131艘次（不含渡船），纠正违章11艘次，行政处罚4艘次，其中罚款4艘次；出动海事船艇10次，巡航时间17小时，巡船全程200公里；出动海事执法车辆83辆次，巡查里程6890千米，配备渡船救生圈1000余户。

2010年，搭建咨询台4次（县城、坡脚者干、德卧街上、永和街上），设置固定宣传牌2处，发放水上交通安全宣传资料4350余份，宣传小册子210余份，悬挂宣传横幅2幅，张贴宣传标语50余条，张贴宣传画报60余张，全年出动海事执法人员622人次，出动其他人员187人次；检查渡口（含渡船）5道次；检查船舶1401艘次，纠正违章2艘次，行政处罚2艘次（罚款2艘）出动海事执法车辆72辆次，巡查里程7160千米，出动海事巡逻艇30次，巡航时间50.4小时，巡航里程529千米；清理取缔碍航抬网45张。

2011年，搭建咨询台4次（县城、坡脚者干、德卧街上、永和街上），设置固定宣传牌2处，发放水上交通安全宣传资料4800余份，宣传小册子315份，悬挂宣传横幅4幅，张贴宣传标语900余条，张贴宣传画报400余张，与广西壮族自治区联合执法5次，拆除拦河抬网3处，与册亨县联合执法1次。全年出动海事执法人员1103人次，出动其他人员142人次；检查渡口（含渡船)5道次；检查船舶2169艘次（不含渡船），纠正违章15艘次，行政处罚15艘次，罚款15艘次，共处罚金3950元，并同时进行通报公示；出动海事执法车辆108辆次，巡查里程9680千米，出动海事巡逻艇76次，巡航时间123.55小时，巡航里程1446千米；清理取缔碍航抬网91张、“地笼”64个。

2012年，搭建咨询台8次（县城、坡脚者干、德卧街上、永和街上各2次），设置固定宣传牌2处，发放水上交通安全宣传资料6309份，宣传小册子200份，悬挂宣传横幅4幅，张贴宣传标语185余条，张贴宣传画报400余张，短信发布47条，举办船员安全教育培训2期；全年出动海事执法人员1228人次，出动其他人员428人次；检查渡口（含渡船）6道次；检查船舶2506艘次（不含渡船），纠正违章20艘次，行政处罚10艘次，罚款10艘次，共处罚金3100元。出动海事执法车辆154辆次，巡查里程12544千米；出动海事巡逻艇82次，巡航时间122.9小时，巡航里程1005千米；县海事处协同农业、旅游及乡镇一起联合执法9次，与广西海事联合执法2次，与兴义市海事处联合执法1次，与册亨县联合执法5次，在联合执法中，清理取缔碍航抬网104张、“地笼”48个、非法网箱7口。

六、农机安全监理

2002年前，县内农机安全监理工作主要针对农用大中小型拖拉机开展，其主要工作一是狠抓农机安全知识和有关法律法规的培训学习；二是坚持持证驾驶，严格要求农用拖拉机以农用为主，禁止上路从事与农用无关的运输；三是组织执法人员不定期上路进行检查；四是加强农用拖拉机及其驾驶员的年检年审。

1989年，全县拥有农用拖拉机169台，均按照有关法律法规和要求对驾驶员进行严格的技术操作培训，凡考试合格持证驾驶，并按照规定实行每年一次的年审检，坚持不定期上路检查65天，检查各类农用拖拉机98台次，纠正违章38起，学习班一期38人次，农机安全事故，死亡人数、轻重伤人数和直接经济损失为零。

1990—2000年，全县的农用拖拉机增至412台，平均每年增加22台，不定期上路检查各种农用拖拉机每年101天，最多的是2000年共上路检查125天，最少的是1999年仅为78天，检查各类拖拉机平均每年985台，最多的是2000年，检查的农用拖拉机1509台次，纠正各类违章181起，查处无证驾驶159人，在此基础上每年的农用拖拉机及其驾驶员都必须实行年度检审，1994年全县拥有农用拖拉机217台，检验合格187台，年审合格率86%，拖拉机驾驶员323人，审验合格294人，审验合格率91%，驾驶员到期换证210人，换证率为72%，1995年全县拥有拖拉机381台，培训驾驶员1063人次，检验合格拖拉机363台，换牌363付，换牌率95.3%，实施管理的拖拉机驾驶员427人，审验合格383人，年审合格率90.1%，2000年检验合格的农用拖拉机426台，年审验合格率82.2%，审验合格的驾驶员485人，审验合格率91.3%。1990—2000年，全县农机安全事故，死亡人数，轻重伤人数和直接经济损失均控制在省州下达的指标内。

2001年，全年上路检查176天，检查拖拉机农用车1765台，纠正违章191起，查处无证驾驶191人，检验合格拖拉机346台，年审合格率为85%，审验合格驾驶员542人，年审合格率为95%，一年中共发生农机交通事故3次，无轻重伤人员，直接经济损失0.5万元。

2002年后，农机安全监理工作不再局限于农用大中小型拖拉机，扩大到农用运输车、耕作机械、脱粒机械、加工机械、提灌机械、植保机械等，县农机安全管理部门着重狠抓交通法律法规和农机具技术操作的培训，完善管理监督措施办法，强化农机管理能力，把整顿“危险人和危险车”作为降低事故促进安全的重要手段，加强路检和年审。

农用机车驾驶员和农机操作手的技术培训：2002—2012年，培训农机操作手和农用车驾驶员23302人次，2002年为最多共培训5650人次，其次是2007年为4680人次，最少的是2004年为358人次。

上路检查：2002—2012年，共上路检查1613天，平均每年146天，最多的是2004年为163天，最少的是2003年121天，检查各类拖拉机5753台次，平均每年523台次，检查最多的是2005年5月对普坪、戈塘、龙山、笃山、钱相5个乡镇“两无”车辆检查，共检查机动车600余台次，查处无牌无证和报废车20台，最少的是2004年，检查车辆315台次，纠正违章241起。

年审年检：2002—2012年，对全县农用拖拉机、运输车及其驾驶员实施年审年检，检验车辆合格率82.2%—91.6%、驾驶员审验合格率为88.4%—95%，农用拖拉机及其改型车等由2001年的727台，增加到2012年的1562台，驾驶员由571人增加到2133人。

农机安全：2011年查处未年检的拖拉机38台，无牌无证拖拉机221台，拖拉机配带建筑机械（搅拌机）37台，耕作机械配带拖斗搞运输569台，无证驾驶拖拉机78人，无证操作机械3468人，已达到报废年限仍上路行驶搞运输的拖拉机68台，排除安全隐患519项。2012年开展农机“打非治违”出动车辆80辆次，出动执法人员315人次，治理纠正违章违规行为142起，排查一般事故隐患3658项，整改3642项，整改率99.6%。

七、公路规费征收管理

公路交通规费是指国家、省政府规定征收的用于公路基础建设、养护、管理和客运站点建设的公路养路费、公路运输管理费和公路客运附加费三项规费，由交通征稽部门征收。使用管理和用途是按国家和省的规定，实行预算管理和专户专存、专款专用，任何单位不得平调、截留、挤占、挪用和坐支。

养路费：是国家按照以路养路的原则，规定凡是有车单位和个人均要向交通征稽部门交纳养路费、养路费用于公路养护、建设和改善公路专项事业费。汽车养路费由县汽车养路费征收稽查所征收，县交通局代为行政领导。1989 年，根据省交通厅“应征不漏”要求，鼓励多征养路费，实行超收分成，超收部分省交通厅占 50%，地方占 50%。

运管费：是指凡是从事经营性公路客货运输、运输服务单位和个人，以及部队车辆参加地方营运性运输的，均要交纳运输管理费。

客运附加费：凡是从事旅客运输业务的全民企事业单位、集体、个体、联户的客运车辆与上述单位在同一营运线路相同票价，对开共营的公共汽车，以及经营公路客运的旅游车，出租车（行驶市区及市属郊区的除外）的单位和个人均为公路客运附加费的代征单位和个人。按照不同线路、不同车型所交纳标准也有不同。

1992 年 10 月起，征收交通发展基金。

2009 年后，停止收取公路规费。

1989－2008 年安龙县公路规费收取情况表

表 16—1—3　　单位：万元

年度	汽车养路费		交通发展基金		运输管理费		小型机动车、畜力车养路费		客货运附加		车辆购置费	
	计划征收	实际征收	计划征收	实际征收	计划征收	实际征收	计划征收	实际征收	计划征收	实际征收	计划征收	实际征收
1989	104	160.4	—	—	9.1	16.4	5	5.41	—	—	—	—
1990	159	192.94	—	—	19	21.63	5	4.85	7.5	8.9	—	—
1991	160	200	—	—	—	23.66	3.74	4.04	7	8.15	—	—
1992	184	177.5	—	4.68	14	18.14	—	—	—	—	—	—
1993	181	204	42.5	60	16.5	20	—	—	—	—	—	—
1994	205	216.9	58.4	98.7	22.1	36.09	5.5	7.07	—	—	—	—
1995	315	356.5	97.5	105.05	27	36.3	7	8.6	—	—	—	—
1996	385	460	135	127	42	66.4	8	12.8	—	—	—	—
1997	423	489.8	133.3	137.1	69.3	70.8	9	10.5	—	—	—	—
1998	475	373.7	130	150.8	70	86.4	13	17.6	—	—	—	—
1999	—	323	150	189.14	82	95.58	13.5	14.42	—	—	—	—
2000	277.08	340	90	175.2	—	—	12	15.66	—	—	—	—
2001	291	421.82	185	186	90	97	14	16	—	—	—	13.72
2002	—	—	—	—	93	104.6	14	16.5	210	217.3	—	—
2003	—	—	—	—	98	101.7	16	23.7	214	214.7	—	—
2004	—	—	—	—	98	98	—	—	214	219	—	—
2005	513	543	—	—	89	94.5	—	—	196	201.9	—	—
2006	—	883.12	—	—	80	92.3	—	23.1	100	200.3	—	—

续表 16—1—3

年度	汽车养路费		交通发展基金		运输管理费		小型机动车、畜力车养路费		客货运附加		车辆购置费	
	计划征收	实际征收	计划征收	实际征收	计划征收	实际征收	计划征收	实际征收	计划征收	实际征收	计划征收	实际征收
2007	428	464.7	—	—	80	96.18	14.2	23.53	200	216.96	—	—
2008	1428	1228	—	—	98.5	96.8	—	38.38	210.9	210.9	—	—

第二章　邮政电信

1978年改革开放后安龙县通信业发展迅速，1988年，全县邮路总长1186千米，配备汽车1辆、摩托车2辆、自行车17辆，开办的主要业务有函件、包裹、汇兑、机要通信、报刊发行等。随着经济、文化的发展，县内电话业务也飞速发展起来，至1979年，全县电话线路50.68千米，有电话用户157户。20世纪80年代，全县一般机关单位全部安装了电话。1987年，将架空明线全部改为地下电缆，以5条干线辐射全城，出局电缆450对，装机容量为500门。1988年，县城有电话用户227户，其中私人电话3户。同时，全县农村电话也发展迅速，全县有农村电话线46条、523对千米，县至区中继线路总长351.5对千米，有交换机9台、460门，用户单机162部，所有区乡均可通话。1998年10月，按照国家体制改革的总体要求，安龙县邮政局与电信分营正式挂牌独立运营。进入21世纪后，现代技术的运用，邮政与电信业发生了极大的变化，特别是电信业，移动电话、互联网已进入家庭，进入人们的日常生活之中。

第一节　邮　政

一、邮政机构及邮路

1989年，县邮电局内设计划供应、话务、报务、机务、机线、邮政等股室，下辖龙广、天生桥、化力、兴隆、普坪、龙山、洒雨7个邮电支局，永和、新桥茶场、鲁沟3个邮电所和长田代办所。置有邮政、电信业务楼房各1幢，总建筑面积1300平方米，职工117人，其中有工程技术人员4人。

县城内邮政投递分为广东街、硫磺街、草纸街、顺城街4个投递段，专职投递员亲投到户，每天投递1次。县内农村邮路总长1186千米，县城至龙山、普坪支局邮件委托交通部门用汽车运输；县城到兴隆、龙广、天生桥支局邮件为邮电局自办汽车运输；县城到化力、普坪至洒雨支局邮件用自行车运输。支局到代办所的乡邮路线用自行车或步班运输，乡村则由各支局按所辖范围投递至乡。1989年，县邮电局有汽车1辆、摩托车2辆、自行车17辆。

1998年10月15日，按照国家体制改革的总体要求，安龙县邮政局与电信分营挂牌独立运营。县邮政局内设管理机构有综合办公室、经营服务部，经营服务部下设邮政营业投递部、报刊零售经营部、代理业务部3个业务经营生产班组，办公室下设经济民警小队，负责全局的日常安全保卫工作。全县邮政下辖龙广、德卧、龙山、兴隆、普坪、洒雨、木咱7个支局和万峰湖、新桥、戈塘3个邮政代办所。邮政服务面积2237平方千米，覆盖全县16个乡镇，276个行政村。城市投递段道4条，农村邮路10条，农村投递路线总长度为492千米。

进入21世纪以来，对农村邮路投递、县局城市投递和机要邮件投递岗位全部配备摩托车，实现投递摩托车化，对市内包裹投递配备微型汽车，直接投递到户。龙广、天生桥、龙山保留自办支局外，洒雨、普坪、兴隆、木咱4个邮政支局以及万峰湖、戈塘和新桥3个邮政所改制，实行合理减员和委代办经营。2011年，每个委代办网点仅保留营业员、投递员各1名；启动金龙、西城区、新桥、兴隆、平乐、坡脚6个农村邮政金融服务网点和笃山、平乐、海子、坡脚和钱相5个空白乡镇邮政局（所）建设工作。7月28日，县邮政局马场坝营业所搬迁到西城区开发大道西苑小区新址营业，新桥镇营业所、兴隆镇营业所开业运营；10月16日，坡脚乡营业所、平乐乡营业所开业运营。至此，全县16个乡镇均建立了邮政服务网点，邮政网络实现全覆盖。

二、邮政业务

县邮政局开办的业务种类有：函件、包裹、汇兑、报刊发行、机要、储蓄、邮政礼仪、代办电信和代办保险业务。2011年，县邮政局邮政储蓄余额3.64亿元，全年完成业务收入1122万元，人均劳产率9900元。

20世纪80年代，中国邮政开通快递业务。进入21世纪后，随着网络购物的兴起，申通快递、中通快递、圆通快递、韵达快递、天天快递、宅急送快递、优速快递、汇通快递、全峰快递、国通快递等快递企业纷纷进驻安龙，每家快递企业日进出快递数百件。

第二节　固定电话　电报　传真

一、固定电话

1995年3月前，县境主要通信工具是电报、磁石电话，磁石电话通话质量差，普及率低。1995年3月，龙广500门程控电话开通；8月，安龙1000门程控电话开通。

1996年7月13日零时，安龙县市话并入黔西南州本地电话网，统一使用区号“0859”，与省会贵阳同步率先在贵州省建成本地电话网、无线寻呼网和分组交换网“三网”，实现C3、C4局通信的合并和城市、农村通信一体化。8月，达到邮电部颁布的“两化”（交换程控化、传输数字化）“三网”标准，年底开通900兆模拟信号移动电话，次年开通GSM数字信号移动电话。10月，安龙程控电话扩容至5000门。

1997年5月，全县完成大乡镇程控电话建设；8月，全县电话号码由5位统一升为7位；11月，龙广程控电话扩容至3000门。1998年7月，无线寻呼剥离，成立国信寻呼公司；12月，邮电分营。1999年6月，安龙程控电话扩容至10000门；7月，移动分营；12月，县境实现乡乡通程控电话。

2000年7月，中国电信集团贵州省电信公司安龙电信局成立；11月，开通无线农话，弥补程控电话无法到达的村寨困境，实现边远农村通电话。2001年5月，县境实现乡村电话的普及。

2002年9月，完成宽带设备的建设。2003年3月，县电信公司建成龙广、新桥、县城小灵通基站86个。2004年7月，随着中国电信股份有限公司完成对贵州等10省电信资产的收购，贵州省电信有限公司安龙电信局正式纳入上市公司。2006年3月，安龙电信推出118114“号码百事通”业务。2007年2月，安龙电信实现乡乡通宽带，5月安龙电信实现光纤进入小区，实现高速上网。2008年2月，注销贵州省电信有限公司安龙电信局，成立中国电信股份有限公司安龙分公司；10月，中国电信收购联通CDMA网络并顺利交割，正式成为全业务经营公司。2009年9月，中国电信安龙分公司与县政府签订“新视通”视频会议系统项目；2010年1月，县政府“新视通”视频会议系统正式开通使用。

2011年，中国电信安龙县分公司共有固定电话用户20255户；无线农话用户3000余户；天翼手机用户28936户；宽带用户9710余户。2012年，宽带用户累计净增6210户，用户达14650户；移动用户累计净增14320户，用户达37643户。固定电话用户逐渐下降，至2013年全县固定电话用户下降至18567户。

二、电报

电报是通信业务的一种，也是最早使用电进行通信的方法，利用电流（有线）或早年收发电报模拟电磁波（无线）作载体，通过编码和相应的电处理技术实现人类远距离传输与交换信息的通信方式。

20世纪80—90年代，电报是仅次于电话的最快捷通信方式，是电话尚未普及的年代里紧急事件发生时首选的通信方式。在发送电报的过程中，电报发送人首先在邮政局领取的电报单上正确、详细填写收报人姓名、地址；居民个人的电报应详细写明街道总称、路名、门号及收报人姓名；发给代号工厂电报，工厂代号应使用汉字号码或用电码详写，以免与电报挂号混淆；用部队代号代替收报人地址应在数码代号后写明“部队”字样；用邮政信箱代替收报人住址，信箱号后应写明“信箱”字样，并写明收报人姓名。电报稿内容填写在第二栏内（电报内容与署名栏），电报是按字数收费（每字收费0.07元），所以电文语言力求简练、明白，能用一个字表达清楚的无须再用几个字，但也要防止用字过少致使电文内容不明确而造成收报人误解，贻误事情。电文从左向右横写，小方格内写汉字，不必加标点符号。电文末尾应正确填写发报人姓名或单位。发报人可用1—2字填写为收报人所熟悉的自己的自称，如：“母”“子”等。发报人姓名、详细地址及电话号码填写在电报单最后一栏，此栏内容供邮政局存查、联系之用，不拍发，因此也不收费。在完成以上几个格式内容的填写后，发报人可将电报单交付邮政局工作人员拍发。发报人如果居住地区离城镇较远，可以委托邮递员代办。发报人如果遇到事情特别紧急，可向邮电局工作人员提出拍发加急电报，但需加费。

20世纪90年代后，随着有线电话和移动电话及无线寻呼等业务用户的不断增长，电信业务呈现多元化的发展局面。因此，电报这一传统业务受到极大的冲击。如今，人们去邮局发电报的已很少，代之而起的传真机大量走进寻常百姓家。“有急事，发电报”的情形只能成为人们的记忆了。

三、传真

传真是20世纪90年代以来，发展最快的非话电信业务。将文字、图表、相片等记录在纸面上的静止图像，通过扫描和光电变换，变成电信号，经各类信道传送到目的地，在接收端通过一系列逆变换过程，获得与发送原稿相似记录副本的通信方式，称为传真。传真是基于PSTN的电信信号通过设备中转传真信号。由于科技迅速发展，电子网络传真逐渐成为取代传真机的新一代通信工具。

第三节　移动通讯

一、中国电信安龙分公司

寻呼机　也叫BP机、传呼机、CALL机，简称呼机，是无线寻呼系统中的用户接收机。通常由超外差接收机、解码器、控制部分和显示部分组成。寻呼机收到信号后发出音响或产生震动，并显示有关信息。使用寻呼机的人们能方便快捷地通信和联系，它有人工汇接和自动汇接两种方式，对应的寻呼台称为人工寻呼台和自动寻呼台。传呼机刚出现的时候，谁要是有部传呼机，那是很叫人羡慕的，能拥有一部传呼机成为当时很多人的一大心愿。1995年8月，随着县内程控电话的开通，县邮电局开通126、127无线寻呼，其中126为人工寻呼、127为自动寻呼。此后，各类传呼台如雨后春笋般遍地开花，如邮电部门“126”寻呼台、铁路部门的铁通寻呼等等，传呼市场的繁荣，使各传呼台之间的竞争也日益白热化，最重要的手段就是服务费价格战。当时有的传呼台服务较高，入网费100元，数字机每年180元（每月15元），汉字机每年600元（每月50元），为竞争用户，传呼台入网费从最初的100元降到50元、30元，直到最后免费入网，服务费也降到了数字机每年120元、汉字机每年300—400元，甚至更低。有的传呼台为了招揽更多用户，还增加了发送天气预报、股票信息、新闻等内容，一项内容每月2元。激烈的竞争使老百姓从中得到了实惠，最后所有信息免费发送。1998年7月，无线寻呼从中国电信公司剥离，成立国信寻呼公司，到1999年8月，全县无线寻呼3678户。进入21世纪后，随着移动通信的发展，无线寻呼业务逐渐淡出市场。

手提式电话机 也称行动电话、手提电话、无线电话、移动电话、携带电话、流动电话，简称手提、手机，是可以在较广范围内使用的便携式电话。安龙县自1996年底开通900兆模拟信号移动电话，1997年又开通了GSM数字信号移动电话，当时的手提电话价格昂贵，需1万至2万元才能买到，入网费也要数千元，只有极少部分经济实力较佳的人才买得起，而且体积庞大，因此又有“大哥大”的俗称。到1999年8月，全县程控交换机容量达到1.3万门，电话用户6692户，移动电话703户，无线寻呼3678户。交换机容量、电话总用户分别是1988年的13.5倍和17.2倍；住宅电话由3户猛增至2148户。自此，安龙县电话通信实现“一步登天”。21世纪初，中国移动公司从中国电信分离出来以后，中国电信安龙分公司仅经营固定电话和无线农话业务，不再经营移动电话业务。2008年，中国电信收购中国联通公司CDMA业务，开始经营移动电话业务。至2011年，中国电信安龙分公司有无线农话用户3000余户、天翼手机用户28936户、宽带用户9710余户。2012年，中国电信安龙公司完成固定资产投资1.2亿元，完成全县15个村通设备的建设，新建CDMA基站6个，CDMA基站达到82个，宽带用户累计净增6210户，用户达14650户；移动用户累计净增14320户，用户达37643户。固定电话用户逐渐下降，至2013年，全县固定电话用户下降至18567户。

二、中国移动通信安龙分公司

中国移动通信集团贵州有限公司安龙分公司主要业务是在本省经营GSM数字移动通信业务；IP电话业务，因特网接入服务业务，因特网骨干网数据传送业务，从事移动通信、IP电话和因特网等设施的安装，工程施工和维修；经营与移动通信、IP电话和因特网业务相关的系统集成、漫游结算清算、技术开发、技术服务、广告业务，设备销售，以及其他电信和信息服务；出售、出租移动电话终端设备、IP电话设备，因特网设备及配件，并提供售后服务；业务培训、会议服务等。

至2012年，中国移动安龙支公司网络覆盖全县所有乡镇以上地区和绝大部分农村地区，并在交通干线、车站、旅游风景区等重要区域实现无缝覆盖。移动电话自动漫游通达国内所有市县，并与206个国家和地区的271个运营公司开通GSM国际及台港澳地区漫游业务，与101个国家和地区的93个运营商开通GPRS国际及台港澳地区漫游业务，国际及台港澳地区短信通达106个国家和地区的214家运营商，彩信通达6个国家和地区的21家运营商。公司拥有“全球通”“动感地带”“神州行”等品牌，除提供话音业务外，还为客户提供中文短信息、彩信、彩铃、呼叫转移、来电提醒、语音信箱、WAP手机上网、IP直通车、GPRS、GPS、手机报等众多个性化信息服务。全面负责本县内“139、138、137、136、135、159、158、153、188”国家公众移动电话网的发展规划、建设维护和经营服务。

2000年以来，中国移动安龙分公司先后推出“全球通”“动感地带”“神州行”三大服务品牌，除提供基本话音业务外，还不断开发推广丰富多彩的增值业务，短信、彩信、彩铃、语音杂志、飞信等新业务。2000年12月，公司移动电话客户900户。2001年9月，公司移动电话客户1万户。2002年6月，公司移动电话客户达到3万户。2003年10月，公司移动电话客户达到4万户。2004年9月，公司移动电话客户达到5万户。2006年11月，公司移动电话客户达到6.5万户。2008年3月，公司移动电话客户达到8万户。2011年12月，公司移动电话客户达到10万户。2012年12月，公司移动电话客户达到13万户。

三、中国联合通信安龙县分公司

1999年，国信寻呼安龙事业部有职工3人。2001年8月，中国联合通信公司在安龙设立营业部，有职工5人，新建基站10个，通讯光缆里程数200千米。2004年4月，成立中国联合通信有限公司安龙县分公司(简称“安龙联通”)。是年，安龙联通公司第一个数字移动通信基站“安龙1基站”(即安龙县医院大楼楼顶基站)建设成功，中国联通正式在县境经营移动通信业务。到2012年，安龙联通在县境建设基站157个，通讯光缆里程1210千米。

2008年5月23日，中国联通分拆双网，其中CDMA网络并入中国电信。10月1日正式分拆，133和153号段正式并入中国电信，联通停止CDMA业务，保留GSM网络与中国网通组成新的联通集团。10月15日，中国联通、中国网通集团公司正式合并。2009年1月7日经国务院同意，中国联合通信有限公司与中国网络通信集团公司重组合并，新公司名称为中国联合网络通信集团有限公司。新成立的中国联通获得上网速度最快、终端最丰富、产业链最成熟、漫游能力最强的3G制式WCDMA，即中国联通3G·沃。中国联通运营有GSM 2G网络(即130、131、132、145、155、156号段)和WCDMA 3G网络(即185、186号段)；中国联通主要业务经营范围包括：GSM移动通信业务、WCDMA移动通信业务、固网通信业务(包括固定电话、宽带)、国内国际长途电话业务、批准范围的本地电话业务、数据通信业务、互联网业务(接入号16500)、IP电话业务(接入号17910/17911)、卫星通信业务、电信增值业务，以及与主营业务有关的其他电信业务，服务网号为130、131、132、145、155、156、185、186。

2001－2012年安龙县联通公司移动基站和通讯光缆建设情况表

表16—2—1

年度	移动基站数量(个)	通讯光缆里程(千米)	年度	移动基站数量(个)	通讯光缆里程(千米)
2001年	10	200	2007年	108	960
2002年	18	350	2008年	127	1015
2003年	30	450	2009年	135	1050
2004年	46	520	2010年	146	1085
2005年	66	680	2011年	152	1120
2006年	93	820	2012年	157	1210

第四节　互联网站

荷都安龙网　2007年8月开通，安龙县地方综合官方门户网站，网址为：http://www.gzanlong.com，开设有新闻、商家、生活、分类、房产、政务、教育、民生、旅游、招聘、论坛、专题等栏目，由县政府办公室负责管理和维护，至2012年底网站访问量50余万人次。

安龙县人民政府网　2007年8月开通，安龙县人民政府官方门户网站，网址为：http://www.gzal.gov.cn，开设走进安龙、信息公开、在线办事、公众参与等板块，县政府办公室负责管理和维护，至2012年底网站访问量200万人次。

安龙县国土资源局网　2008年5月开通，安龙县国土资源局官方网站，网址为：http://www.algtzy.gov.cn，开设基本概况、党建之窗、专题报道、法规政策、新闻动态、办事指南、政务公开、招拍挂公告、成交结果、地方文件、地灾防治、乡镇聚焦、资料下载、图片新闻、民众互动、国土论坛、网卡办公等栏目，由县国土资源局开办并负责管理和维护。

安龙县人力资源和社会保障局网　2009年1月开通，安龙县人力资源和社会保障局官方网站，网址为：http://www.alrlj.gov.cn，开设有机构设置、工作动态、人事任免、公示公告、政策法规、办事指南、人才市场、相关下载、考试培训、专题专栏等栏目，由县人力资源和社会保障局开办并负责管理和维护。

安龙县审计局网　2009年4月开通，安龙县审计局官方门户网站，网址为：http://www.alsj.gov.cn，开设有机构职能、审计动态、政务信息、工作交流、理论科研、内部审计、党风廉政、办事指南等栏目，由安龙县审计局开办并负责管理和维护。

安龙廉政网　2010年5月开通，中共安龙县纪律检查委员会、安龙县监察局官方门户网站，网址为：http://www.allz.cn，开设有组织机构、新闻动态、重要信息、领导讲话、工作简报、工作动态、自身建设、教育园地、理论研究、每周亮点、网卡举报、图片新闻等栏目，至2012年底网站访问量10余万人次，由中共安龙县纪律检查委员会、安龙县监察局主办并负责管理和维护。

安龙编办网　2012年开通，安龙县机构编制委员会办公室官方门户网站，网址为：http://gzalbwb.gov.cn，开设有网站首页、组织机构、工作动态、机构改革、政策法规、监督管理、事业单位登记、文件公告、图片展示、在线留言、三定规定、下载中心、实名制管理、注册域名管理、理论研究等栏目，由安龙县机构编制委员会办公室主办并负责管理和维护。

新华网贵州频道地方网群（安龙）　2005年开通，新华网贵州频道、安龙县政府办公室联合制作，网址为：http://www.gz.xinhuanet.com，开设有安龙首页、走进安龙、安龙在线、旅游人文、招商引资、视听安龙等栏目。

万村千乡网页工程　2008年开通，中共贵州省委组织部、贵州省农村党员干部现代远程教育工作领导协调小组办公室、贵州省党员干部现代远程教育中心网站，县内每个乡（镇）、村均建立相对独立的网页，网址为：http://www.gzjcdj.gov.cn。乡镇网页设置领导班子、基层党建、乡镇动态远程教育、诚信农民、办事指南、扶贫开发、物色产业、名特优新、民俗文化、旅游景点、乡镇概况、党务公开、联乡干部等栏目，村级网页设置两委班子、基层党建、远程教育、村务公开、便民服务、乡土人才、诚信农民、土特产品、乡村驿站、村情概况、党建动态、民情信箱等栏目，由贵州省农村综合经济信息中心负责管理和维护。

五、通信企业

（一）中国移动通信集团贵州有限公司安龙分公司

中国移动通信集团贵州有限公司安龙分公司（简称安龙移动公司）隶属于中国移动通信集团贵州有限公司，是中国移动贵州有限公司在黔西南安龙设立的全资子公司，2000年6月1日挂牌成立，其前身是1999年8月18日成立的“安龙营业部”，设直管、普坪、龙广3个片区，自办厅5个，合作厅49个。2000年11月30日，安龙移动通信公司办理工商变更登记，更名为“中国移动通信集团贵州有限公司安龙分公司”。

（二）中国联合网络通信有限公司安龙县分公司

中国联合网络通信有限公司安龙县分公司（简称“安龙联通”），其前身是国信寻呼安龙事业部。1999年，国信寻呼安龙事业部共有职工3人。2001年8月，中国联合通信公司在安龙设立营业部，有职工5人。2004年4月，设立中国联合通信有限公司安龙县分公司，设有市场部及建维部两个职能部门，共有职工10人。2009年，安龙分公司正式更名为“中国联合网络通信有限公司安龙县分公司”。到2011年，公司机构设置为综合财务部、市场部、建维部，共有职工22人。2012年为发展业务需要，再次优化调整为综合支撑部、市场部、集团部、宽互中心、建维部5个部门。

第十七篇　生态　环境保护　林业

第一章　土地管理

1978年中共十一届三中全会以后，随着改革开放、经济建设的不断深入和发展，中共安龙县委、县政府十分重视地政管理，强调合理利用土地，珍惜和保护耕地。1982年5月，国务院重新规定县人民政府对国家用地的审批权限为耕地0.2公顷（3亩）以下。1983年8月，省人民政府下文明确由农业部门接管土地管理工作。1986年11月，根据《中华人民共和国土地管理法》的规定，成立县土地管理局，承担全县土地管理工作。据统计，1979—1988年，全县共办理土地征拨38例，其中属于国家重点工程天生桥水电站6例共295.46公顷，属于州县建设项目32例共101.9公顷。另据1982年统计，全县土地占用情况为：城乡居民点占地2496.54公顷，占全县土地总面积的1.12%；工矿占地7.34公顷，占全县土地总面积的0.003%；交通占地643.03公顷，占全县土地总面积0.29%；国防、名胜古迹、疗养风景区特殊用地13.83公顷，占全县土地总面积0.008%。

1989年6月至1993年8月，县政府组织开展的土地利用现状调查显示，至1990年12月31日，全县各类土地面积为：耕地5.09万公顷（水田1.83万公顷、旱地3.21万公顷、菜地541.69公顷）；园地1508.34公顷；林地6.47万公顷；牧草地5.37万公顷；居民点及工矿用地6544.36公顷；交通用地1467.15公顷；水域用地2330.95公顷；未利用土地4.21万公顷。

2008年至2010年3月，全县第二次土地利用现状调查显示，至2009年7月19日，全县调查工作面积为2231.72平方千米（椭球面积），各类土地面积为：耕地4.98万公顷（水田1.82万公顷、旱地3.16万公顷、水浇地5.81公顷）；园地1403.25公顷；林地7.19万公顷；草地6.03万公顷；城镇村及工矿用地7200.5公顷；交通运输用地2029.2公顷；水域及水利设施用地2759.42公顷；其他土地2.77万公顷。

第一节　土地调查

一、第一次土地调查

1988年，成立安龙县土地利用现状调查工作领导小组及调查工作队，分技术组、外业组、内业组、后勤组，参加人员共40人。1989年6月开始，1993年8月结束，形成《安龙县土地利用现状调查报告》。据调查，至1990年12月31日，安龙县土地利用现状为：

耕地 全县耕地面积509.18平方千米，其中水田182.98平方千米、旱地320.78平方千米、菜地5.42平方千米。耕地面积居全县土地类型的第三位。

园地 全县园地面积15.08平方千米。

林地 林地是全县最主要的土地类型，面积647.4平方千米。

牧草地 牧草地是组成全县土地的第二大地类，面积536.9平方千米。

城镇村庄、工矿建设用地 全县城镇村庄及工矿建设用地65.44平方千米。

交通用地 全县交通用地面积14.67平方千米。

水域地 全县水域地面积23.31平方千米。

未利用土地 全县共有未利用土地421.37平方千米，居土地类型的第四位。

二、第二次土地调查

2007年6月22日，国务院召开第二次全国土地调查电视电话会议。2008年9月24日，本县在更新调查外业结束的基础上，按照第二次土地调查的要求补充调查后，进行内业建库。全县第二次土地调查分为农村和城镇两个部分。

2008年9月，启动第二次土地调查工作，参加人员180余人；2009年12月，形成《安龙县第二次土地调查成果分析报告》《安龙县第二次土地调查工作报告》《安龙县第二次土地调查技术报告》《安龙县第二次土地调查数据库建设报告》；2010年5月，形成《安龙县第二次土地调查基本农田调查分析报告》。

根据国土资源部新下发的图幅椭球理论控制面积，县境行政辖区面积为2231.73平方千米，第一次土地调查全县行政辖区控制面积为2233.48平方千米，第二次土地调查控制面积比原控制面积小1.75平方千米，为计算方法改变形成，原控制面积为平面面积，第二次控制面积为椭球面积。

1. 辖区土地面积构成

全县辖11个镇5个乡，土地面积分布为：新安镇222.54平方千米、龙广镇166.31平方千米、德卧镇201.99平方千米、万峰湖镇140.53平方千米、木咱镇101.51平方千米、洒雨镇114.68平方千米、普坪镇139.16平方千米、龙山镇143.33平方千米、戈塘镇136.68平方千米、兴隆镇186.61平方千米、新桥镇111.25平方千米、海子乡129.1平方千米、钱相乡114.58平方千米、笃山乡108.82平方千米、平乐乡125.85平方千米、坡脚乡88.79平方千米。

2. 土地利用现状构成

至2009年7月19日，第二次土地调查全县各地类的土地面积为：耕地498.08平方千米，其中水田182.2平方千米、水浇池0.06平方千米、旱地315.82平方千米、园地14.03平方千米（其中果园5.59平方千米、茶园3.25平方千米、其他园地5.19平方千米）；林地719.49平方千米，其中有林地276.45平方千米、灌木林地403.32平方千米、其他林地39.72平方千米；草地603.04平方千米，其中人工牧草地0.71平方千米、其他草地602.33平方千米；城镇村及工矿用地72平方千米，其中建制镇6.93平方千米、村庄56.49平方千米、采矿用地7.14平方千米、风景名胜及特殊用地1.45平方千米；交通运输用地20.29平方千米，其中铁路用地0.95平方千米、公路用地4.91平方千米、农村道路用地14.43平方千米、港口码头用地3800平方米；水域及水利设施用地27.59平方千米，其中河流水面7.68平方千米、水库水面10.12平方千米、坑塘水面4.4平方千米、内陆滩涂1.97平方千米、沟渠2.9平方千米、水工建筑用地0.52平方千米；其他土地277.2平方千米，其中设施农用地4.88公顷、田坎49.31平方千米、沼泽地7.58公顷、裸地227.77平方千米。

3. 各类土地变化趋势

与2005年土地变更调查数据相比，在第二次土地调查的各地类中，土地利用总的变化趋势是：耕地、林地、园地、城镇村及工矿用地、交通运输用地在增加；草地、水域及水利设施用地、其他土地在减少。具体变化情况为：耕地增加18.13平方千米、园地增加0.78平方千米、林地增加46.69平方千米、城镇村及工矿月地增加2.39平方千米、交通运输用地增加7.09公顷；草地减少60.8平方千米、水域及水利设施用地减少6.39平方千米、其他土地减少2.63平方千米。

第二节　土地利用规划

一、首轮土地利用总体规划

县内首轮土地利用总体规划于1996年启动，1998年11月全面完成，12月15日经省、州专家组验收合格。2000年1月14日，省政府批准实施。《规划》以1996年为基期年，2010年为规划年，展望到2030年。土地利用目标：耕地保有量47343.70公顷，保证规划期间全县人均拥有333.33平方米(0.5亩)高产稳产农田。在“九五”期末实现耕地生态退耕879.2公顷还园地，增加园地面积2559.28公顷，林地面积增加370.43公顷，全县森林覆盖率由29.33%提高到29.49%；到2010年，生态退耕454.4公顷还园地，增加园地1451公顷，林地增加556公顷，森林覆盖率达29.74%，城镇绿化覆盖率15%以上。各项非农业建设占用耕地控制在1178公顷以内。开发整理复垦耕地886.10公顷，其中通过整理增加400公顷，开发耕地486.1公顷。划定基本农田保护区，完善基本农田保护制度，稳定基本农田保护面积42553.2公顷，保护率为86.49%。全县土地利用率由1996年的81.18%提高到2010年的83.62%。

划定土地利用分区。在土地利用现状分析的基础上，依照土地适宜性，根据规划原则和方法，经土地利用结构调整后进行划分。

1. 农业用地区　发展农业生产需要划定的土地区域，面积48463.81公顷，基本农田保护区面积39873.61公顷，保护率81%。县内16个乡镇均有分布，主要为新安、龙广、木咱、兴隆、平乐、龙山、普坪、戈塘、海子、德卧、新桥、钱相、洒雨等乡镇丘陵、盆坝和槽谷、山地中的耕地。

2. 园地用地区　发展水果、茶叶、香蕉、金银花等多年生作物需要划定的土地区域，面积5585.31公顷。主要分布在新安、龙广、德卧、永和、木咱、坡脚、兴隆、普坪、新桥、洒雨、海子、梨树等乡镇。

3. 林地用地区　发展林业和改善生态环境需要划分的土地区域，面积67044.30公顷，16个乡镇均有分布。德卧、永和、龙广、兴隆、海子等乡镇及停西国有林、坡脚国有林、仙鹤坪、龙头大山自然保护区、木科国有林、团结林场分布较集中。

4. 牧业用地区　发展畜牧业需要划定的土地区域，面积54295.53公顷，16个乡镇均有分布，面积较多的有新安、新桥、龙山、木咱、德卧、洒雨、普坪、兴隆、海子、坡脚、戈塘等乡镇。

5. 城镇建设用地区　城镇建设需要划定的土地区域，面积1318.92公顷，分布在新安、龙广、德卧、永和、木咱、兴隆、普坪、龙山、洒雨、戈塘10个建制镇所在地，主要是县城新安，其次是龙广和德卧两个镇。

6. 村镇建设用地区　村镇建设需要划定的土地区域，面积5767.39公顷，分布在16个乡镇，除建制镇所在地以外的所有村庄居民点。

7. 独立工矿用地区　独立于城镇、村镇建设用地区之外的工矿建设需要划定的土地区域，面积984.07公顷，主要分布在德卧镇、戈塘镇、新安镇、龙广镇，其余乡镇有少量分布。

8. 自然与人文景观保护区　保护特殊的自然资源和人文景观划定的土地区域，面积590.07公顷，主要分布在新安、兴隆、笃山、万峰湖等乡镇。

安龙县首轮土地利用总体规划土地利用结构调整规划情况表

表 17—1—1　　　　单位：公顷、%

地类		基期年		1997—2000年面积增减	近期年		1997—2010年面积增减	规划年		1997—2010年面积增减
		面积	比重		面积	比重		面积	比重	
土地总面积		223347.02	100	0.00	223347.02	100	0.00	223347.02	100	0.00
耕地		49202.30	22.03	−1267.20	47935.10	21.46	−591.40	47343.70	21.20	−1858.60
园地		1520.72	0.68	+2559.28	4080.00	1.38	+1454.00	5534.00	2.48	+4013.28
林地		65497.57	29.33	+370.43	65868.00	29.49	+556.00	6624.00	29.74	+926.43
牧草地		54237.52	24.28	−413.52	53824.00	24.10	0.00	53824.00	24.10	−413.52
城镇村及工矿用地	小计	6686.35	2.99	+468.20	7154.55	3.20	+1102.80	8257.35	3.70	+1571.00
	城镇	268.22	4.01	+355.90	624.12	8.70	+291.70	915.82	11.09	+647.60
	农村居民点	5517.39	82.52	−156.70	5360.69	74.95	+406.70	5767.39	69.85	+250.00
	独立工矿	458.67	6.86	+224.00	628.67	9.54	+301.40	984.07	11.92	+525.40
	特殊用地	442.07	6.61	+45.00	487.07	6.81	+103.00	590.07	7.14	+148.00
交通用地	小计	1846.87	0.83	+135.40	1982.27	0.89	+124.20	2106.47	0.94	+259.60
	铁路	107.89	5.84	0.00	107.89	5.44	0.00	107.89	5.12	0.00
	公路	491.17	26.59	+135.40	626.57	31.61	+124.20	750.77	35.64	+259.60
	农村道路	1247.31	67.54	0.00	1247.31	62.92	0.00	1247.31	59.21	0.00
	港口码头	0.50	0.03	0.00	0.50	0.03	0.00	0.50	0.03	0.00
水域	小计	2328.96	1.04	+1064.70	3393.66	1.52	+281.00	3674.66	1.64	+1345.70
	水利设施	573.93	24.64	+1064.70	1638.63	48.29	+281.00	1919.63	52.24	+1345.70
	其他	1755.03	75.36	0.00	1755.03	51.71	0.00	1755.03	47.76	0.00
未利用土地		42026.73	18.82	−2917.29	39109.44	17.51	−2926.60	36182.84	16.20	−5843.89

安龙县乡镇首轮土地利用规划前后各类用地统计表

表 17—1—2　　　　单位：公顷

项目	时期	总计	耕地	园地	林地	牧草地	城镇村及工矿用地	交通用地	水域	未利用土地
合计	现状	223347.02	49202.30	1520.72	65497.57	54237.52	6686.35	1846.87	2328.96	42026.73
	规划	223347.02	47343.70	5534.00	66424.00	53824.00	8257.35	2106.47	3674.66	36182.84
新安镇	现状	21678.79	5752.06	9.95	3983.20	6247.04	883.92	180.71	233.05	4388.86
	规划	21678.79	5699.06	209.95	4013.20	6247.00	1249.02	209.71	237.05	3813.80
龙广镇	现状	16637.47	4125.09	0.30	5490.11	2585.65	859.12	162.59	129.55	3285.06
	规划	16637.47	4037.09	200.30	5510.11	2586.00	905.82	207.99	150.55	3039.61

续表 17—1—2

项目	时期	总计	耕地	园地	林地	牧草地	城镇村及工矿用地	交通用地	水域	未利用土地
万峰湖镇	现状	14197.45	2050.78	126.71	6797.05	1682.98	374.08	169.42	232.91	2763.52
	规划	14197.45	1579.78	286.71	6947.05	1556.50	585.81	181.92	1260.61	1799.07
德卧镇	现状	19890.29	2911.56	361.82	7107.16	3906.53	626.92	187.78	448.27	4340.25
	规划	19890.29	2769.06	1188.82	7257.16	3802.00	722.42	221.08	581.27	3348.48
木咱镇	现状	10108.26	1803.57	7.49	1507.41	4419.51	296.44	82.09	60.77	1930.98
	规划	10108.26	1763.57	167.49	1557.41	4420.00	358.94	87.99	60.77	1692.09
洒雨镇	现状	12748.73	3786.04	115.55	3385.69	3714.96	352.70	93.98	51.79	1248.02
	规划	12748.73	3652.04	275.55	3435.69	3668.00	438.10	109.18	51.79	1118.38
普坪镇	现状	12663.60	3059.87	31.15	1937.61	3518.78	333.76	86.76	175.25	3520.42
	规划	12663.60	2989.87	191.15	1987.61	3519.00	367.36	93.76	175.25	3339.60
戈塘镇	现状	13663.56	3710.78	29.25	3795.39	3382.64	588.13	77.33	120.69	1959.35
	规划	13663.56	3594.78	189.25	3815.39	3383.00	703.50	82.73	120.69	1774.22
龙山镇	现状	14436.47	4424.93	1.15	3400.34	4489.12	440.89	141.67	183.81	1354.56
	规划	14436.47	4319.93	161.15	3420.34	4489.00	528.79	150.67	183.81	1182.78
兴隆镇	现状	18817.27	3432.69	43.35	6443.54	4296.70	458.96	110.41	23.22	4008.40
	规划	18817.27	3358.69	203.35	6453.54	4298.00	551.86	119.41	23.22	3809.20
新桥乡	现状	10669.23	3091.94.	35.28	2609.26	3340.55	329.52	81.98	55.37	1125.33
	规划	10669.23	3003.94	205.28	2629.26	3314.00	426.62	88.78	55.37	945.98
坡脚乡	现状	8836.40	693.30	404.16	2264.16	3167.15	96.93	94.97	158.14	1957.59
	规划	8836.40	570.40	594.44	2414.16	3146.00	135.33	111.97	318.14	1545.96
海子乡	现状	13133.78	3365.63	88.61	4698.75	3403.13	278.34	118.07	32.48	1148.77
	规划	13133.78	3229.63	258.61	4718.75	3403.00	344.74	144.07	32.48	1002.50
钱相乡	现状	11466.07	2644.50	28.06	3117.41	2901.02	336.94	87.89	70.11	2280.14
	规划	11466.07	2595.50	188.06	3137.41	2910.00	381.64	87.89	70.11	2095.46
梨树乡	现状	10728.83	1692.30	0.00	4473.25	855.38	158.33	64.74	14.76	3470.07
	规划	10728.83	1593.10	816.00	4519.68	856.00	230.63	75.84	14.76	2622.82
平乐乡	现状	12278.91	2270.92	0.00	4464.80	2114.88	175.66	84.20	64.44	3104.01
	规划	12278.91	2200.92	160.00	4484.80	2115.00	231.06	111.20	64.44	2911.49
直属企事业	现状	1391.91	386.34	237.89	22.44	211.50	95.71	25.28	274.35	141.40
	规划	1391.91	386.34	237.89	122.44	111.50	95.71	22.28	274.35	141.40

说明：表内数据由安龙县国土资源局提供

二、安龙县第二轮土地利用总体规划

2005年8月2日，成立县土地利用总体规划修编领导小组及办公室。2006年4月，委托贵州大学参与土地利用总体规划修编，设置《安龙县上一轮土地利用总体规划（1997—2010年）实施评价》报告及《安龙县耕地和基本农田保护》《安龙县优化城乡建设用地结构与布局研究》《节约集约用地、实现土地的可持续发展利用》《安龙县土地利用与社会经济战略研究》《土地利用中的生态环境保护》《安龙县土地利用总体规划管理保障措施研究》《安龙县旅游用地规划》《安龙县土地利用现状、潜力与动态平衡研究》《安龙县土地需求量预测》等9个专题规划和研究。结合《安龙县国民经济和社会发展第十一个五年（2006—2010年）规划纲要》及《黔西南州土地利用总体规划（2006—2020年）主要指标预测分解方案》，完成《安龙县土地利用总体规划（2006—2020年）结构方案》，2008年3月报省国土资源厅备案。2010年12月，规划形成成果，报上级部门审评。2011年5月16日，省政府批准《安龙县土地利用总体规划（2006—2020年）》和《安龙县新安镇土地利用总体规划（2006—2020年）》；6月15日，黔西南州政府批准龙广镇等15个乡镇《土地利用总体规划（2006—2020年）》。

规划基期为2005年，近期规划年为2010年，规划目标年为2020年。

规划以科学发展观为统领，实施严格的耕地保护措施，保持全县耕地数量的稳定；严格控制建设用地规模，按照"有限指标保重点，一般项目靠挖潜"的思路，保障经济社会发展的必要用地；严格按照土地集约节约利用的各项政策，提高土地集约利用水平，形成"城镇向中心城区集中，集约发展；工业集中布局，规模发展；商贸向物流中心集中，多元发展"的土地利用格局；遵循人与自然和谐共处的原则，协调土地利用与生态建设的关系，促进生态环境良性循环；以优化土地利用结构和布局为主线，统筹各部门和城乡土地利用。

《规划》提出，到2010年，全县耕地保有量为49660公顷；到2020年，全县耕地保有量48660公顷。确定2010年全县基本农田数量为3.85万公顷，2020年全县基本农田数量为3.85万公顷，确保数量不减少，质量有所提高。

《规划》提出，到2010年，建设用地总规模控制在9560公顷以内，其中城乡建设用地规模控制在6930公顷以内，城镇工矿用地规模控制在为1380公顷以内。到2020年，建设用地总规模控制在10620公顷以内，其中城乡建设用地规模控制在7120公顷以内，城镇工矿用地规模控制在1540公顷以内。到2020年，全县建设用地面积净增加1765公顷；其中到2010年，全县建设用地增量为705公顷。

按照《安龙县县城城市总体规划（修编）（2004—2020年）》确定的城镇体系空间结构和产业空间分布体系，不断优化城乡空间布局，规划期内，统筹布局城镇建设、产业集聚区建设、基础设施建设、新农村建设和现代化农业建设，促进城乡一体化进程。

规划区内，到2010年，整理开发复垦补充耕地450公顷；到2020年，整理开发复垦补充耕地1450公顷。到2020年，全县建设占用农用地规模控制在1450公顷以内；其中，到2010年，全县建设占用农用地规模控制在480公顷以内。规划期间，严格控制建设占用耕地，到2020年，全县建设占用耕地规模控制在1450公顷以内，其中，到2010年，全县建设占用耕地规模控制在450公顷以内。

安龙县2005年、2009年土地利用现状对比表

表17—1—3　　单位：公顷、%

土地类型面积	2005年		2009年	
	面积	占土地总面积比重	面积	占土地总面积比重
土地总面积	223377	100.00	223172	100.00

续表 17—1—3

土地类型面积			2005 年		2009 年	
			面积	占土地总面积比重	面积	占土地总面积比重
农用地	耕地		48150	21.56	50458	22.61
	园地		1450	0.65	1409	0.63
	林地		67110	30.15	71989	32.26
	牧草地		52690	23.59	71	0.03
	其他农用地		7097	3.18	7190	3.22
	农用地合计		176497	79.02	131117	58.75
建设用地	城乡建设用地	城镇建设用地	298	0.13	707	0.32
		农村居民点用地	5591	2.50	5553	2.49
		采矿用地	546	0.24	649	0.29
		其他独立建设用地	0	0.00	0	0.00
		小计	6435	2.88	6909	3.10
	交通用地	铁路用地	171	0.08	95	0.04
		公路用地	584	0.26	643	0.29
		港口码头用地	1	—	0	0.00
		小计	756	0.34	738	0.33
	水利建设用地		1342	0.60	1064	0.48
	其他建设用地	风景名胜设施用地	447	0.20	0	0.00
		特殊用地	0	0.00	143	0.06
		小计	447	0.20	143	0.06
	建设用地合计		8980	4.02	8854	3.97
其他土地 其他土地合计		水域	1103	0.49	965	0.43
			36767	16.47	82236	36.85
			37870	16.96	83201	37.28

安龙县二轮土地规划土地利用主要调控指标情况表

表 17—1—4　　　　单位：公顷

指标名称	2005 年	2010 年	2020 年	指标属性
一、总量指标	—	—	—	—
耕地保有量	48150	49660	49000	约束性

续表 17—1—4

指标名称	2005 年	2010 年	2020 年	指标属性
基本农田面积	38500	38500	38500	约束性
园地面积	1450	1600	1900	预期性
林地面积	67110	69600	71600	预期性
牧草地面积	52690	51400	50000	预期性
建设用地总规模	8980	9560	10620	预期性
城乡建设用地规模	6435	6930	7120	约束性
城镇工矿用地规模	844	1380	1540	—
二、增量指标	—	2006—2010 年	2006—2020 年	—
新增建设用地总量	—	705	1765	预期性
新增建设占用农用地规模	—	480	1450	预期性
新增建设占耕地指标	—	290	920	约束性
整理复垦开发补充耕地规模	—	450	1450	约束性
三、效率指标	—	—	—	—
人均城镇工矿用地（平方米 / 人）	120	100	100	约束性
亿元 GDP 建设用地量（公顷 / 亿元）	561	449	314	预期性

安龙县二轮土地规划土地利用结构调整方案

表 17—1—5　　单位：公顷、%

土地类型			2009 年		2010 年		2020 年		2009—2020 年面积增减
			面积	比重	面积	比重	面积	比重	
土地总面积			223172	100.00	223172	100.00	223172	100.00	0
农用地	耕地		50458	22.61	49660	22.25	49000	21.96	−1458
	园地		1409	0.63	1409	0.63	1421	0.64	12
	林地		71989	32.26	72947	32.69	77400	34.68	5411
	牧草地		71	0.03	71	0.03	71	0.03	0
	其他农用地		7190	3.22	7478	3.35	7628	3.42	438
	农用地合计		131117	58.75	131565	58.95	135520	60.72	4403
建设用地	城乡建设用地	城镇用地	707	0.32	731	0.33	1099	0.49	392
		农村居民点	5553	2.49	5550	2.49	5580	2.50	27
		采矿用地	649	0.29	649	0.29	441	0.17	−208
		其他独立建设用地	0	0.00	0	0.00	7	0.00	7
		小计	6909	3.10	6930	3.11	7120	3.19	211

续表 17—1—5

土地类型			2009年		2010年		2020年		2009—2020年面积增减
			面积	比重	面积	比重	面积	比重	
建设用地	交通用地	交通用地	738	0.33	1423	5.88	1697	0.76	959
		水利设施用地	1064	0.48	1064	9.28	1555	0.70	491
		小计	1802	0.81	2487	16.16	3252	1.46	1450
	其他建设用地		143	0.06	143	33.43	248	0.11	105
	建设用地合计		8854	3.97	9560	52	10620	4.76	1766
其他用地		水域及滩涂沼泽	965	0.43	965	0.43	961	0.43	−4
		其他自然保留地	82236	36.85	81082	36.33	76071	34.09	−6165
		其他土地合计	83201	37.28	82047	36.76	77032	34.52	−6169

安龙县二轮土地规划乡镇耕地、基本农田、城镇用地、农村居住点用地统计表

表 17—1—6 单位：公顷

乡镇名称	耕地			基本农田							城镇用地			农村居民点		
	2009年	2020年	增减面积	2009年	2020年	调入基本农田		调出基本农田		规划期净增减	2009年	2020年	面积增减	2009年	2020年	面积增减
						面积	比例（%）	面积	比例（%）							
合计	50458	49000	−1458	38500	38500	3069	7.97	3069	7.97	0	707	1099	392	5553	5580	27
新安镇	5909	5487	−422	4215	2590	19	0.45	1644	39.00	−1625	440	713	273	690	987	297
龙广镇	4445	4288	−157	3208	3557	389	12.13	40	1.25	349	87	95	8	685	651	−34
德卧镇	3042	2918	−124	2254	2579	441	19.57	116	5.15	325	72	73	1	594	556	−38
万峰湖镇	1814	1699	−115	1453	1535	97	6.68	15	1.03	82	11	17	6	251	185	−66
木咱镇	2164	2094	−70	1752	1836	230	13.13	146	8.33	84	9	56	47	301	289	−12
洒雨镇	3805	3751	−54	3079	3127	95	3.09	47	1.53	48	9	13	4	280	254	−26
普坪镇	3514	3612	98	2668	2677	179	6.71	170	6.37	9	30	42	12	285	252	−33
龙山镇	4146	4000	−146	3273	3365	232	7.09	140	4.28	92	13	23	10	396	355	−41
戈塘镇	4034	3996	−38	3233	3378	357	11.04	212	6.56	145	9	15	6	283	257	−26
兴隆镇	3471	3373	−98	2804	2843	92	3.28	53	1.89	39	19	22	3	423	390	−33
新桥镇	3147	3025	−122	2011	2322	346	17.21	35	1.74	311	8	24	16	315	490	175
海子乡	3364	3391	27	2743	2910	197	7.18	30	1.09	167	0	0	0	247	200	−47
钱相乡	2952	2874	−78	2245	2203	130	5.79	172	7.66	−42	0	0	0	335	310	−25
笃山乡	1602	1548	−54	1210	1177	13	1.07	46	3.80	−33	0	6	6	209	186	−23
平乐乡	2274	2196	−78	1757	1750	173	9.85	180	10.24	−7	0	0	0	149	115	−34
坡脚乡	775	748	−27	595	651	79	13.28	23	3.87	56	0	0	0	110	103	−7

第三节 基本农田保护

基本农田是指为满足人们对农产品基本需求而必须确保的农田，它不仅包括成片的高产农田，还包括必须保护的、暂时还是中产或低产的农田。1994年8月18日，国务院颁布《基本农田保护条例》，当年10月1日起施行。1998年12月27日，国务院重新颁布《基本农田保护条例》，自1999年1月1日起施行，1994年颁布的《基本农田保护条例》同时废止。贵州省也相应制定了《贵州省基本农田保护条例》。

1997年，启动基本农田保护工作。1998年8月，编制完成《安龙县基本农田保护区规划》，明确基本农田保护的布局安排、数量指标和质量要求。全县基本农田保护区规划的基期年为1996年，规划年为2010年。

一、基本农田保护区布局

全县基本农田保护区分布受地形地貌及土地资源的位置固定性和土地利用方式相对分散性的制约，全县基本农田保护区分布16个乡镇284个村民委员会1887个村民组。1997—2010年基本农田保护区面积39873.61公顷，保护率为81%。其中一级保护面积29108.20公顷，保护率为73%；二级保护面积10765.41公顷，保护率为27%。保护水田面积17136.90公顷，占总水田面积的94.13%；旱地保护面积22736.70公顷，占总旱地面积的73.35%。一级基本农田保护区主要分布在木咱、龙广、德卧、纳赖、八坎、幺塘、五格、海庄、海星、竜堡、乐溪、木城、巧凹、石盘、打江、普坪、廷必、纳汪、总科、八达、钱相、陈庄、北乡、纳院、花障、巧岭、纳利、洞广、大水井、海子、科汪、木科、坡革等坝子。

根据预测结果，1997—2010年全县非农业建设预留耕地1178.00公顷，占总耕地面积的2.39%。城镇乡村庄居民点建设预留耕地235.50公顷，占耕地总面积的0.48%；工矿企业建设预留耕地110.50公顷，占0.22%；特殊用地预留耕地15.00公顷，占0.03%；交通建设预留耕地90.5公顷，占0.18%；水利建设预留耕地726.50公顷，占1.48%。主要分布在新安镇大坪垭口至西龙立交桥路两侧北面100米、南面150米，西龙立交桥至金碑垭口环线、大肚山、五洞桥、塔山、桅峰山靠县城内，小水井中至懒板凳路两侧50米；龙广镇南环路外50米，南环路至铁路靠镇内，者要到陡坡路两侧30米，对门松林堡顾屯村、板拉村；安龙火车站广场周围和进站路两侧；万峰湖镇迁址大湾村；龙山镇迁址利俄村；梨树乡迁址坡井村（笃山）；钱相乡镇迁址钱相道班对面；其余乡镇靠乡（镇）周围或顺路两侧；巧洞水库、栢仑水库周围及岜浩村、大湾村、马鞍营村、坡脚村、团结村、郎行村等南盘江沿岸。

1997—2010年安龙县非农业建设预留耕地汇总表

表17—1—7　　单位：公顷

乡镇	合计	城镇乡村庄居民点用地	工矿企业用地	特殊用地	交通用地	水利用地
新安镇	118.50	97.00	6.50	—	11.50	3.50
龙广镇	72.90	30.80	11.50	—	23.60	7.00
万峰湖镇	656.20	10.40	4.30	13.00	3.50	625.00
德卧镇	104.30	25.00	40.60	—	7.70	31.00
木咱镇	12.50	6.70	3.50	—	2.30	—
洒雨镇	17.40	7.30	4.00	—	6.10	—

续表 17—1—7

乡镇	合计	城镇乡村庄居民点用地	工矿企业用地	特殊用地	交通用地	水利用地
普坪镇	11.70	6.70	3.60	—	1.40	—
戈塘镇	13.00	6.90	4.50	—	1.60	—
龙山镇	14.90	6.00	5.90	—	3.00	—
兴隆镇	14.10	7.50	3.90	—	2.70	—
新桥乡	18.20	8.00	6.90	—	3.30	—
海子乡	16.50	5.70	3.80	—	7.00	—
梨树乡	15.90	6.00	4.60	2.00	3.30	—
钱相乡	8.00	5.00	3.00	—	—	—
平乐乡	13.40	3.50	1.90	—	8.00	—
坡脚乡	70.50	3.00	2.00	—	5.50	60.00
合计	1178.00	235.50	110.50	15.00	90.50	726.50

二、基本农田保护区的划定与调整

1999 年，全县 16 个乡镇完成基本农田保护区的划定工作。全县耕地面积 49202.30 公顷；基本农田保护面积 39873.61 公顷，其中耕田 17136.90 公顷、耕地 22736.71 公顷；基本农田保护效率为 81%，基本农田保护地块 12207 个。

2000 年，基本农田保护地块调整为 12332 个，基本农田保护面积调整为 39361.82 公顷，比 1999 年减少 511.79 公顷，其中水田 17128.47 公顷、旱地 22228.25 公顷、菜地 5.10 公顷，基本农田保护率减少 1 个百分点，为 80%。

2001 年，在基本农田保护区总面积 39361.82 公顷不变的情况下，适当调整保护区内水田与旱地的结构，调整划定后基本农田保护水田 17093.41 公顷，占水田总面积 94.09%；保护旱地（菜地）22268.41 公顷，占旱地总面积 71.73%。非农业建设占用耕地预留仍为 1178 公顷。

2009 年，再次对基本农田进行调整划定，调整划定后基本农田保护总面积为 38500 公顷。在 2009—2020 年规划期间，基本农田保护面积不变，重点建设项目用地可调整面积为 3069 公顷。

三、基本农田保护与管理

在基本农田保护建设过程中，安龙县将基本农田保护工作纳入县、乡（镇）国民经济和社会发展计划，作为本级人民政府目标管理和政府领导任期责任制的重要内容，由上一级人民政府监督实施。征用或临时使用基本农田保护区内耕地，除按土地管理法律、法规及有关规定缴纳税费外，还要按规定的标准缴纳耕地造地费。禁止任何单位和个人闲置、荒芜基本农田保护区内的耕地。建设单位经批准征用基本农田 1 年未动工兴建的，应按基本农田产值 1—2 倍缴纳闲置费；未经原批准机关同意，连续 2 年未使用的，由县级以上人民政府土地管理部门报同级人民政府批准，收回土地使用权，注销土地使用证。农村集体、个人承包经营或依法使用的基本农田弃耕 1 年以上的，应缴纳相当于基本农田产值 1 倍的荒芜费，连续两年弃耕抛荒的，由土地所有者收回耕地承包经营权。在基本农田保护区内禁止建房、建厂、建窑、建坟或擅自采矿、采石、挖砂、取土；禁止排放污染物、堆放固体废弃物和其他破坏基本农田的行为。基本农田保护区内已建成的砖瓦窑等非农业建设设施，按照规划要求，有计划地搬迁或拆除，恢复耕地。拒绝、阻碍基本农田管理工作人员依法履行职责的，由公安机关按照《中华人民共和国治安处罚法》进行处罚；构成犯罪的，由司法机关依法追究刑事责任。基本农田管理工作人员玩忽职守、滥用职权、徇私舞弊的，由其所在单位或者上级主管机关给予行政处分，构成犯罪的，由司法机关依法追究刑事责任。

县国土资源局牵头制定《安龙县基本农田保护检查工作制度》《安龙县基本农田保护制度》《安龙县基本农田巡查制度》，建立县、乡（镇）、村、组四级基本农田保护巡查网络，贯彻《基本农田保护条例》，落实基本农田保护"五不准"和保护制度，对基本农田采取"全面规划、合理利用、用养结合、严格保护"方针。层层签订基本农田保护责任书，落实基本农田保护责任制。2005—2012年，每年签订基本农田保护责任书1881份，将基本农田保护地块12332块落实到62531户进行保护。

第四节　土地开发整理

土地开发整理，是在一定区域内，依据土地利用总体规划和土地开发整理复垦专项规划，有计划，有步骤地利用土地资源，采取综合治理措施，进行一定的资金投入，通过对田水路林村的综合治理，调整用地结构，增加有效耕地面积，提高耕地质量，改善农业生产，农民生活和生态环境的一项对土地资源进行可持续利用系统工程。土地开发整理包括土地开发、土地整理、土地复垦。

1999年12月，成立县土地开发中心，归口县国土资源管理局管理，负责组织、督促、指导全县土地开发整理工作。1999年12月12日，制定《关于非农业建设占用耕地实行占补平衡的暂行规定》，规定非农业建设占用耕地必须落实"占多少，垦多少"法定义务。2000年4月，省政府批准将新安镇阿召村巧硐坪村民组集体土地6.823公顷征为国有，交由县国土资源管理局作新耕地开垦用地，县境土地开发整理工作由此起步。2005年10月24日，黔西南州国土资源局批准《安龙县土地开发整理规划（2001—2010年）》。2008年7月15日，县政府下发《关于加强土地开发复垦整理及耕地"占补平衡"工作的通知》，对落实非农业建设占用耕地"占一补一"制度作出指令性意见，建立土地开发复垦整理基金专户。2009年2月8日，县政府印发《安龙县零星土地开发复垦工作方案（试行）》；4月28日，县政府下发《关于认真做好零星土地开发复垦工作的通知》，对零星土地开发复垦作出规定。

据统计，2000—2012年，全县土地开发复垦整理项目申报并获批准实施项目201个。其中，2000—2001年，完成土地开发项目3个，新增耕地28.4公顷，抵补2000年、2001年建设分别占用的耕地21.33公顷、6.67公顷。2002—2012年，实施土地开发整理项目198个，项目总规模5221.12公顷，新增耕地3116.10公顷，项目投资总额24609.03万元。

通过土地开发整理项目，2000—2012年，增加的有效耕地共增产粮食7000吨。其中，项目规模200公顷以上的有"钱相乡小钱相土地开发项目""德卧镇戈背—八光土地复垦整理综合项目""德卧镇毛杉树村土地整理项目""木城万亩大坝土地整理项目"等7个。德卧镇戈背—八光土地复垦整理综合项目，批准项目规模250公顷，涉及德卧镇平安、海庄、山庄、德卧、大水井、坡告、陡坡、团山堡8个行政村53个村民组共1.7万余人，2007年12月28日开工建设，2009年竣工。实际完成项目建设273.23公顷，新增耕地197.6公顷，投资2494.6万元。项目平整土地219.67公顷，修建排灌沟渠377.86千米，农渠15545米，隧洞1319.31米，新增农村道路13.27千米、生产道路8294米。项目建成后，项目区人均耕地由506.67平方米增加到706.67平方米，建立蔬菜出口基地，年新增收入240万元。2009年7月30—31日，全省国土资源局长座谈会暨土地整治工作现场会在安龙召开；2010年6月11日，国土资源部部长徐绍史到县考察，对德卧镇戈背—八光土地复垦整理综合项目给予肯定。

安龙县2002—2012年实施土地开发整理项目情况

表17—1—8

序号	年度	实施项目个数（个）	项目规模（公顷）	项目新增耕地（公顷）	项目投资（万元）
1	2002	10	153.13	127.61	127.61
2	2003	3	32.9	27.42	67.01
3	2004	3	42.12	35.1	68.68
4	2005	1	54	45	216
5	2006	3	63.84	53.2	181.90
6	2007	22	801.16	667.63	3978.71
7	2008	6	504.11	406.50	3415.60
8	2009	92	1187.77	1068.16	6727.30
9	2010	10	237.40	216.87	1942.67
10	2011	46	1871.99	448.16	6898.25
11	2012	2	272.70	20.45	985.30
合计		198	5221.12	3116.10	24609.03

第五节　建设用地管理

一、建设用地的审核报批

（一）农村、城镇居民建住宅用地

1989年至1997年3月，全县审核报批农村、城镇居民建住宅用地78.87公顷。1997年4月15日，中共中央、国务院下发《关于进一步加强土地管理切实保护耕地的通知》，全县冻结非农业建设占用耕地审批。1999年1月1日，修订后的《中华人民共和国土地管理法》正式实施，严格审批建设用地，全县全年审核报批农村、城镇居民建住宅用地702户共6.94公顷。2000年，全县审核报批农村居民占用耕地建住宅2443户共33.85公顷；审核上报省政府批准占用耕地建住宅的农村居民313户共2.89公顷。2001年1月1日，《贵州省土地管理条例》施行，全县全年审核报批农村居民建住宅用地2291户共32.6公顷。2002年，全县办理农村、城镇居民建住宅用地审核报批2855户共26.47公顷。2003年，对符合条件的报件及时审核办理，对不符合建房条件的，书面说明原因，将原件退回。当年审核报批农村、城镇居民住宅用地52批次1843户共18.81公顷。2004年，审核报批农村、城镇居民建住宅用地63批次1955户共20.69公顷。

2005年起，在审核报批农村、城镇居民建住宅用地过程中，务必做到“四公开、四到场、一监督”。2005—2012年，全县共审核报批农村、城镇居民建住宅用地306批次16102户共164.23公顷。

1989—2012年，全县累计审核报批农村、城镇居民建住宅用地391.35公顷。

（二）国家单位和企业项目建设用地的审核报批

1989年至1997年3月，全县审核报批国家单位和乡镇企业建设用地62.97公顷，其中国家建设用地33.32公顷、乡镇企业建设用地29.65公顷。

1997年4月15日至1998年12月31日，中央连续两次下文冻结非农业建设项目占用耕地。

1999年，审核报批中国人民财产保险公司安龙营业部、安龙县民政局福利综合大楼等单位和企业建设用地5宗。2000年，审核上报安龙县实施城市规划第二期征地、安龙县节水增效工程、安龙县农村电网改造工程的用地资料，面积3.31公顷。2001年，审核报批国家建设项目用地5宗，面积8.67公顷；办理划拨供地报批手续2宗，面积0.92公顷，其中教育用地1宗、办公用地1宗。2002年，办理国家建设用地审核报批7宗，面积1.05公顷；乡镇企业用地4宗，面积0.4公顷。2003年，审核报批实施城市规划批次用地、实施小城镇规划批次用地22.12公顷；完成89个义务教育工程用地53.94公顷和3条公路用地17.92公顷的补办用地手续。2004年，审核上报新安、龙广、德卧3镇2004年度实施城镇规划第一批次用地21.42公顷，完成天生桥一级水电站、兴义供电局新桥220千伏输变电、南盘江平班电站、安龙电信公司小灵通基站、县移动通信公司基站、焦化厂等重点项目共计905.1公顷用地手续的审核报批，完成新安镇西城区、坡脚乡板屯河大桥、筏子河四级电站、县公安局宿舍等单位和企业用地75.77公顷的审核报批，合计1002.29公顷。

2005年，审核上报新安、龙广、新桥等乡镇3个批次共26.21公顷城镇规划用地，对已批准的13.27公顷用地实施供地8.95公顷。2007年，审核上报安龙至兴仁二级公路改造工程、贞丰至安龙二级公路改造工程、柘仑水库扩建工程、县城市第一批次用地、新桥重化工基地工业储备用地、500千伏输变电等11个重点项目建设用地266.11公顷。

2011年，审核上报城镇建设用地1个批次、工业用地3个批次并获批准，面积215.93公顷。2012年审核上报城镇建设用地1个批次、工业用地2个批次并获省政府批准，面积190.07公顷。

（三）建设项目涉及农用地转用和土地征收的审核报批

2000年，审核报批新安镇西河村5个村民组、舍寨村3个村民组及阿召村巧硐坪组共10.51公顷集体土地的农用地转用手续（作实施安龙县城市建设规划用地），办理西城开发区13.71公顷农用地转用和征地报批手续。

2003年，审核上报农用地转用和征地手续5期，面积26.93公顷；办理农村居民用地农用地转用报批手续2期，面积共5.5公顷。

2005年，审核报批16个小水电站共计用地2.88公顷和金宏公司用地12.89公顷的土地征收和农用地转用手续。

2006年，审核上报2006年度钱相乡建设用地、安龙至兴仁公路改扩建、金宏化工等项目共计119.53公顷的土地征收和农用地转用手续。

2008年，审核上报城镇规划批次用地、公路用地、水库用地等5个项目共计232.61公顷的土地征收手续；审核上报龙广龙泉食品加工厂、新桥富新砖厂等4个项目共计4.45公顷的农用地转用手续。

2009年，审核上报汕昆高速公路板坝至江底（安龙段）等10个项目用地共计381.74公顷的土地征收和农用地转用手续。

2010年，审核上报安龙县2010年度工业批次建设用地、安龙县污水处理工程等6个项目共计48.67公顷的土地征收、农用地转用手续。

二、建设项目用地预审

建设项目用地预审是在建设项目可行性研究阶段，国土资源主管部门对建设项目涉及土地利用的事项进行的审查，其原则是“依法依规、从严从紧、有保有压、节约集约”。

2005年起，安龙县开展建设项目用地预审工作。是年，县国土部门对安龙至兴仁高等级公路、安龙重化工基地水泥生产线等项目用地进行预审；2006年，对汕昆高速公路等4个建设项目的用地进行预审，用地规模439.86公顷；2007年，对柘仑水库、兴义供电局新桥500千伏输变电站等5个建设项目进行用地预审，用地规模109.52公顷；2011年，对金银花加工厂、金宏二期聚氯乙烯管材生产等11个建设项目用地进行预审，用地规模180.52公顷；2012年，县国土部门出具安龙县西城区排水工程（一期）等14个建设项目用地预审意见，用地规模65.4公顷。

三、规费管理和被征地农民安置

建设用地规费实行专户收缴、收支两条线，县国土资源局建立各项经费收缴台账，按月上报收、缴、支数据；指定在县建设银行设立预存款专户，与州国土资源局设立的专户相对应，对未落实征地预存款的项目一律不予报批建设用地；执行土地征收补偿安置标准和“两公告一登记”制度，按“专款专用、封闭运行、直补农民”的原则兑现征地补偿费；未支付和拖欠征地补偿费的建设项目一律不予办理供地手续。2005年，制定《安龙县征地补偿方案》，采取货币安置、留地安置、招工安置、入股安置、社保安置、调整土地安置及村办企业安置等多种途径安置被征地农民。

1989—2012年，县内征地安置工作较大的工程的主要有天生桥电站、盘（县）百（色）公路、南（宁）昆（明）铁路和汕（头）昆（明）高速公路建设。其中天生桥一级水电站施工区征地1140公顷，淹没区征地828.83公顷，共征用土地1968.82公顷，涉及15516人；盘百公路一、二期工程共计征用土地145.76公顷；南昆铁路正线途径县境46.97千米，涉及3镇1乡25个村共3688户，永久性用地征地169.67公顷，临时性用地征地3.87公顷；汕昆高速公路安龙段全长43平方米，途经县内6个乡镇14个村98个村民组，涉及被征地农户2986户，征地面积246.01公顷，拆迁房屋272户共30546.85平方米。

第六节　地籍管理

地籍管理是国家为取得有关地籍资料和全面研究土地的权属、自然和经济状况而采取的以地籍调查（权属调查和地籍测量）、土地登记、土地统计和土地评价为主要内容的工作措施，亦称地籍工作。

一、土地申报登记和颁证

（一）国有土地申报登记

1988年，成立安龙县城镇国有土地使用权申报登记工作领导小组及办公室，印发《关于在全县开展城镇国有土地使用权申报登记工作的安排意见》。是年，办理国有土地使用权申报80余宗。1989年后，由于地籍管理机构不健全等因素，国有土地使用权申报登记工作停滞。

1995年，县国土资源管理局组织20余人，再次启动国有土地使用权申报登记工作，完成540宗单位和个人国有土地的外业调查。1996年，完成1800宗国有土地的申报及权属调查和面积量算。1997年，以新安镇为试点，开展地籍调查工作。

1999年3月起，按照“权属合法、界址清楚、面积准确、资料齐全”原则，开展国有土地登记，至11月，完成新安镇国有土地登记3000宗。12月，启动安龙县金龙（农贸）市场国有土地使用权的登记颁证工作。2004年，根据《土地登记规则》《贵州省土地登记条例》，国有土地登记工作逐步实现规范化。

（二）土地颁证

土地证书是使用土地的法律凭证，是出让、转让、出租、抵押的有效证件，分为“国有土地使用证”“集体土地所有权证”和“集体土地使用证”3种。

1988年，在全县发放“宅基地使用证”，完成应发放数的80%；1996年，颁发25个水库“国有土地使用证”；1997年，颁发文物保护景点的“国有土地使用证”8个；1998—1999年，颁发新安镇“国有土地使用证”1700宗。2000年，启用“集体土地使用证”，不再使用“宅基地使用证”。2001—2002年，颁发“集体土地使用证”2000余宗。2003年，启动集体土地所有权登记发证工作，颁发180个村组的“集体土地所有权证”。2004年，完成16个乡镇297宗集体土地所有权颁证工作，发证率100%。

2005年，启动“三房”登记发证工作，制定《安龙县人民政府关于商品房、已购公有住房、经济适用房土地使用权登记的实施方案》。

2005—2007年，累计颁发“集体土地使用证”66010个，应发证72349个，颁证率达91.23%；累计颁发“国有土地使用证”4131个，应发证4282个，颁证率达96.47%。

至2012年底，全县累计颁发国有土地证书4346个，累计颁发集体土地证书93843个，发证率均在90%以上。

二、土地变更及土地使用权抵押登记

1993年，启动办理房屋交易变更土地使用权登记。至2012年，累计办理国有土地、集体土地使用权变更登记手续2310宗。

2000年7月21日，根据《中华人民共和国土地管理法》《中华人民共和国城市房地产管理法》《中华人民共和国担保法》《中华人民共和国城镇国有土地使用权出让和转让暂行条例》和《国家土地管理局关于土地使用权抵押登记有关问题的通知》，县政府印发《关于开展土地使用权抵押登记工作的通知》，对土地使用权设立抵押权的，进行抵押登记。至2012年，全县累计办理土地使用权抵押登记164宗。

三、城镇地籍管理

1997—2002年，完成全县城镇地籍调查工作，基本掌握城镇土地宗地的权属、位置、界址、用途（类别）、等级和面积等地籍信息资料。

在地籍调查的基础上，通过填写“土地登记申请表”“地籍调查表”“土地登记卡”“土地归户卡”“签收簿”“土地登记审批表”等表、卡、簿，向土地使用者颁发“国有土地使用证”或“集体土地使用证”，向集体土地所有者颁发“集体土地所有权证”，并开展土地证书年度年检工作，做到“凭证管地，持证用地”。

2010年11月，安龙县城区第二次土地调查的权属调查、地籍测量工作全面启动，三维数字城镇平台建设通过航拍。

2011—2012年，开展城区三维数字城镇平台建设外业工作。

四、土地台账

土地台账，是利用数字结合图件资料，系统地记载、整理、研究、分析和反映土地的占有、使用现状和变化规律，为掌握土地资源数量、质量、分布和利用状况的动态变化提供科学依据。1999年7月28日，完成全县土地台账建账工作，被省州列为黔西南州土地台账录入微机的唯一试点县。2003年，完成107幅图的理论面积与控制面积和310个土地权属单位控制面积微机录入工作，建立16个乡镇的土地初始微机台账建账数据库。

五、土地使用证年检

2000年起，开展土地证书年检工作，年检土地证书2000余宗，查处土地违法案件45宗。2001年，全县土地证书年检率为50%。2004年，土地证书年检完毕。之后，土地证书年检列为地籍管理一项常规工作。

六、土地权属争议调处

1988年，调处土地权属纠纷179起。1989—2012年，调处县与县之间，乡镇之间、单位与集体之间、单位与个人之间、集体与集体之间、集体与个人之间、个人与个人之间土地权属纠纷、案件608起。

第七节　土地资产管理

土地资产管理的具体目标是合理配置土地资源，高效利用国有土地，防止国有土地收益流失，促进国有土地资产的保值增值，建立社会主义市场经济体制下良性运作的土地市场。

一、土地有偿使用

1995年，依法对建设金龙市场需占用的土地8公顷实行统一征用、统一规划、公开出让；依法收回德卧片区原水电九局征而未用的国有土地使用权9.18公顷，确定基价，依法公开出让。1996年1月，对德卧片区国有土地进行统一规划，建设德卧商住小区，对商住小区的国有土地公开拍卖，出让国有土地136宗，面积19866平方米，出让金304万元全部投入商住小区建设。

1997—1998年，出让国有土地使用权36宗，收取土地出让金48.74万元。

1999年，公开拍卖龙广开发大道两侧国有土地使用权77宗，收取土地出让金304.89万元，平均出让价每平方米351.35元，这是修订后的《中华人民共和国土地管理法》实施后，安龙县也是黔西南州第一次国有土地使用权公开拍卖活动。随后，又在其他乡镇出让国有土地使用权8宗，收取土地出让金20万元。

2000—2002年，出让国有土地使用权136宗，收取土地出让金900万元。

2003年，深化国有土地使用制度改革，严格实行国有土地有偿使用制度，规范国有土地使用权招标拍卖挂牌出让工作，国有土地有偿使用方式推行土地使用权招标、拍卖。国有建设用地供应，除涉及国家安全和保密要求外，都必须向社会公开。商业性房地产开发用地和其他土地供应计划公布后一地块有两个以上用地者的，都必须由县人民政府土地行政主管部门依法以招标、拍卖方式提供，国有土地使用权招标、拍卖必须公开进行。至2012年，全县累计办理出让国有土地使用权、划拨国有土地使用权补办出让手续、处置国有土地资产1337宗，收取土地出让金42971万元。

二、划拨土地入市管理

1999年1月15日，县政府印发《关于加强城镇国有土地使用权管理规定的通知》，规定通过划拨方式取得国有土地使用权的单位和个人只能按照批准的用途使用土地，不得将土地使用权进行转让、出租抵押、作价入股及其他经济活动。凡需要将土地使用权进行转让、出租、抵押和入股经营的，必须依照县人民政府公告施行的基准地价的45%补交出让金，依法补办国有土地使用权出让手续后，方能进行转让、出租、抵押和合股经营。1999—2004年，对划拨国有土地使用权进行经营的收取土地收益金120余万元。2000—2012年，对原划拨国有土地使用权补办出让手续1100宗，收取土地出让金2102万元。

三、土地评估测算

1998年，安龙县启动开展城镇基准地价评估工作。1999年1月1日，县政府发布《关于实施城镇基准地价的公告》，确定城镇基准地价。基准地价原则上3年更新一次，分别于2002年11月6日和2009年5月16日进行调整。

第八节　土地执法监察

一、国土资源动态巡查

2003年，根据《贵州省国土资源动态巡查责任制度》，县国土资源局制定《安龙县国土资源动态巡查责任制实施办法》，建立国土资源动态巡查制度。将县国土资源局执法监察大队和各乡镇国土资源所定为动态巡查的主体，建立县、乡（镇）、村、组四级巡查网络，每个村明确监察员1名，每个村民组明确信息员1名。基本农田保护区和城乡接合部、公路干线两侧、村庄周围、国家规划矿区及永久性测量标志区域为一级区域；除一级区域外的其他区域及地质灾害多发区，汛期地质灾害隐患或险情区域为二级区域。2003—2012年，全县通过国土资源动态巡查，发现并制止土地违法行为502起。

二、查处土地违法行为

以法律、法规的规定为依据，土地违法行为主要有以下22种：非法转让土地，破坏耕地，非法占地，非法批地，侵占挪用征地费及其他有关费用，拒不交还土地，拒不履行土地复垦义务；非法批准出让或者非法出让土地使用权用于房地产开发，不按批准用途使用国有土地，非法转让集体土地，不办理土地变更登记，临时用地上修建永久性建筑物、构筑物；违反土地利用总体规划重建、扩建建筑物、构筑物，逾期不恢复种植条件，违反法定要求划基本农田保护区，破坏或者擅自改变基本农田保护区标志，侵占、挪用基本农田耕地开垦费；占用基本农田发展林果业和挖塘养鱼；非法低价出让国有土地使用权；阻碍土地管理人员执行职务，土地管理部门行政执法不作为，土地管理工作人员玩忽职守、滥用职权、徇私舞弊。

县内常见的土地违法行为主要有非法占地和非法转让土地两种。

1989—1993年，全县清理违法占地1162宗，处理兑现993宗，收缴罚款10余万元。其中拆除71宗、没收21宗；清出干部职工“三违”占地建私房117户，面积1.34公顷，其中县级干部3宗、区局级干部10宗、乡股级干部14宗、一般干部43宗、工人41宗、离退休干部6宗。

1994年，县国土资源管理局规范土地违法案件的查处程序，案件查处有调查笔录、行政处罚决定书，有专门的法规监察队伍。当年立案查处土地违法案件38宗，收缴罚款4.2万元。

1995年，对1992年1月至1995年3月全县新增非农业建设闲置土地、征而未用的耕地和各乡镇占用耕地建市场以及耕地撂荒的情况进行清理，清理查出新增非农业建设违法违规用地1491件，收缴罚款12.6万元。

1996年，重点查处德卧镇、戈塘镇、洒雨镇、永和镇等乡镇的违法占地案件，立案查处违法占地537宗，涉案面积5.33公顷，其中罚款补办用地手续529宗、拆除8宗。

1997年，严格执行“十分珍惜和合理利用每寸土地，切实保护耕地”的基本国策，冻结非农业建设占用耕地1年，冻结县改市的审批，对非农业建设用地进行全面清理。5月30日，县委、县政府印发《关于认真贯彻执行中发〔1997〕11号文件精神全面开展非农业用地清查工作的安排意见》，对1991年1月1日至1997年4月15日全县非农业建设用地进行大清查。至1998年3月，共清理违法占地3492宗，涉案面积33.17公顷，其中国家单位用地35宗、个人住宅用地3457宗。

1998年，按照“主动纠正从宽，拖延抗拒从严；自建自用从宽，转手倒卖、出租从严；一般干部从宽，领导干部从严”的原则，对10宗违法占地进行拆除，其余的违法占地没收折价处理，没收折价金额280万元。

1999年，立案查处土地违法案件596宗，结案581宗，结案率97.5%。

2000年，清理1997年4月15日以后出现的违法占地891宗，收缴罚款39.95万元，其中申请人民法院强制执行3宗。

2001—2002年，查处土地违法案件249宗，其中申请人民法院强制执行2宗。

2003年2月21日，制定《安龙县进一步治理整顿土地市场秩序工作方案》，对1999年1月1日后各类园区用地、违法圈占土地、违法违规交易土地和违法占地进行拉网式排查，共发现各类土地违法案件1788宗，制止115宗，立案查处1673宗，结案1593宗。

2004年，发现土地违法行为152宗，全部查处结案，收缴罚款30.96万元。12月29日，国务院下发《关于深化改革严格土地管理的决定》，安龙县建立国土资源与监察等部门联合办案和案件移送制度，对非法批准占用土地、征收土地和非法低价出让国有土地使用权的国家机关工作人员，给予行政处分；构成犯罪的，追究刑事责任。

2005年，立案查处土地违法行为221宗，收缴罚款31.58万元。

2006年，立案查处土地违法行为211宗，结案205宗。

2007年9—12月，集中100天时间开展土地执法行动，查处土地违法违规案件8宗，收缴罚款5.63万元；全年立案查处土地违法行为179宗，收缴罚款42.32万元。其中，拆除违法违章建筑2宗，面积140.84平方米。

2008年，立案查处土地违法行为114宗，收缴罚款80.3万元。其中，作拆除处理的2宗，面积267.6平方米。

2009年，开展清理整治“两违”(违法用地、违法建设）专项行动，立案查处违法用地330宗，面积3.25公顷，收缴罚款131万元。全年共立案查处土地违法行为348宗，收缴罚款196.28万元。

2010年9月20日，继续开展“两违”清理整治，全年共发现土地违法行为为294宗，制止106宗，立案查处188宗，收缴罚款196.86万元。其中，申请法院强制执行9宗，行政拆除23宗。

2011—2012年，共立案查处土地违法行为605宗，收缴罚款802.64万元。其中，拆除45宗，面积3810平方米。

据统计，1989—2012年，安龙县土地行政主管部门累计查处各类土地违法行为12037宗，涉案面积917公顷，收缴罚没款1903万元。

三、拆除违法占地建筑

1994年11月14日，县国土局、县法院等单位对龙广镇塘坊村村民陈某擅自强占他人耕地及公用道路修建的砖混平房依法实施强制拆除，其违法建筑占地面积121平方米。

1995—2005年，全县拆除违法占地建筑183宗，违法占地面积2.8公顷。主要集中在德卧、龙广、新桥、钱相、普坪、洒雨、木咱、笃山等乡镇。

2006年，强制拆除金宏特种树脂有限责任公司规划范围内的违法违章建筑38栋共5000平方米。2007—2012年，全县拆除违法占地建筑68宗，面积5800平方米，其中违法占用基本农田建筑2宗。

据统计，1994—2012年，全县累计拆除违法占地建筑290宗，违法占地面积38921平方米。

第二章 矿产资源管理

1989年3月，成立安龙县矿产资源管理办公室。至1993年，因煤炭行业低迷，主要开展颁发煤矿“采矿许可证”“矿产品经营凭证”，征收矿产资源补偿费，治理私挖滥采金矿、锑矿、煤矿矿产资源行为及矿山安全检查4项工作。1994年后，县内矿产资源管理工作逐步规范，矿业秩序初步好转，特别是黄金矿山秩序混乱局面得到根本扭转。

第一节 矿产资源勘查开发

一、矿业权

(一) 采矿权管理

采矿权登记颁证　1989—1993年，全县办理煤矿采矿登记、颁发“采矿许可证”63个。

1994年4月，收回原县矿产资源管理办公室颁发的煤矿“采矿许可证”，注销办证后长期不开采、安全设施不完善、不具备起码的安全条件的矿山企业“采矿许可证”11个；县国土资源管理局重新发放煤矿企业“采矿许可证”62个。启动砂、石、黏土登记发证工作，颁发砂石矿山企业“临时采矿许可证”21个。1995年，颁发煤矿“采矿许可证”8个。1996年，颁发煤矿“采矿许可证”11个。1997年，颁发煤矿“采矿许可证”22个，全县持证煤矿达103家，持证金矿有5家。

1999年5月，全县关闭煤矿矿井50对，其中两证（采矿许可证、煤炭生产许可证）不全的30对，无证矿井20对；吊销“采矿许可证”28个。

2000年，关闭煤矿两证不全和无证矿井10对，煤矿“采矿许可证”颁证权力上收。

2003年，委托117地质大队对全县所有的持证煤矿进行井上、井下测绘，完成持证煤矿井上、井下对照图测绘工作，开始埋设煤矿矿界界桩。是年，第一批煤矿采矿许可证换证获贵州省国土资源厅审查批准的有9个：龙山泓发煤矿、龙山龙公煤矿、龙山鑫发煤矿、龙山邱家湾煤矿、龙山纳细煤矿、龙山万龙煤矿、龙山国营煤矿、戈塘国营煤矿、海子龙兴煤矿。

2005年，完成县内20家有证煤矿、14家有证金矿的界桩埋设工作。

2007年，煤炭资源整合工作结束，整合后的煤矿有18家（含1家新建煤矿）。

2008年，启动非煤矿山整合工作。

2010年，办理省级以下发证采矿权延续初审5个，变更采矿权3个。全县整合后的矿山企业共有131个，其中煤矿企业17家、金矿企业5家、砂石矿山企业88家、饰面用灰岩矿山企业21家。

2011年，办理省级以下发证采矿权延续初审5个，变更采矿权10个，上报州国土资源局办理县级采矿权延续11个，通过远程报批的方式参与审查矿业权延续、变更、转让等申请登记16个。

2012年，开展采矿权人依法依规专项检查。办理省级以下采矿权延续初审17个，变更采矿权7个，采矿权转让2个，通过远程报批的方式参与审查矿业权延续、变更、转让等申请登记26个。至2012年底，全县共有矿山企业136家，其中国有企业2家、集体企业9家、股份制企业2家、个体企业123家。

采矿权有偿使用　2003年，按照《贵州省招标拍卖挂牌出让采矿权暂行规定》首次实施有偿出让砂石采矿权16个，收取出让价款9万元。

2004年1月12日，在安龙县举行贵州省国土资源厅黄金矿山采矿权拍卖大会，省国土资源厅、州人民政府、州国土资源局负责人，全州县市政府分管领导、国土资源局局长、矿权股长及安龙县属有关部门负责人、竞买人等150余人参加会议，黔西南州黄金矿业有限公司以568万元竞得科花金矿9.5年的采矿权，现场签订《采矿权确认书》。是年，出让采矿权9个，其中金矿3个，砂石矿山6个；收取采矿权出让价款820.4万元，其中金矿816万元，砂石矿山4.4万元。

2005年，办理砂石矿山协议出让5个，挂牌出让10个，收取采矿权出让价款21万元。2006年，协议出让砂石矿山5个，挂牌出让砂石矿山24个，收取采矿权出让价款105万元。2007年开展砂石场采矿权挂牌出让26个，收取出让价款207.8万元。2008年，按照《探矿权采矿权招标拍卖挂牌管理办法》的规定，公开出让砂石场采矿权12个，收取出让价款60万元。2009年，招拍挂公开出让砂石场采矿权6个，收取出让价款56.62万元。办理采矿权变更1个、延续2个。

2011年，上报州国土资源局对4个砂石矿山进行招拍挂公开出让，收取采矿权价款43.95万元。

2012年，上报州国土资源局对5个饰面用灰岩矿山进行招拍挂公开出让，收取采矿权价款809.8万元。

安龙县 2003—2012 年黄金、砂石矿山采矿权招标拍卖挂牌出让情况表

表 17—2—1

年度	采矿权出让个数（个）	采矿权出让价款（万元）	年度	采矿权出让个数（个）	采矿权出让价款（万元）
2003	16	9.00	2008	12	60.00
2004	9	820.40	2009	6	56.62
2005	15	21.00	2011	4	43.95
2006	29	105.00	2012	5	809.80
2007	26	207.80	合计	122	2133.57

（二）探矿权管理

2004 年，安龙县国土资源局以安龙县土地开发中心为业主办理青龙台板燕煤炭资源勘查、鲁猛嘎拉箐口煤炭资源勘查共 60 余平方千米的探矿权证，县政府与武汉凯迪集团签订合作勘查开发协议和坑口电站建设协议。

2005 年，开展对海子、戈塘、洒雨 3 个乡镇煤炭资源探矿权的监督管理。

从 2006 年起，强化对勘查项目的专项检查，对是否存在以采代探、擅自改变勘探方式、投入资金是否足额等情况进行检查，存在问题的责令限期改正。至 2012 年，全县共有探矿权 16 个。

（三）矿业权设置与核查

矿业权设置 2007 年，在戈塘、洒雨、海子片区设置 4 个煤矿探矿权项目，总面积 88.57 平方千米；预设 5 个新建煤矿采矿权，矿区总面积 97.9 平方千米，设计年生产规模 210 万吨。

2008 年，编制完成《安龙县国家规划矿区外煤矿矿业权设置方案》《安龙县金矿整合、生产结构调整及合理矿业权设置说明书》《安龙县砂石整合、生产结构调整及合理矿业权设置说明书》。暂不设置龙山有烟煤地区新的矿权；在戈塘、洒雨、海子等无烟煤地区，对 4 个探矿权进行重新规划，原预设的 5 个新建煤矿采矿权不变。

矿业权核查 2010 年，核查省级发证煤矿 17 个、金矿 14 个、州级发证水泥厂 2 个、县级发证砂石矿山 96 个和 9 个探矿权。

二、矿产资源开发

按《矿产资源补偿费征收管理规定》《贵州省矿产资源补偿费征收管理实施办法》，1995—2010 年，全县共征收矿产资源补偿费 1816.14 万元，上缴中央金库和县财政。

2005 年起，对矿山企业开展开采回采率、采矿贫化率和选矿回收率“三率”指标进行调查和考核。2006 年，《安龙县矿资源开发利用方案》通过省国土资源厅评审验收。

1995—2010 年，全县共调处采矿权属纠纷 48 件。

安龙县 1995—2012 年建材、煤炭、黄金矿产资源补偿费征收统计

表 17—2—2　　单位：万元

年份	征收金额	年份	征收金额	年份	征收金额
1995	10.00	2002	43.00	2009	376.38
1996	—	2003	45.00	2010	555.19

续表 17—2—2

年份	征收金额	年份	征收金额	年份	征收金额
1997	6.51	2004	81.10	2011	1033.10
1998	8.00	2005	51.10	2012	713.00
1999	37.80	2006	52.00	合计	3562.24
2000	35.67	2007	174.00		
2001	22.00	2008	318.49		

第二节　矿产资源储量管理及规划

矿产资源储量包括储量、基础储量和资源量3个大类共16种类型。

2004年，安龙县委托117地质大队进行矿山储量核实，查明县境黄金矿产资源储量30.47吨（金属量）、煤炭矿产资源储量17.49亿吨、电石灰岩矿产资源储量1亿吨、硫铁矿矿产资源储量363万吨、铁矿矿产资源储量5722.47万吨。2005年，22家煤矿企业《储量核实报告》通过专家评审。2006年，完成17个煤矿和15个金矿占用资源储量登记工作。2012年2月，安龙县青龙台板燕煤炭勘查项目普查工作完成，资源预算4036万吨，经省国土资源厅批准转入详查阶段。

2004年，委托117地质大队对全县矿产资源勘查、开发进行规划，完成《安龙县矿产资源规划》，通过州国土资源局审查。委托105地质大队对全县的砂石矿山进行专项规划，编制《安龙县砂石矿山规划》，82个规划砂石场通过县砂石规划领导小组验收。2006年11月，州政府批复同意《安龙县矿产资源规划》。

第三节　矿山地质环境保护监督

2008年，建立矿山环境治理恢复保证金制度。全县16个煤矿、1个金矿向州财政专户缴纳矿山地质环境治理恢复保证金2349万元。2009年后，17个煤矿及金矿向州财政专户缴纳年度矿山地质环境治理恢复保证金；部分砂石矿山企业向县财政专户缴纳年度矿山地质环境治理恢复保证金。

1994—1997年，制止无证采矿并责令停止开采53起，其中申请人民法院强制执行3起。1998年，制定《安龙县矿业秩序根本好转三年规划》，查处无证采矿20起，越界采矿3起，下发《立即停止无证采矿通知书》20份；强制炸封矿井14个。

1999年5月，县煤炭、国土、劳动、公安、监察等部门联合行动，关闭煤矿矿井50对，其中无证矿井20对，“两证”（采矿许可证、煤炭生产许可证）不全矿井30对。下发黄金矿山停产通知35份，限期办理采矿许可证通知书28份；强制炸封无证黄金矿点1个；申请法院执行黄金矿山越界开采矿1起。2000年，关闭“两证”不全和无证矿井10个。2001年，立案调查戈塘金矿越界开采，作出行政处罚。

2003年8月，制定《非法金矿治理整顿方案》，成立由县委政法委、县国土资源局、县公安局、县法院等部门参加的金矿治理整顿指挥部。9月，对戈塘金矿区37个无证矿点进行强制炸封和拆除，捣毁浸泡池102个、捣毁工棚564间、疏散民工704人、收缴炸药1206千克、雷管4342发、导火索5894米、收缴氰化钠387千克，拆除所有无证非法矿点供电线路。9月至12月，取缔炸封无证非法煤窑23个，拆除15个无证锑矿点设备并炸封矿井，对72个无证砂石场下发《责令停止国土资源违法行为通知书》。

2004年10月，出台《安龙县矿产资源管理和矿山安全管理的暂行规定》。

2005年，抽调200余人组成工作队，取缔炸封无证非法私挖滥采煤窑406个、锑矿46个、砂石场42个，封闭持证煤矿非法开采的矿井22个。将取缔炸封的无证矿山划分为19个片区，统一编号，登记造册，交由当地乡镇巡查管理。

2006年，冶理整顿无证非法采煤窝点，封堵井口110个，炸封井口518个（含死灰复燃），没收煤炭矿产品340吨，行政拘留6人。是年9月，制定举报矿产资源违法行为奖励制度。

2007年，取缔炸封无证非法采煤窝点493个（含死灰复燃），查处煤矿企业越界采矿1起，行政拘留34人。处罚非法转让矿业权的矿山企业15个，收缴罚款128万元。

2008年，炸封取缔非法采煤窝点452个（含死灰复燃），取缔无证开采锑矿点31个、砂石场26个，遣散民工200余人，制止矿山违法行为572起，行政拘留22人。

2009年，取缔炸封非法采煤窝点645个（含死灰复燃），取缔无证砂石场8个，发现并制止矿违法行为650起，行政拘留54人。

2010年，取缔炸封非法采煤窝点426个（含死灰复燃），发现并制止矿山违法行为444起，查处越界采矿10起，行政拘留21人。

2011—2012年，取缔炸封非法采煤窝点302个，取缔非法生产黄金矿点116个、无证采锑采铁矿点2个、无证采石场3个、无证取土1个，砌封无证矿井12个，截断运矿公路3条，没收运输非法矿产品车辆27辆，行政拘留73人、批捕3人、判刑1人。

1994—2012年安龙县查处矿山违法案件统计表

表17—2—3　　单位：起

年度	无证采矿	越层越界采矿	非法转让	年度	无证采矿	越层越界采矿	非法转让
1994	7	—	—	2004	6	—	—
1995	4	—	—	2005	37	—	—
1996	3	—	2	2006	23	—	—
1997	1	3	—	2007	19	1	15
1998	20	3	—	2008	8	5	—
1999	4	3	—	2009	2	—	—
2000	2	—	—	2010	12	10	—
2001	1	1	—	2011	4	7	1
2002	3	—	—	2012	—	4	—
2003	5	—	—	合计	161	37	18

第四节　测绘管理及测绘服务

1999年6月，县国土资源管理局内设“测绘管理股”，与地籍股为一个机构两块牌子，对外称“安龙县测绘管理办公室”。

一、测绘管理

测绘资质　至2012年，县内有测绘资质（“测绘资格证书”）的单位有两个：安龙县国土资源局土地开发中心（2003年取得丁级测绘资质）、经纬测绘公司（2010年取得丁级测绘资质）。

测绘市场及测绘项目登记 按《测绘市场管理办法》《测绘资质管理规定》，凡到本县境内从事测绘活动的测绘单位，经审查营业执照、测绘资质是否有超范围测绘、是否达到招投标条件等项目，测绘项目（任务）登记后方可从事测绘活动。

地图市场的监督管理 2002年起，每年开展一次国家版图和地图市场专项执法检查活动。重点检查书店（图书门市）、文具店、玩具商店的地图册、挂图、地球仪以及学校、车站、移动公司、联通公司等公共场所的广告宣传示意图等。至2012年，发现不合格产品地球仪9个、不合格产品玩具地球仪2个，全部予以销毁；发现有质量问题地图宣传品5幅，1幅修改送审，4幅自行撤除。

测绘成果保密的监督检查 至2012年，安龙县共有1:1万地形图7套共737幅，1:5万地形图34幅，1:20万地形图1幅，县国土资源局每年均与县保密局联合进行测绘成果保密检查。

测量标志保护 1999年，开展全县测量标志普查，查实三角点16个，除2个因建微波站毁坏外，其余14个点均被人为毁坏；16个水准点中，标石完好的2个，上标石完好的1个，下标石完好的6个，标石被完全毁坏的7个。2001年，协助成都军区测绘大队查出军测水准点2个，完好的水准点由原来的9个增至11个；配合成都军区和贵州省测绘局布设5个GPS网点，全县的测量标志达16个。2008年，建成C级GPS点8个。2012年，全县共有水准点9个、C级GPS点8个和E级GPS点6个。

二、测绘服务

测绘装备 县国土资源局测绘机构成立时，使用的测绘仪器是经纬仪、平板仪和水准仪“老三样”。2001年底，县国土资源局拨出专款，购置配备全站仪1台、测绘通2台、微机2台、成图软件2套、绘图仪1台、晒图机1台。

测绘服务 2000年，县国土资源局测绘机构完成测绘任务102宗。2001年，完成德卧万吨锌业基地、新畜牧市场用地、巴猫河电站用地、安龙民族师范扩建用地、安龙供水工程建设用地、移动公司和联通公司基站界址点测绘任务。2002—2003年，完成移民规划用地14宗、建设用地32宗、土地开发复垦9宗、义教工程87宗、矿山测绘72宗、地籍测绘24宗的测绘任务。2004年，完成测绘任务105宗，其中建设用地42宗、地籍测绘41宗、矿山局部测绘22宗，面积2公顷以上的占15%。2005年，完成测绘任务121宗共3.5平方千米。2006—2009年，做好地籍测绘规划编制工作，完成规划文本初稿编制工作；将“安龙县城区1:500地形图”基础测绘工作与县城所在地地籍测绘工作合二为一。2010年，施测2010年工业储备用地第一、二、三批次用地和2010年城镇批次用地第一、二批次用地；施测矿权、地籍、建设用地、执法监察、土地纠纷、重点工程和其他用地的任务138宗共1.89平方千米。2011—2012年，施测项目建设、用地报批、违法案件查处、勘测定界等任务836件次，实施面积8.84平方千米。

第三章 自然生态环境保护

1986年前，县内没有设立环境保护的专门机构，其环境保护工作未能引起重视，仅进行一些街道整治、绿化、环境卫生管理、疏浚下水道等工作。1986年，县城乡建设环境保护局设立环保专职人员，具体负责环境保护筹备工作，对全县的工业污染进行调查。1988年8月，设立环境保护监理站，对新建的18个厂矿进行厂址选择管理，对工业污染纠纷和污染事故进行调查处理，履行环境监督管理职责。2001年11月，成立安龙县环境保护局，内设办公室、业务股和环境监理站。2003年7月，环境监理站更名为安龙县环境监察大队。2006年12月，组建安龙县污水处理站，为安龙县环保局下设股级事业单位。2012年，将安龙县环境监察大队提升为副科级事业单位；重新成立安龙县环境监测站，为县环境保护局下设股级事业单位；将安龙县污水处理站职能和机构划转到县水务局管理。

第一节　环境质量

一、水环境

2002年，将饮用水源地生态治理列入县政府10件实事之一，投入建设资金285万元，其中国家补助200万元，综合治理29平方千米，完成经果林、水土保持林、封山育林治理、排洪沟渠等项目建设。2007年，根据省政府《贵州省人民政府关于划定黔西南自治州兴仁等5县集中式饮用水源保护区的批复》，完成钱相马槽龙潭、观音岩、海子农场3个集中式饮用水源保护区的划界插碑工作，划定钱相马槽龙潭、观音岩、海子农场、观音岩地下水饮用水源保护区。

二、大气环境

2012年成立环境监测站，至年底尚无监测数据。

第二节　环境污染

20世纪80年代以来，随着县内工业经济的不断发展，县境工业“三废”排放逐年增多，污染加深。同时，随着交通条件的改善，全县机动车拥有量快速增长，从而增加了大气和噪声的污染。据检测，县境主要污染物有：水污染类：二氧化硫（SO_2）、水质中的悬浮物（SS，即 Suspended Substance）、化学需氧量（COD，即 Chemical Oxygen Demand，是在一定的条件下，采用一定的强氧化剂处理水样时，所消耗的氧化剂量，化学需氧量越大，说明水体受有机物的污染越严重）、生化需氧量或生化耗氧量（BOD，即 Biochemical Cxygen Demand，表示水中有机物等需氧污染物质含量的一个综合指示）、氢化氮（NH_3）、氯离子（Cl^-）、硫酸根离子（SO_4^-）、氰根离子（CN^-）；空气污染类：总悬浮微粒（TSP，total suspended particulate，指用标准大容量颗粒采集器在滤膜上收集到的颗粒物的总质量，有人为源和自然源之分，人为源主要是燃煤、燃油、工业生产过程等人为活动排放出来的；自然源主要有土壤、扬尘、沙尘经风力的作用输送到空气中而形成）、氧化氮（NO_x）、可吸入颗粒物（PM_{10}，指空气动力学当量直径≤10微米的颗粒物）、锌（Zn）、镉（Cd）、锰（Mn）、锑（Sb）、铅（Pb）、苯芽芘（BaP）、氯乙烯单体（VCM）等。据统计，2003年，县内25家企业化学需氧量（COD）排放480吨、二氧化硫排放100吨；到2012年，县内47家企业统计化学需氧量（COD）排放116.27吨、二氧化硫排放1867.8吨、氮氧化物排放532.36吨。

2002—2012年县内企业主要污染物排放情况表

表17—3—1

年度	统计生产企业数	COD排放量（吨）	NH_3N 排放量（吨）	SO_2 排放量（吨）	氮氧化物排放量（吨）
2002	38	—	—	—	—
2003	25	480	—	100	—
2004	32	460	—	1200	—
2005	36	572.041	—	1320.84	—

续表 17—3—1

年度	统计生产企业数	COD 排放量（吨）	NH_3N 排放量（吨）	SO_2 排放量（吨）	氮氧化物排放量（吨）
2006	37	289.36	—	1608.69	1703.6
2007	51	358.635	—	2443.57	2197.362
2008	43	336.0201	—	24.2.695	1353.381
2009	42	108.9403	—	2220.557	2851.331
2010	31	90.871	—	1699.507	1039.69
2011	51	166.266000	0.320000	1867.798000	214.076000
2012	47	116.270300	1.05800	2266.172000	532.362000

第三节　环境治理

一、宣传教育

2003 年，围绕“六五世界环境日”主题“水—20 亿人民之所系”，在县城赶集天上街设点开展宣传活动，发放宣传资料 3000 余份（其中城区 11 所中小学校各 100 份、重点企业 200 份），悬挂及永久性标语 16 幅，张贴环保图解 14 幅，接受环保咨询 11 人次，利用音像设备播放国家环保总局《新世纪环境形势与对策》《全球生态危机与中国林业建设》。是年，接受环境违法行为举报 11 起，查处 11 起，其中实施环境行政处罚 2 起，依法申请县法院强制执行 1 起；发生环境污染纠纷 8 起，调解 8 起；接待群众来信来访 30 件（次），处理 30 件（次）；处理答复县人大议案 3 件、县政协提案 1 件。是年，德卧工业园因污染严重，全部停产整顿。

2004 年，围绕“六五世界环境日”主题“海洋存亡，匹夫有责”，在安龙电视台播放县政府分管副县长电视讲话、环保公益广告，制作宣传标语 10 幅，接受环境保护工作咨询 200 余人次。限期整改企业 16 家，限期整改书面保证企业 5 家，行政处罚企业 4 家，调解环境污染纠纷 3 起。责成矿山企业修理拦沙坝 11 道、挡土墙 16 道、排水沟 5 条、污水沉淀处理池 16 个、尾矿坝 1 个。

2005 年，围绕“六五世界环境日”主题“营造绿色城市，呵护地球家园”，在安龙电视台播放县政府分管副县长电视讲话、环保公益广告，制作宣传标语 12 幅，宣传资料发放到学校，接受咨询环境保护工作咨询 100 多人次。限期治理企业 2 家，行政处罚企业 2 家，调解环境污染纠纷 12 起。办理人大代表批评意见 3 件、县政协委员提案 5 件；查处违法行为 8 起，处罚企业 1 家，调解处理群众来信来访 14 起。

2006 年，围绕“六五世界环境日”主题“沙漠和荒漠化”，组织 15 个环保目标责任单位发放宣传资料 2000 余份，接受群众咨询 100 余人次。监督省级重点督办企业 2 家、州级重点督办企业 3 家、县级重点督办企业 5 家完成整改，限期改正企业 2 家。接受群众来信来访 21 次（件），调解污染纠纷 9 起，办理人大代表、政协委员提议案共 4 件。

2007 年，围绕“六五世界环境日”主题“污染减排与环境友好型社会”，发放《环保小知识》1000 余份、《贵州市民环保手册》500 余份、宣传挂图 60 套。限期整改企业 29 家，立案 2 家，挂牌督办企业安龙县金宏特种树脂有限责任公司渣场 1 家，处罚企业 7 家。创建县第一中学和龙广镇第三中学“绿色学校”2 所。

2008 年，围绕“六五世界环境日”主题“绿色奥运与环境友好型社会”，发放《环保小知识 500 余份》、宣传挂图 50 套，接待群众咨询 500 余人次。查处违法排污企业 23 家，责令限期整改，处罚企业 6 家共

12.5万元，依法调解污染纠纷21起。

2009年，围绕世界环境日主题“你的地球需要你，联合起来应对气候变化”和中国主题“减少污染，行动起来”，重点开展减排、生态文明建设、农村环境保护宣传，发放《环保小知识》500余份、《绿色出行宣传手册》100本、《绿色出行倡议书》300余份、宣传挂图75套及《中华人民共和国大气污染防治法》《中华人民共和国水污染防治法》《中华人民共和国噪声污染防治法》《中华人民共和国固废污染防治法》《排污费征收使用管理条例》等法律、法规文本1000份，接受群众咨询500余人次。查处环境违法行为15起，责令停止运行项目1家，依法调解污染纠纷20起。

2010年，围绕世界环境日主题“多样的物种，唯一的地球，共同的未来”和中国主题“低碳减排·绿色生活”，发放《环保小知识200》余份、《绿色出行宣传手册》100余本、《绿色出行倡议书》200余份、宣传挂图60余套及环境保护法律、法规宣传资料400余份，接待群众咨询300余人次，创建德卧镇富民小学、木咱镇响乐小学县级“绿色学校”2所。查处违法排污企业15家，处罚2家，责令停止运行项目3家。

2011年，围绕“六五世界环境日”中国主题“共建生态文明，共享绿色未来”，在县城区、金宏化工厂和兴隆镇水冲村等企开展宣传活动；全年查处违法排污企业15家，责令改正环境违法行为8家，处罚煤矿企业1家2万元。10月，按州环保局要求，取缔德卧镇闽龙、生辉冶炼公司土法炼焦炉共8组200门。

2012年，围绕“六五世界环境日”主题“绿色经济，你参与了吗？”和中国主题“绿色消费，你行动了吗？”，发放《农村环保知识小册子》200余份、《低碳生活50问题》200余份、《环保小知识》100余份、《绿色出行宣传手册》100余本、《绿色出行倡议书》100余份、宣传挂图80余套及环境保护法律、法规宣传资料200余份，接受群众咨询200余人次。查处违法排污企业13家，责令限期改正8家，行政处罚5家，追缴2011年未结行政处罚1家2万元，处罚及追缴环境违法共8.5万元。

二、环境治理

（一）城区污水处理设施建设

1. 安龙县城东污水处理厂

安龙县城东污水处理厂是省环境保护局主抓的一项重点示范工程，是重点国有控股企业。项目工程于2004年初开始申报，2005年5月获得省发展和改革委员会批复，同年8月22日开工建设，2006年12月投入试运行，2007年9月27日验收合格。工程共计投入资金721万元，其中县自筹221万元（土地部分），省环保局投入专项资金500万元，厂区占地面积2.8公顷，设计日处理污水5000吨，处理技术为“地沟式污水处理技术”，污水处理成本为每立方米0.32元（其中折旧费每立方米0.13元），处理后的水质达到《城市污水处理厂污染物排放标准》（GB18918—2002）一级B标准。

2. 安龙县城西污水处理厂

2009年7月开工建设，工程项目总投资2267万元，2010年7月投入试运行，采用氧化沟污水处理技术，设计日处理污水3000吨，由县自来水公司委托给贵阳楚天公司运行管理，进入厂区的生活污水经处理后符合《城镇污水处理厂污染排放标准》达标排放。

（二）农村环境综合整治项目

2010年，木咱镇获得中央农村的环保综合整治项目，得到上级补助资金60万元，在木咱镇府所在地及者跃村及牛角山村、响乐村、坝力村新建23个封闭式垃圾池，建垃圾临时堆放场1个，购垃圾清运车辆1辆。2012年底，通过州级环保验收。

2011年，笃山乡坡井村小城镇建设环境治理项目，得到省级环保补助资金25万元，由笃山乡政府组织实施。2012年底，上级环保部门委托县环保局验收合格。普坪镇饮用水源地环境综合整治项目总投资

120 万元，获得省级补助资金 36 万元，由普坪镇人民政府组织实施。购置压缩工垃圾清运车 1 辆，垃圾箱 50 个、垃圾处理场征地 3884.69 平方米及完善垃圾处理场相关设施（水池 5 立方米，挡土墙 295 立方米和排水沟渠 160 米，垃圾收集池 2 个，种植绿化树 26 株），2012 年完成建设。

2012 年，戈塘镇鲁沟塘村环境综合整治项目获得资金 20 万元，由戈塘政府组织实施。马槽龙滩和观音岩集中式饮用水源保护区综合整治项目，获资金 30 万元，县级配套资金 35 万元，由县环保局组织实施，购置垃圾清运车 2 辆、垃圾车厢 12 个、垃圾转运池 1 个，建设公告牌 3 块、界标 100 块、警示牌 10 块，6 月开工，7 月初完工。

（三）污染治理

1998 年，全县关闭取缔“十五小”企业小土炼硫、小土炼焦和小砖瓦企业 20 余户，关闭取缔无证非法煤矿矿井（煤窑）19 个。据统计，1997—1998 年，全县乡镇企业投入技术改造资金 2518.5 万元，其中直接用于环保设施资金 312 万元。

1999 年 5 月，县乡镇企业局制定环保目标实施目标方案（1998—2002），要求在城镇上风向、居民稠密区、水源保护区、名胜风景区和自然保护区内，不准建设污染环境的乡镇企业，已建成的全部关、停、并、转、迁，全县继续关停“十五小”企业，对煤炭企业实行关井压产政策，全年关停、取缔砖瓦、煤焦、冶金等国家产业政策限制生产的乡镇企业 50 户，其中黏土砖瓦企业 76 户、冶金企业 5 户、煤焦企业 50 户。

2000 年，全县继续关停“十五小”企业，引导兴源水泥、鑫华水泥、盘江锑白、星光电冶等企业进行技术改造，投入资金 630 万元，推荐环保型“联体圆窑引火炼焦炉”技术，关闭布局不合理、两证不全和无基本安全条件的煤矿矿井 10 个，关停、取缔砖瓦企业 189 户。

2001 年，全县继续执行、取缔“十五小”政策和煤炭关井压产政策，全年取缔不符合国家产业政策的乡镇企业 60 户，其中砖瓦企业 25 户、煤炭企业 26 户、其他企业 9 户。

2002 年，县政府对全县铁合金企业和县城区 18 家锅炉及营业性燃煤炉灶进行限期治理；2004 年，州环保局对县境 5 家铁合金企业进行限期治理，淘汰落后工艺设备，完成烟尘治理；2005 年，县政府对群众投诉强烈的公路段沥青拌和场和龙碧冶炼厂进行限期治理；2007 年，组织人员对钱相马槽龙潭、海子农场、观音岩等县城饮水源周边的工矿企业进行清理，对观音岩取水点周边乱堆乱放工业固体废物的 6 家石灰企业下达了限期整改通知，处罚企业 2 家；2008 年，对华虹公司渣场下达限期整改通知，处罚焦化企业 1 家；2010 年，取缔晓宇焦化厂、森森焦化厂、聚鑫焦化厂、闽盛焦化厂、龙山焦化厂、宏能焦化厂、效益焦化厂、兴富焦化厂、泓洋焦化厂、桂黔焦化厂等 10 家焦化生产企业；2012 年，取缔星光电冶厂。

三、环境监测

2011 年，配备手动空气监测设备，建有空气监测实验室。2012 年成立环境监测站，但未开展监测工作，辖区内的监测工作由黔西南州环境监测站负责。

四、生态建设

2011 年，争取到招堤风景区环保项目资金 20 万元，对厕所内外进行环保式改造，新建垃圾收集池 5 个。

第四节　水土保持综合治理

一、珠治水土保持综合治理试点工程

2003 年 10 月 15 日，启动石冲河小流域、沈洪小流域、板磨小流域 3 个小流域治理。建设内容为石质山区，包括石冲河小流域、沈洪小流域、批复治理面积13平方千米，谷坊拦沙坝3座。梯田工程46公顷，保土耕作65平方千米，封育面积746公顷，其中补植补种60公顷、沼气池115个。非石质山区：为板磨小流域，治理面积7平方千米，其中建蓄水池21个，沉沙地19个，沟洫工程1579米，谷坊12座，沟道治理1133米，梯田工程20公顷，保土耕作35公顷，水保林139公顷，经果林115公顷，封育治理面积391公顷，其中补植补种40公顷、沼气池58个。

工程于2004年7月18日全面完工。工程共完成综合治理面积21.18平方千米，占总治理面积68.5%，其中水池82个总蓄水4747立方米、沉沙池25个、沟洫工程4490.5米、谷坊拦沙坝19座、沟道治理1133米、梯田工程57.2公顷、保土耕作102.1公顷、作业便道940米、种植水保林736.7公顷、果林58.3公顷、经济林27公顷，建沼气池234个。沈洪小流域开挖土方1.87万立方米、石方2300立方米，实用人工21.12万个；板磨小流域开挖土方9800平方米、石方2400立方米，实用人工24万个；石冲河小流域开挖土方4.33万立方米、石方3.05万立方米，实用人工5.1万个。

工程完成投资271.42万元，占下达计划任务的100.9%。其中，国家补助210万元，占下达计划任务数的100%，地方配套61.42万元，占下达任务数的104.1%。3条流域投资情况：板磨小流域投资86.75万元，其中国家补助65.50万元、地方配套21.25万元；沈洪小流域总投资61. 32万元，其中国家补助51.72万元、地方配套9.6万元；石冲河小流域总投资123.35万元，其中国家投资补助92.78万元、地方配套30.57万元。

2004年10月25日，动工法统、胡巷、竜堡3个小流域治理，续建石冲、沈洪、板磨小流域治理工程。其建设内容为：石质山区：水土流失面积9.6平方千米，治理水土流失面积15平方千米，其中人工治理面积措施640公顷、蓄水池窑44个、沉沙池38个、沟洫工程334米、谷坊和拦沙坝4座，人工治理包括：作业便道327米、梯田工程54公顷、保土耕作75公顷、乔木林251公顷、灌木林59公顷、经济林77公顷、果木林107公顷、种草17公顷；封育治理860公顷，其中补植补种69公顷、沼气池133个。非石质山区：水土流失面积46.8平方千米，治理水土流失面积8平方千米，其中人工治理353公顷、蓄水池窑24个、沉沙池22个、沟洫工程1805米、谷坊拦沙坝1座、沟道整治1259米，人工治理梯田工程22公顷、保土耕作40公顷、乔木林148公顷、灌木林11公顷、经济林58公顷、果木林74公顷。封育治理447公顷、其中补植补种46公顷、沼气池67口。

2005年8月20日基本完工。共完成综合治理面积23平方千米，其中水池61个、沉沙池43个、沟洫工程3201米、谷坊拦沙坝59座、梯田工程94.8公顷、保土耕作115公顷，作业便道654米，种植水土保持林494公顷、经济果木林289.2公顷，封山育林治理1307公顷，建设沼气池330个。

法统小流域治理：总面积348.3公顷，其中人工治理面积135.4公顷，建蓄水池1个、沉沙池1个，种植水土保持林122.9公顷、经济果木林12.5公顷、封山育林治理212.9公顷，完成土方2.42万立方米、石方0.01万立方米、砼方8立方米，实用人工2万个。

胡巷小流域：治理面积821.5公顷，其中人工治理402.22公顷，建蓄水池33个、沼气池141个、沉沙池19个、沟洫工程1319米、梯田工程17.1公顷、保林耕作50.3公顷、作业便道654米，种植乔木林200.82公顷、经济果木林134公顷、封山育林治理419.3公顷，完成土方11.67万立方米、石方0.79万立方米、砼方664立方米，实用人工6.91万个。

石冲河小流域：治理总面积18.08公顷，其中人工治理18.08公顷，建梯田工程10.08公顷、沼气池159口，砌筑石硬长3298米，完善作业便道468米；沈洪小流域治理总面积312.1公顷，其中人工治理84.3公顷，建蓄水池14个、沉沙池13个、沟洫410米，梯田工程59.6公顷、保土耕作24.7公顷、封育治理227.8公顷，完成土方4000立方米、石方1.35万立方米、砼方98.5立方米，实用人工2.54万个。

竜堡小流域：治理总面积443公顷，其中人工治理面积310.5公顷，建蓄水池4个、沉沙池1个，保土耕作13.1公顷，种植水保林170.3公顷、经济林果林127.1公顷、封山育林治理132.5公顷，完成土方9.07万立方米、石方200立方米、砼方16立方米，实用人工1.58万个。

板磨小流域：治理总面积357公顷，其中人工治理42.5公顷，建设沟洫1472米、蓄水池9个、沉沙池9个、谷坊59座、沼气池30口，保土耕作26. 9公顷，种植果木林15.6公顷、封山育林治理314.5公顷，完成土方6400立方米、石方3400立方米、砼方721立方米，实用人工7500个。

工程完成投资309万元，其中国家补助241万元，地方配套68万元。总计完成土方28.27万元，石方2.61万立方米，砼方1813.5立方米，实用人工17.8万个。

二、珠江上游南北盘江石灰岩地区水土保持综合治理试点工程

2005年10月25日动工，治理小流域10条，其中新启动巧凹小流域、乔马小流域、香车河小流域、洒米河小流域、科汪河小流域，续建沈洪、胡巷、法统、石冲、竜堡小流域。2006年8月28日结束。

工程共完成综合治理面积62平方千米，其中38个水池、沉沙池31个、沟洫工程9836米、沟道治理7950米，梯田工程87公顷，保土耕作346公顷，作业便道2871.65米，种植水保林1621公顷、果木林560公顷，封山育林治理3586公顷，建设沼气池438口。

1. 石质山区：治理面积44.65平方千米，其中人工治理1898.5公顷，建水池25个、沉沙池22个、沟洫工程3979米、梯田工程86.81公顷、保土耕作251.59公顷，作业便道2874.65米，种植水保林1292.49公顷、果木林268公顷，封山育林治理2566公顷，建设沼气池267口。

法统小流域：治理面积5.9平方千米，其中人工治理236.29公顷，建设水池2个、沉沙池1个、沟洫工程109.8米，保土耕作48.93公顷，种植水保林151.64公顷、经济果木林35. 7公顷，封山育林治理353.8公顷，建设沼气池25口。

胡巷小流域：治理面积0.21平方千米，其中人工治理面积21公顷，建设沟洫工程190.1米，保土耕作1.9公顷，作业便道161米，种植经济果木林19.1公顷。

石冲小流域：治理面积0.32平方千米，其中人工治理面积32公顷，完善作业便道495.6米，种植经济果木林32公顷。

沈洪小流域：治理面积1.4平方千米，其中人工治理面积140. 25公顷，建设作业便道970.85米，种植水保林140.25公顷。

巧凹小流域：治理面积10.39平方千米，其中人工治理面积358.44公顷，建设蓄水池10个、沉沙池10个、沟洫工程1670.2米，梯田工程14.14公顷，保土耕作37.16公顷，作业便道450米，水保林277.12公顷，种植经济果木林29.2公顷，封山育林治理680.5公顷，建设沼气池103口。

香车河小流域：治理面积9.16平方千米，其中人工治理面积355.7公顷，建设蓄水池11个、沉沙池11个、沟洫工程2008.6米，梯田工程34.4公顷，保土耕作47.9公顷，作业便道797.2米，种植水保林122.2公顷、经济果木林151公顷，封山育林治理560.7公顷，建设沼气池118口。

洒米河小流域：治理面积6.11平方千米，其中人工治理325.3公顷，建设蓄水池2个，保土耕作59.6公顷，种植水保林265.7公顷，封山育林治理285.7公顷。

桥马小流域：治理面积11.15平方千米。其中人工治理429.5公顷，建设蓄水池2个，梯田工程38公顷，保土耕作56.1公顷，种植水保林335.4公顷，封山育林治理685.7公顷，建设沼气池21口。

2. 非石质山区：治理面积17.35平方千米，其中人工治理715.2公顷，建设水池11个、沉沙池9个、沟洫工程5857米、沟道治理7950米，保土耕作94.5公顷，种植水保林328.9公顷、果木林292公顷，封山育林治理1020公顷，建设沼气池171口。

竜堡小流域治理面积6平方千米，其中人工治理246.2公顷，建设沟洫工程4877.4米，保土耕作37公顷，种植水保林116.9公顷、经济果木林92. 3公顷，封山育林治理354公顷，建沼气池20个。科汪小流域治理面积11.35平方千米，其中人工治理469公顷，建设蓄水池11个、沉沙池9个、沟洫工程979.1米，沟道治理7950米，保土耕作57.5公顷，种植水保林212公顷、果木林200公顷，封山育林治理666公顷，建设沼气池151口。

2005年完成投资638.58万元，其中国家补助564.24万元，其他部门投资74.34万元。

三、白水河项目区水土保持综合治理

2006年启动，项目包括木科、阿科、长河、渔洞、坝力、高普陇、德卧、团山堡、马鞭田、八坎、巴猫河、坡脚等12条河流小流域。治理水土流失面积120.2平方千米，其中人工治理面积82.68平方千米，实施生态修复面积37.52平方千米，治理程度达81.9%。

人工治理措施：建设蓄水池（水窖）575个、沉沙池468个、输水管网885千米，解决人畜饮水773户，沟洫工程30.22千米，谷坊（拦沙坝）123座，沟道整治18.02千米，作业便道78.75千米，梯田工程616.43公顷，水土保持林2038.32万公顷，经果林1870.1公顷，保土耕作3143公顷，种草600公顷。

生态修复措施：封山育林管护37.52平方千米，其中补植补种1126公顷，建设沼气池888口，节柴灶1109口。

其他措施：世行项目区5条小流域养猪333户，养牛1100户，养羊300户。

总投资5031.12万元，其中世界银行贷款2092. 08万元，申请中央投资1513.89万元，地方配套630.16万元。世界银行项目群众投劳折资794.99万元。

2006年，实施新桥镇高普陇木科河、德卧镇马鞭田小流域治理。

2007年，启动渔洞小流域水土保持综合治理，2009年3月2日通过省级验收。综合治理水土保持124平方千米，人工治理措施629.6公顷，新建水池49座、沉沙池9个，沟洫工程2264.8米，作业便道完成1222.3米、石坎梯田232公顷，水土保持林补植补种552.6公顷、经果林53.8公顷，生态修复措施完成61034公顷，实施封山育林治理610公顷，配套建设沼气池150口。总投入资金334万元，其中中央投资190万元。

第四章 林 业

安龙地处贵州高原向广西丘陵过渡的山区地带，林业资源十分丰富，森林覆盖率很高。20世纪中期，由于大面积的垦荒和大量砍伐林木，县境森林资源遭到极大的损毁。20世纪80年代，全县各族人民在实践中逐渐认识到保护和发展森林资源的重要性，在县委、县政府的带领下，进行封山育林和植树造林，涌现出了一批林业专业户和林业生产联合体，使全县天然次生林逐步得到恢复，人工营林面积逐年增加. 森林后备资源得到一定加强，但仍未能遏制森林资源下降的趋势。到1988年，全县有林地、疏林地和灌木林地366.87平方千米（天然次生林占75.2%，人工营造林占24.8%），与1975年相比，灌木林由327.33平方千米减少到200平方千米，有林地、疏林地由254.93平方千米减少到166.87平方千米。包括灌木林、疏林地在内的森林覆盖率急剧下降。20世纪90年代以后，由于加强对森林的保护，采取了各项恢复生态的政策和措施，2000年以后，通过调查发现，县境森林资源逐渐得到恢复，森林覆盖率逐年提高。

第一节　林业资源

一、森林资源概况

1989年后，安龙县分别于1995年、2005年，以县为单体开展第二次、第三次森林资源规划设计调查（简称二类调查，第一次调查于1985年进行）；2000年，还利用卫星照片判读形式，进行了县内森林资源现状调查。通过调查发现，县境森林资源逐渐得到恢复，森林覆盖率逐年提高。

全县林业资源调查各类土地面积

表17—4—1　　　　单位：公顷

年度	林业用地										非林业用地	森林覆盖率%	
	合计	有林地				疏林地	灌木林地	未成林造林地	苗圃地	无林地		有林地	有林地加灌木林地
		合计	林分	经济林	竹林								
1995	77562.0	21850.7	18959.4	2805.5	85.8	794.0	37769.5	2824.1	24.5	14299.2	146198.0	9.8	26.7
1999	97190.1	37569.1	34549.0	3020.1	—	78.4	46959.1	2387.2	—	10196.3	126569.9	16.79	37.78
2005	126933.76	44633.96	44370.28	2391.99	263.68	172.08	52937.31	2975.01	1.80	23821.61	96826.24	19.95	44.67

二、森林面积、蓄积

（一）林地面积

据统计，全县国土总面积为2237.6平方千米。

1995年，以县为单体开展全县第二次（第一次为1985年）森林资源规划设计调查（简称二类调查），查清全县林业用地77562公顷，占全县总面积的34.7%；非林业用地（包括农田、农地、牧地、水域、难利用地、村镇、道路等）面积为146198公顷，占全县总面积的65.3%。在林业用地中，有林地面积为21850.8公顷，占全县总面积的9.8%，占林业用地的28.2%；疏林地面积为794.0公顷，占全县总面积的0.4%，占林业用地的1.1%；灌木林地为37769.5公顷，占全县总面积的16.9%，占林业用地的48.7%；未成林造林地为2824.1公顷，占全县总面积的1.3%，占林业用地的3.6%；无林地为14299.2公顷，占全县总面积的6.4%，占林业用地的18.4%；苗圃地仅有24.5公顷。在有林地中，林分面积18959.4公顷，占有林地面积86.8%；经济林面积2805.5公顷，占有林地面积12.8%；竹林面积85.8公顷，占有林地面积0.4%。

2000年，利用卫星照片判读，开展森林资源现状调查表明，全县林业用地面积为97190.1公顷，占全县总面积的43.4%，其中有林地面积37569.1公顷，占全县总面积的16.8%，占林业用地的38.6%；疏林地78.4公顷，占林业用地的0.1%，灌木林地为46959.1公顷，占全县总面积的21.0%，占林业用地的48.3%；未成林造林地2387.2公顷，占林业用地的2.4%；无林地（包括宜林荒地和其他林地）10196.3公顷，占林业用地的10.5%。有林地中，林分面积34549.0公顷，占有林地面积91.9%；经济林3020.1公顷，占有林地面积的8.1%。

2005年，以县为单体开展全县第三次森林资源规划设计调查，其调查结果是：全县林业用地126933.76公顷，占全县总面积的56.7%；非林业用地96826.24公顷，占全县总面积的43.3%。在林业用地中，有林地面积44633.96公顷，占全县总面积的19.94%，占林业用地35.16%；疏林地172.08公顷，占林业用地0.14%；灌木林地55329.30公顷占全县总面积24.73%，占林业用地的43.59%；未成林造林地2975.01公顷，占林业用地2.34%；无林地23821.61公顷，占林业用地18.77%。有林地中，林分面积44370.28公顷，占有林地99.41，其中纯林42868.33公顷，占林分面积96.61%，混交林1501.95公顷，占林分面积3.39%；竹林263.68公顷，占有林地0.59%。

（二）森林蓄积

根据全县二类林业调查数据显示，1995年，全县森林活立木蓄积量为105.5万立方米，其中林分蓄积95.63万立方米，占总蓄积90.6%；疏林蓄积1.54万立方米，占总蓄积的1.5%；散生木蓄积1.12万立方米，占总蓄积1.1%；四旁树蓄积7.2万立方米，占总蓄积的6.8%。2005年，全县活立木总蓄积229.2万立方米，其中林分蓄积222.94万立方米，占总蓄积的97.3%；疏林蓄积0.35万立方米，占总蓄积的0.15%，散生木蓄积0.15万立方米，占总蓄积0.07%；四旁树蓄积5.77万立方米，占总蓄积的2.52%。数据表明，1995—2005年期间，全县实现森林面积、森林蓄积、森林覆盖率3项指标同步增长。有林地净增1倍多，森林蓄积净增1.2倍，森林覆盖率增加17.97个百分点。

三、森林资源分布

县境森林资源受地质、地形地貌、气候、土壤、生物等自然条件及社会经济条件影响，森林资源类型、数量在地域的垂直和水平分布存在很大差异。2005年，县境各乡镇有林地覆盖率从高至低依次为洒雨、海子、戈塘、龙山、坡脚、新桥、德卧、兴隆、普坪、龙广、新安、万峰湖、钱相、木咱、笃山、平乐；灌木林覆盖率从高至低依次为平乐、笃山、万峰湖、木咱、兴隆、钱相、德卧、新安、龙广、海子、坡脚、新桥、普坪、戈塘、洒雨、龙山。县境岩溶地貌（石山地区）占国土面积的70%，侵蚀地貌（土山地区）占30%，有林地主要分布在洒雨、海子、戈塘、龙山、坡脚等侵蚀地貌地区；灌木林主要分布在平乐、笃山等岩溶地貌地区。

1995年、2005年全县森林覆盖率统计对照表

表17—4—2

乡镇名称	有林地				灌木林				森林覆盖率合计（%）	
	面积（公顷）		覆盖率（%）		面积（公顷）		覆盖率（%）			
	1995年	2005年	1995年	2005年	1995年	2005年	1995年	2005年	1995年	2005年
全县总计	21850.8	44633.95	9.8	19.95	37769.5	55329.30	16.9	24.72	26.7	44.67
龙山	2164.4	3910.15	15.08	25.57	272.4	685.38	1.90	4.48	16.98	30.05
海子	1969.3	4889.41	15.12	39.15	807.3	1786.57	6.20	14.30	21.32	53.45
戈塘	2214.8	3694.48	16.27	26.87	424.9	684.09	3.12	4.97	19.39	31.84
笃山	142.3	733.17	1.35	7.25	3633.1	4604.43	34.50	45.51	35.85	52.76
洒雨	2890.2	4641.41	22.79	42.90	390.9	488.92	3.09	4.52	25.88	47.42
普坪	1619.2	2604.15	12.94	20.17	950.8	1372.58	7.59	10.63	20.53	30.80
钱相	583.5	1076.82	5.13	9.21	4137.4	4136.04	36.40	35.38	41.53	44.59
平乐	175.7	478.31	1.42	4.05	4180.1	6674.95	33.78	56.48	35.20	60.53
龙广	1534.3	3625.94	9.18	19.75	1743.7	4261.93	10.43	23.22	19.61	42.97

续表 17—4—2

乡镇名称	有林地				灌木林				森林覆盖率合计（%）	
	面积（公顷）		覆盖率（%）		面积（公顷）		覆盖率（%）			
	1995 年	2005 年	1995 年	2005 年	1995 年	2005 年	1995 年	2005 年	1995 年	2005 年
新桥	1828.9	2806.60	16.38	22.95	771.1	1433.93	6.90	11.72	23.28	34.67
新安	1305.3	3437.82	5.87	15.00	3186.7	6364.51	14.33	27.77	20.20	42.77
德卧	2647.1	4280.83	12.98	20.88	3744.8	5821.10	18.36	28.39	31.34	49.27
木咱	265.5	769.38	2.66	8.32	1513.3	3374.08	15.19	36.47	17.85	44.79
兴隆	1127.5	3940.56	5.89	20.76	5343.5	6852.76	27.9	36.11	33.79	56.87
万峰湖	791.2	1609.11	5.66	11.73	5793.7	5523.93	41.47	40.26	47.13	51.99
坡脚	591.6	2135.82	6.55	23.97	875.8	1264.10	9.71	14.19	16.26	38.16

四、森林资源林种构成

根据全县第二次、第三次二类调查，1995 年全县有林地 218550.8 公顷，其中防护林 1200.3 公顷，占 5.5%；用材林 16036.9 公顷，占 73.4%；薪炭林 1713.7 公顷，占 7.8%；特用林 8.6 公顷，占 0.04%；经济林 2805.5%，占 12.8%；竹林 85.8 公顷，占 0.4%。在各林种中，用材林面积占绝对优势。1995 年全县有林地林分蓄积 95.63 万立方米，其中用材料 85.5 万立方米，占林分蓄积 89.41%；防护林 5.01 万立方米，占林分蓄积 5.24%；薪炭林 5.09 万立方米，占林分蓄积 5.32%；特种用途林 266 立方米，占林分蓄积 0.03%。在上述蓄积比例中，用林材蓄积占林分蓄积九成。

2005 年，全县有林面积为 44633.96 公顷，其中防护林 23110.11 公顷，占有林面积 51.78%；用材林 15716.85 公顷，占 35.21%；经济林 4329.28 公顷，占 9.70%；特种用途林 1474.72 公顷，占 3.31%，防护林面积比例最高，占一半以上。2005 年全县有林地林分蓄积 222.94 万立方米，其中，用材林蓄积 99.52 万立方米，占 44.64%；防护林蓄积 114.91 万立方米，占 51.54%，特用林蓄积 8.24 万立方米，占 3.69%；经济林蓄积 2718 立方米，占 0.12%。

上述两次森林资源调查数据显示，1995 年各林种蓄积比例从高至低依次为用材林、经济林、薪炭林、防护林、特用林。2005 年，各林种有所变化，面积从高到低依次为防护林、用材料、经济林、特用林；蓄积从高到低依次为防护林、用材林、特用林、经济林。1995 年以用材林为主，至 2005 年改变为以防护林为主。

五、森林资源林龄构成

根据二类调查技术标准，全县有林地中林分龄级划分为幼龄林、中龄林、近熟林、成熟林和过熟林。

1995 年，幼龄林面积 9142.5 公顷，占 57.01%，蓄积 33.83 万立方米，占 39.56%；中龄林面积 6019.9 公顷，占 37.54%，蓄积 42.37 万立方米，占 49.56%；近熟林面积 699 公顷，占 4.36%，蓄积 6.24 万立方米，占 7.30%；成熟林面积 175.5 公顷，占 1.09%，蓄积 3.06 万立方米，占 3.58%。

2005 年，幼龄林面积 25512.64 公顷，占 57.50%，蓄积 91.07 万立方米，占 40.85%；中龄林面积 15330.74 公顷，占 34.55%，蓄积 109.93 万立方米，占 49.31%；近熟林面积 2107.82 公顷，占 4.75%，蓄积 17.8 万立方米，占 7.98%；成熟林面积 1309.72 公顷，占 2.95%，蓄积 2.2 万立方米，占 0.99%；过熟林面积 109.36 公顷，占 0.25%；蓄积 1.94 万立方米，占 0.87%。

六、森林资源权属

县内各类林地按土地所有权分为国有和集体两种性质；按林地使用权、林木所有权和使用权分为国有、集体、个人3种性质。

按土地所有权划分　2005年，国有林地1107.35公顷，占0.87%；集体林地125826.41公顷，占99.13%。

按土地使用权分　2005年，国有林1107.35公顷，占0.87%；集体林83721.35公顷，占65.96%；个人占有林42105.06公顷，占33.17%。

林木蓄积按林木使用权划分　2005年，国有林木蓄积8.89万立方米，占3.88%；集体林木蓄积98.85万立方米，占43.13%；个人林木蓄积121.37万立方米，占52.95%；民营林木蓄积841立方米，占0.04%。

七、经济林与竹林资源

（一）经济林

根据二类调查，1995年，全县经济林面积2805.5公顷，树种（组）12种。其中油桐面积占全县七成多，茶叶占一成多，其余经济林树种占不到两成。

2005年，全县经济林面积6721.27公顷。其中乔木经济林4329.28公顷，占64.41%；灌木经济林2391.99公顷，占35.59%。

1995年、2005年全县经济林统计表

表17—4—3　　单位：公顷

树种	1995		2005		树种	1995		2005	
	面积	占比（%）	面积	占比（%）		面积	占比（%）	面积	占比（%）
油茶	89.07	3.17	17.78	0.26	茶叶	325.27	11.60	316.67	4.71
油桐	2028.27	72.30	1339.80	19.94	乌桕	1.07	0.04	—	—
板栗	27.00	0.96	1589.35	23.65	桉树	12.61	0.45	—	—
杜仲	83.00	2.96	115.12	1.71	柑橘	29.87	1.06	—	—
黄柏	34.47	1.23	19.60	0.29	桃梨	107.61	3.84	—	—
黑荆树	37.73	1.34	—	—	核桃	—	—	86.14	1.28
山苍子	29.53	1.05	—	—	花椒	—	—	553.56	8.24
水果类	—	—	1170.20	17.41	蚕桑	—	—	68.85	1.03
金银花	—	—	1430.42	21.28	其他	—	—	12.96	0.19

（二）竹林

竹子，为禾本科竹亚属多年生植物。县境处于中亚热带向南亚热带过渡气候带，温性竹、暖性竹、热性竹等类型，县境均有分布。主要种类有人工栽培的麻竹（蛮竹）、车筒竹（大刺竹）、慈竹（绵竹）、金竹等，还有紫竹、狭叶方竹（刺竹）、苦竹、单竹、箸箬竹、箭竹等天然竹林。

根据二类调查，1995年，全县有竹林85.8公顷共519.43万株；2005年，全县有竹林263.68公顷共380.33万株。

八、森林资源分类经营类别构成

森林类别是按主导功能划分为生态公益林和商品林两类。

据2005年第三次二类调查，全县有林业用地1269.34平方千米，其中生态公益林地1012.88平方千米，占79.80%；商品林地25645.39公顷，占20.20%。

（一）生态公益林

生态公益林是以保护和改善人类生存环境，维护生态平衡，保存物种资源，科学实验、森林旅游，国土保安等需要为主要经营目的的林地，包括特种用途林和防护林。按保护等级划分为重点和一般两个等级。

重点公益林地 县内重点公益林72880.13公顷，占生态公益林71.9%。其中，有林地12476.34公顷，占17.12%；疏林地44.39公顷，占0.06%；灌木林地44754.29公顷，占61.41%；未成林造林地1114.04公顷，占1.53%；无林地4491.07公顷，占19.88%。主要分布于兴隆镇、新安镇、德卧镇、平乐乡、万峰湖镇、龙山镇、龙广镇、笃山乡、钱相乡和木咱镇等乡镇；全县纳入中央森林生态效益补偿的52526.67公顷，占全县重点公益面积的72.07%。

一般公益林地 全县一般公益林28408.24公顷，占生态公益林28.05%。其中，有林地12111.49公顷，占42.63%；疏林地96.12公顷，占0.34%；灌木林地8183.02公顷，占28.81%；未成林造林地1211.59公顷，占4.26%；无林地6806.02公顷，占23.30%。主要分布于招堤街道、栖凤街道和龙山镇、普坪镇、笃山乡、戈塘镇等乡镇（街道）。

按照《中央财政森林生态效益补偿基金管理办法》，全县公益林涉及144个行政村，选聘兼职管护人员185人。按《贵州省〈中央财政森林生态效益补偿基金管理办法〉实施细则（暂行）》，2007年起，对公益林农户的进行生态补偿。至2010年，全县共兑现公益林补偿资金226.08万元，兑现率为60.41%；全额下拨各乡镇生态补偿金761.61万元。2012年，按照省林业厅的要求，全县完成80053.33公顷公益林（国家级公益林52526.67公顷、地方公益林27526.67公顷）数据修订完善工作。

（二）商品林

商品林主要是以生产木材、竹材、薪材、干鲜果品和其他工业原料为主要目的的林地，包括用材林和经济林。

县内商品林地中，有林地20046.13公顷，占78.17%；疏林地31.57公顷，占0.12%；灌木林地2391.99公顷，占9.33%；未成林造林地649.38公顷，占2.53%；苗圃地1.8公顷，占0.01%；无林地2524.52公顷，占9.85%。至2010年，全县成林面积22469.69公顷，其中用材林15748.42公顷，占70.09%；经济林6721.27公顷，占29.91%。

商品林主要分布于洒雨镇、德卧镇、新桥镇、海子乡、新安镇、戈塘镇、龙广镇、普坪镇和坡脚乡等乡镇。

第二节　造林育林

一、营林生产

1989年，全县人工造林1186公顷，其中用材林770公顷、经济林339公顷、其他林77公顷，四旁植树52.8万株。

1990年，根据省委、省政府作出的十年基本绿化贵州决定，县绿化委员会编制十年基本绿化目标：到2000年，全县森林面积达到26866.67公顷。是年，全县计划造林2000公顷，其中人工植苗1333.33公顷、人工直播666.67公顷，四旁植树25万株，义务植树30万株。实际完成造林2134公顷，四旁植树62.17万株，义务植树22.5万株。

1991年，计划造林2066.67公顷，其中植苗造林1333.33公顷、直播733.33公顷；人工植苗造林中贷款工程造林333.33公顷，封山育林666.67公顷，育苗33.33公顷，四旁植树25万株，义务植树30万株。实际完成人工造林1669公顷，封山育林1133.33公顷，育苗16.05公顷，四旁、义务植树52.8万株。

1992年，计划造林2066.67公顷，其中植苗造林1400公顷、直播666.67公顷；育苗30.67公顷，容器育苗20万袋；封山育林2000公顷，四旁植树25万株，义务植树20万株。实际完成人工造林2268公顷，育苗完成36.67公顷，营养袋育苗16.83万袋；封山育林完成2213.33公顷，四旁植树44.1万株，义务植树完成7.5万株。

1993年，计划造林2466.67公顷，其中植苗1133.33公顷、直播1333.33公顷，育苗33.33公顷，封山育林2000公顷，四旁植树45万株。实际完成人工造林2470公顷，育苗25.73公顷，封山育林2093.33公顷，四旁植树42.68万株。

1994年，省林业厅批准在龙山等地实施飞播造林工程。是年，全县计划造林2333.33公顷，其中人工造林1000公顷、飞播造林（有效面积）1333.33公顷，四旁、义务植树45万株，封山育林1333.33公顷，育苗16公顷，容器育苗20万株。实际完成人工造林1908公顷、飞播造林（有效面积）1333.33公顷，育苗21.73公顷，封山育林1453.33公顷，四旁、义务植树85.6万株。

1995年，继续实施飞播造林工程，实施范围由龙山镇扩大到坡脚乡、德卧镇。是年，全县计划造林3000公顷，其中人工造林1000公顷、飞播造林2000公顷（有效面积1400公顷），育苗30.67公顷，封山育林1333.33公顷，四旁、义务植树45万株。实际完成人工造林1145公顷，飞播造林2413.33公顷（核实有效面积1400公顷），育苗2.45公顷，封山育林1500公顷，四旁、义务植树47万株。

1996年，计划人工造林1666.67公顷，育苗20公顷，封山育林1333.33公顷，四旁、义务植树45万株。实际完成造林1803公顷，育苗15.93公顷，封山育林1400公顷。

1997年，安龙县提前完成计划造林十年规划指标任务。是年，全县计划造林2333.33公顷，其中人工造林1666.67公顷、人工直播666.67公顷，育苗13.33公顷，封山育林2000公顷，四旁植树45万株。实际完成人工造林2357公顷，育苗25.01公顷，封山育林1980公顷。

1998年，计划造林2333.33公顷，其中植苗1000公顷（珠江流域防护林666.67公顷）、直播1333.33公顷，育苗20公顷；封山育林1333.33公顷，四旁、义务植树45万株。实际完成人工造林2418公顷，育苗18.07公顷，封山育林1780公顷。

1999年，县境实施珠江流域防护林体系建设工程（简称珠防工程）和天然林保护工程（简称天保工程）。是年，全县计划人工造林2345公顷，其中珠防工程672公顷、天保工程1500公顷、社会造林172公顷，封山育林1333.33公顷，育苗20公顷。实际完成人工造林2346.67公顷，育苗20.87公顷，封山育林2666.67公顷。

2000年，计划造林2666.67公顷，其中人工造林1400公顷、直播1266.67公顷，四旁植树30万株，义务植树10万株，封山育林核实面积1333.33公顷，育苗13.33公顷。实际完成造林3665公顷，封山育林2233.33公顷，育苗13.13公顷。

2001年，计划造林2633.33公顷，其中植苗造林1366.67公顷（珠防工程533.33公顷）、直播1266.67公顷；四旁植树30万株，义务植树10万株，封山育林1333.33公顷，育苗13.33公顷。实际完成人工造林2636公顷，封山育林完成1386.67公顷，育苗16.67公顷，义务植树20万株。

2002年，按照“退耕还林还草、封山绿化、以粮代赈、个体承包”的要求，编制完成《贵州省安龙县退耕还林还草实施方案》，整体推进退耕还林还草工程。全县全年完成退耕还林工程3088公顷，其中退耕地造林1534公顷、荒山造林1554公顷，工程涉及15个乡96个村4987户，造林小班528个；珠防工程完成人工造林670公顷，完成封山育林933.33公顷。此后，每年向退耕还林农户每公顷补助原粮2250千克、现金300元、种苗750元，其中经济林补助5年、生态林补助8年。

2003年，计划人工造林5333.33公顷，其中退耕还林工程4666.67公顷（退耕地造林2666.67公顷、荒山造林2000公顷）、珠防工程造林666.67公顷；珠防工程封山育林866.67公顷；育苗40公顷，容器育苗400万袋，义务植树10万株。实际完成退耕还林工程4666.67公顷，其中退耕地造林2666.67公顷；珠防工程造林666.67公顷，封山育林866.67公顷。

2004年，各民主党派中央、全国工商联、国家林业局在黔西南州共同实施2公顷金银花基地建设，其中安龙县在退耕还林工程荒山造林中种植金银花1333.33公顷。是年，全县计划退耕还林工程3133.33公顷，其中退耕地造林466.67公顷、荒山造林2666.67公顷。实际完成退耕地造林466.67公顷，合格300公顷，涉及5个乡镇7个村548户；完成退耕还林工程荒山造林2666.67公顷，合格2113.33公顷，其中营造金银花1333.33公顷，合格1226.67公顷，人工促进封山育林（柏木）1333.33公顷，合格1333.33公顷，涉及4个乡镇18个村，共176个小班；完成珠防工程封山育林533.33公顷。

2005年，计划人工造林3393.33公顷，其中退耕还林工程2860公顷（退耕地造林1026.67公顷、荒山造林1833.33公顷）、珠防工程533.33公顷，封山育林1833.33公顷。实际完成退耕地造林1026.67公顷、荒山造林1833.33公顷（其中竹子446.67公顷、柏木与车桑子混交1386.67公顷），退耕还林工程人工促进封山育林1833.33公顷，珠防工程人工营造金银花533.33公顷。

2006年，计划退耕还林工程荒山造林2666.67公顷、珠防工程1066.67公顷。实际完成营林、造林4091公顷，其中退耕还林工程荒山造林2640公顷、珠防工程造林1451公顷。

2007年，计划完成珠防工程封山育林333.33公顷，退耕还林工程荒山荒地造林4133.33公顷。实际完成退耕还林工程荒山造林4120公顷，其中植苗造林2133.33公顷、直播造林986.67公顷，珠防工程人工促进封山育林（柏木）333.33公顷。

2008年，全县计划营林、造林1533.33公顷，其中人工植苗造林866.67公顷、人工促进封山育林666.67公顷；“三沿”绿化213.33公顷，其中主要交通干道沿线133.33公顷、城镇周边53.33公顷、风景区26.67公顷。实际完成珠防工程造林和人工促进封山育林（柏木等）1000公顷，合格993.33公顷；完成“三沿”绿化573.33公顷，其中交通干道沿线绿化146.67公顷、城镇周边绿化320公顷、景区绿化106.67公顷。

2009年，全县计划营林造林4000公顷，其中金银花标准化示范基地333.33公顷、石漠化治理工程666.67公顷、珠防工程二期1333.33公顷、退耕还林工程补植补种2300公顷，坡耕地治理1413.33公顷。实际造林11532公顷，完成金银花示范基地造林153.33公顷，石漠化治理工程666.67公顷，珠防工程二期1333.33公顷，退耕还林成果补植补种2300公顷，“四沿”绿化造林833.33公顷；坡耕地治理1613.33公顷。

2010年，全县计划营林、造林5533.33公顷，完成造林6333.33公顷。其中，石漠化综合治理工程：人工造林任务906.67公顷，完成1300公顷；封山育林任务333.33公顷，完成333.33公顷。退耕还林：封山育林任务333.33公顷，完成333.33公顷。巩固退耕还林成果：后续产业茶叶任务66.67公顷，完成66.67公顷；用材林种植任务160公顷，完成160公顷；经果林任务66.67公顷，次年1月完成；药材任务86.67公顷，完成86.67公顷。补植补造任务2186.67公顷，其中退耕地补植补造计划1060公顷，完成593.33公顷；退耕荒山补植补造计划1126.67公顷，完成2160公顷。珠防工程：人工造林任务533.33公顷，完成480公顷；封山育林任务666.67公顷，完成666.67公顷。治理坡地过度开垦：任务1266.67公顷，完成坡地治理1313.33公顷，完成2009年“四沿”25度以上坡地治理示范工程新造和补植193.33公顷，兑现补助资金88万元。社会造林：完成全民义务植株36万株，四旁植树60万株。金银花产业建设：完成全国金银花标准化示范基地建设1200公顷，全县金银花建设规模达到1万公顷。

2011年，全县完成营造林任务4819公顷，其中巩固退耕还林成果后续产业人工造林700公顷，种植茶叶66.67公顷、核桃133.33公顷、中药材266.67公顷，恢复经营（植被恢复）400公顷，珠防工程封山育林533.33公顷；科技示范金银花种植333.33公顷，坡耕地治理1386.67公顷。

2012年，全县营造林生产任务2463.73公顷，完成4935公顷。其中：巩固退耕还林林业建设982.8公顷，种植茶叶66.67公顷、经果林133.33公顷、用材林157.8公顷、药材（金银花）333.33公顷，恢复性经营291.67公顷，植被恢复项目480.93公顷。退耕还林配套荒山造林733.33公顷，中央财政造林补贴试点333.33公顷。社会造林完成373.07公顷，义务植树60万株、四旁植树150万株。

二、县城区公共绿地及其周边山地绿化

1989年以来，县委、县政府每年植树节均组织县直机关、企事业单位及新安镇（招堤街道、栖凤街道）开展全民义务植树活动，分别在烈士陵园、明十八先生墓地、大扁山、万寿山、龙井山、兔儿山、桅峰山（墓地）、梓橦阁、苦瓜营、西边龙井山、水桶山、尖山、大肚山、马家后头山、瓦窖山、空坟、后山、赖石高等城区周边山头义务植树造林。

1988—1991年，县政府共拨款5万元，绿化县城周围的龙井山、万寿山和大扁山3个山头。

1992年3月，县财政投资3万元，由新安镇官桥村承包对马家后头山、尖山、大肚山、瓦窑山实施造林绿化。

2001年12月，组建县园林绿化管理局。

2002年3月，县委、县政府作出《关于三年实现县城石山绿化造林的决定》，将城区绿化植树造林任务分解下达98个单位，造林面积73公顷，植树21.8万株。至年底，共完成城区绿化造林66.67公顷，植树21.46万株，竖立永久性绿化责任碑95块；县林业局利用退耕还林工程项目，完成城区附近绿化荒山造林202.67公顷，植树41.2万株；县水利局完成水土保持治理工程荒山荒地造林166.67公顷，植苗30万株、直播种子2300千克。

2005年，建城区绿化566.67公顷，绿化覆盖率为31%；建城区规划用地面积6平方千米，绿地面积33.33公顷，绿地率为5.6%，人均公共绿地10.3平方米。

2008年，县委、县政府制定《关于做好城区造林绿化和管护工作的通知》，将城区576.4公顷石山绿化和管护任务划定责任区，一定五年不变分解到县直单位。

第三节　林业科技

一、林业科技机构

1990年8月前，全县林业科技工作由县林业局营林股承担。1990年8月，撤销县林业局营林股，建立县林业技术推广站，全县形成以县林业技术推广站为主体，各乡镇林业站参与的林业技术推广体系。至2009年底，全县林业系统有科技人员62人，占全县林业职工总数的54.9%。

二、林业科技推广与试验示范

1990年，省林业厅安排安龙县林业科技成果推广试验示范项目——贵州白花泡桐良种推广示范林6.67公顷，推广经费1.05万元，项目在洒雨区九头乡竜金村实施。

1992年，黔西南州科委、州计委下达安龙县“星火计划”“科技扶贫”试验项目：白花泡桐丰产示范林13.33公顷、山苍子示范林33.33公顷、直杆桉树20公顷，项目分别在普坪镇纳利、洒雨镇落步（卡）、坡脚乡三塘实施。

1996年，县科技委员会在龙广镇实施银杏引种栽培试验项目。

1997年，县林业局林业技术推广站在永和镇坝盘、大湾实施蓝桉纸浆林科技推广示范200公顷，在绿海子四周石山实施城镇石山绿化示范林项目，海子乡、新桥镇、龙广镇实施人工嫁接优质银杏示范林33.33公顷，在海子乡、洒雨镇实施优质干果——核桃、板栗科技推广示范林66.67公顷，在戈塘镇、洒雨镇、海子乡实施杂交白花泡桐推广示范林66.67公顷。

1999年，县林业部门在德卧镇停西国有林场实施金秋梨引种栽培试验。

2004年，省林业厅安排安龙县四倍体刺槐示范推广项目，下拨推广经费3万元，项目在新安镇上大坪实施。

2007年，贵州绿能科技开发有限公司在坡脚乡实施“10万亩小油桐（麻风树）示范”项目，2009年12月完成建设任务。

2008年，国家林业局下达安龙县“全国金银花标准化示范区”项目，分别在新安镇、德卧镇、笃山乡、钱相乡实施。

三、森林资源调查

（一）全国森林资源清查（简称一类调查）

安龙县于1979年开展首次国家森林资源清查（贵州省连续清查体系复查），此后分别于1990年、1995年、2000年、2005年、2010年开展森林资源复查。

（二）森林资源规划设计调查（简称二类调查）

二类调查以县级行政区域为调查总体，以满足森林经营、编制林业经营方案和森林采伐限额方案和森林资源调查，是林业生产建设的基础性工作。

第二次二类调查于1994年9月至1995年1月，完成外业调查；1995年11月，完成内业工作。全县共区划调查281个林班9339个小班27654个细班，布设调查3346个系统抽样样地。调查精度为：有疏林地面积抽样精度89.3%，蓄积抽样精度83.3%，全县总蓄积抽样精度86.2%，三项抽样调查精度均超过《贵州省县级森林资源调查工作细则》对三类县（安龙属三类县）调查精度要求。

调查结果形成的文字材料有《安龙县森林资源二类调查报告》《安龙县森林资源二类调查质量检查报告》《安龙县森林资源二类调查精度计算说明书》，表格有《各类土地面积统计表》《森林面积蓄积统计表》《用材林近成过熟林组成树种蓄积统计表》《人工林及四旁树统计表》《竹林统计表》《经济林面积统计表》《用材林近成过熟林面积蓄积可及度统计表》，图面资料有《安龙县森林资源分布图（1:5万）》《安龙县以乡镇为单位的基本图（1:1万）》《安龙县系统抽样样地布点图（1:10万）》等。

第三次二类调查于2005年实施，此次二类调查增加森林分类经营区划、森林生态环境状况、森林生物量、森林景观资源、石漠化类型及成因等调查内容。调查方法从传统的地形图勾绘、罗盘仪引线定位，转变为卫星遥感（RS）、全球卫星定位系统（GPS）、地理信息系统（GZS）等高新技术手段。

此次调查于2005年11月启动，2006年10月全部结束，完成27165个区划细班、2995个系统抽样样地外业调查和内业统计及图纸清绘工作。调查形成的文字资料有《安龙县第三次森林资源规划设计调查报告》《安龙县第三次森林资源规划设计调查工作总结报告》《安龙县外业调查省级质量检查报告》《州级质量检查报告》《外业调查县级质量检查报告》《内业质量检查报告》《安龙县第三次森林资源二类调查工作方案》《安龙县第三次森林资源二类调查技术方案》《安龙县第三次森林资源规划设计调查成果评审意见》，表格资料有《各类土地面积统计表》《各类森林、林木面积蓄积统计表》《林种统计表》《乔木林面积蓄积按龄组统计表》《生态公益林（地）统计表》《公益林（地）按保护等级、林种统计表》《用材林面积蓄积按龄级统计表》《用材林近成过熟林面积蓄积按可及度统计表》《用材林近成过熟林各树种株数，蓄积径级组统计表》《经济林统计表》《竹林统计表》《灌木林统计表》《自然度按等级、面积、比例统计表》《森林健康度等级、面积、比例统计表》《森林景观资源质量等级、面积、比例统计表》《森林生态功能等级面积比例统计表》《石漠化按等级面积比例统计表》，图面资料有《安龙县森林资源分布图》《安龙县生态林、商品林分布图》《安龙县森林生态环境分布图》《安龙县石漠化现状分布图》《以乡镇为单位的二类调查基本图》等。

（三）森林资源现状调查

1999 年，采用 1:5 万卫星遥感图像为判读资料，结合 1995 年二类调查资料及 1995—1998 年造林验收资料在室内进行森林资源现状调查。此次调查首次采用遥感技术，1999 年 12 月全面完成。

四、林业科技成果

1998 年，县林业局参加省林科院泡桐研究课题组主持的《泡桐杂交育种苗期选择试验》，获省政府科技成果四等奖。

1989 年以来，全县林业科技工作者发表的林业科技论文主要有《大力发展林业，加强农业生态系统的建设》(杨秀槐)、《安龙石灰岩山地资源概况及利用意见》(岑岭)、《谈谈安龙县林业发展之我见》(张扬)、《谈谈森林保护在林业生产中的位置》(张扬)、《安龙县发展五倍子项目大有可为》(张扬)、《金银花、山区脱贫致富之花》(张扬)、《安龙县生态环境建设情况》(曾国福)、《加强森林保护，确保林业发展》(吕洪)、《冲天柏育苗体会》(李伯全) 等。

1989—2012 年全县林业生产情况表

表 17—4—4

年度	植树造林(公顷)	主要林产品产量(吨)											木材采伐(立方米)
		香菇	五倍子	油桐籽	棕片	核桃	油茶籽	板栗	乌桕籽	竹笋片	花椒	小杂竹	
1989	1186	—	—	488	220	67	9	36	—	—	—	—	7493
1990	2134	—	—	424	427	65	13	50	—	—	—	—	7744
1991	1669	—	—	444	693	63	11	48	—	—	—	—	8786
1992	2268	—	—	470	673	65	28	44	—	—	—	—	9536
1993	2470	—	—	769	655	70	30	48	7	—	—	—	8466
1994	1908	—	—	828	636	69	31	42	3	11	—	—	7586
1995	2545	—	—	906	633	69	18	47	—	—	3	761	7488
1996	1803	—	—	875	415	76	61	46	—	—	4	831	6947
1997	2357	3	—	1026	426	108	66	112	5	—	8	864	7286
1998	2418	5	—	1271	540	116	61	115	—	15	17	1039	8093
1999	2345	5	80	1396	615	122	99	165	—	14	21	1231	6408
2000	3665	—	80	1398	665	154	156	171	—	14	32	1402	6407
2001	2636	—	108	1482	394	166	235	246	—	27	45	1494	4365
2002	3758	—	107	1519	639	179	221	252	—	55	56	1497	4151

续表 17—4—4

年度	植树造林（公顷）	主要林产品产量（吨）											木材采伐（立方米）
		香菇	五倍子	油桐籽	棕片	核桃	油茶籽	板栗	乌桕籽	竹笋片	花椒	小杂竹	
2003	4667	—	105	1584	708	184	220	259	—	56	56	1571	4217
2004	5460	—	106	1601	732	194	233	274	—	57	57	1604	3984
2005	5359	—	107	1611	736	210	233	281	—	57	58	1624	4020
2006	4091		111	1643	760	222	237	287	—	59	60	1632	4010
2007	3660	—	97	1811	673	238	239	266	—	58	27	1637	6003
2008	534	—	88	1913	861	234	349	274	—	27	27	1640	6177
2009	11532	—	901	1810	831	221	341	261	—	26	28	—	4955
2010	5323	—	702	1903	748	127	301	255	—	30	33	—	5184
2011	4819	—	78	1885	780	—	304	—	—	30	—	—	5176
2012	4935	—	720	1866	790	230	304	260	78	31	58	—	16500

第四节　林业管理

一、林业行政管理

（一）林政机构

林政资源管理站　1989 年，全县林政和资源管理工作，由县林业检查站承担。1990 年 1 月，撤销县林业检查站，建立县林业局林政资源保护股，对外称“林政资源管理站”，实行两块牌子一套人马管理体制，负责全县森林资源的管理工作。

木材检查站　1989 年，县内木材检查工作由县林业检查站负责，县境设置龙广、幺塘、戈塘 3 个木材检查站。1990 年 1 月，撤销县林业检查站，龙广、幺塘、戈塘 3 个木材检查站建制不变。1998 年 5 月，省政府批复同意恢复县木材检查站。2000 年 6 月，成立县野生动植物检查站，与县木材检查站合署办公。

乡镇林业站　1989 年，全县设置新安区、龙广区、龙山区、化力区、兴隆区、洒雨区 6 个区林业站和德卧镇林业站。1992 年，全县建镇并乡撤区工作结束后，除平乐乡外，其余乡镇均建立林业站。1995 年 10 月，成立平乐乡林业站，全县 16 个乡镇林业站建制完成，率先成为黔西南州基层林业站标准化建设达标合格县。2000 年 6 月，各乡镇林业站增挂“野生动植物管理站”牌子。乡镇林业站主要负责宣传与贯彻执行森林和野生动植物资源保护等法律法规和各项林业方针、政策，协助乡镇人民政府制定林业发展规划和年度计划、组织和指导农村集体、个人开展林业生产经营活动等。

县公安局林业派出所　县林业派出所于 1984 年 5 月建立，工作与业务接受县林业局、县公安局双重领导，县林业局管理为主。1997 年，更名为县公安局林业派出所。1999 年，设县公安局林业刑侦队，与县公安局林业派出所合署办公。

（二）采伐管理

1. 采伐限额

1991—1995 年，上级下达安龙县年森林采伐限额：总蓄积 67.71 万立方米，总生长量 6.21 万立方米，年森林采伐限额总量5.34万立方米，其中商品材3500立方米、农民自用材1.54万立方米、培植用材900立方米、生活用柴3.26万立方米、其他用材1000立方米。

1996—2000年，上级下达安龙县年森林采伐限额，限额总量为65440立方米，其中采伐蓄积7000立方米、农民自用20000立方米、培植用材1000立方米、生活烧柴37440立方米。

2001—2005年，上级下达安龙县年森林采伐限额总量19917立方米，其中商品材蓄积5832立方米，出材量4000立方米，农民自用林6675立方米，生活烧柴7410立方米。

2006—2010年，上级下达本县年森林采伐限额总量21950立方米，其中商品材蓄积8000立方米，出材量5500立方米，农民自用材13950立方米。

2. 采伐限额执行情况

据1985年全县森林资源第一次“二类调查”资料显示，全县有林地21853.33公顷，活立木总蓄积为95.63万立方米；至2005年，森林资源第三次“二类调查”资料显示，全县有林地蓄积44366.67公顷，活立木总蓄积222.94万立方米，全县林地蓄积净增22513.33公顷，活立木蓄积净增127.31万立方米，森林面积、活立木总蓄积、森林覆盖率同步增长。

1989—2010年全县林木采伐证办理情况表

表17—4—5

年度	年森林采伐限额（立方米）		办理情况（立方米）						年审木材经营加工许可办证（户）
			商品材			自用材			
	蓄积量	出材量	份数	蓄积量	出材量	份数	蓄积	出材量	
1989年	—	—	—	—	643	—	—	—	—
1990年	4000	—	—	—	—	—	—	—	—
1991年	53698	—	—	—	1117	—	—	—	—
1992年	—	—	—	—	1935	—	—	—	—
1993年	—	—	—	—	—	—	—	—	—
1994年	49700	2000	65	4676	—	120	374	—	—
1995年	—	—	4	95	53.6	190	8038	5651	30
1996年	52700	5000	53	3941	2766	158	586	416	—
1997年	6000	4000	80	3048.8	1411	137	428.28	—	—
1998年	55000	—	—	—	—	—	—	—	—
1999年	—	—	18	—	1874.1	15	—	59.82	65
2000年	4000	2700	16	3649.99	2447.255	6	124.336	81.598	54
2001年	6000	4000	42	4946.0518	3272	18	456.4668	317.81	60
2002年	7000	4000	53	6754.18	3921.05	23	100.35	70.05	75
2003年	6000	4000	39	3737	2626.04	13	65.9111	—	68
2004年	6000	4000	55	5291.6955	3638.75	21	158.1919	—	48
2005年	5832	4000	62	5574.68	3814.35	3	10.32	—	—

续表 17—4—5

年度	年森林采伐限额（立方米）		办理情况（立方米）						年审木材经营加工许可办证（户）
			商品材			自用材			
	蓄积量	出材量	份数	蓄积量	出材量	份数	蓄积	出材量	
2006年	4440	3570	58	4366	3028	3	175.05	—	39
2007年	8000	5500	76	7014.58	4937.07	9	67.46	—	57
2008年	27417.56	19558.49	18	22641.75	15915.42	8	30.42	—	62
2009年	8000	5500	20	3065.45	1937.27	3	9.35	—	53
2010年	8000	5500	36	7560	4130	4	26.26	—	59

1989—2012年全县木材运输证办理情况表

表 17—4—6

年度	份数	木材运输（立方米）					林副产品运输（吨、棵）				黑荆树
		自用材	商品材	处罚材	换证材	非规格材	桐油	药材	树木	松香	
1989年	—	—	399	—	—	—	—	—	—	—	—
1990年	—	—	—	—	—	—	—	—	—	—	—
1991年	—	—	—	—	—	—	—	—	—	—	—
1992年	—	—	552	—	—	—	—	—	—	—	—
1993年	—	—	—	—	—	—	—	—	—	—	—
1994年	—	—	1555	—	—	—	135.8	11	胶合板2.5立方米	宗片4吨	—
1995年	105	—	1520	—	—	杂竹15吨	22.216	—	胶合板10.501立方米	0.6	—
1996年	160	194.165	1613.9313	—	—	杂竹26吨	23.5	—	—	3.4	22
1997年	—	—	—	—	—	—	—	—	—	—	—
1998年	—	—	—	—	—	—	—	—	—	—	—
1999年	177	—	1444.94	—	—	杂竹20吨	—	16	—	—	—
2000年	102	—	1764.3428	—	—	—	—	—	—	—	—
2001年	172	—	1764.3428	75.8281	129.87	杂竹20吨	—	20	—	—	—
2002年	—	—	—	—	—	—	—	—	—	—	—
2003年	369	1147.085	—	275.046	351.7219	杂竹1.5吨	—	—	—	—	—
2004年	429	797.0944	1870.4941	418.9767	381.4168	杂竹1.5吨	—	—	—	—	—
2005年	302	—	2576.455	351.21	265.18	22.395	—	—	—	—	—
2006年	154	327.72	1056.03	90.87	—	108.74	—	—	—	—	—
2007年	364	395.59	2974.47	—	52.66	—	—	—	—	—	—
2008年	26	68.41	2193.87	543.46	259.76	48.64	—	—	—	—	—
2009年	212	—	4309.85	—	—	—	—	—	—	—	—

续表 17—4—6

年度	份数	木材运输（立方米）					林副产品运输（吨、棵）				黑荆树
		自用材	商品材	处罚材	换证材	非规格材	桐油	药材	树木	松香	
2010年	199	—	3848.42	—	205.71	—	—	—	—	—	—
2011年	—	—	—	—	—	—	—	—	—	—	—
2012年	671	—	—	—	—	—	—	—	—	—	—

（三）森林资源和野生动植物资源管理

1. 林业行政综合执法改革

2004年初，根据国务院《关于进一步推进相对集中行政处罚工作的决定》，全县将16个乡镇划为3个片区，组建执法队伍，实行组长负责制，负责片区内木材运输检查，从事木材经营、加工、购销活动的检查监督。10月，成立县林业行政执法工作领导小组，组建县林业行政执法大队，下辖3个执法中队，乡镇林业站执法人员配合中队开展工作，分片定期交叉进行。

2005年1月，安龙县被列为贵州省林业综合行政执法试点县，成立县林业局林业综合行政执法队。

2. 林业案件查处

1989—2009年，先后开展“天保行动”“春雷行动”“绿剑行动”“绿剑二号行动”和“保护森林资源”1号、2号、3号全国统一行动，全县立林业刑事案件133起，破101起，逮捕判刑103人；立治安案件17起，查处17起，治案拘留14人、治安罚款12人；林政案件发生1039起，处罚1240人，行政罚款965人、警告162人次，其他处罚116人次；收缴木材2078.55立方米，罚没收入125.07万元，收缴育林金63.19万元，没收野生动物活体猫头鹰49只、果子狸44只、野猫10只、旱獭2只、竹鼠1只、飞狐6只、锦鸡17只、蛇392条共123千克、其他飞禽56只，没收野生动物皮20张、野生动物死体132千克，没收野生动物作案工具冰柜3台，没收天然林树蔸326株、薪炭4吨、兰草98株。典型案例有：1990年，停西国有林特大盗窃林木案，逮捕3人，收缴木材391.32立方米；1991年，新桥高普陇村特大盗窃林木案件，逮捕3人，收缴木材766.77立方米；1993年，普坪镇龙洞村小普拉组，非法采伐百年古树、国家二级保护树种——榉木的重大林政案；1998年，洒雨镇上陇村特大滥伐林木案件，逮捕2人，收缴木材634.09立方米。

2010年，全县共立林业刑事案件14起，破12起，抓获犯罪嫌疑人5人。其中盗伐林木案5起，滥伐林木案2起，森林火灾案件7起。查处林业行政案件22起，其中治安案件2起，行政拘留2人，林业行政案件20起，收缴木材20余立方米，行政罚款2.4万元。

2012年，立刑事案件5起，抓获犯罪嫌疑人3人；查处林业行政案件29起，行政处罚29人，行政罚款4.35万元，没收木材16.25立方米。

二、木材管理

1989—2009年，安龙县根据《中华人民共和国森林法》《中华人民共和国森林法实施条例》和《贵州省木材流通管理办法》，依法对县境内从事木材经营、加工、运输和购销活动，以及使用木材的单位和个人，开展木材的检查监督管理，累计验证放行1261车次，材积10671立方米。查处违法行为528起，其中乱砍滥伐21起、偷砍盗伐76起、非法运输284起、非法收购经营加工147起，收缴违法林木3513棵、坑木15603节、木材704.1立方米、枋板9997块，罚没收入44.55万元，收缴林业两金13.54万元。

2010年共清理木材经营加工户54户，取消木材经营加工户8户，年审木材经营加工户46户，新办木材经营加工户13户，共年审及新办木材经营加工户59户。2012年，办理林木采伐许可证121份，采伐蓄积量2.39万立方米，出材量1.65万立方米；办理木材运输证671份，木材运输量7250.44立方米。

1989—2012年全县林业各类案件统计表

表17—4—7

年度	刑事案件			治安案件		林业行政案件查处违法人员（人）					没收木材（立方米）	罚没收入（元）	收育林金（元）
	立案数（起）	侦破数（起）	批捕（人）	件数（件）	治安拘留（人）	件数	治安罚款	行政处罚	警告	其他			
1989	—	—	—	2	3	54	2	37	9	—	26.89	17321	27708
1990	1	1	3	1	1	16	—	29	1	1	30	23571	30899
1991	5	5	5	—	—	12	—	11	4	1	10	13785.90	34712.67
1992	2	2	2	2	2	16	—	17	32	4	105.65	—	59269
1993	3	3	3	3	—	10	3	5	48	32	72.088	—	37220
1994	2	2	3	1	2	9	1	9	—	4	12	4200	—
1995	—	—	—	—	—	20	—	23	—	—	42.13	9395	5543.74
1996	9	9	9	2	—	18	2	18	30	8	3	11640	640
1997	2	2	2	—	—	34	—	34		38	28.2015	8315	—
1998	3	3	3	—	—	20	—	20	—	—	—	—	—
1999	12	12	12	2	4	10	—	10	—	3	50	5516	—
2000	7	7	8	1	—	47	3	47	—	—	40	20000	—
2001	10	8	10	—	—	48	—	48	—	3	138.7	70134	—
2002	10	10	10	3	2	52	1	52	—	—	—	83000	—
2003	5	5	5	—	—	152	—	152	—	—	318.63	200078	—
2004	1	1	1	—	—	224	—	164	38	22	372	172378	—
2005	7	5	5	—	—	83	—	83	—	—	504.747	287903	42528
2006	7	7	7	—	—	127	—	127	—	—	161.3045	175924	4800
2007	9	9	9	—	—	59	—	59	—	—	167	147765.20	345581.60
2008	12	7	9	—	—	8	—	8	—	—	—	—	23773
2009	6	3	3	—	—	20	—	20	—	—	—	—	25272
2010	14	12	5	2	2	20	—	—	—	—	20	24000	—
2011	—	—	—	—	—	—	—	—	—	—	—	—	—
2012	5	—	—	—	—	29	—	—	—	—	—	43500	—
合计	147	113	108	19	16	1059	12	965	162	116	2098.549	1274726.10	631947.01

1989—2010年全县木材流通管理情况统计表

表17—4—8　　　　单位：立方米、元

年度	验证放行		检查监督情况														罚没收入	收缴林业两金	备注
			乱砍滥伐			偷砍盗伐			非法运输					非法收购经营加工					
									无证运输			超方运输							
	车次	材积	起数	棵、节	材积	起数	棵、节	材积	起数	棵、节	材积	起数	材积	起数	棵、节	材积			
1990	1085	9421	3	6.14	11.383	6	89.249	7.475	63	—	179	—	—	20	965 122块	18.175	64935	123858	—
1991	—	—	2	1.269	1.3175	5	23.26	178.6617	—	—	—	—	—	7		10.4371	664	5020	—
1992	—	—	1	10	5	5	175	0.2	4	—	11.143	—	—	4	150	28	760	740	—
1993	—	—	2	5	14.528	4	161	6.36	4	—	14.28	—	—	4	167	28.82	30900	5754	罚没不含变价
1994	—	—	2	—	205块 8.05	2	—	2.6	—	—	—	—	—	2	—	—	4280	—	—
1995	—	—	1	12	0.6166	3	23	1.467	1	—	6	—	—	9	—	71.5	9665	—	—
1996	—	—	—	—	—	2	6		10	17	7.5	—	—	1	—	—	—	—	—
1997	—	—	1	36	—	4	70.100	16.9864	6	107.98	10.0918	—	—	3	574	8	4500	—	罚没不含变价
1998	—	—	—	—	—	1	35	6.5031	7	500	10.935	—	—	3	60	16.678	—	—	—
1999	—	—	2	—	2	4	35		13	7	39.594	—	—	3	—	2.5	—	—	—
2000	—	—	1	—	—	3	190	4.18	4	121	3.9625	—	—		—	—	—	—	—

续表 17—4—8

年度	验证放行		检查监督情况															罚没收入	收缴林业两金	备注
			乱砍滥伐			偷砍盗伐			非法运输					非法收购经营加工					
									无证运输			超方运输							
	车次	材积	起数	棵、节	材积	起数	棵、节	材积	起数	棵、节	材积	起数	材积	起数	棵、节	材积			
2001	80	—	1	—	0.072	12	17.30	8.6373	11	—	80.5563	1	—	32	48.400	82.9456	44500	—	—
2002	96	1250	1	—	13.211	7	30	4.12	1	—	—	—	—		—	—	—	—	—
2003	—	—	1	200	2	5	23.236	8.5274	74	307.3216 5800块	208.821	—	—	47	4.2468	76.7263	200078	—	—
2004	—	—	1	—	7.1	1	—	5.083	10	791 99块	43.77	2	22.37		513	14.7908	85260	—	—
2005	—	—	1	—	—	5	—	—	65	1775.4491 1700块	186.634	—	—	4	12.941	37.359	—	—	—
2006	—	—	—	—	—	—	—	—	—	—	—	—	—	—	—	—	—	—	—
2007	—	—	—	—	—	4	33.14	1.4698	8	483 217块	12.7722	—	—	7	29.1089	66.1511	—	—	—
2008	—	—	—	—	—	—	—	—	—	—	—	—	—	—	—	—	—	—	—
2009	—	—	1	—	—	3	9.58	2.099	—	—	—	—	—	—	—	—	—	—	—
2010	—	—	—	—	—	—	—	—	3	—	6.0	—	—	—	—	—	—	—	—
合计	1261	10671	21	70.483	205块 65.2781	76	722.1111	154.3697	284	2317.9596 9670块	—	3	22.37	147	404.7160 122块	462.0789	445542	135372	—

三、林地林权

（一）林地

1998年，国务院下发《关于保护森林资源制止毁林开垦和乱占林地的通知》，安龙县开展专项占用林地的清查，全县共发生毁林开垦5565起（片块），毁林1691.58公顷，其中有林地94.63公顷、疏林地64公顷、灌木林地247.85公顷、火烧迹地21.48公顷、采伐迹地6公顷、竹林地0.07公顷、其他宜林地1168.75公顷。在毁林开垦中，1994年前发生的毁林开垦390.48公顷，1994年毁林开垦529公顷，1995年毁林开垦323.63公顷，1996年毁林开垦261.95公顷，1997年毁林开垦158.98公顷，1998年毁林开垦27.54公顷。此后，部署实施"天保行动""绿剑行动""绿剑二号行动""保护森林资源"1号、2号、3号全国统一行动和"天然林保护工程""珠江防护林体系建设工程""珠江流域治理""退耕还林工程""石漠化治理工程"，加强后备森林资源的培育。1985—2005年，全县净增林地面积22513.33公顷。

1989—2009年，全县共办理林地征占用手续14件，代收植被恢复费73049元；查处非法占用林地行政案件6件，罚款8.24万元。2010年，办理县生活卫生填埋工程、汕昆高速公路建设工程、柘仑水库扩建工程和县规范性医院建设工程等征占用林地审批手续4起。

（二）林地权属

1990年2月，根据国务院文件精神，清理全县国有林资源，颁发国有林权证。1999年7月，县政府授权县林业局管理全县17片国有林，包括坡脚乡巴蕉弯、黄竹弯、科风、尾熊、尾协，德卧镇停西、甘河、郎行、灰老，龙广镇赖山、上淌淌，龙山镇龙头大山，兴隆镇仙鹤坪等。

2002年，安龙县启动退耕还林工程，当年退耕还林153.33公顷，向林农颁发"林权证"5263本。

2004年，安龙县实施中央财政森林生态效益补偿，首次纳入补偿25540公顷，颁发"林权证"574本。

2008年，根据《贵州省人民政府关于深化集体林权制度改革工作意见》《贵州省人民政府关于开展集体林权制度改革的通知》要求，全县启动集体林权制度改革。深化集体林权制度改革，旨在明晰产权，放活经营，规范收费和流转，对于优化农业经济结构，帮助林区农民增收，促进山区经济多元化，实现林业的可持续发展。至2010年，全县发放"林权证"27456本，其中自留山20778本、联产承包4065本、大户承包60本、集体统一经营2466本、其他形式经营87本，涉及林地60023宗共99086.67公顷。

（三）山林纠纷调处

1989—2007年，县境山林权属纠纷，由县林业局或县政府批转办理的5件，其中县林业局独立调处3件、县林业局配合乡镇政府或土地管理部门调处2件。

2008年，全县集体林权制度改革实施后，过去隐藏的许多矛盾和历史遗留问题逐渐暴露出来，山林纠纷徒然增加，县乡两级政府成立山林权属纠纷调解组织，制定《安龙县林木纠纷重特大突发事件应急预案》，按照"户与户的纠纷不出组、组与组的纠纷不出村、村与村的纠纷不出乡（镇）、乡（镇）与乡（镇）的纠纷不出县"的调处原则，及时调处各类纠纷600余起。

2000—2010年全县征占用林地颁证统计表

表17—4—9

年度	占用林地申请单位	项目名称	占用林地		乡镇
			类别	面积（平方米）	
2000	阿召村林凤小学	新建林凤小学	宜林地	5586.67	新安镇

续表 17—4—9

年度	占用林地申请单位	项目名称	占用林地		乡镇
			类别	面积（平方米）	
2001	湖南省电力安装公司	兴义—天生桥 II 回 220 千伏线路		146.67	
2001	兴义公路管理局	兴仁—安龙公路改造		2066.67	
	柳州天鹤电力有限公司	兴义—天生桥 II 回 220 千伏线路		2966.67	
2002	安龙县公司建设有限公司	新桥至安龙火车站公路	用材林经济林	1528.67	新桥镇
	龙山镇利沃村	纳细矿山简易公路	薪炭林	533.33	龙山镇
	中国移动通信安龙县公司	GSM900 基站站房	宜林地	1440	
2005	黔西南金龙黄金公司	尾矿库改扩建工程		56000	戈塘镇
2009	安龙县城镇环境管理站	生活垃圾卫生填埋工程		51203	新安镇
2010	安龙县城镇环境管理站	生活垃圾卫生填埋工程		51203	新安镇
	贵州省高速公路开发总公司	板坝（黔桂界）至江底（黔滇界）	集体林地	640323	德卧镇、龙广镇、坡脚乡、新桥镇
	柘仑灌溉工程管理所	柘仑水库扩建工程	集体林地	45934	龙广镇
	安龙县人民医院	县人民医院建设工程		7335.33	新安镇

1994—1998 年安龙县清理毁林开垦地类统计表

表 17—4—10　　单位：公顷、立方米

年度	合计		毁林开垦地类								林木损失	
	起数	面积	有林地	疏林地	灌木林地	火烧迹地	采伐迹地	竹林地	幼林地	宜林地	蓄积	株数
1994	4489	390.48	5.37	6.7	23.25	6.9	0.1	0.07	—	347.73	8.5	1459
1994	587	529	26.6	23.2	53.9	14.5	—	—	20.8	390	14	400
1995	168	323.63	33.3	17.9	64.7	—	2	—	29.7	176.03	217.2	2320
1996	155	261.95	24.6	7.2	39.5	—	2	—	12.3	176.35	22.3	620
1997	103	158.98	4.1	6.4	65.6	0.08	—	—	25.3	57.5	10	1658
1998	63	27.54	0.3	2.6	0.9	—	1.9	—	0.7	21.44	—	—
合计	5565	1691.58	94.63	64	247.85	21.48	6	0.07	88.8	1168.75	—	—

安龙县林权争议调解处理情况统计

表 17—4—11　　　　　　　　　　　　　　　　　　　　　　　　　　　　　　单位：公顷

单位	争议情况						已调处争议						
	合计		林改前		林改后		起数	面积	合计		县内		调处率 %
	起数	面积	起数	面积	起数	面积			起数	面积	起数	面积	
全县合计	338	1844.41	325	1815.7	13	28.71	264	1680.77	74	162.4	69	145.75	91.1%
坡脚乡	5	2.67	5	2.67	—	—	2	2.27	3	0.4	3	0.4	85.0%
德卧镇	13	104.8	13	104.8	0	0	13	104.8	—	—	—	—	100.0%
万峰湖镇	2	56.31	2	56.31	—	—	2	56.31	—	—		—	100.0%
海子乡	118	707.11	118	707.11	—	—	89	593.33	29	113.78	29	113.78	83.9%
龙广镇	16	46.67	5	20	11	26.67	13	45.33	3	1.33	—	—	97.1%
戈塘镇	4	46.67	4	46.67	—	—	3	40.67	1	6	1	6	87.1%
平乐乡	9	46.37	9	46.37	—	—	6	39.29	3	7.09	3	7.09	84.7%
洒雨镇	67	190.2	67	190.2	—	—	39	175.27	28	13.67	28	13.67	92.1%
普坪镇	20	18	19	17.22	1	0.77	18	16.05	2	1.95	2	1.95	89.1%
笃山乡	5	40	5	40	—	—	4	34.67	1	5.33	—	—	86.7%
钱相乡	46	416.02	46	416.02	—	—	45	406.07	1	9.98	—	—	97.6%
新桥镇	6	6	6	6	—	—	5	5.67	1	0.33	1	0.33	94.4%
龙山镇	7	31.79	7	31.79	—	—	7	31.79	—	—	—	—	100.0%
新安镇	5	11.6	4	10.33	1	1.27	4	10.33	1	1.27	1	1.27	89.1%
兴隆镇	4	12	4	12	—	—	3	10.73	1	1.27	1	1.27	89.4%
木咱镇	11	108.2	11	108.2	—	—	11	108.2	—	—	—	—	100.0%

第五节　森林保护

一、森林防火

安龙县于20世纪50年代中期建立县护林防火指挥部，指导全县的护林防火工作。在山火频发的龙山区、化力区成立护林防火指挥部，在北乡、纳院、花障、石盘、停西、坡脚成立护林防火指挥所，重点林区的43个村成立防火小组。

1990年1月，成立县护林防火指挥部办公室。1991年起，县财政每年专门预算护林防火经费5000元。1993年，全县16个乡镇均成立护林防火指挥部、森林防火领导小组或护林防火指挥所。

1989—1997年，县、乡两级政府均组建有义务扑火队伍。县级义务扑火队由县林业局在职青年职工组成，乡镇扑火队伍由民兵和应急分队组成，部分重点林区村组也成立扑火小组。1998年，建成县级专业扑火队，配备森林防火专用车辆、风力灭火机、二号扑火工具、打火服、无线电台等设备。至2006年，全县有县级专业扑火队1支，乡镇义务扑火队16支，村级义务扑火队260支，组级义务扑火队109支，总人数3017人。2010年，举办森林防火知识培训18期，培训义务扑火队员750人次。2011年，全县组建村、组义务扑火队109支共3500人，乡镇义务扑火队16支共400人，县农业林业和扶贫开发局义务扑火队3支共42人，县消防中队应急分队1支30人（半专业）。县森防办储备有风力灭火机26台，油锯4台、水枪6支、防火服20套、扑火拖把1400把，手电筒12支、组合工具1套、砍刀40把、灭火弹30箱共300发等。其中，县消防中队储备风力灭火机6台，县武警中队储备风力灭火机6台，乡镇和各单位储备扑火拖把800把，县森防办储备600把。

1989年以来，全县森林防火工作均纳入年度目标绩效考核，县政府每年都要与相关乡镇、单位签订“森林防火责任状”，坡脚乡、戈塘镇、海子乡人民代表大会还专门制定本乡镇的《护林防火公约》。2000年10月，印发《安龙县护林防火指挥部森林火灾处理预案》。1989—2009年，全县召开森林防火会议72次，出动宣传车1432车次，放电影录像245场次，发放《森林防火条例》1000册，填发《森林防火通知书》6032份，张贴、石灰粉刷标语13620条幅，发放森林防火宣传围腰6万件、画册3.5万张、日历2万份，重点乡镇发放服装270套，另发放毛巾、电筒、水壶、砍刀、水枪、打火拖把、风力灭火器等物资和工具，建永久性森林防火宣传碑406座。2010年初，县森林防火指挥部储备风力灭火机20台、油锯2台、水枪6支、2号工具200把、灭火弹100发、砍刀40把、防火服80套、电筒10支、喊话器10台。本年又购置扑火服350套、2号扑火工具800把，充实县消防中队（县民兵应急分队）风力灭火机6台、水枪4支、防火服30套、2号扑火工具50把，另配给水壶30个、电筒30支，充实到县武装部风力灭火机2台、2号扑火工具60把，充实到乡镇扑火服300套、2号扑火工具700把。全年投入森林防火资金57万元，其中县级财政投入27万元、州级财政资金14.35万元、乡镇财政投入15.65万元。2011年，全县投入森林防火工作经费累计47万元。

1989—2009年，全县共发生森林火情403起。其中火警258起、一般火灾92起，过火面积4064.2公顷，受害面积615.26公顷，烧毁林木蓄积41374.69立方米、幼树71.99万株，经济损失907.66万元。组织扑救11388人、车辆636车次，立刑事案件2起，破2起，批捕2人，行政案件208起，处罚208人。2009年底至2010年5月，全县发生森林火情78起，过火面积806.13公顷，森林受害75.2公顷，烧毁林木蓄积1840立方米、幼树27.8万株，直接经济损失111万余元。出动扑救人员4569人次、车辆468车次。立刑事案件10起，破案6起，刑事拘留2人，治安拘留1人，查清肇事者42人，其中3人为精神病人，行政处罚39起39人。2010年10月1日至2011年5月31日，全县共发生一般森林火灾3起，过火面积14.73公顷，无森林受害面积，无人员伤亡事故发生。2011年10月1日至2012年5月31日，全县共发生森林火灾（情）12起，过火总面积75.53公顷，森林受害面积32公顷，森林受害率0.26‰，烧毁蓄积1710立方米、幼树5000株，直接经济损失58.5万元，无人员伤亡事故发生，共出动扑火人员985人、车辆149辆，查清森林火灾肇事人员2人，行政处罚1人，刑事拘留1人。典型案例有：1998年3月18日，海子乡箐口村白石组山火引发烧毁民房17幢，致16户共76人无家可归；2001年3月13日，贞丰县龙头大山火情蔓延龙山镇境内，火线长10余千米，州、县、乡三级奋力扑救，至17日方扑灭，致使县境1994年飞播造林成果全部焚毁。

1989—2010年全县森林火警(灾)发生及调查处理情况统计表

表17—4—12

年度	起数	其中		过火面积(公顷)	受害情况				调查情况			处理情况				受害率(‰)
		火警	一般火灾		面积(平方米)	烧毁蓄积(立方米)	烧死幼树(株)	损失(元)	生产用火(起)	非生产用火(起)	其他(起)	组织扑救(起)	出动车辆(辆)	刑事批捕(人)	行政处罚(人)	
1989	8	1	—	320.47	234000	—	—	—	13	2	—	317	9	—	6	1.75
1990	15	7	8	353.53	355333.33	57.4	322692	19532	2	1	—	150	—	—	2	—
1991	7	6	1	118.07	72400	—	23956	—	5	2	—	709	12	—	6	0.54
1992	7	7	—	23.71	15000	—	—	—	—	—	—	277	8	—	11	0.11
1993	7	6	1	98	28000	—	8900	1360	2	4	1	194	14	—	7	0.209
1994	7	6	1	51.27	34000	—	—	—	—	—	—	—	—	—	3	0.207
1995	5		—	16.63	2200	—	—	—	—	—	—	—	—	—	—	0.014
1996	12	10	2	93.73	28000	—	—	13221	—	—	—	—	—	—	—	0.224
1997	5	5	—	13.25	4666.67	—	—	—	—	—	—	—	—	—	2	0.024
1998	9	—	—	59.47	12400	—	—	—	—	—	—	—	—	—	1	0.057
1999	59	—	—	334.33	103666.67	—	—	—	—	—	—	—	—	—	1	0.47
2000	16	15	1	95.61	31333.33	—	1288	8598	5	11	—	1078	30	—	1	0.14
2001	21	16	5	117.43	165333.33	2976	30000	—	11	10	—	1180	68	1	22	0.48
2002	28	21	7	212.87	248800	787	16100	195990	16	4	8	—	—	—	26	0.66
2003	34	27	7	123.33	77333.33	1500	35000	—	—	—	1	—	—	—	33	—
2004	12	9	3	61.2	52666.67	283	78700	87410	6	3	3	772	49	—	9	0.15
2005	26	24	2	224	120000	980	18000	250000	5	16	5	1484	145	—	23	—
2006	18	14	4	742.73	1867533.33	8759.787	107350	790000	6	9	3	1192	66	—	6	2.59
2007	38	28	10	169.47	382266.67	198.1	7830	217557	12	19	7	1338	101	—	15	0.41
2008	40	29	11	603.8	2006000	26105	5750	7430000	32	6	2	1647	145	1	22	4.49
2009	29	29	29	229.32	311666.67	196.25	64413	139000	17	9	3	1100	99	—	12	—
2010	78	78	54	806.13	752000	1840	27.8	1110000	47	20	10	4569	468	2	39	—
合计	481	336	145	4870.15	6904600	43214.687	719955.8	10186624	179	126	43	15957	1104	4	247	—

二、森林病虫害

1991年3月，建立县林业局森林病虫检疫防治站，依据《植物检疫条例》《森林病虫害防治条例》的规定，开展森林病虫害的测报、防治和植物检疫工作。

1994年3月，县境坡脚乡团结村二台坡云南松有林地暴发文山松毛虫，受害33.33公顷，成灾20公顷，虫口密度每株松树100—300头，灾情发生后，采取化学防治，防止虫害的蔓延。4月上旬，县境万峰湖镇马安营村松木林地暴发大面积文山松毛虫，危害40公顷，其中轻度20公顷、中度20公顷。危害地区松树松叶被虫食尽，状如火烧，密麻的松毛虫向新的树杆上迁移，不停地在吞食松针叶。灾情发生后，采取人工捕捉，灯光诱杀、药物防治相结合综合防治15天，终止了虫害的蔓延。

2004年，检疫发现兴义供电局在新安镇白岩湾施工使用的电缆盘带有拟松材线虫病，这是县境首次发现森林病种，也是县内第一例由境外传入森林病虫害的案例，及时给予烧毁。

2005年，安龙县开展外来有害生物的普查工作，重点普查贵州省已有分布的林业有害生物20种。昆虫类：中华松梢蚧、星天牛、光肩星天牛、支云斑天牛、松褐天牛、粗鞘双条杉天牛、栗实象、剪枝栗象、萧氏松茎象、云南木蠹象、纵坑切梢小蠹、栗瘿蜂共13种；病原微生物：拟松材线虫病、马尾松赤枯病、马尾松赤落叶病、油桐枯萎病共4种；有害生物：桑寄生植物、槲寄生植物、紫茎泽兰共3种。全县设标准样地118个，临时样地32个，对辖区内林地、贮木场、木材转运站、木材加工厂、苗圃苗森及花卉门市寄主植物普查。普查发现县境有害生物9种：紫茎泽兰、拟松材线虫病、桑寄生植物、云斑天牛、松褐天牛、星天牛、栗瘿蜂、栗实象，其中紫茎泽兰、拟松材线虫病属省外传入县境的有害生物，紫茎泽兰在县内分布1.8万公顷。

1991—2009年，县林业局森林病虫检疫防治站，依据《植物检疫条例》《森林病虫害防治条例》，调运出境产地检疫苗木6169.04万株、木材16213.36立方米、药材1647.61吨、竹子66吨；调运入境复检苗木629.19万株、种子5.91吨、木材1500立方米。县境发现或发生的森林病虫害有泡桐天牛、杉木粘牛病、杉苗枯叶病、杉木黄化病、柑橘溃疡病，文山松毛虫、云南松松毛虫、杨舟蛾、云南松赤枯病、梨象鼻虫、栗瘿蜂、松褐天牛、星天牛、栗实象、桑寄生植物、紫茎泽兰、拟松材线虫病（境外传入）、白蚂蚁和老鼠等。2010年，办理检疫证书245份，检疫苗木2683.68万株、木材3010.37立方米，收取苗木检疫费2万元，木材检疫费6000元。

2010年2月中旬至3月中旬，安龙县开展越冬代调查，设固定样地7个临时样地22个样方8个，监测覆盖有林地98620公顷，实施调查监测5.12万公顷，实施监测50480公顷，监测率为98.61%。是年，在万峰湖镇、钱相乡，实施松褐天牛监测治理666.67公顷，重点监测266.67公顷，监测治理区监测率达到100%，无公害防治率100%。

2012年，按《安龙县2011—2012年林业有害生物越冬代调查方案》，对全县主要树种的有害的有害生物各类进行调查和监测，共设固定样地15个，监测覆盖面积4.92万公顷。

1991—2010年安龙县林木、植物检疫统计表

表17—4—13

年度	调运产地检疫					调运入境检疫		
	苗圃		木材（立方米）	药材（吨）	种子（吨）	苗木（株）	种子（千克）	木材（立方米）
	面积（公顷）	苗木（株）						
1989	—	—	—	—	—	—	—	—
1990	—	—	—	—	—	—	—	—
1991	—	—	—	—	—	—	—	—

续表 17—4—13

年度	调运产地检疫					调运入境检疫		
	苗圃		木材（立方米）	药材（吨）	种子（吨）	苗木（株）	种子（千克）	木材（立方米）
	面积（公顷）	苗木（株）						
1992	16	—	350	200	66	—	75.25	—
1993	—	—	—	—	—	—	—	—
1994	2.45	—	3500	—	—	—	580	1500
1995	—	—	—	—	—	—	—	—
1996	—	—	—	—	—	—	—	—
1997	—	—	—	—	—	—	—	—
1998	5.47	2253000	446.1865	78	—	—	—	—
1999	—	—	—	—	—	—	—	—
2000	—	—	110.8	50	—	45	—	—
2001	—	—	1081	337	—	23	—	—
2002	70.48	19807000	2500	274.3	—	—	—	—
2003	—	949500	1971.4884	137.8	—	—	250	—
2004	—	12660000	1202.8828	38.75	—	—	—	—
2005	—	2325500	1684.8815	56.76	—	496.1993	—	—
2006	9.53	10224557	1351.831	8	—	65	5000	—
2007	—	6375507	726.25	114	—	—	—	—
2008	—	2135762	726.25	94	—	—	—	—
2009	48.27	4759556	148.394	—	—	—	—	—
2010	16.38	26836834	3010.36798	—	—	—	—	—
合计	191.91	88527206	19223.73138	1647.61	66	629.1993	5905.25	1500

1989—2010 年全县森林病虫害发生防治监测统计表

表 17—4—14

年度	森林病虫害发生情况	灾情							
		发生面积（公顷）	发生率（%）	成灾面积（公顷）	成灾率（%）	防治面积（公顷）	防治率（%）	监测面积（公顷）	监测率（%）
1991		—	—	—	—	—	—	—	—
1992	总面积：2000 公顷	666.67	—	—	—	1666.67	—	—	—
1993		—	—	—	—	—	—	—	—
1994	总面积：379.07 公顷，其中：虫害 157.33 公顷，病害 221.73 公顷，坡脚：松毛虫，洒雨：泡桐天牛、杉苗枯叶病	379.07	—	—	—	345.73	91.2	1333.33	—
1995	总面积：471.13 公顷。其中：病害 271.13 公顷，虫害 66.67 公顷，鼠害 133.33 公顷	471.13	2.2	—	—	471.13	100	16666.67	71.6
1996		—	—	—	—	—	—	—	—
1997	总面积：386.67 公顷。其中杉木黄化病 386.67 公顷	386.67	—	—	—	386.67	100	—	—
1998	总面积：200 公顷。其中：柑橘溃疡病 6.67 公顷，泡桐天牛 100 公顷，杉木黄化病 93.33 公顷	200	7.5	—	—	200	100	—	—
1999	总面积：110 公顷	110	0.39	—	—	110	100	—	—
2000	病虫害有：云南松松毛虫、杉木黄化病，泡桐天牛、杨舟蛾，梨象鼻虫，栗瘿蜂，云南松赤枯病，发生乡镇有：坡脚、万峰湖、洒雨、龙广、新安	118.67	0.42	—	—	118.67	100	—	75
2001	部分乡镇零星发生：云南松松毛虫、泡桐天牛、杨舟蛾、梨象鼻虫、栗瘿蜂、云南松赤枯病、杉木黄化病	38.67	0.13	—	—	38.67	100	28000	100
2002	总面积：42.67 公顷	—	—	42.67	1.524	—		233.33	100
2003	云南松松毛虫发生乡镇：万峰湖、坡脚、龙山、龙广。栗瘿蜂、象鼻虫发生乡镇：新桥、洒雨、德卧。泡桐天牛发生乡镇：普坪。白蚂蚁发生乡镇：洒雨。杉木黄化病发生乡镇：洒雨、龙广、德卧、坡脚，总面积：150 公顷	150	—	—	5.36	—	95.6	26533.33	94.7
2004	总面积：1366.67 公顷	—	—	—	—	1366.67	100	41840	92
2005	发生总面积 133.33 公顷	—	—	—	—	—	100	1333.33	—
2006	文山松毛虫发生乡镇：万峰湖镇，松褐天牛发生乡镇：万峰湖、德卧、龙广、钱相、普坪。舟蛾分布在洒雨、海子及公路沿线	—	—	—	—	—	100	7840	100
2007	松褐天牛 6.67 公顷（万峰湖、德卧、龙广、钱相、普坪）。发生面积：830.67 公顷，其中杉木黄化病 53.33 公顷（洒雨、龙广、坡脚），文山松虫轻度危害 666.67 公顷（万峰湖）	830.67	—	—	—	823.33	95.9	37666.67	95.1

续表 17—4—14

年度	森林病虫害发生情况	灾情							
		发生面积（公顷）	发生率（%）	成灾面积（公顷）	成灾率（%）	防治面积（公顷）	防治率（%）	监测面积（公顷）	监测率（%）
2008	发生面积：240 公顷。其中：文山松毛虫 186.67 公顷，松褐天牛 6.67 公顷。松褐天牛发生乡镇：万峰湖、德卧、龙广、钱相、普坪，文山松毛虫发生乡镇：龙广、万峰湖、新桥，杉木黄化病发生乡镇、洒雨、龙广、坡脚	240	—	0	0	231.33	95.59	34600	95.68
2009	洒雨、海子及公路沿线楸树、梓木、杨树舟蛾然害面积 5.33 公顷，坡脚、洒雨白蚂蚁发生面积 25.33 公顷，坡脚、洒雨、龙广杉木病害 67.33 公顷，万峰湖、龙广、钱相松褐天牛发生面积 266.67 公顷，万峰湖、龙广、钱相松褐天牛发生面积 266.67 公顷，万峰湖发生文山松毛虫轻度然害 606.67 公顷，轻度危害杉木病防治率 20.79%；白蚂蚁防治率 55.3%，文山松毛虫防治 67.03%，松洒天生防治率 100%，舟蛾防治率 100%	—	—	—	—	—	—	40006.67	96.17
2010	越冬代调查于 2010 年 2 月中旬至 3 月中旬开展，此项调查设固定样地 7 个，临时样地 22 个，样方 8 个，监测覆盖全县有林地 98620 公顷，实施调查监测 51200 公顷，实施监测 50480 公顷，监测率为 98.61%。春季普查总面积 9800 公顷，秋季普查总面积 9800 公顷。春、秋季普查取样镜检率为 100%，不明原因致死松树治理合格率 100%。根据省、州检疫站的任务安排，2010 年实施松褐天牛监测治理项目 666.67 公顷，重点监测区 266.67 公顷，区划在万峰湖镇和钱相乡，一般监测区 40 公顷，监测治理区监测率达到 100%，无公害防治率 100%	—	—	—	—	—	—	—	—

三、森林自然保护区

（一）仙鹤坪国家森林公园和龙头大山自然保护区

1989—1992 年，贵州省科学院生物研究所、贵州省林业技术学校、黔西南州林业科学研究所，数次进入仙鹤坪国有林区开展调查，数据统计，林区分布植物 95 科 178 属 297 种，其中红豆杉、三尖杉、穗花杉、榉木、银杏、马尾松、七叶树、白樟树、杜仲、竹节人参等属国家一级、二级保护物种；野生动物 40 余种，其中熊、野猪、狐狸、猫头鹰、麂原猫、锦鸡、猕猴、穿山甲属国家保护野生动物。

1993 年 7 月 24 日，县政府依照《中华人民共和国森林法》《森林和野生动物类型自然保护区管理办法》，建立仙鹤坪县级自然保护区。1997 年 7 月 1 日，中共黔西南州委、州政府下发《关于建立龙头大山、仙鹤坪、坡岗、清水河四个自然保护区的决定》，建立龙头大山水源林保护区和仙鹤坪常绿阔叶林保护区等 4 个自然保护区。龙头大山水源林保护区总面积 2817 公顷，森林覆盖率 25.59%，区内分布有植物 123 科 298 属 489 种，其中国家级保护 5 种，主要保护对象为国家一级保护濒危植物辐花苣苔（迄今发现龙头大山是地球上唯一一处有此植物生存的地点），以及十齿花。短梗含笑等珍稀植物和常绿阔叶林杜鹃林生态系统；龙头大山杜鹃花种类比四川峨眉山、黔西百里杜鹃的种类还要多。仙鹤坪常绿阔叶林保护区总面积3041.8公顷，主要以常绿阔叶林和灌木林为主，森林覆盖率71.2%，区内计产种子植物95科178属297种，其中国家一级、二级保护物种10种，分布有野生动物40余种，国家级保护8种。是年9月1日，县政府发布《仙鹤坪自然保护区管护办法》；1998年5月，成立安龙县仙鹤坪自然保护区管理站，编制完成《仙鹤坪常绿阔叶林自然保护区总体规划》，1999年6月通过黔西南州专家组审查。

2003年2月，省林业厅批准仙鹤坪林区建立省级森林公园，启动仙鹤坪国家级森林公园申报工作。2005年12月23日，国家林业局批准设立仙鹤坪国家级森林公园，定名为“贵州仙鹤坪国家森林公园”，经营总面积9065公顷。委托北京大学科技开发部、北京林业工程咨询公司，进行总体规划，2006年12月完成初稿，2008年12月通过省级评审。2010年，在仙鹤坪自然保护区石灰村杉木造林20公顷。

（二）县级自然保护小区

1998年以来，县内相继实施“珠江防护林体系建设工程”“珠江流域治理工程”“退耕还林工程”和“石漠化治理工程”，全县森林覆盖率、蓄积、林地面积实现同步增长，村寨林、祭山林、风景林不同特点森林生态植被迅速发展，全县林业系统对县境古、大珍稀树木实行挂牌保护，开展野生动物的生息繁殖地和森林生态植被保护较好的林区进行调查，共18处，主要分布在万峰湖镇下箐村、弄抱村、坝盘村、德卧镇阿油槽村、大水井村、平安村、灰老村、笃山乡暗河村、王院村、坡老村、平乐乡坡炎村、龙雁村、乐央村、下渔浪村、招堤街道箐山村、钱相乡打凼村、龙广镇五台村、新桥镇东妹场村等地。上述自然保护小区以喀斯特地貌为主，野生动物植物富集，天然植被较好，森林覆盖率高，有国家重点保护植物香果树、小花青风藤等；笃山悬竹和贵州珍稀植物安龙油果樟（模式标本出自笃山乡王院村），王院村、坡炎村的红腹锦鸡；万峰湖的鸳鸯；万峰湖的下箐、德卧镇的青山，平乐乡的龙雁村的猕猴，均是国家级保护的野生动物。根据《中华人民共和国森林法》《中华人民共和国野生动物保护法》和《森林和野生动物类型自然保护区管理办法》，县政府制定《安龙县县级自然保护管理办法》，规划建设县级保自然保护区4个、自然保护小区8个、自然保护点6个。

四、国家公益林

2002年，本县被列为省林业厅确定的林业分类经营试点县，正式启动森林区划定界工作。2004—2009年，全县三次纳入中央财政森林生态效益补偿面积52526.67公顷，其中2004年首次纳入补偿面积25540公顷，2006年又纳入补偿面积9320公顷，2009年再次纳入补偿面积11000公顷。覆盖全县16个乡镇，138个行政村、5个社区、1个居委会和1个国有单位，共5062个小班，管护人员621人，受益农户54727户。

2010年安龙县县级自然保护区（小区、点）汇总表

表17—4—15

名称	总面积（公顷）	有林地（公顷）	灌木林地（公顷）	森林覆盖率（%）	已纳入中央补偿金面积（公顷）	四至界限			
						东	南	西	北
青山自然保护区	4500	10.13	1930	43.1	1459.87	德卧至桠杈公路	至南盘江	下坝盘沿村界上至阿油槽	阿油槽村界沿大水井村界至八光
王院自然保护区	3790.13	1284.07	529.53	47.9	1178.8	册亨县边界	龙雁村南面村界	打凼、歪纳、冗骂三村边界	牛皮洞、暗河队委会
万峰林自然保护区	1422	47.53	941.8	69.6	952.8	下箐村东面村界	下箐村南面村界	下箐村西面村界	下箐村北面村界

续表 17—4—15

名称	总面积（公顷）	有林地（公顷）	灌木林地（公顷）	森林覆盖率（%）	已纳入中央补偿金面积（公顷）	四至界限			
						东	南	西	北
箐山自然保护区	1083	—	524.33	48.4	385.93	村界、阳家塘、杨作坊石	仙鹤坪保护区	大片岩山地	至下冗先下冗先高家塘
坡妹场自然保护小区	546	23.6	203.4	41.6	162.53	至木咱镇交界	木咱镇交界	东妹场至坡贡公路	国道324线
五台自然保护小区	175	—	126.2	72.1	101.3	华家湾小路	万人坑	七星村交界	七星村交界
秦家凼自然保护小区	160	—	105.33	65.9	67.33	弄抱村东面村界	界抱村南面村界	弄抱村西面村界	弄抱村北面村界
龙广大寨自然保护区	68	—	53.5	78.7	53.5	播洛乡村便道	坝尾农地	大寨农地	大寨村寨
乐溪自然保护小区	57.67	55	—	95.4	34	大寨到拉冗小路	乐坝组荒山	海拔15360米—1535.3山头	拉坡组村寨
绿荫塘自然保护小区	52	3.53	24.2	53.5	—	海拔949公路	八坎田坎边	八坎湾上去的路	海拔818、908.8、949.2
阿伦寨自然保护小区	50.4	49.4	—	98	45.33	海拔1336的田	公路	海拔1384.5的地	杨茂至郎打小路
下渔浪自然保护小区	40	40	—	100	40	下渔浪组村寨	渔浪村界	下小寨组村寨	下小寨至下渔浪小路
香车河自然保护点	29	16.8	—	57.9	14.73	山脚	巧洞寨子	香车河	板柏桥
打凼自然保护区	18	—	13.53	75.2	13.53	田坝边路	坪寨山脚	田坝山脚	湾子寨路口
乐央自然保护点	16.9	16.9	—	100	16.9	大寨村界	平乐鸟寨水库公路	大寨村界	巧达水塘
鲁沟大寨自然保护点	7.13	5.13	—	72	5.13	人家户	人家户	人家户	沟坎上林子边缘
坡普营盘山自然保护区	1.33	1.33	—	100	1.33	坡普寨子	坡普寨子	农地	农地
纳万云盘山自然保护点	1.2	1.2	—	100	1.2	小路	小路	农田	营脚村寨
	12017.77	1532.73	4473.8	—	4501.27				

2004—2012年安龙县中央财政森林生态效益补偿基金

表17—4—16(分表1)

乡镇	2004		2005		2006		2007		2008	
	面积（公顷）	资金（元）	面积（公顷）	资金（元）	面积（公顷）	资金（元）	面积（公顷）	资金（元）	面积（公顷）	资金（元）
德卧镇	3304.73	223069.50	3304.73	223069.50	4341.53	293053.5	4341.53	309334.3	4343.00	309438.75
笃山乡	1053.93	71140.50	1053.93	71140.50	2089.60	141048	2089.60	148884	2089.60	148884
戈塘镇	293.87	19836.00	293.87	19836.00	293.87	19836	293.87	20938	293.87	20938
海子乡	1353.33	91350.00	1353.33	91350.00	1353.33	91350	1353.33	96425	1353.33	96425
林业局	664.33	44842.50	664.33	44842.50	664.33	44792.5	664.33	47558.3	664.33	47558.75
龙广镇	2198.80	148419.00	2198.80	148419.00	2713.73	183177	2713.73	193353.5	2712.27	193249
龙山镇	236.00	15930.00	236.00	15930.00	785.27	53005.5	785.27	55950.3	785.27	55950.25
木咱镇	520.73	35149.50	520.73	35149.50	520.73	35149.5	520.73	37102.3	520.73	37102.25
平乐乡	2194.53	148131.00	2194.53	148131.00	2932.33	197932.5	2932.33	208928.8	2932.33	208928.75
坡脚乡	284.73	19219.50	284.73	19219.50	284.73	132919.5	284.73	20287.3	284.73	20287.25
普坪镇	216.53	14616.00	216.53	14616.00	216.53	14616	216.53	15428	216.53	15428
钱相乡	2338.00	157815.00	2338.00	157815.00	3115.20	210276	3115.2	221958	3115.20	221958
洒雨镇	185.00	12487.50	185.00	12487.50	185.00	12487.5	185.00	13181.3	185.00	13181.25
万峰湖镇	4727.80	319126.50	4727.80	319126.50	5195.80	350716.5	5195.80	370200.8	5195.80	370200.75
新安镇	2083.33	140629.50	2083.40	140629.50	5081.67	343012.5	5081.67	362068.8	5081.67	362068.75
新桥镇	456.27	30798.00	456.27	30798.00	456.27	30798	456.27	32509	456.27	32509
兴隆镇	3428.00	231390.00	3428.00	231390.00	4630.07	312529.5	4630.07	329892.3	4630.07	329892.25
合计	25540	1723950.00	25540	1723950.00	34860	2353000.00	34860	2484000.00	34860	2484000.00

表17—4—16(分表2)

乡镇	2009		2010		2011		2012	
	面积（公顷）	资金（元）	面积（公顷）	资金（元）	面积（公顷）	资金（元）	面积（公顷）	资金（元）
德卧镇	3978.20	283446.75	3863.2	564993	3863.2	564993	3863.2	564993
笃山乡	2658.80	189439.5	2658.8	388849.5	2658.8	388849.5	2658.8	388849.5
戈塘镇	293.87	20938	293.87	42978	293.87	42978	293.87	42978
海子乡	1301.60	92739	1298.07	189842.25	1298.07	189842.25	1298.07	189842.25

续表 17—4—16(分表 2)

乡镇	2009		2010		2011		2012	
	面积(公顷)	资金(元)	面积(公顷)	资金(元)	面积(公顷)	资金(元)	面积(公顷)	资金(元)
林业局	756.20	53854.25	871.2	61463	871.2	61463	871.2	61463
龙广镇	3778.27	269201.5	3773.4	551859.75	3773.4	551859.75	3773.4	551859.75
龙山镇	785.27	55950.25	785.27	114845.25	785.27	114845.25	785.27	114845.25
木咱镇	3002.40	213921	3002.4	439101	3002.4	439101	3002.4	439101
平乐乡	6462.33	460441.25	6438.87	941684.25	6438.87	941684.25	6438.87	941684.25
坡脚乡	284.73	20287.25	284.73	41642.25	284.73	41642.25	284.73	41642.25
普坪镇	475.67	33891.25	475.67	69566.25	475.67	69566.25	475.67	69566.25
钱相乡	3577.80	254918.25	3543.73	518271	3543.73	518271	3543.73	518271
洒雨镇	390.40	27816	390.4	57096	390.4	57096	390.4	57096
万峰湖镇	6890.87	490974.25	6890.87	1007789.25	6890.87	1007789.25	6890.87	1007789.25
新安镇	7462.80	531724.5	7528.73	1101077.25	7528.73	1101077.25	7528.73	1101077.25
新桥镇	1597.93	113852.75	1597.93	233697.75	1597.93	233697.75	1597.93	233697.75
兴隆镇	8829.53	629104.25	8829.53	1291319.25	8829.53	1291319.25	8829.53	1291319.25
合计	52526.67	3742500.00	52526.67	7616075	52526.67	7616075	52526.67	7616075

第十八篇　教育　科技

第一章　教　育

1978年，中共十一届三中全会以后，教育战线拨乱反正，全县中小学教育逐步走上巩固发展的正轨。1979年，裁撤公社中学。1980年，裁撤所有民办小学附设的初中班和部分公办小学戴帽初中班。到1982年，全县保留中学10所、小学戴帽初中班10个班，保留小学576所，在校高中生1254人、初中生6430人、小学生48455人。1983年，调整全县小学布局，裁撤231所。1986年，制定全县教育规划，报县委、县政府审核后批准执行，是年有小学345所，在校小学生45679人，适龄儿童入学率78.63%、巩固率86.2%、合格率85.8%。到1988年，全县有小学345所，在校生47242人，其中公办49所1703人，民办304所(含教学点)30211人；有中学10所，其中完全中学3所、初中7所，小学“戴帽”初中班10个班，有在校高中生822人、初中生4989人。据统计，1982—1988年，全县共考取大学本科生187人、大学专科生301人、中专生1108人。

1978年后，县内师范教育和职业教育也得到长足发展。其中，安龙师范学校创办于1973年，暂设于安龙二中；1975年，招收“社来社去”师范生45人；1978年，师范学校从安龙二中迁至寿福寺；1981年，改建为安龙民族师范学校，迁建安龙二中校后；1985年，改为黔西南安龙民族师范学校，归隶黔西南州教育局，面向安龙、册亨、望谟、贞丰4县招生。1986年，创办安龙职业高级中学，开设种植、牧医、卫生3个专业，招生160人；1987年增设果树蔬菜专业班。1978年，创办安龙县人民医院护士学校，招生30人，1981年学生毕业后停办。1991年，贯彻执行《贵州省基础教育实行分级管理的暂行规定》，进一步明确政府与教育主管部门的职责。1994年，《中国教育改革和发展纲要》颁布后，县委、县政府出台《关于贯彻中国教育改革和发展纲要的实施意见》。全县不断加大对教育的投入，随着教育体制的改革，安龙县的幼儿教育、九编义务教育、普通高中和中等职业教育、师范教育、成人教育不断发展，教师队伍不断得到提高。

第一节　教育体制改革

一、管理体制改革

（一）分级管理

1991年，贵州省政府发布《贵州省基础教育实行分级管理的暂行规定》，进一步明确政府与教育主管部门的职责。1994年，贯彻《中国教育改革和发展纲要》，县委、县政府出台《关于贯彻中国教育改革和发展纲要的实施意见》。义务教育阶段实行县、乡、村三级办学管理：县政府负责制定扫盲计划、学校布局和调整、划拨教育经费及城乡教育费附加的筹集与管理，校长和教师的培养培训、调配和管理，教学质量评估与改善办学条件及教职工工资的筹集和发放，办好县直学校；乡级政府负责征收农村教育费附加，办好乡镇初中和小学，统筹管理村办小学，改善教师工作生活条件；村民委员会负责本村小学（或教学点）办学条件的改善，保证适龄儿童按时入学，保护学校财产。

（二）教师管理

1.“三制一管理”　1999年，县教育局在钱相学校、安龙二中试点推行“校长负责制、教师聘任制、岗位责任制和教育教学目标管理”模式。2000年3月，县政府下发《关于推进全县中小学实施“三制一管理”的实施方案》，确定在安龙二中、龙广中学、德卧中学、新安一小、新安二小、龙广小学推广施行“三制一管理”。

2.“四定方案”　2002年3月，县委、县政府作出在全县中小学深化教师人事制度改革的决定。7月，县教育局制定《关于在全县中小学、幼儿园实施定编、定员、定岗、定薪方案》。8月，在德卧镇试行“四定方案”，经业务考核、民主测评、公开竞聘，分流小学超编教师46人。2003年9月，新安镇推广实施“四定方案”，分流富余教师91人到万峰湖、平乐、洒雨、戈塘等乡镇学校支教服务。

3.交流服务制度　2005年8月，根据《贵州省深化中小学人事制度的实施意见》和《贵州省中小学教职工编制标准》，县政府制定《安龙县教师交流制度实施意见》。2005年秋季学期起，在全县中小学（幼儿园）核定教职工编制后，超编的城区小学（幼儿园）、乡镇中心小学教师采取自愿和组织安排的方式，到指定师资薄弱的小学、教学点任教服务。是年，除海子、戈塘、龙山、笃山4乡镇外，其余乡镇均实施了教师交流服务制度，全县共有196名教师分流到边远小学任教。2006年后，配套实施《安龙县中小学交流和任教服务人员管理办法》《安龙县中小学交流和服务人员组织安排参考意见》，并规定在城镇小学任教2年以上的教师，应有在边远地区乡村支教1年以上的经历，方能聘任高一级教师职务。

（三）绩效工资制度

2009年1月，国务院常务会议审议并原则通过《关于义务教育学校实施绩效工资的指导意见》，在义务教育学校实施绩效工资分配政策。县人事劳动和社会保障局、县教育局相继出台《安龙县义务教育学校绩效工资实施办法》《安龙县义务教育学校奖励性绩效工资发放指导意见》，规定各义务教育学校将绩效工资总额的70%分别划入教师个人工资账户，按月发放；绩效工资的30%由学校统一管理，按年度考核发放。2009年1月起，全县213所义务教育学校全部实行绩效工资制度。

二、招生制度改革

（一）初中招生

1989—1999年，全县初中招生工作由县教育局报请县政府批准逐年下达招生计划，举行全县初中招生统一考试后从高分到低分择优录取，少数民族应届小学毕业生，降低5分录取。统一考试科目为语文和数学两科。1999年后，全县取消初中招生考试，实行分片区就近入学。

（二）高中招生

1989—1999年，全县初中毕业生全部参加中等专业学校统一招生预选考试，以中专预选考试成绩作为高中录取依据，其考试科目为政治、语文、数学、物理、化学5科。录取工作统一由县进行，首批录取专报高中志愿的考生，第二批录取中等专业学校落选的考生。1999年后，全县高中招生不再参加中等专业学校预选考试，改由参加全县高中招生统一考试，考试科目为语文、数学、英语、文科综合（或理科综合）和体育。在高中招生录取工作中，少数民族考生降低10分录取。

（三）中等专业学校招生

1989—1999年，全县中等师范学校、中等专业学校招生，实行计划内统一招考，黔西南州卫生学校民族医士班、黔西南州民族行政管理学校等实行单独招生。1999年后，贯彻《国家教委、国家计委关于普通中等专业学校招生并轨改革的意见》，改革招生制度，改变普通中等专业学校由政府包就业的做法，倡导毕业生自主择业。

（四）普通高校统一招生

1989年，参加全国普通高校统一招生考试，分文、理科进行，全省实行标准化考试。2004年后，实行“两组四科”科目设置，也叫“3＋X”科目组，即高考分文、理两组，每组考4科。理工组科目为语文、数学、外语、理科综合（物理、化学、生物合为一卷），文史组科目为语文、数学、外语、文科综合（政治、历史、地理合为一卷）。

2002年前，全国普通高校统一招生考试日期为每年7月7—9日，2003年后改为每年6月7—8日。

三、教育教学方法改革

20世纪80年代，全县大部分学校相继成立学科学会，从学校抽取骨干教师组成理事会，积极组织开展各学科的教育研究工作，对教学方法进行具体的探索和研究。县政府教育督导室对学校教育教学常规工作进行督导评估，规范和改革教育教学方法；县教育局自办内部刊物《教苑》，为广大教师提供探讨和交流的平台。1990年后，“讨论法”在高年级教学中广泛推广运用；更新教育观念，辽宁盘锦教师魏书生创建的“6步课堂”“7个1分钟”“12个学习习惯”等教学方法被广大教师广泛模仿和运用；湖南邵东教师杨初春的“快速作文”和“下水作文”方法也被广泛运用到了作文教学中，一改过去的学生写、老师改的单向灌输方法，采用“岸上指导、下水游泳”，老师和学生一起写，互相点评，共同提高。

全县中小学普遍采用的教学主要有：

讲授法：教师通过简明、生动的口头语言向学生传授知识，发展学生的智力。

讨论法：在教师指导下，学生以班或小组为单位，围绕教材的中心问题，各抒己见，通过讨论或辩论巩固知识。

直观演示法：教师在课堂上通过展示各种实物、直观教具或进行示范性实验，让学生通过观察获得感性认识。

练习法：学生在教师的指导下，巩固知识、运用知识，形成技能技巧。

读书法：教师指导学生通过阅读教科书或参考书，以获得知识、巩固知识，培养学生自学能力。

现场教学法：以现场实物为中心，以现场实物为对象，以学生活动为主体的教学方法。2000年以后，全县现场教学法被广泛运用到了职业教育教学中。

任务驱动法：教师给学生布置探究性的学习任务，学生查阅资料，对知识体系进行整理，再选出代表进行讲解，最后由教师总结的教学方法。

参观教学法：教师根据学习任务组织学生到实地参观、调查、研究和学习，从而获得新知识或巩固已学知识的教学方法。

四、素质教育

（一）中小学德育工作

1989年3月，根据《中共中央关于改革和加强中小学德育工作的通知》要求，成立县德育工作领导小组，制定《改革和加强全县中小学工作的实施意见》《德育教学计划》。

1990年，全县各级各类学校每周一均要进行升旗仪式。是年，县政府督导室对安龙一中、洒雨中学进行德育专项督导评估，均获优秀等次，洒雨中学被省政府授予“文明单位”称号。

1993年后，根据国家教委《普通中小学督导评估指导纲要》，制定《全县中小学综合督导评估方案和德育专项督导评估方案》，对全县中小学进行综合督导评估和德育专项督导评估，至2009年，全县168所完全小学（含民办景庄小学）、21所初中和3所完全高中（含民办利民中学），德育专项督导评估均达到合格以上等次。

2000年6月，县教育局与县关工委联合举行“安龙县青少年社会公德知识竞赛”，组织全县2400名中小学生参加全省中小学生环保科普征文活动，新桥中学获集体奖。全县村组以上完全小学全部挂牌成立家长学校。2001年，县教育局、县关工委与团县委联合组织“共产党好、社会主义好、改革开放好”主题巡回宣讲活动，全县4万余名学生听取宣讲报告。

2004年，根据《中共中央国务院关于进一步加强和改进未成年人思想道德建设的若干意见》。县教育关工委组织“五好小公民——珍爱生命、健康成长”“祖国、家乡明天更美好”读书征文活动，收到征文1200余篇，120余名学生分别受到教育部、省、州、县的表彰。举行“爱我黔西南，争做振兴安龙的建设者”万名师生签名活动和“勿忘国耻，强我国防”“全民国防教育日”千人签名活动，开展“弘扬和培育民族精神，做合格的建设者和接班人”演讲比赛。

2005年，县教育关工委组织“现代新的孝敬道德和行为规范”教育征文活动，59名师生参加；邀请团中央“知心姐姐”关注未成年人心理健康教育全国巡回报告团到安龙做专题报告，1400余名师生、家长聆听报告；组织“纪念中国人民抗日战争胜利60周年和红军长征70周年”演讲比赛、五好小公民“弘扬中华美德，构建和谐学校——从我做起”读书征文等活动。

2006年，组织开展“弘扬长征精神，建设美好安龙”“知荣明耻树新风”主题演讲比赛和读书征文活动。龙广三中、兴隆青龙小学、安龙二中获评全州示范性家长学校。

2007年，组织县教育局职工、城区中小学生为安龙三中罹患白血病学生捐款2万元。团中央“知心姐姐”报告团到安龙一中、龙广镇等地巡回报告，800余名学生及家长听取报告。

2008年，各中小学普遍学唱“八荣八耻歌”，举办“知荣辱、树新风”专题讲座；组织中小学生参加教育部关工委全国青少年五好小公民主题教育“激情奥运、阳光校园”读书征文活动，获集体一等奖。2009年，开展庆祝中华人民共和国成立60周年系列活动，组织“祖国好·家乡美”诗歌、散文创作、朗诵大赛；组织城区1000余名中小学生在烈士陵园开展以“传承革命精神，永远跟党走”主题革命传统教育活动。2010年，贯彻落实教育部党组《关于进一步加强全国教育系统关心下一代工作委员会建设的意见》，全县推广安龙一中、新安五小先进经验；组织全县中小学生参加开展留守儿童、《我是90后》等读书征文活动，54篇作品分获一、二、三奖。组织全县中小学生开展“祖国好·家乡美——诵一章经典歌颂中华”诗文朗诵大赛，启动“青蓝工程”试点工作。

（二）法制教育

1989—1999年，全县各学校在语文、数学等学科融入法制教育，聘请政法等部门人员担任学校法制副校长，每学期法制专题讲座不低于240课时。1999年3月，县教育局被列入县社会治安综合法理委员会成员单位，各学校均签订禁毒责任状。2001年后，全县各中小学均开设《禁毒工作责任书》课程。

2004年，组织24385名中学生和3205名教师参加全州道路交通安全知识竞赛；组织23所中学参加全县“四五”普法知识抢答赛。2007年，邀请公安、司法、禁毒、消防、交通等部门到全县各中小学校开展法制知识讲座。2008年，全县各乡镇教育辅导站、中学均签订《禁毒目标管理责任书》《学校交通安全目标管理责任书》《社会治安综合治理及创建“平安校园”活动目标责任书》，全年共讲授法制知识课132节，邀请公安、司法等部门人员到学校开展专题讲座88场。2011年，145所学校配备法制副校长，上法制公开课300节，到15所中学开展“感恩励志”暨“关爱明天、普法先行”法制教育活动，3万名师生及家长接受教育。以龙广三中为试点，开展“1+X”连锁式家长学校工作。

（三）音体美教育

音乐　1989年以来，全县各中小学均按每周2课时的要求开设音乐课。小学音乐教育主要教授学生简谱、节奏、儿歌和音乐游戏，认识常见的乐器；初中开始学习音乐理论知识，教授学生识谱、节奏、练耳、声乐、舞蹈等，同时教授学生电子琴、钢琴、笛子等乐器演奏知识。对初三、高三需要报考艺术类院校的学生，学校安排专门的音乐教师根据考试内容，进行专门的指导和培训。

体育　小学低年级主要从集合、站队、做准备活动等体育课的基本环节进行训练，小学中高年级主要进行简单的运动技能训练。初中和高中体育课采取理论与技能训练相结合，主要对球类（篮球、乒乓球、羽毛球、足球、排球等）、田径（铅球、铁饼、跳远、跳高、长跑、短跑等）等体育运动项目进行训练。全县中小学在上午第二节课课间进行广播体操，下午第二节课课间进行眼保健操。2006年前，主要是推广第七套、第八套广播体操；2006年后全县推广学习韵律操（小学为《雏鹰起飞》、中学为《初升的太阳》），并逐渐取代广播体操；2008年，兴隆小学试行校园集体舞。2007年，万峰湖民族小学、平乐中学开设少数民族体育课，教授陀螺、高跷等。2003年秋，实施《学生体质健康标准（试行方案）》，全县中小学体育达标87.64%，合格率为96.9%；2008年，贯彻《〈国家学生体质健康标准〉实施办法》，对学生体质健康进行检测。

美术　小学主要开设速写、临摹等入门课程。中学逐步深入，开始进行国画、油画、写生等基础知识讲授和练习。

（四）劳动教育

劳动教育属地方课程，20世纪90年代后，学校专门的劳动课逐步取消。2001年后，中小学课程设置中不再包含专门的劳动教育课程，仅在《综合实践活动》课程和职业教育中渗透劳动教育。《综合实践活动》是国家规定必修的地方课程，每周3课时。初级中学在地方课程中还安排农村实用技术教学，确保《农村实用技术》授课136课时，并利用每个寒、暑假安排35课时实训。

1999年，全县初级中学实施“初二分流”试点工作，开设维修、种植、养殖、缝纫等实用技术培训职业教育课程，初二学生可以选择参加1门或多门职业教育课，学习合格的发给“绿色证书”。据不完全统计，2000—2012年，全县各中学“初二分流”学生2000余人，参加“绿色证书”培训近5000人。

五、远程教育

县农村中小学远程教育技术服务站（简称“远教站”），设在县教育局，其主要职责是为农村中小学、党员活动室提供远程教育技术保障服务。

2002年，实施“教育部、李嘉诚基金会西部中小学现代远程教育扶贫示范工程”35个，其中小学17个、中学18个，按“农村中小学现代远程教育工程模式二”（建立卫星教学收视点）配备设备。2003年，18所中学和15所小学开设信息技术教育课程并拥有相应的电教设备。

2004年，在洒雨中学、兴隆中学实施贵州省农村中学计算机网络信息站即模式三建设，在6个边远村级小学实施“农村中小学远程教育工程模式一”（建立教学光盘播放点）项目。青龙小学、龙广三中、钱相中学、北乡小学等7所学校建成信息技术教育项目，安龙二中建成省级现代信息教育实验学校。

2005年，在13所中学和152所小学实施国家发改委、财政部、教育部“农村中小学现代远程教育工程项目”，建成计算机教室（模式三）13个、卫星接收站（模式二）152个。“农村中小学远程教育工程”与“农村党员干部群众现代远程教育工程”结合，采取“5＋2”模式开展工作，星期一至星期五为学校远程教育，星期六、星期日为农村党员干部群众现代远程教育；模式三项目学校为乡镇“农村党员干部群众现代远程教育工程信息站”。

2006年，组织项目学校教师参加贵州省农村中小学现代远程教育三种模式应用优质课评选活动，召开中国—联合国儿童基金会爱生远程教育项目安龙启动培训会，整合培训10所项目学校共100名骨干教师；派出18人参加州教育局信息化平台管理使用培训。11月，县教育局被省教育厅评为“全省农村中小学现代远程教育工作先进集体”。

2007年，选送10件作品参加省教育厅中小学现代远程教育优秀论文、优质课及优质课件评选；邀请兴义市信息技术骨干教师（2人）到新安中学开展远程教育资源教学交流，中国—联合国儿童基金会爱生远程教育项目10所小学共50名教师参加活动。11月，评估海子、洒雨、戈塘、普坪4个乡（镇）农村党员干部现代远程教育，督导万峰湖纳赖小学、永和村党员活动室、龙广镇塘顾小学、木咱镇新加小学、新安镇板磨小学、东门村党员活动室、戈塘镇科发小学远程教育建设。

2008年，组织全县中小学教师参加全省中小学现代远程优秀论文、优秀课件评选活动，共有8篇论文、7个课件获奖；组织开展福建师范大学支持贵州中小学教师继续教育第一阶段远程培训，全县2所高中、18所初中、3所小学、1所幼儿园教师共1702人参加培训。

2009年，组织200名教师参加西部十二省（地区）安全人员网上远程培训，78名校长参加中国移动中小学校长省外、省内远程培训。对所有远程站点设备故障普查3次，投入资金4.37万元，检修电脑及维护远程设备软件135次；为333个农村现代远程教育站（点）提供服务，维护、维修和更新共投入资金90万元。

2010年，对县内远程校点设备故障普查2次，投入资金4.37万元，检修电脑及维护远程设备软件600余次。在新安一小、德卧教育集团、兴隆小学、兴隆青龙小学试点“班班通”工程，为兴隆小学、兴隆青龙小学解决设备配套资金7.5万元。组织教师参加电教论文、优质课件评比，19篇电教论文、54个电教课件和5节优质课获省、州表彰。

2011年，邀请电教专家对“班班通”试点学校教师培训3次。新安一小5个教学班“班班通”建设投入使用；采取政府、学校、教师个人“三合一”投资方式，完成4所学校“班班通”硬件建设，老师每人配置手提电脑1台。新增木咱中学、兴隆红星小学、巧凹小学3所“网络资源与学科整合”县级示范学校。

2012年，组织德卧中学等7所学校完成网络申报工作，在贵州教育网安龙教育节点等页面上传教育信息。组织师生1000余名参与“向国旗敬礼，做有道德的人”网上签名寄语活动，推荐27名中小学行政和电教人员参加全省“班班通”建设应用培训；完成2011年“国培计划”“省培计划”后续工作，为736人颁发培训合格证书。

六、安全教育

20世纪末期，县教育局校园安全管理工作由基教股指定专人专门管理。2000年以后，县教育局成立教育系统安全工作领导小组，建立规范化的安全工作规章制度和管理制度。2001年起，县教育局每年与各教辅站站长、中学校长签定《消防安全工作责任书》《禁毒工作责任书》，组织人员到各教辅站、中小学进行消防安全工作专项督导检查。2002年，县教育局与县综治办举行“爱路护路”杯作文知识竞赛。2003年，重点开展“非典型性肺炎”防控工作，县教育局获评“全州‘非典’防治工作先进集体”。2005年，县教育局培训查验接种人员62名，对全县中小学查验接种工作进行督查，合格率100%。

2006年，县教育局与县交警大队联合举行全县中小学生道路交通安全杯征文竞赛和道路交通安全5千米长跑比赛，500名师生、10个单位在县交通安全杯作文竞赛中获奖，3所学校、67名学生在州交通安全杯作文竞赛中获奖。2007年，贯彻教育部《关于在中小学开展和谐校园的意见》《中小学安全指导纲要》《中小学幼儿园安全管理办法》，县内中小学开设《毒品预防教育》课程。2008年，县教育局成立学校安全管理办公室，县第一中学获评省级交通安全文明学校。2009年，在安龙一中组织中学生400名开展中国—联合国儿基会预防艾滋病同伴教育培训和竞赛，完成119所学校共152幢教学楼、学生宿舍的防雷设施安装工作；参加西部十二省市中小学安全教育与安全管理国家远程专题培训，县内教师200人获结业证书，其中20人获评优秀学员、1人获评优秀指导教师。

2010年，投资194.5万元，为县内各学校打水井，修建蓄水池、铺设输水管，购置蓄水桶；县内42所开餐学校，有35所学校食堂达到C级标准。县教育局被省教育厅、省综治委学校综治组表彰为“学校及周边治安综合治理工作先进单位”，县第一中学被省委宣传部等五部门表彰为“贵州省交通安全文明学校”，安龙二中、新安五小等128所学校获评“平安校园”。

2011年，全县教育系统举办各级各类安全培训470次、应急演练406次，6000名学生参加青少年营养与健康知识网上有奖竞答；组织县内小学三年级以上学生近1万人参加禁毒知识测试，5800人参加禁毒网络知识竞赛。新安五小、龙广三中获评州消防示范性学校，新安五小获评国家消防示范性学校。2012年，全县教育系统组织开展防灾减灾、消防灭火等应急疏散演练600次，参演师生达15万人（次）。县第三中学获评省“安全文明示范学校”、龙广镇第二中学获评州“平安校园示范学校”。

第二节 幼儿教育

一、幼儿园设置

1989年7月，县幼儿园新建校舍投入使用，招聘幼儿教师9人，是年设小班2个、中班1个。到1992年，全县公办幼儿园4所（含小学附属幼儿园3所），设43个班（小学附设37个班），有园长2人、幼儿教师89人、保育员2人。

1993年，全县公办幼儿园4所，设12个班，入园幼儿543人，有专任幼儿教师28人；全县村级以上完全小学基本附设学前班，全县入园（班）幼儿2823人。村级小学附设学前班，没有专任幼儿教师，由小学教师兼任，开设的课程主要有语言、数学、音乐、美术、社会、写字等，上课的内容与小学一年级基本相同，且学制不一，部分学前班分大、中、小班，每节课一般设置为25分钟。

1994年，全县入园幼儿人数3788人；1995年，全县入园（班）幼儿4561人，有专任幼儿教师53人。

1996年，安龙县幼儿园更名为“新安镇幼儿园”，获评为“黔西南州幼儿教育示范园”。全县入园（班）幼儿6240人，专任幼儿教师96人。1997年，全县在园幼儿7000人，学龄前儿童入园率达到35.9%。

1998年，全县各幼儿园本着“一切为孩子，为孩子一切，为一切孩子”宗旨，建立健全管理制度，保育和教育兼并，重点培养幼儿的兴趣和能力。是年，全县共有幼儿园4所（不含小学附设的学前班），有专任幼儿教师124人，入园幼儿5709人。

1999年，全县共有幼儿园4所（含3所小学附属幼儿园），小学附设学前班144个，入园（班）幼儿6035人，有专任幼儿教师185人。龙广中心小学附属幼儿园实行日托制管理。2000年，全县幼儿入园率达到32.55%，学前一年幼儿入园（班）率97.5%。

2001年，执行重新修订的《贵州省幼儿园评定标准（试行）》和新颁行的《贵州省省级示范幼儿园标准（试行）》《贵州省省级示范幼儿园评定方案》，规范幼儿园办学，全县幼儿入园率33%。

2002年，龙广满天星民办幼儿园成立。有条件小学附设学前班实行独立办学，在之后的几年里，新安一小附属幼儿园、新安二小附属幼儿园、木咱小学附属幼儿园、龙广小学附属幼儿园、龙山小学附属幼儿园与小学部分离，成为独立的幼儿园。

2003年，全县有幼儿园（班）170个，其中学前班151个，入园幼儿6221人。2004年，幼儿园（班）

164个，其中学前班142个，入园幼儿6505人。

2005年，新安镇新世纪民办幼儿园、德卧镇金太阳民办幼儿园相继成立；2006年，新安镇心爱爱民办幼儿园成立；2007年，新安镇瑞英中英文艺术民办幼儿园成立。

2008年8月，新安镇快乐双语幼儿园成立，为三类民办幼儿园。是年，全县公办幼儿园4所、小学附属幼儿园6所、民办幼儿园6所、小学附设学前班177个，有专任幼儿教师117人，入园（班）幼儿8349人，学龄前儿童入园率达到59.47%。

2009年，全县入园（班）幼儿8349人，有专任幼儿教师76人。2010年，全县共有幼儿园14所，其中公办幼儿园7所，民办幼儿园7所，在园幼儿7806人，其中民办625人。专任幼儿园教师150人，其中民办72人。2011年，全县共有幼儿园10所，在园幼儿1587人，专任幼儿园教师47人。2012年，全县共有幼儿园12所，在园幼儿1409人，专任幼儿园教师66人。

全县幼儿教育基本情况统计表

（2009年）

表18—1—1

乡镇	入园幼儿（人）	4—5岁幼儿（人）	6岁幼儿（人）	三年入园（班）率（%）	一年入园（班）率（%）
新安镇	2508	2078	898	120.69	279.29
木咱镇	623	299	285	77.97	218.60
德卧镇	1085	1190	466	91.18	232.83
龙广镇	1087	1400	456	77.64	238.38
万峰湖镇	245	518	175	47.30	140.00
新桥镇	565	717	282	78.80	200.35
洒雨镇	195	1293	465	15.08	41.94
普坪镇	426	764	281	55.76	151.60
戈塘镇	607	1632	643	37.19	94.40
龙山镇	727	1285	512	56058	141.99
兴隆镇	431	1204	378	35.80	114.02
海子乡	—	965	329	—	—
钱相乡	440	813	318	54.12	138.36
笃山乡	379	643	205	59.78	184.88
平乐乡	270	664	255	40.66	105.88
坡脚乡	54	257	97	21.01	55.67
全县	9642	16213	6045	59.47	159.50

二、教师、保育员培训

各级各类幼儿园园长（含副园长），必须取得“岗位培训合格证书”后方可任职。1999年，选派新安幼儿园副园长参加全省幼儿园园长培训。2000年，县教育局组织全县40名幼儿骨干教师进行培训。2007年，选派新安幼儿园园长参加全省幼儿园园长（副园长）和骨干教师培训，后回安龙对全县幼儿教师开展二级培训。

1989—2012年，全县每年均专门就幼儿营养、食品卫生、合理膳食、作息时间制度、健康检查制度等进行检查，开办“幼儿卫生保健人员培训班”“幼儿园炊事员培训班”，对全县幼儿园医务人员、保育员和炊事员进行培训。

三、学制与课程设置

幼儿教育没有严格年龄与学制限制。各幼儿园一般招收4岁左右的幼儿入园，经小班、中班、大班3年教育，7岁左右离园就读小学一年级；小学附设的学前班基本上是1年制，招收的幼儿一般在6岁左右。

按《幼儿教育大纲》要求，2002年前全县各幼儿园主要开设语言、计算、音乐、美术、体育、常识6门课程，2003年后主要开设语言、科学、生活与健康、艺术、社会5大领域的课程。1993年后，全县幼儿园基本实现全日制，由学校统一安排幼儿一整天活动，学校供给膳食，组织幼儿学习、生活、游戏并进行午休。

1994年前，全县幼儿园、学前班曾使用、全国幼儿教材编写组编写的幼儿教材及贵阳市编写的贵州省学前教材等。1994—2007年，全县各幼儿园使用教材有南京大学出版社《幼儿园综合教育主题活动方案》、贵州教育出版社《幼儿园课程》、上海教育科学出版社《幼儿园课程》、人民教育出版社《幼儿园和谐发展课程》等。2007年，贯彻贵州省教育厅《关于做好2007年秋季和2008年春季义务教育课程标准实验教材选用工作的通知》《关于印发2007年秋季普通中小学幼儿园及学前班推荐教学用书目录的通知》，全县幼儿园统一使用教育科技出版社教材，学前班统一使用中国和平出版社新素质学前教材。

第三节　九年义务教育

一、小学教育

《中华人民共和国义务教育法》1986年颁布实施后，1989年，全县有小学345所，在校学生53242人。到1993年，全县小学发展到367所，在校学生58042人。

1990年，全县实现基本扫除青壮年文盲目标，成为黔西南州第二个无文盲县。1992年，实现基本普及初等义务教育的目标；1993年，“全面贯彻教育方针，全面提高教育质量”，将教育工作列为全县主要任务。

1994年，改善办学条件，狠抓适龄儿童入学率和女童入学。全县有小学389所，在校学生67500人，适龄儿童入学率98.8%。其中少数民族适龄儿童入学率98.2%、丧失学习能力儿童入学率91.4%、失明儿童入学率90.9%、聋哑儿童入学率74%、智障儿童入学率93.3%。

1995年，将部分村级小学调整为教学点，全县有小学278所、教学点84个，在校学生62696人；1997年，调整为235所小学和130个教学点，在校学生66124人，有小学教师2330人，小学适龄儿童入学率97.78%，小学辍学率为3.04%；1998年，全县有小学210所、教学点105个，在校小学生67049人，小学教职工2315人；1999年，全县有小学190所、教学点99个，在校小学生67508人，小学教职工2186人，全县适龄儿童入学率达到98.8%，在校学生辍学率为1.57%。1999年，完成普及初等教育复查验收，推进普及九年义务教育。全县适龄儿童入学率达到98.8%，适龄女儿童入学率达到98.6%，少数民族适龄儿童入学率达到98.2%，“三残”(盲、聋、哑)儿童少年入学率达到91.4%。

2000年，制定《关于在全县中小学推进“三制一管理”的实施方案》，龙广小学、新安一小、新安二小、钱相小学试行校长负责制、教师聘任制、岗位责任制、教育教学目标管理的综合管理体制。全县小学调整为207所，在校小学生66251人，适龄儿童入学率98.82%，年辍学率为1.78%。是年，全县小学、初中阶段取消留级制度，小学升初中分片区免试就近入学。

2001年，全县小学教师2513人，小学在校生63414人，适龄儿童入学率达到99.3%，全县“三残”儿童396人，入学285人，小学辍学率下降至0.55%。

2002年，全县加强小学校舍等基础设施建设，小学生均面积2.88平方米，生均图书3.75册。小学调整为192所（含九年制学校1所）、教学点42个，小学在校学生61021人，小学适龄儿童入学率99.3%，残疾儿童入学率81.8%。

2003年，安龙县列为全省18个省级教育改革实验区之一，秋季入学的小学一年级新生全部使用实验教材，城区小学及乡镇所在地小学基本开设英语课。全县小学在校生57790人，适龄儿童入学率99.24%，“三残”儿童入学率81.27%。

2004年，全县小学190所，小学教师2478人，小学在校生55143人。

2005年，新增笃山坡老、歪纳、万家店、张家营4个教学点，撤销万峰湖坪上小学、平方教学点、红阳私立小学、坡脚者干教学点和笃山拉坡小学，龙山科然小学、半坡小学、纳舵小学、四门洞小学、大山小学、钱相麻油小学、普坪石冲小学调整为教学点。全县共有小学180所，小学教师2478人，在校小学生53525人。

2006年，新增坡脚冗飘、岩怀2个教学点，撤销德卧戈贝和笃山万家店教学点，新安益友小学、龙广永革小学、干田小学、兴隆和平小学调整为教学点，全县共有小学176所。

2007年，兴隆钢厂小学、和平教学点调整为小学，龙广新寨小学、戈塘牙皂小学、洒雨海星小学调整为教学点，撤销坡脚冗飘、岩怀和万峰湖冗袍、江坡教学点。全县有173所、教学点28所，在校小学生53196人，小学适龄儿童入学率99.59%，辍学率0.26%，小学教师2371人，学历合格率100%。

2008年，全县共有完全小学172所（含民办完全小学1所）、教学点18个，在校学生47963人，教师2453人，适龄儿童入学率99.87%，“三残”儿童入学率99.89%，辍学率下降至0.25%。2009年，全县有完全小学168所（含民办完全小学1所）、教学点17个，在校学生46476人，适龄儿童入学率99.91%，教师2419人，学历合格率100%。

2012年8月，县政府制定《安龙县“十二五”中小学布局调整规划（2011—2015）》。指出，到2015年全县完全小学调整为45所，建成寄宿制小学36所，设置小学教学点133个。到2012年底，县内小学6—11周岁入学率为99.61%，6—14周岁残疾儿童少年入学率为100%，小学辍学率1.85%，小学毕业生升学率为98.91%。小学六年巩固率达93.8%。

二、普通初中教育

1988年，全县公办初级中学7所，在校学生4989人。1989—1992年，全县初级中学依然是7所，在校学生人数达到5955人。1993年，增加“戴帽”中学（在小学开办初中)11所，初中在校学生达到7964人。1994年，全县公办初级中学为15所、戴帽中学10所，在校初中学生13640人。

1995年5月，根据全省教育工作会议精神，县教育局决定对中小学进行表彰：普通初中按学科，每科设1、2、3名；戴帽中学初一按7科，每科设1、2、3名；初二按8科，每科设1、2、3名；奖金为40元、20元和10元。中学毕业班分普通初中和戴中各设1、2、3名集体奖，奖金分别为200元、150元、100元。是年，全县公办初级中学16所，共有初中学生10309人。

1997年，全县有公办初级中学16所，九年制义务学校11所，有教师1115人，在校初中学生10876人，初中入学率45.7%，辍学率9.3%；1998年，全县公办初级中学16所，九年制义务学校11所，共有初中学生12996人；1999年，全县共有公办初级中学22所，初中在校学生13640人；2000年，全县公办初级中学调整为21所，有初中在校学生16628人，初中入学率63.8%，年辍学率6.5%。

2001年6月，在万峰湖召开全县教育工作会议，提出“初中毕业生升学的主渠道应从中师、中专向普通高中方向转变”。是年，全县初中教师822人，初中在校学生22209人，初中毛入学率100.7%，初中辍学率下降为1.65%。全县参加中考3481人，1968人报考普通高中，录取1059人（安龙一中603人、龙广中学200人、德卧中学130人、双明中学66人、九龙中学60人）；报考中师、中专和五年制大专共1515人，录取五年制大专219人（师范类96人、非师范类123人）、中师129人、中专643人。

2002年，国家西部贫困地区义务教育第一期工程项目学校验收，全县初中学校校舍总面积27.82万平方米；3月，第二期工程启动，总投资952.25万元，其中中央及省拨款779万元、地方匹配1973.25万元，新建或改扩建初中16所。是年，全县有公办初级中学27所（含正在施工和即将启动施工的项目学校），有初中专任教师1739人，初中在校学生25425人。

2003年，全县共有初中教师1200人，初中在校学生27665人，初中毛入学率103.93%，5006人参加中考，普通高中录取1925人、初中五年制大专录取265人（其中师范类175人），中师录取115人；2004年，全县共有公办初中22所、民办初中10所，初中在校学生28838人，初中五年制大专录取197人、普通师范录取61人；2005年，全县共有公办初中17所、民办初中8所、九年制义务学校4所，共有初中教师1544人，初中在校学生27030人，初中辍学率2.13%。

2007年，停办新安镇灵星文武学校、戈塘镇金山中学等2所民办学校，全县有公办、民办中学21所，有初中教师1167人，在校学生23952人，初中入学率110.52%，辍学率2.1%，全县全年参加中考3943人，其中报考面向全州招生学校487人、参加普通高中招生考试3456人（安龙一中2522人、龙广一中224人、德卧中学431人、安龙师范217人、普坪中学60人、利民中学1人、双明中学1人）。

2008年，全县共有公办、民办初级中学26所，初中在校学生22686人，初中入学率108.45%，辍学率2.1%，初中教师1320人；2009年，全县共有公办、民办初级中学25所（含4所九年制义务学校），共有初中教师1233人，初中在校学生22527人，参加中考4069人，安龙一中录取1022人、德卧中学录取306人、龙广一中352人、普坪中学215人、利民中学131人，兴义市普通高中录取159人。

2012年8月，县政府制定《安龙县“十二五”中小学布局调整规划（2011—2015）》。指出，到2015年全县初中调整16所，在教育园区新建安龙五中、六中、七中，将坡脚学校的初中部、海子中学、洒雨中学和幺塘学校初中部、海子古里学校初中部并入六中；将龙山中学、笃山中学、平乐中学、万峰湖中学并入七中。

到2012年底，县内初中毛入学率为106.9%，14周岁初等教育完成率为98.23%，16周岁初级中等教育完成率为85.85%，初中辍学率2.33%，初中三年巩固率达92.66%。

三、教学

（一）学制

1989年至1994年9月，全县小学、初中为“六三”全日制学制，即小学六年制、初中三年制。1994年9月，全县调整为九年制义务教育“六三”全日制学制，小学六年、初中三年，通称为“九年义务教育阶段”。2007年起，将初中年级与小学年级连续称谓，即初中一年级为七年级、初中二年级为八年级、初中三年级为九年级。

（二）课程

1994年，全县小学开设的学科类课程主要有《思想品德》《语文》《数学》《自然》《体育》《音乐》《美术》，小学二年级加开《劳动》课，小学四年级加开《社会》课，每周课时21—25节；活动类课程主要有《班团队活动》《科技文体活动》，每周课时3—5节；每周安排地方课程1—2节。初中开设的学科类课程主要有《思想政治》《语文》《数学》《英语》《历史》《体育》《音乐》《美术》《劳动技术》，初中一年级至二年级加开《地理》课、初中二年级至三年级加开《物理》课、初中三年级加开《化学》课，每周课时25—29节；活动类课程主要有《班团队活动》《科技文体活动》，每周课时3节；每周安排地方课程1—2节。

2007年，调整九年制义务教育阶段课程。基本课程设置为《语文》《数学》《音乐》《美术》《体育》，七年级至九年级增开《体育与健康》《思想品德》《历史》《地理》《生物》《物理》《化学》，三年级至九年级增开《英语》，一年级至二年级增开《品德与生活》，三年级至六年级增开《品德与社会》《科学》；义务教育阶段要开设地方与学校课程，三年级后加开《综合实践活动》课。

（三）课时

1995年9月前，全县实行5天半工作制，即每周星期一至星期六早上上课，星期六下午和星期天休息。1995年9月1日起执行5天工作制，中学每周课时必须达到33节。1998年，按省教育厅要求，全县中小学生每学期在校时间为20周（含考试时间），开学时间为春季3月1日，秋季9月1日，初、高中毕业班第二学期可提前1周开学。

四、行政管理与学生管理

（一）行政管理

初级中学内部机构主要由党支部和校委会组成。校委会实行党支部领导下的校长负责制，由校长、副校长、办公室主任、总务主任、政教主任、团委书记、教育工会主席等人组成，其任务是贯彻执行党的教育方针，执行上级党委、教育行政部门的指示和党支部决议，组织教职工学习政治文化和业务能力培训、关心教职工和学生，管理学校的人事、校舍、设备和经费，改善办学条件。

（二）学生管理

1. 学籍管理

学校按学生户籍所在地教育行政管理部门所划定的就近入学范围及相关规定招收新生，新生入学报到后即取得相应学校的学籍。1994年，县教育局下发《关于新编我县初中部分学籍号的通知》，对全县初中部分学生的学籍号进行统筹管理。1995年，实施《安龙县初中学生学籍管理办法》。2008年，县教育局下发《关于进一步加强和规范中小学生学籍管理和意见》，全县启用中小学生学籍管理系统，电子化管理全县中小学生学籍。

2. 入学、升学、毕业和转学管理

入学：根据《贵州省实施〈中华人民共和国义务教育法〉办法》，全县小学生入学年龄为7周岁。实行义务教育入学通知书发放制度，乡镇人民政府根据学校招生范围，在新学年开学前两个月将辖区内应当接受义务教育的适龄儿童、少年的入学通知书发放给学生家长。全县统一实行九年一贯制义务教育，小学学生学满6年后，免试就近升入初中学校。

2008年，执行新修订《中华人民共和国义务教育法》，县城区内儿童入学年龄放宽到6周岁，其他乡镇仍然为7周岁入学。新安镇实行划片招生，小学班额控制在50人以内，中学班额控制在56人以内。

升学：学生在修完年级课程后，经考核合格即可升学。安龙县在升学中除采取水平测试外，还采取推荐保送等形式安排学生升学，小学可推荐保送至安龙二中就读，初中可推荐保送至安龙一中就读。

毕业：根据《贵州省实行义务教育入学通知书和证书制度的意见（暂行）》，全县学生学满义务教育规定年限，并完成相应学业，由学校组织水平测试，考试科目有语文、数学、英语、政治、物理、化学，考查科目有地理、历史、生物、音乐、美术、体育、思想品德，全部合格达到毕业程度的发给填有“毕业”字样的“义务教育证书”，未达到毕业程度的发给填有“结业”字样的“义务教育证书”；对读满规定年限，未完成学业或未读满规定年限但达到学龄最高年龄的，发给填有“肄业”字样的《义务教育证书》。

转学：因特殊情况，适龄儿童、少年到非户籍所在地接受义务教育的，须向户籍所在地乡级人民政府登记，由原就读学校出具证明，经教育行政主管部门批准后，方可转学；学生转入新的学校后，新学校须向原就读学校出具回执证明。

3. 休学、复学

学生因病或其他原因不能坚持学习者，凭医院或学生家长所在单位证明，由学生及家长提出休学申请，学校审查后可给予“休学”；对患有传染病的学生，学校应劝其休学；学生休学期限一般为一年，休学期间保留学籍；休学期满仍不能复学的，应休学期满前半月内办理延期休学手续，经学校批准可继续休学；休学期满，能继续学习者，应提前半个月向学校提出复学申请，并交有关证明经学校批准，即可复学，复学时按实际程度编班。

4. 奖罚

对学生的奖励主要有学期末的评优、评模及奖学金制度，通过评选优秀学生干部、三好学生及发放奖学金奖励学生；对学生的处分主要有警告、严重警告、记过、留校察看等，对严重违反纪律的学生予以处分时，由学校政教处出示材料，经校长会议讨论决定。

第四节　“两基”攻坚

一、“两基”攻坚实施

“两基”教育是指基本普及九年义务教育和基本扫除青壮年文盲，简称“两基”。1996年，安龙县高标准扫除青壮年文盲并通过省政府验收。1999年，安龙县普及初等义务教育通过省政府验收。

2001年，省委、省政府作出举全省之力实施“两基”攻坚的决定，把安龙县列为实施“两基”攻坚县。是年，县委、县政府制定《安龙县普及九年义务教育规划》，全面部署基本普及九年义务教育和基本扫除青壮年文盲（以下简称“两基”）工作。县委、县政府调整、充实“两基”工作领导机构，成立经费筹措、宣传、改善办学条件、档案资料等的工作领导机构，各乡镇、村相应成立工作领导机构，落实“双线”承包责任制和“两基”定点帮扶责任制。安龙县在“两基”攻坚中，争取国家西部贫困地区义务教育工程项目（简称“义务工程”），“普九”专项贴息贷款项目、计算机远程教育项目，开展对口帮扶、倡议社会力量捐资助学，多渠道筹措教育经费。在教师队伍建设上，分配安置1310名师范类毕业生、选招384名非师范类毕业生充实教师队伍，全面启动中小学教师的继续教育工作，开展扫盲培训和农村实用技术培训，巩固和提高扫盲成果。至2002年，全县各项指标达到验收标准。其中：小学入学率为99.3%、初中阶段入学率为103.2%、“三残”适龄儿童入学率为80.8%、15周岁人口中初等教育完成率为98.19%、小学辍学率为0.6%、初中辍学率为2.32%、17岁人口中初级中等教育完成率为87.76%、15周岁人口文盲率0.23‰、全县农村青壮年人口非文盲率达98.3%。

2002年11月8日，全县“两基”工作通过贵州省人民政府评估验收，成为黔西南自治州第一个实现“两基”目标的县。

根据教育部和省政府对安龙县“两基”工作的意见和建议，2003年3月，县政府制定《安龙县“两基”工作整改方案》《安龙县2003年至2005年“两基”工作巩固提高规划》《“两基”和“普实”工作规划》《“两基”和“普实”工作实施意见》《关于进一步加强“控辍保学”工作的意见》《“两基”和“普实”工作推进日程表》，《安龙县中小学实验管理规范》《安龙县中小学实验管理补充意见》等一系列文件。

全县各乡镇组建“义务教育执法队”，动员辍学外出打工的学生返校。对拒不送子女入学的家长或监护人，由县法院“义务教育巡回审理法庭”，通过法律手段强制送子女入学。对未完成义务教育的未成年学生，一律不办理外出务工手续和证件。2003—2006年，落实对贫困生帮扶资金526.31万元，受助学生10万人次；投入资金1910.9万元，改善办学条件，其中县内投入1085万元。新建龙广二中、三中等5所“义教工程”学校和海子乡老寨小学、洒雨镇向阳小学，建设完善海子卡作小学、新桥小学等11所小学的教学楼及校园附属设施，扩建新桥中学、海子乡古里小学等18所中小学的教学楼及实验室，维修中小学实验室42所、危房改造中小学10所，完成笃山中学等5所“寄宿制学校工程”项目建设，新建和改扩建校舍面积38151平方米；按照国家2000年标准分类配齐25所中学、180所小学的教学仪器，新增实验桌凳1430套，配置中小学图书33.57万册。

2003—2006年，安排345名师范专科以上毕业生到初中任教、193名普通师范院校毕业生到小学任教；45岁以下小学教师达不到专科学历的、初中教师达不到本科学历的，全部参加学历提高培训。坚持普通教育、职业教育、农民教育统筹和“农科教相结合”的原则，发展职业教育和成人教育。2003—2006年，有88083位农民参加农民文化技术学校的学习培训，普遍掌握1—2门农村实用技术；各初级中学实施“初二分流”“绿色证书”制度，全县600多名初中毕业生在获得“义务教育证书”的同时获得“绿色证书”。2004年起，对全县农村部分贫困儿童发放免费教科书。2006年，全县施行国家免除杂费、学费和补助寄宿生生活费（即“两免一补”）政策。

2003年，全县适龄儿童入学率99.24%，初中阶段毛入学率103.93%，“三残”儿童少年入学率81.27%；15周岁、17周岁人口初等、中等教育完成率分别为98.05%、85.06%。至2006年底全县适龄儿童入学率99.41%，其中适龄女童入学率为99.37%；初中阶段入学率103.77%；“三残”儿童少年入学率87.56%。15周岁人口中初等教育完成率98.43%；17周岁人口中初级中等教育完成率87.01%。15周岁人中文盲率为0。青壮年人口中的非文盲率农村为99.55%、城镇100%，扫盲达标行政村为98.96%、城镇居委会为100%，多数农民掌握1—2门农村实用技术。2003—2005年，安龙县连续三年经省政府年审合格。2006年5月，全县“两基”和“普实”工作通过省政府的复查和验收双合格。

2007年，争取中央、省级资金，对口扶贫资金和社会捐资，选址重修新安镇陇西小学、增修和改建新安镇阿召小学、德卧镇马边田小学等。2008年，筹资2003万元，对24所中小学的校舍进行增添和修缮。2009年，筹集资金2200万元，其中县级资金1100万元，对安龙三中等93所中小学的校舍及附属设施进行修建，添置中小学课桌凳1745套；利用省级专项资金、县财政资金及部分公用资金600万元，对21所初中进行标准化实验室建设，对21所初中和162所完小的音体美器材按照标准统一进行采购；投资705万元实施中小学“亮丽工程”。

二、“两基”工作国家检查

2006年11月，省委、省政府宣布，贵州省“两基”攻坚工作在2009年以省为单位接受国家教育督导团的评估验收。11月25日，县委、县政府召开全县“两基”迎“国检”动员大会，贯彻“五个一票否决”：普及程度不达标一票否决、2001年以来有拖欠教师工资的一票否决、有D级危房的一票否决、有重大学校安全事故一票否决、有弄虚作假的一票否决，制定《安龙县“两基”迎“国检”工作实施方案》和《安龙县“两基”迎“国检”倒计时工作安排》。

2008年，县委、县政府制定《安龙县“两基”迎“国检”整改方案》《安龙县“两基”迎“国检”宣传工作方案》。

至2009年，县境小学适龄儿童入学率99.91%，初中阶段入学率107.45%；“三残”儿童少年入学率97.3%。小学缀学率为0.25%；初中辍学率为2.1%。15周岁人口中初等教育完成率98.67%；17周岁人口中初级中等教育完成率88.3%。15周岁文盲率为0。全县小学教职工总数为2517人，专任教师2261人，取得中专（高中）学历的有688人，取得大专以上学历的1544人，取得相应教师资格的28人，学历符合规定及取得相应教师资格证书的比例为100%；代课教师112人，占专任教师的5.0%。初中教职工总数为1339人，专任教师1252人，取得大专以上学历的1233人，取得相应教师资格的17人，学历符合规定及取得相应教师资格证书的比例为99.8%。全县有小学校（点）190所，实有教学班1370个，平均班额35人。校舍面积190783平方米，生均3.98平方米，达标学校190所，达标率100%；初中（含九年制学校）26所，教学班442个，平均班额51人。校舍面积138923平方米，生均6.10平方米，达标学校26所，达标率100%。各学校按2000年标准，配齐中小学教学仪器、图书。小学教学仪器达标率为100%，初中教学仪器达标率为100%；初中图书共50740册，生均22.4册，达标率100%；小学图书共513185册，生均10.7册，图书达标率为100%。全县农村青壮年人口非文盲率为98.76%、城镇青壮年人口非文盲率为100%。在16个乡镇中学均建立农民文化技术学校，在287个行政村设立农民文化技术培训点。

2009年6月14—21日，国家教育督导团对贵州省“两基”工作进行全面督导检查。8月18日教育部认定贵州省实现“两基”目标，安龙县“两基”同时达到“国检”标准。

第五节　普通高中教育

一、普通高中设置

1989年，县内有安龙一中、安龙二中、龙广中学和水电九局子弟学校等开设有高中班级。

1992年，全县普通高中设置为：安龙一中设高中11个班，学生547人，专任教师42人；龙广中学设高中7个班，学生346人，专任教师16人；安龙二中设高中8个班，学生412人，专任教师24人；水电九局子弟学校设高中3个班，学生102人。1993—1996年，全县设完全中学4所。1993年，高中在校学生1196人，有高中教师105人；1994年，高中在校学生1137人，有高中教师94人；1995年，高中在校学生1138人，高中毕业330人；1996年，高中在校学生1026人，有高中教师103人。

1997年7月，调整安龙一中、安龙二中办学结构，安龙一中集中力量办好高中，安龙二中集中力量办好初中，安龙二中高中部全部合并至安龙一中。是年，全县高中在校学生1151人。

1998年，全县高中校学生1181人，有教师96人；1999年，高中在校学生1431人，毕业259人，毕业率74%；2000年，全县高中在校学生达到1881人；到2002年，全县高中在校学生达到4170人；2004年，全县高中在校学生5311人，有高中教师309人；2005年，全县高中在校学生达到5712人。

2006年，民办双明中学增设高中部，龙广一中高初中剥离，成为单纯的高级中学，普坪中学增设高中部，全县有单纯的高级中学2所、完全中学3所。

2007年，全县高中在校学生5523人，有高中专任教师455人；2008年，全县高中在校学生5274人，有高中专任教师336人；2009年，全县高中在校学生5209人，有高中专任教师349人。2010年，全县有高中2所，高中在校生5124人，高中教师307人；2011年，全县有高中2所，高中在校生5663人，高中教师278人；2012年，全县有高中2所，高中在校生7355人，高中教师449人。

安龙一中自2004年申办省级示范性普通高级中学，2008年8月15日，省教育厅、省物价局、省财政厅联合下发《关于公布第七批省级示范性普通高中学校名单及收费标准的通知》，确定安龙一中为三类省级示范性普通高级中学，是黔西南州第三所省级示范性普通高级中学。

2012年8月，县政府制定《安龙县“十二五”中小学布局调整规划（2011—2015）》。指出，高中阶段教育学校，调整内部结构，确保县职业技术学校招生规模，加强优质高中教育资源建设；到2015年全县高中阶段教育学校4所（其中职业技术学校1所），确保每年普通高中与职业高中招生比例大体相当。

二、招生

1989年，全县初中毕业生全部参加中等专业学校预选考试，科目为政治、语文、数学、物理、化学、英语6科，在思想品德考察合格，身体健康情况下，按照考生填报志愿，从高分到低分，统一由县招生办公室择优录取。首批录取专报高中志愿的考生，第二批录取中等专业学校落选的考生。1999年后，不再参加中等专业学校预选考试，改由参加全县高中招生统一考试。

1989—2012年安龙县中考录取情况统计表

表18—1—2　　单位：人

年度	报考人数	5年制大专	师范类	普通高中	中专	年度	报考人数	5年制大专	师范类	普通高中	中专
1989	—	—	—	510	—	2001	—	315	96	1450	129
1990	—	—	—	520	—	2002	—	439	173	1510	170
1991	—	—	—	550	—	2003	5006	440	175	1720	115
1992	—	—	—	530	—	2004	5345	267	70	1920	61
1993	—	—	—	540	40	2005	5009	186	—	2060	26
1994	—	—	—	580	102	2006	4830	92	—	3010	54
1995	—	—	—	506	92	2007	3944	42	—	2585	132
1996	—	—	—	512	108	2008	3966	2	—	2683	210
1997	—	—	—	503	122	2009	4069	—	—	1878	2507
1998	2774	—	—	564	170	2010	—	—	—	1799	—
1999	—	49	—	1280	198	2011	—	—	—	2612	—
2000	—	31	—	1380	186	2012	—	—	—	3627	—

三、教育收费

普通高中教育已不属于义务教育，需收取一定的学杂费，安龙县普通高级中学收费情况为：全县普通高中每生每学期收取杂费90元、学费380元，另还要收取一定的书费、军训费、资料费、班费、住宿等。2008年，安龙一中成功申报为省级示范性普通高级中学后，根据省教育厅、省物价局、省财政厅《关于公布第七批省级示范性普通高中学校名单及收费标准的通知》，学费有所提高，实行“老生老办法、新生新办法”，当年高二、高三学生仍按原标准收取费用，直至毕业；新入学学生按每生600元，后按每生700元收取学费。

四、高考成绩

据不完全统计，1989—2012年安龙县共有2万余人参加高考，有近1.5万人被各级各类大中专院校录取；其中，2000年本科录取人数首次超过300人，此后一直保持在400人左右。2007年，全县录取重点大学本科27人，为恢复高考以来录取重点本科人数最多的一年；2009年，全县录取本科501人，高考录取率位居黔西南州第二，是恢复高考以来录取本科人数最多的一年。

1990—1992年，安龙县还实行过“保送生”政策。其中，1990年，保送1人入黔西南民族师范专科学校；1991年，保送1人入贵州师范大学、2人入黔西南民族师范专科学校；1992年，保送1人入贵州农学院。

1989—2012 年安龙县高考录取情况表

表 18—1—3　　　　单位：人

年度	高考成绩						
	报考人数	大学本科			大学专科		中专
		总录取	其中重点	其中师范类	总录取	其中师范类	
1989	—	16	—	—	58	38	170
1990	—	16	—	—	43	25	106
1991	—	19	—	—	36	22	169
1992	—	32	—	—	41	25	246
1993	764	26	3	—	75	36	138
1994	468	19	4	—	67	43	138
1995	546	30	11	—	86	—	228
1996	599	25	2	—	60	—	298
1997	605	59	13	—	98	—	291
1998	543	43	6	—	82	—	284
1999	459	73	4	—	109	—	376
2000	451	176	15	—	232	—	—
2001	483	177	10	—	272	—	—
2002	695	233	8	—	232	—	—
2003	980	243	7	—	352	124	—
2004	1555	423	17	—	599	72	—
2005	1790	400	16	—	563	58	—
2006	1787	410	20	111	334	61	2
2007	1740	408	27	42	417	77	—
2008	2022	471	20	—	831	65	—
2009	1883	501	24	—	629	—	—
2010	1846	319	40	—	—	—	—
2011	1833	277	24	—	—	—	—
2012	1762	311	50	—	—	—	—
合计	17370	3800	207	153	5096	1134	2446

五、安龙民族师范学校高中教育

2001 年，高考改革取消限制中师生参加普通高考以后，安龙师范学校决定在 99 级 10 个班挑选学生组建文理科两个班参加高考。2002年高考中，有73人上二本线，其余学生在当年各县教师招考中全部录用。

2002年，设文理科班级各1个；2003年、2004年，各设文科班1个；2005年、2006年，各设文理科班级各1个班；2007年扩大招生，举办高中7个班，2008年招生3个班。2009年，黔西南民族师范高等专科学校经教育部批准升格为兴义民族师范学院，学校名称随之变更为“兴义民族师范学院安龙校区”，不再招收高中班学生。

第六节　中等职业教育

一、学校与专业设置

1986年6月，县委、县政府执行《中共中央关于教育体制改革的决定》，建立安龙县职业技术中学，暂时借用县委党校校舍进行教学。1992年8月，县职业技术中学从县委党校搬迁至新安镇大坪村。

1992年，县职业技术中学招收农电专业学生62人、医士专业学生63人；1993年，招收卫生专业学生30人；1998年，招收法律专业学生44人、卫生专业学生19人。

1999年，县职业技术中学开设法律、卫生专业。2001年，招收高职班68人，其中武术班30人、畜牧兽医班10人、汽修班28人；招收初级职业班108人，开设畜牧兽医和医士两个专业。2004年，开设园艺和家电维修两个专业，招收学生215人；2005年，县职业技术中学与县农业部门联合举办农村实用技术“绿色证书”“阳光工程”培训，有1202人获得“绿色证书”。

2007年8月，县职业技术中学更名为县职业技术学校，加挂“县职业教育培训中心”牌子。根据财政部、教育部《中等职业学校国家助学金管理暂行办法》《中等职业学校学生实习管理办法》，“从2007年秋季学期起，所有上中等职业学校的学生都将得到资助，资助标准为每生每年1500元，连续资助2年”。是年，县职业技术学校招生227人，“深兴职业技术学校”德卧中学教学点招生159人，到县外技术学校就读800人。县职业技术学校与县内农村学校联合，实施“一网两校工程”，在乡镇中学建立农民文化科技教育培训和扶贫开发服务基地，形成覆盖全县农村的职业技术教育网和培训网络，实施“农村实用技术培训工程”“农村劳动力转移培训工程”，全县转移培训1100人。

2008年，县职业技术学校分别选派4名教师到贵州大学计算机专业、贵州省旅游学校旅游专业和山东平度职教中心畜牧兽医专业学习培训。

2009年，制定《2009—2020年职业教育中长期发展规划》《年度职业教育发展计划》，投入资金1500万元，完成县职业技术学校整体搬迁工作，县职业技术学校由大坪校区搬迁至原双明中学校区。是年，县职业技术学校有在校学生2507人，其中省外学生1483人、省内学生425人、黔西南州内学生599人；全县开展各类农业培训26161人、“绿色证书”培训880人、转移培训469人。

2010年，县职业技术学校有专兼职教师24人，其中计算机专业5人、畜牧兽医专业2人、旅游专业3人、汽车修理专业（兼职）4人、电子技术专业2人、园艺专业1人、医学专业1人，开设有计算机应用与维修、畜牧兽医、旅游服务与管理、电子技术、汽车应用与维修等专业，有在校学生500余人；与省电子工业学校、省旅游学校、省贸易经济学校、省物资学校、兴义天力电脑学校、四川仁寿新科中等职业技术学校等联合办学，有联合办学学生1000余人；在黔西南州电大指导下，开展成人专科、本科学历教育500余人。

2011—2012年，县职业技术学校有专兼职教师24人，其中计算机专业5人、畜牧兽医专业2人、旅游专业3人、汽车修理专业（兼职）4人、电子技术专业2人、园艺专业1人、医学专业1人，开设有计算机应用与维修、畜牧兽医、旅游服务与管理、电子技术、农村经济综合管理等专业，其中2011年有在校学生1047人、2012年有在校学生1022人；与省电子工业学校、省旅游学校、省贸易经济学校、省物资学校、兴义天力电脑学校、四川仁寿新科中等职业技术学校等联合办学，开设物资经营管理、会计电算化、幼儿教育、汽车应用与维修、机电一体等专业，有联合办学学生500余人；在黔西南州电大指导下，开展成人专科、本科学历教育，有学员500余人。开展计算机、电工、焊工、家政服务、酒店服务与管理、烹饪等短期技能培训4000余人（次）。

二、教学

县职业技术学校学制一般为3年，理论知识学习2年、实习1年，或理论知识1.5年、实习1.5年。短期培训，一般为3—6个月，随到随学。

职业教育专业课没有固定教材，一般由任课教师编写讲义进行讲授。专业课程教学一般采取理论联系实际的方式进行，以实践为主，技术理论为辅，强化实际技能操作。

三、毕业生就业

1999年以前，县职业技术学校毕业生，由国家分配到行政、事业单位就职。1999年，全国在大中专毕业生分配制度改革，实行“双向选择、不包分配、竞聘上岗、自主择业”。在教育教学中，县职业技术学校，加强与企业的联系，实行“学校+企业”的办学模式，与宁波、深圳等地企业实行定向培训和学习，保证毕业生就业，其中加工制造类、信息技术、土木水利工程、商贸与旅游、交通运输等专业毕业生就业率90%以上。

第七节　师范教育

1977年，在县城北寿佛寺筹建安龙师范学校。1980年，迁建至招堤旁，更名为“安龙民族师范学校”。1983年，在师范学校的“撤、改、并”中升格归黔西南自治州教育局管理，由单独向安龙招生，扩大面向安龙、贞丰、册亨和望谟4县招生。2005年12月，并入黔西南民族师范高等专科学校，更名为“黔西南民族师范高等专科学校安龙校区”。2009年，黔西南民族师范高等专科学校经教育部批准升格为兴义民族师范学院，学校名称随之变更为“兴义民族师范学院安龙校区”。

一、教师

1989年，安龙民族师范学校有教师63人，根据教师承担的教学任务设置工作岗位，分“教员”“助理讲师”“讲师”“高级讲师”，实行聘任制，全校有高级讲师2人、讲师2人、助理讲师15人、教员15人。1990年10月，调出高级讲师1人；12月，高级讲师退休1人。1993年，评聘高级讲师1人、讲师6人；1994年4月，评聘高级讲师3人、讲师1人；1996年8月，评聘高级讲师1人、讲师3人；1997年，评聘讲师4人；1998年，评聘高级讲师1人、讲师2人。1999年，评聘讲师4人、助理讲师6人；2000年，评聘高级讲师6人、讲师11人；2001年，评聘高级讲师5人、助理讲师21人；2002年，评聘讲师6人、助理讲师2人、教员1人；2003年，评聘高级讲师4人、讲师6人、助理讲师5人；2004年，评聘高级讲师1人。2005年12月，并入黔西南民族师范高等专科学校，更名为“黔西南民族师范高等专科学校安龙校区”，学校教师由校本部派驻，不再定员。

二、学制与课程

（一）学制

1989年，实行3年学制，招收初中毕业生，学习3年，经考试考核合格，取得中等师范学校毕业证书。根据省教委的安排，招收民族预科班，第一学期复习巩固初级中学课程，各科学业成绩和操行成绩合格的升入中等师范一年级，3年后毕业。

（二）课程

1989年，普通师范一年级开设政治、语文（文选和写作，语文基础知识）、数学（代数与初等函数、几何）、物理、生理卫生、音乐及教法、美术及教法、体育及教法、写字。二年级增开小学语文教材教法、小学数学基础理论和教法、历史、地理、教育学，减开代数与初等函数、几何、化学、生理卫生、音乐及教法、美术及教法、体育及教法、写字；三年级增开小学语文教材教法、小学数学教材教法、历史、地理、教育学，减开语文、数学、化学、生物学、心理学。每周课时30节左右。

1993年，根据国家教委1992年6月颁发的《三年制中等师范学校教学大纲》，安龙民族师范学校实施新的教学方案，体现必修课、选修课、课外活动和教育实践4大块的有机结合。必修课分为公共课程和专业课程，共16门。公共课程有思想政治、语文、数学、物理、化学、生物学、历史、地理、体育、音乐、美术、劳动技术，专业课程有小学语文教材教法、小学数学教材教法、小学心理学教程、小学教育学教程。选修课分为文化知识课程、教材教法课程、艺术体育类课程和职业技术类课程，共20门。选修的文化知识课程有写字、口语、电教、写作、法律、儿童文学、乡土地理、美学常识、名著鉴赏、乡土历史、伦理学、小学数学趣题，选修的教材教法课程有小学自然教材教法、小学历史教材教法，选修的艺术体育类课程有书法、手工、琴法、装饰、舞蹈、声乐、体育技能技巧训练，选修的职业技术类课程有文印、教具制作、小学珠算。

民族预科班一年级开设政治、语文（文选和写作、语文基础知识）、数学、物理、化学、音乐、美术、体育、写字。语文直接使用中等师范教材，数学、物理、化学使用初中教材。

美术职业高中班，开设语文基础知识、教育学、书法、音乐、体育等公共课，中国美术史、外国美术史、素描、中国画与写意、透视学、色彩学、中国画工笔、工笔花鸟、工笔人物、石膏五官写生、石膏头像、炭物像、国画山水、国画花鸟、图案基础、图案技法、装饰布画、美术字、色彩写生、剪纸等专业课程。

1998年9月后，按《贵州省中等师范学校课程设置表》开设课程。

三、思想政治教育

内容　1989年，进行以“四有新人”（有理想、有道德、有文化、有纪律）为内容的思想政治教育，开展形势教育、辩证唯物主义和历史唯物主义基本观点教育、理想前途教育、共产主义道德教育和法制教育等；1992年，开展“两史一情”（中国近代史、现代史，基本国情）教育。1993年2月，在专业思想教育方面专门增加了切合学生实际的内容，培养学生一专多能，胜任各个层次的农村小学教育、教学任务。

途径　通过政治课教学，有系统、有针对地进行思想政治教育和专业思想教育；通过班主任工作，了解学生思想状况，主动、热情、耐心、诚恳、面对面地开展思想政治教育；通过文明班级创建活动，促进思想政治教育和专业思想教育。1993年2月，安龙民族师范学校正式公布《文明班级评比标准》。

共青团、学生会、关心下一代协会是对学生进行思想政治教育和专业思想教育的重要组织机构。1992年9月，共青团安龙民族师范学校委员会举办业余团校，开展“一情两史”教育，举行国情知识、德育知识、法制知识竞赛；1995年开展青年志愿者服务活动，11月被共青团贵州省委、贵州省教委表彰为优秀志愿者服务队。每年度校团委评选“先进团支部”“优秀共青团员”，学生会评选“优秀干部”“三好学生”。

制度建设　安龙民族师范学校先是执行《中等专业学校学生守则》，继后执行《中等师范学校学生守则》，后又执行《中等师范学校学生行为规范》，配合《学生守则》和《行为规范》制定《请假规则》《课堂规则》《教室规则》《考场规则》《学生集会规则》《学生用膳规则》《学生处分条例》等一系列规章制度。

四、文化课与专业技能培养

教学思想 1992年，执行国家教委《三年制中等师范学校教学方案（试行）》，要求教师在教学中，必须体现思想性、师范性、示范性和实践性。在民族性教育方面，抓紧抓实专业思想教育，力求有利于培养民族地区的“派得进、留得住”的师资。

教学方法及教学改革 1989年，将开设的18门课程分为基础课、专业课和常识课3大类。基础课要达到中等教育学识水平；专业课在讲授教育理论基本知识的同时，注重培养学生的实际能力，在艺体教学中，除培养学生审美能力、提高学生身体素质外，还要注重适应小学教育的基本技能；常识课在狠抓基础知识教学的同时，突出专业性。

1992年，贯彻必修课为主体原则，选修课侧重培养兼教能力，在教学常规中做到备课、上课、布置作业与批改作业、课外辅导、考查、指导课外活动、面向小学、指导实习8个方面。

1996年7月，制定《关于优化课堂教学的指导意见》，要求教学原则科学化、教学过程优质化、教学方法高效化、教学管理规范化。

1998年4月，开展优质课评比活动，按客观、公正、公平、合理原则，评定等级，分等级发放奖金。

通过教学方法改革，安龙民族师范学校取得好成绩。1992年，全州4个学科统考，有两个学科获第一名；1993年，全州3个学科统考，有两个学科获第一名。1998年6月，全州中师11个学科统考，有10个学科的及格率和11个学科的平均分获全州第一名；12月，全州统考的4个学科的及格率和平均分均获全州第一名。

五、教学研究

安龙民族师范学校设立语文教研组、数学教研组、物理教研组、生理化教研组、综合教研组、音体美教研组，开展教学研究工作。

1994年，对35岁以下青年教师汉字书写、口语表达、简笔画、教具制作、电教设备作用等方面的基本功作出具体规定。

1998年4月，《黔西南州安龙民族师范学校教师教育教学论文获奖及发表奖励试行办法》施行，鼓励教师撰写论文，著书立说，提高教育科研水平，形成“教育科研”相互促进的氛围。

六、体育、卫生和文艺

（一）体育

体育课教学内容有体操（队列、体操、技巧、支撑跳跃、单双杠）、走、跑、跳跃，小学游戏，武术、球类，民间民族体育。体育考核时列出考核项目及内容，按照国家体育锻炼标准，评定“优”“良”“及格”等次。民族民间体育，主要有拔河、角力、扭扁担等。

每天上午第二节课后进行课间操，眼保健操未作强求。

体育课外活动每天不少于1小时。

按照《国家体育锻炼标准》，开展全校性的群众体育活动。组建田径、球类、体操运动队。安龙民族师范学校按少年二组（16—17岁）分男女进行锻炼，达标者发给“合格证”。

1992年11月、1998年11月，分别举行安龙师范学校第六届田径运动会和第十届冬季校运会。

新生入校后，学校要邀请现役军人到校举行军事训练。

（二）卫生、保健

校园环境卫生按班级划分责任区，各责任区平时每天清扫1次。教室学生寝室每天清扫1—2次，每周大扫除1次。

对学生进行青春期教育。生物教师贺斌编写《中师生青春期教育》讲义，讲授“生长发育的特点”“心理发育的特点”和“如何渡好人生最美好的黄金时代”等。

安龙民族师范学校设有卫生室，后更名为医务室。主要开展卫生宣传，防病、治病等。

(三) 校园文化

开放阅览室、图书室，举办故事会、诗歌朗诵会、讲演、专题征文比赛，在板报上发表作品。举办文娱晚会，逢周末或节日排演文娱节目，有合唱、独唱、重唱、舞蹈、相声、快板、小品等，形式多样。举办展览会，展出绘画、书法、摄影、手工艺品制作等。鼓励学生参加全国全省书画竞赛，王凯、王甲、黄锋、陈君、朱金贵、罗昌权、李奔、梁文庆等学生作品，入选《首届全国中师生硬笔书法大赛获奖作品集》。组织学生参加安龙县举办的晚会、歌咏比赛、书画展览等。成立“校园之声”广播室，开办文艺专栏。

七、招生、学籍管理和毕业

(一) 招生

安龙民族师范学校招生工作是在黔西南州县（市）招生委员会办公室报名、政治思想品德考核、文化考试、体格检查、划定最低控制分数线程序的基础上，学校派人到黔西南州招生委员会办公室按德、智、体全面考核，择优录取。

1993 年 9 月，招收美工班学生 17 人。招收自费生普通班学生 50 人，学生为安龙县坡脚乡及册亨县少数民族考生。

1989—1998 年，安龙民族师范学校招生人数分别为 259 人、278 人、168 人、168 人、235 人、200 人、215 人、410 人、460 人、494 人。

(二) 学籍管理

1. 入学和注册

被录取的新生和在校学生规定日期办理注册手续。新生因故不能如期报到者，向学校申请延期报到，但不得超过开学后两周。无故逾期不到者，取消入学资格。学生入学后，建立学籍卡，按学期记载学生德、智、体等发展情况。学生毕业后，学籍卡由学校保存备查。

2. 成绩考核

1993 年 2 月，学生成绩考核列入《学籍管理暂行规定》。学生成绩考核，包括学业、教育实习和操行 3 个方面。学业方面，按照教学计划和教学大纲的规定，考核学生的学习或绩和基本功成绩。教育实习方面，按照《中等师范学校教育实习大纲》的规定，考核学生的教育实习成绩。操行方面，对学生的政治觉悟、思想意识、道德品质、专业思想，以及学习和劳动中的表现进行考核评定。学生学业成绩采取百分制，各学科的学业成绩，以期中和平时考试、考查成绩各占 20%，期末成绩占 60% 计算。学年成绩，以上下两个学期的成绩分别占 40% 和 60% 计算。毕业成绩以 3 个学年各学期成绩计算。

3. 升留级和毕（结）业

1993 年 2 月前，学生升留级与毕（结）业分别依学年成绩、毕业成绩和操行成绩决定。无不及格学科、操行成绩不差的，给予升级或毕业。只有一个学科不及格，操行成绩好的，给予升级或毕业。有一个学科不及格而操行成绩较好的，一般给予补考，补考及格的，给予升级或毕业；补考后仍不及格但操行成绩较好的，经学校行政会议研究可给予升级或毕业；补考后仍不及格而操行成绩一般的，给予留级或结业。

1993 年 2 月，学生升留级及毕业作出新的规定：每学年学完教学计划规定的课程，经过考试，成绩及格者，准予升级。不及格的学科不满三科的准予在下一学期开学前补考，补考后都及格的准予升级，仍有两门不及格的应留级。

4. 纪律与考勤

20世纪80年代，执行《安龙民族师范学校学生奖惩条例》。对“三好生”“优秀学生干部”、各学科成绩突出者、出满勤者、校风校纪突出表现者、执行《中师学生守则》突出表现者、做好人好事突出者以及见义勇为，敢于同坏人坏事作斗争等表现突出的，给予表彰和奖励。奖励方法主要有：校内表扬、颁发奖品、发给奖学金、优先推荐保送进师范大学学习深造、推荐用人单位优先、报上级通报表彰等。对触犯国家刑法、违反社会主义公德者，违反“三热爱、四坚持”行为者，不遵守《中师学生守则》经教育不改者，宣传封建迷信、传递散布黄色书刊、道德败坏者，不讲文明礼貌、辱骂师长者，不遵守作息制度、夜晚不假外出外宿者以及有偷窃行为的等违反校规校纪的给予惩罚。惩罚的主要方法有：警告、记过、留校察看、开除学籍等。

1993年2月，安龙民族师范学校重新制定纪律与考勤规定。要求学生坚持四项基本原则，认真学习马列主义、毛泽东思想，热爱祖国，热爱社会主义，热爱中国共产党，愿意为小学教育事业作出自己的贡献；严格遵守国家法令，遵守学生守则，遵守学校各项规章制度。尊敬师长，尊重职工劳动，团结同学，关心集体，助人为乐。热爱劳动，爱护公物，艰苦朴素，勤俭节约。讲文明礼貌，讲卫生，保持仪表端庄，禁止学生传、抄、看、唱荒诞、淫秽的书画或歌曲，禁止学生抽烟、喝酒、赌博，在校学习期间，禁止谈恋爱，不准结婚。违反者视其情节轻重给予必要的纪律处分。

5. 休学、转学和退学

休学。因病或其他原因不能继续学习者，请假缺课累计超过学期的三分之一（包括教学、教育见习，实习和生产劳动时间），跟原班学习确有困难者，经校长批准，准予其休学或劝其休学，发给休学证明。学生休学以一学年为限，以一次为限。期满仍不能复学坚持正常学习的，应作退学处理，发给肄业证书或学历证明。

退学。经医疗单位诊断，患有精神病、癫病、癔病、麻风等疾病者；学生自愿要求退学，劝说无效者；留级学生经过学习，仍不能升级者；休学期满不办复学手续者；意外伤残不能坚持学习者，经校长批准，准予退学或经校务会议决定令其退学，并发给相关证明或学历证书。

转学。一般不允许转学。个别因特殊原因，需要转学的学生，应向学校申述理由，经学校审查，并征得转入学校同意后，由转出、转入学校分别报教育行政主管部门并经省教育委员会批准，方可转学。

（三）毕业

在校学生根据教学大纲，在规定时间内完成规定的学科，经考试考核达到合格标准的给予毕业，发给教育主管部门统一制发中等师范学校毕业证书。

20世纪90年代，根据国家相关规定，统一招收的师范毕业生，必须服从国家分配，全心全意为社会主义教育事业服务。

1993年3月，招收自费生班。根据黔西南州1993年1月8日黔西南教职字第3号《关于对安龙民族师范开办自费美术专业职业高中班的请示报告的批复》，学制三年，毕业后的学历承认为职业高中毕业生。

优秀毕业生、特长生还可保送到高等师范院校继续深造学习。1989年，分别保送1人到西南师范大学政教系、贵州师范大学物理专业学习；1990年，保送1人到贵州师范大学地理专业学习；1991年，保送1人到贵州师范大学生物专业学习；1992年，保送1人到贵州师范大学历史专业学习；1993年，保送1人到贵州师范大学中文专业学习；1994年，分别保送1人到福建师范大学体育系、贵州师范大学中文专业学习；1995年，分别保送1人到福建师范大学音乐系、贵州师范大学历史专业学习；1996年，保送1人到贵州师范大学化学系学习；1997年，分别保送1人到贵州师范大学生物系、历史系学习；1999年，分别保送1人到贵州师范大学生物系、数学系深造学习。

安龙民族师范学校1989—1998年在校学生、毕业学生统计表

表18—1—4　　单位：人

年度	在校学生		毕业学生								
	总数	少数民族	合计	安龙	贞丰	册亨	望漠	晴隆	普安	兴仁	兴义
1989	729	662	225	85	61	39	40	—	—	—	—
1990	804	694	201	35	21	18	42	22	14	22	27
1991	737	628	270	47	24	26	48	36	25	26	38
1992	638	592	255	67	20	14	43	32	16	20	43
1993	596	416	275	73	46	16	36	34	14	22	34
1994	605	384	188	32	15	20	49	35	23	14	—
1995	730	415	214	92	13	29	35	16	11	14	4
1996	900	542	239	56	46	42	52	18	11	14	—
1997	1424	997	207	52	7	31	43	21	15	24	14
1998	1412	759	310	98	62	66	82	2	—	—	—

八、五年制师范专科教育

2001年，根据贵州省教育厅《关于下发3+2学制师范专科班教学计划（试行）及部分用书目录（试行）的通知》，批准安龙民族师范学校等15所中等师范学校与贵州师范大学、贵阳师专等8所本专科院校联合举办“3+2”学制专科试点班，即五年制大专教育。“3+2”学制师范专科班小学教育专业（文科方向）培养主动适应社会主义现代化和小学教育发展与改革需要的、德、智、体全面发展的具有创新精神和实践能力的高等师范专科程度的小学语文、社会教师。

在教学课程设置上，2001—2002年，执行贵州省教育厅《关于下发3+2学制师范专科班教学计划（试行）及部分用书目录（试行）的通知》，设置五年制大专文科、理科、信息、英语、音乐、美术、体育等专业。2002—2003年，执行《贵州省教育厅关于试行五年制专科学校8个专业教学计划（修订稿）》的通知。2003年后，执行贵州省教育厅《贵州省厅关于下发〈贵州省五年制师范专科等小学教育事业〉学前教育专业课程方案（试行）的通知》，原则上与2002年实厅的教育计划一致，将原来的专业课设置中的《中国现当代文学》下加《中国现代文学作品选》。

五年制大专的招生对象为该年参加初中毕业统一考试（中考），达到州招生办公室统一划定的分数的学生，招生范围为黔西南州。2001年，安龙民族师范学校设置五年制大专小教文科、理科、信息技术、音乐、美术6个专业，招收学生179人。2002年，增加英语、体育专业，招生299人；2003年，增加学前教育专业，开设专业8个，招生470人；2004年，仅招收小教文科、英语专业，共84人；2005年，仅招收小教文科30人。2005年9月16日，省政府下发《省人民政府关于同意兴义师范学校安龙民族师范学校并入黔西南民族师范高等学校的批复》，同意安龙民族师范学校并入黔西南民族师范高等专科学校，撤销安龙民族师范。招生任务由黔西南民族师专承担，现有在校生全部转入师专、继续按原有层次、学制专业学习，毕业后由黔西南民族师专颁发相应的证书。

安龙民族师范学校五年制专科招生统计表

表 18—1—5　　　　单位：人

年度	小教文科	小教理科	信息技术	英语	音乐	体育	美术	学前	合计
2001	40	38	41	—	31	—	29	—	179
2002	51	47	43	36	44	43	35	—	299
2003	96	80	44	86	42	51	36	35	470
2004	54	—	—	30	—	—	—	—	84
2005	30	—	—	—	—	—	—	—	30

九、培训教育

（一）适应性培训

1990年至1992年5月，安龙民族师范学校在安龙县、册亨县巡回面授点培训学员235人，使用项目学校受援汽车巡回放映“优质课课讲”录像。

1994年7月24日至8月10日，举办3期小学汉语拼音教师培训班。每期6天。第一期54人，其中少数民族29人。第二期53人，其中少数民族17人。第三期51人，其中少数民族14人。第三期为农村学校培训124人，为少数民族聚居区培训89人，其中兴义市28人、贞丰县9人、兴仁县15人、安龙县61人、普安县16人、册亨县7人、晴隆县10人、望谟县12人。

（二）初中、小学校长培训

1990年7月，根据国家教育委员会《印发〈关于开展中小学校长岗位培训的若干意见〉的通知》和贵州省教育委员会《关于中小学校长岗位培训的通知》，黔西南州政府决定对全州在职教师进行轮训。1991年10月14日至11月30日，安龙民族师范学校举办全州第一期小学校长岗位培训班，培训人数41人，兴义市、普安县各6人，兴仁、安龙、贞丰、晴隆、册亨县各5人，望谟县4人。其中少数民族21人。经考核全部合格，发给合格证书。

1994年9月19日，安龙民族师范学校专为望谟县举办黔西南州第七期小学校长岗位培训班，学员42人，为望谟县15个乡镇公办小学的正副校长及后备干部，其中校长26人、副校长6人、正副教导主任及教师10人，少数民族33人。

1998年4月，安龙民族师范学校举办首期初中小学校长继续提高培训班，学员37人。9月，举办黔西南州第十二期中小学校长岗位培训班，学员87名，其中少数民族32人、中共党员45人。

1991年至2010年5月，安龙民族师范学校举办中小学校长、教育辅导站站长、幼儿园园长岗位培训班共28期，培训学员达2519人。

安龙师范中小学校校长、幼儿园园长、教辅站站长岗位培训班基本情况统计表（1991—2010）

表 18—1—6　　　　单位：人

培训日期	培训班期数	学员数	性别		族别		年龄			党员	各县（市）学员数								
			男	女	汉族	少数民族	最大	最小	平均		兴义	兴仁	普安	晴隆	贞丰	安龙	册亨	望谟	顶效
1991.10.14—11.30	第1期	41	38	3	20	21	52	24	34	23	6	5	6	5	5	5	5	4	—

续表 18—1—6

培训日期	培训班期数	学员数	性别		族别		年龄			党员	各县（市）学员教								
			男	女	汉族	少数民族	最大	最小	平均		兴义	兴仁	普安	晴隆	贞丰	安龙	册亨	望谟	顶效
1992.3.23—6.5	第 2 期	55	54	1	33	22	48	24	36	31	7	7	8	7	6	8	6	6	—
1992.9.20—11.30	第 3 期	35	35	—	16	19	51	23	40	23	6	—	5	9	8	—	7	—	—
1993.3.16—5.31	第 4 期	64	61	3	30	34	52	22	36	—	10	8	10	—	8	9	10	9	—
1993.9.6—11.30	第 5 期	36	35	1	21	15	56	25	41	—	9	6	—	—	4	8	4	7	—
1994.3.15—5.28	第 6 期	43	43	—	25	18	51	27	39	22	8	6	7	7	—	6	4	5	—
1994.9.19—12.4	第 7 期	42	42	—	7	35	53	25	39	14	—	—	—	—	—	—	—	42	—
1995.3.21—6.6	第 8 期	44	42	2	32	12	49	24	34	28	10	7	6	8	8	5	—	—	—
1995.9.18—12.8	第 9 期	48	44	4	26	22	54	22	39	25	7	6	9	10	—	3	—	13	—
1996.3.18—6.28	第 10 期	128	119	9	66	62	57	22	41	71	22	25	7	12	13	—	14	35	—
1996.9.23—12.23	第 11 期	208	190	18	141	67	58	24	38	—	76	26	13	16	17	35	14	11	—
1998.9.18—11.14	第 12 期	87	79	8	54	33	48	22	33	45	30	16	10	—	14	7	10	—	—
1998.4.18—6.10	第 13 期	105	101	4	65	40	54	22	38	73	10	9	20	8	11	18	16	10	3
2000.4.9—5.24	第 14 期	110	107	3	74	36	55	24	—	37	73	88	—	—	—	—	7	15	—
2001.3.25—5.25	第 15 期	102	97	5	65	37	50	22	37	65	16	17	7	9	10	35	8	—	—
2002.4.8—6.7	第 16 期	127	116	11	80	47	50	23	32	69	27	—	—	—	—	91	—	—	9
2003.3.16—4.27	第 17 期	125	123	2	60	65	50	22	37	70	—	26	—	6	92	—	1	—	—
2003.5.11—6.22	第 18 期	92	90	2	65	27	55	24	37	61	—	92	—	—	1	—	—	—	—
2003.7.13—8.26	第 19 期	101	98	3	50	61	55	—	—	22	—	38	63	—	4	58	39	—	—
2004.3.14—4.30	第 20 期	112	110	2	35	77	50	22	37	58	—	—	11	14	—	—	35	52	—
2005.3.14—4.30	第 21 期	97	96	1	61	30	48	22	33	65	32	9	6	—	—	24	14	5	7
2006.3.13—4.30	第 22 期	105	102	3	40	65	51	24	33	35	21	1	4	7	—	26	1	44	1
2006.10.9—11.8	第 23 期	87	84	3	50	37	49	23	32	30		27	—	—	46	—	—	4	—
2007.4.1—4.30	第 24 期	95	88	7	51	44	58	24	35	42	15	5	21	11	13	10	—	17	3
2007.10.14—11.23	第 25 期	101	95	6	55	46	48	25	34	54	38	22	—	—	—	8	15	18	—
2008.3.30—5.8	第 26 期	87	80	7	55	33	50	25	33	57	50	1	—	7	9	7	3	8	2
2009.4.8—4.29	第 27 期	139	127	12	71	68	54	25	31	46	2	22	—	13	20	31	12	39	—
2010.4.6—5.4	第 28 期	103	92	11	68	35	50	24	32	55	20	22	—		10	—	12	32	7
合计	28 期	2519	2388	131	1416	1103	55	22	33	1246	510	369	207	188	295	336	196	386	32

（三）项目学校师资培训

1990 年 5 月，安龙民族师范学校成为“中国—联合国儿童基金会 1990—1994 年周期加强师资培训合作项目”学校，办班经费由中方和联合国儿童基金会共同投入。1992 年 3 月 8 日，举办黔西南州语文骨干教师培训班共 42 人，其中少数民族 13 人，与农村学校建立语文教研网络。1993 年 6 月 7 日，举办黔西南州双语教学培训班共 40 人，均为双语教研员和在布依族聚居区从事双语教学的教师。1994 年 7 月 14 日，举办黔西南州小学教导主任培训班共 40 人，其中少数民族 16 人。

1994 年 3—6 月，安龙民族师范学校受望谟县教育科技局、册亨县教育局、普安县教育局的委托，举办 3 期世行贷款实验教师和实验员岗位培训，分别学习 5—6 天，学员共 229 人，其中少数民族 151 人，望谟县 112 人（少数民族 77 人）、册亨县 75 人（少数民族 57 人）、普安县 42 人（少数民族 17 人）。

1992—1995 年安龙民族师范学校项目软件培训班

表 18—1—7 单位：人

培训班名称 GC/89/YE002/05/21	培训时间	代表数	女性	少数民族	农村代表	少数民族聚居区代表	各县（市）送培代表数							
							兴义	兴仁	普安	晴隆	贞丰	安龙	册亨	望谟
小学语文骨干教师培训班	1992.3.8—3.23	43	18	11	38	21	7	5	5	5	5	6	5	5
双语（汉、布依）师资培训班	1993.6.7—6.21	40	2	40	33	33	4	5	2	3	4	9	7	6
小学教导主任培训班	1994.7.14—7.23	40	4	16	35	26	4	4	4	4	6	6	6	6
小学复式教学师资培训班	1995.7.5—7.18	55	13	43	55	25	0	6	7	7	8	11	7	9
合计		178	37	110	161	114	15	20	18	19	23	32	25	26

（四）国家贫困地区义务教育工程项目学校培训

1. 项目学校校长培训班

1998 年 10 月 26 日至 1998 年 11 月 26 日，举办“国家贫困地区义务教育工程”项目学校校长培训班，学员 129 人。对接受校长岗位培训的学员颁发“贵州省中小学校长岗位培训合格证书”和“贵州省中小学校长提高培训合格证书”。

2. 项目学校教师培训班

1998 年，黔西南州启动“国家贫困地区义务教育工程”项目学校建设。配合工程建设，安龙民族师范学校分两期对项目学校教师进行培训。第一期 7 月 12 日至 8 月 2 日，共 294 人，其中语文班 55 人、数学班 51 人、音乐班 51 人、体育班 42 人、美术班 48 人、自然班 47 人；第二期 8 月 6—26 日，共 301 人，其中语文班 45 人、数学班 45 人、音乐班 54 人、体育班 52 人、美术班 45 人、自然班 54 人。

（五）教育行政干部培训

1. 黔西南州及各县市教育局副科（局）级以下干部培训班

1997 年 3 月至 1998 年 5 月，安龙民族师范学校举办国家贫困地区义务教育工程及各县市教育局副科（局）级以下干部培训班，共 4 期，学员 172 人。

2. 教育统计干部培训班

黔西南州教育统计班共举办两期，第一期学员 74 人，第二期学员 66 人。全州教育辅导站以上负责统计工作的干部参加培训。

第八节　成人教育

一、干部职工业余教育

（一）教师继续教育培训　1993年起，全县配合九年义务教育新教材投入使用，逐年进行义务教育新课程计划、新大纲、新教材培训。1995年，《贵州省小学教师继续教育第一阶段实施方案》颁行，全县小学教师参加培训教育。1996年，县教育局成立“小学教师继续教育办公室”。1997年，新安一小、新安二小试点培训普通话，龙广小学试点培训粉笔字，钱相小学试点培训毛笔字。1998年11月，全县教师的“教师职业道德”“毛笔字”“钢笔字”“简笔画”“粉笔字”“口语”（“师德与五项基本功”），通过黔西南州考核验收。2000年11月，安龙县代表黔西南州接受省教育厅对小学继续教育第一阶段工作进行考核验收，获省教育厅表彰。

2001年，全县开展教师继续教育培训第二阶段工作，对全县在编中小学教师（含幼儿园教师），进行继续教育。2003年，全县3800名中小学教师参加全省《基础教育课程改革通识培训》《中小学教师职业道德修养》《中小学教师普法》考试。2004年，全县3800名中小学教师参加基础教育课程改革和实验教材培训；839名教师参加全州普通话水平测试，762人合格；3794名教师参加全省《信息技术基础》上机考试，3762人合格、3148名教师达到优秀等级。至2005年，全县共选派16人参加教育部“明天女教师”培训、2人参加教育部“校长培训与学校发展规划”培训，211人参加省级培训，1名校长到宁波挂职锻炼，80名站校长、英语教师骨干参加州级培训，115人参加县级培训，1254人参加学科新理念、新教材、新教法和基础教育课程改革专项培训。

2006年，安龙县启动第三阶段中小学教师继续教育工程，重点改变课堂教学行为，提高中小学教师队伍素质。制定《安龙县“十一五”（2006—2010）中小学教师继续教育工程实施意见》，实施“万名城镇教师支援农村学校计划”；聘请上海师范大学教授对全县600余名教师进行基础教育课程改革知识培训；争取教育部、北京师范大学教授到项目学校对校长、教师培训170人次。至2010年，全县共选派194人参加学校管理、中小学新课程学科县级培训，112人参加贵州省“农村素质教育提升工程培训”，12人参加音体美学科骨干教师省级培训，5人参加黔西南州美国奥克兰大学暑期英语培训，104人参加宁波讲师团到兴义的讲学，14人参加西南大学援助贵州学科骨干教师培训，“贵州省农村素质教育提升工程”中4人参加省级培训4372人次参加县级培训，4070人参加全县中小学教师继续教育“新课程”考试。

（二）函授教育

中师函授　1986年2月，成立安龙县中师函授教育站，招收民办代课教师和学历不合格教师进行培训。1986—1993年，全县累计招收学员7届共1113人，其中844人获得中等师范学历。

卫电师专　1992年5月，国家教委《关于加快中学教师培训步伐的意见》颁行，安龙县从1993年开始采取高师函授、卫星电视教育、自学考试相沟通的办学形式，开展初中教师学历补偿教育。1993—1997年，全县共招收卫电师专学员3届，至1998年全县初中教师学历合格率达到80.07%。

大专、本科函授和离职进修　1993年，选送教师18人到华中师范大学、贵州师范大学、贵州教育学院、贵州农学院进修；1996年，选送教师16人离职进修。1999年，全县参加自学考试助读中文本科61人、中文专科379人、小学教育专科208人，参加贵州教育学院小学教育专科函授243人、贵州师范大学本科函授27人。2000年，全县225人参加成人高考，贵州教育学院小学教育函授专科录取258人、贵州师范大学中文函授专科录取200人，离职到贵州师范大学、云南师范大学、贵州教育学院学习36人。2001年，全县371人参加成立高考，53人离职入云南师范大学、贵州师范大学等院校进修，64人参加研究生课程进修班学习。2003年，120名初中教师和1320名小学分别参加本科、专科补偿教育，50余人获得云南大学研究生课程进修毕业证书。2004年，430人参加贵州师范大学小学教育专科考试，中小学教师371人获得毕业证书，其中中文本科7人、小学教育函授专科364人。2005年，全县351人参加成人高考，587名中小学教师获得学历补偿教育本专科毕业证书。2007年，中小学教师10人离职进修；2008年，中小学教师4人离职进修；2009年，中小学教师1人离职进行，442名中小学教师参加在职函授自学考试助读，187人获得大学专科学历证书。

安龙师范成人函授教育 黔西南师专安龙校区（原安龙民族师范学校）与贵州教育学院联合办学，1994年起开办成人函授教育，面向黔西南州招收各行各业的干部、职工、社会从业人员和高、中等学校毕业生。学员须参加当年的成人高考，达到录取分数线被录取后，学完教学计划规定的课程，修完相应的学分，发给国家电子注册的正式毕业文凭。自1994年起，分别与贵州教育学院培训处、教务处联合开办教育行政管理专业本科班、汉语言文学专业专科班、小学文学教育专业专科班，学制2—3年不等，共计招生10362人。此后，未再举办成人学历教育培训班。

二、高等教育自学考试

安龙县自1985年开展高等教育自学考试工作。1989年，全县参加自学考试122人，其中高等教育100人、中等教育22人；1991年，全县参加自学考试280人，其中高等教育138人、中等教育142人。1992年，全县首批7人获得中文或法律本专科学历证书。至2012年，全县累计有1.2万人参加自学考试，4000余人参加全国成人高等院校招生考试。

1989—2012年安龙县自学考试、成人高考情况统计表

表18—1—8　　单位：人

年份	自学考试	成人高考	年份	自学考试	成人高考	年份	自学考试	成人高考
1989	122	—	1997	339	19	2005	807	351
1990	—	—	1998	392	115	2006	983	298
1991	280	—	1999	1222	139	2007	316	454
1992	—	—	2000	1644	146	2008	233	280
1993	367	—	2001	1104	243	2009	225	152
1994	297	—	2002	675	1330	2010	146	—
1995	324	32	2003	1030	189	2011	154	—
1996	366	10	2004	1306	350	2012	78	—

第九节　教师队伍

一、教师结构

1988年，全县有公办小学教师1291人，民办代课教师939人，从民办教师中选招公办教师12人。

1989年，从民办代课教师中选招公办教师25人，全县民办代课教师实有914人。是年，全县教师首次实行评聘制度，共评选出小学高级教师2人、小学一级教师16人、小学二级教师5人。

1991年，全县公办幼儿园专任教师74人，民办幼儿园教师21人。1992年，对全县911名民办代课教师进行整顿，通过业务考核和文化考试，合格542人、基本合格318人、不合格24人，17人选招为公

办教师，24名不合格的予以辞退；是年，全县有专任幼儿教师93人，学前班教师69人。1993年起，对1986年前参加教育工作的民办代课教师，符合年龄、学历、业务和计划生育等条件的，逐年选招为公办教师，至2000年，仅剩1987年1月以后任教而未选招为公办教师的“代课人员”，其余不符合条件的全部予以清退。

2002—2005年，为满足基本扫除青壮年文盲、基本普及九年义务教育师资水平，县委、县政府决定充实教师队伍，特别是义务教育阶段教师队伍：师范院校毕业生，不需外出锻炼，直接分配到全县各中小学任教，共招录教师912人；从非师范类院校毕业生招录教师853人，其中专科毕业生475人、中等师范学历378人。至2005年，全县在编专任教师4004人，其中小学教师2371人，初中教师1167人，高中教师466人。

2001—2005年，全县补充小学教师714人、初中教师597人；至2006年，全县小学专任教师学历达标2356人，其中专科学历以上的1251人，初中专任教师学历达标1263人，其中本科学历以上的282人。

至2009年底，全县幼儿专任教师76人；小学教师2485人，其中专任教师2438人，本科以上学历53人、专科学历1705人、中等师范学历2419人，学历合格率99.22%；初中教师1287人，其中专任教师1249人，研究生学历1人、本科学历372人、专科学历875人，学历合格率99.84%；高中教师463人，基本专任教师349人，研究生学历1人、本科学历184人。全县教职工总数4124人，其中女教师1498人，占教职工总数的36.32%，少数民族教师1944人，占教职工总数的47.14%，中共党员942人，占教职工总数的22.84%。

2010年，全县共有教职工4207人，基中幼儿教师150人、小学教师2399人、初高中教师1634人、职校教师24人。2011年，全县共有教职工4236人，其中幼儿园197人、小学2409人、初中1341人、高中289人、职校23人。2012年，全县共有教职工4470人，其中幼儿园399人、小学2248人、初中1363人、高中460人、职校23人；小学、初中、高中专任教师学历合格率分别达到99.63%、99.36%、95.05%。

二、任用　聘用

任用　凡师范类毕业生分配见习1年期满，由本人填写《转正定级表》签署意见后，由县教育局统一报县人事部门批准转正定级；民办教师选招为公办教师，直接转正定级；选招的非师范类院校毕业生，考核试用1年，期满考察合格后给予转正定级；大中专院校应届毕业生岗前培训期有2年，培训期内发给基本生活费150—180元，培训期满后经考察合格，给予转正定级。

每年年底对在职教职工按德、能、勤、绩进行年度考核，分为优秀、称职、基本称职、不称职4个等次，连续两年考核不称职的，予以清退。

1995年12月，国务院颁行《教师资格条例》。1997年，安龙县教师资格首次过渡，对全县教师进行资格认定。1998年起，全县要求必须取得“教师资格证书”方能从事教育工作。2002年起，教师资格认定面向全社会开展工作。

2010—2012年，安龙县实施贵州特岗教师招聘计划，公开选招特岗教师401名到农村学校任教。

聘用　全县教师均采取聘用制度，取得相应专业技术资格的教师，与学校签订相应岗位的《教师聘用合同书》，约定权、责。

三、培训进修

全县教师培训工作，除学历补偿培训外，还广泛开展了中国—联合国国际儿童基金会项目培训、新课程改革培训、职业教育培训、技能培训、女教师培训等。中国—联合国国际儿童基金会项目培训情况是：2003年12月，承办教育部“中国—联合国国际儿童基金会校长培训与学校发展合作项目2003年年终评审会”，全县村级以上完小、中学、教育辅导站负责人200余人参加培训。2005年，对新安、德卧、龙广中小学校长、骨干教师进行SDP培训，完成9所SDP项目试点学校期终评估。2006年，启动中国—联合国国际儿童基金会爱生远程教育项目培训，对10所学校100名骨干教师进行培训。2007年，全县参加中国—联合国国际儿童基金会“爱生学校管理”国家级培训9人、省级培训35人、县级培训50人。2008年，组织50所中小学校长、中层干部代表参加“爱生学校管理”项目管理省级培训，50所项目学校参加县级培训，10所学校英语教师参加远程教育项目培训，7名校长到江苏参加项目监测与评价培训，100名骨干教师参加培训“基础项目学习”，322名师生参加中国—联合国国际儿童基金会预防艾滋病以生活技能为基础的同伴活动教育。2009年，选派88人参加中国—联合国国际儿童基金会县级远程教育培训，107人参加全省“爱生学校管理”成果评选，全面实施“中国爱生学校标准”试点校长和“中心校功能建设”项目校长培训。2010年，选派17名校长参加岗位培训。2011年，选派2名副校长到宁波挂职锻炼，3名校长赴上海参加中国移动项目“省外影子”培训，8名新任校长参加州级岗位培训，5名校长参加贵州师范大学“教师教育创新论坛”培训，50名校长参加学校管理网上培训，县教育局16名干部和77名校长参加全国教育工作会议和教育规划纲要精神远程专题培训。2012年，继续选派中小学校长、副校长、幼儿园园长参加各级各类培训。

四、职称评聘

1988年6月，依照《中学教师职务试行条例》和《小学教师职务试行条例》，安龙县对教师首次进行职称评聘工作。中学高级教师职务，由省级评审委员会评定；中学一级、小学高级教师职务，由地（州）级评审委员会评定；中学二级、小学一级、中学三级、小学二级教师职务，由县级评审委员会评定。

2005年起，全县教师职务评、聘分开，教师符合条件的可晋升高一级职称，获得高一级的职称资格，须有上一级岗位空缺方能聘任。是年，全县857名教师获得专业技术资格，按岗位设置聘任的高级、中级和初级职务教师分别为9名、131名和274名。

2006年，全县获得高级、中级和初级职务的教师分别为11名、223名和274名。2007年，全县11名教师获得高级职务、229名教师获得中级职务任职资格，并按岗位设置完成聘任工作。

2008年，印发《关于做好我县中小学教职工编制核实工作的通知》，全县教育系统事业单位全部落实定编、定岗、定责工作，完成219个事业单位教师编制核定工作。至2009年底，全县有教职工4110人，其中幼儿教师76人，小学教师2419人，初中教师1233人，高中教师349人，职业学校教师23人；获得高级职称的291人，中级职称1378人，初级职称2288人。

2010—2012年，继续开展中小学教师职称评定工作。其中，2010年，评定取得中学高级教师资格16人、取得中学一级教师资格41人、取得中学二级教师资格73人、取得中学三级教师资格23人、取得小学高级教师资格36人、取得小学一级教师资格16人；2011年，评定取得中学高级教师资格25人、取得中学一级教师资格38人、取得中学二级教师资格104人、取得中学三级教师资格4人、取得小学高级教师资格37人、取得小学一级教师资格44人；2012年，评定取得中小学高级教师资格6人、取得中小学一级教师资格54人、取得中小学二级教师资格78人、取得中小学三级教师资格3人。

五、教师待遇

政治待遇 1985年，第六届全国人大常委会第九次会议决定将每年的9月10日定为教师节。以后，每年教师节各级党委政府均要举行庆祝活动，通过评优选模等活动，表彰教育先进单位、优秀教育工作者、优秀班主任、优秀教师和尊师重教模范人物；各级党委政府领导深入基层慰问离退休教师，了解和解决教师的困难和问题，彰显党以重教为先、政以兴教为本的职责。1989年以来，全县有15人次获得教育部、人事部和省委、省政府表彰的“全国优秀班主任”“全国优秀教师”等，近30人次获得省教育厅、省总工会等省级部门表彰的“全省优秀教师”“全省优秀班主任”“五一劳动奖章”等，近30人次获得州委、州政府表彰的“全州优秀教师”“全州优秀教育工作者”等，受县委、县政府表彰427人次。

1994年，贵州省政府为安龙县410名在乡镇中心小学任教30年以上、村级以下小学任教25年以上的教师全部颁发“荣誉证书”。1989以来，各级党委政府还选拔部分教师担任领导职务，据不完全统计，至2010年全县共有11名教师先后担任了副县级以上领导职务。

经济待遇 全县公办教师按事业编制全额纳入财政预算，其平均工资水平不低于或者高于国家公务员的平均工资水平，并逐步有所提高。

1994年1月1日，贯彻《中华人民共和国教师法》，全县事业单位实施工资改革，建立教龄津贴、班主任津贴，执行中小学教师工资提高10%的政策。对民办教师国家补助部分按人均不低于30元的标准给予增资。

2006年7月，全县教师实行岗位绩效工资，每年年度考核“称职”以上的，次年增加一级薪级工资。

2009年，国务院常务会议审议并原则通过《关于义务教育学校实施绩效工资的指导意见》，决定从2009年1月1日起，在全国义务教育学校实施绩效工资，确保义务教育教师平均工资水平不低于当地公务员平均工资水平，同时对义务教育学校离退休人员发放适当的生活补贴。是年，县教育局制定《安龙县义务教育学校绩效工资实施办法》和《安龙县义务教育学校奖励性绩效工资发放指导意见》，对213所义务教育学校共3683名义务教育阶段教师全部实行绩效工资。

2010年，为2009年度考核合格的教师调整薪级工资，为达到政策规定的人员办理“浮转固”和教龄津贴，审批退休人员高龄补贴和遗属补助，兑现职务晋升人员岗位工资。2011年，为16名教师办理退休手续，为144名教师办理30年、25年荣誉证书，为2名在职、37名退休死亡教职工家属办理抚恤金和遗属补助。2012年，为22名退休死亡教职工家属办理抚恤金和遗属补助。

六、教学研究成果

“优质课”评选活动 1989年，县教育局在全县中小学开展“优质课”评选活动，评出小学语文、数学、音乐、体育优质课教师10人，中学语文、数学、化学、英语、地理优质课教师11人，其中获得黔西南州二等奖的有1人、三等奖的有2人。1991年6月，县教育局在新桥小学召开全县中小学“教案规范现场会”，121人携157篇教案参会，24篇优质教案分获一、二、三等奖。2001年3月，在全州高中、初中地理课优质课评选中，1人获高中组二等奖、1人获初中组一等奖；9月，县教研室被州教育局评为“中小学学科教学研究会管理和指导先进集体”。2007年，在黔西南州优质课评选中，安龙县共有28名教师获奖，其中高中、初中历史、化学优质课评选中，安龙县有4人获得一等奖。

2010年，组织全县中小学美术、高初中物理、中小学思想政治、体育、初中数学、初中英语、小学科学等学科优质课评选活动，共12人获州级一、二、三等奖。

2011年，组织全县小学数学课堂教学“以赛代训”优质课评选活动，评选出一等奖4名、二等奖7名、三等奖5名；组织全县小学品德与生活、高中数学、小学语文、初中化学、高中物理、初中生物等学科优质课评选活动，获省三等奖2名，州一等奖5名、二等奖2名、三等奖1名。

2012年，组织全县38名教师参加全县首届英语教师教学技能“以赛代训”活动，其中小学组评选出一等奖6名、二等奖9名、三等奖5名，中学组评选出一等奖6名、二等奖7名、三等奖5名；组织全县小学科学、初中和高中历史、高中生物、初中和高中语文、高中地理、高中化学、高中信息技术、高中数学、初中化学、小学组品德与生活（社会）学科优质课评选活动，获省级二等奖2名、三等奖2名，州级一等奖1名、二等奖4名、三等奖3名。

课题研究成果 1999年，安龙一中教师吴贵鸿高中作文《命题—写作—讨论—总结—批改—复查》，经州教科所立项验收，全县推广；安龙一小教师刘英姿课件获全州一等奖、全省二等奖。

2000年10月，在全国中学英语教师教学技能大赛中，安龙县有1人获得初中组一等奖、2人获得高中组二等奖。是年，全县共立教改课题6个，1个获得州级二等奖、3个获得县级评估验收；在素质教育工作中，4名兼职教研员获得全州优秀兼职教研员、11人获省级优秀兼职教研员。

2001年6月，全州“家族教育研究论文”评选活动中，安龙县有5人获得一等奖、8人获得二等奖、3人获得三等奖。

2002年，选派20人出席中国西南地区“教学情景与问题提出”教学研讨会，在安龙二中、新安二小开展“教学情景与问题提出”教改实验。

2003年，实施第二批州级教育科研课题，安龙二中的《全员班主任制》、安龙二中和新安一小的《数学情景与问题提出》、新安三小的《分类指导—引导—讨论发现》3个课题通过州级验收。6月，在黔西南州优秀论文评选中，安龙县有370多篇论文获奖。全年有3人获全国英语教师教学技能大赛一、二等奖，1人获全省小学数学优质课三等奖，1人获全省初中化学录像课件三等奖，27小学教师在全国第四届小学语文范文写作比赛中获二、三等奖和优秀奖。

2008年，实施全国教育科学规划“十一五”课题《辅助性教学资源促进民族地区学生自主学习的探索》，及其子课题《新课程中辅导性教学资源促进学生自主学习自我评价的研究》10个、中央电教馆全国教育技术研究规划课题7个、黔西南州教育科研规划课题2个、安龙县教育规划课题7个、校本课题16个。

2009年11月，举行全县首届小学语文、数学技能大赛，21人获奖；选送4人参加全州小学语文教学技能大赛，获一等奖；推荐1个电教课件参加全省评选，获二等奖。

2010年，中国教育学会“十一五”科研规划课题——县第一中学刘光书《校本课程开发与实施》获国家立项；中国教育学会“十一五”科研规划课题——新桥中学《初中政治、历史、地理学科课程资源拓展研究》获县级立项，并由州教育局推荐参加省级优秀课题评选。

2011年，对2006—2010年基础教育科研、教育教学实验课题进行验收，龙广一中《强取材、构思、起草、修改指导，促学生写作质量提高研究与实验》、新桥中学《初中政治、历史、地理、学科课程资源拓展研究》均获全州一等奖、全省三等奖；德卧中学《中小学生语言水平测试与评估研究》《关于高中地理新教材人教版（2006版）弹性材料的教材》、钱相小学《如何提高作文指导的有效性——浅谈情景体验式作文指导课的实践与探索》获全州三等奖。安龙一中教师付美秀负责的课题《高中英语“互动式”教学模式在少数民族地区的探究与实验》获准列入中国基础教育英语教学研究2010—2013年资助金立项课题；德卧中学潘登寨《农村初中教学质量评价体系研究》、龙广二中王文飞《中小学的礼仪教育实践研究》、德卧中学高武国《推进区域教育均衡发展实践与研究》、新安三小王俊《小学教学练习题的设计研究》、龙广一中潘远江《高中语文课文中爱国主义问题研究》、德卧中学韦贞亮《新课程背景下的赏识教育研究》、林福奎《先做后说，先学后教，当堂训练（实践）的研究与实验》、罗荣道《农村教师业余生活状况调查研究》、新桥中学姜昌文《初中政治、历史、地理学科课程资源拓展研究》、新安中学李祥华等《用“情境—问题”教学思想改造传统课堂教学的实验与研究》、新安三小岑波《进城务工随迁子女家庭教育研究》等课题获准列入2010年贵州省基础教育省级立项教育科研课题和黔西南州第三批州级教育科研课题。

2012年，组织县第一中学、第二中学教师申报课题28个，送交州申报课题27个，全州21个省级立项课题安龙县获3个，获州级立项课题16个，县级立项课题8个；龙广一中课题《少教多学》，获国家级课题立项。是年11月，县第一中学教师付美秀负责的课题《高中英语“互动式”教学模式在少数民族地区的探究与实验》，获准列入中国基础教育英语教学研究2010—2013年资助金立项。

中小学生竞赛 1990年，在全国中学生智力竞赛中，1人分获黔西南州第一名和省优秀奖；“新芽杯”小学语文、数学知识竞赛中，安龙县获一等奖2人、二等奖5人、三等奖7人。

1991年，“新芽杯”小学语文、数学知识竞赛中，安龙县获一等奖4人、二等奖3人、三等奖5人；

在全州物理竞赛中，安龙县获一等奖5人、二等奖4人、三等奖9人。

1992年，5名小学生获黔西南州“奥林匹克数学竞赛奖”；1993年，在“奥林匹克数学竞赛”中，2名小学生获省二等奖、9人获省三等奖、29人获黔西南州三等奖。

2010年8月，组织县内学生220人参加全国初中化学竞赛，共有9人分别获一、二等奖。2011年，组织中小学生1448人参加全国“希望杯”数学竞赛，其中299人参加复赛，四年级获二等奖2名、三等奖17名，五年级获一等奖2名、三等奖10名，六年级获二等奖2名、三等奖11名，七年级获三等奖19名、州级三等奖7名，八年级获一等奖1名、二等奖1名、三等奖16名，高中二年级获三等奖1名、州级三等奖1名；组织中学生56人参加全国初中数学竞赛，中学生243人参加全国初中物理竞赛，中学生中学生131人参加全国初中化学实验能力竞赛。

2012年，组织391名中学生参加全国初中数学竞赛，其中县第二中学学生获一等奖1名、二等奖2名，德卧中学学生获二等奖3名；组织259名中学生参加全国初中物理竞赛，其中新桥中学、钱相中学均获三等奖1名，龙广二中获二等奖1名；组织26名学生参加全国高中物理竞赛，13名学生参加全国高中数学竞赛，11名初中教师参加全国中小学英语教师教学技能大赛。

七、安龙民族师范学校教师基本情况

1989年，安龙民族师范学校有专任教师62人，比1978年增长了12.6倍。1995年有教职工83人、专任教师47人。1998年在校职工94人，其中专任教师59人、少数民族34人。

安龙民族师范学校于1988年实行教师评聘制度，是年评聘高级讲师2人、讲师2人、助理讲师15人、教员15人。1990年10月，调出高级讲师1人；12月，高级讲师退休1人。1993年，第二次评聘教师职务，高级讲师1人、讲师6人、助理讲师6人。1994年4月，评聘高级讲师3人、讲师1人。1995年8月，评聘讲师9人。1996年8月，评聘高级讲师1人、讲师3人。1997年，评聘讲师4人。1998年，评聘高级讲1人、讲师2人。1999年，评聘讲师4人、助理讲师6人；2000年，评聘高级讲师6人、讲师11人；2001年，评聘高级讲师5人、助理讲师21人；2002年，评聘讲师6人、助理讲师2人、教员1人；2003年，评聘高级讲师4人、讲师6人、助理讲师5人；2004年，评聘高级讲师1人。

2005年，安龙民族师范学校并入黔西南民族师范专科学校，学校教师由校本部统一评聘。

1989—2005年安龙民族师范学校教职工人数统计表

表18—1—9　　　　单位：人

年度	教职工总数		专任教师		学历			年度	教职工总数		专任教师		学历		
	总数	少数民族	总数	少数民族	本科	专科	专科以下		总数	少数民族	总数	少数民族	本科	专科	专科以下
1989	90	12	63	10	—	—	—	1999	62	—	—	—	48	13	1
1990	89	15	62	13	—	—	—	2000	71	—	—	—	57	13	1
1991	93	33	57	22	—	—	—	2001	74	—	—	—	59	14	1
1992	84	31	47	20	—	—	—	2002	77	—	—	—	62	14	1
1993	82	31	45	18	—	—	—	2003	77	—	—	—	62	14	1
1994	80	31	46	18	—	—	—	2004	77	—	—	—	62	14	1
1995	83	34	43	21	—	—	—	2005	77	—	—	—	62	14	1

续表 18—1—9

年度	教职工总数		专任教师		学历			年度	教职工总数		专任教师		学历		
	总数	少数民族	总数	少数民族	本科	专科	专科以下		总数	少数民族	总数	少数民族	本科	专科	专科以下
1996	81	36	46	21	—	—	—	—	—	—	—	—	—	—	—
1997	95	52	58	36	—	—	—	—	—	—	—	—	—	—	—
1998	94	34	59	27	—	—	—	—	—	—	—	—	—	—	—

第十节　教育督导

1993年，县督导室按照《综合督评细则》对安龙一中、安龙二中，龙广中学、德卧中学、洒雨中学、龙山中学等10所中学进行综合督导评估。1995年，完成9所中小学的复查评估工作，拟订“两个评估要点”。1996年3月，对12个乡镇政府进行“五项督导检查评估”。1997年，按照《安龙县中小学工作评估要点》中的11个B级指标、96个C级指标分别对木咱小学、普坪小学和龙广中学进行督导评估。1998年，组建中小学综合督导评估小组，拟定《关于搞好学校督导评估试点工作的通知》，对安龙一中、德卧中学、龙山中学、龙广小学、普坪小学5所中小学进行综合督导评估。督导工作中召开教职工代表座谈会5次，发教师问卷206份，学生代表座谈会5次，发学生问卷208次，发家长调查问卷217份，发学生兴趣调查表250份，抽查教师备课264本，抽查学生作业1381本，抽测音乐291人，体育312人，美术281人，劳技296人，随堂听课53节次，专访干部群众61人次。

1999年，实行督导评估与实施素质教育相结合，全县城区小学，乡镇中心小学试行使用《素质教育报告发展册》。2000年4—6月，对万峰湖小学，普坪中学等10所中小学进行综合督导评估。2001年9月，县督导室邀请县人大、县政协的领导参加对新安镇、龙广镇、木咱镇人民政府的教育工作进行督导评估。10月，督导室组团分别对龙广中学、龙山中学进行综合督导评估。是年，县教育局对全县村级以上小学进行体育、卫生、艺术（音乐、美术）教育的专项督导评估。

2002年6月17—22日，县人大、县政府、县政协、教育局、财政局组成督导评估团，分别对德卧、新桥、兴隆3个镇政府的教育工作和双明中学、万峰湖中学进行综合督导评估。德卧镇获350.5分，新桥镇346.5分，兴隆镇获355分。

2003年，对戈塘、普坪、洒雨三镇政府教育工作进行督导评估，对德卧中学、木咱中学进行第二轮次的综合督导评估，对洒雨中学、新桥中学、平乐中学、海子中学、普坪中学、戈塘中学等“义教工程”项目学校的图书、仪器的管理进行督评，对新安五小的德育工作进行专项督评。

2004年6月，对笃山中学、安龙二中、民办符合中学进行综综合督导评估，10月对新安中学进行德育工作专项督导评估。

2005年，修订《安龙县普通中小学综合督导评估方案（试行）》，对平乐、笃山、坡脚和万峰湖4个乡镇的教育工作进行督导评估，对龙广三中、洒雨中学进行第二轮次的综合督导评估；对利民中学进行第二轮次综合督导评估，达到二类良好等次；对新桥中学、普坪中学、新安二小、新安五小和普坪胡巷小学的“普及实验教学”工作进行检查评估。

2006年，县督导室和县教育局组成“两基”巩固提高和“普实”工作检查组，到联系的乡镇、学校督促检查，指导各中小学的“两基”巩固提高和“普实”工作。

2007年年初，分别对洒雨中学、龙广小学等4所学校的经费进行审计，对各乡镇中小学实施“两免一补”进行检查；5月、10月分别对海子中学、钱相小学、龙广二中、德卧小学4所学校的办学水平进行综合督导评估。7月下旬、11月上旬，分别对全县16个乡镇的文化户口册的数据滚动，入学、辍学、扫盲等工作进行督导检查。10月，对普坪中学实施素质教育进行督导评估。12月，对全县16个乡镇中学、中心小学进行常规管理评估。

2008年，分别对新安一小、平乐中学的办学水平进行综合督导评估，对木咱中学进行德育专项督导评估，对新安五小、龙山中学进行素质教育专项评估。

2009年3月25日，对坡脚乡进行督导检查，6月1—5日对全县乡镇教辅站、中心学校、完小、中学“两基”迎“国检”的最后攻坚工作进行全方位的督促检查。对兴隆小学进行综合督导评估，对龙广小学、龙广三中、笃山中学、钱相中学、德卧中学的素质教育专项督导评估。

2010年，完成对安龙二中、洒雨中学、戈塘中学、木咱中学、兴隆中学、万峰湖中学、海子中学、新安二小实施素质教育督导评估，对新安三小进行德育专项督导评估，对木咱小学、笃山小学进行综合督导评估，对兴隆小学综合督导评估进行复查。

2011年，县教育局组织对安龙三中、新桥中学、平乐中学、龙广二中、新安中学、坡脚学校实施素质教育进行督导评估，对鲁沟中心小学、龙山小学开展综合督导评估，对新安四小进行德育专项督导评估，对新安幼儿园，海庄幼儿园进行学前教育督导评估，对木咱镇中心小学、笃山中心小学进行综合督导评估整改复查。2012年，印发《安龙县人民政府教育督导室工作要点》《安龙县2012—2015年中小学（幼儿园）督导评估实施方案》，启动新一轮督导评估。6月，接受省人民政府教育督导团对县人民政府暨党政主要领导教育工作过程督评，完成对鲁沟小学、龙山小学的综合督评复查和平乐中学实施素质教育督评回访，完成对钱相中学、新安六小、普坪小学德育专项督评，县教育督导室获评“全省教育督导先进集体”；10月，接受州人民政府教育督导团对安龙县“两项督导”“教育突破”工程评估考核验收；12月，完成省教育督导团队安龙县“两项督导”“教育突破”工程的督导评估考核验收，获优秀等次。

第十一节　教育机构与管理

一、县教育局

1993年，县教育局出台《安龙县教育局机关股室的任务，职责及职权》，理顺各股室的工作关系。县教育局下设机构有办公室、教育科、计财科、招生办、纪律监察办公室、教育工会办公室、教研室，其中办公室和政工科合室办公。

2002年2月，县委、县政府印发《关于安龙县党政机构改革的实施意见》，县教育局是主管全县教育工作的县人民政府工作部门，内设机构有办公室、计划财务股、政工股、基础教育股、招生办等，挂靠县教育局的其他机构还有教研室、远教站、青少年校外活动中心、就业办、安全管理办公室、督导室，另有县纪委驻县教育局的纪检组。

二、教育工会

20世纪90年代以来，随着教育改革的深化，县教育工会在县总工会和县教育局党组的领导下，配合教育行政部门对教职工进行思想政治，职业道德和纪律教育，协办教职工的评优选模活动。

2000年，县教育工会重点狠抓师德师风教育和开展师风大检查，保障教师合法权益。

2001年，建立健全基层教育工会组织加强教代会制度建设，基层教育工会对校长、站长工作开展民主评议、评估考核，对学校进行民主管理、民主决策。

2005年，出台《关于进一步加强我县教育工会工作的实施意见》，督促学校校务公开，实行民主管理，维护教职工的合法权益，组织教职工开展活动。

2006年，县教育工会在春节前夕慰问县教育局退休人员，组织教育局班干部职工向望谟洪涝灾区捐款4240元。组织教育系统篮球代表队参加全州首届教职工篮球运动会，获男子组第三名、女子组第五名。7名个人、4个基层工会获省州表彰。组队参加州总工会、州劳动和社会保障局、州依法治州领导小组办公室联合举办的《中华人民共和国劳动法》《中华人民共和国工会法》知识竞赛，获先进集体奖。

2007年10月1—7日，举办安龙县2007年迎奥运“豪爵铃木杯”教职工篮球运动会。是年，民办学校双明中学、利民中学、景庄小学建立工会组织。

2008年，在安龙县“纪念改革开放30周年”系列活动中，县教育工会组织教职工参加文艺演出、篮球竞赛、书画比赛、拔河比赛、演讲比赛、歌咏比赛等，教育系统合唱团获“荷都三十年歌咏比赛”第一名；县教育工会组织举行全县煤炭杯教职工篮球运动会。

2009年，龙广镇中心幼儿园单独组建教育工会，新安镇坡云、巧洞小学成立工会小组，教师在24人以下的龙益小学等9所民办学校成立工会小组。

2010—2012年，先后完成各年度教师节州、县评优表模推荐工作等。

三、乡镇教育辅导站

1992年撤区并乡建镇后，全县16个乡镇均设教育辅导站。每个乡镇教育辅导站设站长1人，有工作人员3—5人。主要负责全乡镇教育管理，研究部署本乡镇教育教学工作，建立健全各种教育管理与监督制度，对学校教学工作进行督促检查，督促学校全面贯彻党和国家教育方针，教育法律法规；对本乡镇教育教学进行研究，定期组织教研活动，培训师资，提高教师业务水平，检查学校执行课程计划和各科大纲，不断提高教育质量；管理使用好全乡镇的教育经费，指导学校管好用好经费，专款专用；在县教育局和乡镇政府的指导下，抓好本乡镇学校领导班干部的考察工作并提出任免建议；当好乡镇党委政府的教育参谋，制定本乡镇教育发展规划，合理布局学校，抓好普教工作，幼儿教育工作，职业教育和成人教育工作；承担上级教育行政部门下达的工作任务，接受上级对本乡镇教育工作的督导检查评估。

四、设施建设管理

1993年，全县普通中学校舍3.73万平方米，职中校舍812平方米，小学校舍11.51万平方米，幼儿园校舍866平方米。

1995—1997年，筹集资金756.9万元，新建、扩建校舍2.58万平方米（教学用房1.85万平方米，厕所6310.79平方米，篮球场964平方米）。消除危房1.47万平方米，新建校舍1.07万平方米，危房率从1995年的9.7%下降到4.3%。至1996年秋，全县中小学校舍总面积为19.07万平方米，其中中学4.20万平方米、小学14.87万平方米。

1997年，获“贫四”贷款82.4万美元（折人民币684万元），用于德卧中学、箐口小学等34所中小学教学楼建设，建筑面积2.22万平方米。

1998年，安龙县启动“国家西部贫困地区义务教育工程”（简称“义教工程”）。第一期“义教工程”，安龙争取到中央专项资金545万元，省级配套资金435万元，县乡配套资金403万元，改扩建学校23所（其中中学1所、小学22所），建筑面积2.62万平方米，配备课桌凳8600双人套、实验桌椅575套、讲桌150张、仪器柜138个、图书架138个、阅览桌575套、学生用床150张、图书15万册、仪器23套。争取社会捐资修建龙广宁龙希望小学、新安福和希望小学、新桥高普陇小学、龙洞小学等10所小学。至2000年年底，全县中小学校舍面积达23.79万平方米，其中，中学校舍6.48万平方米、小学校舍17.31万平方米。

2001年，实施第二期“义教工程”。项目为12所农村初级中学，其中异地建设钱相中学、戈塘中学、海子中学、平乐中学和龙广二中，总投资1064.5万元；新建生活服务用房食堂618平方米、学生宿舍1954平方米、围墙4340米、厕所1440平方米、旗台（杆）9个、校门7个、硬化运动场8586平方米、植树9500株；购置实验桌凳1800套、仪器柜216个、图书柜144个、阅览桌凳600套。2003年年底，第二期“义教工程”项目学校全部竣工。

2004年12月，开工建设安龙县青少年校外活动中心，总投资200万元；完成海子中学、钱相中学、平乐中学、戈塘中学的学生宿舍和钱相坡硝小学教学楼建设；配合县扶贫办、移民局实施移民工程项目，建成木咱响乐移民小学、坡脚者干移民小学、德卧富民小学。

2005年，完成安龙县青少年校外活动中心主体工程、2004年度和2005年农村寄宿制学校建设工程实施计划以及危房改造项目。

2006年，龙广二中，安龙三中、新安五格小学、海子古里小学等“两基”及“普实”建设工程验收；完成2005—2006年危房改造项目学校新安法统小学、龙广小学、洒雨堵瓦小学、海子车头小学、德卧海庄小学、戈塘洞广小学、龙山肖家桥小学、普坪讲埂小学、龙广五台小学、安龙二中厕所、德卧中学厕所等11个项目的建设；完成龙广三中、木咱中学、洒雨中学、兴隆中学、万峰湖中学、龙山中学6所寄宿制学校的建设。

2007年，完成2006年“农村寄宿制学校建设项目”龙广三中、万峰湖中学等6所学校建设的扫尾工作；完成2006年“农村中小学薄弱学校改造”项目洒雨田坝小学、戈塘科发小学等8个乡镇的15所小学教学楼建设及平乐中学、戈塘中学寄宿制改造工程；完成当年薄弱学校改造，邵逸夫项目学校德卧马鞭田小学、新安作坊小学等3个乡镇的5所小学教学楼建设，经州、县智力支边办牵线引资200余万元，改善办学条件；完成朱英龙捐赠的7所小学寄宿制项目前期规划，获捐赠资金110余万元。完成2006年台塑集团捐赠的明德项目海农小学教学楼建设。11月，安龙县青少年校外活动中心竣工投用，建设面积3800平方米，内设体操房、乒乓球室、科技实验室、美术和书法室、棋牌室、计算机室、声乐室、琴房和综合剧场、电子世界钟、星象仪、天文望远镜等。

2008年，完成安龙一中运动场二期工程、学生食堂、学生宿舍、实验楼等基础设施建设主体工程，总投资701万元。完成2007年农村义务教育阶段薄弱学校改造、寄宿制工程和危房改造30个项目扫尾工作。完成县职业技术学校搬迁、私立九龙中学评估工作。

2009年，投资1460万元，完成普坪中学，新安一小等26个2008年农村义务教育阶段薄弱学校工程建设，建筑面积1.93万平方米；投资662.63万元，完成龙山中学、兴隆中学，安龙三中、普坪中学学生宿舍、食堂改造工程，建筑面积6489平方米；投资984.7万元，完成龙广二中、德卧中学、新桥中学学生宿舍、食堂建设，建筑面积8975平方米；投资550万元，完成洒雨堵瓦小学等15所学校附属工程建设；投资480万元，完成戈塘中学等9所大班额学校建设，建筑面积6500平方米。投资705万元实施中小学“亮丽工程”，投资435万元为193所中小学购置了音、体、美器材和实验仪器和初中标准化实验室设备19套；投资255万元为中小学添置课桌凳2800套；投资260万元，新建德卧高级中学教学楼和学生宿舍、食堂，建筑面积2500平方米。启动安龙教育园区建设。教育园区总体用地规模为46.2公顷（其中校园区35.03公顷，教工生活区11.17公顷），总建筑面积58393平方米，总投资38432.157万元。园区内规划新建安龙县第四中学、安龙县特殊教育学校和安龙县省级示范幼儿园，迁建安龙县职业技术学校和新安镇第六小学。

2010年，完成2009年薄弱学校改造工程9个，建筑面积6200平方米，投资663万元。小学寄宿制10所，竣工4所，建筑面积4432.82平方米，投资366.49万元，开工6所，建筑面积6781.37平方米，投资659.43万元。是年，全县投资小学基础设施建设面积2.12万平方米，投资2300.02万元。

2011年，台塑集团捐资135万元，县级配套195万元，修建安龙五中明德教学楼1栋，建筑面积2900平方米。2012年，香港慈善基金会捐款港币20万元，县级配套人民币60万元，修建笃山中学学生宿舍1幢，建筑面积600平方米；捐款港币30万元，县级配套人民币120万元，修建笃山中学学生宿舍1幢，建筑面积1030平方米。

安龙县第一期"义教工程"项目学校基建投资情况表（1998—2003年）

表18—1—10

第一批				第二批			
编号	项目学校名称	建筑面积（平方米）	投资金额（万元）	项目学校名称	建筑面积（平方米）	投资金额（万元）	备注
1	新安镇第五小学	2110.68	252.38	钱相中学	2167	141.2	异地新建
2	坡脚乡中心小学	980	51	洒雨中学	832	48.3	
3	笃山镇中学	1920.92	66.85	普坪中学	2150	106.1	
4	兴隆镇巧凹小学	1003.06	33.04	新桥中学	832	37.3	
5	钱相乡阿赖小学	968.71	33.59	戈塘中学	2150	142.3	异地新建
6	新桥镇中心小学	1003.06	33.12	海子中学	2167	147.1	异地新建
7	海子乡陇安小学	1401.32	97	平乐中学	2150	138.3	异地新建
8	龙山镇中心小学	1401.32	97	龙广二中	2150	103.1	异地新建
9	钱相乡红旗小学	1003.06	34.6	龙广三中	794	41.3	
10	戈塘镇中心小学	1041	48.9	龙山中学	1445	69.8	
11	万峰湖民族小学	1920	66.85	木咱中学	794	44.8	
12	龙广镇塘顾小学	1034	84.5	兴隆中学	794	44.9	
13	德卧镇田坝小学	655.23	22.04				
14	普坪镇胡巷小学	475	19.5				
15	德卧镇坡告小学	1226.8	28.91				
16	木咱镇中心小学	1401.32	97				
17	兴隆镇青龙小学	1400	78.75				
18	戈塘镇纳利小学	654.7	25.84				
19	平乐乡龙蛇小学	1003.06	34.51				
20	新桥镇新联小学	654.75	30				
21	洒雨镇民族小学	968.71	33.52				
22	洒雨镇嘎拉小学	1401.32	84				
23	龙山镇纳院小学	654.75	30				
合计	小学22所、中学1所	26222.77	1382.90	中学12所	18425	1064.5	异地新建5所

1993—2012年安龙县教育基础设施建设投资情况表

表18—1—11

年度	建筑面积（平方米）	投资金额（万元）	年度	建筑面积（平方米）	投资金额（万元）	年度	建筑面积（平方米）	投资金额（万元）
1993	9085	114.8	1999	13367	463.8	2008	19280	1460
1994	5154	106.6	2004	3511	179	2009	6236	651
1995	5868	206.3	2005	2287	141	2010	21223.77	2300.02
1996	2609	76.9	2006	8668	543	2011	73778.24	36543.3
1997	14408	472.7	2007	9270	560	2012	70691	47767.3
1998	19728	658.7						

附：

1993—2012年社会各界资助安龙教育基础设施建设名单（部分）

香港实业家邵逸夫捐资港币50万元，地方匹配资金建成钱相小学逸夫教学楼。2007年，捐资新建德卧镇马鞭田小学、新安镇作坊小学等5所小学教学楼。

浙江省宁波市粮食局、黔西南州计划局资助扩建新桥镇高普陇小学。

浙江省宁波市教委、龙广镇政府、各界人士资助修建龙广镇狮子山村宁龙希望小学。

香港陈廷骅基金会资助新安镇福和希望小学（新安六小）。

贵州省军区和黔西南州民族事务局资助新建普坪镇廷必小学教学楼及附属设施。

旅台安龙乡亲84人捐资建成的怀安中学（安龙三中）。

台塑集团资助建成新安镇明德小学（原海农小学）。

贵州省军区筹资修建普坪镇纳汪军民希望小学。

浙江省宁波市赵中安资助23万元和香港朱英龙资助31万元，学校筹资19万元和79万元建成德卧中学“杏琴园职教楼”和“绣山教学楼”。

贵州省军区、安龙县政府及当地群众集资修建普坪镇鸭子井军民希望小学。

工商银行六盘水支行行长罗秉益（安龙籍）引介，水城钢铁厂集团公司捐资25万元，罗秉益个人捐款1万元，修建新安五小“水钢希望教学楼”。

2011年，台塑集团捐资人民币135万元；2012年，香港慈善基金会捐款港币20万元。

五、教育经费管理

20世纪80年代，县内教育经费的来源主要有财政预算内经费和预算外经费两个部分，其中学校所收的学费、杂费等属预算外经费。

1993年，县内撤区并乡建镇工作结束后，各乡镇收取教育费附加。

2004年1月，县政府在皇城酒店召开财政工作会议。决定2004年1月起，行政事业单位财务实行零账户管理，账目纳入县会计核算中心统一管理。是年，县教育局清理教育系统挪用、拖欠公款情况，清理出职工拖欠公款31人共39299.78元，追缴19169.58元，清理出用公款购买商业保险34576元，退回24458元。

2005年起，国家为农村义务教育阶段学生免费提供教科书。2006年起，对农村义务教育经费保障机制进行改革，农村义务教育阶段学生实行全部免收学杂费；对义务教育阶段家庭贫困的住校学生发给生活补助费（简称“两免一补”）。“两免一补”政策实施后，国家财政按在校学生数拨给学校“生均公用经费”，小学生每人每年300元，初中生每人每年500元，寄宿制学校家庭贫困学生每年小学生每人补助750元，中学生每人补助1000元。

1989—2005年安龙县教育经费投入情况表

表18—1—12

年度	经费投入（万元）		面积（平方米）	年度	经费投入（万元）		面积（平方米）
	总额	硬件投入			总额	硬件投入	
1989	436.2	62.1	4559	1998	1889.3	658.7	19723
1990	458	30.99	2106	1999	2300	463.3	13367
1991	503	10.88	1183	2000	2816	455.4	12766
1992	643	258.2	1423	2001	4174	197.45	5413
1993	815	114.8	9085	2002	5848	836.9	21999
1994	1120	106.6	5154	2003	5284	1266.78	25295
1995	1500	206.3	5868	2004	7419.5	179	3511
1996	1565.7	76.9	2609	2005	—	141	2281
1997	1710.4	472.7	14408				

六、教育收费管理

1996年前，全县各中小学校以向学生收取学费、杂费、资料费等，初三住校学生需缴纳住校费、补课费等。县教育局纪检监察人员每学年在开学时两次检查各校收费情况，财审股每学期分批对中小学财务收支进行内部审计。

1996年12月，国家教育委员会下发《义务教育学校收费管理暂行办法》，规定“接受义务教育的学生免收学费，只缴杂费”。1997年后，全县中小学收费实行“一费制”收取杂费，根据地方的物价和居民收入，制定义务教育阶段各年级收费标准。县教育局每学期会同县物价局、县审计局到各中小学进行学校收费检查。

2002年，重点治理中小学乱收费，清退各种不合理收费11090元。

2003年，县教育局配合县人大、县政协、县纪委、县监察局、县物价局等部门开展春秋两次全面检查，清退违规收费9.88万元，通报批评24所学校，对7所学校校长进行政纪处分。

2004年，印发《安龙县治理教育乱收费十不准、八必须》。十不准是：不准自立项目，扩大收费范围，提高收费标准；不准集体组织订购学生教辅用书和教辅资料；不准提前预收书费；不准统一制作校服和购买学生学习、生活用品；不准代办学生保险和给学生统一订购报纸、刊物；不准面向学生罚款；不准以任何理由向学生收取押金，保证金等；不准在义务教育阶段招收择校生，收取与招生挂钩的择校费、“赞助费”、“捐资助学金”、“共建费”等；不准违反规定期中收费，搭车收费；不准借挂牌仪式或庆典活动向学生家长收费。八必须是：必须办证收费，持证收费、亮证收费；必须公示收费（收费依据、收费项目、收费标准、收费用途），接受监督；必须使用财政部门统一印制的票据；必须做到一次性收费，一切收费必须存入财政会计核算中心；必须实行收支两条线管理；1000元以上大宗物品采购必须集体讨论决定；5000元以上的必须报教育局审查；必须搞好校务公开，增加经费收支使用透明度。

2005年起，为农村义务教育阶段学生免费提供教科书。2006年起，对农村义务教育经费保障机制进行改革，农村义务教育阶段学生实行全部免收学杂费；对义务教育阶段家庭贫困的住校学生发给生活补助费（简称"两免一补"）。"两免一补"政策实施后，国家财政按在校学生数拨给学校"生均公用经费"，小学生每人每年300元，初中生每人每年500元，寄宿制学校家庭贫困学生每年小学生每人补助750元，中学生每人补助1000元。2005年春秋两个学期，全县为37878名学生发放免费教科书。

2007年3月，贵州省治理教育乱收费厅际联席会表彰安龙县为第一批规范教育收费示范县。2008年后，全县幼儿园、学前班教育费、保育费、书本费及公办高中择校生收费执行"三限"政策。

"十一五"期间，全县发放中职学生助学金28.48万元，受益学生436人；资助高中贫困生75.1万元，受益学生741人；免除义务教育阶段学生书本费51.5万人次2750.26万元，免除杂费72.64万人次共2655.42万元，补助4.94万名寄宿生生活费1632.22万元，发放义务教育阶段生均公用经费7484.84万元，建成寄宿制学校31所，13712名学生免费入住，义务教育阶段学生实现"读书不花钱、住校有补助、生活有保障"目标。

2009年，全县幼儿园、学前班教育费、保育费、书本费严格按照物价部门核定的标准收取，公办高中招收的"择校生"，实行限人数、限钱数、限分数"三限"政策。

2010年，规范教育收费行为，将春秋季学期教育收费工作的实施意见在安龙电视台、安龙县政府网站、黔西南日报等媒体上公示，向社会公布举报电话，设置举报箱，对学前班、幼儿园、公办高中的收费作出具体要求。

2011年，全县中小学校试行"校财局管"的教育经费管理模式，在县教育局设立"校财局管经费核算中心"，规范管理全县义务教育阶段生均公用经费和非义务教育学校收取的经费；成立专项检查组，对县内乡村学校的教育收费工作进行检查。

2012年，全县义务教育阶段中小学生全部享受国家免费教科书，寄宿生全部享受生活补助；有收费项目的公办高中、学前班、幼儿园统一收费项目和收费标准、统一实行亮证收费（教育收费许可证）、统一使用财政部门印制的收费票据、统一实行教育收费公示、统一实行"收支两条线"。

七、社会力量办学

20世纪90年代初，县教育局依照《中华人民共和国民办教育促进法》，"积极鼓励大力支持，正确引导，依法管理"民办学校。至1993年，县城区开办的民办学校有：景庄小学、益友小学、利民中学、明星中学、双明中学、玫瑰幼儿园等；乡镇开办的民办学校主要有：兴隆镇青龙中学、新桥镇祥泽中学，德卧镇符合中学、龙广镇龙益中学。

2002—2008年，县境掀起民办幼儿园的高潮，先后创办新安镇新世纪幼儿园、龙广镇满天星幼儿园、德卧镇金太阳幼儿园、新安镇心爱爱幼儿园、瑞国中英文艺术幼儿园和快乐双语幼儿园。

县境社会力量办学形式主要有个人独自投资、合资股份制和社会团体出资办学等。办学规模较大的有邢嫣明个人投资1500万元创办的双明中学、残疾人符治合投资100万元创办的德卧符合中学、庄君榜投资15万元创办的景庄小学等。在教育教学方面，民办学校使用国家统一印制的教科书，按照贵州省教育厅《中小学课程计划》开齐课程，开足课时。民办学校师生享有公办学校同等权利和义务，民办学校参加全县招生考试、学期学年测试、评优评模等。县教育局每年还根据《中华人民共和国民办教育促进法》的规定，对民办学校进行督导评估。

2006年，国家对义务教育阶段学生实行"两免一补"政策，社会力量办学逐步退出义务教育。至2007年，县境有民办学校12所，其中完中1所、初中4所、小学1所、幼儿园6所，民办学校专任教师216人，在校学生2157人。至2009年12月，民办学校专任教师人数降至152人，在校学生减少到2096人。

安龙县民办学校名录（2012年）

表18—1—13

学校名称	学校类别	负责人	地址	在校学生数（人）	专任老师数（人）	校舍面积（平方米）	批准文号
新安镇明星中学	初级中学	李　飞	招堤街道关桥村徐家凹组	126	9	3830	安教育字〔2002〕06号
新安镇景庄小学	完全小学	孙朝琪	招堤街道景家巷8号	251	15	1996	黔西南教〔1999〕育字14号
新安镇振星小学	小学	何祖祥	栖凤街道大坪村大坪组	149	11	1010	安教育字〔2003〕70号
新安镇新世纪幼儿园	幼儿园	王祖凡	招堤街道鼠场坝19—8号	79	3	579	安教育字〔2002〕07号
新安镇心爱爱双语幼儿园	幼儿园	杨远英	招堤街道北大街	183	9	1315	安教育字〔2006〕67号
新安镇瑞国中英文艺术幼儿园	幼儿园	贺元倩	栖凤街道西河一社区西边龙井8号	183	5	540	安教育字〔2006〕111号
新安镇快乐双语幼儿园	幼儿园	周　莉	栖凤街道西河二社区	73	6	560	安教育字〔2008〕30号
未来星幼儿园	幼儿园	胡云丽	原新安镇五小旁	180	8	890	安教育字〔2011〕47号
戈塘蓝精灵幼儿园	幼儿园	刘方敏	戈塘镇鲁沟塘村鲁沟场坝组	67	3	310	安教育字〔2011〕58号
新安金太阳幼儿园	幼儿园	王全会	招堤街道捲硐街105号	117	3	314	安教育字〔2012〕26号

附：

安龙县教育园区

教育园区位于西城区西面，规划50米宽的市府路从园区南面穿过，东接县城，西达州府，对外交通联系方便。从园区所处的地理位置来看，既方便县城学生就近入学，也方便外地学生到园区入学。同时，目前园区周边无居民区等用地，未来学校建设对周边影响较小，也便于对学生的管理。

整个园区占地面积80公顷，规划投资10亿元，其中基础设施建设含场地平整、路网建设、供水供电及其他公共设施2亿元，土建工程项目建设8亿元，园区内规划建设有省级示范性特色高中1所（安龙一中）、普通高中1所（安龙四中），寄宿制初中3所（安龙五中、安龙六中、安龙七中），国家级职业技术学校1所，安龙县特殊教育学校1所，寄宿制小学2所（安龙六小和安龙七小），省级示范性幼儿园1所（安龙县实验幼儿园），综合性运动场馆1个。中部规划有10米宽的道路1条。2010年启动建设。

至2012年8月，安龙教育园区完成投资2.45亿元（其中：县级财政投入1.45亿元，争取中央及省级资金1亿元）。场平和路网建设基本结束，新安六小建成投用，安龙四中教学楼、科技楼主体工程完工，安龙五中完成主体工程；安龙职校一期工程建筑面积15071平方米，投资1470万元，投入使用，二期工程将建设实训大楼6523.95平方米、学生食堂3085.77平方米，总投资1649.81万元。

第二章 科学技术

中共十一届三中全会以后，安龙县科学技术活动得到长足发展。1978年，全县有科技干部439人。1981年建立县农学会，1982年5月成立县林学会，至1988年，全县有农学会、畜牧学会、林学会、水电学会、养兔和驯养野生动物研究会、物理学会、化学学会、电子学会等群众学术团体11个，有会员546人，县农民技术协会会员遍及全县农村。相继开展了果树密植早丰收试验、死黄泥田改良等科研活动，其中“黏虫标放回收”“中矮秆良种面积翻番，水稻总产突破亿斤大关”两项科研成果，分别获1983年省政府一等奖、二等奖。至2012年，全县组建的科学技术协会21个，学会、研究会9个。科学技术协会，包括有县科学技术协会和全县各乡镇科学技术协会。学会、研究会，包括农业系统协会、医药卫生系统协会和社会科学学会。科研单位有：县农业技术推广站、县地震办公室、安龙县万亩牧场等，组织开展科技研究、科技推广、科学普及工作及科技服务等工作。

第一节 科技机构

一、行政机构

1989年，安龙县设有县科学技术委员会。1994年4月，撤销县科学技术委员会，设置县科学技术局，内设机构有办公室和业务股（科技情报站）。

2010年4月，县政府机构改革，撤销县科学技术局，组建县经济贸易和科学技术局，加挂县知识产权局牌子。2011年，撤销县经济贸易和科学技术局，组建县贸易和科学技术局，加挂县知识产权局牌子。

二、科学技术协会、学会

20世纪80年代至21世纪初，安龙县科学协会、学会、研究会相继成立。开展学术交流活动，组织学术讨论，引进推广先进技术，普及科学知识，培训技术人员和乡土人才。开展科技扶贫和科技咨询及有偿服务，组织项目论证、科技成果鉴定、技术职称评定。

至2012年，全县组建的科学技术协会21个，学会、研究会9个。科学技术协会，包括有县科学技术协会和全县各乡镇科学技术协会。其中，农业系统协会、学会有县农学会，2006年时有会员105人；县林学会，2006年时有会员27人；县畜牧业学会，2006年时有会员84人；县水电学会，2006年时有会员46人；县养兔和驯养野生动物协会，2006年时有会员6人；县荷花种养殖协会，2006年时有会员80人；县响乐优质米协会，2006年时有会员186人；县十二份蔬菜协会，2006年时有会员150人。医药卫生系统协会、学会有县民族民间中草医药协会，2006年时有会员120人；县药学会，2006年时有会员180人。

社会科学学会有县数学学会，2006年时有会员45人；县化学学会，2006年时有会员18人；县外语学会，2006年时有会员37人；县电子学会，2006年时有会员86人；县语文学会，2006年时有会员74人。此后，各学术团体会员时进时出，没有准确的统计数据。

三、科研单位

县农业技术推广站 1954年10月建立，隶属县农业局，职责是在全县范围内负责水稻、玉米、小麦、油菜等粮食和经济作物新品种引进和改进耕作技术，病虫害防治，新式农具推广、使用等，农业生产先进技术的研究、推广和应用。全县每个区均建有农业技术推广站。1992年建镇并乡撤区工作完成后，每个乡镇均建立农业技术推广站，后更名为乡镇农业服务中心。

县地震办公室 1976年，建立安龙县革委地震办公室，隶属县科委。1977年，在县第一中学、县气象局旁等建立4个观测点。1982年11月，新建地震观察室1个共17平方米，配备简易监测仪器，开展观察工作。1984年撤销。20世纪90年代后，在县科技局内恢复设置地震办公室，2010年4月政府改革时并入县经济贸易和科学技术局。

县万亩牧场 2000年11月，县人民政府决定建立安龙县万亩牧场，为副科级事业单位，编制12人，内设办公室、生产股、科技开发股。

四、星火科技学校

安龙县职业技术学校星火学校，2004年8月，由科学技术部星火计划办公室批准成立。学校坚持以提高农民科技致富能力为宗旨，面向农民开展农林适用技术、职能技能培训，有教职工23人，其中中学高级教师2人、中学一级教师8人，另有中级职称以上专业技术人员兼职教师22人。2004年，开设园艺和家电维修两个专业，招收学生215人；2005年，县职业技术中学与县农业部门联合举办农村实用技术“绿色证书”“阳光工程”培训，有1202人获得“绿色证书”。2007年，县职业技术学校与县内农村学校联合，实施“一网两校工程”，在乡镇中学建立农民文化科技教育培训和扶贫开发服务基地，形成覆盖全县农村的职业技术教育网和培训网络，实施“农村实用技术培训工程”“农村劳动力转移培训工程”，全县转移培训1100人。2009年，全县开展各类农业培训26161人、“绿色证书”培训880人、转移培训469人。2010年后，县职业技术学校与省电子工业学校、省旅游学校、省贸易经济学校、省物资学校、兴义天力电脑学校、四川仁寿新科中等职业技术学校等联合办学，开设计算机应用与维修、畜牧兽医、旅游服务与管理、电子技术、汽车应用与维修等专业，每年在校学生均在1500人以上。

安龙县德卧中学星火西进示范基地，由德卧中学初中部创办。1999年，以创建“特色学校”为目标，将农林职业教育作为素质教育的出发点，开设食用菌、果树栽培、大棚蔬菜、金银花栽培和管理等课程。2000年，试点进行初二分流，初中阶段正式开设农职课。2001年，德卧中学列为州、县农林基础教育改革的试点学校，结合农村教育综合改革，探索职业教育与农村普通高中教育并举的新路子，提出“横向联合”路子，与贵阳东方职业学校、黔西南农校等联合举办学制2—3年的“黔西南州中等职业学历教育和高中教育综合试点”。2003年，共青团中央、科技部、民进中央命名该校为首批全国青年星火西进示范基地。到2006年，全校拥有45个教学班，有教职员163人，其中职教专职教师占30%，全校有初中、高中、职高学生3100余人，建有规范的实验室、图书室、多媒体教室和学生微机室，建有食用菌、金银花、蔬菜、果树、养殖、花卉等实习基地，先后被评省级现代信息技术实验学校、全省农村妇女技术学校、黔西南州青少年科技教育基地、黔西南州青少年科技教育特色学校等。至2008年8月，全校共为州、县培训科技带头人1227人、在校学生5551人次，为省内外和大中型企业输送合格农民工806人。

2000—2008年德卧中学农村实用科技培训情况表

表18—2—1

培训时间	培训期数	培训人数	培训内容	学员毕业（结业）后回乡发展农业产业的比例	培训对象
2000年3—12月	6	622	蔬菜种植、果树栽培、养殖技术等	90%	在校学生
2001年3—12月	6	703	果树栽培、养殖技术等	90%	在校学生
2001年3—6月	2	124	果树、蔬菜、金银花栽培等	98%	本镇种植户农民
2002年5—12月	3	178	果树、食用菌、蔬菜栽培、牛品改	98%	县内乡镇种养殖户
2002年3—12月	6	568	大棚蔬菜栽培、食用菌栽培等	90%	在校学生
2003年3—12月	4	182	牧草种植技术、食用菌、金银花栽培等	98%	本县各乡镇种养殖户
2004年3—12月	6	642	食用菌、金银花栽培、务工常识等	60%	在校学生
2004年3—12月	2	624	食用菌、果树栽培、务工常识等	60%	在校学生
2004年3—12月	4	206	食用菌、金银花栽培与加工技术、务工常识等	80%	全县乡镇科技带头人、兴义市则戎乡金银花种植户
2005年3—12月	6	654	食用菌、养殖基础、务工常识等	70%	在校学生
2005年3—12月	2	86	金银花栽培、葡萄栽培、务工常识等	70%	本镇种植户农民
2006年3—12月	6	546	种植基础、养殖基础、务工常识等	50%	培训在校学生
2006年3—12月	4	176	果树、食用菌、计算机基础、务工常识等	60%	本镇种植户农民
2007年3—12月	2	644	食用菌、养殖基础、务工常识等	40%	在校学生
2007年3—12月	3	150	食用菌、计算机基础、务工常识等	60%	培训本镇新型农民
2008年3—8月	4	125	食用菌、金银花栽培、务工常识等	60%	本镇新型农民、兴义市则戎乡金银花种植户
2008年3—8月	6	548	食用菌、计算机基础、务工常识等	30%	在校学生
合计	72	6778	—	—	—

第二节　科技普及

一、农村科普组织与活动

1992年，全县撤区并乡建镇工作结束后，原来的科普网络撤销，新的农村科普机构尚未建立，给基层的科普工作造成一定影响。到1994年，有5个乡镇建立科普协会组织。至2006年，全县16个乡镇全部建立科普协会组织，有会员1840余人；农村各种专业研究会共有10个，会员1064人。其中，安龙县农学会，会员105人；安龙县林学会，会员27人；安龙县畜牧业学会，会员84人；安龙县水电学会，会员46人；安龙县养兔和驯养野生动物协会，会员6人；安龙县荷花种养殖协会，会员80人；安龙县响乐优质米协会，会员186人；安龙县十二份蔬菜协会，会员150人；安龙县民间中草药协会，会员120人；安龙县药学会，会员180人。

二、科学技术普及

20世纪80年代以来，全县举办各种技术培训班100余次，受训人数达1.68万余人次，组织各种学术交流，技术讲座、学术报告会39次，参加人数4000多人，编印各种科普资料30余期，印发1.5万册，组织科技人员撰写各种技术总结、报告、科普文章110多篇，其中被县、州（地）、省各种科普刊物采用50余篇。县电影院和县科委组织科教影片放映，影片有《新医正骨》《农业机械化》《载波通讯》等科教片40多部，观众11万多人次。农业系统除抓好各种学术活动外，还以不同形式组织农业、林业业余教育10多次，受教育人数4000多人。县科委创办科技图书阅览室，供选阅的科技书刊、杂志、技术资料、各种科技小报200多种，开放接待读者1000多人次。学术交流和情报交流，立足县科技事业服务外，还与外县、外省近800多个对口业务部门和情报单位保持和发展了密切联系。

县科技局与县妇联、德卧中学联合举办农业适用技术培训，参训学员是农村青年“星火”带头人、村组干部、农村妇女种养能手。邀请州农校、县农业局、县畜牧局及德卧中学专职技术教员对受训人员进行果树种植、嫁接、修剪、病虫害防治及种草养畜、养禽等理论学习及实地操作，并组织到州生态园蔬菜种植大棚等地参观，参训人员掌握一定的理论及实际知识，成为一方的种养、加工带头人；县科技局与县职业中学联合举办两期农村劳动力转移就业培训，每期1个月，参训学员每期50人，计100人，学员来自农村高初中毕业生，其中少数民族占75%。培训学习内容有汽车修理、无线电技术及修理、德律、礼仪等。学成后组织到广东、福建、浙江等地务工；各乡（镇）、村及学校、医院利用政务公开栏、宣传栏进行内容丰富多彩的科普宣传，内容有国家及省、州、县有关科普方面的政策、德律、德规、农村适用技术、优生优育、疾病防治、交通安全等；县科技局、县科协，利用每年5月的“科技活动周”，与宣传、文化、教育、农业、林业、畜牧、卫生、国土等部门参加的“科技活动周”宣传活动。利用赶场天为广大群众进行科技咨询，农业适用技术咨询、义诊、免费分发宣传资料等科普工作。

第三节　科技研究与成果

一、农业

1977年，水稻亩产200多千克，2007年，提高到亩产550—700多千克。

（一）吨粮田高产技术研究及示范推广

木咱镇百亩“吨粮田”试验，即“吨粮田稻、麦高产栽培技术研究”。1990年由县科委立项，1991年列为黔西南州科委项目，面积由6.67公顷扩大到66.67公顷，1992年扩大到200公顷，定为州、县、镇三级联办的样板。

1994年，分别实施麦200.27公顷、稻203.33公顷，平均单产分别为麦264.15千克和稻谷750.2千克，合计亩产1014.35千克。比实施前的实产小麦、稻平均亩产分别增加139.15和150.2千克。据统计，1990—1994年，累计实施小麦607.73公顷、水稻680.2公顷，累计增产小麦124.67万千克、水稻113.14万千克。

经水稻生产专家组抽样和吨粮田技术组验收，66.67公顷一级田平均每亩单产765.4千克，106.67公顷二级田平均每亩单产764.45千克，30公顷三级田平均每亩单产665.88千克。1980年普遍种植的汕优63平均每亩单产超过750千克，1992年20%的常规种糯稻、晚稻、优质稻平均每亩单产750千克，与1992年贵州省水稻所在全国多点推广黔育417比较，安龙木咱点位居榜首。贵州省农院院长卢培凡在安龙举行吨粮田高产栽培研讨会说：“木咱吨粮田项目获全国杂交稻、常规稻的单产两个第一”。

（二）水稻旱育稀植高产栽培技术研究

1992年，引进水稻旱育稀植新技术，解决无水源保证的地区育秧晚、不能适时插秧、水稻产量低而不稳的难题。旱育稀植的推广重点放在缺水撒秧的望天水田地区、降雨偏晚的龙山镇，是年实施农户415户共64.31公顷。

1994年，州农业局在龙广镇召开旱育秧现场培训会，将示范栽培重点放在缺水撒秧和等水撒秧的木咱镇安马村、德卧镇和龙山镇，以龙山镇为重点，完成示范种植677.33公顷。1995年，旱育稀植栽培技术扩大到龙山镇的33个村80个村民组，推广种植373.33公顷。经测产，1994年，平均每亩比实施前的常年产量增加78.7千克；1995年，共增收稻谷76.2万千克，主副产物增值99.1万元，净增产值88.9万元。

（三）玉米“丰产工程”

1994年，县科技局立项，在钱相乡三道墙开展坡改梯工作，实施玉米“丰产工程”示范。10个村民组480户参加与，面积130.47公顷，经验收最低每亩单产281.7千克，最高每亩单产636.75千克，平均亩产420.1千克，超过省、州、县玉米“丰产工程”指标要求，测产总产82.21万千克，比1993年增产17.6万千克，增加产值17.6万元。1995年示范200公顷，最高每亩单产734.2千克，平均每亩单产432.7千克。

（四）优质稻（满口香）品比试验

2004年，安龙县从省内外引进和收集6个优质稻品种，实施优质品种对比试验。

4月13日播种，4月21日寄栽，寄栽规格4.95厘米 ×4.95厘米，秧田为绿肥田，亩施基肥钙磷肥50千克，钾肥10千克，三叶期每亩追尿素7.5千克；移栽及管理，7月13日移栽大田，秧龄91天。每穴播两粒谷秧苗。亩施基肥（农家肥）1000千克、碳铵30千克、尿素5千克、钙镁磷肥25千克、钾肥5千克。丰优香占：经农业总稻米及制品质量监督检验测试中心测定，9项指标达一级，3项指标达二级，与“满口香”相当，其中腹面率和腹面度均低于“满口香”，口感和香味低于“满口香”，3年平均单产为674千克，比“满口香”增产49.8%，每亩比“满口香”高224千克，每亩比普通杂稻高49千克，居6个品种之首。该品种既可作优质米推广和发展，也可作“米袋子”开发。两优363：清香型，米质较好，常产每亩比满口香高150千克，整精米率比“满口香”低5个百分点。茂香2号：清香型，米质口感较好，按当年市场价比满口香增收120元，比两优增收60元。丰优香粘：适应性好，米质也好。中香1号：对生物特性把握不准，表面早熟，产量较低，整精米率低于“满口香”，米粒细长，清香。

（五）小麦高产栽培集成技术研究

2005年，王安宁主持，程世昌、熊怀卿、刘继舜、留青参与，留汉尧任技术顾问。2005—2006年，实施15.17公顷，总产76.57吨，比3年前增产22.65吨，按2006年市场价每千克1.2元，增收2.72万元。

（六）2005—2006年度小麦高产栽培技术研究

木咱镇三合实施6.67公顷，其中兴义5号5.33公顷、川麦“89—109”1.33公顷，总产38.65吨，平均每亩单产386千克，其中兴义5号平均每亩单产401千克。

新桥乡东妹场实施小麦3.53公顷。其中，中等田1.2公顷，总产5978千克，平均每亩单产332.1千克，增收73.1千克；下等田2公顷，总产7478千克，平均每亩单产273.9千克，增产111.7千克；下等土0.33公顷，总产1075千克，平均每亩单产215千克，增产11.4千克；下等田平均每亩单产比上年增产111.7千克，增收68.3%。

农业产品专利：安龙县农业开发服务告公司的招堤牌“满口香大米”“特优大米”“藕粉系列产品”（专利号1758491），安龙县购销有限公司的“荷城大米”（专利号3208004）。

二、林业

（一）10万亩中药材金银花（黄褐毛忍冬）现代科技产业化GAP示范项目

1998年贵州省科委立项，县科技局、县林业局承担，以贵州省中药材现代化产业办公室何顺志、张天伦等专家为技术依靠。

抽调人员对全县16个乡（镇）野生金银花的资源分布进行普查，对金银花的种类与分布进行标本采集，摸清情况。分布较多的乡（镇）进行选点育苗。1998年，在木咱镇育苗0.67公顷、万峰湖镇育苗0.2公顷、梨树乡育苗0.13公顷，采用1—3年生金银花威条进行扦插。1999年通过扦插、育苗（种子）对比试验，选择种子与扦插育苗。是年，全县种植金银花面积800公顷。

2002年4月，县政府立项，建立10万亩中药材金银花现代科技产业化CAP示范项目。实施项目地点德卧、龙广、平乐、笃山等10个乡（镇）的48个村，项目建设期3年。

（二）黔西南自治州史密斯桉树短周期工业原料示范基地

2006年3月启动，从澳大利亚引进史密斯桉树，在新安镇东门村、西河村建设短期工业原料林示范基地，建设规模97.33公顷。

（三）落叶水果示范园及有关技术培训项目

县科技局在离县城3千米处承包荒芜茶园5公顷，进行桃、梨、大板栗示范种植，对农民进行技术培训；引进优质速生嫁接肥成桃、锡山梨、毛板栗（大板栗）等进行试验试种，改良果树品种。桃、梨、大板栗生产周期短，嫁接后的桃、大板栗3年挂果，5年进入盛果期，梨5年挂果，7年进入盛果期。累计对农民进行各类相关技术培训150次，参加培训农民从果园地、果树品种选择、果树嫁接、修枝整形、病虫害防治、施肥一条龙技术培训，先后参训5万人次，推广种植果树400公顷。

三、畜牧水产

（一）“王中王”饲料添加剂

“王中王”饲料添加剂由民营企业安龙县饲料添加剂厂生产。“王中王”饲料添加剂喂猪，料肉比3.3∶1020千克以下，日增重300—500克；20—40千克，日增重500—750克；40—60千克，日增重700—900克；60千克以上的日增重800—1400克，添加剂优于广西产饲料添加剂“比得好”和“90肥”。

（二）家畜寄生虫病区调查

安龙县畜牧局和预防站承担，经黔西南州畜牧局、黔西南州科委组织鉴定的科研成果的项目——安龙县家畜寄生虫病区系调查，为家畜疾病的预防和治疗提供科学的依据。

（三）紫茎泽兰侵占草地的现状及利用研究项目

该项目由黔西南州畜牧局草地站和安龙县畜牧局承担，由黔西南自治州科委组织鉴定，为发展种草养畜提供科学依据。

（四）池塘养鱼高产综合技术研究项目

1990年，县水产站承担贵州省农业厅《池塘鱼高产综合技术研究》的试验、示范和推广任务。1991年12月，黔西南州畜牧局主持，对该项目进行干塘验收和抽养测产。产量最高的是化力坡贡安马村鞠兴权家，池塘666.67平方米，水深1米，经干塘验收，共产鲜鱼583千克，折合亩净产鲜鱼572千克；产量最低是德卧镇的潘登佼家，池塘0.2公顷，水深1.4米，干塘验收共产鲜鱼911.3千克，折合亩净产245.7千克；产量中等的县城郊海尾李云华家，池塘0.55公顷，水深1.4米，每亩净产鲜鱼300千克。经干塘验收和抽样测产标准，平均每亩毛产鲜鱼372千克，每亩净产鲜鱼312千克。建立项目推广网络，开展技术与咨询服务，两年来为养鱼户无偿治疗鱼病118例，提供咨询服务1200余人次，共培训养鱼户245人。其中，培训农户养鱼技术骨干60人，编印《池塘养鱼技术要点》《家庭养鱼技术要点》《安龙县常见鱼病防治》资料发给养鱼户；池塘改造，将浅水塘挖成深水塘，漏水塘筑成保水塘，小塘扩成大塘，死水塘改造成活水塘；鱼种放养和饲养管理，池塘养鱼，以草鱼、鲢鱼、鳙鱼和鲤鱼为主，每亩放养量为50—70千克。鱼种下塘后的前10天，投喂麦麸、次粉、玉米面、浆渣和适量的酒糟浆，以后逐渐以肥嫩的青绿饲料为主，并辅以少量的精饲料。每天早、中、晚定时定点投喂；鱼病防治，鱼种下塘前均用5%的食盐水或高锰酸钾（红色）浸洗鱼体5—15分钟。在3—5月份用大蒜汁浸草或拌饵投喂，并用松叶扎成小捆（2.5—5千克），置入塘内水的中层和进水口处，每月用生石灰（10—15千克）水泼洒和用食盐水泡土叶烟泼洒一次；推广种草养鱼，170多户种植苏丹草、黑麦草、聚合草、红芝叶、墨西哥玉米等20公顷。全县“参试”池塘30.27公顷，总产鲜鱼168.89吨，总产值101.33万元，比推广前增产89.44吨，新增产值53.66万元，每亩平均产值372千克，价值2232元，扣除成本，亩均盈利747元。该项目获黔西南州科研项目成果奖。

（五）大牲畜品种改良

2007年，全县牛的存栏数12.5万头，牛出栏2.3万头。饲养品种有本地水牛、本地小黄牛、杂交牛。办养牛场1个，年出栏杂交牛800头以上。生猪存栏29.3万头，出栏26.4万头。猪品种有大约克、长白、杜洛克。能繁母猪22533头，有年出栏500头以上的养猪场5个，年出栏2000头以上的养猪场1个。羊存栏数2.4万只，年羊出栏1.5万只，品种有本地山羊、波尔山羊、杂交羊。家禽存栏97万只，出栏91.5万只，肉类总产量3.05万吨，禽蛋产量3200吨，品种有本地土鸡、杂交鸡、三黄鸡。

畜牧产品专利：安龙县美味食品厂的招堤“牛肉干”“牛肉松”“鸡腿”（专利号1470247），安龙县高乐食品有限公司的高乐华“牛肉干”“猪肉干”（专利号1718565），安龙县万里香食品厂的柯想“牛肉干包装”（商标号1682816）。

四、医药卫生

（一）三联化疗临床与副作用观察报告科研项目

安龙疗养院承担，通过临床观察，麻风联合治疗杀菌力强，消除传染迅速，且可缩短麻风病的治愈时间，是加快消减麻风病不可少的重要手段。国产氨膏丸（DDS）、利福平（REP）及丙硫异烟胺（PIH）三药联合治疗多菌型麻风病，在临床、细菌、病理、毒副作用方面进行观察。治疗组：26例患者，男20例、女6例，年龄最小17岁，最大57岁，平均年龄38岁。病期最短1.5年，最长26年，平均8年，II型14例，BI型10例，BL型2例，未治疗16例。治病人10例，疗程2—22个月，化疗前情况良好，肝功检查有4例转氨酶偏高（100—140单位），余均未见异常。对照组：10例，男性，年龄29—45岁，平均年龄34.9岁，病期1—8年，平均病期3—4年。其中II型6例，BI型3例，BL型1例，皆为复治病人，情况良好，肝功能检查无异常。

（二）双乙酰氨苯砜治疗麻风病

安龙疗养院承担，选择28例病人，病型26例，介线类偏结核样型1例，结核样型1例。男19例、女9例，年龄最小18岁，最大75岁，平均年龄52岁。病期最长15年，最短1年，平均病期5.8年，经DDS 5个月治疗，15例初治11例（29wgq ，BT1例，T1例；复发病人2例）。疗效观察：治疗时间，28例治疗6个月，分作3次肌肉注射，显著进步5例，进步5例。试用DMDDS治疗与口服DDS（氨苯砜）相近。治疗效果表明对麻风病是有效的，副作用及毒性很小，可延效和肌注，投药方便，避免口服对胃肠道的刺激和天天口服药的麻烦，病人乐于接受。

（三）“祛风丸”治疗麻风病

县麻风病院研制，用全蝎、蜈蚣（不去头足）、白鲁蚕、土龟、红娘、露蜂房（以带有蜂蛹的野蜂房为佳），辅以黄连、黄柏、黄芩、黄芪、银花、连翘、蒲黄、夏枯草，按照一定配比数量。经过加工研制的中药“祛风丸”，治疗麻风病例50例，从疗效看，初试疗时，仅有7例，因效果显著，在此基础上相继增至18人，后增至50余例，其中已治疗出院15人（病型12人、结核样型2人、未定型1人），接近治愈15人，显著进步19人，从治疗上述病例情况观测，均未发现无效或恶化病例。服用“祛风丸”50例患者，计有瘤型46人，结核样型3人，未定型1人。

（四）中草药片剂、针剂

20世纪80年代，由洒雨区卫生院承担研制，有鱼星草注射液、鸡血藤注射液、柴胡注射液、红花注射液、马鞭草注射液、穿心莲注射液、三棵针注射液、黄连素注射液、复方胃痛片、成山香片、水原片、止痰片、止痢片，经临床实用效果好。

五、专利

（一）技术知识产权

至2012年，县内民族民间中草医药学会会员获国家发明专利共19项，较为著名的专利有：

“一种治疗急慢性肝炎的中药”，专利号：03135785.7；“一种治疗高血压的药物及配制方法”，专利号：03135769.5；“一种治疗遗尿的药物及配制方法”，专利号：03135720.2；“一种治疗烧烫伤、内外痔疮的外用药膏”，专利号：03135721.0。发明人：熊安富。

“一种治疗胃病的中药”，专利号：031359.6；“一种治疗前列腺、肥大、妇科及泌尿病的中药”，专利号：20051003047.4。发明人：范忠信。

“一种治疗空洞型肺结核的中药”，专利号：200510003075.6。发明人：刘正全。

“五官疾病的药水”，专利号：9914656.5。发明人：朱本宁。

“一种能治疗乙型肝炎的中药”，专利号：200710077739.2。发明人：罗顺卿。

“百癣净酊”，专利号：033115773.2；“肤损安”，专利号：03117210.5；“炎舯速散”，专利号：02128137.8；“雀斑黑痣净酊”，专利号：03117109.5。发明人：吕世发。

“脚踏焖热电火盆”，专利号：200720139751.7。发明人：郎元厚。

“工艺花管”（四面断花方管系列）、“工艺花管”（四方直纹系列），发明人：贺登勇。

“仓库储粮温控装置”“粮食清理机组”，发明人：中央储备粮兴义直属库。

“烤烟畜力开沟起垄犁”，专利号：200820096297.6。发明人：县烤烟生产办公室朱国荣。

（二）品牌知识产权

据统计，至2012年，全县申请专利19项，办理注册商标5个，申请待批的商标15个。其中较为著名的注册商标有：杨延品的“御茗”茶叶制品（商标号3481113）、安忠琴的“富有新”茶叶包装（商标号3088127）、安龙县良源饮料有限责任公司的“荷浪”汽水、矿泉水、纯净水（商标号3182970）、安龙县民族手绣工艺有限公司的“仰欧桑”手绣领带（商标号1265958）等。

第四节　科技应用

一、农业

中共十一届三中全会后，推进家庭经营承包责任制，调整农村产业结构，农、林、牧、副、渔得到发展。至1988年，全县农业总产值比1978年增长152%，农民人均收入增长5.9倍。2000年后，实施科技兴农战略，推广良种普及和农业实用技术。至2006年，全县粮食总产量18.02万吨，比2002年增长21.27%。2007年，粮食总产量18.42万吨，增长2.22%。全县农业产业化进程加快，优质米加工厂、藕粉加工厂扩大生产规模，建成农业开发服务公司优质稻基地，实现优质米加工原料基地化，优质特色农产发展壮大，优质稻种植规模达到4666.67公顷（其中“满口香”3000公顷）、金银花9333.33公顷、油菜4000公顷、蔬菜2400公顷、莲藕173.33公顷，收购烤烟180万千克；草地畜牧业发展，畜牧业在农业总值中的比重提高到39.6%。加快农业基础设施建设，实施中低产田土改造、大鸭溪水库除险加固、烟水

“三小”等工程建设，完成柘仑水库扩建工程、兴中灌区一批渠系配套项目。至2012年，全县粮食总产量15.31万吨，全年农林牧渔业增加值实现11.32亿元。

二、林业

20世纪90年代以来，对林业生产采取科学保护，推进落实林牧改革制度，组建林业联合体，发展林业专业户。由数户或多户组成的联合体，向国家贷款承包荒山植树造林。至2006年，由400余户组成的联合体41个，经营1609.2公顷，实行规范化、标准化造林。此后，又相继完成集体林权制度，林业产值显著增长，至2012年，全县林业产值达到1.75亿元。

三、畜牧水产

（一）猪。2012年，全县饲养猪的品种有大约克、长白、杜洛克等优良猪品种。

（二）牛。实行家庭承包经营责任制后，牛的饲养实行分折价保本归农户的私有政策，促进养牛业的发展，出现一批饲养重点户和专业户，活牛向商品化发展。1989年以来，相继实施草地畜牧业，推进牛品种改良，品种有本地水牛、本地小黄牛、杂交牛等。至2012年，全县牛存栏81536头，其中肉牛9116头、役用牛72420头，全年出栏13377头。

（三）羊。20世纪90年代以来，引进新品种，至2012年，饲养羊的品种有当地山羊、波尔山羊、杂交羊等。年存栏数为15718只，其中能繁殖的6736只，全年出栏8596只。

（四）水产业。2012年，全县养鱼水面达480公顷，年水产品产量11722吨，总产值1.82亿元。鱼类品种有青鱼、草鱼、鲢鱼、鳙鱼、鲫鱼、武昌鱼、大口鲢、叉尾鮰、塘角鱼、罗非鱼、江团、鲂鱼等。

四、工业科技应用

2003年，县委、县政府招商引资，发展工业经济，拉动县域经济增长。2006年，全县工业总产值完成13.80亿元，比2002年增长127.24%，年均增长22.78%。建成华虹化工年产27万吨电石项目，累计生产电石31.50万吨，实现产值7.56亿元，年产12万吨聚氯乙烯、10万吨烧碱项目和1.2万千瓦热电项目建成投产，生产聚氯乙烯1.50万吨，烧碱1.2万吨，产值1.2亿元。重化工循环经济试点项目年产60万吨，“三废”利用水泥等项目前期工作完成。建成小水电站22座，新增装机1.79万千瓦。推进煤矿资源整合，抓好以壁式采煤为重点的煤改。2007年，全县有大小煤矿15个，年产无烟煤46万吨，产值8280万元，创税3726万元（含调节基金每吨50元）。年产有烟煤77万吨，创产值4.47亿元，创税7469万元（含调节基金每吨50元）。生产黄金365.47千克，创产值6750万元，创税收385万元。建成百兴日产160吨石灰生产线，生产水泥9.6万吨。2012年，全县生产原煤391.14万吨、焦炭5.06万吨、发电量6.78亿度、铁合金6.48万吨、水泥46.81万吨、黄金323.3千克、盐酸9681吨、聚氯乙烯1.82万吨、烧碱2.56万吨、天然大理石板材328.76万平方米、砖1156.17万块，实现工业总产值42.53亿元、工业增加值14.09亿元。

第五节　科技管理

一、科技计划编制与实施

（一）编制

1989—2005年，全县制订中期或长期科技发展规划5次：《1995—2000年山区农业开发建设项目规划》《1995—2000年“九五”科技项目计划》《1995年科技发展远景规划》《1996—2000年星火计划发展规划》《2005年“十一五”科学技术发展规划》。

1991年，计划编制科技项目共10个：26.67公顷（400亩）池塘养鱼高产综合技术研究、商品猪基地建设探讨、中西药饲料添加剂喂猪效果观察试验、百亩吨粮田示范栽培技术研究、山苍子栽培技术研究、黑荆树种籽园的营造、意杨引种及推广营造林、土地利用状况调查、新安镇烤烟栽培示范，油菜育苗移栽高产栽培试验、池塘养鱼高产技术研究。

1992年，州科委安排项目为高纯度超细氧化锌（安龙县南龙锑制品厂），县科委安排项目为吨粮田栽培技术研究、桔梗引种示范。

1993年，计划编制的科技项目6个：中药材栽培示范（部分中药材生产的适应性和经济性）、黑山羊饲养（研究黑山羊适应性）、氨化饲料（研究氨化饲料在菜牛育肥中的效应）、小麦高产栽培、水稻旱育直播、花椒育苗（探讨花椒种子繁殖技术）。

1994年，州科委安排科研计划项目3个：名优茶——碧毫珠茶开发、良种桃树引种及栽培技术、水稻旱秧培育及其栽培技术研究（研究水稻旱秧的培育并探索移栽到大田后的管理技术）。县科委编制的重点科技项目7个：绞股蓝引种试验栽培、橘地早熟蔬菜栽培示范、水稻旱育浅植栽培、水稻旱育浅植综合高产配套技术推广、五倍子引种栽培繁殖试验、大豆引种肥料试验和核桃、板栗育苗嫁接试验。一般科技项目安排11个：花椒育种示范、青贮氨化饲料技术示范、果蔗品种改良引种示范、板栗栽培示范、倍蚜虫引种放养试验、早菜（番茄、辣子、豆）种植示范、蒙荠杨梅引种试验、嫁接板栗引种示范、水稻旱育水插示范、中药材（草本）种植示范、梨桃等落叶水果引种试验。

1995年，制定《1995—2000年安龙县山区农业开发建设项目规划》，以“宜农则农、宜林则林、宜牧则牧、宜渔则渔”的原则，推进农业生产区域化、专业化、商品化。省科委安排项目两个：良种桃树引种及栽培技术研究（连续项目）、“御茗”系列名茶，县科委安排的科研项目10个：333.33公顷（5000亩）旱育水稻推广、贫困村经济综合开发研究、亩产650千克以上水稻品种引种试验、狗养殖试验、青贮氨化饲料养殖示范、果蔗品种改良引种试验、嫁接板栗种植示范（续项）、银杏引种种植示范、不同地区旱育水稻栽培试验、早熟蔬菜种植试验。

1996年科技项目安排16个：磁化肥中试、盐水发电器引进试验、黑蚁人工养殖试验、龙山镇甘蔗栽培引种试验（2亩）、万亩水稻稀植（旱育）示范推广、秸秆微贮试验、银杏引种栽培试验（实施）、不同氮磷钾比例对烤烟产量质量的影响、烤烟品种对比试验、洋芋高产栽培试验、杂交糯玉米栽培及品比试验、旱地粮油高产栽培技术研究、高产抗病优质小麦繁育亩单产300千克以上、新桥10万千克网厢养鱼高产试验、非公有制企业党组织建设、贫困村经济开发综合研究（续项）。

1997年，省科委、农业厅、人事厅、引智办联合下达水稻旱育稀植栽培技术推广项目实施方案，推广面积2666.67公顷（4万亩）、高产样板666.67公顷（1万亩）。省科委、农业厅联合下达紧凑型玉米及其配套技术项目推广实施方案666.67公顷（1万亩）。县科技局配合县八大基地建设，安排科研项目18个：巴西陆稻引进栽培试验、人工嫁接优质银杏示范林、优质干果核桃、板栗示范基地、小麦引种繁育和推广、超级旱稻适应性试验示范、东方圣水五官灵临床试验、家庭短期育肥商品鸡、稻田养鱼技术推广、银杏引种栽培试验（续项）、磁化肥中试（续项）、旱地粮油栽培技术研究、优质大豆引种试验、移栽灵混剂防治旱育秧立枯病大面积示范、水稻抛栽试验、关于微细粒浸染型原生含矿冶炼技术开发、金和锑冶炼中废气排放处理新技术开发、1996年畜禽发病死亡情况调查、烤烟高产栽培。

1998年，州科委安排重点项目为优质油菜“油研17号”引种种植试验；县科技局安排的科研项目共8个：旱地综合开发、果树引种试验、黑糯米生产开发示范、玉米育苗移栽推广、水稻抛秧技术推广、民间验方“胃友”临床观察试验、旱地粮油高产栽培技术研究（续项）、数学n次方程求解。

1999年，州科技局下达的重点科研项目是：御茗系列“竹叶青”茶的研制、黑糯玉米品种征集与提纯复壮及开发、黄填（旱田）粮食高产稳产试验、特种蔬菜品种引种及反季节栽培试验、以福柚为主的杂种亚热带水果引种试验研究、特色蔬菜引种试验研究。县科技局安排项目2个：金银花4000公顷基地建设，黑糯玉米品种征集、提纯复壮及开发（协作单位：中国农科院）。

2000年，黔西南州科技局下达科研计划项目是特种蔬菜品种引种及反季节栽培试验。县科技局安排：水稻旱育大苗抛栽试验、反季节蔬菜栽培试验、贫困地区综合开发研究、早熟玉米引种栽培试验、七色蔬菜引种栽培试验、乌骨鸡饲养、金银花及干品制作研究、黑糯米酒研制开发、高海拔地区高产经济作物栽培试验、USA布朗系列引种栽培试验、探讨贫困少数民族地区发展途径、建设反季节塑料大棚蔬菜基地66.67公顷（1000亩）和大棚蔬菜6.67公顷（100亩）、3.33公顷（50亩）高产金银花示范项目。

2001—2003年，县科技局安排重点科研项目13个：金银花（黄褐毛忍冬苗圃基地建设）、“中香1号”优质米引种种植试验、烤烟托盘育苗、烤烟地膜栽培试验示范、农民职业教育基地建设（蔬菜大棚）、篁竹草引种试验、GAP6.67公顷（100亩）金银花示范基地、种草养鸭养鹅、生态渔业、南亚热带6.67公顷（100亩）大青枣引种试验示范、桃树高接换种试验（嫁接美国布朗李）、科技信息收集处理及资料库建立、建立健全6666.67公顷（10万亩）中药材金银花现代科技产业化GAP示范项目（续建项目，新建2666.67公顷）。

2004年，县科技局安排重点科研项目7项：种草养畜养禽、金银花GAP实验基地及育苗（续项）、新桥和龙广果树品改（续项）、甘蔗品种改良、钩藤品种改良、美国与新西兰牧草品种引种栽培试验、优质小麦引种种植试验。

“十五”期间，全县重点科技计划项目立项65项。其中农业项目60个，包括三大作物、草地畜牧业、中草药种植、桉树、竹林、果蔬、茶叶、烤烟、气象等方面项目，其他5个，有4个项目获得省科技厅、州科技局立项支持。

2005年，重点科研项目9个：金银花GAP实验基地建设验收、小麦高产栽培集成技术研究、农业适用技术培训（人数300人）、无公害蔬菜基地建设、果树品种改良（续项）、金银花育苗（续项）、柚木引种种植试验、种草养畜养禽、芭蕉芋和中药材种植及加工现状调查。

2006年，州科技局安排1项：优质稻新品种试验示范。县科技局安排重点科研项目11项：小麦高产栽培集成技术研究（续项）、优质稻引种栽培试验、苗家“葛粉丫消渴降糖茶”及“茶精”胶囊、洒雨镇脱毒马铃薯免耕稻草覆盖种植、烤烟育苗应用防雹网试验示范、科技资源信息网建设、“丰优香粘”推广试验示范、“科技、文化、卫生”三下乡活动、龙广德卧新桥3镇果树品种改良（续项）、《农业科技园地》、特色无公害蔬菜引种种植试验示范。

2007年，安排重点科研项目16个：木咱镇早晚熟糯玉米种植及推广、优质稻引种栽培试验示范、普坪镇肉牛示范基地建设、水果套袋技术推广及应用、2007年“科技活动周”宣传、夏秋冷冻蔬菜引种试验示范、前胡引种栽培试验示范、优质莲藕高产栽培试验示范、安龙县农业实用技术刊物《农技服务》、牲畜口蹄疫苗在实际防疫工作中的效果、牧草宽厢宽带套种烤烟试验、无公害蔬菜栽培试验示范、旱地绿肥繁垄玉米粪团育苗移栽高产栽培示范、农业实用技术培训、龙山镇种草养畜养禽试验、优质落叶水果示范基地建设。

2008年，全县重点科研项目10项：优质杏李引种试验示范推广、两要素自动气象观测系统建设、安龙县《农业科技》出刊发行、“科技、文化、卫生”三下乡活动、“科技活动周”宣传活动、普坪镇种草养畜、万峰湖镇永和村农业科技培训、农业适用技术灾后培训、冬小麦免耕机播对比试验示范（追加项目）。

2010年，全县承担上级科技计划项目7个：生长育肥猪微生态养殖模式试验示范项目、三元杂交瘦肉型生猪养殖、优质水果梅李引种栽培推广示范、金银花等中药材种植技术培训、益母草种植技术培训、优质水稻无纺布旱育稀植高产栽培示范、羊对秸秆类饲料的利用研究，其中全州重大专项2项、省星火培训项目3项、州级项目2项，投入科技经费35万元；县级科技项目8项县级小气象台研究、普坪镇茶叶高产栽培试验示范、益母草种植试验示范、安龙县金银花种质资源收集保存及苗木开发、十万亩中药材种植基地建设、早熟蔬菜种植试验示范、黄褐毛忍冬高产生态栽培、果蔗田套种早熟蔬菜，投入科技经费13万元。

2011年，全县承担省、州科技项目5项：生猪微生态养殖技术示范、常温保存半干发酵香肠研制、生物发酵饲料喂母猪试验示范、益母草规范化种植科技示范基地建设、安龙县优质肉牛杂交改良与育肥技术研究，其中省星计划项目1项、州科技计划项目4项，投入科技经费36万元；县科技局安排项目10项：万峰湖中药材（前胡）种植培训，土法造纸技术研究与创新，优质无公害生态茶叶规范化种植示范，优质肉牛品种改良及养殖、优良草种种植，中药材紫珠良种繁育与丰产栽培基地建设、“牛官南翠白山药”异地引种技术研究、旱半夏（麻芋子）高产栽培、金银花规范化种植及分级采收加工、无籽刺梨种质资源收集和扦插技术的推广、优质茶叶规范化种植试验示范，投入科技经费25万元。

2012年，全县申报各级科技项目30项，其中国家级2项、省级3项、州级26项，获经费支持210万元。

（二）实施

1988—1990年，农艺师留汉尧承担，县农经委、化力农技站、县科委参与的百亩吨粮田模式栽培技术研究，取得水稻、小麦两季双高产的成果，受到省政府表彰。县土管局承担、县科委和县农经委及相关各局参与对全县土地利用现状调查，摸清全县土地分类分布利用状况。县科委刘继泉承担，化力区农技站参与试验的油菜育苗移栽高产栽培试验，改撒播为育苗移栽，取得好的效果，在县境内广泛推广。

1992年，县科委系统参与“星火计划、科技扶贫”项目实施，鼓励科技人员下厂下乡发展商品生产，参与项目。奖励办法是：在项目按计划实施完成并回收星火基金后，经检查验收，从返回5%的基金中按适当此例奖励参与该项目实施管理的有关人员，县科委从匹配的星火基金中提取一定的资金占用费，视参与项目实施的贡献大小，按10%—40%的比例奖励分管和参与该项目实施的有关人员；允许和鼓励科技人员通过调动、借用、兼职等方式到乡（镇）企业、城镇企业和民办科技实体工作，保留全民所有制人员身份，人事、工资、福利由企业承担。结合“星火计划、科技扶贫”工作单位选派定点下厂下乡的科技或行政管理人员，原一切待遇不变，与原单位职工享受同等待遇，包括调资、职务晋升、住房分配、生活福利、子女入学就业等。县科委可以兴办经济实体，增加科技人员合法收入；直接承担国家、部、省、州重大科技项目的科技人员，实行岗位津贴，对推动科技进步作出重大贡献的科技人员实行重奖；企业工作的科技和管理人员，收入与企业经济效益直接挂钩，企业可以从技术开发项目投产所取得的效益中按比例一次性提取奖励费，作为对直接参加项目实施的科技和管理人员的奖励。

1993年，实施中药材栽培示范、黑山羊饲养、氨化饲料、小麦高产栽培技术研究和示范、水稻旱育直播、花椒育苗等项目7个。

1994年，利用项目基地，培训200余人次。

1995年，县、乡镇农技站承担在16个乡（镇）实施水稻旱育浅植综合高产配套技术推广3200公顷，取得好的收成。县科协承担、县科技局派员参加在铜鼓山园艺场进行的0.67公顷梨桃等落叶水果，引进鸭梨、雪花梨、早熟优质水蜜桃新种安农水密、金华大白桃、早甜油桃、早熟葡萄新品种，胜宝芽变等引种试验，对生长情况、适应性、品质、丰产性、商品性的测定做出试验总结。海子乡政府承担的核桃、板栗育苗嫁接试验，育苗试验地0.47公顷，幼苗8万余株。

1996年，根据县委、县政府要求，在“九五”期间为全县每个村、组培训1—2户科技示范户，共培训全县农科户300余人。

1997年，配合8大基地建设，安排项目18个。

1998年，贯彻《黔西南州重点科研项目管理办法》《黔西南州科技进步奖励办法实施细则》《黔西南州惠农科技扶贫贡献奖（510工程）实施申报细则》《黔西南州创建科技先进乡（镇）的意见（试行）》等法规、文件，将科技目标管理纳入了县的工作目标管理考核体系。

1999年，省农科院负责黑糯玉米种的分析鉴定及原种繁育种植在新安镇双山试验1公顷。

进入21世纪后，每年均按照科技计划要求予以实施，均取得良好效果。

二、科研经费管理

20世纪80年代后，县内科研经费全部实行科技合同制。核定项目总需经费及阶段所需经费，按项目实施进度拨款；项目主持单位于当年12月20日前提交总结和财务报表，如因工作懈怠、挪用经费、违法渎职，致使合同停止执行，除无法抗拒的灾害外，主持单位应负法律责任和经济责任；在合同中明确科技三项经费偿还数额及时间；明确科研经费所置仪器设备所有权属项目下达单位，但项目委托单位（甲方）应向项目主持单位（乙方）提供条件，安龙县按《黔西南州科学技术发展基金暂行管理办法》，提出了科技发展基金的来源和用途。来源主要有：财政拨款；从科技三项经费中划拨一部分；按科研合同回收或偿还的经费；各单位、团体、个人的资助和捐赠。用途为：资助有利于发挥安龙资源优势，有推广应用价值，并可取得较大经济效益的科研项目；科技发展基金安排的项目也实行科技合同制及无偿、部分无偿、有偿使用的办法。基金开支只限于被资助项目直接费用，项目主持单位或主管部门均不能截留、提成、挪用。基金应用设立专账专户，接受监督，不冻结，滚动使用；因工作不负责任，导致项目失败，造成重大损失，追究主要责任者责任，赔偿经济损失。

1997年，县科技局发布《安龙县星火发展基金管理办法》，规定县的星火发展基金实行专款单列，专款专用，以拨代支，定期归还，滚动使用的原则。星火发展基金的来源是国家科委下达的专项资金、省州科委每年从星火基金中划拨的专项资金、县财政拨给的专项资金、历年从星火计划项目中回收的星火基金、其他资金，用于星火项目的技术引进和技术开发。星火发展基金使用期为1—2年，部分周期较长的农业项目可视情况放宽为3年。

1989—2007年全县历年科研经费情况表

表18—2—2　　单位：元

年度	科技三项费		其他	年度	科技三项费		其他
	合计	地州科技三项费			合计	地州科技三项费	
1989	17000	—	18000	1999	22000	10000	17000
1990	21000	—	18000	2000	81000	60000	165000
1991	164600	125000	191000	2001	25000	3000	18000
1992	10000	—	10000	2002	20000	—	16000
1993	20000	—	15000	2003	24000	4000	19000
1994	21000	—	16000	2004	22000	—	19000
1995	19000	—	14000	2005	23000	—	19000
1996	20000	—	15600	2006	120000	4000	195000
1997	20000	—	15000	2007	80000	—	36000
1998	21000	10000	16000				

三、成果管理

（一）成果鉴定

1994年以前，采取会议鉴定的形式。

1994年6月19日，成立安龙县科学技术成果鉴定小组后，科技成果的鉴定形式有所改进。鉴定小组成员要求中级职称以上的行家占多数(三分之二以上)。同时，根据成果情况，少部分采取专家评议鉴定办法。

（二）成果奖励

20世纪80年代至2007年底，安龙县科技系统获部级技术改进一等奖1个、省授予二等奖1个，省政府奖励的先进个人6人，受国家科委、科协、农业部、人事部、国家气象局等国家机关部、办、委、局奖励的先进个人12人。受省科委、科协、农业厅等省厅、局奖励的有14人。受州委、州政府奖励的先进个人有6人，受州科技局、州科协等州直部、办、委、局机关奖励的有12人。受县委、县政府表彰奖励的先进个人有26人。

安龙县科技进步奖，从1993年起，2—3年奖励一次，奖励在科技工作中，直接做出创造性贡献的主要研究人员和主要完成单位。奖励分为1—4等。

第六节　科技队伍

1993年10月1日，《中华人民共和国科学技术进步法》颁布实施，调动了广大科技人员的积极性。至2007年，全县干部在职职工的情况是干部职工总数7612人。其中具有高级职称94人，中级职称1303人，初级职称3868人。干部职工文化程度结构是：大学本科631人，大专3209人、中专(含高中)1808人，其他1964人。

一、科技副县长

1993年3月30日，安龙县第十二届人民代表大会第一次会议选举聂新、代振礼、胡荣基为安龙县人民政府科技副县长(挂职)。至2012年，经县人大常委会任命的县人民政府科技副县长有柴以华、周炼、金智、薛淑敏、冉兵、刘凡值、王丰等。

二、科技副乡（镇）长

选派科技人员到乡(镇)任职，是贯彻“经济建设必须依靠科学技术，科技工作必须面向经济建设”的方针，加强乡(镇)科技领导力量，促进“科技兴县”的一项重要措施，是科技人员与工农相结合、提高政治思想素质和组织管理能力的好形式。

1992年，县委将选派科技人员到乡镇任职作为经常性工作。选派到乡镇任职的科技副乡(镇)长，任职到期后经选举转为乡(镇)政府副乡(镇)长。选派科技干部乡(镇)任职任务是在乡(镇)党委、政府的领导下，抓好科技组织建设和基层科技队伍建设，组织制定科技发展规划和科技扶贫计划，建立健全农村科技服务体系，为农民提供综合服务；引进科学技术，论证推广科技项目和实用技术，开发新产品，组织技术攻关，开展科技交流，沟通选派单位和所在乡(镇)的技术协作与经常性的联系工作；抓好农村技术培训，传播科技信息，多渠道、多形式提高农村劳动者的科学文化素质，同时建立起科技示范村、组、户及科技先导型乡(镇)企业，培养一批科技致富的样板。

三、技术职称评定与管理

1989年，全县共有3335人获得技术职称，其中，高级职称36人，中级职称485人，初级职称2814人。2007年，全县获得技术职称的人员有高级职称94人，中级职称1303人，初级职称3868人。全县干部职工总数为17612人，文化程度情况是大学本科635人，大学3209人，中专(含高中)1808人。

附：

1989—2012年安龙县部分科技先进单位和先进个人名录

中共十一届三中全会以来，对知识分子和科技人员的各项政策得到落实，从而调动了科技人员的积极性，科研人员做出了不少成绩，受到党和政府的表彰和奖励。本志列举县内1989—2012年受到州级以上表彰的部分先进集体和个人。

（一）受表彰奖励的先进单位

1996年，县农业局被贵州省人民政府授予贵州省1996年度水浅植栽培技术推广先进集体；2003年，县饲草工作站完成《国外优质牧草标准化引种栽培试验研究》，荣获黔西南州人民政府授予的黔西南州科学技术进步二等奖。

（二）受表彰的先进个人

1. 受中央国家机关奖励的先进个人

詹宽文　1999年12月，被中华人民共和国农业部授予“全国农业技术推广先进工作者”。

万方钧　1991年6月12日，被水利部授予“为水利事业勤奋工作25年为国家作出了贡献”荣誉。

邹诗学　1995年8月，被中国科学技术协会授予“全国农村科普先进工作者”。2000年12月，被中华人民共和国科学技术部、中国科学院、中国科学技术协会授予“科技扶贫先进个人”。2001年5月，被中国科学技术协会批准为第三届“中国科学技术协会先进工作者”。2000年12月，被中华人民共和国农业部授予“在2000年全国农牧渔业丰收奖三等奖”。

钟远达　2000年12月15日，被中华人民共和国教育部、人事部授予“全国模范老师”。

蒋承坤　2001年11月，被中国农业技术推广服务中心授予2001年全国病虫测报先进工作者，农业部授予全国农牧渔业丰收二等奖。

陈　林　2005年3月16日，被中国气象局授予“质量优秀测报员”。

朱国荣　2005年10月，被中国科学技术协会授予“全国科普工作先进个人”。

丁洪军　2006年9月，荣获水利部“全国水利系统新闻宣传先进个人”。

王济扬　2007年1月，被中华人民共和国水利部评为“水土保持先进个人”。

2. 受省人民政府及省直机关单位表彰奖励的先进个人

留汉尧　1992年2月，荣获省人民政府“1990—1991突出贡献”奖。1999年5月18日，荣获贵州省科学技术委员会“贵州重农科技扶贫贡献奖”。1997年8月，获贵州省人民政府、政协贵州省委员会特邀参加“贵州省第3次智力支边表彰大会”。

王启钟　1997年12月26日，荣获贵州省水产局“1997年度水产技术推广先进个人”。1999年12月30日，荣获贵州省农业厅“贵州省农业丰收一等奖”。1999年4月15日，荣获“1998年全省水产技术推广先进个人”。

李昌国　1990年，荣获贵州省人民政府“林业先进科技示范户”。

蒋成坤　1992年2月，被省人民政府授予“1990—1991年突出贡献”奖。1991年2月，被省农业厅授予“综合技术杂稻丰收”项目二等奖。1992年2月，被省农业厅授予“黔西南州综合技术杂稻大面积丰收”项目一等奖。1990年2月22日，被省农业厅授予全省农业系统先进工作者。1995年2月，被省农业厅授予“农业丰收”三等奖。1993年3月，被省农业厅授予“综合技术推广农业丰收”一等奖。1994年4月1日，贵州省人民政府发给特殊津贴。1997年12月，被省农业厅授予“农业丰收”二等奖。

詹宽文　1992年2月27日，被省农业厅授予“全省农业系统先进工作者”。2006年1月，被省农业厅授予“贵州省农业丰收二等奖”。

朱国荣　1993年12月25日，主持“安龙县开发南盘江河谷资源香蕉生产示范推广”项目，获贵州省星火科技三等奖。1987年，获省农业厅、省土地管理局颁发的第二次土壤普查和土地资源概况调优秀成果奖。1986年1月，被省农业厅授予“在中低产田土粮食增产综合技术措施研究攻关”成绩奖。

赵厚刚　1993年2月，被省农业厅授予“农业丰收三等奖”。

陈万祥　1993年11月19日，被省农业厅畜牧局授予“贵州省畜禽寄生虫区系调查三等奖”。2001年12月30日，荣获省农业厅“贵州省农业丰收奖”。

陆光华　1997年9月1日，被省人民政府授予第三届“科技兴农人才奖”。

向正辉　1997年，被省人民政府授予“省级水利先进个人”。

袁发理　1998年12月，被省人民政府授予“劳动模范”。

张　堤　1998年12月30日，被省农业厅授予“贵州省小麦主要病虫害综合防治技术推广应用一等奖”“贵州省农业丰收奖”。2003年1月8日，被农业厅授予“2001—2002年度病虫测报工作先进工作者”。2000年3月18日，被省妇女联合会授予“科技带头人”。

岑　岭　1998年12月8日，荣获贵州省人民政府“科学技术四等奖”。

邹诗学　1998年，被省委组织部、省科学技术协会授予“贵州省农村党员、基层干部实用技术培训工作先进个人”。2002年7月，被省科学技术协会授予“贵州省科学技术协会先进工作者”称号。1999年6月，省科学技术协会、省委组织部、省扶贫开发办公室授予“贵州省科技扶贫名人”称号。

王安宁　2001年，被省农业厅授予“2000年测报先进个人”。

汪发鉴　2004年1月19日，被省气象局授予“2004年重大气象服务先进个人”。1999年4月，被省人民政府授予“气象先进个人”。

陈　林　2005年1月，被省气象局授予“2004年度全省地面测报先进个人”。

杨娇萍　2005年，被省农业厅授予“科技培训先进个人”。

姚支农　2007年，被省农业厅授予“2006年‘十五’期间农村能源先进个人”和“土肥技术推广先进个人”。

3. 受州委、州政府表彰奖励的先进个人

王启钟　2001年2月，被中共黔西南州委、州人民政府授予“黔西南州优秀科技人才奖”。

邹诗学　1998年10月，被中共黔西南州委、州人民政府授予“黔西南州智力支边工作(1984—1998)先进个人”。

留汉尧　1995年5月31日，被黔西南州人民政府授予“木咱吨粮田栽培技术研究及示范一等奖”。

陈万祥　1995年5月31日，被黔西南州人民政府授予“安龙县畜禽寄生虫病区系调查三等奖”。

钟远达　2004年3月，被中共黔西南州委、州人民政府授予“黔西南州第三批优秀科技人才奖”。

刘光春　2004年3月，被中共黔西南州委、州人民政府授予“黔西南州第三批优秀科技人才奖”。

第七节　科技服务

一、星火计划与科技扶贫

星火计划是中共中央、国务院批准实施的依靠科技进步，振兴农村经济，普及科学技术，带动农民致富的指导性科技计划。宗旨是坚持面向农业、农村和农民；坚持依靠技术创新和体制创新，促进农业和农村经济结构的战略性调整和农民增收致富；推动农业产业化、农村城镇化和农民知识化，加速农村小康建设和农业现代化进程。以推动农村产业结构调整、增加农民收入、全面促进农村经济持续健康发展为目标，加强农村先进适用技术的推广，加速科技成果转化，大力普及科学知识，营造有利于农村科技发展的良好环境。安龙县围绕农村资源综合利用和农副产品加工、农村特色产业等领域，集成配套并推广一批先进适用技术。选择星火计划项目有吨粮田、芭蕉芋、GAP金银花、林木、烤烟、养鱼、中药材等利用农村资源，投资少，见效快，先进适用的技术项目，培养一批农村技术、管理人才和农民企业家，发展高产，优质高效农业，推动农村社会化服务体系的建设和农村规模经济发展。

1990年春，国家科委会同致公党中央、民进中央及全国工商联共同研究，决定对云南、贵州、四川、广西等西南4省（区）开展“星火计划、科技扶贫”。确定首先在贵州试点，然后向西南4省（区）推广，贵州试点放在黔西南州，安龙是试点县之一。县政府成立“星火计划”“科技扶贫”试验区领导小组，组长由县长龙刚担任。

（一）吨粮田“星火计划”项目

1990年，县科委以“举星火旗帜，促经济发展”立项吨粮田高产技术研究及示范推广项目，在化力区木咱乡开展百亩吨粮田试验。

1991年，黔西南州科委立项的安龙“吨粮田稻、麦高产栽培技术研究”项目，由6.67公顷扩大到73.33公顷。1992年扩大为200公顷，定为州、县、区三级党委和政府联办的样板，得到中共贵州省委、省政府的肯定。

1993年3月11日，县政协联合县农委创办木咱乡农业技术职业学校，第一期招收初高中毕业生114人，学员分布木咱坝子9个村，在校内接受系统培训，校外是义务技术推广员和吨粮田的参试者。当年水稻平均单产739.7千克，比上年增产19.3%，小麦平均单产226.25千克，比上年增产11.3%。水稻推行增钾减氮的施肥配方，据调查，每100千克稻谷节约化肥投资1.38元。

1994年，实施麦200.27公顷、稻203.33公顷，平均单产分别为264.15千克和750.2千克，比实施前的实产小麦、稻平均亩分别增加139.15千克和150.2千克。据统计，1990—1994年，累计实施小麦607.4公顷、水稻680.2公顷，累计增产小麦124.67万千克、水稻113.14万千克。

（二）芭蕉芋“星火计划”项目

1991年，芭蕉芋种植“星火计划”项目示范点为招堤三岔、普坪鸭子井，面积20公顷，总投资2.5万元，其中星火基金1.4万元、自筹资金1.1万元。至1992年3月，举办芭蕉芋高产栽培技术培训8期共1220人。经测产，试验项目产量70万千克，产值4.9万元，税收3000元，纯利2.1万元；辐射带动300户共26.67公顷，产量120万千克，产值8.4万元，纯利4万元。

安龙粉丝厂生产的精制粉丝在全国“七五”星火博览会上被评为优秀新产品，远销四川、湖北、甘肃等地。利用芭蕉芋淀粉生产变性淀粉黄糊精中试取得成功。

（三）林木种植“星火计划”项目

1990年，在白鸡山、聋金示范种植20公顷共6600株，总投资1.5万元，产值4.5万元，培训人员800人次。同年，种植桉树20公顷共6.6万株，总投资4.5万元，培训人员100人次。

山苍子项目，在海星示范种植66.67公顷共20万株，投资4万元，培训人员110人次。

（四）烤烟“星火计划”项目

1990年收购烟叶21.57万千克，烟农收入48.7万元，烟草公司收入上缴税利18.5万元；1991年收购烟叶23.75万千克，烟农收入55.56万元，烟草公司入库上缴税利21.1万元。

1991年，在坡云村示范种植13.33公顷共22万株，总投资3万元，培训1440人（次）。产量15吨，产值3.1万元，税收1万元，纯利1.5万元。

1994—1995年，烤烟生产滑坡。1996年，县委、县政府把烤烟生产工作作为重点来抓。各乡（镇）成立烤烟领导小组，责任落实到人，实行目标考核；烟草部门抓好产前、产中、产后配套服务，与农户签订种植合同。全县全年种植烤烟333.87公顷，分布在海子、洒雨、普坪、戈塘、钱相和新桥6个乡（镇）的25个村，114个村民组，1252户。全县收购烟叶586.27公顷，产值434万元。采取“公司+农户”生产模式，1996年通过种烤烟脱贫的达876户。其中，收入2000—5000元的704户，5000—10000元的108户，1万元以上的54户。海子乡烤烟产量400吨，产值380余万元，创税57万余元，其中陇桥村烟叶产量90吨，产值80多万元。

到2012年，全县种植烤烟4335公顷，收购烟叶7413吨，实现产值1.3亿元，除万峰湖镇、坡脚乡外，其余各乡镇均有种植，成为县内农民增收致富的主要项目。

（五）池塘养鱼“星火计划”项目

20世纪90年代初实施，示范点为海子农场、德卧、坡关，示范户184户共30.27公顷，总投资8300元，培训人员245人（次），产量1690千克，产值101.3万元，税收5.5万元，纯利33.8万元。

（六）油菜桑叶“星火计划”项目

20世纪90年代初实施，油菜和桑叶示范种植1.33公顷，总投资1万元，产量2500千克，产值3.5万元，纯利2.5万元。

（七）安龙县GAP中药材示范基地项目

“八五”期间，根据省“四园三场”的发展思路，“九五”初期，安龙县提出建立“八大基地”的总体规划，“九五”初期在边远贫困山区乡（镇）发展万亩药材基地。药源品种为杜仲、黄柏、厚朴等长效药材和桔梗、牛膝、黄芪、板蓝根、柴胡、白术等短效药材。“九五”期末，县委、县人民政府根据典型喀斯特地区的实际，结合近几年发展状况，提出大力发展金银花的思路。

中共安龙县委八届五次全体会议通过《关于制定国民经济和社会发展第十个五年计划的建议》，提出以结构调整为主线，重点抓好6666.67公顷（10万亩）金银花种植及系列产品加工，发展生物制药，加快药业产业化步伐，大力发展优质、特色、高效中药产品，形成有特色的支柱产业。

德卧镇大水井村1978年开始栽培金银花，但由于零星分散，没有形成规模，经济效益不明显。受德卧栽培金银花的影响，邻近的龙广、万峰湖、平乐、笃山等乡（镇）也有一定规模的发展。1993年，大水井村村民杨青邦种植金银花20余株，1996年收入170多元；1995年村民高洪科种植52株，1997年收入400多元。五保户王家清不要国家补助，通过种植金银花走上致富路，《贵州日报》《贵州经济报》《黔西南日报》等媒体作了报道。1998年5月，全国人大常委会副委员长许嘉璐到德卧大水井考察，对金银花的药用保健价值给予肯定，要求搞好金银花种植的同时开发好系列产品。1999年5月24日，科技部副部长韩德乾到安龙考察，指出安龙属典型的喀斯特地区，发展金银花潜力大，不仅经济效益好，而且还能增加森林覆盖率，具有保持水土，增加氧气，净化空气，涵养水源的作用，是周期短，见效快的短平快项目，是喀斯特山区农民致富奔小康的路子。县委、县政府决定把金银花作为一项支柱产业来抓，在县德卧、龙广、龙山、洒雨、海子、普坪、坡脚、兴隆、平乐和笃山10乡镇发展高产优质高效6666.67公顷（10万亩）科技产业化金银花和万亩中药材GPA示范项目。至2012年，全县金银花播种面积165公顷，干花总产量38吨，成为石漠化山区农民增收致富的重点项目。

二、民主党派在“星火计划”和“科技扶贫”中的活动

1998年5月8—11日，全国人大常委会副委员长、民进中央主席许嘉璐率团考察黔西南州“星火计划”和“科技扶贫”试验区，随同考察的有全国人大常委会委员、全国人大科教文卫委员会副主任、民进中央副主席张怀西，科技部、铁道部、中科院及民进中央有关部门的负责人共20人，先后实地考察德卧镇大水井村金银花种植、龙广镇玉米育苗移栽和顾屯村芭蕉芋粉丝生产。其间，民进中央向安龙捐赠助

教基金6万元，确定金银花栽培试验由民进中央指导、县科技局实施。2000年，在平乐乡朗元村25度坡地（喀斯特山区）示范种植3.33公顷。

1999年5月，民进中央副主席荣元成等到县考察，确定建设新桥镇龙洞星火希望小学，1999年9月动工，翌年7月竣工，建筑面积为533平方米，总投资16.2万元。坡脚乡八坎星火希望小学，1999年7月动工，2001年建成。

2002年，民进中央委托县妇联、县科技局、县教育局、德卧中学培训第二期“星火计划”巾帼青年科技带头人60人，培训内容包括冬季果树修剪、肥水管理、病虫害防治及林草、牧草种植、养畜技术等。

2010年4月，民进中央到县调研旱灾损失，支持安龙县各类资金48万元、各种物资价值45万元。2011年，民进中央投入资金15万元，帮助安龙修建水窖37口。

三、科普服务

建立县科普工作联席会议制度，由分管科技副县长任组长，成员单位有科技、教育、卫生、农业、林业、畜牧、环保、水利、文化、财政、科协等。每年召开会议两次以上，通报各部门开展情况及科普经费投入、使用、扶贫情况。2002年11月，县科技局、县妇联、德卧中学联合举办为期1个星期的农业适用技术培训，参加人员是青年“星火”带头人、村、组干部、农村妇女、种养能手等共90多人，进行果树种植、嫁接、修剪、施肥及种草养禽、养畜等理论学习及实地操作。2003年6月，县科技局会同县妇联、德卧中学在德卧镇组织16个乡（镇）村组干部及兴义、贞丰两县市村组干部共40余人参加金银花种植、加工知识培训。利用赶场天，组织有关科技人员对农民农村适用技术进行技术咨询，发放科普资料等。

2000—2003年，省、州、县三级科技系统共投入科技资金47.2万元，其中省级9.9万元、州级5.3万元（其中培训费3万元）、县级32万元。重点科研项目40个。所立项目围绕扶贫“两高一优”及农业优质新产品的引进，新技术的试验、示范及推广。经检查验收，所立项目达到目的。

四、科技情报信息

1991年，办好《安龙科技》，编印5000余份。无偿和有选择地向有关单位发放《西南科技报》1600份，培训农村各项专业人员2000人次。1992年，采用放录像方式普及科学知识，累计放科普录像12场，收视者1.5万人。编辑《安龙科技·水稻旱育秧稀植技术》专刊1期，发放到广大农户手中。1994年，利用科教录像对农户进行技术培训1万余人次。县科技局配合团县委、智力支边办联合培训1期农村青年“星火”带头人70余人次，为“王中王”饲养添加剂系列刊出《安龙科技》专刊1期。创办《农技园地》5期。

五、科技咨询和科技情报服务

科技咨询自20世纪70年代末起开展。县科技局、农业局、畜牧局、水电局等单位经常深入农村对养殖业、种植业和农副产品加工专业户水利工程养护提供咨询服务，解决生产中遇到的困难和问题。厂矿企事业单位则采取登门拜访和请进来考察指导等办法，聘请境内外专家、学者、教授、工程技术员指导技术。科技情报部门加强咨询调查研究，及时了解用户需求，为用户开展专题咨询等。

1990年举办培训班8次，参训2000余人次。1992年采用放录像的方式，普及科学知识，全年累计放映科普、农业实用技术、家庭养殖等科学知识普及录像24场次。

1999年，县科技局与宣传、卫生等部门开展送科技、送文化和送卫生的“三下乡”活动5次，受训人员5万余人次。1997—2000年，每年在县城集中培训科技骨干2000余人（次），使之掌握1—3门生产实用新技术；各乡村采取实地现场培训等方式，培训农民8.8万人（次）。2002年，先后在德卧、新桥、笃山、木咱、平乐等乡镇开展培训活动，德卧中学、新桥中学分别创办“绿色证书”培训基地，参训人员1500余人，颁发“绿色证书”428人，德卧村敖风东、平安村陈正伦、坡贡村韦云华等农户，种植葡萄、金银花、砂仁获得成功，年收入上万元。2004年后，确定每年5月第2周为贵州省科技宣传周，分别组织农、林、卫生等系统的科技人员到乡镇开展科技知识宣传活动，每年受训人数均在10万人（次）以上。

六、科技兴农

20世纪90年代初以来，随着“星火计划”“科技扶贫”的实施，全县水稻、玉米等农作物种植水平日渐提高，杂交良种普及，两段育秧、旱育稀植、旱地分带轮作、营养球育苗移栽等农业适用技术得到应用。至1998年，全县粮食总产量15.2万吨，连续获得省人民政府授予粮食先进县光荣称号。畜牧养殖，引进和改良饲养品种，更新饲养技术，发展规模养殖，推行防疫双轨制度，猪、牛、羊、鱼等主要畜产品递增，1998年肉类总产量18152吨，实现畜牧业总产值11730万元。林业，加大造林和森林资源保护力度，1998年完成人工造林2418.6公顷，提前两年完成省委、省政府提出的10年绿化任务；热带水果、早熟蔬菜种植发展势头强劲。到2000年底，全县绝对贫困人口（纯收入625元以下）3.06万人，低收入人口（625—865元）7.35万人。至2006年底，全县贫困人口43680人、低收入人口30892人。至2010年，贫困人口执行标准为2300元，全县在2300元以下的贫困人口13.41万人，全县农民人均纯收入3328元。

第十九篇　医药　卫生

第一章　医疗卫生机构

中共十一届三中全会以后，安龙县相继恢复在“文化大革命”中撤销的医疗机构，并大力发展农村合作医疗。到1986年，全县有集体所有制乡镇卫生所39个，有卫生技术人员125人，全年门诊11.54万人；个体行医者115人。是年，建立县药品检验所。到1988年，县人民医院有门诊部2个、住院部1个，设妇产科、内儿科、外科、中医科、药剂科、检验科和放射科，有病床123人，卫生技术人员119人。个体行医者153人。

1985年5月，安龙疗养院改隶黔西南州卫生局。1986年，安龙疗养院有职工54人，其中医护人员38人，在县城磨园头建成皮肤门诊部，建筑面积1244平方米。大海子麻风村主要收治安龙、兴仁、贞丰、册亨等麻风病人，至1986年，共有病床109张，职工22人，其中医护人员11人，隶属于县民政局。

第一节　卫生管理机构

一、县卫生和食品药品监督管理局

1989年，县内卫生行政机构设有安龙县卫生局、安龙县食品药品监督管理局。县卫生局是县政府工作部门，行使全县卫生行政管理职能；县食品药品监督管理局，行使食品安全综合监管职能和药品监督管理职能，是省以下垂直管理部门。

2010年4月，撤销安龙县卫生局、省以下垂直管理的安龙县食品药品监督管理局，组建安龙县卫生和食品药品监督管理局，为主管全县医疗卫生保健、食品药品监督的县人民政府工作部门，行使卫生行政管理职能、食品安全综合监管职能和药品监督管理职能。

二、县疾病预防控制中心

1989年，县卫生防疫站为副科级事业单位，内设卫生科、防疫科和检验科。1990年1月，明确为科级事业单位。2002年4月，撤销县卫生防疫站，建立县疾病预防控制中心。2002年4月，撤销县卫生学校，其人员分别并入县卫生监督所和县疾病预防控制中心。

三、县卫生监督管理所

1986年，成立县食品卫生监督所，挂靠县防疫站。1997年7月，撤销县卫生监督办公室、县食品卫生监督检验所，成立安龙县卫生监督执法大队。1998年6月15日，成立安龙县卫生监督办公室，属事业编制。2002年4月10日，撤销县卫生监督执法大队，成立安龙县卫生监督所，为副科级事业单位，下设办公室及业务一、二、三股。

四、县妇幼保健站

1989年以前，县妇幼保健站为副科级事业单位，1990年1月，明确为科级事业单位。2004年，撤销县妇幼保健站、县技术指导站，组建县计划生育技术指导与妇幼保健中心。2008年，更名为县计划生育妇幼保健院，明确为正科级事业单位。

五、县新型农村合作医疗管理中心

2007年，新型农村合作医疗正式在县境启动；2008年，成立安龙县新型农村合作医疗管理中心，内设综合股、资产管理股，负责全县新型农村合作医疗管理工作。2011年6月，县新型农村合作医疗管理中心由县卫生局划归县人力资源和社会保障局管理。

六、县卫生和食品药品监督管理稽查大队

2010年4月，经县人民政府同意，成立县卫生和食品药品监督管理稽查大队，为参照《公务员法》管理的副科级事业单位，负责全县卫生和食品药品监督管理稽查工作，承担全县卫生和食品药品安全监督执法职能。

第二节　爱国卫生运动委员会与红十字会

一、县爱国卫生运动委员会

县爱国卫生运动委员会是县政府的一个议事协调机构，县委、县政府主要领导人担任县爱国卫生运动委员会主任。主要职责拟定、组织贯彻国家和全县公共卫生和防病治病等的方针、政策和措施；统筹协调有关部门及社会各团体，开展群众的爱国卫生运动，普及卫生知识，以预防和减少疾病，保护人民健康，是中国卫生工作的伟大创举。1989—2012年，县爱国卫生运动委员会组织文明县城创建工作，城区开展卫生大扫除，实施农村改水改厕工程，杀灭老鼠，清除卫生死角垃圾等群众性卫生活动。2002年3月，省人民政府授予安龙县“省级卫生县城”；同年4月，安龙县被评为“九五”期间“全国农村自来水普及工作先进单位”，并获全国爱国卫生运动委员会表彰。

二、中国红十字会安龙县分会

中国红十字会是中华人民共和国统一的红十字组织，为了保护人的生命和健康，发扬人道主义精神，促进和平进步事业，是从事人道主义工作的社会救助团体。1989年9月，成立安龙县红十字会，办公室设于县卫生局内，由县卫生局具体负责红十字会的日常事务。2000年，县红十字会与县卫生局分离，独立开展红十字会相关工作。2008年10月29日，县红十字会从县卫生行政部门分离出来，机构规格为正科级，列入群众团体组织机构序列，人员编制核定为事业编制3名，参照《中华人民共和国公务员法》管理。2012年3月28日，成立中共安龙县红十字会党支部；9月3日，成立安龙县红十字会工会。5月28日，召开安龙县红十字会第三次会员代表大会，选举产生第三届理事会，县人大常委会副主任林淑丽兼任县红十字会会长。聘请县委书记邓修宇、县长蔡平为名誉会长，常务副县长王敬贵、县委组织部部长王丽琼、副县长李泽芸、县政协副主席杨绍芸为名誉副会长；成立基层红十字会4个：兴隆镇红星村红十字会、冗华村红十字会、安龙博爱医院红十字会、安龙四中红十字会；新建安龙招堤景区红十字救援队。1989—2012年，县红十字会及时调查县境的自然灾害情况，并上报给省、州红十字会。组织向灾区发放救济物资，捐款捐物，开展“红十字博爱送万家”“送温暖、送爱心”慰问等活动。

第三节　医疗与防治机构

一、县人民医院

1989年，县人民医院设有第一门诊部（顺城街）、第二门诊部（广东街）和住院部；1990年，增设保健科，并明确为区级单位。至2012年，县人民医院设门诊部2个、住院部1个。院部设有院办公室、医政科和护理部；临床科室设有内儿科、外科、妇产科、中医科、麻醉科、急诊科、传染科、影像科、手术室、120急救中心、体检中心；非临床科室设有药剂科、供应室、总务科、放射科、检验科；门诊部（两个）设有内科、外科、中医科、五官科、口腔科、放射科、理疗室、检验科、药剂室。

二、乡镇卫生院

1989年，全县设有新安、龙广、洒雨、普坪、化力、龙山、兴隆7个区卫生院，城关、德卧、龙广3个镇卫生院，招堤、大坪、幺塘、木咱、坡贡、新桥、停西、坡脚、科汪、五台、花木、永和、纳赖、洒雨、九头、木科、戛那、大坝、竹林、古里、普坪、钱相、阿赖、鲁沟、戈塘、北乡、纳院、巧岭、梨树、花障、笃山、木城、平乐、龙蛇、石盘、冗华36个乡卫生院。1992年，“建镇并乡撤区”后，将原有7个区、2个区级镇、36个乡、1个乡级镇，改设为10个镇和6个乡，原来的区、镇、乡卫生院，按行政区划设新安、德卧、龙广、永和（1998年改为万峰湖）、新桥、木咱、兴隆、龙山、普坪、戈塘、洒雨、平乐、钱相、梨树（2002年改为笃山）、海子、坡脚16个乡镇卫生院；撤销原来的集体所有制卫生所，其人员经考试、考核，符合条件的转为国家正式职工到乡镇卫生院工作，其余人员仍留在村卫生室或个体医疗机构中从事医疗工作。

三、社区卫生服务站

2011年，经贵州省民政厅同意，撤销新安镇，组建招堤街道和栖凤街道，根据省卫生行政主管部门要求，设立私人举办的社区卫生服务站。是年8月，栖凤街道西河社区卫生服务站挂牌营业，为县境第一家社区卫生服务站，承担社区卫生医疗服务工作。至2012年底，相继建成社区卫生服务站10个。

四、村卫生所

20世纪60年代开始，县、区两级医疗卫生机构，采取短期培训等办法，为生产大队培育赤脚医生、卫生员，开办合作医疗及生产队红医室，为农村防治一般常见病，承担部分防疫、妇幼保健、计划生育宣传工作。至1978年，全县274个生产大队，实行合作医疗的有85个，有赤脚医生240人；1782个生产队，有赤脚医生278人。

1995年，经审查批准的村卫生室有118个。1998年，县卫生局制定《村卫生室工作职责》及妇幼保健、门诊登记及处方、消毒、卫生防疫、财务统计等各项工作制度，要求全县村级卫生室遵照执行。1999年，有村卫生室189个；2000年，有村卫生室219个；2001年，有村卫生室219个；2002年，村卫生室增加到262个，有合作医疗点3个，有集体所有制卫生人员55人。后来，国家逐年拨款修建或改建村级卫生室，至2010年，全县有村级卫生室276个、卫生人员285人。

五、黔西南州安龙疗养院

位于县城南郊大海子，成立于1953年6月，1980年由安龙县划归黔西南州卫生局管理，内设办公室、医务科、医教科、社防科总务科等机构，为麻风病专科医院，有病床200余张，主要收治全州麻风病人。

六、安龙麻风村

位于县城南郊大海子，成立于1956年，为县民政局负责行政管理、县卫生局负责业务管理的股级事业单位，主要收治黔西南州安龙、兴仁、贞丰、册亨等县麻风病人，有病床100余张。

七、个体医疗诊所和医院

1988年，全县个体行医人员153人，1999年降为99人；至2002年，全县有个体诊所12个。

2000年7月，安龙县第二届荷花节期间，安龙县龙公煤矿与广西右江民族医学院附属医院经过多次考察磋商，充分发挥各自优势，以荷花为媒，投资3500万元，合作筹建“右江民族医学院附属医院安龙联合医院”。2002年1月12日，经黔西南州卫生局审批，右江民族医学院附属医院安龙联合医院正式开业，有职工110人，开设脑外、胸外、肿瘤、泌尿等特色专科，有床位80张。2010年7月，“右江民族医学院附属医院安龙联合医院”更名为“安龙联合医院”。

2011年12月23日，安龙博爱医院对外营业。博爱医院是州、市、县共同招商引进外资建设的现代化综合性医院，集医疗、检测、预防、保健、咨询为一体，为上海中山医院和上海市第一人民医院技术指导医院，总投资1.8亿元。当日，博爱医院向安龙县红十字会捐赠价值100万元的医疗救助卡。

八、县应急卫生救治分队

2003年初，非典型肺炎在全国高发，县卫生局组建县传染病防治领导小组，负责全县重大传染病疫情和重大公共卫生事件处置指挥调度工作。2004年，县传染病防治领导小组改称县突发公共卫生事件应急领导小组。4月25日，成立县应急卫生救治分队，县卫生局局长兼任队长，抽调县人民医院、县疾病防治控制中心卫生技术人员组成流行病学调查组、医疗救护组、后勤保障等工作组。

九、县皮肤病防治站

成立于1982年12月，原名为县慢性病防治站。1985年12月改称县皮肤病防治站，有主治医师1人、医师2人。2002年4月，撤销县皮肤病防治站，其职能全部并入县疾病预防控制中心。

第二章　医疗　医药

中共十一届三中全会以来，国家对医疗卫生事业经费投入逐年增加，医疗条件不断得到改善。到1986年，县医院配置了X光机、显微镜、电冰箱、恒温箱、光电比色计、分析天平、分析光度计、旋光仪、净化台、重蒸馏器、投影式折射仪、高压电刀、无影灯、高压消毒器、综合手术床、麻醉机、电动吸引器、洗胃器、心电图机、超声诊断机等主要医疗设备。部分区卫生院也配备了X光机、显微镜、电冰箱、无影灯、高压消毒器、手术床、洗胃机、心电图机、超声诊断器等设备。全县医疗水平逐年提升，1979年，县医院手术治疗274例，其中妇产科手术85例、中腹部手术83例、甲状腺手术2例、颅脑手术2例、骨科手术31例、其他手术71例。1985年，县医院成功开展胰腺囊肿摘除术，成功抢救胃溃疡急性大出血、肾周脓肿、膈下脓肿、大面积Ⅱ度烧伤、严重颅脑外伤、开放性血气垂危病人。1986年，县医院成功开展食道瘘切除修补术、推板切除减压术。至1987年，县医院住院治疗3434人次、区镇卫生院住院治疗3066人次，分别比1980年增加742人次、415人次。1988年，县医院住院治疗2949人次，治愈率68.07%、好转率25.08%、病死率1.36%；门诊治疗5.95万人次。是年，全县区镇卫生院门诊5.25万人次，比1979年减少7.94万人次。

中医也得到较好发展，1985年8月成立县药材资源调查小组，组织人员在县境开展药源调查，查出常用药材1000余种，制作标本563种、2252份。到1988年，全县医疗机构中有副主任中医师1人、中医主治医师5人、中医师5人、中药师2人、中医士2人、中药剂士4人。

20世纪80年代以前，县境医药经营主要由各医院药房和县医药公司进行。20世纪80—90年代，县境医药经营业务主要是各医院药房和县医药公司。20世纪90年代中期以后，县医药公司因体制、机制的制约，经营业绩一再下降，迫切需要体制和机制的改革。20世纪70年代起，县境开始种植三七、红花、白术、茯苓、杜仲等中药材。20世纪90年代起，以德卧镇大水井村为代表，全县发展金银花种植，为全县石漠化地区发展农业生产提供了一条新的增产增收道路。

第一节　医疗设施

1992年，撤区并乡建镇后，全县新建乡镇卫生院16个，中央、省、县财政共投入资金141.26万元，新建、改建乡镇卫生院业务用房3833.6平方米。

2003年，国家投入资金100万元，新建县疾病预防控制中心业务大楼。

2008年，新建县计划生育妇幼保健院业务大楼1栋共1900平方米。

2009年，中央投资500万元、省级配套45万元、地方配套81万元，对德卧、万峰湖、木咱、戈塘、洒雨、坡脚、海子、龙广、平乐、兴隆、新桥、笃山、钱相等13个乡镇卫生院进行改扩建。后，中央财政又两次新增投资改善县境乡镇卫生院：第一次新增投资225万元，对新安、龙山、普坪3个乡镇卫生院业务用房进行改扩建，对新桥茶场卫生院和新桥镇卫生院合并建设；第二次新增投资100万元，投入龙山、洒雨两个中心乡镇卫生院的附属设施建设。另外，中央投资168万元解决除新安镇外的其他15个乡镇卫生院设备，共收到医疗卫生设备19个品种237台（件）。至2010年，全县乡镇卫生院有床位144张，平均每千人0.62张，乡镇卫生院共有卫生技术人员177人，其中中级职称24人，初级职称153人。

2011年，开工建设规范性县人民医院，占地面积33350.9平方米，其中一期投资5690万元，建筑面积26348.4平方米。

2012年，国家投资258.06万元，新建县卫生监督所业务用房1栋，建筑面积1396.05平方米；投入资金1006万元，完成7个乡镇卫生院标准化建设，改扩建业务用房4700平方米。至年末，全县有医疗卫生机构22所，卫生机构床位数636张，比上年增长16.48%；全县医院、卫生院卫生技术人员433人，其中执业（助理）医师226人，卫生防疫人员32人。

县人民医院主要医疗设备情况表（2012年）

表19—2—1

设备名称	规格	单位	数量	设备原值
X光机	500MA	台	2	120万元／台
	300MA	台	1	—
	200MA	台	2	—
彩色B超	V—730	台	1	130万元／台
	IG—500(美)	台	1	105万元／台
CR	CR140(日)	台	1	95万元／台
纤维喉镜	LG250—2	台	1	16万元／台

续表 19—2—1

设备名称	规格	单位	数量	设备原值
全自动生化分析仪	国产	台	1	36 万元 / 台
	德产	台	1	63 万元 / 台
电子胃镜	—	台	1	30 万元 / 台
体外碎石机	—	台	1	30 万元 / 台

第二节　医疗服务

一、一般医疗服务

县医院成立以来，国家不断加大投入。1989 年 8 月，将县医院二门诊部挂牌为安龙县中医院，与县人民医院实行一套人马两块牌子管理，设置中西医诊室、化验室。1998 年 10 月，县医院被认定为二级医院。2000 年 5 月，县医院成立 120 急救中心。2007 年 8 月，县医院第二门诊撤除西医诊室，只设中医诊室（含理疗）。2008 年 11 月，县医院内设办公室、医务科、护理部、预防保健科、院感办、医保科、财务科、后勤科、保卫科、内科、儿科、普通外科、骨外科、妇产科、急诊科、一门诊、二门诊、五官科、口腔科、输血科、中医科、急救中心、影像科、检验科、麻醉科、药剂科、供应室等 27 个科室。12 月，增设急诊科、感染科。2009 年 5 月，县医院从一门诊搬迁至环城路综合大楼，一门诊撤除西医诊室；二门诊中医诊室（含理疗）搬迁至一门诊。2011 年 5 月，县医院成立儿科（含新生儿科）。2011 年 10 月，外科分科为普外科和骨外科。2012 年 1 月，医院晋升为二级甲等综合医院。2012 年 6 月，县医院成立重症医学科。

同时，随着经济社会的快速发展，全县卫生事业在不断深化改革中发展，县、乡、村医疗卫生服务网络普遍建立，公立综合医院总体服务水平不断提高，较大程度地满足了全县广大人民群众的医疗服务需求。

1982—2012 年县人民医院一般医疗服务情况表

表 19—2—2

年度	门诊人数（人）	住院人数（人）	外科手术台次（台）	特殊检查	
				CT（次）	B 超（次）
1982—1900	75366	3752	—	—	—
1991—2000	77850	2717	—	—	—
2001	9915	3852	—	—	—
2006	59010	3524	—	—	—
2007	62360	4571	1300	—	11483
2008	71346	5242	1460	—	11882
2009	87735	7905	1536	5475	14513
2010	88341	8966	1608	6395	18021
2011	104115	9919	1733	8760	19249
2012	107738	11269	1886	10585	24322

1989—2012 年全县门诊及住院病人统计表

表 19—2—3　　单位：人次

年度	门诊			住院		
	县医院	乡镇卫生院	合计	县医院	乡镇卫生院	合计
1989	56260	44199	100459	3872	3274	7146
1990	64397	44372	108769	3207	4036	7243
1991	68838	53038	121876	3041	3560	6601
1992	82789	101323	184112	2771	7124	9895
1993	82700	127127	209827	2515	8359	10874
1994	83137	132524	215661	2600	7420	10020
1995	90353	175292	265645	2721	10349	13070
1996	81518	145788	227306	2643	10290	12933
1997	76299	—	—	2521	—	—
1998	73691	175090	248781	2575	8907	11482
1999	58983	187719	246702	2247	10009	12256
2000	80194	170811	251005	3019	6503	9522
2001	99195	160366	259501	3852	5140	8992
2002	91563	—	—	3900	—	—
2003	48762	—	—	2876	—	—
2004	51371	—	—	2914	—	—
2005	56784	—	—	3213	—	—
2006	59010	—	—	3524	—	—
2007	62360	—	—	4571	—	—
2008	71360	—	—	5242	—	—
2009	87735	—	—	7905	—	—
2010	88341	—	—	8966	—	—
2011	104115	—	—	9899	—	—
2012	96670	—	—	11269	—	—

二、其他医疗服务

2012 年 6 月，县人民医院设立重症医学科，开设 ICU 病房，设置病床 4 张，至年底共收治重症病人 100 余人。

三、大型或重大医疗卫生保障

1998 年 8 月，县委、县政府举办首届荷花节，县人民医院派出内科医生 2 名、护士 3 名组成医疗救护组，配备救护车 1 辆，携带急救器械 1 套，在荷花节举办场所值班 3 天，为参会来宾服务。此后，县人民代表大会、政协会议、荷花节、中高考等重大活动期间均按照县卫生行政主管部门要求，抽调人员组成医疗救护组，携带急救器械到现场执勤，为活动服务。

四、医疗机构管理

20世纪90年代初，国家颁布实施《医疗机构管理条例》《医疗机构管理条例实施细则》，县卫生行政主管部门组建医政股，成立医疗机构监督管理办公室，聘任医疗机构管理监督员，依照条例赋予的职责履行职责。

1995年，对全县村级医疗机构进行审查，根据行政村面积、人口、卫生资源、医疗需求等条件合理布局村级医疗卫生机构，当年审批村卫生室118个；1999年，全县村级卫生室增加至189个，2000年增加至219个，2010年增加至276个。

2000年7月，安龙县第二届荷花节期间，原安龙县龙公煤矿法人代表辛玉平带领徐祖明与广西右江民族医学院附属医院经过多次考察磋商，充分发挥各自优势，以荷花为媒，投资3500万元，合作筹建"右江民族医学院附属医院安龙联合医院"。2002年1月12日，右江民族医学院附属医院安龙联合医院开业，有职工110人，设病床80张，开设脑外、胸外、肿瘤、泌尿等特色科室。2010年7月，"右江民族医学院附属医院安龙联合医院"更名为"安龙联合医院"。联合医院自成立以来，先后荣获全国、省、州"巾帼文明岗""重合同、守信用"单位，"价格、收费信得过医院"等，2003年确定为黔西南州城镇医疗保险定点医院，2007年6月确定为安龙县新型农村合作医疗定点医院，2008年9月确定为黔西南州城镇居民医疗保险定点医院。

至2012年，全县民营综合医院有联合医院、仁爱医院、博爱医院、爱德医院、现代医院、安民医院等6家，除安民医院在洒雨镇街上外，其余医院均设在县城；县城有个体诊所11家，其中中医诊所2家、牙科诊所1家。另外，驻县的贵州省海子监狱及县公安局看守所和县职业技术中学等各设医务室1个，均由举办单位依法向相关卫生行政主管部门申报备案。

2002—2010年安龙联合医院业务统计表

表19—2—4

年度	门诊（人次）	住院（人次）	年度	门诊（人次）	住院（人次）	年度	门诊（人次）	住院（人次）
2002	50068	11981	2006	70306	12788	2010	35331	11581
2003	46915	12381	2007	45663	11799	合计	451373	109631
2004	51664	12468	2008	42140	12085			
2005	65498	12756	2009	43788	11792			

五、医疗支援

（一）支援农村

县卫生行政主管部门每年都从县级医疗卫生机构抽调中级以上职称医务人员到乡镇卫生院开展工作半年左右，以提高基层医疗卫生机构业务水平，方便农村居民就医。下派人员必须坚持到点工作，服从被支援单位领导，时间届满后由个人写出工作总结，由支援单位给出鉴定后报县卫生行政主管部门。此外，县卫生行政主管部门每年组织医疗卫生人员送医送药下乡，开展义诊服务，为农村患者解除病痛。

（二）支援社区

2012年，县内组建有社区卫生服务站10个。县直医疗卫生机构利用各种培训班对社区卫生服务站医务人员进行医疗、预防保健知识和操作技能培训，各卫生服务站也与县直医疗卫生机构建立联系机制，遇到医疗、预防保健方面的紧急情况时，可得到相关医疗机构的支援和帮助。

(三) 跨省支援

2008年5月12日，四川汶川地区发生8.0级地震后，县疾病预防控制中心派出工作人员1名到震区参加抗震救灾工作。

六、器械管理

(一) 医疗机构药事管理

20世纪80年代以来，县人民医院组建药剂科，制定药事管理规章制度，对药品严格实行分类存放、毒麻药品专人专柜保管、红处方申请、科主任审批、限制使用等管理制度。

(二) 医疗器械管理

20世纪80年代以来，县人民医院医疗器械管理由设备管理科负责，主要负责全院医疗、教学、科研的仪器、设备、器械、材料的采购、管理、调配、保养、维修及计量管理，建立大型、精密、贵重医疗设备总账，各使用科室建立分户账，建立万元以上设备技术档案，每年向医院综合档案室移交档案卷宗。

(三) 药品及器械集中采购

2003年，县内药品采购工作实行政府集中招标制度。县政府成立医药购销集中采购招标领导小组，由分管副县长担任组长，下设办公室在县卫生局，各医疗单位将药品采购上报药品集中采购招标领导小组审查后，公开招标，集中采购。

七、医疗事故纠纷处置

据统计，2005—2012年，全县共发生各类医疗事故和医疗纠纷共87起。其中，2005年发生医疗事故与纠纷7起，全部调解处理；2006年，发生医疗事故与医疗纠纷9起，全部调解处理；2007年，发生医疗事故与医疗纠纷10起，调解处理9起、经仲裁机关仲裁处理1起；2008年，发生医疗事故与医疗纠纷12起，全部调解处理；2009年，发生医疗事故与医疗纠纷11起，全部调解处理；2010年，发生医疗事故与医疗纠纷10起，经调解，全部成功处理；2011年，发生医疗事故与医疗纠纷16起，经调解，成功处理14起，另有2起经仲裁机关仲裁处理；2012年，发生医疗事故与医疗纠纷12起，经调解，全部成功处理。

第三节 医药经营

2001年，县医药公司在征求企业员工意见的基础上，完成股份制改革，组建成立康庄中西药公司，原县医药公司房产挂牌出售，所得款项用于归还企业债务和解决困难职工生活，企业原有职工全部解除国有企业职工身份。

进入21世纪以来，县境除改制建成康庄中西药公司外，大家康健、一心堂、天和堂等医药连锁经营企业先后进驻安龙，福源药店、九芝堂大药房、福康大药房、民康大药房、湘君大药房、湘黔大药房、金坤药房、老百姓大药房、芝林大药房、春天大药房、康复大药房、康红药房、佰信药店等个体药店也在县内落户经营。至2012年，全县有连锁药店近10家、个体药店50余家，其中有一半左右个体药店是设在县内各乡镇从事经营活动，如兴隆安莉药店、红丽药店、忠贵药店、红星村药店、康源药店，钱相仁义堂药店、振鑫药店，洒雨永康药店、诚信药店、安康药店、四方药店、馨逸药房、成康药店，海子民心堂大药房、万峰湖红红药房，笃山康辉药店、志丽药店、笃山药店，龙山鑫鑫药店、忠静药店、永康药店、忠会药店、康众药店，普坪大众药店、贵芳药店、阳光药店，戈塘康旺药店、博信药店、惠康药房等。

安龙县康庄中西药有限责任公司　位于新安镇新马路10号，由原安龙县医药公司改制而成，主要经营中、西、成药、批发，注册资本50万元。2001年8月18日，完成县医药公司股份制改革，组建成立康庄中西药公司。2002年7月23日，县政府召开专题会议，议定县工商银行减免县中西药公司债务230.2

万元及此后产生的利息，只归还工商银行贷款120万元；2003年，经再次协调，协议县中西药公司仅归还89万元。2003年，县中西药公司马场坝门市及闲置土地拍卖开发房地产进入测量和立项阶段，2005年建成兴居苑小区，拍卖所得款项用于归还银行债务，解决职工保险等。至2012年，康庄中西药公司先后在西城区、北门洞和金龙市场分别设立门店，从事药品的经营业务。同时，规划在安龙工业园栖凤片区现代物流服务板块建设安龙县康庄医药批发中心，项目占地4.2公顷，总投资5000万元，业务覆盖全县各乡镇，力争建设成为兴仁、贞丰、册亨、望谟、隆林等周边地区药品流通中心，解决就业100人。

第四节　中医　中药材

一、中医医疗服务

1989年初，对全县民族民间医药调查，全县有民族民间医药员50名，其中苗族医药员35人，布依族医药员8人，其他民族医药员7人。这些民族民间送药人员常居边远山区，应用民族民间诊治手段，为患者接骨、推拿、拔大罐等，用中草药医治内、外妇、儿科等一般常见病，有较好疗效。

至2012年，全县有中医药人员27人，其中副高级职称5人、中级职称9人、初级以下职称13人；县人民医院第一门诊设有中医科，其中1996年接诊病人20217人。县政府正在筹建独立的县中医院。

二、中药资源

20世纪70年代起，县境开始种植三七、红花、白术、茯苓、杜仲等中药材，20世纪90年代起，以德卧镇大水井村为代表，全县发展金银花种植，为全县石漠化地区发展农业生产提供了一条新的增产增收道路。2009年7月7日，省委副书记王富玉到德卧镇大水井村调研石漠化治理工作，当了解到该村村民通过在深石山区种植金银花户均收入达到了2.4万元后，王富玉说，大水井村因地制宜，在深石山区种植金银花，不但找到了一条增收致富路，还为喀斯特地区治理石漠化工作积累了很好的经验和做法，这种模式在全省都值得推广。至2012年，全县金银花种植面积达到165公顷，干花产量达到38吨。

据20世纪80年代对全县中药材资源普查，发现拥有中药材1000余种，属于中药材盛产之地。主要有竹节人参、党参、泡参、金银花、野菊花、蒲公英、土大黄、鱼腥草、木通、苍耳子、益母草、车前草、紫苏、玉竹、百合、山药、三棵针、山楂、枇杷叶、茯苓、小茴香、马勃、牛膝、草乌、白芨、白果、龙胆草、艾叶、地榆、防风、杜仲、何首乌、细辛、贯众、陈皮、桔梗、茵陈、通草、栀子、藕节、半夏、猪苓、石斛、谷精草、麦冬、天冬、香附、石菖蒲、马鞭草、瞿麦、萹蓄、夏枯草、青蒿、桑叶、旱莲草、隔山消、石榴皮、白头翁、鸡内金、地龙、苦参、百部、续断、小蓟、独治、羌治、柴胡、小荷、芦根、水牛角、花粉、前胡、黄精、木贼、骨碎补、狗脊、射干、知母、藿香、大血月、桑白皮、地骨皮、冬葵、虎杖、见血飞、穿心莲、黑根、高良姜、石苇、朱砂莲、徐长卿、远志、白薇、山豆根、大青叶、千里光、仙鹤草、紫菀、威灵仙、伸筋草、透骨草、花椒、葛根、黄板、穿山甲、乌梢蛇、蛤蚧、土别虫、泽兰、青黛、蜈蚣、独角莲等。

第三章　公共卫生

1981年，安龙县参加黔桂两省区6地州24县市的疟疾联防组织，对疟疾发病动态进行全面监测，及早发现病源，综合管控，及时根治，取得良好效果，至1988年，全县共涂制发热血片3.34万张，血片覆盖面为总村寨数的 99 73%，血片占 3% 以上的村寨覆盖率为 90.42%，年带虫率为 0.03‰，连续 4 年控制在万分之一以下。集中开展爱国卫生运动，大力监测饮水、食品和学校卫生，全县人民卫生医疗得到极大改善。

在麻风病防治方面。20 世纪 50 年代，先后建成安龙疗养院和大海子麻风村。1982 年，成立麻风病防治领导小组，进行麻风病调查，查出有症状麻风病人 109 人。1983 年，成立县慢性病防治站，后改为皮肤病防治站，进而建成县、区、乡三级防治网。1985 年，国际卫生组织美国、印度麻风病专家杰克布森、克里思迪恩和卫生部李恒英教授到县考察，并与省卫生部门签订防治协作方案。在麻风病临床治疗上，20 世纪 50—60 年代，主要以中草药为主，70 年代以氨苯砜加利福平混合使用。1986 年，按照国际卫生组织协作方案，采用 B663、氨苯砜、利福平 3 种药物联合治疗，效果显著。据统计，安龙疗养院自建院至 1986 年共收治省内病人 613 人，临床治愈出院 552 人；大海子麻风村自 20 世纪 50 年代成立，至 1987 年 6 月，共收治病人 1152 人，临床治愈出院 791 人，自动离院 129 人。

第一节　疾病预防控制

1989 年，县卫生防疫站下设卫生科、防疫科和检验科，负责全县计划免疫等卫生防疫工作。1990 年 1 月，明确为区级单位。2002 年 4 月 10 日，撤销县卫生防疫站，设安龙县疾病预防控制中心。

一、计划免疫

计划免疫是国家根据社会经济发展和疾病发生和流行情况，有计划地对特定人群实施免疫接种，形成免疫屏障达到控制和消除疫苗针对疾病的公共卫生工程。

20 世纪 80 年代前，县境已相继开展百日咳、伤寒、卡介苗、脊髓灰质炎、流行性脑膜炎、麻疹、钩端螺旋体病、流行性乙型脑炎、流行性感冒等疫苗的接种工作；20 世纪 80 年代起，国家对儿童实行计划免疫，对 7 周岁以下儿童按照规定程序进行卡介苗、脊髓灰质炎、百白破三联疫苗、麻疹 4 种疫苗免疫接种，建立省、州、县冷链系统，县内建成冷藏室，配备疫苗运送车。1989 年，县内抽样调查四苗覆盖率（即 4 种疫苗按免疫程序完成人数与适龄儿童总数之比）达到 24.76%。1990—1993 年，县境麻疹、脊髓灰质炎、结核病、新生儿破伤风、百日咳平均发病率分别为每 10 万人 257.69 例、每 10 万人 2.09 例、每 10 万人 231.58 例、每 10 万人 1.69 例、每 10 万人 42.8 例。1991 年，国际儿童基金会派官员到县考察。1993 年起，全县全年冷链运转次数达到 4 次以上。1995 年 6 月，卫生Ⅶ项目计划免疫子项目在县内实施，增添冷链设备，提高疫苗接种补助费（每针次 2 元）。1999 年后，全县全年冷链运转次数达到 6 次以上（不含强化免疫）。2000 年，全县实现以乡为单位“四苗覆盖率”85% 以上。2003 年，乙肝纳入免疫规划。2010 年，流行性乙型脑炎疫苗、流行性脑膜炎疫苗、风疹疫苗、腮腺炎疫苗纳入免疫规划，与麻疹疫苗制成“麻风”“麻腮风”联合疫苗，按程序为 2 周岁内幼儿进行接种，平均接种率 95% 以上。

1989—2002 年全县部分年度“四苗”接种情况统计

表 19—3—1

年度	冷链运转次数（次）	四苗接种总人数（人）	四苗覆盖率（%）	单苗接种率（%）			
				麻疹	脊髓灰质炎	卡介苗	百白破
1989	—	—	24.76	78.57	27.14	83.81	26.19
1993	4	65538	66	80.3	86.7	80	74.5
1994	4	185420	57.89	77.6	—	60	61
1995	5	—	75	—	95.5	—	—

续表 19—3—1

年度	冷链运转次数（次）	四苗接种总人数（人）	四苗覆盖率（%）	单苗接种率（%）			
				麻疹	脊髓灰质炎	卡介苗	百白破
1996	5	—	62.06	77.6	65.26	90.42	65.17
1998	5	46150	85	85.9	86.6	89.4	90.15
1999	6	81645	85.9	71.43	85.21	100	85.17
2000	6	57321	85.6	86	95	90	88
2001	6	58426	—	—	—	—	—
2002	6	34000	91.2	91.2	98	92.03	94.06

2003—2010 年安龙县疾病预防控制中心“四苗”接种情况统计

表 19—3—2

年度	冷链运转次数（次）	四苗接种总人数（人）	四苗覆盖率（%）	单苗接种率（%）				
				麻疹	脊髓灰质炎	卡介苗	百白破	乙肝（人）
2003	6	—	—	—	—	—	—	—
2004	6	22123	—	89.52	91.65	80.6	89.95	1 岁以内
2005	6	25037	—	93.06	95.08	89.74	93.06	4165
2006	6	20224	—	87.61	90.5	85.77	88.51	4578
2007	6	17010	—	92.28	93.73	90.09	94.56	4408
2008	6	18731	—	88.39	98	94.73	80.91	5480
2009	6	22071	—	98	99.76	99.06	97.71	6104
2010	6	47606	—	98.69	98.71	94.7	98.45	7029

说明：乙型肝炎疫苗从 2004 年开始安排 1 岁以下儿童接种；2010 年，全县预防接种基本情况为：卡介苗实种 4575 人，脊髓灰质炎疫苗实种 6458 人，百白破疫苗实种 6109 人，麻、风疹疫苗实种 6127 人，乙型肝炎疫苗实种 5352 人，乙型肝炎疫苗及时接种 1677 人，流行性脑膜炎疫苗实种 6030 人，乙型脑膜炎疫苗实种 6075 人，甲型肝炎疫苗实种 5203 人，全年共接种疫苗 47606 人次

2011—2012 年全县儿童计划免疫完成情况

表 19—3—3　　单位：人

年度	计划免疫完成情况													
	麻风疫苗		麻腮疫苗		A 群流脑疫苗		A + C 流脑疫苗		乙肝疫苗		卡介苗		脊灰疫苗	
	应种	实种	应种	实种	应种	实种	应种	实种	应种	实种	应种	实种	应种	实种
2011	6775	6697	6041	5972	6555	6506	5339	5321	6652	6614	5984	5965	7025	6987
2012	5507	5480	5439	5404	5350	5324	4753	4727	5096	5066	4092	4893	5575	5542

年度	计划免疫完成情况				计划免疫查漏补种情况					
	乙脑疫苗		甲肝疫苗		麻疹疫苗		乙肝疫苗（第三针）		脊灰疫苗	
	应种	实种	应种	实种	应补种	实补种	应补种	实补种	应补种	实补种
2011	6744	6662	6476	6370	—	—	30996	30778	—	—
2012	5160	5129	5354	5313	4803	4791	—	—	6162	6151

二、城乡居民健康档案管理

2010年，按照“建好用活健康档案”要求，全县16个乡镇卫生院均设立专门的居民健康档案室。采取“主动建档、疾病筛查、入户调查”等多种形式，当年建立居民健康档案8万份，完成孕产妇建档1678份、儿童建册6750人、高血压病人建档865人、糖尿病人建档450人、重性精神病建档39人、65岁以上老年人建档3550人。2011年，新建居民健康档案35.4万份，录入电脑制成电子档案33万份。2012年，新录入电子档案58441份，累计录入38.84万份。

三、老年人健康管理

2010年起，县内60周岁以上老年人每年可享受1次到住地公立医疗卫生机构免费体检，通过B超、心电图、X光摄片、抽血化验等项目全面了解呼吸、心血管、血液、消化等系统的健康状况，对出现阳性体征者，给予治疗或保健建议。至2012年末，全县接受免费体检的65周岁以上老年人共1万余人，全部建立了健康档案。

四、精神卫生

2011年，县卫生和食品药品监督管理局组织医疗卫生机构人员对全县辖区内精神病患者进行全面调查，查出重性精神病患者896人。黔西南州精神病专科医院兴义市安宁医院专门派人到县检查治疗，县疾病预防控制中心慢性病股专人负责相关信息收集整理工作。

五、传染病防治

（一）甲类传染病防治

1. 天花

天花（Smallpox）是感染痘病毒引起的一种烈性传染病，无药可治，患者在痊愈后脸上会留有麻子，“天花”由此得名，是到目前为止，在世界范围被人类消灭的第一个传染病。20世纪50年代前，县境曾有天花病例记录，1955年后县境再无天花病例发现。

2. 鼠疫

鼠疫（plague）是由鼠疫耶尔森菌引起的自然疫源性疾病，也叫做黑死病。鼠疫是流行于野生啮齿动物的疾病。鼠作为重要传染源，人类主要是通过鼠蚤为媒介，经人得皮肤传入引起腺鼠疫，经呼吸道传入发生肺鼠疫。临床表现为发热、严重毒血症状、淋巴结肿大、肺炎、出血倾向。均可发展为败血症，传染性强，死亡率高，是危害人类最严重的烈性传染病之一，属国际检疫传染病，在《中华人民共和国传染病防治法》中列为甲类传染病之首，俗称“一号病”。鼠疫耶尔森菌等可以成为生物恐怖的武器，危害人类和平，因而鼠疫的防治更为重要。

2000年前，安龙县及周边地区在历史上没有鼠疫的记载。

2000年7月，广西隆林县及黔西南州兴义市突然发现鼠疫病例，县委、县政府当即成立指挥部，先后抽调160余人组成8个工作组前往万峰湖镇等地进行排查，得知当年上半年万峰湖镇曾有数个村寨发生大量死鼠现象，并查访到疑似病人1人，经省州送样到卫生部设于隆林县的检疫中心进行检验，确认疑似病人携带鼠疫杆菌，并从送检的部分死鼠中检出鼠疫杆菌。在卫生部、省卫生厅和州卫生局等的领导和指挥下，安龙县当即隔离救治病人，在万峰湖镇设点周边逐户开展灭蚤、灭鼠爱国卫生运动，阻断传染源。据统计，当年灭鼠17728只，疏通排水沟、下水道328条，堵塞鼠洞1626个，焚烧垃圾杂草114吨。按《鼠疫全国重点监测方法及其实施细则》要求，在万峰湖镇等地开展鼠疫长期监测工作，每月上报卫生部同时进行鼠疫源调查，形成《安龙县天生桥电站库区鼠疫源地调查综合报告》报卫生部。经及时防疫，鼠疫疫情没有漫延。经长期监测，2000年后，安龙县没有发现新的鼠疫疫情。万峰湖镇首次鼠疫疫情发生后，贵州省将此区域列为省级鼠疫疫情监测点。

3. 霍乱

霍乱（cholera）是一种烈性肠道传染病，是《中华人民共和国传染病防治法》甲类传染病之一，俗称“二号病”，由霍乱弧菌（Vibrio cholerae）污染水和食物而引起传播。临床上以起病急骤、剧烈泻吐、排泄大量米泔水样肠内容物、脱水、肌痉挛少尿和无尿为特征。严重者可因休克、尿毒症或酸中毒而死亡。

1994—1997年，县境发生霍乱疫情3起。1994年10月9日，永和镇大湾村二组村民罗某在村卫生室就医过程中出现霍乱症状。12日，经黔西南州卫生防疫站取样检验，培养出霍乱弧菌，经血清医学鉴定为“小川型”。县委当即成立“二号病”防治工作领导小组，对病人入院隔离治疗，并对疫区进行消毒防治，对与病人密切接触者进行医学观察，此后，病人经治疗后出院，相关接触者也在医学观察后未出现新的病例。1995年9月3日，县境普坪镇新街村发生霍乱病1例，经黔西南州卫生防疫站取样检验，确诊为“小川型”，在病源检索中，又查出霍乱病例2例，至10日，所有病人全部治愈出院。本次疫情病原学确诊霍乱3例、临床确诊1例。

1997年9月，永和镇岜皓村发生霍乱病例3例。此后，县境没有再接到霍乱病例报告。

（二）乙类传染病防治

1. 白喉　麻疹　百日咳　脊髓灰质炎

白喉是由白喉棒状杆菌引起的急性呼吸道传染病，属于乙类传染病，主要通过呼吸道飞沫或与感染病人接触传播。临床特征为咽喉鼻等处灰白粗厚的假膜形成及外毒素引起的心肌、神经及其他脏器的损害，伴有全身中毒症状，如发热、乏力、恶心呕吐头痛等。人群普遍易感，呈世界性分布，尤多见于温带地区。四季均可发病，以秋季、冬季、初春较多，大多预后良好，重症病人有一定的死亡率。20世纪60年代在安龙曾有病例，后来基本消灭。

麻疹是由麻疹病毒引起的急性呼吸道传染病。临床症状有发热、咳嗽、流涕、眼结膜充血、口腔黏膜有红晕的灰白小斑点。单纯麻疹愈后良好，重症患者病死率较高。1989年以来，县境有少量发生，未发生集中流行。

百日咳是由百日咳杆菌引起的急性呼吸道传染病。其临床特征为阵发性痉挛性咳嗽伴有深长的“鸡鸣”样吸气性吼声，如未得到及时有效的治疗，病程可迁延数个月左右，故称“百日咳”。本病传染性很强，常引起流行。患儿的年龄越小，病情越重，可因并发肺炎、脑病而死亡。1989年以来，县境有少量发生，未发生集中流行。

脊髓灰质炎（Poliomyelitis、Polio），俗称小儿麻痹症，是急性传染病，由病毒侵入血液循环系统引起，部分病毒可侵入神经系统。患者多为1—6岁儿童，主要症状是发热，全身不适，严重时肢体疼痛，发生瘫痪。1990年，全县脊髓灰质炎发病32例，其中新安区5例、龙广区6例、化力区6例、洒雨区1例、德卧镇12例、普坪区2例。

1989年以来，国家逐渐将百白破疫苗、脊髓灰质炎疫苗、麻疹疫苗、百白破疫等纳入免疫规划范围，国家发放免费疫苗对适龄儿童予以接种。1995年，安龙县列为卫生Ⅶ项目实施县，修建冷链室70平方米，配备疫苗运输车和低温冰箱、普通冰箱、冰柜、冷藏箱、冷藏包，实行带冰运送和接种，冷链运转由每年1—2次增加到6次，执行入学新生查验接种证制度，查漏补种，强化免疫。2001—2010年，全县麻疹发病418例、百日咳发病32例，均无死亡病例。无白喉、脊髓灰质炎发病病例。2010年后，儿童免疫规划纳入农村基本公共卫生项目管理，县境也没有出现麻疹、脊髓灰质炎、白喉、百日咳发病病例报告，发病率已降至百万分之一以下。

2. 伤寒、副伤寒

伤寒、副伤寒是由伤寒杆菌引起的急性消化道传染病。主要病理变化为全身单核–巨噬细胞系统的增生性反应，以回肠下段淋巴组织增生、坏死为主要病变。典型病例以持续发热、相对缓脉、神情淡漠、脾大、玫瑰疹和血白细胞减少等为特征，主要并发症为肠出血和肠穿孔。

1991年4月，德卧镇德卧村云盘组17户共75人，发生伤寒19人；6—7月，城关镇关桥村瓦窑山发生水型肠伤寒流行，全村200人，发病30人。1992年1月，新安区幺塘乡板江组330人，发病32例；是年，全县伤寒发病308例。2000年，全县伤寒发病193例；2001年，全县伤寒发病401例。至2012年，县内伤寒、副伤寒发病率由2001年的每10万人130例下降至20例以内，病死率下降为0。

3. 痢疾

痢疾，古称肠辟、滞下，包括细菌性痢疾和阿米巴性痢疾，细菌性痢疾由痢疾杆菌引起、阿米巴性痢疾由阿米巴原虫引起，为急性肠道传染病之一，经粪口途径传播，病人因饮（食）用被痢疾病原微生物污染的水和食物而受感染。其中，细菌性痢疾分为普通型、中毒型，普通型表现为发冷、发热，腹痛腹泻伴里急后重，腹痛以左下腹为重，呈阵发性，大便后减轻，典型者为黏液脓血便伴有里急后重感；中毒型菌痢起病急骤，变化迅速，可表现为高热、头痛呕吐、烦躁、嗜睡，甚至血压下降、意识改变，常因并发严重中毒不及救治死亡。阿米巴痢疾又称“阿米巴肠病”，病原体为溶组织阿米巴原虫，分为无症状带虫者、急性非典型阿米巴肠病、急性典型阿米巴肠病、急性暴发性阿米巴肠病和慢性迁延性安阿米巴肠病5种类型。痢疾是安龙县常见病和多发病之一，特别是南盘江流域的坡脚、德卧镇停西及县境东北部的龙山镇一带，曾是痢疾高发区。1991—2010年，全县痢疾发病3843例，死亡2例，平均每年发病192例。2011—2012年，县境没有痢疾病例报告。

4. 病毒性肝炎

病毒性肝炎病原体为肝炎，目前公认的有甲型、乙型、丙型、丁型和戊型5种类型。

甲型肝炎为县境多发、常见的消化道传染病之一，常因共用水源被污染而发生群体性感染的突发公共卫生事件。资料显示，1992年，县境甲肝发病率为每10万人6.67例，发病率仅次于痢疾和伤寒。2007年6月，万峰湖镇学校学生曾出现甲型流行，发病91例，受威胁人口3000人，经紧急处置，全面控制了疫情，患病学生全部康复出院。2010年，甲型肝炎疫苗纳入儿童免疫计划，当年全县应接种甲肝疫苗5293人，实际接种5203人；2011年，全县应接种6476人，实际接种6370人。同时，加强农村厕所改造，实施安全饮水工程，至2012年年末，县内农村卫生厕所普及率达到20%以上、饮用水安全卫生普及率达到25%以上，全县公共卫生整体水平大幅提高，包括甲型肝炎在内的消化道传染病逐年下降。据卫生部门统计，2010—2011年，县内甲型肝炎发病率分别为每10万人2.69例、每10万人2.24例，至2012年已下降至十万分之一以内。

乙型肝炎病原体为乙型肝炎病毒（HBV），其传播途径主要为血液传播和母婴传播，主要由病人和无症状病毒携带者经输血、输液、注射、手术、针刺、牙科及妇科手术操作、纤维内窥镜和共用剃刀、牙刷、吸血昆虫叮咬等及性接触等方式向易感染人群传播；怀孕母亲为HBV携带者的，孕期可经血液致胎儿宫内感染，分娩时可经产道感染新生儿，哺乳期可通过乳汁感染婴儿。乙型肝炎约有一成左右可转为慢性肝炎，部分慢性活动性肝炎可转变为肝硬化、肝癌，其危害比甲型肝炎大。县境乙型肝炎发病率在全县传染病顺位中，仅次于肺结核。2000年起，全县实施新生儿乙肝疫苗首针接种制度，每名新生儿出生后免费接种乙肝疫苗第一针，出生后30天接种第二针、6个月接种第三针；同时，将乙肝疫苗预防接种纳入儿童免疫规划，按程序为所有儿童免费接种乙肝疫苗。2007年以来，全县乙肝疫苗接种率均在99%以上，其中首针及时率达到76%以上。

5. 狂犬病

狂犬病又名“恐水症”“瘈咬病”，是由狂犬病毒所致的自然疫源性人畜共患急性传染病，流行性广，病死率极高，几乎为100%。对人民生命健康造成严重威胁。人狂犬病通常由狗、狼、猫等病兽以咬伤的方式传给人人体而受到感染，临床表现为特有的恐水、恐声、怕风、恐惧不安、咽肌痉挛、进行性瘫痪等。

1989—2003年，县境无狂犬病病例报告。

2004年2月，县境暴发狂犬病疫情，涉及11个乡镇，至3月20日，全县狂犬病发病21例，死亡21例。据统计，当年2—4月，全县被狗、猫等动物咬（抓）伤2747人，经动员，789人到相关机构补种了狂犬疫苗。

中共中央、国务院接报后，紧急调拨狂犬疫苗2540份下发安龙县。受国务院副总理吴仪委托，中国疾病预防控制中心派狂犬病专家张永振会同贵州省疾病预防控制中心专家到县指导狂犬病预防工作。县政府紧急下发《关于做好狂犬病防治工作的公告》，成立狂犬病防治工作领导小组，组织捕杀队伍20支，集中捕杀易携带狂犬病病毒散养犬8万只、猫5000只。在中央调拨狂犬疫苗2540份的基础上紧急加购狂犬疫苗3000份，对被狗、猫咬伤的4779人紧急注射狂犬疫苗。5月以后，全县狂犬病疫情基本得到控制，至年底全县共发生狂犬病43例，死亡43人。2004年下半年至2005年，从县境东南西北中5个方位乡村取狗唾液进行检测，新桥乡荷花村饲养犬检出阳性反应。省、县疾控中心定期采集犬唾液、犬脑送检，研究结果表明，县境健康犬带毒率高达13.33%，提示凡被、犬、猫等动物咬伤或抓伤皮肤黏膜，均有感染狂犬病毒之危险，应及时处理并接种狂犬病疫苗，受伤Ⅲ度以上者应及时注射狂犬病免疫球蛋白或血清。2006年4月起，安龙县作为国家级狂犬病检测县，每年开展大规模宣传和疫情检测，并提取犬脑标本送检，结果表明，县内狂犬病疫情已得到有效控制，发病率也在逐年下降。

6. 传染性非典型性肺炎

严重急性呼吸综合征（Severe Acute Respiratory Syndromes），又称传染性非典型肺炎，简称SARS、“非典”，是一种因感染SARS冠状病毒引起的新的呼吸系统传染性疾病。主要通过近距离空气飞沫传播，以发热，头痛，肌肉酸痛，乏力，干咳少痰等为主要临床表现，严重者可出现呼吸窘迫。本病具有较强的传染性，在家庭和医院有显著的聚集现象。2002年11月，首次出现在广东佛山，并迅速形成流行态势，至2003年4月全国每天感染病人1000余人，中共中央、国务院发出紧急通知，要求打一场抗击“非典”的人民战争。

4月14日，安龙县成立防治“非典”领导小组，县委书记任组长，下设预防监测、医疗救治两个专门机构。县医院、联合医院设立专门的发热门诊，乡镇卫生院设发热门诊，实行24小时值班制度，对发热病人一日一报。县医院传染科建立隔离区和隔离病房。在县境与广西交界的坡脚乡者干、德卧镇长田、万峰湖及安龙火车站、安龙汽车站等地设立重点检查站，对进出人员一律实行健康状况登记和发热检查，凡发现有发热、咳嗽等症状的人员要留检观察或送指定医院排查，并跟踪检测。在全县范围内开展爱国卫生运动，开展防治“非典”业务培训和宣传培训，广泛宣传“非典”防治知识，逐步形成全民防治“非典”的氛围。至2003年12月30日，全县共出动73088人次，进行“非典”防控健康检查59813人，消毒检查入境车辆10714辆次，消毒可疑污染场所8.5万平方米；举办培训班4期，参训308人，印发宣传资料41.12万份，设咨询点447个，接受咨询11683人次。同时，以乡镇卫生院、村卫生室、个体诊所和行政村组、工矿企业为单位，设置“非典”疫情监测网点，全县设立监测网点608个，监测16070人次（外来9901人、返乡6169人），留院观察92人。经技术指导级诊视，全部为“非典”疑似病人，未出现感染病例。

7. 钩端螺旋体病

钩端螺旋体（Leptospira），简称钩体，种类很多，可分为致病性钩体及非致病性钩体两大类。致病性钩体能引起人及动物的钩端螺旋体病，简称钩体病，是广泛流行的一种人畜共患病，尤以南方各省较为严重。20世纪80年代初，县境曾出现钩体螺旋体病50余例，经治疗，1人死亡，其余全部康复。此后，县境没有钩体螺旋体病病例出现。

六、地方病防治

地方病，是指发生在某一特定地区，与当地自然环境有密切关系的疾病，县境地方病主要有疟疾、碘缺乏病和海子乡燃煤型砷中毒等。

1. 疟疾

疟疾，古代称为瘴气，病原体为疟原虫，由雌按蚊叮咬人体，将其体内寄生的疟原虫传入人体而引起的虫媒传染病。以周期性冷热发作为最主要特征，脾肿大、贫血以及脑、肝、肾、心、肠、胃等受损引起的各种综合征，临床以周期性寒战、发热、头痛、出汗和贫血、脾肿大为特征。

县境坡脚乡、万峰湖镇、德卧镇甘河村及龙山镇北乡一带曾是疟疾的重发区。1980年，安龙县参加黔桂两省（区）六地（州）二十四县（市）疟疾联合防治，逐步建立、健全县、乡、村并以乡、村为主体的疟疾管理监督体系，运用“四热”或热血检作为常规病例侦察手段，使病例、病灶得到及时、全面的发现和处理。至1990年，县内居民带虫率下降至每万人0.1—0.3例。至1994年，全县人口疟疾发病率、年均带虫发病率均控制每万人0.11例左右，较1980年分别下降59.26%、81.97%；居民发热血检阳性率为0.02%，较1980年下降98.97%；居民血检平均带虫率为0.13%，较1980年下降85.39%。1989年以来，县境未查出疟原是阳性病例，仅于2008年由疫情系统报告安龙籍临床病例1例。

2. 碘缺乏病

碘缺乏病，是指机体因缺乏微量元素碘而引起的一系列疾病或危害的总称，包括地方性甲状腺肿、地方性克汀病、地方性亚临床等，其中地方性甲状腺肿最为普遍，俗称“大脖子病”。

20世纪80年代初，县境开始购进加碘食盐向全县城乡居民供应，并由卫生防疫部门定期对居民信用盐、盐业公司库存食盐进行碘含量监测，杜绝非碘食盐上市。1990年，世界儿童问题首脑会议提出2000年消除碘缺乏病全球性目标，中国政府对此也作出承诺。是年，县政府制定《安龙县消除碘缺乏病实施方案》，将实现2000年消除碘缺乏病目标纳入全县社会经济发展规划，加强经费支持，制定“严格实施居民食用加碘盐”方针，规定盐业公司进销加碘盐合格率必须达到100%，盐务、工商、卫生等部门对食盐加碘情况进行全面监管，杜绝非碘食盐上市，县卫生防疫部门每月定期采样测定食盐加碘量，卫生、盐务、防疫等部门每年5月5日开展碘缺乏病防治知识宣传工作，引导群众正确食用加碘食盐。

1999年年底，按全国碘缺乏病评估方案要求，黔西南州防疫站对县内碘缺乏病防治工作进行抽样调查。选择轻、中、重病区乡7个作居民调查点，其余乡抽查7—11岁中小学生300人以上（每个年龄组不小于30人），作患病率和肿大率调查（本次抽样调查时虽然已经“撤区并乡建镇”，为了比对仍以原小乡为单位进行抽查）。抽样调查结果为：7个乡共检查24个村寨9089人，查出患病者180人，患病率1.98%（0.33%—4.26%），原患病率＞20%的5个乡、10%—20%的2个乡患病率均下降至5%以下，达到“基本控制”乡标准；现有患病者集中于10—40岁年龄组，以Ⅰ度弥漫型为多。县境防治前未查出克汀病，此次抽查151人，仍未查出克汀病。调查32个病区乡7—14周岁学生12951人，查出甲状腺肿大199人，新增1559人，肿大率15.37%（3.3%—19.4%），所有病区乡学生肿大率均小于20%，达到“基本控制标准”；测定5个居民调查乡尿碘365份，均值为每克肌酐241.3微克，每克小于50微克的5份，占测定数的1.4%（0.8%—3.1%），尿碘值最高的是坡贡，达到每克293微克；抽测9个乡食盐177份，其中售盐点18份、居民用盐159份，平均含碘19.32ppm，其中大于15ppm的131份、大于10pppm的157份，无非碘食盐；检测4个乡饮用水样28份，含碘均值每升4.01微克，最低的每升0.4微克、最高的每升15.2微克；测定大米、玉米、小麦等主食14份，平均含碘每千克15.7微克；经贵阳医学院对平乐、大坪2个病区乡100名居民血清T3、T4、TSH测定，均属于正常。此后，县内仍然全面实施加碘食盐政策，碘缺乏病得到基本控制，相关指标均达到要求。

3. 地方性燃煤型砷中毒

砷（arsenic，As）一种非金属元素，灰白色，有金属光泽的结晶块，质脆有毒。砷在潮湿的空气中易被氧化生成三氧化二砷，三氧化二砷又名亚砷酐，俗称砒霜、砒石、信石、白砒。在自然界中，砷主要以硫化物的形式存在，如雄黄、雌黄等，并常以混合物的形式分布于各种金属矿石中。冶炼和焙烧雄黄矿石或其他夹杂砷化物的金属矿石（如钨、锑、铅、锌、铜等矿石）时，可接触到所生成的三氧化二砷。在这些冶炼炉的烟道灰或矿渣中，也存在一定量的三氧化二砷粉尘。长期生活在矿区，接触含砷空气，饮用含砷水源，极易造成砷中毒。

1993年9月，根据群众提供线索，黔西南州防疫站、安龙县政府、海子乡政府组成联合调查组，对海子乡石垭口村一组、二组进行砷中毒线索调查。检查当地居民104人，查出砷中毒患者53人，其中重度11人、中度15人、轻度23人、疑似4人，检测病人尿29份、头发9份，含砷量分别为每升0.39毫克、每升12.64毫克，分别超过正常值的2.25倍和3.32倍；采集居民用煤3份，分别检出砷含量每升1720毫克、每升2150毫克、每升120毫克，均显著超标。

1994—1995年、1999年，卫生部及贵州省防疫站、省地方病科研所、环保科研所、地球化学研究所、贵医科研所对海子乡砷中毒情况进行监测，经对空气、农作物、土壤、煤源及人体检测，查出慢性砷中毒病人500余例，认定海子乡为砷中毒区。黔西南州政府拨款5万元，专门用于海子乡砷中毒病人的救治工作。

2001年11月5日，贵州省防治砷中毒工作会议在安龙召开，中国预防医学科学院环研所教授梁超柯、贵州省疾病预防控制中心专家何公理等出席会议；8—11日，与会人员现场指导海子乡开展砷中毒防治工作。2003年7月，在中华医学会第5届全国地方病学术会议上，梁超柯、何公理等人共同递交《贵州安龙县海子乡地方性砷中毒流行病学调查报告》。是年，联合国儿童基金会在海子乡等砷中毒重点地区开展健康教育。县政府也成立防治工作领导小组，制定防治方案，采取“封闭高砷煤窑、改灶改水、健康干预”等措施，全面防控砷中毒。至2012年，省防疫站、省地方研究所等省、州、县部门专门拨付资金90万元，用于海子乡改灶、改水及治疗病人工作。

2000年以来，海子乡未再检出新的砷中毒病例，县内地方性燃煤型砷中毒防治取得阶段性成果。

七、职业病防治

职业病，是指企业、事业单位和个体经济组织劳动者在职业活动中，因接触粉尘、放射性物质和其他有害物质等因素而引起的疾病。《中华人民共和国职业病防治法》颁布之前，县内职业病防治工作由县卫生防疫部门按有关法规要求负责防治工作。2001年，《中华人民共和国职业病防治法》正式颁布实施，县内职业病防治工作由县卫生行政主管部门授权县卫生监督所执行。2011年，县内职业病监督执法权由卫生行政部门移交安全生产监督管理部门。

2004年，县卫生监督所检查工矿企业47家，责令整改20家。2007年，县卫生监督所检查企业160家次，责令整改107家，停止生产2家；体检企业工人1685人，查出职业禁忌者358人，疑似职业病9人。2009年，县卫生监督所检查企业112家次，体检1904人，查出职业禁忌人员194人，其中疑似职业病33人，确诊“煤工尘肺”5人，责令相关企业按国家规定对工人进行救治。2010年，县卫生监督所检查企业84家共216次，责令整改113家次，处罚1家800元；体检工人3586人，查出有职业禁忌和健康损害的262人，发现疑似职业病人56人，确诊“煤工尘肺”2人，责令企业按国家规定对工人进行救治。2011年，监督执法权移交前，县卫生监督所检查企业72家次，下达《卫生监督意见书》15份；为生产工人进行职业健康体检2209人，查出职业禁忌人员152人，疑似职业病61人，均下达《职业禁忌人员调动通知书》《卫生监督意见书》。2012年后，县卫生部门不再行使职业病监管工作，改由县安全生产监管部门负责。

八、中小学生常见病防治

1.健康监测

1991年6—7月，根据省教委的安排，对县城、木咱、龙广、兴隆等10余所中小学校1212名布依族学生，进行蛔虫感染率、低血红蛋白等健康体检检测，为探索布依族学生体质健康状况提供科学依据。监测结果表明，县内布依族学生的蛔虫感染率、低血红蛋白检出率与贵阳地区汉族学生相比较，均有不同程度差异。

2.校园卫生监测

2004年，监测学校25所、校旁摊点32户，责令整改18户，责令停业8户。

2005年，监测学校27所、学校食堂及校旁摊点156户，责令整改53户，责令停业2户，立案查处1户罚款500元，办理学校食堂“卫生许可证”14份。

2006年，监测学校23所、学校食堂及校旁摊点212户，责令整改32家，责令停业3户。

2008年，开展联合检查3次，检查学校食堂33家，立案查处11家，吊销营业执照1户并罚款8500元。

2010年，对学校卫生检查5次，出去卫生监督人员54人次，检查学校79所共128家次，下达《卫生监督意见书》78份。

九、结核病防治

肺结核（pulmonary tuberculosis PTB）是由结核分枝杆菌引发的肺部感染性疾病。结核分枝杆菌的传染源主要是排菌的肺结核患者，通过呼吸道传播。健康人感染结核菌并不一定发病，只有在机体免疫力下降时才发病。世界卫生组织（WHO）统计表明，全世界每年发生结核病800万至1000万例，每年约有300万人死于结核病，是造成死亡人数最多的单一传染病。1993年，世界卫生组织宣布“全球结核病紧急状态”，认为结核病已成为全世界重要的公共卫生问题。中国是世界上结核疫情最严重的国家之一。

安龙县是肺结核病发病十分严重的地区，肺结核病旧称“痨病”，是严重影响、危害群众健康的常见病、多发病，已成为安龙县近年来贫困人口“因病致贫、因病返贫”主要原因。1989年以来，安龙县一直在新生幼儿、适龄儿童中普遍开展卡介苗免疫计划，免费为新生幼儿和适龄儿童接种卡介苗，有效防止了儿童结核病的发生，特别是防止那些严重类型的结核病的发生，如结核性脑膜炎等。2001年3月，省政府下达《贵州省结核病防治规划（2001—2010年）》。2004年3月，安龙县施行世界银行贷款、英国赠款的结核病控制项目，按“药物统一、专治机构统一、治疗方案统一”的三统一原则，依照世界卫生组织统一的标准化治疗方案，对全县肺结核病患者实行免费治疗。2004年4月起，县内各医疗机构接诊结核病人，一律填写转诊单转至县疾病预防控制中心结核病防治科查痰检查，并按统一方案免费治疗。至2011年，全县登记治疗和管理结核病人3967例，据资料显示，初治涂阳病人平均治愈率91.75%以上，复治涂阳平均治愈率89.53%以上。

2004—2012 年全县结核病治疗情况统计表

表 19—3—4　　单位：例

年度	治疗管理人数	初治涂阳	复治涂阳	重症涂阳	免费涂阴
2004	158	46	20	92	—
2005	297	148	62	87	—
2006	367	175	66	129	—
2007	388	128	57	203	—
2008	535	202	65	268	—
2009	482	192	50	240	—
2010	513	173	63	26	251
2011	456	175	43	26	212
2012	456	175	43	26	212

2004—2012 年全县结核病人疗效观察表

表 19—3—5　　单位：人

年度	初治涂阳		复治涂阳		免费涂阴	
	治疗管理人数	治愈人数	治疗管理人数	治愈人数	治疗管理人数	治愈人数
2004	26	—	10	—	—	—
2005	151	135	58	49	46	42
2006	177	135	64	54	53	48
2007	128	112	57	49	74	69
2008	67	61	15	14	187	159
2009	67	61	15	14	187	159
2010	175	171	66	62	251	246
2011	179	174	46	43	188	183
2012	170	167	51	49	185	183

十、麻风病防治

麻风病是由麻风杆菌引起的一种传染病，主要侵犯病人的神经系统，造成皮肤损害、肢体畸残、容貌改变。通过长期密切接触传播，有家庭聚集倾向，可防可治。1989 年以来，县境麻风病防治工作以社会防治为主，发现病人以后，由县防疫站（疾病预防控制中心）实施家庭治疗，不再送往大海子麻风村集中收容治疗。1996 年 2 月，根据省卫生厅的安排，接受国际麻风病救济基金会资助，试点麻风病康复工程，计划收治病人 137 人，1997—1999 年实际收治 142 人。其中，神经类 22 例，经治疗好转 100%；红眼病人 23 例（33 只眼睛），好转 13 例（26 只眼睛）；手足创口和溃疡病人，经采取药物和保护措施后，由原来的132人减少为39人。

2001年4—5月，卫生部、中国残疾人联合会在安龙县调查麻风病人畸形康复需求情况，查明全县需康复病人296人。其中，需要进行康复手术的有溃疡手术52例、白内障手术4例、截肢手术1例，需要防护鞋110双、护目镜25付、拐杖21付、轮椅3辆。根据调查结果，康复培训296人，逐步实施相关治疗，配发相关康复生活用品。

1990—2000年，世界卫生组织、外国专家、友人及国内专家多次到县考察麻风病防治。1990年5月30日，美国专家沃森及夫人代表美国麻风病协会来县考察麻风病防治情况；1994年9月28日、1995年4月、10月，美国专家琳达·罗斯代表国际麻风救济基金会先后3次到安龙考察麻风病人康复试点情况；1996年5月，印度尼西亚专家劳伯伦、中国麻风病防治中心教授李文忠、徐鹏代表世界卫生组织来县考察实施联合化疗方案以来的情况；1997年5月10日，美国专家琳达罗斯代表国际麻风救济基金会再次来县考察；1999年4月18日，美国专家代表国际麻风病救济基金会来县考察，评估麻风病人康复情况。上述国际组织、国内外专家和友人到县考察调研后，提出相应的意见和建议，推动县内麻风病防治工作。

2011年，县政府制定《安龙县消除麻风病危害五年行动（2011—2015）》，确定麻风防治的工作机制、总体方针和原则，与各乡镇和相关部门签订责任状，分解具体任务。

1989—2012年全县麻风病发现情况统计

表19—3—6　　单位：例

年度	发现数	累计数	年度	发现数	累计数
1989	10	862	2001	12	971
1990	16	878	2002	6	977
1991	13	891	2003	7	984
1992	5	896	2004	5	989
1993	8	904	2005	8	997
1994	9	913	2006	13	1010
1995	8	921	2007	5	1015
1996	7	928	2008	11	1026
1997	9	937	2009	8	1034
1998	8	945	2010	10	1044
1999	10	955	2011	8	1067
2000	4	959	2012	15	1082

十一、艾滋病防治

艾滋病，即获得性免疫缺陷综合症，英文名称Acquired Immune Deficiency Syndrome，缩写为“AIDS”。是人类因为感染人类免疫缺陷病毒（Human Immunodeficiency Virus，HIV）后导致免疫缺陷，并发一系列机会性感染及肿瘤，严重者可导致死亡的综合征，已成为严重威胁世界人民健康的公共卫生问题。艾滋病的传播途径主要有三条，其核心是通过性传播和血传播，一般的接触并不能传染艾滋病。性接触传播：包括同性及异性之间的性接触。血液传播：包括：输入污染了 HIV 的血液或血液制品；静脉药瘾者共用受 HIV 污染的、未消毒的针头及注射器；共用其他医疗器械或生活用具（如与感染者共用牙刷、剃刀）也可能经破损处传染，但罕见。注射器和针头消毒不彻底或不消毒，特别是儿童预防注射未做到一人一针一管危险更大；口腔科器械、接生器械、外科手术器械、针刺治疗用针消毒不严密或不消毒；理发、美容（如文眉、穿耳）、文身等的刀具、针具、浴室的修脚刀不消毒；和他人共用刮脸刀、剃须刀、或共用牙刷；输用未经艾滋病病毒抗体检查的供血者的血或血液制品，以及类似情况下的输骨髓和器官移植；救护流血的伤员时，救护者本身破损的皮肤接触伤员的血液。母婴传播：也称围产期传播，即感染了 HIV 的母亲在产前、分娩过程中及产后哺乳将 HIV 传染给胎儿或婴儿。

2000 年，县政府成立艾滋病防治工作领导小组，开设 VCT 检测门诊。2002 年，县境发现首例艾滋病感染者。至 2012 年，全县累计报告艾滋病感染者、艾滋病病人 100 余例。2000 年以来，在艾滋病防治方面，安龙县主要开展以下几项工作：在全县开展健康宣传工作，在乡镇及部分村寨设立艾滋病宣传栏，在中小学校开展艾滋病健康教育，每年 6 月 26 日开展大型艾滋病防治宣传活动，对人口密集区、商贸区、旅游区等不定期采取干预性行动。

2002—2012 年全县艾滋病防治情况表

表 19—3—7

年度	VCT 检测			CD4 检测			抗病毒治疗		随访管理		宣传资料及防护用品发放			
	检测人数	阳性人数	阴性人数	应检人数	实检人数	达抗病毒治疗标准人数	应治人数	实治人数	应访人数	实访人数	宣传画（册）	小折页（份）	安全套（个）	针具
2002	—	2	—	—	—	—	—	—	2	1	—	—	—	—
2003	—	1	—	—	—	—	—	—	1	1	—	—	—	—
2004	—	5	—	—	—	—	—	—	5	5	—	—	—	—
2005	—	6	—	—	—	—	—	—	5	4	—	—	—	—
2006	—	9	—	—	—	—	—	—	5	4	—	—	—	—
2007	1223	8	1115	—	—	—	—	—	8	6	—	—	—	—
2008	1715	11	1704	—	—	—	—	—	11	11	—	—	—	—
2009	849	24	825	—	—	—	—	—	12	12	40	162295	29390	—
2010	1385	21	1364	21	18	2	2	2	21	18	—	14560	35430	3723
2011	1076	10	1066	30	30	12	13	13	32	31	15	22340	32625	8903
2012	1361	23	1338	22	22	18	30	20	22	22	15	17850	27120	5630

十二、健康教育

疾病预防控制的首要手段是提高广大人民群众对防病灭病的认识水平，了解各类疾病发生和传播的规律，自觉破除迷信，讲究卫生，改变不良生活习惯，阻断疾病的发生和流行的途径和环节。如宣传“除四害、讲卫生”“不喝生水，不吃生冷食物”“不随地大小便”“饭前便后洗手”等，以预防霍乱、甲肝、伤寒、痢疾等消化道传染病；加强灭鼠、灭蚤以预防鼠疫，使用蚊帐、灭蚊、驱蚊，防止蚊虫叮咬以预防疟疾、乙脑等蚊媒传播疾病；正确食用加碘食盐，预防碘缺乏病；不烧高砷煤，不用敞炉灶，不用高砷煤烧烤食品等，以预防燃煤型地方性砷中毒；自觉到医院生产，接受新法接生，以确保母子平安；及时接受预防接种，以增强免疫力等。2000年，县境发生鼠疫疫情后，全县健康教育工作逐年加强，各级各类医疗卫生机构利用各种活动日，以广播电视、设点咨询、办宣传栏、举行健康讲座、张贴标语、散发宣传资料等各种形式，广泛开展各种类型的康健宣教活动。2005年，安龙县被确定为国家控烟项目县，控制吸烟、防止被动吸烟、减少肺癌和心血管病发生概率成为县内健康教育重点。近年来，县内健康教育逐步向慢性病，如肿瘤、精神病、高血压、心脏病、糖尿病等疾病防治纵深领域发展。

2002—2012年全县健康教育活动开展情况

表19—3—8

年度	宣传资料（张）	宣传手册（册）	宣传画（张）	宣传专栏（期）	定点咨询		健康讲座	
					次数	接受咨询人数（人）	次数	听讲或受训人数（人）
2002	15000	6350	1130	19	8	360	4	286
2003	442696	12000	10120	15	447	11883	25	3160
2004	12680	6500	1500	16	18	2600	4	308
2005	7900	6800	1320	19	8	3300	4	336
2006	6800	5600	1500	72	8	3300	4	352
2007	8000	2218	1500	46	10	4120	2	2193
2008	5000	5600	1500	46	8	3200	6	596
2009	12100	3800	5240	18	8	3600	4	349
2010	18500	10020	5000	19	8	3200	4	285
2011	18000	30900	4720	38	9	3300	6	1868
2012	39500	556900	5498	72	10	14000	28	4360

十三、体检

2007年以来，县人民医院、县妇幼保健院、县疾病预防控制中心组织开展托幼儿童、中小学生、从业人员预防保健体检和求职、参军、入学等健康体检等，总数6万余人次。

2007—2012年全县体检工作开展情况统计

表19—3—9　　单位：人次

年度	预防保健体检	社会性体检	合计
2007	2402	2594	4996
2008	3003	3360	6363
2009	3754	4238	7992

续表 19—3—9

年度	预防保健体检	社会性体检	合计
2010	4693	5885	10578
2011	5866	6936	12802
2012	7332	9991	17323

第二节　卫生监督

一、公共卫生监督

（一）学校卫生监督

2003 年，县卫生监督所成立后，把学校卫生监督监测作为工作重点，每年开展大量的工作。

2004 年，检测学校 25 所、校旁摊点 32 家，责令整改 18 家、停业 8 家；2005 年，检查学校 27 所，学校食堂及校旁摊点 156 家，责令整改 53 家，停业 2 家，立案查处 1 家，罚款 500 元，办理学校食堂卫生许可证 14 份；2006 年，检查学校 23 所、学校食堂及校旁摊点 212 家，责令整改 32 家、停业 3 家；2008 年，全县开展联合大检查 3 次，检查幼儿园食堂 33 家，立案查处 11 家，吊销营业执照 1 家，罚款 8500 元。

2010 年，开展联合大检查 5 次，出动卫生监督人员 54 人次，检查学校 79 所 128 次，下达《卫生监督意见书》78 份。检查结果表明，79 所学校中使用市政集中式供水的 36 所、自建设施集中供水的 2 所、使用分散式供水的 27 所、提供开水供应的 4 所、自建设施水源卫生防护合格的 1 所；79 所学校均制定了《学校传染病突发事件应急预案》，均把健康教育纳入学校年度教学谋划，配备专兼职保健医生或教师的 2 所，有因病缺勤、病情追询与登记记录的 69 所，有学生健康档案的 4 所，有晨检记录的 38 所，检查的 58 所小学均开展了入学查验接种证明登记记录；79 所学校中，教室人均面积符合卫生要求的 65 所，课桌符合卫生要求的 59 所，黑板符合卫生要求的 64 所，教室采光符合卫生要求的 78 所，教室空气符合卫生要求的 75 所；学生宿舍符合卫生要求的 19 所，占寄宿制学校的 65.5%。

2011 年，县卫生监督所出动卫生监督员 43 人次，对城区各类学校、乡镇中心小学等学校饮水卫生、传染病防控、环境、生活设施卫生状况等进行监督检查；2012 年，按省卫生厅《2012 年学校卫生重点监督检查计划》要求，开展对学校传染病防控、饮用水卫生和学校环境生活设施的监督检查 117 户次，下达《卫生监督意见书》98 份，责令整改 98 户次。

（二）居民饮水检测

2000 年，县卫生防疫部门检测水源 120 个，合格 98 个。

2004 年，对县境城乡供水单位监督检查 8 次，余氯合格率 62.8%；2005 年，监督检测农村供水 4 次、供水单位 17 家，合计检测 68 家次，合格 1 家，责令整改 15 家、停止供水 1 家；县自来水公司检测水质 596 次，合格率 99.75%；县疾病预防控制中心检验室 3 个季度检测县自来水公司水样余氯含量 221 次，合格 209 次。

2006 年，检查供水单位 17 家，合格 1 家，责令整改 16 家。

2008 年，监督检测饮用水卫生 2 次共 10 家，送检 7 份，合格 1 份。市镇供水单位自检 183 份，均合格。县疾病预防控制中心检验室检验县自来水公司水样 86 份，全部合格。监督检查桶装水生产企业 1 家、供水网点 16 家，下达卫生监督书 5 份，责令整改 3 家，对不合格的桶装水 30 桶全部倾倒处理。全年下达供水单位整改书10份。

2009年，监督供水单位10家，下达卫生监督意见书4份；抽验水源水、末梢水17份送州疾病预防控制中心检测，全部合格。

2010年，集中检查2次，监督检查供水单位10家，对集中式供水单位下达《卫生监督意见书》6份；在百年不遇的干旱期间，指导水质消毒净化工作，未出现饮水安全事故。

2011年，安龙县列为全国饮用水卫生检测网络试点县，确定城市市政供水出厂水监督点1个、末梢水10个，农村集中式供水监测点10个、末梢水监测点20个，农村分散式供水点5个、农村学校自建设施供水点2个。出动卫生监督员31人次，检查城市市政供水单位1家、农村集中式供水单位10家、农村分散式供水点5个、农村学校自建设施供水点2个，下达《卫生监督意见书》13份，责令整改13家；县疾病预防控制部门抽检样水48份（出厂水11份、末梢水30份、农村分散式供水水源水5份、农村学校自建设施水源水2份），出厂水合格4份、末梢水合格11份、水源水合格5份。

2012年，出动卫生监督员48人次，检查城市市政供水单位1家、农村自建设施供水单位2座，下达《卫生监督意见书》38份，责令整改38户；县疾病预防控制部门抽检出厂水40份、末梢水40份、农村分散式供水水源水5份、农村学校自建设施水源水2份，合格47份，其中末梢水合格29份、水源水合格18份。

（三）放射卫生监督

2010年，县卫生行政主管部门开始对医疗卫生单位放射卫生实施监督。是年，全县具有放射诊疗设备的医疗工生机构共18家，开展放射诊疗活动的医疗卫生机构11家，从事放射诊疗卫生人员20人。县卫生监督所对在放射卫生存在问题的卫生医疗诊疗机构下达《卫生监督意见书》5份，责令限期整改。2011年，开展放射卫生监督检查7次，出动卫生监督人员51人次，重点检查各医疗卫生单位放射工作人员健康监护等。2012年，县卫生监督所检查从事放射活动医疗机构12家，发现上述机构均无建设项目预评价报告和建设项目控评报告，10家机构未办理“放射卫生许可证”，部分机构存在放射防护设施达不到要求、未设置警示标识、从业人员无“放射工作人员证”、未佩戴剂量器具等问题，下达《卫生监督意见书》8份，责令限期整改。

（四）食品卫生监督

1989年，县卫生监督部门对184个单位食品从业人员体检246人，检出肝炎及化脓性皮肤病7人，全部调离；检测热肉制品、冷饮、酱油22件，合格6件，销毁不合格产品462千克。1990年，体检食品从业人员133人，检出乙肝表面抗原阳性2人，发健康证126份。1993年，体检382个食品经营单位、摊点人员645人，检出乙肝表面抗原阳性7人；现场监督5878次，销毁变质食品5418千克，发健康证66份。1998年，体检食品从业人员431人，发健康证408份、卫生许可证210份；现场监督监测5次共1000户，处罚不符合卫生要求单位19户，其中停业整改4户、罚款3户，限期改正12户。1999年，成立县卫生执法队，全年现场监督、检测3000余户，销毁不合格食品950千克，体检食品从业人员437人，发放健康证327份，办理卫生许可证240份。

至2000年，县卫生执法队有卫生监督人员9人，其中大学专科以上学历4人、中专学历5人，中级职称3人、初级职称6人。全年监督、监测食品摊点359个、集体食堂8个、饮食服务单位86个、食品批发店12个，销毁不合格变质食品500余千克，培训从业人员782人、体检782人，发放健康证397份，办理卫生许可证210份。

2002年4月，撤销县卫生执法队，组建县卫生食品监督所，编制14人，内设办公室及业务一股、二股、三股。组织食品卫生执法检查132次，停业2户，取缔无证经营摊点45个，销毁不符合卫生标准冰袋、冷饮、冻肉等150种，案值13660元，处罚9家共3400元，体检食品从业人员734人，发健康证686份，持证上岗率达到91.1%，办理卫生许可证404份，办证率95%。2003年，检查饮食单位482家1974人次，合格率79.3%，责令整改34家、停业13家、取缔4家，销毁不合格食品67千克。2005年，监督检查630户共2353家次，合格451户，责令整改31家、停业4家、取缔5家，销毁变质食品260千克。2006年，监督检查630户共3734家次，合格421户，责令整改45家、停业1家、取缔3家，销毁各种不合格食品1156千克。2007年，开展卫生监督检查69次，监督检查饮食行业2794家次，责令整改73户次，调离体检不合格人员21人，取缔无证经营单位7户，销毁不合格食品1750千克。2008年，检查食品经营单位692家41次，共2315家次，体检食品从业人员761人，合格740人，调离体检不合格人员21人，责令整改67家、取缔2家，销毁不合格食品39千克，立案处罚42家共18100元。2009年，调查处理食物中毒事件4起17人，无人员死亡。2010年，监督检查食品经营单位4次，出动执法人员270人次，检查城乡集贸市场8个、超市21个、食品加工作坊16家、屠宰场2个、猪肉市场6个、白酒厂家7家、学校食堂和餐饮单位74家、小吃摊点37个。

2011年，重点打击违法添加非食用物质和滥用食品添加剂行为，强化地沟油整治，规范乳品、含乳制品、餐厨废弃物管理，规范餐饮具集中消毒，严格执行餐饮服务许可准入制度，全年办理（换发）餐饮服务许可证233份，餐饮服务许可证发放率达到91%，对已取得餐饮许可证的餐饮经营单位468家进行量化评分，实行量化分级管理。开展餐饮环节监督检查22次，出动卫生监督人员342人次、车辆91台次，检查餐饮服务单位468家共1689家次，与417家餐饮服务单位签订《餐饮业使用食品添加剂承诺书》，下达《卫生监督意见书》179份，责令整改74家，调离职业禁忌人员12人，没收、销毁不符合食品安全的食品和食品添加剂200余千克，货值2600元，立案查处8家，罚款1.6万元；食品安全培训学校分管领导、食堂管理人员、学生3124人，发放宣传资料、宣传画等4000余份。

2012年，办理（换发）餐饮服务许可证235份，监督检查餐饮服务单位58次，检查餐饮单位439户共611次，责令整改382户次，培训食品从业人员661人；监督检查学校211所，下达监督意见书476份，行政处罚学校2所，罚款4000元，责令学校食堂停业1所；食用盐专项检查236家，均销售县食盐公司加碘食盐，未发现私盐或工业盐。

（五）消毒产品卫生监督

2010年，开展消毒产品专项检查5次，出动卫生监督人员15人次，监督检查消毒产品生产经营单位21家共45家次，发现无卫生许可证、未领取生产企业卫生许可证、产品卫生许可批件等问题，责令限期整改32家次。

2012年，监督检查医疗机构86次，监督县人民医院、联合医院现场销毁医疗废弃物13666千克，处罚违反医疗废弃物管理规定医疗机构4家，罚款1850元。

（六）劳动和职业病卫生监督

2011年，《中华人民共和国职业病防治法》颁布实施，县卫生监督所举办企业负责人培训班2期，共培训143人，深入企业宣传咨询73户次，接受咨询1680人次，利用赶场日集中宣传咨询1次，接受咨询500人次，张贴宣传画45张，发放各类宣传资料3128份。开展职业健康调查，查明全县职业病危害企业119家，生产工人5807人，接触职业危害人员3901人，进行职业病健康体检3415人，查出职业病禁忌人员167人、疑似职业病人53人，确诊煤工尘肺2人。

2012年，对职业卫生技术服务机构县人民医院现场监督检查4次，下达《卫生监督意见书》1份，设集中式宣传咨询点1个，发放《劳动者职业病防治知识手册》600册、宣传资料500份，现场接受咨询300人次。

（七）公共场所卫生监督

20世纪90年代前，公共场所卫生监督工作没有得到应有的重视，仅有零星开展。

2000年，县卫生防疫部门检查旅馆21家、文化娱乐场所13家、公共浴池4家、美容美发店24个、游泳池1个及图书馆、商场、医院门诊室、候车室71处，警告4户次，处罚4户，发放卫生许可证43份。

2004年，监督检查公共卫生场所16次、136家，责令整改9家、停业2家。2005年，监督检查公共卫生场所28次，体检从业人员73人，合格71人，调离3人，办证（换证）57份，培训发放合格证71份。2006年，监督检查公共卫生场所19次共109家次，体检118人，合格117人，调离1人，责令整改5家，办证（换证)95份；2007年，卫生监督检查17次、96家，总计134家次；2008年，监督检查12次、106家，总计172家次，体检170人，合格169人，调离1人，责令整改18家；2009年，检测15次102家，共186家次，下达《卫生监督意见书》47份，责令整改12户；2010年，监督检查12次，检查公共场所178家，总计486家次，体检316人，全部合格，下达《卫生监督意见书》147份，责令整改24家。

至2011年，县内有公共场所经营单位168家，其中公共浴室3家、住宿酒店62家、理（美）发店76家、美容院（店)15家、其他公共场所（酒吧、茶座、候车室)12家，职工总人数432人，从业人员366人。全年卫生监督机构执法监督检查4次，检查公共场所151家共319家次，体检从业人员178人，合格173人，办理（换发）公共场所卫生许可证63份，全县持有公共场所卫生证158家，发放卫生知识培训合格证173个，调离职业禁忌人员5人，下达《卫生监督意见书》46份，责令整改6家。将县城区宾馆、酒店9家及旅社43家全部纳入卫生监督量化分级管理，量化合格30家；县城区理发、美容店59家纳入量化分级管理，量化合格10家。

2012年，全县有公共场所185家，其中住宿酒店65家、理发店70家、酒吧和会所16家、美容院（店）14家、洗浴场所4家，量化分级管理授牌A级2家、B级7家、C级10家，除酒吧、会所外，县内公共场所全部出入量化分级管理。全年卫生监督员出动82人次，检查公共场所经营单位126家，监督覆盖率68.1%，下达《卫生监督意见书》78份，责令整改19家。

二、医疗卫生机构监督

2004年，开展对医疗卫生单位、私立医院、个体诊所、医疗市场等医疗卫生监督11次共149家次，撤销医疗牌3块、取缔无证行医14家，没收药品器械1100种共21箱。

2005年，督检63次，撤销医疗牌9块，取缔无证行医26家，没收药品器械300余种共11箱；2007年，督促检查医疗卫生单位55次共618家次，整改140家、取缔无证行医16家，撤销医疗牌12块，立案查处29户，罚款2.35万元，没收药品器械13箱，货值6500元；2008年，监督检查医疗卫生机构66次、236家，共443家次，取缔非法行医76户，其中游医70户、黑诊所6户；2009年，监督检查医疗卫生单位等16次，重点查处医疗、计划生育、防疫、药品经营机构等167家共203家次，下达《卫生监督意见书》111份，查处非法行医12家，取缔黑诊所7家、游医摊点18个，责令停业21家，拆牌78块，没收药品14箱，罚款4450元；2009年，开展放射卫生监督2次、12家，共16家次，下达《卫生监督意见书》15份，责令停业1家。

2010年，组织开展打击非法行医专项行动5次，出动卫生监督人员85人次、卫生监督车辆32辆次，取缔黑诊所22家、游医摊点21个，责令停业43家，没收药品器械48箱，货值8万元，拆除非法行医广告牌15块，立案查处4家，当场处罚1家，罚款9550元，向司法机关移送案件1个。开展非法公共供血专项整治2次，未发现医疗机构自采自供等非法代采供血事件发生，监督2家医疗机构销毁医疗废场5次，销毁医疗废物2500千克；出动卫生监督员76人次，现场监督检查各级医疗机构和疾病预防机构108家，下达《卫生监督意见书》98份。

2011年，出动卫生监督员51人次，检查医疗卫生机构、疾病预防控制机构124家，共186家次。对受检单位用血情况、卫生法规执行情况、医护人员执业行为、传染病防控、院内消毒工作及院内感染控制、医疗废物处置、放射卫生人员健康防护等进行现场监督，下达《卫生监督意见书》126份。全年开展打击非法行医专项行动15次，出动卫生监督人员45人次，检查医疗机构124家，取缔黑诊所1家、责令停业1家，没收药品器械2箱，货值300元，拆除非法行医广告牌8块，下达《卫生监督意见书》124份，移送司法机关案件1个。开展非法采供血专项整治2次，对县医院、联合医院临床用血情况进行现场监督检查，上述医疗机构临床用血全部来自州中心血站，未发现违法采供血行为。

2012年，开展医疗机构监督检查86次，出动卫生监督员182人次，现场监督检查各级各类卫生机构、疾病预防控制机构242家，重点检查医疗机构贯彻执行卫生法律法规、医护人员执业行为、院内消毒和院内感染控制等；开展打击非法行医、整顿规范医疗服务市场专项行动2次，出动卫生监督员和卫生监督协管员65人次，检查医疗机构86家、药店20家，查处聘用非卫生技术人员医疗机构3家，罚款6000元，现场取缔牙科等游医15个、黑诊所5个，责令停业5个，没收药品器械29箱，货值1.5万元，拆除非法行医广告牌15块。

三、卫生监督协管

2011年，县食品安全领导小组办公室下发文件，要求建立健全县、乡、村食品安全监管体系，全县每个乡镇卫生院明确2人为卫生监督协管员，组建卫生监督协管站，每个行政村设立卫生监督信息员1名。全县建立卫生监督协管站16个，有卫生监督协管员35人，统一配发卫生监督服装，另聘请卫生监督信息联络员187人。乡镇卫生监督协管站主要职责是协助县卫生监督所监督管理本乡镇饮食服务、食品安全、医疗卫生、公共场所卫生、学校卫生及生活饮用水卫生等的监督管理，村卫生信息主要负责本村及周边村寨食品卫生安全信息报送工作。

第三节　院前急救

2000年6月，县人民医院成立120急救中心，配备救护车4辆，急救包、吸痰器、氧气4套，驾驶员4人，医护人员8人（医生、护士各4人），其中主治医师2人。2010年8月，县人民医院建立急诊科，设床位28张，配备医护人员18人，其中医师6人、护士（师）12人，有主治医师2人、副主任医师1人、主管护士（师）3人。

县人民医院急救中心实行24小时值班制，接到呼救信息在第一时间派出医护人员随车前往病员所在地，根据病情作急救处理，然后以最快速度在最短时间内将病人就近送往相关医院。县人民医院急诊科接到病人后，先作应急处理，能治愈的立即施救，危重病人由急诊科作应急治疗后转入相关科室住院救治。县人民医院急救中心尚未与黔西南州急救中心联网。

2000—2012年，县人民医院急救中心接送各科危重病人3854人次，县人民医院急诊科接诊危重病人380人次，其中304人经急救后转入本院或上级医院住院继续救治。

第四节　血液管理

1997年以前，县内各医疗机构用血均为自采自供，群众有偿献血，献血者大多为受血者的亲属或其他同型血源者。

1997年12月29日，第八届全国人大第29次会议通过《中华人民共和国献血法》，用法律形式规范医疗用血，对献血、采血、配血作出明确规定。同年，县人民医院下发文件，要求1998年1月起，严格按照《中华人民共和国献血法》相关规定进行献血和用血，禁采、禁用个体献血，医疗单位临床用血必须从黔西南州血站采购。同时，广泛开展无偿献血宣传，组织工人、农民、机关干部、军人、公安干警、教师等参加无偿献血活动。2002年，全县采血128人、25699毫升；2004年，全县采血110人；2005年，全县采血145人；2008年，全县采血7次，献血940人；2009年，全县献血1447人，采血406800毫升；2010年，全县献血1730人，采血492000毫升。2011年后，县内义务献血量急剧上升，至2013年，达到107.12万毫升。

第五节　爱国卫生运动

一、城市卫生

县爱国卫生运动委员会成立于20世纪50年代初，县爱国卫生运动委员会办公室成立于1985年，为副科级行政单位，挂靠县卫生局，负责全县爱国卫生运动工作。县爱国卫生运动委员会办公室成立后，全县城乡爱国运动工作进入常态化管理，每年至少开展2—3次大扫除。

1994年，县政府拨款40万元，省、州政府补助50万元，在县城郊建立水处理厂1个，保证县城居民生活用水，另拨款2.1万元维修县城下水道2.1千米。1998年，成立县创建文明县城工作领导小组，动员全县居民开展爱国卫生运动，整脏治乱，清除卫生死角208个、垃圾1000余吨。2001年，县城开展大规模卫生大扫除6次，参加人员3.5万人，清除卫生死角135人、垃圾800吨。2002年，县城全城开展卫生大扫除6次，参加人员9.5万人次，清除垃圾800余吨，新建公共厕所4个。当年6月，省政府正式授牌安龙县为“省级卫生县城”。

此后，县委、县政府以巩固省级卫生城市为载体，不断完善县城基础设施建设，建立长效管理机制，保持了省级卫生城市称号。

二、公共场所禁止吸烟

2007年2月28日，县政府制定《关于印发安龙县公共场所禁止吸烟暂行规定的通知》，要求政府机关和医院、学校等企事业单位带头控烟，创建无烟单位。4月，省卫生厅下发《2006年中央转移支付贵州省健康教育与烟草控制项目管理方案》，提出“加强无烟环境建设，倡导工作场所与公共场所控烟，降低被动吸烟率”总目标、“促进公共场所与公共场所控烟政策法规出台，增加公众对吸烟危害及戒烟益处的了解，创建无烟场所”具体目标。10月，县疾病预防控制中心正式申报《迈向无烟中国项目干预计划》，提出“营造支持性环境，广泛动员，倡导文明健康的生活方式，降低居民被动吸烟的暴露水平，减少被动吸烟的危害”的总目标，制定了具体的实施方案，明确了项目执行单位、负责人和执行人等。2008年，成立县控烟工作领导小组，建立包括县卫生局、县教育局、县交通局、县公安局、县司法局、县文化体育旅游和广播电影电视局、县妇女联合会、团县委、县城建监察大队等部门参加的烟草控制网络，创建县人民医院、县第二中学、县卫生局、县疾病预防控制中心、县公安局交警大队对外办证大厅为无烟场所。2012年10月，中央转移支付控烟项目资金7万元，资助县卫生和食品药品监督管理局、县疾病预防控制中心、县人民医院、县妇幼保健院、县卫生监督所等单位创建无烟医疗卫生机构，各项目单位成立相应的项目领导小组，制定控烟制度，印制、悬挂“禁止吸烟”标识，划定禁止吸烟区域。年底，对上述5个项目单位进行吸烟率调查，共调查287人，其中男性97人、女性190人，吸烟人数24人，均为男性；调查县内县乡两级卫生机构4个及大、中、小学6所、政府机构3个共234人，吸烟人数35人；县医院开展流动人口调查20人，吸烟人数为2人。

三、农村改水改厕

1998年以来，省爱国卫生运动委员会办公室下拨改水改厕经费，同时由州、县政府给予资金匹配，全县开展农村改水改厕工作。至2012年，全县建设集中式供水厂（站）73个，累计受益25.57万人，占全县农村人口的60.93%，总投资2503.84万元，全部由国家投资；建成无害化厕所2.15万户，占农村人口总户数的20.63%，其中三格化粪式15050户、三联沼气池式6450户，总投资64.8万元（国家投资31.8万元、个人集资33万元）。

第六节　卫生应急处置

一、卫生应急救援

卫生应急处理是运用“三级预防”的理念，通过有组织地实施预防控制策略，有效地防止重大传染病疫情、群体性不明原因疾病、重大食物和职业中毒等突发公共卫生事件的发生和发展，防患于未然，以减少或消除其危害程度，保障公众健康，是新时期对公共卫生工作提出的更高要求。

《安龙县卫生应急救援预案》由县政府2003年制定，县卫生行政主管部门制定相应的救援细则，对指挥机构、卫生资源整合、各专门工作队的人员组成、救援物资准备、运行机制和工作纪律等做了明确的规定。县政府成立卫生应急救援指挥部，由县长担任指挥长、分管副县长担任副指挥长，县政府各工作部门负责人为指挥部成员，建立由公安、交警、卫生等部门人员组成的应急救援队伍。各乡镇也成立相应的组织机构和应急救援队伍，制定相应的应急响应分级启动机制。

2004年2月27日，县城赶场日，县城南郊懒板凳牛市处1农用车失控冲向赶场人群，发生特大交通事故，当场死亡3人、在送往医院途中死亡1人、重伤8人、轻伤12人、轻微伤3人。县政府立即启动卫生应急救援预案，组织县医院派出救援队伍和急救车辆赶到现场急救。重伤人员入院后，省、州颅外科专家莅临指导，除1名重伤人员因颅内损伤过重救治无效死亡外，其余轻重伤人员均伤愈出院。

2006年，龙山镇邱家湾煤矿81名工人食用未炒熟四季豆发生中毒事件，县卫生部门及时启动应急预案，派出急救车辆和人员前往龙山镇将病人全部接到县医院急救，所有中毒病人全部治愈。

二、突发公共卫生事件

（一）人感染高致病性禽流感防治

高致病性禽流感是由禽甲型流感病毒某些亚型中的一些毒珠引起的急性呼吸道传染病。2005年12月，省卫生厅转发卫生部《关于严格防范高致病性禽流感向人间传播的通知》，要求做好高致病性禽流感防范工作。县卫生局随即转发省卫生厅《关于印发〈贵州省人感染高致病性禽流感应急预案的通知〉的通知》，制定了《安龙县人感染高致病性禽流感应急预案》，进行了人员培训工作。县疾病预防控制中心等单位储备消毒药品、喷洒器材和个人防护用品等，县医院等医疗机构配备急救车辆、急救药品、专设病房和发热门诊，对人员进行了培训。各乡镇卫生院和村卫生室建立疫情监测体系和信息通报机制，储备应急、预防药品。至2012年底，县境未出现高致病性禽流感疫情。

（二）万峰湖镇霍乱疫情防治

万峰湖镇分别于1994年、1997年两次发生霍乱疫情，经救治，均无人死亡。1994年10月9日夜，永和镇（现万峰湖镇）大湾村二组村民罗某某因腹泻到村卫生室输液治疗，2小时后出现频繁呕吐、腹泻加剧现象，即转至驻扎当地的水电九局医院，接诊医生疑为霍乱，当即隔离治疗，陪送者留院观察。10月12日，黔西南州防疫站取样检验，培养出小川型霍乱弧菌。县卫生防疫站当即组织人员赶赴现场，采取管理疫点、消毒灭菌、卫生宣教、疫源检索等综合措施，控制了疫情。1997年9月，广西隆林县天生桥镇出现霍乱流行现象，毗邻的万峰湖镇岜皓村村民王某受到感染，入水电九局医院隔离治疗。县防疫站当即派出专业人员6人前往岜皓村开展防治工作。县防治组与广西隆林县防疫站密切合作，以病人家庭为中心反复消毒，对当地居民加强霍乱防控知识宣传，加强水源消毒和食品卫生的管理，对腹泻病人一律就地留院观察，取样检验，迅速控制了疫情。

（三）普坪镇霍乱疫情防治

1995年9月4日至10日，普坪镇发生霍乱疫情，发病4例，病源学确诊3例，培养出小川型霍乱弧菌3株。县防疫站当即派出相关人员42人次，使用漂白粉500千克、漂白精片2万片，累计消毒3万平方米。经就地隔离治疗、管理疫点、流行病学调查检索、宣传教育等综合防控措施，7天内控制了疫情，所有病患全部病愈出院。

（四）万峰湖镇鼠疫疫情防治

2000年5月，广西隆林县天生桥镇及省内兴义市巴结、桔山、泥凼、下午屯、则戎等乡镇相继出现鼠疫病例。8月，县内万峰湖镇马安营村一自毙鼠尸体检出鼠疫F1抗体，大湾村一农妇出现典型腺鼠疫症状、体征，第二次血清标本检出鼠疫F1抗体阳性。县政府当即成立鼠疫防治指挥部，县政府常务副县长任总指挥长、万峰湖镇党委书记任指挥长，下设办公室和技术组，抽调行政和卫生技术人员100余人，全面开展救治病人、管理疫点、卫生清扫、灭鼠灭蚤等工作，连续奋战45天，累计疏通沟道328条，堵塞鼠洞1626个，焚烧垃圾杂草114吨，投放灭鼠毒饵溴敌隆5284千克（其中室内投放4.66万平方米、室外投放20.23万平方米），拣拾死鼠17728只，用“奋斗”药液喷洒灭蚤2816户97.17万平方米。经考核验收，鼠蚤密度大幅度降低，达到国家防治标准，病人也康复出院，疫情得到控制。后，万峰湖镇鼠疫点作为贵州省重点检测点，连续监测，至2012年末未出现新的鼠疫病例。

（五）狂犬病疫情暴发与防治

2004年2月上旬，县境出现狂犬病暴发现象。至3月18日，县境发病21例、死亡21例，疫情波及11个乡镇，其中新安、兴隆、洒雨、新桥、普坪、龙广等乡镇较为严重。县政府下发《关于做好狂犬病防治工作的通告》，成立防治工作领导小组，各乡镇也相继成立防治工作领导小组，组建捕杀狂犬（野犬）队伍20支，累计捕杀狂犬（野犬）8万只、野猫5000只，印发《狂犬病防治知识》1万份、其他资料2万份，张贴各类宣传单、标语600余幅，做到家喻户晓。受国务院副总理吴仪委托，国家疾控中心专家张永振到县现场指导，省疾控中心也相继派出专家组到县现场指导，中央调拨狂犬病疫苗2540份、县疾控中心购置狂犬疫苗3000份，无偿接种被犬类动物咬伤人员4779人次。是年，全县狂犬病发病43例、死亡43例。2005年，国家疾控中心决定自2006年起，安龙县列为全国狂犬病重点监测点。2006年后，县境狂犬病疫情逐年下降，至2012年，全县全年狂犬病发病仅1例左右。

（六）万峰湖镇学校甲肝流行防治

2007年6月3—20日，万峰湖镇中学、中心小学、望江小学发生甲肝流行现象，全镇发病91人、受威胁3000余人。县委、县政府成立疫情处理指挥部，下设技术指导组、后勤保障组、医疗救治组等，县委副书记蔡平坐镇督办，州政府副州长童其芳、州卫生局、州疾控中心专家等多次到万峰湖镇现场检查指导。通过流行病学调查，查清疫情，制定防控措施，将病人集中隔离治疗，镇境所有学校、单位、餐饮店全面搞好饮用水消毒工作，对易感学生免费甲肝疫苗2000人次，至6月底，疫情得到全面控制，发病的91名学生全部病愈出院。

（七）兴隆镇石灰村麻疹流行防治

2008年5月1—22日，册亨县丫他镇纳汪田村小学发生麻疹疫情，安龙县兴隆镇石灰村坪上组、后寨组在该校就读学生22人感染发病。县疾控中心当即组织人员对石灰村及邻近地区进行流行病学调查，查明感染学生多为石灰村人，幼年随父母到广西、册亨等地居住、生活，麻疹疫苗接种史不详。为控制疫情，县疾控中心提供麻疹疫苗免费为该村7岁以下儿童应急接种150人，麻疹疫情得到有效控制，患病儿童全部康复出院。

（八）坡脚乡科丰小学水痘流行及防治

2009年2月14日至3月14日，坡脚乡科丰小学发生水痘流行现象，发病47人。县疾控中心当即会同坡脚乡卫生院前往调查处理，采取对患病学生进行隔离治疗、改善教室通风条件、全校消毒处理等措施，全校学生服用板蓝根、病毒灵冲剂3天，疫情得到有效控制，患病学生相继康复出院。

（九）普坪小学腮腺炎流行与防治

2011年10月5日至11月12日，普坪镇普坪小学发生腮腺炎流行现象，发病29人。县政府副县长李泽芸及时率领县疾控中心相关人员前往调查处理，经对病人隔离治疗，对校园全面消毒处理，全校学生服用板蓝根、病毒灵冲剂3天，疫情得到有效控制，所有发病学生也相继康复出院。

（十）戈塘镇戈塘村农户误食亚硝酸盐中毒事件处置

2012年4月12日晨7时，戈塘镇戈塘村八坎组村民罗某某（有智力障碍）一家4人煮食以前购置的面条和腐烂瓜菜、剩菜剩饭后，相继出现中毒症状，9时30分左右罗某某之女发病死亡，10时许罗某某向县医院急救中心电话呼救，13时20分县医院将罗某某3人接待县医院内科救治，4月13日12时病愈出院。后经采样送省疾病预防控制中心卫生监测所检验，检出亚硝酸盐，根据流行病学资料、临床表现和实验室报告，州、县两级疾病预防控制部门确认本事件为亚硝酸盐引起的食物中毒事件。

第四章　基层医疗卫生

安龙县自1969年起，县、区、乡三级医疗卫生机构分别采取不同形式培训大队、生产队“赤脚医生”，以生产大队办合作医疗、生产队办“红医室”的办法，负责农村一般常见治疗，承担部分防疫、妇幼保健、计划生育宣传等工作。1971年，全县219个生产大队办有合作医疗，1800个生产队办有“红医室”，有大队和生产队两级“赤脚医生”2145人。1978年，实行合作医疗的大队减至85个，有“赤脚医生”240人。此后，由于农村经济体制改变，合作医疗及红医室逐渐被个体行医所代替。到1986年，全县共有集体所有制乡镇卫生所39个，设病床84张，有卫生技术人员125人，在乡镇卫生所工作的国家卫生技术人员23人，当年全县乡镇卫生所门诊共11.54万人次，住院病人704人次。到1988年，全县乡镇卫生所有卫生技术人员104人。1989年以后，基层卫生事业不断发展完善。

第一节　乡镇卫生院

1989年，全县设新安、龙广、洒雨、普坪、化力、龙山、兴隆7个区卫生院和城关、德卧、龙广3个镇卫生院，设置招堤、大坪、幺塘、木咱、坡贡、新桥、停西、坡脚、科汪、五台、花木、永和、纳赖、洒雨、九头、木科、戛那、大坝、竹林、古里、普坪、钱相、阿赖、鲁沟、戈塘、北乡、纳院、巧岭、梨树、花障、笃山、木城、平乐、龙蛇、石盘、冗华等36个乡卫生所，区卫生院为公立医疗机构，镇卫生院、乡卫生所为集体所有制卫生机构。1992年，“撤区并乡建镇”后，撤销7个区卫生院，设置新安、德卧、龙广、永和（1998年改称万峰湖）、木咱、兴隆、龙山、普坪、戈塘、洒雨10个镇卫生院和平乐、钱相、梨树（2002年改称笃山）、海子、坡脚、新桥6个乡卫生院，人员由原区卫生院调配组成；撤销和3个镇卫生院、36个乡卫生所，其人员经考试，符合条件的转为国家正式职工到乡镇卫生院工作，其余人员仍留在村卫生室或个体医疗机构从事医疗卫生服务工作。

乡镇卫生院建立后，承担农村常见病、多发病的轻、中病人的医疗救治工作，1989—1992年，全县各医疗卫生院接诊门诊病人307329人、住院病人17994人；1993—2001年，全县各乡镇卫生院接诊门诊病人1274717人、住院病人57977人，有效解决了农村群众就医问题。

2010年，国家出资为全县各乡镇卫生院配备心电图、超声波、大型X光机、全自动生化分析仪、标准式铁质病床、救护汽车等设备，提高乡镇卫生院诊疗水平。组建预防保健组，承担辖区内农村公共卫生工作，进村入户开展健康咨询，为60岁以上老年人免费体检，建立健康档案，开展卫生监测，保证农村居民饮食饮水安全。至2011年，全县累计建立居民健康档案43.4万份，居民健康档案电子信息录入413168人。

第二节　乡镇卫生基础设施建设

一、业务用房

20世纪60—70年代，县内曾投入资金对各区卫生院进行改扩建，但因资金量少，只能用于维修或建瓦面平房，仍不能适应卫生事业发展的需要。

1992年，全县“撤区并乡建镇”后，组建16个乡镇卫生院，部分新建乡镇卫生院无业务用房，另有部分乡镇卫生院业务用房陈旧老化，使用面积不足，严重影响卫生业务的开展。是年，新建海子乡卫生院业务用房330平方米，总投资12.9万元，其中省级财政拨款6.7万元、县财政拨款2.5万元、海子乡政府出资3万元、卫生院自筹7000元。

1993年，新建戈塘镇卫生院业务用房265平方米，投资9.4万元，其中省级财政拨款5.4万元、县财政拨款1.5万元、戈塘镇政府出资2万元、卫生院自筹5000元。

1996年，新建德卧镇卫生院业务用房901.4平方米，总投资29.96万元，其中中央财政拨款3万元、省级财政拨款3万元、县财政拨款6万元、德卧镇政府出资2万元、卫生院自筹15.96万元；新建新桥乡卫生院业务用房619平方米，总投资20万元，其中中央财政拨款6万元、省级财政拨款4万元、州财政拨款6万元、卫生院自筹4万元。

1997年，新建坡脚乡卫生院业务用房180平方米，总投资6万元，全部为中央财政拨款。

1998年，新建梨树乡、钱相乡卫生院业务用房各200平方米，分别投资20万元，其中省级财政拨款16万元、县财政拨款2万元、卫生院自筹2万元。

1999年，扩建龙广镇卫生院业务用房404.2平方米，总投资14万元，其中省级财政拨款7万元、县财政拨款2万元、卫生院自筹5万元；新建平乐乡卫生院业务用房334平方米，总投资11万元，其中省级财政拨款7万元、县财政拨款2万元、卫生院自筹2万元；新建龙山镇卫生院业务用房270平方米，总投资9万元，其中省级财政拨款7万元、县财政拨款2万元。

2000年，扩建万峰湖镇卫生院业务用房300平方米，投资9万元，其中省级财政拨款7万元、县财政拨款2万元；新建木咱镇卫生院业务用房300平方米，总投资9万元，其中省级财政拨款7万元、县财政拨款2万元。

2001年，扩建龙山、平乐、龙广、普坪、笃山5个乡镇卫生院业务用房，总投资66万元，其中中央财政拨款33万元、县财政拨款15万元、卫生院自筹16万元。

2002年，扩建兴隆、新安、龙广、笃山、钱相、普坪等6个乡镇卫生院业务用房，总投资45.8万元。

2008年，各级财政拨款改扩建全县16个乡镇卫生院业务用房1.26万平方米，总投资869万元，其中中央财政拨款665万元、省级财政拨款60万元、县财政拨款126万元。

2012年，上级下达新桥、普坪、木咱、钱相、万峰湖、兴隆、龙广、德卧等8个乡镇卫生院标准化改扩建项目，计划总投资1006万元，其中中央财政拨款782万元、省级财政拨款98万元、地方配套126万元，建筑总面积4700平方米（包括污水处理附属设施），实际完成投资1250万元，完成建筑面积5419.33平方米。

二、附属设施

2008年，中央财政拨款100万元，龙山镇、洒雨镇2个卫生院各50万元，用于污水处理、绿化、地面硬化等附属设施建设。

三、设备配置

1992年，配置给海子乡卫生院心电图机1台，价值3000元；1994年，配置给龙广镇卫生院X光机1台，价值2万元，B超机1台，价值3万元；1997年，配置给新桥镇卫生院心电图机1台，价值3000元；1998年，配置给德卧镇卫生院B超机1台，价值3000元；1999年，配置给新安镇卫生院B超机1台，价值4.5万元。2008年，中央财政拨款161.6万元，为全县16个乡镇卫生院配置B超、X光机、手术床等医疗设备，每个乡镇设备价值10.1万元，设备各类、规格、数量相同。

第三节　乡镇卫生队伍

一、乡镇卫生院人员

1991年，全县农村卫生人员有180人。

1992年，全县“撤区并乡建镇”后，组建16个乡镇卫生院，在编人数增加到186人，其中卫生技术人员180人，其学历结构为初中10人、中专151人、大学专科18人、大学本科1人。至2008年，全县乡镇卫生院在编人员增加到270人，其中卫生技术人员164人，其学历结构为中专123人、大学专科27人、大学本科14人。2010年后，根据经济社会发展需要，县人力资源和社会保障局通过招考，录用卫生专业大专院校毕业生充实乡镇卫生院，至2012年初，全县乡镇卫生院卫生技术人员达到191人。2012年，县内龙广、德卧、木咱、新桥4镇由义龙新区（义龙试验区）管理，县卫生行政主管部门管辖的乡镇（街道）为13个，组建13个卫生和计划生育服务中心，为副科级事业单位，有卫生技术人员254人，学历结构为中专138人、大学专科98人、医学本科16人、其他学历2人，大学专科以上学历人员逐年增加。

同时，为提高农村基层卫生技术人员业务水平，县卫生行政主管部门每年组织30余名医务人员外出进修，培养了一批全科医师和各科医疗骨干。

二、村级卫生室

详见本志第九篇“农业　农村　农民”第六章“农村”第一节“农村医疗”。

第四节　社区医疗卫生

2011年年末，全县有东门、城北、龙顺、西一、西二、西河、大坪、官桥8个社区设立卫生服务站。2012年，县内招堤街道有东门、广东街、硫磺街、城北、龙顺等5个社区卫生服务站，栖凤街道有西一、西二、西河、大坪、官桥等5个社区卫生服务站，每个社区卫生服务站均有业务用房60平方米以上，配备医师1名、护士2名，有病床48张，主要负责辖区人群公共卫生和常见病、多发病诊治及儿童免疫规划、城镇居民健康档案的建立与管理、传染病疫情监测与报告、慢性病管理、卫生健康教育等公共卫生工作。社区卫生服务站列为城镇居民医疗保险和农村居民新型农村合作医疗定点医疗机构。另，县城内还有个体诊所11个，其中中医诊所4个、牙科诊所1个，是社区医疗卫生的补充。

第五节　新型农村合作医疗

新型农村合作医疗，简称“新农合”，是指由政府组织、引导、支持，农民自愿参加，个人、集体和政府多方筹资，以大病统筹为主的农民医疗互助共济制度。采取个人缴费、集体扶持和政府资助的方式筹集资金。

2002年10月，中共中央、国务院下发《关于进一步加强农村卫生工作的决定》。安龙县自2007年启动新型农村合作医疗工作，制定《安龙县新型农村合作医疗实施细则》(以下简称《实施细则》)。按照《实施细则》，2007年“新农合”筹资标准为每人50元，其中中央财政补助20元，省财政补助14元，州县财政各补助3元，农民个人缴费10元。总筹资1522.4万元，其中中央财政配套资金579.5万元(应到位654万元，缺口74.5万元)，省财政配套资金457.8万元，州财政配套资金60万元(应到位98.1万元，缺口38.1万元)，县财政配套资金98.1万元，农民缴费资金327万元。各级财政配套资金直接划入县财政局“新农合资金专户”，农民缴款由乡镇收缴后直接划入县财政局“新农合资金专户”。

根据《实施细则》，确定县人民医院和各乡镇卫生院等279家医疗机构为安龙县新型农村合作医疗定点医院，其中州级医院1家、县级医院4家、乡镇医院32家、村级医院242家。其报销程序为：参加“新农合”患者定点医疗机构就诊，在出示“新农合”参合证和相关身份证件后，定点医疗机构根据参合患者病情和新农合相关规定给予诊治，治疗结束后参合患者只需支付自己承担部分的药品费用，其余费用由定点医疗机构依规定为参合患者垫付医药费用，之后由医疗机构将报账资料报新农合经办机构审核，由县新型农村合作医疗管理中心拨付相应医疗费用。其报销比例为：乡镇医院(卫生院)住院不设起付线，1000元以下报销70%，1001元至3000元报销65%，3001元以上报销60%；县级医疗机构住院起付线为100元，1000元以下报销55%，1001元至3000元报销50%，3001元以上报销45%；州级医疗机构起付线为200元，1000元以下报销40%，1001元至3000元报销35%，3001元以上报销30%；省级以上及省外医疗机构起付线为300元，1000元以下报销35%，1001元至3000元报销30%，3001元以上报销25%。

根据《实施细则》，参合患者在紧急情况下在非定点医院住院亦可报销部分医疗费用。其报销程序和比例为：参合患者在非定点医疗机构住院治疗后，先行自付医疗费用，然后将相应资料交新农合经办机构审核报销医疗费用；在非定点医疗机构报销的起付线与定点医院相同，1000元以下报销30%，1001元至3000元报销25%，3001元以上报销20%。

2007年，全县新型农村合作医疗基金支出459.28万元，其中为参合患者报销住院费用406.23万元，报销门诊费用53.05万元。

2008年，新型农村合作医疗筹资标准调整为每人90元，其中中央财政补助由20元提高到40元，省级财政补助由14元提高到34元，州县两级财政依然各补助3元，农民缴费依然为10元。对《实施细则》进行修订，在各级医疗机构起付线不变的情况下，乡镇医院报销比例统一调整为70%，县级医院报销比例统一为60%，州级医院报销比例统一为40%，省级以上及省外医院报销比例统一为30%，非定点报销程序及比例不变。是年，全县新农合总筹资30572720元，其中中央财政配套资金1308万元，省级财政配套资金1240.4万元，州级财政配套资金63.11万元，县财政配套资金109.45万元，农民个人缴款3363120元。新农合基金支出1488.53万元，其中为参加新型农村合作医疗的患者报销住院费用

1200.62 万元，报销门诊费用 287.91 万元。

2009 年，新型农村合作医疗筹资标准调整每人 100 元，其中各级财政补助标准按 2008 年标准给予补助，农民个人缴费由原来的 10 元调整为 20 元。医疗费用报销全面实行“住院+门诊”的统筹补偿模式。

是年，全县新型农村合作医疗基金支出 2804.09 万元，其中报销住院费用 1966.93 万元，门诊费用报销 837.16 万元。

2010 年，新型农村合作医疗筹资标准调整为每人 140 元，其中中央财政补助由 40 元提高到 60 元，省级财政补助由 34 元提高到 51 元，州级财政依然补助 3 元，县级财政补助由 3 元提高到 6 元，农民缴费依然为 20 元。全年新型农村合作医疗总筹资 5450.97 万元。其中中央财政配套资金 2336 万元，省级财政配套资金 1985.8 万元，州级财政配套资金 116.81 万元，县级财政配套资金 233.62 万元，农民个人缴款 778.74 万元，农民参合率达到 95.02%。

2011 年，全县新型农村合作医疗筹资标准为每人 230 元，其中中央财政补助每人 124 元，全县合计补助 4858 万元，省级财政补助每人 64.4 元，全县合计补助 2531 万元，州级财政补助每人 4 元，全县合计补助 156.72 万元，县级财政补助每人 7.4 元，全县合计补助 289.92 万元，农民个人缴费每人 30 元，全县合计收取资金 1175.35 万元。全县全年筹措新型农村合作医疗资金 9010.99 万元，住院报销 3638.07 万元、门诊报销 2549.8 万元。是年，《黔西南州城乡居民医疗保险实施办法（暂行）》颁布实施，新型农村合作医疗并入城乡居民医疗保险。城乡居民医疗保险筹资标准设置两个档次：第一档筹资标准为每人每年 150 元，其中个人缴纳 30 元、政府补助 120 元；第二档筹资标准为每人每年 220 元，其中个人缴费 100 元、政府补助 120 元，第二档缴费人报销比例比第一档提高 10 个百分点、封顶线住院费报销高 3 万元、门诊慢性病高 2000 元。

2012 年，全县城乡居民医疗保险中央补助标准为每人 156 元，全县合计补助 5742 万元，省级财政补助每人 71.4 元，全县合计补助 2536 万元，州级财政补助每人 4.2 元，全县合计补助 149.51 万元，县级财政补助每人 8.4 元，全县合计补助 299.41 万元，农民个人缴费每人 50 元，全县合计收取资金 1788.96 万元。全县全年筹措城乡居民医疗保险资金 10515.52 万元，住院报销 5285 万元、门诊报销 1934.47 万元。

根据《黔西南州城乡居民医疗保险实施办法（暂行）》，对下列困难群体实行救助。城乡低保对象、重度残疾人（1—2 级），按第一档筹资标准缴费，个人缴费 10 元，其余部分由县民政部门医疗救助金代为缴纳；无生活来源、无劳动能力的无法定赡养或抚养人员，按第一档筹资标准缴费，个人缴费部分全额由县民政部门医疗救助金代为缴纳；农村独生女子户、二女结扎户夫妇双方及 18 周岁以下子女参加城乡居民医疗保险，按第一档筹资标准缴费，个人缴费部分由县计划生育部门给予补助；建立连续参加城乡居民医疗保险缴费与待遇挂钩机制，根据连续缴费年限提高住院报销比例和住院封顶线；城乡低保对象、“三无”人员、重度残疾人住院的起付线为标准的 50%，其他医疗报销待遇不变；参加城乡居民医疗保险的孕产妇符合计划生育政策住院分娩，由城乡医疗保险基金给予定点医疗定额补偿，医疗机构不得再向参保人员收费。

第五章　妇幼卫生

中共十一届三中全会以后，县委、县政府加大资金投入，为全县妇幼保健工作的开展创造了良好的条件。1979 年开始每年对全县儿童进行体检。1982 年，全县普查妇科病，普查妇女 13416 人。1986 年以后，县妇幼保健站门诊、其他卫生机构经常性组织为妇女体检。同时，县保健站与各区卫生院配合，培训乡村接生员，并配备接生包，建立县、区、乡三级妇幼卫生、新法接生网，全县各乡镇、村有新法接待医务人员，通过健康教育、大力宣传妇幼科普知识，提高广大妇女孕产期保健意识，开展产前检查、产后检查，新生儿访视等工作。全县妇幼儿童健康总体水平得到较大改善。2011 年，全县农村户籍孕产妇住院分娩（含异地住院分娩）一律享受“不花钱”待遇，按黔西南自治州统一的标准给予相应的补助。

第一节　妇女保健

一、妇科病普查及常见病防治

1992 年，对县境 3508 名妇女进行妇科病普查，患病 1987 人，其中宫颈炎 1788 人、阴道炎 45 人、附件炎 11 人、宫颈癌 1 人、尿瘘 4 人、Ⅱ度以上子宫脱垂 63 人。1993 年，对县境 3843 名妇女进行妇科病普查，患病 2317 人，其中宫颈癌 1 人，Ⅱ度以上子宫脱垂 24 人，宫颈糜烂 1150 人，阴道炎 678 人，子宫颈炎 379 人，子宫肌瘤 14 人，子宫内膜炎 67 人，月经不调 4 人。1994 年，对县境 478 名妇女进行妇科病检查，患妇科病 338 人。1996 年为育龄妇女开展破伤风类毒苗接种工作，共接种疫苗 85950 人次，接种率为 85.5%。1998 年，对县境孕产妇进行管理系统，从确诊妊娠开始，到产后 42 天之内，以母子共同为监护对象，按照各期所规定的一些必检必查项目，进行系统检查、监护和保健指导，并及时发现高危情况，及时转诊治疗和住院分娩，以确保母婴安全与健康的系统管理，县境首次纳入管理的孕产妇共 863 人。1999 年，再次为县境育龄妇女开展破伤风类毒苗接种工作，共接种 3800 人次。2004 年，对县境 108 名妇女进行妇科病检查，患病 98 人，其中滴虫病 42 人、宫颈糜烂 56 人。

二、孕产期保健

20 世纪 80 年代以来，县委、县政府加大卫生保健资金投入，逐步建立和完善以县人民医院、县疾病预防控制中心、县妇幼保健站（院）和乡镇卫生院、村卫生室为主体的县、乡、村三级妇幼卫生保健网络。通过健康教育、大力宣传妇幼科普知识，提高广大妇女孕产期保健意识，产前检查、住院分娩和新法接生率逐年提高，孕产妇死亡率、婴幼儿死亡率和新生儿破伤风逐年下降，全县妇幼儿童健康总体水平得到较大改善。

调查数据显示，至 1997 年，县内大部分乡镇卫生院、妇幼保健机构卫生基础设施建设十分落后，设备简陋、专业人员不足，医疗卫生和妇幼保健服务水平低下，绝大部分乡镇卫生院不能开展产科一般接诊手术，全县孕产妇死亡率高达每 10 万人 230.55 例、婴幼儿死亡率 54.48‰、新生儿破伤风发病率 1.32‰，县内孕产妇住院分娩率仅为 5.27%、新生儿新法接生率仅为 49%、产前检查率也仅为 30%。

2000 年，卫生第九项目妇幼卫生和降低孕产妇死亡率、消除新生儿破伤风子项目在安龙县正式实施，县政府成立了项目实施领导小组，分管副县长担任组长，县卫生局、县疾病预防控制中心、县人口与计划生育局、县文化体育旅游和广播电影电视局、县妇女联合会等单位参加，各乡镇也成立了相应的项目实施领导小组。项目实施过程中，首先是强化培训，采取集中、逐级培训方式，培训对象包括各乡镇卫生院负责人、妇保人员、村卫生室人员、村妇女主任和家庭示范户，培训内容包括婚前保健、母乳喂养、儿童保健等，培训师资均由经省级培训的县级妇、儿科医师担任，又通过农村会议、婚丧嫁娶、聚会等各种形式进一步深入宣传至千家万户。加大资金投入，世界银行贷款卫生九项目投入安龙县资金 393.05 万元，降低孕产妇死亡率、消除新生儿破伤风子项目投入 20.4 万元。三级建设投入 20 万元，全部用于县内妇幼保健机构、乡镇卫生院和村卫生室添置设备等。2006 年，抽样调查三类目标人群（婚前、孕前妇女、孕产妇及 55 岁以下儿童母亲），结果显示上述人群妇幼卫生知晓率达到 88.5%。至 2007 年，全县各乡镇卫生院基本都配置了妇产科检查床、高压消毒锅、产包、产床、新生儿抢救台、产房取暖器、急救手术车、电动吸引器、妊高压监测系统仪、新生儿蓝光床、氧气袋、骨盆测量器、婴儿秤、身高体重秤、电冰箱、新生儿复苏、救护车等孕产妇、婴幼儿检查、救治设施，全县新法接生率提高到88.99%、住院分娩率达到53.63%，孕产女死亡率下降至每10万人59.41例、5岁儿童死亡率下降至22.58‰、婴儿死亡率下降至17.43‰。

2010年，县政府制定《国家基本公共卫生服务项目实施方案》，在全县开展孕产妇建卡、产前检查、高危筛查、住院分娩、产后访视、新生儿保健等系统管理，建立县、乡、村信息网络，及时掌握育龄妇女婚孕信息，建立孕产妇登记卡，由基层卫生人员上门宣传孕期保健或医疗机构产前检查和妊高压监测，降低孕产妇死亡率。2010年以来，每年至少为孕产妇开展5次孕期服务和2次产后访视。

住院分娩补助 2005年，全县开始实施对农村贫困危重孕产妇救治政策，当年救助4人，下发资助资金2000元；2006年，救助504人，每人补助200元至600元不等，下发救助资金13.99万元；2007年，全县救助1345人，每人补助200元至600元不等，下发救助资金43.7万元；2008年，全县救助2072人，每人补助300元至1800元不等，下发救助资金87.2万元；2009年，全县救助3012人，每人补助300元至1800元不等，下发救助资金353.45万元。

2011年，县卫生和食品药品监督管理局先后制定《2010年中央转移支付农村孕产妇住院分娩补助项目实施方案》《降低孕产妇死亡率和消除新生儿破伤风项目实施方案》《2011年妇幼卫生监测项目方案》《安龙县2011年“降消”项目农村孕产妇住院分娩补助资金管理办法》《异地分娩的农村孕产妇住院分娩补助管理办法》等文件，规定全县农村户籍孕产妇住院分娩（含异地住院分娩）一律享受“不花钱”待遇，按黔西南自治州统一的标准给予相应的补助。全县全年各级医疗卫生接受农村孕产妇住院分娩4522人，人均补助400元，全县全年共补助190.08万元。2012年，全县各级医疗卫生接受农村孕产妇住院分娩4825人，仍按每人补助400元标准给予补助，全县全年共补助193万元。同时，县、乡医疗保健机构还向农村孕产妇发放住院分娩生活补贴每天1元，原则上发放3天。

第二节　新法接生和出生缺陷三级预防

一、新法接生

所谓新法接生就是按照临产的规律，用科学的方法消毒接生。要求产包、接生者的手、产妇的外阴部和婴儿的脐带四消毒，要求做到四严、五防、三不准。四严是：严密观察产程、严格执行无菌操作、严格掌握阴道检查指征、严防乱用催产素；五防是：防滞产、防感染、防产伤、防出血、防窒息；三不准是：不准发生新生儿破伤风、不准发生会阴Ⅲ度裂伤、不准发生产褥感染。新法接生可有效降低孕产妇和新生儿的死亡及部分疾病的发生。

1989年以来，县境建立县、区（乡镇）、村三级接生网，由县妇幼保健站、县医院，对区、乡、村接生员进行培训，并配备相应的设施设备，普遍实行新法接生。

1989—2002年，县妇幼保健站还对1217对青年男女进行婚前检查。

2003年后，县境农村符合条件的育龄产妇到县、乡两级医院住院分娩，住院分娩期间产生的生育费用全部免除，全县新法接生率达到98%以上。

二、出生缺陷三级预防

2010年以来，全县各级医疗卫生机构按世界卫生组织（WHO）提出的出生缺陷三级预防策略开展出生缺陷预防工作，以减少出生缺陷发生，提高人口素质。一级预防内容包括强化宣传，做到不早婚、不近亲结婚，自觉接受婚前检查，有生理缺陷或患有婚育禁忌人群避免结婚，做好孕期保健，避免接触放射线和有毒有害物质，养成良好生活习惯，不吸烟、酗酒，减少出生缺陷发生。二级预防内容包括通过孕期筛查、产前诊断识别胎儿严重先天缺陷，早发现、早干预，减少出生缺陷发生；适当锻炼和适当营养，食用加碘食盐、补服叶酸，预防碘缺乏病和神经管缺陷。三级预防内容包括对新生儿疾病早期筛查，早期诊断，及时治疗，避免或减轻致残，提高患儿生活质量；孕妇怀孕后，要定期到医疗保健机构进行产前检查，通过体格检查和化验、B 超等了解产妇和胎儿的健康状况；中晚孕产妇，通过产前检查发现孕妇生育禁忌证和胎儿畸残等情况，可以治疗的，及时治疗，需要终止妊娠的及时终止妊娠，确保孕妇安全、避免残障婴儿出生。2010 年起，对孕妇进行叶酸补服以预防神经管缺陷，2010—2012 年，县内孕妇服用叶酸人数每年分别为 4502 人、4609 人和 4759 人。

第三节　儿童保健

一、婴幼儿保健

2010 年以来，规范新生婴幼儿疫苗与接种。全县新生婴幼儿立即接种乙肝疫苗第一针，6 小时后接种卡介苗，满两个月接种脊灰疫苗，满 3 个月接种百白破疫苗，满 8 个月接种麻疹疫苗，1 岁以内接种麻腮风疫苗、流脑 A ＋ C 疫苗、流脑 A 群冻干疫苗、乙脑疫苗等。

二、计划生育技术指导与管理

1998 年，成立县计划生育局，全县计划生育节（绝）育手术由县计划生育局组织实施。2000 年，县人口与计划生育局设立计划生育服务技术指导站，各乡镇成立计划生育服务技术指导组，2006 年改建各乡镇计划生育妇幼保健站，人员从县妇幼保健站和各乡镇卫生院抽调，分两批从各乡镇卫生院抽调业务骨干共 25 人到各乡镇计划生育服务指导站工作，每批工作时间 2 年。2012 年，整合乡镇卫生院、计划生育妇幼保健站资源，设置乡镇计划生育和医疗卫生服务中心，加挂乡镇卫生院、乡镇计划生育保健站牌子，实现卫生和计划生育资源的优化配置。

第六章　医学科研与教育

中共十一届三中全会以后，随着国民经济的发展和社会进步，特别是卫生医疗技术的发展，全县医务工作者强化学习与钻研，广泛开展医学科研与教育工作。1978 年，创办安龙县人民医院护士学校，办护士班 1 个，招生 30 人，教师由县医院医护人员担任，按统编中等卫生学校教材及大纲教学。1981 年 7 月，经考试考核全部毕业，并参加县里统一分配。当年停办。

第一节　医学科研

20 世纪 90 年代以来，县人民医院、县妇幼保健院等单位向黔西南州科技局等单位申报医学科研项目，获得科技部门经费支持，完成《利用技术及药物干预出生缺陷的研究》等项目研究。其中，《利用技术及药物干预出生缺陷的研究》项目，由县计划生育妇幼保健院承担，谢勇负责，项目研究时间为 2009 年 1 月至 2010 年 2 月，2011 年 7 月经黔西南州科技局验收合格，主要参与研究人员有谭云、刘进、姜琴、岑芳、何建梅、李立雯、刘丽等;《盐酸戊乙奎醚治疗有机磷农药中毒的临床研究》项目，由县人民医院承担，刘丽具体负责，项目研究时间为2009年1—12月，2011年7月经黔西南州科技局验收合格，主要参与研究人员有余毅、朱珠、段学芬、苏建军、王帮琴、李景龙、景书国、齐海涛等。

1991—2012年安龙县作者发表的医学论文目录

表19—6—1

论文标题	论文作者	发表时间	登载刊物名称
101例麻风在家治疗7年的观察	县疾病预防控制中心欧阳华	1991年6月	中国麻风杂志，第7卷第2期
一起水型伤寒暴发调查报告	县疾病预防控制中心詹明祥	1997年10月	中华流行病学杂志，第18卷第2期
安龙县计划免疫现状与对策初探	县疾病预防控制中心詹明祥	1997年10月	中华实用医学优秀论文选集，第二卷
贫困地区县级卫生防疫站工作管理现状与探讨	县疾病预防控制中心詹明祥	1998年5月	中华临床医学杂志，第3辑
安龙县布依族学生低血红蛋白及蛔虫感染调查	县疾病预防控制中心詹明祥	1998年7月	中国卫生政策杂志，第8期
狂犬病疫苗预防狂犬病失败2例的探讨	县疾病预防控制中心韦学龙	1998年10月	中华预防医学会主编：中华医学论文
十年狂犬病疫苗预防接种随访调查分析	县疾病预防控制中心张雨祥、韦学龙	1998年10月	中华预防医学会主编：中华医学论文
安龙县1988—1994年通过多渠道发现88例麻风	县疾病预防控制中心欧阳华、罗世龙	1999年3月	中国麻风杂志，第15卷第1期
45例MB用MDT后监测5年	县疾病预防控制中心欧阳华、张焕波、罗世龙	1999年3月	中国麻风杂志，第15卷第1期
63例MB患者治疗及监测期细菌检查结果	县疾病预防控制中心罗世龙、张焕波、欧阳华	1999年3月	中国麻风杂志，第15卷第1期
天生桥水电站库区安龙县境内沿岸村寨鼠疫源地调查	县疾病预防控制中心贺启生、刘勇、韦学龙、王世华、李琼、龚樊、梁启辉	2002年	贵州卫生杂志，2002年第4期
安龙县万峰湖镇2000年鼠疫流行病学调查及防治	县疾病预防控制中心张永荣、何强、王世华、詹明祥、吴光明、贺启生、潘登、梁启辉、刘宽益、刘勇	2002年	贵州卫生杂志，2002年第4期
安龙县万峰湖镇鼠疫流行病学调查与防治	县疾病预防控制中心张永荣	2002年	贵州卫生杂志
贵州省安龙县21例人狂犬病的流行病学调查	贵州省疾病预防控制中心张永振、熊成龙、冯子健、王昭孝，县疾病预防控制中心张永荣	2004年10月	中华流行病学杂志，第25卷第10期
贵州省安龙县狂犬病的流行病学研究	CDC：张永振、熊成龙、邹洋、王定明、余春、王昭孝，安龙县CDC：张永荣，ZhenF·Fu(美国)	2006年7月	中国病毒学，第21卷第4期

续表 19—6—1

论文标题	论文作者	发表时间	登载刊物名称
溶栓治疗心肌梗死在基层医院的临床运用（附病例报告）	县人民医院刘丽	2010 年 2 月	中国医师进修杂志，第 33 卷第 2 期
柴胡疏肝散治疗消化性溃疡临床疗效研究	县人民医院韦雄飞	2010 年 3 月	健康必读杂志，2010 年第 9 期（下旬）
未退化脐管致肠梗阻 12 例治疗体会	县人民医院韦雄飞	2010 年 9 月	吉林医学杂志，第 31 卷第 27 期
使用盐酸戊乙奎取代阿托品救治有机磷农药中毒的临床体会	县人民医院刘丽	2010 年 11 月	中国医师进修杂志，第 12 卷第 11 期
中西医结合治疗跟骨骨折 15 例	县人民医院韦雄飞	2011 年 1 月	健康必读杂志，2011 年第 1 期（下旬）
步长稳心颗粒与美托洛尔联合治疗非器质性心脏病期收缩的疗效观察	县人民医院黄芝芹	2011 年 6 月	中国医学科学杂志，2011 年第 11 期
原发性高血压患者心功能指标的观察分析	县人民医院黄芝芹	2011 年 8 月	中国当代医药杂志，第 18 卷第 23 期
冠脉 320CT 成像对胸痛患者冠心病的诊断价值	县人民医院黄芝芹	2012 年 1 月	中国现代医生杂志，2012 年 1 月中旬刊第 2 期
体表心电图与 320CT 对冠心病的诊断价值探讨	县人民医院黄芝芹	2012 年 3 月	中国现代医生杂志，2012 年 3 月中旬刊第 9 期
冠心病诊断中 320CT 与运动负荷心电图的对比分析	县人民医院黄芝芹	2012 年 4 月	中国现代医生杂志，2012 年 4 月上旬刊第 10 期

第二节　医学教育

一、县卫生学校

县卫生学校创建于 1958 年 8 月，1961 年撤销，1977 年重建，2002 年 4 月正式撤销，其人员全部并入县疾病预防控制中心。县卫生学校自创建至 2002 年 4 月撤销，采取多种形式培训初级卫生人员 3000 余人，其中在校脱产学习 1 年的学员 187 人、在校脱产学习 2 年的 31 人，在校学习 3 个月至 6 个月的 272 人，在校进行 1 个月以下短期培训的 2343 人。

二、学历培训

2002 年，省卫生厅下发《贵州省农村在职在岗卫生人员提升学历教育的实施办法》，要求至 2007 年，全省乡镇卫生院卫生人员 60% 以上达到大学专科以上学历，到 2012 年，全省乡镇卫生院卫生人员 30% 以上达到大学本科以上学历，其余人员达到大学专科以上学历。2003 年，黔西南州下发《黔西南州农村卫生人员学历教育计划》，提出安龙县 2004 年中专提升大学专科学历任务 80 人、大学专科学历升大学本科学历 30 人；2005 年，中专提升大学专科学历任务 20 人、大学专科学历提升大学本科学历 30 人；2006 年，中专提升大学专科学历任务 10 人、大学专科学历提升大学本科学历 10 人；2007 年，中专提升大学专科学历任务 10 人、大学专科学历升大学本科学历 10 人。2004 年，省卫生厅下发文件要求，新分配到乡镇卫生院工作的，必须到县级以上医疗机构接受 1 年以上临床培训。县卫生行政主管部门根据省、州文件要求，按照专业工作需要，鼓励自学，有计划地选派在职在岗农村基层医疗机构技术人员到医学院校及县和县以上医疗机构进修、参加研讨班、学术讲座、专项技术培训、远程教育、电大、成人高考等专业对口和学历提升学习，同时有计划地吸收大专院校医学毕业生到县参加工作，提升县内医疗卫生人员学历水平。据统计，2000—2012年，全县参加各种类型的毕业后教育学习并获学历提升的有234人。

三、继续医学教育

2000年以来，县卫生行政主管部门贯彻省、州文件要求，强化县内卫生技术人员继续教育工作，建立继续医学教育档案，对继续医学教育实行学分制和教育登记制，凭学分晋升技术职务；鼓励卫生技术人员考研、参加学术会议、学术讲座、专题培训班等，不断充实和更新业务知识，提升卫生技术能力。据统计，2000—2012年，全县卫生系统参加各种医学继续教育活动825人次。

四、卫生培训班

2000年以来，县卫生行政主管部门组织县、乡两级卫生技术人员参加省、州卫生行政主管部门组织3个月以上培训班，如卫生院骨干培训、全科医生培训、传染病诊疗技术培训、新生儿窒息复苏技术培训、计划免疫流行病学培训、乡镇卫生院管理等培训班。2010年，经省教育厅、卫生厅批准，由黔西南州职业学院承办、安龙县卫生和食品药品监督管理局协办，在安龙县开设三年制乡村医生培训班1期，招收县内村级卫生人员72人参加学习，由省教育厅验印颁布中等专业技术学校毕业证书。据统计，2000—2012年，全县参加3个月以上培训班人员384人次。

2000—2012年全县医学教育情况统计表

表19—6—2

年度	学历提升教育（人）	继续医学教育（人次）	3个月以上培训班（人次）
2000	17	31	14
2002	23	67	39
2004	41	88	46
2006	22	118	42
2008	28	156	49
2009	31	87	41
2010	18	81	45
2011	16	90	55
2012	38	107	53
合计	234	825	384

第二十篇 文化 广电 档案 方志 体育

第一章 文 化

第一节 群众文化

一、文化设施建设管理

(一) 乡镇综合文化站建设

2009年1月，除新安镇外，全县15个乡镇综合文化站全部动工建设，总投资360万元。按照统一规划和标准建设，每个综合文化站投入资金24万余元，共两层，建筑面积301.3平方米，设立综合展示厅、多功能厅、图书阅览室、文化资源共享基层点电子阅览室、培训室、少儿老年活动室、体育健身室及经营、办公室等功能室，建成的综合文化站将配置图书、电脑、乐器、棋牌、健身器材等文体设施、设备，集图书阅览、文化信息资源共享、科普培训、体育健身活动为一体，是公共文化服务体系的重要组成部分，承担组织、辅导文化活动等任务，是群众进行文化活动的主要场所。

2010年，全县乡镇综合文化站全部建成投入使用。

(二) 农家书屋

2009年，启动农家书屋建设，全县187个村(社区)，分两批实施，农家书屋的管理实行县建乡管村用的三级管理制度，至2012年底全部实施完毕。

二、文化市场管理

1991年6月，建立县文化稽查队，隶属县文化局。

2010年10月，撤销县文化稽查队，设立县文化市场综合执法大队，隶属县文化体育旅游和广播电影电视局管理，核定事业编制10人。

据统计，2004—2010年，县文化稽查大队、县文化市场综合执法大队共计处罚违规经营36家，累计罚款金额共计9.45万元。其中，2004年4—5月，分别查处新时代、幻影、新天地3家网吧，各罚款1000元；4—6月，分别查处悠闲、金龙2家网吧，分别罚款2000元、4000元；8—9月，再次查处金龙网吧，罚款2000元；8—10月，分别查处738、酷酷2家网吧，分别罚款1000元、2000元；9月，再次查处新时代网吧，罚款3000元；9—12月，查处飞飞网吧，罚款1000元。2005年3—4月，查处新浪网吧，罚款2000元；3—5月，分别查处金龙、虫虫网吧，罚款各1000元；3—6月，查处新安中学大门口电子游戏室，罚款2000元；4月，查处草纸街王某元无证经营电子游戏室，罚款1000元，另查处金龙市场曾继勇无证电子经营游戏室、e舞极速网吧和酷酷网吧，分别罚款2000元；4—5月，分别查处新华电玩城和飞飞网吧，分别罚款6000元和1万元；5—6月，查处屯脚大寨何某昆、孙某燕销售盗版光碟案，分别罚款2000元；7月，查处闽发电玩城，罚款5000元。2006年2—3月，分别查处飞飞、捌捌捌网吧，分别罚款4000元、1000元；2—4月，分别查处德卧镇新月网吧和e舞极速网吧，分别罚款4000元、2500元。2008年7—8月，查处网络前沿网吧，罚款5000元。2009年3—4月，分别查处酷酷、悠闲、炫彩亿族、龙广镇e舞极速网吧，分别罚款3000元，另查处阿拉丁、龙广镇睿智网吧，分别罚款5000元、1000元；2009年12月至2010年3月，查处飞飞网吧，罚款7000元。2010年4月，查处炫彩亿族网吧，罚款4000元。

三、文化、科技、卫生“三下乡”

1996年年底，中央宣传部、中央文明办等10多个部门联合发起组织文化、科技、卫生“三下乡”活动。从1997年开始，由县委宣传部牵头，按照“贴近实际、贴近生活、贴近群众”的要求，组织队伍深入农村，深入群众，把理论、法律政策、文化、科技和卫生知识送到农村。

1998年4月，由县委宣传部牵头，科协、农业、卫生、科委、扶贫办等单位参加“三下乡”活动，发放“千乡万村书库”图书20套、农业科技适用技术资料1000余份，义务看病400余人，免费发放药品600余元，培训群众150余人，35个单位征订“千乡万村书库”图书赠送对口扶贫村。

1999年2月，根据黔西南州委、州政府《关于开展春节慰问演出暨科技、卫生、文化三下乡活动的通知》，县委宣传部组织县文体广电局、电视台、卫生局、团县委、文联、科技局、农业局、保健站、新华书店等单位先后到平乐、龙广、龙山3个乡镇开展“三下乡”活动，为群众义务看病800余人，赠送价值600余元的药品；由县文联组织文艺工作者为群众义务书写春联1000余对；由农业局技术员讲解农技知识、农技咨询300余人次，赠送农技资料1000余份；宣传部、科技局、新华书店赠送“万村书库”图书等价值8000余元。

2004年，县文体广电局、科技局、卫生局、政法委、人口和计划生育局、司法局、团委、妇联、科协、农业局、水利局、林业局、畜牧局、国土局、关工委、疾控中心、交警大队、文明办、文化馆参与“三下乡”活动，先后到8个乡镇举办文艺演出8场，发放各种宣传资料11.2万份（册），为群众义诊3627人，发放药品价值4000余元，接受群众咨询2万余人次，群众参与3万余人。

2005年，全县“三下乡”活动实现三个突破：一是规模突破。参加的单位达到23个共120余人，为历年参与“三下乡”活动的单位、人员之最。二是覆盖面突破。“三下乡”活动在全县16个乡镇全面铺开，活动历时160天，跨越冬春两季。三是成果突破。共为群众提供农业科技、医疗卫生、政策、法律法规等各种咨询1万余人次，送农业科技图书8000余册、各种宣传资料10余万份；为群众义诊4000余人，为500余名妇女进行妇检；送各种慰问、资助物资价值4万余元；新兴的种植、养殖、加工等科技项目在农村得到全面推广；举办文艺演出16场，均为县内自编自导，深受群众欢迎，观众场场爆满。

2006年6—12月，县委宣传部组织计生、卫生、科技、妇联、农业、水利、林业、工商、教育、公安、司法、文体广电等部门先后到龙广镇狮子山村、纳桃村、坡脚乡八坎村、新桥镇荷花村、新安镇五格村、笃山乡小堡云村、钱相乡湾水井村、海子乡陇桥村、戈塘镇硐广村、德卧镇大水井村等地，开展“文化、科技、卫生”三下乡活动。

2007年，为边远山区村民送去精彩的节目，赠送农业科技书籍、资料1万多份（册）。

2008年，增加法律下乡，活动共送去书籍1000余册，送医药3000余元，发放明白纸6000余份，送去戏、电影各5场。

2010年后，每年均举行“文化、科技、卫生三下乡”活动，送书、送医下乡，免费为群众诊疗，接受咨询，举办大型图片展等。

第二节　图书发行与图书馆

一、图书发行

全县图书发行工作主要由县新华书店承担。

1989年8月20日，县新华书店发行《邓小平文选》(1938—1965年)。

1991年6月21日，县新华书店推出毛泽东选集第二版(1—4卷)暨一批党史、党建、党的思想教育、党性修养、革命传统教育等优秀图书。

1993年10月29日至11月3日，县新华书店发行《邓小平文选》第三卷。

1995年4月，开展第二届全国青少年《热爱祖国做四有新人》读书教育活动。

1996年2月，举行送书下乡活动。3月，紧急征订《江泽民在中纪委第六次全会上的讲话》《政府工作报告和关于九五计划和(2010年)远景目标纲要》《人大文件汇编》《政协文件汇编》《学习贯彻九五计划和(2010年)远景目标纲要》等。

1997年3月，紧急征订《我们的总设计师——邓小平》大型彩色展览图片。7月，紧急征订《中国共产党章程》。

1998年10月，紧急征订《中共中央十五届三中全会》文件。12月，紧急征订《江泽民在纪念党的十一届三中全会召开二十周年大会上的讲话》一书。

2001年3月至2003年9月，在全县文化、卫生、科技“三下乡”活动中，县新华书店向全县农村赠送图书1000余册。

2003年7月15日，传达全国文化体制改革试点工作会议精神，县新华书店以“创新体制、转换机制、面向市场、增加活力”为重点，启动经营性文化产业改革。

2004年4月，按全省秋季教材工作会议要求，落实教材发行工作，做到“课前到书、人手一册”。

2009年3月，召开安龙县新华书店改制工作会议，通过《贵州省新华书店安龙县支店深化文化体制改革实施方案》《贵州省新华书店安龙县支店深化文化体制改革竞聘上岗人员管理办法》。县新华书店全员通过考试、测评、重新竞聘上岗，优化员工队伍结构、提高员工队伍整体素质，实现企业与员工的关系由无限责任向有限责任转变，定岗定员、以岗定薪、岗变薪变。12月8日，贵州新华书店集团公司成立。

2010年3月，启动安龙县农家书屋工程。12月28日，贵州省新华文轩有限公司安龙县加盟店卖场正式营业。

2012年12月2日，根据贵州省新闻出版局、贵州省版权局批复贵州省新华书店有限公司设立子公司的批复，县新华书店启动安龙县分公司筹备工作。

据统计，1989—2012年，县新华书店销售总额1.59亿元(含税)，年平均销售663.79万元。2000年6月，县新华书店被国家新闻出版总署评为全国农村图书发行先进单位。

1989—2012 年安龙县新华书店教材及一般图书发行情况表

表 20—1—1

年度	合计		教材		一般图书	
	销售量（册）	销售额（元）	销售量（册）	销售额（元）	销售量（册）	销售额（元）
1989	1165556	815889.38	1142245	652711.50	23311	163177.88
1990	1572817	1132428.37	1541361	905942.70	31456	226485.67
1991	1498896	1199116.45	1468918	959293.16	29978	239823.29
1992	1822399	1549039.03	1785951	1239231.22	36448	309807.81
1993	1908318	1717485.87	1870151	1373988.70	38166	343497.17
1994	2221492	2443640.82	2177062	2150403.92	44430	293236.90
1995	2362446	3543668.70	2315197	3118428.46	47249	425240.24
1996	2576647	4637965.22	2525114	4081409.39	51533	556555.83
1997	2592883	4926476.82	2541025	4335299.60	51858	591177.22
1998	4834829	10153141.53	4738133	8934764.55	96697	1218376.98
1999	2900523	8701568.39	2842512	7831411.55	58010	870156.84
2000	2904575	7261436.50	2846483	6535292.85	58091	726143.65
2001	2725598	6813996.05	2671086	6132596.45	54512	681399.61
2002	2661067	6918775.30	2607846	6226897.77	53221	691877.53
2003	2828332	8202162.63	2771765	7381946.37	56567	820216.26
2004	2653324	7959970.86	2600257	7561972.32	53066	397998.54
2005	2847652	8542957.07	2819176	8115809.22	28477	427147.85
2006	2607728	9909367.76	2581651	9413899.37	26077	495468.39
2007	2057723	8230892.88	2037146	7819348.24	20577	411544.64
2008	2567933	10785317.77	2542253	10246051.88	25679	539265.89
2009	2279858	9575405.30	2257060	9288143.14	22799	287262.16
2010	2407095	10350508.46	2383024	10039993.21	24071	310515.25
2011	2445369	11004158.53	2420915	10674033.77	24454	330124.76
2012	2587210	12936047.90	2561337	12547966.46	25872	388081.44

二、县图书馆

1. 馆舍

1984 年 6 月，省文化出版厅拨款 7 万余元在城郊殷家堡修建县图书馆新馆舍，次年竣工，建筑面积 519 平方米，其中书库面积 170 平方米，能容藏书 5 万余册；阅览室 130 平方米，读者座位 60 个。馆内设有少年儿童阅览室、成人综合阅览室、图书流动外借室、报刊资料室、采编室、会议室、办公室、新书陈列橱窗及书库。

2005年8月，县图书馆得到省文化厅下发全国文化信息共享工程设备1套，包括电脑1台、卫星接收天线1套、投影机1台。

2006年8月，因图书馆馆舍属危房，经与县教育局、县第一中学协商，县图书馆整体搬到安龙一中图书馆。

2009年10月，得到省文化厅下发全国文化信息共享工程设备1套，包括电脑32台、投影机2台、摄像机2台、数码相机2台、复印机1台、触摸屏1台、空调3台、一体机1台、光盘刻录机1台、机房设备1套及55寸电视机1台等，价值60万元。

2010年，县图书馆在新安镇西河社区桑家院（安龙人民会场旁）修建新馆，建筑面积1200平方米，2011年建成使用。

2. 藏书

1992年，县图书馆共有藏书10547册，其中图书7496册，已装订报刊3051册。1989—2009年，县图书馆藏书逐年增加，平均每年增加图书1000余册，至2010年底，县图书馆共有藏书35588册，其中图书27954册、已装订报刊7634册；社会科学类图书18031册、自然科学类图书8545册、其他图书1478册。

3. 业务管理

规章制度　1992年，县图书馆制定《图书借阅规则》等6项制度。1998年，迎接全国第一次图书馆评估定级，县图书馆又制定《图书采编制度》《图书分类实施细则》等14项制度。

图书分类编目　1992年，县图书馆采用《中国图书馆图书分类法》，按《文献著录总则》《普通图书著录规则》等标准将馆藏图书重新进行分类，编制目录2套，其中公务目录1套、读者目录1套；读者目录又设有著者目录、分类目录和书名目录，编制目录卡片近3万张。

读者服务　县图书馆本着一切从读者出发，按照“读者第一”宗旨，扩大服务面，先后设有图书外借室、少年儿童阅览室、成人综合阅览室、报刊资料查阅室、工具书查阅室和参考咨询室；2009年增设电子阅览室。据统计，1989—2010年，县图书馆共接待各类读者75万余人（次），外借图书110万余册（次）。

三、乡镇图书室建设

（一）乡镇图书室

2003年起，由财政部、文化部联合对乡镇图书室进行图书投入。是年，龙广镇、德卧镇、洒雨镇、新安镇、新桥乡等5个乡镇各获得图书3000余册；2004年，木咱镇、普坪镇、龙山镇、钱相乡、戈塘镇等5个乡镇各获得图书3000余册；2005年，平乐乡、海子乡、兴隆镇、坡脚乡、万峰湖镇、笃山乡等6个乡镇各获得图书3000余册。

2008年，国家对乡镇文化站基础设施进行投入，除新安镇外，每个乡镇投入24万元建设乡镇文化站，2009年全部竣工投入使用。2010年，投入资金30余万元，建成新安镇综合文化站。至此，全县16个乡镇文化站全部建成。

2010年，国家对乡镇文化站设施设备进行投入，16个乡镇均得到10余万元的设备投入。

（二）农家书屋建设

2007年起，国家开始实施“农家书屋”工程。是年，安龙县试点建设“农家书屋”3个，分别安排在龙广镇纳桃村、钱相乡打凼村和戈塘镇香车河村，每个“农家书屋”得到贵州省新闻出版局配送图书3000余册。

2008年，全县得到34个“农家书屋”工程，2009年全县得到“农家书屋”工程50个，2010年得到

“农家书屋”工程100个。至此，全县187个行政村的187个“农家书屋”工程全部建设完成，每个“农家书屋”均得到贵州省新闻出版局配送的图书3000余册。

2010年，安龙县得到20个数字农家书屋试点。

至2012年，全县16个乡镇图书室、187个农家书屋全部建成投入使用，共有藏书61万余册，数字农家书屋20个，均免费向读者开放。

第三节　文学艺术

一、文艺团体

1998年，县文学艺术界联合会建立后，逐步创建和恢复各类文艺团体。至2012年，县内由县文联主管的文学艺术团体主要有县摄影家协会、书法家协会、作家协会和音乐家协会等4个文艺团体。县摄影家协会，成立于2008年4月8日，主席：杨南明，初始会员53人；县书法家协会，成立于2009年9月，主席：韦永龙，初始会员76人；县作家协会，成立于2009年12月，主席：郑逢春，初始会员87人；县音乐家协会，成立于2012年7月，主席：胡楷旋，初始会员50人。另外，县内文艺团体还有安龙黔剧团，由县文化馆主管；县诗词学会，由县委离退休干部管理局主管。

二、作品

《中国留守儿童日记》　万峰湖镇毛草坪小学教师杨元松收集26名留守儿童共220篇日记编辑而成，真实反映留守儿童群体生活，2011年由江苏文艺出版社出版。作品出版后，引发社会对留守儿童的关注和了解，中央电视台、新华社、中央人民广播电台等大型媒体予以关注报道。两个多月时间里，销售量突破6万册。2012年当当网上跻身新书畅销排行榜第一名，先后获得“年度最具影响力图书”“有着震撼人心力量的书”等赞誉。杨元松也由此获评全国“最美乡村教师”。

计生方言剧《托起明天的太阳》　由县人口和计划生育局牵头，邀请国家一级演员、原贵州省曲艺家协会副主席、贵州省花灯剧团副团长刘贵生创作，全县人口和计划生育系统干部职工、县黔剧艺术团演员、村干部、当地群众参加演出，是反映农村人口计生题材的安龙本土方言电视剧。2012年7月8日下午，在县人民会场举行首播式，首播式后在县电视台播放。8月17—18日，在黔西南电视台播放，贵州电视台《新闻联播》对此作了报道。《托起明天的太阳》演绎了农村传统观念和现代生活理念的激烈碰撞，用身边的人演身边事，用身边事教育身边人。

龙城荷都“叶嘿档”　布依八音《龙城荷都叶嘿档》，由县文联主席杨南明导演，韦利熙、韦朝坤等人编排，县布依八音表演队参与演出。2011年11月5日，参加在贵州省都匀市举行的“中核杯”贵州省第十一届杜鹃曲艺节，获得金奖和最佳创作奖、组织奖。

三、文学期刊

绿海　县内唯一综合性文学类期刊，由县文联主办。《绿海》创刊于1985年1月，由县文化馆主办，至1987年5月共出刊2期，后因为刊物的经费、编辑人员不固定等原因停刊。1999年复刊，改县文联主办，设“小说”“散文”“诗歌”“散文诗”“文学评论”和临时性增设栏目，每期容量10万字，彩色摄影、书法作品30幅左右。2007年，增设“特稿”“龙城旧事”“荷都故事”“新人新作”等各具特色的栏目，从原来的16开本改为国际通行的大16开本。至2012年底，《绿海》杂志共出刊34期、增刊《龙城之旅》1期，刊登小说63部（其中长篇小说1部、中篇小说12部）、散文470篇、散文诗40篇、诗歌111首（组）、文学评论33篇、其他体裁作品99篇，340余万字；另刊载书法作品14幅、美术作品6幅、艺术照片683幅。外地文学刊物转载小说3部、散文2篇。

第四节 通讯报道及报刊

一、通讯报道

1989年，对原有的业余通讯员队伍进行调整和充实，吸收新通讯员17名，基本做到每个乡镇有一名业余通讯员。建立《经济信息时报》通讯联络站1个，有通讯员7名。接待省、州新闻单位到安龙采访15人次，发稿15条（含图片）；协助贵州电视台记者拍摄电视新闻29条，中央电视台播出1条。

1990年，建立健全区（镇）委通讯组，通讯组最少的11人，最多的22人，每组有骨干通讯员2—4人，实现乡乡有通讯员目标，全县通讯员网络基本形成。全县9区（镇）分别举办通讯员培训班1期，税务、人行、预团等单位举办宣传部通讯员培训班共16期，培训393人次。全年“立足《黔西南报》，主攻《贵州日报》，向全国性报纸进军”，在国家级媒体发稿35篇，其中《人民日报》采用2篇。省级媒体发稿437篇；在州级媒体发稿283篇；县广播站收稿2982篇，采用1501篇。县委宣传部编印《宣传通讯》3期。全县14个通讯组制定新闻奖励制度。接待省州新闻单位人员82人次，发出新闻稿45篇（含图片）、播出电视新闻21条；协同完成《黔西南报》农科百户访问记（安龙专版），贵州电视台《锦绣贵州》安龙招堤、明十八先生墓两个专题。

1991年6月中旬，全州宣传新闻工作会议在安龙召开。制定基层通讯组织整顿、通讯员培训、稿件采用考核指标，实行目标管理。新安区19个村，每村有农民通讯员1—2名。县委宣传部基层通讯组办培训班6期，培训通讯员104人。县广播站收稿3000多件，播出1657件。全县全年国家级报刊采用51件，其中《人民日报》4件；省级报刊668件，比去年增加195件；其中《贵州日报》91件，比去年增加55件。据统计，《贵州日报》、省电台采用安龙稿件居全州第一，挤进全省用稿前三名。

1992年，县广播站用稿1414篇，州、省、国家新闻单位用稿1192件，协助省州新闻单位采访多次，组织报道宣传安龙专栏2次。县委宣传部与广播电视局、民委联合表彰1991年度优秀通讯员24人。选派通讯员8名参加省州举办的通讯员培训班，全县共举办通讯员培训班5期共196人次。

1993年，全县国家级报刊用稿66篇，省级报刊、电（视）台785篇，州级报刊416篇，县广播站1266篇。协助省州新闻单位记者41人次到县采访拍摄，发稿54篇（含图片）、电视新闻播出26条。县委宣传部与广播电视局联合表彰1992年度通讯报道先进集体1个和先进个人18人。全县全年培训通讯员346人次。接待旅台乡亲34人、台湾花莲县山地阿美舞蹈团38人，编导完成外宣录像片《安龙掠影》。

1994年，遵照县委“保数量、提质量、重分量”指示，重点培训全县业余通讯员，选送骨干通讯员参加省州举办的新闻写作培训。完成《南下商道——安龙》外宣小册子和《盘江八乡音》专辑组稿。

1995年，全县州级以上新闻媒体采用宣传安龙的稿件1100多篇，其中《贵州日报》用稿78篇，省广播电台用稿181篇，均名列全州第一;《人民日报》刊用12篇。县广播站全年用稿1500多篇。

1997年，全年共有1000余篇（条）新闻稿件被州级以上新闻单位采用，其中《贵州日报》52篇、省电台103篇、省电视台58篇、黔西南日报268篇。是年，安龙县自1988年以来连续10年获得贵州日报社表彰，与松桃县、贵阳市白云区同时获得“十年冠”。

1998年，《人民日报》采用2篇，《贵州日报》采用49篇，《黔西南报》采用529篇，省广播电台采用79篇，省电视台采用42条，州电视台采用61条，其他州级以上报纸杂志采用380多篇，县广播电视台新闻稿件1600多篇。

1999年，中央电视台采用3篇，《贵州日报》采用41篇，《黔西南日报》采用484篇，省广播电台采用50篇，省电视台采用40篇，州电视台采用99篇，其他州级以上报纸杂志采用200多篇。县广播电视台播放新闻稿件820篇。制作《安龙旅游指南》和《南昆线上的明星集镇——德卧》等外宣品2件。

2000年，制作因特网页并上网发布，在《贵州日报》刊登整版报道，在《黔西南日报》办专版5期。接待中央电视台、天津电视台、宁夏电视台、贵州电视台，《人民日报》、新华社、《深圳日报》等省内外媒体到安龙采访报道15次。天津电视台《2000年看贵州安龙》专题，获全国三等奖。特邀广东电视台、香港《文艺报》、《中华工商时报》、新华社贵州分社、中央电视台、中央人民广播电台、中央电视台海外中心《东方家园》到安龙采访报道荷花节。出台《安龙县新闻报道奖励办法》：凡在州级刊物发表新闻作品的，给予同等稿酬奖励，在省级刊物发表的，给双倍稿酬奖励，在中央级刊物发表的，给予3倍稿酬奖励，刊发30篇以上的，年终对单位进行表彰。全年在中央电视台播出3条，《贵州日报》发稿42篇，省广播电视台36篇，《黔西南日报》500篇以上，省电视台62条，其他州级以上报纸杂志200多篇。

2001年，在《贵州日报》、贵州人民广播电台、贵州电视台等省级报刊电台发稿100余篇，在《黔西南日报》等州级报刊发稿1000余篇。县广播电视台播放新闻稿件近2000篇（条）。接待新华社贵州分社、中央电视台、中央人民广播电台、《贵州日报》、贵州电视台、州报社、州电视台等10余家新闻单位到县采访。

2002年，接待新华社贵州分社、中央电视台、中央人民广播电台、《贵州日报》、贵州广播电台、《西部开发报》、《黔西南日报》等20余家新闻单位先后到县采访。在《贵州日报》、贵州人民广播电台、贵州电视台等省级以上新闻单位发稿1500多篇（条）。

2003年，在《贵州日报》、贵州人民广播电台、贵州电视台等省级以上新闻单位发稿210多篇（条），在《黔西南日报》等州级新闻单位发稿1200多篇（条）。以第三届荷花节为契机，在新浪网、国际在线、中国广播网、今日中国、新华网、扬子晚报等知名网站用多个网页，在中央电视台二套、西部频道、广东电视台"情满珠江"栏目、贵州电视台、县电视台等多家电视台多个栏目宣传安龙。接待新华社贵州分社、中央电视台、中央人民广播电台、《贵州日报》、贵州电视台、贵州人民广播电台、《西部开发报》、《经济信息时报》、《黔西南日报》等20余家新闻单位记者先后到县采访。

2004年，累计在《人民日报》《中国特产报》《贵州日报》《贵州人民广播电台》和贵州电视台等中央、省级媒体发稿800多篇（条），在《黔西南日报》、黔西南电视台等州级媒体发稿1000多篇（条）。新华社贵州分社、中央电视台、中央人民广播电台、《贵州日报》、贵州电视台、黔西南日报社等多家新闻媒体先后多次到县采访。

2005年，选派7名骨干到贵州日报社、黔西南日报社参加新闻写作提高班参加培训。累计在《中国民族报》《中国特产报》《贵州日报》和贵州人民广播电台、贵州电视台等中央、省级新闻媒体，发稿800余篇（条），在《黔西南日报》黔西南电视台等州级媒体发稿1000余篇（条）。

2007年，在《贵州日报》发稿30多条，贵州电视台20多条，贵州人民广播电台和贵州经济广播电台100多条，《黔西南日报》近1000条，黔西南电视台300多条；在《黔西南日报》开辟"聚焦安龙"专版4期，3万多字。接待各级新闻媒体单位记者300余人次到安龙采访报道。

2008年，国家级媒体发稿10多篇，在《贵州日报》等省级媒体发稿100多篇（其中《贵州日报》发稿40多篇），在《黔西南日报》等州级媒体发稿1000篇。

2009—2010年，主要抓了抗旱救灾、举办第三届荷花笔会和全县"三个文明"建设成就的宣传。2009年8月至2010年5月，全县乃至全州全省遭受百年不遇的特大旱灾，县委宣传部及时制定《安龙县"千名干部下基层，抗旱救灾保民生"宣传报道工作方案》，组织"百名新闻写作、摄影和文学爱好者"深入基层采访报道抗旱救灾促春耕新闻报道200余篇，创作文学作品120余篇，新闻图片300余幅。在抗旱救灾过程中，共开展喇叭行动60余次，播发电视新闻210条、广播新闻350条、报刊平面新闻120条、网络新闻125条、标语1200条、横幅45幅、宣传栏70版、发放各类宣传资料12580份，接受宣传教育群众2.8万余人次。《人民日报》、中央电视台、《光明日报》、《解放军报》、《贵州日报》、贵州电视台、贵州人民广播电台、黔西南日报、黔西南电视台、黔西南人民电台等媒体刊播安龙县抗旱救灾新闻300多篇（条）。

2011年，建立新闻宣传考核机制，把新闻宣传工作纳入全县经济社会发展目标一并考核。在《贵州日报》等省级媒体发稿120余篇，在《黔西南日报》等州级媒体发稿456篇。贵州省第六届旅游发展大会安龙县第五届荷花节期间，县委宣传部特邀中央电视台、新华社、《西部开发报》、《贵州日报》、《贵州民族报》、新浪网、搜狐网、《黔西南日报》、黔西南电视台等20多家媒体到安龙采访报道。全年《安龙新闻联播》播出新闻1600多条，专题报道10多部，在州电视台发稿350多条，在州广播电台发稿646条。

2012年，以黔西南建州30周年庆祝活动为契机，全县投入100余万元在县城、国道324线、汕昆高速路旁等显著位置设置4块大型宣传牌、10幅大型宣传标语；与中国国际广播电台“国际在线城市频道”、《贵州日报》《当代贵州》《贵州民族报》《黔西南日报》等媒体合作，完成《安龙县：“五化五县”促跨越——黔西南自治州安龙县经济社会发展巡礼》《巨变中的荷都——黔西南建州30年安龙县经济社会发展回眸与展望》等专题报道。全年在《贵州日报》等中央、省级媒体发稿100余篇（条），在《黔西南日报》等州级媒体发稿400余篇（条）。

二、报刊

（一）安龙报

2002年，贯彻落实江泽民总书记提出的“三个代表”重要思想，党的方针、政策、路线，探讨县域经济发展的思路与对策，宣传报道安龙“两个文明”建设成果，经县委、县政府同意，县委宣传部牵头创办《安龙报》。6月中旬，派出采编人员到州报社等地，学习编辑、划版等办报业务。

10月1日，《安龙报》正式出版。《安龙报》是中共安龙县委机关报，系内部发行。办报宗旨是以马列主义、毛泽东思想、邓小平理论和“三个代表”重要思想为指导，以宣传党的路线方针政策，宣传县委、县政府决策、服务全县经济建设，提供实用信息，丰富大众生活，倡导现代文明，宣传推介安龙为宗旨，围绕县委、政府工作开展报道；反映全县人民在两个文明建设中取得的新成绩、新经验、新典型，为推动全县社会经济发展鼓与呼。

《安龙报》为小报四个版面，其中一版为要闻、二版为地方经济（聚焦）、三版为政文（社会生活）、四版为副刊。2002年10月1日至2003年4月30日为旬报，每旬一期，定于每月的1日、11日、21日出版（出版第一期至第二十六期）。其中，2003年1月25—27日，出版中国共产党安龙县第九次代表大会特刊2期；2003年2月22—27日，出版政协安龙县第十届一次会议、县十四届人大一次会议“两会”特刊3期。2003年5月5日，改为周报，每周星期一出版。2004年2月29日停刊。《安龙报》历时17个月，共出版64期，刊登文字116万字、图片215张。

（二）安龙通讯

2004年7月1日，县委宣传部创办县委机关宣传资料《安龙通讯》，设重要讲话、特别报道、工作动态、聚集乡镇、精神文明建设、人口与计生、基层党建、简讯、大事扫描9个栏目。在办刊过程中，随着宣传内容不断增加，栏目也随之增加。

《安龙通讯》从2004年7月1日创刊，2006年12月30日停刊，共办46期。共编发《简讯》510则，全面记载县委、人大、政府、政协主要领导的重要活动；发稿518篇，共138万字，设置栏目50个。

（三）县人民政府公报

2009年12月，《安龙县人民政府公报》创刊，由县人民政府办公室主办，设“领导讲话”“县人民政府文件”“县人民政府办公室文件”“政务动态”“收发文件目录”“大事记”等栏目，是县政府传达政令的机关刊物，也是县政府发布、宣传政策法规的法定载体和群众了解政务的重要窗口。2009年，出刊1期，刊发领导讲话1篇、县人民政府文件8件、县政府办公室文件5件；2010年，出刊6期，刊发领导讲话6篇、县政府工作报告1件、县人民政府文件6件、县委办公室文件1件、县政府办公室文件27件、机构改革专栏文件4件、抗旱专栏文章3件；2011年，出刊6期，刊发领导讲话1篇、县政府工作报告1件、县人民政府文件21件、县政府办公室文件45件；2012年，出刊6期，刊发县政府工作报告1件、县人民政府文件14件、县委办公室文件1件、县政府办公室文件50件。

第五节　文化市场管理

1990年6月初，鉴于全县社会文化管理扯皮、工作混乱现象，恢复“安龙县社会文化管理委员会”，制定《安龙县社会主义文化管理暂行办法》，明确文化市场的管理权和经营业主应注意的事项。明确全县录像放映点的管理：全县共有营业性录像放映点32个，文化局管理27个、广播电视局管理5个，广播电视局管理工行、农行、人行、税务局和粮食局的闭路电视网。组织人员对全县3个录像带发行站、32个营业录像放映点、7个书摊、9个电子游戏室、3个录像带销售点、1个营业性舞厅进行全面清理整顿，共收缴各类翻版录带32盒、假书刊9册、电子游戏机麻将集成板1块、补办各种证件27件。

1996年1月6日，县委宣传部、县公安局及县内文化部门组织突击检查行动，抓获在县百货公司老年棋牌室聚赌人员9人，收缴赌资并对经营者及赌博人员罚款2.2万元；30日，在龙广老年啊棋牌室抓获聚赌人员4人，收缴赌资2240元，清查台球经营点11家，收缴无证经营的台球（杆）1套。1995年12月至1996年2月，县委宣传部、县委政法委、县文体广电局、县公安局、县工商局等部门联合出动56人次，检查新安、龙广、德卧、永和、新桥、木咱、兴隆、梨树、普坪等乡、镇的文化市场经营点（户）共145家。

1996年2月，贯彻省文化厅《关于取缔有奖电子游戏机经营活动具体问题的通知》和州“扫黄”“打非”领导小组《关于进一步净化我州文化市场的紧急通知》，清查录像租赁点5个，取缔无证租赁录像点1个（德卧五交文化公司），收缴录像带82个；清查录音带销售点14个，收缴卡拉OK录像带1个，取缔无证经营点3个，收缴盗版录音带20个；清查录像放映点38个，拆除北大街轻工公司“蓝宝石影都”和德卧“林霸”录像点带有镭射厅性质的招牌广告，重新核发录像放映许可证，暂扣德卧平安村（白水河）无证经营录像放映的放像机1台、扩音机1台、录像带3个。收缴永和镇大湾村录像点对外出租的录像带6个；清查卡拉OK厅（舞厅）14家，对卡拉OK作出“严禁聘用18岁以下未成年人为服务员”的规定，同时用镜框制定“十八岁以下未成年人严禁入内”的招牌挂在舞厅的门前，将各厅影碟进行登记（共216张）上报省、州审查。清查书刊摊点6家，收缴非法出版物和内容不健康是书刊杂志28册，查处封建迷信摊点9个，收缴算命工具3套；清查年画销售点24家，收缴不健康和无版权塑模年画940多幅，补办临时许可证11个。检查老年棋牌室14家，取缔并收回证照1家，查处无证经营点两家。

全县原有电子游戏经营户22家，有游戏机（枪战、武功、赛车类）、牌机、马机、麻将机、宾果机206台。检查县城游戏室8家，电子游戏机共102台，其中麻将机71台、游戏机（武功类）17台、马机11台、牌机3台，收回许可证8户。检查龙广游戏室2家，电子游戏机共16台，其中麻将机9台游戏机（武功类）4台、马机3台，收回许可证2户，收缴电路板5块。检查德卧3家，电子游戏机共21台其中麻将机10台，游戏机（武功类）8台、马机3台，收回许可证3户，收缴电路板5块。检查永和镇大湾村游戏室3家，电子游戏机共19台，其中麻将机8台、游戏机（武功类）4台、马机、宾果机1台，收回许可证3户，收缴电路板8块。对全县电子游戏机的清理检查共16家，电子游戏机总数为158台，其中麻将机98

台、游戏机（枪战、武功、赛车类）33台、马机23台、牌机3台、宾果机1台，共收缴电路板18块，文化经营许可证16户。

此后，县内文化管理工作归口文化部门和工商行政部门负责，县委宣传部门不再直接管理文化工作。

第二章　广播电视　电影放映

第一节　广播电视

一、广播电视机构

1994年以前，安龙县广播电视台名称为安龙县广播事业局。

1994年，归于县文体广电局，独立法人副科级单位，正式更名为安龙县广播电视台，编制为14人。

1992年，开始实施县城有线电视网络建设。1995年，有线网络向乡镇覆盖，首先实施的是龙广、洒雨、普坪、兴隆。自有线电视网络开始实施后，县内就开始了自办电视节目，采用线性编辑，利用录像机播放。1998年，筹建“安龙广播电视台”，为副科级事业单位，内设办公室、工程技术部和新闻专题部。2001年，开始采用非线性编辑，采用电脑进行硬盘播出。

2006年初，增设安龙县广播电视台网络部。

2008年3月，贵州省广播电视信息网络股份有限公司在贵阳正式成立。8月4日，贵州省广播电视信息网络股份有限公司安龙县分公司从安龙县广播电视台分立出来，成为贵州省广播电视信息网络股份有限公司的下属分公司，内设机构综合管理部和建设运维部。是年，安龙县广播电视台增编至20名，设置新闻部、网络技术部、广告专题部、《荷都安龙网站》工作室、办公室5个部室。设置台长1名，副台长1名，部室主任5名。

二、广播电视网络传输

（一）网络信息传输

1998年至2008年3月，县境广播电视主要采用模拟1310光信号和同轴电缆混合方式传输，传送范围包括安龙县城区及龙广镇、德卧镇、新桥镇、木咱镇、兴隆镇、钱相乡、普坪镇和洒雨镇。由于受节目信号和模拟传输的方式限制，仅能传送模拟电视节目41套，包括中央电视台节目14套、贵州电视台节目7套、黔西南电视台节目2套、四川电视台节目3套，和广西、北京、天津、湖南、西藏、福建东南、上海、浙江、江苏、安徽、重庆、河南等省市卫视，以及中国教育电视台和点歌、时尚台节目。

（二）贵州省广播电视信息网络股份有限公司的节目网络信息传输

2009年9月，全省二级干线光缆完工，数字电视信号在全州范围内开通，县境广播电视数字信号统一由贵州省广播电视信息网络股份有限公司网络信息传输。数字电视信号源直接由省公司用波分和SDH方式下传信号至州分公司，州分公司再通过1550光信号送到全州各县分公司，信号传送采取双向保护措施，安全性大为提高。到2012年底，网内传输基本数字电视频道74个台，增值数字电视频道89个台，数字高清节目27个台，广播节目14个台。开通全省地州级版《贵州新闻荟萃》以及全州县级电视台《黔西南州新闻荟萃》频道。通过数字电视机顶盒可以查阅各种资讯信息，可以通过数字电视机顶盒向用户发送电子邮件飞字通知等。随着双向网的开通，还可以实现电视节目的点播、回看、上网等多种功能。

三、广播电视台自办节目

2008年以前，安龙电视台自办有《安龙新闻》一档节目，制作播出时间为每周一、三、五。2008年后，除《安龙新闻》以外，增设《招堤夜话》专题类固定栏目。2011年，《安龙新闻》更名为《安龙新闻联播》，栏目变为周一至周六每天一期，周日播出《一周要闻》。同时，安龙电视台自办节目形成相对固定的模式，每天节目除转播《中央新闻联播》《贵州新闻联播》《黔西南新闻联播》外，分别有《安龙新闻联播》《招堤夜话》《少儿节目》《娱乐空间》等，每天播出时长10小时以上。

2011年，县广播电视台坚持“团结稳定鼓劲、正面宣传为主”的方针，先后开办“千名干部下基层、扎扎实实帮群众”、“整脏治乱专项行动”、“走进荷花节”、“加速发展、加快转型、推动跨越”、两会专题报道、县党代会专题报道等10多个专题栏目。全年《安龙新闻联播》播出新闻稿件1600余条，专题10多部，在黔西南电视台发稿300多条，黔西南广播电台播出新闻646条。

2012年，随着黔西南州县级新闻荟萃平台的搭建，每天《安龙新闻联播》按时传输到贵州广电网络县级新闻荟萃平台（201频道）面向全州播出。

第二节　“村村通”工程与广播电视网络

一、广播电视村村通

1990年，投资1.3万元建成北乡有线广播站，输出功率300瓦，听众覆盖率达到60%。科汪乡十二份村建成广播室，输出功率50瓦，听众覆盖率达到50%。11月，开通全县调频广播。

1991年，县广播电视局在转播3套节目后，又开通贵州、云南电视上卫星节目。

1992年，县城开通有线电视，第一期安装2500户，居民由原来收看5套节目增加到9套节目，建立7个乡（镇）广播站。

1993年，县广播电视局在县城安装有线电视3000余户。自办节目大幅度增加。

1994年，文体广播电视局逐步把广播、电视等宣传设施硬件推广到农村。全年新建地面卫星接收站8座。无偿为龙广顾屯村安装有线电视，补助新安镇海庄村、梨树乡笃山片区、海子乡竹林片区，安装地面卫星接收天线和差转机，全县电视覆盖率达59.9%，广播覆盖率达68.7%。

1995年，全县建设地面卫星接收站18座，其中乡镇3座、村寨15座。

1997年，新建安装地面卫星电视接收站99座，占全州全年安装244座的40.6%。县广播电视台筹备并顺利地开始运作，每天一次广播新闻正常播出，报道县内经济建设的重大举措和各条战线取得的成绩。全年共播出广播新闻1676条，电视新闻360条。送州电视台110条，省电台103条，电视台60条。还配合创建文明县城进行专题系列报道，曝光阴暗面，表扬新风尚、好成绩。多方筹集资金，更新设备，全县几次大型文艺演出均进行现场直播。

1998年，全县新建农村卫星有线电视网络接收站80多个，全县电视覆盖率接近提高到80%。

1999年，新建农村卫星有线电视网络接收站100座。

2001年，新建安装地面卫星接收站60余座，全县广播电视覆盖率90.2%。

到2007年底，建成县级广播电视台1个，广播电视调频站1座，无线发射4套电视、3套广播节目，建成电视光缆845公里。9个乡镇80多个行政村通有线电视，有线电视用户1.1万户，通过有线与无线、广播与电视共同覆盖，全县16个乡镇187个行政村全部通广播电视，广播综合覆盖率92.63%，电视综合覆盖率95.31%。广播电视系统年收入180万元以上，固定资产达530万元，职工63人，其中专业技术人员50人，占职工总数的79.6%。

2007—2008年，完成第一批自然村“村村通”广播电视工作任务，139个自然村，每个自然村22座，共3059座。

2008—2010年，实施第二批和第三批20户以上自然村“村村通”广播电视工程，其中第二批实施1034个自然村共22018座，第三批实施206个自然村共3770座。

2011—2012年，完成“十二五”第一批和第二批广播电视“村村通”工程，其中第一批实施25个自然村共1395座，第二批实施1.09万座。

二、广播电视网络

1992年3月，县广播电视局按“先从县城组网，逐步发展到乡镇组网，最后重点发展农村组网，逐步过渡到城乡联网”的有线电视网络建设方案，筹集资金30万元，建成卫星电视地面接收站13座；建成县城有线电视网络，开通有线电视节目10套。1994年，在龙广镇建设有线电视网络，安装有线电视线路8千米，发展电视用户950户。是年5月，县城有线电视用户达到4500户。1995年，普坪镇、兴隆镇建成有线电视网络，安装普坪镇有线电视线路8千米，发展电视用户300户；安装兴隆镇有线电视网络7千米，发展电视用户300户。1996年，县广播电视局投资16万元，开通中央电视台加密节目4套和其他省市节目3套，电视节目增到17套。1998年，全县群众投资100多万元，建成乡镇区域性有线电视网络14个，建成村、组有线电视网络326个，有线电视用户达2万余户。1999年，筹建县广播电视台，投资40万元，新增电视节目11套，建立节目前端控制墙及操作台，实现自动切换播出。是年，县委、县政府将建设安龙县广播电视光缆传输列为当年为群众办的十件实事之一，县电视台筹资80万元，贷款100万元，沿324国道线架通新桥、龙广、德卧3镇广播电视光缆传输线路52千米，新增有线电视用户1500多户。

2000年，发展村、组网络530个，用户增至4万余户。到2000年底，全县除新桥、龙广、德卧3个镇和新安的部分用户外，建成12个乡镇网络和530个村级网络，均为电缆传输电视信号。电缆传输线路总长684千米。

2002年初至2003年6月，对县城区有线电视网络进行改造，新建光缆36千米，光节点57个，完成主干线及用户接入网的全面改造。绘制完成县城有线电视光缆路由图。

2005年，架通县城至木咱镇光缆传输线路16千米，新增有线电视用户350户；架通县城至幺塘光缆传输线路10千米，新增有线电视用户50户；架通龙广至科汪光缆传输线路23千米，新增有线电视用户100户；架通德卧至长冲光缆传输线路5千米，新增有线电视用户50户。2006年，经与移动公司协商，使用移动光缆传输有线电视信号到兴隆镇、钱相乡和普坪镇，新增有线电视用户600余户。2007年，使用移动光缆传输有线电视信号到洒雨镇，新增有线电视用户400余户。

2008年3月，贵州省广播电视信息网络股份有限公司在贵阳成立。8月4日，贵州省广播电视信息网络股份有限公司安龙县分公司从安龙县广播电视台分立出来，成为贵州省广播电视信息网络股份有限公司的下属分公司，内设机构综合管理部和建设运维部。2009年5—9月，分别对龙广镇、德卧镇和新桥镇实施数字电视整体转换。

2010年7月，推进县乡联网工程和数字化整转，全县16个乡镇（含新安镇）实施全县县乡联网干线工程，实施部分乡镇的联网工程。2011年，进行网络优化改造，落实网络划转、机房安排、杆路使用，对全县8个乡镇本地网络进行升级改造。新建县乡干线光缆168.37千米，开通光节点137个。至2011年10月，全县共完成16个乡镇联网工程（含新安镇和原来联网乡镇），建设县乡联网光缆226.86千米。

2012年10月，投资110多万元，新建双向网光结点314个。

第三节　电影放映

20世纪80年代后，随着各种文化设施和娱乐活动的增多，特别是广播电视的普及，电影放映事业逐渐转移和歇业。

县电影公司成立于1979年，下辖县电影院、龙广电影院、兴隆电影院、普坪电影院4个35毫米放映单位。影院观众厅均为20世纪80年代前期修建，比较简陋，放映设备购买于20世纪70年代至80年代初。1991年，县境电影放映单位，由原来的4个35毫米放映单位，另有建立20个16毫米放映单位和13个8.75毫米放映单位，放映人员近70人。每年放映电影5000场次，收入2000万元。1993年后，电影事业受到极大的冲击，没有新片供应，上级电影公司安排的影片，有时甚至连寄费都不够，县境电影放映单位相继歇业。

1997年底，县委、县政府改造县电影院作为县人民会场。1998年1月1日，对电影公司职工按事业单位进行套改，所有资产由县财政局管理，电影公司职工由县委办管理。

1998年，文化部、国家广播电影电视总局提出农村电影放映“2131”目标，即到21世纪初，实现在广大农村实现一村一月放映一场电影。1999年，省文化厅分三次给安龙配发16毫米放映设备8套（其中1套不能使用），分别安排在海子、洒雨、笃山、平乐、龙广、新桥7个乡镇，由乡镇广播电视站工作人员负责放映。农村电影“2131”电影放映工作启动后，每年按照州农村电影“2131”放映办公室分配的任务，按区域划给电影队，配合当地党政部门的中心工作，进行放映宣传。

2005年5月，龙广电影院观众厅靠龙广小学一侧的山墙垮塌，造成整个观众厅的垮塌，设备多损坏。2006年8月，县电影院观众厅也因年久失修而垮塌，造成财产及放映设备损失。所幸两影院观众厅垮塌事件中没有造成人员伤亡。

2005年后，县文化体育广播电视局根据县政府的安排，将龙广、兴隆、普坪3个集镇影院的资产进行置换，将其资产置换资金，按规定补助职工，由单位应缴付的养老保险金，从歇业后补交到2006年，职工到退休年龄后领取养老金。

2006年7月，启动社会主义新农村建设，县电影队先后到新安镇五格村、德卧镇大水井村、戈塘镇戈塘村和鲁沟村、龙广镇纳桃村、普坪镇街上、龙山镇老街等地进行放映活动。

2007年4月，开展送电影下乡活动，分别到木咱、德卧、海子、龙山、龙广、普坪、戈塘、钱相、新安、新桥、坡脚、平乐、笃山、洒雨等乡镇放映宣传，主要放映优质烤烟、水稻病虫害、水稻旱育秧等故事片、科教片等。6月下旬至10月下旬，分别送电影到安龙一中、安龙师范和县武警中队、消防队，放映故事片《走过严冬》、科教片《毒品的危害》《青年刘伯承》、故事片《冲出亚马逊》《惊涛骇浪》等。在送电影下乡过程中，分别到红星、白瓦窑、鲁沟等地，利用电影开展移动设备保护宣传工作。9月27—30日，按中纪委、中组部、中宣部、国家广电总局通知要求，县电影院放映《生死抉择》12场，组织观众3000余人，学生场采取包场放映，放映收入1.68万元。

2011—2012年，完成公益电影放映6828场，其中2011年3444场、2012年3384场。

第三章　档案与地方志

第一节　档　案

一、档案馆设施建设

1982年，县委、县政府决定自筹经费15万元来修建新的档案馆。1984年7月5日，动工兴建，三楼一底，面积1240平方米，总投资32.93万元，其中自筹资金19.93万元、贷款13万元。

新建的县档案馆坐落在招堤风景区畔，新馆位置适当，交通方便，空气清洁，环境安静，水源充足，朝向适宜，在设计上有利于防盗、防火、防潮、防尘、防强光直照和防霉。库房和工作间布局合理，方便适用，可容存档案10万余卷。

县档案馆成立初期，设备设施较为简陋，除有档案装具外，有复印机1台、打字机1台、去湿机3台、吸尘器1台、毛发式自动计温仪3台。2004年，购进微机2台、去湿机2台、档案消毒柜1个，安装可存放和保护6万卷档案的密集架档案柜。2005年6月，县财政拨专款为县档案馆购置去湿机2台。2009年5月，购进大会议室桌椅1套。2010年1月，购进丰田轿车1辆、电脑2台。

2010年后，县档案馆加大档案现代化建设力度，建立安龙县档案信息网。对档案库房均设置温湿度监测记录仪，配备低温冷冻杀虫柜，馆库区内还配备各种型号的灭火器材和干粉灭火器和消防水池。

二、档案管理

1989年，编写县委、县政府、人事局3个全宗的全引目录，共计5380页，89万余字。重编县档案馆全宗名册，共169号全宗。出版《安龙县档案史料》第二辑和第三辑。

1990年10月，编辑出版《安龙县档案史料》第四辑。

1991年10月，成立机关档案工作达标升级活动领导小组，副县长贺登祥任组长。12月，制定《安龙县档案事业发展十年（1991—2000年）规划和“八五”计划》。至2000年，建成与县内国民经济和社会发展基本相适应的门类齐全、业务基础比较扎实、结构比较合理、技术设备改善、管理比较科学，能为社会主义建设提供有效服务的档案事业体系，完成各区乡1951—1991年档案、文件材料清理，为全县建镇并乡撤区工作做准备。

1992年9月，县粮食局、人行、农行、工行、农业区划办、石油公司档案工作达标一级，县审计局达标二级。

1993年9月，为兴义征费稽查所提供“清嘉庆八年朝廷对广西隆林、贵州永和乡土地纠纷下的批执文件与图纸档案”，使其获得619部队车辆养路费的15%。据统计，1986—1993年，兴义征费稽查所为此收入养路费100余万元。

1994年3月，撤销县档案局，行政职能并入县政府办公室，设立县档案馆。

1996年5月，恢复县档案局，为局馆合一的正科级事业单位。

1998年4月，县档案局（馆）达贵州省县级综合档案馆目标管理二级标准。6月10日，县档案馆发布对外开放利用档案第一期公告，开放“中国国民党安龙县党部”全宗档案。8月10日，县档案局（馆）发布对外开放利用档案第二期公告，开放“民国安龙县政府”全宗档案。9月10日，县档案馆发布对外开放利用档案第三期公告，开放“安龙县参议会”“安龙县新生活运动会”“中国航空建设协会贵州省分会安龙县征求大队”“安龙县合作指导室”“安龙县田赋粮仓管理处”“民国安龙县税务局”6个全宗档案。10月15日，县档案馆发布开放利用档案第四期公告，开放“安龙县私立安义学校”“民国安龙县邮电局”“贵州省高等法院二分院”“安龙县警察局”和“安龙县军法室”“安龙县司法处”6个全宗档案。11月30日，县地方税务局、县贸易局和中保人寿保险公司安龙支公司的档案管理工作达贵州省县一级标准。

1999年5月19日，全县第二轮土地延长承包期档案的收集整理通过黔西南州检查组的检查验收，全部接收进馆，共1423卷，均为永久卷。

2003年8月6日，根据《中华人民共和国档案法》及《档案实施办法》规定，对外开放1973年以前的档案，共涉及75个全宗。

2004年5月，全县农村税费改革档案收集齐全完整，通过检查验收。7月，建立安龙县现行文件阅览中心。11月，成立档案咨询服务中心。

至2012年12月，馆藏档案198个全宗共52760卷。其中，民国档案18个全宗18889卷，新中国成立后档案184个全宗共16508卷，财会档案523册，印章档案822枚，资料364种共7339本（册），图纸15盒，照片档案48册（盒）。比较珍贵的档案资料有：明末永历帝亡迁安龙和明十八先生墓档案；清嘉庆八年，贵州省安龙县永和乡与广西隆林县边境纠纷一事，朝廷所下的批执；光绪末年办学和“安八”公路，地下资源线索；县内先贤传略和呈报创办女子中学校，富州县查获匪首党组织伪滇黔桂边区抗日革命委员会反动各文；抗战时期，日本驻云南云南领事馆给国民党安龙县政府发来索要安龙地理位置、民族、人口分布情况的公函和日本飞机轰炸安龙情形；救护盟机（美机）失事记载和修建安龙飞机场史实材料；原国民党19兵团司令王伯勋、49军军长王景渊、89军军长张涛等将领在1949年12月10日起义时联名签发的《布告》；建国后，安龙县第一任县委书记张连琛给毛主席写的报告以及记录反映安龙县政权接收、清匪反霸、土地改革、互助合作、对私改造、“文化大革命”、党的十一届三中全会后的经济建设等各个时期的重要档案。

史志资料主要有：《史记》《全唐文》《唐史》《宋史》《元史》《明史》《资治通鉴》《明录史》《清录史》《中国历代战争史》《咸同贵州军事史》，地方志有《贵州通志》《兴义府志》《南笼续志》等。

此外，还有毛泽东等老一辈无产阶级革命家彩色选集，抗战胜利日本投降南京签字典礼，国民党主席蒋中正发表的广播讲话，国民党第19兵团司令（起义将领）王伯勋等照片和中共安龙县历届党代会、人代会影集。

馆藏中，印章档案除建国后机构变化更换的部分印章外，还保存有国民革命军第9军军长韦杵（降魔）将军照片1张、印章1枚。

以上档案、资料、照片全面而具体地记录安龙县解放前后，特别是建国后在中国共产党和人民政府领导下进行社会主义革命和建设的光辉业绩，翔实地反映安龙的政治、经济、文化、科学、军事、卫生、社会生活等各个领域的重要活动。

此外，县委组织部、县人事劳动和社会保障局下设有档案管理中心。至2012年，县人事劳动和社会保障局档案管理中心保管有现行干部档案1661卷、工人档案371卷、社保档案2369卷。

第二节　地方志编修

一、年鉴编纂

2011年，安龙县创刊编辑综合性地方年鉴《安龙年鉴》。《安龙年鉴》是中共安龙县委、安龙县人民政府决定汇集出版的一部地方综合性大型资料工具书。《安龙年鉴》在中共安龙县委的领导下，由县人民政府主持，县史志办公室具体负责编辑。至2012年底，完成2011年和2012年地方综合年鉴的编辑出版工作，分别反映2010年、2011年安龙县社会经济发展、精神文明建设和民主法制建设的情况；收录县委、县人大、县政府、县政协本年度的主要文献及重要资料；收录有关经济建设方面的专题文章等，并以彩页直观地反映安龙县改革开放和“三个文明”建设的新成就。

1989—2012年，县统计局每年均编辑出版《安龙县国民经济及社会发展统计资料》，详细统计县内每年社会发展和国民经济的各方面资料。

二、新编地方志

（一）首轮安龙县志编修

安龙县新编地方志工作，始于20世纪80年代初。

1989年6月，县志办公室拟定《安龙县志篇目（总纂讨论稿）》。8月，黔西南州史志办公室组织州直有关部门和州内各县县志办公室主任、主编在安龙召开方志篇目研讨会，重点对安龙县志总纂篇目稿进行研究讨论。11月，根据研讨会的意见和建议，安龙县志办公室对篇目讨论稿进行多次修改，拟出篇目问题说明送请县委、县人大、县政府、县政协领导和县志编纂委员会成员讨论。根据审议意见，县志办公室对篇目再次进行修改调整，设计到“目”一级，作为县志总纂的蓝图。县政府批准县志办公室《关于建立县志总纂班子，实行主编责任制的报告》，明确主编、副主编，抽调5人参加总纂。

制定比较详细的《安龙县志总纂方案》，对各卷、章的指导思想、框架结构、内容安排、材料取舍等提出具体要求，对处理交叉重复、收录标准、突出特点等作了明确规定，经总纂班子反复讨论研究后，复印分发人手1份，严格遵循。同时，组织总纂人员深入学习方志理论，研读近年来出版的志书，分析其成败得失，吸取经验教训，进一步提高政治思想水平、方志理论水平和总纂工作能力；组织总纂人员研究安龙的自然和社会的历史和现状，分析各个历史时期社会各方面的发展变化及其特点，深化对县情的再认识。

县政府制定下发《关于落实安龙县志部门志编纂工作责任制的意见》，将修志工作纳入政府签订的责任状，作为年终工作实绩考核内容之一，要求各个部门务必按时完成部门志编纂。有修志任务的部门迅速组建领导小组，先后有32个部门抽调150多人开展修志工作，形成众手修志的局面。到1989年底，全县有修志任务的50个部门全部完成部门志编写，总计成稿350余万字，多数部门志资料翔实，符合志体。据不完全统计，参加部门志搜集资料、撰写稿件的共320人。

1990年1月，安龙县志开始总纂，每完成一卷，经主编审改后交付打印。年底，县政府作出1991年1月下旬审稿的决定，总纂工作进入最紧张阶段，全体人员齐心协力、兢兢业业、节假日不休息，按时完成总纂任务。

1991年1月21—24日，县政府召开《安龙县志》审稿会。省志办公室、省社会科学院、黔西南州史志办公室的有关领导和专家学者，州志部分专志主编，州内各县县志主编，曾在安龙县担任过党政主要领导工作的领导，县内在外工作的部分知名人士，县委、县人大、县政府、县政协、县纪委领导，县志编纂委员会成员，县内部分专志、部门志主编和县志办公室全体人员等共75人参加会议。收到意见和建议300余条，采纳合理意见200余条。2月，县志办公室逐卷逐章逐节进行反复斟酌修改，对标题制作、部分章节调整及内容增删统一意见。1991年6月下旬，《安龙县志》修订结束，经县政府审订，送黔西南州地方志编纂委员会和贵州省地方编纂委员会验收合格，交付出版。

《安龙县志》总纂分工及志稿修改情况为：龙尚学承担概述、附录和大事、民族、教育、商业、军事、风俗方言宗教、人物7卷；贺光澍承担自然地理、农业、水利电力、粮油、金融、国民经济管理、民政、劳动人事、政权政协9卷；陈翰辉承担建置、人口、工业、交通邮电、财政、城乡建设、文化科技、卫生体育、名胜文物9卷；黄恩照承担党派群团1卷和商业卷的初纂；熊应坤承担公安司法1卷；马兴益承担军事卷初纂。后来，《安龙县志》在全省地方志书评比中，获县志类二等奖。

首轮县志编修完成后，县内又有部分单位编纂出版了一些部门志。如1995年1月，县财政局编印了《安龙县财政志》；1998年，县政协编印了《安龙县政协志》；2000年，安龙师范学校编辑出版了《贵州省黔西南州安龙民族师范学校校史》，等等。

（二）二轮安龙县志的编修

2010年10月，经县领导同意，下发《县人民政府办公室转发县史志办关于征集〈安龙县志·1989—2009〉、〈安龙年鉴·2010〉材料的通知》，将县志资料征集任务分解到全县各乡镇、各单位，全面启动《安龙县志》续修资料征集工作，要求2011年6月前将收集整理的《安龙县志》资料汇总送交到县史志办公室。后来，在县志编修过程中，将二轮县志续下限调整为2012年底。

2010年11月2日，在县行政办公区一楼会议室举行地方志编纂工作培训会，总结全县第一轮修志工作，安排部署第二轮地方志工作并进行相关业务培训。县委常委、县政府常务副县长黄朝文，县委常委、县委组织部部长王丽琼，兴仁县史志办，安龙县县直各部门，中央、省州属驻县单位及各乡镇有关负责人和编辑人员共200余人参加会议。会议邀请中国管理科学研究院学术委员会研究员、贵州省地方志协会顾问、贵阳市修文县地方志编辑部主编李祖炎向与会人员作编纂地方志业务知识讲座。讲座中，李祖炎围绕如何“抓好五个环节，做好一部信史”等修志中常见的问题做剖析和讲解。

2011—2012年，因受县政府机构改革、县史志办公室工作力量薄弱等方面因素的影响，县志续修材料收集不很理想。至2012年年底，共收集到县志续修材料总量的30%左右。2012年后，县委、县政府进一步加大工作力度，全面推进县志续修工作。

另一方面进一步加大部门志、乡镇志的编纂工作力度。至2012年年底，有30余个部门、乡镇基本完成部门志的编纂工作，另有部分单位完成资料收集、整理工作，总字数约2000万字。其中公开出版的有《安龙县军事志》《安龙公路管理段志》《安龙县气象志》《马鞭田村志》。据不完全统计，在二轮县志续修过程中，参与部门志、乡镇志资料收集和编纂工作的人员总计约350人，基本形成众手修志的局面。

安龙县部分新编部门志、乡镇志目录

表20—3—1

志书名称	编纂单位	主编	副主编	出版单位	出版时间	开本	字数（万字）	印量
安龙县军事志	中国人民解放军安龙县人民武装部	梁秀俊	詹富江	贵州人民出版社	2009年7月	16开	30	1000
安龙县政协志	中国人民政治协商会议安龙县委员会	黄恩照		内部发行	1998年4月	16开	25	300
安龙县民族志	安龙县民族事务委员会	龙尚学		内部发行	1989年9月	32开	10	300
安龙县妇女志	安龙县妇女联合会	房　健		内部发行	1988年	32开	11	300
安龙县建设志	安龙县城乡建设环境保护局	龙尚学	陈翰辉	内部发行	1989年	32开	10	300
安龙县教育志	安龙县教育局	秦兴哲	王仲坤	贵州人民出版社	1993年9月	16开	30	500
安龙县共青团志	共青团安龙县委	罗家伟		内部发行	1989年10月	16开	5	100
安龙县工会志	安龙县总工会	辛之忠		内部发行	1989年11月	16开	8	100

续表 20—3—1

志书名称	编纂单位	主编	副主编	出版单位	出版时间	开本	字数（万字）	印量
安龙县税务志	安龙县税务局	陈定国、王广福		内部发行	1989 年 10 月	16 开	11	100
安龙县工商行政管理志	安龙县工商行政管理局	陈文灿		内部发行	1987 年 10 月	32 开	11.8	100
安龙县水利志	安龙县水利局	王舟官		内部发行	1988 年 3 月	16 开	18	100
安龙县财政志	安龙县财政局	韦孔然		内部发行	1995 年 1 月	16 开	30	100
贵州省黔西南州安龙民族师范学校校史	贵州省黔西南州安龙民族师范学校	黄纬成		贵州教育出版社	2000 年 4 月	16 开	30	500
海庄村史志	安龙县新安镇海庄村	柏昌明	罗汛河	内部发行	2009 年	32 开	25	300
安龙县气象志	安龙县气象局	汪发鉴		云南科技出版社	2011 年 8 月	16 开	60	1000
安龙公路管理段志	安龙公路管理段	王佐荣	王丽萍	云南科技出版社	2012 年 12 月	16 开	40	1000
安龙县政协志（续）	政协安龙县委员会	谭志平		内部发行	2011 年	16 开	25	500
安龙县检察志	安龙县人民检察院	陈　贤		内部发行	2012 年	16 开	30	400
安龙县人口与计划生育志	安龙县人口与计划生育局	黄显旷		内部发行	2010 年 5 月	16 开	11	500
马鞭田村志	德卧镇马鞭田村	黄正书	李乃瑞	云南科技出版社	2012 年 7 月	16 开	40	1000
安龙县人大工作 60 年	安龙县人大常委会	黄朝文		内部发行	2010 年	16 开	40	500

三、旧志点校与利用

《兴义府志》是清道光末年兴义府知府张锳以 13 年之精力主修，江苏人朱逢甲协修，湖南宿学、方志专家邹汉勋参与修订的一部名志。该志体例严谨，条分缕析，内容详赡。梁启超在其所著的《中国近三百年学术史》中，将这部府志列入清代“经名儒精心结撰或参订商榷”的优良名志。

校注工作从 2007 年 10 月开始，聘请了贵州省有关专家参加校注工作。校注本以民国四年（1915 年）贵阳文通书局铅印本（该本据清咸丰五年木刻本重印）为底本，以历代纂修的《贵州通志》、贵州重要历史文献及《华阳国志》《水经注》《史记》《汉书》《后汉书》《明史》《清史稿》等有关文献作互校。2008 年 7 月，在安龙县第四届荷花节期间，县地方志办公室召开《兴义府志》校注座谈会，参加校注工作专家、黔西南自治州相关领导，兴义、兴仁、普安、晴隆、盘县、六枝、关岭、贞丰、册亨、望谟等县有关领导及相关人员参加座谈会。2009 年 11 月，《兴义府志》校注工作全部完成，由贵州人民出版社出版，总字数 200 余万字。11 月 11 日，召开《兴义府志》校注本发行仪式，州、县相关领导以及人员 200 余人参加发行仪式。发行仪式上，县史志办公室与贵州省新华书店安龙县支店签订《兴义府志》校注本代售协议，黔西南地区销售工作由安龙县新华书店全权负责。至 2012 年底，经安龙县新华书店销售的《兴义府志》校注本共 400 余册。

四、南明史研究

2009 年，在清道光《兴义府志》校注本出版之后，县政府即将《南明史料集》的编辑出版工作列入议事日程。当年7月11日，在“纪念中华人民共和国成立60周年·贵州安龙县第三届荷花笔会”新闻发布会上，县政府县长邓修宇向社会宣布征集南明史料，编辑出版《南明史料集》。9月2日，县政府常务副县长黄朝文召集政府相关部门负责人参加的专题会议，研究落实南明史料的收集编辑出版事宜，形成《会议纪要》。由县政府聘请贵州省、贵阳市、黔西南自治州有关史学、文献专家17人为安龙县历史文化学术顾问，成立由常务副县长黄朝文为组长，县政府办、史志办、文体广电局、文联、档案局、财政局、民族与宗教事务局、文物管理所等单位负责人参加的“安龙县南明历史资料收集编辑工作领导小组”，办公室设在县史志办，为南明历史资料收集、整理、编辑、出版工作提供服务。9月24日，黄朝文带领县史志办公室人员赴贵阳，邀请有关专家学者召开座谈会，专题研究《南明史料集》的编辑出版事宜。2011年8月，《南明史料集》上、中、下3册正式由贵州人民出版社出版发行。共收录王夫之《永历实录》、黄宗羲《永历纪年》、戴笠《行在阳秋》、屈大均《安龙逸史》、江之春《安龙纪事》、蒙正发《三湘从事录》、徐鼒《小腆纪年附考》、吴伟业《鹿樵纪闻》、顾山贞《客滇述》、无名氏《四王合传》、邓凯《也是录》、邓凯《求野录》、杨陆荣《三藩纪事本末》、徐鼒《小腆纪传（节录）》等历史文献14种，另采集《〈明史〉明末人物传选录》《贵州地方志载明末清初史事及人物传选录》2种。

2012年，经与贵州省文史研究馆商洽，省文史研究馆决定在安龙县建立“贵州省文史研究馆南明历史文化研究基地”。2012年8月2日，“贵州省文史研究馆南明历史文化研究基地”在南明历史博物馆（明十八先生墓祠）挂牌成立，省文史研究馆与安龙县政府签订共建协议。此基地由贵州省文史研究馆与安龙县人民政府共建，目的是加强南明历史的收集、整理和研究，强化人员培训，加强联络与交流，培养和造就一支安龙本土的历史文化研究队伍，进一步丰富和完善安龙县有关南明历史的馆藏和内涵，将安龙打造成为全国性的南明史学术研究圣地，进一步提升安龙的美誉度和知名度，力争将安龙建设成为国家级历史文化名城和西部地区重要的文化旅游强县。贵州省文史研究馆主要负责基地建设的指导工作，联络省内、国内专家及学者到安龙进行考察、调研、写作，指导和帮助安龙向有关部门申报南明历史文化建设项目，对安龙县历史文化研究爱好者、史志工作者进行培训，安龙县人民政府主要负责基地建设所需人、财、物及后勤保障。

第四章　文物与非物质文化遗产

第一节　文物管理

一、文物管理和保护机构

1989年以来，县内设有文物管理所，为全县文物管理和保护机构，隶属县文化体育旅游和广播电影电视局管理。至2012年，县文物管理所定编12人，实有11人。

二、省级文物保护单位

至2012年，县境有省级文物保护单位7处。

1. 龙广观音洞古人类遗址　位于龙广镇七星村平广寨北。系旧石器时代——新石器时代的洞穴遗址，有大小两个向南的洞口，高出地面约20米，主要堆积物存于东洞口内，洞高约5米，宽25米，进深20米。1985年发现，至1996年共发掘4次。堆积物约5米，以褐色为主，分13层，出土人类遗骸数十件。

2. 铜鼓山菩萨洞古人类遗址　位于招堤街道铜鼓井村南约4千米铜鼓山南侧，系旧石器时代——新石器时代洞穴遗址。洞呈岩厦状，向南偏西，高出地面约50米。洞高5.5米，宽10.8米，进深5米，面积约50平方米。1983年发现并发掘。文化层以棕色及褐色为主，厚约1.5米，分3层。获石制品2000余件。有石核、石片、石锤、砍砸器、刮削器、尖状器、雕刻器等。哺乳动物化石均为碎骨片，含5片鹿角和2片食肉类动物头骨等。化石中烧骨占一半，为用火证据。文化性质与邻县"猫猫洞文化"颇为相似，时代属旧石器时代晚期。洞外坡脚拾得磨制石锛1件，器体上保留有打制疤痕，表示其晚期已进入新石器时代早期。

3."明十八先生"墓（清代） 位于招堤街道顺城街中段北侧。墓呈圆形，直径5.5米，封土高2.5米，坐北朝南，也称"明十八先生成仁之处"。

3—1 "明十八先生成仁之处"碑，清石质，方首，高1.47米，宽0.82米，厚0.17米。碑石正中楷书竖排阴刻"明十八先生成仁之处"9字，每字0.1米见方。碑文楷书竖排阴刻，9行，共计161字。此碑"明十八先生成仁之处"9字为南明永历帝朱由榔题写。

3—2 十八先生祠堂，位于墓后，坐北朝南，中轴对称。由正殿和东西两配殿组成，占地面积300平方米，建筑面积250平方米。正殿面阔3间，通面阔16米，进深1间，通进深5.8米，穿斗式歇山青筒瓦顶。配殿面阔3间，通面阔14米，进深1间，通进深4.9米，穿斗式硬山青筒瓦顶。

3—3 "明十八先生成仁处"摩崖石刻，位于祠堂后崖壁上，离地0.6米，竖长形，高2米，宽0.98米。竖向楷书阴刻"十八先生成仁处"7字，每字0.25米见方。上款"光绪癸未仲夏"，下款"郡守余云焕补泐"。刻于光绪九年（1883）。

3—4 "藏碧辉崖"摩崖石刻（1939年），位于祠堂后崖壁上，高地0.6米，竖长形，高2.25米，宽0.98米。竖向行书阴刻"藏碧辉崖"4字，每字0.5米见方。国民政府中央监察院长任可澄题于1939年。

3—5 "浩气常存"摩崖石刻（1939年），位于祠堂后崖壁上，高地0.6米，竖长形，高2.12米，宽0.98米。竖向行书阴刻"浩气常存"4字，每字0.5米见方。贵州西路专员胡刚题于1939年。

3—6 "天地正气"摩崖石刻（1939年），位于祠堂后崖壁上，离地0.6米，竖长形，高2.2米，宽0.98米。竖向楷书阴刻"天地正气"4字，每字0.5米见方，辛亥江西都督柏文蔚题。

3—7 "浩气长存"摩崖石刻（1939年），位于祠堂后崖壁上，离地0.6米，竖长形，高2.25米，宽0.87米。竖向楷书阴刻"浩气长存"4字，每字0.5米见方，国民政府原交通部长王伯群题于1939年。

3—8 "孔曰成仁"摩崖石刻（1939年），位于祠堂后崖壁上，离地1.1米，竖长形，高1.1米，宽0.65米。竖向楷书阴刻"孔曰成仁，孟曰取义，惟其仁至，所以义尽"每字0.1米见方，国民政府立法院长居正题于1939年。

3—9 "瀛洲神境"摩崖石刻（1939年），位于祠堂后崖壁上，离地0.8米，竖长形，高1.9米，宽0.98米。竖向楷书阴刻"瀛洲神境"4字，每字0.45米见方。李烈钧题于1939年。

3—10 "碧血千秋"摩崖石刻（1939年），位于祠堂后崖壁上，青石质，方首。高1.68米，宽0.98米，厚0.17米。正中竖向楷书阴刻"碧血千秋"4字，每字0.4米见方，国民党中央军事委员会委员长蒋介石题于1939年。原碑毁于"文化大革命"，后来复制重立。

3—11 "重如泰山"摩崖石刻（1939年），位于祠堂后崖壁上，离地2.66米，横长形，高0.68米，宽2.14米。横向楷书阴刻"重如泰山"4字，每字0.4米见方，原贵州省主席吴鼎昌书于1939年。

3—12 "天地同流"摩崖石刻（1942年），位于祠堂后崖壁上，离地2.66米。横长形，高0.68米，宽2.88米。横向楷书阴刻"天地同流"4字，每字0.4米见方，原国民党第八十九军军长刘伯龙书于壬午年（1942年）。

3—13 "缅怀先烈"摩崖石刻（1945年），位于祠堂后崖壁上，离地1.1米。竖长形，高1米，宽0.76

米。竖向行书阴刻“春风驻马拜先贤，短碣佳城数百年。慷慨勤王人十八，飘零云国路三千。丹心莫补偏安局，青史常留绝命篇。试问奸臣犹在否，万山无语泣啼鹃”。吴俊题于1945年。

3—14 “忠烈可风”摩崖石刻（民国），位于祠堂后崖壁上，离地0.8米。竖长形，高1.95米，宽0.87米。竖向楷书阴刻“忠烈可风”4字，每字0.45米见方。原贵州第三行署专员王漱芳题。

3—15 “天地正气”摩崖石刻（民国），位于祠堂后崖壁上，离地0.8米。竖长形，高1.98米，宽0.95米。竖向楷书阴刻“天地正气”4字，每字0.35米见方。刘时范题。

4. 招堤 位于招堤街道杨柳街北段西侧，由清康熙年间安笼镇游击招国遴捐俸修筑，故名。招堤始建于清康熙三十三年（1694年）；乾隆五年（1740年），南笼府知府于堤两岸遍植垂柳，二十八年（1763年）维修；道光二十八年（1848年），兴义府知府张锳将堤加高5尺，于堤西侧开辟荷花池，建半山亭；咸丰四年（1854年），张锳于金星山上“筑屋3楹”，名“省耕亭”，闽商黄绍奇捐资于堤上建石亭，名“挹秀”；光绪九年（1883年），兴义府知府余云焕及阖城绅士集资重建；宣统三年（1911年），安义镇代理总兵刘显潜、兴义府代理知府聂树楷筹资培修，毛石砌筑，长233米，宽5米，高4.7米。

4—1 《招公堤记》碑，白绵石质。圆首，高2米，宽1.41米，厚0.4米。额篆书“招公堤记”4字，每字0.14米见方。碑文楷书阴刻，19行，满行40字，共700余字。原碑立于康熙年间，后毁，1987年10月重立。

4—2 涵虚阁，始建于乾隆五年（1740年），历经道光二十八年（1848年）、宣统三年（1911年）及1980年数次维修。坐北朝南，3层穿斗式6角攒尖顶。平面方形，连长5.7米。

4—3 《半山亭》碑，长边5.5米，短边3.5米。《半山亭记》碑嵌于半山亭崖壁上。碑为青石质，横长形，高0.6米，宽1.2米。首题“半山亭”3字。碑文楷书阴刻，38行，满行23字，共838字，记半山亭及附近荷花池之自然风光。

4—4 袁公祠，面阔5间，通面阔16米，进深3间，通进深11米，穿斗式硬山青筒瓦顶。

4—5 “绿漪”摩崖石刻（1939年），位于涵虚阁旁崖壁上，离地1.6米，横长形，高0.7米，宽1.5米。横向楷书阴刻“绿漪”2字，每字0.1米见方。安龙县长、息烽王佐题于1939年。

4—6 “何处堪消夏”摩崖石刻（1939年），位于涵虚阁旁崖壁上。离地2.7米，竖长形，高0.9米，宽0.7米。竖向楷书阴刻“何处堪消夏，招堤夜饮中；呈妆杨柳绿，向脸芰荷红。朗照天心月，凉生水上风；清虚烟雾中，疑在广寒宫”40字，每字0.06米见方。桐城倪昌运题于1939年。

5. 兴义府试院 位于招堤街道文化路中段南侧。始建于清雍正九年（1731年），位于原兴义府署旁，后迁建于大佛山，嘉庆二年（1797年）毁，五年（1800年）重建；道光二十一年（1841年），迁建至桅峰山麓，坐南朝北，原有房舍209间，占地5200平方米。现存大堂、二堂、红楼及议事亭，占地2600平方米，建筑面积726.63平方米。大堂面阔3间，通面阔13.6米，进深3间，通进深18.4米，穿斗式建筑，前部分为卷棚，后部分为硬山青瓦顶。

5—1 二堂，面阔3间，通面阔13.9米，进深6间，通进深9米，穿斗式硬山青瓦顶。

5—2 议事亭，位于人工池中央，穿斗式四角攒尖顶，平面方形，连长7.2米。

5—3 红楼，又名聘怀楼。坐西向东，面阔5间，通面阔18.9米，进深3间，通进深7.6米，穿斗式歇山青瓦顶。

6. 袁祖铭旧居（卧雪山庄） 位于龙广镇街上，建于民国6年（1917），为民国军阀袁祖铭父亲袁廷泰建造，坐北朝南，占地面积约1200平方米，建筑面积650平方米。中西合璧，砖木结构四合院，正客厅各7间，东西厢各3间，一楼一底，保存完好。

“五省会馆”，又名“五省宫”，位于龙广镇街上，建于民国12年（1923），中西合璧，砖木结构建筑，占地面积1200平方米，建筑面积850平方米，原貌保存尚好。

7.张凌翔、马河图墓 位于招堤街道段石街竹林弯南门组西南面，是清咸丰八年（1858）兴义府回族起义首领张凌翔、马河图二位将军的合葬墓是研究贵州西南地区少数民族农民起义的重要遗迹。坐东南向西北，平面呈梯形，高1.6米；长3米；前宽2.5米；后宽1.8米。张凌翔（1800—1864年）、马河图（1820—1864），均为盘县人，回族，清咸丰八年（1858）率领回族农民于盘县大坡铺举行“白旗起义”；同治三年（1864），被清军追杀到兴义府城东北海庄杀害。1982年2月23日，贵州省人民政府公布为第一批省级文物保护单位。

三、州级文物保护单位

1.安龙古城垣（安龙城址） 位于招堤街道东门村龙井山。明洪武二十三年（1390年）建安隆（今安龙）城；永乐二年（1404年）扩建土城，“周287丈”，设东“朝阳”、西“柔远”、南“雍熙”、北“顺天”4门，清康熙二年（1663年）重加修葺；乾隆七年（1742年）改筑石城，包旧城于内，增设西便门。现存城南碉楼及残墙660余米。

2.王公桥 又名“卡子桥”，位于普坪镇胡巷村南，始建于明末，后毁于水。清雍正十二年（1734年），南笼府知府王元烈捐资重建，故名。道光九年（1829年）夏毁于山洪，兴义府知府杜友李、安义镇总兵德印倡议文武官员及府绅商捐资重修。光绪九年（1883年）再次毁于山洪，十二年（1886年）知府吴宗兰倡议再次重修，并于桥南建亭，时逢贵阳人赵以炯中状元，声名贯全省，故名“状元亭”。南北向，跨卡子河，石拱桥3孔，长27.8米、宽4.5米，桥头立《重建王公桥碑记》《重修王公桥记》各1通。

2—1 《重建王公桥碑记》碑，青石质，近方柱形，高3米，宽0.88米，厚0.63米，额刻“双龙戏珠”浮雕。碑文楷书阴刻，10行，满行63字，共460字，记重建王公桥事。兴义府知府杜友李撰文，德印书丹，立于道光九年（1829年）。

2—2 《重修王公桥记》碑，青石质，近方柱形，高3米，宽0.8米，厚0.63米，额雕“双龙戏珠”浮雕。碑文楷书阴刻，10行，满行58字，共计375字。记重修王公桥事：“光绪元年，余莅任欺士，前后凡十霜，愧乏善哉。光绪九年，溪水大至，桥复圮，郡人庄南华、宋杰、胡遇林等筹款造舟，权为济流，讵每雨后，溪涨洪波巨浪，行旅视为畏途。乙酉冬，余乃集郡人寿画，并函商州牧邑，得银两数百，工重修。前工之善者，历之；不及者，增之，立亭桥南，为行为休息之所。五阅月而桥成。适胪传信到，贵阳赵君以炯大魁天下，开黔中鼎甲之先，而斯桥之亭，以是日兴作，借以名亭纪盛也。”兴义府知府吴宗兰撰文并书丹，立于光绪十二年（1886年）。

3.普坪卡子隘 位于普坪镇胡巷村卡子寨。清嘉庆年间，南笼（今安龙）布依族起义失败后，清军于卡子设防置把总1人，驻兵70人，卡内建有营房校场等建筑，占地480平方米。卡子隘青石砌筑，通高3米，宽2.2米，现保存完好。

4.张锳碑记（“张公遗爱祠碑记”碑） 青石质，方首，高2.8米，宽1.55米，厚0.17米，周边线刻云龙纹，首题“赠太仆寺卿升任贵州候补首署贵东道原任兴义府知府南皮张公遗爱祠碑记”32字，每字0.04米见方。碑文楷书阴刻，35行，满行88字，共3080字。记张锳“少孤贫苦，久处田间，故习知民间疾苦事”，为官之后“所称者一廉、二善听讼、三治盗、四义仓、五兴书院”；咸丰、同治农民起义期间，在兴义府“则用士民以为守，在贵江督军则用士民以为战”；兴义知府任内，“纂府志，创建试院于城中，增修珠泉书院，延名师以教士，又建十八先生祠祀明季忠臣吴贞毓等”。碑为云南补用州判、县人宋杰撰文，候选直隶州州判刘朝鼎书丹，立于清光绪三十年（1904年）。

5.龙井山碉楼 位于招堤街道东门村龙井山东面山顶，建于清光绪三十四年（1908年）。石砌，圆形六角攒尖顶，由六块整石构建，拼合封顶。碉楼高6米，内径4.2米，十字梁架及六块筒瓦状屋面板均用整石砌成。门额阴刻“绥丰”两字。由上至下共有3排、20个烽火口，烽火口呈锥形，里宽外窄，保存基本完好，基础部分有破损、下沉；石质十字梁有裂痕，是县内清代军事设施的代表性建筑。1981年5月8日公布为县级文物保护单位，1985年12月13日，黔西南州人民政府公布为第一批州级别文物保护单位。

四、县级文物保护单位

1. 韦阿信战斗遗址　清，古遗址，位于兴隆镇安比村竹林寨组西南面，是清嘉庆二年（1797年）正月，王囊仙、韦朝元联合起义反清战斗遗址。韦朝元，又名韦阿信、韦抱柱、七绺须，该营盘遗址就是韦阿信攻守清军的战斗遗址，残存两道工事，青石垒砌。第一道位于山的东北面70米处，有残存山门一座，第二道仅存残墙20余米，山顶遗址残存建筑基础，形状不明，石块、小青瓦遍布，推测原为石木结构房屋。是清南笼布依族起义的实物见证之一。1981年5月8日，县人民政府公布为县级文物保护单位。

2. 王囊仙战斗遗址　清，古遗址，位于栖凤街道乡塘村洞洒组东南的大坡山上。嘉庆二年（1797年），王囊仙、韦朝元在南笼府（今安龙县）发动反清起义，王囊仙称“玉皇娘娘”，以洞洒寨为都，取年号为“仙大”。以营盘山为起义军指挥中心，后被清军攻破，总面积103平方米，现存5道卡门和残墙600余米，5道卡门各相距50—100米不等，有两道东门保存较为完整，高2.3米，宽1.2米，是研究清代南笼府布依族农民起义的重要历史遗迹。1981年5月8日，县人民政府公布为县级文物保护单位。

3. 安龙皇坟遗址（三王墓）　明—清，古遗址，安龙皇坟遗址又名三王墓，位于招堤街道官桥社区五洞桥组，在招堤西北的玉屏山麓，是南明永历帝朱由榔在安龙居住期间夭折的3个儿子之墓。原为八边形石砌墓，刻龙凤纹，墓顶系仿宫殿式万刻筒瓦。建亭一座。现墓、亭均毁，仅见遗址。民国年间修墓时的墓志2通、明王墓道指路碑1通、墓裙石3块，现存安龙县文物管理所，原墓志铭由贵州省博物馆保存。民国年间培修时，还出土红漆木方匣1个、陶罐2只、瓷瓶1只及“永历通宝”“兴朝通宝”铜币10枚。1988年8月24日，县人民政府公布为县级重点文物保护单位。

4. 尖山烽火台遗址　位于栖凤街道坡云村尖山组东北面80米处，是清嘉庆二年（1797年），布依族起义女领袖王囊仙领导的起义军修建，由青石堆砌，面积约60平方米，呈东西向。现存山门一道，高2米、宽1.2米、厚2米，墙宽1米；工事一道，高3.5米，厚0.8米，残长15米。山顶有残存烟灶两个，烽火台残存石墙14.5米，厚0.4—0.6米；南面有残存烽火台入口一处，现有村民作为祭祀所用的拜台及两个石灶，保存较差。对研究清代防御工事建设有重要意义。1988年8月24日，县人民政府公布为县级重点文物保护单位。

5. 海尾龙化石出土地　三叠纪，其他，位于龙广镇坡关村海尾组西北面大田山上，1998年发现。化石的出土层位为中三叠纪薄层灰岩。面积约为1万余平方米。出土全骨鱼类和贵州龙化石，其中以贵州龙化石居多，是省内发现的又一处重要的贵州龙化石产地，是研究县域古地理环境的重要依据。1998年12月3日，县人民政府公布为县级重点文物保护单位。

6. 桑鸿升墓　清，古墓葬，位于招堤街道兴仁街。桑鸿升，生死年不详，清南笼府城（今安龙县人），汉族生员，参加清嘉庆南笼布依族起义，任主谋军师，起义失败后于南笼府遇害。墓坐西向东，方首石碑。墓土封石围，坐西南向东北，底径4.6米，封土高1.4米，对研究清代民族起义有重要意义。1999年8月5日，县人民政府公布为县级重点文物保护单位。

7. 龙广四楞碑　建于中华民国6年（1917年），石窟寺及石刻，位于龙广镇联新村四楞四组，324国道安龙至龙广公路旁，距公路2.2米。碑属青石质，方柱形，故称“四棱碑”。碑高2.15米，宽0.43米，碑文楷书阴刻，内容是乡规民约。原碑立于道光十七年（1837），后毁，民国6年（1917年）重刻。现有民国21年（1932）重建碑1通和1986年重建碑1通，是研究县域民俗民风的重要依据。1988年8月24日，县人民政府公布为县级重点文物保护单位。

8. 钱相四楞碑　清，石窟寺及石刻，位于钱相乡钱相村四楞碑组。青石质，方柱形，故称“四楞碑”。每字0.04米见方，碑文楷书阴刻，凡43行，满行54字，风化严重，总字数不清。记保护庄稼、完粮纳赋、防盗御贼等乡规。系当地布依族村民公立于道光十二年（1832年）。是记录究民俗民风的实物见证，有一定研究价值。1988年8月24日，县人民政府公布为县级重点文物保护单位。

9. 万人坟　清光绪十年（1884年），古墓葬，位于招堤街道东门村大佛寺组东北面。清咸同年间，张凌翔、马河图领导的白旗起义失败后，清政府以安抚为由，于光绪十年（1884年）搜集在战争中的死尸骸骨，重葬于城郊，后人称之为“万人坟”。墓坐南朝北，椭圆形石裙墓，封土高2.5米，东西向宽3.4米，南北向1.5米。单檐碑坊，墓碑通高1.9米，宽1.15米，阴刻楷书，记墓主死难原因及立碑经过、时间，是研究县境民族历史和清代农民起义的实物见证。1981年5月8日，县人民政府公布为县级重点文物保护单位。

10. 五洞桥　明，古建筑，位于招堤街道官桥社区五洞桥组护城河上，建于明崇祯年间。东北—西南走向，跨护城河，五孔石拱桥。桥全长50米，宽4.2米，桥面长43米，桥面宽6.8米，桥高3米。2005年，县人民政府维修，桥面、护栏现为混凝土，对研究明代桥梁建筑有积极意义。1988年8月24日，县人民政府公布为县级重点文物保护单位。

11. 红军坟　中华民国，近现代重要史迹及代表性建筑，位于招堤街道官桥社区五洞桥组招堤北端烈士陵园山上，是1935年4月中央红军长征路过龙山镇、笃山乡等地牺牲的红军战士墓。墓坐北向南，从西向东有“谢X同志墓”“吴指挥墓”“胡登希墓”“王X同志墓”。墓基为正方形青石五面石浆砌，墓为五角形，青石扣弃，墓裙有花卉、麦穗浮雕，坐北向南。碑方首宽0.85米，高1.4米，阴刻楷书，刻各人姓名、牺牲事由和立碑时间。纪念碑刻毛泽东诗《长征》。现作为安龙县爱国主义教育基地。1981年5月8日，县人民政府公布为县级重点文物保护单位。

12. 梅子山关摩崖（“独立三边”摩岩）　清，石窟寺及石刻，位于栖凤街道幺塘村小水井组324国道2142千米处，距县城约10千米，梅子山关隘口崖壁上，离地8.2米。横长形，高2.5米，宽5米。横向楷书阴刻“独立三边”4字，每字0.5米见方。上款竖向楷书阴刻“兴义守备石廷栋题”，下款竖向楷书阴刻“大清光绪乙未秋”。刻于光绪二十一年（1895年）。20世纪90年代末，因修建324国道幺塘至坡脚段，该石刻被修建道路的沙石覆盖，无法直接观察。1988年8月24日，县人民政府公布为县级重点文物保护单位。

13. 贺锡恒墓　中华民国，近现代重要史迹及代表性建筑，位于洒雨镇竜堡村竜下组西北1千米处。贺锡恒（1893—1938年），1925年参加北伐战争，历任连长、营长、旅长等职，墓坐北向西南，碑座2米，高30厘米，碑由青石制成，标形夹耳，碑通高1.96米，碑宽1.07米，直径4.7米，封土高1.4米，碑后是墓志铭。是研究北伐战争人物历史的实物见证。1988年8月24日，县人民政府公布为县级重点文物保护单位。

14. 花障红军标语　中华民国24年（1935年），近现代重要史迹及代表性建筑，位于龙山镇竹林村坡生组南600米处。1935年4月下旬，中国工农红军第一方面军长征经过龙山镇留下，横向行书“□□□战力量，加紧后方生产工作”，无落款。长6.8米，宽0.5米，字迹模糊。对研究中央红军长征过安龙具有重要的历史意义。1988年8月24日，县人民政府公布为县级重点文物保护单位。

15. 豹皮亭遗址　中华民国，近现代重要史迹及代表性建筑，位于招堤街道绿海子将军园内。1999年，为纪念辛亥革命90周年，县民族和宗教事务局将豹皮亭复建于此。豹皮亭原址位于招堤街道草纸街东北端五洞桥，为六角攒尖石亭，“文化大革命”中损毁。王宪章（1886—1914），苗族，原名应贤，县境普坪人。1911年5月，湖北新军准备起义期间，被推为起义副总指挥；湖北军政府成立后，为“十人谋略团”成员之一；1912年赴沪参加孙中山领导的革命活动。1914年在上海被捕，3月25日于南京被冯国璋杀害。是研究辛亥革命的重要遗迹。1988年8月24日，县人民政府公布为县级重点文物保护单位。

16. 水桶山和尚墓群　明一清，古墓葬，位于栖凤街道西河村，系明嘉靖年间圆通寺和尚圆寂后的墓葬。原占地面积245平方米，有骨灰塔4座，墓15座，现塔已毁，残存墓14座。原和尚主墓群已迁，此处重建圆通寺，多数墓已毁。其中8座已迁至寺庙东侧200米处半山腰上，部分墓碑残存风化严重，字迹不清，大门东侧20米处4座保存较好。现圆通寺作为佛教活动场所。1988年8月24日，县人民政府公布为县级重点文物保护单位。

17. 梨树写字岩　石窟寺及石刻，位于笃山乡红泥村张家桥组北面，时代为宋代至明代，刻于山南侧半山腰岩壁上，距山脚相对高程约50米。高岩坎下是责任地。镌刻山、水、树木及村寨等图案。其中一幅画幅高0.4米，宽0.4米，另一画幅高0.24米，宽0.1米，两岩画相距2.2米。另有朱书彝文，记天象、地理及迁徙诸事。1988年8月24日，县人民政府公布为县级重点文物保护单位。

18. 普坪卡子隘　清，古遗址，位于普坪镇卡子村卡子组。清嘉庆年间，南笼布依族农民起义失败后，清军于卡子设防置把总1人，驻兵70人，卡内建有营房、校场等建筑，占地480平方米，现仅存遗址。所建卡子门较为完好，石墙门通高3.2米，宽2.2米。对研究县域民族发展、屯兵防守等具重要意义。1988年8月24日，县人民政府公布为县级重点文物保护单位。

19. 天榜山营盘遗址　清，古遗址，位于招堤街道西北天榜山山顶，依山势沿东西向呈哑铃状，总占地面积约900平方米。始建于清咸丰、同治年间，为屯兵、防守营盘，现残存工事3道，工事用青石垒砌，现高2.5—8.0米，墙厚0.55—0.8米。清代曾在营盘西端建三清殿、东端建观音阁，是少见的道教、佛教同山共处景观。民国30年（1941），县政府在此设置防空瞭望所。现三清殿、观音阁、瞭望所已毁，未见基础。1988年8月24日，县人民政府公布为县级重点文物保护单位。

20. 莲花寺　清，古建筑，位于招堤街道广东街社区马场坝北面，建于清道光二年（1822年），坐北向南。原有山门、两厢及正堂等；占地约600平方米，建筑面积299.81平方米。正殿面阔5间，通面阔15.1米，进深3间，通进深8.2米，穿斗式悬山青瓦顶。隔扇门窗。现院门东侧有一石香炉，通高2.6米，直径0.75米；功德芳名碑，碑通高1.3米，座0.20米、厚0.10米、宽0.75米，为2000年6月19日立。原莲花寺长期闲置，现已搬迁。是研究县域佛教历史的重要场所之一。1988年8月24日，县人民政府公布为县级重点文物保护单位。

21. 天主教堂　清，近现代重要史迹及代表性建筑，位于招堤街道硫磺街社区公园路南段西侧，始建于清光绪十一年（1885年），传教士郭德琪因教案赔偿获得土地，建一教堂。1940年，重建成天主教安龙总堂办公大楼，三层砖瓦结构。经历多年修建，增建教堂及附属房屋数十栋，占地面积1650平方米。20世纪初，天主堂创办利民中学，拆除了部分房屋，建成新教学楼后与原教区连成一片，面积约4000平方米。现教堂作为宗教活动场所外，其余已作为学校办公楼。2012年，利民中学停办。1988年8月24日，县人民政府公布为县级重点文物保护单位。

22. 安龙清真寺　近现代重要史迹及代表性建筑，位于招堤街道顺城街安龙二小右侧，始建于民国18年（1929年），坐西北向东南，由前厅和后厅（诵经堂）、东西厢房构成四合院。1993年重修，为钢混仿古建筑，占地面积405平方米，建筑面积323.2平方米。后大厅为诵经堂，是县内伊斯兰教活动场所，是研究县域民族宗教文化的重要物证。1988年8月24日，县人民政府公布为县级重点文物保护单位。

23. 景家冲修院　原名弥格修院，位于栖凤街道西河社区景家冲西北面，近现代重要史迹及代表性建筑，始建于清宣统三年（1911年）。清宣统三年（1911年），法籍传教士卫利亚调安龙天主堂总教堂，将弥格修院迁至安龙县城西郊景家冲，盖瓦房10余间作院舍，现仅存数栋。建筑面积2300平方米，占地面积4500平方米。新中国成立后，安龙县将弥格修院作为县农机厂厂房及办公地点。20世纪80年后，县农机厂停止生产，多数厂房空置，内有职工陈、朱、邱、贺、张氏居住。因长期空置，年久失修，建筑保存较差，基本建筑尚存。1988年8月24日，县人民政府公布为县级重点文物保护单位。

24. 张镔祠遗址　清，古建筑，位于县第一中学校园西侧。张镔祠始建于清光绪三十年（1904年），坐东向西，由前殿，两厢及大殿组成四合院，占地约180平方米。祠内竖“张镔遗爱碑”1通，青石质，长方形，通高2.8米，宽1.55米，厚0.17米。碑沿刻龙云纹，首刻“赠太仆寺卿升任贵州候补道署贵东道原任兴义府知府南皮张公遗爱祠碑记”。经实地调查，原建筑已毁，仅存遗址。1988年8月24日，县人民政府公布为县级重点文物保护单位。

25. “屹立江干”摩崖　清，石窟寺及石刻，原位于坡脚古渡口，滇南王学文于清宣统元年（1909年）冬月题。2008年11月，因南盘江平班电站建设施工，县人民政府将该摩崖搬迁至324国道与原安坡公路交叉口的坡脚乡者干码头附近。摩崖长3.2米，宽1.5米，阴刻楷书“屹立江干”4字，摩崖修建有两层底座，由鹅卵石镶砌，上层为梯形底座，下层为不规则的梯形，并有石阶，保存一般。对研究盘江流域文化经济发展和水上运输等具有重要意义。2003年12月10日，县人民政府公布为县级重点文物保护单位。

26. 中央红军长征在安龙总部旧址　中华民国，近现代重要史迹及代表性建筑，位于招堤街道草纸街71号。建于20世纪初，时为两湖会馆，民国时期时改建为安龙县参议馆。1935年4月20日，中央红军长征到达安龙时，中央红军总部曾在此驻扎，毛泽东等中央红军领导在此住宿。1950年2月1—14日宋任穷、陈赓将军在此会师并召开会议（史称“安龙会议”），参会人员有中国人民解放军二野兵团、西南服务团云南支队、中国人民解放军滇桂黔边纵队负责人。会议在中央“团结第一、工作第二”的方针指引下，完成了组建中共云南省委等议程，为人民解放军进入和接管云南做好了组织准备和思想准备。该建筑砖木结构，上下两层，现基本保存完好，是民国时期建筑的典型代表。2003年12月10日，县人民政府公布为县级重点文物保护单位；2009年5月，中共黔西南州委、州人民政府公布为首批州级爱国主义教育基地。

27. “古牂牁”摩崖　清光绪二十一年（1895年），石窟寺及石刻，位于木咱镇上木咱村下坝10组古道西侧崖壁上，离地面3米许。宽1.5米，长6.2米。横向楷书阴刻“古牂牁”3字，每字约0.4米见方。上款纵向楷书阴刻“兴义守石廷栋誌”、下款纵向楷书阴刻“光绪贰拾壹年”“石廷栋”等字迹，具有重要的历史、艺术价值。1981年5月8日，县人民政府公布为县级重点文物保护单位。

28. 中华苏维埃共和国国家银行旧址（韦杵故居）　位于招堤街道广东街印刷厂内，为民国时期修建的哥特式建筑，沿中轴线分布一、二、三进，穿斗式石木结构，为传统走马转角楼四合庭院。一进明间面阔三间，二进四合庭院，三进面阔三间，楼下明间为过厅。宅内梁枋雀替、门窗、柱础、吊柱、撑拱等用材考就。据调查，该建筑为县人韦杵出资委托他人修建于20世纪20年代，后转卖于地主蒋德安。1935年4月20日，中央红军长征到达安龙时，中华苏维埃共和国国家银行在此驻扎。红军离开后，应乡人邀请，韦杵回乡在此主持县内治安。该四合院基本特征保存完整，是安龙民居四合院建筑的典型代表之一。2012年11月9日，县人民政府公布为第三批县级文物保护单位。

29. 中山公园牌坊　位于招堤街道硫磺街社区文化路中段南侧、县第一中学校园东北面、兴义府试院东侧植桂轩北，始建于民国中期，为纪念辛亥革命先驱孙中山先生而建，规模不详，“文化大革命”中公园毁弃，仅存公园牌坊1座。牌坊座西北向东南，四柱三间冲天式，通高4.8米，宽3.4米，额题“中山公园”四字，阴刻楷书，0.3米见方，是县内纪念辛亥革命的实物见证。2012年11月9日，县人民政府公布为第三批县级文物保护单位。

30. 福洞遗址　位于招堤街道山岔村杨家湾寨西北，324国道安龙至兴隆段从西面山脚下经过。洞口朝向南偏西，高出小溪50余米。洞高约10米，宽15米，深23米。1985年发现，1986年、1990年两次复查，出土人类头骨化石1具，属晚期智人，在洞口及洞外坡土采集到坎砸器、刮削器、长状器、雕刻器等石制品300余件，用火遗迹有碳屑、烧骨等，动物化石有豪猪、鹿、牛等。对研究贵州西南地区旧石器晚期人类活动有积极意义。2012年11月9日，县人民政府公布为第三批县级文物保护单位。

31. 史兴远墓　位于钱相乡三道墙村博孔组西面。墓座东南向西北，为钱相乡三道墙村博孔组史纯玉（为第六代子孙）祖先史兴远之墓，该墓为清咸丰六年（1856）立，为四柱五重檐，双狮抢鼓夹耳，面积20平方米，内碑西侧为墓志铭，保存一般，墓有损坏的痕迹。对研究县境墓葬形式和石刻艺术有一定意义。2012年11月9日，县人民政府公布为第三批县级文物保护单位。

32. 陇桥坡地遗址　位于海子乡政府东面5千米处，遗址约为旧石器时代，南北向长约30米，岩上至坡缘长约100平方米，面积3000平方米。洼地东高西低，坡度较缓。坡地现为陇桥村庄稼地，文化层约15厘米（未见底），初分两层，地表采集的石制品数件。2012年11月9日，县人民政府公布为第三批县级文物保护单位。

33. 韦氏墓群　位于兴隆镇阳方村小巧凹组东北面，属小巧凹组韦国康家族墓群，共3座，立于清乾隆至光绪年间。由整石扣砌四柱三门五重檐，双狮夹耳，葫芦宝鼎，做工较为精细，占地面积约100平方米，其中一墓刻有“皇亲待赠”字样，立于乾隆年间。现由韦永康家族管理。2012年11月9日，县人民政府公布为第三批县级文物保护单位。

34. 纳利洞遗址　位于戈塘镇纳利村岩洞组西南面，距安龙至兴仁公路约300米，洞口呈喇叭状，面积约1000平方米，洞内干燥宽敞，在洞内发现有陶片、石器，洞口宽约50米，洞进深35米，洞口北面有后期用青石垒砌的石墙，墙高2.5米，厚0.5—0.9米，为民国时期当地村民躲避匪患时建设。对研究县内秦汉时期人类活动有积极意义。2012年11月9日，县人民政府公布为第三批县级文物保护单位。

35. 张家洞遗址　位于戈塘镇香车河村洞广组西南面狮子山脚，为寨洞。洞口坐东向西南，高约5米，宽2.5米，进深约30米（未见底），面积约800平方米。洞内干燥，平缓，较宽敞。在洞口发现有石器、化石等若干。据发现的石器和当地向导的介绍推测，该洞距今已有7000—10000年，应为旧石器时代形成。对研究县内早期人类活动有积极意义。2012年11月9日，县人民政府公布为第三批县级文物保护单位。

36. 落步桥观音洞遗址　位于普坪镇胡巷村落步桥组，距地面约120米。洞口宽24米，高30米，进深24.5米。洞内石灰岩，洞内堆积物较厚，由于后人活动频繁，仅发现石器2件。在洞内拾得石片1件，在洞东南侧仰天窝地拾得穿孔石器1件。该遗址的发现对研究当地史前文明有着重要的作用。2012年11月9日，县人民政府公布为第三批县级文物保护单位。

37. 关马洞岩刻　位于新桥镇木科村毛家寨组北面，关马洞西北面约30米处，宽26厘米，长45厘米，阴刻于关马洞西北面山脚岩石之上。额首阴刻楷书“永垂万古”，每字5厘米×6厘米，正文楷书阴刻由右向左，按村民介绍此处岩刻下方有一天然水井，距初步分析碑刻内容为清咸丰年间当地村民约定的用水规定。该文物点的发现对研究当地的历史文化有着积极的作用。2012年11月9日，县人民政府公布为第三批县级文物保护单位。

38. 过凼干洞遗址　位于新桥镇木科村过凼组东北面约300米半山干洞。沿层面发育的石灰岩洞穴，洞向250度，即坐东向西，洞口宽约20米，高约3米，深约25米。东南有一较平的大厅，但低于洞口平地约2米，潮湿光暗，钟乳石发育不好，面积约100平方米。洞口平坦、干燥，宽约20米，长约15米，面积约200平方米。堆积物主要分布于洞口南侧，能见堆积物剖面厚约20厘米（未见底），共分两层。上层厚5—10厘米，为扰乱层，灰褐色砂质黏土，含零星石制品；下层厚10—15厘米，红褐色砂质黏土，为文化层，含石片、石器、烧骨、碎骨、螺壳、碳屑等。在洞门口平台地表采集石片、石器等33件，在剖面中采集手烧骨8件、碎骨4件、螺壳5件，共获得各类文化遗物50件。从堆积物的地层和文化遗物的特征分析，该遗址的地质年代为更新世晚期，文化时代为旧石器时代晚期，距今1万年前。2012年11月9日，县人民政府公布为第三批县级文物保护单位。

39. 板拉营盘遗址　位于龙广镇纳桃村新寨组东南2千米处，呈东北—西南走向，占据两座山头，整个营盘呈椭圆形。现有营盘遗址1处，工事2道，东面第一道、第二道工事各有山门1道，西南第二道工事有山门1道，工事上均有射击孔。第一道工事残存12千米，高0.5—2.6米，厚0.5—1.5米，射击孔间隔2米，为明清时期军事设施遗址。营房遗址20处，已损毁，仅存遗址。瞭望哨1处，残存部分墙体。是研究县域清代战争、军事设施的代表性遗址。2012年11月9日，县人民政府公布为第三批县级文物保护单位。

40. 塘坊碉堡　位于龙广镇塘坊四组，圆形碉堡，皆用青石块砌筑，选料、砌法考究。碉堡高约9米，在6米处有射击孔3排，分布均匀，每隔0.6米左右有一个射击孔。是民国时期当地大地主苏满春修砌，主要用于防御土匪。现保存较好，是研究县境民国时期政治、经济、文化的重要依据。2012年11月9日，县人民政府公布为第三批县级文物保护单位。

41. 苏发祥民居　位于龙广镇塘坊四组，为四合院的单体院落，是民国时期龙广大地主苏发祥修建。该传统民居大部分仍在使用，保存相对完整，房屋布局有正房和南北厢房组成单体院落，门窗有方格雕花，保存较好。从建筑风格及保存现状分析，此处民居的建造年代最早为清末。苏家经商，刘氏与袁氏是儿女亲家。苏发祥、班遂普、刘向前与袁祖铭同称龙广豪富，对研究龙广民国时期民居建筑和经济发展有积极意义。2012年11月9日，县人民政府公布为第三批县级文物保护单位。

42. 下花大洞遗址　位于洒雨镇免底村下花组，坐南向北，面积约1500平方米，洞深150米，洞宽约100米，洞高5米，洞口宽敞，洞内干燥，在洞内发现石核、石片等石器数件，初步推断为旧石器时代晚期，对研究县境早期人类活动有积极意义。2012年11月9日，县人民政府公布为第三批县级文物保护单位。

43. 谨白碑　位于平乐乡顶庙村阿能寨西南，清代。高0.7米，宽0.08米，额题“谨白碑”3字，碑文楷书阴刻10行，满行18字，共15字，记“不许窝藏赌徒，借故敲磕，乱砍滥伐，并不准在井内洗菜、布、衣，污秽水井”等乡规，系阿能寨岑、韦二姓布依族村民公立于咸丰九年（1859）。对研究当地民族民风有积极意义。2012年11月9日，县人民政府公布为第三批县级文物保护单位。

44. 花选寨墙　位于万峰湖镇永和村花选组南面，原为花选组寨墙，现仅残存800米左右，由青石堆砌，高1.7—2.3米，厚1.2—1.6米，面积约800平方米，无其他资料记载。据当地村民介绍，寨墙建于清末，主要用于防护，对研究县境村寨屯守有一定意义。2012年11月9日，县人民政府公布为第三批县级文物保护单位。

45. 王文彬合葬墓　位于德卧镇德卧村学庄组，为王文彬与其妻郎氏的合葬墓，坐西向东，墓为圆形，直径4.5米，五面石垒砌，墓高1.8米。额题“叠荷龙完”，碑为四柱三门式，宽4.1米，现存高度4米，正碑通高，“公讳文彬”高1.95米，宽0.86米，正中竖刻“皇清军功七品王母郎氏老孺人之墓”，四边周刻万字格，次间碑通高1.56米，宽0.57米，竖书阴刻楷书，每字0.05米见方，记王文彬事，为现存较为完好的清代普通墓葬，是县境清代代表性墓葬。2012年11月9日，县人民政府公布为第三批县级文物保护单位。

46. 团山堡王氏墓群　位于德卧镇团山堡村冗若村组。墓群共28座，坐西向东。其中“王母韦氏墓”，四柱三门五重檐，狮鼓夹耳，鳌鱼翘角，卷草须弥座，南北均有护墙，碑通高4.4米，宽4.米；墓前置四方镂空祭桌，椭圆形墓，东西向长5.5米，南北向宽4米，雕刻细致，做工精湛，为县境清代墓葬典型代表。该墓群包含清代至民国期间王氏子孙墓，做工精粗不一，多数为青石垒砌。石刻工艺精湛，具一定艺术价值。2012年11月9日，县人民政府公布为第三批县级文物保护单位。

五、已撤文物保护单位

1. 洒雨红豆树　1983年7月20日县政府公布为第二批县级文物保护单位。红豆树已划归林业部门保护管理，不再列为文物范畴，2005年8月25日县政府撤销该处县级文物保护单位。

2. 一小古槐树　1983年7月20日县政府公布为第二批县级文物保护单位。古槐树已划归林业部门保护管理，不再列为文物范畴，2005年8月25日县政府撤销该处县级文物保护单位。

3. 武庙　清，古建筑，1983年7月20日县政府公布为第二批县级文物保护单位。因该处文物保护单位建筑特征和风格不具备典型代表性，历史研究意义不重大，已不具备文物保护的条件和价值，加之历经多年沧桑，主体建筑大面积坍塌，构成严重的安全隐患，不再作为历史文化遗迹保护，2006年11月27日县政府撤销该处县级文物保护单位。

4. 万寿老君庙　清，古建筑，1988年8月24日县政府公布为县级重点文物保护单位。因该处文物保护单位建筑特征和风格不具备典型代表性，历史研究意义不重大，已不具备文物保护的条件和价值，加之历经多年沧桑，主体建筑大面积坍塌，构成严重的安全隐患，不再作为历史文化遗迹保护，2006年11月27日县政府撤销该处县级文物保护单位。

5. 凉水营战斗遗址　清，古遗址，1988年8月24日县政府公布为县级重点文物保护单位。凉水营战斗遗址早已在基本建设中被拆除，不复存在，已不具备文物保护单位的条件和价值，2005年8月25日县政府撤销该处县级文物保护单位，不再作为历史文化遗产保护。

6. 江西会馆　1988年8月24日县政府公布为县级重点文物保护单位。该建筑早已在基本建设中被拆除，不复存在，已不具备文物保护单位的条件和价值，2005年8月25日县政府撤销该处县级文物保护单位，不再作为历史文化遗产保护。

7. 毛杉树歌场　1988年8月24日县政府公布为县级重点文物保护单位。属无形文化遗产，现由县文化馆作为非物质文化遗产保护，2005年8月25日县政府撤销该处县级文物保护单位，不再作为历史文化遗产保护。

六、可移动文物

至2012年底，县文物管理所馆藏文物85件，其中一级文物7件、二级文物26件、三级文物52件。

安龙县文物管理所馆藏文物汇总表

（2012年）

表20—4—1

名称	时代	数量	重量（克）	尺寸（厘米）	质地	完残情况	来源	级别
羊角钮钟	战国至西汉	1	6310	通高36.3，钟体高29.6，钟口长径21，短径15.9，口沿壁厚0.9—1，羊角钮基部宽左右皆3.15，尖部厚0.6	青铜	完好	1984年水电九局在德卧丫他施工出土	一级
一字格曲刃剑	战国至西汉	1	325.1	全长26.7，茎长7.5，格厚0.5，长13.5，宽0.9，剑身长18.7，最宽11，中部凸处宽5.6，茎的最大径为3.2	铜	完好	1991年9月6日在幺塘征集	一级

续表 20—4—1

名称	时代	数量	重量（克）	尺寸（厘米）	质地	完残情况	来源	级别
扁圆茎空手首无格剑	战国至西汉	1	174.94	通长 27.3，茎长 9.3，宽 2.1—3.7，厚 0.8—1.6 剑身长 18 最宽 5 最厚 0.5	铜	完好	1999 年 2 月 3 日，龙广七星村碑塘组邓从军枯井出土征集	一级
“T”形茎一字格青铜剑	战国至西汉	1	201.57	通长 36.5，茎长 13.6，茎首宽 15.5，格长 7.6、宽 2.2	铜	完好	1999 年 2 月 3 日，龙广七星村碑塘组邓从军枯井出土征集	一级
“贵州龙”化石	2.4 亿年前	3		个体长 28.5—25.5 之间	石质	完好	1998 年 12 月底，在龙广海尾村收集	一级
“贵州龙”化石	2.4 亿年前	22		个体长 30—16.5 之间	石质	基本完好	1998 年 12 月底，在龙广海尾村收集	二级
铜鼓	宋—明—清	3		高 26、面径 46.5、胸径 48.3 底径 46.5	青铜	基本完好	1982 由安龙县工商局转献拨交	二级
曲刃铜矛	战国—西汉	1	174.94	全长 30.9，骹口最大径 2.4，矛其宽 4.8	铜	有明显锈蚀，完好	1998 年 12 月 30 日，在龙广板拉村，王世忠处征集	二级
铜鼓	宋—明—清	3		高 27.3、面径 46.8、胸径 47.5、底径 46	青铜	基本完好	1982 由安龙县工商局转献拨交	三级
铜胎掐丝嵌珐琅水盂	清代中期	1	1740	通高 8、口径 23、腹径 30.3、足径 20.3	铜	完好	2001 年 4 月安龙公安局移交	三级
一字格曲刃剑	战国—西汉	1	307.18	全长 26.7，茎长 7、最大径 2.9、格厚 0.7 长 13.2 最宽 1.9 剑身长 19、最宽 9、中部凸处宽 5.6	铜	有明显锈蚀，完好	1998 年 12 月 30 日，在龙广板拉村王世忠处征集	三级
铜矛	战国—西汉	1	138.31	全长 24，骹中部口径 1.6×1.9，两刃最宽 4.6	铜	护手已坏	1991 年 9 月 6 日在幺塘征集	三级
“贵州龙”化石	2.4 亿年前	43		个体长 32—12.6 之间	石质	基本完好	1998 年 12 月底，在龙广海尾村征集	三级
仿宣德铜香炉	清	1	1290	通高 9.5、器身 6、足高 1.6、耳高 7，最大腹径 14、口径 12.4、底径 12，器壁厚 0.4	铜	完好	1988 年征集	三级
喜生贵子镜	明	1	481.9	直径 13、钮径 1.75、沿厚 0.8	铜	完好	1985 年征集	三级
湖州镜	明	1		直径 8.7、沿厚 0.5	铜	完好	1982 年征集	三级

第二节　文物普查

1989 年以来，县内主要进行了第三次全国文物普查。据 2010 年完成的第三次全国文物普查，安龙县有各类不可移动文物点 211 处。其中：古遗址 109 处，主要有洞穴、聚落址、驿站古道遗址、寺庙遗址等；古墓葬 22 处，主要是一些做工细腻、雕刻精美的清代或以前墓葬；古建筑 36 处，主要有坛庙祠堂、桥涵码头等；摩崖石刻 23 处；近现代重要史迹代表性建筑 18 处，主要有建筑风格独特、工艺考究的宅邸民居、一般墓葬或名人墓葬等；其他不可移动文物3处，主要有古生物化石等。

此外，县史志办公室于2010年开展了革命遗址普查，初步确定各类革命遗址46处。

安龙县第三次全国文物普查不可移动文物登录分类表

（2010年）

表20—4—2

一、古遗址（109处）

序号	编号	遗址名称	地址	新发现（累计）	复查（累计）
1	522328—0002	天榜山营盘遗址	新安镇广东街社区天榜山上		复查（1）
2	522328—0006	安龙古城垣	新安镇东门社区南门组		复查（2）
3	522328—0007	万寿山营盘遗址	新安镇城北社区邮政局西北		复查（3）
4	522328—0013	普坪卡子隘	普坪镇胡巷村伐子河东		复查（4）
5	522328—0017	龙广四轮遗址	龙广镇联新村四楞四组	新发现（1）	
6	522328—0022	小坡烽火台	新安镇官桥社区大肚山组	新发现（2）	
7	522328—0024	三洞桥至接官厅古驿道	新安镇官桥社区大肚山组	新发现（3）	
8	522328—0030	石垭口偏洞遗址	海子乡石垭口村石垭口组	新发现（4）	
9	522328—0031	陇桥古驿道	海子乡沙厂村陇桥组	新发现（5）	
10	522328—0032	陇桥祭山营盘遗址	海子乡沙厂村陇桥组	新发现（6）	
11	522328—0033	陇桥观音洞	海子乡沙厂村陇桥组	新发现（7）	
12	522328—0034	铜鼓山菩萨洞遗址	新安镇西河社区巧洞坪组		复查（5）
13	522328—0036	韦阿信战斗遗址	新安镇安比村竹林寨组		复查（6）
14	522328—0038	兴隆冗蒿洞穴遗址	新安镇安比村李枣组	新发现（8）	
15	522328—0039	尖山烽火台遗址	新安镇坡云村尖山组		复查（7）
16	522328—0043	下扎联合大庙遗址	兴隆镇下扎联合组	新发现（9）	
17	522328—0044	兴隆阳方抱俄营盘	兴隆镇阳方村抱俄组	新发现（10）	
18	522328—0046	兴隆红星郎打营盘	兴隆镇红星村红星小学西南	新发现（11）	
19	522328—0047	朱家湾响洞遗址	兴隆镇石灰村朱家湾组	新发现（12）	
20	522328—0048	岜利洞洞穴遗址	兴隆镇排冗村纳闹组	新发现（13）	
21	522328—0049	阿兴楼房营盘	兴隆镇阿兴村楼房组	新发现（14）	
22	522328—0050	牟子坪营盘遗址	平乐乡坡炎村东150米处	新发现（15）	
23	522328—0051	青杠坪营盘遗址	平乐乡郎元村青杠坪组	新发现（16）	
24	522328—0052	联合祭坛遗址	平乐乡联合村联合一组	新发现（17）	
25	522328—0053	罗坝营盘遗址	平乐乡顶庙村罗坝组	新发现（18）	
26	522328—0056	阿能寨营盘	平乐乡顶庙村阿能寨西南	新发现（19）	

续表 20—4—2

27	522328—0057	索汪坡儿营盘遗址	平乐乡索汪村西北30米处	新发现(20)	
28	522328—0063	马鞍山营盘	万峰湖镇马鞍营村南面	新发现(21)	
29	522328—0071	秧地古驿道	戈塘镇秧地村大水井组	新发现(22)	
30	522328—0073	纳利洞穴遗址	戈塘镇纳利村岩洞组	新发现(23)	
31	522328—0074	新寨至屯脚古驿道	戈塘镇龙兴村新寨组	新发现(24)	
32	522328—0076	戈塘上柘磨营盘	戈塘镇香车河村上柘磨组	新发现(25)	
33	522328—0080	洒雨海星营盘	洒雨镇海星村谢家屋基组	新发现(26)	
34	522328—0084	八坎神仙洞遗址	坡脚乡八坎村八坎组	新发现(27)	
35	522328—0086	袁氏旧居遗址	龙广镇簸箕寨村卡上组	新发现(28)	
36	522328—0087	五台袁氏练兵场遗址	龙广镇簸箕寨村卡上组	新发现(29)	
37	522328—0088	龙广科立遗址	龙广镇小场坝村科立组	新发现(30)	
38	522328—0090	坡院遗址	龙广镇小场坝村坡院组		复查(8)
39	522328—0091	纳万营盘遗址	龙广镇纳万村营脚组		复查(9)
40	522328—0092	永革营盘遗址	龙广镇干田村永革一、二组	新发现(31)	
41	522328—0093	纳万云脚遗址	龙广镇纳万村营脚组	新发现(32)	
42	522328—0094	佳皂大子营遗址	龙广镇佳皂村一、二组		复查(10)
43	522328—0096	柘仑上头营遗址	龙广镇柘仑村柘仑组		复查(11)
44	522328—0097	坡普遗址	龙广镇柘仑村纳万水库	新发现(33)	
45	522328—0098	科立营盘	龙广镇小场坝村科立组	新发现(34)	
46	522328—0099	坡院营盘	龙广镇小场坝村坡院组	新发现(35)	
47	522328—0100	佳皂营盘	龙广镇佳皂村一、二组	新发现(36)	
48	522328—0101	坡普营盘	龙广镇柘仑村纳万水库	新发现(37)	
49	522328—0102	柘仑营盘	龙广镇柘仑村柘仑组		复查(12)
50	522328—0103	七星洞Ⅰ号遗址	龙广镇七星村罗家营组		复查(13)
51	522328—0104	龙广观音洞遗址	龙广镇七星村平广组		复查(14)
52	522328—0105	程家小洞遗址	龙广镇七星村堡上组		复查(15)
53	522328—0108	板拉营盘	龙广镇纳桃村板拉八组	新发现(38)	
54	522328—0109	板拉遗址	龙广镇纳桃村板拉八组		复查(16)
55	522328—0110	纳西营盘	龙广镇联新村纳四组	新发现(39)	
56	522328—0115	金钟山营盘	龙广镇塘顾村塘坊四组	新发现(40)	
57	522328—0118	龙广小寨营盘	龙广镇赖山村者要四、五组	新发现(41)	
58	522328—0119	者要营盘	龙广镇赖山村者要四、五组	新发现(42)	

续表 20—4—2

59	522328—0121	凉水营战斗遗址	新安镇么塘村 324 国道旁		复查（17）
60	522328—0122	王囊仙战斗遗址	新安镇幺塘村洞洒组		复查（18）
61	522328—0123	冗桑坡营盘	德卧镇冗桑村一组	新发现（43）	
62	522328—0124	瓦厂遗址（潘家岩洞洞穴遗址）	德卧镇毛杉树村纳早湾寨组		复查（19）
63	522328—0125	洪号湾洞穴遗址	德卧镇毛杉树村纳腊组	新发现（44）	
64	522328—0126	者王营盘	德卧镇白水河村者王组	新发现（45）	
65	522328—0127	戈贝梁横营盘遗址	德卧镇白水河村戈贝组	新发现（46）	
66	522328—0129	云龙营盘	德卧镇盘龙社区云龙组	新发现（47）	
67	522328—0130	峰洞营盘	新桥镇巧烂村峰洞组	新发现（48）	
68	522328—0131	新桥红岩营盘	新桥镇巧烂村红岩组	新发现（49）	
69	522328—0135	新桥荷花村喜革古驿道	新桥镇荷花村喇盖组	新发现（50）	
70	522328—0137	木咱坝力营盘	木咱镇坝力村西面	新发现（51）	
71	522328—0139	古牂牁古驿道木咱村西坝段	木咱镇木咱村下坝组	新发现（52）	
72	522328—0140	瓦厂Ⅱ号遗址	德卧镇毛杉树村瓦厂组		复查（20）
73	522328—0141	海子陇桥观音洞遗址	海子乡陇桥村东面	新发现（53）	
74	522328—0142	戈塘香车河洞广张家洞穴遗址	戈塘镇香车河村洞广组	新发现（54）	
75	522328—0143	新桥巧烂白石岩遗址	新桥镇巧烂村巧烂组	新发现（55）	
76	522328—0144	木科过囡干洞遗址	新桥镇木科村过囡组	新发现（56）	
77	522328—0145	木科过囡营盘山洞穴遗址	新桥镇木科村过囡组	新发现（57）	
78	522328—0146	笃山暗河犀牛洞遗址	笃山乡坡老村暗河组	新发现（58）	
79	522328—0147	龙山下坛胶洞	龙山镇下坛村者堡组	新发现（59）	
80	522328—0149	木咱坡贡周家营盘	木咱镇坡贡村八、九组	新发现（60）	
81	522328—0150	普坪落步桥观音洞	普坪镇胡巷村萝卜桥组	新发现（61）	
82	522328—0151	廷必营盘遗址	普坪镇廷必村八、九组	新发现（61）	
83	522328—0157	阿照永兴庙山王庙	新安镇西河社区下龙井组	新发现（63）	
84	522328—0158	新安镇杨家营盘	新安镇西河社区桑家院组	新发现（64）	
85	522328—0159	堡上洞石器出土点	龙广镇七星村堡上组		复查（21）
86	522328—0161	三角洞陶片出土点	龙广镇塘顾村原顾屯五组		复查（22）
87	522328—0169	四楞营盘	龙广镇联新村四楞四组		复查（23）
88	522328—0170	箐山山王庙遗址	新安镇箐山村龙潭组东北面	新发现（65）	
89	522328—0171	晒纳水库王家弯洞穴遗址	新安镇大坪社区晒纳组	新发现（66）	
90	522328—0172	海子小洞遗址	新安镇西河社区海子组东面	新发现（67）	

续表 20—4—2

91	522328—0173	福洞遗址	新安镇山岔河村廖家湾西北		复查(24)
92	522328—0174	新安阿召弯子洞遗址	新安镇西河社区弯子组		复查(25)
93	522328—0180	龙广安叉任家寨营盘遗址	龙广镇安叉村任家寨组	新发现(68)	
94	522328—0181	龙广花木垭口大庙遗址	龙广镇花木村海子组	新发现(69)	
95	522328—0182	龙广董谷村落遗址	龙广镇狮子山村田坝组	新发现(70)	
96	522328—0183	龙广峰洞营洞盘遗址	龙广镇烂滩村峰岩组	新发现(71)	
97	522328—0184	东妹场营盘遗址	新桥镇阿科村东妹场五组	新发现(72)	
98	522328—0185	作坊至观音岩古驿道	新桥镇作坊村荷花组	新发现(73)	
99	522328—0188	洒雨峰岩洞遗址	洒雨镇峰岩村峰岩组	新发现(74)	
100	522328—0192	湾井营盘遗址	钱相乡湾水井村湾水井组	新发现(75)	
101	522328—0197	刷把寨营盘遗址	新安镇铜鼓井村刷把寨二组	新发现(76)	
102	522328—0209	免底下花大洞遗址	洒雨镇免底村下花组	新发现(77)	
103	522328—0210	免底下花营盘	洒雨镇免底村下花组北面	新发现(78)	
104	522328—0040	巧洞杨家营盘	新安镇坡云村巧洞组	新发现(79)	
105	522328—0041	新安坡云营盘	新安镇坡云村营盘组	新发现(80)	
106	522328—00420	下扎联合营盘	兴隆镇下扎村联合组	新发现(81)	
107	522328—0199	佳皂小子营遗址	龙广镇佳皂村佳皂一、二组		复查(26)
108	522328—0200	七星洞Ⅱ号遗址	龙广镇七星村罗家营组西北面		复查(27)
109	522328—0201	七星洞Ⅲ号遗址	龙广镇七星村罗家营组西北面		复查(28)

二、古墓葬(22 处)

序号	编号	遗址名称	地址	新发现(累计)	复查(累计)
1	522328—0001	明十八先生墓	新安镇广东街社区天榜山下		复查(29)
2	522328—0004	万人坟	新安镇东门社区大佛寺组		复查(30)
3	522328—0011	水桶山和尚墓群	新安镇西河社区水桶山东		复查(31)
4	522328—0019	张凌翔马河图墓	新安镇段石街竹林湾		复查(32)
5	522328—0021	桑鸿升墓	新安镇兴仁街新安三小南面		复查(33)
6	522328—0028	安龙皇坟遗址(三王墓)	新安镇官桥社区五洞桥组		复查(34)
7	522328—0045	小巧凹韦氏墓群	兴隆镇阳方村小巧凹组	新发现(82)	
8	522328—0064	史兴远墓	钱相乡三道墙村博孔组	新发现(83)	
9	522328—0065	史宗鲁墓	钱相乡三道墙村博孔组	新发现(84)	
10	522328—0067	鲁沟韦氏墓群	戈塘镇鲁沟塘村场坝组	新发现(85)	
11	522328—0095	佳皂王氏墓群	龙广镇佳皂村委会西北面	新发现(86)	

续表 20—4—2

12	522328—0107	纳桃王洪才贺氏合葬墓	龙广镇纲桃村纳桃三组	新发现（87）	
13	522328—0128	王文彬郎氏合葬墓	德卧镇德卧村学庄组	新发现（88）	
14	522328—0138	木咱廖汝德墓	木咱镇响乐村月亮田	新发现（89）	
15	522328—0178	坡告李老太君墓	德卧镇坡告村长山组	新发现（90）	
16	522328—0179	团山堡王氏墓群	德卧镇团山堡村冗若组	新发现（91）	
17	522328—0186	法统清宋杰墓	新安镇法统村湾角田组	新发现（92）	
18	522328—0191	科考韦抱兰墓	钱相乡冗达村科考组	新发现（93）	
19	522328—0193	沈洪陈母尚氏墓	钱相乡沈洪村沉洪组	新发现（94）	
20	522328—0195	钱相为氏墓群	钱相乡新华村阿赖组	新发现（95）	
21	522328—0208	洒雨缪墓景氏张氏合葬墓	洒雨镇免底村下花组松林坡	新发现（96）	
22	522328—0189	湾水井郭洪高墓	钱相乡湾水井村黄秧坪组	新发现（97）	

三、古建筑（36 处）

序号	编号	遗址名称	地址	新发现（累计）	复查（累计）
1	522328—0005	龙井山碉堡	新安镇东门社区六组		复查（35）
2	522328—0008	万寿山老君庙	新安镇城北社区邮政局西北		复查（36）
3	522328—0009	弥格修院	新安镇西河社区景家冲		复查（37）
4	522328—0012	普坪王公桥	普坪镇胡巷村筏子河		复查（38）
5	522328—0023	三洞桥	新安镇官桥社区三洞桥组	新发现（98）	
6	522328—0025	安龙五洞桥	新安镇官桥社区五洞桥组	新发现（99）	
7	522328—0058	永和白桥	万峰湖镇永和村东南面	新发现（100）	
8	522328—0059	花选组寨墙	万峰湖镇永和村花选组	新发现（101）	
9	522328—0066	洞洒石拱桥	新安镇么塘村洞洒组	新发现（102）	
10	522328—0068	鲁沟石桥	戈塘镇鲁沟塘村场坝组	新发现（103）	
11	522328—0069	戈塘岑官庙	戈塘镇鲁沟塘村中坛组	新发现（104）	
12	522328—0072	洞广瑞兴桥	戈塘镇洞广村洞广组	新发现（105）	
13	522328—0075	戈塘抱树桥	戈塘镇龙兴村新寨组	新发现（106）	
14	522328—0077	红军桥	龙山镇北乡村纳花组	新发现（107）	
15	522328—0083	张锳祠	新安镇广东街社区一中校园西侧		复查（39）
16	522328—0111	龙广科汪桥	龙广镇联新村科汪组	新发现（108）	
17	522328—0132	新桥缘龙桥	新桥镇荷花村峒上组	新发现（109）	
18	522328—0136	坡革民众桥碑刻	新桥镇新桥村坡革一组	新发现（110）	
19	522328—0152	钱相民族团结桥	新桥镇乔马村者京组	新发现（111）	

续表 20—4—2

20	522328—0154	笃山永兴桥	笃山乡梨树村梨树组	新发现（112）	
21	522328—0160	新安板磨大寨社坛	新安镇板磨村大寨组	新发现（113）	
22	522328—0163	兴义府试院	新安镇硫磺街社区安龙一中校园		复查（40）
23	522328—0165	招堤	新安镇龙顺社区东北面		复查（41）
24	522328—0166	安龙莲花寺	新安镇广东街社区马场坝北面		复查（42）
25	522328—0175	中山公园牌坊	新安镇硫磺街社区文化路中段南侧	新发现（114）	
26	522328—0177	马鞭田胡桥	德卧镇马鞭田村马鞭田组	新发现（115）	
27	522328—0187	新桥石拱桥	新桥镇新桥村何大坪组	新发现（116）	
28	522328—0190	陈庄寨门	钱相乡红旗村陈庄组	新发现（117）	
29	522328—0194	阿赖王祖铭民居	钱相乡新华村老房子组	新发现（118）	
30	522328—0196	阿赖梁仁熙民居	钱相乡新华村老房子组	新发现（119）	
31	522328—0198	海尾石拱桥	新安镇海庄村海尾组荷花池西侧	新发现（120）	
32	522328—0204	洒雨石拱桥	洒雨镇场坝村场坝组西面	新发现（121）	
33	522328—0205	干沟石拱桥	洒雨镇下龙村干沟组	新发现（122）	
34	522328—0206	天桥郑氏民居	洒雨镇天桥村天桥组	新发现（123）	
35	522328—0207	免底群英桥	洒雨镇免底村免底组	新发现（124）	
36	522328—0037	板磨下寨社伯神位	新安镇板磨村下寨组东北面村口处	新发现（125）	

四、石窟、寺及石刻（23 处）

序号	编号	遗址名称	地址	新发现（累计）	复查（累计）
1	522328—0010	牂牁母皇摩崖石刻	新安镇西河社区水桶山东	新发现（126）	
2	522328—0014	钱相四轮碑	钱相乡钱相村塘坊组		复查（43）
3	522328—0015	古牂牁摩崖	木咱镇上木咱下坝十组		复查（44）
4	522328—0016	龙广四轮碑	龙广镇联新村四楞四组		复查（45）
5	522328—0035	梨园摩崖石刻	新安镇西河社区梨园山庄	新发现（127）	
6	522328—0054	谨白碑	平乐乡顶庙村阿能寨西南		复查（46）
7	522328—0055	阿能寨乡规碑	平乐乡顶庙村阿能寨西南		复查（47）
8	522328—0060	袁廷泰德政碑	万峰湖镇永和村万峰湖民族小学内	新发现（128）	
9	522328—0061	永和场纪念碑	万峰湖镇永和村永和场坝中心	新发现（129）	
10	522328—0062	纳赖下寨组永定章程碑	万峰湖镇纳赖村下寨组	新发现（130）	
11	522328—0079	洒雨岩画	洒雨镇砻堡村砻上组		复查（48）
12	522328—0082	八坎公议执照碑	坡脚乡八坎村八坎组	新发现（131）	
13	522328—0085	屹立江干摩崖	坡脚乡坡脚村一组		复查（49）
14	522328—0089	科立公议碑	龙广镇小场坝村科立组	新发现（132）	
15	522328—0120	洞洒乡规民约碑	新安镇么塘村洞洒组		复查（50）

续表 20—4—2

16	522328—0133	新桥木科观马洞岩刻	新桥镇木科村毛家寨组	新发现（133）	
17	522328—0134	新桥木科小学建校纪念碑	新桥镇木科村木科小学校园内	新发现（134）	
18	522328—0153	梨树写字岩	笃山乡红泥村张家桥组		复查（51）
19	522328—0156	笃山坡井永垂万古碑	笃山乡坡井村公路边组	新发现（135）	
20	522328—0162	梅子山关摩崖	新安镇么塘村小水井组		复查（52）
21	522328—0168	安龙县立中学成立纪念标	新安镇广东街社区一中校园内	新发现（136）	
22	522328—0176	张锳遗爱碑	新安镇广东街社区一中校园内		复查（53）
23	522328—0203	洒雨倒马坎岩刻	洒雨镇民族村上马坎组	新发现（137）	

五、近现代重要史迹及代表性建筑（18 处）

序号	编号	遗址名称	地址	新发现（累计）	复查（累计）
1	522328—0003	安龙清真寺	新安镇顺城街社区新安二小西侧		复查（54）
2	522328—0018	袁祖铭旧居和五省会馆	龙广镇合兴村原粮管所、政府办公楼		复查（55）
3	522328—0020	参议馆	新安镇草纸街 71 号		复查（56）
4	522328—0026	豹皮亭遗址	新安镇陇西村海子将军园		复查（57）
5	522328—0027	红军坟	新安镇官桥社区空坟组		复查（58）
6	522328—0029	袁公祠	新安镇官桥社区空坟组	新发现（138）	
7	522328—0070	王宪章故居	戈塘镇纳利村纳利一组	新发现（139）	
8	522328—0112	蒋家大院	新安镇广东街社区印刷厂内	新发现（140）	
9	522328—0113	左朝清民居	新安镇西关街 23 号	新发现（141）	
10	522328—0116	塘坊民居群	龙广镇塘顾村塘坊四组	新发现（142）	
11	522328—0117	塘坊碉堡	龙广镇塘顾村塘坊四组	新发现（143）	
12	522328—0167	袁祖铭、何必辉合墓	新安镇东门村塔山组	新发现（144）	
13	522328—0211	石冲清真寺	洒雨镇石冲村三组	新发现（145）	
14	522328—0078	花障红军标语	龙山镇竹林村坡生组		复查（59）
15	522328—0081	贺锡恒墓	洒雨镇竜堡村竜下组		复查（60）
16	522328—0114	福音堂	新安镇西关街 23 号	新发现（146）	
17	522328—0164	天主教堂	新安镇硫磺街社区公园路面段西侧		复查（61）
18	522328—0202	解放坡岗烈士战斗遗址	龙广镇毛凼子村	新发现（147）	

六、其他（3 处）

序号	编号	遗址名称	地址	新发现（累计）	复查（累计）
1	522328—0106	海尾龙化石出土点	龙广镇坡关村海尾组		复查（62）
2	522328—0148	纳冗化石点	平乐乡联合村纳冗二组	新发现（148）	
3	522328—0155	笃山化石点	笃山乡龙井村瓦房组	新发现（149）	

安龙县革命遗址名录(2010年10月)

表20—4—3

一、全国革命遗址(28处)

序号	遗址名称	地址
1	中央红军长征在安龙总部旧址暨中共云南省委“安龙会议”会址	安龙县城草纸街71号
2	中华苏维埃共和国国家银行旧址(韦杵旧居)	安龙县城大田坝原县印刷厂
3	龙山镇北乡村红一军团司令部旧址	安龙县龙山镇北乡村那花二组
4	黄典初、黄友初兄弟旧居	安龙县新安镇北大街27—1号
5	龙山镇北乡村“红军桥”遗址	安龙县龙山镇北乡村那花二组
6	龙山镇滴水岩红军标语遗址	安龙县龙山镇滴水岩
7	红五军团安龙县暗河战斗遗址	安龙县笃山乡坡老村暗河组空心堡
8	红一军团、红五军团安龙县笃山歇气场休整地遗址	安龙县笃山乡坡井村歇气场
9	红一军团二师安龙县上马贡会师地遗址	安龙县平乐乡定头村上马贡
10	红一军团二师安龙县马鞭田休整地遗址	安龙县德卧镇马鞭田村小学前
11	红一军团二师安龙县龙广战斗遗址	安龙县龙广镇四楞碑滥泥弯垭口
12	红一军团二师安龙县鲁沟塘宿营地遗址	安龙县戈塘镇鲁沟塘村街上组
13	红五军团流散红军胡登希同志旧居	安龙县笃山乡大水井村
14	罗盘区永和——龙广暴动领导人王秉黎旧居	安龙县龙广镇纳桃村二组5号
15	罗盘区永和——龙广暴动前期活动地遗址	安龙县龙广镇小场坝村科立组
16	坡普营盘罗盘区永和——龙广暴动组织成立地遗址	安龙县龙广镇纳坎村坡普一组
17	万峰湖坡荫罗盘区永和——龙广暴动武装集结地遗址	安龙县万峰湖镇坡荫村
18	罗盘区永和——龙广暴动永和乡公所战斗遗址	安龙县万峰湖镇永和村
19	罗盘区永和——龙广暴动永和群众大会会址	安龙县万峰湖镇老场坝
20	坡荫罗盘区永和——龙广暴动王茂荣革命烈士墓	安龙县万峰湖镇坡荫村村口
21	桐柏罗盘区永和——龙广暴动龙广战斗作战部署地遗址	安龙县龙广镇狮子山村桐柏组
22	罗盘区永和——龙广暴动龙广镇公所战斗遗址	安龙县龙广镇场坝
23	罗盘区永和——龙广暴动韦金、王安民革命烈士墓	安龙县龙广镇纳桃村板拉六组
24	罗盘区永和——龙广暴动大洞坡战斗遗址	安龙县万峰湖镇放羊湾村柯家塘子大洞坡
25	罗盘区永和——龙广暴动磨雍营盘紧急会议遗址	安龙县龙广镇纳桃村
26	安龙县烈士陵园	安龙县城东北招堤风景区西端后山麓
27	龙广革命武装暴动纪念碑	安龙县龙广镇新场坝村坡外山顶
28	永和革命武装暴动纪念碑	安龙县万峰湖镇永和村

续表 20—4—3

二、贵州省革命遗址（14 处）		
序号	遗址名称	地址
29	新安水桶山剿匪战斗遗址	安龙县新安镇城西水桶山
30	新安坡敖剿匪战斗遗址	安龙县新安镇海庄村坡敖组
31	龙广袁家店剿匪战斗遗址	安龙县龙广镇粮管所仓库
32	龙广塘坊剿匪战斗遗址	安龙县龙广镇双合村塘坊
33	戈塘四楞碑剿匪战斗遗址	安龙县戈塘镇戈塘村四楞碑组
34	钱相三道墙剿匪战斗遗址	安龙县钱相乡三道墙村李家瓦房
35	戈塘纳利安龙征粮队王琪辉烈士牺牲地遗址	安龙县戈塘镇纳利村纳利二组龙塘堡
36	龙广柳树塘剿匪战斗遗址	安龙县龙广镇狮子山村柳树塘
37	德卧桐子林剿匪战斗遗址	安龙县德卧镇扁占村
38	龙山老鸹山剿匪战斗遗址	安龙县龙山镇坡利村顶囊组老鸹山
39	万峰湖峰岩垭口剿匪战斗遗址	安龙县万峰湖镇泥凼子村峰岩垭口
40	木咱官屯剿匪战斗遗址	安龙县木咱镇响乐村官屯 3 组
41	新安幺塘剿匪战斗遗址	安龙县新安镇幺塘村场坝
42	笃山剿匪战斗遗址	安龙县笃山乡场坝
三、其他革命遗址（6 处）		
序号	遗址名称	地址
43	辛亥革命武昌起义副总指挥王宪章将军纪念园	安龙县绿海风景区内
44	北伐左翼军前敌总指挥袁祖铭故居	安龙县龙广镇簸箕寨村五台
45	安龙女子小学遗址	安龙县新安镇第二小学
46	安龙罗家院侵华日机轰炸遗址	安龙县新安镇罗家院
47	辛亥革命贵州自治学社社长张鸿藻故居	安龙县城北大街县盐业公司内
48	抗日将领王伯勋故居	安龙县城广东街县农机公司旁

第三节　非物质文化遗产普查与申报

非物质文化遗产（intangible cultural heritage），指被各群体、团体、有时为个人所视为其文化遗产的各种实践、表演、表现形式、知识体系和技能及其有关的工具、实物、工艺品和文化场所。各个群体和团体随着其所处环境、与自然界的相互关系和历史条件的变化不断使这种代代相传的非物质文化遗产得到创新，同时使他们自己具有一种认同感和历史感，从而促进了文化多样性和激发人类的创造力。国家非物质文化遗产不是某个品牌、个人或者企业的，是国家为了保护某项特有东西而颁布的。

安龙县自 2005 年开展非物质文化遗产项目普查和申报工作，成立专门的工作领导小组、划拨专项资金、抽调业务人员专门负责此项工作。经过科学、全面、系统的普查，摸清民间文学 1 个，民间音乐 7

个，民间舞蹈1个，戏曲2个，民间手工技艺15个，岁时节令2个，民间杂技4个，传统医药2个，人生礼俗2个，民间习俗2个共10个门类38个项目，将普查对象的图片、资料、音像整理归档，对所有普查形成的文字材料形成纸质和电子文档。2005—2009年，通过申报，“赶毛杉树”“苗族板凳舞”“传统制香（故央）”“安龙黔剧”“古法造纸（竹纸）”5个项目分别列入贵州省第一、二、三批非物质文化遗产保护名录。

一、省级非物质文化遗产名录

（一）赶毛杉树

“毛杉树”歌节，在德卧镇毛杉树举办，是南盘江流域布依族传统的民俗节日，每年逢农历三月初三以后的第一个蛇场天（巳日）举行，黔西南州各县及广西、云南的布依族、苗族、汉族、壮族等民族青年男女都身穿盛装，相互邀约到安龙县德卧镇田坝布依族民族村“过节”。田坝村则举行隆重的祭祀主神、田神等活动。相聚的姑娘小伙们则进行对歌“浪哨”等活动。此节一般举行三天。第一天“蛇场天”，大家起吃五色糯米饭来祝贺节日。第二天是“马场天”，天一亮人们就赶到毛杉树进行各种传统的文娱活动，傍晚男女青年对歌。通过对歌寻找理想的侣伴。第三天是“羊场天”，远方的客人要上路，客人向主人道别，互相祝愿。

关于“毛杉树节”，传说南盘江边有一布依族村寨，寨子里有一叫杉郎的后生，邻寨有一姑娘叫树妹，两人在劳动中相识，在劳动中相爱。正当他们要成亲之际，山上的魔狼抢走了树妹。杉郎大战魔狼，终于救出了树妹。魔狼变成许许多多的“蚂蚱”（蝗虫）来糟蹋庄稼，树妹为保护庄稼，一连唱了27天的歌，害虫随着歌声消失了。但树妹累病了，在三月初三“蛇场天”离开人间。第三天杉郎也悲伤去世了。不久在杉郎和树妹的坟上长出了杉树。当地的人们称这些树为“毛杉树”。每逢农历三月初三布依族人民便举行歌会纪念他们。也有传说是纪念东汉末年的汉将岑彭、马武。

2005年，“赶毛杉树”被列入贵州省第一批非物质文化遗产保护名录项目，代表性传承人为王正统（2011年去世），后为王济家。

（二）苗族板凳舞

黑苗，苗族的一支。自清嘉庆二年（1797年）从黔东南州黄平、台江等县迁到黔西南州安龙县洒雨、戈塘、龙山、海子等乡镇至今，一直深居高山。

相传自清嘉庆二年（1797年）黑苗迁入安龙后，有一年很多青壮年外出打仗去了，由于身居高山，猛兽极多，妇女们为了壮胆，常聚在一起，敲击板凳驱赶野兽，后来就慢慢演变成了在满月酒时跳的板凳舞。

1953年，安龙土地改革，苗族群众分到了土地，科香苗族阿哥潘仕成（已故，当时19岁，小学文化）就创作了一首《苗家出了头》作伴奏，与潘先茂（已故，当时18岁，小学文化）共同创编，使板凳舞有了一定的表演程式和表演形态，并代表安龙到都匀、兴义等地参加演出。1981年，杨占辉（科香苗族人，男，1953年生，洒雨镇堵瓦小学教师）对舞蹈中一些呆板、不灵活的动作作了修改，一直延续至今。

板凳舞分布在安龙县洒雨、戈塘、海子、龙山等乡镇及兴仁县鲤鱼坝等苗寨，由于传承的变异性，各地的板凳舞在表演的场合、人数等已有所变化，而一直在民间礼俗中表演的传统板凳舞只有科香苗寨才有。

其基本内容为：舞蹈表演程式：开场—舞蹈—结束；舞蹈表演形态：步法、手形、身段等的变换；演出禁忌：对跳的双方必须是已婚、同辈的异性；演出的习俗：除平时练习自娱外，每年春节、新生儿满月时也跳板凳舞；伴奏音乐:《苗家出了头》及板凳拍出的节奏。

2005年，“苗族板凳舞”列入贵州省第一批非物质文化遗产保护名录项目，代表性传承人有杨占辉。

（三）古央——传统手工水磨制香技艺

“故央”——布依族传统手工水磨制香技艺，流传于戈塘镇香车河两岸的洞广村和其相邻村的一些自然村寨的。洞广村布依族所生产的香是竹签香。按其长短，可分为长香（90厘米）和短香（40厘米）两种；按其颜色可分为青香和红香；按其制作方法上的不同又可分为擀香和提香。制香的香方原料主要是：香樟树、枫香树、冬瓜树、侧柏树（叶）、马桑叶、香叶、艾蒿叶、鸡血藤、水麻等天然药材，配伍加工制成成品香后，有清热解毒，祛风除湿，止血行气，养生安神等功效。

香粑是制香的主料，香面是制香的配料，是按以下步骤制成的。①将树木裁成30—40厘米小截（与水磨石槽同宽），在每截的中间打上眼并安装在香粑车上。②利用香车河的天然水流为动力，让香粑车转动使安装在香车上的制香木料与磨石摩擦，产生木浆，沉淀，然后用布袋把很细的木浆装好，捏与团，让其风干或晒干，即成木粉团。③将香叶、马桑叶、柏枝叶、艾蒿叶等晒干，按1:1:1:1的比例混合，碓舂细，即成有粘合作用的香粉。④将干木粉、香粉、水按3:1:5的重量比进行配制，揉、搓，调成糊状，发酵1小时，这就是香粑。⑤香面，又称“尾面”。有两种，第一种青香香面，用香粉充当；第二种红香香面，是把一种叫“红土石”的矿石碾碎成粉，与干木粉按1:1的比例拌均匀即成。

“擀香”的制作流程：首先，用香刀把桌上的香粑赶到香桌边缘条形的香斗上，留下一条筷子大小的条形香粑，然后把多余的香粑赶走。第二步，左手拿着香签的一头，另一头放在香斗右端的香粑上，右手拿着香刀按在香签与香粑的结合处，左手顺时针转动香签，让香斗上的条形香粑裹在香签上。第三步，把香签上有香粑的部分放入香面中滚动，让其粘上一层香面。第四步，左手拿着香签把，把香平放在香凳上，右手拿着香板轻轻地擀、让香滚动均匀、平整、美观。第五步，拿擀好的香到庭院中晒干或风干，即成“擀香”。

“提香”的制作流程：首先到山坡上采集鸡血藤、水麻，然后把它装在半截陶瓷缸里按1:3的比例兑水浸泡。半月后，除去杂质，所留即是“香汁”。第二步，把准备好的香签插入“香汁”中提起，快速放入桌上黑色木炭粉中打滚让木炭粉附在香签上。片刻，再插入“香汁”中提起，然后放入香面中滚动，裹上一层，最后拿到香凳上擀均匀即可。第三步，拿到庭院中晒风或风干，即成“提香”。

洞广村做香的主要代表传承人有：余继光、王荫英、王永莲、韦胜兰、杨应先、王大庆、周文学、陈万贤等。

“故央”在香方原料的选定、配伍、制作、民俗等上，无不体现了布依人民的精神气质、民族传统观念、美学观念、价值观念、思维模式、世界观等，对于民族学、民俗学、宗教学、人类文化学、历史学、中医学等的研究，具有极高的学术研究价值。

2007年，布依族传统手工水磨制香技艺——故央，收入贵州省第二批省级非物质文化遗产名录。

（四）安龙黔剧

黔剧虽是贵州“省剧”，但最早却是以安龙县的“文琴戏”为基础的。文琴戏最早叫“文琴坐唱”，起于清光绪年间的兴义府（府治今安龙县）。当时，安义镇总兵蒋宗汉就曾组织过专业的扬琴班子，演唱扬琴（即“文琴”）的曲目、段子等。当时的班子艺人丁丁、盆盆（艺名），常演文琴传统曲目，如《搬窑》《拷红》《葬花》等。他们还将川剧的一些剧目，移植改编成文琴戏演唱，受到兴义府官员和百姓的欢迎，被称之为“文人雅士之乐歌”。兴义府的文琴活动，不论是每岁新正或百隆的婚丧嫁娶，常以文琴戏演唱，以示庆贺与祝福，长则十天半月，短则3—5日，故安龙百姓视之为不可缺少的文艺品种之一。

民国时期，安龙有民间文艺组织“绿海音乐社”“四维剧社”“桅峰剧社”等，从事戏剧及文琴的坐唱活动。

新中国成立后，从1950年起，安龙的戏剧活动不断，将文琴、贵州梆子、滇剧、话剧等艺术样式，展现社会发展，党和政府的政策法令宣传，重大节日的演出等。当时，演出的节目有《仇深似海》《白毛女》《赤叶河》《小二黑结婚》《逼上梁山》《花木兰》及文琴、贵州梆子演唱《黛玉葬花》《打硐送妹》《王宝钗》《党的女儿》等。

20世纪50年代中期，中共贵州省委将文琴搬上舞台，地方戏曲黔剧诞生。为了文琴的承传，当时县委指示由文化部门组织“文琴训练班”，在县属学校抽适合的男女青少年参加培训，正式建立安龙黔剧团。安龙剧团即在短期内上演黔剧，安龙黔剧团正式建立后，演出了黔剧《秦良美》《团圆之后》《搬窑》《拷红》《葬花》。并排演大型黔剧《生死牌》《党的女儿》《杨立贝》等。

1960年，安龙黔剧团和安顺黔剧团合并为“安顺专区黔剧团”，团址在兴义。

1965年，安龙黔剧团深入兴隆阿伦寨，创作了黔剧《阿伦寨》，参加全省黔剧调演获奖，省里将《阿伦寨》交省黔剧团排练，参加全国戏剧调演。值得一提的是，该剧中的主要演员由安龙黔剧团的演员担任。

1971年，撤销兴义专区黔剧团，恢复安龙黔剧团编制。此后，安龙黔剧团又被撤销。黔剧搬上舞台后，中共安龙县委、县政府的领导十分重视黔剧的传承工作。

随着黔剧在安龙不断地发展，人们不断地丰富着它的内容，逐渐的将安龙本地元素融入其中。《龙城惊变》就是安龙黔剧极具特色的一个代表剧目。

2009年4月，在短短一个月时间里，原安龙黔剧团老艺人与青年学员共同排练大型黔剧《龙城惊变》，为挖掘和保护地方戏曲，打造特色文化品牌，安龙县在组织排练的过程中，将原有的剧本进行了改动，去芜存菁，使整个情节更具感染性，更具观赏性和艺术性。《龙城惊变》和许多戏曲一样，也分生、旦、净、丑等不同舞台角色，通过坐、练、唱、打等来反映故事情节，人物刻画栩栩如生。其伴奏乐器多达10多种，以扬琴为主，配以其他管弦乐，组成文扬。打击乐器由马锣或小锣等，配以铙等，组成武扬。剧中人物唱腔为方言，悠扬婉转，语言质朴。整个剧情以悲壮、凄凉的音乐作主旋律，剧中有机地融入了安龙优美的自然风光和浓郁的民族风情，看到的是安龙古代一段厚重的历史，看到的是安龙本乡本土独具魅力的地域特色，看到的是黔剧在安龙这块土地上绽放出的灿烂光芒。

安龙县黔剧团于2009年9月29日恢复重建，并在各种活动中不断推出《荷花姐妹》《知府添灯油》等新剧。

2009年，安龙黔剧列为贵州省第三批非物质文化遗产保护名录。

（五）皮纸制作技艺

万峰湖镇坝盘村位于安龙县西南部，距县城60千米，地处南盘江畔，寨中古树参天，竹木成荫，一年四季如春，冬无严寒、夏无酷暑，属亚热带季风气候区，盛产甘蔗、林木、水果等。南盘江两岸生长着满山遍野的蛮竹、仙人掌，为当地的造纸制作提供了便利条件和丰富的原料。

万峰湖镇坝盘布依族“竹纸”传统手工制作技艺历史悠久，是布依族人民在长期的生产生活实践中集体智慧的结晶，继承了中国古代造纸术的基本生产流程，在古代造纸术基础上传承发展而得。

当地村民历来靠古法造纸为生，长期以来，古法造纸制作技艺仅靠父辈口传身授，一代代的传承下来。

每年正月三十是布依族人的“了”年，这一天他们除了要供奉祖先，还要祭拜祖师爷蔡伦，祈求造纸顺利，多赚钱财。

坝盘竹纸制作保持着完整的传统工艺，它以手工舀纸方式制作，从选料到成纸共有15个环节、72道工序，用料讲究，生产工艺复杂。特别是“抄纸”一道环节，抄纸师傅每一细小的动作都可影响纸质的好坏，技艺高超的师傅连抄数百张纸，其纤维排列、纸张厚薄、浸润程度、抗拉能力等完全一致。

盘村竹纸主要用于红白喜事和逢年过节的冥品、祭祀等，具有丰富的历史价值和文化价值。

坝盘村竹纸在鼎盛时期达到“家家有作坊，户户有造纸”，曾为当地百姓创造了良好的经济收入，也为这一古老技艺的传承做出了巨大的贡献，也是我国“四大发明”蔡伦造纸术的活化石。

主要的工艺流程如下：

1. 砍竹：农历腊月为上山砍竹的最好时节，造纸的竹材以新生枝叶的新生竹为佳，将每根竹子截成约1.6—2.3米长（视泡竹时的土窑和石灰池的大小而定）。

2. 破竹：将砍回的竹材用铁锤或机械锤破，蓬起来晒干后捆起。

3. 泡竹：将竹捆放入池塘中，撒上石灰，放水进行浸泡，时间需两个月左右。然后把竹子捞起来洗净，又放入池塘中，用各种生叶子盖好，一个月后，把叶子清走干净，然后把塘子塞好，又放水浸泡。

4. 制浆：取出蛮竹，用碓舂成纸浆。

5. 舀纸：将纸浆倒入浆池，加入适量仙人掌（仙人掌起到分隔纸张的作用，使舀出的纸不致粘在一起无法分开），搅拌均匀。然后，用帘子（一种舀纸的专用工具，由极细的竹丝编成）在浆池中轻轻一舀，滤掉水，便剩下一层薄薄的纸浆膜。将帘子反扣于纸案，边缘紧靠钉纸桩，取下帘子，纸浆膜便留于纸案。一个熟练工人每天最多能舀30刀纸（3000张）。

6. 榨纸：舀好的纸一张张重叠于纸案，重叠至40厘米厚度时，就将纸取下进行挤榨。用一种名为“榨”的木质工具，利用杠杆原理，将纸膜中水分挤压干。

7. 晒纸：把挤压干水分后的纸叠一张张剥开，就开始数十张做一贴，然后晾干，晾干后把两贴为一刀，捆成180刀就得一挑了，这样就可以使用或出售了。

万峰湖坝盘村竹造纸逾千年而不衰，其意义不仅仅是眼前的经济效益，更重要的是它体现了中华民族勤劳、智慧的美德，和祖先对人类进步作出的卓越贡献，传承了中国古代造纸术又独具地方特色。

2009年，坝盘村“竹纸工艺”被列入贵州省第三批非物质文化遗产保护名录。

二、其他非物质文化遗产

杨柳街歌节　杨柳街歌节是近年兴起的一个游乐节日，时间与毛杉树歌节同时进行，地点在招堤与绿海之间，各族青年男女沿十里陂塘河载歌载舞。

神仙田歌会　神仙田歌会于每年农历正月初五到初七在城南洞洒寨举行。歌会是纪念性的民族节日，成千上万的布依族青年男女汇聚这里，用歌声来纪念清嘉庆二年布依族农民起义首领王囊仙。

苗族采花节　菜花节又叫采花坡，是苗族人民一年一度的节日。每年正月十三、十四两天，各地苗族青年汇聚在新桥乡底西苗寨，在山坡上竖起青枝绿叶的“花树”，树上挂着火炮、弓弩，青年男子吹着芦笙、唢呐进场后，苗家姑娘随之且歌且舞。花场一经跳起，歌舞的行列则不断扩大，形成歌舞的海洋，直至尽兴。

八坎“三月三”祭山　每年农历三月初三，坡脚乡八坎村均要举行祭山仪式。祭山仪式由八坎村寨老主持，主要内容为祭祀山神、树神，感念布依族民间英雄。祭祀之时，实行“封山”，路人不能随意进出。

第五章　体　育

安龙县是全国首批命名的35个“全国武术之乡”之一，县内武术健身之风盛行，民族民间武术独具特色，涌现出了钱相乡打凼村、兴隆镇的排冗村、龙广镇的纳桃村以及县城社区太极拳协会等极具地方特色和民族特色的武术团队。县境民间武术传承和发展较为突出的是钱相乡打凼村和兴隆镇等布依族聚居的村寨。

第一节　全国武术之乡

安龙县武术竞技历史十分悠久，特别是少数民族民间武术在群众中有传承。在长期的劳动实践中，安龙县少数民族群众创造了长凳术，又称“玩板凳龙”，以四脚长条凳为武器，按套路舞弄，攻防兼备。头帕术有“飞蟒夺刀”，长蛇缠棍，等套路，布依族男女喜包头巾，随手可取，既有装饰作用又可用防身。草墩术是用稻草墩来来练习拳术，训练时将草墩悬于房梁或木架是，练习者纵弹跳跃，以拳、腿击打草墩，不使草墩近身，草墩数量由少到多，类似拳击运动员练习打沙包。

一、传承

县境民间武术传承和发展较为突出的是钱相乡打凼村和兴隆镇纳闹等布依族聚居的村寨。

钱相乡打凼村位于县城东北部，是布依族聚居的村寨，武术发展由来已久，已经传承了数十代，且普及率极高，每家都有一条五尺棍用于防身锻炼。当地布依族人民学习武术极为刻苦，他们在农活之余，一般利用晚上练习武术技艺。每当天气晴好之夜，布依族男女就到寨子里的场坝上进行武术技艺的学习，每周至少练习3次以上，长年累月，坚持不懈。布依族人民还结合地方生活、劳作特点，创造和改进一些武术套路。目前，打凼村民间武术有八卦棍、狮子开口拳、五虎拳、板凳拳、草墩拳等数十种之多。每年“三月三”和“六月六”等布依族传统节日，布依族男女就会集聚一起表演、展示、交流学习武术技艺。村民韦殿文，自幼喜爱武术，孩童时就跟着寨老学习玩舞狮，练习翻桌子、翻棍、翻板凳，小学时学习棍术和拳术，假期常和寨老到外村去教授学员。1978年，韦殿文高中毕业后，与师父韦洪才、王建立、韦永华、韦殿拳等人，招收品行优良青年18人，开设民间武术教习班，自任班长，学习点功、棍术、拳术、刀术、连夹、流星、平地舞狮、高台舞狮等技艺，自此韦殿文成为打凼民间民族武术的第四代传承人。20世纪90年代，韦殿文率弟子到外村、外县从事高台舞狮表演，因其表演“上有孙猴来结果，下有狮子滚绣球，耍的傲鱼来戏水，玩的犀牛望月行”而名扬四方。21世纪后，弟子外出务工较多，武术表演逐渐冷淡。为发扬民间武术，韦殿文亲自到打凼小学传授民间棍术和拳术，培育小学生400余人。2012年5月，韦殿文代表贵州省到重庆参加全国少数民族运动会，获拳术铜牌。经武术段位制培训考试，韦殿文获武术“四段”资格，取得武术指导员、考评员资格，为贵州省武术协会会员。

兴隆镇，也是布依族武术发源、发展之地。兴隆镇纳闹村，有村民200多人，参与武术锻炼的人员达到80%。布依族老拳师韦福良自幼到打凼村学习武术、舞狮等技艺，并将所学技艺毫无保留的传授给纳闹村布依族村民。每年春节，纳闹村都要举行多样化的活动。纳闹村还将民族民间武术进行改进和推广，发展多样化套路，较有特色的是板凳拳、板凳龙、高台舞狮、二节棍等项目，曾多次参加各种比赛表演活动，并取得不错的成绩。

以前，县境民间武术主要在家族内部传承，男女皆传承，没有“传男不传女”现象，具有代代相传、世世延续的特点。随着时代的变化，特别是民间交流活动的扩大，民间武术传承不再局限于家庭、家族或村寨内部，逐步向社会化方向发展。

布依族民间武术传承人一般都是这个布依村寨的寨老，当地人称其为“老祖”，一般都是辈长年老、德高望重、才艺高超之人。在布依族村寨中，“老祖”即为全体习武人员的师父，其他人员基本上都属于徒弟行列，在个别家庭中子女则是父亲的徒弟。在整个习武的过程中，徒弟除在公开的场合跟随“老祖”

学习之外，也可向自己的同辈或更高辈分的人学习，但很少向晚辈学习。在称谓上，由于村民之间已经有了固定的血缘和辈分关系，没有师叔、师伯、师姑、徒侄等复杂称谓，连武术中最基本的师父和徒弟的叫法也没有，都说“我的武术是跟某某某学的”，或“从某‘老祖’那里学来的”。

在布依武术集体教授当中，除了领做和口诀之外，没有过多的示范和讲解。但“老祖”对个别子孙进行个别传授时，又会特别仔细地讲解每一个动作的做法和运用。除了示范、领做和纠正动作外，有时还要通过配合让学习者领会动作运用的力度、时机和方法等。

传授分为集体授拳和个别教授。

集体传授。在重大的节庆活动中，如春节、三月三、六月六、祭祖等，将“老祖”请来，由“老祖”集体教授，“老祖”边念口诀边带领大家做动作。一般情况下，“老祖”只是将口诀和动作传授给大家，但对动作的运用则不作解释，集体传授的地点一般选择在村寨里的广场上或“神树”下的草地上，有时也会在“老祖”的家中。

个别教授是很有讲究的。选择个别传授人选非常慎重，要考察习武者的品德和修养问题，对品德低劣的人不会进行个别传授的，以免危害族群和社会，这是布依族民间武术传授过程中一贯坚持的原则。经过长期的学习和练功，有些人已不再满足于目前的武艺，他们则会主动到“老祖”那里求教，“老祖”根据求学者的为人和武艺决定教还是不教，这就是布依武术中的个别传授。在个别传授中，“老祖”会仔细讲解每一个动作的应用与注意事项，毫无保留地传授给虚心好学的晚辈。传授的地点一般是在老祖的家中，没有固定的时间和次数，随求随教。

二、布依族武术的内容

套路 套路有些有口诀，有些则没有。例如“仆手去，扬手回”“左插花，右插花”等棍术就有口诀：(一) 仆手去，扬手回。1. 仆手去；2. 扬手回；3. 左边打一棍；4. 右边一挑；5. 中间打一棍；6. 飞跳是一枪；7. 退步是一挡；8. 顺线；9. 反线；10. 苏香插地；11 拍棍；12 速行变线凳棍；13. 送枪；14. 退前脚；15. 退后脚；16. 扫地棍；18 中间打一棍；19. 仰棍；20. 收棍。(二)1. 左边打一棍；2. 右边一挑；3. 中间打一棍；4. 一绕丝；5. 一流水；6. 一拨回；7. 退步金龙打一棍；8. 上马冲枪一枪；9. 退前脚；10. 退后脚；11. 扫地棍；12. 中间打一棍；13. 仰棍；14. 收棍。(三) 左插花，右插花。1. 左插花；2. 右插花；3. 双龙出洞海穿花；4. 回头盖棍；5. 一个飘枪花；6. 退前脚；7. 退后脚；8. 扫地棍；9. 前步仰；10. 打一棍；11. 仰棍；12. 收棍。

搏斗 布依武术没有专门的搏斗运动形式。布依武术有一个很明显的特点，那就是实用性较强，所有套路里的每一个动作都具有较明显的技击性，无任何花法，信手拈来皆可用于实战。

功法 布依武术中的功法运动包括击草墩、舞狮、点穴术 3 个方面。

击草墩主要是提高身体的灵活性和拳脚的击打能力。具体方法是，在房梁上分散吊起数个草墩，用拳脚击打草墩，通过躲闪尽量使飞起的草墩接触不到自己的身体。一般人能够击打 6—9 个不等，武术高的能够击打 12 个草墩。

舞狮与武术密不可分。武术是舞狮的基础，通过舞狮能够提高习武者的功力，增加下盘的稳定性和身体的灵活性。舞狮是布依族社会生活中的一个重要组成部分，每当遇到重大节庆、祭祀、婚庆、丧葬、贺寿等活动时，都要进行舞狮表演，在舞狮表演中穿插武术表演。

布依武术的点穴术主要运用中医的经络理论，结合人体的生物钟理论，在一定的时间击打相对应的穴位取得立竿见影的击打效果，这里收录一段点穴口诀：子时是在心窝穴，丑时是点脚筋头，寅时穴在胸，卯时在怀中，辰时是在腋子空，巳时是在腿大股，午时落在鼻梁中，未时线当中，申时落在太阳中，酉时打到后脑瓜，戌时落点下巴，亥时穴归心，顺便点到上气门。

三、民间武术交流

县内民间武术是劳动人民在长期生产、生活中练就的看家护院个人技艺，是安龙地方民族民间文化的瑰宝，是中华优秀文化的组成部分。县内相关部门也组织人员参加省内、国内的各种民间武术比赛和表演，取得不错的成绩，特别是新挖掘整理出来的子午连环凳，首次亮相就获得了专家的认可。

县政府十分重视民间武术竞技体育活动的开展，以多种形式促进民间武术运动的发展。

在历次的武术竞技中，安龙县取得好的成绩。1978 年，参加在水城举行的武术比赛大会，安龙县武术班获得团体第三名，运动员蔡波获全省男子全能冠军，12 名运动员获单项奖。同年在六盘水举行的比赛中，3 名运动员分获刀术、棍术、拳术前六名，1983 年 4 月，2 名武术班学员分别获得省第五届运动武术项目第一名或第三名，3 名男运动员分别获得棍术，剑术，拳术第一名，3 名分获二、三、四名。同年 7 月，3 名武术班学员赴省参加比赛，1 名女子运动员获棍术第一名，全能第三名，被选拔参加在石家庄举行的全国业余体校武术比赛。从 20 世纪 70 年到 90 年代初期，安龙县武术队多次在全国和省的武术比赛中获奖，并向北京和省、州有关体育院校输送了多名优秀武术运动员，从安龙县走出了一批在国内外具有一定知名度的武术人才，其中周兴甫曾任贵州省第一届武术协会副主席、黔西南州武术协会副主席等职。由于安龙武术运动发展历史悠久、普及面广、成果丰硕。1992 年，中国武术运动协会（中国武协）、国家武术运动管理中心根据拳种和地方武术的特色先后分三批在全国范围内把有代表性的地域授予“武术之乡”的称号，安龙县是第一批命名的全国武术之乡，是迄今为止贵州省唯一获此殊荣的县。

2010 年 8 月，安龙县组队参加在河南省安阳市举行的全国传统武术比赛，获金牌 2 块、银牌 7 块、铜牌 14 块。2012 年 7 月，参加在重庆市渝北区举行的第九届全国武术之乡武术套路比赛，获金牌 2 块、银牌 1 块、铜牌 6 块；12 月，参加在清镇市举行的贵州省首届武术运动会，获金牌 9 块、银牌 3 块、铜牌 2 块。

同时，在贵州省第二届农民运动会上，安龙舞龙队获竞速赛二等奖，规定动作和自选动作比赛各获三等奖 1 个。

第二节　体育设施建设

2006 年 3 月 1 日，根据国家体育总局《关于印发〈关于实施农民体育健身工程的意见〉的通知》，至 2012 年，县内建设村级农民体育健身工程 43 个，总投资 129 万元，每个工程投资 3 万元，配备价值 1 万元的体育设施，包括篮球架 1 套、乒乓球桌 2 套；建设乡镇农民建设体育健身工程 2 个，总投资 50 万元，每个工程投资 25 万元，配备价值 5 万元的体育设施，包括篮球架 1 套、路径 1 套、乒乓球桌 4 套、一个简易的器材置放和更衣室。

2006—2012 年全县村级农民体育健身工程建设情况表

表 20—5—1

村名	建设内容	计划建设	建设地点	完成时间	建设资金（元）	1 万元器材
龙广镇纳桃村	农民体育健身场地	2006 年	学校内	2007 年	30000	篮球架一套、乒乓球桌两套
龙广镇狮子山村	农民体育健身场地	2007 年	学校内	2008 年	30000	篮球架一套、乒乓球桌两套
龙广镇小场坝村	农民体育健身场地	2007 年	村委会	2008 年	30000	篮球架一套、乒乓球桌两套
龙广镇簸箕寨村	农民体育健身场地	2007 年	村委会	2008 年	30000	篮球架一套、乒乓球桌两套

续表 20—5—1

村名	建设内容	计划建设	建设地点	完成时间	建设资金（元）	1万元器材
新桥镇荷花村	农民体育健身场地	2007年	村委会	2008年	30000	篮球架一套、乒乓球桌两套
新桥镇洞上村	农民体育健身场地	2007年	村委会	2008年	30000	篮球架一套、乒乓球桌两套
新安镇五格村	农民体育健身场地	2007年	学校内	2008年	30000	篮球架一套、乒乓球桌两套
木咱镇上木咱村	农民体育健身场地	2007年	村委会	2008年	30000	篮球架一套、乒乓球桌两套
兴隆镇阿兴村	农民体育健身场地	2007年	村委会	2008年	30000	篮球架一套、乒乓球桌两套
钱相乡打凼村	农民体育健身场地	2007年	村委会	2008年	30000	篮球架一套、乒乓球桌两套
新安镇坡云村	农民体育健身场地	2008年	村委会	2009年	30000	篮球架一套、乒乓球桌两套
德卧镇大水井村	农民体育健身场地	2008年	村委会	2009年	30000	篮球架一套、乒乓球桌两套
德卧镇马鞭田村	农民体育健身场地	2008年	村委会	2009年	30000	篮球架一套、乒乓球桌两套
兴隆镇安比村	农民体育健身场地	2008年	村委会	2009年	30000	篮球架一套、乒乓球桌两套
兴隆镇钢厂村	农民体育健身场地	2008年	村委会	2009年	30000	篮球架一套、乒乓球桌两套
木咱镇响乐村	农民体育健身场地	2008年	村委会	2009年	30000	篮球架一套、乒乓球桌两套
万峰湖镇永和村	农民体育健身场地	2008年	村委会	2009年	30000	篮球架一套、乒乓球桌两套
新安镇箐山村	农民体育健身场地	2009年	村委会	2010年	30000	篮球架一套、乒乓球桌两套
新安镇海庄村	农民体育健身场地	2009年	村委会	2010年	30000	篮球架一套、乒乓球桌两套
龙广镇七星村	农民体育健身场地	2009年	学校内	2010年	30000	篮球架一套、乒乓球桌两套
龙广镇新场坝村	农民体育健身场地	2009年	村委会	2010年	30000	篮球架一套、乒乓球桌两套
龙广镇联心村	农民体育健身场地	2009年	村委会	2010年	30000	篮球架一套、乒乓球桌两套
木咱镇者跃村	农民体育健身场地	2009年	村委会	2010年	30000	篮球架一套、乒乓球桌两套
平乐乡联合村	农民体育健身场地	2009年	村委会	2010年	30000	篮球架一套、乒乓球桌两套
德卧镇扁占村	农民体育健身场地	2009年	学校内	2010年	30000	篮球架一套、乒乓球桌两套
洒雨镇场坝村	农民体育健身场地	2009年	村委会	2010年	30000	篮球架一套、乒乓球桌两套
戈塘镇鲁沟塘村	农民体育健身场地	2009年	村委会	2010年	30000	篮球架一套、乒乓球桌两套
兴隆镇青龙村	农民体育健身场地	2009年	村委会	2010年	30000	篮球架一套、乒乓球桌两套
龙山镇坡利村	农民体育健身场地	2009年	学校内	2010年	30000	篮球架一套、乒乓球桌两套
万峰湖镇坝盘村	农民体育健身场地	2009年	村委会	2010年	30000	篮球架一套、乒乓球桌两套
钱相乡湾水井村	农民体育健身场地	2009年	村委会	2010年	30000	篮球架一套、乒乓球桌两套
普坪镇新街村	农民体育健身场地	2009年	村委会	2010年	30000	篮球架一套、乒乓球桌两套
笃山乡龙井村	农民体育健身场地	2009年	村委会	2010年	30000	篮球架一套、乒乓球桌两套
新安镇幺塘村	农民体育健身场地	2010年	村委会	2011年	30000	篮球架一套、乒乓球桌两套
海子乡沙厂村	农民体育健身场地	2010年	村委会	2011年	30000	篮球架一套、乒乓球桌两套

续表 20—5—1

村名	建设内容	计划建设	建设地点	完成时间	建设资金（元）	1万元器材
德卧镇停西村	农民体育健身场地	2010年	村委会	2011年	30000	篮球架一套、乒乓球桌两套
木咱镇坝力村	农民体育健身场地	2010年	村委会	2011年	30000	篮球架一套、乒乓球桌两套
兴隆镇久长村	农民体育健身场地	2010年	村委会	2011年	30000	篮球架一套、乒乓球桌两套
德卧镇坡告村	农民体育健身场地	2011年	村委会	2012年	30000	篮球架一套、乒乓球桌两套
德卧镇团山堡村	农民体育健身场地	2011年	村委会	2012年	30000	篮球架一套、乒乓球桌两套
德卧镇德卧村	农民体育健身场地	2011年	村委会	2012年	30000	篮球架一套、乒乓球桌两套
栖凤街道平寨社区	农民体育健身场地	2011年	村委会	2012年	30000	篮球架一套、乒乓球桌两套
栖凤街道者要社区	农民体育健身场地	2011年	村委会	2012年	30000	篮球架一套、乒乓球桌两套

2011—2012年全县乡镇农民体育健身工程建设情况

表 20—5—2

乡镇	建设内容	计划建设	建设地点	完成时间	建设资金（万元）	5万元器材
德卧镇	乡镇农民体育健身场地	2011	乡镇所在地	2011	25	篮球架一套、路径一套、乒乓球桌四套、一个简易的器材置放和更衣室
海子乡	乡镇农民体育健身场地	2012	乡镇所在地	2012	25	篮球架一套、路径一套、乒乓球桌四套、一个简易的器材置放

第三节 群众体育

1996—1998年，安龙县被评为省、州全民健身宣传周先进单位。

1997年，全国八运会期间，安龙县兴隆镇“三村”农民体育协会被评为“全国群众体育先进单位”，协会主席韦剑雄受到中共中央总书记江泽民的接见。

1997年，龙广中学被评为全国全民健身先进单位。

2002年，安龙县老年协会太极拳队，在贵州省太极拳剑演示大会上荣获24式太极拳剑集体二等奖。安龙一中、龙广镇被评为全国群众体育先进单位。

2008年12月，举办全县“荷都三十年”系列活动之拔河比赛。

2009年10月16日，安龙县组队参加黔西南州老年健身球保健操大比赛获一等奖。

2010年，安龙县乒乓球协会参加云南省师宗、罗平，广西田林、隆林等联谊交流邀请赛。9月28日，安龙县“迎国庆”全民健身健步走活动，参加活动2000多人。

2011年3月，安龙县组织32人参加黔西南州妇女联合会和州体育局举办的全州第九套广播操比赛，获第三名。

2012年11月25日，县文化体育旅游和广播电影电视局举行首届武术健身操骨干培训班，来自县内各机关、中小学校、企业、协会近60名人员参加培训，培训内容包括全国中小学生武术健身操“旭日东升、英雄少年”。

第四节　体育赛事

一、组队参加国内比赛

2000年，安龙县组队参加在江西省上饶市第三届全国“武术之乡”武术比赛中，获女子52公斤级第二名，男子58公斤级两个第七名。

2007年2月，贵州省第一届大众跆拳道锦标赛夏芝城获品势成年男子组第一名。

2008年7月，安龙县运动员夏芝城参加贵州省农民运动会，获一等奖、三等奖各1个，安龙县荣获体育道德风尚奖。

2009年，安龙县运动员夏芝城参加在贵州省清镇市举行的国际太极拳交流大会，获男子B组陈式传统太极拳一等奖。

2010年8月4日，安龙县组队参加在河南省安阳市举办的全国“武术之乡”比赛，9名队员参加比赛，获金牌2枚、银牌7枚和铜牌14枚。

2012年1月1日，组队参加黔西南州“医院三杯”乒乓球比赛，获团体总分第三名。6月28日，组队参加全省第二届农民运动会舞龙、风筝两个项比赛，竞速舞龙获全州第二等奖，规定套路获三等奖2个。风筝比赛获二等奖1个，硬翅风筝获三等奖2个。自作荷花风筝获二等奖1个，硬翅风筝获三等奖2个。7月20日，组队参加第九届全国武术之乡在重庆举办的武术比赛，夏芝城获陈式太极拳一等奖、传统双板凳一等奖，另获二等奖1个；有6人获三等奖。9月2日，组队参加贵州省第四届职工运动会选拔赛，傲银梅获100米轮胎第一名，100米跑第二名，悟天池获男子1分钟跳绳第二名，悟宝粒获男子组100米轮胎第一名；以上队员代表安龙县出席贵州第四届运动会，傲银梅100米轮胎获全省第一名、400米第二名；悟波1分钟跳绳获全省第二名，悟宝粒100米轮胎第二名。9月22日，组队参加黔西南州财政杯篮球赛，安龙女队获全州第一名，男队获第三名。11月2—26日，组队参加黔西南州第二届运动会，获全州团体总分（324分）第二名。是年，组队参加全州第九套广播体操比赛，获二等奖。

二、县内竞技体育

2004年11月，举行“联合杯”篮球锦标赛。

2005年5月27—28日，举行首届“多彩贵州大赛”黔西南选拔赛。8月27—28日，在安龙民族师范学校举行首届“西苑小区”杯游泳锦标赛。9月23—30日，在县体育场举行“煤炭杯”篮球锦标赛。12月24日，在县体育场举行大众广播体操大赛。

2012年1月24日，在十八先生祠举行斗鸟比赛。1月25日，在招提广场举行户外自行车比赛；27—30日，举行乒乓球比赛。6月29日，举行首届中小学生体育艺术节活动。10月19日，在县体育场（鼠场坝）举行八字团体跳绳滚轮胎、男女混合拔河、风火轮比赛。12月29日，在县体育场举办首届武术健身健比赛。

第二十一篇　人力资源管理

第一章　人事管理

中共十一届三中全会以后，为适应全党工作重点转移到经济建设上来的需要，全县干部人事和劳动制度进行了较大改革。一是加强干部队伍革命化、年轻化、知识化、专业化建设，到1988年，全县干部2292人，其中高中（含中专）以上文化程度的1496人，占65%，比1978年增长35%。二是改革干部招录形式，采取组织推荐与自愿相结合的方式，并以合同形式从专业户、重点户、农科户、经济联合体及青年积极分子中招聘优秀人才充实干部队伍，到1988年，全县干部4053人（包括教职工1761人），其中大中专毕业生909人、安置转业军人215人、招聘的乡干部等164人、招干考试录用城镇行业青年26人、其他104人。三是改革干部离退休制度，从1980年开始实行干部离职休养制度，对1949年10月1日前参加革命的人员可以享受离职休养待遇，到1988年，全县共办理干部离休103人、退休干部693人。四是改革工人用工形式。1980年起，逐步实行公开招考，按计划招工指标择优录用。1986年后，除安置的复员退伍军人、分配的大中专毕业生和特殊需要经批准招收的人员为固定外，其余一律实行合同制。

1991年6月，撤销县劳动人事局，分设县劳动局、县人事局；1994年4月，撤销县人事局、县劳动局，合并设置县人事劳动局。1996年11月，成立县社会福利保险事业局，为归口县人事劳动局管理的二级局。2001年12月，县人事劳动局更名为县人事劳动和社会保障局，成立县就业指导与大中专毕业生分配中心，隶属县人事劳动和社会保障局管理，接替“大中专毕业生分配办公室”，行使就业指导与大中专毕业生分配职能。2006年6月，县就业指导与大中专毕业生分配中心更名为县人才交流服务中心，原承担的大中专毕业生就业指导职能划转县教育局。2010年4月，县人事劳动和社会保障局更名为县人力资源和社会保障局，内设办公室、监察室、法规与监察股、干部股、工资福利股、职称与专业技术人员管理股、社会保险股、档案管理中心8个职能股室，下设社会福利保险局、人才交流服务中心、劳动保障监察大队、人事劳动争议仲裁院、就业局、新型农村合作医疗管理中心、城乡居民社会养老保险中心7个副科级事业单位。

第一节　机构及人员编制

一、管理机构

1989年，县机构编制委员会办公室设在县同级劳动人事部门，编委办主任由县人事局局长兼任，设副主任1名，核定行政编制2名。

1991年4月，撤销县人事劳动局，组建人事局、劳动局。机构编制委员会办公室设在人事局，规格为副科级，由人事局主管，与人事局合署办公，独立开展机构编制业务工作。

1993年2月，明确县机构编制委员会办公室为县机构编制委员会常设办事机构，机构编制单列，挂靠县人事劳动局。

2000年11月，成立县事业单位登记管理局，为县人民政府工作部门，与县机构编制委员会办公室实行“两块牌子、一套人员”的体制。

2001年11月，县机构编制委员会办公室从人事部门中单列出来，列入县委机构序列，是县机构编制委员会的常设办事机构，既是县委的工作机构，又是政府的工作部门。内设综合股、机构编制登记管理股，核定行政编制2名，参公事业编制4名，设主任1名，副主任1名，股长职数2名，主任科员或副主任科员1名，领导班子成员不再实行兼职。

2007年9月，根据省机构编制委员会办公室《关于尽快核销自定用于党政机关事业编制和对新增自定事业编制用于党政机关问题进行整改的通知》、州机构编制委员会办公室《关于为安龙县下达行政编制的通知》，县机构编制委员会办公室增加行政编制1名，同时核销参公事业编制1名。

2010年12月，设立县事业单位机构编制管理中心，为股级事业单位，隶属县机构编制委员会办公室管理。

2011年4月，根据州机构编制委员会办公室《关于明确县（市）事业单位登记管理局机构规格的通知》，明确县事业单位登记管理局为县机构编制委员会办公室所属的正科级法定事业单位登记管理机关，设局长或副局长1名，与县机构编制委员会办公室实行“两块牌子、一套人员”体制。根据省机构编制委员会办公室《关于给安龙县下达行政编制的通知》，县机构编制委员会办公室增加行政编制4名，自动核销参公事业编制4名。至此，县机构编制委员会办公室（安龙县事业单位登记管理局）核定行政编制7名，内设综合股、机构编制登记管理股，设主任1名、副主任1名、股长2名、主任科员或副主任科员1名。

2012年11月，设立县政务和公益域名注册管理中心，挂县机构编制信息化管理中心牌子，副科级事业单位，隶属县机构编制委员会办公室管理。

二、主要工作

1989年，对财政系统、水电系统、工业系统、教育系统、农业系统、畜牧系统各事业单位定编定员。

1990年，使用新的工资基金管理手册。

1991年1月起，县机构编制委员会办公室办理各行政、事业单位的工资基金管理手册，并进行审核各行政事业单位的工资基金计划。

1992年，对全县机构改革进行全面调查，包括自然概况、人口、面积、撤区并乡后的行政区划和县内收支情况等，拟定机构改革的框架设想方案。5月，对“建镇并乡撤区”后建立的10镇6乡党群机构和社会服务体系机构进行定编。

1993年，对党政群机关和事业单位机构编制进行一次全面清理和审查登记，统一使用《机构编制管理证》。

1994年2月，分别对县的党委工作系列机构设置、政府机关机构设置，不占政府机构限额的机构设置，按宪法、党章和有关规定设置的组织机构，群团组织，按批准设置机构的规格、领导干部职数配备和人员编制界定。3月，启动机构改革，部分党政机关、事业单位进行撤、并、建，机构规格为正科级建制，下发47个机构部门工作职责，定编党政群机关人员设置及内设机构。

1995年，开展乡镇和事业单位改革准备工作，对16个乡镇党委、政府和433个事业单位进行调研。

1996年5月，规范县级党政机关机构调整和设置人员编制：设党委工作部门6个，政府工作部门28个，按宪法、党章和有关规定设置的机构4个，群团机构设置8个；6月，乡镇机构改革。12月，全县16个乡镇划分为一类乡镇3个，二类乡镇13个。

1997年3月，全县乡镇党政机构改革工作结束。

1999年6月，建立龙广、德卧等14个乡镇司法所；7月，建立安龙县公安局林业刑侦队和县卫生监督执法队；9月，建立县司法局法律援助中心；12月，恢复县人民政府宗教局和县物价局，成立县航务管理局。

2000年11月，成立县事业单位登记管理局，为县人民政府工作部门，与安龙县机构编制委员会办公室实行“两块牌子、一套人员”的体制。12月，开展事业单位登记工作，按收支两条线管理。

2001年11月，县机构编制委员会办公室单列入县委机构序列，是县机构编制委员会的常设办事机构，既是县委的工作部门，又是县人民政府的工作机构，内设综合股、机构编制登记管理股。

2002年3月，对16个乡镇进行机构改革，规范乡镇事业单位设置，核定各乡镇事业单位编制；制定县委、县政府各工作部门、议事协调常设机构，直属事业局职能配置、内设机构、人员编制方案。

2003年2月，在全县机关、事业单位统一使用“机构编制管理证”，用于监督和管理党政群机关、事业单位机构编制和人员结构比例执行情况。

2004年，调整县国土资源管理局主要职责、内设机构、人员编制的规定。

2005年12月，各乡镇党政机关职务、职数分别按11名至12名配置。

2007年，按照省对乡镇分类标准测算，经州机构编制委员会审查批准，全县16个乡镇划分一类乡镇15个、二类乡镇1个，乡镇党政领导职务职数按一类乡镇9名、二类乡镇8名核配；9月，根据省机构编制委员会办公室《关于尽快核销自定用于党政机关事业编制和对新增自定事业编制用于党政机关问题进行整改的通知》、州机构编制委员会办公室《关于为安龙县下达行政编制的通知》，县机构编制委员会办公室增加行政编制1名，核销参公事业编制1名。

2008年11月，印发16个乡镇计划生育服务站、劳动保障事务所、农业服务中心、文化服务中心、扶贫工作站、移民工作站、卫生院、安监站和县委党校、县老年学校及县农业、水利、交通、教育、煤炭、国土、统计、建设等部门所属事业单位主要职责、内设机构、人员编制规定。

2009年1月，重新印发16个乡镇财政所的主要职责、内设机构、人员编制的规定，将16个乡镇原有108名事业编制调整为95名。县直事业单位和乡镇事业单位重新核定编制结构比例，印发215个单位的主要职责、内设机构、人员编制的规定。

2010年4月，根据《中共中央国务院关于地方政府机构改革的意见》《中共贵州省委贵州省人民政府关于市（自治州、地区）、县（市、区、特区）政府机构改革的指导意见》，拟定县政府机构改革方案，县政府新组建部门6个，更名3个，直属事业调整为县政府工作部门1个。经过调整，县政府设置工作部门23个（县监察局与县纪委机关合署办公，列入政府工作部门序列，不计入政府机构个数），直属事业单位2个，其他机构1个。在此次机改中，收回原政府各工作部门行政编制234名、群团组织行政编制11名，加上州编办下达给县食品药品监督管理机构行政编制8名，政府各工作部门行政总编制253名，经县编委会研究全部分配给19个政府工作部门（县公安局、县司法局使用政法专项行政编制，县监察局与纪委合署办公，其行政编制已列入县纪委的行政编制，县安全生产监督管理局的编制不定属性）。其中县发展和改革局、县经济贸易和科学技术局、县民政局、县财政局、县人力资源和社会保障局、县国土资源局、县审计局7个政府工作部门维持原来的行政编制数，12个政府工作部门的行政编制均有所增加。其领导职务职数设置为1正2副的部门（单位）20个，1正1副的部门（单位）4个，1正3副的部门1个（县公安局），设党委的部门1个（县公安局），设机关党委的部门2个（农业林业和扶贫开发局、经济贸易和科学技术局），设置纪检组长的部门24个。审核30个部门（单位）的主要职责、内设机构、人员编制的规定；11月，根据中共中央办公厅、国务院办公厅转发《中共机构编制委员会办公室关于深化乡镇机构改革的指导意见》、中共贵州省委办公厅、贵州省人民政府办公厅转发《省机构编制委员会关于深化乡镇机构改革的指导意见》，依法界定乡镇职能，适当调整乡镇在经济管理上的职能，合理设置乡镇党政办事机构，严格控制乡镇领导职数，规范派驻乡镇机构，规范设置乡镇管理的事业站所，合理界定事业单位的宗旨和业务范围；12月，设立县事业单位机构编制管理中心，为股级事业单位，隶属县机构编制委员会办公室管理。

2011年，根据中共中央办公厅、国务院办公厅转发《中央机构编制委员会办公室关于深化乡镇机构改革的指导意见》、中共贵州省委办公厅、贵州省人民政府办公厅转发《省机构编制委员会关于深化乡镇机构改革的指导意见》、黔西南州机构编制委员会办公室《关于乡镇机构改革有关问题的通知》和黔西南州机构编制委员会《关于安龙县乡镇机构改革方案备案的通知》，按照乡镇机构改革的总体要求，依据法规界定乡镇职能，适当调整乡镇在经济管理上的职能，合理设置乡镇党政办事机构，严格控制乡镇领导职数，规范派驻乡镇机构，规范设置乡镇管理的事业站所，合理界定事业单位的宗旨和业务范围，制定《安龙县乡镇机构改革实施方案》。5月30日，完成乡镇机构改革。

2012年3月，县机构编制委员会办公室对全县的行政和事业机构进行实名制核查，核查信息录入省机构编制实名制网络管理信息系统，实现网上实名制管理。8月，根据省人民政府《关于同意安龙县撤销新安镇设置栖凤街道和招堤街道的批复》、中共贵州省委办公厅贵州省人民政府办公厅转发《省机构编制委员会关于深化乡镇机构改革的指导意见》、黔西南州机构编制委员会办公室《关于安龙县撤销新安镇设立栖凤街道和招堤街道机构编制事项的通知》，设立栖凤、招堤两个街道，设置街道党工委和办事处分别为中共安龙县委、县政府派出的正科级行政机构。11月1日，根据州机构编制委员会《关于设立各县（市）政务和公益域名注册管理中心的通知》，设立县政务和公益域名注册管理中心，挂县机构编制信息化管理中心牌子，为副科级事业单位，隶属县机构编制委员会办公室管理。

第二节　干部管理

一、干部的来源

干部的主要来源有4个方面：一是从工人、农民、复员军人和社会青年中吸收，二是军队干部转业，三是大中专毕业生分配，四是“以工代干”人员转干。

吸收录用干部。1989年，从1985年底前从事农业税助征工作的人员中通过考试录用农业税干部4人。1991年，从县直党政群机关优秀工人中考试录用干部7人，仍留在原单位工作。1992年，破格录用获得省计划三等奖和省级农民企业家为国家干部5人，从1985年在编民办教师中选拔录用公办教师97人。1994年，从1985年以前工作的在编民办教师中选拔录用公办教师87人。1995年，为51名乡镇副科级以上聘用制干部和市行政干校毕业生办理转干手续，为法院、检察院、地税局76名符合干部条件的人员办理转干手续。1996年，为10名乡镇副科级以上聘用制干部办理转干手续，为市行政干校毕业生办理转干手续49人，从民办教师中选拔录用公办教师275人。

1996年，对全县各级国家行政机关中除工勤人员以外的工作人员以及行使国家行政职能、从事行政管理活动的单位中除工勤人员以外的工作人员实行过渡公务员考试，经考核考试合格后过渡为国家公务员。同年，县直机关过渡公务员930人，乡镇机关过渡公务员650人。在审批中查出不符合过渡条件的4人，其中事业单位借调到机关的2人、因病超过半年未上班的2人未过渡。另有因经济问题正在受审查未结案暂缓过渡的2人。

1997年为县乡党政机关考试考核择优录用41名国家公务员。此次考试坚持公开、平等、竞争、择优的原则，面向社会，广招人才，是招考国家公务员第一次尝试，为今后继续招考国家公务员打下基础。

1997年，为1995年省计划内自费、电大52名毕业生办理了转干手续。1998年，为1996年省计划内自费、电大72名毕业生办理转干手续，为476名民办教师办理录用干部手续。1999年，为1997年省计划内自费、电大54名毕业生办理转干手续。

从1989年开始，县及县以上各级行政机关从行政机关以外补充工作人员必须公开报名，经考试考核，择优录取；行政机关通过考试补充工作人员的岗位，暂定为行政机关中的非领导职务，即：省级行政机关中的办事员、科员、副主任科员、主任科员，自治州、市、行政公署、县（市、区、特区）行政机关中的办事员、科员。行政机关补充工作人员必须在编制定员内有计划地进行，首先在行政机关内部调整，确实解决不了的再通过考试考核进行补充。

考试补充人员的来源：全民所有制企业、事业单位的在职干部；集体所有制单位中的在职国家干部；少数特别需要的，也可以从国家统一分配的毕业研究生、大中专毕业生、在职“五大”毕业生（需经省下达增干指标）中补充。县以上各级行政机关补充工作人员原则上就地解决。

报考人员必须政治素质好，品行端正，身体健康，具有拟任岗位所需的文化水平（不低于高中毕业文化程度），边远民族地区和地、县民族机构补充少数民族工作人员时，科员适当照顾分数段。

二、“以工代干”人员转干

1982年，根据中共中央组织部、劳动人事部《关于调整“以工代干”人员的通知》，对1979年以前的“以工代干”人员符合条件的办理转干手续，此后又分别于1986年、1987年、1991年3次解决1980年以来部分符合条件的“以工代干”人员的转（录）干问题。但是，由于各方面的原因，县内机关和事业单位中仍有一批“以工代干”人员。根据省人事厅相关要求分类处理：

党、政、群机关中“以工代干”的国家正式职工，凡1994年底以前在干部岗位上工作满1年以上，并按干部管理权限，在省、地（州、市）直单位，经批准已担任副科级以上职务，在县（市、区）直单位，经批准已担任副股级以上职务的；曾获得过省、地、州、市党委（含省直四个工委）、政府授予的劳动模范获得者、“三八”红旗手、新长征突击手；获地、州、市及其以上人民政府颁发的科技成果奖、社会科学奖的，本职岗位的工作成果在省和省以上专业系统评比中获等次奖的；已取得大专以上学历（县和县以下单位的“以工代干”人员，凡在1994年底以前在干部岗位工作满两年以上并具有中专、高中学历）的；曾在企事业单位经考试考核取得助师以上专业技术职务的。具备上述条件之一者，经考核，符合录（聘）干条件法人可办理录（聘）干手续。其他不具备上述条件，“以工代干”3年以上的国家正式职工，通过考核并参加省里统一组织的考试，符合录（聘）干条件的，也可办理录（聘）干手续。

事业单位中“以工代干”的国家正式职工，凡符合本通知中行政机关录（聘）干范围，经考核，符合本通知录（聘）干条件的，按照干部人事制度改革要求可办理聘干手续。其他“以工代干”3年以上的国家正式职工，通过考核并参加省里统一组织的考试，符合录（聘）干条件的，也可办理聘干手续。

至1996年，全县“以工代干”人员转正工作全部结束，县内不再存在“以工代干”人员。

三、干部调配

1. 干部调配的主要形式。干部调配一般包括干部配备、干部调整、干部交流、干部回避、干部支边和内调、解决干部夫妻两地分居、大中专毕业生分配等。

各级人事部门在坚持计划调配的基本前提下，采取招聘，有条件辞职、兼职、技术承包、技术转让、技术咨询、技术培训、实行支边干部的轮换和优惠政策等多种形式。

2. 干部调配的原则：坚持党管干部的原则；根据社会主义现代化建设以及当前我羡慕经济和社会发展的需要，坚持为党和国家的中心工作服务及西部大开发服务，为经济建设服务，为工农业生产服务，完成各级党委和政府交给的各项调配任务；树立全局观念、保证国家重点建设和加强部门对干部的需要；调配干部要按照国家确定的编制、职数和人员结构进行有计划的调配，做到缺什么干部补充什么干部，先调动后任职，要有利于促进干部在地区、行业、部门之间的合理分布及专业对口；坚持合理流向；充实基层，支援边远贫困地区；照顾干部的实际困难；干部调配工作中应严格执行有关干部回避的规定。

3. 干部调配的范围。各级党委组织部和政府人事部门，负责办理本级范围内国家干部的调配工作，可以在国家机关、事业、企业单位之间调配干部。其调配对象是指国家正式干部。

4. 干部调配的程序。各用人单位需要调入干部的，应由组织人事部门与调出单位商洽，并考察了解其表现，征求本人同意，按干部管理权限和审批权限逐级上报审批；干部个人要求调动的，应按照本人申请，组织人事部门审核，单位审定同意，按干部管理权限和审批权限逐级上报审批。

1989—1991 年，全县调整区级干部 180 余名，调配一般干部 60 余名；其中，1990 年调整区级干部 90 余名，调配一般干部 30 余名。1992—1993 年，全县开展“撤区并乡建镇”工作，调整区级干部 330 余名，调配一般干部 700 余名。到 1995 年 12 月，全县共有副科级以上干部 367 名，其中大专以上文化程度的 118 名，占 32.15%；中专文化程度的 146 名，占 39.78%。1996—2000 年，先后调整科级干部 780 余名次，有 280 余名科级干部退休，调配一般干部 300 余名次。2001 年，全县调整干部 140 余名，调配一般干部 20 余名。2002—2005 年，全县调整干部 280 余名，调配一般干部 130 余名。2006 年，县乡换届调整干部 250 余名，调配一般干部 30 余名。2007 年，调整干部 166 名，调配一般干部 40 余名。2008 年，调整干部 90 余名，调配一般干部 20 余名。2009 年，调整干部 40 余名，调配一般干部 8 名。2010 年，调整干部 150 余名，调配一般干部 16 名。2011 年，县乡换届调整科级干部 160 余名，调配一般干部 30 余名。2012 年，调整科级干部 400 余名，调配一般干部 20 余名。

四、干部考核

干部考核是指根据特定的目的，在一定时间和范围，按照规定的内容和标准，通过适当的方法和程序，有组织、有领导地对工作人员的基本素质和工作实绩进行综合的衡量和评价。全县干部考核自 20 世纪 90 年代中叶全面铺开。

对国家公务员、党的机关工作者、事业单位工作人员进行考核。其种类办法划分为：新录用人员的“录用考察考核”“任职期内选拔任用考核”，党委管理干部的“届中届末考核”，以及任职期内的“平时考核”“年度考核”。考核原则：民主公开原则、客观公正原则、注重实绩。考核依据：《贵州省国际公务员考核实施办法（暂行）》《贵州省事业单位工作人员考核实施办法（暂行）》。考核内容：工作人员的德、能、勤、绩表现情况。考核程序：被考核人个人总结，并填写年度考核登记表；主管领导在广泛听取群众意见的基础上进行综合分析，写出评语并提出考核等次意见；考核机构对主管领导提出的考核意见进行考核；部门负责人为考核者确定考核等次；进行公示并反馈被考核人的等次结果，有与本人事实不符的应申请复议；报同级政府人事部门审核确认后，将考核结果反馈给被考核人。

第三节　公务员管理

一、公务员过渡

1996 年 12 月 26 日，县委印发《安龙县实施和参照试行国家公务员法的实施方案》。实施和参照试行国家公务员法的范围为：全县各级国家行政机关单位中除工勤人员以外的工作人员，县纪委机关，县委工作部门（县委办公室、县委组织部、县委宣传部、县委统战部、县委政法委、县委老干局、县直属机关工委）、县委工作部门归口管理的机构核同时挂县委和政府办事机构两块牌子的单位（县委机要局、保密局、信访办、机构编制委员会办公室）等党的机关工作人员；县委直属事业单位和县委工作部门归口管理机构所属的其他事业单位，需列入参照试行范围的，由县委组织部提出意见，征得州委组织部同意后，由县委审定；乡镇党的机关参照试行《国家公务员暂行条例》的范围，由县委组织部提出意见，县委审定。当年县直机关过渡公务员930人，乡镇机关过渡公务员650人；在审批中查出不符合过渡条件的4人，其中事业单位借调到机关的2人、因病超过半年未上班的2人；另有因经济问题，正在接受审查尚未结案暂缓过渡的2人。

二、公务员培训

机关对公务员工作职责的要求和提高公务员素质的需要，对公务员进行分级分类培训。国家建立专门的培训机构。机关根据需要也可以委托其他培训机构承担公务员培训任务。

机关对新录用人员应当在试用期内进行初任培训；对晋升领导职务的公务员应当在任职前或者任职后一年内进行任职培训；对从事专项工作的公务员应当进行专门业务培训；对全体公务员应当进行更新知识、提高工作能力的在职培训，其中对担任专业技术职务的公务员，应当按照专业技术人员继续教育的要求，进行专业技术培训。国家有计划地加强对后备领导人员的培训。

公务员的培训实行登记管理，参加培训的时间由公务员主管部门按照培训要求予以确定，公务员的培训情况、学习成绩作为公务员考核的内容和任职、晋升的依据之一。

三、公务员行为规范

2002年2月21日，人事部颁发《国家公务员行为规范》。以公务员履行职责、执行公务中应遵守的行为规范为主，兼顾公务员作为社会人应遵守的行为规范，对近年来群众反映的公务员队伍建设中存在的问题和容易滋生腐败的行为也作了约束性规定，包括政治坚定、忠于国家、勤政为民、依法行政、务实创新、清正廉洁、团结协作、品行端正8个方面。

四、公务员考核

公务员考核是指对非领导成员公务员的考核。对领导成员的考核，由主管机关按照有关规定办理。对公务员的考核，以公务员职位职责和所承担的工作任务为基本依据，全面考核德、能、勤、绩，重点考核工作实绩。年度考核的结果分为优秀、称职、基本称职和不称职4个等次，其标准如下：①确定为优秀等次须具备下列条件：思想政治素质高；精通业务，工作能力强；工作责任心强，勤勉尽责，工作作风好；工作实绩突出；清正廉洁。②确定为称职等次须具备下列条件：思想政治素质较高；熟悉业务，工作能力较强；工作责任心强，工作积极，工作作风较好；能够完成本职工作；廉洁自律。③公务员具有下列情形之一的，应确定为基本称职等次：思想政治素质一般；履行职责的工作能力较弱；工作责任心一般或工作作风方面存在明显不足；能基本完成本职工作，但完成工作的数量不足、质量和效率不高，或在工作中有较大失误；能基本做到廉洁自律，但某些方面存在不足。

公务员有下列情形之一的，应确定为不称职等次：思想政治素质较差；业务素质和工作能力不能适应工作要求；工作责任心或工作作风差；不能完成工作任务，或在工作中因严重失误、失职造成重大损失或者恶劣社会影响；存在不廉洁问题，且情形较为严重。

公务员年度考核的结果作为调整公务员职务、级别、工资以及公务员奖励、培训、辞退的依据。①考核被确定为称职以上等次的，按下列规定办理：累计两年被确定为称职以上等次的，在所定级别对应工资标准内晋升一个工资档次；累计五年被确定为称职以上等次的，在所在职务对应级别范围内晋升一个级别；确定为称职以上等次，且符合规定的其他任职资格条件的，具有晋升职务资格，连续三年以上被确定为优秀等次的，晋升职务时优先考虑；被确定为优秀等次的，当年给予嘉奖，连续三年被确定为优秀等次的，记三等功；享受年度考核奖金。②年度考核被确定为基本称职等次的，按照下列规定办理：对其诫勉谈话，限期改进；本考核年度不计算为按年度考核结果晋升级别和级别工资档次的考核年限；一年内不得晋升职务；不享受年度考核奖金。③年度考核被确定为不称职等次的，按照下列规定办理：降低一个职务层次任职；本考核年度不计算为按年度考核结果晋升级别和级别工资档次的考核年限；不享受年度考核奖金；连续两年年度考核被确定为不称职等次的，予以辞退。

五、公务员招考聘用制度

中共十一届三中全会以后，县内开始积极探索改革传统干部录用制度，并从20世纪80年代初引入公开竞争机制，在干部中引进考试手段，择优录取。1989年，县内开始实行考试录用制度。1993年，执行《国家公务员暂行条例》，县内国家公务员考试录用逐步走上规范化、制度化的轨道。

公务员招考录用的原则：公开、平等、竞争、择优。

报考国家公务员必须同时符合7项资格条件：具有中华人民共和国国籍，享有公民政治权利；拥护中国共产党的领导，热爱社会主义；遵纪守法，品行端正，具有为人民服务的精神；报考省级以上政府工作部门的，应具有大专以上文化；报考市（地）级以下的文化程度，由省级录用主管机关规定；报考省级以上政府工作部门一般要由两年以上基层工作经验，国家有特殊规定的除外；身体健康，年龄一般为35岁以下，经考试主管机关批准也可适当放宽年龄限制；具有考试主管机关批准的其他条件。

国家公务员录用考试的方法是笔试、面试及“特试”3种。

录用国家公务员的程序：发布公告；报名和资格审查，政府人事部门和用人部门在规定的时间、地点组织办理报名手续，对报考者进行初步资格审查，并向符合规定资格条件的报考者颁发准考证；考试；录用考核，包括报考资格审查、有无需要回避情况、政治思想、道德品质4个方面的考核；体检；录用。

第四节　事业单位人事制度改革

一、事业人员评聘分开制度

2002年，根据省人事厅《关于2002年度全省专业技术职务评聘工作有关问题的意见》，将深化职称改革工作与事业单位人事制度改革结合起来，全面实行事业专业技术人员评聘分开制度。评聘分开制度是指专业技术人员的资格评价与职务聘任分开，工资福利待遇按实际聘任职务确定的制度。县内事业单位结合行业特点制定规范的专业技术职务聘用办法，重新聘和续聘人员入手，公布岗位空缺情况、聘用条件、岗位职责，由取得相应任职资格的专业技术人员对空岗进行申报聘用，聘用工作实行公平竞争、民主公开、择优聘用的原则，实行分级管理、逐级管理。

2009年3月23日，执行《关于印发〈黔西南州事业单位人员竞聘上岗暂行办法〉试行的通知》，全县事业单位人员明确为管理人员岗位、专业技术人员岗位和工勤岗位，通过本单位范围内的公开竞争产生人选，在核定的编制、岗位数额内按规定程序和管理权限竞聘上岗、择优聘用。对竞聘上岗的人员实行聘任制合同管理，聘任期限为3年，人事部门和事业单位主管部门根据竞聘合格人员所聘岗位等级，对照《贵州省事业单位工作人员收入分配制度改革实施意见》，兑现岗位工资待遇。

二、岗位设置管理改革

2008年10月，制定《安龙县事业单位人事制度改革岗位设置管理实施方案》。事业单位在册人员，包括管理人员（职员）、专业技术人员和工勤技能人员全部纳入岗位设置管理，分为管理岗位、专业技术岗位和工勤技能岗位3种类别；事业单位管理岗位、专业技术岗位、工勤技能岗位总量的结构比例，根据事业单位的社会功能、职责任务、工作性质和人员结构比例特点等因素综合确定。

岗位等级设置：①县内事业单位管理岗位分为4个等级，由高到低分为7—10级职员岗位，事业单位现行的科级正职、科级副职、科员、办事员依次对应管理岗位7—10级。②专业技术岗位分为9个等级，包括高级岗位、中级岗位、初级岗位。其中高级岗位分为3个等级，由高到低副高级岗位包括5—7级；中级岗位分为3个等级，由高到低分为8—10级；初级岗位分为3个等级，由高到低11—13级，其中13级是员级岗位。专业技术高级、中级、初级岗位结构比例为1∶3∶6；专业技术高级、中级、初级岗位内部不同等级岗位结构比例为5级、6级、7级岗位比例为2∶4∶4，8级、9级、10级岗位比例为3∶4∶3，11级、12级岗位比例为5∶5。③工勤技能岗位分为技术工岗位和普通工岗位。技术工岗位分为3个等级，由高到低分为3—5级；普通工岗位不分等级。事业单位中的高级工、中级工、初级工依次对应3—5级岗位，其岗位结构3级、4级、5级岗位的比例为2∶3∶5。

岗位聘用：全县各类事业单位9—10级职员岗位、7—13级技术岗位、3—5级工勤岗位的聘用，经主管部门审核，党群系统事业单位经县委组织部审核，报县人事部门核准后，由单位聘用；7—8级职员岗位的聘用，须报经县委组织部审核同意后，属党委系统的由县委组织部办理聘用手续，属政府系统的由县人事部门办理聘用手续；8级以上技术岗位报州人事局核准；承担领导职责的其他职员岗位的聘用，按照干部管理权限的有关规定执行。

三、职称管理

职称，指的是专业技术职务。职称最初源于职务名称，在理论上职称是指专业技术人员的专业技术水平、能力，以及成就的等级称号，反映专业技术人员的学术和技术水平、工作能力的工作成就。就学术而言，具有学衔的性质；就专业技术水平而言，具有岗位的性质。专业技术人员拥有何种专业技术职称，表明具有何种学术水平或从事何种工作岗位，象征着一定的身份。职称通过申报、评审，由主管部门授予。

1. 专业技术职务任职条件

根据国务院《关于实行专业技术职务聘任制度的规定》，专业技术职务任职基本条件为：热爱祖国，遵守宪法和法律，为四化建设贡献自己的力量。具备履行相应职责的实际工作能力和业务知识。担任高级、中级、初级专业技术职务一般应相应具备大学本科、大专、中专毕业生学历。各专业技术职务系列可以根据自身的特点，提出各级职务的不同学历要求。身体健康，能坚持正常工作。

1991年，人事部印发《〈企事业单位评聘专业技术职务若干问题暂行规定〉有关具体问题的说明》，对不具备规定学历人员评聘专业技术职务要具体情况具体分析，区别对待。原则上，对不具备规定学历的不同意申报初、中级专业技术职务，应当要求通过正规的成人教育取得相应的学历。各种培训班的结业证书和专业证书不能作为专业技术职务的学历依据。但，对不具备规定学历的中小学教师，经过国家教委组织严格统一出题考试合格，具备了作为中小学教师必需的基础知识，中小学教师的教育合格证书仍然可以作为评聘教师职务的参评条件。

2. 专业技术职务任职资格评审

专业技术职务评审委员会是负责评议、审定行政领导推荐的专业技术人员是否符合相应专业技术职务任职条件的组织。

1991年，人事部下发《关于重新组建专业技术职务评审委员会有关事项的通知》，各地区、各部门不设置综合性的评审委员会，各系列评委会不评审本系列以外的专业技术职务。评审委员会应在民主推荐、协调的基础上，经相应职改部门批准成立。行政领导人员原则上不参加评委会，评委会委员名单在本期评审工作完成以前不对外公布。评审委员会实行任期制，每届任期一般3年左右，评审委员会的评审工作每年举行1次。

3. 专业技术资格考试

专业技术资格考试工作，由人事部门会同主管部门组成资格考试领导小组，决定考试的有关政策、规定和重大原则问题。专业技术资格考试实行全国统一组织、统一大纲、统一试题和统一评分标准。凡全国统一组织专业技术资格考试的，不再进行专业技术资格的评审工作。已实行专业技术资格考试的专业有：计算机软件、统计、会计、经济、审计、国际商务等。凡参加全国统一组织的“资格考试”成绩合格者，由国家统一颁发“专业技术资格证书”，全国有效，专业技术资格具有时效性，实行定期登记注册，有效期满，持证人应按其规定到所在地区管理机构审核、登记，逾期不办理者，其证书自行失效。

2006年5月，按省人事厅《关于在事业单位试行人员聘用制度意见的通知》，县内事业单位专业技术人员一律实行聘用制。

2009年3月，执行《黔西南州事业单位人员竞聘上岗暂行办法（试行）》，县内事业单位人员明确为管理人员岗位、专业技术人员岗位和工勤岗位，通过本单位范围内的公开竞争产生人选，按规定的程序和管理权限择优聘用；事业单位人员竞聘上岗要在核定的编制、岗位数额内进行。对竞聘上岗人员实行聘任合同管理，聘任期限为3年。

第五节　大中专毕业生岗前培训和一村一名大学生工程

1997年以前，全县大中专毕业生一律实行国家分配制度。

1997年，县境中等师范类学校毕业生和非师范类中专毕业生实行岗前培训制度。2000年12月9日，下发《岗前培训管理办法》。2002年，撤销安龙县大中专毕业生分配办公室，设置安龙县人才交流与大中专毕业生就业指导服务中心。2003年，制定《关于印发安龙县大中专毕业生岗前培训人员合同试用制管理办法暂行规定的通知》，将大中专毕业生“岗前培训”改为“合同试用制管理”。对安排下去的毕业生实行岗前培训和试用期：非师范类中专毕业生为3年、中师毕业生为2年，每月基本生活补助费150元；师范类专科毕业生试用期为1年，每月基本生活补助费180元。2005年6月，岗位津贴增加50元。非师范类中专毕业生和中师毕业生在试用期内，通过函授等形式取得专科及以上学历的，可提前1年参加考核聘用。

1999年，全县安排中专毕业生、专科毕业生就业203人；2000年，全县安排中专毕业生、专科毕业生就业159人；2001年，全县安排中专毕业生、专科毕业生就业373人。2002年，县人才交流与大中专毕业生就业指导服务中心，接管1999—2001年大中专毕业生岗前培训人员735人。根据县政府《关于做好2002年全县大中专毕业生就业工作的通知》，安排就业中师毕业生216人、师专毕业生92人、师范类本科毕业生2人、非师范类本科毕业生10人、警校毕业生3人，合计323人。2003年，公开招考中师毕业生80人，安排师专生163人、师范类本科8人，公开招考非师范类本科18人，合计269人。2004年，公开招考中师毕业生37人，安排师专毕业生181人、师范类本科12人，公开招考非师范类本科8人，合计238人。2005年，公开招考中师毕业生46人、师专毕业生39人，考核聘用师范类本科36人，公开招考非师范类本科19人，合计140人。

2006年5月，省委组织部、省人事厅、省教育厅、省财政厅、省编委办联合下发《关于实施“一村一名大学生工程”的意见》，从2006年起，由省人才工作领导小组通过选聘、选派等方式实施“一村一名大学生工程”，高校毕业生进村（社区）工作，服务时间为2—3年（2008年改为2年）。选聘大学生在村（社区）工作期间的报酬，参照“大学生志愿服务西部计划”标准执行，所需经费，由省、州、县政府按3:3:4

的比例分担。是年，根据县政府《关于印发2005年安龙籍计划内统招本科师范类专科和中师毕业生公开招考及考核聘用实施细则的通知》，安排非师范类本科毕业生到乡镇工作19人、师范类本科毕业生到乡镇中小学任教36人、师范专科毕业生到乡镇中小学任教试用39人、中等师范毕业生到乡镇中小学任教试用46人。根据县政府《关于对大中专毕业生岗前培训人员合同试用制管理办法暂行规定》，岗前培训59人（其中本科17人、中师42人）经考核合格，正式聘用。安排大学生加入“一村一名大学生工程”到村工作20人。

2007年，县人才交流服务中心考核聘用试用到期人员68人，其中师范类专科39人、中师29人；选聘高校毕业生加入“一村一名大学生工程”到村工作19人。

2008年，根据《贵州省2008年选聘高校毕业生到村任职工作有关事项的通知》，选聘高校毕业生参加进村（社区）服务，其待遇比照本地乡镇从高校毕业生中新录用公务员试用期满后工资收入水平确定工作、生活补贴标准。是年，县人才交流服务中心考核聘用非师范类试用到期人员3人，选聘高校毕业生加入“一村一名大学生工程”到村工作20人，选聘高校毕业生参加进村（社区）服务5人。

2009年，招考聘用1997—2001年合同定向中专毕业生到事业单位工作6人，招考聘用师范类毕业生到乡镇中小学任教49人（其中本科20人、专科29人）人，考核聘用试用期满中师毕业生1人，选聘高校毕业生加入“一村一名大学生工程”到村工作3人、续聘4人，选聘高校毕业生参加进村（社区）服务30人、续聘4人。

2010年，县人才交流服务中心招考聘用专业技术人员2人到县电视台工作，招考聘用1997—2001年合同定向毕业生到事业单位工作6人（其中大专2人、中专4人），考试续聘到期“一村一名大学生工程”人员到村工作4人，选聘高校毕业生参加进村（社区）服务25人、直接转聘8人。

2011年，县人才交流服务中心招聘专业技术人员到县人民医院工作5人、幼儿教师34人、中小学教师78人；考试选聘“到村任职”16人，续聘“一村一名大学生”工程干部3人。

2012年，县人才交流服务中心招聘工作人员到各乡镇（街道）、县直有关单位、县人民医院工作186人，招聘教师到县第四中学工作62人；考试选聘“到村任职”10人。

1993—2012年安龙县干部职工情况

表21—1—1

单位：个、人

年度	总计			国有单位																							城镇集体单位			其他单位		
				按隶属关系分												按企业、事业、机关分组														
							省级			州级			县及县以下			企业			事业			机关								
	单位个数	职工总数	女职工	单位个数	职工总数	女职工	单位个数	职工总数	女职工	单位个数	职工总数	女职工	单位个数	职工总数	女职工	单位个数	职工总数	女职工	单位个数	职工总数	女职工	单位个数	职工总数	女职工	单位个数	职工总数	女职工	单位个数	职工总数	女职工
1993	308	10214	2744	7	269	80	5	313	80	9	1706	510	237	6666	1797	52	3291	971	104	3009	935	102	2654	561	49	1260	277	—	45	—
1994	460	10026	2921	4	224	72	30	315	97	10	1554	428	380	6773	2030	54	2970	1029	140	845	282	230	5051	1316	36	1160	294	—	—	—
1995	533	10344	2917	5	320	107	30	317	89	21	1037	395	440	7745	2054	80	3393	1035	217	3693	1131	199	2333	479	37	915	272	—	—	—
1996	427	9955	2905	6	248	76	4	145	32	7	847	333	367	7951	2210	67	2614	777	230	4650	1417	87	1927	457	41	764	254	2	—	—
1997	429	11111	2996	7	349	115	4	202	48	6	932	394	368	8053	2172	48	2384	893	228	4811	1299	109	2341	537	—	1322	—	—	250	—
1998	429	11552	3029	7	415	115	4	183	53	6	845	295	368	7943	2175	48	2380	823	228	4668	1305	109	2338	510	42	1676	288	22	490	93
1999	—	11267	3038	—	357	119	—	185	52	—	1019	323	—	8099	2111	—	2361	704	—	4798	1392	—	2501	509	—	1211	—	—	210	—
2000	—	10936	2979	—	426	126	—	181	51	—	926	334	—	7990	2161	—	2166	653	—	4881	1485	—	2476	534	—	1038	—	—	375	93
2001	—	11529	3014	—	421	127	—	364	104	—	875	334	—	8179	2095	—	2202	630	—	4965	1462	—	2672	568	—	890	219	—	800	135
2002	—	10906	3213	—	410	101	—	318	95	—	738	306	—	8010	2410	—	2045	627	—	5014	1748	—	2417	537	—	625	116	—	814	185
2003	568	11002	2966	19	283	57	8	405	121	7	682	224	510	7993	2350	50	2065	568	332	5031	1723	162	2267	461	21	994	138	3	645	76

续表 21—1—1

年度	总计			国有单位																					城镇集体单位			其他单位		
				按隶属关系分												按企业、事业、机关分组														
							省级			州级			县及县以下			企业			事业			机关								
	单位个数	职工总数	女职工	单位个数	职工总数	女职工	单位个数	职工总数	女职工	单位个数	职工总数	女职工	单位个数	职工总数	女职工	单位个数	职工总数	女职工	单位个数	职工总数	女职工	单位个数	职工总数	女职工	单位个数	职工总数	女职工	单位个数	职工总数	女职工
2004	544	11413	3229	3	115	—	15	304	—	8	768	—	501	8175	—	21	1543	2451	354	5661	352	152	2158	1973	5	980	289	12	1071	136
2005	—	—	—	—	—	—	19	376	114	6	571	136	543	8289	2523	17	1453	292	385	5621	2049	166	2162	432	15	871	78	9	961	127
2006	568	11518	3091	—	—	—	19	380	114	6	570	256	18	1646	395	18	1646	395	394	5701	2061	156	2181	423	15	977	78	11	1013	134
2007	566	12770	3453	—	—	—	8	330	85	1	23	7	546	8771	2733	9	734	143	458	6586	2311	88	1904	371	3	949	84	8	2697	544
2008	575	12967	3936	—	—	—	8	310	77	1	18	6	555	8777	2781	8	734	151	452	6444	2337	104	1927	376	3	1111	296	8	2751	776
2009	551	9228	2935	1	60	21	23	621	189	2	382	189	521	7987	2450	25	1654	359	371	5282	1855	127	1913	618	4	195	23	22	1597	471
2010	524	9281	2845	1	68	21	23	625	190	2	384	203	496	8160	2420	24	1399	348	331	5422	1927	130	2106	450	1	4	4	6	1549	398
2011	—	—	—	1	61	21	6	650	197	1	20	8	489	9469	2927	7	2103	490	354	5701	2052	111	2185	434	—	—	—	7	1618	214
2012	—	—	—	2	116	35	23	759	214	2	270	91	476	9871	3014	9	2211	539	374	6156	2235	118	2644	579	—	—	—	25	3738	684

说明：表内数据采自安龙县统计局统计年鉴。其中，2011年，国有单位按企业、事业、机关分组，其他单位26个，从业221人，其中女职工81人；2012年，国有单位按企业、事业、机关分组，其他单位2个，从业5人，其中女职工1人

第二章 劳动管理

1989年11月，撤销安龙县劳动服务公司，建立安龙县就业办公室。2001年，成立县人才交流服务中心。2011年6月，安龙县就业办公室升格为安龙县就业局，为归口县人力资源和社会保障局管理的副科级事业单位。

第一节 劳动就业

一、劳务输出和农村劳动力转移

20世纪80年代后期，县内劳务输出呈上升趋势，其中1987—1992年，县劳动服务公司、就业办有组织输出和农村劳动力转移3078人。

2003年，统筹培训830人，有组织劳务输出农村劳动力480人；2005年，统筹培训1340人，有组织劳务输出农村劳动力1215人；2006年，统筹培训1064人，有组织劳务输出农村劳动力680人；2007年，统筹培训1200人，劳务输出农村劳动力2010人（其中有组织劳务输出农村劳动力546人）；2008年，统筹培训1892人，有组织劳务输出1892人，转移农村劳动力1714人；2009年，统筹培训1160人，有组织劳务输出完成275人，转移农村劳动力4085人；2010年，统筹培训838人，转移农业劳动力4185人；2011年，统筹培训300人，转移农业劳动力5089人；2012年，统筹培训1512人，转移农业劳动力5768人。

二、就业和再就业服务

2003—2006年，县就业办公室组织职业培训347人、职业介绍287人、就业指导216人、职业指导184人，按类分别建立档案管理1065份。

2003—2007年，办理"再就业优惠证"1065人，其中国有企业下岗职工387人、国有企业失业人员258人、新桥茶场167人、集体企业253人，开展再就业职业介绍896人、职业指导培训741人、职业技能培训1025人（汽车驾驶、汽车维修、厨师）、职业技能鉴定1025人（已发资格证）、失业证办理2164人。

同时，为推进再就业工作，县就业办公室2010年办理2批小额担保贷款，其中3月第一批贷款25人共125万、5月第二批贷款人数57人共285万，合计贷款人数82人、贷款总额410万元。

2011年，全县实现城镇新增就业1824人，其中下岗失业人员实现再就业375人（就业困难对象实现再就业226人）；登记从业人员25754人，登记失业人员1109人，登记失业率为4.13%。

2012年，全县城镇新增就业9439人，下岗失业人员实现再就业1129人（就业困难对象实现再就业295人），登记失业人员1033人，登记从业人员28605人，登记失业率3.49%。

第二节 劳动争议仲裁与劳动监察

一、劳动争议仲裁

县内劳动争议仲裁工作，2011年10月前由县人力资源和社会保障局（县人事劳动和社会保障局）人事争议仲裁股承担。2011年10月，成立安龙县劳动人事争议仲裁院，下设综合办公室、立案审案庭，属安龙县人力资源和社会保障局管理的副科级事业单位。2012年6月，县政府批准合并组建安龙县劳动人事争议仲裁委员会，由县政府分管人事的常务副县长担任组长，县政府法制办、县人力资源和社会保障局负责人担任副组长，贯彻执行国家、省、州有关劳动人事争议调解、仲裁工作的方针政策、法律法规和规章，负责全县劳动人事争议调解、仲裁的指导、协调工作。县内13个乡镇（街道）和6家煤矿、1家石材厂、1家煤焦公司及安龙供电局成立劳动争议调解委员会，建立劳动关系协商、调解和处理制度。2012年，共受理劳动争议仲裁案120件，结案120件（调解结案31件，裁决结案69件，其他方式结案20件）。其中劳动报酬争议案件13件，涉及人数43人，涉及金额67万元；社会保险（工伤保险待遇）争议96件，涉及人员96人，金额350万余元；劳动关系争议11件。

二、劳动监察

2003年11月19日，建立安龙县劳动保障监察大队，为县人事劳动与社会保障局正股级直属事业单位。2011年3月，劳动保障监察大队升格为副科级单位。主要负责对社会保险基金的收缴、发放、管理和运营实施行政监督；负责劳动和社会保险法律、法规政策咨询服务工作，为用工单位和劳动者提供法律服务，综合管理全县人事和劳动争议仲裁工作；负责用人单位的劳动争议处理及《劳动合同》鉴证工作；承办人事和劳动争议仲裁案件；负责处理与人事、劳动争议有关的突发事件，承担人事和劳动争议仲裁委员会的日常工作。2011年，督促11户用人单位支付拖欠的民工工资75万元，涉及劳动者人数89人；完成全县用人单位安全用工大检查工作；联合县公安局、县监察局、县民政局，县国土资源局、县卫生局、县工商行政管理局、县安全生产监督管理局、县总工会等部门在全县范围内组织开展整治非法用工打击违法犯罪专项行动，监察用人单位53户，涉及职工4025人；利用赶集日到各乡镇进行劳动保障法律、法规宣传4次，共印发宣传资料6000余份；接待咨询700多人。2012年，共受理投诉案件42件，结案36件，涉及农民工930人，讨要民工工资701.2万元。开展劳动保障法律、法规宣传4次，印发宣传资料17650份；接待咨询1116人次。县政府下发《关于进一步规范建设领域农民工工资保障金制度、加强农民工工资支付管理的通知》，明确项目单位、建设主管部门、劳动主管部门和建设施工单位在农民工权益保障工作中的义务。

第三章　工资福利

安龙县1985年6月，进行第二次工资改革。第二次工资改革后建立以职务工资为主的结构工资制度，新的工资标准分为基础工资、职务工资、工龄津贴、奖励工资4个部分。为了鼓励中小学校和中等专业学校、技工学校的教师、幼儿教师和护士长期从事本职业工作，除按规定发放工龄津贴外，另外加发教龄津贴和护士津贴：从事本职工作满5年不满10年的，每月发3元；满10年不满15年的每月发5元，满15年不满20年的，每月发7元，20年以上的，每月发10元。国家机关、事业单位的工人，可以实行以岗位（技术）工资为主要内容的结构工资制，也可以实行其他工资制度。

第一节　工资改革

一、工资

1993年10月，中共中央、国务院决定改革机关和事业单位工作人员的工资制度，机关工作人员实行以职务和级别为主的职级工资制。其工资按不同职能，分为职务工资、级别工资、基础工资和工龄工资4个部分，其中职务工资和级别工资是职级工资构成的主体。事业单位建立不同类型、不同行业特点的分类工资制度，与国家机关的工资制度脱钩。事业单位工资制包括专业技术职务等级工资制、专业技术职务岗位工资制、艺术结构工资制、体育津贴与奖金制和工人工资制5种类型。根据事业单位特点和经费来源的不同，对全额拨款、差额拨款、自收自支3种不同类型的事业单位，实行不同的管理办法。专业技术职务等级工资制在工资构成上，主要分为专业技术职务工资和津贴两部分；职员职务等级工资制在工资构成上，主要分为职员职务工资和岗位目标管理津贴两部分。

2006年7月，中共中央、国务院决定改革公务员工资制度，规范公务员收入分配秩序；改革和完善事业单位工作人员收入分配制度，合理调整机关事业单位离退休人员待遇。根据2006年1月起施行的《中华人民共和国公务员法》，公务员实行国家统一的职务与级别相结合的工资制度。事业单位工作人员收入分配制度的改革，旨在建立符合事业单位特点、体现岗位绩效和分级分类管理的收入分配制度，完善工资正常调整机制，逐步实现事业单位收入分配的科学化和规范化。公务员实行职务与级别相结合的工资制度，基本工资由职务工资和级别工资构成。职务工资实行一职一薪，分为领导职务和非领导职务两种工资标准。级别工资由27个级别组成，1级最高，27级最低。每一职务层次对应若干级别，每个级别设置若干工资档次。机关工勤人员实行技术等级岗位工资制，基本工资由技术等级（职务）工资和岗位工资两部分构成。技术等级（职务）分为初级工、中级工、高级工、技师、高级技师等5个层次，每一层次对应一个工资标准，岗位工资设置若干档次，每一等级对应若干岗位工资档次。

按照公务员制度管理和经批准参照公务员管理的单位，除工勤人员以外的工作人员职级工资制，基本工资由职务工资和级别工资两项构成。事业单位实行绩效工资制度，岗位绩效工资由岗位工资、薪级工资和津贴补贴4部分组成，其中岗位工资和薪级工资为基本工资。

2006年7月1日，根据黔府发〔2006〕45号文件，全县机关、事业单位正式在册工作人员及离退休人员兑现本次工资改革新工资。

奖励工资用于奖励在工作中做出显著成绩的工作人员，有较大贡献的可以多奖，不得平均发放，所需奖金，从行政经费节支中开支。

二、津贴补贴

2005年，为切实解决机关事业单位在职及离退休人员的待遇，县委、县政府决定发放机关事业单位工作人员岗位津贴及离退休人员的生活费补贴。2008年12月17日，安龙县印发《关于印发安龙县规范机关公务员津贴补贴实施方案的通知》，要求从2007年7月1日起对全县公务员津贴补贴分步进行规范。2007年7月1日—12月31日为起步阶段，按人均增加津贴补贴水平不超过300元执行；2008年1月1日起执行规范后的津贴补贴标准。此次规范津贴补贴离退休人员按离退休生活待遇对应的职务（技术等级）执行相应的离退休人员补贴标准。此次规范津贴补贴于2008年12月全部审批结束。

2012年5月1日，安龙县参照黔西南州直机关标准调整津贴补贴。11月1日，再次参照黔西南州直机关标准，完成全县机关单位第二步津贴补贴规范工作，退休人员生活补贴按同职级在职人员津贴补贴标准的85%执行。

三、大中专毕业生初期工资

1993年工资制度改革，机关和事业单位分别执行不同的工资制度。机关新录用各类学校毕业生，由原来的见习期改为试用期，公务员试用期工资，按管理权限由主管部门参考录用前本人工作经历和录用拟任职务、级别，按照比本单位同等条件人员低一个级别工资档次的数额确定。新录用到《人事部、财政部关于〈完善艰苦边远地区津贴制度实施方案〉的通知》规定的艰苦边远县（市、区）工作的公务员，实行1年的试用期，试用期工资可直接按试用期满后工资确定。《人事部、财政部关于〈完善艰苦边远地区津贴制度实施方案〉的通知》规定的艰苦边远地区事业单位工作的大中专及以上毕业生，可提前转正定级。试用期满后，按所聘岗位执行相应的岗位工资标准，薪级工资按学历或所聘岗位确定后，在艰苦边远县政府所在地工作高定1级，在县以外乡镇、村工作的，高定2级。

四、调动工作及职务变动人员工资

1985年第二次工资改革后，职工调动工作后工资待遇，一律按调入地区和单位的现行工资制度、工资标准执行。工资制度、工资标准相同，职务和工种不变的，其职务（岗位）工资不变；合同制工人调动工作后，仍从事原工种，经考核合格的，按原工资等级支付；调动后需要重新确定工资的，调动前的工资高于新定二资的，高出部分不予保留。2006年工资改革规定，从事业单位、企业调入机关的，根据调入本人所任职务，结合本人实际情况，比照同等条件人员确定级别工资。

五、浮动工资

浮动工资包括农村第一线科技队伍的浮动，和到边远县市工作的毕业生提高待遇的问题。

1983年，省政府文件规定，在县以下（不含县级）工作的农林科技人员，在原工资基础上向上浮动一档工资作为岗位津贴，8年后离开的则保留这一级浮动工资，8年内离开的取消。对象是大中专毕业生、技术员以上专业技术职务人员。

1990年11月1日，省政府下发文件，鼓励乡镇农、林、水工作人员长期从事农林科技工作，规定1983年到1990年6月连续在以上范围工作满5年以上的，1990年元月起予以固定，并从当月在固定后的基础上向上浮动一级。

1993年，按省政府文件规定，在县以下农、林、水工作的技术人员，工资向上浮动一档、工作满8年予以固定（时间从第一次固定时间算起）。

2006年，事业单位工资改革，调整浮动转固定的年限，在县以下农、林、水工作的技术人员，工资向上浮动一档，工作满5年予以固定（时间从第一次固定时间算起）。

另，根据国务院1983年4月发布的文件，凡分配到65个边远县的大中专毕业生，工资向上浮动一级。

六、复员退伍人员的工资

1993年9月前，县内复员退伍人员工资按照军队职务和级别，与地方相应同职级干部套改职务工资。

1993年10月，军队和地方同时进行工资改革。按国务院相关文件规定，安置到地方机关的军转干部，其职务工资按照本人原军队职务（技术等级）工资的80%数额就近套入机关对应职务工资档次，套入后的职务工资档次最多不能超过机关同等条件人员4个档次，超过4个档次部分不予保留；级别工资根据本人原在军队的职务和工龄，按照机关同类人员水平确定。分配到事业单位的军转干部，其工资的固定部分按照分配到机关同等条件军转干部基本工资70%的数额，就近就高套入所对应的职员职务工资档次；对其中具有专业技术职务的人员，也可以就近就高套入所对应的专业技术职务工资档次。

2006年10月后，军队转业干部按本人现任职务套改职务工资和级别工资，现任职务低于转业时部队原职务的，根据其现执行工资待遇对应的职务套改级别工资，职务工资执行相当职务层次的非领导职务工资标准。

七、刑满释放人员的工资

在《行政机关公务员处分条例》出台以前，县内机关事业单位受行政、刑事处罚人员，缓刑期满分配正式工作为国家公务员，级别工资按缓刑前职务每降低一级职务降低一级级别工资；缓刑期满符合离休条件的，不能再享受离休待遇，按退休待遇处理；国家机关和事业单位工作人员被取保候审或被监视居住的，在此期间停发原工资并按以下办法计发生活费：原为国家公务员的，按照本人原基本工资额的

75% 计发生活费；机关技术工人按照本人原岗位工资和技术等级工资之和，机关普工按照原岗位工资数额，分别作为生活费发给，取消其工资中活津贴。被判处拘役、有期徒刑宣告缓刑的，在缓刑执行期间，停发原工资；受到有期徒刑以上刑事处罚的人员，在服刑期间停发工资。服刑期满后如原单位接收并安排工作，其工资待遇按新录用人员的工资办法处理。被判处拘役的人员，在拘役期间工资停发。

2007 年 4 月，《行政机关公务员处分条例》出台以后，县内机关事业单位受行政、刑事处罚人员按条例规定办理。

第二节　福利管理

一、福利费

根据贵州省人事厅有关文件规定，县级机关、事业单位福利费按照工资总额的 2.5% 提取，公社级机关、事业单位福利费按照工资总额的 3% 提取。

二、假期待遇

根据国家有关规定，国家法定假日工资福利待遇按工资总额的 100% 发放。

三、生活福利补贴

生活福利补贴共有“三费”、知识分子补贴、老粮贴和菜篮子补贴 4 类。

交通费、洗理费、书报费“三费”　根据黔工改办〔1994〕15 号文件规定，国家机关、事业单位在职人员按规定统一冲销物价、福利性补贴 64 元，即物价性补贴 36 元（安龙县实际未达到），福利性补贴 28 元。工资制度改革后，物价性补贴已全部冲销完，福利性补贴即：交通费、洗理费、书报费未冲销完的余额，最高保留 24 元。

1994 年 5 月 1 日，在职人员可在工资改革后未冲销完的交通费、洗理费、书报费基础上最高补足到 52 元发给。

知识分子补贴　根据贵州省 1984 年有关文件规定，1971 年 1 月 1 日以后的研究毕业生的工作年限满 3 年（工作年限，包括入学前参加工作的年限，下同），大学本科毕业生工作年限满 5 年，大学专科毕业生工作年限满 7 年，1967 年 1 月 1 日以后的中专毕业生工作年限满 10 年的，每人每月补贴 6 元，属于上列享受生活补贴范围的人员中系研究生的，每人每月增加 2 元，1984 年 10 月起执行。

根据贵州省人事厅 1991 年有关文件规定，已离退休的知识分子，每月可享受 6 元的知识分子生活补贴，1991 年 12 月起执行。根据贵州省工资改革办公室 1994 年有关文件规定，工资改革后在职人员仍保留知识分子补贴（符合条件的人员享受）。

老粮贴及菜篮子补贴　根据贵州省工资改革办公室 1994 年有关文件规定，第三次工资改革后机关事业单位在职人员仍可保留 2 至 3 元的老粮价补贴。

1994 年 10 月起，县直机关事业单位在职人员，包括离退休人员，每人每月发给菜篮子补贴 30 元。

第二十二篇　社会事务　移民安置

第一章　社会保障

1996年11月，成立县社会福利保险事业局，为归口县人事劳动局管理的二级局。其主要职能是贯彻执行国家颁布实施的各种社会保险基本政策、基本标准；综合管理全县社会保险工作；负责经办各项社会保险业务。负责社会保险基金的收缴、支付、管理、运营工作；编制社会保险基金收支预算方案；制定并组织实施全县社会保险服务体系建设规划。负责县属参保离退休职工、失业人员的社会保险基金发放工作；负责社会保险行政争议复查工作；组织实施机关、事业、企业和社会团体补充养老保险和补充医疗保险政策。负责社会保险统计信息和信息网规划建设工作。

第一节　养老保险

职工基本养老保险是指参保职工或以个人身份按规定缴纳养老保险费，参保人员达到法定期限和法定退休年龄后，国家和社会为其提供物质帮助，以保证因年老或病残退出劳动领域，仍具有稳定、可靠的生活来源。

安龙县在1986年推行劳动合同制时，改企业职工退休制度为退休社会养老保险制度，县劳动人事局设立养老保险股，负责全县劳动合同制工人养老保险征缴工作。征缴比例为：按合同制工人工资总额的15%缴纳养老保险费，个人按标准工资的3%缴纳养老保险费。1987年，为使企业在市场经济中处于同一“起跑线”上自主经营，社会保险首先改职工退休工资由企业负担为由社会经办机构统一负担的职工退休养老制度，根据“以支定收、留有部分积累”的原则，建立独立于企业以外的固定职工养老保险统筹制度，筹资比例实行双费法，各企业按不同的缴费比例缴纳养老费，一定几年不变。1996年，统一缴费比例，单位为44%、个人为3%。1999年，根据国务院《关于建立统一的企业职工基本养老保险制度的决定》，建立统一的企业职工养老保险制度，将计划经济时期固定职工退休后按比例领取退休工资改为统一的退休养老金制度，按“老人老办法，新人新办法，中人中办法”过渡，推行新的养老金计发标准，逐步将养老金由企业发放纳入社保经办机构实行社会化发放。2003年年底，县内企业养老保险社会化发放率达到100%。2006年，进一步完善企业职工基本养老金计发办法，将以往基础性养老金“吃大锅”改为与缴费挂钩计发基础性养老金待遇，基本建立较为完善的社会养老保险制度。

（一）**退休条件**：正常退休：男职工年满60周岁，女干部年满55周岁，女工人年满50周岁；特殊工种退休：从事井下、高空、高温、繁重体力劳动和其他有害健康工种的职工，男年满55周岁，女年满45周岁；因病退休：男年满50周岁，女年满45周岁，经医院证明，并经劳动能力鉴定委员会确认，完全丧失劳动能力的。

（二）退休待遇：根据国务院《关于建立统一的企业职工基本养老保险制度的决定》，1999年建立统一的企业职工养老保险制度，将计划经济时期固定职工退休后按比例领取退休工资改为统一的退休养老金制度，按"老人老办法，新人新办法，中人中办法"，推行新的养老金计发标准。

（三）养老保险金的征收管理：①为参保职工全部建立数据库；②严格按照业务管理操作规程进行应缴核定、到账录入、到账确认、实收处理；③认真检查个人账户项目记录是否齐全，有无缺记、漏记情况，记账是否准确。经自查，个人记账完整、准确；个人记账能够做到及时，缴费到账后5日内完成记账；④职工个人账户发生转移时，能够严格按照程序，认真审核，及时办理，完善各项手续，档案资料完整齐备；⑤参保职工死亡后，按有关政策规定，严格审核，及时为死亡职工家属办理一次性支付继承额；⑥做好个人账户查询服务。次年能及时打印职工个人账户对账单，可电话查询或到社保经办机构进行账户查询；⑦业务信息具备权限管理、口令控制。

第二节　失业保险

失业保险是指国家通过立法强制实行的，由社会集中建立基金，对因失业而暂时中断生活来源的劳动者提供物质帮助的制度。

失业保险的范围：根据《中华人民共和国社会保险法》规定，用人单位和职工按照国家规定共同缴纳失业保险费。城镇企业事业单位及其职工要参加失业保险，并缴纳失业保险费。本辖区内的社会团体及其专职人员、民办非企业单位及其职工、有雇工的城镇个体工商户及其职工纳入失业保险覆盖范围。

失业保险条件：失业前用人单位和本人已经按照规定缴纳失业保险费满一年的；非因本人意愿中断就业的；已经进行失业登记，并有求职要求的。

失业保险标准：累计缴费时间满1年不满2年的，领取失业保险金的期限为3个月；累计缴费时间满2年不满3年的，领取失业保险金的期限为6个月；累计缴费时间满3年不满4年的，领取失业保险金的期限为9个月；累计缴费时间满4年不满5年的，领取失业保险金的期限为12个月；累计缴费时间满5年不满6年的，领取失业保险金的期限为14个月；累计缴费时间满6年的，领取失业保险金的期限为15个月；以后每增加1年，领取失业保险金的期限增加1个月，但最长不超过24个月。

失业人员在领取失业保险金期间，参加职工基本医疗保险，享受基本医疗保险待遇，失业人员应当缴纳的基本医疗保险费从失业保险基金中支付，个人不缴纳基本医疗保险费。

失业保险原则：《中华人民共和国社会保险法》规定，失业保险金的标准，由省、自治区、直辖市人民政府确定，不得低于城市居民最低生活保障标准。《失业保险条例》还规定，失业保险金标准不高于最低工资标准。

失业保险金是从失业保险基金中以现金形式支付给失业人员的基本生活费用，是最基本最重要的待遇项目。目前失业保险金的标准确定办法有4种：一是当地最低工资标准挂钩，按当地最低工资标准的一定比例发放失业保险金；二是以当地城市最低生活保障标准挂钩；三是在《失业保险条例》所规定的失业保险金最低和最高幅度内将失业保险金发放水平与失业人员失业前个人工资挂钩；四是不直接与最低工资、城市低保水平挂钩，而是根据当地最低工资标准、城市低保标准的调整变化情况，对失业保险金作相应调整。

失业保险金的收缴与支付：失业保险金的收缴：根据《失业保险条例》规定，参保单位及其职工应当按规定缴纳失业保险费。其中城镇企业事业单位按照本单位工资总额的2%缴费，职工按照本人工资的1%缴费。职工个人缴费由参保单位代扣代缴。

失业保险金的支付：按照《中华人民共和国社会保险法》的规定，失业保险金、失业人员参加职工基本医疗保险应当缴纳的基本医疗保险费、失业人员领取失业保险金期间死亡后其亦舒享受的一次性丧葬补助金和抚恤金，由失业保险基金支付。

失业保险金的调整：失业保险金的调整，由省、自治区、直辖市人民政府根据《中华人民共和国失业保险法》及其条例，结合本省（区、市）失业保险相关制度和本年度本省（区、市）最低工资标准进行调整。

第三节 医疗保险

基本医疗保险是指用人单位、个人、集体组织和政府等，按照国家规定缴纳（筹措）资金，形成医疗保险金，在参保人因患病和意外伤害而就医诊疗时，由医疗保险基金支付其符合规定的医疗费用，从而化解和减少参保人因患病引起的经济风险。

一、城镇职工基本医疗保险

2001年5月，成立安龙县城镇职工医疗保险改革领导小组。8月，州政府批复同意《安龙县城镇职工基本医疗保险制度改革实施方案》，印发《安龙县城镇职工基本医疗保险制度改革实施方案》等11个配套文件。9月1日，全县城镇职工医疗保险制度改革正式启动。2010年，根据《黔西南州城镇职工基本医疗保险实施办法》，全县医疗保险由县级统筹提升到州级统筹。

1.缴费标准：

①职工基本医疗保险基金。2001年9月，根据《安龙县城镇职工基本医疗保险制度改革实施方案》，基本医疗保险基金实行社会统筹基金和个人账户相结合，基本医疗保险费由单位和职工个人共同缴纳。职工个人以本人上年月平均工资收入为缴费工资基数，按比例缴纳基本医疗保险费，单位按在职职工工资总额和退休人员退休费总额的6%缴纳基本医疗保险费，职工个人按本人工资总额的2%缴纳基本医疗保险费。

②职工大病统筹基金，由单位缴费和个人缴费构成。2001年9月，根据《安龙县城镇职工基本医疗保险制度改革实施方案》规定，用人单位按每人每月4元缴纳，个人按每人每月4元缴纳。大病统筹基金只能用于参加基本医疗保险的职工在住院医疗费超过封顶线的部分。

2010年，根据《黔西南州城镇职工基本医疗保险实施办法》，对大病统筹基金缴费设定两个档次：第一档用人单位按每人每月4元缴纳，个人按每人每月4元缴纳；第二档用人单位按每人每月16元缴纳，个人按每人每月16元缴纳。

2.保险费收缴。

2001年9月，县社会福利保险局设立职工基本医疗保险基金财政收入专户和财政支出专户，实行收支两条线。由参保单位到社保局缴纳参保职工个人缴费部分，单位缴费部分由县财政统一划拨。2010年，医疗保险缴费改由单位和个人缴纳的医疗保险费统一由单位缴纳，县财政不再统一划拨单位缴费部分到社保局。2011年1月开始，县内医疗保险收入户基金每月全部划转州社保局医疗保险收入专户，基金实行全州统筹管理。

二、城镇居民医疗保险

2008年9月1日，启动县内城镇居民基本医疗保险工作。城镇居民基本医疗保险参保范围为：县行政区域内不属于城镇职工基本医疗保险制度覆盖范围的非从业城镇居民。具体包括：各类中小学阶段的在校学生、少年儿童及其他18周岁（含18周岁）以下的城镇居民；18周岁（不含18周岁）以上的未从业的一般城镇居民。

1. 缴费标准：

①各类中小学阶段的在校学生、少年儿童及其他18周岁（含18周岁）以下的城镇居民筹资标准为每人每年120元，其中家庭（个人）缴纳40元、政府补助80元，低保对象和重度残疾的学生儿童家庭（个人）缴纳10元、政府补助110元。

② 18周岁（不含18周岁）以上的其他城镇居民筹资标准为每人每年180元，其中家庭（个人）缴纳100元、政府补助80元；18周岁以上低保对象和重度残疾人、60岁（含60周岁）以上的"低收入"老年人，家庭（个人）缴纳10元、政府补助170元。

③ "三无"人员参加城镇居民基本医疗保险的，家庭（个人）缴费由政府全额补助。

④ 2010年，根据《黔西南州城乡居民基本医疗保险实施办法》，部分政策有变动：

第一档，筹资标准为每人每年150元；其中个人缴纳30元，政府补助120元；第二档，筹资标准为每人每年220元，其中个人缴纳100元，政府补助120元。

低保对象、重度残疾人（1—2级），按第一档筹资标准缴费，个人缴费10元，不足部分由各县（市）、顶效开发区民政部门从医疗救助资金中代为缴纳；无生活来源、无劳动能力和无法定赡养或抚养人员（以下简称"三无"人员）按第一档筹资标准参保个人缴费部分由民政部门全额代为缴纳；此三类人员若按第二档缴费，民政部门也只按上述补助标准予以补助，不足部分由参保人员自行承担。

2. 保险费收缴

2008年9月，安龙县社会福利保险局设立城镇居民医疗保险基金收入专户和支出专户，实行收支两条线，城镇居民医疗保险收入户基金每月全部划转州社保局城镇居民医疗保险收入专户，基金实行全州统筹管理。

第四节　工伤保险

工伤保险是指用人单位缴纳工伤保险费形成工伤保险基金，对参保单位职工因工作原因遭受意外伤害或者职业病，从而造成死亡、暂时或者永久丧失劳动能力时，给予职工及相关人员工伤保险待遇。

2003年4月16日，国务院颁布《工伤保险条例》。9月，劳动和社会保障部颁布《工伤认定办法》《因工死亡职工供养亲属范围规定》和《非法用工单位伤亡人员一次性赔偿办法》。2004年，贵州省人民政府颁布《贵州省实施〈工伤保险条例〉办法》，7月1日起施行。

2005年9月1日，根据黔西南州政府《关于认真兑现工伤保险待遇的通知》，全州工伤保险正式启动。县内各类企业、有雇工的个体工商户，均应当按规定为本单位职工缴纳工伤保险费，享受工伤保险待遇。

1. 工伤医疗待遇。工伤职工因工作遭受事故伤害或者患职业病进行治疗，享受工伤医疗待遇。职工治疗工伤应当在签订服务协议的医疗机构就医，情况紧急时可以先到就近的医疗机构急救。治疗工伤所需费用符合工伤保险诊疗项目目录、工伤保险药品目录、工伤保险住院服务标准的，从工伤保险基金支付。

2. 医疗期间的生活待遇。职工住院治疗工伤期间，由所在单位按照本单位因公出差伙食标准的70%发给住院伙食补助费；经医疗机构出具证明，报经办机构同意，工伤职工到统筹地区以外就医的，所需交通、食宿费用由所在单位按照本单位职工因公出差标准报销。

3. 伤残待遇。

一次性伤残补助金：职工因工致残被鉴定为一至四级伤残的，保留劳动关系，退出工作岗位，从工伤保险基金按伤残等级支付一次性伤残补助金，标准为：一级伤残为24个月本人工资、二级为22个月本人工资、三级为20个月本人工资、四级为18个月的本人工资；职工因工致残被鉴定为五级、六级伤残的，一次性补助16个月、14个月工资；七至十级伤残的，分别一次性补助12个月、10个月、8个月工资。

伤残津贴支付标准：职工因工致残被鉴定为一至四级伤残的保留劳动关系，退出工作岗位，从工伤保险基金按月支付伤残津贴，标准为：一级伤残为本人工资的90%、二级伤残为本人工资的85%、三级伤残为本人工资的80%、一级伤残为本人工资的75%。伤残津贴实际金额低于当地最低工资标准的，由工伤保险基金补足差额。工伤职工达到退休年龄并办理退休手续后停发伤残津贴。

生活护理费：工伤职工已经评定伤残等级并经劳动能力鉴定委员会确认需要生活护理的，由工伤保险基金按月支付生活护理费。生活护理费按照生活完全不能自理、大部分不能自理、部分不能自理3个不同等级支付，其标准分别为统筹地区上年度职工月平均工资的50%、40%、30%。生活护理费由统筹地区劳动保障行政部门根据职工平均工资和生活费用变化等情况适时调整，按省人民政府规定的调整办法执行。

4. 职工康复待遇。按2005年黔西南州政府《关于认真兑现工伤保险待遇的通知》，工伤职工到签订服务协议的医疗机构进行康复性治疗费用，符合工伤保险诊疗项目目录、工伤保险住院服务标准，从工伤保险基金支付。

5. 因工死亡待遇。一次性工亡补助金：职工因工死亡，一次性工亡补助金的标准为54个月的统筹地区上年度职工月平均工资。丧葬补助金：职工因工死亡，丧葬补助金为6个月的统筹地区上年度职工月平均工资。供养亲属抚恤金：职工因工死亡，供养亲属抚恤金按照职工本人工资的比例发给因工死亡职工生前提供主要生活来源无劳动能力的亲属。标准为：配偶每月40%，其他亲属每人每月30%，孤寡老人或者孤儿每人每月在上述标准基础上增加10%。核定的各供养亲属抚恤金之和不应该高于因工死亡职工生前的工资，供养亲属的亲属的具体范围按国务院劳动保障部门的规定执行。

6. 工伤保险费收缴。

机关事业单位工伤保险标准费率：2006年10月，机关事业单位职工启动工伤保险，基准费率为0.5%。

企业职工工伤保险费的费率：工伤保险行业基准费率：一类风险较小行业其基准费率为0.5%、二类中等风险行业其基准费率为1%、三类风险较大行业其基准费率为2%。

煤炭、黄金企业的缴费基数按生产能力确定。缴费标准为煤炭企业每生产煤炭1吨，缴费2元，黄金企业每生产黄金1两，缴费35元。参保企业在一个参保年度内未发生工伤事故的，次年缴费标准为按煤炭企业每生产燃煤1吨，缴费1.5元，黄金企业每生产黄金1两，缴费35元。参保企业在一个参保年度内发生工伤事故的，次年缴费标准为按煤炭企业每生产1吨3元，黄金企业每生产1两，缴费50元。2008年9月1日起，煤炭企业年产量在15万吨（不含15万吨）以下的企业，按每吨5元征收；产量在15万吨以上30万吨（含30万吨）以下的企业，按每吨4元征收；年产量30万吨以上（不含30万吨）100万吨（含100万吨）以下的企业，按每吨2.5元征收。黄金企业年产量在1万两（含1万两）以下的企业，按每两缴费35.6元征收；年产量在5万两（不含5万两）以上10万两以下（不含10万两）的企业，按每两缴费21.4元征收；年产量在10万两（含10万两）以上的企业，按每两缴费17.8元征收。

2008年，按黔西南州社会保险局《关于二、三类风险行业工伤保险费率的通知》。参保单位上一缴费年度未发生工伤事故的，当年缴纳工伤保险的标准为应缴总额的 80%；参保单位上一缴费年度发生工伤事故的，未发生死亡，且支付工伤保险待遇金额在上一年缴纳工伤保险总额 50%（含 50%）以下的，该单位当年缴纳工伤保险的标准为应缴总额的 100%；参保单位上一缴费年度发生工伤事故的，未发生死亡，且支付工伤保险待遇金额在上一年缴纳工伤保险总额 50%—100%（含 100%）的，该单位当年缴纳工伤保险的标准为应缴总额的 120%；参保单位上一缴费年度发生工伤事故的，未发生死亡，且支付工伤保险待遇金额在上一年缴纳工伤保险总额 100%—110%（含 110%）的，该单位当年缴纳工伤保险的标准为应缴总额的 130%；参保单位上一缴费年度发生工伤事故的，未发生死亡，且支付工伤保险待遇金额在上一年缴纳工伤保险总额 110%—120%（含 120%）的，该单位当年缴纳工伤保险的标准为应缴总额的 140%；参保单位上一缴费年度发生工伤事故的，已发生死亡或支付工伤保险待遇金额在上一年缴纳工伤保险总额 120%（含 120%）的，该单位当年缴纳工伤保险的标准为应缴总额的 150%。

自 2005 年 9 月起，县社会福利保险局设立工伤保险基金银行收入和支出专户，实行收支两条线。每月工伤保险收入户基金全部划转州社会保险局工伤保险收入专户，实行全州统筹管理。

第五节　生育保险

生育保险是指职业妇女因生育而暂时中断劳动，由国家或单位为其提供生活保障和物质帮助的一项社会制度。其宗旨在于通过向生育女职工提供生育津贴、产假以及医疗服务等方面的待遇，保障妇职工因生育而暂时丧失劳动能力时的基本经济收入和医疗保健，帮助生育女职工恢复劳动能力，重返工作岗位，并使婴儿得到必要的照顾和哺育，从而体现国家和社会对妇女在这一特殊时期给予的支持和爱护。同时，通过将妇女生育负担由用人单位责任转化为全社会责任，平衡企业之间的负担，减轻用人单位招用妇女的成本，促进消除就业性别歧视。

2007 年 12 月，黔西南州政府印发《黔西南州职工生育保险暂行办法》。2008 年 9 月，县内正式启动职工生育保险。生育保险实行州级统筹，覆盖范围为黔西南州行政区域内所有企业、机关、社会团体、民办非企业单位、个体经济组织等。生育保险费按照“以支定收，收支基本平衡”的原则筹集。按照社会保险费实行五险合一的征缴方式，用人单位缴纳生育保险费应与其他社会保险险种统一缴费基数、统一参保人数及增减变动。

职工个人不缴纳生育保险费，用人单位按在职职工工资总额的 0.6% 向社保经办机构缴纳生育保险费。生育保险费列支渠道按照国家对社会保险费列支的有关规定执行。

2008 年 9 月，安龙县社会福利保险局设立生育保险基金银行收入和支出专户，实行收支两条线。每月生育保险收入户基金全部划转州社保局工伤保险收入专户，实行全州统筹管理。

1989—2012 年安龙县职工基本养老、失业、基本医疗、工伤、生育保险收支情况

表 22—1—1　　单位：万元

年度	职工基本养老保险		职工失业保险		职工基本医疗保险		职工工伤保险		职工生育保险	
	收入	支出	收入	支出	收入	支出	收入	支出	收入	支出
1989	3.90	0.10	12.54	1.60	—	—	—	—	—	—
1990	4.00	0.50	3.10	0.13	—	—	—	—	—	—
1991	8.00	0.50	4.80	0.20	—	—	—	—	—	—

续表 22—1—1

年度	职工基本养老保险		职工失业保险		职工基本医疗保险		职工工伤保险		职工生育保险	
	收入	支出	收入	支出	收入	支出	收入	支出	收入	支出
1992	15.79	0.20	2.90	0.20	—	—	—	—	—	—
1993	7.50	0.60	4.20	0.10	—	—	—	—	—	—
1994	23.65	18.28	7.60	0.57	—	—	—	—	—	—
1995	18.40	9.50	14.46	5.70	—	—	—	—	—	—
1996	81.15	67.97	6.40	5.30	—	—	—	—	—	—
1997	99.71	100.08	5.40	0.10	—	—	—	—	—	—
1998	14.39	14.13	7.10	9.00	—	—	—	—	—	—
1999	100.80	126.52	12.00	1.00	—	—	—	—	—	—
2000	93.01	49.67	8.00	2.25	—	—	—	—	—	—
2001	92.94	69.98	27.26	4.28	20.91	6.19	—	—	—	—
2002	125.61	94.49	45.98	14.85	62.40	49.27	—	—	—	—
2003	488.18	339.87	50.80	14.00	49.18	53.02	—	—	—	—
2004	252.29	264.91	50.60	23.20	100.99	63.03	—	—	—	—
2005	673.08	348.68	56.00	25.00	270.19	276.94	201.08	0.00	—	—
2006	515.00	434.00	70.00	25.78	302.42	255.56	185.42	48.21	—	—
2007	942.75	515.00	91.50	35.40	216.43	247.25	230.01	214.85	—	—
2008	1614.00	692.55	128.50	124.30	1755.32	951.76	447.43	345.37	43.00	0.00
2009	2124.00	997.72	87.95	91.08	1635.59	1178.30	482.37	282.31	61.34	9.63
2010	2276.00	1507.00	78.98	21.30	1899.54	1448.68	969.83	981.28	63.31	11.34
2011	2825.00	2139.15	157.00	15.90	1883.32	1257.77	1112.69	673.72	88.32	9.82
2012	2836.00	2646.00	281.00	25.00	2236.11	1309.83	1555.24	1119.59	99.87	14.94
合计	15235.15	10437.40	1214.07	446.24	10432.40	7097.60	5184.07	3665.33	355.84	45.73

第二章　民　政

中共十一届三中全会以来，随着国民经济和社会的发展，国家用于抚恤、救灾救济和社会福利的经费逐年增加。1967—1978年，安龙县用于民政共支出265.1万元，年均22.09万元，占财政年总支出的6.3%；1979—1987年，用于民政共支出594.33万元，年均66.04万元，占财政年总支出的6.22%，是1967—1978年的2.99倍。民政部门的主要职能为基层政权建设、优质安置、救灾救济、社会福利、行政区划、殡葬改革及婚姻登记等；同时，在救灾救济中改变过去单一的救济思想和做法，积极开展扶持贫困户和优待对象发展生产、治穷致富工作，取得较好效果。

第一节　社会行政事务管理

一、婚姻登记

1989—1992 年，全县婚姻登记管理工作，在县民政局的业务指导下，由各乡镇政府办公室兼职办理。

1992 年 1 月，全县撤区并乡建镇后，各乡镇政府均设民政股，婚姻登记管理由各乡镇民政股具体负责。首先开展对违法婚姻的清理工作，至 1992 年 6 月底，全县共清理 1981 年 1 月 1 日至 1991 年 12 月底违法婚姻（主要是早婚和不进行婚姻登记就以夫妻关系同居的）1261 对，补办结婚登记手续 1150 对。

2000 年 4 月 10 日，建立县婚姻登记家庭服务中心，全县婚姻登记由县民政局统一办理，全年办理结婚登记 3820 对、离婚登记 7 对。

2003 年 9 月，根据县人大代表“婚姻登记由县民政局统一办理不方便群众”议案，县民政局增设万峰湖、戈塘、龙山、海子、笃山 5 个婚姻登记点。

2005 年，婚姻登记管理全部收归县民政局婚姻登记处办理，全年办理结婚登记 2719 对、离婚登记 115 对。

2009 年，全县办理结婚登记 3125 对、离婚登记 256 对。

2010 年，全县依法办理婚姻登记 4834 对。

2011 年，全年共依法办理婚姻登记 5591 对，其中结婚登记 5189 对、离婚登记 412 对。

2012 年，按照《贵州省民政厅关于印发〈贵州省婚姻登记机关设置方案〉的通知》，安龙县婚姻登记机构有万峰湖镇、海子乡、笃山乡、龙山镇、洒雨镇和县民政局 6 个婚姻登记处。按照《贵州省婚姻登记工作规范》要求，受办公设施、办公条件、婚姻登记人员等因素影响，龙山、洒雨、笃山、万峰湖、海子 5 个婚姻登记处未办理婚姻登记业务，全县婚姻登记统一到县政务服务中心集中（民政婚姻登记窗口）办理。至 12 月 14 日，全县全年依法办理婚姻登记 7046 对。

1994 年，开展涉外婚姻登记管理工作，至 2009 年全县共办理涉外婚姻 20 对，此后至 2012 年底未开展涉外婚姻登记工作。

二、社团管理

1991 年 8 月—1992 年 5 月，全县清理整顿全县社会团体，经清理，符合登记的社会团体有：“安龙县计划生育协会”“安龙县关心下一代协会”“安龙县消费者协会”“安龙县个体劳动者协会”“安龙县畜牧学会”“安龙县水电学会”“安龙县外语教学研究会”“安龙县物理教学研究会”“安龙县化学教学研究会”“安龙县语言教学研究会”“安龙县离退休教师协会”“安龙县花鸟协会”“安龙县书画协会”“安龙县钓鱼协会”“安龙县门球协会”。后将“安龙县花鸟协会”“安龙县书画协会”“安龙县钓鱼协会”“安龙县门球协会”，合并为“安龙县老年人体育协会”；撤销“安龙蔬菜协会”“安龙县电子协会”。

2000 年 7 月 20 日，取缔“安龙县气功协会”。

2000 年 1 月起，开展“民办非企业单位”登记发证工作，至当年 12 月，共登记发证 82 家。

2003 年，清理整顿 17 个社会团体，换发新证。清理整顿后，全县保留社会团体 11 个：“安龙县老年人协会”“安龙县退教协会”“安龙县水电协会”“安龙县畜牧协会”“安龙县消费者协会”“安龙县计划生育协会”“安龙县戏剧协会”“安龙县红十字协会”“安龙县林业协会”“安龙县农业协会”“安龙个体劳动者协会”。整顿“安龙县老年人协会”的木咱、新桥、普坪、德卧4个乡镇分支机构，依据有关规定进行登记。

至2009年底，全县注册登记的社团有“安龙县粮食系统老年退休协会”“安龙县响乐优质米专业协会”“安龙县计划生育协会”“安龙县戏剧协会”“安龙县太极健身协会”“安龙县教育协会”“安龙县荷花村种养专业技术协会”“安龙县大水井金银花协会”“安龙县煤炭行业发展与健康安全协会”“安龙县新安镇舍寨村老年协会”“安龙县十二份蔬菜基地协会”“安龙县文体广电退休协会”“安龙县夕阳红歌舞协会”“安龙县老年乒乓球协会”“安龙县药学协会”“安龙县红十字会”“安龙县龙广镇联新合作社”“安龙县新安镇耀泳蔬菜种植农民协会”“安龙县绿宇农特产民农专业合作社”等社会团体19个。

2010年，登记成立县个体私营经济协会、县苗族学术研究会、县布依族学术研究会、龙广镇蕉芋粉丝协会、县优质大米协会、县黔剧学会、县太极拳气功站、县国营酒厂老年协会。

2011年，登记成立县文化体育舞蹈协会、县农业产业发展协会、县民族民间收藏协会、县老年阳光协会、县户外运动协会。

2012年，登记成立火蒙移民社区种养专业技术协会、县兴隆镇阿兴村老年协会、县信鸽协会、兴隆镇中老年健身协会、县体育舞蹈运动协会。

2010—2012年安龙县注册登记社团

表22—2—1

序号	社团名称	登记时间	法人代表	会员人数	主管单位
1	安龙县个体私营经济协会	2010.02	陈定忠	87	县工商局
2	安龙县苗族学术研究会	2010.03	龙大光	66	县民族宗教事务局
3	安龙县布依族学术研究会	2010.06	王万录	59	县民族宗教事务局
4	龙广镇蕉芋粉丝协会	2010.08	袁龙军	33	县科学技术协会
5	安龙县优质大米协会	2010.06	吴正兴	89	县科学技术协会
6	安龙县黔剧学会	2010.10	刑静蓉	17	县文体旅广局
7	安龙县太极拳气功站	2010.11	孙素君	77	县文体旅广局
8	安龙县国营酒厂老年协会	2010.06	郭远文	37	县文体旅广局
9	安龙县文化体育舞蹈协会	2011.02	赵　翚	50	县文体旅广局
10	安龙县农业产业发展协会	2011.07	张忠益	9	县科学技术协会
11	安龙县民族民间收藏协会	2011.09	赵应厚	56	县文体旅广局
12	安龙县老年阳光协会	2011.10	龚晓霞	50	县文体旅广局
13	安龙县户外运动协会	2011.08	岑家军	29	县文体旅广局
14	安龙县火蒙移民社区种养专业技术协会	2012.04	罗荣豹	68	县科学技术协会
15	安龙县兴隆镇阿兴村老年协会	2012.05	刘荣祥	54	兴隆镇人民政府
16	安龙县信鸽协会	2012.05	陈伟明	27	县文体旅广局
17	兴隆镇中老年健身协会	2012.11	侯凤琼	50	兴隆镇人民政府
18	安龙县体育舞蹈运动协会	2012.06	吴绍林	102	县文体旅广局

三、地名管理

1992年，全面开展16个乡镇地名核查登记和山峰、河流名称检查登记。

1995年，随着天生桥电站移民搬迁，新建新安镇盘江村和新桥乡富兴村，认定万峰湖江坡村。

1996年，省政府批准撤销永和镇，设万峰湖镇，镇政府迁至大湾村。

1998年12月18日，组建坡脚乡者贵村和石头寨村。

2005年12月17日，省政府批准撤销新桥乡，设立新桥镇；梨树乡更名为笃山乡，乡政府迁至笃山。

2003年12月2日，万峰湖镇永桑村更名为万峰湖镇永和村。

2007年3月30日，万峰湖镇六躲村更名为万峰湖镇龙湖村。

1998年，完成安龙县境内324国道线地名投标工作。

2001年8月15日，完成城区金龙市场及部分街道、景区的命名和更名工作，金龙市场命名为金龙新区，新区街道按道和路分别命名为“金龙大道”“南明大道”“金龙东环路”“金龙南环路”“金龙西环路”“金龙北坏路”“黄金路”“文明路”“荷香路”“仙鹤路”“万寿路”。其他命名的有：安龙汽车站起，自东向西到西龙桥处，命名为“西龙路”；王宪章纪念处命名为“王宪章将军园”；“明十八先生墓门楼”更名为“南明缘”；原“杨柳街”更名为“招堤路”。

2003年，制定《安龙县行政区划调整规划》。近期（2004—2010）规划为：2003年底在新安镇进行试点社区建设，2004年在县城全面铺开社区建设，到2008年完善县城社区建设的各项功能；2005年完成撤县建市前期工作，以新安镇为中心向兴隆镇、木咱镇、钱相乡、坡脚乡辐射，撤销新安镇建2—3个街道；2006年撤兴隆、木咱镇、钱相乡、坡脚乡归并新安镇；在条件比较成熟的龙广镇和德卧镇进行镇社区建设；以洒雨镇为中心向戈塘镇、普坪镇、新桥镇辐射，以德卧镇、龙广镇为重点，加快小城镇建设；2008年，完成撤县建市工作。中期（2010年—2020年）规划为：在建设县级市的基础上，建设一个有25万人口以上的城镇。远期规划为：在2020年以后，形成以新安为中心的50万人口中心城市。

2004年10月，完成安龙县撤县建市调研工作，报黔西南州民政局和省民政厅。

四、勘界

1996年12月13日，根据国务院〔1989〕第26号令和国发〔1996〕32号文件，启动省县两级行政区域界线的勘定工作，成立县勘界工作领导小组。

此次勘界不是重新调整行政区域，而是依照国务院颁布的勘界工作的有关规定，明确行政区域界线走向的位置，即换定法定线，勘定习惯线，解决争议线，并在实地树立界桩，用现代技术手段形成准确反映实际边界走向的文件、资料和地形图，用法律的形式将省、县边界固定下来。

据统计，安龙县省级界线长54千米。县级界4条：一是安龙与兴义线，边界线全长88千米；二是安龙与兴仁线，边界线全长50千米；三是安龙与贞丰线，边界线全长30千米；四是安龙与册亨线，边界线全长101千米。

2000年，本着“坚持实事求是，顾全大局、互谅互让”方针，解决争议线段13处，长约50千米，全面完成省县两级勘定协议书、地形图，埋设界桩，完善勘界工作的所有成果和档案。省县两级行政区域界线界桩标志设置埋设如下：

1. 省级行政区域界线界桩标志，位于德卧镇灰老村长田组南盘江左岸长垭大桥桥头公路旁，桩号是：4552001B。

2. 县线行政区域界线界桩标志：兴义、兴仁、安龙3县交会点界桩标志，位于海子乡陇桥村，桩号230123222328；兴义、安龙线23012328001号行政区域界线界桩标志，位于海子乡沙厂村；兴义、安龙线 23012328002 号行政区域界线界桩标志，位于龙广镇狮子山村；兴义、安龙线 23012328003 号行政区域界线界桩标志，位于万峰湖镇茅草坪村；兴仁、贞丰、安龙 3 县交会点界桩标志，桩号是 232223252328，位于龙山镇坡刹村；兴仁、安龙线 23222328001 号行政区域界线界桩，位于戈塘镇巧洞村；贞丰、册亨、安龙 3 县交会点界桩标志，桩号是 232523272328，位于梨树乡坡老村；贞丰、安龙线 23252328001 号行政区域界线界桩，位于梨树乡暗河村；册亨、安龙线 23272328001 号行政区域界线界桩，位于平乐乡龙雁村；册亨、安龙线 23272328002 号行政区域界线界桩，位于兴隆镇大坪村打牙组；册亨、安龙线 23272328004 号行政区域界线界桩，位于兴隆镇排冗村；册亨、安龙线 23272328004 号行政区域界线界桩，位于坡脚乡坡脚村者干组。

五、收养

1995 年以来，按照《中华人民共和国收养法》，县民政局开展办理合法收养工作，至 2012 年底，共办理合法收养手续 196 份。

六、收容遣送、救助

2003 年 11 月前，收容遣送、救助工作由县民政局民政股负责。2003 年 11 月，成立县社会救助站，至 2009 年，县社会救助站共收容遣送流浪乞讨人员 80 余人（次），依法救助 20 人（次）。

2010 年，救助流浪乞讨人员 175 人（次），解决救助金 1.01 万元。

2011 年，开展城市生活无着流浪乞讨人员救助工作，共救助各类求助人员 421 人（次），解决食宿及返乡乘车费用 1.8 万余元。其中，全天候救助 224 人（次），街头巡查救助 197 人（次），其中女性 39 人次、未成年人 27 人次。

2012 年，救助各类求助人员 379 人（次），其中街头巡查救助 113 人（次）、全天候救助 236 人（次），救助的人员有中残疾人 92 人（次）、女性 29 人（次）、未成年人 21 人（次）、明显外伤及带病 9 人（次），解决食宿及返乡乘车费用 3.9 万元。救助离家出走少年 2 人、街头流浪危重病人 2 人，解决医疗费用 3915.45 元；护送流浪疑似精神病人到州康复医疗治疗 37 人，解决医疗费用 17.68 万元，13 人康复出院回归家庭，2 人查找不到户口所在地按相关规定进行安置；发放衣服 168 件，裤子 114 条，鞋子 39 双。

七、殡葬管理

20 世纪 90 年代初，县城居民带头实施老人去世“三天无忌”，也就是如无特殊情况，老人去世后一律在第 3 天埋葬，不再“看期”；县境部分村寨，还建立“红白喜事”理事会。

2000 年 4 月 5 日，省政府批准修建安龙县水井湾公墓。

2000 年 9 月 21 日，成立安龙县殡葬管理所，归口县民政局管理。

2001 年 10 月，县民政局组织人员排查国道 324 线、南昆铁路两侧墓葬。经排查，国道 324 线新安镇懒板凳处，历史形成坟墓 2500 余个，南昆铁路龙广镇梨头山处，历史形成坟墓 500 余个。11 月 9 日，县政府召开联席会议，县民政局、县林业局、县国土局、县城建局参加，决定种植冲天柏树对新安镇懒板凳、龙广镇梨头山墓葬进行遮盖，严禁在公路、铁路干线可视范围内再建新的坟葬。

2003 年 8—9 月，开展公路、铁路两侧及两侧可视范围内坟墓调查，清理坟墓 4061 座，搬迁 30 座，其余的绿化遮盖处理。

2012 年 5 月，按照集中治丧、集中火化、集中安葬“三位一体”建设标准，选址招堤街道官桥社区禄堂湾建设殡仪馆和公墓，计划总投资 4500 万元，年内完成公墓规划区内 31.28 公顷土地征拨、规划评审、地勘、施工设计等；11 月，拟定《安龙县殡葬事业改革实施意见》《安龙县殡葬事业改革实施办法》（征求意见稿），向全县各乡镇、各单位征求意见。是年 3 月，安龙县首个农村公益性公墓龙广镇“龙归园”公墓建成投入使用。该公墓位于龙广镇纳桃村，占地 27 公顷（集体荒山），一期规划安葬坟墓 5836 所，覆盖龙广镇纳桃、合兴、双合、赖山4个村，至年底，累计搬迁小城镇建设规划区坟墓到“龙归园”公墓无偿安葬103所。

第二节　复退军人安置

1989—2012年，县内退伍安置对象主要是入伍前是城镇户口的退伍义务兵和因战、因公致残的二等、三等革命残废军人，以及荣立二等功以上的退伍义务兵。全县退伍军人安置工作，由“县政府安置领导小组”和“退伍军人安置办公室”专职实施。

1987年12月13日，根据国务院《退伍义务兵安置条例》，明确退伍军人安置范围：原是城镇户口的退伍义务兵，服役前没有参加工作的，由国家统一分配工作，实行按系统分配任务，包干安置办法，各接收单位必须妥善安排。因战因公致残的二等、三等革命残废军人，原是城镇户口的，由原征集地退伍军人安置机构安排力所能及的工作；原是农业户口的，原征集地区有条件的，可以在企业、事业单位安排适当工作，不能安排的，按照规定增发残废抚恤金保障他们的生活。入伍前原是国家机关、人民团体、企业事业单位正式职工的，退伍后原则上回原单位复工复职。对于因残、因病不能坚持8小时工作的，原工作单位应当按照对具有同样情况的一般工作人员的安排原则予以妥善安置。

1989年3月15日，省政府发布《贵州省实施〈退伍义务兵安置条例〉细则》规定，贯彻“从哪里来，回哪里去”原则、“妥善安置，各得其所”方针，原则上由入伍地的县接收安置，正式将革命伤残军人的接收安置和慢性病退伍义务兵治疗列入其中；因战，因公致残的二等、三等革命伤残军人，由原征集地所在企业、事业单位安排适当工作；残情较重，安排工作有困难的，发给伤残抚恤金。1990年起，退伍军人安置工作纳入民政工作目标考核管理。1989—2001年，全县退伍军人符合安置政策规定的441名，全部给予安置，其中城镇户口退伍军人415名，二等、三等伤残退伍军人14名，志愿兵、士官11名，在部队荣立二等功退伍军人1名。分别安置在行政机关、企事业单位及省、州驻县单位等。

2002年，按照省政府、省军区关于《贵州省城镇退役士兵安置任务有偿转移和自谋职业试行办法》，执行“按系统分配任务，包干安置”的国防义务均衡负担原则，对完成安置任务有困难的实行安置指标有偿转移和“供需见面、双向选择”安置办法，对要求自谋职工的退役军人给予一次性补助。补助经费由本级财政和安置指标转移补偿金列支。入伍前没有参加工作，符合安置对象的退役军人，不再安置到财政负担的党政机关、事业单位。是年，退伍军人符合安置条件的29人，其中省州驻县单位安置5人；入伍前已分到有关单位进行岗前培训的大学生3人，回原单位由人事部门安置。安置到企业单位15人，申请自谋职业6人，领取自谋职业一次性补助11.1万元。

2003年，县退伍军人安置办公室与县民政局优抚股合并办公。全县全年符合安置条件的退伍军人30人，其中省州驻县单位安置6人、入伍前岗前培训大学生回单位由人事部门安置9人、县医院接收1人，自谋职业14人，对自谋职业人员每人发放一次性补助1.5万元。

2004年，根据《国务院、中央军委关于2003年冬季士兵退出现役工作的通知》《国务院办公厅转发民政部等部门关于扶持城镇退役士兵自谋职业优惠政策意见》，按照自谋职业率不低于50%的要求，设置14个工作岗位，采取文化考试，经考核择优录用。考试、考核由县委组织部、武装部、监察局、人事局、社会保障局、安置办组织实施，文化考试占60%、考核占40%，伤残军人加8分、三等功1次加5分、优秀士兵1次加2分、嘉奖1次加1分、班长加2分、副班长加1分、一期复员士官加5分、二期加8分、满10年士官加10分、从西藏退役加3分，记大过1次扣8分、记过1次扣6分、严重警告1次扣4分、警告1

次扣 2 分。是年，全县符合安置条件的退伍军人 43 人，其中岗前培训大学生 10 人，省州驻县单位负责安置 5 人。经考试和考核，择优录用，安置到边远乡镇事业单位工作 14 人，自谋职业 14 人，发放自谋职业一次性补助费 31.6 万元。

2005 年，全县符合安置条件 21 人，其中公开招考择优安置 5 人、省州驻县单位安置 7 人、自谋职业 9 人，发放自谋职业一次性补助费 20.8 万元。

2006 年，全县符合安置条件 20 人，其中公开招考择优安置 8 人、自谋职业 12 人。

2007 年，全县符合安置条件 22 人，其中公开招考择优安置 8 人、自谋职业 14 人，发放自谋职业一次性补助费 28.6 万元，发放待安置期间生活费 22 人共 3.3 万元。

2008 年，全县符合安置条件 28 人，其中省州驻县单位安置 1 人、荣获二等功免试安置 1 人、公开招考择优安置 8 人、自谋职业 18 人，发放自谋职一次性补助费 52.9 万元；待安置期间，每人每月发放生活费 150 元，共 28 人。

2009 年，全县符合安置条件 27 人，其中省州驻县单位安置 4 人、荣立二等功免试安置 2 人、公开招考择优安置 6 人、自谋职业 15 人，发放自谋职业一次性补助费 32 万元；待安置期间，每人每月发放生活费 150 元，共 23 人。

2009 年年底至 2010 年年初，全县接收退役军人 148 人，其中农村士兵 122 人、城镇士兵 26 人、士官 2 人。经审查，符合安置条件 19 人，由其父母所在单位内部安置 2 人、自谋职业 2 人、待安置 15 人。12 月 20 日，对全县符合安置条件的城镇退役士兵，按 40% 比例进行考试择优安置。

2011 年，全县接收退役士兵和复员士官 150 人，经审查符合安置条件的退役士兵和复员士官 28 人，其中城镇退役士兵 25 人、农村籍三期士官 2 人、四期士官 1 人。省州驻县单位子女 3 人，由省州单位安置；铁路职工子女 1 人，由柳州铁路局安置；自谋职业 3 人，安龙县安置 21 人。11 月中旬，按 40% 安置比例，考试择优安置 8 人、免试安置 1 人（4 级士官）；发放自谋职业补助资金 31 万元，发放待安置期间（1—11 月）基本生活补助资金共 7.64 万元。

2012 年，全县共接收退役士兵和复员士官 106 人，经审查符合安置条件的退役士兵和复员士官共 28 人，其中城镇退役士兵 25 人（八级伤残 1 人）、农村籍三期复员士官 2 人、农村籍八级伤残 1 人，属省州驻县单位安置的 4 人（含农村籍三期复员士官 1 人）。安龙县安置 24 人，其中自谋职业 7 人、待安置 17 人，免试安置 3 人（三期退役士官 1 人、因公八级伤残 2 人）。11 月 28 日，按实有报名人数 11 人的 40%，择优安置 4 人。

第三节 优待抚恤

一、拥军优属

（一）慰问驻军

1989 年以来，每年元旦、春节、建军节，县委、县政府和各乡（镇、街道）党委（党工委）、政府（办事处）均组成慰问团（组），安排慰问品或慰问金前往驻军单位进行慰问。通过座谈会、军警民联欢晚会等形式，交流拥军优属、拥政爱民经验，征求驻军单位对地方政府的意见和要求，为驻军解决实际问题。

（二）慰问优抚对象

1993 年，走访慰问优抚对象 1315 户（次），座谈 21 次，给烈军属送年画、春联 607 对（张），为 129 名优抚对象解决住房、看病、生活方面的困难问题。1994 年，走访慰问优抚对象 1856 户（次），为烈军属送春联、年画 604 对（张），开座谈会 34 次，临时补助军烈属 35 户。2000 年，元旦、春节走访慰问优抚对象1200户，为烈军属送春联年画715对（张）；“八一”建军节，拨付座谈会专项经费3200元；慰问烈军属317户，发慰问金14260元。2001年，走访慰问1200户，送春联、年画715对（张），召开座谈会19次；慰问烈军属、一等伤残军人等682人，发慰问金2.09万元。2003年，元旦，春节慰问烈属及因公牺牲军人家属、病故军人家属73户、军属576户、一等伤残军人1户，发慰问金5.4万元、棉被82床、单衣20套、鞋20双；“八一”建军节，拨付座谈会专项经费1.2万元。2004年，慰问重点优抚对象160户，按军烈属、在乡老复员军人户均100元，一等伤残军人200元标准发放慰问金。

（三）群众优待

1989年以来，按“群众优待和国家抚恤相结合”的方针，对优抚对象实行优待，保证他们的生活水平达到或略高于当地水平。

1. 优待金来源：1989—2001年，全民筹集。1989年，干部职工每人每年提取工资总额的2%，城镇居民人口每人每年交纳0.5元，农业人口每人每年交0.1元，民办教师和不脱产干部每年按国家补贴工资总额的1%提交。1990年，机关、企事业单位（含集体企业）干部职工、离退休人员每人每年3元、城镇居民每人每年0.5元、农业人口每人每年0.3元缴纳优抚金。1997年，乡镇统筹改为以县统筹，制定《安龙县烈军属群众优待实施办法》，机关、企事业单位干部职工每人每年8元、城镇居民每人每年2元、农业人口每人每年1元缴纳优抚金。五保户、烈属、伤残军人免交优待金。2002年农村税费改革后，不再向群众征收优待金，在农村税费改革专项转移支付资金中列支。

2. 优待标准：1989年，优待标准为户均140元；1990年，户均150元；1993年，户均200元；1996年，户均300元；1997年，户均400元；1999年，户均600元。优待金年发放总额由1989年的1.68万元，增加到1999年的40万元。1989—1999年，城镇户籍与农村户籍优待标准相同；2000年11月，县政府制定《关于在乡老复员军人定补及义务兵家属优待金标准的通知》，义务兵家属优待金标准调整为农村籍每户每年900元，城镇籍每户每年150元；2003年，优待标准为城镇籍军属户均200元，农村籍军属户均1200元；2004年，优待标准为城镇籍军属户均300元，农村籍军属户均1300元；2007年，优待标准为城镇籍军属户均400元，农村籍军属户均1400元；2009年，优待标准为城镇籍军属户均600元，农村籍军属户均1600元。2011年，城镇籍军属户均2400元，农村籍军属户均3400元。2012年，农村户籍和城镇户籍军属户统一为4500元。

1990年，为荣获中央军委或大军区授予英雄模范称号者家属奖励250元、一等功奖励150元、二等功奖励100元、三等功奖励50元。1997年，改为荣获中央军委或大军区授予英雄模范称号者家属奖励1000元、一等功奖励600元、二等功奖励300元、三等功奖励150元、优秀士兵（士官）奖励50元。

3. 优待金发放：2000年前，全县优待金由其所在乡镇民政部门发放。2000年起，县武装部每年与部队交接新兵时，由民政局现场发放新兵家属优待金，其余义务兵家属优待金由所在乡镇民政部门按时发放。

二、抚恤、补助

（一）革命烈士家属、因公牺牲军人家属、病故军人家属抚恤

国家对革命烈士家属、因公牺牲军人家属、病故军人家属的抚恤，分一次性抚恤和定期抚恤两种。

1989年，因公牺牲军人家属、病故军人家属（以下简称“三属”）抚恤标准，执行1989年10月4日省民政厅、省财政厅转发民政部、财政部《关于调整部分优抚对象抚恤补助标准的通知》，革命烈士家属、因公牺牲军人家属，居住农村的，每人每月30—40元；居住小城镇的，每人每月35—50元，居住地州市的城市，每人每月40—55元。病故军人家属，居住农村的，每人每月25—35元，居住小城镇的，每人每月30—45元；居住地州市城市的，每人每月35—50元。“三属”中的孤老，在上述相应标准基础上，

增加5—10元。是年，全县享受定期抚恤金“三属”65人，发放抚恤金19080元。

1990年，定期抚恤“三属”69人；1991年，定期抚恤“三属”109人，1992年，定期抚恤“三属”108人。

1993年6月9日，省民政厅、省财政厅发布《关于提高革命烈士，因公牺牲军人、病故军人家属定期抚恤金标准的通知》，在1989年规定的基础上，每人每月增加10元。是年，全县享受定期抚恤金的“三属”71人，发放定期抚恤金37740元。

1994年，民政部、财政部发出《关于提高部分优抚对象抚恤补助标准的通知》，烈士家属，因公牺牲军人家属居住农村的，每人每月50—55元，居住小城镇的每人每月60—65元；病故军人家属居住农村的，每人每月45—50元，居住小城镇的每人每月55—60元。是年，全县享受定期抚恤金的“三属”68人，发放抚恤金3.72万元。

1995年，享受定期抚恤金“三属”63人，发放抚恤金4.76万元；1996年，享受定期抚恤金“三属”63人，发放抚恤金4.06万元；1997年，享受定期抚恤金“三属”72人，发放抚恤金4.8万元。

2003年，调整抚恤标准。居住农村烈士家属每人每月195元，因公牺牲军人家属每人每月190元，病故军人家属每人每月185元；居住城镇烈士家属每人每月255元，因公牺牲军人家属每人每月250元，病故军人家属每人每月245元。是年，享受定期抚恤102人，发放抚恤金13.6万元。

2004年起，抚恤金不再执行月标准，改成以年为标准。2004年，享受定期抚恤“三属”70人，发放抚恤金16.94万元；2005年，享受定期抚恤“三属”87人，发放抚恤金21.95万元（含2004年增补部分）；2006年，享受定期抚恤“三属”87人，发抚恤金20.8万元；2007年，享受定期抚恤“三属”65人，发抚恤金24.04万元；2008年，享受定期抚恤“三属”67人，发放抚恤金36.6万元（含2007年8—12月增补）；2009年，享受定期抚恤“三属”60人，发放抚恤金27.8万元。2010年，享受定期抚恤“三属”对象59人，发放抚恤金30.32万元。2011年，全县累计发放优待金42.84万元。2012年，享受定期抚恤“三属”55人，发放抚恤金38.11万元。

（二）伤残抚恤

1989年，执行1988年2月民政部、财政部《关于提高革命残废人员抚恤标准的通知》，全县革命伤残人员在乡71人、在职76人，全年发放伤残抚恤金4.23万元。

1991年9月26日，民政部、财政部发布《关于提高在乡革命伤残人员抚恤金标准的通知》。其中特等伤残，每人每年提高340—360元；一等伤残，每人每年提高200—240元；二等甲级伤残，每人每年提高160—180元；二等乙级伤残，每人每年提高104—118元；三等甲级伤残，每人每年提高78—80元；三等乙级，每人每年提高70元。

1992年，全县在乡革命伤残人员68人，其中伤残军人66人、伤残民兵民工2人；在职革命伤残人员80人，其中伤残军人69人、伤残工作人员6人、警察4人、民兵民工1人。全县全年发放伤残抚恤金3.8万元。

1993年10月15日，执行省民政厅、省人事厅、省财政厅转发民政部、人事部、财政部《关于提高特、一等革命伤残人员护理费标准的通知》，给在乡特等、一等革命伤残军人每人每月发给交通费7元、生活补助费18元。

1994年7月6日，省民政厅、财政厅转发民政部、财政部《关于提高部分优抚对象抚恤补助标准的通知》。

1995年，全县在乡革命伤残人员77人、在职革命伤残人员73人，全县全年发放伤残抚恤伤残保健金7.4万元。

1996年，执行民政部、财政部《关于提高在乡革命伤残人员抚恤标准的通知》，其中特等伤残，每人每年提高980—1000元；一等伤残，每人每年提高580—600元；二等甲级伤残，每人每年提高160—180元；二等乙级伤残，每人每年提高100—104元；三等甲级伤残，每人每年提高92元；三等乙级，每人每年提高84元。全县在乡革命伤残人员77人、在职革命伤残人员74人，全县全年发放在乡伤残抚恤金4.1万元，在职保健金1.4万元，回乡安置特、一等护理费2000元。

1997年，全县在乡革命伤残人员77人、在职革命伤残人员77人。全年发放在乡伤残抚恤金6.2万元，在职伤残保健金1.4万元，回乡安置特、一等护理费、一次性抚恤补助1万元。

1998年，提高在乡革命伤残人员抚恤金标准，全县在乡革命伤残人员77人、在职革命伤残人员80人，全年发放在乡伤残抚恤金6.3万元，在职伤残保健金2万元，伤残补助特、一等护理等4.1万元。

1999年，执行民政部、财政部《关于提高部分优抚对象抚恤补助标准的通知》，全县在乡革命伤残人员77人、在职革命伤残人员83人，全年发放在乡伤残抚恤金7.2万元，在职伤残保健金2.4万元，补助特、一等护理费5000元。

2000年，执行民政部、财政部《关于提高部分优抚对象抚恤补助标准的通知》，全县革命伤残人员在乡77人、在职83人，全县全年发放伤残抚恤金8.7万元，在职保健金3万元，回乡安置特、一等伤残护理费2000元。

2001年，执行民政部、财政部《关于提高部分优抚对象抚恤补助标准的通知》，在乡革命伤残人员的伤残抚恤金，特等每人每年提高1000元，一等每人每年提高800元；在职革命伤残人员的伤残保健金，特等每人每年提高320元，一等每人每年提高220元。烈属、因公牺牲军人家属和病故军人家属的定期抚恤金，每人每月提高20元。在乡退伍红军老战士、在乡西路军红军老战士和红军失散人员的生活补助标准，每人每月分别提高90元、80元、10元。是年，全县革命伤残人员在乡79人、在职83人，发放伤残抚恤金9.08万元，在职保健金3.7万元，伤残补助费、回乡特等、一等伤残护理费4.22万元。

2002年5月，执行民政部、财政部《关于提高部分优抚对象抚恤补助标准的通知》，全县革命伤残人员在乡79人、在职84人，发放伤残抚恤金13.1万元、在职保健金3.9万元。

2003年，执行民政部、财政部《关于提高部分优抚对象抚恤补助标准的通知》。全县享受伤残抚恤金75人，其中一等1人、二等甲级2人、二等乙级17人、三等甲级26人、三等乙级29人；享受伤残保健金92人，其中二等甲级10人、二等乙级18人、三等甲级28人、三等乙级36人。全县全年发放伤残抚恤金、保健金共18.6万元。

2004年，根据修订后《军人抚恤优待条例》，重新确定残疾等级和抚恤标准。全县享受伤残保健金的伤残军人共92人，其中二等甲级10人、二等乙级18人、三等甲级28人、三等乙级36人；享受伤残抚恤金的78人，其中一等1人、二等甲级2人、二等乙级17人、三等甲级28人、三等乙级30人。全县全年发放伤残抚恤金、保健金共26.7万元。

2005年，全县享受伤残疾抚恤157人，全年发放残疾抚恤金17.2万元、护理费2000元。

2006年，全县享受残疾抚恤160人，发放残疾抚恤金82.6万元；2007年，全县享受残疾抚恤152人，发放残疾抚恤金78.2万元；2008年，全县享受残疾抚恤157人，发放残疾抚恤金89.4万元；2009年，全县享受残疾抚恤160人，发放残疾抚恤金90.8万元。

2010年，发放伤残军人、伤残国家公务员和伤残民工伤残补助资金共111.311万元。

2011年，发放伤残军人、伤残国家公务员和伤残民工伤残补助资金共126.8万元。

2012年，发放伤残军人、伤残国家公务员和伤残民工伤残补助资金发放伤残军人、伤残国家公务员和伤残民工伤残补助资金等共139.46万元。

(三) 复员、退伍军人补助

1989年10月4日，民政部、财政部下发《关于调整部分优抚对象抚恤补助标准的通知》，对在乡复员军人定期定量补助。其中抗日战争时期入伍的普遍实行定补，每人每月25—30元；解放战争时期入伍的一般应给予定补，每人每月20—25元；建国后入伍的每人每月15—20元。是年，全县补助红军失散人员1人360元；定期定量补助在乡复员军人269人共5.57万元，人均207元；补助在乡退伍军人35人共4200元，人均120元；临时补助生活困难的复员、退伍军人155人共7140元，人均46元；补助35户复员、退伍军人建房费共3600元，户均300元。

1990年，补助在乡复员军人859人共10.55万元，补助面55.2%；补助在乡退伍军人37人共4440元，补助面1.03%；补助在乡复员、退伍军人危房维修费2.7万元，户均1000元。

1991年，补助在乡复员军人889人共8.1万元，补助在乡退伍军人41人共2580元。1992年，补助在乡复员军人798人共9.9万元，补助在乡退伍军人50人共6000元。1993年，补助在乡复员军人675人共9.6万元，补助在乡退伍军人47人共5640元。1994年补助在乡复员军人656人共12万元，补助在乡退伍军人50人共6000元。1995年补助在乡复员军人629人共11.2万元，补助在乡退伍军人62人共7440元。1996年补助在乡复员军人565人共11.7万元，补助在乡退伍军人49人共6860元。1997年补助在乡复员军人695人共12.97万元，补助在乡退伍军人52人共6240元。1998年补助在乡复员军人728人共25.2万元，补助在乡退伍军人52人共6240元。

1999年，根据民政部、财政部《关于提高部分优抚对象抚恤补助标准的通知》，在乡老复员军人定期定量补助面由1998年的68.3%扩大为100%，全县全年补助1065人共25.58元，人均240元。补助在乡退伍军人177人，占总数的4%，补助金额2.12万元，人均120元；补助在乡复员军人建房30户，每户补助1000元，补助房屋维修43户，每户600元，共计补助5.58万元。

2000年11月，县政府制定《关于在乡老复员军人定补及义务兵家属优待金标准的通知》，在乡老复员军人定补标准为每人每年720元。经排查，在乡老复员军人986人，全县全年补助70.6万元；补助在乡退伍军人135人，补助金额1.62万元；补助46户在乡老复员军人建房，户均2000元，补助金额9.2万元，补助31户老复员军人维修住房，户均1000元，补助金额3.1万元。

2001年，全县补助在乡老复员军人939人共68.6万元，补助在乡退伍军人139人共1.67万元。

2002年，在乡老复员军人定补标准，每人每年720元提高到960元，全县全年补助939人共90.14万元；补助在乡退伍军人153人共1.84万元。

2004年，在乡老复员军人定补标准调整为每人每年1200元，全县补助939人共112.7万元；补助在乡退伍军人264人共3.2万元。

2005年，全县补助在乡老复员军人933人共111.96万元，补助在乡退伍军人314人共3.77万元。

2006年，在乡老复员军人补助标准调整为每人每年1580元，全县全年补助933人共147.4万元；补助在乡退伍军人314人共3.77万元。

2007年，在乡老复员军人补助标准调整为每人每年1820元，全县补助908人共165.26万元；补助在乡退伍军人136人共1.6万元。

2008年，在乡老复员军人补助标准调整为每人每年2420元，全县补助903人共218.5万元；补助在乡退伍军人328人共3.94万元。

2009年，在乡老复员军人定补标准调整为每人每年2780元，全县补助903人共251万元；补助在乡退伍军人135人共1.6万元。

2010年，全县在乡老复员军人525人，发放在乡老复员军人定期定量生活补助资金214.95万元。

2011年，全县在乡复员军人504人，年人均发定期定量生活补助4452元，全年累计发放补助资金224.38万元；在乡复员军人定期定量生活补助标准按5%的增长机制提高标准。

2012年，全县在乡老复员军人483人，累计发放定补资金258.02万元，年人均5342元。

（四）参战退役人员、带病回乡退伍军人补助

2007年8月1日，执行民政部、财政部《关于调整部分优抚对象抚恤补助标准的通知》和省民政厅、财政厅《关于调整部分优抚对象抚恤补助标准的通知》，对在农村和城镇无工作单位且家庭生活困难的参战退役人员，每人每年补助1200元，纳入定期定量补助。是年，全县有参战退役人员686人，带病回乡退伍军人2人，8—12月补助688人共34.4万元。

2008年，遵照民政部、财政部《关于调整部分优抚对象等人员抚恤和生活补助标准的通知》和省民政厅、省财政厅《关于调整部分优抚对象等人员抚恤补助标准的通知》，补助标准从每人每月100元提高到130元。是年，全县有参战退役人员754人、带病回乡退伍军人2人，全县全年共补助97.5万元。

2009年，全县有参战退役人员836人，带病回乡退伍军人2人，全年补助130.73万元。

2010年，全县有参战退役人员和带病回乡退伍军人889人，全年发放参战退役人员和带病回乡退伍军人生活补助共104.83万元。

2011年，全县有参战退役人员902人，其中参战退役人员900人、带病回乡退役人员2人，年人均补助标准2640元，全年累计需发放资金238.128万元。

第四节 救灾救济

一、自然灾害救济

1989年，全县遭受旱灾、水灾、风雹灾，成灾1.33万公顷，减产粮食1.4万吨，倒塌房屋49间，损坏房屋1536间，雷电击死2人，轻灾11.6万人、重灾4.7万人、特重灾2万人。全年发放无偿救济粮100万千克，救济2.1万人，有偿借助粮37.5万千克，借助1.5万人。

1990年，全县先后发生旱灾、水灾、风雹灾、病虫灾，成灾1.14万公顷，减产粮食1.7万吨、油料132吨、烤烟255吨，因灾死亡大牲畜4头、倒塌房屋57间、损坏31间，轻灾11万人、重灾4万人、特重灾2.2万人。全年发放无偿救济粮48.8万千克，救济1.6万人，有偿借助粮55万千克，借助4.7万人。

1991年，全县旱灾造成237个村1250个组共14.5万人、4.3万头牲畜饮水困难；风雹、水灾、霜冻、病虫害成灾1.05万公顷，减产粮食7405吨，损坏房屋188间。轻灾6.7万人，重灾3万人，特重灾0.78万人。全年发放无偿救济粮45万千克，救济2.7万人，有偿借助粮25万千克，借助1.7万人。

1992年，全县旱灾、水灾、风雹灾、病虫害成灾1.94万公顷，粮食减产3.1万吨、油料减产294吨，倒塌房屋58间、损坏11661间；轻灾6.8万人，重灾6.6万人，特重灾6.2万人；发放无偿救济粮50万千克，救济2.6万人，有偿借助粮37.5万千克，借助3万人。

1993年，全县旱灾、风雹灾等成灾1.53万公顷，减产粮食2.3万吨、油料166吨；倒塌房屋5间，损坏房屋6953间；发放“三缺户”困难救济费21万元，救济3.4万人（次）。发救灾线毯250床、衬衣640件、单衣1000套，帮助31户修复房屋。

1994年，县境14个乡镇不同程度受洪涝、风雹灾侵害，成灾1.55公顷，减产粮食2万吨，减产油料516吨；倒塌房屋96间，损坏房屋2985间；雷击死亡4人，山体滑坡死亡1人、伤3人；轻灾7.1万人，重灾4.9万人，特重灾2.1万人；发放“三缺户”困难救济经费23万元，救济6.3万人（次）；发放北京市捐赠被子214床、棉衣10244件、大衣120件、单衣4.9万件、毛绒衣11314件，其他用品987件，受赠6.3万人。

1995年，全县旱灾、水灾、风雹灾、病虫害成灾1.33万公顷，减产粮食1.7万吨、油料460吨；倒塌房屋134间，损坏房屋13275间，因灾死亡6人；轻灾6.6万人，重灾4.9万人，特重灾1.4万人；发放自然灾害生活救济费136万元，救济6.8万人，安排房屋维修费2万元。

1996年，县境13个乡镇101个村共692个村民组分别遭受风雹灾、洪涝灾、旱灾，成灾8800公顷、绝收266.67公顷，减产粮食1.3万吨、油料231吨；倒塌房屋154间，损坏13214间，灾害致死3人。全年发放灾害生活救济费128.7万元，救济6.4万人，发放衣被3.19万件（套），救济2.5万人，修复倒塌房屋154间。

1997年，县境遭受洪涝灾、虫灾、风雹灾、旱灾、泥石流等灾害，覆盖16个乡镇284个村1887个村民组共8.24万户，农作物受灾9333.33公顷，成灾6133.33公顷，绝收446.67公顷；损失粮食2873吨，减产粮食1448吨、油料242吨、烤烟251吨；损毁耕地61公顷、渠坝9千米、桥梁26座、通信线路1.5万米，倒塌房屋90间，损坏房屋461间，转移安置423人，无家可归19人，因灾死亡6人。全年发放救济款224.6万元，救济2.9万人。安排经费修复房屋144间；发放受捐赠衣被800包（包装大件）、化肥11吨。

1998年，县境相继遭受旱灾、风雹灾、病虫和水灾，灾情涉及16个乡镇285个村共1889个村民组，成灾1.12万公顷，绝收533.33公顷，减产粮食5499吨、油料56吨、烤烟63吨；倒塌房屋78间，损坏房屋900间；因灾死亡3人。全年发救济款144.6万元，救济2.9万人，转移安置灾民820人，修复房屋73户共219间，发放救济棉被184床、衣服291套。

1999年，县境先后遭受旱灾、洪涝灾、风雹灾、病虫灾，成灾5780公顷，绝收1533.33公顷；减产粮食1万吨、油料25吨、烤烟169吨；倒塌房屋30间，损坏房屋170间，成灾20.7万人，因灾死亡7人。全年发救济款84.9万元，救济2.15万灾民，转移安置灾民325人，修复房屋74户共222间；发放救灾棉被180床、棉衣200件，发放捐赠物资692包（6万余件）。

2000年6月，龙广、新桥、坡脚等乡镇遭受洪涝灾害，县民政局紧急发放生活救济经费153万元，救济2.2万人，抢救转移安置灾民298人，发放棉被85床、棉衣47件、单衣178套，捐赠物资463包（3.9万件）；重建住房134户共408间，补助17.75万元。

2001年，县境相继遭受旱灾、洪涝灾、风雹灾，受灾29.7万人，成灾19.9万人，因灾死亡1人。全年发放灾民生活救济费167.55万元，救济33510人；转移安置灾民2398人，支付59.94万元；支付34.62万元，资助灾民371户重建住房819间、维修291间；发放棉被338床、棉衣3815件、单衣37612件、毛衣7424件，救济4.2万人（次）。

2002年，县境连续遭受洪涝、风暴灾，农作物受灾9933.33公顷，成灾7133.33公顷，绝收3400公顷，减产粮食1.7万吨，因灾死亡7人，倒塌房屋143间。全年救灾支付24万元，抢救、转移安置灾民240人；发放生活救济费69.8万元，救济1258人。

2003年，县境受旱、洪涝、风雹、雪凝等灾害影响，农作物受灾7533.33公顷，成灾5200公顷，绝收1866.67公顷。全年发放89.8万元生活救济费，救济8200人；转移安置灾民3200人，支出资金29万元；发放建房补助款3.8万元，补助灾民建房38栋共114间；发放棉被150床、滑雪衫80件、单衣220套、鞋子130双，宁波市捐赠棉被5923袋；春节慰问重灾户185户共1.85万元。

2004年3月17日至4月6日，木咱、新桥、龙广、德卧、海子、坡脚6乡镇遭受雹灾；8月26—27日，龙山镇遭受洪涝灾害。全县农作物成灾9733.33公顷，绝收5000公顷，损失粮食5700吨，烤烟减产9.8吨；房屋倒塌64间、损坏4481间；受灾人口29.5万人，紧急转移4000人，因灾死亡8人。全县全年发放救助经费31万元，转移安置灾民4000人，发放救济粮26万千克，救济3.2万人；救济因灾伤病

1576人，支付9.1万元；安排建房款34万元，补助161户灾民恢复住房548间；安排衣被救济款14.8万元，购衣被1.2万件，救济8000人。

2005年，县境因洪涝、风雹、病虫害等成灾5733.33公顷，绝收2266.67公顷，因灾死亡5人。发放生活救济费55.6万元，救济6820人；转移安置受灾群众486人，支出17.8万元；资助房屋重建65户共8.3万元。

2006年，县境因旱灾、洪涝灾、风雹灾、病虫害等成灾1.37万公顷，绝收460公顷，因灾死亡2人。全年发放生活救济费95.1万元，救济5400人；发放抢救转移安置受灾群众经费30.6万，转移安置1450人；资助灾民重建房屋170户共63.1万元。

2007年，县境相继遭受干旱、洪涝、风雹灾等自然灾害，农作物受灾3000公顷，绝收800公顷，受灾人口10.8万人，因灾死亡2人，房屋倒塌160间、损坏182间。县民政局全年发放生活救济经费43.1万元，救济4300人；支出72.4万元，抢救转移安置受灾群众2850人。发放受灾群众倒房重建资金89.9万元，恢复住房345户；发放衣被5000件，救济5000人。

2008年1月上旬至2月中旬，县境内出现1968年以来最严重的低温凝冻天气；5—6月，16个乡镇不同程度遭受洪涝灾。各种灾害造成农作物受灾2000公顷，因灾死亡1人。发放救济粮60.3万千克，救济4.5万人；发放衣被6500件，救济6400人；发放凝冻灾害临时性专项补贴120.7万元，补贴1.2万户2.7万人；发慰问经费36.3万元，支出8万元转移安置1394人；发放倒房恢复重建款67.48万元，帮助645户恢复住房1939间。

2009年，县境因干旱、洪涝、风雹，农作物受灾7000公顷，成灾3533.33公顷，绝收1300公顷。发放生活救济经费247.8万元，救济受灾群众1.24万人；支出71.3万元，紧急转移安置5810人；支出建房补助款298.7万元，恢复住房607户；发放受灾群众慰问金22.4万元、救灾棉被600床、男女套装2000套。

2010年，受特大旱灾和洪涝灾害及风雹灾害影响，全县32.97万人受灾，紧急转移安置人口453人，其中鳏寡孤独、老弱病残、单家独户饮水困难群众3206户共8539人，9万多头（匹）大牲畜出现饮水困难；倒塌房屋间数36间，其中倒塌居民住房11户共26间；农作物受灾23.8万公顷，成灾19万公顷（绝收12.36万公顷），因灾死亡大牲畜148头，直接经济损失达3.49亿元，其中农业经济损失1.45亿元、工矿企业损失1.5亿元、公益设施损失4400万元、家庭财产损失968.5万元。灾害发生后，全县共接收各项自然灾害救济经费和社会捐赠款497.43万元，累计下拨各项救灾资金209万元、救灾大米57.3万千克、棉衣1150件、孤儿运动服753套，其中上级到位经费324.5万元、县级匹配资金20万元、社会捐赠款152.93万元。

2011年，全县受灾人口27.65万人，农作物受灾1.47公顷，其中农作物绝收7193.33公顷，农业直接经济损失2.69亿元；冬春期间需口粮救济人口40628户共15.6万人，其中需口粮救济低保人口1.04万户共30512人；受灾困难户3.02万户共12.55万人，需口粮6432.6吨。2011年12月底，发放救助粮食18.33万千克，救助5325户共10012人；2012年春节前，发放救助粮食43.03万千克，救助9810户共20970人；2012年3月30日以前，发放救助粮食173.05万千克，救助27141户共66299人。

2012年，全年累计完成因灾倒损民房恢复重建140户共142.9万元，维修房屋151户共15.1万元。

二、救灾救济改革

（一）改革救灾救济钱粮发放办法，扶贫扶优

1989—1992年，县内实行有偿借助，共借助粮食155万千克，帮助县内受灾群众7.8万人度过灾荒，发展生产。1993年以后，不再使用粮食救济，改成资金救济。

1986年起，在确保灾区人民基本生活的前提下，把每年下拨的自然灾害救济款拿出部分扶持贫困户、优抚户（简称“双扶”），从发展生产入手，帮助和组织开办种植、养殖经济实体。1989年，全县投放“双扶”资金8万元，收回6.5万元；1990年，投放22.4万元，收回15.2万元；1991年，投放51.48万元，重点由烟草局牵头扶持602户实施2万公顷烤烟种植，收回资金37.96万元；1992年，投放68.83万元，其中用于烤烟种植45万元，收回资金59.62万元。1998年，投放的资金清理收回后，不再开展“双扶”工作。据统计，1989—1998年，全县经“双扶”扶持脱贫的农户共4070户。

（二）建立农村救灾扶贫互助储金会

农村救灾扶贫互助储金会（简称“储金会”），是在民政部门的层层倡导和各级政府的支持下，由村民自愿出资入会，聚集农村闲散资金，进行互助互济、救灾扶贫的集资互助组织。1989年，制定《安龙县村办互助储金会章程（草案）》，当年建立“储金会”5个，入会农户715户，集资总金额5.01万元，其中入股1.66万元、集体资助4400元、民政扶持3万元。1990年，全县有“储金会”5个，集资4.66万元，其中会员入股1.66万元、民政扶持3万元。1991年，全县“储金会”发展到47个，入会农户5257户，集资总额18.79万元，其中会员入股6.85万元、集体资助1.04万元、民政扶持10.9万元，为无牛农户解决耕牛款6户、解决化肥款2136户、解决生活上的困难问题3219户（次）。1992年，新建“储金会”24个；1993年，再新建“储金会”23个，全县共有“储金会”104个，集资314.96万元，其中会员9962户入股14.75万元、集体资助1.05万元、民政扶持15.7万元，当年解决耕牛款21户、解决化肥款2015户、解决良种款421户、解决生活上的困难问题3207户。1994年，新建23个，“储金会”总数增加到127个，入会农户10997户，资金总额35.35万元，为使“储金会”发挥救灾、扶贫、应急和济困作用，县民政局对104个“储金会”进行清理整顿1次，完善了管理制度。1995年，新建“储金会”16个；1996年，新建“储金会”16个。1997年12月，对1989年以来建立的165个“储金会”进行年检，合格16个，基本合格9个，不合格18个，不能开展工作属于名存实亡的122个，经清理整顿保留51个。由于部分储金会在运作中，违背了建立储金会的初衷，违反了国家有关法律、法规，从事或变相从事了金融信贷业务，使国家、集体及个人财产遭受了损失，1998年，根据国务院整顿金融“三乱”精神和民政部《关于清理整顿“农村救灾扶贫互助储金会”的紧急通知》，全县撤销“互助储金会”18个，验收合格33个，入会农户1435户，储金总额146万，其中会员入股109万元，集体资金18万元，民政扶持19万元。1999年，对33个“储金会”清理整顿后，不再建立农村救灾扶贫互助储金会。

三、社会救济

1989—2012年，全县社会救济工作主要是对20世纪60年代初精减退职老职工救济、城镇孤老残幼和贫困市民救济、城镇居民最低生活保障、农村五保户供养、麻风病人救济、农村居民最低生活保障、医疗救助、临时困难救济。

（一）精减退职老职工救济

20世纪50年代末至60年代初，全国上下“大跃进”，兴建了大量的工业企业，国有企业职工猛增。1961年，国民经济调整，精减大量职工回农村。1989年以来，对1957年底以前参加工作，1961年精减退职的职工，由当地民政部门按月发给本人原标准工资40%的救济费，并按照“生活不低于当地一般居民标准”，评定定期定量救济。

1989—2012年安龙县精减退职老职工救济情况

表22—2—2

年度	享受40%（人）	金额（元）	定期定量（人）	金额（元）	年度	享受40%（人）	金额（元）	定期定量（人）	金额（元）
1989	229	38895	33	3960	2001	109	32000	39	6400
1990	225	47627	63	5080	2002	109	32000	39	5000
1991	218	45915	63	5080	2003	151	32000	53	5300
1992	212	47000	59	7200	2004	151	32000	53	5300
1993	206	50644	59	7200	2005	129	27075	40	4000
1994	204	42000	59	8000	2006	116	24365	38	4560
1995	112	42000	58	7000	2007	116	24365	38	4560
1996	109	41000	39	7000	2008	112	23424	40	4800
1997	109	41000	39	7000	2009	112	23429	39	4680
1998	109	76000	39	7000	2011	119	285600	—	—
1999	109	37000	39	7000	2012	108	259200	—	—
2000	109	37000	39	5000					

（二）城镇孤老、贫困户救济

1989年，全县定期救济孤老51人共6168元，救济贫困户39人共4728元。1990年，定期救济孤老38户共41人、贫困户18户共32人，全年发放救济款8760元；春节期间，走访慰问城镇孤老57人，人均10元。1991年，定期救济孤老39户共42人、贫困户20户共36人，全年发放救济款9192元；春节期间，临时救济孤老45户45人，人均15元。1992年，全县定期救济孤老55人共8000元，救济贫困户25人共3000元。1993年，全县定期救济孤老43户共43人、贫困户34户共50人，全年发放救济款1.48万元。1994年，全县定期救济孤老44人共7920元；春节期间，临时救济孤老21人，人均20元。1995年，全县定期救济孤老66人共1.1万元；春节期间，临时救济孤老20人，人均20元。

1998年1—9月，全县定期救济孤老26户26人、贫困户50户72人，发放救济款1.3万元。10月起，城镇孤老和贫困户纳入城镇居民最低生活保障对象。

（三）城镇居民最低生活保障

1997年，国务院发布《关于在全国建立城市居民最低生活保障制度的通知》。1998年6月，相继制定《安龙县城镇居民最低生活保障制度暂行办法》和《安龙县城镇居民最低生活保障制度实施细则》。10月，全县实施城镇居民最低生活保障制度，标准为每人每月50元，当年保障119人，发放保障金1.3万元。

1999年7月，提高保障金标准，按每月每人70元标准执行。全县全年保障144人，发放保障金额11.6万元。

2000年，提高保障标准，按每月每人91元发放。全县全年保障411人，发放保障金额18.1万元。

2001年，全县全年保障1389人，发放保障金额51.1万元。

2002年10月，经县政府批准，提高保障金标准，按每人每月102元发放。全县全年保障1394人，发放保障金额83.1万元。

2003年，全县全年保障2071人，发放保障金130.9万元。

2004年4月，提高保障金发放标准，按每人每月126元发放。全县全年保障2537人，发放保障金197万元。

2005年，全县全年保障2971人，发放保障金额242.8万元。

2006年，提高保障标准，按每人每月136元发放。全县全年保障3688人，发放保障金额420万元。

2007年，提高保障标准，按每人每月150元发放。全县全年保障3812人，发放保障金额480.7万元。

2008年，增发一次性生活补贴和物价补贴，全县全年保障3885人，全年累计发放保障金和补贴653.1万元。

2009年，全县全年保障3603人，累计发放保障金、一次性补贴及物价补贴714.6万元。

2010年，提高保障标准，按每人每月220元发放。全县全年保障3163人，累计发放保障金630.2万元。

2011年，提高保障标准，按每人每月235元发放。全县全年保障3105人，累计发放保障金721.7万元（含一次性生活补贴和物价补贴）。

2012年，提高保障标准，按每人每月264元发放。全县全年保障3065人，累计发放保障金700.5万元、一次性补贴93.1万元。

（四）麻风病人救济

县籍农村麻风病人的生活费由县民政局在社会救济中安排。1989年，在院安龙县籍农村麻风病人108人，全年发放生活救济款3.11万元，人均288元。1992年，县籍在院农村麻风病人87人，全年发放生活救济款2.3万元，人均264元；发放麻风节发慰问金1305元，人均15元。1994—1996年，县籍在院农村麻风病人82人，每年发放生活救济款5.7万元，年人均695元。1998年，县籍在院农村麻风病人82人，全年发放生活救济款9.6万元，人均1170元。1999年，县在院农村麻风病人80人，全年发放生活救济费11.6万元，人均1450元。2001年，县籍在院农村麻风病人80人，全年发放生活救济款11.7万元，人均1462元；春节期间，发放慰问金2.31万元，慰问121人，人均50元。2002年以后，县籍在院麻风病人作为最低生活保障对象，按各时期的保障标准给予生活保障。

（五）医疗救助

为解决城乡困难群众医疗救治困难，减轻大病人员家庭负担，安龙县从2005年起实行医疗救助。

2005年，全县救助农村大病医疗47人（次），发放医疗救助款6.5万元。

2006年3月，县政府制定《安龙县农村医疗救助实施办法（试行）》。全县全年救助农村大病医疗113人，发放医疗救助款10.1万元；救助城镇大病医疗6人，发放救助款1.1万元。

2007年，完善《安龙县农村医疗救助制度实施办法》，农村医疗救助制度与新型农村合作医疗衔接。全县全年为农村低保对象26812人交纳个人应交新型农村合作医疗资金26.81万元，人均10元；全年实施农村医疗救助99人，发放救助款10.7万元；城镇医疗救助8人，发放救助款2.1万元。

2008年，全县实施农村医疗救助79人，发放救助款19.5万元，城镇医疗救助20人，发放救助款5.18万元。

2009年6月，修订《安龙县城乡医疗救助实施细则》，将医疗救助与新型农村合作医疗、城镇居民医疗保险一并衔接。全县全年为农村1—3类低保对象30461人交纳新型农村合作医疗资金共60.9万元，为城镇低保对象3664人交纳城镇居民医疗保险金共3.67万元。全县全年实施农村医疗救助356人，发放救助款共84.79万元；城镇医疗救助18人，发放救助款共7.88万元。

2010年，全县累计解决农村医疗救助884人（次）共153.88万元，为57688人农村低保对象交纳新型农村合作医疗资金115.38万元；解决城市医疗救助资金47人（次）共12.47万元。

2011年，全县累计支出医疗救助经费685.79万元，其中解决城乡困难群众医疗救助补助资金1197人（次）共225.85万元，为52620人农村低保对象交纳新型农村合作医疗资金157.86万元，为3200人城市低保对象交纳城镇居民基本医疗保险资金25.6万元；11月，为全县49080人农村低保对象交纳2012年农村合作医疗参合资金245.4万元，为全县3108人城市低保对象交纳城镇居民基本医疗保险资金31.08万元。

2012年，全县累计解决城乡医疗救助资金2177人（次）共546.7万元。其中，解决城市医疗救助102人（次）共40.04万元，解决农村医疗救助2075人（次）共506.66万元。帮助52188人城乡低保对象交纳农村合作医疗金、居民医疗保险金共276.48万元（帮助49080人农村低保对象交纳"参合"资金245.4万元，帮助3108人城镇低保对象交纳城镇居民基本医疗保险资金31.08万元）。

（六）"五保户"供养和农村最低生活保障

详见本志第九篇"农业　农村　农民"第七章"农民"第四节"农民生活"。

（七）其他救济

1990年，全县发生火灾72户，县民政局发放棉被16床、棉衣4件、单衣9套，救济现金5480元。

1997年7月29日，德卧镇平安爆竹厂发生爆炸事故，县民政局发放受伤害人员慰问金2690元。

2000年11月1日，坡脚乡乐欢村四组13户共67人受火灾，烧毁住房12栋，县民政局发放棉衣47件、单衣47套、棉被38床、蓝布60米、救济粮（玉米)3015千克。

2005年4月30日，笃山乡小堡云村老房子村民组14户受火灾，烧毁住房8栋共31间、牲畜圈舍26间，烧死猪27头、狗4只、鸡292只，烧毁粮食3.67千克，造成14户共49人住房、生活、生产困难，县民政局发放棉被24床、衣物14袋、鞋子28双、大米56袋、炊具14套、救济款2800元。

第五节　社会福利

一、县社会福利院

1997年11月，县政府拨款5万元，县民政局筹资20万元，省民政厅下拨25万元，实施县社会福利院危房改造，2004年底竣工使用。

2002年12月，县社会福利院实施"星光计划"建设，州民政局下拨经费20万元，次年竣工投入使用。

2009年底，县社会福利院在院院民20人，其中老人12人，孤儿、残疾儿童8人，其生活标准为每人每月225元。

2010年，启动县社会福利中心项目（县社会福利院新建工程）申报，意向投资400万元。

2011年1月，省民政厅立项投资建设安龙县社会福利中心，占地2.67万平方米，位于新安镇西河社区。10月18日，完成招投标工作，招标总价370.41万元，建筑面积2477.06平方米，建设床位200个。

2012年，县社会福利中心新建项目主体工程竣工。

二、县慢性病防治医院

安龙县慢性病防治医院，前身是"安龙县大海子（麻风）医院"。

20世纪80年代末至90年代初，有病员120人左右，生活费由国家按每人每月40元拨付，治疗费由财政每年拨付8000元包干使用。

2009年，有病员81人，生活费由国家按每人每月220元拨付，治疗费由财政每年拨付2万元包干使用。

1990—2009年，完善慢性病防治医院服务设施，国家投资170万元，其中病房改造60万元、自来水改造20万元、公路建设5万元、照明用电改造12万元、医疗设备30万元、交通工具（包括工作用车和救护车辆）投入40万元。

2010年10月，县慢性病防治医院更名为县社会福利医院，有住院病员85人，生活费由国家按每人每月220元拨付，治疗费由财政每年拨付3万元包干使用。

2011年，有病员85人，生活费由国家按每人每月257元拨付，治疗费由财政每年拨付3万元包干使用。

2012年，有病员90人，生活费由国家按每人每月290元拨付，治疗费由财政每年拨付3万元包干使用。

三、福利彩票发行

中国福利彩票始于1987年，以“团结各界热心社会福利事业的人士，发扬社会主义人道主义精神，筹集社会福利资金，兴办残疾人、老年人、孤儿福利事业和帮助有困难的人”，即“扶老助残，济困救孤”为宗旨。1990—2003年，由县民政局组织发行，2003年后由黔西南州福利中心统一发行。

1991年，全县销售福利彩票11万元；1991—1992年，全县销售福利彩票6.9万元；1996年，全县销售福利彩票150万元；1999年，全县销售福利彩票150万元。2003年，全县销售福利彩票59万元，其中票面彩票24万元、电脑彩票35万元。

2007年后，县内福利彩票黔西南州统一由福利中心电脑发行。2007—2011年，安龙福利彩票中心销售总额5926.4万元，其中2007年销售984.4万元、2008年销售1111.7万元、2009年销售1184万元、2010年销售1247.3万元、2011年销售1399万元。

四、残疾人福利

1992年4月15日，县民政部门开展白内障复明144例、少儿麻痹矫治64例及8名聋儿童儿语训登记治疗康复工作。此后，县内残疾人福利工作，由县残疾人联合会负责。

五、社会捐赠

2008年5月12日，四川汶川地区发生8.0级特大地震，全县社会各界群众捐款233.72万元。

2009年，开展“慈善一日捐”活动，收到捐款134.35万元。

2010年，县境遭遇百年不遇的特大旱灾，全县上下全力投入“抗旱保民生”工作，收到捐款169.04万元。全县各界为青海玉树地震灾区捐款9600元，为甘肃舟曲泥石流灾区捐款10万元。

2011年6月6日，望谟县境发生特大洪灾，安龙县各界向望谟县捐款110万元。

第六节　基层自治组织管理

一、村（居）民委员会建设

1989年8月12日，根据《中华人民共和国村民委员会组织法（试行）》《中华人民共和国城市居民委员会组织法（试行）》，成立“安龙县贯彻实施村民委员会组织法领导小组”，县委副书记任组长，至8月27日，全县各区、乡、村均建立领导小组。9月17日，全县278个行政村民委员会选举结束，通过村民直接投票选举，产生各村（居）民委员会主任、副主任和委员。

1992年1月，“建镇并乡撤区”后，村（居）委会进行相应整顿。

1995年10月18日，成立第三届村（居）委会换届选举指导小组，县委副书记任组长。1996年1月12日，第三届村（居）民委员会换届选举圆满结束。全县291个村（居）委会共选举出村（居）委会成员1173人，其中妇女115人，少数民族580人，中共党员383人，高中文化程度133人、初中文化程度的561人、小学文化程度367人。

1998年10月28日，成立第四届村（居）委会换届选举指导小组，分管民政工作的副县长任组长。至1999年5月，全面完成全县村（居）委员换届选举工作，全县应选村（居）委会主任296人，当选275人，应选村（居）委会副主任和委员878人，当选852人。

2001年9月，成立第五届村（居）委会换届选举指导小组，分管民政工作的副县长任组长。至2002年5月，全面完成全县村（居）委会换届选举工作，应选村（居）委会主任287人，实际当选279人；应选举村（居）委会副主任261人，实际当选255人；应选村（居）委会委员995人，实际当选975人。

2004年8月16日，成立第六届村（居）委会换届选举指导小组，县委副书记任组长。至2005年5月，全县换届选举全面结束。全县16个乡镇287个村和9个居民委员会（德卧居委会因人员全部搬迁至贵阳，该居委会撤销），进行换届选举，共有选民245322人，其中参加投票选举的选民191306人，选举产生村民委员会286个、居委会9个。选举产生村委会主任279人，其中大专文化程度2人、高中文化程度55人、初中文化程度204人、小学文化程度18人；选举产生村委会副主任委员1008人，其中大专文化程度8人、高中文化程度134人、初中文化程度685人、小学文化程度181人；选举产生居委会主任8人（新安镇顺城街居委会经补选未成功），其中高中学历1人、初中学历6人、小学文化程度1人；选举产生居委会副主任、委员36人，其中高中学历2人、初中学历16人、小学文化程度17人。

2007年，全县287个建制村和9个居民委员会，整合为173个村、3个居民委员会和11个社区。11月12日，成立第七届村（居）民委员会换届选举工作指导小组，县委副书记任组长。至2008年3月，全县16个乡镇187个村（居）全面换届选举结束，产生主任172名、副主任150名、委员596名，合计村（居）委会成员918人，其中中共党员432人，共青团员5人，少数民族443人，妇女53人，初中学历658人、高中学历209人、大学专科及以上学历9人。

2010年，成立第八届村（居）换届选举工作指导小组及办公室，县委常委、县人民政府副县长任组长，县人大常委会副主任、县政协副主席任副组长，县委组织部、监察局、民政局、财政局等相关部门负责人为成员。9月，结合县内实际，明确戈塘镇大坝村为第八届村（居）民委员会换届选举“海选”试点村，11月16日，该村依法选举产生新一届村民委员会主任1名、副主任1名、委员3名。12月20日，全县第八届村（居）换届选举工作全面结束。2011年11月30日，县纪委组织召开建立村务监督委员会试点工作会议，出台《安龙县开展建立农村村务监督委员会试点工作实施方案》，每个乡镇明确1—2个村开展试点；明确钱相乡作为创建全省村务公开民主管理示范单位，并在德卧镇（坡告村）、新桥镇（荷花村）、新安镇（东门社区、大坪社区）、钱相乡（打凼村、湾水井村、冗达村）、兴隆镇（阿兴村）、普坪镇（新街村）、海子乡（海子村）6个乡镇的10个村开展州级村务公开民主管理示范村的创建工作。

2012年，按照《安龙县开展建立农村村务监督委员会试点工作实施方案》，全县16个乡镇明确31个村作为村务监督委员会试点村。8月29日，省民政厅命名新桥镇和钱相乡为“贵州省村务公开民主管理示范单位”。

二、村民自治示范达标活动

1996年，启动村民自治示范达标活动，12月验收，达标的村有：新安镇西河村、舍寨村、箐山村、洄洒村、关桥村、东门村，海子乡海子村，兴隆镇狗厂村、纳马村、青龙村，洒雨镇竜金村，钱相乡钱相村，新桥乡新桥村，德卧镇德卧村，坡脚乡坡脚村，龙广镇十二份村、小场坝村，普坪镇海厂村，平乐乡烂寨村，下渔浪村、索汪村、乐央村、大寨村、渔浪村、郎元村、立盘村，戈塘镇戈塘村，木咱镇鲁贡村、上木咱村。

1997年度村民自治示范达标，1998年1月验收，达标的村有：德卧镇田坝村、水井村，龙广镇纳桃村。

2000年12月，村民自治示范达标的有：新桥镇东妹村，德卧镇聋飘村、阿油槽村、陡坡村、田坝村、郎行村、扁占村、山庄村、平安村、大水井村、海庄村、马边田村、坡告村、冗桑村、灰老村、停西村、甘河村、团山堡村，笃山乡红泥村，木咱镇官屯村、打锣锤村，钱相乡打卤村、麻油村，龙广镇纳桃村、狮子山村，万峰湖镇毛草坪村、纳赖村，戈塘镇柘磨村、大水井村，普坪镇四轮村、总科村，新安镇冗若村、陇西村、元宝山村、盘江村、岔河村、坡云村、海联村、铜鼓井村、巧硐村、独山村、关桥村、板磨村、平寨村、洞洒村、舍寨村、箐山村、法统村、作坊村、阿召村、大坪村、西河村、五格村、山岔村，坡脚乡坡脚村、三塘村，平乐乡索汪村、烂寨村、兴隆镇和平村、下扎村，海子乡陇桥村、老寨村，洒雨镇安沙村、堵瓦村。

1998年，开始开展村民自治示范乡镇活动，经验收，平乐乡达标；1999年德卧镇达标；2000年新安镇达标；2001年普坪镇达标；2002年新桥镇达标；2003年龙广镇、木咱镇、钱相乡达标；2004年万峰湖、海子乡达标；2005年洒雨镇、戈塘镇、龙山镇、兴隆镇、笃山乡、坡脚乡达标。至此，全县村民自治全部达标。

三、社区建设

2002年，建立新安镇金龙社区、城西新区；2003年，启动城东、城西、城南、城北、新城、金龙新区6个社区建设工作。2007年，全县村级组织整合，设立11个社区，其中新安镇设龙顺社区、硫磺街社区、广东街社区、东门社区、官桥社区、城北社区、西河社区、西一社区、西二社区和大坪社区共10个社区，德卧镇设盘龙社区1个社区，其余乡镇未设立社区。

第七节　老龄工作

一、机构

1988年，成立安龙县老龄问题委员会，办公室设在县劳动人事局内，为正股级机构。主要负责对全县老龄问题委员会进行调查研究、统筹规划、组织协调、督促检查，参加有关老龄问题的会议及对外活动。1990年7月19日，县老龄问题委员会更名为县老龄委员会，其办公室升格为正科级事业单位。主要任务是围绕党的工作任务和经济建设中心，组织和发动老年人开展“老有所为”的各项活动，发挥其在两个文明中的作用；维护老年人的合法权益，协调有关部门解决老年人的实际困难；了解和掌握老年人的思想、学习、生活、健康情况；管理老年人活动场所，为老年人创造良好的社会环境。2001年，更名为县老龄工作委员会。主要任务是宣传党和政府关于老龄工作的方针、政策、法律、法规，宣传人口老龄化对社会发展带来的影响及老龄工作的战略意义，宣传和动员全社会重视、关心和支持老龄事业；对全县老龄事业的发展和老龄工作的方针、政策、规划等重大问题进行调查研究，提出建议，为县委、县政府制定人口老龄化政策提供决策依据；围绕实现“五个老有”工作的总目标，指导全县老龄工作，组织协调老龄工作方面的重大活动；督促检查对老年政策、法令、法规工作的落实，维护老年人的合法权益，办理老年人及其有关的来信来访工作；组织低龄健康老人参与经济社会发展抓好老年企业管理，积极发展老年福利事业；依靠社会多方力量，积极发展老龄福利事业，为老年人的物质生活和精神生活提供良好的条件和环境；开展老龄工作有关的学术和信息与咨询服务，参与省和周边地区的老龄工作交流；

对全县老年协会实际业务指导；促进老年群体组织的健康发展。

二、主要工作

1998年7月，第一届荷花节期间，县老龄办承办老年文艺演出，参加人员有广西桂林及州内兴仁、册亨、兴义等地老年组织。1999年9月，在县电影院举办"建国50周年庆祝活动—国庆老年专场文艺晚会"。2003年，参加黔西南州"华隆旅游"杯夕阳红老年文艺会演，荣获金奖。2004年5月，启动"新世纪助老健康服务工程"，为县内老年人义务健康检查2000余人次；7月，贯彻共青团中央、全国老龄委员会办公室实施志愿者为老服务"金晖行动中"活动，组织全县青少年开展敬老爱老助老教育主题活动。2008年9月，承办滇、黔、桂三省区十三州市老龄工作协作会第二十二次会议。2009年10月，在贵州省敬老爱老助老主题活动中，笃山乡敬老院荣获"贵州省十佳敬老院"提名奖。成立县居家养老服务领导小组，至2012年底，共建立居家养老服务中心（站）5个，共服务300余人次，受益的老年人500余人；县级以下建立农村幸福院12个，参与活动老年人1000余人。2011年7月，承办第五届荷花节"两省七县市老年大学联欢"活动，参加演出的有广西隆林县，州内册亨县、兴仁县、兴义市等老年大学；10月在招堤广场举行"敬老月"活动。2012年9月，县文体广电退休协会参加全国老龄办在安徽黄山举办的"中国第三届老年文化艺术节"，荣获综艺大赛铜鼓奖。县老龄委成立以来，先后有县司法局荣获全国"老年维权示范岗"，龙广镇纳桃村荣获全国"孝亲敬老模范村"，万峰湖镇王增福荣获全省"老有所为"先进个人，新安镇广东街徐世禄荣获全国"孝亲敬老之星"，龙广镇合兴村周宏志被评为"十佳敬老好媳妇"等。

第三章　移民安置

20世纪80年代，随着国家重点工程天生桥水电站在安龙县与广西交界的南盘江上建设，县境较大规模的征地移民工作安置逐渐开展起来。

第一节　移民管理机构

1990年5月，撤销安龙县驻天生桥电站征地移民办公室，成立县人民政府移民安置办公室。

1991年11月，成立县支援南昆铁路建设办公室，机构规格为县直局级事业单位，定事业编制5人。

1993年9月，成立县水库移民办公室，定编18人，内设办公室、财务审计股、移民安置规划股、移民搬迁安置股。

1995年2月28日，成立安龙县天生桥事务管理委员会，人员编制15人。3月30日，恢复安龙县移民办公室。

1996年8月机构改革时，成立安龙县支援国家重点工程建设局，内设移民开发局办公室、财务审计股、移民安置股、支铁办，定编18人。

2001年12月，县支援国家重点工程建设局更名为县移民开发局，定编17人，内设办公室、财务审计股、移民安置规划股、移民后期扶持股。

2002年12月，分别在新安镇、新桥镇、德卧镇、龙广镇、坡脚乡、万峰湖镇设立移民工作站。

2004年，设立木咱镇移民工作站。

2010年10月，县移民开发局更名为县水利水电工程移民局。

第二节　水利水电工程移民安置

县境水利水电工程移民坚持以农业为主，在保证移民有耕地并解决吃粮问题的前提下，考虑发展其他项目进行多种经营；坚持移民县内安置，就近后靠与集中安置结合的原则。县境有已建电站3座（天生桥一级水电站、天生桥二级水电站和平班水电站）、水库1座（栢仓水库），涉及栖凤街道、招堤街道、新桥、木咱、龙广、德卧、万峰湖、洒雨、海子8个乡镇共18个村，建立移民村及安置点37个。至2012年底，县境有移民后期扶持人口9767人（因安龙县境天生桥一级、二级水电站、平班水电站等大型水利水电工程移民工程涉及贵州、广西两省区多个县市，本志仅叙述安龙县移民部分），其中天生桥一级水电站5421人、天生桥二级水电站1982人、平班水电站1965人、栢仓水电站903人，移民人均耕地401.34平方米（田171.33平方米、地230平方米），人均住房26.05平方米，人均粮食207.63千克，人均纯收入1081.02元。

一、天生桥一级水电站

天生桥一级水电站建设工程占地包括水库淹没区、工程施工区、库岸滑坡塌岸失稳区3个部分，共占用土地1.67万公顷（水库淹没区1.59万公顷、施工建设区353.33公顷、库岸失稳区393.33公顷），其中耕地5713.33公顷（水库淹没区5360公顷、施工区206.67公顷、库岸失稳区146.67公顷）、园地120公顷、林地4466.67公顷、草地2733.33公顷。

安龙县天生桥一级水电站库区淹没处理和施工区规划，由国家电力公司昆明勘测设计研究院（以下简称昆明院）规划设计。实物指标调查按照1994年9月至1996年9月昆明院在中国南方电力联营公司天生桥电站管理局（以下简称南电公司管理局）牵头下，会同安龙县政府、移民机构复核调查的成果。移民安置实施规划方案，以贵州省按国家计委重点建设司要求，于1997年5月12日向昆明院提供的相应文件材料作为基础，结合天生桥一级水电站开工建设后实际情况，以1996年底价格水平和国家审批的原则和标准进行编制。移民人口，1995年6月以前已搬迁的，以实际人口计算，其后的则以搬迁进度计划和每年人口自然增长率14‰计算其动态增长量。1997年6月，国家电力公司昆明勘测设计研究院编制完成《天生桥一级水电站水库淹没处理和移民补偿投资调整概算（送审稿）》，12月完成送审。经审查批准，安龙县生产安置人口计算到1998年为4093人（含塌岸影响人口80人），后期扶持人口为5008人，至2006年7月国家审定的后期扶持人口为5421人。移民搬迁安置方式为：后靠安置和外迁安置。

天生桥一级水库淹没范围（2006）

表22—3—1

乡（镇）	村	淹没及施工征用耕地面积（公顷）			1998年生产安置人口（人）
		合计	水田	旱地	
万峰湖	合计	624.53	166.4	458.13	4093
	大湾	166	65	101	838
	岜皓	272.07	54.2	217.87	1890
	六躲	42.87	8.87	34	302
	拉然沟	27.6	7.8	19.8	251

续表 22—3—1

乡（镇）	村	淹没及施工征用耕地面积（公顷）			1998 年生产安置人口（人）
		合计	水田	旱地	
万峰湖	纳赖	3.8	0.33	3.47	47
	马安营	92.4	26.73	65.67	645
	下箐	19.8	3.47	16.33	120
全县后期扶持人口 5008 人，现实际扶持人口 5421 人					

天生桥一级电站水库安龙县农村移民人数及安置点分布情况表（2006 年）

表 22—3—2

乡（镇）	村	组	安置移民	
			户数（户）	人数（人）
万峰湖镇	大湾村	一组	25	107
		二组	66	301
		三组	48	232
		四组	20	87
	小计	4	159	727
	马安营	一组	30	188
		二组	38	180
		三组	56	191
	小计	3	100	409
	平方	一组	22	105
		二组	30	139
		三组	11	62
		四组	12	68
	小计	4	75	374
	龙湖	烂田湾	38	148
		邓家沟	23	99
	小计	2	61	247
	岜皓	一组	47	248
	岜皓	二组	44	219
		三组	34	164
	小计	3	125	631

续表 22—3—2

乡（镇）	村	组	安置移民	
			户数（户）	人数（人）
万峰湖镇	拉然沟	落耳	63	203
	小计	1	63	203
	下箐	纳坡	41	185
		三组	18	73
	小计	2	25	158
	坝盘	一组	31	133
		二组	37	124
	小计	2	68	257
	永和	一组	42	214
		二组	38	187
		三组	41	178
	小计	3	121	579
	纳赖	一组	6	6
		二组	13	63
		三组	17	22
	小计	3	36	91
新安镇	盘江	一组	13	65
		二组	32	210
		三组	24	101
	小计	3	69	376
新桥镇	富新	一组	50	221
		二组	40	201
	小计	2	90	422
德卧镇	德卧	坡内	12	46
		富民路	16	78
	小计	2	28	124
	坡告	一组	71	334
	小计	1	71	334
龙广镇	新场坝	一组	27	129
	小计	1	27	129
木咱镇	响乐	十一组	23	110
	小计	1	23	110
总计	16		1213	5421

二、天生桥二级水电站

天生桥二级水电站库区及施工区移民安置涉及安龙县的有万峰湖、龙广、德卧3镇共12个村，安置移民316户共1982人。

天生桥二级水电站库区移民人口安置分布情况表（2012年）

表22-3-3

安置			户数	扶持人口	住房面积（平方米）	人均住房面积（平方米）	对接耕地（公顷）	人均耕地面积（平方米）		备注
乡（镇）	村	组					田	土	田	
龙广镇	赖山村	老三组	—	—	275	25	1.45	—	1320	
		老四组	—	19	175	25	0.37	—	533.33	
		新四组	—	17	125	25	0.56	—	1126.67	
		老五组	—	17	125	25	0.58	—	1153.33	
		老六组	—	20	200	25	0.68	—	853.33	
	村计	5	—	96	900	25	3.49	—	1013.33	
	板拉村	六组	—	13	25	25	0.07	—	740	
	村计	1	—	13	25	25	0.07	—	740	
镇合计	2	6	—	109	925	25	3.72	—	1000	
德卧镇	陡坡村	暗河组	—	21	200	25	0.76	—	953.33	
		偏岩组	—	18	125	25	0.97	—	1940	
		陡坡组	—	21	200	25	1.14	—	1426.67	
	村计	3	—	60	525	25	2.87	—	1366.67	
	坡告村	兴隆坪组	—	15	50	25	0.3	—	1486.67	
		朝天洞组	—	16	75	25	0.62	—	2066.67	
		喳别组	—	15	50	25	0.28	—	1386.67	
	村计	3	—	46	175	25	1.95	—	1706.67	
	山庄村	坝甲一组	—	19	150	25	0.75	—	1253.33	
		坝甲二组	—	54	1025	25	5.47	—	1333.33	
		冗若组	—	20	175	25	0.87	—	1246.67	
	村计	3	—	93	1350	25	7.09	—	1306.67	
	灰老村	长田组	—	125	2800	25	13.22	—	1180	
		木纳沟组	—	59	1150	25	6.01	—	1306.67	
	村计	2	—	184	3950	25	19.23	—	1213.33	
	停西村	黄天坪组	—	16	75	25	0.32	—	1073.33	

续表 22-3-3

安置			户数	扶持人口	住房面积（平方米）	人均住房面积（平方米）	对接耕地（公顷）	人均耕地面积（平方米）		备注
乡（镇）	村	组					田	土	田	
德卧镇	黄天坪组	云盘山组	—	190	4425	25	13.81	—	780	
		木科组	—	44	775	25	3.86	—	1246.67	
	村计	3	—	250	5275	25	17.99	—	853.33	
德卧镇	平安村	一组	—	45	800	25	5.18	—	1620	
		二组	—	36	575	25	2.59	—	1126.67	
		三组	—	32	475	25	2.23	—	1173.33	
		冗山一组	—	27	350	25	1.76	—	1260	
		冗要组	—	18	125	25	0.68	—	1360	
	村计	5	—	158	2325	25	12.45	—	1340	
	德卧村	八光二组	—	21	200	25	0.57	—	706.67	
		营盘组	—	148	3375	25	9.27	—	686.67	
		坡内组	—	22	225	25	0.57	—	633.33	
		学庄组	—	22	225	25	0.57	—	633.33	
		云龙组	—	159	3650	25	8.57	—	586.67	
		前进一组	—	74	1525	25	3.42	—	560	
		前进二组	—	74	1525	25	3.42	—	560	
		前进三组	—	74	1525	25	3.42	—	560	
		金山一组	—	148	3375	25	13.77	—	1020	
		金山二组	—	124	2775	25	10.06	—	906.67	
	村计	10	—	866	18400	25	53.62	—	726.67	
合计	7	29	—	1657	32000	25	110.73	—	866.67	
万峰湖镇	江坡村	江坡组	25	127	3175	25	0.84	30133.33	300	
	村计	1	—	127	3175	25	0.84	30133.33	300	
	坝盘村	三组	26	89	2225	25	1.74	21266.67	433.33	
	村计	1	—	89	2225	25	1.74	21266.67	433.33	
合计	2	2	—	216	5400	25	2.58	51400	360	
全县合计	11	37	—	1982	38325	25	117.03	51400	793.33	

三、平班水电站

平班水电站水库淹没处理与移民安置规划可研阶段设计，1998 年 9—12 月，由广西电力工业勘察设计研究院（以下简称广西电力院）会同安龙县政府、县支重局、县国土局，及淹没涉及的乡（镇）、村民委、村民小组，利用实测 1:2000 专用地形图对安龙库区淹没实物指标进行全面调查，1999 年 5 月完成移民安置规划设计。2002 年 11 月，对平班库区实物指标进行分解落实。移民安置规划根据《中华人民共和国土地管理法》《水电工程水库淹没处理规划规范》及 2002 年 11 月实物指标复查，结合可研阶段国家审定的淹没实物指标，以计划 2004 年 6 月水库下闸蓄水，2005 年 3 月水库蓄水到 440 米高程，移民安置规划水平年取 2004 年进行编制。移民人口按 2002 年实物指标调查人口为实际人口，其后以搬迁进度计划和人口自然增长率 14‰计算。

平班电站移民分布和安置点情况表（2012 年）

表 22—3—4

乡（镇）	村	组	总户数（户）	总人口（人）	安置移民		移民劳动力数量
					移民户数（户）	移民人数（户）	
坡脚	坡脚	一组	37	146	37	146	
		三组	19	81	19	81	
		四组	29	117	29	117	
	团结	一组	51	204	18	51	
		二组	46	185	10	36	
	者贵	一组	49	170	14	58	
		二组	47	165	17	60	
		三组	37	130	18	56	
	者孔	三组	53	185	39	75	
		四组	49	173	31	83	
德卧	德卧	前进一组	51	180	31	153	
	坡告	坡告二组	40	208	40	208	
	甘河	一组	41	140	36	86	
		二组	18	81	12	63	
		三组	48	168	8	13	
		四组	50	174	3	8	
	灰老	一组	70	245	3	6	
		二组	81	281	4	10	
德卧	郎行	一组	89	312	18	28	
		二组	63	221	11	13	
		三组	65	226	14	19	

续表 22—3—4

乡（镇）	村	组	总户数（户）	总人口（人）	安置移民		移民劳动力数量
					移民户数（户）	移民人数（户）	
新安	盘江	四组	28	95	28	95	
木咱	响乐	十一组	50	244	50	244	
		十三组	33	173	33	173	
分散安置			—	—	22	83	

平班移民安置各类土地情况表（2012 年）

表 22—3—5

单位：公顷

乡镇	村	水田	旱地	园地	经济林	用材林地	荒山	其他
坡脚	坡脚	11.48	4.59	25.81	96.12	102.55	229.61	
	团结	2.9	1.16	16.92	81.22	123.75	162.43	
	者贵	5.82	2.32	12.36	59.83	83.29	109.61	
	者孔	5.31	2.11	16.38	50.62	57.08	98.15	
德卧	甘河	5.68	2.28	8.68	63.82	64.29	83.25	
	灰老	0.59	0.23	4.32	25.01	30.27	30.56	
	郎行	1.7	0.84	8	30	37.88	45.82	
	德卧	8.84	0.1	—	—	—	13.15	
	坡告	10	3.28	—	—	—	8.95	
新安	盘江	3.17	0.19	—	—	—	—	
木咱	响乐	21.1	7.28	—	—	—	10.58	

第三节 移民后期扶持

安龙县移民后期扶持工作，坚持改革、发展与稳定的方针，正确处理好库区安全、稳定、温饱与改革、发展的关系，解放思想、转变观念、实事求是，重点扶持库区移民种养业，农副产品加工业，使移民通过扶持和自力更生，逐步建成人均 0.5—1 亩高产稳产田，完善和维修移民搬迁安置后与移民生产生活密切相关的人畜饮水、提灌、道路、学校、医疗卫生、文化等基础设施和移民安置点的社会服务体系，推广农业科学适用技术，增强库区移民的经济实力，使移民在稳定温饱、稳定收入的基础上，逐年达到和超过搬迁前的生产生活水平，并逐步赶上和超过当地农民的生活水平。

据 2006 年调查，全县移民分布在 7 个乡镇 37 个村及移民分散安置点，其基础设施有人畜饮水 1363 立方米，生产生活用电变压器 8 台、高压线路 21.9 千米、低压线路 3.7 千米，道路交通 24.16 千米，生活码头 1 处，全县安置点完成卫生投资 15.36 万元共 470 平方米；投资 101.3 万元，配备万峰湖中学、德卧长田小学、安龙一中、永和小学等学校附属设施；投资 217.72 万元，在坝盘村、江坡村、德卧村、灰老村、科内村、岜皓村等完成坡改梯6.67公顷、土地复垦12.31公顷，水利建设10.14千米、水浇池3040立方米；投资11.65万元，完成江坡村、坝盘村等地广播电视建设，全县移民安置广播电视覆盖率80%；投资7.4万元，完成德卧镇的天生桥一、二级电站库区沼气池270口。

根据移民后期扶持政策，全县移民后期扶持工作于2001年启动（天生桥二级水电站2001年启动，天生桥一级水电站2003年启动，平班水电站2006年直补到人）。至2010年，全县移民后期扶持项目共114个，项目扶持资金共1485.58万元，直补到人645.48万元，共计2131.06万元。其中天生桥一级电站项目扶持资金539.51万元，直补到人452.34万元；天生桥二级电站项目扶持资金946.07万元，直补到人19.44万元；平班水电站直补到人173.7万元。

2011年4月，启动天生桥一、二级后期扶持结存资金基础设施项目59个，包括江坡引水灌溉工程，江坡、坝盘、港湾、马安云人畜饮水工程，岜皓小学教学楼改造，坝盘进村路硬化工程，码头路复建工程，岜皓、港湾、马安营、落尔码头建设工程，其中基础设施项目共计五大类34个小项目，总投资1016万元。编制《安龙县大中型水电站水库库区和移民安置区十二五规划》共6个大类，166个项目，总投资6.26亿元；编报《安龙县移民后期扶持第二个五年规划》，全县上报农村移民后期扶持人口规划数共10271人。

至2012年，全县完成大中型水库后期扶持结余资金、库区基金项目33个，使用资金831.5万元；移民后期扶持中小型水库扶助基金项目16个，使用资金295.36万元；2012年度移民后扶项目下达16个，实施坡脚乡坡脚村灌渠工程、万峰湖镇马鞍营通村公路（含落耳段）滑坡治理工程、万峰湖镇纳赖村平上至落耳码头公路硬化工程、坡脚乡者干移民点滑坡治理工程、五革村柳松至白石岩通村公路整修工程等5个。

安龙县自移民搬迁安置以来，除加大投入进一步改善基础设施外，还开展对库区和移民安置区移民群众进行科学技术、种养殖技术、农作物病虫害防治、网箱养鱼技术、养殖业技能、畜禽传染病预防、生产发展技术和劳务输出培训，至2012年共100余期，培训7000余人次。一是移民干部培训。主要培训项目管理、农业技术和经济管理方面的人才。二是根据市场及移民需求，完成每户有1个以上劳动力接受劳务输出技能培训。三是强化移民生产技能培训，确保移民有一项稳定的增收项目。培训内容主要有蔬菜栽培技术、果树栽培管理技术、养猪技术、养鱼技术等。

天生桥一级电站库区后期项目扶持情况表

表22—3—6

项目名称	建设规模	年度	建设地点	建设起止年度	上级下达总投资（万元）	完成投资（万元）	验收时间	验收资金（万元）	验收部门	是否形成会议纪要	备注
					632.61	572.92		539.51			
一、基础设施					294.19	245.47		230.77			
（一）人畜饮水					63.97	86.48		86.48			
(1) 永桑人饮	90立方米	2003	万峰湖永桑村	2004	5.30	5.30	2004	5.30	县级	有	
(2) 万峰湖平方人饮维修	145立方米	2003	万峰湖平方村	2004	2.90	2.00	2004	2.00	县级	有	

续表 22—3—6

项目名称	建设规模	年度	建设地点	建设起止年度	上级下达总投资（万元）	完成投资（万元）	验收时间	验收资金（万元）	验收部门	是否形成会议纪要	备注
(3) 六觥人饮	100 立方米	2004	万峰湖邓家沟、烂田湾	2005	8.50	8.50	2005	8.50	县级	有	
(4) 大湾人饮	150 立方米	2004	万峰湖大湾	2005—2008	12.75	28.93	2008	28.93	州级	有	超支部分州局已批准从其他项目结余资金调整补充
(5) 马安营人饮	100 立方米	2004	万峰湖马安营	2005	15.50	22.11	2006	22.11	州级	有	
(6) 乐尔人饮	200 立方米	2005	万峰湖镇拉然沟村		19.02	19.64	2008	19.64	州级	有	
(二) 道路交通					116.99	55.32		40.62			
(1) 盘江村（简易公路）	400 米	2003	新安盘江村	2004	4.00	4.00	2004	4.00	县级	有	
(2) 进寨公路	220 米	2004	德卧坡内	2005	1.00	1.00	2005	1.00	县级	有	
(3) 进校公路	490 米	2004	新桥小学	2005	2.25	2.55	2005	2.55	县级	有	
(4) 生产便道	2.4 千米	2004	新桥富新村	2005	8.00	8.00	2005	8.00	县级	有	
(5) 生产公路	900 米	2004	新桥富新村	2005	7.00	7.00	2005	7.00	县级	有	
(6) 道路硬化	400 米	2004	新安盘江村	2005	13.00	18.07	2006	18.07	州级	有	
(7) 里箐移民点道路硬化	400 米	2008	新安盘江村	2008	14.70	14.70	未验收		州级		调剂实施项目
(8) 虎场堡至马安营及平上至乐尔公路维修改造	400 米	2008	万峰湖镇	2008	67.04						
(三) 农田水利					33.20	39.54		39.54			
(1) 水浇池	250 立方米	2004	新安盘江	2002	4.20	4.20	2005	4.20	县级	有	
(2) 土壤改造	28.67 公顷	2004	新桥富新村	2005	1.00	0.42	2005	0.42	县级	有	
(3) 河道改造	1500 米	2004	新安盘江	2005	12.00	19.14	2006	19.14	州级	有	
(4) 排洪渠	410 米	2005	万峰湖镇永桑村		16.00	15.78	2008	15.78	州级	有	
(四) 文教卫生					25.52	24.09		24.09			
(1) 计生服务室	110 平方米	2004	新桥富新、万峰湖平方村	2003	4.60	2.30	2005	2.30	县级	有	
(2) 小学附属设施	围墙、堡坎	2005	万峰湖镇马安营村		16.00	16.87	2008	16.87	州级	有	

续表 22—3—6

项目名称	建设规模	年度	建设地点	建设起止年度	上级下达总投资（万元）	完成投资（万元）	验收时间	验收资金（万元）	验收部门	是否形成会议纪要	备注
(3) 小学操场	1000 平方米	2005	新桥镇中心小学		4.92	4.92	2007	4.92	县级	有	
(五) 沼气					54.51	40.04		40.04			
(1) 沼气池	255 口	2003	新桥镇富兴村	2004	6.72	6.32	2004	6.32	县级	有	
(2) 沼气池		2004	万峰湖、龙广、德卧、木咱、新安	2004—2005	35.79	33.72	2006	33.72	州级	有	
(3) 沼气池		2005			12.00						
二、生产开发					137.58	127.18		127.18			
(一) 种植业					17.73	25.11		25.11			
(1) 青枣种植基地		2003	万峰湖镇平方村	2004	1.60	18.77	2005	18.77	州级	有	
(2) 板栗种植		2003	万峰湖镇六躬村	2004	1.00	1.00	2004	1.00	县级	有	
(3) 板栗种植		2003	万峰湖镇拉然沟村	2004	1.00	1.00	2004	1.00	县级	有	
(4) 板栗种植		2003	万峰湖镇永桑村	2004	1.00	1.00	2004	1.00	县级	有	
(5) 砂仁种植		2003	万峰湖镇大湾村	2004	0.58	0.58	2004	0.58	县级	有	
(6) 板栗种植		2004	万峰湖镇马安营村	2005	12.55	2.76	2005	2.76	县级	有	
(7) 板栗种植		2004	万峰湖镇平方村								
(二) 养殖业				2004	96.81	89.03		89.03			
(1) 生猪养殖		2003	万峰湖大湾村	2004	7.38	18.83	2004	18.83	县级	有	
(2) 生猪养殖		2003	万峰湖岜皓村	2004	5.22						
(3) 生猪养殖		2003	万峰湖镇平方村	2004	3.74						
(4) 生猪养殖		2003	万峰湖镇六躬村	2004	0.39						
(5) 生猪养殖		2003	万峰湖镇下箐村	2004	3.57						
(6) 生猪养殖		2003	万峰湖镇永桑村	2004	5.22						
(7) 生猪养殖		2003	万峰湖镇马安营村	2004	0.86						
(8) 生猪养殖		2003	万峰湖镇拉然沟村	2004	0.45						
(9) 生猪养殖		2003	龙广镇新场坝村	2004	0.41	0.41	2004	0.41	县级	有	
(10) 生猪、鸡、牛养殖		2003	新安镇盘江村	2004	2.97	2.33	2004	2.33	县级	有	
(11) 养鸭		2003	新桥镇富兴村	2004	9.10	6.11	2004	6.11	县级	有	

续表 22—3—6

<table>
<tr><th>项目名称</th><th>建设规模</th><th>年度</th><th>建设地点</th><th>建设起止年度</th><th>上级下达总投资(万元)</th><th>完成投资(万元)</th><th>验收时间</th><th>验收资金(万元)</th><th>验收部门</th><th>是否形成会议纪要</th><th>备注</th></tr>
<tr><td>(12)养鸡</td><td></td><td>2003</td><td>万峰湖岜皓村</td><td>2004</td><td>1.00</td><td rowspan="8">1.76</td><td rowspan="8">2004</td><td rowspan="8">1.76</td><td rowspan="8">县级</td><td rowspan="8">有</td><td></td></tr>
<tr><td>(13)养鸡</td><td></td><td>2003</td><td>万峰湖镇六躲村</td><td>2004</td><td>0.50</td><td></td></tr>
<tr><td>(14)养鸡</td><td></td><td>2003</td><td>万峰湖镇马安营村</td><td>2004</td><td>0.75</td><td></td></tr>
<tr><td>(15)养鸡</td><td></td><td>2003</td><td>万峰湖镇拉然沟村</td><td>2004</td><td>0.50</td><td></td></tr>
<tr><td>(16)养鸡</td><td></td><td>2003</td><td>万峰湖镇下箐村</td><td>2004</td><td>0.75</td><td></td></tr>
<tr><td>(17)养鸡</td><td></td><td>2003</td><td>万峰湖大湾村</td><td>2004</td><td>1.00</td><td></td></tr>
<tr><td>(18)养鸡</td><td></td><td>2003</td><td>万峰湖镇永桑村</td><td>2004</td><td>1.00</td><td></td></tr>
<tr><td>(19)养鸡</td><td></td><td>2003</td><td>万峰湖镇平方村</td><td>2004</td><td>1.00</td><td></td></tr>
<tr><td>(20)养鸡</td><td></td><td>2003</td><td>新安镇盘江村</td><td>2004</td><td>1.00</td><td>0.69</td><td>2004</td><td>0.69</td><td>县级</td><td>有</td><td></td></tr>
<tr><td>(21)养鱼</td><td></td><td>2003</td><td>万峰湖大湾村一组</td><td>2004</td><td>6.50</td><td rowspan="6">29.75</td><td rowspan="6">2004</td><td rowspan="6">29.75</td><td rowspan="6">县级</td><td rowspan="6">有</td><td></td></tr>
<tr><td>(22)养鱼</td><td></td><td>2003</td><td>万峰湖大湾村二组</td><td>2004</td><td>6.50</td><td></td></tr>
<tr><td>(23)养鱼</td><td></td><td>2003</td><td>万峰湖大湾村三组</td><td>2004</td><td>6.50</td><td></td></tr>
<tr><td>(24)养鱼</td><td></td><td>2003</td><td>万峰湖大湾村四组</td><td>2004</td><td>3.50</td><td></td></tr>
<tr><td>(25)养鱼</td><td></td><td>2003</td><td>万峰湖岜皓村</td><td>2004</td><td>2.00</td><td></td></tr>
<tr><td>(26)养鱼</td><td></td><td>2003</td><td>万峰湖镇平方村</td><td>2004</td><td>2.00</td><td></td></tr>
<tr><td>(27)养牛</td><td></td><td>2003</td><td>新安镇盘江村</td><td>2004</td><td>2.00</td><td>1.98</td><td>2004</td><td>1.98</td><td>县级</td><td>有</td><td></td></tr>
<tr><td>(28)生猪养殖</td><td></td><td>2004</td><td>德卧坡内</td><td>2004</td><td rowspan="9">11.00</td><td>1.50</td><td>2005</td><td>1.50</td><td>县级</td><td>有</td><td rowspan="9">马安营村养猪、岜皓村养猪、富新村养牛、盘江村养牛等项目资金由种植业变更调整</td></tr>
<tr><td>(29)生猪养殖</td><td></td><td>2004</td><td>木咱响乐村</td><td>2004</td><td>0.66</td><td>2005</td><td>0.66</td><td>县级</td><td>有</td></tr>
<tr><td>(30)养猪</td><td></td><td>2004</td><td>万峰湖镇马安营村</td><td>2004</td><td>0.75</td><td>2005</td><td>0.75</td><td>县级</td><td>有</td></tr>
<tr><td>(31)养牛</td><td></td><td>2004</td><td>富新村</td><td>2004</td><td>3.96</td><td>2005</td><td>3.96</td><td>县级</td><td>有</td></tr>
<tr><td>(32)养牛</td><td></td><td>2004</td><td>新安盘江村</td><td>2004</td><td>0.80</td><td>2005</td><td>0.80</td><td>县级</td><td>有</td></tr>
<tr><td>(33)养牛</td><td></td><td>2004</td><td>新桥镇富兴村</td><td>2004</td><td>6.00</td><td>2005</td><td>6.00</td><td>县级</td><td>有</td></tr>
<tr><td>(34)养牛</td><td></td><td>2004</td><td>万峰湖乐尔</td><td>2004</td><td>1.00</td><td>2005</td><td>1.00</td><td>县级</td><td>有</td></tr>
<tr><td>(35)养猪</td><td></td><td>2004</td><td>万峰湖大湾</td><td>2004</td><td>2.50</td><td>2005</td><td>2.50</td><td>县级</td><td>有</td></tr>
<tr><td>(36)养猪</td><td></td><td>2004</td><td>万峰湖岜皓</td><td>2004</td><td>7.78</td><td>2005</td><td>7.78</td><td>县级</td><td>有</td></tr>
<tr><td>(37)养鹅</td><td></td><td>2004</td><td>德卧德卧村</td><td>2004</td><td>10.00</td><td>2.23</td><td>2005</td><td>2.23</td><td>县级</td><td>有</td><td></td></tr>
<tr><td>(三)家庭副业</td><td></td><td></td><td></td><td>2004</td><td>23.04</td><td>13.04</td><td></td><td>13.04</td><td></td><td></td><td></td></tr>
</table>

续表 22—3—6

项目名称	建设规模	年度	建设地点	建设起止年度	上级下达总投资（万元）	完成投资（万元）	验收时间	验收资金（万元）	验收部门	是否形成会议纪要	备注
(1) 酿酒		2003	德卧镇坡内组	2004	3.00	3.00	2004	3.00	县级	有	
(2) 饲料加工			德卧富民路		10.00					未实施	
(3) 经商			德卧镇富民路	2004	5.00	5.00	2004	5.00	县级	有	
(4) 农机补助		2005	德卧、新桥	2005	5.04	5.04	2007	5.04	县级	有	
三、劳务输出					10.00	5.40		5.40			
劳动力输出		2004	天一库区	2005	10.00	5.40	2005	5.40	县级		
四、扶持到户			天一库区	2005	175.52	176.16		176.16			
五、其他费用					15.32	18.71					
(1) 实施管理费											
1.2003 年					3.18	8.55					
2.2004 年		2004			4.86	4.61					
3.2005 年		2005			3.65						
(二) 技术培训费											
1.2003 年		2003			0.87	0.05					
2.2004 年		2004			1.3	0.1					
(四) 规划费											
2004 年		2004			1.46	5.4					

天生桥二级电站库区后期项目扶持情况表

表 22—3—7

项目名称	建设规模	年度	建设地点	建设起止年度	上级下达总投资（万元）	完成投资（万元）	验收时间	验收资金（万元）	验收部门	是否形成会议纪要	备注
					1086.24	1107.25		1062.45			
一、基础设施					809.56	941.66		941.66			
(一) 人畜饮水		2001—2002			55.02	48.68		48.68			
1. 坝盘人饮		2001—2002	坝盘村	2003	22.27	21.53	2005	21.53	州级	有	
2. 江坡人饮		2001—2002	江坡村	2003	12.75	9.95	2005	9.95	县级	有	
3. 人畜饮水		2004	德卧灰老村	2005	20.00	17.20	2006	17.20	州级	有	

续表 22—3—7

项目名称	建设规模	年度	建设地点	建设起止年度	上级下达总投资（万元）	完成投资（万元）	验收时间	验收资金（万元）	验收部门	是否形成会议纪要	备注
（二）地方交通		2001—2002			295.64	330.53		330.53			
1. 生产生活码头		2001—2002	坝盘村	2003	15.32	14.22		14.22	州级	有	
2. 炸药库河边公路		2001—2002	坝盘村	2002	26.99	34.60	2005	34.60	州级	有	
3. 坝盘三组通组公路		2001—2002	坝盘村	2003—2004	26.27	36.14	2005	36.14	州级	有	
4. 进村道路硬化		2001—2002	江坡村	2002		6.80	2005	6.80	县级	有	调整实施项目
5. 通村公路建设（硬化）		2004	德卧灰老村	2005	13.40	6.24	2006	6.24	县级	有	
6. 通村公路建没		2004	德卧山庄村	2005	6.00	6.12	2006	6.12	县级	有	
7. 通村公路建设（硬化）		2004	万峰湖镇	2004	50.00	50.00	2006	50.00	州级	有	
8. 通村公路改造	2千米	2004	停西村	2005	10.00	28.75	2006	28.75	州级	有	
9. 通村公路改造	267米	2004	龙广文化路硬化	2005	10.00	10.00	2006	10.00	州级	有	
10. 道路硬化匹配补助	600米	2005	龙广镇	2006	30.00	30.00	2008	30.00	州级	有	
11. 道路硬化	1018米	2005	德卧镇文化路	2007—2008	65.00	65.00	2008	65.00	州级	有	
12. 道路硬化补助	1200米	2005	万峰湖镇	2004	30.00	30.00	2004	30.00	州级	有	
13. 进组公路（云盘）	500米	2005	德卧镇德卧村	2006	5.30	5.30	2008	5.30	县级	有	
14. 进组公路（云龙）	680米	2005	德卧镇德卧村	2006	7.36	7.36	2008	7.36	县级	有	
（三）农田水利		2001—2002			197.57	217.85		217.85			
1. 坡改梯	6.67公顷	2001—2002	坝盘村	2003	14.15	20.09	2005	20.09	州级	有	
2. 土地复垦	3.12公顷	2001—2002	江坡村	2001	22.42	22.42	2005	22.42	州级	有	
3. 坝盘水浇池	6.52公顷	2003	坝盘村		15.26						变更为坝盘土地复垦
4. 江坡水浇池		2003	江坡村		7.70						
5. 德卧水浇池		2003	德卧村		9.80						

续表 22—3—7

项目名称	建设规模	年度	建设地点	建设起止年度	上级下达总投资（万元）	完成投资（万元）	验收时间	验收资金（万元）	验收部门	是否形成会议纪要	备注
6. 灰老水浇地	700 立方米	2003	灰老村	2004	9.80	9.80	2005	9.80	县级	有	
7. 坝盘引水工程	1640 米	2003	坝盘村	2004	6.80	13.11	2005	13.11	州级	有	
8. 江坡引水工程		2003	江坡村		10.25						变更为江坡土地复垦
9. 德卧前进排洪渠	1020 米	2003	德卧村	2004	8.20	8.20	2005	8.20	县级	有	
10. 德卧金山引水渠	2600 米	2003	德卧村	2004	9.80	9.80	2005	9.80	县级	有	
11. 坝盘土地复垦		2003	坝盘村	2004	34.24	73.30	2005	73.30	州级	有	
12. 江坡村土地复垦		2003	江坡村	2001		12.58	2005	12.58	州级	有	
13. 排洪渠	1.02 千米	2004	德卧镇	2005	20.00	19.27	2006	19.27	州级	有	
14. 引水渠	1.36 千米	2005	德卧镇德卧村坡内	2006	14.15	14.28	2008	14.28	州级	有	
15. 土地复垦	1.33 公顷	2005	万峰湖镇岜皓村	2007	15.00	15.00	2008	15.00	州级	有	
(四) 生产生活用电		2001—2002			75.50	29.07		29.07			
1. 江坡村输电线路	2.3 千米/50 千伏	2001—2002	江坡村	2002	45.00	3.62	2005	3.62	县级	有	
2. 输电线路	4.3 千米/50 千伏	2004	德卧平安村	2005	13.50	12.52	2006	12.52	州级	有	
3. 输电线路		2004	德卧灰老村木纳沟	2005	17.00	12.93	2006	12.93	州级	有	
(五) 文教卫生		2001—2002			128.49	123.71		123.71			
1. 江坡、坝盘校舍	219.55 平方米球场	2001—2002		2001	14.60	12.00	2005	12.00	州级	有	
2. 广播电视设施	2 处	2001—2002	江坡、坝盘村	2001	9.16	11.65	2005	11.65	州级	有	
3. 万峰湖中学	围墙、堡坎	2003	万峰湖政府	2004	6.45	6.45	2005	6.45	县级	有	

续表 22—3—7

项目名称	建设规模	年度	建设地点	建设起止年度	上级下达总投资（万元）	完成投资（万元）	验收时间	验收资金（万元）	验收部门	是否形成会议纪要	备注
4. 德卧长田小学	宿舍、堡坎	2003	德卧长田小学	2004	8.32	8.32	2005	8.32	县级	有	
5. 万峰湖镇卫生院	150 平方米	2003	万峰湖政府	2004	6.16	6.16	2005	6.16	县级	有	
6. 教学设施	补助	2004	德卧长田小学	2005	6.00	5.93	2006	5.93	县级	有	
7. 教学设施	补助	2004	万峰湖镇中学	2005	8.20	8.20	2006	8.20	县级	有	
8. 教学设施	补助	2004	安龙一中	2005	30.40	30.40	2006	30.40	州级	有	
9. 计生室两个	160 平方米	2004	德卧停西、海庄村	2005	4.60	4.60	2006	4.60	县级	有	
10. 计生室两个		2004	德卧平安、灰老村		4.60						未实施
11. 学生宿舍（匹配）		2005	万峰湖镇永和村	2007	30.00	15.00	2008	15.00	州级	有	从万峰湖中学调整 15 万元到安龙一中
12. 教学设施购置（匹配）		2005	安龙一中	2007		15.00	2008	15.00	州级	有	
（六）农村沼气	50 口				3.00	4.40		4.40			2004 年沼气指标不限
1. 平安村沼气		2004	德卧镇平安村	2004—2005		4.40	2006	4.40	县级	有	
2. 沼气池		2005			3.00						未实施
（七）移民培训中心		2001—2002	新安镇	2002—2003	54.34	187.42		187.420			
二、生产开发		2001—2002			145.05	60.27		60.27			
（一）种植业		2001—2002			80.70	46.92		46.92			
1. 麻竹		2001—2002	坝盘村	2001	29.50	23.82	2005	23.82	州级	有	
2. 种板栗		2001—2002	坝盘、江坡	2001	17.71	8.45	2005	8.45	县级	有	

续表 22—3—7

项目名称	建设规模	年度	建设地点	建设起止年度	上级下达总投资（万元）	完成投资（万元）	验收时间	验收资金（万元）	验收部门	是否形成会议纪要	备注
3. 库区中心苗圃		2003	德卧村	2004	9.65	9.65	2005	9.65	县级	有	
4. 坝盘砂仁种植		2003	坝盘村		3.44						未实施，调整到坝盘土地复垦
5. 江坡砂仁种植		2003	江坡村		5.18						
6. 灰老砂仁、香蕉种植		2003	灰老村		10.22						
7. 青藤竹种植		2004	德卧村	2005	5.00	5.00	2006	5.00	县级	有	
(二) 养殖业		2001—2002			64.35	13.35		13.35			
1. 江坡养猪		2001—2002	江坡村		17.78						未实施，调为其他项目
2. 坝盘家禽养殖		2001—2002	坝盘村		14.82						
3. 德卧肥牛养殖		2003	德卧村		18.36						
4. 德卧生猪养殖		2003	德卧村	2004	3.84	3.84	2005	3.84	县级	有	
5. 德卧家禽养殖		2003	德卧村	2004	8.55	7.00	2005	7.00	县级	有	
6. 养鹅		2004	江坡村	2005	1.00	2.51	2006	2.51	县级	有	
三、农村劳动力输出					10.00	5.40		5.40			
农村劳动力输出		2004	天二库区	2004—2005	10.00	5.40	2006	5.40	县级	有	
四、扶持到户		2005		2005	55.12	55.12		55.12			
五、其他费用					66.51	44.80					
(一) 实施管理费					25.47	18.17					
1		2001—2002			8.66	7.36					
2		2003			5.63	8.22					
3		2004			6.68	2.59					
4		2005			4.50						
(二) 技术培训费					11.63	7.02					
1		2001—2002			8.66	3.51					
2		2003			1.19	3.51					

续表 22—3—7

项目名称	建设规模	年度	建设地点	建设起止年度	上级下达总投资（万元）	完成投资（万元）	验收时间	验收资金（万元）	验收部门	是否形成会议纪要	备注
3		2004			1.78						
(三) 前期工作经费					14.43						
		2001—2002			14.43						
(四) 科技推广费					2.88						
		2001—2002			2.88						
(五) 处理移民上访费					1.44						
		2001—2002			1.44						
(六) 规划设计费					8.66	10.82					
		2001—2002			8.66	10.82					
(七) 规划设计费					2	8.79					
1		2003				6.55					
2		2004			2.00	2.24					

天生桥二级水电站库区和移民安置区移民扶持前后经济情况分析对比表

表 22—3—8

乡镇名	核定扶持人口（人）	人均耕园地面积（平方米）	扶持前			扶持后		
			人均住房面积（平方米）	人均粮食产量（千克）	人均收入（元）	人均收入增长（%）	人均粮食产量（千克）	人均收入（元）
龙广镇	109	740	25	397.5	318	26%	450	1200
德卧镇	1657	866.67	25	335.17	266.17	21%	450	1250
万峰湖镇	216	360	25	434.67	369.2	33%	450	1100
合计	1982	653.33	25	389.11	317.79	27%	450	1183

第二十三篇　社会生活

第一章　人民生活

中共十一届三中全会以后，随着经济的发展，人民生活显著提高。到1988年，人们的衣食住行发生了深刻的变化，人们穿衣、住房装饰，从“灰黑白”开始有了多彩的选择，从“穿暖”到开始选择“穿美”；家庭生活耐用品，以拥有自行车、缝纫机、手表、收音机“三转一响”为自豪，彩色电视机开始走进人们的生活；人们的日常生活用品从物资匮乏、定量供应、物种单一，开始走向物资丰富，自由选择。据统计，1989年县内城镇居民可支配收入2300元；到2012年，县内城镇居民可支配收入16900元，增长了6.35倍。安龙县每百户城镇居民家庭主要消费品拥有量逐年增高，百姓衣、食、住、行发生了根本的改变，城市乡村百姓解决了温饱问题，逐步迈向小康。

第一节　城镇居民收入

2009年，根据全面建设小康社会和加快推进社会主义现代化的要求，为更加准确、客观、真实地反映本县城市居民收支情况和生活质量，按照县政府的安排，从2009年起，开展城镇住户调查，2010年县境城镇居民可支配收入为13060元，城镇居民恩格尔系数为39.4%，属于小康向富裕过渡阶段，以下为2010年抽样调查数据：

一、调查户家庭基本情况

全县共调查30户城镇住户，按照机关事业单位职工10户、企业单位（包括企业下岗职工）10户，城区无固定职业10户抽取，基本可以代表县城镇居民收入分配水平。调查结果是户均人口3人，现有住房建筑面积人均33.48平方米，按照房屋产权分，租赁公房的居住占13.33%，拥有原有私房的占30%，拥有房改私房的占30%，购买商品房的占26.67%，现有住房按市场价估计户均20.35万元。从自来水使用情况看：有90%的居民独立使用自来水，有10%的居民使用公用自来水。从家庭卫生设备使用情况看：有6.67%的人家没有厕所、浴室，有厕所浴室的人家占73.33%，有厕所无浴室的人家占16.67%，公用的占3.33%。从取暖设备看：无取暖设备的占33.33%，有空调的占10%，用其他方式取暖（如电等）的占56.67%。从炊用燃料使用情况看：使用煤炭的占23.33%，使用液化石油气占10%，使用其他燃料（如电等）占66.67%。

二、人口就业情况

从30户调查资料汇总情况看，城镇家庭人口数户均3人，有收入的1.83人，占61%，无收入的1.17人，占 39%。在有收入人群中：就业的占 87.43%，退休人员占 10.93%，其他从业人员占 1.64%。在就业人口中有 63.63% 在国有单位就业，有 14.38% 是城镇个体或私营企业主，有 8.13% 是城镇个体或私营企业被雇人员。

三、耐用消费品拥有情况和信息化情况

据调查，每百户人家中有摩托车 43.33 辆、助力车 13.33 辆、家用汽车 16.67 辆、洗衣机 93.33 台、电冰箱 73.33 台、彩色电视机 120 台、家用电脑 60 台、固定电话 56.67 部、移动电话 200 部。每百户有 33.33 部移动电话接入互联网，每百户中有 56.67 户人家接入有线电视网络的电视机，每百户有 30 户的电脑接入互联网。

四、现金收支情况

调查显示，家庭总收入平均每人 13554.39 元，人均可支配收入 13060 元，其构成如下：1、工资性收入人均 9067 元，占总收入的 66.89%；2、经营纯收入人均 3490.67 元，占总收入的 25.75%，3、转移性收入人均 996.6 元，占总收入的 7.34%，其余占 0.02%。家庭人均总支出 10300.92 元，其中消费性支出人均 7240.29 元，占 70.29%，人均转移性支出 2646.96 元，占 25.7%，社会保障性支出人均 401.04 元，占 3.89%，借贷支出人均 518.57 元，占 5.03%。

从消费性支出来看，人均 7240.29 元，其中食品支出为 2854.22 元，占消费性支出的 39.42%，即恩格尔系数为 39.42%，根据联合国粮农组织提出的标准，为小康到富裕过渡阶段。从转移性支出来看，人均 2646.96 元，其中：其他转移性支出（即人亲客往、送礼）为 2474.48 元，占转移性支出的 93.48%，占总支出的 24.03%，占人均可支配收入的 18.81%。

据统计，1989 年县内城镇居民可支配收入 2300 元；到 2012 年，县内城镇居民可支配收入 16900 元，增长了 7.35 倍。

1989—2012 年安龙县居民收入情况表

表 23—1—1　　单位：元

年度	城镇居民可支配收入	农民人均纯收入	年度	城镇居民可支配收入	农民人均纯收入
1989	2300	308	2001	6100	1505
1990	2500	331	2002	6500	1506
1991	2800	346	2003	6900	1618
1992	3300	352	2004	7300	1726
1993	3600	408	2005	7500	1852
1994	4200	512	2006	7800	1942
1995	4500	589	2007	8000	2160
1996	4800	1165	2008	9200	2523
1997	5000	1309	2009	11200	2840
1998	5300	1401	2010	13060	3328
1999	5600	1491	2011	15000	3880
2000	5900	1500	2012	16900	4590

第二节　城镇居民生活

2009年，安龙县对城镇居民开始进行住户调查，根据调查显示，全县家庭居住人口每户3人、人均住房建筑面积33.48平方米，平均家庭总收入14596.39元，将2010年城镇家庭基本情况、每百户城镇居民家庭主要消费品拥有量、城镇居民年人均收支情况、城镇居民年人均消费支出情况记叙如下：

2010年安龙县城镇居民家庭基本情况表

表23—1—2

指标	单位	数量
一、住房情况		
1. 家庭居住人口	人/户	3.00
2. 现住房总建筑面积	平方米/人	33.48
二、人口就业情况		
(一) 家庭人口数	人/户	3.00
1. 有收入者人数	人/户	1.83
(1) 就业人口数	人/户	1.60
①国有经济单位职工	人/户	0.97
②其他经济类型单位职工	人/户	0.03
③城镇个体或私营企业主人数	人/户	0.23
⑥其他就业人数	人/户	0.20
(2) 离退休人数	人/户	0.13
(3) 其他有收入者人数	人/户	0.10
2. 无收入者人数	人/户	1.17

2010年安龙县每百户城镇居民家庭主要消费品拥有量

表23—1—3

指标	单位	数量
摩托车	辆	46.33
助力车	辆	14.33
家用汽车	辆	16.67
洗衣机	台	94.33
电冰箱	台	74.33
彩色电视机	台	120.00

续表 23—1—3

指标	单位	数量
家用电脑	台	60.00
组合音响	套	33.33
摄像机	架	5.30
照相机	架	13.33
微波炉	台	36.67
空调器	台	13.33
淋浴热水器	台	50.33
消毒碗柜	台	16.67
健身器材	台	3.33
固定电话	部	56.67
移动电话	部	200.00

2010年安龙县城镇居民年人均收支情况

表 23—1—4　　单位：元

收入指标	金额	支出指标	金额
一、期初手存现金		五、家庭总支出	11301.92
二、家庭总收入	14596.39	(一)消费支出	8240.29
其中：可支配收入	14195.35	其中：服务性消费支出	1460.76
(一)工资性收入	10495.57	(二)购房及建房支出	628.57
其中：1. 工资及补贴	599.4	(三)转移性支出	2596.96
2. 其他劳动收入	3490.67	其中：捐赠支出	
(二)经营性收入	0.12	赡养支出	158.86
(三)财产性收入	0.12	其中：在外就学子女费用	156.53
(四)转移性收入	996.60	(四)财产性支出	13.63
其中：养老金或离退休金	532.77	(五)社会保障支出	504.04
三、出售财物收入	0.00	其中：存入储蓄款	0.00
四、借贷收入	605.00	归还住房贷款	628.57
其中：提取储蓄存款	605.00	六、期末手存现金	4735.75

2010年安龙县城镇居民年人均消费支出情况

表23—1—5　　单位：元

指标	金额	指标	金额
一、食品	3066.22	14. 其他食品	36.45
1. 粮食	340.65	15. 在外饮食	356.21
2. 油脂	130.56	二、衣着	1015.93
3. 肉类	624.33	其中：服装	678.06
其中：猪肉	574	鞋	186.2
4. 禽类	69.44	三、家庭用品及服务	1096.62
5. 蛋类	12.65	其中：耐用消费品	535.84
6. 水产类	8.75	四、医疗保健	285.95
7. 菜类	565.77	其中：药品费	99.19
其中：鲜菜	508.8	五、交通及通讯	880.74
10. 酒类	23	六、教育文化娱乐服务	425.8
11. 饮料	355.07	其中：文化娱乐用品	443.93
12. 干鲜瓜果类	79.42	教育	610.56
其中：鲜果	23.03	七、居住	136.77
鲜瓜	175.68	其中：水电燃料	406.41
13. 糕点及奶制品	170.3	八、杂项商品和服务	1025.3
其中：奶及奶制品	6.38		

第三节　乡村农民收入

1989年，县内农民人均纯收入308元。据农村抽样调查，被调查农户人均总收入984.1元。其中，从集体得到的收入2.3元，从家庭经营得到的收入924.8元，其他非生产性收入56.9元。家庭经营收入中，农业收入422.2元、林业收入3.8元、牧业收入293.8元、渔业收入0.2元、手工业收入16.3元、采集捕猎收入10.4元、建筑业收入15元、运输业收入14.2元、工业收入47.8元（其中粮食加工收入17.9元）、生产性劳务收入30.7元、商业和饮食业收入39.4元、服务业收入26.1元、其他家庭经营收入4.9元；其他非生产性收入中，在外人口寄回或带回收入0.4元、职工工资收入34.6元、从国家财政得到的收入11.9元（其中调查补贴4.2元）、亲友赠送9元、其他收入1元。

2000年，县内农民人均纯收入1500元。据当年农村抽样调查，被调查农户人均总收入2122.33元，其中工资性收入292.31元、家庭经营收入1742.69元、财产性收入127.47元、转移性收入72.52元，可支配收入1437.66元。工资性收入中，在非企业组织中劳动得到收入4.04元、其他收入288.27元；家庭经营收入中，农业收入950.34元、林业收入1.9元、牧业收入653.07元、渔业收入0.04元、工业收入1.33元、贸易和餐饮收入0.35元、社会服务业收入8.19元、其他家庭收入122.47元；转移性收入中，家庭非常住人口寄回或带回收入12.41元、亲友赠送12.64元、调查补贴6.29元，其他收入41.17元。

2010年，全县农民人均纯收入为3328元，人均总收入为5043元。其中，工资性收入为1581元，占总收入的31.4%，家庭经营性收入为3291元，占总收入的65.3%，而家庭经营收入中第一产业收入占较大部分，占97.8%，第一产业收入中种植业和牧业占主要部分，工资性和家庭经营两项收入占总收入的96.6%，而财产性收入仅占总收入的0.39%。从支出情况看，1989年农民所得收入主要用于吃饭，用于其他方面的较少；2010年农民所得收入用途分布较广，生活费支出已不是最主要的支出了。

2012年，县内农民人均纯收入4590元。据当年农村抽样调查，被调查农户全年人均总收入6476.65元，其中工资性收入1920.41元、家庭经营收入4236.98元、财产性收入21.3元、转移性收入297.96元。工资性收入中，在非企业组织中劳动得到收入288.26元、外出从业得到的收入265.12元、其他收入1367.03元；家庭经营收入中，农业收入2444.56元、林业收入89.95元、牧业收入1313.29元、工业收入83.29元、建筑业收入13.02元、交通运输和邮电收入162.24元、批发零售贸易和餐饮业收入87.59元、社会服务收入43.59元。其详细情况参见本志第九篇“农业　农村　农民”第七章“农民”。

第四节　衣食住行

一、服饰

新中国成立后，服饰大变，男子除少数老人着长衫外，大都改为对襟短衣、工作服、劳保服和中山装，中年人喜戴便帽，青年人一般不戴帽，理平头、学生头。男女都穿解放鞋或布鞋。20世纪60年代后，草鞋基本上绝迹。女子穿父母装、工作服，短发或小辫、长辫。衣料多卡基布、阴丹布、劳动布，服饰总体印象极俭朴。“文化大革命”期间，干部职工多穿中山装，少数干部穿呢服，多数人均穿灰、蓝布，灯芯绒、卡基布、的确良被视为高级料子；年轻人以穿军装为时髦，服饰颜色、样式、打扮单调一致。

20世纪80年代后，服饰变化极快，呢绒、毛线、化纤、丝绸、羽绒和棉织的料子品种、花色繁多，服装样式千变万化。男式服装有西装、夹克装、青年装、中山装、牛仔服、羊毛衫、运动衫、羽绒服、直筒裤、喇叭裤、锥子裤、萝卜裤、牛仔裤、运动裤等，服装样式日趋多元。男青年发式也不再单一，有留长发的、剪平头的，还有烫发、染发的，基本与国际流行趋势一致，脚穿皮鞋、波鞋等。女性服装样式不下几十种，多色彩鲜艳，常见的有西装、春秋衫、羊毛衫、运动衫、背心、马夹、羽绒服、百褶裙、西装裙、连衣裙、套裙、牛仔裙、皮裙、短裙、超短裙、统裤、吊带裤、短裤、健美裤、牛仔裤、运动裤、裤袜、腿袜等，样式越来越多，色彩越来越丰富，青年人着装衣料越来越短、越来越透。女性发式变化多姿，大多数妇女都烫发、染发；化妆品使用越来越频繁，淡妆浓抹十分普遍；普遍穿高跟皮鞋、皮靴，有的戴戒指、耳环、项链等首饰。手机没有普及前，青年学生普遍戴手表，后来普遍配备手机，戴手表的就少了；中学生喜穿运动衫、T恤衫，女学生喜穿羊毛衫和各种裙子，样式不再单一。农村服饰虽不及城市样式花色繁多，但也比过去多姿多彩，交通方便、经济富裕的乡村，青年人的服饰与县城基本一致。

二、饮食

主食　县境产稻米、苞谷、小麦，喜爱米饭。城镇和田坝地区以大米为主食，辅以面食或苞谷，或以大米与苞谷混合做成两掺饭。山区多以苞谷为主，辅以荞子、红薯、小麦，或将苞谷磨面蒸成饭，荞子磨面做成饭或粑，麦面烙成干饼。随着生产条件的改善，山区主食也逐渐转向大米。农村大多数人家一日两餐，农忙季节一日三餐。城镇居民多一日三餐，早餐较为丰富，有面条、馒头、包子、剪粉、沙糕、豆浆、油条、三合汤、糯米饭、油炸粑、豆浆稀饭、饺皮、糍粑等，有的人家还有面包、鸡蛋、牛奶等。

菜肴 城乡人民喜食新鲜蔬菜，蔬菜淡季也食用一些腌菜和干菜，荤素搭配，烹调方法有炒、煎、炖、煮、蒸、凉拌等，以季节、场合及家庭经济状况而异。安龙人喜食辣味，辣椒为不可缺少的调味品，或食用青辣椒，或加工成酸辣椒常年食用，或将干辣椒加工成粉末食用。许多人家喜用姜、葱、蒜、芫荽、花椒、胡椒、八角、草果、砂仁等香料加工菜肴。除常见新鲜蔬菜外，平时上市较多的豆芽、豆腐、豆米、豆豉、酸菜、咸菜、咸蛋、皮蛋、花生米、粉丝、海带等，也深受喜爱。除鸡鸭鱼外，食用肉最多的猪肉，其次是牛肉和羊肉，布依族人家还喜爱狗肉和马肉。猪、牛、羊肉一般用鲜肉，冬季加工腊肉、香肠和牛干巴，食用油以猪油、菜油为主。平常，一般人家便饭两菜一汤，小炒、凉拌或煮个素菜、冬天喜食火锅，以辣椒、佐料作好蘸水，将肉、蔬菜煮熟后蘸辣椒水吃。近些年来，喜食狗肉者渐多，但一般家庭不加工，到狗肉馆买食。

寿宴和喜宴请稀客的菜肴，较为讲究，上桌多为9菜1汤，以清蒸全鸡、红烧鱼为敬，也有以海味上桌的。旧时富裕人家办拆席，菜肴尤为丰盛、精致。婚嫁宴席，一般不讲究拼盘，常见菜肴有：盐菜扣肉、小米糌、清蒸鸡、炒肚片、春卷、狮子滚绣球肉丸、红烧猪肉、皮蛋、肉末炒油炸花生米、卤猪肝、凉拌粉丝等，多数以9菜1汤为准，取“十全十美”之意。有的人家婚宴在酒楼办理，也上一些酒楼的特色菜肴。农村婚宴则稍次，但也不少于6个荤菜。春节的传统菜肴有：盐菜扣肉、小米糌、辣子鸡、酥肉粉条汤、炖鸡、糖肉、莲花菜炒木耳肉片、红烧全鱼、宫保鸡丁、绣球肉丸、豆油卷、炒腰花肚片、香芹炒肉末凉拌皮蛋等。有的人家喜煮长菜，即将洗净的白菜和蒜苗整片整棵地煮在肉汤中，盛入坛中，随吃随取。

点心 本地点心一般有洗沙饼、芝麻饼、白糖饼、鸡蛋糕、芙蓉糕、云片糕、沙糕、软糕、金钱酥、核桃酥、柿花饼、刷把头、八宝饭、饼干、油炸糖果、盒子粑、豌豆粑、豆沙窝、荞粑、麦粑、嫩苞谷粑、米团子、肉包子、剪粉、凉粉、豆浆、饵块粑、糍粑、灰粽粑等。点心可作早餐，可作礼物，有的人家在宴席前用以招待宾朋。春节期间，多数人家制作或买来饵块粑、灰粽粑，或用油煎，或加肉丝爆炒，或以红糖甜酒煮之，或用炭火烤熟，以款待客人。

酒类 县人有饮酒习惯，除南盘江一带多饮用蔗渣酒外，大多数地方均饮用粮食酒，有糯米酒、苞谷酒、高粱酒、麦子酒等，以苞谷为最多。自酿的酒俗称“便当酒”，酒精度不高，味略醇和，价格便宜，广泛受人喜爱随着生活水平的提高，许多人喜爱饮用啤酒、葡萄酒，中级以上瓶装白酒为宴席上必备酒。饮酒中，许多人喜划拳或以牌具助兴，划拳、牌具形式名目众多，婚丧喜庆、送往迎来必饮酒，饮酒必猜拳，不胜酒力者往往醉倒。近些年来，县内引进外地模式，办起了许多酒吧、卡座，青年人入夜进酒吧消费，边唱歌边饮用啤酒、葡萄酒等，消费价格往往较高。

三、居住

20世纪80年代前，县内居民修建房屋装修较为简陋，较为讲究的也仅是将房屋用石灰进行粉刷，房屋地面以水泥抹平即可，条件好的以水磨打平。

20世纪90年代后，全县取消福利分房，县内居民以购置商品住房为主，而开发商提供给住户的大部分为毛坯房，居民购置房屋后均要进行二次改造、装修，以室内空间改造为主体的室内装修在县境兴起，家庭装修从少数人的专利，转变成为绝大多数家庭的必需。早期的装修，主要是业主自行到劳务市场联系工人自行进行简易装修，后来一些能工巧匠相继组建装修工程队。20世纪90年代末，四川、浙江等地装修人才进驻县城，组建装修公司。一些商家在县城、乡镇开设装修材料专卖店，至21世纪初全县有装修材料专卖店30余家。同时，一些装修公司在装修过程中，采用组合式家具，工厂化生产，一些家庭从家私店组家具及壁纸组合安装，家庭装修进入工厂化时代。

在装修风格上。20世纪90年代初期，以实用为主，项目单调，主要是制作木门和各种柜子。此后，县内居民开始注重房屋的装修风格、构造设计，以欧式风格、现代中式风格为主，做宽大的门套、高挑的墙裙，有的还喜欢软包。20 世纪 90 年代后期，家庭装修开始注重古典主义色彩，以传统的中式古典装修风格为主，后又追求田园主义、自然主义风格。进入 21 世纪后，现代简略风格开始流行，装修项目减少，装饰项目增多，形成“轻装修重装饰”的装修理念。在室内的色彩应用上，开始追求个性，一改传统的白色，红色、黄色等色彩在室内装修中大量使用，甚至有人将蓝色、黑色引进了室内。

在家装内容上。进入 21 世纪后，此前较为普遍的墙裙消失了，取而代之的是不到 20 厘米的地脚线墙砖，门套也越来越窄，软包也很少用了。过去家装中占主体的柜子制作开始减少，所用的衣柜、电视柜、书柜、鞋柜、酒柜等都到家具城购买。

在装修材料上。20 世纪 90 年代初以前，基本采用实木装修。20 世纪 90 年代末，县城居民开始运用人工制作既美观大方的现代材料，如金属、塑料、铝合金、玻璃等现代工艺制成的板材、片材、线材和管材。地面材料上，一改过去的水磨石、水泥砂浆，取而代之的是陶瓷砖、马赛克、大理石，有的人还在卧室、书房铺设实木地板。

在外墙装修上。20 世纪 90 年代后，随着瓷砖和新型装饰材料的广泛普及，普通居民修建房屋时均要张贴墙砖，有的还做成各种图形“马赛克”，高层建筑在装修过程中，因张贴在外墙的瓷砖存在脱落伤人的安全隐患，改用化学雨漆刷墙面，颜色以云灰色、淡黄色为主。

21 世纪后，住房装修、装饰逐渐向县境农村推广，乡村住房不再是低矮的砖木瓦房，新起的住房大部分都是经过装修的敞亮楼房。

县内制作家具传统选料以梓木、楸木、杉木、红椿、泡桐为佳，苦楝、冬瓜木、白杨、桦木次之。20 世纪 80 年代，浙江木匠成批来到县境专打家具，带来较多外地流行家具式样，主要有捷克式、波兰式、组合式、钢管式等，配以象腿、虎脚等，造型新颖美观。20 世纪 90 年代后，席梦思、组合柜等新式家具普及，衣柜、写字台、方桌、圆桌、食品柜、角柜、椅子、沙发、藤椅、书柜、碗柜、电脑桌、茶几、鞋柜、电视柜普遍使用。三开柜逐渐被淘汰，代之以组合柜；木沙发已不时兴，代之以绒面、布面、皮面多人沙发、转角沙发等。许多家具不再是单纯用木料做成，大量使用人工胶合板材，辅以铝合金条、板装饰，或以铝合金管材作支架，或以茶色、无色有机玻璃、大理石代替部分桌面、茶几面。漆料多用化学漆，一些家具绝大部分面贴上塑料贴面板，拉手、开关多用金属镀品或有机玻璃制品。大部分家具已不再请木匠来家中打制，而是普遍购置南方、双虎等品牌家具成品。农村家具虽不及城市华美，但已普遍使用品牌家具成品。

四、出行与通信

20 世纪 80 年代，县内居民短途出行基本为步行或以自行车代步，路途较远的乘坐公共交通工具。20 世纪 90 年代，摩托车逐步进入寻常百姓家，摩托车成为广大农村地区普遍的代步工具。进入 21 世纪以来，随着交通条件和人民生活水平的改善，私家车逐步普及，县人出行发生质的变化，在城区内出行或开私车、或乘坐出租汽车，自行车却少有了；路途较远的，购置了小汽车的家庭就来去自由地自己驾车出行，没有私车的则仍乘坐长途汽车等公共交通工具。南昆铁路通车以后，铁路列车成为县内居民出行的一项选择，但因安龙火车站距县城较远，且开行的列车车次较少，坐火车出行并未成为县内居民长途旅行的普遍选择。兴义机场建成后，随着机场航班增多，坐飞机长途出行也成为县内民众一项较好的选择。广大农村普遍采用摩托车作为代步工具，特别是通乡油路、通村公路和通组、串户路硬化改善后，乡村公路交通网络形成，广大农村居民无论是上街赶场、购置农资家具，甚或下地从事农业生产均以摩托车作为首选代步工具。

20 世纪 80 年代至 90 年代初，县内居民通信方式主要以普通书信为主，特别重大的事件时用电报，遭遇紧急事件时才使用长途电话。随着程控电话、移动电话和网络的普及，县内居民基本不再使用普通书信沟通信息，不管距离远近均使用电话沟通，就连拜年等节日问候礼节性习俗也注入了电子元素，每逢春节、元旦等节日广大群众均通过短信、彩信、QQ、微信、微博等电子交流工具，互相交流与问候，突破了时空的局限。近年来，每逢春节，县委、县政府主要领导均要以短信方式向全县拜年。2012年后，县委、县政府还以县内著名风景点为内容制作彩信在春节期间向全县人民和相关领导、企业家拜年，宣传安龙县风景名胜旅游。

第二章　社会主义精神文明建设

1991年，县委建立县精神文明建设办公室，设在县委宣传部内。1998年12月，撤销县社会主义精神文明建设领导小组，成立县社会主义精神文明指导委员会，下设办公室于县委宣传部。2001年11月，县社会主义精神文明建设委员会办公室升格为副科级单位。2008年4月25日，成立公民道德建设工程——"满意在安龙"主题活动领导小组，下发《公民道德建设工程——"满意在安龙"主题活动规划（2008—2010年）》《公民道德建设工程——"满意在安龙"主题活动实施方案》，各乡镇、各单位均制定主题活动实施方案。全县社会主义精神文明建设不断展开。

第一节　公民道德建设

从20世纪90年代开始，全县开展公民道德建设，同时加强对青少年的思想道德建设。

一、乡镇精神文明活动中心

1991年，省拨资金8000元、乡自筹1万元，建立普及型木咱乡精神文明活动中心。组织城关镇、新安区参加全州8县市城镇精神文明建设和省"黄果树杯"城镇建设竞赛；同时进行其他7个区镇的集镇文明建设。

1993年8月，省文明办拨付资金1.5万元，确定在新桥乡新建文明活动中心。11月，木咱镇精神文明活动中心该中心被评为全省1993年度精神文明活动中心建设先进单位。

1994年，新桥乡精神文明活动中心建成。1998年，县"学法律、讲道德"宣传教育活动组委会和办公室，转为县"热爱我们共有的家园"环境保护宣传教育活动组委会和办公室；县委宣传部、县环保局、教育局、总工会、团县委、新华书店联合开展"热爱我们共有的家园"环境保护宣传教育读书活动，为全县1998年爱国主义教育系列活动之一，3万余人参加，撰写调查报告193篇，受表彰23人。

1999年，开工建设德卧镇精神文明建设活动，至年底中心主体工程基本完工。

2000年，开工建设县老年活动中心，充实和完善乡镇文化站、村图书馆、文化室、广播电视室，全年安装地面卫星接收站151个，电视覆盖率88%。

2001年，县老年活动中心竣工投入使用；充实完善乡镇文化站、村图书室，新安装地面卫星接收站300余座，全县广播电视覆盖率达提高到90.2%。

2004年，完成龙广镇精神文明活动中心的建设、笃山乡精神文明活动中心申报。

2008年4月，全县实施公民道德建设工程——"满意在安龙"主题活动，要求"一年重点突破，两年延伸辐射，三年全面推进"。同时，全县集中整治文化市场，在学校开展"平安创建"和学习"八荣八耻"活动。

二、青少年思想道德建设

1994年，县委宣传部、教育局、文体广电局，团县委、妇联、关工委、新华书店等单位，联合组织县内中小学生1.2万人参加全国“爱我中华，爱我家乡”读书教育知识竞赛和作文竞赛。1995年，举办全县“热爱祖国，做四有新人”读书教育活动，县内中小学生1.2万余人参加。

2000年9月，在全县开展歌颂祖国的中小学生征文活动。

2002年2月25日，县委宣传部与县文明办、县教育局、县总工会、团县委、县妇联发出《关于在全县开展贯彻落实〈公民道德建设实施纲要〉活动的通知》，全县各级各类学校中开展思想道德宣传教育系列活动，工商业企业开展以职业道德教育为主要内容的“百城万店无假货”活动。

2004年，制定《2004年公民道德建设实施纲要集中宣传活动方案》；9月，城区师生1万余人开展“中小学生弘扬和培育民族精神月”活动，举行“远离网吧，文明上网”宣誓仪式、“弘扬民族精神，做合格建设者的接班人”主题演讲比赛、“弘扬和培育民族精神”主题征文活动等。

2005年，县委组织部牵头举办未成年人思想道德建设小品大赛，有两个节目在全州比赛中分别获得第1名和第3名。

2006年后，重点在全县开展社会主义荣辱观宣教活动。同年，投入140万元，建成县青少年活动中心；全县公共文化体育设施、文物景点、旅游景区、爱国主义教育基地免费向未成年人开放。

2011年，普坪中学、兴隆小学获省文明办批准建设乡村少年宫，各获资金20万元。开展“祖国好·家乡美”主题系列活动，收获诗文作品259篇、书法作品216幅、绘画作品426幅（小学233幅、中学193幅）。

第二节　文明创建活动

1990年，采取自下而上的方式，评选优秀文明村寨、文明单位，评选两个文明建设成绩较为显著的有8个村、8个单位。

1991年3月14日，县委表彰全县1990年度文明村7个。

1992年，德卧镇大水井村和洒雨中学分别被评为全省文明村、文明单位。

1995年3月25日，安龙县广播电视站、供电局、公路养护段、安龙民族师范、安龙疗养院被州委、州政府表彰为文明单位；新安镇海联村、龙广镇十二份村被州委、州政府表彰为文明村。

1996年5月28日，县政府把两个文明建设一起部署，一起写进责任状，一起检查，一起总结。

1997年5月28日，县委、县政府表彰1996年度文明单位22个，文明村寨18个。在1996年基础上，开展“五创”活动，10村寨、18个单位受到州委、州政府表彰。

1998年，全县创立文明单位（含文明行业）16个、文明村寨16个、文明校园4个、评选出十星级文明户200户。

1999年，创建文明单位11个，文明行业4个，文明校园5个。

2000年6月，州文明委对国税局、供电局、邮政局、气象局、移动公司、工商银行给予重新认定，命名县公安局交警大队、地税局、人寿保险公司为文明行业。创建县级文明单位5个、文明乡镇2个，十星级文明户100户。

2001年，创建十星级文明户14户、文明乡镇1个、文明村2个、文明单位（文明行业）6个。

2002年，州委、州政府表彰钱相乡、征费稽查所、邮政局、地税局、卫生局、有线广播电台、国税局龙广分局为文明单位（乡镇），表彰“十星级文明户”14户。

2003年，创建县级文明单位35个，文明小区3个，文明乡镇3个，文明村16个，十星级文明户200户；州级文明单位16个，文明小区2个，文明乡镇3个，文明村11个，十星级文明户100户。

2005年，县委、县政府，授予县国税局等31个单位为文明单位，县气象局等2个小区为文明小区，德卧镇等4个乡镇为文明乡镇，新安镇东门村等16个村为文明村，黄乐录等296户为十星级文明户称号。

2006年，省委、省政府表彰2003—2005年度全省文明村寨、文明单位、文明建设工作先进单位。省级文明村寨：龙广镇纳桃村；省级文明单位：德卧中学；省级精神文明建设工作先进单位：县国税局、兴义公路安龙收费站、县房地产管理局。龙广镇纳桃村被评为全省精神文明建设先进村，村党支部书记王林长获评精神文明建设先进个人；县委、县政府表彰文明单位22个，文明乡镇3个，文明村15个，文明户296户。龙广镇纳桃村、钱相乡打凼村列入省"农村农民文化家园"建设项目，各获修建费3万元。

2007年，申请创建县级文明单位27个，文明小区2个，文明乡镇10个，文明村13个，十星级文明户269户，创建州级文明单位26个，文明小区2个，文明乡镇4个，文明村15个，十星级文明户245户。

2008年，省委、省政府下发《关于表彰全省2006—2008年度文明城市（区）、文明县城、文明村镇、文明单位和创建工作先进城市（区）、县城、村镇、单位的决定》。全国文明村：龙广镇纳桃村；全省创建文明县城工作先进县城：安龙县；全省文明单位：中国人民银行安龙县支行、县国税局；全省创建文明村镇工作先进村镇：德卧镇大水井村；全省精神文明建设工作先进单位：县地税局、县气象局、县建设银行、县稽查所、县工商行政管理局。州委、州、政府下发《关于表彰2006—2007年度文明行业、文明单位（乡镇、村、小区）和"十星级文明户"的决定》。文明单位：县委组织部、县委宣传部、县建设局、县工商局、县国税局、县地税局、县气象局、县邮政局、县人民银行、县工商银行、县电信公司、县移动公司、新安环卫站、安龙海事处、高坝海事所、洒雨中学、钱相乡小学、兴隆青龙小学、征费稽查所；文明乡镇：平乐乡、兴隆镇；文明村：德卧镇大水井村、兴隆镇木城村、普坪镇海厂村、钱相打凼村。十星级文明户296户、文明小区4个。

2009年，德卧镇大水井村获评全省文明村，县国家税务局、中国人民银行安龙县支行、县地方税务局、县工商局获表彰为全省文明单位；普坪镇获省精神文明建设指导委员表彰为全省创建文明村镇工作先进村镇，县气象局、新安镇大坪社区、县运管所、中国移动通信集团贵州有限公司安龙分公司、招堤风景区获省精神文明指导委员会表彰为全省精神文明建设工作先进单位（风景区、社区）。

2010年，新安镇西河村、德卧镇坡告村、毛杉树村、万峰湖坝盘村、新桥镇富新村、荷花村、龙广镇狮子山村、海星村、龙山镇北乡村、兴隆镇排冗村、戈塘镇香车河村列入省"农村农民文化家园"建设项目，各获修建费3万元。

2011年，新安镇海庄村，洒雨镇民族村、平乐乡鱼浪村、木咱镇木咱村获列入省文明办"农村农民文化家园"项目，各获修建费3万元。

第三节　"整脏治乱"创建卫生城市

1990年7月，建设部下发《关于进一步加强城建管理监察工作的通知》。1993年，县政府出台《关于对县城规划建设和环境卫生管理的暂行规定》，对城区建设及生活进行明确规定，包括严禁违章建筑；维护市容市貌；严禁往街、巷倒垃圾、泼水泼污；凡在县城沿街、巷新建或改造经营门市，必须到县城建局办理审批手续。控制二氧化硫及酸雨危害，对经营性用煤大户限期进行设备改造。是年，查处周家巷等地违法违规建房共325户，其中处理38户、没收8户、申请法院强拆8户、拆除61处。1994年，处理单位违章建房9起、私人违法违章建房79户。

1998年，县城建管理中队更名为新安镇城管中队，划归新安镇管理。按照县城总规要求，加强规划建设管理。因电信局擅自开挖人行道、破坏小板，被责令其限期恢复。

2001年，以创建卫生城市为抓手，对县城主街道违章搭棚进行清理，拆除违章占道撑杆搭棚209户；加强县城规划建设管理，严格开展规划红线，清理违章建筑，保证主街道畅通和市容市貌整洁。

2002年，安龙县城建监察大队正式挂牌成立。制订《关于整顿金龙市场市容市貌实施方案》，组织相关单位对金龙市场进行整顿，清除金龙市场主干道、人行道的构筑物、外棚伸延、占道经营摊位，清理金龙市场内安装户外广告标牌，经营性燃煤灶，夜市经营手续不齐全者。全年共查处违法建设案件26起，占道经营等违法违章案件148起，大货车违章进城92起，乱停乱放27起。是年，省人民政府命名安龙县为省级卫生县城。

2003年，按照《县城总规》《招堤风景区详规》《西城区总规》《西城区详规》等规划文本对旧城、风景区、西城区进行建设，整治违章占道等132起，查处违法建设38起、违章施工12起。

2004年，开展对老车站至安坡路口、两个菜市场、皂角树至金碑路口、塔山至招堤入口至国土局等地段的综合治理，加强交通管制，整顿规划城区三轮摩托车、出租车营运秩序，共整治违章占道等173起，查处违法建设24起，违章施工5起。查处破坏、损害照明设施案件2起，城内道路亮灯率95%以上。

2005—2006年，重点查处违法违章建筑、未批先建、少批多建、乱搭乱建、侵占公共绿地和道路规划红线等违法违章案件。其中，2005年查处违法违章案件6起，查处违反《环卫条例》等违章行为79起，查处占道经营、燃放烟花爆竹等违章行为300余起。2006年，查处违法违章案件共28起，申请人民法院强制执行1起；查处1起因资质挂靠而引起拖欠农民工工资和工程款违法行为；纠正违章占道经营2000余次，处罚占道修理86起，处罚违章碾压人行道的机动车辆266余台次，责令拆除破旧广告牌42块；查处损坏或违章市政工程设施的案件23起，其中责令限期改正14起，处罚并补办手续9起；查处损坏城市花草、园林绿化设施的案件20余起。

2007年后，全县以“整脏治乱”“满意在贵州”“网吧及校园周边”治理工作作为推动城市建设、城市管理和城市发展的动力；统筹规划，严格管理，建立健全城镇管理制度。完善城镇垃圾、污水处理设施以及道路、市场、公厕、供水、供气、环卫、绿化、停车场(位)等基础设施建设；结合新农村建设，制定县城和乡村总体规划、分区规划、详细规划和专项规划，突出地方风格和民族特色；从公共基础设施、防震减灾、园林绿化、环境卫生、交通管理、市民行为等方面入手，制定相关职能部门联席会议制度，按照“物随事转，费随事转，人随事转”的原则，在事权、财力方面向基层倾斜，巩固和发展省级卫生县城成果。

2012年后，在巩固省级卫生县城成果基础上，着手创建国家卫生县城，招堤、栖凤、钱相、德卧、普坪、笃山等乡镇(街道)启动省级卫生乡镇和省级卫生村创建工作。

第四节　创建生态家园及文明示范工程

2004年5月，县精神文明指导委员会制订《安龙创建生态家园文明示范村示范工程实施意见》，计划2004—2006年，在全县创建12个生态家园文明示范村。当年重点创建钱相乡钱相村。另投入资金128万元，为木咱镇响乐村修建水渠、教学楼、党员活动室、硬化道路、架设输电线路、建沼气池、安装自来水和闭路电视等；协调资金10.1万元，支持纳桃村硬化道路，修建消防水池等。

2005年，重点创建新安镇盘江村、新桥镇新桥村、木咱镇响乐村、德卧镇坡告村、戈塘镇洞广村。

以“改水、改路、改厕、改厨、改圈”为主要内容，改善农村居住环境，不少群众彻底告别沿袭多年的生活陋习。龙广镇纳桃村以“经济发展、民主健全、精神充实、环境良好”为主要内容，以协调推进农村经济、政治、文化和可持续发展为目标，注意物质文明、政治文明和精神文明的协调发展。

2006年，创建坡脚乡团结村、普坪镇鸭子井村兴隆镇木城村、平乐乡索汪村、洒雨镇纳汪村、龙山镇下村。通过3年时间的努力，建成一批较为典型的“生态文明示范村”。

第三章　社会风俗

第一节　婚　俗

20世纪80年代以来，加大对《中华人民共和国婚姻法》的宣传力度，实行恋爱自由、婚姻自主，早婚、包办、买卖和近亲婚姻全部杜绝。但是，随着思想观念的转变，县城中又出现了不愿结婚的大龄单身男女青年。

县境婚嫁仪式由繁趋简，新婚夫妇步行或乘车，拜堂时多以鞠躬代替下跪。农村仍以唢呐锣鼓吹打迎娶，城中仅鸣放鞭炮。婚姻缔结要到民政部门办理结婚登记手续。婚期多利用节假日，婚礼简朴隆重。20世纪70年代后，一些人家索要彩礼，少则数百元，多则上千元，设宴之风又兴。20世纪80年代，有不少青年以旅行结婚或集体结婚的方式举行婚礼。进入21世纪以来，县内大操大办婚事又兴起，旧式婚姻的一些形式重新被采用，索要金耳环、金项链、金手镯，索要彩礼达到10数万元，订婚、过礼、迎亲、回门等仪式大多照搬过去的做法，有的比旧时还要烦琐。一些青年不顾家庭经济条件，追求高级家具、高档嫁妆，讲豪华、摆阔气，相互攀比，大肆铺张，女方陪嫁品由收录机、洗衣机、绸被等到彩色电视机、电冰箱、缎被等，又发展到等离子电视机、电脑、摩托车，甚至小轿车等；男方置办的家具由三开柜、写字台、架子床等发展到组合柜、高级沙发、席梦思等。城市婚宴一桌由数十元发展到数百元、上千元，设宴百桌较为常见，一般婚嫁花费由数千元发展到数万元，甚至数十万元，以至一些人家给儿女办婚事而债台高筑。农村婚嫁紧步城市之后，虽不如城市一样铺张，但不少人家仍难以操办。

第二节　丧　俗

20世纪60年代，丧俗中迷信活动销声匿迹。20世纪80年代后，丧俗中一些迷信活动渐次恢复，旧式丧葬仪式延续使用。不同之处是，城内丧葬仅3天，去世后第二天进行祭祀，第三天下葬。农村有部分丧葬仍然根据死者生辰看期下葬。机关、企事业单位的干部职工去世，用送花圈、举行告别仪式的形式办丧事，吊唁时播放哀乐，以鞠躬代替下跪；亲朋、同事吊唁时送鞭炮纸蜡或印花床单、绸缎被做的祭幛；出殡时除家族包孝帕外，有的亲友只戴白花。进入21世纪后，大操大办丧事的风气又兴起，丧席多达近百桌，旧丧席不沾荤，仅白菜、豆腐，今丧席满桌是鸡鸭鱼肉；有的出殡时还绕穿闹市，鞭炮声不断，以多为荣，沿街一层纸屑，硝磺气味弥漫空气中。为倡导文明丧葬风气，根除当前丧葬过程中的陋习，县政府有关部门规划修建殡仪馆和公共墓地，全面推行丧葬改造。

第三节　岁时习俗

一、春节

安龙百姓对春节极为重视，节前便忙于准备过年食品，如杀年猪，腌制腊肉、香肠、血豆腐，打粑粑，煮甜酒，舂糯米面，包粽粑，准备蔬菜等；同时，洗衣服帐被，为老人、小孩购制新衣服等。腊月二十四日送灶神，打扫室内卫生，扫扬尘，洗家具，春节气氛开始出现。

除夕，俗称“大年三十”。当天清晨即着手准备年夜饭，全家忙碌，杀鸡宰鸭，烹制各种菜肴。在外的亲人多赶回家团聚。吃年夜饭前，各家明烛点香放鞭炮，摆宴祭祀祖宗。然后，合家老小围桌吃年夜饭，饭后沐浴更衣，家长发“压岁钱”，并以吉语祝福勉励后辈。是夜，贴年画、春联，鞭炮声不绝于耳。旧时还兴守岁，老少围炉而坐，谈笑、讲故事，意即与祖宗同度良宵。今守岁旧制已不兴，多数人家聚在一起看中央电视台播放的春节联欢晚会节目，或老少围炉而坐打麻将，到次日零时新年钟声响起，各家齐放鞭炮，孩子们燃放焰火、礼花，五彩缤纷，一片欢乐。

大年初一，忌串门、洒扫、挑水、煮生食。到半夜杀公鸡以敬财神，曰“打牙祭”。通宵点大烛，焚香烧纸鸣鞭炮，送财神柴火、银水元宝，你来我往，川流不息，见面则以“恭喜发财”之类的吉语相祝，并打发来者利市一封，请吃牙祭，直到初二黎明才开始拜年请春客。商人最重视打牙祭。初二、初三拜年，街头巷尾，到处是花灯锣鼓、鞭炮烟火，放气球，打秋千，玩把戏，捏面人，热闹至极；入夜猜灯谜，有龙灯挨户恭贺新年索取红封。清道光诗人张国华《竹枝词》云“衣裳楚楚拜年忙，佳客相逢揖画堂；大抵入门呼叩喜，主人笑说请槟榔”。

自正月初九举行龙灯会，直到十五元宵节。张国华《竹枝词》云：“唱灯才过又龙灯，男妇欢声动四邻；负儿携女游百病，满城都是月中人。”初九日拜八大庙。十一日起东西南北方各拜一日，挨户恭贺。家家门前悬挂灯具，有荷花灯、彩灯、鱼灯、排灯、走马灯等。玩抖抖鱼和彩龙最为热闹，锣鼓、大号齐鸣，鞭炮烟花放个不停，城郊农民亦涌进城来观看，人山人海，气氛热烈。元宵节又称“过了年”，本地不重视吃元宵，是日必到祖坟“亮灯”，晚饭后合家来到祖坟前，用纸糊灯笼插于门前、路边或菜地。是夜，房前屋后、四周山野灯火闪烁，星罗棋布。

改革开放以来，县境老百姓物质生活日渐丰富，男女老少春节着新装，年饭菜肴丰盛，打牙祭风盛。大年初一便百无禁忌，商店开门营业，亲友往来拜年，外出务工的人们，乘着春节期间，联络联络旧时感情，打点打点行装，准备重新外出务工行程。晚上多团聚看电视，或围坐一起打麻将，有的则参加县内组织的文体活动。节日期间，县里一般要组织舞龙、玩狮等队伍，到机关单位或沿街表演。春节的传统活动多数恢复，或有所改进。近年来，因元宵“亮灯”易造成森林火灾，县里倡导无火祭扫，元宵“亮灯”渐被禁止、淘汰。

二、清明　端午

清明节前后两三天，家家都要扫墓祭祀，有的要垒坟、立碑，扫墓完毕后要在坟上插上白纸做的坟飘，叫“挂青”。有的人家还要把饮食拿到坟地里去野餐，之前须供奉亡灵，焚香烛纸钱，鸣放鞭炮。机关、企事业单位和学校组织干部职工师生到烈士陵园扫墓，敬献花圈，举行悼念活动。

农历五月初五为端午节。清晨，满街都是草药摊和卖蒲艾的，每家都要买一束蒲艾悬挂门首，意为驱邪。民间传说此日草药药性最高，许多人纷纷选购，家家煮尖角粽子，以红糖卤加芝麻等佐食；或以肉包饺皮（即馄饨），或加工精面条、肉包子，中晚餐食用。有的人家在室内外洒雄黄酒驱虫防蛇，有的人家熬草药水沐浴，也有饮用雄黄酒、挂香包的。因雄黄含砷，毒性较大，于人身不利，今已无人饮用。

三、七月半　中秋

七月半即中元节，俗称“鬼节”。以前，农历七月十一日起便在堂中设桌，挂祖宗牌、置香炉，早晚祭祀；十四日夜焚香烧纸泼水饭，烧金银箔做的钱锭、纸人纸衣纸轿纸电器，书上祖宗姓名，称为“烧包”。用土碗一个盛上蜡，将剪纸贴于碗边成莲花状，由道士念诵后燃蜡置于河上，任其漂流，称为“放河灯”。儿童们燃香数支插于接有木柄的小瓜或茄子上，成群结队玩耍，叫“玩茄子龙”。如今，县境已无人放河灯。

县人称中秋节为“八月十五”。旧时，各家店铺悬挂走马灯招徕顾客，夜食月饼和梨子、香蕉、地瓜等水果，亲朋相互赠送月饼、水果等礼物。是夜如晴朗，月至中天后，许多人家在院内露天设桌，品尝点心水果赏月。

第四节　礼仪习俗

一、称谓

县境城乡均重视辈分和称谓，从儿童时代起，父母就注重教育孩子尊敬长辈，与同伴友爱和爱护比自己年幼的弟妹。血亲前辈即曾祖父、曾祖母，称为老祖、老祖太；称祖父、祖母为爷、太；称伯父、伯母为伯伯、伯妈；称叔父、婶婶为耶耶、娘或叔叔、娘，晚辈则自称为侄儿，晚辈间互称堂兄弟。姻亲老前辈称外公、外婆为公、婆，称母亲的兄为舅爹、母亲的弟为舅，称舅之妻为舅妈或舅娘，同辈间互称表兄弟或老表。称弟兄的妻子的岳父母为亲爹、亲妈。姐妹的丈夫的兄弟和妻子的表兄弟统称为老表。称妻子的父母为老丈人、老丈母或岳父、岳母，称妻子的兄为大舅子、大老舅，其弟称为小舅子或内弟，称妻子的妹为姨妹，称妻子的兄弟子女为内侄。称父母的姐妹为姑妈，称她们的丈夫为姑爹。父母亲的妹未有子女者称为娘娘，有子女者称为姑妈或姨妈。

农村称父母为伯、娘，称叔为耶耶的较为普遍。县境习惯，许多有子女者多依子女辈分称呼同辈或长辈，以示尊敬。

二、寿庆

老人六十、七十生日举行寿庆。过去，富裕人家在生日前便张灯结彩贴寿联，布置寿堂。堂内垫松柏枝，挂寿星（男）或麻姑（女）像，设案插花焚香摆供品，神龛上燃龙烛2—4对，通宵明亮。生日前一夜，亲友前来祝寿。寿星戴瓜帽着马褂穿云头鞋坐于椅上，司仪主持鸣炮奏乐，子女依次叩拜，亲友再祝贺。礼毕，夜宴长寿面。生日的天，亲友纷至祝寿送礼，礼物有寿面、衣帽、彩屏、寿联、瓷器等。送匾时喇叭锣鼓鞭炮齐鸣。此日早面午席中开点心，并赠寿碗给亲友。一般寿庆仅宴席2—3桌。农村寿庆较简单，有的人家请上道士打“诞生保福”、诵经，宴不过几桌、如今，寿庆极少张扬，多是亲戚团聚，祝寿者健康长寿，宴1—2桌而已。

三、建房

县境人家建房要请阴阳先生看日子、择方向，某些人家还在门额挂镜子或吞口雕像。开工时，工人要焚香烛敬神；立房前，柱上贴上“姜太公在此诸邪回避”纸条，亲友要送梁送彩挂红。上梁时，木、石二匠各在一头，于鼓乐声中一唱一和，以四言八句吉语祝贺，上好梁后抛撒高梁粑，儿童大人均跑来捡抢。房建好后，要择吉日“开财门”，请地方长老踩过“财门”后才启用。迁入新居之日，亲朋要送锅瓢碗盏、屏对及少量礼金，称“烧锅底”，主人设宴款待。如今，除一些地方仍看日子建房外，多数地方已无旧时建房礼仪。私人住宅忌修一排四间，以“四分五裂”为不吉；机关单位建房则不论。

进入21世纪以来，无论城镇还是农村，均是混凝土结构平房，没有了上梁的习俗。

四、吃月米酒

婚后生下第一个孩子，3天后得抱1只鸡到岳父母家报喜，生男者抱母鸡，生女者抱公鸡，岳父母即筹办小孩的服装、背带及产妇食物，同时煮红鸡蛋分给亲朋报喜，亲友亦赠送礼物给小孩。满月之日，岳父便将所有礼物送到女婿家，女婿家设宴招待岳父母及亲友，谓“吃月米酒”。

第四章　方　言

安龙汉语方言属西南官话区贵州话中的黔西南方言片区。境内居住着布依族、苗族、彝族、回族等少数民族，各少数民族均有本民族语言。由于长期交往，除一些偏僻村寨外，各少数民族的大多数人都会讲汉话；除少数地方在本民族内使用民族语言外，多数地方在交际中都使用汉语方言。代表安龙方言的是本章所记的安龙城区方言。

清道光《兴义府志·方言》曰：“郡之方言近于江南，以郡民多明初卫官、屯军之后，来自江南故也。其语平正轻清，闻者易晓。其异于江南而不易猝解者仅数语耳。”晚清以来100余年间，由于文化、教育、经济的交流和发展，人口流动频繁，安龙方言也受到外地一些影响，发生了一些变化。特别是改革开放以来，随着普通话的推广和各民族交往的增加，安龙方言更趋一致。

安龙方言的显著特点是：除土语外，声、韵、调与贵阳话没有太大的差异，方言词汇丰富，谚语、歇后语使用较多。

第一节　语　音

与普通话声母比较，安龙话没有舌尖后音 zh、ch、sh、r 和前鼻音 n；以舌面音 j、q、x 为声母的少数音节仍保留中古读音；以双唇音 b、p 和唇齿音 f 及舌尖音 d、t 为声母的少数音节，安龙话有异读现象。

以普通话韵母比较，安龙话没有撮口呼，没有后鼻音 eng、ing；普通话开口呼和合口呼中的部分音节，安龙话有异读现象。

安龙话声调的升降和调值与普通话不尽相同。为了方便大家理解与比较，本节以汉语拼音标音，汉语拼音无法标音的，用国际音标标音并以“[ ]”注明。

一、声母

安龙话有声母19个（包括零声母），与普通话比较，没有舌尖后音 zh、ch、sh、r 和舌尖中鼻音 n，多出一个舌根音 ng；声母的发音部位和发音方法也有一些与普通话不同。

1. 普通话声母的舌尖后音 zh、ch、sh，在安龙话里全部归入到了舌尖前音 z、c、s 里去了，而舌尖后音 r [ʐ] 则归入到了舌尖前音 [z] 里去了。如：

zha，扎、炸、闸，读作“za”；

chu，初、出、除，读作“cu”；

sha，沙、杀、纱，读作“sa”；

ri [ʐʅ]，日，读作“[zɿ]”，等。

2. 普通话声母的舌尖中鼻音 n，安龙话全部归入到边音 l 里去了。如：

na，拿、呐、哪，读作“la”；

ni，尼、拟、逆，读作“li”；

nan，南、男、难，读作“lan”，等。

3. 舌根音声母，安龙话比普通话多一个浊鼻音 ng，以 ng 为声母的音节，几乎全是普通话以开口呼为韵母的零声母音节，如：

ai，哀、埃、爱，读作“ngai”；

ao，熬、傲、奥，读作“ngao”；

en，恩、摁，读作“ngen”；

ou，欧、偶，读作“ngou”，等。

4. 普通话以双唇音 b、p 为声母的音节，安龙话有少数异读，如：

bi，鄙，读为“pi”；pin，乒，读为“bin”；

Pa，爬，读为“ba”；po，粕，读为“pe”。

5. 普通话以唇齿清擦音 f 为声母的音节，安龙话有少数异读为 p，如：

fa，筏，读为“pa”；fu，甫，读为“pu”等。

6. 普通话以舌根音为 g、k、h 声母的音节，安龙话有少数异读为 j、q、f，有少数颠倒异读。如：

gong，龚，读为“jiong”；

gang，刚，读为“jiang”；

kua，跨，读为“qia”；

hu，乎，胡、虎、户、护、忽，读为“fu”；

gai，概，读为“kai”；

ge，搁，读为“ko”，等。

7. 普通话以舌尖中音 d、t 为声母的音节，安龙话有少数颠倒异读。如：

tou，抖，读为“dou”；

di，堤，读为“ti”等。

8. 普通话以舌面音 j、q、x 为声母的一些音节，安龙话仍保留中古读音 g、k、h，或异读为 z、s。如：

jie，街、解、介、戒、皆，读为“gai”；

jiao，角，读作“guo”；

qia，卡，读作“ka”；

qiao，敲，读作“kao”；

xie，鞋，读作“hai”；

xiang，巷，读作“hang”；

qi，砌，读作“cui”；

xia，厦，读作“sua”。

9. 普通话以零声母 i 组成的一些音节，安龙话有少数读为边音 l；普通话以舌根后音 r 为声母的一些音节，安龙话读为零声母 y。如：

yi，仪、疑，读为“li”；

yang，仰，读为“liang”；

yan，研、严、彦、验，读为“lian”；

rong，容、荣、融、溶，读为“yong”。

二、韵母

安龙话有韵母 30 个，与普通话比较，安龙话没有撮口呼，开口呼缺少 r、eng，齐齿呼缺少 ing，合口呼缺少 ueng，多出 ue、io 两个韵母。

1. 普通话韵母的 ü，在安龙话中异读为 i、iu、ou、uie，有的 üe 韵字异读为 io。如：

ju，居、具、举，读为“ji”；

jue，决、绝、倔，读为“jie”；

qu，区、取、渠，读为“qi”；

xu，需、须、虚，读为“xi”；

xue，雪、靴、血，读为“xie”；

ju，桔、菊、局，读为“jiu（是 i—u，不是 i—ou）”；

qu，曲、屈，读为“qiu（是 i—u，不是 i—ou）”；

xu，旭、续、蓄，读为“xiu（是 i—u，不是 i—ou）”；

lü，缕、屡，读为“lou”，吕、侣、铝，读为“lui”；

jue，觉、爵，读为“jio”；

que，却、确、雀，读为“qio”；

xue，学、削，读为“xio”；

yue，约、岳，读为“yo”；

lue，掠、略，读为“lio”。等等。

2. 普通话的舌面、后、半高、不圆唇元音 e，在安龙话中被归入到了圆唇音 o 或［ε］里去了。如：

e，讹、鹅、鄂，读成“o”；

ge，哥、各、割，读成“go”；

ke，科、可、课，读成“ko”；

he，禾、何、合，读成“ho”；

zhe，折、者、这；che，车、扯、彻；se，舌、社、设等字的元音“e”在普通话中读作［ɤ］，在安龙话里全读成了［ε］。

3. 普通话后鼻音韵母 eng，安龙话中大部分被读成前鼻音 en。如：

beng，崩、绷、迸，读成“ben”；

deng，登、邓、等，读成“den”；

leng，冷、棱、楞，读成“len”；

heng，恒、衡、哼，读成“hen”。

4. 普通话里的后鼻音韵 ing，安龙话全部归入到前鼻音 in 里去了。如：

ding，丁、定、顶，读成“din”；

ming，明、名、命，读成“min”；

jing，惊、井、净，读成“jin”；

xing，星、兴、形，读成“xin”，等。

5. 普通话的韵母 o，安龙话有少数读成 e 或 u；普通话的韵母 ai，安龙话有少数读成 e。如：

bo，泊、柁、帛，读成“be”；

po，迫、珀、魄，读成“pe”；

mo，默、墨，读成“me”；

fo，佛，读成“fu”；

bai，白、百，读成“be”；

pai，拍，读成“pe”；

mai，脉、麦，读成“me”。

6. 普通话的韵母 uo，安龙话有部分读成 o 或 ue；普通话的韵母 un，安龙话有少数读成 en。如：

guo，过、郭、果，读成“go”；

duo，多、朵、夺，读成“do”；

guo，国、蝈、帼，读成“gue”；

huo，或、获、惑，读成“hue”；

sun，孙、损、笋，读成“sen”；

dun，吨、盾、敦，读成“den”；

lun，仑、论、轮，读成“len”。

7. 普通话韵母 ei，安龙话有少数读成 i、e 或 ui。如：

bei，备、被，读成“bi”；

hei，黑，读成“he”；

lei，雷、累、泪、类、垒，读成“lui”。

8. 此外，安龙话还有一些与普通话韵母不同的不规则的错读音节。如：

bao，薄，读成“bo”；

cai，拆，读成“ce”；

liu，六，读成“lu”；

mao，贸，读成“mou”；

pi，批，读成“pei”；

yong，永，读成“yun”；

yue，跃，读成“yao”；

rou，肉，读成“[zu]”。

三、声调

安龙话同普通话一样，也是 4 个声调（如下表）。不同点在于调值的差别。

表 23—4—1

地名	声调数	古调类	平声		上声		去声		入声		
		例字	天	平	古	老	放	大	急	六	局
北京	4	调类与调值	阴平 55	阳平 35	上声 214		去声 51		分别归到阳平、阳平、上声和去声		
安龙	4		阴平 44	阳平 21	上声 42		去声 13		归到阳平		

1. 普通话阴平调的调值是 55，高平调，安龙话阴平调的调值是 44，类似普通话，但绝对音略低 1 度。如（bā^{55}）巴，读成（bā^{44}）；（tiān^{55}）天，读成（tiān^{44}）。

2. 普通话阳平调的调值是 35，中升，安龙话则是 21，低降，语调低而短。如（lín^{35}）临，读成（lín^{21}）；（píng^{35}）坪，读成（píng^{21}）。

3. 普通话上声调的调值是 214，降升，安龙话则是 42，高中降。如（biǎo^{214}）表，读成（biǎo^{42}）；（tǒng^{214}）筒，读成（tǒng^{42}）。

4. 普通话去声调的调值是 51，全降，安龙话则是 13。如（suàn^{51}）算，读成（suàn^{13}）；（piào^{51}）票，读成（piào^{13}）。

5. 古入声字分布在普通话里，以去声为多，阴平次之；而安龙话则几乎将古入声字全部读成阳平调。

普通话去声而安龙话读阳平的常用字有：沓、踏、榻、拓、纳、呐、辣、蜡、腊、杀、煞、萨、恰、洽、吓、袜、设、涉、热、侧、策、册、塞、色、沫、抹、莫、漠、握、沃、诺、洛、络、硬、硕、朔、若、弱、作、叶、页、灭、列、劣、切、悦、勿、物、不、木、目、复、录、术、入、促、邑、益、必、毕、密、觅、立、力、历、帜、秩、质、斥、赤、释、适、肋。

普通话读阴平而安龙话读阳平的部分入声字：八、发、答、扎、插、杀、擦、撒、押、鸭、压、夹、刮、割、磕、剥、泼、托、脱、卓、捉、说、撮、缩、跌、贴、捏、揭、接、切、约、薛、屋、扑、督、秃、突、哭、忽、出、叔、劈、滴、踢、息、析、夕、织、汁、吃、湿、失。

四、音变

安龙话有音变现象，主要是变调、合音。

1. 变调。两具阳平音节相连，第 2 个音节变阴平。如：

锄头（chú[21]tóu[21]），读成（chú[21]tōu[55]）；

箩箩（luó[21]luó[21]），读成（luó[21]luō[55]）。

2. 合音。两个音节快读则合成一个音节。如：

“没有”快读成（miou[42]），“哪样子”快读成（langzi[42]），“各人”快读成（gun[21]）。

第二节　词　汇

一、词汇特点

1. 土语词多，在本地使用广泛，外来人多不易明白。如：

尔（理睬）、然（取笑）、款（夸奖）、秋皮（看不起）、裹贬（在一起胡混）、展言子（说谚语、歇后语）等。

2. 单音节词的义项多，使用范围广泛。如：

敷——用于粘贴（敷墙纸）、涂抹（敷药）、敷衍、蒙骗、掩饰等。

炬——除用于形容食物经蒸煮而变得熟软烂外，还用于形容人的软弱无能及事情的容易等。

烂——除用于形容破烂、朽坏、腐败外，还用于形容耽于烟酒、道德败坏、作风不好等。

整——“整房子”，兴建或修缮房屋；“整地”，收拾秸秆，翻犁、平整土地；“整房间”，安置家具，打扫卫生，装饰墙壁等；“整火”，捅炉子，添煤、生火等。还有“整饭吃”“整总结”“把肉整干净”等。

3. 部分词直观性强。如：

闪电叫“扯火闪”，轮子叫“滚子”，面粉叫“灰面”，塑料薄膜叫“亮纸”，连环画叫“花书”，理发叫“剃头”或“剃脑壳”等。

二、方言词汇

1. 天时用语

表 23—4—2

扯火闪——闪电	下凌——结冰
白雨——冰雹	星宿——星星
雾罩——雾	扫把星——彗星
擦黑——黄昏	落雨——下雨
晏糟——时间晚了	笼淞雨——乍晴乍雨

2. 生活用语

表23—4—3

讪——打趣	裹——与不正派的人交往
抬——不诚心的夸奖、袒护	糟——随意浪费、挥霍
夺——怂恿	展——移动、搬动
梭——溜走	撑——支撑
承——负荷、支持、忍受	抠——吝啬
煞角——完结、结束	干贬——磨洋工
剔打——挑剔、排挤	摆白——谈天
赶场——赶集	扯白——撒谎
抬杠——顶牛	负累——连累
古实——厚重结实	歇气——休息
打蚀——丢失	打整——整治、收拾
着凉——感冒	打抢——争夺
宵夜——夜宵	做活路——干活
嘲烂污——背后说别人的坏话	

3. 称呼用语

表23—4—4

幺——最小的，如“幺儿”	满——最后一个，如“满娘”
乡头——农村	寨子——村寨
场坝——集市	巷子——胡同
脑壳——头	舌条——舌头
心子——心脏	手倒拐——肘
手杆——前臂	脚杆——小腿
腰杆——腰	客膝头——膝盖
螺丝拐——踝子骨	檐老鼠——蝙蝠
灶马——蟋蟀	曲鳝——蚯蚓
客蚂——青蛙	癞疙保——癞蛤蟆
点灯猫——蜻蜓	螺丝——田螺
饿老鹳——白鹤	谷子——稻谷
辣子——辣椒	黄豆——大豆
苞谷——玉米	红山药——红薯
酸茄果——西红柿	炮仗——鞭炮

续表 23—4—4

开山——斧子	邮花——邮票
墨盘——砚台	索子——绳索
汗褂——背心	叉子——匕首
格螺——陀螺	毫子——硬币
扫把——扫帚	饺皮——馄饨
偷油婆——蟑螂	

4. 情态用语

表 23—4—5

横——不听劝说	灵——聪明机灵，准确灵验
箧——十分顽皮	奸——狡猾，聪明
牯——倔强	霉——倒霉，不如意
东——说话、做事不合情理或颠三倒四	麻利——敏捷
水——不成样子、质量低劣，做事不负责任	弯酸——不干脆
爽——令人满意、舒畅	难在——不舒服
瞄——偷看	煞瘾——得到满足
装魁——充好汉	拌盘——哆嗦
灶劣——贫穷、可怜	好在——舒服
体面——大方、漂亮	绵斗——拖沓
爽快——干脆利落	惊喳——大声唠叨
捧泡——阿谀奉承	抖姿势——摆架子
伙儿晃——模样俊	霉衣烂炕——一幅倒霉样
呜叽呐喊——大声叫喊	

5. 夸张词汇

吝啬之人：抠鼻子屎吃；屙尿都要用毡帽滤；东西是用药水煮过的，耗子吃了都要脱毛。

贪婪之人：吃老麻蛇都嫌短；灰都要抓一把；鸡脚杆上剐油；得一望二脸朝三。

少语之人：三天都放不出一个响屁；三个磨盘都压不出一个屁（也有用闷苕、哑板钱的，已无夸张义）。

舌利之人：树上的雀都呵（哄）得下来；三斤鸭子两斤嘴。

贫穷之人：甩砣石头进屋，尿罐都砸不到一个；裤腰带都没有一根。

聪明之人：笨点的神仙都赶不上。

无能之人：屙不起三尺高的尿。

矮小之人：没有三泡牛屎高。

愤怒之人：水都要打出火来。

生气之人：脸都扭得出水来。

打赌时：手板心抠四两肉；手板心煎鸡蛋。
遭报应：吃竹子、屙笆折。
声音小：如蚊子叫。
速度慢：怕踩死蚂蚁子。

6. 其他用语

表 23—4—6

漂——打赌	拱——挑唆、煽动
总归——终于	拉伸——挑明
告点子——统一口径和方法	紧倒——永远、总是
孱头——下贱	归——完了
抹倒毛——对着干	理抹——整治
吃喝皮——白吃	恍打忽兮——恍惚
款天款地——说大话、吹牛皮	重三遍四——重复啰嗦
筋筋绊绊——不利索	照杯打样——按原来的样子办
零三四碎——零零碎碎的	七股八杂——乱七八糟
正儿八经——正经、正规	少人无手——缺乏劳力

第三节　语　法

安龙方言一般遵循汉语语法，但在构词和句式方面也有一些特殊现象。

一、构词

1. 重叠。重叠是安龙方言构词的一种手段，主要有3种格式：

AA 式：草草、粑粑、本本、架架、瓶瓶、壶壶、棒棒、箱箱、索索、套套。

AAB 式：格格布、条条花、面面饭、花花纸、颗颗糖、砣砣肉、节节葱。

ABB 式：米颗颗、姜丝丝、药罐罐、白生生、绿茵茵、红彤彤、干生生、稀洼洼、瘦筋筋、甜咪咪、臭烘烘、黑摸摸、松垮垮、疯叉叉、穷兮兮、新崭崭。

2. 词尾加“倒”字构成动词或形容词。如：

默倒——以为，猜测、估计；阴倒——暗地里，不声不响地；估倒——强行，不听劝阻；按倒——依照，模仿；歇倒——休息着。等等。

3. 词尾加“头”“场”字，有使动词名化的作用。如：

搞——搞头，搞场；看——看头、看场；望——望头、望场；想——想头、想场；写——写头、写场；整——整头、整场。

4. 动词前加“过”，意思是“用……的办法”或“以……的方式”。如：“过打”——妈看我作文没得90分，不问情况就过打。

“过蒸”——鱼不炸了，过蒸。

还有：过煮、过炒、过骂、过吼、过骗、过哄、过抢、过背、过挖、过跑、过处分，等。

5. 普通话表示动词时态的后缀“着”，安龙话多以“倒”“倒起”“起”替代。如：

他站着讲课。——他站倒讲课。

灯还亮着——灯还亮倒起。
门口围着一群人——门口围起一群人。
二、句式
1. 选择问句缩短，以否定词表选择。如：
你究竟答应不答应？——你究竟答应不？
他们还吃不吃饭？——他们还吃饭不？
2. 句子成分倒置。如：
我不晓得——我晓不倒！
回家去喝茶——茶回家去喝！
让人害羞死了——羞死人了。
要不要回锅肉——回锅肉要不要？

第四节　谚　语

一、气候
正月雷打雪，天干了不得。
二月天热不要夸，还有三月冻桐花。
两春夹一冬，十间牛圈九间空。
早雾必晴，晚雾必阴。
惊蛰冷，打田等；惊蛰热，烤火过六月。
雾吃霜，雹打秧。
清明断雪，谷雨断霜。
小满不满，干断田坎。
有雨山戴帽，无雨山坐轿。
云跑东，一场空；云跑西，披蓑衣；云跑南，雨成团；去跑北，好晒麦。
夏至有雨十八河，夏至无雨干断河。
早雨不过午，午雨到关门，夜雨下不停。
太阳伸脚天有雨，下雨有虹天要晴。
天上鱼鳞色，有雨下不得。
蚂蚁赶场，大雨茫茫。
先打雷，后下雨，抵不得一场大露水；先下雨，后打雷，雨大如棒槌。
久雨夜晴无好天，来日还是雨绵绵。
早上云朵朵，晌午晒死人。
火烟不出门，明日雨淋淋。
七月立秋，庄稼饱饱收；六月立秋，粮食减丰收。
要吃明年饭，八月初一起来看。
日出胭脂红，无雨就是风。
晚上下雨白天晴，一人做来养十人。
早虹有雨，晚虹晴。

太阳打伞水满沟，月亮打伞草木枯。
白露逢单，翻了又翻；白露逢双，干谷进仓。
重阳无雨望十三，三十无雨一冬干。
夜间星宿明，来日天气晴。
霜打平地，雪落高山。
十月无霜，碓里无糠。
立冬无雨一冬干。
雾大雾收霜，霜大出太阳。
冬前不下凌，冬后冷死人。
冬至天晴新年雨，冬至有雨新年晴。
冬月大雪飘，明年庄稼好；冬腊不落雪，明年田干裂。
雪三天，凌十七。
冬来冷肉，春来冷骨。

二、农事

七十二行，庄稼为王。
三春靠一冬，三早当一工。
一日春工十日忙，十日春工半年粮。
春天坐一坐，冬天三顿饿。
误了一年春，十年理不伸。
过了惊蛰节，耕作不停歇。
二月清明莫在前，三月清明莫在后。
谷雨前后，种瓜种豆。
节气不饶人，种田赶时分。
娘壮儿肥，种好秧壮。
秧好一半谷，妻好一半屋。
田边地角种几窝，养活一个老婆婆。
立夏不下，犁耙高挂。
芒种不撒秧，秋来吃谷糠。
芒种打田不坐水，夏至栽秧少一腿。
犁得深，耙得烂，一碗泥巴一碗饭。
白打白栽，东倒西歪。
庄稼像枝花，全靠肥当家。
种地不放粪，一年瞎胡混。
早栽秧，早打谷，秋风一吹空忙碌。
豆薅芽，谷薅花，苞谷薅到背娃娃。
头薅深，二薅浅，三道四道“猫洗脸”。
苞谷薅得嫩，抵得放道粪。
丰收三件宝：管水、追肥又锄草。
七月豌，八月胡，九月栽来矮秃秃。

人怕老来穷，谷怕午时风。
白露不勾头，割来喂老牛。
八月大，小菜当肉价；八月小，小菜成猪菜。
草当三分粮，园子当间仓。
八月犁田满碗油，九月犁田半碗油，冬月犁田光骨头。
十大麦，冬菜子。
人勤地出宝，人懒地生草。
开沟筑塘，如修粮仓。
会喂喂七喂八，不会喂喂冬喂腊。(喂猪)
桃三李四梨五年，杉树八年赚大钱。
三、生活
庄稼不好误一春，夫妻不睦误一生。
蓑衣怕火人怕裹。
当家才知盐米贵，养子方知父母恩。
吃不穷，穿不穷，好吃懒做一世穷。
刀儿不磨要生锈，人不学习要落后。
火要空心，人要忠心。
上当一次，教乖一世。
不实心不成事，不虚心不知事。
不上高山，不知平地；不吃荞麦，不懂粗粮。
细麻搓成索，力量承千斤。
十个说客抵不得一个夺客。
宁穿朋友衣，不夺朋友妻。
勤人跑二遭，懒人压断腰。
鸡鸭喂得全，家中有油盐。
鼓不打不响，理不讲不清。
出林笋子高过母，箍桶离不得老篾条。
豆芽长齐天高也还是小菜。
人穷志气在，马倒鞍不落。
水不打不浑，人不走不亲。
早不忙，夜慌张，半夜起来补裤裆。
儿不嫌母丑，狗不厌家贫。
打骂不成生意，捆绑不成夫妻。
吃药不投方，哪怕用车装。
勤谨勤谨，衣饭把稳；懒惰懒惰，挨冻受饿。
一天省一把，十年买匹马。
积累好比针挑土，糟蹋就像水冲沙。
细水长流，吃穿不愁。
人是桩桩，全靠衣裳。

不怕忙，只怕站。
人穷怪屋基，饭粑怪筲箕。
晴带雨伞，饱还干粮。
出门看天色，进门看脸色。
人怕伤心，树怕剐皮。
越吃越馋，越闲越懒。
笑脏不笑补。
没有那个肚，不喝那碗醋。
媳妇不会做鞋，婆婆有样。
过得媒人眼，止得亲家门。
财多累己，食饱伤人。
饭后百步走，活到九十九。

第五节　歇后语

麻布绣花——底子太差。
米汤洗脸——糊里糊涂。
坛子喂猪——一个一个地来。
马尾拴豆腐——不消提。
菜刀打豆腐——两面光生。
癞头包帕子——围癣（危险）。
冷饭打粑粑——捏不拢。
冷水泡茶——无味。
秋天的蚂蚱——活不了几天。
鸡鸨鸭儿——空欢喜。
耗子养儿——给猫挣的。
磨子上睡觉——想转了（即想通了）。
吹火筒当眼镜——长起眼睛看。
猫儿舔米汤——只够糊嘴。
吃屎的狗离不开茅厕——本性难改。
耗子钻风箱——两头受气。
扁担挑缸钵——两头都失落。
癞蛤蟆穿套裤——蹬打不开。
光屁股坐田坎——夹泥（怀疑）心重。
丈二长的烟杆——摸不到斗斗（不明白原因）。
猫抓糍粑——脱不了爪爪。
木匠带枷——自作自受。
筲箕当甑盖——不严（圆）。
刷子脱毛——板眼多（办法多）。

和尚的脑壳——无发（法）。
星星跟到月亮走——沾光。
马吃石灰——白嘴（即说谎）。
水井里放炮仗——有圆音（原因）。
乡头人卖鸡蛋——草包。
耗子的眼睛——目光短浅。
卖盐巴的老板——管咸（闲）事。
张飞卖豆腐——人强货不硬。
坟旮旯卖布——鬼扯（即瞎说）。
叫花子打胭脂——穷讲究。
奶娃娃的衣裳——小件（见）。
缺牙巴咬炒豆——碰运气。
抵门杠当牙签——大材小用。
娃娃儿看月亮——人小见识高。
塔尖的砖瓦——后来居上。
马屁股上钉掌——离蹄（题）太远。
山坡上吹唢呐——鸣（名）声传得远。
脑壳上的包包——碰到的。
阎王的姑娘——鬼才要。
耗子啃书——咬文嚼字。
穿钉鞋拄拐棍——稳扎稳打。
抓石头打天——白费力气。
牙骨筷子拈炒豆——滑头。
瘪壳的谷子——不成（诚）实。
挽茧的蚕子——一肚子的丝（私）。
脚踏烟锅巴（烟头）——蹉火（差劲）。
火柴圪篼修磨子——走一方黑一方。
一坛子的盐菜——抓不到姜（缰）。
扛竹竿进巷子——直来直去。
胸口上挂钥匙——开心。
鹅卵石滚刺芭笼——无牵无挂。
板壁上挂草帘——不像画（话）。
半天云里挂灯笼——高明。
鲁班的锯子——不锉（错）。
坛子喂猪——一个一个地来。
井边打水——先来后到。
死马眼睛——鼓定了。
（年）三十晚上的老鸹——叫惯了的。
耗子打架——争颗米。

耗子咬索索——各咬各脱。
耗子皮——不硝（消）。
耗子养儿——帮猫挣。
狗吃牛屎——图多。
鸡抱（孵）鸭儿——空欢喜。
公鸡屙屎——头截硬。
猪尿胞打人——气胀人。
屁儿上糊黄泥巴——不是屎（死）也是屎（死）。
三天砍个牛打脚——慢工出细活。
牛蛇螂戴眼镜——冒充地理先生。
猫抓糍粑——脱不了爪爪。
老母猪吃衣胞——自吃自。
四季豆米——不进油盐。
扁担挑缸钵——两头都失落。
蚂蟥嘴——两头吃。
缺牙巴咬炒豆——碰巧了。

人　物

一、前志人物传补遗

王　龙（1916—1937），安龙县普坪人。

1916年5月21日，王龙出生于安龙普坪一个地主家庭，幼入当地蒋氏私塾就读，聪颖好动，不喜读四书五经。稍长，入县城中学，喜研读进步书籍，思想进步，胸怀大志。1933年，王龙拒绝家庭安排的结婚对象，与同窗好友孟绍孔相约报考军校，入陈济棠在广州燕塘创办的广东军事政治学校学习。1936年，受陈济棠委派到云南联系龙云进行反蒋活动。6月，“两广事变”爆发，陈济棠反蒋失败，王龙被迫回家乡躲避。后经朋友介绍，至贵阳入国民革命军102师，任607团5连上尉连长。全面抗战暴发后，102师开赴上海抗日前线。1937年8月下旬，侵华日军全面进攻上海，淞沪战役爆发，王龙随102师奉命赴江阴布防。10月，王龙在上海大场之役中血战退守苏州河时牺牲，年仅21岁。

贺发荣（1917—1946），字巴丁，别名贺郎特、贺炯，布依族，安龙县龙广人。1932年，考入兴义县立初级中学。在校期间成绩优异，关心国家民族的生死存亡，执着地探求救国救民的真理，是杜重远、邹韬奋主编《新生》《永生》《大众生活》等进步刊物的忠实读者，也是鲁迅、郭沫若的追随者。同时，贺发荣对于诗、书、画、词颇具天赋，积极参与创办《慧星》刊物，与反动当局进行针锋相对的斗争，反对蒋介石“攘外必先安内”的错误方针。

1935年，贺发荣中学修业届满后到兴义乌沙两级小学任教。中国工农红军长征路过兴义，受其影响，常步行30千米回到母校与同窗学友雷隆、肖君盛、刘安民等秘密研读《共产党宣言》，探讨国家、民族、劳动人民的出路和人类社会的发展规律。1937年春，考入昆明市昆华中学，在完成学业的同时积极参加《前哨》刊物的出版发行工作，宣传抗日救国运动。

1938年3月，贺发荣经八路军驻昆办事处主任周素园介绍，以奔赴抗日前线作掩护，得国民党一个上层进步人士支持路费，进入延安抗日军政大学第4期学习军事。贺发荣严格要求，刻苦训练，并于是年6月加入中国共产党。毕业后又留校区队长训练班学习。1939年秋，到晋东南解放区抗大1分校任区队长、军事干事等职，培训了众多干部奔赴抗日前线。1941年调党中央考察团工作。1942年春又回到延安，入鲁迅艺术学院。学习结束后，被分配到新华日报社工作，常以“巴丁”笔名发表诗歌等作品。1944年10月，贺发荣奉派随王震率领的359旅南下赴豫西南工作。

抗战胜利后，贺发荣化名贺炯随赴东北干部队进入沈阳，曾在辽西省委和沈阳市大西区委工作。1945年11月下旬，随陶铸等撤到法库县，被任命为法库县城关区任区长，1946年1月任中共康平县委副书记兼宣传部部长。贺发荣性格内向，工作深入细致，平易近人，凡和他一起工作的同志，都很敬佩他的工作能力和品德。贺发荣到康平后，即与县委组织部部长权屹夫到一区开展反奸清算斗争试点。经常深入群众，和群众打成一片，大家都尊敬地称他为“贺部长”。1946年6月12日，贺发荣到七区工作，发现以尹明阳为首的反革命武装暴乱阴谋，及时地和该区区长卢周友一起研究安排，粉碎暴乱计划，并要连夜赶回县城参加县委会议。区长卢周友不放心，派区小队战士高林清、刘亚东护送，不料这二人竟是被暴乱分子收买的内奸。当晚在返回县城途中，骑马路过小苇塘时，高、刘二人从背后开枪，贺发荣和警卫员当即罹难，年仅28岁。

贺发荣平常艰苦朴素，随身一匹马、一支枪、一个公文兜，在他遇难后身边所遗留的背包里，除了一个笔记本、一张照片、两页信纸和一些手抄诗外，别无所有。6月14日，康平县人民举行武装保卫康平动员大会，贺发荣被害消息传到会场时，人们肃立致哀，高呼“保卫康平，为贺部长报仇”。

1949年，康平县以贺发荣在当地工作时的化名建立贺炯文工团，将县城一条街命名为贺炯街，并在他牺牲地点立纪念碑。

苏发祥（1879—1946），号永业，广东省南海人，从小随父习商。清光绪二十年（1894），苏发祥肩挑商品至黔，先后定居龙广和兴义两地，娶龙广黎氏为妻。后与何应钦、刘显世、袁祖铭等知名人士家庭建立姻亲关系和知交，使其商业发展得到保障，资本日增。继刘若贵后，任兴义“永昌恒”商号总经理，在百色、南宁、广州、香港、安顺、昆明等地设分号，在重庆、武汉设联络点，经营烟草、大烟、胡椒、八角、粉丝、棉纱、布匹、食盐等商品，利用分号网点，开展汇兑业务，资本剧增。“一根扁担挑起的苏老板”，成为盘江八属最大的商贾和中南商界的知名人士。

1922年，广西土匪抢劫安龙，掳去妇女300余人，苏发祥捐资5000银圆，利用自己的影响，以百色慈善会名义营救罹难妇女，亲自护送回安龙。贵州省省长袁祖铭书题“见义勇为”，社会各界亦书赠“济难扶危”“急公好义”“义薄云天”“功盖弦高”等匾联。苏发祥捐白银3000两，购置龙广小学学田50石和松林6.67公顷（100亩），解决办学经费，使学校得到巩固和发展。1925年冬，应地方士绅袁廷泰、何兴斋等人之邀，苏发祥捐出巨款，以原兴义府试院为校舍，创办“盘江中学”，重金从贵阳、盘县聘请优秀教师到县执教，除招收县内学生外，还招收邻近之兴仁、兴义、册亨、贞丰及广西西隆等县学生，盘江中学由此名震一时。1940年，又奔走于社会各界，为安龙县、兴义县筹集教育资金。1943年，捐资5000元修建新桥公路桥，县府通信嘉奖，誉为“义举可风”，世人勒石竖碑纪念。苏发祥不但捐资兴办公益事业，而且家中常备药物，解无力治病者之难。每年春节，专备酒席，宴请乡邻平民和佃户。

1946年，苏发祥在龙广病逝。

鲁醒群（1908—1950），男，汉族，安龙县龙广镇人。

1926年毕业于广州黄埔军校第五期，毕业后参加北伐，编入“东路军”任学生队连长，参加了保卫孙中山的东征战役、北伐战争中的龙谭战役。1937年7月7日，卢沟桥事变爆发，日本帝国主义发动全面侵华战争。10月，鲁醒群担任国民党陆军补充师第4团第3营少校营长，参加了古北口战役、台儿庄战役、保卫武汉战役，后调任国民党军事委员会抗日战时干部培训团第6大队中校大队长。1940年奉命进驻四川省丰都县任师管区上校团长，1941年改任泸州32补训处上校团长，1942年32补训处迁至乐山，鲁醒群调往西昌参加保卫川中公路运输抗日军用物资的畅通和安全（四川—云南—缅甸）。1943年调往乐山升任32补训处少将参谋长。

1945年年底，约同曾克初（成都银行总经理）、傅湘临等人，入股沫江炭厂，占该厂六成股权，与沫江炭厂的余有权（占四成投权）共同成立“沫江煤矿股份有限公司”，出任董事长。公司设于四川省乐山城内，生产组办公室设于太平寺（今四川省乐山市沙湾区太平镇），派副经理、董事等人为生产组组长、副组长，常住太平、沫江，主管、指挥6个矿井生产和业务。1946年后，鲁醒群改任总经理，仍主持公司工作，还安置国民党尉级以上军官14人到公司各部门加强管理，并成立29人的矿警队。到1947年沫江煤矿各矿井有井下、地面工人、工头、管事等近千人，最高日产量超过百吨。沫江煤矿股份有限公司的成立和发展，为太平水上运输和经济繁荣起到了重要作用。

1950年11月，以军统（少将军官）罪判处鲁醒群死刑。1987年6月12日，四川省乐山市沙湾区人民法院对鲁醒群案进行复查，撤销原判，宣告鲁醒群无罪。《乐山市沙湾区志（1996—2006）》有其传。

肖君盛（1922—1986），安龙县龙广镇人。自幼聪颖好学，在龙广小学毕业后，于1933年考入兴义县立初级中学。肖不但成绩优异，而且还关心国家民族的生死存亡，常与学友探讨救国救民之路，是杜重远、邹韬奋主编《新生》《永生》等进步刊物的忠实读者。肖还积极参与创办《慧星》刊物的出版发行，反对蒋介石所谓“攘外必先安内”的错误方针。

1935年正当肖君盛中学毕业时，中央红军长征路过兴义。肖君盛受其影响，常与贺发荣、刘安民等人秘密研读《共产党宣言》，探讨劳苦大众解放之路，决心到大城市寻找党的组织。民国26年（1937）春，肖考入昆明市昆华中学，在努力完成学业的同时又积极参加《前哨》刊物的出版发行，宣传抗日救国运动。

1938年3月，肖君盛经八路军驻昆办事处主任周素园介绍奔赴延安，进入抗日军政大学第4期学习。由于思想进步，学习刻苦，成绩优异，于当年6月加入中国共产党。12月，修业期满，到八路军115师政治部任干事、股长。1940年秋，在山东鲁南军区政治部任股长、军区干部轮训队长。1945年春，回鲁南军区任教导营教导员。在艰苦漫长的抗日战争中，肖多次参加战斗，身负重伤，屡建战功，为作战部队培训了大批军政兼备的人才。

抗日胜利后，肖君盛被紧急抽调到东北接收失地恢复主权。自1945年10月，先后任安东军区2团代理政委、辽东军区电政学校教育长。次年冬，出任东北第4纵队第10师28团政治处副主任，后又先后担任28团政治处主任和铁道公安部队21师政治部副主任等职。

1955年3月，肖君盛任陆军第64军190师政治部主任，被授予大校军衔。1956年12月调任沈阳军区62干部文化学校校长。

1958年4月，依国务院和中央军委有关决定，为了加强地方政权建设，肖君盛以现役军人身份到黑龙江省任民政厅副厅长、党组副书记。

1967年1月，受“文化大革命”冲击，肖君盛终止地方工作，回部队医疗休养。1982年夏调休；1984年7月享受副军级待遇。1986年病故。

二、人物传

王邦长（1928—1991），布依族，安龙县龙广镇纳桃人。8岁入学，高小修业期满，在家补习两年，仍无深造机会，在板拉寨教书一年后，参加农耕、养鸭、做小买卖维持生计。于1949年加入“扶风社”，反抗国民党政府的“征粮、征税、征兵”政策。是年6月，中共罗盘地下党领导“永和一龙广暴动”时参与活动。

1950年2月参加工作，除正常学习外，曾先后在兴仁地区政民干校财经班、省委党校、西南民族学院与农学院、中央财经干校学习，于1950年8月加入新民主主义青年团，1953年10月加入中国共产党。历任工作员，人行贞丰县支行管库员、股长、副行长，人行兴义地区中央支行行长及党支部书记，中共安龙县委书记，黔西南州审计局局长及党组书记，中共黔西南州委委员、黔西南州纪委委员、黔西南州政协二届副主席及党组成员，以及州、县人民代表大会代表等职。1991年，在家病逝。

王亚明（1897—1993），安龙县兴隆冗华人，青少年时代，在县城小学和贵阳南明中学就读，受到良好教育。中学毕业，于清宣统二年（1910）离黔至北京，以优异成绩考入国立政法学校。在校期间，母亲病故，不得已辍学奔丧，辍学期间化悲痛为力量，仍刻苦学习。次年春，经友人周德高、汤茂加推介加入“中社”，秘密从事推翻清王朝的革命活动，以“民治主义同志会”的名义公开活动。

1925年，就道南下川黔，先后任43军经理处长、政治部秘书、主任等职。曾到南京谒见总政治部主任方先觉，陈述43军采取多种形式宣传教育鼓舞部队，使官兵了解国民革命之目的，在于消灭北洋军阀实现国家的统一振兴；培养优秀军官，选拔牟龙光、除承芳等人到黄埔军校和日本深造；协助当地清剿匪患，开展文化卫生活动。方先觉听后赞誉为“模范军队”。宁汉分裂和唐生智反蒋时，协助军长李晓炎挥军讨伐。

1928年，贺耀祖部无端袭击43军时，王亚明前往南京向蒋介石报告情况请求指示。蒋令两军和解，各回原驻地区，相安无事。次年，李晓炎与周西成发生冲突，两败俱伤，王亚明又急赴南京，请求叶楚论、何应钦、胡汉民等上层人士关注贵州时局。后被派任中央通讯社武汉分社主任，旋即任《武汉日报》社总经理。王亚明罗致人才，组织坚强笔阵，使报业蒸蒸日上，发行量日增，遍及南京、上海、北京、天津等城乡，市场之大，读者之多，位列全国第二。

1938年，武汉失守。王亚明令一部分人员物资转移宜昌成立分社，继续宣传抗战，自带一部分人员物资到贵阳创组《中央日报》社贵阳分社，出任社长，组织出版发行《中央日报》，评论时局，宣传抗日揭露日军暴行，动员民众有钱出钱，有力出力，守土抗战，争取胜利，被选为国民政府参政员和贵州省赈务督导委员等职。

日本投降后，王亚明前往湖北，任武汉地区文化部门特派接收员、《武汉日报》社社长、宜昌分社董事长等职。

1948年，王亚明举家迁往香港，授任正中书局香港分局督导委员、印刷委员。嗣后任《香港时报》管理委员会委员，正中书局董事，推展文化宣传，奋力不懈。

1957年，王亚明迁往台湾，以其之长，创办新闻专科学校。先后担任台湾省煤调会委员、台湾世界新闻专科学校教授等职，还担任台湾贵州同乡会名誉理事长。

1993年7月25日，王亚明在台北去世。

王秀富（1927—1993），布依族，安龙县新安镇人，青少年时期随父母务农，勤奋诚实。1950年参加清匪反霸、土地改革，被推选为农会主席。1952年参加工作，先后任县供销社、手工业管理局工作员，手工业联社主任、轻工业局副局长。1954年3月加入中国共产党。1959年调六枝矿务局任宣传干事。1961年回安龙后历任县轻工业局副局长、交通科副科长、中共化力区委书记和区革委会主任、中共安龙县委副书记兼政协第四届安龙县委员会副主席，继之任政协第五届、第六届安龙县委员会主席、党组书记和政协第二届黔西南州委员会委员等职。

王秀富自参加工作后，学习积极，坚持原则，遵守纪律，工作敬业。在政协工作期间，善于团结党内外同志，认真贯彻执行民主党派和无党派人士“长期共存，互相监督，肝胆相照，荣辱与共”的方针；在参政议政、民主监督中，以身作则，为地方的政治、经济建设做出了贡献，受到世人的赞誉。

王秀富于1991年1月退休，1993年11月病故。

杜良俭（1912—1994），贵州省镇宁县人。1931年赴北平求学，与贵州同乡中的共产党员陈曾固、进步人士傅以平等联系密切，受到党的主张和进步思想的影响。“九·一八”事变后，他亲眼目睹日本帝国主义对中国的侵略，产生强烈爱国主义思想，同时，对国民党采取不抵抗政策丢掉东三省和出卖华北的卖国行为极为不满，认识到只有革命才是唯一的出路。1935年12月9日，震惊中外的“一二·九”学生运动暴发后，杜良俭毅然参加学生运动。其间，他接受党的教育，参加南下宣传团，宣传党的抗日救国的主张和政策，1936年2月加入中国共产主义青年团，同时参加中华民族解放先锋队，任干事、区队副、区队长。1936年秋在北平加入中国共产党。1937年在贵阳履三小学教书，并与黄淑萱等一起从事党的地下工作。

1938年10月经组织介绍到延安，进入陕北公学和中央组织部训练班学习。1940年后，先后任新四军第4师抗大第4分校政治部民运科科长，淮北军区政治部民运科长，泗宿县、宿西县区委书记，雪商、亳县、太西县委组织部部长、县委委员，淮、鹿、夏3县担架队支队长，华中局组织部干事等职。

新中国成立后，杜良俭历任兴仁军政代表团安龙县办事处主任，中共安龙县委副书记、县长，兼任安龙中学校长。杜良俭任职安龙县期间，正值人民政权初创，百废待兴，在上级党委和中共安龙县委的领导下，杜良俭带领全县人民完成剿匪斗争、土地改革，彻底根除多年的匪患，废除地主阶级封建剥削的土地所有制，实行农民的土地所有制，广大人民真正翻身作了主人。同时，杜良俭还带领全县人民千方百计发展农业生产，兴办教育，恢复经济，为安龙县经济社会发展做出积极贡献。1952年10月，杜良俭卸任安龙县人民政府县长之职，后历任兴义地委统战部秘书长，地委办公室主任，关岭、兴义县委书记兼地委委员，贵阳耕读师专党委书记兼政治部主任，省农科院副院长、党的核心小组副组长，省政协第四、五届专职常委、祖国统一工作组副组长等职。

1985年离职休养，1994年7月30日在贵阳去世。

贺相明（1945.5～1994.5），安龙县洒雨镇下龙村村民。

1994年5月2日，时任兴仁县三菱客运站客车驾驶员的贺相明，驾驶客车经过兴义市马岭镇红星村时，一高一矮的两名男青年提着几包东西拦车，声称要去贵阳。贺相明让他们上了车，便驾车继续前行。在售票员向两个男青年售票时，两名青年凶相毕露，矮个子将一包炸药放在水箱上，左手拿着匕首，右手持火管枪顶住贺明相的右腰部，威胁贺相明不准停车。与此同时，高个子左手拿炸药包，右手握着匕首，恶狠狠地狂叫：“抢劫，谁动就把车炸毁！”

贺相明在突发事件面前没有惊慌失措，当车行驶到兴义市顶效镇街上时，看见前方驶来一辆警车，便猛打客车方向盘向警车示意，开出一段距离后把车刹住，打开车门。矮个子看到贺相明猛打方向盘报警，便在贺相明闪开身子的瞬间扣动了扳机，贺相明腰部中枪。高个子听到枪响后立即举起匕首朝贺相明扑来。贺相明毫不畏惧，与两个车匪展开搏斗，不幸被高个子用匕首刺中颈肩部、胸部、腿部。贺相明因伤势过重，流血过多，从客车门处摔倒在公路上。两个车匪见公安人员跑来，跳下客车就往山上逃跑。在公安机关的围捕下，两名车匪引爆炸药自杀。贺相明因抢救无效而牺牲。

1995年11月，中共中央宣传部、公安部、中华见义勇为基金会授予贺相明“第四届全国见义勇为先进分子”荣誉称号。

王安泽（1934—1995），男，布依族，安龙县龙广人，中学毕业后随父母务农。

1950年10月，王安泽经安龙县干部训练班学习后参加工作，1951年12月加入中国共产主义青年团，1952年9月加入中国共产党。历任乡工作组工作员，兴仁民政干校第六队事务长、中共安龙县委土改工作大队队员、县政府人事科科员、县民政科副科长、西南政法学院学员。1955年后，历任县委办公室主任、县委副书记兼县第一届政协主席、县委副书记兼秧坝公社党委书记、县委书记处书记、县委书记。1971年后，历任兴义地区农资公司负责人、兴义地革委生产指挥部业务组负责人、地革委农林水办公室副主任。1975年后，历任兴义地委副书记、地委副书记兼行署专员、地委书记兼行署专员、黔西南州州长、州委书记兼州长。1988年后，历任贵州省人民政府副省长、党组成员兼省农委主任，省第八届人大常委会副主任、党组成员兼农村经济委员会主任委员。曾被选为中共贵州省第一届、第二届人民代表大会代表，五届、六届省委委员，中共十二大、十三大代表。

王安泽自参加工作后，认真贯彻执行党的路线方针政策，积极参加镇反、土改、合作化运动、基层政权建设，努力完成组织交给的各项任务。在担任县的领导工作期间，结合实际，依靠、团结、动员和组织群众，与群众同甘共苦。担任兴义地区、黔西南州领导以后，特别是中共十一届三中全会以后，坚持深入基层，制定规划，落实措施，精心组织实施。

王安泽在担任省人民政府副省长期间，分管农业和农村经济工作。深入全省各地、州、市、县、区、特区，在深入调查研究的基础上，有效组织实施了冬季农业开发，提高夏粮生产比重；推广高产示范工程，狠抓水稻、玉米示范；以工代赈坡改梯，加强农田水利建设基础工作，增加农产品总量，增加农民收入，改善农民生活。

王安泽1993年担任省人大常委会副主任后，积极参与全省的经济工作的重大决策。经常深入地州市县了解情况，检查指导基层人大工作，注重农业和农村的立法工作。主持省人大农经委会议研究审议《贵州省乡镇企业条例》《贵州省农业技术推广条例（修正案）》，初审《贵阳蔬菜基地建设保护管理办法》，提请省人大常务委员会审议通过；主持审议修改《贵州省农业承包合同管理条例（草案）》《贵州省基本农田保护条例（草案）》等。

1995年，王安泽在贵阳病逝。

班续昭（1913—1996），女，安龙县龙广人。幼时在龙广小学读书。1927年，考入贵州省立六年制女子学校。1933年毕业，在父母包办下与当地富商苏氏结婚。次年，在女师校长钱慎哉的鼓励、支持和帮助下，冲破家族禁锢，考入久负盛名的中山大学医学院。因该院多系德籍教师用德语授课，班续昭无法听懂，于是到广州中德中学专修班攻读德语1年，于1935年入中山大学医学院就读。繁重的学习任务导致班续昭住宿不佳，胃疾出血，于是休学半年边学习边治疗，使疾病得到治愈，学业也未掉队。

“七七事变”发生后，班续昭积极参与抗日救亡活动，随校历尽艰辛长途跋涉数千里由广州迁到云南澄江，然后又由云南迁回韶关。在迁往云南途经贵州时绕道回乡探亲。婆母不给路费，坚持将其留在家中操持家务。班续昭便变卖衣物作为路费，踏上艰苦的读书求学之路。

1941年，班续昭到南宁、桂林省立医院实习。于次年领取毕业证书，在国家卫生署医防13队工作，兼任红十字会妇产医生。1943年在桂林省立医院工作。1944年，日军为使中国与东南亚战场连成一体，发动湘南、桂北攻势，桂林成为前线，医院转为救治军队伤病员为主。班续昭急伤病员之所急，忘我工作，直至敌军进逼医院时，方撤离前线。在撤退途中，将家里寄的2万法币分给同事解燃眉之急。到柳州、贵阳、安顺后得亲朋接济帮助回到龙广。

抗日胜利后，班续昭在兴义卫生院工作。1948年，在兴义开诊医所，凡赤贫者均免费治疗。后到云南省妇幼保健院任主治医生。

1949年12月9日，国民党第8军、26军大举进攻昆明时，班续昭严守岗位，自动保护保健院财产，护理患者。在庆祝云南解放期间，被推选为医联总干事，后到革大四分校学习。

1950年5月调云南省陆军医院（后更名为18、43陆军医院）工作。1955年被授予大尉军衔。1960年任妇产科主治医师。

1962年，班续昭到曲靖69医院工作，克服诸多困难组建妇产科，任副主任、主任。1964年晋升为少校副团级。

“文化大革命”期间，班续昭克服困难，带领医疗队到连队、农村巡回医疗，调查研究，提高自己。

“文化大革命”结束后，班续昭相继提出新生儿口服卡介苗经验总结、新生儿溶血症报告、针刺抗炎报告、苯酚胶浆剂闭塞卵绝育观察等学术论文和著作，在国内外、军内外学术会议上交流，引起医学界关注，受到好评，多次获得成果奖，并于1980年加入中国共产党。

在半个世纪中，班续昭一如既往，义无反顾，尽其所能，为患者解除痛苦。如一患者乳腺炎化脓，班用嘴将脓血吸出，即使病得到很快治愈，又免除了手术费用；另一新生儿肺炎高烧不退，生命垂危，经输氧、插管吸痰等措施都无济于事时，班嘴对嘴将患者分泌物吸出，使其得救。

除工作之外，班续昭还热心公益事业和扶贫济困。抗日时期向龙广小学捐赠植物标本挂图1套。1958年支援家乡的“五年计划”共计1000元，800元用于教育事业、200元用于提水电站维修。20世纪90年代，先后向托幼事业、北京亚运会、华东水灾区、昆明国际园艺世等单位多次捐赠。龙广一黄姓人家将患肝脓肿十分严重之子送到69医院，班续昭立即与有关科室联系制定抢救治疗方案，为黄担保费用，让黄回乡生产，代为护理，使黄减少费用。龙广韦姓人家将双目失明的女儿送到69医院治愈后，班续昭为其解决车费零用钱等。龙广窦姓老人在69医院治愈出院时，班续昭为其买4只鸽子炖好作为途中食用。曲靖一农妇在69医院分娩，家族无营养品，班立即给予接济。医院一工人病故后子女上学经费不足，班主动帮助解决。一亲戚无亲生子女，班就将其接到医院奉养一年有余。

班续昭还省吃俭用资助安龙的景诗鼎、徐次书和兴义的赵显壁、苏自强等人在昆明完成大学学业，将一侄女接到曲靖由小学、中学一直资助到中专毕业。

班续昭一生毫不利己，全心全意为人民服务，受到党、政、军民的颂扬，被世人称为“活雷锋”“老雷锋”，多次受到昆明军区通令嘉奖，荣获云南省、昆明军区联合授予“成绩显著”奖状和“双拥”模范称号，被推选为政协云南省第四届、第五届委员会委员和多种医学协会会员。《云南日报》《云南画报》《解放军报》等媒体进行了多次宣传报道。被收入《中国妇女名人》，是贵州籍6人之一。

1980年以后，班续昭由技术七级晋升到技术五级，就任主任医师。1985年调中国人民解放军总后勤部驻昆57中心医院，1988年底退休，享受副军级待遇。1996年9月，在昆明病逝。

王登进（1977—1999），男，汉族，1977年12月出生于安龙县钱相乡。1997年考入贵州省人民警察学校，1999年7月从贵州省人民警察学校结业分配到安龙县公安局龙山派出所见习。

1999年12月6日上午9时许，安龙县公安局龙山派出所接到龙山镇四门村高寨组村民罗开军报称：其12月3日深夜被盗的黄母牛被人杀死在兴仁县与安龙县交界的龙头大山上的母龙山水沟里，请求现场勘查，捉拿犯罪嫌疑人。民警李昌栋、陈华、见习民警王登进与联防队员杨正权闻讯迅速出动。吉普车在龙头大山山道上艰难地爬行了近2个小时，实在不能再前进了，4人只得又踏着泥泞的小路翻越几个山峰，终于于13时许抵达现场。走在前面的王登进发现有情况，立即示意大家隐蔽。借助现场茂密的草丛掩护，王登进悄悄接近目标，他发现一男青年正在剔剥一头黄牛，他立即退回将情况向大家通报，经分析，此人应该是犯罪嫌疑人。鉴于现场杂草丛生，地形复杂，决定分成两组围捕犯罪嫌疑人，李昌栋与杨正权从上至下，陈华和王登进从下至上夹击。50米、30米……，正在剥牛的犯罪嫌疑人发现身后有动静立即闪进草丛向山下逃跑，在上方围捕的民警李昌栋见此大声喝喊站住，并鸣枪示警，然而急于逃命的犯罪嫌疑人无视警告，继续拔开茅草向山下逃跑……正在下面围捕的见习民警王登进见犯罪嫌疑人从身旁的沟坎下逃去，他毫不犹豫地从坎上跳下将犯罪嫌疑人扑倒在地。就在此时，犯罪嫌疑人将剔剥黄牛的尖刀刺向手无寸铁的王登进，王登进在没有防备的情况下被刺中右腹部，歹徒乘机逃跑，王登进用手捂住流血不止的伤口继续追赶了20多米，终因体力不支而倒在水沟中。陈华见他倒在水沟中，赶紧跑上前去抱住他问："怎么了？"王登进说："我被刺中了，别管我，快追！"陈华见他伤势严重急喊李昌栋和杨正权下来撕破衣服将王登进的伤口包住。三人轮流背着王登进跑步下山，随车将王登进送到戈塘镇卫生院抢救，戈塘镇卫生院做了简单处理立即送往县医院抢救。下午5时，王登进终因伤势过重失血过多，抢救无效而牺牲。

王登进用自己的热血和年轻的生命，诠释了他对党和人民、对警察事业的无限热爱。根据王登进的优良品质和英勇事迹，中华人民共和国公安部于2000年4月3日授予其为"全国公安系统二级英雄模范"；贵州省人民政府也于2004年9月追认其为革命烈士，共青团安龙县委追授其为"优秀共青团员"。

王立中（1916—2000），曾用名忠长，布依族，安龙县龙广人，青少年时期在家乡学习文化，随父亲农耕。1935年2月，随亲朋杨滨到昆明考入军校补充军事队学习，并更名为立中。

修业期满，在补充2团任班长。由于受到中共党员杨滨等人的直接启发诱导，思想进步较快，决心杀敌立功，报效国家。

1937年，日军大举入侵中国，中国军民奋起抗战。云南组建60军时，王立中被编入该军184师任班长，随军开赴抗日前线，于1938年4月参加了台儿庄战役。当年9月，经杨滨介绍加入中国共产党，成为长期在敌军营垒中战斗的特殊党员，后被提拔为排长。部队所到之处王立中就积极与地方党组织和游击队联系，尽可能地给予帮助。路过湖南平江时，根据上级党组织的指示，与杨滨一道，利用职务之便留下5支步枪、三四百发子弹、十几枚手榴弹、少数黄色炸药和新购的印刷机1台给当地游击队取用。

10月后，部队在江西新奉、高安地区阻截日军推进期间，由于师长张冲的去职与党组织在184师的积极活动，引起国民党特工警惕，多数暴露身份的党员立即撤退。王立中等少数没有暴露的党员实行单线联系，部队开到哪里跟到哪里，等待党组织的指示。

1939年7月，八路军桂林办事处乘184师招收文工团员之机，将方文彬安排到文工团，加强党在184师的工作。

1940年年底，日军侵占越南时，滇军60军到滇南布防。王立中升任为工兵营代理连长，认真贯彻执行"隐蔽精干，长期埋伏，积蓄力量，同流不合污，等待时机，反对急躁和暴露"的方针。国民党特工虽到该师清查共产党员也未查出任何蛛丝马迹，使党组织得到完好保存。

1944年，王立中与新任搜索营营长的杨滨一道利用职务之便，将地方转来的同志安排到重要岗位，并加强培训，使其在后来的工作中发挥重要的作用。

抗日胜利后，根据盟国的安排，国民党60军、93军到越南北部受降，离开越南开赴东北时，王立中任军务2处少校课长，又培养了一批已具备入党条件的同志。

1946年4月，滇军到达东北仅1个月时间，184师即在海城起义。中共中央派刘浩到达东北与滇军中的党员取得联系，王立中接受中央的指示，发展新党员，利用职务之便搜集军事情报，配合东北解放军作战，起到了重要的作用。

1947年末，王立中调任军营职修械所所长。1948年，率领修械所59人起义，编入中国人民解放军军械厂。10月，王立中到东北军政大学学习半年后，到由60军起义后改编的50军任警卫营长，随军南下参加解放鄂西和四川战斗。

1950年10月参加中国人民志愿军入朝作战。在任志愿军149师446团参谋时，亲率1营和搜索连将美军25师1个团击溃，俘敌300余人；在友军的配合下全歼一英国皇家坦克营，并在汉江北岸坚守阵地50余昼夜，受到嘉奖。尔后回国休整。1951年再次入朝任志愿军447团副团长，率部作战。1953年任师工兵室主任。

1957年12月，王立中回国后历任济南军区司令部筑城科科长，后勤10分部工程处处长，后勤营房部设计所所长，后勤部630仓库主任等职。1976年离休。王立中曾荣获“三级国旗勋章”“二级自由独立勋章”“中国人民解放军独立功勋荣誉章”和“三级解放勋章”等。

王立中于2000年病逝。

何保成（1932—2001），男，汉族，1932年12月出生，贵州省大方县人。何保成毕业于贵州农学院，1960年参加二作，先后任安龙县农业局农业技术推广站站长、植保站站长，于1984年至1990年任政协安龙县第五届、第六届委员会副主席。

何保成自参加工作以来，从事于农业技术推广和植物保护工作。积极工作，钻研业务，为安龙县农业生产、科学种田、提高单位面积产量和病虫害防治等方面做出卓有成效的贡献。1983年7月，贵州省人民政府因其在贵州省农、牧业科学技术工作中做出突出贡献，荣获黏虫标放回收成果一等奖；同时，国家民委、劳动人事部、中国科协授予其在少数民族地区从事科技工作荣誉证书；1983年12月，贵州省人民政府因其在农牧业科学技术工作中做出贡献，表彰其“在中矮良种面积翻番，水稻总产突破二亿斤大关成果二等奖”。1984年1月，国家经济委员会、中国科协、农牧渔业部、林业部授予其全国科技推广先进工作者称号；1986年4月，国家农牧渔业部因其在农牧渔业科技推广工作中，做出突出成绩特颁发荣誉证书；1987年9月，获农牧渔业部全国植保总站颁发的1987年科技进步二等奖；1993年10月，获中华人民共和国国务院特殊津贴。

2001年2月3日，何保成因突发脑溢血在安龙县去世。

马明礼（1927—2002），出生于安龙县城小手工业家庭。7岁时进入私塾。随后进入小学念书。后在家挑水卖和帮人织布为生。1945年到安龙县政府邮政局当邮差。1947年下半年，为躲避抓兵，到册亨坡坪任小学教师。1948年下半年回家，继续以挑水卖和帮人织布为生。

1950年1—6月，在安龙县四街任治安员、小组长、街长。1950年7月至1956年6月，调安龙县城关区工作，先后任工作员、公安特派员、副区长、副书记等职。1956年7月，任中共安龙县委宣传部部长。1956年12月，任安龙县县长、县人民委员会党组书记。1957年7月，任安龙县委常委。1958年7月至1959年12月划为“右派”，被免职到龙广区曙光生产合作社劳动改造，1960年调册亨县秧坝区公所任会计，1976年3月调册亨县计委负责农业统计工作。同年12月任册亨县委农业统计科副科长。1979年5月平反，恢复党籍和原工资级别（17级），同年12月任册亨县革命委员会副主任。1981年4月，任册亨县人大常委会副主任、党组副书记。1983年调安龙县人大常委会办公室任主任、党组成员、党支部书记。1984年8月，任安龙县人大常委会副主任、党组成员。1987年退休。2002年11月21日，在安龙县病故。

蒋相泽（1916—2006），男，汉族，出生于1916年，安龙县龙山人。

蒋相泽在安龙完成小学及初中学业后，曾先后就读于成都金陵大学和昆明西南联大历史系，分别获学士和硕士学位，相继任教于贵州大学和南开大学。1947年赴美国华盛顿大学深造，1951年获博士学位。回国后，先任教于广州岭南大学，1952年改任中山大学历史系副教授。1955年被美国传记学会授予国际文化荣誉证书。1956—1966年，蒋相泽担任中山大学历史系世界史教研室主任。1979年起，担任中山大学历史系国际关系史研究室主任。

蒋相泽学术功底深厚，涉猎广博，长期从事世界史特别是国际关系史和中美关系史的教学和研究。先后为本科生讲授《西洋通史》《中国近代史》《世界通史》《世界上古史》《世界中古史》《世界近代史》《世界现代史》《西方史学史》《西方史学名著选读》和《中美关系史》等十余门课程；1978年后，分别指导了10余届世界上古史、世界中古史和国际关系史等专业研究生，为研究生开设《古代东方史》《希腊史》《罗马史》《从封建制度到资本主义的过渡》《两战之间的国际关系史》和《中美关系史》等课程。相泽在治学严谨，造诣深厚。在长期从事教学工作的同时，孜孜不倦于学术研究，主持编纂了近百万字的《世界通史参考资料选辑·近代部分》，主编《简明现代国际关系史》(1992年高等教育出版社出版)，副主编10卷本《国际关系史》(1995年12月世界知识出版社出版，"八五"国家重点图书)。英文专著《捻军起义》，论文《基佐历史观批判》《特纳历史观批判》《犹太复国主义是帝国主义政策的产物》《经济危机与两次世界大战》《纳粹德国重整军备与西方国家的对策》《纳粹德国重新武装莱茵区与西方国家的对策》《第一次世界大战与巴黎合会期间的中美关系》《中国和华盛顿会议》等是潜心研究之作。国际关系史和中美关系史是其重点研究并有所成就的治学领域，除40万字的译著《使日十年》外，还有英文专著《中美关系史》(1988年美国芝加哥大学出版社出版)等。蒋相泽曾任中山大学国际关系史研究室主任、博士生导师，中美关系史专业研究委员会副会长，中国国际关系史研究会常务理事，广东省历史学会理事等，1982年被美国达特玛斯学院授予蒙哥马里研究员称号。2006年去世。

班安芬(1957—2006)，女，苗族，1957年3月17日出生于安龙县戈塘镇科发村。

1995年，班安芬怀揣着16元钱外出打工，在戈塘矿山上的废煤砂里淘煤，一天能淘100千克煤渣，挣8元钱。1996年，又到兴义市兴发领带厂打工。注意到厂里生产的领带图案、工艺都很简单，萌生了回乡办刺绣厂的想法。主意一定，班安芬就辞了工，用仅有的102元买来了布料和丝绸，回到家乡深山里开始了高级手绣领带的尝试。她参考进口领带规格、色调和工艺，再用苗族手工拿绣工艺，用优质的明孔布料作绣底，用不褪色的蚕丝作绣线，1个多月后，3条不同图案的手绣领带绣成了，一出手就卖了280元。此后，她一边绣一边改进工艺，一年之后，她卖出了700余条领带，销售额数万元。1997年5月，班安芬投资7万元创办安龙县民族手绣工艺厂，注册了"仰欧桑"品牌，固定从业人员40人，是年生产手绣领带2050条，产值26.65万元。1998年手工艺厂改成有限公司，注册资金58万元。在班安芬的带领下，又先后发展两家苗族手绣厂，1998年固定从业人员增加到63人，长期为手绣厂加工产品的人员1000余人，产领带4260条，产值48.8万元。是年3月5日至19日，全国人大九届一次会议在北京举行，班安芬作为一名全国人大代表出席会议，会议期间班安芬亲手为中共中央总书记、国家主席江泽民系上了自己手工绣制的领带。在班安芬的带领下，到2000年，全县共发展民族手绣产品加工企业4户，固定从业人员92人，产领带16050条，产值192.6万元。同时，班安芬还利用传统工艺积极开发靛染服装、被套及围巾、提包、马夹、钱包等。"仰欧桑"牌领带远销欧美市场，先后在广东、广西、云南、北京等20多个省区设立销售网点，成为安龙县妇女创业的一段佳话。2006年，班安芬因病在家乡科发村去世，年仅49岁。

王秉鋆(1919—2009)，布依族，安龙县龙广人。王秉鋆于1938年在镇南师范加入中华民族解放先锋队。1939年肄业于云南省立镇南师范学校。曾任云南省大姚中学教师，做学运工作。1943年至1945年在地下党朱家璧的领导下于滇军中工作，担任第18师艺术工作队（文工团）干事、第一方面军司令部特务团少尉军需。1945年9月随军回驻昆明，时值蒋介石发动内战，李公朴、闻一多先后被国民党特务杀害，白色恐怖笼罩昆明，中共云南省工委遵照中央“隐蔽精干、长期埋伏、积蓄力量、以待时机”的16字方针，把中共党员、民青骨干输送地方发动群众，派王秉鋆到贵州省安龙开展地下活动。

1948年6月，在龙广利用帮会“扶风社”名义，成立500多人的组织，开展反“三征”斗争，迫使国民党保甲体制陷于瘫痪。1949年2月到云南板桥滇桂黔边区罗盘区与地委书记刘清接上组织关系后，被派回安龙组织地下武装。同年6月，发动组织永和—龙广暴动，策应罗盘区主力挺进贵州。同年9月，任罗盘区兴安工委委员，派往广西西隆、西林一带开辟新区。

中华人民共和国成立后，王秉鋆历任中共军政代表团安龙办事处副主任，安龙龙广区政府区长，中央民族学院军政干部训练班学习干事、教研室研究员、教育科科员、团总支副书记，安龙县龙广区公所区长、安龙县人民政府副县长，省民族语文指导委员会编译研究科科长，中共黔南州委副书记、书记处书记，省教育厅副厅长。“文化大革命”中受迫害，被下放到“五七”干校劳动学习。此后，先后任省教育局副局长，省革委委员、副省长兼省教育厅厅长、党组书记，省人大常委会副主任兼民族委员会主任委员。1993年12月离休，2004年2月享受省长级医疗待遇。是贵州省第一届、二届、三届、四届、五届、六届、七届人民代表大会代表，第七届全国人民代表大会常委、民族委员会委员。2009年4月24日15时50分，王秉鋆在贵阳逝世。

韦永业（1929—2009），男，布依族，1929年10月生，安龙县人，初中文化，中共党员。2009年1月病逝。

1953年1月参加革命工作，1953年至1958年7月，韦永业历任安龙县德卧乡政府干事、副乡长、乡党支部书记、龙广区委会组织委员、区委副书记；1958年8月至1959年5月，任永和铁厂厂长、龙山煤矿党组书记、县委公交部干事等职；1959年6月至1961年6月，任安龙县巧马公社党委副书记、社长；1961年7月至1965年12月，任册亨县双江区委书记、册亨县委副书记；1966年1月至1970年元月，任望谟县委副书记、县政府县长（1968年至1969年在望谟县“五七”干校劳动）；1970年1月至1971年5月，任望谟县革命委员会第一副主任；1971年5月至1972年7月，调任兴义地区农业局负责人；1972年8月至1980年7月，调任中共安龙县委副书记、县革命委员会副主任；1980年8月至1991年，任安龙县人大常委会主任、党组书记。2009年1月，在安龙县病逝。

留汉尧（1925—2010），男，汉族，1925年6月出生，浙江省青田县人。1950年8月参加工作，同年10月进入贵阳“革大”学习并分配到贵州省瓮安县土改队从事土改工作。1952年调安龙县工作，先后在安龙县一区和县委农村工作部任工委委员、干事。1958年10月，到普定县太平农场劳动。1979年，任安龙县化力区农技站站长。1982年，任安龙县人民政府经济科副科长。1984年，当选为政协安龙县委员会副主席。

留汉尧参加工作以来，积极为科学种田，提高粮食产量做出了突出的贡献。1956年初，县委派留汉尧组建安龙县第一个高级农业合作社，推行合理水稻密植、防治二化螟、冷水田抓栽、防治玉米螟等四大措施，当年粮食大幅度增产，所在社被中共兴义地委、行署表彰为一等模范社。1957年绿化全社荒山，被省人民政府评为一等绿化模范社。

1958年9月，留汉尧被划为“右派”，送普定县太平农场劳动。在太平农场劳动期间，留汉尧从主要农作物入手开展农作物栽培高产试验，在成功选出中矮标高产品种。1979年，留汉尧平反后回到安龙县化力区农技站工作，主持了县科委重点项目“木咱三千亩水稻丰产坝”，单产指标500公斤，成功实施新品种“桂朝二号”高产技术，受到省委、省政府和中央农村政策研究室的高度重视。1982年以后，留汉尧在安龙县开展农业科技培训工作，撰写了大量的农业科技论文，取得良好的效果，成功当选政协安龙县委员会副主席、政协贵州省委委员。20世纪90年代后，留汉尧继续为安龙县农业科技的发展和推广，为广大农民增产增收，积极工作，先后获得安龙县“拔尖人才”称号、“黔西南州优秀科技工作者”称号、“黔西南州委、州政府智力支边特别奖（1984—1998）”“省人民政府科技兴农人才奖”“国家科委扶贫奖励基金奖”“重农科技扶贫贡献奖”等。

2010年，留汉尧在安龙县病故。

韦利熙（1964—2010），男，布依族，1964年10月出生，安龙县洒雨镇人，中国民主促进会会员。

韦利熙于1982年8月参加工作，任安龙县洒雨小学教师，后进入贵州民族学院学习。1989年，韦利熙从贵州民族学院艺术系唢呐专业毕业，分配到黔西南州民族歌舞剧团任演奏员、后晋升为国家二级演员。

韦利熙全力挖掘整理布依族民族民意音乐，对布依族独特乐器“勒尤”进行改良，使之登上艺术的舞台。创建黔西南布依族苗族自治州第一支“布依族八音演奏组合”及“夜郎布依演唱组合”，打造的“八间坐唱”经典节目，参加建设部“2002年中国南京风景名胜区旅游联谊展示会”，获“最佳创意奖”，在贵州省“杜鹃杯”曲艺大赛中获一等奖，在“多彩贵州”歌唱大赛上获“铜鼓奖”。韦利熙还应邀登台中央电视台音乐频道“民歌中国”栏目，参加“民歌盛典”演出。2007年9月，韦利熙在全国第三届民族曲艺展演中获二等奖。2007年11月，韦利熙参加中央电视台“全国器乐大赛”，获优秀展演奖。

2004年，韦利熙创建的“夜郎布依演唱组合”先后应邀到广东、云南、新加坡等地参加演出，并到中央电视台“民歌中国”栏目登台演出。

2007年6月，中国文学艺术联合会、中国民间文艺家协会授予韦利熙“中国民间文化杰出传承人”称号。2008年4月，韦利熙荣获贵州省“五一劳动奖章”。

多年来，韦利熙一直从事民族民间音乐研究、教学和器乐演奏，掌握了唢呐、竹笛、勒尤、木叶、葫芦丝、牛角胡、芦笙、姊妹箫、月琴、巴乌、排箫、葫芦胡、埙、箫、笙、萨克斯、长笛、钢琴等10余种乐器的演奏方法，先后担任中国民间文艺研究会贵州分会会员、贵州省曲艺家协会常务理事、贵州省苗族芦笙研究会副会长、贵州省民族音乐研究会理事、贵州省布依学会艺术科学研究会会员、黔西南州民间文艺研究会副主席、黔西南州布依学会理事、黔西南州音乐协会和戏剧协会理事。2010年，韦利熙病逝于兴义。

冯景林（1934—2011），男，1934年出生于安龙县城。

冯景林幼在安龙县城就读中小学，喜文艺。1950年，冯景林中断学业，加入人民解放军，在部队文工团从事文化工作。1952年，冯景林复员回乡，入安龙滇剧团，主要演出安龙本地文琴戏。1959年，中共贵州省委决定将文琴戏更名为黔剧，在贵阳举办黔剧调演，并在全省专业剧团中选拔演员。冯景林入选省黔剧团，参加排练《秦娘美》等剧赴京汇报演出，并巡回演出于上海、杭州等地，获得成功。后，冯景林担任省黔剧团演员队长。1965年，冯景林返回安龙黔剧团，任该团团长兼编导。是年，县黔剧团先于全省专业剧团创作反映安龙布依族人民生产斗争的大型现代黔剧《阿仑寨》，参加全省现代戏创作剧目汇演后，选拔参加西南片区会演。至1966年，县黔剧团演出有传统剧目《双玉婵》《半把剪刀》等20余个、移植改编剧目有《红岩》等现代剧10余个，每年演出310余场次，除在本县城乡演出外，还巡回兴仁、晴隆、关岭、镇宁、普定、盘县等县演出。“文化大革命”中，县黔剧团演出中止，冯景林离开安龙黔剧团。

中共十一届三中全会以后，冯景林重新回到黔剧舞台。1981年，冯景林受兴义地区文化局委派，到册亨指导布依戏排练演出工作。1982年，冯景林再次受兴义地区文化局委派，到册亨辅导布依戏《罗氏盛》排练演出工作，该戏在当年黔西南州建州庆典晚会中一举成功，让人们重新认识了黔西南特有的布依戏。是年，冯景林调任黔西南州民族歌舞团专职编导。1983年5月，冯景林出任黔西南州“布依戏演出研究小组”布依戏编导。1984年5月，冯景林再次到册亨县，将布依戏《罗氏盛》改编排练为《罗细杏》。9月，该戏参加全省少数民族戏剧研究汇报演出，得到专家高度评价。11月，至昆明参加全国少数民族戏剧观摩演出，获文化部颁发的“优秀剧目奖”。

1988年，冯景林调任黔西南州文化艺术研究所，专门从事民族民间文化调查研究工作。在此期间，冯景林相继完成《黔西南文化艺术志》《贵州布依戏》《黔西南小戏小品曲艺专集》《黔西南布依花灯、苗族花灯》《黔西南花灯音乐集成》《黔西南曲艺志》等专著的编辑出版工作，创作完成大型电视戏《王囊仙》、大型话剧（黔剧)《白旗血》、大型话剧《遗恨双江口》《碧血龙城》、黔剧《阿伦寨》、话剧《花梨寨》等，导演的大型话剧《二月天》获全国金奖、《茅酒飘香》获全省一等奖，导演的小品小戏曾获两个全省一等奖、一个二等奖。冯景林事迹被收入《贵州戏曲大观·艺术家卷》。

20世纪90年代后，冯景林在全州民族文化调查中，将册亨布依族民间说唱“戈比戈问”、望谟民间说唱艺术“削肖贯”，整合为“削肖贯”。并将布依八音、布依戏、布依“削肖贯”（说唱艺术)、布依丝竹（小打）音乐、布依“铜鼓十二则”整合为“布依五宝”，全力加以保护和挖掘，2006年，布依八音、布依戏、布依“铜鼓十二则”入选首批国家级非物质文化遗产名录。在此期间，冯景林先后担任贵州省地方戏民族戏艺术委员会委员、贵州省艺术科学学会理事、黔西南州戏剧家协会副主席、黔西南州布依学会副会长、黔西南州文化艺术研究所国家二级编导等。

2009年9月，安龙黔剧团恢复重建，冯景林为剧团的发展呕心沥血，精心指导，细心排练，先后排练出演了《龙城惊变》《荷花姐妹》《知府添灯油》等剧，得到广泛好评。1998年以来，冯景林还多次参加安龙荷花节文艺晚会等大型演出的提炼、演出活动，为家乡文化发展、民族民间文化挖掘与发展做出贡献。

2011年，冯景林在兴义去世。

王万录（1933—2013），男，布依族，1933年5月生，贵州安龙人，大学文化，中共党员。

1951年10月至1951年12月，在兴仁县民政干校学习；1952年1月至1953年1月，先后担任安龙县永和乡政府工作员、中共安龙县委办公室工作员；1953年1月至1954年8月，任中共安龙县龙山区委专职干事；1954年9月至1962年2月，在贵阳工农速成中学，贵阳学院读书；1962年2月至1964年8月，任贵州农学院助教；1964年8月至1978年9月，任安龙县农业局技术员，副局长；1978年9月至1980年8月，任安龙县畜牧局副局长；1980年8月至1987年10月，任安龙县人民政府副县长；1988年10月至1990年3月，任政协安龙县委员会副主席；1990年3月至1993年3月，任政协安龙县委员会党组书记、主席。2013年在安龙县病逝。

罗汛河（1932—2017），原名罗信和，笔名汛河，男，布依族，1932年10月出生，安龙县新安镇海庄村人，中国民主同盟盟员。

罗汛河幼在海庄小学开蒙，后入安龙一小和安龙中学读书。1950年参加工作，在县从事清匪反霸斗争；1952年调贵州省商业厅工作；1956年，调贵州民族出版社，从事布依文词典、课本和普及读物编辑工作；1957年毕业于贵州民族学院。1960年调贵州省文学艺术界联合会，从事民间文学整理和编辑工作；1966年，“文化大革命”后，罗汛河被迫中止文学创作。1976年，调贵州省文学艺术界联合会《贵州文艺》(后更名为《山花》)编辑部，从事诗歌、戏剧编辑工作。1980年，调任贵州省文学艺术界联合会《南风》杂志副主编；1988年获副编审职称。1994年，调任政协贵州省委员会《文史天地》副主编。曾任贵州省第六、七届政协委员，民盟全国代表大会第六届代表，中国民间文艺研究会第四届理事，中国少数民族作家学会理事，中国少数民族文学学会理事，中国民间文艺家协会理事，贵州省民间文艺家协会副主席。1990年，被评为全国民族团结进步先进个人，享受省政府津贴。

罗汛河于1953年开始文学创作，1955年发表作品，1992年加入中国作家协会。一生创作小说、散文40余篇，诗歌、民歌1000余首，儿童诗歌100余首，搜集整理神话、传说、故事、童话、寓言500余篇，古歌、创世史诗50余部，叙事长诗20余部，歌谣2000余首，谚语、谜语1000余则，出版有《鲜花向阳朵朵红（诗集）》《勤劳勇敢的布依族（风情）》《甲金的故事》《布依族民间故事集》《甲金》《布依族风俗志》《盘江放歌（诗歌）》《民间幽默笑话故事》《布依族文学史》《神奇的黄果树瀑布》《浪哨歌》等专著，与人合著《布依族文学史》《布依族文学概况》，另有论文近30余篇。其中《周总理永远活在各族人民心上》《百岁老人》分获全国及贵州省文学创作二、三等奖，民间文学《九羽衫》《甲金》《苗族古歌》(合作)分获全国及贵州省优秀民间文学一、三等奖，故事《九羽衫》获贵州省民族文学创作一等奖。

罗汛河在外工作期间，一直关心家乡建设。1988年，在省政协提出“恢复安龙陂塘海子，归还安龙县管理”的提案，后因多方原因未能实施。2009年，与乡人柏昌明一道完成《海庄村史志》编辑出版工作，为县内第一部村志。

2017年1月29日，罗汛河在家乡海庄村去世。

王大同（1937—2017），男，布依族，1937年出生于安龙县龙山镇科然村，擅长油画。曾任中国美术家协会和中国油画学会会员，四川美术学院教授，硕士研究生与跨世纪接班人导师，四川美术学院老教授协会会长，享受国务院津贴专家。

王大同8岁时就读于安义小学初级部，天资聪颖，又能勤奋苦读苦学，在校成为品学兼优的学生，曾在安龙县举办的全县小学生讲演比赛会上夺得第一名。王大同性喜绘画，从小就喜欢用木炭在墙壁或石板上乱画和剪纸马等，在课堂上，他总是悄悄地偷画马画牛，学校老师发现他有“画”的爱好，为贯彻因材施教，任他在画的方面自由发展，不加干涉，并着重给以培育。因此，增强了他学画的兴趣，美术成绩好，深得老师们的关心和爱护。日后他取得的成就并非偶然。

1947年，王大同小学毕业，相继升入初中、高中。在这漫长的岁月里，王大同意志坚定，刻苦钻研，在中学阶段取得优异成绩。在兴义读高中时，家庭不能供给，是姨妈的资助勉强维持，因姨妈家也不很富裕，时有失学之可能，后来得到人民政府的助学金，得以维持高中毕业。由此，王大同十分感谢中国共产党和人民政府对他的关怀，由衷地热爱中国共产党和社会主义祖国，为今后的人生道路奠定了基础。

1954年，王大同考入西南美术专科学校（1959年更名为四川美术学院）深造，在校接受了严格的基本功训练，进步很快，在校作业《春来》曾参加全国和四川省的青年美术展览，获四川省青年美展一等奖。后以优异成绩毕业并留校任教。

王大同任教期间，精心作画，其作品《雨过天晴》获全国美展二等奖，《布依乡场》获全国少数民族美展佳作奖。作品多次参加国内外大展，获全国美展二等奖，国际荣誉金奖及其他奖项多次。被评论家誉为“绘画艺术大师”，代表作品被载入《中国新文艺大系》《中国美术五十年》《当代中国油画》等。

2017年9月20日，王大同病逝于重庆。

三、人物简介

王文通，男，布依族，1933年4月生，贵州安龙人，中专文化，中共党员。

王文通于1949年12月参加工作，历任中国人民解放军147团卫生员、调剂员、司药、助理员、卫生处副处长，转业退伍后历任安龙县卫生局局长、县人大常委会副主任、县人大常委会主任等职。

景诗庭，男，汉族，1934年4月29日出生于安龙县城大西门字纸塔，中共党员，研究生学历，曾任石家庄铁道学院铁建系主任、岩土力学与工程研究所所长，博士、硕士研究生导师。

1952年8月，景诗庭于贵阳一中高中毕业后，进入唐山铁道学院桥隧系学习。1958年8月，取得唐山铁道学院隧道及地下铁道专业研究生学历。此后，分别在唐山铁道学院、西南交通大学任教，1962年升任为讲师。1978年1月，调任唐山铁路机车车辆工厂工作，从事新厂建设半年后，担任职工大学副校长兼力学教师，并加入中国共产党。1982年，升任副教授。

1985年1月，调入石家庄铁道学院，任铁建系主任兼隧道及地下工程专业课教师，成为学院第一批研究生导师。1989年，获评铁道部优秀教师；1991年，获评铁道部“全国铁路优秀知识分子”，升任教授。1992年起享受国务院特殊津贴。

1994年，转任院属岩土力学与工程研究所所长，专门从事科研工作，主要从事软弱不良地层支护技术、隧道结构可靠度两个方向的科研工作。其中，《水平旋喷技术及设备研究》先后获铁道部、河北省科技进步奖，设备获专利；隧道结构可靠度等研究成果纳入新修订的《铁路隧道设计规范》。学术专著《隧道结构可靠度》，为国内第一部隧道可靠度专著，成为隧道设计单位和高校研究生参考书。

1998年，景诗庭从石家庄铁道学院退休，受聘为土木学院和研究所顾问。1999年、2001年，分别获铁道部、中国铁道学会授予的铁道部科学技术进步奖；2001年，获河北省人民政府颁发的河北省科学技术奖。2009年，应中国铁道出版社之约，撰写出版了科普图书《漫话隧道》。

景诗庭在石家庄工作期间，先后被河北省科技厅聘为“国家级科技成果鉴定评审专家”，河北省人民政府聘为“省专家献策服务团成员”；曾任河北省岩石力学与工程学会常务副理事长，中国隧道工程学会、中国岩石力学与工程学会常务理事等职。

王荣帮，男，1936年6月出生，安龙县人，高小文化，中共党员。

1956年，王荣帮分配在兴仁公路养护段工作，1958年调到安龙公路养护段工作至退休。

王荣帮自1956年从事公路养护事业以来，一直对工作兢兢业业，年年被评为省公路局、省交通厅先进生产者，所在道班也一直是所在公路养护段的先进班组，好路率逐年上升。1984年，王荣帮身患重病，诊断为甲状腺肿瘤，需作切除手术。省公路管理局为他办理了入院手续，但王荣帮想到了他的工作，谢绝了领导的关心，拖着重病的身体，坚持负责起4个道班的砂石计价工作，为改变路容路貌尽心尽力。1987年末，曾是先进道班的安龙县普坪道班路况大幅度下降，省公路局局长要求王荣帮到普坪协助工作。王荣帮到普坪道班协助1个月时间，使普坪道班养护路段良等路上升到8千米，消灭了差等路。在收方计价工作中，王荣帮不怕吃苦，风里来雨里去，白天黑夜奔波于9个道班，4年多时间里，王荣帮骑着自己的自行车行走了1.2万千米，验收砂石5万立方米，大小砂石万余堆，毫无差错。

王荣帮连年都被段、总段、省公路局、交通厅评为先进生产者，多次被县、州人民政府表彰，是黔西南州一届、二届人民代表大会代表。1988年3月，当选为第七届全国人民代表大会代表。1989年12月，贵州省人民政府授予其贵州省劳动模范。

景诗鼎，男，汉族，1936年6月15日出生于安龙县大西门内一个书香世家，1949年春考入安龙中学，1951年8月底转入兴义中学。1954年7月，入昆明工学院机械制造专业学习。

1958年，景诗鼎分配到贵州省机械厅技术处，后调入贵州省机械设计研究院。1962年，调贵阳矿山机器厂检查科技术组，参加新产品试制、质量攻关和检测技术改进工作，用旧机床改制成静压曲轴磨床，解决汽车修理难题，受到驻扎厂区的0375部队好评。

1978年，调任贵阳矿山机器厂质量管理办公室主任，总结产品质量攻关、改进检测技术、推行全面质量管理经验，在《工程机械》等专业刊物上发表科技论文多篇，主编省内厂矿教材《全面质量管理基本知识及应用》，当选为中国质量协会理事，1982年获评高级工程师。

1983年11月，调任贵阳市经委任副主任，主持市经委工作。1985年初，分管全市企业的科技进步、质量管理和市标准计量局、专业化办公室、能源监测站等技术部门工作，先后当选为贵州省质量管理协会副理事长、贵阳市质量管理协会理事长。1989年8月，获国家技术监督局、中国科学技术协会、中华全国总工会、中国质量管理协会“全国质量管理先进工作者”；1992年11月，获环境保护部“城市环境综合治理定量考核先进工作者”。

1993年，调任贵阳市科委主任，起草制定《贵阳市科技进步条例》，先后担任贵州省高级职称机械专业评委会副主任和贵阳市职称改革办公室主任、市中级职称评委会主任，政协贵阳市委员会教科文委员会副主任，贵阳市科技协会第二、三届兼职副主席等职。1997年，获贵阳市政府“贵阳市‘七五’‘八五’期间企业技术进步优秀领导干部”。1998年5月退休。

2002年，景诗鼎当选为贵州省老科协副会长、贵阳市老科技工作者协会会长，完成16个软科学研究课题，创办《贵阳科普》网、《贵州老科技工作者》网，获评中国老科协“全国先进老科学技术工作者”。

王柏林，男，汉族，1937年12月出生于安龙县坡贡，大学本科学历，副研究员，中共党员，曾任中共黔西南州委党史研究室主任。

王柏林自贵阳师范学院毕业后，曾在贵州省普安中学等学校执教。1982年，调黔西南州教育局工作，同年调入中共黔西南州委党史研究室。历任秘书、负责人、州史志办公室副主任、州委党史研究室主任等职。1988年，当选为黔西南州历史学会副会长；1990年起，任贵州省中共党史研究会第二届理事会理事；1992年10月起，任中国近代史史料学会第一、二届理事会理事。

王柏林自1982年从事党史研究工作以来，收集、整理的中共史料文章（不含与他人合作部分），发表在贵州省内外地、州、市级以上和中央党史部门出版的书、报、刊物上81篇共30余万字。主编或参编的中共历史书籍13本、其他书2本，如《红军长征在黔西南》《滇桂黔边区革命根据地》（均为主编）、《中国共产党黔西南州历史（第一卷）》（任执行主编）等。此外，王柏林自1982年至1992年，主编或参编州刊物《黔西南州党史资料》《党史信息》《黔西南史志通讯》计43期。

1985—2000年，王柏林发表史论、政论和工作论文共23篇共10余万字，如《论红八军一纵入黔》获中国近现代史史料学会颁发的优秀奖。

1991年6月27日，王柏林代表贵州省党史系统先进个人到北京出席全国党史工作经验交流会；6月30日，得到中共中央党史研究室表彰为全国党史系统先进个人，并受到党和国家领导人的接见；7月1

日参加了在人民大会堂举行的纪念建党70周年大会。

邱昌珍，女，汉族，1938年11月出生，贵州安龙县人，中共党员，小学文化，原贵阳采石厂下岗工人，现住安龙县洒雨镇场坝村椰树坡村民组。

邱昌珍于1957年经政府人事劳动部门组织招工，被分配到贵阳采石厂任工作员。1958年，任贵阳采石厂“娘子班”班长，在就任“娘子班”班长期间，邱昌珍热心地为全班成员做好排头兵，当班员跟她几天几夜干下来，倒在床上酣睡如泥时，她少不了要给班员那一件件被汗水打湿的衣服洗干净晒好。班里谁家发生困难了，最先把自己的血汗钱献上的是她；某位班员生病了，最先伸出温情的手的人还是她。在她带领下，由15名年轻姑娘组成的“娘子班”，每天采石多达1000方！由于工作突出，1959年，邱昌珍被评为全国劳动模范，出席在北京召开的全国劳模大会，受到毛泽东等党和国家领导的接见。1960年，因国营企业裁员，贵阳采石厂全厂员工下岗，邱昌珍回到安龙县洒雨镇居住。

袁发理，男，汉族，1939年1月出生，贵州省安龙县人，中共党员，曾任安龙县龙广镇卫生院副主任医师。

袁发理毕业于贵阳中医学院，1966年8月参加工作。自参加工作以来，他热爱传统中医学，并积极钻研业务，对患者热情负责诊治，取得了良好的效果，受到广大患者的好评，为安龙县医疗卫生事业做出了积极的贡献。1989年12月，贵州省人民政府授予袁发理贵州省劳动模范；1992年2月，贵州省卫生厅授予其贵州省乡镇卫生院优秀卫生院长称号；1994年4月，贵州省人民政府为表彰袁发理为发展农村卫生事业做出的突出贡献，特决定发给政府特殊津贴并颁发证书。

王大香，女，布依族，1941年10月出生，初小学历，中共党员。

王大香于1959年8月参加工作，长期担任安龙县邮电局话务员。王大香在话务员工作岗位上一干就是30年，每天不停重复着接听、转接电话的工作。在紧张而忙碌的日子里，她热爱本职工作，为自己是邮电通信一名普通话务员而感到自豪。全身心扑到工作中，尽心尽职地干好每一件事，处理好每一个细节，用自己的实际行动践行了“用户在我心中”的铮铮誓言。

王大香始终铭记服务宗旨，以优良的作风和周到的服务向公众展现良好的企业形象。刚参加工作时，为了尽快掌握业务知识，她放弃了所有的节假日，牺牲了与家人、朋友相聚的时间，全面认真地学习各项业务知识。工作中，始终不渝地为用户提供优质服务，兢兢业业的工作态度得到了广大用户的认可。1990年，在通信服务质量大检查中，被评为“通信服务质量先进个人”，1985年、1987年连续两年被黔西南州妇联评为“三八”红旗手，1989年12月被贵州省人民政府表彰为贵州省劳动模范。

罗廷先，男，布依族，1941年8月出生，安龙县人，中共党员，小学文化，曾任中共安龙县新桥镇富新村支部委员会书记。

罗廷先于1958年至1961年在原永和乡罗尔铁厂工作；1961年至1966年在省炸河队工作；1966年至1969年在安顺林业局工作；1972年至1980年在原龙广区永和乡岜皓大队任团支部书记、统计员；1992年起任中共新桥镇富新村中共支部委员会书记，1998年当选为中共安龙县第八届党代会代表。

罗廷先在长期的工作中，兢兢业业，任劳任怨，带领广大农民走出一条属于自己的致富道路。2000年6月贵州省人民政府授予罗廷先贵州省劳动模范。

文志广，男，汉族，生于1942年1月9日，安龙县海子乡沙厂村甘寨组群众。

1958年因建筑需要国家招工，到都匀建筑公司从事建筑工作，4年后请示回家看望父母，然后因家庭情况特殊，留在家中没有回都匀。1965年看到家乡的山林因为大炼钢铁被毁，感到心疼，就着手植树造林，因造林成绩突出，被调到村大队里林场工作，此期间因造林成绩突出，引起省、州领导的重视和当时媒体的关注，曾在州、省的报刊宣传，被邀请参加在兴仁县召开的八县市的林业工作会议，并作经验交流发言。1980年3月参加省政府召开的会议，被授予全省农业劳动模范，并当选为安龙布依族苗族自治县第八届人民代表大会代表。1983年12月被贵州省人民政府授予劳动模范，1991年12月获农民技术员职称。

朱国荣，男，1944年出生于四川省成都市温江区，1966年毕业于西南农学院土壤农化专业，高级农艺师、农技推广研究员，安龙县农学会理事长。

朱国荣自分配到贵州省安龙县农业局工作之后，40年来，坚持在基层、边远少数民族地区长期从事农业技术推广和科学普及工作，以高度的责任心和紧迫感，不辞辛苦，尽职尽责，扎实工作：一是面向农村，面向农民，长期蹲点基层，坚持应用土壤普查成果，改良中低产田土，并组织实施农村增产增收项目，成绩突出；二是自1984年起兼任安龙县农学会理事长，每年培训农业技术人员2万人次以上，并完成10余万字的培训教材；三是致力于农村结构调整，努力培育烤烟支柱产业；四是钻研业务，身在基层搞研究，在农业科技推广的实干中硕果累累。

朱国荣主持的农业科技成果先后获得贵州省优秀科技成果二等奖、省农业丰收二等奖、三等奖，省星火科技三等奖、黔西南州科技进步二等奖等。朱国荣本人先后被评为优秀共产党员、黔西南州优秀科技人才，并获得贵州省政府特殊津贴；2005年10月，中国科学技术协会为表彰朱国荣多年对农村科普工作做出的突出贡献，特授予其为“全国农村科普工作先进个人”。

景凤宣，女，汉族，1954年生于安龙县城广东街人。1980年，景凤宣从贵州师范大学毕业后留校任教。1982年，入吉林大学进修；1995年，获聘为副教授；1996年，入清华大学进修。2003年，调任贵州师范大学网络信息中心副主任；2006年，晋升为教授、硕士生导师。

景凤宣在贵州师范大学从教期间，独立或以第一作者发表论文8篇，与他人合作2篇，其中两篇载于核心期刊；主编高校教材两部。先后参加贵州省科技厅立项“IPV6互联网络TCP/IP安全性研究”“贵州师范大学下一代互联网示范工程CNGI驻地网建设”“贵州省网上阅卷应用系统”等课题研究，承担“编译原理”“数据结构”“数据库原理及应用”“高级语言程序设计”“面向对象语言程序设计”“软件工程”等课程主讲和实验指导；主持《计算机应用基础》精品课程，获评为贵州师范大学和贵州省省级精品课程。2006年，景凤宣获评贵州师范大学优秀管理工作者。

袁朝品，男，汉族，1951年2月出生，安龙县新安镇巧洞村金碑人，大学文化，中共党员，副师级(技术七级)副主任医师。

1969年2月，袁朝品应征入伍，在中国人民解放军昆明军区总医院服役，先后任战士、副班长。1970年1月5日凌晨，云南省通海地区发生7.1级大地震，袁朝品当晚值守医院总机，协助首长、机关上情下达，组建医疗队2支共200余人。第二天一早作为医院首长警卫员，随医疗队赴灾区进行抗震救灾工作，途中遇塌方道路中断，与大家一起身背肩扛医疗物资赴重灾区。昆明军区总医院在震区有3支医疗队近300人，袁朝品随院首长在灾区巡视、检查、慰问1个月。1971年秋，袁朝品从机关通讯班下放到比较艰苦的锅炉班任副班长；1972年年初，全国高校恢复统一招生，经群众推荐、领导审核，朝品通过有关部门考试，于当年5月入长春吉林医科大学放射医学系学习。1975年12月，袁朝品毕业后回昆明军区总医院任放射科军医。1982年，昆明军区总医院政治部授予朝品"先进共产党员"称号。1983年9月，袁朝品进入第3军医大学放射诊断专修班学习，获优秀学员；1985年1月，朝品毕业后仍回昆明军区总医院放射科工作。1985年，昆明军区并入成都军区后，昆明军区总医院改称成都军区昆明总医院，袁朝品在院服役至副师职（技术七级）副主任医师退休。袁朝品从医40多年，先后在大军区、省级以上专业会议、刊物上发表、交流、刊登论文20余篇。在数十年的从军、从医生涯中，袁朝品多次受到院级（师职）嘉奖。家乡的父老乡亲，先后到医院找袁朝品看病或帮助看病治疗有1000余人次，袁朝品均给予了力所能及的帮助，在家乡有较好的口碑。

杨兴国，1954年12月生，安龙县新安镇关桥村三洞桥人，大学文化，1980年3月加入中国共产党，正师职高级工程师。

杨兴国于1975年9月考入北京大学物理系，1979年元月毕业分配到中国人民解放军国防科工委某基地警卫团第6连任排长。1980年3月任第二炮兵某基地技术研究室副连职技术员。1985年7月起，先后任第二炮兵驻国营3401厂军事代表室正连、副营、正营、副团职军事代表。1995年12月起，先后任第二炮兵驻国营3401厂军事代表室正团、副师、正师职高级工程师。

杨兴国于1989年至2004年荣立三等功5次。2004年获第二炮兵武器装备管理先进个人。2005年获全军高科技人才奖励，2006年获全军武器装备管理先进个人荣誉称号。

龙　刚，男，苗族，1955年5月生，安龙县龙广人，1985年4月加入中国共产党，1982年1月参加工作，贵州民族学院政治系政治理论专业毕业，大学学历。历任黔西南州民委工作员，州委统战部工作员，团州委副部长，州民委副科长、科长。

1987年10月，当选为安龙县政府副县长；1992年2月，任中共县委副书记、县政府副县长；1990年1月，代理县政府县长；1990年9月，在县十一届人民代表大会上当选安龙县政府县长。1992年8月后，先后担任中共兴仁县委书记（挂任北京市平谷县县长助理），州委常委、政法委书记，州公安局党委书记、局长，州委副书记，州人大常委会主任、党组书记，省十一届人大常委会委员、民族宗教侨务委员会委员，十一届全国人大常委会委员、民族委员会委员。

2012年2月13日，当选中国人民政治协商会议第七届黔西南布依族苗族自治州委员会主席。

薛朝宾，1956年出生，安龙县新安镇关桥村人，布依族，大学文化，1978年10月加入中国共产党，大校军衔。

薛朝宾于1976年2月参加中国人民解放军，在某军某师炮兵团2营部当战士。1978年10月起，先后任某集团军某师炮兵团2营6连排长、3营8连连长、团司令部侦察股参谋、2营营长。1983年3月至10月到中国人民解放军宣化炮兵指挥学院学习。1984年10月，任第14军42师124团3营营长。1985年11月任某集团军第某师司令部炮兵指挥部正营职参谋。1987年5月起，先后任兴义陆军预备役步兵师炮兵团第2营营长、团参谋长、团长。1999年1月任贵州陆军预备役步兵师炮兵团团长。2000年10月任贵州省水城军分区参谋长。2003年12月任贵州省贵阳警备区参谋长。2006年9月至10月到中国人民解放军南京陆军指挥学院陆军战役指挥专业培训。2007年8月任贵州省毕节军分区司令员。

薛朝宾于1979年至2003年荣立三等功3次。1997年7月被国家民政部、总政治部表彰为"拥政爱民模范个人”。2000年1月被成都军区表彰为“优秀旅团主官”。

林嘉龙，男，汉族，1956年4月生，安龙县人，1974年9月参加工作，中央党校党政管理专业毕业，中央党校大学学历。

历任兴义地区新桥茶场知青，安龙县农机厂工人、农机管理站工作员、农机监理站监理员、站长、副主任科员，农业机械局局长，农业局副局长，农业机械管理局局长，副县长，黔西南州工商业联合会(商会)会长、主席，州政协副主席、州残疾人联合会副主席。

2012年2月13日，林嘉龙当选中国人民政治协商会议第七届黔西南布依族苗族自治州委员会副主席。

贺登祥，男，布依族，1958年12月生，安龙县人，1985年12月加入中国共产党，1979年8月参加工作，贵州教育学院中文系汉语言文学专业毕业，大学学历。历任安龙县中学教师，县委办秘书，龙山区副区长，县委办副主任，兴隆区委副书记、区长、书记，县委书记助理，副县长，县委常委、副县长(期间曾挂任浙江省宁波市象山县县长助理)，县委副书记、代理县长、县长，贞丰县委书记，黔西南州委常委、副州长(期间曾挂任国家烟草局中国烟叶公司副总经理)，副州长、党组成员。

2012年2月14日，贺登祥当选黔西南布依族苗族自治州第七届人民代表大会常务委员会主任。

李佑文，1962年8月出生，安龙县人，初中文化，曾任安龙县公路管理段兴隆养护站站长。

2008年1月24日下午5时至2月1日凌晨，李佑文率全站职工连续奋战在兴隆养护站管护的313省道25千米战线上，克服低温、冻伤、滑倒受伤，甚至可能会滑下山坡的危险，他不畏艰险始终坚持在公路线上砍伐倾倒、断裂的竹木，一铲一铲地向结冰的公路上铺洒防滑砂。终于将313省道兴隆段全线疏通。

2008年4月，中共贵州省委、贵州省人民政府给予李佑文“记一等功”1次。

王应政，汉族，中共党员，安龙县龙广人。

1977年7月，王应政在安龙县龙广公社塘坊大队当知青；1978年3月，考入贵州大学历史系。1981年12月，王应政从贵州大学毕业后分配到中共黔西南州委党校任教员；1982年12月，调任中共黔西南州委办公室秘书科科长；1988年2月，调任贵州省政府办公厅工作；1991年3月，任贵州省政府办公厅人事处处长；1995年8月，任中共贵州省人民政府办公厅党组成员、机关党委书记；1996年12月，任贵州省安顺地区行署副专员兼黄果树风景区工委书记、管委会主任；2000年12月，任贵州省安顺市人民政府副市长兼黄果树风景区工委书记、管委会主任;2001年10月，任贵州省移民办公室副主任；2004年6月，任贵州省移民办公室主任；2006年9月，任中共贵州省移民办公室党组书记、省移民办公室主任；2009年5月，任中共贵州省水利水电工程移民局党组书记、省水利水电工程移民局局长。

桑维亮，男，汉族，1962年12月出生，安龙县城人，1984年7月参加工作，1992年12月加入中国共产党，大学学历。

桑维亮于1980年10月进入贵州农学院农机系农业机械化专业学习，1984年7月从学校毕业后任黔西南州农机管理站干部，1986年1月参加黔西南州直赴册亨县巧马区巴金乡扶贫工作队，挂职巴金乡乡长助理；1987年8月至1996年10月，先后任黔西南州工业局机械科副科长、生产科科长；1996年10月，任黔西南州农机局生产科科长。其间，1996年4月至1997年11月，挂职担任贵州省普安县科技副县长。1997年11月，任中共普安县委常委、县政府副县长；2001年11月，任中共普安县委副书记、县政府副县长。2002年8月，调任中共黔西南州纪委副书记、州监察局局长。2006年6月，在担任中共黔西南州纪委副书记、州监察局局长的同时，兼任中共贵州省兴仁县委书记；9月，不再担任中共黔西南州纪委副书记、州监察局局长，任中共兴仁县委书记。2011年2月，任中共黔西南州委常委、兴仁县委书记；2011年4月，调任中共黔西南州委常委、兴义市委书记。

胡　俊，男，汉族，1964年11月出生，中共党员，大专文化，1982年10月参加工作，曾任安龙供电局线路工区主任。

胡俊从事线路工区工作以来，迎难而上，以工作为重，考虑到工作的重要却未在家休养而坚持工作，总是处处以身作则，身先士卒。2005年，在胡俊的带领下，经过全工区职工的共同努力，完成35千伏输电线路巡线1121.72千米，架设10千伏线路共34.05千米，安装变压器共102台，共计13475千伏安。架设400千伏线路共16.20千米，35千伏线路架设3.2千米，为安龙供电局创造了可观的效益，被贵州省人民政府表彰为省级劳动模范。

周小菊，女，汉族，1964年12月出生于贵州省安龙县北大街，中国民主建国会会员。

周小菊自幼随父周辛甫（贵州省武术协会原副主席）习武，精通枪、鞭、棍、刀、剑、拳、拐、行剑、行刀及对练，同时也习练了戟、铲、镗、月等多种器械，具有良好的武德修养、品德修养。1987年应省体委邀请，进入贵州省武术比赛裁判工作。据统计，1999—2012年，周小菊先后担任全国、国际重大武术比赛裁判、裁判长、领队共50余次。

周小菊习武40年，荣获中国武术七段、国家级裁判，1994年以父亲周辛甫之名在贵州省贵阳市创办兴甫武术学校，学校在国际、全国、省市各类武术大赛共获金牌445块、银牌256块、铜牌176块。2010年10月，周小菊获第二届黄炎培职业教育奖、优秀校长奖，为贵州省迄今唯一获此殊荣的人。周小菊还先后担任贵州省武术协会副主席、贵阳市武术协会副主席、中国武术七段位，中国国家级武术裁判、贵阳市南明区第七届、八届政协委员。

钟远达，男，1965年2月出生，安龙县人，大学本科学历，安龙一中物理教师，贵州省课程改革研究中心兼职教研员，中国物理学会会员、黔西南州物理学会理事。

钟远达自1985年到安龙一中任教以来，长期在第一线工作，为高三把关教师，担任三至四个班高中物理课的教学任务，跨年级上课，同时担任班主任、物理教研组组长、科教组组长、黔西南州兼职教研员，从不迟到、旷课，无病事假，长年坚持早上七点到校，年年出满勤，平均课时达省文件规定的2倍以上。1995—2007年，连续13年年度考核优秀。

1998年1月，钟远达被聘为黔西南州中学物理兼职教研员；10月，指导学生参加全国第十四届中学生物理竞赛，获优秀指导老师奖；2000年6月，《浅谈有效数字的计算》在第三届全国中学物理教研论文评选中获一等奖；9月，获贵州省第四届中学物理青年教师教学大赛高中组一等奖；2001年7月，所任班主任的高三（2）班在高考中，大专以上录取率100%；9月，中华人民共和国人事部、教育部授予其“全国模范教师”，获得全国模范教师奖章，同时被中国物理学会吸收为会员；2002年4月，《浅谈班级心理教育的原则》《浅议班级突发事件的学生心理原因》在中央教科所德育研究中心贵州实验区年会上获一等奖；9月，《海王星是如何被发现的》在第五届全国中学物理教研论文评选中获二等奖；11月，《浅谈中学物理教学中创新能力的提高》在黔西南州物理教学研究会上评为一等奖；2008 年 7 月，被贵州省教育厅聘为课程改革研究中心兼职教研员。

杨光合，男，苗族，1975 年出生于安龙县戈塘镇纳利村。

1993 年，杨光合初中毕业后，因家境贫困辍学到广东打工，进入“新大陆歌舞艺术团”。在歌舞团里，杨光合模仿学会“蛇钻七窍”技艺。此后，杨光合回到家乡安龙，招收人员 8 人，成立苗族歌舞艺术杂技团，精心排练杂技和舞蹈。3 个月后，在安龙、兴仁、贞丰、兴义等县市义务巡回宣传演出。后，杂技团又到浙江温州等地巡回演出。1997 年 9 月，因演出收入过低，入不敷出，杂技团被迫解散。杨光合又开始了打工生涯。打工之余，杨光合买来许多杂技大师的光盘，边看边模仿，结合苗族上刀山、下火海等传统绝技，边学边改进、创新、超越，先后练就了“眼皮拉车”“舌头停电扇”“八马分尸”“耳朵拔河”“吃火吐火”“火笼逃生”等 30 余种绝技，同时还学会了“大变活人”“神仙脱绳”“变脸”等 40 余种魔术。

2000 年，杨光合再次回到家乡安龙，准备重组杂技团，但因人才流失而落空。他不得不再次独自离开家乡，四处辗转演出。凭借一身过人的绝技，很快引起新闻媒体和社会文化界关注。当年，他应邀到台湾进行为期 10 余天的表演，被台湾纬来电视台《哪有这种人》栏目制成 12 集电视节目，台湾媒体称其为“全方位的奇人”。

2004 年，杨光合参加在成都举办的中国首届民间艺术百绝群英会，以“五绝合一”荣获“全国民间艺术百绝精英会”金奖，并入选《中华绝技人才库》。2005 年底，江苏卫视举办“激情 60 秒”节目，杨光合凭借过人的绝技和精彩表演荣获冠军，并被载入《吉尼斯纪录大全》。2006 年 3 月，湖南卫视推出“谁是英雄”栏目，举办全国奇人绝技大赛，杨光合获评“中国十大奇人”称号。

随后，杨光合的事迹被中央电视台、香港凤凰卫视中文台、《南方日报》、《华西都市报》等众多媒体报道。2007 年 9 月 15 日，中央电视台第七套节目《乡约》栏目在安龙县拍摄了《杨光合专辑》，影片播出后杨光合被全国观众称为“苗族绝技王子”。是年 11 月 29 日，杨光合被评为“贵州省十大杰出农民工”。

四、人物名录

（一）革命烈士英名录

姓名	性别	出生年月	籍贯	参加革命时间	牺牲时间	牺牲地点	所在单位	牺牲时职务
岑华刚	男	1929	安龙永和	1949	1949	安龙龙广	游击队	队员（1987 年追认）
王道佐	男		安龙龙广	1949	1949	兴仁屯桥	游击队	队员（1987 年追认）
王安民	男		安龙龙广		1949	安龙龙广	游击队	队员
韦阿金	男		安龙龙广		1949	安龙龙广	游击队	队员
倪金荣	男	1914	册亨	1949	1950	册亨尾力	民卫队	战士（1984 年追认）
陈华锋	男		安龙洒雨	1933	1950	册亨	解放投诚人员	战士（1984 年追认）
刘德明	男		安龙洒雨		1950	安龙洒雨	征粮队	队员（2004 年追认）
韦文伟	男		安龙新安		1950	安龙新安法统	征粮队	队员
贺圣希	男	1916	安龙梨树	1950	1950	安龙笃山	笃山民兵	民兵

续表

姓名	性别	出生年月	籍贯	参加革命时间	牺牲时间	牺牲地点	所在单位	牺牲时职务
张系林	男		安龙海子乡	1951	1952	广西苗冲	洒雨民兵连	民兵
蔡子明	男		安龙新安	1944	1952	广西玉林	广西玉林部队班长	战士
杨圣芳	男	1964	安龙德卧	1980	1984	云南老山	35252 部队	班长
王学志	男		安龙梨树	1983	1984	云南老山	解放军总政治处	战士
李学书	男		安龙新桥	1982	1984	云南老山	35225 部队	副班长
邹远信	男	1962	安龙新安	1981	1984	云南	35252 部队	战士
韦明建	男	1970	安龙德卧	1987	1987	云南老山	35550 部队	战士
黄良学	男	1967	安龙新安	1987	1989	云南老山	35550 部队	下士
王登进	男		安龙钱相	1999	1999	安龙龙山	龙山派出所	见习民警

说明：上表烈士名录包含前志补遗 16 名

(二)1989—2012 年安龙县获省部级以上表彰人员名录

姓名	性别	族别	出生地	出生年月	任职单位及职务	授奖单位	奖励名称	获奖时间
丁洪军	男	汉族	江苏省泰州市	1958.12	安龙县水利局办公室主任	中华人民共和国水利部	全国水利系统宣传工作先进个人	2006.9
王　敏	女	汉族	安龙县兴隆镇	1981	安龙县平乐乡党政办公室	国务院第二次农业普查办公室、国家统计局	第二次全国农业普查先进个人	2006.12
王大芬	女	冇依族	安龙县龙广镇小场坝	1956.8	安龙县龙广小学副校长	中华全国总工会	全国优秀工会积极分子	1993.10
王大香	女	布依族	安龙县	1941.10	安龙县邮电局职工	贵州省人民政府	贵州省劳动模范	1989.12
王子相	男	布依族	安龙县	1956	安龙县统计局	国家级综合部门第三产业普查先进工作者	国务院第三产业普查协调小组	1994.12
						全国第一次农业普查国家级先进个人	全国农业普查办公室	1998.12
王仲贤	男	布依族	安龙县龙广镇纳桃村	1940.11	安龙县龙广镇纳桃村小学教师	全国计划生育协会	全国计划生育先进志愿者	2005.12
王丽萍	女	汉族	安龙县	1963.4	安龙公路管理段段长	贵州省人民政府	2000 年全省 3000 公里公路改造“公路建设标兵”	2001.2

续表

姓名	性别	族别	出生地	出生年月	任职单位及职务	授奖单位	奖励名称	获奖时间
王国刚	男	布依族	安龙县	1954.4	安龙县工商行政管理局	国家工商局	全国工商行政管理系统先进工作者	1987.4
						国家经贸委、国家工商局、国家技监局	全国集中打击生产和经销假冒伪劣商品违法行为活动嘉奖	1995.8
						国家工商局	1998年至1999年粮食市场监督管理工作先进个人	1999.12
王秉同	男	布依族	安龙县	1964.5	安龙县工商局	国家工商总局	全国优秀工商管理人员	2008.9
王显烈	男	侗族		1950	安龙县国土资源局局长	国家土地局	县级土地利用现状调查工作三等奖	1995.5
						贵州省人民政府	全省非农业建设用地大清查先进个人	1998.12
						中华人民共和国国土资源部	全国国土资源管理系统1996—2000年法制宣传先进个人	2001.2
王登进	男	汉族	安龙县钱相乡	1977	安龙县公安局龙山派出所见习民警	中华人民共和国公安部	全国公安系统二级英雄模范	2000.4.3
						贵州省人民政府	革命烈士	2004.9
车远贵	男	彝族	安龙县	1969.11	新桥镇安监站站长	国家计划生育委员会	计划生育法制宣传先进个人	2003.9
韦　莉	女	布依族	安龙县兴隆镇	1976	安龙县笃山乡农业服务中心	国务院第二次农业普查办公室、国家统计局	第二次全国农业普查先进个人	2006.12
韦必优	女	布依族	安龙县坡脚乡团结村	1954	安龙县坡脚乡三塘村党支部书记	中华全国妇女联合会等	在全国“双学双比”活动中，获全国“三八绿色奖章”	2004.4
韦克凡	男	布依族	安龙县新安镇幺塘	1962	中共安龙县委政法委副书记	中央社会治安综合治理委员会、人事部	全国社会治安综合治理先进工作者	2001.8
韦朝元	男	布依族	安龙县	1950	安龙县平乐乡联合小学教师	中共贵州省委、省人民政府	边远山区优秀教师	2005.9
刘光书	男	布依族	安龙县	1970.12	安龙一中教务主任	中华人民共和国教育部	全国优秀教师	2001.9
刘兴吉	男	汉族	安龙县	1965.9	中共安龙县委常委、德卧镇党委书记	中华人民共和国建设部	全国村镇建设先进工作者	1997
刘启宽	男	汉族	安龙县海子乡石垭口村	1956.8	安龙县海子乡水井湾村小学教师	教育部、中华慈善总会	第一届“烛光奖”	1999.9.1

续表

姓名	性别	族别	出生地	出生年月	任职单位及职务	授奖单位	奖励名称	获奖时间
刘春芳	女	布依族	安龙县	1972.8	安龙二中教师	中华人民共和国教育部	全国优秀教师	2004
刘洪国	男	土家族	安龙县	1953.9	安龙县畜牧局局长	中华人民共和国农业部	重点调查工作先进个人	1989
向正辉	男	汉族	安龙县		安龙县水利局工程师	贵州省人民政府	全省农田水利基本建设先进工作者	1997.10
孙贞玉	女	回族	贵州省册亨县	1955.10	安龙县兴隆镇中心小学教师	中华全国妇女联合会	全国“三八”红旗手	1992
朱国荣	男	汉族	四川省成都市温江区	1944	安龙县农业局局长	中国科学技术协会	全国农村科普先进个人	2005.10
何　强	男	汉族	安龙县	1953.11	安龙县疾病预防控制中心主任	全国爱国卫生运动委员会	全国爱国卫生运动先进工作者	2002.12
何文奎	男	布依族	安龙县木咱镇	1964	安龙县木咱镇官屯村农民	贵州省人民政府	贵州省劳动模范	1995.12
何保成	男	汉族	贵州省大方县	1932.12	政协安龙县委员会副主席		国务院特殊津贴	1993.10
吴贵森	男	彝族	安龙县	1973.5	安龙县公安局副局长		贵州省十大杰出青年	2002
						中华人民共和国公安部	全国优秀人民警察	2003.06
						贵州省总工会	贵州省先进工作者	2005.04
吴富豪	男	汉族	安龙县	1937.5	安龙县笃山乡小学校长	国家教育委员会、人事部、中国教育工会全国委员会	全国优秀教师	1989.09
张广生	男	汉族	安龙县	1964.10	安龙县教育局副局长	中共贵州省委、省人民政府	“两基”攻坚先进个人	2006.04
张永荣	男	汉族	安龙县	1946.5	安龙县卫生防疫站副站长	卫生部、国家经贸委、农业部、水利部	全国地方病防治工作先进个人	2002.09
张和兴	男	汉族	安龙县	1967	安龙县国土资源局	国家土地管理局	县级土地现状调查工作三等奖	1995.5
张显伦	男	汉族	安龙县兴隆镇	1937.10	兴隆区公所副区长	国务院第四次全国人口普查领导小组	人口普查工作先进个人	1990.12
李乃会	女	布依族	安龙县坡脚乡三塘村	1966	新安镇计划生育服务站站长	国家计划生育委员会	全国乡（镇）、街道优秀计划生育工作者	2000.9
李佑文	男	汉族	安龙县	1962.8	安龙公路管理段兴隆养护站站长	中共贵州省委、省人民政府	抗灾救灾一等功	2008.4
						交通运输部、中国海员建设工会	全国公路系统模范养路工	2011.10

续表

姓名	性别	族别	出生地	出生年月	任职单位及职务	授奖单位	奖励名称	获奖时间
李昌国	男	苗族	安龙县木咱镇	1942	安龙县木咱镇新佳村农民	贵州省人民政府	贵州省劳动模范	1989.12
李明权	男	汉族	安龙县	1956	安龙县钱相乡人民政府	贵州省人民政府、省军区	扶贫工作先进个人	1998.9
李祥刚	男		安龙县龙广镇坡关村	1955.7	安龙县龙广镇人民武装部部长	中共贵州省委	1995—1997年农村基层组织建设工作“优秀驻村工作队员”	1998.3
李碧波	男	汉族	安龙县龙广镇	1968.8	安龙县龙广镇狮子山村农民	中共贵州省委、省人民政府	拔尖乡土人才	2006
							全国农村优秀人才	2008.11
							第四届全国自强模范	2009.7
李德辉	男	汉族	安龙县	1952.10	安龙县人大常委会正科级干部	贵州省人民政府	1997—1998年冬春农田水利基本先进工作者	1998
杜龙宪	男	汉族	安龙县	1942	安龙县第一中学教师	国家教育委员会、人事部	全国优秀教师	1995.9
杨仕勇	男	汉族	安龙县	1956	安龙县国土资源局	国家土地管理局	县级土地现状调查工作三等奖	1995.5
杨秀立	男	汉族	安龙县笃山乡	1959.8	安龙县笃山乡人民代表大会主席	国务院第四次人口普查领导小组	人口普查先进个人	1990.12
汪法鉴	男	汉族	安龙县	1957.5	安龙县气象局局长	贵州省人民政府	全省气象工作先进个人	1999.3.26
肖　飞	男	汉族	安龙县	1962.8	安龙县工商局	国家工商总局	红盾护农先进个人	2005.12
苏文义	男	布依族		1951	安龙县疗养院	卫生部、公安部、教育部、国家广电总局	全国预防和控制艾滋病先进工作者	1999.10
邹诗学	男	汉族			政协安龙县委员会副主席	中国科学技术协会	全国农村科普工作先进工作者	1995.8
						科技部、中国科学院、中国科学技术协会	科技扶贫先进个人	2000.12
						中国科学技术协会	中国科学技术协会先进工作者	2001.5

续表

姓名	性别	族别	出生地	出生年月	任职单位及职务	授奖单位	奖励名称	获奖时间
邹泰礼	男	汉族	重庆市江津县	1940.8	黔西南州安龙疗养院副院长	中国科学技术协会	全国优秀科技工作者	2001.5
						21世纪第二届国际医学大会（泰国曼谷）	国际医学特殊成就金像金奖	2002.6
陈芝权	男				安龙县国土资源局	国家土地管理局	县级土地现状调查工作三等奖	1995.5
周云兴	男	布依族	安龙县	1954.6	安龙县邮政局局长	中共贵州省委	全省优秀驻村工作队员	1997
周国清	男	汉族	安龙县	1941	安龙县水利局	贵州省人民政府	科技兴农突出奖	1992.12
易奎香	女	汉族	四川秀山	1965.6	县文物管理所所长	国务院第三次全国文物普查领导小组	第三次全国文物普查实地调查阶段突出贡献个人奖	2010.6.12
罗文才	男	布依族	安龙县	1956.2	安龙县教育局业务股长	中共贵州省委、省人民政府	全省“两基”攻坚先进个人	2006.4
罗廷先	男	布依族	安龙县	1941.8	新桥镇富新村支书	贵州省人民政府	贵州省劳动模范	2000.6
罗春红	女	布依族	安龙县	1967	安龙县第一中学教师	国家教育委员会、人事部、中国教育工会全国委员会、财政部	全国优秀教师	1989.9
罗祥会	女	布依族	安龙县	1974.7	新桥镇阿科村支书	中华全国妇女联合会	全国妇女“双学双比”女能手	2008.3
姜民芳	女	汉族	安龙县	1964.1	安龙县工商行政管理局	国家工商局	全国优秀工商管理人员	2000.12
						贵州省总工会	省五一劳动奖章	2003.4
						国家工商总局	全国优秀工商管理人员	2004.12
胡　俊	男	汉族	安龙县	1964.11	安龙县供电局线路工区主任	贵州省人民政府	贵州省劳动模范	2005
胡世全	男	汉族	安龙县	1935.2	安龙一中数学高级教师	国家教育委员会、人事部、中国教育工会全国委员会	全国优秀教师	1989.9
胡荣鑫	男	汉族	安龙县	1964	安龙县水电局局长	贵州省人民政府	全省农田水利基本建设先进工作者	2000.10
					安龙县安全生产监督管理局局长	国家安全生产监督管理总局	安全生产监管、煤矿安全监察工作先进个人	2007.11
贺吉远	男	布依族	安龙县龙广镇佳皂村	1956.10	安龙县龙广小学保健医生	中华人民共和国教育部、国家体育总局	全国学校体育卫生工作先进个人	1999.10

续表

姓名	性别	族别	出生地	出生年月	任职单位及职务	授奖单位	奖励名称	获奖时间
贺春秀	女	汉族	安龙县	1964.3	中共安龙县委常委、县公安局政委、县委宣传部部长	中华全国妇女联合会	全国“三八”红旗手	2005
贺恩林	男	布依族	安龙县	1965.5	安龙县平乐乡党委副书记	中国人民解放军贵州省军区	参建高等级汽车专用公路中，评为“优秀指导员”	1996
赵大璋	男	汉族	安龙县	1955	安龙县国土资源局	国家土地管理局	县级土地现状调查工作三等奖	1995.5
赵立荣	男	汉族		1951	安龙县疗养院职工	卫生部、人事部、国家中医药管理局	全国卫生系统先进工作者	1999.12
赵兴华	男	汉族	安龙县	1957	安龙县农机局农机管理站站长	中华人民共和国农业部	全国农业技术推广先进工作者	1999.12
钟先伍	男	汉族	安龙县	1965	共青团安龙县委	共青团中央、全国绿化委员会、林业部	全国青少年绿化先进个人	1996.5
钟志苏	男	壮族	广西扶绥县扶南乡长沙村	1945.4	安龙县人大常委会法律工作委员会主任	中共贵州省委、省人民政府	1990年度“严打”斗争先进工作者	1991.4
钟远达	男		安龙县	1965.2	安龙一中物理教师	人事部、教育部	全国模范教师	2001.9
唐素炎	男	汉族	安龙县新安镇大坪村	1970.9	安龙县统计局	国家统计局	第二次全国农业普查先进个人	2008.4
袁发理	男	汉族	安龙县	1939.1	安龙县龙广镇卫生院副主任医师	贵州省人民政府	贵州省劳动模范	1989.12
						贵州省人民政府	省政府特殊津贴获得者	1994.4
高武国	男	汉族	安龙县	1969.11	安龙县德卧中学校长	贵州省总工会	贵州省五一劳动奖章	2007
符治龙	男	汉族	安龙县	1963	安龙县国土资源局局长	中华人民共和国铁道部	南昆铁路建设先进个人	1997.3

续表

姓名	性别	族别	出生地	出生年月	任职单位及职务	授奖单位	奖励名称	获奖时间
萧清海	男	汉族	安龙县	1947.5	安龙县统计局局长	国家统计局	全国统计系统先进工作者	1992.8
						第三次全国工业普查办公室	第三次工业普查先进工作者	1996.12
						第一次全国基本单位普查办公室	第一次全国基本单位普查全国先进个人	1997.9
						全国农业普查办公室	第一次全国农业普查国家级先进个人	1998.12
黄忠全	男	汉族	安龙县新安镇西河村	1952.8	安龙一中体育教师	国家体委、国家教委	全国施行《国家体育锻炼标准》先进工作者	1989.11
						国家体育总局、教育部	1997 年度全国体育传统项目学校先进工作者	1998.4
黄明翔	男	布依族	安龙县	1965.1	安龙县质量技术监督局副局长	贵州省人民政府	1999 年人民满意公务员	2000.1.17
黄朝文	男	布依族	安龙县新安镇	1960.6	中共安龙县委常委、县政府常务副县长	国务院第二次农业普查办公室、国家统计局	第二次全国农业普查先进个人	2008
黄德敏	女	布依族	安龙县	1985.5	安龙县平乐乡龙蛇小学教师	中华人民共和国教育部	全国优秀教师	2007
曾仕凯	男	彝族	安龙县	1953.5	安龙县海子乡田马小学教师	中共贵州省委、贵州省人民政府	全省边远山区优秀教师	2002.5
曾令福	男	汉族	安龙县	1950.12	中共安龙县委离退休干部工作局局长	中共中央组织部、中华人民共和国人事部	全国先进老干部先进工作者	2006.10
游所能	男	壮族	四川省安岳县	1952.10	安龙县教育局	国家教育委员会、人事部	全国优秀教师	1991.10
韩天雨	男	汉族	安龙县	1946	安龙县国土资源局	国家土地管理局	县级土地现状调查工作三等奖	1995.5
詹宽文	男	汉族	安龙县	1961.3	安龙县畜牧局兽医防治检疫站站长	中华人民共和国农业部	全国基层畜牧三站先进个人	1992
						中华人民共和国农业部	全国农业技术推广先进工作者	1999.12

续表

姓名	性别	族别	出生地	出生年月	任职单位及职务	授奖单位	奖励名称	获奖时间
雷忠明	男	汉族	安龙县	1959.11	安龙县安全生产监督管理局副局长	贵州省人民政府	全省安全生产系统先进工作者	1996.12
						贵州省人民政府	全省安全生产系统先进工作者	1998.12
						贵州省人民政府	全省安全生产系统先进工作者	2004.12
						国家安全生产监督管理总局	全国安全生产系统先进工作者	2009.12
薛　美	女	汉族	安龙县	1983.8	安龙县龙山镇场坝村“一村一名大学生”	国务院第二次农业普查办公室、国家统计局	第二次全国农业普查先进个人	2008
戴芝元	男	布依族	安龙县	1973.4	安龙县水利局抗旱排涝服务队队长	贵州省人民政府	“十五”期间全省水利系统先进工作者	2006.4

附 录

一、重要文件选录

中共安龙县委 安龙县人民政府
关于大力实施城镇化带动战略，加快推进城乡一体化进程的意见

（2010年11月23日中共安龙县委十届八次全体会议通过）

城市是现代文明的标志，是经济、政治、文化、教育、科技的中心，是集聚人气、带动产业、引领发展的龙头和核心。实施城镇化带动战略，推进城乡一体化，是保障和改善民生的内在需求，是实现经济社会又好又快、更好更快发展的战略选择，是全面建设小康社会的迫切需要，是实现现代化的重要载体和助推器，加快推进城镇化进程对推动经济社会发展具有十分重要的意义。为认真贯彻落实省委、省政府实施城镇化带动战略的重大决策部署和《中共黔西南州委黔西南州人民政府关于加快城镇化进程促进城乡协调发展的实施意见》(州党发〔2010〕14号）精神，加快我县城镇化进程，促进城乡协调发展，结合实际，提出如下意见。

一、指导思想

以邓小平理论和“三个代表”重要思想为指导，以科学发展观为统领，深入实施西部大开发战略，紧紧围绕全面建设小康社会的总体目标，认真贯彻落实党的十七届五中全会、省委十届九次、十次全会和州委五届十四次全会精神，高举发展、团结、奋斗的旗帜，统一思想、集中心思、凝集力量，遵循城镇化发展规律，大力实施工业强县和城镇化带动战略，以产业为支撑，着力抓好城镇规划，加快城镇基础设施建设，建立健全人社会保障体系，强化城镇管理，全力打造“南明之都，荷香之城”的城市品牌，以城带乡、城乡统筹、共同繁荣，促进全县经济社会又好又快、更好更快发展。

二、基本原则

——规划先行。坚持以规划统揽城乡建设，严格按规划实施，增强规划的权威性和严肃性，发挥规划对城乡建设的调控作用和产业布局的指导作用。

——产业支撑。把产业发展放在推进城镇化更加突出的位置，把推进新型工业化、农业产业化、物流现代化、旅游市场化与推进城镇化有机结合起来，一起规划，一并建设，实现良性互动发展，增加城镇就业岗位，促进农村人口向城镇转移。

——政府主导、市场运作。建立完善政府主导、市场运作机制，充分发挥市场配置资源的作用，积

极探索多元化投入机制，形成城镇建设强大合力。

——*重点突破*。把县城作为城镇化建设的重中之重，集中人力、物力和财力进行建设。对区位有优势、产业有特色、发展有潜力的乡镇，重点扶持，重点打造，以点带面，点面结合，推进小城镇全面发展。

——*保护与开发并举*。在加快推进城镇化进程中，坚持在保护中开发，在开发中保护，必须对历史文化和文物进行保护，体现安龙历史文化特色。

——*城乡统筹*。全力推进县城建设的同时，统筹抓好小城镇　建设社会主义新农村建设，以城带乡，以乡促城，加快推进城乡一体化进程。

三、总体目标

“十二五”期间，城镇化率每年提高2个百分点以上，到“十二五”期末达到40%，到2020年力争达到55%以上。城镇总人口“十二五”期末达到20万人左右，2020年达到30万人左右。加快推进城镇基础设施建设，逐步完善城市功能，公共服务水平明显提高，人均道路面积“十二五”期末达到10平方米，2020年达到12平方米。城区绿地覆盖率“十二五”期末达到32%，2020年达到36%。城镇供水普及率“十二五”期末达到95%，2020年达到100%。污水处理率“十二五”期末达到90%以上，2020年达到95%以上。城镇生活污水再生利用率“十二五”期末达到25%以上，2020年达到35%以上。县城生活垃圾无害化处理率“十二五”期末达到90%，2020年达到95%以上。城镇人均住房建筑面积“十二五”期末达到28平方米，2020年基本解决城镇低收入家庭的住房问题。文化、体育、娱乐、社会保障、社会服务等公共服务设施和功能基本完善、“十二五”期间实现“撤县设市”目标，力争将安龙升格为国家级历史文化名城。

四、工作措施

当前和今后一个时期，我县城镇化建设重点以县城建设为中心，以“撤乡设镇”“撤镇设办”为抓手，以“撤县设市”为目标，加强城镇基础设施及公共服务设施建设，积极打造“南明之都，荷香之城”的城市品牌。

（一）科学规划，突出特色

按照“撤县设市”目标，加快县城总体规划修编，加快乡镇总规编制和村级规划编制。加大城镇控制性详细规划编制力度，完善县城老城区道路和古街、古巷、招堤核心景区修建性详细规划。启动以县城为中心，以汕昆高速、安（龙）兴（仁）、安（龙）贞（丰）、安（龙）册（亨）公路、国道324线为依托的县城南环线（汕昆高速木咱匝道——巧凹）、北环线（塘坊——观音岩）和县城到黔西南州循环工业园区的城市连接线等城市外部交通网络的规划工作。科学编制城镇道路、给排水、电力、燃气、通信、消防、绿化、环卫等公共设施及园区建设、风景名胜、历史文化保护等专项规划。小城镇规划可打破行政区划，突出自身特色，按经济和产业布局进行规划。县城要按照自然、历史、现代的空间结构形态，以扩张西城区、修复老城区、打造招堤风景名胜区为着力点，大力发展旅游、商贸、房地产、信息、服务等产业，着力打造集旅游、历史文化和商贸为一体的综合城镇。积极创造条件，撤销新安镇，从周边乡镇整合部分村组组建办事处，为“撤县设市”奠定基础。新桥、德卧、龙广要按区域经济发展的要求，凭借汕昆高速、南昆铁路、国道324线相互交汇的区位优势，围绕黔西南州循环经济工业园区，着力打造新型工贸城镇。木咱、兴隆、平乐、钱相、普坪等乡镇要依托其沿汕昆高速、安（龙）兴（仁）、安（龙）贞（丰）、安（龙）册（亨）公路的优势，着重以物流、观光农业、旅游休闲为主要内容进行规划。龙山、戈塘、洒雨、海子要以煤炭开发利用为平台，打造工矿型小城镇。笃山要以“撤乡设镇”为目标，以地质奇观溶洞旅游资源开发和贵州木纹石的开发、精深加工为抓手，规划建设建材加工、旅游探险型小城镇。万峰湖及南盘江流域乡镇要发挥沿江沿湖的优势，利用气候特点，规划建设集亚热带经济作物、水产、航运、旅游为一体的小城镇。

（二）强化基础，完善设施

按照“政府主导、市场运作”的方式，以西城区开发建设为重点，以园区建设为抓手，着力加快路网建设，以综合交通引领城镇发展。启动西城区开发大道、迎宾大道延伸线、南环线、县城至黔西南州循环经济工业园区的城市连接线以及招堤风景区路网建设，完善优化城镇路网，打造结构合理、方便快捷的道路交通体系。加强供水设施、节水系统和水源工程建设，完善供水管网，加快平桥水库项目的前期工作，启动县城周边水库供水规划。加强城镇污水、垃圾处理工程建设。加快市政公用设施建设和地下管网建设，完善供电和信息网络，统筹协调各类工程管线的规划、建设和管理，鼓励采用市场化的方式建设地下管沟。加强城镇防洪、人防、消防、防疫、城市报警与监控系统等公共安全设施建设。加快县城园林绿化和景观工程建设，启动西城区生态景观轴项目建设，抓好路灯的改造和建设工作，推进城镇亮化工程。加快健全公共服务体系，强力推进规范性县医院建设，完善现有公共服务设施。加快教育园区及科技、卫生、体育等社会服务设施建设。鼓励投资建设宾馆、酒店，满足休闲、度假、旅游的需求。强力推进农村危房改造工作，切实改善困难群众的住房条件。

（三）培育产业，促进发展

实施工业强县战略，加快推进新型工业化。把工业强县作为全县经济工作的重中之重，立足区位、资源优势，着力抓好黔西南州循环经济工业园区、轻工业园区、石材产业园区的规划建设。加大招商引资力度，引导各类产业入驻园区，集聚产业，凝集人气。全力推进年产60万吨电石、40万吨聚氯乙烯、30万吨烧碱、20万吨管材型材和120万吨电石渣水泥、20万吨铁合金、重化工动力车间以及聚氯乙烯下游产品等项目建设，做大重化工，延长产业链，增加附加值。加大对煤炭产业的培育力度，建成6—8对30万吨以上的煤矿，做强做大煤炭产业。大力发展农副产品加工、民族制药等产业，推进轻工业园区建设。积极开发贵州木纹石及其精深加工，推进石材产业园区建设。通过培育产业，把安龙建成西江上游经济区重要的原材料开发和深加工基地，为城镇化提供强有力的产业支撑。

大力发展以旅游业为龙头的第三产业，加快推进旅游市场化。依托丰富的旅游资源，充分挖掘深厚的历史文化，凭借美丽的自然风光和浓郁的民族风情，全力打“南明之都，荷香之城”。加大宣传推介力度，积极探索旅游景区、景点建设和经营的市场化之路，将旅游资源转化为经济发展优势，培育成支柱产业。大力培育文化产业，加快发展物流、金融、保险、信息、中介及农业服务、交通运输、房地产、物业管理、体育健身等新兴服务业，增强城镇对生产要素的聚集力，形成新的经济增长点。规划建设以批改交易市场体系、装卸搬运体系、储运配送体系、物流信息体系、质量检验体系及公共服务体系的物流园区。大力兴场建市，加快大型危化物品货场和中石油储备库项目建设，在汕昆高速安龙段匝道旁新建工业产品、原材料专业市场以及大型农副产品、生物产品、旅游产品、轻工业产品专业交易市场。

做大做强优质农产，加快推进农业产业化。围绕“八大产业”，建设“100万亩”农产基地（20万亩烤烟、20万亩金银花、10万亩优质稻、10万亩优质油菜、10万亩蔬菜、10万亩草地畜牧业、10万亩经果林、10万亩茶园），培育优质、特色农产。鼓励支持发展农业产业化龙头企业，形成市场牵龙头、龙头带基地、基地连农户的产业发展模式，建立完善种养加、产供销、内外贸、农科教于一体的农业经济管理体制和运行机制，培育一批主导产品、龙头企业、服务组织、商品基地，排行具有安龙特色的“生态品牌”“特色品牌”和“原产地品牌”，促进产业发展、农民增收。

（四）深化改革，用活政策

积极推进户籍制度改革，放宽城镇落户条件，降低农民进城门槛，简化手续，加快农村人口向城镇转移。允许在城镇落户的农业人口保留其土地、林地承包经营权。农民进城务工、经商、购房、置业在城镇规划地区域内，享受城镇公共设施的，均纳入城镇人口管理。在城镇有相对固定职业和相对固定住所半年以上、投靠居住在城镇非农业户口亲属的，可以办理非农业常住户口，与城镇居民同等享受上学、就医、就业、创业、社会保障等公共服务。大力推进公共租赁住房、廉租房、经济适用房建设，逐步解决城镇低收入住房困难家庭、新就业职工和有稳定职业的进城务工人员住房难问题。争取国家、省、州重点项目使用上级用地指标。实行节约集用地，大力开展土地整理复垦开发，实现耕地占补平衡。有效推进建设用地增减挂钩工作，优化城乡用地结构和产业布局，将地质灾害搬迁、易地移民、散居农户等搬迁到城镇规划区内进行安置，促进城乡协调发展。

（五）扩大开发，多渠融资

制定出台招商引资优惠政策，引导企业向园区集中。充分利用国家、银行、企业和民间的资金，按照“多元投资、共同开发、共同受益”的原则，筹集资金加快城镇建设，鼓励民间资本进入城镇建设领域。加大对城镇建设的投入，县财政除每年收取的城市建设维护费和土地出让收益金全额用于城镇基础设施建设外，每年再安排一定资金投入城镇建设。以国家实施新一轮西部大开发为契机，争取国家对城镇建设资金支持。加大土地收储力度，依法处置闲置土地，为城镇建设筹集资金。加强城市经营，将有经济效益的基础设施、资源经营权进行出让，筹集城市建设资金。

（六）注重生态，美化环境

把生态文明理念贯穿于城镇规划、建设、管理的各个方面、各个环节，加快资源节约型、环境友好型城镇建设，巩固“中国文化生态旅游示范地”创建成果。严把项目准入关，严格执行建设项目环境影响评价制度。加强城镇绿化和管理，不断提高城镇森林覆盖率。切实抓好饮用水水源地保护，实行水资源环境质量辖区负责制，加强水质监测，确保饮用水安全。加强乡村建设，加大乡村生活垃圾集中处理整治力度，扎实推进村庄、庭院美化工程，全面推行改水、改厕、改路、改圈、改灶、改房工程，加快推进农村清洁能源建设。大力实施“绿化、亮化、净化、美化”工程，进一步落实“门前三包”责任制、辖区管理责任制、行业管理责任制。着力抓好以交通、环卫、市场、市容管理为重点的城镇综合执法管理。严格执法监督，进一步落实执法责任制，完善定岗位、定标准、定奖惩和单位包片、领导包块、人员包段的“三定三包”管理机制，逐步实现城镇管理精细化、全时段、全方位的管理模式。强化城镇空气质量监测管理，坚持不懈抓好扬尘污染防治，加强建筑工地、道路施工的管理，减少扬尘污染，推进机动车尾气排放和城镇噪音治理，进一步提升城乡空气环境质量。

（七）加强领导，强化管理

县委、县政府组建实施城镇化带动战略领导机构和工作班子，负责全县城镇化建设工作的领导、管理、协调和督促检查。县人大、县政协把城镇化工作纳入监督、视察内容。加大社会监督力度，城市规划编制、规划实施、重要项目建设等均要向社会公示，征求群众意见，接受社会监督。加强统筹协调，严格落实规划管理长效机制，完善公众参与、专家评审、领导决策“三位一体”的规划评审制度，坚持“规划一张图、审批一支笔、建设一盘棋、管理一张网”的规划管理制度，遵循“先规划、后建设，先地下、后地上”的原则进行城镇基础设施建设。要进一步解放思想，强化服务意识，简化办事程序，提高办事效率，确保实施城镇化带动战略推进城乡一体化各项工作落到实处。各乡镇要组建城镇建设管理机构，配备工作人员。有组织、有计划地开展城镇化建设培训，使全县广大干部理解城镇化、支持城镇化。选派后备干部到建设工程一线锻炼，支持鼓励建设行业各类技术人员参加教育培训。采取公开招聘、招考等形式，有计划、分步骤引进和储备一批城镇建设的技术人才。要制定城镇建设管理的考核评价办法，从2011年起纳入年度目标绩效考核的重要内容之一。

为确保实施城镇化带动战略、推进城乡一体化取得实效，县委、县政府将根据工作需要制定出台相关配套政策措施。

贵州省安龙县招商引资优惠政策及奖励办法（试行）

（安龙县人民政府，2016年5月发布）

第一条　为全面扩大对外对内开放，优化投资环境，吸引更多的投资者来安龙投资兴业，促进县域经济又好又快发展，结合实际，特制定本政策。

第二条　在我县行政区域内投资新建的项目（资源类和房地产类除外），须不属于国家产业指导目录中禁止类项目。

第三条　本优惠政策适用于在我县行政区域内投资注册具有独立法人资格的企业和其他经济组织；投资人除享受国家和省的优惠政策外，同时适用本政策规定；县内民间资本在本县投资兴业，适用本政策规定。

第四条　投资者使用土地，采取招标、拍卖、挂牌出让等方式获得土地使用权。土地使用权可依法转让、出租、抵押，使用期满后，用地者可优先续用。

第五条　参照《全国工业用地出让最低标准》，我县工业用地出让价按8.5万元／亩执行。

第六条　凡以出让方式取得土地使用权的企业，按投资协议约定如期投产或如期实现预期税收目标的，可用部分土地出让金县级留成部分支持企业用于基础设施建设和技术改造，具体可按"一事一议"或"一企一策"商定。

第七条　对在我县投资的项目，按土地使用的类别划分，土地使用权出让最长年限为：住宅用地的使用年限为70年；工业用地的使用年限为50年；教育、科技、文化、卫生、体育用地的使用年限为50年；商业、旅游、娱乐业用地的使用年限为40年；综合或者其他用地使用年限为50年。

第八条　对新办的工业企业，符合国家产业政策鼓励类企业按照15%税率征收所得税的，采取先征后返的方式，由县财政按县级留成部分的30%返还企业；其他企业按照25%税率征收所得税的，采取先征后返的方式，由县财政按县级留成部分的30%返还企业，连续给予三年扶持，用于企业扩大再生产。

第九条　在县内注册的新建投资生产性企业上缴增值税比上年同期增长30%以上的，由县财政按新增收增值税县级分享部分的30%奖励扶持企业，达到增长比例的连续扶持三年。

第十条　投资企业在申报及建设期间需上交的行政规费，属国家、省、州明确规定上缴的行政事业性收费一律按下限收取，县直各部门所收部分全免。

第十一条　凡在我县投资兴办的企业或项目，属县级权限办理的严格实行限时办理制度。

第十二条　符合国家产业政策的项目，县内金融部门优先给予信贷支持并简化信贷审批程序和环节。

第十三条　对引进投资和各类资金的中介组织或个人给予奖励，具体为：

1. 按项目建设投产的实际固定资产投资额实行奖励，不重复计算奖励。

（1）固定资产投资额在1000万元以下的，按固定资产投资额的3‰给予奖励；

（2）固定资产投资额在1000万元（含1000万元）至3000万元，奖励6万元；

（3）固定资产投资额在3000万元（含3000万元）至5000万元，奖励12万元；

（4）固定资产投资额在5000万元（含5000万元）至10000万元，奖励20万元；

（5）固定资产投资额在10000万元以上（含10000万元）的项目，以10000万元为计算基数，奖励基数定为30万元，扣除计算基数后每增加5000万元，在奖励基数上增加10万元进行奖励。如某个项目固定资产投资为29000万元，扣除计算基数后为19000万元，奖励总数为：30＋10＋10＋10＝60万元。

固定资产投资额参照《安龙县招商引资考核办法（试行）》进行认定和核实。

2. 引进民营500强企业，且固定资产投资30000万元以上，除按第十三条第一款奖励外，再奖励30万元。

3. 引进国内500强企业，且固定资产投资50000万元以上，除按第十三条第一款奖励外，再奖励50万元。

4. 引进世界500强企业，且固定资产投资100000万元以上，除按第十三条第一款奖励外，再奖励100万元。

第十四条 本办法中已计算奖励的，在其他政策中不再重复计算。

第十五条 本优惠政策和奖励办法自发布之日起执行。

第十六条 本优惠政策和奖励办法与国家法律法规相抵触的，与国家法律法规为准。

第十七条 本优惠政策和奖励办法由安龙县人民政府授权安龙县投资促进局负责解释。

安龙县古城保护管理暂行办法

（2009年6月26日安龙县第十五届人民代表大会常务委员会第23次会议通过）

第一条 为加强安龙古城的保护和管理，弘扬安龙历史文化，根据《中华人民共和国城乡规划法》《中华人民共和国文物保护法》等相关法律、法规，结合安龙县实际，制定本暂行办法。

第二条 本暂行办法所指的安龙古城是指以安龙博物馆为中心，东至新安粮管所、南至桅峰山、西至西龙桥、北至北门洞的整个范围。在古城范围内遗存的具有历史、艺术、科学价值的古街、古巷、古民居、古建筑、古树等均属保护管理对象。安龙县境内具有历史、艺术、科学价值的古街、古巷、古民居、古树、自然奇石、民族村寨等适用本暂行办法。

第三条 县人民政府负责古城的保护、管理工作。安龙县建设局、安龙县文体广电局、安龙县旅游局按照“修旧如旧”的原则，组织对古街、古巷、古民居、古建筑的恢复建设进行规划和设计，并制定建设的申报程序，绘制设计建设的图样、图纸。

第四条 安龙古城保护和管理遵循“保护为主，抢救第一，合理利用，加强管理”的方针，实行保护与利用相结合、整体环境风貌控制与重点保护相结合、专门管理与群众参与相结合。

第五条 安龙古城保护纳入全县国民经济和社会发展计划，保护维修和管理经费列入财政预算，并逐年增加。积极争取国家投资，吸纳社会捐助。县人民政府负责制定保护管理古城的奖励办法，对保护、管理、研究和利用古城作出突出贡献的单位和个人给予表彰和奖励。

第六条 对在古城范围内具有一定历史、艺术和科学价值的尚未列入文物保护单位的民居、店铺、建筑等进行挂牌保护，并补助一定的维护经费，任何单位和个人不得擅自拆建，不得改变其原貌。

第七条 对文物保护单位和挂牌保护的民居、店铺、建筑的维护、维修、拆建方案，必须按程序报县人民政府审批。

第八条 古城内的房屋建设，其楼房高度、外貌风格等均须符合规划设计要求。

第九条 古城内的道路、通讯、电力、有线电视、给排水、消防等公益性基础设施建设需要开挖的，实施单位须制订详细的开挖和修复方案，经有权审批机关审核后，报县人民政府批准同意方可实施。

第十条 古城内禁止新建工业企业，古城内的单位和个人应积极保护环境，推广使用电、液化气等清洁能源，禁止在古城内焚烧垃圾。

第十一条 县政府有选择地恢复古街、古巷、古民居、古建筑。对积极恢复古街、古巷、古民居、古建筑的所有者给予资金扶持。

第十二条 人民政府对安龙古城资源进行保护性开发利用，发展旅游业及相关产业。鼓励经营下列项目：

(一) 旅行社团、民俗客栈；

(二) 传统手工作坊、民间工艺、旅游产品制作及民间名小吃的开发；

(三) 传统娱乐业和民间表演艺术；

(四) 民间工艺品收藏、交易、展示活动。

第十三条 具备开放条件的民居、店铺等重点传统建筑，在征得古城保护管理部门同意后，可以开放游览。

第十四条 在古城范围内活动的任何单位和个人均应遵守本暂行办法，都有保护古城的义务，并有权对破坏古城的行为进行检举和控告。

第十五条 违反本暂行办法规定的，由县人民政府建设行政主管部门及相应的行政主管部门依据相关法律、法规进行处罚。

第十六条 本暂行办法由县建设行政主管部门负责解释。

第十七条 本办法自2009年6月26日起施行。

安龙县招堤风景名胜区保护管理暂行办法

（2009年6月26日安龙县第十五届人民代表大会常务委员会第23次会议通过）

第一条 为了加强对招堤风景名胜区的管理，有效保护和合理利用风景名胜资源，根据《中华人民共和国城乡规划法》《国务院风景名胜区条例》《贵州省风景名胜区管理办法》等相关法律、法规，结合招堤风景名胜区实际，制定本暂行办法。

第二条 安龙县人民政府设立的风景名胜区管理机构，负责风景名胜区的保护、利用和统一管理工作。安龙县人民政府对风景名胜区的管理遵循科学规划、统一管理、严格保护、永续利用的原则。

第三条 招堤风景名胜区保护范围：东至海联村刷把寨组、南至山岔村双龙滩组缪家庄、西至官桥社区五洞桥组、北至海联村大庄组。

第四条 任何单位和个人都有保护风景名胜资源的义务，并有权制止、检举破坏风景名胜资源的行为。安龙县人民政府对制止、检举破坏风景名胜资源的行为进行奖励。

第五条 禁止在景区范围内进行与景区建设无关的建设活动。

第六条 招堤风景名胜区内的居民和游览者应当保护招堤风景名胜区的景物、文物、水体、林草植被、野生动物和各项设施。

第七条 招堤风景名胜区管理机构要切实加强管理，逐步恢复景区湿地环境。

第八条 在风景名胜区内禁止进行下列活动：

(一) 非法侵占土地；

(二) 开山、采石、开矿、开荒、新修坟立碑等破坏景观、植被和地形地貌的活动；

(三) 修建储存爆炸性、易燃性、放射性、毒害性、腐蚀性物品的设施；

(四) 在景物或设施上刻画、涂污；

(五) 砍伐、损坏古树名木、绿化树木，摘采荷叶、荷花；

(六) 非法捕捉、捕杀、伤害野生动物；

(七) 乱扔垃圾，向水体排放、倾倒污水；

(八) 其他可能危害风景名胜资源的活动。

第九条 在风景名胜区内进行下列活动，须经风景名胜区管理机构审核后，报经安龙县人民政府批准：

(一) 设置、张贴商业广告；

(二) 举办大型游乐等活动；

(三) 改变水资源、水环境自然状态的活动；

(四) 其他影响生态和景观的活动。

第十条 对违反本暂行办法规定的，由安龙县人民政府相关行政主管部门根据有关法律、法规进行处罚。

第十一条 本暂行办法由县人民政府建设行政主管部门负责解释。

第十二条 本暂行办法自2009年6月26日起施行。

二、2013—2017年安龙县经济社会发展资料

安龙县统计局

2013年

2013年，在县委、县政府的正确领导下，全县贯彻党中央、国务院的各项决策部署，围绕“加速发展、加快转型、推动跨越”主基调，着力保增长、调结构、增活力、惠民生、促和谐，全县经济保持平稳较快发展，社会各项事业取得新的成绩。

一、综合

经济平稳较快增长。经核算，2013年全县生产总值637098万元，比上年增长16.83%（按可比价计算，下同）。其中，第一产业增加值134080万元，比上年增长8.0%；第二产业增加值235690万元，比上年增长19.58%；第三产业增加值267328万元，比上年增长18.25%。

产业结构继续调整。第一产业、第二产业和第三产业增加值占生产总值的比重分别为21.05%、36.99%和41.96%。与上年比，第一产业比重提高0.11个百分点，第二产业比重下降0.86个百分点，第三产业比重提高0.75个百分点。

二、农林牧渔业

农林牧渔业经济运行良好。全年农林牧渔业增加值134080万元，比上年增长8.0%（可比价增速）。

农业增加值为77029.8万元，比上年增长9.74%（可比价增速）。农作物总播种面积54150公顷，比上年增加1300公顷。其中粮食作物种植面积36345公顷，比上年增加655公顷；主要经济作物种植面积进一步扩大，油料种植面积3285公顷，增长2.11%；蔬菜种植面积4302公顷，增长1.39%。全年粮食产量166697吨，比上年增长8.83%。

2013年主要农产品产量及其增长速度

附表1

产品名称	单位	绝对数	比上年增长（%）
粮食产量	吨	166697	8.83

续附表 1

产品名称	单位	绝对数	比上年增长（%）
其中：稻谷	吨	65323	8.08
小麦	吨	17840	5.54
玉米	吨	60232	7.50
油料	吨	4407	−1.65
其中：花生	吨	303	−31.45
油菜籽	吨	4098	1.51
蔬菜	吨	186347	4.65
甘蔗	吨	30800	2.80

林业增加值 9624.4 万元，比上年下降 1.82%（可比价增速）。

畜牧业增加值 27983.7 万元，比上年增长 5.44%（可比价增速）。牛、羊、家禽出栏数分别比上年增长 11.10%、5.00%、4.10%；肉类总产量 26862 吨，比上年增长 5.94%。禽蛋产量比上年增长 3.11%。

2013 年主要畜产品产量及牲畜出栏情况

附表 2

产品名称	单位	绝对数	比上年增长（%）
肉类总产量	吨	26862	5.94
其中：猪肉	吨	21751	4.6
牛肉	吨	2837	20.01
羊肉	吨	181	−5.73
禽肉	吨	1632	1.81
禽蛋产量	吨	3545	3.11
猪出栏数	头	250014	−1.15
牛出栏数	头	14848	11
羊出栏数	只	8596	5
家禽出栏数	只	924293	4.1

渔业增加值 17029.2 万元，比上年增长 12.97%（可比价增速）。水产品产量 12156 吨，比上年增长 3.70%。

全年农林牧渔服务业增加值 2395 万元，比上年增长 22.73%（可比价增速）。

三、工业和建筑业

工业经济平稳较快增长。全年规模以上工业增加值 175416 万元，比上年增长 21.6%（可比价增速）。其中，轻工业增加值 1389 万元，增长 162.3%；重工业增加值 174027 万元，增长 25.92%。轻工业增加值占规模以上工业增加值的 0.79%，重工业增加值占规模以上工业增加值的 99.21%。

2013 年规模以上工业增加值及其增长速度

附表 3

指标名称	绝对数（万元）	比上年增长（%）
规模以上工业增加值	175416	21.6
其中：轻工业	1389	162.3
重工业	174027	46.61
其中：国有企业	19499	5.7
集体企业	0	−100
股份合作制企业	0	−100
股份制企业	31399	59.56
外商及港澳台投资企业	554	34.7
其他经济类型企业	123964	53.0

主要工业产品产量增长较快，天然大理石建筑板材、黄金、砖、原煤分别比上年增长 61.4%、554.6%、24.69%、18.35%。

2013 年规模以上工业主要产品产量及其增长速度

附表 4

产品名称	单位	绝对数	比上年增长（%）
发电量	万千瓦时	46468	39.64
原煤	吨	4351094.41	11.24
洗煤	吨	651108.33	86.79
焦炭	吨	84821	93.22
盐酸	吨	534	−94.48
烧碱	吨	585	−97.71
碳化钙	吨	0	−100
PVC（聚氯乙烯）	吨	0	−100
砖	万块	1441.59	24.69
天然大理石建筑板材	平方米	5116079.26	61.4
铁合金	吨	61256	−5.4
黄金	千克	2116.33	554.6
水泥	吨	328564.56	−29.8

全年规模以上总产值为492725.9万元，比上年增长15.13%。

全年建筑业总产值较快增长，房屋施工面积、房屋竣工面积也快速增长。本县具有资质等级的总承包和专业承包建筑企业4家。建筑业总产值为42467.2万元，比上年增长1527.43%（因2013年新增2家企业），房屋施工面积328244平方米，比上年上升168.85%；房屋竣工面积204309平方米，比上年上升99.82%。

四、固定资产投资

固定资产投资大幅增加。全年计划总投资50万元及以上项目固定资产投资完成549948万元，比上年增长33.9%。工业投资（含工业园区基础设施投资）222853万元，增长30.1%。

五、国内贸易

消费品市场运行平稳。全年社会消费品零售总额83633.4万元，比上年增长14.2%。批零住餐业增加值为32329万元，其中批发业增加值为5096万元，上升13.52%；零售业增加值为3371万元，增长11.10%；住宿业增加值为17647万元，增长14.50%；餐饮业增加值为5526万元，增长14.98%。

六、交通运输和通信

交通运输业发展不明显。年末公路里程2453公里，其中高速公路43公里，与上年持平。全年铁路营业里程47公里，与上年持平。民用汽车拥有量14040辆，比上年增长12.5%。

通讯业持续较快发展。由于受移动电话的影响，全年固定电话有所下降，2013年末固定电话用户23500户，比上年下降5.62%。互联网用户、移动用户继续较快增长，年末互联网固定宽带接入用户、移动电话用户分别为17100户和12900户，分别比上年增长113.75%和32.99%。

2013年通信发展情况

附表5

指标名称	单位	绝对数	比上年增长（%）
年末固定电话用户	户	23500	−5.62
年末移动电话用户	户	260500	48.01
年末互联网固定宽带接入用户	户	17900	4.68

七、财政和金融

财政收入快速增长。全年财政总收入94132万元，比上年增长23.59%，其中（新体制）公共财政预算收入46932万元，增长23.77%。公共财政预算支出187990万元，比上年增长10.19%，其中科学技术、住房保障等支出增长幅度较大。

表6 2013年财政收支情况

附表6

指标名称	绝对数（万元）	比上年增长（%）
财政总收入	94132	23.59
其中：公共财政预算收入	46932	23.77
其中：税收收入	28601	2.18

续附表 6

指标名称	绝对数（万元）	比上年增长（%）
非税收入	18331	13.67
公共财政预算支出	187990	10.19
其中：一般公共服务	27712	14.89
教育	44834	−17.85
科学技术	990	106.68
社会保障和就业	12093	6.82
医疗卫生	16144	0.04
农林水事务	32985	15.45
住房保障支出	5289	161.31

金融业较快发展。年末，全县金融机构人民币各项存款余额 634892 万元，比年初增加 84747 万元。金融机构人民币各项贷款余额 256751 万元，比年初增加 66013 万元。

2013 年年末金融机构人民币信贷收支情况

附表 7

指标名称	年末数（万元）	比年初增加额（万元）
金融机构各项存款余额	634892	84747
其中：单位存款	221899	40664
个人存款	387231	56175
其中：储蓄存款	382323	54359
财政性存款	25755	−12088
金融机构各项贷款余额	256751	66013
其中：个人贷款	187910	35136
单位贷款	45367	20877
其中：固定资产贷款	10600	100

八、教育

教育事业稳步发展。年末普通中学专任教师 1265 人，比上年上升 4.12%；小学专任教师 2645 人，比上年上升 26.19%。小学学龄儿童毛入学率 99.87%，比上年上升 0.29 个百分点；初中阶段毛入学率 125%，比上年上升 16.93 个百分点；高中阶段毛入学率 71.85%，比上年提高 13.98 个百分点。

2013年教育事业情况

附表8

指标名称	单位	绝对数	比上年增长（%）
普通中学数	所	26	4
小学数	所	178	21.09
普通中学教师数	人	1693	1.74
小学教师数	人	2379	13.5
普通中学在校学生数	人	30852	33.52
小学在校学生数	人	33897	-8.52
高中阶段毛入学率	%	71.85	13.98
初中阶段毛入学率	%	125	16.93
小学阶段净入学率	%	99.87	0.29
幼儿园数	所	23	4.5

九、卫生

医疗卫生服务体系进一步健全。年末全县有医院、卫生院29所，比上年增长27%；卫生机构床位数961张，比上年增长15%；医院、卫生院卫生技术人员692人，比上年增长16%，其中执业（助理）医师350人，比上年增长35%；卫生防疫人员301人，比上年增长8%。

十、人民生活

居民生活水平稳步提高。全年城镇居民人均可支配收入18390元，比上年增长19.78%。全年农民人均纯收入5347元，比上年增长16.49%。其中：农民人均生活消费支出4409元，下降9.54%，从农民人均消费分支出类别看，食品支出2163元，衣着支出249元，居住支出781元，家庭设备用品及服务支出349元，医疗保健支出151元，交通和通讯支出441元，文教娱乐用品及服务支出200元，其他商品和服务支出76元；城镇人均生活消费支出14955元，从城镇人均消费分支出类别看，食品支出5541%，衣着支出813元，居住支出1071元，家庭设备用品及服务支出1448元，医疗保健支出1055，交通和通讯支出3263元，文教娱乐用品及服务支出1288元，其他商品和服务支出76元。

十一、人口、就业和社会保障

人口出生率下降，自然增长率增长。全县年末总人口466704人，比上年末增加83人。其中，非农户口35510人，比上年末增加298人；农业户口431194人，比上年末减少215人。全年人口出生率12.96‰，比上年降低0.36个千分点；人口自然增长率6.71‰，增长0.88个千分点。

就业工作取得新成绩。全县年末城镇新增就业人数3112人。比上年增加395人。年末城镇登记失业人数为1031人，比上年减少了12人。

社会保障体系不断完善。年末全县城镇基本养老保险参保人数6567人，比上年增长4.19%。新型农村社会养老保险试点工作取得较大发展，参保人数192800人，比上年增长7.26%。城镇基本医疗保险参保人数35832人，比上年增长3.5%。城镇居民最低生活保障人数3097人，比上年增长1.04%。农村居民最低生活保障人数40005人，比上年下降13.76%。

2013年社会保险情况

附表9

指标名称	单位	绝对数	比上年增长（%）
城镇基本养老保险参保人数	人	6567	4.19
城镇基本医疗保险参保人数	人	35832	3.5
参加失业保险参保人数	人	7100	5.98
城镇居民最低生活保障人数	人	3097	1.04
农村居民最低生活保障人数	人	40005	−13.76
新型农村社会养老保险参保人数	人	192800	7.26
新型农村合作医疗参保人数	人	361035	1.26

社会福利事业快速发展。年末各类收养性社会福利单位数16家，而2012年仅有1家；年末各类收养性社会福利单位拥有床位数227张，而2012年仅有20张。

2014年

2014年，在县委、县政府的正确领导下，全县贯彻党中央、国务院的各项决策部署，围绕“加速发展、加快转型、推动跨越”主基调，着力保增长、调结构、增活力、惠民生、促和谐，全县经济保持平稳较快发展，社会各项事业取得新的成绩。

一、综合

经济平稳较快增长。经核算，2014年全县生产总值730482万元，比上年增长15.8%（按可比价计算，下同）。其中，第一产业增加值161696万元，比上年增长7.2%；第二产业增加值248763万元，比上年增长18.2%；第三产业增加值320023万元，比上年增长17.0%。（说明：第一产业增加值与农林牧渔业增加值因核算方法和省州评估方式不同存在差异）

产业结构继续调整。第一产业、第二产业和第三产业增加值占生产总值的比重分别为22.14%、34.05%和43.81%。与上年比，第一产业比重提高1.09个百分点，第二产业比重下降2.94个百分点，第三产业比重提高1.85个百分点。

二、农林牧渔业

农林牧渔业经济运行良好。全年农林牧渔业增加值176696万元，比上年增长6.9%（可比价增速）。

农业增加值为97128万元，比上年增长7.1%（可比价增速）。农作物总播种面积58948公顷，比上年增加4798公顷。其中粮食作物种植面积37096公顷，比上年增加751公顷；主要经济作物种植面积进一步扩大，油料种植面积3435公顷，增长4.57%；蔬菜种植面积4916公顷，增长14.27%。全年粮食产量190400吨，比上年增长14.22%。

2014年主要农产品产量及其增长速度

附表10

产品名称	单位	绝对数	比上年增长（%）
粮食产量	吨	190400	14.22
其中：稻谷	吨	86265	32.06
小麦	吨	19711	10.49
玉米	吨	61205	1.62
油料	吨	5109	15.93
其中：花生	吨	374	23.43
油菜籽	吨	4697	14.62
蔬菜	吨	206466	10.8
甘蔗	吨	32613	5.89

全年林业增加值11294万元，比上年增长5.5%（可比价增速）。

全年畜牧业增加值45867万元，比上年增长6.7%（可比价增速）。牛、羊、家禽出栏数分别比上年增长2.62%、12.37%、−5.98%；肉类总产量27192吨，比上年增长1.23%。禽蛋产量3545吨，比上年增长4.9%。

表2 2014年主要畜产品产量及牲畜出栏情况

附表11

产品名称	单位	绝对数	比上年增长（%）
肉类总产量	吨	27192	1.23
其中：猪肉	吨	21969	1.0
牛肉	吨	2890.5	1.89
羊肉	吨	209	15.47
禽肉	吨	1568	-3.92
禽蛋产量	吨	3545	4.9
猪出栏数	头	256249	2.49
牛出栏数	头	15237	2.62
羊出栏数	只	9659	12.37
家禽出栏数	只	869056	-5.98

全年渔业增加值20024万元，比上年增长6.9%（可比价增速）。

全年农林牧渔服务业增加值2563万元，比上年增长7.0%（可比价增速）。

三、工业和建筑业

工业经济平稳较快增长。全年规模以上（国标）工业增加值 197309 万元，比上年增长 15.5%（可比价增速）。其中，轻工业增加值 3125 万元，增长 811%；重工业增加值 194184 万元，增长 18.0%。轻工业增加值占规模以上工业增加值的 1.58%，重工业增加值占规模以上工业增加值的 98.42%。

全年规模以上总产值为 637001.8 万元，比上年增长 19.21%。

2014 年规模以上工业增加值及其增长速度

附表 12

指标名称	绝对数（万元）	比上年增长（%）
规模以上工业增加值	197309	15.5
其中：轻工业	3125	811
重工业	194184	18.0
规模以上工业总产值	637001.8	19.21
规模以上工业销售产值	638621.2	20.03
产销率	100.25	0.68

主要工业产品产量增长较快，天然大理石建筑板材、黄金、砖、原煤分别比上年增长 65.97%、62.83%、8.95%、4.3%。

全年建筑业总产值较快增长，房屋施工面积、房屋竣工面积也快速增长。本县具有资质等级的总承包和专业承包建筑企业 4 家。建筑业总产值为 72598.9 万元，比上年增长 70.95%，房屋施工面积 456069 平方米，比上年增长 123.23%；房屋竣工面积 262316 平方米，比上年增长 28.39%。

四、固定资产投资

固定资产投资大幅增加。全年计划总投资 50 万元及以上项目 205 个（含交通项目 42 个、房地产 2 个），本年完成固定资产投资 719882 万元，比上年增长 30.9%。其中：产业投资 61 个，完成 334959 万元，占固定资产投资比重为 36.9%；亿元项目 40 个（本年新增 21 个），完成投资 616026 万元，比上年同期增长 45%。

五、贸易

消费品市场运行平稳。全年社会消费品零售总额 107231.3 万元，比上年增长 17.32%。其中：批发业商品销售额为 57467.1 万元，增长 23.1%；零售业商品销售额为 107222.8 万元，增长 20.4%；住宿业营业额为 847.9 万元，增长 21.8%；餐饮业营业额为 9549.4 万元，增长 23.9%。

批零住餐业增加值为 37166 万元，其中批发业增加值为 6643 万元，增长 14.9%（可比价增速，下同）；零售业增加值为 3780 万元，增长 12.2%；住宿业增加值为 20426 万元，增长 16.5%；餐饮业增加值为 6317 万元，增长 10.2%。

2014 年社会消费品零售总额及增长速度

附表 13

指标名称	绝对数（万元）	比上年增长（%）
社会消费品零售总额	107231.3	17.32

续附表 13

指标名称	绝对数（万元）	比上年增长（%）
批发业商品销售额	57467.1	23.1
零售业商品销售额	107222.8	20.4
住宿业营业额	847.9	21.8
餐饮业营业额	9549.4	23.9

六、交通运输和通信

交通运输业发展不明显。年末公路里程 2443 公里，其中高速公路 43 公里，与上年持平。全年铁路营业里程 50 公里，比上年增长 6.38%。民用汽车拥有量 15163 辆，比上年增长 8.0%。

2014 年交通运输发展情况

附表 14

指标名称	计量单位	绝对数	比上年增长（%）
公路里程	公里	2443	0
其中：高等级公路	公里	43	0
铁路营业里程	公里	50	6.38
民用汽车拥有量	辆	15163	8.0

通讯业持续较快发展。由于受移动电话的影响，全年固定电话有所下降，2013 年末固定电话用户 23500 户，比上年下降 8.51%。互联网用户、移动用户继续较快增长，年末互联网固定宽带接入用户、移动电话用户分别为 19100 户和 320700 户，分别比上年增长 6.7% 和 23.11%。

2014 年通信发展情况

附表 15

指标名称	单位	绝对数	比上年增长（%）
年末固定电话用户	户	21500	−8.51
年末移动电话用户	户	320700	23.11
年末互联网固定宽带接入用户	户	19100	6.7

七、财政和金融

财政收入快速增长。全年财政总收入 122887 万元，比上年增长 28.71%，其中公共财政预算收入 59591 万元，增长 26.98%；公共财政预算支出 233637 万元，增长 22.87%，其中科学技术、医疗卫生、住房保障等支出增长幅度较大。

2014年财政收支情况

附表16

指标名称	绝对数（万元）	比上年增长（%）
财政总收入	122887	28.71
其中：公共财政预算收入	59591	26.98
其中：税收收入	28601	49.88
非税收入	18331	-8.77
公共财政预算支出	233637	22.87
其中：一般公共服务	27712	-19.46
教育	56678	26.42
科学技术	1914	93.33
社会保障和就业	16923	39.94
医疗卫生	26549	64.45
农林水事务	34624	4.97
住房保障	27287	415.92

金融业较快发展。年末，全县金融机构人民币各项存款余额693028万元，比年初增加58176万元。金融机构人民币各项贷款余额317404万元，比年初增加60653万元。

2014年年末金融机构人民币信贷收支情况

附表17

指标名称	年末数（万元）	比年初增加额（万元）
金融机构各项存款余额	693028	58176
其中：单位存款	224781	2882
个人存款	440819	53587
其中：储蓄存款	440412	58089
金融机构各项贷款余额	317404	60653
其中：个人贷款	222623	34713
单位贷款	70167	24800
其中：固定资产贷款	21445	10845

八、教育

教育事业稳步发展。年末普通中学专任教师1781人，比上年下降5.4%；小学专任教师2085，比上年上升2.1%。小学阶段净入学率102.08%，比上年增长2%；初中阶段毛入学121.06%，比上年增长1%；高中阶段毛入学率89.11%，比上年增长24.02%。

2014年教育事业情况

附表18

指标名称	单位	绝对数	比上年增长（%）
普通中学数	所	26	−10.34%
小学数	所	164	−11.35%
普通中学教师数	人	1781	−5.4%
小学教师数	人	2085	2.1%
普通中学教职工数	人	1912	0.48%
小学教职工数	人	2243	−0.66%
普通中学在校学生数	人	30192	−2.14%
小学在校学生数	人	34843	2.79%
高中阶段毛入学率	%	89.11	24.02%
初中阶段毛入学率	%	121.06	1%
小学阶段净入学率	%	102.08	2%
幼儿园数	所	34	6.25%
入园儿童数	人	13191	18.03%

九、卫生

医疗卫生服务体系进一步健全。年末全县有医院、卫生院25所，与上年持平；卫生机构床位数1151张，比上年增长19.77%；医院、卫生院卫生技术人员1081人，比上年增长19.18%，其中执业（助理）医师376人，比上年增长7.43%；疾控中心人员37人，比上年增长36.87%。

十、人民生活

居民生活水平稳步提高。全年城镇居民人均可支配收入20017元，比上年增长13.9%。全年农民人均可支配收入6086元，比上年增长11.1%。其中，农民人均生活消费支出3986元，下降9.59%，从农民人均消费分支出类别看，食品支出761.77元，衣着支出340.71元，居住支出290.67元，家庭设备用品及服务支出451.54元，医疗保健支出103.67元，交通和通讯支出843.81元，文教娱乐用品及服务支出796.64元，其他商品和服务支出52.3元；城镇人均生活消费支出11375.42元，下降23.93%。从城镇人均消费分支出类别看，食品支出2599.76元，衣着支出1361.9元，居住支出789.97元，家庭设备用品及服务支出1240.26元，医疗保健支出521.14元，交通和通讯支出32233.3元，文教娱乐用品及服务支出953.25元，其他商品和服务支出25.03元。

十一、人口、就业和社会保障

人口出生率下降，自然增长率增长。全县年末总人口471528人，比上年末增加4824人。其中，非农户口35427人，比上年末减少83人；农业户口436101人，比上年末增加4907人。全年人口出生率13.57‰，比上年增长0.61个千分点；人口自然增长率7.77‰，增长1.06个千分点。

就业二作取得新成绩。全县年末城镇新增就业人数3780人。比上年增加758人。年末城镇登记失业人数为825人，比上年减少了206人。

社会保障体系不断完善。年末全县城镇职工养老保险参保人数7993人，比上年增长21.71%。新型农村社会养老保险试点工作取得较大发展，参保人数193990人，比上年增长0.62%。城镇基本医疗保险参保人数36549人，比上年增长2.0%。城镇居民最低生活保障人数3321人，比上年增长7.23%。农村居民最低生活保障人数35634人，比上年下降10.92%。

2014年社会保险情况

附表19

指标名称	单位	绝对数	比上年增长（%）
城镇职工养老保险参保人数	人	7993	21.71
城镇基本医疗保险参保人数	人	36549	2.0
城镇职工失业保险参保人数	人	7180	1.12
城镇居民最低生活保障人数	人	3321	7.23
农村居民最低生活保障人数	人	35634	−10.92
新型农村社会养老保险参保人数	人	193990	0.62
新型农村合作医疗参保人数	人	399184	10.57

社会福利事业快速发展。年末各类收养性社会福利单位数17家，2013年有16家；各类收养性社会福利单位拥有床位数346张，而2013年仅有227张。

2015年暨“十二五”期间

“十二五”时期，特别是党的十八大以来，安龙县准确把握县域经济社会发展的阶段性特征和历史任务，坚守“两条底线”，坚持主基调主战略，主动适应新常态，加快拉动投资增长、调结构、促改革、惠民生、防风险。实现了经济平稳较快发展和社会和谐稳定，为全面建成小康社会奠定了坚实基础。

一、综合

经核算，2015年安龙县实现地区生产总值88.19亿元，比上年同期增长15.5%（可比价增速，下同）。其中第一产业实现增加值24.67亿元，比上年增长7.2%，第二产业实现增加值27.51亿元，比上年增长15.7%，第三产业实现增加值36.01亿元，比上年增长18.1%。

三次产业结构由2010年的22.11∶35.54∶42.36转变为27.97∶31.19∶40.83，“三二一”的结构逐渐优化。

2015年底全县常住人口36.04万人，人均GDP达到24470元。“十二五”期间，全县地区生产总值年均增长16.28%，是“十一五”期末的2.44倍。

二、农业

全年实现农业（第一产业）增加值246742万元，比上年增长7.2%，其中：农业增加值135849万元，比上年增长8.0%；林业增加值11830万元，比上年增长4.7%，牧业增加值62474万元，比上年增长4.0%，渔业增加值19309万元，比上年增长10.7%，农林牧渔服务业增加值17280万元，比上年增长20.0%。

2015年主要农副产品产量

附表20

产品名称	单位	产量	比上年增长（%）
蔬菜	万吨	22.95	17.0
薯类	万吨	1.70	33.87
甘蔗	万吨	3.80	16.65
中药材	万吨	0.21	24.88
家禽	万只	90.25	3.9
禽蛋	万吨	0.41	10.5
生猪	万头	25.69	0.24
肉羊	万只	0.97	0.51
肉牛	万头	1.82	19.6

全年实现粮食播种面积38432公顷，比上年增长3.6%，粮食产量19.53万吨，比上年增长2.6%。

三、工业和建筑业

工业：全县规模以上（年主营业务收入2000万元及以上）工业企业43家，全年实现工业总产值62.23亿元，比上年增长15.09%。产销率为99.55%。全年实现工业增加值23.06亿元，比上年增长13.6%。其中轻工业实现增加值2.37亿元，同比增长442.6%，重工业实现增加值20.69亿元，同比增长11.5%

2015年规上工业企业全年营业收入433981万元，比上年同期增长10.55%，营业成本353762万元，比上年同期增长19.76%，营业利润12982万元，同比下降46.64%。

“十二五”期间，全县规上工业总产值年均增长14.58%，低于“十一五”时期平均增速13.76个百分点。

2015年规模以上工业增加值及增长速度完成情况

附表21

指标名称	工业增加值完成额（亿元）	比上年增长（%）
工业增加值（可比价）	23.06	13.6
在总计中：轻工业	2.37	442.6
重工业	20.69	11.0
在总计中：国有企业	4.75	11.7
集体企业	0	−100
股份合作企业	0	−100
股份制企业	9.33	54.6
外商及港澳台商投资企业	0	−100
其他经济类型企业	8.97	1.2

续附表21

指标名称	工业增加值完成额（亿元）	比上年增长（%）
在总计中：国有控股企业	7.08	3.5
在总计中：私营企业	12.17	28.3
在总计中：非公有制企业	16.06	27.8
在总计中：大中型工业企业	10.34	−7.8
其中：国有企业	1.89	−10.8
在总计中：公有企业	0.67	6.0

建筑业：2015年我县规模以上建筑业总产值增长较快，房屋施工面积也快速增长。全年完成建筑业总产值9.24亿元，比上年增长27.4%。全县实现建筑业增加值4.79亿元，比上年增长27.9%。施工的房屋建筑面积为58.71万平方米，同比增长28.74%。

四、固定资产投资

2015年全社会固定资产投资完成92.5亿元，比上年增长28.5%。其中：亿元项目投资完成78.59亿元，同比增长27.58%；产业投资占总投资比重为30.12%。

2015年固定资产投资完成情况

附表22

指标名称	2015年完成额（亿元）	比上年增长（%）
全社会固定资产投资	92.5	28.5
其中亿元以上项目	78.59	27.6
从建设性质看：		
基本建设投资	60.37	53.2
更新改造投资	0.48	−77
其他投资	31.65	3.8
从行业看：		
工业投资	60.02	14.7
房地产开发投资	4.63	208
道路运输	1.93	3.4

“十二五”期间，累计完成固定资产投资315.04亿元，是“十一五”期间的4.42倍，其中2015年完成92.50亿元，增长28.50%，是“十一五”期末的3.7倍，年均增长29.89%。

五、市场经济和旅游

市场经济：“十二五”期间，市场经济持续稳定增长。截止2015年末，全县社会消费品零售总额11.51亿元，比上年增长12%，是“十一五”期末的2.1倍，年均增长16.0%。其中：批发业销售额实现12.15亿元，同比增长20.6%；零售业销售额实现13.44亿元，同比增长16.4%；住宿业营业额实现0.12

亿元，同比增长19.1%；餐饮业营业额实现1.50亿元，同比增长19.5%。

批零住餐业增加值为4.17亿元，同比增长12.12%。其中批发业增加值为0.75亿元，同比增长13.1%；零售业增加值为0.41亿元，同比增长8.2%；住宿业增加值为2.30亿元，同比增长12.6%；餐饮业增加值为0.71亿元，同比增长7.9%。

旅游："十二五"时期，我县实施旅游活县战略，以"南明故都，荷香之城"为主题，从管理体制机制上贯通四六片旅游景区景点的交通、餐饮、住宿、娱乐、购物、游览，真正形成合力，营造全县处处讲旅游、处处抓旅游的良好格局，打造旅游城市。截止2015年末，我县共有宾馆、酒店、招待所、旅社70家，总床位3900床，旅游人数和旅游收入从"十一五"期末的25万人次、5200万元分别增长到2015年的471.9万人次和22.82亿元。2015年全县旅游业营业收入实现3.53亿元，比上年增长34.3%，增速在全省非经济强县中排名前列。

六、交通运输、邮电和通讯

截止2015年末，全县交通运输基础设施得到明显改善。公路总里程达2095.48公里，其中高速公路45.20公里、农村公路1688公里。全年交通运输、仓储和邮政业实现增加值10.24亿元，比上年增长11.1%，全年邮政业务总量完成1902万元，比上年同期增长11.0%。

随着互联网和电子商务的快速发展，我县接入互联网用户、移动用户较快增长，截止2015年末互联网固定宽带接入户数、移动电话用户分别为23641户和377501户。分别比上年增长23.77%和17.71%。

七、财政、税收和金融

财政：截止2015年末，全县实现财政总收入14.55亿元，比上年增长18.44%，是"十一五"期末的3.09倍，年均增长23.07%。其中：一般公共预算收入为7.04亿元，比上年增长18.15%，是"十一五"期末的3.5倍，年均增长28.2%。财政总支出29.73亿元，比上年增长33.57%。其中，一般公共服务支出、教育支出等稳定增长。

2015年财政收支情况

附表23

指标名称	绝对数（万元）	比上年增长（%）
财政总收入	145546	18.44
其中：一般公共预算收入	70409	18.15
其中：税收收入	54351	26.79
非税收收入	16058	−3.99
财政总支出	297277	33.57
其中：一般公共服务支出	30411	36.26
教育支出	83500	47.32
公共安全支出	12138	13.93
社会保险和就业支出	22816	34.82
医疗卫生和计划生育支出	35262	32.82
科学技术支出	2242	17.14
节能环保支出	15548	38.52

续附表 23

指标名称	绝对数（万元）	比上年增长（%）
农林水事务支出	49800	43.83
住房保障支出	22023	−19.29
城乡社区支出	5199	62.32

税收：2015 年全县共完成税收 11.14 亿元，比上年增长 17.1%，其中国税完成 4.3 亿元，比上年增长 1.21%；地税完成 6.84 亿元，比上年增长 29.94%。

金融：金融业实现增加值 2.8 亿元，比上年增长 36.2%。全县年末金融机构各项人民币存款余额 102.81 亿元，比上年增长 48.35%，其中个人存款 49.48 亿元，比上年同期增长 12.25%；金融机构各项人民币贷款余额达到 52.6 亿元，比上年增长 65.85%。其中个人贷款 26.94 亿元，比上年增长 21%。

八、环境

“十二五”时期，我县严格执行国家产业政策，加强节能减排产业调整，严格环境准入，积极引导企业向环境基础设施较为完善的安龙工业园区集中，在推动产业集聚发展的同时，污染得到集中控制。因地制宜，建成相应的污水处理系统，加强对畜禽养殖、重工业冶炼、烟气、机动车等带污染源产业实施重点治理，提升减排能力。到 2015 年，全县化学需氧量排放总量（含工业、生活、农业）合理控制在 2410 吨以内，比 2010 年的 2647 吨，减少 8.96%；氨氮排放总量（含工业、生活、农业）控制在 320 吨以内，比 2010 年的 374.9 吨减少 14.64%；二氧化硫排放总量控制在 2810 吨以内，比 2010 年的 2479.75 吨增加 13.32%；氮氧化物排放总量控制在 230 吨以内，比 2010 年的 173.6 吨增加 32.49%。

九、教育和卫生事业

教育：“十二五”时期，全县大力实施教育“9+3”计划，推进义务教育均衡发展，新（改、扩）建初级中学 16 所，新（改、扩）建完小 44 所，建成寄宿制完小 23 所，建设教师周转宿舍项目 15 个（35 套）；建立健全“控缀保学”长效机制，九年义务教育巩固率为 86.79%，义务教育初步均衡发展并通过省级督导评估。大力实施“百校大战”项目建设，大力发展三年免费中等职业教育，高中阶段毛入学率为 89.5%。实施学前教育三年行动划，共建成幼儿园 14 所，实现了每个镇（街道）至少有一所公办独立幼儿园，学前毛入学率为 81.47%。加大教育园区建设力度，在园区建成高级中学 1 所，职业学校 1 所，寄宿制初级中学 3 所，幼儿园 1 所，寄宿制小学 2 所，特殊教育学校 1 所。全县教育事业发展取得长足进步，加快了教育现代化进程。

卫生：“十二五”时期，全县卫生医疗体系得到进一步完善。县、乡、村三级共计投入 6628 万元用于卫生医疗基础设施建设，共建成 42028 平方米房屋面积，投入 675.1 万元增加医疗设备。截止 2015 年末，全县共有卫生机构 250 个，其中医院及卫生院 26 个。卫生机构共有床位 1280 张，比上年末增加 129 张。全县卫生技术人员达到 1322 人，比上年末增加 241 人，每千人拥有执业医师 2 人，拥有医院及卫生院床位数 5 张。

十、人口、人民生活和社会就业保障

人口：年末全县常住人口为 36.04 万人，比 2014 年末增加 0.08 万人。全县户籍人口 47.47 万人，比上年增长 0.68%。其中，农业人口 30.02 万人，占总人口的 63.23%；非农业人口 17.45 万人，占总人口的 37.77%。

人民生活：全年城镇居民人均可支配收入 22199 元，比上年增长 10.9%；城镇居民人均生活消费支出 13911 元，恩格尔系数为 37%，文化娱乐消费支出占比 7.33%。

农村居民人均纯收入 6731 元，比上年增长 10.6%；农村居民人均生活消费支出 6233 元，恩格尔系数为42%,文化娱乐消费占比13.56%。

“十二五”期间，全县城镇居民人均可支配收入年均增长11.19%，农村居民人均纯收入年均增长15.12%。

就业和社会保障：截止2015年末，全县城镇新增就业4294人，增长10.96%，累计转移农业劳动力2.91万人，比“十一五”期间增长2.22倍；城镇登记失业率控制在3.84%以内。“十二五”期间，职工五险参保人数大幅增加，基金收入快速增长，保障水平稳步提高。到2015年末，我县企业职工基本养老保险、城镇职工基本医疗保险、工伤保险、失业保险和生育保险参保人数分别达6644人、15648人、21500人、5500人和11300人，参保率分别达到85%、90%、92%、90%、88%。企业退休人员养老金待遇水平大幅度提高，月人均养老金从2010年985元到2015年增加到1990元，增加近2倍。城乡居民基本医疗保险参保人数2015年277035人、2016年278948人。综合参保率达到95%以上，参保率稳定在98%以上。全县2015年社会保险覆盖率预计达90%。社会救助标准继续提高，农村低保标准142元/月，城市低保标准240元/月，较2014年相比低保标准均有所提高。

2016年

“十三五”时期，是安龙县经济社会发展大有可为的重要战略机遇期，是加快经济结构调整、加速发展方式转变的攻坚期，是夺取脱贫攻坚胜利、全面建成小康社会的决战期。经过多年的努力，安龙经济社会发展呈现出“经济加速发展，基础条件日益改善，基础产业体系初步形成，干部抓发展的激情高涨，群众盼发展的愿望强烈”的大好局面，安龙县已经进入厚积薄发、蓄势待发、千帆竞发的新时期。到2016年底全县经济总量首次突破100亿元大关，全面建成小康社会总体实现程度预计达93.5%，实现了“十三五”规划的良好开端。

一、综合

经初步核算，2016年安龙县地区生产总值完成103.59亿元，比上年同期增长14.0%（可比价增速，下同）。其中第一产业增加值完成26.97亿元，比上年增长7.0%，第二产业增加值完成30.1亿元，比上年增长13.0%，第三产业增加值完成46.52亿元，比上年增长18.9%。

三次产业结构由2015年的27.97:31.19:40.84转变为26.04:29.06:44.9，“三二一”的结构逐渐优化。

2016年底全县常住人口36.3万人，人均GDP达到28640元。2012年至2016年期间，全县地区生产总值年均增长13.87%，是2012年末的1.9倍。

二、农业

全年农林牧渔业增加值完成28.94亿元，比上年增长7.0%，其中：农业增加值15.79亿元，比上年增长7.8%；林业增加值1.49亿元，比上年增长6.0%，牧业增加值7.6亿元，比上年增长4.9%，渔业增加值2.09亿元，比上年增长8.2%，农林牧渔服务业增加值1.97亿元，比上年增长6.9%。

2016年主要农副产品产量

附表24

产品名称	单位	产量	比上年增长(%)
蔬菜	万吨	24.97	7.93
油料	万吨	0.7062	26.97

续附表24

产品名称	单位	产量	比上年增长（%）
水果	万吨	0.7730	6.93
家禽	万只	95.81	6.16
禽蛋	万吨	0.44	7.32
生猪	万头	24.13	6.08
肉羊	万只	1.01	4.12
肉牛	万头	1.97	8.24

全年实现粮食播种面积40058公顷，比上年增长4.23%，粮食产量20.17万吨，比上年增长3.28%。

三、工业和建筑业

工业：全县规模以上（年主营业务收入2000万元及以上）工业企业47家，全年实现工业总产值72.25亿元，比上年增长13.5%。产销率为100.15%。全年实现工业增加值25.58亿元，比上年增长12.2%。其中轻工业实现增加值3.09亿元，同比增长12.6%，重工业实现增加值22.49亿元，同比增长12.1%

2016年规上工业企业全年营业收入54.95亿元，比上年同期增长26.62%，营业成本43.76亿元，比上年同期增长23.69%，营业利润2.65亿元，同比增长103.85%。

2016年规模以上工业增加值及增长速度完成情况

附表25

指标名称	工业增加值完成额（亿元）	比上年增长（%）
工业增加值（可比价）	25.58	12.2
在总计中：轻工业	3.09	12.6
重工业	22.49	12.1
在总计中：国有企业	5.63	10
集体企业	0	0
股份合作企业	0	0
股份制企业	11.28	13.4
外商及港澳台商投资企业	0	0
其他经济类型企业	8.67	10.6
在总计中：国有控股企业	7.69	9.8
在总计中：私营企业	12.64	15.7
在总计中：非公有制企业	18.02	14.3
在总计中：大中型工业企业	1.34	12
其中：国有企业	0.45	22.4
在总计中：公有企业	7.57	7.1

建筑业：2016年我县规模以上建筑业总产值增长较快，房屋施工面积也快速增长。全年完成建筑业总产值10.19亿元，比上年增长10.1%。全县实现建筑业增加值5.51亿元，比上年增长17%。全年规上6家建筑资质企业营业收入达到9.83亿元，同比增长12.2%，其中主营业务收入达到9.78亿元，同比增长12.5%。全年实现营业利润0.43亿元，同比增长2.5%。

四、固定资产投资

2016年，国家出台了一系列宏观调控政策，完善投资回报机制、为企业投融资松绑、实施智能制造专项、放宽保险资金可投资的基础设施项目行业范围等。结合安龙县发展实际，在全州吹响脱贫攻坚号角的同时，安龙县出台了符合县情的“老乡进城”、城区棚户区改造等一系列民生政策，加大各项产业项目投资，全年完成规模以上（500万元以上口径）固定资产投资完成74.29亿元，比上年增长22.5%。其中：产业投资占总投资比重为28.8%；民间投资完成额占总投资比重为22.38%。按三次产业投资情况来看：一产投资完成占总投资完成额的11%；二产投资完成占总投资完成额的31%；三产投资完成占总投资完成额的58%。基础设施建设项目完成额占总投资比重48.15%。

回顾2012年来，安龙县累计完成固定资产投资354.13亿元。其中2016年完成投资额是2012年末的2.1倍，年均增长16.1%。

五、市场经济和旅游

市场经济：2016年，安龙消费市场保持活跃的发展氛围。截止2016年末，全县社会消费品零售总额13.01亿元，比上年增长13.1%，实现了“十三五”规划的良好开端。其中：批发业销售额实现13.95亿元，同比增长14.6%；零售业销售额实现15.95亿元，同比增长18.7%；住宿业营业额实现0.14亿元，同比增长17.9%；餐饮业营业额实现1.83亿元，同比增长21.8%。

批零住餐业增加值为4.58亿元，同比增长8.82%。其中批发业增加值为0.81亿元，同比增长7.5%；零售业增加值为0.45亿元，同比增长9.3%；住宿业增加值为2.52亿元，同比增长9.5%；餐饮业增加值为0.81亿元，同比增长7.8%。

旅游：2016年，我县旅游工作在省、州旅发委的业务指导下，紧紧围绕“转变旅游发展方式，推动产业化升级”抢抓机遇，趁势而上，以科学发展观统领全局，全面贯彻落实《国务院关于加快发展旅游业的意见》的精神，按照建设“六乡安龙”发展目标，打造山地旅游精品，提升乡村旅游质量，搞好旅游宣传推介，着力培育旅游市场，实现旅游业井喷式较快增长。2016年实现旅游接待人数380万人，旅游社会综合收入5.76亿元。2016年我县旅游综合发展平价指数为78.35，排全省县域第二方阵中第6位，营商环境指数为71.44，排第8位，全年纳入统计库的限上电子商务企业有72家，服务业对地区经济增长拉动力为8.27个百分点，各个数据表明，我县消费经济快速发展，需求结构逐步改善。

六、交通运输、邮电和通讯

交通运输和邮电：2016年，我县交通运输、仓储和邮政业稳定发展，实现增加值12.32亿元，比上年增长18.3%。全年共投入项目建设12.72亿元，在交通基础设施方面创新发展，公路建设取得新突破。其中完成荷都大道15公里、市府大道至金碑至钱相14公里的两条市政道路，正在建设张家桥至四门洞县公路，这三条路的建设将进一步提升我县地方道路的服务功能，为工业园区、观光旅游、城区出口通道等提供顺畅便捷的交通环境。据统计，2016年我县通村沥青（水泥）路安排65个项目，294.1公里，惠及65个行政建制村，到年底全县行政村通沥青（水泥）路比重达85.14%，预计2017年底全部建成使用，农村建制村通客运车辆比重达91.55%，为我县居民出行提供了较好的便捷度。

随着互联网和电子商务的快速发展，我县接入互联网用户、移动用户较快增长，截止2016年末互联网固定宽带接入户数、移动电话用户分别为43546户和384300户。分别比上年增长84.2%和1.8%。

七、财政、税收和金融

财政：截止2016年末，全县实现财政总收入17.59亿元，比上年增长20.86%。其中：一般公共预算收入为8.68亿元，比上年增长23.35%。财政总支出34.89亿元，比上年增长17.36%。其中，一般公共服务支出、教育支出等稳定增长。

2016年财政收支情况

附表26

指标名称	绝对数（万元）	比上年增长（%）
财政总收入	175913	20.86
其中：一般公共预算收入	86849	23.35
其中：税收收入	58600	7.82
非税收收入	28249	75.92
财政总支出	348898	17.36
其中：一般公共服务支出	29748	23.13
教育支出	106011	67.29
公共安全支出	13256	21.33
社会保险和就业支出	22732	44.85
医疗卫生和计划生育支出	32631	7.89
科学技术支出	2100	55.44
节能环保支出	21387	61.51
农林水事务支出	56857	14.17
住房保障支出	21909	0.52
城乡社区支出	8707	142.87

税收：2016年全县共完成税收11.66亿元，比上年增长4.67%，其中国税完成5.18亿元，比上年增长20.47%；地税完成6.48亿元，比上年下降5.27%(受营改增政策影响，地税税收数据呈负增长趋势)。

金融：金融业实现增加值4.24亿元，比上年增长49.1%。全县年末金融机构各项人民币存款余额146.53亿元，比上年增长42.52%，其中个人存款58.23亿元，比上年同期增长17.68%；金融机构各项人民币贷款余额达到75.6亿元，比上年增长43.6%。其中个人贷款30.41亿元，比上年增长12.88%。

八、环境

环境：2016年来，安龙县人居环境不断优化，生态环境不断美化。启动了13座生活垃圾转运站及配套设施建设，城乡生活垃圾无害化处理率达89%；普坪、钱相等小城镇建设成效显著，投入“四在农家·美丽乡村”建设资金23.59亿元，完成通组路、串户路硬化1080公里，实施680个自然村寨“小康寨”建设项目，农村整体面貌显著改善。2016年“多彩贵州·文明行动”排全省第7位。完成城区周边山头大苗绿化美化工程7250亩，城区山头绿化取得突破。投入生态基础设施建设及造林工程资金13.68亿元，森林覆盖率达52%，提高8个百分点。环保动态监测监管体系不断完善，城区环境空气综合指标达标率和集中式饮用水水源地水质达标率均列全省第一，污水处理率达97.74%。

九、教育和卫生事业

教育：近年来，安龙县教育事业迈上新台阶。完成教育投资11.48亿元。建成占地1500亩的教育园区；新增中小学、幼儿园18所，民办教育有序发展；"9+3"计划、学前教育三年行动计划和义务教育基本均衡发展等通过省级督导评估。2016年完成学前教育招生8500人，学前教育在校生为12099人，完成省、州下达的目标任务。下拨贫困寄宿生生活费补助资金1956.57万元，共有17602名贫困家庭寄宿学生享受补助。下拨普通高中国家助学金432.8万元，4182人次享受普通高中国家助学金。到2016年末，我县九年义务教育巩固率指数和高中及以下阶段教育指数均达100%。全县教育事业发展取得长足进步，加快了教育现代化进程。

卫生：2016年来，完成有关卫生计生单位76名高、中、初级专业技术职务聘任（续聘）工作。新办1个民营医院、1个社区卫生服务站、1个村卫生室；新增执业（助理）医师40名、执业护士15名，新增住院病床80张。进一步抓好妇幼卫生工作。2016年全县活产数6434人，住院分娩6359人，住院分娩率98.83%；新法接生2962人，新法接生率100%；筛选高危产妇63人，高危孕妇住院分娩63人，高危住院分娩率100%；2016年无孕产妇死亡。到2016年末我县拥有卫生机构床位数1131张，拥有职业医师数445人。5岁以下儿童死亡率控制在10.72%。

十、人口、人民生活和社会就业保障

人口：年末全县常住人口为36.3万人，比2015年末增加2600人。全县户籍人口47.19万人，比上年增长1.51%。其中，农业人口27.14万人，占总人口的56.32%；非农业人口21.05万人，占总人口的43.68%。

人民生活：全年城镇居民人均可支配收入24352元，比上年增长9.7%；城镇居民人均生活消费支出13911元，恩格尔系数为32%，文化娱乐消费支出占比8.03%。

农村居民人均可支配收入7424元，比上年增长10.3%；农村居民人均生活消费支出7034元，恩格尔系数为37%，文化娱乐消费占比14.82%。

就业和社会保障：2016年来，安龙县积极探索拓宽就业渠道，就业率得到稳步推进。社会保障体系不断完善。全年城镇新增就业4500人，下岗失业人员实现再就业655人，就业困难人员就业456人，2016年登记失业人员819人，期末从业人员21260人，登记失业率3.71%，控制在4.2%以内。年内城乡低保实现逐年提标、应保尽保。城镇劳动力从业人员规模累计达到2.50万人，农村劳动力转移就业规模扩大到7721人，累计发放创业小额担保贷款2093户1.65亿元，带动就业5259人。全年安龙县企业职工基本养老保险参保人数达6572人；城镇职工基本医疗保险参保人数达13000人；工伤保险参保人数14995人；失业保险参保人数5700人；生育保险参保人数9702人。全年支付企业职工基本养老保险基金4898万元，享受人次达22554；城镇职工基本医疗保险基金基金支出2206万元，享受人次达80629；工伤保险基金支出1402万元，享受人次达931；失业保险基金支出102万元，享受人次达360；生育保险基金支出90万元，享受人次达467。各项就业和社会保障体系的完善，为城乡居民生活提供了更强的后动保障。

2017年

2017年是十九大召开之年，是"十三五"承上启下的关键之年。面对国内外环境偏紧、经济下行压力加大的严峻形势，县委、县人民政府统揽大局，坚持稳中求进工作总基调，积极顺应经济发展新常态，不断加快经济结构转型发展，狠抓脱贫攻坚，加强民生保障、优化资源环境，创新社会治理，全县经济社会呈现稳定增长、转型加快、民生改善、社会和谐的良好态势。到2017年底全县经济总量达118.73亿元，全面建成小康社会总体实现程度预计达96.3%。

一、综合

经初步核算，2017年安龙县地区生产总值完成118.73亿元，比上年同期增长14.1%（可比价增速，下同）。其中第一产业增加值完成28.85亿元，比上年增长7.1%，第二产业增加值完成34.51亿元，比上年增长11.9%，第三产业增加值完成55.37亿元，比上年增长19.5%。

三次产业结构由2016年的26.04∶29.06∶44.9转变为24.3∶29.07∶46.63，“三二一”的结构逐渐优化。

2017年底全县常住人口36.35万人（年平均常住人口36.32万人），人均GDP达到32685元。2013年至2017年期间，全县地区生产总值年均增长13.26%，是2012年末的2.2倍。

二、农业

全年实现农林牧渔业增加值30.88亿元，比上年增长7.0%，其中：农业增加值17.08亿元，比上年增长7.6%；林业增加值1.8亿元，比上年增长9.6%，牧业增加值7.84亿元，比上年增长4.7%，渔业增加值2.12亿元，比上年增长10.3%，农林牧渔服务业增加值2.03亿元，比上年增长6.2%。

2017年主要农副产品产量

附表27

产品名称	单位	产量	比上年增长（%）
蔬菜	万吨	26.72	7.89
油料	万吨	0.71	1.18
水果	万吨	1.26	34.68
家禽	万只	102.64	8.26
禽蛋	万吨	0.45	3.01
生猪	万头	26.05	7.92
肉羊	万只	1.15	14.03
肉牛	万头	2.15	8.72

全年实现粮食播种面积38848公顷，比上年下降3.02%，粮食产量19.2万吨，比上年下降4.84%。

三、工业和建筑业

工业：全县规模以上（年主营业务收入2000万元及以上）工业企业58家，全年实现工业总产值76.9亿元，比上年增长18.0%。全年实现规模以上工业增加值28.66亿元，比上年增长12.0%。其中轻工业实现增加值3.94亿元，同比增长243.5%，重工业实现增加值24.72亿元，同比增长6.4%。

2017年规上工业企业全年营业收入63.58亿元，比上年同期增长15.71%，营业成本39.49亿元，比上年同期下降9.75%，营业利润16.3亿元，同比增长515.09%。

2017年规模以上工业增加值及增长速度完成情况

附表28

指标名称	工业增加值完成额（亿元）	比上年增长（%）
工业增加值（可比价）	28.66	12.0
在总计中：轻工业	3.94	243.5
重工业	24.72	6.4
在总计中：国有企业	1.53	-38.1
集体企业	0	0
股份合作企业	0	0
股份制企业	15.04	43.9
外商及港澳台商投资企业	0	0
其他经济类型企业	12.09	9.1
在总计中：国有控股企业	2.73	-26.7
在总计中：私营企业	17.69	38.1
在总计中：非公有制企业	23.17	31.3
在总计中：大中型工业企业	3.48	0.2
其中：国有企业	0.49	-0.9
在总计中：公有企业	0.25	-31.4

建筑业：2017年安龙县规模以上建筑业总产值增长较快，房屋施工面积快速增长。全年完成建筑业总产值12.17亿元，比上年增长10.9%。全县实现建筑业增加值6.58亿元，比上年增长14.9%。全年规上8家建筑资质企业营业收入达到1.48亿元，同比增长15.04%，其中主营业务收入达到1.48亿元，同比增长15.13%。全年实现营业利润0.82亿元，同比增长71.24%。

四、固定资产投资

2017年来，安龙县着力推进供给侧结构改革，坚守发展和生态两条底线，以健康养生、绿色发展为主导，大力发展食用菌、特色蔬菜等高效农业产品，助推城乡经济实现一体化融合发展，充分利用棚户区改造建设推动房地产业去库存，加快安龙县栖凤生态湿地走廊、柔远门景观工程建设等旅游产业项目建设。全年完成规模以上（500万元以上口径）固定资产投资完成91.19亿元，比上年增长22.7%。其中：产业投资占总投资比重为45.3%；民间投资完成额占总投资比重为39.14%。

自2013年以来，安龙县累计完成固定资产投资390.32亿元。其中2017年完成投资额是2012年末的1.6倍，年均增长16.63%。

五、市场经济和旅游

市场经济：2017年，安龙消费市场保持活跃的发展氛围。截止2017年末，全县社会消费品零售总额14.71亿元，比上年增长13.0%。其中：批发业销售额实现16.38亿元，同比增长17.2%；零售业销售额实现18.53亿元，同比增长16.2%；住宿业营业额实现0.26亿元，同比增长17.1%；餐饮业营业额实现2.25亿元，同比增长22.9%。

批零住餐业增加值为5.04亿元，同比增长8.6%。其中批发业增加值为0.88亿元，同比增长8.2%；零售业增加值为0.49亿元，同比增长7.2%；住宿业增加值为2.75亿元，同比增长9.1%；餐饮业增加值为0.92亿元，同比增长8.7%。

旅游：2017年安龙县紧紧围绕“转变旅游发展方式，推动产业化升级”抢抓机遇，趁势而上，以科学发展观统领全局，全面贯彻落实《国务院关于加快发展旅游业的意见》的精神，按照建设“六乡安龙”发展目标，打造山地旅游精品，提升乡村旅游质量，搞好旅游宣传推介，着力培育旅游市场，实现旅游业持续井喷式增长态势。2017年预计实现旅游接待人数290万人，旅游综合收入8.65亿元，同比分别增长31.82%和50%。

2017年全县旅游综合发展平价指数为75.97，排全省县域第二方阵中第5位（下同），营商环境指数为65.97，排第6位，网络零售额完成977万元，排第13位；网络零售额增长速度为596.1%，排第9位；全年服务业对地区经济增长拉动达8.06个百分点，有效推进全县经济快速发展。

六、交通运输、邮电和通讯

2017年，安龙县交通运输、仓储和邮政业稳定发展，实现增加值13.63亿元，比上年增长6.1%。全年共实施通村公路项目15个101.8公里，总投资21801万元，实施组组通公路项目189个281.649公里，总投资16898.94万元，截至2017年12月，全县通沥青（水泥）路行政村建制村个数达296个，建制村通沥青（水泥）路比重达100%。2017年，全县累计实现建制村通客运数量达296个，建制村通客运车辆比重达100%。为全县居民出行提供了较好的便捷度。

随着互联网和电子商务的快速发展，全县接入互联网用户、移动用户较快增长，截止2017年末互联网固定宽带接入户数、移动电话用户分别为59200户和390653户。分别比上年增长35.95%和1.65%。

七、财政、税收和金融

财政：截止2017年末，全县财政总收入完成19.18亿元，比上年增长9.05%。其中：一般公共预算收入为10.06亿元，比上年增长15.78%。财政总支出35.54亿元，比上年增长1.86%。其中，医疗卫生、教育支出等社会保障支出稳定增长。

2017年财政收支情况

附表29

指标名称	绝对数（万元）	比上年增长（%）
财政总收入	191840	9.05
其中：一般公共预算收入	100558	15.78
其中：税收收入	77261	31.84
非税收收入	23297	−17.53
财政总支出	355387	1.86
其中：一般公共服务支出	34560	16.18
教育支出	106251	0.23
公共安全支出	15145	14.25
社会保险和就业支出	30931	36.07
医疗卫生和计划生育支出	51616	58.18

续附表 29

指标名称	绝对数（万元）	比上年增长（%）
科学技术支出	9698	361.81
节能环保支出	16651	−22.15
农林水事务支出	41593	−26.85
住房保障支出	11064	−49.5
城乡社区支出	16142	85.39

税收：2017 年全县共完成税收 12.96 亿元，比上年增长 11.15%，其中国税（安龙片区，不含义龙）完成 6.61 亿元，比上年增长 38.2%；地税（安龙片区，不含义龙）完成 5.81 亿元，比上年 20.3%。

金融：金融业实现增加值 5.11 亿元，比上年增长 16.3%。全县年末金融机构各项人民币存款余额 161.48 亿元，比上年增长 10.2%，金融机构各项人民币贷款余额达到 106.39 亿元，比上年增长 40.73%。全部金融机构人民币存贷款余额增长速度为 22.33%，在全省县域二方阵中排第 5 位。

八、环境

2017 年安龙县紧紧围绕中央和省、州的重大决策部署，按照“强能力、重监管、守底线、促发展”的思路，牢牢守住了发展和生态两条底线，加强对集中式饮用水源保护区的环境监管，实施饮用水源环境综合整治工程，安龙县 4 个集中式饮用水水源水质均达到《地表水环境质量标准》（GB 3838—2002）和《地下水质量标准》（GB/T 14848—93）III 类水质及以上标准，2017 年来安龙县集中式饮用水水源地水质达标率达 100%，同时，投入 27 万元，完成 9 个 1000 人以上农村饮用水源的保护规划工作。通过开展淘汰燃煤锅炉、淘汰黄标车及老旧车和建筑工地扬尘治理等大气污染防治工作，并加强了对空气质量自动监测站的管理，空气自动监测站正常运行，环境空气质量达标率为 100%。截至 12 月底，安龙县大气环境质量及管理指数为 1.98，排全省（县域二方阵中，下同）第 1 位；城乡生活垃圾无害化处理率为 83.99%，排第 5 位；土壤环境质量及管理指数为 1.95，排第 11 位。

九、教育和卫生事业

教育：2017 来，安龙县按照“学前教育抓普及，义务教育抓巩固，高中教育抓提升，职业教育抓效益”的办学思路，推进各类教育协调发展，全面提高教育教学质量。投资 5191 万元，建设面积 51404 平方米，改善 25 所学校办学条件。开工建设“一区三院”（即教育园区、九峰书院、文峰书院、珠泉书院），启动第三期学前教育三年行动计划，扩大公益、普惠性学前教育资源，增加学位，新开办县级二类幼儿园 2 所，村级附属幼儿园 25 所，审批民办幼儿园 6 所，清理 40 所非法民办幼儿园，合理安置 3009 名幼儿入园。加大入园宣传力度，完成学前招生 12017 人，学前三年毛入园（班）率为 89.64%。实施教育精准扶贫，资助学生 55112 人，资助金额 12252.7 万元，办理助学贷款 3247 笔，贷款金额 2088.1016 万元，确保每一个贫困学生都能顺利完成学业，防止因学致贫和因学返贫，阻断贫困代际传递。大力宣传“控辍保学”工作，实现小学辍学率为 0、初中辍学率为 0.19%，九年义务教育巩固率为 91.18%，高中阶段教育毛入学率为 90.5%，高中及以下教育指数为 97.99%。

卫生：2017 年安龙县加大医疗卫生基础设施建设，完成平乐郎元村，兴隆红星、阿兴，洒雨下陇村卫生室验收。新建栖凤街道坪寨村、普坪镇香车河村、钱相新华村、招堤冗讲村、笃山万家店村 5 个村卫生室。完成县医院新院区搬迁并投入使用，建成县疾控中心实验楼，实施医疗健康扶贫，卫生计生服务能力明显提高。截至 12 月底，全县拥有医疗机构床位数 1531 张，千人拥有床位数为 2.93 张，千人拥有执业医师1人，5岁以下儿童死亡率9.85‰。

十、人口、人民生活和社会就业保障

人口：年末全县常住人口为36.35万人，比2016年末增加500人。全县户籍人口48.56万人，比上年增长2.9%。其中，农业人口27.32万人，占总人口的56.26%；非农业人口21.24万人，占总人口的43.74%。

人民生活：全年城镇居民人均可支配收入26714元，比上年增长9.7%；城镇居民人均生活消费支出17448元，恩格尔系数为35%，文化娱乐消费支出占比7.76%

农村居民人均可支配收入8130元，比上年增长9.5%；农村居民人均生活消费支出7709元，恩格尔系数为37%，文化娱乐消费占比13.79%。

就业和社会保障：2017年来，安龙县全面落实新一轮积极就业政策，以城镇新增就业工作为重点，大力实施就业和创业工程，各项就业工作稳步推进。全年城镇新增就业4739人，下岗失业人员实现再就业660人，就业困难人员就业460人，2017年登记失业人员842人，期末从业人员21906人，登记失业率3.7%，控制在4.2%以内。农村劳动力转移就业规模扩大到8641人。全年安龙县参加城镇企业职工基本养老保险人数为8590人；参加机关事业单位从业人数为8208人；机关事业单位离退休人数为2898人；参加县城乡居民社会养老保险人数为233881人；参加城镇职工基本医疗保险人数为15668人；参加城乡居民医疗保险人数为389974人；工伤保险参保人数14231人；失业保险参保人数6000人；全年支付企业职工基本养老保险基金5480万元，享受人次达25695；工伤保险基金支出1127万元，享受人次达1056；失业保险基金支出93.4万元，享受人次达658；机关事业单位养老保险保险基金支出7932万元，享受人次达9949。年内城乡低保实现逐年提标、应保尽保，1—12月份共发放救助兜底资金3863.4743万元。其中，1—12月份发放了城乡低保资金3145万元（其中农村低保资金2603万元〈其中4月份补发1—3月份原保障标准与新保障标准的差额127.7874万元〉、城市低保资金542万元〈其中4月份补发1—3月份原保障标准与新保障标准的差额17.6832万元〉，发放1319残疾人生活补贴资金87.05万元），1—12月份发放46名孤儿供养资金35.04万元，1—12月共发放743人特困供养对象（其中集中供养247人、分散供养496人）供养资金683.4343万元。各项就业和社会保障体系的完善，为城乡居民生活提供了更强的后劲保障。

三、碑记疏选载

设南笼厅学疏

〔清〕贵州巡抚　刘荫枢

题为盛世之文教，遐宣边地之人才渐起，请援例设学以光治化以培士习事。该臣看得安顺府属南笼厅通判张士佳请设学校，臣批布政司迟炘查议前来。臣查南笼厅虽是府属，人民钱粮该厅专管，与州县无异。从前士子寄附别学，迩年以来，人文日盛，理宜专设教员，各行考试。臣仰体皇上崇儒育才之意，吁请俯准照湖广镇溪所之例，设立学校，以普安县训道专司学务，进取文武童生各八名，廪贡随照小学例，行其学宫。明季原有旧制，今改为义学，时加修葺，旧制巍然，两庑大成门衙署，该厅通判自愿设法捐修，教官现有普安县分管。南笼苗童之训道，该员专司，膳夫、门子等役分半跟随，俱不必另设，官役俸工亦无增添，学记照例颁给，至春秋祀典、饩粮、花红等项照各学现行例支给报销，则边方声教益隆，士民欢腾弥切矣。臣谨会题，康五十四年十月初六日奉旨该部议奏钦此，钦遵到部。该臣等会议得贵州巡抚刘疏，称南笼厅虽系府属，而人民钱粮与州县无异，士子寄附别学，宜专学校请照湖广镇溪所例设学等语。查康熙五十三年内，护理巡抚务湖南布政司阿淋题请湖广辰州府属镇溪所设立学校。臣部议覆在案，今贵州巡抚刘题请将南笼厅照镇溪例设立学校前来相应，如该抚所请，南笼厅设立学校自康熙五十五乍为始，照小学例进取文武童生各八名其出贡补廪，俟人文繁盛。该题请到日再议，至文庙春秋祭祀等项于该厅地丁银内动支，备办每年造报奏销可也。康熙五十四年十一月初六日，题本月初八日奉旨依议。

会议分界设府疏

〔清〕云贵总督　鄂尔泰

题为酌议黔粤划江分界添设文员、营汛，以安边境，以卫岩疆事。雍正五年三月初三日，内阁交出奉上谕上年八月内贵州安笼总兵官蔡成贵折奏，广西西隆州古障地方王尚义等与贵州普安州捧鲊地方之苗目阿九等历年争歪染、乌舍、坝犁、鲁磉等寨，于雍正二年正月控告被掳无休，及臣抵任即通咨移行。巨将阿九等设法擒剿，臣思歪染等寨未经审勘属粤属黔，不便遽然用兵。请转咨粤省抚提各委贤员于交界之地研审踏勘，并查歪染各寨钱粮现纳何处。定案清理果系何目强梁，再行擒治。虽经督臣高其倬行委普安州知州，广西抚臣李绂行委西隆州知州订期会勘，无如托迟延，至今未结。推原其故，因二苗自相仇杀，俱系外结，例无考成，是以频年膜视伏恳。敕下黔粤抚臣另委廉能大员秉公审断，以杜争端。嗣后审理两省交界土苗案件，请敕部议定限期完结，于边方似有裨益等语。朕将蔡成贵奏折发与鄂尔泰，令其定议奏闻。今据鄂尔泰折奏，查得广西西隆州古障地方土目王尚义等与贵州普安州捧鲊地方苗目阿九等历年互争歪染、乌舍、坝犁、鲁磉等寨，于雍正二年正月控告焚掳无休。两年以来，自前任督臣高其倬并贵州巡抚提镇诸臣移行粤省抚抚提诸臣，屡经咨催，即何世璂到任后，羽檄交驰，无如西隆地多烟瘴，该牧寄寓省城一岁中，惟冬季暂驻其地，而一切催徵事务又复倥偬，遂至任催罔应，则衍期之咨多在粤省。今准部咨令臣与何世璂委大员会勘，随委贵西道吴应龙前往并咨催粤西抚臣遴委大员，遂即会审，俟审定详报曰，臣等再当会议。窃思邻边地方苗民杂处，抢掳为常，劫夺不已，姑息因循，酿成此习，其故多由外结，此至当不易之论。臣分别流土考成，使各有专责，不致互相推诿，迟延不结之处缮折具奏，经部议覆在案。至于黔粤之交原有大江为界，只因犬牙相错，以致彼此纷争，今若划江而理，江以南属之粤，江以北属之黔，则界限井然，防守稽查皆易，为力庶几两省纷争永绝，又不独完结目前案件等语。鄂尔泰既称黔粤二省当以大江分界，使各加防守稽查，则争端可以永息，令韩良辅、李绂前往云南与鄂尔泰面商，苗地事宜着将黔粤分界事情一并会商，妥议具奏。其土苗争讼案件例由外结者，应如何定限之处亦着鄂尔泰、韩良辅、李绂议奏。特谕钦此钦遵，交出到部，移咨到臣，当经移行遵照在案。臣等前赴安笼等地方细加谘访，面商酌议，除土苗争讼案件酌定例限另疏外，臣等会看得广西西隆州、泗城府与贵州普安州南笼厅、永宁、定番二州地方俱犬牙相错，土苗杂居，以致争占地土，互相仇杀，积案不清。黔粤之交原有大江为界，钦奉上谕，着臣等将黔粤分界事情一并会商妥议具奏，钦此钦遵。臣等查红水一江实天之所以限黔粤也。

粤西诸水皆清，独此江色红，水浊；诸水遇滩则迂回迤逦，势多平衍，独此江奔腾湍激，壮若黄河况。发源于滇，流入粤之西隆州境，经东兰、那地等土司入右江，由浔、梧经粤东之肇、广入海。粤在江南，黔在江北，厘然并无错壤，惟泗城、西隆两处苗仲地方多有跨江而北与黔省畛域相连，村寨相间，蛮性犷悍轻生，睚眦必报，锱铢必较，黔员既难兼辖，粤员亦难遥制，遂致仇杀劫掳纷扰无休。今臣等酌议黔粤两省以红江为界，江以南属广西，江以北属贵州，使疆界分明，更无淆混，即或有争夺案件，事隶一省亦易于完结。其南丹土州、荔波等县，距贵州地方甚远，且素无争夺，毋庸划分，应将西隆州所属之罗烦、册亨等甲，共四甲半零二十二寨割隶贵州；泗城府所属江北之上江、长坝、桑郎、罗斛等甲，共十六甲亦割隶贵州。此西隆、泗城所割江北地方南北约三百里，东西径六七百里地，既辽阔，民复凶悍，若止归并附近之黔属州县管辖，不但鞭长莫及，且恐向有仇隙各图报复，彼此不能相安，应请于泗城对江之长坝地方设立州治，添知州一员，专理吏目一员佐之，学正一员专司训迪。东北罗斛四甲与贵州定番、永宁二州相连，土苗凶顽，山溪尤险，应设州判一员，并将桑郎甲令其分理，即驻札罗斛甲地方。西隆州所割四甲半有零，除罗斛一甲、剥弱下甲与州治相近外；册亨、龙渣二甲，巴结半甲、剥弱上半甲相距窎远，而册亨尤为难治，应设州同一员，即将龙渣、巴结等甲令其分理，驻札册亨甲地方。州治应有武职防守，新改流地方，又属两省交界，尤藉兵威，应设守城游击一员、守备一员、千总一员、把总一员，兵五百名，以游击并千总一员、兵二百五十名防守州治，以守备并把总一员、兵一百五十名防守州同，所治以把总一员、兵一百防守。州判、所治以上官兵归于安笼镇统辖，所添之兵，黔省各标镇协营在，汛广兵单，未便再行抽拨，应请召募充补。泗城之北原有一肩作山，山势高险，为黔粤分界；而黔属之董家旗尾洒村龚赵二家屯、李家屯、坡哈寨、打村寨、金井寨、坝草寨、朵万寨、罗帕寨、王村等十处迤东一线，穿入泗城腹里，甚为错杂，今江北地方既改隶黔省，应将此十寨一并于新设知州管理更为清楚。再安顺一府原辖三州五县，南笼一厅，地方广阔，旧已鞭长莫及，今若再辖新设一州，又增数百里之地，势难兼顾，除镇宁、永宁二州，普定、安平、清镇三县仍听安顺府管辖外，并请将安笼所属地方改为府治，添设知府一员、经历一员，仍留南笼通判为之佐理，将附近之普安一州，安南、普安二县并新设之一州俱归南笼府管辖。则盘查仓库，批审案件得免往返稽迟，便于督催起解，庶两府分治事无误。又普安州之捧鲊地方有养马箐穿连三十余里，山势嵯峨，树木幽密，路径崎岖，蛮烟笼罩，为三江之咽喉，夷之要隘。上江、白云屯，峭石壁立，俯视各寨险峻异常，惟有一径可以纡回攀援而上；法岩寨，山高十五里，路险岩危；歪染寨，烟户百余家，田多民富。以故夷猓居险负隅，若于捧鲊地方设立一营，白云屯之上拨一弁员带兵扼险，法岩、歪染二处设立大汛防守，余则相度形势设汛安兵，使之星罗棋布，会哨游巡不帷，黔夷可以控制，即粤亦不敢起衅。查黄草坝地界在捧鲊之内，从无烧掳大案，应即以驻防黄草坝之安笼镇标左营游击一员、千总一员、把总一员、兵三百名移驻捧鲊，将原防捧鲊汛之把总一员、兵五十名称驻黄草坝，轻重缓急更觉得宜。黄草坝居民稠密，汉多夷少，且距州遥远，必须文员管理，应于普安州添设州判一员，分驻其地专理细事，并管三江稽查奸宄，遇有命盗重案，仍报州审详查。黔省按察司衙门有经历照磨二员，并无执掌事件，合将经历裁汰，即改普安州判，庶文事武备严密周详而边方汉夷得以安贴矣。如蒙圣恩，俞允所设新州并请钦赐佳名，知府、知州员缺仰请皇上将记名能员补授或准臣黔属现任府厅州县内拣选。题补游击、守备、千把总，可以酌量裁调，不须添设，其州同、州判、经历、吏目等官，请敕下部，臣即行铨选并铸给知府、知州、学正、经历印信。除塘汛、城垣衙署等项俟勘估造册另行具题外，所有会议划江分界、添设官兵事理，臣等谨会同具题，伏乞皇上睿鉴敕部议覆施行。

四、志乘序跋

乾隆《南笼府志》序

李其昌

南笼无志也，地落荒陬，苗多蠢蠕，历以羁縻外之统，归梁州南境，无可志，亦不必志也。洎乎前明分戍置屯，设卫所于陵元之堡，始曰“安笼”。嗣是以还，人杂汉彝，地近衣冠，历二百余年，宜若有可志者。乃割隶无定，风物可知，山川虽犹是也，而有苗未格，难成大禹之谟，稽黔志于子章，亦属笔未及矣。

洪惟我朝文德诞敷，远人来服，自古不臣之地，莫不喁喁向风，属在南笼，又其声教所先讫者。改厅建府以来，定田赋，设胶庠，举侏离犷悍之习，廓而清之，百年之气象维新，一人之经纶丕著也。

昌恭膺简命，来守是邦。虽稽往事，未有成书。履新阡而经界绮错，临 璧而雅藻芳流。其间，象野之拱于辰，山泽之奠于位，城郭之固吾圉，区域之画乃封，历历可征，恍若图呈在目。矧乎式孝友之闾，其人可作。棹节义之楔，厥事如生，无曰边隅，有足多者。是可知南笼之无志，亦无可志也。今之风土、人物，较诸往昔，若开草昧而启蒙，风气协天，时物随化。按百余年休养熏陶之情事而胪列之，将以占天时，考封域，稽浍亩，明官常，别贞淫，刺奢俭，察祲祥，昭信守，悉具于是。无事附会远搜，徒落撦挦者，猗欤休哉！从古羁縻之属，历无可志者，而今之有志，且必志之者，何也？盖志者，志其实也。实之不存，志将焉属？故昔之风土、人物无可志，而今志之，且必志之，实以盛朝至治之实云尔。由斯以谈，昌是以不揣无文，窃取《周官》外史之意，据事直书，以附文献之末，而南笼于是乎有志。

道光《兴义府志》序

张 锳

郡之有志，所以表贤敦俗，佐治兴文，考沿革，正疆域，辨险要，察风土，论政教，励官常，详典章，以备掌故者也。

兴郡南界粤、西界滇，盘江环郡，万山凌云、汉苗杂处，为黔省西南要郡，尤不可以不详志。

粤稽郡地，上古为盘瓠国，唐虞为荒服，殷曰鬼方，周曰夜郎、曰牂牁、曰靡莫，其时属在遐荒，未渐声教，方物阙如。追汉始置郡县。前汉曰牂牁郡、曰夜郎县，后汉曰兴古郡；晋曰夜郎郡。名宦乡贤，于时辈出，可志良多。降及六朝，厥地设入爨蛮，至唐羁縻，遥置盘州；宋为罗番国，为于矢部，未置郡县；元为普安路。凡此数朝，稽之载籍，间有可征。迨至明初，于今郡全境设二卫六所。二卫者，普安卫、安南卫；六所者，安南所、安隆所、新兴所、新城所、中左所、中右所是也。明之中叶，又析普安卫置普安州，一朝之人物、典章，粲然可考。

洎我皇朝顺治初年，故明之永明王窃据郡境，僭改安隆所为安龙府，至顺治十五年地入版图，乃改安龙府为安笼所，后析普安卫置普安县。康熙时又裁安南、安笼二所设南笼厅，改安南卫为安南县。雍正中，始升南笼厅为南笼府，又割泗城地设永丰州，与普安州、普安县、安南县并隶府，郡守与州县分境而治。乾隆中仍其制，至嘉庆二年平苗，乃赐改南笼府曰兴义府，改永丰州曰贞丰州；又析府地及普安州地设兴义县；而普安州旋改为普安厅，遂不隶府。于是，郡领州一、县三，曰：贞丰州、兴义县、普安县、安南县。郡守仍与州、县分境而治，而所领州县与雍正、乾隆进异矣。

洪惟我国家圣圣相承，皇仁远被，文教遐宣，久道化成，以迄于今，郡境沐浴圣化二百余年矣。礼乐彬彬，人文蔚起，风俗醇美，允臻极盛，猗欤休哉！人物、典章，诚志不胜志焉。

镁守斯郡，前后瞬逾十载。忆道光二十一年初来守郡，见郡境山川奇秀，风气敦庞，士乐诗书，民安耕凿，輾然喜，既乃考典章，览郡志。志为乾隆中李涟溪郡守撰，书名《南笼府志》，凡八卷，纪载颇为简明。惟书仅有八志，而无表无列传，又书成于乾隆二十九年，距今几近百年。郡与州县既经析置改隶，凡疆域、制度、田赋之类，已多与今不合。矧近百年中，郡之名宦、乡贤、忠臣、孝子、文人、良将，以及列女，宜续志者多。且旧志仅志府亲辖境事，未志所属各州县境事，则旧志不可不增修也。

修郡志，郡守责也，镁不敢多让，自任增修。乃出藏书万卷，博考纂辑，复询绅士，访父老，属草焉。如是者十年，稿凡数易。道光三十年，聘楚南邹叔绩孝廉来郡，出稿相质，商榷经年，又易稿者再。咸丰元年，又聘江南朱莲生茂才襄修，商榷两年，与共定义例，阙者补，伪者正，冗者节，泛者删，又数易稿。至咸丰三年，乃成书七十四卷，凡志四十二卷、表十二卷、列传十七卷。都计自属草以迄成书，凡十有三年而书成矣。甚矣其难也，镁之心力瘁于此书矣！

然一人之耳目有限，天下之载籍无穷。黔中古籍，如明赵汝谦之《平黔记》、李柼之《全黔纪略》、赵瓒之《贵州新志》诸书，镁均未之见，恐于郡事仅知什一于千百耳；而欲惬心大备，岂有已时？姑先刊行，以待将来再修增补。

窃惟思古今撰志者，约有十六病：或考今遗古，枵腹成书，逞臆而言，无征不信，病一；或繁征博引，与地无关，穿凿支离，茫无端绪，病二；或直写采访之册，大类胥抄，冗誊引证之书，不知裁剪，病三；或时搀俚语，言之无文，或转借艰深，以文浅陋，病四；或数卷之中，自相矛盾，各卷之内，论断不加，病五；或但据旧文，弗参互考，只知其一，不知其他，病六；或传方外则高谈仙佛，志丘墓则侈语鬼神，志祠祀文庙与寺观并列，崇尚异端，盭戾书旨，儒者讥之，病七；或广载艺文，几同文选，颂己德政，亦入志书，于义何居，大乖志例，病八；甚有胪列己文，似己文集，桂林相国，曾议其非，病九；虽曰志乘体例，似宜有褒无贬，然使过于夸饰，何以传后信今，病十。至于考核不精，予夺不当，体例不善，叙述不详，去取不严，关系不载，此六者，尤撰志之大病也。

凡此十六病，镁今定稿，岂尽无之？然镁于此书，征引必著书名，稽溯必详源委，采摭必求关郡，条目必求分明，访册不尽信凭，引书稍加裁节，俚言必去，晦语必芟，矛盾必无，论断必有，一事必互考，各说必并存；不崇尚异端，不滥存呓语；昔人之文多录，近人之作略存；至间载己文，仅数篇见意，而颂扬德政，则一字不登。列传核实必严，诸志夸词必削。考核必求一是，予夺必餍众心。体例悉本前人，叙述折衷聚讼，去取俱有深意，关系尽为大书。此过心所自信，而于旧志稍有微动，于兴郡非无小补者也。

或曰旧志只八卷，似过于简；今书七十四卷，毋乃过于繁乎？不知志体繁简何常，即今于旧志事迹，尽采入书；而字节句删，文省于旧，是今更简于旧志也。至上下三千年，别增事迹；近今一百载，胪载典章，此固宜详而赅，不宜简而略已。况表、传既增，州、县兼志，则多卷于旧，势有必然。且古今志书，固有以简胜者，亦有以繁胜者。如宋常棠之《澉水志》仅十四页，元冯应京之《昌国州志》仅七卷，明康海之《武功县志》仅二卷、韩邦靖之《朝邑县志》仅二十余页，此皆简而能赅、以简胜者也。若宋潜说友之《临安志》九十三卷，明刘昌之《苏州续志》一百卷，陈继儒之《杭州府志》一百卷，此皆繁不芜、以繁胜者也。然以简胜者皆州县志也，以繁胜者皆郡志也。盖州县只载偏隅，事迹少，宜以简严胜；郡志兼载各属、事迹多，宜以详赡胜。旧志名为郡志，实仅载亲辖一隅，则犹之州县志也，宜可以简也；今则备载各属，与其简而略，不如详而赡也。抑镆更有说焉，昔宋朱长文撰《吴郡图经续记》，征引博而叙述简；范成大撰《吴郡志》，典赡而不杂芜；罗愿撰《新安志》，自称为儒者之书，具有微旨；张淏撰《会稽续志》．多补正前志之讹阙。此四书，镆心向往之，愿学焉。

而镆又有窃恧焉者。唐杜佑《通典》论撰地志之失曰：“纤介必书，树石无漏，岂撮机要者？《华阳国志》之类皆多讹谬，何暇取之？”而镆今于“善行表”，纤善必书，于“地理志”，树石间载，《华阳国志》之类，亦多援引，此镆之失而自恧者也。又唐李吉甫《元和郡县志》论地志之失曰：“言地理者尚古远，或搜古略今，采谣俗多传疑失实，至于邱壤、山川，攻守利害，皆略不书。”今镆于此书，略今失实，庶几可免；而攻守利害，仅于“形势”“兵制”附论大略，未能出卓识、树崇议，著为名言，此又镆之失而深恧者也。特以稿经数易，颇费苦心，藏稿不刊，久恐散佚，故特率属捐俸授梓，续有所得当再增修，愿博雅通人，先赐正之，幸甚。

道光《兴义府志》序

黄 统

我朝土宇版章，增其式郭，萃天下郡国志以成一统志，典至巨也。若是乎郡国不可以无志，志不可以不详备。属在边徼为尤急，诚以地居荒远，风土人情，必文献足征而始著，然需之孔急，而成之愈难。浅见寡闻，汲古攻疏，则考核难；撑肠柱腹，泥古不化，则著作难；取材富有，论古无识，择焉不精，语焉不详，则论断难；加以簿书鞅掌，案牍劳形，屈首朱墨，日不暇给，则又难乎其难。以故通都大邑，经国家承平二百余年，教泽风行，文华日盛，而志乘缺如者，犹且不乏，矧在边徼，去京师万里者乎？

岁壬子，奉命视学黔南，所至必取志乘览之，以籍知其习俗，而识其土风。去春至兴义，兴义古牂牁地，违畿辅几万里。甫下车，郡守春潭年丈将往威宁权道篆，一晤而别。今冬科试重来，公仍守此，以所撰府志见示，读之，较旧志详数倍。旧志书仅八卷，无表，无列传。

公自道光二十一载来守是邦，喜其地僻而事简，爱其习俗之醇茂，公余取旧志，删其繁，存其要，补其略，增其遗，分门别类，厘为七十四卷，聚十三载之精神，搜万余卷之积轴。传疑传信，网罗数十载之旧闻；其慎其难，更易十数番之手稿，而后质诸邹叔绩孝廉、朱莲生茂才，均谓毫发无憾，始出付剞劂。呜呼，备矣！

公盖裕作史之学，擅作史之才，具作史之识，故考核详明，著作淹雅，论断精当。读公之志，庶边徼之风土人情，均可悉其概矣。以篇家之鸿笔，登著作之庭，所谓大雅宏达，于是乎在，恶可以不书？

民国《南笼续志》序

宋绍锡

南笼之志，李涟溪太守创于前，张春潭太守修于后，固已体裁精当，事物详瞻矣。惟迄于今历年已久，迭经变故，多所更张，以体制言则改府为县，以疆域言则辖境增加，风土人情今不若古，教育实业古不若今；以及名宦、乡贤、节妇、烈女，其人其事可泣可歌者，亦莫不随时继起。此志之所宜续修者也。

民国十年之际，邑宰洪公均亮、胡公桐荪先后继任，省中续修《通志》，饬县查闻爰为商，诸邑绅拟将采访所得陆续具报，上应首善之征求， 辑成篇，下备一方之记载，佥谓一举两得。诚未有便于此者。于是设局续办，委于纂修，欲速观成，克期竣事第也。廿年作吏，学业久荒，自揆难胜，力辞未获，遂乃不惭谫陋，率尔操觚，谓今为县治，已非昔比。自当如李郡守所纂志例，只载辖境内事，而各属不与焉。既因续修《通志》之便，则分辑门类，即应以采访条例为限，庶有依据，藉免纷争。前志已载者续之，未载者补之。尽其见闻之所至，以期记述之非虚。惟时会不同，立言自异昔之铺张扬厉专事尊王。今则据实直书，无非励世。以三月始事，至八月竟功。都计数万言书，凡三十卷。虽不如前志之详，而赅犹幸亦能简而明也。所深恧者，时期太促，急就成章，挂漏之讥知所难免，后之览者尚其谅之而已，是为序。

新编《安龙县志》序

吴培英

新编《安龙县志》出版问世，是全县各族人民的一件大事，意义深远。定稿时，编委会嘱我作序，使我心潮澎湃，感奋万千。

安龙历史悠久，古迹众多，山川秀丽，资源丰富，是个风情浓郁的多民族县。1986年冬，我调到安龙县政府工作，加入安龙人民社会主义建设行列。中国共产党十一届三中全会以后，全县人民精神焕发，斗志昂扬，改革创新，勤奋创业，社会主义物质文明和精神文明建设取得前所未有的进步。1989年，全县社会国民生产总值、工农业生产总值、财政收入和人均收入都在1980年的基础上翻了一番多，实现了第一步经济发展战略目标。各项事业欣欣向荣，人民生活蒸蒸日上，政通人和，百业兴旺。处此盛世，在这个美丽的地方同全县各族人民生活和工作，我感到无比幸福，视为我一生的荣幸。

几年来，我在安龙县政府担任领导工作，县里党政领导班子中多数同志比我阅历深厚、经验丰富，大家为兴安富民风雨同舟，艰苦工作，使我深受教育和鼓舞。系心难忘的是，要继承和发扬党的一切从实际出发，密切联系群众，脚踏实地的优良传统和工作作风。改革开放以来，党中央从中国的实际出发，提出了建设有中国特色的社会主义基本路线，制定了一系列合乎国情顺乎民意的正确方针政策。但全国各地的自然条件、经济基础、文化素质等千差万别，在安龙，怎样把中央的方针政策贯彻落实到实处，切实振兴安龙的经济，确非易事。在实际工作中，党政领导特别是老同志们，深入调查研究，既掌握现实情况，又了解历史源流，从而提出许多因势利导的好思路和扬长避短的好办法，为县委、县政府形成兴安富民的策略思想，制定了符合安龙实际的经济、社会发展实施方案，提供了价值较高的参考。实践使我认识到，要抓好一个县的工作，不仅要钻研、吃准中央的方针政策，更要广泛、深入地了解县情。经济上的暂时贫穷不算贫穷，而对县情认识的贫乏乃是真正的贫穷，把对县情认识的肤浅、贫乏变为深刻、丰富，是我们的职责和任务。反思1980年老同志们提出盛世修志，确是我们认识安龙，建设安龙，承前启后，继往开来的千秋大业。经过三届政府的努力，三百多位修志人员辛勤耕耘，历时十年，数易其稿，《安龙县志》始得以完竣。这部县志，是坚持实事求是，把党的方针政策同安龙实际密切结合起来的成果，是安龙改革开放的时代新篇，是安龙历代劳动人民勤劳智慧的丰碑。

安龙素有修志传统，清代成书两部，民国纂成志稿一部。其中，清代张锳纂修的《兴义府志》颇为著名，至今在史志界还有影响。旧志虽然受到历史局限，存在种种不足，但仍然给我们提供了许多宝贵史料，纂修经验亦多所借鉴。新编《安龙县志》，始终坚持社会主义方向，运用辩证唯物主义和历史唯物主义的观点和方法，以党的十一届三中全会以来的方针政策和中共中央《关于建国以来党的若干历史问题的决议》为准绳，对广征博采的大量史料，本着贯通古今，略古详今的原则，去粗取精，去伪存真，实事求是地记述安龙的自然和社会的历史和现状，记载安龙解放后社会主义建设成绩与进步、困难与曲折，特别是用史实讴歌了安龙在建设有中国特色社会主义道路上取得的显著成就，充分反映了安龙人民的智慧和力量。总览全志，观点正确，资料翔实，体例得当，文图并茂，语言流畅，融资料性、时代性、科学性于一体，是一部地方特色浓郁、很有可读性的县志。

修志是一项艰巨的系统工程，在依靠县志办总揽全局的同时，需要多方面的合作。我每每念起修志艰辛，便会想见修志人员的心血和汗水，在志书的字里行间流淌。特别是龙尚学、贺光澍、陈翰辉等同志，屈身咫尺书屋，胸怀赤子之心，尤具求实精神，夏暑冬寒，伏案十载，潜心著述，皓首成书。志书奉给安龙人民，白发和苍老留给自己，无一怨言。在此，我以钦佩之心，向大力支持修志的各部门各单位领导同志，向辛勤耕耘的全体修志人员，向高屋建瓴指导修志的专家学者，表示诚挚的谢意。

为官一任，造福一方，惠及后世。要真想造福安龙人民，就一定要了解安龙，熟悉安龙，研究安龙。只有这样，才能得心应手，更好地建设安龙，振兴安龙，造福安龙，这就是修志的目的，也是新编《安龙县志》留给后来者的深情寄语。

五、史实考辩

永历帝朱由榔临幸安龙亲政事略考

王仲坤

永历六年（1652年）二月初六，永历朝廷到达安隆所城，十年（1656年）正月二十六日离开安龙府城走昆明，再过10天就是整整4个年头了。到了昆明以后，对安龙仍称“云南安龙军民府”，直到十二年（1658年）十一月，清将卓布泰率部众击败并杀死留守安龙的南明将领李成爵，又经历了两年又10个月。永历朝廷先后在安龙的历史遗事长达近7年之久，约占用永历称帝的16年（1646—1662年）中接近一半的时间。朱由榔被害前写给吴三桂的绝笔信《致吴三桂书》中，也只提到过南宁和安龙两个地方：“朕披星戴月，流离惊窜，不可胜数。幸李定国迎朕于贵州，奉朕于南、安，谓与人无患，与国无争。”可见朱由榔对安龙的印象实在是太深刻了。

可遗憾的是，永历朝廷在安龙究竟发生了哪些历史事件？史书记载，或寥寥数语或语焉不详，更有甚者，与真实的史实都有很大的出入。比如（明）江之春撰《安龙纪事》，（清）计六奇撰《明季南略》、王夫之撰《永历实录》、黄宗羲著《永历纪年》、屈大均著《安龙逸史》，这些南明历史著述，内容除详记十八先生殉难外，可以检索到永历帝临幸安龙4年，能历数的史实并不多，几乎造成永历朝廷在安龙这段历史的空白！这不能不说是南明历史长河中的一大憾事，也是安龙历史的空白点需要填补的。

谢国桢的《增订晚明史籍考》中说：“（南明史）然详于入黔以前，而略于都滇以后，则以道途辽阔，凭诸传闻，故未能得详也。”这倒是大实话，其指出失实的要害是“道途辽阔”“凭诸传闻”。

顾诚先生为写《南明史》，于1992年到云南省图书馆阅读藏书和参观云南省博物馆的藏品，计划途经贵阳时来安龙实地考察，因故未成行。如顾先生能到安龙来采录永历帝临幸安龙亲政史料，定会丰富由光明日报出版社出版的《南明史》内容。

一、提升安龙抗清政治中心地位和声望

永历六年（1652）正月十六日前，永历帝暂居广南（今云南广南县城）。总兵王爱秀到广南迎驾，王爱秀照着孙可望的《进表》文向永历帝进言：故遣兵肃清道路。广南虽说是内地，但地界邻近交趾（今越南），恐他国的人心叵测。以臣想来，唯安隆所是滇、黔、粤三省交会地区，城郭坚固，只要把行宫修整，一切粮储完备，可以朝发夕至。莫此为宜。永历帝听王爱秀这么一说，再三考虑，想来也只有这样了，便答应去安隆所城。贺九仪急忙把这一消息告诉给孙可望，可望窃喜，永历帝终于在自己统属的地盘了，可以挟天子以令诸侯。

派出去的探子到安隆所打探后回永历帝：安龙地势形胜，明永乐二年（1404）所建的城墙周长287丈，高1丈8尺，雉堞间列，城池固若金汤，立有四门，东朝阳门，南雍熙门，西柔远门，北顺天门。门名引起永历帝联想："朝阳"，（宋）宋祁《应诏内苑牡丹三首·双头》有美词"左右傣朝阳"迎接东方升起的朝阳；"柔远"怀柔远方，安抚内地，多合寡人之意；还有"雍熙"，张衡《东京赋》："百姓同于饶衍，上下共其雍熙。"真是永乐年间安龙升平的写照；至于"顺天"嘛，不用说了，永乐元年（1403）改北平为顺天府，天子驻跸的地方，此用"顺天"做门名，取近天子大意，真龙天子就要驻跸那里了。

安龙城虽然僻小，景致优美，东临绿海的北海（后称陂塘海子），南有龙井山、桅峰山，西近金星山、莲花峰，北靠天榜山、玉屏山，群山统制，或峰峦耸秀，峭插碧空，或孤峰特立，俨如凤翥。坛庙星罗棋布：城隍庙、关帝庙、东岳庙、玉皇阁、玉泉寺、海源寺。玉泉寺、东岳庙和海源寺都与永历朝发生故事。迁客骚人遥吟俯唱，空山逸韵，文化底蕴深厚。前置安隆守御千户所，不隶卫直隶于贵州都司，可见安龙区位的重要。崇祯末期，袭安隆千户桑鸹劲治理得时丰岁稔，政简刑轻，众民祥和太平。

朱由榔一行，正月二十五日发炮起程，二月初一到达呼马（今广西隆林县天生桥镇），次第经过扁牙后，渡过南盘江，从板屯、板桥（今板江）、峒沙（今安龙县么塘洞洒），六日，君臣50余人到达安隆所城。永历帝目睹城池，果然不出所料，安隆所城真的不同凡响，有帝王居的气场，是我朝廷所居之地了。

永历帝到了安隆所城后，第一件事是改安隆所为安龙军民府，实行军政合一地方政权体制。永历帝依孙可望之意，违心地委危应旭为安龙军民府知府，任朱用九为通判、谭江藩为推官。越年（1653）补任之聪为府同知。

改所治为府治大致经过是：永历朝廷抵达安隆所城前，孙可望早已派遣总兵张胜屯兵在城外的九头山及城北天榜山，西胜营的旗帜在城周的大小山头飘扬。安顿停当，张胜在初十进谒永历帝，请改安隆所为安龙府，音同义不同，把兴隆的"隆"改为龙王的"龙"，由所制升格为府制，永历帝御笔一挥，安龙府名即定。

关于永历帝驻跸此地前的安隆所和以后改名的安龙府称谓，一些史书记载多有舛误。王夫之《永历实录》把"安龙"误作"兴隆"（上居兴隆），又《李定国列传》中错记作"兴隆卫"（可望令上居于兴隆卫）；戴笠《行在阳秋》永历七年记作"安隆州"（驾在安隆州）、八年改记作"安隆府"（驾在安隆府）；顾山贞《客滇述》记作"安龙所"（可望挟永历帝入安龙所）；杨陆荣《三藩纪事本末》卷之十三作"安陆"和"安隆"（可望迁王于安陆，改名安隆）；三余氏《南明野史》作"兴龙"（帝在兴龙府）。为何产生舛误，吴兴、刘承幹在屈大均《安龙逸史》跋中道："明纪遗事，约及百种，互相抄袭。翁山（屈大均）此书尚属可取，至得失参半，即王船山（夫之）之《永历实录》，亦未为实录也。"吴兴、刘承幹的考证，为"安隆所"和"安龙府"正名。

由此，安龙成为永历朝廷的京畿地。“京畿”并非是妄加的，李定国给永历帝的疏奏中就有“臣统兵迎扈，不日至行畿”文字。十八君子临刑绝命诗中，蒋乾昌吟“化作河山壮帝畿”和李元开吟“六年辛苦恋王畿”诗句。文臣武将都把安龙看作是永历朝廷的京畿地了。安龙虽没有新建什么宫廷，但有文华殿稍加修葺，可权作宫室。城池跨山腰，半居平陆，三面群峰高峙，特具“帝王紫气”，实在是永历朝廷的京畿之地不假。

永历帝在安龙凡近4年，是永历帝最长的驻地，也是朱由榔及其皇室能睡安稳觉的年月，前无敌阻后没寇迫。大西军张献忠余部与永历政权合作抗清，孙可望负责驻守云贵、四川地区，李定国则率军进攻广西、湖南，成为永历朝廷依靠的主要力量。可以历数永历帝所驻过较长的地方：称帝的肇庆仅在了40天；在桂林前后加起来也只住了两个多月；移居湘西的武冈住了不到3个月的时间；以昆明为“滇都”，有近2年又9月，也赶不上安龙。永历帝在“十八先生之狱”时回答郑国的面质中有“赖秦王严兵迎扈，获有宁宇”之词可证。

永历帝驻跸安龙和影响安龙，意义十分重大。

安龙作为南明联合义军抗清的指挥中心地位不可取代，因而才有了南方抗清的大好局面。“率南方诸侯王以建瓴于中土”，文武百官和儒宿云集。安龙又是滇黔桂三省的边防重镇，土地肥沃、物产丰富，粮储完备，完全有抗清的物质条件，具有军事和战时经济意义，如果抗清战线不分裂，清军不会在短时间内占领南方诸省的。安龙在明清战争史上留下浓墨重彩的一笔。

永历朝廷入跸安龙，丰富了牂牁文化的内涵，影响深远。没有永历朝廷驻跸安龙的皇家文化（姑且称“皇家文化”），就没有安龙如此精彩的文化涵养；没有永历朝廷驻跸安龙的皇家文化，就没有安龙文化如此辉煌灿烂，是永历朝廷驻跸安龙，从而成就了安龙独特的皇家文化，使得安龙文化如此流光溢彩。

明开国朱元璋龙孙孙涪悼王朱慈炜、沔殇王朱慈熠、澧冲王朱慈焯长眠安龙，明之王孙的骨骸及圹志犹在。“漠漠斜阳啼杜宇；萋萋芳草泣王孙。”

安龙作为地名文化符号，至今已有360多年的历史，虽经清代及民国初年的因忌讳“龙”字，改“龙”为“笼”。曾冠名过“安笼”“南笼”，再演变为“兴义府”，也有其不可告人的恶意，虽是自诩“以示彰善之风”，实是牢笼安民之意。直至民国11年（1922）乡人民国军阀袁祖铭主黔时，才又改“南笼县”为“安龙县”。

二、整肃吏治修补正统权威

永历帝不是如某些人所说的“破落皇帝”“叫花子皇帝”，这是对历史的无知或历史虚无主义唯心论。永历帝在安龙的亲政还是勤勉的，在恶劣的政治环境下，力排险阻，不断修补正统政权权威。

永历帝在安龙理政4年，重心放在整肃吏治，大刀阔斧培植亲信，推进抗清形势大好时局。

永历六年（1652）二月初九，永历帝派遣太常寺少卿吴之俊携带玺书到云南昆明，昭示南明朝廷已经驻跸安龙，即是永历帝亲政的第一道圣旨。四月，永历帝从孙可望所请，旨批封李定国为西宁王、刘文秀为南康王。五月，封杨时清征定侯。六月，封朱成功为漳国公。晋升张先璧沅国公、马进忠国公。九月，诏授文日章为湖南攸县知县。同年，封莫宗文安仁伯。再封李定国为西宁郡王。

十一月，永历帝杖宫人夏良璞（郭姓名良璞）、坤宁太监李国安，赐巴东王和王妃自尽。事情缘由是，宫人里面有一位名叫夏良璞的，张应科不怀好意直接想与勾搭，探知良璞与巴东王妃结成姐妹，邀宠巴东王和巴东王妃，王妃满口答应。良璞先进巴东王府，晚上再躲到张应科的衙门里宿奸。当这事在本来就不大的安龙城里传得沸沸扬扬，司礼太监马吉翔探知，转奏永历帝，永历帝命太监拷讯良璞，司礼太监马吉翔判处重打良璞一百五十大板，交内监执行，谁知还没有打到一半，就把一个天生丽质且多能的少女结果了性命。内监李国安以知情不报，同样杖死。王皇后令赐巴东王和王妃自尽。事露，可望以王爱秀代替应科之职务，在朝门外将张应科杖挞，革其官，押解贵阳。此举彰显永历帝对皇亲国戚和内侍不姑息养奸，严厉治理后宫。

七年（1653）正月，孙可望题请封李定国为西宁郡王，兼行军都招讨，封冯双礼为兴国侯。永历帝旨批："所请封爵事宜俱依议行。"即遣检讨方于宣、中书杨惺光，携带敕书前往封赐并赏军万金。五月，封杨时清征定侯。继前对前方将领加秩升衔，才有如李定国、冯双礼等忠于永历朝廷收复失地的壮举。

八月，先是永历帝召见吴贞毓："仍撰敕与青阳，敕内要先说'（庞天）寿、（马吉）翔表里为奸，将谋不利于朕，着令藩臣为朕剪除。"俟朕与将军握手时，即行告庙晋封之典。趁马吉翔不在朝，吴贞毓遵旨撰敕，篆"屏翰亲臣"四字，用30两黄金，由林青阳差刘吉领取。又派常荣发兵护送至广州铸"屏翰亲臣"金印以赐李定国许封晋王，诏李定国前来救驾。意在铲除异己，坚定亲信护驾。

李成栋、尚久（一名尚文）降清，后复归永历朝廷，永历帝不计前科，仍下诏封两人为将军，驻守潮州。清军弹压尚久，父子投井而死。

八年（1654），永历帝下诏委刘文秀为大招讨都督诸军，出师东伐；与吴贞毓等密谋，派遣兵部侍郎萧尹将手制血诏敕令李定国前来迎驾并封定国为晋王。定国泣哭接诏并上表请帝韬光养晦，等待时机。刘文秀、李定国本是孙可望部从，都不满可望跋扈行径，意欲脱离可望，而被永历帝所器重。

七月，遣内臣至厦门岛，册封朱成功为延平王。

九年（1655）再封李定国为晋王、刘文秀为蜀王。

永历帝整肃吏治修补正统权威，加封晋爵之举，笼络抗清将领，扩大朝廷权威。剪除恶徒，整顿朝纲，清明政治。

三、奖掖良臣开科取士

永历六年（1652）十二月二十四日，时值"楚党"势力被削弱，吴党势力强胜，永历帝自觉孤立自危，永历帝敕吏部考选臣僚。永历帝依祖制，吏部为管理全国文职官员，掌品秩铨选，考课黜陟，封授策赏，定籍终制，既是考核良臣升迁。朱由榔一身皇帝装束，头戴马鬃瓦楞帽，身着纯绢大袖袍，腰悬玉带，临轩亲试。蒋乾昌、李元开选翰林院检讨，张镌选刑科给事中，李颀选福建监察御史，胡士瑞选浙江监察御史。加秩升职的还有林钟、徐极、赵赓禹、易士佳、任斗墟、朱东旦等。惟有马吉翔及弟马雄飞不在加秩升职之列，二人便怀恨在心。永历帝通过考选臣僚，目的是网络优秀人才，为的是以巩固皇权。

八年（1654）二月，永历帝在安龙文华殿开科取士。

你不会想到，安龙曾经是考选状元的地方吧，可永历帝驻跸安龙时，真实的发生过。明科举定例，每间隔三年的二月举行会试。甲午科春闱，这也是永历朝廷第一次在安龙举行的会试。各地的举人云集安龙参加会试考试。在礼部举行，经过策论等考试，取士48人，通过会试的精英们最后一道考验就是殿试，主考官将前10名进呈永历帝，永历帝亲点状元。由帝亲自圈定名次，永历帝以四川熊渭为会元，本应按例授翰林院修撰，结果只授庶吉士（庶吉士是庶常馆也称教学馆的学员，学习三年后考试优秀者留翰林院授职），其余的授知县、教授、学正、训导等职事。

由此，可以推断，永历朝廷在安龙设有考试院和庶常馆等教学机构。

四、下诏调整地方建制以拓展抗清动力

八年（1654），正月，永历帝整顿地方政府，下诏改"云南府"为"云兴府"、改"辰州（今湖南沅陵县）"为"沅兴府"、改"沅州（今湖南黔阳县）"为"黔兴府"。这些府名都贯一个"兴"字，意在兴旺发达，发展地方抗清大好形势。

十一月，诏改安隆州（今广西凌云县）为府，改都康（今甘肃康县）、万承（今广西大新县龙门镇）、安平（今河北安平县）、龙安（今广东龙安县）诸州为府。

表明时在安龙的永历朝廷还在控制着湖南、河北、甘肃、广东、广西、云南南方诸省，管辖地方的政权承认永历朝廷是中国的合法中央政府，朱由榔是正统君主。

五、诰封亲臣及夫人以慰忠臣

诰封就是诰命封赏，在明季对文武官员及其先代妻室赠予爵位名号，皇帝命令的诰命是五品以上官员，称诰封。尹三聘及妻萧氏受永历帝诰命殊荣。

永历六年（1652）正月，永历帝制诰封尹三聘，尹氏字简在，号芙山，湖南安化县清塘铺镇人，称誉他“望擅楚材，伦超郢枝，胸含谢草，誉重墨乡。”九年（1655）十一月升尹三聘为通奉大夫并制诰封，说：尹三聘“庄凝之质，朴茂之风”。

永历帝非常看重尹三聘，尹三聘于永历元年（1647）在梧州谒见永历帝，就被任为司务厅司务。六年（1652）正月，永历帝刚到安龙即下圣旨，敕谕佥宪臣。以后尹三聘始终供职在永历帝身边，屡建奇功。历任工部营缮司主事、兵部车驾司员外郎署司事，工科给事中署科事，礼科右给事中，礼科左给事中署刑科事，礼科都给事中兼历署吏、兵科事，太常寺少卿署寺事，提督全粤恢剿军务专办南、太、思、恩、柳、桂兼巡抚全、永等处地方，联调勋镇汉土官义兵马综理粮饷都察院右佥都御史加正三品服俸，通政使司左通政署司事，通政使司通政使，工部右侍郎管兵部事。最后升为兵部左侍郎。后来，永历帝遇害后，吴三桂怜其品端，送回原籍，削发为僧寿终。

九年（1855）八月十九日，皇第五子慈炜死，过7天第六子慈熠亡，永历帝连失二子，心碎悲愤欲绝。由此想到家事、国事，而联想到亲臣的妻子，便由阁署拟一圣旨《南明永历帝授尹三聘职封其妻萧氏制诰》，以慰忠臣。赞誉萧氏：淑人萧氏，秀蕴闺中，风标林下，……助尔丈夫，时警夕郎之拜，备斯懿美，曷靳荣旌。

六、感化郑成功台湾未旁落异族

永历六年（1652）六月，封朱成功为漳国公。八年（1654）七月，遣内臣至厦门岛，册封朱成功为延平王。

郑成功先被隆武帝封为忠孝伯并赐姓朱，名朱成功。父郑芝龙降清，成功拒绝投降，与父分道扬镳，自领部将继续抗清。永历帝看中成功的忠贞，封成功为漳国公，再册封为延平王。

朱成功在辖地内，把中左所改为思明州，任邓会为知州。再把所部分为72镇，设立储贤馆、储才馆、察言司、宾客司、印局、军器局，由潘赓钟（一名赓昌）兼吏户官，陈宝鑰为礼官，张光启为兵官，程应璠为刑官，冯澄世为工官。劝学取士，选举黄带臣等40名分六官和地方任职。各官封毕后，成功身着朝服，朝北向望永历帝所居的安龙城稽首，然后再向永历帝座焚疏，一以表示忠于南明，一以藉助煽诱海上居民支持永历朝廷抗清。

成功率领部下先在广东南沃岛起兵，继而挺进厦门鼓浪屿，占领厦门、金门。逐步收复了福建漳、泉地区，并控制了北至浙江舟山，南至广东潮惠的东南沿海地区。在坚持抗清的同时，又和红匪（侵占台湾的荷兰殖民者）展开长期的斗争。永历九年（1655）郑成功为了抗议荷兰殖民者在海上的掳掠，曾下令禁止商船到台湾贸易，在经济上给荷兰殖民者以有力的打击。

成功积劳成疾，病逝于台湾，终年39岁。永历帝遇害的讣告传来，其子称招讨大将军的郑经，仍用永历年号。

因成功父子忠于大明才有台湾始终归依祖国的怀抱。

七、大兴土木和建构地方文化

永历六年（1652）五月，动用府（原安隆所）库银，命工部修各公署。吏、户、礼、兵、刑、工六部各公署初具规模。

永历朝廷在安龙时间虽短暂，还是很重视教育，建官学国子监，强翰林院。

立府学宫教化苗童。清康熙改为社学即义学。清康熙南笼通判张士佳《建南笼厅学文移碑》详细记载云南安龙府学规模：敷设大成殿、启圣祠、大成门，大成殿内供奉孔子牌位。

永历帝寻找儒家与禅宗文化聊以解忧。建于明初离永历帝宫不远的东门外有一座玉泉寺，住着一位住持名叫月幢禅师（名彻了，毛姓，四川江津人），觉路甚通，深谙佛理，禅机尽藏，深得永历帝的宠幸。《兴义府志》记载："永明王居安龙，常召与谈禅理，有深致。"可见朱由榔对释家的禅宗文化顶礼膜拜，满脑子的"有即无，无即有，凡事皆空"正暗合帝意。月幢禅师动辄采摭佛典或敷演佛事奇闻，朱由榔则固屡听而无厌，虽详熟而常新。真的期盼天人端严，奸慝败亡。永历帝赐给月幢色间紫的袈裟一袭，并钤印私章"广运之宝"三方和鹤顶珠一串。"广运宝"，广运取《书大禹》"帝德广运"之意，寄希望于"广者覆大，运者及远"。灼见永历帝与月幢交往情深之不一般。色间紫袈裟和假鹤顶珠后存大佛寺。嘉庆时，兴义知府周蔼联观后戏之"披来不顾枭雄忌，袒处应怀旧主恩"。"明知符玺属他人，涕泣犹钤广运宝。"

十年（1656年）春，明永乐十五年（1417年）建的东岳庙舍坍塌，神像剥落，安龙军民府同知任之聪自捐俸银并请同僚通判朱用九，推官胡奉中、谭江藩出俸金，修复祠宇、粉饰东岳大帝像。在东岳庙旁新建金花神祠。神祠建成并勒石记其事。任之聪撰《修东岳殿记》，谭江藩书丹，胡奉中篆额。《修东岳殿记》文中"是方父老子弟，欢呼报赛，醵金致飨。"其中的"报赛"一词乃布依族语，称做官的人叫"报赛"。可见布依族人也影响着永历朝廷。

八、余　论

永历朝在南明弘光、隆武、绍武四个帝制中数历年最长的。

永历帝延续明制临朝亲政也是有建树的，尤其是在安龙的四年勤政政声卓著。如果不是逆臣和叛节太监当道而无回天之力，永历朝不会很快灭亡。

南明历史客观地说是永历历史，最具意义的几件历史事件至今仍在传闻：安龙作为地名符号不能不让人们想起这里曾经是永历帝驻跸过的地方，"南明之都，荷香之城"享誉中外；永历帝圣旨不断从安龙皇宫发出，又是封赠又是赐改地名，扩大永历帝的地位和权威；你不会想到能在僻小的城里举行科举会试、殿试选士加官，在永历帝所控制的地方的士子云集安龙求取功名，何等荣光；特别值得一提的是今日的台湾仍属中国，永历帝对忠臣郑成功的晋封至延平王而成功在收复和治理台湾不忘使用永历纪年成为历史佳话。

永历帝在重用朝臣的同时，也没有保护好忠于他的臣僚，这是时局的局限，应该受到申斥的。吴贞毓等十八臣子被害，虽有迫于孙可望的压力，但不能违心发狠话；对李如月的死，永历帝也不可免责。

永历帝授吴中蕃遵义县知县，升重庆府知府，后调普安州抚恤灾民，政声显赫，擢礼部仪制司郎中。因言忤永历帝圣旨而被罢免，永不叙用。罢归后，中蕃拒绝清廷封官，可见中蕃对明的忠诚。

南明这个大明的延续，离我们不太远，但又让我们有点陌生的朝代，在今天的南明朝热衷走入了人们的大视野，我们自然更关注一个真实的南明永历帝，为永历帝正名。

张锳在贵州宦迹叙略

唐保华

张锳，字右甫，一字春潭，晚清名臣张之洞之父。长期以来，由于张锳生平资料的缺失，且散列于《贵州通志》《张文襄公年谱》等各种文献与方志之中，更由于各种史料各说歧出，考究困难，我们对张镔在贵州的任职履历如同雾里观花，不甚了了。为让张镔在贵州的任职履历有一个比较清晰的脉络，基本厘清张镔自道光六年（1826）入黔为官，咸丰六年（1856）逝于贵东道，30年人生履历，本人对照《贵州通志》《安顺府志》《遵义府志》《清实录》及许同莘《张文襄公年谱》、张之清《张镔行状录》、宋杰《张镔遗爱碑记》等各种史料、文献进行比较详细查证、辨析与考究。

一、大挑入黔

据许同莘《张文襄公年谱》记载，张镔先世为山西洪洞县人，明永乐二年（1404），朝廷迁山西民众充实畿辅。张氏始祖张本，从山西洪洞县迁徙到漷县，即今北京市通州区一带。张本生子张立，张立生子张端。张端曾任南直隶繁昌县荻港巡检，自漷县迁徙至南皮县东门之印子头，是为东门张氏，此后张氏家族即在南皮县定居下来。张端之生子张淮，明武宗正德戊辰年（1508）高中进士，后官至河南按察使，以文章忠义有声于时。张淮七传至山西孝义知县张乃曾，又迁徙至南皮县毕家塘，颜所居曰“孝义堂”。张乃曾即是张镔曾祖父。张镔祖父名怡熊，字叶占，曾任浙江山阴知县。张乃曾、张怡熊两世为县令，皆以廉惠闻于乡间。张镔父亲名廷琛，字献侯，贡生，选四库馆膳录，议叙福建漳浦东场盐大使，题补古田知县。乾隆末年，福建贪污案爆发，福建将军魁伦兴起大狱，闽中官场掀起一场巨大的地震，全省官吏受牵涉者甚广，其中督、抚、藩、臬、道、府10余人，厅、县以下75人。时，张廷琛以盐场官署侯官县，又兼署近省一县及省城首领佐贰各官，最多时身系9个部门，且都是囚系之官，经其调护拯救者甚多。有见识者认为这是在修阴德，预言其家族今后必然繁昌。

清乾隆五十六年（1791），张镔出生于直隶南皮县，当时其家已由南皮县东门印子头徙居城南三里双庙村（今名双妙村）。少孤，食贫力学，艰苦卓绝。清嘉庆十八年（1813）参加顺天府乡试，中举人，后又参加三科会试，均不中。后以大挑试令黔中，补安化知县。至于张镔何时大挑试令黔中，民国《贵州通志》《德江县志》等文献资料及张镔的各种传记资料中均未记载。但，据张镔《他山楼记》“余丙戌入黔”推算，张镔入黔补安化知县为清道光六年（丙戌），即公元1826年。《他山楼记》为张镔亲自撰写，收录于咸丰《兴义府志》，应该可信。张镔就任安化县时，买铜通判某死于云南，省府大吏知张镔办事能力，便令张镔接替买铜之事，奉命前往云南买铜。

从云南买铜归来后，张镔又先后署理清平、镇远县知县。据民国《贵州通志·职官表》，张镔署理清平知县的时间，在林庆章之后，觉罗文宝之前，但具体任年不详。而其署理镇远知县事，民国《贵州通志·职官表》无记录。据张之清《张镔行状录》载，张镔担任清平县知县后，强化文化教育工作，兴修县学，为清平文化发展奠定基础。这也是张镔每到一地兴学办教的开端。

二、擢升兴义府知府

道光十年（1830），张镔临危受命，署理威宁州知州。在张镔来黔任职的这几年中，贵州省西北部的威宁州区域，广大贫苦民众因不满清廷政府的统治，纷纷反叛。他们踞山扎寨，形成多股反抗势力，还经常下山掠夺粮食和财物，搞得当地官府疲于奔命，人民生活也极受影响，怨声载道。道光三年（1823）至道光九年（1829），威宁州调任五任知州，这些知州面对民众的反叛束手无策，不是屁股没坐热就请辞，或是谈“匪”色变，始终未能彻底解决威宁地区民众反叛问题。就在这危难时刻，张镔从安化调任威宁州知州。张镔到任后，深入实地了解军事地形和社会民情，及时详报贵州巡抚和云贵总督。朝廷先后任命苏勒芳阿、周景魁为威宁镇总兵，充分了解和利用威宁山区地形，采取恩威并重、剿抚相加之策略，对威宁地区民众进行弹压。张镔就任威宁州期间，一面配合威宁镇总兵加大对反叛力量的军事打击力度，一面引导贫苦农民发展农业，一定程度上缓和了阶级矛盾和民族矛盾，在军事围剿与朝廷恩抚的双重压力下，基本平定了威宁地区的民众反叛。

据史料记载，张镔在任安化、清平、镇远知县和威宁州知州期间，治行称最，大吏称之曰“能”。道光十三年（1833），张锳调任贵阳府贵筑县知县。张锳在任贵筑县知县期间，在省城六洞桥购得房产一所，价值千余金，并对其房屋进行改造与装修，时常邀请幕僚、亲友聚会其中，同时还邀集文人雅士在城外扶风山寺、观音寺等处宴饮、聚会，一时成为省城一件雅事。汉末建安中，魏文帝曹丕为五官中郎将，与友人吴质等文朋诗友，欢聚于南皮，朝夕共处，抚琴对弈，饮酒赋诗，“浮瓜沉李”，后世将“南皮”一词作为称述朋友间雅集宴游的典故。张锳入宦贵州，深受汉魏雅宴的影响，并将这一雅趣带到了偏僻的贵州，先是在省城雅宴文人，由于御史刘梦兰的多事，就连皇帝老爷都知道了。后来到了兴义府，在招堤一侧增修半山亭，宴饮群僚，其子张之洞由此写下《半山亭记》之千古佳句。

道光十六年（1836），张锳在政绩卓著，调任黎平府古州同知。其所称者，主要是五个方面：一是廉洁，二是听讼，三是治盗，四是义仓，五是兴办书院。据民国《南笼续志》、张之清《张锳行状录》等史料记载，张锳调任古州同知之时，道光皇帝因“因伟公局度、嘉公治状”，召张锳入京接见。皇帝召见知县、同知，这在封建王朝可是一件了不得的大事情。就在这一年九月，御史刘梦兰不知出于何种目的，对张锳参奏曰：“贵州省古州同知张锳，前任贵筑县时，在省城六洞桥地方，买房一所，价值千余金。该员大加改造，不时邀集僚友宴会其中，并署其楼曰‘烟花三月’。又时于城外扶风山寺及观音寺等处，徽歌宴集。一脔之供，动夸珍异。在官靡费，为下效尤。又闻该员现将所买房屋，增加价值，抵作交代等语。从来民俗之转移，视乎吏治之得失。黔省地方边陲，民风素称淳朴，岂宜导以侈靡。又况仓库储积，关系国帑，尤不得任其将置买房屋增价作抵，致帑项稍有短绌。”九月丁酉（1836年10月26日），道光帝谕令贵州巡抚贺长龄对此事进行彻查。贺长龄对此事进行彻查，向道光帝奏称：“张锳素无奢靡等事，其任内交待仓谷，业经后任照数接收，依限结报，并未将房屋抵作交代。”十二月乙丑（1837年1月22日），道光帝谕令内阁“所奏著毋庸议”，并对诬告张锳的御史刘梦兰进行了处理。

道光十七年八月初三日（1837年9月2日），张锳第四子张之洞出生。十八年（1838），署理黎平府知府。十九年（1839）三月，署理遵义府知府。是年，又署理安顺府知府。在署理安顺府知府期间，张锳对安顺府府学进行了维修、扩建。据道光《安顺府志》载，安顺府学始建于洪武初年。天启二年毁，四年重修。康熙七年（1668）、五十年，两次重修，规制始备，后倾圮。道光十七年（1837），知府宋庆常等建议增修。十八年（1838），知府经武济兴工改修崇圣祠、两厢、大成殿、天子台两庑及名宦祠、乡贤祠等。二十年，知府张锳修成，形成一座规制完备，占地11亩的建筑群。安顺府学以石雕精湛见长，尤以大成门之石雕龙柱和大成殿前楹之透雕云龙石柱，造型最美，雕工最精，可与山东曲阜孔庙龙柱媲美。

道光二十年（1840），张之洞生母朱夫人逝。据许同莘《张文襄公年谱》载，张锳先后娶妻三任：一为刘夫人，布政司经历、沧州刘廷式女；继娶蒋夫人，嘉庆乙丑进士、嘉定知府、卢龙蒋策女；继娶朱夫人，嘉庆甲戌进士、四川邛州直隶州知州、临桂朱绍恩女。其迎娶的三位夫人，该《年谱》未载明具体时间。另据该《年谱》载，朱夫人去世之后，张锳再未继娶妻，张之洞等由其侧室魏夫人（芷香）抚养成人。

道光二十一年（1841），张锳擢升兴义府知府。同年，张锳再次署理安顺府知府。道光二十二年（1842）六月，张锳因母亲苏太夫人去世，丁忧去职。

道光二十六年（1846），张锳丁忧期满，朝廷派任其为遵义府知府，但因《兴义府志》的修纂工作，张锳主动提出到兴义府任职，故又复署兴义府知府。道光二十八年（1848），实授兴义府知府。

道光三十年（1850），洪秀全在广西桂平发动金田起义，烽火迅速燃烧到桂西北的南盘江畔。张锳上书贵州巡抚“十团五攻之法”：“贵州兵，一自兴义入泗城，一自都匀入河池；云南兵自思恩入、湖南兵自全州入，广东以舟师溯江而上，战于浔梧之间。数道并举，四面扰之。本省坚壁清野，绝其钞掠，督师因利乘便悬权而动，所用不过五万人，足以办此。”从张锳的战术策略上来看，只要云南、贵州、湖南和广东、广西五省集结兵力，分别西、北、东三面对太平天国起义军进行夹击，虽说不能彻底消失太平天国起义军，但也将起义军带来极大的麻烦。但由于五省兵力互相掣肘，难以形成合力，贵州巡抚对张锳的正确主张制之不理。农民起义军由此迅速发展壮大，先后占领广西思恩、泗城、西隆、西林诸府、州、县，扬言过江进攻兴义府，贵州全省大震。张锳紧急召集团练，在南盘江北岸五百里烽堠相望，击匮农民起义军的偷袭，兴义府全境相对保持平稳。

道光三十一年（1851），吴文镕出任云贵总督，全权委托张锳办理兴义防务。张锳及时上书“团练及防寇方略”，得到吴文镕的肯定，擢署贵西道。时云南回部反，张锳率团练汇于东川城下，配合云南方面平定东川回部的反叛。事闻，加道衔，又因“苗疆俸满”，再加道衔，举通省卓异，旨加一级，张锳由此走向人生事业的巅峰。

三、兴义府任上的功绩

张锳自道光六年（1826）入黔为官，至咸丰六年（1856）病逝于贵东道任上，张锳先后在贵州任职30年，其一生政绩主要体现在出任兴义府知府10余年，培修兴义府试院、书院，兴办义学，修葺“明十八先生”祠墓和招堤风景名胜，开辟府城通广西的驿道，主修《兴义府志》，政绩卓著，尤以兴学育人受到社会广泛称赏。

一是重修兴义府城珠泉书院，解决府城士子学习费用。兴义府城原有九峰书院，在府城北之魁星山，建于清乾隆十二年（1747），以义学所收海潮寺庄租为书院掌教脩膳资。后因其地狭隘，改附东门外试院之中，名曰“珠泉书院”。嘉庆二年（1797），王囊仙等发动南笼府布依人民起义，珠泉书院毁于兵燹。嘉庆二十一年（1816），从生员邢思镐、阎敏仁等所请，将东门内昭忠祠建为桅峰书院，延师主讲。道光十五年（1835），知府谷善禾以十八先生祠增修书院，复名为珠泉书院。二十一年（1841），署知府朱德璲在府城四门四义学的基础上，倡建西门内和城中央义学，使府城内有义学6所。二十二年（1842），张锳到任兴义府知府后，自筹银1000两，并前所余银500两，分交棉花及广商生息，岁收息银300两，是为乡、会试之费，其棉花肆厘金得专供书院、义学使用。并于试院庙工余银内拨银2000两，发铜铅生息以供育婴堂、学官，永免贽仪册卷诸费，使“府人自束发受书，以至成进士，不用一钱”。二十九年（1849），张锳又改书院各房俱为斋房，增建头门3间、屏门1座、讲堂3间、山长内室2间、厨房1间，于是“书院益觉宏阔矣”。府城书院藏书寡少，张锳一面将自己携带的书籍千余册献出，一面捐资、集资派人到贵阳、成都、广州等地购回一批书籍，使广大学子求知欲得到满足，知识面扩大，受到广大士子称赞。

二是修复兴义府试院、府学，倡学兴教，蔚然成风。兴义府试院初建于雍正九年（1731），位于府署之右，后迁于东门外大佛寺山麓，嘉庆二年（1797）毁于兵，嘉庆六年（1801）改建于城东三里许。张锳到任兴义府之初，以旧试院在城外，居民寡少，兼无旅店，士子就试，风雨往来，多苦跋涉，且号舍不满五百，垣墉卑陋，关防弗竣，又屋材多朽坏，于是倡议重新修建兴义府试院。经与各士绅及府属各州、县及普安厅商谈后，在“府城内旧东门直抵北城墙”购地近10亩，用于迁建兴义府试院。道光二十二年（1842）三月十五日，全面动工兴修兴义府试院，当年九月十三日竣工。新试院规模宏阔，建筑精良，计有房209间，几案帷褥之具皆备，时称“甲于天下”。试院修建共倡捐30887两，其中张锳本人捐银1000两。试院竣工落成之日，张锳亲撰《植桂轩记》《他山楼记》，“为郡士建试院，拓高轩，选佳士，与儿辈弦诵其中，多士琴书安雅”，是其心声也。

同时，张锳还及时增修兴义府学。兴义府学宫位于城内府署右，原为明安龙府学宫。康熙五十三年（1714），南笼厅通判张士佳改建为南笼厅学宫，雍正五年（1727）改为南笼府学。嘉庆二年（1797）改为兴义府学。道光十三年（1833），知府陈熙蕃以启圣祠面墙、两庑狭隘，捐俸购地增拓之，郡绅王秉心、景寿春等捐建棂星门及礼门、义路二坊。二十二年（1842），知府张锳对兴义府学进行重修，拓修明伦堂，移训导署于启圣祠侧，又建名宦、乡贤、忠义、孝弟四祠于大成门外，而典制始大备。

张锳厚爱积极向上的青年学子，不惜重金延聘名师到书院执教。听政之余，他常到书院与学生谈学论艺，并亲自评阅学生课卷，鼓励诸生无论在培养品德、操行上，还是在钻研学业上，都应相互切磋砥砺，取人所长，补己所短。张锳还经常训示随其到兴义府求学的子侄张之洞、张之渊、张桐等，要求他们不能沾染纨绔习气，要与府学诸生友善、互学。在张锳的不懈努力下，兴义府学风兴盛，培养出一批人才。10余年间，考取举人20余名、贡生8名、进士2名，比较知名的有官到内阁学士的景其浚、诗人张国华、书院山长贵天乙等，民间称之为“旷古未有”。时至今日，安龙县城依然流传着“知府添油劝学”的故事：相传在道光年间的兴义府城，每天夜里到了交更时候，就有两个差役从知府衙门中走出来，前面的一个提着灯笼，后面的一个挑着桐油篓，沿着大街小巷游走，只要见到哪户人家亮着灯光，并有读书声，两人便会停下来，高唱一声：“府台大人给相公添油啰！”等读书人开门后，后面的差役便放下油篓，取出油筒，从油篓中舀出清亮的桐油，倒进这个读书人的灯盏里，并补上一句：“府台大人祝相公读书用功，获取功名。”随即又向另一户亮着灯光、有读书声的人家走去。就这样，每晚给兴义城里的读书人添灯油，张锳前后坚持了13年，不管阴晴雨风，夜夜如此。有时，张锳还亲自躬行，带上儿子张之洞，深更半夜在府城里走街串巷，为夜伴孤灯苦读不倦的书生添油鼓劲。当地百姓都知道，这是知府张锳对读书人的厚爱、关照，于是更加发奋学习。

三是纂修《兴义府志》，延续盘江文脉。张锳到任兴义府之初，便将纂修《兴义府志》作为在任期间的一件大事：“修郡志，郡守责也，锳不敢多让，自任增修”。为节省经费，他不搞捐资，先发动各州县士子名人广征资料，查阅藏书上万卷，采访父老数百人。“如是者十年，稿凡数易”。在纂修《兴义府志》期间，张锳曾因政绩卓著，擢升遵义府知府，因《兴义府志》尚未完稿，张锳主动申请复任兴义府知府。同时，张锳在广泛组织动员府属各州、县人员参与纂修之外，还十分重视志书的质量。道光三十年（1850），聘请湖南著名修志家邹汉勋前来协修，“出稿相质，商榷经年，又易稿者再”。咸丰元年（1851），又聘请江苏学者朱逢甲来府协修，“商榷两年，与共定义例，阙者补，伪者正，冗者节，泛者删，又数易稿”。至咸丰三年（1853），《兴义府志》全部完成，成书74卷共100余万言，其中志42卷、表12卷、列传72卷。《兴义府志》前后历经13年，张锳为纂修可谓是呕心沥血，“甚矣其难也，锳之心力瘁于此书矣”。不但是张锳亲自纂修，就连跟随张锳来到兴义府的子侄，比如张之瀞、张之清、张之渊、张之洞、张之澄、张桐等，全部参加了志书的校对工作。志稿完成后，又无经费印行了，张锳只好又捐出俸银2000余两付印成册。后来，梁启超在《中国近三百年学术史》中，将《兴义府志》列为“经名儒经心结撰或参订商榷”的优良名志。

四是培修招堤，保护郡境生态环境。兴义府城东北，原为一望无际的陂塘海子。清康熙三十三年（1694），安笼镇游击招国遴为根绝水患，保护城坦，捐俸银并亲率工匠开山伐石，抬土挖泥，经一年时间始筑成一道石堤。后人为纪念招国遴，遂取名“招堤”。后圮。道光二十九年（1849），张锳带领民众，将大堤加高五尺，又在堤东侧开辟水池数亩种植荷花，两旁种植杨柳。咸丰四年（1854），张锳在堤上筑屋三楹，颜曰“省耕亭”。郡人黄绍奇亦筑一亭，颜曰“挹秀亭”。只见“堤侧多古柳，堤左近水遥山，皆有西湖风景，荷池广数亩，花开十里荷香，堤右一片平波，远见城郭，水浅处为水田。”“稻花香时，堤上微行，不啻羲皇上人也”。同时，张锳还十分注重生态环境建设与保护工作，先后亲自撰稿并下达《禁伐山告示》《禁决塘水示》，明令禁止私自开凿山石、私自决泄培风塘水。从张锳撰写的告示来看，张锳是十分注重生态建设与环境保护的，可谓是生态建设与保护环境保护的先锋与楷模。

招堤西端连着金星山。相传玉帝御驾醉览蓬莱，乘云至兴义府城，见城外陂塘海子烟波浩渺，奇景胜于蓬莱，但兴义府城其时未扬名，遂嘱载玄奘之神龟游万里，负蓬莱最美之山至兴义府城陂塘海子，取名金星山，寓为山寿永久，文人则称此山为“龟载小蓬莱”。张锳加高招堤后又在金星山修造半山亭。

半山亭落成之时，张锳大宴宾客，仿曹丕在南皮寒冰井“浮瓜沉李”和滕王阁故事，邀请一些士绅文人庆贺，以翰墨记此胜景。席间，文人们纷纷离座赋诗作文。一时间，佳作迭出，众人叫好。这时，随同父亲来招待宾客的张之洞凭栏纵目，只见云峰耸立，荷花婷婷，虹桥倒影摇曳。他顿觉心旷神怡，一时间豪兴如涌，禁不住要来纸笔，当场挥毫。人们屏气凝神观瞧，张之洞奋笔疾书，洋洋洒洒，一气呵成，写就近800字的《半山亭记》。此文描述精彩，文辞华美，更为难得的是，童心之中，竟能引用柳河东《马退山茅亭记》，提出“德及则信孚，信孚则人和，人和则政多暇”的政治见解和“美不自美，因人而彰”的美学辩证观点，还表现出“与民同乐”的拳拳之意。一个11岁的孩童，竟有如此睿智的见解和深刻的思想，众人无不叹服，惊曰“王勃再世”，齐称“神童”和“奇才”。后来人们这篇《半山亭记》，刻石嵌于半山亭内石壁之上，至今仍保存完好。果真应了他“美不自美，因人而彰”的判断，招堤和半山亭，因为张锳、张之洞父子的缘故，成为享誉中外的一处风景名胜。

五是治境内道路五百余里，南达广西百色，东迄回龙厂。张锳到任兴义府知府后，见广西入境之路，自坡脚经打坐坡、三道沟、梅子口、石门坎诸处，山路崎岖，石径险狭，行者苦之。于是倡议捐银2000余两，雇工扩修兴义府入粤道路70余里。两年后，道路建设完成，东迄回龙厂，南达广西百色，可直通广州。时，回龙厂为兴义府亲辖，建有采水银之洞12个，由商民自采、自炼、自售，官收生课、熟课二税，“解课钱一千五百两有奇”，为兴义府工矿建设先驱，也是兴义府重要的财政经济来源。

六是改建明十八先生祠。南明永历六年（1652），南明永历朝廷经广西播迁安龙。八年（1654）四月初八日，拥戴永历帝、力主抗清复明的吴贞毓、郑允元等18位朝廷重臣，因不满大西军首领孙可望飞扬跋扈，篡权夺位，为孙可望所害，其家属及安龙百姓将他们的尸体合葬于城北马场。永历十年（1656），李定国入卫安龙后，为18人垒墓，建庙于马场。永历十二年（1658），永历帝遣通政使尹三聘合同安龙军民府知府范春鳌于清明为十八先生墓立碑，永历帝亲题“明十八先生成仁之处”大字于碑，尹三聘将18人姓名、职官、死难之因镌刻于碑。后迁十八先生祠至东门外珠泉书院旧址，后圮。道光二十九年（1849），知府张锳重修十八先生墓，其子张之洞撰《吊十八先生文》，刻石列于墓左。又在新建的兴义府试院右侧、书院左侧改建“十八先生祠”，祠宇轩敞，有祠门、敬业堂、流芳堂、怀清堂、享堂、正祠、多节亭、净香池等，形成一组规模宏大的建筑群。诸多建筑造型各异，工艺精巧，与兴义府试院诸建筑浑然一体。十八先生祠建成后，其子张之洞代张锳撰写了《十八先生祠堂记》。从张之洞撰写的《吊十八先生文》《十八先生祠堂记》，可以看出明十八先生的忠贞爱国情怀对幼年张之洞的深刻影响。此后，张之洞一生为清王朝的中兴呕心沥血，死而后已，其中也可以窥探到明十八先生的影子。

四、生命的最后时光

咸丰四年十一月戊子（1855年1月11日），以安南县城被兴义府农民起义军攻陷，张锳等被革职，仍留任剿办农民起义。十一月初三日，起义军围攻兴义府城。此时，张之洞已得中顺天府乡试“解元”，回到兴义府与都匀府石熙之女石氏喜结连理。同时，张锳也将其二女嫁与安顺府知府鹿丕宗之子鹿传霖，正值双喜临门。面对农民起义军对兴义府城的围攻，张锳只得将新婚的女儿、女婿送出兴义府城。而张之洞坚持留在兴义府城，与父亲坚守兴义府城。有人问张之洞这是为何，答曰：“城若陷，吾父尽忠，吾当尽孝，不敢偷生惜死，贻门第羞也。”张锳也做好了与兴义府城共存亡的准备，身当北门，以僚属守四门，并各薪城下，对张之洞及家人说：“城陷当自焚。”张之洞及兄长张之濂、张之清等人，跟随父亲登陴守城，誓与兴义府城共存亡。在张锳与护游击守备汪光瑞等奋勇阻击下，击毙起义军将士1000余人，生擒起义军将领李狗狗、彭老三、郑帼祥等150人，起义军首领涂令恒也在屯脚被地主团练杀害，张锳等取得兴义府城保卫战的胜利。二十日，张锳会同安义镇总兵金刚保、兴义县知县胡霖澍等率兵练收复新城等地。十二月（1855年2月），因剿灭农民起义有功，张锳开复原官原衔。

咸丰五年二月乙未（1855年3月19日），以剿办贵州兴义农民起义军，肃清地方之功，咸丰皇帝特意下旨赏知府张锳、通判胡霖澍花翎、守备李成锦蓝翎。是年底，张之洞携妻子石氏和新生的女儿离开兴义府城，经四川、陕西回原籍南皮，准备参加更高一级之考试。

时，贵州下游苗民先后起义反叛。张锳受命署贵东道，率团练5000人前往龙里、贵定一带平定苗民反叛。张锳吸收兴义府城保卫战经验，充分发挥和利用团练力量，剿抚相加，先后收复龙里、贵定、镇远、清平等县，贵州下游地区基本平定。第二年，云贵总督恒春等人妒贤嫉能，再加上贵州下游部分府县为争夺功劳，极力排挤张锳，罢免张锳职务，不给兵，不给粮，贵州下游苗民又叛。张锳在忧愤之中病逝于军中，时咸丰六年（1856）七月，享年64岁。

五、结　语

张锳作为清王朝的一名官吏，在王朝内忧外患的艰难岁月中，极力维护封建王朝的统治，可谓是封建王朝的忠实守护者。同时，张锳也较好地保持了封建士大夫的气节，其在贵州从宦三十年，相对于污浊的政治风气，可谓是出污泥而不染。据相关史料记载，张锳在贵州从宦期间清正廉洁，善于听讼处理疑难案件。所到之处，豪滑驯听，狱空廪实，孤幼得所，对案件审理与公务处理，从不假手于人，亲力亲为。夜半时分，只要有人击鼓诉讼，张锳都是及时秉灯夜审。张锳还严格管理属员，倡导廉洁的政治风气。当时的官场，贪污腐败横行，下属拜见上司必须送礼，就连通过门禁都要送礼，且每年除夕、中秋等节庆及生日、吉事之时，都要大张旗鼓地举办，四处敛收财物。张锳所到之处，对这一切不正之风予以罢除。于是乎，上司见到张锳是既爱又恨，“雅敬而惮之”，而属下官吏对张锳是愈加敬爱。同时，张锳还反复地教导张之洞等人“贫，吾家风，汝等当力学”，张锳严格的家风对张之洞等人后来的成长影响巨大。

张锳到贵州为官所处的年代，正值清王朝由盛而衰，内外交困之时。正是由于张锳等一批汉族知识分子进入贵州为官，倡学兴教，修学校、纂府志，大力倡导文化教育建设，掀起了贵州文化建设的一个高潮，涌现了郑珍、莫友芝等一批优秀的知识分子官僚，对贵州后来的文化教育建设影响巨大而深远。但是，历史的车轮无法逆转，清王朝面对国内民族矛盾、阶级矛盾及外国侵略势力的倾轧，积重难返，就在张锳去世后的当年，第二次鸦片战争爆发，中国的殖民地社会更加深刻。就是在张锳离开兴义府的5年后，兴义府境民族矛盾、阶级矛盾更加尖锐，各民族的起义与反抗此起彼伏，兴义府城也在同治十一年（1871）被白旗起义军全面攻破，张锳等修建兴义府试院等基础设施全部毁于兵燹，数代人积聚的成果毁于一旦。后虽经多次重修，仍难以张锳时代的规模，留给后人的只是无尽唏嘘与慨叹。

长征途中毛泽东朱德宿住安龙城考

桑维新

“红军长征过安龙，毛泽东、朱德等是否在安龙城住过？”这一历史问题，本人认为事关重大，应予考证。此事不能随便说，必须要慎而又慎，要说朱德毛泽东在或不在安龙城住过，都得要拿出确凿证据，对历史负责。

红军长征途中，朱德、毛泽东等红军中央领导人是否曾宿住安龙县城，经调查有如下材料证据：

一、红军总司令部电台报务员张觉、电话排排长蔡录贤、警卫排战士刘正才、红军老首长红一军团二师六团政委邓飞用亲身经历回忆证实。

1982年11月1至5日、1984年5月2至3日，流散在兴义的红军们两次回忆亲身经历，证实了毛泽东、朱德等长征途中曾宿住安龙县城草纸街71号（解放前为安龙县国民党参议会，解放后为安龙县兵役局、安龙县人武部）。

1. 红军总司令部电台报务员张觉（原名张玉山）1984年5月3日回忆说：“1935年4月20日下午5时左右，我们随总部抵达安龙县城，进城后总部设在草纸街，由于干部团负责保卫安全，我们电台的驻地与总部仅隔两间房。由于我们是通讯人员，与中央领导接触较多，为了要处理一些机密问题。因此，需要我们紧靠总部扎营，以确保机密。记得4月20日那天下午到安龙后，我们稍事休息，便邀了几人上街，准备买点吃食。黄昏回到驻地后，便到通讯排驻地准备找几个同乡聊聊，谁知刚一进门就见毛主席、朱总等众多中央领导正与战士们坐在一起，一边喝茶，一边交谈，气氛显得很活跃，……见这情景，我便悄悄退了出来，不愿破坏那活跃的气氛。”（见周朝举主编、谢振华编审《红军黔滇驰骋史料总汇》中集，第二分册第1336页，军事科学出版社，1990年2月）。

2. 红军总司令部电话排排长蔡录贤（原名蔡光辉）1982年11月2日、1984年5月2日回忆说：“第二次攻打遵义后，就决定来兴义建立根据地，当时写的标语“明天夺取贵阳城”，其实我们没有进城，从广顺路就过来了，总司令部的总经处在这里也吃了敌人飞机的亏，炸死了好些人。晚走了一天一夜，过了一个大山，我开始生病，吴奇伟的部队在后面追我们，过了北盘江我就走不动了，一直把我抬到安龙。1935年4月20日在安龙时，我们曾随总部住宿在安龙县草纸街，毛主席住的那个房子我还记得（指草纸街71号，已经列为县级文物保护）。我们住在离总部不远的一排瓦房里，第二天到龙广时，听到命令，兴义有几个师的中央军堵住，情况紧急，伤病员要寄下来，到顶效洛寨，经康克清同志（是我们直属部队的指导员）动员并写了一张便条给我，就这样将我留在洛寨王玉廷家了。并给了30块小洋，40两大烟做收养费。”（见周朝举主编、谢振华编审《红军黔滇驰骋史料总汇》中集，第二分册第1337页，军事科学出版社，1990年2月）。

3. 红军总司令部警卫营一连三排战士刘正才1982年11月2日回忆说：“我是1931年参加红军后，在红军兵工厂里的保卫队，长征时属总司令部警卫营一连三排。长征中，我们主要保卫中央和总部，跟随中央、总部走。从白层渡过北盘江后到达安龙县城。因为我们带的工具多，敌机一来容易发现目标。投弹下来炸伤了我的脚，我坚持走到安龙休息了一天。在安龙县城边休整时，听领导说，毛泽东等中央领导人也住在城里。第二天（1935年4月21日）从安龙出发，经龙广到达兴义县顶效，我们住东面场口刘家，总司令部都是住西面冯家。这时我的脚更老火了，到顶效时已经是鸡叫时候了。”（见周朝举主编、谢振华编审《红军黔滇驰骋史料总汇》中集，第二分册第1338页，军事科学出版社，1990年2月）。

4. 红军老首长红一军团二师六团政委邓飞的回忆

1985年3月9日上午，原红军一军团二师六团政委邓飞（新中国成立后任国家商业部副部长，此时刚离休）重走长征路由安龙来到兴义。时任黔西南州党史办主任王柏林和州委组织部部长何子明负责接待。与邓随行的有贵州粮食厅王厅长（邓的老部下）及邓的秘书。参加谈话的还有兴义县流散老红军蔡录贤，合计共6人。

在漫谈中，王柏林问邓老：红二师六团当年驻扎安龙何处？毛泽东等中央领导入住在县城何处？

邓老说他们二师六团驻扎在县城西郊。毛泽东他们住在城内，具体住在何处不清楚，这在当时是重要机密。

以上4位老红军在长征途中一直跟随中央红军总司令部，见到朱德、毛泽东的机会较多，他们用亲身经历回忆，驻扎安龙县城所亲眼见到或知道朱德、毛泽东住宿情况。这在党史研究工作中称第一资料，属直接证据，对史实最具说服力。

上述材料以几位跟随在毛泽东、朱德等中央红军领导人身边的老红军（第一线索人）的回忆证实了在

1935 年 4 月 20 日这天，毛泽东、朱德等中央红军领导人确实宿住在安龙县城。

二、红军总司令部所走路线证实

1. 中央红军总司令部长征中所走的路线及进占安龙县城的记载：一是《黔山红迹》第 105 页至 106 页记："在者坪（当年属贞丰县）过江的红一军团，占领安龙县城后，经兴义顶效……威舍等地出黄泥河，到云南。"二是《红军长征在贵州》(节选）记："从者坪过北盘江的中 [军委纵队]、左 [一军团] 两路大军的一部，经弄阳、鲁贡分为两支：一 [支] 经盘龙走贞丰县城，会同右路各军前进；一 [支] 经大田河到安龙县的笃山，经北乡 [龙山] 入兴仁县（安龙县）的马路河，经屯脚、杨泗屯、交乐、格沙屯、倮黑 [即兴义县的兴化]……到猪场 [兴义县西北，当年属盘县]。另一部从弄阳经坡妹（坡坪）入安龙县的乐居 [今平乐] 进占安龙县城后，经县城西面大坪、过马边（鞭）田、龙广，狮子山、马儿田入兴义县的三家寨、郑屯、顶效、洛寨、纳怀到猪场，与从鲁贡分路来的一部会合后，经威舍，出黄泥河入云南。"（见中共黔西南州党史资料征集研究小组办公室编《黔西南州党史资料专辑二·红军长征在黔西南》第 97 页，2004 年 12 月）。

2. 红军总司令部电台报务员张觉说："第二次攻打遵义后，我们走息峰、龙里、定番（今惠水）、紫云、安龙、龙广、郑屯、顶效这样上来的。1935 年 4 月（张当时带病）随部队到达滇黔边境黄泥河。当时总司令部直属部队只有一个教导团，记得教导团的团长是李井泉，连指导员是康克清，总政治部主任是王稼祥。总政治部、后勤部那一摊摊都是自己挑东西，警卫团警卫连走两边，5 军团在后头保护。中央直属队有时走前头，有时走后面。有时走中间，左右都有部队掩护，相隔离 30 来里。我们从安龙到龙广和袁家打了一小仗，当天从安龙到兴义的顶效，已是下午，司令部走中间，到顶效住了一晚上。"（见周朝举主编、谢振华编审《红军黔滇驰骋史料总汇》(中集）第二分册第 1335—1338 页，军事科学出版社，1990 年 2 月）"第二天我们随同总部一起从安龙出发，于当天下午五时三十分左右到达顶效。总部当时设在伪区长张叔休家（现顶效区公所）。我们电台设在离总部约一百公尺左右的一所小学校里，由一个看护排守护。在这里张偶然见到洛甫、博古、李德等中央领导，所以便估计毛主席、朱总司令也住在那里。因为长征途中他们都一直在总部，与毛主席、朱总司令在一起。四月二十二日清晨六时三十分左右至七时，我们随总部从顶效出来。往纳省方向行进。到纳省后，总部暂设在纳省的戴家祠堂。在这里我确亲眼见到毛主席、朱总司令等中央领导。当时他们正坐在祠堂里喝茶休息。"（见中共黔西南州党史资料征集研究小组办公室编《黔西南州党史资料专辑二·红军长征在黔西南》第 232 页，1985 年 3 月）。

在这里张觉亲眼见到毛主席、朱总司令、周恩来、刘伯承、李德（共产国际派来的军事顾问）等中央领导。

3. 红一军团一师特务连战士张明金（原名张荣生)1984 年 6 月 27 日（当年 71 岁）说："红军长征在贵州时，一军团属于左路纵队，主要任务是保卫党中央、军委。红一军团二师一部的路线是走安龙、顶效、纳省……。"

4. 红军在安龙的行军路线

①红一军团直属部队及一师 1935 年 4 月 19 日经鲁贡、联合、渡过大田河进入册亨县拉荣、同心，经坡妹进入安龙县王院，行至笃山时部队休息后，又经花障、纳坡、顶平、北乡（今龙山)、纳院、坡利，到马路河宿营，司令部驻北乡。途中，在北乡打开蒋家粮仓，并收缴其银钱、布匹、衣服、盐巴、肥猪、红糖等，以救济贫苦百姓。4 月 20 日，在安龙县屯脚分兵两路：一路由屯脚、大湾子、界牌、三昧塘宿营杨泗屯；一路由屯脚走三家寨、叔嘎、并嘎宿营青底。4 月 21 日，在兴仁青底宿营的红军经安龙古里、马场坪、任家海子、中斗口、大山，在万屯宿营。4 月 22 日，经冒沙井、雄屯、尖山，进入兴义县境，经打埂与由顶效到纳省的部队会合，进至品甸、双桥河一带宿营。

②红一军团一师二、三团 4 月 19 日经朝阳、拉欧到达广西省隆林县石头林（今属田林县）宿营。4 月

20日7时，经旧州、册亨冗贝、安龙石盘、兴隆、巧凹、绿海子到安龙县城扫敌。红军前卫部队一到，保安团望风而逃，打了几家土豪，把浮财分给各兄弟民族的穷人。中午，红一军团一师政治部巡视团主任肖锋在红一军团二师六团政委邓飞处（安龙）吃冷饭。接师令，部队停止南下，向西往云南前进。大家猜想是毛主席、周副主席、朱总司令看准了新的棋子，让蒋（介石）、龙（云）军阀捉摸不定。这支红军在安龙县城没有停留多久，红军又接着行军，经幺塘、石门坎、三道沟，从坡脚码头进入广西，晚达者保宿营。

③红一军团二师及中央纵队后梯队1935年4月19日在贞丰县弄羊分为两路西进，一路经泥罗、石柱进入册亨洛凡、者王、庆坪；一路经沙坪到册亨县的庆坪，两路红军部队会合于册亨县威旁乡坛坪村宿营。4月20日拂晓，红一军团二师四团作先锋，从纳新、石板井分两路进入安龙县的定头、纳拢至上马贡会合，然后由乐居（今平乐）、乌寨、新安镇干海子、岔河（县城东面）直捣安龙县城。红军先头部队不用战斗便占领了安龙县城周围的制高点——桅峰山、大扁山（天榜山）、高坡山、万寿山、龙井山。在城内组织查抄队，查抄了大恶霸地主蒋德安，大地主侯子周、梁兆鱼，安龙县教育局马用之，绅士何兴元及富商陈孝谷、刘茂林、张鹤鸣等户。抄获的物资有银钱、布料、油、盐、糖、肥猪、鸦片等。上午10点30分左右，红军大部队从东门进入县城，朱德、毛泽东等中央红军领导人随红一军团二师及中央纵队后梯队进入了安龙县城。傍晚，红军分别在东岳庙、冯家院子、小西门等处召集群众召开打富济贫宣教会，将抄获的财物分给贫苦百姓。红军当晚大部分宿营城内，总司令部宿住城内草纸街71号，小部分宿营城边；二师四团宿营县城东面和南面；二师六团宿营县城西郊；安龙县城主街道从卷硐门（县城北面）至草纸街、至北大街、至钟鼓楼均有红军宿营，主要是二师五团。4月21日清晨，红军经城西面大坪、娃娃井、十垭口、长冲、喜格、行至马鞭（边）田休整后，再经龙广、塘坊、狮子山的马儿田进入兴义县的三家寨，又经新寨、黑山、郑屯、阿嘎（今合心），宿营顶效镇。红军路过龙广时与袁家发生了一场战斗，没收了大地主袁定清，富商苏发祥、班顺普等家的财物，龙广合心的肖君盛和狮子山桐柏的进步青年贺郎铁自愿加入了红军队伍。

④红五军团1935年4月19日由贞丰经和平、联合进入安龙县暗河，击溃了蒋德安、蒋兴之兄弟纠集的地主武装、民团数十人的伏击（史称"暗河战斗"）。随后红军便由花障坪到笃山休息，之后分两路进军：一路走万家店、总科、纳桥；另一路走梨树、乔马、者京、钱相、鸭子井，两路在石冲会合后，到普坪宿营。4月20日，经四轮、胡巷、鲁沟塘、大水井到鲁沟宿营。在普坪、鲁沟一带，没收了敌乡长张顶甲、敬清乡大队长张曼清、大地主石作普等的财物分给群众。4月21日，经免补、大坝、大海子、拢桥、古里，到万屯宿营。4月22日，经冒沙井、雄屯、尖山，进入兴义县境，经打埂与由顶效到纳省的部队会合，进至品甸、双桥河一带宿营。

以上4个方面所记录的中央红军总司令部长征在黔西南州，特别是在安龙县境内所走路线不难证明，毛泽东、朱德等中央红军总司令部领导人所在的中央纵队后梯队所走路线确实经过安龙县城。

三、中央红军电文、行军日程和国民党军电文、围剿红军记录证实

（一）红军电文

1. 总司令朱德下达4月14日以后行动部署（摘）："（万万火急）林聂彭杨董李陈宋：（甲）略。（乙）我军决速渡北盘江，先机进占兴仁、安龙地区，以利机动。（丙）各军团自明14日起行动：……一军团及军委纵队为左纵队，其任务在罗炎附近渡河经册亨进占安龙。……第2师及军委后梯队归（师长）陈（光）、（政委）刘（亚楼）指挥，取道板当场、紫云、甲西、潘东、石屯向罗炎附近前进。……朱德1935年4月13日24时。"（见周朝举主编、谢振华编审《红军黔滇驰骋史料总汇》中集，第二分册P1269—1270，军事科学出版社，1990年2月）。

可见，1935年4月20日，红一军团第二师（辖四、五、六团），在师长陈光、政委刘亚楼指挥下，率

部队保卫军委后梯队（含红军总司令部）进入了安龙县城。

2. 总司令朱德下达关于红军渡过北盘江后行军路线的部署（摘）：“（万万火急）林聂彭杨董李邓蔡（密译）：（甲）略。（乙）我军渡过盘江有首先向孙敌部队或者云南来敌部队或云南来敌作战的任务，其行军路线预定如下：……（3）1军团主力（缺2师一个团）经罗炎以北之者坪、贞丰、四门洞、马路河、屯脚向兴仁、父邦地段前进，2师之一个团带电台及地方工作团经罗炎、册亨向安龙、兴义前进。（4）军委前梯队改经百层随5军团后前进，后梯队则随2师一个团向安龙、兴义前进。……（丁）各军团行进途中应加强扩大红军与征集资材（料）的工作，百层、贞丰、兴仁之线归3、5军团，罗炎、册亨、安龙、兴义归1军团及军委纵队，并由野战司令部给以调剂。朱德1935年4月17日。”（见周朝举主编、谢振华编审《红军黔滇驰骋史料总汇》中集，第二分册第1283—1284页，军事科学出版社，1990年2月）。

3. 朱德（在贞丰）1935年4月18日22时30分命令电（摘）：“甲、敌情（略）。乙、我军于明十九日续向安姑、兴仁、交纳（交乐）三线转移。①三军团任务（略）；②五军团任务（略）；③一军团应进至马路河，第二师及后梯队经坡妹进到老渡（冗渡），该师另一团及该梯队经安龙，无敌情时则进取安龙，收集云南情况及资料，并准备二十日转向兴义。”（见中共黔西南州党史资料征集研究小组办公室编《黔西南州党史资料专辑二·红军长征在黔西南》第70页，2004年12月）。

另，国民党军战斗详报及军事专著记有“4月18日，朱毛由贞丰西窜”等字样。

（二）毛主席和中央军委纵队长征在贵州期间的旅程表（摘）

在贵州省博物馆历史组资料卷宗五—70—1记载：红军长征过贵州，历时四个多月（1934年12月中旬到1935年4月下旬），由于资料缺乏，我们实在还说不出毛主席经过贵州的各个具体地点。但根据我们所掌握的，毛主席当时大部分时间是和中央纵队（即军委纵队）在一起的。军委纵队经过贵州的主要地点和时间如下：……1935年4月18日，经白层渡过北盘江至贞丰。1935年4月19日，进至龙场。1935年4月23日，进至黄泥河附近，地域已进入云南。（上述地点，大多数是先天发出的预定到达地点，可能有的与实际地点有出入。见中共黔西南州党史资料征集研究小组办公室编《黔西南州党史资料专辑二·红军长征在黔西南》第128—129页，2004年12月）。

从贵州省历史博物馆历史组资料研究的成果表明，毛主席和军委纵队在1935年4月20日至22日的旅程没有记载，这就是本专题《长征途中毛泽东朱德宿住安龙城考》将回答的问题，为红军长征历史的研究作些补充完善。

（三）国民党军电文及围剿红军记录

1.1935年4月18日，云南军阀龙云建议逼红军于贞丰等地河套中发动总攻：“急。贵阳。蒋委员长钧鉴：吉密。顷据报：匪之先头，已到贞丰，似入盘已无疑义。巧（18）日刘旅已出发，马（21）日可抵兴义。可否令饬剿匪各部队，到指定地点后勿待其逃窜即齐头并进，向匪总攻，逼匪至贞丰、安龙、册亨河套中，聚而歼之。当否？伏候卓裁示遵。再盘县一带人民颇恐慌，可否令郎岱方面吴纵队稍推进。职龙云叩。巧未（18日未时）。机。印。”（见周朝举主编、谢振华编审《红军黔滇驰骋史料总汇》中集，第二分册第1302页，军事科学出版社，1990年2月）。

这是较符合当时围剿作战的一份请示电报，然而蒋介石置之不理。当朱德毛泽东等军委纵队领导人已达安龙县城，并坐在草纸街71号喝茶时。蒋介石根本不知实情，确认为朱德毛泽东及其军委纵队已到盘县附近，遂而发生了下一份电文。

2.1935年4月20日，蒋中正手令万师即速向盘县燕塘推进。电文是：“第13师以一旅由普安取捷径到老纸厂、洗地寨一带集结，并扼要筑工事。该师主力限养日到达盘县城及其以南地区，次日即速进占燕塘，并与洗地寨部队联络，相机向堡全堡推进。”（见周朝举主编、谢振华编审《红军黔滇驰骋史料总汇》中集，第二分册第1310页，军事科学出版社，1990年2月）。

从上述蒋介石的电文不难看出，蒋介石及其国民党军队当时已晕头转向，正如国民党追击部队第十三师师长万耀煌疲惫不堪地抱怨说："共军转个弯，我们跑断腿。"

而后，毛泽东、朱德等军委纵队领导人已过寡妇桥进入云南。国民党军下面这份专讯更是不知实情。

3.1935年4月23日，粤军专讯（摘）：昨据军讯，朱毛共匪大部现已窜过盘江西岸，其主力已到安南，前头匪部则到兴仁以西地区，将从兴义之道，进扰滇东。（周朝举主编、谢振华编审《红军黔滇驰骋史料总汇》中集，第二分册第1309页，军事科学出版社1990年2月）。

4. 下面又是一份国民党联络人员邀功不切实际的报告。

1935年4月中旬（20日朱德毛泽东还宿住安龙县城）黔军犹部驻渝代表杨晓淇报告（摘）："……余匪昼伏夜动，亦向盘江方面窜逃，势与匪之主力合股。且匪溃走甚速，势欲摆脱国军之围剿。匪大部欲入西康，图与匪合股。匪窜平彝，必经盘县，现在孙司令渡业已回师盘县堵剿，黔军犹副司令国才率部由郎岱、普安前进，后面湘军追剿大部，由贞丰、安龙猛进，薛总指挥岳，率中央军进驻关岭之黄桷（果）树督师。闻滇军已将兴仁收复，匪沿九龙山脉向平彝方面窜退。平彝、宣威、会泽、陆良一带，早有重兵，朱毛当难窜走。"（见周朝举主编、谢振华编审《红军黔滇驰骋史料总汇》中集，第二分册第1315页，军事科学出版社，1990年2月）。

5. 下面是安龙县政府失城的报告，经考后符合实情：

"（1935年）4月23日，又据侦探报告，匪等窜往黄泥河。……4月26日，科长（刘盛明）率同署人员到达安龙，因有少数捣乱分子不明事体，造谣威吓，乃暂到德卧镇避匿。及4团2营到龙（安龙），镇压不良之徒，将黄典初枪毙示众，科长始于5月1日到署供职。……至监狱人犯，原押刑所4名，民所4名，女所3名，均被该匪等破监释出，现正派警侦缉中。……安龙县县长廖隐仙、代行拆科长刘盛明。中华民国24年5月16日。"（见周朝举主编、谢振华编审《红军黔滇驰骋史料总汇》中集，第二分册第1319页，军事科学出版社，1990年2月）。

黄典初在1935年4月20日那天将红军总司令部部分机关主动接到家中住，为红军提供方便，带红军到闹市区的钟鼓楼、县府两边围墙等处张贴标语，其弟黄友初（兄弟同住安龙县城北大街27—1号）也为红军主动服务。安龙县一中原体育教师黄友初（红军长征驻安龙县城时系屯脚小学教师）还带着红军到县城外东南面的恶草口站岗放哨。当红军离开安龙县城后，黄友初爬在菜地才躲过一劫。然而为红军总部作出了巨大贡献的黄典初却被国民党以通"匪"为名杀害。安龙县人民永远不会忘记黄典初，中国共产党也永远不会忘记为红军长征作出巨大贡献的黄典初。

以上中央红军和国民党的电报行文以及路线来看，也证明了中央红军确实在1935年4月20日到达安龙县城。

四、红一军团二师四团在安龙天主堂缴获的物资分配和当夜毛泽东在安龙城的活动证实

红军长征途中，红一军团二师四团团长耿飚、团政委杨成武率部队担任前卫任务，保护中央纵队及其红军总司令部于1935年4月20日进入了安龙县城。杨成武（原名杨能俊，曾是著名的红四团政委）著《智取三县》（摘自《忆长征》）："佯攻贵阳，掩护大部队往云南地区转移的任务完成后，我团又奉令往曲靖、昆明方向前进，经长顺、紫云、渡过北盘江，占领兴义（实为安龙）。"

"兴义（实为安龙）是个小县，但在贵州也算个中等县城，有长街、闹市，还有一个法国天主教堂。听说这里还是蒋介石的助手何应钦的老家，怪不得我们进入县城还见到不少洋房（指安龙县城草纸街孙家房子等）哩！"

"县城里的敌人本来就不多，经我们一击，死的死、伤的伤，剩下的也都跑光了。天主教堂里那些和

国民党反动派串通一气的法国籍、意大利籍神甫也逃之夭夭了。他们丢下了许许多多的火腿、罐头、炼乳、果子酱……这些东西，我们的战士们照样收下，不打收条。他们（指战士们）把这些缴获的作战胜利品全部送到了团部。那时，刚巧刘少奇同志和陈云同志来到我们四团，和我们一起行军，我们负责保卫他们的安全。于是，团里的几个干部一商量，决定拿一部分缴获品慰劳几位领导同志。”

“当时，除了刘少奇同志、陈云同志外，还有八位大姐也随我们团行动这八位女同志就是邓颖超、蔡畅、贺子珍、康克清、刘英、刘群先、廖施光、杨厚增，我们称他（她）们为八大姐。”

（经我们反复调查核实，红军部队长征中从未进入过兴义县城。文中所提到的“意大利籍神甫”在我州，当时只有安龙有意大利籍的神甫。见中共黔西南州党史资料征集研究小组办公室编《黔西南州党史资料专辑二·红军长征在黔西南》第83页，2004年12月）。

“红军长征时，毛泽东编入军委第一纵队，代号为‘红安’；贺子珍编入军委第二纵队，代号为‘红章’。”（见叶心瑜著《红军长征轶事》第50页，人民出版社，2006年10月）。

红军胜利渡过北盘江后，连克贞丰、兴仁、安龙县城，打开了进入云南的宽广道路，云南军阀龙云半月前早把主力调去增援贵阳，而今自己的老巢反而朝不保夕，急忙四处调兵增援昆明。中央红军就实现了调出滇军主力的胜利部署。

为了进一步搞清史实，我们寻找杨成武《忆长征·智取三县》一文中提到的法国籍神甫，找到了解放前曾在安龙天主堂传教且在安龙去世，由教友安葬在景家冲的神父墓碑现保存完好，其碑文：

1. 法国籍神父（甫）圣名：奥斯定，1872年生于法国，1944年死于中国贵州安龙县。

2. 法国籍神父（甫）公教司铎：方義和（安龙教友通称为大方神父），1871年生于法国罗德斯，1934年死于中国贵州安龙县。

3. 法国籍神父（甫）司铎：方義仁（安龙教友通称为小方神父），生于吉年吉月吉日，1949年10月死于安龙县。1987年11月16日贞女何元珍、修女王德仙、王黎明建墓碑。

4. 神父敖光宇，圣名：若瑟。生于1900年农历三月初八，死于1951年农历冬月二十五。

据查，民国十一年（1922）10月，安龙天主教区成立，罗马教区以法国籍教士贾禄为安龙教区监牧。1927年安龙由监牧区升为主教区，贾禄教士为第一任主教。嘉庆二年（1797年）9月改南笼府为兴义府（府治今安龙县）、永丰州为贞丰州，设兴义县于黄草坝。10月改安笼镇为安义镇，增设册亨营；将册亨辖岜皓半甲改归兴义府亲辖。到民国2年（1913年）9月12日、废兴义府设南笼县，等级为大县；安义镇撤镇。民国11年（1922年）11月19日，改南笼县为安龙县至今。历史上的兴义府所在地是安龙，这也是杨成武1935年4月20日到安龙县城才一天一夜，就匆忙离开安龙。误将“安龙”说成为“兴义”的主要原因之一。安龙县史志办经考证，杨成武所指的法国籍神甫就在安龙。

新中国成立前，安龙县城西北面景家冲距明厄耳修院300米左右的一壁摩岩中央顶端上，刻有“戕戓”大字和圣母抱耶稣图像，“1917”，另有较小的中西文字组合，至今保存完好。它与安龙县城西郊外温家坡摩岩石刻“古胖舸”遥相站立，显出了安龙县的悠久历史文化。民国22年（1933年）4月，英国内地会派遣基督教徒前往安龙县城西关街建造了“福音堂”，传播基督信仰。此后，安龙县基督教福音堂又成为了英国基督教的一个传教点。

上述资料证实：毛泽东等中央红军领导人确实于1935年4月20日入住安龙县城并进行了一些活动。

五、对于有说康克清等中央红军曾在兴仁活动（毛泽东等人入住兴仁县城）的说法论证

新中国成立前，贵州省的天主教只有三大教区：贵阳、安龙、石阡。属全省三大天主教区之一的安龙管辖广西隆林、西林、安顺、关岭、六盘水、盘县、现在的黔西南州八县（市）等15县。兴义有天主教的两个堂口，一个在县城，另一个在泥凼大山；兴仁县城有一个天主教堂口。兴义、兴仁等要做礼拜（过星

期日)，须到安龙教区请接送神甫，主教只是偶尔在主教区安龙做礼拜，不会到堂口去做礼拜，就是神甫到堂口做完礼拜，也要当夜赶路回安龙教区，不会在堂口住宿。而在1935年4月20日是星期六，古历三月十八，次日是当年24个节气中的谷雨。没有神甫到兴义或兴仁传圣经。从而也不会有神甫的火腿、罐头、炼乳、果子酱等物资留在兴义或兴仁。即证明红军八大姐的宿住只是在安龙县城，根本不是在兴义或兴仁县城。所以《中国共产党兴仁县历史大事记》第1页所提到的康克清题字在兴仁县城王明瞻家板壁和照片上一事没有确凿依据。而第268、272、286、287、293页提到的(实际在湖南参军，自己却说逃到江西参军的三军团四师十一团三营九连战士)龙泽甫说："毛泽东在(兴仁)大街上住，我们住城外北门口。"当年年仅13岁的李景荣(当地人)却说："朱德从这里(鲁楚营)经过，毛主席走旧营那边……"试想：一个才13岁的孩子，又是深山里的老乡，他又怎么能知道朱德总司令和毛主席等人的面貌呢？传说周恩来在鲁楚营写标语等都录入《大事记》一书。这样的一些说法疑点甚多，未经考证，让人不能信服。龙泽甫系当年在云南富源流散的红军，后来迁到兴仁县以小生意为业，他所说的"重要机密"，就连邓飞、刘正才等距朱德、毛泽东较近的老红军都不知道，龙泽甫当时也就不可能知道朱德、毛泽东的住宿呢？

行军中，毛主席、张闻天常住在一起，朱总、周总理、刘伯承住一起，李德、博古住一起。行军中，女同志跟总部走的总是朱德的爱人康克清、张闻天的爱人刘英，总部电台有个小个子女同志，其他首长的爱人都在后面休养连。(访问长征时周恩来同志的警卫员吴生开同志记录摘要，见中共黔西南州党史资料征集研究小组办公室编《黔西南州党史资料专辑二·红军长征在黔西南》第93页，2004年12月)。

可以证明，毛泽东、朱德、康克清等中央红军领导人并没有入住兴仁县城且没有进行题字等活动。

六、兴义县党史办对于红军长征过安龙的叙述

1984年10月兴义县党史办曾慎重声明，关于中央红军中占领兴义县城的说法，是不符合历史的，占领的是安龙县城。应予更正，以免继续误传下去。

兴义县党史办从张觉、蔡录贤的经历回忆，早在1984年5月18日得出有两个问题是一致的、明确的结论：

(一)可以认定红军长征路过黔西南时，中央红军总部曾于1935年4月20日在安龙县城草纸街驻扎过一夜，第二天(21日)在兴义县顶效街上驻扎过一夜。

(二)也可以认定毛主席、朱总司令等中央领导人，也都在上述两地住宿过一夜。张觉同志头天(4月20日)晚在安龙县城草纸街和第三天(4月22日)中午行军在兴义县纳省戴家祠堂休息时，都亲眼看见到两次。虽说第二天(4月21日)在顶效住宿那天没有亲眼看到，但看见了洛甫、博古和李德等领导同志，这是事实。既然洛甫、博古和李德等中央领导都在那里住，毛主席、朱总司令等中央领导人也必然在那里住。这是因为自红军长征以来，特别是遵义会议以后，到贵州兴义县这段时间，他们都一直在总部，与毛主席、朱总司令等中央领导在一起，而从未分开过。

综上所述，红军长征途中于1935年4月20日，中央红军总司令部及其中央红军领导人毛泽东、朱德、周恩来、洛甫、博古、李德、刘少奇、陈云等和红军"八大姐"均宿住安龙县城一夜是不可争辩的事实。

"安龙会议"及其历史意义

黄朝文　桑维新

一段史实，再现峥嵘岁月的难忘记忆；一次会议，开启边陲云南的辉煌历史。

安龙，位于贵州西南部，地处黔桂两省（区）结合部，是贵州省一座历史悠久的文化名城。1950年1至2月，中国人民解放军第二野战军第四兵团、中国人民解放军滇桂黔边纵队、西南服务团云南支队在这里会师，并在此召开了具有重要历史意义的中共云南省委第一次会议，史称“安龙会议”。

一、“安龙会议”前的形势

1948年秋到1949年1月的4个月零19天里，中国人民解放军发起了辽沈、淮海、平津三大战役，国民党的精锐部队已丧失殆尽，在政治上、经济上面临绝境。1949年3月，中国共产党召开了七届二中全会，提出了夺取革命在全国胜利和由民主革命向社会主义革命转变的任务、方针和政策。1949年4月21日，解放军渡江战役胜利，7月，从西北到华北，解放军各路大军向尚未解放的地区进行了空前规模的大进军。国民党残余部队猥集于华南、西南，白崇禧集团据守湖南、广西，余汉谋集团据守广东，胡宗南集团和川滇黔等省地方军阀据守西南。

为了彻底消灭国民党残余部队，毛泽东指示对白崇禧及西南诸敌采取大迂回、大包围、大歼灭、断其后路，先完成包围然后再回打的方针。部署二野四兵团与四野第十五兵团，由江西出广东，占领广州歼余汉谋集团，迂回白崇禧部，以四野主力在第四兵团配合下，聚歼该敌于广西境内，然后西出昆明，解放云南。

解放军第二野战军等部于1949年初开始进军西南，11月15日解放贵阳。11月30日解放重庆。12月下旬，全歼胡宗南军于成都，解放了成都。解放军第四野战军渡江后，先后解放了武昌、湖南、广州，于12月4日解放了南宁。

1949年12月9日，国民党云南省主席卢汉宣布起义，但云南的形势仍十分复杂和严峻。

第一，国民党反动派企图凭据云南，负隅顽抗的企图未变。如前所述，在人民解放军发动渡江战役后，国民党的残余部队组织了湘粤联防和西南防线，待机而变，卷土重来。如计划破产，则退往云贵，负隅顽抗。在无藏身之地时就逃往国外。

第二，在蒋介石的军事、政治压力下，卢汉被迫答应让国民党军队入滇，昆明、蒙自等机场和滇越、川滇公路交国民党军控制。1949年11月底，蒋系第八军五个师、六个宪兵队，驻滇东的川滇路一线，第二十六军四个师驻滇东南、滇南等地，还有大批国民党特务撤退到昆明。而卢汉所属的第七十四、第九十三军六个师的兵力和装备都弱于蒋系中央军，且只有第九十三军二个师驻守昆明。

第三，卢汉起义后，蒋介石任命李弥为云南省政府主席、余程万为云南绥靖公署主任，急调汤尧监督云南国民党军政事务，令曹天戈兼第八军军长、彭佐熙为第二十六军军长，并将第八十九军等部合编为第十九兵团，以王伯勋为司令官，营救李弥和余程万。12月13日，国民党国防部电令汤尧任第十九兵团副司令兼参谋长，在曲靖设指挥部，指挥第八军和第二十六军及其他部队约4万余人，由宜良、呈贡及滇黔路一带，向昆明反扑。1949年12月16日，昆明保卫战在东郊、南郊激烈展开。昆明的起义部队只有10个团，兵力和武器装备都处于劣势，而此时的人民解放军南下野战军尚在广西、贵州、四川等地作战，全力围堵经云南南部向越南、缅甸逃窜的国民党残余部队，尚不能立即进驻昆明。因此，卢汉急电刘伯承、邓小平要求支援。

第四，卢汉虽然起义了，但因为卢汉在云南曾经镇压革命，杀害革命同志和进步人士，部分干部对卢汉的仇恨很深，因此而产生了“左”的思想情绪。同时，还面临着对旧部队进行改造的艰巨任务，这给顺利接管云南增加了难度。由此可知，卢汉起义后的云南的形势非常危急，压力非常大。

第五，怎样加快民族团结，稳定土司头人；怎样灵活运用我党的统一战线政策，团结和争取一批云南的头面人物支持，减少接管云南的阻力，也需要研究。因此，及时召开会议，贯彻中共中央和中共西南局关于云南的指示，确定接管云南的方针、政策，统一思想，为接管云南作好思想准备，组织准备，非常必要。

二、“安龙会议”的准备

安龙是一块红色热土，具有光荣的革命传统。1935年，陈赓、宋任穷带领中央军委干部团跟随并保卫毛泽东、朱德等中央领导曾住宿于安龙。

为了解放云南，顺利平稳接管云南，从1949年12月下旬起，四兵团十四军、十五军一部按原计划陆续从南宁等地出发，经百色、田林，取道贵州册亨、安龙、兴义进入云南。

1950年1月，兴仁专区军政代表团安龙办事处接管安龙政权，并在县城设立军民合作支前总站，在狗厂（兴隆）、龙广设立分站，首要工作是为陈赓兵团过境筹集粮草。通过工作，共筹集稻谷439万斤，柴草362万斤。地下人员和安龙游击团积极参加迎军工作，解放委员会承担了过境部队的给养，安龙游击团承担了交通安全及沿途治安，边纵第三（罗盘）支队二十二团负责过境部队的向导工作。

1950年1月24日，四兵团先头部队一二三团以滇桂黔边纵第三（罗盘）支队为向导，由广西百色地区进入安龙县城。兴仁军政代表团安龙办事处、安龙县解放委员会全体成员、滇桂黔边纵队第三（罗盘）支队安龙游击团负责同志及地方各界代表和城乡各族人民，在北门公路两旁夹道欢迎。第二天，一二三团、二十二团与安龙游击团在马场坝举行了会师大会。

陈赓率兵团部及十四军、十五军由南宁出发，经百色、田林、册亨，于1950年2月1日到达安龙县城。前来和陈赓同志商谈接管云南事宜的卢汉代表周体仁也同时到达了安龙。当晚，陈赓、林李明在原国民党安龙县参议会会所接见了安龙县的杜良俭（中共兴仁军政代表团安龙办事处主任）、任耀庭（兴仁军分区一四七团副政委）、王秉鋆（中共兴仁军政代表团安龙办事处副主任，原安龙人民讨蒋自卫独立支队队长）、黄河（安龙游击团政委）等人。

2月4日，四兵团政治部副主任胡荣贵在安龙向兵团直属队干部作了进军昆明的政治报告，着重强调了要学好中国共产党的各项方针政策，特别要学好统一战线政策。

2月5日，宋任穷率领西南服务团云南支队和警卫部队及中共云南省工委书记郑伯克，西南服务团云南支队队长刘林元、政委马继孔，西南服务团的张冲和抗日名将周保中将军到达安龙。滇桂黔边纵队司令员庄田、政委林李明等已先期到南宁迎接陈赓一行抵达安龙。

在四兵团还没有到达安龙前，停留于贵阳的宋任穷就和陈赓频繁用电报协商，如何按照中共中央和西南局的指示精神安排云南党政军的人事，进行接管云南的准备工作。

三、“安龙会议”的召开

1950年2月6日，“安龙会议”在安龙县城草纸街71号原国民党参议会会所召开。参加会议的有四兵团司令员陈赓、政委宋任穷、参谋长郭天民、政治部副主任胡荣贵、原吉林省人民政府主席周保中、滇桂黔边区党委副书记郑伯克、西南服务团云南支队队长刘林元、政委马继孔、边纵政委林李明等。大会分别由宋任穷、陈赓、周保中主持。会上，宋任穷传达了党的七届二中全会精神。周保中传达了中共中央关于“到云南要搞好团结，是团结会师、是团结第一、工作第二”等一系列指示。按照中共中央关于“云南地下党的干部、边纵的指战员，南下野战军和南下干部，都要以团结为第一。城市的接管工作，农村工作，边疆民族工作，整编改造起义部队的工作，都要靠我们的团结。团结搞不好，其他工作也搞不好”的要求，认真讨论了宋任穷1月5日在贵阳根据中共中央和西南局指示起草的《进入云南接管工作纲要（草案）》，并表决通过。这个《纲要》强调了四个问题：第一，首先搞好内部会师。第二，打通干部思想。在党内进行反复的艰苦的思想教育和说服工作，防止“左”的思想情绪。必须将团结党内、团结群众、团结改造卢汉三者结合起来。第三，接管的步骤。在与卢汉正式协议并经中央批准后，才正式接管。第四，所有干部要发扬高度的工作积极性和创造性，发扬艰苦朴素吃苦耐劳的精神。《纲要》为和平接管云南决定了基调。

会上宣布了中共中央西南局关于成立中国共产党云南省委员会的决定。宋任穷任第一书记，陈赓任第二书记，周保中、林李明、郑伯克、郭天民、庄田、牛树才（未到职）任委员。这些委员包括了来自野战军、滇桂黔边纵队、西南服务团云南支队、云南地下工作人员等。

会议还按照中共中央和西南局的指示，成立云南省军政委员会，卢汉任主任，宋任穷、周保中任副主任；成立了中国人民解放军昆明军事管制委员会，陈赓任军事管制委员会主任，周保中任副主任，郭天民、郑伯克、原国民党云南省民政厅厅长安恩溥、原滇军一八四师师长潘朔端、中国人民解放军十五军政委谷景生、随卢汉起义的参谋长谢崇文、原国民党昆明市长曾恕怀、四兵团政治部副主任胡荣贵等为昆明军事管制委员会委员。昆明军事管制委员会下辖的军事、政务、财务、工业、交通、文教、卫生、公安等8个接管部门和正副部长也分别派定。

会议还决定成立中国人民解放军昆明警备司令部，郭天民任司令员，谷景生任政治委员，朱家璧、三十七师师长周学义任副司令员，雷起云任副政委。撤销中国人民解放军滇桂黔边纵队，其部队分别编入云南、广西、贵州军区；撤销中共滇桂黔边区委员会，其党组织关系分别划归云南、广西、贵州省委。13日，会议闭幕。14日，部队离开安龙，向云南进军。

四、“安龙会议”及其历史意义

“安龙会议”的召开，加快了接管云南的进程，对云南全境的解放具有重大的历史意义。

*（一）“安龙会议”为接管云南，统一了思想。接管初期，云南社会存在着诸多的问题。*首先，云南是我国少数民族最多的省份，其中有些民族尚处在相当落后的发展阶段。由于他们过去长期遭到国民党反动派的压迫和欺凌，受到大汉族主义的歧视，又有帝国主义分子从中挑拨离间，民族团结面临着很大的矛盾，成为制约接管全局的突出问题。其次，卢汉起义后，起义部队有几万人面临着团结与改造。当时我们队伍中有少数干部存在以下思想问题：一是因战果辉煌而以功臣自居，居功自傲。二是少数干部在民族工作中存在着“左”的思想情绪。怎么克服居功自傲的甚至是“左”的思想情绪？怎么更好地执行党的民族政策？怎么更好地团结和改造起义部队？怎么凝聚人心，统一思想？就摆在了面前。正如宋任穷同志说：“卢汉9日正式宣布起义，成立临时军政委员会，军队也暂时编制了一下。大家很关心这个问题，这一变动对我们进云南工作是否也有变动？我们在未进云南之前，也是将这种情况即和平解放的情况估计在内的……”

面对云南的复杂情况和艰苦任务，当前要首先搞好内部会师，要加强党内团结，加强外来干部和地方干部的团结。各方面都要树立这样一个明确的观念，即充分肯定和尊重对方的工作成绩，虚心向对方学习，对于对方工作的缺点错误采取原谅态度，诚恳地给予帮助。要用自己的弱点和缺点去比人家的长处和优点，而不要用自己的长处和优点去比人家的弱点和缺点。如发生不团结现象，各方要多做自我批评。会议要求全省党内同志统一思想，向前看，不要向后看。并确定最初一个时期的中心工作是搞好统一战线，特别要注意团结改造好卢汉及其所属军政人员。会议认为，对云南的民族问题要十分重视，提出了“民族和睦，加强民族团结，消灭历史造成的隔阂，工作稳步前进”的工作方针。根据这个方针，从云南民族工作的复杂状况以及当时民族工作中主要存在“左”的倾向的实际情况出发，提出了在党的领导下，“讲团结不讲斗争”，“宜缓不宜急”，“要反左不反右”，“在少数民族地区不搞土改，不反霸”等方针和政策。

*（二）“安龙会议”为瓦解云南各种反动势力作了准备。*蒋介石为了达到凭据云南，负隅顽抗的目的，于1949年11月由台湾到重庆，后到成都，准备立即把国防部、陆军总部等军事首脑机关迁入昆明，以抢先控制云南。12月7日，蒋介石派张群到昆明，与卢汉洽商国民党中央政府迁移问题，提出国民党中央设在昆明，大本营设在西昌，云南省政府和绥靖公署迁往滇西；或国民党中央政府设西昌，在昆明办公。

"安龙会议"其中一个精神就是要将革命进行到底，把国民党残余势力全部消灭在云南境内。当时盘踞在云南境内的有蒋系铁杆分子（李弥、余程万等）、军统特务、不安好心的外国领事、恶霸地主、国民党流毒中得太深的土司、头人等，他们不甘心国民党在云南丧失统治权力，遇到风吹草动就会兴风作浪。后来在云南省繁重的剿匪战斗中就体现了这一点。"安龙会议"为阻断蒋介石在云南偏安一隅的美梦，瓦解云南各种反动势力奠定了坚实的基石。

（三）"安龙会议"是中共统一战线成功灵活运用。中共统一战线，是指在马克思主义理论指导下，由无产阶级及其政党组织和领导的政治联盟。统一战线、武装斗争、党的建设，是中国共产党在中国革命中战胜敌人的三大法宝。

怎样才能成功灵活运用中共统一战线，"安龙会议"专门讨论和通过的《陈（赓）宋（任穷）等同志关于入滇初期以统战为中心同时解决会师及财经等问题的意见》（《意见》1100余字），以统战为核心，涵盖了政治、思想、组织、干部、作风、军队、地方、财经和社会变革，特别是对团结起义人员，瓦解蒋系及地方反动势力都作了具体明确的规定。在接管云南后，陈赓和宋任穷模范地贯彻执行"安龙会议"精神，特别率先执行"安龙会议"所定的统一战线意见。

人民解放军进入昆明城后，由于四兵团指战员对国民党军队的仇恨很深，因此个别战士与卢汉部下官兵的摩擦时有发生。一天，几个年轻的士兵又与卢汉部下闹起了别扭。陈赓闻讯，急忙赶来。陈赓对战士说："要善待人家起义战士。现在是一家人了，要注意搞好团结。"一个战士不以为然说，"可他们为蒋介石卖过命"。"卖过命又怎么啦？我陈赓也为蒋介石干过，还是蒋介石的救命恩人呢。"陈赓用自己亲身经历谆谆告诫战士，使战士深受感动。陈赓最后说："我当年救老蒋，是为了革命，现在打老蒋，也是为了革命。现在人家起义了，就是一家人了。革命有先后，要同等对待嘛。"陈赓的表率作用，是带头认真贯彻"安龙会议"精神的具体体现，极大地促进了人民解放军部队与起义部队的团结，促进了卢汉起义部队的顺利改造。

回顾历史，展望未来。历史上有惊人相似之处，往往耐人久久寻味。1949年3月5日，中共七届二中全会在河北省西柏坡召开，决定了中国共产党领导下的新中国一切大政方略；"安龙会议"在贵州省安龙县城召开，决定了在中共云南省委领导下的新云南一切大政方略。"安龙会议"在中国人民解放军战争历史长河中是光辉灿烂的一页，是中共云南省历史的重要组成部分，同时，也是中共贵州省历史的补充。

六、1992年版《安龙县志》校勘

附表30

页码	行	原错误	正确
5	倒5	宝佑元年（1225）	宝祐元年（1253）
5	倒4	咸淳六年（1265）	咸淳六年（1270）
7	倒11	清划正南笼疆界	请划正南笼疆界
11	倒12	人两湖高等师范学堂	入两湖高等师范学堂
12	10	袁迁泰	袁廷泰
15	13—14	黔桂边区绥清司令部	黔桂边区绥靖司令部
18	13	（1953年）3月1日，人民银行开始发行新人民币，收兑旧人民币。	1955年3月1日，人民银行开始发行新人民币，收兑旧人民币。※

续附表 30

页码	行	原错误	正确
20	倒 5	麻诊	麻疹
36	倒 9	制订	制定
40	4	附已	附己
40	11	忠于已	忠于己
46	5	耳杂	耳朵
46	8	义军拼军抵抗	义军拼死抵抗
50	6	邵桃	那桃
52	5	刘显潜被遂出贵州政界	刘显潜被逐出贵州政界
64	倒 9	光武帝建武六年（公元 25 年）后	光武帝建武六年（公元 30 年）后
103	倒 4	腐植质	腐殖质
103	倒 2	一般植被复盖差	一般植被覆盖差
110	表 2 列 7 行	坡较乡八坎	坡脚乡八坎
114	表 2 列 7 行	酒雨乡门口	洒雨乡门口
125	11	倒春寒易引起已播水稻“烂秧”和小麦、油菜正常开花结实。	倒春寒易引起已播水稻“烂秧”，影响小麦、油菜正常开花结实。
130	1	可蟹	河蟹
154	8	红籽剌	红籽刺
155	倒 15	走亲方友	走亲访友
158	12	殒星	陨星
169	倒 11	薙发	剃发
171	6	祭典	祭奠
192	7—8	增长	增长了
209	表 4 列 2 行	36	358.15
211	倒 12	秸杆	秸秆
212	倒 12	“农业学大寨”运动中大高“坡改梯”	“农业学大寨”运动中大搞“坡改梯”
214	9	短期培训斑	短期培训班
215	倒 17	起垅	起垄
215	倒 9	秸杆	秸秆
220	倒 13	乌桕	乌桕
226	7	酒雨乡	洒雨乡
242	7	李抱师	李鸨师
243	倒 8	1988 年，全县养狗约 49600 多只。	1988 年，全县养狗 49600 多只。

续附表30

页码	行	原错误	正确
243	倒7	金八歌	金八哥
248	倒8	出口	出售
250	倒12	蒟蒻	蒟蒻
250	倒7	猪腓	猪排
252	16	年产棕衣、棕板约50余吨	年产棕衣、棕板50余吨
266	倒11	桐柏	桐柏
266	倒11	柏桥	柏桥
272	13、15、17、倒10	丫口	垭口
273	5、倒12	丫口	垭口
304	12	从事铸铧及铁木家具生产者约百余家	从事铸铧及铁木家具生产者百余家
312	倒10	“绿海大曲”“永历御液”两种瓶装酒	“绿海大曲”“永历御液”两种瓶装酒
343	倒12	幅射	辐射
360	倒6	顶罐	鼎罐
368	倒3	无偿农业贷款	无息农业贷款
375	3	派购家禽1—2支	派购家禽1—2只
376	7、10	桔子	橘子
383	倒4	只给“粮食库卷”，后来又废除“库卷”	只给“粮食库券”，后来又废除“库券”
391	倒11	乌柏	乌桕
412	倒6	粮票115余吨、布票10333余米	粮票115吨多、布票10333米多
419	倒15	党和人政府	党和人民政府
447	19	部份	部分
455	倒11	营运都	营运部
459	7	金无券	金元券
475	倒12	民国中期省府续修此2程	民国中期省府续修此工程
487	3	大罈	大坛
487	14	大坝至八砍	大坝至八坎
498	13	费彻	贯彻
515	13	部份	部分
515	倒1	菸丝业	烟丝业
519	表4列7行	十八年至二十三年(1753—1759)	十八年至二十三年(1753—1758)
519	表4列8行	二十三年至二十七年(1759—1763)	二十三年至二十七年(1758—1762)
519	表4列9行	二十七年至四十年(1763—1776)	二十七年至四十年(1762—1775)
519	表4列10行	四十年(1776)	四十年(1775)

续附表30

页码	行	原错误	正确
519	表4列11行	四十一年至四十八年（1777—1784）	四十一年至四十八年（1776—1783）
519	表4列12行	四十八年至五十年（1784—1786）	四十八年至五十年（1783—1785）
519	表4列13行	五十年（1786）	五十年（1785）
519	表4列18行	四至七年（1799—1803）	四年至七年（1799—1802）
519	表4列19行	七年（1803）	七年（1802）
519	表4列20行	七年至九年（1803—1805）	七年至九年（1802—1804）
519	表4列21行	九年至十一年（1805—1807）	九年至十一年（1804—1806）
519	表4列22行	十一年至十二年（1807—1808）	十一年至十二年（1806—1807）
519	表4列23行	十二年至十四年（1808—1810）	十二年至十四年（1807—1809）
519	表4列24行	十四年至十五年（1810—1811）	十四年至十五年（1809—1810）
519	表4列25行	十五年至十六年（1811—1812）	十五年至十六年（1810—1811）
520	表4列29行	十九年至二十九年（1883—1903）	十九年至二十九年（1893—1903）
520	表4列32行	三十二年（1905）	三十二年（1906）
520	表4列33行	三十二年至三十三年（1905—1907）	三十二年至三十三年（1906—1907）
528	7	仡栳族	仡佬族
530	表5列3行、11行	河南合壁	河南鹤壁
530	表4列24行	仫佬	仫佬
531	倒1	中国共产党兴仁专署军政代表团	中国共产党兴仁军政代表团
533	表5列3行	河南合壁	河南鹤壁
538	倒6	1980年7月	1980年4月
557	10	年青人	年轻人
583	倒16	取销	取消
598	5	两部份	两部分
599	5	部份	部分
601	倒14	部份	部分
603	倒8	第三二四师	第二三四师
607	1	大部份	大部分
643	倒6	罈罐窑	坛罐窑
672	倒12	折迭	折叠
697	倒6	距今约1万多年	距今1万多年
698	4—5	距今约12000年左右	距今12000年左右
703	11	原名启贤，宪章其字也	原名应贤，宪章其字也
709	2	顶庙丫口	顶庙垭口

续附表 3C

页码	行	原错误	正确
709	9	火石坪山丫	火石坪山垭
720	倒 2	分析天秤	分析天平
735	15—20	鞦	秋
743	11	燉鸡	炖鸡
747	倒 8	磁器	瓷器
773	4	张瓒（？—1552）	张瓒（？—1551）
773	10—11	嘉靖三十年（1552）卒于家	嘉靖三十年（1551）卒于家
775	11	镇以大桃知县入黔	镇以大挑知县入黔
779	6	景方鉴（1854—1919）	景方鉴（1854—1929）
780	11	撤稍袁第二师师长职	撤销袁第二师师长职
789	3	二区民众送“公平正直”匾一快	二区民众送“公平正直”匾一块
790	17—18	“八一”南昌起义时，中共前敌委员会任命韦杵为第九军军长，朱德为副军长，时杵在九江养伤，未到九军任职。	1927 年 8 月 1 日，南昌起义成功后，韦杵被以宋庆龄、邓演达、贺龙、周恩来等 25 人为委员的中国国民党革命委员会，任命为国民革命军第二方面军第 9 军军长。时，韦杵在九江养伤，未到职。

※ 说明：也就是说，本条大事记应列入 1955 年，而不应列在 1953 年

索引

说明

一、本索引采用主题分析方法，按主题词汉语拼音顺序排列。

二、索引的主题词后面的数字表示内容所在页码。

A

B

C

D

E

F

G

H

J

K

L

M

N

P

Q

R

S

T

W

X

Y

Z

非音序

编纂始末

安龙县二轮县志续修工作始于2006年，是年12月，成立了以县委副书记蔡平同志为组长的安龙县史志编纂工作领导小组，并于当月召开全县史志工作会议，下发初步的史志编纂工作方案和规划，要求全县各乡镇、各部门、各单位及社会主义新农村建设试点村都要编写出版本地本单位的地方志书。

2007年2月，县直机关工委书记桑维新接任县史志办公室主任，王健不再担任县史志办公室主任；9月，县史志办公室在黔西南民族师范专科学校安龙县校区培训中心召开了全县史志培训会议，全县各乡镇、各单位史志编纂工作负责人、编辑共100余人参加培训，邀请原《安龙县志》副主编陈翰辉就地方志基础知识和编纂方法进行培训。

2008年2月，县委组织部、县人事局联合行文抽调坡脚乡文化服务中心唐保华、龙山镇安全生产监督管理站孔庆宇、龙广镇纳桃小学教师岑权、钱相乡阿赖小学教师王星强4人到县史志办公室工作，另聘请原县志编辑黄恩照及《安龙县教育志》主编王仲坤等人到县史志办公室参与县志编辑工作，县志编写力量得到加强。当时，县史志办公室在县志编写工作中主要是指导县内部门志、乡镇志的编写，以此带动县志资料的收集整理工作。

2009年7月，召开《兴义府志》校注出版座谈会，就安龙县二轮县志续修工作提出了建议和意见，对本县二轮县志资料收集整理起到了推动作用。是年，《安龙县军事志》公开出版发行，另有新安镇海庄村民自发组织编写的《海庄村史志》印行，再一次推动了全县地方志编写工作的进度。

2010年7月，全省地方志学术年会在安龙召开期间，县史志办公室将《安龙县志》(续修) 编目印发给参加会议的领导、专家和学者，征集意见和建议，根据收集到的意见和建议，县史志办公室组织人员修订完成《安龙县志》(续修) 编目报县领导审阅。10月，经县领导同意，下发《县人民政府办公室转发县史志办关于征集〈安龙县志·1989—2009〉〈安龙年鉴·2010〉材料的通知》(安府办发〔2010〕149号)，将县志资料征集任务分解到全县各乡镇、各单位，全面启动《安龙县志》续修资料征集工作。后来，在县志编修过程中，将二轮县志续下限调整为2012年底。

2010年11月2日，在县行政办公区一楼会议室举行地方志编纂工作培训会，总结全县第一轮修志工作，安排部署第二轮地方志工作并进行相关业务培训。县委常委、县政府常务副县长黄朝文，县委常委、县委组织部部长王丽琼，安龙县县直各部门，中央、省州属驻县单位及各乡镇有关负责人和编辑人员共200余人参加会议，兴仁县史志办负责人及相关编写人员到会旁听。会议邀请贵州省地方志协会顾问、贵阳市修文县地方志编辑部主编李祖炎向与会人员作编纂地方志业务知识讲座。

2011年8月，经过两年多的工作，道光《兴义府志》校注本由贵州人民出版社正式出版发行，11

月12日在安龙召开首发式，州内外领导及方志专家、学者100余人参加会议，再次掀起读志用志编志的热潮。但由于受县政府机构改革、县史志办公室工作力量薄弱等方面因素的影响，县志续修材料收集不很理想，至2012年年底，共收集到县志续修材料总量的30%左右。为加强地方志书的编纂工作，县史志办公室将有限的力量强化对部门志、乡镇志的指导，至2012年年底，有30个部门、乡镇基本完成部门志稿的编纂工作，另有部分单位完成资料收集、整理工作，总字数约2000万字。其中公开出版的有《安龙县军事志》《安龙公路管理段志》《安龙县气象志》《马鞭田村志》。据不完全统计，在二轮县志续修过程中，参与部门志、乡镇志资料收集和编纂工作的人员总计约350人，基本形成众手修志的局面。

2013年3月，召开全县史志工作会议，签订全县史志工作目标责任状，将史志工作纳入全县目标绩效考核，要求全县各乡镇、各部门年内务必将县志资料报送到县史志办公室，逾期不报的将从单位考核总分中扣1分，全县各乡镇、各部门对县志资料的收集整理工作力度进一步加大，并将县志下限调整到2010年底。同时，经县委常委会议研究同意，下发《安龙县2012—2015年党史、地方志工作规划》，要求在2015年前完成县志续修工作。随即，县史志办公室由唐保华同志对已经收集到的资料进行全面整理加工，正式编辑稿件。至2013年年底，全县9成以上乡镇、单位完成资料收集并送交到县史志办公室，同时经唐保华等同志艰苦努力，完成初稿120万字。是年，在全州史志目标绩效考核中，安龙县高居榜首。

2014年3月，再次召开全县史志工作会议，全县各乡镇、各部门史志分管领导和史志业务人员参加会议，县史志办公室将整理完成的县志初稿及需补充资料的任务分别下发给与会人员，要求2014年5月底前将补充资料报送至县史志办公室，根据本次会议精神，县志下限调整至2012年年底。同时，县史志办组织人员再次对稿件进行补充、完善、修改、调整，至2014年11月完成征求意见二稿，成稿150万字，报县志编纂委员会相关领导审阅，征求意见和建议。

2015年3月，县委办、县政府办印发《2015年〈安龙县志〉(1989—2012)攻坚迎审工作方案》，对县志续修工作进行倒计时安排，对资料缺失较严重的单位进行上门指导和督查。县史志办公室再次将已编成的稿件通过QQ群向全县各乡镇、各单位反馈，分门别类地按乡镇、单位的分工，将县志所缺资料详列之，广泛征求意见，广泛征集资料。至年底，仍有个别单位未将资料补充完善，致使县志无法终审。县史志办公室只得向省地方志办公室、州史志办公室说明原因，请求延期到2016年终审。

2016年6月，根据收集到的资料和领导提出的意义和建议，县史志办进一步收集、完善资料，唐保华同志对志稿再次进行补充和修改，形成送审稿180万字，并打印成书稿送县志编纂委员会成员、州史志办公室相关负责人审阅。9月，县史志办公室综合州县两级领导审稿意见，对志稿再次修改后送省地方志审查。9月18日，《安龙县志》(1989—2012)终审会在贵州省地方志办公室三楼会议室举行。贵州省地方志办公室副主任黄远良主持审稿会议，省文史研究馆原副馆长史继忠、《贵州大百科全书》常务副主编唐玉芳、省地方志办公室业务四处处长钟莉、副处长陆震、黔西南州史志办公室副主任李正江、安龙县人民政府副县长石莉等地方志专家、领导参加评审参加会议。会议听取安龙县史志办公室、黔西南州史志办公室对志稿编纂情况、志稿复审情况的汇报后，省地方志办公室专家、领导逐一发表评审意见。评审中，专家们普遍认为《安龙县志》(1989—2012)指导思想正确，结构合理，层次分明，文风朴实，语文流畅，资料翔实丰富，行文符合规范，全面系统地反映了安龙县1989—2012年的发展面貌和基本特点，具有一定的地方特色和时代特色，是一部比较成功的志稿，原则同意通过省级终审。

2017年，根据省地方志办公室终审会议意见，结合州史志办公室审查意见，县史志办公室聘请省地方志专家周声浩对志稿进行全面梳理，对有关篇目进行了调整和补充，形成比较完整的志稿。11 月，县委办、县政府办联合下达《关于调整安龙县史志编纂委员会成员的通知》，明确唐保华同志为县志主编，全面负责志稿编辑、校对和补充完善工作，直至最后出版。根据周声浩提出的意见和建议，唐保华同志对志稿再次全面校核、补充、完善，报省地方志办公室验收，于 2018 年 6 月送出版社出版。

《安龙县志》续修工作历时十余载，是省州地方志编纂部门关心支持的结果，是中共安龙县委、安龙县人民政府正确领导的结果，是全县史志工作者辛勤付出的结果，凝聚了志稿编辑人员和广大资料收集工作人员的心血和汗水，成果来之不易！在此，我们谨向长期关心、支持安龙县史志工作各级领导、社会各界人士表示衷心的感谢！谨向辛勤工作在史志战线各位同志表示真诚的问候和衷心的感谢！

县志是一县自然和社会的历史和现状的著述，牵涉社会、经济、文化方方面面，门类众多，内容浩繁，资料庞杂。由于我们水平有限，难免存在这样或那样的缺陷和不足，热忱欢迎广大读者批评指正。

编者

2018 年 6 月

中国·安龙
China · Anlong

安龙县志

（1989—2012）

ANLONG XIANZHI

上册

贵州省安龙县地方志编纂委员会　编

方志出版社
Publishing House of Local Records

图书在版编目（CIP）数据

安龙县志．1989-2012 / 贵州省安龙县地方志编纂委员会编．— 北京：方志出版社，2019.12
ISBN 978-7-5144-3933-5

Ⅰ．①安… Ⅱ．①贵… Ⅲ．①安龙县 - 地方志 - 1989-2012 Ⅳ．① K297.34

中国版本图书馆 CIP 数据核字（2019）第 261559 号

安龙县志（1989-2012）

编　　者： 贵州省安龙县地方志编纂委员会
责任编辑： 冯　松

出 版 者： 方志出版社
地址　北京市朝阳区潘家园东里 9 号（国家方志馆 4 层）
邮编　100021
网址　http://www.fzph.org
发　　行： 方志出版社图书经销中心
电话（010）67110500
经　　销： 各地新华书店
印　　刷： 云南速盈印刷有限公司

开　　本： 889×1194mm　　1/16
印　　张： 86
字　　数： 2414 千
版　　次： 2019 年 12 月第 1 版　　2019 年 12 月第 1 次印刷
印　　数： 0001~2000 册

ISBN 978-7-5144-3933-5　　定价：380.00 元（全二册）

安龙县地方志编纂委员会

安龙县地方志编纂委员会办公室

主　　任： 桑维新（2007.2—2013.2）　杨南明（2013.2—2016.2）
何　宁（2017.2—　）
顾　　问： 周声浩
编　　审： 何　宁
主　　编： 唐保华
编　　辑： 周　毅　杨　煜　刘　翠　孙华忠　韦红宁　岑　刚　张永丽
王仲坤　黄恩照　莫苍知
州级审查人员： 王淑芳　李正江　付元友　杨南明　张明生
省级审查人员： 黄远良　史继忠　唐玉芳　钟　莉　陆　震　车秀琴

县志资料主要收集人员（姓氏笔画为序）：

马　飞　王　伟　王　林　王　艳　王　萍　王　琴　王　键　王一波
王万力　王开万　王仕华　王芝俊　王芝富　王佐荣　王启发　王茂力
王国刚　王明龙　王明忠　王星强　王恩荣　王登伟　王照国　韦　杰
韦万安　韦占仕　韦吉芳　韦安健　韦纯剑　韦康学　韦照健　方　伟
孔庆宇　吕朝江　向　剑　刘光平　刘红梅　刘启伟　刘洪国　刘家政
刘静平　苏仕江　杜福明　李　涛　李天龙　李元祥　李永刚　李永和
李明荣　杨　政　杨　翔　杨正忠　杨再龙　杨安祥　杨连兴　肖道宏
吴清萍　岑　权　岑　侃　邱金环　何传彬　余　雷　汪法鉴　宋　坤
张七仁　张忠生　张建勋　陆元财　陈　贤　陈　梅　陈　惠　陈文录
陈玉全　陈正霖　陈定国　陈祖彪　易奎香　罗　素　罗开富　罗亚丽
周祥林　郑皱珑　房　健　赵　锋　赵廷锋　胡贞明　胡连超　柏　英
柏春兰　钟正武　保明琪　侯令琼　饶金壁　贺　军　贺登华　秦礼林
袁定鸿　桂腾金　高亚敏　唐保健　唐素炎　黄　华　黄仕同　黄国琼
黄显旷　黄祚楷　庹天才　梁秀俊　彭科林　董孔琴　覃晓羽　舒　宁
鲁利泉　湛　洁　湛　毅　游所能　蓝　青　詹　萍　詹富江　蔡明刚
廖世才　谭　旭　谭国斌　黎楚荣　潘登元　戴　江

图片摄影：

丁洪军　莫苍知　杨南明　杨曦春　杨　煜　刘丽芳等

序

安龙县人民政府县长　**冉隆斌**

"郡邑之有志，犹国之有史。"一方历史沿革、山川地理、政治经济、文化生活，常以志记之，以求观兴废、知得失、通古今、察未来。在"决战贫困、决胜小康"的关键时刻，续编《安龙县志》付梓问世，意义深远而重大，堪谓安龙盛事，可喜可贺！

安龙县历史悠久，人杰地灵，是贵州省人民政府首批命名的历史文化名城，清代著名诗人黄世文间曾有"地灵此地多佳士"的赞叹。早在一万多前的旧石器时代晚期，安龙就已有人类的活动。人们在这块土地上繁衍生息，创造了古老的文明，留下了龙广观音洞、七星洞和铜鼓山菩萨洞等古人类遗址。明洪武二十三年（1390年），在今县境设置安隆守御千户所，所署设于今安龙县老城区南门上，安龙建城历史自此开始，距今已有600余年。公元1652年，南明永历朝廷播迁安龙，改安隆所为安龙府，安龙地名由此诞生。

清代，先后在县境设置南笼厅、南笼府和兴义府，地控南北盘江。由于地理位置的重要，贵州驻军分四镇，这里设有一镇，名曰"安义镇"。自从设府置镇之后，安龙便成为滇、桂、黔三省边界的政治、经济、军事、文化中心。

新中国成立以来，全县各族人民在中国共产党的领导下，励精图治，开拓创新，取得了一个又一个社会主义建设的新胜利，成就了安龙县经济社会发展的新辉煌。

"盛世修志，志载盛世。"安龙编修地方志书，始于清乾隆年间，迄于1992年，先后编纂5次，既为昔日创业者树立丰碑，又为当今建设者提供借鉴，也为后来者赋予教化。然而，自上次修志至今近30载，变化翻天覆地，修志记之，势在必行。中共安龙县委、县人民政府顺应时势，聘有识之士，集各方之力，历十载寒暑，数易其稿，始成新志。其工程之浩繁，工作之艰辛，诚非常人所力及；全体编纂人员治学之严谨，各部门配合之密切，社会贤达相助之踊跃，令人钦佩。在此，一并表示敬意与感谢！

续编《安龙县志》以马克思列宁主义、毛泽东思想、邓小平理论、"三个代表"重要思想、科学发展观、习近平新时代中国特色社会主义思想为指导，运用辩证唯物主义与历史唯物主义观点和方法，广征博采，取精存真，条分缕析，略古详今，文风朴实，平易晓畅，突显地方特色和改革开放新风貌，力求观点与史实统一、思想性与科学性统一，实为一部当代安龙百科全书。

鉴古才知今，继往为开来。修志旨在激励当代，启迪后世，兴我安龙。县委、县政府举全县之力，以共商、共识、共建、共享、共担"五共工作法"为统领和抓手，全面抓好大扶贫、大基础、大产业、大生态、大投资、大数据、大民生、大保障，全面打造荷乡安龙、书乡安龙、武乡安龙、稻乡安龙、石乡安龙、水乡安龙，诚望全县父老乡亲尤其各级领导学好志、用好志，承先辈壮志，扬拼搏精神，凝心聚力，艰苦奋斗，为全面建成小康社会，早日实现文明富裕和谐新安龙再谱新篇章。愿安龙明天更加美好！

是为序。

2017年11月

凡　例

一、本志坚持以马克思列宁主义、毛泽东思想、邓小平理论、“三个代表”重要思想、科学发展观和习近平新时代中国特色社会主义思想为指导，遵循辩证唯物主义和历史唯物主义的立场观点和方法，实事求是地记述安龙县经济社会的发展变化。

二、本志是1992年出版《安龙县志》的续志，上限为1989年，下限为2012年。为方便读者了解安龙县历史，每个篇章前，一般以无题小序概略叙述1978年中共十一届三中全会改革开放后事物发展概貌，以承袭上轮志书。概述、建制沿革、民族风俗有部分资料上溯，为叙述事物的完整性，个别地方有所下延。

三、本志在附录中设有1992年版《安龙县志》校勘，为方面读者设有2013年至2017年安龙县经济社会发展资料。

四、本志记述范围，以2012年安龙县所辖行政区5个乡、10个镇和2个街道为准。

五、本志采用述、记、志、传、图、表、录7种体裁形式，个别突出事件采用专记形式。人物记述中坚持“生不立传”的原则，凡在安龙县担任过正县级以上或安龙县籍人士在外地担任过副地级以上领导职务的，以及省部级以上劳动模范、专家，县内优秀民间人物等，分别列入人物传、人物简介和人物名录，生者以姓氏笔画为序排列，逝者以去世时间为序排列。另在相关篇章之后专列县委、县人大、县政府、县政协、县纪委、县人武部班子名录。

六、本志采用现代语体文记述，执行中国地方志指导小组制定的《地方志书质量规定》，遵循国家出版物有关规定。

七、本志行文中各类名称首次出现使用全称，各类数据字以县统计部门的为据，未列入统计局统计的数据，以各单位提供的数据为准。

八、因撤销新安镇，建立招堤、栖凤两个街道为2012年6月事，到下限2012年底时间较短，故本志部分篇章现有地理名称仍以新安镇称之，乡镇、街道简介仅列新安镇，适当记述招堤、栖凤两个街道成立后的情况。其余地名，除必要时沿用历史名称外，均用现行标准地名。

九、本志资料绝大部分来自各单位各部门的档案文书资料，个别来自“安龙县人民政府网”等官方网站资料，均经核实入载。一般不注明出处。

黔西南州发展资源开发有限公司，系安徽海螺集团与贵州盘江投资控股（集团）有限公司共同出资，在贵州省建设的第四个大型水泥熟料基地。左图为2008年3月在芜湖举行签约仪式，下图为公司全景（2015年摄）

2010年7月31日，金宏建材日产1200吨水泥熟料生产项目建成投产，图为投产庆典仪式

南盘江天生桥一级水电站（1991年开工建设，1994年大江截流，1998年首台机组发电，2000年12月全部投产，总装机120万千瓦，2000年摄）

南盘江天生桥二级水电站（1984年开工建设，1986年11月实现大江截流，1993年首台机组发电，2000年全部机组并网发电，总装机132万千瓦，2000年摄）

2012年11月14日，贵州金源投资有限公司年产60万吨铁合金（直流矿热技术）项目开工仪式在安龙经济开发区举行，图为开工仪式现场

2011年，安龙金石石材产业园在新桥镇开工建设，图为开工仪式现场

2011年6月28日，安龙鸿安焦炉气回收综合利用一期建设项目开工，图为开工典礼现场

贵州省安龙县生态食品有限公司（2006年摄）

初具规模的安龙县小微企业工业园区（2014年摄）

安龙县石材工业园区（2014年摄）

石材企业生产车间（2014年摄）

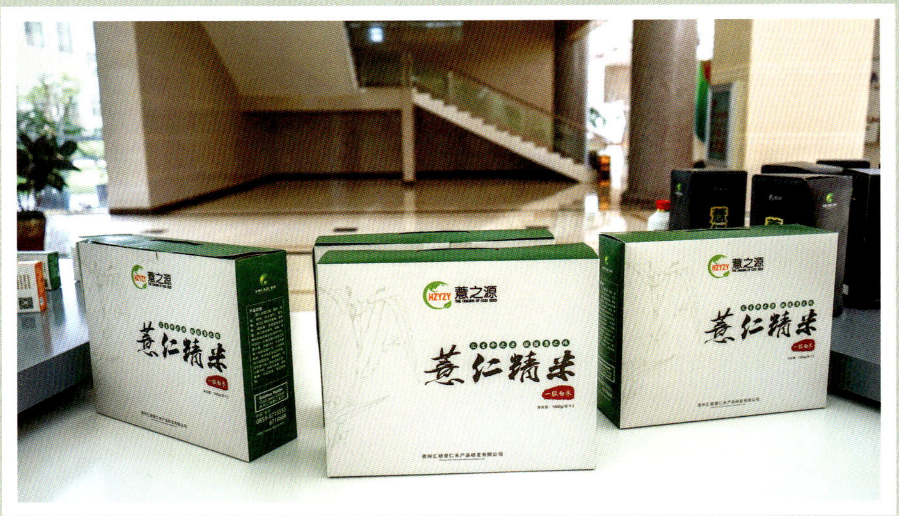

安龙出产的薏仁米成品
（2016年摄）

安龙出产的合质金（2006年摄）

安龙出产的部分生物饮品（2016年摄）

1998年11月，324国道南盘江大桥建成通车，图为通车剪彩仪式

南昆铁路、324国道并肩出海（2000年摄）

2011年12月31日，汕昆高速公路贵州段建成通车，图为南昆铁路、汕昆高速公路安龙县石头寨段（2014年摄）

招堤景区油路（2006年摄）

通乡油路（图为兴隆镇木城至平乐乡龙蛇段，2010年摄）

新修的通组水泥路（2016年摄）

2012年4月26日，总投资7541万元，长2119米、路幅宽50米的西城区开发大道延伸线项目投入使用，图为通车仪式现场

2012年2月18日，总投资3.6亿元，全长6.3千米、宽62米，双向8车道的安龙大道建设项目开工，图为开工奠基仪式现场

2012年12月27日，总投资2336万元，全长7.79千米的安龙县平桥水库“三通一平”工程在戈塘镇举行开工仪式，图为开工仪式现场

汕昆高速公路安龙互交匝道（2013年摄）

通村油路（2014年摄）

2010年3月18日，安龙县新汽车站投入使用，图为车站开业营运典礼现场

敞亮的西城区街道（2015年摄）

招堤风景区全貌（2006 年摄）

招堤水乡景色（2010 年摄）

招堤风景区夜景（2017 年摄）

招堤风景区观荷（2004 年摄）

天榜山风光（2006 年摄）

安龙博物馆（2005 年摄）

万峰湖风光（2009 年摄）

天然湖泊绿海风光
（2007年摄）

筏子河风光（2017年摄）

南盘江风光（2007年摄）

戈塘镇香车河风光（2008年摄）

招堤街道海庄村田园风光（2013年摄）

木咱大坝田园风光（2012年摄）

坡脚八坎山水风光（2013年摄）

笃山天门奇观（2012年摄）

万峰湖镇坝盘民族村风光（2008年摄）

栖凤街道者跃村田园风光
（2016 年摄）

钱相打凼村田园风光
（2012 年摄）

笃山万峰林景观（2019 年摄）

仙鹤坪国家森林公园原始森林（2006年摄）

钱相纳汪村田园风光（2016年摄）

万峰湖镇坡荫苗族村田园风光（2011年摄）

笃山国家山地户外运动示范公园（2017 年摄）

龙头大山远眺（2013 年摄）

仙鹤坪国家森林公园云海（2019 年摄）

神奇瑰丽的笃山溶洞景观（2010年摄）

初具规模的安龙县教育园区（2015年摄）

安龙县中等职业学校（2016年摄）

百年老校招堤街道第一小学与古榕树（2016年摄）

安龙县第一中学一角（2012年摄）

栖风街道第二幼儿园（2017 年摄）

木咱镇中学（2015 年摄）

龙广镇第二中学千人竹竿舞
（2015 年摄）

校园文体活动
（2015 年摄）

2010年7月19日，安龙县教育园区在西城区开工建设，图为开工典礼现场

2008年安龙县城西城区出土的青铜器

2010年7月30日，全省地方志学术年会在安龙召开，图为年会现场

2012年8月2日，黔西南州“广播名嘴话金州·走进安龙”大型直播活动在招堤广场举行，图为直播活动现场

群众秧歌舞上街头（2012年摄）

户外体验运动（2013年摄）

2012年8月3日，“全国武术之乡”武术表演在县文体广场举行

2012年8月3日，贵州省文史研究馆南明历史文化研究基地在明十八先生祠挂牌成立，左图为挂牌仪式现场。下图为参加南明历史文化学术演讲活动人员合影

招堤风景区金星山诸亭阁（2007年摄）

第六届荷花节文艺演出（2012年摄）

少年板凳舞（2014年摄）

苗族板凳舞（2007年摄）

织布机，收藏于安龙博物馆（2006年摄）

水车（2008年摄于戈塘香车河村）

布依族妇女（2005年摄）

苗族芦笙舞（2005年摄）

布依族八音坐唱（2005年摄）

布依族长唢呐表演（2017年6月15日摄于香车河村）

古法造纸（2014年摄于万峰湖镇）

布依族铜鼓（2016年摄）

安龙博物馆“永历临轩听政”蜡像（2009年摄）

2007年全县“能工巧匠”选拔赛合影

2008年7月，《兴义府志》校注出版座谈会召开，图为座谈会现场

苗族妇女刺绣（2005 年摄）

苗族特技表演（2011 年摄，表演者杨光合）

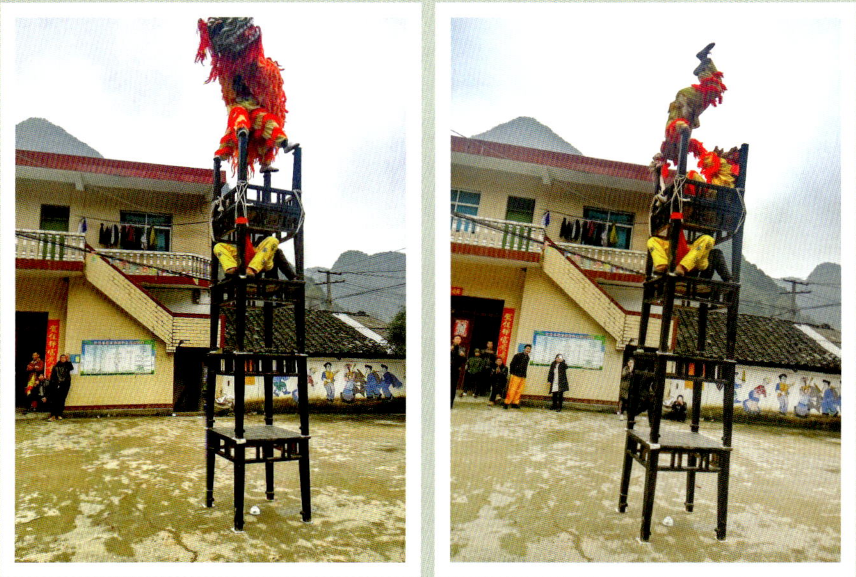

布依族高空舞狮（2019 年摄于招堤街道联合村）

王宪章将军塑像及豹皮亭，位于绿海景区王宪章纪念园内，2002年建成

张之洞雕像，位于招堤风景区张之洞广场，2012年建成

2009年11月12日，《兴义府志》(校注本)出版发行仪式在泓芙蓉酒店举行，图为发行仪式现场

兴义府试院出露的考棚建筑遗址（2014年摄）

县文物部门征集的贵州龙化石（2014年摄）

20世纪80年代以来，县内出土的部分文物（2015年摄）

太极拳表演（2015年摄）

2011年7月，全县举行纪念中国共产党成立90周年知识竞赛

科普大蓬车进校园（2016年摄）

县档案馆档案库房（2015年摄）

万峰湖镇坝盘村“三月三”歌舞会（2016年摄）

“南笼起义”首领王囊仙雕像，位于招堤风景区内，2002年建成

“招公筑堤”大型浮雕，位于招堤风景区内，2012年建成

新开通的荷都大道一段（2015年摄）

安龙县城一角（2016年摄）

安龙县城全景（2011年摄）

龙广镇科汪村纳西寨
（2016 年摄）

笃山梨树村八达新貌
（2015 年摄）

青山环抱中的打凼民族村
民居（2015 年摄）

安龙县西城区一角(2016 年摄)

安龙县易地搬迁城南安置区(2017 年摄)

安龙县易地搬迁城北安置区(2017 年摄)

安龙古城夜景(2017 年摄)

普坪镇将军广场（2014 年摄）

普坪镇街区（2014 年摄）

农村村民活动室（2014 年摄于普坪镇胡巷村）

乡村学校少年宫（2014 年摄于普坪镇）

安龙县城古街北门坡
（2014年摄）

农村“一事一议”财政奖补项目，通组路硬化一段（2014年摄）

移民新村一角（2014年摄于戈塘免补）

新镇桥小城镇建设一角（2014年摄）

普坪镇异地移民新村（2014年摄）

戈塘香车河村新貌（2014年摄）

金州出口蔬菜基地大棚（2014 年摄）

金州出口蔬菜基地收获的新鲜蔬菜（2014 年摄）

南盘江沿江立体生态农业示范园区的香蕉种植园和挂在枝头的香蕉果实（2014 年摄）

南盘江沿江立体生态农业示范园区的中药材种植基地（2014年摄）

现代烟草农业示范园和优质的烟叶（2014年摄）

薏仁米（2014年摄）

玛瑙红樱桃（2014年摄）

标准化建设的生猪养殖场（2014年摄）

标准化建设的家禽养殖场（2014年摄）

农村养殖的梅花鹿（2014年摄于普坪镇总科村）

招堤十里莲藕（2012年摄）

安龙藕粉（2013年摄）

乡村种植的莲藕（2015年摄于戈塘镇香车河）

南盘江沿立体生态农业示范园区的铁皮石斛园（2015年摄）

大棚种植的特色花卉（2016年摄）

万峰湖水产养殖业（2014 年摄）

渔民收获鲜鱼（2014 年摄于万峰湖）

农户养殖的中华鲟（2014 年摄于普坪镇）

安龙县大秦光伏农业产业园（2016年摄）

食用菌生产大棚（2014年摄）

丹参种植基地（2015年摄于普坪镇乐庄村）

安龙县食用菌产业园（2014 年摄）

特色食用菌种植（2014 年摄）

安龙县野生食用菌（2014 年摄）

规模化生产的蔬菜种植基地（2014 年摄）

安龙出产的优质饵块粑（2009 年摄）

安龙出产的优质大米（2008 年摄）

安龙出产的特色鸡枞油（2008 年摄）

扩容后的龙广柘仑水库（2014 年摄）

产业化扶贫项目绿壳蛋鸡（2014年摄）

产业化扶贫项目脱毒马铃薯（2014年摄）

产业化扶贫项目肉牛养殖（2014年摄）

安龙县人民医院（2017年摄）

右江民族医学院安龙联合医院（2008年摄）

县人民医院医务人员下乡义诊（2014年摄）

乡镇卫生院（2014年摄于普坪镇）

农村三星级敬老院（2014年摄于普坪镇）

村卫生室（2018年摄于普坪镇鲁沟塘村）

2012年，政务服务中心、非公有制经济服务中心、非公有制经济发展侵权投诉中心揭牌运行。左图为政务中心办事大厅，下图为挂牌运行仪式现场

安龙县行政办公区办公大楼（2011年摄）

现代化的通信机房
（2009 年摄）

移动通信基站（2007 年摄）

广播电视卫星接收站（2007 年摄）

苗族同胞用上洁净的自来水
（2004 年摄）

2010年，县境遭遇特大旱灾，图为人民子弟兵为县内群众背水抗旱

农村文化广场（2016年摄于海子镇安岭村）

农民体育健身设施（2016年摄）

改革开放以来，县内物资得到极大的丰富，图为县内一服饰自选商场（2014年摄）

目 录

概　述

一

安龙县位于贵州省西南部，地处南盘江上游的黔、桂、滇三省区结合部，素有“西南屏障”“黔桂锁钥”之称。地跨北纬24°55′—25°33′，东经104°59′—105°41′。东、东北、北、西分别与册亨县、贞丰县、兴仁县和兴义市接壤，南隔南盘江与广西隆林自治县相望，东西宽67千米，南北长约53千米，全县总面积2237.6平方千米。

春秋时期，今县境属牂牁国。战国时期，今县境为夜郎国地。秦代，秦始皇分版图为36郡，今县境归象郡领属。汉武帝元鼎六年（公元前111年），夜郎侯入朝，汉廷以其地置牂牁郡，今县境隶之。西汉末年，王莽夺取帝位，改牂牁郡为同亭郡。东汉，光武帝建武六年（公元30年）后，恢复牂牁郡县原名。东汉末年，西南大部分地区为蜀所有。蜀汉建兴元年（223年），牂牁太守朱褒反。三年（225年），丞相诸葛亮南征，分地置兴古郡，今县境分隶于牂牁、兴古二郡。西晋时建置未变。东晋明帝太宁三年（325年），宁州刺史尹奉分兴古郡置西平郡，领五县，今县境为义成县地。南朝梁元帝承圣元年（552年），东爨乌蛮占据今县境，隋朝时，仍属东爨乌蛮。唐高祖武德四年（621年），东爨乌蛮内附，唐遥置西平州，为羁縻州，今县境隶之。唐太宗贞观八年（634年），改西平州为盘州。唐玄宗天宝十年（751年），东爨乌蛮以其地叛附南诏，自号“于矢部”，盘州废。宋代，太宗至道三年（997年），于今县境置茂龙州，系羁縻州，隶夔州路绍庆府。南宋理宗宝祐元年（1253年），于今县境东北的干龙洞置安隆洞，隶广西泗城州。元世祖至元十三年（1276年），改于矢万户府为普安路总管府，隶于云南行省。元致和元年（1328年）三月，置安隆州于今县南境，安隆洞亦属安隆州辖。不久，废州改设安隆寨，归隶于广西泗城州。明太祖洪武元年（1368年），仍设安隆洞，隶于泗城州，辖地有12甲，今县境隶之。十五年（1382年），置普安卫，隶于云南都指挥使司，今县境北隶之。是年，明将沐英置陵元堡于棂钵寨，即今县城旧址。二十三年（1390年），置安隆、安南守御千户所，归隶贵州都指挥使司。安隆所即今县城旧基，安南所在今县境西北，辖地兼有今兴仁县部分地。英宗正统三年（1438年），安隆所、安南所改隶于安顺州。清顺治九年、明永历六年（1652年）二月，永历王朝设行都于安龙，改安隆所为安龙府。清顺治十五年、明永历十二年（1658年），清军克取安龙，改安龙府为安笼所。康熙元年（1662年），裁安南所，以其地并入安笼所。康熙六年（1667年），合安南、安笼二所之名设南笼厅，隶贵阳府。雍正五年（1727年）八月，升南笼厅为南笼府，与广西划江分治。嘉庆二年（1797年），改南笼府为兴义府。民国2年（1913年）9月12日，废府改县，改兴义府亲辖地为南笼县，设县公署，县官称知事，隶于贵西道，县列一等。11年（1922年）11月19日，贵州省行政公署改南笼县名为安龙县。12年（1923年），撤销贵西道，安龙县直隶于省公署。16

年（1927年），县公署改称县政府，县知事改称县长。31年（1942年）1月，省定安龙为实施新县制示范县，行政建置改区、联保为乡镇。全县共划分为2个镇，14个乡，147保，1470甲。

1949年12月22日，国民党安龙县政府宣布起义，接受和平解放。1950年1月，中国人民解放军第二野战军第五兵团和贵州省人民政府代表团安龙办事处成立。3月25日，安龙县人民政府成立。全县划分为6个区，下辖2个镇、14个乡。1区（城关）领城关镇、化黎乡、坡脚乡；2区（龙广）领合兴镇、德卧乡、永和乡；3区（普坪）领普坪乡、鲁沟乡、屯脚乡；4区（龙山）领龙山乡、笃山乡；5区（洒雨）领洒雨乡、高木乡、民新乡；6区（兴隆）领兴隆乡、平乐乡。4月7日，兴仁专员公署成立，为省人民政府的派出机关，安龙县隶之。屯脚乡改隶兴仁县。1952年12月4日，兴仁专署移驻兴义，改称兴义专署，安龙县隶之。1953年4月21日，调整行政区划，全县划分为6个区，领2个镇、62个乡。1955年7月，县属各区名称按区所在地的地名为区名。8月25日，安龙县人民政府改称为安龙县人民委员会。1956年3月，全县调整乡级行政区划，将原2镇62乡调整为1镇36乡。7月18日，安龙县划归黔南布依族苗族自治州。1958年12月10日，中央作出《关于人民公社若干问题的决议》，废乡级政府，建人民公社。12月29日，撤销册亨县，其辖区全部划归安龙县，并改隶于安顺专区。1961年1月26日，调整行政区划，全县划分为12个公社，下领2个镇及50个管理区。8月28日，恢复册亨县行政建置。10月14日，调整行政区划，恢复区建制。全县共划分为7个区，24个公社，265个生产大队。1965年8月17日，恢复兴义专区，安龙县复隶之。11月13日，国务院决定撤销安龙县，改设安龙布依族苗族自治县。1966年2月7日，安龙布依族苗族自治县成立。1967年5月10日，建立安龙布依族苗族自治县革命委员会，区、公社也建立革命委员会。

1980年8月20日，“安龙布依族苗族自治县革命委员会”改称“安龙布依族苗族自治县人民政府”。1981年9月21日，撤销兴义专区，设立黔西南布依族苗族自治州；撤销安龙布依族苗族自治县，设立安龙县，隶属黔西南布依族苗族自治州。1983年，中共中央、国务院发出《关于实行政社分开，建立乡政府的通知》，规定乡镇是县以下一级行政区域，设立人民政府，区公所作为县政府的派出机构，管理所辖乡和乡级镇。1984年7月，全县行政区划为7个区，2个区级镇，36个乡，1个乡级镇，4个乡级街道办事处，276个行政村，4个村级街道居民委员会，共辖1920个村民组和41个居民小组。1989—2012年，安龙县县级建制没有改变，仍然设置安龙县，隶属黔西南布依族苗族自治州。1992年，完成“建镇并乡撤区”工作，将原有7个区、2个区级镇、36个乡、1个乡级镇和4个乡级街道办事处改设为10个镇、6个乡。1998年5月，永和镇更名为万峰湖镇；2000年5月，梨树乡、新桥乡分别更名为笃山乡、新桥镇。2012年6月，撤销新安镇，设立招堤街道、栖凤街道。

县境处于云贵高原向广西丘陵过渡地段，北部公龙山海拔1966.40米，西部高寨山1781米，南部的巴猫河口仅407米，形成西北向东南倾斜地势；中部较为平缓，海拔在1000米至1400米之间，地貌呈多级台阶状逐渐下降至南盘江河谷。境内多山，低中山、中中山分布广，喀斯特地貌发育完全，溶蚀作用形成的海子、坝地星罗棋布。河流属山区雨源性小河，多伏流出境，井泉龙潭随处可见，东北部属北盘江水系，西南部属南盘江水系。全县均属亚热带季风湿润气候区，年均气温15.3℃（1981—2010年标准30年），无霜期308天，年均降水量1195.4毫米（1981—2010年标准30年）。除河谷地带外，大部分地方气候温和，冬温夏凉，干湿季节分明，素有“小昆明”之称；因地形悬殊形成的小气候多样，也常出现倒春寒、冰雹、秋风绵雨等灾害性天气。

2012年年末，全县常住人口35.9万人，户籍人口46.7万人，少数民族有布依族、苗族、回族和彝族等，少数民族占总人数的47.25%，辖招堤、栖凤2个街道，龙广、德卧、万峰湖、兴隆、木咱、洒雨、普坪、新桥、龙山、戈塘10个镇，笃山、海子、钱相、坡脚、平乐等5个乡，下领173个行政村和14个社区。多民族的长期融合，造就了安龙独特的人文景观和民族文化。

二

农业历来是安龙经济发展的基础。1978年中共十一届三中全会以来，随着改革开放、经济建设的不断深入发展，在中共安龙县委、县政府的领导下贯彻中共中央农村经济体制改革的一系列方针政策。

1979年，全县广大农村推行家庭经营联产承包责任制，到1981年，全县1922个生产队全部实行家庭经营联产承包责任制。1984年8月，改人民公社为乡，结束了人民公社管理体制，并将土地承包期从1984年延长到2000年。家庭经营联产承包责任制的推行，解放生产力，改变“大锅饭”“大帮轰”“瞎指挥”等弊病，涌现出一大批农业生产专业户、联合体，到1984年，全县农村有各类专业户3255户，有粉条加工、铸铧、煤矿开采、棕片加工等经济联合体98个。家庭经营联产承包责任制推行后，多种经营应运而生，优化了农村经济产业，农业生产总值大幅提升。

农村第二轮土地承包从1998年9月1日起，承包期限30年。全县土地承包经营户82578户，承包人口262726人，承包户总人口351884人，承包耕地面积17036.83公顷，其中田8894.45公顷、地8142.38公顷，收回承包耕地人口5331人，收回承包耕地面积261.25公顷，其中田153.37、地107.88公顷；新一轮土地承包后因国家征用等减少耕地面积276.8公顷（习惯亩），全县共签订《土地承包合同书》230376份，向土地承包经营农户发放“土地经营权证书”76742本。坚持“多予、少取、放活”的方针，落实强农惠农政策，取消农业税和农业特产税，终结了延续2600多年农民种田交税的历史，对种粮农户进行直接补贴、良种补贴、农机具购置补贴和农业生产资料综合补贴，对主要粮食品种实行保护价收购政策，农业生产持续稳步增长。

农业科学技术不断推广运用，两段育秧、旱地轮作、地膜覆盖、大棚种植；杂交种子、特色蔬菜、特种养殖，先进品种不断推陈出新，新型农业合作社发展方兴未艾。进入21世纪后，开展农业结构调整，县委、县政府加大重点农业产业园区建设，实施13333.33公顷（20万亩）烤烟、13333.33公顷（20万亩）金银花、6666.67公顷（10万亩）草地畜牧业、6666.67公顷（10万亩）优质稻、6666.67公顷（10万亩）优质油菜、6666.67公顷（10万亩）经果林、6666.67公顷（10万亩）茶园和6666.67公顷（10万亩）亩蔬菜“66666.67公顷（100万亩）八大优质农产基地”建设。同时，加大重点农业产业园区建设。县委、县政府以安龙县金州出口蔬菜农业示范园区建设为重点，全面推进农业产业园区建设。以贵州金州农业开发有限公司出口蔬菜基地为核心示范样板和建设标准，以出口蔬菜为龙头产业，以食用菌产业为关联产业，打造集“科技成果转化运用、冷链加工、物流销售、质量控制、产业示范和扶贫”为一体的现代高效农业扶贫园区，列入贵州省30个现代高效农业示范园区省级重点园区。2012年，成功申报注册出口蔬菜商标“金州龙”，完成所有出口备案手续，通过贵州省出入境检验检疫局验收，率先执行欧盟GAP标准，初步形成产供销一条龙、农工贸一体化的综合发展格局，引进标准化生产模式，为县内农业企业转移升级发展提供了借鉴和榜样。

加快推进农业产业化建设，促进农业增长方式转变，县委、县政府还着力打造一批有竞争力的特色产业带，特色优势产业不断发展壮大。至2012年，全县种植烤烟5200公顷，以铁皮石斛、金银花为主导的中药材1.58万公顷、优质稻9000公顷、蔬菜7800公顷，以核桃为主导的经果林9567公顷，100头以上肉牛标准化规模养殖场90个、牛存栏11.89万头，特色产业助农增收在5亿元以上，重点培育和打造“招堤”牌藕粉、“满口香”优质稻米、“安龙”牌金银花、“布依情”牌饵块粑、“金州龙”蔬菜、“贵义龙”食用菌等优质农产品牌。与此同时，县委、县政府还加强引导，扶持和资助农民专业合作社的经营与发展。以耀泳蔬菜、春林养殖、坡脚金粉蕉、普坪千亩果蔬等为代表的农民专业合作社应运而生，采取“合作社 + 家庭农场 + 农户”的产业化经营模式，通过规范自身运行管理，积极推进产业化建设。至2012年，全县组建农业产业化综合性社团组织1个，农民专业合作社93个，合作社吸纳社员达3100人，带动农户1.1万户；有省级龙头企业3家，州级龙头企业6家，农民专业合作社示范社1个，为全县农业产业结构调整和产业化建设注入了新的活力。

全县农业生产总值从1989年的1.98亿元增长到2012年的17.73亿元，24年增长了7.95倍；农业增加值从1991年的1.29亿元增长到2012年的11.33亿元，增长了7.78倍。粮食总产量从1989年的6.84万吨增长到2012年的15.31万吨，24年增长了1.24倍，培育形成优质米、烤烟、畜牧、金银花、莲藕、林果、蔬菜、药材等富有特色的农林产业。粮食等主要农产品供求由长期短缺转变为总量基本平衡到年年有余的基本格局，从传统自给自足、自食自用农业向现代商品农业的历史性转变。

20世纪80年代至2012年，安龙县脱贫攻坚取得历史性成果。自1986年起，安龙县遵循国家扶贫方针、政策，逐步开展，到2012年，随着中央扶贫政策的改进和扶贫方式调整，扶贫开发工作逐步实现优化，从1986年开发式扶贫的起步阶段，到1994年“八七”扶贫攻坚阶段，再到2001年后的开发式扶贫与可持续发展战略相结合的新阶段。据统计，“八七”扶贫攻坚阶段，全县到位扶贫资金22049.36万元，其中中央安排扶贫资金20157.36万元、省州县投入及配套资金96.2万元，全县贫困人口从1994年的14.1万人下降到2000年年底的3.02万人，农民人均纯收入从1994年的512元增加到2000年的1500元，农民人均占有粮从1994年的320千克增加到2000年的430千克。1996年，根据国家扶贫开发的总部署，浙江省宁波市开始对口扶贫黔西南自治州。据统计，1996—2010年，安龙县共得到宁波对口帮扶项目63个，资金740万元。从2000年到2012年，全县先后实施国内信贷扶贫项目、财政扶贫项目、以工代赈项目、国债项目和世界银行养牛项目、世界银行造林项目、世界银行教育项目、西南世界银行扶贫项目以及宁波对口帮扶项目，投入各类扶贫资金55095万元，有效促进全县经济社会发展，经济运行质量明显提高，综合实力逐步提升。到2012年，全县城镇居民人均可支配收入16900元、农民人均纯收入4590元，农民人均生活消费支出4874元，全县小康程度实现程度达到72.36%，脱贫攻坚取得历史性成果。

三

1978年以后，安龙县不断加强基础设施建设，开发利用县境的自然资源优势，逐步发展工业，形成县的工业体系。

在交通设施建设方面。1989年以来，县境先后建成安（龙）贞（丰）公路、安（龙）兴（仁）公路、汕（头）昆（明）高速公路，完成324国道和214省道、313省道的改造，全县实现村村通公路，形成了纵横交错、水陆并举的交通网络，使安龙县的区位优势更加凸现。至2012年，基本形成西通云南、南通广西、北达省城贵阳的公路骨架，成为云贵通江达海的重要门户。同时，南（宁）昆（明）铁路的建成通车，结束了县境没有铁路的历史。南昆铁路东起广西南宁，西至云南昆明，途经安龙县境4个乡镇，设5个车站，其中县级站1个。汕昆高速公路是国家规划建设的重要高速公路路网之一，属《国家高速公路网规划》7918网中第17条横线，国家路网编号G78，汕昆高速公路在县境内途经坡脚、栖凤、新桥、木咱、德卧、龙广6个乡镇（街道）13个行政村，共43千米，设安龙、德卧两个匝道。同时，全县还大力建设县道、乡道和通村、通组路，先后修建和改造了大坪至白水河、新桥至洒雨、万屯至普坪、笃山至马路河、兴义至天生桥、龙广至万峰湖等县内重点公路，至2012年，全县全面实现通乡道路油化，通村公路里程达到1492.89千米，全县296个建制村基本实现村村通公路，便利的交通为安龙经济社会发展架上腾飞的翅膀。

在开放自然资源方面。县境水能和矿产资源丰富，流经县境的河流主要有南盘江、筏子河、白水河、马别河、八坎河、新桥河等，年均径流量在12.4亿立方米以上，河流长度超过10千米、流域面积20平方千米以上的河流共有54条。南盘江流经县界48千米，建有装机容量分别为120万千瓦、132万千瓦的天生桥一级、二级电站和装机容量40.5万千瓦的平班电站；县境还有装机容量为3.4万千瓦的白水河电站、装机容量为4万千瓦的中山堡电站及小水电站23座。丰富的电力不仅满足本地经济建设的需要，还通过“天广”（天生桥—广州）、“天贵”（天生桥—贵阳）两条500千伏超高压输电线输往广州和贵阳，是“西电东送”的重要电源基地。县境已发现的矿产有金矿、煤矿、铁矿（硫铁矿、褐铁矿、磁铁矿、菱铁矿）、锰矿、钾矿、汞矿、水泥用石灰岩、电石用石灰岩、方解石、冰洲石、水晶等11种矿种，共有矿床5处，矿点40余处。但仅有金矿、煤矿、硫铁矿作过较详细的地质勘查工作，探明有一定的地质储量。

便利的交通和丰富的自然资源有力地推进工业的发展。1989年以来，工业经济快速发展，工业结构发生深刻变化，工业化水平明显提高，实现由工业化初期向工业化中期的历史性跨越，实现由工业基础薄弱、技术落后向工业基础显著加强、技术水平稳步提高的重大转变。建成国家重点项目天生桥一级、二级电站和平班电站，特别是2003年以来，县委、县政府坚持以经济结构战略性调整为主线，立足发挥比较优势发展的工业经济，陆续引进全国500强企业河南永煤集团、全国化工10强南宁化工股份有限责任公司、全国电石优强企业四川昌宏集团和贵州石材产业龙头企业金石联创等进驻安龙，建成安龙经济开发区，规划面积23.42平方千米。以化工、冶金、建材、制造等产业为主，建成由全国500强企业河南煤化集团投资控股的贵州金宏化工有限责任公司和安龙县金宏新型建筑材料有限公司，建成年产27万吨电石、12万吨聚氯乙烯、10万吨烧碱和日产1200吨熟料“三废”利用水泥项目，2006—2010年累计生产电石60.5万吨、聚氯乙烯19.4万吨、烧碱20.6万吨，填补了贵州省聚氯乙烯生产领域的空白；编制完成安龙轻工业园区规划，占地1.73平方千米，突出发展以小商品生产、食品生产、加工贸易等为主的轻工业，开发功能适宜、适销对路的食品、五金、配件、铸件、机电、仪表、皮革、工艺品等轻工产品；编制完成安龙县木纹石建材工业园区规划，占地45.54公顷，重点打造以石材产业为支撑，发展装饰材料、工艺品及新型建材为主的石材产业聚集区，承载全县乃至全州石材加工与集散，建成凤凰石材厂、闽磊石材厂；编制完成《安龙县物流园区控制性详细规划》，选址位于汕昆高速安龙（木咱）匝道与县城西城区之间，规划占地2.15平方千米，拟建设成为滇、黔、桂经济区重要物流节点，黔西南州南下两广、连接北部湾经济区、中国—东盟自由贸易区的重要物流枢纽，集批发采购、包装配送、仓储服务、加工生产、电子商务、物流信息与金融服务等多种功能于一体的综合大型物流园区；抓好煤炭等矿产资源管理，建成煤矿双回路供电工程、瓦斯监测监控系统联网工程和煤炭税费远程电子监控系统，完成煤炭资源整合，2012年全县生产原煤391.14万吨、焦炭5.06万吨；冶金、电力等产业健康有序发展，2012年全县生产铁合金6.48万吨、黄金323.3千克、发电量6.78亿千瓦时。至2012年，县境工业基本形成以循环经济工业园区、轻工业园区、物流园区、石材工业园区“四大园区”为载体，以煤炭、化工、冶金、建材、电力“五大产业”为支柱，全县全年规模以上工业增加值13.91亿元，其中轻工业增加值931.59万元、重工业增加值13.82亿元，具有比较优势的工业经济体系初步形成，工业对财政的贡献率超过70%。

四

工业和农业的不断发展推进了城乡贸易活跃，县域经济快速增长。全县国民生产总值从1989年的1.87亿元，增加到2012年的52.6亿元，24年增长了27.13倍；从1978年的6267万元增长到2012年的52.6亿元，35年增长了83.93倍，实现5个翻一番：即1978年至1986年用了8年时间，提前4年实现了第一个翻一番的目标，比全国实现第一个翻一番提前了一年；1993年实现再翻一番的目标，比全国提前两年实现第二个翻番目标；1993年至1997年，全县经济进入第一个高速增长期，用安龙历史上第一个最短的4年时间实现了第三个翻一番；2003年至2007年，全县经济进入第二个高速增长期，实现了第四个翻一番；2007年以来，县委、县政府率领全县各族人民调整产业结构，制定符合县情的发展战略，全县经济进入良性发展轨道，至2012年，全县生产总值达到52.6亿元，是2007年的2.39倍，实现了第五个翻一番。人均生产总值从1978年的217元增长到2010年的10611元，突破1000美元达到1360美元，进入了由1000美元向3000美元过渡的快速发展时期，至2012年，全县人均生产总值达到14690元，是1978年的67.7倍。财政收入从1978年的222万元增长到2012年的7.62亿元，增长了342倍，实现了6个翻一番。即1986年实现第一个翻番，1994年实现第二个翻一番，1996年实现第三个翻一番，2001年实现第四个翻一番，2006年实现第五个翻一番，2010年实现第六个翻一番。

在县域经济发展的同时，非公有制经济活力显现。改革开放以来，县委、县政府坚定不移地把发展非公有制经济作为做大做强安龙经济的突破口，坚持平等准入、公平待遇的原则，落实“非禁即入”等支持非公有制经济发展的政策措施，大力改善非公有制经济发展的经济环境、社会环境和政策环境，在各项政策的扶持、引导和促进下，以个体经济、私营经济和外资经济为主的非公有制经济实现从无到有、从小到大、从弱到强的重大转变。2012年，全县个体工商户发展到1.06万户，从业人员1.5万人，注册资金1.44亿元；私营企业561家，从业人员8000余人，注册资金14亿多元，创造产值和交纳税金占全县总数的50%以上。非公有制经济发展成为创造社会财富、增加就业岗位、实现经济增长、扩大财政收入、推动科技创新、催生新兴产业的重要力量，成为推动全县经济社会发展的主力军。

社会消费品零售总额从1989年的4823万元，增长到2012年的7.3亿元，增长了14倍。居民财富迅速增加，城乡居民储蓄从1989年的3694万元增加到2009年的55.01亿元，增长了148倍；消费水平同步提升，城镇居民人均可支配收入从1989年的2300元增加到2012年的1.69万元，增长了6.35倍；农民人均纯收入从1989年的308元提高到2012年的4874元，增长了14.82倍。人们的衣食住行发生深刻变化，人们穿衣从“灰黑白”到“五彩缤纷”，从灯芯绒、卡基布、涤确良到羊毛衫、皮夹克、羽绒服，从“穿暖”到“穿美”、从“一衣多季”到“一季多衣”转变；家庭生活耐用品由20世纪80年代的自行车、缝纫机、手表、收音机“三转一响”、90年代的彩电、冰箱、洗衣机，到新世纪的移动电话、电脑和家用汽车；住房从追求遮风挡雨的草瓦房到宽敞舒适的钢筋水泥房；购物从定量供应、物种单一到连锁商店超市遍布，商品琳琅满目；出行从骑自行车到骑摩托车，从乘出租车、公共汽车到开私家车；通信方式从电报、信函到电话、手机和网络，等等。

五

改革开放30多年来，安龙县城乡建设旧容换新颜。县委、县政府提出以农业产业化、新型工业化、旅游市场化、物流现代化、城乡一体化和农产稳县、工业强县、旅游活县、三产富县、科教兴县“五化五县”为目标，大力实施城乡一体化带动一系列战略。明确全县城镇化建设重点“以历史文化为灵魂、以县城为核心、以公路为轴线、以高速公路立交匝道为节点，以资源为依托、以景区为支点”构建安龙城镇体系，以打造国家级历史文化名城为目标，按照“自然（东部招堤风景区）—历史（中部历史文化区）—现代（西部新城区）”的空间结构，围绕安龙独特的南明文化、招堤景区、张之洞文化等旅游文化资源，着力打造历史人文、自然风光、民族风情三位一体的“南明之都，荷香之城”。县城东部招堤风景区要围绕景区的保护与开发和现代观光农业来规划建设；县城中部南明历史文化区要围绕传承南明文化、张之洞文化，保护和恢复古街、古巷、古民居来规划建设；县城西部新城区要围绕现代化城镇来规划建设。乡镇围绕交通、资源、景区景点、历史文化、民族风情等要素来规划建设，努力形成主题鲜明、各具特色、互为补充、融为一体的城镇体系，下发《关于实施城镇化带动战略推进城乡一体化的意见》。2012 年 6 月，省民政厅批准撤销新安镇，设立栖凤街道和招堤街道。至 2012 年年底，县城区面积从 20 世纪 80 年代的不足 3 平方公里发展到 13.57 平方千米，全县城镇人口突破 10 万人，达到 10.85 万人，初步形成“自然—历史—现代”的城市空间格局。

同时，安龙县文化旅游快速成长。悠久的历史和独特的气候孕育了丰厚的旅游资源。县境旅游资源融自然风光、历史人文、民族风情、红色旅游、休闲度假、探险体育等 6 大内容为一体，是享誉于滇、黔、桂三省的旅游胜地。1989 年以来，特别是进入 21 世纪后，县委、县政府充分挖掘历史文化，开发利用旅游资源，至 2012 年修复了招堤风景区亭阁，成功申报成为贵州省历史文化名城、全国武术之乡，修复了招堤风景区亭阁，兴建了赏荷曲桥，恢复了十里荷花，种植了十里垂柳，建成了永历行宫等一批景区景点，成功举办 6 届荷花节、5 届荷花笔会，建成了集旅游、政务、招商等为一体的“荷都安龙”门户网站，住宿条件由以前的一两家招待所、住宿站到星级宾馆。基本形成了 4 个片区的旅游景点：一是以县城为中心的招堤、南明历史遗址、红军长征遗址等历史文化、人文旅游景区，主要景点有招堤—绿海景区、安龙博物馆、南明十八先生墓、兴义府试院、红军长征遗址草纸街 71 号等；二是以龙头大山、笃山溶洞群为中心的自然风光、溶洞探险旅游景区，主要景点有省级自然保护区——龙头大山、世界第二大溶洞群——笃山溶洞群等；三是以仙鹤坪国家森林公园为中心的东南部风景区，主要景点有仙鹤坪国家森林公园、兴隆一线天、坡脚南盘江风光等；四是以龙广、万峰湖为中心的自然风光、历史人文和民族风情景区。主要景点有国家级风景名胜区——万峰湖、龙广观音洞古人类遗址、袁祖铭故居、永和—龙广武装革命暴动遗址等。安龙县历史悠久、人杰地灵，是贵州省唯一建立过皇都的地方，是贵州省首批公布的省级历史文化名城；是“全国武术之乡”“中国文化生态旅游示范地”“中国最美的小城（五十佳）”“中国十大最具发展潜力的小城”和“中国（安龙）木纹石之乡”。安龙自然景观秀美，有国家级森林公园——仙鹤坪、国家湿地公园（省级风景名胜区）——招堤，招堤景区获评“贵州省十大魅力旅游景区”。过去一直藏在大山深处的仙鹤坪成功申报为国家级森林公园，招堤国家湿地公园建设工作进展顺利，游客从少到多，2012 年游客量 10 万人以上，“南明之都，荷香之城”旅游文化品牌影响力逐步扩大。

随着县域经济的不断增长，安龙县社会事业全面发展。在教育事业上，圆满完成“基本普及九年制义务教育、基本扫除青壮年文盲”攻坚任务，基本实现普及实验教学，小学入学率从 1989 年的不足九成提高到 2012 年的 99.58%，初中阶段入学率从 1989 年的不足八成提高到 2012 年的 106.9%。义务教育阶段由交钱读书到全部免除学杂费和发给住宿生活补助。教育设施上，从自制教具到现代化实验教学。建成安龙一中省级示范高中，从 1989 年高考仅录取数人，到 2012 年，全县 1762 人参加高考（文科 930 人，理科 832 人），1362 人被本专科院校录取，其中本科录取人数为 601 人、专科录取 761 人，录取人数居全州第二。卫生医疗服务事业迈上新台阶，县医院成功建设成为二级甲等医院，结束县内没有二级以上综合医院的历史；医疗卫生从单一的医疗服务，发展形成公共卫生、疾病控制、卫生监督和突发公共卫生事件医疗救助的综合体系，实施了新型农村合作医疗保险，城乡居民就医看病得到保障，保健事业从无到有，人民健康水平显著提高，人均寿命不断增加。县城开展创建卫生城市工作，2002年6月，省政府正式授牌安龙县为“省级卫生县城”。改革开放30多年来，安龙县社会保障体系逐步完善，城乡初步建立了医疗、养老、失业、工伤、生育等社会保障体系，建立较为完备的城镇低保、农村低保体系，有效保障了人民群众尤其是生活困难群众的生活质量。救灾救济、人口计生、安全生产、生态环境保护、群众文化、体育健身等各项社会事业全面发展。全县社会主义精神文明建不断展开，2008年4月，实施公民道德建设工程——“满意在安龙”主题活动，全县各乡镇、各单位均制定2008—2010年主题活动实施方案。社会公德不断提高，文明创建活动蓬勃开展，文明单位、文明小区、文明乡镇、文明村、十星级文明户不断涌现，在全县创建一批生态家园文明示范村、农村农民文化家园。全县各族人民生活蒸蒸日上，城乡百姓衣食住行发生了根本的变化。社会和谐、环境优美、百姓安居乐业的安龙已经呈现。

1989—2012年，安龙各族人民在县委、县政府的领导下，倚改革开放之长剑，借西部开发之东风，解放思想，开拓创新，不懈求索，经济建设铸就辉煌，城乡面貌日新月异，人民生活不断提高。24年，弹指一挥间，不朽辉煌已经载入史册；展望未来，全县各族人民将以习近平新时代中国特色社会主义思想为指导，努力奋斗，使安龙县经济建设、政治建设、文化建设、社会建设、生态建设取得更辉煌的成就，迎来更加美好的明天。

大事记

1989 年

1 月 1 日　粮食企业财务包干到县，纳入地方财政管理。

12 日　县委成立县思想政治工作议事小组。

31 日　县委、县政府发布《关于计划生育问题的有关规定》。

2 月 28 日　县委、县政府下发《关于大力发展农业生产意见》，全县推广“两段育秧”“水稻旱育稀植”“水稻宽窄拉绳插秧”“玉米地膜覆盖技术”“玉米粪团育苗移栽”等农业生产技术。

是月　县委发布《加强和改进思想政治工作的意见》。

3 月　县委政法委员会办公室恢复设立，负责县委政法委日常业务工作。

4 月 5 日　县委、县政府下发的《安龙县关于社会治安综合治理工作承包合同检查评分标准的有关规定（试行）》施行。

5 月 30 日　县委对台办公室加挂“安龙县人民政府台湾事务办公室”牌子，实行一个机构、两块牌子的机制。

7 月 1 日　县委批转县人事局、县教育局《安龙县教职工离职从事经济活动的有关规定》。

7 日　中国共产党安龙县第五届委员会第三次全委扩大会议在县城召开。

17 日　本日起，全县宣传贯彻《中华人民共和国村民委员会组织法》。

9 月 20 日　安龙县关心下一代协会成立。

11 月 26－27 日　安龙县工商业联合会第五次会员代表大会召开。

12 月　县妇联、科委、农业、水电、民政、农行等 18 个单位举行妇女“学文化、学技术、比成绩、比贡献”（“双学双比”）竞赛活动。

1990 年

1 月 13 日　县委召开常委会议，讨论 1949 年 6 月“永和—龙广暴动”政策落实问题。

2 月 8 日　全县三级干部会议召开，要求全县做好计划生育工作。

24 日　县委派出 3 批共 9 个工作队，协助区乡搞好农业生产、县乡换届和计划生育工作。

同日　全县抽调 1985 年以来分配到党政机关工作的大专以上毕业生到基层锻炼。

26 日　县委、县政府召开联席会议，确定全县经济 1990 年在 1980 年基础上翻一番的目标。

3月31日　县科技兴农领导小组成立。

4月16日　县委确定县农经委等27个单位和部门在一些区（镇）乡（镇）建立科技兴农扶贫联系点，设定蔬菜基地、林果基地、亩吨粮田试点、母猪基地、烤烟基地、地膜旱稻苞谷、粉条外销、市场管理等项目20个。

30日　县《关于召开全县性会议和党政群团部门干部培训的有关规定》施行。

5月23日　县委办公室内设督查室。

是月下旬　全县开展"严打"斗争。

6月1日　县委机要室改为县委机要局，成立县保密局。

5日　县政府发出《关于征收水资源费的通知》《安龙县水法法规行政处分规定（试行）》。

7月6－9日　中国共产党安龙县第五届委员会第四次全委（扩大）会议召开，明确思想政治工作的中心任务：加强坚持四项基本原则，反对资产阶级自由化。

9月14－17日　中国共产党安龙县第六次代表大会在县城召开。

25－30日　中国人民政治协商会议第七届安龙县委员会第一次会议在县城召开。

26－30日　安龙县第十一届人民代表大会第一次会议在县城召开。

11月1日　县委重新组建中共安龙县委对台工作领导小组。

12月1日　全县企业政治工作人员专业职务评定工作领导小组和初级专业职务任职资格评审委员会成立。

8日　全县统战工作会议召开。

20日　县精神文明建设指导委员会成立。

23日　经贵州省和黔西南州验收团验收，安龙县达到基本无文盲县的标准，成为黔西南州第二个基本无文盲县。

26日　县政府下发《关于改进和完善我县区（镇）财政体制的通知》。

1991年

3月5日　撤销县劳动人事局，改设县劳动局和县人事局；将县工业局中的农机业务分出，恢复县农机局，归口县农村经济委员会管理；撤销县文化旅游局，改设县文化局和县旅游局；新设县财贸委员会；新设县对外事务办公室，与旅游局合署办公。

5－7日　中国共产党安龙县第六届委员会第二次全委（扩大）会议召开，修改并通过《安龙县十年规划和"八五"计划建议》。

29日　城关镇、德卧镇、龙广镇、普坪乡、木咱乡、大坪乡、木城乡、洒雨乡、北乡乡，首批开展农村社会主义思想教育活动，时间为45天。

29日至4月2日　中国人民政治协商会议第七届安龙县委员会第二次会议在县城召开。

30日至4月3日　安龙县第十一届人民代表大会第二次会议在县城召开。

3—5月　全县持续高温干旱，总降雨量仅108.7毫米，比最为严重的1963年还少3.3毫米，县委、县政府发出全县总动员，采取措施抗旱保苗。

4月25日　县委、县政府制定下发《关于在全县公民中开展法制宣传教育的第二个五年规划》。

是月　全县全面清理1982年5月14日以来违法占地行为。

5月25日　钱相乡砦京村民族团结联谊小组获全国民族团结进步奖先进集体。

6月20日　县政府作出《关于城镇交通秩序管理的规定》，规范县城内的车辆停放、摆摊设点。

是月　天生桥一级（坝盘）水电站开工建设，由国家与广东、广西、贵州共同出资，外资利用OECF第三批日元贷款建设。

是月　由安龙县志编纂委员会编纂的《安龙县志》，通过审定并交付出版。

7月18－20日　五台、科汪、新桥、木科、大坝、戈塘、鲁沟、纳院、招堤和石盘等10个乡70个村共482个村民组，参加全县第二批农村社会主义思想教育活动。

30日　县委、县政府作出《关于进一步深化农村改革、完善和发展双层经营体制中若干具体问题的处理意见》。

8月8日　县委、县政府发出《进一步做好宗教工作的通知》。

15日　在化力区木咱乡开展基本农田保护区试点工作，勒石树碑保护。

10月3日　县委、县政府制定下发《安龙县社会治安综合治理五年规划》《安龙县社会治安综合治理达标活动的实施方案》。

12月19日　县委、县政府作出《关于建镇并乡撤区工作的安排意见》。

20日　县委、县政府作出《十年基本绿化安龙的实施意见》。

24日　县委、县政府作出《关于党政机关、学校、企事业单位在职干部、职工、科技人员、离退休干部从事农业资源开发的暂行规定》。

29日　调整乡镇行政区划，将原9个区（镇）、37个乡（镇）合并建立10个镇、6个乡。

1992年

2月19日　县委、县政府作出《关于精减会议、文件，减少领导事务性活动的试行规定》。

3月8日　建立县委组织员办公室，恢复"中共安龙县委审干办公室"。

28日　县委、县政府作出《关于1992年普及初等教育的决定》。

4月5－9日　中国人民政治协商会议第七届安龙县委员会第三次会议在县城召开。

6－10日　安龙县第十一届人民代表大会第三次会议在县城召开。

13日　县委、县政府作出《加快发展乡镇企业的若干规定（试行）》。

6月　贵州省人民政府公布新安镇为全省第一批历史文化名城。

7月29日　国务院批准安龙县为贵州省21个对外国人开放县之一。

9月1－2日　安龙县工商业联合会第六次会员代表大会召开。

11月29日　县政府下发《安龙县城镇集体企业职工养老保险费用社会统筹试行办法》。

是月　县及16个乡镇举办人口学校。

12月18－24日　全县16个乡镇相继召开新一届党员代表大会，全县撤区并乡建镇后的乡镇党委换届选举工作结束。

22日　10时，位于安龙县与广西隆林各族自治县交界南盘江上的天生桥二级（坝索）水电站首台机组正式发电，全国政协副主席王光英出席活动并剪彩，中国人民武装警察部队水电指挥部及贵州、广西两省（区）党政领导参加剪彩仪式；国务院总理李鹏、副总理邹家华、全国政协副主席钱正英等分别发电题词祝贺。

1993 年

2 月 23 日　县政府教育督导室成立。

3 月 – 9 日　中国共产党安龙县第七次代表大会在县城召开。

25 – 28 日　中国人民政治协商会议第八届安龙县委员会第一次会议在县城召开。

26 – 31 日　安龙县第十二届人民代表大会第一次会议在县城召开，决议抓好“粮食、林业、烤烟、芭蕉芋、水果、药材、魔芋、畜牧”等八大基地建设。

是月　全县 16 个乡镇在乡镇人民代表大会换届选举中，增设人民代表大会主席团。

5 月 4 日　中共安龙县纪律检查委员会和安龙县监察局合署办公。

24 日　县委、县政府作出《大力发展乡镇企业的决定》。

6 月 3 日　县委常委会议同意《关于合并安龙海子农场的请示》。

5 日　新安镇乡镇企业经济小区建立。

29 – 30 日　安龙县总工会第六次代表大会召开。

7 月 24 日　县委发出《进一步加强政治协商、民主监督的通知》。

29 日　县委印发《关于干部任免调配实行分级分类管理的暂行规定》。

10 月 15 日　县委、县政府作出《关于贯彻落实反腐败工作的实施意见》，要求副县级以上领导干部必须无条件的执行廉洁自律五条规定，坚决做到 11 个“不准”。

12 月 16 日　县委、县政府批转《县老干部工作局关于进一步做好老干部工作的报告》。

是年　对全县党政群机关和事业单位机构编制进行全面清理和审查登记，统一使用“机构编制管理证”。

1994 年

1 月 20 日　南（宁）昆（明）光缆安龙段正式开工建设。

21 – 22 日　中国共产党安龙县第七届委员会第二次全委扩大会议召开。

4 月 11 – 14 日　中国人民政治协商会议第八届安龙县委员会第二次会议在县城召开。

12 – 16 日　安龙县第十二届人民代表大会第二次会议在县城召开。

21 日　县委、县政府发出《向望谟麻山腹地人民送温暖、献爱心倡议书》。

7 月 4 日　县委、县政府成立安龙县移民安置领导小组。

24 日　县委成立安龙县农村“四个一”工程（配强一个领导班子、选好一个支部书记、找到一条致富路子、制定一套管理和服务制度）领导小组。

9 月 16 – 17 日　中国共产主义青年团安龙县第十三次代表大会召开。

27 – 28 日　安龙县第六次妇女代表大会召开。

11 月 16 – 17 日　中国共产党安龙县第七届委员会第三次全委（扩大）会议召开。

12 月 7 日　省委、省政府确定省军区定点扶贫安龙县。

29 日　县黄金局恢复设置。

是年　县级党政机构进行改革，县委工作部门由 12 个调整为 8 个，政府工作部门由 60 个调整为 23 个；按《宪法》《党章》和有关规定设置的组织、机构 5 个，不增不减；群众团体机构 7 个，不增不减。

是年　县关心下一代协会更名为县关心下一代工作委员会。

1995 年

2 月 5 日　中共黔西南州委、黔西南州人民政府表彰安龙县为 1994 年全州先进集体。

25 日　县委作出《关于加强农村基层组织建设的意见》。

27－28 日　中国共产党安龙县第七届委员会第四次全委（扩大）会议召开。

3 月 13－16 日　中国人民政治协商会议第八届安龙县委员会第三次会议在县城召开。

14－17 日　安龙县第十二届人民代表大会第三次会议在县城召开。

4 月 17 日　县委印发《关于认真贯彻落实中共中央印发的〈爱国主义教育实施纲要〉的意见》。

5 月 25 日　县委下达《关于整顿会风会纪的通知》。

6 月 5 日　省委、省政府决定省委常委、省军区政委喻忠桂联系安龙县。

9 月 6 日　安龙县邮电局程控自动电话交换机建成投入使用，安龙县自此告别手摇式电话。

是月　旅台安龙同乡曾仕南、戴崇高、吴景明、肖定伦、张耀智、汤光鼎、王天荣等 84 人共同捐资 7 万美元，兴建怀安中学。

10 月 9－15 日　兴义陆军预备役师在钱相乡总科村组织开展“盘剑·95”军事演习。

12 月 10 日　县委、县政府发出《关于贯彻实施〈中国教育改革和发展纲要〉的通知》。

1996 年

3 月 3 日　全县各乡镇向县委、县政府签订《安龙县奋战九五、富民升位目标管理责任状》。

11－12 日　中国共产党安龙县第七届委员会第五次全委（扩大）会议召开。

18－21 日　中国人民政治协商会议第八届安龙县委员会第四次会议召开。

19－22 日　安龙县第十二届人民代表大会第四次会议在县城召开，通过《安龙县国民经济和社会发展“九五”计划和 2010 年远景目标纲要》。

4 月 1 日　安龙县人民武装部收归军队建制，列入中国人民解放军系列，称“中国人民解放军安龙县人民武装部”。

10 日　县委、县政府印发《关于在全县公民中开展法制宣传教育的第三个五年规划》。

5 月 8 日　县委、县政府印发《安龙县县级党政机关机构调整规范设置及人员编制的通知》，党委工作部门设 6 个（不含按党章设置机构 1 个和挂靠机构 1 个），县纪委和县监察局合署办公，政府工作部门设 28 个（不含合署办公机构 1 个和 7 个事业局）。

6 月　年初以来，全县遭受冰雹、洪水灾害的有 10 个乡镇 73 个村 343 个村民组 1.06 万户共 4.37 万人。农作物受灾面积 2859.4 公顷，成灾面积 2508.27 公顷，基本绝收 298.8 公顷。因灾减产粮食 1760 吨、油菜籽 16.5 吨；因灾死亡 3 人、大牲畜 27 头；损坏民房 4228 间，倒塌民房 31 间；冲毁烤烟苗 41.67 公顷共 75 万株；直接经济损失 582 万元。

7 月 7－8 日　安龙县工商业联合会第七次会员代表大会召开。

13 日　零时，安龙县市话并入黔西南自治州本地电话网，与省会贵阳同步率先在贵州省建成本地电话网、无线寻呼网和分组交换网，实现 C3、C4 局通信的合并和城市、农村通信一体化。

是月　省计委、省水利厅、省粮食厅确定安龙县为全省 5 个商品粮基地县之一。

8月　全县程控电话通信网达到邮电部颁布的“两化”（交换程控化、转输数字化）“三网”标准。

12月10日　县委、县政府印发《安龙县乡镇党政机构编制调整方案》，对16个乡镇实行分类管理：新安镇、德卧镇、龙广镇为一类乡镇，其余13个乡镇为二类乡镇。全县乡镇党政机关行政编制总量为517名。

11日　县委、县政府印发《支援基层教育工作人员管理办法》，选派30人到乡镇、学校支教点工作。

26日　县委、县政府印发《安龙县实施和参照试行国家公务员法的实施方案》。

是年　县邮电局开通900M（模拟信号）移动电话。

1997年

3月10日　县委批准全县16个乡镇的《党政机构改革方案》。

10－13日　中国人民政治协商会议第八届安龙县委员会第五次会议召开。

11－14日　安龙县第十二届人民代表大会第五次会议召开。

25日　中共贵州省委、省政府表彰安龙县为1996年财源建设“上台阶”县。

4月22日　县委、县政府成立创建文明县城指挥部。

是月　县财政局、县计划生育局作出《关于对计划外生育费实行“乡收县管、财政监督”管理的具体规定》。

5月9日　中共安龙县直属机关委员会改为中共安龙县直属机关工作委员会。

28日　县委公开选拔县农业机械局、县国土资源管理局、县乡镇企业管理局、县计划生育局副局长各1名和共青团安龙县委副书记1名。

6月6日　县委、县政府作出《实行乡镇分税制财政管理体制的决定》。

8日　县委、县政府成立创建文明县城领导小组。

11日　全县计划外生育费实行“乡收县管，财政监督”管理体制。

7月1日　中共黔西南州委、州政府批准建立龙头大山水源林保护区和仙鹤坪常绿阔叶林保护区。

29日　15时10分，德卧镇平安爆竹厂发生特大燃爆事故，造成6人轻伤、5人重伤、13人死亡。

12月1日　南昆铁路建成投入运营，途经安龙县坡脚、木咱、德卧、龙广等4个乡镇，设石头寨、沙厂坪、冗百、白水河、安龙（德卧）、龙广6个车站。

是年　县境开通GSM（数字信号）移动电话。

1998年

2月17－21日　中国共产党安龙县第八次代表大会召开。

3月3－7日　中国人民政治协商会议第九届安龙县委员会第一次会议召开。

4－8日　安龙县第十三届人民代表大会第一次会议召开。

17日　安龙县获贵州日报通讯报道工作先进集体和1988—1997年通讯报道“十连冠”奖。

是月　全县查禁取缔邪教“门徒会”。

6月10日　县委制定《中共安龙县委关于进一步深化干部人事制度改革的意见》。

同日　安龙县总工会第七次代表大会召开。

22日　县委、县政府作出《关于加快乡镇企业和非公有制经济发展的决定》。

8月5－7日　县委、县政府举办第一届荷花节。

25－26日　中国共产主义青年团安龙县第十四次代表大会召开。

9月24日　安龙县文学艺术工作者第一次代表大会召开，成立县文学艺术工作者联合会。

11月5日　县委、县政府作出《中共安龙县委关于开展依法治县工作的决定》。

10日　中央直属安龙粮食储备库在德卧镇开工建设，1999年12月28日竣工。

12月下旬　长江、嫩江、松花江等流域地区发生特大洪灾，安龙县向灾区捐款34.5万元。

是月　全县执行“农村最低生活保障制度”。

是年　安龙县被评为贵州省1997年度“解决温饱先进县”。

是年　省政府批复安龙县城总体规划，年限为1996—2010年，总面积42平方千米。

1999年

1月20日　天主教安龙教区爱国会第一次代表大会召开。

3月15－18日　中国人民政治协商会议第九届安龙县委员会第二次会议召开。

16－19日　安龙县第十三届人民代表大会第二次会议县城召开。

5月11日　县委下发《关于开展以“讲学习、讲政治、讲正气”为主要内容的党性党风教育活动的通知》。

28日　经贵州省人民政府批准，永和镇更名为万峰湖镇。

6月21日　龙头大山、仙鹤坪2个州级自然保护区总体规划通过省林业厅审查论证。

8月　中国移动通信有限公司安龙分公司成立。

9月21－23日　县委、县政府举办安龙县第一届荷花笔会，贵州省作家协会在安龙县挂牌成立创作基地。

10月28－29日　安龙县第七次妇女代表大会召开。

11月23日　安龙县物价局恢复。

12月15日　县委作出《关于号召全县干部职工向王登进同志学习的决定》。

22日　安龙县人民政府宗教局恢复。

30日　安龙县分别与兴义市、兴仁县、贞丰县、册亨县签署边界勘定协议。

是年　县委、县政府发布《关于认真贯彻〈贵州省计划生育条例〉的意见》，共7章47条。

是年　安龙县开工建设天生桥一级水电站库区永和港，次年投入使用。

2000年

1月　县园林管理局成立，与安龙县林业局合署办公，实行两块牌子、一套班子体制。

3月5日　中国共产党安龙县第八届委员会第三次全委（扩大）会议召开。

6日　全县开展讲学习、讲政治、讲正气“三讲”教育活动，县委、县人大、县政府、县政协、县纪委、县法院、县检察院和县公安局等副县级以上领导班子和领导干部参加活动。

20－23日　中国人民政治协商会议第九届安龙县委员会第三次会议召开。

20－23日　安龙县第十三届人民代表大会第三次会议在县城召开。

29日　安龙县西城区建设管理委员会成立，全面启动西城区建设。

4月7日　县政府成立西部大开发安龙县一站式服务中心。

5月17日　经贵州省人民政府批准，梨树乡更名为笃山乡，乡政府驻地由梨树迁至笃山。

同日　新桥乡更名为新桥镇。

7月　县委、县政府举办第二届荷花节。

8月　白水河二级电站建成投产。

9月10日　县委、县政府作出《关于进一步加强教育工作的决定》。

13日　中国共产党安龙县第八届委员会第四次全委扩大会议召开。

29日　县委召开天主教两会人员座谈会。

12月10日　县政府出台《关于计划生育“村为主”工作的实施方案》。

12日　县委召开常委会议，决定撤销县人民法院告诉申诉庭，分设立案庭和审判监督庭，成立县法院执行工作局。

同日　县委召开常委会议批准实施《安龙县住房分配货币化改革方案》。

是年　安龙县以县为单位越过温保线。

2001年

1月8日　中国共产党安龙县第八届委员会第五次全委扩大会议召开，通过《中共安龙县委关于制定全县国民经济和社会发展第十个五年计划的建议》。

是月　县委在钱相乡试点开展“三个代表”重要思想学习教育活动。

3月7日　县委召开乡镇“三个代表”重要思想学习教育活动动员大会。

12－15日　中国人民政治协商会议第九届安龙县委员会第四次会议召开。

13－16日　安龙县第十三届人民代表大会第四次会议召开。

22日　安龙县农村税费改革领导小组成立，启动农村税费改革。

23日　龙山至王家营（笃山）公路改造工程通过验收，投入使用。

26日　中山包水电站建成投产发电。

28日　兴隆、平乐等乡镇遭受特大冰雹袭击。

4月20日　县委、县政府出台《安龙县见义勇为奖励基金会表彰奖励暂行规定》。

23日　县政府出台《安龙县住房分配货币化改革方案》。

30日　全省5000千米公路改造项目——兴（仁）安（龙）公路改造动工。

5月10－11日　珠江流域贵州段暨乌江生态行记者团到安龙县采访。

20日　新桥、龙山、海子、洒雨、龙广等7个乡镇遭受飓风和冰雹袭击，直接经济损失3000余万元。

30日　中央直属安龙国家粮食储备库通过贵州省项目验收委员会验收。

6月16日　县委召开县直部门“三个代表”重要思想学习教育活动动员大会。

17日　贵州省5000千米公路改造项目新（桥）洒（雨）公路、普（坪）万（屯）公路、北（乡）马（路河）公路开工建设。

是月　县委、县政府制定《关于基本实现计划生育“村为主”规划的实施意见》。

8月2日　安龙县老干部活动中心竣工。

7日　全县贯彻“三个代表”重要思想、创建文明县城活动动员大会在县城召开。

13－15日　天生桥二级水电站征地测设及界桩划定会议在中国人民武装警察部队水电第一总队召开。

28日 贵州省5000千米公路改造项目安(龙)贞(丰)公路开二建设。

9月9日 县委决定实施十万亩草原恢复和建设项目。

12日 全县启动医疗制度改革工作。

10月18日 落实天主教堂房屋产权遗留问题，由县政府一次性补助教会维修学校(原安龙四小)经费3万元，产权属天主教会所有。

29－30日 安龙县工商业联合会第八次会员代表大会召开。

是月 南盘江平班水电站开工建设。

12月3日 全县启动党政机构改革工作。

2002年

1月25日 望谟县经册亨县、安龙县至兴义市通县沥青公路开工建设。

2月22日 中国共产党安龙县第八届委员会第七次全委扩大会议召开。

3月18－21日 中国人民政治协商会议第九届安龙县委员会第五次会议在县城召开。

19－22日 安龙县第十三届人民代表大会第五次会议县城召开。

8月12日 县委、县政府印发《安龙县乡镇机构改革方案》，全县16个乡镇行政编制总额由517名调减为480名。

13日 实施政府机构改革。安龙县行政单位核定总编制1440名，其中行政编制1084名、参公事业编制190名、工勤编制166名，实有人员1266人；全县事业(不含各级各类学校)单位总编制2039名，实有人员1638人。

30－31日 全省森林分类区划界定工作现场会在安龙召开。

9月12日 全县宗教工作会议召开。

27日 县城西城区迎宾大道竣工投用。

同日 县城老城区道路改造工程开工建设。

10月1日 创刊发行《安龙报》，为县委机关报。

8－12日 安龙县“两基”教育工作达到“基本普及九年义务教育、基本扫除青壮年文盲”要求，通过州政府复查评估验收。

20日 新西兰梅西大学教授哈维、马丁、桑涛及中方专家组谢继石、安冬等到县考察奶牛场建设，培训畜牧养殖技术员。

11月28日 省政府批复《安龙县农村税费改革试点方案》。

是年 安龙县设置事业单位登记管理局。

是年 贵州省人民政府授予安龙县“卫生县城”称号。

2003年

1月24－27日 中国共产党安龙县第九次代表大会在县城召开。

2月10日 县人民武装部成立民兵应急防火分队。

22－25日 中国人民政治协商会议第十届安龙县委员会第一次会议在县政府会议室召开。

23－27日 安龙县第十四届人民代表大会第一次会议在县城召开。

3月28日　经统计，安龙县电信局建成小灵通移动电话机站86个，发展小灵通移动通信用户1200户。

4月27－28日　安龙县残疾人联合会第二次代表大会在县城召开。

5月1日　西城区商住小区“西苑小区”一期工程开工建设。

14日　县委、县政府成立安龙县撤县建市工作领导小组。

21－22日　安龙县总工会第八次代表大会召开。

6月1日　全县农村一户一表，农户到户电价与城镇居民照明到户电价基本实现同一价格。

7月29日　县委、县政府举办第三届荷花节暨西部大开发招商会，推出招商引资项目61个，总投资6.17亿元。

8月10－11日　中国共产党安龙县第九届委员会第二次全委（扩大）会议召开。

是月　州委、州政府表彰安龙县为全州“非典型肺炎”防治工作先进集体。

9月30日　贵州省安龙县昌宏化工有限责任公司电石厂点火投产。

是月　324国道南盘江大桥出现险情，成都军区某舟桥部队在大桥上游搭建过江浮桥，保障324国道正常通行。

10月　安龙县农村电网改造工程全部竣工。该工程于1999年9月开工建设，涉及16个乡镇287个村共1345个村民组。

是年　全县各乡镇增设扶贫工作站。

2004年

1月16－17日　中国共产党安龙县第九届委员会第三次全委（扩大）会议召开。

是月　州委、州政府授予安龙县“文明卫生城市”。

2月24－27日　中国人民政治协商会议第十届安龙县委员会第二次会议召开。

25－28日　安龙县第十四届人民代表大会第二次会议召开。

27日　县城安坡路发生特大交通事故，死亡8人，伤18人。

3月22日　德卧镇220千伏变电站开工建设。

4月28日　鲁沟至大坝公路改造工程开工建设。

5月21日　《贵州省安龙县大坝矿区煤矿地质普查设计》《贵州省黔西南州安龙重化工基地规划》通过省级审查。

28日　贵州安龙昌宏化工基地建设启动。

7月1日　县委宣传部《安龙通讯》创刊发行。

8月5－8日　省发改委批准立项建设安龙县年产10万吨烧碱、12万吨聚氯乙烯项目。

6－8日　黔桂两省区沿江（南盘江）八县市政协协作会第17次会议在安龙县城召开。

9月16日至11月18日　全县举行“煤炭杯”文艺调演、国庆55周年文艺晚会和“联合杯”篮球锦标赛等系列国庆活动。

10月1日　龙广革命武装暴动纪念碑揭碑仪式在龙广镇举行。

23－24日　水土保持世界银行项目考察团一行11人，到县考察水土保持生态项目，安龙县项目通过考察评估。

11月18日　安龙县重化工基地一期工程开工建设。

是年　安龙县基本完成第一轮初级卫生保健工作目标任务，达到第一轮（1990—2000）初级卫生保健基本合格县标准，启动第二轮初级卫生保健工作。

2005 年

1 月 4 日　安龙县行政办公大楼（西区）竣工并投入使用。

28 日　县委成立保持共产党员先进性教育活动领导小组，印发《第一批开展保持共产党员先进性教育活动工作方案》。

2 月 1－2 日　中国共产党安龙县第九届委员会第四次全委（扩大）会议召开。

3 月 7－10 日　中国人民政治协商会议第十届安龙县委员会第三次会议召开。

8－11 日　安龙县第十四届人民代表大会第三次会议在县城召开。

21 日　全州“两江一湖”（南盘江、北盘江、万峰湖）生态屏障工程在安龙县万峰湖镇启动。

4 月 15 日　18 时，龙山镇龙公煤矿发生瓦斯爆炸事故，造成井下作业人员 10 人死亡 3 人重伤。

18 日　324 国道新桥至重化工基地至德卧公路、双明中学至华虹化工公司公路油化改造工程开工建设。

28 日　笃山王家营至龙山柿花坪公路油化、北乡至贞丰石界牌公路改造、鲁沟至大坝公路改造二期工程开工建设。

同日　龙广镇狮子山村获评“省级交通安全文明村”。

5 月 15 日　全国人民代表大会常务委员会副委员长司马义·艾买提到安龙县视察。

30 日　安龙县重化工基地金宏一期年产 12 万吨聚氯乙烯、10 万吨烧碱项目投产。

6 月中旬　全县第一批保持共产党员先进性教育活动结束，县直机关、省州驻县单位全体共产党员参加活动。

29 日　县委组织全县第二批保持共产党员先进性教育活动工作会议，启动安龙县第二批保持共产党员先进性教育活动，全县乡镇机关党员参加活动，年底结束。

8 月 4 日　安龙县车辆检测站竣工投用。

11 日　由中华全国工商业联合会、中国民主促进会中央委员会、高等院校校长、教授组成的“星火计划、科技扶贫”联合推动组到县，调研旅游规划及旅游产品开发。

17 日　县委出台《中共安龙县委关于进一步加强安龙县党政领导干部监督工作的实施意见》。

12 月 12 日　全县第三批保持共产党员先进性教育活动工作会议召开，启动安龙县第三批保持共产党员先进性教育活动，全县广大农村党员参加活动，次年 3 月结束。

28 日　安龙重化工基地一期工程年产 12 万吨聚氯乙烯 10 万吨烧碱项目，在贵州省金宏特种树脂公司试车运行。

同日　安龙至兴仁二级公路在钱相乡沈洪村开工建设。

是月　县委、县政府落实安龙县基督教会房产，协调资金 2 万元为天主教维修房产。

是月　安龙民族师范学校并入黔西南民族师范专科学校，为黔西南民族师范专科学校安龙校区。

2006 年

1 月 9－10 日　中国共产党安龙县第九届委员会第五次全委扩大会议召开。

是月　国家林业局批准省级森林公园仙鹤坪升格为国家级森林公园，定名为“贵州仙鹤坪国家森林公园”。

3月5日　安龙县第四届人民代表大会第四次会议在县城召开。

4月18日　双龙酒店至绿海风景区公路改造工程开工建设。

19日　全国人民代表大会常务委员会副委员长许嘉璐到县视察。

26日　新安第一小学举行建校100周年庆典活动。

是月　招堤风景区基本恢复“十里荷塘”景观。

5月19日　坡脚乡八坎村民王某某驾驶营运面包车从八坎至安龙，村民黄某某私自携带炸药和雷管上车，车行至八坎垭口时炸药发生爆炸，当时炸死6人、重伤3人。

25日　全县教育基本实现九年制义务教育、基本扫除青壮年文盲“两基”巩固提高和基本普及实验教学“普实”工作，通过省政府复查评估验收，成为黔西南州第一个达到贵州省“两基”复查和“普实”验收标准的县。

6月6日　县委、县政府下发《关于推进社会主义新农村建设的实施意见》。

29日　县委召开庆祝中国共产党成立85周年暨保持共产党员先进性教育活动总结大会。

30日　安龙博物馆建成对外开放。

8月9日　安龙县重化工基地成功产出聚氯乙烯成品。

9月18日　安龙县工商业联合会第九次会员代表大会召开。

10月13日　中国共产党安龙县第九届委员会第六次全委扩大会议召开。

同日　县委召开全县党员代表会议。

23－26日　中国共产党安龙县第十次代表大会召开。

12月26－29日　中国人民政治协商会议第十一届安龙县委员会第一次会议召开。

27－30日　安龙县第十五届人民代表大会第一次会议县城召开。

2007年

1月1日　全县全面启动新型农村合作医疗试点。

4月18日　龙广柘仑水库进场公路和县西城区商住小区西龙商贸城开工建设。

29日　20时40分，洒雨科兴煤矿1301采面贯通回风平巷发生顶板垮塌事故，造成2名工人死亡、1人受伤、3人下落不明。

5月27日　凌晨1时零5分，龙广镇汇丰石材厂一开采石料的岩洞发生爆炸，造成8名工人下落不明。

7月　受县委、县人民政府委托，县史志办公室聘请侯绍庄、张祥光、黄万机、王任索、龙尚学、陈翰辉等专家，对清道光《兴义府志》进行校注。

同月　安龙县人民政府官方网站（http://www.gzal.gov.cn）和荷都安龙网（http://gzanlong.com）同时开通。

8月15日　安龙一中成功申报为三类省级示范性普通高中学校，成为黔西南州第三所省级示范性普通高中学校。

22日　县委、县政府召开《中国共产党安龙县历史》和《安龙县志（续修）》工作调度会。

9月4日　县委、县政府印发《安龙县开展创建无毒县实施办法》。

17日　县委印发《中共十届安龙县委工作制度(试行)》。

19日　县委、县政府印发《"三重一大"(重大决策、重要干部任免、重大项目安排和大额资金使用)制度实施办法(试行)》。

26日　全县史志编纂工作业务培训会在黔西南民族师范专科学校安龙校区进行。

11月1日　全县开展全国第二次农业普查进村入户调查。

29日　戈塘镇纳利村苗族农民杨光合被评为"贵州省十大杰出农民工"。

12月5－6日　安龙县残疾人联合会第三次代表大会在县城召开。

30日　安龙县第十五届人民代表大会第二次会议在县城召开。

是月　全县村级整合工作全部结束，原296个村(居)民委员会整合为173个村民委员会、11个社区和3个居民委员会。

是年　全县启动第一轮村组组织活动场所建设，新建、改扩建村级组织活动场所117个。

是年　全县各级机关开展机关作风教育整顿活动。

2008年

1月　县境发生百年不遇的特大低温、凝冻灾害，全县紧急开展"抗凝冻、保民生"工作。

3月24－27日　中国人民政治协商会议第十一届安龙县委员会第二次会议召开。

25－28日　安龙县第十五届人民代表大会第三次会议在县城召开。

28日　县委印发《安龙县党的基层组织建设年活动实施方案》，全县启动基层组织建设年活动，年底结束。

4月3日　中共贵州省委副书记、省人民政府省长林树森到安龙县调研。

5月18日　县委、县人大、县政府、县政协、县武装部在金龙市场举行向四川地震灾区捐款仪式活动，当日全县共捐款233.7万余元，为安龙县1949年以来捐赠钱物最多的一次。

19日　14时28分，全县举行向四川地震灾区死难同胞哀悼仪式，县行政办公区及全县党政、企事业单位下半旗志哀，停止公共娱乐活动，全县人民默哀3分钟，县境内汽车、火车、舰船鸣笛及防空警报鸣响3分钟。

7月3－4日　安龙县第八次妇女代表大会召开。

7日　县城西城区建设施工中发现8件文物。经贵州省文物局考古所专家初步鉴定，有西汉时期铜盆1件、铜釜1件、铜洗2件、编钟3件，战国时期羊角纽钟1件。

26日　安龙县纪念改革开放30年"荷都三十年"系列活动暨第四届荷花节开幕。

27－29日　县委、县政府举办安龙县第二届荷花笔会，为纪念改革开放30年"荷都三十年"系列活动之一。

31日　全县广大党员主动交纳"特殊党费"支援地震灾区。至本日统计，全县中共党员3974人交纳"特殊党费"共30.74万元。

9月4日　《安龙县军事志》通过县级审查。

10日　滇桂黔3省区13州市老龄工作协作区第22次会议总结会在安龙县召开。

10月8日　县委下发《关于成立安龙县2008年公开选拔副科级领导干部工作领导小组的通知》《关于公开选拔副科级领导干部工作的通知》，面向全县公开选拔17名副科级领导干部，其中县纪委、监察局纠风执法室主任1名，科技副乡镇长16名。

23日　全县启动深化事业单位人事制度改革工作。

11月14日　县史志办公室启动《中国共产党安龙县历史大事记》编写工作。

26日　安龙县慈善总会成立。

2009年

1月15日　全县各乡镇综合文化站分别开工建设，总投资384万元。

2月2日　中国共产党安龙县第十届委员会第三次全委扩大会议召开。

3日　汕昆高速公路安龙段启动土地拆迁工作，涉及龙广、德卧、木咱、新桥、新安、坡脚6个乡镇，占地426.67公顷。

16日　县政府召开第17次常务会议，专题审议《旅游文化产业发展规划》《火蒙工业园区规划》《新安轻工业园区规划》《安龙教育园区规划》《县城总体规划修编及乡镇小城镇规划》《仓储物流园区规划》《全县土地利用总体规划修编》《“十一五”规划修编和“十二五”规划编制》。

是月　省内第一个村级网站“坡告村网”开通，网站由德卧镇坡告村主办。

3月2日　贵州省金宏化工有限公司恢复生产，该厂于2008年9月停产。

17–20日　中国人民政治协商会议第十一届安龙县委员会第三次会议召开。

18–21日　安龙县第十五届人民代表大会第四次会议召开。

是月　全县启动第二批深入学习实践科学发展观活动，县级机关、直属各部门共产党员参加活动，8月结束。

4月14日　县政府与贵州省农村信用合作联社黔西南办事处签订未来5年共45亿元银企合作协议。

18日　在第二届中国文化生态旅游高峰论坛会上，安龙县入选“中国文化生态旅游示范地”。

是月　县委启动“让党员的思想活起来，把党员的身份亮起来，让党员的牌子响起来，使党员的形象树起来”主题实践活动。

6月26日　安龙县第十五届人民代表大会常务委员会召开第23次会议，审议通过《安龙县古城保护管理暂行办法》。

7月3日　在第四次全国自强模范暨扶残助残先进集体和个人表彰大会上，龙广镇狮子山村民李碧波荣获“全国自强模范”。

8–12日　县委、县政府举办第三届荷花笔会，承办全省少数民族文学创作改稿班。

27日　黔西南州第一部村级地方志《海庄村史志》定稿。

28日　城西污水处理厂、廉租住房利民小区、县电力生产调度大楼、县烟草公司综合业务楼、中国移动安龙分公司综合楼、黄金公司业务楼、盛世龙城大楼、金荷名都等8个项目在西城区开工建设，总投资4.18亿元。

9月29日　安龙县书法家协会成立，归口县文学艺术界联合会管理。

同日　安龙县黔剧艺术团成立，归口县文化馆管理，为贵州省首个县级黔剧艺术团。

是月　全县启动第三批学习实践科学发展观活动，全县乡镇机关、村级党组织和新经济组织、新社会组织党员参加活动，次年2月结束。

11月5日　《安龙县物流园区控制性详细规划》通过县级评审。

是月　全县选聘“一村一名大学生”34人到村任职，另续聘7人继续在村任职。

12月15–16日　中国共产主义青年团安龙县第十五次代表大会召开。

2010年

1月13日　县政府“新视通”视频会议系统开通。

18日　安龙县新汽车站（西城区）投入运行，2005年5月动工建设。

28日　省民族委员会、省民族歌舞团等60多人到兴隆镇进行党建扶贫慰问活动。

28－29日　中国共产党安龙县第十届委员会第五次全委扩大会议在县行政办公区召开。

2月上旬　县委、县政府下派1000余名党员干部，分赴全县各乡镇开展“抗旱防火保民生”工作。

26日　县委、县政府召开全县抗旱、防火工作紧急会议。

是月　全县开展查封取缔无证煤窑专项行动。

同月　2009年12月以来，县境冬季降雨量累计仅12毫米，全境呈现五级火险。

3月1日　晚，县委召开县委常委会全委（扩大）会议，紧急部署全县抗旱和森林防火工作。要求做到“绝不能再发生森林火灾，绝不能出现群众断绝生活用水，绝不能出现大牲畜渴死，绝不能出现因为水引发的群体性事件”。

5－7日　省地矿局专家组到安龙县勘查地下水分布情况，选定29个地下水钻井取水点。

17日　中共贵州省委书记石宗源等到安龙县察看旱灾灾情，指导抗旱工作，看望慰问受灾群众。

同日　安龙循环经济工业园区规划通过县级评审。该工业园区位于新桥镇、德卧镇，后被命名为“黔西南州循环经济工业园区”。

22日　县委、县政府组织“抗旱救灾保民生”捐赠活动，县直机关现场捐款4.95万元。

是月　县委、县政府在全县范围内公开选拔德卧镇中小学（幼儿园）负责人。

4月1日　晚，中国人民解放军成都军区驻滇装甲某旅炮兵营190多名官兵抵达安龙，当晚投入抗旱救灾工作，28日归建。

3日　苏宁电器向安龙定向捐赠抗旱救灾款20万元。

4日　中共中央政治局常委、国务院总理温家宝到安龙县调查研究抗旱救灾工作，到万峰湖镇纳赖村，走到地里与村民们一道施肥、浇水，种下小青瓜。在纳赖村，温家宝叮嘱农技人员，要深入田间地头，加强抗旱技术推广服务，指导农民抢抓农时，赶雨播种，扩大间作套种面积。

24－25日　中国民主促进会中央委员会、中国民主促进会贵州省委联合向安龙县捐赠抗旱救灾款20万元。

5月上旬　县经济贸易和科学技术局、县环境保护局及监察、公安等部门联合拆毁淘汰企业设施设备。

6月4日　省体育局资助体育彩票资金20万元，为龙广镇修建人畜饮水工程。

7日　安龙首个烤烟综合服务农民专业合作社——金叶综合服务农民专业合作社在钱相乡三道墙村挂牌成立。

8－13日　县农业和扶贫开发局对266.67公顷水稻秧田、1000公顷水稻大田进行水稻水象甲疫情普查。

上旬　全县开展网吧接纳未成年人专项整治行动。

17日　县公安局集中销毁电游赌博机121台。

7月8日　王家营至龙山、戈塘至大坝、洒雨至松林（安龙段）公路通过黔西南州验收。

15日　县委、县政府召开全县抗旱救灾总结表彰会议。全县抗旱救灾近300天，投入专项资金2400余万元，大米325吨、衣物近2000件。

16日　金宏建材有限责任公司日产1200吨旋转式熟料水泥生产线一期项目点火，31日投产。

19日　县教育园区开工建设。

21－28日　县委、县政府举办安龙县第四届荷花笔会，开展“荷都颂”诗歌、散文、歌词、楹联征集评奖活动。

23日　安龙县布依学会成立。

24日　安龙县苗学会成立。

30日　全省地方志学术年会在安龙召开。

是月　全县建成20户以上已通电自然村广播电视“村村通”工程25788座。

8月1日　南盘江三省（区）八县（市）乒乓球邀请赛在安龙举行。

7日　中央电视台《世界地理》频道《中国地名》栏目组，到安龙拍摄电视专题片《中国地名·黔西南篇·安龙》。

12日　全县35个村级卫生室通过县级验收。

19日　钱相、笃山、海子等乡镇7个乡镇共76个村的村级规划通过县级验收。

是月　万峰湖、钱相、德卧、兴隆4个乡镇共4所寄宿制学校投入使用。

9月12日　中共黔桂平班库区经济联合体总支部在坡脚乡者干挂牌成立。

17日　贵州省盘江流域动物疫病联防工作经验交流会在安龙召开。

26日　县委、县政府公开选拔新安镇第六小学校长、副校长各1名。

28日　县级规范性综合医院——县人民医院新院在西城区动工建设。

10月10日　台湾贵州亲友返乡文化交流团15人到县考察历史文化。

12日　龙山中学发生围墙垮塌重大事故，造成5人死亡、9人重伤。

11月1日　第六次全国人口普查工作在全县展开，2400多名普查指导员和普查员全部进村入户。

16日　戈塘镇大坝村第八届村居民委员会组成人员由村民直接“海选”产生。

12月20日　县物流园区一期路网建设项目、西城区开发大道延伸线、西环安置点路网、桑家院开发大道、城西垃圾填埋场等项目同时开工建设。

22日　金宏化工聚氯乙烯管材生产线及物流贸易基地开工建设。

是年　联合国儿童基金会援助到县抗旱救灾、改善学校环境资金共40余万元。

是年　全县实施“一事一议”财政奖补项目99个，总投资1998万元。

2011年

1月14日　中国共产党安龙县第十届委员会第九次全委扩大会议召开，通过《安龙县国民经济和社会发展第十二个五年规划纲要（建议稿）》。

23日　《安龙县土地利用总体规划（2006—2020年）》通过州、县评审。

3月10日　县工商行政管理局、县消费者协会在县城集中销毁假冒伪劣产品、过期变质食品共2万余件（箱）。

11日　安龙县农村信用合作社第二届社员代表大会第一次会议召开，修订《安龙县农村信用合作联社章程》。

17日　安龙县第十五届人民代表大会第六次会议召开，审议通过《安龙县国民经济和社会发展第十二个五年规划纲要》。

24日　中共贵州省委副书记、省政府省长赵克志到县调研民营经济、工业园区和新农村建设。

28日　县政府与中国太平洋建设集团签订城市基础设施投资建设框架性协议，以BT模式共同投资30.8亿元，建设迎宾大道、县城生活垃圾卫生填埋场、循环经济工业园区路网及供水工程、南环线、北环线、轻工业园区路网及标准化厂房、仙鹤坪景区公路等。

下旬　在兴义府试院修复施工中，意外发现保存完好的房屋基础1000余平方米。

4月10日　安龙县草地生态畜牧业产业化科技扶贫种草养羊项目通过省、州验收。

同日　安龙县投资10余万元，在县城和乡镇安装65套冷光源太阳能储电式警灯，设置报警牌。

5月9日　全县发售第一期廉租住房（惠民小区）200套。

25日　县城西边龙井至塔山路口主街道及安坡路等实施“白改黑”改造，共4千米，7月15日竣工。

6月7日　安龙县向望谟县灾区紧急调运装载机7台、挖掘机4台、优质大米100吨。

16日　中共安龙县工业园区工作委员会、安龙县工业园区管理委员会挂牌成立。

28日　鸿安焦炉气回收综合利用一期工程、金州农业开发有限公司出口蔬菜加工项目、金石石材产业园等项目集中开工建设。

是月　扩建后的栢仑水库关闸蓄水。

7月1日　中共普坪中学支部委员会获评“全国先进基层党组织”。

8日　县人口与计划生育局拍摄的农村计生题材本土方言剧《托起明天的太阳》首播。

25日　海子乡力帆黔兴希望小学工程竣工使用。

28日　贵州省第六届旅游产业发展大会·安龙县第五届荷花节开幕。

同日　县委、县政府举办第五届安龙县荷花笔会，启动“高原荷都·魅力安龙”荷文化网文、摄影大赛。

同日　贵州金宏化工二期年产6万吨糊树脂项目开工建设。

29日　县政府分别与广东广隆集团有限公司、华润新能源控股有限公司、四川省都江堰市源森科技有限公司等22家企业签约建设煤电一体化合作、风力发电、甘蔗种植及加工、出口蔬菜及加工、浙商创业园、中药材种植与加工、西区五星级酒店、石材城、焦炉气回收与利用、核桃产业发展、德卧教育集团联合办学等项目20余个，总投资80多亿元。

同日　张之洞塑像、“招公筑堤”浮雕分别在招堤风景区建成揭幕。

8月上旬　双龙标准化屠宰场一期工程竣工。

9日　为全县107辆农村客运班车发放2010年下半年、2011年农村客运车辆燃油补贴共160万元。

21日　贵州人民广播电台旅游广播、云南曲靖人民广播电台、广西百色人民广播电台、安顺人民广播电台交通旅游广播、六盘水人民广播电台、遵义人民广播电台、黔西南人民广播电台“广播名嘴话金州”大型旅游推介直播走进安龙。

23日　廉租住房380套开工建设。

同日　安龙农业产业发展协会成立。

31日　省委书记栗战书等到兴隆镇排冗村考察旱情。

是月　安龙县首家小额贷款公司——琼源小额贷款有限责任公司挂牌成立。

9月15日　安龙县政务服务中心启动运行。

10月10日　安龙县工商业联合会第十次会员代表大会召开。

11日　大鸭溪小流域水土保持综合治理工程通过省水利厅验收。

25日　全县选举产生安龙县第十六届人民代表大会代表和各乡镇新一届人民代表大会代表。

11月3日　洒雨经海子至兴义市松林公路改造工程通过省交通厅验收。

8日　中国邮政储蓄银行安龙县支行成立。

是月　安徽海螺水泥股份有限公司投资6亿元在安龙建设水泥生产企业。

12月1日　省政府批准建立安龙经济开发区。

13－15日　中国人民政治协商会议第十二届安龙县委员会第一次会议召开。

14－16日　安龙县第十六届人民代表大会第一次会议召开。

22日　安龙县农村危房改造“整县推进”工作通过省级验收。

2012年

1月16日　县医院通过国家二级甲等综合医院评审。

2月18日　安龙大道开工建设。

3月5日　全县启动中小学学生营养改善计划。

29日　江苏无锡翔泰毛纺织有限公司董事长周文涛向安龙县捐赠240万元，修建600口水窖。中国民主促进会北京市委西城区综合支部向安龙县捐赠4万元，修建10口水窖。河仁慈善基金会向安龙县捐赠100万元，修建钱相乡阿赖小学、龙山镇北乡小学。

4月11日　安龙县农村信用合作联社小微企业金融服务中心成立。

15－16日　安龙县总工会第十次代表大会召开。

19日　云贵鄂渝水土保持世行贷款、欧盟赠款项目——安龙县项目区小流域治理通过省级验收。

26日　西城区开发大道延伸线通车，市府路改造工程开工建设。

6月7日　全县启动社会保障卡发行工作。

22日　安龙县“全国金银花生产标准化示范区”建设通过国家验收。

27日　扩容加坝后的柘仑水库首次泄洪运行正常，蓄水1200万立方米，蓄水高程海拔1301米，蓄水水深51米，泄洪水深30厘米，泄洪流量每秒5立方米。

29日　经省民政厅批准，撤销新安镇，挂牌成立栖凤街道、招堤街道。

7月4日　全省首个新农村党校在栖凤街道箐山村挂牌成立。

18日　县音乐家协会成立，归口县文学艺术界联合会管理。

8月1日　县境首家机动车尾气检测工作在金鑫汽车检测站启动。

2日　中国·安龙第六届荷花节开幕。

3日　安龙县举行中国·安龙第六届荷花节招商引资项目推介暨签约仪式，签约总投资128.19亿元。

同日　贵州省文史研究馆南明历史文化研究基地在安龙挂牌成立。

8日　黔滇桂三省（区）二十二县（市、区）第十五届政协联谊研讨会在安龙召开。

10月14日　贵州安龙经济开发区在新桥镇挂牌成立。

16日　金龙农贸市场整体搬迁至城东集贸市场。

11月13日　县见义勇为协会成立。

14日　贵州金源投资有限公司年产60万吨铁合金（直流矿热炉技术）项目在安龙经济开发区开工。

26日　自是日起，安龙博物馆免费向社会开放。

12月9日　江苏中南集团捐资200万元，援建钱相乡三道墙小学。

26－27日　安龙县残疾人联合会第四次代表大会在县城召开。

27日　平桥水库“三通一平”工程在戈塘镇开工建设。

28日　盘江流域动物疫病联防第三十届年会在安龙召开。

第一篇　政区建置

第一章　行政区划

安龙县位于贵州省西南部，隶属黔西南布依族苗族自治州，地处滇、桂、黔三省结合部。地跨北纬24° 55′ —25° 33′，东经104° 59′ —105° 41，东西宽67千米，南北长约53千米，全县总面积2237.6平方千米。其东、东北、北、西分别与册亨、贞丰、兴仁3县和兴义市接壤，南隔南盘江与广西壮族自治区隆林各族自治县相望。

安龙县城距首都北京1900千米（直线距离，下同），距省城贵阳200千米，距黔西南布依族苗族自治州州府兴义市60千米，距兴仁县城50千米、贞丰县城40千米、册亨县城40千米，距云南昆明280千米、曲靖市区170千米，距广西南宁390千米、百色市区180千米、隆林县城40千米。

中共十一届三中全会以后，1983年开始，实行政社分开，建立乡政府。1989—2012年，安龙县县级建制没有改变，隶属黔西南布依族苗族自治州。1992年，完成“建镇并乡撤区”工作。1998年5月，永和镇更名为万峰湖镇；2000年5月，梨树乡、新桥乡分别更名为笃山乡、新桥镇。2012年6月，撤销新安镇，设立招堤街道、栖凤街道。

第一节　建置沿革

1949年12月22日，安龙县和平解放。1950年3月，全县划分为6个区，下辖2个镇、14个乡。1区（城关）领城关镇、化黎乡、坡脚乡；2区（龙广）领合兴镇、德卧乡、永和乡；3区（普坪）领普坪乡、鲁沟乡、屯脚乡；4区（龙山）领龙山乡、笃山乡；5区（洒雨）领洒雨乡、高木乡、民新乡；6区（兴隆）领兴隆乡、平乐乡。4月7日，兴仁专员公署成立，为省人民政府的派出机关，安龙县隶之。屯脚乡改隶兴仁县。1952年12月4日，兴仁专署移驻兴义，改称兴义专署，安龙县隶之。1953年4月21日，调整行政区划，全县划分为6个区，领2个镇、62个乡。1955年7月，县属各区名称按区所在地的地名为区名。1956年3月，全县调整乡级行政区划，将原2镇62乡调整为1镇36乡。7月18日，安龙县划归黔南布依族苗族自治州。1958年12月，废乡级政府，建人民公社。12月29日，撤销册亨县，其辖区全部划归安龙县，并改隶于安顺专区。1961年1月26日，调整行政区划，全县划分为12个公社，下领2个镇及50个管理区。8月28日，恢复册亨县行政建置。10月14日，调整行政区划，恢复区建制。全县共划分为7个区，24个公社，265个生产大队。1965年8月17日，恢复兴义专区，安龙县复隶之。11月13

日，国务院决定撤销安龙县，改设安龙布依族苗族自治县。1966年2月7日，安龙布依族苗族自治县成立。1981年9月21日，撤销兴义专区，设立黔西南布依族苗族自治州；撤销安龙布依族苗族自治县，设立安龙县，隶属黔西南布依族苗族自治州。1983年，中共中央、国务院发出《关于实行政社分开，建立乡政府的通知》，规定乡镇是县以下一级行政区域，设立人民政府，区公所作为县政府的派出机构，管理所辖乡和乡级镇。1984年7月，全县行政区划为7个区，2个区级镇，36个乡，1个乡级镇，4个乡级街道办事处，276个行政村，4个村级街道居民委员会，共辖1920个村民组和41个居民小组。

1989—2012年，安龙县县级建制没有改变，仍然设置安龙县，隶属黔西南布依族苗族自治州。1992年，完成“建镇并乡撤区”工作，将原有7个区、2个区级镇、36个乡、1个乡级镇和4个乡级街道办事处改设为10个镇、6个乡。1998年5月，永和镇更名为万峰湖镇；2000年5月，梨树乡、新桥乡分别更名为笃山乡、新桥镇。2012年6月，撤销新安镇，设立招堤街道、栖凤街道。

第二节　建镇并乡撤区

1991年，将原有7个区、2个区级镇、36个乡、1个乡级镇和4个乡级街道办事处改设为10个镇、6个乡。新安镇：含原来的城关镇、招堤乡、大坪乡、幺塘乡、阿赖乡的铜鼓井村；德卧镇：含原来的德卧镇(除簸箕寨村和江坡组外)、停西乡、坡贡乡的冗桑村；龙广镇：含原来的龙广镇、科汪乡、五台乡、花木乡(除放羊湾、毛凼子2个村)、德卧镇的簸箕寨村；龙山镇：含原来的北乡乡、纳院乡、巧岭乡(除讲埂村外)、花障乡；戈塘镇：含原来的戈塘乡、鲁沟乡、大坝乡的牙皂村、大坪村、岔河村；洒雨镇：含原来的洒雨乡、九头乡(除海子坝、龙洞2个村外)、戛拉乡(除卡作村外)、木科乡的磨舍村、竹林乡的安沙村；普坪镇：含原来的普坪乡、九头乡的龙洞村、巧岭乡的讲埂村；兴隆镇：含原来的木城乡、石盘乡、冗华乡；木咱镇：含原来的木咱乡、坡贡乡的坡贡、安马、打锣锤3个村；永和镇：含原来的永和乡、纳赖乡、花木乡的放羊湾、毛凼子两个村，德卧镇的江坡组；新桥乡：含原来的新桥乡、坡贡乡的东妹场、哪盖2个村、木科乡的木科、峰洞、高普陇、阿八4个村、九头乡的海子坝村；海子乡：含原来的大坝乡的海子村、大地村、石垭口村、车头村、堡堡村、老寨村，古里乡，竹林乡(除安沙村外)、戛那乡的卡作村；钱相乡：含原来的钱相乡、阿赖乡(除铜鼓井村外)；梨树乡：含原来的笃山乡、梨树乡；平乐乡：含原来的平乐乡、龙蛇乡；坡脚乡：含原来的坡脚乡。

1998年5月，永和镇更名为万峰湖镇；2000年5月，梨树乡、新桥乡分别更名为笃山乡、新桥镇。

2007年，全县村级整合，将原296个村(居)民委员会整合为173个村民委员会、11个社区和3个居民委员会。

2012年6月，撤销新安镇，设置招堤和栖凤两个街道。

安龙县行政区划一览表(2012年12月)

表1-1-1

乡镇或街道	村、居、社区	村(居)民小组
招堤街道	东门社区	磨元、沙井、马路、塔山、粉坊、玉皇阁、大佛寺、壕沟、南门、上南门、下南门
	陇西社区	上陇西、下陇西、店子、上寨、小箐、下寨、洞子、元宝、白泥田、水井、干海子、石垭口
	盘江社区	一组、二组、三组、四组
	官桥社区	徐家凹、碗厂、荷花、大肚山、五洞桥、小山脚、小城头、三洞桥、皂角树、瓦窑山、空坟、新寨

续表 1-1-1

乡镇或街道	村、居、社区	村（居）民小组
招堤街道	海庄社区	江纳、下寨、坡敖、余家庄、中寨、塘子、小庄、大庄、坡陆、朝门、巧赖、杨家庄、黄家莹、大穴厂、碗井、独山、水井湾、连湾、周家湾、刷把寨
	铜鼓井社区	一组、四组、五组、六组、七组、八组、九组
	板磨社区	月秀、坡肖、张弯、板磨、耙耙坳、大寨、小寨、上寨、下寨、张七、冗绕
	箐山社区	白坟、杉树、回龙、冗达、坡荒、水井、上塘、下塘、龙滩、作坊、石板
	山岔社区	龙滩、照壁、李箐、上坝、黎家湾、三岔路、碓窝井、塘子、小箐、蒋家坝、麦子湾、孙家坡、双龙滩、上岔河、下岔河
	硫磺街社区	北门坡、文化路、公园路、人民路、大同路一组、大同路二组、市巷口、罗家院、硫磺街、安东路、水闸子、顺城街
	龙顺社区	金龙一组、金龙二组、金龙三组、顺城街、环东路、鼠场坝、义仓街、太平街、杨柳街、海子农场、塔山、金矿
	广东街社区	广东街一组、广东街二组、周家巷、杨家巷、景家巷、鸡冠街、马家坝、竹林湾、新西门、马场坝一组、马场坝二组、马场口、小西门、新街口、大扁山、景家冲
	城北社区	北大街、张家塘、顺城街、马家井、健康路、新马路、磨园、草纸街、卷洞街、兴仁街、五洞街、顺山街、碗厂组
栖凤街道	西河社区	竹林湾、段石街、小西门、马场坝、梓橦阁、打石厂、桑家院、下毕地、上毕地、巧洞坪、弯子、双山、上龙井、下龙井、尖山
	西一社区	一组、二组、三组、四组、五组、六组、七组
	西二社区	一组、二组、三组、四组、五组、六组
	大坪社区	九头山、店子、五格、新寨、扭松、鱼塘、水井、塘子、纳坤、观音岩、钟家湾、新庄、练家湾、黄泥寨、上大坪、下大坪、刑家坟、晒纳、双沟、大树
	幺塘村	大水井、吴家庄、杨家湾、石板寨、云盘、板江、幺塘、场坝、上八角、下八角、舍寨、冗陶、白岩脚、大路边、大寨、小水井、上坡彦、下坡彦
	平寨村	扎一、扎二、平寨、纳庄、烹魁、夏家堡、寨子、阿囪、长冲、冗若、洒米河、上白洋、下白洋、弯子
	坡云村	沙坝、小坡角、林场、科素、大坡角、云盘、马路、金碑、下寨、尖山、巧硐、王先坝、黑石头、沙戈山、上坛、四头坡、大垭口、坝歪
	法统村	中心、联心、后山、老坎、湾角田、土地坡、团法统、落水洞、牛角冲
	作坊村	荷花、大硐、石水牛、老坎、背阴坡、作坊、王家坟、大山、上抱才、下抱才、中抱才、马路、干海子
	者跃村	一组、二组、三组、四组、五组、六组、纳幺一组、纳幺二组、纳幺三组、三合一组、三合二组、三合三组、三合四组、三合五组
	安马村	老水井、上比武、下比武、青杠林、水淹塘、上安马、龙井、坪上、下安马、杉树林、洗格、土坝子、水井坡、长冲龙井、长冲湾子、上塘子
	响乐村	一组、二组、三组、四组、五组、六组、七组、八组、九组、十组、十一组、十二组、十三组、十四组、十五组、十六组、十七组、十八组、十九组、二十组、二十一组
	红旗村	上坝、代硐、杨箐、后山、板赖、下坝、陈家庄、白泥田、新房子、机场、新寨、火石地、黑土坡
	沈洪村	大寨、小寨、上马路、下马路、罗老围、罗连湾、这报、潘家坝、下鸭区、上鸭区

续表 1-1-1

乡镇或街道	村、居、社区	村（居）民小组
龙广镇	合兴村	龙广镇居委会、新场坝一组、新场坝二组、新场坝二下组、新场坝三组、新场坝四组
	纳桃村	纳桃一组、纳桃二组、纳桃三组、纳桃四组、纳桃五组、板拉一组、板拉二组、板拉三组、板拉四组、板拉五组、板拉六组、板拉七组、板拉八组、板拉九组
	双合村	塘坊一组、塘坊二组、塘坊三组、塘坊四组、塘坊五组、塘坊六组、顾屯一组、顾屯二组、顾屯三组、顾屯四组、顾屯五组
	赖山村	赖山一组、赖山二组、赖山三组、赖山四组、赖山五组、赖山六组、赖山新一组、赖山新二组、赖山新三组、赖山新四组
	小场坝村	安平、坡燕、新寨、纳早、老场坝、上桥、下桥、科立、播落
	狮子山村	柳树塘、木子冲、狮子山、马儿田、岩脚、坎叠二组、上丁屯、下丁屯、田坝、曹屯、桐柏上、桐柏下
	安叉村	任家寨、大湾箐、郑家湾、蚂蝗箐、安叉、烂滩、上淌淌、下淌淌
	干田村	永革一组、永革二组、永革田坝、尾子田、板秧、水井湾、干田、田坝、普戛
	联新村	纳西、科汪、院坎、堡上、红岩一组、红岩二组、回龙庙、四轮碑、十二份、老寨、红坎、罗家营
	柘仑村	柘仑一组、柘仑二组、柘仑三组、柘仑四组、纳坎一组、纳坎二组、坡普一组、坡普二组、比咱一组、比咱二组
	纳万村	营脚一组、营脚二组、水库一组、水库二组、柏杨、小寨、团碑、坡红
	佳皂村	佳皂一组、佳皂二组、青龙台、纳庙一组、纳庙二组、新寨、石院子、菜子地一组、菜子地二组
	簸箕寨村	簸箕寨、龙潭、箐塘子、卡子门、塘子、卡上、海子、上石灰窑、下石灰窑、龙洞湾、大关坪、关上、汪家、大水井、新寨坪、陈家湾
	七星村	长冲、坪塘、堡上、梅家湾、碑塘、罗家院、肖家湾、纸厂、坡院、小寨、新寨
	果约村	果约湾、弄块、落水洞、红岩、院子、坡绍、龙井、汤家营、龙窝凼、纳大
	花木村	花木、关地、伦坎、艾老、海子
	烂滩村	烂滩、孔家坝、凤岩、长瓦房、坝尾、韦家坪子、长湾
	坡关村	酸枣、核桃坪、补路、大石板、绒妹、绒满足、田湾、川洞、海尾、高桥、大山
德卧镇	盘龙社区	金山一组、金山二组、前进一组、前进二组、杨家湾子、云龙、街道西路、街道东路、街道中路、盘龙小区、九局一小区、九局二小区、富民路、吉利
	德卧村	学庄、高屋基、狮子山一组、狮子山二组、红山一组、红山二组、坡内、云盘、八光一组、八光二组、前进三组
	毛杉树村	朝门、鱼塘、肖家营、长冲、三角洞、水城、杨家寨、土井、泥拉、赵家塘子、平院、田坝、杉树林、坡外、纳找湾、瓦厂、阿油寨、纳腊一组、纳腊二组、纳腊三组
	坡告村	耷飘一组、耷飘二组、耷飘三组、耷飘四组、耷飘五组、汪家凼、偏岩、暗沟、陡坡、田家湾、长地、坡告移民一组、坡告移民二组、马路、长山、坡告、大园子、堡上、大塘子、新隆坪、朝天洞、汗别、啊角、水库
	团山堡村	坝甲一组、坝甲二组、两棵树、冗若、卖油瓶、三姨妹、大石板、坡桑一组、坡桑二组、坡桑三组、团山堡五组、团山堡六组、团山堡七组

续表 1-1-1

乡镇或街道	村、居、社区	村（居）民小组
德卧镇	郎行村	长田、岩脚、木纳、力平、郎行、按岩、停亨、把浪、坡好、纳堂、拉腰
	白水河村	戈贝一组、戈贝二组、者王、坝福一组、坝福二组、平安一组、平安二组、平安三组、冗纳湾、冗桑、冗山一组、冗山二组、冗要、白水河
	马鞭田村	火蒙、街上一组、街上二组、街上三组、池塘、都威
	大水井村	水井、泡木冲、核桃平、沙厂
	冗桑村	一组、二组、三组
	停西村	停西、孔度、纳浪、高家堡、黄泥堡、云盘、木科
	扁占村	黄天坪、扁占一组、扁占二组、半坡、新花、伟核一组、伟核二组
	甘河村	上甘、下甘、纳英、纳夺、磨萨、大寨、伟奖、拉达、纳磨、纳尾
龙山镇	老场坝居委会	新一组、新二组、老一组、老二组、坡界、下纳赖、上顶坪、下顶坪、郎利
	新场坝居委会	利沃一组、利沃二组、利沃三组、利沃四组、利沃五组、坡桥、江纳、纳院、铜古石、大寨
	纳赖村	纳赖一组、纳赖二组、纳赖三组、纳赖四组、纳赖五组、纳赖六组、坡基一组、坡基二组、坡基三组、坡基四组、坡基五组、坡江、坡路、纳或、坪秧
	柿花坪村	柿花坪、纳岭村、纳桑、马房、巧洞、科说、色雍、白坟
	坡利村	坡利、坡福、彩习、顶浪、纳秧、岩脚、拉岜、马家坡、上石灰、下石灰、上巧达、下巧达
	半坡村	半坡一组、半坡二组、半坡三组、半坡四组、半坡五组、纳东、啊岔、上纳舵、下纳舵、懂埂、板磨、上扯拢、中寨、下扯拢、山背后
	巧岭村	巧岭、纳逢、纳埂、纳林、纳界、坪老、岩脚、板朗、纳亚、坪寨、翁奶、板磨、上打录、下打录、科花
	云上村	云上、青杠林、槽子、大屋基、纳见、纳少
	丫科村	岩脚、纳马、石板、拉聋、卡乡、丫薅、河一、河二、河三、朝门、水井、江拢、纳敖、行达、高坡
	竹林村	竹林、江纳、上过坡、下过坡、拉先、坡生、拉岜、坡位、坡纳位、坡老高
	肖家桥村	高山、这哈、纳定、纳基、纳麻、纳炎、纳利、纳汪、纳冉
	下坛村	山乌、长田、下坛一组、下坛二组、下坛三组、下坛四组、下坛五组、岜秧
	宜拉村	大山、同汉、板磨、科教、坡维、宜拉、者告
	纳黑村	纳黑、红光、者讲、纳荣、河坝、板洞、纳赖、纳老
	北乡村	立度一组、立度二组、立度三组、立度四组、立度五组、立度六组、立度七组、纳坡一组、纳坡二组、纳坡三组、四门洞、老屋基、拢院、高寨、巧洞
戈塘镇	鲁沟塘村	场坝、马路、新星、中坛、田边、老鹰岩、黄泥堡、新寨、大海子、小海子、纳院、街上、后街、马坡
	纳利村	白鸡山、龙路一组、龙路二组、上磨角、下磨角、新寨、纳磨、田坝、岩洞、马鞍山、纳利一组、纳利二组、小河边

续表 1-1-1

乡镇或街道	村、居、社区	村（居）民小组
戈塘镇	秧地村	大水井一组、大水井二组、大水井三组、大水井四组、大水井五组、大水井六组、大水井七组、大水井八组、秧地一组、秧地二组、秧地三组、秧地四组、秧地五组、秧地六组、秧地七组
	香车河村	张家湾、坡老、河边、三家寨、田坝、巧洞、洞广、贵落、鲁桃、东瓜、者生、良台、上科喜、下科喜、新桥、木满、纳哈、香车河一组、香车河二组、坡凼雄
	龙新村	平桥、新寨、沟边、淌子、上者埂一组、上者埂二组、头仁地、湾湾州一组、湾湾州二组、龙洞湾、半边街、龙院、堡堡
	科发村	纳贡、田湾、抹寨、大屋基、牛场、科发上一组、科发上二组、科发下一组、科发下二组
	戈塘村	枯井、四伦、牛坪子、青杠林、鲁桃、季嘎、堡堡、八坎、罗宽、白露山一组、白露山二组、刮风、戈塘、纳盘、罗会田、尧湾
	免补村	免补一组、免补二组、免补三组、下免浪、科务、新寨
	大坝村	上免浪、水井湾、大坝、杨树湾、垮山、湾寨
	牙皂村	坛子厂一组、坛子厂二组、牙皂、田坝一组、田坝二组、红花林、高补总一组、高补总二组、老鹰岩
	岔河村	林塘、安云厂、岔河、龙滩、干沟一组、干沟二组、水井湾一组、水井湾二组、平洋一组、平洋二组、平洋三组、大山、老林坡、坝口、洞口、花嘎
普坪镇	新街村	新街一组、新街二组、新街三组、新街四组、新街五组、新街六组、新街七组、山王庙、杨家洞、四楞碑、环山、东瓜林、巷子口、老街、后街
	胡巷村	筏子河、林场、海厂、萝卜桥、田弯、雷打坑、弄力冲、塔山、双龙塘、山脚、烟灯、冉井、新寨、胡巷、窝凼、坪上、尖坡、荷庄、二垭口、卡子
	乐庄村	乐庄一组、乐庄二组、乐庄三组、龙山坡、上寨、乐庄、高院、庙脚、黑箐、龙滩坝、大树、尾模、八块田、大水井、上坛、下坛、坡尖、山脚
	廷必村	廷必四组、廷必五组、廷必六组、廷必七组、廷必八组、廷必九组、下期都、大普所、上期都、东洋、牛打塘、小普哪、小普所、田棚
	纳汪村	纳汪一组、纳汪二组、纳汪三组、纳汪四组、纳汪五组、纳汪六组、马家湾、烂田、老屋基、长塘、龙井湾、朝子田、鸭子井、玩云口、三屯土、大云山、环山、大鸭溪、龙老、上冉洞、牛厂坝
	总科村	总科一组、总科二组、总科三组、总科四组、总科五组、总科六组、哪桥、干海子、大寨、弄力、总科、纳沙、常岩、幺塘
	讲埂村	箐头、坝江、讲埂、白岩冲、付家屋基、苇甘坪、上寨、下寨、南天门
兴隆镇	下扎村	联合、冗孔、齐星、上厂、油房、阴家塘、茅坪
	久长村	石箐、冗阿秧、长冲、梅家湾、中心、李坪、下寨、高家庄、新庄
	水冲村	水冲、大地、新寨、下塘子、上塘子、木哈、三角冲、水淹塘
	安比村	团结、竹林寨、后山、李早、补冗、上安比、下安比、上洋、木啦、联兴、张仲
	红星村	曲底、老林冲、郎打、扁山、巴山地、水坝、三家寨
	青龙村	马安山、那坡、杨花庄、温家庄、大桑六、陶家庄、海坪、河对门
	阳方村	小巧凹、大巧凹、瓦窑、下岜拉、上岜拉、大山脚、坡告、马桑坪、阿赖、阳方坪、上阳方、下阳方、抱俄

续表 1-1-1

乡镇或街道	村、居、社区	村（居）民小组
兴隆镇	阿兴村	大冲、阿兴、冗西弯、上井科、下井科、上高牛、下高牛、东诺、纳香坪、木城、楼房、宝宝、巧播、上雷庄、下雷庄
	当朝村	黄花托、大石板、当朝、莽托、一碗井、上西海、下西海、狗厂、坝桥、坡慌、东播、上纳马、下纳马、纳跃、长冲
	大坪村	大坪、上打鸭、下打鸭、海子、湾子
	排冗村	纳闹、花杵、花色、纳告、六家塘、巧洞、排冗、大寨、石板、平寨、南塘、冗才、牛滚凼
	冗讲村	冗讲、善马、夹马石
	钢厂村	钢厂、苦红、黄瓜六、岩院、打椏
	冗华村	岩山、贾家塘、冗华、科拉、冗瓦、长冲、海子、冗选、大地
	石灰村	石灰、东瓜岭、朱家弯、坪上、前寨、后寨
洒雨镇	板烟村	大坪子、板烟、煤厂、科香、马家湾、对门寨、代家湾、苏嘎、坡便、纳路田、科花、新寨组、杨家湾、田角田、旧屋基
	田桥村	烂滩、中水星、上免底、杨家湾、天桥、坡汪、岩脚
	免底村	河边、下花、马路河、上花、免上、免下、下水星
	竜金村	永浦、东瓜林、长湾、大坪子、新寨、紫云、湾子、德所、细度、九头、百纳地、九滩、竜桑坪、竜金、播饶、松林、阴河
	纳汪村	孔省、此旦磨、红岩、院塘、纳坎、竜山、邱家湾、老寨、上竜、下竜、咪都、纳汪
	民族村	坡连地、上马坎、下马坎、马家土、长地、坡妹
	场坝村	得来、椰树坡、大寨、街二组、街三组、纳树田、落卡、下纳堡、岩脚
	海星村	烂滩、谢家屋基、六对、堡堡、龙井、断桥、上纳堡、瓦窑、冬瓜堡、科基、巧洞、荒上、荒下、干河、磨舍、下寨
	峰岩村	峰岩、打火一组、打火二组、坝上、田坝、岩脚
	格红村	上窝寨、格红、下窝寨
	陇松村	下寨、安南、陇一、陇二、陇三、陇四、山坝、上寨、中寨、田坝
	下陇村	上竜布、干沟、平孔、坡者、转天、纳盘、青龙、公鸡、枫香、下竜布、箐脚、嘎拉
	竜堡村	竜上、竜下、牛一、牛二、堡堡、湾子、杭洞、小山脚、黄泥寨、科基。
新桥镇	荷花村	荷花、向阳、喇盖、河沟、哪盖一组、哪盖二组、哪盖三组、哪盖四组、洞上一组、洞上二组、洞上三组、洞上四组、洞上五组、辛庄、打石厂、坪上
	新桥村	安窝、黄家水井、三份田、何大坪、新寨、青杠林、龙洞、石板寨、马岭一组、马岭二组、坡革一组、坡革二组
	高普陇村	大山、马草田、何家洞、干落田、双一、双二、摩哈、关一、关二、猴子箐、下坝、湾子
	海子坝村	宝山一组、宝山二组、宝山三组、云盘脚、格闹坪、半边箐、桃子冲、普那塘一组、普那塘二组、海子坝、海子坡、白泥田、烂木桥
	木科村	枫香林、中间、垭口、白泥山、大乔地、坝若、过档、金塘、皮桶寨、毛家寨、高寨、大能杠、下寨、田坝、榨房湾、阿八、大山、摩车沟、丫竜

续表 1-1-1

乡镇或街道	村、居、社区	村（居）民小组
新桥镇	巧烂村	巧烂、大庆、红岩、阿卧、洒垤、底西、峰硐一组、峰硐二组、荒田、落湾厂
	阿科村	东妹、冗要、鱼塘、普扎、榨房、湾子、巷达、三枯井、上寨一组、上寨二组、下寨一组、下寨二组
	富新村	一组、二组
	新盛居委会	茶场一组、茶场二组、茶场三组、机关、场坝、化工
木咱镇	坡贡村	坡星、当湾、下潭、石板寨、龙潭、寸上、小田坝、上坡贡、下坡贡
	木咱村	者么、前进、长田、上木咱、榜纳、坝歪、渔洞、马家凼、哪黑一组、哪黑二组、哪黑三组、哪黑四组
	坝力村	坡寨、磨洋、新场坝、石板坡、新寨、湾湾、堡堡、哪坡一组、哪坡二组、管贵塘一组、管贵塘二组
	新加村	新加一组、新加二组、枇杷
	牛角山村	牛角山一组、牛角山二组、牛角山三组、牛角山四组、花棚子、大山
	打锣锤村	田弯、坡外、大田坎、大水井、云盘、苏家坝、冗泥坝、秦家坝、草盆山
	鲁贡村	鲁贡一组、鲁贡二组、阴井
万峰湖镇	毛凼子村	绒歪、绒空、孔达、高友、青杠坡、兰秧地、孔岸、毛凼子、播托、石猪槽、芭蕉坪、绒秧
	龙万村	李垭口、吕垭口、二元花、毛草坪、丰岩、柯家塘子、塘子、白岩一组、白岩二组、白岩三组、白岩四组
	永和村	永安、老街、新街、政府路、兴天路、秧田湾、田房、板告、坡桑上、坡桑下、坡莫、伟降、冗袍一组、冗袍二组、冗袍三组、冗袍四组、冗袍五组、花显一组、花显二组、王家寨三组、杨家寨四组、播蒙五组、云上六组、下弄号七组、上弄号八组
	港湾村	大湾一组、大湾二组、大湾三组、大湾四组、平方一组、平方二组、平方三组、平方四组
	坝盘村	坝盘一组、坝盘二组、坝盘三组
	江坡村	江坡组
	岜皓村	一组、二组、三组
	马安营村	一组、二组、三组
	纳赖村	纳坡、马打坟、上寨、下寨一组、下寨二组、中寨、拉然沟、关山、落尔、龙湖上、龙湖中、龙湖下、大山、邓家沟、烂田湾
	下箐村	一组、二组、三组、毛草坪、空同妹、岜拱、岜金、金竹凼、大凼子、好芝坪、大红塘、小红塘
笃山乡	坡井村	场坝、湾头、坡井湾、路边、大石板、小暗河、老场坝、兴隆、牛角井
	拉坡村	平寨一组、平寨二组、平寨三组、平寨四组、坛坪、杉木、坡糯、上拉坡、下拉坡、上河坦、下河坦、山脚、改革、拉林、或班、炭山
	梨树村	梨树、张家营、胡家坪、龙洞、岩门口、八达、中寨、长田、海尾
	大坡村	五组、六组、七组、八组
	红泥村	上红泥、下红泥、张家桥、云盘、马家湾、兴寨

续表 1-1-1

乡镇或街道	村、居、社区	村（居）民小组
笃山乡	龙井村	瓦厂、杨柳井、上龙井、下龙井、中间组、新房子、新水井、坡头上、长丑、川硐、上坪、下坪、半坡、瓦房
	王院村	王院、卡怀、老房子、新屋基、交外、新寨、小岩洞、冗绒
	歪纳村	歪纳、田湾、苍边、龙井、龙告、冗骂、坡仲、冗拉、上龙艾、阿选
	坡老村	老屋基、明星、牛鼻洞、暗河、拉内、雷家营、坡老、枇杷、大坪、水明、岜朗、陇埂
	万家店村	万家店、岩上、槽子、拉社坡、龙老、田湾、四楞、坡歪、含河、毛坪
海子乡	海子村	海子一组、海子二组、陇一、陇二、毕舍、偏庆、河对门、屯背后、天界
	堡堡村	堡堡、丫头寨、万仁洞、李家湾、何家湾、大坪、杨柳井、数黑、老一、老二
	大地村	大地、高落、旧屋基、南敖、兴田、田坎、田湾、陇车一组、陇车二组
	马赤黑村	马赤黑、高寨、蒿支、韦家沟、云脚、河沟边、海子边、喇叭寨、五所营、结巴冲、红石岩、下泥塘、上泥塘、黄角庆、垭口、陆家寨、郭家井
	车头村	车头、山坡、松林坡、长箐、新寨、田坝
	石垭口村	小湾、水井湾、夫田、摩落河、石垭口一组、石垭口二组
	沙厂村	沙厂、下古里、上古里、戈厂坪、荞地坡、干沟、干寨、野马谷、长冲、号猪洞、陇桥、丰洞、水淹坪
	安岭村	安岭、垭田、下鲁猛、上鲁猛、田坝、落水洞、屯上、安王寨、烂滩、海马谷、关牛洞、麻朝、蚁蚂冲
	卡作村	上卡一组、上卡二组、下卡作、大庆、石板河、小大坪
	箐口村	箐口、格屯、庙湾、白石、油菜坡、田湾、王家沟、上纳贡、下纳贡、竹林寨、下河坝、上河坝、下柏坎、上柏坎
钱相乡	钱相村	杀赖桥、核桃树、桥边、小钱相、岔路口、塘房、坪寨、陡寨、高坎子、池塘脚、坡云脚、大垭口、黑石头、陆家寨
	桥马村	戈同、中坝弄、者京、下坝弄、形桥马、彭桥马、李桥马、桑桥马、大坪、杨家坝、短寨
	打卤村	纳冗、坪寨、大寨、湾子、河对门
	坡硝村	坡硝、冗龚、打桥、海边、罗家湾、陈家海子、冗西
	新华村	沙崩、八炳、榨房、老房子、巷东、长湾、阿赖、瓦厂、田坝、石板地、巷达
	冗达村	坪寨、狡龙湾、科考、瓦厂、岜托、核桃坪、高连、单冲、大坪子
	麻油村	麻油、戈背、路麻坪、龙院、龙翁、海坪、龙井
	湾水井村	湾水井、丁家湾、黄秧坪、达贡、顶西
	三道墙村	李家瓦房、袁家湾、博孔、彭家湾、云脚、山背后、大海子、罗家湾、干海子
坡脚乡	者贵村	三塘一组、三塘二组、三塘三组、三塘四组、三塘五组、团结一组、团结二组、者贵一组、者贵二组、者贵三组
	岩怀村	岩怀一组、岩怀二组、岩怀三组、石头寨一组、石头寨二组
	八坎村	一组、二组、三组、四组、五组、六组（冗飘）、七组
	乐欢村	一组、二组、三组、四组（尾列）

续表 1-1-1

乡镇或街道	村、居、社区	村（居）民小组
坡脚乡	者孔村	一组、二组、三组、四组
	坡脚村	一组、二组、三组（蚊子沟）、四组（者干）
平乐乡	顶庙村	苏家庄、杨茂、坡凡、顶庙、阿伦、乐央、乐坝、上坛
	索汪村	大寨一组、大寨二组、大寨三组、拉坡、上小寨、索汪一组、索汪二组、廷岩、进杵、郎打
	渔浪村	上渔浪、中渔浪、下渔浪一组、下渔浪二组、下小寨、田坝、龙坪
	联合村	联合一组、联合二组、联合三组、定头、上马贡、下马贡、纳耷
	打江村	打江一组、打江二组、打江三组、烂寨、杨家湾、铁厂坪、立红、中寨、老房子
	郎元村	梨树坪、大冲、郎元、青杠坪、肖家洞、牛旮洞、水淹坪、达烂、大石板、南门、廷磨、立盘、龙蛇、龙况、岜纳
	坡炎村	龙雁坪、水井湾、甘河、板雷、半坡、冗然、平班、高课、张家坪、坡炎、龙林

第二章　镇乡概况

1978年中共十一届三中全会以来，随着改革开放，经济建设的不断深入和发展，至2012年，全县各镇乡政区整合调整，农业、工业、商贸日益发展，基础设施建设得到加强，教育、卫生、文化、社会保障等社会事业不断完善，人民生活发生了极大的变化。

第一节　新安镇

一、自然环境

新安镇位于县境中部，地跨北纬24°28′—25°10′、东经105°21′—105°33′之间，是全县政治、经济和文化中心。东与兴隆镇、平乐乡交界，南与坡脚乡、木咱镇相连，西与新桥镇毗邻，北与普坪镇、钱相乡接壤。据2011年调查，辖区东西最大距离20.3千米、南北最大距离24.4千米，总面积222.5平方千米，其中陆地220.3平方千米、水域2.2平方千米。

境内属低山丘陵地形，是典型的“盆坝”地带。境内最高峰桅峰山位于东门社区，海拔1566米，最低点位于幺塘村，海拔1300米。

境内河道属南盘江、北盘江两大水系。南盘江水系主要河流为五格河，全长12千米，流域面积24.38平方千米，呈东西走向，流经镇境大坪社区，汇入木咱镇，径流总量1.28亿立方米，年排涝量3800万立方米；北盘江水系主要河流为陂塘河，全长9.5千米，流域面积49.4平方千米，呈东西走向，由巧硐水库、县城东边龙井及东郊双龙滩经招堤风景区注入绿海，从海龙门伏流入北盘江。

二、政区概况

1989年，镇境分属城关镇和新安区。城关镇位于县境中部靠东南，全镇设东门、西门、北门3个办事处，辖3个居民委员会和3个城郊行政村，居民委员会下辖33个居民小组、行政村辖32个村民小组；

新安区位于县城中部，区公所驻城关镇，划分为招堤、大坪、幺塘3个乡，辖20个行政村、127个村民小组。招堤乡位于县城东郊，乡人民政府驻城关镇之塔山村民组，下辖巧洞、坡云、海联、独山、下岔河、元宝山、陇西、三岔8个行政村，领67个村民小组；大坪乡位于县城西郊，乡人民政府驻城关镇之马场坝村民组，下辖阿召、大坪、五格、作坊、法统5个行政村，领51个村民小组；幺塘乡位于县城南部，乡人民政府驻石板寨，距县城8千米，辖白石岩、冗若、坪寨、洞洒、箐山、板磨、舍寨7个行政村，领57个村民小组。1991年12月，完成"建镇并乡撤区"工作，撤销城关镇、新安区及其下设的乡和乡级办事处，并入原阿赖乡的铜鼓井村，设新安镇，辖广东街、北大街、硫璜街、顺城街、草纸街、马场坝、北门坡7个居民委员会和东门、西河、关桥、洞洒、舍寨、箐山、板磨、冗若、平寨、大坪、五格、阿照、作坊、法统、坡云、巧洞、海联、独山、岔河、三岔、陇西、元宝山、铜鼓井、盘江24个村。2007年，镇境村级整合，将7个居民委员会和24个村整合为作坊、法统、陇西、盘江、山岔、板磨、箐山、平寨、幺塘、坡云、海庄、铜鼓井12个村和东门、广东街、硫磺街、城北、龙顺、西一、西二、西河、大坪、官桥10个社区，共22个村级政区，下设153个村民小组、105个居民小组。2012年6月，撤销新安镇，设立招堤、栖凤两个街道。

1992年，全镇总人口16502户共57498人，其中非农业人口15965人，男性人口28995人、女性人口28503人，汉族41682人、布依族13627人、苗族502人、彝族594人、回族779人、壮族70人、水族39人、侗族33人、土家族44人、满族21人、白族6人、仡佬族45人、黎族49人、其他民族7人，全年出生人口726人、死亡人口111人。2000年，全镇总人口增长到18370户共66382人，其中男性人口33762人、女性人口32620人，非农业人口21069人，全年出生人口1092人、死亡人口153人。2011年年末，全镇辖区总人口76130人，其中城镇常住人口61754人，男性人口38352人、女性人口37778人，14岁以下人口13661人、15—64岁人口56667人、65岁以上人口5802人。全镇人口以汉族为主，共58489人；居住有布依族、苗族、彝族、回族等15个少数民族，共23632人。超过1000人的少数民族有3个，其中布依族19306人、彝族1116人、回族1008人。2011年，全镇人口出生率11.5‰、人口死亡率3.15‰、人口自然增长率8.35‰，有流动人口4277人。

三、经济社会

至2011年，全镇国民生产总值23.11亿元，其中第二、三产业总产值22.76亿元。

农业　1992年，全镇耕地面积2664公顷，其中水田1387公顷、旱地1277公顷，全年农作物总播种5047公顷，农业总产值3338.8万元。2000年，全镇耕地面积2643公顷，其中水田1415公顷、旱地1228公顷，全年农作物总播种面积5917公顷，农林牧副渔业总产值7623万元。至2011年，境内有耕地面积2580公顷，人均耕地340平方米，有可利用草地1333.33公顷、林地11726.67公顷，主要农产品有水稻、玉米、烤烟、小麦、蔬菜、油菜等，全镇农业总产值2.02亿元。

镇境粮食作物以稻谷、玉米为主，经济作物以烤烟为主，油料作物主要有油菜等。1992年，全镇种植业产值1684.1万元。全镇全年粮食作物播种面积3707公顷，生产粮食17069吨，其中夏粮种植1206公顷、总产2295吨，秋粮种植2501公顷、总产14774吨；经济作物播种面积432公顷，其中油料作物播种321公顷、总产290吨，烤烟播种55公顷、总产43吨。2000年，全镇农业产值4850万元，其中种植业产值4018万元。全镇全年粮食作物播种面积4701公顷，生产粮食27367吨，其中夏粮种植1678公顷、总产3564吨，秋粮种植3023公顷、总产23803吨；油料作物播种370公顷、总产248吨，其中油菜种植366公顷、总产231吨。2011年，全镇生产粮食17610吨，人均231.31千克，其中水稻7010吨、玉米4750吨；种植烤烟328公顷，总产量41.05万千克，产值635.83万元；种植油菜415公顷，总产486吨，产值238万元。

畜牧业　以饲养猪、牛、羊、家禽等为主。1992年，全镇年末大牲畜存栏11848头，其中牛11059

头、马789匹，猪存栏26430头、蜜蜂372箱；全年猪出栏14288头、牛出栏529头；全年肉类产量1430吨，其中猪肉1271吨、牛肉74吨、禽肉80吨、兔肉5吨；蜂蜜产量7549千克，禽蛋产量159.96吨。全镇牧业产量804.4万元。2000年，全镇年末大牲畜存栏11504头，其中牛11044头、马460匹，猪存栏36336头、羊存栏2650只、家禽存栏71581羽；全年大牲畜出栏2036头，其中牛1646头、马390匹，猪出栏26116头、羊出栏1700只、家禽出栏60030羽；全年肉产量2701吨，其中猪肉产量2355吨、牛肉产量202吨、羊肉产量31吨、禽肉产量96吨，禽蛋产量300吨。全镇牧业产值2444万元。2011年，全镇生猪饲养量55985头，年末存栏26776头，牛年末存栏7656头；全年生产肉类3047.4吨，其中猪肉2183.9吨、牛肉310.5吨、羊肉41.5吨、其他肉类45.6吨，蛋类产量491.4吨。畜牧业总产值5861万元，占全镇农业总产值的29%。

1992年，全镇造林47公顷，其中经济林26公顷，全年出产各类水果108.55万千克、棕片2.35万千克、核桃2.35万千克、板栗1.65万千克、木材853立方米，林业产值72万元。2000年，全镇造林256公顷，其中经济林184公顷，出产各类水果1060吨、油桐籽24吨、棕片36吨、核桃50吨、板栗45吨、花椒5吨、木材1000立方米，全年林业产值182万元。至2011年年末，全镇累计造林400公顷，其中经济林200公顷，全镇森林覆盖率45%。名特优农产品有金银花、藕粉、鸡枞油、耳块粑、香菇等。农民人均纯收入3506元。

工业 20世纪90年代以来，镇境以乡镇企业为龙头，工业生产取得较大成绩，至2000年，镇境岔河村、关桥村、大坪村等村乡镇企业营业收入超过500万元，高乐食品有限公司、盘江锑白厂、盘江油脂公司、星光电冶有限公司、美味食品厂、供电局水泥制品厂、安庆农化厂等乡镇工业企业年营业收入均在100万元以上。至2011年，镇境工业生产总值达到200万元以上的企业117家、1000万元以上的企业2家，较为重要工业企业有贵州华虹化工有限公司、百兴焦化厂等，全镇工业产值10.32亿元。镇境建有轻工业园区1个。

商业贸易 2011年年末，全镇共有商业网点1202个，有职工2682人，城镇集贸市场易成交额1.1亿元，比2010年增加20%。

财政税收 2011年，全镇财政总收入10937.92万元，比2010年增加1.43%，其中地方财政收入500万元，比2010年增加14.7%；全镇全年完成营业税411.58万元、增值税3901万元、企业所得税1587万元、个人所得税7万元，分别比2010年增加30%、—18%、42%、—56%。年人均财政收入1331元，比2010年减少2.6%。

教育 2011年年末，全镇有幼儿园11所，在园幼儿3052人，专任教师65人；小学24所，在校生8122人，专任教师486人，小学适龄儿童入学率100%；初中6所，在校生4915人，专任教师277人，初中适龄人口入学率91.9%。小升初升学率100%，九年义务教育覆盖率100%。普通高中2所，在校生3015人，专任教师153人。

医疗卫生 2011年年末，全镇有卫生院1所、民营医院3所，专业卫生人员194人，病床337张，每千人拥有医疗床位4.42张；有村级卫生室56个，专业技术人员56人；全镇农村安全饮用水普及率95%，农村卫生厕所普及率70%，新型农村合作医疗参保人数7.86万人，参保率95.7%。

广播电视 2005年7月，镇境开通有线广播站。至2011年年末，全镇有线电视用户10325户，电视综合覆盖率95%。

社会保障 2011年年末，全镇城镇最低生活保障对象1342户共2076人，全年支出427.2万元，比2010年减少2.68%，月人均支出171元；城市医疗救助57人次，民政部门资助参加合作医疗2080人次，共支出20.8万元。2011年，全镇农村养老保险参保率为65.81%，农村最低生活保障对象1769户共4007人，全年支出272.39万元，比2010年增长39%，月人均支出56.6元；农村五保分散供养79人，全年支出6.32万元；农村医疗救助209人次，全年支出62.7万元，民政部门资助农村参加合作医疗4007人，支出20.04万元；农村临时救济2521人次，支出5.8万元，比2010年增长1.6%。

交通运输　镇境交通运输以公路为主，是全县交通中心，国道324、省道313穿境而过，汕昆高速公路安龙匝道距县城仅6千米，有专用公路连接。至2011年年末，全镇有通村公路41条，总长168.87千米，全年客运总量25.1万人次、货运总量234.6万吨。

四、街道社区简介

2012年6月，经省民政厅批准，撤销新安镇，分设招堤、栖凤两个街道。

（一）招堤街道

招堤街道于2012年6月29日挂牌成立，辖区面积110.3平方千米，辖广东街社区、硫磺街社区、城北社区、龙顺社区、东门社区、官桥社区和海庄村、陇西村、山岔村、铜鼓井村、盘江村、板磨村、箐山村，共13个村级行政区；2012年年末，全街道总人口47579人。2012年，街道国民总产值2320.89万元，粮食总产量2.65万千克，财政收入完成12129.74万元。

至2012年年底，招堤街道辖区生猪出栏20584头、牛出栏4385头、山羊出栏1082只、家禽出栏31464羽，大牲畜存栏1739头、其中牛存栏1708头、马存栏31匹，生猪存栏9144头，其中能繁母猪存栏1040头；山羊存栏988只，家禽存栏34864羽。

（二）栖凤街道

栖凤街道于2012年6月29日挂牌成立，辖区范围为原新安镇安坡路以西区域，并入木咱镇安马、响乐、者要3个村和木咱村的下坝组、柳树井组，辖西河、西一、西二、大坪等4个社区和幺塘、平寨、坡云、法统、作坊、者跃、安马、响乐、红旗、沈洪等10个村共194个居民组，辖区总面积179.48平方千米，其中耕地222.26公顷、水域388.7公顷，境内有大小水库8座、山塘23处、河流15条（总长48.15千米）、林地71.12公顷，森林覆盖率为32%。2012年年末，街道有人口11203户共61828人，其中城镇居民31029人。辖区内有各类企业544家，其中厂矿企业55家、非煤矿山12家、危险化学品生产企业13家、烟花爆竹经营户25家、冶金企业2家。辖区有自来水厂1座，垃圾处理场1处，集贸市场3处，医疗卫生设施47处，文化体育健身娱乐场所22处，党员活动室14间，藏书25601册。年末财政总收入12130万元，其中国税6659万元、地税5471万元，农民年人均纯收入5260元，城镇居民年人均可支配收入18600元。辖区内有中小学校21所，其中公办小学9所、私立小学1所、公办九年一贯制学校1所、公办初中1所、职业教育和普通高中学校2所、私立幼儿园2所。

栖凤街道农业以水稻、玉米、蔬菜种植和畜牧养殖为主，兼而种植杂粮、油菜。2012年，农业生产总值24447.48万元，其中粮食播种面积3873.33公顷，产值5920.9万元；油料作物播种546.67公顷，产值615万元；蔬菜1200公顷，产值3600万元；街道全年生猪出栏26018头、大牲畜出栏3104头、羊出栏1217只，畜牧业产值7302.78万元，林业和其他产值4863.8万元。

辖区内群众文化活跃，长年活跃在城镇、乡村的业余群众演出队伍有10支左右，其中者跃社区莲花山苗族传统芦笙舞、纳磨金钱棍传统舞和石板寨布依族民族小调从业26人，大坪社区舞龙队从业10人，坡云社区武术队从业6人，西河社区老年文艺演唱、舞蹈队从业12人，西二社区秧歌、花灯队从业20人。

第二节　龙广镇

一、自然环境

龙广镇地处县境西南部，距县城34千米，东与新桥镇、德卧镇相连，西与兴义市郑屯镇交界，北与海子乡、洒雨镇毗邻，南与万峰湖镇接壤。从高空俯视，镇境山系如一条条巨龙盘旋，故而得名“龙广”。据2011年调查，辖区东西最大距离12千米，南北最大距离15千米，总面积166.3平方千米，其中陆地165.3平方千米、水域1平方千米。

镇境地形北、南陡峻，中部平缓，北高南低。境内最高峰仙鹅抱蛋山位于安叉村马黄箐组，海拔1719米；最低点位于花木村关地组坝子，海拔825米。境内河道属珠江流域南盘江水系。主要河流有白水河、狮子山河，流域面积175.20平方千米，河流总长42.2千米，径流总量1.03亿立方米，年排涝量3000万立方米。探明的矿藏有石灰岩等，初步探明石灰岩矿地质储量3592万吨。其他自然资源有林地8000公顷。境内有野生动物40余种，被列为国家二类保护的动物有穿山甲、眼镜蛇等。

镇境多年平均气温16.4℃，月平均气温23℃，极端最低气温-1.2℃，最高气温33℃。年平均日照时数1430小时，年总辐射107.17千卡每平方厘米，0℃以上持续期365天；年平均降水量1288.2毫米，年平均降水日数为172天，最多达174天。主要自然灾害有干旱、洪涝、低温、冰雹等。旱灾出现概率一般为5年一遇，严重的一次出现在2010年，持续时间280天，属百年不遇的特大旱灾，辖区18个村共506.67公顷农作物受损。冰雹年平均0.7次，最多的一年发生6次，主要集中在春夏之交的3月下旬至5月上旬，最严重的一次发生在2011年4月，境内18个村遭冰雹袭击，有353.33公顷农作物受损。

二、政区概况

1989年，镇境为龙广区公所驻地，分属该区龙广镇、科汪乡、五台乡、花木乡。龙广区位于县城西部，区公所驻龙广镇，距县城34千米，全区划分为龙广镇和科汪、五台、花木、永和、纳赖5个乡，下辖1个居民委员会、40个行政村、262个村民小组。龙广镇人民政府驻龙广场坝，距县城34千米，下辖龙广居民委员会和新场坝、纳桃、顾屯、赖山、板拉、小场坝、塘房、狮子山8个行政村，领63个村民小组；科汪乡位于县城西部，乡人民政府驻科汪，距县城34千米，辖新寨、佳皂、十二份、四楞碑、纳西、纳万、纳坎、永革、柘仑、干田、安叉11个行政村，领56个村民小组；五台乡位于县城西南，乡人民政府驻五台，距县城39千米，辖五台、果约、七星3个行政村，领32个村民小组；花木乡位于县城西南，乡人民政府驻烂滩，距县城39千米，辖烂滩、花木、放羊湾、毛卤子、坡关5个行政村，领42个村民小组；1991年12月，完成“建镇并乡撤区”工作，撤销乡龙广镇、科汪乡、五台乡、花木乡（不含放羊湾、毛卤子2个村），并入原德卧镇的簸箕寨村，设区级龙广镇，辖龙广、新场坝、赖山、小场坝、板拉、纳桃、狮子山、塘房、顾屯、四楞、十二份、佳皂、新寨、纳西、纳万、纳坎、柘仑、永革、干田、安叉、七星、五台、果约、烂滩、花木、坡关、簸箕寨27个村。2007年，全镇村级整合，将27个村整合为纳桃、联新、狮子山、小场坝、七星、簸箕寨、果约、花木、合兴、双合、赖山、佳皂、安叉、纳万、柘仑、坡关、干田、烂滩18个村级政区，下设178个村民小组。

1992年，全镇总人口9612户共40916人，其中非农业人口1888人，男性人口20189、女性人口20727，汉族29035人、布依族10923人、苗族379人、彝族139人、回族94人、壮族128人、满族126人、黎族49人、其他民族43人，全年出生人口640人、死亡人口220人。2000年，全镇总人口11651户共46457人，其中非农业人口2078人，男性人口23458人、女性人口22999人，全年出生人口560人、死亡人口242人。至2011年年末，全镇总人口52034人，其中城镇常住人口12435人，男性人口26139人、女性人口25895人，14岁以下人口9128人、15—64岁人口38605人、65岁以上人口4301人。全镇人口以汉族为主，共38145人；镇境还居住有布依族、苗族、黎族、回族、侗族等12个少数民族，共13889人，超过1万人的少数民族有布依族，共12501人。另有流动人口8992人。2012年，全镇总人口51391人。

三、经济社会

至2012年，全镇生产总值8.55亿元，比2011年增长16.01%；工业总产值3.13亿元，比2011年增长

8.49%；规模以上工业企业总产值1300万元，比2011年增长30%；农业总产值3.12亿元，比2011年增长5.76%；固定资产投资9200万元，实现招商引资21亿元。

农业　1992年，全镇耕地面积1990公顷，其中水田1068公顷、旱地922公顷，全年农作物总播种面积4109公顷，农业总产值2489.1万元。2000年，全镇有耕地1918公顷，其中水田964公顷、旱地954公顷，全年农作物总播种面积4777公顷，农林牧副渔业总产值6895万元。至2011年年末，全镇耕地面积1933.33公顷，有可利用草地240公顷、林地826.67公顷，主要农产品有水稻、玉米等，农业生产总产值1.53亿元，比2010年增加11.72%，占全镇国民生产总值的28.3%。2012年，全镇农业生产总值3.12亿元。

粮食作物以水稻、玉米为主，主要经济作物有烤烟、蔬菜、油菜等。1992年，全镇粮食播种面积3024公顷，总产11439吨，其中夏粮种植997公顷、总产1794吨，秋粮种植2027公顷、总产9645吨；经济作物播种面积602公顷，其中油菜种植405公顷、总产299吨，烤烟种植18公顷、总产24吨。全年种植业总产值992.4万元。2000年，全镇粮食播种面积3357公顷，总产20303吨，其中夏粮种植1318公顷、总产2148吨，秋粮种植2039公顷、总产18155吨；油料作物种植249公顷，总产146吨，其中油菜种植200公顷、总产84吨。全年农业总产值4050万元，其中种植业产值3566万元。2011年，全镇生产粮食11998吨，人均230.58千克，其中水稻4889吨，玉米4428吨；种植烤烟216公顷，总产29.25万千克，产值443.95万元；种植油菜240公顷，总产120吨，产值142.8万元。2012年，全镇粮食生产面积2800公顷，粮食总产量1.61万吨，其中水稻6525吨、小麦和玉米8065吨、其他粮食作物1723吨。

畜牧业以饲养猪、牛、羊、家禽等为主。1992年，全镇年末大牲畜存栏10113头，其中牛9501头、马612匹，猪存栏24828头，羊存栏45只，养蜂514箱；全年猪出栏1341头、牛出栏581头；肉类总产量1181吨，其中猪肉1117吨、牛肉17吨、禽肉47吨，蜂蜜产量4626千克、禽蛋产量99402千克。全年牧业产量753.7万元。2000年，全镇年末大牲畜存栏12593头，其中牛11947头、马646头，猪存栏32145头、羊存栏624只、家禽存栏105683羽、家兔存栏504只；全年大牲畜出栏1532头，其中牛1489头、马43匹，猪出栏26460头、羊出栏287只、家禽出栏92164羽、家兔出栏300只；全年肉类产量2691吨，其中猪肉2330吨、牛肉200吨、羊肉5吨、马肉3吨、禽肉152吨，蜂蜜产量4吨、禽蛋产量528吨。全年牧业产值2657万元。2011年，全镇生猪饲养量47330头，年末存栏24202头，牛年末存栏6820头；全年生产肉类2434吨，其中猪肉1919吨、牛肉210吨、羊肉9吨，禽蛋302吨。畜牧业总产值5876.7万元，占农业总产值的41.63%。2012年，全镇大牲畜存栏1.01万头，全年畜禽出栏13.8万头（只）、生猪出栏1.2万头。

1992年，全镇造林90公顷，其中经济林12公顷，全年出产各类水果16.42万千克、棕片15.8万千克、油桐籽6255千克、木材284立方米，林业产值49.9万元。2000年，全镇造林158公顷，其中经济林97公顷，全年出产各类水果929吨、油桐籽25吨、棕片125吨、核桃13吨、板栗9吨、木材300立方米，林业产值92万元。至2011年年末，全镇累计造林600公顷，其中经济林273.33公顷，森林覆盖率47%。名特优农产品有金银花、塘坊和顾屯的粉丝等，农民人均纯收入4250元。2012年，农民人均纯收入5071元。

商业贸易　至2011年年末，全镇共有商业网点97个，职工765人。全年镇集市贸易年成交额达3645万元，比2010年增加5%。2012年，全镇社会消费品零售总额9800万元。

财政税收　2011年，全镇财政总收入212.5万元，比2010年减少16.91%，其中地方财政收入200万元，比2010年增加14.7%。完成营业税79万元、增值税10万元、企业所得税2万元、个人所得税11万元，分别比2010年增加19.7%、42.8%、7%，人均财政收入51.08元。2012年，全镇财政税收260.4万元，其中国税完成57万元、地税完成203.4万元。

教育 2011年年末，全镇有幼儿园4所，在园幼儿1007人，专任教师28人。小学20所，在校生3338人，专任教师219人，小学适龄儿童入学率100%。初中3所，在校生2813人，专任教师147人，初中适龄人口入学率94.9%，小升初升学率100%，九年义务教育覆盖率100%。普通高中1所，在校生1133人，专任教师64人。2012年，境内设中小学校28所，其中初中3所，高中1所，小学25所，在校生1万余人。小学阶段适龄儿童入学率为99.77%，初中阶段毛入学率为108.8%，"三残"少年儿童入学率100%，合格率达100%，教育水平显著提高；新改建小学食堂8个，全面实现"校校有食堂"目标。

医疗卫生 至2011年年末，全镇有卫生院1所，病床20张，专业卫生人员22人；有村级卫生室46个，专业技术人员46人。全年农村安全饮用水普及率70%，新型农村合作医疗参保人数3.26万人，参保率57%。2012年，全镇新型农村合作医疗参保48743人。

广播电视 2011年11月，开通无线调频广播站。至2012年，有广播喇叭334只，通响率95%。2011年末，有线电视用户1300户，广播电视用户8487户，电视综合覆盖率92%。

社会保障 2011年年末，城镇最低生活保障对象211户340人，支出66.59万元，月人均163.21元，比2010年增加7%；医疗救助城镇15人次，支出4.5万元。民政部门资助参加合作医疗340人次，共支出0.34万元；2011年农村养老保险参保率为70.05%，农村最低生活保障对象1079户2656人，支出193.48万元，比2010年增长26%，月人均63.08元；农村五保对象集中供养4人，支出0.56万元。农村五保分散供养79人，支出供养金11.2万元；农村医疗救助150人次，支出45.8万元；民政部门资助参加合作医疗2656人次，共支出13.28万元。

2012年，全镇城乡居民社会养老保险参保14869人，其中新农保14635人、城保234人，征缴保费173.6万元，发放养老保险金314.25万元。

交通运输 至2012年，全镇已形成由国道324线、汕昆高速及南昆铁路等构成的交通运输网络。南昆铁路设有龙广站，镇驻地东距汕昆高速公路德卧匝道6千米。据2011年统计，全镇有通村公路18条，总长140千米；全年客运总量19.7万人次、货运总量110万吨。

第三节　德卧镇

一、自然环境

德卧镇位于县境西南面，距县城40千米，地跨北纬25°4′—25°6′，东经105°14′—105°15′之间。东与木咱镇、坡脚乡接壤，南与广西隆林县桠杈镇隔江相望，西与龙广镇、万峰湖镇毗邻，北靠新桥镇，取"德昭天下、卧虎藏龙"两词首字而得名"德卧"。据2011年调查，辖区东西最大距离21千米，南北最大距离22.3千米，总面积202平方千米，其中陆地197平方千米、水域5平方千米。

德卧镇属典型的喀斯特地貌，以山间盆地和丘陵为主，西北面相对平缓，为万亩盆坝。境内最高峰陡坡大山位于坡告村，海拔1300米，最低点位于甘河村，海拔520米。镇境内河道属珠江流域南盘江水系。主要河流白水河由龙广镇入境，呈西南走向，境内流域面积26.3平方千米，流经境内坡告村、马鞭田村、白水河村和毛杉树村汇入南盘江，境内河长7.3千米。年均径流量0.12亿立方米，年排涝量400万立方米。有林地1333.33公顷、牧草地3200公顷，有可利用养殖水面3.5平方千米，主要分布在境内南部地区。境内野生动物有穿山甲、黑猴等国家二类保护动物。

镇境多年平均气温15.1℃，1月平均气温12℃，极端最低气温−5.1℃（1983年12月29日）。7月平均气温24℃，极端最高气温33.9℃（1982年9月1日）。最低月均气温18℃，最高月均气温27℃。年平均降水量1225.8毫米，极端年最大雨量1860毫米（1993年），极端年最少雨量686毫米（2011年）。主要自然灾害有旱灾、冰雹等。旱灾出现概率一般为2年1遇，严重的一次出现在2010年，持续时间280天，属百年不遇的特大旱灾，辖区13个村（社区）360公顷农作物受损；冰雹年平均1次，主要集中在春夏之交的3月下旬至4月上旬，最严重的一次发生在2002年6月7日，境内6个村遭冰雹袭击，533.33公顷农作物受损。

二、政区概况

1989年，镇境大部分属区级德卧镇和化力区所辖停西乡地域。德卧镇位于县境西南部，镇人民政府驻德卧之金山，距县城40千米，下设德卧办事处和德卧、团山堡、坡告、马鞭田、山庄、田坝、水井、阿油槽、陡坡、簸箕寨、聋飘、海庄、平安13个行政村，领102个村民小组；停西乡隶属于化力区，位于县城南部，乡人民政府驻停西，距县城27千米，辖停西、灰老、郎行、甘河4个行政村，领35个村民小组。1991年12月，完成“建镇并乡撤区”工作，撤销德卧镇（不含簸箕寨村和江坡村民组）、停西乡，并入坡贡乡的冗桑村，设置新的德卧镇，辖德卧、田坝、水井、平安、海庄、团山堡、马鞭田、坡告、聋飘、陡坡、阿油槽、山庄、停西、灰老、郎行、甘河、扁占、冗桑18个村。2007年，镇境村级整合，将原18个村整合为德卧、坡告、大水井、毛杉树、团山堡、马鞭田、白水河、停西、扁占、冗桑、甘河、郎行12个村和盘龙社区居委会，共13个村级政区，下设145个村民小组。

1992年，全镇总人口7626户共32988人，其中非农业人口3819，男性人口17104人、女性人口15884人，汉族19092人、布依族12199人、苗族972人、彝族414人、侗族35人、壮族101人、回族35人、土家族95人、其他民族45人，全年出生人口386人、死亡人口139人。2000年，全镇总人口8894户共33969人，其中非农业人口1590人，男性人口17333人、女性人口16636人，全年出生人口500人、死亡人口207人。2011年年末，辖区总人口39247人，其中城镇常住人口10427人，男性人口19999人、女性人口19248人，14岁以下人口7339人、15—64岁人口28768人、65岁以上人口3140人。全镇人口以汉族为主，达19672人，另居住有布依族、苗族、彝族、土家族、蒙古族、壮族、回族等10个少数民族，共19575人；超过1000人的少数民族有3个，其中布依族16423人、苗族1770人、彝族1382人。全年人口出生率12.33‰，人口死亡率5.38‰，人口自然增长率6.95‰；有流动人口2760人。2012年，全镇总人口3.9万人，其中城镇居民人口1.3万人，农业户籍人口27740人、非农业户籍人口11260人。

三、经济社会

1996年，德卧镇列为贵州省重点小城镇；2004年，获批全国亿万农民健身活动先进乡镇；2009年，列为贵州省现代烟草农业示范基地。至2012年，全镇完成国民生产总值11.06亿元，其中工业总产值完成7.6亿元、农业总产值完成1.32亿元、第三产业产值完成2.14亿元。

农业　1992年，全镇有耕地1262公顷，其中水田700公顷、旱地562公顷，全年农作物播种面积2485公顷，农业总产值1895.9万元。2000年，全镇有耕地1387公顷，其中水田715公顷、旱地672公顷，全年农作物播种面积公顷4226公顷，农林牧副渔业总产值万元6025万元。至2011年，全镇有耕地1393.33公顷，人均耕地353.34平方米，主要农产品有水稻、玉米、小麦、烤烟等，全年农业总产值1.1亿元，比2010年增加4%，占国民生产总值的14.44%。农民人均纯收入3880元。2012年，全镇农业总产值1.32亿元。

粮食作物以水稻、玉米为主，主要经济作物有金银花、烤烟、甘蔗、芭蕉、油桐等。1992年，全镇种植业产值888万元，全年粮食播种1758公顷、总产7266吨，其中夏粮种植533公顷、总产1033吨，秋粮种植1225公顷、总产6233吨；经济作物播种面积418公顷，其中油菜种植168公顷、总产206吨，甘蔗种植141公顷、总产4240吨，烤烟种植181公顷、总产223吨。2000年，全镇农业总产值3703万元，其中种植业产值3220万元，全年粮食播种面积2632公顷、总产13531吨，其中夏粮种植798公顷、总产1643吨，秋粮种植1834公顷、总产11888吨；油料作物播种面积172公顷、总产133吨，其中油菜种植154公顷、106吨，甘蔗种植195公顷，总产8834吨。2011年，全镇全年生产粮食7648吨，其中水稻3835吨、玉米2397吨，人均吃粮234千克；金银花总产225万千克、产值4500万元，烤烟总产18万千克、产值288.75万元。2012年，全镇完成水稻种植820公顷、玉米676.67公顷、蔬菜266.67公顷。

畜牧业 以饲养猪、牛、羊、家禽等为主。1992年，全镇年末大牲畜存栏9189头，其中牛存栏8478头、马存栏711匹，猪存栏20334头；全年生猪出栏10163头、肉牛出栏127头；全年肉类总产量910吨，其中猪肉864吨、牛肉15吨、禽肉31吨，蜂蜜产量1084千克、禽蛋产量62426千克。全年牧业总产值623.1万元。2000年，全镇年末大牲畜存栏11215头，其中牛存栏9958头、马存栏1257匹，猪存栏25752头，羊存栏1254只，家禽存栏57167羽；全年大牲畜出栏1804头，其中牛出栏1736头、马出栏68匹，猪出栏23255头、羊出栏579只、家禽出栏41880羽；全年肉类总产量2325吨，其中猪肉2046吨、牛肉183吨、羊肉11吨、马肉3吨、禽肉66吨、其他肉16吨，禽蛋产量94吨。全年牧业总产值2044万元。2011年，全镇生猪饲养量40481头，年末存栏18004头，牛年末存栏4389头；全年生产肉类1986吨，其中猪肉1726吨、牛肉134吨，畜牧业总产值4417.1万元，占农业总产值的30%。2012年，全镇生猪存栏11641头、出栏21853头，牛存栏3976头、出栏1320头，羊存栏3888只、出栏3202只，鸡存栏58467羽、鸭存栏8374羽、鹅存栏2360羽，家禽出栏10.47万羽。

1992年，全镇造林132公顷，其中经济林93公顷，全年出产各类水果8.44万千克、油桐籽18.13万千克、油茶籽19278千克、木材949立方米，全年出产各类水果3578吨、油桐籽385吨、棕片199吨、竹笋片3吨、核桃30吨、板栗30吨、木材928立方米，林业产值104.8万元。2000年，全镇造林195公顷，其中经济林110公顷，全年林业产值227万元。至2011年年末，全镇累计造林2533.33公顷，其中经济林233.33公顷，森林覆盖率49.25%。

工业 德卧为黔西南工业重镇，20世纪90年代后，先后引进铁合金、电解锌等冶金企业6家，建成德卧工业园区，占地0.85平方千米。至2000年，全镇乡镇企业年营业收入达到6949万元、企业总产值6402万元，其中德卧村乡镇企业年营业收入超过2300万元、企业总产值2130万元。2005年后，又相继引进金宏特种树脂有限责任公司、金宏建材有限责任公司和金石石材、煜焜物流等企业入驻德卧，建成黔西南州循环经济工业园区，2011年升格为贵州省安龙经济开发区。2011年，全镇工业总产值达到6.1亿元，比2010年增加15%，占国民生产总值的80.2%，其中规模以上工业企业3家，职工220人，实现工业增加值0.93亿元，比2010年增加16%；销售收入达500万元以上的企业3家，其中1000万元以上的1家。2012年，全镇工业总产值7.6亿元。

商贸 至2011年年末，全镇共有商业网点68个，职工359人。全年集市贸易成交额年达3470万元，比2010年增加5%。

财政税收 2011年，全镇财政总收入2165.15万元，比2010年减少9.11%，其中国税部门组织收入1671万元、地税部门组织收入494.15万元。2012年1月至11月，全镇财政总收入完成1312.12万元，其中国税部门完成891.41万元、地税部门完成420.71万元。

文化 至2011年年末，全镇有公共图书室3个、农家书屋13个，建筑面积310平方米，藏书49134册。镇境毛杉树歌节久负盛名，2005年列为贵州省首批非物质文化遗产保护名录。

教育 至2011年年末，全镇有幼儿园2所，在园幼儿710人，专任教师20人；小学15所，在校生3160人，专任教师201人，小学适龄儿童入学率99.95%；初中2所，在校生1898人，专任教师128人，初中适龄人口入学率95.66%，小升初升学率98.59%，九年义务教育覆盖率100%；普通高中1所，在校生 907 人，专任教师 61 人。

2012 年，全镇小学在校生 3136 人、初中在校生 1875 人、高中在校生 1123 人、幼儿园在园 589 人、学前班在班 688 人，有小学教师 217 人、初中教师 123 人、高中教师 75 人、幼儿园教师 28 人；全镇小学占地 8.92 万平方米、校舍 1.68 万平方米，初中占地 7.19 万平方米、校舍 1.79 万平方米，高中占地 363 平方米、校舍 9750 平方米，幼儿园占地 9317 平方米、校舍 1575 平方米；全镇小学有图书 8.19 万册、初中 3.41 万册、高中 2 万册、幼儿园 3320 册。

医疗卫生　至 2011 年年末，全镇有卫生院 1 所，病床 20 张，专业卫生人员 22 人；有村级卫生室 46 个，专业卫生技术人员 46 人。全年农村安全饮用水普及率 50%，农村卫生厕所普及率 20%，新型农村合作医疗参保人数 3.53 万人，参保率 95%。2012 年，新型农村合作医疗参保 3.07 万人。

体育　至 2011 年末，全镇有体育场地 2 处，建有农民健身设施村（社区）占全镇村（社区）总数的 30%。

广播电视　2000 年 2 月，镇境开通有线广播站，到乡镇 600 杆千米，乡镇到村 150 杆千米。2004 年 3 月，开通调频广播电台，至 2012 年有广播喇叭 35 只。2011 年年末，有线电视用户 210 户，广播电视用户 5843 户，电视综合覆盖率 94.6%。

社会保障　至 2011 年年末，全镇有城镇最低生活保障对象 48 户 56 人，全年支出 13.42 万元，月人均 200 元；全年城镇医疗救助 36 人次，支出 11.6 万元。

2011 年，全镇农村养老保险参保率为 74.23%，农村最低生活保障对象 2096 户 3753 人，全年支出 436.99 万元，月人均保障标准 97.03 元。农村五保集中供养 21 人，全年支出 2.79 万元；农村五保分散供养 104 人，全年支出 10.93 万元；农村医疗全年救助 118 人次，支出 35.5 万元；民政部门全年资助参加合作医疗 3753 人次，共支出 18.77 万元；农村临时救济 460 人次，全年支出 6200 元。

2012 年，全镇养老保险参保 10150 人，全年共发放农村居民最低生活保障金 356.58 万元、城市居民最低生活保障金 12.95 万元；社会性发放及各种补助金 23.42 万元，救灾物资棉被 118 床、棉衣 106 件、衣服 122 套、童装 112 套，低保因灾救灾救助大米 464 户 1130 人 2.57 万千克。

交通运输　铁路南昆线过境，境内长 19.8 千米，设有安龙站、白水河站，建有安龙煤焦货场；汕昆高速公路穿镇而过，为双向 4 车道，过境全长 5.9 千米，设匝道 1 个；有通村公路 13 条，总长 130 千米。至 2012 年，已基本形成铁路、公路、水路等交通运输网络。据 2011 年统计，全镇客运总量 14.6 万人次，货运总量 35 万吨。

第四节　万峰湖镇

一、自然环境

万峰湖镇，原名永和镇，位于县境西南部，地跨北纬 105° 0′ 20″ —105° 10′ 35″，东经 24° 55′ 05″ —25° 03′ 55″ 之间，东临德卧镇，南与广西隆林县天生桥镇隔江相望，西与兴义市巴结镇、郑屯镇接壤，北靠龙广镇，人民政府驻万峰湖畔港湾村，距县人民政府所在地 65 千米。因国家重点工程天生桥一级水电站高坝栏蓄南盘江水，形成碧波浩渺、万峰叠翠的“万峰湖”，1998 年 5 月，经省政府批准，“永和镇”更名为“万峰湖镇”。据 2011 年调查，辖区东西最大距离 16.65 千米，南北最大距离 18.24 千米，总面积 146.4 平方千米，其中陆地 134.6 平方千米、水域面积 11.8 平方千米。

镇境北高南低，北部为喀斯特岩溶地貌，南部为丘陵斜坡地貌。境内最高峰铁围城位于毛凼子村，海拔 1526.3 米，最低点坝索位于江坡村，海拔 637 米。镇境内主要河道为安龙县与广西隆林县的界河南盘江，呈西东走向，从兴义市巴结镇入境，流经境内下箐村、纳赖村、马安营村、港湾村、岜皓村、坝盘村，镇境面积30.17平方千米，被天生桥一级电站大坝拦截，形成万峰湖，镇境总长20千米，径流总量517亿立方米，年均径流量1639.39立方米每秒，年排涝量50亿立方米。境内已探明矿藏有硫铁矿、高硅土等。其他自然资源有林地7066.67公顷、牧草地340公顷，有可利用养殖水面30平方千米。有野生动物40余种，其中被列为国家二类保护动物的有云猫、穿山甲等。

镇境多年平均气温19℃，1月平均气温10℃，极端最低气温−2℃（2008年1月）。7月平均气温24℃，极端最高气温36℃（2008年7月）。最低月均气温6℃（2008年1月7日），最高月均气温30℃（2009年7月16日）。生长期年平均285天，无霜期年平均275天，最长达305天，最短为250天。0℃以上持续期320天（一般为2月20日至次年1月5日）。年平均降水量1150毫米，极端年最大雨量1350毫米（2006年），极端年最少雨量205毫米（2011年）。降水集中在每年4月至9月，7月最多。主要自然灾害有干旱、洪涝、冰雹等。旱灾出现概率一般为13年1遇，严重的一次出现在2010年，持续时间280天，属百年不遇的特大旱灾，辖区10个村共366.67公顷农作物受损；冰雹年平均0.5次，最多的1年发生2次，主要集中在春末夏初的4月下旬至6月上旬，最严重的一次发生在2009年5月，境内6个村遭冰雹袭击，800公顷玉米受损。

二、政区概况

1989年，镇境大部分属龙广区所辖永和乡、纳赖乡。永和乡位于县境西南，乡人民政府驻永和，距县城60千米，辖永桑、弄袍、白岩、坡阴、坝盘、大湾、岜皓、六躲（lān）8个行政村，领45个村民小组；纳赖乡位于县境西南，乡人民政府驻纳赖下寨，距县城64千米，辖马鞍营、拉然沟、纳赖、茅草坪、下箐5个行政村，领24个村民小组。1992年1月，完成“建镇并乡撤区”工作，撤销永和乡、纳赖乡，并入花木乡的放洋湾、毛凼子两个村和德卧镇的江坡村民组，设区级永和镇，辖白岩、永桑、弄袍、坡阴、六躲（lān）、坝盘、大湾、岜皓、纳赖、下箐、茅草坪、马安营、拉然沟、放羊湾、毛凼子、江坡、平方17个村，隶安龙县。1998年5月，改永和镇为万峰湖镇。2007年，镇境村级整合，将17个村整合为永和、纳赖、下箐、龙万、毛凼子、马安营、港湾、坝盘、江坡、岜皓10个村级政区，下设92个村民小组。

1992年，全镇总人口4264户共18175人，其中非农业人口168人，男性人口9232人、女性人口8943人，汉族7574人、布依族10269人、苗族221人、彝族79人、其他民族32人，全年出生人口190人、死亡人口113人。2000年，全镇总人口4253户共19196人，其中非农业人口1117人，男性人口9614人、女性人口9582人，全年出生人口184人、死亡人口70人。至2011年年末，辖区总人口18673人，其中城镇常住人口4396人，男性9570人、女性9103人，14岁以下人口3369人、15—64岁人口13609人、65岁以上人口1695人；全镇人口以布依族为主，共11197人。另居住有汉族、彝族、壮族、苗族等其他6个民族人口，共7476人，超过1000人的民族有2个，其中汉族人口6256人、苗族1017人。全年人口出生率13.41‰，人口死亡率7.7‰，人口自然增长率7.5‰，有流动人口3981人。2012年，全镇人口共4404户18974人。

三、经济社会

2012年，全镇生产总值2.582亿元。

农业　1992年，全镇有耕地661公顷，其中水田302公顷、旱地359公顷，全年农作物播种面积1190公顷，农业总产值898.1万元。2000年，全镇有耕地659公顷，其中水田301公顷、旱地358公顷，全年农作物总播种面积1737公顷，农林牧副渔业总产值2042万元。至2011年年末，全镇有耕地面积658公顷，人均耕地346.67平方米，有可利用草地1500公顷、林地6593.33公顷，主要农产品有水稻、玉米、甘蔗等，全年农业总产值1.3亿元，比2010年增加7.6%，占国民生产总值的95.5%。2012年，全镇农业总产值8024万元。

粮食作物以稻谷、玉米为主，主要经济作物有甘蔗、核桃、花生等。1992年，全镇种植粮食876公顷，总产2933吨，其中夏粮种植332公顷、总产317吨，秋粮种植544公顷、总产2616吨；经济作物播种总面积199公顷，其中油菜种植97公顷、总产51吨，甘蔗种植51公顷、总产250吨。全年种植业总产值290.6万元。2000年，全镇种植粮食1094公顷，总产4540吨，其中夏粮种植363公顷、总产530吨，秋粮种植731公顷、总产4010吨；油料作物种植83公顷、总产92吨，其中花生种植40公顷、总产57吨，油菜种植40公顷、总产32吨；甘蔗种植120公顷，总产4500吨。全年农业总产值917万元，其中种植业产值831万元。2011年，全镇生产粮食2855吨，人均吃粮152.89千克，其中水稻820吨、玉米1363吨；甘蔗种植82公顷，总产量4000吨，产值640万元。2012年，全镇粮食总产量3348吨。

畜牧业以饲养猪、牛、羊、家禽等为主。1992年，全镇年末大牲畜存栏4725头，其中牛4360头、马351匹，猪存栏6238头、羊存栏846只；全年猪出栏3379头、牛出栏154头、羊出栏331只；全年肉类总产量305吨，其中猪肉254吨、牛肉17吨、羊肉13吨、禽肉21吨，禽蛋总产量40990吨。全年牧业产值204.5万元。2000年，全镇年末大牲畜存栏5936头，其中牛存栏5564头、马289匹、骡83匹，猪存栏10169头、羊存栏2988只、家禽存栏40982羽、家兔存栏164只；全年大牲畜出栏985头，其中牛出栏979头、马6匹，猪出栏9438头、羊出栏689只、家禽出栏30004羽、家兔出栏90只；全年肉类总产量892吨，其中猪肉747吨、牛肉79吨、羊肉11吨、马肉1吨、禽肉54吨，禽蛋总产量91吨。全年牧业产值921万元。2011年，全镇生猪饲养量15479头，年末存栏7458头，牛年末存栏2282头；全年生产肉类905.2吨，其中猪肉736吨、牛肉79吨、羊肉11吨，禽蛋产量94吨。全年畜牧业总产值1873.1万元。2012年，全镇肉类总产量747吨，禽蛋产量71.4吨。

1992年，全镇造林49公顷，其中经济林42公顷，全年出产各类水果7.3万千克、油桐籽38420千克、棕片42.4万千克、核桃9080千克、板栗2020千克、木材1693立方米，林业产值168.4万元。2000年，全镇造林283公顷，其中经济林212公顷，全年出产各类水果391吨、油桐籽185吨、油茶籽4吨、棕片150吨、竹笋片5吨、木材110立方米，林业产值130万元。至2011年年末，全镇累计造林1100公顷，其中经济林766.67公顷，森林覆盖率52.29%。2012年，全镇种植马尾松33.33公顷、速生桉树333.33公顷、金银花533.33公顷、优质核桃782.73公顷。

渔业集中在南盘江万峰湖水域，主要以网箱养殖和捕捞为主。1992年，天生桥一级电站大坝尚未建设完成，镇境渔业生产十分零星，全年各类淡水产品产量仅1500千克。天生桥一级电站大坝建成后，以网箱养殖为主的淡水渔业逐渐发展起来，至2011年，全镇网箱养鱼6390箱，产量6400吨，产值9317.1万元，占农业总产值的71.65%。2012年，全镇渔业总产量1.03万吨。

2011年，全镇农民人均纯收入3560元，2012年达到4582元。

商业贸易　至2011年年末，全镇共有商业网点120个，职工260人。全镇集市贸易年成交额2400万元，比2010年增加10%。

财政税收　2011年，全镇财政总收入86.04万元，比2010年减少17.85万元，下降17.18%，其中国税组织收入2万元、地税组织收入8404万元；2012年，全镇财政收入达到93.37万元。

教育　2011年年末，全镇有小学7所，在校生985人；专任教师87人，小学适龄儿童入学率100%，初中1所，在校生547人，专任教师47人；初中适龄人口毛入学率130.59%，小升初升学率97%，九年义务教育覆盖率100%。2012年，启动中心幼儿园建设，占地3071平方米，总建筑面积3460余平方米，总投资450余万元；扩建万峰湖中学，总投资180余万元。

医疗卫生　2011年年末，全镇有卫生院1所，病床5张，专业卫生人员7人；全镇农村安全饮用水普及率50%，农村卫生厕所普及率40%，新型农村合作医疗参保1.7万人，参保率90%。2012年，参加新型农村合作医疗1.75万人，全年累计报销350万元；扩建中心卫生院，建筑面积500平方米，总投资115万元。

广播电视 2005年2月，开通有线广播站。至2011年年末，全镇有线电视用户79户、有广播电视2130户，电视综合覆盖率91.3%。

社会保障 至2011年年末，全镇有城镇最低生活保障对象137户195人，全年支出39.84万元，比2010年增长9.24%，月人均187.64元，比2010年增长6.4%；民政部门资助参加合作医疗195人次，全年支出1.95万元；全镇农村养老保险参保率为74.04%，农村最低生活保障对象1191户3268人，月人均46.86元，全年支出183.76万元，比2010年增长12%；农村五保分散供养62人，全年支出5.58万元；农村医疗救助47人次，全年支出11.75万元。民政部门资助参加合作医疗3268人次，全年支出16.34万元，比2010年增长33%。

2012年，全镇参加农村养老保险4810人，收取参保资金47.99万元，全年发放年满60周岁2314人的养老保险金152.724万元，全年发放农村最低保障金259.4万元、城市最低生活保障金46万元、临时救助金3万元、救助大米23.15万千克，落实五保供养金8.44万元，发放医疗救助金18.89万元。

交通运输 2012年，镇境已形成公路、水路为主的交通运输网络，有通乡油路分别通往安龙县城、兴义市区和广西隆林县城，通过南盘江万峰湖水域可直航至兴义、广西隆林各码头，镇境有B级航道总长20千米，最大通航能力为500吨级船舶。据2011年统计，全镇有通村公路15条，总长90千米，全年公路客运总量5万人次、货运总量3.7万吨，水运客运量2.32万人次、货运量1.76万吨。

文化旅游 万峰湖镇是县内旅游产业大镇，镇境有万峰湖水域风光、坝盘布依古寨等山水人文景观，2012年共接待游客3万余人。

第五节 木咱镇

一、自然环境

木咱镇位于安龙县西南部，地跨北纬24°55′—25°33′，东经104°59′—105°41′之间。东与坡脚乡接壤，南与德卧镇连接，西与新桥镇毗邻，北与新安镇交界，人民政府驻木咱村，距县人民政府所在地10千米。“木咱”由布依族语音译而得，取“祈盼秋后好收成”之意。据2011年调查，辖区东西最大距离11.3千米，南北最大距离12.1千米，总面积101.5平方千米，其中陆地101平方千米、水域0.5平方千米。

镇境西高东低，北、南两山脉呈西向东南蜿蜒，形成中部平缓的木咱万亩盆地。境内最高峰双山位于木咱村柳树井组，海拔1400米，最低点位于新加村鼎罐组，海拔600米。境内河道属南盘江水系，主要河流有五格河，流域面积87平方千米，源于新安镇西边龙井，经黄泥寨流入镇境内，经响乐、坝力、牛角山汇入者要村伏流入南盘江，总长度11.2千米。径流总量1.13亿立方米，年均径流量每秒3.58立方米，年排涝量5700万立方米。镇境有林地4000公顷、草地1333.33公顷。有野生动物11种，其中被列为国家二类保护动物的有红腹锦鸡、猫头鹰、猴子、眼镜王蛇等。

境内气候多年平均气温16.4℃，无霜期年平均300天，最长达320天，最短为280天。年平均日照时数1504.7小时，年平均降水量1253毫米。主要自然灾害有干旱、洪涝、低温、冰雹等。旱灾出现概率一般为6年1遇，严重的一次出现在2010年，持续时间280天，属百年不遇的特大旱灾，辖区10个村300公顷农作物受损；冰雹年平均3次，最多年发生6次，主要集中在春夏之交的4月中旬至5月上旬，最严重的一次发生在2004年4月5日，境内14个村遭冰雹袭击，933.33公顷小麦、油菜、蔬菜受损。

二、政区概况

1989年，镇境为化力区公所驻地，分属该区木咱乡、坡贡乡。化力区位于县城西南，区公所驻木咱乡场坝，距县城12千米，划分为木咱、坡贡、新桥、停西、坡脚5个乡，下辖35个行政村、219个村民小组。木咱乡位于县城西南，乡人民政府驻木咱场坝，辖木咱居民组和哪黑、上木咱、响乐、官屯、者要、纳磨、三合、坝力、牛角山、鲁贡、新加11个行政村，领66个村民小组；坡贡乡位于县境西南，乡人民政府驻坡贡行政村之双凤村民小组，距县城18千米，辖坡贡、打锣锤、安马、东妹场、哪盖、冗桑6个行政村，领46个村民小组。1992年1月，完成“建镇并乡撤区”工作，撤销化力区和木咱乡、坡贡乡（不含东妹场、哪盖、冗桑3个行政村），设置区级木咱镇，辖上木咱、响乐、者要、三合、坝力、鲁贡、新加、哪黑、官屯、坡贡、牛角山、打锣锤、安马、纳磨14个村，隶安龙县。2007年，镇境村级整合，将14个村整合为木咱、牛角山、鲁贡、新加、坝力、者要、响乐、安马、坡贡、打锣锤，共10个村级政区，下设105个村民小组。2012年7月，安马村、响乐村、者要村及木咱村的下坝组、柳树井组划归栖凤街道，全镇辖木咱、牛角山、鲁贡、新加、坝力、坡贡、打锣锤7个行政村，下设52个村民组。

1992年，全镇总人口4037户共17461人，其中非农业人口373人，男性人口8847人、女性人口8614人，汉族8530人、布依族7001人、苗族1694人、彝族107人、壮族22人、土家族78人、黎族22人、其他民族7人，全年出生人口281人、死亡人口122人。2000年，全镇总人口4527户共19067人，其中非农业人口449人，男性人口9773人、女性人口9294人，全年出生人口308人、死亡人口128人。至2011年年末，辖区总人口21766人，其中城镇人口5568人，男性人口11283人、女性人口10483人，14岁以下人口4267人、15—64岁人口15880人中、65岁以上人口1619人，全镇人口以布依族主，共9575人，另还居住有汉族、苗族、壮族、仡佬族等其他15个民族，共12191人，超过2000人的有汉族、苗族两个民族，其中汉族7013人、苗族4580人，全年人口出生率6.76‰、人口死亡率1.16‰、人口自然增长率5.6‰，有流动人口903人。2012年，全镇总人口3056户共11622人。

三、经济社会

农业　1992年，全镇有耕地1021公顷，其中水田552公顷、旱地469公顷，全年农作物总播种面积2096公顷，农业总产值1071.4万元。2000年，全镇有耕地1018公顷，其中水田552公顷、旱地466公顷，全年农作物总播种面积2040公顷，农林牧副渔业总产值2978万元。2011年，全镇有耕地973.33公顷，人均耕地446.67平方米，有可利用草地233.33公顷、林地1333.33公顷，主要农产品有水稻、玉米、小麦、油菜等，全年农业总产值8037.4万元，比2010年增加9.4%，占国民生产总值的74%。2012年，全镇有耕地1800公顷，其中常用耕地1009公顷（其中水田532公顷）、临时耕地791公顷，全年农作物总播种面积2534公顷，农林牧副渔业总产值万元6534.6万元。名优特农产品有“满口香”优质米等。

粮食作物以稻谷、玉米为主，主要经济作物有烤烟、金银花等，油料作物主要有油菜等。1992年，全镇粮食播种1504公顷，总产5585吨，其中夏粮种植505公顷、总产660吨，秋粮种植999公顷、总产4925吨；经济作物播种总面积341公顷，其中油菜种植283公顷、总产215吨，甘蔗种植4公顷、总产14吨，烤烟种植19公顷、总产5吨。全年种植业总产值561.3万元。2000年，全镇粮食播种面积1586公顷、总产9710吨，其中夏粮种植568公顷、总产1385吨，秋粮种植1018公顷、总产8325吨；油料作物播种面积212公顷、总产126吨，其中油菜种植200公顷、总产122吨。全年农业总产值2194万元，其中种植业产值1459万元。2011年，全镇生产粮食6299吨，人均产量289.4千克，其中水稻3020吨、玉米1730吨；全年种植烤烟63公顷，总产量8.78万千克，产值143万元；油菜种植151公顷，总产243吨，产值183.61万元。2012年，全镇农业总产值4018.6万元，其中谷物及其他作物产值3106万元。全镇种植烤烟120.4公顷，收购烟叶20.53万千克，烟农收入402.01万元。

畜牧业以饲养猪、牛、羊、家禽等为主。1992年，全镇年末大牲畜存栏5176头，其中牛存栏4716头、马460匹，猪存栏9203头，养蜂188箱；全年猪出栏5372头、牛出栏347头；全年肉类总产量502吨，其中猪肉444吨、牛肉40吨、禽肉18吨，蜂蜜产量8455千克、禽蛋产量43620千克。全年牧业产值314.5万元。2000年，全镇年末大牲畜存栏5468头，其中牛存栏5171头、马存栏296匹，猪存栏11843头；全年大牲畜出栏522头，其中牛478头、马44匹，猪出栏8070头、羊出栏110只、家禽出栏20153羽、家兔出栏35只；全年肉类总产量728吨，其中猪肉646吨、牛肉48吨、羊肉3吨、马肉1吨、禽肉30吨，蜂蜜产量15吨、禽蛋产量83吨。2011年，全镇生猪饲养量22462头，年末存栏12004头，牛年末存栏3792头；全年生产肉类1077吨，其中猪肉888吨、牛肉123吨，禽蛋产量106吨。全年畜牧业总产值2293.8万元，占农业总产值的28.54%。2012年，全镇大牲畜存栏2014头、生猪存栏6411头、羊存栏488只、黄牛存栏1908头、水牛存栏106头，家禽存栏1.9万羽，犬存栏662只，全年出栏肥猪6411头、大牲畜1265头、羊158只、家禽19.64万羽，肉类产品总产量829.76吨，其中猪肉544.93吨、牛肉136.5吨、羊肉2.37吨、禽肉29.46吨。全年牧业产值1860万元。

1992年，全镇造林36公顷，其中经济林18公顷，全年出产各类水果8.44万千克、油桐籽100千克、棕片500千克、木材106立方米，林业产值19.6万元。2000年，全镇造林155公顷，其中经济林90公顷，全年出产各类水果122吨、木材154立方米，林业产值37万元。至2011年年末，全镇累计造林2333.33公顷，其中经济林1333.33公顷，森林覆盖率46.7%。2012年，全镇造林187公顷，其中经济林97公顷，全年林业产值575.1万元。

2011年，全镇农民人均纯收入3200元。

工业 20世纪90年代以来，先后引进庆瑞铁合金厂等生产企业，至2011年末，镇境有规模以上工业企业1家，职工25人，工业总产值200万元。

商业贸易 至2011年年末，全镇共有商业网点120个，从业240人；全年集市贸易成交额890万元，比2010年增加8%。

财政税收 2011年，全镇财政总收入182.2万元，比2010年减少60.7万元，下降24.99%，其中国税组织收入162万元、地税组织收入20.2万元。2012年，全镇财政收入完成94.15万元，其中国税53.76万元、地税40.39万元。

教育 至2011年年末，镇境有幼儿园1所，在园幼儿183人，专任教师6人；小学11所，在校生1702人，专任教师124人，小学适龄儿童入学率99%；初中1所，在校生1206人，专任教师61人，初中适龄人口入学率94.6%；小升初升学率98%，九年义务教育覆盖率98.8%。2012年，建成教师周转房2栋。

医疗卫生 2011年年末有卫生院1所，病床15张，专业卫生人员16人；全镇农村安全饮用水普及率90%，农村卫生厕所普及率80%，新型农村合作医疗参保人数1.96万人，参保率98%。2012年，城乡医疗救助155户共155人，发放城乡医疗救助金37.98万元；有敬老院1所，有床位6个，院民3人。

广播电视 2005年2月，开通有线广播站。至2011年年末，全镇有线电视用户520户，有广播电视3674户，覆盖率97.54%。

社会保障 至2011年年末，全镇有城镇最低生活保障27户共31人，全年支出7.8万元，比2010年增长0.8%，月人均210元，比2010年增长0.8%；城镇医疗救助2人次，全年支出5500元。全镇农村养老保险参保率为71.82%，农村最低生活保障对象1436户2266人，月人均65.3元，全年支出177.56万元，比

2010年增长0.73%；农村五保集中供养3人，全年支出1.2万元；农村五保分散供养78人，全年支出9.8万元。2012年，全镇养老保险参保3392人，收缴保费36万元，到龄人员资格认证及待遇领取养老金1286人。

交通运输　镇境有汕昆高速公路、南昆铁路及县道构成的交通运输网络，其中汕昆高速在镇境者跃村设有匝道1个，距南昆铁路安龙站11千米。据2011年统计，全镇有通村公路8条，总长45千米，全年客运总量2.8万人次、货运总量3.5万吨。

第六节　兴隆镇

一、自然环境

兴隆镇地处县境东南部，地跨北纬24°57′—25°06′，东经105°28′—105°38′之间。东与册亨县冗渡镇、威旁乡接壤，南与册亨县巧马镇毗邻，西靠新安镇、坡脚乡，北抵平乐乡，人民政府驻当朝村，距县人民政府所在地15千米。据《兴义府志》记载，镇境坡叠山上建有古刹“兴隆寺”，附近人们将该山称为“兴隆山”，兴隆镇由此而得名。据2011年调查，辖区东西最大距离17.9千米，南北最大距离20千米，总面积191平方千米。

镇境地形为西高东低的丘陵地貌。境内最高峰位于国家森林公园仙鹤坪，海拔1756.7米，最低点位于钢厂村打桠组，海拔825米。镇境内河道属珠江流域南盘江水系。主要河流有安比河，流域面积180平方千米，流经境内安比村、青龙村、阳方村，总长度5.47千米。径流总量4400万立方米，年排涝量2500万立方米。境内非金属矿产有贵州木纹石，储量90万吨。其他自然资源有林地8666.67公顷、牧草地3333.33公顷，有野生动物50余种，其中被列为国家二类保护动物有红腹锦鸡、猫头鹰、黔金丝猴等10余种。

镇境多年平均气温15.2℃，1月平均气温5.7℃，极端最低气温−6℃（2012年1月）。7月平均气温24℃，极端最高气温31℃（2009年7月）。最低月均气温3℃（2011年1月），最高月均气温25℃（2009年7月）。生长期年平均276天，无霜期年平均362天。年平均日照时数1064小时。0℃以上持续期357天（一般为12月25日至次年12月17日）。年平均降水量1350毫米。极端年最大雨量3106毫米（1985年），极端年最少雨量587毫米（2009年）。主要自然灾害有干旱、洪涝、低温、冰雹等。旱灾出现概率一般为5年1遇，严重的一次出现在2010年，持续时间260天，属百年不遇的特大旱灾，辖区15个村共1133.33公顷农作物受损；冰雹年平均0.2次，最多的1972年发生4次，主要集中在春夏之交的4月下旬至5月上旬，最严重的一次发生在1986年4月29日，境内12个村遭冰雹袭击，493.33公顷小麦受损。

二、政区概况

1989年，镇境为兴隆区公所驻地，分属木城乡、石盘乡、冗华乡。兴隆区位于县境东部，区公所驻木城乡的狗厂场坝，距县城15千米，划分为木城、平乐、龙蛇、石盘、冗华5个乡，辖34个行政村，224个村民小组和1个乡直辖居民组。木城乡位于县境东部，乡人民政府驻木城行政村的堡堡村民小组，距县城14千米，辖木城居民组和狗厂、纳马、木城、阿兴、巧凹、青龙、安比、红星8个行政村，领83个村民小组；石盘乡位于县境东南，乡人民政府驻排冗行政村的石板寨村民小组，距县城23千米，辖纳闹、排冗、石灰、冗讲、钢厂5个行政村，领34个村民小组；冗华乡位于县境东南，乡人民政府驻和平行政村的下塘子村民小组，距县城18千米，辖和平、当朝、冗华、水冲、久长、下扎6个行政村，领31个村民小组。1992年1月，完成“建镇并乡撤区”工作，撤销兴隆区和木城乡、石盘乡、冗华乡，设置区级兴隆镇，辖狗厂、纳马、木城、阿兴、阳方、巧凹、青龙、安比、新庄、纳闹、钢厂、冗讲、石灰、排冗、大坪、冗华、和平、当朝、下扎、久长、水冲、红星22个村，隶安龙县。2007年，镇境村级整合，将22个村整合为当朝、红星、冗讲、冗华、水冲、下扎、阿兴、阳方、排冗、安比、青龙、石灰、久长、大坪、钢厂15个村级政区，下设131个村民小组。

1992年，全镇总人口6203户共26048人，其中非农业人口592人，男性人口13027人、女性人口13021人，汉族16860人、布依族6562人、苗族2022人、彝族373人、回族14人、壮族20人、仡佬族197人，全年出生人口385人、死亡人口148人。2000年，全镇总人口6694户共28847人，其中非农业人口517人，男性人口14742人、女性人口14105人，全年出生人口373人、死亡人口154人。至2011年年末，辖区总人口33737人，其中城镇常住人口7896人，男性人口17458人、女性人口16279人，14岁以下人口12564人、15—64岁人口14795人、65岁以上人口6378人，全镇人口以汉族为主，达23634人，另居住有布依族、苗族等10个少数民族，共10103人，超过1000人的少数民族有2个，其中布依族6576人、苗族3076人，人口出生率9.34‰、人口死亡率4.4‰、人口自然增长率4.42‰，有流动人口1310人。2012年，全镇总人口38775人，其中常住人口3.1万余人，流动人口1300余人。

三、经济社会

农业 1992年，全镇有耕地1619公顷，其中水田770公顷、旱地849公顷，全年农作物总播种面积3185公顷，农业总产值1664.5万元。2000年，全镇有耕地1618公顷，其中水田770公顷、旱地848公顷，全年农作物总播种面积2827公顷，农林牧副渔业总产值3533万元。至2011年，全镇有耕地面积1620公顷，人均耕地480平方米，有可利用林地1.2万公顷，主要农产品有水稻、玉米、小麦、油菜等，全年农业生产总产值9350万元，比2010年增加8.86%，占国民生产总值的38.3%。2012年，全镇有耕地资源3406公顷，其中常用耕地1618公顷（其中水田771公顷）、临时耕地1788公顷，全年农作物总播种面积公顷2991公顷，农林牧副渔业总产值10064.8万元。

粮食作物以水稻、玉米为主，主要经济作物有烤烟、茶叶、中草药等。1992年，全镇粮食播种面积为2385公顷、总产7056吨，其中夏粮种植737公顷、总产888吨，秋粮种植1648公顷、总产6168吨；经济作物播种总面积350公顷，其中油菜种植248公顷、总产148吨，烤烟种植30公顷、总产10吨。全年种植业总产值654.6万元。2000年，全镇粮食播种面积2316公顷，总产13537吨，其中夏粮种植456公顷、总产782吨，秋粮种植1860公顷、总产12755吨，油料作物播种154公顷、总产215吨，其中油菜种植154公顷、总产215吨。2011年，全镇生产粮食6553吨，人均194.24千克，其中水稻3313吨、玉米2300吨；全年种植烤烟440.93公顷，总产量63.4万千克，产值1069.39万元。2012年，全镇粮食播种面积1805公顷，总产8624吨，其中夏粮种植362公顷、总产1023吨，秋粮种植1443公顷、总产7601吨；油菜种植305公顷、总产518吨，烤烟种植441公顷、总产86万千克。全年农业生产总值6005.9万元，其中谷物及其他作物产值4651.4万元、油料作物产值649.4万元、烤烟产值1505.4万元。

畜牧业以饲养猪、牛、羊、家禽等为主。1992年，全镇年末大牲畜存栏11387头，其中牛存栏10373头、马存栏1014匹，猪存栏18631头、养蜂547箱；全年肉猪出栏9697头、牛出栏417头；全年肉类总产量913吨，其中猪肉824吨、牛肉44吨、禽肉45吨，蜂蜜产量10.73吨、禽蛋产量64.3吨。全年牧业产值667.4万元。2000年，全镇年末大牲畜存栏12638头，其中牛存栏11800头、马存栏838匹，猪存栏17783头、羊存栏2568只、家禽存栏73651羽、家兔存栏120只；全年大牲畜出栏611头，其中牛出栏540头、马出栏71匹，猪出栏15871头、羊出栏1853只、家禽出栏45891羽；全年肉类总产量1566吨，其中猪肉1371吨、牛肉50吨、羊肉37吨、马肉2吨、禽肉106吨，禽蛋产量120吨。全年牧业产值1551万元。2011年，全镇生猪饲养量35398头，年末存栏16389头，牛年末存栏5665头、羊年末存栏817只；全年生产肉类1829吨，其中猪肉1609吨、牛肉205吨、羊肉15吨。畜牧业总产值4017.1万元，占农业总产值的48.5%。2012年，全镇年末牛存栏6819头、马存栏368匹、猪存栏16990头、羊存栏990只、家禽存栏64343羽，全年牛出栏855头、马出栏58匹、猪出栏19856头、羊出栏520只、家禽出栏75941羽；全年肉类总产量1761吨，其中猪肉1540吨、牛肉122吨、羊肉10吨、马肉4吨、禽肉79吨、其他肉类6吨，蜂蜜产量3吨、禽蛋产量243吨。全年牧业产值3411.4万元。

1992年，全镇造林51公顷，其中经济林36公顷，全年出产各类水果52316千克、油桐籽10056千克、棕片30110千克、核桃3680千克、板栗3100千克、木材1257立方米，林业产值78.3万元。2000年，全镇造林286公顷，其中经济林178公顷，全年出产各类水果200吨、油桐籽10吨、油茶籽2吨、棕片41吨、木材150立方米，林业产值68万元。至2011年年末，全镇累计造林2133.33公顷，其中经济林800公顷，森林覆盖率55%。2012年，全镇林业产值554.2万元。

2011年，全镇农民人均纯收入4600元。

商业贸易　至2011年年末，全镇共有商业网点64个，职工316人；全年集市贸易成交额年1074万元，比2010年增加6.3%。

财政税收　2011年，财政总收入94.87万元，比2010年增加45.32%，其中国税部门组织收入18.34万元、地税部门组织收入76.53万元。2012年，全镇财政收入43万元（不含上级转移支付），其中地方财政收入34.5万元。

教育　至2011年年末，全镇有幼儿园1所，在园幼儿数为360人；小学12所，在校生2832人，专任教师162人；初中1所，在校生1150人，专任教师69人。2012年，全镇有幼儿园1所（在建），小学13所，在校生2765人，专任教师165人，小学适龄儿童入学率99%；初中1所，在校生945人，专任教师70人，初中适龄人口入学率95%，小升初升学率99%，九年义务教育覆盖率100%。

医疗卫生　至2011年年末，全镇有卫生院1所，病床15张，专业卫生人员12人；村级卫生室16所，专业卫生技术人员16人。2012年，全镇有镇卫生院1所、村卫生室17所，病床25张，每千人拥有医疗床位6.45张，专业卫生人员30人；全镇农村安全饮用水普及率100%，农村卫生厕所普及率12.4%，新型农村合作医疗参保人数3.11万人，参保率98%。

广播电视　2007年2月，开通广播电视，县到乡镇15杆千米，乡镇到村2杆千米。至2012年年末，全镇有广播喇叭3只，通响率100%，有线电视用户112户，卫星地面接收广播电视用户7361户，覆盖率92.5%。

社会保障　至2012年年末，全镇城镇最低生活保障户43户共73人，全年支出8100元，比2011年增长3.65%，月人均9.25元，比2011年增长3.27%；全年城市医疗救助127人次，民政部门资助参加合作医疗2287人次，共支出73240元；农村最低生活保障户2283户共4733人，全年支出86.17万元，比2011年增长5.23%，月人均15.18元，农村五保集中供养14人、全年支出2.52万元，农村五保分散供养25人、全年支出4.5万元，农村医疗救助1人次，民政部门资助参加合作医疗39人次，共支出3.96万元，比2011年增长3.41%，农村临时救济755人次共支出46280元，比2011年增长4.76%。全年发放社会福利费376.25万元，比2011年增长4.26%。

交通运输　以公路为主，有省道313线过境，连接册亨县和安龙县，另有县道连接平乐乡。据2011年统计，全镇有通村公路15条，总长129.8千米，全年客运总量2.8万人次、货运总量4.3万吨。

第七节　龙山镇

一、自然环境

龙山镇位于安龙县东北面，地跨北纬25°15′—25°23′，东经105°23′—105°36′之间，地处安龙、贞丰、兴仁3县结合部，东与笃山乡为邻，南与普坪镇接壤，西与戈塘镇、兴仁县屯脚镇毗连，北与贞丰县挽澜乡、龙场镇交界。人民政府驻新场坝居委会，距县人民政府所在地42千米。镇境地处龙头大山山麓，遂名“龙山”。据2011年调查，辖区东西长21.5千米，南北宽13千米，国土面积143.3平方千米，其中陆地140平方千米、水域1.3平方千米。

镇境西高东低，北高南低，中部为龙头大山与大坡间的槽地坝子。境内最高峰公龙山海拔1996.37米，最低位于纳黑村河坝，海拔736米。境内属北盘江水系。主要河流有北乡河，由兴仁县屯脚镇马路河村入境，呈南北走向，河长22千米，流域面积113平方千米，流经境内半坡、坡利、柿花坪、新场坝、纳赖、老场坝、北乡、竹林、下坛村伏流，汇入北盘江。已探明矿藏有煤、铁、锰、硅石、石英石等。其中金属矿藏有锰、铁；非金属矿有煤、硅石、石英石等。煤炭储量达5.85亿吨；锰矿储量832.27万吨。其他自然资源有林地5000公顷、牧草地2133.33公顷。有国家二类保护动物穿山甲等野生动物。

镇境气候温暖湿润，无霜期长达290天以上。多年平均气温16℃，1月平均气温5℃。7月平均气温21℃，历年极端最高气温34℃（1982年9月1日），极端最低气温－8.9℃（1983年12月29日）。最低月均气温4℃，最高月均气温30℃。平均气温年较差25℃，最大日较差22℃。生长期年平均160天，无霜期年平均290天，最长达315天，最短为260天。年平均日照时数1160.5小时。年平均降水量1280毫米，极端年最大雨量3050毫米（1984年），极端年最少雨量950毫米（2010年）。自然灾害有旱灾、洪涝、连绵阴雨、冰雹等。旱灾平均10年一遇，严重的一次出现在2010年，持续时间280天，属百年不遇的特大旱灾；大暴雨为10年一遇，严重的一次出现在2008年，日降水量超过160毫米；冰雹年平均1遇，最多1994年发生3次，主要集中在4月下旬至9月上旬，最严重的一次发生在1994年9月6日，辖区9个村遭冰雹袭击，533.33公顷水稻、玉米等农作物受损。

二、政区概况

1989年，镇境为龙山区公所驻地，分属北乡乡、纳院乡、巧岭乡、花障乡。龙山区位于县境东北部，区公所驻北乡场坝，距县城39千米，划分为北乡、纳院、巧岭、梨树、花障、笃山6个乡，辖49个行政村，274个村民小组和1个居民小组。北乡乡位于县境北部，乡人民政府驻北乡场坝，距县城39千米，辖北乡乡居民小组和场坝、顶平、立度、纳坡、四门洞、肖家桥、拉岜、竹林、坡基、利娥10个行政村，领48个村民小组；纳院乡位于县境北部，乡人民政府驻纳院，距县城44千米，辖上纳赖、坡江、纳院、柿花坪、坡利、岩脚6个行政村，领31个村民小组；巧岭乡位于县境北部，乡人民政府驻巧岭，距县城47千米，辖石灰窑、扯陇、半坡、纳舵、坪寨、巧岭、讲埂、纳林、云上、丫薅、科然11个行政村，领64个村民小组；花障乡位于县境北部，乡人民政府驻花障，距县城45千米，辖下坛、岜秧、长田、大山、宜拉、纳黑、河坡7个行政村，领33个村民小组。1992年，完成“建镇并乡撤区”工作，撤销龙山区和北乡乡、纳院乡、花障乡、巧岭乡（不含讲埂村），设置区级龙山镇，辖场坝、顶坪、立度、纳坡、拉岜、竹林、坡基、利娥、新寨、坡江、纳院、坡利、岩脚、扯拢、半坡、平寨、巧岭、纳林、云上、丫薅、科然、长田、岜秧、大山、宜拉、纳黑、河坝、四门洞、柿花坪、石灰窑30个村，镇政府驻北乡，隶安龙县。2007年，镇境村级整合，将30个村整合为下坛、竹林、肖家桥、北乡、宜拉、纳黑、纳赖、柿花坪、坡利、半坡、巧岭、云上、丫科13个村和老场坝、新场坝两个居民委员会，共15个村级政区，下设162个村民小组。

1992年，全镇总人口6603户共25578人，其中非农业人口528人，男性人口12989人、女性人口12589人，汉族4385人、布依族18269人、苗族2882人、彝族29人、回族13人，全年出生人口354人、死亡187人。2000年，全镇总人口6875户共28666人，其中非农业人口572人，男性人口14983人、女性人口13683人，全年出生人口532人、死亡人口158人。至2012年年末，全镇总人口增长到36242

人，其中常住人口31864人，男性人口17750人、女性18492人，14岁以下人口8126人、15—64岁人口24181人、65岁以上人口3935人，全镇少数民族人口30298人，全年人口出生率10.5‰、人口死亡率6‰、人口自然增长率5‰，有流动人口4378人。

三、经济社会

农业　1992年，全镇有耕地1810公顷，其中水田1352公顷、旱地458公顷，全年农作物总播种面积3349公顷，农业生产总值1291.5万元。2000年，全镇有耕地1810公顷，其中水田1341公顷、旱地469公顷，全年农作物总播种面积4448公顷，农林牧副渔业总产值2547万元。至2011年，全镇有耕地面积1913.33公顷，人均耕地620平方米，有可利用草地2133.33公顷、林地5000公顷，全年农业总产值8036.6万元，比2010年增加16.67%，占国民生产总值的24.3%。2012年，全镇农业生产总值8846.6万元。

粮食作物以水稻、玉米为主，主要经济作物有早熟蔬菜、茶叶等。1992年，全镇粮食作物播种面积2550公顷，总产5040吨，其中夏粮种植551公顷、总产592吨，秋粮种植1829公顷、总产4485吨；经济作物总播种面积248公顷，其中油菜种植157公顷、总产49吨，烤烟种植18公顷、总产24吨，蔬菜种植164公顷。全年种植业总产值538.7万元。2000年，全镇粮食作物播种面积3666公顷，总产9862吨，其中夏粮种植1225公顷、总产1970吨，秋粮种植2441公顷、总产7892吨；油料作物种植133公顷、总产72吨，蔬菜种植120公顷、总产3500吨。全年农业总产值1434万元，其中种植业产值1266万元。2011年，粮食总产量6120吨，人均产量197.37千克，其中水稻3128吨，玉米2476吨，蔬菜种植466.67公顷、总产7000吨，产值1680万元；种植茶叶400公顷，总产量180吨，产值720万元。2012年，粮食总产量14081吨，农业总产值5152.2万元，其中谷物和其他作物产值4544.3万元、蔬菜和园艺作物种植产值6478.9万元、水果产值98.9万元。

畜牧业以饲养猪、牛、羊、家禽等为主。1992年，全镇年末大牲畜存栏7711头，其中牛存栏6856头、马存栏855头，猪存栏7766头，养蜂54箱；全年猪出栏6037头、年出栏181头，肉类总产量581吨，其中猪肉513吨、牛肉25吨、禽肉43吨，蜂蜜产量540千克、禽蛋产量109.48吨。全年牧业产值406.7万元。2000年，全镇年末大牲畜存栏9888头，其中牛存栏9056头、马存栏832匹，猪存栏13429头、羊存栏30只、家禽存栏40655羽；全年大牲畜出栏755头，其中牛出栏632头、马出栏123匹，生猪出栏9245头、山羊出栏10只；肉类总产量961吨，其中猪肉886吨、牛肉10吨、马肉11吨、禽肉54吨，禽蛋产量165吨，牧业产值589万元。2011年，全镇生猪饲养量30472头，年末存栏15132头，牛年末存栏5862头，畜牧业总产值3416.3万元，占农业总产值的42.51%。2012年，全镇生猪饲养32140头，猪年末存栏16340头、牛存栏5842头、羊存栏1020只、鸡存栏62110羽；生产肉类产品1747吨，其中猪肉1474吨、牛肉148吨、羊肉10吨、马肉13吨、禽肉77吨，禽蛋产量300吨。畜牧业总产值2750.2万元。

1992年，全镇造林400公顷，其中经济林280公顷，出产各类水果135246千克、油桐籽35835千克、油茶籽2328千克、棕片570千克、核桃30千克、板栗4750千克、木材130立方米，林业产值48.4万元。2000年，全镇造林105公顷，其中用材林100公顷、经济林5公顷，出产各类水果132吨、油桐籽43吨、油茶籽17吨、五倍子78吨、棕片23吨、木材123立方米，林业产值107万元。至2011年年末，全镇累计造林3753.33公顷，其中经济林800公顷，森林覆盖率38.9%。2012年，全镇林业产值821.4万元。

2011年，全镇农民人均纯收入3920元。

工业　境内有煤炭开采、页岩建材加工等工业企业。据2011年统计，全镇有规模以上企业5家，年销售收入均在1000万元以上，职工5200人，全镇全年工业总产值15.26亿元，实现工业增加值2.92亿元，比2010年增加32.13%；有煤炭企业5家，全年生产燃煤179.5万吨。

商业贸易　至2011年年末，全镇共有商业网点54个，职工176人；全镇集市场贸易成交额980万元，比2010年增加4.7%。

财政税收 2011年，全镇财政总收入1.47亿元，比2010年增加3594.5万元，增长32.41%。其中国税组织收入1.25亿元、地税组织收入2197.67万元。2012年，全镇财政总收入完成18195.45万元，其中地方财政收入2654.41万元、国税收入15542.04万元。

教育 至2011年年末，全镇有小学8所，在校生2775人，专任教师190人，小学适龄儿童入学率100%；初中1所，在校生1195人，专任教师53人，初中适龄人口入学率75.3%，小升初升学率99.5%，九年义务教育覆盖率100%。

医疗卫生 至2011年年末，全镇有卫生院1所，病床10张，专业卫生人员6人；有村级卫生室13个，卫生从业人员13人。农村合作医疗参保人数26385人，参保率95%。

广播电视 至2011年年末，全镇有“村村通”广播电视2488座，已开通农村紧急调频广播，安装调频广播175对、音柱46对；全镇开通有线电视用户189户、卫星地面接收广播电视用户5714户，电视综合覆盖率95.72%。

社会保障 至2011年年末，全镇有城镇最低生活保障对象37户42人，全年发放保障金12.6万元，比2010年增长13%，月人均250元，比2010年增长10%，全年农村养老保险参保率为69.19%，农村最低生活保障对象1864户5511人；农村五保集中供养11人，全年支出1.32万元，农村五保分散供养86人，全年支出7.74万元；农村医疗救助90人次，支出26.5万元。

2012年，全镇符合城市低保对象39户42人，年发放保障金11.69万元；符合农村低保对象2538户5691人，年发放保障金309.04万元；农村五保对象202户202人，年发放五保供养金25.56万元。大病医疗救助40户获救助资金10.25万元；对3561户5863人特困家庭进行临时救助6万元、棉被60床、棉衣120套。

交通运输 2012年，镇境已形成“两横两纵”的陆路交通运输网络，216县道为主要运输线；有邮政网点1个，乡村通邮率100%。据2011年统计，全年客运量13.68万人次，货运总量47万吨；全年投递国内函件1931万件，国内汇票业务完成3680万笔，征订报纸385份、杂志98册，业务收入120.75万元。

第八节 洒雨镇

一、自然环境

洒雨镇位于安龙县西北面，地跨北纬25°15′49″—25°9′11″、东经105°10′46″—105°10′48″之间，东与普坪镇相连、北与戈塘镇交界、南与新桥镇毗邻、西与龙广镇、海子乡接壤，人民政府驻洒雨镇场坝村，距县人民政府所在地32千米。因镇境常年降水不断，“天降祥瑞、普洒大地”，遂名“洒雨”。据2011年调查，辖区东西最大距离20.44千米，南北最大距离12千米，总面积114.7平方千米。其中陆地114.1平方千米、水域0.6平方千米。

镇境地处山区，山多地少，东西地势较高，中部平坦，地貌以山间盆地和丘陵为主，海拔1197米至1839米之间。属典型的喀斯特地形，地势由西向东倾斜，境内最高峰为海星村狗头山，海拔1684米，最低点位于免底村下花，海拔1197米。境内河道属北盘江水系，主要有竜堡河、海星河等，两河均呈西东走向，流域面积110平方千米，分别从竜堡村、海星村发源，流经镇境竜堡村、海星村、场坝村、竜金村、纳汪村，总长度10千米，径流总量7900万立方米，年排涝2.13亿立方米。镇境内已探明有金、硫铁、铁、锑、煤等矿产资源。其中煤储量10亿吨，地质储量17亿吨，可采储量9亿吨；黄金储量1.2万吨，地质储量10万吨，可采储量5万吨。其他自然资源有林地5200公顷、牧草地266.67公顷，野生植物48种。

镇境多年平均气温15.1℃，最低平均气温（2月）1.1℃，最高平均气温（7月）23.2℃，年平均日照1605小时，多年平均无霜期275天，多年平均降水量1229.1毫米，降水集中在每年5月至9月，降水量占全年降水量的70%。主要自然灾害有干旱、洪涝、低温、冰雹等。旱灾出现概率一般为13年1遇，最严重的一次出现在2010年，持续时间280天，属百年不遇的特大旱灾，辖区13个村共820公顷农作物受损、绝收。境内有人工影响天气科花防雹点1处。

二、政区概况

1989年，镇境为洒雨区公所驻地，大部地区分属洒雨乡、九头乡、戛拉乡。洒雨区位于县境西北，区公所驻洒雨乡场坝，距县城32千米，划分为洒雨、九头、木科、戛拉、大坝、竹林、古里7个乡，下辖1个居民组、43个行政村、312个村民小组。洒雨乡位于县境西北，乡人民政府驻洒雨街上，距县城32千米，辖洒雨居民组和场坝、民族、落卡、海星、竜堡、堵瓦、板烟、天桥、免底9个行政村，领64个村民小组；九头乡位于县境西北，乡人民政府驻九头，距县城28千米，辖九头、竜金、小纳汪、龙洞、海子坝5个行政村，领51个村民小组；戛拉乡位于县境西北，乡人民政府驻戛拉，距县城42千米，辖上龙、下龙、格红、打火、卡作、陇松5个行政村，领32个村民小组。1992年1月，完成“建镇并乡撤区”工作，撤销洒雨区建置，同时撤销洒雨乡、九头乡（不含海子坝村和龙洞村）、戛拉乡（不含卡作村），并入木科乡的磨舍村、竹林乡的安沙村，设置区级洒雨镇，辖九头、竜金、纳汪、天桥、免底、堵瓦、板烟、民族、落卡、海星、场坝、聋堡、下陇、上陇、格红、峰岩、陇松、安沙、磨社19个村，隶安龙县。2007年，镇境村级整合，将19个村整合为民族、竜堡、陇松、下陇、天桥、堵瓦、场坝、海星、峰岩、免底、格红、纳汪、竜金13个村级政区，下设113个村民小组。

1992年，全镇总人口5808户共23840人，其中非农业人口334人，男性人口11960人、女性人口11880人，汉族13678人、布依族4444人、苗族4284人、彝族612人、回族795人、壮族11人、黎族16人，全年出生人口330人、死亡人口167人。2000年，全镇总人口5508户共26225人，其中非农业人口467人，男性人口13380人、女性人口12845人，全年出生人口697人、死亡人口160人。至2011年年末，辖区总人口29914人，其中城镇常住人口7721人，男性人口15721人、女性人口14193人，14岁以下人口6315人、15—64岁人口21145人、65岁以上人口2454人，全镇人口以汉族为主，共14789人；另居住有布依族、苗族、回族、彝族等12个少数民族，共15125人。超过1000人的少数民族有苗族、布依族、彝族，其中苗族6387人、布依族5903人、彝族1281人。全年人口出生率13.46‰、人口死亡率6.87‰、人口自然增长率6.59‰，有流动人口4262人。2012年，全镇总人口28187人。

三、经济社会

至2012年，全镇国民生产总值9630万元。

农业　1992年，全镇有耕地1283公顷，其中水田500公顷、旱地783公顷，全年农作物总播种面积2410公顷，农业总产值1096万元。2000年，全镇有耕地1279公顷，其中水田496公顷、旱地783公顷，全年农作物总播种面积3605公顷，农林牧副渔业总产值3322万元。至2011年，全镇有耕地面积1280公顷，人均耕地426.67平方米，可利用草地面积266.67公顷、林地5200公顷，主要农产品有水稻、玉米、小麦、茶叶、烤烟等，全年农业生产总值7696.9万元，比上年增加3.4%，占国民生产总值的43.2%。2012年，全镇农林牧副渔业总产值10234.2万元。

粮食作物以水稻、玉米为主，主要经济作物有薏仁米、茶叶、烤烟、马铃薯、金银花等。1992年，全镇粮食播种1714公顷，总产5148吨，其中夏粮种植537公顷、总产825吨，秋粮种植1177公顷、总产4323吨；经济作物总播种面积366公顷，其中油菜种植281公顷、总产139吨、烤烟种植33公顷、总产58吨。全年种植业总产值500.1万元。2000年，全镇粮食播种2367公顷，总产11801吨，其中夏粮种植821公顷、总产1625吨，秋粮种植1546公顷、总产9954吨；油料作物种植239公顷，总产110吨，其中油菜种植233公顷、总产105吨，烤烟种植13公顷、总产20吨，芭蕉芋种植653公顷、总产7235吨。全年农业总产值2212万元，其中种植业产值1591万元。2011年，粮食总产量达9767吨，人均产量326.5千克，其中水稻2914吨、玉米3339吨、薏仁米932吨；全年烤烟种植148公顷，总产量140.55吨，产值236.87万元；茶叶产量168吨，产值672.6万元；种植马铃薯22公顷，产值132万元；金银花种植80公顷，产值230万元。2012年，全镇粮食总产量12371吨，其中夏粮种植781公顷、总产1989吨，秋粮种植2320公顷、总产10382吨，薏仁米种植635公顷、总产2600吨；种植烤烟204公顷，收购烤烟398吨，实现产值700万元。

畜牧业以饲养猪、牛、羊及家禽为主。1992年，全镇年末大牲畜存栏8746头，其中牛存栏8047头、马存栏699匹，猪存栏10355头、羊存栏120只；全年生猪出栏5594头、牛出栏306头、羊出栏25只，肉类总产量563吨，其中猪肉497吨、牛肉36吨、羊肉5吨、禽肉25吨，禽蛋产量53.1吨。全年牧业产值312万元。2000年，全镇大牲畜存栏11690头，其中牛存栏10500头、马存栏1190匹，猪存栏21097头、羊存栏1087只、家禽存栏80668羽；全年大牲畜出栏1176头，其中牛出栏1076头、马出栏100匹，猪出栏10508头、羊出栏55只、家禽出栏34696羽；全年肉类总产量1051吨，其中猪肉900吨、牛肉72吨、羊肉8吨、马肉1吨、禽肉26吨、其他肉类44吨，蜂蜜产量2吨、禽蛋产量98吨。全年牧业产值1051万元。2011年，生猪饲养量29130头，年末存栏12890头，牛存栏7927头、羊存栏690只。畜牧业总产值3467.1元，占农业总产值的45.05%。2012年，培育优质肉牛养殖合作社13家，覆盖农户165户。全年畜牧业总产值2875.5万元。

1992年，全镇造林371公顷，其中经济林115公顷出产各类水果111.45吨、油桐籽35010千克、棕片8391千克、核桃7564千克、板栗3073千克、木材1115立方米，全年林业产值151.3。2000年，全镇造林46公顷，其中经济林15公顷，出产各类水果143吨、油桐籽37吨、油茶籽25吨、棕片6吨、核桃4吨、板栗1吨、花椒5吨、木材260立方米，林业产值42万元。至2011年年末，全镇累计造林3753.33公顷，其中经济林800公顷，森林覆盖率68%；水果种植面积84公顷，主要品种有板栗、猕猴桃、梨等。全年林业产值126.9万元。2012年，全年林业产值达到541.6万元。

2011年，全镇农民人均纯收入2361元，比2010年增加749元。

商业贸易　至2011年年末，全镇共有商业网点76个，有职工228人；城乡集市贸易成交额2000万元，比2010年增加17%。

财政税收　2011年，全镇地方财政总收入161.5万元，比2010年减少292.19万元。2012年，全镇财政收入1708.1万元，其中国税完成1430万元、地税完成278.1万元。

教育　至2011年年末，全镇有小学12所，在校生2748人，专任教师122人，小学适龄儿童入学率99.88%。初中1所，在校生1380人，专任教师67人，初中适龄人口入学率115.8%，小升初升学率100%，九年义务教育覆盖率100%。

医疗卫生　至2011年年末，全镇有卫生院1所，病床15张，每千人拥有床位0.51张，专业卫生人员8人。有村级卫生室14个，专业卫生人员14人；农村安全饮用水普及率13%，农村卫生厕所普及率15%，新型农村合作医疗参保人数2.84万人，参保率95%。

广播电视　1995年8月，开通有线广播站，到乡镇660杆33千米。至2011年年末，全镇有线电视用户320户、卫生地面接收广播电视用户4969户，电视综合覆盖率为93.27%。

社会保障　至2011年年末，全镇城镇最低生活保障对象45户225人，全年支出34.3万元，比

2010年增长10.8%，月人均170.6元，比2010年增长1.9%；全镇农村养老保险参保率为77.70%，农村最低生活保障对象797户1805人，全年支出118.91万元，比2010年增长21.4%，月人均54.9元；农村五保集中供养对象10人，全年支出4.8万元。农村五保分散供养对象126人，全年支出11.34万元。2012年，重新核定最低生活保障707户共1722人，发放保障资金158.73万元、五保供养资金11.7万元。

交通运输　镇境交通运输以公路为主。据2011年统计，全镇道路总长26千米，通村公路15条、总长113千米。镇区有公交运营车辆4辆，设有停靠站1个，全年客运总量7.3万人次、货运总量34万吨。有邮政网点1个，乡村通邮率100%；全年投递国内函件300余万件、国内汇票业务100余万笔，征订报纸3900份、杂志8000册，业务收入456万元。

能源　2012年，镇境有煤炭企业1家，设计年产煤6万吨。

第九节　戈塘镇

一、自然环境

戈塘镇地处安龙县北面，地跨北纬25°15′00″—25°20′30″、东经105°15′00″—105°22′30″，东邻龙山镇，西接海子乡，南靠洒雨镇，北与兴仁县屯脚镇接壤。人民政府驻鲁沟塘村，距安龙县城29千米。因镇境有一水塘，形似锅状，名曰“锅塘”，后以谐音书为“戈塘”。据2011年调查，辖区东西最大距离17.4千米，南北最大距离15.6千米，总面积136.7平方千米。其中陆地135.7平方千米、水域1平方千米。

境内地形大部分为丘陵，地势起伏较大，西高东低，南部相对平缓。最高峰位于大坝村二龙口，海拔1669米。最低点位于鲁沟塘苏家河黄泥堡，海拔1105米。境内属北盘江水系。苏家河由北而南，流经境内秧地村、鲁沟塘村汇入普坪镇筏子河，流域面积30平方千米，河道长18千米；鲁沟河由西向南，流经岔河村、龙新村、香车河村、鲁沟塘村汇入筏子河，流域面积134平方千米，河道长26.7千米；科发河由西向南汇入筏子河，流经境内科发村、牙皂村、大坝村、鲁沟塘村、纳利村，流域面积49.4平方千米，河道长14千米。境内已探明矿藏有煤、铁、金、锑、硫矿、石灰矿等。其中金属矿藏有铁、锑、金等3种；非金属矿产有石灰矿、煤矿等3种。煤储量达4.3亿吨，黄金地质储量20余金属吨。其他自然资源有林地5900公顷、草地456.67公顷。

镇境年平均气温15.6℃，最低月平均气温6.7℃，最热月平均气温22.4℃，历年极端最高气温33.9℃（1982年9月1日），极端最低气温−5.1℃（1983年12月29日）。年平均降水量1225.8毫米。年平均无霜期286天，年平均日照时数1565.6小时，极端年最大雨量1623.7毫米（1997年），极端年最少降雨量717.14毫米（2010年）。降雨集中在5月至9月，6月最多。主要自然灾害有冰雹、大风、干旱、凝冻等。旱灾平均9年1遇，最严重一次发生在2010年，持续时间270天，属百年不遇的特大旱灾，辖区11个村913.33公顷农作物受损。

二、政区概况

1989年，镇境大部属戈塘乡、鲁沟乡，隶普坪区，西南部大坪、牙皂、岔河3个村为洒雨区大坝乡地。戈塘乡位于县境西北部，乡人民政府驻戈塘，距县城38千米，辖戈塘乡居民组和戈塘、平羊、平桥、龙新、联新、免补6个行政村，领52个村民小组；鲁沟乡位于县境西北，乡人民政府驻鲁沟场坝，距县城29千米，辖鲁沟乡居民组和鲁沟塘、纳利、大水井、鲁沟、秧地、柘磨、洞广、科发8个行政村，领71个村民小组。1992年1月，完成“建镇并乡撤区”工作，撤销戈塘乡、鲁沟乡，并入大坝乡的牙皂村、大坪村、岔河村，设置区级戈塘镇，辖戈塘、免补、龙新、平洋、鲁沟、科发、纳利、巧洞、柘磨、大水井、鲁沟塘、牙皂、大坝、岔河、平桥、秧地、联新17个村，隶安龙县。2007年，镇境村级整合，将原17个村整合为鲁沟塘、纳利、秧地、香车河、龙新、科发、戈塘、免补、大坝、牙皂、岔河11个村级行政区，下设139个村民小组。

1992年，全镇总人口5135户共21961人，其中非农业人口294人，男性人口11119人、女性人口10842人，汉族7197人、布依族6867人、苗族7452人、彝族302人、回族99人、壮族1人、侗族4人、满族4人、仡佬族31人、黎族4人，全年出生人口170人、死亡人口73人。2000年，全镇总人口5643户共24184人，其中非农业人口317人，男性人口12761人、女性人口11423人，全年出生人口535人、死亡人口196人。至2011年年末，辖区总人口28786人，其中城镇常住人口2880人，男性人口14934人、女性人口13852人，14岁以下人口5947人、15—64岁人口20435人、65岁以上人口2404人。全镇人口以苗族为主，达10901人，还居住有汉族、布依族、彝族等9个民族，超过1000人的有布依族、汉族、彝族等，其中布依族9001人、汉族7016人；全年人口出生率12.68‰，人口死亡率5.37‰，人口自然增长率7.3‰，有流动人口4051人。2012年，全镇新增人口233人。

三、经济社会

农业　1992年，全镇有耕地1299公顷，其中水田591公顷、旱地708公顷，全年农作物总播种面积2476公顷，农业产值1050.3万元。2000年，全镇有耕地1342公顷，其中水田590、旱地752公顷，全年农作物总播种面积3080公顷，农林牧副渔业总产值2843万元。至2011年，全镇有耕地1373.33公顷，人均耕地473.34平方米，可利用林地5900公顷，主要农产品有水稻、玉米、薏仁米、小麦、烤烟、油菜等，全年农业总产值8067.8万元，比2010年增加12%，占国民生产总值的50%。2012年，全镇有耕地资源3704公顷，其中常用耕地1374公顷（其中水田600公顷）、临时耕地2330公顷，全年农作物总播种面积3950公顷，农林牧副渔业总产值9413.8万元。

粮食作物以水稻、玉米为主，主要经济作物有烤烟、薯类、豆类、薏仁米等。1992年，全镇粮食作物播种面积1801公顷，总产4298吨，其中夏粮种植551公顷、总产592吨，秋粮种植1250公顷、总产3706吨；经济作物总播种面积350公顷，其中油菜种植267公顷、总产160吨，烤烟种植17公顷、总产13吨。全年种植业生产总值436.2万元。2000年，全镇粮食作物播种面积2100公顷，总产9488吨，其中夏粮种植613公顷、总产980吨，秋粮种植1487公顷、总产8508吨；油料作物种植133公顷，总产72吨，其中油菜种植133公顷、总产72吨，烤烟种植13公顷、总产18吨，全年农业总产值1553万元，其中种植业产值1481万元。2011年，生产粮食8817吨，人均306.29千克，其中水稻2475吨、玉米2476吨、薏仁米1260吨；全年烤烟种植169公顷，总产量309吨，产值281.10万元；种植薯类500公顷，总产量1092吨（折粮），产值51.66万元；种植油菜288公顷，总产383吨，产值152万元。2012年，全镇粮食播种面积2865公顷、总产11721吨，其中夏粮种植637公顷、总产1920吨，秋粮种植2228公顷、总产9801吨，薏仁米种植400公顷、总产1200吨，薯类种植113公顷、总产110吨；油料作物种植284公顷，总产375吨，其中油菜种植284公顷、总产375吨；烤烟种植279公顷，总产544吨；全年农林牧副渔业总产值5418.6万元，其中谷物和其他作物产值4668.7万元、蔬菜园艺作物产值681万元、水果产值22.6万元。

畜牧业以饲养猪、牛、羊、家禽等为主。1992年，全镇年末大牲畜存栏7271头，其中牛存栏6200头、马存栏1071匹，猪存栏5985头、羊存栏56只；全年生猪出栏5160头、牛出栏130头、羊出栏28只，全年肉类总产量508吨，其中猪肉443吨、牛肉25吨、羊肉1吨、禽肉39吨，蜂蜜产量100千克、禽蛋产量85312千克。全年牧业产值336.5万元。2000年，全镇年末大牲畜存栏8389头，其中牛存栏6538头、马存栏1851匹，生猪存栏10213头、羊存栏530只、家禽存栏49676羽、家兔存栏60只；全年大牲畜出栏810头，其中牛出栏657头、马出栏153匹，猪出栏11275头、羊出栏240只、家禽出栏54000羽、家兔出栏40只；全年肉类总产量1071吨，其中猪肉902吨、牛肉62吨、羊肉5吨、马肉12吨、禽肉90吨，蜂蜜产量4吨、禽蛋产量170吨。全年牧业总产值1213万元。2011年，全镇生猪饲养量33000头，年末存栏15650头，牛年末存栏6624头、羊年末存栏1278只；全年生产肉类1464吨，其中猪肉1262吨、牛肉122吨、羊肉15吨，禽蛋产量221吨。畜牧业总产值3772.3万元，占农业总产值的46.76%。2012年，牛存栏6620头、马存栏1124匹、猪存栏16433头、羊存栏1328只、家禽存栏47328羽；全年牛出栏940头、马出栏340匹、猪出栏17871头、羊出栏802只、家禽出栏72769羽；肉类总产量1542吨，其中猪肉1336吨、牛肉122吨、羊肉15吨、马肉11吨、禽肉53吨、其他肉类5吨，蜂蜜产量3吨、禽蛋产量231吨。全年牧业总产值3133.6万元。

1992年，全镇造林144公顷，其中经济林86公顷，出产各类水果168.32吨、生漆230千克、油桐籽49050千克、棕片830千克、核桃1520千克、板栗2600千克、木材300立方米，全年林业产值42.2万元。2000年，全镇造林114公顷，其中经济林13公顷，出产各类水果447吨、油桐籽20吨、核桃8吨、板栗15吨、花椒2吨、木材100立方米，全年林业产值46万元。至2011年年末，全镇累计造林1866.67公顷，其中经济林533.33公顷，森林覆盖率30.55%。2012年，出产油桐籽109吨、油茶籽3吨、乌桕籽11吨、板栗25吨、花椒5吨，全年林业产值698.3万元。

至2011年，全镇农民人均纯收入3157元。2012年，全镇农民人均纯收入4680元。

工业 工业以煤矿、金矿开采和水泥生产为主。据2011年统计，全镇工业总产值16.26亿元，规模以上企业有广隆、黑金、安泰、东平、吉祥5家煤矿，有金龙、二龙、豹子洞3家金矿开采企业和1家年产8万吨的水泥生产企业，职工7200人，销售收入1000万元以上的企业有9家，其中金龙黄金有限公司（戈塘金矿）年产黄金8000两。

商业贸易 至2011年年末，全镇共有商业网点73个，职工216人；镇集市场贸易成交额1012万元，比2010年增加5%。

财政税收 至2011年，全镇财政总收入2300万元，比2010年增长20.4%，其中国税部门组织收入2002万元、地税部门组织收入298万元。2012年，全镇财政收入1708.1万元，其中国税完成1430万元、地税完成278.1万元。

教育 至2011年年末，全镇有幼儿园1所，在园幼儿110人，专任教师4人；小学14所，在校学生3771人，专任教师160人，小学适龄儿童入学率100%；初中1所，在校学生1460人，专任教师73人。初中适龄人口入学率98%，小升初升学率100%，九年义务教育覆盖率均达100%。

医疗卫生 至2011年年末，全镇有卫生院1所，病床9张，专业卫生人员6人。2011年农村安全饮用水普及率95%，农村卫生厕所普及率70%，新型农村合作医疗参保人数24750人，参保率95%。

社会保障 至2011年年末，全镇有城镇最低生活保障对象32户45人，全年支出7.96万元，月人均147.49元；全镇农村养老保险参保率为78.07%，农村最低生活保障对象1768户3361人，全年支出267.8万元，月人均66.4元；农村五保分散供养70人，全年支出6.3万元；农村临时救济200人次，全年支出3.2万元，比2010年增长15%。2012年，参加社会养老保险6500人，征缴社会养老保险金54.85万元。

交通运输 境内有省道313线穿境而过。据2011年统计，全镇全年客运总量4万人次、货运总量30万吨；有邮政网点1个，乡村通邮率100%，全年投递国内函件2万件、国内汇票业务完成1万笔，征订报纸1万份、杂志1万册，业务收入4万元。

第十节　新桥镇

一、自然环境

新桥镇地处安龙县西面，地跨北纬24° 55′—25° 33′，东经104° 59′—105° 41′之间。东靠栖凤街道，南与木咱镇、德卧镇连接，西与龙广镇毗邻，北与洒雨镇、普坪镇接壤，人民政府驻新盛居委会，距安龙县人民政府所在地22千米。1945年，支援中国抗战的美国军队过境，安龙县政府在镇境都威河上游修建公路桥梁1座，当地居民为区别河上的原有木板桥，将此公路桥取名为“新桥”，“新桥”由此而得名。据2011年调查，辖区东西最大距离18千米，南北最大距离20千米，总面积113.4平方千米，其中陆地113.1平方千米、水域0.3平方千米。

镇境东高西低，中部平缓，为亚热带喀斯特岩溶山区。境内最高峰垭竜位于木科村，海拔1530米，最低点位于新桥村纳拢田，海拔1285米。境内河道属珠江流域南盘江水系。主要河流新桥河由龙广镇柘仑村入境，呈西南走向，流域面积162.8平方千米，流经境内新桥村、荷花村汇入白水河，总长度33.1千米。多年平均流量6.39立方米每秒，年均径流总量3.39亿立方米，年排涝量5.4亿立方米。境内已探明矿藏有石灰石、煤、铁、磷、金等。其他自然资源有林地333.33公顷、牧草地66.67公顷。

镇境多年平均气温15.6℃，1月平均气温5.2℃，极端最低气温 −2℃（1986年1月）。7月平均气温24℃，极端最高气温31℃（2009年7月）。最低月均气温4.3℃（1992年2月），最高月均气温29℃（2009年7月）。生长期年平均158天，无霜期年平均290天，最长达312天。0℃以上持续期328天。年平均降水量1243毫米，年平均降水日数为94天，最多达126天（1969年），最少为82天（1989年）。极端年最大雨量1636.8毫米（1969年），极端年最少雨量710毫米（1989年）。降水集中在每年5月至9月，7月最多。主要自然灾害有干旱、洪涝、低温、冰雹等。旱灾出现概率一般为5年1遇，严重的一次出现在2010年，持续时间280天，属百年不遇的特大旱灾，辖区9个村（居）1266.67公顷农作物受损；冰雹年平均3次，最多的1998年发生4次，主要集中在4月下旬至9月上旬，最严重的一次发生在2001年8月，境内遭冰雹袭击，1333.33公顷水稻、玉米受损。

二、政区概况

1989年，镇境大部属新桥乡、木科乡，东部海子坝村为九头乡地、东妹场村和哪盖村为坡贡乡地。新桥乡位于县境西部，乡人民政府驻新桥茶场，距县城24千米，辖巧烂、洒垤、坡革、新桥、万年、荷花、阿科7个行政村，领35个村民小组，隶化力区；木科乡位于县境西部，乡人民政府驻木科，距县城40千米，辖木科、阿八、峰洞、磨舍、高普陇5个行政村，领42个村民小组，隶洒雨区。1992年1月，完成“建镇并乡撤区”工作，撤销新桥乡、木科乡（不含磨舍村），并入坡贡乡的东妹场村、哪盖村和九头乡的海子坝村，设置区级新桥乡，辖新桥、坡革、洞上、龙洞、巧烂、阿科、荷花、洒垤、哪盖、峰洞、高普陇、东妹场、阿八、富新、海子坝、木科16个村，隶安龙县；2000年3月，改新桥乡为新桥镇。2007年，镇境村级整合，将16个村整合为荷花、新桥、高普陇、海子坝、木科、巧烂、阿科、富新8个村及新盛居委会，共9个村级政区，下设102个村民小组。

1992年，全乡总人口4407户共18867人，其中非农业人口607人，汉族11056人、布依族4064人、苗族1783人、彝族1312人、回族29人、壮族32人、满族131人、哈尼族2人、黎族458人，全年出生人口281人、死亡人口122人。2000年，全镇总人口5137户共21040人，其中非农业人口784人，男性人口10593人、女性人口10447人，全年出生人口265人、死亡人口124人。至2011年年末，辖区总人口23726人，其中城镇常住人口21726人，男性人口12277人、女性人口11449人，14岁以下人口4563

人、15—64岁人口17407人、65岁以上人口1756人。全镇人口以汉族为主，共14572人，另居住有苗族、布依族、彝族、黎族、回族等8个少数民族，共9154人，超过1000人的少数民族有布依族、苗族、彝族等，其中布依族5473人、苗族2228人、彝族1453人；全年人口出生率12.94‰、人口死亡率5.45‰、人口自然增长率7.49‰，另有流动人口3224人。2012年，全镇总人口6415户共25351人，企业暂住人口3200余人、集镇人口2530人。

三、经济社会

至2012年，全镇生产总值12.5亿元，在建的投资亿元以上企业8家。全镇全年农业产值4614万元，财政总收入1552.47万元，农民人均纯收入达到5139元。

农业 1992年，全乡有耕地994公顷，其中水田395公顷、旱地599公顷，全年农作物总播种面积2146公顷，农业总产值1170.9万元。2000年，全镇有耕地992公顷，其中水田395公顷、旱地597公顷，农作物播种总面积2758公顷，全年农林牧副渔业总产值3152万元。2011年，全镇有耕地1000公顷，人均耕地426.67平方米，有可利用草地80公顷、林地4533.33公顷，主要农产品有水稻、玉米、小麦、茶叶、烤烟等，全年农业总产值6929.9万元，比2010年增加6.7%，占国民生产总值的39.42%。2012年，全镇有耕地资源2729公顷，其中常用耕地1015公顷（其中水田415公顷）、临时耕地1714公顷，全年农作物总播种面积3060公顷，农林牧副渔业总产值8944.2万元。

粮食作物以稻谷、玉米为主，主要经济作物有烤烟、薏仁米等。1992年，全乡粮食播种面积1470公顷，总产5096吨，其中夏粮种植501公顷、总产630吨，秋粮种植969公顷、总产4466吨；经济作物播种面积381公顷，其中油菜种植203公顷、总产116吨，烤烟种植102公顷、总产72吨，全年种植业生产总值525.1万元。2000年，全镇粮食播种面积1739公顷，总产8155吨，其中夏粮种植632公顷、总产1700吨，秋粮种植1107公顷、总产6455吨；油料作物种植133公顷，总产130吨，其中油菜种植133公顷、总产130吨。全年农业生产总值1728万元，其中种植业生产总值1559万元。2011年，生产粮食5765吨，人均242.98千克，其中水稻2002吨、玉米2188吨；种植烤烟162公顷，产量21.63万千克，产值363.90万元；种植薏仁米20公顷，总产量105吨，产值35.7万元。全年农业产值2807.6万元，其中谷物及其他作物产值1727.8万元、水果产值97.8万元。2012年，全镇粮食播种面积1986公顷，总产8797吨，其中夏粮种植470公顷、总产1300吨，秋粮种植1516公顷、总产7497吨，薏仁米种植300公顷、总产900吨；油料作物种植162公顷、总产155吨，其中油菜种植160公顷、总产150吨，烤烟种植300公顷、总产460吨。全年农业总产值4579万元，其中谷物及其他作物产值3965万元、蔬菜园艺作物产值468.7万元、水果产值49.3万元。

畜牧业以饲养猪、牛、羊、家禽等为主。1992年，全乡年末大牲畜存栏7871头，其中牛存栏7003头、马存栏868匹，猪存栏10749头、养蜂205箱；全年生猪出栏4588头、牛出栏250头，肉类总产量444吨，其中猪肉390吨、牛肉25吨、禽肉29吨，蜂蜜产量1537千克、禽蛋产量72753千克。2000年，全镇大牲畜存栏10018头，其中牛存栏9228头、马存栏790匹，猪存栏15261头、羊存栏217只、家禽存栏71620羽、家兔存栏348只；全年大牲畜出栏1420头，其中牛出栏1215头、马出栏205匹，猪出栏12300头、羊出栏110只、家禽出栏70284羽、家兔出栏270只；肉类总产量1323吨，其中猪肉1082吨、牛肉116吨、羊肉2吨、马肉18吨、禽肉105吨，蜂蜜产量40吨、禽蛋产量120吨。全年牧业产值1262万元。2011年，生猪饲养量33422头，年末存栏15078头，牛年末存栏5986头；全年生产肉类1774吨，其中猪肉1529吨、牛肉156吨、羊肉17吨，禽蛋产量282吨。畜牧业总产值3857.3万元，占农业总产值的55.67%。

1992年，全乡造林66公顷，其中经济林41公顷，出产茶叶3580千克、各类水果81000千克、油桐籽18680千克、油茶籽900千克、棕片2150千克、核桃1780千克、板栗2240千克、木材450立方米，全年林业产值33.9万元。2000年，全镇造林252公顷，其中经济林215公顷，出产茶叶4吨、各类水果671吨、油桐籽50吨、油茶籽8吨、棕片5吨、核桃6吨、板栗35吨、花椒5吨、木材40立方米，全年林业产值1262万元。至2011年末，全镇累计造林866.67公顷，其中经济林533.33公顷，森林覆盖率43.7%。2012年，全镇造林235公顷，年末有茶园5公顷、果园64公顷，全年出产茶叶8吨、各类水果807吨、油桐籽382吨、油茶籽15吨、生漆2吨、五倍子195吨、棕片200吨、松脂3吨、竹笋片3吨、核桃60吨、板栗20吨、花椒5吨，林业产值983.2万元。

2011年，全镇农民人均纯收入3380元。2012年，全镇农民人均纯收入5139元。

工业 安龙经济开发区核心地区位于镇境，有省级工业园区1个，主要有化工、石材、建材等工业企业。至2011年，镇境规模以上工业企业6家，年销售收入均在1000万元以上，拥有职工2000人，实现工业增加值2000万元，比2010年增加20%。

商业贸易 至2011年年末，全镇共有商业网点47个，有职工101人；全年集市贸易成交额695万元，比2010年增加5.7%。2012年末，全镇共有商业网点50个，职工134人，全镇全年集市场贸易成交额915万元。

财政税收 2011年，全镇财政总收入1022.7万元，比2010年增长9.52%，其中国税组织收入696万元、地税组织收入326.7万元。

教育 至2011年年末，全镇有小学12所，在校生1623人，专任教师134人，小学适龄儿童入学率100%，初中1所，在校生931人，专任教师62人。2012年，全镇有小学12所，在校生1616人，专任教师136人，小学适龄儿童入学率100%，初中1所，在校生1012人，专任教师60人，初中适龄人口入学率98.58%，小升初升学率100%，九年义务教育覆盖率100%。

医疗卫生 至2011年年末，全镇有卫生院1所，病床20张，专业卫生人员9人；全镇农村安全饮用水普及率20%，农村卫生厕所普及率30%，新型农村合作医疗参保人数2.09万人，参保率95%。2012年，全镇有卫生院1所，病床25张，专业卫生人员11人；新型农村合作医疗参保人数21845人，参保率96.1%。

广播电视 1999年5月，开通有线广播站，县到乡22杆千米，乡到村3杆千米。至2011年年末，全镇有线电视用户500户、卫星地面接收广播电视用户3874户，电视综合覆盖率91.7%。2012年1月，开通调频广播电台，至年底，有广播喇叭280只，有线电视用户2500户、卫星地面接收广播电视用户4520户，电视综合覆盖率99.12%。

社会保障 至2011年年末，全镇城镇最低生活保障对象31户40人，全年支出10.03万元，比2010年增长3%，月人均215元，比2010年增长12%；全镇农村养老保险参保率为77.43%，农村最低生活保障对象319户739人，月人均64元，全年支出56.76万元，比2010年增长32.8%；农村五保集中供养10人，全年支出3万元；农村五保分散供养47人，全年支出4.2万元。2012年，全镇参加新型农村合作医疗2.08万人，参合率95.4%，累计报销115.56万元，惠及1.99万人次；发放惠农补贴补助资金117.60万元。

交通运输 交通运输以公路为主，其中国道324线过境22千米，汕昆高速公路过境3千米，镇政府距汕昆高速新桥匝道仅2千米，另有县道经新桥通往洒雨等乡镇。至2011年，全镇有通村公路17条，总长77.72千米，全年客运总量1.7万人次、货运总量70万吨。2012年，全镇有通村公路26条，总长103.45千米，全年客运总量2.6万人次、货运总量90万吨。

第十一节　普坪镇

一、自然环境

普坪镇位于安龙县北面，地跨北纬25°14′—25°27′、东经105°21′30″—105°30′之间，东邻笃山乡、南靠新安镇、西接洒雨镇、北抵戈塘镇，人民政府驻新街村，距县人民政府所在地16千米。据2011年调查，辖区东西最大距离16千米，南北最大距离18千米，总面积139.2平方千米，其中陆地137.8平方千米、水域1.4平方千米。

镇境地形由西向东倾斜，地貌为岩溶丘陵盆坝槽谷，土壤多为硅铝质黄壤土。最高峰看牛坡位于讲埂村上寨组，海拔1572.9米，最低点位于总科村常岩组海尾，海拔1075.1米。镇境内河道属北盘江水系。主要河流有筏子河，由鲁沟河与马路河汇集而成，呈西东走向，河流境内长25千米，流经胡巷、总科汇入笃山乡大梨树大坡脚海尾伏流，径流总量3360万立方米。石冲河源于钱相乡大鸭溪，流经石冲、弄力、总科入笃山乡梨树八达河，流域面积53.8平方千米，河长15千米，年均径流量3400万立方米。

镇境多年平均气温15.9℃，最冷月平均气温6.3℃，最热月平均气温21.9℃，历年极端最高气温33.9℃（1982年9月1日），无霜期年平均288天，年平均日照时数1635小时，年均降水量1277毫米，降水集中在每年4月至7月，5月最多。主要自然灾害有干旱、洪涝、低温、冰雹等。旱灾出现概率一般为13年1遇，严重的一次出现在2010年，持续时间280天，属百年不遇的特大旱灾，辖区7个村946.67公顷农作物受损；冰雹年平均2次，最多年发生4次，主要集中在春夏之交的3月下旬至4月上旬，最严重的一次发生在1968年3月，辖区内4个村遭冰雹袭击，800公顷小麦、油菜受损。

二、政区概况

1989年，镇境为普坪区驻地，大部地区属普坪区普坪乡，东北部讲埂村和西面的龙洞村分属龙山区巧岭乡和洒雨区九头乡。普坪区位于县境北部，区公所驻普坪场坝，距县城19千米，划分为普坪、钱相、阿赖、鲁沟、戈塘5个乡，下辖39个行政村，领323个村民小组、4个居民组；普坪乡位于县境北部，乡人民政府驻普坪场坝，距县城19千米，辖普坪乡居民组和新街、四楞、海厂、石冲、总科、鸭子井、大纳汪、罗庄、胡巷10个行政村，领94个村民小组。1992年1月，完成“建镇并乡撤区”工作，撤销普坪区建置，同时撤销普坪乡，并入九头乡的龙洞村、巧岭乡的讲埂村，设置区乡普坪镇，辖新街、四楞、海厂、胡巷、乐庄、总科、石冲、鸭子井、廷必、纳汪、龙洞、讲埂12个村，隶安龙县。2007年，镇境村级整合，将12个村整合为新街、胡巷、乐庄、廷必、纳汪、总科、讲埂共7个村级政区，领111个村民小组。

1992年，全镇总人口4258户共18019人，其中非农业人口545人，男性人口9037人、女性人口8982人，汉族10296人、布依族5132人、苗族1728人、彝族203人、回族547人、侗族4人、仡佬族48人、黎族61人，全年出生人口46人、死亡人口158人。2000年，全镇总人口4408户共19906人，其中非农业人口548人，男性人口10173人、女性人口9733人，全年出生人口328人、死亡人口110人。至2011年年末，辖区总人口22236人，其中城镇常住人口4239人，男性人口11409人、女性人口10827人，14岁以下人口4348人、15—64岁人口16142人、65岁以上1746人。全镇人口以汉族为主，共12656人，镇境另居住有布依族、苗族、回族、仡佬族等7个少数民族，共9580人，超过1000人的少数民族有3个，其中布依族4587人、苗族2149人、回族1283人；全镇全年人口出生率13.1‰、人口死亡率8.9‰、人口自然增长率7.8‰，另有流动人口3265人。2012年，全镇总人口22311人。

三、经济社会

2012年，全镇国民生产总值6800万元，其中第一产业增加值2500万元，第三产业增加值2250万元。

农业　1992年，全镇有耕地1104公顷，其中水田491公顷、旱地613公顷，全年农作物总播种面积2007公顷，农业总产值989.6万元。2000年，全镇有耕地1104公顷，其中水田491公顷、旱地613公顷，全年农作物总播种面积3166公顷，农林牧副渔业总产值3031万元。2011年，全镇有耕地1146.67公顷，人均耕地513.34平方米，有可利用草地313.33公顷、林地2286.67公顷，主要农产品有水稻、玉米、小麦、油菜、烤烟等，全年农林牧副渔业总产值6811.1万元，因旱灾比2010年减少30%，占国民生产总值的37%。2012年，全镇有耕地资源2905公顷，其中常用耕地1140公顷（其中水田451公顷）、临时耕地1765公顷，全年农作物总播种面积2839公顷，农林牧副渔业总产值8556.6万元。

粮食作物以水稻、玉米为主，主要经济作物有烤烟、茶叶等。1992年，全镇粮食作物播种面积1331公顷，总产4656吨，其中夏粮种植414公顷、总产463吨，秋粮种植917公顷、总产4193吨；经济作物总播种面积373公顷，其中油菜种植230公顷、总产155吨，烤烟种植104公顷、总产1125吨。全年种植业生产总值507.3万元。2000年，全镇粮食作物播种面积2046公顷，总产9446吨，其中夏粮种植745公顷、总产1308吨，秋粮种植1301公顷、总产8138吨；油料作物种植421公顷，总产468吨，其中油菜种植406公顷、总产457吨；烤烟种植48公顷、总产70吨。全年农业总产值1588万元，其中种植业生产总值1471万元。2011年，全镇生产粮食5131吨，人均产量230.75千克，其中水稻1775吨、玉米2296吨；烤烟种植186公顷，总产量21.14万千克；油料作物油菜种植254公顷，总产量361吨，产值44.2万元。2012年，全镇粮食作物播种面积1592公顷，总产8149吨，其中夏粮种植312公顷、总产1203吨，秋粮种植1280公顷、总产6846吨；油料作物种植260公顷、总产372吨，其中油菜种植258公顷、总产370吨；烤烟种植299公顷，总产640吨，全年农业总产值4823.3万元，其中谷物及其他作物产值3851.3万元、蔬菜园艺作物产值511.5万元、水果产值458万元。

畜牧业以饲养猪、牛、羊、家禽等为主。1992年，全镇年末大牲畜存栏5651头，其中牛存栏5364头、马存栏287匹，猪存栏7747头、蜜蜂养殖148箱、羊存栏351只，全年生猪出栏4839头、牛出栏155头、羊出栏678只，肉类总产量440吨，其中猪肉387吨、牛肉19吨、羊肉1吨、禽肉33吨，蜂蜜产量789千克、禽蛋产量22158千克。全年牧业产值276.2万元。2000年，全镇年末大牲畜存栏7100头，其中牛存栏6760头、马存栏340匹，猪存栏15520头、羊存栏2040只、家禽存栏47300羽、家兔存栏300只；全年大牲畜出栏950头，其中牛出栏930头、马出栏20匹，生猪出栏11970头、羊出栏710只、家禽出栏6.2万羽；肉类总产量1219吨，其中猪肉960吨、牛肉110吨、羊肉11吨、马肉8吨、禽肉110吨、其他肉20吨，蜂蜜产量1吨、禽蛋产量265吨，全年牧业总产值1336万元。2011年，全镇生猪饲养量33245头，年末存栏17024头，牛年末存栏4642头，羊年末存栏8586只；全年生产肉类1473吨，其中猪肉1206吨、牛肉204吨、羊肉13吨，禽蛋产量22吨；全年畜牧业总产值3418.1万元，占农业总产值的50.18%。2012年，全镇年末牛存栏4620头、马存栏368匹、猪存栏16990头、羊存栏958只、家禽存栏69048羽、家兔存栏30只，全年牛出栏863头、马出栏102匹、猪出栏16708头、羊出栏340只、家禽出栏41939羽、家兔出栏18只，肉类总产量1539吨，其中猪肉1268吨、牛肉204吨、羊肉13吨、马肉5吨、禽肉43吨、其他肉6吨，蜂蜜产量2吨、禽蛋产量146吨，全年牧业产值2872.7万元。

1992年，全镇造林140公顷，其中经济林63公顷，出产茶叶5940千克、各类水果234.0吨、油桐籽14.7吨、油茶籽500千克、棕片1049千克、核桃590千克、板栗380千克、木材939立方米，全年林业产值76.4万元。2000年，全镇造林135公顷，其中经济林78公顷，出产茶叶4吨、各类水果205吨、油桐籽175吨、油茶籽22吨、棕片3吨、核桃13吨、板栗2吨、花椒1吨，全年林业产值84万元。至2011年末，全镇累计造林200公顷，其中经济林96公顷，森林覆盖率30.5％；全年出产各类水果2256吨，主要品种有桔、桃、李、梨、核桃等。全年林业产值132.8万元。2012年，全镇实施核桃产业化项目706.67公顷。

2011年，全镇农民人均纯收入3581元。2012年，全镇农民人均纯收入4500元。

商业贸易　至2011年年末，全镇共有商业网点121个，有职工121人；镇集市贸易年成交额1161.6万元，比2010年增加4%。

财政税收　2011年，全镇财政总收入104.2万元，比2010年减少123.9万元，其中国税组织收入30万元、地税组织收入74.2万元、烤烟税收入71.94万元、非税收入15.58万元。2012年，全镇财政收入327.85万元，其中国税收入完成31.82万元、地税收入完成97.77万元、烤烟税收完成198.25万元。

教育　至2011年年末，全镇有小学9所，在校生1945人，专任教师115人，小学适龄儿童入学率98%。初中1所，在校生1712人，专任教师86人，初中适龄人口入学率97.8%，小升初升学率97%，九年义务教育覆盖率100%。普通高中1所，在校生565人，专任教师24人。

医疗卫生　至2011年年末，全镇有卫生院1所，病床20张，专业卫生人员14人；农村卫生室7所，新型农村合作医疗参保人数1.94万人，参保率95.2%。

广播电视　1994年7月，开通有线广播电视，县城到镇16杆千米，镇到村5杆千米。至2011年年末，有线电视用户112户、“村村通”电视用户4325户，电视综合覆盖率91.56%。

社会保障　至2011年年末，全镇有城镇最低生活保障对象66户共76人，全年支出18.24万元，比2010年增长1%，月人均200元，比2010年增长1%；全镇农村养老保险参保率为76.94%，农村最低生活保障对象967户共2029人，全年支出121.74万元，比2010年增长12%，月人均保50元；农村五保集中供养11人，全年支出3.26万元。农村五保分散供养27人，全年支出2.59万元。2012年，全镇有城市低保户61户共77人，发放城市低保金15万元；有农村低保户934户共2125人，发放农村低保金200余万元。

交通运输　交通运输以公路为主，省道313线过境12千米。据2011年统计，全镇有通村公路7条，总长100千米，有中型客运车辆25辆，全年客运总量1.8万人次、货运总量3.5万吨。

第十二节　笃山乡

一、自然环境

位于安龙县东北面，地处北纬23º 30′ —24º 34′ 、东经102º 10′ —103º 10′ 之间。东与贞丰县挽澜乡、册亨县坡妹镇接壤，南与钱相乡、平乐乡毗邻，西接普坪镇，北与龙山镇相连。人民政府驻坡井村，距县人民政府所在地29千米。相传，曾有一马姓人家在乡境一山上种植竹林，乡人遂将此山称为“笃山”，乡名由此而来。据2011年调查，辖区东西最大距离16.7千米，南北最大距离9.8千米，总面积108.8平方千米。

乡境是喀斯特地形地貌呈现最集中、最典型的地区之一，属深石山区。境内最高峰位于拉坡村炭山组，海拔1400米；最低点位于坡老村暗河组，海拔890米。已探明金属矿藏有锰矿，非金属矿有贵州木纹石。其中非金属矿黑木纹大理石，经中国建筑材料工业地质勘查中心贵州总队入乡实地勘查，勘明笃山饰面石材石矿石储量为120.91万立方米，并经国家建筑材料工业石材质量监督检验测试中心检验，确认为环保无辐射木纹大理石，不受使用范围和行业限制。其他自然资源有林地2000公顷，野生动物穿山甲、果子狸、眼镜蛇、红腹锦鸡等被列为国家二类保护动物。境内旅游资源有峰林、暗河溶洞群、天坑、天门、天书、悬竹山、海尾峡谷等，其中暗河溶洞群初步探明洞长17.6千米，有大小洞厅38个，居亚洲第一、世界第二。

乡境年平均气温16.5℃，1月份平均气温6.9℃，七月份平均气温23.5℃，年均降水量1380毫米，年均日照时为1358.7小时，年辐射总量为297千焦每平方厘米，无霜期345天。主要自然灾害有旱灾、洪涝、凝冻、冰雹等。旱灾出现概率一般为5年1遇，严重的一次出现在2010年，持续时间280天，属百年不遇的特大旱灾，辖区10个村506.67公顷农作物受损、3133.33公顷灌木干枯；冰雹年平均2次，最多的一年发生4次，主要集中在5月下旬至7月上旬，最严重的一次发生在2011年7月28日，辖区2个村遭冰雹袭击，180公顷水稻农作物受损。

二、政区概况

1989年，乡境分属梨树乡、笃山乡管理，隶龙山区。梨树乡位于县境东北部，乡人民政府驻梨树，距县城23千米，辖梨树、万家店、大坡、拉坡、坛坪5个村，领45个村民小组；笃山乡位于县境东北部，乡人民政府驻笃山，距县城30千米，辖花障坪、龙井、兴隆、暗河、坡老、王院、歪纳、小堡营、绒骂、坡井10个行政村，领53个村民小组。1992年1月，完成"建镇并乡撤区"工作，撤销梨树乡、笃山乡，设置区级梨树乡，辖梨树、坛坪、大坡、洪泥、坡井、歪纳、王院、坡老、暗河、兴隆、龙井、冗骂、花障坪、小堡云、万家店16个村，隶安龙县；1997年，乡人民政府由梨树村迁至坡井村。2000年5月，梨树乡更名为笃山乡。2007年，乡境村级整合，将16个村整合为拉坡、梨树、大坡、红泥、万家店、坡井、龙井、王院、歪纳、坡老10个村级政区，下设98个村民小组。

1992年，全乡总人口3297户共12790人，其中非农业人口141人，男性人口6487人、女性人口6303人，汉族8676人、布依族4085人、苗族27人、仡佬族2人，全年出生人口171人、死亡人口78人。2000年，全镇总人口3565户共13828人，其中非农业人口193人，男性人口7142人、女性人口6686人，全年出生人口226人、死亡人口62人。至2011年年末，全乡总人口16419人，其中城镇常住人口3599人，男性人口8711人、女性人口7708人，14岁以下人口3777人、15—64岁人口11065人、65岁以上人口1577人，全乡人口以汉族为主，共11570人，乡境另居住有布依族、苗族、回族等少数民族人口，共4849人，超过1000人的少数民族有布依族，共4142人；全年人口出生率12.15‰，人口死亡率5.37‰，人口自然增长率7.3‰，另有流动人口5210人。2012年，全乡总人口17020人。

三、经济社会

农业　1992年，全乡有耕地751公顷，其中水田248公顷、旱地503公顷，全年农作物总播种面积1445公顷，农业生产总值568.4万元。2000年，全乡有耕地742公顷，其中水田213公顷、旱地529公顷，全年农作物总播种面积1619公顷，农林牧副渔业总产值1776万元。2011年，全乡有耕地740公顷，人均耕地453.34平方米，有可利用林地466.67公顷，主要农产品有玉米、水稻、小麦、烤烟等，全年农业总产值5140.7万元，比2010年增加15%，占国民生产总值的18%。2012年，全乡有耕地资源839公顷，其中常用耕地737公顷（其中水田212公顷）、临时耕地102公顷，全年农作物总播种面积1970公顷，农林牧副渔业总产值5710.1万元。

粮食作物以玉米、水稻及薯类为主，主要经济作物有烤烟、蔬菜等。1992年，全乡粮食总播种面积1058公顷，总产1996吨，其中夏粮种植274公顷、总产164吨，秋粮种植784公顷、总产2337吨；经济作物总播种面积192公顷，其中油菜种植136公顷、总产61吨，烤烟种植31公顷、总产34吨；其他农作物种植195公顷，其中蔬菜种植61公顷，全年农业总产值232.6万元。2000年，全乡粮食总播种面积1154公顷，总产3825吨，其中夏粮种植360公顷、总产327吨，秋粮种植794公顷、总产3498吨；油料作物种植67公顷，总产80吨，其中油菜种植67公顷、总产80吨；蔬菜种植130公顷，总产1852吨。全年农业总产值604万元，其中种植业生产总值530万元。2011年，全乡生产粮食3394吨，人均206.71千克，其中玉米1487吨、水稻834吨；种植烤烟67公顷，总产量125吨，产值164.7万元；种植蔬菜142公顷，总产5240吨，产值270万元；种植油料作物油菜63公顷，总产103吨，产值109万元。2012年，全乡粮食总播种面积1298公顷，总产6274吨，其中夏粮种植285公顷、总产804吨，秋粮种植1013公顷、总产5470吨，薏仁米种植53公顷、总产240吨；油料作物种植65公顷，总产118吨，其中油菜种植65公顷、总产118吨；烤烟种植137公顷、总产267吨，蔬菜种植100公顷、总产1350吨；沿安龙至贞丰公路建设“十里金银花长廊”，种植金银花15公顷，总产3吨。全年农业总产值2566.3万元，其中谷物及其他作物产值2338.2万元、蔬菜园艺作物产值193.2万元、水果产值34.9万元。

畜牧业以饲养猪、牛、羊、家禽等为主。1992年，全乡年末大牲畜存栏3569头，其中牛存栏3105头、马存栏464匹，猪存栏8594头；全年生猪出栏3854头、牛出栏17头，肉类总产量392吨，其中猪肉355吨、牛肉24吨、禽肉13吨，禽蛋产量28吨，全年牧业总产值197.9万元。2000年，全乡年末大牲畜存栏4150头，其中牛存栏3500头、马存栏650匹，猪存栏12000头、羊存栏300只、家禽存栏41658羽；全年大牲畜出栏500头，其中肉牛出栏500头，生猪出栏11691头、山羊出栏800只、家禽出栏52000羽；肉类总产量733吨，其中猪肉510吨、牛肉150吨、羊肉13吨、禽肉60吨，禽蛋产量76吨，全年畜牧业产值1086万元。2011年，全乡生猪饲养量26234头，年末存栏11212头，牛年末存栏3324头，羊年末存栏372只，鸡年末存栏50248羽，上市47458羽；生产肉类1368吨，其中猪肉1217吨、牛肉87吨、羊肉3吨，禽蛋产量152吨；全年畜牧业总产值3110.4万元，占农业总产值的60.51%。2012年，年末牛存栏3324头、马存栏40匹、生猪存栏11773头、羊存栏422只、家禽存栏50264羽；肉牛出栏759头、马出栏32匹、生猪出栏15475头、山羊出栏134只、家禽出栏49467羽；全年肉类总产量1444吨，其中猪肉1279吨、牛肉87吨、羊肉3吨、马肉3吨、禽肉56吨、其他肉15吨，蜂蜜产量4吨、禽蛋产量150吨，全年牧业产值2640.5万元。

2011年，全乡农民人均纯收入3813元。

工业　乡境建有石材工业园区1个，有凤凰石材厂、闽磊石材厂、玉素石材厂、顺发石材厂、笃山石材厂等石材工业企业。据2011年统计，全乡规模以上工业企业5家，有职工1200人，其中销售收入1000万元以上的3家、500万元以上的2家，全年工业生产总值2.1亿元，比2010年增加45%，占全乡国民生产总值的82%。乡境另建有筏子河三级、四级电站，2012年实现电力产值1200万元。

商业贸易　至2011年年末，全乡有商业网点47个，职工95人；全乡集市贸易年成交额637万元，比2010年增加7.8%。

财政税收　2011年，全乡财政收入608.48万元，比2010年减少16.26%；其中地税收入407.48万元、国税收入201万元。2012年，全乡财政收入979.54万元，其中国税收入476.5万元、地税收入503.04万元。

教育　至2011年年末，全乡有小学8所，在校生1773人，专任教师83人，小学适龄儿童入学率100%；初中1所，在校生746人，专任教师38人，初中适龄人口入学率100%，小升初升学率100%，九年义务教育覆盖率100%。

医疗卫生　至2011年年末，全乡有卫生院1所，病床20张，专业卫生人员3人。新型农村合作医疗参保人数1.49万人，参保率95.7%。

广播电视　2011年年末，全乡有村村通电视用户2700户，覆盖率83%。

社会保障　至2011年年末，全乡有城镇最低生活保障对象30户共30人，全年支出8.93万元，月人均247元，比2010年增长5%；全乡农村养老保险参保率为74.90%，农村最低生活保障对象1902户共3874人，月人均70元，年支出325.42万元，比2010年增长5%；农村五保集中供养8人，全年支出2.47万元。农村五保分散供养64人，全年支出5.76万元。

交通运输　交通主要以公路为主，安龙至贞丰公路穿境而过，另有公路连接龙山镇。据2011年统计，全乡有通村公路7条，总长87千米，另有贵州木纹石铺装街道286米，道路铺装面积4290平方米，全年客运总量2.3万人次、货运总量500万吨。

第十三节　坡脚乡

一、自然环境

坡脚乡位于县境南面，地处安龙、册亨与广西壮族自治区隆林县两省（区）三县接合部，东与册亨县巧马镇为邻，南与广西隆林县者保乡隔河相望，西与木咱镇毗邻，北与新安镇接壤。人民政府驻者贵村三塘二组（沙厂坪），距县人民政府所在地20千米。乡境地处县境南部山脉梅子关、九头山脚的南盘江河谷一带，遂名“坡脚”。据2011年调查，辖区东西最大距离12.7千米，南北最大距离7.6千米，总面积88.8平方千米，其中陆地86.3平方千米、水域2.5平方千米。

乡境地势北高南低，地形北部为喀斯特岩溶地貌，南部为丘陵斜坡地貌。境内最高峰云盘山位于者贵村三塘二组，海拔1324.6米，最低点位于坡脚村四组（者干）巴猫河口，海拔407米（该处已被平班电站水库淹没，常年蓄水水位海拔437米）。境内河流属南盘江水系，水域面积6.3平方千米。南盘江为安龙县与广西隆林县的界河，呈西东走向，于者孔村入境，经者贵、坡脚出境，总长度19千米。境内主要有八坎河、坡脚河、巴猫河。八坎河源于八坎，流经纳长、纳銮，于把因南汇入南盘江，流域面积192平方千米，河长6千米，年均径流量5949万立方米。坡脚河源于乡境岩怀，流经中寨、纳穷，于坡脚渡口汇入南盘江，流域面积119平方千米，河长5.3千米，年均径流量5949万立方米。巴猫河源于乡境石头寨，至者干汇入南盘江，流域面积82平方千米，河长5千米，年均径流总量4100万立方米。境内有林地1966.67公顷、牧草地5173.33公顷，有可利用养殖水面6.3平方千米，主要分布在境内南部地区。境内现有野生动物325种，其中被列为国家二类保护动物的有野猪、猕猴、眼镜蛇、红腹锦鸡等38种。

乡境多年平均气温19.3℃，1月平均气温15.1℃，极端最低气温0℃（2008年1月7日）。7月平均气温26℃，极端最高气温38.1℃（2010年6月29日），最低月均气温14.3℃（2008年1月），最高月均气温29℃（2010年7月）。平均气温年较差28℃，最大日较差15℃（2010年7月）。生长期年平均240天，无霜期年平均320天，最长达340天，最短为310天。年平均日照时数3467小时，年平均降水量1219毫米。极端年最大雨量1620毫米（2006年），极端年最少雨量516毫米（2011年）。主要自然灾害有干旱、洪涝、冰雹等。旱灾出现概率一般为5年1遇，严重的一次出现在2010年，持续时间270天，属百年不遇的特大旱灾，辖区6个村共280公顷农作物受损。

二、政区概况

1989年，乡境为坡脚乡建置，辖八坎、三塘、乐欢、者孔、团结、岩怀、坡脚7个村，隶化力区；1992年1月，完成“建镇并乡撤区”工作，设置区级坡脚乡，辖八坎、三塘、乐欢、者孔、团结、岩怀、坡脚7个村。2007年，乡境村级整合，将7个村整合为八坎、乐欢、者孔、者贵、岩怀、坡脚6个村级政区，下设34个村民小组，为安龙县面积最小的乡镇。

1992年，全乡总人口1456户共7564人，其中非农业人口66人，男性人口3954人、女性人口3610人，汉族122人、布依族6938人、苗族489人、回族1人、壮族14人，全年出生人口94人、死亡人口64人。2000年，全乡总人口1765户共9284人，其中非农业人口1054人，男性人口5159人、女性人口4125人，全年出生人口103人、死亡人口31人。2011年，辖区总人口8748人，其中城镇常住人口1974人，男性人口4648人、女性人口4100人，14岁以下人口1533人、15—64岁人口6542人、65岁以上人口673人；全乡人口以布依族为主，共7377人，另居住有汉族、苗族等其他3个民族，共1371人；全年人口出生率

13.8‰、人口死亡率7.3‰、人口自然增长率6.5‰，另有流动人口1654人。2012年，全乡总人口8512人，其中常住人口8252人，男性人口4140人、女性人口4112人，布依族7378人、苗族736人、汉族124人，14岁以下人口1588人、15—64岁人口6113人、65岁以上人口551人，另有流动人口260人。

三、经济社会

农业　1992年，全乡有耕地488公顷，其中水田194公顷、旱地294公顷，全年农作物总播种面积677公顷，农业生产总值6733.1万元。2000年，全乡有耕地680公顷，其中水田191公顷、旱地489公顷，全年农作物总播种面积1238公顷，农林牧副渔业总产值1676万元。2011年，全乡有耕地558公顷，人均耕地640平方米，有可利用草地3200公顷、林地1400公顷，主要农产品有甘蔗、香蕉、水稻、玉米等，全年农业生产总产值4722.7万元，比2010年增加10%，占全乡国民生产总值的59%。2012年，全乡有耕地资源606公顷，其中常用耕地560公顷（其中水田180公顷）、临时耕地46公顷，全年农作物总播种面积705公顷，农林牧副渔业总产值7482.3万元。

粮食作物以稻谷、玉米为主，主要经济作物有甘蔗、香蕉等。1992年，全乡粮食总播种面积368公顷，总产1170吨，其中夏粮种植38公顷、总产30吨，秋粮种植330公顷、总产1132吨；经济作物总播种面积220公顷，其中油菜种植32公顷、总产15吨，甘蔗种植143公顷、总产6198吨，出产香蕉79.9万千克。全年种植业生产总值307.4万元。2000年，全乡粮食总播种面积497公顷，总产1912吨，其中夏粮种植63公顷、总产70吨，秋粮种植434公顷、总产1842吨；油料花生种植30公顷、总产44吨，甘蔗种植346公顷、总产16608吨，香蕉产量505吨；全年农业生产总值1283万元，其中种植业生产总值1142万元。2011年，全乡生产粮食1125吨，人均128.6千克，其中水稻515吨、玉米523吨；甘蔗种植200公顷，总产量18900吨，产值724万元；种植西贡蕉233.33公顷，总产量3000吨，产值750万元。2012年，全乡粮食总播种面积435公顷，总产2306吨，其中夏粮种植12公顷、总产53吨，秋粮种植423公顷、总产2253吨；甘蔗种植215公顷、总产21500吨，出产香蕉632吨。全年农业生产总值5486.9万元，其中谷物及其他作物产值4942.2万元、蔬菜园艺作物产值7.9万元、水果产值259.3万元。

畜牧业以饲养猪、牛、羊、家禽等为主。1992年，全乡年末大牲畜存栏4023头，其中牛存栏3930头、马存栏93匹，生猪存栏1634头、养蜂80箱、羊存栏137只；生猪出栏1377头、肉牛出栏83头、羊出栏10只；肉类总产量128吨，其中猪肉110吨、牛肉9吨、禽肉9吨，蜂蜜产量640千克、禽蛋产量13723千克，全年牧业总产值127.4万元。2000年，全乡年末大牲畜存栏4487头，其中牛存栏4213头、马存栏274匹，猪存栏3260头、羊存栏1510只、家禽存栏7400羽；全年大牲畜出栏175头，其中肉牛出栏175头，生猪出栏3034头、山羊出栏360只、家禽出栏10160羽；肉类总产量283吨，其中猪肉243吨、牛肉15吨、羊肉5吨、禽肉20吨，禽蛋产量32吨，全年牧业产值289万元。2011年，全乡生猪饲养量3350头，年末存栏1306头，牛年末存栏2024头，羊年末存栏520只；生产肉类263吨，其中猪肉202吨、牛肉47吨、羊肉9吨，禽蛋产量20吨；畜牧业总产值595.39万元，占农业总产值的12.61%。2012年，全乡牛存栏2024头、马存栏242匹、生猪存栏1441头、山羊存栏570只、家禽存栏6219羽，全年肉牛出栏324头、马出栏68匹、生猪出栏2114头、山羊出栏634只、家禽出栏1772只；全年肉类总产量273吨，其中猪肉212吨、牛肉47吨、羊肉9吨、马肉1吨、禽肉5吨，禽蛋产量22吨，全乡全年牧业产值407.2万元。

乡境渔业生产是南盘江平班电站建成蓄水形成平班水库以后逐渐发展起来，至2011年，全乡网箱养鱼886箱，水产品总产量722吨，产值868.6万元，占农业总产值的18.39%。2012年，全乡有内陆水域养殖面积15公顷，水产品总产量823吨，全年渔业产值1279.8万元。

1992年，全乡造林215公顷，其中经济林150公顷，出产各类水果81.38吨、油桐籽36吨，全年林业产值46.2万元。2000年，全乡造林174公顷，其中经济林140公顷，出产各类水果851吨、油桐籽22吨、竹笋片6吨、木材700立方米，全乡全年林业产值75万元。至2011年末，全乡累计造林800公顷，其中经济林200公顷，森林覆盖率43%。2012年，全乡造林94公顷，其中经济林74公顷，出产各类水果1529吨、油桐籽4吨、油茶籽2吨、乌桕籽5吨、五倍子3吨、棕片4吨、核桃113吨、板栗95吨、花椒10吨、木材738立方米，全年林业产值308.4万元。

2011年，全乡农民纯收入4251元。2012年，全乡农村居民人均纯收入4300元。

商业贸易 至2011年年末，全乡有商业网点39个，职工69人；乡境沙厂坪、石头寨、者干3个集市贸易年成交总额734万元，比2010年增加5.6%。

财政税收 2011年，全乡财政总收入74.3万元，比2010年增长13.15%，其中国税收入21万元、地税收入53.3万元。2012年，全乡财政总收入83.3万元，人均财政收入99.9元。

教育 至2011年年末，全乡有小学5所，在校生435人，专任教师39人，小学适龄儿童入学率100%；初中1所，在校生163人，专任教师12人，初中适龄人口入学率、小升初升学率、九年义务教育覆盖率均为100%。

医疗卫生 至2011年年末，全乡有卫生院1所，病床8张，专业卫生人员6人；全乡农村安全饮用水普及率96%，农村卫生厕所普及率30%，新型农村合作医疗参保人数8195人，参保率96%。

广播电视 至2011年年末，全乡有广播电视村村通卫星电视用户1856户，全乡广播电视覆盖率75%。

社会保障 至2011年年末，全乡有城镇最低生活保障对象16户共29人，月人均140.5元，全年支出4.89万元，比2010年增长10%；全乡农村养老保险参保率为82.37%，农村最低生活保障对象649户共1497人，月人均33.5元，全年支出60.18万元，比2010年增长9%；农村五保分散供养51人，全年支出4.59万元。

2012年，全乡有城市低保11户共20人，月保障金3243元；农村低保1034户1663人，月保障金12.11万元；全年发放农村低保金145.33万元。有农村五保对象50人，全年发放五保供养金5.94万元；全乡全年办理农村养老保险3489人，收取城乡居民养老保险2595人共24.83万元，发放到龄人员养老保险金894人共59万元。

交通运输 境内交通以公路和水路运输为主。至2012年，已基本形成以324国道、南昆铁路、汕昆高速公路和南盘江水道为基本框架的水陆交通大格局，其中通航河道南盘江坡脚段，总长18千米，为C级航道，设有坡脚码头1座，另有者贵等多个民间码头，最大通航能力为250吨级船舶；国道324线、南昆铁路、汕昆高速公路穿境而过，324国道在境内长24千米，南昆铁路在乡境设有沙厂坪、石头寨两个车站，乡政府驻地沙厂坪距汕昆高速公路册亨县巧马匝道17千米。

据2011年统计，全乡有通村公路6条，总长67千米，全年客运总量2.3万人次、货运总量11万吨。

第十四节　海子乡

一、自然环境

海子乡地处县境西北面，地跨北纬25°19′—25°11′、东经105°35′—105°16′之间，东与戈塘镇、洒雨镇毗邻，南靠龙广镇，西抵兴义市鲁屯镇，北与兴仁县雨樟镇接壤，距县人民政府所在地56千米。乡境有一季节性湖泊，乡人称为“海子”，海子乡因此而得名。据2011年调查，辖区东西最大距离12千米，南北最大距离9千米，总面积129.1平方千米，其中陆地129平方千米、水域0.1平方千米。

乡境地形东高西低，呈喀斯特丘陵地貌。境内最高峰标杆梁子位于马赤黑村高寨组，海拔1781米，最低点拓仓水库位于箐口村下河坝组，海拔1270米。境内河道属北盘江水系，为鲁沟河发源地，主要河流是摸螺河，流域面积7.8平方千米，总长1.5千米，流经境内大地村、车头村进入戈塘乡。境内已探明矿藏有煤、金、铁、硫等。其中金属矿藏有金、铁等；非金属矿产有煤、硫等。其他自然资源有林地6953.33公顷、牧草地873.33公顷。

乡境多年平均气温15.6℃，1月平均气温3℃，极端最低气温-3℃（2008年1月）。7月平均气温24℃，极端最高气温32℃（2010年8月）。最低月均气温2℃（2008年1月），最高月均气温29℃（2010年8月）。生长期年平均280天，无霜期年平均320天。极端年最大雨量2980毫米（2008年），极端年最少雨量534毫米（2011年）。降水集中在每年5月至8月，6月最多。主要自然灾害有干旱、洪涝、低温、冰雹等。旱灾出现概率一般为5年1遇，最严重的一次出现在2010年，持续时间270天，属百年不遇的特大旱灾，辖区13个村500公顷农作物受损；冰雹年平均3次，最多的年发生11次，主要集中在春夏之交的4月下旬至5月上旬，最严重的一次发生在2003年5月，辖区6个村遭冰雹袭击，400公顷农作物受损。

二、政区概况

1989年，乡境大部属大坝乡、古里乡、竹林乡管理，隶洒雨区，东南部卡作村为戛拉乡地。大坝乡位于县境西北，乡人民政府驻大坝，辖牙皂、大坝、老寨、堡堡、海子、石垭口、大地、车头、岔河9个行政村，领61个村民小组；古里乡位于县境西北部，乡人民政府驻锅厂（冬瓜寨），距县城66千米，辖沙厂、安岭、安王寨、陇桥4个行政村，领24个村民小组；竹林乡位于县境西北部，乡人民政府驻田湾，距县城57千米，辖箐口、田湾、安沙、黄角箐、马赤黑5个行政村，领38个村民小组。1992年1月，完成“建镇并乡撤区”工作，撤销大坝乡（不含牙皂村、大坪村、岔河村）、古里乡、竹林乡（不含安沙村），并入戛那乡的卡作村，设置区级海子乡，辖海子、大地、石垭口、车头、老寨、堡堡、陇桥、安王寨、沙厂、安岭、黄角庆、马赤黑、田湾、箐口、卡作15个村，隶安龙县。2007年，乡境村级整合，将15个村整合为海子、车头、堡堡、箐口、马赤黑、安岭、沙厂、石垭口、大地、卡作10个村级政区，下设103个村民小组。

1992年，全乡总人口4065户共17853人，其中非农业人口108人，男性人口9087人、女性人口8766人，汉族15244人、布依族474人、苗族1688人、彝族164人、回族283人，全年出生人口201人、死亡人口102人。2000年，全乡总人口4480户共21772人，其中非农业人口276人，男性人口11070人、女性人口10702人，全年出生人口2892人、死亡人口75人。至2011年年末，辖区总人口22531人，其中城镇常住人口6945人，男性人口11903人、女性人口10628人，14岁以下人口4416人、15—64岁人口16325人、65岁以上人口1790人；全乡人口以汉族为主，共17074人；乡境另居住有苗族、布依族、回族、彝族、黎族等6个少数民族，共5457人，超过1000人的少数民族有2个，其中苗族2655人、布依族1471人；全乡全年人口出生率12.6‰、人口死亡率4.78‰、人口自然增长率7.82‰，另有流动人口3149人。2012年，全乡总人口5419户共22788人。

三、经济社会

农业 1992年，全乡有耕地1075公顷，其中水田236公顷、旱地839公顷，全年农作物总播种面积1945公顷，全年农业总产值971.3万元。2000年，全乡有耕地1075公顷，其中水田236公顷、旱地839公顷，全年农作物总播种面积3205公顷，全年农林牧副渔业总值2532万元。2011年，全乡有耕地资源3288公顷，其中常用耕地1075公顷（水田236公顷）、临时耕地2213公顷，人均耕地480平方米，有可利用草地240公顷、林地2666.67公顷，主要农产品有水稻、玉米、烤烟、薏仁米、芭蕉芋等，全年农业总产值达7470.4万元，比2010年增加13.1%，占全乡国民生产总值的75%。2012年，全乡耕地资源3143公顷，其中常用耕地1060公顷（水田236公顷）、临时耕地2083公顷，全年农作物总播种面积3857公顷、农林牧副渔业总产值8762.6万元。

粮食作物以玉米、水稻及薯类为主，主要经济作物有烤烟、茶叶等。1992年，全乡粮食总播种面积1254公顷，总产3842吨，其中夏粮种植434公顷、总产560吨，秋粮种植820公顷、总产3282吨；经济作物总播种面积506公顷，其中油菜种植255公顷、总产197吨，烤烟种植181公顷、总产223吨，全年种植业生产总值428.8万元。2000年，全乡粮食总播种面积公顷1958公顷，总产6910吨，其中夏粮种植580公顷、总产1387吨，秋粮种植1378公顷、总产5523吨；油料作物种植121公顷、总产112吨，其中油菜种植112公顷、总产110吨；烤烟种植600公顷，总产900吨。全年农业生产总值1697万元，其中种植业生产总值1436万元。2011年，全乡粮食作物总播种面积2039公顷、总产6007吨，其中夏粮种植468公顷、总产1369吨，秋粮种植1571公顷、总产4638吨；油料作物种植290公顷、总产377吨，其中油菜种植254公顷、总产334吨；烤烟种植782公顷，总产1287吨，产值1390.09万元；全年农业生产总值4376.1万元，其中谷物及其他作物产值3411.63万元、水果产值44.7万元。2012年，全乡粮食作物总播种面积2000公顷，总产7930吨，其中夏粮533公顷、总产1374吨，秋粮种植1467公顷、总产6556吨；全年种植烤烟952公顷，总产量1500吨。全年农业总产值6030.2万元，其中谷物及其他作物产值5165.2万元、蔬菜园艺作物产值141.2万元、水果产值42.6万元。

畜牧业以饲养猪、牛、羊、家禽等为主。1992年，全乡年末大牲畜存栏6340头，其中牛存栏4794头、马存栏1545匹、骡存栏1匹，生猪存栏7231头、羊存栏219只；全年生猪出栏3949头、牛出栏83头、羊出栏23只；肉类总产量384吨，其中猪肉335吨、牛肉5吨、羊肉1吨、禽肉43吨，禽蛋产量32702千克。全年牧业总产值298.7万元。2000年，全乡年末大牲畜存栏7124头，其中牛存栏6452头、马存栏667匹、骡存栏5匹，生猪存栏7945头、羊存栏469只、家禽存栏34621羽、家兔存栏430只；全年大牲畜出栏560头，其中肉牛出栏540头、马出栏20匹，生猪出栏7216头、羊出栏269只、家禽出栏28465羽、家兔出栏638只；肉类总产量761吨，其中猪肉643吨、牛肉19吨、羊肉18吨、禽肉80吨，蜂蜜产量1吨、禽蛋产量70吨。全年牧业产值749万元。2011年，全乡生猪饲养量23516头，年末存栏11048头，牛末存栏5692头、羊年末存栏868只、家禽存栏57948羽；生产肉类1363.8吨，其中猪肉1059吨、牛肉157吨，禽蛋产量162吨。2012年，建成养殖场10个，其中养猪场4个、养牛场3个、特种养殖场1个，成立养殖合作社4个，年末生猪存栏11733万头、牛存栏5664头、马存栏480匹、羊存栏868只、家禽存栏57964羽，全年牛出栏1041头、马出栏286匹、生猪出栏12742头、羊出栏868只、家禽出栏58839羽；肉类总产量1430.8吨，其中猪肉1113吨、牛肉157吨、羊肉11吨、马肉21.8吨、禽肉112吨、其他肉类16吨，蜂蜜产量3吨、禽蛋产量170吨，畜牧业总产值2258.6万元。

1992年，全乡造林356公顷，其中经济林305公顷，出产茶叶124.65吨、各类水果36037千克、油桐籽35800千克、棕片3281千克、核桃6790千克、板栗3676千克、木材530立方米，全年林业产值68.7万元。2000年，全乡造林144公顷，其中用材林140公顷，出产茶叶15吨、各类水果111吨、油桐籽130吨、油茶籽8吨、棕片20吨、核桃6吨、板栗8吨、木材510立方米，全年林业产值86万元。至2011年年末，全乡累计造林2666.67公顷，其中经济林800公顷，森林覆盖率53%。

2012年，全乡生产总值1.8亿元，全乡农民人均纯收入4800元。

工业 至2011年年末，乡境有煤矿5家和金矿1家。全年工业总产值8600万元，有职工450人，实现工业增加值371.8万元，比2010年增加28%，占全乡国民生产总值的24.3%。

商业贸易 至2011年年末，全乡共有商业网点326个，有职工725人；全乡集市贸易年成交额760万元，比2010年增加7.4%。

财政税收 2011年，全乡财政总收入705万元，比2010年减少53.61%，其中国税收入504万元、地税收入201万元，完成营业税169万元、增值税25万元、企业所得税25万元、个人所得税27万元。2012年，全乡财政收入714.5万元，其中国税收入519万元、地税收入195.5万元。

教育　至2011年年末，全乡有小学12所，在校生2431人，专任教师98人，小学适龄儿童入学率99.7%，初中2所，在校生892人，专任教师59人，初中适龄人口入学率98.3%，小升初升学率98.52%，九年义务教育覆盖率100%。2012年，全乡学前在园（班）人数257人，小学在校生2079人，初中在校生968人，小学适龄儿童入学率为99.18%，初中适龄少年入学率为120.6%，“三残”儿童少年入学率为100%。初中升学率为98.64%，初中毕业生267人，升学率为87.64%。

医疗卫生　至2011年年末，全乡有卫生院1所，病床10张，专业卫生人员5人，全年农村安全饮用水普及率98%，农村卫生厕所普及率85%，新型农村合作医疗参保人数21327万人，参保率95.28%。

广播电视　至2011年年末，全乡有农村广播电视“村村通”工程4120户，广播电视覆盖率达到89.4%。

社会保障　至2011年年末，有城镇最低生活保障对象24户28人，支出4.7万元，月人均140元，比上年增长12.5%；全乡农村养老保险参保率为79.84%，农村最低生活保障对象2008户3536人，全年支出326.73万元，比上年增长46.1%，月人均77元；农村五保集中供养6人，全年支出1.6万元；全乡农村五保分散供养71人，全年支出6.39万元。

交通运输　交通运输以公路为主，有县道洒（雨）万（屯）公路过境13千米。据2011年统计，全乡有通村公路11条，总长108千米，全年客运总量1.20万人次、货运总量24万吨。

第十五节　钱相乡

一、自然环境

钱相乡位于县境北面，地跨北纬24°55′—25°33′，东经104°59′—105°41′之间。东与笃山乡、平乐乡接壤，南抵新安镇，西、北与普坪镇毗邻。人民政府驻钱相村坪寨组，距县人民政府所在地9千米。据2011年调查，辖区东西最大距离20.7千米，南北最大距离8.5千米，总面积114.6平方千米。其中陆地114平方千米、水域0.6平方千米。2011年，乡境打凼布依民族村被第九届全国少数民族传统体育运动会组委会评为30个“最具魅力村寨”之一。

乡境多为连绵起伏的丘陵、山间盆地及沟槽地貌，属喀斯特地形脆弱环境。境内最高峰后山位于红旗村，海拔1872米，最低点位于坡硝村，海拔1206米。境内河流属北盘江水系。主要河流有打凼河，流域面积64平方千米，源于境内红旗村板勒，流经沈洪、桥马至打凼坡硝海子伏流，总长18.7千米，年均径流量3933万立方米，年排涝量2400万立方米。境内已探明矿藏有锑、铁、石灰矿等。锑矿储量12万吨。铁矿储量8亿吨，地质储量15亿吨，可开采储量2亿吨。其他自然资源有林地5333.33公顷、牧草地666.67公顷。

乡境多年平均气温16.2℃，极端最低气温-6.2℃（1983年12月24日）。7月平均气温24℃，极端最高气温34.1℃（1982年7月16日）。无霜期年平均275天，年平均日照时数1601.12小时，年平均降水量1302.4毫米，极端年最少雨量728.04毫米（2010年），降水集中在每年4月至8月，6月最多。主要自然灾害有干旱、洪涝、低温、冰雹等。旱灾出现概率一般为20年1遇，最严重的一次出现在2010年，持续时间270天，属百年不遇的特大旱灾，辖区11个村共520公顷农作物受损。

二、政区概况

1989年，乡境分属钱相乡、阿赖乡，隶普坪区。钱相乡位于县境北部，乡人民政府驻坪寨，距县城10千米，辖钱相乡居民组和陈家庄、沈洪、旹报、钱相、者京、桥马、三道墙7个行政村；阿赖乡位于县境东北，乡人民政府驻阿赖场坝，距县城15千米，辖阿赖、打凼、坡肖、冗达、新华、麻油、铜鼓井、湾水井8个行政村，领50个村民小组。1992年1月，完成“建镇并乡撤区”工作，撤销钱相乡、阿赖乡(不含铜鼓井村)，设置区级钱相乡，辖钱相、陈庄、昝报、沈洪、三道墙、桥马、者京、阿赖、打凼、湾水井、新华、麻油、坡肖、冗达14个村。2007年乡境村级整合，将14个村整合为红旗、沈洪、钱相、桥马、打凼、坡硝、新华、冗达、麻油、湾水井、三道墙11个村级政区，下设101个村民小组。

1992年，全乡总人口4070户共17158人，其中非农业人口183人，男性人口8656人、女性人口8502人，汉族10089人、布依族6622人、苗族139人、彝族66人、回族8人、壮族4人、白族4人、仡佬族226人，全年出生人口189人、死亡人口100人。2000年，全乡总人口4404户共18875人，其中非农业人口251人，男性人口9700人、女性人口9175人，全年出生人口250人、死亡人口118人。至2011年末，辖区总人口21305人，其中城镇常住人口4874人，男性人口11019人、女性人口10286人，14岁以下人口4091人、15—64岁人口15399人、65岁以上人口1815人；全乡人口以布依族为主，共9480人，另居住有汉族、苗族、仡佬族等8个民族，共11825人，超过1000人的有汉族、苗族、仡佬族，其中汉族6386人、苗族2147人、仡佬族1976人；全乡全年人口出生率13.2‰、人口死亡率4.5‰、人口自然增长率6‰，另有流动人口812人。2012年，全乡人口共3826户17331人。

三、经济社会

农业 1992年，全乡有耕地1173公顷，其中水田426公顷、旱地747公顷，全年农作物总播种面积2170公顷，农业生产总值1193.4万元。2000年，全乡有耕地1180公顷，其中水田426公顷、旱地754公顷，全年农作物总播种面积2345公顷、农林牧副渔业总产值2663万元。2011年，全乡有耕地资源2690公顷，其中常用耕地1243公顷（水田421公顷），人均耕地586.67平方米，临时耕地1447公顷；有可利用草地160公顷、林地2000公顷，主要农产品有烤烟、水稻、玉米、高粱、小麦、豆类、薯类等，全年农业生产总值5743.2万元，比2010年增加13%，占国民生产总值的53%。2012年，全乡有耕地资源2692公顷，其中常用耕地1245公顷（其中水田421公顷）、临时耕地1447公顷，全年农作物总播种面积3227公顷，农林牧副渔业总产值7262.9万元。

粮食作物以稻谷、玉米及薯类为主，主要经济作物有烤烟、红高粱、金银花等。1992年，全乡粮食播种面积1468公顷，总产6246吨，其中夏粮种植452公顷、总产1215吨，秋粮种植1016公顷、总产5031吨；经济作物总播种面积401公顷，其中油菜种植271公顷、总产265吨，烤烟种植91公顷、总产82吨，全年种植业生产总值560万元。2000年，全乡粮食播种面积1955公顷，总产9412吨，其中夏粮种植788公顷、总产1426吨，秋粮种植1167公顷、总产7986吨；油料作物种植73公顷，总产55吨，其中油菜种植73公顷、总产55吨；烤烟种植17公顷，总产26吨；全年农业生产总值1304万元，其中种植业生产总值1283万元。2011年，全乡生产粮食5906吨，人均产量277.22千克，其中水稻1801吨、玉米2423吨；全年种植烤烟321公顷，总产600吨，产值834.22万元；高粱种植67公顷，总产量110吨，产值170万元；油菜种植63公顷，总产103吨，产值69.6万元。2012年，全乡粮食播种面积2271公顷，总产8023吨，其中夏粮种植637公顷、总产1001吨，秋粮种植1634公顷、总产7022吨；油料作物种植184公顷，总产158，其中油菜种植184公顷、总产158吨；烤烟种植430公顷，总产550吨；全年农业生产总值4320.3万元，其中谷物及其他作物产值3507.6万元、蔬菜园艺作物产值654.5万元、水果产值141.6万元。

畜牧业以饲养猪、牛、羊、家禽等为主。1992年，全乡年末大牲畜存栏5023头，其中牛存栏4506头、马存栏512匹、骡存栏5匹，生猪存栏13230头，养蜂241箱；全年生猪出栏9150头、牛出栏31头；肉类总产量843吨，其中猪肉805吨、牛肉3吨、禽肉35吨，蜂蜜产量1450千克、禽蛋产量80580千克，全年牧业产值500.6万元。2000年，全乡年末大牲畜存栏6558头，其中牛存栏6205头、马存栏348匹、骡存栏5匹，生猪存栏16870头、羊存栏262只、家禽存栏47295羽、家兔存栏184只；全年大牲畜出栏724头，其中牛出栏686头、马出栏38匹，生猪出栏13760头、羊出栏134只、家禽出栏37630羽、家兔出栏26只；全年肉类总产量1334吨，其中猪肉1210吨、牛肉57吨、羊肉2吨、马肉1吨、禽肉56吨、其他肉类8吨，蜂蜜产量4吨、禽蛋产量75吨，全年牧业产值1208万元。2011年，全乡生猪饲养量22905头，年末存栏11082头，牛年末存栏3922头，羊年末存栏821只；全年生产肉类1188吨，其中猪肉1005吨、牛肉104吨、羊肉13吨；禽肉58吨，禽蛋产量167吨。全年畜牧业总产值2579.1万元，占农业总产值的44.9%。2012年，乡境建成规模化养牛场2个，总载畜量150头。年末全乡牛存栏3922头、马存栏128匹、生猪存栏11636头、羊存栏821只、家禽存栏53703羽；全年肉牛出栏804头、马出栏32匹、生猪出栏12177头、羊出栏689只、家禽出栏72122羽；肉类总产量1344吨，其中猪肉1056吨、牛肉204吨、羊肉13吨、马肉2吨、禽肉59吨、其他肉类10吨，蜂蜜产量3吨、禽蛋产量165吨，全乡全年牧业总产值2113.8万元。

1992年，全乡造林39公顷，其中经济林36公顷，出产各类水果199.97吨、油桐籽745千克、棕片2625千克、核桃3540千克、板栗2485千克、木材235立方米，全年林业产值19.6万元。2000年，全乡造林274公顷，其中经济林184公顷，出产各类水果218吨、木材70立方米，全年林业产值50万元。至2011年末，全乡累计造林1100公顷，其中经济林301.4公顷，森林覆盖率32.12%。2012年，全乡造林316公顷，出产各类水果457吨、油桐籽274吨、油茶籽31吨、五倍子27吨、棕片30吨，全年林业产值685.8万元。

至2012年，全乡国民生产总值1.39亿元，农民人均纯收入4426元。

工业 至2011年年末，全乡有规模以上企业兴源水泥厂1家，职工121人，实现工业增加值600万元，比2010年增加10.23%。

商业贸易 至2011年末，全乡有商业网点38个，职工124人；乡集贸市场年成交额689万元，比2010年增加4.45%。

财政税收 2011年，财政总收入299.5万元，比2010年减少56.73%，其中国税收入246万元、地税收入53.5万元。2012年，全年财政收入完成256.79万元，其中国税收入181.05万元、地税收入75.74万元。固定资产投资完成1.14亿元。

教育 至2011年年末，全乡有幼儿园1所，在园幼儿56人，专任教师3人，小学6所，在校生2084人，专任教师116人，小学适龄儿童入学率100%，初中1所，在校生1012人，专任教师42人，初中适龄人口入学率、小升初升学率、九年义务教育覆盖率均为100%。2012年，全乡有中学1所，中学在校生1161人，中学任教教师54人，有小学5所，小学在校生1881人，小学专任教师112人，有幼儿园1所。

医疗卫生 至2011年年末，全乡有卫生院1所，病床8张，专业卫生人员5人；全乡农村安全饮用水普及率87.45%，农村卫生厕所普及率53.64%，新型农村合作医疗参保人数1.92万人，参保率98%。

广播电视 至2011年年末，全乡有线电视用户78户，广播电视卫星地面接收村村通工程3800余座，农村广播电视覆盖率为99.7%。

社会保障 至2011年年末，全乡有城镇最低生活保障对象34户共35人，月人均209.52元，全年支出8.8万元，比2010年增长12%；全乡农村养老保险参保率为75.28%，农村最低生活保障对象747户共2058人，月人均48.2元，全年支出118.59万元，比2010年增长10%。农村五保集中供养9人，全年支出2.43万元；农村五保分散供养29人，全年支出2.61万元。

交通运输 交通运输以公路为主，其中省道313线过境17千米、安龙至贞丰公路过境14千米。据

2011年统计，全乡有通村公路8条，总长97千米，全年客运总量3.8万人次、货运总量142万吨。

第十六节　平乐乡

一、自然环境

平乐乡位于县境东部，地跨北纬25°05′00″—105°15′00″、东经105°30′52″—105°41′15″之间。东与册亨县坡妹乡、威旁乡接壤，南抵兴隆镇，西与新安镇相邻，北与钱相乡、笃山乡交界。人民政府驻索汪村，距安龙县城13.5千米。平乐乡原名“乐居”，与“平乐”一语均取“平坝而乐居”之意。据2011年调查，辖区东西最大距离10.7千米，南北最大距离21千米，总面积125.8平方千米。乡境民间文化有布依族“狮子锣”“十八河”等。

乡境地势西高东低，北高南低，中部平缓，全乡分为坝区和深石山区两种地貌。最高峰狼血山位于顶庙村坡凡组，海拔1632米，最低点位于打江村朱砂中寨，海拔1034.8米。境内河流为北盘江水系，主要有乐居河，呈西东走向，流域面积39.4平方千米，河长17.2千米，年均径流量2264万立方米，流经境内顶庙村、索汪村、渔浪村、打江村伏流。其次为纳马河，流域面积62.5平方千米，河长12千米，年均径流量3494万立方米，流经联合村定头伏流。境内矿产资源主要有冰洲石，其他自然资源有林地1133.33公顷，有野生动物20种，其中被列为国家二类保护动物的有穿山甲、红腹锦鸡、猫头鹰、猴等。植物有世界上唯一的一棵喙核桃王。

乡境多年平均气温15.3℃，1月平均气温5.8℃，极端最低气温−6℃（2011年1月），7月平均气温24℃，极端最高气温31℃（2009年7月），生长期年平均276天，无霜期年平均285天。年平均降水量为1400毫米，降水集中在每年5月至10月，7月最多。主要自然灾害有干旱、洪涝、冰雹等。旱灾出现概率一般为13年1遇，最严重的一次出现在2010年，持续时间280天，属百年不遇的特大旱灾，辖区7个村373.33公顷农作物受损；冰雹年平均0.4次，最多的一年发生4次，主要集中在春夏之交的3月下旬至4月上旬，最严重一次发生在2006年4月17日，境内打江、坡炎两个村遭冰雹袭击，295.73公顷农作物受损。

二、政区概况

1989年，乡境分属平乐乡、龙蛇乡，隶兴隆区。平乐乡位于县境东部，乡人民政府驻大寨，辖顶庙、乐央、大寨、索汪、鱼浪、下鱼浪、联合、定头8个行政村，领40个村民小组；龙蛇乡位于县境东北部，乡人民政府驻郎元行政村青杠林村民小组，距县城25千米，辖朱砂、打江、烂寨、郎元、立盘、龙雁、坡炎7个行政村，领36个村民小组。1992年1月，完成“建镇并乡撤区”工作，撤销平乐乡、龙蛇乡，设置区级平乐乡，辖顶庙、乐央、大寨、索汪、鱼浪、下鱼浪、定头、联合、坡炎、立盘、龙雁、郎元、烂寨、打江、朱砂15个村，隶安龙县。2007年，乡境村级整合，将15个村整合为顶庙、索汪、渔浪、联合、打江、郎元、坡炎7个村级政区，下设67个村民小组。

1992年，全乡总人口3311户共14223人，其中非农业人口95人，男性人口7184人、女性人口7039人，汉族1128户、布依族2156户、苗族25户、仡佬族2户，全年出生人口214人、死亡人口87人。2000年，全乡总人口3491户共15176人，其中非农业人口189人，男性人口7794人、女性人口7382人，全年出生人口275人、死亡人口80人。至2011年末，辖区总人口16915人，其中城镇常住人口3796人，男性人口8919人、女性人口7996人，14岁以下人口3361人、15—64岁人口11992人、65岁以上1562人；全乡人口以布依族为主，共10831人，另居住有汉族、苗族、回族等5个民族人口，共6084人，超过1000人以上的民族是汉族，共4792人；全乡全年人口出生率11.6‰、人口死亡率5.13‰、人口自然增长率7.48‰，有流动人口2436人。2012年，全乡总人口3869户共16166人，其中少数民族人口占总人口的67%。

三、经济社会

农业　1992年，全乡有耕地906公顷，其中水田442公顷、旱地464公顷，全年农作物总播种面积1769公顷，农业总产值707.9万元。2000年，全乡有耕地905公顷，其中水田442公顷、旱地463公顷，全年农作物总播种面积2333公顷，农林牧副渔业总产值2095万元。2011年，全乡有耕地资源1976公顷，其中常用耕地942公顷（其中水田442公顷），人均耕地560平方米，临时耕地1034公顷，全乡有林地2060公顷，森林覆盖率61%。主要农产品有水稻、玉米、烤烟、小麦、油菜等，全年农林牧副渔业生产总值4617万元，比2010年增加9.1%，占全乡国民生产总值的31.55%。2012年，全乡有耕地资源1974公顷，其中常用耕地940公顷（其中水田442公顷）、临时耕地1034公顷，全年农作物总播种面积2163公顷，农林牧副渔业总产值5649.8万元。

粮食作物以水稻、玉米、薯类为主，主要经济作物有中药材、烤烟等。1992年，全乡粮食播种面积1372公顷，总产4234吨，其中夏粮种植409公顷、总产557吨，秋粮种植963公顷、总产3677公顷；经济作物总播种160公顷，其中油菜种植141公顷、总产63吨，烤烟种植12公顷、总产13吨，全年种植业生产总值364.6万元。2000年，全乡粮食播种面积1670公顷，总产6957吨，其中夏粮种植631公顷、总产1472吨，秋粮种植1039公顷、总产5485吨；油料作物种植205公顷，总产177吨，其中油菜种植200公顷、总产174吨；烤烟种植14公顷，总产35吨；全年农业生产总值1286万元，其中种植业生产总值1182万元。2011年，全乡生产粮食5081吨，人均产量300.38千克，其中水稻1810吨、玉米1600吨；全年种植中药材50公顷，产量11吨，产值4125万元；种植烤烟144公顷，总产量230吨，产值371万元；种植油菜135公顷，总产量224吨，产值57.8万元。2012年，全乡全年农业生产总值3558.8万元，其中谷物及其他作物产值2807.9万元、蔬菜园艺作物产值685.6万元、水果产值43.5万元。

畜牧业以生猪养殖为主。1992年，全乡年末大牲畜存栏3702头，其中牛存栏3449头、马存栏253匹，生猪存栏7000头、养蜂160箱；全年生猪出栏3143头，牛出栏91头；全年肉类总产量283吨，其中猪肉265吨、牛肉11吨、禽肉7吨，禽蛋产量28000千克，牧业总产值197.9万元。2000年，全乡年末大牲畜存栏3824头，其中牛存栏3309头、马存栏515匹，生猪存栏15129头、羊存栏493只、家禽存栏39300羽、家兔存栏180只；全年大牲畜出栏256头，其中肉牛出栏225头、马出栏31匹，生猪出栏6315头、羊出栏171只、家禽出栏31591羽、家兔出栏99只；全年肉类总产量606吨，其中猪肉542吨、牛肉23吨、羊肉2吨、马肉2吨、禽肉35吨、其他肉类2吨，蜂蜜产量7吨、禽蛋产量27吨，全年牧业产值608万元。2011年，全乡生猪饲养量15580头，年末存栏6980头，畜牧业总产值1894万元，占农业总产值的41.02%。2012年，全乡年末牛存栏3950头、马存栏453匹、生猪存栏7329头、羊存栏423只、家禽存栏36316羽、家兔存栏40只；全年牛出栏595头、马出栏62匹、生猪出栏8858头、羊出栏220只、家禽出栏50168羽；肉类总产量968吨，其中猪肉788吨、牛肉95吨、羊肉3吨、马肉3吨、禽肉65吨、其他肉类17吨，蜂蜜产量3吨、禽蛋产量150吨，全年牧业总产值1526.6万元。

2012年，全乡农民年人均纯收入4960元。

商业贸易　至2011年年末，全乡有商业网点36个，职工43人；乡集市贸易年成交额436万元，比2010年增加4.6%。

财政税收　2011年，全乡财政总收入15.8万元，比2010年减少75.13%，其中国税收入2万元、地税收入13.8万元。2012年，全乡税收完成148.61万元，其中专项烤烟税收130.59万元。

教育　至2011年年末，全乡有小学5所，在校生798人，专任教师62人，小学适龄儿童入学率100%；初中1所，在校生352人，专任教师40人，初中适龄人口入学率98.3%，小升初升学率96.5%，九年义务教育覆盖率达100%。

医疗卫生 至2011年年末，全乡有卫生院1个、村级卫生室5个，病床8张，专业卫生人员5人。农村安全饮用水普及率58%，农村卫生厕所普及率13%，合作医疗参保人数14872人，参保率92%。2012年，全乡参加新型农村合作医疗12784人，全年报销医疗费用112.6万元。

广播电视 至2011年年末，全乡7个村均开通广播电视卫星接收村村通。

社会保障 至2011年年末，全乡有城镇最低生活保障对象13户共17人，月人均189.47元，全年支出3.87万元，比2010年增长12%；全乡农村养老保险参保率为80.68%，农村最低生活保障对象1391户共4286人，月人均101.42元，全年支出521.62万元，比2010年增长12%；农村五保集中供养3人，全年支出8400元；农村五保分散供养39人，全年支出3.51万元。2012年，将全乡1386人弱势群体纳入农村低保，春节发放补助资金1391户4287人共85.74万元；全年发放农村低保金406.72万元；将全乡城镇可支配收入低于安龙县城镇低保线城镇居民13户共17人纳入城镇低保，发放城镇低保金4.22万元；全年发放救济款3.2万元，救济粮10.29万千克。

交通运输 境内有兴隆经平乐至册亨坡妹、新安经兴隆至平乐、平乐经兴隆至册亨新场3条公路，其中兴隆至平乐段4.8千米油化，其余公路均为砂石路面。至2011年，全乡有通村硬化道路7条，总长9.43千米。2012年，实施通组公路3480米，完成3491.5米，总投资36778元，全年共养护公路16条，总里程52.54千米。

第二篇　环境　资源

第一章　地质地貌

县境地处扬子陆块与右江造山带的过渡地带，地层除缺失志留系上统、石炭系下统、侏罗系上统、白垩系及第三系外，从奥陶系中统至第四系均有出露，累计厚度1万余米。县境属于地质灾害高发区，地层构造相对发育，多高山低谷地貌，地形相对高差较大，地质灾害隐患点多面广，整个地貌为四周陡峻，中部平缓，北高南低，东高西低，西北与东南隔中部平缓地带呈马鞍状。地势一般海拔在1000—1400米之间，相对高差400米左右。县境地貌，根据自然地貌成因条件分为侵蚀地貌、溶蚀地貌两种类型，根据地表形态分为坝地、丘陵、山地和水面4种类型。

第一节　地　质

一、构造

县境地处扬子陆块与右江造山带的过渡地带。据其构造变形图像，可划分戈塘—平乐南北向前陆宽缓褶皱断裂变形区、万峰湖—坡脚东西向造山型褶皱断裂变形带、龙广北西西向挤压褶皱断裂变形带与龙山北西西向挤压褶皱断裂变形带、高角度网状断裂系统共4个区（带）。

1. 戈塘—平乐南北向前陆宽缓褶皱断裂变形区

位于县境中部戈塘—新安—兴隆一带，约占全县总面积的60%。属贵州侏罗山式褶皱带的组成部分，为地壳浅部的薄皮构造，系相对稳定地块上的构造变形。其主要特点是：褶皱和冲断层近于平行；褶皱多为平行或同心褶皱，主干褶皱表现为宽缓的短轴构造，次级褶皱多发育于碎屑岩分布区或冲断层旁侧，其轴线与主褶皱基本一致，以线状褶皱为主；冲断层常构成叠瓦扇；南北向构造常被其他组向的构造干扰、叠加和破坏。本区主要构造有戈塘短轴背斜、梨树短轴向斜及纳汪逆冲断裂带等。

2. 万峰湖—坡脚东西向造山型褶皱断裂变形带

该带展布于县境南部与广西壮族自治区交界的南盘江一带。总体属右江造山带的变形范畴，卷入该带的变形地层，最瞩目的是三叠系陆源碎屑复理石（浊积岩）。构造线总体呈东西向展布，由一系列近于平行的线状褶曲和走向断层组成，主要构成有雷公滩背斜、者孔向斜、坡脚背斜及三道沟同生断层等。其主要特点是：紧密线状复式褶皱颇为发育，常出现倒转平卧及其他形态；单个褶皱形态多样，平行或同心褶皱与相似褶皱共存；区域性板劈理十分发育；与褶皱相伴常发育有逆冲断层；岩石具强烈的缩短应变。

3. 龙广北西西向挤压褶皱断裂变形带

展布于县境西部德卧一带，为区域性的龙广—猪场北西向挤压走滑构造带的组成部分。县境内，卷入该带的最老地层为龙潭组、最新地层为杨柳井组。由一系列近于平行的褶皱和断裂组合而成，由于受南北向构造的影响和受北东向断裂的破坏，为一向北东凸起的弧形构造带。其主要特点：向斜宽缓而背斜紧闭，背斜核部多被与之平行的走向逆冲断裂破坏，逆冲断裂多由南西往北东逆冲，并兼有右型走滑的特点。

4. 龙山北西西向挤压褶皱变形带

该带展布于县境北东部扯拢—梨树—歪纳一线北东地区。卷入该带变形的岩石主要为中上三叠统的碳酸盐岩和陆源碎屑含煤岩系。境内属龙山复式向斜的南西翼，总体表现为单斜构造。构造线呈北西西向展布，地层总体倾向北北东，倾角25°—40°，北西西向的次级褶皱发育，在安龙县内断裂不发育。该带改造了南北向构造，不同程度地保存有较多的南北向褶皱的形迹。

5. 高角度网状断裂系统

高角度网状断裂系统，在万峰湖—三道沟一线以北扬子陆块的中上二叠统出露和三叠系碳酸盐岩分布区尤为典型。其方位众多，有北东向、北北东向、南北向、北西向、东西向等。以北东向断裂发育最全、规模较大，其次是为北北东向。该类构造几乎切割了上述三套构造，将本区分割成大小不等、形态各异的断块，构成了复杂的网格状断裂体系和有序组合。其构造性质复杂，产状较为陡峻，倾角多在55°—80°之间。

二、地层

县境地层除缺失志留系上统、石炭系下统、侏罗系上统、白垩系及第三系外，从奥陶系中统至第四系均有出露，累计厚度1万余米。其中以三叠系地层发育最全，出露面积最广，次为侏罗系、二叠系地层，其余各系地层出露不多，分布面积较小。县境地层出露较新，岩性不复杂，均属于古生界、中生界、半深海、浅海相沉积的碳酸岩和海宾相、海陆交替相沉积的碎屑岩、泥岩、页岩及煤系地层。第四纪地层有零星分布。

（一）二迭系（P）

二迭系地层主要出露在县境西北之海子乡大坝、戈塘及洒雨镇竹林、戛那一带，龙广背斜轴部有少量分布。岩石为一套浅海、半深海相沉积的碳酸盐岩及海陆交替相沉积的砂页岩、泥岩及煤层。

1. 下统

茅口组　主要分布在海子乡大坝一带，岩性为中厚层灰色至深灰色致密块状灰岩。

2. 上统

龙潭组　出露于戈塘、海子乡大坝及洒雨镇戛那、竹林部分地区，其岩性下部为碳质页岩、泥灰岩、泥岩、硅质岩，间层夹1.5—2米厚的煤层，局部地区有黄铁矿；上部为灰色、灰黄色粉砂岩、页岩、泥岩，间层夹有0.9—1.1米厚的煤层。

长兴组　出露于海子乡大坝、洒雨镇竹林、戈塘、龙广一带，岩性下部为灰黑色页岩、砂质页岩、碳质页岩及灰黄色的泥岩、深灰色中厚层硅质灰岩；上部为深灰、灰黄、黄褐色薄至中厚层泥岩、细砂岩、页岩，泥岩中含有瓣鳃类生物化石。

（二）三迭系（T）

三迭系地层在县境内分布广，出露较全，属于一套海相及海陆交替相沉积的碳酸盐岩及碎屑岩。由于三迭系地岩相变化较大，有些组能分述，而有些则并层叙述。

1. 下统（T_1），自下而上岩层均为整合接触关系，分为两组：

①夜郎组（T_1Y）：分布于洒雨、新桥镇木科、海星、打火、安叉、高普陇一带。其下段岩性为绿色、黄绿色的粉砂岩、泥岩、泥灰岩；上段岩性为灰绿、灰黄、紫红色的粉砂岩、泥岩及中厚层及块状灰岩、泥灰岩。

②永宁组（T_1YN）：主要分布于普坪、戈塘镇鲁沟、新桥镇木科、木咱及德卧镇坡贡一带。其下段岩性为薄及中厚层深灰色灰岩、中厚层及块状的云质灰岩和白云岩，上段岩性为灰色中厚层状白云岩白云质灰岩。

2. 中统（T_2）：以下伏岩层为整合接触，按其岩性可分为4组：

①关岭组（T_2G）：主要分布于县境中部、中东部地区。其下段岩性，下部为灰黄、紫黄色的泥岩、页岩，中部为中厚层的白云岩，层间偶夹灰绿色泥岩，上部为深灰色中厚层状灰岩、白云质灰岩，上段岩性为浅灰色中厚层白云质灰岩、白云岩，间夹有灰绿色泥岩。

与关岭组相同，由于岩性变化另划分的组有新宛组（T_2X），主要分布于县境南盘江北岸的甘河、坡脚一带，岩性为灰绿、灰黄、紫红色砂质岩、泥岩。

②杨柳井组与关岭并层（$T_2G—Y$）：主要分布于笃山乡一带。岩性为灰绿色中厚层及块状灰岩、白云质灰岩。该组相当于县南三道沟、停西一带的青岩组（T_2G）与边阳组（T_2B）并层。

③杨柳井组（T_2Y）：主要分布于万峰湖镇北部、龙广镇南部一带，岩性为中厚层灰岩、白云质灰岩，其中还有几条方解石脉分布。

④竹杆坡组（T_2Z）：主要分布于笃山乡、龙山镇北乡之间，灰岩与砂质页岩接触部位呈条带状分布，岩性为灰色、灰黑色薄板状灰岩。

3. 上统（T_3）：与下伏岩层为整合接触，分为4个组：

①赖石科组（T_3LS）：主要分布于笃山乡纳院及龙山镇北乡、巧岭一带，岩性为中厚层泥灰岩、泥岩、页岩、黄褐色的长石石英砂岩、粉砂岩。

②把南组（T_3B）：分布于龙头大山中部，岩性为灰黄、灰白色石英砂岩、不等粒长石石英砂岩，层间有煤层。

③火把组（T_3H）：分布于龙头大山中上部，岩性为灰白色石英砂岩、不等粒长石石英砂砾岩、碳质页岩及煤层。

④二桥组（T_3E）：分布于龙头大山上部，岩性为灰白色厚层及块状石英砂岩，该岩层具斜纹层理、交错层理明显、石英含量80%—90%。

（三）侏罗系（J）

侏罗系地层在县境不发育，仅在龙头大山顶部有紫红色泥页岩残存。

第四系地层主要分布于县境中部，其更新统（$Q_1—Q_2$），岩性为黄色、黄棕色黏土、亚黏土；全新统（Q_4），岩性为黄褐色、褐黑色亚黏土，亚砂土及淤泥、腐殖土等。

三、地质灾害

县境属于地质灾害高发区，地层构造相对发育，多高山低谷地貌，地形相对高差较大，地质灾害隐患点多面广，至2010年，全县有地质灾害隐患点195个，以滑坡、崩塌、泥石流为主，受威胁人数1718户共8740人，潜在经济损失5718.3万元。

第二节　地　貌

县境地处经过强烈地壳变动、几度间歇抬升剥蚀夷平的云贵高原向广西丘陵过渡的斜坡地带，属于乌蒙山脉东南侧边缘岩溶化山原区。在地质构造运动各种内外营力长期作用和相互影响下，地貌呈复杂多样的、多层性的地层发育，并具有一定的区域过渡性。整个地貌为四周陡峻，中部平缓，北高南低，东高西低，西北与东南隔中部平缓地带呈马鞍状。地势一般海拔在1000—1400米之间，相对高差400米左右。北部地势崛起，有绵延百余里的龙头大山，其主峰公龙山海拔1966.4米，为县境最高点。从北到南，地貌呈多级阶梯状台面逐级下降到南盘江河谷，海拔高程亦逐级下降到736米（与兴义市交界之清水江同南盘江汇流处）至407米的巴猫河口（与册亨县交界处，此处已被平班电站水库淹没，常年蓄水位437米），巴猫河口为县境海拔最低点。南北距离49.75千米，相对高差1559.8米，地形比降为31‰。西北部层峦叠嶂，以海子乡高寨山为最高点，海拔1781米。高寨山至巴猫河口直线距离41.25千米，相对高差1374米，地形比降为33.46‰。东南部之仙鹤坪，海拔1756.7米，仙鹤坪至巴猫河口直线距离为16千米，相对高差1349.7米，地形比降84.75‰。龙头大山、高寨山、仙鹤坪呈三足鼎立，屹立于县境东北、西北和东南，构成了境内山脉走向的主要骨架和标志。

一、类型

县境地貌，根据自然地貌成因条件分为侵蚀地貌、溶蚀地貌两种类型，根据地表形态分为坝地、丘陵、山地和水面4种类型。

（一）自然地貌成因类型

1. 侵蚀地貌

侵蚀地貌以三叠系上统非岩溶地层为主，岩属多为沙岩、沙页岩，泥质岩，岩性易风化，渗透性差。主要分布于县境东北部、西北部和中南部，面积约占全县总面积的30%。

东北部主要分布在龙山镇和笃山乡一带，中南部主要分布在德卧镇、坡脚乡、兴隆镇等地，西北部主要分布在戈塘镇、海子乡、洒雨镇、新桥镇、龙广镇等地。

东北和西北部地势高，降雨量大，地表径流大，为形成侵蚀地貌的强大动力。南部地势低，降雨量相对较少，但由于中部大部分地区的地表、地下水径流汇集于南部，为南部岩石侵蚀作用提供了巨大能量。因此，在前述地带，流水劈山为谷，片状、沟状侵蚀作用强烈，冲沟发育，向源侵蚀作用明显，多发育为一些又深又陡的狭窄谷地、槽地，且河流多呈平行状水系排列。

2. 溶蚀地貌

溶蚀地貌，又称石灰岩地形，也就是“喀斯特”地形。县境溶蚀地貌分布较广，约占全县总面积的70%，大部分以三叠系灰岩、白云岩、白云质灰岩岩层及少量第四系黏土为主。

据有关科学资料记载，距今约二亿年以前，整个云贵高原是一个长期被海水淹没的海湾，堆积了很厚的能够变成石灰岩的钙质淤泥。石灰岩的主要成分是碳酸钙，碳酸钙易溶解于水，特别是富含二氧化碳的水溶解作用更大。县境气候温暖湿润，植物生长旺盛，无论雨水、河水还是地下水，二氧化碳含量都较高，有利于碳酸钙的溶解。在此条件下，只要石灰岩出现一点裂缝或空隙，水就能溶解出一条条通道来，使裂缝扩大。如果这些裂缝是直立的，慢慢就会变成漏斗状的凹坑或溶沟，再继续扩展到彼此相通时，剩下没有溶蚀的岩石就成为孤峰残柱；如果裂缝曲曲折折地深入地下，溶蚀不断扩大，就成为复杂的地下溶洞。岩溶地貌可分为地表岩溶地貌和地下岩溶地貌。

地表岩溶地貌的类型及其分布：

溶沟溶槽 一般沿小裂隙节理发育而成，在洒雨镇九头一带成片分布，在新安镇温家坡一带也发育较好。

落水洞 主要分布于平乐、笃山、钱相、龙广、新安等乡镇。

漏斗 县境皆有发育，特别是德卧镇白沙堡一带发育最好，据初步统计，该地每平方千米有8—10个漏斗。漏斗在新安镇温家坡一带则成串珠状发育。有的漏斗还形成积水池或天然水库，如阿扎水库就是将漏斗中的流水管道堵塞而成。

溶蚀洼地 该地貌在县境特别发育，一般直径可达500余米，大者可达1000—2000米，如绿海子、东地海子、大海子、小海子、法统海子、白秧坪、者秧、田坝、麻窝海子等。一般洼地与漏斗直接联系，有洼地形成，一定有漏斗存在。

溶性谷地 溶蚀谷地发育较好，大者长10余千米、宽数千米，小者长数千米、宽数百米。其发育主要受构造控制，沿构造线方向发育而成。一般谷底平坦宽阔，土壤肥沃，河溪纵贯其中，如德卧坝子、龙广坝子、木咱坝子、大坪坝子、海农坝子、木城坝子、钱相坝子等。谷地中部或两侧还有众多孤峰、残丘分布。

峰林 主要分布于县境中部的新安、兴隆、洒雨、普坪、龙广和德卧一带。峰林受地层构造控制，形态各异。在新安镇大坪、招堤、兴隆镇木城、洒雨镇九头一带，地壳以上升运动为主，水平挤压不强烈，岩层多以水平或缓倾角出现，峰林一般呈点状分布。在龙广狮子山一带，岩层因强烈挤压以徒倾角出现，峰林则呈脊状排列。

峰丛 峰丛是峰林发展的产物，其基座完全相连，顶部分为一个个小山峰。峰丛多分布于县境四周。

地下岩溶地貌：

地下岩溶地貌多出现在地层构造的褶皱轴部、张性断裂带、可溶性岩石与非可溶性岩石接触地带及串珠状落水洞、漏斗、洼地等地段，主要分布于笃山、平乐、钱相、兴隆、新安、龙广、洒雨、新桥等地。据初步统计，县境大的溶洞有70多个，小的溶洞不计其数，暗河有10多条。溶洞发育最好的是笃山乡，约4平方千米的范围内有大溶洞14个。在梨树、洒雨免底、笃山、幺塘还有多层溶洞；其次还有地下洞厅、管道状溶洞、水平溶洞、朝天洞、穿洞等。在兴隆镇木城一带，溶洞四处连通，浅地层地下水十分丰富，暗河、暗滩普遍发育，溶洞中，钟乳石、石柱、石笋、石花都很发育，千姿百态，琳琅满目，构成一幅幅天然地下美景。

（二）地表形态地貌类型

1. 河谷坝地

河谷坝地又称为构造谷地，主要沿断层线呈条带状分布于县境中部岩溶地区，县境北部龙山镇、西北部新桥镇和洒雨镇等非岩溶地区也有少量分布（仅占坝地的8%），坡度一般小于15°，海拔多在1000—1400米之间，面积247平方千米，占全县总面积的11.07%。

2. 陵地貌

陵地貌主要分布于县境中部地区，面积498平方千米，占全县总面积的22.3%，海拔在1200—1400米之间，相对高差30—200米不等。根据其岩性组成的差异和形态的不同，又分为低丘、中丘、高丘3级。

低丘 低丘主要分布于县境中部坝子边缘，面积135.9平方千米，占陵地貌面积的27.3%，海拔在1200—1400米之间，高差小于50米，坡度一般为6°—15°。以德卧白沙堡一带群集罗列的、孤立的圆锥形小山堡和新桥一带平缓的丘陵为其代表形态。

中丘 中丘多分布于坝子之中及山地边缘，面积70.7平方千米，占陵地貌面积的14.2%，海拔在1000—1400米之间，相对高差为50—100米，坡度为15°—25°。

高丘 高丘多分布于山地边缘，为陵地貌向山地貌过渡地带，面积291平方千米，占陵地貌面积的58.4%，相对高差在100—200米之间，坡度为25°—35°。

3. 山地貌

山地貌主要分布于县境四周，面积1486.3平方千米，占全县总面积的66.6%。根据海拔高度及地形切割深度又分为低山、低中山、中中山、高中山4级。

低山 低山分布于县境南部，面积205.5平方千米，占山地貌面积的13.8%，海拔在1000米以下，切割深度200—600米之间，为深切割低山貌，坡度陡峻，水流湍急，冲沟发育，向源侵蚀作用明显。

低中山 低中山分布于县境东、中部，面积784平方千米，占山地貌面积的52.7%，海拔在1000—1400米之间，切割深度为200—400米，属浅切割低中山地貌，坡度较陡，山岭脊线明显突起，流水侵蚀作用较强烈，岩溶地貌广为发育，小型洼地较多。

中中山 中中山主要分布于县境北部和西北部，面积497平方千米，占山地貌面积的33.4%，相对高差在200—500米之间，属中切割中中山地貌，山峦起伏，坡陡谷深，具有一定的山脉走向显示，雨水侵蚀作用明显。

中高山 中高山即龙头大山顶部，海拔高度在1800米以上，面积0.5平方千米，坡度大于35° 山高坡陡，气候多变。

4. 水面

水面主要由河流、水库、海子、井泉组成，面积14.77平方千米，占全县总面积的0.56%。

二、山川

县境山脉属于乌蒙山系，有马鞍山支脉经盘县南部和普安、晴隆两县折向东南，沿兴义市、兴仁县结合部进入县境西北海子乡古里一带。其分支由兴义市楼纳进入县境西南部和南部，形成高寨山至仙鹤坪和龙头大山以及西南、南部诸山山脉，其走向基本相同。山脉蜿蜒曲折，沿途形成众多山峰，构成了县境四周峰峦叠起、中部丘岗遍布、奇异峻秀的地貌。这些山峰或以地名，或以姓氏名，或以水、以形、以色名，或以历史掌故传说得名，山名繁多。下面仅将主要山脉及其山峰，择其高大绵延、众所熟知者记述。

（一）高寨山至仙鹤坪山脉

该山脉由兴仁县四家寨马鞍山、兴义市佐舍法古梁子一带进入县境西北海子乡。沿海子乡之沙厂、高寨山、新庄梁子南折至洒雨镇之狗头山、打火梁子，再折向东南之新桥镇，沿新桥镇之半边箐、普坪镇之龙洞蜿蜒而下，匍匐于县境中部，经新安镇之上下抱才、县城南郊之周家花园，过兴隆镇之二龙口、阿兴、花社等地抬升为仙鹤坪，再东南下出境进入册亨县。该山脉由西北至东南横贯县境，将境内地貌剖为东北、西南两半，构成县境地表、地下水的分水岭。

高寨山至仙鹤坪山脉主要山峰表

表2-1-1

山峰名称	山峰高度（米）	山峰所在地	山峰名称	山峰高度（米）	山峰所在地
锅厂坪对门山	1607.00	海子乡沙厂南	狮子山	1456.00	新桥镇海子坝南
前家梁子	1610.00	海子乡沙厂南	尖　山	1463.00	新安镇上抱才西
高寨山	1781.00	海子乡高寨	背阴坡	1456.00	新安镇作坊东
白石坡	1716.00	海子乡烂滩北	九头山	1539.00	新安镇下大坪
凤凰山	1551.00	海子乡甘寨东南	大扁山（天榜山）	1485.00	县城西北
老鹰嘴山	1538.00	海子乡天盖东	桅峰山	1564.90	县城南
牛角山	1638.00	海子乡屯背后南	双　山	1550.00	新安镇双山
大坡	1642.00	海子乡大石垭口	马嘴山	1565.00	新安镇马嘴山
新庄梁子	1675.00	海子乡堡堡南	营盘坡	1590.00	新安镇肖家塘西南

续表 2-1-1

山峰名称	山峰高度(米)	山峰所在地	山峰名称	山峰高度(米)	山峰所在地
祭山坡	1658.40	戈塘镇高补总北	背后山	1640.00	新安镇马草龙滩北
营盘山	1678.00	海子乡油菜坡南	二龙口	1500.00	兴隆镇巧凹西
老鹰岩	1661.00	洒雨镇上龙北	大冲坡	1590.00	兴隆镇阿兴
龙布山	1630.00	洒雨镇上龙北	狗场大坡	1552.00	兴隆镇狗厂北
狗头山	1683.90	洒雨镇下龙西南	轿子项	1595.40	兴隆镇纳闹西北
打火梁子	1624.00	洒雨镇打火南	三根角坡	1607.00	兴隆镇下西海东
丫陇山	1472.00	新桥镇丫陇北	花社大坡	1510.00	兴隆镇花社
马鞍山	1431.00	洒雨镇奄地坪东	仙鹤坪	1756.70	兴隆镇石灰、钢厂
半边箐	1443.00	新桥镇半边箐	蒙彭山	1501.00	兴隆镇石灰
龙洞山	1463.00	普坪镇龙洞			

(二)龙头大山山脉

乌蒙山系马鞍山支脉由兴仁县西南进入县境西北部之海子乡。分支沿海子乡椏巴山、焚山及戈塘镇之二龙口一带，经戈塘镇柘磨、秧地进入龙山镇之上下扯拢、石灰窑一带，经“V”字形过渡，然后崛起沿县境西北、北、东北部与兴仁、贞丰、册亨三县接壤之龙头大山，至笃山乡东北出境进入贞丰、册亨，形成多个山峰。

龙头大山山脉主要山峰表

表 2-1-2

山峰名称	山峰高度(米)	山峰所在地	山峰名称	山峰高度(米)	山峰所在地
椏巴山	1630.50	海子乡大陇车北	老营盘山	1607.70	龙山镇上扯拢北
焚山	1547.00	海子乡大陇车南	牛滚塘山	1530.00	龙山镇石灰窑上寨南
二龙口	1693.90	戈塘镇免补西北	石灰窑中寨山	1473.00	龙山镇石灰窑中寨东
求雨坡	1448.00	戈塘镇季戛北	纳秧山	1475.00	龙山镇纳秧西
大山	1525.00	戈塘镇羊头寨北	上寨山	1441.00	龙山镇上寨北
花戛山	1596.00	戈塘镇花戛北	公龙山	1966.40	龙山镇坡利东北
者梗山	1405.00	戈塘镇者梗	马峰山	1779.30	龙山镇四门洞东
六马坡	1496.40	戈塘镇科发寨东北	坡肖山	1741.00	龙山镇花障北
美女山	1450.00	戈塘镇秧地东南	大山	1600.00	笃山乡西北
锅底凼子山	1458.00	戈塘镇龙屯西南			

（三）西南和南部诸山

乌蒙山系马鞍山支脉，由兴义市楼纳绒坡坡一带进入县境西南部之龙广镇，其山势蜿蜒盘桓，经县境南部、东南部进入册亨县巧马一带，沿途形成多个山峰。

西南和南部主要山峰表

表 2-1-3

山峰名称	山峰高度（米）	山峰所在地	山峰名称	山峰高度（米）	山峰所在地
坎迭山	1493.00	龙广镇坎迭南	马岭头坡	1427.00	木咱镇新佳
大　山	1549.40	龙广镇桐柏南	扬子坪山	1431.00	新安镇石门坎西
大寨山	1417.00	龙广镇大寨南	篙芝坪山	1474.20	新安镇石门坎南
土井大山	1566.80	德卧镇土井	沿　山	1534.00	新安镇坡燕东北
青杠坡	1434.00	龙广镇青杠坡	石门坎山	1541.00	新安镇石门坎
岜皓大坡	1217.00	万峰湖镇平方西南	梅子关山	1481.00	新安镇梅子口
年家垭口	1494.00	万峰湖镇永桑	九头山	1152.00	坡脚乡三塘西

（四）中东北部诸山

中东北部以钱相乡阿赖顶西梁子为主脉，经笃山乡南部、平乐乡北部出境进入册亨县之坡坪一带，山势峥嵘，纵横交错，形成多个山峰。

中东北部山峰表

表 2-1-4

山峰名称	山峰高度（米）	山峰所在地	山峰名称	山峰高度（米）	山峰所在地
顶西梁子	1549.00	钱相乡顶西北	岩　山	1505.00	平乐乡下渔浪东北
苏家大营	1463.00	钱相乡巷达北	营盘山	1435.00	平乐乡牛旮洞南
白岩山	1437.10	平乐乡龙蛇南	营盘山	1564.50	钱相乡长湾南

第二章　气　候

县境属亚热带季风湿润气候区，气候特点是冬无严寒，夏无酷暑，四季分明，日照多，空气湿润，雨量充沛，无霜期长。县境气象灾害主要有低温、凝冻、倒春寒、高火险天气、春旱、冰雹、大风、暴雨、洪涝、雷电、伏旱、秋风、秋绵雨、霜冻、大雾等。一般气候灾害每年均有发生。县气象局为公众服务开展的天气预报工作，20 世纪 90 年代前主要通过县广播站以有线广播形式公布，20 世纪 90 年代后主要通过有线电视发布，同时还专门为农业服务，有针对性地预测倒春寒、春旱等农业气象要素。

1995年以后，随着计算机的普及与应用，天气预报步入统计分析阶段，开展短期气候预报、气候预测，专题服务气象服务，为县委、县政府和水利、林业、农业等部门提供决策依据。2007年3月制定《安龙县气象灾害应急预案》。

第一节 气候特征

安龙县位于北纬24°59′—24°23′、东经104°59′—105°50′，县境地形由西北向东南倾斜，台阶式降低，南北高差大，属亚热带季风湿润气候区。气候特点：冬无严寒，夏无酷暑，四季分明，日照多，空气湿润，雨量充沛，无霜期长等。一年中以夏季短，冬季次之，春秋两季较长。气温在垂直方向存在递减率差异，山地小气候明显。

县境气候划分：中部岩溶、丘陵、盆坝地貌，温和多雨；东北部低中山、侵蚀山地地貌，温暖少雨；西北部中中山、侵蚀溶蚀山地地貌，温凉多雨；东及中南部低中中山、岩溶峰丛地貌，温热少雨；南部低山、河谷、侵蚀山地地貌，干热少雨。

县境气压随着地势升高而降低，海拔每上升100米，气压降低10百帕。气压偏高的是坡脚乡，其次为万峰湖镇；气压最低的是海拔最高处，如海子乡。

气温垂直分布状态是：低凹河谷处偏热，高凸山区偏凉。境内南北向温度差变化大，东西向和中部腹地温度差相对小，各乡镇温度受地形和季节变化影响大。

龙广镇至万峰湖镇、县城至坡脚乡有局部区域性小气候。北部龙头大山，西北部海子乡高海拔山区，气温垂直递减率可取0.6℃—0.8℃每100米；南部坡脚乡、西南部万峰湖镇等低海拔处，气温垂直递减率可取1℃每100米。中部腹地气温在同一海拔高度，不同纬度气温水平差异变化不大。南面和北面同一海拔高度，不同纬度上气温水平差异明显。

境内雨水资源丰富，降雨日数多，地理分布与季节性不均。北端受龙头大山下沉气流影响，成为背风坡“雨影”；南端坡脚乡、万峰湖镇等南盘江河谷地形闭塞，多下沉气流，年降水量1100毫米左右，北部和南部均为少雨区。西北面地形较高，处于东南暖湿气流向风坡地带，受地形起伏抬升，天气系统自西向东过境，对流强烈，云雾雨日偏多。海子乡、洒雨镇年降雨量可达1400毫米以上，属多雨区域。自西向东中部一线多盆地坝子，海拔高差不大，地形变化相对缓和。据1981—2010年统计：年平均气温15.3℃，最冷月平均气温6.4℃，最热月平均气温21.9℃，历年极端最高气温33.9℃（1982年9月1日），极端最低气温 -5.1℃（1983年12月29日）。年平均降水量1195.4毫米，其中5—10月降水量984.8毫米，占全年降水量的82.4%。年平均相对湿度80%，最小相对湿度9%。年平均无霜期308天。年平均风速2.3米每秒，以东北风为最多，极大风速30米每秒（1990年3月27日）。年平均蒸发量1528.9毫米，年雷暴日数68.1天，最大雪深21厘米（2003年1月6日），雨雪量共计32.8毫米。主要气象灾害有冰雹、大风、雷电、暴雨、干旱、高火险、秋风、凝冻。

县境有明显的山地气候特点。部分乡镇处在高山谷深地区，受云雾和山体遮蔽影响，日照都比平地、大面积盆地区少。即自西向东，中部一线腹地日照偏多，南北向比较，偏南或偏北山区日照相对较少。

县境日照在黔西南州内属偏多县份，季节性利用太阳能有潜力。

第二节 气象要素

一、气温

据1981—2010年统计，县境年度气温平均为15.3℃。在全球气温变暖背景下，相对1971—2000年气候标准15.1℃，县境气温呈现出上升趋势。年度最冷为1月6.4℃，最热为7月21.9℃，气温年较差15.5℃。历年极端最高气温33.9℃（1982年9月1日），极端最低气温－5.1℃（1983年12月29日）。

县境一月平均气温6.4℃，月平均气温最高为9℃(2010年)，月平均气温最低为0.9℃(2011年)。日极端最低气温为－5℃，出现在1977年1月30日；日极端最高气温为25.4℃，出现在1999年1月31日。

县境七月平均气温21.9℃，月平均最高气温23.2℃（1983年），月平均气温最低20.8℃（1992年）。日极端最低气温为11.7℃，出现在1989年7月29日；日极端最高气温为31.4℃，出现在2003年7月18日。

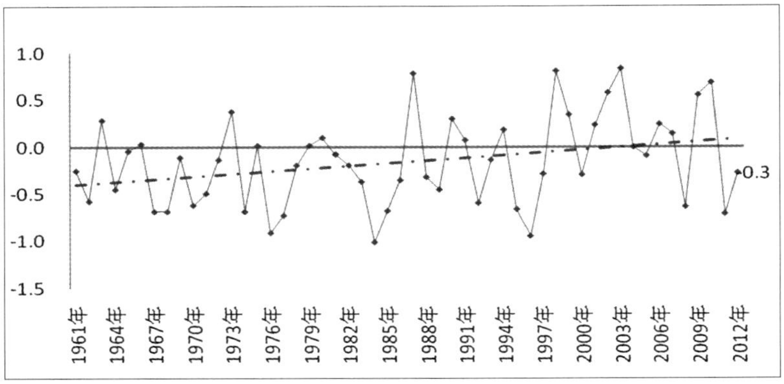

安龙县年度平均气温变化呈上升趋势（度）

四季平均气温：据1981—2010年统计，冬季（12月至次年2月）平均气温7.7℃、春季（3—5月）平均气温16.2℃、夏季（6—8月）平均气温21.5℃、秋季（9—11月)15.8℃。

二、降水

据1981—2010年统计，县境年度平均降雨量为1195.4毫米，年雨量最多为1608.9毫米，出现在1997年，年雨量最少为706.5毫米，出现在2011年。相对1971—2000年统计的年降水气候值1233.7毫米，近10余年降雨量呈减少趋势。一日最大降雨量为155.7毫米，出现在1992年7月21日。年度有雨平均日数为169天；相对1959—2007年统计的年度平均雨日177天，减少了8天。

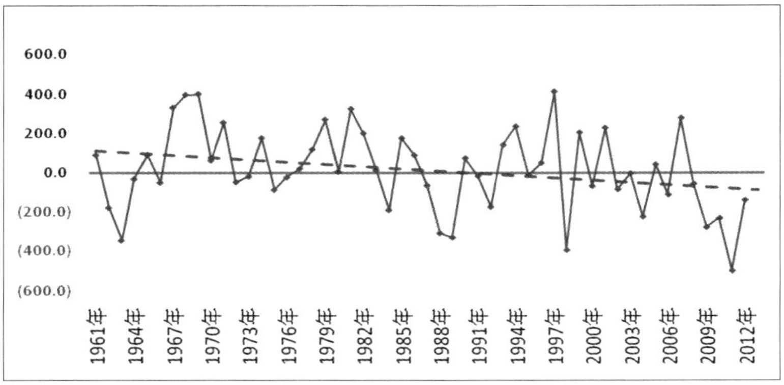

安龙县年度降水呈现减少趋势（毫米）

四季降雨量：据1981—2010年统计，冬季平均降雨量60.5毫米，占年雨量的5%，属最少季节；春季平均降雨量 264.0 毫米，占年度雨量的 22%；夏季平均降雨量 644.3 毫米，占年度雨量的 55%，属降水最多季节；秋季平均降雨量 226.6 毫米，占年度雨量的 19%。县境洪枯分明，冬半年（11 月至次年 4 月）降雨量 210.7 毫米，占年雨量 18%，属枯水期，晚秋起有干旱现象；夏半年（5—10 月）降雨量 984.7 毫米，占年雨量的 82%，属洪涝时段。

冬季降雨量最多为 146.5 毫米（1992 年），最少降雨量 11.9 毫米（2010 年），季度平均降雨日数为 37 天。

春季降雨量最多为 518.9 毫米（1967 年），最少降雨量 106.4 毫米（1963 年），季度平均降雨日数为 42 天。

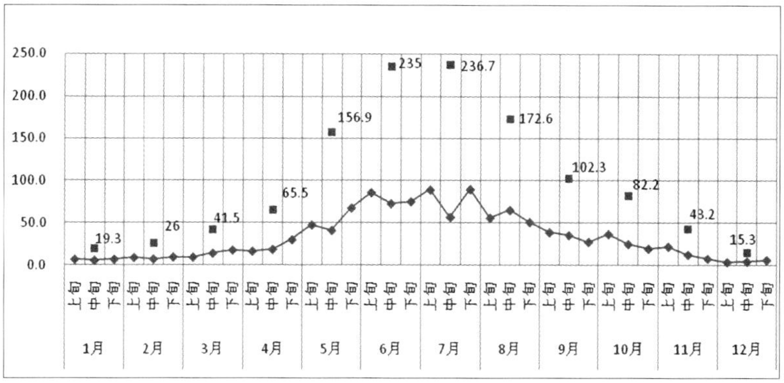

安龙县 1981 年至 2010 年各月旬平均雨量图（单位：毫米）

夏季降雨量最多为 1075.1 毫米（1969 年），最少降雨量为 252.3 毫米（2011 年），季度平均降雨日数为 52 天。

秋季降雨量最多为 492.3 毫米（1997 年），最少降雨量 99.0 毫米（1989 年），季度平均降雨日数为 38 天。

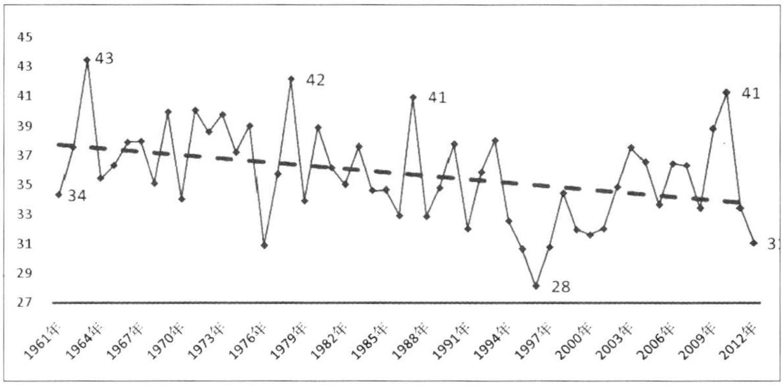

安龙县年度可日照百分率变化呈减少趋势（单位：%）

三、日照

据 1981—2010 年统计，县境年度平均日照时数 1545.2 小时，占地方可照时数的 35%。相对 1961—1990 年统计的年日照时数 1633 小时、1971—2000 年统计的年日照时数 1565.6 小时，县境可照时数呈现减少趋势。

安龙县各季度日照气候平均值和极端值变化表

表 2-2-1　　　　单位：小时

年季日照时数	冬季	春季	夏季	秋季	四季年	统计时间
气候平均	282.4	445.7	451.2	359.7	1539.0	1981—2010 年
最多日照	443.0	662.3	603.7	507.0	1991.0	1961—2012 年
出现年份	1969 年	1963 年	1972 年	1971 年	1963 年	极大值年
最少日照	142.5	309.4	322.6	256.5	1281.6	1961—2012 年
出现年份	2012 年	1996 年	1998 年	1986 年	1996 年	极小值年

四季日照时数：最多日照为夏季 451.2 小时，占可照时数的 38%；最少日照为冬季 282.4 小时，占可照时数的 29%。但不同年景，日照各季度变化均较大：夏季日照时数最多为 603.7 小时（1972 年），最少为 322.6 小时（1998 年）；冬季日照时数最多为 443 小时（1969 年），最少为 142.5 小时（2012 年）。春季日照平均为 445.7 小时，占可照时数的 38%，日照时数变化在 662.3 小时（1963 年）至 309.4 小时（1996 年）之间；秋季平均日照时数为 359.7 小时，占可照时数的 34%，日照变化在 507 小时（1971 年）至 256.5 小时（1986 年）之间。四季日照最多为 1963 年的 1991 小时，占可照时数的 43%；四季日照最少为 1996 年 1281.6 小时，占 28%。

一日最多可日照时数为 13 小时，出现在 1972 年 6 月 26 日和 1979 年 7 月 14 日。

县境内日照地区分布：西部多于东部，高山和大坝子地多于河谷凹地；东西向多于南北向，南坡多于北坡。

安龙县各月平均日照时数和极端最多（最少）日照时数变化

表 2-2-2　　　　单位：小时

日照时数	1 月	2 月	3 月	4 月	5 月	6 月	7 月	8 月	9 月	10 月	11 月	12 月
平均日照时数	83.3	96.6	127.8	154.2	163.7	133.8	153.1	164.3	141.8	104.3	113.6	103.8
最多日照时数	157.9	189.0	215.9	231.6	265.1	210.1	249.6	259.4	226.6	177.2	207.0	209.8
出现年度	1974 年	2007 年	1987 年	1963 年	1963 年	1961 年	1978 年	1990 年	1963 年	1985 年	1971 年	1968 年
最少日照时数	1.6	11.2	53.8	59.0	89.8	66.8	70.8	108.3	77.2	42.7	34.1	35.5
出现年度	2011 年	1968 年	2011 年	1996 年	1979 年	1965 年	1996 年	1999 年	1979 年	1964 年	1986 年	1967 年

各月日照时数统计得出：4 月、5 月、7 月、8 月相对偏多，1 月、2 月为最少月，具体年份变化较大，极端最多和极端最少均与气象灾害偏重发生密切联系。如 1963 年日照多，出现特大干旱；1996 年 7 月日照特少，影响水稻正常生长，空壳率多，秋粮减产。2011 年 1 月寡照，寒冬低温雨雪偏重发生。

太阳能统计得出：县境年平均太阳能为 4572 兆焦耳每平方米，年际变化在每平方米 5133.1 兆焦耳至 4141.1 兆焦耳之间。各月太阳能与日照时数多寡一致，以 8 月最多，1 月最少。

安龙县太阳能月份分布表

表 2-2-3　　单位：兆焦耳 / 平方米

太阳能	全年合计	1月	2月	3月	4月	5月	6月	7月	8月	9月	10月	11月	12月
平均值	4572.0	226.2	291.4	375.0	463.2	481.6	441.5	490.7	505.3	438.7	318.9	283.7	269.2
最多值	5133.1	334.8	405.7	507.0	612.2	631.5	537.9	610.9	648.8	580.6	439.9	398.9	386.3
最少值	4141.1	107.0	185.6	264.1	279.8	372.3	356.9	388.1	420.8	330.4	216.7	185.8	193.7

四、柜对湿度

据1981—2010年统计，县境年平均相对湿度为80%，年度平均相对湿度最大为85%（2011年），年平均相对湿度最小为76%（2009年）。全年相对湿度大小与冬季相对湿度密切联系，暖冬年景年相对湿度偏小，寒冬年景，年相对湿度偏大。

日平均相对湿度最大为100%，冬季常出现。日平均相对湿度最小为18%（1979年2月24日）。

日极端最小相对湿度为9%，分别出现在1987年3月21日、1993年12月26日、2003年2月23日。县境日极端最小相对湿度出现，均出现五级森林高火险天气，极易发生山林火灾、民宅火灾。

据各月相对湿度的统计，1月、7月、8月平均相对湿度均为83%，属偏高月份；相对湿度较小的月份为3月75%、4月74%、5月77%。

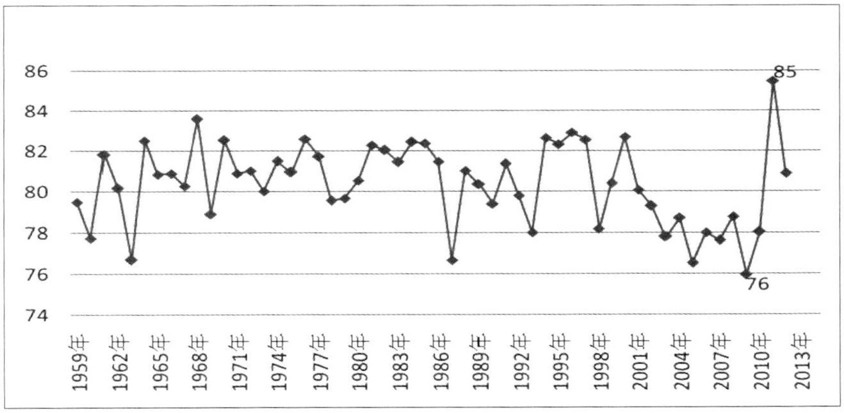

安龙县年平均相对湿度年际变化图（%）

安龙县各月平均相对湿度变化统计

表 2-2-4　　单位：%

相对湿度	一月	二月	三月	四月	五月	六月	七月	八月	九月	十月	十一月	十二月
平均	83	79	75	74	77	82	83	83	81	83	81	80
最大	94	91	86	87	85	86	89	89	89	91	90	90
最小	65	54	53	63	65	73	78	74	73	74	67	67

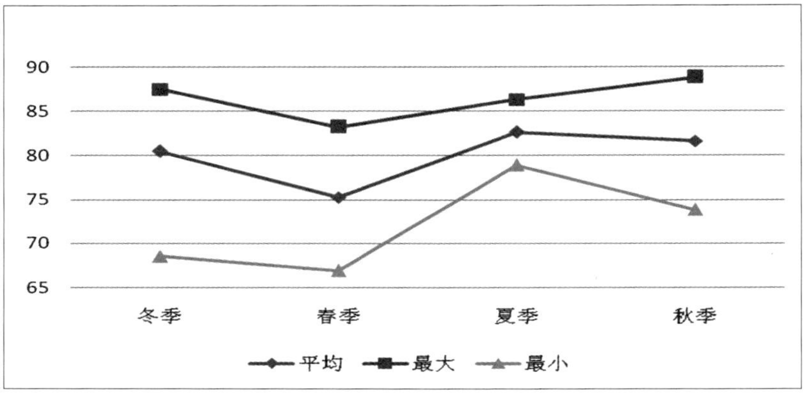

安龙县四季相对湿度变化图（单位：%）

各季节相对湿度：春季平均相对湿度为75%，最小，与常年春旱发生有密切的联系。夏季平均相对湿度为83%，最大，与主汛期降雨量大、降雨日数频繁有关。冬季平均相对湿度为81%，但年景冷、暖不变化，冬季相对湿度大小各年景变化较大。

五、风向风速

据1981—2010年风速统计，安龙平均风速2.3米每秒，年平均风速最大为2.7米每秒至1.7米每秒之间，以东北风为最多，极大风速30米每秒（1990年3月27日）。据全县各月大风出现频率统计得出：常年大风以3月最多，以12月最少。

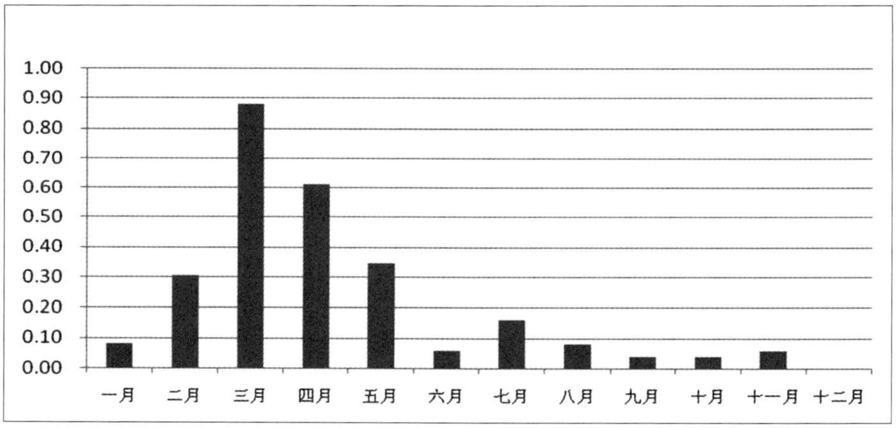

黔西南州安龙县各月大风出现几率（单位：天）

2005—2012年各季度最大风速：冬季最大风速为11.8米每秒（2005年2月23日）；春季最大风速为11.4米每秒（2010年5月8日）；夏季最大风速9.4米每秒（2010年7月2日）；秋季最大风速10.5米每秒（2010年9月9日）。

各月平均风速和最多风向：年内三月平均风速2.9米每秒为最大，八月平均风速1.8米每秒为最小。年度平均为2.3米每秒，最多风向为东南风。

安龙县各月平均风速和最多风向表

表 2-2-5　　单位：米 / 秒

月份	1月	2月	3月	4月	5月	6月	7月	8月	9月	10月	11月	12月	全年
平均	2.4	2.7	2.9	2.8	2.5	2.2	2.1	1.8	1.9	2.1	2.1	2.2	2.3
风向	南	南	南	南东	南东	南东	南南东	南东	南东	南	南	南	南东

第三节　灾害性天气

灾害性天气是指对人民生命财产有严重威胁，对工农业和交通运输会造成重大损失的天气。县境气象灾害主要有低温、凝冻、倒春寒、高火险天气、春旱、冰雹、大风、暴雨、洪涝、雷电、伏旱、秋风、秋绵雨、霜冻、大雾等。一般天气、气候灾害（天气、气候因素直接造成的灾害）和极端天气、气候次生、衍生灾害，如地质灾害、山林火灾、农作物病虫害等，每年均有发生。

一、干旱

干旱一般分春旱和夏旱。春旱，以日降水量论，一般春季 5 天内无降水（或 1 毫米以下的降水）确定为春旱开始；干旱时段内降水与历史同期比较，3 月偏少 6 成、4—5 月偏少 5 成的，即为春旱时段。夏旱，一般夏季 5 天内无降水（或 5 毫米以下降水）即确定为夏旱开始；干旱时段内的降水量与历史同期比较，6—7 月偏少 5 成、8 月偏少 6 成的，即为夏旱时段。

1989－2012 年安龙县城区春旱、夏旱时段统计表

表 2-2-6

年度	日期	地点	灾害类别	灾情记录
1989	3 月 1—17 日	测站	干旱，17 天少雨	总降雨量 1.7 毫米
	3 月 26 日至 4 月 11 日	测站	干旱，17 天少雨	总降雨量 9.9 毫米
	4 月 17—30 日	测站	干旱，14 天少雨	总降雨量 12.2 毫米
	5 月 17—27 日	测站	干旱，11 天少雨	总降雨量 2.2 毫米
	7 月 4—16 日	测站	干旱，13 天少雨	总降雨量 10.2 毫米
1990	3 月 16—26 日	测站	干旱，11 天少雨	总降雨量 0.4 毫米
	4 月 11 日至 5 月 7 日	测站	干旱，27 天少雨	总降雨量 29.0 毫米
	6 月 1—10 日	测站	干旱，10 天少雨	总降雨量 11.4 毫米
	6 月 29 日至 7 月 8 日	测站	干旱，11 天少雨	总降雨量 4.2 毫米
1991	3 月 5—25 日	测站	干旱，21 天少雨	总降雨量 5.6 毫米
	4 月 6—20 日	测站	干旱，15 天无雨	总降雨量 0 毫米
	5 月 21 日至 6 月 2 日	测站	干旱，12 天无雨	总降雨量 0 毫米
	7 月 19—28 日	测站	干旱，10 天少雨	总降雨量 2.4 毫米

续表 2-2-6

年度	日期	地点	灾害类别	灾情记录
1992	3月1—16日	测站	干旱，16天少雨	总降雨量4.7毫米
	4月1日至6月13日	测站	干旱，74天少雨	总降雨量118.2毫米
	7月8—20日	测站	干旱，13天少雨	总降雨量32.4毫米
1993	3月1日至4月24日	测站	干旱，55天少雨	总降雨量10.4毫米
	7月10—18日	测站	干旱，9天少雨	总降雨量0.3毫米
1994	3月3—14日	测站	干旱，12天无雨	总降雨量0毫米
	4月3日至5月2日	测站	干旱，30天少雨	总降雨量10.0毫米
1995	3月15日至4月29日	测站	干旱，46天少雨	总降雨量14.2毫米
	5月8—24日	测站	干旱，16天少雨	总降雨量8.2毫米
	7月10—22日	测站	干旱，13天少雨	总降雨量9.9毫米
1996	3月1—23日	测站	干旱，23天少雨	总降雨量12.0毫米
	4月1—18日	测站	干旱，18天少雨	总降雨量8.3毫米
	6月1—8日	测站	干旱，8天少雨	总降雨量4.9毫米
	7月8—18日	测站	干旱，11天少雨	总降雨量20.1毫米
1997	7月5—31日	测站	干旱，21天少雨	总降雨量47.8毫米
	6月8—20日	测站	干旱，13天少雨	总降雨量33.9毫米
1998	3月9—26日	测站	干旱，18天少雨	总降雨量2.3毫米
	4月11日至5月1日	测站	干旱，21天少雨	总降雨量24.4毫米
	5月4—27日	测站	干旱，24天少雨	总降雨量19.6毫米
	6月21日至7月7日	测站	干旱，17天少雨	总降雨量38.3毫米
	7月11—22日	测站	干旱，12天少雨	总降雨量24.9毫米
1999	3月1—27日	测站	干旱，27天少雨	总降雨量1.3毫米
	3月29日至4月12日	测站	干旱，15天少雨	总降雨量5.1毫米
	5月9—21日	测站	干旱，13天少雨	总降雨量1.0毫米
	6月6—16日	测站	干旱，11天少雨	总降雨量12.4毫米
2000	3月13—30日	测站	干旱，17天少雨	总降雨量4.1毫米
	4月16日至5月5日	测站	干旱，20天少雨	总降雨量12.0毫米
	5月10—15日	测站	干旱，6天无雨	总降雨量0毫米
	6月1—7日	测站	干旱，7天无雨	总降雨量0毫米
	7月24—31日	测站	干旱，7天少雨	总降雨量3.1毫米

续表 2-2-6

年度	日期	地点	灾害类别	灾情记录
2001	3月1—24日	测站	干旱，24天少雨	总降雨量7.7毫米
	4月2—21日	测站	干旱，20天少雨	总降雨量4.6毫米
	5月1—6日	测站	干旱，6天无雨	总降雨量0毫米
	5月22—31日	测站	干旱，10天少雨	总降雨量18.5毫米
	6月13—19日	测站	干旱，7天无雨	总降雨量0毫米
	7月10—27日	测站	干旱，18天少雨	总降雨量38.2毫米
2002	3月1—16日	测站	干旱，16天少雨	总降雨量7.9毫米
	3月20日至4月8日	测站	干旱，19天少雨	总降雨量2.3毫米
	4月26日至5月3日	测站	干旱，8天无雨	总降雨量0毫米
	5月15—29日	测站	干旱，15天少雨	总降雨量29.8毫米
	6月19日至7月12日	测站	干旱，24天少雨	总降雨量26.6毫米
	7月25日至8月6日	测站	干旱，12天少雨	总降雨量27.3毫米
2003	3月1—18日	测站	干旱，18天少雨	总降雨量3.5毫米
	3月25日至4月26日	测站	干旱，30天少雨	总降雨量7.8毫米
	4月30日至5月7日	测站	干旱，8天无雨	总降雨量0毫米
	6月25日至7月5日	测站	干旱，11天少雨	总降雨量3.4毫米
	7月10—19日	测站	干旱，10天无雨	总降雨量0毫米
	7月31日至8月10日	测站	干旱，11天少雨	总降雨量4.5毫米
	8月13—21日	测站	干旱，8天少雨	总降雨量1.5毫米
2004	3月1—16日	测站	干旱，16天少雨	总降雨量2.7毫米
	4月16日至5月15日	测站	干旱，30天少雨	总降雨量16.7毫米
	5月21日至6月4日	测站	干旱，15天少雨	总降雨量5.3毫米
	7月24日至8月12日	测站	干旱，19天少雨	总降雨量30.8毫米
2005	3月5—17日	测站	干旱，13天无雨	总降雨量0毫米
	3月27日至4月22日	测站	干旱，26天少雨	总降雨量4.4毫米
	4月28日至5月8日	测站	干旱，11天少雨	总降雨量18.5毫米
	5月12—19日	测站	干旱，7天少雨	总降雨量13.3毫米
	6月27日至7月8日	测站	干旱，12天少雨	总降雨量2.1毫米
	8月6—15日	测站	干旱，10天少雨	总降雨量7.4毫米
2006	3月1—12日	测站	干旱，12天无雨	总降雨量0毫米
	4月1—23日	测站	干旱，23天少雨	总降雨量1.1毫米
	5月15—24日	测站	干旱，10天无雨	总降雨量0毫米

续表 2-2-6

年度	日期	地点	灾害类别	灾情记录
2006	7 月 18—28 日	测站	干旱，11 天少雨	总降雨量 8.0 毫米
2007	3 月 11 日至 4 月 3 日	测站	干旱，24 天少雨	总降雨量 1.5 毫米
	5 月 5—15 日	测站	干旱，11 天无雨	总降雨量 0 毫米
	5 月 19—26 日	测站	干旱，8 天少雨	总降雨量 0.9 毫米
	6 月 14—22 日	测站	干旱，9 天少雨	总降雨量 0.9 毫米
2008	3 月 20 日至 4 月 21 日	测站	干旱，33 天少雨	总降雨量 3.9 毫米
	5 月 20—27 日	测站	干旱，8 天少雨	总降雨量 8.0 毫米
	6 月 18—26 日	测站	干旱，9 天少雨	总降雨量 6.4 毫米
	8 月 19—25 日	测站	干旱，7 天少雨	总降雨量 0.0 毫米
2009	3 月 9—27 日	测站	干旱，8 天少雨	总降雨量 0.2 毫米
	4 月 17 日至 5 月 14 日	测站	干旱，28 天少雨	总降雨量 15.8 毫米
	5 月 21—27 日	测站	干旱，7 天少雨	总降雨量 0.1 毫米
	6 月 3—9 日	测站	干旱，7 天少雨	总降雨量 1.4 毫米
	8 月 6—28 日	测站	干旱，23 天少雨	总降雨量 9.3 毫米
2010	3 月至 4 月 14 日	测站	干旱，45 天少雨	总降雨量 12.3 毫米
	5 月 11—18 日	测站	干旱，8 天少雨	总降雨量 1.5 毫米
	7 月 2—10 日	测站	干旱，9 天少雨	总降雨量 13.1 毫米
	8 月 3—15 日	测站	干旱，13 天少雨	总降雨量 22.3 毫米
2011	3 月 19—25 日	测站	干旱，7 天少雨	总降雨量 1.3 毫米
	3 月 28 日至 5 月 10 日	测站	干旱，44 天少雨	总降雨量 14.8 毫米
	5 月 23 日至 6 月 6 日	测站	干旱，15 天少雨	总降雨量 1.2 毫米
	6 月 21 日至 7 月 21 日	测站	干旱，31 天少雨	总降雨量 36.9 毫米
	7 月 25 日至 8 月 4 日	测站	干旱，11 天少雨	总降雨量 6.2 毫米
	8 月 17 日至 9 月 3 日	测站	干旱，18 天少雨	总降雨量 4.8 毫米
2012	3 月 5—25 日	测站	干旱，21 天少雨	总降雨量 12.0 毫米
	4 月 10 日至 5 月 4 日	测站	干旱，25 天少雨	总降雨量 0.7 毫米
	7 月 3—12 日	测站	干旱，10 天少雨	总降雨量 0.0 毫米

二、暴雨

24 小时降雨量达到 50 毫米以上称为暴雨，100—249.9 毫米称大暴雨，超过 250 毫米为特大暴雨。1989—2012 年，安龙县城区没有出现特大暴雨，但 3—5 天连续降雨 250 毫米以上亦能造成重大灾害。

1989－2012 年安龙县城区暴雨日统计表

表 2-2-7

年度	日期	地点	灾害类别	灾情记录
1989	7 月 27 日	测站	暴雨	76.3 毫米
1990	6 月 20 日	测站	暴雨 3 天	最大 73.9 毫米
	9 月 21 日	测站	暴雨	51.9 毫米
	10 月 18 日	测站	暴雨	61.3 毫米
1991	6 月 6 日	测站	暴雨	104.7 毫米
	7 月 31 日	测站	暴雨	65.7 毫米
	8 月 10 日	测站	暴雨 2 天	最大 62.3 毫米
1992	7 月 21 日	测站	暴雨	155.7 毫米（历史最大）
1993	5 月 2 日	测站	暴雨	65.1 毫米
	6 月 22 日	测站	暴雨	50.6 毫米
	7 月 5 日	测站	暴雨	72.6 毫米
	7 月 23 日	测站	暴雨	67.2 毫米
	8 月 12 日	测站	暴雨	107.2 毫米
1994	6 月 8 日	测站	暴雨	60.8 毫米
	6 月 15 日	测站	暴雨	80.3 毫米
	8 月 8 日	测站	暴雨 2 天	65.8 毫米
1995	5 月 26 日	测站	暴雨	57.2 毫米
	7 月 8 日	测站	暴雨	65.9 毫米
	8 月 20 日	测站	暴雨	56.3 毫米
	9 月 2 日	测站	暴雨	65.9 毫米
1996	5 月 2 日	测站	暴雨	63.9 毫米
	7 月 29 日	测站	暴雨	83.8 毫米
	8 月 8 日	测站	暴雨	53.8 毫米
	8 月 18 日	测站	暴雨	55.7 毫米
1997	6 月 7 日	测站	暴雨	62.7 毫米
	7 月 25 日	测站	暴雨	77.7 毫米
	8 月 24 日	测站	暴雨 2 天	最六 65.3 毫米
	9 月 14 日	测站	暴雨	51.0 毫米
	10 月 4 日	测站	暴雨	124.0 毫米
1998	6 月 8 日	测站	暴雨	85.4 毫米

续表 2-2-7

年度	日期	地点	灾害类别	灾情记录
1999	5 月 26 日	测站	暴雨	65.7 毫米
	6 月 17 日	测站	暴雨	50.6 毫米
	7 月 10 日	测站	暴雨 4 天	最大 105.3 毫米
2000	6 月 8 日	测站	暴雨	79.3 毫米
	7 月 9 日	测站	暴雨	50.2 毫米
2001	6 月 26 日	测站	暴雨	77.5 毫米
	7 月 31 日	测站	暴雨 3 天	59.4 毫米
	8 月 14 日	测站	暴雨	78.0 毫米
2002	5 月 30 日	测站	暴雨	58.4 毫米
	6 月 10 日	测站	暴雨	56.4 毫米
	8 月 26 日	测站	暴雨	62.2 毫米
	10 月 4 日	测站	暴雨	75.8 毫米
2003	5 月 24 日	测站	暴雨	51.0 毫米
	7 月 20 日	测站	暴雨 2 天	91.4 毫米
2004	6 月 5 日	测站	暴雨	86.7 毫米
	7 月 5 日	测站	暴雨	78.0 毫米
2005	4 月 23 日	测站	暴雨	55.8 毫米
	5 月 22 日	测站	暴雨	96.6 毫米
	6 月 18 日	测站	暴雨 2 天	79.8 毫米
	8 月 21 日	测站	暴雨	51.1 毫米
2006	5 月 28 日	测站	暴雨	57.8 毫米
	7 月 8 日	测站	暴雨	72.3 毫米
2007	5 月 27 日	测站	暴雨	144.1 毫米
	6 月 9 日	测站	暴雨	55.8 毫米
	6 月 24—25 日	测站	暴雨 2 天	170.2 毫米
	7 月 26 日	测站	暴雨	78.8 毫米
	7 月 30 日	测站	暴雨	73.3 毫米
2008	5 月 30 日	测站	暴雨	53.9 毫米

续表 2-2-7

年度	日期	地点	灾害类别	灾情记录
2008	7月11日	测站	暴雨	55.0毫米
	11月2日	测站	暴雨	51.0毫米
2009	6月16日	测站	暴雨	56.6毫米
	6月22日	测站	暴雨	93.6毫米
	6月23日	测站	暴雨	51.6毫米
2011	5月11日	测站	暴雨	108.7毫米
2012	5月22日	测站	暴雨	52.8毫米
	6月14日	测站	暴雨	105.0毫米
	6月17日	测站	暴雨	66.0毫米
	6月27日	测站	暴雨	53.5毫米
	7月23日	测站	暴雨	59.4毫米
	8月18日	测站	暴雨	50.5毫米

三、秋风

县境每年8月1日至9月10日，气温低于20℃的低温时段，连续2—3天为轻级秋风，4—5天为中级秋风，6—8天为重级秋风，9天以上的为特重级秋风。秋风天气与连续降水有关。

1989－2012年安龙县城区秋风灾害统计表

表 2-2-8

年度	日期	地点	灾害类别	灾情记录
1989	9月5—8日	测站	秋风	71.6℃ /4天= 17.9℃
1991	8月10—14日	测站	秋风	98.3℃ /5天= 19.7℃
1992	8月21—24日	测站	秋风	77.5℃ /4天= 19.4℃
1995	8月19—21日	测站	秋风	59.1℃ /3天= 19.7℃
1996	9月1—3日	测站	秋风	57.4℃ /3天= 19.1℃
1998	8月28—30日	测站	秋风	57.3℃ /3天= 19.1℃
	9月4—8日	测站	秋风	96.9℃ /5天= 19.4℃
1999	8月22—29日	测站	秋风	152.2℃ /8天= 19.0℃
2000	8月28—30日	测站	秋风	58.5℃ /3天= 19.5℃
	9月6—21日	测站	秋风	282.2℃ /16天= 17.6℃
2001	8月12—14日	测站	秋风	58.2℃ /3天= 19.4℃
	8月25—28日	测站	秋风	75.7℃ /4天= 18.9℃

续表 2-2-8

年度	日期	地点	灾害类别	灾情记录
2001	9 月 8—12 日	测站	秋风	89.5℃ /5 天= 17.9℃
2002	8 月 10—21 日	测站	秋风	216℃ /12 天= 18.0℃
	8 月 4—7 日	测站	秋风	79.7℃ /4 天= 19.9℃
2003	8 月 16—18 日	测站	秋风	57.2℃ /3 天= 19.1℃
	9 月 2—5 日	测站	秋风	72.7℃ /4 天= 18.2℃
	9 月 8—12 日	测站	秋风	86.5℃ /5 天= 17.3℃
2004	9 月 8—17 日	测站	秋风	196.8℃ /11 天= 17.9℃
2005	8 月 21—26 日	测站	秋风	108.9℃ /6 天= 18.2℃
	9 月 6—13 日	测站	秋风	154.1℃ /8 天= 19.3℃
2006	8 月 3—7 日	测站	秋风	96.0℃ /5 天= 19.2℃
	8 月 22—24 日	测站	秋风	57.0℃ /3 天= 19.0℃
	9 月 8—11 日	测站	秋风	46.1℃ /3 天= 15.4℃
2007	9 月 3—7 日	测站	秋风	70.7℃ /4 天= 17.7℃
2008	8 月 31 日至 9 月 6 日	测站	秋风	134.5℃ /7 天 =19.2℃
2010	8 月 27—30 日	测站	秋风	74.7℃ /4 天 =18.7℃
2012	8 月 23—25 日	测站	秋风	57.7℃ /3 天 =19.2℃
	9 月 3—6 日	测站	秋风	74.1℃ /4 天 =18.5℃

四、倒春寒

每年 3 月 21 日至 4 月 30 日，日平均气温低于 10℃，持续 3 天以上，第 4 日开始，允许间隔 1 天的日平均气温大于 10.5℃，确定为一次倒春寒过程。3—4 天为轻级倒春寒，5—6 天为中级倒春寒，7—9 天为重级倒春寒，10 天以上为特重级倒春寒。据 1981—2010 年统计，县城日平均气温稳定通过 10℃是 3 月 4 日，与全省相比，低纬气温偏高。县内倒春寒时段订正统计从 3 月 1 日起，结束时期订正为 4 月 15 日，符合农业春耕生产实际。

1989 – 2012 年安龙县城区倒春寒统计表

表 2-2-9

年度	日期	地点	灾害类别	灾情记录
1989	3 月 4—12 日	测站	倒春寒	42.8℃ /8 天= 5.4℃
	3 月 25—27 日	测站	倒春寒	25.8℃ /3 天= 8.6℃
1990	3 月 1—9 日	测站	倒春寒	43.2℃ /9 天= 4.8℃
1991	3 月 1—3 日	测站	倒春寒	24.8℃ /3 天= 8.3℃
	3 月 28 日至 4 月 4 日	测站	倒春寒	55.9℃ /8 天= 7.0℃
1992	3 月 4—11 日	测站	倒春寒	40.6℃ /8 天= 5.1℃

续表 2-2-9

年度	日期	地点	灾害类别	灾情记录
1992	3 月 17—29 日	测站	倒春寒	107.4℃ /13 天= 8.3℃
1993	3 月 17—21 日	测站	倒春寒	25.1℃ /5 天= 5.0℃
1994	3 月 14—27 日	测站	倒春寒	106.6℃ /14 天= 7.6℃
1995	3 月 3—7 日	测站	倒春寒	33.7℃ /5 天= 6.7℃
	3 月 70—14 日	测站	倒春寒	41.1℃ /5 天= 8.2℃
	3 月 17—20 日	测站	倒春寒	28.0℃ /4 天= 7.0℃
	4 月 1—3 日	测站	倒春寒	27.5℃ /3 天= 9.2℃
1996	3 月 9—12 日	测站	倒春寒	18.7℃ /4 天= 4.7℃
	4 月 1—4 日	测站	倒春寒	28.0℃ /4 天= 7.0℃
	4 月 11—13 日	测站	倒春寒	28.0℃ /3 天= 9.3℃
1997	3 月 1—4 日	测站	倒春寒	32.3℃ /4 天= 8.3℃
	3 月 17—26 日	测站	倒春寒	81.5℃ /10 天= 8.2℃
1998	3 月 1—3 日	测站	倒春寒	24.4℃ /3 天= 8.1℃
	3 月 10—12 日	测站	倒春寒	24.0℃ /3 天= 8.0℃
	3 月 21—24 日	测站	倒春寒	25.6℃ /4 天= 6.4℃
1999	3 月 9—14 日	测站	倒春寒	33.1℃ /6 天= 5.6℃
	3 月 21—23 日	测站	倒春寒	21.9℃ /3 天= 7.3℃
2000	3 月 1—12 日	测站	倒春寒	90.1℃ /12 天= 7.5℃
2001	3 月 8—11 日	测站	倒春寒	30.5℃ /4 天= 7.6℃
2002	3 月 5—8 日	测站	倒春寒	29.3℃ /4 天= 7.3℃
2003	3 月 5—12 日	测站	倒春寒	61.1℃ /8 天= 7.6℃
	3 月 18—22 日	测站	倒春寒	44.0℃ /5 天= 8.8℃
2004	3 月 2—8 日	测站	倒春寒	50.8℃ /7 天= 7.3℃
2005	3 月 1—7 日	测站	倒春寒	42.3℃ /7 天= 6.0℃
	3 月 13—15 日	测站	倒春寒	22.0℃ /3 天= 7.3℃
	3 月 23—25 日	测站	倒春寒	23.9℃ /3 天= 7.9℃
2006	3 月 13—16 日	测站	倒春寒	21.8℃ /4 天= 5.4℃
2007	3 月 6—11 日	测站	倒春寒	37.6℃ /6 天= 6.3℃
	3 月 17—19 日	测站	倒春寒	23.2℃ /3 天= 7.7℃
	4 月 3—8 日	测站	倒春寒	51.2℃ /6 天= 8.5℃

续表 2-2-9

年度	日期	地点	灾害类别	灾情记录
2009	2 月 28 日至 3 月 9 日	测站	倒春寒	66.2℃ /10 天 =6.6℃
	3 月 30 日至 4 月 2 日	测站	倒春寒	37.8℃ /4 天 =9.5℃
2010	3 月 8—10 日	测站	倒春寒	17.1℃ /3 天 =5.7℃
	3 月 24—26 日	测站	倒春寒	28.5℃ /3 天 =9.5℃
2011	3 月 3—11 日	测站	倒春寒	77.4℃ /10 天 =7.7℃
	3 月 15—17 日	测站	倒春寒	19.6℃ /4 天 =4.9℃
	3 月 22—28 日	测站	倒春寒	35.4℃ /7 天 =5.1℃
2012	3 月 7—14 日	测站	倒春寒	50.9℃ /8 天 =6.4℃

五、凝冻

每年 12 月 1 日至次年 2 月 28 日，日平均气温低于 1℃，极端最低气温 0℃或 0℃以下，有降雨，三者同时出现，称为凝冻灾害性天气。凝冻持续 1—3 天为轻级凝冻灾害性天气，4—5 天为中级凝冻灾害性天气，6—9 天为重级凝冻灾害性天气，10 天以上为特重级凝冻灾害性天气。

1989－2012 年安龙县城区凝冻性灾害性天气统计表

表 2-2-10

年度	日期	地点	灾害类别	灾情记录
1989	1 月 13—19 日	测站	凝冻 7 天	最低气温 −4.1℃
	2 月 2—3 日	测站	凝冻 2 天	最低气温 −1.5℃
1990	1 月 31 日至 2 月 3 日	测站	凝冻 4 天	最低气温 −1.5℃
1991	12 月 27—29 日	测站	凝冻 3 天	最低气温 −3.5℃
1992	1 月 14 日	测站	凝冻	最低气温 −2.4℃
1994	1 月 19—23 日	测站	凝冻 5 天	最低气温 −3.2℃
1995	1 月 3—5 日	测站	凝冻 3 天	最低气温 −1.1℃
	12 月 29—31 日	测站	凝冻 3 天	最低气温 −1.8℃
1996	1 月 19 日	测站	凝冻	最低气温 −1.0℃
	2 月 18—24 日	测站	凝冻 7 天	最低气温 −2.9℃
1997	12 月 11 日	测站	凝冻	最低气温 −1.8℃
1998	1 月 19—20 日	测站	凝冻 2 天	最低气温 −1.6℃
	2 月 5 日	测站	凝冻	最低气温 −1.1℃

续表 2-2-10

年度	日期	地点	灾害类别	灾情记录
1999	1 月 11—12 日，14—15 日	测站	凝冻 4 天	最低气温 −2.0℃
2000	1 月 26 日至 2 月 2 日	测站	凝冻 8 天	最低气温 −4.5℃
2002	12 月 26—29 日	测站	凝冻 4 天	最低气温 −2.3℃
2003	1 月 3 日，6—7 日	测站	凝冻 3 天	最低气温 −3.2℃
2004	1 月 20—23 日	测站	凝冻 4 天	最低气温 −1.8℃
	2 月 3—9 日	测站	凝冻 7 天	最低气温 −1.2℃
	12 月 28 日	测站	凝冻	最低气温 −1.8℃
2005	2 月 19—21 日	测站	凝冻 3 天	最低气温 −2.3℃
2006	1 月 5—8 日	测站	凝冻 3 天	最低气温 −1.2℃
2008	1 月 21—24 日	测站	凝冻 4 天	最低气温 −1.9℃
	1 月 26 日至 2 月 13 日	测站	凝冻 19 天	最低气温 −3.6℃
2009	1 月 24—26 日	测站	凝冻 3 天	最低气温 −0.2℃
2011	1 月 7—12 日	测站	凝冻 6 天	最低气温 −1.6℃
	1 月 17 日至 2 月 1 日	测站	凝冻 16 天	最低气温 −2.7℃
2012	1 月 4—5 日	测站	凝冻 2 天	最低气温 −0.9℃
	1 月 22—25 日	测站	凝冻 4 天	最低气温 −1.8℃

六、冰雹

在气象灾害中，冰雹灾害常伴随其他灾害同时出现，如瞬间大风、局部地区暴雨等。气象观测记录，多以测站降雹实况记录，在视区或县境内降雹，属于灾情调查收集，写入该月气候评价。20 世纪 80 年代，县气象站设“三七”高炮开展人工防雹作业，作业后降雹频率减少，气象站无雹、少雹记录日数相对减少。2000 年后，人工作业影响天气一般为 3—9 月，作业高炮增加，县境形成网络联防，对自然降雹现象有较大影响。

1989－2012 年全县冰雹灾情统计表

表 2-2-11

年度	日期	地点	灾害类别	灾情记录
1989	3 月 18 日、20 日	测站	冰雹	无灾
	4 月 24 日，19:15	测站	冰雹	无灾
	8 月 27 日，18:49—19:04	测站	冰雹	无灾

续表 2-2-11

年度	日期	地点	灾害类别	灾情记录
1990	3 月 17 日、27 日	测站（17 日雹灾，27 日伴风灾）	冰雹	有灾，直径 10 毫米，密集成灾
	4 月 27，17:50—17:53	测站（8 日，新安海庄有雹灾）	冰雹	有灾，无详细记录
1991	3 月 17 日，18:48	测站	冰雹	无灾
1992	2 月 7 日，夜	测站	冰雹	无灾
	3 月 17 日	测站	冰雹	无灾
	3 月 19 日，6:31	测站	冰雹	无灾
	5 月 3 日，夜	测站	冰雹	无灾
1993	4 月 25 日，18:57—19:12	测站，最大直径 40 毫米，颗均 9 克	冰雹	有灾情，过程降雨 25.1 毫米
	5 月 2 日，夜	测站，最大直径 17 毫米	冰雹，雨伴冰雹	无灾
1994	2 月 5 日，夜	测站，最大直径 3 毫米	冰雹	无灾
	5 月 3—4 日，夜间连续	测站，最大直径 40 毫米（4 日）	冰雹	伴风雹现象，分别降雨 16.9 毫米、0.8 毫米
	7 月 23 日，19:51—19:53	测站	冰雹	降雨 49.9 毫米，夹风灾
1995	1 月 2 日，18:21—18:23	测站，最大直径 8 毫米	冰雹	无灾
	5 月 2 日，13:53—14:13	测站，最大直径 15 毫米	冰雹	轻灾，伴随大风现象
1996	5 月 24 日，15:28—15:33	测站，最大直径 12 毫米	冰雹	西北片区乡镇有灾
1997	2 月 7 日，夜	测站，最大直径 6 毫米	冰雹	无灾
	3 月 1 日；3 月 15 日，8:25—8:40	测站，最大直径 18 毫米，颗均 3 克	冰雹 2 天	无灾，降雨 10.0 毫米
	4 月 9 日、22 日	测站，最大直径 5 毫米	冰雹 2 天	无灾，降雨 22.9 毫米
	5 月 8 日，19:29—19:32	测站，最大直径 12 毫米，颗均 1 克	冰雹	无灾，降雨 5.0 毫米
	6 月 7 日，夜	测站	冰雹	有灾，降雨 65.7 毫米
1998	3 月 3 日，17:42—17:51	测站，最大直径 8 毫米	冰雹	无灾，降雨 9.3 毫米
	3 月 27 日，9:09	测站，最大直径 17 毫米，颗均 3 克	冰雹	无灾，降雨 5.2 毫米
	4 月 7 日，17:44—17:58	测站，最大直径 8 毫米	冰雹	无灾，降雨 19.8 毫米
	4 月 8 日，16:46	测站，最大直径 2 毫米	冰雹	伴风灾，降雨 14.8 毫米
	4 月 10 日，14:55—15:06	测站，最大直径 17 毫米，颗均 2 克	冰雹	无灾，降雨 25.2 毫米
1999	3 月 28 日，17:13—17:14	测站，最大直径 3 毫米	冰雹	无灾
2000	3 月 11 日，夜	测站	冰雹	无灾，降雨 9.0 毫米
	4 月 6 日，夜	测站，最大直径 7 毫米	冰雹	无灾，降雨 4.1 毫米
2001	3 月 28 日，5:41—5:55	测站，最大直径 40 毫米，密集如积雪	冰雹	有灾，降雨 26.7 毫米

续表 2-2-11

年度	日期	地点	灾害类别	灾情记录
2002	4 月 15 日、夜；4 月 24—25 日	测站，最大直径 20 毫米	冰雹 3 天	轻灾，降雨 28.6 毫米
2003	3 月 16 日，6:45—6:46	测站	冰雹	无灾，降雨 2.8 毫米
2004	3 月 27 日，18:37—18:45	测站，最大直径 21 毫米，颗均 5 克	冰雹	有灾，降雨 6.3 毫米
2005	4 月 23 日，夜	测站，最大直径 50 毫米，130 粒 / 平方米	冰雹	有灾，降雨 55.8 毫米
	5 月 3 日，18:55—18:56	测站，最大直径 3 毫米	冰雹	轻灾，降雨 12.5 毫米
	5 月 9 日，18:08—18:20	测站最大直径 12 毫米，颗均 2 克	冰雹	有灾，降雨 34.6 毫米
	5 月 10 日，夜	测站	冰雹	有灾，降雨 37.5 毫米
	5 月 22 日，夜	测站	冰雹	外围轻灾，降雨 96.7 毫米
2006	4 月 2 日，7:49	测站	冰雹	测站无灾，外围有灾
	5 月 6 日、5 月 11 日	测站	冰雹 2 天	外围轻灾，降雨 39.2 毫米
	6 月 3 日，1:00	测站，人工影响作业，无灾	冰雹	外围轻灾，降雨 47.6 毫米
2007	4 月 17 日、4 月 22 日	测站，无灾	冰雹 2 天	外围有灾，分别降雨 6.2、14.9 毫米
	7 月 21 日、7 月 23 日	测站、海子	冰雹 2 天	外围有灾，降雨 74.1 毫米
2009	3 月 1 日，19:48—19:49	测站等直径 4 毫米	冰雹	降雨量 22.4 毫米（雷阵雨，无灾）
	3 月 28 日，19:25—19:28	测站等直径 10 毫米	冰雹	降雨量 5.2 毫米（无灾）
2011	8 月 15 日，18:23—18:26	测站 4 毫米，龙广和新桥有风雹灾	冰雹	降雨量 19.9 毫米（有灾）

七、雷暴

县境为多雷区，雷暴多集中在夏季。

同一天内有无数次雷电发生，只记录时间、方位，没有表述其强弱；无论雷暴强弱，均只算 1 天有雷暴。

1989－2012 年全县雷暴日数统计表

表 2-2-12

年度	地点	雷暴日数	1 月	2 月	3 月	4 月	5 月	6 月	7 月	8 月	9 月	10 月	11 月	12 月
1989	测站	雷电 61 天	1	1	5	7	7	13	7	12	5	—	—	3
1990	测站	雷电 80 天	1	4	11	7	11	12	18	9	6	1	—	—
1991	测站	雷电 71 天	1	—	6	3	8	16	13	20	3	—	1	—
1992	测站	雷电 59 天	1	2	4	3	15	11	6	9	3	4	—	1
1993	测站	雷电 87 天	2	7	3	10	11	14	14	14	10	1	1	—
1994	测站	雷电 76 天	—	3	6	4	11	11	17	15	5	3	1	—

续表 2-2-12

年度	地点	雷暴日数	1月	2月	3月	4月	5月	6月	7月	8月	9月	10月	11月	12月
1995	测站	雷电 58 天	1	1	5	4	5	11	8	14	3	1	—	—
1996	测站	雷电 53 天	1	1	5	4	5	11	8	14	3	1	—	—
1997	测站	雷电 91 天	2	5	8	10	13	12	12	15	4	8	1	1
1998	测站	雷电 77 天	1	—	5	11	14	8	17	13	3	5	—	—
1999	测站	雷电 57 天	—	—	1	5	4	9	18	15	5	—	—	—
2000	测站	雷电 61 天	—	—	2	8	8	8	11	15	5	4	—	—
2001	测站	雷电 54 天	—	3	4	5	8	10	10	9	5	—	—	—
2002	测站	雷电 64 天	—	2	4	7	10	10	11	12	3	3	—	2
2003	测站	雷电 67 天	—	—	4	4	12	12	14	12	8	1	—	—
2004	测站	雷电 57 天	1	2	2	5	5	9	11	10	5	—	6	1
2005	测站	雷电 66 天	—	2	2	4	15	15	14	10	3	1	—	—
2006	测站	雷电 67 天	—	1	2	3	9	15	13	12	2	7	3	—
2007	测站	雷电 67 天	1	4	—	9	4	14	18	12	3	2	—	—
2008	测站	雷电 72 天	—	—	5	4	12	7	22	18	3	1	—	—
2009	测站	雷电 45 天	—	—	7	7	4	10	7	8	2	—	—	—
2010	测站	雷电 61 天	1	—	—	8	12	8	13	9	9	1	—	—
2011	测站	雷电 44 天	—	—	1	3	3	13	4	13	2	2	3	—
2012	测站	雷电 48 天	—	—	2	6	9	9	9	10	1	1	1	—

八、大雾

气象观测规定，正常视力水平能看清物体的距离小于 1 千米为雾，习惯上称之为浓雾或大雾，可视距离 1—10 千米的为轻雾。县境为多雾地区，雾天多集中在冬春两季。

1989－2012 年安龙县城区大雾日数统计

表 2-2-13

年度	地点	大雾天数	1月	2月	3月	4月	5月	6月	7月	8月	9月	10月	11月	12月
1989	测站	21 天	3	4	4	—	—	—	1	2	—	1	—	6
1990	测站	18 天	1	7	2	1	1	—	—	—	—	1	3	2
1991	测站	27 天	10	5	3	3	1	—	—	1	—	1	1	2
1992	测站	32 天	10	4	11	3	—	—	—	—	—	2	1	—
1993	测站	23 天	4	4	3	3	2	—	—	—	2	3	1	—
1994	测站	25 天	8	4	2	—	—	—	1	1	1	—	—	—
1995	测站	27 天	10	7	3	1	1	—	—	—	—	—	2	—
1996	测站	42 天	9	4	10	3	1	—	2	2	2	—	2	—

续表 2-2-13

年度	地点	大雾天数	1 月	2 月	3 月	4 月	5 月	6 月	7 月	8 月	9 月	10 月	11 月	12 月
1997	测站	35 天	2	7	6	1	—	—	—	3	2	—	3	11
1998	测站	21 天	8	3	4	—	—	—	—	—	—	—	3	3
1999	测站	17 天	4	2	2	2	3	—	—	3	1	—	—	—
2000	测站	18 天	2	5	2	—	—	—	1	1	—	—	3	4
2001	测站	13 天	4	—	1	—	1	1	—	1	1	—	2	2
2002	测站	13 天	2	—	1	3	1	1	—	2	—	—	1	2
2003	测站	14 天	3	1	3	—	1	—	—	1	2	1	—	2
2004	测站	22 天	7	5	3	—	1	—	1	—	—	—	3	2
2005	测站	25 天	6	4	2	1	—	1	—	2	—	1	2	6
2006	测站	37 天	6	9	2	1	1	—	1	4	—	—	7	6
2007	测站	27 天	5	2	1	—	—	—	1	—	1	5	1	11
2008	测站	47 天	15	6	6	4	—	1	4	—	—	2	1	8
2009	测站	30 天	5	2	7	2	2	2	1	1	—	3	1	4
2010	测站	38 天	5	3	—	4	2	7	—	2	1	2	5	7
2011	测站	65 天	20	12	9	7	1		1	1	2	2	1	9
2012	测站	79 天	17	19	11	—	—	5	—	1	4	4	9	9

九、大风

气象观测风速大于或等于 17 米每秒，即可记为大风。一日内无论出现几次，均记当天为大风 1 天。

1989－2012 年安龙县城区大风日数统计表

表 2-2-14

年度	日期	地点	灾害类别	伴随天气与灾情	风速
1990	3 月 27 日	测站	大风	夜 20:30，昼 15:39，雷雨风雹灾，降雨 17.9 毫米	30 米 / 秒以上
1991	3 月 9—10 日	测站	大风 2 天	晴天，高火险天气，13:04—13:25	17 米 / 秒以上
1993	2 月 17 日	测站	大风	雷阵雨，17:17—17:25，降雨 13.3 毫米	17 米 / 秒以上
1995	4 月 1 日	测站	大风	晴天，南西风，14:46	17 米 / 秒以上
	5 月 2 日	测站	大风	雷阵雨冰雹天气，北东风，14:05	17 米 / 秒以上
1996	3 月 20 日	测站	大风	雷雨相伴有灾，17:58—17:59	17 米 / 秒以上
	4 月 19 日	测站	大风	雷雨相伴有灾，夜间	17 米 / 秒以上
1998	4 月 10 日	测站	大风	雷雨相伴有为，14:54—14:55	22 米 / 秒以上
2001	1 月 22 日	测站	大风	晴天，12:52—12:58	17 米 / 秒以上
	3 月 28 日	测站	大风	伴雷雨冰雹灾，15:29—15:36	17 米 / 秒以上
2002	5 月 3 日	测站	大风	夜间雷雨，降雨 12.5 毫米	17 米 / 秒以上

续表 2-2-14

年度	日期	地点	灾害类别	伴随天气与灾情	风速
2002	5 月 4 日	测站	大风	伴雷雨，19:32—19:35	17 米 / 秒以上
2003	2 月 22 日	测站	大风	晴天，16:24	17 米 / 秒以上
	2 月 28 日	测站	大风	晴天，13:12	17 米 / 秒以上
	3 月 11 日	测站	大风	雷雨，18:31	17 米 / 秒以上
	3 月 30 日	测站	大风	晴天，14:05—14:43	17 米 / 秒以上
	4 月 11 日，4 月 17 日	测站	大风 2 天	11 日，晴天，13:29；17 日	17 米 / 秒以上
	7 月 27 日	测站	大风	有雷雨，16:45	17 米 / 秒以上
2004	4 月 25 日	测站	大风	晴天，15:47、16:39	17 米 / 秒以上
2005	2 月 14 日	测站	大风	伴随雷阵雨，19:16	17 米 / 秒以上
	2 月 23 日	测站	大风	晴天，12:37、17:35	21 米 / 秒以上
	4 月 7 日	测站	大风	晴天，15:42—15:48	17 米 / 秒以上
	5 月 3 日	测站	大风	雷阵雨，19:34	19 米 / 秒以上
	5 月 10 日	测站	大风	冰雹雷阵雨，夜间	17 米 / 秒以上
	5 月 20 日	测站	大风	冰雹雷阵雨，夜间	17 米 / 秒以上
	6 月 25 日	测站	大风	伴雷阵雨，18:15	19 米 / 秒以上
2006	5 月 8 日	测站	大风	伴雷阵雨 16:07	17 米 / 秒以上
2007	2 月 17 日	测站	大风	晴天，15:11	17 米 / 秒以上
	3 月 2 日	测站	大风	晴天，12:54、13:37—13:42	18.7 米 / 秒以上
	7 月 19 日	测站	大风	雷阵雨 14:14	17.4 米 / 秒以上
2008	4 月 8 日	测站	大风	早上 8:55—8:56	17.0 米 / 秒
2009	2 月 22 日	测站	大风	14:54—14:55	18.3 米 / 秒
	2 月 24 日	测站	大风	14:53—14:55	18.5 米 / 秒
	2 月 25 日	测站	大风	15:32—15:33	17.3 米 / 秒
2009	2 月 25 日	测站	大风	16:08—16:09	18.3 米 / 秒
	4 月 10 日	测站	大风	19:03—19:04	17.1 米 / 秒
2010	2 月 10 日	测站	大风	12:21—12:22	17.5 米 / 秒
	2 月 10 日	测站	大风	13:06—13:07	17.5 米 / 秒
	2 月 11 日	测站	大风	夜间	17.8 米 / 秒
	2 月 25 日	测站	大风	夜间	17.6 米 / 秒

续表 2-2-14

年度	日期	地点	灾害类别	伴随天气与灾情	风速
2010	2月28日	测站	大风	13:40—13:41	18.8米/秒
	3月2日	测站	大风	16:21—16:22	17.1米/秒
	3月2日	测站	大风	17:03—17:04	17.6米/秒
	5月7日	测站	大风	21:13—21:14	17.3米/秒
	9月8日	测站	大风	15:26—15:29	17.8米/秒
2012	3月22日	测站	大风	夜间	17.0米/秒
	5月8日	测站	大风	19:43—19:44	17.1米/秒

十、霜冻

近地面空气中的水汽直接在地面温度低于0℃的物体上凝华生成。寒冷转晴、无风、无云夜晚地表辐射冷却，有利霜的形成。霜冻对喜温农作物有直接影响。根据气象观测记录，县境中部腹地，晚秋到初冬出现的霜为初霜，晚冬至早春出现的霜为终霜，终霜至初霜时段称无霜期。初霜冻开始期平均为11月11日。县境由西到东的中部乡镇无霜期277天，西北部无霜期263天，东北部无霜期290天，南部无霜期325天。

1989－2012年安龙县城区霜冻灾情统计

表 2-2-15

年度	日期	地点	灾害类别	记录
1989	1月14日	测站	霜冻	最低地温 −5.6℃，气温 0.7℃
	2月25日	测站	霜冻	最低地温 −5.1℃，气温 1.3℃
	11月29日	测站	霜冻	最低地温 −2.7℃，气温零上度
	12月2—8日、12月17日	测站	霜冻8天	最低地温 −3.7℃，气温零上度
1990	12月6日、12月10日	测站	霜冻2天	最低地温 0.2℃，气温零上度
1992	1月14日、1月16日	测站	霜冻2天	最低地温 −6.4℃，气温 −2.4℃
	11月9—16日	测站	霜冻8天	最低地温 −3.2℃，气温 −0.4℃
	12月1—2日、12月17日	测站	霜冻3天	最低地温 −3.2℃，气温零上度
1993	1月27日，1月29日至2月5日、2月9日	测站	霜冻10天	最低地温 −5.0℃，气温 −0.7℃
	11月3—4日、23日	测站	霜冻3天	最低地温零上度，气温零上度
	12月24—29日、31日	测站	霜冻7天	最低地温 −4.7℃，气温 −0.1℃
1994	3月3日	测站	霜冻	最低地温 −2.4℃，气温 −1.1℃
	12月22日	测站	霜冻	最低地温 0.6℃，气温零上度

续表 2-2-15

年度	日期	地点	灾害类别	记录
1995	1 月 5 日、7 日、9 日	测站	霜冻 3 天	最低地温 −2.4，气温 −0.9℃
	11 月 15—17 日、24 日	测站	霜冻 3 天	最低地温 −0.5℃，气温 0.8℃
	12 月 7 日、12 月 28—31 日	测站	霜冻 5 天	最低地温 −5.4℃，气温 −1.8℃
1996	1 月 1—3 日	测站	霜冻 3 天	最低地温 −3.6℃，气温零上度
	2 月 5 日、11 日	测站	霜冻 2 天	最低地温 −0.8℃，气温零上度
	3 月 2 日	测站	霜冻	最低地温 −0.3℃，气温零上度
1997	1 月 1 日、10 日、28 日、29 日	测站	霜冻 4 天	最低地温 −1.5℃，气温 −1.2℃
1998	12 月 12—16 日、18 日	测站	霜冻 6 天	最低地温 −6.6℃，气温 −0.7℃
1999	1 月 4—5 日	测站	霜冻 2 天	最低地温 −2.5℃，气温零上度
	12 月 3 日、9—10 日、22—31 日	测站	霜冻 13	最低地温 −9.1℃，气温 −3.2℃
2000	1 月 1 日	测站	霜冻	最低地温 −2.6℃，气温零上度
	11 月 2—3 日、21—22 日	测站	霜冻 4 天	最低地温 −2.5℃，气温零上度
	12 月 23—26 日	测站	霜冻 4 天	最低地温 −3.6℃，气温零上度
2001	11 月 16 日、21—25 日	测站	霜冻 5 天	最低地温 −1.8℃，气温零上度
	12 月 23—26 日	测站	霜冻 4 天	最低地温 −6.5℃，气温 −0.5℃
2002	1 月 5 日、7—8 日	测站	霜冻 3 天	最低地温 −5.1℃，气温零上度
	12 月 12 日	测站	霜冻	最低地温 −2.5℃，气温零上度
2003	1 月 3 日、10 日、23 日	测站	霜冻 3 天	最低地温 −5.7℃，气温 −3.2℃
	12 月 24 日	测站	霜冻	最低地温 −3.5℃，气温零上度
2004	1 月 30 日	测站	霜冻 4 天	最低地温 −3.0℃，气温零上度
	2 月 9—10 日、13—14 日	测站	霜冻 4 天	最低地温 −3.2℃，气温 −1.2℃
	12 月 5—6 日、8—10 日、13—15 日	测站	霜冻 8 天	最低地温 −4.1℃，气温零上度
2005	3 月 5 日	测站	霜冻	最低地温 0℃，气温零上度
2006	3 月 3 日	测站	霜冻	最低地温 −0.6℃，气温 −0.8℃
	12 月 17 日	测站	霜冻	最低地温 −2.9℃，气温 0.1℃
	12 月 21—23 日	测站	霜冻 3 天	最低地温 −3.4℃，气温 0.6℃
	12 月 25—26 日	测站	霜冻 2 天	最低地温 −1.7℃，气温 2.3℃
2007	1 月 28—29 日	测站	霜冻 2 天	最低地温 −2.3℃，气温 0.5℃
	2 月 3 日	测站	霜冻	最低地温 −0.3℃，气温 1.8℃
	11 月 28 日	测站	霜冻	最低地温 −0.5℃，气温零上度
	11 月 30 日	测站	霜冻	最低地温 −1.5℃，气温零上度

续表 2-2-15

年度	日期	地点	灾害类别	记录
2008	1月6日、7日、9日	测站	霜冻3天	最低地温 −1.5℃，气温 1.4℃
	2月4日	测站	霜冻	最低地温 0.9℃，气温 −0.4℃
	2月29日	测站	霜冻	最低地温 −2.9℃，气温 −0.6℃
	3月1日	测站	霜冻	最低地温 −3.7℃，气温 3.3℃
	11月8日	测站	霜冻	最低地温 2.7℃，气温 5.0℃
	11月28日	测站	霜冻	最低地温 −1.5℃，气温 1.9℃
	12月1—2日	测站	霜冻	最低地温 −1.1℃，气温 3.0℃
	12月9日	测站	霜冻	最低地温 −1.5℃，气温 4.0℃
	12月12日	测站	霜冻	最低地温 0.3℃，气温 3.9℃
	12月21日	测站	霜冻	最低地温 0.4℃，气温 5.0℃
2009	1月17日	测站	霜冻	最低地温 −2.3℃，气温 2.6℃
	1月30日	测站	霜冻	最低地温 −2.7℃，气温 1.3℃
	1月31日	测站	霜冻	最低地温 0.4℃，气温 4.1℃
	3月14日	测站	霜冻	最低地温 −2.5℃，气温 0.2℃
	11月22—24日	测站	霜冻	最低地温 −1.9℃，气温 −1.7℃
2010	10月31日	测站	霜冻	最低地温 1.4℃，气温 3.5℃
	11月1—2日	测站	霜冻	最低地温 2.8℃，气温 5.1℃
	11月6日	测站	霜冻	最低地温 3.1℃，气温 4.9℃
	12月3日	测站	霜冻	最低地温 1.9℃，气温 2.3℃
	12月17—18日	测站	霜冻	最低地温 −2.3℃，气温 −1.2℃
2011	3月28日	测站	霜冻	最低地温 −1.0℃，气温 1.2℃
	11月11日	测站	霜冻	最低地温 1.9℃，气温 4.5℃
	12月2日	测站	霜冻	最低地温 1.3℃，气温 1.2℃
2012	12月16日	测站	霜冻	最低地温 1.5℃，气温 6.7℃
	12月24日	测站	霜冻	最低地温 −4.7℃，气温 −0.1℃

第四节　气象服务

一、观测

1989年，县气象局主要采用干、湿球湿度表、风向风速仪、日照计、雨量器、气压观测仪、地面蒸发量观测仪等仪器、仪表，以人工观测的方式，采取气象基本数据。2002年秋，建成“七要素”(风向、风速、气温、湿度、降水、气压、地温）自动观测站，自动观测与人工观测双轨运行；2005年，用翻斗式电传自记雨量仪器，观测降雨量，自动站开始单轨运行。除自动观测的项目外，仍然需要人工观测蒸发、日照、云、能、天等项目参数作为补充。安龙县气象局属国家一般气象站，使用的地面气象观测仪器主要有百叶箱干（湿）球湿度表、百叶箱最高（最低）温度表、百叶箱温度自记仪、湿度自记仪、EL型电接风、虹吸雨量计、雨量器、小型蒸发、日照计，地面0厘米、最高（最低）温度表，5厘米、10厘米、15厘米、20厘米浅层地温、室内动槽式气压表、空盒式气压自记仪等。2007年10月，建成小尺度天气雷达，成为兴义多普勒天气雷有区域性补充观测，监测雷雨、冰雹天气信息准确，指挥人工增雨防雹作业。

1994年，县财政拨出专款，购置雨量仪器配备全县16个乡镇，建立人工雨量观测点，由乡镇党政办负责观测，细化区域性降雨量。2000年，再次为全县乡镇配备简易雨量仪器，解决仪器损坏观测中断问题。2006年，建成兴隆、龙广、木咱、钱相、普坪、戈塘、新安、坡脚等乡镇“两要素”自动站9个，在雨季监测暴雨、大暴雨，在冬季监测最低气温，成为县气象观测天气现象、记录气象要素的补充。乡镇“两要素”自动站编入国家“三站四网”，命名为区域自动站网，无须人工值守。

县气象局观测的气象要素主要内容有：1. 气压：气压（定时）、气压（自记）、气压（自动）；2. 气温：气温（定时）、气温（自记）、气温（自动）、最高气温、最低气温、湿球温度、露点温度；3. 湿度：相对湿度（定时）、相对湿度（自记）、相对湿度（自动）、水汽压；4. 能见度：能见度；5. 降水量：降水量（定时）、降水量（自记）、降水量（自动）；6. 风：风速风向（定时）、风速风向（自动）；7. 饱和差：饱和差；8. 蒸发量：蒸发量、蒸发（箱外）；9. 云：云状、云量、天气现象；10. 积雪：各地厚度；11. 日照：日照；12. 电线积冰：电线积冰；13. 地温：地面（0厘米）温度和地面温度（自动）、地面最高温度和地面最高温度（自动）、地面最低温度和地面最低温度（自动）、5厘米地温和5厘米地温（自动）、10厘米地温和10厘米地温（自动）、15厘米地温和15厘米地温（自动）、20厘米地温和20厘米地温（自动）。2005年1月1日前，地温观测为传统玻璃管状地温表，人工观测（法定数据）。

二、天气预报

天气预报业务 1989年，县气象局的天气预报工作，围绕气压、湿度、气温、风、云等地面天气图、高空指标站天气图槽脊分析，用收音机定时收听省气象台广播，收录明语预报和气象电码，统一绘制天气过程“三线图”，为预报绘制天气过程时间剖面图，增加11时、17时补充气象观测。县气象站天气预报与地面测报人员相当，构成气象基础业务。气象电码通过地方电信局向上级传送，为公众服务主要通过县广播站以有线广播形式公布。天气预报还专门为农业服务，有针对性地预测倒春寒、春旱、雨季开始时间、秋风轻重、霜出现日晚等农业气象要素。

1995年以后，随着计算机的普及与应用，天气预报步入统计分析阶段，即是将有经验的预报员人工分析与计算机预报综合起来。县气象局气象预报业务首先是整理历史资料，统计至每一天，建立本地天气气候背景模式，用现时观测到的资料作连续演变绘图监测，得出天气系统影响安龙县的时段与变化趋势。县气象局将基础业务与常规预报业务合并，根据省气象台和州气象台未来24小时指导意见，由地面测报员结合连续观测到的云、能、天，综合判断制作24小时预报、短期预报和专题气象服务资料。短期气候预报即月、季天气气候预测，专题服务气象资料，由有预报工作经历的或综合素质好的工作员专人制作发布，专题气象预报是县委、县政府和水利、林业、农业等部门指导工作的决策依据之一。

2002年，建成“七要素”自动观测站，气象资料完整性、连续性提高，省气象台、州气象台的天气数字预报指导产品从网络传输给县气象局，建立上下级天气会商制度，7天内的数值天气预报指导产品直接传到基层，县气象局仅分析未来24小时或48小时本地区天气变化，其准确率更高。

气象信息网络　1989年后，气象通信经历电报、电话、电话拨号、X.25专线、ISDN、ADSL、气象专线等发展历程。2007年，开通省—州—县三级2兆电信专线，取消电报传输方式，实现气象资料的实时传输和监控。

三、气象灾害应急预案

《安龙县气象灾害应急预案》于2007年3月制定，分为《总则》《应急组织结构成员单位职责、应急办公室职责》《信息处理与资源共享》《预警级别的确定与发布》和《其他事项》5个部分。《应急预案》比较历史上出现过的同类事件，按照县"十种气象灾害"标准修订，研究出现后的轻度、中度、重度和特重程度，确定预警发布级别；预警级别分为特别重大（Ⅰ级）发布红色预警信号，重大（Ⅱ级）发布橙色预警信号，较大（Ⅲ级）发布黄色预警信号，一般（Ⅳ级）发布蓝色预警信号。

第三章　土壤　水资源

县境有自然土177112.67公顷，占全县总面积的223760公顷的79.15%，其中薄层自然土112428.13公顷，占自然土总面积的63.5%；中层自然土12258.8公顷，占自然土总面积的30.6%；厚层自然土10425.73公顷，占自然土总面积的5.6%。

全县水资源总量12.84亿立方米。2008年，人均占有量2098立方米，占全省均值2760立方米的76%，平均产水模数57.4万立方米每平方千米，属工程性缺水地区。流经县境的河流主要有南盘江、筏子河、白水河、马别河、新桥河等。县境地势北、东部高，南、西部低。从海子乡的高寨山至兴隆镇的仙鹤坪，山脉自西北至东南横贯，构成安龙县河流的分水岭，其东北部的河流属北盘江水系，西南部的河流属南盘江水系。河流年均径流量在12.4亿立方米以上，河流长度超过10千米，流域面积20平方千米以上的河流共有54条。水能资源十分丰富，是大西南能源基地之一，是西南地区"西电东送"的电源基地。

全县地下水资源量2.81亿立方米，全县地下径流模均值为12.54万立方米每平方千米，地下水资源量占地表水资源量的21.9%。

第一节　土　壤

据20世纪80年代统计，县境有自然土177112.67公顷，占全县总面积的223760公顷的79.14%，其中薄层自然土112428.13公顷，占自然土总面积的63.5%；中层自然土12258.8公顷，占自然土总面积的30.6%；厚层自然土10425.73公顷，占自然土总面积的5.6%。在地形、气候、出露岩石及成土母质、生物等条件的长期影响下，土壤形成了不同类型的垂直分布带谱，并具有一定的分布规律。

一、成土母质

县境西北部之洒雨镇、戈塘镇、龙山镇和南盘江河谷一带侵蚀地貌区，出露的岩石主要有页岩、砂页岩、粉砂岩和砂岩，其风化物有西北、西部1600米以上的高海拔地带，发育为硅铝质黄棕壤，在高原面上则发育为硅铝质黄壤，在低海拔的南盘江畔则发育为硅铝质红壤和硅铝质红褐色土。

县境中部、东部、中南部溶蚀地貌区，出露的风岩石主要为石灰岩、白云质灰岩、白云岩、泥灰岩，各类灰岩风化物则形成黄色石灰土、黑色石灰土和红色石灰土。此外，在溶蚀地区，第四纪黏土在少部分地区亦有成片分布，其余地区均为经过搬运后的第四纪黏土的再积物，发育为硅铁质黄壤或次生石灰土。在龙广镇科汪、洒雨、戈塘镇鲁沟一带，出露的则是酸性紫色砂页岩，其风化物发育为酸性紫色土。

县境冲积母质不多，仅在处于侵蚀地貌区的北乡河、纳利河的中下游地区有沉积物出现。

湖积母质在县境古湖泊或溶蚀洼地有分布，以陂塘海子为典型，多以灰岩碱性风化物为主，四周常有泥炭层出露。

二、土壤类型

按国家和贵州省土壤分类标准，根据土类、亚类、土属、土种4级划分，县境土壤共分10个土类、16个亚类、34个土属、89个土种。

（一）山地黄棕壤

山地黄棕壤形成于温凉、湿润气候条件下，具弱度富铝化作用，矿物风化度低，土壤淋溶作用弱，有机质积累多，分解慢，土壤酸性大，在山地黄棕壤1个亚类，硅质黄棕壤、硅铝质黄棕壤2个土属，薄层硅铝质黄棕壤、中层硅铝质黄棕壤、中层硅质黄棕壤3个土种，主要分布于龙山镇、新桥镇、洒雨镇、兴隆镇等地海拔1600米以上的山顶或山脊地段，县境总面积1193.33公顷。

（二）黄壤

黄壤是县境分布最广的地带性土壤，土体较厚，具弱度脱硅富铝化特征，质地黏重，有机质含量高，呈酸性反应，磷素缺乏。县境有黄壤亚类1个，硅铝质黄壤、硅铁质黄壤、黏质黄壤、黄壤性土等4个土属，续分为薄层硅铝质黄壤、中层硅铝质黄壤、厚层硅铝质黄壤、黄沙泥土、豆面泥土、薄层硅铁质黄壤、中层硅铁质黄壤、厚层硅铁质黄壤、死黄泥土、黄泥土、豆瓣泥土、薄层粘土质黄壤、中层粘土质黄壤、厚层粘土质黄壤、粘死黄泥土、粘黄泥土、扁沙土17个土种。主要分布于中部、中南部、西北部和东北部，面积63813.33公顷。

（三）红壤

红壤分为红壤、黄红壤、红壤性土3个亚类，硅铝质红壤、硅铝质红红壤、硅铝质红壤性土3个土属，续分为薄层硅铝质红壤、中层硅铝质红壤、死红泥土、红泥土、薄层硅铝质黄红壤、中层硅铝质黄红壤、死黄红泥土、中层硅铝质红壤性土9个土种。此类土壤发育于砂页岩、粉砂岩、页岩之上，土体较厚，成土母质风化强烈，盐基淋溶严重，生物积累大。但此类土壤在高温下残物分散快，有机质一般含量不高，土壤呈酸性反应。县境红壤主要分布于坡脚、德卧、万峰湖3个乡镇的南盘江河谷海拔700—1200米地段，面积12526.67公顷。

（四）燥红土

县境燥红土主要分布于坡脚、德卧等乡镇海拔700米以下的南盘江河谷地带，面积4640公顷。该地区由于气候干热，蒸发量大，土壤中盐基有向上移动趋势，发育在含钙丰富的母质上的表土有石灰反应，土壤呈中性偏微碱性。分为红燥土1个亚类、1个土属，中层红褐色土1个土种。

（五）石灰土

石灰土是主要岩成土，在黄壤和红壤地带带内无前均有分布，多集中在县境中部、东部和中南部岩溶丘陵和峰丛山地，面积108713.33公顷。土体中富含钙，土壤呈碱性或中性反应，在钙素参与下，腐殖质钙凝作用明显，使石灰土中的有机质容易得到积累，表层常呈黑色，肥力较高。但受母岩风化影响，质地黏重。县境石灰土多形成于陡峻的岩溶地区，一般植被覆盖差，常遭侵蚀，土层浅薄。

石灰土分为红色石灰土、黄色石灰土、黑色石灰土3个土类。

红色石灰土分为红色石灰土1个亚类和1个土属，续分为薄层红色石灰土、中层红色石灰土2个土种；黄色石灰土分为黄色石灰土1个亚类，黄色石灰土、淋溶黄色石灰土、黏质次生黄色石灰土3个土属，续分为薄层黄色石灰土、大土泥土、岩泥土、砾石大土泥土、薄层淋溶黄色石灰土、薄层次生黄色石灰土、中层次生黄色石灰土、死小泥土、小土泥土、油小土泥土10个土种；黑色石灰土分为黑色石灰土1个亚类和1个土属，薄层黑色石灰土1个土种。

（六）紫色土

紫色土主要分布在县境西北部之龙广镇科汪、新桥镇木科以及洒雨镇等地，面积4033.33公顷。紫色土发育于三迭系的紫色页岩母质上，母岩矿物成分复杂，岩性软，以物理风化为主，矿物质养分含量丰富，土体中常夹有半风化母质碎片，虽通气好但抗蚀力弱，有机质含量低。根据成土条件差异，分为中性紫色土、酸性紫色土2个亚类和2个土属，续分为薄层酸性紫色土、中层酸性紫色土、厚层酸性紫色土、血泥土、中层紫色土、羊肚石土6个土种。

（七）泥炭土

泥炭土呈零星分布，县境仅有30余公顷，一般为碱性，富含有机质，剖面发育不明显，分为中位泥炭土1个亚类，中位泥炭土1个土属和泥炭土1个土种。

（八）水稻土

县境水稻土面积较大，主要分布于岩溶丘陵盆坝、侵蚀或溶蚀谷地、槽谷、洼地及河流两岸，总面积12906.67公顷，根据水稻土发育层次的不同组合，土壤理化特性差异，又分为渗育型、潴育型、潜育型、漂泥型4个亚类，续分为16个土属、39个土种。

1. 渗育型。多分布于坡埂地势较高、水源条件较差地带，水耕熟化时间短、耕层浅薄、结构不良，分为渗育黄泥土、渗育红泥土、渗育血肝泥土、渗育大泥土4个土属，续分为死黄泥土、粘死黄泥土、寡黄泥土、黄砂泥土、扁砂泥土、粉砂泥土、寡红泥土、寡黄红泥土、血泥土、黄大泥土、大泥土11个土种。

2. 潴育型。多分布于灌溉方便的盆坝地区，水耕熟化时间较长，具有明显的潴育层段，肥力较高。发为潴育黄泥土、潴育红泥土、潴育血肝泥土、潴育大泥土、潴育潮泥土5个土属，续分为黄泥土、黏黄泥土、小黄泥土、黄油沙泥土、红泥土、黄红泥土、红油沙泥土、紫泥土、大眼泥土、龙凤大眼泥土、大眼黄泥土、潮沙泥土12个土种。

3. 潜育型。主要分布于沟谷或槽谷低洼地带，受地下水影响大，在土体60厘米以内出现潜育层，淹水期间全剖面呈强还原状态。分为烂锈土、鸭屎泥土、冷浸土、马粪土、烂泥土5个土属，续分为烂锈土、煤锈土、干鸭屎泥、熟鸭屎泥、冷水土、冷浸土、低位马粪土、高位马粪土、深脚烂泥、浅脚烂泥10个土种。

4. 漂洗型。在盆坝边缘或谷地中下部呈带状或零星分布，为黏性母质长期潜水灰化或受侧水漂洗，土壤黏重、板结，肥力低下，分为白胶泥土和白鳝泥土2个土属，续分为轻白胶泥土、中白胶泥土、重白胶泥土、轻白鳝泥土、重白鳝泥土、熟白鳝泥土6个土种。

三、土壤养分

土壤中的有机质和植物营养三要素的氮、磷、钾等养分含量的多寡，是衡量土壤肥力的主要村志，是植物生长发育的必要条件。据20世纪80年代，黔西南州中心化验室进行的农化样品常规分析化验，县境土壤有机质含量较高，多数不缺钾，酸碱度适中。但大面积缺磷，部分地区土壤锌、硼、钼等微量元素含量偏低。

经检测，新安镇大坪、幺塘、海子农场及普坪镇、钱相乡、德卧镇坡贡、龙广镇科汪、木咱大坝、兴隆镇木城大坝等岩溶盆坝区，微碱性的水稻土均缺锌，面积约6000公顷，其有效锌含量在1.2PPM以下，不利于水稻高产。在微碱性土壤及新桥一带的死黄泥土缺硼，其速效硼含量在0.5PPM以下，对易受缺硼影响产量和质量的油菜、玉米、烟草、柑橘等作物生长不利。洒雨等地的豆瓣泥土缺钼，其速效钼含量低于 0.15PPM，对豆科作物生长有一定影响。

安龙县土壤养分统计表

表 2-3-1

一、土壤有机质含量

地类及项目		土壤等级及有机质含量					
		1 级：> 4%	2 级：3%—4%	3 级：2%—3%	4 级：1%—2%	5 级：0.8%—1%	6 级：< 0.6%
自然土	面积（公顷）	147297.73	15248.27	7854.6	5898.93	19697	
	比例（%）	83.17	8.61	4.44	3.04	0.74	
水稻土	面积（公顷）	8309.27	1946.73	2805.47	562.73		
	比例（%）	64.39	15.09	16.16	4.36		
旱作土	面积（公顷）	4259.33	5845.87	5631.4	1905		
	比例（%）	23.27	35.57	30.76	10.40		

二、土壤速效磷含量

地类及项目		土壤等级及磷养分含量（PPM）					
		1 级：> 40	2 级：20—40	3 级：10—20	4 级：5—10	5 级：3—5	6 级：< 3
自然土	面积（公顷）		2853.67	9941.67	38613.93	48603.87	77099.53
	比例（%）		1.61	5.61	21.81	27.44	43.53
水稻土	面积（公顷）		677.67	2956.67	4993.87	3548.67	727.33
	比例（%）		5.25	22.91	38.70	27.50	5.64
旱作土	面积（公顷）		1482.93	2968.2	3430.33	4654.73	5771.8
	比例（%）		8.10	16.21	18.74	25.42	31.53

三、土壤速效钾含量

地类及项目		土壤等级及钾养分含量（PPM）					
		1 级：> 200	2 级：150—200	3 级：100—150	4 级：50—100	5 级：30—50	6 级：< 30
自然土	面积（公顷）	81753.4	61582.67	15124	17341	997.13	
	比例（%）	46.24	34.83	8.55	9.81	0.56	
水稻土	面积（公顷）	2249.93	3067.33	4808.6	2776.73		
	比例（%）	17.44	23.77	37.27	21.52		
旱作土	面积（公顷）	3101.53	6253.4	8575.93	371.8	4.93	
	比例（%）	16.94	34.16	46.84	2.03	0.03	

四、土壤 PH 值

地类及项目		土壤等级及 PH 值					
		1 级：> 4.5	2 级：4.5—5.5	3 级：5.5—6.5	4 级：6.5—7.5	5 级：7.5—8.5	6 级：> 8.5
自然土	面积（公顷）		11584.07	52775.6	47819.13	64313.2	306.2
	比例（%）		6.55	29.88	27.07	36.38	0.17

续表 2-3-1

地类及项目		土壤等级及 PH 值					
		1 级：＞4.5	2 级：4.5—5.5	3 级：5.5—6.5	4 级：6.5—7.5	5 级：7.5—8.5	6 级：＞8.5
水稻土	面积（公顷）		608.4	3093.33	3988.53	4730.13	484.2
	比例（%）		4.72	23.97	30.91	36.65	3.75
旱作土	面积（公顷）		392.27	5197.4	6575.47	6025.53	117.53
	比例（%）		2.14	28.39	35.92	32.91	0.64

说明：本表内容采自 1992 年《安龙县志》

第二节　地表水

县内地表水和地下水，西南部属南盘江水系，东北部属北盘江水系。境内溪河属山区雨源性河流，汛期在每年 5—9 月，汛期河流径流量占全年的 71.05% 左右。10 月至次年 4 月，雨量减少，水位逐渐下降，水量递减，为枯水期。

受地质构造的影响，县境河流比降大且明暗流交替变化，多数河流均以伏流出界。全县流域面积大于 20 平方千米、河长大于 10 千米、有开发利用价值的河流共 34 条，总长 412.7 千米，集雨总面积 2020.92 平方千米。河域多年平均降雨量 1240 毫米，降雨总量 27.57 亿立方米，多年平均径流量 29.65 立方米每秒，常年水径流总量 11.93 亿立方米，其中偏枯年度 9.44 亿立方米、特枯年度 6.58 亿立方米。

县境多年平均水面蒸发量 1084 毫米，水温为 18℃—20℃，且按不同地域年均温和日照时数，呈南高北低、低海拔高、高海拔低的特点分布。

一、南盘江水系

南盘汇发源于云南省东部沾益县的马雄山，流经该省曲靖、陆良、宜良、开远、罗平进入省境兴义市，流经巴结进入县境万峰湖镇岜皓村，与清水河汇合后，沿县境南界流经万峰湖、德卧、坡脚之南陲，汇白水河、化力河、八坎河、坡脚河、巴猫河等河流后进入册亨县境。该河在县内河段长 48 千米，落差较大，仅在德卧镇泥拉以下 12.6 千米的河段内，落差就有 177.7 米，比降达 14.1%，国家在此段河道上修建有天生桥水电站装机 240 万千瓦。

南盘江水系集雨面积 1170.5 平方千米，常年降雨量 1185 毫米，降水总量 6.94 亿立方米。干、支流总长 199.4 千米，平均径流深 495.5 毫米。水资源总量 2.91 亿立方米。南盘江水系主要河流有白水河，其次为八坎河、坡脚河、巴猫河等。

(1) 白水河

白水河源于县境海子乡箐口村庙湾、格屯和卡作村上卡作、下卡作一带，其上游流经龙广镇安义村上淌淌、下淌淌，称为淌淌河，流经平寨右纳洗马河，沿十二份村红坎进入新桥境为新桥河。于新桥镇新桥村坡革左纳坡革河、继纳木科河后蜿蜒南下，进入德卧镇马鞭田，于冗桑左纳洗革河经都威汇入马鞭田海子。由海尾消水洞伏流 1 千米出露于坝甲塘为白水河，再伏流 450 米出露流入瓢把塘沿陡滩落入八光海子，经海府暗河伏流 4 千米于马薅出露汇入南盘江。白水河河长 68.9 千米，河域年均降水量为 1240 毫米，流域面积 358.38 平方千米，常年降水总量 39.87 万立方米，平均径流量 6.2 立方米每秒。20 世纪 90 年代，据在该河上游淌淌河段取样化验结果，白水河水质 pH 值为 8.2，总硬度 12.67，PO 值 2.1，含氨指数 0.08，氯化物 1.22，综合评级为矿化度低的优质水。白水河主要支流有洗马河、木科河、洗革河等小河。

洗马河　源于兴义市鲁屯镇竹斯坡，沿该市老韦坡东南流入县境之龙广镇科汪，折向东北流经栢仑后折向东南流经平寨汇入白水河的上游淌淌河。该河在县境河段长 2.6 千米，流域面积 45 平方千米（其中：兴义市 37 平方千米），河域常年降水量 1280 毫米，降水总量 5176 万立方米，年均径流量 0.43 立方米每秒。

木科河 源于新桥镇木科村金塘、皮桶寨一带，流经木科进至新桥镇巧烂村，于大箐伏流入新桥河。河长 11.1 千米，流域面积 31.25 平方千米，河域年均降水量 1230 毫米，降水总量 3844 万立方米，平均径流量 0.29 立方米每秒。

洗革河 源于木咱镇安马村比武水库和长冲一带，流经洗革河入白水河中游新桥河。河长 5.5 千米，流域面积 43.13 平方千米，河域平均降水量 1200 毫米，降水总量 5176 万立方米，年均径流量 0.37 立方米每秒。

⑵ 八坎河

八坎河源于新安镇五格河和撒米河，经木咱镇管获南、拉幺南伏流出露于坡脚乡八坎村为八坎河，流经者孔村纳长、纳銮，于下把棍南汇入南盘江。该河长 6 千米，流域面积 192 平方千米，河域常年降雨量 1180 毫米，降水总量 2.26 亿立方米，年均径流量 2.83 立方米每秒，水质属矿化度低的优质水。八坎河支流有五格河、撒米河。

五格河 源于县城西郊西边龙井，流经黄泥寨进入五格名五格河，经木咱镇响乐注入木咱坝子，于管获南伏流汇入八坎河。河长 12 千米，流域面积 24.38 平方千米，河域常年降水量 1200 毫米，降水总量 2926 万立方米，年均径流量 0.2 立方米每秒。

撒米河 源于新安镇西河村上龙井，流入木咱烹魁，经撒米河而得名。于拉幺南伏流汇入八坎河。河长 10.3 千米，流域面积 20 平方千米，河域年均降水量 1200 毫米，降水总量 2400 万立方米，年均径流量 0.16 立方米每秒。

⑶ 其他河流

坡脚河 坡脚河源于新安镇幺塘村大水井一带，经小水井入伏流，出露于坡脚乡岩怀村河上头，再流经中寨、纳穷汇入南盘江。河长 5.3 千米，流域面积 118.98 平方千米，河域常年降水量 1170 毫米，降水总量 1.39 亿立方米，平均径流量 1.73 立方米每秒。

巴猫河 巴猫河源于坡脚乡岩怀村石头寨，流至者干汇入南盘江，为县境海拔最低点，亦为安龙县与册亨县界河。河长 5 千米，流域面积 82 平方千米，河域常年降水量 1170 毫米，降水总量 4100 万立方米。

狮子山河 狮子山河源于兴义市郑屯镇老王田、下龙井一带，于龙广镇狮子山村岩脚进入县境，流经狮子山、顾屯直下龙广海坝，由海尾隧洞伏流入南盘江。县境河段长 6.4 千米，流域面积 54.8 平方千米，河域年均降雨量 1230 毫米。

德卧河 德卧河源于德卧镇坡告，经德卧、阿油槽伏流入南盘江。河长 7.3 千米，流域面积为 25.25 平方千米，河域常年降水量 1180 毫米，降水总量 3098 万立方米，年径流量 0.2 立方米每秒。

安比河 安比河源于兴隆镇拉坡、上洋一带，流经下洋、竹林寨进入新安镇幺塘村当丈，经张棋，于疗养院大海子伏流出露于小海子，由小海子落水洞伏流入南盘江。河长 12.4 千米，流域面积 23.13 平方千米，河域年均降雨为 1200 毫米，降水总量 2776 万立方米，常年径流量 0.19 立方米每秒。

甘河 甘河有两条支流，主流源于德卧镇停西村孔度，经纳莫、纳磨入甘河汇入南盘江。次支流源于停西村东南，流经上甘河至店子汇入甘河再汇入南盘江。

清水河 清水河为安龙县与兴义市的界河。位于县境西南部，其上游称马别河。该河由兴义市安章东靠流入县境，沿万峰湖镇西南边陲蜿蜒而下，至万峰湖镇岜皓鲤鱼滩汇入南盘江。

二、北盘江水系

北盘江水系流域面积 1198.22 平方千米，其中县外河流域面积 346.2 平方千米，干、支流总长 213.12 千米。河域常年降雨量 1272 毫米，降水总量 4.5 亿立方米，多年平均径流量为 16.87 立方米每秒。

北盘江水系以筏子河为主，其次为北乡河、石冲河、打凼河、陂塘河、纳马河和乐居河等河流。

筏子河 由卡子河与马路河于普坪镇胡巷村萝卜桥汇流而成。该河沿普坪镇与龙山镇、笃山乡交界之处蜿蜒东下，入笃山乡海尾伏流，出露于贞丰县连环乡四方洞汇大田河入北盘江。筏子河干、支流总长90千米，积雨面积759.34平方千米，河域年均降水量1300毫米。降水总量5.32亿立方米，年均径流量15.6立方米每秒。

筏子河主要支流有卡子河、马路河等。

鲁沟河（卡子河） 源于海子乡安岭村烂滩，于甘寨流入海子村天盖海子伏流出露于铁厂海子进入戈塘镇，沿岔河、平桥、坡大熊、柘磨、香车河，到达鲁沟，名鲁沟河。该河于纳利村龙路右纳纳利河，继纳免底河后，流经普坪镇胡巷村阿拉寨、卡子，名为卡子河。干、支流总长61千米，流域面积449.41平方千米，河域常年降水量1325毫米，降水总量1.77亿立方米，年均径流量17.07立方米每秒。

鲁沟河支流有纳利河、免底河等小河。

纳利河 源于戈塘镇牙皂村、大坝村一带，流经免补、科发、纳利小河边，于龙路汇入鲁沟河。河长14千米，集雨面积49.38平方千米，常年降水量1310毫米，降水总量为6469万立方米，常年径流量0.5立方米每秒。

免底河 源于洒雨镇下陇村箐脚一带，流经上竜布、下竜布、竜堡，流入杭洞东伏流出露于天桥，经免底河，于下花榜又伏流，入戈塘镇纳利村，出露于龙路汇入鲁沟河。河长8.3千米，流域面积25平方千米，流域常年降水量1270毫米，降水总量1.62亿立方米，年均径流量0.25立方米每秒。

马路河 源于兴仁县杨泗屯、马家屯、李关一带，由屯脚镇马路河注入县境龙山镇半坡村扯拢老营盘山脚落水洞伏流，出露于老屋基，再伏流出露于戈塘镇秧地西北，沿河道环美女山，经大坡脚、大水井，顺戈塘镇与龙山镇交界向东南蜿蜒而下，于普坪镇胡巷村萝卜桥汇卡子河为筏子河。该河在县境流长16.5千米，流域面积260平方千米，河域年均降水量1300毫米，降水总量3900万立方米，平均径流量5.2立方米每秒。

其他河流

石冲河 源于普坪镇纳汪村大鸭溪，流经石冲、总科，进入笃山乡梨树村八达，称为梨树河，经梨树注入张家桥消水洞伏流入北盘江。河长15千米，流域面积53.75平方千米，河域常年降雨量为1250毫米，降水总量6719万立方米，平均径流量0.45立方米每秒。

北乡河 源于龙头大山山麓的龙山镇坡利村、半坡村、巧岭村一带，流经柿花坪、纳院、北乡，名北乡河，于下坛村者堡伏流，汇筏子河伏流出露于笃山乡暗河，再伏流出露于贞丰县连环乡四方洞，汇大田河入北盘江。河长22千米，流域面积112.7平方千米，河域平均降雨量1280毫米，降水总量14426万立方米，年均径流量1.16立方米每秒。

打凼河 打凼河源于钱相乡沈红村板赖、新寨一带，汇入红旗水库，流经钱相、桥马、打凼蜿蜒而下，注入坡硝海子，伏流入北盘江。河长20千米，流域面积63.75平方千米，河域平均降水量1240毫米，降水总量7905万立方米，年均径流量0.63立方米每秒。

陂塘河 聚县城西北巧洞水库、县城东边龙井、山岔村双龙滩之水，流经海子农场人工河道注入绿海子，从绿海子龙门洞伏流入北盘江，河长9.5千米，流域面积49.38平方千米，河域平均降水量1220毫米，降水总量6024万立方米，年均径流量为0.45立方米每秒。

纳马河 源于兴隆镇阳方村抱俄，经阿兴村下井科、木城、当朝村下纳马，再流经平乐乡联合村定头出县境，进入册亨县坡妹镇林家洞伏流入北盘江。该河县境内长12千米，流域面积62.51平方千米，年均降雨量1260毫米，降水总量7876万立方米，平均径流量0.56立方米每秒。

乐居河 源于平乐乡顶庙、乌寨水库，注入该乡下鱼浪以东落水洞伏流入北盘江。河长17.2千米，流域面积39.38平方千米，河域年均降水量1250毫米，降水总量4923万立方米。年均径流量0.36立方米每秒。

三、井泉　龙潭　海子

（1）井泉、龙潭

县境属岩溶化山源区，可溶性岩层占地层总数的70%，非岩深地层只占30%。由于可溶性地层的发育，地下水分布广泛，形成境内星罗棋布的井泉和龙潭。

井泉、龙潭仍分属南盘江水系和北盘江水系。其出露特点是：在河流上游及其分水岭地带，一般其源流是依靠植被根系的表层土壤、岩层的层间裂缝及河槽淤积砂石层等积蓄，埋藏较小，水量较小。地下水出露以水平循环为主，较易利用。而在河流中下游特别是峡谷山地区域，由于大多属于可溶性岩溶地带，溶洞、地下岩溶通道纵横交错，四通八达，形成神秘的地下阴滩及暗河，在一定高程，或丰水季节地下水便从地表薄弱部位漫溢而出，成为井泉、龙潭。其源流埋藏较深，水量较大，以垂直循环为主，较难利用。

据县农业区划办公室1982年3月下旬至4月上旬，对县境控制流域面积2300平方千米（其中县外407平方千米）的109处井泉、龙潭枯流测量统计，枯水总流量为6.6立方米每秒。枯流模数2.87升每秒。地下水排泄总量为2.02亿立方米。查贵州水文图集，枯流模数则为3立方米每秒，地下水总排泄量为2.11亿立方米。又据黔西南州水资源调查组的测量资料，县境地下水总排泄量为2.76亿立方米。县农业区划办公室测量资料小于省、州的实测值。现依据县农业区划办公室的测量资料分水系叙述于下：

南盘江水系的井泉、龙潭

其地下水源枯水流量为2.7立方米每秒，枯流模数为2.9升每秒，排泄量1.07亿立方米（黔西南州水资源调查组测量值为1.11亿立方米）。南盘江水系主要井泉、龙潭共29处。

南盘江水系主要井泉、龙潭

表2-3-2

所属河流名称	井泉、龙潭名称	所在位置	出露高程（米）	成因	最枯流量（升/秒）
淌淌河	王家沟龙井	海子乡竹林	1505	岩溶水	14.00
淌淌河	过当龙井	新桥镇东350米	1213	断层岩溶水	57.00
淌淌河	万年龙井	新桥镇万年村	1170	断层岩溶水	168.00
淌淌河	母猪龙潭	龙广镇柘仑水库	12600	岩溶水	300.00
淌淌河	底西龙井	新桥镇底西	1185	岩溶水	31.00
淌淌河	任家寨泉群	新桥镇任家寨	1450	岩溶水	21.00
淌淌河	纳桑水井	龙广镇场坝	1210	岩溶水	8.40
淌淌河	5升/秒以下8处	龙广镇	—	岩溶水	124.00
石水河	洗革龙井	木咱镇坡贡洗革村	1170	岩溶水	18.00
八坎河	木咱龙潭	木咱镇木咱	1200	断层岩溶水	123.00
八坎河	绿阴塘	坡脚乡八坎村	650	岩溶水	397.00
—	5升/秒以下9处	新安镇幺塘、大坪村、兴隆镇木城村	—	岩溶水	182.00

续表 2-3-2

所属河流名称	井泉、龙潭名称	所在位置	出露高程（米）	成因	最枯流量（升/秒）
合计	29处	—	—	—	1173.00

北盘江水系井泉、龙滩

其地下水水源枯流量为3.9立方米每秒，枯流模数2.85升每秒。枯流排泄量9485万立方米（州水资源调查组测量值为1.34亿立方米），主要井泉、龙潭共36处。

北盘江水系主要井泉、龙潭

表 2-3-3

所属河流名称	井泉、龙潭名称	所在位置	出露高程（米）	成因	最枯流量（升/秒）
鲁沟河	铁厂海子龙井	海子大坝 铁厂海子	1335	岩溶断层水	275.00
鲁沟河	岔河龙潭	海子岔河	1263	岩溶断层水	539.00
鲁沟河	新寨龙井	戈塘新寨	1235	岩溶水	30.00
鲁沟河	挠把沟龙井	戈塘小海子	1427	岩溶水	29.00
鲁沟河	万人洞泉水	戈塘镇万人洞	—	岩溶水	30.00
保河	干沟龙井	洒雨戛拉下龙	1310	断层岩溶水	21.00
海星河	谢家屋基龙井	洒雨海星	1450	裂隙水	11.00
海星河	瓦窑龙井	洒雨海星	1283	断层岩溶水	18.00
海星河	余家沟龙井	洒雨海星	1265	断层岩溶水	40.00
海星河	下纳保龙井	洒雨海星	126	断层岩溶水	20.00
海星河	罗卡龙井	洒雨罗卡	1360	断层岩溶水	10.00
海星河	四角田龙潭	洒雨堵瓦	1357	断层岩溶水	30.00
免底河	天桥龙井	洒雨天桥	1215	断层岩溶水	191.00
免底河	免底龙潭	洒雨免底	1200	断层岩溶水	52.00
免底河	乐庄水井	普坪落庄	1210	断层岩溶水	20.00
免底河	廷必龙潭	普坪廷必	1235	断层岩溶水	145.00
免底河	龙洞龙井	洒雨镇龙洞	1285	断层岩溶水	40.00
免底河	田朋地下龙潭	洒雨龙洞	1295	断层岩溶水	15.00
免底河	落水坪地下潭	洒雨口米都	—	断层岩溶水	15.00
免底河	纳汪龙潭	普坪纳汪	1290	断层岩溶水	12.00
纳马河	科发龙潭	戈塘科发	1250	非断层岩溶水	35.00
马路河	石头寨龙井	戈塘秧地	1212	岩溶水	34.00

续表 2-3-3

所属河流名称	井泉、龙潭名称	所在位置	出露高程（米）	成因	最枯流量（升 / 秒）
石冲河	总科龙井	普坪总科	1170	断层岩溶水	67.00
打凼河	马槽龙潭	钱相坪寨	1315	岩溶水	40.00
陂塘河	双龙潭	新安岔河	1370	断层岩溶水	39.00
陂塘河	马草龙潭	新安龙潭	1406	岩溶水	6.00
陂塘河	东边龙井	县城东郊	1355	岩溶水	5.00
纳马河	巧播龙井	兴隆巧播	1345	岩溶水	5.80
纳马河	5 升 / 秒以下 8 处	兴隆镇、平乐乡	—	岩溶水	119.00
合计	36 处	—	—	—	17817.00

(2) 海子

县境溶蚀洼地特别发育，一经河流、雨水灌入便形成一个个大小不一的天然湖泊，俗称“海子”，意即大海之子。一般直径可达 500 米，大者可达 1000—2000 米，如绿海子、铁厂海子、麻窝海子、八光海子、大海子、小海子、法统海子、白秧坪海子、者秧海子、田坝海子等。其余中小型洼地积水为“海子”者分布更广。这些海子亦按其所在的地域分属南盘江水系和北盘江水系。自 20 世纪 90 年代以来，因森林覆盖率下降、地下水开采、修建电站、工农业建设等原因，县内海子有逐渐萎缩、干涸趋势。现择积水较多，水面较为宽广者，记述如下。

南盘江水系海子

八光海子　位于德卧镇，属白水河流域，系积白水河水而成。水面高程 1040 米，水面面积 72 公顷，平均水深 4 米，年均蓄水量 288 万立方米，为县境内最大的海子。该海子自白水河二级电站建成后，河水改道，已基本不再蓄水。

大海子　又称坝甲塘，位于德卧镇坝甲，系积白水河水而成。水面高程 1140 米，水面面积 28.53 公顷，平均水深 10 米，年均积水量 285 万立方米，为县境蓄水较多、最深的海子。

北盘江水系海子

绿海子　位于县城东北 5 千米处，属新安镇地域，系积陂塘河水而成。水面高程 1355 米，水面面积 40 公顷，平均水深 6 米，年均蓄水量 240 万立方米。

铁厂海子　位于鲁沟河上游海子乡大坝之林家塘子，汇大坝天盖小海子水流和搜集山水而成。水面高程 1340 米，水面面积 18 公顷。平均水深 5 米，蓄水量 90 万立方米。

麻窝海子　位于普坪之麻窝，系地下水出露及搜集山水而成。水位高程 1210 米，水面面积 12 公顷，平均水深 3 米，蓄水量 36 万立方米。

第三节　地下水

全县地下水资源量 2.81 亿立方米，全县地下径流模均值为 12.54 万立方米每平方千米，地下水资源量占地表水资源量的 21.9%。其中，北盘江水系地下水量为 1.41 亿立方米，占全县地下水资源总量的

50.1%；南盘江水系流域水量为1.4亿立方米，占全县地下水资源总量的49.9%。县内的地下水温一般为12℃—18℃，受季节性气温变化的影响，天然露头水温年变化幅度一般不超过4℃，钻孔水温比较稳定，年变幅度一般为1℃—2℃，年平均水温16℃左右。地下水温变化比气温变化稍滞后，钻孔水温滞后时间较长。从总体上看，地下水水温比较稳定，受气温变化影响较小，常表现出“冬暖夏凉”的特点。

县境各水资源区地下水资源量计算成果表

表2-3-4

水资源分区	面积（平方千米）	水资源（万立方米）	
		水资源总量	地下水资源量
大田河安龙区	1072.8	65593	13857
大渡口以下流域安龙区	15.4	826	193
南盘江干流安龙区	1103.6	59538	13436
马别河安龙区	45.8	2447	574
合计	2237.6	128404	28061

县境各乡镇地下水资源量计算成果表（2008年）

表2-3-5

序号	行政区	面积（平方千米）	地下水资源量（万立方米）
1	海子乡	133.85	1679
2	戈塘镇	149.32	1873
3	木咱镇	98.28	1232
4	龙山镇	165.87	2080
5	德卧镇	197.27	2474
6	万峰湖镇	129.65	1626
7	笃山乡	100.84	1265
8	新桥镇	121.25	1521
9	普坪镇	107.99	1354
10	洒雨镇	143.5	1800
11	钱相乡	107.63	1350
12	平乐乡	112.9	1416
13	龙广镇	178.57	2239
14	新安镇	225.32	2826
15	兴隆镇	178.64	2240
16	坡脚乡	86.72	1088
合计	—	2237.5	28061

第四节　水　质

对照全国水质等级标准，县境水质综合评价为1—3级，氟、砷、氯、铅、镉5项毒物均未验出（个别项仅现痕迹），综合评价为一级。除龙山北乡河、鲁沟纳利河、洒雨科花小溪等煤地层区域硫酸根（SO_4）离子含量较高（每毫升17—60毫克），水呈淡黄色，味涩，在枯水季节不宜人畜饮用和农田灌溉外，其余河流水质均属矿化度低，类型简单的优质水。

2005年安龙县水质监测情况表

表2-3-6

序号	采样位置		采样时间	分析时间	水温（℃）	PH	氯离子	硫酸根	总硬根	碳酸酸根	重碳酸根	溶解性总固体	高锰酸盐指数	五日生化需氧量	溶解氧	化学需氧量	总磷	总氮
	断面名称	水样品编写	日期	月日			（毫克/升）											
1	鲁沟河	X050629—01	6月29日	6月29日至7月4日	27.5	7.8	2.5	93.1	220	0	177	287	1.1	0.4	6.7	19.9	0.02	—
	水质类别	—	—	—	—	—	—	—	—	—	—	—	—	I	I	II	III	I
2	陂塘河（城外）	X050629—02	6月29日	6月29日至7月4日	27.5	7.6	12	99.9	290	0	272	383	4.1	3.3	6	23.9	0.25	—
	水质类别	—	—	—	—	—	—	—	—	—	—	—	—	III	III	II	IV	IV
3	陂塘河（下游）	X050629—03	6月29日	6月29日至7月4日	27.5	7.5	7	84.5	284	0	288	356	2.7	1.8	5.9	19.9	0.01	—
	水质类别	—	—	—	—	—	—	—	—	—	—	—	—	II	I	III	III	III
4	白水河	X050629—04	6月29日	6月29日至7月4日	27.5	7.5	2	53.8	210	0	207	289	1.1	0.3	6.7	15.9	0.01	—
	水质类别	—	—	—	—	—	—	—	—	—	—	—	—	I	I	II	III	I
5	巧洞水库	X050629—05	6月29日	6月29日至7月4日	27.5	8.3	1.5	74.9	202	0	151	277	5.2	2.5	7.3	15.9	0.03	4.3
	水质类别	—	—	—	—	—	—	—	—	—	—	—	—	IV	II	III	II	超V

2003－2009年全县部分年度水环境监测中心水质监测情况表

表2-3-7

送检时间	样品名称	委托单位	采样地址	样品状态及特性描述
2003年6月5日	地下水	龙广镇水利站	龙广镇七星村	清澈
2003年6月5日	地下水	坡脚乡水利站	坡脚乡沙厂坪火车站	清澈
2003年6月5日	地下水	兴隆镇水利站	兴隆镇狗厂大龙井	清澈
2003年9月28日	地下水	栖仑灌溉水利站	栖仑水库	温度：27.5℃，湿度：71%

续表 2-3-7

送检时间	样品名称	委托单位	采样地址	样品状态及特性描述
2003 年 5 月 26 日	污水	县水利局	五格河西河段拦河坎处	浑浊
2003 年 5 月 26 日	污水	县水利局	陂塘河小河边安居楼	浑浊
2003 年 4 月 15 日	地表水	县水政资源办	万峰湖溢洪道	良好
2003 年 6 月 5 日	地下水	普坪镇水利站	普坪镇	清澈
2003 年 6 月 5 日	地下水	县水利局	德卧水管站	清澈
2003 年 6 月 5 日	地下水	龙广镇自来水公司	龙广镇纳桑村纳桑龙潭	清澈
2003 年 6 月 5 日	地下水	钱相乡水利站	钱相乡马槽龙潭	清澈
2003 年 6 月 5 日	地下水	洒雨镇自来水站	洒雨自来水	清澈
2003 年 6 月 12 日	地下水	万峰湖镇水利站	万峰湖镇水口庙	温度：24.0℃，湿度：73%
2003 年 4 月 15 日	地下水	县水政水资源办	万峰湖坎前 200 米	良好
2003 年 6 月 5 日	地下水	新桥镇水利站	新桥茶场茶地	清澈
2003 年 6 月 5 日	地表水	新桥镇巧洞水厂	新安镇巧洞	微微浑浊
2003 年 6 月 5 日	地表水	平乐水利站	平乐乡乌寨水库	清澈
2005 年 1 月 14 日	地表水	县水利站	平乐乡自来水	温度：14.0℃，湿度：70%
2003 年 1 月 14 日	地下水	县水利局	龙广镇狮子山人饮	温度：14.0℃，湿度：70%
2005 年 1 月 14 日	地下水	县水利局	戈塘镇自来水	温度：14.0℃，湿度：70%
2005 年 1 月 14 日	地下水	县水利局	龙山镇自来水	温度：14.0℃，湿度：70%
2005 年 1 月 14 日	地下水	县水利局	新安镇箐山人饮	温度：14.0℃，湿度：70.3%
2005 年 8 月 29 日	地下水	县水利局	马槽龙潭	温度：23.0℃，湿度：72%
2005 年 8 月 29 日	地下水	县水利局	观音岩	温度：23.0℃湿度：72%
2005 年 8 月 29 日	地下水	县抗旱排涝服务队	德卧镇砻漂村大山脚组	清澈
2006 年 3 月 15 日	地表水	兴隆镇海尾	筏子河海尾	温度：16.0℃湿度：52%
2006 年 12 月 13 日	生活饮用水	县水利局	龙山镇巧洞人饮水源点	温度：14.0℃湿度：74%
2006 年 8 月 24 日	生活饮用水	县水利局	巧洞水库自来水	温度：25.0℃湿度：52%
2006 年 12 月 13 日	生活饮用水	县水利局	龙山镇纳所水库	水体清澈
2006 年 12 月 20 日	生活饮用水	县德卧镇水厂	德卧镇水厂	水体清澈
2006 年 5 月 15 日	地下水	县水利局	龙广镇狮子山村龙洞水源点	清澈
2006 年 11 月 13 日	地下水	州新桥茶场	新桥茶场易泉湾水井	清澈
2007 年 6 月 18 日	生活饮用水	万峰湖水利站	万峰湖水口庙	水体较清
2007 年 7 月 30 日	生活饮用水	海子乡水利站	海子乡箐口纳贡组	水体有少量泥土
2007 年 8 月 9 日	生活饮用水	县水利局	龙广镇赖山村纳桑龙潭	水体较清
2007 年 7 月 30 日	生活饮用水	海子乡水利站	海子乡海子村	清澈
2009 年 9 月 21 日	地表水	兴隆镇水利站	兴隆镇巧凹	清澈
2009 年 6 月 2 日	地表水	县水利局	洒雨镇下纳堡龙井	

第四章　矿产资源

县境矿产资源丰富，经勘查发现的矿产有金、煤炭、铁、锰、钾、汞、硫铁、水泥用石灰岩、饰面用石灰岩、电石用石灰岩、方解石、冰洲石、水晶等13个矿种，其中金矿在贵州省占有重要的地位。已发现的矿床和矿点近50处，其中大型矿床1处、中型矿床5处，小型矿床15处，其余为矿点。优势矿产金、煤、水泥原料等勘查程度较高，可供利用的资源储量及潜力大，能保证中长期开发所需，锰矿、硫铁矿、铁矿在县境也有一定的探获储量，尤其锰矿在龙山、笃山等乡镇分布较为其中，有较好的开发潜力。

第一节　煤　矿

一、煤矿勘查

县境煤矿的勘查工作在龙山、海子、戈塘、洒雨地区作过普查至详查工作。海子、戈塘、洒雨普查区预测有无烟煤 D ＋ E 级储量7.66亿吨；龙头大山普查区预测有烟煤 D ＋ E 级储量9.83亿吨。

煤矿勘查成果

表2-4-1

矿区名称	资源量（万吨）			勘探程度	煤类型	最大埋深（米）
	A ＋ B	A ＋ B ＋ C	D ＋ E			
戈塘、海子、洒雨勘查区			76600	预查	无烟煤	300
龙头大山勘查区			98300	预查	烟煤	500
合计			174900	预查		

二、煤矿分布

县境煤矿主要分布于西北部的戈塘一带和县境东北与贞丰、兴仁两县交界的龙头大山地区。产煤层位为上二叠统龙潭组和上三叠统把南组、火把冲组，其中上二叠统煤层为无烟煤、上三叠统为烟煤。

县境晚二叠世煤主要产于西北部戈塘、大坝、戛拉、竹林一带。1963年原贵州省煤管局对该区煤矿进行过概查，计算主要可采煤储量6.73亿吨；1972年贵州省地质局112地质队在戈塘一带开展硫铁矿详查时，根据见矿工程，对所涉及的6平方千米主要可采煤层进行估算，经贵州省储委审批，预测储量3360万吨。在煤系地层出露区，北东及北北东向断裂构造较为发育。该区煤系地层倾角较缓，出露面积大，煤矿勘查工作程度低，交通条件较好，具有良好的找煤前景和开发价值。

县境晚三叠世煤主要分布于安龙、贞丰、兴仁三县交界的龙头大山地区，即龙头大山向斜内，县境主要分布于西北缘龙山东北部一带，属龙头大山向斜南西翼。1963年，贵州省煤田地勘公司159分队进行普查，对主要煤层估算地质储量9.83亿吨，提交D级储量5.85亿吨，属中型矿床。1977年，贵州省地质局112地质队，对龙山向斜西南翼的龙山煤厂一带进行普查评价，计算主要煤层储量C＋D级1100万吨，为小型矿床。

三、煤质

经对大坝及戈塘煤矿煤岩取样工业分析，结果表明，县境二叠统龙潭组中的煤属中低灰、富—高硫无烟煤，洗选后可降低灰分和硫的含量，其发热量较高，为较好民用的动力用煤。

该区晚二叠世煤为浅海陆棚沉积环境，成煤条件好，煤系地层厚380米，仅地表出露面积就达60余平方千米，在尚未出露的下三叠统飞仙关组分区，地层产状较为平缓，地表埋藏浅，易于勘查和开发。县境晚三叠世煤有属低硫低灰肥焦煤，可作炼焦配煤；有气肥煤，灰分含量中等，唯硫分含量较高，经洗选后可降低40%—60%，但仍在富硫标准之内。此外，挥发分大多超过30%，其含油率7%—12%，可作炼油原料。

第二节　金　矿

一、金矿勘查

金矿的勘探工作主要在戈塘镇、海子乡作过初勘工作，戈塘勘探区探明有金矿C+D级金金属量22.47吨，戈塘豹子洞金矿区预测的金矿333+334？级资源量5吨（金属量），海子金矿区预测的334？资源量为3吨（金属量）。

金矿勘查成果

表2-4-2

矿区（点）名称	金金属量（吨）	勘探程度
戈塘微细粒浸染型金矿区	C＋D级：22.473	勘查
戈塘豹子洞“红土型”金矿区	333＋334？：5.0	勘查
海子微细粒浸染型金矿区	334？：3.0	勘查

二、金矿分布

县境金矿主要分布于西北部戈塘—古里一带的戈塘短轴背斜核部及近核的中、上二叠统接触地带及茅口组出露的岩溶侵蚀面上。根据主要控矿因素及产出特征，县境主要有微细粒浸染型（卡林型）和红土型两类金矿。

（一）微细粒浸染型（卡林型）金矿

微细粒浸染型金矿，系指主要以沉积岩为赋矿围岩，经低温热液作用形成的金矿床。金多呈次显微粒级和浸染状包裹于硫化物、气化物、硅酸盐中，具有金、砷、锑、汞（银、铊、铀）等元素组合的金矿。因该类金矿特征与美国内华达州卡林地区金矿类似，故又称“卡林型金矿”。

此类金矿是贵州省最具工业价值的金矿类型之一。县境主要分布于戈塘斜背近轴部中、上二叠统的接触地带，主要有戈塘大型金矿床、白石坡金矿点和万人洞金矿点3处。

1. 戈塘大型金矿床

位于县境北部戈塘镇境内，北纬25°14′17″—25°16′35″、东经105°16′01″—105°18′10″，面积10.7平方千米，距安龙县城38千米。

戈塘大型金矿床于1980年由贵州省地质局117地质队发现并普查勘探，1996年勘探结束，提交C＋D级金金属量22.47吨资料，其储量在省内仅次于贞丰烂泥沟特大金矿床和兴仁紫木凼大型金矿床，为大型金矿床。

该矿床位于戈塘短轴背斜东翼近轴部转折部位。戈塘短轴背斜核部由中二叠统厚层块状碳酸盐岩及上二叠统陆源碎屑含煤岩系组成，背斜北端被北东向的海马谷断层破坏。矿床范围内，出露地层为中二叠统茅口组和上二叠统龙潭组，地层走向北东40°左右，倾向南东，倾角5°—15°。含矿地层为上二叠统龙潭组第一段底部。容矿岩石为黄铁矿黏土岩、硅化角砾状黏土岩、杂色黏土岩和硅化灰岩角砾岩等。赋金岩层分布于中二叠统顶部的凹凸不平的古岩溶侵蚀面上，赋金地层及矿的形态、产状及展布受古岩溶侵蚀面的起伏控制。矿体一般呈似层状或透镜状顺层产出，矿体走向、倾向、倾角及产状与地层基本一致。矿体受沿中、上二叠统间假整合面发生的区域性滑脱控制。滑脱层为上二叠统底部的一套炭质黏土岩，该套炭质黏土岩是区域性不渗透透障，同时也是矿床的直接顶板。

2. 白石坡金矿点

位于县境北部，北纬25°14′33″—25°16′43″、东经105°09′32″—105°12′23″，面积15平方千米，距安龙县城32千米。

1984—1985年，贵州省地勘局105地质队进行1:5万水系测量和1:1万土壤测量圈定异常，1986年进行异常检查时意外发现白石坡金矿点。1987年由117地质大队进行初查评价，由个体企业陆续开采。

白石坡金矿点位于戈塘短轴背斜西翼，出露地层主要为中二叠统茅口组厚层块状灰岩、上二叠统龙潭组陆源碎屑含煤岩系及下三叠统飞仙关组陆源细碎屑岩、永宁镇组碳酸盐岩，为一缓倾斜的单斜构造，褶皱不发育，地层走向南—西南，倾角一般10°—15°。断裂构造较为发育，主要有北东、北西及近东西向3组，矿化多集于3组断裂的交汇地带。金矿化相对富集较好地段为断层旁侧，并有强硅化、褐铁矿化、金属硫化物化、高岭石化等蚀变的地表氧化带的硅化灰岩角砾岩及粒土岩角砾岩分布地段。含矿层位于龙潭组底部，其厚度及岩性随茅口组灰岩古岩深侵蚀面的起伏而变化，厚0—23米，一般厚数米至十余米。

白石坡金矿点含金大于1×106及大于0.5×106矿化相对集中的地段主要分布于地表，共有3处，分别为北西向的白石断层与近东西向的白石坡断层交汇处、北西向的白石断层与北东向的海马谷断层交汇处、近东西向的白石坡断层旁侧，无较大的工业矿体。但矿化比较集中，且多集于地表，矿石氧化程度高，易选易采。

3. 万人洞金矿点

位于县境北部，北纬15°16′30″—25°17′30″、东经105°13′30″—105°15′00″，面积4平方千米，距安龙县城54千米。1986年由贵州省地质局117地质队在开展戈塘背斜金矿普查时发现，次年进行矿点普查。后曾有黔西南州公安局等单位和个人投资开采。

万人洞金矿点位于戈塘背斜近轴部由北东向的海马谷断层、北北东向的万人洞断层和北西向的响水沟断层所围限的三角形断块内。出露地层有中二叠统栖霞—茅口组厚层块状灰岩、上二叠统龙潭组陆源碎屑含煤岩系，为一缓倾斜的单斜构造，地层总体倾向北，倾角为1°—15°。

矿体产于茅口组顶部古岩溶侵蚀面之上的二叠统底部的硅化灰岩角砾岩、硅化黏土岩角砾岩、硅化黄铁矿黏土岩中。赋矿岩石及金矿体的形态及规模受其底部的古岩溶侵蚀面的控制，随古岩溶侵蚀面的起伏而变化。含金品位一般1×106—3×106，最高可达10×106。矿石物质成分、矿物组合、矿石结构构造等特征与戈塘大型金矿床相似。

(二) 红土型金矿

红土型金矿，系赋存于第四系堆积物——红土、红色黏土中的金矿，金以显微粒自然游离状态或呈吸附状态分布。县境的红土型金矿主要分布于北西部的戈塘背斜面轴部一带，主要有豹子洞小型矿床和火落地金矿点两处。

1. 豹子洞小型金矿床

位于县境西北戈塘镇、海子乡境内，北纬 25° 15′ 00″ —25° 15′ 30″ 、东经 105° 15′ 00″ —105° 16′ 52″ ，面积 14 平方千米，距安龙县城 45 千米。1995 年由贵州地勘局 117 地质队发现，次年由 177 地质队边探边采。至 2012 年，已探明 C ＋ D 级金金属储量 5 吨，为小型矿床。根据含矿地带的相对位置，分邝家湾、马尿山、赵家坡、胡小坪 4 个矿段，先后由贵州省地勘局 117 地质队、贵州省地勘局矿产公司、安龙县黄金局、黔西南州黄金局等单位投资开采。

豹子洞小型金矿床位于戈塘背斜核部，毗邻于戈塘微细粒浸染型金矿西侧。区内出露地层主要有中二叠统栖霞—茅口组之中厚及厚层块状灰岩，上二叠统龙潭组陆源碎屑含煤岩系，第四系松散堆积层。其中，中、上二叠统之间为区性的岩溶不整合面，沿岩溶不整合面分布的一套硅化灰岩角砾岩、硅化角砾状黏土岩、黄铁矿黏土岩为戈塘微细粒浸染型金矿床的赋金地层及容矿岩石。第四系残积层和塌积层是豹子洞金矿床的主要赋金地层和容矿岩石。

矿床地处戈塘短轴背斜的核部地带，地层总体倾向南西至南东，地层较为平缓，一般在倾角在 5° —15° 之间，局部 20° 。矿床周围断层不发育，主要在茅口组出露地段，常发育有走向 45° 、315° 左右的两组网状高角度节理，沿节理常形成溶沟溶槽，为第四系堆积及红土型金矿和形成提供空间和场所。经初步测算，豹子洞金矿床远景储量可达中型矿床以上。

2. 火落地金矿点

位于县境西北海子乡境，北纬 25° 46′ 28″ —25° 17′ 16″ 、东经 105° 13′ 05″ —105° 14′ 17″ ，面积 4 平方千米，距安龙县城 55 千米。1998 年，由贵州省地勘局 106 地质队发现并边探边采。至 2012 年，已发现可供开采的矿体 3 个，获 D 级金金属储量 83.7 千克，具有一定的找矿远景和开采价值。

火落地金矿点位于戈塘背斜西翼海马谷断层南侧，东与万人洞微细粒浸染型金矿床毗邻。赋矿地层为茅口灰岩侵蚀面上的第四系残积层，容矿岩石为黏土、亚黏土、砂土及硅化灰岩角砾岩块、硅化角砾状黏土岩岩块等。

第三节　其他矿产资源

县境内戈塘硫铁矿勘查区探明有硫铁矿 D 级储量 363 万吨。

安龙县干沟铁矿资源量 278.07 万吨，广山铁矿资源量 106.9 万吨，安龙县戈塘矿区资源量 5337.5 万吨。

龙山花障坪锰矿资源量 751.15 万吨，安龙县石灰窑锰矿资源量 8322.7 万吨。

一、铁矿

县境已知的铁矿除干沟铁矿、广山铁矿、戈塘矿区一国家 (资源量 5722.47 万吨) 外，还有沉积菱铁矿小矿床 1 处、褐铁矿点 2 处，另在大海子—古里一带有少量赤铁矿零星分布。

(一) 菱铁矿

位于县境西北隅，有戈塘菱铁矿小型矿床 1 处。地理坐标为北纬 25° 18′ 26″ ，东经 105° 17′ 25″ ，距安龙县城 38 千米。1970 年贵州省地质局 112 地质队普查提交菱铁矿表外储量 533.8 万吨，为小型铁矿矿床，经贵州省地质局审批为尚难利用的C2级储量533.8万吨。

矿床位于戈塘短轴背斜东翼，构造简单。菱铁矿产于茅口组灰岩古岩溶侵蚀面之上的上二叠统龙潭组底部，含矿层矿区北部为黄铁矿、黄铁矿黏土岩夹菱铁矿；南部底部有10米左右的强硅化岩。含矿层最大厚度为30米。该矿床菱铁矿品位低，有害杂质铝、硅均高，矿床难以利用。

（二）褐铁矿

主要分布于县境西南部的万峰湖一带，有褐铁矿2处。

1. 柑子坪矿点

1958年由贵州省工业厅地勘处踏勘，1978年，贵州省地质局108地质队在开展1∶20万安龙幅区地质调查时再次调查，估算储量1万吨。该矿含矿率低，品位较贫，开采价值不大。

2. 花显矿点

位于县境南西部的南盘江北岸，属万峰湖镇，距安龙县城58千米。1971年，由贵州省地质局112地质队普查，估算储量1000吨；1978年，贵州省地质局108地质队在开展1∶20万安龙幅区地质调查时再次调查，认为该矿矿石分布面积少，无工业意义。矿点位于雷公滩背斜南翼的中三叠统垄头组与边阳组的相变线附近，地层总体走向近东西、倾向南的单斜构造。

（三）赤铁矿

县境赤铁矿仅在西北部大海子—古里一带有少量零星分布，主要产于北东向的干沟褶皱带的中二叠统茅口组及下三叠统永宁镇组的碳酸盐裂隙中。矿化弱，分布零散，无工业意义。

二、锰矿

县境发现锰矿点1处，即大坡锰矿点。地理坐标为北纬25°17′12″，东经105°31′28″，距安龙县城20千米。1979年贵州省地质局108地质队在开展1∶20万安龙幅区地质调查时，根据112地质队情报资料进行调查。

矿点位处龙头大山向斜南西翼，梨树向斜北昂起端，即北西西向的龙头大山向斜与南北向的梨树向斜叠加部位，产出地层为上三叠统瓦窑组底部。沿矿点所在层位的北西10千米之扯垄、北东5千米之下花障一者讲一带，化探成果中含锰最高2万ppm。该矿点矿层稳定，但工作程度低，对沉积氧化锰的层数、厚度、氧化深度均了解不够，有进一步普查评价的必要。

三、汞矿

县境汞矿工作勘查程度低，仅作过踏勘或矿点检查。至2012年，县境已知的有古里、朱砂洞、砂厂3个汞矿点，分别分布于县境西北、东北和西南部。

1. 古里汞矿点

位于县境西北部的海子乡境内，北纬24°53′29″、东经105°08′27″，距安龙县城60千米。1979年贵州省地质局108地质队在1∶20万安龙幅区地质调查时进行检查，之后由贵州省地质局112地质队进行普查。

矿点受北东向观音岩断层及旁侧的次级背斜控制，断裂破碎带长500米、宽10—20米，沿断裂带断续见汞矿化。汞矿体产于次级背斜与轴向平行的张性节理裂隙中。经槽探揭露，含矿体沿背斜横切面宽16米、深12米范围内见有3个汞矿体：宽6米、深2米，宽3米、深5米，宽2米、深7米（往下延伸深入于地下不明）。

矿点地表工作程度较高，矿化情况已探明，可对矿体延深方向工作，可望有新的突破。

2. 朱砂洞汞矿点

位于县城东北20千米平乐乡境，北纬25°10′15″，东经105°39′25″。

1959年由黔南地质队普查，1979年贵州地质局108地质队在开展1:20万安龙幅区地质调查时进行踏勘验证。矿点属坡坪汞矿带，位处坡坪背斜核部，汞矿富集于走向北东30°—40°的断裂带中及岩层产状由缓变陡处。含矿地岩为中三叠统关岭组第一段及花溪组第一段泥质白云岩和白云灰岩。矿化带分布长350米、宽500米、厚4米。

矿点构造及岩性组合较为有利，矿化范围大，具有一定的找矿前景。

3. 砂厂汞矿点

位于县境西南德卧镇境内，北纬25°00′56″，东经105°15′04″，距德卧5千米。1979年贵州地质局108地质队在开展1:20万安龙幅区地质调查时，根据情势资料进行检查。矿点位处于木咱断层南东盘，受断层破碎带控制。汞矿产于中三叠统杨柳井组厚层白云岩及残鲕白云岩中。

矿点分布范围小，品位不高，无工业意义。

四、锑矿

县内锑矿仅在西北部的戈塘古里一带有少量分布，无前人工作记录，仅贵州省地质局117地质队在进行戈塘微细粒浸染型金矿勘探过程中，在部分钻孔中见及。20世纪80年代末，有个体经营者进行开采。据1992年《安龙县志》载，1987—1990年，共采挖品位15°—55°锑矿石5000余吨。

该锑矿产于三叠统龙潭组第一段底部，含矿岩石主要为强硅化灰岩角砾岩及强硅化灰岩，部分为强硅化黏土岩角砾岩。含矿层受茅口组顶部古岩溶侵蚀面起伏和沿含矿层顶板炭质黏土岩中发育的区域性滑脱面的控制。锑矿常与微细粒浸染型金矿共生产出。矿体较小，主要呈囊状、小透镜状及脉状产于上述赋矿岩石中。

五、硫铁矿

县境硫铁矿主要产于二叠统龙潭组及下三叠统永宁镇组上部，以上二叠统龙潭组含煤岩系中的产出较为普遍，但多属矿化；在下三叠统系永宁镇组上部，矿化较为零星。另在上三叠统把南组及火把冲组亦见矿化。已知有中型矿床1处、矿点2处。

（一）戈塘镇硫铁矿中型矿床

位于县境北西部戈塘镇属西北一带，北纬25°17′13″—25°18′49″，东经105°17′00″—105°18′14″，矿区北自老林坡，南至枯井。1970—1972年，由贵州省地质局112地质队详查，计算D级储量363万吨，1974年经贵州省地质局审批。

矿床位于戈塘短轴背斜面东翼近轴部转折部位，为一单斜构造，地层倾向自北而南，由北东30°转为110°，倾角8°—25°。含矿地层为上二叠统龙潭组第一段底部，含矿围岩为水云母黏土岩。硫铁矿有两层：上层位于菱铁矿或菱铁矿黏土岩之上、劣煤层之下，其厚度、层位均不稳定，沿走向长400米左右，沿倾向宽100米左右，呈厚0—2.8米透镜体；下层位于黏土岩底部，矿层沿走向长4000—5000米，沿倾向宽约700—1000米，厚0.6—2.7米，产出较为稳定。矿床次生氧化作用较强，氧化带深度8—15米，沿矿体露头线，黄（白）铁矿大部流失，黏土岩中留下的空洞，部分氧化铁将黏土岩染成褐红色。

从矿区北端到南端长4000米、宽20—40米地带有零星褐铁矿分布。该矿床及相邻的微细粒浸染型金矿的地质及矿床特征，与晴隆大厂硫铁矿矿床相似，推测为与火山活动有关的沉积硫铁矿矿床。矿区以西，已知含矿层路头线延至大坝，可能延至安王寨一带，长达10余千米，其间有黄铁矿矿化及硅质蚀变岩的展布，进一步开展工作，可望有大的突破。

（二）大坝硫铁矿矿点

位于县境西北部海子乡大坝北约1千米处，北纬25°15′15″，东经105°15′39″。1966年由长沙设计院304队工作，储量6.7万吨（未审批），曾有一小型硫磺厂开采。矿点位于戈塘背斜核部龙潭组转折部位，矿体位于龙潭组第二段二号煤之下。

该矿点规模小，适宜地方小型企业开采。

（三）木科硫铁矿矿点

位于县境新桥镇木科约1千米处，北纬25°08′23″，东经105°17′59″，距县城18千米。1978—1980年，贵州省地质局108地质队在开展1:20万安龙幅区地质调查时发现，并进行评价。

矿点硫铁矿产于下三叠统飞仙关组第四段灰色微层状粉砂质黏土岩中（粉粒为基性火山岩屑及绿泥石岩屑）。矿体产于断裂破碎带中，呈似层状，长500余米，宽100米，厚1—1.5米。目估品位8%—15%，含矿层为伽马异常层。该矿点分布范围小，品位不高，无工业意义。

六、含钾岩石

县境含钾岩石为斑脱化凝灰岩，俗称“绿豆岩”，主要产于中三叠统关岭组第一段底部，出露于鲁沟—普坪—安龙及龙广—德卧一带，工作程度较低，仅于1978—1980年，贵州省地质局108地质队在开展1:20万安龙幅区地质调查过程中，选择四头坡和普坪两处含钾岩石进行检查评价。

（一）四头坡含钾岩石矿点

位于安龙工业园栖凤片区内，北纬25°01′08″，东经105°25′21″。矿点位处戈塘背斜东翼，为产状较为平缓和单斜构造，地层倾向东，倾角6°—10°，矿点出露地层为下三叠统安顺组第三段和中三叠统第一、二段。

四头坡含钾岩层呈层状产出，层位稳定，分上下两层。其上层含钾品位略高，但厚度太薄；下层厚度虽大，但含钾品位较低，能否利用，尚需进一步勘查研究。

（二）普坪含钾岩石矿点

位于县境北部普坪镇境内，北纬25°13′53″，东经105°23′59″，距安龙县城18千米。矿点位处戈塘背斜东翼，为单斜构造，岩层产状平缓，倾向北东，倾角10°—15°，地质构造简单。

普坪矿点地质特征与四头坡矿点相似，但含钾岩石的厚度及品位较四头坡矿点好，特别是上层含钾岩石，含钾品位较高。该矿点工作程度较低，没有继续工作的必要。

七、水晶

县境已知水晶矿点4处，主要分布于龙广北部和雷公滩北部，由贵州省672地质队普查评价。

（一）尾子田水晶矿点

位于龙广北5千米处，北纬25°08′34″，东经105°10′25″。矿点位处万屯向斜北翼，矿化层为永宁镇组白云质灰岩、泥质白云岩，以白云质灰岩矿化较好，有原生矿和砂矿两种。

水晶砂矿主要产于永宁镇组之上的残、坡积黏土中，可供地方小型企业开采。

（二）罗家营水晶矿点

位于龙广东北5千米处，北纬25°07′27″，东经105°13′57″。矿点位处万屯向斜北翼，原生矿化层为永宁镇组白云质灰岩，砂矿产于残坡积层中，地表见晶体较多，面积1.7平方千米。

该矿点曾作过普查评价，施工浅井17个，样坑1个，水晶质差。该矿点与尾子田水晶矿点相距7千米，属同一层位和同一构造，均有找矿远景。

（三）放羊湾水晶矿点

位于万峰湖镇东北9千米，北纬25°00′59″，东经105°09′01″。矿点产于龙广向斜南西翼中三叠统杨柳井组白云岩上之残坡积层中，面积3平方千米。

该矿点作过踏勘检查，施工槽井探589立方米，水晶量少，质差，局部虽有压电水晶，但品位低，无找矿远景。

（四）肖家水晶矿点

位于德卧镇西南6千米处，北纬25°00′16″，东经105°11′29″。矿点位处龙广向斜南西翼三叠统花溪组白云岩之上的残坡积层中，厚3.8米，最大晶体0.05×0.07米，一般晶体0.025×0.05米。

该矿点曾作过踏勘检查，施工探槽4条，为熔炼水晶矿点。

八、饰面用灰岩

饰面用灰岩又称大理石、木纹石，属建材类矿产资源。县境饰面用灰岩的开采与加工始于20世纪初，为县内新兴的矿产资源开采与加工产业。2007年1月至2008年5月，县国土资源局通过挂牌方式在笃山乡依法出让18个饰面用灰岩矿山。

县境饰面用灰岩主要分布于笃山、钱相、兴隆3个乡镇，资源总面积初步确定为5.75平方千米。经中国建筑材料工业地质勘查中心贵州总队勘查，仅笃山乡可供开采的优质饰面用石灰岩有120.91万立方米。笃山乡饰面用石灰岩（安龙木纹石），以其“天然的木纹、淡雅的色调、板材体量大”等特点而名扬海内外，被誉为贵州木纹石代表、中国木纹石之乡。笃山饰面用石灰岩经北京建筑材料工业石材质量监督检验测试中心检验，判定为“环保无辐射木纹大理石，属国家A类产品，不受使用范围和行业限制”。

经测算，远景区饰面用灰岩调查新增可采资源量约1982.82万立方米。根据实地调查，参照相邻矿区鉴定、分析结果，县境调查区饰面用灰岩为灰白色、米黄色厚层层纹状白云质岩和含灰质泥一微晶白云岩。岩石层纹（木纹）颜色均匀，结构稳定，光泽度好。白云质灰岩体积密度、吸水率、干燥压缩程度、弯曲程度等物理性能均达到饰面用灰岩标准，且近于零辐射，质量满足商品用饰面灰岩要求。

九、石灰岩　黏土　石英砂岩

（一）石灰岩

县境石灰岩主要产出层位有中二叠统栖霞组、茅口组，上二叠统吴家坪组，下三叠统永宁组，中三叠统坡段组、垄头组，上三叠统竹杆坡组等，储量丰富，但工作程度低，仅对龙广水泥灰岩小型矿床和鲁沟水泥灰岩小型矿床作过普查评价。

1. 龙广水泥灰岩小型矿床

位于北纬25°07′00″，东经105°12′00″，距县城33千米。

1983年由建材部地勘公司贵州地质勘探大队详查，提交C＋D级储量3591.85万吨，为小型矿床。

矿区地处北西西向龙广向斜北北东翼，出露地层为下三叠统永宁镇组第二、第三、第四段，矿区为单斜构造，地层总体走向110°左右，倾向南南西，倾角为40°—80°，一般45°—55°。受区域构造影响，矿区内常发育有一组走向近南北的横向平移断层。

矿层为永宁镇组第三段的一部分，矿层底板为永宁镇组第三段第一层之灰色薄层泥晶灰岩与灰黄色泥岩互层，顶板为永宁镇组第四段之白云岩和泥岩。矿层厚度大，分布稳定，矿石中有益组分含量较高，氧化钙含量大都在50%以上，有害组分较低，氧化镁的最高值1.5%以下，钾、钠、硫均低于指标要求，矿床中不含石英、石髓及燧石等。矿体中虽有脉状夹石（方解石脉）存在，但均有规律地与断层构造一致分布，易分辨剔除。全矿区绝大部分为一级品矿石，矿石质量佳，极为稳定。

2. 鲁沟水泥灰岩小型矿床

矿床位于县境北部鲁沟西北300米处，距县城30千米。1971年由贵州省建委303地质队普查评价，提交灰岩储量250.54万吨，为小型水泥灰岩矿床。

矿区位处戈塘北斜东翼，为单斜岩层产出区，地层总体倾向北东，倾角平缓，一般为10°—15°，区内无断裂构造。矿层为下三叠统永宁镇组之深灰色厚层围岩，分布稳定，厚度大，有用组分含量高，有害组分含量低，整个矿体为一级品矿石。

（二）黏土与砂岩

县境黏土和砂岩分布广泛，储量丰富。其第四系软质黏土、亚黏土分布普遍，曾建成众多砖瓦窑。县境硬质黏土主要产于三叠统龙潭组、下三叠统飞仙关组、中三叠统许满组和边阳组，砂岩主要产于中三叠统许满组、边阳组和上三叠统赖石科组、把南组、火把冲组二桥组等地层之中。黏土与砂岩矿勘探工作程度低，仅为满足水泥配料、硅质原料，选择距水泥石灰岩较近、交通条件好的鲁沟黏土矿、永和砂岩、黏土岩矿和梨树砂岩矿进行过评价。

1. 鲁沟小型黏土矿床

位于县境北部鲁沟北200米处，北距鲁沟水泥灰岩小型矿床300米，距县城30千米。1971年由贵州省建委303地质队开展鲁沟水泥灰岩普查评价时一并普查评价，提交黏土储量20.69万吨，属小型水泥黏土矿床。

矿层为第四系土黄、紫红色黏土、亚黏土，系飞仙关组及永宁镇组之砂质页岩、黏土岩、灰岩等风化而成的残坡积层。试烧证明，矿床黏土能烧出质量较好的水泥，但由于二氧化硅含量过低，平均硅酸率仅1.0左右，须添加硅质材料校正。

2. 永和砂岩、黏土岩小型矿床

位于县境西南部万峰湖镇境内，北纬24°55′，东经105°06′，距龙广水泥灰岩矿山20千米，距安龙县城40千米，面积0.8平方千米。1983年由国家建材局地质公司贵州地质勘探大队普查评价，提交水泥用砂岩、粒土岩矿D级储量71.17万吨，其中硅质原料6.89万吨、黏土质原料64.28万吨，为砂岩硅质原料与硬质黏土原料相伴的混合型矿床。

矿区出露地层为中三叠统边阳组陆源细碎屑岩及第四系砂质黏土、岩块等残坡积层。矿区为单斜构造，断裂构造不发育，地层走向近南北，倾向西，倾角25°—51°，一般为30°—40°。海相沉积矿床，矿体赋存于中三叠统边阳组，呈单斜层状产出，倾向270°—280°，倾角30°—40°。矿体南北长184米、东西宽130米，总厚度89.20—103.35米，平均厚度97.4米，分上下两层。

该矿床下层矿质量沿走向变化较大，稳定性差，有害组分含量虽在工业指标以内，但较上层矿高，矿石质量不如上层矿好。

3. 梨树砂岩矿点

位于县境东北笃山乡境，北纬25°18′，东经105°30′，距县城20千米。1971年由贵州省建委303地质队开展鲁沟水泥灰岩及黏土矿普查时，寻找硅质校正原料进行踏勘。

矿点位处龙头大山向斜西南翼，为单斜构造，地层总体倾向北北东，倾角一般10°左右。矿体产于上三叠统赖石科组第一段，由深灰色厚钙质杂砂岩组成。该矿点砂岩为较好的水泥用硅质原料，矿体分布面积广，厚度大，储量可观，但新鲜矿石不能直接作为硅质校正原料，须风化矿石方可作为硅质校正原料。

第五章　动植物资源

县境生物种类繁多，除对森林、果树、中草药、牧草、农作物和家畜家禽进行过初步调查外，其余尚未普查。本章仅记叙野生植物、动物的常见种类。

第一节 野生动物

一、常见动物种类

县境原生动物有肉足虫纲的变形虫、蛞蝓变形虫、地上变形虫和辐射变形虫，鞭毛虫纲的锥虫、滴虫，孢子虫纲的间日疟原虫、三日疟原虫、恶性疟原虫、球虫，纤毛虫纲的草履虫等。

腔肠动物有水螅、柄水螅等。

扁形动物有猪肉绦虫、囊虫、涡虫、姜片虫等。

线形动物有蛔虫、捻转胃虫、蛲虫、旋毛虫、钩虫等。

环节动物有蚯蚓、蚂蟥等。

软体动物有河蚌、蜗牛、蛞蝓、田螺等。

节肢动物中，多足纲有蜈蚣、蚰蜒，甲壳纲有河蟹、毛虾、跳蚤，蛛形纲有蜘蛛、蝎、草蛛、花蛛、蜂螨、叶螨、粉螨、果螨、疥螨、草螨、甲螨、喜蛛锥腹蛸等。

昆虫纲动物繁多，其常见者有：

鳞翅目的菜蛾、蚕蛾、枯叶蛾、夜蛾、天蛾、松针毒蛾、马铃薯块茎蛾、大螟、二化螟、三化螟、玉米螟、豆荚螟、腊螟、一点谷螟、黏虫、稻包虫、松毛虫、茶毛虫、天幕毛虫、地蚕、稻弄蝶、粉蝶、环蝶、灰蝶、花蝶、蛱蝶、弄蝶、斑蝶、菜粉蝶等。

鞘翅目的二条叶甲、小猿叶虫、马铃薯瓢虫、稻叶瓢虫、七星瓢虫、梨虎、甘薯象虫、稻象虫、金龟子、米象、锯谷盗、谷象、黑带食蚜蝇、斑蝥、蜣螂等。

半翅目的菜蚜、大豆蚜、麦蚜、桃蚜、五倍子蚜、白蜡虫、昨蝉、蟪蛄、九香虫、椿象、红蜡蚧、稻飞虱、稻叶蝉等。

膜翅目的蜜蜂、马蜂、土蜂、狗屎蜂、黑蚂蚁、黄蚂蚁、小麦时蜂、瘿蜂、广黑点瘤姬蜂、黏虫白星姬蜂、松毛虫黑点瘤姬蜂、蚂蚁等。

双翅目的家蝇、山蝇、大家蝇、灰腹厕蝇、大头金蝇、绿蝇、尾黑麻蝇、华虻、斑虻、按蚊、蚊蚋、蠓等。

直翅目的蝼蛄、蟋蟀、蚱蜢、飞蝗等。

脉翅目的草蛉、蚁蛉、粉蛉、蟑螂等。

虱目的人虱、牛虱、马虱等。

此外，还有蜻蜓、豆娘、地鳖、螳螂等。

脊椎动物主要有：

两栖纲的青蛙、雨蛙、泽蛙、蟾蜍、大鲵、蝾螈等。

爬行纲的蜥蜴、石龙子、壁虎、乌龟、土蛤蚧、竹叶青蛇、菜花蛇、丽纹蛇、乌梢蛇、眼镜蛇、兰蛇、蟒蛇等。

鸟纲的家鸽、斑鸠、喜鹊、乌鸦、布谷、啄木鸟、伯劳、杜鹃、四声杜鹃、云雀、百灵鸟、猫头鹰、雀鹰、苍鹰、苍鹭、鹞、鸢、叉尾太阳鸟、吸花鸟、野鸭、水鹌鹑、麻雀、黄豆雀、青菜雀、赤红山椒鸟、白腰文鸟、白鹤、鸬鹚、白鹭、环锦雉、红腹锦鸡、白腹锦鸡、黄鹂、鹦鹉、鹧鸪、八哥、画眉、红嘴相思鸟、翠鸟、白胸翡翠、家燕、蜂鸟等。

哺乳纲的松鼠、田鼠、家鼠、仓鼠、豪猪、旱獭、黄鼬、苏门铃、原猫、狼、刺猬、南狐、貉、果子狸、竹鼠、大灵猫、西南黑熊、猞猁、云豹、金钱豹、山猫、穿山甲、黄麂、獐子、獾子草免、猕猴、野猪、蝙蝠等。

鱼纲的鲫鱼、草鱼、青鱼、鲶鱼、金鱼、黄鳝、泥鳅等。

二、珍稀动物

（一）国家重点保护野生珍稀动物

一级重点保护动物有：白鹳、云豹、金钱豹、蟒；

二级重点保护动物有：猕猴、穿山甲、水獭、大灵猫、小灵猫、猞猁、原猫、林麝（獐子）、红腹锦鸡、白腹锦鸡、猫头鹰、雀鹰、大鲵（娃娃鱼）。

（二）省级重点保护野生动物

兽类有：狗獾、麂子、各种野兔。

鸟类有：啄木鸟、画眉、雉鸡、灰胸竹鸡。

其他有：蛇类、蛙类（包括蟾蜍和各种蛙类）。

第二节　植　物

县境位于中亚热带气候向南亚热带气候区过渡、云贵高原向广西丘陵过渡的斜坡地带，境内地貌复杂多样，形成不同的气候、土壤类型，水热分配存在显著差异，为生物多样性创造了良好的生长条件，因而植物种类繁多。据近年调查资料统计，县境有森林维管植物150科500属1000种以上。

一、植物分布

南部海拔1000米以下沿南盘江河谷地带，出现的植被为稀树草坡群落。尤以坡脚乡最为典型，常见植物种类，大都属于热带成分。草本植物是以热带的耐旱、耐瘠薄为主要成分，如龙须草（梭草）、白茅等。常见的木本植物有木棉、番石榴、余甘子等。在南部的原停西乡，既有常绿阔叶林，又有季雨林植被类型，计有植物种类800余种，分属100多科，400多属，常见细叶云南松、木荷、麻栎、槲栎及山茶属、木莲属、含笑属、润楠属、海桐花属、柿属、黄皮属、黄杞属、牡竹属等。此外还有组成季雨林的富于热带性的榕树、火绳树、地瓜树、红椿等地热指示植物。

向北海拔1200米以上的中部岩溶山地，主要分布的是温带成分，常见的植物种类有槭属，鹅耳枥属、榆属、樱属、芙莲属、忍冬属、蔷薇属、山茱萸属、火棘属、响叶杨、柏木、化香、金丝桃等。中部第四纪黏土发育的硅铁质黄壤丘陵地有细叶云南松、油桐、油茶、泡桐、滇楸等。

西北部海拔1400米以上的中山山地及丘陵，是中亚热带的边缘，气候温凉、森林类型属亚热落叶阔叶林及针阔混交林，针叶树主要有杉木、细叶云南松等。阔叶树种主要有泡桐、檫木、光皮桦、旱东瓜、云南樟、大叶青岗、碎米柴、杜鹃等。

中东部东南边缘的仙鹤坪，植物资源丰富，种类繁多，共计有126科、279属、500多种，为典型的常绿阔叶林，主要树种有滇楸、旱东瓜、丝栗栲、小叶樟、红花油茶、灯台树、南酸枣等。在海拔1700米的林缘处有檫木、野核桃等。该地气候温凉潮湿，故在林内有经济价值较高的天然狭叶方竹（刺竹）与常绿阔叶林呈混交分布。还分布有十多种珍稀植物，如马尾树、香果树、短叶黄杉、多齿红花叶、四球茶、水果七叶树、粗榧、南方红豆杉、秃叶黄皮树、杜仲、川八角莲、棒柄水青枫等。

二、植物种类

全县木本植物800余种，其中乔木450种以上。用材树种主要有杉木、云南松、华山松、柏木、滇楸、梓木、白花泡桐、苦楝、川楝、香椿、毛红椿、响叶杨、旱东瓜、光皮桦、香叶黄皮树、栓皮栎、麻栎、滇青岗、西南木荷、南酸枣、翅芙香槐等。

经济林树种主要有油桐、油茶、乌桕、胡桃、棕榈、银杏、漆树、核桃、板栗等。

芳香油植物有山鸡椒、清香木姜子、毛叶木姜子、木姜子、花椒、野花椒、竹叶椒、香叶树、云南樟等。

药物植物计有500种以上，其中经济价值较高的主要有秃叶黄皮树、杜仲、大叶三七、天门冬、天麻、七叶一枝花、多花黄精、卷叶黄精、通脱木、千张纸等。

饮料植物主要有茶树、四球茶、黄褐毛忍冬、吊子银花、野菊花等。

野生果品类主要有美味猕猴桃、多花猕猴桃、楸叶猕猴桃、野山楂、云南山楂、刺梨、红泡刺藤、栽秧泡、杨梅、山桃、山樱等。

野生糅料植物有余甘子、马桑、毛枝青㭎、滇青㭎、化香、园果华香、锐齿波罗栎、槲栎、棒柄水青㭎等。

紫胶寄主植物有南岭黄檀、任木、大果榕、火绳树、大青树、山合欢等。

观赏植物有杜鹃、桃叶杜鹃、贵州大花杜鹃、合欢、黄杨、桂花、南天竹、夹竹桃、棕竹、月季等。

木本植物　主要针叶树有云南松、华山松、杉树、柳杉、水杉、油杉、侧柏、冲天柏、圆柏、百日青等；主要阔叶树有栎类、桦树、泡桐、梓木、楸树、旱冬瓜、香椿、枫香、白杨、合欢、苦楝、酸枣、喜树、香樟、女贞、刺槐、木棉、黄葛树、榕树、栲树、木荷、构树、黄连木、皂角树、木郎树、油桐、油茶、乌柏、核桃、板栗、桃树、李树、苹果、枇杷、杏树、番石榴、柿树、樱桃、黄果、柑橘、漆树、棕榈树、黑荆树、柳树、桂花、梧桐、灯台树、无患子、苦枥子、山楂、棠树、野核桃、马桑、黄杨、枸杞、蒙桑、垂珠花、波状叶山蚂蟥、茸毛木蓝、铁扫帚、小槐花、多脉叶羊蹄甲、西南槐树、山豆花、云实、假木豆、柘树、小叶桑、无花果、华紫珠、三百棒、黄荆、腐婢、竹叶椒、山枇杷、楝叶吴茱萸、铁海棠、算盘子、铁冬青、绣线菊、金樱子、刺梨、野蔷薇、接骨木、黑汉条、黑石珠、十大功劳、南天竹、小竹、腊梅、八角枫、萝芙木、小米柴、杜鹃花、皂柳、柽柳、木槿、木芙蓉、五加、半枫荷、通草、水麻、六月雪、栀子、丝棉木、白蜡花、迎春花、苦丁茶、光叶海桐、六月瓜、白木通、结香、玉兰、厚朴、茶树、七月莲、余甘子、树番茄、鼠李、花椒、钩藤、矮杨梅、假玉挂等。

草本植物　县境常见植物有100多个科3000余种，仅将搜集到资料的田间杂草、牧草、药用草本植物和花卉观赏植物分科记述如下：

禾本科有香茅、假稻、白茅、芦苇、芸香草、野古草、狗尾草、五节芒、知风草、秋鹅观草、野薏苡、乱草、狼尾草、野燕麦、雀稗、狗牙根、野茅等。

毛茛科有小毛茛、飞燕草、黄连、乌头、山木通、穿心莲、鸡爪连、立金花、铁线莲、芍药、牡丹等。

豆科有鸡眼草、紫云英、苦参、喙红苞苔、红车轴草、四棱猪屎豆、乌喙豆、远志木兰、和兰翘摇、歪头菜、假地蓝、天蓝苜蓿、含羞草等。

菊科有鬼针菜、蓟、刺脚菜、紫茎泽兰、苍耳、千里光、山牛蒡、大毛杏、蒲公英、地胆草、孔雀草、葫芦叶、毛连菜、马兰、三轮蒿、向日葵、陈蒿、大丽菊等。

茄科有曼陀罗、龙葵、苦茄、假酸菜、紫花茄、五色椒等。

苋科有反枝苋、牛膝、虾钳菜、鸡冠、千日红等。

马兜铃科有白朱砂连、双叶细辛、白三百棒、蜘蛛香、马蹄香等。

莎草科有莎草、硬杆子、钢秀竹、龙须草、水蜈蚣、荸荠、看麦草等。

百合科有黄花菜、百合、射干、黄精、玉竹、天门冬、独脚莲、吊兰、文竹等。

唇形科有泽兰、益母草、夏枯草、防风草、凤尾丝兰、麦冬、黄芩、耳挖草等。

伞形科有野胡萝卜、水芹菜、乌豆草、积雪草、白毛芹、柴胡、前胡、药芹菜等。

龙胆科有龙胆草、四轮草、黑及草、当药、荇菜等。

报春花科有大四块瓦、花被单、点地梅、追风伞、珍珠菜、满天星、仙客来等。

石竹科有米瓦罐、曲条菜、荷莲豆菜、女娄菜、漆如草、十样棉等。

睡莲科有荷花、龙骨莲、睡莲等。

天南星科有水浮莲、白菖蒲、天南星、水芋头、石菖蒲、半复、雷里见等。

蓼科水蓼、何首乌、酸模叶蓼、两西蓼、牛舌片、火炭母、蓼蓝、省订草等。

大戟科有泽漆、铁苋菜、小搜山虎等。

蔷薇科有地榆、仙鹤草、蛇莓、白地莓、玫瑰、月季、蔷薇、野蔷薇等。

兰科有绶草、白及、石斛、果上叶、天麻、兰草等。

鸢尾科有鸢尾、蝴蝶花、唐菖蒲、搜山虎等。

藜科有小藜、土荆介、地肤、藜等。

旋花科有菟丝子、大碗花、马蹄金、金灯藤、牵牛花等。

玄参科有羊肝狼头草、灯笼草、阴行草、鸡爪参、紫蝴蝶花等。

茜草科有小血藤、四轮草、岩泽兰、黄瓜草、猪殃殃等。

苦苣苔科有岩白菜、降龙草、岩莴苣，虎耳还魂草等。

姜科有山柰、山姜、夜寒苏、蘘荷、华良姜、郁金等。

桔梗科有桔梗、风铃草、杏叶沙参、小铜锤、兰花参等。

石蒜科有龙爪花、石蒜、仙茅、山蒜、文殊兰、龙舌兰、晚香玉、葱莲等。

薯蓣科有毛狗茹、薯莨、马蹄细辛、黄山药等。

荨麻科有红禾麻、坐镇草、老虎禾麻、紫绿草糯米团等。

锦葵科有梓桐花、冬葵、刚毛秋葵、青麻、蜀葵等。

萝摩科有球兰、萝摩、马利筋、双剪菜、白薇、柳叶白前等。

水龙骨科相异石韦、黄瓦韦、金鸡脚、贯众、盾蕨、槲蕨等。

景天科有垂盆草、费菜、小万年草等。

凤仙花科有串铃、黄凤仙花、紫金花等。

仙人掌科有仙人掌、万年刺、三棱柱、蟹爪兰、令箭、仙人球、仙人山等。

爵床科有马蓝、爵床、毛叶鱼鳅串等。

此外常见草本植物还有马鞭草、马齿苋、月见草、节节草、石松、卷柏、秋海棠、贯叶连翘、美人蕉、芭蕉芋、蕺菜、堇菜、苦草、千屈菜、山萝卜、凤眼蓝、瑞香、慈菇、车前草等；常见的蕨类植物有大地柏枝、乌蕨、变异铁角蕨、粉背蕨、乌毛蕨、水金鸡尾、蜈蚣草、骟尾鸡草、半边旗、莲座蕨、大羽新月蕨、金毛狗、翘柄铁线蕨等。

藤本植物 县境藤本植物有草质和木质两大类，主要有：

葡萄科的野葡萄、五爪龙、乌蔹莓、石母猪藤、吊岩风、秋葡萄、岩爬藤、喜马拉雅爬山虎等。

五加科的多蕊木、常春藤、鹅掌藤等。

天南星科的细叶藤桔、雷公连、麒麟尾等。

葫芦科的老蛇头、金盆等。

防己科的山乌龟、千金藤、青藤木防己、金果榄、青牛胆等。

此外，还有地瓜藤、葛藤、野泡通、九重葛、猕猴桃、大金银花、山银花、五香血藤、兴山五味子、毛鸡屎藤、华钩藤、来江藤、拦路虎、海金沙、爬行卫矛、黄独等。

菌类植物 菌类植物种类繁多，仅常见的食用菌就有鸡纵菌、竹荪、冻菌、马蹄菌、凤尾菇、鸡油菌、黑木耳、白木耳、蘑菇、奶浆、青塘菌、珊瑚菌、毛草菌、马屁包、松菌、红菌、香菇等20余种。

三、珍稀植物及特有种类

县境自然条件复杂多样，植物种类极为丰富，有许多闻名的珍稀植物，现就有关专家和科技人员的初步调查，将县境内尚存的国家保护植物及特有种类记述如下：

（一）国家重点保护植物

一级保护植物1种：桫椤（桫椤科）。

二级保护植物11种：云南穗花杉（红豆杉科）、喙核桃（胡桃科）、柄翅果（椴树科）、篦子三尖杉（三尖杉科）、十齿花（卫矛科）、香果树（茜草科）、杜仲（杜仲科）、福建柏（柏科）、银杏（银杏科）、短叶黄杉（松科）、马尾树（马尾树科）。

三级保护植物8种：云南七叶树（七叶树科）、穗花杉（红豆杉科）、蝴蝶果（大戟科）、桢楠（樟科）、红椿（楝科）、任木（豆科）、八角莲（小檗科）、天麻（兰科）。

（二）县境内特有植物种类及保护种类

秃叶红豆（红豆树）、宛田红花油茶、野山茶、安龙瘤果茶、安龙油果樟、贵州润楠、安龙润楠、细轴尧花、安龙海桐、大花扁担木、石山蚊母树、直柱黄杨、少脉越橘、安龙紫金牛、拟鲫鱼胆、贵州罗伞、盘江紫珠、薄叶赤贞桐、贵州桂花、安龙石楠、藤香槐、短梗含笑、滑叶含笑、贵州大花杜鹃、册亨田照花、棒柄水青树、贵州山核桃（模式标本采自安龙，存于英国皇家学院）。

第三篇　人口　民族　宗教

第一章　人口普查　分布　变动

新中国成立后，县境分别于1953年、1964年和1982年进行了三次人口普查，其中第一次人口普查全县有37473户160414人，第二次人口普查全县有42470户193631人，第三次人口普查全县有60089户306564人。至1988年年底，全县有81921户352974人。1990年，全县开展第四次人口普查，全县普查时点总人口有359251人。2000年，全县开展第五次人口普查，在普查标准时间，全县登记总人口399370人。2010年11月1日零时为标准时点，安龙县进行第六次全国人口普查，全县普查时点总人口中，按照2000年城乡划分的新标准，居住在城镇区域的64259人，占总人口的16.09%；居住在乡村区域的人口为335111人，占总人口的83.91%。

第一节　人口普查

一、第四次全国人口普查

1990年7月1日零时，全国第四次人口普查，全县普查时点总人口359251人，男性人口183265人、女性人口175986人。

二、第五次全国人口普查

2000年11月1日零时，全国第五次人口普查，以下为安龙县2000年第五次人口普查主要数据：

1. 普查时点本县登记的常住人口。2000年11月1日零时为第五次全国人口普查登记的标准时间。在普查标准时间，全县登记总人口399370人（包括外来人口，不包括外出人口）。普查时点总人口与1990年第四次全国人口普查时点总人口359251人相比，10年零4个月共增加了40119人，增长11.17%，平均每年增加4011人，年平均增长率为1.1%。

2. 普查时点总人口的地区分布：

第五次全国人口普查各乡镇人口分布情况表

表3-1-1

乡镇别	普查时点总人口（人）	乡镇别	普查时点总人口（人）
新安镇	69868	戈塘镇	23846

续表 3-1-1

乡镇别	普查时点总人口（人）	乡镇别	普查时点总人口（人）
龙广镇	43709	兴隆镇	26628
德卧镇	33542	新桥镇	20505
万峰湖镇	18695	海子乡	19988
木咱镇	17537	笃山乡	13043
洒雨镇	25762	平乐乡	13768
普坪镇	19397	钱相乡	17658
龙山镇	26798	坡脚乡	8626

3. 人口自然变动情况。1999 年 11 月 1 日至 2000 年 10 月 31 日，全县出生人口为 9366 人，出生率为 23.51‰；全县死亡人口为 3039 人，死亡率为 7.63‰；全县自然增长人口为 6327 人，人口自然增长率为 15.89‰。与 1990 年相比，出生率降低 7.1 个千分点，死亡率上升 0.05 个千分点，自然增长率降低 7.13 个千分点。

4. 家庭户。2000 年 11 月 1 日，全县共有家庭户 102438 户，家庭户人口为 393594 人，占总人口的 98.55%，平均家庭规模为 3.84 人，比 1990 年的 4.47 人减少了 0.63 人。

5. 主要年龄构成。在普查时点总人口中，0—14 岁的人口为 132035 人，占 33.06%；15—64 岁人口为 243956 人，占 61.09%；65 岁及以上人口为 23379 人，占 5.85%。同 1990 年第四次人口普查相比，0—14 岁人口占总人口的比重下降了 2.52 个百分点，65 岁及以上人口占总人口的比重上升了 0.82 个百分点。

6. 性别构成。全县普查时点总人口中，男性为 207374 人，占 51.93%；女性人口为 191996 人，占 48.07%。受外出人口性别构成的影响，本县普查时点总人口性别比由 1990 年第四次人口普查时的 104.14 上升为 108.01。

7. 民族构成。全县普查时点总人口中，汉族人口为 207687 人，占总人口的比重为 52%；少数民族人口为 191683 人，占总人口的比重为 48%。与 1990 年人口普查相比，汉族人口增加了 8950 人，增长 4.5%；少数民族人口增加了 31169 人，增长了 19.42%。少数民族人口占全县总人口的比重上升了 3.32 个百分点。

8. 各种受教育程度人口。全县普查时点总人口中，接受大学（指大学专科以上）教育的 3101 人，占 0.78%；接受高中（含中专）教育的 15089 人，占 3.78%；接受初中教育的 74256 人，占 18.59%；接受小学教育的 202238 人，占 50.64%（以上各种受教育程度的人包括各类在学校的毕业生、肄业生和在校生）。与 1990 年第四次人口普查相比，每 10 万人中拥有各种受教育程度的人数有如下变化：具有大学文化程度的由 224 人增加为 776 人；具有高中文化程度的由 2863 人增加为 3778 人；具有初中文化程度的由 12030 人增加为 18593 人，具有小学文化程度的由 38624 人上升为 50639 人。

在全县普查时点登记的人口中，15 岁及 15 岁以上文盲人口为 46916 人，与 1990 年第四次人口普查相比，15 岁及 15 岁以上文盲人口占总人口的比重（即粗文盲率）由 1990 年的 24.39% 下降为 11.75%，下降了 12.64 个百分点。

9. 城乡总人口。全县普查时点总人口中，按照 2000 年城乡划分的新标准，居住在城镇区域的 64259 人，占总人口的 16.09%；居住在乡村区域的人口为 335111 人，占总人口的 83.91%。

10. 附加说明。为反映自建立社会主义市场经济体制以来，安龙县与省内其他县市、省外之间人口交叉流动日益频繁的情况，这次人口普查常住空间缩小、常住时间缩短。为此，普查时点人口总量与历年统计年报人口总量存在常住时间和常住空间的差异。根据第五次人口普查结果，按历年人口统计年报可比口径，2000 年末本县常住人口总量为 419186 人，与 1990 年末相比较，总人口净增加 59935 人，年平均增长率为 1.6%；与 1999 年末相比较，总人口增加 19619 人，增长率为 4.91%。2000 年末人口的乡镇分布如下：

安龙县 2000 年末各乡镇人口分布情况表

表 3-1-2

乡镇别	年末总人口（人）	乡镇别	年末总人口（人）
新安镇	73335	戈塘镇	45878
龙广镇	35206	兴隆镇	19623
德卧镇	18407	新桥镇	27040
万峰湖镇	20359	海子乡	28128
木咱镇	25029	笃山乡	27949
洒雨镇	21522	平乐乡	20980
普坪镇	13690	钱相乡	14452
龙山镇	18534	坡脚乡	9054

三、第六次全国人口普查

2010 年 11 月 1 日零时为标准时点，安龙县进行第六次全国人口普查，以下为安龙县 2010 年第六次人口普查主要数据：

1. 全县常住人口。全县常住人口（普查登记的 2010 年 11 月 1 日零时的常住人口，包括居住在本乡镇街道、户口在本乡镇街道或户口待定的人；居住在本乡镇街道、离开户口所在的乡镇街道半年以上的人；户口在本乡镇街道、外出不满半年或在境外工作学习的人）为 357304 人，同第 5 次人口普查 2000 年 11 月 1 日零时的 399384 人相比，十年共减少 42080 人，减少 10.54%，年平均递减 1.11%；全县普查人口 481027 人，户籍人口 436247 人。

2. 人口自然变动。2009 年 11 月 1 日至 2010 年 11 月 1 日，全县常住人口中的出生人口为 6206 人、出生率为 17.34‰，死亡人口为 2341 人、死亡率为 6.54‰，自然增长人口为 3965 人、自然增长率为 10.80‰。与 2000 年第 5 次人口普查相比，出生率下降了 2(2.31) 个千分点、死亡率下降 1(0.88) 个千分点、自然增长率下降 1(1.42) 个千分点。

3. 家庭户人口。全县常住人口中共有家庭户 106935 户，家庭户人口为 348065 人，平均每个家庭户的人口为 3.25 人，比 2000 年第 5 次人口普查的每户 3.94 人减少 0.69 人。

4. 性别构成。全县常住人口中，男性人口为 184192 人，占 51.55%；女性人口为 173112 人，占 48.45%。总人口性别比（以女性为 100，男性对女性的比例）由 2000 年第 5 次人口普查的 108（107.97）下降为 106(106.40)。

5. 年龄构成。全县常住人口中，0—14 岁人口为 93048 人，占 26.05%；15—64 岁人口为 232078 人，占 64.96%；65 岁以上人口为 32133 人，占 8.99%。同 2000 年第 5 次人口普查相比，0—14 岁人口的比重下降 7(6.84) 个百分点，15—64 岁人口上升 4(3.88) 个百分点，65 岁以上人口比重上升 3(3.00) 个百分点，老龄化突出。

6. 民族构成。全县常住人口中，汉族人口为 197358 人，占 55.24%；各少数民族人口为 159946 人，占 44.76%。同 2000 年第 5 次人口普查相比，汉族人口比重增加 3.15%，少数民族人口比重下降 3.15%。

7. 各种受教育程度人口。全县常住人口中，具有大学（指大专以上）文化程度的人口为 9712 人；具有高中（含中专）文化程度的人口为 18115 人；具有初中文化程度的人口为 107334 人；具有小学文化程度的人口为 161846 人（以上各种受教育程度的人包括各类学校的毕业生、肄业生和在校生）。

同 2000 年第 5 次人口普查相比，每 10 万人中具有大学文化程度的由 79 人上升为 2718 人；具有高中文化程度的由 3802 人上升为 5070 人；具有初中文化程度的由 18778 人上升为 30040 人；具有小学文化程度的由 50384 人下降为 45297 人。

全县常住人口中，文盲人口（15 岁及以上不识字的人）为 23590 人，同 2000 年第 5 次人口普查相比，文盲人口减少 28405 人，文盲率由 13.02% 下降为 6.6%，下降 6.42 个百分点。

8. 城乡人口。全县常住人口中，居住在城镇的人口为 93542 人，占 26.18%；居住在乡村的人口为 263762 人，占 73.82%。同 2000 年第 5 次人口普查相比，城镇人口增加 5709 人，城镇人口比重上升 6.5 个百分点。

9. 人口地区分布。全县常住人口的地区分布如下：

安龙县 2000 年与 2010 年常住人口分布表

表 3－1－3　　单位：人

乡镇	年度		乡镇	年度	
	2000 年	2010 年		2000 年	2010 年
新安镇	69867	71738	木咱镇	17522	15906
龙广镇	43686	37691	德卧镇	33562	30778
龙山镇	26827	23665	新桥镇	20516	18587
戈塘镇	23826	21469	钱相乡	17661	14417
万峰湖镇	18701	11726	笃山乡	13050	12927
洒雨镇	25768	22323	平乐乡	13763	11785
普坪镇	19401	16830	海子乡	20001	18789
兴隆镇	26607	22407	坡脚乡	8626	6221
			全县合计	399384	357304

1989－2012 年安龙县人口基本情况表

表 3－1－4

年度	总户数（户）	人口数（人）				
		总人口	男	女	非农业人口	农业人口
1989	86524	359977	179944	180033	24449	335528
1990	79808	359251	183265	175986	22268	335045
1991	91606	366275	185577	180698	24787	341488
1992	90654	370939	187464	183475	25706	345233

续表 3-1-4

年度	总户数（户）	人口数（人）				
		总人口	男	女	非农业人口	农业人口
1993	91663	374941	190338	184603	26832	348109
1994	92169	380534	193527	187007	28999	351535
1995	93729	385031	196121	188910	31039	353992
1996	95502	388879	199515	189364	31252	357627
1997	96776	392444	200602	191842	31123	361321
1998	99190	395231	203480	191751	30728	364503
1999	99921	399567	205016	194551	30847	368720
2000	99765	412874	211437	201437	31471	381403
2001	100804	416759	214398	202361	32189	384570
2002	104619	422015	217700	201315	33133	388882
2003	105078	425331	217845	207486	33471	391860
2004	106207	425232	218892	206340	33471	391761
2005	109643	431845	222419	209426	32891	398954
2006	114971	434880	223394	211486	32558	402322
2007	118221	436369	223694	212675	32289	404080
2008	119530	443957	226967	216990	34176	409781
2009	123591	446615	229144	217471	34907	411708
2010	—	459425	—	—	34400	425025
2011	—	463173	—	—	34966	428207
2012	—	466621	—	—	35212	431409

说明：表中数据为县公安局的户籍人口统计数据，由县统计局提供

第二节　人口分布

根据1989年县公安局户籍人口统计，按人口绝对数从多至少排列，在地域分布上，龙广区为第一，洒雨区为第二，普坪区为第三，化力区为第四，龙山区为第五，兴隆区为第六，新安区为第七，德卧镇为第八，城关镇为第九。

1992年，县内撤区并乡建镇工作结束后，本县人口地域分布有所变化。至2010年第六次人口普查，按人口绝对数从多至少顺序排列为新安镇、龙广镇、德卧镇、兴隆镇、龙山镇、洒雨镇、新桥镇、海子乡、普坪镇、木咱镇、钱相乡、万峰湖镇、戈塘镇、平乐乡、笃山乡、坡脚乡。

1989年安龙县各区（镇）乡（镇）人口分布情况
（县公安局户籍人口统计）

表3-1-5

单位	总户数（户）	总人口（人）	其中	
			男（人）	女（人）
城关镇	6881	20839	10838	10001
德卧镇	6470	26227	13439	12788
新安区	7581	31943	15793	16150
招堤乡	2947	12309	6105	6204
大坪乡	2244	9450	4643	4807
幺塘乡	2390	10184	5045	5139
化力区	9868	41829	20700	21129
木咱乡	3198	12771	6195	6576
坡贡乡	1699	7270	3596	3674
新桥乡	2001	8099	3981	4118
坡脚乡	1487	6633	3331	3302
停西乡	1483	7056	3597	3459
龙广区	13652	56408	27751	28657
龙广镇	4293	16001	7827	8174
科汪乡	3279	13191	6559	6632
五台乡	1175	5264	2610	2654
花木乡	1658	7533	3736	3797
永和乡	2034	9325	4585	4740
纳赖乡	1213	5094	2434	2660
洒雨区	12092	53504	27051	26453
洒雨乡	2774	12089	6322	5767
木科乡	1502	6710	3383	3327
九头乡	2163	9338	4687	4651
大坝乡	1932	8953	4466	4487
古里乡	1049	4853	2418	2435
竹林乡	1582	6676	3280	3396
戛那乡	1090	4885	2495	2390
普坪区	11390	51054	25423	25631
普坪乡	3127	14401	7147	7254

续表 3-1-5

单位	总户数（户）	总人口（人）	其中	
			男（人）	女（人）
钱相乡	2234	10174	4901	5273
阿赖乡	1733	7659	3961	3698
鲁沟乡	2459	10999	5397	5602
戈塘乡	1837	7821	4017	3804
龙山区	9625	39205	19769	19436
北乡乡	2235	8036	4048	3988
巧岭乡	1909	8192	4181	4011
纳院乡	1108	4432	2179	2253
花障乡	1359	5779	2942	2837
笃山乡	1574	6982	3552	3430
梨树乡	1440	5784	2867	2917
兴隆区	8965	38968	19180	19788
木城乡	3546	14168	7011	7157
平乐乡	1789	8008	3941	4067
冗华乡	1078	5085	2466	2619
龙蛇乡	1252	5735	2782	2953
石盘乡	1300	5972	2980	2992
总　计	86524	359977	179944	180033

2010年安龙县人口分布状况表

表 3-1-6

乡镇	年末总户数（户）	年末总人口				人口密度（人/平方千米）
		人口数（人）	男（人）	女（人）	非农业人口数（人）	
合　计	134907	459425	235943	223482	34400	205
新安镇	25730	75553	38049	37504	19958	334
龙广镇	15630	50918	25570	25348	3167	305
德卧镇	12751	38575	19643	18932	2048	206
新桥镇	7240	23267	12013	11254	1300	205
木咱镇	6114	21613	11178	10435	826	159
万峰湖镇	5286	18764	9609	9155	1279	138
坡脚乡	2196	8709	4594	4115	458	77

续表 3-1-6

乡镇	年末总户数（户）	年末总人口				人口密度（人 / 平方千米）
		人口数（人）	男（人）	女（人）	非农业人口数（人）	
兴隆镇	8947	33293	17205	16088	845	218
平乐乡	4285	16829	8865	7964	328	136
钱相乡	5828	21110	10887	10223	530	209
龙山镇	7898	31180	16252	14928	804	151
笃山乡	4873	16758	8686	8072	374	160
普坪镇	6738	21800	11170	10630	732	174
戈塘镇	7395	28374	14672	13702	471	204
洒雨镇	7793	29780	15477	14303	771	235
海子乡	6203	22902	12073	10829	509	168

说明：表内数据采用县公安局户籍人口数据，由县统计局提供

第三节　人口变动

一、自然变动

根据2000年11月第五次人口普查数据，1999年11月1日至2000年10月31日，全县出生人口为9366人，出生率为23.51‰；全县死亡人口为3039人，死亡率为7.63‰；全县自然增长人口为6327人，人口自然增长率为15.89‰。与1990年相比，出生率降低7.1个千分点，死亡率上升0.05个千分点，自然增长率降低7.13个千分点。

2010年，第六次人口普查时县内人口自然增长率再次有所下降。2009年11月1日至2010年11月1日，全县常住人口中的出生人口为6206人、出生率为17.34‰，死亡人口为2341人、死亡率为6.54‰，自然增长人口为3965人、自然增长率为10.80‰。与2000年第5次人口普查相比，出生率下降了2(2.31)个千分点、死亡率下降1(0.88)个千分点、自然增长率下降1(1.42)个千分点。

二、人口流动

20世纪90年代后，县境外出务工人员逐渐增多。据1990年全国第四次人口普查，全县常住人口79808户共359251人，比1989年全县户籍人口数少726人。

2000年11月1日零时，全国第五次人口普查，全县常住总人口102075户共399384人，城镇人口87884人、乡村人口311500人。普查数据表明，乡村人口逐渐向城镇转移。

2010年11月1日零时为标准时点，安龙县进行第六次全国人口普查，普查登记的对象是指普查标准时点在中华人民共和国境内的自然人以及在中华人民共和国境外但未定居的中国公民，不包括在中华人民共和国境内短期停留的境外人员。全县常住总人口109995户356255人，其中男183183人、女173072人，城镇人口93593人、乡村人口262662人。当年全县户籍人口为459425人。普查数据表明，乡村人口外出务工人口急剧增长，县内常住人口比2000年第五次全国人口普查时减少了43129人，比当年户籍人口减少了73170人。

1989－2012 年全县人口自然变动情况

表 3-1-7

年度	总人口（人）	出生		死亡		自然增长	
		人数（人）	出生率‰	人数（人）	死亡率‰	人数（人）	自增率‰
1989	359977	6659	18.68	2377	6.67	4282	12.01
1990	362216	6939	18.94	2828	7.92	4111	11.02
1991	366725	5331	14.56	2083	5.63	3248	8.93
1992	370939	4978	13.42	1982	5.32	2996	8.10
1993	374941	4903	13.08	1968	5.05	2935	8.03
1994	380534	4952	13.01	1910	4.96	3042	8.05
1995	385031	5162	13.41	2106	5.43	3056	7.98
1996	388879	6105	15.70	2178	5.55	3927	10.15
1997	392444	5457	13.91	2159	5.51	3298	8.40
1998	395231	5571	14.15	2103	5.35	3468	8.80
1999	399567	5329	13.41	2157	5.43	3172	7.98
2000	412874	9120	22.37	2068	5.01	7052	17.36
2001	416759	5908	14.20	2004	4.79	3904	9.41
2002	422015	5456	12.90	2010	4.68	3446	8.22
2003	425331	5178	12.20	1985	3.75	3193	8.45
2004	425232	5628	13.24	1946	4.79	3682	8.45
2005	431845	5575	15.73	2848	7.07	2727	8.66
2006	434880	5249	12.06	2505	5.76	2744	6.31
2007	436369	5287	12.12	2661	6.09	2626	6.03
2008	443957	5273	11.88	2428	5.45	2845	6.43
2009	446615	5593	12.52	2556	5.72	3037	6.80
2010	459425	6206	13.51	2686	5.85	3502	7.66
2011	463173	5998	13.00	2795	6.94	—	6.06
2012	466624	6023	12.96	2709	7.13	3451	5.83

说明：数据采自安龙县统计年鉴

第二章　人口构成

新中国成立以来，县境人口民族构成变化不大，少数民族人口比例保持在 45% 左右。

在性别构成方面，1949 年至 1981 年，全县女性人口一直多于男性人口，其性别比大约保持在 83—98（以女性人口为 100 时所对应的男性人口数表示）。1982—1984 年，男性人口略高于女性人口，其性别比为101；1987—1988年，全县人口性别比为99。

在年龄构成方面，20世纪70年代以后，全县人口平均年龄和年龄中位数逐渐提高，人口年龄构开始向成年人口类型转变，至1990年，全县人口平均年龄26.09岁，人口年龄中位数为21.42。

在人口文化构成方面，据1964年第二次人口普查，全县有大学生111人、高中生922人、初中生5867人、小学生40049人，文盲半文盲89981人，初小以上文化程度占总人口的24.24%。到1982年第三次人口普查时，全县初小以上文化程度人口131798人，占总人口的42.99%；每万人中大学文化程度的14人、高中文化程度的227人、初中文化程度的1042人、小学文化程度的3016人。

第一节　民族构成

境内居民主要是布依族、汉族、苗族、彝族、回族等23个民族。据2000年人口普查，汉族19.82万人，占总人口的55.6%，少数民族占总人口44.4%，其中布依族114968人，占32.27%，苗族28661人，占8.05%。

2011年年末，全县户籍总人口463173人。其中，汉族人口255857人，占55.24%；另居住有布依族、苗族、回族、彝族等23个少数民族，共207316人，占44.76%。超过1000人的少数民族有6个：布依族150048人，占少数民族人口总数的72.38%；苗族34207人，占少数民族人口总数的16.50%；回族9504人，占少数民族人口总数的4.58%；黎族3508人，占少数民族人口总数的1.69%；壮族3317人，占少数民族人口总数的1.59%；彝族6482人，占少数民族人口总数的3.13%。

2012年年末，全县户籍总人口466621人，其中少数民族人口20.84万人，占44.67%。

安龙县第四次、第五次、第六次人口普查各民族常住人口比较

表3-2-1　　　　单位：人

族别	1990年普查人口数	2000年普查人口数	2010年普查人口数
汉族	198737	208018	198122
布依族	123070	139930	114968
苗族	26626	32926	28661
彝族	4789	9094	7082
回族	2745	3649	3138
黎族	850	1687	1145
壮族	443	998	935
仡佬族	399	555	758
土家族	554	469	401
满族	328	443	218
白族	21	115	210
侗族	153	286	171
蒙古族	71	216	130

第二节 性别与年龄构成

一、性别构成

1990年第四次人口普查，全县359251人，其中男性183265人，占总人口51%，女性175986人，占总人口49%，男女性别比104∶100。

2000年全国第五次人口普查，全县总人口399384人，男性207346人，占总人口51.9%，女性192038人，占总人口48.1%，性别比为107.9∶100。

2010年全国第六次人口普查，全县总人口356255人，男性183183人，占总人口51.4%，女性173072人，占总人口48.6%，性别比为105.84∶100。

至2011年年末，全县户籍总人口463173人，男性238548人，占51.5%；女性224625人，占48.50%。

二、年龄构成

2000年，根据全国第五次人口普查公报，在普查时点总人口中，1—14岁的人口为132.35人，占33.06%；15—64岁人口为243956人，占61.09%；65岁及以上人口为23379人，占5.85%。与1990年第四次人口普查相比，0—14岁人口占总人口的比重下降2.52个百分点，65岁以上人口总人口的比重上升上0.82个百分点。

2010年全国第六次人口普查登记，安龙县0—14岁少年儿童93049人，占总人口26.1%，比2000年减少38349人；15—64周岁人口230979人，占总人口比重64.8%，比2000年增加13045人；65周岁及以上人口12124人，占总人口3.4%，比2000年增加3364人。其中，70岁以上老人14865人，占总人口4.2%，比2000年增加3177人，增加3.4个百分点；80岁以上人口4729人，占总人口1.33%，比2000年增加1497人，增长46.3%；90岁及以上人口509人，占总人口0.14%，比2000年增236人，增长86.4%。

至2011年年末，全县户籍总人口463173人，其中14岁以下103081人，占22.26%；15—64岁315087人，占68.03%；65岁以上45005人，占9.71%。

第三节 职业与文化构成

一、职业构成

1989年，全县乡村劳动力161059人，比1988年减少1.71%；全县全民所有制职工7299人，其中农、林、牧、渔、水利业975人，工业618人，交通运输、邮电业152人，商业、饮食物资供销和仓储业882人，房地产公用事业、居民服务和咨询服务业39人，卫生、体育和社会福利572人，教育、文化艺术和广播电视2066人，科学研究和综合技术服务16人，金融、保险业210人，国家机关、政党机关和社会团体1638人；集体所有制职工1095人，其中工业114人，建筑业508人，商业、公共饮食业、物资供销和仓储业451人，国家机关、政党机关和社会团体22人。

2000年全国第五次人口普查，按所从事的行业分，从事农林牧渔业人员占在业人口的89.8%，工业人员占在业人口的1.91%，建筑业人员占在业人口的0.8%，批发和零售贸易、餐饮业人员占在业人口的2.1%，交通运输、仓储及邮电通信业人员占在业人员的1.03%，科技、教育、文化、卫生、体育、福利业人员占在业人口的2.2%，金融、保险业人员占在业人口的0.15%，国家机关、政党、社会团体人员占在业人口的1.7%。

2010年全国第六次人口普查，按所从事的行为分，从事农林牧渔业的占在业人员的77.1%，工业人员占在业人口的5.2%，建筑业人员占在业人口的2.4%，交通运输、仓储、邮电业人员占在业人口的1.8%，批零贸易餐饮业人员占在业人口的9.7%，金融、保险业人员占在业人员的0.33%，科技、文教、卫生、广播、电视、体育、福利业人员占在业人员3.1%，国家机关社会团体人员占在业人口2.1%。

至2012年年末，全县从业人口31.96万人，其中第一产业18.92万人、第二产业3.27万人、第三产业9.77万人，城镇从业人员2.86万人、农村从业人员29.1万人；全县在岗职工人数12942人，其中国有经济单位10125人、其他经济单位2817人。全县乡村从业人口308643人，其中劳动年龄内249407人，农林牧渔业从业人员189196人，工业17545人、建筑业13016人、交通运输及邮电通讯11331人、信息传输和计算机报务168人、批发贸易15517人、住宿及餐饮2905人、其他从业人员58965人，其中出省打工人数39034人。

二、文化构成

2000年第五次人口普查时，全县普查时点总人口中，接受大学（指大学专科以上）教育的3101人，占0.78%；接受高中（含中专）教育的15089人，占3.78%；接受初中教育的74256人，占18.59%；接受小学教育的202238人，占50.64%（以上各种受教育程度的人包括各类在学校的毕业生、肄业生和在校生）。与1990年第四次人口普查相比，每10万人中拥有各种受教育程度的人数有如下变化：具有大学文化程度的由224人增加为776人；具有高中文化程度的由2863人增加为3778人；具有初中文化程度的由12030人增加为18593人，具有小学文化程度的由38624人上升为50639人。

在全县普查时点登记的人口中，15岁及15岁以上文盲人口为46916人，与1990年第四次人口普查相比，15岁及15岁以上文盲人口占总人口的比重（即粗文盲率）由1990年的24.39%下降为11.75%，下降了12.64个百分点。

2010年第六次人口普查时，全县常住人口中，具有大学（指大专以上）文化程度的人口为9712人；具有高中（含中专）文化程度的人口为18115人；具有初中文化程度的人口为107334人；具有小学文化程度的人口为161846人（以上各种受教育程度的人包括各类学校的毕业生、肄业生和在校生）。

同2000年第5次人口普查相比，每10万人中具有大学文化程度的由79人上升为2718人；具有高中文化程度的由3802人上升为5070人；具有初中文化程度的由18778人上升为30040人；具有小学文化程度的由50384人下降为45297人。

安龙县第四次、第五次、第六次人口普查各文化层次人口比重对照表

表3-2-2 单位：%

年份	大学本科	大学专科	中专	高中	初中	小学	不识字或识字很少
1990	0.1	0.2	1.1	2.3	14.2	45.7	36.4
2000	0.2	0.7	1.8	2.5	21.3	57.2	16.3
2010	0.8	2.3	—	5.7	33.3	49.5	8.4

第四节 城乡人口与家庭构成

一、城乡人口构成

1989年，全县总人口359977人，其中非农业人口24449人，占6.79%。

1995年，全县总人口385031人，其中非农业人口31039人，占9.88%。

2000年，根据全国第五次人口普查公报，全县普查时点（2000年10月31日）总人口中，按照2000年城乡划分的标准，居住在城镇区域的人口64259人，占总人口的16.09%，居住在乡村区域的人口335111人，占总人口的83.91%。

2005年，全县总人口431845人，其中非农业人口32891人，占7.62%。

2010年，根据全国第六次人口普查公报，全县常住人口中，居住在城镇的人口为93542人，占26.18%；居住在乡村的人口为263762人，占73.82%。同2000年第五次全国人口普查相比，城镇人口增加5709人，城镇人口比重上升6.5个百分点。

至2012年年末，全县总人口466624人，其中非农业人口35212人、农业人口431409人，居住在城镇区域内的人口108490人、居住在乡村区域的人口358614人。

二、家庭构成

1989年，全县总人口359977人，总户数86524户，平均每户4.16人。

2000年，据全国第五次人口普查，全县共有家族户102438户，家族人口为393594人，占总人口的98.55%，平均家族规模为3.84人，比1990年4.47人减少了0.63人。

2010年，据全国第六次人口普查，全县常住人口中共有109995户人356255人，其中家庭户108649户共349417人，集体户1346户共6838人。平均每个家庭户的人口为3.22人／户，比2000年第五次人口普查的3.94人／户减少0.72人／户。

第三章　人口控制

新中国成立后，县境人口出生率提高，死亡率下降，外地迁入人口增多，人口增长率超过其他历史时期。1949—1989年间，人口出生率超过40‰以上的有11年，在30‰—40‰之间的有15年，在20‰—30‰之间的有10年，在20‰以下的仅有4年。40年间，全县净增194929人，平均每年净增4873人，人口出生率年均33.64‰。1977年后，县委、县政府采取一系列计划生育措施，人口猛增趋势得到初步控制，至1988年，全县人口出生率已由1977年的32.31‰，下降至19.61‰。

第一节　计划生育政策和宣传教育

1988年，县委、县政府下发《关于贯彻〈贵州省计划生育试行条例〉的有关规定》。从严、从紧控制人口增长。提倡一对夫妇生育一个孩子，严格控制生育第二胎。对计划外超怀超生者，在政治上、经济上给予处罚。对晚婚晚育和只生一个孩子的夫妻给予奖励。1999年，县委、县政府发布《关于认真贯彻〈贵州省计划生育条例〉的意见》，共7章47条。2005年1月，制定《安龙县农村“少生快富”扶贫项目实施方案（试行）》，以人的全面发展为中心，把人口和计划生育工作同扶贫开发紧密结合起来，用“以奖代罚”方式，在资金上对执行计划生育的家庭给予帮扶，帮助他们尽快脱贫致富。

一、标语墙

计划生育标语是重要的宣传手段，是计划生育传播媒介。规范的标语口号彰显计划生育文明，是30年计划生育工作的缩影。标语的功能是传递政策信息，安龙计划生育标语口号也经历曲折过程。其指导思想是以倡导少生、优生、晚婚、晚育为主题强化生育观念和生育新风。20世纪70年代至90年代中期，计划生育激进时期标语强硬和随意性，有侵犯计划生育对象权利之嫌，有的不知所云。

20世纪90年代中期后，标语逐渐转型，野蛮标语退出，太虚的标语如“只生一个好！”被清除，跟不上落实科学发展观构建和谐社会和以人为本的新形势。代之以人性化的标语制作。2006年7月，国家人口计划生育委员会宣传教育司通知，发动标语清理活动为契机，选择推荐国家人口计划生育委员会宣传教育司190条具有人性化的标语。标语名副其实反映计划生育工作的思路和方法，科学、准确、温馨、适度是第一要务，又考虑到群众可接受度。如“计划生育是我国的一项基本国策！”“计划生育好国家来养老！”“少生优生国家扶助！”“养儿防老不如生育奖励扶助制度好！”等新标语墙在乡镇和324线公路沿线竖立。2003年10月，在县分界处、乡（镇）与乡（镇）之间的公路沿线竖立“国策”瓷面宣传碑35块，投入资金8万元。龙广镇纳桃村计生协会会员王秉泽与女儿王燕用40余天时间，在村寨内绘制计划生育宣传画200余幅共1000余平方米，配以通俗简洁的文字说明，把计划生育政策宣传到群众的心坎上。

二、计划生育宣传队

1993年1月，县委、县政府组织计划生育宣传月活动，抽调35名科局长干部充实加强各区计划生育宣讲团。1992年计划生育委员会组织以海庄村为主体的“计划生育文娱宣传队”。以真人真事为题材，自编自演文娱节目，到各镇利用赶场天宣传演出15场，观众6万余人。1995年，龙广镇纳桃村先后组建4支业余计划生育文艺宣传队和1支民族乐队，开展计划生育宣传。2002年，组织文艺宣传队和高年级学生上街表演小品、快板、歌曲，发放宣传资料宣传计划生育法律法规共350场，张贴标语3000幅，悬挂宣传布标129幅，张贴和分送公开信5000张，出黑板报42期，办宣传栏54期，各种宣传小册子和资料入户10万份，发放计划生育围裙5000条，受众达39.8万人次。根据布依族爱唱山歌的特点，编写《布依村寨计生歌》，印成小册子，在群众中传唱。计划生育山歌分为“婚育新风歌”“计生政策歌”“奖励扶助歌”，利用民族节日传唱民谣“元旦新年话计生”“三月三布依山歌唱计生”“六月六演计生”“九月重阳老年夸计生”等，仅2006年开展宣传活动10次。龙广镇纳桃村退休教师王仲贤，1995年担任村计划生育协会会长，期间他利用采取办人口学校、编唱计划生育民谣、组建文艺宣传队等形式，开展人口与计划生育宣传，2005年12月被全国计划生育协会评为计划生育先进志愿者。

三、人口学校

1992年11月，安龙县举办人口学校，先在德卧镇进行试点，然后在16个乡（镇）举办人口学校。以县委党校、县职业中学和乡（镇）中小学为依托，开展人口基础知识教育和计划生育基础知识教育（双基教育）。270个村普及人口基础知识教育和计划生育基础知识教育，4.9万名婚期前期青年及育龄夫妇参加课堂面授学习。经笔试或口试，有1.2万人达到合格标准，获取“人口基础知识计划生育基础知识教育结业证书”。此后坚持办理结婚证和准生证科学育儿已成为受教育的婚前期青年和育龄夫妇的自觉行动。1994年7月，根据国家计生委《关于CPR/90/P17项目在全国建立180个县计划生育宣传示范站的通知》，安龙县列为贵州省CPR/90/P17项目示范站。对龙广镇的塘房、纳坎两个村2465名村民进行调查审评，产生《贵州省安龙县示范站CPR/90/P17项目终期审评报告》。结论是：P17项目宣传工作，受群众欢迎和接受，是群众获得计划生育政策，避孕节育方法，人口知识等有关方面信息的最好渠道；电视和广播是群众最乐于接受的信息；群众最容易接受的节育手术为上环、女扎，觉得保险系数大；女性对计划生育知识的接受程度远好于男性，在计划生育的实践中男性变为计划生育的阻力，加强男性计划生育知识教育是不可忽视的重要环节。

第二节　节育服务与优生优育

一、节育服务

1987年颁布的《贵州省计划生育试行条例》要求，“有生育能力的夫妻，已生育一个孩子的，应落实避孕措施；已生育两个孩子的，夫妻一方采取绝育措施；计划外生育的，必须尽早落实补救措施”。

（一）引进新技术服务

1989年后，鉴于县内输精管、输卵管节育手术方法不统一，效果不理想的情况，县计划生育局多次组织技术人员参加各种层级的技术培训，县内技术人员对手术日渐成熟，提高绝育手术的效果。在引进人才的基础上，引进和开展“输卵管复通术”“输精管复通术”“皮下埋植避孕法”等手术，在避孕药具上引进“女用长效口服避孕药”“女用长效避孕针”“T铜（TCW）220C及母体乐酮IVD”“不锈钢宫形宫内节育器”“麻花环宫内节育器”“节育花宫内节育器”等新方法、新技术、新器具，避孕节育效果更加良好。

（二）避孕药具服务

1990年3月，县计划生育技术指导站内设立避孕药具管理机构，乡镇计划生育服务站设立兼职药具管理员，村级配备计划生育药具送药员。1992年后，逐渐建立和完善三账一卡制度，有使用药具的花名册、随访记录册，有村级送药员的花名册。建有药具进出账，乡镇有药具柜、村有送药员，每年还对送药员进行业务培训。避孕药具在计划生育，控制人口过快增长方面起到一定的辅助作用。

（三）检查早孕查环

1992年以来，县内每年对已婚育龄妇女开展4次“定人口、定时间、定地点、持证记录”的检查早孕、查环工作。主要采取两种方法：一是用B超查孕查环，二是用早孕试纸查孕。在省计划生育委员会的支持下，县内乡镇均配备有查环仪、B超仪和早孕试纸等设备。

二、优生优育

1989年，大力提倡和鼓励只生一胎，严格控制二胎，坚决刹住第三胎。对领取“独生子女证”的夫妻，给予一次性奖励100元，发给孩子保健费每月4元，直到孩子满14周岁止。夫妻是双职工的，由双方单位各发一半；是单职工的，由一方单位发给；双方是居民或农民的，由区（镇）从收取的超生费中发给。

2004年6月，县人口和计划生育局制定《开展“出生缺陷干预工程”实施方案》。其意义在于以广大人民群众的根本利益为出发点，把国家指导与群众自愿，落实计划生育基本国策与维护群众利益相统一起来，最大限度地满足育龄群众在生殖保健等方面的需要。开展调查，摸清出生缺陷发生底数，确定出生缺陷干预策略和病种。县乡镇出生缺陷干预工程的重点是已婚待孕的育龄妇女，符合政策生育二孩的育龄妇女，重点是做好叶酸片干预的实施、管理和服务工作。2004年为启动出生缺陷干预叶酸片干预年，用10年时间，建立县优生遗传监测实验室，逐步建立起高发常见出生缺陷的监测，建立防治工作规范、病例筛查与登记上报制度、监测和评估体系。

2006年1月，县人口和计划生育局出台《实行总体推进、重点突破、深化计划生育药具工作改革试点实施方案》。理顺药具管理和服务机制，完善以免费供应为主的工作机制，提高药具的易得性和群众的满意度，不断满足不同人群对避孕节育、生殖健康的多样化需求。全县确定龙广镇、新桥镇、木咱镇、笃山乡、兴隆镇为开展药具工作改革试点乡（镇）。

三、幸福工程

1990年2月，县政府转发《国务院办公厅转发国家计生委、贫困地区开发领导小组关于扶贫工作与计划生育工作相结合的通知》，在同等条件下，对于响应党的号召，自觉实行计划生育的贫困户，在扶贫措施方面予以优先。对年满60周岁农村计划生育家庭的夫妇（单指独生子女户和二女户）每人每月给予奖励，直至亡故。对于计划生育贫困户在经济上给予优惠，帮助建房。扶贫款优先照顾计划生育家庭；村党支部和村民委员会帮助计划生育家庭找项目、选项目，让实行计划生育家庭富裕起来。

1993年，为全县农民独生子女户、双女结扎户购买计划生育保险。

2002年4月，安龙县列为国家"幸福工程"，确定德卧镇、龙广镇、新安镇为项目镇；又具体确定团山堡村、五台村、东门村等9个村为项目点；选择125户计划生育政策执行较好的贫困母亲家庭为首批救助对象。确定扶持项目，发展家畜家禽、水产、蜜蜂养殖的60户，蔬菜、食用菌种植55户，经商9户，芭蕉芋加工1户，都发家致富。再投入资金10万元，救助贫困母亲106户。"三结合"帮扶资金80万元，省、州、县80家单位和全县16个乡（镇）参加"幸福工程"活动，帮扶计划生育贫困户3651户，帮扶面达65%，脱贫2200户。治穷效果显著；治愚举办农业实用技术培训5期，文化知识培训4期受训1000人次，县计划生育局与县妇女联合会举办巾帼科技服务活动，面对面向妇女传授发展经济思路；治病开展"体检不收费，义务做贡献"活动，有8123名妇女接受健康检查，为200名妇科病患者免费治疗，赠送价值6000元药物，普查有妇科病的61761人，其中常见妇科病3259例，全部得到就医指导。

2004年7月，县政府批复县人口和计划生育局起草的《安龙县农村独生子女户、二女绝育户社会养老保障工作实施方案》。养老保障金筹措办法：每年从人均计划生育事业费中提取5%，每年从中央转移支付计划生育经费中提取20%，上级资金补助，每年从乡镇收取的社会抚养费中提取5%，国家干部职工、机关、企事业单位以及群众捐款。养老保障金发放标准：从2004年起，农村男性年满60周岁以上、女性年满55周岁以上的独生子女户、二女绝育户夫妇，从年满规定周岁的次月起，每人每月发放基本生活养老保障金50元；男性未满60周岁、女性未满55周岁死亡的，可一次性领取安葬费500元；男性年满60周岁、女性年满55周岁后死亡的，按本人当年领取标准发给1年养老保障金作为安葬补助费。是年，全县发放放弃政策内二孩生育夫妇奖励资金3.85万元，77人受到奖励。

2005年8月，发放"农村部分计划生育家庭奖励扶助光荣证"，兑现2005年度上半年奖励扶助金每人300元。是年，全县发放年满60岁农村计划生育家庭奖励扶助资金13.2万元，发放"少生快富"工程奖励21万元；发放放弃政策内二孩生育夫妇奖励资金7.45万元，149人受到奖励。

2006年1月，安龙县列为全省41个"少生快富"扶贫开发工作重点县之一。农村独生子女户每户一次性奖励2000元；独女户每户一次性奖励4000元。从2006年起将"少生快富"扶贫项目实施列入年度目标责任状进行考核。是年，全县发放年满60岁农村计划生育家庭奖励扶助资金18.84万元，发放特殊家庭救助资金4.99万元，发放"少生快富"工程奖励10.2万元；发放放弃政策内二孩生育夫妇奖励资金1.95万元，39人受到奖励；发放农村未年满60岁独生子女户、二女绝育户奖励45.3万元，1510户受到奖励。

2007年，全县发放年满60岁农村计划生划家族奖励扶助资金21.66万元，发放特殊家庭救助资金8.04万元，发放"少生快富"工程奖励2.8万元；发放放弃政策内二孩生育夫妇奖励资金5500元，11人受到奖励；发放农村未年满60岁独生子女户、二女绝育户奖励105.18万元，1753户受到奖励。

2008—2012年，兑现年满60周岁农村独生子女户和二女绝育户奖励扶助金共1877人，兑现奖励扶助金168.612万元；兑现"少生快富"工程农村放弃政策内二孩生育家庭一次性奖励共988户，兑现奖励费120.515万元；兑现未年满60周岁农村独生子女家庭和计划生育二女绝育户家庭节育奖励金共16188户（人），兑现节育奖励金665.55万元；兑现独生子女伤残或死亡一次性抚慰金共13户，兑现一次性抚慰金39万元；兑现独生子女伤残或死亡特别扶助金共105人，兑现特别扶助金15.88万元；兑现计划生育手术并发症特别扶助金共345人，兑现特别扶助金62.04万元；兑现县政府对农村符合政策生育二孩放弃二孩生育的夫妇奖励费共313对夫妇，兑现奖励费15.65万元；兑现农村独生子女家庭和计划生育二女家庭及计划生育手术并发症患者新型农村合作医疗参合资金共28904人，兑现新型农村合作医疗参合资金79.783万元；兑现春节慰问农村部分独生子女户和二女绝育户及计生贫困户和手术并发症患者慰问品和慰问费共927户，兑现慰问品和慰问费（慰问品折合现金）16.82万元。

2010—2012年，兑现农村和城镇居民办理"独生子女父母光荣证"独生子女保健费共2636人，发放保健费22.39万元；兑现农村和城镇居民办理"独生子女父母光荣证"独生子女父母一次性奖励费共429户，发放一次性奖励5.48万元。

2011—2012年，兑现年满60周岁农村独生子女家庭和计划生育二女家庭基础养老金补贴提高部分共787人，兑现基础养老金补贴提高部分56.81万元；兑现未年满60周岁农村未年满60周岁农村独生子女家庭和计划生育二女家庭及计划生育手术并发症患者缴纳养老保险参保金共15140人，兑现缴纳养老保险参保金151.4万元。

2012年兑现落实长效绝育措施的计划生育二女绝育户家庭一次性奖励费共238户，兑现一次性奖励费71.4万元；兑现农村贫困独生子女户、二女绝育户女孩在本县及乡镇中学就读考生高考录取高等院校奖励费共44人，兑现录取高等院校奖励费9.05万元。

龙广镇纳桃村党支部、村民委员会和计划生育协会推进"幸福工程"卓有成效。独生子女户王军、黄显燕夫妇于1991年生了一个女孩就办了"独生子女证"，计划生育协会帮助发展养殖业，成为本村富裕户，黄显燕被评为妇女先进个人，出席贵州省妇女联合会召开的表彰大会。独生子女户罗时海夫妇用扶贫款加工饵块粑和贩运大米，产品远销昆明、贵阳、广西，家庭富了修了两幢平房。二女结扎户王秉益夫妇受益于扶贫款发家，女儿考上江西时装设计学院用钱不发愁。弱智身残计划生育户王秉柱，用扶贫款2000元买了一头黄母牛，除自用外还帮他人耕田赚钱并且添了一头小牛也值1000余元。二女结扎户王永光原来居住的是祖上留下的老木瓦危房，村民委员会和计划生育协会帮他申请民政补助，又发动寨邻义务撤房、打基脚，盖了80平方米的平房。贺凤登夫妇一方是布依族另一方是汉族，计划生育协会把他家作为构建和谐家庭示范户，为他谋划农业种植结构，搞蔬菜种植一年一季稻两季蔬菜，每亩收入3000元，家里富裕了，一家团结和睦，其乐融融。

第三节　计划生育"三为主"和村民自治

一、计划生育合格村

1994年，全县开展计划生育合格村创建活动，下达8条标准：村计划生育组织健全、持证生育率100%、建立村人口学校、节育措施落实100%、无早婚早孕和计划外生育情况、计划生育统计表册全面准确、党团员计划生育模范作用好、村计划生育服务室工作正常。是年，经黔西南州计划生育委员会评比验收，龙广镇纳桃村、平乐乡朱砂村获批全州第一批计划生育合格村。

1995年，计划生育合格村标准调整为"领导重视队伍建设好、政策落实好、宣传教育好、技术服务好、制度建设好、干群关系好、无计划外生育"，要求村级达到"有一个好的领导班子、有一支负责经常抓计划生育工作的队伍、有一条符合实际的好的工作路子、有一套规范化的管理制度，在村组实行计划生育工作人员、任务、报酬三落实"，没有计划外生育现象。全县全年实现合格村90个，基本实现合格村240个。

二、计划生育“三为主”

1997年，省政府将安龙县列为基本实现计划生育“以宣传教育为主、避孕为主、经常工作为主”达标县，全县各乡镇相继成立领导小组，实行计划生育“一票否决”，至21世纪初，全县基本达标，实现“三为主”的乡镇14个、基本实现“三为主”的乡镇2个。

三、计划生育“村为主”

2001年，全县推行“县指导、乡负责、村为主、户落实，群众参与”的综合管理与优质服务相结合的计划生育工作模式，全面推行计划生育“村为主”，重点抓好村级计划生育组织网络、服务阵地、制度建设和报酬落实工作，将计划生育工作落实到基层、落实到村组。至2002年，全县240个村基本实现计划生育“村为主”。

四、计划生育村民自治

21世纪初，针对新形势下计划生育工作的特点和育龄群众的计划生育需求，全县推行“依法管理、村民自治、优质服务、综合治理”的工作机制，本着“两委负总责、村民搞自治、协会当骨干、群众做主人”的方针，全面推进计划生育村民自治进程，至2007年7月，全县297个村均制定符合本村实际的《计划生育村规民约》，全县计划生育协议签约率达到100%。2008年，全县村级整合后，全县187个村全部配备专职计划生育干部、建立育龄妇女自管小组和计划生育协会，明确计划生育专职干部报酬标准。2009年，全县159个村基本实现计划生育村民自治。至2012年，全县各村基本实现计划生育村民自治。

第四章 民 族

安龙县是一个多民族县，除汉族外，还有布依族、苗族、彝族、回族、仡佬族、瑶族、壮族、侗族、水族、黎族、满族、土家族等23个少数民族。2011年年末，全县户籍总人口463173人，少数民族人口共207316人，占44.76%。超过1000人的少数民族有6个：布依族150048人，占少数民族人口总数的72.38%；苗族34207人，占少数民族人口总数的16.50%；回族9504人，占少数民族人口总数的4.58%；彝族6482人，占少数民族人口总数的3.13%。黎族3508人，占少数民族人口总数的1.69%；壮族3317人，占少数民族人口总数的1.59%。其他少数民族250人，占少数民族人口总数的0.3%。本志主要记述布依族、苗族、回族和彝族。

第一节 布依族

一、族源族称

布依族很早生活在南北盘江流域。布依族来源于古代百越人的骆越一支。据史书记载，春秋战国时期，骆越人属牂牁国的臣民，今桂西北和黔西南即古骆越地。

布依族至今仍保存古骆越人的许多生活习俗和文化特征。今县境南盘江河谷和平乐、龙山、戈塘、龙广、木咱等地的布依族聚居区，仍沿袭古骆越人居住的“干栏”式建筑，即今所称“吊脚楼”及其演变的“地楼”“半边楼”。布依族喜爱铜鼓，也是古骆越人的文化特征。布依语同骆越语相近，据宋人周去非《岭外代答》载：骆越人称母亲为“米囊”(Me33na:TJ2)，布依语称母亲为“乜”(Me33)；骆越人称岳母为“Ti53”，布依语称为“Ta:i53”。许多布依村寨或附近的山坡、田地名称，均古骆越语的委、平、洛、坝、纳、浪、板、巧、岜、冗、者、央、内、打等语音为词头命名。

布依族的族称，秦以前称濮越，两汉六朝称濮僚，唐宋元代被称为蛮、番；明清至民国末年被称为仲家。自《元史》首称“仲家”后，明清有的史籍称布依族为“仲苗”“仲蛮”和“古仲”；民国年间，布依族还被称为“夷家”“夷族”“水家”“水户”“土人”“土边”等。但布依族始终按照古老的族称自称为“濮越”(依)、“濮僚”(饶)(第一、二土语区)和“濮俚”(夷)(第三土语区)，这些自称保留有“族”“人”的意思，含有民族自尊。新中国成立后，党和国家尊重民族意愿，在1953年冬召开的布依族代表人士协商统一民族名称的会议上，取消了“仲家”“水户”“夷家”“土边”等不是布依族自称的称谓，根据布依族自称的历史，以“濮”与“布”，“越”“俚”与“依”读音相近，统一用“布依”为本民族的族称，正本清源，恢复了布依族族称的本来面目。

在布依族的形成过程中，各民族相互交往、融合，“你中有我”“我中有你”。历史上形成民族迁徙与融合的原因，大多是由于战争、移民、贸易、避难等。据史料记载，自春秋战国以来，县境有十余次规模较大的移民，其中，北宋至清末移民最多，明初“调北征南”“调北填南”，乾隆、嘉庆年间招民垦荒，咸丰同治之后开通商路等，江南、湖广及四川等地迁来居民不少，这些移民中，有一些人与当地土著通婚，而后成为布依族。

二、分布

2011年末，全县户籍人口中有布依族150048人，占少数民族人口总数的72.38%，主要分布在新安、木咱、龙山、龙广、普坪、钱相、洒雨、戈塘、万峰湖、德卧、笃山、平乐、兴隆、坡脚等乡镇，布依族聚居的村寨主要有：

新安镇：巧洞、坝歪、尖山、下寨、金碑、王先坝、沙锅山、坡角、科索、坡敖、江纳、坡陆、小庄、大庄、巧勤、科力、刷把寨、陇西、杨家庄、黄泥寨、纳绅、法统、白石岩、烹魁、冗若、白秧坪、阿扎、纳庄、洞洒、坡燕、板磨、当丈、李密、南家庄、冗绕、舍寨、板江、八角、张湾、吴家庄。

木咱镇：哪黑、所冉、者磨、上木咱、榜纳、坝歪、响乐、学庄、官屯、者要、者央、坡告、纳磨、管或、者达、坝力、坡寨、磨洋、哪坡、牛角山、鲁贡。

德卧镇：德卧、八光、坡告、坝甲、冗若、纳腊、者棉、冗桑、钠背、坝福、坡贡、坡外、洗革、比武、那盖、冗桑、停西、孔度、纳浪、扁占、灰老、郎行、纳堂、拉腰、力坪、按岩、坡薅、纳冉、甘河、纳英、纳夺、纳尾、尾蒋、拉达。

坡脚乡：三道沟、科丰、八坎、乐欢、尾列、者孔、打坐、者贵、者干、纳河、岩怀、平寨、石头寨。

龙广镇：纳桃、纳兰、板拉、科力、大寨、纳东、坡燕、纳早、播落、桐柏、佳皂、老寨、红坎、纳西、科汪、永革、柘仑。

万峰湖镇：板告、坡央、尾降、弄袍、坡阴、弄号、永桑、尾旦、花显、播蒙、坝盘、纳亚、大湾、岜皓、六躲、马鞍营、纳赖、纳坡。

新桥镇：洒垤、坡革、洞上、巧烂、木科、皮桶寨、过档、风洞。

洒雨镇：大寨、纳堡、堵瓦、免底。

普坪镇：弄力、总科、纳沙、纳汪、麻卧、冉井、廷必、纳咱。

戈塘镇：纳利、纳磨、磨角、鲁沟、秧地、香车河、巧洞、科发。

龙山镇：坡界、顶平、郎利、纳赖、立度、纳坡、纳基、纳麻、纳炎、纳利、拉岂、坡们、竹林、拉先、江纳、过坡、坡基、利娥、纳或、坡江、平央、坡桥、江纳、纳院、纳桑、纳岭、坡利、坡福、纳舵、纳东、巧达、科花、巧岭、纳亚、翁奶、板朗、讲埂、董埂、纳林、纳逢、纳介、纳力、纳建、丫癖、科然、上坛、下坛、花障、岜秧、长田、纳汪、纳冉、纳定、柘哈、科教、板磨、者告、坡维、纳黑、者讲、纳荣、纳老。

笃山乡：梨树、八达、洪泥、龙老、坡歪、拉坡、拉林、耷桑、坛平、卡障。

兴隆镇：西海、东播、坡荒、坝桥、纳马、东岩、巧播、纳香、抱鹅、坡告、补冗、木拉、李枣、坡汪、郎打、纳闹、打牙、花杵、纳窑、排冗、大寨、石板寨、冗讲、善马。

平乐乡：顶庙、坡凡、阿能、乐坝、乐央、小寨、索汪、鱼浪、板垮、定头。

三、语言文字

布依族自古以来就使用本民族的语言。布依语属汉藏语系壮侗语族壮傣语支。布依语分 3 个土语区，县境布依族属第一土语区。

布依族历史上没有自己的民族文字。1956 年，在党和国家的关怀下，创造了用拉丁字母拼写的布依文，经国家民族委员会批准试验推行。1981 年对布依文方案进行了修改，省民族委员会颁发《布依文方案修改草案》在各土语区试行，1985 年最后修订。

布依语的语音、词汇和语法，有其规律性，具有鲜明的特点。

（一）语音

布依语的语音对应比较整齐，各地土语存在微小的差异。《布依文方案（修订案）》以布依语第一土语为基础，以规范的望谟县复兴镇语为标准音。布依文共有 26 个字母，32 个声母，87 个韵母；布依语有 8 个声调，即 6 个舒声调和 2 个促声调。

布依语的声调表示：舒声调用 l、z、c、x、s、n 分别表示 1、2、3、4、5、6 调；促声调第 7 调用 t 表示，第 8 调不标调号；现代汉语借词用 y、f、j、q 分别表示阴平、阳平、上声、去声。

（二）词汇

布依语词汇丰富，构词独特。按音节的组合形式可分为单音节词和多音节词，按词义的结构形式可分为单纯词和合成词。

单纯词分单音节、多音节两种：

单音节单纯词如：mbenl（天）、wee（云）、fiz（火）、ndunx（吞）、gvds（过）。

多音节单纯词有：双声，ndoulndis（星星）；叠韵，ndilriz（羡慕）；叠音，nausnaus（永远，永久）。

合成词主要分为以下几类：

并列式：ҫaailxex（买卖），rihndz（田地），haauxbragt（饭菜）。

主从式：bilmos（明年），rinlbanz（磨石），rdmxdal（眼泪）。

动宾式：voxnac（认识），dohsel（读书）。

主谓式：basnqgt（寡言），ainldamh（踏板），nohwaanl（肉香）。

补充式：ninzndagt（睡着了），daausmal（回来）。

通称加专称式：faixlux（柳树），hoaxmeh（麦子）。

附加式：名词加前缀的如 niagfongz（手指），legraz（芝麻）；数词加前缀的如 dazhac（第五）；形容词加后缀的如 ncingldoongc（红彤彤）。

汉语借词有音义全借、借音另排、全借加注、半借音半译音等。

布依语的词汇分为名词、动词、形容词、数词、量词、代词、介词、副词、连词、助词、叹词等。

布依语的句子结构有主谓、主谓宾、主谓宾定状补等各式。

布依语声母表

表 3-4-1

发音方式 / 发音部位	清塞音		浊塞音	清塞擦音		鼻音	清擦音	浊擦音	边音	喉音
	不送气	送气		不送气	送气					
唇音	b	p※	mb			m	f	w		
舌尖音	d	t※	nd			n	(sl)		l	
舌根音	g	k※				ng	h	(hr)		
舌面音				j	g※	ny	x	y		
齿音				z	c		s	r		
腭化音	by					my				qy
唇化音	gv					ngv				qv

说明：表中带“※”的声母一般只用来拼写现代汉语借词，(sl)(hr)供部分地区拼写方言词

布依语韵母表

表 3-4-2

a		o		ee	i		u		e	
aai	ai	oi							ei	
aau	au			eeu	iu					
	ae				ie		ue		ea	
aam	am	oom	om	eem	iam	im	uam	um	eam	
aan	an	oon	on	een	ian	in	uan	un	ean	en
aang	ang	oong	ong	eeng	iang	ing	uang	ung	eang	eng
aab	ab	oob	ob	eeb	iab	ib	uab	ub	eab	eb
aad	aa	ooa	oa	eea	iaa	ia	uaa	ua	eaa	ea
ou	dg		og	eeg		ig		ug		eg
	ua	ui	ia	io	ao	iao	uai	er		

说明：表内最末一行9个韵母专供拼写现代汉语借词

四、居住

布依族主要聚居在盆坝丘陵地区和低热河谷地带。盆坝地区的布依族村寨多背依青山，房屋建筑沿山层叠而上，面对平敞开阔、阡陌交错、溪河纵横的田坝，寨内及其周围都护蓄树木、竹木。一个寨子多为一个姓氏或数个姓氏聚族而居，一般几十户，多的有百余户，很少与其他民族杂居。新中国成立前，为抵御外来滋扰，布依族村寨一般都修有寨墙或栅栏，建有寨门，在村后山顶筑有营盘。

布依族住房盛行“干栏”式建筑。《北史·南僚传》载，古僚人“依树积木，以居其上，名曰干栏”。唐代，干栏建筑有进一步发展，有楼有梯，人居楼上。自宋以后，干栏成为“人栖其上，牛羊犬豚畜其下”的建筑。今南盘江畔的“吊脚楼”，平乐、龙山、戈塘、龙广等地的“半边楼”“地楼”，仍保留干栏的特点。吊脚楼一般分为3层，底层用木棒围栏，饲养牲畜或堆放农具、柴草；中层用楼板铺就，四周及间隔装上壁板或编上竹篱，供人居住；上层储存粮食及家用物品。在楼前或房屋挡头，一般都用蛮竹搭起一个凉台，供乘凉、晒粮或妇女挑花刺绣。半边楼前一半为3层，后一半为两层，各层功用与吊脚楼大同小异。地楼也分3层，底层用石块砌围饲养牲畜，中层住人，上层为储藏所。

20世纪80年代以来，安龙中心地区的布依族吸收汉族住房的建筑形式，逐渐将干栏式建筑改为了平房建筑，后来偏远的农村地区，特别是2009年至2010年在全县农村危房“整县推进”中，全县布依族居民住房基本上改为了平房建筑，但在平房建筑中仍然保留有“干栏”痕迹。正中一间的前壁向内吞进1—1.3米，称为“院窝”，室内布置大多保持干栏形式。富裕人家，有修三合院或四合院的，称正房左右的房屋为“厢房”，正房面对的一栋为“对厅”，不建对厅的，则有朝门。正房中间的一间作为堂屋，在堂屋后壁正中设家神；其余房间分别作卧室、客房、储藏室、厨房、火堂等。

布依人家一般有简单、朴素、喜洁净的特点，平时经常打扫房前屋后和室内的卫生，喜在房周栽种果树和竹木。

五、饮食

布依人家的主食为大米、苞谷，喜爱的食品主要有：

灰粽粑 每年春节时制作，加工方法是：先将芝麻秆、糯谷草芯烧成灰，筛滤后与糯米搅拌搓揉簸尽；取香料草果10余枚烘烤碾成细末，将灰糯米倒入锅中，用猪油、腊肉条和草果粉、食盐炒透冷却，再用粽粑叶包裹，约3厘米一个，灰粽粑香气浓郁，味道独特。

五色花糯米饭 布依族过三月三、清明节和六月六等节日时制作，作祭品或走亲访友的礼物。先将糯米淘净，滤干后分成5份，分别用红籽刺根皮煨水染成红色、紫荆藤皮煨水染成紫色、枫香树叶煨水染成黑色、糯米花煨水染成黄色，留一份不染色为白色，滤干后蒸于甑中，即成五色花糯米饭。其色泽艳丽，香味特别，存放多天也不变质。

狗肉 布依族中一部分人喜吃狗肉，一些村寨过六月六要打狗祭扫田坝，有贵客来要杀狗招待。狗肉炖粑后切片蘸辣椒水吃，香辣可口，味道鲜美。

米酒 布依族爱饮酒，喜庆节日尤甚，用稻米酿的米酒，酒精度数不高，醇香适口，回味绵长。

酸辣豆 酸是布依人喜爱的调味品之一，既可增进食欲，又能去热解暑，砍酸辣椒时，将洗净的黄豆倒入坛内，以酸辣椒覆盖其上，月余即成酸辣豆。酸辣豆富有营养，酸辣可口。

六、服饰

据文献记载，自唐至明，布依族男装上衣前襟是向左掩（左衽），挽着椎形的头发、不戴帽子（椎髻、科头），喜爱青布短衣，打赤脚（衣尚青，徒跣）。到明末清初才用帕子包头，穿麻、葛做的草鞋或单底鞋。“改土归流”后，流官强制剃发，布依男子普遍剃发，以青帕缠头。民国时期，青年入学渐多，他们蓄短发，穿学生服，一些社会青年也跟着学，中青年人多大襟或对襟短衣。老年人将发辫剪短披向脑后，穿大襟短衣或长衫，走亲访友时多穿长衫。新中国成立后，中青年人服饰变化很大，理中山式、运动式、青年式发型，穿青年装、中山装、夹克装、西装，也有穿对襟短衣的，布料多用机制布或自织土布。

妇女服饰，清乾隆《南笼府志》载，布依妇女“椎髻长簪，银环贯耳，项挂银圈，以多为荣，衣短裙长，衣色为青兰，红绿花绣为缘饰。裙以青布十余幅为细褶，镶边，委地数寸。腰以宽长带数围结于后，带垂若翅”。此种服饰一直延续到民国中期才陆续改变。新中国成立后，南盘江沿岸一带，布依族妇女好穿青色土布，中老年妇女穿大袖短衣，袖、襟镶边图案，称为“栏干”，下穿吊裆直筒裤；女青年则穿小袖短衣，下着长裤，腰系绣花飘带短围腰；妇女皆包长约2米的短帕。平乐一带，中青年妇女喜包盘盘头，帕长数丈，亦有包角头的，上穿小袖短衣，下穿吊裆直筒裤；老年妇女包角头，头大袖短衣，系长围腰，穿吊裆直筒裤；头帕、衣服多白色，裤子多青蓝色。龙山、鲁沟一带，头饰、衣服及色调与平乐一带基本相同，惟不包角帕，青年妇女穿大裤脚，裤口尺许，但不吊裆，整体看去衣短裤长；中老年妇女包短帕，穿大袖短衣，着吊裆裤，县城附近地区的布依妇女同当地汉族妇女服饰大体相同，但布料多为自织土布，未婚女青年腰系挑花围腰，已婚妇女则多系长围腰。头饰：未婚女青年长辨，裹于头帕中；生育小孩后的妇女则将头发在脑头挽成头髻，套上发网，插上簪子。

20世纪90年代以来，随着社会主义市场经济的不断深入，无论是县城附近地区，抑或是偏远的少数民族乡村，传统的“男耕女织”式小农经济被彻底打破，农村劳动力不再局限于传统的农业生产，多数劳动力或长年外出务工或季节性外出务工，男女青年不再纺纱织布，其穿着服饰多从商店购置，民族传统服饰仅有少数中老年人尚在穿着，布依族传统的手工制作服饰逐渐被国际化、市场化、大众化机制成衣所取代。

布依族童装以童帽最具特色，一般有仿猫、狮、兔头面缝制的动物头面帽，有仿古代武士头盔和文官乌纱制作的包耳帽，帽前钉上一排银质或玉石制作的罗汉，或钉有“长命百岁”字样的玉扣，帽后吊有彩色缨须和几个银、铜质小铃铛。

七、日常礼仪和称谓

古人曾说：“长者立，幼勿坐，命乃坐；尊长前，声要低，低不闻，却非宣；……问起对，视勿移。”虽然当代的布依人民并不完全教条地遵循这一训诫，但却是长期用以教育家人、族人的礼仪准则：要懂得当长者、客人站着说话时，年幼的不能坐下，行为更不要放纵；在长辈面前说话，不要声高气傲，但声音太低而听不清楚也是不恰当的；当对方问话时，要起身回答，正视正方，不可东张西望……。

在日常生活中，必须按辈分称呼，同辈人之间或晚辈对长辈不能直接称呼其乳名，对年幼而辈分较高的，也须尊重而不可怠慢；有权势或官居高位而辈分较低者，要自觉以长辈为尊，否则会被别人指脊而言“不懂事，枉自为人”。遇不相识以年长为尊，或称叔伯、兄长，或谓嬢嬢、大姐，禁用“喂”“你”等呼唤他人，否则就会遭到冷落；与人同行，长者在前，儿童居中，青年殿后，既尊重老人，又爱护小孩，是传统礼节；与家人、客人相聚，后生晚辈不可盘腿翘脚，不能随意吐痰，不随意嬉闹，说话要讲客气，注意分寸，先礼后兵；在同桌共餐时，不可将身子依靠的桌上，身子与餐桌要保持一定的距离；要从容地拿起筷子，并按照一定秩序（先长后幼）来夹盆中食物，不可粗行毛躁而把盘中的菜肴搅乱；吃东西时，要细嚼慢咽，不要让嘴发出声响，也不要无节制贪吃自己爱吃的食物；放下碗筷时也要小心轻放，不可让碗筷掉在地上，否则将被视为不礼貌、不懂礼节。

八、风俗习惯

（一）婚俗

据文献史料记载，明代布依族的婚姻缔结是自由选择与媒人说合两种方式并存。清代，富有人家“聘用牛，以姿色定聘资，多至三五十头”（见《兴义府志》）。清末，汉文化深入到布依族地区，一些布依族儒生倡导礼仪依次汉族，婚姻由媒人说合的越来越多，并逐步吸收汉族的一些婚姻习俗，随后演变成大多数由父母包办的婚姻，聘资由用牛马改为牛、银并用，但数量要少得多。民国年间，聘资则一律改为银圆。解放以后，随着婚姻法的贯彻执行，父母包办婚姻逐渐被男女自由择偶所取代，聘资则一律使用人民币。

近代以来，布依族婚姻缔结一般要经过以下过程：

自由择偶　男女青年经过“浪哨”互相认识了解，然后议婚。“浪哨”译为汉意，即谈恋爱。一般在节日、赶场吃酒或走亲访友时进行。先由男方请征求女方意见，如得到同意，即到女方指定地点见面，相会地点多选择在他人能看见而又听不到双方对话的地方，先朴素问答，然后以歌传情。若双方有意，则相约第二次见面，否则从此分手。经过多次“浪哨”后，情投意合，互赠信物；发展到山盟海誓的程度，就互赠自己初次穿过的衣服，称为“丢聘”，然后请媒人提婚。

“带走路糖”　男家请媒人带上几斤蔗糖到女家求婚，称“带走路糖”。女方父母一般要征求女儿的意见，其次征求族中长辈和舅家意见；也有不顾女儿反对由父母包办的，此类情况现在越来越少，几乎已经完全杜绝。一些男女青年生死要成婚配，女子就设法说服父母，甚至主动“吃糖”。女家如不同意，即将“走路糖”交给媒人送还男家；如果应允，就将“走路糖”收下，请族中数人陪媒人宴饮，表示婚约已成，以“吃糖”为证。不过，女家一般即使同意，也不会一次就应允，为表明自己的女儿珍贵，同时要对男方家庭进行一番调查，女家往往婉言拒绝，媒人得带上“走路糖”往返多次才能成功，称为“三回九转”。

吃鸡酒　女家同意亲事后，男家即择定吉日，请男性6—12人带上雄鸡两只和红纸条腰封的酒、肉、红糖、粑粑、聘金及香蜡纸烛到女家进行订婚仪式，布依语叫“哽醪盖”，意即“吃鸡酒”。女家以烹调好的雄鸡酒礼供奉祖宗后，即摆宴招待客人，由族中长辈和舅家长辈作陪。客人告别时，女家要回赠自织土布等礼品。

要八字　订婚后，男家要到女家要八字，布依语称为“拜熬诗明”，去时要带上礼品，并带鸾书套一个及香纸鞭炮等，女家祭祖之后开始给八字，才入宴饮酒，去要八字的人必须当天赶回。20世纪80年代以后，一些地方将要八字与吃鸡酒合并一次进行。

结婚　过去，男家请人去迎亲，一般三四十人，花轿1乘，押礼先生骑马，富有人家则五马三轿，男家还请有八仙乐队。新中国成立后，轿子逐渐废除，迎亲大都是步行或乘车。迎亲礼物有酒、肉、糖、香蜡纸烛和给新娘的衣服首饰，另有8个红封给新娘的外祖父、堂伯、裁缝、厨师及开坛、上轿、谢祖和梳妆者，此外还送1壶酒、1块肉和一些粑粑给新娘的同伴做夜宵。

当迎亲队伍到达新娘家的寨门或其院外时，新娘童年的伙伴及寨中儿童即组成一道“人墙”，将迎亲队伍拦在外面，用事先准备好的粘草籽（野生草本植物籽，黏性强）向迎亲队伍投掷，使迎亲者很难前进。这时，押礼先生将小粑粑和硬币向人群抛撒，乘姑娘、孩童们在欢声笑语中“抢夺”之际，突破“防线”到达新娘家。新娘的外公或舅舅主持开盒祭祖，说四言八句吉利语，放鞭炮，通称“烧纸”，然后摆宴席招待宾客亲友。

第二天清晨“发亲”，姑娘要哭嫁　在发亲调的唢呐声中，新娘由送亲婆扶出，拜别亲人和长辈后，进行“踩斗”，然后由兄弟背出大门，由伴娘陪伴，到达男家时，在院子里举行“回车马”仪式，意为驱除邪气，期望夫妻百年偕老。之后，新娘新郎拜堂，再进入洞房。新娘备有蜡染床单、土布、布鞋等礼品，赠给夫家长辈和兄弟姐妹，结婚当晚到三天回门期间，新郎新娘不同宿，新娘由两位伴娘伴宿。

回门　婚后第三天，新郎带上礼品，在寨中伙伴陪同下送新娘回娘家。回门后，新郎即在娘家过着不落夫家（即不“坐家”）的生活。不落夫家习俗的形成，是解放前多数地区实行早婚，新娘年纪小，需留在娘家学习针线纺织，今后到夫家能从事繁重的劳动；同时过早住夫家会被同伴耻笑。到十七八岁后，或节日或农忙，丈夫的母亲都要带上礼物将媳妇接回去住一段时间，接的次数多了，女方也就在夫家住下了。新中国成立后，随着婚姻法的贯彻实施，布依族青年逐渐按照法定婚龄结婚，虽然还遵行“不落夫家”的习惯，但时间多则一年，不则半载，没有过去那么长了。20世纪80年代后，此风俗习惯逐渐消亡。

在布依族中，寡妇改嫁自由，招婿入赘自然，只是招赘所生子女随母姓，要过三代之后才随父姓，称为“转祖”。布依族历来把离婚视为不吉利、不光彩的事，离婚率很低。离婚一般由寨老、亲朋调解，现在多经政府调解，调解失败后由人民法院判决。

（二）丧俗

古代，人死后盛行二次葬，“葬以伞盖墓，期年而火化之，祭以枯鱼”（明郭子章《黔记·仲家》）。“丧则屠牛招亲友，以大瓮贮酒，执牛角遍饮。主人不食肉，只食鱼虾，习阴阳家言，葬用棺，以伞盖棺上，期年而火之，不上冢”（康熙《贵州通志》）。

近代以来，正常死亡的治丧和安葬，大体要经历报丧、沐浴、小殓、大殓、堂祭、开路、出殡、安葬等过程，第一过程都有诸多礼俗。

报丧 老人寿终，要吹牛角，或鸣枪，放鞭炮向乡邻、亲友报丧，丧家要请人去通知亲戚来吊唁。如亡故的是女性，要赶往舅家讣告，要派人到女婿、儿媳妇、侄女婿和侄儿媳妇家报丧。

沐浴 用香汤给死者沐浴；男性要剃发、修面、剪指甲，女性要梳妆。

小殓 为死者沐浴后，即为其穿寿衣裤鞋袜，包寿帕。如死者父母或两老之一尚健在，还要为死者穿孝衣包孝帕，然后将死者停在用门板搭起的停尸床。

大殓 请摩公测算时辰，等死者的儿女到齐后举行。若死者为女性，则要等她的亲兄弟到来，谚云：“爹死抬去埋，妈死要等外家来。”大殓前，由摩公念经“扫棺”，然后用布覆盖，最后将死者生前心爱的首饰入棺殉葬，又击铜鼓、鸣鞭炮、盖棺封棺、停于中堂。丧家要贴挽联，用白纸覆盖家神。

堂祭 为死者举行的祭奠仪式，在安葬前一天举行。富有的丧家杀猪宰牛，招待前往祭奠的亲友。一般亲友的祭品有香蜡纸烛鞭炮祭幛等，丧家要给下祭的亲友分发孝帕。下祭中，亲女婿和外婆家来祭奠较为隆重，女婿家请八仙乐队或舞狮队，一到寨外，便奏起哀乐，敲狮子锣，放地炮，打枪，放鞭炮。祭品有花幡、旗伞、钱乐、引调、灵房、纸马、纸轿、素荤两桌祭席和用糯米、麦面塑成的山、花、草、鱼、龙、果、鸟兽等动植物，用彩色涂绘，另有祭幛、全猪、全羊等。外家送的灵房（用竹编制的外形宫殿式的手工艺品）最为珍贵，由死者长子背到灵前供奉，然后由摩公或礼唱读舅家的祭文。“堂祭”祭文是布依族人很早就使用的文字表述性奠文，一般分为两块，一是白天由死者亲属前来祭祀，特别是死者娘家（女死者）、亲女婿家要隆重地前往祭祀，死者娘家、亲女婿赴祭时除有其他礼祭外，还须于二米白布上书写祭文一幅于灵前唱读，并悬挂于灵堂前，表示对死者的敬重、感恩、怀念、悲痛之情，以启示下一代树立良好的德行。二是“家祭”。作为死者的家庭，俗称“孝家”，在“堂祭”时要专门请有学识的人写一份祭文，俗称“堂文”。“家祭”一般在“堂祭”的当天晚上进行，“家祭”时全体孝子跪于灵前，随着各种祭祀仪式的进程，聆听堂祭“先生”率众礼生唱读祭文。好的“家祭”，能使观者伤感，听者落泪，人人动情。从内容上看，祭文多由死者家世、祖籍渊源、生前苦乐、安家育子、立业为人、悲痛之情、安慰死者、训诫子孙等内容组成，往往通过比喻、拟人、对偶、对比、起兴等手法形成长短句结合的、融抒情记叙为一体的散文，用满怀深情地唱读方式表达对死者的无限哀悼之情，同时对子孙后代进行发扬家风、艰苦创业、勤劳致富、爱国守法、尊老爱幼等诸方面的德行教育，寄予深切的希望，以告慰死者的在天之灵，父（母）德子（女）传，代代发扬光大。这种“堂文”一般不少于一二千字，颇具文采，内容淳朴、真实、感人。“堂祭”以后，“堂文”要装订成册，后人须小心保存，不可丢失，以警示后来之人，作为世袭教育的“家书”。

开路 由摩公主持，主要是追述死者生平、念摩经。开路时要击铜鼓，女婿要为死者“上粮”“偷猪”。“偷猪”颇具戏剧性，其过程是：丧家用口袋装上一只10多斤重的小猪，捆紧袋口吊于灵前的猫梁上，妇女们有的手持响篙，有的手抹烟墨，守护被吊起的小猪。等摩公念到偷猪情节时，死者的女婿就去偷猪，早有准备的妇女们用响篙抽打他，用满手的锅烟往他脸上抹，待他“偷”到猪时，已被抹成大花脸，且弄得狼狈不堪，惹得在场的人捧腹大笑，此猪归偷猪的女婿所有。

出殡下葬　堂祭的第二天早晨举行。黎明前，一切祭奠结束，摩公带上徒弟，逐一念着死者祖宗迁徙的地址，走出门外扶倒幡杆，转身急入灵堂，一声号令，举剑砍翻油灯，众人一齐动手推倒灵前的祭坛，将棺材抬出户外。送葬时，一路鸣放鞭炮，墓穴早已掘好，灵柩入穴后，用石块、泥土垒丘为坟，最后由摩公用鸡、肉、酒祭祀死者，焚烧纸人纸马纸幡。

解斋　过去一些地方依汉俗，丧后守制3年。近代以来，解斋时间各地不一，有的在葬后即请摩公解斋，有的要居丧持斋，父斋29天，母斋33天。丧家3年内不挂红，不奏乐歌唱、不嫁娶，孝子外出不吃鸡头，逢年过节不能贴红纸对联等。

布依族丧俗较为复杂，浪费也相当大，且多迷信色彩。随着精神文明建设的发展，许多地方的丧葬礼俗也在逐渐改进。特别是随着殡葬改革的深化，倡导集中治丧、集中安葬，布依族丧葬礼俗发生革命性转变。

（三）信仰　禁忌　乡规民约

信仰　布依族崇拜自然，崇拜祖先，信仰多神。《宋史》载：僚人“疾病，击铜鼓、沙锣以祀鬼神”。《黔记》云：占卜“用茅或铜钱、鸡骨”。从事占卜和祭祀的人，清代以布依族语言音译为“报暮”，民国以来称为“老摩”或“摩公”。

将自然现象当作神崇拜的主要有：雷，称为雷公、雷神。过去，如有人或房屋遭雷击，便认为遭难者是不孝顺父母或践踏粮食和作恶多端而受到上天惩罚，遭难人家要备办雄鸡、酒肉、香纸等请摩公在院中祭祀雷神，充满因果报应色彩。龙，称为龙神。过去，久旱不雨，一些村寨要集资买猪、鸡、酒、香烛等，招到井边祭祀龙王，祈祷下雨；有些村寨不用祭品，而是将7个猪笼每隔1.67米左右一个用绳索串起来，用木棒绑好，遍插柳枝做成“水龙”，由年轻人抬着、敲锣打鼓逐村去求龙王下雨，每到一家，主人及围观者用水泼龙，水越多越好。火，称为“火星神”。过去，认为发生火灾是得罪了火星神，如在夜晚看到陨星“落”在哪个寨子、彗星（称“扫把星”）从哪个寨子上空飞过，或黄牛进到堂屋，狗爬到灶上，都认为是火灾降临的预兆，全寨要买祭品在田坝中央祭祀，称为“送火星”。岩、洞、树，一些地方的布依族认为某些奇山怪石、深幽溶洞和大树古树有神灵依附，是神的住所而加以尊崇和供奉，如菩萨洞、神仙洞、娃娃洞、观音岩及神树等，对这些“神”的住所，不许任何人在附近吐痰、大小便和高声喧哗。

布依族崇拜自己的祖先，主要表现在供奉家神和其他一些祭祀活动中。每个家庭都设有神龛，作为祖宗神位，节日、嫁娶都要祭祀供奉。另外，在“三月三”“六月六”活动中，要祭祀本民族的英雄人物和为布依族做过好事的历史人物，如幺塘一带祭祀清嘉庆初年布依族农民起义首领七绺须韦朝元、“三月三”祭祀汉族将官岑彭和马武等。

布依族信仰多神，表现在人们生病和遇到自然灾害时，就请摩公或“迷纳”（走阴婆）禳灾祈福、驱鬼解邪。这些活动都是原始宗教的残余，带有浓厚的迷信色彩，是过去布依族地区生产力低下、科学知识缺医少药的产物。随着社会的进步、科学知识的普及和医疗卫生条件的改善，这些迷信活动逐步在消失，有的已经绝迹。

禁忌　礼貌道德方面的禁忌。如与人交谈，忌讳使用“喂”“你”等呼唤他人和同辈，忌直呼乳名。后生、晚辈在老人、长辈面前就座，不能盘腿跷脚、吐痰，不能随意嬉闹。由信仰产生的禁忌。如在“官厅”“神棚”“土地庙”“神树”等地方，不准放牧、吐痰、大小便、攀折等。“三月三”“六月六”祭山，扫田坝，不外出，不劳动，不从外面拿东西进家，不准生人进寨。一些地方禁吃秧鸡肉和白牛肉。南盘江沿岸一带，禁止移动火堂的铁三脚架，禁止踩灶。生活中的一般禁忌。妇女生小孩，7天内不准生人进入卧室；长辈、外人不准到下辈卧室内；有客来，夫妻不能同房，外来夫妻不得在家同宿等。随着科技的进步，部分禁忌逐渐得到改良。

乡规民约 布依村寨的乡规民约，是古代的“家庭议事会”和“议榔制”演变而来的。新中国成立前，为处理好家族内部事务，抵御外来侵辱，维护本寨生产和生活正常秩序，保护本族或本地的公共利益和人身安全，便产生了家庭议事会，后来又发展到以地域为基础的数姓相邻的自然村寨组成的议榔制，选举产生榔首或榔头，制定榔规。这一组织形式在许多布依族聚居区一直保持到20世纪50年代初。乡规民约分合族制定的族规和数姓或相邻数寨制定的乡规。族规多记载于各姓《族谱》中，内容有对婚丧节日祭祀道德等的具体规定；乡规多刻石立于寨内，内容有防盗拒匪、维护地方生产生活秩序，有的则是因田地界、水利等事情发生纠纷经政府调解的结果等。20世纪80年代以来，一些村寨根据当地实际制定乡规民约，内容包括社会治安、科学种田、学习文化、讲道德文明、团结互助等，对农村精神文明建设起到促进作用。

（四）传统节日

大年 即汉族的春节。除夕之夜，摆猪头、菜肴、酒礼祭祀祖先，放鞭炮，击铜鼓，合家吃年饭。入夜，点长香守夜，打糯米粑、煮灰粽粑。交更第二天后，姑娘、小伙子们点上香，拿着纸钱到水井边焚烧后挑“金水”“银水”，先挑到的则认为新的一年将万事如意。除夕晚上还要将犁、锄、磨、纺车、织布机等打上“封皮”，半月内不能启封使用。初二三开始拜年活动，白天，青年男女开展丢花包、打键、转磨磨秋、浪哨等活动，晚上唱山歌、对歌、弹月琴、吹木叶、吹姊妹箫、八音坐唱、演布依戏等。青年小伙们舞狮、耍龙走村串寨，到布依人家拜年，如遇月明星稀，舞狮的小伙子还要搭台子踩斗，即用5—7张八仙桌叠摞起来搭成高台，上层一张四脚朝天为斗，由沙头逗着狮子踩着斗的四脚旋舞，最后由花脸在斗上翻筋斗、竖蜻蜓，惊险而有趣。近代以来，初五至初七还有许多布依族青年汇集到幺塘洞洒“赶神姑田”，进行对歌、浪哨活动。

三月三 是以村寨为单位祭祀山神、社神的传统节日。《南笼府志》云：“每岁三月初三宰猪、牛祭山，各寨分肉，男妇饮酒，食黄糯米饭……三四两日各寨不通往来，误者罚之。”这个节日并非一定在三月初三过，有的是在三月的第一个寅日过。祭山的天，寨内肃静，各户除一名男家长参加祭祀外，所有老幼都要带上花糯米饭等食物到野外去“躲山”，直到祭祀完毕鸣放鞭炮后才能回家。祭祀屠宰的猪、牛要毛色一致，祭祀中不能用汉语交谈，不会讲布依话的用手式；祭祀结束后，将供品煮来吃一顿，吃不完的平分各家吃。各条路口要挂上一把茅草拉起一根夹有纸人纸马的绳索，以示外寨人不得进入寨内，如有人撞寨踩山，要罚其购买雄鸡刀头酒品为该寨重新祭山。三月三毛杉树歌节，是一个崇拜和纪念古代英雄人物的传统节日，在三月的第一个巳日举行。地点在德卧镇毛杉树村，前后3天。20世纪90年代后，不仅有对歌、寨歌活动，而且还开展舞狮、耍龙等民族传统文娱表演，场面十分壮观，已被列入贵州省非物质文化遗产名录。

六月六 是布依族的传统节日，有的地方是六月的第一个寅日，有的地方则是第一个申日。节日期间，各地要宰猪杀牛祭祀“寨神”“山神”“土地神”和“五谷神”，各家各户要祭青苗，在田坝打狗杀鸡，插纸人纸马祭田。

附：

南盘江畔布依古寨——坝盘

坝盘村，位于安龙县万峰湖镇东南部的南盘江北岸，地处天生桥一级电站大坝下游500米，与广西隔河相望，紧邻盘江大桥，兴义至天生桥公路贯境而过。布依族村民世世代代在这里繁衍生息，沿袭着古朴的民族传统，传承着古法造纸、布依八音、纺织编织技艺，是黔西南州境南盘江上游保存最完好的布依古寨之一。2016年10月，被列为贵州省少数民族村寨；2017年3月，被列为全国第二批中国少数民族特色村寨。

坝盘是一个古老的布依族村寨，古朴典雅的吊脚楼、奇特的小三峡风光、粗壮的古榕树、茂密的翠竹林，构建出一幅优美的民族生活画卷。村民们沿湖而居，寨子依山傍水，湖岸绿竹葱茏。村寨里民风古朴，景色幽静，还有参天如伞的古榕树、古色古香的吊脚楼。漫步在寨中以小卵石、石板铺设的小径，仿佛穿越了时空的隧道，回到遥远的过去。

坝盘村民居所主要为干栏式吊脚楼，依山就势而起，“借天不借地，天平地不平”，随形生变，取“天人合一”之理念，建筑空间得到最大化的扩展。坝盘建筑群以“小”“散”“隐”的布局手法，采取变形、跌落、出台等方式，与地形、与山石、与植被、与溪流肌理融合，“随势赋行”，相互渗透。一幢幢房屋化整为零，隐蔽在山林中，若隐若现，柳暗花明。坝盘古吊脚楼均为三层吊脚，底层、一层、二层功能各异，建造风格别具特色，特别是融于整个建筑群的花窗垂瓜，典雅细腻，美观精巧，内涵丰富，具有极高的艺术价值。坝盘古建筑群是云贵高原特定地貌环境的建筑类型，体现了人与自然的和谐共处、尊重自然的建筑环境观，是布依族民居建筑选址的典型代表。

坝盘布依古寨遗存有两项文化绝活，一是古法造纸，二是布依八音坐唱。坝盘造纸是传统造纸作坊的典型代表，是研究中国传统造纸技术工艺流程、造纸技术传播及演变的难得实物，堪称中国古法造纸“活化石”。坝盘村造纸作坊，为分散型家庭式作坊，现存有70余处。坝盘竹纸经7个步骤72道工序加工而成，成品纸未经漂白呈土黄色，纸张大小约42.5厘米×16.5厘米。该“竹纸”传统手工制作技艺，继承古代造纸术的生产流程，通过一辈又一辈口传身授，系“蔡侯纸”传承谱系。2009年，省人民政府将坝盘古法造纸列为省级非物质文化遗产保护名录。

关于坝盘竹纸，还有一个传说：很久很久以前，在美丽富饶、景色迤逦的坝盘村牂牁江边，居住着一对善良的夫妇，丈夫渔猎、妻子纺织，生活不算富裕，但也舒畅。遗憾的是膝下无儿无女，夫妇俩将寨中的孩子视为己出，关爱无比。后来，夫妇俩一天天老了，头发白了，行动开始不便了。一天，老妇像往日一样在河边浣洗衣物，上游漂来一根粗大的长竹，横在河边。老妇欲将竹子推开，手触碰竹子的瞬间，似乎听到了婴孩的哭声。老妇再次伸手推竹，孩子的哭声更加真切。老妇紧抱大竹，呼来老夫，用砍刀向大竹劈去……大竹劈破，一男孩蹦出，见了老夫妇就叫爸爸、妈妈！夫妇激动无比，将孩子领回家，取名“竹生”。竹生生性聪明伶俐，常与村中孩童嬉戏，争着分担家务，老夫妇由此幸福无比。这一年，牂牁江突发大水，淹没了坝盘寨，寨民们四处奔逃。看着无计的村民，竹生流下难过的泪水。他找来当初载他来的那截大竹，让老夫将其劈成无数的细条。每劈一刀，竹生都痛苦地抽搐一下。无数的细竹条劈好了，竹生深情望着老夫妇，微弱地叮嘱他们将细竹条插于牂牁江岸边。当老夫妇将竹条插好后，竹生化成一股青烟消失在空中，那些竹条瞬时长成茂密的竹林。望着茂密的竹林，寨民们齐齐跪下大呼：“竹王在上，请受村民一拜！竹王在上，请受村民一拜！”后来，坝盘的寨民们就用这些竹子造纸赖以生存，古老的牂牁江也演变成为今天的南盘江。

布依族八音坐唱，简称“布依八音”，是布依族世代相传的一种民间曲艺说唱艺术，因用牛腿骨、竹筒琴、直箫、月琴、三弦、芒锣、葫芦、短笛等8种乐器合奏而得名，广泛流传于南盘江流域布依族地区。演出队伍8—14人不等，不化妆，音调简约古朴。据传，布依八音的原型属于宫廷雅乐，以吹打为主。元明以后，随着民族文化的融合，布依族审美意识得到深化，布依八音逐渐发展为以丝竹乐器为主的曲艺表演形式。2006年5月20日，布依八音被列入国务院公布的第一批国家级非物质文化遗产名录。

第二节 苗 族

一、族源和分布

苗族是一个历史悠久的民族，其先民称“三苗”，居住黄河中下游。经过漫长的历史，三苗的部分支系逐渐南移至江淮，此后又迁往洞庭湖入湖南中部。秦汉之际，三苗一部西迁，进入黔北、川南、滇东；一部南迁入湘西、黔东南、铜仁、松桃等地的“五溪”及广西大苗山。

安龙苗族主要支系有操黔东方言（自称黑本家，他称黑族、黑苗）和操川滇黔方言（自称白本家，他称白族、白苗）两支。此外有称青苗、花苗和歪梳苗（均为他称）者，也操川滇黔方言。

操黔东方言的苗族约在清乾隆年间及其以后陆续进入县境，大多数自称祖先来自省内黄平谷陇、重安地区，少数来自凯里旁海地区及台江、施秉一带，迁徙原因主要是天灾和战乱。如清雍正十三年（1735年），包利、红银领导的黔东南苗族起义被清廷镇压后，不少苗族民众被迫西迁；乾嘉年间，黔东地区旱灾频仍，多年歉收，石柳邓、吴八月发动苗族起义，清军镇压起义后，强迫苗族人民向西迁徙；嘉庆二年（1797年）清军镇压南笼布依族起义后，清政府即招苗民前往租垦荒山，于是有田、杨、姜、王数姓率先从黔东迁至县境，聚居在龙头大山山麓，建草棚，开荒地，过起了日子，后又有龙、潘、吴、丁等姓氏搬迁而来。

操川滇黔方言的苗族迁徙较为复杂。据有关资料记载，约在两晋时期，在“五溪”居住的苗族一部迁往川南、黔西北一带，明清时期又迁往滇西和滇西南，后从云南迁往兴义府。据木咱、普坪杨姓家谱（修于1880年）载，杨姓系嘉庆初年“三春谷不熟”而由川南綦江县迁往黔北真安州，又迁往普安州，再迁入府亲辖境的。另据新桥镇底西镇调查资料，谭、杨、莫、侯4姓，先由云南文山迁徙到兴义县黄泥河，再迁来府亲辖境，租佃底西土司领地的田地耕种，至今100余年历史。

二、分布

2011年年末，全县户籍人口中苗族人口34207人，占少数民族人口总数的16.50%。苗族的居住特点是小聚居、大杂居，主要分布在洒雨、戈塘、龙山、普坪、兴隆、新桥等乡镇。

操黔东方言（中部方言）苗族聚居的村寨主要是：

洒雨镇：科基、牛家寨、堵瓦、代家弯、田角田、旧屋基、板烟、科香、天桥、免底、花榜、箐脚、枫香、青龙台、转田、干沟、大箐、陇泥、上坝。

海子乡：坛子厂、田坝、红花林、大坝。

戈塘镇：鲁沟塘、纳利、新寨、龙路、田坝、冬瓜寨、者生、科发、纳贡、青杠林、箩柜田、平桥、白路山、四楞、洋头寨、普尔田、八坎。

龙山镇：半坡、所戛、磨毫、纳东、打六、坪寨、科花、平老、懂埂、纳埂、纳林、岩脚、纳马、拉陇、行达、高坡、河坝、凉水井、白坟、马房、柿花评、马家坡、长田、铜汗、山鸟、坡盖。

操川黔方言的苗族聚居的主要村寨有：

德卧镇：冗跃、沙厂、尾黑。

木咱镇：莲花山、瓦窑坡、阴井、新佳。

新桥镇：底西、烂摊、磨舍、高普陇、下坝、干落田。

坡脚乡：沙厂坪、孙家凼。

龙广镇：青龙台。

万峰镇：岜拱、蒿芝坪。

洒雨镇：纳堡、牛家寨、堵瓦、东瓜林、冗金。

海子乡：打火、凤岩。

普坪镇：箩卜桥、干海子、常岩、坪上、卡子。

戈塘镇：黄泥堡、白鸡山、磨角。

龙山镇：讲埂、白岩冲、桅杆坪、下寨。

平乐乡：打江、鱼浪。

兴隆镇：冬瓜岭、前寨、后寨、坪上、水冲、冗孔、齐心、油榨房、上厂、茅坪。

三、语言文字

苗族自古使用自己的语言。苗语属汉藏语系苗瑶语族苗语支。苗语分湘西、黔东、川滇黔三个方言。以下记叙的是以黔东方言为基础，用拉丁字母拼写的苗族语言文字。

苗语声母较多，韵母较少，大部分地区有 Mb（Mp）、nd（nt）、nz（nts）、nj（ntc）、ngg（nk）等复辅音声母和小塞音声母。能作尾韵的只有—n（—n）、—nj（n）。词根大多数是单音节的。构词附加成人多为前加成分。以词序和虚词为主要语法手段。名词、人称代词作领属性修饰语时的位置，数词、量词和名词组合的次序，都和汉语相同；名词作限制性修饰语，形容词、指示代词作修饰语时，都在被修饰词之后。句子的主语在谓语之前，宾语、补语在谓语动词之后。

苗族在新中国成立前没有自己的文字。新中国成立后，根据党的方针政策和苗族人民的愿望，于1956年设计了拉丁字母形式的苗族方案（黔东方言），1983年编印《苗语课本（初稿）》，1984年进行修改补充，1987年再次修改，在一些苗族聚居地区的学校推广双语教学。

苗文（黔东方言）共26个字母，32个声母，26个韵母，8个声调。

声母：b、p、m、hm、f、hf、w、d、t、n、hn、dl、l、z、c、s、hs、r、j、q、x、hx、y、g、k、ng、v、hv、gh、kh、h、y；

韵母：i、e、a、o、u、ai、ee、ao、ei、en、ang、ong、ia、io、iu、ie、iee、iao、in、iang、iong、ui、ua、uai、un、uang；

声调符号：b、x、d、l、t、s、k、f。

声母中的“y”和韵母中的“ao、ee、iao、iee、ui、ua、uai、an”等都是用来拼写汉语借词的，在拼写汉语借词中韵母“i”与声母“z、c、s、r”相拼时，要读成（1）。

苗语词类分为名词、代词、指示词、数词、量词、动词、形容词、副词、介词、连词、助词、叹词。其句式主要有主谓宾句、主宾谓句、主谓补句、无主句、单词句等。

四、居住

苗族多分布在边沿山区，喜聚族而居，有少数与其他民族杂居。多数人家住在山腰或山脚，一二十户或二三十户为一寨，多的也有数十户近百户一寨的。有的建有寨门。苗族喜种树木和竹，房前屋后种有杉、楸、苦楝和桃、李、花红等树，许多苗寨都有参天古树，竹木荫翳，环境宜人。

苗族住房以木结构瓦房为主，逐渐发展钢筋混凝土平房。苗族住房一般是3间，也有长5间的。正中一间为堂屋，左右两间隔为前后间，其中前半间供吃饭、休息和烤火，余下房间作卧室。楼房多为两层，上层作堆放粮食、杂物之用。有的人家另盖厢房作灶房，或搭偏厦饲养牲畜。在社会发展进程中，苗族传统的住房格式受到冲击，传统的瓦房正在消失，代之以千篇一律的钢筋混凝土平房。

五、饮食

苗族主食苞谷、大米、荞麦，肉食除家畜外，还有猎获的飞禽走兽等。苗族喜打猎，猎获的动物如斑鸠、野鸡、野兔、野猫及獾等，随着野生动物逐渐减少，苗族打猎也逐渐消失。苗族喜食酸菜，每家都有坛子菜和酸汤，坛子菜有细酸菜、酸辣椒、酸豇豆等。饮酒是苗族的嗜好，几乎家家都有自己酿造的苞谷酒，喜庆节日更是少不了酒。

六、服饰

苗族因支系不同，其服饰样式、所用布料和花色图案各有差异。男子服饰，新中国成立前无论操何种方言的苗族差异不大，偏爱青、蓝色。中青年头包2—3米小土布青帕，上衣多为对襟布纽扣；老年人多穿长衫，下装为吊档筒裤。新中国成立后，苗族男青年亦多着学生装、青年装、中山装、布料有棉布、混纺布和化纤布，与汉族青年差异不大。

妇女服饰因支系不同而各具特色。操黔东方言的苗族妇女服饰比较统一，其头饰内用两块头巾包住长发，外用一块四方青布包头，呈平顶，额上头发呈半圆形，从两耳之上往后延伸，至托肩处呈三角形，方帕边缘垂吊着长约两寸的要须。四方帕的里层为一块三角绣花帕，绣花帕的边缘钉有60颗纯银泡，排列为2—3行。右耳旁戴有银插头片，插片上外接3—5根长0.4米的银链，连接银蝴蝶从脑后绕过插于头顶；两耳叶面穿孔，垂吊银耳环。穿大领短衣，衣袖、背心和腰间均用红、蓝、白、绿丝线绣织的花纹图案镶嵌，桃花、绣花图案一般为二方连续和四方连续，有龙凤、犀牛和几何图形。老年人衣服后头片不绣花，多为自织提花图案，衣料染为深紫色，穿衣后再戴上5支银项圈和银手镯，下身着百褶长裙，裙罩有绿色花纹，裙脚面用彩色丝线绣织成一根根带子，裙的前后各系一块与裙长相同、精心绣织的提花围腰。

苗族的背带、童帽比较精美。背带远处不绣花、挑花和绣织提花，手工精细，色泽鲜艳。童帽有猫头帽、虎头帽等，帽上绣有花纹图案，配上花边，钉有十八罗汉等银饰品，后面再钉上银铃铛、要须等。过去，银首饰的戴法是有规定的，特别是戒指。戒指一般戴在左手上，戴在食指上表示求婚、中指上表示已有恋人、无名指上表示已订婚或结婚、小指上表示仍为单身。20世纪80年代后，一般女青年佩戴戒指只作为装饰，并不包含上述标志意义。

操川滇黔方言的苗族妇女服饰差异较大，一般称古装、时装。头饰：古装为束发髻于头顶，头包长5—7米的红色粗毛线帕，耳吊帐构式银耳环；时装为包大盘青布帕，布料为棉织小土布，宽约0.4米，长则1.2米左右，一般不戴耳环。上衣：古装为前胸开襟，无扣，衣短齐腰，红布缀高领；时装亦为前胸开襟，左胸襟上缀长13.3厘米、宽26.7厘米的绣花大反衽，无扣，大高绣花领，衣袖另套有绣花套。下装：古装为长百褶裙，用细麻布做成，裙脚镶一条宽约7厘米的红布，穿衣时，用一与裙长相同之围腰连接衣裙，戴铜、银质手镯、戒指；时装亦为长百褶裙，由裙腰、裙身、裙脚三部分缝合而成，布料为细白麻布，裙身为蜡染线条和几何图形、裙脚用彩色丝线绣方形图案组成的带状花纹。围腰长至离脚背7—10厘米，以青布为底，下两角和围腰心绣有鲜花图案；飘带为青、白、士林布做成，绣有鲜艳图形，飘带头系有长约3厘米的多串瓷珠，玻璃珠，盛妆时飘带有三四对垂于身后。

称为歪梳苗的苗族妇女头饰束发于头后，成年妇女发髻在前额上方成扇形，外铺一层青丝线使发髻平展，一般在发髻基部插一把花木梳。上衣为右开襟和尚领，衣略短，右胸钉一颗布纽扣，前胸、后背为绣有花边，手肘上部为绣套。下装穿裙，裙为青色布料，由裙腰、裙身两部分缝合而成，上部为蜡染花纹，宽20厘米左右，中间镶3—5条花边，下镶7厘米宽的绿色缎带；围腰、飘带与自称白本家的苗族妇女大同小异。

20世纪90年代后，随着改革开放的进一步深入，特别是外出务工人员增多，县境苗族服饰有较大改变，大部分人员已不再自己织布、做衣，穿着基本为购置的成衣，穿戴与城市其他民族基本一致，只有在重大节日时，苗族群众才穿上自己做成的民族服装，以示隆重。

七、风俗习惯

（一）婚俗

操黔东方言的苗族的婚姻结缔，是自由恋爱和父母作主相结合。婚姻经过求婚、订婚、吃肉酒、收交礼金、结婚、回门诸过程。

求婚　青年男女通过“游方”情投意合后，须得到双方父母同意才能提亲，由男家请媒人带上一包糖至女家求婚，通过唱歌从侧面探问，一般需媒人跑几个对场13天才能有结果，俗称“三回九转”。女方父母同意后，再征求女儿意见，女儿如不同意就对媒人说：“这糖虽然甜又香，可惜命薄不敢尝，还是须亲带回去，另攀富贵寻高强”。如同意，姑娘就含羞带笑地对媒人说：“媒人真是好心人，带起香糖送上门，有糖不吃人骂憨，敬请老幼把手摊。”便把糖分给在场的人吃，若自由恋爱求婚遭到父母反对而失败，女方往往就跟男方到男家去自由结婚。

订婚　由男家请媒人和7—9个男性，带上大米20千克、酒10千克、猪肉7.5千克、雄鸡1只和烟叶等礼品到女家去订婚，女家需请舅父及族中长老作陪，大家宴饮歌唱，商定男家应交礼金数目，就算定了亲事。

吃肉酒　在男家或女家举行都可以，如在女家举行，男家就请7—9人带上大米60千克、糯米20千克、酒35千克以上、肉30千克以上、雄鸡1只及各种小菜、烟叶、茶叶等到女家，女家则请外公、外婆、舅父母和亲戚朋友作陪。如果女家到男家，女方则少则一二十人，多则三四十人，不带任何礼品，吃住三天均由男家负责招待。宾主同坐饮宴，唱酒歌、猜歌，往往通宵达旦。客人告别的天，人人都必须饮送亲酒才能出门，随后主人和族中人提着酒壶，端着酒杯，在院坝、房角、寨口、路边分别向客人敬送亲酒，有的说笑对唱送上三五里才依依不舍，最后以“飞歌”相送，直到看不见人影。吃肉酒的目的一是确定收交礼金的时间，二是让双方的亲友相互认识建立感情，对亲事进一步确认。

礼金　礼金可由男方到女方家去交或由女方到男方家去收，无论收或交，女方的舅父都必须在场。收礼金时，女方家请舅父去收，舅父带上一根长约66.7厘米用竹筒做的刻好礼金项目、数量的标尺，邀7—9人同行。男方家摆筵席招待，请女方的舅父上坐，当众将礼金一一点放在中堂，请舅父点收后才拿出竹筒标尺交给媒人，传给席上的亲友和男方父母看，项目、数量相符合后，再请媒人唱《礼金歌》“开据”，将竹筒剖为两半，左半交给男方作收据，右半由女方父母作存根。在整个收礼金的过程中，只有女方的舅父有说话的权利，其他人只是请求舅父让礼让情说好话。礼金主要是银饰品，有项圈、银链、插片、耳环、银泡泡、手镯、手圈、戒指等，其次有布料、舅父的外甥线、父母的辛苦银、折鸡鸭的钱等。

结婚　结婚前一天，男方家请3—5个男青年带上一只雄鸡和一条青布帕到女家接亲，晚上女家设宴，由送亲姑娘与接亲小伙子围绕那条青布帕子为题对歌，一问一答，待到小伙子们答不上了，才将青布帕子交给姑娘们，用作第二天捆新娘的嫁衣。此后，送亲姑娘要给接亲小伙用锅烟打花脸。次日早上，接亲的小伙挑着新娘的嫁衣新娘家打发的糯米饭、几斤肉和一只鸡，将新娘迎娶上路，步行到新郎家。新娘被扶进新娘家后，坐于中堂的中柱下，表示从今日起当家立志。随后，新娘由两个少女扶进洞房，其中一个少女即到水井中挑来半担水，新娘在院中接过挑进厨房倒入水缸，表示开始在夫家做家务。结婚之日至回门，新娘新郎不同房，新娘由伴娘陪宿。

回门　路程近的，结婚当天新娘就和送亲客一起回娘家；路程远的，结婚第三天回门。回门后新娘一般住在娘家，到次年二月初二以后才能到夫家。其间，只是在节日或农忙时，由婆婆去接媳妇来住几天。有的地方依然延续这一习俗，新婚夫妇要到次所二月初二以后才能过夫妻生活。

操川滇黔方言的苗族的婚姻，有自由恋爱结合和父母包办的婚姻。

自由婚姻　男女青年通过亲友介绍或社交结识，情投意合后，便互赠衣物、头帕、手镯、围腰等信物，订下终身，经中间人作证，双方商定日期后，由新郎将新娘带回家中成婚。半月、一月或更长一段时间后，男方父母请族中两个长老带上酒肉与青年夫妇同行，到女方家去“认亲”。认亲时，男家要出一笔“奶米钱”，将带去的酒肉宴请女方的父母亲朋，就算开了亲。

由父母包办的婚姻，重视“亲上加亲”“门当户对”，选择配偶优先在亲戚中进行。一般同姓不通婚，辈分不合不婚，20世纪80年代后，也有讲求生肖属相婚配的，一般要经过订婚、吃鸡酒、结婚3个过程。

订婚 子女尚孩童时代，父母即为之预订婚事，订得早的有“背带亲”，甚至有指腹为婚的。待到男女长大，男家即带鸡到女家，宰杀煮熟后“看鸡卦”，即看鸡翅与腿间的骨节上的小眼孔是否成双、平衡，鸡舌是否曲卷不歪。如符合，就认为男女有缘，可以结为夫妻；否则认为不吉利而解除婚约。

吃鸡酒 通过看鸡卦认为可以婚配后，男家即请两个媒人，一正一副，称为“讨媒”，另有族中一叔伯代表男方父母，正媒背把伞，副媒背毡包，带上酒肉（10—20千克）和叶子烟到女方家去求亲。进门、洗脸、洗脚，都要向女方父母唱《求亲歌》，若女方父母赞成，则请族中两人陪同讨媒去请女儿的舅父和有关亲友，讨媒到女方内亲家，也要唱《讨媒歌》，并敬奉几匝叶子烟，再告诉吃鸡酒的时间。在吃鸡酒的席上，讨媒与女方家的坐媒、舅父和族中长老共议男方应付的礼金数目、衣物等，让坐媒用竹笔削好缺口记录下来，拿给讨媒转交男方父母以作准备。吃鸡酒中宾主均以歌问答。

结婚 路程远的，结婚前两三天男家的接亲队伍就要带上礼物起程，有的地方是由女方组成送亲队伍将新娘送到男家。在婚礼上，要举行迎客仪式，敬酒、敬烟，唱酒歌。新娘由亲兄弟背出大门，在迎亲队伍的簇拥下向新郎家进发。根据习俗，迎亲、送亲的都要得到少量的“劳累钱”，接亲客由女方送给，送亲客由男家送给。新娘到达男家的当晚不进夫家，第二天早上才进家。三天后，新郎即送新娘回门，之后，新娘就“坐家”了。

夫妇不和，男女双方都可以提出离婚，一般是谁先提出离婚谁向对方赔钱赔礼。20世纪80年代后，离婚基本按婚姻法要求办理。

（二）丧俗

操黔东方言的苗族的丧葬，一般要经过报丧、小殓、大殓、开路、安葬、复三过程。

报丧 老人死后，鸣放鞭炮、火药枪，寨邻闻讯后即来看望，帮助料理丧事。丧家要请巫师来推算安葬的时间，并急派人向亲友报丧，邀请亲友参加葬礼。

小殓 由一位50岁以上的男性拿3枚硬币到井中“买”几瓢水来给亡人洗身，男性要剃须发，然后为死者穿寿衣，每件衣服都要剪一个洞；女性要将其佩戴的耳环、项圈等银饰取下，最后将尸体停放在中堂的木板上，用白纸把脸盖上。

大殓 如死者是女性，要待其外家的人到齐后才能入棺。儿媳要送2米白布给死者作垫尸布，按长幼顺序铺垫棺中；女儿女婿送的为蓝布，也按长幼顺序覆盖死者。无论垫、盖布，都须剪下一绺还给送的人。之后，剪两三小片银子放入死者口中，即盖棺。最后鸣枪放爆竹，大殓结束。

祭奠 孝男孝女披麻戴孝，孝男腰束白纸条缠的稻草绳，孝女耳环、项圈亦用白纸缠过。丧家自办伙食接待前来祭奠的客人，客人祭品有祭幛、孝对、蜡烛、香、纸钱、鞭炮等，女婿要请唢呐、狮子队来祭奠，外家要下祭，孝男要端酒到路口跪接。

安葬 在出殡前一天举行开路，由巫师念经，经念完后将灵柩称出屋外。次日上午，抬灵柩上山，由一男性老人手持点着火的葵花杆在灵前引路。墓穴事先掘好，巫师念经举行安葬仪式，即将棺木入圹，然后砌石垒土为坟。葬后120天内，丧家忌吃狗肉、鱼虾、葱蒜、椿芽、花椒等带刺激性的食物。解忌后全家杀狗吃。

操川滇黔方言的苗族的丧葬主要经过扫棺、入殓、祭奠、烧七和烧灵等过程。

老人去世后，要为其沐浴穿新衣，并请人去向死者的外家、女儿、媳妇家讣告。

扫棺 在入殓前举行，杀猪1只祭棺，称“断气猪”。而后芦笙吹着芦笙围绕棺木跳跃旋转，吹着芦笙卧于棺中，起来又跳跃，如此重复3次，意为驱除棺中邪恶，将灵魂引入棺内，之后大殓入棺，将一根麻绳的一头放在死者手中，另一头悬于棺外，然后盖棺。

祭奠 葬前三天举行，芦笙师吹芦笙为亡人“做夜”，丧家杀牛或猪，死者的女儿、女婿要牵一头牛或一头羊、猪来祭奠，也可用鸡鸭代替。每用六畜来祭，芦笙师就将祭物拉到门前，将拴住牲畜的绳索连在悬于棺外的麻绳上，然后吹奏芦笙，将牲畜宰杀宴请亲友。

烧七、烧灵 葬后，死者为男性12天、女性13天，要为其“烧七”，同时也可一并“烧灵”。烧灵是较为隆重的典礼，苗语称为“阿别”或“阿汪”。烧灵花费大，一些人家在葬后无力操办，只有等经济条件好后再办，因而有的几辈人后才进行烧灵，儿子儿孙合起来办。烧灵这天，要请芦笙师吹芦笙、打大鼓，所有内亲都要拿猪、羊、鸡、鸭、酒来祭奠，祭毕宰杀、宴请亲友，浪费极大。

（三）信仰 禁忌

信仰 苗族信仰多神。其信仰生产于生产力极低的原始社会，由对灵魂、灵物即万物皆有灵的崇拜，而产生自然崇拜、图腾崇拜和祖先崇拜。

自然崇拜 把自然现象中的风雨雷电看成是神的喜怒哀乐，具有无穷的威力。操川滇黔方言的苗族，每年都要进行“砍火星”祭祀活动，又称“锁雷”。农历七月二十日或九月二十日，由同宗家庭轮流举行，每年一家。每个参加“锁雷”的人，都要带上芭茅草叶（当成宝剑）和丝线（象征吉祥），太阳出山前，主办人砍来一根高约丈许的鸭脚木，将芭茅叶捆在木棒上，用碎布和丝线编成长布辫系在棒顶竖于院中，然后点燃布辫；一人腰鹑镰刀，一手提酒壶，一手拿彩线球，围着木杆跳驱邪舞，唱哄骗妖魔的歌，跳9圈后，就咬牙切齿地将木杆上的芭茅叶一刀两断，围观的人将穿有红辣椒的弓箭射向天空，大家唱起祈求的歌，舞蹈由强烈转为舒缓，跳9圈后，人群散开，仪式结束。

灵物崇拜 认为万物有灵，将大树、巨石、岩洞视为神灵。小孩多病，即将孩子拜寄神树神石。崇拜人造物有土地菩萨、水井、石凳、桥等，在一定时节要用酒肉和香烛供祭。

图腾崇拜 苗族远古时代的图腾物有蝴蝶、大鸟、枫木等。今天，许多地方的苗族对白枫木很重视，建寨前要先在寨旁种枫树，如果枫树长得根深叶茂，就认为寨址是幸福、清洁、吉祥的好地方。一些人家起房屋还用枫木作中柱，认为家庭会昌盛。蝴蝶在苗族中的心理影响很大，妇女的刺绣、挑花和蜡染都有各种蝴蝶的图案。在某些场合人们敬畏蝴蝶，如有的人家发生纠纷，凑巧有蝴蝶飞进房内，一切争吵便会立刻停止，认为这是祖先的一种责备。

灵魂、祖先崇拜 老人死后，要唱丧葬歌指引其灵魂回到祖先居住的地方，大小节日都要祭祀祖先，往往上溯3—7辈。

禁忌 苗族在生产、生活中有一些禁忌，如每年第一次打雷时，3天内不出外劳动；结婚遇到打雷则认为不吉；每年正月初一、十五两天忌挖粪、除粪；逢“戍日”“破日”“土王日”不下田、不动土。

（四）传统节日

春节 除夕之夜进行守岁，全家老幼在火塘边听老人摆古，传授《古歌》。初二凌晨，各家男子要到井边挑“圣水”，祈求风调雨顺。春节期间要开展踩鼓、跳芦笙、耍狮子等文体活动。

踩花坡 正月十三、十四两天，新桥镇底西苗寨的采花节，有成千上万的苗族男女青年来到这里。采花场设在山垭口的坡面上，花场中央有一棵松树作为“花杆”，树上系着新砍来的3棵金竹，挂着3支火枪和3把弩。采花节开始时，由寨老领着芦笙队、唢呐队、狮子队，在鞭炮、鼓乐声中吹舞进场，三声炮响，苗家姑娘们穿着艳丽的服装，随着芦笙的优美旋律，踩着节拍翩翩起舞，围着花杆娓娓对歌。集体舞结束后，人群逐渐散开，进行各种小型活动。采花坡是苗族青年谈情说爱，寻找知己的佳期。

敬桥节 农历二月初二日，是送接新媳妇、送伞送纺车和修桥补路的节日，许多人家煮鸡蛋，染成五颜六色，给孩子们用网兜背着，到桥边玩。

吃新节 农历六月、七月间，稻谷开始成熟时即过吃新节，以新米饭和酒肉等祭祀祖先。节日1—2天，男女青年在节日期间“游方”择偶。吃新节中，悠扬的情歌和芦笙曲激荡山谷，有的地方要将出嫁了的姑娘、姑妈等接回家来欢聚。晚上，田坝到处插上点燃的香，状如满天星斗，预示新谷进屋，喜获丰收。

第三节 回 族

一、族源分布

元统治者进军云南，随军的回回人一部留在云南，后来有些回族人由滇迁黔，逐渐定居在今黔西南的普安、兴义、安龙、兴仁等地，清代又有一些回民从军或经商由外省迁入，县境回族大部分是明清时期由云南迁徙而来。

2011年年末，县境户籍人口中回族人口9504人，占全县少数民族人口总数的4.58%；主要居住在县城及洒雨镇民族村、新桥镇高普陇和普坪镇新街一带。

二、语言文字

回族初入中国时，除使用28个字母的阿拉伯文外，兼用波斯文，县境回族目前一般交际使用汉语，宗教活动时用阿拉伯文的《古兰经》，部分专用术语用阿拉伯语和波斯语。

一般专用语的语音、语种、语意如例：阿拉伯语称“伊马木”为教长，“塞了目”为您好，“穆斯林”为回族或伊斯兰教，“索姆”为斋戒，“尔墨礼”为追悼，“讨白”为忏悔，“墨特”为死者，“姑勒”为葬死者的坑，“卡幡”为裹死者的布，“滚白”为坟墓等；波斯语称“阿訇”为教长、学者，“把掳在”为斋戒，“饶伙尔丹”为吃饭等。回族经商有特殊的数字术语，如用“丁、假、元、吊、拐、劳、才、盘、砍、齐”10字依次代表1—10数字，如说“齐丁”，即代表11，也可作110或1100……。还有一些生活用语，如米称“苦拎子”，油称“鲁安”，盐称“落水硝”，鸡称“木耳”，钱称“得览”，走称“勒呼梯”，好称“数”，坏称“及”等。称呼方面，称父亲为“大”，称祖父为“把”，称祖母为“奶”等。

三、风俗习惯

婚俗 新中国成立前，回族一般在本民族内婚配，不与其他民族通婚。少数其他民族与回族通婚者，必须经过入教仪式，信奉伊斯兰教。婚前男方要向未婚妻赠送聘礼，聘礼作为女方私产。新中国成立初期调查，回族青年结婚多系自愿，年龄一般在十八九岁至二十五六岁，血缘亲密不可婚，同姓同宗不能婚，姓氏音同字不同可婚。结婚的手续和礼节：择定婚期，婚前一日由阿訇宰牲，备以招待亲友；同日由男家具肉、米、糕、粑及衣物等先行送给女家。迎娶日，由新郎约集亲友前往女家迎新妇，下轿后即入洞房。入夜，阿訇于堂中作证婚人，念合婚经；之后以喜报投予新郎，同时众亲友亦向新房打喜果，投以瓜果、豆腐渣等物进行嬉戏。尔后，新郎捧喜果入洞房交给新娘，行交拜礼。次日，新郎率新娘向各长辈行相见礼，并赴团圆席。

新中国成立后，回族婚俗大体经过以下诸过程：

提亲 又称“提话”“纳话”。不论是自由恋爱或经人介绍，都要由男家请媒人到女家提亲，取得女方父母同意后，选定日子，男家准备一两套衣料和糖、茶等礼品，请媒人送到女家，就算亲事提成。

过小礼 亦称“落一”。男家备办衣料、袜子，有资财的人家准备较多，请媒人送到女家，主要商讨过大礼及结婚期程的有关事项，相当于订婚，但不用糖、茶之类礼品。

过大礼 又称“发八字”。给女家的礼物除衣料比过小礼多外，还要鸡、鸭各1只，糖1捆，糯米1斗，盐、茶若干，鞋袜若干，另有“针线银子钱”(现称“礼金钱”)若干元。媒人及亲友将礼物送到女家，女家设宴招待。宴后，媒人将准备好的“庚书喜帖”请女方父母发给姑娘的“八字”。有的人家在提亲或过小礼时就已讨得了八字，过大礼就成了“过期单”。婚期决定后，双方各自准备办理结婚事宜。

结婚 旧时接亲用轿或马，现改为乘车或步行。接亲不用唢呐、鼓乐，送亲必是直系亲属。接亲是当天去当天回。新娘接到家后，不拜天地、祖宗即入洞房。当晚请阿訇主持结婚典礼，阿訇询问双方姓名、是否自愿结婚，并要双方今后互敬互爱；接着讲述《古兰经》上的有关教义；之后将喜果抛撒给新郎，新郎入洞房将喜果交给新娘；最后青年人闹新房。新郎、新娘在婚礼前要“大净”(即沐浴全身)，新娘要穿上新郎送来的新装。新婚之夜后，第二天早上要早起“洗头”(即大净)，以后每7天一次。婚礼三天后回门到娘家，回门后女方即在夫家组建新的家庭。

离婚被视为不光彩之事，先由亲友调解，若调解无效，便诉诸司法机关判决。男方提出离婚，除返还女方嫁妆外，还酌情付给女方及子女生活费；女方提出离婚，无生活费协议，亦不返还嫁妆事实，离异后各不相涉。

丧俗 人逝世称“归真”，死后禁止号哭，实行速葬、薄葬、俭葬。按照洗、穿、站、埋四项要求办理，基点是葬必从俭，入土为乐。列后，男的穿卡幡(俗称“毛衬”)3件；大卡幡、小卡幡、衬衣；女的再加盖头和裹胸。要为死者作“爱斯立”(即大净)。站“者那则”(殡礼)是亡人家属和众穆斯林为祈求真主赦免亡人而行的殡礼。速埋俭葬，葬不择时，故滞留时间不得超过3天。父母、老人死后，要请乡老或亲人为亡人大净，水要孝子到井里亲自担来使用，要求一次担到家，水可挑多挑少；作大净时，全体孝眷跪伏地上，进行哀悼。用白棉布做卡幡，将尸体裹好，放入“金匣”内，请阿訇和乡老来念《古兰经》的有关部分，孝眷、亲友行殡礼。送葬不择日期，不用锣鼓唢呐，不放鞭炮，庄严肃穆。用金匣将尸体抬到墓地，下葬后将金匣送归清真寺。葬前请人在墓地掘一个长约3米、宽约1米、深约1.7米的直土坑，在坑底西面往旁挖一个洞穴，大小能容纳尸体，一般为长2米、宽1米多，高度要够一人坐起的姿态，头恰恰顶着顶土，将尸体头枕北、脚朝南，面向西置于洞穴中，之后用石块封好洞穴，填平土坑，垒土为坟。安葬完毕，请阿訇念《古兰经》有关章节，为亡人祈祷，葬礼结束。县城郊有公墓地，为回族安葬死者场所。

居丧人家，人未安葬前不烧火，不办筵席，孝眷的食物，有的亲友送来，有的到亲友家去吃。葬后7天称“头七”，孝家请阿訇杀牛或宰羊念经，清贫者只做油香。追祭死者，并请帮忙的人吃饭，表示感谢。有的人家还做“二七”、“三七”、满月。但死后40天、100天和一周年时，都要和“头七”一样祭祀死者，亲眷要来祭奠，阿訇宰牲、念经。请来吃“念经饭”的亲友、族人，孝家不收他们的财礼，只收糖、茶、面条等食品和瓜果。一周年后，对死者祭祀只在其生日和忌日。

游坟 探望坟茔，历来为穆斯林民众所重视。每逢已故亲人的生日、忌日或有关节日，全家都要到坟茔探望和悼念。有的地方习惯称“游坟”为“走坟”。游坟不仅是请阿訇到坟地去念经，其主要意义是对已故亲人的悼念，求主给亡者饶恕，对人生思虑参想。反对借游坟操办筵席，大吃大喝；不许妇女在游坟时号哭。

服饰、住宅与饮食 服饰：民国以前，女子出门穿短服，戴白色或黑色面纱，披肩用丝绸做成，从头套下，盖住两耳，扣于额下。后来，这种服饰逐渐被淘汰。目前，男女服饰与汉族基本相同，唯男人在礼拜时穿长衫，戴六角形白帽(有的也戴青帽)；老人平时喜穿长衫，头包白色布帕。住宅：回族多与其他民族杂居，其住房同当地其他民族一样。回族对居住环境卫生十分重视，经常将室内外打扫得干干净净，中堂喜挂经字画。喜爱食品：牛干巴，平时将老牛精心喂养肥胖，入冬后宰杀取其肉，用上等花椒和盐腌制，细揉慢搓，密封保存一段时间后，取出晾干，晒几天后即成牛干巴。牛干巴香气浓郁，味道爽口，可蒸吃、炒吃，其他兄弟民族也很喜欢食用。油香，用糯米面或面粉加糖料做成，一种方法是揉合，一种是糖包心，揉好包好后下到菜油的锅内炸熟，即成油香。油香回族人民最好的食品，也是节日待客或馈赠亲友的最佳食品，其味香质脆酥口，富于营养。茶叶，回族人民喜好饮茶，不时不断，节日喜庆更是讲究。老年人对茶叶、沏茶都很内行，沏茶多用东川罐（俗称沙包罐），先将茶叶放入干罐内，用文火炒至闻到香味时，立即冲入开水，泡成较酽的茶卤，倒入杯中少许，再加开水至大半杯饮用。这样沏出的茶，清香回味，怡情沁脾。

礼俗 回族家中不安神龛，不贴门神。长辈对子女经常告诫；男女不得随便共席而坐，除了近亲，不能随便混杂相处；叔伯与妯娌间不能随便说话、注意回避；妇女外出要戴盖头，衣着朴实；婴儿出生后3—7天，要请阿訇起经名；反对重男轻女；爱护子女，关心鳏寡孤独，青年或晚辈遇到老人、长辈、阿訇及有学识的人，首先问好，诸事请教。路上相遇，要谦恭礼让，让长者先行。重视民族间的感情，团结互助，解危济难，热心帮助他人的婚丧嫁娶。

第四节 彝 族

一、族源与分布

约在东汉时期，滇东和黔西北的彝族一部逐步向黔西南迁徙。元代，在贵州西部彝族地区先后置宣抚司、宣慰司，彝族领主受封为世袭宣抚使、宣慰使，建立土司政权。明迄清，今安龙县境西北部之下四马，即鲁土营龙氏土司领地。

昔称彝族为“倮罗”。乾隆《南笼府志》载：“倮罗名虽一种，有黑白之分、贵贱之别。黑罗为大姓，为贵；白罗为小姓，为贱。一切婚嫁贵贱不相紊也。性鸷悍，尚气力，盘马射猎，挟镖试准，在昔云然。以开山种田、畜牧为主，俭朴成风，鲜有盗贼。”今聚居新桥镇阿科的彝族，明初居住在笼纳山（即龙头大山）一个彝语称为“涂土”的地方，后来才迁到阿科定居，为黑彝，自称为“马上人”。新中国成立前，有称彝族为夷人、夷边、黑夷、白夷、阿鲁普、果普、苏爱、诺苏、倮罗的，其中纳苏、诺苏是自称，其余均带有侮辱性。新中国成立后，尊重本民族意愿，统称为彝族。

2011年年末，县境户籍人口中有彝族人口6482人，占全县少数民族人口总数的3.13%。主要分布在新桥镇阿科、阿卧、阿八、高普陇、垭奄、磨社，洒雨镇堵瓦、戛那、小扑所、堡山，戈塘镇老鹰岩，龙广镇簸箕寨及德卧镇都威等村寨。

二、语言文字

彝族自古有自己的语言。彝语属汉藏语系藏缅语族彝语支。彝语在中国分为6个方言，县境彝语属东部方言盘县次方言中的盘南次土语。多数地区的元音分松紧，浊辅音较多，韵母一般由单元音构成，没有辅音尾韵，部分地区有鼻化韵。

彝语句式主要有：主宾谓结构，如汉语说“我家修平房”，彝语则说“我家平房修”；形容词、数量词作定语时置于被修饰词之前，如汉语说“新衣裳”“两尾鱼”，彝语则说“衣裳新”“鱼两尾”；状语一般在被修饰词之前，如汉语说“慢慢走”“屋里坐”，彝语则说“走慢慢”“坐屋里”；补语在动词、形容词谓语之后，如汉语说“说清楚”“好得很”，彝语则说“清楚地说”“很好得”。

彝语的语气助词多，有的地方不但有表示定、状、补的助词，还有表示主、宾语的助词；有些方言在部分动词用辅音清浊交替表示自动态和使动态。

在长期的生产生活中，彝族创造了自己的音节文字，至今已有千余年历史，史称“爨文”或“韪书”。

川滇黔三省的彝族在写法上略有不同，滇黔的彝族由左向右竖行书写。彝族有用彝文记载的历史、民间文学、医药、农业技术及宗教经文等文献。彝文在县境的使用基本绝迹，只有少数彝族老摩用于占卜和巫术，现存的老摩经书均为汉字音译书写。县境彝族讲汉语，使用汉字。

三、居住 服饰

居住 彝族多聚居于山区丘陵地带，依山筑室。住房用石、土、木等材料构筑，用瓦或茅草盖顶。房屋一般有正房、耳房和厢房，正房三间，中间为堂屋，左右均分为前后两小间，前半间用作灶房或火塘，也有将火塘置于堂屋一角的，火塘是取暖、吃饭、摆家常和会客的地方；后半间为卧室。左右两间建楼、用竹或木板铺就，子女多住于楼上。有的人家还在正房两边山头各接一间耳房，作厨房或畜圈；有的在正房两侧修厢房，加上围墙、朝门，构成院落。厢房多作厨房、畜圈或存放粮食、柴草。许多人家喜在房前屋后和院中种植果木。

服饰 《南笼府志》载，境内彝族“男剃发，以白花布缠头，衣同仲苗，妇女长袍长裙，银环贯耳”。清中叶后，彝族服饰逐渐发生变化。男以3米有余之青布帕子缠头，上穿对襟短衣，衣领、托肩用白布缝制，袖口用13.3厘米宽的白布嵌接，吊匾用宽约7厘米的白布镶嵌；下装为青色灯笼短裤；腰束青布腰带，扎好后留一段拖吊于后；脚穿棕板草鞋，妇女通常是发盘髻、包青布帕，留一段自前额翻盖头顶至脑后；穿父母装，衣领、袖口、脚匾均用7色丝线绣棋盘花、蝴蝶花、凤穿牡丹花和龙凤呈祥等花纹图案，做工讲究，下身着长裤，外套裙子或系长围腰；脚穿大花鞋，鞋帮由两瓣合成，每瓣绣有花卉图案，鞋尖若鼻梁，又称尖尖鞋；盛妆时多配套各种银饰。20世纪80年代后，彝族男女服饰平常多与汉族、布依族差不多；节日或喜庆活动，妇女仍以民族服饰打扮。

四、风俗习惯

婚俗 新中国成立前，彝族婚姻禁例很多，实行氏族外婚及等级内婚。贵族、平民、奴隶之间，等级不同，不许恋爱结婚，否则将受到严厉惩处。此外，同姓同宗及有严重传染病者也不能通婚。彝族社会盛行姑舅婚，对人口素质产生不良影响。新中国成立后，婚俗中的陋习由本民族自己革除。

彝族婚姻结缔，大体上要经历几个过程：

订婚 男女青年通过对歌、赶场、节日和走亲访友相互认识，多次交往有了感情，就互赠信物，俗称“丢聘”。男家请媒人到女家说亲，女方父母同意后，择定吉日订婚。媒人初次上门，要带有红线缠绕的酒一壶作见面礼，女家收下提亲酒后，宴请媒人及族中长老，称为“吃小酒”。

烧香 订婚后，男家择定日子，请媒人带领几个亲朋，挑起酒肉和雄鸡1只，带上礼金到女方家去烧香。在女家，先宰雄鸡祭祖，然后由媒人交礼金钱。吃鸡卦，捆鸡卦，即将祭祖用的雄鸡膊骨带回交给男家，同时向女家讨八字。礼金即聘金，旧时因女家贵贱不同差别较大，贵族女儿的聘金有多达千两白银的。平民女儿的聘金十来两到百两不等。聘金的多寡不在于女子的才貌，主要取决于她出身家庭的血统。

结婚 接亲之日，男方家请小伙子6—16人和妇女4—8人组成迎亲队伍，挑上礼物，吹吹打打到女方家迎亲。旧时接亲的人每人挑一对箩筐，内装米、肉、酒、蔬菜，簇拥新郎而行。到女家门前，新娘故意躲入邻家，女家紧闭大门，迎亲队伍中由一位能说会道者前去央求开门，女家则由歌手向新郎提出一连串的问题，新郎一一作答后，新娘家才打开大门。迎亲队伍一进庭院，便被一群男女青年用油灯打“花猫”，迎亲者只能躲避。新郎和同伴经过诸多磨折后，仍得不到女家的亲切接待，便取出自己带来的米、肉、酒、蔬菜，挑水劈柴，在新娘家厨房备办宴席。办好之后，新娘才从邻家归来。宾主宴饮，欢乐到深夜。次日清晨，女家备办丰盛早饭接待接亲客和众亲朋。之后，新郎同迎亲队伍即告辞回去，新娘不同往，仍住娘家。

几天后，新郎的母亲、姐妹去接新娘，牵一匹马供新娘骑坐，由其兄弟和三亲六戚陪送。新郎家大门紧闭，由新郎的姐妹守在屋内。新娘的兄弟背着新娘在送亲客的伴送下“破门而入”，进屋后，新娘的兄弟与新郎的姐妹对“四言八句”，然后为新娘换绣花，新娘入洞房。这时唢呐号筒齐奏，锣鼓爆竹齐鸣，进亲仪式结束。当晚，新娘由送亲女客陪伴，第二天才拜堂，拜堂后新娘随送亲的人返回娘家，称“回门”。几天后，新娘家才送新娘来夫家，此后即在夫家生活。

旧时，彝族有“转房”“填房”婚俗。丧偶妇女再婚，其亡夫的同胞兄弟有优先权，次及亲房，再次及远亲。有女无子的人家可以招婿上门，其所生子女随母姓，招赘婿有财产继承权。

丧俗　古代，彝族尚火葬。《兴义府志》载，彝族丧俗“不葬而焚”，老人亡故后，亲族寨邻会集，制作瓮车，“高四丈，四隅各竖木为柱，覆之以草，若亭……广二丈余长，……中置尸及梯于上。瓮车之次又有一架鬼师，披虎皮坐其上，作法念咒，谓之作戛”。杀猪一只祭奠，早晚绕瓮车三匝。丧行前，吹长筒喇叭为号，至焚所，亲友毕集，“咸执火以来，至则弃火而聚，其余炬于一处，相与携手，吹芦笙歌唱达旦，谓之跳脚也”。焚时，鬼师祝告，椎牛以祭，然后聚柴为堆，抬尸其上，乃举火焚尸。

今彝族丧俗，老人落气进，杀“落气鸡”一只，亡者男性杀公鸡，女性杀母鸡，入棺亦按此杀鸡一只。到下葬前，丧家要斋戒，设灵堂摆香案供奉，子孙守灵，然后看地择葬期，请老摩来“打戛”，用彝语颂彝文经，一般3—5天。下葬前一天举行祭奠，所有亲友前来吊唁，有些姓氏于祭前一日将灵柩移出屋外，在空地搁置，以灵柩为中心扎灵房，举行站孝仪式；有的姓氏与此不同。下祭的校友牵着猪羊、捧着糖食果品、鸡鸭酒肉和糯米饭等祭品，到达寨口时，即吹唢呐、放鞭炮、鸣火炮，孝男女相率顶着酒走出灵房跪接。是夜，丧家举行“伴灵”仪式，击鼓唱歌。敬灵后即火化灵房，称为“烧灵”。次日安葬，灵柩抬到坟地，举行“转场”，用一头至数头黄牛围着灵柩左右转3圈，将牛绳连接于从棺中引出的麻绳上，然后立即砍下牛头以祭死者。垒土为墓后，即将亡人的“灵牌”送往祠堂或山洞中安放，孝家并在神龛背后板壁上为死者“安位”。彝家大都备有“祖宗箱”，送葬归来，用白色鸡一只和肉一块祭祀，请巫师念经，即用一束羊毛包着“魂纸”装入一节长约10—14厘米的芭茅竹筒内，按辈分安放入祖宗箱内，祖宗箱一般放在僻静处。新中国成立后，杀牛祭祀的习俗逐步改变。

信仰禁忌　彝族崇拜多神，崇拜祖宗。认为山有山神、树有树神、水里有龙神、天上有雷神、地下有地脉龙神、房屋中柱有中柱龙神，水缸脚也有神。过去，病不延医，惟用巫，家有灾祸，便请巫师来禳灾祈福，跳神驱鬼，杀猪宰羊祭祀，宰鸡鸭占卜看卦，靡费钱财而又无济于事。彝族家家设有神龛，逢年过节要祭祀祖宗。在生产、生活中有诸多禁忌，如老人公在屋，儿媳不能上楼；不能对着北方吐痰、撒尿，不能从水井和灶上跨过，不能踩踏灶锅庄，打雷时不能动土、下种，卯日不能播种荞麦等。

传统节日　过年节。除夕称为“过旧年”，是夜各家祭祖，主人手持火把至屋外请祖先回家过年，绕房一周，回到堂屋点“神灯”，然后用酒肉饭供奉，称“献饭”。正月十二称为“大年节”，十四、十五称为“亮灯节”，要到祖墓上烧香化纸，点烛亮灯。

祭山节　一般在正月三十或二月的第一个申日举行，农历闰年正月三十不祭山。有的彝族寨祭山前三天要请巫师扫寨，先在寨中一块空地上摆设香火神案，插上纸人纸马，巫师立于寨前击大铜锣，颂彝文经，念毕即杀一黑狗一雄鸡，将狗血淋在纸人纸马和几根芭茅草绳上，然后带着数人挨家挨户地“扫”，每到一家，巫师在堂屋念经打卦，直到卜出吉卦才离开。主家则酬谢甜酒1碗、腊肉2片。扫完全寨，巫师便将“凶神恶煞”送到寨外焚烧。扫寨结束，全寨人吃扫寨饭，巫师及其随从吃鸡肉和甜酒。饭后，将淋有狗血的纸人纸马和草绳缠上白纸，悬于寨子东西南北各路口。尔后，过祭山节，不许生人进寨，节日的清早，由巫师和寨老到祭祀地敬神陪神；稍后，人们抬着一头纯黑毛猪，抱着一只大公鸡，挑上黎明前担业的第一挑水，到山神位前宰鸡杀猪，名曰请山神“领生”，煮熟后祭祀，名曰“领受”，然后将祭品拿回寨子分给各家各户吃，祭山节前后3天，青年男女和儿童穿着盛装赶“祭山场”青年人对歌，寻觅恋人。

牛王节　每年农历十月初一为牛王节，传说这天是牛的生日，家家户户打牛王粑，蒸糯米饭，将粑粑和糯米饭挂在牛角上，牵牛到井边饮水，让牛从井中看自己的影子，然后取也粑粑和饭喂牛。

第五节　其他少数民族

据历次全国人口普查显示，县境还居住有仡佬族、瑶族、壮族、侗族、水族、黎族、满族、土家族等少数民族。据统计，1989年县境居住有仡佬族124户共636人、瑶族3户共14人、侗族33户共62人、水族6户共26人、黎族115户共181人、满族45户共129人、土家族65户共532人、景颇族1人、维吾尔族1人、蒙古族2人；至2011年末，县境有黎族3508人，占少数民族人口总数的1.69%，主要聚居于洒雨镇九头、新桥镇木科等地；壮族3317人，占少数民族人口总数的1.59%。其他少数民族分散而居。这些民族大部分与苗族一样，是明清以来因战乱、灾荒等因，从本省黔东、黔北以及粤西、滇东等地迁徙进入县境定居；另有部分民族是新中国成立后，因干部交流、务工、经商、婚嫁等因迁徙至县境定居。

第六节　民族工作

一、民族事务机构

中共十一届三中全会以来，历届县委、县政府都十分关注民族团结共同进步，宣传贯彻民族政策，开展以爱国主义为核心的民族团结教育。1989年以来，历届县委、县政府相应成立民族宗教工作协调领导小组，组长由县委副书记或县政府副县长担任，协调领导小组下设办公室于县民族宗教事务局。

县人民政府机构中设有县民族事务委员会，为县人民政府民族事务主管部门，主要负责管理有关保障少数民族的平等权利和自治权利的事宜，办理有关增进和加强民族间的友爱团结事宜，经常进行民族政策的再教育工作、检查民族政策的执行情况，协助有关部门促进民族地区的社会主义经济建设和文教事业的建设；组织和接待少数民族参观、办理民族地区访问的事宜，进行对少数民族和民族地区的调查研究，总结民族工作的经验，接受上级主管部门和县委、县政府的监督，处理各民族人民对民族事务工作的建议，管理使用好民族经费。

2003年4月，撤销县民族事务委员会和县人民政府宗教事务科，设置县民族宗教事务局，设局长1人、副局长2人、宗教股股长1人。2010年，撤销县民族宗教事务局，设县民族和宗教事务局，主要负责宣传贯彻民族宗教政策及法律法规、培养少数民族干部，发挥民族宗教界人士参政议政的积极性；发展民族经济、文化、教育、体育事业；开展民族团结进步创建活动；处理和调节各类民族矛盾；依法加强对宗教事务的管理，做好宗教活动场所的安全保卫工作。至2012年，县民族和宗教事务局内设民族和宗教事务办公室、宗教股、宗教执法大队3个机构，设行政编制6人、事业编制5人、工勤人员1人。

2009年，县委、县政府、县人大、县政协分别设立民族宗教事务的联系管理机构，明确1名领导指导民族宗教工作；乡镇党政班子也要明确必须明确1名领导（副书记或副乡镇长）分管本乡镇民族宗教工作；村级党支部、村委会要把民族宗教工作列为主要议事日程。至此，全县形成县、乡（镇）、村三位一体的民族宗教事务管理网络。

二、主要工作

1989—1992年，县民族委员会、县教育局委托安龙一中举办少数民族初中女生班，招收边远乡村少数民族女生50人。县民族委员会拨出专款，购置住宿和生活用具、课桌凳，支付水电等，每名学生每月另补助生活费23元，其中生活补助13元、医药费2元、学习用品8元。1992年，安龙一中民族女生班中考上线23人，占全校录取中师中专人数的38.98%。

1989年后，县民委每年从省安排的少数民族地区补助金和支持不发达地区发展资金中划出30%用于民族教育。据统计，1989—2003年，全县维修改造和新建民族地区中小学校10处，添置课桌凳、培训幼儿教师和布依文教学骨干，补助少数民族学生学杂费、生活费总计87万元。

2010—2012年，县民族和宗教事务局配合县教育局、财政局、水电局、农业局、交通局、扶贫办等部门，组织实施少数民族事业发展十大计划，切实改善少数民族民生。完成上级少数民族发展资金112万元投入，新修、续建洒雨镇堵瓦村科香组、下龙村纳盘组、新安镇幺塘村白岩组，普坪镇胡巷村烟灯组和廷必村牛打塘组通组进户路7条共33.8千米，其中新修14.7千米、续建16.3千米、硬化2.8千米；争取项目发展资金3万元，群众投工投劳建成普坪廷必村洪洞拦水大坝，解决80公顷水田灌溉困难；整合资金6894万元，重点抓好万峰湖镇坝盘村、新安镇海庄村、龙广镇狮子山村、新桥镇巧烂村、普坪镇胡巷村、德卧镇毛杉树村、钱相乡打凼村、笃山乡八达村等8个特色民族文化村寨建设；扶持龙山、戈塘、新桥发展桑蚕养殖，扶持普坪新街村辣椒、钱相乡桥马村葛根和平乐乡中药材种植；帮助普坪镇廷必村少数民族贫困户和“计生两户”发展家庭养殖13户，每户发放无息贷款5000元；成功举办新桥底西苗族采花节、兴隆镇仙鹤坪布依风情节、德卧镇三月三毛杉树歌节、钱相乡打凼九九重阳节和龙广镇狮子山布依风情节等少数民族节庆活动；推荐万峰湖民族小学少儿八音坐唱《金银花开利优》作为贵州省唯一参加全国少儿曲艺大赛参赛节目；在平乐民族小学、龙山柿花坪小学开展双语教学，配合县教育局抓好10个贫困乡镇共12所中小学“营养午餐”，补助兴隆石盘小学、普坪胡巷小学共12万元购置民族文化教学器材；成立少数民族古籍整理工作领导小组，编辑印行《安龙布依文化》《布依族山歌》。培训民族乡土人才，分别在万峰湖坝盘村开展早熟蔬菜种植、普坪廷必村开展烤烟种植、新桥荷花村核桃种植、戈塘桑蚕技术等实地培训。

1989年以来，县民族主管部门还配合县招生办执行高考、中考少数民族考生降分录取政策，其中少数民族考生高考降低20分、中考降低10分录取，并规定在安龙工作15年以上的汉族干部子女同样享受降分录取政策优惠。

第五章　宗　教

安龙县是贵州省39个宗教工作重点县之一，全县有佛教、伊斯兰教、天主教、基督教四大宗教7个宗教活动场所。信教群众有回族、布依族、苗族、汉族等民族，涉及招提、普坪、洒雨、海子等10个乡(镇、街道)，至2012年信教总人数为7882人，占全县总人口的1.83%。其中，佛教有1041人，履行入教信徒60人，主持1人；伊斯兰教信教有3464人，阿訇4人；天主教有3264人，履行入教信徒215人，神父1人；基督教有113人，履行入教信徒25人，长老1人。

第一节　佛　教

中共十一届三中全会以后，1984年，县境恢复佛教活动。同年，安龙县成立佛教协会筹备小组。1985年2月，召开安龙县佛教代表会议，成立安龙县佛教协会。

一、主要活动

（一）修复和开放寺庙

安龙县佛教寺庙两座，一是位于城西水峒山上的圆通寺，始建于清乾隆年间。据资料记载，圆通寺围墙高峻，殿阁雄伟，佛像林立，庭院幽深。自建成后250年间（“文化大革命”期间除外）一直香火不断，是黔西南盘江八县乃至广西、云南边缘接壤地区佛教信众礼佛朝宗之所，也是观光游览胜地。寺庙最兴盛时有僧尼数十人，山上至今仍保存一些和尚墓塔。二是位于县城内的莲花寺，始建于民国时期，建筑面积201平方米，正殿一幢，配殿一厢。正殿奉佛像，配殿作僧尼住宿及佛教协会临时办公用房。莲花寺地处城区繁华地段，房屋陈旧、地势狭窄，存在诸多安全隐患，且不利于开展宗教活动，1987年以后，县人民政府将莲花寺移作他用，佛教宗教活动和协会办公迁至圆通寺。

2000年以来，县政府作出圆通寺、莲花寺两寺合一，逐步完善寺庙建设的规划，协调民营企业筹资140万元，修建大雄宝殿，左厢药师房、右厢地藏房及附属设施，建筑面积1000余平方米。泓发煤矿捐资230万元，新建观音殿、财神殿、山门、围墙、停车场。2006年11月全部竣工。2006年12月9日，举行了圆通寺新寺落成典礼。2010—2012年，又修建了观音殿和财神殿。

（二）参与社会主义文化建设

1985年2月，县政府宗教事务科批准成立安龙县佛教协会。此后，在县委、县政府的领导下，充分发挥协会人士和信教群众设热情，积极参与全县社会主义文化建设。

2002年以来，中共十六大、十七大提出构建和谐社会方针，安龙县佛教协会坚持“万物并育而不相害，道平行而不相悖”的原则，践行佛教内部和谐，保持与其他宗教的和谐，宗教与社会的和谐，积极参与县委宣传部、县文体广电局开展的一系列构建和谐安龙的文化活动。多年来，安龙佛教协会利用活动场所圆通寺向游人开放的机遇，自筹资金8000元翻印《弟子观》，刻录光碟《感恩之心》免费向游人发放，宣传身心和谐、家庭和谐、社会和谐，教育人们有感恩之心，孝敬父母师长，以感恩之心服务社会。

（三）创建和谐寺庙

2009年3月，国家宗教事务局颁发《关于开展创建和谐寺观教堂活动的意见》，决定从2009年起，在全国开展创建“和谐寺观教堂”活动（以下简称创建活动）并对指导思想和基本目标，创建标准、方法措施，原则要求，组织领导等工作作出了具体明确的要求。

2009年6月，按照县民宗局《安龙县创建“和谐寺观教堂五年规划”》，佛教圆通寺作为全县第一批条件成熟符合开展“创建活动”的活动场所，成立“创建活动”领导小组。在县民宗局的指导下，组织教职人员和教管组成员学习国家宗教事务局文件，领会开展“创建活动”的精神，制定创建活动计划和实施方案，按照创建和谐寺观教堂佛教爱国爱教、知法守法、活动规范等8条标准分类组织实施。圆通寺创建活动领导小组和教管组织人员，细化工作职责，分工合作，对考核标准的8个大项共30个小项逐条进行查缺补漏，收集资料，建立档案。2011年3月，按照《贵州省创建和谐寺观教堂考评办法》，创建活动考核总分值为100分，圆通寺自查认为除管理规范和安全整洁两项不足，自扣4分外，其余各项达到标准，自评总分为96分。后经考核得分94分。按照考评要求，达到和谐寺观教堂标准，通过省、州验收。

（四）参与公益活动

佛教圆通寺努力弘扬本教慈悲济世精神，积极投身社会公益慈善事业，服务社会，利益人情。长期以来坚持救助外地流浪人员和本地困难人员。

2008年，安龙县佛教僧众向四川汶川地震灾民捐款7600元。

2009—2010年，安龙县佛教僧众向外地灾区和安龙干旱灾区分别捐款1.29万元和2.4万元。

2010年6月，县佛教协会出资6800元，翻印《弟子观》免费向游人发放；8月，出资1200元，刻印《感恩之心》光碟；进行野生动物放生活动，先后放生鱼类1000余条、鸟类1000余只，总金额1.3万元。

二、佛教教职人员资格认定

根据《宗教事务条例》第二十七条规定："宗教教职人员经宗教团体认定，报县以上人民政府宗教事务部门备案，可以从事宗教教务活动。"圆通寺佛教教职人员持有佛教团体认定的资格证书，连同身份证复印件报至安龙县民宗局备案。圆通寺教职人员资格、身份合法，能以佛教教职人员的身份从事教务活动。

三、寺庙建设和管理

（一）寺庙建设

1988年9月，成立修复圆通寺领导小组。20世纪90年代以来，得到公益人士的资助，县政府宗教事务主管部门协调民营企业出资，多渠道筹集资金140万元，1999年，圆通寺修复工程动工建设。2002年，大雄宝殿完工。2006年，地藏殿完工。2007年，斋堂落成标志着圆通寺修复工程竣工，同年年底举行大雄宝殿开光仪式。2008年，观音殿落成。2012年，财神殿落成。

修复后的圆通寺焕然一新，主要建筑有大雄宝殿、观音殿、地藏殿、药师殿、财神殿、前后山门、斋堂、僧人住宿楼，接待楼（大雄宝殿和药师殿供奉佛像为缅甸玉石）等，占地面积6441平方米。2002年后，县财政还投资80万元，配合圆通寺修建周边路道、环山石梯、山顶观景亭及附属设施，与寺庙融为一体。2006年，圆通寺落成开光以来，接待省内外信教群众和游客数万人次。

（二）寺庙管理

依照《全国藏传佛教寺院管理办法》，安龙佛教圆通寺在安龙县民族和宗教事务局行政领导下，由僧人自行管理，在教内，受佛教协会的领导，寺内分设自管小组。寺内行教设住持、班首、执事人，人选条件是：爱国守法、具足正信、勤修三学，戒行清净，作风正派，有一定的佛学水平和组织办事能力，担任住持班首，戒腊须十夏以上，担任主要执事，戒腊须三夏以上。

住持对外代表本寺，对内综理事务，管理寺院各方面事务。班首，执事各司其职，各尽其责，发扬六和精神，实行民主集中，管理寺内各方面工作。凡重大问题，由住持召集班首和主要执事及有关负责人举行事务会、集体讨论决策。

圆通寺僧众修持和佛事活动，坚持佛教戒规，保证清净庄严，树立纯正道风学风。正常开展法务活动，不进行其他不属于佛教的迷信活动。

自2006年以来，圆通寺根据国家有关财务管理的基本原则，结合自身的特点，建立健全现代财务管理制度，设置会计、出纳员、各司其职，一切收支，经以凭证记账，严格手续，政府拨助经费专款专用。实行民主理财、凡大宗开支，由寺务会议集体决议，定期公布账目，接受大众监督。安龙圆通寺坚持自筹自管自养原则，主要经济来源有奉献收入、祭典收入、香全、诵经费，善款捐助和政府资助等。收入稳定，实现自养，保证宗教活动的正常开展。

四、对外友好交往

圆通寺自恢复正常的佛教以来，曾接待香港、台湾以及省内外宗教人来访，同时多次接待省、州政府宗教事务三管部门领导的视察指导。安龙佛教协会和寺内自管小组成员还经常与贞丰、贵阳、安顺、遵义等地佛教组织开展友好交往。

安龙县已登记寺庙情况表（2012 年）

表 3-5-1

单位建筑名称	建筑面积（平方米）		建成时间	文物保护级别
莲花寺	700			县级文物保护单位
大雄宝殿	200			
厢房（左，右）	260			
厩房	350			
茶室	350			
小厨房	200			
旧房	100			
全县佛教场所房地产情况	场所占地面积（平方米）	6146.2	场所建筑面积（平方米）	2160

第二节　伊斯兰教

一、主要活动

（一）创建和谐清真寺

安龙县伊斯兰教全民信教有 3464 人，阿訇 4 人，县境信伊斯兰教者皆为回族，还有众多回族居民虽没有直接入教，但日常生活中遵循伊斯兰教的教规教义，生活习俗，纲常礼义，像穆斯林一样为人处事。

中共十一届三中全会以后，宗教政策得以恢复。自 1982 年以来，安龙县伊斯兰教 4 个活动场所，即：新安镇新安清真寺、普坪镇石冲清真寺、海子乡干沟清真寺、洒雨镇倒马坎清真寺相继修复。4 个活动场所自管委员会充分利用伊斯兰教的三大主要节日（圣纪节、开斋节、古尔邦节）穆斯林集中活动的机会宣传中国共产党和国家的宗教政策，学习《宗教事务条例》和《贵州省宗教事务管理条例》等法规，全面贯彻宗教政策。广大信教在行使宗教信仰自由权利的时候能遵纪守法，不损害国家、社会和集体的利益，不妨害其他公民的合法权利，和周边群互相尊重，和睦共处，形成一种讲团结、讲和谐的风气。

2009 年 6 月，安龙县民宗局根据贵州省宗教事务局下发的《关于开展创建"和谐寺观教堂"活动的实施意见》，制定安龙县《关于创建"和谐寺观教堂"的五年规划（2009—2013）》，伊斯兰教新安清真寺被列为第一批创建活动单位。

自 2009 年 7 月以来，新安清真寺在县民宗局的指导下，组织教管人员和广大信众认真学习国家宗教事务局《关于开展创建"和谐寺观教堂"活动的意见》，领会创建活动的重要意义，按照伊斯兰教创建活动的八大项标准，管理委员会把创建和谐清真寺纳入工作主要议程，认真落实八大项 30 个小项、整理资料，查缺补漏，管委会全体成员分工合作，细化工作职责，为创建达标做了大量工作。2011 年 4 月，安龙县民宗局组织考核组，通过“查、看、听、访”等形式对新安清真寺创建活动进行考核评定，考核分为96分，以优秀等次达到创建标准，通过省州验收。

（二）伊斯兰教教职人员培养和资格认定

2006年8月，中国伊斯兰教第八次全国代表大会通过的《伊斯兰教教职人员资格认定办法》第四条规定：伊斯兰教教职人员由省、自治区、直辖市伊斯兰教协会考核认定。申请伊斯兰教教职人员的资格，由本人提出书面申请，经户籍所在地清真寺管理委员会推荐，并经当地伊斯兰教协会审核后报省、自治区、直辖市伊斯兰教协会。

安龙县伊斯兰教阿訇4人，新安清真寺、石冲清真寺、干沟清真寺、倒马坎清真寺各1人。教职人员经考查，并报经省级伊斯兰教协会考核认定取得资格证书。所有教职人员的资格信息报安龙县民宗局登记备案。

（三）清真饮食业

安龙县回族群众，居住主要集中在县城、普坪镇、洒雨镇和海子乡，以马、保、桂、张、孙五姓氏居多。县境回族，肉食以牛肉为主。回族群众在长期的生产生活中积累了丰富的饮食经验，烹调出味道独特的牛肉类清真食品。牛干巴是回族喜爱的食品之一，其制作方法是平时将老牛精心喂养肥胖、入冬后宰杀取其肉，用盐和上等花椒腌制，细揉慢搓，使盐和花椒渗透肉块，密封保存半月以上，取出晾干即成。食用时切成薄片，或蒸熟或煎炒，配以佐料，味香可口，不仅回族喜好，其他兄弟民族也喜好食用。

安龙县清真饮食业历来发达兴旺，改革开放以来随着中国共产党宗教政策逐步落实，经济社会的发展和人民生活水平的提高，促进了清真饮食业的快速发展。到2010年、安龙清真饮食店遍布城乡，县城有近20家清真饮食店铺，16个乡镇均有1—2家清真饮食店，龙山煤矿、德卧工业园区、新桥工业园区等地也有清真饮食店，清真饮食受到省内外投资者和外来务工人员的青睐，生意红火。不少穆斯林还到兴义、贞丰、云南、广西等省内外投资开清真餐馆，效益可观。清真饮食业的开办成为穆斯林自给自养，发家致富的重要经济来源。

（四）参与公益慈善事业

2008年5月，安龙县清真寺为四川汶川地震灾民捐款5000元；2009年，为普坪石冲清真寺款捐修建款1000元；2011年，为兴仁县梨山寨清真寺捐修建款1000元。

三、清真寺建设管理

（一）清真寺建设

伊斯兰教传入安龙历史悠久，源远流长，教徒多为回族。目前，县境伊斯兰教活动场所清真寺有4座：

1. 新安镇清真寺

坐落于安龙县城西天榜山脚，现属县级文物保护单位。

清同治年间，县城内几座清真寺相继毁于兵火。清光绪元年（1875年），县内回族民众集资购地，在县城天榜山麓修建草木结构房屋1座，作为清真寺（即新安清真寺前身）。

民国19年（1930年），斋尊乡老多方筹款，对清真寺进行扩建，新建正殿、两厅厢房，占地面积700余平方米。

新中国成立后，宗教活动逐渐减少；至“文化大革命”期间，活动被迫停止。1990年，在县政府、县民族宗教局支持下，成立清真寺管理委员会，由主任孙维阳带头集资改建大路边正房，修成混凝土平房3层，顶部是绿色圆顶，圆中心竖一月芽。后又对正殿进行改建，采用混凝土结构，保持大殿原貌，内设3间大厅，中间为经堂，两边为保管室，殿门采用木制格子共14扇。正房与大殿中间是院坝，两边建浴室，厨房。

2. 普坪镇石冲清真寺

1865年，当地穆斯林群众集资在三王庙修建草房3间作为清真寺。

1884年，三王庙清真寺不慎失火，化为废墟。

1898年，当地穆斯林群众张兴廷赠送一片土地，由当地穆斯林群众再度集资，重新修建草房5间，作为清真寺。

“文化大革命”期间，清真寺被抄，长期无人管理。

1982年，州、县各级政府拨款补助4000余元，穆斯林群众投工投劳建成石木结构瓦房正殿和两间厢房。

2006年，县宗教局协调筹资3万余元，改建成砖石混凝土平房，建筑面积120平方米，附属设施齐全，消除安全隐患，满足穆斯林群众宗教活动需要。2012年11月，投入危房改造资金4万元，对大殿、厨房、浴室等进行维修改造。

3. 海子乡干沟清真寺

干沟清真寺位于海子乡政府所在地的西北面3千米处，距县城60千米。1996年10月，建成石木、砂浆瓦面结构房，寺内设正殿，是阿訇诵经、礼拜的地方，西侧房间为餐厅和保管室。2006年，县民族和宗教局拨款改建为混凝土结构平房。2009—2011年，州、县宗教管理部门先后解决资金8万元，修建、改造厨房、浴室、晒坝等附属设施，基本满足当地穆斯林群众宗教活动需要。

4. 洒雨镇倒马坎清真寺

倒马坎清真寺坐落在洒雨镇民族村，距镇政府2千米，距县城35千米。

倒马坎清真寺始建于1895年，1925年杨、孙两姓群众捐赠木材，桂、张、马、保、孙五大姓集资，建石木结构房屋。1981年，县人民政府拨款1000元，补助修缮。1996年，县政府投资改建成混凝土平房。2000年，县政府再次投资建围墙和院坝。倒马坎清真寺占地135平方米，至2010年有阿訇1人，当地穆斯林群众有235户共1239人。

安龙县已登记清真寺统计表（2012年）

表3-5-2

新安清真寺			
场地占地面积（平方米）	606.3	场所建筑面积（平方米）	
单体建筑名称	建筑面积（平方米）	建成时间	文物保护级别
餐馆、办公室			
宿舍	567.40	1992年改建	
大殿	109.60	1995年改建	
火房	83.20	2005年改建	
水房	9.60		
场所范围外其他房地产（包括山林、草场、耕地、墓地等）情况			

续表 3-5-2

新安清真寺				
种类	建筑面积（平方米）	土地面积（平方米）	地址	用途
墓地		9900	新安镇西村八大姓	墓地

石冲清真寺			
场地占地面积（平方米）	1350	场所建筑面积（平方米）	193
单体建筑名称	建筑面积（平方米）	建成时间	文物保护级别
大殿	103		
火房、水房	90		

干沟清真寺			
场地占地面积（平方米）	620	场所建筑面积（平方米）	193
单体建筑名称	建筑面积（平方米）	建成时间	文物保护级别
大殿	60	1996 年	
火房、水房	60	2006 年改建	

倒马坎清真寺			
场地占地面积（平方米）	520	场所建筑面积（平方米）	243
单体建筑名称	建筑面积（平方米）	建成时间	文物保护级别
大殿	123		
火房、水房	120		

（二）清真寺管理

2006 年 10 月以来，根据中国伊斯兰教会《清真寺管理办法》，安龙县 4 个清真寺分别成立民主管理委会（以下简称寺管会），选举产生主任、副主任、会计、出纳和其他管理人员，实行民主管理，负责教务、寺务和其他事务的管理。

各清真寺结合本寺实际情况分别制定《清真寺寺管会职责》《清真寺寺管会成员行为规范》《清真寺教职人员（阿訇）守则》《清真寺财产管理制度》《清真寺财务管理制度》《全体回民公约》等规章制度。

安龙县清真寺寺管会坚持民主管理原则，重大问题召开寺管会会议集体讨论决定，发扬民主，达到意见统一集中。在县民族宗教局的监督指导下，向本寺穆斯林群众宣传国家法律、法规、规章和政策、协助政府贯彻好司法、教育、婚姻和计划生育等方面的法律政策，引导、鼓励本寺坊穆斯林群众积极参加社会主义现代化建设，维护宗教和睦和社会和谐。

清真寺经济来源于寺管会自筹，穆斯林自愿捐助。自养企业收入，申请政府资助和其他合法收入。所有收入纳入寺内财务管理，用于与清真寺教务相符的活动，寺务其他活动以及社会公益事业，政府部门和民营企事业资助的资金实行专款专用，严格财经制度。

四、对外友好交往

安龙县清真寺接待来访以新安镇清真寺为主，2006 年 10 月以来，接待省内外参观访问的宗教人士，做礼拜的穆斯林1000人次。新安清真寺还与省内贵阳及周边县市，以及广西、云南等省（区）清真寺开展友好交往。

第三节　天主教

一、主要活动

（一）恢复天主教活动

安龙天主教堂位于县城东南隅原十八先生祠遗址旁，正面是县委、县政府原办公大院（后改建为安龙博物馆），后面是龙井山、桅峰山，左侧为安龙一中和新安一小，右侧为县体育活动中心。20世纪80年代初，安龙县天主教坚持“三自”革新运动，逐渐恢复活动。1986年，安龙天主堂恢复重建，1988年完工。

1993年5月，《中国天主教主教团关于选圣主教的规定》颁布，安龙天主教教区根据信德坚固，恪守神职圣愿，品行良好，德才兼备，虔诚敬主，热心于荣主救灵事业，爱国守法，拥护独立自主、自办教会原则，投票选举产生安龙天主教“三自”革新委员会。

2000年，贵州石阡监牧区、安龙教区与贵阳教区合并为贵州教区，安龙成为总铎区，管辖安龙、册亨、望谟3县教务，共有教友1.5万人，分散在3个县的各个村寨，大部分为布依族，少数民族占80%。至2012年，安龙县城有教友300人。

安龙天主教堂自恢复活动以来，遵循《中国天主教主教团章程》的天主教宗旨，以圣经和圣传为依据，本着至一、至圣、至公，以及从宗教传下来的圣面公教会传统和梵二公会议精神，维护信德宝库，籍圣神赐予的恩宠、宣传福音、广扬圣教。在政治、经济和教会事务上坚持独立自主、自办原则，维护国家主权和教会事务自主权，与社会主义社会相适应，天主堂神长教友遵纪守法，在促进安龙、册亨、望谟3县经济社会发展中发挥积极作用。

安龙天主教堂作为总铎区，自觉接受中共安龙县委、县人民政府的领导，在县民族宗教局和司法、公安等部门的监督管理下，开展健康的教务活动，坚持独立自主、自办原则，抵御境外敌对势力利用天主教进行的渗透。

（二）创建和谐天主教堂

2009年6月，安龙县民宗局制定《关于创建“和谐寺观教堂”的五年计划》，将县境7个宗教活动场所分三批创建“和谐寺观教堂”，争取在2013年前全部达标。

安龙天主堂是安龙、册亨、望谟3县天主教众集中开展宗教活动的场所，列为第二批创建“和谐寺观教堂”宗教活动场所。2009年7月以来，天主堂自管会组织神长和教友学习国家宗教事务局《关于开展创建“和谐寺观教堂”活动的意见》，对照天主教爱国爱教、知法守法、团结稳定、活动规范、教风端正、管理有序、整洁安全、服务社会等八条标准的30个小项，自查整改、落实责任、逐步完善，2012年年底达到创建标准。

（三）天主教教职人员资格认定

天主教教职人员是指主教、助理主教、辅理主教、司铎（神父）、执事、修女等。安龙天主堂的教职人员资格认定，按照《中国天主教教职人员认定办法》执行，所有的教职人员信息呈报县人民政府备案。

（四）参与公益慈善活动

1986年，中国共产党的宗教政策得到恢复落实，县政府资助新建教堂。1988年，安龙天主堂在恢复宗教活动的同时，创建玫瑰幼儿园，2001年又创办利民中学（2010年停办）。

县境天主教教友热情好客、以诚相待、乐于助人、扬善济贫的品德，积极参加当地党委、政府抗震救灾等各项捐赠活动。2008年，向汶川地震灾区捐款8400元；2009年，向望谟洪灾捐款1.03万元；2010年，向洒雨干旱灾区捐款1000元。

三、教堂建设和管理

（一）天主教堂建设

安龙天主教堂始建于1885年，1935—1936年，在教堂后院修建主教府、办公楼，占地面积320平方米，随后修有女修院、若瑟诊所。新中国成立后，县政府接管若瑟诊所和圣心小学，后将圣心小学更为新安四小。“文化大革命”时期，教堂和女修院被占、女教堂拆除，天主教堂关闭。1986年，县政府协调处理归还被占房屋。1988年，拆除老教堂，改建成新安四小教学楼，补助资金在原女教堂的位置重新修建天主教堂，建筑面积249平方米，为混凝土结构平顶建筑，前面部分为二层，二层为唱经楼，顶部有牌坊，上立十字架，牌坊两侧竖着四棵具有象征意义的立柱；左侧为花园，右侧为教友学习室，修女宿舍及教友节日用房；中央有花园、古井、水池山洞、洞内供有圣母塑像，教堂前方是玫瑰幼儿园，神父会客室、办公室及书报圣物室。

2001年4月，县政府决定将新安四小房屋调换大园子等原天主堂被占园地，归还天主堂，结清历史遗留问题。2001年9月，天主堂利用新安四小教学楼创办利民中学，2010年停办。

2012年安龙县经登记的天主教堂统计表

（含固定处所）

表3-5-3

场所房地产情况			
场地占地面积（平方米）	7137.25	建筑面积（平方米）	2098.98
单体建筑名称	建筑面积（平方米）	建成时间	文物保护级别
教堂活动室	282.62		
教堂办公室（1）	67.18		
教堂办公室（2）	48.97		
教堂	227.59		
主教住楼	964.29		
饭厅	321.58		
宿舍楼	186.75		

场所范围外其他房地产（包括山林、草场、耕地、墓地等）情况				
种类	建筑面积（平方米）	土地面积（平方米）	地址	用途
天主教弥格修院	1554.41	8397.5	新安镇景家冲	
天主教墓地		740	新安镇景家冲	墓地
天主教圣母		4416.76	新安镇景家冲	教友朝地

（二）天主教堂管理

2001年，成立安龙县天主教区管理委员会，协助主教管理整个教区的民主办教，其主要职责是协助主教做好对教职人员、修女的灵修培养和日常管理、教区的经济、财务管理，以及牧灵工作开展。教区管理委员会由安龙教区神职人员和教友代表选举产生，设主任1人，副主任2人，会计、出纳、保管员、治安员各1人。依照国家法规、建立健全人员、财务、治安、消防、文物保护、卫生防疫等管理制度，接受安龙县人民政府有关部门的指导、监督、检查和信教公民的监督。

第四节　基督教

一、基督教主要活动

安龙县基督教福音堂自2005年4月恢复宗教活动以来，按照《中国基督教教会规章》规定。坚持自治、自养、自传“三自”原则、独立自主自办教会，在省基督教三自爱国会和基督教协会（下称两会）的领导下，坚决抵制境外敌对势力利用基督教进行渗透，积极开展神学思想建设，引导信徒为构建和谐社会作贡献。信徒争做好公民、爱国爱教、遵纪守法、家庭和睦、邻里和谐、服务社会、造福人群、对社会尽责。到2012年，安龙县有基督教众20余人。

2008年以来，先后向四川汶川地震、望谟洪灾和安龙干旱地区等捐款共1800元。

依据《中国基督教教职人员认定办法》规定，安龙福音堂神职人员经贵州省基督教会认定，取得长老资格证书，并呈报县人民政府备案，以合法身份从教。

二、教堂建设和管理

1986年初，县委、县政府落实宗教政策，协调安龙一中、县水电局处理占用房屋（517平方米）归还福音堂，恢复为基督教活动场所。据2000年县民宗局统计，县内原基督教徒相继去世，福音堂内住户都是三代、四代后人，基本上没有信徒。县民宗局多次向省民宗委报告，请求恢复安龙福音堂基督教宗教活动，得到省民宗委同意，省基督教两会筹资2万元于2005年3月对安龙基督教福音堂进行大维修。同年3月，省基督教两会派长老1人到安龙管理教产，主持基督教活动。2005年4月10日，举行礼拜，信徒发展到28人。2005年12月24日，举行基督教平安夜晚会，停止近60年的安龙基督教活动正式恢复。

安龙县经登记的基督教堂统计表

（含固定处所）

表3-5-4

场所房地产情况			
场地占地面积（平方米）	131.05	场所建筑面积（平方米）	517
单体建筑名称	建筑面积（平方米）	建成时间	文物保护级别
牧师楼	303	1893年	县级文物
住房	214		

第五节　宗教事务管理

一、管理机构

1986年，恢复宗教事务管理机构，县委、县政府、县人大、县政协分别设立宗教管理机构。2003年4，撤销县政府宗教科，其职能并入县民族事务委员会，建立民族宗教事务局，定行政编制6人。2010年4月，县政府机构改革，县民族宗教事务局更名为县民族和宗教事务局，配备分管宗教工作的专职副局长1名，设立宗教执法大队。

二、宣传贯彻宗教政策法规

1994年，国务院颁布《宗教活动场所管理条例》安龙县宗教事务局对县境内宗教场所进行整顿、清查、规范，依法行使宗教事务管理权。

2005年3月，国务院《宗教事务条例》颁布实施。根据安龙县实际安龙县民族宗教事务局，制定贯彻落实《宗教事务条例》实施方案，依法管理宗教事务，保障公民宗教信仰自由，维护宗教和睦和社会和谐。

长期以来，安龙县宗教事务主管部门在县委、县政府的领导下，认真贯彻落实国家、省宗教局的一系列法律法规。党和国家的宗教政策得到逐步执行，有力保障全县宗教活动正常开展，促进全县宗教和睦和社会和谐作出贡献。

2001年，县民宗局出面协调处理新安四小占地遗留问题，支持天主堂兴办利民中学。

县政协每届均按2.5%左右名额，分配到宗教界推选县政协委员，邀请县内宗教人士参政议政。

1989－2012年政协安龙县委员会宗教界委员名单

表3－5－5

届次	任职时间	姓名	性别	民族	教别
第六届	1987年10月至1990年9月	李正祥	女	汉族	佛教
		张绍录	男	回族	伊斯兰教
		雷兴仁	男	汉族	天主教
第七届	1990年9月至1993年3月	李正祥	女	汉族	佛教
		林　郁	男	汉族	天主教
		张绍录	男	回族	伊斯兰教
第八届	1993年3月至1998年3	林　郁	男	汉族	天主教
		李正祥	女	汉族	佛教
		张绍录	男	回族	伊斯兰教
第九届	1988年3月至2003年3	李利民	男	汉族	天主教
		释寂昌	男	汉族	佛教
		张匡才	男	回族	伊斯兰教

续表 3-5-5

届次	任职时间	姓名	性别	民族	教别
第十届	2003 年 3 月至 2006 年 12	李利民	男	汉族	天主教
		张匡才	男	回族	伊斯兰教
		释藏融	女	汉族	佛教
第十一届	2006 年 12 月至 2011 年 11	张匡才	男	回族	伊斯兰教
		释藏融	女	汉族	佛教
		惠心畅	男	汉族	基督教
第十二届	2011 年 11 月至	张匡才	男	回族	伊斯兰教
		释藏融	女	汉族	佛教
第十二届	2011 年 11 月至	惠心畅	男	汉族	基督教

三、宗教事务管理

（一）宗教工作调研

2005 年 5 月，县民宗局在贯彻落实国务院《宗教事务条例》工作中，派员深入普坪、洒雨及县内圆通寺、天主堂等宗教活动场所调研，走访信教群众，拟定《安龙县宗教工作调研报告》。

2006 年 3 月，县民宗局向上级宗教事务主管部门报告，争取 13 个修缮项目资金共 19.5 万元。

2009 年 5 月，制定《关于创建“和谐寺观教堂”的五年规划》。

2012 年 5 月，撰写《浅谈安龙宗教与社会和谐》，对安龙宗教的现状、对策、发展，以及宗教与和谐作出论述。

（二）建立管理网络

2010 年 4 月，县直机构改革，县民宗局增设宗教执法大队，配备一名专职副局长负责宗教工作，16 个乡镇党政明确一名副职分管本乡镇宗教工作，7 个宗教活动场所建立健全自管组织，制定完善规章制度，村党支部、村委会把宗教工作列为议事日程，形成县、乡镇、村、宗教自管组织四位一体的宗教事务管理网络。

（三）解决宗教教职人员社会保障问题

县内佛教、天主教、基督教教职人员是宗教团体派遣的外籍人，属宗教职业人员，其待遇由本宗教团体分配。伊斯兰教阿訇是本地人的，参加农村医疗保险和农村养老保险。

（四）宗教活动场所登记

2005 年 6 月以来，安龙县民宗局根据《宗教事务条例》第三章第十二条至第十五条的规定，指导全县伊斯兰教、天主教、佛教、基督教 7 个活动场所筹备建设，上报申请登记等工作，经审核，先后为 7 个活动场进行登记，发给《宗教活动场所登记证》。

安龙县宗教活动场所登记统计表（2012年）

表3-5-6

场所名称	教别	场所类别	场所地址	批准筹备设立机关	负责人姓名	教职人员数	其他人员数
新安圆通寺	佛教	寺观教堂	新安镇西河村水峒山	县民宗局	释藏融	1	6
新安清真寺	伊斯兰教	寺观教堂	新安镇马场口2号	县民宗局	孙维阳	1	6
石冲清真寺	伊斯兰教	寺观教堂	普坪镇石冲村	县民宗局	马章和	1	5
干沟清真寺	伊斯兰教	寺观教堂	海子乡陇桥村干沟组	县民宗局	马清玉	1	5
倒马坎清真寺	伊斯兰教	寺观教堂	洒雨镇民族村	县民宗局	保国民	1	4
安龙天主堂	天主教	寺观教堂	新安镇公园路7号	县民宗局	李一飞	1	5
安龙基督教会	基督教	寺观教堂	新安镇西关街13号	县民宗局	惠兴畅	1	7

（五）宗教活动场所维修

1981—2000年，省、州、县政府和宗教事务部门累计拨款4.6万元，新建、维修新安清真寺。1981年，县人民政府拨款1000元修缮倒马坎清真寺。1982年，州、县人民政府共拨款4000元补助修缮石冲清真寺，补助1000元修缮倒马坎清真寺。1983年，县盐业公赔偿拆房费2000元，维修新安清真寺。1985年，县财政和县民委拨款1800元，维修新安清真寺。1986年，县民委拨付新安清真寺、倒马坎清真寺、石冲清真寺资金各500元，修制“金匣”，各送《古兰经》1部。

2001—2006年，争取到上级宗教事务部门宗教危房维修改造项目13个资金补助共19.5万元。其中，投入7.5万元维修天主教堂；投入12万元，改扩建干沟清真寺、倒马坎清真寺和石冲清真寺。

2005年，争取省基督教两会捐资2万元，对基督教福音堂进行大维修。

2006年，协调民营企业，投资140万元新建圆通寺、观音殿、财神殿和维修大殿。

（六）清理整顿滥建寺庙和乱塑露天佛像

2011年，县民宗局对全县寺庙建设进行大检查，配合龙广镇政府依法取缔龙广镇堡上组村民乱建寺庙1座。

（七）创建“和谐寺观教堂”

2009年6月，安龙县民宗局根据国家宗教局《关于开展创建“和谐寺观教堂”活动的意见》和省、州宗教事务部门的相关指示精神，制定《关于创建“和谐寺观教堂”的五年规划》。

根据安龙县实际，规划分批进行，第一批开展条件成熟的活动场所，包括伊斯兰教新安清真寺和佛教圆通寺；第二批开展条件比较成熟的宗教活动场所，包括伊斯兰教石冲清真寺、干沟清真寺和天主教天主堂；第三批开展条件未成熟的伊斯兰教倒马坎清真寺和基督教福音堂。

创建活动分为宣传发动、学习提高、自创争优和申报评议考核验收阶段5个阶段进行。

2011年3月，第一批开展活动的伊斯兰教新安镇清真寺和佛教圆通寺自查自评达标，申请评议，县民宗局及时组织考核组对清真寺和圆通寺考核评定。通过“查（查阅资料）、听（听取汇报），看（实地查看）、访（走访座谈）”形式，对考核标准中8个大项30个小项逐条量化积分，考核组评定，新安清真寺获98分，等次为优秀，圆通寺94分，等次为优秀，两个宗教活动场所达到“和谐寺观教堂”标准，通过省、州宗教事务部门验收合格。

2012年1月，伊斯兰教的石冲清真寺、干沟清真寺、倒马坎清真的创建活动通过自查，县民宗局初查，州民宗委的检查验收，3个清真寺均达到创建“和谐寺观教堂”活动的标准；洒雨镇倒马坎清真寺受到州民宗委的表彰。

四、打击邪教

1998年，受到北京等地“学潮”影响，“法能功”“门徒会”等邪教组织趁机蠢蠢欲动，并逐步向安龙等地漫延。县宗教事务管理部门配合公安、统战等部门，采取发放资料、悬挂布标等形式，向群众宣传，杜绝邪教。配合教育部门，在中小学校中对青少年，进行反对邪教、崇尚科学的教育，成效明显。

在宗教界内部，依靠自管组织，利用宗教节日向教职人员和信教群众广泛宣传邪教的危害，举办拒绝邪教讲座，引导教职人员和信教群众远离邪教，遵纪守法，爱国爱教。

五、抵御境外敌对势力渗透

境外渗透活动的主要表现为三个方面：一是利用宗教进行民族分裂活动，二是试图重新控制我国的宗教，三是大肆进行非法传教活动。企图颠覆我国政权和社会主义制度，破坏国家统一、领土完整和民族团结，防害我国社会主义物质文明和精神文明建设。

安龙县佛教、伊斯兰教、天主教、基督教四大宗教在县宗教事务部门的监督管理指导下，发挥宗教团体自管组织的自身作用，坚持独立自主自办的原则。县民宗局通过召开座谈会，利用宗教节日向信教群众发放资料，在宗教活动场所办板报等形式，宣传党的民族宗教政策，着重明确宣传宪法有关宗教团体和宗教事务不受外国势力支配的规定。教育引导宗教团体和信教公民遵守国家宗教法律法规，坚定不移地坚持独立自主自办教会原则，坚决抵制境外敌对势力利用宗教进行的渗透活动。

第四篇　中共地方组织

第一章　中共安龙县委员会

中共十一届三中全会以来，历届中共安龙县委坚持解放思想、实事求是的思想路线，加强党组织建设和制度建设，重视党员队伍培养，全县党建工作得到长足发展。1978年，全县共有中共党员6387人，但知识分子、青年和妇女党员少，且党员文化水平多数偏低。1982年后，注重在知识分子、25周岁以下优秀青年和农村专业户、重点户中发展党员，并注重党员文化素质的培养与提高。至1988年，全县有中共党员7980人，其中大专以上文化程度211人、中专文化程度485人、高中文化程度451人、初中文化程度1877人，各类专业技术人员565人，25周岁以下的青年党员285人，妇女党员1015人；有党委42个，总支部5个，支部501个。1990年至2011年，中共安龙县先后召开了第六、七、八、九、十、十一次代表大会，每次代表大会对县委、县纪委进行换届选举。历届县委贯彻执行中共中央的一系列方针政策，在中共贵州省委、中共黔西南自治州委的领导下，带领全县各族人民坚持改革开放，以经济建设为中心，结合本县实际制定了建设发展安龙县的方略。同时，不断地加强党组织的建设，加强对党员的教育，改善了党的领导，确保了安龙县经济建设和社会的发展。

第一节　党员代表大会

一、中共安龙县第六次代表大会

1990年9月14—17日在县城召开，出席会议代表219人，实到代表211人，其中各级领导干部代表132人、科技人员代表24人、各条战线劳动模范或先进工作者代表63人、解放军和武警代表5人，少数民族代表110人、妇女代表38人；会议邀请列席代表63人，实到60人。会议审议通过中共安龙县第五届委员会工作报告《坚持立国之本，走好强国之路，开创安龙九十年代新局面》和第二届县纪律检查委员会工作报告，提出今后三年全县建设与发展的基本任务，选举中共安龙县第六届委员会委员27人、候补委员3人。在六届县委第一次全委会议上，选举童启文、龙刚、王世章、韦永芝、刘继明、陈朝贵、陈怀富、覃智仁、潘贞学为中共安龙县第六届委员会常务委员会委员，选举童启文为县委书记、龙刚为县委副书记。

二、中共安龙县第七次代表大会

1993年3月6—9日在县城召开，出席会议代表244人，其中各级领导干部代表138人、各条战线先进人物代表58人、专业技术人员代表42人、离退休干部代表4人、解放军和武警代表2人，少数民族代表占50.4%、妇女代表占15.16%。会议审议通过中共安龙县第六届委员会工作报告《认真贯彻党的十四大精神，进一步加快改革开放步伐，实现安龙九十年代社会经济大发展》和第三届县纪律检查委员会工作报告，制定今后五年的基本任务和发展目标，选举生产中共安龙县第七届委员会和中共安龙县第四届纪律检查委员会。在七届县委第一次全委会议上，选举周庄生、刘继明、王世章、韦永芝、吕传斌、任登俊、罗家伟、贺登祥、覃智仁为中共安龙县第七届委员会常务委员会委员，选举周庄生为县委书记，选举刘继明、王世章为县委副书记。

三、中共安龙县第八次代表大会

1998年2月17—21日在县城召开，出席大会代表209人，其中各级领导干部代表147人、各条战线劳动模范或先进工作者代表62人、驻县解放军和武警代表4人，少数民族代表106人。会议审议通过中共安龙县第七届委员会工作报告《认真贯彻党的十五大精神，进一步加快改革开放步伐，为实现跨世纪宏伟目标而努力奋斗》和第四届县纪律检查委员会工作报告，提出今后五年全县经济和社会发展的指导思想及经济发展的目标、思路；选举中共安龙县第八届委员会委员35人、候补委员5人，选举中共安龙县第五届纪律检查委员会委员23人。在八届县委第一次全委会议上，选举殷晓敏、贺登祥、刘继明、林永菁、王朝军、王官忠、左华、肖平、覃智仁、刘兴吉为中共安龙县第八届委员会常务委员会委员，选举殷晓敏为县委书记，选举贺登祥、刘继明、林永菁为县委副书记。

四、中共安龙县第九次代表大会

2003年1月24—27日在县城召开，出席会议代表219人，代表全县10278名中共党员。会议审议通过中共安龙县第八届委员会工作报告《认真贯彻落实党的十六大精神，全面贯彻“三个代表”重要思想，为全面建设小康社会而努力奋斗》和第五届县纪律检查委员会工作报告，提出今后五年全县工作的指导思想、奋斗目标和主要任务。选举王一中等31人为中共安龙县第九届委员会委员，选举产生中共安龙县第六届纪律检查委员会。在九届县委第一次全委会议上，选举王立辉、周玉仁、谭志平、黄思豪、张平、韦兴明、方洪、李建勋、张洪波、梅俊、韦国民为中共安龙县委员会常务委员会委员，选举王立辉为县委书记，周玉仁、谭志平、黄思豪为县委副书记。

五、中共安龙县第十次代表大会

2006年10月23—26日在县城召开，应到会代表227人，实到224人，列席76人。审议通过县委书记王立辉代表中共安龙县第九届委员会作的工作报告《全面贯彻科学发展观，凝聚力量，真抓实干，为实现安龙经济社会又快又好地发展而努力奋斗》和县纪委书记熊和金代表中共安龙县第六届纪律检查委员会作的工作报告，选举产生中共安龙县第十届委员会和中共安龙县第七届纪律检查委员会。在十届县委第一次全委会议上，选举王立辉、周玉仁、蔡平、邵南方、熊和金、李建勋、黄朝文、王建波、姜仕坤、杨春为中共安龙县第十届委员会常务委员会委员，选举王立辉为县委书记，选举周玉仁、蔡平为县委副书记；在七届县纪委第一次会议上，选举熊和金为县纪委书记。

六、中共安龙县第十一次代表大会

2011年10月26—28日在人民会场召开。听取和审查县委书记邓修宇代表中共安龙县第十届委员会作的工作报告《高举三面旗帜，推动跨越发展》、县纪委书记廖福刚代表中共安龙县第七届纪律检查委员会作的工作报告《创优发展环境，服务发展大局，为全县经济社会跨越发展提供坚强保证》，提出今后五年全县工作的指导思想和奋斗目标。会议选举王丽琼等33人为中共安龙县第十一届委员会委员、廖福刚等25人为中共安龙县第八届纪律检查委员会委员。在十一届县委全委会议上，选举邓修宇、蔡平、罗佐臣、王敬贵、王丽琼、廖福刚、李文、查世海、陈磊为中共安龙县第十一届委员会常务委员会委员，选举邓修宇为县委书记，选举蔡平、罗佐臣为县委副书记；在八届县纪委第一次会议上，选举廖福刚、徐铭、王洪、罗尔华、岑朝伟、张英利、韦元富为中共安龙县第八届纪律检查委员会常务委员会委员，选举廖福刚为县纪委书记，选举徐铭、王洪为县纪委副书记。

第二节　县委全委会议

全县党的代表大会闭会期间，由其选举产生的委员会行使职责，县委每年至少召开1次全体委员会议。

一、中共安龙县第五届县委

1989年，召开第五届县委第三次全体委员会议。本届县委调整经济结构，稳定和完善各种经济承包责任制，发展商品生产，全县经济发展保持较好的增长速度。本届县委共召开有关人事的常务委员会会议52次，调整干部368人次。

二、中共安龙县第六届县委

本届县委围绕经济建设中心，继续巩固和完善各种经济承包责任制，调整经济结构，发展商品生产，全县经济发展保持较好的增长速度。本届县委共召开3次全体委员扩大会议，出席会议人员共300余人，主要议题是总结上一年工作，安排部署本年度工作；召开有关人事的常务委员会会议45次，调整干部456人次。

三、中共安龙县第七届县委

本届县委共召开全委扩大会议8次，出席会议人员共2000余人次。1994年1月21—22日，召开第二次全委扩大会议，听取并审议县委书记周庄生代表县委常委作的关于第七届县委1993年工作报告，号召全县各级党组织、广大党员要以经济建设为中心，坚持四项基本原则，坚持改革开放，树立“两手抓、两手都要硬”的思想和求真务实、开拓进取的工作作风，团结和依靠全县各族人民，锐意改革，抓住机遇，完成和超额完成1994年各项工作。11月10—17日，召开第三次全委扩大会议，出席200余人，传达学习中共十四届四中全会、省委七届三次全会、州委二届七次全会精神，重点学习和讨论《中共中央关于加强党的建设几个重大问题的决议》，通过出席中共黔西南州第三次代表大会候选人名单。1995年2月27—28日，召开第四次全委扩大会议，出席200余人，贯彻落实中共十四届四中全会和州三级干部会议精神，总结过去一年的工作，分析形势，交流经验，表彰先进，部署1995年工作；要求统一思想，明确任务，落实措施，动员和团结全县各族人民鼓足干劲，奋力拼搏，乘胜前进，为完成“八五”计划，推动全县经济社会的全面发展而努力奋斗。1996年3月11—12日，召开第五次全委扩大会议，出席200余人，贯彻落实党的十四届五中全会和州委二届八次全会精神，总结1995年和“八五”时期的工作，表彰先进，部署落实“九五”时期和1996年工作任务。本届县委共召开有关人事调整的常务委员会会议100余次，调整干部1400余人次。

四、中共安龙县第八届县委

本届县委共召开县委全体委员（扩大）会议8次。2000年3月5日，召开第三次全委会议，作出关于在县委、县人大、县政府、县政协、县纪委、县公安局、县检察院和县法院班子和领导干部开展讲学习、讲政治、讲正气“三讲”教育的决议。9月13日，召开第四次全委会议，审议通过《中共安龙县委关于加强人口与计划生育工作，严格控制人口过快增长的决定》，就思想政治工作、民族工作、安全生产工作等作出相关决议。2001年1月8日，召开第五次全委会议，审议通过《中共安龙县委关于制定全县国民经济和社会发展第十个五年计划的建议》。2002年2月22日，召开第七次全委会议，总结2001年工作，部署2002年工作，动员全县各级各部门和各族人民进一步解放思想，抓住机遇、团结奋进，努力开创经济和社会发展新局面，以优异成绩迎接中共贵州省第九次代表大会和党的十六大召开。

五、中共安龙县第九届县委

本届县委共召开县委全体委员（扩大）会议6次。2004年1月16—17日，召开第三次全委会议，总结2003年工作，布置2004年工作，制定《关于贯彻落实党的十六三中全会〈决定〉和省委九届四次全委会议及州委四届五次全委会议〈意见〉的意见》。2005年2月1—2日，召开第四次全委会议，总结2004年工作，安排2005年工作。2006年1月9—10日，召开第五次全委会议，明确“十一五”时期的指导思想、发展目标和工作措施。指出，“十一五”时期是安龙县抓住机遇、用好机遇，实现经济社会发展历史性跨越的关键时期，要按照“做大重化工、搞好煤化工、发展水火电，推进城镇化、建设新农村”的发展战略，调整经济结构，转变经济增长方式，壮大优势产业，发展循环经济，以建设“化工大县、电力大县、畜牧大县、生态强县”为目标，以“做大工业、做强农业、做活三产”为主线，建设“经济型、效益型、环保型”产业，推进和谐社会建设，促进经济社会全面、协调、可持续发展。

六、中共安龙县第十届县委

本届县委共召开县委全体委员（扩大）会议10次。2008年1月14日，召开第二次全委会议，总结2007年工作，部署2008年工作，县委书记周玉仁作《高兴旗帜，狠抓落实，为全面推进安龙经济社会又好又快发展而努力奋斗》的工作报告。2009年2月2日，召开第三次全委会议。总结2008年工作，部署2009年工作，县委书记周玉仁作工作报告《千方百计抓机遇，全力以赴保增长，为开创安龙经济社会跨越发展新局面而努力奋斗》，提出2009年首要任务是“扩内需、促增长、保稳定”。2010年1月28—29日，召开第五次全委会议，县委书记周玉仁作工作报告《实施“五轮驱动”、强力推进跨越，为实现安龙经济社会科学发展而努力奋斗》，总结2009年经济社会事业发展成就，部署2010年各项工作，提出2010年工作重点:“实施五轮驱动，实现五县目标”的经济社会发展战略，着力推进农业产业化、新型工业化、旅游市场化、物流现代化和城乡一体化，以项目建设为突破口，以保障和改善民生为着力点，全面完成“十一五”规划目标。11月23日，召开第八次全委会议，审议通过《关于大力实施城镇化带动战略，加快推进城乡一体化进程的意见》。2011年1月14日，召开第九次全委会议，专题讨论《安龙县国民经济和社会发展第十二个五年规划纲要》。

七、中共安龙县第十一届县委

至2012年底，本届县委共召开县委全体委员（扩大）会议3次。2011年12月3日，召开第二次全委会议，审议通过《关于召开中国共产党安龙县代表会议的决议》，选举产生出席中共黔西南州第六次代表大会代表候选人预备人选。2012年12月14日，召开第三次全委会议，专题学习党的十八大精神，县委书记邓修宇作工作报告《全面贯彻党的十八大精神，为建成小康社会努力奋斗》，审议通过《中共安龙县委关于认真学习贯彻落实党的十八大精神加快全面建成小康社会进程的意见》，提出“力争2018年，确保2019年全面建成实实在在、群众得实惠、老百姓认可的小康社会”的奋斗目标。

中国共产党安龙县委员会历届领导名录
（1987年10月至2012年12月）

表4-1-1

届次	职务	姓名	性别	民族	籍贯	任期
中国共产党安龙县第五届委员会（1987年10月至1990年9月）	书记	童启文	男	汉族	贵州贞丰	1987年10月至1990年9月
	副书记	吴培英	男	汉族	河北易县	1987年10月至1990年1月
		韦先时	男	布依族	贵州安龙	1990年1月至1990年9月
		刘登和	男	汉族	贵州安龙	1988年4月至1990年9月
		龙　刚	男	苗族	贵州安龙	1990年1月至1990年9月
中国共产党安龙县第五届委员会（1987年10月至1990年9月）	常委	童启文	男	汉族	贵州贞丰	1987年10月至1990年9月
		刘登和	男	汉族	贵州安龙	1987年10月至1990年9月
		吴培英	男	汉族	河北易县	1987年10月至1990年1月
	常委	贺兴邦	男	布依族	贵州安龙	1987年10月至1990年8月
		潘贞学	男	布依族	贵州安龙	1987年10月至1990年8月
		覃智仁	男	土家族	贵州德江	1987年10月至1990年9月
		韦先时	男	布依族	贵州安龙	1988年4月至1990年9月
		韦永芝	女	布依族	贵州安龙	1989年11月至1989年12月
		殷晓敏	男	布依族	贵州贵阳	1988年1月至1989年12月
		龙　刚	男	苗族	贵州安龙	1990年1月至1990年9月
中国共产党安龙县第六届委员会（1990年9月至1993年3月）	书记	童启文	男	汉族	贵州贞丰	1990年9月至1992年8月
		周庄生	男	土家族	湖南溆浦	1992年8月至1993年3月
	副书记	龙　刚	男	苗族	贵州安龙	1990年9月至1992年8月
		韦先时	男	布依族	贵州安龙	1990年10月至1993年3月
		李　智	男	汉族	山东齐河	1992年5月至1993年3月挂职
		杨胜发	男	汉族		1992年3月至1993年3月挂职
		王世章	男	布依族	贵州安龙	1992年8月至1993年3月
	常委	童启文	男	汉族	贵州贞丰	1990年9月至1992年8月
		周庄生	男	土家族	湖南溆浦	1992年8月至1993年3月
		龙　刚	男	苗族	贵州安龙	1990年9月至1992年8月
		李　智	男	汉族	山东齐河	1992年5月至1993年3月挂职
		杨胜发	男	汉族		1992年3月至1993年3月挂职
		王世章	男	布依族	贵州安龙	1992年8月至1993年3月

续表 4-1-1

届次	职务	姓名	性别	民族	籍贯	任期
中国共产党安龙县第六届委员会（1990 年 9 月至 1993 年 3 月）	常委	韦永芝	女	布依族	贵州安龙	1990 年 9 月至 1993 年 3 月
		刘继明	男	汉族	贵州安龙	1990 年 9 月至 1993 年 3 月
		陈朝贵	男	彝族	贵州安龙	1990 年 9 月至 1993 年 3 月
		陈怀富	男	汉族	贵州金沙	1990 年 9 月至 1993 年 3 月
		覃智仁	男	土家族	贵州德江	1990 年 9 月至 1993 年 3 月
		潘贞学	男	布依族	贵州安龙	1990 年 9 月至 1992 年 8 月
		任登俊	男	汉族	贵州普安	1992 年 8 月至 1993 年 3 月
中国共产党安龙县第七届委员会（1993 年 3 月至 1998 年 2 月）	书记	周庄生	男	土家族	湖南溆浦	1993 年 3 月至 1996 年 10 月
		殷晓敏	男	布依族	贵州贵阳	1996 年 10 月至 1998 年 2 月
中国共产党安龙县第七届委员会（1993 年 3 月至 1998 年 2 月）	副书记	刘继明	男	汉族	贵州安龙	1993 年 3 月至 1998 年 2 月
		王世章	男	布依族	贵州安龙	1993 年 3 月至 1997 年 6 月
		李　智	男	汉族	山东齐河	1993 年 3 月至 1994 年 5 月挂职
		杨胜发	男	汉族		1993 年 3 月至 1994 年 4 月挂职
		肖　弘	男	汉族		1994 年 3 月至 1996 年 3 月挂职
		龚修明	男	汉族	贵州	1994 年 6 月至 1996 年 10 月
		金　智	男	汉族		1995 年 4 月至 1996 年 4 月挂职
		李平凡	男	彝族	贵州威宁	1996 年 3 月至 1996 年 10 月挂职
		黄定承	男	苗族	贵州晴隆	1996 年 5 月至 1996 年 10 月挂职
		林永菁	女	回族	贵州	1997 年 11 月至 1998 年 2 月
		贺登祥	男	布依族	贵州安龙	1997 年 9 月至 1998 年 2 月
	常委	周庄生	男	汉族	湖南溆浦	1993 年 3 月至 1996 年 10 月
		刘继明	男	汉族	贵州安龙	1993 年 3 月至 1998 年 2 月
		王世章	男	布依族	贵州安龙	1993 年 3 月至 1997 年 6 月
		李　智	男	汉族	山东齐河	1993 年 3 月至 1994 年 5 月挂职
		杨胜发	男	汉族		1993 年 3 月至 1994 年 4 月挂职
		肖　弘	男	汉族		1994 年 3 月至 1996 年 3 月挂职
		龚修明	男	汉族	贵州	1994 年 6 月至 1996 年 10 月
		黄定承	男	苗族	贵州晴隆	1996 年 5 月至 1996 年 10 月挂职
		韦永芝	女	布依族	贵州安龙	1993 年 3 月至 1998 年 2 月
		吕传斌	男	汉族	贵州安龙	1993 年 3 月至 1998 年 2 月
		任登俊	男	汉族	贵州普安	1993 年 3 月至 1996 年 10 月

续表 4-1-1

届次	职务	姓名	性别	民族	籍贯	任期
中国共产党安龙县第七届委员会（1993年3月至1998年2月）	常委	罗家伟	男	布依族	贵州安龙	1993年3月至1993年12月
		贺登祥	男	布依族	贵州安龙	1997年9月至1998年2月
		覃智仁	男	土家族	贵州德江	1993年3月至1998年2月
		柴以华	男	汉族		1995年4月至1998年2月
		李平凡	男	彝族	贵州威宁	1996年3月至1996年10月挂职
		李洪久	男	汉族		1996年4月至1997年4月挂职
		殷晓敏	男	布依族	贵州贵阳	1996年10月至1998年2月
		王朝军	男	汉族	广西	1996年12月至1998年2月
		林永菁	女	回族	贵州	1997年2月至1998年2月
		王官忠	男	汉族	贵州普安	1997年1月至1998年12月
		陈少军	男	汉族		1997年2月至1998年2月挂职
		郭文琰	女	布依族	贵州清镇	1997年2月至1998年2月挂职
		胡南岳	男	汉族	贵州	1997年3月至1998年2月挂职
		肖　平	男	汉族	贵州	1997年9月至1998年2月
		张学敏	男	汉族	贵州	1997年3月至1998年2月挂职
		左　华	男	汉族	贵州	1997年11月至1998年2月
中国共产党安龙县第八届委员会（1998年2月至2003年1月）	书记	殷晓敏	男	汉族	贵州贵阳	1998年2月至2001年8月
		王立辉	男	汉族	贵州贞丰	2001年8月至2003年1月
	副书记	刘继明	男	汉族	贵州安龙	1998年2月至2003年1月
		贺登祥	男	布依族	贵州安龙	1998年2月至2001年8月
		王朝军	男	汉族	广西	1998年2月至2002年12月
		林永菁	女	汉族	贵州	1998年2月至2000年5月
		金　智	男	汉族		1998年4月至1999年4月挂职 2000年5月至2002年4月挂职
		张和平	男	汉族		1998年4月至2000年4月挂职
		李根强	男	汉族	贵州	2000年7月至2001年7月挂职
		周玉仁	男	汉族	贵州兴仁	2001年8月至2003年1月
		谭志平	男	汉族	贵州安龙	2002年1月至2003年1月
		覃绍英	女	侗族	贵州	2002年4月至2003年1月挂职
	常委	殷晓敏	男	汉族	贵州贵阳	1998年2月至2001年8月
		刘继明	男	汉族	贵州安龙	1998年2月至2003年1月
		贺登祥	男	布依族	贵州安龙	1998年2月至2001年8月

续表 4-1-1

届次	职务	姓名	性别	民族	籍贯	任期
中国共产党安龙县第八届委员会（1998 年 2 月至 2003 年 1 月）	常委	王朝军	男	汉族	广西	1998 年 2 月至 2002 年 12 月
		林永菁	女	回族	贵州	1998 年 2 月至 2000 年 5 月
		覃智仁	男	土家族	贵州德江	1998 年 2 月至 1998 年 6 月
		刘兴吉	男	汉族	贵州安龙	1998 年 2 月至 2001 年 8
		陈少军	男	汉族		1998 年 2 月至 1999 年 3 月挂职
		郭文琰	女	布依族	贵州清镇	1998 年 2 月至 1999 年 3 月挂职
		胡南岳	男	汉族	贵州	1998 年 2 月至 1999 年 3 月挂职
		张学敏	男	汉族	贵州	1998 年 2 月至 1999 年 3 挂职
		查必环	女	布依族	贵州	1998 年 2 月至 1999 年 5 月挂职
		肖　平	男	汉族		1998 年 2 月至 1999 年 3 月
中国共产党安龙县第八届委员会（1998 年 2 月至 2003 年 1 月）	常委	左　华	男	汉族		1998 年 2 月至 1999 年 3 月
		国　萍	女	汉族	山东寿光	1998 年 2 月至 1999 年 5 月挂职
		金　智	男	汉族		1998 年 4 月至 1999 年 4 月挂职 2000 年 5 月至 2002 年 4 月挂职
		张和平	男			1998 年 4 月至 2000 年 4 月挂职
		孟祥熙	男	汉族	山东齐河	1998 年 12 月至 2000 年 5 月
		王官忠	男	汉族	贵州普安	1998 年 2 月至 2001 年 10 月
		李根强	男	汉族	贵州	2000 年 7 月至 2001 年 7 月挂职
		罗春红	女	布依族	贵州安龙	2000 年 9 月至 2002 年 11 月
		张　平	男			2001 年 5 月至 2003 年 1 月
		王立辉	男	汉族	贵州贞丰	2001 年 8 月至 2003 年 1 月
		周玉仁	男	布依族	贵州兴仁	2001 年 8 月至 2003 年 1 月
		黄思豪	男	汉族	贵州安龙	2001 年 8 月至 2003 年 1 月
		方　洪	男	汉族	贵州	2001 年 11 月至 2003 年 1 月
		韦兴明	男	布依族	贵州安龙	2001 年 11 月至 2003 年 1 月
		谭志平	男	汉族	贵州安龙	2002 年 1 月至 2003 年 1 月
		覃绍英	女	侗族		2002 年 4 月至 2003 年 1 月挂职
		张洪波	女	汉族	贵州兴仁	2002 年 11 月至 2003 年 1 月
		李建勋	男	汉族	贵州兴义	2002 年 12 月至 2003 年 1 月
中国共产党安龙县第九届委员会（2003 年 1 月至 2006 年 10 月）	书记	王立辉	男	汉族	贵州贞丰	2003 年 1 月至 2006 年 10 月

续表 4-1-1

届次	职务	姓名	性别	民族	籍贯	任期
中国共产党安龙县第九届委员会（2003 年 1 月至 2006 年 10 月）	副书记	周玉仁	男	布依族	贵州兴仁	2003 年 1 月至 2006 年 10 月
		谭志平	男	汉族	贵州安龙	2003 年 1 月至 2006 年 10 月
		黄思豪	男	汉族	贵州安龙	2003 年 1 月至 2005 年 7 月
		覃绍英	女	侗族		2003 年 1 月至 2003 年 4 月挂职
		刘　晖	女	汉族		2004 年 4 月至 2005 年 4 月挂职
		王　琪	男	汉族		2005 年 9 月至 2006 年 9 月挂职
		蔡　平	男	汉族	贵州贵阳	2005 年 12 月至 2006 年 10 月
	常委	王立辉	男	汉族	贵州贞丰	2003 年 1 月至 2006 年 10 月
		周玉仁	男	布依族	贵州兴仁	2003 年 1 月至 2006 年 10 月
		谭志平	男	汉族	贵州安龙	2003 年 1 月至 2006 年 10 月
		黄思豪	男	汉族	贵州安龙	2003 年 1 月至 2005 年 7 月
		张　平	男	汉族		2003 年 1 月至 2005 年 9 月
中国共产党安龙县第九届委员会（2003 年 1 月至 2006 年 10 月）	常委	方　洪	男	汉族	贵州	2003 年 1 月至 2005 年 1 月
		韦兴明	男	布依族	贵州安龙	2003 年 1 月至 2006 年 10 月
		覃绍英	女	侗族		2003 年 1 月至 2003 年 4 月挂职
		梅　俊	男	汉族	贵州安龙	2003 年 1 月至 2004 年 4 月
		韦国民	男	布依族	贵州兴义	2003 年 1 月至 2004 年 8 月
		李建勋	男	汉族	贵州兴义	2003 年 1 月至 2006 年 10 月
		张洪波	女	汉族	贵州兴仁	2003 年 1 月至 2005 年 12 月
		刘　晖	女	汉族		2004 年 4 月至 2005 年 4 月挂职
		席大中	男	汉族	四川	2004 年 4 月至 2005 年 9 月
		吴　鹏	男	汉族	贵州安龙	2004 年 12 月至 2006 年 10 月
		蔡　平	男	汉族	贵州贵阳	2005 年 12 月至 2006 年 10 月
		李成森	男	汉族	山东泰安	2005 年 1 月至 2006 年 10 月
		贺春秀	女	布依族	贵州普定	2005 年 12 月至 2006 年 10 月
		黄朝文	男	布依族	贵州安龙	2005 年 9 月至 2006 年 10 月
		王建波	男	汉族	河北定州	2005 年 9 月至 2006 年 10 月
		王　琪	男	汉族		2005 年 9 月至 2006 年 9 月挂职
中国共产党安龙县第十届委员会（2006 年 10 月至 2011 年 10 月）	书记	王立辉	男	汉族	贵州贞丰	2006 年 10 月至 2007 年 12 月
		周玉仁	男	布依族	贵州兴仁	2007 年 12 月至 2011 年 5 月
		邓修宇	男	苗族	贵州普安	2011 年 5 月至 2011 年 10 月

续表 4-1-1

届次	职务	姓名	性别	民族	籍贯	任期
中国共产党安龙县第十届委员会（2006 年 10 月至 2011 年 10 月）	副书记	周玉仁	男	布依族	贵州兴仁	2006 年 12 月至 2007 年 12 月
		邓修宇	男	苗族	贵州普安	2007 年 12 月至 2011 年 5 月
		蔡　平	男	汉族	贵州贵阳	2006 年 10 月至 2009 年 11 月 2011 年 8 月至 2011 年 10 月
		杨祖勋	男	汉族		2007 年 4 月至 2008 年 1 挂职
		罗佐臣	男	汉族	贵州册亨	2009 年 12 月至 2011 年 10 月
		宋　溪	男	汉族		2010 年 4 月至 2011 年 4 月挂职
		欧阳志国	男	汉族		2011 年 3 月至 2011 年 10 月挂职
	常委	王立辉	男	汉族	贵州贞丰	2006 年 10 月至 2007 年 12 月
		周玉仁	男	布依族	贵州兴仁	2006 年 12 月至 2011 年 5 月
		蔡　平	男	汉族	贵州贵阳	2006 年 10 月至 2009 年 11 月 2011 年 8 月至 2011 年 10 月
		黄朝文	男	布依族	贵州安龙	2006 年 10 月至 2011 年 9 月
中国共产党安龙县第十届委员会（2006 年 10 月至 2011 年 10 月）	常委	王建波	男	汉族	河北定州	2006 年 10 月至 2011 年 7 月
		李建勋	男	汉族	贵州兴义	2006 年 10 月至 2007 年 6 月
		姜仕坤	男	苗族	贵州册亨	2006 年 10 月至 2009 年 11 月
		邵南方	男	汉族	安徽蒙城	2006 年 10 月至 2009 年 11 月
		熊和金	男	布依族	贵州兴义	2006 年 10 月至 2011 年 9 月
		杨　春	女	布依族	贵州安龙	2006 年 10 月至 2011 年 9 月
		杨祖勋	男	汉族		2007 年 4 月至 2008 年 1 月挂职
		牟庆芳	女	汉族	贵州安顺	2007 年 7 月至 2009 年 12 月
		李红军	男			2007 年 8 月至 2009 年 8 月挂职
		邓修宇	男	苗族	贵州普安	2007 年 12 月至 2011 年 10 月
		陈玉芬	女			2008 年 1 月至 2009 年 1 月挂职
		胡俊辉	男			2009 年 2 月至 2010 年 2 月挂职
		罗佐臣	男	汉族	贵州册亨	2009 年 12 月至 2011 年 10 月
		王丽琼	女	苗族	贵州兴仁	2009 年 12 月至 2011 年 10 月
		曾孔阳	男	汉族	贵州	2009 年 12 月至 2011 年 10 月
		刘凡值	男	苗族	贵州	2010 年 3 月至 2011 年 10 月挂职
		宋　溪	男	汉族	贵州	2010 年 4 月至 2011 年 4 月挂职
		吴立社	男	汉族	贵州	2010 年 9 月至 2011 年 9 月
		查世海	男	布依族	贵州兴义	2010 年 12 月至 2011 年 9 月

续表 4-1-1

届次	职务	姓名	性别	民族	籍贯	任期
中国共产党安龙县第十届委员会（2006 年 10 月至 2011 年 10 月）	常委	李　文	男	汉族		2011 年 6 月至 2011 年 9 月
		王敬贵	男	汉族	山东章丘	2011 年 9 月至 2011 年 10 月
		廖福刚	男	汉族	贵州兴义	2011 年 9 月至 2011 年 10 月
中国共产党安龙县第十一届委员会（2011 年 10 月至起）	书记	邓修宇	男	苗族	贵州普安	2011 年 10 月起
	副书记	蔡　平	男	汉族	贵州贵阳	2011 年 10 月起
		罗佐臣	男	汉族	贵州册亨	2011 年 10 月起
		欧阳志国	男	汉族		2011 年 10 月至 2012 年 2 月挂职
	常委	邓修宇	男	苗族	贵州普安	2011 年 10 月起
		蔡　平	男	汉族	贵州贵阳	2011 年 10 月起
		罗佐臣	男	汉族	贵州册亨	2011 年 10 月起
		欧阳志国	男	汉族		2011 年 10 月至 2012 年 2 月挂职
		王敬贵	男	汉族	山东章丘	2011 年 10 月起
		廖福刚	男	汉族	贵州兴义	2011 年 10 月起
		李　文	男	汉族		2011 年 10 月起
中国共产党安龙县第十一届委员会（2011 年 10 起）	常委	王丽琼	女	苗族	贵州兴仁	2011 年 10 月起
		查世海	男	布依族	贵州兴义	2011 年 10 月起
		曾孔阳	男	汉族	贵州	2011 年 10 月起
		陈　磊	男	回族	贵州安龙	2011 年 10 月起
		刘凡值	男	汉族	贵州	2011 年 10 月至 2012 年 3 月挂职
		夏文强	男	土家族	贵州	2011 年 10 月至 2012 年 10 月挂职
		毛友兰	女	汉族		2012 年 03 月起　挂职
		王　丰	男	汉族		2012 年 04 月起　挂职
		陈秀玲	女	布依族	贵州	2012 年 10 月起　挂职

说明：因中国共产党安龙县第五次代表大会于 1987 年 10 月召开，故本表内容上溯到 1987 年

第三节　县委工作机构

1989 年，县委工作机构主要有办公室、组织部、宣传部、党校、政法委员会、统一战线工作部、县直属机关委员会、党史办公室、农业办公室、老干部管理局、信访办公室、政策研究室；1991 年，增设机要局和保密局；1994 年 3 月机构改革时，信访办公室、政策研究室、机要局、保密局并入县委办公室；1996 年 6 月，信访办公室、机要局、保密局从县委办公室中分离出来；1996 年 7 月，成立县项目办公室；1997 年 5 月，县直属机关党委更名为县直属机关工委、机关纪委更名为机关纪工委。2001 年 12 月，县级党政机构进行改革，县委机构设置为县纪律检查委员会机关（与县监察局合署办公）、县委办公室、县委组织部、县委宣传部（含对外宣传工作，县精神文明建设指导委员会办公室设

在县委宣传部)、县委统一战线工作部（含对台工作)、县委政法委员会（与县社会治安综合治理办公室合署办公)、县机构编制委员会办公室（挂事业单位登记管理局)、县直属机关工作委员会、县委离退休干部工作局（归口县委组织部管理)；撤销县委党史办公室，设置县史志办公室，归口县委办公室管理，与县委党校一并列入其他机构。至2012年，县委工作机构有办公室、组织部、宣传部、党校、政法委员会、统一战线工作部、县直属机关工委、史志办公室、离退休干部工作局、机要局、保密局、政策研究室、县委县政府督查室等。

第四节　重要决策

一、学习贯彻邓小平视察南方重要讲话和十四大精神

1992年1月18日至2月21日，邓小平在视察武昌、深圳、珠海、上海等地时，针对当时困扰和束缚人们思想、影响改革发展的一些重大认识问题，作了重要谈话。邓小平谈话中深刻指出：计划多一点还是市场多一点，不是社会主义与资本主义的本质区别，计划经济不等于社会主义，资本主义也有计划；市场经济不等于资本主义，社会主义也有市场。计划和市场都是经济手段。强调："发展才是硬道理"，"改革开放胆子放大一些，敢于试验"，判断标准"应该主要看是否有利于发展社会主义社会的生产力，是否有利于增强社会主义国家的综合国力，是否有利于提高人民的生活水平"。10月，中国共产党第十四次全国代表大会对中共十一届三中全会以来的基本路线和基本经验作了系统而深刻的总结，对邓小平建设有中国特色社会主义理论作了新的概括、精辟的论述和科学的评价，确立了20世纪90年代加快改革开放、推动经济发展和社会进步的主要任务，明确提出了经济改革的目标是建立社会主义市场经济体制。

十四大开幕的当日，县委组织县直机关相关单位近1000人集中收看大会的实况转播，聆听江泽民所作的《加快改革开放和现代化建设步伐，夺取有中国特色社会主义事业的更大胜利》的报告。发出《组织学习党的十四大精神的通知》，要求县委中心学习组组织副县级以上干部集中学习和讨论；各乡（镇）党委、县直各单位及省州驻县单位组织本单位职工学习和讨论，有条件的开办学习园地、交流学习心得；县委党校和各乡（镇）业余党校要举办中共十四大文件学习班；县广播电视局要充分利用广播、电视宣传党的十四大会议精神；全县文化系统组织编排有关学习中共十四大精神的文艺节目。11月4日，县委作出《关于认真学习贯彻落实党的十四大精神的通知》。要求：①破除"计划经济等于社会主义，市场经济等于资本主义"的观念，树立"计划和市场都是经济手段，要逐步建立和完善社会主义市场经济新体制"的观念；②破除自然经济、半自然经济观念，树立大力发展商品经济的观念；③破除因循守旧、固步自封的观念，树立敢想敢干、开拓进取的观念；④破除求稳怕乱的观念，树立敢担风险的观念；⑤破除"等、靠、要"的观念，树立积极竞争的观念；⑥破除因噎废食的观念，树立百折不挠的思想；⑦破除"人治"观念，树立法制观念。12月10日，县委下达《贯彻落实省发〔1992〕25号文件的意见》。要求：认真学习邓小平理论和十四大文件精神；加快经济建设和改革开放的宣传；坚持"两手抓"，做到"两手硬"；繁荣社会主义文艺，活跃和丰富群众文化生活；做好对外宣传，扩大对外开放；增加对宣传文化事业的投入；努力建设一支政治强、业务精、作风正的宣传队伍；加强对宣传思想工作的领导。

1993年5—8月，在全县组织开展"解放思想，振奋精神，真抓实干，加快发展"大讨论活动，对县情、乡（镇）情、村情再认识，找出安龙县、乡镇、村经济、社会发展的路子、奋斗目标、主要工作任务、措施和方法，着重解决思想方面解放思想不够、工作方面发展速度不快、作风方面求实实干的作风不实的问题。

二、贯彻落实中共十六大精神

2003年1月，中共安龙县委根据中共第十六次全国代表大会，提出的“高举邓小平理论中国特色社会主义伟大旗帜，全面贯彻‘三个代表’重要思想，继往开来，与时俱进，全面建设小康社会，加快推进社会主义现代化，为开创中国特色社会主义事业新局面而奋斗”的指导方针，提出集中精力夯实“两个基础”（农业和基础设施建设），“培育八大支柱”（电力、煤炭、冶金、建材、优质农产、草地畜牧业、烤烟和旅游业），努力实现“四个突破”（电力税收、煤炭税收、烤烟和旅游产业取得新突破），达到“两个增收”（农民增收和财政增收），继续实施“三大战略”，大力调整经济结构，不断完善社会保障体系，推动“两个文明”和社会各项事业全面发展的战略目标。

2006年1月9日，中共安龙县委九届五次全委扩大会议讨论《安龙县国民经济和社会发展第十一个五年规划》时，指出“十一五”时期是安龙县抓住机遇、用好机遇，努力实现经济社会发展历史性跨越的关键时期，提出“做大重化工、搞好煤化工、发展水火电，推进城镇化、建设新农村”的发展战略，调整经济结构，转变经济增长方式，壮大优势产业，发展循环经济，以建设“化工大县、电力大县、畜牧大县、生态强县”为目标，以“做大工业、做强农业、做活三产”为主线，建设“经济型、效益型、环保型”产业，推进和谐社会建设，促进经济社会全面、协调、可持续发展。

三、西城区开发与县行政中心迁移

西城区建设，是20世纪90年代初提出来的，是县委、县人民政府为推进城镇化，提高城市承载力、竞争力而建设的重点项目。1993年，县人大批准西城区建设规划。1998年，开工建设西边龙井至大坪的西环线，西城区的开发建设拉开序幕。

2000年，县委、县政府抢抓西部大开发战略机遇，决定将城市空间向西区拓展，城市现代化建设的重心转移到新区，成立以新安镇为主体的西城区建设管理委员会，全面负责西城区的规划、建设、管理工作。2月28日，县委召开西城区开发专题会议，专门研究西城区开发建设工作，决定成立“西部开发试验区——安龙县西城区建设管理委员会”。

2003年1月，中国共产党安龙县第九次代表大会决定，县委、县人大、县政府、县政协由新安镇硫磺街搬迁至县城西郊新建办公大楼，以带动西城区的开发与建设。原县委、县人大、县政府、县政协办公地用于建设“南明行宫”，带动老城区旅游业的发展。2005年1月1日，县委、县人大、县政府、县政协正式搬迁至西城区行政办公区办公。2005年后，西城区建设重点是夯实市政基础设施，围绕现代、历史、自然的县城三元空间结构，不断完善城市功能。西城区的开发和县行政中心的迁移为安龙县旧城改造、城市扩容升级，健全城市功能奠定了基础。

四、县域经济发展战略调整

2009年，县委结合全国产业政策的调整，将《十一五规划》“做大重化工、搞好煤化工、发展水火电，推进城镇化、建设新农村”战略思想，调整为农业产业化、新型工业化、城乡一体化、旅游市场化、物流现代化“五轮驱动”战略思想，以农业、工业、城镇化、旅游业和物流业5个经济轮子共同推进全县经济发展，明确县委班子负责农业产业化，人大班子负责城乡一体化，政府班子负责新型工业化，政协班子负责旅游市场化，纪委班子负责物流现代化。

2010年1月，县委十届五次全会进一步明确农业产业化、新型工业化、城乡一体化、旅游市场化、物流现代化发展的具体目标和方法，建立和完善一个班子、一个轮子、一支队伍、一个产业（项目）、一套政策的“五个一”工作机制，继续由县委班子负责农业产业化，人大班子负责城乡一体化，政府班子负责新型工业化，政协班子负责旅游市场化，纪委班子负责物流现代化。6月3日，县委常委扩大会议，在县委、县人大、县政府、县政协充分调研的基础上，提出“实施五轮驱动，实现五县目标”的发展战略。“五轮驱动”即是农业产业化推动、新型工业化驱动、旅游市场化拉动、物流现代化带动、城乡一体化互动，“五县”即农产稳县、工业强县、旅游活县、三产富县、科教兴县。其中，农业产业化主攻目标是“90万亩”(20万亩烤烟、20万亩金银花、10成为优质稻、10万亩油菜、10万亩蔬菜、10万亩草地畜牧业、10万亩经果林）优质农产基地建设；新型工业化关键是围绕重化工和煤炭化工，按照“做大重化工，搞好煤化工，发展深加工，延长产业链，增加附加值，提高含税率”的思路，建设60万吨碳化钙、40万吨聚氯乙烯、32万吨烧碱和6—8个年产30万吨煤矿；旅游市场化的核心是实施品牌带动战略，让旅游资源变成资本再变成资金，建立资源共享、统一管理、政企分离、运转高效的旅游管理体制，将旅游文化所有权与经营权分离；物流现代化主要是按照“规划与产业并重，以产业推动物流”的思路，高标准、高起点做好物流产业规划，布局物流产业；城乡一体化的核心是古城、古街、古巷、古民居的保护与修复，招堤景区的保护、十里荷花湿地保护和陂塘海子原貌恢复和西城区开发要有实质进展。

五、学习贯彻中共十八大精神

2012年11月8—14日，中国共产党第十八次全国代表大会在北京召开，提出全面建成小康社会的目标。11月23日，县委召开十一届2012年第24次县委常委会（扩大）会议，专题学习贯彻中共十八大精神。县委党校举办专题学习班2期，县内副科级以上干部100余人参加学习；组织成立各类宣讲团、宣讲组，深入各乡镇、各单位宣讲十八大精神，各乡镇、各单位也组织各种类型的宣讲活动，深入村组、深入农户家中、深入工作班组，采取书记做报告、集中学习十八大文件等方式，广泛宣传中共十八大精神，全县上下人人知晓十八大、人人领会十八大精神、人人参与小康社会建设。

12月14日，县委召开十一届三次全体会议，提出全县的奋斗目标：“提前1—2年，力争2018年，确保2019年全面建成实实在在、群众得实惠、老百姓认可的小康社会。”会议要求，要突出重点、干字当头，在加快全面建成小康社会进程的关键环节强势突破。一是坚持工业强县战略不动摇，在新型工业化上强势突破。二是坚持城镇化带动战略不动摇，在城乡一体化上强势突破。三是坚持农产稳县战略不动摇，在农业产业化上强势突破。四是坚持三产富县战略不动摇，在旅游市场化上强势突破。五是坚持物流现代化战略不动摇，在物流体系建设上强势突破。六是坚持投资拉动战略不动摇，在招商引资和项目建设上强势突破。七是坚持科教兴县、人才强县战略不动摇，在教育发展和人才队伍建设上强势突破。八是坚持生态立县战略不动摇，在生态文明建设上强势突破。九是坚持“以人为本”“依法治县”理念不动摇，在加强和创新社会管理上强势突破。十是坚持开放开发战略不动摇，在深化体制机制改革上强势突破。会议通过中共安龙县委《关于认真学习贯彻落实党的十八大精神，加快全面建成小康社会进程的意见》。

第二章　中共安龙县纪律检查委员会

1979年6月，遵照党中央指示，恢复县纪律检查委员会，称“中共安龙县委纪律检查委员会”，由县委副书记兼任县纪委第一书记，隶属黔西南州纪委和中共安龙县委。1981年9月，配备6个区纪律检查员（1个区未配）。1984年8月，在中共安龙县第四次代表大会期间，选举产生第一届县纪律检查委员会，下设纪律检查、案件审理两个科室及办公室，县纪委由此升格为与县委相对独立的工作机构，县的党代表大会在选举产生县委的同时选举产生县纪律检查委员会。同年10月，配备15个局级单位纪检员。1986年8月，县纪委增设信访科；10月，全县9个区镇全部建立纪检组。县纪委恢复后，与组织、宣传和党校等部门配合，在党员培训和打击经济犯罪等方面发挥重大作用，促进了党风和社会风气的好转。

第一节　纪律检查机构

一、县纪律检查委员会

1989年以来，县纪律检查委员会（简称县纪委）履行党的纪律检查职能，由全县党员代表大会选举产生，与中共安龙县委同时换届，接受县委及黔西南州纪委的领导。1993年以前为3年一届，1993年后改为5年一届。在县纪律检查委员会第一次全委会上选举产生常务委员会，一般由5—7人组成，常务委员会内设书记1人、副书记1—2人。县纪律检查委员会每年召开全体委员会议1次。1992年，县纪律检查委员会内设办公室、纪律检查室、案件审理室、控告申诉室、廉政办。

二、县纪委、县监察局合署办公

1988年2月26日，成立县监察局，履行政府行政监察职能，内设秘书室、监察科、审理科；1992年增设举报站、纠风办。1993年5月4日，县纪委与县监察局合署办公，实行两块牌子一套人马的管理机制，履行党的纪律检查和政府行政监察两项职能，对县委全面负责。县监察局列入县政府工作部门序列，接受县政府的领导。县纪委与县监察局合署办公后，内设办公室、信访室（举报站）、纪检监察室、执法监察室、案件审理室、教育研究室、党风廉政建设室（县党风廉政建设责任制领导小组办公室），定编24人。1994年，将信访室改为控告控申室（举报站）。2002年，增设监察综合室，执法监察室改为纠风执法室（县政府纠正部门和行业不正之风办公室），纪检监察室改为案件检查室。至2012年，县纪委监察局机关内设机构调整为11个：办公室、监察综合室、教育研究室、党风廉政建设室（县委党风廉政建设责任制领导小组办公室）、纠风室（县政府纠正部门和行业不正之风办公室）、执法监察室、案件检查室、案件审理室、信访室、干部室、非公有制经济发展侵权投诉中心，定编27人，实有17人。

三、乡镇纪律检查委员会

1989年，全县各区（镇）设纪律检查组，同时设置监察室。1990年，区（镇）纪律检查组改建为区（镇）纪律检查委员会，由5名委员组成，设副科级专职书记1人，其余4人为兼职纪检委员，从组织、政法、宣教、财贸系统各选定1人参加。1992年，全县“建镇并乡撤区”工作完成后，全县16个乡镇均设立纪律检查委员会，由同级党的代表大会选举产生，一般由3—5名委员组成，负责本辖区党的纪律检查职能，对本级党委负责，任期与同级党的代表大会一致。2012年6月，撤销中共新安镇纪律检查委员会，改设招堤、栖凤街道纪律检查工作委员会。

四、县直机关纪律检查委员会和纪检组

1989年，分别在公安局、水利局、农业局设立监察室，各派驻监察员1人。1993年12月，县纪委监察局在27个县直部门派驻纪检监察机构，共38人。2003年，除保留公安局纪委和教育局纪律检查组以外，其余单位的纪检监察派驻机构全部撤销。2004年，在10个部门增设纪律检查组。2006年，教育局、计划生育局、移民局、人事劳动和社会保障局、建设局、法院、检察院、公安局、农业局、水利局、财政局和煤炭局等单位设立纪律检查组。2010年4月，县政府机构改革完成后，设置纪检组长的县政府工作部门调整为24个。

2012年，按照统一机构设置、统一工作安排、统一人员调度、统一编制管理、统一后勤保障的要求，制定《安龙县完善县级纪检监察派驻机构统一管理工作的实施方案》，采取“集中统管”的形式对原有纪检监察派驻机构进行改革，设置纪工委（监察分局）。纪工委（监察分局）集中办公，工作安排、人员调度、工资关系、办公经费、后勤保障等由县纪委监察局统一负责，编制实行统管专用。6月20日，县内组建纪工委（监察分局）6个，8月27日正式挂牌运行。纪工委（监察分局）成员保留派驻部门纪检组长（或监察室主任、专职纪检监察员）和党组成员身份，不分管在驻部门业务工作，专司监督之职，同时联系1—2个部门的纪检监察工作。至2012年底，全县各纪工委共实有人员24人。

中共安龙县纪律检查委员会历任书记、副书记名录

（1987年10月至2012年12月）

表4-2-1

届次	职务	姓名	性别	民族	籍贯	任职时间
中共安龙县第二届纪律检查委员会（1987年10月至1990年9月）	书记	刘登和	男	汉族	贵州安龙	1987年10月至1988年4月
		韦先时	男	布依族	贵州安龙	1988年4月至1990年1月
		韦永芝	女	布依族	贵州安龙	1990年1月至1990年9月
	副书记	韦永芝	女	布依族	贵州安龙	1987年10月至1990年1月
		康熙权	男	彝族	贵州安龙	1987年10月至1990年9月
		陈朝贵	男	彝族	贵州	1990年4月至1990年9月
中共安龙县第三届纪律检查委员会（1990年9月至1993年3月）	书记	韦永芝	女	布依族	贵州安龙	1990年9月至1993年3月
	副书记	严家隆	男	汉族	贵州安龙	1990年9月至1992年9月
		韦通泽	男	布依族	贵州	1991年8月至1993年3月
中共安龙县第四届纪律检查委员会（1993年3月至1998年2月）	书记	韦永芝	女	布依族	贵州安龙	1993年3月至1997年11月
		王官忠	男	汉族	贵州普安	1997年11月至1998年2月
	副书记	韦通泽	男	布依族	贵州	1993年3月至1997年11月
		康熙权	男	彝族	贵州安龙	1993年3月至1998年2月
		岑正云	男	布依族	贵州安龙	1993年7月至1998年2月
		罗元香	女	汉族	贵州安龙	1997年12月至1998年2月
中共安龙县第五届纪律检查委员会（1998年2月至2003年1月）	书记	王官忠	男	汉族	贵州普安	1998年2月至2001年10月
		方　洪	男	汉族	贵州	2001年10月至2003年1月
	副书记	康熙权	男	彝族	贵州安龙	1998年3月至2001年
		岑正云	男	布依族	贵州安龙	1998年2月至2003年1月
		罗元香	女	汉族	贵州安龙	1998年2月至2002年10月
中共安龙县第六届纪律检查委员会（2003年1月至2006年10月）	书记	方　洪	男	汉族	贵州	2003年1月至2004年12月
		李成森	男	汉族	山东泰安	2004年12月至2006年10月
	副书记	钟兴民	男	汉族	贵州安龙	2003年1月至2005年10月
		邹远吉	男	汉族	贵州安龙	2003年1月至2006年10月

续表 4-2-1

届次	职务	姓名	性别	民族	籍贯	任职时间
中共安龙县第六届纪律检查委员会（2003年1月至2006年10月	副书记	徐正荣	男	布依族	贵州安龙	2003年1月至2006年10月
		罗　芹	女	布依族	贵州安龙	2003年1月至2006年10月
中共安龙县第七届纪律检查委员会（2006年10月至2011年10月）	书记	熊和金	男	布依族	贵州兴义	2006年10月至2011年9月
		廖福刚	男	汉族	贵州兴义	2011年9月至2011年10月
	副书记	邹远吉	男	汉族	贵州安龙	2006年10月至2010年4月
		徐　铭	男	布依族	贵州安龙	2008年4月至2012年2月
		罗　芹	女	布依族	贵州安龙	2006年10月至2008年4月
		王　洪	男	仡佬族	贵州遵义	2011年9月至2011年10月
中共安龙县第八届纪律检查委员会（2011年10月起）	书记	廖福刚	男	汉族	贵州兴义	2011年10起
	副书记	王　洪	男	仡佬族	贵州遵义	2011年10起
		罗尔华	男	布依族	贵州安龙	2012年2起

说明：中共安龙县第二届纪律检查委员会1987年10月选举产生，故本表上溯到1987年10月

第二节　县纪委全体会议

1989年以来，县纪律检查委员会每年召开一次纪律检查委员会全体委员（扩大）会议，县纪律检查委员会委员出席会议，县直机关各单位（部门）负责人、各乡镇（街道）党（工）委书记和纪（工）委书记、派驻县直各单位纪检组组长参加会议，听取县纪律检查委员会书记作的工作报告。工作报告主要是总结上一年纪律检查委员会工作，部署下一年纪检监察工作。县委书记每年均要出席纪律检查委员会全体委员（全体）会议，并讲话。

1989－2012年县纪委全委会部分全体委员会议情况表

表 4-2-2

届次	时间	内容
五届三次会议	1999年3月30日	传达江泽民在中纪委三次全会讲话和州纪委五次全会精神，县委常委、县纪委书记王官忠代表县纪委常委会作工作报告《加大力度，标本兼治，推动党风廉政建设和反腐败斗争深入开展》，县委副书记林永菁到会讲话。会上，县纪委与县直各部门、各乡镇签订纪检工作责任状
十届三次会议	2008年3月14日	审议通过县委常委、县纪委书记熊和金代表县纪委常委会作的工作报告，县委书记周玉仁到会讲话。参加会议209人
十届四次会议	2009年3月5—6日	参加会议240人

续表 4-2-2

届次	时间	内容
十届五次会议	2010 年 3 月 2 日	审议通过县纪委书记熊和金代表十届县纪委常委会作工作报告《扎实推进惩治和预防腐败体系建设，不断开创党风廉政建设和反腐败工作新局面》，总结县纪委 2009 年工作，安排部署 2010 年党风廉政建设和反腐败工作
十届六次会议	2011 年 2 月 25 日	贯彻十七届中央纪委六次全会、十届省纪委六次全会和五届州纪委六次全会精神，听取县纪委书记熊合金代表第十届县纪委常委会报告《深入推进反腐倡廉建设为全县经济社会又好又快更好更快发展提供有力保证》，总结 2010 年工作，提出 2011 年党风廉政建设和反腐败工作总体要求和主要任务
十一届二次会议	2012 年 3 月 2 日	审议通过县纪委书记廖福刚代表县纪委常委会作的工作报告《维护党的纯洁，服务发展中心，为全县经济社会加速发展提供坚强保障》，回顾总结 2011 年全县党风廉政建设和反腐败工作，安排 2012 年党风廉政建设和反腐败工作。要求，围绕发展中心，服务加速发展；围绕民生改善，推动职责履行；围绕热点难点，注重监督检查；维护党的纯洁，加强自身建设。强调，加强监督检查，确保政令畅通；加强效能建设，优化发展环境；加强改革创新，健全惩防体系。出席会议县纪委委员 21 人，列席 211 人

第三节　党风廉政建设

1989 年，以供销社为试点，推行“办事制度公开、办事结果公开，接受群众监督”的“两公开、一监督”制度建设；开展清理干部职工借支拖欠、占用公物、超期贷款的“两清”工作，清理借支拖欠款 80 万元、超期贷款 1700 万元；撤销“龙广经济开发公司”等不具备公司条件和重复性公司 18 个，查处张某某等以公司名义进行投机诈骗和非法经营案件 11 件；清理干部职工违规建私房等“三违”建房 100 余户；对大案、要案，县委常委分工挂案 17 件。

1990 年 4 月，设立县委廉政建设领导小组办公室。县民委、县税务局、县计划生育委员会、县供销社、县公安局、县工商局、县工行、县农行和木咱乡分别建立“两公开、一监督”办事制度，纠正木城乡违规利用公款为职工购置衬衣和皮鞋、巧岭乡开白条处罚乱砍滥伐农户的行为。

1991 年，成立县“纠风、治乱”工作领导小组及其办公室，35 个单位共 1763 人参加自查，查出问题 80 个，涉及 93 人，涉案金额 33.21 万元，全部予以退赔，立案查处 54 件，其中政纪处理 25 人、党纪处理 7 人、法纪处理 6 人；废止不合理制度 24 件，修改完善制度 63 件，新制定制度 62 件；取消不合理收费文件 8 个、收费单位 2 个、收费项目 17 个和标准 40 个；清理干部职工“三违”建房 107 户，涉及县级干部 2 人、科级干部 11 人、一般干部 60 人，处罚 25 户，罚款 2.66 万元，拆除 15 户，责令补交税金 6154.88 元。

1993 年，开展减轻农民负担执法监察，取消中央及省在县内实施过的项目 18 个，减轻农民负担 83 万元，人均减负 2.39 元。县纪委、县委组织部、县委党校对全县 281 个村党支部书记进行党纪党规教育，32 个“两公开、一监督”试点单位建立健全内部制约机制和外部监督机制。

1994 年，按“六个环节”要求，30 名副县级领导干部参与上半年专题民主生活会，县纪委、县委组织部全程监督各乡镇、县直部门专题民主生活会；定期召开公安局、法院、检察院、司法局、税务局、工商局、财政局、审计局参加的执法监督部门联席会议，“惩治腐败不挫伤改革的积极性，保护改革不袒护贪污腐化者”，按条块结合、分口把关的原则，处理违反党政机关廉洁自律、治理乱收费、减轻农民负担、整顿党政机关经商办企业、制止公款旅游等规定的行为。重点查处计划生育干部违规购置服装、佩戴“中国人口监察”标志问题，没收大衣154件、冬装159套、春秋装152套、夏装180套、帽子159顶、标志159副。

1995年，建立县纪委、监察局领导，业务主任联系乡镇、县直纪检监察室的工作制度；县纪委、县委组织部分派人员160人次参加16个乡镇和64县直单位召开的专题民主生活会，全县参加民主生活会的党员干部842人，其中县级以上干部34人。

1996年，县纪委、县委组织部派员100余人次参加5个县级党政机关、41个县直机关、16个乡镇、35个企事业单位、425个站（股、所）专题民主生活会，全县参加民主生活会的县级干部28人、乡科级干部425人、企事业单位领导70人、站（股、所）负责人425人、一般党员干部69人，按“31个不准”廉洁自律规定，自查自纠。清退“三违”住房52套共2744.92平方米，退房金额17.1万元，清理集资超标建房58户共591.5平方米，补款12.64万元。

1997年，在乡镇和重点服务行业开展“为人民服务，树行业新风”活动，推行向社会承诺制度；全县各中小学校全部实行收费卡制度，收费项目、标准如实写入“收费卡”，并张榜公布，接受学生、家长的监督；落实农民减负工作，制定乡统筹、村提留统一标准，向16个乡镇284个行政村1578个村民组共79809户农户发放统一制作的收费卡；监督农业局办公楼建设、扶贫资金、世行贷款等1000余万元资金使用。

1998年，全县5个县级党政机关38名县级干部、62个科局级单位396名科级干部、20个企业单位52名企业领导和395个乡镇站（股、所）均按规定召开专题民主生活会，部分单位还将民主生活会扩大到离退休干部和村党支部，邀请一般干部职工参加，没有发现违反奢侈浪费八条规定的情况；全面清理通信工具，全县办理产权过户手续的住宅电话340门、BP机252部、移动电话30部、上交BP机203部，收取产权过户资金23.16万元；全面抽查农民负担问题，全县各乡镇农民负担均在规定的范围内；清退龙广镇教育辅导站违规收取集资款2.33万元；选聘18名代表分别对工商系统和供电部门进行行风评议。

1999年，县纪委下发《关于抓紧制定党风廉政建设责任制的通知》，县内16个乡镇、65个县直单位制定党风廉政建设责任制；制定《关于规范全县中小学收费的项目和标准的规定》，查处违规收费学校20所、收费项目14个，清退34.87万元；专项检查绿色产业项目贷款、扶贫资金1000余万元的使用情况；专项检查农民负担，15个乡镇教育附加有提高，未发现搭车收费；制定《粮食流通体制改革情况执法监察的意见》；监督建筑工程建设资金近2000万元；成立“收支两条线”协调工作小组，专项检查“收支两条线”的执行。

2001年，县纪委下发《关于集中清理各级领导干部接受和赠送现金、有价证券和支付凭证的通知》，清理单位72个共1031人，未发现违规行为；通报新桥镇镇长驾公车致车毁人亡的行为，下发《关于重申不准党政机关乡科级干部以上领导干部驾驶公车规定的通知》；制发《关于重申和明确2001年党风廉政建设和反腐败斗争主管领导和责任部门工作职责》，试行领导干部党风廉政建设述职评议制度；全力纠正行业不正之风，查缴过期失效药品320种、假劣药90种、违禁药7种、劣质输液器200具，取缔无证行医31家、查封异点行医20家，查处医药违规收费35.7万元；推行中小学教育收费“一费制”，实行“一票否决”，查处学校乱收费5件共5人，减轻教育负担168万元。

2002年，县纪委制定《关于制止乡镇干部“走读”和严格请销假制度的通知》，要求乡镇建立内部食堂，乡镇干部每月在乡镇工作时间不少于22天；重点查处医药、卫生行业不正之风，查处假药121种共1232.2元、劣药1263种共1.19万元，查处不符合卫生标准食品154种共5200元，取缔非法食品厂1家；整治学校乱收费行为，清退木咱中学、海庄小学违规集资1.58万元。

2003年，县纪委制定《关于不准借乔迁办公楼、举办各种挂牌仪式活动发请柬、摆宴席，直接或变相收受和赠送礼品礼金的通知》，收缴违规收受礼金1.8万元；查处超编超标配备使用小轿车行为，清理单位70个，清理车辆231辆，查出超标车辆8辆，全部予以调整；成立会计核算中心，出台《安龙县县直单位集中核算实施办法》，取消违规“小金库”账户44个；制定《关于进一步改善投资软环境的规定（暂行）》《关于加大监督检查力度，确保招商引资工作顺利开展的意见》，对16个执行机关进行行政效能监察；重点治理教育乱收费和医药购销不正之风，清退教育违规收费10余万元，取缔非法药品生产、经营单位16家；县直单位、乡镇和行政村全部实行政务（村务）公开，235名科级以下干部参加竞争上岗，任前公示292人。

2006年，对637名在职股级以上干部建立“廉政档案”；重点检查农村教育“两免一补”资金使用情况，清退龙广二中违规收取信息技术教育费4万元；规范、完善村务、政务公开，建立规范的村务、政务公开栏，有监督电话、举报箱，挂牌公开、挂牌上岗、挂牌收费，办事程序、办事依据、收费标准、办结时限上墙。

2007年，在龙广狮子山村试行村民代表大会、村民理事会、村民监事会“三会”村级民主管理，推行乡镇班子向各村“两委”、基层站所负责人和村民代表述职述廉及村“两委”班子向村民大会述职述廉制度，试行农村基层党风廉政建设联络员制度；县纪委领导与下级党政领导人谈话32人，对71名新任领导干部进行任前廉政谈话，对1名领导干部进行诫勉谈话；对违反党风廉政建设责任制的11名领导干部进行责任追究。

2009年，县纪委开通“12388”信访举报电话；建立备案、公示、督查和追究4项制度，监督使用投资2.64亿元，清理违法用地330宗共32450平方米，查处土地违法案件49起、查处违法排污企业3家；清理“小金库”单位6个共3.69万元；公车、公务接待、公款出国（境）“三公”经费使用纳入年度目标绩效考核；推行党务公开，按建立工作机构，制定实施方案、固定公开栏，党务公开与会议公开、政务公开、与文件公开相结合，公开思想建设、组织建设、党建主要工作、廉政建设情况，制定和完善党务公开责任制制度、党务公开审批制度、党务公开监督员制度、党务公开检查考核制度、党务资料归档制度“12345”要求，建立党务公开领导机构36个，设置固定公开栏38个，公开178期；对2004年以来的行政审批项目进行清理，取消废止行政许可（审批）事项80项，调整增加187项；成立安龙县宏源国有资产经营有限公司，集中统一管理全县国有资产。

2010年，从5个县直单位和16个乡镇聘请87名评议代表，组成17个工作组对县林业站、公安派出所、地税分局、稽查局和工商分局等单位进行民主评议。在全县各乡镇和国土、公安、林业、农业、教育、卫生等窗口部门执行首问负责制、服务承诺制、限时办结制等制度，在16个乡镇建立“一站式”便民利民服务中心；制发《关于进一步抓好党政机关厉行节约有关工作的通知》，将责任分解落实到县财政、外事、组织人事等相关工作部门，并将各单位车辆购置及运行、公务接待、公款出国（境）等各项支出指标控制纳入对各乡镇各单位年度目标绩效考核。下发《关于安龙县党政机关事业单位小汽车定编和配备标准有关问题的通知》，对机关事业单位车辆配置标准、编制管理等作出明确规定。

2011年，对原428项行政许可（审批）事项进行清理，减少83项，继续实施行政许可（审批）事项345项；项目审批由原来的7天降为5天，项目核准由原来的5天降为3天，项目备案由原来的5天降为3天；成立党务公开领导小组，分三级目录，将乡（镇）党委党务公开内容细化为63项，企事业单位党务公开内容细化为39项，明确公开形式、公开范围和公开时限，16个乡镇、57个县直部门、12个企业共410个基层党组织实行党务公开；推进村级村民监事会、村民理事会、村民代表会制度，对全县农村资金、资产、资源进行清理；清查全县公务用车辆513辆，查出超标公车4辆。

2012年，全面清理规范评比达标表彰活动、各级党政机关检查考核活动、行政事业性收费、庆典研讨会论坛活动；对9项涉农资金严加监管，检查梳理问题38条，下发问题整改通知书104份，对3名工作人员和2名村干部进行责任追究；清退学生“补课费”1.73万元；下发《安龙县2012年工程建设领域突出问题专项治理工作要点》，重点监管工程建设招投标，对国土资源领域土地出让、探矿权采矿权出让制度落实情况、房地产开发中违规变更规划、调整容积率问题进行全面清理。

1989年以来，县委将党风廉政建设纳入每年年度考核，制定和细化考核项目，对相关领导干部进行责任追究；县纪委每年订阅《贵州党风》(《贵州党风廉政》)《党风党纪》《中国监察》等各类读物1000余份，分发到党支部以上单位，供广大干部学习。

第四节　纪律检查

1989年，县纪委以管好党纪为己任，协助县委管好党风，发挥“保护、惩处、监督、教育”职能作用，保证治理整顿、深化改革和“一个中心、两个基本点”的贯彻执行，立案查处违反党纪案件38件，处分严重违纪党员34人，其中科级以上党员干部6人、一般党员干部15人、一般党员13人。

1990年，县纪委立案查处党内违纪案件53件共55人，党纪处分39人，法纪处理4人，政纪处分26人，开除党籍处分的15人、留党察看处分的8人、党内严重警告处分的8人、党内警告处分的8人，其中科级党员干部2人、一般党员干部14人、一般党员23人。

1991年，县纪委立案查处48件共50人，党纪处分45人，其中开除党籍21人、留党察看7人、党内严重警告9人、警告8人，科级干部1人、一般党员干部11人、一般党员33人。

1993年，县纪委纪检监察室立案查处违纪案件15件共15人，处分11人，其中党内警告处分3人、严重警告2人、留党察看1人、开除党籍5人；受理政纪案件6件8人，给予行政警告处分的1人，行政记过的1人。

1994年，县纪委受理党纪政纪案件37件人41人（含双重处理的3件3人)，立案查处29件共33人，其中党纪立案10件共11人、政纪立案19件共22人，挽回经济损失10余万元。给予党内警告处分2人、党内严重警告处分1人、开除党籍处分6人、通报批评处理的1人，行政警告处分11人、行政记大过处分1人、行政撤职处分2人、行政开除留用处分1人、行政解聘2人；在受处分的干部中，一般党员3人，一般党员干部（含监察对象)24人，乡科级干部4人。

1995年，县纪委受理党纪政纪案件45件59人（含双重处分的7人)，党纪立案20件共26人、政纪立案25件共33人，为国家和集体挽回经济损失12.34万元；给予开除党籍处分15人、党内严重警告处分3人、党内警告处分3人、撤销党内职务1人，行政撤职处分2人、开除工作籍1人、开除留用1人、行政记大过3人、行政记过4人、行政警告8人、解聘2人；在受处分的干部中，一般党员干部（含监察对象）32人，科员级干部13人，乡科级干部7人。

1996年，县纪检部门受理党纪政纪案件47件共55人（含上年遗案4件共6人)，党纪立案13件共13人、政纪立案34件共42人；给予开除党籍处分6人、留党察看处分1人、党内严重警告处分1人、党内警告处分5人，行政警告处分15人、行政记过处分9人、行政记大过处分2人、行政降级处分2人、开除公职9人、辞退2人，涉及三机关一部门的案件30件37人，大案要案5件5人；在受处分的干部中，乡科级干部4人、一般干部44人、其他人员7人，其中党员31人（含监察对象)。

1997年，县纪检部门受理党纪政纪案件46件共47人，其中党纪立案21件共22人、政纪立案26件共26人，挽回经济损失28万余元。给予党内警告处分4件4人、党内严重警告处分5件5人、撤销党内职务1件1人、留党察看处分4件4人、开除党籍处分6件6人，行政警告处分1件1人、行政记过处分4件4人、行攻记大过处分7件7人、行政降级处分8件8人、开除工作处分6件6人；在受处分的干部中，乡科级干部7件共7人，科员级干部30件共30人，其他人员9件共9人。

1998年，县纪检部门受理党纪政纪案件52件共56人，其中党纪立案29件共29人，给予开除党籍处分14件14人、留党察看处分2件2人、党内严重警告处分2件2人、党内警告处分7件7人；受处分的干部中，乡科级干部8件8人，涉及资金万元以上的经济大案4件4人。

1999年，县纪检部门受理党纪政纪案件56件共63人，其中党纪立案19件共19人，给予开除党籍处分8件8人、留党察看处分3件3人、党内严重警告处分1件1人、党内警告处分5件5人；受处分的干部中，乡科级干部7人。

2001年，县纪检部门受理各类违纪案件60件共60人，其中党纪立案19件共19人、政纪立案34件共34人，免予处分7人。党纪处分中，给予开除党籍处分4件4人、留党察看处分2件2人、党内严重警告处分5件5人、党内警告处分8件8人；受处分的干部中，乡科级干部7件7人，涉及资金万元以上的大案4件4人。

2002年，纪检监察机关立案查处各类违纪案件56件，处分60人，其中党纪处分29人、政纪处分22人、免予纪律处分9人，涉及“三机关一部门”案件21件，乡科级以上干部案件8件共8人，万元以上大案9件共13人，为国家挽回经济损失80万元。党纪处分中，给予开除党籍的4人、留党察看的4人、撤销党内职务的1人、党内严重警告的4人、党内警告的3人。

2003年，纪检监察机关立案查处各类违纪案件58件共58人，其中党纪处分27人，政纪处分31人(含双重处分4件4人)，组织处理7人。查处“三机关一部门”案件23件，乡科级以上干部10件，万元以上大案9件，为国家和集体挽回经济损失138.03万元。

2006年，县纪委立案查处各类违纪案件28件共40人，给予党纪政纪处分31人，其中党纪处分7人，给予开除党籍处分的5人。查处“三机关一部门”案件8件共18人，乡科级干部6件共12人，万元以上大案5件共6人，挽回经济损失41万元。

2007年，县纪委立案查处各类违纪案件39件，挽回经济损失83万元，查办乡科级干部案件6件，查办万元以上大案9件。

2009年，县纪委立案查处各类违纪案件37件，纪律处分34人，组织处理3人，其中党纪处分20人，政纪处分16人，党纪政纪双重处分2人，查办“三机关一部门”案件12件共12人，乡科干部案件4件共5人，万元以上大案6件共6人，挽回经济损失208万元。

2010年，全县纪检监察机关共受理案件线索54条，立案35件，结案37件(含上年遗留2件)，处分50人。其中党纪处分16件共19人；政纪处分17件共29人；双重处分3人；组织处理5件共5人。挽回经济损失56万元。

2011年，全县纪检监察机关共立案19件共25人，结案15件共21人，给予党纪处分3件3人，政纪处分9件12人，双重处分1人，通报批评7人。党纪处分：开除党籍2人、留党察看1人，政纪处分：开除公职1人、行政降级1人、行政记大过1人、行政记过1人、行政警告8人。

2012年，全县纪检监察机关共立案34件共35人，结案30件共31人，给予党纪处分17件共17人，政纪处分13件共14人，双重处分3人，挽回经济损失102.44万元。

第五节　干部监察

1989年，恢复、完善监察机构，建立健全各项制度，受理案件40起，立案调查16起，对20名监察对象进行政纪处分，其中开除工作1人、开除留用3人、记大过3人、记过6人、警告7人，受处分的科级干部2人、副科级干部6人、科员级干部5人、一般干部7人，为国家挽回经济损失17.81万元。

1990年，县监察局接受群众来信来访104件，立案查处18件，政纪处分科级干部1人、科员级干部12人、一般干部5人，其中警告4人、记大过4人、降级1人、撤职2人、开除留用察看2人、开除工作籍5人。抽出人员组成专门的工作组对计划生育工作、干部涉赌行为、民政救济款项等进行专项执法监察。

1991年，县监察局重点清查计划外生育费的管理与使用，查出借支、贪污、私分、挪用资金3.56万元，隐瞒不入账资金2.26万元。县监察局全年接受群众来信来访138件次，立案查处10件，挽回经济损失16.5万元，政纪处分9人，其中科级干部3人、科员级干部3人、一般干部3人；县监察局派驻机构立案32件，挽回经济损失2万元。

1992—1997年，县监察局查处违反政纪案件180件，处分干部192人，其中开除公职24人（行政开除留用1人）、行政撤职8人、行政降级21人、行政记大过33人、行政记过26人、行政警告53人。在受处分的干部中，科级干部9件共9人，涉案金额万元以上的大案13件共13人，通过办案为国家和集体挽回经济损失105.02万元。

1998年，县监察局立案查处违反政纪案件23件共27人，其中开除工作籍1件1人、撤职1件1人、行政降级3件3人、行政记大过4件4人、行政记过5件7人、行政警告7件9人；通过办案为国家和集体挽回经济损失16万余元。

1999年，县监察局立案查处违反政纪案件37件共44人，其中开除籍5件5人、撤销行政职务3件3人、行政降级4件5人、行政记大过6件6人、行政记过2件2人、行政警告8件12人，解聘3件3人，除名1件1人，批评教育5件7人；通过办案为国家和集体挽回经济损失10.52万元。

2001年，县监察局立案查处违反政纪案件34件共34人，其中开除工作籍3件3人、撤销行政职务2件2人、行政记大过4件4人、行政记过8件8人、行政警告17件17人；通过办案为国家和集体挽回经济损失27.5万元。

2002年，县监察局立案查处违反政纪案件22人，其中开除工作籍的4人、开除工作籍留用察看1年的1人、撤销行政职务的2人、行政降级的2人、行政记大过的5人、行政记过的5人、行政警告的3人。

2003年，县监察局立案查处违反政纪案件31人（含党纪、政纪双重处分4件4人）。

2006年，全县政纪处分26人，其中开除公职的6人，受党纪政纪双重处分的2人。

2009年，全县政纪处分16人；2010年，政纪处分17件共29人；2011年，政纪处分9件共12人，其中开除公职1人、行政降级1人、行政记大过1人、行政记过1人、行政警告8人；2012年，政纪处分13件共14人。

1989－2012年县纪委监察局处理的案件统计

表4-2-3

年度	立案件数	结案件数	受党纪处分		受政纪处分		移送司法机关（件）	组织处理（人）	备注
			件数	人数	件数	人数			
1989	54	49	33	34	16	20	4	5	一、1989年至1992年，因县纪委、县监察局分设，党纪处分、政纪处分案件统计分别计算；1993年县纪委、监察局合署办公，案件统一计算，部分数据包括受党纪政纪双重处分 二、组织处理包括：1.通报批评；2.解聘；3.辞退；4.调整岗位；5.免职；6.取消预备党员资格；7.取消荣誉称号；8.诫勉谈话；9.停职（检查）；10.公开道歉；11.引咎辞职；12.责令辞职；13.其他组织处理
1990	71	68	50	52	18	18	4	—	
1991	90	80	43	45	25	25	—	21	
1992	13	13	5	5	8	8	—	—	
1993	15	11	12	12	6	8	—	—	
1994	29	27	10	11	18	21	—	7	
1995	45	45	20	26	25	26	—	—	
1996	43	47	13	13	34	42	—	—	
1997	46	46	21	22	26	26	—	—	
1998	52	52	29	29	23	27	—	—	
1999	56	56	17	17	28	33	—	13	
2000	19	19	16	16	3	6	—	—	
2001	60	60	19	19	34	34	—	7	
2002	56	56	29	29	22	22	—	9	
2003	58	58	27	27	31	31	—	7	
2004	27	27	16	16	11	16	—	—	
2005	25	25	20	25	5	8	—	—	
2006	28	28	—	7	—	26	—	9	
2007	39	39	—	—	—	—	—	—	
2008	28	28	16	19	12	16	—	—	
2009	37	35	—	20	—	16	—	3	
2010	35	37	16	19	17	29	—	5	
2011	19	15	3	3	9	12	—	7	
2012	34	30	17	17	13	14	—	—	

第三章　县委工作

第一节　组织建设

一、干部管理

（一）干部选拔任用

1989年，县委逐步规范干部提名、推荐任职的方法，试行干部下乡挂职制度，经过锻炼，对工作成绩突出的予以提拔重用，同时追究违反计划生育政策的干部的责任，全年处理区、乡干部20余人。1990年，全县区、乡换届，提拔重用年轻干部100余人；1991年，集中调整县直部门、群团组织干部，交流调整干部60余人。1992年，全县筹备“撤区并乡建镇”，成立16个乡镇筹备委员会和临时党委，负责“撤区并乡建镇”期间干部过渡工作，根据《中华人民共和国地方各级人民代表大会和地方各级人民政府组织法》，筹建乡镇政府班子、人大班子，原由区管理的“小乡”干部全部划转到新设立的乡镇工作，另有20余名干部调县直部门工作、获准退休干部30余人。1993年，逐步规范干部职务与职级。县委集中调整县政府部门、县法院、县检察院党组（党委）组成人员，全县交流调整科级干部40余人；全县16个乡镇组建二级领导班子，选拔干部到股级岗位任职150余人。1994年，县委对乡镇干部进行小范围换届调整，集中调整县直部门领导班子，提名县直部门领导成员40余人、乡镇政府班子成员20余人，获准退休干部40余人。

据统计，1989—1994年，县委提拔中青年干部到领导岗位40余人；在考察班子的基础上，先后调配科局级干部300余人次，其中提拔重用副科级以上干部200余人次。

1995年，中共中央下发《党政领导干部选拔任用工作暂行条例》。自本年起，全县实施干部年度考核制度，在每年初考核上一年工作，作为干部选拔任用的依据。至1995年底，全县有副科级以上干部367人，其中大专以上学历118人、中专学历146人。1996年，贯彻《贵州省乡（镇、街道）党政领导干部选拔任用工作暂行办法》，县委制定《关于科级干部选拔任用工作若干规定》，逐步健全干部选拔任用机制，规范干部选拔任用工作程序和档案管理，按照干部革命化、年轻化、知识化、专业化要求和德才兼备、任人唯贤原则，“以德才选干部，凭实绩用干部”。1997年，县乡机关干部完成公务员过渡900余人，调整全县16个乡镇党委、政府和县直21个部门领导班子。

据统计，1996—2000年，全县先后提拔干部360人次，调整调动副科以上干部780人次，科级干部获准退休280余人。至2001年初，全县乡镇领导班子成员平均年龄37岁，每个乡镇均有1—2名35岁左右青年干部进入领导班子；县直机关领导班子成员平均年龄43岁。新提拔的乡科级干部中，35岁以下的211人，占58.61%，90%具有大专以上学历，全县干部大专以上文化程度的提高到78.3%。

2001年，县委组成10个考察组，分别对16个乡镇和21个县直部门进行换届考察，调整充实交流干部137人，其中提拔任用干部65人（副科级提拔到正科级21人、股级提拔到副科级44人，年轻干部19人、妇女干部20人、非中共党员干部4名、少数民族干部49名）。根据工作需要，平级交流干部72人。

2002年7月，中共中央下发《党政领导干部选拔任用工作条例》，县委按照省委组织部《关于进一步加强培养选拔优秀年轻干部工作的意见》，调整副科级以上干部15人；按照干部交流原则干部岗位交流11人，股级干部提拔为副科级领导6人，提拔副科级干部为正科级领导干部1人。

2003年，成立县换届工作领导小组，制定《安龙县县级领导班子换届工作实施方案》，完成县级领导班子换届。全县全年提拔副科级干部为正科级领导18人，提拔股级干部为副科级领导45人，调整交流副科级以上干部136人。注重妇女干部、少数民族干部和非中共党员干部的培养选拔工作，全县全年提拔、交流妇女干部、少数民族干部和党外干部37人。

2003年起，对交流和提拔的干部实行任前公示和试用期制度。

2004年，贯彻《干部任用条例》，推进干部制度改革，县内68个单位组织民主推荐71次，参加推荐1088人，推荐出干部222人，确定考察对象157人；发出考察预告6期共157人，通过电视、公告等形式进行任前公示。全年提拔科级领导干部25人（正科级干部4人、副科级干部21人），其中35岁以下7人、妇女干部2人、少数民族干部11人、无党派干部3人；确定上报科级干部进入副县级后备干部信息库19人，建立乡科级后备干部库210人。

2005年，优化领导班子结构，全县调整干部105人，其中提拔38人、转任重要职务13人、平级交流25人、转任非领导职务11人、试用期干部正式任用18人；制定《关于进一步做好培养选拔党外领导干部工作的意见》，规范党外干部选拔原则、基本条件、任职资格、选拔方法等，明确选配目标和保障措施。

2006年，重点做好县、乡（镇）两级换届工作，出台《安龙县关于2006年乡镇党委换届工作的安排意见》《安龙县关于2006年乡镇人大换届工作的安排意见》，制作《领导班子民主测评表》《领导班子成员民主测评表》《全额定向民主推荐表》《科级干部民主推荐表》《30至43周岁股级干部民主推荐表》《30周岁以下股级干部民主推荐表》《妇女股级干部民主推荐表》《领导班子成员问卷调查表》等8个表格，从规范入手，干部考察工作进一步科学化、规范化、程序化。加大妇女干部、年轻干部、少数民族干部和无党派干部的选拔培养力度，新一届乡镇领导班子成员143人，其中妇女干部19人，由上届的8.3%上升为13.19%；少数民族干部92人，由上届的58.33%上升为63.89%；大专以上文化129人，由上届的63.33%上升为89.58%；中专及高中文化15人，由上届的36.67%下降为10.41%；30岁以下干部32人，由上届3.33%上升为22.22%；31—40岁干部85人，由上届54.17%上升为59.03%；41岁以上干部26人，由上届的40.83%下降为18.06%；平均年龄35.45岁，比上届的37.8岁降低2.35岁。是年，提任领导干部49人，其中副科级提拔为正科级29人、股级提拔为副科级20人；优化班子结构，县政府38个职能部门有党外领导干部33人，全县女领导干部74人；轮岗交流领导干部107人，其中正科级平级转任重要领导职务8人，平级交流27人，副科平级转任重要职务12人，平级交流60人。

2007年，调整县、乡二级班子，通过民主测评、民主评议、民主推荐和组织考察等程序，调整任免县管干部166人，其中提拔副科级为正科级干部18人、提拔股级干部为副科级干部52人、平级调整交流副科级以上干部96人，试用期满正式任职7人，股级干部调整充实77人次。办理科级干部调动13批共91人次，办理干部退休手续15人。贯彻《中华人民共和国公务员法》，采取登记模拟、登记试点和正式登记3个步骤，完成公务员初步登记799人，其中县级干部29人、科级干部429人、科级以下干部341人；暂缓登记人员270人，其中科级干部10人、科级以下干部260人。

2008年，提拔副科级干部为正科级领导12人，提拔股级干部为副科级领导干部33人，平级调整交流副科级以上干部40人；试用期满正式任职47人；股级干部调整57人次；明确科员职务15人；干部调整调动27人次；办理干部退休手续6人；办理选调生的接收分配工作9人。首次公开选拔领导干部，公开选拔副科级领导干部17人。初审上报县内8个群众团体机关《参照公务员法管理实施方案》，建立完善安龙县干部管理信息系统、公务员（含参照公务员管理）单位工作人员信息库。开展从优秀村干部中考录乡镇公务员试点，从优秀村干部中考录乡镇公务员2人。

2009年，提拔任用正科级领导干部7人，平级交流调整正科级领导干部8人，转任重要领导职务正科级干部6人；提拔任副科级领导干部19人，平级调整交流副科级干部3人，转任重要领导职务副科级干部4人。试用期满正式任职科级干部27人。完成省委组织部选调生的录用、分配10人。协助中共黔西南州委组织部开展“两推一考”公选工作，县内乡镇党委书记被提拔为副县级领导干部2人。探索干部人事改革，制定《安龙县部分乡（镇）党政正职、部门正职缺额增补工作方案》，将空缺的县建设局局长及拟安排的乡镇党委书记、乡镇长各2人，其初步人选初始提名权交由县委委员、县委候补委员采用无记名投票产生，组织干部考察组进行差额考察，根据考察情况差额票决决定正式任用人选。是年12月，结合述职述廉工作，对16个乡镇和59个县直部门的科级领导干部实职进行届中考核和年终考核测评。

2010年，扩大干部任用初始提名权，由县委委员、候补委员初始提名差额推荐、差额考察、差额票决的形式，提拔任用乡镇党委书记1人、乡镇长3人；参加州、县联合公开选拔领导干部，公开选拔优秀村干部担任副乡镇长2人。建立完善干部考核评价体系，制定《安龙县县直单位县管干部年度考核办法（试行）》，加强对领导班子、领导干部思想政治建设、领导能力、工作实绩、反腐倡廉建设及重点任务完成情况的考核。完成县政府机构改革人事安排，平级调整或转任重要领导职务正科级干部62人、平级调整或转任重要领导职务副科级干部88人、办理干部任免职手续141人，提拔任正科级领导干部4人、提拔任副科级领导干部3人，办理科员级干部任免职90余人次、干部退休17人次、录用公务员10人次、辞退公务员1人；完成省委组织部选调生的录用、分配及建档建库工作8人；完成贵州省从优秀村干部中考录乡镇机关公务员工作，招录2名优秀村干部到乡镇机关工作；选配年轻女干部、少数民族干部到乡镇正职岗位任职各1人。

2011年，启动县乡换届工作，成立以县委书记为组长的县换届工作领导小组，下发《中共安龙县委关于做好乡镇党委换届工作的意见》，细化换届工作程序、方法、步骤和时间，抽调党员干部16人组成4个督查指导组，专项督查、指导16个乡镇党委和63个县直部门换届工作。召开全县严肃换届纪律保证换届风清气正专题教育大会，围绕中央“5个严禁、17个不准、5个一律”要求，全面宣传政策法规和中央、省委、州委、县委换届工作要求。抽派党员干部48人组成干部考察组8个，全面考察乡镇领导班子及成员，重点考察2006年以来班子集体和个人的运行情况。召开县委常委会，研究决定乡镇领导班子人事方案，配齐配强16个乡镇领导班子，其中提拔副科级干部任正科级领导干部28人、提拔股级干部任副科级领导干部26人、交流干部50人，32岁以下年轻干部39人，比换届前增加19人，31岁至40岁干部比换届前增加16人，乡镇领导班子平均年龄为36.3岁，比换届前下降2.7岁。乡镇领导班子成员大学及以上学历75人，比换届前增加10人。

2012年，制定《2012年县直机关任期调整考察方案》，开展县直机关领导班子民主测评、全额定向民主推荐考察，全县全年提拔科级干部240人，其中正科级干部49人、副科级干部191人；越级提拔正科级干部1人（州县联合公开选拔团县委书记），破格提拔副科级干部4人，调整交流干部210人。调整后，全县有科级干部704人，其中正科级干部232人、副科级干部472人。全县全年选拔任用优秀年轻干部54人，全县科级干部中，35岁及以下干部120人，占17.05%，比换届前增加54人；大学以上学历303人，占43.04%，比换届前增加109人；女干部104人，占14.77%，比换届前增加31人；少数民族干部356人，占50.57%，比换届前增加72人；非中共党员干部80人，占11.36%，比换届前增加34人。全县全年调整交流科级干部114人，其中正科级干部51人、副科级干部63人；建立干部考察队伍信息库，组建考察员队伍73人；多渠道多形式抓好消化超编工作，消化超编72人。充实、配备缺额乡镇干部，完成撤销新安镇设立栖凤、招堤街道的改革工作。完成纪工委（监察分局）统管工作，设立6个纪工委（监察分局）；完成乡镇（街道）财政分局机构升格、人员配备工作；完成全县乡镇（街道）党委（党工委）组织委员配备；考察调整县管中学领导班子成员34人。首次参加全省公务员统一招考，面向社会公开招考录用公务员67人。深化干部人事制度改革，参加州、县面向全州联合公开选拔团州（县）委书记，公开选拔团县委干部2人，其中调任女干部任团县委副书记1人、越级提拔团县委书记1人。探索公开选拔干部的措施和办法，公开选拔干部担任县第四中学副校长2人。

（二）干部培养

1994年，县委确定培养优秀青年干部为县委组织部门的一项重要工作，初步建立全县后备干部名册。

1994年起，县委组织部、县委党校每年均有重点、有意识、有针对性地开展后备干部培训、培养工作，采取层层推荐、逐个考察、严格会审原则，实行强化培养、定期考察、动态管理、择优上岗，至2001年，先后择优提拔后备干部担任副科级以上职务180余人；重点培训、培养后备干部457人、选派挂职培养后备干部122人，分期分批组织后备干部到省、州委党校、大专院校和经济发达地区短期学习培训40余人。

2002年，根据省委组织部、州委组织部要求，全县16个乡镇、县直部门民主推荐后备干部共523人，完善县、乡两级后备干部信息库，进行动态管理；培养考察、跟踪管理省委组织部选调生35人，选拔优秀省委组织部选调生到领导岗位上工作3人。

2003年，继续完善县（处）、乡（科）两级后备干部信息库。全县有县级后备干部14人，其中县委班子后备干部8人、县政府班子后备干部6人；乡镇科级后备干部233名，其中正科级后备干部96人、副科级后备干部137人；县直机关科级后备干部201人，其中正科级后备干部124人、副科级后备干部77人。接收安排省委组织部选调生1人。

2004年，下发《关于从乡镇选拔部分优秀后备干部到村任村科技主任助理或人口与计生主任助理的通知》，从乡镇选派35周岁以下、中专以上文化程度、有强烈的革命事业心和政治责任感、有一定的组织领导和协调能力的优秀后备干部到村挂职锻炼223人；确定上报进入副县级后备干部信息库的科级干部19人，完善乡科级后备干部库210人。依托各级党校的办学力量，推选领导干部、党政一把手和年轻干部参加培训30人，其中参加财政部培训1人、省级培训6人、州级培训18人、到省外培训4人、到发达地区挂职锻炼1人。

2005年，对机关干部、村级“两委”干部、党员、入党积极分子、村级后备干部普遍开展教育培训，全年在县委党校举办培训班4期共201人，其中乡科级班50人、中青班50人、村干部班100人；参加全州调训干部38人，其中县级以上干部22人、科级干部9人、教师1人、村干部6人。县委组织部、县人事劳动和社会保障局组织开展《中华人民共和国公务员法》、计算机技术学习培训，对专业技术人员进行专门培训，把干部学习情况，特别是运用理论解决实际问题的能力，作为干部考察的主要内容和选拔任用的重要依据。

2006年，贯彻中共中央《干部教育培训工作条例（试行）》，完善干部教育培训机制，有针对性地选择乡镇、涉农部门领导参加考察学习，提出科教、城镇和交通三大带动战略，全县全年培训干部8942人。其中，县内举办各类培训80期共6300人，公务员通用能力培训12期共1800人，州委组织部调训副处级干部8人、科级干部34人，农村实用技术人才培训660人，一类贫困村村支书、村主任培训140人。副科级以上干部参加政治理论资格考试491人，合格率100%；选聘边远少数民族乡镇知识青年3人，参加全州少数民族大专班学习，保证其学习期间的生活补助和毕业后工作安排。

2007年，贯彻《贵州省贯彻落实〈干部教育培训工作条例（试行）〉实施办法》《2006—2010年贵州省干部教育培训规划》，采取主体班与专题班相结合方式，逐步实现干部培训由知识补充向能力培养转变。33期共128人次，其中选派县处级干部到省、州和经济发达地区参加各类调训16期共29人，选派乡科级干部到省、州调训15期共71人，选派村干部到州委党校培训2期共28人。在县委党校举办乡科级干部培训班3期共125人，农村党员、农业科技实用人才、农村基层干部培训班3期共144人，县委组织部从县管党费中划拨农村党员干部和实用人才培训经费1.8万余元。

2008年，选派县内干部参加省、州各类培训13期共69人次；开展乡科级干部十七大精神集中轮训4期共342人，其中正科级干部102人、副科级干部240人；开展县委党校中青年干部培训55人；完成省州调训任务20期共72人，其中副县级领导干部28人、乡科级干部44人；选派乡镇干部到县直相关部门跟班学习13人，选派县直部门干部到州直部门挂职锻炼2人。

2009年，按照党的十七大提出的“大规模培训干部，大幅度提高干部素质”的总体要求，选派县内干部参加省、州各类挂职锻炼、集中培训32期共202人次，其中县级干部13人、科级干部148人、股级干部5人、村干部36人。依托县委党校、县行政学校，集中培训公开选拔副科级领导干部17人、乡镇长助理任前培训29人；举办全县组工（政工）干部、2008年以来提拔的科级干部、中青年后备干部、移民聚居村村干部、主要矿区村村干部、主要优质稻生产村村干部、主要烤烟基地村村干部等各类培训班8期共447人，其中科级干部64人、股级干部179人、省委组织部选调生14人、村干部190人，培训内容包括党的十七大和十七届四中全会精神、中国特色社会主义核心价值体系、《干部选拔任用工作条例》、《贵州省乡（镇）、街道干部选拔任用办法》、《中国共产党纪律处分条例》等。开展公务员电子政务培训，重点学习公务员知识，参训公务员1453人。

2010年，着重拓展培训渠道、改进培训方式、丰富培训内容，选派县内干部参加省、州各类挂职锻炼、集中培训41期共216人次，其中县级干部20人、科级干部111人、股级干部25人、村干部55人、企业党支部书记（党建指导员）5人；举办乡科级领导、组工干部践行宗旨教育和贯彻落实“四项监督制度”专题培训班2期，培训县直各部门、乡镇党委（组）书记、党委副书记、纪委书记、纪检组长共150余人；县内各单位、乡镇以各种形式培训干部960余人次，重点学习党的十七届四中全会和科学发展观理论；参加省干部在线学习学院网络平台在线学习120人，组织县乡专、兼职团干部开展党团知识教育培训136人。

2011年，贯彻《2010—2020年干部教育培训改革纲要》，选派县内干部参加各类锻炼、集中培训1600余人次。其中，参加贵州省干部在线学习学院学习164人；县内远程教育管理人员、村干部参加全省贫困村远程教育管理培训班、全省远程教育百千万示范工程培训班、远程教育站点设备维修维护培训班、远程教育信息系统村校结合班和远程教育万村千乡网页制作培训班等共110人；县内农村党员干部参加贵州省农村党员干部短期教育实践培训基地（华西村）培训3期共101人，村常务干部参加全州村常务干部轮训717人，村干部到州农村党员干部短期教育实践培训基地（绿化村）培训10人，选派县内干部参加省、州各类挂职锻炼、集中培训37期共100余人次。

2012年，规范建设德卧镇大水井村省级现场教学基地、招堤街道箐山村党建示范基地，建立干部教育培训激励考核机制，将干部教育培训工作纳入部门年度目标和干部年终考核。全县全年选派干部参加中央、省、州各类培训班50余期共260余人次，举办县级新任领导干部培训班、中青年领导干部培训班和少数民族领导干部培训班各1期共122人次，培训“联乡、驻村”干部264人，组织干部参加省干部在线学习142人；组织县内干部参加“干部在线学习有奖征文”活动，获三等奖1个、优秀奖1个；采用集中学、自学等形式，学习党的十八大精神、国务院关于进一步促进贵州经济社会又好又快发展的若干意见、省第十一次党代会和州第六次党代会精神等7900余人次；利用远程教育站点，组织培训7380余人次，参加培训党员、群众16.3万人次。

二、党员管理

（一）党费收缴

1989年以来，县内中共党员的党费缴纳标准均按中共中央组织部及省、州组织部门要求执行，并按相关规定缴入指定账户。

1997年以前，县内中共党员缴纳的党费标准为：①凡有工资收入的党员，每月以比较固定的经常性工资收入总额为基数，按以下比例交纳党费：每月工资收入在400元（含400元）以下者，交纳月工资收入的0.5%；每月工资收入400—600元（含600元）者，交纳月工资收入的1%；每月工资收入600—800元（含800元）者，交纳月工资收入的1.5%；每月工资收入800—1500元（含1500元）者，交纳月工资收入的2%；每月工资收入在1500元以上（税后）者，交纳月工资收入的3%。②在乡镇企业工作的农民党员，按其月工资收入参照第一条第1款规定的比例交纳党费。其他农民党员每月交纳党费2角。③学生党员（包括没有工资收入的研究生党员），没有经济收入或依靠抚恤、救济为生的党员，每月交纳党费1角。④城市和农村中从事个体工商经营的党员，每月按上季度缴纳个人所得税后平均月收入，参照第一条第1款规定的比例交纳党费。

1998年，调整党费收缴标准：①凡有工资收入的党员，每月以国家规定的工资总额中相对固定的、经常性的工资收入为计算基数，按规定比例交纳党费。工资总额中相对固定的、经常性的工资收入包括：机关工作人员（不含工人）的职务工资、级别工资、基础工资、工龄工资、津贴；事业单位专业技术人员、管理人员的职务工资、等级工资、津贴、奖金；机关、事业单位工人的岗位工资、等级工资、津贴、奖金；企业人员工资收入中的固定部分（基本工资）和活的部分（津贴、奖金）。列入交纳党费计算基数的津贴、奖金，是指年功性津贴、地区性津贴、工资性津贴和按月发放的奖金。②交纳党费的比例为：每月工资收入在400元（含400元）以下者，交纳月工资收入的0.5%；400—600元（含600元）者，交纳1%；600—800元（含800元）者，交纳1.5%；800—1500元（含1500元）者，交纳2%；1500元以上（税后）者，交纳3%。③在乡镇机关和乡镇企业工作或者外出务工的农民党员，村干部和民办教师（代课教师）中的党员，凡有固定收入的（工资或补贴），按照每月固定收入，参照上述规定比例交纳党费。其他农民党员每月交纳党费2角。④实行年薪制人员中的党员，以上年月平均收入为计算基数，参照上述规定比例交纳党费。⑤从事个体经营的党员，每月按上季度月平均纯收入，参照上述规定比例交纳党费。⑥离退休干部、职工中的党员，以国家规定的离退休费为交纳党费计算基数，领取养老保险金的党员，以养老保险金为基数，参照上述规定比例交纳党费。⑦下岗待业的党员、依靠抚恤和救济为生的党员、领取当地最低生活保障金的党员，每月交纳党费2角。

2008年，中共中央组织部制定《关于中国共产党党费收缴、使用和管理的规定》，再次中共党员党费收取标准。①按月领取工资的党员，每月以工资总额中相对固定的、经常性的工资收入（税后）为计算基数，按规定比例交纳党费。工资总额中相对固定的、经常性的工资收入包括：机关工作人员（不含工人）的职务工资、级别工资、津贴补贴；事业单位工作人员的岗位工资、薪级工资、绩效工资、津贴补贴；机关工人的岗位工资、技术等级（职务）工资、津贴补贴；企业人员工资收入中的固定部分（基本工资、岗位工资）和活的部分（奖金）。②党员交纳党费的比例为：每月工资收入（税后）在3000元以下（含3000元）者，交纳月工资收入的0.5%；3000—5000元（含5000元）者，交纳1%；5000—10000元（含10000元）者，交纳1.5%；1万元以上者，交纳2%。③实行年薪制人员中的党员，每月以当月实际领取的薪酬收入为计算基数，参照第一条、第二条规定交纳党费。④不按月取得收入的个体经营者等人员中的党员，每月以个人上季度月平均纯收入为计算基数，参照第一条、第二条规定交纳党费。⑤离退休干部、职工中的党员，每月以实际领取的离退休费总额或养老金总额为计算基数，5000元以下（含5000元）的按0.5%交纳党费，5000元以上的按1%交纳党费。⑥农民党员每月交纳党费0.2—1元。学生党员、下岗失业的党员、依靠抚恤或救济生活的党员、领取当地最低生活保障金的党员，每月交纳党费0.2元。

2008年5月12日14时28分，四川省阿坝藏族羌族自治州汶川县发生8.0级特大地震，造成6.9万多人遇难，1.8万余人失踪，直接经济损失超过8000亿元。灾害发生后，全县广大共产党员发扬“一方有难，八方支援”的传统美德，发挥共产党员的先锋模范作用，于地震后1个多月时间内，全县3974名中共党员自愿交纳“特殊党费”共计30.74万元（其中交纳1000元以上的48人），该款分4次划入中共中央组织部专门账户。

1989－2012年全县中国共产党党员统计表

表4-3-1　　单位：人

年度	总数			年龄结构						文化程度					
	合计	其中		25岁以下	26—35岁	36—45岁	46—55岁	56—60岁	61岁以上	大专以上	中专	高中	初中	小学	文盲
		女	少数民族												
1989	8172	1042	3785	387	1441	2158	2316	949	921	223	501	493	1883	4012	1060
1990	8209	1068	3825	298	1461	2165	2248	1036	1001	232	544	507	1885	4048	993
1991	8258	1077	3840	302	1316	2075	2405	1138	1022	243	579	532	1919	4006	979
1992	8414	1080	3940	175	1319	2243	2178	1128	1371	272	601	594	2006	4040	901
1993	8540	997	4615	214	1368	2182	2210	1121	1445	281	707	667	2103	4036	746
1994	8700	1103	4017	220	1323	2070	2153	1123	1811	313	755	662	2201	4023	746
1995	8917	1172	4121	229	1400	2046	2241	1102	1899	333	819	694	2339	4004	728
1996	9210	1202	4107	227	1399	1994	2447	1129	1964	391	908	831	2415	3974	691
1997	9381	1224	4339	282	1581	1925	2848	1189	1556	440	931	786	2655	3878	691
1998	9470	1248	4406	319	1647	1953	2156	1190	2205	476	987	822	2709	3884	592
1999	9652	1267	4437	299	1671	1969	2165	1201	2347	558	998	847	2721	3966	562
2000	9844	1299	4510	302	1542	2174	2211	1023	2592	805	1153	895	2967	3581	443
2001	10037	1379	4656	263	1476	2126	2148	1228	2796	880	1230	869	2844	3763	451
2002	10278	1388	4833	278	1581	2160	2147	1220	2892	1034	1312	1008	2965	3541	418
2003	10538	1455	4678	436	1486	2156	2028	1181	3251	1235	1407	945	3001	3537	413
2004	10690	1473	4863	459	1727	2186	2325	1341	2652	1513	1136	974	3154	3511	402
2005	10846	1336	4927	556	1729	2227	2321	1263	2750	1577	1247	1031	3179	3416	396
2006	10999	1341	4976	599	1573	2159	2457	1296	2915	1784	1272	1033	3147	3362	401
2007	11148	1356	5097	617	1501	2213	2448	1287	3082	1981	1219	1040	3162	3337	409
2008	11304	1367	5203	669	1465	2251	2319	1256	3344	2187	1236	1048	3184	3243	406
2009	11461	1372	5339	716	1367	2373	2250	1206	3549	2393	1255	1023	3286	3102	402
2010	11614	1384	5427	775	1257	2359	2207	1195	3821	2582	1251	1036	3349	2992	404
2011	11787	1392	5506	856	1218	2332	2201	1122	4058	2770	1244	1062	3367	2938	406
2012	11799	1944	5517	862	1007	2302	2205	1178	4245	2782	1244	1067	3378	2956	372

（二）民主评议党员

民主评议党员是按照《中国共产党党章》规定，对全体党员进行做新时期合格党员的教育，通过自我评价、民主评议和组织考核，检查和评价每个党员在坚持党的基本路线的实践中，发挥先锋模范作用的情况，并通过组织措施，达到激励党员、纯洁组织、整顿队伍的目的。民主评议党员制度是党支部的一项基本制度，是党支部按照有关规定，定期组织党员开展民主评议的一种制度。民主评议党员在党委领导下，以支部为单位进行，每年进行一次。

1989 年以来，每年均在中共安龙县委领导下，全县中共党员以党支部为单位，以党小组或支部党员大会形式，采取学习教育、自我评价、民主评议等环节，对党支部全体党员进行公平、公正、公开的评议。据统计，1989—2012 年，全县应参评党员 239268 人次，除流动党员及因事因病请假未参评党员外，民主评议结果为好的党员人数为 200463 人次，占 90.07%；评议结果为一般的党员人数为 21582 人次，占 9.7%；评议结果为差的党员人数为 526 人次，占 0.23%。评议结果是党员任职、提拔任用的重要条件。

1989－2012 年全县各级中共组织民主评议党员情况表

表 4-3-2

评议时间	党支部个数（个）	应参评党员人数（人）	流动党员及因事因病请假等未参评人数（人）	民主评议结果		
				好的（人）	一般的（人）	差的（人）
1989 年 12 月	518	8172	331	7222	612	7
1990 年 11 月	529	8209	387	7181	633	8
1991 年 12 月	536	8258	396	7193	658	11
1992 年 11—12 月	533	8414	421	7302	679	12
1993 年 12 月	541	8540	432	7401	693	14
1994 年 11—12 月	518	8700	467	7519	698	16
1995 年 12 月	520	8917	503	7685	715	14
1996 年 12 月	536	9210	536	7921	737	16
1997 年 12 月	540	9381	584	8032	748	17
1998 年 11—12 月	538	9470	608	8093	753	16
1999 年 12 月	542	9652	638	8209	789	16
2000 年 12 月	547	9844	667	8336	826	15
2001 年 12 月	555	10037	694	8485	841	17
2002 年 12 月	559	10278	713	8677	869	19
2003 年 12 月	569	10538	764	8816	932	26
2004 年 12 月	571	10690	783	8894	986	27
2005 年 11—12 月	576	10846	808	8998	1011	29
2006 年 12 月	572	10999	871	9012	1085	31
2007 年 12 月	454	11148	916	9079	1121	32

续表 4-3-2

评议时间	党支部个数（个）	应参评党员人数（人）	流动党员及因事因病请假等未参评人数（人）	民主评议结果		
				好的（人）	一般的（人）	差的（人）
2008 年 12 月	457	11304	973	9097	1198	35
2009 年 12 月	461	11461	998	9224	1203	36
2010 年 12 月	463	11614	1019	9342	1216	37
2011 年 12 月	470	11787	1061	9401	1287	38
2012 年 12 月	470	11799	1066	9344	1292	37
合计	12575	239268	16636	200463	21582	526

（三）党员教育

1. 农村社会主义教育

1991 年 3 月 29 日，县委下达《在农村普遍开展社会主义思想教育的意见》，决定用 1 年左右的时间，在全县农村开展一次系统的社会主义思想教育（简称“社教”），并确定城关镇、德卧镇、龙广镇、普坪乡、木咱乡、大坪乡、木城乡、洒雨乡、北乡乡等 3 镇 6 乡参加第一批教育活动，分宣传发动、处理具体问题、发展规划和制度建设、总结验收 4 个阶段进行，时间为 45 天。7 月中旬，县委确定参加全县第二批农村社会主义思想教育活动的是五台、科汪、新桥、木科、大坝、戈塘、鲁沟、纳院、招堤和石盘等 10 个乡，共 70 个村 482 个村民组，有党员 1475 人，村支部 70 个、乡机关党支部 11 个，按“宣传发动、搞好党员和骨干培训”“村级组织建设”“稳定和完善家庭联产承包责任制、健全统分结合的双层经营体制”“帮助村组制定发展计划”“搞好农村社会治安综合治理”“总结评比、检查验收”6 个阶段进行。1992 年 2 月，县委部署剩余乡镇开展社教活动，7 月结束。通过 1 年多的社教活动，完成“六个清理”“一个建立”和“一个发展任务”：清理各种集体资金 49.6 万元；清理集体财产 292 件，退还公物 154 件，兑现损坏公物赔款 7000 元；清理占用沟渠 109 处共 3270 米，占用公房、晒坝、学校等设施 46 处共 2300 平方米；落实劳动用工积累 12.78 万个，完善土地承包合同 10056 份，收取各种集体提留 18.85 万元；清理“三违”建房 3.05 万平方米，兑现“三违”罚款 2.19 万元，拆除“三违”占地建房 1597.74 平方米；清理“三户一人”土地 42.95 公顷，落实有偿转包 42.68 公顷，清理私自扩耕以及承包后一直未植树造林的宜林荒山等 213.15 公顷，收取扩耕、水土保持费 8066 元，落实退耕还林还草 245.89 公顷，落实荒山造林 524.24 公顷。全县各行政村均建立劳动用工积累制度和财经以及山水林田路等的管护制度，实现农村经济的发展。在社教中，全县农村普遍开展了党员民主评议、评选优秀党员、处置不合格党员等党内思想教育活动，整顿建立 114 个党支部，发展新党员 26 人，整建团支部 39 个，发展新团员 109 人，整建妇女组织 27 个，调整党支部书记 53 人。

2. “三个代表”重要思想学习教育活动

2000 年年底，中共中央决定用两年左右时间，在全国农村开展“三个代表”重要思想学习教育活动（简称学教活动），全面加强农村基层党组织的建设。安龙县的学教活动从 2001 年 3 月 7 日开始，至 2002 年 2 月 5 日结束，历时 283 天，分三批进行。第一批在 16 个乡镇机关开展；第二批在县直部门开展；第三批在村、居民委员会开展。每批教育活动时间 3 个月。2001 年 2 月下旬，成立县委农村“三个代表”重要思想学习教育活动领导小组及其办公室，组织 48 个指导小组，选派指导员 98 人，对乡镇机关和县直部门的学教活动进行指导和督查；各乡镇党委也选派指导人员697人组成297个指导小组。

每批学教活动均按培训学习阶段、对照检查阶段、整改提高阶段3个阶段进行，对照检查阶段时发放征求意见表8万份，征求意见对象5万余人，归纳整理意见11029条。

3. 保持共产党员先进性教育活动

2004年11月7日，中共中央发出《关于在全党开展以实践“三个代表”重要思想为重要内容的保持共产党员先进性教育活动的意见》。安龙县分三批开展保持共产党员先进性教育活动。第一批是县直机关、县属企事业单位党组织和党组织关系在县的直管部门，2005年1月开始，6月结束；第二批是乡镇机关和所属企事业单位党组织，2005年7月开始，12月结束；第三批是乡镇行政村、社区党组织，2006年1月开始，5月结束。根据农村和社区党员的实际，第三批教育活动主要集中在1—3月。

各批教育活动均按中央规定的学习动员、分析评议、整改提高3个阶段进行。2006年7月，县委召开庆祝建党85周年暨全县保持共产党员先进性教育活动总结会议，对全县先进性教育活动进行全面总结。

4. 深入学习实践科学发展观活动

2009年3月至次年2月，全县党组织参加第二批和第三批深入学习实践科学发展观活动。第二批参加的单位是县级机关及县属各部门，组织关系在安龙的省州驻县单位和部门，2009年3月开始，8月结束。第三批参加活动的范围是：乡镇，村（居委会、社区），中小学校、医院，新经济组织、新社会组织（简称“两新”组织），共306个党组织、8298名党员，以基层党组织领导班子和基层单位党员负责人为重点，单位全体党员参加，2009年9月开始，次年2月结束。活动对乡镇和其他单位的要求有所区别，乡镇机关（包含下设站所）2009年9月开始，到2010年2月基本完成，集中活动时间6个月；其他单位（包括村、居委会、社区、中小学校、医院、“两新”组织）从2009年9月初做好准备工作，9月中旬启动，集中活动时间不少于4个月。

5. “忠实践行宗旨、勤政廉政为民”和“创先争优”活动

2010年，县委开展“忠实践行宗旨、勤政廉政为民”和“创先争优”活动。针对2009年8月至2010年5月，全县遭受百年不遇的特大旱灾的实际，把服务好县委县政府中心工作作为检验活动是否真正取得成效的关键，动员和组织520个基层党组织、1万多名党员投入抗旱救灾，组建“党员义务送水车”“党员抗旱志愿服务队”“党员抗旱救灾突击队”，帮群众排忧解难，为受灾群众办好事实事800多件，有效解决33万人、8万多头（匹）牲畜的饮水困难。全县有5个基层党组织被评为省级“五好”基层党组织、5个基层组织在抗旱救灾中受到省委表彰、5个基层党组织和5名党员分别被评为州级抗旱救灾先进基层党组织和优秀共产党员，有110个先进集体、100名先进个人受到县委表彰。

第二节　宣传教育

1991年4月29日，成立县精神文明建设办公室，设于县委宣传部内。1993年，县委宣传部增设理论组、通讯组、社会宣传组。1994年，成立安龙县报社。1998年9月3日，成立《黔西南日报》安龙通联站。2005年，增设对外宣传股。

一、时事政治宣传

1989—2012年，中共安龙县委主要在全县党员中开展了社会主义思想教育、“三个代表”重要思想学习教育、保持共产党员先进性教育活动和深入学习实践科学发展观等时事政治宣传教育活动，并在县级机关开展了以“讲学习、讲政治、讲正气”为主要内容的“三讲”教育活动，每次活动均按学习动员、分析检查、整改落实等几个阶段进行宣传教育，活动中县委组织部、县委宣传部编印各类时事政治宣传资

料，配合开展下基层、问民心、访疾苦，解决群众实际困难，使党员接受教育，群众得到实惠。

二、干部理论学习

1989年，围绕中央“治理经济环境，整顿经济秩序和全面深化改革”方针，组织学习《社会主义初级阶段理论和党的基本路线》，印发《学习贯彻十三届四中全会精神宣传提纲》。召开有关城镇、经委、教育局、工会、共青团、老干局、安龙师范师生和农民代表参加的座谈会，就平息北京反革命暴乱进行座谈，统一对北京反革命暴乱的性质的认识。

1990年，重点开展马克思主义基本理论、党的基本路线和党的基本知识的党员“三基本”教育。

1991年，组织学习《马克思主义哲学学习纲要》《宏伟的纲领》以及《江泽民在党成立70周年纪念大会上的讲话》《毛泽东选集（一至四卷）》；全县教育系统还组织学习了《关于社会主义若干问题纲要》等。

1992年，组织全县在职党员、干部1604人集中学习中共党史、马克思主义党建理论，参加全省中共党史知识考试，及格率97%。

1993年，组织全县干部观看影片《新中国第一大案》。

1994—1996年，组织全县干部学习邓小平建设有中国特色社会主义理论、市场经济理论、党的基本知识和党的廉政建设知识等。

1997年，重点学习中共十五大精神，全县干部每人配发《十五大文件汇编》《邓小平发展理论》《精神文明建设的伟大纲领》等学习资料。

1998年，县内干部5500人参加十五大精神、邓小平理论知识考试。

1999年，组织全县干部6525人学习《建设有中国特色社会主义理论纲要》，考试合格率100%；组织副科级以上干部452人学习《邓小平理论》，考试及格率100%。

2000年，围绕西部大开发战略，组织全县干部开展“西部大开发，安龙怎么干”大讨论，举行各类研讨会、交流会、座谈会10余次，收到干部、群众意见建议500余条。

2001年，以“三个代表”重要思想教育实践活动为契机，发放《“三个代表”重要思想干部读本》《“三个代表”的光辉历程》《中国农民基本常识读本》、江泽民《论科学技术》《“三个代表”思想学习问答》等，采取集中学习、专家讲课和自学等形式，在全县干部职工开展学习教育。

2002年，在学习“三个代表”重要思想的同时，重点宣传学习中共十六大精神。《十六大报告思想论断新举措专题读本》全县干部人手一册，《江泽民同志在中国共产党第十六次全国代表大会上的讲话》股级以上干部人手一册，全县干部7000人参加学习十六大精神集中考试。

2003年，为全县干部发放《黔西南州2003年干部理论学习资料》，重点学习郑培民事迹。

2004年，重点学习中共十六大、十六届三中、四中全会精神，及《中华人民共和国宪法》《中华人民共和国行政许可法》《中国共产党党员监督条例（试行）》《中国共产党纪律处分条例》等。《黔西南州干部理论学习资料汇编·中共十六三中全会〈决定〉辅导读本》，全县干部人手一册。

2005—2009年，以全面贯彻落实科学发展观为契机，重点组织全县干部深入学习中共十七大、十七届四中全会，及省委九届八次全会、州委四届九次全会精神，每年均按规定组织全县干部参加考试。

2010—2011年，主要学习中共十七大、十七届四中、五中全会精神，组织人员深入基层开展调研，撰写调研文章。

2012年，重点组织全县干部学习中共十八大和省第十一次党代会精神，并就如何贯彻国务院《关于进一步促进贵州经济社会又好又快发展的若干意见》展开大讨论。

三、党报党刊征订

1989年以来，每年党报党刊征订工作均由县委宣传部下达《人民日报》、《光明日报》、《贵州日报》、《黔西南日报》、红旗杂志、求是杂志、半月谈杂志、当代贵州杂志等主要党报党刊征订任务，主要从邮政渠道订阅。

1993年，全县完成1323份内部刊物的发行工作，征订1994年度内部刊物937份，其中《半月谈内部版》539份、《时事报告》122份、《党建》54份、《农村大世界》27份、《宣传通讯》24份、《形势教育参考材料》38份、《理论与当代》18份、《时事资料手册》38份。征订干部理论学习资料《建设有中国特色社会主义理论》500份、《认真学习十四大报告和中国共产党章和辅导材料》3000份。

1995年，安龙县获得报刊发行全州第一名。年底，完成1996年的报刊征订任务，征订《人民日报》170份、《贵州日报》942份、《黔西南报》1136份、《求是》52份、贵州《党的生活》391份。

1998年，征订《人民日报》152份、《求是》89份、《贵州日报》1004份、《贵州党的生活》374份、《黔西南报》1381份、《半月谈》157份，获全州第二名。此后，全县党报党刊均按要求完成任务，并逐年增加征订数量。

2010年，全县征订《人民日报》192份、《当代贵州》1052份、《黔西南日报》2009份、《求是》杂志169份。

2011年，全县征订《人民日报》216份、《贵州日报》1285份、《黔西南日报》2500份、《求是》199份、《当代贵州》1285份、《光明日报》94份、《经济日报》126份、《新华每日电讯》121份。

第三节　统战工作

中共安龙县委统战部是县委主管统一战线工作的职能部门，是县委在统一战线工作的参谋和助手，内设办公室和业务股。1994年起，对外加挂县委台湾工作办公室和县人民政府台湾事务办公室牌子，主管全县党外人士工作、非公有制经济工作、涉港澳台侨事务工作和民族宗教工作等。2001年9月，县委成立县委统战工作协调领导小组，县委副书记李根强任组长。

一、党外人士工作

1989年后，县内开展的党外人士工作主要有考察、储备党外干部，选派党外人士参加各类培训，推荐优秀党外人士进入县政协等组织，发挥党外人士作用。

1991年3月23日，县委在化力区公所召开党外人士代表座谈会，传达中共中央总书记江泽民在1990年全国统战工作会议上的讲话和中发〔1990〕10号文件，县政协、县委统战部、县民委、县对台办等单位负责人50人参加会议。1991年，县党外人士重点推荐名单为罗华坤、董家本、贺发志、王舟官、贺登华、符志龙、王永文。

1994年7月，县委统战部牵头，抽调组织部、人事局等单位7人组成考察组，对县内党外人士进行考察。经考察，全县干部总数为4336人，其中党外干部2339人；专业技术人员3018人，其中党外1920人；大专、中级职称以上干部631人，其中党外492人。明确党外干部为培养对象29人；县直55个机关中有15个配备党外干部，其中正职5人、副职10人；16个乡镇领导班子有7个乡镇配备党外干部任副乡镇长。

1995年，县委统战部推荐县农业局副局长林嘉龙为县政府副县长候选人；1996年，选派党外干部8人到乡镇挂任副乡镇长、党外人士6人到学校支教；2000年，全县副科级以上党外干部34人，16个乡镇全部配备党外干部任副乡镇长。

据2003年7月统计，县内党外知识分子有4222人，占全县知识分子总数的72%，其中副县级干部有县政府副县长罗华坤、县人大常委会副主任杨荣方、县政协副主席兼县工商联合会主席宋羸、县政协副主席邹诗学、刘继宁等。

2004年8月，选送县农业局副局长辛富康、县卫生局副局长林淑丽、县畜牧局局长助理王世涌、县智力支边办副主任罗正惠、新桥镇镇长黄显荣、海子乡副乡长王开琼等6人党外干部到州委党校培训1个星期。

2010年10月20日，选派党外干部朱元俊、罗正惠、牟佳、李强兵、时功华、肖阳权6人参加全州机关党外科级干部培训班学习。

2012年，完善党外干部数据库，全县有副科级以上领导干部78人，其中副县级5人、正科级7人、副科级66人。

二、非公有制经济人士工作

20世纪90年代以来，县内非公有制经济发展迅猛，县委依托县委统战部、县工商联等单位和组织加强对非公有制经济的引导，促进非公有制经济健康发展。

1992年，县委建立中共安龙县工商联党组，杨明荣兼任工商联党组书记；1995年11月10日，县委批复县工商联加挂县商会牌子；1996年8月，安龙县商会龙广分会成立；1997年，投资70万元的安龙县商会液化气加气站建成投入使用；2002年，成立安龙县商会新安分会；2005年，安龙县商会冶金行业分会成立。

2007年11月28日，县委成立安龙县非公有制经济代表人士综合评价工作领导小组，县委副书记蔡平任组长，县政协副主席县委统战部部长韦世欧、县政协副主席县工商联合会会长辛富康任副组长。全县非公有制经济迅猛发展，全县个体工商户4929户，注册资金4383万元，私营企业652家，注册资金71926万元，非公经济缴纳的税费1.41亿万元，占全县财政总收入的53%，实现的增加值13亿元，约占全县生产总值的60%。中国光彩事业促进会在一中、德卧中学、普坪中学发放“三学苑”教学资源卡441份，合计人民币22.05万元。

2010年6月10日，成立安龙县工商联合会会员重新登记工作领导小组。11月，推荐凤凰石材加工厂厂长李桂民到省社会主义学院参加全省非公经济代表人士培训班学习。

三、涉港澳台侨事务

1989年5月30日，县委批准设立县政府台湾事务办公室，县委对台办公室加挂“安龙县人民政府台湾事务办公室”牌子，实行一个机构、两块牌子机制，为县委编制系列。

1990年，县境共接待探亲同胞95人次，通过台湾台胞探亲带回的人民币75万元、美金3.6万元，汇兑资金4万元。

1991年，台胞捐赠5500元，其中戴崇高捐5000元给洒雨区木科乡阿八小学，杨金治捐500元给安龙佛教协会。接待台胞71人，帮助台胞台属找亲人72人，找到11人。全年台胞赠资人民币37.71万元。解决侨眷王淑英困难生活补助费200元，并协调帮助安排其子女就业。旅台乡亲捐赠人民币26万元，兴建龙广中学“怀乡楼”。据统计，至1992年，县境在台人员第一代436人、第二代154人、第三代15人。

1994年，全县共有台胞99人(次)捐资54.22万元，兴办县内公益事业。

据统计，1988—1994年，县内台胞捐赠给亲人的财物有：人民币152.7万元、美金12.63万元、台币5.32万元、港币1500元，彩电、金银首饰折合人民币50万元，共计折合人民币300万元。

1995年4月15日，县内旅台乡亲张耀智等人募集资金7万美元，筹建“怀安中学”。是年，县境接待探亲台胞43人，台胞捐赠公益事业美金5万元、人民币1.02万元。1996年9月30日，“怀安中学”落成。1999年4月，张耀智等人再次为“怀安中学”捐资10万元，兴建实验楼。

2002年，接待参加贵阳书画展后到安龙考察的台胞一行90余人。

据统计，至2002年，安龙籍台胞450人，有政治影响和经济实力的14人，去台人员留在大陆的亲属

1500人，回大陆定居的3人。

2003年8月7日，县委统战部加挂“中共安龙县委台湾工作办公室”“安龙县人民政府台湾事务办公室”牌子。全县台胞171户，总人数600人，其中第一代244人、第二代356人；县内台属180户共910人，其中农村675人、机关165人、经商70人。

2005年3月14日，十届全国人大三次会议通过《中华人民共和国反分裂国家法》，县委统战部组织开展广泛地学习宣传活动，全县上下形成反分裂促统一的良好氛围。

2008年春节，对台胞、台属进行慰问8400元。

据2008年9月统计，全县台胞176人，台属387人。

2009年1月16日，成立安龙县侨联小组。

2010年10月，接待台湾贵州同乡会一行12人到县观光交流。

四、民族宗教工作

1992年，全县民族危房建房45户，“双语言”教学17个点、22个班、教师17人、学生2769人。

1997年6月11日，启用“天主教安龙教会”印章。

1999年1月20日，成立天主教安龙教区和安龙教区爱国会，启用新印章。12月13日，县委同意在县民族事务局加挂“安龙县人民政府宗教局”牌子。是年，县委成立安龙县天主教工作领导小组，县委副书记林永菁任组长。

2000年1月7日，成立“安龙县人民政府宗教局”。

至2002年6月24日，县境有天主教、佛教、伊斯兰教、基督教4个教种共6个宗教活动场所，信教群众1万余人，占全县总人口的0.03%，全县16个乡镇均有分布。

2003年，将明十八先生墓祠后莲花寺搬迁至水硐山，更名圆通寺。7月8日，开工建设圆通寺大雄宝殿。

2004年，圆通寺前期工程（大殿）修建结束，总投资40余万元。

2006年，帮助普坪镇石冲清真寺协调资金3万余元，撤建瓦木结构教堂。

2007年，确定万峰湖镇民族小学为县内开展民族民间文化教育的试点学校，完成5所学校民族民间文化进课堂的申报工作。协调资金50万元，在10个民族村寨修建村级卫生室10个。协调筹集资金11.5万元对天主教、福音堂、圆通寺等4个宗教活动场所进行修缮；选派天主教韦能招等4名代表参加贵州省教区祝圣助理主教典礼。

2008年6月，县委统战部分别拨付县内7个宗教活动场所资金2000元，专项维修安全设施；释藏融出席贵州省佛教协会第八次代表会议。

2009年，拨付民族发展资金4万元，硬化兴隆镇少数民族聚居地排冗、信教群众聚居地纳闹组入户道路。拨付资金7.2万元，征地维修“白旗起义”首领张凌翔、马河图墓；为全县4个清真寺解决工作经费4000元。

第四节　政法委工作

1991年5月，组建社会治安区域治理工作队，队部设在戈塘乡，下设鲁沟乡、大坝乡、戈塘镇3个工作组。6月25日，根据中共中央、国务院《关于加强社会治安综合治理的决定》，在原县社会治安综合治理领导小组的基础上，成立县社会治安综合治理委员会及其办公室，县社会治安综合治理委员会主任一般由县长担任，县社会治安综合治理办公室与县委政法委员会合署办公。

1992年，全县建镇并乡撤区工作完成后，全县各乡镇均成立社会治安综合治理委员会及其办公室，负责本辖区社会治安综合治理工作，乡镇社会治安综合治理委员会主任一般由乡镇长担任。

1997年7月10日，下达县社会治安综合治理办公室“三定”方案。其工作职责主要是制定综合治理年度工作计划和阶段性工作意见；调查研究社会治安中的新趋势和新问题，提出治理对策，为领导宏观决策提供依据；指导协调、检查督促全县综合治理工作的深入开展；做好综合治理年度总结和阶段总结；总结推广综合治理工作经验，表彰先进，推进后进。

2012年2月，印发《中共安龙县委政法委员会、安龙县社会治安综合治理委员办公室职能配置、内设机构和人员编制方案》，县委政法委员会、县社会治安综合治理委员会办公室合署办公，一个机构两块牌子，内设机构为办公室（含政工、执法监督）、综治股、维稳股。

一、督促检查和督办

1989年后，县委政法委每年都要针对全县政法和社会治安形势，开展专项督促检查，并对重大案件进行挂牌督办。是年7月，县委办转发《关于进行全县社会治安综合治理工作检查的意见》，要求通过检查推动全县社会治安综合治理工作。

1990年5月8日，县委政法委下发《关于认真做好参加全国集中统一行动的紧急通知》，要求5月起到“亚运会”前在全县范围内开展打击团伙犯罪为重点的集中行动，法院、公安在此期间联合召开1—3次公捕、公判大会。

1991年8月10日，县委政法委下发《关于印发县委副书记韦先时同志在全县“严打”紧急会议上的讲话的通知》，重点打击盗窃惯犯、累犯、流窜盗窃、入室盗窃、盗窃车辆、盗窃输电、通信线路、救灾物资、生产设施、偷牛盗马等重大盗窃犯和杀人、抢劫、爆炸、强奸、拐卖人口等严重犯罪分子。是年，县委政法委下发《九一年第一期社会治安区域治理工作实施意见》，决定将大坝、戈塘、鲁沟3个乡列为第一期区域治理工作重点，解决存在的突出问题，整顿维护社会治安、落实防范措施、维护社会稳定，确保戈塘金矿建设的顺利进行。

1995年4月，县社会治安综合治理委员会《关于一九九五年巩固社会治安综合治理达标成果的整改意见》，要求加强政法队伍的思想教育，严格队伍管理；坚持严打方针，深化综合治理，搞好集中整治工作。

1996年9月3日，县委政法委会议指出，鉴于办理拐卖人口案件的特殊性，办理案件的赃款物按刑诉法规定的程序，由公安、检察院随案件移送法院，法院审理终结后全额上交县财政局。

1997年1月14日，县委政法委下发《关于开展严打整治“冬季行动”第二次集中统一行动的通知》，集中追捕“三逃”人员，重点追捕1994年以来，特别是1996年批捕在逃人员和重大负案在逃人员。

1999年，县委政法委下发《安龙县1999年政法（综治）工作安排意见》。全力维护社会政治稳定，巩固发展安定团结的政治局面；深入开展“严打”斗争和专项治理，保持“严打”高压态势，注重打击整治效果；抓好治安“平安工程”模范县的巩固、提高。

2002年9月16日，县委下发《关于明确副县级以上领导干部及县综治委成员实行包片挂点联系乡镇的通知》。决定在综治“三五”期间实行政法机关包片，副县级领导和综治成员单位包乡镇，各部门各负其责，齐抓共管。

2003年4月18日，县委政法委下发《2003年安龙县维护稳定工作要点》。加强监控、防范与深挖打击相结合，严密防范邪教“法轮功”以及其他邪教组织在县内的破坏活动；加大对邪教组织“门徒会”的打击力度，确保全县社会政法稳定；落实地方、部门两个责任制，做好对各类矛盾纠纷的排查、调处工作；做好基础调研，发挥维稳机构的前瞻性职能作用；建设一支高素质的队伍。

2004年10月29日，县委政法委下发《关于建立涉法涉诉问题工作情况月报制度的通知》。要求县政法各单位每月底前向县涉法涉诉领导小组办公室报告本部门上访案件排查情况，结案情况和息诉罢访情况。

2008年5月6日，县委政法委下发《关于在全县政法系统开展对警用枪支弹药、警用车辆管理安全大检查的通知》，在全县政法系统开展警用枪支弹药、警车辆管理安全大检查。11月17日，县委政法委转发《关于在全省各级政法机关建立领导干部接待日制度的意见的通知》，要求政法机关领导干部亲自接待群众，领导班子成员轮流接访。

2009年4月16日，县委政法委下发《政法委领导干部接访日制度》。

2010年，县委政法委下发《安龙县贯彻落实全国、全省、全州政法工作电视电话会议精神的意见》，要求要统筹兼顾，把“三项重点工作”细化到具体工作中。

2011年，县委政法委行文成立安龙县《政法在线》栏目报道组。

2012年，县委政法委下发《关于进一步加强党内执法监督和涉法涉诉信访工作的意见》，要求强化执法监督，深入推进公正执法，狠抓积案清理，多措并举化解矛盾。

二、社会治安综合治理

1989年12月7日，县社会治安综合治理领导小组下达《关于进行全县社会治安综合治理工作检查的意见》，要求从思想上、行动上、措施上采取全方位的周密部署，形成自防自治的群众性联防网络，从领导上落实“党委领导、政府主管、首长挂帅齐抓共管”，做到打击与防范有机的结合。

1990年4月25日，县委、县政府要求建立健全各种形式的综合治理目标管理责任制，加强青少年的思想教育，坚决同各种刑事犯罪和严重经济犯罪作斗争，搞好政法干警队伍的自身建设。

1991年6月，全县学习宣传中共中央、国务院《关于加强社会治安综合治理的决定》，要求充分认识在新形势下加强社会治安综合治理的特殊重要性，明确社会治安综合治理的任务、要求和目标，确定社会治安综合治理的工作范围主要包括“打击、防范、教育、管理、建设、改造”6个方面，落实“谁主管谁负责”原则，把社会治安综合治理的措施落实到基层。

1992年3月7日，从县直机关和有关单位抽调干部18人，组建城镇社会治安综合治理工作队。4月，县政府与各乡镇人民政府签定社会治安综合治理工作责任承包合同，此后每年县政府均与乡镇政府签定社会治安综合治理工作责任状，实行“一票否决”责任制。

1993年2月17日，县社会治安综合治理委员会下发《关于在全县范围内开展社会治安综合治理达标活动的通知》，要求各级党委、政府把社会治安综合治理工作纳入办事日程，与本单位其他工作同步进行，各单位每季度书面上报社会治安综合治理工作情况1次。12月，省综治委检查组对安龙县1993年社会治安综合达标工作进行考核验收，发出社会治安状况民间测评表264张，安全感较强174张、有安全感86张、缺乏安全感4张，综合考评93.5分，达到合格标准。

1994年1月13日，成立追捕“三逃犯”指挥领导小组，办公室设在县公安局。

1995年3月3日，抽调人员组成第二批集中整治农村社会治安工作队。

1996年，由县委政法委、县综治办牵头，全县各乡镇社会治安综合治理办公室实施，在全县范围内实施大牲畜建卡管理工作，对大牲畜实行“一畜一卡一号”管理，出售、运输大牲畜时必须出具大牲畜管理卡，防范大牲畜偷盗案件，后因此项工作未能更广泛地推广而中断。

1998年2月28日，县委、县政府将创建全省社会治安综合治理“平安工程”模范县纳入全县1998年“四件大事”，下发《创建“平安工程”模范县实施意见》。是年，安龙县被省综治委授予全省“平安工程”模范县。

2008年12月，建立安龙县社会治安综合治理五部委局联席会议制度，县社会治安综合治理委员会办公室、县纪律检查委员会、县委组织部、县人事劳动和社会保障局、县监察局“五部门”的分管领导或综治委委员为综治联席会议成员。

2009年8月，下发《关于深化“平安安龙”创建活动实施方案》，以“发案下降、事故减少、秩序良好、社会稳定、群众满意”为目标，做好矛盾纠纷排查调处、加强社会治安防控体系和法制建设，建立健全种预警和应急体系，继续深入推进“严打”整治斗争，维护社会市场经济秩序。

2010年9月，印发《安龙县2010年度乡镇社会治安综合治理暨平安建设考核办法》，乡镇平安建设列入年度考核。

2011年2月，开展社会治安重点地区大排查、大整治，重点排查和整治容易发生治安问题的城乡接合部、“城中村”、矿区、库区、工区，容易为犯罪分子落脚的中小旅馆、出租房屋；容易发生安全事故的交通运输、消防、烟花爆竹行业，容易滋生“黄赌毒”的娱乐场所和容易滋生黑恶势力的行业领域，以及刑释解教人员、重点人员等重点人群和“两抢一盗”、盗窃耕牛等案件高发地；开展城区“两抢”、农村盗窃牛马犯罪专项整治。

2012年7月，下发《关于推行矛盾调解奖励机制的实施意见》《关于集中开展矛盾纠纷化解调处活动的实施方案》，实行矛盾纠纷调解奖励机制，对成功调解一般矛盾纠纷，乡镇综治办给予奖励50—100元，对于成功调解可能引发越级上访疑难矛盾纠纷或群体性矛盾纠纷，由乡镇综治办报县综治委审定后，由县综治办给予奖励500—3000元。

三、铁路爱路护路

1997年8月22日，县委、县政府成立安龙县爱路护路领导小组，县政府副县长杨仕刚任领导小组组长，县社会治安综合治理办公室与全县各单位及南昆铁路途经乡镇坡脚乡、木咱镇、德卧镇和龙广镇签订安龙县爱护南昆铁路责任书。

1998年8月15日，县综治委下发《安龙县关于整治铁路治安秩序的实施方案》，全面开展路地联防，保障南昆铁路安全畅通。9月15日，县机构编制委员会下发《关于设置安龙县铁路联防办公室的通知》，设立“安龙县铁路联防办公室”。

1999年6月10日，县综治委下发《关于组织开展“爱路护路宣传教育月”活动的通知》，决定于6月10日至7月10日在铁路沿线组织开展“爱路护路宣传教育月”活动。

2008年4月23日，县铁路护路办在铁路沿线开展铁路安全百日督查专项行动，重点对桥梁、隧道、高坡堤、深路堑、地质复杂路段、站点、供水供电等重要铁路设施进行专项督查。

2009年10月27日，县铁路护路办公室下发《关于开展创建平安铁路示范县活动实施方案》，成立创建平安铁路示范、县活动领导小组，县委常委、县委政法委书记邵南方任组长。

此后，重点加强与铁路的联动，创建“平安铁路示范县”，至2012年，基本达到“五个到位”：认识到位、协调到位、责任到位、督查落实到位、考核评比到位，县、乡（镇）两级综治委将铁路护路联防工作纳入年度综治领导责任书内容之中，同部署、同检查、同考评。

四、见义勇为表彰奖励

1997年8月20日，县委下发《“讲文明、树新风”活动意见》。强调从加强思想道德教育入手，大力倡导社会公德、职业道德、家庭美德，弘扬中华民族的优秀传统和自强不息的民族精神，引导人们树立正确的世界观、人生观。在全社会形成敬老爱幼、团结互助、扶贫济困、见义勇为、环境优美、社会进步的良好风尚。

2001年4月20日，县委、县人民政府出台《安龙县见义勇为奖励基金会表彰奖励暂行规定》。

2012年10月11日，成立安龙县见义勇为协会，县委政法委副书记、县综治办主任王跃刚兼任会长。

11 月 13 日，县见义勇为协会召开第一次会议，通过协会《章程》，选举产生协会会长、副会长、秘书长、副秘书长。

第五节　党史编研

1982 年 3 月，成立安龙县党史征集领导小组，县委副书记任组长，县委办、党史办、人大办、政协办、县委组织部、县委宣传部、县纪委等单位负责人为成员。同时，成立中共安龙县委党史征集办公室，归口县委办公室管理，县委办公室主任兼任党史征集办公室主任。1984 年 8 月，改建县委党史县志编写办公室。1984 年 12 月，撤销县委党史县志编写办公室，恢复县委党史办公室，建立县志办公室。1986 年 1 月，县委党史办公室从县委办公室中分设出来，为正科级单位，编制 3 人。2001 年 12 月，设立县史志办公室，明确为正科级单位，承担党史和地方志工作，下设综合股，编制依然为 3 人。2011 年，成立县爱国主义教育基地管理办公室，为归口县史志办公室管理的副科级事业单位，编制 6 人。

一、党史资料征集

1983 年 6 月，中共安龙县委党史办公室拟定《中共安龙县党史资料征集提纲》，初步确定 1948—1982 年安龙县地方党史资料征集提纲。《提纲》分“安龙县中共党组织的形成及其活动”“社会主义革命和社会主义建设”“‘文化大革命’十年”“历史的转折，国民经济的建设”等 4 个部分。

2000 年 4 月，中共安龙县委党史办公室制定《中国共产党社会主义时期在安龙县活动历史资料征稿提纲》，由“党的中心工作”“党的组织、宣传、统战、群运及其他”两个部分组成。

2006 年 12 月，全县召开党史、地方志工作会议，下发《中国共产党安龙县历史》编写纲目，向全县征集党史资料。2007 年，经县委同意，县史志办公室启动《中国共产党安龙县历史大事记》编写工作。

（一）红军长征过安龙资料的征集

1984 年 4 月 15 日至 5 月下旬，根据州委党史工作会议精神，安龙县从以下几个方面开展了党史资料的征集工作：一是查阅档案资料，根据档案显示的路径，实地采访经历或目睹红军长征过境安龙的当事人；二是绘制红军长征过境安龙的路线草图；三是追索红军长征过境安龙时的遗物，但未能征集到具体文物；四是对流落县境的失散红军进行调查；五是召开“红军长征过安龙”史料征集座谈会。其中，“红军长征过安龙”史料征集座谈会于 5 月 18—20 日召开，出席会议的有流散红军、收养过流散红军的家属、替红军带路者以及目睹红军过境活动者等 86 人，县委、县人大、县政府、县政协领导及县委宣传部、县委党校、县史志办有关负责人参加会议。会议重点讨论了红军长征过境安龙的进军路线、红军在安龙的主要活动、红军入境和出境的时间、红军在安龙时的军民关系、红军过境安龙时与敌军及地方势力的战斗等，与会人员回顾了亲身经历和目睹红军过境的情况，基本核实和补充了红军长征过境的史料。至 5 月底，县史志办收集整理相关档案资料、当事人口述资料、图片资料等数万字，结合周边县市的党史资料论证，初步认定中央红军长征时曾在安龙县城住宿，开展的活动主要有三个方面：宣传革命，打富济贫；清查敌人机关，惩罚地方豪绅富商；公买公卖，及时兑换流通货币。7 月，形成《红军长征过安龙情况》综合报告，发表于黔西南州党史资料专辑《红军长征在黔西南》。1985 年 3 月 8 日，原中国工农红军第一方面军二师一团政委邓飞到安龙县调研红军长征史料征集工作，听取县委、县政府的汇报，基本认定了已经收集到的史实资料，并以亲身经历给予补充。

1987 年，中共安龙县委党史办公室与县政协文史委员会联合编辑出版《安龙政协文史资料 · 红军长征过安龙》专辑。

2008 年，《中国共产党安龙县历史大事记》《中国共产党安龙县历史》等党史著作编纂工作启动后，安龙县史志办公室随即启动中央红军过安龙专题的研究工作。此后，县史志办公室在20世纪80年代至90年代收集整理红军长征过安龙的资料的基础上，进一步地深入搜集《红军黔滇驰骋史料总汇》《红军长征在黔西南》《肖锋日记》《黔山红迹》《忆长征》等相关史实资料数十万字，采访经历或目睹红军长征过境安龙的当事人、实地察看天主教墓地等，结合周边县市的党史研究成果，完善红军长征过境安龙的进军路线图，基本认定中央红军长征过境安龙时中央红军总部、中华苏维埃共和国国家银行等机构和毛泽东、朱德等领导人在安龙县城驻扎、住宿的史实。2009年，桑维新撰写完成《长征途中朱德、毛泽东宿住安龙城考》论文稿，经省委党史研究室组成专家组进行详细的审查，认定了稿件的史实。该论文经修改完善后发表于《贵州党史》2009年第三期，这一史实收入此后编纂的《中国共产党安龙县历史大事记》《中国共产党安龙县历史》等党史著作。

（二）永和—龙广革命武装暴动和安龙游击团资料征集

永和—龙广革命武装暴动和国民党保安十七团起义改编为安龙游击团，都是安龙县解放前夕在中共滇桂黔边区罗盘地委领导下开展的武装革命斗争。

1983年，中共贵州省委组织部转发黔西南州委《关于安龙县“永和暴动”结论意见的请示报告》，认定1949年6月发生在永和的暴动和其后攻打龙广镇是“根据罗盘地委指示，组织当地群众、争取外地武装力量的支持，举行的一次革命武装暴动”。同时，对国民党保安十七团起义改编安龙游击团也进行了认定。

1985年10月，中共安龙县委党史办公室撰写完成《龙广—永和武装暴动》《保十七团武装起义斗争始末》两个专题的综合材料，其中《龙广—永和武装暴动》分“历史背景”“暴动的组织准备工作”“永和暴动，攻打龙广镇”“暴动后继续坚持地下斗争”“暴动后的影响和作用”6个部分、《保十七团武装起义斗争始末》分“历史背景”“武装起义”“反击敌人”“发展党员”“宣传革命”“合组剿匪”“会师龙城”7个部分，收集完成相关文字资料10余万字及部分图片资料等。

1986年11月，永和—龙广暴动领导者王秉鋆在《贵州党史资料》第三辑发表《龙广暴动》一文，以其亲身经历回顾了暴动的全过程。

1995年11月，中共安龙县委党史办公室编撰完成《安龙县永和—龙广革命武装暴动专辑》，即《安龙党史资料》1995年第一期。1998年4月，中共安龙县委党史办公室编写完成《永和—龙广革命武装暴动（送审稿）》。10月，编撰完成《滇桂黔边纵第三（罗盘）支队安龙游击团（资料专辑）》稿件。稿件部分资料收录入《中国共产党安龙县历史大事记》《中国共产党安龙县历史》等党史著作，未能出版专题书籍。

（三）二野四兵团过境安龙资料征集

2008年，县史志办公室在收集红军长征过境安龙相关党史资料的同时，向全县征集中国人民解放军第二野战军第四兵团过境安龙并成立中共云南省委的相关史料。10月，由县委常委黄朝文、牟庆芳带队，县史志办公室组织力量到云南昆明等地征集原二野四兵团政工团政委苏策等相关当事人的资料，并到中共云南省委党史研究室等地收集相关资料数十万字。2009年初，黄朝文、桑维新撰写的《“安龙会议”及其历史意义》，分别在云南省、贵州省中共党史刊物上发表。

（四）冀鲁豫党史资料征集

1984年7月7日，根据州委党史研究室1983年10月、1984年4月会议精神，中共安龙县委组织召开县内冀鲁豫地区党史资料征集工作座谈会，邀请原冀鲁豫地区在县工作的老干部、县四大家领导和县史志办公室工作人员等60余人参加会议，传达学习了原冀鲁豫区领导申云浦的讲话《概述冀鲁豫的战斗历程》，详细讨论了县内相关资料的收集工作。会后，县内原战斗在冀鲁豫地区的老干部、老战士以自己的亲身经历提供了党史资料，如刘培太的《为刘邓大军挺进大别山牵制敌人》收录入黔西南州革命回忆录《烽火年华》一书。

2000 年 10 月，根据中共贵州省委党史研究室编写组、冀鲁豫党史组《西进支队入黔干部名录》实编范围，将“安龙县南下西进支队入黔建政老同志补报名单”列报《西进支队入黔干部名录续编》，共收录相关人员名录 171 人。

（五）改革开放二十年资料征集

1999 年 5 月，完成《安龙县改革开放二十年综述》，以及相关行业、相关单位和县内各乡镇改革开放 20 年资料的征集工作，向州委党史研究室上报《改革开放二十年》党史资料 60 份共 20 余万字。

（六）安龙县组织史资料征集与编辑

1987 年 12 月，经县委同意，成立中共安龙县委组织史编纂工作领导小组，县委副书记担任组长，由县委组织部牵头，县委组织部、县委党史办公室、县档案局等单位抽调人员组建办公室，启动安龙县组织史资料征集和编辑工作。至 1998 年 8 月，编辑完成《中国共产党安龙县组织史资料·贵州省安龙县政权、军事、统战、群团系统组织史资料（1949—1987）》。1998 年 10 月，经县委同意，成立中共安龙组织史续编工作领导小组，县委书记殷晓敏担任组长，从县委组织部、县委党史办公室抽调人员组建编写组，启动县委组织史资料续编工作。至 2002 年，完成《中国共产党安龙县组织史资料·贵州省安龙县政权、军事、统战、群团系统组织史资料（1987—1998）》编辑工作。

（七）新中国成立以来先进人物资料征集

2008 年 3 月，根据黔西南州史志编纂委员会《关于编辑出版〈黔西南劳模〉的通知》，安龙县启动新中国成立以来先进人物资料的征集工作。至 2009 年 5 月，县史志办公室征集、编写完成安龙县自新中国成立以来获得省部级以上表彰的先进人物 100 余人的资料稿件，共 3 万余字，上报黔西南州史志办公室结集出版《黔西南先进人物谱》，县内资料未结集出版专题书籍。

二、党史研究

（一）党史基本著作编写

1. 中国共产党安龙县历史大事记

1989 年，中共安龙县委党史办公室以《安龙党史资料》形式分别印发中国共产党安龙县 1949—1956 年、1957—1966 年大事记，其中 1949—1955 年大事记 88 条、1957—1966 年大事记 85 条。

1997 年 5 月，中共黔西南州委办公室下发《关于抓紧完成全州党史大事记上报本的通知》，要求安龙县于当年 11 月 15 日前完成 1966 年 5 月至 1987 年党史大事记上报工作。

2007 年，经县委研究同意，县史志办公室启动《中国共产党安龙县历史大事记》编写工作，至 2008 年底完成试写稿 10 余万字。2009 年 2 月，县史志办公室邀请原中共黔西南州委党史研究室主任、副研究员王柏林到县对全县党史编纂工作人员进行党史编纂业务培训，并对大事记试写稿进行点评。10 月，王柏林再次来到安龙对大事记编写工作进行专题培训，明确大事记编写体例，补充资料。11 月，县史志办公室将大事记稿件送县领导审阅。11 月底，县委常委、县政府常务副县长黄朝文召集县相关部门负责人召开会议，要求进一步补充党史资料，并将大事记原定下限 2007 年，延伸到 2008 年底。2010 年 1 月，县史志办公室将大事记征求意见稿送相关县领导和相关单位负责人审查。1 月 8 日，黄朝文召集党史大事记编写工作会议，县委副书记罗佐臣及县委常委杨春、王丽琼、曾孔阳等参加会议，再一次明确大事记编写要求和标准。4 月，县史志办公室完成大事记送审稿，送县委常委会委员审查。4 月 29 日，县委召开《中国共产党安龙县历史大事记》（1935—1978）审稿会议，再一次提出相关修改意见和建议 400 余条。10 月，经县委研究，同意该书出版。2011 年 8 月，《中国共产党安龙县历史大事记》（1935—1978）由云南出版集团云南科技出版社正式出版，全书共 55 万字。

2.《中国共产党安龙县历史（1935—1978）》

《中国共产党安龙县历史（1935—1978）》，是中共安龙县地方历史基础本第一卷。

2010年10月，《中国共产党安龙县历史大事记》编写完成后，县史志办公室及时启动《中国共产党安龙县历史》（第一卷）的编写工作。2011年6月，针对县史志办公室人少事多的实际，县委请示黔西南州编制委员会同意，成立安龙县爱国主义教育基地管理办公室，充实人员参与《中国共产党安龙县历史》（第一卷）的编写工作。是年，完成《中国共产党安龙县历史》（第一卷）的《篇目》设计，撰写了《编写提纲》。2012年初，在《中国共产党安龙县历史大事记》的基础上，由唐保华对全书进行编纂，8月形成初稿，后又经县史志办公室组织人员补充部分档案资料。2013年1月，再次统稿后形成征求意见稿，报送相关领导审阅。2月，县委常委、县委组织部部长王丽琼组织县委办、县政府办、县委组织部、县委政法委、县直机关工委、县档案局、县保密局、县史志办等相关单位负责人，对书稿进行初审，收到相关意见和建议数十条。3月，根据征集到的修改意见和建议，编纂者再次进行了多方资料的增补及删繁就简工作。4月27日，县委书记邓修宇召集县人大常委会主任黄朝文，县委常委、县委组织部部长王丽琼，县委常委、县人武部政委李文，县委常委、县政府副县长陈秀玲及县纪委、县委办公室、县政府办公室、县委组织部、县委宣传部、县委政法委、县委统战部、县委离退局、县委党校、县档案局、政协文史委、县直机关工委负责人或分管领导，县史志办公室全体职工召开定稿会议，对本书的相关章节提出了具体的修改意见，原则通过送审稿。2013年11月，该书由中共党史出版社出版。该书记述内容包括安龙解放前在中国共产党领导或影响下安龙的抗日救亡、人民解放活动，以及后来中共安龙县委及其所属各级党组织领导安龙人民进行革命、建设的历史，时间跨度为1935—1978年。全书共5章45节30余万字，另附录1949年至1978年全县党员发展情况、第一次至第三次全县党代表大会《工作报告》及部分获奖的党史论文等。

3.《中国共产党安龙县历史（1978—2012）》

《中国共产党安龙县历史（1978—2012）》，是中共安龙县地方历史基础本第二卷，也是中共安龙县新时期地方历史。

2012年，《中国共产党安龙县历史》基础本第一卷编辑工作进入尾声后，县史志办公室及时启动中共安龙县地方历史基础本第二卷《中国共产党安龙县历史（1978—2012）》编写工作，两次较大规模地调整编写纲目，至2013年底基本完成初稿40万字，由唐保华主笔撰稿。该书上承中共安龙县地方历史基础本第一卷，下讫2012年底，分“伟大历史转折和中国特色社会主义的开创”“改革开放新阶段和把中国特色社会主义全面推向21世纪”“全面建设小康社会和把中国特色社会主义不断推向前进”三编，按时间先后顺序，以重大的历史事件为脉络，纵向叙述。在叙述过程中，为保证历史事实的完整性，部分章节适当作了上溯或下延。采用编年体与纪事本末体相结合的编纂体例，分编、章、节、目四个层次。正文之后，附录1978年以来全县党员发展情况和县委、县人大、县政府、县政协、县纪委班子人员名录，供读者查阅、参考。全书共13章49节183目，40余万字。

（二）专题研究

2012年，中国人民解放军安龙县人民武装部在县史志办公室的协助下完成《多彩贵州的红色记忆·安龙篇》编辑工作，分《重要会议》《重大战役战斗》《重大事件》《经典故事》《著名人物》《地标建筑》《爱国主义教育》7个部分，共约20万字，详细叙述了安龙县红色历史文化及在社会现代化建设中取得的辉煌成就。

（三）撰写学术文稿

20世纪80年代以来，全县史志工作者在完成党史、地方志资料征集的基础上，积极撰写学术文稿，有的还在省内、州内引起强烈反响，以下为1989年以来全县史志工作者撰写的部分学术论文：

1.《发展农村经济对策的探讨》，韦海撰，载《黔西南社会科学》1999 年第 1—2 期。

2.《长征途中朱德、毛泽东宿住安龙城考》，桑维新撰。本文载《贵州党史》2008 年第 3 期、《黔西南日报》2008 年 9 月 24 日第 3 版；2010 年 4 月，获“党的十七大以来全省党史优秀成果奖”论文类一等奖。

3.《“安龙会议”及其历史意义》，黄朝文、桑维新撰，该文载《中共云南党史研究》2009 年第 1 期、《贵州党史》2008 年第 4 期、贵州《史志林》2009 年第 2 期、《黔西南日报》2008 年 12 月 23 日第 3 版；2010 年 4 月，获“党的十七大以来全省党史优秀成果奖”论文类三等奖。

4.《特色产业促农村经济腾飞——安龙县龙广镇狮子山村新农村建设做法》，唐保华撰，参加 2008 年 11 月召开的全省党史系统纪念改革开放 30 周年理论研讨会，入选《光辉历程，辉煌成就——贵州省党史系统纪念改革开放 30 周年理论研讨会论文集》。

5.《纳桃村实施“生态家园”建设的成就及举措的调查报告》，岑权撰，参加 2008 年 11 月召开的全省党史系统纪念改革开放 30 周年理论研讨会，入选《光辉历程，辉煌成就——贵州省党史系统纪念改革开放 30 周年理论研讨会论文集》。

6.《春风吹又生——纪念永和暴动 60 周年》，王星强撰，载《贵州党史》2009 年第 2 期。

7.《披沙拣金，淘存真史——〈长征途中朱德毛泽东宿住安龙城〉个案摭谈》，桑维新撰，载《黔西南日报》2009 年 2 月 13 日第 3 版。

8.《陈赓和四兵团在安龙》，桑维新撰，载《黔西南日报》2009 年 9 月 11 日第 3 版。

9.《“三农”问题的历程与思考》，唐保华撰，参加 2009 年 10 月召开的全省党史系统纪念中华人民共和国成立 60 周年暨贵州解放 60 周年理论研讨会，获优秀奖，并入选研讨会论文集。

10. 也谈“安龙会议”——与《对〈“安龙会议”及其历史意义〉一文的辨证》商榷，唐保华撰，进一步阐释“安龙会议”的经过和历史意义，载《中共云南党史研究》2010 年第 1 期。

11.《安龙重调度，全力纂史志》，桑维新、唐保华撰，载《黔西南日报》2011 年 4 月 5 日。

12.《丰功垂青史，英名贯长虹——纪念武昌起义副总指挥王宪章》，黄朝文、桑维新撰，载 2011 年《文史天地·纪念辛亥革命 100 周年特刊》和《黔西南日报》2011 年 10 月 7 日第 2 版。

三、党史宣传教育

（一）革命传统教育

20 世纪 80 年代以来，中共安龙县委以各种形式开展革命传统教育活动。

2005—2006 年，在保持共产党员先进性教育活动中，由县委党史办公室主任王键主讲，在草纸街 71 号开展以红军长征过安龙、二野四兵团过境安龙为主题的革命传统教育，县委、县人大、县政府、县政协、县人武部领导及县直相关部门负责人等 500 余人参加活动。

2009 年 7 月，中共安龙县委邀请县史志办公室主任桑维新主讲，县委、县人大、县政府、县政协、县人武部领导及县直部门副科级以上干部 100 余人参加革命传统教育活动。

（二）爱国主义教育基地建设

2009 年，安龙县史志办公室将安龙县草纸街 71 号毛泽东、朱德等中央领导人宿住地遗址暨“安龙会议”会址以“安龙革命历史纪念馆”名义申报为全州第一批爱国主义教育基地；2010 年，县史志办公室将龙广暴动纪念碑申报为全州第二批爱国主义教育基地。2011 年，州编制委员会批准成立安龙县爱国主义教育基地管理办公室，统筹全县爱国主义教育基地建设工作。

（三）革命遗址普查

全县革命遗址普查工作自 2010 年 2 月启动，10 月结束。经过普查，安龙县共有革命遗址 46 处，其中全国革命遗址 28 处，贵州省革命遗址 14 处，其他革命遗址 4 处。县委、县政府拨款 5 万元，县史志办公室在龙山镇老鸹山剿匪战斗遗址处进行树碑保护。遗址名录见第二十篇第四章第一节附录。

（四）协助拍摄影视资料

2008年5月，中共云南省委党史研究室、云南电视台联合到草纸街71号拍摄电视纪录片《团结·胜利——边纵配合野战军解放云南全境》外景，县史志办公室给予大力协助，该电视纪录片后在云南卫视等媒体播出。

2012年5月，由县史志办公室主任桑维新、县爱国主义教育基地管理办公室主任唐保华分别担任主讲，由多彩贵州旅游文化咨讯频道录制王宪章将军纪念园、“草纸街71号”历史文化旅游宣传片，每集40分钟，在贵州广电网络31频道播出。

（五）党史知识竞赛

2011年，根据黔西南州史志办公室要求，县委组织全县党史知识竞赛和学习教育活动，由县委组织部、县委宣传部、县教育局、团县委、县史志办负责承办，全县28支代表队参加竞赛，再由县委组织部、县委宣传部、县教育局、团县委、县史志办采取党史知识讲座、唱红歌、颂红诗等各种形式开展学习教育活动，全县党员干部、群众、青少年以各种形式参与学习教育活动，受教育人数3000人以上。

第六节　其他党务工作

一、党务督查

2011年8月，撤销中共安龙县委办公室督查室、安龙县人民政府办公室督查室，设立中共安龙县委安龙县人民政府督查室，为隶属中共安龙县委、安龙县人民政府管理的副科级机构，核定行政编制3人。县委县政府督查室成立后，先后制定《安龙县委安龙县人民政府督查室工作规则》《安龙县委安龙县人民政府督查室工作规范》，坚持“突出重点、解决难点、抓住关键、规范程序、不断提升督查工作水平”的工作思路，至2012年底共编发《督查与检查》5期，办理领导批示件12件，答复网民留言9件，上报省、州《督查专报》22篇。

二、保密工作

1990年5月，经县委常委会讨论决定设立安龙县保密局，归口县委办公室管理。2002年2月，设立中共安龙县委保密委员会办公室（县国家保密局），承办县委保密委员会日常工作，依法履行全县保密行政管理职能。

三、信访工作

安龙县信访办公室成立于1986年，为归口县委办公室管理的科级单位，核定编制4人；1996年，更名为安龙县来信来访办公室，为县委、县政府办事机构，归口党委系列，降格为副科级，挂靠县委办公室，核定编制3人，制定完善信访办公室《工作制度》《办事公开》《学习》《廉政建设》等制度；1997年，按《国家公务员暂行条例》要求，县信访办公室工作人员全部实现国家公务员过渡，县委办公室印发《关于认真做好信访工作和实行群众逐级上访制度办法的通知》。1998年，县委、县政府领导开始公开接待群众来信来访。2001年，更名为中共安龙县委信访办公室。

1989—2003年，全县信访部门共受理来信来访2183件（次），其中接待来访1105件（次）（其中集体访64件共883人），受理来信1078件。办结省、州、县三级立案425件，其中省立案42件，州立案68件，县立案315件（含县领导批办、交办件）。

2004年，根据中共安龙县委办公室、安龙县人民政府办公室《关于安龙县人民政府机构改革的实施意见》，中共安龙县委信访办公室更名安龙县信访局，设在中共安龙县委办公室，正科级规格，内设两个股室，行政编制4人。2008年，县信访局内设机构增加为3个股室，行政编制7人，其中行政人员6名、工勤人员1名；2012年，增设信访信息中心，增加事业编制6名，设立中共安龙县委群众工作部，与安龙县信访局合署办公。

据统计，2004—2012年，全县信访部门共受理来信来访1748件（次），其中接待来访783批共5293人（其中集体访96件1892人），受理来信956件，办结省、州、县三级立案375件，其中国家信访局立案17件、省立案65件、州立案112件、县立案181件。

2004年，建立信访联席会议制度及联席会议办公室，县委办公室、县人民政府办公室下发《关于建立安龙县处理信访突出问题及群体性事件联席会议制度的通知》，开展"信访文明接待室"创建活动。2008年，开展"县委书记大接访"活动，建立《领导接待日制度》《星级上访预警制度》《领导包案制度》《三级联动排查制度》《调度制度》《责任追究制度》等一系列制度，县级领导接待来访人员78批共437人次，其中县委书记、县长接访11批共46人次，县领导带案下访、回访54件次、约访23件共156人次。经过梳理，形成问题66个，6个得到当场解决、24个得到明确答复、3个得到限期解决，另有11个由县政府召开专题会议研究后解决，其余转由相关部门核实办理。2011年，实施疑难信访积案化解工作，至2012年共化解疑难信访积案10件。

2011年9月，开通全国信访信息系统，受理录入来信来访案件共36件。2012年，开展6次矛盾纠纷和信访问题集中排查交办工作，完成矛盾纠纷排查化解个案信息采集登记102件。

1989年以来，县信访办（局）每年还完成全国、省、州党代表大会、人民代表大会、政协会议等重要时期，以及各种重大活动、敏感节点时的信访维稳工作。

四、党校教育

1989年，县委党校内设办公室、理论教育科、行政科两科一室，定编16人。

1999年6月，内设机构调整为教务科、后勤科、办公室。2004年9月，成立安龙县行政学校，与县委党校合署办公；11月，在县委党校设置安龙县远程教育办公室。县委党校原设于招堤风景区旁的原县革命会大楼内，1998年，拆除原县委党校校舍建"荷花村"宾馆（后更名为"泓芙蓉酒店"），暂借农业局老办公楼教学。2000年12月，在原县委党校校址旁建设新的教学综合楼，2001年12月建成。2002年3月，建成中央党校远程教育C级网站；6月，建成多媒体电教室。2012年4月，县委党校内设机构调整为办公室、教务处、总务处，下设事业单位1个：教育研究室。有干部职工12人（含借调1人），其中专职教师（中级职称）3人，兼职教师（初级职称）8人；大学本科学历11人，大学专科学历1人。

1993年，县委党校与县人事局联合成立省委党校函授学院安龙函授站，当年招收经济管理大专班111人。因弄虚作假情况严重，1994年后停止招生。1999年10月，省委党校同意安龙函授站恢复招生，当年招收经济管理、法律两个专业大专函授班共91人。至2008年，县委党校函授教育合计毕业函授学员1822人，其中省委党校函授本科毕业学员531人，函授大专（含"一村一大"）毕业学员1141人；州电大函授（"一村一大"）大专毕业学员150人。2008年后，县委党校停止函授学历教育。

1988—2010年，县委党校共举办各类主体班次68期，培训3531人次。其中科级干部班17期，培训965人次；副科级后备干部班14期，培训711人次；村干部37期，培训1855人次。2012年，举办安龙县新任领导干部、中青年干部、入党积极分子、少数民族领导干部培训班等6期共305人次。

1988—2010年，县委党校与县直部门联合举办各类短期培训班59期共3478人次。2011年，与县委组织部、县气象局、县计生局、县关工委、县旅游局、县人社局联合举办安龙县人工影响天气培训班、全县村级人口主任培训班、旅游导游从业人员培训班、关工委干部培训班、人事工资业务工作升级培训班、乡镇村级便民利民政务服务气象农经网信息员培训班等9期共706人。

2002年后，县委党校规定在编教师每人每年不得少于1篇科研文章，全校争取每年在州以上报刊发表2—3篇科研作品。2003年，要求每一位教师一年读透一本好书、发表两篇文章、讲好三个专题，年终与奖惩挂钩。2008年后，每半年开展一次教研活动，每年向县有关部门提供1—2篇高质量的调研文章。

五、离退休干部工作

1985年4月，撤销县委老干部管理科，成立县委老干部管理局。1996年10月，更名为县委离退休干部工作局。

（一）政治待遇

县委老干部管理局成立后，每年为在县离休干部每人订阅《贵州日报》《黔西南日报》《当代贵州》《半月谈》等报纸杂志；每年春节、国庆等重大节庆期间，均由县委、县人大、县政府、县政协领导带队，对在县离休干部及其家属进行慰问活动，发放慰问金，倾听老干部对工作的意见和建议。每半年召开一次离休干部和县级退休干部座谈会，由县的领导通报县情；每年对离休干部进行体检1次；每年组织离休干部和县级退休干部，到县内外参观工农业生产1次。

（二）生活待遇

20世纪80年代以来，根据中央对离休干部“基本政治待遇不变，生活待遇略为从优”的原则，全面落实老干部的政治待遇和生活待遇。县内离休干部主要来自滇桂黔边纵队罗盘游击队、永和—龙广暴动人员、二野军大五分校、江西赣东北五分校、西南革大贵阳分校及新中国成立前参加革命工作的人员，20世纪80年代初认定的在县离休干部为171人；至1995年年底，在县离休干部114人，平均年龄72岁；至2012年年底，全县离休干部减少至27人，平均年龄84岁。根据中央规定，红军时期老干部（1937年7月6日前参加革命），每人每年增发2个月基本工资；抗日战争前期老干部（1937年7月7日至1942年12月31日参加革命），每人每年增发1.5个月基本工资；抗日战争中后期老干部（1943年1月1日至1945年9月2日参加革命），每人每年增发1个月基本工资。2009年起，一般离休干部每人每年增发1个月基本工资。

在生活待遇方面，离休干部看门诊后凭发票到县离退局报账，随到随报；住院由离退局与医院统一结账，离退休干部每年享受的特需费、健康疗养费、炭火费由离退局统一发放。1997年6月，县政府拨款5万元，协助解决龙山供销社、县打米厂、县酒厂、县糖酒公司拖欠4位离休干部的生活费、医疗费共6万余元。2002年4月10日，县委、县政府制定《关于建立和完善离休干部离休费、医药费保障机制和财政支持机制的实施意见》。2007年8月，县委、县政府决定，将县内28位企业离休干部的离休费、医药费全部纳入县财政预算。对离休干部子女不在身边、生活不便的，县委、县政府给予调一个子女在老干部生活地附近的单位工作。戈塘镇老林坡离休干部周洪元因子女无工作，生活比较困难，县政府专门划拨建房补助款1万元为其修建房屋。同时，县委、县政府坚持每年对离休干部国庆和春节进行慰问，坚持对生病的老同志进行探望。

2009年9月起，抗战后期参加革命的在县离休干部王喜林、邢恒太、薛占奎3人享受副地厅级医疗待遇。

（三）老干部活动中心

1998年，县政府划拨县畜牧局旁的土地1600平方米修建安龙县老干部活动中心。2000年4月，动工修建，2001年8月交付使用。活动中心占地363. 45平方米，建筑面积2012. 18平方米，总投资116万元，其中县财政匹配66万元。

2011年，按省级示范性老干部活动中心建设要求，扩建县老干部活动中心，配备图书室、棋牌室、书画室、乒乓球室、健身房、视频教室和舞蹈室，2012年建成使用。

县老干部活动中心建成后，每天均有县内离退休干部40余人到此开展乒乓球、唱歌、舞蹈、绘画等文娱活动，丰富了县内老干部生活。

（四）老年学校

县老年学校原设于县老龄委，2005年挂靠县委离退休干部工作局，2006年7月正式挂牌，设有教室，配备课桌椅、黑板、电视、扩音器等教学设备。2010年4月，县老年学校更名为安龙县老年大学，为正科级事业单位，编制3人，设校长或副校长1人。至2012年底，全县有老年学校11所：安龙县老年大学、德卧镇老年学校、龙广镇老年学校、龙广镇纳桃老年学校、普坪镇老年学校、钱相乡老年学校、钱相乡打凼村老年学校、新安镇板磨村老年学校、海子乡老年学校、新安镇老年学校、洒雨镇老年学校，共有学员1500余人。

六、关心下一代工作委员会工作

1989年3月10日，成立县关心下一代协会筹备组，县委副书记刘登和任组长。筹备组成立后，先后印发《安龙县关心下一代协会宣传提纲》《安龙县关心下一代协会章程（草案）》《安龙关心下一代协会会员登记表》等。6月30日，县粮食局成立关心下一代协会。

1989年9月20日，县关心下一代协会成立，设名誉主席1人、副主席6人、常务理事28人、秘书长1人、副秘书长1人，下设宣传教育、组织建设、社会调查研究3个工作组。

1994年，县关心下代一协会更名为县关心下一代工作委员会，全县有关心下一代机关、乡镇组织52个。

县关工委成立后，开展专题调研，撰写《对安龙县平乐乡社会治安综合治理情况调查报告》等调查报告，编印《注意防治家庭教育辅导中的不良倾向》《谈谈家长学校》《新的孝敬道德和行为规范》等资料发放学校。以德育为主线，学校为重点，对广大青少年进行爱国主义、集体主义和社会主义教育，结合安龙县实际多次组织征文、演讲比赛等。在广大农村广泛开展“三无两有”（无辍学、无不孝子女、无青少年犯罪；少年有文化、青年有技术）先进村创建、社区“老少共建”活动。

在关心下一代的健康成长方面，县内离退休干部以亲身经历，组成各类宣讲团、报告团、帮教工作组深入基层开展各种活动。1989年12月，李兴乾、王林、张传云3人荣获州老有所为金鹰奖；李兴乾、曹昌国、王明德、邵铁范、刘登和等，多次被评为贵州省、黔西南州关心下一代先进个人。县政协原副主席吴同彬，不畏年老古稀，执笔写作了《新的孝敬道德和行为规范》《注意防治家庭教育中的不良倾向》《当前家庭教育中的几种思想倾向》《谈谈家长学校》等一系列关心下一代工作理论文章，1995年10月，被评为全国关心下一代工作先进个人。

2011年，全县开展“五好关工委”创建活动，至2012年底，全县创建“三无两有”先进社区1个，创建东门社区关工委、海庄社区关工委、箐山社区关工委、龙顺社区关工委、广东街社区关工委等基层“五好关工委”5个，全县村级以上的相关单位均建立了关心下一代工作组织。

第四章　基层党组织

第一节　直属机关工委

一、直属机关党员代表大会

1992年11月23—24日，中共安龙县直属机关第四次代表大会召开，出席大会代表71人，其中领导干部42人、科技代表15人、先进模范代表14人，少数民族代表29人，妇女代表15人。列席人员57人。会议选举中共安龙县直属机关第四届委员会、中共安龙县直属机关第二届纪律检查委员会。

1997年5月，撤销县直属机关委员会，设县直属机关工作委员会，其领导班子成员由县委委派，不再经机关党员代表大会选举产生。11月，召开县直属机关党员代表会议，63人参加会议，选举出席中共安龙县第八次代表大会代表43人。2002年2月24日，召开县直属机关党员代表会议，选举出席中共安龙县第九次代表大会代表16人。2006年10月18日，召开县直属机关党员代表会议，选举出席中国共产党安龙县第十次代表大会代表16人。

二、沿革

1989年，设有中共安龙县直属机关委员会和中共安龙县直属机关纪律检查委员会。是年，县直属机关党委辖机关党委4个、总支6个、支部110个，有党员1141人。1997年5月，中共安龙县直属机关委员会更名为中共安龙县直属机关工作委员会，中共安龙县机关纪律检查委员会更名为中共安龙县直属机关纪律检查工作委员会。至2012年底，县直属机关工作委员会下设机关党委5个、总支11个、支部130个，有党员1821人。

1990－2012年县直机关党委（县直机关工委）所属组织机构及党员情况表

表4-4-1

年度	机构（个）			党员（人）										
	机关党委	总支	支部	党员总数	预备党员	女党员	少数民族	大专以上	中专	高中	初中	小学	文盲	本年新发展
1989	4	6	110	1141	28	241	405	168	231	152	451	131	8	21
1990	4	6	111	1477	21	205	323	181	245	163	448	404	6	26
1991	4	6	115	1143	26	217	373	186	256	171	308	218	4	24
1992	4	5	119	1189	25	218	387	206	271	180	309	220	3	18
1993	4	5	124	1214	30	217	388	209	272	200	313	217	3	27
1994	3	6	102	1240	37	220	395	223	281	204	315	214	3	27
1995	4	6	100	1273	44	238	417	231	301	211	316	211	3	33
1996	3	6	109	1327	61	253	415	256	325	208	323	212	3	46
1997	5	6	105	1073	56	203	305	215	261	212	329	189	3	43
1998	3	6	107	1312	38	252	414	251	321	211	319	210	3	38
1999	3	8	115	1440	12	247	500	424	344	216	310	143	3	40
2000	2	3	54	1488	31	260	518	466	345	223	305	147	2	38
2001	2	9	123	1567	29	329	546	504	363	235	320	143	2	29
2002	2	10	126	1554	14	298	547	521	224	361	302	144	2	38
2003	2	9	128	1577	38	315	557	560	369	217	310	120	1	42
2004	2	13	138	1716	69	403	591	604	421	283	358	149	1	35
2005	2	13	148	1822	42	353	589	752	453	233	248	135	1	43
2006	3	12	145	1703	35	362	556	673	423	258	223	125	1	35

续表 4-4-1

年度	机构（个）			党员（人）										
	机关党委	总支	支部	党员总数	预备党员	女党员	少数民族	大专以上	中专	高中	初中	小学	文盲	本年新发展
2007	5	13	148	1691	33	356	591	611	451	305	208	115	1	32
2008	2	15	149	1768	24	327	585	685	477	278	225	102	1	13
2009	2	15	149	1780	22	560	652	705	492	260	196	126	1	19
2010	4	12	141	1867	23	602	641	753	541	268	189	116	0	25
2011	4	12	128	1788	32	580	632	735	531	265	186	106	0	26
2012	5	11	130	1821	29	586	655	748	559	253	172	102	0	32

第二节　机关党组（党委）

一、机关党组

1989 年，县级机关设置的党组有人大常务委员会党组、政府党组、政协委员会党组、法院党组、检察院党组、农业办公室党组、人事劳动局党组、经济委员会党组、教育局党组、计划生育局党组、财政局党组、粮食局党组、商业局党组、工商银行党组、乡镇企业管理局党组、计划局党组、卫生局党组、烟草专卖局党组、供销合作社党组、工商行政管理局党组、水电局党组、供电局党组、交通局党组、畜牧局党组；1990 年，增设县人民银行党组；1991 年，撤销县人事劳动局党组；1993 年，增设县农业银行党组、县工商联党组；1994 年，撤销县经济委员会党组、县烟草专卖局党组、县供销合作社党组、县商业局党组，增设县计划统计局党组、县文体广播电视局党组、县国土资源管理局党组、县城乡工业管理局党组；1995 年，增设县供电局党组，恢复县供销合作社党组；1996 年 5 月，增设县文学艺术工作者联合会党组；1996 年 6 月，恢复县乡镇企业局党组、县计划局党组、县烟草专卖局党组、县工业局党组；1997 年，恢复县人事劳动局党组、县水电局党组；1998 年，恢复县交通局党组，增设县农业机械局党组。

至 2012 年，设置党组的机关有县人大常务委员会、县政府、县政协常务委员会、县政府办公室、县发展和改革局、县教育局、县工业和特色产业局、县贸易和科学技术局、县民族和宗教事务局、县民政局、县司法局、县财政局、县人力资源和社会保障局、县国土资源局、县环境保护局、县住房和城乡建设局、县交通运输局、县农业局、县林业局、县水利局、县文化体育旅游和广播电影电视局、县卫生和食品药品监督管理局、县人口和计划生育局、县审计局、县安全生产监督管理局、县统计局、县水利水电工程移民局、县档案局、县供销合作社联合社。

二、机关党委

2010 年 4 月，县政府机关改革后，县贸易和科学技术局、县农业林业和扶贫开发局增设机关党的委员会，接受县直属机关工作委员会领导。

1989 年以来，县人民武装部和县公安局均单独设置党的委员会，县人民武装部党委接受县委和兴义军分区党委的双重领导，县公安局党委直接接受县委领导。

此外，县工商行政管理局设有机关党委，隶黔西南布依族苗族自治州工商行政管理局机关党委领导。

第三节　乡镇党组织

一、乡镇党员代表大会

1989年，全县各区、乡、镇每三年召开一次党员代表大会，代表由党员直接选举产生，任职3年。党员代表大会职责是听取上一届区、乡、镇党委、纪委工作报告，并做出决议；选举产生区、乡、镇党的委员会，委员一般由5—7人组成；选举产生区、乡、镇党的纪律检查委员会，委员一般由3—5人组成。1992年，全县“建镇并乡撤区”工作完成后，撤销9个区（镇）和37个乡（镇）党的委员会，设立16个乡镇党的委员会，每三年召开一次乡镇党员代表大会，代表由党员直接选举产生，任职3年。党员代表大会职责不变。2002年后，改为每五年召开一次党员代表大会，代表任职时间由3年改为5年。乡镇党员代表大会可根据实际情况，报上级党委同意后提前或延期召开；如遇特殊重大事件，报上级党委同意后，可在届中召开数次全体代表大会，对特别重大事件进行专门讨论，并做出决议。“建镇并乡撤区”前，1991年底至1992年初，全县区、乡、镇分别召开了1次党员代表大会；1992—2012年，全县各乡镇分别召开5次党员代表大会，进行了5次换届选举。

各乡镇基层党的委员会每年要召开1次以上全体委员会议。

二、组织机构

1989年，中共安龙县委下级地方组织有城关镇、新安区、化力区、德卧镇、龙广区、洒雨区、普坪区、龙山区、兴隆区9个区（镇）党的委员会和招堤乡、大坪乡、幺塘乡、木咱乡、坡贡乡、新桥乡、停西乡、坡脚乡、龙广镇、科汪乡、五台乡、花木乡、永和乡、纳赖乡、洒雨乡、九头乡、木科乡、戛拉乡、竹林乡、大坝乡、古里乡、普坪乡、钱相乡、阿赖乡、鲁沟乡、戈塘乡、北乡乡、梨树乡、笃山乡、花障乡、纳院乡、巧岭乡、木城乡、平乐乡、龙蛇乡、石盘乡、冗华乡37个乡（镇）党的委员会。1991年12月，“建镇并乡撤区”后，撤销原来的区、乡、镇党的委员会，建立新安镇、龙广镇、永和镇、德卧镇、木咱镇、兴隆镇、龙山镇、普坪镇、洒雨镇、戈塘镇、新桥乡、钱相乡、梨树乡、坡脚乡、海子乡、平乐乡16个乡镇党的委员会，受中共安龙县委直接领导。1998年5月，永和镇更名为万峰湖镇；2000年5月，梨树乡、新桥乡分别更名为笃山乡、新桥镇。2012年6月，撤销新安镇，分设招堤、栖凤两个街道，撤销新安镇党委，分别建立中共招堤街道工作委员会和中共栖凤街道工作委员会，受中共安龙县委直接领导。

第五篇　人大　政府　政协

第一章　地方人民代表大会

中共十一届三中全会以后，人民代表大会这一根本政治制度得到恢复，并不断发展完善。根据1979年五届全国人大二次会议修改通过的《中华人民共和国地方各级人民代表大会和地方各级人民政府组织法》《中华人民共和国全国人民代表大会和地方各级人民代表大会选举法》，县人大代表采用直接差额选举方式，由选区选民直接选举产生。1980年，安龙县作为全省第二批试点县，省、地选举委员会从兴义、兴仁、贞丰、册亨、望谟、普安、晴隆抽调有关人员到安龙县参加试点工作，选举产生县人大代表395名。当年8月，召开安龙县第八届人民代表大会第一次会议，选举产生县人民政府和县人大常委会，审议和决定全县社会民生重大事项，县人民代表大会制度由此正常化、制度化。同时还加强县人大机构建设，至1986年2月，基本形成办公室、代表工作委员会、法律委员会、民族工作委员会、代表资格审查委员会、财经委员会“一办五委”的工作机构格局。同年，全县各区镇建立县人大常委会联络组，其后又在各乡镇选举产生乡镇人大主席团，进一步健全完善了县人大工作的组织网络，推进了基层民主政治建设。1989年、1990年分别召开安龙县第十届人民代表大会第三次、第四次会议。1990年9月至2012年召开了安龙县第十一、十二、十三、十四、十五、十六届人民代表大会，每届人民代表大会进行换届选举。历届县人大常委会遵照宪法行使人民代表大会的权力。

第一节　人民代表

根据第五届全国人民代表大会第二次会议通过的《中华人民共和国全国人民代表大会和地方各级人民代表大会选举法》的规定，县人民代表大会代表采用直接差额选举方式产生，即由选民直接选举县人民代表大会代表。

1990年5—9月，县级人大换届选举，全县共有选民20.22万人，实际参加投票人数18.49万人。全县共划分88个选区，选出县第十一届人民代表大会代表216名。其中，中共党员167名，妇女代表35名，少数民族代表110名，大专以上文化占8.8%，中专文化占68.5%，35岁以下占24%，36—55岁占68%，56岁以上占8%。

1992年，县级人大换届选举，全县共有选民21.52万人，参加投票选举的20.19万人，选出县第十二届人民代表大会代表219名。其中，工人、农民和其他劳动者117名，干部（知识分子）99名，解放军和武装警察3名，中共党员161名，妇女37名，少数民族107名。

1998年1月，县级人大换届选举，全县共有选民26.68万人，划分89个选区，参加投票选举的选民为24.27万人，选出县第十三届人民代表大会代表204名。其中，男性167名、女性代表37名，非中共党员42名、中共党员162名，少数民族102名；35岁以下的54名，36岁至55岁的136名，56岁以上的14名；大专以上的47名，中专（含高中）40名，中学101名，小学16名；干部118名，解放军2名，工人、农民84名。

2003年1月，县级人大换届选举，全县共有选民28.58万人，划分为85个选区，参加投票选举的选民为26.64万人，选出县第十四届人民代表大会代表205名。其中，工人、农民和其他劳动者98名，干部84名，知识分子18名，离退休人员2名，解放军2名，台侨眷1名；中共党员146名，妇女43名，少数民族96名，大学本科14名，大专（高职)57名，中专（含高中)66名，初中以下68名；35岁以下47名，36岁至55岁150名，56岁以上8名，年龄最大的72岁，最小的21岁。

2006年10月，县级人大换届选举，全县共有选民28.6万人，参加投票选举25.67万人，划分87个选区，选出县第十五届人民代表大会代表207名。其中，农民代表98名，干部88名，知识分子10名，解放军2名，离退休3名，企业个体工商6名，妇女37名，非中共党员40名；少数民族101名，大学本科以上43名，大专（高职)50名，中专（含高中)44名，初中以下70名；35岁以下30名，36岁至55岁160名，56岁以上17名。

2011年12月，县级人大换届选举，划分82个选区，选出县十六届人大代表207名。其中，农民代表77名、干部73名、知识分子16名、解放军1名、离退休干部2名、企业个体工商人员8名，男性158名、妇女49名，非中共党员51名，少数民族105名，中央省州企事业1名，专业技术人员19名，工人1名，宗教1名，台侨眷1名。

第二节　县人民代表大会

1992年前，第十届、第十一届县人民代表大会，每3年换届1次。1992年，第十二届县人民代表大会及以后，每5年换届1次。一般每年召开全体代表大会1次，每次会议均要听取和审议《县人民政府工作报告》《(上年度）国民经济和社会发展执行情况和（下年度）国民经济和社会发展计划草案的报告》《(上年度）财政预算执行情况和（下年度）财政预算草案的报告》《县人大常委会工作报告》《县人民法院工作报告》《县人民检察院工作报告》等，并就上述6个报告作出相应的决议，审查和批准下年度《国民经济和社会发展计划》和《财政预算草案》。

一、第十届人民代表大会

第三次会议　1989年3月28—31日在县城召开。应出席代表189人，实到185人。会议号召，全县各族人民振奋精神、增强信心、同心协力、艰苦奋斗，坚决按照中央的部署，扎扎实实地搞好治理整顿和深化改革，克服前进中各种困难，做到两种生产一起抓，两个文明一起建。

第四次会议　1990年3月27—30日在县城召开。应到代表189人，实到186人。会议同意吴培英、谢丽茹分别辞去县政府县长、副县长职务，决定龙刚代理县长；会议指出，要坚定不移地坚持“一个中心、两个基本点”，进一步搞好治理整顿和深化改革的各项工作。

二、第十一届人民代表大会

1990年9月26日至1992年4月6日，县第十一届人民代表大会召开人民代表会议3次。

第一次会议　1990年9月26—30日召开，应出席代表215人，实到代表207人。会议选举产生县人大常委会组成人员（未选出县人大常委会主任）和县政府县长、副县长、人民法院院长和人民检察院检察长；决议要求推进治理整顿和深化改革，开展“双增双节”运动，提高经济效益，坚持把农业放在重要地位。

第二次会议　1991年3月30日至4月3日召开，应出席代表214人，实到201人。会议号召，全面贯彻执行中央十三届七中全会精神，坚持“一个中心、两个基本点”的基本路线，进一步增强农业的基础地位，千方百计夺取农业丰收；开展“质量、品种、效益年”活动，增强企业活力，提高经济效益，保持经济适度增长。会议补选了县人大常委会主任。

第三次会议　1992年4月6—10日召开，应出席代表214人，实到206人。会议号召，全县各族人民以江泽民总书记视察上海、深圳、珠海时的重要讲话为指针，把经济工作的重点转移到调整结构和提高效益的轨道上来，以改革总揽全局，抓住时机加大改革开放的力度。会议选举了出席黔西南州第三届人民代表大会代表。

三、第十二届人民代表大会

1993年3月26日至1997年3月14日，县第十二届人民代表大会召开人民代表会议5次。自本届人民代表大会开始，县人民代表大会由每3年换届1次，改为每5年换届1次。

第一次会议　1993年3月26—31日召开，应出席会议代表219人，实到208人，列席83人。选举产生县人大常委会组成人员和县政府县长、副县长、县检察院检察长，未选出县法院院长；做出抓好“粮食、林业、烤烟、芭蕉芋、水果、药材、魔芋、畜牧”等8大基地建设，围绕“一线两路”大力开发经济小区的决议。

第二次会议　1994年4月12—16日召开，应出席代表217人，实到204人，列席81人。号召全县各族人民继续深入学习《邓小平文选》第三卷和中共十四届三中全会精神，把经济建设转移到以提高经济效益为中心的轨道上来。

第三次会议　1995年3月14—17日召开，应出席代表215人，实到192人，列席92人。做出围绕“以农业为基础、以工业为重点、以市场为导向，加快发展第三产业”的发展思路，以经济建设为中心，突出财政增收、农民增收两个重点，加快改革开放步伐，加快经济发展，全面完成“八五”计划的决议。会议补选了县人民法院院长。

第四次会议　1996年3月19—22日召开，应出席代表211人，实到201人，列席73人，制定《安龙县国民经济和社会发展“九五”计划和2010年远景目标纲要》。

第五次会议　1997年3月11—14日召开，应出席代表206人，实到196人。会议号召，实施“突出五个工作重点，做好六项工作，抓好四件大事，办好八件实事，强化五项措施”的“56485”工程，以优异成绩迎接香港回归和党的十五大胜利召开。会议选举产生出席黔西南州第四届人民代表大会代表。

四、第十三届人民代表大会

1998年3月4日至2002年3月19日，县第十三届人民代表大会召开人民代表会议5次。

第一次会议　1998年3月4—8日召开，应出席代表204人，实到198人。会议号召，贯彻落实中共安龙县第八次代表大会提出的各项任务，在夯实“两基础”实施“两线战”强化“五大支柱”抓好“六大基础”上下功夫，做好1998年4件大事和10件实事，促进全县经济持续、快速健康发展和社会全面进步。会议选举了县人大常委会组成人员和县政府县长、副县长、法院院长、检察院检察长。

第二次会议　1999年3月16—19日召开，应出席代表201人，实到191人，列席83人。会议要求，全县人民继续推进改革开放，积极实施科教兴县、可持续发展和开放带动三大战略，切实抓住中央增加投资、扩大内需的机遇，加强农业和以交通为重点的基础设施建设，强化基础设施地位，突出工业重点，大力发展以旅游业为龙头的第三产业，促进教育、科技、文化事业发展和社会全面进步，把富有生机和充满希望的安龙带入新的世纪。会议补选了县人大常委会委员2人。

第三次会议 2000年3月20—23日，应出席代表200人，实到192人，列席89人。会议要求，全面落实中央关于推动改革开放和发展的一系列措施，以“三讲”教育为契机，切实转变机关工作作风，抓住国家实施西部大开发战略的机遇，积极推进经济结构调整和培育新的经济增长点，在工作中要突出8项重点，实施6件大事和10件实事，促进“两个文明”协调发展，营造廉洁、勤政、务实、高效的政府，推动经济社会全面进步。

第四次会议 2001年3月13—16日召开，应出席代表194人，实到191人，列席103人。会议要求，各级政府和全县各族人民在县委的领导下，全力以赴实施西部大开发战略，把发展作为主题，把结构调整作为主线，把改革开放和科技进步作为动力，把提高人民生活水平作为根本出发点，坚持两个文明建设一起抓，正确处理好改革、发展、稳定的关系，努力完成大会提出的各项目标任务，为“十五”计划的全面实施开好头、起好步奠定坚实的基础。

第五次会议 2002年3月19—22日召开，应出席代表188人，实到185人，列席130人。做出围绕经济建设中心，夯实农业、基础设施、投资环境基础，抓好计划生育、扶贫攻坚、生态工程、“两基”教育、平安工程，切实做好发展乡镇企业、壮大非公有制经济、国有企业改革、农业产业结构调整、构筑旅游硬件、完善市场建设6篇文章，全力培育电力、煤炭、黄金、锌、建材、小城镇建设、草地畜牧水产品、烤烟、经果林、金银花、优质米、茶叶、蔬菜13个方面的财源；实现财政、农民两个增收，扎扎实实办好“十件实事”，使人民群众得到实惠的决议。会议补选了县政府县长和出席黔西南州第五届人民代表大会代表。

五、第十四届人民代表大会

2003年2月23日至2006年3月5日，县第十四届人民代表大会召开人民代表会议4次。

第一次会议 2003年2月23—27日召开，应出席代表205人，实到201人，列席105人。会议要求，集中精力夯实“两个基础”(农业和基础设施建设)“培育八大支柱”(电力、煤炭、冶金、建材、优质农产、草地畜牧业、烤烟和旅游业)努力实现“四个突破”(电力税收、煤炭税收、烤烟和旅游产业取得新突破)达到“两个增收”(农民增收和财政增收)继续实施“三大战略”，大力调整经济结构，不断完善社会保障体系，推动“两个文明”和社会各项事业全面发展。会议选举了县人大常委会组成人员和县政府县长、副县长、法院院长、检察院检察长。

第二次会议 2004年2月25—28日召开，应出席代表204人，实到196人，列席81人。会议要求，抢抓西部大开发和新阶段扶贫开发的机遇，按照“做大重化工、搞好煤加工、开发小水电、建设小城镇”的战略，以工业化为重点，加快推进城镇化和农业产业化，大力抓好融资和招商引资工作，继续按照“夯实两个基础、培育八大支柱、实现四个突破、达到两个增收”的思路，认真解决“三农”问题，大力发展以旅游业为主的第三产业，促进国民经济持续协调健康发展和社会全面进步。

第三次会议 2005年3月8—11日召开，应出席代表199人，实到代表195人，列席98人。会议要求，继续围绕“做大重化工、搞好煤加工、开发小水电、建设小城镇”的战略，积极推进经济结构战略性调整，实现工业经济的跨越式发展，稳定解决“三农问题”，加快旅游业发展步伐，全力抓好项目建设，不断提高经济增长的质量和效益，坚持以人为本的施政理念，加强政府执政能力建设，切实转变政府职能，推动经济社会快速健康协调发展。会议补选县人大常委会委员1人。

第四次会议 2006年3月5日召开，应出席代表195人，实到代表192人，列席103人。会议要求，按照“做大重化工、搞好煤化工、开发水火电、推进城镇化、建设新农村”的发展战略，努力调整经济结构，转变经济增长方式，发展循环经济，壮大优势产业，以建设“化工大县、电力大县、畜牧大县、生态强县”为目标，以“做大工业、做强农业、做活三产”为主线，建设“经济型、效益型、环保型”产业，推进和谐社会建设，促进经济全面、协调、可持续发展，努力实现经济社会发展的历史性跨越。

六、第十五届人民代表大会

2006年12月27日至2010年3月10日，县第十五届人民代表大会召开人民代表会议5次。

第一次会议 2006年12月27—30日召开，应出席会议代表207人，实到205人，列席97人。会议要求，以科学发展观统领经济社会发展全局，贯彻“以人为本、执政为民”的宗旨，继续按照“做大重化工，搞好煤化工，发展水火电，推进城镇化，建设新农村”的发展战略，全面加强经济、政治、文化和社会建设，努力建设经济强县。会议选举了县人大常委会组成人员和县政府县长、副县长、法院院长、检察院检察长及出席黔西南州第六届人民代表大会代表。

第二次会议 2007年12月30日召开，应出席会议代表200人，实到196人，列席2人。会议专题传达学习中共十七大精神，听取县政府《关于县第十五届人民代表大会第一次会议代表提议案、建议、批评和意见办理情况的报告》。

第三次会议 2008年3月25—28日召开，应出席会议代表203人，实到201人，列席105人。会议要求，继续围绕“做大重化工，搞好煤化工，发展水火电，推进城镇化，建设新农村”的发展战略，推进经济结构升级，突出“一个重点”(突破工业)、构筑“两大经济带”(汕昆南昆经济带和矿山经济带)、努力凸现“三大亮点”(重化工的大发展、城市建设的大推进、重点项目的大建设)、着力推进“四个转变”(工业向新型化转变、农业向产业化转变、旅游向市场化转变、经济社会发展向持续化转变)，坚持好字优先，能快则快，能超则超，全面加强经济、政治、文化和社会建设，加快建设小康，着力改善民生，促进社会和谐，努力实现安龙经济社会发展的新跨越。会议补选了县政府县长和1名人大常委会委员。

第四次会议 2009年3月18—21日召开，应出席会议代表200人，实到198人，列席87人。会议号召，全县各族人民紧紧抓住中央“扩内需、保增长、调结构”的有利时机，围绕“科教兴县、工业强县、旅游活县、农产稳县、三产富县”的发展思路，全力推进“工业新型化、农业产业化、旅游市场化、物流现代化、集镇城市化、村寨新村化”，变压力为动力，化挑战为机遇，坚实信心，锐意进取，团结拼搏，扎实工作，加快推进安龙经济社会发展的历史性跨越，以优异的成绩迎接新中国成立60周年。

第五次会议 2010年3月10—13日召开，应出席会议代表201人，实到197人，列席97人。会议要求，按照“实施五轮驱动，实现五县目标”发展战略，抢抓机遇，迎难而上，求真务实，真抓实干，聚精会神搞建设，一心一意谋发展，为全面完成今年各项工作和“十一五”规划目标任务、加快实现全县经济社会发展的历史性跨越而努力奋斗。会议补选县人大常委会副主任1人、县人大常委会委员2人。

七、第十六届人民代表大会

至2012年底，县第十六届人民代表大会共召开全体代表会议2次。

第一次会议 2011年12月12—16日在县城举行，应到代表207人，实到206人，列席人员87人。会议听取和审议《政府工作报告》《县人大常委会工作报告》《县人民法院工作报告》《县人民检察院工作报告》，并对以上各项工作报告作出相应决议；听取和审议《安龙县2011年国民经济和社会发展计划执行情况及2012年国民经济计划（草案）的报告》《安龙县2011年财政预算执行情况及2012年财政预算（草案）的报告》，审查批准《安龙县2012年国民经济计划》《安龙县2012年财政预算》。选举产生县第十六届人民代表大会、人民政府、人民法院、人民检察院组成人员及出席黔西南州第七届人民代表大会的代表；会议期间，收到代表提出的建议、批评和意见179件。

第二次会议　2012年11月22—23日在县城举行，专题传达学习中国共产党第十八次全国代表大会精神。

第三节　县人大常委会

一、工作机构

1989年以来，根据《中华人民共和国宪法》《中华人民共和国地方各级人民代表大会和地方各级人民政府组织法》，县人民代表大会设置常务委员会，作为县人民代表大会的常设机构。1989年，县人大常务委员会下设办公室、法律委员会、财经委员会、民族宗教委员会、教科文卫委员会、代表工作委员会，共5委1室。1998年3月，县人大常委会下设机构调整为办公室（下设秘书股、行政股、信访办公室）、研究室、法律工作委员会、财政经济工作委员会、民族宗教侨务工作委员会、教科文卫委员会、选举联络工作委员会、农村经济工作委员会，共6委2室。2008年，撤销研究室，设立环境与资源保护工作委员会。

二、常务委员会议

（一）县第十一届人民代表大会常务委员会

1990年10月15日至1993年3月20日，十一届县人大常委会召开常委会议20次。先后听取和审议县政府关于政治、经济、计划、财政、文化、扫盲、农业、林业、烟草、城建、交通、水电、司法、税务、商业、民政、乡企、工业、计生、公安、工商、审计、监察、供销社、亚行办、扶贫以及代表建议、批评和意见办理等报告（汇报）33个；听取和审议县法院、县检察院相关工作报告（汇报）2个。对《安龙县1990年国民经济发展计划调整》《安龙县1990年财政预算调整》等依法作出相应的决定、决议。组织对《中华人民共和国组织法》《贵州省人大常委会监督条例》《贵州省计划生育条例（草案）》等法律法规的修改，提出意见和建议；组织和配合省、州人大常委会开展对《中华人民共和国森林法》《中华人民共和国民族区域自治法》《中华人民共和国婚姻法》《中华人民共和国土地管理法》《中华人民共和国水法》《中华人民共和国义务教育法》《贵州省职业技术教育暂行条例》《贵州省农业技术推广条例》《黔西南布依族苗族自治州自治条例》等11个法律法规贯彻执行情况的检查。1991年1月31日，十一届人大常委会第三次会议补选王隆远、龙刚为黔西南州第二届人民代表大会代表；1991年4月5日，十一届人大常委会第五次会议补选王文通为黔西南州第二届人民代表大会代表；1992年9月30日，十一届人大常委会第十六次会议补选蓝华夏为黔西南州第三届人民代表大会代表。

（二）县第十二届人民代表大会常务委员会

1993年4月28日至1998年2月13日，十二届县人大常委会召开常委会36次。先后听取和审议县政府关于农村经济、乡镇企业、计划生育、计划财政、监察、教育、城建、档案管理、民族事业、水利、供销、林业、工业生产、国土、移民安置、民政、科技、税务、统计、粮食、工商、市场规划、农业、黄金生产、邮电通讯、交通、供电、公安、代表建议、批评和意见办理、文体广电、烤烟、房改等工作报告103个；听取和审议县法院、县检察院相关工作报告（汇报）9个。对德卧人大主席团《关于停止符佐军同志县人大代表资格的请示》、州公安局《关于呈请批准对罗家伟刑事拘留和对饶华辉停职检查的请示》《关于呈请批准对罗家伟进行逮捕并交付刑事审判的请示》，以及县政府及其工作部门提出的《关于安龙县金龙集贸市场规划设计》《关于在全县公安、检察、审判机关实行错案责任追究制度》《关于戈塘镇第九届人民代表大会第三次会议联名选举王天碧为副镇长的报告》《关于出让金龙市场房屋建设用地使用权和建筑初步规划》《关于许可对县十二届人大代表徐世芳依法逮捕的请示》《关于安龙县县城总体规划》《安龙县征兵工作实施办法》《关于德卧商住小区竣工决算》《关于继续实行粮油供应》和《关于建立安龙县“一府两院”及有关工作部门定期向县人大常委会报告有关法律、法规实施情况制度》《关于建立县人民政府计划统计、财政部门定期向县人大常委会组成人员报告国民经济和社会发展计划执行情况、财政收支情况制度》《关于建立被任命人员任前考试、供职制度》《关于对县人民法院限期整改》《关于批准安龙县人民政府1996年财政预算调整方案》《关于批准安龙县1996年财政决算》《关于批准安龙县1997年财政预算调整方案》等重大事项依法作出决定、决议。组织开展对县政府班子及教育局、农业局、国土局、计生局、水利局、林业局、文体广电局、人劳局、财政局、民族事务局、公安局、交通局、建设局、计划局、科技局、法院、检察院等单位负责人等23人述职评议；对贯彻执行《中华人民共和国民事诉讼法》《中华人民共和国治安处罚条例》《关于严惩严重破坏经济犯罪的规定》《中华人民共和国全民所有制工业企业法》《全民所有制工业企业转换经营机制条例》《中华人民共和国统计法》《中华人民共和国教师法》《教育改革发展纲要》等8部法律法规的执法检查。1994年12月17日，县十二届人大常委会对县政府物价部门不按时参加汇报，致使常委会会议延期召开向政府提出质询案；县十二届人大二次会议期间，王秉吉等16名人大代表向县公安局提出《天生桥至贵阳50万伏输电线被盗一案，案犯已关押5年仍未向检察机关起诉》的质询案，要求公安局给予答复。

（三）县第十三届人民代表大会常务委员会

1998年5月6日至2003年2月18日，十三届县人大常委会召开常委会议37次。先后听取和审议县政府关于煤炭生产、农业、教育、烤烟生产、公安、计划、财政、代表建议、批评和意见办理、房改、财政审计、水利、国土、扶贫、林业、交通、人口与计划生育、文体广电、卫生、畜牧、市场建设、乡镇企业、国税、地税、人事劳动、民政、社会治安、工业、民族宗教、消防、城建、安全生产、统计、档案、司法、监察、县人民政府十件实事完成情况等工作报告83个；听取和审议县法院、县检察相关工作报告8个。对1998—2002年各年度《国民经济和社会发展计划调整方案》《财政预算调整方案》，以及《关于加强煤炭生产经营管理的暂行规定》《安龙县依法治县办法》《关于暂停李定良县十三届人大代表职务》《安龙县城镇管理暂行办法》等重大事项依法作出决定和决议；对县人民法院《拒不执行县人大常委会的决定而失误造成严重后果》提出质询。组织开展对国土局、交通局、文体广电局等单位负责人的述职评议。配合省、州人大常委会开展对《中华人民共和国全国人民代表大会和地方各级人民代表大会代表法》《中华人民共和国农业法》《中华人民共和国森林法》《中华人民共和国野生动物保护法》《中华人民共和国公路法》《中华人民共和国土地管理法》《中华人民共和国义务教育法》《中华人民共和国监狱法》《中华人民共和国妇女权益保障法》《中华人民共和国归侨侨眷权益保护法》《中华人民共和国气象法》《贵州省国防教育条例》《贵州省消防条例》等21部法律法规的贯彻执行情况进行检查。2003年2月18日，十三届人大常委会第37次会议补选班程农为黔西南州第五届人民代表大会代表。

（四）县第十四届人民代表大会常务委员会

2003年4月22日至2006年12月22日，十四届县人大常委会召开常委会议34次。先后听取和审议县政府关于非典型性肺炎防治、人口与计划生育、春耕生产、烤烟生产、水利、供水、物价、人事劳动、职工医保、财政、审计、文体广电、安全生产、代表建议、批评和意见办理，林业、民政、卫生、矿山秩序、环保、交通、煤炭生产、第四个五年普法规划、“两基”教育、十件实事、基本农田建设、城建、移民、旅游、房改、社会治安、交警执法、畜牧等工作报告70个；听取和审议县法院、县检察院相关工作报告3个。对2003—2005年各年度财政预算调整方案，以及《关于利用开发银行贷款建设我县县城基础设施报告》《关于西城区控制性详细规划报告》《安龙县县城总体规划（修编）报告》《关于调整西城区练家湾道路路幅的报告》《交警执法工作情况报告》《关于柘仑水库扩容加坝工程进行融资建设的报告》《关于龙广第29选区选举镇代表中涉嫌违反〈选举法〉的调查报告》等重大事项依法作出决定、决议；组织开展对贯彻实施《中华人民共和国水法》《中华人民共和国水土保持法》的执法检查；配合省、州人大常委会开展对贯彻执行《中华人民共和国义务教育法》《中华人民共和国未成年人保护法》《中华人民共和国预防未成年人犯罪法》《中华人民共和国档案法》《中华人民共和国工会法》《中华人民共和国传染病防治法》《中华人民共和国人口与计划生育法》《中华人民共和国残疾人保障法》《中华人民共和国邮政法》《中华人民共和国安全生产法》《中华人民共和国农业法》《贵州省未成年人保护条例》《贵州省人口与计划生育条例》等20部法律法规的执法检查。组织参与《黔西南布依族苗族自治州自治条例》的修改，组织县国土、环保部门配合州人大常委会搞好“环保世纪行”活动；组织开展对县政府领导班子成员及林业局、民政局、农业局、环保局、县人民法院、县人民检察院等8个单位主要负责人的述职评议。

（五）县第十五届人民代表大会常务委员会

2007年2月1日至2011年12月2日，十五届县人大常委会召开常委会议45次。先后听取和审议县政府关于城市建设、新型农村合作医疗、春耕生产、工业生产、煤炭生产、民政、普法教育、人口与计划生育、林业、财政审计、财政、新农村建设、代表建议、批评和意见办理、扶贫、农业、卫生、水利、政府十件实事办理、国土、发改、教育、人事劳动、物价、旅游、职工（居民）医保、交通、民族宗教、公安、十一五规划执行情况、扩内需保增长、廉租房建设、粮食流通、畜牧、安全工作、文体广电、环境保护、西城区建设、监察、农机具补贴、科技、“两基”及一中“申示”巩固、“十二五”规划启动编制、农村危房改造、家电下乡、文物保护等工作报告80个；听取和审议县法院、县人民检察院相关工作报告10个；会议对2007年、2008年、2009年、2010年县财政预算调整方案，和《关于安龙县第十五届人大代表刘作贵涉嫌犯罪的报告》《鑫华建材有限责任公司生产和经济运行情况报告》《关于安龙县第十五届人大代表孙斌涉嫌犯罪的报告》《关于安龙县第十五届人大代表秦杰涉嫌犯罪的报告》等重大事项依法作出相应的决议、决定。组织开展对县农业局、卫生局、物价局、经贸局、县人民法院民事审判第一庭、第二庭、计生局、文体广电局、民政局的工作评议。常委会还讨论通过《关于认真开展学习贯彻中华人民共和国监督法、贵州省各级人民代表大会监督条例的决定》《安龙县人大常委会监督工作暂行规定》《安龙县人大常委会关于进一步改进会务工作的意见》《安龙县人大常委会议事规则》，审议通过县政府提请审议的《安龙县古城保护管理暂行办法（草案）》和《安龙县招堤风景名胜区保护管理暂行办法（草案）》。组织由县人大及其常委会选举和任命的国家机关工作人员进行“一法一条例”的考试；开展《退耕还林条例》和治理坡耕地过度开垦的执法检查，配合省州人大常委会对《中华人民共和国义务教育法》《中华人民共和国民族区域自治法》《国务院实施〈中华人民共和国民族区域自治法〉若干规定》《贵州省实施〈中华人民共和国民族区域自治法〉若干规定》《中华人民共和国行政许可法》《中华人民共和国体育法》《贵州省体育条例》《中华人民共和国劳动法》等法律法规的执法检查。组织参加《黔西南布依族苗族自治州教育条例》《贵州省风景名胜区条例（草案）》《贵州省高新技术产业发展条例（草案）》《贵州省水路交通管理条例（草案）》《贵州省气象防御条例（草案）》《黔西南布依族苗族自治州实施〈矿产资源法〉变通规定（草案）》《贵州省农产品质量安全条例（草案）》《贵州省森林公园管理条例（草案）》《贵州省环境保护条例（草案）》《贵州省交通运输条例（草案）》《贵州省房地产经营管理条例（草案）》《贵州省人口与计划生育条例》等法规、条例的征求意见和修改工作。开展专题调研和视察，撰写调研报告11个。2008年1月12日，第十五届人大常委会第11次会议补选邓修宇为黔西南州第六届人民代表大会代表。

（六）县第十六届人民代表大会常务委员会

2011年11月至2012年底，十六届县人大常委会共召开常委会议7次。审议安龙县殡葬改革方案和招堤、栖凤街道设置方案，审议通过县政府《关于社会管理创新工作情况报告》《关于各民族文化大发展大繁荣工作情况报告》《关于安龙县古城保护管理暂行办法贯彻落实情况报告》等，审议调整2012年财政预算方案等。

1987－2012年安龙县历届人民代表大会常务委员会领导名录

表5-1-1

届次	职务	姓名	民族	性别	籍贯	任职时间
县第十届人民代表大会(1987年10月至1990年9月)	主任	韦永业	布依族	男	贵州安龙	1987年10月至1990年9月
	副主任	刘书明	汉族	男	贵州安龙	1987年10月至1990年9月
		苏志明	汉族	男	河北唐山	1987年10月至1990年9月
		杨忠堂	苗族	男	贵州安龙	1987年10月至1990年9月
		普正忠	彝族	男	贵州安龙	1987年10月至1990年9月
县第十一届人民代表大会(1990年9月至1993年3月)	主任	王文通	布依族	男	贵州安龙	1991年4月至1993年3月
	副主任	苏志明	汉族	男	河北唐山	1990年9月至1993年3月
		吴大珍	苗族	女	贵州安龙	1990年9月至1993年3月
		潘瑞元	仫佬族	男	贵州安龙	1990年9月至1993年3月
		王文通	布依族	男	贵州安龙	1990年9月至1991年4月
县第十二届人民代表大会(1993年3月至1998年3月)	主任	王世章	汉族	男	贵州安龙	1993年3月至1997年7月
	副主任	刘祥凡	汉族	男	贵州安龙	1993年3月至1998年3月
		苏志明	汉族	男	河北唐山	1993年3月至1998年3月
		陈朝贵	彝族	男	贵州安龙	1993年3月至1998年3月
		潘瑞元	仫佬族	男	贵州安龙	1993年3月至1998年3月
县第十三届人民代表大会(1998年3月至2003年2月)	主任	刘继明	汉族	男	贵州安龙	1998年3月至2003年3月
	副主任	陈朝贵	彝族	男	贵州安龙	1998年3月至2003年3月
		刘祥凡	汉族	男	贵州安龙	1998年3月至2003年3月
		王永富	苗族	男	贵州安龙	1998年3月至2003年3月
		罗华坤	汉族	男	贵州安龙	1998年3月至2003年3月
		徐建军	汉族	男	贵州安龙	1998年3月至2003年3月
		王永彩	布依族	女	贵州安龙	1998年3月至2003年3月
县第十四届人民代表大会(2003年2月至2006年12月)	主任	徐建军	汉族	男	贵州安龙	2003年2月至2006年12月
	副主任	陈朝贵	彝族	男	贵州安龙	2003年2月至2006年12月
		吴朝刚	布依族	男	贵州安龙	2003年2月至2006年12月
		王永彩	布依族	女	贵州安龙	2003年2月至2006年12月
		杨荣方	布依族	男	贵州安龙	2003年2月至2006年12月
		韦世欧	布依族	男	贵州安龙	2003年2月至2006年12月
		覃仁勇	回族	男	贵州安龙	2003年2月至2006年11月

续表 5-1-1

届次	职务	姓名	民族	性别	籍贯	任职时间
县第十五届人民代表大会（2006年12月至2011年12月）	主任	徐建军	汉族	男	贵州安龙	2006年12月至2011年7月
	副主任	尹洋华	布依族	男	贵州安龙	2006年12月至2011年12月
		张元培	回族	男	贵州安龙	2006年12月至2011年12月
县第十五届人民代表大会（2006年12月至2011年12月）	副主任	杨荣方	布依族	男	贵州安龙	2006年12月至2010年9月
		吴朝刚	布依族	男	贵州安龙	2006年12月至2009年5月
		王学敏	汉族	女	贵州安龙	2006年12月至2011年12月
		万成刚	汉族	男	贵州安龙	2009年3月至2011年12月
		杨　琨	汉族	男	贵州安龙	2010年3月至2011年12月
县第十六届人民代表大会（2011年12月起）	主任	黄朝文	布依族	男	贵州安龙	2011年12月起
	副主任	尹洋华	布依族	男	贵州安龙	2011年12月起
		张元培	回族	男	贵州安龙	2011年12月起
县第十六届人民代表大会（2011年12月起）	副主任	韦安忠	布依族	男	贵州安龙	2011年12月起
		林淑丽	汉族	女	广东梅县	2011年12月起
		梁秀鸿	苗族	男	贵州安龙	2011年12月起
		吴　鹏	汉族	男	贵州安龙	2011年12月起

第四节　县人大常委会工作

一、行使任免权

1989年以来，县人大常务委员会主要对县人民代表大会办公室及专门委员会、县政府及工作部门，以及县法院院长、庭长、审判人员和县检察院检察长、检察委员会组成人员等进行了任免。

1989－2012年历届安龙县人民代表大会常务委员会任免职情况表

表 5-1-2

1. 任职情况

会议届次		时间	任职人员姓名及职务
第十届人大常委会	第9次	1989.3.16	刘祥凡：县农业局局长
	第10次	1989.5.31	杨仕刚：县政府办公室主任；韦朝柱：县体育运动委员会主任；李明忠：县检察院检察员
	第12次	1989.9.28	刘继国：县工商行政管理局局长

续表 5-1-2

会议届次		时间	任职人员姓名及职务
第十届人大常委会	第 14 次	1990.1.20	龙刚：县政府代理县长；韦文林：县法院副院长、审判委员会委员、审判员；饶华辉：县公安局局长；康熙权：县监察局局长
	第 16 次	1990.5.11	王渝、吴启雄、贺登祥：县政府副县长；秦兴哲：县教育局局长；熊正朝：县科学技术委员会主任；韦政泽：县人大常委会办公室副主任；潘恩淑：县人大常委会民族委员会副主任；王顺炎：县人大常委会法律委员会副主任
	第 17 次	1990.6.19	王正书：县人大普坪区联络组组长；代德兴：县人大龙广区联络组组长；刘云祥：县人大洒雨区联络组副组长；赵全高：县人大兴隆区联络组副组长
第十一届人大常委会	第 1 次	1990.10.15	王文通（县人大常委会副主任）：主持县人大常委会工作
	第 2 次	1990.11.30	朱国良：县人大常委会财经委员会主任；康熙权：县监察局局长；胡柱昌：县政府办公室主任；王弘宇：县财政局局长；赵德富：县粮食局局长；贺贞高：县民政局局长；张全荣：县商业局局长；刘继国：县工商行政管理局局长；刘成品：县物价局局长；饶华辉：县公安局局长；刘自玉：县司法局局长；张建安：县劳动人事局局长；熊建磊：县政府经济研究室主任；王良宽：县政府经济委员会主任；杨仕刚：县工业局局长；黄福汉：县轻工业局局长；马俊源：县物资局局长；陈荣贵：县交通局局长；刘继宁：县标准计量局局长；张奇凤：县民族事务委员会主任；查仕亮：县宗教事务科科长；秦兴哲：县教育局局长；陈祖光：县卫生局局长；吴万昌：县计划生育委员会主任；韦朝柱：县体育运动委员会主任；贺光玲：县文化旅游局局长；李朝刚：县档案局局长；熊正朝：县科学技术委员会主任；廖明星：县广播电视局局长；胡鼎云：县计划委员会主任；肖清海：县统计局局长；景祥猷：县城乡建设环境保护局局长；李德刚：县农村经济委员会主任；朱国荣：县农业局局长；韦正华：县畜牧局局长；陈芝权：县土地管理局局长；郑国富：县林业局局长；戴泰仁：县乡镇企业局局长
	第 6 次	1991.5.29	张建安：县劳动局局长；石定明：县人事局局长；贺光玲：县旅游局局长；喻安族：县文化局局长；刘玉兰：县法院民事审判庭庭长；刘家敏：县法院经济审判庭庭长；黄跃新：县法院经济审判庭副庭长；张光芬：县法院告诉申诉审判庭庭长；贺显章：县法院告诉申诉审判庭副庭长；贺兴梧：县法院刑事审判庭副庭长；李熙华：县法院行政审判庭副庭长；熊兴华：县法院执行庭副庭长；万成刚：县法院审判员；罗绍国：县法院新安区法庭庭长；王术光：县法院化力区法庭庭长；贺立芳：县法院龙广区法庭副庭长；罗永刚：县法院普坪区法庭副庭长；蔡进：县法院洒雨区法庭副庭长；岑国贞：县法院城关镇法庭副庭长
	第 7 次	1991.7.26	王舟官：县水电局局长
	第 8 次	1991.9.13	韦文林（县法院副院长）：代理县法院院长
	第 10 次	1991.11.28	李先栋：县审计局局长
	第 12 次	1992.3.25	李合县：县林业局局长；郑周富：县农机局局长；陈居祥：县畜牧局局长

续表 5-1-2

会议届次		时间	任职人员姓名及职务
第十一届人大常委会	第 13 次	1992.5.27	胡荣基、聂新：县政府科技副县长；钟志苏：县法院副院长；刘玉兰：县法院审判委员会委员；曾令福：兴隆人民法庭庭长；罗勇：县法院审判员
	第 14 次	1992.7.24	代振礼：县政府科技副县长；潘贞伦、郭庆权：县检察院检察员
	第 15 次	1992.8.24	刘继明（县政府副县长）：县政府代理县长
	第 17 次	1992.12.5	万成刚：县法院审判委员会委员、审判员；陈刚、王子虎、李锁讯：县法院审判员
第十二届人大常委会	第 1 次	1993.4.30	苏志明：县人大常委会教科文卫委员会主任（兼）；韦政泽：县人大常委会代表工作委员会主任；刘自玉：县人大常委会法律工作委员会主任；王良宽：县人大常委会财经委员会主任；王顺炎：县人大常委会教科文卫委员会副主任；杨军：县法院副院长、审判委员会委员、代理院长；刘玉兰：县法院副院长；王云贵：县人民检察院副检察长、检察委员会委员、检察员；胡柱昌：县政府办公室主任；胡鼎云：县计划委员会主任；戴泰仁：县乡镇企业局局长；秦兴哲：县教育局局长；李先栋：县审计局局长；马俊元：县物资局局长；朱国荣：县农业局局长；刘成品：县物价局局长；贺贞高：县民政局局长；康熙权：县监察局局长；李朝刚：县档案局局长；肖清海：县统计局局长；刘继国：县工商行政管理局局长；廖明星：县广播电视局局长；陈居祥：县畜牧局局长；景祥猷：县城乡建设环境保护局局长；刘继宁：县计量局局长；贺光玲：县旅游局局长；李合县：县林业局局长；熊正朝：县经济研究室主任；王显烈：县土地管理局局长；彭万友：县粮食局局长；吴天伦：县农村经济委员会主任；罗丕志：县计划生育委员会主任；叶竹林：县科学技术委员会主任；钟志苏：县司法局局长；
	第 1 次	1993.4.30	刘志安：县外协办公室主任；黄元华：县轻工局局长；袁朝兴：县劳动局局长；郭建新：县人事局局长；陆光华：县水电局局长；李正辉：县民族事务委员会主任；尹洋华：县财政局局长；陈仕忠：县商业局局长；陈南豪：县工业局局长；林嘉龙：县农机局局长；王时敬：县交通局局长；贺明坤：县文化局局长
	第 2 次	1993.6.2	饶华辉：县公安局局长；魏奕仙县人大常委会办公室主任；黄朝文：县人大常委会办公室副主任；韦正泽：县人大常委会代表工作委员会主任；王良宽：县人大常委会财经委员会主任；时宏良：县人大常委会财经委员会副主任；刘自玉：县人大常委会法律委员会主任；韦利良：县人大常委会民族委员会主任；苏志明：县人大常委会教科文卫委员会主任（兼）；王顺炎：县人大常委会教科文卫委员会副主任
	第 3 次	1993.8.28	韦贞奎、景诗琴：县检察院检察委员会委员；阳苏平、贺莉、何如凤、刘凤林、王仕伦：县检察院检察员
	第 5 次	1993.10.21	万成刚：县法院民事审判庭庭长；贺兴梧：县法院行政审判庭庭长；邹远仁：县法院执行庭庭长；李锁讯：县法院刑事审判庭庭长；韦康亮：县法院龙山法庭庭长；韦桥坤：县法院德卧法庭副庭长；黎国益、韦才斌、贺礼刚、贺时品、胡春燕、郭五星、黄元胜、李春贵：县法院审判员

续表 5-1-2

会议届次		时间	任职人员姓名及职务
第十二届人大常委会	第 7 次	1993.12.18	熊兴华：县法院民事审判庭副庭长
	第 9 次	1994.3.20	廖世明：县计划统计局局长；陈世忠：县贸易局局长；郭建新：县人事劳动局局长；吴天伦：县农业局局长；戴泰仁：县城乡工业管理局局长；李正辉：县民族事务局局长；叶竹林：县科学技术局局长；袁朝新：县卫生局局长；罗丕志：县计划生育局局长；景祥猷：县建设局局长；王显烈：县国土资源管理局局长；刘继国：县工商行政管理局局长；贺明坤：县文化体育广播电视局局长
	第 11 次	1994.7.22	肖平：县公安局局长；李黔岚：县法院审判员、审判委员会委员、副院长、代理院长
	第 18 次	1995.6.30	柴以华：县政府科技副县长；景诗琴：县检察院副检察长
	第 20 次	1995.11.2	罗永刚：县法院普坪法庭庭长；韦桥坤：县法院德卧法庭庭长；韦康亮：县法院龙山法庭庭长；贺立芳：县法院龙广法庭庭长；韦双全：县法院洒雨法庭副庭长；王国文：县法院审判员
	第 22 次	1996.3.1	岑国贞：县法院新安法庭副庭长
	第 24 次	1996.6.14	周炼：县政府科技副县长；吴天伦：县农业办公室主任；李合县：县农业局局长；张杨：县林业局局长；刘洪国：县畜牧局局长；廖世明：县计划局局长；肖清海：县统计局局长；万新华：县工业局局长；杨植：县乡镇企业局局长；蒋兴富：县地方税务局局长；黄吉祥：县人大常委会办公室副主任
	第 30 次	1997.5.7	李祥志：县农业办公室主任；陈南豪：县工业局局长；万新华：县民政局局长；刘凤林、阳苏平：县检察院检察委员会委员；赵伟、金婵、石玲、傅高龄：县检察院检察员
	第 31 次	1997.7.9	曾英：县检察院检察员；陈朝贵（县人大常委会副主任）：县人大常委会代理主任
	第 32 次	1997.9.10	贺登祥（县政府副县长）：县政府代理县长
	第 33 次	1997.9.27	张峻：县司法局局长；田大宝：县法院审判员、审判委员会委员、副院长、代理院长；刘永贵：县法院审判员、审判委员会委员、副院长；鲍强勇：县检察院检察员、检察委员会委员、副检察长、代理检察长
	第 34 次	1997.11.10	左华、黄思豪、李明荣、王一中、林嘉龙：县政府副县长；华如国：县农业局局长；李合县：县工商行政管理局局长；刘吉辉：县人事劳动局局长；何强：县卫生局局长；陈玉权：县贸易局局长；马葆权：县教育局局长；薛朝林：县审计局局长；刘继国：县建设局局长；陈翰辉：县文化体育广播电视局局长
	第 35 次	1998.1.17	熊明祥：县工业局局长
	第 36 次	1998.2.13	缪星美：县人大常委会办公室主任；袁兴友：县人大常委会办公室副主任

续表 5-1-2

会议届次		时间	任职人员姓名及职务
第十三届人大常委会	第 1 次	1998.5.7	金智：县政府科技副县长；徐芝桦：县政府办公室主任；陈南豪：县计划局局长；陈玉权：县贸易局局长；尹洋华：县财政局局长；刘吉辉：县人事劳动局局长；李祥志：县农业办公室主任；华如国：县农业局局长；张杨：县林业局局长；胡荣鑫：县水电局局长；杨植：县乡镇企业管理局局长；熊明祥：县工业局局长；李正辉：县民族事务局局长；万新华：县民政局局长；马葆全：县教育局局长；叶竹林：县科技局局长；何强：县卫生局局长；罗丕志：县计划生育局局长；王时敬：县交通局局长；刘继国：县建设局局长；薛朝林：县审计局局长；肖清海：县统计局局长；王显烈：县国土资源管理局局长；李合县：县工商行政管理局局长；刘洪国：县畜牧局局长；肖平：县公安局局长；张峻：县司法局局长；杨文墙：县文化体育广播电视局局长；康熙权：县监察局局长；蒋兴富：县地方税务局局长；吴光琴：县人大常委会民族事务委员会主任；钟志苏：县人大常委会法律委员会主任；彭万友：县人大常委会财经委员会主任；王清萍：县人大常委会代表工作委员会副主任
	第 2 次	1998.7.17	王洪琴：县人大常委会财经委员会副主任；薛淑敏：县政府科技副县长；陈刚：县法院审判委员会委员；郭五星：县法院刑事审判庭副庭长；黎芳君：县法院刑事审判庭副庭长；黄跃新：县法院经济审判庭庭长；王子虎：县法院经济审判庭副庭长；韦才斌：县法院民事审判庭副庭长；胡春燕：县法院民事审判庭副庭长；吴波：县法院民事审判庭副庭长；李春贵：县法院行政审判庭副庭长；罗绍国：县法院告诉申诉庭庭长；熊兴华：县法院告诉申诉庭副庭长；韦景木：县法院执行庭副庭长；韦康亮：县法院普坪法庭庭长；李锁讯：县法院新安法庭庭长；罗勇：县法院兴隆法庭副庭长；王国文：县法院化力法庭副庭长；湛晓鸿：县法院天生桥法庭副庭长；汪印清：县法院龙山法庭副庭长；韦双全：县法院洒雨法庭庭长；赵海、许正林、柳云龙、韦仕斌县检察院检察员
	第 3 次	1998.9.25	陈刚：县法院副院长
	第 4 次	1998.11.11	李德辉：县人大常委会教科文卫委员会主任；王仕伦、刘清、柳云龙：县检察院检察委员会委员
	第 6 次	1999.2.3	孟祥熙：县政府副县长
	第 12 次	2000.1.19	王清萍：县人大常委会代表工作委员会主任；郭五星：县法院审判委员会委员；湛晓鸿：县法院德卧法庭副庭长；饶永畅：县法院龙山法庭副庭长；罗勇：县法院新安法庭副庭长；贺安源、何如凤、赵舒、王大章：县检察院检察员
	第 15 次	2000.6.22	黄朝文：县计划局局长；朱德华：县科技局局长；王永林、陈贤、徐维灿：县检察院检察员
	第 17 次	2000.10.26	韦仕斌：县检察院检察委员会委员
	第 18 次	2000.12.21	杨秀祥：县水电局局长；万成刚：县建设局局长；胡荣鑫：县工业局局长；梅俊：县农业局局长；张鸿林：县物价局局长；华如国：县畜牧局局长；王万良：县文化体育广播电视局局长；王仕伦：县人民检察院副检察长

续表 5-1-2

会议届次		时间	任职人员姓名及职务
第十三届人大常委会	第 24 次	2001.9.12	周玉仁：县政府副县长、代理县长
	第 25 次	2001.10.25	郭五星：县法院刑事审判庭庭长；韦才斌：县法院民事审判庭庭长；熊兴华：县法院立案庭庭长；蔡进：县法院审判监督庭庭长；罗勇：县法院普坪法庭庭长；湛晓鸿：县法院德卧法庭庭长；阳永宏：县法院龙山法庭副庭长；贺时品：县法院洒雨法庭副庭长
	第 26 次	2001.11.28	黄朝文：县政府副县长、发展计划局局长；车志敏：县政府副县长；铁高田：县政府办公室主任；李正辉：县民族宗教事务局局长；胡荣鑫：县经济贸易局局长；钟兴民：县监察局局长；刘吉辉：县人事劳动和社会保障局局长；王显烈：县国土资源局局长；蒋发祥：县民政局局长；马葆华：县计划生育局局长；王子相：县统计局局长；杨秀祥：县水利局局长；贾启华：县环境保护局局长；廖世才：县粮食局局长
	第 27 次	2001.12.12	赵阳：县法院审判员、审判委员会委员
	第 29 次	2002.4.26	岑亢：县人大常委会民族委员会副主任
	第 32 次	2002.9.20	罗华坤：县政府副县长
	第 34 次	2002.12.9	姜仕坤：县政府副县长；高文贵：县检察院检察员、检察委员会委员、副检察长、代理检察长
第十四届人大常委会	第 1 次	2003.4.22	王清萍：县人大常委会选举联络工作委员会主任；杜龙学：县人大常委会法律工作委员会主任；岑亢：县人大常委会民族宗教委员会主任；袁兴友：县人大常委会办公室主任；缪星美：县人大常委会财政经济工作委员会主任；杨杰伟：县人大常委会办公室副主任；田涛：县政府办公室主任；符治龙：县国土资源局局长；张元培：县发展计划局局长；贺发志：县经济贸易局局长；朱德华：县科学技术局局长；万成刚：县建设局局长；李正辉：县民族宗教事务局局长；王建平：县公安局局长；钟兴明：县监察局局长；张峻：县司法局局长；蒋发祥：县民政局局长；尹洋华：县财政局局长；贾启华：县环境保护局局长；吴鹏：县交通局局长；杨秀祥：县水利局局长；杨正志：县农业局局长；张扬：县林业局局长；王万良：县文化体育广播电视局局长；何强：县卫生局局长；薛朝林：县审计局局长；王子相：县统计局局长；廖世才：县粮食局局长；杨植：县乡镇企业局局长；张鸿林：县物价局局长
	第 2 次	2003.6.25	朱玉芬：县人大常委会农村经济工作委员会主任；王大章：县检察院检察委员会委员；赵海、赵庭国：县检察院检察委员会委员；刘继涛、杨忠、袁婉君：县检察院检察员
	第 3 次	2003.8.30	韦子臣：县人事劳动和社会保障局局长
	第 4 次	2003.10.26	吴波：县法院刑事审判庭庭长；李春贵：县法院行政审判庭庭长；郭五星：县法院民事审判第一庭庭长；韦才斌：县法院民事审判第二庭庭长；韦景木：县法院审判监督庭庭长；胡春燕：县法院执行庭庭长；贺安源：县法院刑事审判庭副庭长；岑春芳：县法院民事审判第一庭副庭长；赵舒：县法院立案庭副庭长；岑飞：县法院龙广法庭副庭长；张芳敏：县法院德卧法庭副庭长；罗柠：县法院洒雨法庭副庭长；黎芳君：县法院民事审判第二庭副庭长

续表 5-1-2

会议届次		时间	任职人员姓名及职务
第十四届人大常委会	第 5 次	2003.12.25	黄显旷：县计划生育局局长；马葆全：县教育局局长；蔡进：县法院普坪法庭庭长；马孝元：县法院审判员
	第 7 次	2004.4.9	梅俊：县政府副县长
	第 9 次	2004.6.24	韦海：县人大常委会政策研究室副主任；刘玉兰：县司法局局长
	第 11 次	2004.10.29	马孝元：县法院审判委员会委员、副院长；张元培：县发展和改革局局长；黄显旷：县人口与计划生育局局长；王超明：县乡镇企业局局长
	第 12 次	2004.12.31	熊兴华、吴波：县法院审判委员会委员
	第 14 次	2005.3.21	王世勇、王学敏、黄大荣、罗仁荣、任实远、王定能、罗尔金、班庭夫、吴津、肖福龙：县法院人民陪审员
	第 16 次	2005.5.20	王茂武：县民族宗教事务局局长；李正辉：县人大常委会研究室主任
	第 19 次	2005.8.26	钱丽琼：县检察院检察员、检察委员会委员、副检察长
	第 20 次	2005.9.6	席大中：县政府副县长
	第 21 次	2005.10.28	钟兴民：县统计局局长；邹远吉：县监察局局长
	第 23 次	2005.12.29	刘继涛、付高龄：县检察院检察委员会委员
	第 25 次	2006.2.22	吴洪渊：县交通局局长；刘玉川：县教育局局长；李芝祥：县水利局局长
	第 27 次	2006.5.30	国斌：县法院审判员、审判委员会委员、副院长、代理院长
	第 28 次	2006.7.21	赵庭国：县检察院检察员、检察委员会委员
	第 31 次	2006.10.17	左秋芳：县政府副县长；邵南方：县公安局局长
第十五届人大常委会	第 2 次	2007.3.7	勾家荣：县人大常委会法律工作委员会主任；班庭夫：县人大民族宗教侨务委员会主任；胡连超：县人大教科文卫委员会主任；王照国：县人大农村经济工作委员会主任；唐勇：县人大常委会办公室主任；韩建国：县人大财政经济工作委员会主任；张俊：县人大常委会办公室副主任；贺发志：县政府办公室主任；刘作贵：县发展改革局局长；张英龙：县经济贸易局局长；刘玉川：县教育局局长；张方华：县科技局局长；韦琼：县民族宗教事务局局长；邵南方：县公安局局长；邹远吉：县监察局局长；刘玉兰：县司法局局长；蒋发祥：县民政局局长；田涛：县财政局局长；何子健：县人事劳动和社会保障局局长；万成刚：县建设局局长；贾启华：县环境保护局局长；吴洪渊：县交通局局长；李芝祥：县水利局局长；刘继泉：县农业局局长；张扬：县林业局局长；王万良：县文化体育广播电视局局长；刘贵松：县卫生局局长；黄显旷：县人口和计划生育局局长；胡明贤：县审计局局长；钟兴民：县统计局局长；廖世才：县粮食局局长；王超明：县乡镇企业局局长；张鸿林：县物价局局长

续表 5-1-2

会议届次		时间	任职人员姓名及职务
第十五届人大常委会	第 6 次	2007.8.31	赵廷国：县检察院副检察长；徐楠、韦君艳、陈玉全、贺光洪、李远荣：县检察院人民检察员；阳永宏：县法院龙山法庭庭长；罗柠：县法院洒雨法庭庭长；熊国海、扬敦、王功利：县法院人民陪审员
	第 7 次	2007.8.31	冉兵：县政府科技副县长
	第 10 次	2008.1.3	邓修宇：县政府副县长、代理县长
	第 13 次	2008.4.30	胡春燕：县法院民事审判第一庭庭长、审判委员会委员；韦双全：县法院执行庭庭长；韦景木：县法院立案庭庭长、审判委员会委员；李春贵：县法院审判委员会委员；赵舒：县法院审判监督庭副庭长
	第 14 次	2008.5.24	徐楠：县发展和改革局局长；郑逢春：县财政局局长
	第 20 次	2009.3.11	李正辉：县人大环境与资源保护工作委员会主任
	第 21 次	2009.4.30	赵凯：县检察院检察员
	第 22 次	2009.5.15	胡荣鑫：县建设局局长
	第 24 次	2009.8.27	贾启华：县人事劳动和社会保障局局长；罗邦泽：县环境保护局局长；阳永宏：县法院审判监督庭庭长；岑飞：县法院龙山法庭副庭长
	第 26 次	2009.11.30	曾孔阳：县公安局局长
	第 28 次	2010.2.9	谢永鸿：县检察院副检察长
	第 30 次	2010.4.20	刘凡值：县政府科技副县长；张全良：县民政局局长；王超明：县经济贸易和科学技术局局长；韦琼：县民族和宗教事务局局长；贾启华：县人力资源和社会保障局局长；吴洪渊：县交通运输局局长；刘继泉：县农业和扶贫开发局局长；张扬：县文化体育旅游和广播电影电视局局长；蒋发祥：县卫生和食品药品监督管理局局长；徐铭：县监察局局长；邹远吉：县安全生产监督管理局局长
	第 32 次	2010.7.9	张俊：县人大常委会办公室主任；王国龙、岳金龙、袁梦魂、贺壮芳、罗仁荣、邱南淞、吴洪忠、张抽林、黄忠秀、刘伟、黄大荣、罗吉忠、符成笛、杨秋、任时远、廖苇芳、查文创：县法院人民陪审员
	第 33 次	2010.8.27	陈贤：县检察院检察委员会委员
	第 35 次	2010.12.30	查世海：县政府副县长
	第 37 次	2011.4.21	刘浩：县国土资源局局长；韦康亮：县法院龙广法庭副庭长；周明权、郭进、程道灿：县法院审判员
	第 38 次	2011.6.23	王明忠、李俊、潘盛琴、张欣、赵庭淞、石梅、彭建忠：县检察院检察员
	第 40 次	2011.8.8	蔡平：县政府副县长、代理县长
	第 43 次	2011.9.23	王敬贵、贺礼刚、李泽芸：县政府副县长；潘建农：县检察院副检察长、代理检察长
	第 45 次	2011.12.2	夏文强：县政府副县长

续表 5-1-2

会议届次		时间	任职人员姓名及职务
第十六届人大常委会	第 1 次	2012.2.29	梅秀文：县政府办公室主任；徐楠：县发展和改革局局长；刘玉川：县教育局局长；胡明贤：县贸易和科学技术局局长；李观策：县工业和特色产业局局长；罗邦泽：县民族和宗教事务局局长；曾孔阳：县公安局局长；罗尔华：县监察局局长；张全良：县民政局局长；贺发志：县司法局局长；郑逢春：县财政局局长；贾启华：县人力资源和社会保障局局长；刘浩：县国土资源局局长；徐铭：县环境保护局局长；胡荣鑫：县住房和城乡建设局局长；熊建兴：县交通运输局局长；刘继泉：县农业局局长；李芝祥：县水利局局长；冉兵：县文化体育旅游和广播电影电视局局长；蒋发祥：县卫生和食品药品监督管理局局长；黄显旷：县人口和计划生育局局长；王超明：县审计局局长；邹远吉：县安全生产监督管理局局长；唐素炎：县统计局局长；吴波、韦才斌：县法院副院长；李春贵、黄跃新：县法院副科级专职审判委员会委员；蔡进：县法院刑事审判庭庭长、审判委员会委员；罗柠：县法院行政审判庭庭长、审判委员会委员；韦康亮：县法院龙广法庭庭长；郭进：县法院洒雨法庭庭长；岑飞：县法院龙山法庭庭长；罗勇：县法院普坪法庭庭长；赵海：县检察院副检察长；付高龄、刘继涛：县检察院副科级专职检察委员会委员；杨金洪：县人大法律工作委员会主任；桂腾志：县人大财政经济工作委员会主任；杨正国：县人大教科文卫工作委员会主任；符臣伟：县人大选举联络工作委员会主任；王志云：县人大环境与资源保护工作委员会主任；张利民：县人大农村经济工作委员会主任；王星：县人大办公室副主任
	第 2 次	2012.4.27	王丰：县政府副县长（挂职）；王敏、黄福益、张先莉、裴关宇：县法院审判员
	第 3 次	2012.6.29	宫松：县检察院副检察长、检察委员会委员、检察员；王敏：县检察院检察员
	第 4 次	2012.7.10	石培华：县人大常委会招堤街道工作委员会主任；杨希：县人大常委会栖凤街道工作委员会主任
	第 5 次	2012.8.28	张多新：县政府副县长（挂职）；黄亨翎、谭慧、杜龙丽、范元森：县检察院检察员
	第 6 次	2012.10.26	刘飞：县法院审判员
	第 7 次	2012.12.28	陈秀玲：县政府副县长（挂职）

2. 免职情况

会议届次		时间	免职人员姓名及职务
第十届人大常委会	第 9 次	1989.3.16	朱国荣：县农业局局长
	第 10 次	1989.5.31	左文才：县体育运动委员会主任；郭建新：县人大常委会办公室副主任
	第 11 次	1989.7.29	吉承丙：县教育局局长
	第 12 次	1989.9.28	杨秀美：县工商行政管理局局长；杨仕全：县审计局局长；张仕伦：县人大常委会兴隆区联络组副组长；王邦华：县法院普坪区法庭审判员、副庭长

续表 5-1-2

会议届次		时间	免职人员姓名及职务
第十届人大常委会	第 14 次	1990.1.20	吴培英：县政府县长（辞职）；王秉吉：县法院副院长、审判委员会委员、审判员；王秀政：县公安局局长；饶华辉：县监察局局长
	第 15 次	1990.3.17	谢丽茹：县政府副县长（辞职）
	第 16 次	1990.5.11	韦政泽：县人大法律委员会副主任；秦远臻：县人大洒雨区联络组副组长
	第 17 次	1990.6.19	韦利春：县人大化力区联络组副组长
	第 18 次	1990.9.12	贺兴帮：县政府副县长
第十一届人大常委会	第 6 次	1991.5.29	张建安：县劳动人事局局长；贺光玲：县文化旅游局局长；李家贤：县法院民事审判庭庭长、刘家敏：县法院民事审判庭副庭长；刘玉兰：县法院经济审判庭庭长；贺显章：县法院执行庭副庭长；张光芬：县法院城关镇法庭副庭长；罗绍国：县法院龙广法庭副庭长
	第 7 次	1991.7.26	陆光华：县第十一届人大常委会委员
	第 8 次	1991.9.13	杨仕忠：县人民法院院长（停职）
	第 11 次	1992.1.25	王喻：县政府副县长（挂职）
	第 12 次	1992.3.25	郑周富：县林业局局长
	第 13 次	1992.5.27	吴启雄：县政府副县长；王弘宇：县财政局局长
	第 15 次	1992.8.24	龙刚：县政府县长（辞职）
	第 17 次	1992.12.5	张奇凤：县民族事务委员会主任；贺贵经：县法院审判委员会委员、审判员
第十二届人大常委会	第 1 次	1993.4.30	杨中寿：县人大常委会教科文卫委员会主任；韦正泽：县人大常委会办公室副主任；王顺炎：县人大常委会法律委员会副主任；韦文林：县法院副院长、审判委员会委员；钟志苏：县法院副院长、审判委员会委员；曾令福：县法院审判员、兴隆法庭副庭长
	第 3 次	1993.8.26	黄朝文：县人大常委会办公室副主任；何必：县检察院副检察长、检察委员会委员、检察员；李天忠：县检察院检察委员会委员、检察员
	第 5 次	1993.10.21	刘玉兰：县法院民事审判庭庭长；贺兴梧：县法院刑事审判庭副庭长；王学辉：县法院德卧法庭庭长
	第 7 次	1993.12.18	熊兴华：县人民法院执行庭副庭长
	第 11 次	1994.7.22	饶华辉：县公安局局长
	第 12 次	1994.10.13	罗迎春：县法院审判员、审判委员会委员、副院长；黄显臣：县法院审判员、兴隆法庭副庭长；龙远良、熊应坤：县法院审判员
	第 14 次	1995.2.10	胡荣基：县政府科技（挂职）副县长（辞职）
	第 22 次	1996.3.1	蔡进：县法院洒雨法庭副庭长
	第 24 次	1996.6.14	吴天伦：县农业局局长；李合县：县林业局局长

续表 5-1-2

会议届次		时间	免职人员姓名及职务
第十二届人大常委会	第 27 次	1996.11.13	时宏良：县人大常委会财经委员会副主任；任登俊：县第十二届人民代表大会常务委员会委员（辞职）；李家贤：县法院审判员、审判委员会委员
	第 28 次	1997.1.5	王茂敏：县第十二届人大常委会委员（辞职）；王顺炎：县人大常委会教科文卫委员会副主任
	第 30 次	1997.5.7	杨秀愧：县政府副县长（辞职）；吴天伦：县农业办公室主任；陈世忠：县贸易局局长；贺贞高：县民政局局长；万新华：县工业局局长
	第 31 次	1997.7.9	王世章：县第十二届人大常委会主任（辞职）
	第 32 次	1997.9.10	刘继明：县政府县长（辞职）
	第 33 次	1997.9.27	钟志苏：县司法局局长；杨军：县法院副院长、审判委员会委员、审判员；马孝元：县法院刑事审判庭庭长、审判委员会委员、审判员；李黔岚：县法院院长（辞职）；吴朝刚：县检察院检察长（辞职）
	第 34 次	1997.11.10	杨仕刚：县政府副县长；郭建新：县人事劳动局局长；袁朝新：县卫生局局长；陈南豪：县工业局局长；秦兴哲：县教育局局长；李先栋：县审计局局长；景祥猷：县建设局局长；贺明坤：县文化体育广播电视局局长；李合县：县农业局局长；刘继国：县工商行政管理局局长；黄吉祥：县人大常委会办公室副主任
	第 35 次	1998.1.17	魏亦仙：县人大常委会委员、办公室主任（辞职）
第十三届人大常委会	第 1 次	1998.5.7	韦利良：县人大常委会民族事务委员会主任；刘自玉：县人大常委会法律委员会主任；王良宽：县人大常委会财经委员会主任；苏志明：县人大常委会教科文卫委员会主任；韦政泽：县人大常委会代表工作委员会主任
	第 2 次	1998.7.17	韦政泽：县第十三届人大常委会委员；缪星美：县第十三届人大常委会委员；刘家敏：县法院经济审判庭庭长；万成刚：县法院审判委员会委员、民事审判庭庭长；张光芬：县法院告诉申诉庭庭长；贺显章：县法院审判员、告诉申诉庭副庭长；邹远仁：县法院执行庭庭长；王术光：县法院化力法庭庭长；罗永刚：县法院普坪法庭庭长；韦康亮：县法院龙山法庭庭长；贺礼刚：县法院审判员；李锁讯：县法院刑事审判庭副庭长；罗绍国：县法院新安法庭庭长；熊兴华：县法院民事审判庭副庭长
	第 4 次	1998.11.11	熊明祥：县工业局局长
	第 8 次	1999.5.28	景诗琴：县检察院副检察长、检察委员会委员；韦利明：县检察院检察员
	第 12 次	2000.1.19	叶竹林：县科学技术局局长；韦桥坤：县法院德卧法庭庭长；何如凤：县检察院检察员
	第 14 次	2000.5.31	孟祥熙：县政府副县长

续表 5-1-2

会议届次		时间	免职人员姓名及职务
第十三届人大常委会	第 17 次	2000.10.26	韦贞奎、刘清、刘凤林、贺莉：县检察院检察委员会委员
	第 18 次	2000.12.21	杨文墙：县文化体育广播电视局局长；华如国：县农业局局长；刘继国：县建设局局长；胡荣鑫：县水电局局长；刘洪国：县畜牧局局长；曾英：县检察院检察员
	第 21 次	2001.4.18	肖平：县公安局局长
	第 24 次	2001.9.12	贺登祥：县政府县长（辞职）
	第 25 次	2001.10.25	韦康亮：县法院普坪镇法庭庭长；饶永畅：县法院龙山镇法庭副庭长
	第 26 次	2001.12.28	李明荣：县政府副县长；徐芝桦：县政府办公室主任；黄朝文：县计划局局长；李正辉：县民族事务局局长；胡荣鑫：县工业局局长；康熙权：县监察局局长；刘吉辉：县人事劳动局局长；王显烈：县国土资源管理局局长；万新华：县民政局局长；罗丕志：县计划生育局局长；肖清海：县统计局局长；杨秀祥：县水电局局长；陈玉权：县贸易局局长
	第 28 次	2002.2.21	林嘉龙：县政府副县长
	第 32 次	2002.9.20	罗华坤：县人大常委会副主任（辞职）
	第 34 次	2002.12.9	王朝军：县人大常委会委员；陆光华：县政府副县长；鲍强勇：县检察院检察员、检察委员会委员、检察长
第十四届人大常委会	第 1 次	2003.4.22	缪星美：县人大常委会办公室主任；钟志苏：县人大常委会法律工作委员会主任；彭万友：县人大常委会财经委员会主任；吴光琴：县人大常委会民族宗教委员会主任；岑亢：县人大常委会民族宗教委员会副主任；袁兴友：县人大常委会办公室副主任；刘玉兰：县法院副院长、审判委员会委员、审判员
	第 2 次	2003.6.25	柳云龙：县检察院检察委员会委员、检察员；王德贵、韦贞奎、郭庆权：县检察院检察员
	第 4 次	2003.10.26	吴波：县法院民事审判庭副庭长；贺兴梧：县法院行政审判庭庭长；李春贵：县法院行政审判庭副庭长；郭五星：县法院刑事审判庭庭长；韦才斌：县法院民事审判庭庭长；蔡进：县法院审判监督庭庭长；韦景木：县法院执行庭副庭长；胡春燕：县法院民事审判庭副庭长；韦双全：县法院洒雨法庭庭长；贺时品：县法院洒雨法庭副庭长；黎芳君：县法院刑事审判庭副庭长；罗勇：县法院普坪法庭庭长
	第 5 次	2003.12.25	张峻：县司法局局长；王国文县法院审判员
	第 7 次	2004.4.9	王一中：县政府副县长
	第 9 次	2004.6.24	冯正坤：县第十四届人大常委会委员
	第 11 次	2004.11.29	杨植：县乡镇企业局局长

续表 5-1-2

会议届次		时间	免职人员姓名及职务
第十四届人大常委会	第 16 次	2005.5.20	韦海：县人大常委会研究室副主任；吴鹏：县交通局局长；李正辉：县民族宗教事务局局长
	第 18 次	2005.7.25	王子相：县统计局局长
	第 19 次	2005.8.26	徐维灿、赵庭国：县检察院检察员
	第 21 次	2005.10.28	钟兴民：县监察局局长
	第 25 次	2006.2.22	马葆全：县教育局局长；杨秀祥：县水利局局长；韦仕斌：县检察院检察委员会委员、检察员
	第 27 次	2006.5.30	田大宝：县法院院长、审判委员会委员、审判员
	第 29 次	2006.9.15	朱德华：县科学技术局局长
	第 31 次	2006.10.17	覃仁勇：县人大常委会副主任；杨正志：县农业局局长；王建平：县公安局局长
第十五届人大常委会	第 2 次	2007.3.7	杜龙学：县人大常委会法律工作委员会主任；岑亢：县人大民族宗教侨务委员会主任；李德辉：县人大教科文卫委员会主任；朱玉芬：县人大农村经济工作委员会主任；袁兴友县人大常委会办公室主任；杨杰伟：县人大常委会办公室副主任；王仕伦：县检察院副检察长、检察委员会委员、检察员
	第 4 次	2007.6.29	李建勋：县第十五届人大常务委员会委员
	第 6 次	2007.8.31	钱丽琼：县检察院副检察长、检察委员会委员、检察员；郭伍星：县法院民事审判第一庭庭长；王学敏、班庭夫、肖福龙：县法院人民陪审员
	第 8 次	2007.10.26	田涛：县财政局局长
	第 10 次	2008.1.3	周玉仁：县政府县长
	第 13 次	2008.4.30	熊兴华：县法院立案庭庭长、审判委员会委员；胡春燕：县法院执行庭庭长；韦景木：县法院审判监督庭庭长；赵舒：县法院立案庭副庭长
	第 14 次	2008.5.24	唐勇：县第十五届人大常委、办公室主任；周平：县第十五届人大常委
	第 20 次	2009.3.11	吴朝刚：县人大常委会副主任
	第 21 次	2009.4.30	万成刚：县建设局局长
	第 24 次	2009.8.27	贾启华：县环境保护局局长；何子健：县人事劳动和社会保障局局长；阳永宏：县法院龙山法庭庭长；岑飞：县法院龙广法庭副庭长
	第 26 次	2009.11.30	姜仕坤：县政府副县长；邵南方：县公安局局长
	第 30 次	2010.4.20	蒋发祥：县民政局局长；邹远吉：县监察局局长
	第 33 次	2010.8.27	马新历：县检察院副科级审判员

续表 5-1-2

会议届次		时间	免职人员姓名及职务
第十五届人大常委会	第 35 次	2010.12.30	杨盛意：县第十五届人大常委会委员（辞职）
	第 37 次	2011.1.21	胡春燕：县法院民事审判第一庭庭长、审判委员会委员、审判员；贺安源：县法院刑事审判庭副庭长、审判员
	第 39 次	2011.7.15	徐建军：县人大常委会主任（辞职）
	第 40 次	2011.8.8	邓修宇：县政府县长（辞职）
	第 43 次	2011.9.23	黄朝文、左秋芳、黄显荣：县政府副县长（辞职）；高文贵：县检察院检察长（辞职）；陈刚：县法院副院长、审判委员会委员、审判员
	第 45 次	2011.12.2	王学敏：县人大常委会副主任
第十六届人大常委会	第 1 次	2012.2.29	贺发志：县政府办公室主任；徐铭：县监察局局长；刘玉兰：县司法局局长；刘继泉：县农业林业和扶贫开发局局长；胡明贤：县审计局局长；罗邦泽：县环境保护局局长；韦琼：县民族和宗教事务局局长；吴洪渊：县交通运输局局长；张扬：县文化体育旅游和广播电影电视局局长；王超明：县经济贸易和科学技术局局长；钟兴民：县统计局局长；马孝元：县法院副院长；吴波：县法院副科级专职审判委员会委员；李春贵：县法院行政审判庭庭长；蔡进：县法院普坪法庭庭长；罗柠：县法院洒雨法庭庭长；贺立芳：县法院龙广法庭庭长；王云贵：县检察院副检察长检察委员会委员；勾家荣：县人大法律工作委员会主任；韩建国：县人大财政经济工作委员会主任；胡连超：县人大教科文卫工作委员会主任；王清萍：县人大选举任免联络工作委员会主任；李正辉：县人大环境与资源保护工作委员会主任；王照国：县人大农村经济工作委员会主任
	第 2 次	2012.4.27	梅秀文：县人大常委会委员（辞职）
	第 3 次	2012.6.29	王敏：县法院审判员
	第 5 次	2012.8.28	李芝祥：县水利局局长
	第 7 次	2012.12.28	高文贵：县检察院检察员、检察委员会委员

二、监督与视察

县第八届至第十届人大常委会共组织代表视察 58 次，督促办理议案 277 件，批评、建议和意见 1353 件。

县第十一届人大常委会组织代表视察 3 次，重点视察普坪、洒雨、龙山、化力、龙广、兴隆、新安，对《中华人民共和国森林法》《中华人民共和国民族区域自治法》《黔西南布依族苗族自治州自治条例》《中华人民共和国婚姻法》等法律法规执行情况及社会治安、计划生育、农业生产、民政、供销、义务教育、法律宣传、群众生活安排、扶贫救济、复退军人安置、土地征用、移民搬迁、农田基本水利建设等情况进行视察，收到代表提出批评、建议和意见 257 件，涉及农林水电、文教卫生、工交、劳动人事、财贸、城市建设、社会治安、工商等 8 个方面。

县第十二届人大常委会组织代表视察 5 次，主要视察乡镇政府财政预算执行情况，县人民政府关于《中华人民共和国农业法》《全国人大常委会关于加强社会治安综合治理的决定》的实施情况，人民群众关心的热点问题，县人民政府关于 1994 年国民经济和社会发展计划、财政预算执行情况，永和镇、龙山镇、新安镇对《中华人民共和国农业法》《全国人民代表大会常务委员会关于加强社会治安综合治理的决定》实施情况，新安镇磁化肥厂、移民砖厂、义务教育“普九”工作、小学收费及校舍建设情况，收到代表提出批评、建议和意见295件，涉及农林水电、交通、文教卫生、乡镇建设、工商、金融、社会治安、财税、工交、邮电、移民、城建、小区建设、政治、劳动人事、旅游等16个方面。

县第十三届人大常委会组织县乡两级代表联合视察5次，听取乡镇2001年国民经济和社会发展计划的执行情况及财政预算执行情况，乡镇重点工程建设情况，安兴公路、新洒公路、德卧工业园、钱相万亩草场、万峰湖网箱养鱼、白水河二级电站、安贞公路（安龙段）、龙万公路、龙王公路、县国民经济计划、财政预算执行情况及秋种等，收到代表提出建议、批评和意见318件，涉及农林水、畜牧、交通、邮电、文教卫生、财税、公安、城建、编制、房改、民政、气象、供电、电信、金融、国土、人事劳动、社会治安、精神文明、文物、旅游、移民安置等22个方面。

县第十四届人大常委会组织代表视察5次，主要视察平班电站、板屯河大桥、懒板凳草场建设、昌宏化工建设、林森焦化厂、兴富炼焦厂、鑫源水泥厂、乡镇农村经济发展、农民增收、减负、西部开发等有关问题，及乡镇公路建设、农村学校及“两免一补”、矿区群众生活用煤、矿区的生态及环境治理等情况；收到代表提出建议、批评和意见566件，涉及农业、林业、水利、交通、文化教育、卫生、城建环保、财税、移民、国土、通讯、公安、民政、工商、医保、旅游、文体广电、民族宗教、邮政、气象、畜牧、物价等22个方面。

至2010年年底，县第十五届人大常委会组织代表视察6次，主要视察了新型农村合作医疗、乡村公路建设与管护、通乡油路建设、国民经济和社会发展情况、中央新增投资项目和重点建设项目、整脏治乱化工业、廉租房等，收到代表提出建议、批评和意见251件，涉及农林水、交通、电力、教育、卫生、计生、文物、国土、工商、环保、建设、房管、安全、财政、扶贫、移民、医保、公安、旅游、文体广电、乡企煤炭、民政、气象等25个方面，县人大常委会分别交由县人民政府及相关部门办理，并以红头文件规范答复代表。

2011年9月，分别组织省、州、县人大代表就城市市政建设、农村危房改造、村级公益事业“一事一议”财政奖补政策试点工作和民生基础设施建设等进行视察，并对城市市政建设提出建议。县十五届人大六次会议期间，收到代表意见和建议162件。

2012年，组织全体代表学习中共十八大报告，组织驻黔全国人大代表、省人大代表开展专题调研和集中视察。县十六届人大一次会议期间，收到意见和建议179件。

三、信访工作

县第十届人民代表大会常务委员会，处理群众各种来信202件，接待来访人员409人（次）；县第十一届人民代表大会常务委员会，接待群众来信来访295件（次）；县第十二届人民代表大会常务委员会，处理群众各种来信340件，接待来访人员2265人（次）；县第十三届人民代表大会常务委员会，处理群众各种来信357件，接待来访人员2800余人（次）；县第十四届人民代表大会常务委员会，处理群众各种来信396件，接待来访人员820人（次）；至2010年12月，县第十五届人民代表大会常务委员会，处理群众各种来信198件，接待来访人员85人（次）。2012年，受理群众来信来访26件，批办、交办、督办26件。

第五节　乡镇人民代表大会与主席团

一、机构设置

1992年1月撤区并乡建镇，撤销7个区公所、2个区级镇和37个乡镇、4个街道办事处，建立龙广镇、永和镇、德卧镇、木咱镇、新桥乡、洒雨镇、海子乡、普坪镇、戈塘镇、钱相乡、龙山镇、梨树乡、兴隆镇、平乐乡、新安镇、坡脚乡等16个乡镇。1993年3月，16个乡镇分别建立人民代表大会主席团。

1998年5月，永和镇更名为万峰湖镇；2000年5月，新桥乡更为新桥镇；2000年5月，梨树乡更名为笃山乡。由此，上述3个乡镇人民代表大会主席团也随之更名为万峰湖镇、新桥镇和笃山乡人民代表大会主席团。2012年6月，撤销新安镇，设招堤、栖凤两个街道，随即撤销新安镇人民代表大会，设县人民代表大会常务委员会招堤、栖凤两个街道工作委员会。

二、乡镇人大代表选举

1987年8—9月，全县进行县、乡（镇）人民代表大会代表选举，共登记选民188354人，参加投票选举169213人。选举产生乡（镇）人民代表1389人，其中少数民族代表675人。

1990年5—9月，全县进行乡镇人大代表换届选举。全县共划分569个选区，选出乡（镇）人大代表1401人。其中中共党员757人，妇女198人；大专文化占0.7%、中专文化占55.3%、小学文化占44%，35岁以下占22%、36至55岁占71%、56岁以上占7%；少数民族698人，占49.8%。

1993年1—3月，全县进行乡镇人大代表换届选举。辖区选民215235人，参加投票201903人，选出乡（镇）人大代表844人。其中中共党员543人，妇女代表106人；大专以上文化占2.6%、中专（含高中）文化占9.4%、初中以下文化占88.1%，35岁以下占23.5%、36至55岁占70.6%、56岁以上占5.4%。

1996年，全县进行乡镇人大代表换届选举，选出代表885人，其中中共党员607人、少数民族443人、妇女129人。

1998年10月至1999年1月，全县进行乡镇人大代表换届选举。辖区选民212614人，共划分381个选区，参选率79.5%。选出乡（镇）人大代表884人，其中妇女代表148人，中共党员404人，少数民族462人，机关干部286人，大专以上文化96人、中专（含高中）文化221人、初中以下文化567人，35岁以下286人、36至55岁559人、56岁以上39人，平均年龄42岁。

2002年1月，全县进行乡镇人大代表换届选举，辖区16个乡（镇），287个村、9个居委会，18周岁以上的选民250055人，选民登记247130人，不能行使选举权的808人，被剥夺选举权利的32人，参加投票选民244205人，选出乡（镇）代表884人。其中，中共党员560人，妇女代表154人，少数民族461人；大学以上文化31人、大专文化76人、中专（含高中）文化223人、初中以下文化554人，35岁以下234人、36至55岁610人、56岁以上40人。

2006年10—12月，全县进行乡镇人大代表换届选举，划分选区388个，参加选民256717人，参选率89.75%，选出乡（镇）人大代表887人，其中妇女169人，中共党员591人，少数民族436人，机关干部219人；大学本科文化60人、大专及高职文化163人、中专（含高中）文化167人、初中以下文化497人，30岁以下72人、31至40岁294人、41至55岁430人、56岁以上91人。

2011年，按照“五个严禁、十七个不准、五个一律”要求，完成全县乡镇人大代表选举工作，选举产生乡镇人民代表大会代表890名。

三、乡镇人大、政府选举

1990年9月上旬，全县37个乡（镇）和2个区级镇先后依法换届选举。选出人民代表大会主席团常务主席39人，其中专职常务主席15人，初中文化以上的27人；选出常务副主席12人，其中专职常务副主席1人，初中文化以上的9人。选出乡（镇）长39人，其中中共党员35人，年龄均在55周岁以下，初中以上文化37人。选出副（乡）镇长50人，其中中共党员24人，妇女8人，初中以上文化47人，年龄均在55岁以下。乡（镇）长、副乡（镇）长中有少数民族60人。

1993年3月，“撤区并乡建镇”后，全县16个乡（镇）进行换届选举。选出乡（镇）人大主席团常务主席14人，其中兼职7人，副主席6人（专职副主席3人）。选出乡（镇）长14人，均为中共党员、55岁以下、初中以上文化程度；副乡（镇）长45人，其中中共党员36人，妇女2人，55岁以下占45%，初中以上文化45人。

1996年3月，全县16个乡（镇）进行换届选举，选出乡（镇）人大主席15人、副主席13人，选出乡（镇）长16人、副乡（镇）长32人。

1998年10月至1999年1月30日，全县16个乡（镇）进行换届选举。选出乡（镇）人大主席团常务主席15人，年龄均在44岁以下，缺额1人。选出副主席5人，年龄均在45岁。选出乡（镇）长16人，年龄均在36岁以下，副乡（镇）长70人（含挂职、招聘16人），年龄均在37岁以下，缺额2人。

2002年1月，全县16个乡（镇）进行换届选举。选出乡（镇）人大主席16人、副主席2人，其中中共党员18人，妇女1人，少数民族13人。选举乡（镇）长16人、副乡（镇）50人，其中中共党员55人，大专以上文化25人，35岁以下46人、36至55岁20人，妇女干部13人，少数民族干部42人。

2006年10—12月，全县16个乡（镇）进行换届选举。选出乡（镇）人大主席16名，其中妇女1人，30岁以下1人、31至40岁8人、41至55岁7人，中共党员16人，少数民族11人，本科文化以上8人，大专文化6人，中专2人。选举乡（镇）长16个，其中妇女1人，31至40岁14人，41至55岁2人，中共党员14人，少数民族10人，本科文化7人，大专7人，中专2人。选举副乡（镇）长46名，其中妇女7人，30岁以下10人，31至40岁33人，41至55岁3人，中共党员33人，少数民族30人，本科文化8人，大专文化37人，中专1人。

2011年11月14日，全县乡（镇）的人民代表大会召开结束，依法选举产生新一届乡（镇）人大、政府领导班子79人，其中人大主席16人、乡（镇）长16人、副乡（镇）长47人，年龄最大的48岁、最小的28岁，大学本科学历41人、专科学历的36人、中专学历的2人；非中共党员干部17人，少数民族干部44人，妇女干部15人［人大主席1人、乡（镇）长3人、副乡（镇）长11人］。

四、乡镇人大主席团

乡镇人大主席团主要根据《中华人民共和国地方各级人民代表大会和地方各级人民政府组织法》《贵州省乡镇人民代表大会主席团工作条例》《中华人民共和国全国人民代表大会和地方各级人民代表大会代表法》等法律法规开展工作。

（一）监督工作

保证宪法、法律、法规、上级人民代表大会及其常务委员会的决议、决定在本行政区域内的遵守和执行；根据本级人民政府的建议，讨论决定本行政区域国民经济和社会发展计划以及本级财政预算的部分变更或者调整；讨论决定本行政区域内的民政工作实施计划；听取和审议本级人民政府的工作汇报，监督、支持人民政府开展工作；经征得本级人民代表大会代表的过半数同意，讨论、决定接受正、副乡、镇长的辞职申请，并报告下一次本级人民代表大会追认；乡长、镇长因故出缺，从副乡长、副镇长中决定代理人选，并报上一级人大常委会备案。

（二）代表工作

每次换届选举结束后，主席团组织代表学习，对代表进行培训，按照代表居住区域或选区建立代表小组，联系本级人民代表大会代表，组织代表视察，指导代表小组活动；提出代表对本级人民政府工作的建议、批评和意见；督促本级人民政府和有关单位认真办理代表提出的建议、批评和意见；组织指导选区选民依法罢免和补选人民代表。

（三）群众工作

受理人民群众对本级人民政府和国家机关工作人员的指控和申诉；接待人民群众来信来访，并转政府及有关部门认真办理和答复；保护社会主义的全民所有财产和劳动群众集体所有的财产，保护公民私人所有的合法财产，维护社会秩序，保障公民的人身权利，民主权利和其他权利；保护各种经济组织的合法权益；保障少数民族的权利；保障宪法和法律赋予妇女的男女平等、同工同酬和婚姻自由等各项权利。

（四）其他工作

办理同级党委和上一级人民代表大会常务委员会交办的工作事项。

2003年9月27日、2009年8月18日，县委分别召开全县人大工作会议，两次印发《中共安龙县委关于进一步加强和改进人大工作的意见》，对人大工作给予指导。

第二章　地方人民政府

中共十一届三中全会以后，1980年，安龙县第八届人民代表大会第一次会议选举产生县人民政府，各区建立区公所，并通过各镇（公社）人民代表大会选举产生公社管理委员会和镇人民政府，全县各级“革命委员会”历史结束。1983年3月，实行政社分开，建立乡政府。1984年，结合县九届人民代表大会换届选举，选举产生新一届乡镇人民政府，至当年8月，全县乡镇人民政府建政工作完毕，结束了人民公社“政社合一”的体制。

第一节　县人民政府

1989年以来，县政府县长由县人民代表大会等额选举产生，副县长由县人民代表大会差额选举产生。期间，有的副县长由县长提名，县人民代表大会常务委员会任免。至2012年，县人民代表大会选举产生6届县人民政府，由县长1名、副县长若干名组成。

一、县人民政府机构设置及改革

1989年以来，历经数次政府机构改革，县政府机构变动较大，部分机构还由县政府组成部门改为了省以下垂直管理部门。

（一）工作部门

1. 县政府办公室（挂安龙县外事侨务办公室、安龙县人民政府法制办公室、安龙县国防教育办公室、安龙县人民防空办公室〈安龙县交通战备办公室〉、安龙县突发公共事件应急处理办公室牌子）：1989年，设有县政府办公室、县国防教育办公室；1991年7月，设县外事旅游局；1994年4月，撤销县经济研究室、县外事旅游局，并入县政府办公室；2007年，建立县政府应急管理办公室。2010年4月，将县外事侨务办公室、县政府法制办公室、县国防教育办公室、县政府人民防空办公室（县交通战备办公室）职责，整合划入县政府办公室，加挂县外事侨务办公室、县政府法制办公室、县国防教育办公室、县政府人民防空办公室（县交通战备办公室）、县突发公共事件应急处理办公室牌子，不再保留县外事侨务办公室、县政府法制办公室、县国防教育办公室、县政府人民防空办公室（县交通战备办公室）。

2. 安龙县发展和改革局（挂安龙县物价局牌子）：1989年，设有县计划委员会、县农业区划办公室、县对外经济委员会、县物价局；1994年，机构改革后撤销县计划委员会、县农业办公室、县对外经济委员会以及县统计局，合并为计划统计局；1996年，撤销县计划统计局，统计局、县农业区划办公室从县计划统计局独立出去，改组为县计划局；2002年3月，撤销县计划局、县项目办公室，组建县发展计划局，对外加挂县招商引资局牌子；2005年4月，县发展计划局改组为县发展和改革局，加挂县招商引资局牌子；2010年10月，县发展和改革局、县物价局合并改组为县发展和改革局，加挂县物价局牌子。

3. 安龙县教育局：1989 年，设有县教育局、县职工教育办公室；1994 年 4 月，机构改革时撤销县职工教育办公室，并入县教育局。

4. 安龙县工业和特色产业局：1989 年，设有县经济委员会、县物资局、县工业局、县轻工业局、县乡镇企业管理局。1990 年 1 月，成立县黄金局。1994 年 4 月，撤销县经济委员会、县工业局、县轻工业局、县乡镇企业管理局，合并设置县城乡工业管理局。1996 年 6 月，撤销县城乡工业管理局，分设县工业局、县乡镇企业管理局（县煤炭局）。2010 年 4 月机构改革，撤销县经济贸易局、县科学技术局、县粮食局、县黄金管理局、县乡镇企业局（县煤炭局），设置县经济贸易和科学技术局，加挂县知识产权局、县粮食局、县煤炭局、县黄金管理局牌子。2011 年，撤销县经济贸易和科学技术局，分设县工业和特色产业局、县贸易和科学技术局。

5. 安龙县贸易和科学技术局（挂安龙县知识产权局、安龙县粮食局牌子）：1989 年，设有县粮食局、县商业局、县物资局、县科学技术委员会。1994 年 4 月，撤销县商业局、县物资局，合并设置县贸易局；撤销县科学技术委员会，设置县科学技术局。2010 年 4 月机构改革，撤销县经济贸易局、县科学技术局、县粮食局、县黄金管理局、县乡镇企业局，设置县经济贸易和科学技术局，加挂县知识产权局、县粮食局、县煤炭局、县黄金管理局牌子。2011 年，撤销县经济贸易和科学技术局，分设县工业和特色产业局、县贸易和科学技术局，其中县贸易和科学技术局加挂县知识产权局、县粮食局牌子。

6. 安龙县民族和宗教事务局：1989 年，设有民族事务委员会、宗教局；1994 年 4 月，撤销县民族事务委员会、宗教局，合并组建县民族事务局；2010 年 4 月，组建民族和宗教事务局。

7. 安龙县公安局：1989—2012 年，县公安局机构设置没有改变。

8. 安龙县监察局：1989 年，设有县监察局；2002 年，县监察局与中共安龙县纪律检查委员会机关合署办公，列入政府工作部门序列，不计入政府机构个数。

9. 安龙县民政局：1989—2012 年，县民政局机构设置没有改变。

10. 安龙县司法局：1989—2012 年，县司法局机构设置没有改变。

11. 安龙县财政局：1989—2012 年，县财政局机构设置没有改变。

12. 安龙县人力资源和社会保障局：1989 年，设有县劳动人事局；1990 年 10 月，撤销县劳动人事局，分设县人事局、县劳动局；1992 年 9 月，撤销县人事局、县劳动局，合并设置县人事劳动局；1996 年 5 月，设县机关事业单位社会保险事业局；2002 年机构改革，撤销县人事劳动局、县机关事业单位社会保险事业局，设县人事劳动和社会保障局；2010 年 4 月机构改革，更名为县人力资源和社会保障局。

13. 安龙县国土资源局：1989 年，设有县土地管理局、县矿产资源管理办公室；1990 年 5 月，设县移民办公室；1994 年 4 月机构改革，撤销县土地管理局、县移民办公室、县矿产资源管理办公室，设县国土资源管理局；2001 年 11 月，更名为县国土资源局。

14. 安龙县环境保护局：1989 年，设有县城乡建设环境保护局；1994 年机构改革，更名为县城乡建设局；2001 年 11 月，县环境保护局从城乡建设局中分离出来，单独设置县环境保护局。

15. 安龙县住房和城乡建设局：1989 年，设有县城乡建设环境保护局；1993 年 2 月，设县住房改革办公室；1994 年 4 月机构改革，县城乡建设环境保护局更名为县城乡建设局；1998 年 3 月，设县房地产管理局；2010 年 4 月机构改革，撤销县城乡建设局、县房地产管理局，合并设置县住房和城乡建设局。

16. 安龙县交通运输局：1989 年，设有县交通局；2010 年 4 月机构改革，撤销县交通局，设县交通运输局。

17. 安龙县农业局：1989 年，设有县委农村工作委员会、县农村经济委员会、县农业局、县畜牧局、县农业机械局。1994 年 4 月机构改革，撤销县农村经济委员会、县扶贫开发办公室，并入县委农村工作委员会；撤销县农业局、县畜牧局、县农业机械局，设县农业局。1996 年 5 月，县畜牧局、县农业机械局从县农业局分离出来；撤销县委农村工作委员会，设县农业办公室、县扶贫开发办公室。2002 年，撤销县农业机械局，设县农业机械事业服务中心，归口县农业局管理。2010 年 4 月机构改革，撤销县农业办公室、县农业局、县畜牧局、县林业局、县农业机械事业服务中心、县扶贫开发办公室，设县农业林业和扶贫开发局，加挂县畜牧水产局牌子。2011 年，撤销县农业林业和扶贫开发局，分设县农业局、县林业局、县扶贫开发办公室。

18. 安龙县林业局：1989 年，设有县林业局。2010 年 4 月机构改革，撤销县农业办公室、县农业局、县畜牧局、县林业局、县农业机械事业服务中心、县扶贫开发办公室，设县农业林业和扶贫开发局，加挂县畜牧水产局牌子。2011 年，撤销县农业林业和扶贫开发局，分设县农业局、县林业局、县扶贫开发办公室。

19. 安龙县扶贫开发办公室：1989 年，设有县扶贫开发办公室。1994 年 4 月机构改革，撤销县农村经济委员会、县扶贫开发办公室，并入县委农村工作委员会。1996 年 5 月，撤销县委农村工作委员会，设县农业办公室、县扶贫开发办公室。2010 年 4 月机构改革，撤销县农业办公室、县农业局、县畜牧局、县林业局、县农业机械事业服务中心、县扶贫开发办公室，设县农业林业和扶贫开发局，加挂县畜牧水产局牌子。2011 年，撤销县农业林业和扶贫开发局，分设县农业局、县林业局、县扶贫开发办公室。

20. 安龙县水务局：1989 年，设县水利电力局；2000 年，撤销县水利电力局，改组县水利局；2012 年，撤销县水利局，改设县水务局。

21. 安龙县文化体育旅游和广播电影电视局（挂安龙县新闻出版局、安龙县版权局牌子）：1989 年，设有县文化旅游局、县体育运动委员会、县广播电视局；1991 年 7 月，撤销文化旅游局，设县文化局、县外事旅游局；1994 年 4 月，撤销县文化局、县体育运动委员会、县广播电视局，设县文化体育广播电视局；2002 年，撤销县外事旅游局，设县外事侨务办公室、县旅游事业局；2010 年 4 月机构改革，撤销县文化体育广播电视局、县旅游事业局，设县文化体育旅游和广播电影电视局，加挂县新闻出版局、县版权局牌子。

22. 安龙县卫生和食品药品监督管理局：1989 年，设县卫生局、县食品药品监督管理局；2010 年 4 月机构改革，撤销县卫生局、省以下垂直管理的县食品药品监督管理局，设县卫生和食品药品监督管理局。

23. 安龙县人口和计划生育局：1989 年，设县计划生育委员会；1994 年 4 月机构改革，设县计划生育局；2004 年 8 月，撤销县计划生育局，设县人口和计划生育局。

24. 安龙县审计局：1989 年以来，县审计局机构设置没有改变。

25. 安龙县安全生产监督管理局：1984 年 12 月，成立县安全监察站，归口县劳动工资局管理；1987 年，建立县安全生产委员会及其办公室；2000 年 12 月，县安全监察站改由县工业局管理；2001 年，县工业局与县贸易局合并为县经济贸易局，县安全监察站改由县经济贸易局管理；2004 年 10 月，成立县安全生产监督管理局，加挂县安全生产委员会办公室牌子；2005 年，全县各乡镇均单独设立安全生产监督管理站，为乡镇人民政府的直属机构；2010 年 4 月，县安全生产监督管理局调整为县政府工作部门。

26. 安龙县统计局：1989 年，设县统计局；1994 年机构改革后，撤销县统计局，与县计划委员会、县农业办公室、县对外经济委员会合并为计划统计局；1996 年，撤销县计划统计局，分设县计划局、县统计局。

（二）县政府直属事业单位

1. 安龙县水利水电工程移民局：1990 年 5 月，成立县移民办公室；1992 年 3 月，设县支援铁路办公室。1994 年 4 月机构改革，撤销县移民办公室，并入县国土资源管理局；撤销县支援铁路办公室，其职能并入县政府办公室。1996 年 6 月，县移民办公室从县国土资源管理局分离出来，与县支持铁路办公室合并，设置县支援国家重点工程建设局；1998 年，更名为县移民开发局；2010 年 4 月机构改革，更名为县水利水电工程移民局。

2. 安龙县档案局（与安龙县档案馆实行局馆合一体制）：1989年时，县档案局（馆）列入县政府编制；2010年4月，县档案局（馆）列为县政府直属事业单位。

（三）县政府其他机构

安龙县供销合作社联合社：1989—2012年，县供销合作社联合社机构设置没有改变。

（四）垂直管理单位

税务　1989年，设有县税务局，为县政府工作部门；1994年10月，撤销县税务局，分设县国家税务局、县地方税务局，其管理体制由县政府组成部门改为省以下垂直管理部门。

工商、质监　1989年，设有县工商行政管理局、县物价局、县标准计量局；1994年4月，撤销县工商行政管理局、县物价局、县标准计量局，重新组建县工商行政管理局；1999年7月，县质量技术监督局、县物价局从县工商行政管理局分离出来，县工商行政管理局、县质量技术管理局不再属于县政府组成部门，改为省以下垂直管理。

1987－2012年历届安龙县人民政府领导名录

表5-2-1

届次	职务	姓名	性别	民族	籍贯	任职时间
县第十届人民代表大会（1987年10月至1990年9月）	县长	吴培英	男	汉族	河北易县	1987年10月至1990年1月
	代县长	龙　刚	男	苗族	贵州安龙	1990年2月至1990年9月
	副县长	贺兴邦	男	布依族	贵州安龙	1987年10月至1990年9月
		龙　刚	男	苗族	贵州安龙	1987年10月至1990年2月
		谢丽如	女	汉族	贵州贵阳	1987年10月至1990年2月
		詹安宁	男	汉族	贵州普安	1988年7月至1990年9月
		王　渝	男	汉族	四川长寿	1990年5月至1990年9月，挂职
		吴启雄	男	布依族	贵州兴义	1990年5月至1990年9月，挂职
		吴天伦	男	汉族	贵州安龙	1990年5月至1990年9月
		贺登祥	男	布依族	贵州安龙	1990年5月至1990年9月
县第十一届人民代表大会（1990年9月至1993年3月）	县　长	龙　刚	男	苗族	贵州安龙	1990年9月至1992年8月
	代县长	刘继明	男	汉族	贵州安龙	1992年8月至1993年3月
	副县长	刘继明	男	汉族	贵州安龙	1990年9月至1992年8月
		刘祥凡	男	汉族	贵州安龙	1990年9月至1993年3月
		杨秀槐	男	汉族	贵州安龙	1990年9月至1993年3月
		贺登祥	男	布依族	贵州安龙	1990年9月至1993年3月
		吴启雄	男	布依族	贵州兴义	1990年9月至1992年5月，挂职
		王　渝	男	汉族	四川长寿	1990年9月至1992年1月，挂职

续表 5-2-1

届次	职务	姓名	性别	民族	籍贯	任职时间
县第十一届人民代表大会（1990 年 9 月至 1993 年 3 月）	副县长	胡荣基	男	汉族		1992 年 5 月至 1993 年 3 月，挂职
		聂 新	男	汉族		1992 年 5 月至 1993 年 3 月，挂职
		戴振礼	男	汉族		1992 年 7 月至 1993 年 3 月，挂职
县第十二届人民代表大会（1993 年 3 月至 1998 年 3 月）	县 长	刘继明	男	汉族	贵州安龙	1993 年 3 月至 1997 年 9 月
	代县长	贺登祥	男	布依族	贵州安龙	1997 年 9 月至 1998 年 3 月
县第十二届人民代表大会（1993 年 3 月至 1998 年 3 月）	副县长	贺登祥	男	布依族	贵州安龙	1993 年 3 月至 1997 年 9 月
		杨秀槐	男	汉族	贵州安龙	1993 年 3 月至 1997 年 5 月
		王永彩	女	布依族	贵州安龙	1993 年 3 月至 1998 年 3 月
		杨仕纲	男	苗族		1993 年 3 月至 1997 年 11 月
		左 华	男	汉族		1997 年 11 月至 1998 年 3 月
		黄思豪	男	汉族	贵州安龙	1997 年 11 月至 1998 年 3 月
		李明荣	男	汉族	贵州安龙	1997 年 11 月至 1998 年 3 月
		王一中	男	汉族	贵州册亨	1997 年 11 月至 1998 年 3 月
	副县长	林嘉龙	男	汉族	贵州安龙	1997 年 11 月至 1998 年 3 月
		聂 新	男	汉族	贵州安龙	1993 年 3 月至 1994 年 5 月，挂职
		戴振新	男	汉族		1993 年 3 月至 1994 年 3 月，挂职
		胡荣基	男	汉族		1993 年 3 月至 1995 年 2 月
		柴以华	男	汉族		1995 年 6 月至 1998 年 3 月，挂职
		周 炼	男	侗族		1996 年 6 月至 1998 年 2 月，挂职
县第十三届人民代表大会（1998 年 3 月至 2003 年 2 月）	县长	贺登祥	男	布依族	贵州安龙	1998 年 3 月至 2001 年 9 月
		周玉仁	男	布依族	贵州兴仁	2002 年 3 月至 2003 年 2 月
	代县长	周玉仁	男	布依族	贵州兴仁	2001 年 9 月至 2002 年 3 月
	副县长	黄思豪	男	汉族	贵州安龙	1998 年 3 月至 2003 年 2 月
		王一中	男	汉族	贵州册亨	1998 年 3 月至 2003 年 2 月
		林嘉龙	男	汉族	贵州安龙	1998 年 3 月至 2002 年 2 月
		李明荣	男	汉族	贵州安龙	1998 年 3 月至 2001 年 11 月
		陆光华	男	布依族	贵州安龙	1998 年 3 月至 2002 年 12 月
		周玉仁	男	布依族	贵州兴仁	2001 年 9 月至 2002 年 3 月
		黄朝文	男	布依族	贵州安龙	2001 年 11 月至 2003 年 2 月
		车志敏	女	彝族	贵州安龙	2001 年 11 月至 2003 年 2 月
		罗华坤	男	汉族	贵州安龙	2002 年 9 月至 2003 年 2 月

续表 5-2-1

届次	职务	姓名	性别	民族	籍贯	任职时间
县第十三届人民代表大会（1998 年 3 月至 2003 年 2 月）	副县长	姜仕坤	男	苗族	贵州册亨	2002 年 12 月至 2003 年 2 月
县第十三届人民代表大会（1998 年 3 月至 2003 年 2 月）	副县长	金　智	男	汉族	贵　州	1998 年 5 月，挂职
		薛淑敏	女	汉族	贵州安龙	1998 年 7 月，挂职
		孟祥熙	男	汉族	山东齐河	1999 年 2 月至 2000 年 5 月，挂职
县第十四届人民代表大会（2003 年 2 月至 2006 年 12 月）	县长	周玉仁	男	布依族	贵州兴仁	2003 年 2 月至 2006 年 12 月
	副县长	王一中	男	汉族	贵州册亨	2003 年 2 月至 2004 年 4 月
		黄思豪	男	汉族	贵州安龙	2003 年 2 月至 2005 年 7 月
		罗华坤	男	汉族	贵州安龙	2003 年 2 月至 2006 年 12 月
		车志敏	女	彝族	贵州安龙	2003 年 2 月至 2006 年 12 月
		黄朝文	男	布依族	贵州安龙	2003 年 2 月至 2006 年 12 月
		姜仕坤	男	苗族	贵州册亨	2003 年 2 月至 2006 年 12 月
		梅　俊	男	汉族	贵州安龙	2004 年 4 月至 2006 年 12 月
		左秋芳	女	汉族	贵州贞丰	2006 年 10 月至 2006 年 12 月
县第十五届人民代表大会（2006 年 12 月至 2011 年 12 月）	县长	周玉仁	男	布依族	贵州兴仁	2006 年 12 月至 2008 年 1 月
		邓修宇	男	苗族	贵州普安	2008 年 3 月至 2011 年 8 月
	代县长	邓修宇	男	苗族	贵州普安	2008 年 1 月至 2008 年 3 月
		蔡　平	男	汉族	贵州贵阳	2011 年 8 月至 2011 年 12 月
	副县长	黄朝文	男	布依族	贵州安龙	2006 年 12 月至 2011 年 9 月
		姜仕坤	男	苗族	贵州册亨	2006 年 12 月至 2009 年 11 月
		梅　俊	男	汉族	贵州安龙	2006 年 12 月至 2011 年 12 月
		吴　鹏	男	汉族	贵州安龙	2006 年 12 月至 2011 年 12 月
		左秋芳	女	汉族	贵州贞丰	2006 年 12 月至 2011 年 9 月
		黄显荣	男	布依族	贵州安龙	2006 年 12 月至 2011 年 9 月
		冉　兵	男	汉族	贵州兴义	2007 年 9 月至 2011 年 12 月
		邓修宇	男	苗族	贵州普安	2008 年 1 月至 2008 年 3 月
		查世海	男	布依族	贵州兴义	2010 年 12 月至 2011 年 12 月
		蔡　平	男	汉族	贵州贵阳	2011 年 8 月至 2011 年 12 月
		王敬贵	男	汉族	山东章丘	2001 年 9 月至 2011 年 12 月
		贺礼刚	男	汉族	贵州安龙	2011 年 9 月至 2011 年 12 月
		李泽芸	女	汉族	贵州安龙	2011 年 9 月至 2011 年 12 月

续表 5-2-1

届次	职务	姓名	性别	民族	籍贯	任职时间
县第十五届人民代表大会（2006 年 12 月至 2011 年 12 月）	副县长	刘凡值	男	苗族		2010 年 4 月至 2011 年 12 月，挂职
县第十六届人民代表大会（2011 年 12 月起）	县长	蔡　平	男	汉族	贵州贵阳	2011 年 12 月起
县第十六届人民代表大会（2011 年 12 月起）	副县长	王敬贵	男	汉族	山东章丘	2011 年 12 月起
		查世海	男	布依族	贵州兴义	2011 年 12 月起
		贺礼刚	男	汉族	贵州安龙	2011 年 12 月起
		韦世欧	男	布依族	贵州安龙	2011 年 12 月起
		冉　兵	男	汉族	贵州兴义	2011 年 12 月起
		李泽芸	女	汉族	贵州安龙	2011 年 12 月起
		刘凡值	男	苗族		2011 年 12 月至 2012 年 2 月，挂职
		夏文强	男	土家族		2011 年 12 月至 2012 年 12 月，挂职
		王　丰	男	汉族		2012 年 4 月起，挂职
		张多新	男	汉族		2012 年 8 月起，挂职
		陈秀玲	女	布依族	贵州安龙	2012 年 12 月起，挂职

说明：因第十届县人民政府于 1987 年选举产生，故本表上溯到 1987 年 10 月

第二节　重要会议

一、政务会议

1989 年以来，县政府以政府专题会议等形式，专题研究具体政务事宜，提出解决措施和办法。

1990—1991 年，县政府专题研究了夏季粮油收购、梨树电站移交给梨树乡政府承包经营、明十八先生祠前土产公司瓦面房宿舍拆迁等。

1993—1994 年，县政府专题研究了县食品公司 1986 年前离退休人员待遇、县境黄金开采税费管理、县城供水续建工程收尾配套项目（水处理厂）建设方案等。

1995 年，县政府专题研究了移民搬迁安置、龙广镇优质米基地、县城总体规划、残疾人保障、西城区供水方案、1995—2010 年县城总体规划修编等。

1998 年，县政府专题研究了煤炭税费稽查站的设置和补助、“荷花节”商贸洽谈、县城改造及县城供水等。

1999 年 5—6 月，县政府分别召开专题会议，研究售房资金、直管公房、安居工程、货币化分房和旅游工作等。

2000 年，县政府专题研究了招堤至绿海景区公路、安龙博物馆、万亩牧场、广西右江医学院附属医院安龙联合医院等重大项目和巴猫河、八坎、岩怀 3 个小水电站建设事宜。

2001 年 12 月，县政府召开专题会议，重点研究西城区开发和恢复招堤十里荷花等事宜。

2002 年，县政府专题研究了县城区自来水改造、王宪章将军纪念园（豹皮亭）和紫荆园配套设施一期

工程、招堤风景名胜区基础设施、公墓和新车站选址等。

2003年，县政府专题研究了西城区建设和钱相乡扶贫工程。

2004年，县政府专题研究了招堤河流域治理及县城防护工程、安全生产、联合州格林公司合作发展草地畜牧业、县城区供水管网改造、重化工基地和招商引资项目等。

2005年，县政府专题研究了县城规划区建设管理、城市公交车、新桥至德卧公路改造、220千伏安龙变至110千伏华虹变输电线工程等。是年9月30日，举行全县2005年征地统一年产值标准听证会。

2006年，县政府专题研究了县城市容市貌整治、钱相乡敬老院、安龙至兴仁公路建设等；是年6月20日，县政府召开专门会议，对召开汕头至昆明高速公路安龙段调整土地利用总体规划进行听证。

2007年，县政府专题研究了德卧镇文化路、兴义500千伏新桥变电站、十一五电网规划和水利工程管理体制改革等。

2008年，县政府专题研究了农业综合开发、整顿和规范矿产资源开发秩序、煤矿安全生产、会展中心文化设施、小城镇建设和廉租住房建设等事宜。

2009年，县政府专题研究了全县“两基”迎“国检”、廉租房建设用地、教育园区规划、旅游文化发展、食品安全、生态草地畜牧科技扶贫种草养羊、南明历史资料收集编辑、特色工业园区与轻工业园区规划、全县农村公路十二五规划等。

2010年，县政府召开专题会议80余次，专题研究了安全生产、生态畜牧业、工农业生产、规范性医院建设、医疗改革、财源建设、税收、中小学校经费、平桥水库等事宜，形成会议纪要89份。

2011年，县政府召开专题会议110余次，专题研究工农业生产、民生保障、城市整治、安全生产、粮食储备、汕昆高速公路建设、城市道路建设、旅游设施建设等事宜，形成会议纪要116份。

2012年，县政府召开专题会议80余次，专题研究国有企业改革、平桥水库建设、教育、殡葬改革、安全生产、工业园区建设、民生保障等事宜，形成会议纪要81份。

二、常务会议

1991—1993年，县政府每年召开常务会议2—3次，重点分析国民经济和社会发展完成情况，总结政府工作，确定国民经济和社会发展指导思想及预期目标。其中，1991年8月7日，研究成立“县农村初级电气化建设工程指挥部”。

1994年，县政府召开常务会议4次，每季度末期召开会议1次，总结前一阶段政府工作，分析经济发展趋势，布置下一步工作。

1995年，县政府召开常务会议3次。其中，8月，第二次常务会议专题讨论金龙市场有偿出让问题；12月，第三次常务会议讨论“九五”计划和2010年发展规划。

1996年，县政府召开常务会议3次。其中，6月17—18日召开第二次常务会议，专题研究农业、工业、计生、建设等方面工作。

1997年，县政府仅在12月召开常务会议1次，总结1997年工作。

1998年，召开县政府常务会议2次。其中，4月会议回顾1—3月工作，8月会议总结第一届荷花节工作。

1999年，县政府召开常务会议13次。其中，4月召开第三次常务会议，分析经济社会发展形势，商讨城建、财政、金融、计划、医疗卫生、交通、旅游、教育、黄金、扶贫、民政、文化、工业、贸易等工作；5月召开第四次常务会议，专题研究煤炭过磅征收税费和建设工程管理工作；7月6日，召开第九次常务会议，研究省军区金桥公司绿产项目移交安龙县政府事宜；7月20日，召开第十次常务会议，研究德卧工业园区锌生产问题；12月3日，召开第12次常务会议，研究安龙火车站进站公路建设事宜；12

月23日，召开第13次常务会议，通报省国土厅对金龙市场小河沟、氧化沟违法占地的处理意见。

2000年，县政府召开常务会议3次。其中，3月7日，召开第二次常务会议，研究国营酱菜厂转让事宜；6月2日，召开第三次常务会议，商讨制定招商引资优惠政策、讨论锌冶炼项目。

2001年，县政府召开常务会议4次。其中，5月10日，召开第二次常务会议，通报全县税费改革工作；7月12日，召开第三次常务会议，研究农业和生态建设、廉政建设工作会议事宜；9月15日，召开第四次常务会议，研究财政税收、秋种、粮食订购和烤烟收购工作。

2002年，县政府召开常务会议6次。其中，5月28日，召开第三次常务会议，研究“两基”教育工作、农村税费改革、财政预算管理等工作；9月2日，召开第四次常务会议，研究公路、沼气、“两基”教育经费、县城道路改造经费、县政府办公楼改造等；12月17日，召开第六次常务会议，研究调整县政府领导班子部分成员分工。

2003年9月，县政府召开2003年第二次常务会议，专题研究行政办公区建设、天然草场恢复和建设验收、秋收秋种等。

2004年4月，县政府召开2004年第一次常务会议，专题学习十六届四中全会精神。

2005年8月，县政府召开2005年第五次常务会议，专题研究重化工交通运输营业税征收等问题。

2006年2月14日，县政府召开常务会议9次。其中，4月11日，召开第三次常务会议，研究组建县基本建设投资有限责任公司班子；9月1日，召开第五次常务会议，着重研究煤炭税费电子征管系统及王家营至柿花坪、新桥至德卧公路建设等事宜；9月18日，召开第六次常务会议，研究环保、退役士兵安置方案、“降消”项目实施等工作；10月13日，召开第七次、第八次常务会议，研究西城区开发大道建设、全国第二次农业普查、第五个5年普法规划、组建县重化工基地工作办公室等事宜。

2007年10月11日，县政府召开2007年第六次常务会议，研究县政府领导班子分工。

2009年5月14日，县政府召开2009年第五次常务会议，专题研究县教育园区规划和《安龙县县城古街、古巷、古民居、古建筑保护管理办法》《安龙县招堤风景名胜区规划建设和保护管理办法》等；6月4日，召开第六次常务会议，研究钱相乡乔马奶牛场招租方案、新型工业化推进等问题。

2010年，县政府召开常务会议7次，下发常务会议纪要7份。其中，12月16日，召开第七次常务会议，研究撤销新安镇设立两个街道相关事宜。

2011年，县政府召开常务会议10次，下发常务会议纪要10份。其中，1月12日、26日，分别召开第二次和第四次常务会议，讨论《安龙县国民经济和社会发展第十二个五年规划纲要（讨论稿）》《安龙县国民经济和社会发展第十二个五年规划纲要（征求意见稿）》；10月25日，召开第九次常务会议，研究义务教育教师外其他事业单位实施绩效工资、农村寄宿制学校建设攻坚工程等事宜；11月23日，召开第十次常务会议，讨论并原则通过《政府工作报告（征求意见稿）》；12月22日，召开第12次常务会议，研究县法院和县检察院办案人员岗位津贴、县审计局审计人员补贴及县纪委、监察办案人员补贴等。

2012年，县政府召开常务会议12次，下发常务会议纪要12份。其中，1月14日，县政府召开第一次常务会议，成立县新宇资源开发有限责任公司；3月1日，召开第四次常务会议，研究解决代课人员经济补偿及社会保险测算、临时代课人员考核为公办教师和工勤人员、提高安龙县青龙台板燕片区煤炭资源勘查程度等；4月28日，召开第五次常务会议，研究住房增量补贴、事业单位津贴和绩效工资、密码人员津贴、环卫装备、安龙大道建设、失地农民保障、司法局办公用房建设、煤炭驻矿人员编制、代课人员等问题，同意成立荷韵旅游公司、县第四中学、县政府接待办；6月2日，召开第六次常务会议，研究事业单位人员招聘、水务一体化、市府路绿化、县医院、县民政局办公楼土地征用等各项工作，同意恢复县公证处、成立县环境监察站，增加环境监察大队、县财政局信息中心编制。

三、县长办公会议

1991年5月11日，县长办公会专题研究县城供水问题。

2001年10月17日，县长办公会着重对近期重点工作进行通报和安排部署，对亟待解决的一些主要问题进行研究。

2002年4月17日，县长办公会通报和分析2002年一季度财政收支运行情况，着重对后三个季度的财政工作进行研究；8月5日，县长办公会研究体育广场建设事宜；11月1日，县长办公会研究2001年退伍军人安置、粮食产量问题。

2003年2月15日，县长办公会研究如何搞好四川昌宏集团投资有限责任公司投资服务工作问题；2月28日，县长办公会对政府近期工作进行安排部署；5月3日，县长办公会研究非典型肺炎防治工作；4月18日，县长办公会研究新安五小和安龙师范建设经济适用住房工作。

2004年3月1日，县长办公会研究如何贯彻落实好县十三届人大二次会议精神，对近期主要工作进行安排部署；8月16日，县长办公会对重化工基地建设、县供电局直属省电力公司管理、天主教安龙教会拟在天榜山景区建设宗教活动场所等工作进行研究和安排部署；9月7日，县长办公会对无烟煤税费调整及泓发、龙公煤矿恢复生产事宜进行研究。

2005年8月10日，县长办公会听取煤炭税费调整有关情况汇报，部署相关工作。

2006年10月16日，县长办公会就栢仑水库扩建工程有关问题进行研究。

2008年1月25日，县长办公会听取近期人口和计划生育工作有关情况汇报，研究相关工作；4月10日，县长办公会就一季度经济运行和固定资产投资事宜进行研究；10月28日，县长办公会就申报争取2009年国家新增国债投资项目工作进行研究。

2009年8月27日，县长办公会就贯彻落实省文化厅、省文物局领导调研安龙文化产业发展和文物保护指示精神进行研究和部署；10月16日，县长办公会就县西城区建设相关事宜进行研究。

2011年1月25日，县长办公会议要求做好流浪乞讨人员（包括流浪未成年人）救助工作，确保流浪乞讨人员有地方住、有饭吃、有衣穿，有病能及时救治；4月22日，县长办公会议听取全县电力基础设施建设情况汇报，要求合力做好电力基础设施建设；6月30日，在新安镇大坪社区纳坤组召开县长现场办公会议，成立县煤炭洗选转运场规划建设工作领导小组，协调转运场规划建设。8月9日，县长办公会议重点研究固定资产投资、重大项目和重点工程和县教育园区、物流园区、轻工业园区、循环经济工业园区建设和工业生产、财政税收等。8月16日，县长办公会议重点研究县第五届荷花节招商引资签约项目、中小学寄宿制学校和金宏化工二期工程年产12万吨糊状树脂项目、金宏化工全资子公司安龙县金宏物流贸易有限公司物流基地工程项目、金宏化工全资子公司贵州合锐特种树脂制品有限公司年产2万吨高压电力电缆套管生产线工程项目和金宏化工动力车间、电石厂建设等。8月30日，县长办公会议专题研究泰龙铁合金集团技改扩能项目入驻黔西南州（安龙）循环经济工业园区建设事宜。全年下发县长办公会会议纪要8份。

2012年，县政府未下发县长办公会会议纪要。

县政府在召开政府专题政务会议、常务会议、县长办公会会议的同时，还经常性召开县政府党组会议，由县政府党组书记召集，主要研究县政府组成人员和政府工作部门负责人人事任免问题等。

四、全县性工作会议

全县性工作会议是由县政府主持召开的全县性工作会议，安排部署全县性工作。

1990－2012年县人民政府部分全县工作会议情况表

表5-2-2

年度	召开时间	会议名称	会议主要内容	备注
1990	12月23日	全县基本扫除文盲验收工作会议		
	12月28日	全县三干会议	总结全年计划生育工作，安排部署1991年计划生育工作	
1991	7月12日	全县小型农机机耕现场会		
	8月5日	全县烟叶收购调拨会议		
1992	1月9日	全县领导干部会议	回顾1991年工作，安排部署1992年工作	
	2月20日	全县1992年林业工作会议		
	7月14日	全县烤烟生产会议	贯彻落实国家烟草局南昌烟叶调拨会议精神，部署全县烤烟生产	
	9月22日	全县乡镇工作会议		
	10月1日	1992年秋粮收购会议		
	10月19日	全县地名补查和资料更新试点工作会议		
1993	8月28日	全县1993年农业税征收工作会议		
	10月19日	全县今冬明春森林防火工作会议		
	11月1日	全县1994年林业生产工作会议	安排部署1994年林业生产工作	
1994	8月18日	全县领导干部会议		
	8月30日至9月1日	全县机关档案工作培训会		
	10月12日	全县电话会议	传达全州电话会议精神，通报全县各项经济指标完成情况，部署安排下阶段工作	
	11月7日	1994年冬季征兵工作会		
1995	3月21日至22日	全县卫生工作会议		
	12月26日	1996年上半年人口与计划生育宣传集中活动部署会议		
1996	7月20日	征兵工作会议	颁发“公民兵役证”	
1997	2月15日	表彰会议	表彰扫盲工作先进集体和先进个人	
	6月25日	安龙县100个村通电工作会议		
	7月5日	全县乡镇企业工作会议		

续表 5-2-2

年度	召开时间	会议名称	会议主要内容	备注
1999	1月23日	全县计划生育工作紧急会议		
	12月24日	全县遏制拖拉机农用车违章载客专项整治工作会议		
	12月26日	全县1999年统计年报会议		
2000	10月16日	2000年秋粮收购工作会议		
	10月28日	2000年冬季征兵工作会		
	12月1日	1999—2000年度冬春农田水利基本建设先进单位和个人表彰会议		
2000	12月15日	全县2000年统计年报会议		
2002	8月24日	全县“两基”工作调度会议		
2004	2月28日	全县安全生产紧急工作会议		
	8月31日	全县2004年秋冬种工作会议		
	9月23日	全县安全生产委员会第五次安全生产（扩大）会议		
2005	3月4日	全县2005年春耕生产和科技兴农工作会议		
	8月29日	全县2005年秋冬种工作会议		
	12月2日	全县冬季农田基本建设工作筹备会		
2006	2月23日	全县2006年春耕生产工作会议		
	9月1日	全县2006年秋冬种工作会议		
2007	1月12日	全县2007年烤烟生产工作会议		
	3月6日	全县2007年春耕生产工作会议		
	9月2日	全县2007年秋冬种工作会议		
2008	6月	全县16个乡镇开展农村地质灾害防治知识培训活动		
2009	1月6日	全县2009年治理坡地过度开垦集体林权制度改革工作会议		
	9月1—2日	全县教育系统岗位竞聘工作部署大会		
2010	2月6日	全县抗旱、防火工作紧急会议	紧急部署全县防火抗旱工作	
	7月15日	全县抗旱救灾总结表彰会议	总结抗旱救灾取得的成绩和经验，表彰抗旱救灾先进集体和先进个人	
2011	1月13日	全县教育工作、计划生育会议	听取全县教育工作、计划生育报告，表彰2010年先进基础教育管理组织、中学和计划生育先进集体和个人	
	2月14日	全县财政工作会议	签订2011年财政工作责任书，表彰财政工作先进集体和个人	

续表 5-2-2

年度	召开时间	会议名称	会议主要内容	备注
2011	2月21日	全县农村危房改造工程“整县推进”工作会议		
2012	1月7日	全县经济工作会议	贯彻落实省、州经济工作会议精神，总结2011年的经济工作，部署2012年经济工作	

第三节 政务服务

2011年4月，筹建安龙县政务服务中心，办事大厅设在县国土资源局、发展和改革局综合办公大楼一楼、二楼，总面积3280平方米，设有休息区、投诉室、咨询服务台、电子显示屏、电子触摸屏、排队叫号机等服务设施。

县政务服务中心，在县政府的直接领导下开展工作，按照“便民、规范、高效、廉洁”的原则，为公民、法人和其他组织提供政务服务事项的办理和服务；负责研究和制定管理办法，报县政府和有关单位审定，并负责组织实施；汇同县监察局对各部门行政效能进行监督检查；受理公民、法人和其他组织对中心工作人员投诉举报；组织调查研究，及时准确地向县委、县政府反映情况，提出建议；按照《政务公开条例》，组织开展全县政务公开工作，指导和管理乡镇、街道便民服务中心工作；办理县委、县政府交办的其他工作。至2012年底，县政务服务中心进驻事项156项，其中行政许可61项、非行政许可审批40项、便民服务55项；常驻制单位24个单位共49名窗口工作人员，综合代理制单位10个，联络制单位2个，另设有县人社局、县国税局、县地税局等4个分行。

第四节 乡镇人民政府

1989年，县人民政府下设新安、化力、普坪、龙山、洒雨、龙广、兴隆7个区公所，为县人民政府派出机构，另设城关镇、德卧镇两个区级人民政府；新安区辖招堤乡、大坪乡、幺塘乡3个乡人民政府，化力区辖木咱乡、坡贡乡、新桥乡、停西乡、坡脚乡5个乡人民政府，龙广区辖龙广镇、科汪乡、五台乡、花木乡、永和乡、纳赖乡6个乡镇人民政府，洒雨区辖洒雨乡、九头乡、木科乡、戛拉乡、竹林乡、大坝乡、古里乡7个乡人民政府，普坪区辖普坪乡、钱相乡、阿赖乡、鲁沟乡、戈塘乡5个乡人民政府，龙山区辖北乡乡、梨树乡、笃山乡、花障乡、纳院乡、巧岭乡6个乡人民政府，兴隆区辖木城乡、平乐乡、龙蛇乡、石盘乡、冗华乡5个乡人民政府。1991年12月，“建镇并乡撤区”后，撤销原来的区、乡、镇，建立新安镇、龙广镇、永和镇、德卧镇、木咱镇、兴隆镇、龙山镇、普坪镇、洒雨镇、戈塘镇、新桥乡、钱相乡、梨树乡、坡脚乡、海子乡、平乐乡16个乡镇人民政府，受安龙县人民政府直接领导。1998年5月，永和镇更名为万峰湖镇；2000年5月，梨树乡、新桥乡分别更名为笃山乡、新桥镇。2012年6月，撤销新安镇，分设招堤、栖凤两个街道，成立县人民政府街道办事处，为县人民政府派出机构。

第三章　政协安龙县委员会

1980年4月，中国人民政治协商会议第四届安龙县委员会第一次会议召开，恢复政协工作。7月，政协安龙县委员会恢复之后，其办事机构同时恢复，设秘书、学习文史资料委员会，增设对台工作组。1984年，秘书室改为办公室，增设提案工作委员会和工作组委员会，工作组委员会下设农业、民族宗教、祖国统一、教育、法制、医药卫生、工商、文化教育、群众、智力支边联系等10个工作组。此后，县政协在新时期制定的“长期共存，互相监督”“肝胆相照，荣辱与共”方针指引下，高举集体主义和爱国主义，团结一切可以团结的爱国力量，积极社会主义建设事业，至1988年，分别召开了五届、六届政协安龙县委员会会议，每次委员会会议都听取和审议政协常委会工作报告，列席各届县人民代表大会。县政协充分发挥“人才库”“智囊团”的作用，组织委员中的科技人员和聘请外地专家、学者，以偏远少数民族地区为重点，大搞科技兴农，开展粮食、油菜、烤烟、果蔬、白花泡桐、黑荆树等的引进栽培、管理，病虫害防治技术和家畜家禽饲养、疫病防治等技术培训，仅20世纪80年代就培训各类乡土人才2456人，编印《安龙县文史资料》共11辑，采用文章103件51万余字。1989年至1990年，政协安龙县第六届委员会召开2次全体会议。1990年至2011年政协安龙县召开第七、第八、第九、第十、第十一、第十二届会议，每届大会进行了换届选举，历届县政协常务委员会履行政治协商的职能。

第一节　县政协全体委员会议

1989年至2012年，每次政协安龙县委员会都要听取和审议县政协常务委员会工作报告、上次会议以来的提案工作报告，列席同期举行的县人民代表大会。

一、政协第六届安龙县委员会

1989年后，本届县政协共召开全体委员会议2次。

第三次全体会议，1989年3月28—31日召开。会议决议，继续高举社会主义和爱国主义两面旗帜，巩固和发展最广泛的爱国统一战线，充分发挥人民政协的整体功能，团结一切可以团结的力量共同奋斗；会议号召全体政协委员和各界爱国人士，认真学习和贯彻执行中共十三届三中全会精神，在县委的直接领导下，紧密团结，开拓进取，为社会主义现代化建设，实现祖国统一大业，为富民兴安尽心竭力，作出新的贡献。

第四次全体会议，1990年3月26—29日召开。会议以中共十三届四中、五中和六中全会精神为指针，学习《中共中央关于坚持和完善中国共产党领导的多党合作和政治协商制度的意见》。会议决议，学习马列主义、毛泽东思想和邓小平著作，深入开展学雷锋活动，以振兴安龙为已任，同心同德，团结全县各族各界人民，为实现祖国统一大业贡献力量。

二、政协第七届安龙县委员会

1990—1992年，本届县政协召开全体委员会议3次。

第一次会议，1990年9月25—29日在县城举行。出席委员130人，代表17个方面，列席43人。会议决议，全体委员要广泛联系各方面人士，坚持“长期共存，互相监督”“肝胆相照，荣辱与共”的方针，深入学习和贯彻《中共中央关于坚持和完善中国共产党领导的多党合作和政治协商制度的意见》和省委、县委关于贯彻《意见》的要求，学习和贯彻江泽民总书记在全国统战工作会议上的重要讲话精神，提高参政议政能力，积极参政议政使政治协商、民主监督工作逐步实现制度化、经常化；深入实际，调查研究，多办实事，充分发挥政协组织在两个文明建设中的重要作用。选举产生政协第七届安龙县委员会主席1人、副主席6人、秘书长1人和常委17人。

第二次会议，1991年2月29日至3月2日召开。会议决议，全体委员必须坚持以中共十三届七中全会为指针，坚持四项基本原则，学习中共安龙县委《关于进一步发挥政治协商、民主监督职能作用的意见》，坚持“一个中心，两个基本点”，两个文明一起抓，充分发挥委员的自身优势和整体功能；做好统一战线工作，广聚各界人士之智，博取群英科技之长，为科技兴农、兴安富民作出贡献。

第三次会议，1992年4月5—9日召开。会议决议，以中共十三届八中全会精神为指针，加强自身建设，解放思想，继续学习和贯彻《中共中央关于坚持和完善中国共产党领导的多党合作和政治协商制度的意见》，进一步做好爱国统一战线工作，团结一切可以团结的力量，调动一切积极因素，不断开创全县现代化建设和改革开放的新局面，协助县委和政府研究新情况，探索新问题，大胆改革，加快步伐，抓好各项措施的落实。为搞好两个文明建设，改变贫困面貌多办实事；不断提高参政议政质量；充分发挥政协综合人才库的优势；及时反映人民群众关心的问题以及各方的意见和建议，为促进县域经济和社会的迅速发展贡献力量。

三、政协第八届安龙县委员会

1993—1997年，本届县政协召开全体委员会议5次。

第一次会议，1993年3月25—28日在县城举行。出席委员120人，代表17个方面，有关单位列席45人。会议一致认为，改革开放与经济建设的新形势和新任务对人民政协提出了新的要求。会议决议，进一步增强责任感和使命感，更好地担负起历史赋予的重任；继续坚持党的基本路线，围绕建立社会主义市场经济体制，积极参与经济建设，开展调查研究、献计出力；在政协工作中突出民主、团结两个主题，推进社会主义民主政治建设；参与社会主义法制建设和精神文明建设，推动社会全面进步，为改革开放和经济建设、巩固和发展新时期的爱国统一战线作出新贡献。选举政协第八届安龙县委员会主席1人、副主席4人、秘书长1人和常委18人。

第二次会议，1994年4月11—14日在县城召开。会议认为，1994年是全面贯彻落实中共十四届三中全会《决定》关键的一年，又是各项改革全面推进的一年，县政协要团结全体委员和各界人士，学习《邓小平理论》第三卷和1994年3月全国政协八届二次会议修订的《政协章程》，坚定不移地以经济建设为中心，为振兴安龙经济，维护和发展稳定的政治局面，实现祖国统一大业，完成各项任务而努力工作。

第三次会议，1995年3月13—16日在县城举行。会议决议，按照全国政协《关于政治协商、民主监督、参政议政的规定》，努力实现政治协商、民主监督和参政议政的规范化、制度化，加大民主监督力度。围绕县委、县政府的中心任务，加强调查研究，注重开展富有实效的活动，为县委、县政府决策科学化提出意见与建议；在建立社会主义市场经济体制的过程中，多做化解矛盾，增进团结的工作，为维护社会稳定，促进本县经济持续、快速、健康发展作出贡献。会议增选常务委员1人。

第四次会议，1996年3月18—21日在县城召开。会议讨论和拟定1996年的工作和“九五”计划及2010年远景目标，共商振兴安龙大计；作出“继续学习党中央改革开放的一系列方针政策，学习全国政协和省、州政协关于政治协商、民主监督、参政议政方面的重要文件，充分发挥全体委员和各界人士在政协中的作用，高举爱国主义和社会主义旗帜，结成最广泛的统一战线，办实事，求实效，提高参政议政水平。要加强团结，增进友谊，为祖国的和平统一而努力，为全县社会稳定，国民经济持续、快速、健康发展献计出力”的决议。会议增选常务委员1人。

第五次会议，1997年3月10—13日在县城举行。会议决议指出，1997年将恢复对香港行使主权，中国共产党将召开第十五次全国代表大会，也是安龙县经济发展摘掉贫困帽子的一年。要按照常委会工作报告提出的指导思想和工作任务，紧紧围绕县委、县政府1997年的中心任务，鼓实劲，说实话，办实事，求实效；高举爱国主义和社会主义两面旗帜，坚持中国共产党领导的多党合作和政治协商制度，推动各方面人士，在实现和维护祖国统一、兴安富民的共同目标下进一步团结起来，努力完成本次会议提出的各项工作任务，为经济发展和社会进步作出新的贡献。

四、政协第九届安龙县委员会

1998—2002年，本届县政协召开全体委员会议5次。

第一次会议，1998年3月3—7日在县城举行。出席委员123人，代表17个方面，列席46人。会议决议，加强政协的自身建设，廉政务实；坚持和完善中国共产党领导的多党合作和政治协商制度，坚持“长期共存、互相监督”，“肝胆相照、荣辱与共”的方针，吸取和借鉴历届政协成功的经验，为祖国的和平统一，为社会全面进步、政治稳定、民族团结积极主动地开展工作。会议号召，高举爱国主义和社会主义旗帜，充分认识新形势下面临的机遇、困难和肩负的历史重任，切实履行好参政议政的职能，团结一致，努力工作，积极建言献策，多办实事，讲求实效，致力于振兴安龙，以新的成绩迈向21世纪。会议选举产生县政协第九届委员会主席1人、副主席6人、秘书长1人和常委17人。

第二次会议，1999年3月15—18日在县政府四楼会议室举行。会议认为，1999年将迎来建国50周年，人民政协成立50周年和澳门回归祖国。按照中共中央提出的“统一思想、坚定信心，抓住机遇、知难而进，团结一致、艰苦奋斗”的工作方针，切实履行政协职能，充分发挥政协优势，参大政、议大事，抓重点，办实事；围绕两个文明建设，开展调研、视察活动，促进全县各项事业发展；充分发挥民主监督的作用，促进党政决策民主化、科学化；继续大力宣传“和平统一、一国两制”的基本方针，做好祖国统一和海外联谊工作。

第三次会议，2000年3月20—23日在县城举行。会议认为，2000年是世纪交替之年。号召全体委员在中共安龙县委的领导和省、州政协的指导下，认清形势、明确任务，抓住机遇、开拓进取，坚定信心、团结奋斗，认真履行政协职能，为推进经济建设社会进步而努力奋斗。

第四次会议，2001年3月12—15日在县城举行。会议决议以中共十五大精神和江泽民总书记“三个代表”重要思想及其在人民政协成立50周年大会上的讲话为指导，充分发挥政协优势，争取人心、凝聚力量、协调关系、化解矛盾、维护稳定，围绕西部大开发战略和县委、县政府“十五”计划，认真履行政协职能，努力开创政协工作的新局面。

第五次会议，2002年3月18—21日在县城举行。会议决议更加紧密地团结在以江泽民总书记为核心的中共中央周围，高举邓小平理论伟大旗帜，按照“三个代表”的要求，统一思想，坚定信心，转变作风，扎实工作，开拓创新，与时俱进，以优异的成绩迎接中共十六大的胜利召开，为建设繁荣富强的新安龙作出新的贡献。

五、政协第十届安龙县委员会

2003—2006年，本届县政协召开全体委员会议4次。

第一次会议，2003年2月22—25日在县城举行。出席委员131人，代表17个方面。会议强调，学习和借鉴历届政协的成功经验，切实加强自身建设，推进履行职能的制度化、规范化和程序化。号召新一届县政协委员全面贯彻“三个代表”重要思想，紧密团结在以胡锦涛为总书记的中共中央周围，解放思想，实事求是，与时俱进，同心同德，群策群力，开拓创新，进一步开创人民政协事业新局面，为全面建设小康社会、推进富民兴安宏伟事业而努力奋斗。选举产生县政协第十届委员会主席1人、副主席5

人、秘书长1人和常委27人。

第二次会议，2004年2月24—27日在县城举行。会议决议，充分发挥政协优势，选择对全县经济社会发展带有全局性、战略性、前瞻性的重大问题，深入调查研究，积极建言献策。

第三次会议，2005年3月7—10日在县城举行。会议决议，自觉服从服务于改革发展稳定大局，使人民政协工作真正体现时代性，把握规律性，富于创造性；认真搞好保持共产党员先进性教育活动，政协委员和政协机关中的中共党员要积极投身于先进性教育活动，发挥共产党员的先锋模范作用。

第四次会议，2006年3月4—7日在县城举行。会议决议，全体政协委员和各族各界人士要为实施好"十一五"规划贡献智慧和力量，不断探索政协工作的新途径和新方法，同心同德，开拓进取，扎实工作，为实现县域经济发展的历史性跨越和人民政协事业的新发展而努力奋斗。

六、政协第十一届安龙县委员会

2006—2011年，本届县政协召开全体委员会议5次。

第一次会议，2006年12月26—29日在县城举行，出席会议委员135人，代表17个方面。会议认为，政协第十一届安龙县委员会任期恰逢实施"十一五"规划，是深入实施"做大重化工，搞好煤化工，发展水火电，推进城镇化，建设新农村"发展战略的关键时期。第十一届县政协全体委员和各族各界人士要为实施好"十一五"规划贡献智慧和力量，努力为构建和谐安龙服务。选举产生县政协第十一届委员会主席1人、副主席5人、秘书长1人和常委25人。

第二次会议，2008年3月24—27日在县城举行。会议强调，广大政协委员要继续高举爱国主义、社会主义两面旗帜，突出团结和民主两大主题，围绕县委、县政府的中心任务，自觉服从服务于全县2008年工作大局，广泛团结政协委员和各族各界人士，认真履行政协职能，以奋发有为的精神状态和强烈的事业心、责任感，为富民兴安作出新的贡献。会议选举增补了十一届县政协常务委员会委员。

第三次会议，2009年3月17—20日在县城举行。会议强调，2009年，是中华人民共和国和人民政协成立60周年，政协组织和各位委员必须紧紧围绕全县工作大局，进一步增强政治责任感和历史使命感，与时俱进审视工作，准确把握前行坐标，竭诚服务全县发展，努力做到政治协商有高度，民主监督有力度，参政议政有深度，不断开创政协工作新局面。

第四次会议，2010年3月9—12日在行政办公区一楼会议室举行。会议号召，认真贯彻落实党的十七届四中全会和中共安龙县委十届五次全体会议精神，牢牢把握"团结、民主"两大主题，紧紧围绕县委、县政府的年度中心工作和重大决策部署，认真履行政治协商、民主监督、参政议政职能，团结各参会单位、广大政协委员和各界人士，围绕中心、服务大局，为推进安龙县经济社会又好又快、更好更快发展献计献策，为推动全县经济社会发展贡献力量。

第五次会议，2011年3月14—17日在县城举行。会议强调，2011年是"三个建设年"暨"四帮四促"活动和"十二五"开局之年，按照"实施五轮驱动，实现五县目标"科学发展战略，县政协常委会将认真开展协商议政工作，精心组织四项视察，深入开展四项调研，为"十二五"规划的实施创造良好的社会环境。

七、政协第十二届安龙县委员会

至2012年，本届县政协召开全体委员会议1次。

第一次会议，2011年12月11—15日在县城举行。会议认为，"十一五"期间克服百年不遇的雪凝灾害、国际金融危机和特大旱灾带来的不利影响，完成了"十一五"规划的主要目标任务。全县经济平稳较快发展，各项社会事业全面进步。会议选举产生政协安龙县第十二届委员会领导班子，谭志平当选为县政协十二届委员会主席，梅俊、罗华坤、颜仕亮、辛富康、杨琨、班庭源、杨绍芸、郑少典当选为副主席，孙金友当选为秘书长，会议选举常务委员26人。

中国人民政治协商会议安龙县第六届至第十二届委员会组成名额

表 5-3-1　　单位：人

组成方面	第六届	第七届	第八届	第九届	第十届	第十一届	第十二届
中国共产党	8	10	10	11	9	10	10
无党派民主人士	4	4	2	5	3	3	3
共青团	3	3	3	2	3	3	3
工会	3	3	3	2	3	3	3
妇女联合会	3	3	3	2	3	3	3
农业界	4	8	8	7	9	—	11
工商联合会、供销社	7	7	5	6	9	10	13
文学艺术界	4	4	4	2	3	3	3
科学技术界	13	13	12	7	10	10	10
教育界	12	12	15	9	11	9	10
医药卫生界	9	8	6	4	8	8	4
少数民族	7	7	9	11	10	11	12
宗教界	3	3	3	3	3	4	3
归国华侨、侨眷、台属	2	1	1	9	—	—	—
体育界	1	1	1	2	2	2	2
特邀人士	38	44	33	33	36	34	35
经济界	—	—	4	10	9	10	12
合计	121	141	122	125	131	134	137

中国人民政治协商会议安龙县第六届至第十二届委员会领导名录

表 5-3-2

届别	职务	姓名	性别	民族	出生地	工作单位、职务
第六届（1987年10月至1990年9月）	主席	王秀富	男	汉族	贵州安龙	驻会
	副主席	曹昌国	男	布依族	山东乳山	驻会
		王万录	男	汉族	贵州安龙	驻会
		留汉尧	男	汉族	浙江青田	驻会
		何保臣	男	汉族	贵州大方	县植保站站长
		杨秀槐	男	汉族	贵州安龙	县林业局副局长
		王明德	男	汉族	云南罗平	县委统战部部长

表 5-3-2

届别	职务	姓名	性别	民族	出生地	工作单位、职务
第六届（1987年10月至1990年9月）	副主席	徐复生	男	汉族	贵州安龙	安龙二中副校长
	秘书长	龙　霖	男	汉族	四川	驻会
第七届（1990年9月至1993年3月）	主席	王万录	男	布依族	贵州安龙	驻会
	副主席	留汉尧	男	汉族	浙江青田	驻会
		杨忠堂	男	苗族	贵州安龙	驻会
		杨明荣	男	汉族	贵州安龙	县委统战部部长
		杨荣方	男	布依族	贵州安龙	安龙一中办公室主任
		邹诗学	男	彝族	贵州盘县	县科协主席
		刘继宁	女	回族	贵州安龙	县计量局局长
	秘书长	黄恩照	男	布依族	贵州安龙	驻会
第八届（1993年3月至1998年3月）	主席	陈怀富	男	汉族	贵州会沙	驻会
	副主席	吴正典	男	彝族	贵州安龙	县委统战部部长
		邹诗学	男	彝族	贵州盘县	县科协主席
第八届（1993年3月至1998年3月）	副主席	杨荣方	男	布依族	贵州安龙	安龙一中副校长
		刘继宁	女	回族	贵州安龙	县工商局副局长
	秘书长	贺登华	男	布依族	贵州安龙	驻会
第九届（1998年3月至2003年2月）	主席	韦永芝	女	布依族	贵州安龙	驻会
	副主席	吴朝刚	男	布依族	贵州安龙	驻会
		李登元	男	汉族	贵州安龙	驻会
		吴正典	男	彝族	贵州安龙	县委统战部部长
		邹诗学	男	彝族	贵州盘县	县科协主席
		杨荣方	男	布依族	贵州安龙	安龙一中副校长
		刘继宁	女	回族	贵州安龙	县工商局副局长
	秘书长	胡秀林	男	汉族	贵州安龙	驻会
第十届（2003年3月至2006年12月）	主席	韦永芝	女	布依族	贵州安龙	驻会

续表 5-3-2

届别	职务	姓名	性别	民族	出生地	工作单位、职务
第十届（2003年3月至2006年12月）	副主席	邹诗学	男	彝族	贵州盘县	驻会
		刘继宁	女	回族	贵州安龙	驻会
		尹洋华	男	汉族	贵州安龙	县财政局局长
		颜仕亮	男	布依族	贵州安龙	万峰湖镇党委书记
		宋　赢	男	布依族	贵州安龙	县工商联主席
	秘书长	韦吉芳	男	布依族	贵州安龙	驻会
第十一届（2006年12月至2011年12月）	主席	谭志平	男	汉族	贵州安龙	驻会
	副主席	韦世欧	男	布依族	贵州安龙	县委统战部部长
		罗华坤	男	汉族	贵州安龙	驻会
		颜仕亮	男	布依族	贵州安龙	万峰湖镇党委书记
		辛富康	男	汉族	贵州遵义	县工商联主席
		林淑丽	女	汉族	贵州安龙	驻会
	秘书长	韦吉芳	男	布依族	贵州安龙	驻会
第十二届（2011年12月起）	主席	谭志平	男	汉族	贵州安龙	驻会
	副主席	梅　俊	男	汉族	贵州安龙	驻会
		罗华坤	男	汉族	贵州安龙	县教育局局长
		颜仕亮	男	布依族	贵州安龙	驻会
		辛富康	男	汉族	贵州遵义	县工商联主席
第十二届（2011年12月起）	副主席	郑少典	男	汉族	贵州安龙	钱相乡党委书记
						县水务局党组书记
		班庭源	男	满族	贵州安龙	县园区办主任
		杨绍芸	女	布依	贵州安龙	驻会
		杨　琨	男	汉族	贵州安龙	驻会
	秘书长	孙金友	男	汉族	贵州安龙	驻会

第二节　县政协常委会议

政协安龙县委员会常务委员会由县政协主席、副主席、秘书长和常务委员组成。常务委员会主持政协安龙县委员会的会务，在全体会议闭会期间，行使政协安龙县委员会的职权，处理县政协的重要工作。政协安龙县委员会主席主持常务委员会的工作，副主席、秘书长协助主席工作。常务委员会会议的主要任务：讨论决定政协安龙县委员会及常务委员会会务和工作中的重大问题，必要时作出决议；协商讨论中共安龙县委、县人民政府的重大决策以及群众生活中普遍关心的重大问题，听取中共安龙县委、县人民政府及其所属有关部门涉及全县重要工作情况的报告或说明，并进行协商讨论，提出建议和意见；审查重要的建议案、视察报告、专题调研报告、提案和其他重要报告；审议专门委员会的年度工作报告；审议提交政协安龙县委员会全体会议的文件；审议决定县政协的机构调整和人事任免。常务委员会会议一般每季度召开1次，必要时可临时召集。

一、第六届县政协常务委员会

第六届县政协常务委员会共召开13次常务委员会会议。每次会议，根据会议内容，分别邀请县委、人大、政府领导及有关部门负责人参加，对县委、县政府的重大决策，全县思想政治教育、治理经济环境、整顿经济秩序等工作，以及人民群众关心的重大问题，进行协商讨论，提出意见和建议，供政府及有关部门参考。

第七次会议，1989年3月23—25日召开。听取“主席联系常委，常委联系委员”情况汇报；讨论和修改常务委员会关于六届二次全委会议以来的工作报告，提案工作报告以及六届三次全委会议议程、日程、列席人员、讨论组划分等；讨论县人民政府即将在县一届人民代表大会第三次大会上的工作报告(草案)。

第九次会议，1989年7月18—20日召开。传达邓小平的三次重要讲话和李鹏、江泽民在中共第十三届四中全会上的重要讲话，重点讨论北京发生的反革命暴乱时间的性质及危害，学习和领会党的十三届四中全会精神实质，澄清模糊认识，明确方向。

第十次会议，1989年9月20—21日召开，同意廖明金任县政协文史委员会副主任、罗启明任县政协办公室副主任、杨秀美任县政协提案委员会主任。

第十一次会议，1989年12月19—20日召开。传达中共中央《关于进一步治理整顿和深化改革的决定》、省政府《关于在全省开展扫除卖淫嫖娼等“六害”统一行动的通知》，听取州县政协委员视察大坪和城关镇“清房”工作、黔桂两省（区）沿江八县（市）政协协作会第二次会议及省政协委员黔西南州视察组视察兴义市乌沙区工作情况的报告。

二、第七届县政协常务委员会

第七届县政协常务委员会利用以下层次工作，就全县大政方针和人民生活重大问题进行协商、监督：党组书记列席县委常委召开的重要会议，主席或副主席列席县人大常委会和政府召开的重要会议，参与县委和政府组织的各项检查、巡视组；县政协常务委员会各委、室负责人参加政府各职能部门召开的专题讨论会；邀请县委、政府领导及有关职能部门负责人到政协召开的会议通报情况。对全县国民经济和社会发展计划的安排，对政治、经济科技、文化、教育、卫生、计划生育以及城乡建设等方面的工作，向县委、人大、政府及有关职能部门提出意见和建议。县政协主席参与县委和政府讨论“建镇并乡撤区”的区域划分、人事安排等重大问题。

三、第八届县政协常务委员会

第八届县政协常务委员会期间，每次常委会的议程，先召开主席会议集体研究确定，围绕县委各项中心工作，突出主题，在常委会上协商讨论；规定各专门委员会负责人列席常委会会议，并向常委会汇报工作。县人民政府每年在县人民代表大会上所作的工作报告，事先分到县政协常委手中，并请县政府派员列席县政协常委会。对于某一历史时期人民群众反应比较强烈的问题，政协常委举行会议时，约请县委、政府领导或有关部门负责同志到会通报情况。本届任期5年，共召开22次常委会议。

四、第九届县政协常务委员会

本届常委会议共召开21次，分别传达学习全国政协九届一次会议、李瑞环主席在政协第九届全国委员会第四次主席会议上的讲话、中共十五届三中全会、中共十六大精神；通过政协委（室）、常务委员会委员人事任免。

五、第十届县政协常务委员会

本届常委会议共召开16次，增选常委1人，撤销常委资格2人。

第一次会议，2003年4月10日召开。传达全国政协十届一次会议精神、州政协五届二次会议精神、学习《中国人民政治协商会议章程》、协商讨论2003年县政协工作要点。

第二次会议，2003年7月14日召开。学习中共中央总书记胡锦涛在“三个代表”重要思想理论研讨会上的讲话，通报农业生产、粮改工作。

第三次会议，2003年10月21日召开。通报县政协十届一次会议委员提案办理情况、救助贫困母亲“幸福工程”项目和城镇职工基本医疗保险制度改革工作实施情况、传达《中共安龙县委关于加强人大、政协工作的实施意见》。

第四次会议，2003年12月10日召开。通报2002—2003年退耕还林及残疾人基金收取、管理和使用情况，传达《中共中央关于社会主义经济体制改革若干问题的决议》及中央经济工作会议精神，协商讨论新桥镇荷花村草地畜牧业、万亩草场和奶牛场、昌宏化工厂等工作。

第五次会议，2004年2月3日召开。协商讨论政府工作报告、政协常委会工作报告和提案工作报告，讨论通过十届县政协二次会议文件。

第六次会议，2004年6月23日召开。学习《中国人民政治协商会议章程》和中共贵州省委办公厅、贵州省人民政府办公厅《关于当前经济形势的分析和做好下一步经济工作的意见》。

第八次会议，2004年11月15日召开。听取和商讨全县经济运行情况、提案办理情况和全县劳务输出情况。

第九次会议，2005年2月25日召开。协商讨论政府工作报告（草案）、政协常委会工作报告（草案）和提案工作报告（草案）及增补县政协常委、委员事宜。

第十次会议，2005年6月16日召开。学习胡锦涛总书记在贵州考察结束时的讲话，传达连战、宋楚瑜访问祖国大陆有关情况的宣传提纲，听取县政府对当前主要工作情况的通报。

第十一次会议，2005年10月25日召开。学习《中共中央关于制定国民经济和社会发展第十一个五年规划的建议》。

第十二次会议，2005年12月29日召开。听取十届三次会议以来提案办理情况、财源建设工作情况通报，传达学习《中共贵州省委关于进一步加强中国共产党领导的多党合作和政治协商制度建设的实施意见》及全州人大、政协工作会议精神，总结2005年县政协工作，安排部署2006年工作。

第十三次会议，2006年2月9日召开。协商讨论《关于安龙县国民经济和社会发展第十一个五年规划纲要的报告（征求意见稿）》、政协常委会工作报告（草案）和提案工作报告（草案），讨论西城区街道命名事宜。

第十四次会议，2006年7月13日召开。传达学习中共中央组织部《坚决防止和查处换届选举中搞非组织活动的行为》《中共贵州省委关于加强人民政协工作的实施意见》，听取提案办理工作情况通报，视察南明博物馆。

第十五次会议，2006年10月17日召开。协商讨论中共安龙县第十次党员代表大会报告，撤销夏吉华十届县政协委员资格。

第十六次会议，2006年11月22—23日召开。听取县委统战部长吴鹏对政协第十一届委员会推荐人选名单作说明，协商讨论《政府工作报告（草案）》、常委会工作报告和提案工作报告，讨论列席十一届一次会议人员名单。

六、第十一届县政协常务委员会

第一次会议，2007年3月9日召开。学习《中国人民政治协商会议章程》《中共贵州省委关于加强人民政协工作的实施意见》，讨论通过《县政协2007年工作要点》，同意免去：胡秀林县政协办公室主任职务、张安德县政协经科委主任职务、汪运飞县政协文史委副主任职务、陈玉全县政协提法委主任职务，任命：贺登金为县政协办公室主任、胡秀林为县政协文史委主任、韦金燕为县政协提法委主任、王永文为县政协经科委主任。

第二次会议，2007年6月22日召开。学习省十次党代会精神，听取县政府1—5月全县主要经济工作和重点项目建设完成情况的通报，协商讨论社情民意问题。

第三次会议，2007年9月20日召开。学习州政协副主席王殿宗在州政协委员培训会议上的讲话，听取十届一次会议以来提案办理、新农村建设、新型农村合作医疗试点工作情况的通报，听取县委常委、人武部政委王建波作的国际国内军事报告。

第五次会议，2008年3月13日召开。协商讨论十一届县政协二次会议相关文件、人事任免和2008年县政协工作要点。

第六次会议，2008年4月23日召开。学习全国政协会议精神，听取水利建设、春耕生产工作情况汇报，协商讨论2008年县政协调研课题。

第七次会议，2008年7月4日召开。学习《中共中央、国务院关于切实加强农业基础建设进一步促进农业发展农民增收的若干意见》，听取全县财政收入情况通报、当前形势报告及炸材管理工作、易地移民安置工作、生猪养殖情况通报；免去贺登金县政协办公室主任职务，任命孙金友为县政协办公室主任。

第八次会议，2008年11月27日召开。学习中共十七届三中全会精神，听取十一届县政协二次会议以来委员提案办理情况及治理坡耕地过度开垦、城乡居民最低生活保障工作、新型农村合作医疗工作情况的通报。

第九次会议，2009年3月6日召开，协商讨论十一届县政协三次会议有关事宜。

第十次会议，2009年6月4日召开。传达5月11日全州政协工作会议精神，听取农村危房改造、经济适用型住房及廉租房建设情况通报。

第十一次会议，2009年9月14日召开。听取提案办理情况和旅游市场化工作进展情况的通报。

第十二次会议，2009年10月30日召开。传达学习《中共中央关于加强和改进新形势下党的建设若干重大问题的决定》《中共黔西南州委关于巩固和壮大新世纪新阶段统一战线的意见》，听取全县旅游工作和旅游市场化工作开展情况通报。

第十三次会议，2010年3月2日召开，协商讨论十一届县政协四次会议相关工作。

第十四次会议，2010年5月28日召开。学习国务院总理温家宝考察指导黔西南州抗旱救灾时的讲话精神，传达州政协常委会议及州政协2010年工作要点，听取春耕生产、水利建设规划、旅游文化工作情况汇报，撤销罗梅十一届县政协委员资格。

第十五次会议，2010年8月25日召开。传达《中共安龙县纪委、安龙县监察局关于转发州纪委监察局〈关于制止党员、领导干部请客送礼大操大办的通知〉的通知》，听取2010年1—8月全县交通基础设施项目建设完成情况通报和1—7月全县财政经济运行情况与对策的报告。

第十六次会议，2010年11月3日召开。学习中共十七届五中全会公报和省委书记栗战书视察黔西南州工作时的讲话，听取提案办理、农村危房改造、经济适用型住房和廉租房建设、“两基”“普实”巩固提高、就业情况通报，视察兴隆小学和普坪中学。

第十七次会议，2010年12月28日召开。协商讨论《安龙县人民政府提交〈关于撤销新安镇，划入周边乡镇部分村设立招堤、龙城、栖凤、金杯四个街道办事处〉的议案》。

第十八次会议，2011年1月28日召开，学习《省政协十届四次会议精神》，协商讨论《安龙县第十五届人民代表大会第六次会议工作报告（征求意见稿）》《政协第十一届安龙县委员会2011年工作要点》。

第十九次会议，2011年3月8日召开，专题协商政协第十一届安龙县委员会第五次会议相关事宜。

第二十次会议，2011年5月26日召开，学习国家副主席习近平视察贵州时的讲话精神和换届选举纪律要求，听取县文体旅广局通报第五届荷花节筹备工作情况、财政局通报“一事一议”财政奖补项目实施情况，视察钱相湾水井村通组串户路建设。

第二十一次会议，2011年9月15日召开，学习黔西南州政府州长龙长春在州政府常务会议上的讲话，听取县农扶局通报当前农业生产情况、县卫食局通报基层医疗卫生机构综合改革情况，视察安龙重点项目建设和乡镇换届工作。

第二十二次会议，2011年12月2日召开，学习全省政协工作会议精神，专题协商讨论政协第十二届安龙县委员会第一次会议相关事宜。

七、第十二届县政协常务委员会

第一次会议，2012年2月29日召开，学习州政协七届一次会议精神和《中共贵州省委关于进一步加强人民政协政治协商制度建设的意见》《国务院关于进一步促进贵州经济社会又好又快发展的若干意见》，协商通过《政协十二届安龙县常委会2012年度工作要点》和县政协委室办负责人员名单，视察安龙轻工业园区、金州农业开发公司和柘仑水库等。

第二次会议，2012年6月21日召开，学习七届州政协常务委员会第一次会议、全州政协工作会议精神，听取县交通局通报2012上半年全县交通项目安排和公路建设完成情况，视察普坪至洒雨公路建设。

第三次会议，2012年8月23日召开，学习《胡锦涛总书记在省部级主要领导干部专题研讨班开班仪式上的重要讲话》《邓修宇在十一届县委常委会2012年第15次（扩大）会议上的讲话》，听取县财政局通报2012上半年全县经济运行情况、县计生局通报2012年度前三个季度人口和计划生育运行情况。

第四次会议，2012年12月28日召开，学习《十八大报告十大要点解读》和州委六届二次全会、县委十一届三次全会精神，听取县住建局通报全县BT模式实施的工程推进情况以及存在的问题、县农业局通报农业产业化推进工作情况和农业科技种植水平提高情况，视察金石石材、恒锐石材、鹏昇纸业、海螺水泥和教育园区。

第三节　县政协工作机构

一、工作机构设置

1987年12月2日，政协第六届安龙县委员会第一次常务委员会会议决定，县政协工作机构设置为：办公室、文史资料委员会、提案工作委员会、学习委员会、工作组委员会（下设农业、民族宗教、祖国统一、教育、法制、医药卫生、工商、文化教育、群众工作9个工作小组）。

1990年10月16日，政协第七届安龙县委员会第一次常务委员会会议决定，县政协工作机构改设为：办公室、文史资料委员会、学习·社会联谊委员会、经济科教·文卫委员会、提案法制委员会。

1991年3月11日，政协第七届安龙县委员会第二次常务委员会会议决定，县政协工作机构改设为：办公室、智力支边办公室、经济科技委员会、提案法制委员会、文教卫生委员会、社会联谊委员会、文史资料委员会、学习委员会。

2008年3月13日，政协第十一届安龙县委员会第五次常务委员会会议决定，县政协工作机构改设为：办公室、经济人口资源环境委员会、提案法制工作委员会、民族宗教联谊委员会、科教文卫体文史委员会，智力支边办公室挂靠县政协。

二、工作机构职责和任务

（一）政协办公室：负责处理政协机关的日常事务，包括机关往来接洽，纵横联系，传递和处理信息，做好县政协机关服务工作。

（二）智力支边办公室：加强与各民主党派、政协组织、各学术团体、协会、经济技术协作单位和智力支边组织的联系挂钩，为县境少边穷地区发展经济文化引进和提供智力支援；组织有关组织和人士，开展经济技术、文化等方面的考察论证、咨询服务、讲学办学、传授技术业务等。

（三）专门委员会：专门委员会是政协安龙县委员会常务委员会和主席会议领导下的工作机构，其工作是政协工作的重要组成部分，是政协履行职能的重要方式。根据《中国人民政治协商会议章程》的要求以及政协安龙县委员会全体会议和常务委员会会议提出的各项任务，组织专门委员会认真学习政治理论、统战理论、政协理论、党的方针政策、法律法规和有关业务知识，宣传上级的大政方针、政策法规；就安龙县政治、经济、文化和社会生活中的重要问题进行调查研究、视察、考察，提出意见、建议和提案，推进富民兴大业，促进安龙物质文明、政治文明和精神文明建设；团结和联系委员及各族各界人士，积极反映社情民意；协调关系，化解矛盾，维护社会稳定和民族团结；开展对外联谊活动，促进祖国和平统一；组织各种活动，积极为委员知情出力，履行职责创造条件。2010年，县政协下设的专门委员会有经济人口资源环境委员会、提案法制委员会、民族宗教联谊委员会、科教文卫体文史委员会。

民族宗教联谊委员会　学习、宣传和贯彻中国特色社会主义理论和宣传国家有关改革开放的方针政策；密切联系少数民族界、宗教界委员和代表人士，听取和反映他们的意见和建议；组织本委员会委员调查了解国家的民族、宗教政策和相关法律法规的贯彻执行情况，对民族、宗教工作方面的重要问题进行调查研究，提出意见和建议等。

科教文卫体文史委员会　学习、宣传、贯彻党的基本路线和国家的大政方针、政策，为委员知情出力、参政议政创造条件，为搞好政协的学习和文史工作，为繁荣县内科技、文化、教育、医药、卫生和体育事业贡献力量；联系和团结本会从事和热心科技、文化、教育、医药、卫生、体育事业的委员及他们所联系的各界人士，就上述方面的问题，通过参观、视察和专题调查等方式，提出意见和建议；负责文史资料的征集、整理、编辑、出版、交流和发行工作等。

第四节　主要活动

一、参政议政

参政议政是各民主党派、无党派民主人士和其他爱国人士通过政协组织，参与国家政治生活的泛称。

县政协六届委员会期间，县政协先后承担计划生育、农业生产和粮油征购帮片工作，一位副主席兼抓重点扶贫工作；抽调人员参与工作队（组）到基层帮助工作。配合县政府有关部门开展精神文明建设重大活动。

县政协七届委员会期间，一名兼职副主席参加计划生育工作队，抽出人员参与全县的农村社会主义教育和《安龙县志》编写工作。

县政协八届委员会期间，抽人参加县委、政府组织的检查组、巡视组；建设木咱镇安马村为“四个一”工程联系点，健全联系点村级组织培养积极分子，支扶农业产业，拟订联系点经济发展规划。

县政协九届委员会期间，参与农业产业化、扶贫攻坚战、农村经济、非公有制经济、社会力量办学、旅游业等工作。

县政协十届委员会期间，围绕全县经济建设这个中心，参与重化工基地建设、草地畜牧业等工作。

县政协十一届委员会期间，坚持把为经济建设服务作为工作重点，发挥政协群体优势，在农业产业结构调整、招商引资、大力发展民营经济、村级整合、村级班子建设、建设社会主义新农村等各项工作中，既积极建言献策，又主动参与，协同作战，共谋发展。

县政协第十二届委员会期间，根据县委县政府“五化五县”经济社会发展战略的目标，一名副主席到安龙县农业园区办兼职指导参与贵州金州农业开发公司出口蔬菜示范基地的工作，三位副主席到县重点工程龙城大道、荷都大道、盘江大道建设指挥部担任副指挥长，为安龙的发展献计、出力。

二、专题协商　委员视察

（一）专题协商

专题协商是政协各级组织对国家政治生活中的大事和地方的重要事务以及政治、经济、文化和社会生活中的某一个方面或几个方面的重要问题在决策之前，或就决策执行过程中的重要问题进行协商。

（二）委员视察

人民政协的视察工作，是委员深入实际、联系群众、了解和反映社情民意、了解党和国家的方针政策贯彻落实情况的重要途径，是委员履行政治协商、民主监督、参政议政职能的一种有效方式，是社会主义民主政治的一个具体体现。

第六届委员会　结合1980年农业政策放宽以来的变化情况、存在的问题以及基层干部、群众的意见和要求，县政协组织委员进行视察，向县委、县政府和有关方面提出了6点意见和建议：提高对农业生产特别是粮食生产的认识；完善各项承包责任制；搞好为农业生产的服务；严禁开荒及占用耕地作建房等非农用地；严格控制人口增长；制定乡的发展规划。

第七届委员会　1990年，省委、省政府决定黔西南州为全国“星火计划”“科技扶贫”的试验区。12月15—20日，县政协开展以科技兴农为主要内容的视察工作，提出4点建议：必须把依靠科技振兴农业的问题提到应有的高度，每个发展项目建立一个从始至终负责到底的领导班子，制定出切实可行的计划，切实解决好统一经营层次和优化奢社会服务体系问题。

1991年6月3—8日，县政协主席王万录等视察调研新安区大坪乡（土山区）、化力区木咱乡（石山区）和较差的普坪区钱相乡（半石山区）及大坪乡作坊村和钱相乡者京村，形成全县林业生产发展情况、经验及存在问题、阻碍林业发展因素和几点建议的视察、调查报告。

1991年10月，县政协主席王万录率调查组，深入到大坪、木咱专题调研后，就全县计划生育工作经常化、制度化、规范化管理提出4点建议和意见。

1992年12月3—7日，在县的省、州政协委员和县政协委员组成联合视察组，对全县乡镇企业发展情况进行专题调研，形成《省、州、县政协委员联合视察情况报告》。

第八届委员会　1994年1月14日，在视察调研的基础上，对改善县城集贸市场设施提出建议：扩大市场范围，完善市场设施。

1994年8月29日至9月3日，组织县农业局、国土管理局和木咱镇部分政协委员（7名），以坝区如何脱贫致富奔小康为议题进行视察，提出3条建议：党政领导的重视要落到实处；镇政府牵头负责粮食品种深加工问题；在考核部门工作时，把支农工作的好坏作为一项重要内容。

1994年8月13—17日，组织州、县部分政协委员和县政府办公室外事旅游股、分管移民安置工作负责人一行10人，赴天生桥电站考察旅游业及第三产业，提出3点建议：制订具体的远景规划；组织力量拍摄地貌现状，作为资料保存；改造龙广至万峰湖公路。

1996年7月16—18日，对开发万峰湖旅游业进行追踪考察，提出建议：尽快批准“永和镇天生桥水库旅游开发区项目建议书”；召开永和镇旅游开发工作专题讨论会；成立领导小组，制定建设规划；出台优惠政策；引进外资开发。

第九届委员会　共开展各类视察调研29次，先后提出“推进农业产业化经营”“打好扶贫攻坚战”“大力发展农村经济，促进农民增收致富”“大力发展我县特色蔬菜”“加快非公有制经济发展”“重视社会力量办学”“打造旅游品牌，把旅游业培育成支柱产业”等建议。配合省政协组织省级9家新闻媒体对“满口香”、金银花、旅游业进行考察采访，协助州政协对城乡医疗现状、社会力量办学、草地畜牧业、退耕还林还草等专题进行视察调研。

第十届委员会　分别对蔬菜生产的现状与发展前景、农民外出务工情况、部分乡镇果树不挂果的原因、甜玉米的发展情况、如何发挥职业中学在职业教育中的作用、重化工基地建设、草地畜牧业的发展现状和存在的问题、水资源环境保护情况、万峰湖环境污染治理等18个专题开展视察、调研，撰写18篇专题调研（视察）报告。专题报告《万峰湖环境污染治理保护调研情况分析及建议》，在《中国统一战线》《贵州政协报》《黔西南日报》刊载，与兴义市、广西隆林县、西林县提出《关于加强万峰湖环境污染治理保护渔业资源的建议案》，促成三省（区）共同投资200多万元对万峰湖水白菜污染进行综合治理。

第十一届委员会　先后形成《安龙县新农村建设试点工作调研报告》《安龙县新型农村合作医疗试点工作调研报告》《四楞碑至栖仑公路建设视察报告》和《安龙县石灰企业发展情况视察报告》，组织视察高速公路建设、危房改造工程、水利建设工程、教育工作、就业和廉租房及经济实用住房建设、建设与规划等6个专门项目。

第十二届委员会　先后视察栖仑水库、金石石材、恒悦石材、鹏升纸业、海螺水泥、教育园区、普坪至洒雨公路、安龙大道、龙城大道、荷都大道、盘江大道等重大项目建设及金州出口蔬菜基地和4万吨出口蔬菜冷链加工中心情况。

三、提案及办理

政协提案是政协的参加单位和委员向政协全体委员会议或常务委员会提出的，经提案委员会审查立案后交付有关单位办理的书面意见和建议，是政协参加单位和委员特有的一项民主权利。委员提出提案“时间不限、内容不限、人数不限”，可以随时通过提案的形式反映自己的意见和建议。

政协的参加单位和委员提出提案按照《中国人民政治协商会议全国委员会提案工作条例》和安龙县政协有关提案要求进行。提案应当围绕政府大政方针、爱国统一战线内部关系、地方重要事务以及人民群众关心的重大问题等方面提出；提案内容应当简明扼要，实事求是，做到有情况，有分析，有具体的建议；提案的书写应当符合规范要求，使用统一印制的提案纸，做到一事一案。委员联名提出的提案，发起人签名应列于首位。以党派、团体名义提出的提案，须有组织负责人签名并加盖公章。

政协第六届安龙县委员会期间，根据委员提案，县农资供应部门化解农民购买化肥紧张问题、县自来水公司解决城区居民饮水问题、县政府拨款维修“明十八先生墓”、县工商局拨款征地建立牲畜贸易市场、县城建局整修县城路面、县财政局改革职工公费医疗制度等。1987年10月10日至1990年9月24日，政协第六届安龙县委员会共提出提案260件：教育17件，市场管理16件，文化旅游8件，卫生防疫6件，粮食3件，民族工作6件，工业交通22件，干部编制1件，农林水19件，农业科技14件，经济建设2件，财贸工作21件，城镇建设18件，计划生育5件，人事劳动3件，财政2件，党政工作20件，公安工作21件，统战工作6件，党纪国法11件，人民生活10件，文教卫生16件，侨务1件，政协工作1件，文物保护3件，体育2件，其他6件。

政协第七届安龙县委员会期间，县政协委员韦明光提出关爷庙场坝迁离青龙小学校门口的提案，县工商局拨给建场补助费5000元，群众集资2500元，当地村民委员会划出建设用地1300平方米，铺设水泥地面，安置篮球架，解决群众集市贸易和学生活动场所。县政协委员杨天福提出加强全县防疫工作的提案，经县长办公会议研究，拨出16万元专款作为年度防疫经费。根据委员提案，县工商部门修建马场坝场棚、县邮电局将错收的邮资退还用户、德卧镇对任意打骂计划生育工作人员问题作出严肃处理。1990年9月25日至1993年3月24日，政协第七届安龙县委员会共提出提案256件：政策法律36件，组织人事13件，教育卫生59件，农业科技26件，财经贸易11件，城乡建设28件，环境保护12件，工业交通26件，水电建设14件，人民生活3件，文化旅游17件，民族宗教8件。

1993年3月24日至1998年3月7日，政协第八届安龙县委员会期间，县政协委员围绕兴安富民事业和改革开放，先后提出提案329件，经审查立案交办的279件，不予立案13件。立案的279件提案，涉及全县经济、教育、卫生、文化、交通、社会治安等方面。杨荣方提案“拆除一中教学楼前水池”，经县政府办公会议研究后，由县城建局拆除；贺登华提出“重新修建龙广镇狮子山小学教学楼”，县政府将宁波对口扶贫的希望工程款30万元，用于狮子山“宁龙希望小学”建设。县政协八届委员会先后表彰办理委员提案先进单位5个，优秀提案8件，优秀提案委员6人。

1998年3月7日至2003年2月25日，政协第九届安龙县委员会期间，县政协委员先后提出提案439件，立案409件，办复409件，其中《推进农业产业化经营》《打好扶贫攻坚战》《大力发展农村经济，促进农民增收致富》《大力发展我县特色蔬菜》《加快非公有制经济发展》《重视社会力量办学》等提案影响较大。

2003年2月25日至2006年12月29日，政协第十届安龙县委员会期间，县政协委员先后提出提案325件，经审查立案291件，办复291件。其中，重点提案，主席会议研究督办；一般提案，专门委员会会同有关部门主动走访沟通，促进提案落实。提案内容更加关注安龙经济发展，更加关注科教兴县，更加关注经济建设环境，更加关注“三农”问题。

2006年12月29日至2010年底，政协第十一届安龙县委员会委员提出提案300余件。其中，马章云提出《建议对安龙液化气销售价进行检查核实》，县质监部门对相关门市下达处罚和整改通知；龙潜提出《关于安龙二中校门的修建》，县教育部门投资19万元，对安龙二中校门进行整修。精选《加快新桥至洒雨至普坪通乡油路建设进度》《龙广三中进校路段的安全隐患急需处理》《关于加大对万峰湖镇龙万、下箐、毛凼子等石山村人畜饮水工程的建设力度》《建议迁出省级文物保护单位——清朝张凌翔、马河图墓地其他坟墓》《兴隆至平乐通乡油路建设有关问题》等5件重点提案，由主席会议督办。

2011年，县政协会议立案98件，办复98件。其中主席督办案3件：《关于请求解决县石材工业园区用水问题，促进石料产业快速发展》，争取项目投资120余万元，竣工使用；《关于洒雨至普坪油路改造停工一事》，2012年5月重新启动；《关于下放乡镇民政办理结婚登记的建议》，得到合理解决。

2012年，县政协会议立案82件，办复82件。其中，主席督办案5件：《城市燃放烟花爆竹的整治——势在必行》《西关街泥路急需改造》《油化（或硬化）龙广到五台通村公路》《兴隆镇排冗村饮水工程，开工两年有余，群众未能使用》《将公交车开到教育园化方便师生出行》。

四、征编文史资料

1989年以来，县政协文史委员会贯彻“要存真，要实事求是”方针，继续编辑出版《政协文史资料》，编辑出版《贵州旅游文史系列丛书安龙卷——龙城荷香》等。

1990年8月至1997年10月，县政协文史委员会印刷发行《政协安龙文史资料》12—13辑，收入稿件60篇共25.32万字。1996年10月，与州政协合编《安龙风云人物》，收录王宪章、袁祖铭、韦杵、杨滨、班续昭、岑国斌、岑立国和王亚民等安龙籍人物生平资料，从不同侧面反映辛亥革命、护国运动、护法战争、北伐战争、抗日战争、解放战争、抗美援朝和社会主义建设情况。

1998年，征集《杨滨在朝鲜》《贺锡恒生平事略》《龙广小学撤销与恢复》《建国初期安龙剿匪斗争的伟大胜利》《王伯言》《建国初期安龙土地改革开展“三反”运动概况》《不该发生的事》《安龙接官厅、人文景观、古墓碑诗文》《建国初期党的民族政策在安龙贯彻实施状况》《教师整风反右扩大化的回忆》《首批解放牌汽车到龙广运粮》《水利是农业的命脉》《五十年代安龙县农业生产发展现状》《安龙供电今昔》《开拓者的风范》等文史资料共15篇。

1999年，编辑出版《贵州旅游文史系列丛书·安龙卷——龙城荷香》。该书由省政协主席龙志毅总序，其中安龙卷收录旅游文史文章45篇，共14.1万字，发行5500册。征集《驱散迷雾见青天》《王康民参加抗日及掩护革命同志工作纪实》《“八五”期间的安龙县卫生事业现状》《安龙县建国五十年财政工作回眸》《建国后安龙县金融机构的形成和发展》《建国初期安龙县对私营商业社会主义调整和改造概况》《安龙县民族贸易发展概况》《苗族名医熊安富》等文史资料8篇。

2000年12月，编辑发行《政协安龙文史资料》第14辑。

2002年，征集整理《安龙钱相草场》《安龙革命烈士陵园》《安龙新桥富新茶》《安龙饵块粑》《安龙满口香优质米》《万峰湖》《安龙八光海子》《安龙绿海子》《安龙卧龙洞》《安龙笃山溶洞群》《龙头大山》《仙鹤坪》《安龙洞洒》《王囊仙起义遗址》《安龙古城墙》《安龙招堤》《安龙明十八先生墓》《袁祖铭旧居》《龙广四十八寨风情》《安龙洞广古香车》等稿件20篇，入编州政协《中国西线旅游明珠——黔西南》旅游丛书。

2003年，收集整理安龙县已故的副县级以上领导干部生平资料，供州政协文史委编纂《黔西南州志·人物志》。

2005年，协助州政协编撰《布依族百年实录》。至2006年9月，政协安龙县委员会向州政协送稿55篇。

2009年，协助州政协文史委员会编辑完成《袁祖铭家族》(《贵州省黔西南州文史资料》第二十三辑)。

2009年12月，对1997年前印行的《政协安龙文史资料》第1辑至第13辑，进行审校，归纳整理，分上、中、下三册重新印刷发行，收录文史资料183篇共70余万字。

政协安龙文史资料目录

（2009年12月整理汇编本）

表5-3-3

文章名称	作者	文章名称	作者
安龙县壬戌浩劫的片段	蓝小香	龙广兴学概况	贺腾桥
民国甲子乙丑年间安龙的荒象简述	夏季藩	龙广中学的诞生	王朝旺
陆尔福在黔桂边境危害人民的简述	徐允武、景以嘉	安龙苗族的生活习俗	杨德宽
安龙县糙米案的由来和消逝	景以嘉	安龙布依族族源初探及风俗	贺光澍、黄恩照、王健
伪黔军第二十五军独立旅何绍卿的罪行	王伯言	毛杉树歌场	贺光澍
一件残酷的“阴手”案	韦正国	安龙圆通寺概况	县政府宗教科
如此县长	蒙泽浩	安龙县王公桥的建造和重建始末	袁　海

续表 5-3-3

文章名称	作者	文章名称	作者
安龙县发现明王的圹志	黄瑜光	记龙广苏发祥先生两三事	班迪生
修院的生活	林　郁	关于《南昌起义前后的黔军处境》一文的补充	申　堃
解放前的安龙中学	何明德	张凤鸣	王学文
闲话“买命钱”	蓝小香	章剑英	邵铁范、陈振亚
摆脱罗马教廷独立自办教会是否“裂教”救不得灵魂	罗　希	王懋长	王理长
打言（天主）教堂的田产和经济来源	覃　泽	黄　旭	王学文
安龙的由来、历史变迁及概况	房　健	王伯勋	邵铁范
南明永历小朝廷“播迁”安龙始末	龙尚学、房健	王宪章	陈翰辉
安龙名胜古迹简介	龙尚学	韦　杵	韦富荣、贺光澍
红军长征过安龙	王忠慈	袁祖铭	陈振亚
安龙解放前商业概况回忆	王学文	王仕孝	谭华贵
天主教安龙教区概况回忆	韦廷忠、罗希	李其魁	王学文
党为我们育人	陈俊彦	贵州保安十七团起义前后	袁海、邵铁范
公布民国时期呈诉土豪、恶霸蒋德安兄弟罪恶的一份材料	安龙县志办	龙广暴动	袁海、邵铁范
明十八先生祠、墓历次修葺简介	陈翰辉	安龙县革命烈士英名录	邵铁范
辛亥革命安龙反正点滴	文萃斋	安龙县抗日阵亡将士名录	房　健
安龙县民国时期工业概况回忆	黄明楷	私立安义小学创办始末	王学文
安龙民用燃料的演变	王学文	安龙女子小学的开办及其沿革	王学文
犹国材糜烂安龙实录	龙尚学、房健、陈翰辉	民国时期安龙教育督导制度	王仲坤
安龙五台袁氏父子兴衰录	王伯言	解放前夕安龙学校分布	胡长庚
民国二十四年春土匪王金玉劫城情况回忆	鄢竹平	“民二五”安龙中学学生请愿始末	王仲坤
悼念张凤鸣烈士	王忠慈	安龙“六腊之战”片断	王学文
回忆我参加地下党游击队的经过	周云峰	民国以来安龙师范学校开办概况	黄恩照
解放前夕西南少数民族的武装斗争	陈文伟	我在学校工作中是如何自觉接受党支部领导的	吴同彬
我参加安龙县解放初期工作的片断回忆	罗胜祥	沈洪小学今昔	贺儒超
龙广地区剿匪片断	贺腾俊	义务校长	王秉伦

续表 5-3-3

文章名称	作者	文章名称	作者
安龙城区第一小学创办简记	王学文	钟鼎	王学文
安龙县私立安义初级中学创立始末	朱朝甫	袁廷泰	班迪生
安龙县师范学校史略	朱朝甫	民国时期安龙书店开设概况	陈振亚
发掘“王玟”见闻简记	罗元亮	抗日战争时期安龙的妇女运动	王惠琴
龙头山下开办陶瓷玻璃业的兴衰录	黄明楷	张凌翔、马河图墓	董光荣
木咱恶霸陆尧阶父子罪行录	陆修德、王天恩口述，韦铭恩、何顺刚整理	安龙产烟（鸦片）之由来	王学文
恶霸地主蒋德安弟兄的罪行	王兴民口述，韦克政、贺启锐整理	安龙疗养院简介	李伯文
记民国十八年安龙县城大火	汤壁光	安龙的气温及变化	徐荣忠
日本飞机轰炸安龙县城见闻	罗元亮	龙广顾屯村粉条加工业	王全明供稿，贺腾桥整理
王伯勋回忆录	王伯勋口述，王贵屏整理	安龙苗族婚姻习俗	杨昌全
安龙县解放的回顾	杜良俭	我同台湾亲人通信前后	肖定有
回忆安龙解放	任耀庭	水城拖枪记	罗明标口述，王锡南代笔
回忆安龙解放初期的斗争和普坪乡土改试点工作	段一芳	白崇禧避难南笼境	陈振亚
难忘的岁月	杨德华	解放战争中国民党军起义投诚简记	本刊编委
清匪反霸建政安人民	刘警众	陈赓、宋任穷、周保中进军途中经安龙	陈振亚
剿匪斗争	安龙县志办	发扬我军的光荣传统	姚绍崇
土地改革	安龙县志办	统一战线工作的胜利	赵国祥
土匪围攻塘坊记实	班迪生	回忆《新安龙报》	陈鸿基
回忆在剿匪斗争中的我军俘训工作	蒙　石	在安龙中学指导教学工作的回忆	吴同彬
“火烧洒雨事件”记实	房　健	从西区第五保中民学校到永和民族小学	王仲坤、陈振亚
关于龙广区人民政权的建立	周云峰	创办贵州实验中心学校的回忆	孙炜明
忆城关镇第十三村农会	李忠良、刘定文、马羡鹏	狮子山小学今昔	贺登钊、王万录

续表 5-3-3

文章名称	作者	文章名称	作者
解放初期安龙县的税收工作	姚绍崇	安龙县立中学学风的重整	谭华贵
忆接管安龙县立初级中学的工作	吴同彬	贺安龙一中成立七十周年	王学文
洒雨小学的新生、发展、壮大	黄华荣	旅台乡亲惠捐助学	王仲坤
回顾解放初期的龙广小学	刘天经	安龙县滇剧团、黔剧团	冯景林
安龙解放初期片断回忆	王学文	安龙县中医院的创办	王仕华
烈士英名照千秋	鲁伯伦	兴义府城墙	陈振亚
红军长征过安龙	罗亚琴	安龙县工商业联合会简介	罗系伟
暗河战斗	袁　海	民国时期的安龙商会	王保恒
毛泽东同志论长征	毛泽东	建国前安龙商业贸易概况	王保恒
朱德电文	朱　德	清、民国时期安龙盐务概况	王保恒
肖锋长征日记一则	肖　锋	普渡阁回眸	滕建中
随军西行见闻录	陈　云	杨滨在朝鲜	盛星辉
中国工农红军长征在贵州的革命活动资料汇编（摘录）		刘体仁生平事略	张兴智
中央红军长征在贵州的革命活动大事记（摘抄）		忆赵秉仪女士	黄华荣
流散县境红军调查	县党史办	王大同	王学文
过境红军统计表	县党史办	一封来信	王学文
池贤荣同志参加红军长征及流散在安龙的经过	池贤荣	吾乡、吾家与吾生平	王亚民
龙恒富同志自述	县党史办	铁脚板	贺茂芳讲述，王万录整理
《红军长征过安龙》资料征集座谈会发言摘要	记录：孙安民、罗亚琴，整理：罗亚琴	石冲清真寺	张宗敏
敌档载红军长征过安龙		五十年代安龙县的税务工作	姚绍崇
老红军邓飞同志访安龙		政协安龙县历届委员会主席、副主席、秘书长、常务委员名录	王保恒整理
安龙县政协文史资料研究委员会五届三次全体会议纪要		政协安龙县委员会文史资料研究委员会组织建设概况	邵铁范整理
安龙县政协文史资料研究委员会资料征集提纲		珍贵史料一组	邵铁范摘编
活跃在黔西南的一四七团宣传队	任耀庭	邓小平的三起三落	

续表 5-3-3

文章名称	作者	文章名称	作者
回忆普坪区清匪建政的斗争	任耀庭、刘警众	非凡的胆略和决策	
几点回忆	邵铁范	前头捉了张辉瓒	
剿匪反霸概况	房 健	张辉瓒其人其事	
陂塘海子排灌造田工程记	曹地仁、刘大德	一次秘密谈判	
贵州制糖公司概述	蓝 天	周总理 1961 年密函慰问张学良	
安龙轻便机场筑建记	房 健	李德其人	
笃山学校史简介	笃山小学	历史悲剧中的伟大女性——贺子珍	

五、智力支边和扶贫开发

（一）智力支边

安龙县智力支边联系小组成立于 1984 年 4 月，下设智力支边办公室（以下简称支边办）挂靠县政协。

县智力支边办公室自建立以来，遵循“经济建设必须依靠科学技术，科学技术必须面向经济建设”的方针，邀请和组织科技人员，调动当地和政协委员中的科技人才力量，结合实际，因地制宜，举办各类实用技术乡土人才培训，组织科技人员到“少、边、穷”地区开展咨询服务，实地传授科普知识；聘请专家、学者讲学，传授农技、医疗技术；引进良种，办点示范；创办农技校；牵线搭桥，引进资金建学校，资助贫困学生等。

1984—1997 年，邀请省、州专家 66 人（次），组织县内农艺师、水利工程师等 267 人（次），到乡、镇、村举办培训班、召开现场会，讲授农作物良种推广及栽培技术和林业、畜牧业、教育、医疗卫生等方面的科技知识及管理经验，培训各类实用技术人才 1.39 万人。其中，回乡知识青年 6404 人、复退军人 1879 人、村组干部 2543 人、妇女 3093 人，少数民族 7464 人、共产党员 2521 人、共青团员 1764 人、乡镇干部 751 人。经培训，六成人员掌握 1—2 门专业技术知识，大部分人员成为农业实用技术二传手，有 173 人担任村干部、364 人担任村民小组组长或副组长。

1990 年 4 月，县智力支边领导小组及其办公室在省政府召开的全省第二次智力支边工作经验交流会上，受到省政府表彰；12 月，获评全州民族进步团结先进集体，出席全州民族进步团结表彰会。

农、林、牧业实用技术培训 1989 年 2—3 月，县支边办与县科协配合，先后到新安区西河、五洞桥、五格、大树以及龙广镇十二份等村民组进行早菜栽培技术培训，参训农户 235 户共 267 人，落实种菜面积 20.3 公顷。8 月，戈塘乡 6 个村共 160 公顷水稻遭受虫灾，县政协委员、农业局副局长、农艺师王福春与植保站站长、高级农艺师何保成到乡培训病虫害防治技术，参训 164 人，统一整治农作物病虫害 53.33 公顷。8 月 23 日，县政协副主席、畜牧兽医师王万录、助理农艺师留汉尧和支边办人员，到化力区新桥乡底西指导蔬菜种植 3.04 公顷，开展种植、养殖技术培训。

1990 年 3 月 20 日，县支边办、县畜牧局在钱相乡者京村举办防疫培训 25 人，乡土人才韦金超、贺元显、王帮琴等 10 人免费注射耕牛疫苗 259 头、猪 468 头、鸡 94 只。5 月 12 日，县支边办与县烟草局在钱相乡岜报村培训烤烟移栽 96 人，全村规范化栽培烤烟 16.67 公顷；23 日，邀请高级农艺师、县农业局长朱国荣到兴隆区平乐乡召开“规范化插秧现场会”，讲解规范化插秧、半旱式栽培知识；25日，县政协副主席留汉尧与木咱镇农技站技术人员等12人，在木咱镇谭家庄村民组开展水稻品种对比试验。10月12日，县支边办到钱相乡者京村举办秋种培训110余人。

1991年3月2—12日，邀请县农业局农艺师班乐宗，在木咱镇讲授果树栽培管理基本技术知识，参训果农50人；县政协副主席、农艺师邹诗学到龙广镇十二份村主讲早熟蔬菜栽培和秋、冬、春蔬菜种植技术，县政协委员、高级农艺师、县种子公司经理蔡美河讲授玉米地膜覆盖和分带轮作等规范化种植技术。

1992年1月16日，县政协副主席留汉尧带领木咱、钱相两乡镇党政领导24人，到兴义市新场村参观学习冬季田间管理。3月15日，在木咱镇举办农业实用技术培训235人，培训内容有《水稻高产技术栽培》《水稻两段育秧》《玉米育苗定向移栽》《玉米地膜覆盖》等。8月21—23日，召开安龙县“吨粮田”高产技术研讨会，省政协委员、省农科院名誉院长、教授卢培凡，省政协常委、省农科院水稻所副所长、副研究员蒋志谦，省农科院旱粮所所长、副研究员龙增栋，省智力支边办公室副主任邹锡康，贵州政协报新闻部主任王帮妮，州政协常务副主席陈德安，州政府副秘书长潘立德，州农经委党组书记曾居伦，州农业局副局长、高级农艺师邹升银，州科委成果科科长何绍略，州农科所高级农艺师李言益，县政协主席王万录，县人大常委会副主任陈朝贵、潘瑞元，县政府副县长杨秀槐，县政协副主席留汉尧、邹诗学等科技干部58人到会。9月7日，在木咱镇官屯村召开木咱、新安、兴隆等乡镇种的水稻“黔育417”验收会，现场验收水稻26.67公顷。

1993年8—9月，县支边办与县科协合作，组织科技人员8人（次），先后到海子、钱相和兴隆镇大坪村培训蔬菜种植技术，参训农户262人。

1994年12月19—21日，县支边办与团县委在县城举办全县农村青年“科技星火带头人”培训班。

1993—1994年，县支边办与县科协配合，先后到龙山镇下坛村培训早熟蔬菜种植技术3次，参训农户203人（次）。早熟蔬菜种植户由3户发展到69户，户均种菜年收入1000余元。

1995年1月23—26日，应平乐乡邀请，县支边办与县畜牧局配合，在该乡对68人进行为期3天的畜禽养殖技术培训，受训人员初步掌握饲养技术，并能进行简单的预防注射。

1996年6月，木咱镇政府在县政协科技兴农联系点响乐村召开玉米隔行去雄授粉现场会；同年秋，县支边办购进小麦和油菜优良品种在响乐村试种。

据统计，八届县政协委员委员会先后组织科技人员15人（次）到木咱镇响乐村，培训种植、养殖技术450人（次），全村259户农户实现水稻、玉米良种化和生猪养殖生饲化。

1998—2006年，县支边办引进农作物优良品种40余个，累计培训种植、养殖、维修技术人员4万余人（次）。

2007—2011年，县支边办争取养殖项目资金12万元和公路改造资金10万元，组织扶贫联系点村干部和农户到贞丰县学习花椒种植技术、到德卧镇大水井村学习金银花种植技术，推广种植金银花66.67公顷。

创办木咱镇农业技术学校　1990年春，经县委同意，县政协、县支边办与县农经委联合在木咱乡创办集教学（培训）、生产（推广）、科研（试验实习）于一体的农业技术职业学校，省、州、县三级智力支边办和县农经委投入建校资金共4400元。

经培训，农技校毕业学员均掌握1—2门农业实用技术。1990年毕业学员黄志强经营的责任田，经验收每亩单产达814.5千克，荣获全乡高产状元称号；1991年毕业学员何仁亮，种植水稻产量在木咱乡率先超过“吨粮田”标准，1996年被评为“贵州省十大杰出青年”。

木咱农业技术职业学校共举办培训5期，招收初中文化以上在乡青年323人，毕业后被县职称评定委员会评为农民技术员21人、助理农艺师2人，8人担任村委会科技副主任，2人担任村民组长。

实施200公顷“吨粮田” 到20世纪90年代初，“安龙粮仓”木咱坝子粮食亩产超过500千克，居全县之首。为使粮食产量再上一个新台阶，县政协副主席留汉尧牵头攻坚。1990年，县支边办采取办农技校，培养乡土人才方式，在谭家庄实施6.67公顷“吨粮田”试验，当年获得吨粮单产。1991年春，县智力支边办“千亩吨粮田水稻小麦栽培技术研究”，由州科委、州计委立项列为州“星火计划”项目。1992年，扩大到200公顷，成为州、县、镇三级联办样板。1994年9月9日，在验收鉴定会上，验收专家一致认为木咱坝子200公顷“吨粮田”项目，成效明显，总产、单产均达到省内同类项目先进水平。

服务教育、卫生事业 1989—1997年，县支边办先后组织人员到普安县青山小学，参观学习“全国教育先进单位”先进经验；函请民进中央社会服务部帮助解决1991年度安龙一中、二中和龙广中学应届高中毕业生高考复习资料；邀请全国劳模、普安县青山小学校长杨尚毕等到县，为城区一、二、三、四小学校长、教师200余人讲授教育教学经验；与县教育局、县语文教学研究会、县数学学会联合举办第二届“新芽杯”语文、数学竞赛；配合县政协老、关、体协会，到化力中学、化力小学、新桥小学作爱国主义教育报告，开展“记一次爱国主义教育活动”作文竞赛，参赛学生589人；与县民委、县教育局联合举办布依文、苗文“双语”教学师资培训班，解决学生学汉语难问题；推荐安龙一中布依族女学生到中央民院“姊妹学校”就读高中，1997年参加高考录取江苏扬州税务学校。

1998—2006年，县政协先后邀请中国扶贫基金会北京师范大学支教团王洪成一行4人到县开展智力支边讲学，全县中小学教师、教育工作者等500人参与听讲；邀请经济学家、全国政协委员、民建贵州省委主委王录生到县，为副科级以上干部讲解“西部大开发”和“WTO（世界贸易组织）”知识；经县支边办牵线搭桥，引进上海、山东、香港等地资金139.5万元，修建希望小学11所，得到后续援助资金和物资30余万元。

2007—2011年，与香港慈恩基金会联系，为龙山镇巧岭小学、德卧镇三角洞小学等27所学校争取建校资金共360.3万元；与民建贵州省委联系，为戈塘镇免补小学争取建校资金17.5万元；为安龙一中、龙广一中、德卧中学281名高中贫困学生争取助学金12.75万元，为安龙一中升读大学贫困生争取助学金7.5万元；为4名唇腭裂残疾儿童、1名肾病患者争取救助金2.6万元；输送23名优秀教师到外地培训学习。

（二）扶贫开发

六届委员会期间，县政协与烟草部门密切配合，以发展烤烟生产为主要项目，在普坪区钱相乡建立扶贫工作联系点。从政协机关中组织扶贫工作组，由一位副主席带队，从支边经费中挤出150元购买复合肥支持烟农办好样板示范点0.67公顷。帮助该乡制订1988—1990年发展烤烟脱贫计划，培训农民技术人员，推广烟苗假植技术和单笼单行规范化种植，搞好水稻、玉米田间管理等。1988年共种假植烟苗16公顷，帮助烟农改建烤房。

七届委员会期间，在县委统战部和农业部门的配合下，县政协帮助钱相乡者京村制订1991—1995年经济发展规划。举办种植和畜病防治培训班，引导农民科学种田、科学养猪。1991—1992年，帮助该村兴建人畜饮水和农田灌溉水利工程。1992年全村农业总产值49.28万元，比1990年增长192%，人均收入592元，比1990年翻一番，比定点时增长4倍多，粮食总产由定点扶贫时的12.08万千克增至21.82万千克，翻了一番多，年人均占有粮食由定点时的110千克增至182千克。

八届委员会期间，县政协以木咱镇响乐村作为科技兴农联系点，经科委和支边办经常到点上宣传科技知识，培训种植和养殖技术。全村10个组共345户种植的水稻、玉米全部采用“两杂”良种水稻规范化种植，规范化面积由1994年的50%上升到90%以上，小麦规范化种植由30%增加到90%，种植早熟蔬菜、养鱼、养猪的农户不断增多，亩均早熟蔬菜收入超1000元。

1998—2006年，县政协扶贫工作联系点几经变动。1998年10月至2000年8月在木咱镇鲁贡村，2000年9月至2002年7月在木咱镇纳幺村，2002年8月至2004年12月在木咱镇鲁贡村，2005年至2006年在木咱镇者要村。其中，1998年，县政协帮助鲁贡村发展经果林，种植花椒1万株、金银花33.33公顷；修建党员活动室、通村公路、排洪沟渠，购置村“两委”办公用具10余套，赠送科技图书200余册，举办科技培训班15期共300多人次，安装价值8000元“村村通”地面电视卫星接收器1套；1998年后，在省各民主党派、省政协的帮助下，从上海、山东、香港等地相继引进资金139.5万元修建新桥镇龙洞村、笃山乡暗河村等11所希望小学，争取后续援助资金、物资10余万元。

2007年，县智力支边工作在全州智力支边工作会议上作经验交流发言。十一届委员会期间，县政协为木咱镇者要村贫困户送去近万元的生产生活物资；与省民委联系，为龙广镇小场坝小学争取资金5万元，完善附属设施建设；为龙广镇坡关村李贞国等12户贫困户送去生活慰问金和过冬物资。2008年，捐款2000多元支持万峰湖镇恢复渔业生产。监督实施2002年由县政协从上海农工党引进的27.5万元“幸福母亲工程”款第三轮的滚动使用，救助面涉及龙广、德卧、木咱、新桥、海子和钱相6个乡镇；协调省慈善总会捐助8万元，支持完善坡关小学基础设施建设。协调县直相关部门出资10余万元用于改善坡关村的水、电、路等基础设施建设；争取坡关村养殖项目资金12万元、公路改造资金10万元。组织扶贫联系点的村干部和农户到贞丰县学习花椒种植技术，到德卧镇大水井村学习金银花种植技术，推广种植金银花66.67公顷；联系民革贵州省委，争取140万元支持龙广镇小场坝村水利建设和道路硬化。通过联系香港慈恩基金会引资183.5万元援建学校15所，向该基金会争取助学金4.24万元资助69名学生，为3名先天性唇腭裂儿童提供医疗救助1.6万元。

2009年，县政协联系香港慈恩基金会引资74万元援建学校5所，向该会争取3.6万元资助80名高中贫困学生；在民建省委的帮助下，引资17.5万元援建戈塘免补小学。

2010年，县政协通过民革省委引资20万元修建龙广镇小场坝村沟渠工程；争取到香港慈恩基金会助学金3.25万元资助65名学生，并为栖凤五格村肾病患者王登祥解决疾病救助金3000元，向兴隆镇巧凹小学捐赠图书300余册。

2011年，县政协联系香港慈恩基金会引资45万元援建笃山梨树小学、平乐龙蛇小学，向该基金会争取到3.56万元资助高中贫困学生70人。

2012年，县政协向香港慈恩基金会引资50万元援建笃山中学、笃山小学，并提供助学金19.15万元资助安龙一中、德卧一中、龙广一中学生102人。

六、联谊交流

（一）黔桂两省（区）沿江十县（市）政协协作会

1988年8月，在黔西南州政协和中共广西百色地委统战部的建议下，由安龙县政协向广西壮族自治区的隆林、西林、田林、乐业和贵州省的兴义、册亨、望谟7县（市）政协倡议召开黔桂两省（区）沿江八县（市）政协协作会。会议宗旨：增进友谊，交流经验，加强协作，共谋振兴。会议由各县（市）政协轮流主办，每年举行一次全体会议，具体时间由主办单位同各县（市）政协协商确定。轮流主办的顺序：安龙县政协、隆林县政协、兴义市政协、田林县政协、册亨县政协、西林县政协、望谟县政协、乐业县政协。

1988年12月13—16日，第一次协作会议在安龙县城举行。至2012年，安龙县政协共主办3次协作会议。2004年8月，在安龙举办的第17次协作会议上，兴义市政协提出《关于加强万峰湖湖区（天生桥电站库区）渔业资源保护与开发利用的倡议》，会议商定，由兴义市、安龙县、隆林县、西林县以政协建议案报送当地政府和上级相关部门。2005年11月8日，安龙县政协撰写的《关于保护万峰湖水资源的建议案》一文，在隆林县召开的第18次协作会议上交流发言。

1988－2012年黔桂两省（区）沿江县（市）政协协作会议

表5-3-4

次数	时间	地点	次数	时间	地点
第1次	1988年12月3日至16日	安龙县	第13次	2000年11月15日至17日	册亨县
第2次	1989年11月25日至28日	隆林县	第14次	2001年12月10日至12日	西林县
第3次	1990年11月21日至24日	兴义市	第15次	2002年11月5日至7日	望谟县
第4次	1991年11月2日至5日	田林县	第16次	2003年11月18日至20日	乐业县
第5次	1992年10月30日至11月2日	册亨县	第17次	2004年8月6日至8日	安龙县
第6次	1993年11月5日至8日	西林县	第18次	2005年11月8日至10日	隆林县
第7次	1994年11月12日至14日	望谟县	第19次	2006年6月21日至23日	兴义市
第8次	1995年10月18日至20日	乐业县	第20次	2007年9月27日至29日	田林县
第9次	1996年8月6日至8日	安龙县	第21次	2008年	册亨县
第10次	1997年11月12日至13日	隆林县	第22次	2009年	西林县
第11次	1998年9月15日至17日	兴义市	第23次	2010年10月25日至27日	望谟县
第12次	1999年11月3日至5日	田林县			

（二）滇黔桂三省（区）二十县（市、区）政协联谊研讨会

云南省、贵州省、广西壮族自治区［以下简称三省（区）］二十县（市、区）政协联谊研讨会，是三省（区）政协加强联系、共促发展、交流经验、携手共进的团结盛会，是履行政协政治协商、民主监督、参政议政职能的拓展与创新。

三省（区）二十县（市、区）政协联谊研讨会成员单位有：云南省会泽县、石林县、曲靖市麒麟区、寻甸县、宜良县、马龙县、罗平县、师宗县、陆良县、弥勒县、泸西县、砚山县、丘北县、西畴县、富宁县、建水县、开远市17个县（市、区）政协；贵州省安龙县政协；广西壮族自治区隆林县、那坡县政协。三省（区）二十县（市、区）政协联谊研讨会每年举行2次，上半年和下半年各1次，由上述20个县（市、区）政协轮流承办，会议时间、主题由承办单位确定。

2010年6月22—24日，在云南省会泽县召开的三省（区）十九县（市、区）第十届政协联谊研讨会，安龙县政协正式作为成员单位参加，三省（区）十九县（市、区）政协联谊研讨会增改为三省（区）二十县（市、区）政协联谊研讨会。会上，安龙县政协主席谭志平作《发挥政协优势，服务新农村建设》的交流发言；同年11月，三省（区）二十县（市、区）第十一届政协联谊研讨会在云南省曲靖市麒麟区召开，县政协主席谭志平代表安龙作题为《抓住关键点，找准着力点，充分发挥政协委员的主体作用》的交流发言；2011年5月18—20日，三省（区）二十县（市、区）第十二届政协联谊研讨会在云南省马龙县举行，安龙县政协主席谭志平作《认真履行职能，发挥自身优势，为安龙经济社会又好又快更好更快发展献计出力》的交流发言。

2011年9月28—30日，在云南省富宁县召开黔滇桂三省（区）二十一县（市、区）第十三届政协联谊研讨会会议。此次联谊研讨会以“团结联谊，广交朋友，促进和谐，共谋发展”为宗旨，以“总结交流‘十一五’期间人民政协工作履职经验，助推地方经济社会又好又快发展”为主题。会上，县政协副主席颜仕亮代表安龙作《强化自身建设，提升履职水平》的发言。

2012年6月27—29日，在云南省昆明市寻甸县举行黔滇桂三省（区）二十二县（市、区）第十四届政协联谊研讨会会议。本次会议以“发挥政协优势、为区域经济社会发展献计出力”为主题，会上，安龙县政协主席谭志平作题为《履职创新谋发展，构建和谐作贡献》的交流发言。8月7—9日，在安龙县泓芙蓉酒店召开黔滇桂三省（区）二十三县（市、区）第十五届政协联谊研讨会，安龙县政协主席谭志平主持会议，特邀黔西南州政协副主席黄健勇、安龙县委书记邓修宇到会指导；列席本次会议的有贞丰县、册亨县、望谟县、兴义市、普安县、晴隆县政协。本次研讨会以“增友谊、促和谐、谋发展”为主题，会上，谭志平代表安龙县政协作《黔滇桂三省（区）二十二县（市、区）政协履职情况工作报告》。

第六篇　人民团体

中共十一届三中全会以后，在县委领导下，县总工会、共青团、妇联等人民团体，根据党的工作重点转移的要求和特点，努力加强自身建设，主动在改革开放和社会主义现代化建设中找准自己的位置，发挥积极的作用。1980年10月、1988年4月，县总工会分别召开第四次、第五次代表大会，到1988年，全县基层工会组织发展105个，工会会员3926人。中共十一届三中全会以后，共青团的活动走上正常发展的轨道，在团员和青年中开展“五讲四美”，争当优秀团干、优秀团员，创先进团支部，向优秀共青团员张海迪学习活动，号召农村团员走科学致富的道路，1986年，海庄村团总支被团中央命名为“全国优秀青年之家”光荣称号。1978年后，全县各级妇女联合会动员各族妇女在改革经济体制、发展和搞活经济中继续发挥“半边天”作用，在妇幼保健、计划生育、儿童教育和维护妇女儿童权益等方面，与卫生、教育和政法等有关部门密切配合。培训乡村的新法接生员，号召全县育龄妇女实行计划生育和晚婚晚育。在中小学生开展“乖娃娃”“三好学生”和智力竞赛等活动，对拐卖妇女儿童的犯罪活动进行了打击，为全县社会、经济的发展发挥了重要作用。

第一章　工　会

1978年中共十一届三中全会后，安龙县于1980年10月28日、1988年4月21日，分别召开县总工会第四次、第五次代表大会。按照中国工会章程和工会法，恢复了工会的正常工作。1989—2012年，又召开县总工会第六次、第七次、第八次、第九次、第十次代表大会。在改革开放，以经济建设为中心的新形势下，县总工会及各级工会组织积极发挥工会的职能和作用。

第一节　组织机构

1989年，县总工会委员会建制不变，内设办公室，下设基层工会105个，会员4000人。1997年，全县基层工会152个，其中行政机关工会41个、事业单位工会61个、国有（集体）企业工会39个、省州驻县单位工会11个，覆盖职工10378人（女职工3488人）。1998年，按类别和性质分类组建8个系统工会委员会和16个乡镇工会工作委员会，作为县总工会的派出机构，具体负责本系统、本乡镇基层工会委员会的协调管理工作；同时，成立县总工会下岗职工基本生活保障和再就业工作领导小组、县劳动法律监督委员会。2000年，全县基层工会151个，会员5913人。其中，国有企业工会36个、会员804人，事业单位工会61个、会员3310人，机关工会41个、会员1354人，非公有制企业工会13人、会员272

人。2001年，全县基层工会149个，会员7152人，其中女会员2098人。2002年，新建企业组建工会68个，全县基层工会达到164个。其中，机关工会47个、会员2833人，事业单位工会56个、会员4252人，企业工会49个、会员1836人，省州驻县单位工会16个、会员911人，个体工商联合会工会6个、会员323人。覆盖职工10155人，其中女职工3326人。2004年，全县基层工会167个。其中，机关工会46个、事业单位工会57个、企业单位工会43个、个体工商户工会6个、省州驻县单位工会15个，覆盖职工10022人，其中女职工3381人。2005年，全县基层工会152个。其中，机关工会43个、会员2418人，事业单位工会64个、会员4558人，国有企业工会10个、会员338人，集体企业工会6个、会员137人，私营企业工会18个、会员628人，个体工商户联合工会6个、会员180人，股份合作企业工会2个、会员243人，联营企业工会1个、会员180人。2006年，新增联营企业工会1个、新增会员90人。

第二节　工会代表大会

一、县总工会第六次代表大会

1993年6月29—30日召开，出席会议代表167人。听取和审议通过王文华作的县总工会第五届工会委员会工作报告、县总工会第五届委员会财务工作报告，县委副书记杨胜到会讲话《以经济建设为中心，努力把工会工作推向一个新台阶》，选举产生县总工会第六届委员会委员、常委、主席和副主席，选举产生县总工会第六届经费审查委员会；召开县总工会女职工委员会，李熙萍作工作报告《团结起来，为开创我县女工工作新局面而努力奋斗》，选举成立县总工会女职工委员会。选举产生出席黔西南州总工会第二次代表大会代表17人。

二、县总工会第七次代表大会

1998年6月10日召开，参加会议代表85人。会议听取和审议通过袁朝新代表县总工会第六届委员会作的工作报告《解放思想，抓住机遇，找准位置，为我县经济和社会发展建功立业》、县总工会第六届委员会财务工作报告，选举产生县总工会第七届委员会委员、常委、主席、副主席及县总工会第七届经费审查委员会、县总工会第二届女职工委员会。选举产生出席黔西南州总工会第三次代表大会代表18人。

三、县总工会第八次代表大会

2003年5月21—22日召开，出席会议代表97人，特邀代表12人。会议听取和审议通过韦贞禄代表县总工会第七届委员会作工作报告《与时俱进，开拓创新，为开创工会工作新局面而努力奋斗》、县总工会第七届委员会财务工作报告和第二届女职工委员会工作报告，县委副书记谭志平到会讲话《认真落实党的十六大精神，全面贯彻“三个代表”重要思想，团结全县各族职工，为建设小康社会而努力奋斗》，选举产生县总工会第八届委员会委员、常委、主席、副主席，及县总工会第八届经费审查委员会、县总工会第三届女职工委员会，选举产生出席黔西南州总工会第四次代表大会的代表25人。

四、县总工会第九次代表大会

2008年4月7—9日在安龙县城举行，参加会议代表135人。听取和审议张元培作县总工会第八届委员会工作报告《高举旗帜，开拓创新，充分发挥工会组织在构建和谐安龙中的重要作用》、左守惠代表安龙县总工会第八届经费审查委员会作《财务和经费审查的工作报告》，审议通过安龙县第三届女职工委员会工作报告，选举产生县总工会第九届委员会委员、常委，选举张元培为县总工会主席、潘登元为副主席；选举产生县总工会第九届经费审查委员会和第四届女职工委员会，选举出席黔西南州工会第五次代表大会代表28名。中共安龙县委常委、县委组织部部长牟庆芳到会讲话。

五、县总工会第十次代表大会

2012年4月15—16日召开，应到会代表103人，实到会代表94人。大会听取和审议安龙县总工会第九届委员会工作报告，审议安龙县总工会第九届经费审查委员会工作报告和第四届女职工委员会工作报告，选举产生安龙县总工会第十届委员会委员21人、常务委员会委员7人、主席1人、副主席1人；选举产生安龙县总工会第十届经费审查委员会委员5人、主任1人；选举产生安龙县总工会第五届女职工委员会委员7人、主任1人、副主任1人；选举产生出席黔西南州总工会第六次代表大会代表25人；审议并通过安龙县总工会第九届委员会工作报告、经费审查委员会工作报告和第四届女职工委员会工作报告的决议。

第三节　主要活动

一、保障职工合法权益

职工休息日　1995年，执行国务院《关于职工工作时间的规定》，县内国家机关、企事业单位均按要求每周工作5天，休息2天，但部分私营企业、个体工商户并未按要求落实2天的休息。1999年，执行国务院《全国年节及纪念日放假办法》，国家法定节假日共放假10天，加上每周休息2日，职工全年的法定休息日达到114天。2006年，执行《黔西南布依族苗族自治州自治条例》，每年州庆放假2天、农历六月初六和八月初八各放假1天，县内职工全年法定休息118天。2007年，国家将劳动节假期3天改为1天，清明、端午、中秋列入国家法定假日，县内职工全年法定休息日119天。

劳动保险　1992年9月，调整企业职工工伤保险标准，除工伤治疗期间工资、资金照发外，按劳动部、卫生部《职工工伤与职业病致残程度鉴定标准》，致残1—10级的发给一次性伤残补偿。1994年，县政府依照《城镇职工养老保险办法》，实行国家、单位、个人共同负担负担养老费用政策，建立个人养老保险账户；是年11月，县劳动局、县社保局下发《关于调整本县企业部分工伤职工工伤保险待遇标准的通知》，调整1—4级工作致残人员的定期伤残抚恤和月护理费。2003年，全县企事业单位职工实行养老保险，私营企业、合资企业职工纳入医疗保险和工伤保险，困难职工纳入最低生活保障范围。2006年，社会保险范围进一步扩大，县委、县政府专门制发文件要求全县各企事业单位为下岗失业人员、城镇待业人员办理医疗保险、养老保险及其他社会保险。

职业危害防护　2000年以后，县总工会会同劳动、卫生等部门依法强制县内砂石、石灰、煤炭、建筑、采矿等企业进行技术改造，制定职业病危害防治制度，落实防尘、防毒措施。

“送温暖”活动　1992年起，县总工会每年元旦、春节对全县企事业单位、机关干部职工、困难劳动模范进行走访、慰问，向特困职工发放困难补助金，至2005年，共慰问困难职工3000余人次，发放慰问金40余万元。

再就业工程　2000年，实施帮助一个企业扭亏增盈、帮助十个困难户脱贫、帮助百名下岗职工再就业“个十百”工程，在金龙市场开辟下岗职工夜间小吃一条街，设摊位40余个，从业100余人。设立劳动法律监督委员会、下岗职工再就业咨询服务中心、国有企业下岗职工基本生活保障再就业领导小组和困难职工援助中心。2003年，全县国有企业下岗失业人员544人，其中国有企业下岗职工528人，国有企业失业人员16人，当年解决下岗失业人员再就业308人，向16人发放失业保险金2484.60元。至2012年12月，为376名下岗失业人员办理“再就业优惠证”。

女职工权益保护　1989年，根据《女职工劳动保护规定》，女职工产假由56天调整为90天；领取独生子女证上班确有特殊困难的女职工，可请1年以内哺乳假。1992年4月，延长哺乳假期限，最长可至幼儿4岁。1991年，成立县总工会女职工委员会，制定《安龙县女职工委员会工作条例》，到2002年全

县基层工会均建立女工委员会或女职工小组，与基层工会同时筹备、同时成立、同时换届。把女工“维护”工作纳入劳动合同签订、厂务公开内容，支持女职工与侵犯妇女权益行为做斗争。1988 年、1996 年、1998 年，3 次组织全县女职工进行健康检查。

未成年工特殊保护 1989 年以来，根据原劳动人事部《关于严格禁止招用童工的通知》，全县禁止招用童工。2000 年后县总工会每年会同劳动、安监、卫生等部门对全县企业进行普遍检查，严禁使用童工。

二、开展教育文体活动

女职工培训 1994 年，县总工会举办女职工手工编织、服装设计、世界妇女大会知识“迪康杯”知识竞赛；2003 年，开办女职工再就业培训班 5 期，300 余人参加；2004 年，县总工会开展“实施素质提升工程、争做新时期学习型女职工”活动，174 个女职工组织 3216 名女职工参加活动。

第二章　共产主义青年团

中共十一届三中全会后，共青团活动走上正常发展的轨道，在学习贯彻新时期中国共产党的路线和政策的同时，共青团组织紧紧围绕全县社会主义物质文明和精神文明，在团员和青年中开展各项活动。1991—2012 年，召开县共青团第十二次、第十三次、第十四次、第十五次、第十六次代表大会。

第一节　组织机构

1989 年团县委机关配备书记 1 人，副书记 2 人，配备 3 名团干，设办公室。乡镇（街道）团委 10 个，乡镇及县级团总支 5 个，团支部 15 个，团员 800 人。2000 年，团县委内设机构增设组织部、宣传部、学少部，基本形成三部一室格局。至 2010 年，团县委机关配备书记 1 人，副书记 1 人，配备团干 6 人，设组织部、宣传部、学少部、办公室。乡镇团委 17 个，乡镇及县级团总支 62 个，团支部 1127 个，团员 25606 人。

1989－2012 年安龙县共青团组织建设情况表

表 6-2-1

年度	内设机构（个）	乡镇团委（个）	团总支部（个）	团支部（个）	团员（人）	年度	内设机构（个）	乡镇团委（个）	团总支部（个）	团支部（个）	团员（人）
1989	1	10	5	15	—	2001	4	18	46	68	—
1990	1	10	8	18	—	2002	4	18	47	70	23103
1991	1	10	8	18	—	2003	4	18	35	80	—
1992	1	15	11	20	—	2004	4	18	35	200	—
1993	1	18	15	25	10520	2005	4	18	45	248	—
1994	1	18	20	35	—	2006	4	18	40	251	—
1995	1	18	25	40	—	2007	4	18	40	180	—
1996	1	18	40	50	16159	2008	4	18	25	190	—
1997	1	18	45	65	18549	2009	4	18	50	348	12500
1998	1	18	45	65	—	2010	4	17	62	1127	25606
1999	1	18	45	68	—	2011	4	17	67	354	22631
2000	4	18	68	80	—	2012	4	16	16	357	25664

第二节　共青团代表大会

一、第十二次代表大会

1991年9月17—18日在县城召开，应到会正式代表171人，实到163人，列席代表15人，特邀代表12人。代表中团干部占63%，农民代表28.6%，妇女代表30%，少数民族代表48%，党员占25%。大会听取和审议第十一届共青团安龙县委员会工作报告，县委副书记韦先时到会讲话，选举产生共青团安龙县第十二届委员会，在共青团安龙县第十二届委员会第一次会议上选举罗家伟为团县委书记。

二、第十三次代表大会

1994年9月16—17日召开，出席大会的正式代表190人，团代表干部83人，优秀代表44人，女代表50人，少数民族代表117人，农民代表32人。另有列席代表10人、特邀代表10人。李如晴代表团十二届委员会作《肩负起跨世纪的重托，团结带领全县各族青年为加快安龙经济和社会发展建功立业》工作报告，县委书记周庄生在闭幕式作讲话，选举产生共青团安龙县第十三届委员会。在共青团安龙县第十三届委员会第一次全体会议上选举李如晴团为团县委书记。

三、第十四次代表大会

1998年8月25—26日召开，县直机关、团组织代表130人，其中新安镇、梨树乡代表11人，德卧镇、钱相乡代表11人，兴隆镇、戈塘镇代表10人，木咱镇、海子乡代表11人，龙山镇、万峰湖镇代表11人，龙广镇、新桥乡代表11人，普坪镇、坡脚乡代表10人，洒雨镇、平乐乡代表10人，县机关代表20人，学校代表14人，特邀、列席代表11人。学习党的十五大和团的十四大会议精神，听取并审议共青团安龙县第十三届委员会工作报告，选举产生共青团安龙县第十四届委员会，选举安龙县出席共青团黔西南州第四次代表大会代表。县委副书记林永箐到会讲话。

四、第十五次代表大会

2009年12月15—16日召开，出席会议代表148人，其中正式代表120人、列席代表20人、特邀代表8人，听取和审议团县委书记黎晓娟代表共青团安龙县第十四届委员会作《深入贯彻落实科学发展观团结带领全县广大青年为构建和谐安龙而努力奋斗》工作报告，选举产生共青团安龙县第十五届委员会。

五、第十六次代表大会

2012年10月12日在县城召开，应到代表66人，实到代表64人，听取和审议共青团安龙县第十五届委员会工作报告，选举产生共青团安龙县第十六届委员会，选举出席共青团黔西南州第六次代表大会代表32人。

第三节　主要活动

1989年3月，共青团安龙县委举办纪念“五四运动”70周年“爱国、改革，创业、奋进”书画展。是年，全县共有团员8168人，发展新团员910人，专职团干11人。

1990年8月，召开全委扩大会议，号召全县团员青年行动起来，发动和组织未脱盲的青少年参加扫盲活动。

1991年，全县发展团员1120人，办理超龄离团270人；全县有乡镇团委37个，村团总支4个，村团支部277个，农村团员6696人；汇编《共青团安龙县组织史资料》。科汪乡十二份村蔬菜协会团支部书记利其芳、招堤乡巧洞村团支部书记罗天阳荣获“全省青年星火带头人”称号；城关一小五(2)班中队获评

“全省红旗大队”。

1992年，对县直机关团组织进行整改，对团员团籍重新登记注册。7月，成立“希望工程”领导小组，全县失学少年“希望工程”结对帮扶121人共2420元。新安镇关桥村团支部书记牟再权获“优秀青年星火带头人标兵”称号，木咱镇团员何任亮荣获“优秀青年星火带头人”称号。是年，全县共有少年儿童71682人，其中小学少先队259个，中学少先队9个，少年儿童71682人，少先队员数35948人，少先队辅导员383人，校外辅导员13人。

1993年3月，组织县城3190名中小学生上街义务清扫县城主街6千米。4月，团县委与政法委、法院联合在县机关单位开展“两史一情”教育，举办法律知识竞赛。10月，获“希望工程”救助款6752元，救助学生211人；“希望工程”捐款结对资助学生5人。是年，全县团员总计10520人，发展新团员769人，推优入党99人，超龄离团71人，全县有专职团干21人。

1996年4月，招堤风景区获批“黔西南州首批青少年爱国主义教育基地”。8月，省青少年发展基金会利用中国邮政总局捐款15万元，在新安镇援建“安龙县中国电信希望小学”；11月，宁波市教委对口援建龙广镇狮子山小学。是年，全县有团员16159人，发展新团员2906人，推优入党340人；

1997年3月，成立龙广镇狮子山村宁龙希望小学建设领导小组。6月，县委宣传部、团县委、县教育局、县关工委联合组织全县高一、高二学生开展农村社会调查活动。8月，宁波市援建狮子山宁龙希望小学竣工，总投资30万元。10月，龙山镇下花障民办小学老师韦国良获“全国希望工程园丁奖”。12月，中国青少年发展基金会资助“福和”希望小学27万元。是年，全县有团员18549人，其中女性6978人、少数民族8179人；有团组织435个，其中基层团委17个、团总支24个、团支部394个；有专职团干部24人，其中女生6人，少数民族4人，党员10人。

1998年，全县培训星火带头人128人，举办农村青年实用技术培训班2期共2000余人。新桥乡东妹场村团支部书记王俊被评为“贵州省青年星火带头人”。

1999年3月1日，新安镇福和希望小学投入使用，总投资47.5万元，其中香港陈廷骅基金会捐款18万元、新安镇政府匹配22万元、群众集资7.5万元。4月30日，组织2000余名青年开展“保护母亲河、种青年世纪林”活动，在招堤附近种树2000株。县委宣传部理论教员岑大明、德卧镇党委书记刘兴吉被评为黔西南州“十大杰出青年”。12月，追授龙山派出所见习民警王登进为“优秀共青团员”。团县委书记罗春红获“贵州希望工程志愿者招募行动希望工程贡献奖”；民进中央捐款5万元，修建新桥乡“星火希望小学”。是年，全县建成的希望小学有6所。其中，普坪纳汪军民希望小学，省军区捐赠28万元建设；坡脚军民共建希望小学（八坎冗飘），县人民武装部捐赠1.8万元建设；钱相乡邵逸夫希望小学，香港邵逸夫捐赠80万港币建设；龙广狮子山宁龙希望小学，宁波市教委捐赠30万元建设；安龙县中国电信希望小学（新安二小），中国电信捐赠15万元建设；安龙福和希望小学（新安镇大坪），陈廷骅基金会捐赠20万元建设。

2000年，县委副书记王朝军获全省二级“星火火炬”奖章；钱相乡打凼村团总支、安龙一中学生刘永钦分别获全省先进团组织、全省优秀团员称号；新安一小学生景诗婷获全国“五星雏鹰奖章”。

2001年，以新安镇东门组龙井山为示范基地建设共青团生态重建示范点。希望工程募集资金12850元，救助失学青少年232人，新增救助150人。民建中央资助梨树乡暗河村15万元，修建“民建京华希望小学”；资助坡脚八坎希望小学6万元，扩建教室3间。安龙县希望工程工作获“贵州希望工程建设奖”。

2002年，建立青年退耕还林示范工程24个共160公顷，动员组织青年1650人参加退耕还林；建立青年沼气示范工程7个，建设沼气池11480口。是年，全县有团员23103人，其中女团员11060人，少数民族9800人；有团组织450个，其中基层团委18个、团总支24个、团支部406个；有专职团干部20人，其中女干部7人，少数民族干部12人，党员干部12人。

2003年，德卧中学被命名为首批全国青年星火先进示范基地。

2004年，德卧中学团委、龙广镇纳桃村团支部和团县委，分别获评“全省五四红旗团委”“全省五四红旗团支部”“全省希望工程工作先进集体”。

2006年，在团省委“百万图书进乡村”活动中，安龙二中图书室获赠图书3000余册。龙广一中高二（1）班学生吴古吹获评2005年度“全省优秀共青团员”。开展“贵州信合温暖万名贫困母亲活动”，全县53人获得资助，其中万峰湖镇8人、龙广镇6人、木咱镇10人、德卧镇10人、新安镇11人、新桥镇8人。

2007年，龙广镇列为“春晖行动”示范点，全县补充招募西部计划志愿者8人，全县有西部计划志愿者20人。团县委与县计生局里联合举办“计生好帮手、爱心促和谐”计生志愿者活动。

2008年，团县委召开“08年西部计划、三支一扶计划志愿者培训会”，安龙籍志愿者24人、省级派遣“三支一扶”计划志愿者11人，赴乡镇从事为期2年的志愿服务；在龙广镇纳桃村试点举办“春晖行动一助家乡腾飞”乡友座谈会。全县全年发展新团员2472人。

2009年，团县委与县委党校联合举办“十七届三中全会暨团十六大精神”专题学习班，100余人参加学习；建立安龙县“春晖助学金”，全年捐助农村贫困学生150人共3万元，笃山乡党委书记徐祖荣获黔西南州第五届“十大杰出青年”。

2010年，下发《关于在抗旱救灾工作中充分发挥共青团组织和团员青年先锋模范作用的紧急通知》，募集抗旱资金151.85万元，建蓄水池34口，资助受灾贫困学生91人；开展青年创业就业培训4期共733人次。完善《进城青年农民工“订单式”技能培训数据库》，录入农民式信息180人；协调发放创业贷款45笔共126万元，资助县内青年45人，带动就业56人；下拨“春晖家园项目资金”15万元，修建龙广小场坝通村公路、德卧毛杉树村金阳养殖基地、钱相打凼村纳冗组通村公路。

2011年，组织志愿者211人参加第六届贵州省旅发大会·安龙县“第五届荷花节”，申报山区希望工程基金一幸福校园计划项目9个。

2012年4月，钱相乡阿赖小学、普坪镇龙洞小学“山区希望工程一幸福校园计划”项目分别启动；全县全年新建团支部307个，新覆盖青年2043人。

第三章 妇女联合会

1978年后，县内各级妇女联合会组织，贯彻执行中国共产党的路线、方针、政策，动员各族妇女在改革开放、经济建设中发挥“半边天”的作用。1994—2008年，先后召开县第六次、第七次、第八次妇女代表大会。妇女联合会在妇幼保健、计划生育、儿童教育、维护妇女儿童合法权益及“巾帼文明”创建等方面开展一系列活动。

第一节 组织机构

1989年，县妇女联合会下辖城关镇、新安区、化力区、德卧镇、龙广区、洒雨区、普坪区、龙山区和兴隆区9个区镇妇女联合会。城关镇领东门、西门和北门3个办事处妇女联合会，新安区领招堤、大坪、幺塘3个乡妇女联合会，化力区领木咱、坡贡、新桥、停西、坡脚5个乡妇女联合会，德卧镇领德卧办事处妇女联合会，龙广区领龙广镇及科汪、五台、花木、永和、纳赖5个乡妇女联合会，洒雨区领洒雨、九头、木科、戛拉、竹林、大坝、古里7个乡妇女联合会，普坪区领普坪、钱相、阿赖、鲁沟、戈塘5个乡妇女联合会，龙山区领北乡、梨树、笃山、花障、纳院、巧岭6个乡妇女联合会，兴隆区领木城、平乐、龙蛇、石盘、冗华5个乡妇女联合会。全县各村（居）居委会均建立妇代会组织，由乡级妇女联合会负责管理，城关镇、德卧镇村级妇代会组织由镇妇女联合会直接领导。

1992年，全县进行“建镇并乡撤区”改革，撤销原来的9个区（镇）及36个乡（镇），建立16个乡镇，设16个乡镇妇女联合会，直接领导村级妇代会组织。

2011年6月，撤销新安镇妇女联合会，设招堤、栖凤两个街道妇女联合会，分别领导辖区内的村、、社区妇代会组织。

第二节　妇女代表大会

一、安龙县第六次妇女代表大会

1994年9月27—28日召开，出席会议代表175人审议通过县妇女联合会第五届执行委员会工作报告，选举产生县第六届妇女联合会委员、常委、主席、副主席，选举25人组成县妇女联合会第六届执行委员会、9人为常委，表彰“三八”红旗手、五好家庭和“巾帼建功”先进集体及个人。

二、安龙县第七次妇女代表大会

1999年10月28—29日召开，出席大会代表139人、特邀代表22人，审议县第六届妇联工作报告，讨论今后五年妇女工作任务，选举产生县第七届妇女联合会执行委员会委员27人，选举执委常委11人、主席1人、副主席2人。

三、安龙县第八次妇女代表大会

2008年7月3—4日召开，出席大会代表140人，其中中共党员59人，少数民族代表86人，工人代表1人、农民代表84人、政法代表2人、金融财税代表5人、党政机关代表17人，妇女工作者代表51人；审议通过县第七届妇联工作报告，讨论今后五年妇女工作任务，选举产生县第八届妇女联合会执行委员会委员25人，选举执委常委11人、主席1人；选举出席黔西南州第五次妇女代表大会代表28人。

第三节　主要活动

一、“学文化、学技术，比成绩、比贡献”（“双学双比”）竞赛活动

“双学双比”活动是指，在全国各族农村妇女中开展的“学文化、学技术、比成绩、比贡献”竞赛活动。1989年起，全国妇联联合农业部、林业部、国家教委、国家科委、国务院扶贫开发领导小组等12个部委（后增加为14个部委），根据全国农业面临的严峻形势，遵照党中央关于全党动手、大办农业的指示，在各地妇联经验创造的基础上组织开展。主要从三个方面进行开展，一是立足于科技兴农，对妇女进行文化科技培训；二是围绕提高农业综合生产能力，发展高产、优质、高效农业，组织开展适合妇女特点的生产竞赛；三是面向市场，推动改革，为参赛妇女提供社会化服务。后来，将“巾帼扶贫行动”和“三八绿色工程”活动作为“双学双比”活动的重要内容贯穿始终。

1989年，县委成立县“双学双比”竞赛活动协调领导小组，县委副书记杨胜发任组长。至1993年，全县共培训骨干840期共25208人次，办宣传栏、黑板报390期、简报45期，利用赶场天、有线广播、

电影晚会等不同形式进行宣传 868 场次，听众 139654 人次，印发各种宣传资料 2831 份。全县参赛妇女由 1989 年的 49% 扩大到 1993 年的 91% 达 79695 人。

至 1994 年，全县各级妇联协调各部门累计办各种实用技术培训班 2125 期，参训妇女 25.7 万人次，办宣传栏、黑板报 421 期，简报 60 期，采取各种不同形式进行宣传 890 场次，听众 189654 人次，印发各种宣传资料 3331 份。至 1994 年 6 月，全县参赛妇女扩大到 95% 达 83196 人。1995 年，参赛妇女超过 96%，达 84073 人。

1994—1999 年，全县“双学双比”协调单位举办各种实用技术培训班 291 期，参训妇女 7544 人次，普训 1560 期，参训妇女 8.7 万人次。县妇联自办 15 期，参训妇女 861 人次，掌握一至二门以上实用技术的妇女 61303 人，三门以上技术的妇女 26274 人，涌现妇女科技示范户、专业户 2657 户，她们用所学到的技术发展蔬菜、庭院经济，支援了国家重点工程建设，农民得到了实惠。组织妇女参加扫盲班从 20 世纪 70 年代初的 7678 人增加到 48564 人，基本扫盲青壮年文盲。全县各级妇女组织抓巾帼扶贫联系点 18 个，联系户 5634 户，帮助妇女脱贫 28197 人，组织动员女干部、女党员、女科技示范户、女能手与贫困妇女帮贫扶困结对子 200 余对，组织乡镇妇干和女能手到外地参观学习先进烤烟生产技术，当好二传手；组织剩余女劳力外出务工 115 人，发动农村广大妇女开展第三产业和发展乡镇企业，增加农民收入。

1999—2008 年，重点抓了“女性素质工程”“巾帼科技致富工程”工作，推广“千万农家女、百万新技术”培训计划，以提高农村妇女整体素质和帮助农村妇女增收致富为重点，建立新桥镇妇女农民技术学校。采取“借力、借台、借题、借智”等方式，争取到民进中央、省、州及县有关部门支持 13 万元，举办“巾帼科技带头人”培训、“农村富余劳动力转移就业”培训各 9 期。举办农业实用技术培训 168 期，培训 4 万余人次；上岗就业技能培训 89 期，培训妇女 2 万余人次；380 名妇女经过培训转移到电脑、缝纫、家政等非农业生产岗位。

2009 年，创建州级“巾帼文明示范村”1 个、州级“妇”字号示范基地 1 个，州级“岗村联动村”1 个；举办农村妇女农业实用技术培训 2 期，共计培训 160 人次。涌现出县级“双学双比”竞赛活动女能手 10 人，其中有 3 名获得州级表彰，选送 4 名选手参加黔西南州首届乡村女大厨比赛，其中获金奖 1 人、银奖 2 人、优秀奖 1 人；推荐 1 个单位获得州级先进集体；2 名获得州级“三八”红旗手荣誉称号。在城镇开展“巾帼建功”活动，推荐 2 个单位获州级“巾帼文明岗”荣誉称号，1 人获州级“巾帼建功标兵”荣誉称号。

2010 年，组织安龙县联合医院护理部参加州“巾帼文明岗”负责人培训班培训，组织 6 名村妇代会主任、1 名女大学生村官和 1 名乡镇卫生院女医务人员参加州农村妇女骨干培训班培训。涌现出县级“双学双比”竞赛活动女能手 7 名，其中有 2 名获得州级表彰；命名“巾帼文明岗”1 个、“巾帼文明示范村”1 个。

2011 年，创建州级“巾帼文明示范村”1 个、州级“妇”字号示范基地 1 个、州级“岗村联动村”1 个；举办农村妇女农业实用技术培训 2 期，共计培训 160 人。涌现出县级“双学双比”竞赛活动能手 10 人，其中有 3 名获得州级表彰；全县共推荐 1 个单位获得州级先进集体；获得州级“三八红旗手”荣誉称号 2 人。在城镇开展“巾帼建功”活动，推荐 2 个单位获州级“巾帼文明岗”荣誉称号，1 人获州级“巾帼建功标兵”荣誉称号。

2012 年，组织农业实用技术培训 2 期，培训妇女 200 人次，其中计生户占 60%。

二、“三八”绿色工程

1991 年 7 月 17 日，根据全国妇联、国家林业局向全国各族妇女发出的开展为期十年的“三八”绿色工程的倡议，成立安龙县“三八”绿色工程领导小组。1991—2000 年本县“三八”绿色工程造林任务 200 公顷。第一阶段：1991—1993 年，完成工程造林 66.67 公顷；第二阶段：1994—1996 年，完成工程造林 104.67 公顷；第三阶段：1997—2000 年，完成工程造林 53.33 公顷，抚育补苗 171.33 公顷。2000 年前全面抚育竣工。

1991年，县妇联在新安镇作坊村建设“三八”绿色工程示范点。1991—1993年，全县育苗8公顷，以杉树、油桐、梓木、冲天柏、酸枣等，共完成造林任务140公顷。1994年，在龙山镇与兴仁县、贞丰县交界的龙头大山完成飞播133.33公顷，受省表彰的三八绿色工程1个。1995年，全县完成造林220公顷，超州分配任务20公顷，转为抚育补植为主。1996年9月，县“三八”绿色工程领导小组对全县1991—1996年（十年规划）“三八绿色工程”实施情况进行检查。通过检查，实际完成338.33公顷。1998年，建设县、乡“三八”绿色工程点17个共200余公顷。1999年，全县创建“三八”绿色工程点18个，造林676公顷。2000年，营造“中华巾帼世纪林”3个。2002年，在巩固已建“三八”绿色工程基地的基础上，在县城西区种植绿化林一片，树立永久纪念碑1块，发动全县妇女植树、退耕还林还草333.33公顷。2003年，参与“建西部美好家园”、退耕还林还草、“珠防工程”建设，实现退耕还林2666.67公顷、荒山造林2000公顷。2004年后，主要巩固原有“三八”绿色工程成果，强化“绿色证书”培训。至2012年，通过组织“双学双比”活动，发现并培养了一批女能手、女科技示范户，建立“三八”绿色工程基地，共有36名女能手荣获县级以上“双学双比”女能手称号，坡脚乡妇女韦必优、新桥镇妇女罗祥会分别荣获全国三八绿色奖章和女能手称号。

三、儿童工作

1989年，县内各级妇联均设有儿童少年协调委员会和家族教育协调委员会。1993年7月，“撤区并乡建镇”工作结束后，调整县、乡儿童少年协调委员会、家族教育协调委员会各17个。1994年3月，制定《九十年代安龙县儿童发展规划纲要》，成立县妇女儿童委员会和县家庭教育委员会，建立新安二小、新安三小家长学校，学员500余人。1995年，建立新安一小家长学校，学员65人。1996年9月，在州妇联支持下，平乐乡民族小学创办“春蕾计划”女童班，有学生42人。至1999年，县内新安一小、二小、三小和安龙一中、龙广纳桃小学、木咱小学分别成立家长学校，举办家长培训班412期，参加学习家长16480人次。2000年，在龙广镇创办0—3岁家长学校1所。2002年，制定《安龙县（2001—2010年）儿童发展规划》，筹建“民族托幼园”。2004年，对照《贵州省示范性家长学校评估标准》，对德卧中学、龙广中学、安龙一中、新安三小等4所示范性家长学校进行检查验收。2005年，县妇联与县教育局联合组织全县未成年人开展“我做合格小公民”征文竞赛，“母亲健康快车”免费义诊少年儿童1000余名；建成各类家长学校234所，全国“优秀示范家长学校”1所。2006年，贯彻《2006年安龙县降低孕产妇死亡率和消除新生儿破伤风项目健康教育宣传工作实施细则》，开展宣传23次。2007年，再次组织“我做合格小公民”征文竞赛，收到征文80余篇。2008年，县内建立中小学家长学校202所，县内93个单位慰问向32所边远学校慰问10.72万元。2009年，省妇联举办新桥镇少数民族贫困女童班30人，资助1.35万元；资助安龙一中春蕾女童班高中生50人，资助3年，每年每人获1200元。2010年，“中石化春蕾高中生助学项目”资助安龙一中高中生50人，共15万元；海子乡1名学生获黔西南州第二届“金州好儿童”称号；获联合国儿童基金会资助3万元，在县内9所学校开展“全球洗手日”活动。2011年，县妇联联合县教育局等单位开展“祖国美·家乡好”诗歌、散文征文比赛，收征文600余篇；在黔西南州少年儿童“喜迎祖国60华诞”书画大赛中，获绘画二等奖、优秀奖各1个。2012年，社会捐助20万元，向留守儿童2200人发放学习文具和优秀儿童读物；联合国儿童基金会资助4.62万元，支持平乐小学等校园设施建设。

四、妇女维权

1990年，成立“扫六害”办公室，对全县的书摊、录像点、旅社、巫婆、算命、赌摊进行制止、打击、清理整顿。县内妇联组织接待来访62人次，来信117件，其中婚姻家庭纠纷3件、强奸妇女3件、虐待老人2件、离婚2件、拐卖妇女107件、其他案件7件，立案23件，60余人，其中免诉1人，拯救回来7件共8人，其中儿童3人。

1991年，县、区、乡全县妇联组织共接待来信来访216件383人次，其中来信121件194人次，来访95件共189人次。其中婚姻家庭纠纷145件、摧残虐待妇女儿童的8件、经济财产纠纷的17件、其他方面的46件。拐卖妇女255人、解救47人，拐卖儿童8人、成功解救5人。

1992年，县内妇联组织接待群众来信来访176件406人次(其中乡镇接待102件157人次)，其中婚姻家庭纠纷的46件、摧残虐待妇女的16件、强奸幼女的3件、不赡养老人的8件、恋爱纠纷2件、包办干涉婚姻9件、第三者插足3件、重婚1件，经济财产纠纷13件、福利待遇2件、其他96件，涉嫌拐卖妇女342人、儿童12人，成功解救妇女53人、儿童8人。

1993年，县内妇联组织接待群众来信来访167件328人次，其中乡镇妇联接待72件、108人次。摧残虐待妇女16件，致死的2件；婚姻家庭纠纷20件，强奸幼女1件、恋爱纠纷6件，包办干涉婚姻2件，拐卖妇女13件，强奸妇女8件，其他方面的101件。

1994年，全县妇联组织接待来信来访230件252人次，其中属摧残虐待妇女40件，强奸妇女4件，包办干涉婚姻3件，拐卖妇女18件，解救12人，拐卖儿童1件、离婚15件，其他方面的111件。

1995年，全县妇联系统接待来信来访271件293人次，转办269件，其中虐待10件、强奸妇女4件、奸淫幼女6件、包办干涉婚姻20件、财产纠纷78件、拐卖妇女13件、拐卖儿童1件、离婚32件，其他方面的107件。在全国统一严打拐卖妇女儿童活动中，县公安局组成8个组分别前往江苏、山东、浙江、广东、广西、福建等省市解救1991年至1995年被拐卖妇女儿童共46人；11月，县检察院批准逮捕以杨某安为首的拐卖团伙17人。5月，结合劳动法实施，县人事劳动局牵头，县妇联、总工会组成调查组，对白水河电站、新桥茶场、戈塘金矿、鲁沟水泥厂、龙山煤厂、安粤冶炼厂、龙锡冶炼厂等国营、集体和合资工矿企业进行调查，主要调查劳动用工情况。经查，多数企业女职工“五期”保护工作能按国家有关规定执行。

1996年，全县妇联组织接待妇女群众来信来访186件，其中来访38件。186件来信来访中，属拐卖的13件、强奸妇女5件、强奸幼女1件、伤害5件、离婚4件、重婚2件、不赡养老人9件、财产纠纷40件、其他方面的116件，全部按有关规定转办、处理。木咱镇成立以妇女为主的禁赌协会。贯彻《中国妇女发展纲要》，1994—1996年连续三年为全县妇女进行妇检。其中，1996年受检妇女530人，查出病例261人，有16个病种。

1997年，全县妇联组织接待妇女群众来信来访125件，其中拐卖2件、强奸2件、财产纠纷5件、婚姻纠纷25件，其他91件，县乡妇联自行处理消化85件，重大的案件全部转交相关部门处理。县妇幼保健站体检在职、退休女职工660人。

1998年，全县妇联组织接待来信来访148件，其中财产纠纷50件、恋爱纠纷35件、家庭暴力15件、家庭纠纷20件、虐待25件、离婚3件。制定《1998年至2000年安龙县妇女发展规划实施方案》。

2000年，全县妇联组织接待来信来访114件，其中来访98件次，来信16件。督办8件、转办90件。开展妇科疾病检查1296人次，超计划296人，较1995年妇检人数上升90.3%。

2001年7月，成立县维护妇女儿童合法权益审判庭，建立维护妇女儿童合法权益信访接待日制度，每月20日为维权信访接待日，县妇联、县法院、县检察院、县公安局、县司法局、县委信访办6个单位各派法律专业人员负责接待，现场办公。全县妇联组织全年接待来信来访164件次，其中来访108件次，来信56件，督办12件、全县妇联组织转办96件，妇联调解处理54件次。

2002年，全县妇联组织接待来信来访155人次，其中来访140人次，来信15件，按照归口管理的原则，及时转办、协办或督办。组织妇女健康检查987人，其中在职女职工753人、离退休职工11人、农村妇女223人。

2003年，全县各级妇联组织接待来信来访116件次，其中来访108人次，来信8件，按照归口管理的原则，及时转办、协办或督办。

2004年，利用“母亲健康快车”为农村妇女义诊1765人次，咨询7150人次，接受妇女卫生保健知识宣传6540余人次，发放宣传资料1万余份、各类药品1.55万元，减免贫困妇女救治资金1200元。全县妇女健康检查2007人，其中农村妇女检查人数1339人，查出疾病50多种，其中妇科疾病30多种。全县妇联接待来信来访215人次，其中210来访人次，来信5件，按照归口管理原则，及时转办、协办或督办。县妇联表彰维权先进个人3人。

2005年，全县妇联系统共接待来信来访169人次，其中来访149人次，来信20件，按照归口管理原则，及时转办、协办或督办。组织全县妇女健康检查1385人，其中农村妇女417人，查出妇科病230人，为特困妇女减免医药费700元。全社会就业人员25.8万人，其中女性11.65万人，占从业人员总数的比例为45.15%，与2000年相比，增加0.15个百分点；县内国营企业下岗失业人员845人，其中下岗女职工408人，2003年到2005年，通过提供公益性岗位等措施，实现再就业182人，其中女性114人。2001年以来，本县劳务输出97350人，其中妇女58400人，有组织输出3620人，自发输出93730人。

2006年，全县妇联组织共接待来信来访200余件，做到事事有答复，件件有回音。

2007年，全县妇联共接待群众来访412起，其中涉及婚姻家庭类186起，劳动权益类的43起，侵害人身权益的25起，涉及财产权益的6起，涉及文化教育的16起，综合类的136起。按照信访处理原则，认真处理来信、来访、来电，对信访反映出来的重、难点问题展开维权调研。

2008年，全县妇联共接待来信来访163起，其中涉及婚姻家庭类的100起，劳动权益类的22起，侵害人身权益的13起，涉及财产权益的15起，涉及文化教育的6起，综合类的7起。县妇联均按照信访处理原则认真处理。

2010年，县妇联共接待群众来访42起，全县妇联系统共接待群众来访120起，均按照信访处理原则给予处理。组织妇女健康检查2120人次，查出患疾病妇女87人。开展第三期中国妇女社会地位调查，调查对象75户，分儿童、成年人和老人3个年龄段，调查内容包括健康、教育、经济、社会保障、政治、婚姻家庭、生活方式、法律权益和认知、性认识和态度9个方面。

2012年，县妇联共接待群众来访58起，均按照信访处理原则进行处理，组织妇女健康检查1000余人次，查出患疾病妇女87人次。

第四节　妇联组织建设和妇女干部工作

1990年，换届选举省人民代表4名代表中，妇女代表1名，在县人大代表216名代表中，妇女代表35名；妇女参政共15名，其中副县级3名、副科级1名、副股级11名。

1991年，在社会主义思想教育中，对村级妇代会进行配套整建工作。通过整建，选有村主任166人、副主任39人、委员172人，同时有的村还建有妇女活动点72个。解决县妇联内部设置和人员编制，即定编7人，实配5人，缺2人，9个区镇有妇干9人。机关妇委会应建53个，实建30个，委员代表121人，乡镇企业妇代会1个、由5人组成，个体协会妇代会1个、由3人组成。全县妇干共57人，其中招聘9人，县妇联5人、区妇干9人、乡镇43人（专职29人、兼职14人）。

1992年，通过农村社会主义思想教育整建，县内289个村妇女组织基本健全，共选有主任289人、副主任45人、委员485人。“建镇并乡撤区”后，基本配齐县、乡两级妇联组织，有妇干38人。其中，即县妇联6人，其中大专2人、中专1人、高中1人、初中1人、高小1人，汉族2人、布依族3人、白族1人；乡镇妇干32人，其中中专15人、高中3人、初中3人、高小9人，布依族14人、苗族5人、回族1人。全县38名妇干中，专职29人、招聘5人、兼职4人。

1993年，在县乡两级换届中，县党代会代表共245名，有女代表36名%；31名县委委员中，有女委员2名，候补委员4名中有女委员2名，县委常委9名委员中女委员1名。县人大代表共219名，其中女代表37名，19名人大常委会委员中有女委员4名。县政府正副县长5名，其中女副县长1名。县政协委员112名，其中女委员22名；县政协常委21名，其中女委员6名。全县有女副乡镇长2名、副局级以上的女领导干部16名。调整配备县乡妇联干部33名，其中县妇联5名，主席副主席2名；乡镇妇干28名，主席副主席13名、副股级干事1名，由乡镇党委分工明确搞妇女工作的12名。全县建立村妇代会289个，有主席、副主席289名；县机关妇委会、妇代会应建50个，实建33个。

1994年1月，对全县国家机关、事业、企业单位、厂矿、学校的1340名妇女职工的基本情况进行调查摸底。经调查，1340名女职工占全县职工总数的29.1%，其中副县级3名、正科级7名、副科级26名、股级125名。8月31日至9月20日，全县16个乡镇分别召开妇女代表大会，共选出乡镇代表554名，出席县妇女代表大会代表176名，选举产生16个乡镇妇女联合会委员86名、乡镇妇联主席12名、副主席6人。9月26日至28日，召开县第六届妇女代表大会，出席大会代表176名，选举产生县第六届妇女联合会执行委员会委员25人，选举执委常委9人、主席1人、副主席1名。通过县委统一安排的“四个一”工程和换届工作，全县有281个行政村妇代会、32个机关妇委会、妇代会小组进行整建，配备妇代会主任313人、副主任96人、委员931人。

1995年，结合1994年至1995年在全县245村开展“四个一工程”建设（1995年100个），本着大稳定小调整的原则，改选妇代会主任83人、副主任44人，充实妇代会班子成员279人，培养妇代会后备干部313人；发展女党员46人，全县有女党员1103人，占全县党员总数的12.67%。建立健全妇女人才库。全县有女干部1235人，占干部总数的25.7%，有副县级干部4名、正科级干部6人、相当于副科级干部31人，全县有妇联专职干部20人，有主席11人、副主席4人。在16个乡镇党政领导班子中，有女领导干部7人，其中书记2人、副书记2人、副乡镇长3人。全县43个县直机关单位，已建妇委会、妇代会的30个，由于人员变动及部分企业效益欠佳的单位13个尚未建立。

1996年，结合“四个一”工程建设，整治村组组织建设。全县16个乡镇284个行政村，有妇代会284个，整顿完善284个，好的114个，占40%，中的142个，占50%，差的24个，占10%；配备妇代会主任284人，副主任108人，委员1420人，培养妇代会后备干部80人，发展女党员127人，村妇代会主任进入村党支部、村委会班子的68人，平均年龄45岁以下，文化结构都是初中以上。全县16个乡镇妇联全部健全，有主席13人、副主席1人，妇干10人（包括乡镇党委明确的在内），坡脚、平乐暂缺妇联主席。县属机关46个单位，应建妇委会3个，实建2个，应建妇代会29个，实建21个，有7个单位尚未调整充实。配备有主任23人，委员30人。在乡镇换届选举中，全县乡镇党代会女代表占12.79%、人大代表女代表占14.8%；乡镇党委成员120人中，女性有13人，占10.8%，其中书记16人中有女性2人，占13.3%，副书记53人中女性5人，占14.2%，副乡镇长32人中女性6人，占18.7%，人大副主席13人中有女性3人，占23%。本次换届中，妇干被提拔作用的7人、副书记3人、副乡镇长2人、人大副主席2人、镇长助理1人。有15个乡镇配备女领导干部，占93.7%。

1997年，全县全年整顿村级妇代会111个，有主任111人，副主任66人，委员321人。启动全县女职工基本情况调查，建立健全机关妇女组织32个。选派女干部11名到中华女子学院、贵州民族学院、贵州省妇女干部学校、黔西南州委党校培训。全县有正科级女干部8人、副科级女干部30人，16个乡镇有15个乡镇党政领导班子中配备了妇女干部。

1998 年，整建妇女组织 36 个，其中妇委会 17 个、妇女小组 19 个。在县级换届中，县党代表 209 人，其中女代表 36 人，占 17.2%，比上届增长 2%；人代会代表 204 人，其中女代表 38 人，占 18.6，比上届增加 1.7%；政协委员 125 人，其中女委员 23 人，占 18.4%，比上届增加 3%。换届后，县委、政协、纪委、人大都有女性领导干部，其中正县级女干部 1 人，副县级女干部 4 人，比上届增加 25%，正局级女干部 12 人，副局级女干部 29 名。新提任正局级女干部 4 名、副局级 14 人。

1999 年，全县有副科级以上女干部 66 人，其中正县级 1 人、副县级 5 人、正科级 10 人、副科级 50 人，分别比上届增加了 267%、不可比、150%、11% 和 614%。县两代会女代表比例比上届有所提高，党代会女代表 36 人、人代会女代表 38 人，分别占代表总数的 17.2%、18.6%，分别比上届增加 2% 和 1.7%。县委、县政府、县人大、县政协、县纪委及 15 个乡镇班子中都配备了女领导干部。

2001 年，按省《1998—2003 年妇联基层组织建设方案》，对全县村组妇女组织按一、二、三类妇代会的标准进行整建，在县机关原有 38 个妇委会的基础上，增加到 42 个妇委会。推荐优秀、少数民族妇女干部 28 人，全县已有 12 个乡镇党委、政府领导班子各配备女领导干部 1 名，其余 4 个乡镇领导班子均有女领导干部 1 名，全县 22 名德才兼备、政治素质好的优秀女干部被提拔任用。

2002 年，全县有妇女领导干部 70 人，其中正副县级女干部 5 人、正副科级女干部 65 人，党政领导班子中，县委常委 2 人、副县长 1 人，16 个乡镇党政班子配备女领导干部 27 人。

2003 年，县妇联表彰 2002 年度先进妇女组织 9 个，先进妇代会 5 个、先进妇干 9 名。

2004 年 8 月，拟定“党建带妇建工作方案”，县妇联表彰 2003 年度先进村妇委会 6 个、先进妇干 4 名。县电视台开办《半边天》栏目，宣传各界妇女先进典型，到 11 月，共播放妇女专题片 12 期，送州电视台播放 5 期、贵州电视台播放 2 次、中央电视台“金土地”栏目播放 1 次。

2005 年 3 月，完成村级换届工作。全县有 16 个乡镇 287 个村民委员会和 9 个居民委员会，共有选民 245322 人。全县 296 个村（居）民委员会全部实行“一人一票”直接选举，参加投票总人数 191306 人，参选率 78%，共选举产生村民委员会 286 个、居民委员会 9 个。选举产生村民委员会主任 279 人，其中新当选 123 人，妇女干部 2 人，占 0.7%；选举产生村民委员会副主任、委员 1008 人，其中妇女干部 73 人，占 7%；选举产生居民委员会主任 8 人，其中妇女干部 2 人，占 25%；选举产生居民委员会副主任、委员 36 人，其中妇女干部 21 人，占 58.3%。年末，全县干部为 7446 人，其中女干部 2337 人，副科级以上女领导干部 72 人（其中正县级 1 人、副县级 4 人、正科级 17 人、副科级 53 人）。县委、人大、政府、政协领导班子中都配备了女干部，16 个乡镇党政领导班子中配备女干部 22 人。

2007 年，全县妇联系统启动“争创先进基层妇联组织，争当优秀妇联干部”创建活动，各级妇联组织在本地或本单位建 1—2 个妇联基层组织示范点。

2008 年，换届配齐乡镇妇联主席，完善了本县的机关妇委会、村妇代会，有机关妇委会 44 个、乡镇妇联 16 个、村妇代会 187 个。全县 11053 名党员中，妇女党员占 15.1%。2008 年共发展党员 350 人，其中女党员占 10%，村级后备干部女性占 10%；科级后备干部中女性占 21%，村妇代会主任进入村两委的比例为 0.02%。创建先进妇女组织 12 个，其中有 2 个获得州级表彰。

2010—2012 年，坚持党建带妇建的原则，在全县妇联系统继续开展“争创先进基层妇联组织，争当优秀妇联干部”创建活动，其中 2010 年创建先进妇女组织 12 个，县妇联获评省级先进集体、钱相乡冗达村妇代会获评州级先进集体。

第四章　工商业联合会

“文化大革命”时期，县工商联被迫停止工作。1985年12月，经省人民政府和省工商联批准，成立安龙县工商联筹备领导小组。1986年1月，召开第四次县工商联代表大会，恢复县工商联合会。1989年至2011年，召开了县工商联第五次、第六次、第七次、第八次、第九次、第十次代表大会。县工商联组织做好非公有制经济代表人士的工作，团结会员积极投入到积极经济建设之中，为县域经济社会发展做出贡献。

第一节　组织机构

工商业联合会是中国共产党领导的中国工商界组成的人民团体和民间商会，是党和政府联系非公有制经济人士的桥梁和纽带，是政府管理非公有制经济的助手，也是对外开放、民间外交的一条重要渠道。工商联具有统战性、经济性、民间性三大特征。安龙县工商业联合会（对外称“民间商会”）成立于1951年，在“文化大革命”时期中止，1986年1月正式恢复。1991年11月，县委批转县委统战部贯彻执行《中共中央批转中央统战部〈关于工商联若干问题的请示〉的通知》的实施意见，对新时期工商联工作职能进行调整，主要工作对象为私营企业，主要任务是做好非公有制经济代表人士思想工作，通过团结、帮助、教育，在他们中间逐渐培养一支坚决拥护党的领导的积极分子队伍。

县工商业联合会会员有企业会员、团体会员和个人会员三种。国营企业一般可由专业公司参加企业会员，也可以由国营企业或其代表人参加为企业会员或个人会员；城镇企业一般可由城镇集体企业协会或联合会参加为团体会员，也可以由集体企业或其他代表人参加为企业会员或个体会员；城镇合作企业一般可由合作社联合社参加为团体会员，也可由合作企业或其代表人参加为企业会员或个人会员；乡镇企业一般可由乡镇工业或商业总公司参加为企业会员，也可以由乡镇企业或县联合体或其代表人参加为企业会员或个人会员；中外合资企业、合作企业、外商独资企业可以参加为企业会员；行业协会及其他行业性经济组织团体，通过协商，参加为团体会员；过去经营各类工商企业的人员，可以参加为个体会员；个体工商者一般可由个体劳动者协会参加为团体会员，具备一定条件的个体企业或个人商业者也可参加为企业会员或个人会员；在工商界有密切联系或有特殊贡献人士，可以被邀请参加为个体会员；与工商联工作有密切联系的单位，通过协商，派人参加会员。

龙广商会，1996年7月成立，参加的行业主要有饮食、旅社、运输、修理等，初始会员160人。德卧商会，1997年12月26日成立，参加的行业主要有饮食、旅社、运输、修理、种植业和养殖业等，初始会员415人。新安商会，2002年3月14日成立，参加的行业主要有饮食、旅社、运输、修理、种植业和养殖业等，初始会员210人。普坪戈塘联合商会，参加的行业主要有饮食、旅社、运输、修理、种植业和养殖业等，初始会员215人。

2002年3月14日，成立安龙县商会信息服务中心。

第二节　县工商业联合会会员代表大会

一、第五次会员代表大会

1989年11月26—27日在县城召开，出席会议代表109名，其中妇女代表40名，个体户、私营企业和集体企业的代表63人。大会的主要任务是：学习中国共产党十三届五中全会公报和江泽民总书记在国庆四十周年大会上的讲话；听取和审议安龙县工商业联合会第四届执行委员会工作报告，总结过去工作的经验和明确今后的工作任务；选举安龙县工商业联合会第五届执行委员会；通过关于工作报告的决议。采用等额选举办法，以无记名投票方式选举王永文、罗绪伟、景诗侠、马必忠、黄宗发、肖文汉、杨海、徐文达、陆绍军、韦正琴、杨杰贵、吴光明、张林芬、许顺发、林芝国、张启华、谭华英、颜学益、袁再琴、张文銮、李光琴、岑延国、张朝甫、何仕英、戴贞秀、刘洪明、徐赐功、刘祥文等28人为安龙县工商业联合会第五届执行委员会委员。在第五届执委会第一次会议上，选举王永文为主任委员，罗绪伟、马必忠为副主任委员，罗绪伟为秘书长，肖文汉、黄宗发、杨海、景诗侠为常务委员。大会审议通过《关于聘请景诗侠为第五届执行委员会名誉主任委员的决议》。

二、第六次会员代表大会

1992年9月1—2日召开，出席会议的代表106人。其中，妇女代表51人，私营企业、个体工商户和集体企业的代表90人，党外人士代表92人，代表年龄平均45岁。第五届工商联副主席罗绪伟致开幕词，县委副书记杨胜发代表中共安龙县委讲话，副县长胡荣基代表县人民政府讲话，第五届工商联主席王永文受安龙县工商业联合会第五届执行委员会的委托，向大会作《安龙县工商业联合会第六届会员代表大会工作报告》。以无记名投票等额选举的方式选举王永文为县第六届工商业联合会主任委员，罗绪伟、马必忠、黎明荣、宋廷炎为副主任委员，景诗侠为名誉主任委员，罗绪伟兼任秘书长，杨序兰为副秘书长，杨明荣、石卫明、吴光明、张林芬、许顺发、林之国、谭华英、颜学益、袁再琼、张文銮、李光琼、杨永贵、岑延国、侯凤琼、何世英、戴贞秀、刘洪明、张应珍、杨胜刚、熊玲、罗开素、陈兴会、唐清秀、岑永梅、卫大国、王继思、蒋光琴、宋庭炎、王成为第六届工商业联合会执委会委员。大会审议通过《安龙县工商业联合会第六届会员代表大会工作报告》。

三、第七次会员代表大会

1997年7月7—8日在县政协四楼会议室举行，出席会议代表90人。大会听取曹正择作《在安龙县工商业联合会第七届代表会议上的工作报告》，县委书记殷晓敏在会上作讲话。大会采取无记名投票等额选举的方式，选举王永石、朱大兴、宋廷炎、熊玲、徐州、曹正择、许顺发、张文銮、李国祥、罗占祥、刘志隆、马必忠、景诗侠、孙贞华、王成、姚长春、陈萍、朱玉芬、王建国19人为县工商联（商会）第七届执行委员会。在县工商联（商会）第七届执行委员会第一次会议上，选举曹正择为会长，熊玲、朱大兴、宋廷炎、王永石为副会长，徐州为秘书长。会议审议通过《关于安龙县工商业联合会（商会）第六届执委会工作报告》，并作出决议。

四、第八次会员代表大会

2001年10月29—30日在县政府四楼会议室召开，县工商业联合会（商会）第七届执委会主委宋赢作第七届执委会工作报告，对上届工作的回顾，从8个方面进行总结。会议向全县非公有制经济人士发出倡议号召进一步发展非公有制经济，会议选举宋赢为第八届县工商业联合会（民间商会）会长，熊玲、王成、保嘉、张文銮、宋战金为副会长，杜福翠为秘书长。

五、第九次会员代表大会

2006年9月18日在皇城大酒店召开，出席会议代表91人。会上，县工商联（商会）第八届会长宋赢作第八届执委会工作报告，对上届工商联工作从7个方面进行总结。会议选举辛富康为县第九届工商业联合会（民间商会）会长，朱德华、黄国琼、宋战金（非公人士）、黄海玲（非公人士）、邢嫣明（非公人士）、杨秀龙（非公人士）、徐兴富（非公人士）、刘进杰（非公人士）、张贞鋆（非公人士）9人为县第九届工商业联合会副会长，张贞鋆、徐兴富2人为县民间商会副会长，杜福翠为县第九届工商业联合会秘书长，辛富康、朱德华、黄国琼、杜福翠、宋战金、黄海玲、邢嫣明、杨秀龙、徐兴富、刘进杰、张贞鋆、王礼鑫、陈世海等13人为县第九届工商业联合会(民间商会)常委会委员，辛富康、朱德华、黄国琼、杜福翠、宋战金、黄海玲、邢嫣明、杨秀龙、徐兴富、刘进杰、张贞鋆、杨贞铧、陈明龙、简志杰、李远清、贺勇、龚修志、辛玉平、王礼鑫、陈世海、刘光平、胡林、王德定等23人为县第九届工商业联合会(民间商会)执行委员会委员。会议向全县非公有制企业人士发出《争做安龙县跨越式发展优秀建设者倡议书》，审议通过宋嬴作的第八届执委会工作报告，并作出决议。

六、第十次会员代表大会

2011年10月10日召开，选举产生第十届安龙县工商业联合会(民间商会)班导班子，职数设置执委39人、常委25人、主席1人、副主席14人(非公有制副主席11人)。县政协副主席辛富康当选为安龙县工商业联合会(民间商会)主席(会长)，杨亚祥、黄国琼当选为安龙县工商业联合会(民间商会)副主席(副会长)；杜福翠当选为安龙县工商业联合会秘书长；颜克忠、刘进杰、江飞、王银彩、李桂民、吴明辉、王显勇、宋战金、许光伍、何龙国、张忠益当选为安龙县工商业联合会(民间商会)非公有制经济组织副主席(副会长)；徐祖明、唐素炎、李林冲、韦定荣、陈定忠、刁宏建、佘昌明、张玉明、张继伟、郑寿然、刘再波、陈世海、陈勇、李远明、刘金鑫、雷忠明、王文洪、吴昊、何勇、刘万金、陈才明、杜福建、辛铧、甘丽蓉当选为第十届安龙县工商业联合会(民间商会)常委、执委。

第三节　主要活动

1989年，县工商联主要做非公有制经济代表人士思想政治工作，调查城关镇和部分区从事冶炼、开采、加工、饮食、旅社、商业、运输、修理业的13户私营企业，吸收新会员38人。

1990年，县工商联执委会以经济建设为中心，围绕治理整顿，对全县13个地方工业针对金融管理、吸收游资、投资环境、市场问题、产业政策、企业效益等进行专题调研，提出相应的建议。举办缝纫培训30人次。是年6月，县工商联选派5人参加广西百色举行的“龙舟物资交流会”，参展物资有煤、锑锭、硫磺、玻璃油毡等7个产品，建立意向关系的有18个单位、个人，涉及广西百色、贵港、玉林、柳州、桂林和广东、广州、湛江及云南部分地区，总成交14.38万元。停销的玻璃油毡、硫磺重新打开销路，至当年底成交玻璃油毡2500卷、硫磺45吨。

1993年后，国家出台相关政策，简化个体工商户营业执照办理手续，对边远山区个体工商户给予扶持政策。是年，全县个体工商户和私营企业2654户(其中私营企业38户)，从业人员6621人(其中私营企业2386人)，注册资本2219万元(其中私营企业106万元)。1994年，发展到2925户(其中私营企业58户)，从业人员7286人(其中私营企业274人)，注册资本2893.4万元(其中私营企业1417万元)，居全州第二位。1995年，发展到3243户(其中私营企业75户)，从业人员8226人(其中私营企业3179人)，注册资本3890万元(其中私营企业1814万元)，向国家缴纳税金555.8万元，占全县工商税收的22.2%。

1996年7月，召开全县非公有制经济人士代表座谈会，围绕非公有制经济“三背靠”政策(创造投资环境，背靠大专院校和科研单位；背靠大中型企业，引进外来资金；背靠内部民众，引出内部闲散资金)，建立项目库，形成《优惠的政策，实在的回报》专题材料，参加全省非公有制经济代表人士座谈会。成立安龙县民间商会龙广分会。10月，协调处理新安镇大坪片区、双龙滩片区、金碑片区和海子乡锑冶炼污染问题。至1996年10月，全县个体工商户和私营企业发展到3364户(其中私营企业38户)，从业人员8518人(其中私营企业3321人)，注册资本4208.3万元(其中私营企业2103万元)，向国家缴纳税金727.4

万元，占全县工商税收的24%。从类型上看，主要有个体工商户、私营企业和合资联营企业等；从行业上看，主要有工业、建筑业、交通运输业、商业、饮食业、矿产开采业、养殖业、种植业等，商业、饮食业、服务业呈稳步增加趋势。

1997年，筹备成立德卧镇、新安镇民间商会分会，筹建县冶炼同业公会、运输业同业公会。

1998年，全县个体工商户发展到3359户，从业人员5249人，私营企业发展到94户，从业人员3614人，集体企业发展到172户。德卧镇、新安镇两个民间商会分会成立后发展会员共103人。

1999年10月，县委统战部、县工商联、工商局、税务局、乡镇企业局联合制定《评选安龙县“十佳”个体工商户和“十佳”乡镇企业工作方案》。是年，全县个体工商户3742户，注册资金2689万元，从业人员6023人，私营企业95户，注册资金2596万元，从业人员1425人。发展个人会员20余人，私营企业会员2个，县商会有团体会员17个、企业会员24个，个人会员206人。

2000年，贯彻执行《黔西南布依族苗族自治州个体工商户私营企业发展与保护条例》，县政府投资250万元支持厂矿企业，协调金融部门给予支持；对个体工商户私营企业兴办教育给予优惠和帮助；对收入较低的贫困户，免收办证费用，在“四荒”地从事种养业3年内享受农业特产税减免优惠。是年，县工商联会员总数530人，团体会员17个，企业会员25个。全县非公有制经济代表人士中有人大代表10人、人大常委会委员2人，政协委员14人、政协常委会委员4人，工商联执委会委员12人、常委会委员7人。县工商联会员向灾区、残疾人。贫困学生捐款捐物4万元；德卧分会组织会员赞助6000元安装德卧街道路灯。全县非公有制经济人士累计捐赠公益事业、光彩事业资金10余万元。

2002年5月，组织个体工商户、私营企业参加昆明国际商品展销会；收集整理以世贸知识、经济政策、法律、信息，编辑《安龙非公有制经济内参》；10月，组织非公有制经济人士代表参加州工商联举办的世界贸易组织（WTO）知识讲座。

2003年7月，在第三届荷花节期间，为非公有制人士开办4个经济类型展厅。

2004年9月，组织非公有制经济人士参加乌鲁木齐对外经济贸易洽谈会，对外宣传县内优势项目。是年，新发展会员110人，其中个人会员100人，企业会员10人；县内非公有制经济人士参加光彩事业和各类社会公益事业，捐赠各类款项总计100余万元。

2005年，新发展个人会员50人、企业会员2人，成立安龙县冶金行业协会和安龙县商会“两广”分会。

2007年，新发展个人会员35人，组织非公有制企业5户参加在兴义举办的商品展销和经贸洽谈会。

2010年，组织非公有制经济人士向干旱灾区、失学儿童、社会弱势群体捐助170余万元，其中金荷名都房地产开发公司捐款20万元。是年11月，成立安龙县工商联会员工作领导小组，对全县工商联会员重新进行登记。

2011年5月，工行安龙县支行启动“工银商友俱乐部”。在全省民营经济发展表彰会上，龙山鑫发煤矿获“贵州省十佳民营企业纳税大户”、李远明和刘大志获“贵州省百佳创业小老板”，喜洋洋购物广场经理周韬获“贵州省百佳个体工商户”。县内民营企业为望谟特大洪涝灾害捐助71.68万元、为“雨露计划·圆梦大学”捐助贫困大学生24.8万元；县工商联（商会）副主席（副会长）、邱家湾煤矿矿长颜克忠捐资110多万元，修建北乡村老屋基组通组公路4条，全长5.5千米。

2012年，发展新会员25人，其中个人会员20人、企业会员5人。开展“万企助村”活动，县内13家民营企业参与帮扶活动，通过产业带村、资金扶村等，共帮扶19个村民组，投资项目19个，投资金额达200多万元，受益4万多人。

第五章　科学技术协会与文学艺术工作者联合会

中共十一届三中全会以后，县科学技术协会（以下简称“县科协”）职能得到强化，在全县科学技术普及与推广工作中发挥了作用。1996年4月，成立安龙县文学艺术工作者联合会筹备委员会，1998年10月31日，安龙县文学艺术工作者联合会第一届会员代表大会暨安龙县文学艺术界联合会（以下简称“县文联”）成立大会召开。

第一节　县科协及活动

1989年3月17日，县科学技术协会建立十二份蔬菜协会。全县示范推广蔬菜20公顷，在坡脚乡坡脚村者干租用农户冬闲田发展早熟蔬菜2公顷；在坡脚、科汪、十二份、大坪、五格等地共举办技术培训班8期，受训1100余人次，咨询2000多人次，发放科普书籍资料700余册。

1990年，县农学会先后开展杂交水稻温室、地坑两段育秧、杂交玉米营养袋育苗定向移栽、地膜旱稻、地膜苞谷和旱地分带轮作等技术培训，参办培训班89期共5500人，推广杂交水稻5359.93公顷，平均每亩产量590千克，推广地膜苞谷584.8公顷，平均每亩产量311.5千克。县畜牧学会技术培训54期共2103人；县林学会举办技术培训6期共523人；县科协举办蔬菜、果树栽培技术培训3期，共受训216人。

1991年，县科协在龙广十二份及花障乡、坡脚乡举办玉米、烤烟、油菜和早熟蔬菜栽培技术培训班，共培训164人。试验筛选蔬菜良种12个，引进果树良种18个，创建密、早、丰落叶水果基地2.67公顷，带动和帮助群众兴建果园3.53公顷。县农学会、县畜牧学会、县林学会等共培训人员1.57万人次；开展科技市场咨询237场，接受咨询的群众3万余人次，印发技术资料2.91万份。

1992年，在龙广镇、木咱镇、兴隆镇、坡脚乡举办蔬菜、水果、烤烟栽培培训，共培训1430人；科技咨询服务55场次，接受咨询1.3万余人次。因建镇并乡撤区工作影响，乡镇学会协会中断。

1993年，沿南昆铁路、盘（县）百（色）公路、兴（义）天（生桥）公路6个乡镇召开科普培训会，讲授蔬菜、果树栽培技术知识，向海子、钱相、平乐、永和、龙山花障等地群众赠送蔬菜良种，价值875元。全县蔬菜种植面积扩大到820公顷，引进优质梨、桃苗6万余株；成立乡镇科学技术协会3个。

1994年1—2月，销售梨、桃苗1.4万株，扩大种植13.33公顷。是年，成立村级农村专业技术研究会3个；召开科技培训会8次，培训512人次，发展果蔬研究会会员68人，科技咨询3300人次。

1995年，成立新桥乡木科村科普协会，发展会员63人；成立县香功协会，发展会员82人；召开语文、数学、物理、化学、外语5个学会年会，收集论文18篇，新增会员38人。至年底，全县有科普协会、专业技术研究会会员335人。

1996年，举办科技培训班103次共1.36万人次，其中农村基层干部1646人次，发放科普宣传资料5136份。坚持科技赶场，接受咨询2万人次。

1997年，举办种养殖培训97次共1.07万人次；县科协跟踪培训14次共1450人，其中农村党员、基层干部80人。

1998年3月18日，开展“科技一条街”活动，12个单位科技人员共68人参加，发放技术资料4800份。全年举办科普讲座10次，受教育2400人次；举办实用技术培训班66期，受训4.02万人次。召开化学、物理学会年会，共收到论文40篇，发表论文36篇，收入《中国农业文库》1篇。

1999年，县科协在平乐乡渔浪村开展“菜—粮—菜”蔬菜栽培模式技术培训，受训181人。向全县赠送晋菜三号、丰抗80、小杂56、山东四号、山东六号等蔬菜良种共334包，赠送科技丛书53种共423册。

2000年，揭批邪教“法轮功”反动本质，巡回展出“崇尚科学文明，反对迷信愚昧”图片展，展出图片177幅，接受参观8.09万人次。

2001年，揭批邪教“法轮功”本质、揭露伪科学，举行“科普挂图展”“万人签名活动”“反法轮功万人签名活动”“崇尚科学文明，反对迷信愚昧”图片展，参加活动1.5万余人次。在新安、钱相、新桥、龙广、龙山、坡脚6个乡镇共12个村开展“庭院经济”“稻田养鱼”等实用技术培训，受训1050人次；在新安镇西河村、阿召村举行果树栽培管理技术培训3期，受训果农321人次。

2003年4—6月，组织预防非典知识宣传专栏2次、现场咨询2次，发放传单1万余份，受教育2万余人次。全年新建学会1个，征收学术论文200余篇，入选《中国国际苗博会论文集》4篇。在新安、新桥、龙广、德卧、普坪等地，开展经果林、蔬菜、粮食作物、养猪、鸡、鸽、竹鼠、种草养畜等实用技术培训5060人次，赠送科普图书200册。

2004年，在县城、龙广、德卧、新桥等地巡回展出“反对邪教、崇尚文明”图片5场次，观众1万余人次；在一中、二中展出“创新能力”“走进高新技术世界”挂图，到现场观看的师生5000人次；县农业、水电、畜牧、气象等学会送科技下乡，接待群众6000余人次，发放技术资料5000份。在全县农村开展玉米肥球移栽种植、水稻旱育稀植、科学种烟等农村实用技术培训80场次共2万余人次，赠送科技资料5000余份。组建“县荷花畜禽养殖专业协会”；新建响乐优质米专业技术协会，发展会员179人；组建“县民族民间中草医药学会”，发展会员73人，接待患者4万余人，参加全国和国际医药推荐会8次。

2005年6月，开展“反对邪教，崇尚文明”图片展和“科学防治传染疾病”“反邪教”“加强廉政建设”宣传活动，受教育群众2.6万人次。7—8月，完成贵州省首次公众科学素养调查，涉及4个乡镇共8个村。县科协全年指导新安、普坪完成玉米肥球种植966.67公顷、旱育稀植200公顷、烤烟种植133.33公顷；科技局、农业局、畜牧局、烟办等单位，分别到新安、兴隆、钱相、普坪、海子、洒雨、新桥、龙广、德卧、木咱等乡镇培训农民1000余人次，赠送《果树栽培与管理》《科学种烟知识》《水稻旱育稀植技术》《科学养殖技术》等科技资料2000余册（份）。成立安龙县荷花种养协会。

2006年6月，在县城展出“反对邪教，崇尚文明”图片展，参观群众4500余人次，发放科技资料5种共3000余份。成立科普惠农兴村工作领导小组，组建县“三农”服务团，到钱相乡现场培训玉米肥球移栽种植、水稻旱育稀植、科学种烟等实用技术培训320余人。

2007年，先后在新桥镇荷花村、新安镇五格村开展种植、养殖技术培训，受训230人。县科协、农业局、科技局联合在新安镇五格村试验种植冷凉蔬菜0.67公顷。

2008年，成立坡云养殖协会、火蒙移民社区种养专业技术协会和响乐移民社区种养专业协会。

2009年，开展送资料、送科技、送新项目、送新成果和开展农业实用技术培训“四送一训”科普惠农活动，授课专家8人，参训农民8000余人，选定科技示范户89户。邀请中国台湾“神农科技发展协会”理事长廖树宏一行到县讲学，35个部门共80人参加听讲，35人参加交流。成立安龙县芭蕉芋粉丝协会，德卧镇大水井金银花专业技术协会更名为安龙县金银花协会。

2010年，完成全国第八次全民科学素质调查暨第三次贵州省全民科学素质调查。全年共开展技术培训14场次，受训群众2300余人；贯彻《中华人民共和国科学技术普及法》，落实科普经费人均0.2元，列入县级财政专项预算。

2011年，县科协送科技知识下乡6场次、开展“送资料、送科技、送新项目、送新成果”培训8场次；开展“百万公众网络学习工程”，摆摊设点宣传35场次、集中学习55场次、张贴倡议书37张、发学习资料109张、宣传资料3332份；开展“节水在我身边青少年科学调查体验”活动，观看科普片13场次、模拟收集雨水数据9次、专题讨论3次、指导学生计算降雨量7次，参加人员共1023人。投入资金30余万元，建设德卧镇火蒙移民点白山药科普示范基地3.33公顷。健全完善县优质米专业技术协会、县种子协会、火蒙移民种养专业技术协会。

2012年，德卧中学启动“科学饮食，健康生活”青少年科学调查体验系列活动，参观科普科技模型、3D科技展板、知识答题竞猜，2400余名师生参加活动。全县举办主题科普活动4场次、科普展览1次，发放科普挂图280张，受教育群众8400人次。

第二节　县文联及活动

一、组织机构

1996年4月，成立安龙县文学艺术工作者联合会筹备委员会，陈翰辉任筹委会主席；成立中共安龙县文学艺术工作者联合会党组，黄思豪任书记。

1998年10月，召开安龙县文学艺术工作者联合会第一届会员代表大会，选举莫苍知为主席。2008年4月成立县摄影家协会，2009年12月成立县作家协会，2012年7月成立县音乐家协会。

二、县文学艺术界联合会会员代表大会

县文学艺术工作者联合会自成立以来，召开全县会员代表大会1次。1998年10月31日，安龙县文学艺术工作者联合会第一届会员代表大会暨安龙县文学艺术界联合会成立大会召开。出席会员代表34人，贵州省文联联络部、黔西南州文联及贵州南江水利集团文联、兴义化工总厂文联、贞丰县文联领导或代表到会祝贺。会议聘请贺登祥为名誉主席，选举莫苍知为安龙县文学艺术工作者联合会主席，王力行为副主席。在第一届第一次理事会上，任命王力行为秘书长。

三、主要活动

（一）荷花笔会

第一届　1999年9月21—23日举行。由贵州省作家协会、中共安龙县委、县政府联合主办，县文联承办，省作家协会作家和省国画院美术家23人、黔西南州内作家32人、县内作者48人出席笔会。笔会活动中，县长贺登祥和省作协秘书长苑坪玉签订《共建贵州省作家协会创作基地协议》。省内作家徐成淼、苑坪玉在县电影院举行文学讲座，县城中学、师范学校师生1000余人聆听讲座；与会作家、艺术家还到万峰湖采风、与本县作者面对面谈评稿件的修改等。

第二届　2008年7月27—29日举行，邀请省、州作家、摄影家60余人参加。组织艺术家到金宏重化工基地、打凼、香车河等地采风；召开座谈会，共商安龙文学艺术工作大计；编辑出版反映全县改革开放三十年成就的画册1辑；举办“荷都三十年”改革开放三十年成就图片展，参观影展群众1万余人次。

第三届　2009年7月8—12日举行，省文联党组书记李碧川、副主席井绪东到会指导，重庆、福建、云南和省内贵阳等地作家、画家、摄影家90余人参加笔会。举办2009年贵州少数民族文学创作改稿班，启动“荷都颂”诗歌、散文、歌词、诗词楹联征集活动，举办“辉煌六十年——魅力荷都”书法、绘画、摄影活动，举办“辉煌六十年——魅力荷都”采风活动；举行《南明史料》征集新闻发布会，向社会各界征集“南明史料”。笔会期间，与会书画家为安龙创作书画作品120余幅（后存于县档案馆），省内作家欧阳黔森、李发模分别举办文学专题讲座；举行首届全省旅游景区小节目会演，县文化馆编排的《荷花姐妹》获一等奖。

第四届 2010年7月21—28日举行，来自云南省曲靖市、广西百色市及贵州省贵阳市、黔西南州内文艺爱好者150余人参加笔会，军旅作曲家杜兴成应邀参加笔会。举行滇、黔、桂三省（区）百名作家、艺术家采风活动，作曲家杜兴成、作家李发模分别作专题讲座，举办刘和璧荷花写意展；举行“荷都颂”诗歌、散文、歌词、诗词楹联征集评奖活动，评出一等奖1名、二等奖2名、三等奖3名、优秀奖10名。笔会期间，与会作家创作文章100余篇，书法、绘画、摄影作品300余幅，相继在云南、广西的各种文艺刊物及省内《贵州作家》《金三角》《绿海》《黔西南日报》《盘江潮》等报刊上刊发，省内作家龙锋描写香车河散文《古村飘香》在《人民日报》海外版刊载。

第五届 2011年7月28日举行，举办90米长卷荷花写生活动，县内书画爱好者80余人，创作书画作品120余幅。7月28日至次年4月28日，与中国金州网合作，围绕“高原荷都·魅力安龙”主题，专题举办“荷文化”网文、摄影大赛，征集作品100余篇（幅）。

（二）文艺演出和书画展

1998年8月5日，举办第一届荷花节摄影展，展出照片100幅。

2000年春节，在安龙博物馆门楼，举办安龙县“迎接新世纪”摄影展，展出风光摄影作品98幅。7月28日，在安龙二小举办中国贵州安龙荷花节“名人名家书画摄影展”，设展厅7个，展出名人名家书画作品102幅、省内3个自治州摄影作品320幅、黔西南州和黔南州老年荷花摄影作品80幅、县内荷花摄影作品180幅，观众5000余人。

2001年7月1—31日，在县供电局举办建党80周年摄影展暨集邮邮票展，展出摄影作品220幅、邮票若干。

2003年7月，在县老干局举办第三届荷花节书画摄影展，设展厅4个，展出书画作品180幅、荷花摄影作品200幅。展出得到江苏籍画家江辰和盘县摄影家协会的支持。

2004年8月，在县老干局举办金秋书法美术摄影大赛，展出书法、美术、摄影作品210幅，展出时间15天，书法、美术、摄影作品各评出一等奖1名、二等奖2名、三等奖3名、优秀奖若干名。

2005年8月，配合全省老年书画摄影年会在兴义召开，县委组织部、县离退局和县文联联合在县离退局举办老年书画摄影展，展出书画摄影作品120幅。

2007年7月21日至8月3日，在招堤广场举办“展龙城风采，促安龙经济发展”图片、书画展，县内摄影、书画作者47人展出书画作品230幅，接受参观5万余人次；7月29日，县文联与县人武部在招堤广场举行“庆祝中国人民解放军建军80周年军民联欢文艺演出”，表演节目13个。

2008年2月5—22日，举办“迎新春，促和谐”书画摄影展，展出作品288件；7月下旬至12月底，在安龙博物馆举办“纪念改革开放三十周年成就图片展”，展出图片130余幅，观看群众4万余人次。

2009年9月22—23日，黔西南州文联与县政府共同主办黔西南州首届诗词楹联（会）展，展出诗词楹联100余首、书画作品200余幅，国庆期间举办“庆祝中华人民共和国成立60周年书画摄影展”；组织近百幅摄影作品，参加“安龙、望谟、贞丰、兴仁4县摄影作品展”；选派6人参加广西乐业“滇、黔、桂三省（区）山歌王擂台赛”，获优秀组织奖。

2010年4月，县文联分别与县地税局、县国土局和县国税局联合举办“首届荷都地税杯”征文、“国土资源杯”演讲比赛和“百名作家话税收”“我与税收”征文活动，编印《绿海》地税专刊；组织作家、艺术家“走进海子”创作采风，为县内百岁老人7人拍摄全家福、生活照。组建村组文艺队伍

126支，王仲贤、罗元栋等民间艺人创作歌曲、小品和方言快板，宣传效果明显，得到省、州文联领导肯定。

2011年7月11日至8月15日，在安龙博物馆展出以写荷、画荷为主的书画作品100余幅，参观展出群众3000余人次。

2012年7月，举办全国书画名家作品展，展出作品100余幅，展期2天，参观1万余人次。

（三）创办《绿海》杂志

1996年6月，县文联复刊县内纯文学刊物《绿海》。《绿海》创刊于1985年1月，由县文化馆主办，县志办龙尚学、陈翰辉主编，为当时黔西南州内唯一的县级文学刊物。至1987年5月，《绿海》出刊第2期后停刊。

复刊后的《绿海》，16开64页，四彩封，4页内彩，共72页，设“小说”“散文”“诗歌”“散文诗”“文学评论”等栏目，每期10万字，每期另载摄影、书法作品30余幅。坚持以安龙为主，传承安龙历史文化，培养安龙文学新人，其编辑方向概括为3个1/3：名人名家写安龙作品占1/3、本地作者作品占1/3、县籍在外作家作品占1/3。

2007年，《绿海》增设“特稿”“龙城旧事”“荷都故事”“新人新作”等栏目，由正16开改为国际通行大16开。

至2012年年底，《绿海》杂志共出刊32期、增刊《龙城之旅》1期，刊登小说63部（其中长篇小说1部、中篇小说12部）、散文470篇、散文诗40篇、诗歌111首（组）、文学评论33篇、其他体裁作品99篇，340余万字；另刊载书法作品14幅、美术作品6幅、艺术照片683幅。外地文学刊物转载小说3部、散文2篇。

第六章　县残疾人联合会

1991年6月，成立县残疾人联合会，县民政局代管。2002年2月，县残疾人联合会明确为参照《中华人民共和国公务员法》管理的事业单位。1998年至2012年，县先后召开第二次、第三次、第四次残疾人联合会代表大会。残疾人康复、残疾人教育、就业与扶贫、信访与维权等工作正常开展。

第一节　组织机构

1991年6月，成立县残疾人联合会，县民政局代管，为副科级单位，理事长由县民政局副局长兼任。1992年5月4日，县政府成立残疾人事业领导小组，县政府副县长刘继明任组长，县民政局、县卫生局、县民委、县医院、县总工会、团县委、县教育局、县财政局、县妇联等部门负责人为成员。9月3日，县政府下发《关于转发县残疾人联合会〈关于建立乡（镇）残疾人联合会意见的报告〉的通知》，要求“各乡（镇）建立残疾人联合会，尽快完善残疾人工作体系”。1994年3月，县残疾人联合会升格为正科级单位，挂靠县民政局。1997年11月28日，根据县机构编制委员会《关于明确县乡（镇）残疾人机构人员编制及有关问题的通知》，县残疾人联合会定行政编制3人、事业编制5人，内设行政股、业务股；乡镇残疾人工作办公室为正股级机构，全县定事业编制35人。12月16日，成立县残疾人康复指导站。2002年2月26日，根据县委《关于印发安龙县残疾人联合会职能配置、内设机构和人员编制方案的通知》，确定县残疾人联合会明确为参照《中华人民共和国公务员法》管理的事业单位，核定事业编制4人，设理事长1人。

第二节　县残疾人代表大会

一、安龙县残疾人联合会第一次代表大会

应于1998年召开，实际未召开。

二、安龙县残疾人联合会第二次代表大会

2003年4月27—28日在荷花村（现泓芙蓉酒店）召开，出席会议代表50人，选举车志敏为县残疾人联合会第二届主席团主席、李明荣为副主席，选举出席黔西南州残疾人联合会第三次代表大会代表9人和黔西南州残疾人联合会第三次代表大会主席团委员候选人，推选李明荣为出席贵州省残疾人联合会第四次代表大会代表候选人。

三、安龙县残疾人联合会第三次代表大会

2007年12月5—6日在皇城酒店召开，出席会议代表90人，其中残疾人代表50人、特邀代表10人、其他代表30人。会议选举黄显荣为主席团主席，李明荣为主席团副主席；选举出席黔西南州残疾人联合会第四次代表大会代表9人。

四、安龙县残疾人联合会第四次代表大会

2012年12月26—27日在泰安酒店召开，出席会议代表76人，其中残疾人代表31人、残疾人工作者代表23人、特邀代表22人。会议选举贺礼刚为安龙县残疾人联合会第四届主席团主席、李明荣为主席团副主席；选举出席黔西南州残疾人联合会第四次代表大会代表13人。选举产生5个专门协会：肢残协会主席符治和、副主席梁大波、委员林华、秦利剑，盲人协会主席苏昌良、副主席杨天福、委员刘富安，听力言语协会主席李碧波、副主席刘家发，精神残疾亲友协会主席贺发经、委员唐安平，智力残疾亲友协会主席陈文芳、委员张仕林。聘请县委常委、县委宣传部部长陈磊为县残疾人联合会第四届主席团名誉主席，聘请县人大常委会副主任尹洋华、县政协副主席罗华坤为县残疾人联合会第四届主席团名誉副主席。

第三节　主要活动

一、残疾人康复

白内障复明手术　1993—2012年，安龙县采取请省残联派医疗队到县手术和组织包车免费输送患者参加健康快车、到定点医院手术等，共免费为患者实施复明手术1679例。

小儿麻痹症肢体矫治　1993年，省残联派414医院小儿麻痹症肢体矫治医疗队到县实施手术150例；1994年组织输送实施小儿麻痹症肢体矫治148例。

聋儿、听力、语言康复训练　2003—2010年，县残联利用残疾人综合服务中心和输送到州残联举办康复培训班，以及省康复中心到县康复筛查进行康复训练54人次，培训聋儿家长72人次。

肢体残疾人康复训练　1996—2012年，县残联组织开展肢体残疾人康复训练109人次，肢体残疾人康复矫治23人。

残疾人假肢安装　2002—2012年，组织到省残联假肢厂和兴义假肢厂进行大腿、小腿假肢安装共59例。

1993－2012 年县残联开展的残疾人康复情况表

表 6-6-1

年度	白内障（例）	儿麻矫治（例）	聋儿、听力、语言康复训练	聋儿家长培训（人）	肢体康训练	肢体康复矫治	假肢安装	低视力家长培训	智残儿童康复训练	孤独症儿童训练	盲人定向行走	助听器	用品用具	麻风畸残矫治
1993	14	150	—	11	—	—	—	—	—	—	—	—	—	—
1996	25	148	—	6	18	—	—	—	2	—	—	—	—	—
2001	196	—	—	—	—	—	—	—	—	—	—	—	—	—
2002	40	—	—	—	46	20	6	—	7	—	—	—	—	—
2003	38	—	4	—	12	—	1	—	—	—	—	—	35	—
2004	75	—	5	5	—	—	7	—	—	—	—	2	130	36
2005	56	—	14	14	—	—	1	—	—	—	—	—	146	—
2006	80	—	7	7	—	—	—	—	—	—	—	—	—	—
2007	105	—	4	5	—	—	3	—	—	—	—	—	197	—
2008	103	—	8	8	5	—	23	1	4	8	—	—	166	—
2009	126	—	6	8	9	—	3	2	8	—	20	—	192	—
2010	240	—	6	8	9	—	—	—	9	—	20	—	229	—
2011	268	—	8	8	5	3	6	5	5	—	10	—	182	—
2012	313	—	8	8	5	—	9	35	5	—	28	16	120	—
合计	1679	298	124	88	109	23	59	43	40	8	78	18	1397	36

二、残疾人教育、就业与扶贫

1993 年后，县境有接受普教能力的“三类残疾”儿童，同正常儿童一样，实现就地就近随到班就读，同等接受九年制义务教育。其中，1993—2012 年，接受九年制义务教育的残疾儿童共 2314 人。2003—2004 年，对 12 名盲童实施中西部盲童入学项目补助。

1993—2012 年，县残联以残联培训教室，省、州、县残疾人扶贫示范基地，州、县残疾人科技养殖示范基地为中心，聘请畜牧、农业专业技术人员和种植业、养殖业专业人员授课，开展残疾人的职业技术培训 2735 人次。另选送 24 名盲人参加按摩培训。

为残疾人寻找门路，推荐残疾人就业，从事农村种养就业 1929 人次，推荐残疾人集中就业 450 人次，推荐和鼓励盲人到广东、云南及省内贵阳市、六盘水市和州内兴义、兴仁、贞丰、册亨等地就业 42 人。2000 年 8 月 30 日，县政府出台《关于贯彻实施〈贵州省分散按比例安排残疾人就业办法〉的通知》，实行财政代扣代交残疾人就业保障金，开创全州、全省财政代扣代交残疾人就业保障金的先河。

2003—2004 年，对自愿参加农村医疗保险的 213 名残疾人补助资金共 2230 元。2004—2012 年，争取国家彩票公益金农村贫困残疾人危房改造项目，资助 181 户农村贫困残疾人实施危房改造。

1993－2012年残疾人职业技能培训、就业、扶贫情况表

表6-6-2

年度	就地就近随班就读（人）	中西部地区盲童入学资助（人次）	残联干部培训	盲人技能培训（人）	盲人按摩中心（人）	残疾人技能培训（人）	残疾人个体就业（人）	残疾人集中就业（人）	残疾人危房改造（户）	农村医保	享受阳光家园（人）	享受燃油补助（人）
1993	31	—	—	2	—	—	80	5	—	—	—	—
1996	—	—	16	—	—	—	130	—	—	—	—	—
2001	—	—	—	—	—	16	—	—	—	—	—	—
2002	134	—	—	1	3	110	45	35	—	—	—	—
2003	186	8	—	4	5	51	30	—	—	—	—	—
2004	292	4	15	6	4	176	17	186	61	—	—	—
2005	245	—	9	4	4	165	116	20	—	—	—	—
2006	215	—	19	1	4	170	189	26	—	—	—	—
2007	168	—	19	2	4	224	231	45	—	118	—	—
2008	225	—	7	2	4	450	140	16	—	213	—	—
2009	177	—	23	2	4	195	647	26	30	—	—	—
2010	177	—	22	—	4	223	166	51	30	—	—	—
2011	173	—	28	4	4	510	33	30	30	—	100	115
2012	291	—	32	3	4	435	105	10	30	—	102	185
合计	2314	12	190	31	44	2725	1929	450	181	331	202	300

三、信访与维权

据统计，1993—2010年，县残联接待残疾人来访1200人次，化解残疾人集体上访8次。为残疾人提供法律援助和法律服务16人次。县级出台优惠政策1个，乡镇出台优惠政策16个，村出台优惠65个。

四、残疾人证核发工作

1995年，安龙县规范残疾人证发放工作，2009年核发第二代残疾人证，至2010年年底全县共核发第二代残疾人证2100本。

第七篇　政法　军事

第一章　公　安

中共十一届三中全会以后，随着《中华人民共和国刑法》《中华人民共和国刑事诉讼法》颁布实施，公安机关的各项工作纳入法制化轨道。1982年，恢复普坪、洒雨、龙山、兴隆、化力派出所。1983年，根据中共中央、国务院《关于严厉打击严重刑事犯罪活动的决定》和全国人大常委会《关于严惩严重危害社会治安的犯罪分子的决定》，全县公安机关和检察、法院密切配合，统一行动，稳、准、狠地从重从快严厉打击犯罪活动，社会治安得到根本好转。1984年，增设德卧派出所。至1989年，全县公安机关共办理各类刑事案件759件，涉案人员1139人（不包括检察机关撤回、移送他院处理的案件90件共130人）。

第一节　刑事案件侦查

1989年，全县立刑事案件255起，破159起，其中重大案件65起，破43起。协助外省市、县公安机关破案15起，抓获案犯（含流窜犯）189人。1月25日晚，鲁沟检查站税务、工商人员被歹徒杀死1人、杀伤1人，4个多小时案件侦破，抓获犯罪嫌疑人赵某文（已被处决）。侦破洒雨区竹林乡竹林村夏某祥家被炸死2人、炸伤2人特大爆炸杀人案，德卧镇前进村朱某珍家被其女婿帅某荣炸死1人、炸伤2人的重大爆炸杀人案；破获团伙案40余起，打掉团伙32个共113人。

1990年，重点开展“除六害”“反盗窃”、打击“车匪路霸”专项斗争；5月下旬开展“严打”斗争，党、政、军、民参战768人（次），以“破大案、打团伙、抓逃犯”为目标，共破获各类刑事案件224起，摧毁各种犯罪团伙26个共118人，缴获凶器200余件、军用步枪子弹70余发、炸药34万千克、雷管220余枚、导火绳50米、抓获各类违法犯罪人员230余人。全县全年立刑事案件286起，破177起，其中重大案件立88起，破57起。摧毁各类犯罪团伙32个共138人，抓获团伙成员30余人。

1991年，贯彻“打防并举、标本兼治、重在治本”方针，立刑事案件352起，破282起，其中重大案件117起，破77起，特大案件立9起，破8起，摧毁各类犯罪团伙21个共106人，其中盗窃团伙8个共40人、抢劫团伙4个共17人、流氓团伙4个共25人、拐卖妇女儿童团伙5个共24人，抓获团伙犯罪分子65人；缴获军用枪1支、各类凶器50余件、炸药26千克、雷管28枚、导火索21.5米、其他枪8支。侦破“6·18”公安民警汪某斌被枪杀害案。1991年6月18日12时，县公安局民警汪某斌在宿舍午休时被人杀害，抢走“五四”式手枪1支，案发后，通过侦查，发现系犯罪嫌疑人周某贤所为，查明案犯已携枪逃往云南省境内，6月21日在云南省路南县将案犯周某贤围捕，因周拒捕，被当场击伤后自毙，缴获“五四”式手枪1支。

1992年，全县共立各类刑事案件立239起，破196起，其中重大案件立98起，破86起，特大案件立13起，破12起。其中杀人案15起，抢劫案27起，强奸案22起；摧毁各类犯罪团伙45名，涉及成员198人。侦破1月25日洒雨镇磨舍村陶某礼、马某芬夫妇被害案，2月3日永和镇放羊湾村杨某春、余某刚母子被害案，10月22日兴隆镇下扎村毛草坪罗某志被杀案；新安、龙广、龙山、新桥等派出所分别举行赃款、赃物发还大会。全年侦破拐卖妇女儿童案件52起，摧毁犯罪团伙7个共47人，抓获犯罪嫌疑人71人。

1993年，全县共发各类刑事案件258起，破226起，其中特大案件立6起，破5起，重大案件105起，破93起。开展“反盗窃、打团伙”、打击“车匪路霸”、“破大案、打团伙、抓逃犯”专项斗争、破案会战，摧毁各类犯罪团伙28个，涉案60个，涉及人员141人，破获隐案、积案24起，协助外省县市破案29起，抓获各类犯罪人员137人，抓获负案在逃人员38人。侦破拐卖妇女、儿童案件28起，抓获罪犯35人，批捕14人，查获拐卖团伙4个共15人，解救妇女14人、儿童1人。

1994年，立刑事案件224起，破刑事案件184起，破获特大案件12起、重大案件60起，摧毁犯罪团伙33个，抓获犯罪分子149人。开展“反盗窃、破大案、打团伙、追逃犯”专项斗争，抓获批捕在逃人员32人，负案在逃38人，破现行案件9起。开展夏季严打攻势，破获刑事案件30余起，抓捕犯罪嫌疑人26人，收容审查62人。破获“4·20”县农业局被诈骗8.9万元的特大案件，“6·2”“6·14”持刀入室抢劫案。开展百日破案会战和重点整治农村治安战役，破获重点工程建设工地2.2万枚雷管及炸药被盗案、“9·16”杀人案、二龙金矿2起抢劫案、盗窃载金碳70余千克的特大案件。

1995年，开展“追逃打流”“春季严打攻势”“打击拐卖妇女儿童犯罪”“打击取缔卖淫嫖娼活动”“集中整治农村治安、打击地方流氓恶势力”“夏季严打”“冬季破案会战”等专项治理，共立刑事案件264起，破203起，其中特大案件101起，破80起，摧毁犯罪团伙71个共212人，侦破3月8日南盘江边批捕在逃犯刘某志为首的团伙抢劫杀人案、3月4日戈塘金矿特大爆炸案、8月28日洒雨磨舍持枪杀人案、10月31日烈士陵园发生的孟某英雇请杀手打死其夫案、12月12日普坪胡巷盗杀5头耕牛案等。

1996年，立刑事案件158起，破151起，其中重大案件立57起，破55起，特大案件立10起，破9起，追回大牲畜30头(匹)、长安车1辆、盘拖1辆、摩托车4辆，收缴毒品海洛因20克、鸦片100克，打掉犯罪团伙21个共112人。破获“5·23”天生桥发电总厂土井微波高压线被盗，造成直接经济损失17万余元案件；破获“7·8”铁五局一处炸药库被盗雷管1万余枚特大案件；破获“5·13”戈塘、兴仁等地被盗耕牛30余头的特大系列案，缴获仿真“五四”手枪2支，追回耕牛2头、运送赃物车2辆。

1997年，制定《关于开展追逃集中统一行动的通知》《扫除六害、反扒窃专项整治》《春季严打整治方案》《夏季严打战役行动安排意见》《禁毒专项斗争》《5·28严打整治集中统一行动方案》《冬季破案会战方案》等，共立刑事案件140起，破132起，其中重大案件立41起，破36起。破获“1·21”特大恶性抢劫杀人案、汪某碧贩卖毒品20余克案、“7·9”特大杀人案、“10·27”绑架案，成功解救人质1人，摧毁犯罪团伙15个共63人。

1998年，按“两轮齐转，两翼齐飞”原则，推进刑侦改革和派出所改革，成立刑侦大队，下设综合科、大案中队、经济中队、技术中队和德卧、洒雨、梨树3个中队。全县共立刑事案件164起，破160起，其中一般刑事案件107起，破106起，重大案件51起，破49起，特大案件立6起，破5起，破隐案、积案19起。

1999年，开展“打击走私、盗抢机动车辆犯罪”“整治城区及乡镇所在地社会治安”“打击盗抢儿童、拐卖妇女犯罪”“打击车匪路霸确保324线国道、南昆铁路安全畅通”等专项斗争，开展“冬季百日破案会战”“九十天扫毒大行动”“三个月追逃专项斗争”等行动，全县共立刑事案件175起，破168起，其中重大案件立43起破37起，特大案件立4起破4起，破年前隐案、漏案42起。

2000年，全县共立各类刑事案件613起，侦办613起，侦破201起，其中重大案件立54起、破41起，特大案件立1起（未破），一般刑事案件立540起、破142起。

2001年，全县共侦办刑事案件877起，破获380起，补立上年案件74起、破62起，实际侦办刑事案件951起。

2002年，共立办刑事案件910起，破获486起。

2003年，开展打击偷牛盗马、“治爆缉枪”“民爆物品清理整顿”“打两抢、反盗窃”“收缴毒鼠强”等专项斗争，共侦办刑事案件741起，破获355起。

2004年，共立刑事案件828起，破489起，抓获各类刑事犯罪嫌疑人280余名，打掉各类犯罪团伙5个共50余人，涉案300余起。侦破海子乡2名计生干部被杀案、戈塘镇张某贤和陆某翠系列投毒杀人案、洒雨镇冉某美与其子张某忠被杀案、龙山镇王某文被杀抛尸案、新桥镇6岁儿童杨某富被杀案、新安镇箐山村周某兴抢劫杀人案、“4·04”胡某波等人轮奸案、“8·01”陈某付和杨某抢劫轮奸案等30余起重、特大刑事案件。摧毁以桑某卫、韩某海为首的犯罪团伙9人，破获盗抢案件21起。

2005年，共立刑事案件885起，侦破532起，其中杀人、伤害致人死亡案20起，侦破19起。4月8日，放牛群众在新安镇法统村黑石头组水库旁荒地上发现一具被焚烧的尸体，县公安局接报后，成立“4·08”杀人案专案组，查清尸源为龙山镇场坝村坡盖组谯某敏，经3天3夜努力，查明系杨某会、穆某元欲将谯及其2个男孩拐卖，谯不从，杨某会将谯带到法统杀害焚尸，案件破获后，解救男童2人。

2006年，共立刑事案件952起，侦破469起。侦破“8·27”罗某清爆炸杀人未遂案。8月27日9时36分，县公安局指挥中心接新安镇陈某纪电话报称，其车上发现爆炸物品装置。接报后，成功拆除车上的爆炸装置。27日晚，县公安局成立专案组，排查受害人陈某纪社会关系及矛盾纠纷，将目标锁定为掌握爆炸装置且与受害人有较深矛盾的广西鹿寨人罗某清。29日15时，当嫌疑人罗某清在新安镇景家冲陈某纪家周围山上观察，伺机再次作案时被设伏的民警发现。16时45分，嫌疑人罗某清从观察点返回其住宿的源源旅社。17时，在新安镇源源旅社内将罗某清成功抓获，并扣留其驾驶的面包车1辆，从其车上搜查出作案用的遥控装置（按钮）、望远镜、绝缘胶布、矿灯、启子、夹钳等物。通过指纹比对，与从受害人陈文纪车上的爆炸装置上所提取的指纹同一，经审，罗某清对其犯罪事实供认不讳。

2007年，深化“打黑除恶”、命案侦破、“两抢一盗”、打击偷牛盗马、打击盗窃破坏“三电”设施等专项斗争，打掉以郑某为首的和以李某国为首的黑恶犯罪团伙共2个，破获涉黑赌博、盗窃、寻衅滋事、敲诈勒索案件36起。全县全年共立刑事案件898起，破452起。

2008年，开展以“打黑除恶”为龙头的“严打”专项行动，打掉涉恶团伙5个，破获涉恶刑事案件66起，批捕17人。全县全年立刑事案件976起，破593起。

2009年，立刑事案件974起，破369起。破获公安部督办的“5·27”特大网络诈骗案，抓获犯罪嫌疑人赖某波，追回赃款24万余元。

2010年，坚持以“打黑除恶”为龙头的“严打”方针不动摇，全年立各类刑事案件1223起，破567起。打掉“涉恶”犯罪团伙3个共44人，其中2个“涉恶”战果获上级“打黑”办认定。

2011年，全县共立刑事案件1123起，破577起。其中杀人、纵火、投毒、抢劫、强奸、绑架、爆炸、故意伤害等“八类”暴力恶性案件148起，破102起。

2012年，立刑事案件1216起，侦破892起，其中立命案15起，破14起；立“两抢一盗”多发性侵财案件843起，破518起。

1989－2012年安龙县公安机关侦办刑事案件统计表

表7-1-1

单位：起

年份	立（起）	破（起）	破案率（%）	其中																													
				贩毒		贩运假币		交通肇事		投毒		杀人		抢劫		强奸		爆炸		纵火		诈骗		敲诈勒索		伤害		盗窃		拐卖		车匪路霸		其他	
				立	破	立	破	立	破	立	破	立	破	立	破	立	破	立	破	立	破	立	破	立	破	立	破	立	破	立	破	立	破	立	破
1989	255	159	62.35	—	—	—	—	—	—	—	—	8	8	16	7	12	12	9	4	2	1	7	4	4	4	20	20	148	80	26	18	—	—	—	—
1990	286	177	61.87	—	—	—	—	—	—	—	—	9	5	22	16	25	25	6	0	1	1	4	4	—	—	16	15	165	76	18	18	3	2	18	14
1991	352	282	80.1	—	—	—	—	—	—	—	—	—	—	—	—	—	—	—	—	—	—	—	—	—	—	—	—	—	—	—	—	—	—	—	—
1992	239	196	82	—	—	—	—	—	—	—	—	15	—	27	—	22	—	—	—	—	—	—	—	—	—	—	—	—	—	—	—	—	—	—	—
1993	258	226	87.59	—	—	—	—	—	—	—	—	8	—	19	—	19	—	—	—	—	—	—	—	—	—	—	—	—	—	—	—	—	—	—	—
1994	224	184	82.1	—	—	—	—	—	—	—	—	—	—	—	—	—	—	—	—	—	—	—	—	—	—	—	—	—	—	—	—	—	—	—	—
1995	264	203	77	—	—	—	—	—	—	—	—	—	—	—	—	—	—	—	—	—	—	—	—	—	—	—	—	—	—	17	—	—	—	—	—
1996	158	151	96.2	—	—	—	—	—	—	—	—	—	—	—	—	—	—	—	—	—	—	—	—	—	—	—	—	—	—	—	—	—	—	—	—
1997	140	132	94.3	—	—	—	—	—	—	—	—	—	—	—	—	—	—	—	—	—	—	—	—	—	—	—	—	—	—	—	—	—	—	—	—
1998	164	160	97	—	—	—	—	—	—	—	—	—	—	—	—	—	—	—	—	—	—	—	—	—	—	—	—	—	—	—	—	—	—	—	—
1999	175	168	96	—	—	—	—	—	—	—	—	13	11	34	31	—	—	6	4	—	—	9	9	—	—	14	14	58	58	—	—	—	—	—	—
2000	613	201	32.8	—	—	—	—	—	—	—	—	—	—	—	—	—	—	—	—	—	—	—	—	—	—	—	—	—	—	—	—	—	—	—	—
2001	877	380	43.3	17	17	1	1	9	9	5	2	15	9	88	28	17	8	8	1	1	0	14	9	—	—	39	35	579	193	9	2	—	—	75	64
2002	990	566	57.1	—	—	10	10	9	9	—	—	13	9	65	44	16	12	6	5	3	1	32	24	—	—	70	61	546	196	7	4	—	—	128	111
2003	775	389	50.1	—	—	—	—	—	—	—	—	—	—	—	—	—	—	—	—	—	—	—	—	—	—	—	—	—	—	—	—	—	—	—	—
2004	828	489	59.10	33	33	—	—	—	—	—	—	15	15	43	24	29	29	1	1	2	2	47	35	—	—	50	37	537	270	—	—	—	—	42	42
2005	885	532	60	—	—	—	—	—	—	—	—	20	19	—	—	—	—	—	—	—	—	—	—	—	—	—	—	—	—	—	—	—	—	—	—
2006	952	469	49.3	—	—	—	—	—	—	—	—	17	15	—	—	—	—	—	—	—	—	—	—	—	—	—	—	—	—	—	—	—	—	—	—
2007	898	452	51	8	8	—	—	—	—	—	—	11	11	48	29	25	23	—	—	—	—	16	6	—	—	42	33	451	169	—	—	—	—	67	66
2008	976	593	60.85	—	—	—	—	—	—	—	—	10	10	—	—	—	—	—	—	—	—	—	—	—	—	—	—	—	—	—	—	—	—	—	—
2009	974	369	37.8	—	—	—	—	—	—	—	—	5	5	—	—	—	—	—	—	—	—	—	—	—	—	—	—	—	—	—	—	—	—	—	—
2010	1123	567	46.4	—	—	—	—	—	—	—	—	17	16	—	—	—	—	—	—	—	—	—	—	—	—	—	—	666	175	—	—	—	—	—	—
2011	1123	577	51.4	—	—	—	—	—	—	—	—	9	9	—	—	—	—	—	—	—	—	—	—	—	—	—	—	—	—	—	—	—	—	—	—
2012	1216	892	73.3	—	—	—	—	—	—	—	—	15	14	57	60	—	—	—	—	—	—	65	43	—	—	—	—	709	408	—	—	—	—	—	—

第二节 治安管理

1989年以来，全县社会治安问题出现新情况、新问题，刑事犯罪案件呈现组织化、智能化、暴力化倾向，全县公安机关坚持“打防结合、预防为主、标本兼治”方针，组织开展多种形式的专项斗争、区域治理，推进社会治安综合治理。改革警务勤务模式，建立和完善以“110”为龙头，巡警、刑警、交警为骨干，县公安局、派出所为依托，多警种合成作战、统一指挥、快速反应的治安防控工作机制，挖掘和整合各种社会资源，落实人防、技防、物防措施，推进城市报警监控系统建设；大力查禁“黄、赌、毒”等社会丑恶现象，加强对民爆物品和危险化学品的监督管理，严格道路交通管理和消防监督管理，全县交通事故、火灾事故发展起数、死亡人数、受伤人数、直接财产损失等均有明显下降。

1989年，全县受理治安案件185起，查处166起，处罚违反治安管理人员282人（次），其中警告163人（次）、罚款96人（次）、拘留23人（次），调解民事纠纷1200余起。全县设7个区派出所，共侦破各类刑事案件184起，重点开展“扫黄”工作，加强枪支、弹药、爆炸、剧毒物品管理，收缴散失炸药20余千克、雷管100余枚、导火索54米。

1990年，坚持“打防并举，预防犯罪、标本兼治”方针，对2镇8乡共91个村治保会进行培训。全县全年受理治安案件468起，查处440起。

1991年，坚持“党委领导、依靠群众、预防为主、管理从严、及时打击、保障安全”方针，制定《内保系统保卫工作暂行办法》，全县全年受理治安案件255起，查处236起，处罚416人（次），其中警告230人（次）、罚款200人（次）、治安行政拘留13人、其他处罚80人。

1992年，结合“撤区并乡建镇”工作，撤销原7个区派出所，改设16个乡镇派出所，新安、龙山派出所基本达到省公安厅“十佳派出所”标准，另有6个派出所经州公安局验收合格。全年受理治安案件328起，查处314起，处罚862人（次），其中劳教1人、少管1人、警告101人（次）、行政拘留23人（次）、其他处罚25人（次），罚款611人（次）共55385元，没收4827元，调解治安纠纷400余起。收缴非法携带使用的长短火药枪15支，取缔非法制造枪支窝点2家（龙山），收缴管制刀具116件（把）、手榴弹2枚、炸药108.7千克、黑火药18.5千克、雷管617枚、导火索136.3米。通过查验身份证提供案件线索8起，打击对象5人，逮捕7人。

1993年，县内有6个派出所实现“双基”达标。全县受理治安案件219起，查处208起，处罚458人（次），其中警告22人（次）共46375元、罚款400人（次）、拘留1人、其他处罚35人（次），没收财物折款14744元。调解民事纠纷630起。管控公共复杂场所、娱乐场所191个，清理整顿国营、集体、个体旅店78个。收缴非法枪支7支、管制刀具231把、炸药18.5千克、雷管58枚、导火索5米。建立帮教小组222个共709人。

1994年，全县受理治安案件213起，查处211起，治安处罚493人（次），其中警告8人（次）、罚款418人（次）、行政拘留7人、其他处罚19人（次），罚款5.44万元，没收财物折款7766元，缴获鸦片550克，解救妇女儿童7人，收缴黄色录像带6盘，铲除罂粟原植物586株。

1995年，全县立治安案件234起，查处232起，处罚573人（次），其中警告25人、罚款506人、行政拘留26人、其他处罚16人，罚款11.44万元，没收财物折款2.28万元；调解民事纠纷66起。检查爆炸物品仓库、使用点13次，没收炸药1718千克、雷管3873枚、导火索1625米。检查文化娱乐场所15次。收缴民用枪支38支、子弹139发、管制刀具100把。整顿、培训治保会288个共314人、联防队12个。

1996年，全县立治安案件387件，查处387件，治安处罚989人，其中警告27人、罚款923人、行政拘留26人、报送劳教2人、其他处罚11人，罚款36.24万元，没收3.95万元。调解治安纠纷51起。组织清收非军用枪集中行动，收缴军用枪5470支、子弹231发、管制刀具105把、炸药1829千克、雷管11213枚、导火索9830米。

1997年，全县立治安案件253起，查处253起，治安处罚708人，其中警告10人、罚款679人共32.07万元、行政拘留13人、其他处罚6人、报劳教27人、报少管所6人，调解纠纷33起，收缴炸药482千克、雷管800枚，收缴非法军用枪支83支、管制刀具6把。销毁民用枪支5207支。没收违反规定存放的炸药240千克。建立帮教小组223个，共帮教596人。

1998年，贯彻“立足实际，不断进取，改革创新，全面发展”16字方针，落实“一区一警，一警多能，一包到底”民警责任制，全县创建安全文明村寨79个、安全文明小区31个。全县全年立治安案件322件，查处322起，治安处罚855人，其中拘留11人、罚款830人共44.5万元、警告14人，没收炸药1025千克、雷管2444枚、导火绳1443米。取缔非法制造烟花爆竹地下生产点2个，销毁烟花爆竹20余万头。

1999年，建成安全文明小区（村寨）226个，收缴非法民用枪支5支、炸药5246千克、雷管2547枚、导火绳1.29万米，查处涉爆治安案件14起，处理违法人员23人。查处非法贩运烟花爆竹案件2起，收缴爆竹250万头，处理违法人员3人。全年受理治安案件187起，查处187起，治安处罚688人，其中拘留52人、罚款630人、警告3人，罚款44.2万元，没收8.4万元。

2000年，受理治安案件290起，立290起，查处267起，治安处罚762人，其中拘留85人、罚款612人、警告41人、其他处理24人。依法销毁非法烟花爆竹85万头、爆竹半成品620万头，收缴炸药1277千克、雷管482枚、导火绳490米，处理违法人员13人。新增78个安全文明小区（村寨）。列管重点人口539人，建立县公安局110报警服务中心和110巡警大队。创建安全文明小区（村、寨）388个，巩固316个。

2001年，全县立治安案件1411起，查处1285起，治安处罚1485人，其中行政拘留80人、罚款1365人共49.71万元、警告40人、其他处理33人，收缴炸药8961.5千克、雷管1.47万枚、导火绳4918米、氰化钠175千克、管制刀具122把、烟花爆竹700万头、非法枪支143支、各类军用子弹67发。新创安全文明小区12个。

2002年，全县立治安案件3092起，查处3022起，治安处罚3655人，其中行政拘留140人、罚款3438人共35.49万元、警告20人、其他处理57人，没收财物20.7万元，查处卖淫嫖娼29起共59人、赌博97起共493人。将新安派出所分为城东、城西两个派出所。清理公共娱乐场所242家、特种行业123家、房屋租赁户1453家，清理暂住人口2099人。制作编码印章563枚，建成新桥、龙山两个派出所办公楼，动工兴建海子、笃山派出所办公楼，购置平乐、戈塘派出所办公楼。对雷管进行编码管理。

2003年，立治安案件1497起，查处1454起，治安处罚1905人。2004年，立治安案件1379起，查处1272起，其中治安拘留42人、警告26人、罚款1301人共23.74万元。检查各涉爆单位（场）所67家，内保部门、重点要害部位近100家，收缴炸药257.05千克、雷管110枚、导火绳474米、烟花爆竹2万余头，收缴剧毒物品氰化钠220千克。制定《关于严厉打击侵害师生人身财产安全违法犯罪活动，切实维护学校及周边治安秩序专项行动方案》。

2005年，全县派出所民警从2004年的45人调整充实到100人。全县公安机关立治安案件943起，查处913起，治安处罚1018人，其中治安拘留64人、警告35人、罚款859人共15.38万元，其他处理60人。收缴炸药420.98千克、雷管880枚、导火绳240米、剧毒物品氰化钠165千克、火药枪3支。检查房屋租赁户152家，清理暂住人口1320人、网吧14家、音像出租店13家、饮食摊点211处，增派学校保安员4人。举办保安人员培训班3期共200人，至年底全县有保安人员310人，其中押运保安6人、驯犬保安6人、携犬保安45人、人像采集技术员20人、人力保安240人，有保安犬45只。9月，确定安龙县为全州保安犬繁殖基地。

2006年，全县共受理各类治安行政案件584起，查处507起共792人，其中拘留189人、罚款554人共40.17万元、吊销许可证4人、警告39人、其他处理6人，没收财物9.54万元。收缴炸药381.5千克、雷管1081枚、导火索671.4米、火药枪47支、子弹136发、管制刀具368把。破获非法买卖氰化钠案1起，收缴剧毒化学品氰化钠1000千克，刑事拘留2人。查处危害校园周边秩序的案件7起，收缴管制刀具101把，治安处罚7人。全县在编保安员214人，拥有保安犬45只。与全县198家娱乐场所、220家特种行业签订《治安责任状》共418份。全县全年共受理治安案件584起，查处507起。2006年，争取国债资金100万元，修建看守所办公用房1栋785.9平方米；投资70万元，兴建新安、万峰湖派出所警务用房。建成人口信息、公安综合信息、民爆物品管理信息等21个信息系统。

2007年，全县受理治安行政案件325件，查处297件，检查煤矿14家、金矿10家、采石场55家，暂扣炸药217.95千克、火雷管2540枚、电雷管1042枚、导火索1022米，销毁过期的炸药2192.83千克、雷管10742枚。

2008年，全县受理治安案件468起，查处399起（其中调解172起），查处违法人员215人（次），其中处警告6人、罚款82人、拘留83人、其他处理3人、教育41人。检查涉爆单位85家，其中煤矿15家、金矿7家、采石场54家、临时使用单位7家、爆破服务队1家、经营单位1家、登记在册爆破作业人员556人，收缴炸药460千克、雷管142枚、导火索850米。引进贵州中安爆破公司、兴义开洪爆破公司进驻安龙。检查配枪单位32个、枪支168支，收缴子弹764发。

2009年，全县受理治安案件565起，查处458起。侦破非法买卖危险物资案1起，收缴氰化钠500千克；集中销毁手榴弹26枚、手雷1枚、炸弹1枚、催泪瓦斯1枚、硫磺弹2枚、导火索21490米、火雷管25530枚、电雷管8700枚、导爆雷管2611枚、铜火雷管78枚、硝铵炸药160千克、梯恩梯炸药54.4千克。登记在册爆破作业人员436人，全年使用各类炸药2400余吨。11月，引进谦和爆破公司进驻安龙。

2010年，全县受理治安案件916起，查处765起，查处违法人员314人，其中治安行政拘留262人，单处或并处罚款125人、警告26人、其他处理11人。破获非法采矿刑事案件1起，抓获犯罪嫌疑人9人；查处非法采矿治安案件11起，抓获违法人员20人，治安拘留20人，并处罚款4人共4000元。破获汕昆高速公路盗窃建设物资案1起，抓获犯罪嫌疑人5人，缴获涉案车1辆。县内在编保安142名，服务处所43处，业务涉及人力保安、重点单位守护、危险物品押运等。

2011年，全县受理治安案件639起，查处546起。责令涉爆单位停业整改2家、处罚2家。查处非法采矿行政案件2起，抓获违法人员23人，治安处罚23人。

2012年，全县受理治安行政案件1258起，查处2134起。排查和整治危爆物品，下发整改通知书2份，处罚涉爆单位1个，罚款2万元。收缴火药枪22支、气枪2支、仿真枪5支、弩1把、子弹966发、炸药1273千克、雷管11885枚、导火索708米；破获涉枪刑事案3起、“三电”案件25起。全县建立巡逻组织126个，有巡逻队员1459人，追回被盗耕牛18头、摩托车16辆。成立县政务服务大厅公安分厅和交警大队分厅。是年，预约服务70余人，接受群众报警求助32起，收集治安信息133条，查处治安案件3起，现场调处纠纷17起，收集破案线索2条，破案2起，抓获在逃人员3人。

1989－2012年全县公安机关查处治安案件情况

表7-1-2

年度	受理（起）	查处（起）	查处率（%）	其中（人次）			年度	受理（起）	查处（起）	查处率（%）	其中（人次）		
				警告	罚款	行政拘留					警告	罚款	行政拘留
1989	185	166	89.7	163	96	23	2001	1411	1285	91.1	40	1365	80
1990	486	440	94	—	—	—	2002	3092	3022	97.7	20	3438	140
1991	255	236	92.5	203	200	13	2003	1497	1454	97.1	—	—	—
1992	328	314	95.7	101	611	23	2004	1379	1272	92.24	26	1301	42
1993	219	208	95	22	400	1	2005	943	913	96	35	859	64
1994	213	211	99	8	418	7	2006	584	507	86.8	39	554	189
1995	234	232	99.1	25	506	26	2007	325	297	91.3	—	—	—
1996	387	387	100	27	923	26	2008	468	399	85.2	6	82	83
1997	253	253	100	10	679	13	2009	565	458	81	—	—	—
1998	322	322	100	14	830	11	2010	916	765	83.2	31	178	172
1999	187	187	100	3	630	52	2011	640	550	85.9	8	121	139
2000	290	267	92	41	612	85	2012	1457	1335	91.6	519	96	274

第三节　居民身份证与流动人口管理

1990年，颁发居民身份证19.09万个。1992年，办理居民身份证23518人，1993年，办理居民身份证11848人，存档底卡18.12万人共474个姓氏。管理暂住人口2178人。1995年，办理暂住证2538人，办理居民身份证5760人。1996年，办理居民身份证4600人。1997年，为6268人办理第一代居民身份证。1998年，登记暂住人口2106人、流动人口2865人。1999年，以德卧、龙广、永和、坡脚、新安5个派出所创优上等级为重点，筹集资金25万元投入派出所窗口建设，德卧、龙广、新桥派出所实现人口管理微机化。

2000年，登记暂住证人口2835人，颁发居民身份证4398个。2001年，全县流动人口17.97万人，其中流出人口1.6万人、暂住人口1958人，颁发居民身份证1687人，换领证5321人，补领证8512人，办理临时身份证3900人。

2002年，全年登记流动人口1.31万人，其中流出人口1.14万人、暂住人口1795人，颁发居民身份证1.54万人（其中补领证8878人、申领证1469人、换领证5081人），颁发临时身份证3500人。2003年，农村派出所完成微机管理人口任务，清理流动人口32571人。

2004年，制定《关于搞好全县人口管理工作的意见》。受理审批出国申请15人次，赴港澳台申请71次，接待台胞4人，接待外籍人士6人。2005年，采集人像22.42万人，办理第二代居民身份证2000余人。

2006年，登记流动人口43731人，其中暂住人口3257人、流出人口37217人、流入人口3257人，登记管理重点人口441人。受理第二代居民身份证申请10.79万人，制发7.59万人。受理出国（境）申请17人（次），赴港澳台129人（次），接待台胞9人次。是年，完成第二代居民身份证换证任务。

2007年，上传第二代居民身份证制证合格信息88601人；开展派出所基础信息采集大会战，录入22597户共93886人，录入单位56个、从业人员481人。

2008年，做好国家工作人员登记备案变更、新增信息及法定不批准出境人员录入，登记录入200人，不批准出境人员12人，办理普通护照40本、往来港澳地区证6本，函查7人。处理台胞逾期非法居留案件1起1人，处理越南人无证非法居留并监护出境1起1人。换发第二代居民身份证40122份，办理临时身份证1476个，受理审批户口农转非89人、户口变更203人。2009年，受理公民因私出国（境）269人（次），其中受理公民出国119人（次）、到港澳地区150人（次），接待境外人员13人（次），帮助协查11人（次）。

2010年，办理二代身份证21634个、临时身份证3856个、农转非19人、准迁证565人；管理重点人口861人。完成第六次全国人口普查前期统计工作，全县人口125546户共461034人，登记人户分离15558人，登记户口待定人员9502人，解决2188人，新登记暂住人口687人，变更更正户口项目7392条。全年受理公民因私出国（境）715人（次），其中出国270人（次），到港澳地区440人（次），到香港定居5人（次），接待境外人员20人（次）。

2011年，办理第二代居民身份证33102个、临时身份证4746个，农转非34人、准迁证581人。受理公民因私出国（境）604人（次），其中出国365人（次）、到港澳地区217人（次）、到港澳定居4人（次）。

2012年，办理第二代居民身份证36917个、临时身份证4172个、准迁证67份、农转非32人。受理出国（境）815人（次），其中受理港澳通行证438人（次）、护照199人（次）、大陆通行证175人（次）、香港定居3人。建立“集市流动警务室”16个，现场办公284次，发放第二代居民身份证1218个，办理户口迁移37个，新生婴儿入户44人，受理户籍业务586人。

2004—2012安龙县公安局受理出国（境）情况

表7-1-3

年度	受理出国（境）申请（人）	因私出国（人）	赴港澳台申请（人）	接待境外人员（人）	赴境外定居（人）
2004	15	—	71	—	—
2005	200	33	167	37	41(申请到香港定居)
2006	155	19	136	4	—
2007	33	23	10	30	—
2008	204	108	96	14	2(申请到香港定居)
2009	276	119	157	14	—
2010	715	270	440	20	5
2011	604	365	217	18	4
2012	815	199	438	17	3

第四节 预审 拘留

1988年，根据公安部指示进行刑侦工作改革，县公安局撤销预审科，将预审工作与刑事侦查合并。1999年1月，州委、州政府批准全州公安机关行使侦察工作改革方案，实行侦审一体化，预审工作退出历史舞台。

拘留是指将对象拘禁限制，主要有行政拘留、司法拘留和刑事拘留3种形式。行政拘留是指对违反《中华人民共和国治安管理处罚法》的一般违法行为，给予的一种最严厉制裁，属于行政处罚。治安拘留最高期限为15日，期满即释放，由公安机关决定，在行政拘留所执行；对拘留不服的，可提起行政复议、行政诉讼，合并执行拘留的期限不得超过20天。司法拘留是指在民事、行政诉讼或法院执行过程中，对妨害诉讼活动，如作伪证、冲击法庭、妨害证人作证、隐匿转移被查封、扣押的财产、阻碍法院工作人员执行公务、逃避执行等，由人民法院直接作出的拘留决定，属于强制措施，依据的是《中华人民共和国民事诉讼法》《中华人民共和国行政诉讼法》，最高期限为15日，由法院将被拘留人交公安机关看管，不服的可向法院申请复议，拘留期内，由法院决定提前释放或期满释放；另据《中华人民共和国民法通则》第134条规定，人民法院审理民事案件，对严重违反民事法律规范应负民事责任的行为的人，可以予以训诫、责令具结悔过、收缴进行非法活动的财物和非法所得，并可以依照法律规定处以罚款、拘留。《中华人民共和国民法通则》规定的拘留，是人民法院以国家名义，对严重违反民事法律规范的行为人的人身自由加以短期限制的一种惩罚措施，是民事制裁中最为严厉的惩罚措施。刑事拘留是指公安机关或人民检察院在刑事案件侦查中，对现行犯或重大嫌疑分子，暂时采取的强制措施。公安机关对于被拘留的人，应当在拘留后的24小时以内进行讯问。若被拘留人被批准逮捕，则依据《中华人民共和国刑事诉讼法》审理，刑事拘留不是处罚或者制裁。若后被无罪释放，被拘留人可以申请国家赔偿。以上3种形式的拘留工作均由公安机关执行，对于人民检察院决定拘留犯罪嫌疑人的，应当由公安机关执行，必要时人民检察院可以协助公安机关执行。

1989年，县公安局预审科受理逮捕案件91起，逮捕犯罪嫌疑人226人，执行归案84件共175人，潜逃在外51人；审结84件共187人，受理刑事拘留28件共57人，均转捕。县公安局看守所收押相关人员304人，结案投入劳改或处理出所170人，余押134人，未结111人，就地改造13人，外逃4人。

1990年，县公安局预审科受理案件137件共327人，执行归案137件共290人，全部审理移送起诉。刑事拘留案16件共37人，转捕16件共36人，免予刑事处罚1人。县看守所关押相关人员438人，其中上年余押137人、送劳改102人、枪决2人、就地改造39人、在所服刑18人、刑释99人、借押4人，年终余押215人，全年收容审查248人，转捕99人，转外省8人，转外县11人，处理出所238人，余押10人。5月11日，县公安局看守所、县中队联合制止重大脱逃事故1起。

1991年，县公安局预审科受理案件113件共202人；执行归案103件共171人，审结103件共171人；刑事拘留27人，转逮捕23人，收容审查273人，收审转逮捕119人，劳动教养1人，转外省处理3人，转外市（县）处理2人，其他处理22人，解除收审95人。

1992年，县公安局受理刑事拘留案3件共6人，转捕5人，逮捕案139件共329人。执行归案128件共275人，审结刑拘案3件共5人，逮捕归案128件共275人中审结121件共266人，预审挖出犯罪线索86条，调查处理74条，追缴赃款、赃物折款6165元。

1993年，坚持“有法必依，执法必严，违法必究”原则，全县受理各类刑事案件76件共108人，其中杀人案7件共7人、流氓案1件2人、盗窃案28件共52人、强奸案8件共8人、抢劫案4件共4人、伤害案17件共18人、诈骗案2件共2人、拐卖案5件共8人、纵火案1件1人、其他案件3件共6人。直诉案件2件共2人，审结处理107人，纠正冤假错案4件共4人，撤销案件1件1人。县看守所关押相关人员640人，其中上年余押243人、释放154人、报改54人、枪决6人，余押172人；关押受审人员246人，其中上年余押28人、转捕58人、解除受审129人，余押59人，寄押8人。处理事故2起，一是干警酒后私自提犯人到办公室，二是12月3日强奸犯金某书脱逃。

1994年，县公安局预审科受理逮捕相关人员110件共166人，直诉2件共2人，审结110件共116人，撤销1件1人，未结1件1人。县看守所收押人犯715人，其中在押犯403人，收审308人，寄押4人，新押人员250人（收监关押的保外就医人员26人）；收审人员250人，收审转捕158人，解除收审94人。

是年，县看守所发生所长、副所长利用职权收受贿赂，采用非法手段私放罪犯46人，索取、收受罪犯及其亲属钱物6万余元的犯罪案件，相关当事人受到严厉处罚。

1995年，县公安局预审科受理报捕、刑拘135件共320人，执行归案134件共226人，审结移送134件共224人；审查报捕137件共314人，批捕109件共222人，退查10件共31人。看守、收审“两所”关押、收审人犯共768人，其中收审302人，收审转捕136人；解除收审85人（含送劳教1人、转外省2人），余押人犯228人，余押收审79人。

1996年，全县预审受理159件共295人，其中直诉12件共14人，审结158件共290人。受理七类重特大案件31件共42人，法定时限审结30件共40人，超时限1件5人。受理报捕审查把关案件161件共355人。看守、收审“两所”共收押收审在押人犯695人，其中收审338人，转捕205人，解除收审83人，送劳教11人；在押相关人员557人，其中上年余押225人，年内收押322人，投改203人，执行枪决10人。

1997年，全县预审受理报捕案件117件共212人；受理刑拘案件169人，转捕157人；受理逮捕案件118件共206人，归案审理108件共166人（在逃41人），受理直诉案件7件共9人，审结案件9人，受理重特大案件19件共38人，在法定时限内审结18件共33人；抓获各类违法犯罪人员835人，其中逮捕206人。县看守所收押逮捕相关人员434人，其中上年余押270人、新入所164人、刑拘181人、新捕97人、解除刑拘21人、取保候审14人、监外执行3人、病亡2人、投改113人、释放出所29人、枪决8人。收戒吸毒人员44人。

1998年，县看守所收押逮捕犯罪嫌疑人462人，其中上年余押227人，新捕入所235人；收押刑事拘留人员255人，其中上年余押50人，出所256人，其中投改102人，取保候审42人，刑满、判缓86人，病亡3人，不起诉8人，执行死刑3人，监外执行4人，单处罚金1人，免于刑事处分2人，撤销案件1人，不予逮捕2人，送外县市寄押9人，年终余押295人，其中刑事拘留49人。

1999年，县看守所关押犯罪嫌疑人643人，其中收押逮捕人员529人（上年余押246人、本年新收押283人）；全年关押刑事拘留人员306人（上年余押50人、本年新收押254人），全年出所357人，其中投改197人、刑满释放72人、判缓19人、病亡3人、枪决4人、取保候审21人、劳动教养10人、监外执行3人、无罪释放3人、转监外处理8人、不予逮捕9人、不起诉13人、证据不足5人。协助外县市寄押72人。年末余押286人，其中刑拘66人。是年，县公安局看守所被省公安厅评为三级看守所；10月，县公安局组建行政拘留所。

2000年，县公安局关押470人，其中收押逮捕人员434人（含上年余押286人）。

2001年6月5日，县公安局看守所发生在押人员路某斌等人殴打新入所人员费某伦的责任事故；县治安行政拘留所治安拘留152人，留置审查552人。

2002年，县看守所收押相关人员312人，其中刑事拘留23人；治安行政拘留所治安拘留152人，留置审查734人。

2003年，县看守所收押相关人员603人。

2004年，看守所关押相关人员584人，其中上年余押219人、本年度新收押365人；治安拘留所治安拘留140人，其中法院移送39人、公安移送101人。

2005年，县看守所全年关押相关人员594人，投改124人，释放258人。治安拘留所全年收拘132人，其中治安拘留105人，司法拘留27人。协调国债资金100万元，改扩建县看守所监室。

2006年，县看守所全年关押人员572人，投改129人、刑满释放71人、取保44人、其他出所162人。行政拘留所全年收拘人员270人，其中治安拘留237人、司法拘留33人。

2007年，县看守所关押515人，其中上年余押210人、刑事拘留266人、逮捕入所39人、组织投改

15次、投送监狱执行刑罚罪犯108人。治安拘留所收拘留人员287人，治安拘留267人，司法拘留15人，按期解除出所269人，提前解除11人，转刑拘4人，年终余拘3人。

2008年，县看守所收押526人，其中收押刑事拘留319人、直捕入所51人、上年余押128人；出所309人，其中投监110人、刑满释放57人、取保出所41人、不捕出所59人、不起诉出所9人、转看18人、判缓出所27人，年终在押217人；一审判死刑3人，列管监内重点对象8人。治安拘留所收拘178人，其中行政拘留156人、司法拘留12人、南宁铁路公安处委托行政拘留10人。5月28日，四川汶川发生8.0级特大地震，看守所在押人员向灾区捐款1521.4元。监管场所被监管人员给养费每月每人150元，看守所从劳动生产收入中提出10元补贴在押人员。

2009年，县看守所新收押349人，其中收押刑事拘留283人、直捕入所66人，上年余押217人；全年出所360人，其中投送监狱137人、刑满释放80人、取保出所40人、判缓出所26人、不捕出所77人，年终在押206人；一审已判死刑4人，无期徒刑2人，列管重点人员16人。治安拘留所全年收拘247人，其中治安拘留236人、司法拘留11人。

2010年，县看守所收押364人，获取犯罪线索47条，破案83起。治安拘留所收拘276人，其中治安拘留262人、司法行政拘留14人。

2011年，县看守所收押318人，投解156人，获取犯罪线索68条。治安拘留所收拘288人，其中治安拘留277人、司法行政拘留11人，县治安拘留所被评为全州唯一达标的三级拘留所。县政府投入经费5万元，为看守所添置生活和办公设施。

2012年，看守所、拘留所坚持“教育、感化、挽救”方针，开展被监管人员正常、非正常死亡、打击“牢头狱霸”专项整治行动。看守所全年收押364人，其中收押刑事拘留319人，直捕入所45人，投送罪犯18次108人，未出现安全事故。拘留所收拘各类违法人员408人，其中公安行政拘留192人、交警拘留196人、司法拘留20人。

第五节　森林公安

安龙县公安局林业派出所成立于1984年5月，接受县林业局、县公安局双重领导。

1989年，县公安局林业派出所受理林业行政案件45起，查结45起；1990年，受理林业行政案件16件，查结16件。1991年，立林业刑事案件5起，破5起；受理林业行政案件11起，查结11起。1992年，受理林业行政案件2起，查结2起。

1993年，县公安局林业派出所立林业刑事案件3起，破3起；受理林业行政案件10起，查结10起。1994年，立林业刑事案件2起，破2起；受理林业行政案件28起，查结28起。1995年，受理林业行政案件14起，查结14起。1996年，立林业刑事案件9起，破9起；受理林业行政案件18起，查结18起。1997年，立林业刑事案件2起，破2起；受理林业行政案件20起，查结20起。

1998年，县公安局林业派出所办理森林案件23起，其中林政案件20起，处罚32人，刑事案件3起，逮捕起诉2人，收缴罚款1.87万元，收缴木材16.61立方米。办理陈某照等人未办砍伐证滥伐洒雨上陇林场20公顷、材积500立方米的特大案件。

1999年，县公安局林业派出所办理森林案件27起，其中林政案件22起，结案20起；刑事案件3起，破3起，抓获犯罪嫌疑人7人，移送起诉7人。林业治安案件立2起，查处2起，行政拘留4人。全县全年发生森林火情59起，过火面积334.33公顷，受灾森林10.37公顷。

2000年，县公安局林业派出所立林业刑事案件7起，破获7起，逮捕8人；查处林区治安案件1起，治处3人；受理林政案件47起，查办47起，处理47人，收缴木材15立方米。

2001年，县公安局林业派出所立刑事案件10起，破8起，报捕10人；查处林政案件48起，结案48起，处理51人。2002年，立刑事案件10起，破10起，报捕7人；受理林政案件52起，查处52起，处理55人。2003年，立刑事案件3起，破3起；受理林政案件118起，查处118起。2004年，查处受委托林业行政案件67起，办结58起，处罚60人，收缴木材260立方米，折款1.17万元。2005年，立林业刑事案件7起，破5起，报县人民检察院批捕犯罪嫌疑人10人；受理林业行政案件83起，查处83起，处罚83人。

2006年，县公安局林业派出所立林业刑事案件7起，破7起，抓获犯罪嫌疑人7人；受理林业行政案件23起，查处23起，处罚23人，收缴违法木材50立方米，林业行政罚款6.3万元，查处森林火灾案件20起。2007年，查处林业行政案件18起，处罚19人，收缴木材30立方米，林政罚款1.5万元，查处森林火灾案10起。

2008年，县公安局林业派出所立办林业刑事案件12起，破7起，抓获犯罪嫌疑人9人；受理林业行政案件8起，查处8起，处罚8人，收缴木材10立方米，收缴罚没款5000余元；查处森林火灾案15起。2009年，立办林业刑事案件6起，破3起，抓获犯罪嫌疑人5人；查处林业行政案件20余起，查处森林火灾案件10余起。

2010年，县公安局林业派出所办理林业刑事案件17起，其中盗伐林木案6起、滥伐林木案2起、森林火灾案件9起；查处林业行政案件12起，行政拘留2人，行政处罚10人。2011年，林业派出所（刑侦队）立办林业刑事案件3起，办结3起，抓获犯罪嫌疑人3名。2012年，林业派出所立办林业刑事案件5起，办结3起。查处林业行政案件11起，挽回经济损失5.5万元。

1989－2012年安龙县森林公安查破林业刑事、林政案件情况表

表7-1-4　　单位：起

年度	林业刑事案件		林政案件		年度	林业刑事案件		林政案件	
	立案	破案	受理	查结		立案	破案	受理	查结
1989	0	0	45	45	2001	10	8	48	48
1990	0	0	16	16	2002	10	10	52	52
1991	5	5	11	11	2003	3	3	118	118
1992	0	0	2	2	2004	0	0	67	58
1993	3	3	10	10	2005	7	5	83	83
1994	2	2	28	28	2006	7	7	23	23
1995	0	0	14	14	2007	0	0	18	18
1996	9	9	18	18	2008	12	7	8	8
1997	2	2	20	20	2009	6	3	20	20
1998	3	3	20	20	2010	17	17	12	12
1999	12	12	10	10	2011	3	3	29	29
2000	7	7	47	47	2012	5	3	11	11

第六节 消防管理

1989年以来，贯彻“预防为主、防消结合”方针，县公安消防部门在加强日常消防宣传管理的同时，针对火灾及时出警。结合社会治安综合治理，将消防工作纳入乡镇公安派出所、社会治安综合治理办公室和群众联防队工作范围。据统计，1989年，全县发生火灾15起，死1人，烧毁粮食7820千克，损失折款4.74万元。1990年，全县发生火灾12起，烧死1人，烧伤2人，毁粮15.9吨，损失折款3万元。1991年，发生火灾12起，烧毁房屋75间，受灾20户，烧毁粮食17.06吨，损失折款4.98万元。

1992年3月24日，成立县消防中队，设中队长、指导员、排长各1人，辖3个战斗班、1个炊事班，编制士兵25人。1992年，发生火灾12起，死2人，烧毁房屋23间，受灾20户共87人，烧毁粮食7247千克，损失折款5.62万元。1993年，发火灾9起，烧死4人，烧伤5人，烧毁粮食19.75吨，损失13.49万元。

1994年，县公安消防部门检查消防重点单位26个，发现火灾隐患68起，及时整改64起，限期整改4起。

1995年，县公安消防部门出动宣传车11台次，贴横幅6幅，张贴标语87条，发放宣传资料97份，有线广播宣传3次，闭路电视宣传1次。举办消防安全培训班2期，受训68人。全县发生火灾事故4起，直接经济损失1.84万元。

1996年，发生火灾6起，烧死1人，烧伤1人，直接经济损失4万元。

1997年，组建成立县公安消防大队。全县全年发生火灾事故11起，无人员伤亡，损失折款3.62万元。

1998年，县公安消防部门对14个消防重点单位、易燃易爆物品存放点、公共娱乐场所、木材加工房以及万峰湖船舶进行消防安全检查和专项整治，当场整改40起，限期整改321起。办理化学易燃物品经营许可证15个、储存证15个、准运证10个、押运证10个、消防安全验讫证4个。全县全年发生火灾10起，烧死3人，直接经济损失16.63万元。

1999年，制定《安龙县城镇消防规划方案》，推进消防工作社会化管理体系，建立防火承包责任制，县政府与16个乡镇、县公安局与16个派出所签订消防安全责任状，建立岗位防火责任制14个。县财政拨专款购置水带200米、水带接口20对、50毫米口径水枪2支，省消防总队配发防火隔热板、腰斧、空呼气瓶、个人向导绳、防火防爆电筒、防火指挥服等。全县全年发生火灾5起，直接经济损失3.25万元，无人员伤亡。

2000年，落实逐级防火承包4个，岗位防火责任制17个，审核工程项目3个，验收工程项目2个，发现火灾隐患326起，下发整改通知书102份，发现重大火灾隐患2起；年内发生火灾8起，死2人，伤1人，直接经济损失25.19万元。

2001年，开展“打回潮，查隐患，反违章，压事故”专项治理。审核工程项目10个，验收工程项目3个，发现火灾隐患267起，下发整改通知书85份，发现重大火灾隐患10起。举办培训班6期，参训160人。全年接警、出警16次，抢险救灾10次，抢救保护物资10万元。全年发生火灾事故13起，查处13起，直接经济损失52.36万元，无人员死亡。

2002年，审核工程项目24个，验收工程项目3个，发现火灾隐患837起，下发整改通知书239份，发现重大火灾隐患9起。举办培训班6期，培训157人。接警出警34次，抢险救灾14次，抢救保护物资60余万元。全县发生火灾事故10起，查处10起，直接经济损失19.86万元，烧死2人。

2003年，接警59次，出队警力64人(次)、车辆80台(次)。与80个消防安全重点单位、5个行业主管部门、16个乡镇签订消防安全责任状。规范建筑工程审核验收，审核建筑工程30个共8.95万平方米，验收建筑工程11个。发现火灾隐患326起，发出《责令限期改正通知书》86份、《重大火灾隐患整改通知书》4份、《复查意见书》86份，签发《公安行政处罚决定书》6份，停业整改加油站2家，整改火灾隐患297起。发放宣传资料1万余份，悬挂宣传横幅24幅。50户以上自然村寨、30户以上易燃建筑配置水枪、水带，建立乡镇、村义务消防队。全年全县发生火灾事故21起，死亡3人，直接经济损失29万元。

2004年，检查单位和场所220家，发现隐患393起，督促整改385起，下发整改通知书96份、复查意见书88份，处罚单位19个，罚款8700元。全县全年发生火灾11起，死1人，直接经济损失23万元。

2005年，推进消防宣传“四进”工作，重点抓好一个社区(西苑小区)、两所学校(师范、二中)、一个企业(华虹公司)、一个村寨(平乐联合村)。利用闭路电视宣传5次，上街开展消防咨询4次，散发宣传资料2000份，悬挂宣传横幅12幅，召开消防安全培训会9次，培训人员400余人。检查消防重点单位135家，签发《责令限期整改通知书》39份、《复查意见书》34份，整改火灾隐患190处。全县全年发生火灾16起，死3人，直接经济损失20.8万元。

2006年，签订目标责任书763份，组织培训250次，受教育5万余人次。检查各类场所200余家，下达限期整改通知书、复查意见书各200余份，开展火灾调查11次。年内发生火灾事故11起，无人员伤亡，直接经济损失16.4万元。

2007年，检查宾馆、饭店53家，网吧、酒吧及歌舞娱乐场所61家，学校、医院49家，消防安全重点单位146个，建筑工地11个，发现火灾隐患和消防违法行为258起，发出《责令限期整改通知书》54份，责令停产停业6家，罚款1.2万元。全县全年发生火灾事故7起，直接经济损失12.69万元，伤1人。

2008年，检查村寨15个、单位478个、宾馆饭店61家、酒吧等娱乐场所98家、学校和医院52家、消防安全重点单位124个、建筑工地13个、易燃易爆场所31个，发现火灾隐患和消防违法行为277起、重大火灾隐患1起，下发《责令限期改正通知书》152份、《重大火灾隐患责令限期整改通知书》1份、《复查意见书》152份，办理消防行政案件6件，罚款1.7万元，责令停业整改8家。审批消防行政许可85起。全年拨付消防经费85.46万元。全县全年发生火灾事故6起，受伤1人，直接经济损失11.95万元。

2009年，全县发生火灾事故8起，死亡1人，直接财产损失9.75万元。

2010年，消防大队和各派出所强化职能，开展人员密集场所、易燃易爆场所、建筑消防设施、重点行业领域火灾隐患排查整治、“黔安二号”、“黔安三号”、“清剿火患”、构筑社会消防安全“防火墙”工程建设和消防安全重点单位“四个能力”达标建设等行动。全县发生火灾事故15起，死亡1人，直接经济损失26.15万元。

2011年，全县发生火灾事故6起，无人员伤亡，直接经济损失4.9万元。

2012年，消防大队和各派出所继续开展“清剿火患”专项行动，对人员密集场所、重点部位的火灾隐患进行大排查大整治。全年发生火灾事故2起，直接经济损失5500元，无人员伤亡。消防部门全年出警102次，抢救被困人员20人，挽回经济损失743.9万元。消防大队、龙山派出所因工作突出，被公安部评为“清剿火患”成绩突出单位。龙山派出所民警刘春波因工作突出，被公安部评为“清剿火患”成绩突出先进个人。

第七节　交通安全管理

1987年1月，县交通监理站由交通部门移交公安部门管理，改称安龙县公安交通警察队，为正股级机构，受黔西南州交警支队和县公安局双重领导。1993年7月，县公安交通警察队改称为县公安局交通警察大队，升格为副科级机构。2002年4月，县交警大队内设交通事故处理中队、交通管理一、二、三、四中队、交通安全宣传中队和综合办7个股级机构。2008年8月，县公安局交通警察大队加挂县公路巡逻民警大队牌子，一并承担道路治安巡逻任务，下设内勤中队、交通事故处理中队、交通管理一、二、三、四中队、交通安全宣传中队7个股级机构。2010年10月，成立县公安局交通警察大队车辆管理所，负责办理全县机动车登记、年检和驾驶人考核等业务工作。

1989年，县交警部门路检路查387人（次），查处违章车辆739车（次），罚款41980元；全年发生道路交通事故25起，死亡14人，受伤28人，经济损失1.78万元。

1990年，全县共发生交通事故22起，查处21起，死亡12人，伤22人，经济损失1.74万元。

1991年，全县发生交通事故12起，死亡12人，伤15人，直接经济损失1.38万元。

1992年2月25日，坡脚乡发生特大交通事故，死亡10人、轻重伤23人，县委书记、县长到现场指挥抢救，处理善后。全年发生交通事故9起，死亡16人，伤27人，经济损失2.93万元。

1993年，全县发生交通事故13起，死亡11人，伤6人，损失1.1万元。

1995年，全县发生交通事故14起，死亡15人，伤12人。

1996年，开展“春运交通安全畅通”“交通安全宣传周”“城镇道路交通秩序专项整治”“反违章、压事故”“排除道路阻塞、确保道路畅通”等活动，全县全年发生交通事故12起，死亡10人，伤5人，经济损失12万元。

1997年，结合交通安全宣传周，对13所沿公路中小学校进行交通法规的宣传教育。全年发生交通事故11起，死亡20人，伤9人，直接经济损失7万余元。

1998年，驾驶员年审2210人，占应审的91%，检验机动车590辆，占应检的70%，全年发生道路交通事故16起，死亡13人，受伤15人。

1999年，发生道路交通事故13起，其中特大事故1起，死亡5人；重大事故12起，死亡12人、受伤6人。完成交通警卫任务11次，全年检验各类机动车594辆，占应检数的70%，驾驶员年度审验2439人，占应审的76%；举办小货车培训2期，培训280人。

2000年，成立县公安局交警大队公路巡逻民警幺塘中队。全县发生道路交通事故15起，死亡14人、伤8人。

2001年，全县发生一般交通事故123起，重大事故23起，未发生一次死亡10人以上的特大事故。

2002年，发生一般交通事故165起，重大事故27起，死32人，伤121人，经济损失27.5万元，无特大事故发生。

2003年8月，组建县交通巡警大队。

2004年，全县发生交通事故315起，移送司法机关17人，处理超员车辆10起、无证驾驶181起、超速375起、超载2.47万起，记分385次，处治安拘留18人；办理小车落户810台（次），办理二、三轮摩托车驾驶证1250本。县交巡警大队夜间巡逻中，在城区内现场抓获盗窃嫌疑人1人，抓获网上逃犯1人，追回被盗摩托车3辆，价值1.2万元。

2005年，以“降事故，保安全，保畅通”为中心，开展打击盗抢机动车及整治“黑车”集中行动，查处无牌、无证车辆700余辆，现场销毁报废车辆300台。排查国道、省道危险路段7处，治理4处。深入乡镇宣传128次，利用“大篷车”挂图巡展163次，发放宣传资料3.5万份，到中小学宣讲交通安全知识86课时，悬挂大型宣传布标53幅，张贴标语550条，喷制永久性标语3处。全县全年发生道路交通事故233起，死亡15人，伤55人，直接经济损失16万元，全年处理交通事故233起，查处道路交通违法7.13万人（次），追究刑事责任4人，治安拘留12人，吊销驾驶证14本，扣证180本，暂扣机动车50辆。

2006年，开展专项治理10余次，查处各类交通违法行为5.22万起，刑事拘留16人，行政拘留19人，强制报废机动车80余辆，完成交通警卫60余次。全县全年发生道路交通事故30起，死亡20人，受伤48人，直接经济损失17.68万元，其中重大死亡交通事故3起共死亡10人。

2007年，交通安全宣讲进村寨11个、社区5个、企业10个、学校9所，在公路沿线乡、镇宣传20场(次)，更换永久性宣传标牌15块。排查事故多发路点、段6处，安全隐患点10处。全县全年发生道路交通事故135起，死亡14人，受伤50人，直接经济损失19.5万元，其中一次死亡3人以上特大交通事故3起。

2008年，全县发生交通事故68起，死亡11人，受伤21人，直接经济损失10.85万元。县公安交警部门联合相关单位开展“三无一非”车辆专项整治，查扣机动车86辆，行政拘留10人，强制解体报废摩托车26辆。

2009年，全县发生道路交通事故44起，一般程序处理11起、简易程序处理33起，死亡10人，受伤9人，直接经济损失7.43万元。

2010年，组织全县187个村(居)委会支书、主任进行道路交通安全教育培训，聘请交通安全协管员430人；开展国省县道危险路段、事故多发路段及校园周边交通安全隐患排查，对“酒驾”、摩托车、涉牌涉证、非法营运面包车等进行专项治理，全县全年发生道路交通事故46起，死亡13人，受伤14人，直接经济损失7.61万元。

2011年，全县发生统计范围内的道路交通事故19起，死亡10人，受伤33人，直接经济损失8.18万元。

2012年，重点开展中小学幼儿园校车交通安全集中整治，查处无牌无证、客运超员运输、超速行驶、飙车、酒后驾驶等严重交通违法行为。全县全年发生道路交通事故9起，死亡9人，受伤15人，直接经济损失19.91万元，发生死亡3人的特大交通事故2起。

1989－2012年全县道路交通事故表

表7-1-5

年度	事故次数（次）	死亡人数（人）	受伤人数（人）	直接经济损失（元）	年度	事故次数（次）	死亡人数（人）	受伤人数（人）	直接经济损失（元）
1989	25	14	28	17750	2001	27	16	9	135000
1990	22	12	22	17410	2002	33	32	52	275000
1991	20	11	23	23800	2003	39	34	41	86500
1992	9	16	27	29300	2004	31	30	45	130000
1993	13	11	9	11000	2005	35	17	55	160000
1994	15	10	5	19810	2006	31	20	49	176810
1995	14	15	12	11570	2007	135	14	50	195020
1996	12	10	5	120000	2008	68	11	21	108500
1997	11	20	9	70000	2009	44	10	9	74313
1998	16	13	15	72350	2010	46	13	14	76050
1999	13	17	6	83000	2011	20	10	41	81800
2000	16	14	21	96850	2012	11	11	19	199100

第八节　禁毒工作

20世纪80年代以来，受国际毒潮泛滥的影响，在中国已禁绝30多年的毒品死灰复燃，历届县委、县政府高度重视禁毒工作，加强领导，大力投入，厉行禁毒。

1991年，全县侦破贩毒案3起，缴获毒品鸦片750克，查获吸毒人员23人，取缔“烟馆”5家，办戒毒学习班1个，强制戒毒23人。

1992年，全县缴获毒品鸦片900克、罂粟壳550克，铲除罂粟原植物527株。

1993年，全县缴获毒品鸦片2.1千克，取缔“烟馆”3家，处理吸毒人员21人，铲除罂粟原植物350株。

1994年，全县缴获毒品鸦片550克，查办贩、吸毒案件2起，铲除罂粟原植物586株。

1996年，全县收缴毒品海洛因20克、鸦片100克。

1997年，全县侦破毒品犯罪案12起，收缴毒资5000余元，缴获毒品海洛因67.3克、鸦片10克。抓获贩毒人员10人，铲除罂粟原植物576株，收缴罂粟壳(籽)245千克；收缴麻醉精神药品47993片（支）。

1998年，贯彻“禁吸、禁种、禁贩”三禁并举，县禁毒委员会与县直机关和16个乡镇签订禁毒工作目标管理责任书，印发禁毒宣传资料2000余份，举办禁毒宣传巡回展50余次。破获毒品案件12起，其中重大案件1起、特大案件2起，缴获海洛因543克、鸦片25克，登记在册吸毒人员130人，强制收容戒毒28人，解除收容戒毒2人，送劳动教养1人，逮捕起诉贩毒涉案人员17人。查处饭馆在饮食中掺入罂粟壳(籽)案1起，收缴罂粟壳(籽)30余克，收缴精神麻醉药品32片，捣毁贩毒窝点2个、吸毒窝点1个。

1999年，全县召开禁毒工作专题会议70次，参会人员3406人；组建工作组16个共93人，到乡镇督促指导。全年立毒品案件36起，抓获涉案人员73人，其中贩毒案件8起，收缴毒品海洛因577克，逮捕犯罪嫌疑人7人，查获麻醉药品3100片（支）、摇头丸2片（昆明1号）、罂粟壳（籽）10余千克。登记在册吸毒人员158人，受戒51人，送劳动改造、劳动教养37人，外流、外逃40人，转外地公安机关处理2人，戒除毒瘾24人；复吸人员15人，送劳动教养9人。开展120天扫毒大行动，收戒吸毒人员51人。

2000年，创建无毒乡镇10个，合格9个，巩固原创建3个。抓获吸毒人员12人，其中新增吸毒人员6人、复吸人员2人。破获毒品违法案件18起，其中贩毒案件5起，报捕犯罪嫌疑人5人、送劳动教养2人，缴获毒品海洛因313.2克、“三唑仑”1瓶、罂粟壳(籽)20余千克。全县全年创建“无毒社区”534个、无毒单位350个、无毒街道39条、无毒学校145所。

2001年，开展“百日剿毒”大会战，创建无毒乡镇13个，登记吸毒人员94人，复吸人员7人，报送劳动教养，查破涉毒案件52起，破获毒品案件17起，报捕贩毒犯罪嫌疑人18人，缴获毒品海洛因1411.7克。

2002年，开展“春夏扫毒风暴”行动，全县登记吸毒人员98人，新增吸毒人员4人，复吸人员7人，均报送劳动教养。查破涉毒违法案件80起，破获毒品案件31起，报捕贩毒犯罪嫌疑人41人，缴获毒品海洛因10939.9克，铲除罂粟原植物250株。

2003年，全县破获毒品案件34起，抓获涉案人员25人，强制戒毒23人，劳教20人，缴获毒品海洛因1816.8克，铲除罂粟原植物1846株，登记新增吸毒人员4人。

2004年，全县侦破毒品案件33起，缴获海洛因1691.93克、精麻药品570片（支），铲除罂粟原植物1166株，缴获罂粟籽360克，抓获涉案人员21人，强制戒毒21人，登记吸毒人员209人，送劳动教养5人，创建无毒乡镇13个、无毒社区185个。开展禁毒路查200余次，检查过往车辆150余台（次），破获重特大贩毒案件6起。8月19日23时许，县禁毒大队在324国道幺塘段查缉时，在昆明开往福建的云A—45416卧铺大客车上查获广东人孙某添、云南人沈某林携带毒品海洛因1460克。全县全年破获贩卖毒品零包案件29起，抓获贩卖毒品犯罪嫌疑人15人，缴获零包海洛因50.6克。

2005年，坚持“四禁并举，预防为本，严格执法，综合治理”方针，围绕“遏制毒品来源，遏制毒品危害，遏制新吸毒人员滋生”等问题，破获毒品刑事案件34起，抓获涉案人员23人，缴获海洛因等毒品1971.5克，强制戒毒26人，送劳动教养10人。6月26日，县禁毒委牵头，公安、政法、宣传、综治、教育、文体广电等单位承办，胜利电器城等单位协办的全县“万人签名”“五公里长跑”禁毒宣传及“参与禁毒斗争，构建和谐安龙”演讲比赛，受教育人数30万人（次）。全县在册吸毒人员223人，现吸毒128人，巩固已创建的无毒学校223所、无毒乡镇13个、无毒社区179个、无毒单位354个。

2006年，全县破获毒品刑事案件11起，抓获涉案人员13名，缴获毒品海洛因4661.65克，报捕毒品犯罪嫌疑人13人，强制戒毒17人（次），送劳动教养戒毒3人（次）。侦破“4·25”冯某义、艾某生特大贩卖毒品案，现场缴获海洛因3590克、毒资5万元；新创建无毒乡镇1个。

2007年，全县破获毒品案件19起，缴获毒品海洛因128.85克、冰毒1955克，抓获贩毒犯罪嫌疑人21人，缴获毒资5万余元、运毒车1辆，强制戒毒25人，转劳动教养戒毒5人。县政府拨付禁毒专款10万元，用于“无毒县”创建。

2008年，全县破获毒品案件20起，抓获犯罪嫌疑人25人，缴获毒品海洛因3375.3克。收戒吸毒人员20人，全县在册吸毒人员252人，全部建立帮教档案。县政府拨付禁毒专款12万元，用于“无毒县”创建。

2009年，全县破获毒品案件10起，抓获犯罪嫌疑人9人，缴获毒品海洛因1605.8克，收戒吸毒人员25人。全县登记在册吸毒人员253人，有吸毒人员164人，新发现吸毒人员1人。将禁毒工作经费纳入县财政预算，全年拨付禁毒专款22万元。

2010年，全县破获毒品案件18起，缴获毒品海洛因1134.6克，抓获犯罪嫌疑人16人，强制隔离戒毒15人，行政拘留15人。开展大型禁毒宣传5次，发放禁毒宣传资料5000余份、学习用品1500份，接受群众咨询300人次。

2011年，全县破获毒品案件17起，缴获毒品海洛因1600克，抓获犯罪嫌疑人16人，强制隔离戒毒12人，查处毒品行政案件23起。举办禁毒知识培训3次、大型宣传教育活动2次，建设禁毒教育示范学校1所，设置禁毒宣传栏4块，张贴禁毒宣传画200张，分发禁毒宣传资料5万份，悬挂横幅45条，发放禁毒纪念品2000份，组织3.8万名在校师生进行禁毒知识考试。县境连续7年未出现非法种植毒品原植物现象，实现“零种植、零产量、零收成”目标。全县登记吸毒人员206人，全部建档列管。实施“阳光工程”，安置吸毒人员上岗就业5人。创建“无毒乡镇”15个，覆盖率94%；无毒学校197所，覆盖率100%；无毒单位503个，覆盖率100%；无毒村（社区）169个，覆盖率90%以上。

2012年，开展“禁毒雷霆”专项行动，查破毒品案件26起，缴获毒品海洛因2600克，抓获涉案人员32人、吸毒人员50人，其中强制隔离戒毒29人、行政拘留20人、责令社区戒毒1人。召开社区戒毒（康复）“阳光工程”建设推进会，将社区戒毒（康复）“阳光工程”纳入全县综治工作考评，落实禁毒及“阳光工程”建设经费22万元。县禁毒办会同贵州鹏昇纸业有限公司设立“阳光工程就业安置点”，集中安置社区戒毒（康复）人员11人；建立适合农村人群的“阳光蔬菜基地”，安置农村范围的社区戒毒（康复）人员。

第九节　网络安全

2008年5月，设立县公安局公共信息网络安全监察大队（简称“网监大队”），为副科级机构，负责全县公共信息网络安全监察。是年，县网监大队配合县公安局纪委、督察部门查处“一机两用”违规事件2起，其中洒雨派出所1起、交警大队1起，处理责任人员2人。

2009年，完成县城监控报警系统建设，在城区复杂地段和要害部位安装旋转探头50个，登记备案县内本地网站，如荷都安龙、安龙信息港等，适时召开网站管理员信息安全培训；加强社会舆情、网上舆情监督。及时发现苗头、清除有害信息，封堵非法、反动网站，加强网络重点阵地和重点人员控制，完善网络安全的技术建设。2月10日，安龙西城区发生群殴致人死亡事件（即“2·10”案），2月12日，《兴义之窗》社会栏目出现该案帖子《安龙县发生一起持刀杀人抢劫案》，此后国内多家网站相继转载，县网监大队及时跟踪并上报州公安局，积极跟帖正面引导，防止网上恶意炒作。

2010年，建立网上巡查制度，登记备案县内本地网站7家，摸排本地网络社区10个，取得百度安龙吧、荷都安龙之荷都论坛栏目管理员权限。

2011年，利用网侦手段抓获逃犯3人，在州公安局网安支队、技侦支队的协助下，抓获州公安局督捕B级逃犯胡某亮。办理行政案件4起，处罚网吧3家，行政拘留1人，罚款1.64万元。统计管理全县网吧19家，其中安龙城区12家、乡镇7家，暂停营业飞飞、新时代、金龙3家网吧。

2012年，网安大队全年办理行政案件10起，处罚违规网吧9家，罚款1.7万元，行政拘留1人。全县注册网吧19家，其中安龙城区12家、乡镇7家。先后抓获涉案人员4人，破获王某、王某雄、王某凡、王某平等犯罪团伙在安龙、贞丰、兴仁、普安、顶效等地实施盗窃摩托车、入室盗窃等案件79起，涉案金额30余万元。督促落实全县网吧实名制上网管理，查处网吧违规案件10起；开展网吧安全检查，提出整改意见5条，查处违规网吧1家。落实网吧实名管理，取缔黑网吧9家，收缴上网电脑75台、上网主机及路由器各1台。统计全县非营业性上网场所20个，其中宾馆酒店类11个、学校类9个；督促11家宾馆酒店安装非营业性上网场所管理系统。

第二章　检　察

1978年，恢复县人民检察院；当年12月，成立县人民检察院检察委员会。1979年重建刑事检察科；1980年增设法纪检察科，恢复经济检察科；1982年增设监所检察科。据统计，1979—1988年，县人民检察院受理公安机关提请批准逮捕的人犯共1339人，经审查批准逮捕1139人、不批准逮捕86人、作其他处理114人；公安机关移送审查起诉和各类刑事案件728件1081人，由检察机关公诉的622件866人、免于起诉的16件37人、不起诉的2件2人、作其他处理的88件176人；共出庭支持公诉663次。受理经济案件140件，经检察机关直接侦查、起诉41件60人。1980年4月成立县人民检察院法纪检查科，至1988年，共受理违法违纪案件65件72人。

第一节　刑事检察

一、审查批捕

1989年初，县人民检察院批捕、起诉职能分开。是年，县人民检察院受理公安机关报捕人犯201人，不批准逮捕26人，完成批捕、起诉分开的办案工作机制。1990年，县人民检察院受理公安机关报捕人犯103件共255人，不批准逮捕9件共43人；1991年，受理公安机关提请批捕案件148件共313人，批准逮捕 115 件共 233 人，不批准逮捕 9 件共 36 人。1992 年，县人民检察院受理县公安部门和本院自侦部门报捕案 155 件共 268 人，不捕 24 件共 67 人，审结 156 件共 396 人（含上年 1 件 2 人），其中杀人 15 人、抢劫 28 人、盗窃 142 人（团伙 89 人）、拐卖人口 60 人；1993 年，受理公安机关报捕案 72 件共 137 人，审查后决定批捕 57 件共 101 人，不捕 10 件共 20 人。1994 年，县人民检察院受理公安机关和本院自侦部门移送审查批捕 149 件共 316 人，审结批准逮捕 113 件共 232 人、不捕 17 件共 41 人；1995 年，县检察院受理公安机关提请批捕 129 件共 324 人，决定批捕 103 件共 225 人、不捕 12 件共 54 人，在办案中对重大案件提前介入 11 次。1996 年，县人民检察院提前介入 15 件（次），受理公安机关和本院自侦部门提请批捕 175 件共 398 人，审查批捕 134 件共 313 人、不捕 25 件共 56 人。

新修订的《中华人民共和国刑法》颁布实施后，1997 年，县人民检察院受理公安机关和本院自侦部门移送报捕案 96 件共 155 人，审结 72 件共 120 人。1998 年，县人民检察院受理公安机关报捕案件 174 件共 322 人，经审查批准逮捕 163 件共 285 人、不捕 11 件 37 人，增捕 1 人。1999 年，贯彻“公正执法、加强监督，依法办案，从严治检、服务大局”20 字方针，县人民检察院受理公安机关和本院自侦部门移送提请批捕 130 件共 165 人，审查后决定批捕 92 件共 141 人、不捕 2 件共 24 人。

2000 年，县人民检察院受理公安机关和本院自侦部门移送审查逮捕案件 144 件共 295 人，决定批准逮捕 136 件共 256 人（含增捕 1 人），其中涉嫌杀人、抢劫、伤害、强奸、爆炸、涉毒、涉枪等恶性暴力案件 44 件共 82 人，决定不捕 8 件共 40 人。

2001 年，县人民检察院受理公安机关和本院自侦部门移送报捕案件 267 件共 415 人，经审查决定批准逮捕 196 件共 375 人，不批准逮捕 21 件共 42 人。在批准逮捕案件中，涉嫌严打“三类”案件 55 件共 124 人。

2002 年，县人民检察院受理公安机关和本院自侦部门移送审查批捕案件 252 件共 459 人，审查后决定批准逮捕 234 件共 414 人、不批准逮捕 18 件共 50 人，涉嫌“严打”三类案件 70 件共 115 人，刑事拘留案件平均 29 天办结。

2003 年，县人民检察院受理公安机关和本院自侦部门移送审查批捕案件 176 件共 300 人，经审查决定批捕 147 件共 235 人，不批准逮捕 29 件共 65 人。

2004 年，县人民检察院受理公安机关和本院自侦部门提请批捕案件 220 件共 413 人，经审查决定批准逮捕 190 件共 342 人，不批捕 30 件共 71 人，侦查部门提前介入公安机关侦查活动 4 件共 6 次。依法办理延长侦查羁押期限案 8 件人 16 人，办理立案监督案 1 件 2 人。

2005 年，县人民检察院受理公安机关和本院自侦部门移送批捕案件 186 件共 240 人，经审查决定逮捕 167 件共 205 人，不批捕 21 件共 37 人，提前介入公安机关侦查活动 5 次，依法办理延长羁押期限案 8 件共 16 人，口头向公安机关纠正违法情况 1 次，办理立案监督案件 4 件共 4 人。

2006 年，县人民检察院受理公安机关和本院自侦部门提请批捕案 171 件共 355 人，经审查决定批准逮捕 207 人，不批捕 65 人。

2007 年，县人民检察院受理公安机关和本院自侦部门移送批捕案件 138 件共 248 人。经审查，批准逮捕 119 件共 191 人，决定逮捕 9 件共 9 人，不批准逮捕 19 件共 48 人。纠正公安机关不应当立案而立案的案件 7 件共 10 人，其中经审查认为涉嫌犯罪的 4 件共 6 人，建议公安机关送劳动教养的 3 件共 4 人。

2008 年，县人民检察院批准逮捕各类刑事犯罪嫌疑人 261 人；对不符合逮捕条件的，决定不批准逮捕 58 人。其中批准逮捕放火、破坏公用电信设施等危害公共安全犯罪嫌疑人 9 人，批准逮捕非法吸收公众存款等破坏社会主义市场经济秩序犯罪嫌疑人 2 人，批准逮捕故意杀人、故意伤害、强奸等侵犯公民人身权利的犯罪嫌疑人 56 人，批准逮捕抢劫、抢夺、盗窃、诈骗等侵犯财产的犯罪嫌疑人 137 人，批准逮捕贩卖毒品、运输毒品等破坏社会管理秩序的犯罪嫌疑人53人。开展打黑除恶专项活动，批准逮捕黑、恶势力犯罪嫌疑人16人。对应当提请逮捕而未提请逮捕的追加逮捕1人。

2009年，县人民检察院批准逮捕各类刑事犯罪嫌疑人255人；对不符合逮捕条件的，决定不批准逮捕21件共58人，对应当提请逮捕而未提请逮捕的追加逮捕4人。

2010年，县人民检察院受理公安机关提请批捕案件157件共302人，批准逮捕123件共236人。贯彻宽严相济刑事政策，依法不批准逮捕63人，其中不涉嫌犯罪不批准逮捕7人、证据不足不予批准逮捕17人、无逮捕必要不予批捕39人，纠正漏捕2人，公安机关撤回1人。

2011年，县人民检察院受理公安机关提请批捕案件147件共282人，批准逮捕122件共239人。依法不批准逮捕43人，其中不涉嫌犯罪不批准逮捕3人、证据不足不予批准逮捕10人、无逮捕必要不予批准逮捕30人，纠正漏捕1人。

2012年，县人民检察院受理公安机关提请批捕案件186件共279人，批准逮捕143件共198人；依法不批准逮捕74人，其中不涉嫌犯罪不批准逮捕2人、证据不足不予批准逮捕26人、无逮捕必要不予批准逮捕46人，纠正漏捕3人。

二、审查起诉

1989年，县人民检察院依法起诉75件共139人，免予起诉7件共16人。

1990年，遵照中央“稳定压倒一切”的指示，贯彻最高人民法院、最高人民检察院（简称“两高”）《关于敦促贪污贿赂犯罪分子在限期内投案自首的通告》和“两高”“两部”（公安部、司法部）《关于敦促刑事犯罪分子在限期内投案自首的通告》，县人民检察院受理公安机关和自侦部门移送审查案件173件共351人，审查后决定起诉116件共206人，免予起诉21件共49人。

1991年，县人民检察院受理公安机关和本院自侦部门审查起诉117件共208人，通过审查决定起诉79件共129人，免予起诉14件共25人，不起诉1件4人，移送州人民检察院起诉7件共16人。

1992年，县人民检察院受理公安机关和本院自侦部门移送审查起诉170件共320人，决定起诉97件共175人，免予起诉23件共34人，不起诉2人，退回公安机关补充侦查24件共58人，移送州人民检察院起诉12件共32人。派员出庭支持公诉96人（次），发表公诉词96篇。

1993年，县人民检察院受理审查起诉各类案件97件共162人，审结95%。

1994年，县人民检察院受理审查起诉119件共161人，审查后决定起诉105件共146人，免诉9件共9人，退查重报5件6人。

1995年，县人民检察院受理公安机关和本院自侦部门移送起诉案件164件共290人，起诉145件共232人，免诉5件共5人，退回公安机关补充侦查14件共53人，移送州人民检察院17件共23人。

1996年，县人民检察院受理公安机关和本院自侦部门移送审查案件255件共485人，经审查起诉171件共372人，免诉29件共37人，不诉2件共3人，退回公安机关补充侦查35件共77人，移送州人民检察院16件共54人。

1997年，新修订的《中华人民共和国刑事诉讼法》实施后，检察机关不再行使免予起诉权。是年，县人民检察院受理公安机关和自侦部门移送审查起诉130件共163人，决定起诉116件共143人。

1998年，县人民检察院受理公安机关移送审查的案件183件共278人，受理本院自侦部门移送审查起诉19件共25人，审结后，向法院提起公诉154件共231人，移送州检察院审查起诉20件共30人，作出不起诉处理16件共18人，退回公安机关补充侦查12件共24人，依法增捕1人、增诉2人、追诉遗漏罪行1人，依法提请州人民检察院抗诉2件。清理1982年至1997年积存诉讼档案791件。

1999年，县人民检察院受理公安机关和自侦部门移送审查起诉172件共195人，审查后决定向人民法院提起公诉150件共167人。

2000年，县人民检察院受理公安机关和本院自侦部门移送审查起诉案件157件共258人，退回重新侦查后重报9件共13人。经过审查，依法起诉125件共206人，不起诉8件共8人，移送州检察院15件共30人，退回公安机关补充侦查18件共27人，增加追诉4件共4人。

2001年，县人民检察院受理公安机关和本院自侦部门移送审查起诉案件232件共371人，退回重新侦查后重报32件共53人。经过审查，依法作出起诉194件共325人，不起诉17件共54人，移送州人民检察院16件共22人，退回公安机关补充侦查37件共56人。

2002年，县人民检察院受理公安机关和自侦部门移送审查起诉案件283件共436人，经过审查，依法提起公诉232件共342人，不起诉28件共37人，移送州人民检察院19件共34人，退回公安机关补充侦查6件共22人。

2003年，县人民检察院受理公安机关和自侦部门移送审查起诉案件224件共333人，经过审查，提起公诉183件共238人，不起诉19件共19人，移送州人民检察院12件共50人，退回公安机关补充侦查12件共27人。

2004年，县人民检察院受理公安机关和本院自侦部门移送审查起诉239件共406人。经过审查，依法起诉179件共256人，不起诉22件共34人，移送州人民检察院30件共89人，撤案3件共16人，退回公安机关补充侦查6件共12人。提前介入公安机关查办案件3次。

2005年，县人民检察院受理公安机关和本院自侦部门移送审查起诉214件共355人。经过审查，依法作出起诉185件共292人，不起诉3件共9人，报州人民检察院起诉18件共40人。退回公安机关补充侦查30件共74人。

2006年，县人民检察院受理公安机关和本院自侦部门移送审查起诉209件共323人。审查后，依法提起公诉185件共277人，不起诉17件共29人，报送州人民检察院23件共44人，退回补充侦查10件共23人。

2007年，县人民检察院受理公安机关和本院自侦部门移送审查起诉182件共313人，依法起诉133件共212人，不起诉9件共22人，报送州人民检察院6件共9人，退回公安机关补充侦查34件共70人。

2008年，县人民检察院提起公诉274人，其中放火、破坏公用电信设施等危害公共安全犯罪嫌疑人公诉29人，故意杀人、故意伤害、强奸等侵犯公民人身权利的犯罪嫌疑人公诉71人，抢劫、抢夺、盗窃、诈骗等侵犯财产的犯罪嫌疑人公诉109人，贩卖毒品、运输毒品等破坏社会管理秩序的犯罪嫌疑人公诉53人，不起诉23人，移送州人民检察院审查起诉10件共30人。

2009年，县人民检察院提起公诉283人，移送州人民检察院审查起诉8件共41人，不起诉12件共21人，依法追诉漏罪6人。

2010年，县人民检察院受理公安机关及本院自侦部门移送审查起诉案件221件共415人，提起公诉185件共339人，退回公安机关补充侦查12件共40人；对犯罪情节轻微、社会危害不大的决定不予起诉9件共12人。

2011年，县人民检察院受理公安机关和检察院自侦部门移送审查起诉220件共337人，提起公诉191件共287人，移送州人民检察院审查起诉15件共24人，退回公安机关补充侦查18件共28人；对犯罪情节轻微、社会危害不大的决定不予起诉3件共6人；对严重刑事犯罪，按照管辖权限报州人民检察院的8件共16人。

2012年，县人民检察院受理公安机关和检察院自侦部门移送审查起诉237件共366人，提起公诉212件共337人，退回公安机关补充侦查30件共77人；纠正漏罪8件，纠正漏诉3件共4人；对7件共7

人犯罪情节轻微、社会危害不大的决定不予起诉；对严重刑事犯罪按照管辖权限报州人民检察院审查的9件共12人。

三、刑事立案监督

1996年，修订的《中华人民共和国刑事诉讼法》，第87条规定“人民检察院认为公安机关对应当立案侦查而不立案侦查的，或者被害人认为公安机关对应当立案侦查的案件而不立案侦查，向人民检察院提出的，人民检察院应当要求公安机关说明不立案的理由。人民检察院认为公安机关不立案理由不能成立的应当通知公安机关立案，公安机关接到通知后应当立案。”这一规定填补了检察机关刑事立案监督的空白。

2000—2007年，县人民检察院向公安机关发出说明不立案理由2件共5人。

2008年，县人民检察院纠正公安机关不当立案而立案的案件5件，公安机关撤案处理。

2009年，县人民检察院纠正公安机关不当立案而立案的案件4件，公安机关撤案处理。

2010年，县人民检察院对有罪不究、以罚代刑等应当立案而不立案的，依法监督侦查机关立案1件1人；对不应当立案而立案的，提出纠正意见6件共6人，公安机关撤案处理；对应当逮捕而未提请逮捕、应当起诉而未移送起诉的，决定追加逮捕2人、追加起诉10人。

2011年，县人民检察院依法监督侦查机关立案1件2人；对侦查活动违法提出纠正意见5件共9人，公安机关均予以纠正；对应当逮捕而未提请逮捕的决定追加逮捕1人。

2012年，县人民检察院依法监督侦查机关对应当立案而未立案案件6件共7人，公安机关全部立案；依法监督侦查机关不应当立案而立案案件5件共12人，其中1件转为行政案件，撤销4件。在办案过程中，对侦查活动中存在的违法情况发出《纠正违法通知书》23份、《检察建议》5份。

四、刑事审判监督

2008年，县人民检察院提请州人民检察院抗诉1件；2009年，县人民检察院提请州人民检察院抗诉3件；2010年，县人民检察院向法院发出纠正违法通知书1件。2012年，县人民检察院做好量刑建议工作，向人民法院提出量刑建议27件共29人，其中19件被一审法院完全采纳。对法院一审判决向州院提请抗诉2件共2人。贯彻宽严相济刑事政策，推进社会矛盾化解，运用刑事和解机制办理案件3件共3人，成功和解3件共3人。

第二节　渎职侵权检察

一、法纪监督

渎职侵权检察，在1998年前称为法纪检察或法纪监督，1998年以后改称渎职侵权检察；2002年2月，县人民检察院设渎职侵权检察科；2006年3月，县人民检察院设置反渎职侵权工作局。

1989年，县人民检察院重点立案查处非法拘禁、非法侵入他人住宅、非法搜身（简称“三非”案件）、重大责任事故、玩忽职守等案件，全年共受理案件5件共5人，立案3件共3人。

1990年，县人民检察院受理法纪案件7件共7人，立案7件共7人。

1991年，县人民检察院贯彻最高人民检察院《关于反对刑讯逼供，加强法纪检察工作的报告》，受理法纪案件24件共24人，立案4件共4人。

1992年，县人民检察院重点查处刑讯逼供、非法拘禁、徇私舞弊、玩忽职守、重大责任事故等5类案件，受理法纪案件5件共7人，立案5件共7人。

1993年，县人民检察院重点查办“侵权”案件中致人重伤、死亡和影响恶劣、危及社会安定的案件及公安、政法干部、行政监管部门工作人员徇私舞弊案，全年受理案件5件共5人，立案3件共3人。协助、配合州人民检察院法纪科查办安龙县公安局局长饶某某徇私舞弊等重大案件。

1994年，县人民检察院重点查办徇私舞弊、刑讯逼供、非法拘禁、玩忽职守、重大责任事故案件，受理案件5件共7人，立案5件共7人。

1995年，县人民检察院受理法纪案件12件共22人，立案9件共18人。

1996年，县人民检察院受理法纪案件17件共43人，立案11件共18人，其中办理公安人员徇私舞弊案2件。

1997年，县人民检察院受理法纪案件17件共18人，初查8件共9人，立案2件共3人，其中非法拘禁1件1人、重大责任事故1件2人。县人民检察院法纪检察科受州人民检察院表彰记集体三等功1次。

1998年，县人民检察院受理法纪案件15件，初查10件，经初查，立案（玩忽职守)1件，不立案处理6件，县人民检察院控告申诉部门处理刑讯逼供赔偿案1件。

1999年，县人民检察院贯彻最高人民检察院《关于人民检察院直接受理立案侦查案件立案标准的规定》(试行)，受理法纪案件5件共5人，立案2件共2人。

2000年，县人民检察院受理法纪案件线索8件，经审查转有关部门1件，初查7件，立案2件，移送起诉2件。

2001年，县人民检察院受理法纪案件线索9人，初查9件，立案3件，2件移送审查起诉，1件在诉讼程序中终止侦查。县人民检察院法纪检察科参加全国“追逃打流”专项斗争，抓获批捕在逃7年的犯罪嫌疑人2人。

2002年，县人民检察院法纪检察科更名为渎职侵权检察科，受理渎职侵权案件线索7件，经审查，转有关部门1件，初查6件，立案1件，移送审查起诉1件。

2003年，县人民检察院受理渎职侵权案件线索9件，初查9件，初查后立案2件共3人，移送起诉2件共3人。

2004年，县人民检察院受理渎职侵权案件线索5件，初查6件（含上年1件)，初查后立案4件共4人，移送起诉4件共4人，2件作不立案处理。

2005年，县人民检察院受理渎职侵权案件5件，与县纪委共同调查1件，初查4件，立案1件3人，移送起诉1件3人。

2006年，县人民检察院渎职侵权检察科更名为反渎职侵权工作局，受理案件线索7件共10人，初查5件共8人，暂存待查2件，立案3件5人，移送起诉3件共5人。

2007年，县人民检察院受理渎职侵权案件4件共5人，立案3件共4人，其中玩忽职守2件共2人、滥用职权1件2人，移送起诉3件共4人。

2008年，县人民检察院查办玩忽职守等渎职侵权案件3件共4人，立案侦查涉嫌玩忽职守犯罪的司法工作人员2人。

2009年，查办渎职侵权犯罪案件2件4人，其中，立案侦查涉嫌玩忽职守犯罪的司法工作人员3人、涉嫌泄露国家秘密的司法工作人员1人。

2010—2012年，县人民检察院查办渎职侵权犯罪案件5件共6人。其中，2010年2件共2人、2011年2件共2人、2012年1件2人。

二、查处渎职侵权案件

(一) 非法拘禁案

非法拘禁是严重侵犯公民人身自由权利的犯罪行为。1979—2009年，县人民检察院立案查处非法拘禁案24件，其中在2001年立案侦查了普坪镇镇长王某某非法拘禁一案。

（二）诬告陷害案

1997年以前，诬告陷害案由检察机关管辖；1997年，修订后的《中华人民共和国刑事诉讼法》颁布实施，诬告陷害案不再由检察院直接受理。1979—1996年，县人民检察院立案查处诬告陷害案2件。

（三）刑讯逼供案

刑讯逼供是指国家工作人员对人犯使用肉刑或变相肉刑逼取口供的行为。1989—2012年，县人民检察院立案查处刑讯逼供案1件。

（四）重婚案

1983年7月，最高人民法院、最高人民检察院、公安部《关于重婚案件管辖的通知》规定的管辖范围，对于被告人不控告，而由人民群众、社会团体或有关单位提出控告的重婚案件，由人民检察院审查决定是否对该案件提起公诉或免予起诉。1997年，实施新修订《中华人民共和国刑事诉讼法》，重婚案不再由人民检察院立案管辖。1984—1997年，县人民检察院共立案侦查重婚案4件。

（五）重大责任事故案

重大责任事故罪是指工厂、矿山、林场、建筑企业和其他企业、事业单位的职工，由于不服管理，违反规章制度，或者主管人员强令工人违章冒险作业，因而发生重大伤亡事故或者造成其他严重后果的行为。1983年，依据最高人民检察院下达的《关于检察院自侦案件内部分工的意见》规定，将重大责任事故案件划归法纪检察部门管理。1997年，修订后的刑事诉讼法规定，重大责任事故不再由检察机关受理侦查。1986—1997年，县人民检察院共立案查处重大责任事故案5件。

（六）玩忽职守案

玩忽职守罪是国家工作人员的职务犯罪，是指国家工作人员严重不负责任，不履行或不认真履行职责，致使公共财产，国家和人民利益遭受重大损失的行为。1984—2009年，县人民检察院共立案查处玩忽职守案5件。

（七）滥用职权、枉法渎职案

滥用职权案是指国家机关工作人员超越职权违法决定，处理其无权决定、处理的事项，或者违反规定处理公务，致使公共财产、国家和人民利益遭受重大损失的行为。徇私枉法罪指司法工作人员徇私枉法，徇情枉法，对明知是无罪的人而使他受追诉，对明知是有罪的人而故意包庇不使他受追诉，或者在刑事审判活动中故意违背事实和法律作枉法裁判的行为。

1997年以前，徇私枉法罪称为徇私舞弊罪。1997—2009年，县人民检察院共办理滥用职权案1件1人，受理徇私枉法案5件共5人，立案查办1件1人。

2010年以来，县人民检察院加大对职务犯罪的惩治力度，其中，2010年，立渎职侵权犯罪2件共2人，查办科级以上干部2人；2011年，立案查办渎职侵权犯罪2件共2人；2012年，立案查办渎职侵权犯罪1件2人。

第三节　经济检察

一、查处经济类案件

1989年，经济案件由县人民检察院经济检察科负责办理。是年，受理各类经济案件27件共31人，通过初查立案12件共13人，其中贪污案7件共7人、挪用公款案3件共3人、受贿案2件共3人，为国家和集体挽回经济损失11万余元。

1990年，县人民检察院经济检察科改为贪污贿赂检察科，受理各类经济案件25件，经初查立案17件共20人，移送审查起诉5件共5人，免予起诉7件共9人，撤销案件5件共6人，挽回经济损失11万余元。

1991年，坚持“一要坚决，二要慎重，务必搞准”方针，县人民检察院受理案件线索31件，初查立案20件共21人，审理结案移送起诉4件共4人，免予起诉5件共5人，撤销案件1件1人，挽回损失7.9万余元。

1992年，县人民检察院受理各类经济案件21件，其中大要案10件共18人，为国家和集体挽回经济损失1.7万余元。

1993年，立案9件共9人，侦结9件共9人，为国家和集体挽回经济损失26万余元。

1994年，受理各类经济案件13件共14人，其中举报12件共12人，外地移送本院1件1人，经初查后立案11件共11人，其中贪污10件共10人，挪用公款案1件1人。涉案金额1万元以上的大案2件共2人，通过办案为国家挽回经济损失8万余元，协助有关单位挽回经济损失6万余元。

1995年10月，县人民检察院贪污贿赂检察科升格为反贪污贿赂工作局，根据《刑法・分则》第八章规定，负责12种国家工作人员职务犯罪的侦查工作。县人民检察院全年受理经济案件16件共17人，初查后决定立案11件共13人，审结贪污案6件共6人、挪用公款案5件共6人，挽回经济损失13万余元。

1996年，着重开展重点行业和党政机关、行政执法机关、司法机关、经济管理部门“三机关一部门”（党政机关、司法机关、行政执法机关和经济管理部门）的反贪污贿赂工作，县人民检察院全年受理各类经济案件30件，初查22件，立案17件共19人，其中受理贪污案12件共14人、挪用公款案3件共3人、其他1件1人，挽回经济损失17万余元。

1997年，重点查办“三机关一部门”经济犯罪行为，县人民检察院立案查处贪污贿赂案件10件。

1998年，坚持“有案必办，有案必查”的办案原则，突出查办影响较大的经济犯罪案件，县人民检察院受理各类经济案件37件，审查后，转有关部门处理11件，初查立案侦查11件共16人，其中“三机关一部门”案件6件，为国家挽回直接经济损失22万余元。

1999年，县人民检察院受理各类经济案件19件，立案15件。

2000年，县人民检察院受理各类经济犯罪案件线索20件，通过初查决定立案侦查7件共7人，其中贪污案5件、受贿案1件、挪用公款案1件，结案7件共7人，为国家和集体挽回经济损失10.8万余元。明确职务犯罪预防工作兼职人员1人，建立预防工作联系制度2个，召开职务犯罪预防工作联席会议1次。

2001年，贯彻“公正执法、加强监督、依法办案、从严治检、服务大局”20字方针，县人民检察院受理各类经济犯罪案件线索38件，经审查后转有关部门处理4件，立案9件共11人，侦查终结、移送起诉9件共11人，为国家挽回经济损失86.07万元。在立案侦办的11人中，科局级干部1人、股级干部2人，涉案金额10万元以上的大案3件共4人。

2002年5月，县人民检察院成立反贪污贿赂局职务犯罪预防科，有兼职人员3人，成立县人民检察院预防犯罪工作领导小组。县人民检察院全年受理各类经济案件线索31件，经审查转有关部门处理3件，初查28件；立案10件共13人，其中贪污案4件共5人、挪用公款案5件共7人、私分国有资产案件1件1人，侦查终结10件共13人，为国家挽回经济损失9.4万余元。在立案侦办13人中，副科级干部2人、股级干部2人，涉案金额10万元以上大案2件、200万元以上特大案件1件。

2003年，县人民检察院受理各类经济案件29件共31人，初查27件共19人，经初查决定立案12件共12人，所有案件涉案总额57万余元。查处以中共安龙县委组织部原副部长、人事劳动和社会保障局原局长、县纪委原常委刘某某为首的职务犯罪窝案，追回赃款2.6万余元。

2004年，县人民检察院受理各类经济案件27件，经初查依法决定立案16件共16人，其中贪污案13件共13人、贿赂案2件共2人、挪用公款案1件1人。在立案侦办的16人中，州人大代表1人，中共安龙县委候补委员、正科级干部2人，副科级干部3人，为国家挽回经济损失127万元。

2005年，县人民检察院受理各类经济案件18件共18人，经初查决定立案13件共13人，所立案涉嫌犯罪人中正科级干部1人，副科级干部4人，大案8件共8人，为国家挽回经济损失170万余元。

2006年，县人民检察院立贪污贿赂案11件共11人，为国家挽回经济损失72万余元。

2007年，县人民检察院受理贪污贿赂犯罪案件线索26件，初查21件，初查后决定立案13件共13人，其中贪污案1件1人、行贿案6件共6人、受贿案4件共4人、挪用公款案1件1人、私分国有资产1件1人，大案、要案4件共4人，全部侦结移送审查起诉，为国家挽回经济损失119.5万余元。重点查处县交通局职务犯罪窝案，州人民检察院授予该案专案组集体三等功1次。

2008年，县人民检察院立案侦查贪污贿赂犯罪案件12件共12人，其中大案8件。5月，省人民检察院授予县人民检察院“交通局受贿窝案”专案组集体二等功1次。

2009年，县人民检察院立案侦查贪污贿赂犯罪案件11件共16人，其中大案5件，查办的挪用公款案件涉案金额达39万余元，私分国有资产案涉案金额达189万余元；查办农村基层组织人员涉嫌的贪污案件3件共3人；成功查办医疗系统贪污案1件5人。

2010年，县人民检察院立案查办贪污贿赂犯罪12件共14人，挽回直接经济损失80余万元。重点查办发生在领导干部中的贪污贿赂，共立案查办贪污贿赂大案8件共10人。查办行贿案件2件共2人，推行行贿犯罪档案查询工作，全年接受档案查询22次共51人。

2011年，县人民检察院立案查办各类职务犯罪案件8件共11人，其中贪污贿赂犯罪6件共9人、渎职侵权犯罪2件共2人，其中立案查办贪污贿赂大案2件共4人。全年开展预防职务犯罪宣传和警示教育4次，接受预防咨询14件，有针对性地提出预防检察建议8件，接受行贿犯罪档案查询254次共942人。

2012年，县人民检察院立案查办各类职务犯罪案件13件共14人，其中贪污贿赂犯罪12件共12人、渎职侵权犯罪1件2人，立案查办贪污贿赂大案8件共8人，挽回经济损失100余万元。全年开展预防职务犯罪宣传和警示教育41次，职务犯罪案例分析13件，传媒宣传报道预防工作93次，接受预防咨询25件，有针对性地提出预防检察建议6件，受理录入行贿、受贿案件31件，行贿犯罪档案查询204次共601人，查出有行贿犯罪记录的单位1个，取消其投标资格。

二、驻经济部门检察室

根据最高人民检察院、贵州省人民检察院、黔西南州人民检察院要求，县人民检察院在国家职务部门、企事业部门、金融系统内设立检察室（其编制属所在单位），作为县人民检察院的派出机构，但不属于检察机关的内设机构。其主要工作业务是协助县人民检察院侦办该系统内的经济案件。

1993年7月，县人民检察院与县供销社、县税务局、县粮食局、县农业银行、县烟草局合作协商，分别成立上述5个单位检察室。检察室的成立是深入开展反贪污贿赂斗争的需要，是人民检察院派驻其单位履行部分检察职能的机构，是人民检察院查处贪污、贿赂等犯罪案件侦查机构和预防犯罪机构的重要组成部分，主要任务是立案侦查分工管辖的贪污、贿赂等犯罪案件，协助所驻单位开展预防犯罪工作，搞好综合治理，促进经济建设和廉政建设，按照《贵州省人民检察院检察室工作若干规定（试行）》和相关法律程序进行初查和立案侦查。

驻部门检察室成立后，相继开展工作。供销检察室查处供销系统贪污挪用公款21人（次），立案侦查5件，挽回经济损失21万余元，协助县人民检察院侦破一批发生在供销系统的贪污、挪用公款案件；

税务检察室共查处职务犯罪和偷税案件16件，协助县人民检察院反贪污贿赂工作局追回经济损失21万余元。

农业银行检察室、粮食检察室、烟草检察室在1年多的时间里，均完成了其职责范围内的任务。检察室的成立，不但解决了检察机关的案源问题，还缓解了检察机关人、财、物紧张的状况。

1994年6月，根据州人民检察院对检察室提出整顿意见，县人民检察院又在新安镇、德卧镇等经济发展较好的乡镇试点成立乡镇检察室。1995年9月11日，根据最高人民检察院、贵州省人民检察院《关于上报整顿各类检察室工作情况的通知》，县人民检察院相继撤销供销、粮食、农行、税务4个驻经济部门检察室。

第四节 监所检察

监所检察，是对辖区内的监狱、看守所、劳改厂（场）和劳教场所的检察监督，是人民检察机关经常性的业务之一。监所检察部门依法对刑罚执行和监管活动实行监督，查办监管人员职务犯罪案件，惩治在押人员犯罪活动，维护监管场所的稳定，保护被监管人员合法权益，保障国家法律的统一正确实施；其工作重点是刑罚执行监督和监管活动监督，查办刑罚执行和监管活动中的职务犯罪案件。

一、对监管改造场所的监督

1989—1990年，县看守所先后出现8名人犯集体脱逃和短刑犯趁外出劳动之机脱逃事件，逃出后写信威胁干部。1991年6月，按照州人民检察院要求，县人民检察院监所检察干警从罪犯入监、人犯入所开始，对收押罪犯和人犯以及劳教人员的法律文书是否齐全合法，是否有错拘、错捕、错收的情况进行逐项检查，每月在看守所工作20天以上。

1992年，县人民检察院向县看守所提出检察建议5次，协助消除隐患6次。

1993年9月，根据省劳改局部署，从兴义监狱调运犯人到安龙海子农场劳动改造69人，海子监狱恢复。县人民检察院配合公安监管部门，完成调犯押解、接收工作。

1994年，县人民检察院查处监管场所干警贪污案1件2人。坚持“治标重在治本，防范重在教育”原则，监所检察干警每月与在押人犯进行个别谈话教育，全年开展个别谈话教育108次、集中教育16次。在对监管场所在押犯的减刑、假释、保外就医等活动专项检察中，发现县看守所从1993年至1994年5月期间，保外就医罪犯高达37人的非正常情况，经县人民检察院监所检察科进行前期调查，获取基本犯罪线索后，及时成立专案组，与州纪委、州人民检察院、州公安局联合展开全面侦查，先后调查询问500余人，获取证据材料600余份，查清时任所长刘某某、副所长张某某（女）2人利用职权收受贿赂，采用非法手段，二人先后私放罪犯46人，索取、收受罪犯及其亲属的钱物6万余元的犯罪事实。该案由州检察院提起公诉，刘、张分别被判处有期徒刑14年和12年。

1995年7月中旬，县检察院驻安龙县看守所检察室、驻安龙海子监狱检察室分别挂牌成立。

1996年4月，省人民检察院下发《派驻监狱、劳教所检察室达标条件和派驻看守所达标条件》，县人民检察院纠正违法收押1次。县看守所有3名在押犯揭发各类犯罪线索3件，坦白交代余罪1件。查处海子监狱干警李某某贪污案。

1997年9月，县看守所超期羁押人犯7人，在县检察院督促下结案。

1998年，建立健全人犯凭证关押、凭证出所、人犯出入等7项制度，配合县看守所、海子监狱进行安全检察35次，向在押犯上法制课7次，听课人数2000余人次；办理犯人脱逃案件3件共3人。海子监狱刑满释放146人，裁定减刑66人；11月，省人民检察院授予县人民检察院一监一所

“达标检察室”。

1999年4月，根据最高人民检察院《关于进一步清理和纠正检察机关超期羁押犯罪嫌疑人的通知》，县人民检察院对看守所超期羁押的人员全面清理，对罗某某爆炸案、彭某某杀人案、王某某杀人案等9名犯罪嫌疑人超期羁押向公安机关发出《纠正违法通知书》。受理海子监狱内监管干警贪污公款1案1人，配合监管改造机关打击被监管人员重新犯罪活动，受理4件4人，均在年内审结。

2000年，按照最高人民检察院、公安部《关于加强看守所法律监督工作的通知》，对未决人犯统称为犯罪嫌疑人。

2001年4月，县人民检察院配合州委政法委检查组对县看守所在押人员基本情况、超期羁押和“三共”(共抓、共建、共管) 建设进行清理，至11月底，县看守所在押人犯294人，内有超期羁押4案共23人。

2002年，重点清理超期羁押案件，对看守所超期羁押的8件共10人犯罪嫌疑人提出解决超期羁押问题建议6条。

2003年，县人民检察院清理1998年以来暂予监外执行案件3件共3人，发出收监建议2人。

2004年，县人民检察院执行提前预警告知制度，全年预警告知80余人次，最高人民检察院授予县人民检察院驻海子监狱检察室“二级规范化检察室”。

2005年以来，对违法减刑、假释、保外就医，不按规定交付执行以及监管活动中的违法情况进行监督，防止和纠正超期羁押工作，执行提前预警告知制度，加强入监入所、出监出所法律监督，监管秩序稳定。

二、刑罚执行监督

1993年，县人民检察院对监管场所减刑、假释进行全面检察，对不具备保外就医法定条件的25名人犯进行收监，符合条件继续留保2人。

1994—1995年，县人民检察院纠正在刑事判决、裁定的执行中发现的问题，向法院发出《纠正违法通知书》，纠正错误的刑期计算。

1996—1997年，县人民检察院对人民法院的判决、裁定发生法律效力后，是否按规定执行刑罚，留所服刑的罪犯是否符合要求的法定条件，服刑期满是否按期释放等情况进行监督检察，纠正不符保外就医条件的3件共3人。

1998年，县人民检察院对发生法律效力的判决、裁定进行逐一核对检察，参加减刑、假释研究讨论会6次。

1999年，根据最高人民检察院《关于对罪犯减刑、假释裁定活动开展专题调查的通知》，重点调查1989年1月至1999年6月，法院在裁定罪犯减刑、假释案件中，有无违反法律规定，将不符合减刑、假释、保外就医条件的罪犯裁定减刑、假释；有无违法收费，以钱抵刑等违法行为。1998年1月至1999年6月，海子监狱共有258名罪犯获得减刑，6名罪犯获得假释，未发现违法行为。

2000年，开展“对罪犯交付执行刑罚活动”“职务犯罪罪犯刑罚交付执行”专项检察，县看守所羁押人犯221人，其中留所服刑3人，刑期均为1年以内，暂予监外执行2人，纠正违反减刑程序2人。

2001年，根据最高人民检察院《关于进一步加强刑罚执行监督工作的通知》，重点对减刑、假释、保外就医呈报程序是否合法，被呈报的罪犯是否符合法定条件进行检察，发现符合保外就医罪犯3人，符合保外就医条件而未办理相关手续并提供证明材料的罪犯2人，不符合保外就医条件而获保外就医的罪犯1人，均发出建议予以纠正。

2002年，海子监狱和县看守所共有140名罪犯获得减刑，在减刑时对部分获得减刑的人员进行听证。

2003年，县人民检察院纠正超期羁押36人（次），对清理出来的3名监所执行罪犯向执行机关发出收监执行建议书，执行收监2人。

2004年，在看守所预警告知80余人次；对入监、出监的法律文书认真检查和审查，监督监狱严格按照判决书收监执行和释放，新增犯人237人，当年刑满释放218人，监狱呈报减刑158人。了解犯人对监狱呈报减刑的意见，监督监狱将呈报条件、人员名单等进行公开。

2005年，县人民检察院预警告知156人次，请求州人民检察院监所处核查催办61人次，依法定程序报经州中级人民法院裁定减刑的4人，其中减刑1人、减余刑3人。

2006年，县人民检察院审查收、出监法律文书397份，其中离狱文书240份、收监执行文书157份；开展监外执行罪犯的专项检查，翻阅535件案件材料，清查出刑罚未执行完毕的监外执行罪犯165人，其中缓刑犯152人、假释犯12人、暂予监外执行犯1人。审查保外就医案件2件2人。

2007年，县人民检察院审查出、入所法律文书622件，向看守所发出预警告知190人次；审查出、入监法律文书304份。

2008年，县人民检察院全年发出预警告知211人（次），对海子监狱和看守所提请假释1人、减刑207人进行审查，未发现违法裁定案件。

2009年，县人民检察院对147名被判处管制、剥夺政治权利、宣告缓刑、裁定假释、决定暂予监外执行罪犯，建立监外执行台账。

2010年，县人民检察院审查减刑假释案件143件，纠正刑罚执行和监管活动中的违法行为60余件，按照审判监督程序纠正贵阳市花溪区人民法院错误判决2件共2人。

2011年，县人民检察院审查减刑假释案件219件，纠正刑罚执行和监管活动中违法行为4件4人。

2012年，县人民检察院对减刑、假释、暂予监外执行报请或裁定不当，提出监督纠正意见13件，对刑罚执行和监管活动中的违法情形提出书面监督纠正意见58件；履行监外执行、社区矫正检察职责，到2012年末，县内有监外执行罪犯275人，全年对监外罪犯提出书面纠正意见51件。

三、惩罚再犯罪

1987年，设在县境的海子劳改农场撤销，至1989年，县境没有劳改罪犯和劳教人员重新犯罪案件。

1993年10月14日，安龙海子劳改农场恢复。随后，69名罪犯从兴义四分监调往海子劳改农场进行劳动改造。1997年，县人民检察院监所检察部门办理看守人犯脱逃案3件共3人；1998年，县人民检察院监所检察部门办理海子监狱罪犯重新犯罪案4件共4人。经法院审理后均作加刑处理。2000年，办理海子监狱外宿犯强奸案，经审查对3名罪犯依法提起公诉（1人作不起诉处理），以及罪犯喻某某趁在厕所解溲之机，钻进粪池内准备脱逃未遂案。2001年，办理海子监狱罪犯重新犯罪5件共11人，起诉后均作加刑处理。2002年，办理海子监督罪犯重新犯罪案4件共4人，法院作均加刑判决处理。2003年，海子监狱移送县检察院起诉罪犯重新犯罪3件共3人，法院均作加刑判决处理。2004年，办理海子监狱罪犯脱逃案1件1人。2006年，办理海子监狱罪犯再犯罪案件3件共5人，出庭公诉3次。2007年，办理海子监狱又犯罪案件3件共3人，出庭公诉3次。2008年，办理在押人员又犯罪案件1件1人，出庭公诉1次。

四、受理犯人及其家属申诉

1990年，县人民检察院收申诉案件3件，按管辖范围转办处理。1991年至1994年4年间，受理罪犯及家属申诉案件6件共6人，经监所检察部门初查后转有关部门处理5件5人，自行查处的1件。2002年以后，根据最高人民检察院的要求，检察机关受理申诉案件实行归口管理，由原监所检察部门负责办理的服刑人员及其法定代理人、近亲属的刑事申诉案件，划归控告申诉检察部门办理，县人民检察院监所检察部门不再办理犯人及其家属申诉案件。

五、对监外服刑人员的监督

对被依法判处有期徒刑，裁定暂予监外执行（含保外就医）、缓刑、管制、剥夺政治权利的罪犯等“五种人员”进行服刑中的监督考察，既是监所检察工作向社会的延伸，也是检察机关参与社会治安综合治理的一项重要工作和任务。

1991年，根据省人民检察院通知，按照《罪犯保外就医执行办法》的规定，县人民检察院对历年保外就医罪犯进行摸底、登记、造册、全面进行检查。1992年，针对监外执行人员在农村居住较多的情况，回访考察工作以农村为重点进行，对监外执行的“五种人”回访考察8次。

按照最高人民检察院“监督到位，配合不越位”的原则，2004年至2008年，县境有108名暂予监外执行监督的“五种人”分散于16个乡镇中，其中判缓刑的102人、剥夺政治权利的4人、判拘役的1人、保外就医的1人，县人民检察院每年都对负责管理监外执行刑罚罪犯的16个执行单位进行检察。

2009年，县人民检察院对被判处管制、剥夺政治权利、宣告缓刑、裁定假释、决定暂予监外执行的147名罪犯，全部建立监外执行台账，加强监管，完善档案，对监外服刑人员的监管更加规范。

第五节　控告申诉检察

控告申诉检察工作，是人民检察院直接依靠群众行使法律监督职能的一个组成部分，也是检察机关联系群众的“窗口”和“桥梁”，通过处理人民群众来信，接待群众来访，受理控告、申诉、举报以及犯罪人的投案自首，可以及时发现和追究违法犯罪，纠正冤假错案，维护社会主义法治，保护公民的合法利益不受侵犯。

一、来信来访

1989年，县人民检察院受理群众来信143件，接待来访35人次，其中首次信访137件次、重复信访41件次。经过筛查转法院处理56件，转公安处理102件、转县人民检察院经济科3件、法纪科2件、刑事检察科5件、转其他机关处理8件，控告申诉科自行初查2件。

1990年，遵循“稳定压倒一切”方针，县人民检察院受理群众来信162件，其中控告157件、申诉3件、撤诉2件。经过审查后转法院处理24件，转公安105件，转纪委1件，县人民检察院经济检察科查处5件、起诉科办理3件、法纪检察科查处18件、控告检察科查处3件；转监察局2件，转其他地区公安局1件。

1991年，县人民检察院受理群众来信来访162件次，其中控告157件次、申诉3件、撤诉2件，办结信访老户的伤害案件1件，受理不服免予起诉的申诉案件2件。

1992年，县人民检察院受理群众来信195件，其中控告189件、申诉6件，为贪污贿赂检察科提供线索22件，为法纪检察科提供案件线索13件，为批捕检察科提供案件线索15件，为起诉科提供案件线索21件，控告申诉科立案查处1件。

1993年，按照“分级负责，归口管理”原则，县人民检察院受理群众来信来访191件次，其中首次信访174件次、重复信访17件。转公安处理134件、法院处理6件，县人民检察院贪污贿赂科处理15件、法纪科处理13件、批捕检察科处理10件、起诉科处理11件、控告申诉部门查处1件。

1994年，县人民检察院受理群众来信191件、来访18人次，其中首次信访162件、重复信访20件、集体信访4件；转公安处理139件、县纪委处理5件、转法院处理13件（其中1件转中级人民法院）、县养护段处理1件、县林业局处理1件、县信访办处理1件、州检察院处理1件，县人民检察院法纪科处理

22件、贪污贿赂检察科处理2件、起诉科处理2件、批捕科处理2件、监所科处理2件。

1995年，县人民检察院受理来信149件、来访4人次，转有关单位归口办理129件，县检察院控告申诉科立案初查24件。

1996年，县人民检察院受理群众来信144件、来访18人次，其中首次信访122人次、重复信访8人次、集体信访14件，受理举报线索21件，县人民检察院初查3件，办结重婚案1件，其余的转有关部门查处。

1997年，县人民检察院受理人民群众来信74件，接待群众来访12人次，转公安处理59件、法院处理4件、县委政法委处理1件，县人民检察院反贪污贿赂工作局处理16件，转其他单位6件。

1998年，县人民检察院成立举报线索评估小组，受理来信来访线索89件，初查2件，办理不服县人民检察院决定和不服法院裁判提出申请赔偿的刑事案件2件。

1999年，县人民检察院受理举报线索89件次，初查2件，其余线索按管辖权进行分流处理，复查不服人民法院生效的刑事判决和检察机关作出决定的刑事申诉，请求赔偿案2件。

2000年，县人民检察院受理案件线索112件，其中控告98件、申诉13件，复查刑事申诉4件，办理刑事赔偿案件1件。

2001年，每月10日、20日、30日为检察长接待日，县人民检察院共受理各类案件线索125件，其中控告42件、申诉11件、来信来访72件，办结不服县人民检察院作出决定的申诉案件1件。

2002年，按照“对人民负责，让人民满意”要求，县人民检察院受理案件线索61件，其中控告24件、申诉6件、来信来访31件。

2003年，县人民检察院受理各类案件线索74件，其中控告29件、申诉7件、来信来访38件。

2004年，县人民检察院受理案件线索73件，来信来访控告32件（杀人3件、抢劫2件、盗窃1件、伤害7件、诈骗1件、交通肇事1件、私藏爆炸物品3件、诬告1件、非法拘禁4件、枉法裁判1件、暴力取证1件、其他案件7件）、申诉11件（不服公安执行逮捕1件、不服县法院一审刑事判决1件、不服县法院民事判决5件、不服外县人民法院刑事判决1件、不服二审民事判决1件、不服县人民检察院不起诉决定1件、复查不服县人民检察院不立案申诉1件）、举报30件（贪污16件、行贿1件、受贿1件、挪用公款3件、玩忽职守3件、徇私枉法2件、枉法裁判1件、财产来源不明1件、重复信访2件）。审查后，县人民检察院反贪局处理22件、渎职检察科查办11件、民事行政检察科查办4件、侦查监督科查办1件，转公安21件、县人大2件、县纪委1件、州中级人民法院1件、州人民检察院2件、贞丰县人民检察院1件。

2005年，县人民检察院受理各种案件线索37件，其中来信来访控告15件（强奸1件、玩忽职守1件、盗窃1件、伤害6件、侵占1件、虐待1件、诈骗1件、一般行政违法3件）、申诉6件（不服县人民法院刑事判决3件、不服民事判决1件、不服县人民检察院不批捕决定1件、其他1件）、举报16件（贪污2件、受贿1件、挪用公款1件、玩忽职守1件、徇私枉法2件、滥用职权2件、侵吞国有资产1件、侵占集体资金2件、贷款诈骗1件、暴力取证1件、刑讯逼供2件）。县人民检察院反贪局处理5件、渎检科处理6件、公诉科处理2件、纪检组处理1件，直接答复息诉7件，书面答复不服民事判决1件，直接答复不服民事判决1件，转县公安局处理9件。

2006年，县人民检察院受理各类案件线索36件，其中来信来访控告24件、申诉1件、举报11件，反贪局处理7件、渎检科处理3件，其余26件转公安和其他部门处理。

2007年，县人民检察院受理各类控告7件，其中贪污2件、伤害2件、非法拘禁1件、诬陷1件、干涉婚姻1件，受理不服二审裁定1件，受理各类举报7件，其中贪污6件、玩忽职守1件。

2008年，开展“领导大接访”工作，县人民检察院受理群众来信来访12件，其中控告6件、申诉1件、举报5件。

2009年，县人民检察院受理群众来信来访13件、刑事赔偿1件。

2010年，县人民检察院受理各类控告申诉13件，办理举报案件线索24件（次），初查1件；法律救助受害人1人，奖励举报有功人员1人。

2011年，县人民检察院受理控告申诉1件1人，办理举报案件线索15件共20人次；落实首办责任制和检察长接访、定期巡访制度，其中检察长接访13件次。

2012年，县人民检察院受理人民群众控告来信来访10件，公诉部门处理1件、转公安处理7件，转其他部门处理2件。受理人民群众举报案件线索3件，由县人民检察院反渎局查处。

二、办理控告申诉案件

1979—2006年，县人民检察院共办理控告申诉案件301件，控告申诉科办理205件，县人民检察院其他科室办理96件。2012年，县人民检察院受理刑罚执行中被告人申诉1件4人，立案复查后不支持被告人申诉要求，受理刑罚执行完毕后被告人提出申诉2件，立案复查后认定法院判决适当，不予支持。

三、受理举报

1988年9月，县人民检察院设置“国家工作人员职务犯罪案件举报中心”，受理犯罪案件举报，结合分析举报情况；转办、催办举报案件，组织初查某些重大紧急和一时性质不明的案件。

1988年底举报中心成立到次年7月，获取举报线索24件，其中贪污贿赂等经济犯罪线索15件，经审查立案5件，为国家集体挽回经济损失30余万元。

1990年，县人民检察院受理案件举报线索89件次，初查2件，其余按管辖规定分流处理。

1991年5月，举报工作纳入控告申诉检察部门管理，人民群众来访接待室和举报中心实行“两块牌子，一套人马”制度。

1992年，举报中心为贪污贿赂检察科提供案件线索22件，为法纪检察科提供案件线索13件，为批捕科提供案件线索15件，为起诉科提供案件线索21件。

1993—1996年，县人民检察院受理举报线索98件，其中贪污贿赂经济案件举报线索46件，立案查处各类案件50件，挽回经济损失25万余元。

1997年，县人民检察院受理举报线索20件，其中贪污10件、贿赂2件、挪用公款3件，举报法纪线索5件。

1998年，县人民检察院受理举报线索5件。

1999—2006年，县人民检察院受理各类举报案件线索541件，其中1999年受理89件、2000年受理112件、2001年受理125件、2002年受理61件、2003年受理74件、2004年受理73件、2005年受理37件、2006年受理36件。

2007年受理各类举报7件，其中贪污6件、玩忽职守1件；2008—2010年，重点加强宣传，激发群众举报热情。2011年，办理举报案件线索15件共20人次；2012年，受理人民群众举报案件线索3件，由反渎局查处。

第六节　民事行政检察

一、受理申诉与审查处理

1991年5月，县人民检察院民事行政科成立，依法对民事审判活动和行政诉讼活动实行法律监督。

1994年，县人民检察院受理民事行政案件3件，通过审查，移送州人民检察院提请抗诉处理1件。1995年，受理不服法院发生法律效力的判决、裁定案件3件，办结1件。1996年，受理民事申诉3件，移送州人民检察院提请抗诉1件。1997年，受理不服法院发生法律效力的判决的民事案件7件，审结7件，其中立案1件，移送州人民检察院提请抗诉2件。1998年，受理不服人民法院判决的民事申诉案件2件，移送法院办理1件，上级检察院交办当事人不服人民法院判决的民事、行政申诉案件3件，1件移送县法院处理，2件提请州人民检察院提起抗诉，1件不立案。

1999年，县人民检察院受理当事人不服人民法院生效的民事经济、行政案件判决、裁定申诉3件，立案办理1件。2000年，受理申诉案件2件。2001年，对法院民事判决确有错误2件共2人，依法按程序提出抗诉意见。2002—2004年，受理民事申诉案件20件，审查处理20件，对确有错误的生效判决民事案件立案4件，其中提请抗诉2件。2005年，对认为确有错误判决、裁定提出抗诉1件，对10件申诉案件认真做好当事人的服判息诉工作，查询行政处罚案件141件。

2006—2007年，县人民检察院受理民行政申诉案件30件，审查处理30件，其中息诉处理19件。2008年，提出民事、行政抗诉建议1件，再审建议1件。2009年，受理民事申诉案件线索5件，立案审查1件。2010年，受理不服人民法院生效民事行政判决案件6件，审结6件，决定立案审查1件；向县财政局发出督促起诉33件，结案16件，挽回国有资产140.5万元；向法院发出检察建议2件。

2011年，县人民检察院受理不服人民法院生效民事行政判决案件3件共3人，决定立案审查2件共2人，提请抗诉2件共2人，息诉1件1人，督促起诉14件，结案14件，挽回国有资产180余万元。

2012年，县人民检察院受理不服人民法院生效民事行政判决案件4件共4人，审查后立案2件，经调卷审查，向州人民检察院提请抗诉2件，有2件因达不到立案条件作息诉处理。办理执行监督案件1件，向法院发出检察建议，法院采纳并纠正。办理州人民检察院交办二审民事申诉案件3件，其中2件建议州人民检察院不提请省人民检察院抗诉，1件作息诉处理。协助有关单位调解民事纠纷案件5件，办理督促起诉案件14件，向县财政局发出督促起诉令11件，向县国土局发出督促起诉令3件。结案12件，挽回国有资产74.87万元。

二、审判活动监督

县检察院民事行政检察科开展审判活动监督主要采取以下两种形式：一是应当事人的申请，在初步审查申诉状后主动与人民法院联系，告知当事人的申诉内容使法院在案件审理中引起重视，同时县人民检察院民事行政检察科派员参加诉讼过程实施监督，使案件得到公正合法的审判。二是应人民法院的邀请参与诉讼活动，实施监督。1998年，县检察院民事行政检察科派员参与县法院民事行政审判活动2次，对民事行政审判活动实施监督。

第七节　预防职务犯罪

一、预防机制建设

1. 建立党委领导下的预防工作机制

2000年12月，最高人民检察院作出《关于进一步加强预防职务犯罪工作的决定》，省人民检察院、州人民检察院均作了相应的部署。县人民检察院及时将会议精神向县委、县人大报告，先后成立以县委书记为组长，人大、纪检监察、组织人事、政法委、检察院负责人为副组长，财政、金融、税务、司法等部门负责人为成员的预防职务犯罪工作领导小组。领导小组办公室设在县人民检察院内，由分管预防工作的副检察长任办公室主任，预防科科长为副主任。在领导小组的重视和协调下，至2000年12月，县人民检察院在县直机关、部门等聘任职务犯罪预防联络员15人，转发最高人民检察院《关于加强预防职务犯罪工作的意见》，形成每年定期向人大作1次预防职务犯罪工作的报告制度。

2. 建立健全检察机关内部工作机制

发挥检察机关各业务部门预防职务犯罪工作的整体功能，县人民检察院党组提出建立健全机制，明确责任、立足本职、分工负责，抓住案源重点预防，规范发展的工作思路。2002年，按照最高人民检察院、贵州省人民检察院要求，经州人民检察院同意，县委批准，县人民检察院在机构改革中设立职务犯罪预防科，该项业务正式从反贪污贿赂局剥离出来，由职务犯罪预防科专施其职。形成院党组统一领导，检察长亲自抓，分管副检察长具体抓，各主要业务部门参与，预防部门组织协调的检察机关预防职务犯罪领导协调机制。按照贵州省人民检察院制定下发的《贵州省检察机关预防职务犯罪纪律规范》，县人民检察院在工作中预防到位不越位，履行职责不越权，优质服务不包办，文明执法不干扰，严格工作纪律，规范执法行为，保证预防职务犯罪工作健康、规范地发展。

二、重点预防

检察机关开展预防职务犯罪的工作重点，主要是根据党风廉政建设的需要和经济建设发展的形势，有针对性地进行。结合办案，将一些多发、易发案的系统、部门和单位列为预防重点，主动与之联系，共同查找原因，研究对策，提出检察建议，制定必要的预防方案。从2000年1月至2002年12月，县人民检察院共帮助供销、粮食、税务、煤炭、乡企等8个重点部门和发案单位堵漏建制，并到发案单位进行法制宣传教育，以案释法，使其他工作人员引以为戒，减少职务犯罪的发生。在经济建设中将重点工程列为重点专项防制。1999年中央作出实施西部大开发战略决策后，县人民检察院根据最高人民检察院《关于充分发挥检察职能为西部大开发服务的意见》和《关于在西部大开发重点建设项目中开展职务犯罪预防工作的实施意见》以及省人民检察院《贵州省检察机关服务西部大开发介入重点工程项目开展专项预防实施办法》等文件精神，结合西部大开发在本地的实施情况，针对社会关注的焦点，人民群众反映的热点，地方建设的难点，国家投资的重点工程，主动介入开展预防职务犯罪工作。县人民检察院介入的县城供水改造扩建工程，项目投资2700万元，2001年7月开工。县人民检察院介入后，与建设单位和施工单位共同组成专项预防领导小组，制定工程预防联系制度，聘请专项预防建议联络员，培训技术业务骨干和质量监督员，在招投标、物资采购、资金管理使用等环节和工作程序中开展监督预防工作，重点针对建设各方廉政建设情况进行监督，以“创双优保开发”为主题，督促有关部门整章建制，制定了《招投标管理办法》《土建工程管理办法》《资金及财务管理办法》等规章制度，并实施全程跟踪监督。最后工程竣工后被评为优质工程。

三、常规预防

主要是开展个案预防、专项预防、行业预防和系统预防。

个案预防，县人民检察院职务犯罪预防科与反贪污贿赂局、反渎职侵权局等部门密切配合，坚持向发案单位发送检察建议，提交个案预防综述报告，结合个案开展针对性预防教育，进行回访座谈监督等四项制度，并逐步开展大案要案跟踪制度，使个案预防工作规范化，保证预防的效果。

专项预防，即根据发案单位的发案特点，编制职务犯罪案件卡，开展信息分析程序，进行资料统计分析，根据统计结果和针对性剖析研究，注意发现漏洞，掌握规律，提出预防对策，找出解决办法。

行业和系统预防，县人民检察院在分析研究的基础上，展开对案发率较高的行业、系统或区域实行重点预防，巩固已经建立的税务、电力、烟草、煤炭、保险、重点工程等几大系统。同时开展对医药、建筑、乡镇等领域系统的预防。

在开展常规性预防工作中，县人民检察院坚持做到“一案一分析，一案一建议，一案一整改，一案一教育，一案一回访”的预防工程，以达到“办理一案，教育一片，治理一方”的预防效果。结合实际提出“为西部大开发创造良好的法制环境、诚信环境和服务环境，以遏制重大工程建设项目中的职务犯罪，突出重点，强化措施，规范运作，注重实效的专项预防工作原则”。县人民检察院与计划局、供电局、水电局、建设局等单位联合签订《在工程建设领域开展预防职务犯罪工作制度》，并转发《贵州省人民检察院服务西部大开发介入重点工程项目，开展专项预防实施办法（试行）》，开展以“工程优质，干部优秀”为主要内容的工程建设双优活动。在预防工作中注意发挥检察建议的积极作用。如在办案实际工作中了解安龙县的药品管理行业存在很多问题，极为混乱，及时提出了“加强药品管理”等检察建议，被重视和采纳，增强了预防犯罪的实际效果，起到了积极的预防作用。

四、预防和宣传教育

搞好宣传教育是预防职务犯罪工作中的重要环节，无论是案发前的宣传还是案发后的警示教育，对于在职国家工作人员都能起到预防和“免疫”作用。1988年以后，县人民检察院的职务犯罪预防部门采取多种形式，组织开展预防职务犯罪法制宣传和警示教育活动。

深入机关、系统行业、学校开展警示教育，以案释法，促进国家工作人员和企业职工廉洁自律。至2002年年底，县人民检察院共举办法制宣传教育和警示教育讲座15次，受教育人数达1.2万余人。其中还参与州人民检察院组织的法制宣传，其中举行“警民携手、共创机制、群策群力预防职务犯罪”“共和国的阳光行动—预防职务犯罪”“招投标过程中应该注意的问题”等讲座15场次，普遍受到社会的好评。县人民检察院预防职务犯罪部门经常深入各乡镇、单位、企业等进行职务犯罪预防宣传活动，同时向人民群众散发宣传资料，在赶场天利用挂图等宣传讲解。

面向社会宣传，促进社会公众参与监督和预防职务犯罪活动。先后召开各科、局及乡镇预防职务犯罪工作会议，县属部办委局、乡镇党委书记、乡镇长、纪委书记等主要部门负责人参会，解决从源头遏制职务犯罪发生的问题。2002年7月至2003年8月，与国税、地税、移动、联通、烟草、环保等有关部门定期或不定期地召开联席会议，签订共同开展行业预防职务犯罪工作的联系协调制度。每年6月，都参加州人民检察院组织开展的“预防职务犯罪，大家都来参与”为主题的宣传月活动。这些活动起到了辐射社会各个层面的宣传效应。2011年，推进侦防一体化机制建设和预防工作规范化建设，结合办案开展预防职务犯罪宣传和警示教育4次，接受预防咨询14件，有针对性地向有关单位和部门提出预防检察建议8件，全面推行行贿犯罪档案查询工作，接受查询254次共942人。2012年，开展预防调查6次，发现并移送职务犯罪线索2件，调查报告引起当地党委、人大、政府重视并作出批示1件，结合办案深入开展预防职务犯罪宣传和警示教育41次，职务犯罪案例分析13件，传媒宣传报道预防工作93次，接受预防咨询25件，有针对性地向有关单位和部门提出预防检察建议6件，受理录入行贿、受贿案件31件，行贿犯罪档案查询204次601人，查出有行贿犯罪记录的单位1个，取消其投标资格。

建立预防职务犯罪教育警示基地，经常主动上门与有关部门联系，利用职务犯罪人员现身说法，对机关、企业、事业单位干部进行警示教育，扩大预防职务犯罪工作的影响，争取全社会都来关心和支持预防职务犯罪工作。

五、预防与监督

（一）协定监督

县人民检察院在介入重点工程预防职务犯罪工作中，与工程项目方签署具有可操作性的各类协定书，如“创人民满意工程，人民满意建设者”为主要内容的预防职务犯罪《协定书》；“创工程优质干部优秀”

的双优工程协定书等。《协定书》明确规定工程甲乙双方各自的责任和义务以及保障措施，特别是从预防出发，在廉政方面明确提出，承揽工程不准向建设方人员赠送贵重礼品，工程验收、结算时不得私下商谈，搞“暗箱操作”，不准以洽谈业务签订合同为名邀请建设方人员外出旅游和进入高消费娱乐场所等。安龙金宏和安龙华虹化工厂是安龙“搞好煤加工，做好重化工”的一个引进建设项目，县人民检察院的职务犯罪预防部门介入后聘请有关技术质量专家为联络员，进行咨询审查监督，对工程建设的各个环节实行同步跟踪，对可能诱发犯罪的薄弱环节，堵塞漏洞。与工程项目方签订可操作性的“协调制度”，从法律监督的角度出发，会同主管部门对参与报名投标企业的资质、信誉、实力和相关证书、文件等，按照投标法和相关建筑法规的内容要求进行对照严格审核，实施考察，发现不符合规定要求的，一律不得参与竞标。

（二）制度监督

县人民检察院从以往办理的案件中分析发现，过去个别工程项目之所以出现“一个工程上来，一批干部倒下”的沉痛教训，往往是与工程项目各个环节制度不健全、不严密规范有关。由于制度上的疏漏，个别领导、个别环节、个别岗位可以随意操作，甚至“暗箱操作”，给腐败和职务犯罪留下滋生的土壤和条件。因此，县人民检察院在预防职务犯罪中着重抓了以下几个环节的制度监督。

1. 招投标制度监督。在重点工程建设项目中，县人民检察院派员参加招投标活动的全过程，要求招投标必须实行公平、公开、公正的原则，做到“五个不准”，即不准内部协定，不准上级指派，不准暗地打招呼，不准指定设计、施工承包单位和设备生产厂家，招标工程不准转包。实行主体工程坚持资质预审，在公开竞价招投标的同时，对工程设计，设备材料采购以及绿化，服务配套设施建设等分工程的招标也实施必要的监督。

2. 合同分包和变更制度监督。检察院在介入预防中从监督角度出发，建议完善相关制度，例如建议在制度中明确规定，工程分包不得超过总合同价的20%—30%等，对合同变更实施有效控制。

3. 领导干部廉洁自律制度监督。建立《廉政协调制度》，作为领导和权力部门的行为规范，如不准利用职务之便为亲友介绍工程业务，推销物资材料，不准接受承包商出资的旅游观光、高消费活动等。对一些合同金额不很大的非招标工程项目的物资采购，采取合同会签制度，以制度形式明确规定，由分管领导及财务、审计、监察等有关部门共同参与会签，防止个人或一个部门独行此权，形成公开操作，层层把关，相互制约的运作程序。

（三）决策建议监督

决策建议监督是检察机关在开展同步预防跟踪监督，对容易滋生职务犯罪的关键领域、环节、岗位一旦发现带有犯罪苗头或倾向性的问题，即以口头或书面形式向工程主管部门及有关领导提出检察建议，使之在管理上及时作出有针对性的措施决策，遏制和预防职务犯罪的发生。

在县人民检察院的建议下，工程建设单位请专家对施工管理人员、项目施工监管人员等进行开工前业务培训，使其掌握施工现场监督的基本知识，对照图纸，做好《施工月志》记录。县人民检察院对工程管理人员和现场监理人员进行有关法律宣传和廉政教育，对如何开展建筑工程专项预防作剖析讲解。建议在加强资金管理方面实行项目资金专户储存管理，配齐财物管理人员，做到账簿专设，记账规范，支取清楚，专款专用。在资金调度使用上坚持按合同规定，按工程进度拨款，工程竣工凭国家正式发票统一结算。接受财政、税务、审计部门的监督审计。配合县建设局，质监站等对违章作业和达不到技术指标的部分予以纠正或责令返工。对工程建筑招标、物资采购、资金运作等重要环节实行公开监督，使工程建筑程序合法，各项资金运作透明，管理安全有序，施工操作规范等。从各个方面预防或杜绝职务犯罪的发生。

第三章 法 院

1973年，恢复县人民法院和各区人民法庭。1982年4月增设经济审判庭，1987年1月增设行政审判庭和执行庭。至1988年，县人民法院内设刑事、民事、经济、行政4个审判庭和执行庭、法警室、接待室、复查组等，辖9个人民法庭，共54人。据统计，1973—1988年，全县审判机关共审结刑事案件1085件、民事案件2969件。1988年，县人民法院集中召开大型刑事宣判会12次，旁听群众9万余人次，宣传了法制，教育了群众。同时，随着改革开放的不断深入，经济活动日趋活跃，县内经济案件也日益增加。1984年，县人民法院受理各类经济纠纷案件16件；1985年，受理各类经济纠纷案件14件；1985—1986年，受理各类经济纠纷案件77件，为国家、集体和个人挽回经济损失50余万元。

第一节 刑事审判

一、普通刑事案件审判

1992年1月，县人民法院与州中级人民法院在鼠场坝体育场联合宣判杀人、强奸、盗窃等案犯5件共16人，对杀人犯陶某江执行枪决。宣判大会除全县工商行政管理系统干部参加外，州工商局局长黄成安率全州8县（市）工商局局长、教导员参加宣判大会。县人民法院成立少年审判庭，审判中学生社会闲散人员形成作案团伙，如中学生黄某某抢劫案。

1995年，全县刑事审判着重强化严打斗争，切实抓好经济犯罪案审判，对杀人、抢劫、强奸、流氓、拐卖人口以及车匪路霸、重大盗窃犯罪分子，从重从快，快审快结。总结“少年法庭”得失，坚持“寓教于审，审教结合”原则，未发现判处刑罚的青少年在服刑期内重新犯罪。

1996年11月，改革刑事审判方式，实行控辩式一审普通和简易程序。改变先阅卷、提审被告人调查取证工作方式，转换为控辩式审判，实行双方举证、认证、执证庭审，州中级人民法院院长杨光宗率全州各县人民法院分管副院长到县观摩讨论。

2000年，县内青少年犯罪案件突出，全年审理青少年犯罪案件14件共22人，其中犯罪时不满16岁的6人，已满16岁不满18岁的16人，贯彻教育、感化、挽救方针，为家庭经济困难或父母放任不管的14名未成年被告人指定法律援助律师担任辩护人。

2001年，县人民法院分别在新安镇、平乐乡、兴隆镇召开“严打”整治斗争公开宣判大会，受州中级人民法院委托，对故意杀人犯韦某兴、韦某燃、罗某超执行枪决。

2003年，县人民法院依法审判郭某寿、郭某贵、郭某帮、郭某先、黄某会为首10名被告家族势力聚众扰乱社会秩序案和蒋某元、张某旭、张某宽贩卖毒品案以及李某元、李某健、黄某来、鄢某兴、刘某富盗窃耕牛团伙案。受州中级人民法院委托，对运输毒品犯陈某洪、故意杀人犯梁某执行死刑。

2004年，重点审判韦某明、林某应、杨某友拐卖妇女儿童案；审判韦某学强奸妇女、奸淫幼女案，该案犯罪情节恶劣，社会危害程度大，判处有期徒刑15年、剥夺政治权利3年。

2005年，执结易某昌、刘某芬因交通事故老年丧子赔偿案。易某昌夫妇年近七旬，2004年、2005年县人民代表大会期间到会场外“叫冤”，社会影响大，被执行人改名换姓，长期隐居，经县人民法院查询1000余个电话号码，在昆明找到已经改名为“郭志强”的被执行人肖某贵。

2006年，县人民法院坚持罪行法定、罪行相适应原则，严格审限管理，杜绝超期羁押。受州中级人民法院委托，在龙广镇召开宣判大会，对故意杀人犯王某刚执行死刑，旁听群众2万人。

2011年，县人民法院依法从重从快审判以张某生为首绑架、抢劫、掩饰隐瞒犯罪所得等5人恶势力团伙犯罪。注重财产刑事适用，对盗窃、抢劫、诈骗等侵犯财产类犯罪，依法判处罚金46件共81人。运用司法调解手段处理刑事附带民事诉讼案件，对应人民内部矛盾引发、犯罪主观恶性不大一般伤害案件、侵犯财产案件，依法判处较轻刑罚同时，力促刑事被害人与被告人达成附带民事赔偿协议，全年审理此类案件20件。配合州中级人民法院对贩卖、运输毒品犯向某某公开宣判，执行枪决。

2012年，受理各类刑事案件224件，审结222件，判处犯罪分子345人，对15件青少年犯罪案件从轻处理。开展量刑规范化工作，适用量刑规范化审理123件，判决被告189人，不服判决11人，服判率94.2%。

1989－2012年安龙县人民法院刑事案件审理情况表

表7-3-1

年度	刑事案件审理情况
1989	新案76件，132人，全部审结
1990	新案94件，163人，全部审结
1991	新案128件共250人，全部审结。其中，公诉案件114件共232人，自诉案件14件共18人。抢劫案9件共19人，伤害案15件共20人，强奸案11件共11人。判处10年以上20年以下有期徒刑5人，5年以上不满10年有期徒刑24人，不满5年有期徒刑36人
1992	新案52件，旧存10件，共62件。其中，反革命杀人案1件，杀人案5件，伤害案1件，打架致死人命案3件，过失犯罪案1件，现行反革命案4件，通敌挂钩案1件，反动匿名信案1件，投毒纵火案2件，抢劫案1件，盗窃案5件，抗拒改造逃跑案2件，强奸案8件，破坏军婚案8件，流氓案2件，惯赌案2件，投机倒把案1件
1993	收案192件，全部审结。其中，拐卖人口案10件共30人，盗窃案25件共70人，抢劫案7件共12人，强奸案8件共8人，流氓案2件共2人，伤害案21件共28人，重婚案4件共8人，杀人案1件1人，破坏电力设备案1件6人，伪造国家货币案3件共5人，非法拘禁案3件共3人，放火案2件共2人，偷税案1件1人，非法搜查案1件1人
1994	受理92件127人，全部审结。其中，故意杀人案2件共2人，强奸案7件共7人，伤害案11件共15人，拐卖妇女儿童案6件共7人，放火案2件共2人，爆炸案2件共3人，重大责任事故案1件1人，抢劫案8件共13人，盗窃案23件共29人，流氓案6件共12人，暴力干涉婚姻自由案2件共3人，重婚案8件共15人
1995	受理146件243人，全部审结。其中，故意杀人案1件，抢劫案10件，强奸案16件，盗窃案52件，伤害案23件，拐卖人口案10件，流氓案6件，贩毒案5件，重婚案2件
1996	受理235件共404人，全部审结。其中，故意杀人案2件共2人，过失杀人案2件共2人，强奸案12件共13人，奸淫幼女案1件1人，伤害案63件共92人，非法拘禁案6件共15人，危害公共安全罪案7件共21人，抢劫案16件共40人，盗窃案68件共129人，流氓案17件共25人，贩毒案1件2人，脱逃案6件共7人，重婚案4件共6人，虐待案1件1人
1997	收案74件共94人，全部结案。其中，故意杀人案3件，强奸案5件，致人重伤案14件共17人、轻伤案34件共34人，拐卖妇女儿童案8件共13人，非法拘禁案2件，放火案2件，爆炸案2件，破坏电力设备案1件，重大责任事故案1件，交通肇事案2件
1998	收案181件，全部审结。生效143案共195人。其中，判处10年以上15年以下有期徒刑10人，7年以上10年以下有期徒刑9人，5年以上7年以下有期徒刑25人，宣告无罪或免于刑事处罚14人

续表 7-3-1

年度	刑事案件审理情况
1999	受理 184 件全部审结。判决生效 97 件共 170 人，其中被判处 15 年以上 20 年以下有期徒刑 2 人，判处 10 年以上 15 年以下有期徒刑 4 人，判处 7 年以上 10 年以下有期徒刑 10 人，判处 5 年以上 7 年以下有期徒刑 9 人，判处 3 年以上 5 年以下有期徒刑 32 人
2000	受理 162 件，审结 161 件。判决生效 111 件共 168 人，其中判处 5 年以上不满 15 年有期徒刑 29 人，判处 3 年以下有期徒刑、拘役、缓刑 111 人
2001	受理 207 件，全部审结。生效 132 件共 205 人，其中判处 3 年以下有期徒刑、拘役、缓刑 146 人，宣告无罪 6 人，单处罚金 1 人
2002	受理 226 件，结案 226 件
2003	受理 214 件共 285 人，审结 212 件共 281 人。其中爆炸、杀人、强奸、抢劫案 27 件共 36 人，毒品犯罪案 7 件共 10 人
2004	受理 185 件共 276 人，全部审结。判处 3 年以上有期徒刑 81 人
2005	受理 231 件 305 人，全部审结。其中贩卖毒品案 3 人，盗窃案 12 人
2006	受理 159 件 246 人，全部审结。其中爆炸、杀人、抢劫、强奸案 102 人，诈骗、破坏生产经营制贩假币案 19 人，贪污、贿赂、挪用公款案 3 人
2007	受理 194 件共 281 人，全部审结。其中判处 10 年以上有期徒刑 21 人，判处 5 年以上 10 以下有期徒刑 28 人，判处 5 年以下有期徒刑 221 人，判处拘役 5 人，单处罚金 1 人，免予刑事处罚 5 人
2008	受理 184 件共 308 人，审结 180 件共 301 人。其中贪污贿赂案件 10 件共 13 人，严重危害公民生命健康和财产安全案 288 人
2009	受理 190 件共 190 人，全部审结。判处 10 年至 15 年有期徒刑 15 人，判处 3 至 10 年有期徒刑 42 人，3 年以下有期徒刑 288 人
2010	受理 215 件，审结 204 件。其中判处 5 年以上有期徒刑 39 人，75 人适用缓刑
2011	受理 196 件共 325 人，全部审结，其中绑架抢劫案 5 人
2012	受理 224 件 366 人，审结 222 件共 345 人

二、经济刑事案件审判

1992 年，坚持“一要坚决，二要慎重，务必搞准，打击经济犯罪”方针，审结经济犯罪案件 16 件共 22 人。

1994 年，着重审判经济犯罪案件，审结诈骗案 1 件 1 人，贪污案 2 件共 2 人，挪用公款案 2 件共 4 人，伪造国家货币案 1 件 1 人。

1995 年，着重惩治经济犯罪，打击重点是国家工作人员利用职务之便进行贪污、挪用公款等犯罪。全年受理经济案件 10 件共 14 人，其中贪污案 4 件共 5 人、挪用公款案 5 件共 5 人、伪造货币案 1 件 1 人。

1996 年，经济犯罪案件贪污和伪造国家货币犯罪突出，县人民法院全年受理贪污案 15 件共 22 人、伪造国家货币案 5 件共 12 人。

1999 年，县人民法院把贪污、挪用公款等经济犯罪作为打击重点，审理经济犯罪案件 8 件，为国家、集体挽回经济损失 7.5 万元。

2006 年，依法严惩破坏市场经济秩序犯罪，审理诈骗、破坏生产经营以及制造贩卖国家货币等犯罪分子19人，为国家挽回经济损失172万元；审判贪污、贿赂和挪用公款犯罪分子3人。

2007年，审理腐败案件13件共17人。

第二节　民事审判

2000年，最高人民法院对民商事案件划分为“婚姻家庭、继承纠纷”“合同纠纷”“权属、侵权及其他民事纠纷”三大部分。2002年7月，县人民法院制定《抽排审判运行规则（试行）》，共7章18条，坚持以宪法和法律为依据，以公正、公平公开、效率为目标，保护当事人合法权益。2003年7月，县人民法院推出司法为民措施30项，围绕“公正与效率”主题，重点落实信访立案、告知提示、公正高效、宣传教育的保弱稳农措施。

2004年7月，县人民法院审判委员会决定，涉及劳动争议案件，当事人未经劳动仲裁直接向人民法院起诉的，立案庭和各人民法庭不予受理。规范司法鉴定程序，凡进入审判、执行程序的案件，如需要进行司法鉴定、评估、拍卖的，一律由县人民法院委托相关机构进行司法鉴定、评估、拍卖。

2005年4月，县人民法院在德卧人民法庭召开人民法庭工作经验交流会，总结人民法庭工作成绩和经验。8月，开展“规范执行行为，促进执行公正”专项整改，重点解决违反规定擅自暂缓执行、中止执行、终结执行案件，明显超标查封、扣押、冻结、变卖被执行人财产，错误查封、扣押、冻结、变卖案外人财产，对案外人异议长期不予审查和答复，严重消极执行等9种行为。

2006年2月，县人民法院清理执行积案，重点清理超期限1年以上案件、受地方和部门保护主义干扰及各种非法干预未能执行案件、特困群体为申请执行人案件、建设领域拖欠农民工工资和工程款案件、中止和暂缓执行应当依法恢复执行案件。

2008年，审理刑事附带民事案件22件，调处清结13件。

2011年，受理民商事案件1333件，其中合同纠纷案599件、权属纠纷案295件。

2012年，受理民商事案件1354件，审结1354件。坚持“调解优先、调判结合”原则，注重司法调解与人民调解相互配合，大量纠纷在进入法院审判前得到化解，全年调解、撤诉结案884件，占可调解民商事案件1043件的84.75%。

据统计，1991—2011年，县人民法院共审理民事案件118713件，其中婚姻案件7718件、继承案件79件、房产案件297件、财产案件4348件，其他案件6271件。

一、普通民事案件审判

1.婚姻纠纷案件审判。1981年，实施修订后的《中华人民共和国婚姻法》，县人民法院受理大批此前想要离婚而又不敢提出离婚要求的案件。2001年4月28日，九届全国人大常委会第二十一次会议通过新修订的《中华人民共和国婚姻法》，强调男女平等、婚姻自由，强化爱情与义务相统一的基本道德要求。20世纪80年代初以来，县人民法院审结婚姻案件逐年持续上升，1980年仅101件，到1998年达到449件。1999—2011年，县人民法院审理的婚姻纠纷案件每年保持在400—450件之间，其中2011年审理家庭婚姻案件439件。2012年达到551件，婚姻家庭伦理规范呈现多元化、易变性特点。

2.继承案件审判。20世纪80年代以来，县内继承案件少有间断且呈上升趋势。据统计，1952年至2011年，县人民法院共审结继承案件124件，其中最多年份是1998年为31件，其次是1999年20件、2000年26件、2001年15件，2002—2011年没有审理继承案件。

3.财产权益纠纷案件审判。2002年以后，根据经济形势需要和人民法院司法统计改革进程以及民事案件类型增长，对统计报表制式进行革新，传统财产权益纠纷案件被进一步细化和分类。随着国民经济迅猛发展，经济交流日益频繁，涉及财产纠纷案件与婚姻家庭纠纷案件不相上下，成为民事案件主要类型。其中，2003年审结涉及财产纠纷案件728件、2006年审结涉及财产的纠纷案件449件。

4. 房屋纠纷案件审判。2002年，司法统计报表进行革新，房屋案件也与时俱进，以房屋不动产案替代。2002—2011年，县人民法院受理审结房屋纠纷案件268件。

1991－2012年县人民法院普通民事案件审理统计表

表7-3-2

年度	判决情况
1991	收案254件，审结226件，上诉23件（下判15件、下判中维持3件、部分改判2件）。其中，离婚案164件，解除非法婚姻案24件，抚养案2件，收养2件，赡养案2件，财产纠纷案10件，婚姻家庭纠纷案10件，房屋纠纷案2件，继承案1件，借贷纠纷案6件，买卖纠纷案5件，债务纠纷案21件，医疗赔偿案11件，赔偿纠纷案4件，土地纠纷案1件，林木纠纷案4件，其他案件10件
1992	受理431件，其中新案415件、旧存16件。审结429件，其中婚姻家庭纠纷案215件、债务纠纷案144件、赔偿案27件、继承案7件、房屋纠纷案9件、不动产案8件
1993	受理137件，全部审结。其中，婚姻家庭纠纷案15件、债务纠纷案90件、侵权损害赔偿案6件、房屋纠纷案14件，其他纠纷12件
1994	收案686件，全部审结，其中不动产案17件、相邻纠纷案6件、人身权利案5件
1995	收案1216件，审结1215件
1996	受理1624件，结案1622件，其中婚姻家庭案420件、债权债务案902件、人身财产损害赔偿案172件
1997	受理1140件，审结1138件，其中婚姻家庭案380件、继承案15件、房屋案19件、其他不动产案49件、赔偿案167件、债务案137件
1998	受理993件，审结989件，其中婚姻家庭案449件、债权债务案340件、赔偿案113件、房屋不动产案56件、继承等案31件
1999	受理1214件，审结1204件，债权债务案507件、婚姻家庭案468件、赔偿案135件、房屋等不动产案84件、继承案等20件
2000	受理1120件，审结1117件，其中婚姻家庭案377件、损害赔偿案138件、继承和房屋不动产案51件
2001	受理1003件，审结981件。其中，债权债务案426件，婚姻家庭案421件，损害赔偿案97件，继承、房屋、不动产案59件
2002	受理920件
2003	受理1175件，审结1166件，其中债权债务案568件、婚姻家庭案438件、权属争议和损害赔偿案160件
2004	受理1041件，审结1033件，其中婚姻家庭案375件、权属争议和损害赔偿194件
2005	受理731件，审结701件，其中婚姻家庭纠纷案271件、权属争议和损害赔偿案121件
2006	受理708件，审结698件，其中婚姻纠纷案242件、合同纠纷案332件、权属争议损害赔偿案117件
2007	受理730件，审结716件，其中婚姻家庭纠纷案286件，医疗事故、交通事故、人身损害赔偿137件
2008	受理805件，审结801件，其中婚姻家庭案353件、人身赔偿案66件、借款租赁合同案382件
2009	受理985件，审结975件
2010	受理各类民商事案件1151件，全部审结。其中婚姻纠纷案489件、侵权纠纷案209件

续表7-3-2

年度	判决情况
2011	受理1333件，全部审结，其中婚姻家庭纠纷案439件、合同纠纷案599件、权属纠纷案295件
2012	受理1353件，全部审结，其中婚姻家庭纠纷案551件、合同纠纷案561件、权属纠纷案241件

二、乡镇人民法庭

人民法庭是县人民法院派出机构，主要承担民事案件审判。

20世纪80年代末，县境设有德卧镇、城关镇人民法庭；20世纪90年代，增设兴隆、化力、龙广、天生桥、洒雨、普坪、龙山人民法庭，撤销城关镇人民法庭，改设新安人民法庭。其中，新安人民法庭辖新安镇、坡脚乡，兴隆人民法庭辖兴隆镇、平乐乡，德卧人民法庭辖德卧镇，化力人民法庭辖木咱镇、新桥乡，龙广人民法庭辖龙广镇，天生桥人民法庭辖永和镇，洒雨人民法庭辖洒雨镇、海子乡，普坪人民法庭辖普坪镇、戈塘镇、钱相乡，龙山人民法庭辖龙山镇、梨树乡。

1999年8月13日，调整人民法庭设置，第一人民法庭管辖新安镇、坡脚乡、兴隆镇、平乐乡，第二人民法庭管辖德卧镇、木咱镇，第三人民法庭管辖龙广镇、万峰湖镇，第四人民法庭管辖洒雨镇、海子乡、新桥乡，第五人民法庭管辖普坪镇、戈塘镇、钱相乡，第六人民法庭管辖龙山镇、梨树乡。

2006年，县人民法院成立人民法庭工作领导小组，帮助、指导人民法庭工作，全县人民法庭全年办理各类案件490件，占县人民法院受理案件总数的42.5%。各人民法庭走村串寨开庭，田边地角调解案件，以案讲法，调处矛盾纠纷，进行法制宣传教育。至2012年，县人民法院下辖龙广、德卧、普坪、龙山、洒雨5个人民法庭，原第一法庭管辖区域内案件由县人民法院直接受理。

第三节　经济案件审判

一、债务和赔偿案件审理

1984—1991年，全县受理经济案件176件，审结176件，涉及6省8县（市）12个单位，诉讼标的281.59万元，为国家、集体、个人挽回经济损失198.27万元。其中，1991年受理11件，全部结案。

1992年，根据《关于人民法院审理借贷案件的若干意见》《贵州省高级人民法院关于审理借贷案件的试行意见》，县人民法院审判委员会对县境民间约会债务问题提出意见：①利率问题。当事人双方对约定利率有争议且双方均举不出证据的，一般以债务人主张利率为约定利率；约定利率在银行同类利率4倍以下的，视为合法。②利息问题。当事人双方对给付利息有争议且双方举不出证据的，一般以原告主张终止日期为被告最后一次偿付日期；凡系约会债务转为借贷的，原告主张利息一律不予支持；债务人将应向债权人偿付利息代其用于上会，无论债权人是否接得会金，均视为债务人已向债权人偿付利息；债务人将应向债权人偿付利息代其用于上会，属于民事法律行为，债权人因此而享有的债权应予保护；债权人主张由债务人偿付催告未付约定利息的，至债权人起诉之日止部分，法院应予支持。③共同债务人问题。凡在借据上以“借款人”身份签名或盖章公民，均应视为共同债务人。④债权人哄抢债务人财产问题。债权人诉讼前占有债务人财物，审理中当事人双方自愿折抵债权债务的，应予认可；债权人擅自扣押、封存、毁坏、占有债务人财物，审理中债务人提出要求其返还、赔偿或与其抵销但又未明确提出反诉，但因案情复杂一时难以查清的，可另案处理。

1993年，信贷合同纠纷案件突出，全年收案54件，占经济案件的94.73%。为企业清理“三角债”，如县民政局诉龙广电冶厂贷款合同纠纷案，经查明龙广电冶厂生产不景气，无力偿还，但有债权大连铁鹰经贸公司欠其贷款6.7万元，县人民法院经济庭主动立案，帮助追索贷款清偿债务。

1995年，推行“一步到庭，一步到位”，改革过去“当事人一张嘴，法官跑断腿”办案方式。全年审理借贷纠纷案件155件、经济赔偿案件1件。审理黔西南州老龄委交通建筑公司诉六盘水市建设集团总公司三分公司拖欠工程款一案，5天时间审结完毕，坚持审结一案，执行一案。针对借贷案多，标的不大，事实比较清楚的案件，应用支付令结案方式，采取督促程序，及时发送法律文书。

1998年，县人民法院受理债务纠纷案35件。2003年，县人民法院受理债务纠纷案568件、损失赔偿纠纷案160件。

2004年，债务纠纷和损失赔偿纠纷案列入“民商事案件”统计。

1989－2003年县人民法院审理债务纠纷、损失赔偿纠纷案统计表

表7-3-3　　单位：件

年度	债务纠纷案	损失赔偿纠纷案	年度	债务纠纷案	损失赔偿纠纷案
1989	—	—	1997	—	—
1990	—	—	1998	35	—
1991	12	4	1999	—	—
1992	—	—	2000	—	—
1993	90	6	2001	—	—
1994	1	—	2002	—	—
1995	155	1	2003	568	160
1996	—	—	—	—	—

二、合同纠纷案件审理

（一）经济合同纠纷

1992年，县人民法院在金融、供销、商业系统建立信息联络站，全县受理经济纠纷案件48件，其中购销合同3件、建设工程承包合同1件、借款合同43件，诉讼标的46.31万元。

1993年，县人民法院审理购销合同案6件、建筑工程承包合同案2件、借款合同案78件、联营合同案1件，总诉讼标的106.62万元。

1995年，合同纠纷案件日趋复杂，县人民法院受理工程承包合同案11件、购销合同纠纷案10件、加工承揽合同案1件，诉讼标的140万元。

1996年，县人民法院审理借贷合同纠纷130件，占收案的86.1%，诉讼标的300万元，其中购销合同案8件。

1997年，县人民法院审理经济合同纠纷案件37件，其中购销合同案2件、建设工程承包合同案1件、融资租赁合司案4件、财产保险合同案29件。

1998年，县人民法院审理经济纠纷案件332件，诉讼标的675.07万元。针对违章拆借、违法贷款、抵押不规范、催收不力等问题，向金融部门发出司法建议。

1999年，县人民法院受理经济案件171件，全部审结，其中借贷纠纷案102件、供电和用电合同案

30件、购销合同案23件、联营合同案9件、建筑工程承包合同案6件、加工承揽合同案1件。

2000年，贯彻新修订的《中华人民共和国合同法》，依法调节各类合同关系，县人民法院收案90件，全部审结，其中经济合同纠纷案87件。

2001年，县人民法院受理经济案件211件，审结201件，诉讼标的670万元。

2003年7月19—20日，县人民法院开展巡回审理工作，就地审结借贷纠纷案20余件。

2004年，县人民法院审理各类合同纠纷案464件，占民事案件的44.9%。

2005年，县人民法院依法审理合同纠纷案309件，占民事案件的44%。

2006年，县人民法院依法确定合同效力，区分合同责任，制裁各种违规违法行为，审结合同纠纷案332件，占民商事案件的48%。

2007年，县人民法院依法直接调整经济和社会关系，审结各类合同纠纷案263件，裁决争议标的金额1257.14万元。

2008年，县人民法院审结租赁合同民商事案382件。

2010年，县人民法院审理合同纠纷案件459件，占民商事案件的39.35%。

2011年，县人民法院审理各类合同纠纷案599件。

（二）承包合同纠纷案件审理

中共十一届三中全会后，随着经济体制改革的不断深入，围绕承包合同责、权、利三者之间矛盾而发生经济纠纷出现。此类案件大多数是发生在农村，为方便当事人诉讼，及时处理纠纷，县人民法院重视基层人民法庭作用，承担简易承包合同纠纷案件的审理，保障和促进农村经济体制改革，巩固新型生产关系，稳定生产秩序，促进经济发展。在审理方法上，基层人民法庭在查清事实基础上，做好说服工作，着重用调解方式解决纠纷。同时发挥人民调解委员会作用，及时调解民事纠纷，使大量民间经济纠纷得到及时解决，维护了农村经济秩序，减少人民法院收案。在承包合同纠纷案件中，较有影响的是县人民法院审理的企业承包经营合同纠纷案，其中1993年审理2件、1995年审理3件。

三、审理企业破产案件

1996年2月，县人民法院经济审判庭受理并审结县土产公司申请破产案件，成为县内首例适用《中华人民共和国民事诉讼法》的非国有企业破产案。1996年6月，成立安龙县土产公司破产清算领导小组，下设清查账务组、回收债权组、清产核资拍卖组；8月，县政府抽调县供销社、县地方税务局、县人事劳动局、县工商管理局、县财政局、县建设局、县国土局、县审计局、县司法局、县土产公司有关人员协助破产案清算。县土产公司破产案顺利结案，为安龙县经济审判工作积累经验和企业经济发展放下包袱、轻装上阵夯实基础和创造条件。

第四节　行政诉讼

行政审判在查明诉讼事由即主管行政机关依据职权所作行政处罚或处理是否合法、正确，再进行公正判决，审理结果或驳回起诉，或撤销变更或维持原处罚、处理决定。在审理过程中，遵循《中华人民共和国行政诉讼法》第四、五、六条规定，对具体行政行为是否合法进行审查，依法实行合议、回避、公开审判和两审终审制度。

行政审判工作开展初期，机关单位和公民个人对行政审判工作比较陌生，县人民法院行政审判庭审判员走出法庭，宣传行政诉讼知识，向政府各机关宣传行政审判职能作用，送法上门，主动服务。

行政审判是维护法律、法规和规章尊严和敬畏，在原告、被告之间权利义务关系问题纷争博弈，弃政治化、意识形态化，既要排除行政机关、企业或组织法人可能置审判于不顾，有的机关法人不愿意出庭应诉，或者不履行法院判决；同时也要考虑法律、法规和规章赋予行政机关、企业或组织职能和专业优势，县人民法院行政审判庭注重适当平衡，使公民、法人合法权益得到保护，保障和支持政府机关、企业或组织依法进行行政管理，维护政府机关、企业或组织权威。

1989年4月，县人民法院受理行政案件2件。

1991年，依照《中华人民共和国行政诉讼法》，符合立案的及时立案，不属于行政审判庭管辖的，及时移送，超过诉讼时效的，说明原因，规劝当事人息诉。石盘乡农民李某英不服石盘乡人民政府处理决定，诉至行政审判庭，案件争议是稻田中已成熟的稻谷，县人民法院裁定李姓暂时收割谷子待案件审结后再处理。该案第三人李某伦、石某贵聚集20多人准备抢谷子，县人民法院派两名法警随同行政审判庭人员到现场处理，事件平息。德卧镇陈某亮诉德卧镇人民政府不服房屋搬迁决定案，已过诉讼时效；贺某治诉不服县粮食局开除决定，不属于行政诉讼法受案范围。经宣传《中华人民共和国行政诉讼法》后，陈某亮、贺某治息诉。

1992年，扩大行政审判影响力，改变“民不告官”局面。全面收结行政争议案15件，其中土地争议11件、渔业纠纷1件；判决维持行政机关处理决定3件、全部撤销6件、部分撤销1件、变更2件、原告主动撤诉1件、被告改变原具体行政为原告撤诉1件、移送1件。平乐乡村民陈某兵诉平乐乡人民政府行政争议案，经公开审理，让行政机关认识到依法行政的重要性。

1993年1—10月，县人民法院受理行政案件12件，全部审结，其中不服土地权属处理决定4件、不服治安处罚2件、不服劳动教养处理1件、不服林业处理1件、不服审计处理决定1件、其他行政诉讼3件。

1994年，县人民法院改变过去立案程序过多，造成累诉现象，强调举证原则，支持“民告官”，指导行政机关依法行政，大胆应诉。全年受理行政案件12件，受理行政部门申请执行非诉讼案件73件，全部执行。

1995年，县人民法院坚持依法独立审判，抓好立案关，就地办案，支持行政机关依法行政。全年受理行政案件24件，全部审结，其中维持行政决定10件、撤销行政决定10件，撤诉2件，裁定不受理1件，判决履行职责1件；受理非诉执行案件74件，其中土地行政处罚68件、矿产行政处罚1件、公路养护行政处罚5件、被执行人自觉履行68件、强制执行6件。

1996年，县人民法院把涉及政府职能转变、企业经营机制转换、精神文明建设和在市场经济中形成的行政案件放在首位，执行行政机关申请执行非诉案件40件，支持行政机关依法强制拆迁县城区、德卧商住开发区违章建筑，查封拒绝交纳养路费用的车辆，维护行政机关权威。

1997年，县人民法院收案10件，其中土地行政案件4件、林业行政案件4件、治安行政案件1件。

1998年，县人民法院收行政诉讼案件9件，其中土地权属纠纷案6件、林业纠纷案1件、治安案1件、其他案1件，执行行政机关非诉执行案件54件。

1999年，县人民法院受理行政诉讼案件32件，全部审结，其中治安案件10件、土地案件9件、其他案件13件。

2000年，县人民法院受理行政诉讼案件20件，其中涉及公安的4件、土地确权10件、烟草2件、畜牧2件、城管中队1件，判决行政赔偿1件。

2001年，县人民法院受理行政诉讼案件17件；受理行政执法机关申请强制执行案件50件，执行49件。执结县国土局申请强制执行钱相乡开发耕地案，县国土局等单位依照《中华人民共和国土地管理法》“建设占用耕地须占一补一”原则，在钱相乡造地41.2公顷，大榧口等村组极少数人唆使不明真相群众多次阻挠，县人民法院组织60余人历时6天执结。

2002年，县人民法院收行政案件12件，其中执行非诉讼案件4件。

2003年，县人民法院审理行政案件9件。执结县国土局申请强制执行王大贵、胡志贵等8名被告征用土地案，案件涉及土地主要用于招堤景区扩建，已经省人民政府依法批准征用，县人民政府依法公告、确定补偿标准，王大贵等8名被告拒不履行行政决定，县人民法院依法调集执行人员202人，历时2天执结完毕。

2004年，县人民法院审结行政案件7件，执行非诉讼案件31件，其中审理完成新安镇政府移送涉及计划生育非诉讼执行案件28件。

2005年，县人民法院坚持维护与监督并举、支持与保护并重方针，受理行政案件9件，判决维持行政决定1件、撤销行政决定2件，裁定不予受理1件，驳回5件。

2006年，县人民法院着重强化行政机关举证责任，审查具体行政行为合法性，切实保护行政管理相对人合法权益和行政机关执法权威，全年受理行政诉讼案件5件，全部审结，受理行政非诉讼执行案件5件。

2008年，县人民法院审理行政案件31件，强制执结县国土局申请执行何平祥等8户承包土地征用案、县畜牧局申请履行义务案和县建设局申请搬迁案。

2010年，县人民法院探索行政诉讼案件协调和解机制，促进行政相对人与行政机关相互理解，妥善处理行政争议，全年审理行政案件9件，其中和解后撤诉的案件4件；审查行政非诉讼执行案件13件。

2011年，县人民法院把握好拓宽司法服务切入点、行政审判监督和支持平衡点，探索非诉执行案件协调工作机制。加大社会扶养费非诉执行工作力度，县计划生育局移送12件，立案11件，结案7件，征收社会抚养费4万余元。

2012年，县人民法院审理行政案件8件。

第五节　申诉复查

一、冤假错案复查

1993年，县人民法院受理申诉案件72件，立刑事案件8件，全部复查，其中维持原判5件、改判1件、作其他处理2件。

1995年，县人民法院受理刑事复查7件共9人、民事复查7件，经复查，维持原判决11件，改判3件。

2000年，县人民法院在未设立法庭的边远山区设立诉讼接待站10个，方便申诉当事人申请复查。

二、处理群众来信来访

1989年以来，县人民法院坚持热情服务，切实解决群众告状难问题，做到便民利民诉讼和来信有回音，来访有接待记录；依法当日立案，减少当事人诉累，耐心做好法律咨询，说服疏导工作，依法保护当事人诉讼权利和合法权益；正确对待当事人申诉问题，对于当事人所提出新证据足以推翻原判决、裁定以及认定事实或适用法律有错误，严格按照审判监督程序，重新审理并依法改判。至2012年县人民法院共受理来信来访5万余件。

1998年，县人民法院处理告诉来信413件、来访642件，说服息诉85件；受理申诉案件10件，其中民事案件8件，改判3件、驳回5件，刑事案件2件，改判2件。县人大督办13件，县人大第23次常委会对县人民法院提出质询案，县人民法院及时纠正错误并向县人大做出答复。

2003年10月，县人民法院立案庭设立“速裁法庭”，对事实清楚、当事人争议不大案件，当即立案、审理、裁判，至年底速裁法庭办理案件 25 件，无上诉。

2004 年，县人民法院速裁法庭办理速裁案件 52 件，无上诉。

2005 年，县人民法院依法规范申诉程序，合理界定提起再审理由，保障当事人申诉权利。全年受理申诉复查案件 16 件，说服息诉 8 件、驳回 3 件、决定再审 5 件、改判 5 件。

2006 年，县人民法院落实司法为民原则，接待群众来信 281 人（次）、来访 2150 人（次），立案 1152 件，立案准确率 100%。审查当事人不服生效判决申诉 10 件，立案 9 件，决定再审 4 件。

2010 年，县人民法院受理再审案件 2 件，全部审结。

2011 年，县人民法院创新立案方式，开展预约立案、电话立案、巡回立案，上门立案，为行动不便群众开通立案绿色通道，在立案窗口设立便民服务平台，印制便民服务手册，对来访群众进行诉讼指导。

1989－2012 年县人民法院受理涉诉案件来信来访表

表 7-3-4　　单位：件

年度	来信		来访		备注
	受理	办理	受理	办理	
1989	642	—	223	—	—
1990	746	—	321	—	—
1991	704	—	213	—	—
1992	383	383	174	158	来信申诉 76 件，来访申诉 44 件
1993	231	231	253	253	非诉讼来信 78 件，非来访 161(人) 次
1994	285	285	394	394	非诉讼来信 115 件，非来访 200(人) 次
1995	437	437	585	585	非诉讼来信 227 件，非来访 227(人) 次
1996	1520	1520	150	150	非诉讼来信 300 件
1997	282	282	320	320	非诉讼来信 71 件，非来访 147(人) 次
1998	413	—	642	—	非诉讼来信 49 件，非来访 181(人) 次
1999	341	—	462	—	—
2000	1624	—	2040	—	—
2001	1369	—	489	—	—
2002	963	—	308	—	—
2003	1029	—	2000	—	—
2004	1140	—	2800	—	—
2005	1108	—	2600	—	—
2006	281	—	2150	—	—
2007	31	—	2931	—	—
2008	28	—	3159	—	—
2009	46	—	2048	—	—

续表 7-3-4

年度	来信		来访		备注
	受理	办理	受理	办理	
2010	4856（未细分来信、来访）				
2011	4	—	3587	—	—
2012	54	54	3892	—	—

三、假释、减刑告诉与申诉

假释是对被判处有期徒刑、无期徒刑犯罪人员，在执行一定刑期之后，因其遵守监规，接受教育和改造，确有悔改表现，不致再危害社会，而附条件地将其予以提前释放的制度，是刑罚执行制度。

被假释犯罪人员，在假释考验期间再犯新罪，不构成累犯。正确适用假释，把那些经过一定服刑期间确有悔改表现、没有必要继续关押改造罪犯，放到社会上进行改造，有效鼓励犯罪人员服从教育和改造，使之早日复归社会，有利于化消极因素为积极因素。

1998 年 4 月 1 日，县人民法院、县人民检察院、贵州省海子监狱相关负责人在县人民法院召开监督、审判、管教工作座谈会，围绕沟通、协调、配合主题，做好劳改、劳教工作和假释审判工作，减少重新犯罪，认罪伏法，服从管教，重新做人。

第六节　审判监督

一、刑事审判监督

人民法院刑事审判监督主要由检察机关行使。检察机关的刑事审判监督，是指人民检察院对人民法院的刑事审判活动是否符合法定程序，对其所做的判决、裁定是否正确所进行法律监督，其目的是为保证人民法院司法裁判的正确性和合法性，保护当事人的合法权益，维护国家法律的统一和尊严。

检察机关的刑事监督权是《中华人民共和国宪法》《中华人民共和国人民检察院组织法》《中华人民共和国刑事诉讼法》赋予，人民检察院提起公诉的案件，由检察长或检察员以国家公诉人的身份出席法庭，支持公诉；同时，检察机关监督审判活动是否合法，其中刑事审判监督贯穿审判活动全过程，包括对人民法院刑事审判程序监督和所作的司法裁定监督，前者是程序性监督，又称事前监督或事中监督，后者则是实体性监督，又称事后监督。

检察机关的刑事审判监督的范围：按审判程序分，县级检察院主要承担一审监督；按案件性质分，包括对公诉案件和自诉案件以及附带民事诉讼审判程序的监督；按程序的繁简来分，包括普通程序和简易程序的监督；按监督方式来分，包括刑事审判活动监督等。检察机关的刑事审判监督包括：人民法院对刑事案件的受理是否违反管辖规定，人民法院审理案件是否违反法定的审理和送达期限，法庭组成人员是否符合法律规定，法庭审理是否违反法定程序，是否侵犯当事人和其他诉讼参与的诉讼权利和其他合法权利，法庭审理时对有关回避、强制措施、延期审理等程序问题所作的决定是否符合法律规定，审判人员在审判活动中是否存在贪污、受贿、徇私舞弊、枉法裁判行为，是否存在其他违反法律规定的审理程序的行为等。

2008 年，县人民检察院提请州人民检察院抗诉 1 件；2009 年，提请州人民检察院抗诉 3 件；2010 年，向县人民法院发出纠正违法通知书1件。

二、民事行政审判监督

人民法院民事行政审判活动接受检察机关的监督。县人民检察院民事行政检察科开展审判活动监督主要采取以下两种形式：一是应当事人的申请，在初步审查申诉状后主动与人民法院联系，告知当事人的申诉内容使法院在案件审理中引起重视，同时县人民检察院民事行政检察科派员参加诉讼过程实施监督，使案件得到公正合法的审判。二是应人民法院的邀请参与诉讼活动，实施监督。1998年，县人民检察院民事行政检察科派员参与县法院民事行政审判活动2次，对民事行政审判活动实施监督。

三、案件质量管理

1999年6月4日，县人民法院制定案件质量评查标准，对立案、财产保险、开庭审理、案件汇报及评议、案件处理及文书制作、宣判、审限管理和卷宗、卷档等作出明确规定，规范和完善审判程序。

第四章　司法行政

20世纪80年代前，安龙县没有设置司法行政机关，其司法行政工作一般由县人民法院代管。1980年9月，成立县司法局，始有专门的司法行政机关。1984—1988年，全县共举办各类法制宣传专栏657期，编写文章3570篇，刊载图片2157幅、照片1213张，举办法律知识讲座470次，培训法制宣传骨干8157人，广泛开展群众法制宣传活动，取得良好效果。县公证处自1980年成立后，公证件逐年上升，从最初的100余件上升到1988年1292件；律师制度得到恢复，至1988年，全县有律师4人，其中三级律师2人、四级律师2人。

1990年3月，根据州机构编制委员会《关于州、县（市）司法局内部机构设置的通知》，县司法局设办公室、法制宣传教育科、人民调解管理科，为股级单位；另设法律顾问处、公证处，为副科级单位。

2001年，县司法局内设机构调整为政工科、普法依法治县办公室（法制宣传教育股）、律师公证管理股、基层股、法律援助工作管理股（法律援助中心）、办公室（计财装备股）6个股室，负责管理圆方律师事务所和公证处两个股级事业单位。共有行政编制33人，其中局机关17人、乡镇司法所16人。

2010年4月，县司法局内设机构调整为办公室、律师公证工作管理股、法律援助工作管理股（县法律援助中心）、基层工作管理股、社区矫正管理股、政工科（警务督察室）、法制工作股、监察室8个股室；设置16个乡镇司法所，为县司法局派驻各乡镇的派出机构；归口管理县普法依法治理办公室。至2012年12月，县司法局实有干部职工36人，其中局机关20人、乡镇司法所16人。

第一节　普法教育

一、第一个五年普及法律常识教育规划（“一五”普法教育）

1985年11月，中共中央、国务院转发中共中央宣传部、司法部《关于用五年左右时间向全体公民基本普及法律常识的五年规划》。12月，全国人大常委会作出《关于在公民中基本普及法律常识的决定》，全面展开全民普法活动。这是在“文化大革命”后拨乱反正的特殊时期和计划经济体制下开展的全民活动，具有启蒙式的扫盲运动性质。

“一五”普法教育对象是工人、农（渔）民、知识分子、干部、学生、军人、其他劳动者和城镇居民中一切有接受教育能力的公民，普法内容包括《中华人民共和国宪法》《中华人民共和国民族区域自治法》《中华人民共和国刑法》《中华人民共和国刑事诉讼法》《中华人民共和国民法通则》《中华人民共和国民事诉讼法》《中华人民共和国婚姻法》《中华人民共和国继承法》《中华人民共和国经济合同法》《中华人民共和国兵役法》《中华人民共和国治安管理处罚条例》等"十法一条例"。

1990年，是"一五"普法教育最后一年，主要运用广播、宣传车、宣传展板上街、发放宣传资料、举办普法培训班等形式，赴全县各乡镇开展《集会游行示威法》宣传。出动宣传车20次，组织宣传队3个，宣讲员13人，作报告30场次，受教育4万人次。年底组织全县各级领导干部200余人参加普法考试，合格率达98.7%。

二、第二个五年普及法律常识教育规划（"二五"普法教育）

"二五"普法教育时间为1991—1995年，教育对象是领导干部和各类执法干部，普法宣传内容包括《中华人民共和国宪法》《中华人民共和国刑法》《中华人民共和国治安管理处罚条例》，及全国人大作出的3个决定（全国人大关于打击制毒贩毒、卖淫嫖娼、拐卖妇女儿童的犯罪活动的决定），后又将《中华人民共和国民事诉讼法》《中华人民共和国残疾人保障法》和《全国人大常委会关于加强社会治安综合治理的决定》列入"二五"普法规划之中。

1991年，制定《安龙县"二五"普法规划》，经县人大常委会审议通过，全县各乡镇和县级部门制定相应的"二五"普法规划。落实普法经费，按总人口计算，县财政按每人每年0.05元标准列入预算。县普法办向基层乡镇发普法教材680册，提供法制宣传磁带16盘。组织普法宣传工作队，集中宣传《中华人民共和国水法》《中华人民共和国土地管理法》《中华人民共和国文物保护法》和《贵州省计划生育条例》等法律法规，举办普法专场动员会15场，接受咨询740人（次），受教育群众6万人（次）。设立法制宣传广播室，投广播稿15篇。

1992年3月，组织农村普法工作队逐乡逐村专项宣传《中华人民共和国文物保护法》，刷写标语30条、办专栏2块、散发文物法规宣传单1000余份，发放普法教材506套共1611本，印发各类宣传资料20余种共5100份，张贴各类法制宣传标语68条，悬挂横幅标语8幅，办法制宣传专栏38处共49期，举办法制宣传广播讲座80讲，办普法报5期。5月，州普法讲师团到县举办领导干部普法轮训班，参加学习县级领导22人、副科级以上领导203人，培训乡镇普法骨干12人、行政村普法骨干308人，巡回基层进行普法演讲宣传。

1993年，重点宣传《中华人民共和国宪法》《中华人民共和国税收征收管理法》《中华人民共和国义务教育法》《中华人民共和国文物保护法》和《土地管理实施条例》《减轻农民负担条例》《贵州省文物保护管理办法》《贵州省土地管理实施办法》等。11月中旬，县人大常委会牵头，县司法局、县普法办配合，检查15个行政单位专业法学习宣传和推行执法责任制情况，组织8个单位76人参加专业法考试。全县全年办法制宣传专栏12期，出动宣传车到乡镇巡回宣传16次，入机关、企业、农村宣讲18次，印发宣传资料7144份，征订教材3792套，受教育6万人（次）。

1994年，重点检查县支援重点工程建设局、县统计局等5个单位和新桥、龙广等4乡镇，全面整治农村社会治安状况，宣传法律法规12部，召开宣传动员会142次，受教育2万余人。

1995年，出动宣传车47车（次），出宣传栏100期，张贴标语1459幅，为中小学生上法制课45场（次），全县2800名干部参加专业法学习测试。

三、第三个五年普及法律常识教育规划（"三五"普法教育）

"三五"普法教育时间为1996—2000年，重点对象是各级领导干部，特别是副科级以上领导干部、司法人员、行政执法人员、企业经营管理人员、农村基层干部和青少年，总体目标是通过在全体公民中开展《宪法》和社会主义市场经济法律知识普及教育，使全体公民特别是广大干部增强法律意识和法制观念，提高各级干部依法办事、依法行政的自觉性与能力，初步实现全方位依法治县。

1996年4月，在总结“二五”普法工作的基础上，启动全县“三五”普法工作，制定《安龙县第三个五年法制宣传教育工作规划》。县第十二届人大常委会第22次会议作出决议，全县每年每人0.1元的普法专项资金，纳入县财政预算。当年重点宣传民主与法制建设理论和社会主义市场经济法律法规以及《中华人民共和国行政处罚法》《中华人民共和国国家赔偿法》等30多部法律法规，举办法律培训班12期，培训人员1200人次。举办法律法规知识竞赛3次，县直部门160人参加行政执法资格考试。

1997年，发放《农民三五普法读本》《三五普法法律法规汇编》《干部法律知识考试题解》等宣传资料共2万册。全县普法示范点由5个扩大到13个，建立城乡普法联系点28个，办各类培训班36期，培训骨干8214人。

1998年7月，县普法办结合乡级政务公开、村务公开，组织普法宣传员深入7个乡镇89个行政村391个村民小组，开展普法宣传教育、依法治理和乡村两级干部法律知识培训，宣讲《中华人民共和国村民委员会组织法》等。是年，在县委党校举办领导干部法律知识培训班5期，编发《依法治县必读本》3万册，培训各级领导干部278人，26个部门领导干部138人参加考试，参考率97%，及格率100%。全年共出法制宣传栏235期，出动宣传车267车（次），培训普法骨干8981人，征订普法书籍280册，编写普法简报12期，张贴标语2098幅，上街设点宣传73次，解答法律咨询1100余人（次），为中小学生上法制课90节（次）。

2000年，采取以城带乡、以会代训、干部上门宣传、办专栏、刷写标语等方式，加强对重点对象的普法宣传教育。组织青少年学习《中华人民共和国未成年人保护法》《中华人民共和国预防未成年人犯罪法》，对领导干部举办《中华人民共和国行政复议法》《中华人民共和国经济合同法》专题讲座2期，制定《安龙县干部学法用法考试考核办法实施意见》。个体工商户和私营企业主、各乡镇干部和农村基层干部以及科级领导干部1300余人参加法律知识考试，通过率100%。全县全年组织各类不同形式宣传活动30次，举办专业法学习班45期，上街义务咨询23次，投广播稿60余篇，直接受教育群众5万余人。

到“三五”普法期末，全县80%以上行政村建立民主理财、开支审批、现金管理等制度，全面推行村务公开和自我管理、自我教育、自我服务和民主选举、民主决策、民主管理、民主监督（即“三自我”“四民主”）。

四、第四个五年普及法律常识教育规划（“四五”普法教育）

“四五”普法期间是中国加入世贸组织与国际经济接轨的重要时期，普法重点对象是领导干部、司法和行政执法人员、青少年以及企业经营管理人员，主要宣传与整顿规范市场经济秩序相关的法律法规，宣传与加入世界贸易组织相关的法律知识，宣传与维护社会稳定相关的法律法规，宣传社会发展迫切要求普及的各项法律法规。目标是实现“两个转变”，即是实现提高全民法律意识向提高全民法律素质的转变，实现注重依靠行政手段管理向注重运用法律手段管理的转变。

2001年，根据全国“四五”普法总体要求，制定《安龙县“四五”普法依法治理五年规划》。

2002年，组织100余名法律服务志愿者送法进村组进社区活动，把《中华人民共和国传染病防治法》《中华人民共和国突发公共卫生事件应急条例》等法律法规录成磁带，在全县播放，散发宣传资料10万余份。县司法局与县公安局联合，利用“6·26”国际禁毒日在全县设法律咨询点4处，出动宣传车5辆，散发宣传资料5000余份，制作展板30余块。围绕中国加入世界贸易组织，县司法局与县委组织部、县人事局等部门配合，对2039名工商个体户业主及交通、水利、税务、国土、公路等部门干部职工进行专业法培训考试，合格率100%。拟定未成年人违法犯罪及其预防和校园暴力等调研课题，由3人备课、讲课，深入10所中、小学校巡回宣讲《中华人民共和国教育法》《中华人民共和国教师法》《中华人民共和国未成年人保护法》《中华人民共和国预防青少年犯罪法》，受教育师生1.98万人。

2003年，全县副科级以上领导干部628人参加法律知识考试，参考率98%，合格率100%。

2004年，组织行政执法部门工作人员30人，在县城主要街道设点咨询，举办法制讲座，深入宣传学习《中华人民共和国行政许可法》。举办全县公务员行政许可培训班和知识竞赛，散发测试问答卷500份，收回315份。开展“一人走百户、送法进万家”活动，抽调干部职工28人，结合民主法治示范村创建活动，深入16个乡镇，进村入户开展法制宣传和咨询，组织农村党员、农民群众代表举办法律知识讲座20场次。

2005年，“民主法治示范村”创建活动经过全面检查考评，县委、县政府命名兴隆镇石灰村、洒雨镇纳汪村等16个村为全县“民主法治示范村”。投资1.2万元，购置《中华人民共和国未成年人保护法》宣传挂图200套，发放各中小学校。

2006年8月，司法部、民政部命名新安镇大坪村为“全国第二批民主法治示范村”；省依法治省工作领导小组授予安龙县为“四五”普法依法治县先进县。

五、第五个五年普及法律常识教育规划（“五五”普法教育）

“五五”普法教育时间是2006—2010年，普法对象是全县各级领导干部、公务员、青少年、企业经营管理人员、农民。目的是通过开展“法律六进”活动和法治城市、法治县（市、区）创建活动，以及法治文化建设，全面提升法制宣传教育的文化品位和社会法治化管理水平。

2006年11月，县十四届人大常委会第32次会议通过《安龙县2006年—2010年普法依法治县工作规划》。组建普法讲师团、法律顾问团，调配普法联络员、组建法制宣传文艺队，聘任法制副校长。县司法局、县普法办先后征订《领导干部法律知识读本》《企业管理人员法律知识读本》《村委会换届选举法制宣传册》《外来务工人员法律知识读本》等普法书籍，组织编印普法知识宣传资料和手册，其中由依法治县办公室编印《安龙县“五五”普法宣传册》《人民调解典型案例汇编》，多渠道、多层次、多形式地开展普法教育。至2010年，全县共设点宣传1230次，出法制宣传栏120期，发放各类普法资料50余万份（册），张贴、悬挂标语1万余条（幅），为群众提供法律咨询1.5余万人（次）。2010年，中共中央宣传部、司法部授予安龙县“全国2006—2010年法制宣传教育先进县”，司法部、民政部授予新桥镇荷花村“全国民主法治示范村”。

六、第六个五年普及法律常识教育规划（“六五”普法教育）

2011年12月6日，召开安龙县“五五”普法总结表彰暨“六五”普法启动会议，启动“六五”普法。当年，县普法办围绕“六五”普法规划，构建和谐社会主题，到德卧镇坡告村4所小学为2000余师生上法制课等。

2012年，建立完善《县委中心组学法制度》《领导干部学法用法考试考核制度》等，制定《2012年中心学习组理论学习安排意见》。10月，举办2012年领导干部学法用法法制讲座，全县副科级以上领导干部230余人参加。先后举办“消费与安全”主题宣传、加强和创新社会管理平安建设集中宣传、“12·4”全国法制宣传日宣传和“法律七进”活动，发放宣传材料6万余份，接受咨询1000余人（次），集中销毁一批劣质食品、伪劣酒、伪劣质调味品、伪劣饮料、烟草制品等。发放《中华人民共和国治安管理处罚法》《农民法律常识读本》《法律知识进乡村一百问》等宣传资料800余册、法制宣传围裙6000条、法制宣传布袋1200个，森林防火法制宣传扑克500副、计划生育法律法规宣传塑料扇500把。贵州圆方律师事务所向德卧镇甘河小校捐款1000元。

第二节　公证与律师事务

一、公证

县公证处成立于1980年12月，1981年3月开展公证业务，是国家行政体制的公证处，依法独立行使公证职能、承担民事责任的证明机构，其内容主要有经济合同、股票、招标、拍卖、提存、公司章程、法人资格、保全证据、债权文书等。其主要职能是发挥证明、服务、沟通、监督作用，预防和减少纠纷，保护国家利益和公民、法人及其他组织的合法权益。公证机关通过证明无争议的法律行为，有法律意义的事件和文书的真实性、合法性的非诉讼活动，确认当事人的权利义务关系，以消除各种纠纷隐患，平衡当事人之间的利害冲突，防患于未然。以公证文书的法律约束力，促使当事人认真履行义务，保障社会主义市场经济健康发展，维护社会主义民主与法制，保持社会的安定团结，保护公民、法人及其他组织的合法权益，具有积极的作用。公证除具有维护正常的民事、经济流转秩序，引导公民、法人依法进行经济、民事活动功能外，还具有预防功能、保障功能，同时也是经济交往的重要媒介。

1991年后，县公证处编写、印发各种宣传资料和开展法律咨询服务，扩大业务范围。逐步开展继承、确认产权、收养、遗嘱、房屋买卖、经济合同、工程项目招投标等公证业务，并把公证工作引入农村产权制度改革过程，积极开辟证源，提高办证质量。1994年，随着地方经济的快速发展，业务逐步拓展到农村集体土地使用权出让、工程建设招投标、住房贷款、外出务工等行业。2000年以来，县公证处把公证案卷质量评查和加强业务员培训工作作为提高公证服务质量的重要途径，引导当事人借助公证手段调整民商民事关系，保障交易安全，有效预防矛盾纠纷。开拓公证新领域，主动介入山林地的承包经营、房屋拆迁等公证工作，重点开展招商引资、城市房屋拆迁、交通事故处理、拖欠工资等方面的公证。据统计，1991—2010年，县公证处办理各类公证10150件，其中经济公证5197件、民事公证4953件，公证总标的1.37亿元，业务收费21.5万元。

2011年，县公证处共办理各类公证28件，其中民事公证23件，公证法律援助案件5件。2012年，县公证处参与县城新建农贸市场摊位分配现场监督公证等。

1990－2010年安龙县公证处业务情况表

表7-4-1

年度	合计（件）	经济公证（件）	民事公证（件）	总标的（万元）	业务收费（万元）
1990	180	80	100	600	1.40
1991	174	70	104	757.35	0.29
1992	562	105	457	28.7	0.37
1993	776	276	500	498.1	0.73
1994	460	377	83	1200	0.92
1995	2801	2692	109	600	0.80
1996	300	199	101	300	0.75
1997	200	54	146	2490	0.75

续表7-4-1

年度	合计（件）	经济公证（件）	民事公证（件）	总标的（万元）	业务收费（万元）
1998—1999	1155	481	674	2994	1.81
2000	363	62	301	301	1.01
2001	292	8	284	206	0.54
2002	497	43	454	310	0.89
2003	184	46	138	360	0.76
2004—2005	534	185	349	800	2.20
2006	546	31	515	520	1.40
2007	300	150	150	300	1.70
2008	366	140	226	430	1.82
2009	190	118	72	560	1.60
2010	270	80	190	480	1.76
合计	10150	5197	4953	13735.15	21.5

二、律师事务

1980年11月，设立县法律顾问处，1993年更名为“贵州圆方律师事务所”；1994年，成立“绿海律师事务所”。至2010年年末，全县有律师9人，圆方、绿海律师事务所累计担任法律顾问122处，挽回经济损失1181.4万元，办理民事代理364件、刑事代理91件、行政代理21件、非诉讼代理300件，解答法律咨询7448人次，代写各类法律文书1311件，律师法律援助办理51件，业务收费21.6万元。

2011年，县内律师事务所担任法律顾问3家，承办各类案件132件(其中刑事案件16件，民事案件96件，刑事法律援助案件10件，民事法律援助案件10件)，代写法律文书124件，解答法律咨询290人次。

到2012年11月，县内律师事务所担任法律顾问5家。是年，全县承办各类案件226件，其中刑事案件25件(刑事法律援助案件5件)，民事案件119件，民事法律援助案件67件，行政案件7件，非诉讼法律事务8件。代写法律文书127件，解答法律咨询680人次，为当事人减少或挽回经济损失250余万元。

1990－2012年安龙县律师业务工作情况表

表7-4-2

年度	法律顾问（处）	挽回经济损失（万元）	民事代理（件）	刑事代理（件）	行政代理（件）	非诉讼代理（件）	法律咨询（人次）	代书（件）	法律援助（件）	业务收费（元）
1990	6	10	5	—	—	3	123	20	—	2800
1991	7	6.4	2	—	1	8	88	25	—	3100
1992	9	98	7	3	—	10	218	31	—	4060
1993	12	75	10	11	—	10	303	55	—	9500

续表 7-4-2

年度	法律顾问（处）	挽回经济损失（万元）	民事代理（件）	刑事代理（件）	行政代理（件）	非诉讼代理（件）	法律咨询（人次）	代书（件）	法律援助（件）	业务收费（元）
1994	13	70	21	4	—	12	360	7	—	13000
1995	12	40	13	—	2	23	380	158	—	10000
1996	16	50	14	2	—	20	480	80	—	10000
1997—1998	16	80	48	10	—	48	901	143	—	19000
1999—2000	10	70	51	17	8	90	850	120	—	20000
2001	—	60	23	7	—	15	265	40	2	8000
2002	3	80	28	9	—	15	365	50	4	10000
2003	2	90	32	—	—	8	285	49	—	10000
2004—2005	2	78	51	14	—	17	677	103	2	23920
2006	2	69	8	5	—	—	355	—	—	8180
2007	2	85	10	—	—	10	525	137	21	17150
2008	4	70	10	4	—	6	408	73	5	15350
2009	4	60	19	3	1	5	525	79	7	15500
2010	2	90	12	2	2	—	340	141	8	16700
2011	3	—	96	16	—	—	290	124	20	—
2012	5	250	119	25	7	8	680	127	72	—

第三节　法律援助与社区矫正

一、法律援助

法律援助是指由政府设立的法律援助机构，组织、指导和协调法律服务机构及其律师、公证员、基层法律服务工作者和持有省级人民政府司法行政部门颁发的法律援助工作者执业证的人员，为经济困难或特殊案件当事人提供免费的法律服务帮助，以保障其合法权益实现的一项法律保障制度，是实现“法律面前人人平等”的法律补救制度。2001 年，设立县司法局法律援助工作管理股，与县法律援助中心实行一套人马、两块牌子机制，股级建制。2007 年 11 月，成立工会、妇联、青少年、海子监狱、残疾人等 9 个法律援助工作站（联络点），在 16 个乡镇成立法律援助工作站。据统计，2001－2010 年，法律援助中心共承办各类法律援助案件 3930 件，无偿代写法律文书 441 件，解答各类法律咨询 4570 人次。2007 年 1 月，县司法局被省司法厅评为全省法律援助“规范与质量”检查活动先进集体；3 月被州老龄委评为“老年维权示范岗”，被州总工会评为“情系职工大维权活动先进单位”；10 月，县司法局被全国老龄办、公安部、司法部表彰为“全国老年维权示范岗”。

2011 年，在全县 174 个行政村、10 个社区、3 个居委会建立法律援助联络员制度，各村、社区、居委会均设立法律援助联络员。全年共办理各类法律援助案件 513 件，其中刑事法律援助案件 18 件、民事法律援助案件 495 件（民事诉讼代理 85 件、非诉讼法律援助 410 件），接待来访群众 260 余人次。

2012年，全县共办理法律援助案件529件，其中刑事法律援助案件31件，民事法律援助案件498件（民事诉讼代理230件、非诉讼法律援助268件），接待来访群众1000余人次。

2001－2012年安龙县法律援助业务工作情况表

表7-4-3

年度	合计	办理刑事援助案件（件）	办理民事援助案件（件）	办理非诉援助案件（件）	无偿代写法律文书（件）	解答各类法律咨询（人次）
2001—2005	1430	212	362	856	175	1534
2006	431	38	146	247	30	386
2007	509	41	26	442	63	478
2008	563	30	35	498	48	685
2009	486	42	34	410	57	687
2010	511	39	40	432	68	800
2011	513	18	85	410	—	260
2012	529	31	230	260	—	—

二、社区矫正

开展社区矫正工作，是中共中央作出的一项重大决策部署，是司法体制改革的一项重要内容，是深入贯彻科学发展观的重要实践之一，是落实宽严相济刑事政策的重大尝试，是推进社会管理创新的一项重要举措，更是司法行政系统工作的一项新任务。社区矫正对象适用于具有本辖区正式户口和长期固定居住在本辖区的以下人员：被判处管制的罪犯、被宣告缓刑的罪犯、被裁定假释的罪犯、被决定暂予监外执行的罪犯（有严重疾病需要保外就医的、怀孕或者正在哺乳自己婴儿的妇女、生活不能自理，适用暂予监外执行不致再危害社会的）。

2010年，安龙县成立社区矫正工作领导小组，制定下发《安龙县社区矫正工作委员会关于在全县试行社区矫正工作的实施方案》《关于安龙县社区矫正工作委员会办公室组成人员的通知》及《关于成立安龙县社区矫正工作委员会组成人员的通知》，全县展开社区矫正工作，对县境辖区内矫正人员进行摸底登记，共排查出社区矫正对象8人。至2011年10月，全县接收社区服刑人员175人，其中缓刑147人、管制1人、假释10人、暂于监外执行7人、剥夺政治权利10人，重新犯罪2人。

2012年，依照最高人民法院、最高人民检察院、公安部、司法部《社区矫正实施办法》，制定下发《2012年全县社区矫正工作要点》《安龙县特殊人群专项工作组工作要点及工作制度》。全县累计接受社区矫正人员357人，年底在册人数264人，其中管制3人、缓刑227人、假释26人、暂予监外执行2人、剥夺政治权利6人，解除矫正93人，重新犯罪2人。根据司法部《社区矫正执法文书格式》要求，统一印制《社区矫正执法文书》各种表格（1—22）、社区矫正人员档案盒1700个，对社区矫正人员建立一人一档的社区矫正档案。

第四节　基层司法服务

一、人民调解

20世纪90年代前，人民调解委员会专指村民委员会下设的调解民间纠纷的群众组织，后来逐渐在乡镇政府建立人民调解委员会，负责调解处理一般民事纠纷和轻微的可以不追究刑事责任的刑事案件。

1990年以来，全县各乡镇（街道）健全完善乡级人民调解委员会。至2010年底，全县共建立人民调解委员会213个，其中行政村调委会173个、社区调委会14个、乡镇调委会16个、企事业单位调委会10个，有人民调解员769人，逐步建立矛盾纠纷排查调处中心，形成综合调解格局。2011年6月，成立县道路交通事故处理人民调解委员会，形成各乡有调解领导小组，村（居）有调解委员会，村（居）民小组有调解员的人民调解网络。据不完全统计，1990—2010年，全县共调处各类民间纠纷10148件，防止上访案件176件共950人（次）。

2011年，全县建立人民调解委员会213个，有人民调解员769人，全县全年排查民间纠纷655起，受理655起，组织调解655起，调解成功629起。

2012年，调整完善基层人民调解委员会206个，指导开展人民调解业务培训活动6场（次），参训400余人次。全县全年共排查民间纠纷811件，受理并组织调解811件，调解成功778起。防止民间纠纷引起自杀4件共9人，防止民间纠纷转化为刑事案件20件共117人，转入诉讼程序3起，直接诉讼的5起。

二、刑满释放和解除劳教人员安置帮教

刑满释放和解除劳教人员安置帮教是指对刑满释放和对被解除劳动教养释放回家的人员进行妥善安置和帮助教育，防止“两劳人员”重新犯罪的一项维护社会稳定的重要工作。1990年，设立“两劳人员”刑释解教安置办公室，其具体工作由县司法局基层股负责。2010年，根据《安龙县人民政府机构改革的实施意见》，刑释解教人员安置帮教工作由县司法局社区矫正股具体负责，至2010年未，全县各乡镇均建立安置帮教办公室。2010年，全县共接收到刑满释放和解除劳教的人员共170人，其中刑满释放的146人，解除劳教的24人。建立排查制度、登记制度、档案管理制度和回访制度，县司法局对安置帮教工作实行一人一卡和电脑管理，做到跟踪帮教，降低重新犯罪率。

2011年，引导、动员和鼓励社会各方面共同做好刑释解教人员安置就业工作，切实解决无家可归、无亲可投、无业可就的“三无”人员安置难问题。1—10月，全县共接收到刑释解教人员157人，其中刑满释放157人。重新犯罪2人。

2012年，根据省社会治安综合治理委员会“两个管理办法”，推行无缝衔接和安置帮教措施。县内刑释人员1047人，帮教率100%，安置率95.3%；至当年10月，核实监狱流入服刑在教在戒人员信息986条，核实率达99%。

三、基层法律服务

1998年8月，设立新安、龙山法律服务所；12月，设立万峰湖法律服务所。2000年，国家施行基层法律服务“三证”（法律服务资格证、法律服务上岗证、法律服务执业证）执业制度。基层法律服务工作业务上由县司法局基层股管理，负责全县法律服务工作者培训及执业证年检注册。2005年，设立龙山法律服务所。2010年，调整法律服务所设置，全县设立新安、龙广、万峰湖3个法律服务所，注册基层法律服务工作者22人。1998—2010年，全县基层法律服务所和法律服务工作者办理民事、行政诉讼案件679件，代写各类法律文书1320份，协办公证25件，非诉讼调解1569件，调处各类纠纷3675件。

2011年，全县办理法律援助案件83件，其中民事代理32件、非诉讼法律援助案件51件，代写法律文书47件，解答法律咨询2000余人（次），提供法律援助案件13件，担任法律顾问1家，为当事人挽回直接或间接经济损失100余万元。

2012年5月28日，县司法局组织召开由辖区律师事务所全体律师、全体基层法律服务工作者、司法所所长参加的法律援助工作业务培训会，聘请资深律师讲授劳动合同法、民事诉讼法、刑事诉讼法、工伤保险条例、侵权责任法实务等。全县各村、社区、居委会均设立法律援助联络员。全县全年办理法律援助案件529件，其中刑事法律援助案件31件、民事法律援助案件498件（民事诉讼代理230件、非诉讼法律援助268件），接待群众来访1000余人（次）。

第五章　军　事

中共十一届三中全会以后，全县国防建设和民兵预备役工作健康发展，1978年，根据全国民兵工作会议精神和中央军委《民兵工作条例》，劝退一批45岁以上老民兵，裁减基干民兵，撤销县民兵师，组建县民兵团。20世纪80年代后，进一步整顿民兵组织。同时，改革开放后，全县民兵在“两个文明”建设发挥巨大作用，至1987年，各级人民武装部在安龙县共建文明村寨72个，与各级政府共建文明村寨89个，发展各类民兵专业户近万户。

1986年6月，部队精简整编，县人民武装部改归地方建制，仍受兴义军分区和中共安龙县委双重领导，辖9个区（镇）和37个乡（镇）人民武装部。

第一节　军事机构

一、县人民武装部

1989年，县人民武装部为地方建制，副县级，经费保障由县财政预算支出，内设办公室、政工科、军事科，辖9个区（镇）和37个乡（镇）武装部。1990年1月3日，县人民武装部办公室一分为二，保留办公室，恢复后勤科，县人民武装部内设机构调整为办公室、军事科、政工科、后勤科4个科室。

1996年4月1日，县人民武装部收归军队建制，称“中国人民解放军安龙县人民武装部”，单位规格为正团级。设部长、政委、副部长各1人，设军事、政工、后勤3个科。

县人民武装委员会　县人民武装委员会成立于20世纪50年代，是地方党委领导下的全县人民武装力量的领导组织和领导机构，其主要职责是贯彻执行上级武装委员会的指示，研究解决人民武装工作中的重大问题，协调各方力量保证人民武装建设任务的完成。1996年6月，县国防动员委员会成立后，县人民武装委员会与县国防动员委员会实行“一个机构，两块牌子”机制，每年召开1—2次议军会议，研究全县人民武装建设中的重大问题。

二、国防建设机构

1992年3月31日，成立县全民国防教育领导小组，组长由县委副书记担任，下设办公室于县人民武装部，定编2人，在县人民武装部干部中调整人员入编。2002年3月，县国防教育办公室改设在县政府办公室内。

1996年6月18日，成立县国防动员委员会，是县委、县人民政府、县人民武装部领导下的主管全县国防动员工作的议事协调机构。主要任务是贯彻落实党中央、国务院、中央军委及上级国防动员委员会关于国防动员工作的方针、政策和指示，组织全县国防动员工作，协调国防动员工作中经济与军事、军队与政府、人力与物力之间的关系，以增强国防实力和提高平时与战时转换能力。主要职责是组织领导全县人民武装动员、国民经济动员、人民防空和交通战备工作，组织编制全县国防动员规划、方案、计划，检查监督国防动员法律、法规实施和国防动员计划执行，行使县委、县政府、县人民武装部赋予其他职权。下设4个办公室：人民武装动员办公室，设在县人民武装部；经济动员办公室，设在县计划局；人民防空办公室、交通战备办公室设在政府办公室内。县国防动员委员会成立以后，每年召开1—2次会议，研究工作中的重大问题。

三、基层人民武装部

（一）乡镇武装部

1989年，全县有9个区（镇）、37个乡（镇）武装部。

1992年1月，撤区并乡建镇后，将9个区（镇）和37个乡（镇）武装部并为16个乡（镇）武装部，编制专职武装干部33人。

1998年12月31日，全县16个乡（镇）武装部共配部长11人、副部长8人、干事13人。其中，少数民族17人，大专以上文化的5人、中专文化的4人、高中文化的13人、初中文化的10人，党员24人，平均年龄40.55岁。

1999年7月6日，中共中央办公厅、国务院办公厅、中央军委办公厅下达《关于基层人民武装部机构设置、干部配备原则等问题的通知》，明确基层武装部的职能是同级党委的军事部门和同级人民政府的兵役机关，其主要任务是负责本区域的民兵组织建设、政治教育、军事训练、武器装备管理；组织并带领民兵完成战备执勤任务，配合公安部门维护社会治安，发动和组织民兵参加“两个文明”（精神文明、物质文明）建设，开展以劳养武活动，完成急难险重任务；负责本区域内的战时动员计划，会同有关部门在平时做好战时动员的各项工作；协助有关部门开展国防教育，完成地方党委、政府和上级军事机关交给的其他工作任务。乡（镇）武装部长参加同级党委，为副乡（镇）长级职务。乡镇武装部长任职最高年龄为45岁，武装干事任职最高年龄为40岁。至2005年底，全县16个乡（镇）武装部有部长12人，副部长8人，干事11人。其中党员29人，少数民族15人。大专文化5人，中专文化5人，高中文化19人，初中文化2人，平均年龄为36.72岁。

（二）企业武装部

1990年3月22日，成立黔西南州新桥茶场武装部，部长由茶场工会主席龚正平兼任。2001年，随着企业体制改革，新桥茶场武装部撤销。

1989－2012年县人民武装部历任部长、政委、副部长、副政委名录

表7-5-1

姓名	职务	任职时间	姓名	职务	任职时间
葛继贤	部长	1989年1月至1993年2月	胡德均	副部长	1990年7月至1993年2月
胡德均	部长	1993年2月至1996年6月	周开斌	副部长	1993年2月至1996年5月
冯正坤	部长	1999年6月至2004年3月	梁秀俊	副部长	1996年4月至1998年5月
周　平	部长	2004年4月至2008年3月	李　树	副部长	1998年5月至2001年3月
闫诗学	部长	2008年3月至2009年3月	黄晓军	副部长	2001年3月至2004年9月

续表 7-5-1

姓名	职务	任职时间	姓名	职务	任职时间
欧阳仁义	部长	2009 年 4 月起	韦正德	副部长	2004 年 10 月至 2006 年 3 月
覃智仁	政治委员	1989 年 1 月至 1998 年 9 月	闫诗学	副部长	2006 年 3 月至 2008 年 3 月
金　智	政治委员	1998 年 10 月至 2000 年 3 月	袁　建	副部长	2008 年 4 月至 2011 年 4 月
张　平	政治委员	2000 年 4 月至 2004 年 3 月	谌后国	副政治委员	1999 年 6 月至 2000 年 3 月
王建波	政治委员	2008 年 3 月至 2011 年 4 月			
李　文	政治委员	2011 年 4 月起			

第二节　驻　军

一、中国人民解放军空军雷达某部

中国人民解放军空军雷达某部，于 1968 年 12 月 2 日进驻县境钱相乡。其主要任务是担负空中警戒和贵州片区作战指挥引导，民航管制等任务。1993 年 7 月，改为 87116 部队 67 分队。2000 年，改为 95645 部队 67 分队。此后未做改动。

二、中国人民解放军陆军第 14 集团军某舟桥部队

2003 年 6 月 6 日，324 国道南盘江大桥出现险情，黔西南州政府决定封桥维修，国道 324 线交通中断，车辆绕道而行，经黔西南州政府请示省政府同意，调派成都军区第 14 集团军某舟桥部队在南盘江大桥旁紧急架设公路浮桥，暂时恢复国道 324 线正常通行。9 月 10—12 日，舟桥团进入安龙县境，驻扎于黔桂两省（区）交界的坡脚乡坡脚村者干一带。10 月 12 日，该部队完成任务后离境归建。

三、中国人民解放军陆军兴义预备役某团

中国人民解放军陆军兴义预备役某团，隶属兴义陆军预备役步兵师，前身系 1983 年 4 月 19 日在县组建的中国人民解放军昆明军区预备役某师某团，团部设在县人民武装部内。1999 年 3 月 25 日，兴义陆军预备役某师与都匀陆军预备役某师合并改建为贵州预备役某师，该团随之撤销改建，现役干部调贵州预备役某师工作。

四、中国人民解放军贵州预备役步兵某连

2005 年 8 月，中国人民解放军贵州预备役步兵某连在安龙县组建，该连前身为某炮兵团某 2 营，于 2005 年 7 月由榴弹炮营改编成 130 火箭炮营。8 月由 130 火箭炮营改编为连。此后未做改动。

五、中国人民武装警察部队水电第一总队

中国人民武装警察部队水电第一总队（简称武警水电一总队），于 1982 年 3 月进驻广西隆林县与贵州省安龙县、兴义市接壤的天生桥地区，承担南盘江天生桥水电站一、二级工程建设任务。1997 年 12 月，天生桥一、二级电站竣工，武警水电一总队撤离天生桥地区。

六、中国人民武装警察部队安龙县中队

中国人民武装警察部队贵州省安龙县中队（简称武警县中队），接受武警黔西南州支队和县公安局的双重领导，其前身是安龙县公安中队，主要任务是看守犯人、参加公安机关抓捕、平息各种暴乱以及抢险救灾工作。

七、中国人民武装警察部队安龙县消防大队

1992年3月24日，成立县消防中队，设中队长、指导员、排长各1人，辖3个战斗班、1个炊事班，编制士兵25人。1997年8月，成立中国人民武装警察部队安龙县消防大队，设大队长、教导员各1人，消防监督执法干部5—7人，管辖县消防中队，隶黔西南州消防支队。至2012年，县消防大队有干部7人、士兵24人，配备监督检查车2辆、火灾事故调查车1辆、水罐消防车2辆、泡沫消防车1辆、抢险救援车1辆、云梯消防车1辆、洒水车2辆。

消防大队驻县城东北部，离城中心1.5千米，营区面积4700平方米，营房建筑面积2300平方米。县消防大队成立以后，每年冬春开展防火教育，经常检查、督促机关、企事业单位配备消防器材，落实消防措施，协助城镇街道、农村村寨制订防火公约，并结合爱国卫生运动，检查不安全因素，排除火患，减少火灾发生。其中，2004年，参加“3·22”营昌脚火灾、“8·27”龙山交通事故的处置。至2006年12月，县消防大队参加大小火灾事故处置工作500余起，监督检查单位1500余个（次），督促整改火灾隐患3800余起，调整处理火灾事故150余起，处理火灾事故责任人150余人。

2009年秋至2010年夏，县境遭遇百年不遇的特大旱灾，县消防大队全力参与抗旱救灾工作，出动车辆1864台（次）、警力3560人（次），行程1.4万余千米，送水458次共7650吨，解决10.25万人、30万余头大牲口的饮水困难，累计步行2000余千米，为鳏寡孤独、老弱病残、留守儿童、散居独户背水、挑水100余吨。2010年10月12日，龙山中学发生校园围墙垮塌事故，县消防大队第一时间赶往现场救援。

2011年，县消防大队出动149次，出动车辆195辆，出动警力798人，森林防火3次，抢救被困人员33人，疏散被困人员1814人，抢救财产价值312.8万元。

2012年，县消防大队共接警出动200起，出动车辆279台次，出动警力1278人，抢救被困人员71人，保护财产价值1780多万元，无一人伤亡，无一次严重失误；全县全年发生火灾15起，死亡1人，直接财产损失24.05万元，过火面积1308.9平方米，受灾户数26户，受灾人数100余人。

八、中国人民解放军陆军某集团军装甲旅榴炮营

2010年春，安龙县遭遇百年一遇的旱灾，4月1日，某集团军装甲旅榴炮营192名官兵于晚11时进驻安龙，分3个连驻木咱、龙广、德卧3镇，参加安龙县抗旱救灾工作，4月29日归建。

第三节　国防教育

一、组织建设

1992年3月31日，成立县全民国防教育领导小组，组长由县委副书记韦先时担任，副组长县人民武装部政治委员覃智仁、县委常委王世章担任；下设办公室在县人民武装部，定编2人，在县人民武装部干部中调整人员入编。1996年6月14日，调整县国防教育领导小组，组长由县委副书记王世章担任。1998年7月20日，县国防教育领导小组更名为县全民国防教育委员会，同时调整充实成员及工作人员，主任由县委副书记林永箐担任，国防教育委员会办公室设在县人民武装部政工科。2000年9月20日，县委调整全民国防教育委员会，主任由县委副书记王朝军担任。2002年3月，全县实行机构改革，国防教育办公室由县人民武装部改设到县政府办公室内。

二、主要活动

1989年以来，县内国防教育活动采取经常教育与集中教育、普及教育与重点教育、理论教育与行为教育相结合的原则进行。每年“八一”“春节”期间，均要组织县委、人大、政府、政协四大家领导及县直机关负责人到县人民武装部举行“军事日”活动，学习国防法规、武器常识、轻武器射击等。每年征

兵期间，由县人民武装部、县委宣传部、文体广电局、教育局、征兵办、国教办等组成宣传组，在城区醒目地段悬挂巨幅宣传标语，在人流密集地段设置咨询点，出动宣传车，利用广播、电视、报刊等新闻媒体在全县广泛宣传《中华人民共和国宪法》《中华人民共和国国防法》《中华人民共和国兵役法》《中华人民共和国征兵工作条例》等国防法律法规。每年由县人民武装部、教育局、施训学校组成学生军事训练队，对学生有计划地实施军事训练，训练内容包括《中国人民解放军内务条例》《中国人民解放军纪律条例》《中国人民解放军队列条例》等国防法规和武器常识、战术动作、轻武器射击等，训练时间一般为1—2周。

1993年11月22—24日，县政协关心下一代协会到钱相乡的10所公民办中小学进行国防教育、革命传统教育，听讲师生1000余人。

1994年4月，县关心下一代协会主席吴同彬到安龙二中高一（1）班作爱国主义、社会主义教育报告，听讲师生50人。

1995年8月1日，县委、县政府、县人民武装部在县人民会场举行国防教育歌咏比赛，县直机关、企事业单位和城区学校组队参赛，人数达1100余人。9月，县委宣传部、县人民武装部、教育局、老干局、县关心下一代工作委员会抽人组成“纪念抗日战争胜利50周年”演讲队，到安龙师范及全县各中学讲八路军、新四军抗战故事，对学生进行民族精神、爱国主义精神、革命英雄主义精神教育。演讲共12场，听讲师生9642人。

1996年4月4日，中共黔西南州委宣传部、共青团黔西南州委员会命名安龙招堤风景区为“黔西南州首批青少年爱国主义教育基地”。9—10月，县国防教育办公室组织退休老干部马明礼、王明德、韦先时组成爱国主义和革命传统教育演讲组到中小学进行巡回演讲。其中，9月13日，到普坪中学演讲，听讲师生820人；19日，到兴隆中学演讲，听讲师生600余人；10月2日，到大坪中心小学演讲，听讲师生578人；9日，到海庄小学演讲，听讲师生337人；10日，到幺塘小学演讲，听讲师生600余人；16日，到海农小学演讲，听讲师生170余人。

1998年6月，县国防教育办公室联合县总工会、共青团安龙县委、县妇女联合会、教育局、安龙师范、一中、二中、兴隆中学等17个单位开展“科凌杯”国防知识竞赛，5700余人参加竞赛。8月初，县委、县政府结合第一届“荷花节”，在绿海风景区修建国防教育园，县委书记殷晓敏、县长贺登祥出席挂牌仪式并讲话。11月，县委宣传部、国教办、总工会、团县委、县妇联、教育局共同主办学习邓小平理论、十五大精神和国防教育知识竞赛，全县各乡镇和县直机关等20个单位参加竞赛，观众人数2200余人。

21世纪初以来，每年9月18日均开展人防音响警报试鸣工作，试鸣信号使用国家规定的3种防空警报信号，即预先警报10:00—10:03（鸣36秒，停24秒，反复3遍为1个周期，3分钟），空袭警报10:08—10:11(鸣6秒，停6秒，反复15遍为1个周期，3分钟)，解除警报10:16—10:19(连续鸣响3分钟)，3种警报信号鸣响间隔时间为5分钟。同时，县第一中学、县职业中学等学校在每年新学年开始之时，均要邀请驻县军警到校对入校新生进行军事训练，开展国防知识教育讲座，观看爱国主义教育电影。

2011年12月27日，安龙县国防后备力量建设信息化系统正式开通。

第四节　兵　役

一、兵役登记

（一）公民兵役登记

1986年起，每年7月初至9月底，县人民武装部按《中华人民共和国兵役法》规定和上级军事机关指示，组织全县乡镇武装部，对当年年满18周岁的男性公民进行兵役登记，填写《公民兵役登记表》。1996年起，发给已登记的适龄公民“兵役证”，对登记青年进行身体目测初检、病史调查和现实表现、文化程度、年龄、家庭情况初步审查，合格者确定为应征公民，并从应征公民中挑选政治素质好、身体好、文化程度高的应征公民，确定为当年预征的对象，并通知到本人。至2006年12月31日，全县共登记年满18周岁的男性公民62313人，颁发“兵役证”若干，确定为预征对象的11430人。据统计，1989—2012年，每年均圆满完成征兵工作任务。

（二）士兵预备役登记

士兵预备役分为第1类和第2类。第1类预备役人员为编入基干民兵组织的民兵，28岁以下退出现役的士兵和28岁以下专业技术人员。第2类预备役人员为编入普通民兵组织的民兵，19—35岁退出现役士兵和29—35岁专业技术人员。

（三）军官预备役登记

预备役军官包括退出现役转入预备役军官，确定服军官预备役士兵、高等院校毕业生、专职人民武装干部、非军事部门干部和专业技术人员称服军官预备役。服预备役年龄为：排职35岁、连职40岁、营职45岁、团职50岁，师职以上视具体情况确定。

1999年3月，安龙预备役1团改建后，县属只编制1个火箭炮7连，服预备役人员仍按过去要求不变。

二、兵员征集

1955年后实行兵役制，义务兵征集通过以下程序：召开乡党委会、干部会，学习《中华人民共和国兵役法》，提高认识，统一思想，培训征兵骨干。干部分片区入村寨、农户，宣传《中华人民共和国兵役法》，培养典型，通过典型做其他人的工作，让适龄青年及其亲属了解征兵要求。然后进行报名登记和体检、政审。最后集中到县，移交接兵部队。

1985年10月，国防部颁布《征兵工作条例》，县征兵办遵照条例，结合安龙县实际进行征兵工作。

准备阶段　10—20天，包括：①兵役调查。县兵役机关于每年9月30日前，结合民兵整顿组织，预备役登记工作，对当年12月31日前满18岁的男性公民进行兵役登记，逐人填写《兵役登记表》，依照《中华人民共和国兵役法》规定确定服兵役、免服兵役、不得服役的人员。同时对应征公民进行体格目测、病史调查和政治、文化初步审定，并选定政治思想好、文化程度高者为征集对象。②县根据征兵任务、应征公民数量、体质、群众生产和生活情况分配任务并下达征集命令（指示），明确征集范围、起止时间和完成任务的要求。③组建征兵办公室。设立秘书、政工、体检和后勤组。④召开征兵工作会议，贯彻学习上级征兵文件和会议精神，研究部署本级征兵工作，安排征兵进程，下发征兵文件、体检器材、后勤保障物资和经费指标。⑤培训政审、体检人员（可以会代训），教育工作人员秉公守法坚持按标准办事，学习政审，体检标准，检查器材。

宣传动员报名阶段　10—15天。宣传动员开始时间，由县根据新兵集中起运时间确定，宣传动员开始后，各地均要召开各种组织会议，采取多种形式，利用各种宣传工具，向适龄青年进行爱国主义、革命英雄主义和依法服兵役教育。同时做好应征公民思想政治工作，鼓励他们为保卫社会主义祖国积极报名应征。各级人民武装部、乡村党、团组织和干部，重点做好预征对象及其亲属思想政治工作。边宣传动员边报名，报名截止时间由基层单位（乡或区）根据体格检查时间、宣传动员深度和广度以及报名率高低确定。

体格检查阶段　5—10天。应征公民体格检查，由县卫生部门统一组织进行。体检按照《应征青年体格评选条件》（通称“目测标准”）和《应征青年体格条件》规定进行。男性身高160厘米、体重47千克以上者陆勤人员合格。边远山区少数民族青年，身高、体重各放宽2厘米和2千克。女性身高155厘米、体重43千克以上合格。送体检站人数由基层征集单位自定，随着人民生活水平的提高，青年体质不断增强和《中华人民共和国兵役法》日益深入人心，青年服兵役已成为自觉行动。各单位送检人数与任务数比例逐年下降，由初期的1:6至1:3，下降到1:2至1:1.5。体格复查。普通兵由县征兵办和接兵部队共同组织军地医生进行复查。2000年前，抽查人数一般不超过新兵人数的三分之一。2001年后，应征对象均要进行复查。

政治审查定兵阶段 13—15天。应征公民政治审查工作，由县公安部门和基层单位承办。依照《征集兵员政治条件》，对预征人员逐个进行政治审查。1977年前，注重审查应征人员出身、成分和社会关系。1977年后重点审查预征对象现实政治表现和劳动态度，逐人填写《应征公民入伍登记表》。县征兵办政审组（接兵部队人员参加），对区（镇）呈报的预征人员逐个复查，严格把关，切实保证新兵政治质量。乡人民政府、区公所和县征兵办公室，均要在《应征公民入伍登记表》上签署意见、加盖公章，以示负责。预征人员政治思想、现实表现审查，主要有预征对象本人是否拥护中国共产党十一届三中全会以来的路线、方针、政策，是否坚持“四项基本原则”（即是否坚持社会主义道路，坚持人民民主专政，坚持党的领导，坚持马列主义、毛泽东思想），劳动、学习态度是否端正，是否遵守国家法律、法令和社会公德等情况。

审定新兵。定兵工作由县征兵领导小组成员和乡、区（镇）征兵负责人共同进行，集体审定，全面衡量体检、政审合格（通称“双合格”）人员，优先批准政治思想好、身体好、文化程度高（通称“三优先”）的服现役。

被批准服现役的应征公民，由县兵役机构发给应征公民《入伍通知书》，应征公民以此为依据办理户口、粮食、党（团）员关系转移手续，按通知时间到县人民武装部报到集中。新兵集中时，要求逐级上送，由区、乡征兵工作人员带领到县人民武装部。边远区、乡可车运，但要保证绝对安全。送县前，举行简短欢送仪式，动员新兵亲属就地送别，以减少国家和个人开支。

移交起运阶段 1—3天。县征兵办公室于新兵集中后主要做7件事：①安排新兵理发、洗澡。②体格复查、X光透视，1978年后改在集中前进行。③发放服装。④进行必要的军事常识和乘车安全教育。⑤编造《新兵花名册》《新兵服装发放登记册》，建立新兵档案。档案内必须有《应征公民入伍登记表》和《应征公民体格检查表》，新兵本人是中国共产党党员或共青团员的，还要有《入党（团）志愿书》。⑥举行欢送新兵入伍仪式。⑦与接兵部队办理移交手续。移交办法有接兵部队派员到县接兵、县派员送兵到接兵部队、新兵自行到部队报到3种。接兵部队一般在征兵宣传开始后到县，在县人民政府和人民武装部领导下，协助征兵办公室做好征兵工作。办理交接手续时，县征兵工作主要领导人与接兵部队负责人亲到现场，逐人点名验交新兵，核对无误后双方签字，双方工作人员同时交接《新兵花名册》《新兵服装发放登记册》和新兵档案。

起运。县征兵办公室根据省征兵办公室起运计划，制定新兵集中和起运时间。运输车辆于起运前一天到县，由接兵部队编制乘车次序和行军序列。运输车辆出发离县时，县征兵办组织腰鼓队、彩旗队、花环队，甚至还有狮子、龙灯队与群众一同欢送。新兵起运后，征兵办作出该年度征兵、政审和体检总结。至此，征兵工作告一段落。

第五节　民兵　预备役

一、组织建设

1990年10月，国务院第69次常务会议通过新《民兵工作条例》，从1991年1月1日起施行，民兵工作进入法制化、制度化的新时期。

1997年，根据总参谋部、成都军区有关指示精神和贵州省军区《一九九七年度军事工作指示》，黔西南州政府、兴义军分区下发《关于组建民兵应急营（连）的通知》。“军分区所在地的县（市）人民武装部编组1个营，由营部和3个连编成。营长、政治教导员分别由县（市）人民武装部军事科长和政工科长担任，营部设在县（市）人民武装部。其余各县均按1个连组编，连长、政治指导员分别由县（市）人民武装部军事科长和政工科长担任，连部设在县人民武装部。”县人民武装部在新安镇组建民兵应急分队1个连，并在16个乡、镇组建应急小分队。民兵应急分队每年整顿1次，每年集中在县民兵训练基地复训1次。民兵应急分队自组建以来，长期担负全县维护社会稳定和抢险救灾等工作。

2012年，建立民兵预备役人员管理数据库，全县16个乡镇全部使用“民兵工作管理系统”。

二、军事训练和装备

军事训练是提高民兵战斗力的根本措施，其指导思想、规模、内容、时间和方法，随着民兵装备不断更新和地方经济建设及民兵编组情况而调整变化。

民兵军事训练的指导思想是：以毛泽东军事思想为指导，贯彻积极防御的战略方针，根据现代战争和民兵的特点，立足现有条件，严格训练、严格要求、打好基础、提高质量，以适应民兵担负战备任务和为战时动员储备一定军事素质的兵员。

训练范围、对象、时间。1987—1999年，预备役机关独立办公，预备役人员由预备役团组织训练。

训练方法。遵照劳武结合、勤俭练兵的原则，采取分级集中与分散相结合的方法进行，专职武装干部和专业技术分队骨干由军分区集中训练，步兵分队干部和专业技术分队，由县人民武装部负责训练。武装基干民兵、基干民兵由公社（乡）负责训练。公社（乡）可驻训，即集中吃、住训练。或走训，即早来晚归训练。有时由县人民武装部组织分征驻训。县人民武装部建立民兵训练基地，民兵训练集中在基地进行。

训练内容。随着民兵装备改善而变化，要求逐步提高。单兵训练由过去单一的步枪操作和分队队列训练发展到轻武器系列训练和地炮、高机（炮）、通信、侦察等专业技术分队战术、技术训练。民兵干部训练内容增加外军研究，军兵种知识和防核、防化学、防生物武器知识、军事地形学、军事教学、动员工作业务、队列和战术训练。步兵分队在技术、战术训练中，掌握射击、投弹、爆破、埋设地雷等基本技术。熟悉班进攻、防御战斗中动作和土工作业三防知识等训练。专业技术分队除完成共同科目训练外，主要进行本分队战术、技术训练，时间比步兵分队长15—20天。

民兵干部训练以提高组织指挥、教学能力和军事业务水平为主。民兵以提高基础军事技术和战斗能力为主。每年年初，县人民武装部根据军分区下达的年度训练任务拟制实施计划，通报各（区）乡镇执行。

1995年6月，国务院、中央军委颁布《民兵武器装备管理条例》，对民兵武器装备管理的领导，各级各职各类人员的职责及分工，武器的配备与补充，保管与使用，修理与报废，以及对各类人员的奖励与惩处都作了明文规定。

2004年9月，中国人民解放军参谋部颁布《民兵武器装备仓库管理暂行规定》，民兵武器装备更加法制化、制度化。

2010年7月21—31日，中国人民解放军安龙县人民武装部组织开展2010年度军事训练。本次军事训练以贵州省军区、兴义军分区党委（扩大）会议精神为指导，以使命任务为牵引，以学习新大纲、贯彻新大纲为主线，以应对多种安全威胁、提高遂行多样化军事任务为重点，完成民兵应急队伍100人为期10天的封闭式的训练。是年，全县民兵参训任务250人，其中作战队伍35人、应急队伍100人、勤务保障队伍115人，县人民武装部在完成民兵应急分队封闭的基础上，还完成防化分队44人25天的专业训练、通信勤务分队45人和卫生勤务分队30人各15天的岗位训练、防空连60人5天的集中训练。全年民兵训练共投入20万元，其中购置警棍、盾牌、头盔100套，投入3万元；购迷彩训练服300套，投入3万元；发放民兵误工补助3万元，第一期训练的生活和其他开支6万元。

2011年5月，县人民武装部组织县金宏化工有限公司民兵防化抢险救援分队军事训练，45人参加训练；6月，组织开展基层民兵“军事三项”比武竞赛，各乡镇基层民兵30人参加竞赛。

2012年，投入资金3万元，购置警棍、盾牌、头盔100套；投入资金3万元，购置迷彩训练服300套；发放民兵误工补助5万元；投入资金8万元，保障民兵军事训练生活开支等。在军事训练中改变过去“走走队列、打打靶、吃吃饭”的模式，紧密结合现有武器装备实际和担负任务需要，重点强化快速动员、快速集结、参战支前、抢险救灾和维护社会稳定等实用性训练。

三、政治教育

20世纪80年代，民兵政治工作的基本任务是：用马克思列宁主义毛泽东思想教育民兵，建设以共产主义思想为核心的社会主义精神文明，把民兵培养成有理想、有道德、有文化、有知识、讲军容、讲礼貌、讲卫生，不怕艰难困苦、不怕流血牺牲的社会主义民兵武装。保证党对民兵的绝对领导，维护民兵的高度集中统一，增强民兵的团结，巩固和提高民兵的战斗力，保证完成党和国家赋予民兵的一切任务，使民兵成为保卫社会主义祖国的钢铁长城和建设两个文明（精神文明、物质文明）的重要力量。20世纪90年代后，民兵政治工作的基本任务是：坚持以马列主义、毛泽东思想、邓小平理论、“三个代表”重要思想和科学发展观，构建社会主义和谐社会为指导，使民兵成为祖国建设、保卫社会主义祖国的钢铁长城。

（一）干部制度

民兵干部是指营以下民兵分队的基层干部，他们是民兵分队的直接组织者和领导者。组织实施民兵建设的方针、政策贯彻落实，做民兵的军政教育，领导指挥民兵执行任务。

民兵组织实行双重领导制度。乡、镇党委、村党支部均由书记兼任民兵营、连的教导员和指导员，与各级军事指挥员同为民兵首长，对民兵各项工作共同负责。

民兵干部由地方党委统一管理，从优秀共产党员、共青团员、工人、农民、其他革命分子中选任，多数从复员退伍军人中选配。正副排长、连长、营长，由各级党组织提名，经民兵会议民主选举产生，报上一级党组织审查批准。民兵干部人选由基层党委（支部）提名后，征求民兵群众意见，并报上一级党组织批准后，由人民武装部门任命。

（二）政治工作制度

会议制度　民兵全体会议、民兵干部会议和民兵代表会议。基干民兵、武装基干民兵连以下全体会议，一般1—2个月召开1次。民兵全体会议多与军训、整组结合进行，每年不少于4次。民兵干部会议多以营连为单位召开，内容为学习上级文件，研究本单位民兵工作问题，每年不少于5次。民兵代表会议一般2—3年1次。内容是总结交流经验，表彰先进，推动民兵工作。

调查研究　为抓好民兵工作，县、区、乡、镇人民武装部均在民兵基层组织建立联系点，领导带头深入点上调查研究，实施具体领导，摸索总结经验。县人民武装部领导每年下乡搞调查研究80天以上，先后总结海联大队民兵连、科汪公社民兵连、龙山区民兵营和海庄民兵连等民兵工作经验，对推动全县民兵工作起到促进作用。20世纪80年代以来，全县人民武装部门采写民兵典型材料13篇、新闻稿件1219篇，被报刊电台选用1005篇。

政治教育　坚持服从生产，结合中心，因地制宜，采用多种方法进行政治教育，对象主要是民兵干部和基干民兵，教育内容包括民兵的任务、要求和光荣传统等。20世纪80年代，县人民武装部以总政治部编印的《民兵政治课本》为教材，建立1月1堂政治课制度，每课2—4小时。1991年后，增加以《中国民兵》《西南民兵》杂志为教材的刊授教育，刊物订至班、排，采取自学和集中教育相结合方式进行演习，以“青年民兵之家”为阵地，组织民兵学习科学技术，传递信息，开展文体活动等。

考核评比　以争先创优为中心内容，结合整组进行考核评比，表彰先进，逐级上报，由人民武装部门根据事迹给予记功、通令嘉奖或通报表扬。有特殊贡献者，上级军区授予英雄模范称号。在参与地方经济建设、维护社会治安、党建、扶贫等工作中有突出贡献者，也可报请地方党委、政府表彰。1990年，县人民武装部给只身擒获再逃犯的幺塘乡基干民兵连长韦琪顺记三等功1次。1992年兴义军分区通令表彰新安镇基干民兵1连为“基干民兵连队达标先进单位”。1993年，贵州省军区、兴义军分区先后授予新安镇基干民兵1连为“学雷锋先进集体”。1996年，贵州省军区表彰新安镇基干民兵1连为“先进基干民兵连队”。1997年，中共贵州省委表彰龙广镇基干民兵连长李祥刚为“党建工作先进个人”。1998年，省政府、省军区、州政府均表彰钱相乡基干民兵连长李明权为“扶贫工作先进个人”。2002年，贵州省国防动员委员会、黔西南州国防动员委员会表彰新安镇武装部部长王建彧为“优秀专职武装干部”。

四、民兵活动

（一）维护社会治安

1989年，社会政治动乱，人心不稳，外地一些不法分子纷纷流窜到本县作案，而本地一些不法人员的犯罪活动也十分猖獗，治安案件大幅度上升，人民群众的生命财产受到严重威胁。为尽快控制局面，稳定社会，县人民武装部组织民兵治安巡逻队5个共53人，分别加强县城各街巷和化力、德卧、坡脚等3个案件多发乡镇的治安防范。巡逻队不分白天、黑夜地活跃在城乡，巡大街、搞威慑、窜小巷、探“黑窝”、拔据点、捣团伙、捉嫖娼、守村寨、保安全。从9月初至11月末，共出勤1100人次。现场制止各类治安纠纷76起，现场抓获扒手、诈骗犯33人，捣毁赌场17处，受理治安案件28起，协助侦破案件1起，收缴赌具、烟具18件（套）。

1990年，民兵治安巡逻队发展到15个，其中区级组建9个，乡级5个，企业1个，共有队员454人，其中区、乡干部38人，退伍军人占75%。民兵执勤1965人（次），协助公安部门破案343起，处理未遂事件2件，抓获各种违法犯罪人员426人。收缴凶器347件，收缴赃款（包括赃物折价）27万余元。

1996年，组织民兵配合公安机关布置的“严打”斗争。出动民兵404人（次），抓获负案在逃犯18人、现行案犯51人、流窜犯3人。查处治安案件31件、109人。清查旅社135家、娱乐场所64家。缴获各种管制刀具49件，火管枪19支，炸药610千克，雷管7012枚，导火索4812米。

2002年，组织民兵分队80人参与维护治安12次。

2006年10月1日，兴隆镇境内因交通事故，当地群众围堵324国道线，致使100多辆车被困。县人民武装部接县人民政府通知后，组织70多名民兵配合公安人员进行疏导，避免群体性事件的发生，维护社会稳定。

2010年10月12日15时39分，龙山中学发生围墙倒塌事故，致使在校师生5死9伤。15时55分，县人民武装部接达县委、县政府命令；16时10分，县人民武装部组织干部职工和20名应急分队队员由政委王建波带领从县城出发赶赴事故现场；17时10分，到达事故现场。应急抢险过程中，县人民武装部在事故抢险指挥部的指挥下，组织参战民兵维持现场秩序，发挥了应有的作用。

2011年1月25日，县人民武装部组织民兵应急分队骨干12人，参加全县社会治安综合整治集中行动；4月8日，组织民兵应急骨干分队执行德卧镇“毛杉树歌节”安保任务；7月22日至30日，县人民武装部组织民兵130人，担负贵州省第六届旅游发展大会暨安龙县第五届“荷花节”安保工作，出动兵力600多人次，完成执勤任务20次。

2012年2月9日凌晨，安龙至贞丰公路县境笃山乡犀牛洞大桥处发生大货车与大客车相撞事故，大客车从桥上翻下百米山沟。县人民武装部接到通知后，由部长欧阳仁义、政委李文带队，组织干部、职工、应急分队15人，于凌晨1时左右赶到事故现场，协助武警消防官兵搜救遇难人员；4时20分，3名遇难者遗体全部找到。

1991－1998年安龙县民兵维护治安情况表

表7-5-2

年度	执勤人（次）	协破案件（件）	抓获犯罪嫌疑人（人）	查处治安案件（件）	收缴						追回赃款赃物（元）	挽回损失（元）
					火管枪（支）	管制刀具（件）	炸药雷管（公斤、枚）	导火索（米）	赌具（付）	烟具（套）		
1991	5144	102	976	—	—	374	—	—	55	4	13400	—
1992	—	—	—	—	—	—	—	—	—	—	—	—
1993	266	34	268	—	—	—	—	—	—	—	—	—
1994	3114	149	201	603	—	—	—	—	—	—	73600	95800
1995	573	13	29	—	—	—	—	—	—	—	—	—
1996	404	—	73	31	19	49	6107012	4812	—	—	—	—
1997	573	13	29	—	—	—	—	—	—	—	—	—
1998	326	21	47	—	—	—	—	—	—	—	—	—

（二）抢险救灾

民兵在抢险救灾中是一支骨干力量，带头完成急、难、险、重任务是民兵的职责和义务。

1990年，民兵抢险10次，扑火5次，参加262人次。1993年投入民兵参加抢险60人次。

1996年4月29—30日，龙山连续遭受两次特大雹灾袭击，死亡3人，4栋房子倒塌，26.67公顷秧田和23.33公顷玉米被毁，小麦损失5万余千克，1500余棵大小树木被大风吹断吹倒，林木损失达30余万元，有18头耕牛、1匹马和10头猪被大水冲走。灾情发生后，县人民武装部立即组织工作组赶赴灾区组织民兵抢险救灾。先后出动民兵3000人次投入抢险工作。及时将房屋倒塌的4户人家妥善安排居住，同时捐款捐物救助生活。立即抢修倒塌房屋，帮助灾民重建家园。组织小分队寻找被水冲走的牲畜，帮助栽补被水冲沙压的水稻秧苗和玉米苗。

1997年，全县组建民兵护林防火分队11个，配合林业部门做护林防火工作。坡脚乡武装部出动民兵40人扑灭山火1次，保护林木60余公顷。

1998年4月4日，洒雨万亩林场失火，过火面积达10.67公顷，该镇武装部立即组织民兵应急分队37人进行扑救，挽回经济损失100余万元。7月6—8日，万峰湖镇连降暴雨，洪水猛涨，沿江一带移民区被洪水淹没。该镇武装部立即组织民兵146人、车船40艘（辆）投入抢险救灾，将378人转移到安全地带，抢运粮食等生活物资价值16万元。

1999年上半年，由于春季天气干燥引起火灾较为频繁，龙山、坡脚、新安等乡镇先后发生4次森林火灾，县人民武装部组织民兵应急分队300多人次，扑火43.33公顷。

2000年6月28日，国道324线者干路段被泥石流堵塞，县人民武装部组织民兵260人，奋战4小时清除淤积泥石800余立方米，保证国道畅通。2001年，县人民武装部先后组织民兵200多人次，参加抢险4次，为困难群众捐物50余件。

2002年5月29日，由于暴雨造成山体滑坡，324国道再次被堵，县人民武装部立即组织100名民兵投入抢险。2002年组织民兵300余人，扑灭森林火灾5次，挽回经济损失50余万元。2003年，县人民武装部组织机关干部、职工和民兵参加道路抢险2次，扑灭森林火灾2次。

2009年2—4月，县境遭遇百年不遇的特大旱灾，县人民武装部先后组织干部职工、民兵预备役人员连续工作80余天，下乡村80余次，为4个村组送水600多吨、帮助维修蓄水池12个，协调解决抗旱资金8万多元。

2010年4月6日，县人民武装部组织机关干部、职工和民兵参与扑灭县城蒋家坝山火1次。6月28日，笃山乡大坡村发生水灾，130名村民受困，30余处房屋被淹。县人民武装部接报后，连夜出动民兵30人参与抢险，连夜搜寻受淹民房，冒险为1名病人送去氧气袋；29日晨，县人民武装部官兵用冲锋舟救出老人、妇女、儿童13人。

2011年1月20日，县境发生雪凝灾害，313省道兴隆镇排冗村路段结冰3—5毫米，该路段交通中断。9时20分，县人民武装部作战值班室接到县政府命令，要求民兵骨干队伍联合县消防大队除冰保交通；9时55分，县人民武装部集结动员干部、职工、民兵骨干队伍及新安镇、兴隆镇民兵应急分队80人奔赴雪凝灾害现场，县消防大队15人随后到达现场。现场成立军警联合指挥部，采取人工铲除与撒盐化融相结合的办法，经2小时奋战，彻底清除受灾公路路面凝冰1千米，313省道恢复正常。6月，望谟县发生洪水灾害。6月6日17时30分，县人民武装部接到支援抢险命令；19时，县人民武装部副部长张兴万率专武干部、民兵骨干分队、新安镇民兵应急分队共60人，从安龙县城出发赶赴望谟县洪灾现场；22时40分到达灾区，立即投入望谟县城解放路、天马路、平遥村清淤排险作业。至6月13日撤离望谟县城回安龙归建，县人民武装部动用指挥车1台、运输车1台，完成路面清淤1150米，搬运淤泥127车共970立方米。7—9月，县境发生严重旱灾县人民武装干部、职工和全县1万余名民兵预备役人员连续奋战抗旱80天，出动车辆2000余台（次），采取找水、抽水、引水、拉水、送水等方式，帮助群众解决生活饮用水6000余吨，集中设立供水点16个，寻水打井3口，修筑送水山路5000余米，慰问困难群众20余人，捐款1万多元，投入经费5万余元帮助新修建蓄水池7个，并协调地方单位帮助群众解决抗旱经费5万余元。

2012年5月6日，笃山乡发生森林大火，县人武部共出动现役军人、职工、专武干部、民兵应急分队200余人（次）；在抗旱期间，在人武部全体人员和200余名民预兵备役人员连续奋战在抗旱一线，共出动车辆30余台（次）、送水150余吨。

（三）劳动生产

搞好生产、繁荣经济、改善生活条件是民兵的首要任务。

20世纪80年代后，民兵生产劳动以脱贫致富为主攻方向，广泛开展“一连带一村，一排带一组，一兵带一户”的扶贫攻坚活动，改造生产环境，寻求致富项目，努力增产增收。

钱相乡民兵386人，从1992年开始奋战在农田改造工地上，至1998年，共完成坡改梯485.53公顷，新增耕地面积49.59公顷，修建排水沟63.48千米、公路9.64千米、水浇池298个共8.94万立方米，营造防护林102.13公顷。

德卧镇民兵连连长陈昆学带领大水井村民兵46人，组织村民865人，种植金银花333.33公顷，其中1998—2001年3年间共收金银花120吨，为国家创税近4万元，农户人均收入由原来的600元增加到1500元。1997年以来龙广镇十二份村基干民兵36人，种植宝珠梨15.33公顷，建立水果基地。新桥乡东妹场民兵61人，种植板栗66.67公顷，建起了干果基地。平乐乡渔浪村、下渔浪村民兵113人，连片种植优质大米120公顷，建起了优质米生产基地。坡脚乡坡脚、者贵两村民兵136人，种植香蕉46.67公顷，建起了香蕉生产基地。万峰湖镇坝盘村民兵83人，种植麻竹66.67公顷，建成了麻竹基地。等等。

2011年5月5日，德卧镇大水井村自筹资80余万元，组织民兵维修通组公路8.5千米，将5千米通村公路由4米路宽改建为5.5米路宽，每千米路段增建会车点3—4个，新修金银花生产道路5条共4千米。

民兵的生产活动逐渐从个体经营转向公司＋基地＋农户，形成产、供、销一条龙的新模式，为农村经济的发展注入新的活力。

（四）民兵之家建设

民兵之家是新的历史时期民兵思想政治工作的阵地，是广大民兵学文习武和成才的课堂，适应广大青年民兵迫切要求提高科学文化水平，增强致富能力，丰富精神生活，陶冶道德情操的需要。有6个方面作用：1.宣传党的路线、方针、政策，发挥思想教育阵地的作用。2.组织民兵、青年学习科学文化知识，发挥培训辅导班的作用。3.以民兵之家为中心建立经济信息网络，发挥经济信息传播站的作用。4.开展各种健康有益的文体活动，发挥俱乐部的作用。5.传播社会新道德、新风尚，破除封建迷信，发挥精神文明宣传窗的作用。6.组织民兵经常学文习武，发挥民兵教育基地作用。新安镇海庄村基干民兵排创办的“青年民兵之家”1986年5月被共青团中央委员会授予“青年民兵之家”称号。1997年8月1日成都军区司令部、政治部授予“先进青年民兵之家”称号。海庄民兵1995年8月1日参加县国防教育歌咏比赛获第3名，2002年2月5日参加县委、县人民政府主办的迎春歌咏比赛获第2名，2004年9月17日参加县国庆文艺调演获2等奖，并派员参加在乌鲁木齐召开的全国少数民族运动会，获国家体委、国家民委颁发的特邀表演奖。

第六节　拥军优属　拥政爱民

一、拥军优属

1989年以来，全县各级党委、政府十分重视拥军优属工作，每年均要开展慰问驻军、慰问优抚对象，对相关人员发放优质资金和帮扶等，详见本志第二十二篇第二章“民政”。

二、拥政爱民

（一）参加地方领导工作　1989年以来，县人民武装部政委一般要担任县委常委，县人民武装部部长也要当选为县人民代表大会常务委员会委员。

（二）扶贫帮困　1989年以来，县人民武装部先后定点扶贫新安镇海联村，坡脚三塘村沙厂坪组、八坎村，德卧灰老村、郎行村、山庄村，龙广十二份村，洒雨科基村、马赤黑村，笃山大坡村，木咱镇新加村等，其中龙广十二份村和新安海联村达到小康村水平。

1983年9月，县人民武装部将新安镇海联村选定为第1个扶贫点，同时也把这个村定为军民共建精神文明点。工作组进村后和村党支部一道积极创办“青年民兵之家”。以坡敖组公房和海庄小学为活动室，组织民兵骨干罗元栋、罗家周、罗家林、罗元盛在活动室开展扫盲、补习文化、科普教育、教唱歌曲、编排文艺节目等精神文明活动。并制定活动制度：每周一、三学文化兼民主与法制教育，二、四排练文艺节目。除为民兵群众订购报纸、杂志、书籍提供致富经验、经济信息外，还专门请县农业局、畜牧局、科委等单位技术人员讲授农作物栽培、植物保护、沼气利用、畜病防治、科学速效养猪、人工培植食用菌、科学种植大白菜等科技课，至1997年共办培训班13期、培训民兵骨干387人次。通过抓点开展活动，村容村貌大改观。1997年8月1日，成都军区司令部动员部、政治部、群工部授予“先进青年民兵之家”称号。

1989年3月2日，县人民武装部工作组为坡脚乡三塘村沙厂坪村民组48户拟订5年种、养殖发展规划，每年由部领导带工作组逐户检查抓落实。1994年8月28日，县人民武装部工作组到坡脚乡八坎村，建立健全党支部、村委会、共青团、妇代会、治保会、调解会、民兵排，制定工作任务、活动制度和近期、中期、远期种植养殖发展规划，组织群众集资修建宽1.6米、长4.2米钢筋水泥桥2座，改变一棵木头横放沟面“独木桥”的历史；县人民武装部还协调资金1.6万元，为八坎村修河坝、沟渠，安装自来水管道，解决该村农业灌溉和生活用水。1987年，退伍军人韦文告病故，其家属带着3个小孩因不慎失火将唯一的一间半房屋烧尽，母女4人一直吃住在不到10平方米的毛草棚里，1990年，工作组向有关部门反映情况后，协调解决资金1300元，由村委会安排人员为其修建了住房。1990年6月，县人民武装部在龙广镇十二份村，组织92名民兵进行3天军事训练，号召民兵行动起来护村护寨，打击违法犯罪活动，办起“青年民兵之家”，组织民兵学科学、用科学，安装有线广播，清理非法开荒占地。

科基、马赤黑、郎行、山庄、大坡5个扶贫点，均按照县人民武装部帮助拟订的近期、中期、远期发展规划，县人民武装部工作组多次到点检查。经过省军区和县人民武装部抓点扶贫，为各个扶贫点拉电、修路、建农业基础设施，以点带面辐射全县。县人民武装部会同省军区，组织笃山乡民兵120人历时30天，修通拉坡村至乡政府盘山公路6千米；县人民武装部出资6000元，为笃山乡拉坡村修“军民桥”1座。

1994年12月7日，中共贵州省委办公厅、省政府办公厅下达《关于加强省级党政机关定点扶贫工作的通知》，确定省军区定点扶贫安龙县。1996年，省军区政委喻忠桂得知普坪镇纳汪村民插秧后因缺钱购买化肥，秧苗迟迟不能返青，亲自与清镇化肥厂联系，购买10吨尿素送到该村。纳汪村许多田地处于低洼，水灾严重，工作队发动民兵投工投劳1260个，修建400立方米的围井蓄水塘和2200米引水渠，整治4000米河道；又组织民兵投工投劳58个，打井4口，赠送抽水机3台，架设管道1000米，解决村民饮水困难问题。在普坪镇总科村，修建引水渠1800米，整治河道500米，解决纳汪、总科两村耕地灌溉57.13公顷，当地居民将纳汪村蓄水塘命名为“军塘”。1997—1998年，普坪镇胡巷村筏子河组，曾有6人过河不慎被夺去生命，1999年初，省军区扶贫工作队为该村架设水泥桥1座，宽6米、长10余米，群众感动地称之为“救命桥”。省军区定点扶贫安龙县以来，为坡脚乡八坎村、普坪镇纳汪、鸭子井、廷必、乐庄村等地拉通输电线路28千米，解决了5个村共5400多人照明问题；还请县广电局技术员给新桥镇峰洞、普坪镇纳汪村等地，架设闭路电视线路1.5千米，为纳汪、鸭子井村委会安装了程控、载波无线电话。据不完全统计，1996—2000年，省军区扶贫工作队共协调资金132.1万元，资助普坪、新桥、坡脚3个乡镇。

1998年4月，省军区无偿赠送高炮2门，并派车送到安龙，扶贫工作队和县人民武装部一起集中民兵进行防雹技能训练3期、100余人次；在平乐、洒雨、新安、普坪4个乡镇设立防雹点，至2006年，共防雹射击225次。1995—2000年，省军区在安龙扶贫期间，先后有8位将军共26人次到安龙县进行实地检查指导。

1999年10月，县人民武装部出资2万元，协调资金20余万元为龙广镇十二份村修建党员活动室1栋、小学1所。2000年4月，平乐乡武装部组织该乡渔浪村和下渔浪村民兵共113人，建起优质米基地120公顷。5月，在普坪镇龙洞村组织民兵种植板栗苗10万株共68.4公顷。11月，投资6000元、水泥20吨，组织民兵投劳800余个，为扶贫点德卧郎行村维修公路。2004年10月，协调资金20万元为扶贫点德卧郎行村新修和扩建公路12千米。

2011年5月26日，在“四帮四促”活动中，县人民武装部领导与省军区蹲点工作队深入木咱镇新加村，详细了解该村近期发展规划思路，向贫困户慰问发放了大米、棉被等慰问物资，帮助该村解决扶贫帮促资金5000元。

捐建希望工程 纳汪村小学是20世纪70年代初建设的学校，属危房，省军区工作队协调资金10万元，发动群众集资8万元，1995年11月动工，1996年6月建成村级完小1所，解决256名学生读书难的问题。1996年底，省军区工作队协调资金48万元，至1997年6月，建成鸭子井村小学，配备教学楼、教师宿舍、运动场。1999年3月，省军区工作协调资金25万元在廷必村修建村级小学1所，9月建成，有学生286人。2000年，省军区工作队协调资金19万元，修建总科村完小1所。据统计，1995—2000年，省军区工作队先后投资、筹资、引资700万元，为安龙县纳汪等6个扶贫点修学校5所，解决1700名儿童读书难的问题，扶助困难儿童就学10人。

1994年8月，县人民武装部工作组在坡脚乡八坎村组织群众修通进村公路后，引导村民种菜、发展养殖业。县人民武装部经与坡脚乡政府协商，决定在冗飘建设小学，其中县人民武装部出资1.3万元，乡政府出课桌。1997年6月8日正式动工，至8月31日建成钢筋混凝土平房1座，有教室2间共108平方米，可容学生60余人，定名为“军民共建小学”。此后，县人民武装部为学校配套修建球场1个，资助杨朝周、王立霜、黄邦立、黄邦洪、王亨布、李万称、李金、熊绍本、李世兰、韦发富10名适龄儿童上学。1997年10月，省军区政委喻忠桂、兴义军分区司令员周汝旭，在县政府县长贺登祥陪同下，到该校调研，给予肯定。

家住钱相乡冗达村瓦厂组的县一中学生韩通斌，依靠其弟在县城蹬三轮车支付学费。1992年8月，县人民武装部得知这一消息后，资助其在高中期间的全部学费。1997年12月，赵通斌高中毕业后应征入伍到遵义武警支队服役，后考入军校。2000年11月13日，县人民武装部干部职工为坡脚乡受火灾农户13户捐赠款物共计2800元。2003年5月，县人民武装部为德卧镇山庄村党支部捐椅子20张，为10户二女结扎户捐献学杂费900元。6月，为“非典”防治工作捐献700元。2004年10月，投资2万元，资助德卧镇海庄村小学基础设施建设。2005年8月，在笃山乡大坡村，救助3名失学儿童重返校园，决定每年为3名学生交纳学杂费3000元。2006年6月，县人民武装部6名干部，为重庆灾区捐款3000元。

2009年7月，县人民武装部协调县交通局、教育局、电视台、煤炭局等单位，解决新安镇箐山小学维修资金8万余元；出资6万余元，11个乡镇武装部购买电脑；出资3000元，为德卧镇大水井村建立青年民兵之家教育活动室。

2010年3月5日，县人民武装部组织全体干部、职工和常备民兵应急分队30人为抗旱捐款3093.5元。

2011年6月1日，县人民武装部与县移民局联合向木咱镇中心小学师生进行慰问，赠送书包、篮球等文化学习体育用品，帮助学校解决活动经费3000元。

三、军民共建文明单位

2009年5月，在县人民武装部的支持下，县史志办公室将草纸街71号原县人民武装部驻地以“安龙革命历史纪念馆”的名义申报为黔西南州爱国主义教育基地，为县境第一个州级爱国主义教育基地。8月，在县史志办公室的支持和帮助下，县人民武装部组织力量统筹出版了《安龙县军事志》，此书是安龙县编辑出版的第一部军事志。2011年5月，县人民武装部会同县史志办公室编辑完成《多彩贵州的红色记忆（安龙篇）》，得到社会广泛好评。

第八篇　综合经济管理

第一章　国民经济与社会发展计划

1978年以前，全县计划管理执行“以指令性计划为主，指导性计划为辅”的政策，采取自上而下、上下结合的办法，由上级计划部门逐级颁发计划控制数和建议数，再由下属各级编制计划草案，报县人民代表大会、县人民委员会（县人民政府）审议批准后下达正式计划，分解到具体执行单位。中共十一届三中全会以后，实行“对外开放，对内搞活”发展国民经济的方针，对计划管理政策进行调整，实行“指导性计划为主，市场调节为辅”，扩大指导性计划范围，缩小指令性计划范围，除关系国计民生的重要商品仍纳入指令性计划外，其余均由市场调节生产和供求。

第一节　计划管理体制改革

1994年4月前，机构设置有县计划委员会。计划委员会是县政府主管经济和社会发展计划工作的综合职能部门，其主要职能是研究和编制全县国民经济和社会事业发展战略中、长期规划；编制、下达全县国民经济和社会事业发展年度计划，对计划执行情况进行检查、监督，为领导决策提供依据；管理全社会固定资产投资，下达基建计划，促进地方经济和社会发展；搞好扶贫开发和以工代赈工作，负责项目上报、资金争取、项目的协调服务及验收工作；控制石油、木材、钢材计划指标，下达大中专学生分配、复转军人安置、招工计划指标。

1994年4月，撤销县计划委员会、县统计局、县农业区划办公室、县对外经济委员会，组建县计划统计局，作为县政府主管全县计划、统计、区划工作、对外经济的综合职能部门。其主要职能是研究和编制全县国民经济和社会事业发展战略中、长期规划；编制、下达全县国民经济和社会事业发展年度计划，对计划执行情况进行检查、监督，为领导决策提供依据；管理全社会固定资产投资，下达基建计划，促进地方经济和社会发展；搞好扶贫开发和以工代赈工作，负责项目上报、资金争取、项目的协调服务及验收工作；制定统计调查计划，部署全县统计工作，组织国家、地方统计调查，宣传国家、省有关统计方面的方针、政策和法规；研究拟定对外经济协作政策、措施及建议，参与区域经济技术合作与交流，宣传省、州有关对外经济协作方面的方针、政策；编制农业资源开发利用保护规划，依法综合管理农用地、渔业水域、草地等，负责农业开发治理实验区工作，全县农业资源的调查、监测、开发、利用、保护和管理工作，指导全县农业资源区划工作。

1996年6月，撤销计划统计局，统计局、区划办从县计划统计局独立出去，改组为县计划局，为县人民政府工作部门。其主要职能是研究和编制全县国民经济和社会事业发展战略中、长期规划；编制、下达全县国民经济和社会事业发展年度计划，对计划执行情况进行检查、监督，为领导决策提供依据；管理全社会固定资产投资，下达基建计划，促进地方经济和社会发展；搞好扶贫开发和以工代赈工作，负责项目上报、资金争取、项目的协调服务及验收工作；研究拟定对外经济协作政策、措施及建议，参与区域经济技术合作与交流，宣传省、州有关对外经济协作方面的方针、政策。

2002年3月，撤销县计划局、项目办，组建安龙县发展计划局，对外同时挂县招商引资局牌子，为县人民政府工作部门，主要职能从下达指令计划向宏观调控转变。具体职能是研究和编制全县国民经济和社会事业发展战略中、长期规划和年度计划，基础产业、支柱产业、高技术产业专项发展计划；研究分析经济形势和发展情况，进行全县宏观经济预测、预警；提出全县全社会固定资产投资总量和资金投向及相关政策措施建议；安排县统筹、县财政自筹等建设资金、项目及国家和省、州、县预算内专项资金；按程序和管理权限负责基本建设项目立项、可行性研究报告和初步设计等的审批或上报；组织、协调做好全县以工代赈规划、计划和实施工作，参与和协调扶贫开发；负责项目上报、资金争取、项目的协调服务、项目督促检查及竣工验收工作；研究拟定全县西部大开发战略的优惠政策措施，制定实施西部大开发战略设想和具体规划，协调全县实施西部大开发的各项事务；组织编制区域经济发展规划；负责地区经济协作的统筹协调及指导地区经济协作和招商引资工作；研究拟定全县招商引资政策、措施及建议，会同相关部门做好外资项目的申报、管理和协调服务工作，负责全县招商引资数据库和项目库的建设。

2005年4月，县发展计划局改组为县发展和改革局，加挂县招商引资局牌子，为县人民政府工作部门，在职能上进一步强调向宏观调控转变。本年起，每五年制定的“五年计划”改为“五年规划”。

2010年10月，撤销县发展和改革局、县物价局，改组为县发展和改革局，加挂县物价局牌子，为县人民政府工作部门，进一步强调宏观调控，向服务型转变。其职能是拟订并组织实施国民经济和社会发展战略、中长期规划和年度计划，提出国民经济发展、价格总水平调控和优化重大经济结构的目标、政策、综合运用各种经济手段和政策的建议；负责监测宏观经济和社会发展态势，承担预测预警和信息引导的责任；负责组织重要物资的储备和紧急调度；负责汇总分析财政、金融等方面的情况，参与拟订县级财政政策、土地政策的实施办法，监督价格政策执行；参与拟订和调整由县管理的重要商品价格和重要收费标准，管理价格工作；承担指导推进和综合协调经济体制改革的责任，研究经济体制改革和对外开放的重大问题，组织拟订综合性经济体制改革方案；承担规划重大建设项目和生产力布局的责任，拟订全社会固定资产投资总规模和投资结构的调控目标、政策及措施，衔接平衡需要申请国家、省、州以及县安排投资和涉及重大建设项目的专项规划，安排县级财政性建设资金。按规定权限审批、备案固定资产投资项目、外资项目、境外资源开发类投资项目和外汇投资项目并组织项目申报；向国家政策性银行及商业银行推荐申贷项目，指导和监督政策性贷款和国外贷款建设资金的使用，引导社会资金用于固定资产投资的方向；审核上报外商投资项目和境外投资项目；组织开展重大建设项目稽查，组织拟订综合性产业政策，负责协调第一、二、三产业发展的重大问题并衔接平衡相关发展规划和重大政策，做好与国民经济和社会发展规划、计划的衔接平衡；协调农业和农村经济社会发展的重大问题；会同有关部门拟订服务业发展战略和重大政策，拟订现代物流业发展战略、规划，组织拟订高技术产业发展、产业技术进步的战略、规划和重大政策，协调解决重大技术装备推广应用等方面的重大问题。加强对经济和社会发展的总体指导和综合协调，抓好区域经济调节；贯彻落实国家区域协调发展、西部大开发战略、规划和重大政策，拟订相关规划；组织协调重大基础设施项目的前期工作；研究提出城镇化发展的战略和重大政策，负责地区经济协作的统筹协调；组织拟订社会发展战略、总体规划和年度计划，参与拟订人口和计划生育、科学技术、教育、文化、卫生、体育、广播电视、民政等发展政策，推进社会事业建设；组织拟订发展循环经济、全社会能源资源节约和综合利用规划及政策措施并协调实施；负责节约能源综合协调和污染减排综合协调有关工作；组织拟订应对气候变化的战略、规划和政策并协调实施；起草国民经济和社会发展、经济体制改革和对外开放的地方性行政规章草案，指导和协调招投标工作；组织编制国民经济动员规划、计划，组织实施国民经济动员有关工作，负责组织重要战略物资的收储、动用、轮换和管理；研究制定全县商品和服务价格的管理目标和管理办法并组织实施，管理国家、省、州列名管理的商品、服务价格和国家机关收费、事业性收费，建立并组织实施收费许可证制度和年检年审制度；指导和监督全县价格调节基金的征收、管理和使用工作；负责全县价格预测、监测和监审；调查分析县内外和国际市场价格变动情况，提出相应对策和建议，发布价格公告；指导协调行业价格，开展价格信息、价格调查服务；组织开展商品和服务价格及国家机关收费和事业性收费的监督检查工作，依法查处价格、收费违法行为，负责价格案件的应诉工作，组织、指导商品物价监督检查等群众性监督活动；负责县际、部门、行业间的价格衔接，指导、监督县直业务主管部门及企业的价格管理工作，协调商品和服务价格以及国家机关收费和事业性收费争议；监督管理价格评估和执业人员等工作；负责全社会公共节能工作。

第二节　计划编制与实施

一、第七个五年计划

1986年4月制定，分为工农业生产计划、食油购销计划、财政收支计划、人口计划、教育事业计划、卫生事业计划6个指标项目，计划到1990年实现工农业总产值1.33亿元，其中农业生产总值1.05亿元(老口径)、工业总产值2800万元；粮食作物种植总面积26666.67公顷(40万亩)，总产量1亿千克。

“七五”时期是全县经济建设和改革开放的一个重要时期，实现第一个经济翻番目标。1990年国民生产总值2.03亿元，比1985年增长87.55%，年平均增长13.4%；国民收入1.77亿元，比1985年增长92.96%，年平均增长14.05%；工农业总产值1.05亿元，比1985年增长34.68%，年平均增长6.14%；县级财政收入750万元，比1985年增长1.33倍，年平均增长18.50%。工业总产值在工农业总产值中的比重由1985年的11.06%上升为16.80%，农业内部结构日趋合理，种植业比重由1985年的50.29下降为1990年的44.34%。第三产业逐步兴起，到“七五”期末，其产值占社会总产值的比重上升为9.25%。

农业生产　“七五”期间，虽然连续4年遭受不同程度的旱灾、涝灾以及病虫害，仍然取得较大的成绩。1990年，农业总产值达到8760万元，比1985年增长26.30%，年平均增长4.80%；粮食产量创历史最好水平，达84911吨，比1985年增长4.20%，年平均增长0.83%；油菜籽产量达1335吨，比1985年增长108.5%，年平均增长15.84%；烤烟产量达285吨，比1985年增长38.35%，年平均增长6.70%；5年共造林8333.33公顷，森林覆盖率有所提高；生猪年末存栏数达17.08万头，比1985年增长22.78%，年平均增长4.20%，各类牲畜出栏率均有所提高。

工业生产　1990年，工业总产值达到1772万元，比1985年增长105.57%，年平均增长15.50%，其经济效益也有一定增长，产品质量有提高；主要工业产品产量有较大幅度增长，原煤产量增长5倍多，成衣服装增长70.70%，日用陶瓷器增长56.30%；新开发黄金、锑系列、玻璃纤维系列、烧碱等产品，其中黄金产量134.1千克，精锑最高年产量1898吨。

乡镇企业　1990年总产值按老口径计算3702万元，比1985年增长16.4倍，年平均增长77.00%，剔除“四不纳入”部分达到2233.68万元，增长9倍多。

固定资产投资　1990年，全县全民所有制单位固定资产投资完成205万元，增长近60%，5年共计投资959万元，广大职工生产、工作和生活条件得到改善；新建一些乡镇企业，开辟一些新的行业；对老企业进行技术改造，生产能力和技术水平均有所提高；新建四级公路68.67千米，改造四级公路40千米，便民道130千米；各种车辆有所增加，邮电通讯和城镇建设取得一定成绩。

财贸金融事业 1990年社会商品零售额总5386.85万元，比1985年增长3.16%，年平均增长0.6%；国营商业、供销商业销售总额2795万元，增长37.4%；税务、工商、粮食、物资等工作取得较好成绩；全县银行各项存款总额达5660.6万元，比1985年增长一倍，年平均增长14.95%，各项贷款总额达10310万元，比1985年增长68.32%，年平均增长10.97%。

教科文卫等事业 完成“七五”计划科技攻关项目3项，科技成果引进推广项目6项，技术引进项目6项；1990年，普通学校招生达到“七五”计划目标，适龄儿童入学率88.63%。5年共分配大中专毕业生800多人，壮大了知识分子队伍。扫盲工作已取得突出成绩，1989年实现“基本无盲县”；职业教育、成人教育也有明显进展；文化、卫生、广播、电视、档案、体育等社会事业均有较大发展；民族、宗教、侨务、对台、旅游等工作得到加强。

社会民生 1990年，全县农民人均纯收入331元，比1985年增长63.86%，年平均增长10.38%；全县全民所有制职工年平均工资1545元，比1985年增长49.70%，年平均增长8.40%。

二、第八个五年计划和2000年规划

1991年制定，分为综合经济指标、工业计划、农业总产值、乡镇企业计划、邮电部门、交通运输计划、财政收支计划、商业系统商品统转计划、供销系统商品流通计划、粮油购销计划、人口计划、教育事业计划、卫生事业计划、广播电视事业计划和电力计划15个部分，计划到1995年实现社会总产值3.95亿元、国民生产总值3亿元、国民收入2.65亿元、工农业总产值1.5亿元、社会商品零售总额8000万元，规划到2000年实现社会总产值5.8亿元、国民生产总值4.5亿元、国民收入4.02亿元、工农业总产值2.14亿元、社会商品零售总额1.5亿元。

“八五”计划期间，贯彻邓小平关于建设有中国特色的社会主义理论和党的路线方针政策，加快社会主义市场经济体制转变进程，抓住机遇，深化改革，真抓实干，促进国民经济持续、快速、健康发展，社会各项事业取得明显进步，“八五”计划各项经济发展目标，大部分已经完成或超额完成，有的指标提前2—3年完成或超额完成。“八五”计划期间，全县共争取项目资金1427万元，其中国家以工代赈资金766万元，省补助资金（财政、交通、水利）661万元，涉及交通、基本农田建设坡改梯、水利设施、人畜饮水、商业供销、绿色工程、电力及邮电通信、片区开发项目等。1995年，全县国民生产总值3亿元，为“八五”计划的100.07%，比1990年增长70.81%，年平均增长11.30%；人均国民生产总值780元。工农业总产值完成3.56亿元，为“八五”计划的113.22%，比1990年增长59.59%，年平均增长9.8%。国民收入2.71亿元，为“八五”计划的102.11%，比1990年增长78.18%，年平均增长12.25%；人均国民收入702.75元，为“八五”计划的103.50%，比1990年增长66.92%，年平均增长10.79%。

农业生产 1995年全县农业总产值完成2.50亿元，为“八五”计划的100.80%，比1990年增长31.37%，年平均增长5.61%。粮食产量120030吨，为“八五”计划的120.03%，比1990年增长41.36%，年平均增长7.17%；油菜籽产量1021吨，为“八五”计划的34.03%，比1990年下降23.52%，年平均下降5.22%；烤烟产量205吨，为“八五”计划的11.39%，比1990年下降28.07%，年平均下降6.38%；生猪年末存栏17.08万头，比1985年增长22.78%，年平均增长4.20%，各类牲畜出栏率均有所提高。

工业生产 1995年全县工业总产值完成1.06亿元，为“八五”计划的164.17%，比1990年增长224.20%，年平均增长26.52%。黄金产量314.13千克，为“八五”计划的67.01%，比1990年增长134.25%，年平均增长18.56%；精锑产量1958吨，为“八五”计划的130.53%，比1990年增长107.39%，年平均增长15.71%。

乡镇企业 1995年，全县乡镇企业总产值完成1.77亿元，为“八五”计划的158.10%，比1990年增长198.93%，年平均增长24.48%。

财政、金融和消费 1995年县级财政收入完成3793.70万元，为“八五”计划的379.37%，比1990年增长405.87%，年平均增长38.30%为；财政支出5302.80万元，为“八五”计划的220.78%，比1990年增长164.15%，年平均增长21.44%；社会消费品零售总额完成7573.30万元，为“八五”计划的126.22%，比1990年增长71.99%，年平均增长11.45%。

固定资产投资 国有单位固定资产投资累计完成4000万元，新增固定资产2500万元。

科教事业和民生 5年中，全县共向各类大中专院校输送大中专毕业生1464人，适龄儿童入学率97.16%（1995年数），1995年全县年末人口自然增长率为11.63‰，总人口为385031人，农民人均纯收入598元，国有单位职工人均收入3807元。

三、第九个五年计划和2010年规划

1996年制定，分为国民经济指标、农业总产值、工业计划、邮电计划、财政收支计划、交通运输计划、电力计划、国营商业、供销系统、粮油、人口计划、教育事业计划、广播电视事业、卫生事业计划等13个部分。计划到2000年实现国民生产总值7.23亿元，年均增长10.22%；人均国民生产总值1766元，年均17.96%；国民收入6.5亿元，年均增长19.16%；人均国民收入1588元，年均增长17.67%；工农业总产值8.92亿元，年均增长20.13%；社会消费品零售总额2.5亿元，年均增长26.98%；农民人均纯收入1220元，年均增长15.68%；5年解决温饱贫困人口11.28万人。规划到2010年实现国民生产总值14.8亿元，人均国民生产总值3400元，国民收入13亿元，人均国民收入2910元，工农业总产值20亿元，社会消费品零售总额4亿元，农民人均纯收入2980元。

“九五”计划期间，全县经济和社会各方面发展得到中央政策鼓励，融资投资重点西移，全县共争取项目资金10117万元，比“八五”计划期间增长608.97%，其中中央预算内资金7094万元，国家以工代赈资金2519万元，省补助资金（财政、交通、水利）504万元，涉及交通、基本农田建设坡改梯、水利设施、人畜饮水、社会发展、电力及邮电通信、农业及生态建设、片区开发、国家粮食储备库项目等。

“九五”期末，全县国内生产总值84450万元，为“九五”计划的117.15%，比1995年增长118.79%，年均增长16.95%；财政收入10189万元，为“九五”计划的101.71%，提前一年完成“九五”计划，年均增长21.84%，在“八五”期末基础上翻了2.6番，其中地方财政收入完成5743万元，年均增长5.61%，在“八五”期末基础上翻了2.4番。按照“优一上二兴三”要求，全县产业结构得到进一步调整，三次产业结构由“八五”期末的58∶16∶26调整为“九五”期末的39∶38∶23。支柱产业和优势产业得到巩固和提高，烤烟、黄金、电力煤炭、水泥、糖、畜牧、茶叶等比“八五”时期发展壮大，特色经济发展和新增长点培育力度加强。非国有、非公有制经济比重不断提高。

农业生产 “九五”期末，全县实现农业总产值35006万元（90价），为“九五”计划的89.53%，比1995年增长39.78%，年均增长6.93%。粮食总产量继续保持增长。全县粮食产量16.75万吨，为“九五”计划的104.71%，比1995年增长39.58%，年均增长6.90%。其中夏粮产量2.25万吨、秋粮产量15.50万吨，小麦18782吨、水稻77732吨、玉米59825吨、油菜籽2136吨、烤烟1071吨。

林业生产完成较好。全县林业产值1328万元，为“九五”计划的83.00%，比1995年增长60.37%，年均增长9.91%。人工造林3665公顷，新增封山育林2235公顷，森林覆盖率达到38.78%（含灌木林）。

畜牧、渔业持续发展。全县畜牧业产值12091万元，为“九五”计划的93.01%，比1995年增长45.36%，年均增长7.77%。渔业产值420万元，为“九五”计划的60.00%，比1995年增长105.88%，年均增长15.54%。肉类总产量20267吨，为“九五”计划的53.33%，比1995年增长55.52%，年均增长9.23%。

水产品产量625吨，为“九五”计划的34.72%，比1995年增长30.75%，年均增长5.51%。

乡镇企业继续保持强劲发展势头。“九五”期末全县乡镇企业共创产值73785万元（老口径），为“九五”计划的113.17%，比1995年增长316.70%，年均增长33.03%。其中乡镇工业产值44370万元，实现营业收入99826万元（老口径）。

工业生产 “九五”期末，工业生产呈稳定上升趋势，经济效益稳定增长，全县实现工业总产值45958万元，为“九五”计划的91.82%，比1995年增长333.77%，年均增长34.12%。年均增长34.34%。其中规模以上工业企业总产值完成2941万元，工业增加值17444万元（含不符合统计条件部分）。主要工业产品产量完成情况是：原煤40.30万吨，为“九五”计划的50.38%，比1995年下降6.99%，年均下降1.44%；发电量4190万千瓦时，为“九五”计划的30.36%，比1995年增长14.85%，年均增长2.81%；水泥3.67万吨，比1995年增长730.32%，年均增长52.70%；黄金403.86千克，为“九五”计划的86.16%，比1995年增长28.56%，年均增长5.15%；粗锌639吨。

财税金融和市场流通 “九五”期末，全县财政总收入完成10189万元，为“九五”的101.71%，比1995年增长168.56%，年均增长21.84%；其中地方财政收入完成5743万元。全县财政支出10557万元，为“九五”的100.79%，比1995年增长99.08%，年均增长14.76%。2000年金融机构各项存款余额49930万元，比1995年增长66.95%，年均增长10.79%，比上年末净增5561万元，其中城乡居民储蓄达29769万元，比1995年增长49.42%，年均增长8.36%；各项贷款余额32060万元，比1995年增长381.31%，年均增长36.93%，比上年末增加2207万元。

流通领域秩序正常，市场低迷状况有所好转，物价涨幅趋于正常，市场商品充裕，价格保持稳定。全县消费品零售总额20938万元，为“九五”的83.75%，比1995年增长176.47%，年均增长22.55%。

固定资产投资 “九五”期间，全县上下紧紧抓住国家扩大内需、实行积极财政政策、加大投入的良好机遇，全面加强基础设施建设。2000年，全县共完成固定资产投资20336万元，为比1995年增长408.4%，年均增长38.43%。其中基本建设完成14655万元，更新改造完成3335万元，其他投资完成2373万元。交通方面，南昆铁路1997年开通营运，与铁路衔接配套的站场、公路建设进度加快。建成德卧炼焦货场、站前广场，开工建设德卧进站公路，324国道、盘百公路、大坪至白水河、龙广至万峰湖、龙山至王家营等公路改造相继完成，动工改造安龙至兴仁、安龙至贞丰公路，实现村村通公路，建成万峰湖码头，完成中直安龙（德卧）粮库建设。全年新增公路里程102千米。通讯方面，开通县和乡镇光缆传输，67个村通电话，全县固定电话用户9057户，普及率10%，部分乡镇开通数字移动通讯，移动电话用户3400户。无线寻呼迅猛发展，网络覆盖全县。电力方面，顺利实施农网改造132个村1.8万户。天生桥一、二级水电站，白水河二级电站全部建成发电。农田水利方面，农业生产条件进一步改善。完成坡改梯5600公顷，整治病险水库山塘65座，完成兴中灌区安龙工区第一期工程、节水增效示范工程，新增有效灌溉面积1153.33公顷，解决农村10.6万人和5.9万头（匹）人畜饮水困难；水土保持治理149平方千米。城镇基础设施建设取得新的成绩，完成县城主街道路面改造，县城2万吨供水扩容工程启动，临街旧房改造成效显著，小城镇建设步伐加快，全面启动西城区建设。

文教卫生和民生 科技兴县工作向纵深推进。各级各类教育全面发展，世行贷款项目学校全面完成，“义教工程”“教育扶贫工程”“希望工程”项目实施取得较好成绩。全县在校生人数84760人，其中中学18509人、小学66251人，适龄儿童入学率为98.82%。医疗条件进一步改善，各种突发性传染病得到控制。计划生育工作成绩显著，人口出生率控制在18.31‰，年末总人口412874人，人口自然增长率为12.34‰。文化体育、广播电视事业蓬勃发展。“村村通”工程实施取得较好成绩，全县电视覆盖率已达89.4%，有线广播覆盖率达86.11%，掀起“全民健身活动”热潮。

"九五"期末农民人均纯收入实现1500元，比"八五"期末增加911元，为"九五"计划的122.95%，比1995年增长154.67%，年均增长20.56%；城镇居民人均可支配收入4235元，比"八五"期末增加2107元。农村贫困温饱问题基本得到解决，全县以县为单位整体越过温饱线。

四、第十个五年计划

2001年制定，分为综合部分、农业部分、财政收支计划、工业部分、电信业务计划、电力计划、商业、粮油、人口计划、教育事业计划、卫生事业计划、交通运输计划等13个部分。计划到2005年，实现国内生产总值14.58亿元，年均增长12.1%；第一产业4.55亿元，年均增长6.7%；第二产业4.73亿元，年均增长10.64%；第三产业5.3亿元，年均增长22.04%；工农业总产值12.21亿元，年均增长8.73%；农民人均纯收入1750元，年均增长3.13%；城镇居民人均可支配收入5800元，年均增长6.4%；社会消费品零售总额3.4亿元，年均增长10.18%；固定资产投资总额3.5亿元，年均增长11.47%。

"十五"计划期间，安龙县抓住国家实施西部大开发的机遇，按照"做大重化工，搞好煤加工，发展小水电，建设小城镇"的发展战略，顺利完成"十五"计划各项目标。"十五"期间全县共争取项目资金15414万元，比"九五"期间增长52.36%，其中中央预算内资金（含国债）9931万元、国家以工代赈资金（含国债）4172万元、省补助资金（财政、交通、水利）1311万元，涉及交通、基本农田建设坡改梯、水利设施、人畜饮水、社会发展、电力及邮电通讯、农业及生态建设、易地移民安置项目、城镇基础设施建设项目等。

按照"稳定一产，突破二产，做活三产"的工作思路，发挥比较优势，积极调整产业结构，大力发展特色经济，国民经济运行的质量和效益明显提高。2005年，全县生产总值完成14.91亿元，为"十五"计划的102.26%，比"九五"期末增长76.55%，年均增长12.04%，其中第一产业增加值完成4.81亿元，为"十五"计划的105.74%，比"九五"期末增长43.42%，年均增长7.48%；第二产业增加值完成5.79亿元，为"十五"计划的122.41%，比"九五"期末增长83.81%，年均增长12.95%；第三产业增加值完成4.31亿元，为"十五"计划的81.32%，比"九五"期末增长121.71%，年均增长17.26%。财政总收入完成1.802亿元，为"十五"计划的104.89%，比"九五"期末增长76.86%，净增7831万元，年均增长12.08%；地方财政收入完成8298万元，为"十五"计划的103.73%，比"九五"期末增长44.69%，净增2555万元，年均增长7.67%。金融机构存贷款余额分别为11.69亿元和7亿元，分别是"九五"期末的2.3倍和2.2倍，其中城乡居民储蓄存款为7.76亿元，是"九五"期末的2.6倍。

按照"稳定第一产业，发展和提高第二产业，加快工业发展步伐，大力发展第三产业"的结构调整要求，三次产业在国民经济中的比重由"九五"期末的40∶37∶23变化为"十五"期末的32∶39∶29，国民经济中第二产业所占比重首次超过第一产业，实现了由"一、二、三"向"二、一、三"的历史性转变。支柱产业和优势产业的发展得到巩固和提高，电石、煤炭、电力等产业与"九五"时期相比有较快发展，特色经济发展和新增长点培育力度加强，非公有制经济比重不断提高。

工业生产 "十五"期间，以重化工为突破口，大力发展工业经济，2005年，全县完成工业总产值92189万元，为"十五"计划的123.76%，比"九五"期末增长37.67%，年均增长6.60%。2003年，建成华虹化工年产12万吨电石项目，两年生产电石17万吨，实现产值36000万元，创税2900余万元；金宏化工一期工程年产12万吨聚氯乙烯、年产10万吨烧碱项目顺利实施，实现单机试车；循环经济试点项目稳步开展，利用电石渣废料生产水泥项目前期工作扎实推进，重化工逐步发展成为重要支柱产业和新的经济增长点。认真落实煤炭企业上大关小等政策措施，实施煤炭"五统一"管理，大力打击非法煤窑，加大煤矿技改投入力度，煤炭生产能力不断提高，煤炭深加工初见成效，建成百兴机焦厂等焦化企业。2005年生产原煤123万吨，是"九五"期末的2.2倍，实现煤炭税费4119万元，是"九五"期末的6倍。

此外，冶金、建材等产业健康有序发展，初步形成具有比较优势的特色工业体系。

农业生产 始终坚持把“三农”工作作为各项工作的重中之重，落实各项惠农政策，深化农村税费改革，切实减轻农民负担，大力推进农业产业结构调整，新阶段扶贫开发稳步实施，实现粮食增产、农民增收、农业增效。2005年，农业总产值完成8.02亿元，为“十五”计划的168.49%，比“九五”期末增长45.82%，年均增长7.84%；粮食总产量达到17.52万吨，比“九五”期末增长4.58%，再创历史最高水平。以“满口香”为主的优质稻、烤烟、金银花、食用藕、蔬菜等优质农产不断发展壮大，种植“满口香”等优质稻2666.67公顷，建成年产1.5万吨优质米加工厂；收购烤烟1700吨，比“九五”期末增长58.73%，烟农实现收入1750万元；种植金银花4666.67公顷、莲藕133.33公顷、蔬菜2666.67公顷。草地畜牧业迅速发展，建成人工草场4800公顷，围栏改良天然草场2900公顷，畜牧业产值完成2.9亿元，在农业总产值中的比重由“九五”期末的30%提高到42%。整村推进、产业化扶贫、劳动力转移培训等工作有序开展，“十五”期间，共有1.52万人越过温饱线，全县贫困人口下降到2.76万人。天然林保护、退耕还林、珠防、珠治及生态修复工程稳步实施，生态建设成效明显，森林覆盖率提高到40%。

旅游服务 大力构筑旅游硬件，不断提升景区公路等级。争取国计委总投资1300万元的招堤景区基础设施建设项目实施顺利，以永历行宫为主的16个子项目全部竣工；实施陂塘河治理工程，扩大莲藕种植面积，初步恢复“十里荷花”历史原貌；开发并建成王宪章将军纪念园、圆通寺等一批旅游景点和打凼、洞广等民族旅游村寨；旅游宣传推介力度加大，成功举办第三届荷花节。交通运输、商贸、服务、信息等产业发展步伐加快，有力拉动第三产业快速增长。

招商引资 以建立社会主义市场经济体制为目标，进一步巩固农村改革成果，财税、金融、投融资等宏观管理体制改革取得新进展。招商引资工作取得历史性突破，累计引资到位资金13.8亿元，年均增长在两位数以上，吸引金宏化工、华虹化工、百兴焦化厂、三合水电公司等一批重化工、煤化工、小水电等产业的企业落户安龙，是安龙县发展史上招商工作成效最好的时期。

固定资产投资 “十五”期间，全社会固定资产投资累计达22亿元，是“九五”累计的3.5倍，2005年全社会固定资产投资完成9.6亿元，为“十五”计划的274.28%，年均增长36.37%，为2000年的471.61%。交通方面，新建、改造等级公路641.8千米，配合完成国道324线等级改造和安兴、安贞、安册望公路油化工程，县城出境公路全部实现油化；建成新桥至德卧、笃山至龙山、双明中学至华虹化工、鲁沟至大坝等一批通乡油路、矿区路和经济路，动工改造安龙至兴仁二级公路；新建、改造通村公路525千米。农业基础设施方面，改造中低产田土2466.67公顷，完成县城防洪、白石岩水库、龙滩口水库除险加固和龙广中低产田土改造一期工程，实施兴中灌区第二期第二批渠系配套等重点水利建设项目，新建和改造渠道110千米，新增、恢复、改善灌溉面积4166.67公顷，新建水池（水窖）5559个共42243立方米。大力实施渴望、人饮解困工程，累计解决8.25万人饮水困难，为“九五”期间的2倍。城镇建设方面，完成县城总体规划第三轮修编、西城区控制性详细规划及龙山、钱相小城镇规划工作，以西城区开发和旧城改造为重点的城镇建设取得较大进展，城市功能进一步完善，城市品位不断提高。积极争取国家开发银行贷款，加快西城区道路骨架建设，西城区开发初具规模；大力实施旧城区道路改造、亮丽工程、城市供水管网改造等项目，县城日供水能力从“九五”期末的9000吨提高到2.4万吨；动工建设城东污水处理厂，绿海水体污染整治迈出实质性步伐。电力方面，建成安龙220千伏变电站，基本完成500千伏变电站前期工作，稳步推进自备电厂前期工作；新建成小水电站29座，新增装机1.77万千瓦，总装机达到3.75万千瓦，为“九五”期末的11倍。实施农网改造第一期、第二期工程和城网改造，供电质量明显提高，组通电率97%；通信方面，全县实现乡镇以上交换程控化、传输数字化，数字通信网络覆盖全县各地，开通13个乡镇宽带网络，城乡综合电话普及率每100人达12.8部。社会消费品零售

总额完成3.44亿元，为“十五”计划的101.18%，比“九五”期末增长64.29%，净增1.35亿元，年均增长12.86%。

社会民生　高度重视和加强就业再就业工作，就业领域和渠道不断拓宽；“两个确保”实现100%，“三条保障线”衔接较好，国营酒厂等国有企业改革迈出实质性步伐。“十五”期间，教育事业取得长足发展，实施“两基”攻坚，小学适龄儿童入学率达99.39%，初中毛入学率达105.78%，高中入学率达21.4%，青壮年文盲入学率达99.6%，学前三年幼儿受教育率达39.5%，成功实施“国家贫困地区义务教育工程”“寄宿制工程”“危改工程”“普九工程”“朱英龙捐资工程”等项目48个，投入资金达2588.4万元，职业教育有一定发展，建成安龙县职业中学教学楼；人口与计划生育工作成绩突出，改扩建15个乡镇计划生育技术服务站、192个村级计生服务室，实现县乡两级育龄妇女变动信息化管理，人口过快增长的趋势得到缓解，总人口控制为43.18万人，兑现农村部分计划生育家庭奖励扶助政策，成功实施“少生快富”工程；公共卫生事业建设得到加强，医疗条件落后状况有了较大改善，疫情防治取得良好成绩，建成县疾病控制中心、县医院综合楼和传染病区、联合医院、9个乡镇卫生院改造等项目，总投资1248万元；文化、广播电视、体育等事业有新进展，乡村通广播电视率达93.26%；国防建设、精神文明和民主法制建设取得新的进展。

“十五”期末农民人均纯收入1852元，为“十五”计划的105.83%，比2000年增长23.46%，年均增长4.31%，比“九五”增期末增加352元；城镇居民人均可支配收入5500元，为“十五”计划的94.83%，比2000年增长29.87%，年均增长5.37%，比“九五”增期末增加1265元。

五、国民经济和社会发展第十一个五年规划

（一）《规划》制定

2004年12月，县委、县人民政府成立工作经济调研组、农业调研组、交通基础设施调研组、重点项目建设调研组、城镇建设调研组、财税工作调研组、旅游历史文化调研组、教育卫生计生调研组等8个调研组，对全县主要经济和重点项目建设进行调研。2006年1月9—10日，召开中共安龙县委九届五次全委扩大会议，明确“十一五”时期的指导思想、发展目标和工作措施。“十一五”规划是在社会主义市场经济条件下、经济全球化进程中全面建设小康社会的新的中长期规划，首次将原来的“计划”改为“规划”，不再下达具体的指令性计划指标，更加注重宏观上的调控。3月5日，在安龙县第四届人民代表大会第四次会议上，审议通过《安龙县国民经济和社会发展第十一个五年规划》。

《规划》由分14章组成：第一章为“十五”主要成就及基本经验，全面总结2001—2005年“十五”时期所取得的成就和基本经验；第二章为全县“十一五”经济社会发展的总体要求和奋斗目标，明确提出全县“十一五”的总体要求：“坚持以邓小平理论和‘三个代表’重要思想为指导，以科学发展观统领经济社会发展全局，抓住重要战略机遇期，按照‘做大重化工、搞好煤化工、发展水火电、推进城镇化、建设新农村’的发展战略，调整经济结构，转变经济增长方式，壮大优势产业，发展循环经济，以建设‘化工大县、电力大县、畜牧大县、生态强县’为目标，以‘做大工业、做强农业、做活三产’为主线，建设‘经济型、效益型、环保型’产业，推进和谐社会建设，促进经济社会全面、协调、可持续发展，努力实现经济社会发展的历史性跨越”；从“总体目标”和“主要预期目标”两个方面提出安龙县“十一五”期末经济和社会发展的奋斗目标。宏观调控主要目标：生产总值年均增长保持在25%左右，2010年达45亿元以上；财政总收入年均增长不低于20%，2010年达4.5亿元以上，力争突破5亿元。2010年全社会固定资产投资五年累计达到70亿元以上；5年累计促进城镇就业2000人，城镇登记失业率控制在4.7%左右；社会消费品零售总额年均增长12%左右，保持价格平稳；结构调整主要目标：“十一五”期间，要按照“巩固和优化第一产业，重点突破第二产业，加快发展第三产业”的总体要求，努力提高二、三产业在国民经济中的比例，降低第一产业在生产总值中的比例，三次产业在国民经济中的比重调整为15:55:30左右，结构排序由“十五”期末的“二一三”转变为“十一五”期末的“二三一”，非公有制经济增加值在生产总值中的比例进一步提高，基本形成具有较强竞争力的支柱产业、优势产业；区域协调发展主要目标：新增农村劳动力就业培训3万人以上，转移农村富余劳动力5万人以上，城镇化水平提高到36%以上，贫困地区经济社会发展加快；社会事业和公共服务主要目标。进一步巩固“两基”成果，小学适龄儿童入学率在99.6%以上，初中阶段毛入学率在102%以上，高中阶段入学率在40%以上，80%的乡镇所在地建立农村中心幼儿园，职业教育取得突破；增加科技投入；增加公共卫生设施投入，建成1所中医院，农村初级卫生保健达到新一轮合格县，危害人民健康的重大疾病得到有效预防和控制；城乡文化，体育、广播电视设施有较大改善，覆盖面扩大，群众精神文化生活较为丰富；可持续发展主要目标：努力建设珠江上游生态屏障，森林覆盖率提高到45%以上，石漠化治理取得新进展，治理水土流失面积150平方千米，城市绿化率提高到30%以上；人口自然增长率控制在7‰左右，总人口控制在45万人左右；城乡环境质量明显改善，主要污染物排放控制在国家下达的指标范围内；人民生活主要目标：农民人均纯收入和城镇居民人均可支配收入年均增长6%以上，农村贫困人口温饱问题得到解决，提高城镇居民人均住宅建筑面积，社会治安综合治理取得实效；安全生产主要目标。全社会亿元生产总值死亡率下降到1人以下，工矿商贸从业人员10万人死亡率下降10人以下，万车死亡率下降到12人以下，百万吨煤炭死亡率下降到3人左右。第三章至第十三章分别为：“努力建设社会主义新农村”“加强基础设施建设”“积极推进新型工业化”“加快发展第三产业”“积极城镇化，优化经济布局”“努力建设资源节约型、环境友好型社会”“实施科教兴县和人才强县战略”“深化体制改革，提高对外开放水平”“统筹经济社会发展，推进和谐社会建设”“加强社会主义民主政治建设”“加强社会主义精神文明建设”，从“三农”建设、工业发展、政治体制改革、精神文明等国计民生和经济社会建设等各个方面进行详细的规划。第十四章第两个方面提出了“十一五”规划的实施保障：一是建立健全规划管理体制；二是明确政府职责，组织实施重大项目。

（二）《规划》完成情况

2010年，全县生产总值完成38.06亿元，比上年增长（下同）19.97%，为年计划的108.74%，人均生产总值1360美元。其中第一产业增加值完成8.05亿元，增长10.12%，为年计划的100.63%；第二产业增加值完成13.91亿元，增长15.05%，为年计划的99.36%；第三产业增加值完成16.10亿元，增长52.17%，为年计划的123.85%；国民经济三次产业结构比调整为21:37:42，产业结构更趋合理。

财政总收入完成4.71亿元，增长15.67%，为任务数的102.39%；城镇居民年人均可支配收入13060元，增加1860元，为年计划的101.24%；金融机构存贷款余额40.53亿元，其中城乡居民储蓄存款22.53亿元，比年初增加4.9亿元；城镇登记失业率控制在4.5%以内。

工业生产　2010年，全县工业总产值完成32.1亿元，增长32.09%，为年计划的100.31%，其中规模以上工业总产值26.86亿元，增长36.52%，为年计划的99.48%。主要产品产量完成情况：煤炭产量220万吨，增长22.22%；发电量2.78亿千瓦时，增长40.7%；铁合金6.84万吨，增长44.6%；水泥14.76万吨，增长14.9%；烧碱7.02万吨，增长72.7%；聚氯乙烯5.7万吨，增长65.8%；黄金230千克，下降13.2%；电石2.67万吨，下降78.3%；焦炭4.05万吨，下降81.4%。

黔西南州（安龙）循环经济工业园区、轻工业园区、石材工业园区、物流园区等产业园区进入实质性建设阶段，部分入驻企业开始动工建设，产业发展平台建设工作顺利起步。

项目投资　2010年，全县全社会固定资产投资预计完成28.17亿元，增长69.5%，为年计划的134.1%，其中规模以上投资完成26.57亿元，增长70.8%，48个重大工程及重点项目推进顺利，固定资产投资为生产总值贡献增加值7亿元以上，成为拉动县域经济发展的强劲力量。

招商引资取得新成绩。金宏建材公司、煤矿技改、金荷名都、盛世龙城、泓福小区（二期）、西城区商业步行街、顺发石材厂、泰安酒店等22个招商项目进展顺利，部分项目已建成投产投用，招商引资实际到位资金5.1亿元，为州下达任务5亿元的102%，增长24.39%，并与河南煤化集团就重化工二期、金宏建材二期、动力车间等项目建设达成投资协议，总投资25亿元以上；与广东广隆集团就煤电铝一体化项目达成投资协议，总投资50亿元以上；与广西南华糖业集团有限公司签订甘蔗种植和新建糖纸一体化项目合作协议，意向投资4亿元以上，启动种植试验；招商项目库紧张建设，入库项目32个，总投资353亿元，部分项目已开始编制项目建议书或基础资料；加快行政审批制度改革，规范行政审批行为，不断完善县政务服务中心、非公有制经济服务中心、非公有制经济发展侵权投诉中心服务工作机制，努力营造良好的投资环境。

农业生产 农业平稳发展，2010年全县农业总产值完成12.6亿元，增长8.1%，为年计划的95.31%，全年粮食产量19.17万吨，增长0.68%，为年计划的100.05%，大牲畜期末存栏10.29万头，增长0.88%，生猪存栏22.92万头，增长3.32%，肉类产量2.38万吨，增长0.72%，水产品产量9535吨，增长14.64%；农业产业化步伐加快，种植烤烟2426.67公顷，烟叶收购突破5000吨，金银花面积10133.33公顷，优质稻6666.67公顷，油菜4666.67公顷，经果林5000公顷，蔬菜4333.33公顷；农村基础设施进一步改善，农村饮水安全、农村公路、生猪标准化养殖场、“三小”工程、石漠化综合治理、小型农田水利、盘江灌区、兴中灌区等项目顺利实施；农民收入持续增长，农民人均纯收入达3328元，增加464元，为年计划的106.63%，减少贫困人口5000余人。

城市建设 县城总体规划修编工作顺利推进，完成安龙历史文化名城保护和兴义府试院环境整治规划，完成北门坡历史街区修复整治规划并启动实施，完成招堤景区总体规划编制；西城区开发大道延伸线、西环安置点路网、桑家院开发大道、县城垃圾填埋场、西城区管网入地工程等城市重要支撑性基础设施工程动工建设，城镇基础设施不断完善，城镇化率达31%。

社会消费品零售总额6亿元，增长24.22%，为年计划的100%；旅游文化产业加速发展，全年接待游客人数31万人（次），旅游综合收入6540万元，分别增长20.5%和22.7%；启动实施《安龙县物流园区控制性详细规划》，总投资1.3亿元的园区路网工程开工建设，金鑫汽车综合性能检测站、天和运输公司等首批入驻园区项目动工建设。

民生事业 启动新安六小建设，特殊教育学校、职业中学项目前期准备工作顺利完成。卫生、文化基础设施进一步改善，建成龙山、洒雨两个乡镇卫生院排污附属工程和35个村卫生室，动工建设新安镇文化站。人口和计生工作成效显著，全县人口出生率13.9‰，自然增长率7.1‰。社会保障工作扎实推进，投资5500万元新建廉租住房1100套，建成680套，在建420套，共完成投资3500万元，完成13162户农村危房改造任务。

六、国民经济和社会发展第十二个五年规划

2010年5月初，成立由县长邓修宇任组长，常务副县长黄朝文、副县长刘凡值、黄显荣、冉兵、左秋芳及政府办、发改局主要负责人任副组长，县直各部门负责人、16个乡镇长为成员的县“十二五”规划编制工作领导小组。印发“十二五”规划编制工作方案，明确规划编制时间、规划编制职责及分工、规划培训工作，确定县“十二五”规划体系由国民经济和社会发展总体规划（即《安龙县国民经济和社会发展第十二个五年规划纲要》）和各项专项规划组成。县“十二五”规划编制组广泛收集“十二五”规划基本思路的内容，并进行归纳提炼，使基本思路既立足于安龙县的实际，同时又符合国家、省、州的战略方向和目标要求，特别是对“十二五”规划编制的指导思想、发展目标等重大问题进行反复推敲。7月，编制完成《“十二五”规划的发展环境、条件、总体思路、发展战略和发展目标报告》。9月，起草形成《安龙县“十二五”基本思路（草案）》，并广泛征求各方面修改意见。10月，根据十七届五中全会、省委十次全会和全省工业发展大会精神，在《安龙县“十二五”基本思路》形成的基础上，完成《“十二五”规划纲要大纲》，按照“基本思路”和“纲要大纲”开展《规划纲要》的编写。至2010年底，编制完成《规划纲要》（征求意见稿），向各有关部门、乡镇和社会各界广泛征集意见。同时启动重点专项规划15个，到2010年底，《物流园区发展规划》上报省发改委审查批复，其余14个县级重点专项规划全部完成初稿。其中《轻工业园区发展规划》《循环经济工业园区规划》通过县级评审。2011年3月17日，县十五届人大六次会议第三次全体会议通过《安龙县国民经济和社会发展第十二个五年规划纲要》。

《规划纲要》由十二章组成：第一章，《“十一五”经济社会发展回顾》，总结回顾了“十一五”时期取得的成绩和经验。第二章，《“十二五”的指导思想和主要目标》，分析了发展环境和有利条件、挑战和不得因素，提出发“十二五”指导思想和主要目标。指导思想为：坚持以邓小平理论和“三个代表”重要思想为指导，深入贯彻落实科学发展观，抢抓深入实施西部大开发战略的历史性机遇，高举发展、团结、奋斗三面旗帜，以加速发展、加快转型、推动跨越为主基调，紧紧围绕“五化”“五县”发展战略，强力推进新型工业化、城乡一体化、农业产业化、旅游市场化和物流现代化，走工业强县、农产稳县、旅游活县、三产富县、科教兴县之路，以扩张经济总量为目标，以解放思想、扩大开放作为强大动力，以项目建设为抓手，以保障和改善民生为立足点，全力推进经济社会发展的历史性跨越。奋斗目标为：到2015年，生产总值比2010年翻一番以上，人均生产总值突破3000美元，人民生活水平由总体小康迈向全面小康，努力把安龙建设成为黔桂两省（区）结合部的交通枢纽、电力枢纽和重要物流商贸聚集地，贵州西南出海的主要通道，西江上游经济区主要的化工、能源、冶金、原材料和优质农产品基地，重要循环经济工业基地、珠江上游重要生态屏障，中国西线旅游重要节点和最佳人居环境，至2020年，生产总值突破260亿元，人均生产总值接近8000美元，全面实现建设小康社会第三步战略目标。生产总值年均增长22%以上，2015年达到100亿元以上，力争突破120亿元；财政总收入年均增长20%以上，2015年达到12亿元以上，力争实现14亿元；全社会固定资产投资年均增长30%以上，五年累计300亿元以上；社会消费品零售总额年均增长在20%以上；城镇登记失业率控制在4.2%以内。第三章至第十二章分别为《强力推进新型工业化，加快产业结构升级》《强力推进城镇化，促进城乡协调发展》《强力推进农业产业化，建设社会主义新农村》《加强基础设施建设，改善经济社会发展环境》《加快现代服务业发展，突破旅游文化产业》《大力发展教育科技事业，实施人才强县战略》《坚定不移扩大开放，增强经济发展活力》《扎实推进生态建设，增强可持续发展能力》《着力改善保障民生，全面推进社会事业发展》《高举三面旗帜，为实现“十二五”目标努力奋斗》，对“十二五”时期的经济和社会发展的各项指标进行详细的分解，并提出保障措施。

第三节　重点项目资金筹措与建设

一、农业

（一）水利建设

兴中灌区安龙工区工程。位于龙广镇、德卧镇，先后实施5期工程。1999年7月开工，2010年11月完工，建设渠长142.64千米、渠系建筑物12座，解决农田灌溉2720公顷，总投资3332万元，其中中央投资2988万元、省投资119万元、地方投资225万元。

龙滩口病险库治理。库容143万立方米，恢复灌溉面积266.67公顷，总投资165万元，其中以工代赈资金 85 万元、地方资金 80 万元。2003 年动工建设。

大鸭溪水库。总库容 208 万立方米，总投资 241 万元，其中中央投资 241 万元。2005 年开工，2006 年竣工。

白石岩水库。1999 年实施白石岩水库病险库治理，总投资 97 万元，其中以工代赈资金 40 万元、地方资金 57 万元。2005 年完善放水设施及坝坡整治建设，总投资 380 万元，其中中央投资 260 万元、省投资 30 万元、地方投资 90 万元，2006 年竣工。

栢仑水库扩建工程。位于安龙县龙广镇，2007 年开工，2011 年建成，国家批复投资概算 15260.11 万元，实际到位资金 15460 万元，其中户央资金 5917 万元、省匹配资金 7243 万元、州匹配 300 万元、县政府贷款 2000 万元，建设渠长 6.76 千米，灌溉面积 4546.67 公顷，解决 1.82 万人饮水困难及工业用水，总库容 1490 万立方米。

2009 年农村饮水安全项目。分 2 次下达投资计划。2009 年 3 月，下达新增中央预算内投资计划，解决 11919 人的饮水安全，总投资 600.64 万元，其中中央预算内投资 480.48 万元、省配套 60.08 万元、州配套 60.08 万元；5 月，下达新增中央预算内投资计划，解决 7784 人的饮水安全，总投资 392.14 万元，其中中央预算内投资 313.73 万元、省配套 39.25 万元、州配套 39.16 万元。2009 年实施，2010 年竣工。

2010 年农村饮水安全项目。解决 57086 人的饮水安全，总投资 2872.05 万元，其中中央资金 2297.64 万元、省配套 287.25 万元、州配套 287.16 万元。2010 年实施，2011 年竣工。

兴中灌区四期 2009 年工程项目（安龙工区）。建设骨干渠道 9 条共 36.34 千米、渠首工程 1 处，田间渠道 3 处共 8.16 千米。工程总投资为 1190 万元，其中中央财政预算内资金 952 万元、地方配套 238 万元，省、州财政各承担 119 万元。项目实施范围为龙广镇、德卧镇，2009 年开工，2010 年竣工。

（二）商品粮和优质玉米基地建设

商品粮基地建设。1997 年投资建设，1998 年建成，共完成投资 600 万元，主要建设内容：小型农田水利、中低产田土改造、种子生产基地及繁育体系、农机配套服务体系等。建成后，新增、改善、恢复灌溉面积 1.22 万公顷，预计每年增产粮食 1.8 万吨。

13 万亩优质玉米种植基地建设项目工程。2001—2003 年实施，项目批复总投资 1053.22 万元。到 2004 年 12 月 30 日共下达资金 1053.22 万元，其中中央资金 771.40 万元、地方配套资金 218.82 万元；到位资金 968.72 万元，其中中央资金 732.8 万元、州级配套资金 65.92 万元、县级配套资金到位 170 万元（其中 170 万元归还借款）；实际用于工程建设资金 798.72 万元，其中中央资金 732.8 万元、州级配套资金 65.92 万元。2001 年 12 月动工，2007 年 6 月全面竣工，基地建成面积 8727.63 公顷，项目覆盖全县 7 个片区 12 个乡镇 87 个村，农民户数 35698 户，农业人口 13.1 万人，改造中低产土 6806.67 公顷，新建地埂硬化 198.24 公顷、机耕道 1140 米，修建水浇池（窖）1353 个共 9.66 万立方米，续建泵站 2 座，新建提水站 1 座，引灌工程 1 处，管道安装 60.36 千米，新修闸阀房 28 个，新建引、排水渠 9820.46 米，排洪渠 1250.7 米，新增灌溉 1256.32 公顷，改善灌溉 3449.15 公顷。

4 万亩优质玉米种植基地续建项目。项目总投资 342.2 万元，其中中央投资 275.2 万元、地方配套 67 万元，2005 年 12 月动工，2007 年 12 月竣工，改造中低产土 1800 公顷，地埂硬化 27.06 公顷，购置秸秆粉碎机 10 台（套），完成水浇池（窖）665 个共 32127.96 立方米，完成引水渠 20.46 千米，完成排水沟 8.95 千米，购置提水机械 11 台（套）。

（三）生态建设

草场建设。安龙县草场建设，2001 年开工，2003 年建成，投入资金 1120 万元，建设人工饲草（料）基地 4000 公顷、围栏改良牧草 2666.67 公顷。建成后可饲养黄牛 1.3 万头。

2005—2007年度珠江流域防治工程。治理水土流失43.47平方千米，总投资1761万元，其中中央资金466万元、国债资金654万元、地方642万元。

2008年度岩溶地区石漠化综合治理试点项目。总投资445.6万元，其中国家补助400万元、地方自筹45.6万元。2008年开工，2009年竣工，治理岩溶面积29.84平方千米、石漠化面积7.83平方千米。

水土保持世行贷款工程。总投资1795万元，其中中央资金246万元、利用外资900万元。2007年开工，2011年建成。

2008年巩固退耕还林项目。总投资1238.8万元，其中国家专项资金880万元、地方配套及群众投劳折资358.8万元。项目完成投资1238.8万元，建设基本口粮田225.6公顷，其中土壤改良200公顷、引水渠1.2万米、小水窖20个、小水池4个、田间便道7千米，建设农村沼气池600户、省柴灶855个，生态移民38人，种植用材林232.2公顷、经果林90.67公顷，棚圈1.72万平方米；补植补造2297.07公顷，其中退耕地造林641.27公顷、荒山造林1655.8公顷。实际完成土壤改良200公顷、引水渠2000米、小水窖14个，田间便道3000米，建设农村沼气池502户、省柴灶441个，种植用材林232.2公顷、棚圈1.35万平方米；补植补造2026.67公顷，其中退耕地造林560公顷、荒山造林1466.67公顷。

白水河项目区珠江上游南北盘江石灰岩地区水土保持防治试点工程。治理水土流失面积80平方千米，总投资1616万元，其中中央资金1000万元。2008年开工，2009年竣工。

2009年度岩溶地区石漠化综合治理试点项目。总投资880万元，其中新增中央投资800万元、地方自筹80万元。2009年开工，2010年竣工，治理石漠化面积14.86平方千米。

2009年巩固退耕还林项目。总投资879.9万元，其中基本口粮田建设225.53公顷、投资203万元，农村能源107.3万元、生态移民55人27.5万元、种植业238.3万元、畜牧业83.8万元、技能培训47.8万元，补植补造2296公顷，投资172.2万元。

2009年防护林工程。营造林1866.67公顷，总投资525万元，其中中央预算内投资420万元、地方投资105万元，2009年组织实施，2010年竣工。

2010年度石漠化综合治理工程。总投资889.38万元，其中申请国家补助800万元、地方自筹89.38万元。2010年开工，2011年竣工，治理石漠化面积26.74平方千米。

2010年珠江流域防护林工程。人工栽植乔木林533.33公顷，封山育林666.67公顷。总投资287.5万元，其中中央预算内投资230万元、州配套28.75万元、县配套28.75万元。2010年动工，2011年建成。

二、工业

戈塘金矿。1991年4月开工建设，共完成投资4750万元，1992年建成日处理矿石300吨、年产黄金420.5千克的国营金矿。

贵州省安龙华虹化工有限责任公司。华虹化工有限责任公司是一家以煤、电、电石生产为一体的化工公司，成立于2003年初，注册资产1.02亿元。2003年4月底，动工建设年产13.5万吨电石项目，采用2万千伏安内燃式电石生产装置，当年10月投产。2005年6月，启动二期年产13.5万吨电石项目，2006年5月建成投产，年产电石27万吨，拥有6台2万千伏安内燃式电石炉，总投资2.08亿元。2010年，公司有员工850人。其中高级工程师5名，工程师、助理工程师20余名，大学本科学历人员66人，中等专业技术人员186人。2011年后，由于电石产品严重滞销，公司处于停产状态。

贵州金宏化工有限责任公司。金宏化工一期工程，经贵州省发改委批准（黔发改工业〔2004〕561号），2004年开工建设，2006年正式投产，设计年生产能力为10万吨烧碱、12万吨聚氯乙烯（PVC），总投资4.8亿元。2010年，公司有员工797人，其中研究生学历1人，大学本科以上学历86人，大专以上学历223人，中专以上学历278人。2011年后，由于公司产品严重滞销，公司处于停产状态。

安龙县金宏新型建筑建材有限公司。2007年9月7日，省发改委核准金宏建材日产2000吨熟料新型干法回转窑生产线项目，分二期建设。2008年3月18日，开工建设一期项目日产1000吨熟料新型干法回转窑生产线，2010年7月建成投产，年产水泥50万吨，总投资3.2亿元。2010年，公司有员工232人，其中研究生学历2人、大学本科学历36人、大专学历57人、中专学历65人，公司员工平均年龄28岁。

黔西南州资源开发公司日产2000吨干法旋窑水泥生产线。日生产熟料2000吨，总投资17681万元，2009年6月完成投资1400万元，建成办公大楼和职工宿舍，2009年下半年停止建设。2011年11月，安徽海螺集团出资6.5亿元继续建设。

三、电力

安龙输变电工程。1994年年底开工，投资745.98万元，建设110千伏输电线路48千米、主变1×1千伏安，1997年建成。

安龙农网改造工程。1999年，省计划委员会、省电力工业局批准安龙县第一期农网工程，总投资5136.03万元，2001年底完成。

安龙农村电网建设与改造。新建10千伏线路、10千伏配电变压器和低压线路，总投资1500.4万元。2002年开工，当年竣工。

德卧220千伏变电站。总投资3000万元。2005年开工，当年竣工。

92个10千伏无电组通电工程。总投资3193.44万元，2007年开工建设，2008年建成。

县城电网改造。总投资513万元。改造10千伏输电线路19.96千米、400伏低压输电10.19千米，2005年开工，2006年完成。

金州500千伏变电站。总投资35032万元，2008年开工，2009年建成投入运行。

220千伏荷城输变电工程。总投资13160万元。2009年开工，当年竣工。

安龙县无电地区电力项目。建设10千伏输电线路13.2千米，低压线路58.54千米，容量630千伏安，台数12台，解决无电户729户。总投资533.24万元，2009年开工，当年竣工。

安龙县农网完善工程。建设10千伏输电线路73千米、400伏和220伏低压配电线路176千米，容量0.359千伏安共36台，总投资1968.8万元。2009年开工，当年竣工。

四、交通

南昆铁路。1990年开工建设，1997年建成通车。

盘百公路安龙至洪江段油路。1997年开工，投资2000万元，路面铺油44.15千米，1998年10月全线铺通，作为324国道文明样板路工程，12月10日通车验收。南盘江大桥是盘百公路跨南盘江连接贵州、广西的重要桥梁，省管项目，1999年上半年建成通车。

兴仁至安龙公路（安龙段）。全长34千米，2001年10月开工改造为三级油路，2002年年底竣工，总投资1900万元。2006年开工改造为二级油路，总投资1.45亿元，2008年年底竣工。

贞丰至钱相公路（安龙段）。全长28千米，2001年10月动工改造为三级油路，2002年竣工，总投资1800万元。2008年开工改造为二级油路，建设里程25.55千米，总投资1.5亿元，2009年年底竣工。

汕昆高速公路（安龙段）。汕昆高速公路在安龙县境内有43千米，总投资33亿元，2009年动工建设，2012年竣工。

通乡公路。①普坪至万屯。四级公路改造43千米，总投资204万元，其中以工代赈资金119万元、省资金34万元、地方资金51万元，2001年开工建设，2002年竣工。②龙山王家营至马路河。四级公路改造25千米，总投资375万元，其中中央投资250万元、地方投资125万元，2003年动工建设。③龙山北乡至石界碑。省标公路20千米，总投资200万元，其中以工代赈86万元、省投资50万元、地方投资

64万元，2005年动工建设。④洒雨至兴义万屯松林公路改扩建工程。全长62.5千米，其中安龙县境33.7千米。四级公路标准建设，总投资1768万元，其中中央补助1339.6万元、地方资金428.4万元，2008年开工，2009年竣工。⑤龙广至万峰湖公路。1999年实施四级公路改造25千米，总投资325万元，以工代赈200万元、地方投资125万元；2010年实施四级公路标准建设，建设里程33.17千米，总投资1733.5万元，中央资金1326.9万元、地方资金406.6万元，2010年开工，2011年竣工。⑥王家营至龙山公路四级油路改造。建设里程14千米，总投资820万元，中央预算内560万元、地方资金260万元，2009年开工，2010年竣工。⑦新桥经洒雨至普坪公路四级油路改造。建设里程23千米，总投资1035万元，其中中央资金920万元，地方资金115万元，2009年开工，2010年竣工。⑧戈塘至大坝矿区公路。四级油路22千米，总投资460万元，其中中央预算内投资440万元，地方投资20万元，2009下达投资计划，2010年建成。

五、通讯

1997年，解决钱相、普坪、洒雨、戈塘、笃山5个乡（镇）电话由人工改自动，完成投资331.12万元。2006年农话建设67个信息站，总投资630万元；2006年、2008年移动公司基站建设69个站，总投资7840万元；2006年、2008年，联通公司基站建设29个站，总投资2600万元。

广播电视村村通工程。已通电20户以上754个广电盲村建设直播卫星接收站，总投资1131万元，其中中央预算内投资377万元、地方投资754万元，2009年组织实施，2010年竣工。

六、城镇建设

县城供水工程。新建项目，2001年开工建设，2002年建成，总投资2659.38万元，日供水能力2万吨；2005年，实施县城供水管网一期改造，铺设管网13.75千米，国家投资500万元；2006年，实施县城供水管网改造二期工程，铺设管网9.67千米，国家投资300万元；2008年，实施县城西城区配水管网扩建，配水管网总长11.15千米，投资311万元，其中中央资金150万元、自筹161万元。

县城东污水处理工程。日处理5000吨，总投资721万元，其中中央资金500万元、地方221万元，2005年开始建设，2006年建成投入使用。

县西城区污水处理工程。日处理污水0.3万吨，污水收集管网25千米，建成后化学需氧量（COD）减排量66吨，总投资2267万元，其中中央资金1300万元、省补助200万元，工程于2009年5月动工，2010年竣工。

2008—2009年廉租房建设。新建廉租住房1100套，总建筑面积5.5万平方米，套型面积50平方米，总投资5300万元，其中中央资金2200万元、地方3100万元。项目于2008年开工建设，2011年建成。

县城垃圾处理工程。总库容55.1万立方米，日处理垃圾80吨，项目建设地点位于新安镇作坊村大山组，总用地面积8.67公顷，总投资3465.13万元。上级各级补助资金到位2865万元，县级配到位551.2万元。2010年开工建设，2012年竣工。

七、文教卫生

（一）文化

安龙青少年活动中心。建设规模2390.62平方米，总投资140万元，其中中央资金120万元、地方资金20万元，2005开工建设，2006年竣工。

2005年远程教育。建设中学信息站17个、村小接收站180个、播放站36个，总投资570万元，中央资金498.4万元、地方71.6万元。

16个乡镇综合文化站。每个乡镇投资24万元建设1个综合文化站，其中中央预算内投资20万元、省投资2万元、地方投资2万元，每个文化站建筑面积300平方米。2009年动工建设，2011年竣工。

(二) 教育

安龙一中。建设教学楼、运动场、体育馆、实验楼、图书馆、学生宿舍、食堂和浴室等，2002年起新建、改扩建，完成投资2626万元。至2010年，学校占地面积8.91公顷，建筑面积28626.7平方米，绿化面积10885平方米，有51个教学班、学生2988人、教职工177人，属省级示范性高中。

县职业技术高级中学扩建工程。建设教学楼、实验楼、办公楼、学生宿舍、食堂等，土建工程1万平方米及设备，总投资200万元，中央资金150万元、地方资金50万元。2002年开工，2003年竣工。

县特殊教育学校。建设规模3600平方米，购置84套教学、康复训练设备，总投资540万元，其中中央预算内投资540万元。2010年下达投资计划。

(三) 卫生

县人民医院门诊综合楼。建设规模2500平方米，总投资230万元，其中国债资金190万元、地方资金40万元，2007年开工建设，2008年竣工。

黔西南州安龙疗养院。总投资335万元，其中中央投资335万元。2007年开始建设，2008年建成。

县人民医院业务用房。建设规模24000平方米，配备污水处理、垃圾收集和配电设施等，总投资5690万元，中央资金2800万元，地方资金2890万元，2010年开工，2012年完成主体工程。

八、商业贸易

贵州安龙中央直属粮食储备库。1998年7月，经国家计委市场司批准立项，1998年12月开工建设，1999年12月28日竣工。总投资4895万元，建成仓容7.5万吨，建筑总面积24840.77平方米，购置安装各种粮食机械设备97台(套)，专用铁路线1022米，完成固定资产5027万元。

新安镇农副产品交易市场。建设面积9626平方米，2004年开工，2006年建成投入使用，总投资655万元，其中中央资金200万元。

九、旅游

招堤风景区：建皂角树至五洞桥至招堤旅游公路，四级油路1.5千米，桥一座；游览步道5千米、护栏4千米等。南明皇城景区：建设天榜山步道、护栏3千米，水硐山步道2千米、护栏1.5千米，观景亭廊2个100平方米。总投资1300万元，其中中央资金1000万元。2003年开工，2005年竣工。

十、其他

农村危房改造。2008年投资425万元，其中中央预算内投资365万元、地方配套60万元，改造农村危房3928户。2010年总投资3309.93万元，其中中央预算内投资和省补助资金3309.93万元，改造农村危房26113户。

易地扶贫搬迁试点工程。分别于2001年、2002年、2007年、2008年、2009年实施，项目总投资2388万元，其中以工代赈500万元、国债910万元、省258万元、县720万元，项目于2001年开始实施，2010年竣工，易地扶贫搬迁873户共3842人。

村级活动室建设项目。分别于2006、2007、2009—2010年建设，总投资1090.55万元，其中中央投资654.26万元、省投资286.12万元、州投资105.55万元、县投资91.1万元，新建村级活动室243个，总建筑面积20929平方米。

就业和社会保障服务设施建设项目。总建筑面积4300平方米，其中安龙县就业和社会保障服务设施3100平方米，德卧、木咱、洒雨、普坪就业和社会保障服务设施各300平方米。项目总投资857万元，其中中央预算内投资325万元、地方投资532万元。2010年动工建设，2011年建成。

农产品质量检测中心。改建实验室500平方米，购置设备49台(套)，总投资300万元，其中中央预算内投资240万元、县级配套60万元。2010年开始建设，2011年建成。

1989－2012 年安龙县基本建设计划投资完成情况表

表 8-1-1　　单位：万元

年度	施工项目个数（个）	全部建成投产项目个数（个）	计划总投资	本年完成投资	自开始建设累计			本年底未完工程累计完成投资
					完成投资	新增固定资产	完成不增加固定资产投资	
1989	—	—	323	—	301	223	—	78
1990	18	10	5129	—	641	393	1	247
1991	21	6	5308	—	2271	285	151	1835
1992	48	37	—	3086	—	875	—	—
1993	24	17	6153	1509	6186	1111	—	5075
1994	25	11	6830	1681	7395	1023	—	6372
1995	25	14	18697	1756	8677	1313	—	7364
1996	13	10	8611	665	8319	7157	—	1102
1997	25	19	3295	950	2112	746	—	1266
1998	63	44	12249	5053	6413	3228	—	3185
1999	39	21	27100	10291	13145	3623	—	9522
2000	41	34	29401	13586	22719	18715	—	4004
2001	26	—	19046	9776	13011	5906	—	6859
2002	54	34	26682	14761	15871	7665	—	8206
2003	51	38	30527	20613	24508	11044	—	11894
2004	50	—	81944	19789	30445	25158	—	5287
2005	60	38	121542	72458	88723	52967	—	30589
2006	74	34	151067	82826	115240	91151	—	24089
2007	91	32	19943	35322	36310	36310	—	36672
2008	112	64	168070	97103	135050	121583	—	97103
2009	135	73	294839	155566	214353	34743	—	179610
2010	115	66	407150	250208	331131	126321	—	204810
2011	150	95	531180	352013	438494	148704	—	214357
2012	137	104	738646	550123	644062	445349	—	238517

第二章　统　计

1978年，在县计划委员会内设有统计科；1979年成立县统计局，归口县计划委员会领导。1984年，增设专业统计，县统计局升格为区级单位，受县人民政府和上级统计部门的双重领导；同年成立安龙县农村抽样调查队，受上级业务部门和县统计局的双重领导。县属行政、事业、党群团及各厂矿企业设有专职或兼职统计员，粮食、商业、银行等单位设有专业统计股，室、区（镇）、乡（镇）、村均设有专职或兼职统计员。1988年，县统计局有起报单位7个，基层起报单位有：物资56个、工业47个、劳资109个、商业24个、基建50个、农业11个。此外，在县境的中央、省、州属事业单位17个，设有专业统计机构的11个，兼职统计员的6个。全县统计工作实行统计和定期统计制度，分综合统计和专业统计，综合统计主要项目有：人口和自然资源，全县基本情况，国民经济主要指标完成情况，社会总产值和国民收入情况等。

第一节　统计报表

统计报表包括工业企业报表、农业统计报表、固定资产投资报表、建筑业统计报表、商业统计报表、劳动工资统计报表和能源统计报表。工业企业统计报表重点对规模以上工业企业的机构、人员、产销总值、主要产品产量、工业品出厂价格以及原材料燃料动力购进价格和主要财务成本费用构成进行统计。反映全县工业经济效益，经济发展的动态，作为政府指导政策和计划的依据，便于经济核算和综合平衡。农业统计报表统计农业总产值、增加值、农村基层组织、乡村人口及从业人员情况、耕地面积、农作物播种面积和产量、林牧生产情况、主要农业生产资料使用情况等。固定资产投资主要统计基本建设项目、更新改造项目、房地产开发项目、其他固定资产投资项目完成的固定资产投资额以及投资的资金来源、行业分布、建设性质、投资用途、投资构成情况等。建筑业统计报表统计建筑业生产情况、财务状况、房屋建筑完成情况、劳务分包企业生产经营情况。商业统计报表限额以下采用抽样调查和限额以上全面统计的方法，统计全县批发零售住宿餐饮业经营情况并计算出全县社会消费品零售总额，反映全县城乡商品市场运行情况等。劳动工资统计报表统计行政、企事业单位从业人员、劳动报酬及从业人员变动情况。能源统计报表：能源统计反映能源资源、生产、流通、消费和加工转换、库存的基本状况，反映能源利用过程中的效率、效益以及能源节约情况。通过能源统计分析，了解能源的规律性以及影响社会经济发展的问题，提出可资借鉴的政策建议。为国家和地区编制中长期能源发展规划，为企业降低生产成本、提高经济效益为核心的科学管理服务。

1989－2012年安龙县国民经济与社会发展主要指标表

表8-2-1

年份	年末人口（万人）	生产总值（万元）	工业总产值（万元）	工业增加值（万元）	农业总产值（万元）	粮食总产量（万吨）	城镇居民可支配收入（元）	农民人均纯收入（元）	全社会固定资产投资（万元）	社会消费品零售总额（万元）
1989	35.85	15320	2865	945	19840	6.84	2300	579.5	1381	4823

续表 8-2-1

年份	年末人口（万人）	生产总值（万元）	工业总产值（万元）	工业增加值（万元）	农业总产值（万元）	粮食总产量（万吨）	城镇居民可支配收入（元）	农民人均纯收入（元）	全社会固定资产投资（万元）	社会消费品零售总额（万元）
1990	36.56	16985	3007	962	18693	8.49	2500	597.6	1792	4404
1991	37.11	18118	3966	1200	19686	10.65	2800	610.7	3443	5180
1992	37.77	20376	4103	1312	21221	9.27	3300	791.8	4469	5727
1993	38.35	22932	6825	2116	24432	10.80	3600	792	6186	5810
1994	38.93	39196	13819	4284	34555	11.38	4200	950.9	7395	6692
1995	39.50	45571	16940	5268	39603	12.00	4500	1025	8677	7573
1996	39.97	48342	17661	5492	42793	13.42	4800	1165	8319	9301
1997	40.48	63730	22170	6905	48587	14.47	5000	1309	8840	10962
1998	41.06	66739	30977	9420	49870	15.20	5300	1401	9615	12026
1999	39.96	74987	55555	18479	51637	15.57	5600	1491	17036	12514
2000	41.28	83834	66966	22127	54959	16.75	5900	1500	20356	20938
2001	41.68	90914	49763	18479	57553	16.93	6100	1505	24046	22493
2002	42.20	99560	60728	27967	60829	14.86	6500	1554	26536	24391
2003	42.53	101786	66606	24838	64991	17.11	6900	1618	29094	27386
2004	42.52	124423	77061	36032	75058	16.70	7300	1726	42000	21232
2005	43.19	144650	92189	39364	80160	17.52	7500	1852	77361	24513
2006	43.49	181882	141781	61816	85214	18.02	7800	1942	60628	28122
2007	43.64	220080	202588	81307	92147	18.42	8000	2160	80338	34708
2008	44.40	280018	237523	111022	106833	18.77	9200	2523	121020	39524
2009	44.60	317255	243019	90014	116543	19.04	11200	2840	166206	49045
2010	45.94	380600	321900	122848	132647	17.19	13060	3328	250208	54788
2011	46.31	434365	425306	138492	149076	11.06	15000	3880	325013	63263
2012	46.66	540998	425363	139137	177338	15.32	16900	4590	410588	73004

第二节　全国普查

一、农业普查

主要普查第一产业活动单位和农户的生产经营情况，乡（镇）、村委会及社区环境情况，农业土地利用情况，农业和农村固定资产投资情况，农村劳动力就业及流动情况和农民生活质量情况。农业普查在我国每10年进行1次。第一次全国农业普查现场登记工作在1997年进行，第二次全国农业普查现场登记工作从2007年1月1日开始。

二、经济普查

经济普查的目的，是为了全面掌握全国第二产业、第三产业的发展规模、结构和效益等情况，建立健全基本单位名录库及其数据库系统，为研究制定国民经济和社会发展规划，提高决策和管理水平奠定基础。1993年进行首次第三产业普查，1995年进行第三次工业普查，1996年进行第一次基本单位普查。2003年8月，为适应完善社会主义市场经济体制的需要，将工业普查、第三产业普查和基本单位普查合并为经济普查，每10年进行2次，安排在逢3、8的年份进行。

三、人口普查

主要应用长短表、死亡表、境外人员登记表进行普查和抽样调查。1990年进行第四次人口普查，常住人口为359251人，男性人口183265人，女性人口175986人。2000年的第五次人口普查主要采用常住地登记原则，常住人口为399384人。2010年第六次人口普查主要采取现住地登记原则，各表主要反映普查登记时的人口受教育程度、人口分布的行业和职业、婚姻状况、生育状况、迁移人口、人口住房、死亡人口、人口年龄、人口比例。普查结果显示：全县常住人口357304人，男性人口为184192人，女性为173112人。

第三节　专项调查统计与统计监督

一、专项调查统计

城镇住户抽样调查、农村经济调查、农产量抽样调查农村住户调查，农村社会经济调查，农村贫困监测、乡村固定资产投资、农产品生产价格、畜禽监测、农作物播种面积等常规业务调查任务根据抽样。安龙县从2009年起开展城镇住户抽样调查工作。每年对30户调查样本进行调查，以测算全县城镇居民可支配收入情况。对全县16个乡镇8个点共60—80户进行逐日调查登记经济活动情况，反映全县农户固定资产投资调查、农产品中间消耗调查、农村贫困监测调查、农产品产量调查和农作物播种面积调查等情况，统计农民的收入、生产、生活状况的平均水平。委托调查事项有群众“安全感”调查、“组织工作满意度”调查、文化产业调查等。

二、统计监督

统计监督检查的对象是辖区内的村（居）、企业、街道各部门的统计工作。

统计监督检查的内容包括统计法律法规的贯彻执行情况，各项统计、调查任务的完成情况，主要统计数据的质量（原始记录、统计台账是否齐全，数据是否一致），统计资料的归档是否完整规范。

每年开展一次监督，检查对象要就监督检查的内容、工作情况进行全面自查，写出自查报告报统计局。统计局按照一定比例进行抽查，对抽查中发现的问题，提出整改意见，限期整改。对发现的严重违法案件或拒不整改的案件报州统计局，申请依法对其进行统计处罚。抽查结束后，写出监督检查报告，就监督检查情况在辖区内通报，报黔西南州统计局备案。

第三章　工商行政管理

1980年，恢复县政府工商行政管理局，1983年建立县个体劳动者协会。至1988年，县工商行政管理局内设市场管理、企业登记、经济合同、商标、广告、个体经济管理等股，下辖9个区镇工商行政管理所。

中共十一届三中全会以后，随着城乡经济繁荣发展，全县工商行政管理工作日趋重要。1978年，恢复工商企业登记管理。1979年，县工商行政管理局换发营业执照270个，其中集体企业13个、门市部27个、流动摊点27个、个体工商203个。1983年，县工商局核发国营、合作企业营业执照147个，新核发个体工商业者执照857个。1985—1986年，对全县工商企业进行清理整顿，审查、核实企业175个，换发统一执照107个，停、歇、并、转、吊销执照68个，换发个体工商业营业执照1838户。至1988年，全县登记办照的个体工商户2793户。同时，全县市场监管日趋有力，集市贸易日益繁荣，合同、商标和广告管理日趋规范。至1986年，全县共登记备案“鹰山皮鞋”“怀龙喜酒”“双喜小香槟”“永历御液”等产品商标14种，1987年国家工商行政管理局批准注册县内第一份商标——“怀安酒”。至1988年，全县集市贸易1746万元，是1983年的1.42倍。

第一节　市场管理

一、集市分布

县境城乡集市历史久远，明清年间，县境集市贸易已经形成。1989年后，随着农业生产和经济的不断发展，城乡市场逐渐成为商品流通的重要渠道，入市人数和上市物资增加，集市贸易逐年繁荣兴旺。至2012年，全县由1988年的23个集市，巩固、恢复和开辟而形成县城（新安）、龙广、兴隆、新桥、笃山、龙山、洒雨、万峰湖（永和）、戈塘（鲁沟）、木咱、平乐、普坪、德卧、海子、停西、石头寨、果药、放羊弯、幺塘、阿赖、者干、坡贡、乔马、沙厂坪、白水河、板磨、梨树、岔路口、东妹场、关爷庙、龙蛇和古里共32个场坝。原坡脚市场和甘河市场因修建平班电站已被淹没。

场期除龙广场每3天赶1次，海子场固定星期六、古里场固定星期天赶场外，其余均为6天1场，即“转转场”。

二、市场建设

1989年前，县工商行政管理局先后自办和参股建设新安镇马场坝市场、新安镇大牲畜市场、大坝乡海子集贸市场，迁移扩建新桥场坝。1994年，州计划委员会批复同意在新安镇东门村磨园建设安龙县集贸市场，占地8公顷，总投资300万元，其中自筹资金30万元、银行贷款270万元，由县建设局负责建设。1995年年初，投资建设龙广、万峰湖（永和）农贸市场。1988—1994年，新桥集贸市场、德卧集贸市场、龙广集贸市场先后被黔西南州工商行政管理局评为“文明集市”。

三、市场管办脱钩

市场管办脱钩是指工商行政管理机关与所办市场脱钩。

“工商办市场”始于20世纪80年代，至1995年基本结束。全县工商行政管理部门按照当地党委、政府的统一部署，集中财力、人力兴建了一批市场，为解决群众“菜篮子”、活跃城乡市场、促进地方经济发展起到积极作用。

1995年7月3日，国务院批转国家工商行政管理局《关于工商行政管理机关与所办市场尽快脱钩的意见》。1995年8月24日，省政府办公厅转发《贵州省工商行政管理局关于我省工商行政管理机关与所办市场脱钩的实施意见》，对管办脱钩的原则、方法、步骤、要求等作出具体规定。

在遵循工商行政管理机关与自办市场实行机构、职责、财务、人员“四分离”的基础上，经调查摸底、资产清查、产权界定、资产评估登记，县工商行政管理局在2001年前向地方政府移交自办和参股建设的新安镇马场坝市场、洒雨镇农贸市场、新安镇大牲畜市场、海子乡农贸市场、龙广镇农贸市场和万峰湖镇农贸市场等6个市场，总面积9156平方米。全县工商行政部门与所办市场彻底脱钩。

四、市场监督管理

20世纪90年代，随着社会主义市场经济体制的逐步建立，工商行政管理部门由管理具体“市场”转向以“农产品、工业消费品以及生产资料”为主要内容的普通商品市场和“无形市场”的监管，监管领域延伸到以生产要素市场、文化市场以及特殊市场等新兴市场为主要特征的“社会主义大市场”。1993年，《中华人民共和国产品质量法》《中华人民共和国反不正当竞争法》《中华人民共和国消费者权益保护法》等法律相继颁布实施，县工商局对市场监管的重点，转向把好市场准入关和打击制售假冒伪劣产品行为、不正当竞争行为、限制竞争行为以及消费者权益的保护，着力规范市场交易和市场竞争行为。1995年，全县工商部门专项治理整顿农资生产、成品油和文化娱乐经营企业。1988—1999年，查处违反《中华人民共和国反不正当竞争法》《中华人民共和国消费者权益保护法》等各类案件538件，没收粮食11.8万千克，销毁假伪化肥、种子、农药、农膜、烟酒、食品、饮品等，案值20余万元。

2000年，国务院下发《关于开展严厉打击制售假冒伪劣商品活动联合行动的通知》。10月26日，县政府成立打假联合行动领导小组。11月13日至12月6日，县工商局组织和配合县打假办开展打假专项行动，检查药品、一次性输液器、汽车、摩托车配件、食品、服装、化妆品、农用物资、卷烟等经营户896户（次）；查处制售假冒伪劣商品案件36件，收缴过期变质食品及饮料10664瓶（包）、假劣过期洗发护发用品及化妆品2811瓶（包）、假劣双桥味精162千克、过期农药193瓶、劣质空压机3台、劣质后视镜31个、不合格电机12台、劣质曲轴4部、劣质粉碎机6台、劣质摩托车配件12个、假劣过期药品117瓶（盒），以及掺假胡椒、假劣电池、短命秤等，总货值29.6万元；立案调查县医院购销假劣药品案1件，案值金额15万余元。贯彻公安部《关于进一步做好维护校园及周边治安秩序工作通知》，在全县集中整治校园周边200米内的台球厅、电子游戏室、歌舞厅、经营部门和小贩摊点，要求游戏室必须张挂“未成年人不得入内”警示牌。

2001年4月、2002年12月，国务院先后下发《关于整顿和规范市场秩序的决定》《无照经营查处取缔办法》。县工商局以食品、药品、农资、家电以及拼（组）装汽车、摩托车等为重点，开展打击制售假冒伪劣商品行为，查处建筑市场规避招标、假招标和转包等行为，打击地方封锁和部门、行业垄断等不正当竞争行为，查处非法经营“网吧”“游戏机房”等行为，查处取缔无照经营，维护市场经济秩序。

（一）集贸（马路）市场管理

1999年，对县城市场及324国道沿线市场进行综合治理，重点查处哄抬物价、短斤少两、强买强卖、掺杂使假、欺行霸市等违法违章行为。2000年，开展“黄果树杯”文明卫生县城创建活动，对县城金龙小区、马场坝市场及324国道沿线市场的摊点进行清理整顿，取缔沿路店铺、摊点撑杆搭棚，划行归市、规范秩序。2001年，禁止西龙桥至塔山、招提沿街两旁门市店外店摆摊；北大街至塔山、草纸街至金龙小区、大十字至西龙桥、广东街至马场坝实行分段管理和划行归市，按行业分类摆摊；对马场坝、金龙小区夜市指定地点摆摊经营，与63户摊主签订卫生“三包”（即包场地清洁、包不乱倒脏水污物、包饮食卫生）责任状。新安、龙广、兴隆、普坪、新桥等324国道、省道公路沿线集贸市场，严禁经营者在公路上摆摊设点。2002年，以“打假、除霸、清照、查税”为重点，加强集贸市场整治。2003年，按照“全面检查、突出重点、严格监管、完善制度、标本兼治”要求，规范集贸市场秩序。1999—2005年，在集贸市场综合整治行动中，共投入经费4.38万元、出动执法人员646人（次）、执法车辆111辆（次），检查县城及农村集贸市场168个（次）、经营店铺6660户（次）、摊点2109个（次）、企业103户（次）；拆除乱搭乱放占道、占路经营181起（次），清理店外店260个（次），取缔沿街占道经营摊点605个（次）、乱摆摊设点5起、强买强卖2起、无照经营128户（次）、制假窝点5个；查处无照经营、销售假冒伪劣商品等违法违章案件1026件，责令限期改正32户，查缴假冒伪劣、“三无”及过期变质食品、饮料、药品、医疗器械、日用工业品、工农业生产资料、种子、农药、盗版音像制品、书刊、卡通和日常生活用品、文化用品等货值11.08万元，收缴不合格度量器具56把；受理消费者投诉18件，为消费者挽回经济损失3.6万元；清查和补征偷漏税款400余万元。

2006年，贯彻《贵州省“整脏治乱”专项行动纲要》，成立“整脏治乱”专项行动工作领导小组。至2010年，全县34个集贸市场全部划行归市，清退占道撑竿搭棚经营和占据公路经营摊点354个（次），县工商部门牵头负责43次，重点清理整治县城金龙小区、马场坝和大田坝市场的脏、乱、差，累计出动执法人员1426人（次）、执法车383辆（次），清理店外店351户（次）、乱张贴小广告517张，清除沿街商铺占道经营169户（次）、摩托车占道经营和修理27户（次），迁移固定菜市摊位591个（次）、非固定摊位457个（次），取缔街头流动摊点143个（次），县城管大队按相关规定查处15户（次）。出动执法人员179人（次）、执法车42辆（次），对旅游景区内和周边区域餐饮、娱乐场所、住宿、照相、旅游纪念品销售等经营者存在的无照和超范围经营、售假、强卖、宰客、欺行霸市、诱骗游客购物消费等违法行为进行重点查处，检查旅游景点35个（次）、旅游景点周边市场24个（次）、旅游景点内及周边宾（旅）馆、餐馆及小吃店137户（次）、食品经营户317户（次），检查网吧23户（次）、电子游戏室11户（次）、洗浴及歌舞厅等22户（次），取缔景区内流动小摊点22个（次），没收过期、变质食品5.5千克。各工商所配合当地政府对辖区内的集贸市场秩序进行清理整治，检查食品经营户（摊点）163户（次）、中小学校33所（次），清理马路市场21个（次）、取缔占道及乱摆摊设点经营户43处（次）、学校及周边市场无证照经营食品及饮食小摊点82个（次）。

2008年5月，商务部、国家发展和改革委员会、国家工商行政管理总局联合发布《商品零售场所塑料购物袋有偿还使用管理办法》，县工商行政管理局出动执法人员247人（次）、执法车31辆（次），对超市、商场、集贸市场等商品零售场所销售、使用塑料购物袋情况进行5次监督检查，检查县城及农村集贸市场99个（次）、超市及商场46户（次）、其他个体工商906户（次）、流动摊贩53个（次），对1户个体工商户销售的不合格塑料袋进行下架处理。

2011年，县工商局开展塑料奶瓶和橡胶奶嘴市场监督检查。在清查行动中，共出动执法人员38人（次），执法车辆9辆（次），检查县城及农村集贸市场12个，检查超市7个、商品批发户4户、奶瓶和奶嘴等经营户72户。查扣《不符合标准产品企业和拒绝监督检查企业名单》所列不符合标准塑料奶瓶和橡胶奶嘴12个。

（二）涉车市场管理

1989年，县工商局对物资部门汽车贸易中心或从事汽车工业销售服务的汽车工业贸易公司成交的汽车发货票进行验证盖章。1996—2005年，国务院、国家工商总局等相继发布《关于禁止非法拼（组）装汽车、摩托车的通告》《报废汽车回收管理办法》《二手车流通管理办法》，县工商局依法对县内汽车交易、汽车配件、停车场、汽车装饰美容、洗车场、修车场、报废汽车回收场所进行监督检查，先后开展机动车交易验证、涉车市场日常监管和专项检查，与各工商所签订《打拼、运输市场工作责任状》；验证机动车辆交易2661辆，检查汽车修理户193户（次）、摩托车修理户124户（次）、汽车、摩托车配件、润滑油、汽车装饰用品等经营户340户（次）、废旧金属及生活性废旧物资回收户48户（次）、停车场和洗车场（点）85户（次）、中介机构4户、钢材经营户22户（次）。立案查处收购报废汽车大案1件，没收已拆解汽车钢材19吨；查处改装汽车案1件；立案查处无证照收购废旧金属案件9件、超范围收购生产性废旧金属案件2件、无照经营汽车和摩托车配件及维修案件7件、无照经营停车业务案件1件、经销“三无”及假冒伪劣汽车和摩托车配件案件2件、超范围经营汽车和摩托车案件2件；取缔无证无照经营汽车和摩托车配件及维修5户，责令限期改正和补办证照27户；责令23户未明码标价经营汽车、摩托车配件的个体经营户改正其行为。收缴假冒伪劣及“三无”汽车和摩托车刹车片47片、空气滤清器118个、倒车镜75付、雨刮30对、润滑油、制动液等配件，货值5000元。

2006—2010年，根据财政部、国家发展改革委、工业和信息化部、公安部、商务部、工商总局、质检总局《汽车摩托车下乡实施方案的通知》，重点打击非生产性废旧金属或生产性废旧金属回收单位擅自收购、销售、拆解报废汽车整车、“五大总成”或零配件以及非法拼（组）装汽车行为。县工商局成立领导小组，对全县货运及出租车行业调查摸底，对汽车、摩托车配件和维修行业清理登记4次，清理登记运输经营户393户、外地驻县运输企业1户、旧自行车交易市场（自发形成）1个、废旧物品收购站（点）29个、自行车维修点12个、生产性废旧金属回收单位5户、非生产性废旧金属回收单位25户、汽车修理单位58户；登记“摩托车下乡”销售网点78户（未在县级备案），未发现销售假冒伪劣和质量不合格汽车、摩托车的行为；专项检查整治汽车、摩托车配件和维修行业、生产性废旧金属和生活性废旧物资回收单位8次，检查运输经营户445户（次）、旧自行车交易市场（自发形成）6个（次），检查生产性废旧金属回收站（点）5户（次）、非生产性废旧金属回收站（点）35户（次）、生活性废旧物品回收站（点）65户（次）、汽车摩托车修理厂（点）208户（次）、汽车配件经营户65户（次）、摩托车经营户45户（次）、自行车维修点24个（次）、报废汽车拆解回收企业1户、汽车租赁3户、货运信息经营户1户、洗车及装饰美容点58个（次）。立案查处超范围收购生产性废旧金属案4件、非法回收生产性废旧金属案1件、非法收购报废汽车拆解物资及报废汽车五大总成案3件，没收非法回收的报废东风汽车1辆；立案查处无照从事汽车修理及轮胎经营案7件、无照经营摩托车案2件、未按时参加年检案1件（运输企业）。对万峰湖景区的船舶运输行业专项整治2次，取缔非法制造船舶经营户1户。

2011—2012年，开展汽车轮胎产品专项整治行动。立案查处无照从事汽车修理案2件。引导和督促全县36户汽车轮胎销售户建立索证索票和进货台账制度（简称“两项制度”），发放宣传资料150份。

（三）农资市场管理

1996—1997年，根据国务院《农药管理条例》及黔西南州《关于加强化肥专营管理工作的通知》《关于加强农作物种子市场管理和质量监管的通告》，县工商局开展一系列以化肥、种子、农药为重点的农资市场专项检查，查处各种违法经营农资行为。

2000年7月，《中华人民共和国种子法》颁行，种子经营实行许可制度，必须经过工商登记注册。县工商局每年分重点、分阶段对全县农资市场进行专项整治，开展以整治种子、化肥、农药、农机具等经营秩序为重点的农资打假保春耕、打假保三夏、打假保三秋、清查不合格农资商品等专项执法行动，查处制售假冒伪劣农资、无证照经营和超范围经营等坑农害农行为。1999—2005年，落实农资经营户企业信用分类监管和“两账两票一书一卡”（进销货台账、进销货发票，农资商品质量信誉卡、农资商品质量责任书）制度，对农资经营户按A、B、C、D四种信用等级进行分类监管。清理登记种子、化肥等农资经营活动2次，备案种子经营企业11家、种子代销户94户；专项整治种子、化肥、农药等生产资料11次，立案查处无照经营、超范围和非法经营种子、化肥等农资案31件，立案查处以赠送礼品销售复合肥的不正当竞争案1件，立案查处经销未审定水稻种子案2件，简易程序处罚50件；取缔无照经营、制售假冒农资经营户（摊点）78户（个）、未经备案经营谷种经营户2户，收缴未备案的谷种159.5千克、未审定水稻种510千克、剧毒农药甲铵磷40千克、化肥738.8吨、农药2056支、过期蔬菜种子29包、“三无”及过期、劣质农药、饲料、兽药7327瓶（盒、支、包）。

2003—2004年，专项整治“毒鼠强”4次，检查集贸市场33个（次）、农药经营户85户（次）、危险化学物品经营户1户、经营门市104个（次），检查兴隆镇、平乐乡的村组32个（次）、农户92户（次），未发现有经营、使用“毒鼠强”行为。

2006—2010年，县工商局成立“红盾护农再富农（农资市场监管）”领导小组，实施“红盾护农再富农”工程。检查农资市场27次，检查化肥、种子、农药、农膜、农机、饲料等经营户5571户（次），立案查处经销假冒“冈优527”水稻杂交种子案2件、查收假冒种子1750千克，立案查处无照经营饲料案件3件、无照经营化肥案件1件、无照经营农药案件1件；指导13户农机及配件经营户建立“索证索票制度”，规范种子、化肥、农药等农资经营户的索证索票、进货台账制度、“两账两票一卡一书”、购销台账制度、不合格农资退市制度、质量承诺制度。清理登记各类农资经营主体244户，其中种子经营户154户、化肥经营户45户、农药经营户3户、兽药10户、饲料20户、农机具12户。在16个乡（镇）建立消费者协会分会，187个社区居委会、行政村设立消费者投诉站和“12315”维权联络站。

2011—2012年，开展“红盾护农再富农、维权打假进村寨”宣传活动及打假保三夏市场专项治理行动。共出动执法车辆8台（次），在新安、龙广、德卧、普坪、龙山等9个乡镇市场开展宣传活动，张贴标语20余条（幅），发放宣传资料3500余份，接受农民咨询112人（次）。出动执法车辆76辆（次），执法人员281人（次），对种子、农药、化肥、农机经营户实行地毯式检查，共检查经营户350户（次），未发现假冒伪劣农资及超范围等违法经营行为。对超范围经营农药经营户6户，下达责令改正通知书。立案查处销售不合格化肥案件4件，没收不合格化肥23.85吨；查处未按规定建立台账案件1件，收缴罚没款1900元。

（四）粮食市场管理

1994年6月，国务院办公厅《关于加强粮食市场管理保持市场稳定的通知》提出：“销售粮食批发企业和用粮单位到产区采购粮食，必须到县以上粮食批发市场购买，严禁场外交易。”1996年6月，省工商局下发《关于发挥工商行政管理机关职能作用，促进贵州省粮食流通体制改革的通知》，要求各级工商行政管理机关加强粮食市场管理。县工商局采取“放开一片、管好一片、搞活一片”的做法，对退出保护价收购范围的粮食品种，建立市场准入制度，符合条件的给予办理粮食经营资格证和工商营业执照，持证照进入市场购销放开保护价的粮食，建立台账，定期检查，实行外销准运制度。1994—1998年，全县发放营业执照和粮食经营资格证的个体粮食经营户25户，立案查处粮食案件8件，收缴粮食2.47万千克。1999—2003年，贯彻《粮食收购条例》，查办粮食案件87件，没收粮食9.56万千克；取缔无照收购（经营）粮食5户，清查登记备案库存陈化粮6514吨（其中玉米111吨、小麦293吨）。统一制发粮食经营单位（户）台账18本、粮食加工单位（户）45本、粮食使用单位台账5本。批准在农村集市或批发市场收购退出保护价范围的个体工商户84户，建立粮食经营台账84户，清理全县用粮大户53户，推广使用合同示范文本68户。

2004年5月，国务院发布《粮食流通管理条例》，县工商局推行《粮食收购合同（示范文本）》，对陈化粮数量及其存储单位调查摸底，全程监管。至2010年，配合县粮食部门对陈化粮进行2次，拍卖出售陈化稻谷5273吨，其中广西南宁晶之谷大米饲料加工有限责任公司收购2753吨、广西陆川吉祥饲料厂收购2520吨；专项检查流通环节粮食和食用油市场12次，检查粮食经营企业60户（次）、个体经营户939户（次）、食用油加工和经营户399户（次）、米粉加工户22户（次）、饵块粑加工户16户（次）、粉丝加工点34户（次）、米面加工40户（次）、酿酒户47户（次）、肉类经营户9576户（次）；立案查处安龙县粮食购销有限责任公司用霉变玉米兑现给退耕还林户案件1件、擅自收购粮食案件1件、县粮食购销有限责任公司擅自处理陈化粮小麦案1件、无照从事酿酒案4件，没收不合格大米4250千克。

（五）食品市场管理

1995年10月、2004年9月，《中华人民共和国食品卫生法》和《国务院关于进一步加强食品安全工作的决定》先后颁布实施。1995—2004年，县工商局开展节日食品、打击制售假冒伪劣、“反误导，打虚假”、校园周边环境、食品放心工程等食品专项整治行动21次，检查学校81所（次）、旅游景点8个（次），检查糕点、超市、糖烟酒、粮油、酒类、调料、肉及肉制品、蔬菜、水果、奶、豆制品、水发产品、饮料等食品经营户6816户（次），其中企业31户（次），收缴过期变质饮料21714瓶（包）、假劣双桥味精315千克、假酒546瓶、假冒“贵州醇”和“酝醍醐”酒43件、“精品”酒7瓶、掺假胡椒15千克；立案查处制售假冒伪劣食品饮料案3件、无照经营食品案72件，责令限期改正15户；取缔乱设摊点27个，捣毁无照制售饮品、糕点窝点2个，受理办结消费者投诉案件2件。

2005年5月，国家工商总局下发《工商行政管理所食品安全监督管理工作规范》，基层工商所担负食品安全监管任务；2009年6月1日，《中华人民共和国食品安全法》实施，强化工商部门对流通环节食品安全监管的职责和任务。县工商局成立食品安全监管工作领导小组，各工商所实施“两图一书”管理样式（工商所辖区食品经营布局图、监管人员责任区分布图、工商所与食品经营者签订《食品安全责任书》），监管食品经营主体资格、经营行为和食品质量。至2010年，全县共有流通环节食品经营主体673户，其中企业2户（家家旺超市、好又多超市）、个体工商户671户，建成省级食品安全示范店9户、州级食品安全示范店41户。

节日食品安全专项检查　2005—2010年，全县工商系统收缴、销毁过期酸奶（牛奶）161瓶，酱油51包，红油腐乳15瓶，饼干、蛋糕、方便面等638包（盒），饮料327瓶，罐头27瓶，葡萄糖7包，三无产品“小米辣”2瓶；对3户自产自销月饼经营户生产的300余个无标识月饼下架处理。

不合格食品专项检查　2005—2010年，全县工商系统清理检查含“苏丹红一号”的419种食品、有毒辣椒制品、海南有毒豇豆、假“五常香米”、不合格月饼、不合格饮用水、“山尔”牌不合格花生奶植物蛋白饮料、“地沟油”等不合格食品，县内未发现销售含有“苏丹红一号”的419种食品等不合格食品；收缴过期食品731包、饼干62包、饮品488瓶（包）、假劣酒43瓶（其中假茅台酒13瓶）、仿冒青酒24瓶。

问题乳品和含乳食品专项整治　2004年、2008年9月，国内相继发生“古原”奶粉、“三鹿”奶粉事件，县工商局贯彻《乳品质量安全监督管理条例》，收缴黑龙江讷河市星宇乳业有限公司与泰顺县伯特乳品厂联合出品的“黄金贝贝”奶粉25袋、其他过期母乳奶粉21包、全脂婴儿奶粉14包、古原牌奶粉92包、花溪牌奶粉5包，下架退市奶制品5091.65千克，下架退市兴义市绿茵草地畜牧公司无许可证生产的乳制品调味酸牛奶29杯、酸酸乳含乳饮料（草莓味）13包、蜂蜜牛奶含乳饮料6包、蓝莓味酸酸乳含乳饮料7包、小熊尼可乳饮料（草莓味）35袋、牛奶80包。2008年，县工商局协调消费者退换奶制品131.5千克。

校园内外及周边食品安全整治　2005—2010年，县工商局检查县城及农村大中小学及幼儿园370所（次）、学校食堂23个（次）、校园内外食品经营户630户（次）、小食品及饮食经营摊点67个（次）、超市7家（次）、餐饮和冷饮店15家（次），取缔校园周边市场无证无照食品经营及饮食摊点74个（次）；查获过期方便面65包、江津特产“蛋苕酥”37包、江津特产“芝麻黑米酥”33包、三无产品“香蕉露”32瓶、“爱心”精美食品2包。

抗自然灾害保民生食品安全专项检查　在2008年雪凝气候灾害、四川汶川大地震及2009年9月至2010年4月南方严重旱灾期间，县工商局加强食品市场的监管，打击趁机涨价、囤积居奇、捏造散布涨价信息等扰乱市场行和制售假冒伪劣食品行为，检查与人民群众消费紧密相关的米、面、油、肉、蛋、水产品、奶制品、豆制品、调味品、米粉、腌制品、干货制类产品及水果、蔬菜、进口食品等食品经营户4161户（次）、肉类经营户1635户（次）、蔬菜经营户2927个（次）、粮油经营户742户（次）、副食品经营户935户（次），未发现食品经营者存在趁机涨价、囤积居奇、捏造散布涨价信息等扰乱市场行为和制售假冒伪劣食品行为。

农村食品市场专项整顿 2007年以来，全县工商系统连年开展“农村食品市场整顿”活动，以“六查六看”为重点，加大对违法违规经营食品的打击力度。至2010年，清理登记食用油生产、批发和经营户36户，登记备案酒类生产、经营户75户；立案查处食品违法案件3件，取缔非法摆摊及占道经营食品、饮食摊点99个、无照经营食品4户；查获（多数以现场销毁）“三无”小食品、“三无”饮料、过期伪劣食（饮）品、过期奶糖及液态奶等414.9千克、涉嫌添加色素辣椒粉20千克，货值1.2万元。

流通环节违法添加非食用物质和滥用食品添加剂专项整治 2009—2010年，检查县城及农村集贸市场92个（次），检查食品经营户1639户（次），未发现流通环节违法添加非食用物质和滥用食品添加剂现象。

猪肉市场监管 2001年，强行拆除私屠锅（灶）13处，处罚未经检疫上市猪肉1件。2008年7月上旬，新安镇五格村发生高致病性猪蓝耳病疫情，根据《安龙县处置新安镇五格村猪瘟和高致病性猪蓝耳病方案》《安龙县人民政府关于关闭全县生猪交易市场的公告》，7月5日凌晨6时至7月27日关闭县城生猪交易市场，后又关闭邻近生猪（牲畜）交易市场29个（次），对猪肉市场实行日检查和“零报告”制，未发现猪蓝耳病等病毒性猪肉和其他病死猪肉上市销售。2009年，县政府印发《关于印发安龙县打击私屠滥宰和病死猪、病害猪肉非法交易专项整治方案的通知》，全县猪肉市场实行场厂挂钩、协议准入、挂牌经营、台账建立、强制退市5项制度。

流通领域酒类市场专项整治 2005—2010年，根据《贵州省酒类生产流通管理办法》，检查集贸市场、小商品市场、庙会61个（次），清理登记酒类产品生产和经销户364户，其中登记茅台酒特许的经销户13户、没有茅台酒特许经销许可证、名优酒经销28户，检查白酒、葡萄酒等酒产品生产、经营企业（个体工商户）882户（次）、超市（商场）48户（次）、糖烟酒经营762户（次）、餐馆（酒店、宾馆、酒吧）87户（次），查收涉嫌假冒纸盒五星“青酒”44箱、涉嫌假冒青酒4箱、青醇酒25箱（6瓶/箱）、使用顶级语言“精品酒”15瓶、查扣涉嫌假冒“红星”牌二锅头酒65瓶。对中粮集团举报的侵权葡萄酒进行检查，检查葡萄酒经营户47户，查收涉嫌侵犯“长城”注册商标的百年长城干红3瓶。立案查处假冒习酒商标侵权案2件、无照经营白酒制造与销售案件5件、用不合格大米酿酒且无照经营案4件，没收不合格大米4125千克、侵权假习酒29瓶；端掉制售假冒青酒地下黑窝点1个，涉案金额1.5万元。

重大食品安全事故应急演练 2006年9月27日上午8点15分，全县工商系统重大食品安全事故应急演练，出动105人（次），车辆15台（次），检查食品经营户451户，查获虚拟问题A牌月饼21箱、过期食品23包，对问题A牌月饼21箱依法采取扣留封存，并立案调查。

2011年，县工商局严厉打击销售假冒伪劣食品、无照经营食品等违法行为，出动执法人员384人（次），车辆67辆（次），检查县城及农村集贸市场34个（次），检查食品经营户1142户（次）。在检查中，执法人员对4所未办理许可证的学校下达食品安全行政指导建议书，清理校园周边小摊点46个（次），取缔无照经营食品户16户，收缴过期饼、娃哈哈、儿童饮料、方便面、辣椒罐头、果汁饮料、榨菜、盐焗鸡排、啤酒等，标的物价值3000元。立案查处销售过期食品案1件，没收过期奶粉3包，罚款2000元；查处无照经营食品案1件，罚款2000元。

2012年，县工商局重点开展元旦、春节、清明、五一、国庆等法定节日与季节性食品安全专项整治行动，落实食品准入、不合格食品退市、食品安全应急处置等制度；全年依法办理“食品流通许可证”367户；组织抽样送检婴幼儿配方食品、果酒、蔬菜酱腌制品等食品14个批次74个样品，其中1个样品经检验不合格；对不合格样品的经营户进行立案处罚；完成食品快速检测480个批次。督促食品经营者特别是食品批发单位落实“易票通”。开展食品市场专项检查员16次，立案查处各类违法经营食品案26件，罚款79002.75元；没收或当场销毁过期食品蛋黄派糕点、双汇火腿肠、饮料、饼干、方便面等共计45千克，清查下架并禁止销售不合格酱油481包共240.5千克；对30户无证照食品经营户下达责令改正通知书，取缔校园周边无证照食品小摊点17个。

（六）房地产市场管理

1998年7月、2002年5月，国务院相继发布《城市房地产开发经营管理条例》《关于整顿和规范房地产市场秩序的通知》，县工商局将整治房地产市场秩序纳入整顿和规范全县市场经济秩序的重要内容。2006年8月，建设部、国家发改委、国家工商总局等联合下发《房地产交易秩序专项整治工作方案》，县工商局会同建设（房地产）管理部门加强房地产经纪机构管理，查处虚假广告、合同违法、违法违规广告和侵害消费者合法权益行为。至2010年，县工商局开展房地产市场专项整治行动11次，检查房地产经营主体48户（次）、建材生产经营企业（个体）253户（次）、室内装饰装修材料商店99户（次）、建筑工地12个。清理登记房地产经营主体11户，检查房地产户外广告市场2次，监测广告25条次；立案查处无照生产经营五金、管材、水泥砖等7件，取缔无照经营建筑及装饰材料7户，收缴假冒伪劣瓷砖、胶合板、油漆等建筑装饰材料货值1000元。

（七）成品油市场管理

2001—2003年，对全县成品油市场专项整治7次，检查加油站48个（次），取缔存在安全隐患的4户，立案查处成品油案件9件，没收非法经营柴油变价款4150.43元，即时处罚2件，查扣非法成品油700千克。2008年，制定《安龙县工商行政管理局成品油市场专项整治工作方案》，检查汽油、柴油、煤油加油站、加油点、加油店等经营单位82户（次）。2009—2010年，规范县内成品油经营市场，检查汽油、柴油、煤油加油站、加油点、加油店等经营单位171户（次），未发现成品油经营者销售假冒伪劣、质量不合格的油品等违法行为，立案查处无照经营柴油案件1件。

（八）废旧回收市场管理

1999—2010年，专项整治废旧金属收购站点24次，建立监管台账。全县有工商注册登记的再生资源收购经营户59户，其中企业8户、个体51户；在59户中，生产性废旧金属回收5户、非生产性废旧金属回收25户、生活性废旧物品回收及其他29户。检查再生资源收购站点512户（次），其中生产性废旧金属回收站点54户（次）、非生产性废旧金属回收站点71户（次）、生活性废旧物品回收及其他站点386户（次）、报废汽车拆解回收企业1户。立案查处超范围收购生产性废旧金属案件7件、无证照收购废旧金属案件9件、无照从事废旧物品回收案件8件，取缔无照经营废旧金属回收7户、限期改正2户，简易程序处罚案件1件，未发现废旧金属站点违法收购“三电”设施行为。

（九）医药器械市场管理

1999—2005年，专项整治医院、个体诊所、药品经营门市等医药器械和医疗广告市场22次，检查医疗机构190户（次）、药店388户（次）、广告经营单位3户、印刷单位5户。收缴县医院购销假劣药品1.59万瓶（盒），收缴过期变质、无批号、假冒医疗器械药品、针剂456种（支）、药品179种，货值约16.1万元。立案查处无照行医案件1件，简易处罚未经登记擅自发布医疗广告案件12件，收缴、清除垃圾广告1053条（块），收缴性病药品广告2块，责令改正违法行为5户。2003年防治“非典”期间，限期停业整顿9户，受理消费者投诉药品及医疗用品案件2件；立案查处销售伪劣口罩案件1件，没收销货款413元、伪劣口罩92个；查处无照加工板蓝根（中草药）1件。

2006—2010年，专项整治虚假违法医疗、药品、保健品广告9次，网上“性药品”广告和性病治疗广告监管监测7次，纠正医疗购销和医疗服务中不正之风专项治理3次，计划生育药械市场专项整治16次。检查和监测医疗广告19条（次）、药品广告12条（次）、保健食品广告15条（次）、其他广告71条（次）、广告经营户11户（次），查扣广告内容含性暴露的药品口胶、女神、快活龙、美国宝贝等12盒（瓶），县内未发现有网站非法发布虚假违法“性药品”广告和性病治疗广告情况。检查医院、村卫生室和药品经营92户（次），对其中2家非法销售人流药品、1家非法开展人流手术由县人口计划生育局和卫生食品药品监督管理局下达整改并立案调查。登记备案计生药械经营企业（个体）39户。

（十）文化市场管理

1999—2005年，专项整治文化娱乐市场37次，收缴盗版光盘4079张、游戏光盘6张、非法出版物“宝贝系列”等9802本（册）、邪教“法轮功”书刊16本、卫星地面接收机100台、铁天线8面，没收非法销售款3200元；责令6户无照美容美发室、5户无照娱乐场所停业；取缔不符合条件的电子游戏室17户（次）、无照经营歌厅6户（次）、无照经营游戏机8户（次）、无照经营音像制品摊点3个、无证照网吧9户（次），查扣显示器等物品13套、赌博机2台，查扣1户接纳未成年人上网网吧证照；立案查处超范围经营音像制品案件1件、查处冰室超范围经营酒吧案1件、查处无照经营歌厅案2件、查处超范围和无照经营卫星电视地面接收设施案3件，暂扣卫星电视地面接收机5台、高频头5个，就地封存铁天线14面。累计销毁苹果机、麻将机、马机等赌博机械65台，货值18万余元。

2006—2010年，立案查处无照经营图书案件1件，收缴盗版光碟2100张，收缴非法出版“少儿版中国人民银行存折”3个（内含“儿童玩具银行”红包5个）、“抢钱行动”珍藏版3张、“少儿版人民币”130余套共3000余张、现金抽奖类刮刮卡180余盒、暴力卡通和八卦玩图3000多张；立案查处无照和超范围经营案件6件，取缔无照经营图书及音像摊点6户（次），取缔非法奖票销售摊点3户（次）；立案查处无照经营娱乐场所案件6件、查处违法违规网吧案件2件，取缔黑网吧1户、查扣电脑主机6台；立案查处无照经营网吧案件5件、逾期未年检网吧案件1件，取缔“黑网吧”3户，查扣电脑设备20套。

2011—2012年，对全县的16个乡镇文化市场进行检查，出动执法人员78人（次），检查书刊报亭经营户和旧书经营摊点218户（次），对电信部门办理网吧宽带入网信号接入进行清理。查处取缔无照经营黑网吧6家，没收用于非法从事上网服务的电脑系统39套、路由器2台，用于非法从事游戏经营的游戏机5台。开展打击制售假冒茅台酒和维护茅台知识产权专项行动。出动执法人员35人（次）、执法车辆6台（次），检查超市12户（次）、名烟酒店2户，批发门市3户、白酒经营户65户。

（十一）通信设备市场管理

2010年，登记备案移动电话机及其配件销售单位（市场）53户，注册资本71.33万元；登记备案特约售后服务点（个人）30户，其中1户为专业维修服务点，29户为移动电话机及其配件销售单位兼营维修服务点；立案查处无照经营手机案件5件、查处销售“三无”手机案1件、查处涉嫌销售质量不合格手机案1件，没收假冒和不合格手机8部；受理并协调处理消费者投诉案件4件，挽回经济损失2735元；查扣无“黔西南州广电专用”防伪标志数字卫星电视接收机4台。

第二节　企业注册登记管理

一、企业注册登记

1992年，省工商局下发《关于支持搞好大中型企业的若干措施》，县工商局积极支持企业调整产业结构，引导企业挖掘潜力，及时办理有关注册登记手续。

1993年12月、1994年6月，《中华人民共和国公司法》《中华人民共和国公司登记管理条例》相继颁行，县工商局坚持“设立登记为主、审批登记为辅”原则，规范登记行为，简化程序，实行一审一核，重点审核投资人、名称是否规范、注册资本、公司项目和经营范围、公司章程是否符合公司法规定等5项内容。县工商局贯彻省政府《关于进一步放宽企业登记管理的意见》，减少审批手续，独立核准登记注册，至1995年底全县私营企业发展到193户，注册资金7581.9万元。

1996年，对县内原有的16户有限责任公司、股份有限公司，按《中华人民共和国公司法》重新进行登记。

1999年，县工商局加强企业名称的使用和登记管理，要求企业法人名称一律预先核准，对核准登记的企业名称核发“企业名称登记证书”，禁止企业使用多个名称，并不得与已登记注册的同行业企业名称相同或相近。

2004年7月，《中华人民共和国行政许可法》施行后，省工商局制定《贵州省工商行政管理局企业登记一审一核制试行办法》。县工商局在登记注册企业一审一核制基础上，制定行政许可“一个窗口”对外工作制，实行统一格式文本、统一公开公示资料、统一许可程序、统一一个窗口对外操作“四统一”。

2005年后，启用新版营业执照，推行首办责任制、一次告知制和当场登记制，开展网上查询、上门年检，对守信企业实行免检。至2012年，全县实有企业549户（不含微型企业），注册资金14.09亿元，个体工商户10626户，从业人员15048人，注册资金1.45亿元。

二、企业监督管理

1989—1990年，按照国务院《关于清理整顿公司的决定》和中共十三届三中全会作出的“治理经济环境、整顿经济秩序、全面深化改革”的重大决策，开展清理整顿公司工作。

1990年11月，国务院发布《劳动就业服务企业管理规定》，县工商局对原核准登记的劳动服务性企业进行摸底调查和清理。对部分处于半停产状况、企业经营管理不善、合伙投资者相互扯皮的私营企业给予扶持，与矿产管理部门、乡镇企业局等单位联合举办采矿业、裁剪缝纫业培训班，与劳动部门加强对私营企业的劳动用工管理，稳定私营企业发展。至1990年底，全县有私营企业103户，其中工业企业37户、建筑业2户、交通运输业2户、商业41户、服务业和其他行业21户。

1991年，县工商局组织开展清理企业法人公告工作。1995年，改革企业登记管理工作，变“多轨制”为规范、统一的企业登记制；新公司以外的内资企业登记管理推行“一审一核”；新开办非国有企业、企业申请变更名称、非国有企业申请法定代表人变更，取消主管部门审批。

1996年起，清理无资金、无场地、无机构人员的“三无企业”。1997年起，对上一年度设立登记的企业进行检验。

1999年，企业法人名称一律实行预先核准的登记制度。是年，全县转换注册号146户（含新办企业），其中国有法人企业29户，分支机构51户；国有经营单位44户，分支机构22户；集体法人企业27户，分支机构42户；集体经营单位19户；有限责任公司14户，分支机构11户；私营独资企业8户；私营合伙企业5户。年检224户，占应年检户数的91%。对8户不按时提供年检材料的企业罚款1900元，注销执照15户，清理“三无”企业87户。

2000年，审查“生产经营易燃易爆物品等危险物品的企业、文化娱乐企业以及其他有前置审批的企业”，取缔非法生产经营户，注销或吊销自行停业和不具备资格的企业，对前置审批文件不齐备或过期的企业，限期补办手续。

2001年，建立经济户口、清理规范企业档案、填写档案资料、经济户口管理，形成可操作的范本模式，规范企业登记管理的政务公开内容。全县按时年检企业198户（151户通过年检、47户暂缓年检），未年检企业22户，注销企业1户。

2002年，全县按时报送年检报告198户（其中暂缓年检50户），未年检企业11户，注销企业1户。重新审查登记网吧13户，查处违法违章案件20件。

2003年，建立和完善12315投诉举报受理工作体制，按照一户两档要求，录入经济户口（企业）公司企业268户，私营企业61户；全县应参加年检企业266户，实际验照252户。

2004年，建立市场主体经营信用信息共享体系，对企业按4个信用等级分类管理。7月1日，《中华人民共和国行政许可法》实施，全面清理已登记注册的企业档案材料。全县应参加年检270户，按时报送年检报告191户，其中国有企业58户、集体企业38户、有限责任公司56户、个人独资企业22户、合伙企业11户，暂缓年检6户，企业申请注销的6户、公告吊销56户，未参加年检17户。

2005年，推进诚信体系建设，按《中华人民共和国行政许可法》一审一核。全县全年办理企业开业登记60户，其中有限公司30户、个人独资企业20户、合伙企业10户；企业变更登记31户，其中有限公司7户、个人独资企业8户、合伙计3户、集体13户；全县应参加年检企业271户，按时送年检报告255户，其中国有企业48户、集体企业39户、有限责任公司83户、个人独资企业51户、合伙企业29户，暂缓年检2户、注销企业3户，未按时年检16户。

2006年，按“谁监管、谁清理、谁负责”原则，全面清理食品经营主体，建立健全食品经营主体信用分类监管制度和经济户口管理制度，建立健全食品生产经营主体户口档案。全县应参加年检企业312户，通过年检290户，未参加年检22户。

2007年，全县应参加年检企业353户，按时通过年检341户。

2008年，公开办事制度、办照依据、办照程序、办照示范文书和收费标准，推行窗口人员“一口清”服务，到工商局办理业务的经营户，受理人员必须一次性讲清楚应该提交的手续。全县应参加年检企业464户，按时参加年检398户。

2009年，围绕“抓机遇、扩内需、打基础、保增长”首要任务和“发展、服务、和谐”工作主线，落实“五摒弃、五树立”监管执法理念，全县应年检企业486户，实检企业461户。推荐2户企业申报省级诚信企业。

2010年，全县登记注册的企业513户，应年检企业487户，实检企业487户。

2011年，推行网上年检、预约年检、集中年检等服务，全县登记注册的企业696户，应检企业442户，实检企业420户。

2012年，全县应年检企业488户，实检企业481户。

1989－2012年安龙县内资及私营企业发展情况统计表

表8-3-1

年度	内资（含国有、集体、公司等）			私营		
	户数（户）	其中企业法人（户）	注册资金（万元）	户数（户）	从业人员（人）	注册资金（万元）
1989	66	44	1487.40	18	171	367.00
1990	83	49	2014.60	20	193	467.00
1991	97	56	2899.60	41	644	1905.75
1992	107	63	3009.10	46	690	2096.90
1993	122	72	4017.60	47	707	2201.90
1994	141	86	5224.00	31	767	2357.90
1995	152	92	6009.20	21	783	2411.90
1996	165	97	6843.20	51	832	2575.10

续表 8-3-1

年度	内资（含国有、集体、公司等）			私营		
	户数（户）	其中企业法人（户）	注册资金（万元）	户数（户）	从业人员（人）	注册资金（万元）
1997	182	99	7459.50	58	883	2732.50
1998	225	101	9309.00	67	1074	3002.50
1999	233	103	10867.60	72	1122	4127.50
2000	269	116	13424.80	77	1270	3443.50
2001	286	121	14956.00	79	1329	3735.70
2002	309	130	17389.90	82	1358	3852.20
2003	333	142	30218.10	92	1448	5184.90
2004	367	160	42863.80	106	2031	6163.70
2005	384	167	50318.40	118	1851	6141090
2006	430	183	62766.00	136	2121	7139.40
2007	443	176	64053.00	158	2348	7957.40
2008	456	181	65081.00	165	2487	8531.00
2009	485	—	69560.00	179	—	10113.00
2010	245	—	12568.75	451	—	71290.50
2011	267	78	14932.75	507	7270	98487.50
2012	274	78	24952.75	561	8077	144495.25

第三节　个体工商户管理

工商行政管理机关对个体工商户的监督管理主要包括注册登记（变更）、验照贴花、检查经营行为、实施信用分类等。

1989 年，县工商局开展亮照经营检查，并对距区（镇）、乡场坝 10 千米、居住农户 40 户以上的自然村寨个体工商户覆盖面情况进行调查。

1990 年，县工商局与矿产、乡镇企业部门联合举办采矿业、裁缝业技能培训，与劳动部门联合加强私营企业劳动用工管理，推进个体经济发展，全县个体工商户发展到 2191 户，从业人数为 2863 人，注册资金 1032.3 万元。

1991 年 4 月，《工商行政管理所条例》颁行，明确工商所为县级工商行政管理局的派出机构，直接承担监督管理辖区个体工商户的生产经营活动。

1992—1993 年，县工商局本着“一放二帮三管”和放心、放手、放胆大力发展个体经济原则，解决群众买难卖难矛盾，重点发展长途贩运、个体经纪人、农副产品加工和养殖业，允许贫困落后边远山区“先上车、后买票”。

1994 年，县工商局内设个体经济股，采取“一放一帮”方式扶持农村个体户、专业户、专业村，“不限发展比例，不限发展速度，不限经营方式，不限从业人员，不限行业和经营范围”，促进个体私营经济发展。至1995年底，全县实有个体工商户2983户，从业人员4084人，注册资金1844.7万元。

1996年，推广贵阳市乌当区农村个体户经验，县工商局“上门服务、当场亮照、当场填表、当场审核、当场发照”扶持农村专业户。1997—1999年，县工商局贯彻省委、省政府《关于进一步加快个体、私营经济发展的决定》，放心、放手、放胆地发展个体经济。新发展的个体工商户，可在3个月后办理营业执照；企业下岗职工从事个体经营，可在6个月后办理营业执照；农村专业户，实行优惠政策；鼓励企业下岗职工从事个体经营，办照、收费采取优惠政策；减免少数民族、残疾人和边远地区的个体工商户登记费。

2000年，落实西部大开发战略，放宽个体私营经济政策，不限发展比例，不限经营方式，不限发展规模；引导农民拓宽生产渠道，积极发展个体种植业、养殖业、农副产品加工业；增加和完善城镇服务功能，支持第三产业；鼓励和支持个体工商户发展科技型、外向型经济；下岗职工从事个体经营的优先登记。至2000年年底，全县实有个体工商户3975户，从业人员6072人，注册资金3522.6万元。

2001年，实行验照贴花与坚持前置审批手续相结合、与查处无照经营相结合、与抓亮照经营相结合的“三结合”政策。查处无照经营198户，补办营业执照168户。建立健全个体工商户档案，做到台账数、卡片数、档案袋数相统一。

2002年，完善市场准入制度，在验照贴花工作中查处无照经营60户，补办营业执照50户，做好个体工商户“计划生育三结合”帮扶工作。采取分小组定片区监管模式，对市场主体实行动态巡查；建立健全经济户口，实现市场主体动态与静态监管。

2003年，设立专门窗口，做好下岗职工和大中专院校毕业生再就业工作，下岗职工凭《下岗再就业优惠证》、大中专毕业生凭身份证、毕业证、报到证申请办理个体工商户、私营企业登记的给予优先受理、优先发照。全年登记注册下岗失业人员个体执照63户，减免登记费1260元、会员费630元、个体管理费2.3万元、市场管理费1.3万元。

2004年，办理下岗职工个体工商营业执照159户，减免登记费3360元、个体管理费2.85万元、市场管理费1.8万元；落实计划生育帮扶对象20户，减免工商管理费5000元；农村自产自销物品，一律不纳入登记注册，免收市场管理费。在换照中查处无照经营23户，限期整改11户。

2005年，贯彻《贵州省工商行政管理局关于进一步支持企业及非公有制经济发展若干意见（试行）》，授权委托5名核准员、13名审查员，明确新安工商所为办理个体工商户营业执照试点所。全年新办下岗失业人员再就业个体执照59户、城镇退役士兵办理个体营业执照2户、大中专毕业生办理营业执照2户，减免登记费1180元、个体管理费1.29万元、市场管理费1420元。查处无照经营户63户，限期整改21户，取缔无照经营8户。至2005年底，全县个体工商户发展到4484户，从业人员6547人，注册资金4067.5万元。

2006年，贯彻省委、省政府《关于进一步加快个体、私营经济发展的决定》，做好个体工商户“计划生育三结合”帮扶工作，减免个体管理费5440元；为下岗再就业人员、城镇退伍军人、高校毕业生、农民从事个体经营开辟办照“绿色通道”，新办下岗职工再就业个体工商营业执照20户，减免登记费400元、个体管理费3500元、市场管理费1150元。全年查处无照经营24户，限期整改2户。

2007年，新办下岗职工再就业个体工商营业执照28户，减免登记费560元、会员费1020元、个体管理费2.1万元、市场管理费3100元。对农民在集贸市场和政府指定的区域销售自产自销产品的免予登记，减免从事个体工商业者的计生对象工商管理费2.1万元。全年无照经营21户，限期整改5户。

2008年9月1日起，停止征收个体工商户管理费。公开办事制度、办照依据、办照程序、办照示范文书和收费标准，窗口人员“一口清”服务，新办下岗职工、高校毕业生、退役军人和刑释人员个体工商营业执照52户，免收登记费1020元，免收1—9月工商管理费2.81万元。

2009年，贯彻省委、省政府《关于大力推进个体私营等非公有制经济又好又快发展的意见》，对申请从事个体经营的符合法律法规规定条件的各类人员，除国家明确限制的特殊行业和需要前置审批的经营范围外，到辖区工商所备案后允许试营业6个月；允许个体工商户名称在行政区划后缀其经营所在地的乡镇、街道或者行政村、社区、市场名称；允许个体工商户名称中的字号使用阿拉伯数字（110、119、120、12315等特殊号码除外）；允许经营者的姓名作为个体工商户名称中的字号使用。畅通注册登记“绿色通道”，对下岗失业人员、高校毕业生、农民、退役军人、少数民族、残疾人员、刑释解教人员及其他新增待业人员申办个体工商户，实行专人负责，优先及时办理注册登记手续，全年办理返乡农民工营业执照17户、农民专业合作社13户。办理下岗职工等人员再就业个体工商营业执照10户，免收登记费2000元、会员费2400元；办理少数民族营业执照130户，免收登记费2600元；办理残疾人营业执照18户，免收登记费360元；帮扶计生对象11户共38人，免收登记费、会员费3600元，提供帮扶资金1800元。

2010年，办理下岗职工、大中专毕业生、少数民族、残疾人及两劳刑满释放人员从事个体工商户营业执照139户，免收登记费2780元；帮扶从事个体经济的计生对象11户共38人，免收个体工商户登记费等3600元，帮扶资金2000元。至2010年底，全县有个体工商户7946户，注册资金6149.72万元，从业人员10924人。

2011年，全县个体工商户9266户，从业人员13456人，注册资金11359.7万元。把促进个体私营经济发展与促进就业结合起来，对下岗失业人员、高校毕业生、农民、退役军人、少数民族、残疾人员及其他新增待业人员和刑释解教人员等就业困难群体、重点人群申办企业和个体工商户开辟“绿色通道”，受理下岗职工注册登记5户，办理少数民族营业执照95户、残疾人营业执照15户。

2012年，全县个体工商户发展到10551户，从业人员14985人，注册资金14377.3万元。

1989－2012年安龙县个体工商户发展情况表

表8-3-2

年度	户数（户）	从业人员（人）	注册资金（万元）	年度	户数（户）	从业人员（人）	注册资金（万元）
1989	2073	2699	984.70	2001	4111	6317	3795.90
1990	2191	2863	1032.30	2002	4232	6540	3988.70
1991	2430	3288	1544.10	2003	4423	6824	4255.60
1992	2534	3443	1620.50	2004	4120	5961	3807.30
1993	2661	3642	1682.40	2005	4484	6547	4067.50
1994	2781	3845	1770.00	2006	4299	6072	4300.60
1995	2893	4084	1844.70	2007	5029	6959	4388.00
1996	3540	5066	2961.10	2008	5489	7306	4818.63
1997	3885	5481	3079.10	2009	6959	9245	5155.50
1998	3742	5564	3038.50	2010	7946	10924	6273.90
1999	4017	5857	3156.30	2011	9266	13456	11359.70
2000	3957	6072	3522.60	2012	10551	14985	14377.30

第四节　经济合同管理

工商行政管理机关的合同管理工作主要包括动产抵押登记、合同检查、打击合同欺诈、开展“重合同、守信用”活动等，维护合同当事人的合法权益。

1994年4月，县工商局内设合同商标广告（经济合同仲裁委员会）股，管理合同工作。1995年10月1日《中华人民共和国担保法》施行，工商行政管理机关行使动产抵押登记职能。1997年11月，《合同争议行政调解办法》公布，明确工商行政管理机关为调解合同争议行政机关。

1999年7月，工商部门实行省级以下垂直管理，县工商局内设市场合同股，加强经济合同的管理和监督、检查工作。10月1日，《中华人民共和国合同法》施行，工商行政管理机关对利用合同危害国家利益、社会公共利益的违法行为，负责监督处理。2000年12月，《关于查处利用合同进行的违法行为的暂行规定》发布，县工商局负责查处当事人采用欺诈手段骗取财物、侵占或损害国有资产、危害国家利益或社会利益和他人利益的合同违法行为。

2001年，按照国务院、贵州省政府机构改革要求，县工商局实行“小局大所”管理体系，取消市场合同股，合同管理工作由执法监督股负责。2010年1月，《贵州省合同监督条例》施行，县工商局向社会提供合同示范文本，开展合同备案、动产抵押及股权质押登记、守合同重信用等工作。

一、合同鉴证与管理

县工商局自1987年开始开展合同鉴证工作。

1989年，全县签订经济合同275份，总金额475.8万元；全县工商部门审查鉴证合同160份，鉴证合同总金额274万元。

1990年，审查鉴证合同414份，合同金额292.2万元。

1991年至1992年4月，全县共鉴证各类合同80件，金额173.54万元，其中建筑合同12.74万元。

1993年，审查鉴证各类经济合同133份，合同金额792.5万元。其中借款合同90份，合同金额69.3万元；建筑合同32份，合同金额707万元；工矿产品和农副产品购销合同各1份，合同总金额3.2万元；其他合同9份，合同金额13万元。

1994年，审查鉴证合同202份，合同金额652万元。其中建筑合同19份，合同金额401.20万元；贷款合同161份，合同金额172万元；农副产品购合同2份，合同金额69.80万元；房屋租赁合同20份，合同金额9万元。

1995年，审查鉴证合同273份，合同金额2011.6万元。其中建筑合同25份，合同金额1741万元；房屋租赁合同18份，合同金额1.83万元；贷款合同299份，合同金额266.88万元；工矿产品购销合同1份，合同金额1.89万元。

1996年，审查鉴证合同63份，合同金额389.6万元。

1997年，审查鉴证各类经济合同129份，合同金额614.8万元。其中建筑合同5份，合同金额255.4万元；借款合同117份，合同金额196.8万元；其他合同4份，合同金额1.1万元。

1998年，审查鉴证各类经济合同115份，合同金额305.7万元。其中建筑承包合同2份，合同金额123.6万元。

1999年，审查鉴证各类经济经济合同42份，合同金额1348.5万元。其中借款合同1份，合同金额5万元；建筑合同5份，合同金额182万元。动产抵押33份，抵押物价值3202.80万元，贷款金额1091.5万元；房产登记3份，抵押价值198万元，贷款金额70万元。办理法人委托证书2份。

2000年，审查鉴证合同98份，其中贷款合同2份、建筑合同12份、购销合同84份。

2001年，审查鉴证合同40份，合同金额510万元；变更登记3份，注册登记10份。

2002年，审查鉴证合同21份，合同金额2418.8万元。推行建筑合同文本553份。

2003年，审查鉴证建筑合同11份，合同金额1310.36万元。规范当事人合同签订行为，发放授权委托证书9份，推行合同示范文本200份。

2004年，审查鉴证建筑合同4份，合同金额428万元。规范当事人的合同签订行为，发放授权委托证书10份，推行合同示范文本250份。

2004年7月，《中华人民共和国行政许可法》实施，工商行政管理部门不再开展合同鉴证工作。据统计，1987—2004年，全县工商部门累计审查鉴证各类合同3103份，鉴证合同总金额11968.06万元。

二、合同检查与查处违法行为

1991—1995年，全县工商部门检查83家企业的经济合同签订履行情况，其中检查经济合同136份，合同标的金额837.5万元；监督经济合同当事人履行合同325份，合同标的金额1245.3万元。

1996—2000年，全县工商部门对83户企业及个体工商户合同签订情况进行调查和监督，专项整治合同欺诈行为。调查国有企业54户，集体、私营、股份制及其他形式的企业22户，个体经营户7户；检查国有企业书面合同301份，其中金融系统283份、建筑业2份。

2001—2005年，检查种子、化肥、农药、粮食购销、建筑、房地产等企业及个体工商户289户，检查企业签订的各类合同624份，发放《合同法》等宣传资料3000余份，推行合同示范文本250份。

2006—2012年，推进“订单农业”，发展农村经纪人和农村经纪人职业人，参加有关单位和部门组织的招投标、拍卖活动监督管理30余次。推荐大兴隆超市的合同管理人员等参加省级优秀合同管理人员评选活动。

三、动产抵押物登记

1995年10月1日，《中华人民共和国担保法》施行，10月18日国家工商局制发《企业动产提供抵押物登记管理办法》，企业动产抵押物登记成为工商行政管理机关的一项职能。1996年7月，县工商局开展企业动产抵押、城市房地产抵押和乡镇企业厂房等建筑物的抵押合同登记工作。1998年下半年，根据州政府要求，县工商局停止办理城市房地产和乡镇企业厂房等建筑物的抵押登记，继续办理动产抵押物登记。1996—2000年，全县累计办理抵押合同登记58份，主债金额18057.5万元。其中企业动产抵押合同登记49份，主债金额17952.5万元；企业房产抵押合同登记9份，主债金额105万元，抵押物价值3003.95万元。2001—2005年，全县累计办理动产抵押合同登记39份、续展登记2份，主债金额19209.9万元，抵押物价值27396.72万元。

2007年10月1日，《中华人民共和国物权法》施行，允许个体工商户、农业生产经营者可以将现有的以及将有的设备、原材料、半成品、产品办理动产抵押登记。据统计，2006—2010年，全县累计办理动产抵押合同登记30份，抵押物价值共计28875.9万元，主债权总金额13165万元。

四、“守合同，重信用”、诚信经商活动

县工商行政管理局开展企业（个体工商户）“重合同，守信用”评选活动始于1990年，2003年后改为“守合同，重信用”评选活动。

1990年4月至5月，全县国营、集体企业开展“重合同，守信用”单位评选，县日杂公司、县百货公司、县民贸公司、县五交化公司、糖业烟酒公司、龙广区供销社等6户企业获评1990年度州级“重合同，守信用”单位。

1999年，对以往的“重合同、守信用”企业进行检查，收回不符合条件的企业“重合同、守信用”牌匾；县烟草公司获得省级“重合同、守信用”单位称号。

2001年，复核已取得“重合同、守信用”的企业，取消1户不符合条件的企业“重合同、守信用”称号。

2002年，4户企业获得“重合同，守信用”称号，其中省级2户、州级2户。专项整治“讲诚信市场工商场”。

2003年，推荐“守合同，重信用”企业，省级2家、州级3家。

2004年，复核“守合同，重信用”企业3户，新申报并确认4户。

2005年，复核“守合同，重信用”企业8户，确认7户、新申报3户。

2006年，新申报州级“守合同，重信用”企业1家，对5家省级和州级“守合同，重信用”企业进行复核。

2007年，复核和新申报省级“守合同，重信用”企业5家、州级“守合同，重信用”企业3家，新申报省级“守合同，重信用”企业1户。

2008年，复核省级“守合同，重信用”单位6户，新申报省级“守合同，重信用”单位1户；复核州级“守合同，重信用”单位2户，新申报州级“守合同，重信用”单位7户；开展涉农企业（个体）参与“守合同，重信用”活动的确认及宣传工作，推荐安龙县农业开发服务公司申报省级“守合同重信用单位”。

2009年，向省、州工商局复核上报7户省级“守合同，重信用”单位、9户州级“守合同重信用”单位；新申报州级“守合同重信用”单位4户，其中涉农单位2户。推荐2户企业、2户个体工商户为省级诚信私营企业、诚信个体工商户。

2010—2011年，按《贵州省重合同守信用单位确认办法》，向省、州工商局复核上报7户省级“守合同重信用”和14户州级“守合同重信用”单位；新申报1户省级“守合同重信用”和2户州级“守合同重信用”单位。

2012年，全年共申报、复核重合同、守信用企业22户，其中新申报的5户，复核的省级企业7户，州级企业10户。组织重合同、守信用单位到省局进行合同培训2期，促进企业信用体系建设。

五、经济合同纠纷的调解、仲裁

1989年，全县工商部门受理立案合同纠纷4件，争议金额14万元，其中书面调解1件、仲裁1件、口头调解2件，为企业挽回经济损失4.2万元。

1990年，全县工商部门受理立案合同纠纷5件，争议金额6.3万元，其中书面调解3件、仲裁1件、口头调解1件。

1991年，全县工商部门受理经济合同纠纷案件3件，已结案3件；解决争议金额9.35万元。协助经济合同当事人挽回或避免损2件，金额9.5万元。

2002年，全县工商部门调解合同纠纷31件，调解金额19万元。

2003年，全县工商部门调解合同纠纷17件，调解金额266.5万元。

2004年，全县工商部门调解合同纠纷6件，调解金额9000元，

2005年，全县工商部门调解合同纠纷4件，调解金额6000元。

第五节　商标及广告管理

一、注册商标

（一）商标注册与管理

1989年，县工商局设有商标广告管理股，按照“集中注册、分级管理”的原则，对注册商标、未注

册商标、商标使用许可合同、商标的印刷进行管理，保护注册商标专用权，通过对商标的管理监督商品质量。1994年4月，县工商局内设合同商标广告（经济合同仲裁委员会）股，负责指导全县商标注册与管理工作。2001年4月，县级工商行政管理局改由省工商行政管理局垂直管理，县工商局内设执法监督股管理商标工作，查处商标侵权及商标违法行为；监督管理商标印制；组织全县著名商标的认定和驰名商标评选推荐。自1987年5月安龙县国营怀龙酒厂申请注册第一个商标“怀龙”开始，至2009年12月，全县共向商标管理部门申报并注册商标八类36个，其中食品类25个、金属类4个、建材类1个、针纺类1个、药品类1个、服务类1个、化工类2个、机械类1个；向商标管理部门申报并备案商标13个，其中食品类4个、建材类1个、针纺类2个、服务类4个、电器类1个、种植类（地理商标）1个。

1989年，县香槟酒厂与广西康乐食品厂联营，引进、使用商标1个（“银杯”商标），县工商局指导、帮助安龙县玻璃纤维厂申请办理“新光”（油毛毡产品使用）商标、安龙县南龙锑制品厂申请办理“南龙”（锑制品使用）商标和安龙县龙锡冶炼厂申请办理“灿星”（锑制品使用）商标。

1990年，安龙县南龙锑制品厂“南龙”商标和安龙县龙锡冶炼厂“灿星”商标获得国家商标局注册登记。

1991年，建立健全注册商标、未注册商标实物标识档案专柜，完善商标文字材料及说明，注册商标3个，分别是“怀安”“南龙”和“灿星”，指导、帮助国营黔西南州新桥茶场申请办理“新桥”商标。1992年11月，国营黔西南州新桥茶场“新桥”商标获得注册登记。1993年，检查商标使用情况4次。1994年，办理注册和未注册商标印制手续证明5个、备案2个。

1995—1996年，分别检查印刷企业3次，未发现违法使用和印制商标行为。

1997年，咨询办理注册商标有关手续5人次，帮助企业申请办理商标2个。

1998年，咨询办理商标注册手续4个，申报4个。

1999年，开展注册商标验证工作，检查实际使用商标的企业14户，验证注册商标4个，不予验证1个。申报商标注册3个，获得国家商标局同意注册1个。接受商标注册咨询事宜3个（次），咨询变更登记1个。

2000年，对商标印制、生产流通领域实行全方位监管，对印刷厂、复印店、雕刻店检查3次；对商标标志的印制实行委托印制，备案管理，委托印制未注册商标3份，印制25000张商标标识。

2001年，专项检查证明商标和特殊标志。

2002年，指导、帮助企业申请办理商标3个，提供咨询、初审商标10个（次）。

2003年，建立和健全商标管理工作绩效考评标准和制度，指导、帮助企业（个体工商户）申请办理商标3件。

2004年，检查注册商标12个，其中仍在使用商标7个、未使用商标4个（期满未续展）、许可他人使用的商标1个；检查发现未注册已使用的商标10个，其中已向国家商标局申报注册的5个（国家商标局受理2个）。

2005年，开展注册商标普查工作，对1987—2005年全县已注册的19个商标进行调查和登记，正常使用注册商标11个，找不到注册使用人的注册商标8个。

2006年，推荐、上报安龙县农业开发服务公司注册的“招堤”牌商标作为著名商标，指导、帮助企业（个体工商户）申请办理商标7件，获国家商标局注册2件。

2007年，实施商标发展战略，制定安龙县2006—2015年商标发展规划，指导、帮助企业（个体工商户）申请办理商标5个。

2008年，指导、帮助企业（个体工商户）申请办理商标5个。指导、推荐安龙县兴源水泥有限责任公司“招堤”商标、安龙县良源饮料有限责任公司“荷浪”商标为黔西南州知名商标，获得黔西南州工商行政管理局、黔西南州知识产权局认定。

2009年，指导、帮助企业（个体工商户）申请办理商标5个，其中农特产品商标2件、地理标志的证明商标1件（德卧金银花）、其他商标2件。

2010年，指导和帮助企业（个体工商户）申请商标注册6件（其中农产品商标2件），推进“一所一标、一县一牌”商标品牌战略。

2011年，支持企业实施商标战略，提高企业（个体户）产品创品牌和市场竞争力，引导和帮助企业申请商标注册8件（其中农产品商标2件）。

2012年，指导和帮助企业、个体工商户申请商标注册18件（其中农产品商标5件），地理标志商标1件；协助安龙县农业开发服务公司等企业申报贵州省著名商标2件。

（二）保护商标专用权

1989—2000年，全县先后开展打击假冒贵州茅台酒和郎酒专项整治行动23次，保护“娃哈哈”“可口可乐”“芬达”“雪碧”“三菱”“剑南春”“绵竹”“青溪”“青”等注册商标专用权行动，打击假商标、假标识（双打假）行动和保护“庆祝澳门回归祖国图案”等专项整治行动。收缴和销毁假冒注册商标标识39万张，验证注册商标4个，不予验证1个。查处冒牌食盐3.1吨。

2001年，立案查处假冒他人注册商标专用权案件9件，收缴、消除、销毁侵权商标、标识1208份；收缴假“茅台”1箱、假“双桥”980包、假“冷酸灵”547支、劣质山西陈醋8瓶、假“鳄鱼”等皮带600多条。

2002年，查处案件18件，案值1.1万元，收缴、销毁侵权商标标识（主要为“茅台”“双桥”“金城”“中华”“老人头”等）363张，收缴侵权商品酒16瓶、食品500余千克、味精639包、皮带49条、皮鞋85双、服装42件、牙膏12支、墨水170瓶，案值3000万元。

2003年，立案查处商标违法案件3件，收缴侵权商标识1100张，建立商标管理工作绩效考评标准。

2004年3月17日至4月4日，专项整治侵犯法国皮尔·卡丹权益，立案查处侵犯其他商标案件5件。9月，立案查处侵犯茅台酒注册商标专用权案件2件，收缴仿冒茅台酒12瓶。

2005年，没收涉嫌侵犯中粮集团“长城”注册商标的百年长城干红3瓶立案查处涉嫌购销假冒青酒和青醇酒案件1箱，依法查扣涉嫌假冒青酒4箱、青醇酒25箱（每箱6瓶）。

2006年，开展化肥、种子、农药、食品等保护商标专用权的专项整治，查办商标案件3件（其中假冒冈优水稻杂交种子2件、假冒青酒1件），查获假冒四川农大高科农业有限责任公司生产的“冈优527”水稻杂交品种子1750千克。专项检查乳制品经营市场，未发现外包装特征为在“伊利”“双月”（图形商标）注册商标右下方标注有“奥力星”、并在注册商标下标注“牛初乳”的乳制品。

2007年，立案查处销售不合格手机（CECT中电P168）案件1件，收缴使用顶级语言“精品酒”15瓶。

2008年，查处假冒习酒商标侵权案2件，没收侵权假习酒29瓶，收缴涉嫌假冒“红星”牌二锅头酒65瓶。

2009年，立案查处销售贴牌手机案件4件；查处涉嫌销售侵犯习酒和青酒商标案件2件，暂扣涉嫌侵权产品“金质习酒”12件（共计72瓶）、青醇酒13瓶，货物价值8024元；查处侵犯“立白”商标侵权案件1件，没收侵权立白洗衣粉30件。

2010年，立案查处商标侵权案件3件，没收侵权商品杀虫喷雾剂45瓶。

2011年，立案查处商标侵权案件2件。

2012年，开展商标专用权行政保护专项行动5次，立案查处商标侵权案件8件，罚款3270元。

1989－2009年安龙县注册商标情况表

表8-3-3

序号	注册号	注册日期	商标名称	使用主要商品	注册商标现在持有人	备注
1	516050	1990.4.10	南龙	三氧化二锑	安龙县南龙锑制品厂	未续展
2	526525	1990.8.20	灿星	锑白、精锑	贵州省安龙县龙锡冶炼厂	
3	617238	1992.11.10	新桥	茶叶	黔西南布依族苗族自治州新桥茶场	续展
4	899526	1996.11.14	招堤	牛肉干	安龙县美味食品厂	续展
5	1280326	2009.6.7	招堤	水泥	安龙县兴源水泥有限责任公司	续展
6	1265958	1999.4.21	仰欧桑	领带、披肩、围巾等	贵州省安龙县民族手绣工艺厂	
7	1368869	2000.2.28	大水井	茶叶	安龙县金银花保健茶品厂	
8	1443049	2000.9.14	星光	锑	安龙县星光电冶有限责任公司	
9	1459019	2000.10.14	黔安	硅锰合金	安龙县星兴电冶有限责任公司	
10	1470247	2000.11.7	招堤	牛肉干	安龙县美味食品厂	
11	1682816	2001.12.14	柯想	牛肉干	安龙县万里香食品厂	
12	1718565	2002.2.21	高乐华	牛肉干	安龙县高乐食品有限公司	
13	1753635	2002.4.21	醉荷亭	茶叶	夏清文	
14	1758491	2002.4.28	招堤	大米	安龙县农业开发服务公司	使用许可备案
15	3088127	2003.4.7	富新	茶叶	安忠琴	
16	3182970	2003.11.7	菏浪	矿泉水	安龙县良源饮料有限责任公司	
17	3208004	2003.8.7	荷城	大米	安龙县粮食购销有限责任公司	变更
18	3481113	2004.8.1	御名	茶叶	杨廷品	
19	3617680	2005.1.28	苗父	茶叶	何山	
20	3745761	2006.2.7	本宁	人用药、医用药等	安龙县东方保健品厂	
21	3915945	2006.1.14	十里馨	大米	安龙县鑫源粮油工业贸易有限公司	
22	4212840	2006.12.21	香车河	大米	中央储备粮安龙直属库	变更
23	4290299	2008.3.14	万峰湖	饮食服务	马明秀	异议
24	4328675	2007.3.14	黔馨	饵块粑	安龙县黔馨史记食品加工有限责任公司	
25	4928706	2009.4.14	金宏牌	烧碱、盐酸等	贵州省安龙金宏特种树脂有限责任公司	
26	5081280	2008.11.7	笃山	腊肉	曾煜达	
27	5164387	2009.3.21	贤宇	方便饵块丝	周慕贤	
28	5167984	2009.3.21	布依情	饵块粑	安龙县玉龙食品厂	
29	5747640	2009.9.7	德卧顺利	制砖机、搅拌机等	贾启顺	

续表 8-3-3

序号	注册号	注册日期	商标名称	使用主要商品	注册商标现在持有人	备注
30	5747641	2009.10.7	荷城	调味品	贺铭	
31	5781724	2009.10.21	仙鹤坪	茶叶、大米	仙鹤坪茶场	
32	5789698	2009.10.28	仙鹤坪	腌腊肉	宋志祥	
33	5789699		仙鹤坪	蜂蜜、面条	宋志祥	
34	5846935	2009.12.21	CAHH	碳化钙	贵州省安龙华虹化工有限责任公司	
35	5875556	2009.7.14	喜之恋	牛肉干、泡菜	李玉完	
36	6250968	—	烽煜	酱油	田腾开	公告期
37	6372413	—	双凤山	电暖器	安龙县木咱镇双凤山电火盆厂	公告期
38	6409084	—	霸道食坊刘氏	饮食服务	刘丹	公告期
39	6755809	—	椒滴滴	调味品、谷类零食	安龙县洪潮农产品开发有限公司	公告期
40	6952494	—	苏芳日化	化妆品	苏建芳	公告期
41	6966510	—	德祥	石灰、石粉	贵州省安龙县西城区建材开发有限公司	公告期
42	6966511	—	贵 A	蚕丝毯、被、枕套等	安龙县安格锐桑蚕产业有限责任公司	公告期
43	7131290	—	薏禾	苡仁米、苡仁粉等	贵州省安龙县金州食品科技开发有限公司	公告期
44	7161891	—	苗家人仰欧桑	领带、被套、围巾等	黔西南州苗家人工艺发展有限公司	公告期
45	7161892	—	苗家人仰欧桑	酒	黔西南州苗家人工艺发展有限公司	公告期
46	7276545	—	岗润	化肥经营	黔西南绿洲科技有限公司	公告期
47	7524308	—	安龙金银花	金银花种植、育苗等	安龙县金银花协会	公告期
48	—	—	德卧班记鹅肉馆	饮食服务	班文仪	公告期

二、广告

（一）广告发展与登记管理

1989—1990 年，县工商局将广告管理纳入日常工作，建立广告监管台账，查处张贴于大街小巷、城乡集贸市场的未经审查的招工、致富、招生、医疗、药品、开业等宣传广告。审查同意张贴的各类户外广告 280 份。

1991 年，县工商局内设合同商标广告（经济合同仲裁委员会）股，负责指导全县经济合同、商标注册和广告监督管理工作。至 1995 年，全县共审查允许张贴的户外广告 230 余张，允许有线电视播放的电视广告 2 件。

1996—2000 年，重点监督管理户外广告，将“利用公共或自有场地的建筑物、空间设置的路牌、霓虹灯、电子显示牌（屏）、灯箱、橱窗等发布的户外广告，利用交通工具设置、绘制、张贴的广告，以其他形式在户外设置、悬挂、张贴的广告”纳入登记范围，审查登记允许张贴的户外广告 747 张（幅、条），审查办理电视广告、文艺演出广告、药品广告、文字和广播广告等 62 件（次）。

2001 年 4 月，县级工商局由省工商行政管理局垂直管理，内设机构调整后设执法监督股，负责指导广告业发展和广告活动的监督管理工作。2001—2005年，审查广告“一票查决制”，允许发布户外及其他广告647条（幅），手续不全不予发布的114条，对安龙电视台发布的6条广告进行监控。

2006—2010年，登记户外广告179件、其他广告5条，对安龙电视台及其他形式发布的广告进行监测54条（次），监测其他各类广告71条，未发现违法广告。按照《户外广告管理办法》，登记备案广告发布企业1户、广告制作个体工商户12户。

2011—2012年，清理整顿县内16个路段及大街的户外广告，清除未经审批擅自发布的户外广告31条。建立完善广告监测制度和户外广告登记档案，组织召开广告联席会议1次，强化广告发布源头治理，监管监测发布环节的安龙电视台等媒体发布的各类广告45条，责令停止发布违法广告1条，审查登记户外广告14条。

（二）整顿广告市场秩序

1989—1990年，清除和张贴“未经审查谨防受骗”标签的户外广告420张，收缴并当众销毁虚假行医奖旗310面。

1991—1995年，开展“双打假”（假冒注册商标、虚假违法广告）活动，立案查处虚假广告案件4件，收缴并销毁行医、招工、招生等虚假广告2250张、个体行医奖旗40多面、电影宣传单500余张，制止张贴行医广告45张。

1996—2000年，立案查处无证明和手续不全的广告案件1件、非法行医广告1件、其他违法广告3件，收缴并销毁未经审查张贴的户外广告4.76万张（幅）、清除未经审查张贴的户外广告530余张。制止未经审查的文艺演出1起，收缴“康米色期”报纸1000余张；制止有线电视播放未经审查广告6件。

2001—2005年，按“反误导、打虚假”原则，以药品、医疗器械、保健品广告为重点，专项检查医疗、药品、保健食品、地产、招商广告7次，立案查处擅自发布医疗广告5件、药品广告7件，收缴、清除医疗垃圾广告31053份（条），收缴性病药品广告2块，强制拆除“特色门诊”广告牌6块；专项检查食品、烟酒、饮料、茶叶、药品、医疗、家电等经营企业（个体工商户）5次，检查广告经营单位3户、印刷单位5户、其他经营户600余户，立案查处47件，收缴各种违法广告11530余份；专项治理药品、保健食品、农资广告1次，收缴违法印刷品广告3000份。

2001年，专项检查医疗、药品、保健食品、地产、招商等广告5次，立案查处9件；专项检查经营食品、烟酒、饮料、茶叶、药品、医疗、家电等企业（个体工商户）5次，检查经营户600余户，立案查处8件；坚决清理性病医疗广告，强制拆除“特色门诊”广告牌6块，收缴违法广告3万张（幅）；审查发布广告50份共220条，不予发布45条。

2002年，查处各类违法违章案件127件，案值4万元，收缴违法广告6530张；审查登记、发布广告382条（其中户外221条、店堂157条、印制品4条），不予发布广告69条。

2003年，举办广告法规及业务培训1期，全县专职（或兼职）广告管理执法人员和县工商局股、所长、广告经营单位参加培训；建立广告登记管理经济户口；立案查处擅自发布医疗广告案5件，收缴、清除医疗方面的垃圾广告53条（块），收缴性病药品广告2块，责令改正违法行为5户。

2004年，办理广告案件16件，收缴各种违法广告5000份；立案查处擅自发布印刷品药品广告7件，收缴违法广告1000份。

2005年，查处擅自发布广告案件14件（其中药品广告1件）；检查广告制作单位8户、户外广告及印刷品广告等55条（其中户外广告45条、印刷品广告9条、其他形势广告1条），收缴违法广告印刷品3000份；登记户外广告42件、印刷品广告3件。

2006—2010年，检查虚假医疗、药品、保健品、美容服务等广告14次，立案查处擅自发布违法医疗、药品及保健食品广告案件4件，其他擅自发布的户外广告案件8件；查扣广告内容含性暴露的药品口胶、女神、快活龙、美国宝贝等12盒（瓶）

2011－2012年，结合“整脏治乱”行动，全县工商部门专项清查国、省、县道沿线户外广告，立案查处擅自发布户外广告案件2件，罚款6580元。

第六节　消费者权益保护

一、机构设置及职责

1989年，县政府批复成立安龙县消费者协会，履行消费者权益保护职能。

1994年1月1日，《中华人民共和国消费者权益保护法》施行后，县工商局依法负责指导查处严重侵犯消费者合法权益案件和经销假及假冒产品行为，指导消费者申诉和调解工作，受理消费者投诉和重大案件申诉。

2001年，县工商局执法监督股加挂“12315”投诉中心牌子，负责组织保护消费者合法权益，查处侵犯消费者权益案件，组织开展有关服务领域消费维权工作，查处假冒伪劣等违法行为，指导消费者咨询、申诉、举报受理、处理和网络体系建设等，保护经营者、消费者合法权益。

二、“一会两站”

2005年，县工商局成立基层消费者协会分会、“12315”联络站和消费者投诉站工作领导小组。至2010年底，先后投入资金7.67万元，在全县16个乡（镇）建立消费者协会分会，在187个社区、行政村分别建立“12315”联络站和消费者投诉站，在50家企业、商场和个体工商户建立消费维权投诉站，在全县22所大、中学校设立消费者投诉站和12315联络站，设置食品安全进校园宣传栏22块。乡镇消费者协会分会，一般由7—11人组成；187个社区、行政村的“12315”联络站和消费者投诉站站长，采取一套人员两块牌子，一般为1—3人；学校“两站”负责人员一般由分管安全的副校长担任。

2012年，巩固“一会两站”等消费者保护机构，创建精品消费者协会分会、精品消费者投诉站各4个，在“安龙县大兴隆超市”等3户企业设立消费维权服务站。

三、消费者权益保护

1994年1月至2010年，县内消费者权益保护机构，先后开展维权反欺诈、服务维权、清查不合格商品、打击掺杂使假、整治汽车摩托车下乡市场，中介服务机构、打击以“送货下乡、厂家直销”等名义销售假冒伪劣商品和不履行商品质量“三包”服务等消费者购买、使用商品或者接受服务专项维权检查31次，立案查处无照经营餐饮、美容美发、手机、摩托车、农用车、修理服务案件19件，查扣假冒伪劣手机7部，查处供电行业逾期年检案9件，简易处罚修理户擅自设置户外广告15件，责令限期改正18户；对景区内6户未按规定摆摊设点和8户未办理营业执照的经营户下达限期改正、办理通知书，对万峰湖3艘旅游船下达停业、限期整改通知书；登记备案移动电话机及其配件销售单位（市场）53户、特约售后服务点30户（个），受理并协调处理消费者投诉手机质量及维修案件4件，为消费者挽回损失2735元；督促54户汽车配件经营户建立健全进货检查验收、索证索票、购销台账等制度；登记备案酒类生产、经营户75户；登记“家电下乡”销售网点90户、“摩托车下乡”销售网点78户，受理并调解消费者申诉举报5件，为消费者挽回损失2330元。

2011年，依法受理消费者投诉10件，成功调解10件，为消费者挽回经济损失17990元，接待来访和接受咨询53人（次）。2012年，受理并调解消费者投诉13件，为消费者挽回经济损失26183元，接受消费者咨询510人次。

四、消费者协会

县消费者协会是经县政府批准并依法登记成立的保护消费者权益的社会团体，机构级别为正股级，由各人民团体、有关单位、企业及有关方面的消费者代表组成，其领导机构是理事会，工作经费由政府资助和社会赞助。县消费者协会设立办事机构在县工商局内，受理消费者权益申诉等工作，指导16个乡（镇）消费者协会分会和187个社区（居委会、行政村）消费者投诉站工作。

1989年，安龙县消费者协会成立，李清乾任名誉会长，王福志任会长，马兴甫任秘书长。

2003年9月29日，安龙县消费者协会召开代表大会，审议通过《县第一届消费者协会工作报告》《安龙县消费者协会章程》，同意设立新安、龙广、德卧、普坪4个消费者协会分会，选举产生县消费者协会第二届理事会理事41人、常务理事13人，选举黄思豪为名誉会长，陈萍为会长，赵立雄、张鸿林、夏礼克、刘刚为副会长，肖飞为秘书长。

2006年3月，县消费者协会再次召开代表大会，选举黄显荣为名誉会长，陈萍为会长，陈定忠、黄泽龙、刘玉兰为副会长，肖飞为秘书长。

至2010年，县消费者协会及各分会共受理消费者投诉家用电子电器、家具、日用百货、皮革制品、食品、药品、医疗器材、邮电、电信、移动、供电、修理、装修业、小型农用机械、燃气热水器、建材、化妆品等商品质量和服务问题316件，为消费者挽回经济损失36.28万元。其中调解处理290件，不予受理1件、撤销投诉1件、支持消费者提起诉讼1件、1件按规定程序转有关部门处理；转为案件立案查处14件、适用简易处罚8件，没收非法销售货款448元，没收劣质口罩92个、掺假棉絮7床、地面卫星接收器4个。接待来访和接受咨询331人（次）、收到消费者表扬信2封。在安龙电视台发布警示、消费热点89期（次）。

按照“统一要求、严格审查、科学评判”原则，推荐“贵州省安龙县生态食品有限公司”参加贵州省消费创建保护消费者合法权益示范企业活动评选，4家单位荣获省消费者协会推荐商品和诚信单位称号。

第七节　查处违法案件

一、违法案件查处

1987—1990年，全县工商部门查处违法违章案件94件，没收粮票470千克（面额）、粮食15吨、化肥280.5吨（其中劣质硅钙磷肥55.2吨、销毁25.43吨）、棉花6.6吨、假冒茅台酒40瓶、进口希尔顿香烟140条、烤烟243.5千克、磁带30盒、铜丝25千克、进口小汽车4辆、木材500立方米、食盐14吨、铜铝线71.5千克、假香烟347条、假棉被35床。在查处的94件案件中，立案查处投机倒把案16件、虚假广告案2件、一般违法违章案56件、落实政策案2件、移送司法机关3件、销案5件、转税务部门1件、其他案件9件。在1989年的打击走私贩私活动中，查处龙广经济开发公司倒卖进口日产小汽车2辆，违法总金额16.7万元，非法牟利7.8万元；查处非法牟利1000元至1万元案件11起，国营企业作案1起，集体企业作案2起，国家干部、职工参与作案17人，农民和个体工商户作案17人。

1991—1995年，全县工商部门查处各类经济违法违章案件94件，没收化肥356.95吨（其中劣质化肥88吨）、钢材23.57吨、电皮线62圈（约1万米）、食盐78吨、劣质皮鞋31双、假劣酒类1461瓶、劣质电动剃须刀11把、磁器械36个、过期农药1143瓶（支）、“三无”水稻种子478.95千克、过期变质食品饮料270瓶（听）、“三无”软管饮料800余支、“三无”皮鞋154双，以及中华牙膏、劣质餐具、掺假棉絮等，涉案货值35余万元。在查处的94件案件中，投机倒把案件5件、虚假广告案件4件、一般违法违章案件82件、移转检察院1件、转计量局1件、销案1件。

1996—2000年，全县工商部门查处各类经济违法违章案件334件，没收变价款5.76万元，为消费者挽回经济损失1.77万元，捣毁制售假软管饮料窝点1个，查获并收缴冒牌洗衣粉364件、假劣软管饮料6900支、空软管3500支、劣质皮鞋133双、化肥757.9吨（其中劣质硅钙磷肥448吨）、“三无”水稻种子63.5千克、“三无”过期农药246瓶（盒）、劣质农膜15.8吨、过期变质食品饮料650瓶（包）、假冒“贵州醇”“酝醍醐”酒共43件、粮食141.57吨、食用酒精5吨、冒牌劣质食盐3.8吨、邪教“法轮功”书刊16本、非法书刊5000余册，以及一批迷信书刊、淫秽广告、劣质电器、不合格杆秤等，涉案金额50余万元。在查处的334件案件中，立案查处的一般程序案件76件、简易程序案件258件；不正当竞争行为案件6件、违法广告案件5件、适用《中华人民共和国消费者权益保护法》案件2件、销售假劣种子案7件、制售假饮料案3件、制售假冒洗衣粉案2件、假冒“大洋”摩托车案件1件、非法收购和贩运粮食案件67件、非法经营化肥案件21件、“三无”皮鞋案件8件、制造假花椒案件14件、其他形式的案件198件。

2001—2005年，全县工商部门查处各类经济违法违章案件4804件，其中立案查处一般程序案件391件、简易程序案件4413件，没有复议和诉讼案件。其中查处商标侵权案件33件，未经登记擅自发布医疗广告行为案件5件、药品广告7件。

2006—2010年，全县工商部门查处各类经济违法违章案件806件，其中立案查处一般程序案件433件，简易程序案件373件。其中查处商标侵权案件11件，查处擅自发布违法医疗、药品及保健食品广告案件4件、其他未经审查登记擅自发布的户外广告案件8件；在2008年开展打击合同欺诈专项整治工作中，立案查处驾驶培训学校合同欺诈行为案件1件，罚款6000元，为消费者挽回经济损失5000元。

2011—2012年，全县工商部门查处各类经济违法违章案件152件，其中立案查处一般程序案件132件、简易程序案件20件。

二、打击传销活动

1998年4月，国务院发布《关于禁止传销经营活动的通知》，禁止和严厉打击以“拉人头”为主的各种传销和变相传销活动。2000年8月，国务院办公厅转发国家工商局等部门《关于严厉打击传销和变相传销等非法经营活动意见的通知》。2002年，县工商局与县公安局共同查处传销培训班案1件，收缴完美产品74瓶（盒）、完美传销文字教材26本、传销音像教材（光碟）及录像带63盒，涉案物品总值8000余元、非法营业额7万元，解散培训人员34人，公安机关依法拘留和强制收容传销组织头目、骨干6人。

2003—2004年，贯彻《国务院关于开展打击传销和变相传销专项整治行动的通知》《黔西南州工商行政管理局打击传销和变相传销宣传方案》，打击传销和变相传销专项整治工作常态化，此后县内未再发现传销和变相传销活动。

2005年8月，国务院颁布《禁止传销条例》，明确传销的概念和传销的表现形式。2006年，成立县打击传销专项行动领导小组，国防办、工商局、宣传部、政法委、公安局、监察局、法院、检察院、经贸局、民政局、财政局、教育局、建设局、司法局、地税局、国税局、银监办和电信局18个单位参加，以创建“无传销社区”为载体，纳入社会治安综合治理考评。

2011年，在社区、农村、市场、校园、车站张贴打传标语、海报、图片24条（幅），在社区门前制作、张贴打击传销活动警示牌，“3·15”宣传活动期间发放宣传资料1253份。

2012年，在县城马场坝开展打击传销“五进”宣传活动，发放《远离传销，共建和谐》等宣传资料2000余份。

三、治理商业贿赂

2006年，县工商局成立治理商业贿赂工作领导机构。至2010年，全县工商部门查处各类商业贿赂案件16件，其中啤酒销售返利案2件、摩托车销售返利案1件、教辅资料销售回扣案5件、图书推销商业贿赂案 1 件、国有土地拍卖串通投标及贿赂案 6 件、现金和物品贿赂推销雪花啤酒案 1 件。

第四章　物价管理

1979 年，成立县物价管理局，实行以国家定价为主，议购议销价、工商企业和市场价格多种形式并存的价格管理办法。对与国家建设和人民生活密切相关的重要商品，由国家统一定价；三类农副产品和完成国家任务后的一、二类农产品，实行议购议销价；三类工业品中的小商品由工商企业协商定价，实行市场调节，集市贸易价格随行就市。1984 年，县物价局下设物价检查所，对全县物价进行经常性抽验、检查和监督管理。1986 年，在坚持中央统一领导和地方各级分级管理原则下，适当下放物价管理权力。农副产品国家管理 12 种、省管 8 种、州管 8 种、县管 12 种，销售价格国家管理 4 种、省管 4 种、州管 13 种；工业品改为统一价、浮动价和企业协商价 3 种形式，其中统一规定价 70 种、浮动价 50 种。1986 年后，县政府每年组织县物价局等部门开展物价检查活动，1987 年查处化肥乱涨价问题，涉案金额 2.8 万元。

1989 年，县内单独设置有县物价局，负责全县物价管理工作。1994 年 4 月，县级机构改革，县物价局并入县工商行政管理局，设立县物价检查所。1999 年 12 月 2 日，恢复县物价局，升格为正科级单位，归属政府系列，对外同时挂“县物价检查所”牌子。2010 年 4 月，撤销县物价局，其职能并入县发展和改革局，对外加挂县物价局牌子。

第一节　价格体系和价格管理体制改革

从 1979 年开始，根据中共十一届三中全会精神，国家对价格体系和价格管理体制进行一系列的改革。当年大幅度提高粮食、油料、猪、牛、羊、水产品等 18 种主要农产品收购价格，同时又提高肉、禽、蛋、鱼等 8 种主要副食品零售价格。与此同时，农村经济体制改革，放开三类农副产品零售价格，以后逐年扩大品种范围。从 1981 年开始，有计划地逐步调整主要工业品价格，并逐步放开三类日用工业品价格。对工业生产资料，通过调整计划价格，放开计划外产品价格，使大部分工农业生产资料的生产由计划经济过渡到市场经济，促进了生产发展。

在改革价格体系的同时，改革过去高度集中的价格管理体制，下放权限，扩大企业定价自主权，按照调整国家管理的不合理的商品价格，下放管理权限和放开部分商品价格，实施间接管理“调、放、管”相结合的原则，全县价格体系和价格管理体制发生深刻的变化，价格形式已由过去的单一计划价格，变为国家定价、国家指导价、市场调节价等 3 种价格形式。到 1990 年，按社会商品零售总额计算，全县市场调节价占 90%，过去大部分商品价格既不反映价值，又不反映供求关系的状况有了明显的改善。20 世纪 90 年代末，通过进入世界贸易组织的多轮谈判，市场已初步同国际接轨，市场物价也从计划经济价格逐步转型为市场经济价格。至 2009 年，基本形成由市场决定价格和国家指导的物价大环境。

第二节　物价和收费监督检查

1989 年 3 月 16 日，执行国务院《关于加强物价管理，严格控制物价上涨的决定》和国家物价局检查司《关于加强物价监督检查的通知》，严格控制物价上涨幅度，全县工商业单位开展物价大检查。

1990年1月，贯彻国务院《关于物价管理，控制物价上涨》精神，县物价局发出《在春节期间开展市场物价检查的通知》。4月3日，对全县化肥、农药、农膜等农用生产资料经营户进行全面检查。6月1日，根据国家物价局、能源部文件精神，对全县电价执行情况全面性检查，主要检查是否超过标准收费或自定标准、巧立名目乱收费等。

1991年8月，县物价检查所组织检查县以下电站、变压器和承包人执行电价政策情况，查处违法案件1起。

1992年9月7日，县物价局发出《关于开展商品价格、服务收费、明码标价的通知》，对违反价格行为中确属于初犯，情节轻微，经检查后主动改正的，减免处罚。11月25日，县物价局发出《关于开展一九九一年安排行政事业性收费许可证年审的通知》，开展行政、事业性收费年度审查。

1993年5月25日，县物价局发出《关于在我县开展对农业生产资料价格执行情况进行检查的通知》，在全县范围内对化肥、农药、农膜、农用柴油等进行检查。

1994年5月，县物价局下发《关于在全县范围内开展物价大检查的通知》。对有收费行为的行政、事业单位，是否超标准收费，是否有自立项目和改变收费标准；经营化肥、农药、农膜、农用柴油及农电经营单位，是否有违反国家规定，擅自提价进行销售和乱收费，是否执行明码标价制度；自查时不作检查的单位，作为重点检查对象。

1995年3月10日，县工商局物价检查所对全县化肥、“两杂”种子、电价、自来水进行重点检查，广泛宣传《商品和服务实行明码标价的规定及实施细则》。

1996年2月，根据省物价局《关于在全省范围内开展农业生产资料价格检查的通知》，重点检查以化肥为主的农资价格。3月6日，根据省工商局《关于开展打“三假”执法活动的通知》，打击制假种子、农药、化肥的不法行为，清理整顿农资流通渠道非法经营化肥的单位和个人。5月12日，根据国家计委、民政部《关于严禁在办理婚姻登记过程中“搭车”收费的通知》，结婚登记机关在办理结婚登记中，只收取结婚证书工本费，严禁“搭车”收费。8月5日，根据国家计委、电力部、监察部《关于开展全国电价检查的通知》，重点检查1995年以来电价政策、法规执行情况，重大问题追溯到1994年。10月，县工商局开展物价大检查，重点检查粮食、食用油、鸡蛋、蔬菜等主要副食品、电价政策、法规执行情况和中小学收费及医疗收费执行情况、涉农收费情况等。11月，县工商局对宾馆、招待所、公用电话等单位进行代办业务收费检查，对县政府招待所、蔬菜公司、木材公司、农资公司、水电九局、纺织百货公司、电影公司、邮电局、县医院、县教育局、农业局、农办、水电局、支重局、县种子公司、县文化稽查队、民族事务局、政法委、栖权公安分局、交通局、防疫站、县党校、县档案局、县科技局24个单位，开展税收财务物价大检查，整顿会计秩序。

1998年2月后，国家和省政府相继宣传取消收费项目。其中，国家第一批取消收费项目：劳务许可证费、待业证费、干部退休证工本费、农转非手续服务费，国家公务员后备人员咨询证书费；第二批有：职业介绍许可证年检费、民办职业介绍机构审批管理费、职工养老保险手册工本费、办理干部职工调动收取的手续费。8月，省政府第一批取消的收费项目有：开展企业资质初审年审及年审公告费、临时建筑规划管理费等25项；暂停收费的有：设计合同检审费、人防工程异地建设费等。第二批取消的涉及黔西南州部分有：乡镇政府管理费、城管费等7项。第三批有：贷款抵押手续费、产权、户籍管理费等11项。第四批有：国务院有关部门批准的项目：盐生产发展基金、黄金开展基金等8项；省政府批准的项目：农机化发展基金、电网延伸建设基金等4项；其他项目4项。

1999年7月，县工商局、监察局、财政局在全县范围内重点检查“收支两条线”，检查单位主要有公安局、检察院等15个单位。8月，县工商局、教育局、财政局在全县范围内开展对收取义务教育阶段学杂费进行检查，确定学杂费标准，县政府所在地学校：小学25—40元，初中40—60元；农村学校：小学10—25元，初中20—30元。

2000年7月，县工商局开展全县农村电力价格检查，重点检查1999年至2000年6月30日，违反国家规定，超范围、超标准或自立名目征收基金、征收国家明令取消的基金、附加费、保险金等行为。9月，县工商局、教育局、监察局、纠风办开展教育收费检查，重点是2000年春季招生以来发生的与学生有关的各种乱收费及择校、择班生收费问题。10月，开展打击制售假冒伪劣商品违法行为联合行动，成立打假联合行动领导小组。

2001年，县工商局联合县盐业公司查处6户不按规定价格进行销售的经营户；打击价格欺诈行为，集中销毁伪劣商品价值100万余元，对未明码标价的14户个体经营户施以处罚；4—5月，对全县48个涉农收费部门进行检查，清理超标准收费项目2个、违规收费项目1个，责令清退不合理收费3400元；6月，对全县10家医疗单位进行检查，查出价格违法金额36万余元，责令清退不合理收费，没收非法所得9.7万元；9月，检查中小学38所，查出违纪金额21万多元，责令全部退还。

2003年，取消乡镇计划生育服务站收取流动人口证明费、县城建局无依据收取户外广告费，民政部门收取的结婚证工本费从10元降为9元；纠正房管局只收费不履行服务行为，收缴违法所得22万元。县物价局对境内各加油站（点）成品油价格进行检查，发现国营和私人加油站普遍存在延期降价销售汽油、柴油现象。

2004年，重点检查化肥、农用柴油等农业生产资料价格和中小学教育收费、计划生育、检验检疫等涉农收费。

2005年，检查45所中小学校收费项目，对化肥、种子、农药等进行价格监督检查。

2006年，根据《省人民政府办公厅关于印发贵州省农村义务教育经费保障机制改革工作实施方案的通知》，会同教育、财政、监察部门对各中小学预交的收费进行清退，规范收费行为。全面清理农村义务教育阶段中小学的收费项目，取消农村义务教育阶段的各种行政事业性收费。

2007年9月19—29日，在全县范围内开展“禁止价格欺诈、推选明码标价、倡导诚信兴商、保持市场价格稳定、维护消费者的合法权益”市场价格专项检查。检查集贸市场5个、超市7个、商铺215个、宾馆11个、停车场10处、旅游景点4个，发放宣传资料1000多份，张贴标语4幅，责令25户标价不齐及填写有误的商铺业主立即纠正，责令1户未办理经营性收费许可证停车场业主立即办理收费许可证，规范2个景点价格公示内容。

2008年1月18日，县物价局及时制止出租车“相互串通，操纵市场价格”行为，要求全县出租车执行城区内起步价3元标准。8月4—7日，县煤调委开展煤调基金管理使用专项检查。

2009年，开展甲型H1N1流感预防用药和医疗器械价格检查，共检查相关单位40个、经营户400多户，查处违规收费单位19个、经营户10户，实施经济制裁18.6万元，其中医疗服务单位2个，收缴违法所得5000元，清退200元；教育收费单位16个，清退17.78万元；经营户10户，罚款1850元，清退5元；行政事业收费单位1个，收缴违法所得1100元，清退900元。涉农、涉企收费单位2个，查出违法所得74.3万多元。受理政协委员提案1件，群众举报7件，清退举报群众金额1105元，罚款2250元。调解价格纠纷2件，协调清退群众金额2000多元。

2010年3月13日，县物价局接省成本调查监审局通知，对2010年受旱情况灾害调查，调查结果为全县农作物受灾17333.33公顷，成灾面积10666.67公顷，其中小麦7533.33公顷、油菜3933.33公顷、马铃薯933.33公顷、蔬菜1400公顷、杂粮3000公顷、绝收面积4333.33公顷；受灾人口11万人，受灾牲畜4000头。3月11日至4月5日，县物价局联合农业、监察、工商部门对县属农资市场价格情况进行检查，发放提醒告诫通知100余份。

2011年，县发展和改革局共检查相关单位40个、经营户400余户，查处违规经营户1户，实施经济制裁4350元，受理价格举报案件2件，落实1件，对被举报的3户经营户责令整改，并处罚款1500元。

2012年，重点开展医疗药品价格与服务收费检查、医保定点药店药品价格检查和教育收费检查，共检查45个单位。审核换发行政事业性、经营服务性"收费许可证"80户，征收价格调节基金311.23万元。

1989－2002年部分年度安龙县价格、收费违法案件查处情况表

表8-4-1

年度	日期	被处罚单位	违法事实	处理结果
1989	7月19日	县糖酒公司	1988年计划内白糖9.13吨为计划外销售，多收价款5840元	全部没收上缴县财政，平价白糖另行划拨
	9月21日	县烟草公司	有关人员非法购销进口高档香烟140条	县工商行政管理局、物价局、烟草专卖局联席会议决定，每条作价48元，销售价50元
1990	6月12日	洒雨区供销社		没收多收差价款323.24元，上缴财政
		龙山区供销社		没收多收差价款896.40元，上缴财政
		化力区供销社		没收提价款1200元，上缴县财政
1991	1月14日	化力区供销社	1988—1989年和1990年1月至6月经营尿素、磷肥、碳铵多收差价	没收多收差价款27156.40元，上缴县财政，罚款2000元
	4月24日	栖仑水库灌溉工程管理所	1989—1990年违反《中华人民共和国价格管理条例》规定标准收电费214185度	非法所得11391.24元，没收非法所得10000元，减免1391.24元
	5月20日	供销合作社工业品贸易中心	1988—1990年经营计划外富源碳铵4369吨，其中运输途中损失7.31吨，实际经营4361.87吨	增加的差价部分即非法所得66045.99元，全部没收上缴县财政
	8月1日	龙广供电所		没收非法所得8000元
1993	2月23日	县文化局	超范围收费34元，超标准收费420元，合计乱收费454元	没收非法所得454元全部上缴县财政，免于罚款
1994	7月10日	县国土资源管理局	1993年度共收管理费72119.38元，其中工作经费属超范围收费；宅基地管理费超标准收费1264.30元，公用基地超标准收费58.60元，属于乱收费	责令立即停止收费

续表 8-4-1

年度	日期	被处罚单位	违法事实	处理结果
1994		矿管办	1993年度行政事业性收费中，年审费20元/户，采矿许可证50元/户，准运证工本费2元/证，矿产品经营凭证工本费100元/证，以上收费未办理收费项目，视为自立名目乱收费	取消收费资格
	7月26日	县自来水公司	1994年1月至7月，受县城建局的委托，在城镇居民生活用水每吨0.40元的基础上加收0.03元的排污费，违反了县政府〔1993〕73号文件规定，属变相搭车涨价行为	立即停止收取每吨0.03元的排污费；没收非法所得9261.34元上缴县财政
	8月17日	龙山供销社	倒卖化肥	对当事人的违法收入654.80元给予没收，对负有直接领导责任人罚款200元，暂扣现金1494.80元退还当事人
	8月20日	兴隆供销社	向私人套购食盐，为倒卖食盐行为人提供方便	没收非法所得1000元，暂扣10000元现金退还本人，对法人代表另行罚款400元
	9月13日	盐业公司	违法加价销售食盐。根据文件规定，散精盐城区批发价每吨572元，而提高批发价为620元，多收48元/吨，1—5月份调价前，违法批发数为325.96吨，违法金额计15646.10元；1994年1—3月份批发精盐2吨，价格为每吨700元、600元，给酱菜厂违法金额计251元；违法批发散装精盐74.69吨，每吨多收价款80元，违法金额5975.20元，总计违法金额21872.10元	没收非法所得上缴县财政
	12月17日	县农资公司	1—3月，购进赤天化尿素1223.6吨，进价每吨1040元，在调拨给乡镇供销社的过程中，按规定调拨价为每吨1107.45元，实际调拨价为每吨1200元，差价每吨2.55元，实际调拨数量为1032.48吨，多收金额2632.82元	没收非法所得2632.82元上缴财政
1995	1月10日	县计划统计局	违反规定乱收费	县物价检查所作出处罚决定
	4月4日	胡梅、刘海丽、王应华	倒卖化肥	县工商局作出处罚决定，报州工商局
1995	5月至8月	颜志龙、袁光华、谢永忠、吴家兴	倒卖化肥	县工商局作出处罚决定

续表 8-4-1

年度	日期	被处罚单位	违法事实	处理结果
1996	9月29日	县国土资源管理局	1995年1月至1996年7月，违反《贵州省实施〈中华人民共和国土地管理办法〉的办法》规定，超收管理费	黔西南州物价局检查所没收超收管理费64667.37元，上缴财政部门
	11月	县医院	1995年购销255个药品、规格286种，其中针剂109个品种，124个规格，片剂146个品种，162个规格，购货环节不规范，进销差率无明显标志，违反价格规律，有价格违法行为	对药品批零超过15%的金额121613.88元，没收上缴财政
1998	9月	县医院	1988年1月至1989年6月，在购进药品过程中，收受超过5%的药品折扣费44894元，违反国家计委及省、州有关文件精神	非法所得的44894元折扣款，上缴财政，免于罚款
2002		县烟草局	在烤烟收购中压级压价、抬级抬价收购烤烟违法所得36万元	没收违法所得20万元，全部上交财政

第三节　物价调控

一、食盐价格

1996年1月，小包装精细加碘盐在散装精细加碘盐价格的基础上，每500克装加0.07元，1000克装加0.11元；小包装精细加碘食盐使用防伪合格碘食盐标准的，在散装精细加碘盐价格的基础上，每500克加0.1元，1000克加0.14元。县城零售价格每500克为0.6元，乡镇的零售价为0.61—0.62元。

2000年，每500克食盐调整为0.8元，全县城乡基本同价。

2002年11月底，食盐外包装由塑袋包装改为纸箱包装，每千克1.6元调整为2元，价格上涨25.0%。至2012年年底，未再调整。

二、药品价格

1990年8月15日，调整省产化学药品价格。2000年，根据国务院有关文件精神，对第二批降低药品零售价格进行调整，共138个品种，中标药品零售价格制定统一规定：中标药品零售价格 = 中（投）标价格（含税）×（1+ 差别流通差率）+ {[现行零售价格 – 中（投）标价格（含税）×（1+ 差别流通差率）] × 40%}。

2002年，根据国务院纠风办等7部委局《关于印发医疗机构药品集中招标采购监督管理暂行办法的通知》、卫生部等6部委局《关于印发医疗机构药品集中招标采购工作规范（试行）的通知》和国家计委《关于药品招标收费有关问题的通知》等有关规定，部分药品补充剂型规格实行最高限价。

2003年，根据国家发改委《关于公布107种中成药最高零售价格的通知》，藿香正气水、益肝宁片等19种甲类医保药品，藿香正气颗粒、护肝宁片等88种乙类医保药品实行最高零售价。

2004年，根据国家发改委《关于降低24种抗感染类药品价格的通知》，阿莫西林、盐酸洛美沙星等24种药品实行最高限价，下调部分药品价格。

2005年，贯彻国家发展改革委《关于降低头号孢呋辛等22种药品零售价格的通知》，头孢呋辛等22种药品其他规格型的（GMP）最高零售价格按照规定降价，不得上浮，可以下浮。非GMP药品零售价格在 GMP 最高零售价格的基础上向下浮动 25%。

2009 年，国家发布《基本药物名录》，逐步建立基本药物制度，政府管理药品价格的重点是国家基本药物、国家基本医疗保障用药及生产经营具有垄断性的特殊药品，其他药品实行市场调节价。

2012 年，贯彻国家发展改革委通知，调整 95 个品种、200 多个代表剂型规格抗肿瘤、免疫、血液系统类药品和 53 个品种、300 多个剂型规格消化系统类药品的最高零售限价，平均降价幅度 17%。

三、农业生产资料价格

1. 尿素

1989 年，省经委等单位下达计划外尿素最高零售价每 50 千克不得超过 56.5 元。县物价局对统配尿素和计划外尿素价格进行调整：统配尿素、粮挂肥尿素调拨价每吨 522 元，加运杂费 30 元，进销差价 27 元，零售价每 50 千克由 28 元调为 29 元。计划外尿素调拨价每吨 1580.8 元，零售价每 50 千克 83.22 元。

1990 年 7 月，县物价局对计划外尿素价格进行调整：县农资公司进价每吨 1107 元，对区调拨价每吨 1247.34 元，区社零售价每包（40 千克，下同）53.8 元（编织袋另加每只 1.12 元），县农资公司零售价每包 52.2 元。进价每吨 1087.4 元，对区调拨价每吨 1226.81 元，基层零售价每包 52.9 元，县农资公司零售价每包 51.4 元。进价每吨 841 元，对区调拨价每吨 968.7 元，基层社零售价每包 41.8 元，县农资公司零售价每包 40.6 元。进价每吨 1125 元，对区调拨价每吨 1266.19 元，基层社零售价每包 54.6 元，县农资公司零售价每包 53 元。进价每吨 820 元，对区调拨价每吨 954.01 元，基层社零售价每包 41.2 元，县农资公司零售价每包 40 元。进价每吨 835 元，对区调拨价每吨 970.32 元，基层社零售价每包 41.9 元，县农资公司零售价每包 40.60 元。

同年 9 月，县物价局调整计划外尿素价格：40 千克编织袋装进价每吨 1042 元，对区调拨价每吨 1139.47 元，基层社零售价每包 49.9 元，县城零售价每包 49.4 元。进价每吨 883 元，对区调拨价每吨 1006.45 元，基层社零售价每包 43.4 元，县城零售价每包 42.9 元。

1991 年，县物价局调整计划外尿素价格：进价每吨 1050 元（安龙交货，含运费），下车费每吨 2 元，银行利息 7.8‰，组织费率 3%，批零差率 5%，零售价每包 48 元。

1992 年 3 月，县物价局、县供销社调整计划外尿素价格：计划外尿素销价按黔商〔1987〕132 号文件作价，县公司统一调拨价每吨 1265 元，统一全县零售价为每包 54 元。10 月，省物价局通知，赤天化统配尿素全省统一零售价调整为每吨 660 元。出厂价格每吨 520 元（编织袋装），销售价格每吨 660 元（编织袋装）。

1995 年，县政府批转县供销社关于对化肥销售价格的请示，对尿素价格进行调整：计划内尿素每吨 2375 元，40 千克装零售价每包 95 元；计划外尿素每吨进价 2400 元，中转费 30 元、运费 120 元、下车费 5 元，县公司组织费率 3%，基层综合差率 8%。基层统一调拨价为每吨 2632 元，统一零售价为每吨 2844 元（每包 142 元）。

1996 年 2 月，省物价局调整尿素价格：计划内赤天化尿素每吨 1150 元、贵化尿素每吨 1600 元，计划外赤天化尿素每吨 1600 元、贵化尿素每吨 1780 元。粮肥挂钩部分，推行定购粮与奖售化肥挂钩政策，粮肥挂钩标准为每 50 千克定购（商品）粮奖售 10 千克尿素定额，价格执行全省统一零售价格，每吨尿素 1725 元，每包 69 元。3 月，省物价局、省供销社下达计划内粮肥挂钩尿素零售价为每吨 1725 元，计划内尿素全省统一零售价每吨 1784 元。4 月，县物价局、县供销社计划外尿素价格进行调整。50 千克装美国进口尿素：安顺交货价每吨 2340 元，中转费 33 元，运费 120 元，下车费 4 元，县公司组织费率 5%，基层社综合差率 7%，对基层社调拨价每吨 2617.65 元，执行每吨 2550 元，统一零售价每吨 2732.78 元，执行每吨 2660 元。柳江尿素：安顺交货价每吨 2240 元，中转费 33 元，运费 120 元，下车费 4 元，县公司组织费率 5%，基层社综合差率 7%，对基层社调拨价每吨 2512.65 元，执行每吨 2500 元，统一零售价综合差率及调拨价格：计划内粮肥挂钩尿素零售价为每吨1725元，统一零售价为每吨1784元。

1998年，黔西南州物价局调整全州化肥价格：兴义化工总厂生产的尿素出厂价为每吨1510元，最高零售价为每吨1775元，每包71元。4月，州物价局再次调整全州尿素零售价格：兴义化工总厂生产尿素零售价格调整为每吨1650元。

2006年，县物价局根据国家发改委《关于进一步加大价格检查力度稳定化肥等农资价格的通知》，对全县化肥经营市场进行全面检查，尿素零售价维持在每50千克110元左右。

至2012年，县内尿素零售价上升到每50千克150元左右。

2. 硝酸铵

1989年，省经委通知计划外的硝酸铵最高零售价不得超过每吨920元。

1996年2月，对硝酸铵价格进行调整：计划内每吨1350元，计划外每吨1400元。

2000年以后，取消尿素统配计划，硝酸铵逐渐退出安龙化肥市场。

3. 碳酸氢铵（碳铵）

1989年11月，县物价局调整计划内兴义化工总厂碳铵价格：购进价每吨290元，各区销售价每吨310元，每包（40千克）12.4元。

1991年，县农资公司从罗平购进计划外碳铵500吨，进价每吨315元，县物价局作价为零售价每吨367.53元，每包零售14.7元。

1992年3月，县物价局、县供销社调整计划外碳铵价格：县农资公司统一调拨价每吨321.5元，全县统一零售价每包（40千克）13.7元。4月，上调全县统一零售价格：每吨375元，每包（40千克）15元。

1995年1月，县物价局、县供销社调整碳铵价格：云南碳铵每吨出厂价380元，运费110元，上车费1.5元，组织费率3%；基层社调拨价每吨515.5元，零售价每吨558.82元，每包（40千克）22.35元。兴义化工总厂碳铵每吨出厂价437元，运费30元，组织费率3%。对基层社调拨价每吨489.82元，零售价每吨531.12元，每包（40千克）21.24元。

4月，再次调整碳铵价格：进价每吨450元、运费120元、下车费5元、组织费率3%、基层综合差率8%，对基层社调拨价每吨592元，统一零售价每吨640元，每包（40千克）26元。

1996年2月，省物价局对计划内碳铵价格进行调整：一级品（含氮量大于17.1%、水分小于3.5%）出厂价每吨550元；二级品（含氮量大于16.8%、水分小于5%）出厂价每吨450元。州内碳铵价格：本地产出厂价最高限价每吨650元，综合差率12%（出厂到销售不能突破12%），以出厂价为基础，顺加综合差率和实际合理的运杂费计算，不能突破最高限价每吨800元（40千克装每包32元）。

1997年，州物价局核定碳铵价格：旺季（2—8月），最高限价每吨650元，淡季（9月至次年1月）最高限价每吨600元。零售价实行全州统一，旺季最高限价每吨800元，淡季最高限价每吨750元。送货方和厂方供货制碳铵经营差率不能突破10%。

1998年，调整化肥价格：兴义化工总厂碳铵和普安碳铵出厂价每吨543元，最高零售价为每吨700元，每包（40千克）28元。

2000年，县政府调整化肥价格：碳铵价格限制每包（40千克）21元。此后，中央和省、州制定的一系列限制农业生产资料价格政策，至2006年本县碳铵价格维持在每包（40千克）20—25元左右。

此后，县内化肥销售实行市场价格，物价部门不再统一定价。

4. 磷肥

1989年，全县普钙价格调整为：一级品出厂价每吨167元，零售价每吨173元；二级品出厂价每吨158元，零售价168元；三级品出厂价每吨148元，零售价158元；四级品出厂价每吨134元，零售价

143元。价格调整后，旺季价格每吨可上浮10元，继续实行送货制，运杂费每吨27元(县财政补贴7元)。6月，县物价局调整计划外磷肥价格，对区调价每吨294.50元，全县统一零售价每吨314.36元，每包(25千克)零售价7.85元。

1991年1月，县物价局调整计划内磷肥价格：进价每吨170元，下车费2元，银行利息7.8‰，运费每吨千米0.32元，组织费差每吨3元，调拨价中每吨减3元，每吨损耗计入1.6元；全县统一对区调拨价每吨207.62元，全县销售价每包(25千克)5.85元。6月，县物价局对计划外福泉磷肥价格进行调整：一级磷肥对区调拨价每吨254吨，零售价每包(25千克)6.92元；二级对区调拨价每吨243元，零售价每包(25千克)6.63元。

1992年3月，县物价局、县供销社调整计划内、外磷肥价格：省外产磷肥，县农资公司旺季统一调拨每吨241.5元，全县统一零售价每包(25千克)6.6元，淡季统一调拨每吨236元。4月，调高价格，平坝磷肥统一零售每吨304元，每包零售价(25千克)7.6元，县农资公司对基层供销社调拨每吨293元。

1995年4月，县供销社调整计划内磷肥价格：平坝磷肥进价每吨236元，运费120元，上下车费5元，组织费率3%，基层综合差率7%，统一对基层社调拨价458.95元，统一零售价490.43元，每包(25千克)12.5元；盘县磷肥进价每吨260元，运费120元，上下车费5元，组织费率3%，基层综合差率7%，对基层社调拨价每吨407元，统一零售价407元，每包(25千克)11元。

1996年2月，省物价局调整计划内磷肥价格：优等品(P_2O_5大于18%)，出厂价每吨400元；一等品(P_2O_5大于17%)，出厂价每吨385元。3月，县工商局、农资公司调整计划内磷肥价格：盘县磷肥出厂价每吨340元，对基层社调拨价每吨441.38元，执行每吨440元，统一零售价每吨475.08元，执行每吨460元。平坝磷肥出厂价每吨340元，统一对基层社调拨价每吨442.9元，统一零售价每吨475.08元，执行每吨475元。

1997年，县工商局核定：福泉、平坝磷肥，对基层社调拨价每吨493.5元，统一零售价每吨531.26元，每包(25千克)13.3元；盘县磷肥对基层社调拨价每吨426.3元，统一零售价每吨460元，每包(25千克)11.5元；普安磷肥对基层社调拨价每吨393.75元，每包(25千克)10.6元。

1998年1月，州物价局调整全州化肥价格：普安磷肥出厂价每吨330元，最高零售价为460元，每包(25千克)11.5元；兴义富民磷肥厂磷肥出厂价每吨490元，最高零售价为每吨640元，每包(25千克)32元。

2000—2006年，安龙县磷肥价格维持在每包(25千克)25—30元。

此后，县内化肥销售实行市场价格，物价部门不再统一定价。

四、煤炭价格调控

1990年8月28日，为缓解煤矿生产困难，经国务院批准，省物价局调整统配煤炭出厂价格。10月，安龙县相应作出调整：小煤矿生产性用煤，每吨指导性加价15元；价格构成：块煤每吨41.2元、面煤34.2元，外加专用基金每吨5元(维修费3元、发展基金1元、设备更新基金1元)为价外价(不加指导性加价)，块煤每吨26.2元、面煤每吨19.2元。

销省外煤价，在调价后生产用煤出厂价基础上，加价不超过1.2倍，产需双方协商定价从价外价每吨加收5元专项基金。

乡镇煤矿价格，继续实行市场调节，产需双方协商定价。

1992年，经州物价局、工业局批准，调整煤炭出厂价格：烟煤出厂价每吨35元、无烟面煤出厂价每吨33元、块煤出厂价每吨42元，均为矿场交货。放开土焦和地方洗精煤价格，实行市场调节，外调出省价格放开。送货到州电厂煤炭交货价从每吨59元调整为69元。

2005年，省物价局发出《贵州省物价局关于修订完善我省电煤按质计价的通知》，从当年10月1日起，全面调整电煤价格。各煤炭生产和供应企业要做好电煤生产和供应，不得借煤炭供应紧张之机，掺杂使假、短斤缺两，不得违反国家价格政策，搞价格垄断，哄抬物价。

2006年后，煤炭价格有所上扬。

2006年安龙县煤炭价格表

表8-4-2　　单位：元/吨

品名	出厂价	品名	出厂价	备注
块煤	280.00	煤焦	420.00	含税费、煤调基金
面煤	275.00	—	—	
精煤	320.00	—	—	

五、建材价格调控

砖瓦　2000年，安龙县引进资金建成两个页岩砖厂，到2006年，县内页岩砖每块单价由2000年0.08元上升至0.2元。

水泥　1990年，全州普通硅酸盐水泥并轨后出厂价：32.5标号散装每吨由83元提高为每吨122元，袋装每吨由106元提高为每吨159元；42.5标号散装由每吨103元提高为129元，袋装由每吨126元提高为166元；52.5标号散装129元提高为每吨143元，袋装由每吨166元提高为180元。

1992年，水泥出厂价浮动幅度由原规定上、下5%扩大到25%。企业有权在规定的幅度内制定具体品种、标号水泥的出厂价格。全县水泥价格略有提升。

2006年，普通硅酸盐425标号水泥销售价每吨280元。

至2012年，普通硅酸盐425标号水泥销售价每吨350元左右。

六、服务业和行政事业收费标准调整

1. 旅社收费

1991年，县物价局调整县城旅馆住宿收费标准：

甲级：单人间每晚每人6元，双人间每晚每人4元，三人间每晚每人3元，四人间以上房间每晚每人2.0元。

乙级：单人间每晚每人4元，双人间每晚每人3元，三人间每晚每人2元，四人间以上房间每晚每人1.5元。

2000年9月，州物价局批转荷花村宾馆房价：单人间每晚每人136元，双人间每晚每人118元，三人间每晚每人106元，大会议室每天300元，小会议室每天200元。

2006年，县城酒店住宿收费单人间每晚每人40元，双人间每晚每人25元，三人间每晚每人20元，四人间以上房间每晚每人15元。

至2012年，县城酒店基本按星级酒店标准设置，一般只设置单人间和双人标准间，不再设置3人以上多人间，单人间、双人标准间每晚收费168元左右，档次稍低者每晚收费80—120元。

2. 饮食收费

2000年，县城餐馆高档筵席180元以上，中档80—120元。

2006年，受总体价格形势影响，饮食服务业价格有较大幅度的上涨，较2000年上涨25%左右。

至2012年，县城餐馆高档筵席500元以上，中档150—200元。

3. 服装加工收费

1990 年后，县内居民定做服装越来越少，多数购买成衣。一般定做西装一套 30—40 元，裤子一条 8—15 元，衬衣一件 6—10 元。

2000 年后，本县缝纫店定做服装的业务逐渐减少，一般只为服装超市做维修服务，修补拉链每条 2 元，缩换裤脚每件 2 元。

2006 年后，全县服装加工行业基本退出市场，大型服装超市由贵阳、昆明、浙江、湖南等地购进成衣销售。

4. 交通运价

长途客运　1989 年 12 月 10 日，根据省物价局、交通局文件精神，安龙县县城至各区乡按三等线路计算运价。装卸费：件重 100 千克以下，每 50 千克 0.2 元；件重 101—200 千克，每 50 千克 0.4 元；件重 201 千克以上，每 50 千克 0.8 元。1996 年后，随着客运车辆升级、油价上涨，客运票价逐年上升，至 2006 年，客运票价在 1989 年的基础上涨了 5 倍，至 2012 年，客运价格又翻了一番。如安龙至兴义 60 千米，1989 年票价为 2.5 元，2006 年为 12.5 元，2012 年为 25 元。

1989 年安龙县客运价格

表 8-4-3

项目			计程			计时		说明
			计费单位	路等	费率	计费单位	费率	
普通客车			每人千米	一、二	0.027	每座小时	0.55	
			每人千米	三	0.033	每座小时	0.55	
宽座客车			每人千米	一、二	0.039	每座小时	0.78	
			每人千米	三	0.045	每座小时	0.78	
豪华车	正座		每人千米	一、二	0.052	每座小时	0.99	
	折叠座		每人千米	三	0.044	每座小时	0.84	
代客车			每人千米	一、二	0.024	每座小时	0.49	
			每人千米	三	0.03	每座小时	0.49	
16—32 座	普通客车		每人千米	一、二	0.03	每座小时	0.61	
			每人千米	三	0.036	每座小时	0.61	
	软座旅行车	有空调	每人千米	不分	0.046	每座小时	0.88	
		无空调	每人千米	不分	0.041	每座小时	0.78	
15 座以下小型车	11—15 座	有空调	每人千米	不分	0.062	每座小时	1.55	
		无空调	每人千米	不分	0.052	每座小时	1.3	
	5—10 座	有空调	每人千米	不分	0.074	每座小时	1.85	
		无空调	每人千米	不分	0.064	每座小时	1.6	
	4 座以下	轿车	每车千米	不分	0.048	每座小时	12	
		吉普车	每车千米	不分	0.04	每座小时	10	
行李			千米千克	不分	0.000			
包裹			千米千克	不分	0.000			

城市出租汽车 2004年，成立“宏伟出租车公司”，出租汽车服务收费标准：白天，每车次起价2元（2千米以内），超过2千米每增加1千米加收1元，不足1千米按1千米计收；夜间（凌晨0点至凌晨6点），每车次起价3元，其余与白天相同。2006年，县物价局调整出租汽车收费，白天起步价调整为3元，超过2千米每增加1千米，加收1.2元；夜间起步价调整为4元。此后，未再调整。

城市公交车 2008年开通运营，票价为每人每次1元。此后，未再调整。

5. 邮政、电信收费

普通邮件 1990年7月31日，平信本埠由每件0.04元提高到每件0.10元，外埠由每件0.08元提高到每件0.20元（县城城关镇视为本埠对待）。1996年，平信每件（超过部分每20克算一件，不足20克按20克计算）邮资费调整为0.5元，明信片每件0.4元，印刷品每件重100克（不足100克按100克计算），每件0.3元，取消本、外埠费；回执每件3元。1999年2月，省物价局、省邮电管理局调整部分邮政资费：首重100克，每重20克（不足20克按20克计算），本埠0.60元，外埠0.8元；续重101—2000克每重100克（不足100克按100克计算），本埠1.2元，外埠2元。2006年11月，再次调整邮政资费：首重100克，每重20克（不足20克按20克计算），本埠0.80元，外埠1.2元；续重101—2000克每重100克（不足100克按100克计算），本埠1.2元，外埠2元；明信片0.8元。至2012年，未再调整。

挂号信件 1989年前，每封信的挂号费为0.12元，加平信资费0.08元，每封挂号信资费为0.2元。1990年8月，每件由0.12元提高到0.3元，加平信资费0.2元，每封挂号资费为0.5元。1996年，调整邮电资费价格：挂号信每件1元；快件：邮政快件100克以内每重20克（不足20克按20克计算），每件2元，101克—1000克续重100克（不足100克按100克计算）每件2.5元。特种专递邮件起重200克，每件20元；200克以上每续重200克（不足200克按200克计算）。1999年2月，挂号费调整至每件2元。2006年11月，挂号费调整至每件3元。此后，未再调整。

汇费 1996年前，每笔汇款最低收取汇费0.1元。

1996年起，汇费调整，每汇1元（不足1元按1元计算）0.01元，每笔最低汇费1元；退汇、改汇费每件1元；快件汇款退汇、改汇费，每件1元；快件汇款每件收快汇费2元；撤回汇款手续费每件1元；使用电报办理有关汇兑事项申请的电报费，每件2元。1999年2月，调整部分邮政资费：每汇1元（不足1元按1元计算）0.01元，每笔最低汇费2元，每笔汇款最高汇费50元。退汇、改汇费每件2元，撤回汇款手续费每件2元，使用电报办理汇兑事项电报费每件加收2元。此后，未再调整。进入21世纪后，随着银行汇兑业务，特别支付宝、微信支付平台的迅猛发展，邮政汇款业务急剧萎缩，并逐渐淡出市场。

机要邮件资费 1990年7月31日以后，机要件邮资费在原资费的基础上提高150%。1996年，省物价局、省邮电管理局调整邮电资费：文件类：每重20克（不足20克按20克计算），每件1元；刊物类：每重100克（不足100克按100克计算），每件资费与挂号印刷品相同；机要保密费每件1元（取消处理手续费，改收机要保密费）。1999年2月，省物价局、省邮电管理局调整部分邮政资费：文件类：计费单位与资费标准同新定的国空挂号信函邮费相同；刊物类：计费单位与资费标准同新国内挂号印刷品资费相同，机要保密费每件1元。

包裹 内件属于非经营性的个人零星物品（规格长60厘米、横围90厘米以内，重量5000克以内）为“民用包裹”，内件属于经营性的和超过“民用包裹”规格标准的为“商品包裹”，其资费标准在“民用包裹”资费基础上加50%计收。1990年7月31日后，提高15%执行；1996年12月1日起，包裹资费按当时执行标准上调50%。2004年，对快递包裹按运输距离分为10个标准，首重1千克收费5—20元，续重5千克以内每500克加收资费2—9元，续重超过5千克的每500克加收资费1—6元。此后，基本维持上述收费标准。

印刷品　1990年7月31日后，每重100克本埠由0.015元提高到0.04元，外埠由0.03元提高到0.08元。1996年省物价局、邮电管理局调整邮电资费：印刷品每重100克（不足100克按100克计算），每件0.3元，同时取消本、外埠资费。新华书店和经国家新闻出版署批准出版社邮寄的大宗（一批5000件以上）图书目录、征订单，自1990年7月31日起，提高到提高后的平信资费，给予20%优惠；邮政专用的信箱管理费，调整为每年60元，包裹逾期保管费，调整为每件每日0.12元，每件最多收取保管费3.8元。1999年2月，省物价局、省邮电管理局调整部分邮政资费：印刷品首重100克（不足100克按100克计算）本埠0.3元，外埠0.6元，续重101—5000克每重100克（不足100克按100克计算），本埠0.15元，外埠0.3元。此后，基本维持此收费标准。

电话资费　初装费：自动电话每部为600元，附机为180元；人工普通电话每部400元，附机120元。对工矿企业单位一律按全价收费；中小学、托儿所、幼儿园以及街道办事处的初装费，以半价收费；行政、事业单位不收取初装费。只收取装机移动手续费，及实需工料费。

1990年3月，调整农村自动电话和附加费，固定通话费（即月租费）每月17.5元、区间包月通话费每户每月40元、专用电话月租费每部25元、自动电话初装费600元（一次性收取，党政用户下浮50%）、改制费300元；农村电话建设附加费每张0.15元。

长途电话根据两地的空间距离，统一基本话价。长途电话的基本话价，按次计费，3分钟为1次，超出3分钟不足6分钟者按2次计费，余类推，非假日，在每日7—19时通话的，按规定价目全价收费，19时至次日7时以前，按规定的价目减半收费。

加急电话：按照该受话地区的基本价目加倍收费。特种电话或紧急调度电话，按照受话地区的基本价目加倍计算收费。

1998年，黔西南州物价局根据省物价局有关文件精神，调整本州邮电价格。5万门以下每部电话月租费甲种7.6元、乙种12元。计费方法仍按1994年《国内公众电信业务资费表》执行。邮电建设附加费，暂按（基本月租费＋市话费＋区间通话费）×20%的标准算式计算执行。农村乙级用户的月租费暂按8元收取。

微机联网代维费：联网的微机，根据机型、设备新旧程度每月向微机用户按60—100元收取代维费，代维费的收取应当采取用户自愿而不应强求征收。

当年3月，根据省物价局、经济贸易委员会、邮电管理局《移动电话价格管理暂行规定》，调整电话资费。移动电话费：通信费每月50元，不满半月按半月算，超过半月不满1月的按1月计算；通信费本业务区通话，主叫或被叫均按每分钟0.4元收取；移动电话拨叫本地电话的市郊、农村电话时，除收取移动电话费外另回收市郊、农村电话费每分钟0.1元。人工漫游的收费：登记费每部每次50元；被访局系统占用费1个月80元；被访局系统占用费1个月80元，6个月400元，1年760元；通话费：主叫或被叫均每分钟0.6元收取。自动漫游的收费：免收登记费，免收被访局系统占用费，通讯费主叫或被叫均按分钟0.6元收取。

2000年5月，遵照省物价局、省邮电管理局规定，调整分装固定电话来电显示资费收费标准；登记费10元（一次性收取），每月租费6元，按月收取。

12月，根据国家信息产业部有关文件精神，调整本地无线电话（小灵通）资费收费标准：基本月租费每部每月25元，每分钟0.16元（单向收费）。

寻呼资费：每3分钟为1次，每次0.18元，不足3分钟的按3分钟计算。2005年后，寻呼机淡出市场。

2008年后，随着移动电话的发展，小灵通业务逐渐退出县内市场。

至2012年，县内电信资费调整为：市内固定电话：前三分钟每分钟0.22元，以后每增加一分钟0.11元；市内移动电话每分钟0.20元；直拨长途每6秒钟0.07元，港澳台每分钟0.20元，国际每分钟0.80元。

与此同时，中国电信、中国移动和中国联通推出大量资费套餐，以满足各类消费者需求。

1989年长途自动电话进网费调整表

表8-4-4

业务种类	单位	工矿、企业及经营性单位	党、政机关和由财政全额拨款的事业单位	私费住宅私人电话	中、小学、幼儿园
程控电话初装费	部/元	3000	1500	1000	500
机电式改程控电话改制费	部/元	1200	500	400	150
国内长途自动直拨电话进网费	部/元	2000	1500	1500	1500
程控电话基本月租费	部/元	17.50	17.50	10.0	17.50
程控电话中继基本月租费	部/元	—	2.00	—	—
程控电话中继费	次/元	—	0.06	—	—
市内电话界外线路建设费	千米/元	500(不足1千米按1千米计算)			

2000年长途自动电话进网费调整表

表8-4-5　　单位：元

项目	计费单位	资费标准	备注
省内本地网间通话	每分钟	0.60	已建成本地网地区
省内300千米及以内	每分钟	0.50	未建成本地网地区
省内300千米以上	每分钟	0.60	—
省际800千米及以内	每分钟	0.80	—
省际800千米以上	每分钟	1.00	—
宾馆、饭店、招待所长话服务费(含国际、国内)	每次	按长途电话通话费10%收取，四星级以上收取15%	

电报资费　20世纪80年代，普通电报为每字0.07元，特种和加急加倍计算；国内新闻电报每字0.02元，加急电报加倍计算。每份加收转接费0.35元。20世纪90年代后，随着电话、网络的发展，电报逐渐从大众视野中消失。

6.影剧院收费

1989年10月，县物价局对县城区投影录像收费标准进行调整；单本剧：60—90分钟每人每场次0.2元，90—120分钟每人每场次0.3元，120—180分钟每人每场0.5元，连续剧：45—60分钟每人每场次0.15元.投影录像票价：单本剧：60—90分钟每人每场次元0.3元，90—120分钟每人每场次0.4元，120—180分钟每人每场次0.6元，连续剧：45—60分钟每人每场次0.2元。

20世纪90年代，电影票价又有所提高，一般为每人每场次1.50—2.00元，之后，根据电影性质又进行调整，一般每人每场次3—5元，最高每人每场次8元。

2000年以后，随着电视机的普及，电影、录像放映逐渐退出市场。

2012年后，院线电影开始在县内兴起，一般每场50元以上。

7. 水费

20 世纪 80 年代，全县工业用水（包括建筑部门的建设工地用水）每吨（即 1 立方米）0.23 元；居民生活用水：有水表的用户每吨按 0.35 元收费，无水表的每户每人每月收费 0.3 元。

1993 年县政府调整县城自来水价格：城镇生活用水每吨由 0.35 元调为 0.4 元；经营性用水每吨 0.6 元（含水资源费每吨 0.05 元）。

1994 年 8 月，城镇零担水每担由 0.05 元调为 0.1 元；居民生活用水每吨由 0.4 元调为 0.65 元；经营性用水和基建用水由每吨 0.6 元调为 0.85 元（含水资源费每吨 0.05 元，供水发展基金每吨 0.08 元）。

1997 年，城镇零担水每担由 0.1 元调整为 0.2 元；居民生活用水每吨由 0.52 元调为 0.77 元，经营性用水由 0.72 元调整为 1.12 元（含供水发展基金每吨 0.07 元和水资源费每吨 0.05 元）。

1998 年 8 月，居民生活用水每吨由 0.7 元调为 0.87 元，经营性用水每吨由 1 元提升为每吨 1.37 元；调整县城自来水价格，生活用水每吨 1.2 元，经营和基建用水每吨 1.5 元，零担水每担 0.2 元。

1999 年 3 月，调整县城自来水价格，居民生活用水调整为每吨 1.2 元，经营性用水（含普通工业用水）调整为每吨 1.6 元，基建、特种行业用水调整为每吨 2 元。

2004 年，乡镇生活用水每吨 2.0 元，城镇居民生活用水每吨 2.5 元，经营性用水、基建用水、特种行业用水每吨 3.8 元（含每污水处理费吨 0.3 元）。此后，基本维持上述收费标准。

8. 电价

20 世纪 80 年代末，县内照明用电每千瓦时 0.2 元，工业用电每千瓦时 0.12 元，农业灌溉每千瓦时 0.08 元。装机容量在 7.5 千瓦以下的非固定式农业灌溉抽水机，每千瓦时按 0.2 元收取，集体、个体动力用电每千瓦时 0.2 元。

1994 年 8 月，县物价局调整全县电价：居民生活照明每千瓦时电价 0.3 元，工业、企业用电每千瓦时 0.4 元，经营性用电每千瓦时 0.45 元，民用电热每千瓦时 0.26 元，农业排灌每千瓦时 0.2 元（含国家电力建设基金每千瓦时 0.052 元、国家三峡建设基金每千瓦时 0.004 元、省 11 万伏电网基金每千瓦时 0.009 元）。

1995 年，县工商局、供电局调整县城电价：经营性照明电价每千瓦时 0.45 元，居民照明每千瓦时 0.32 元，农业排灌每千瓦时 0.18 元，普通工业每千瓦时 0.38 元，非工业每千瓦时 0.4 元，铁合金冶炼每千瓦时 0.184 元，电石冶炼每千瓦时 0.195 元，电热每千瓦时 0.155 元。

1996 年，县政府调整县城电价：经营性照明电价每千瓦时 0.55 元，非居民照明每千瓦时 0.373 元，居民照明每千瓦时 0.2 元，农业排灌每千瓦时 0.111 元，普通工业、非工业每千瓦时 0.29 元，铁合金每千瓦时 0.205 元，电石冶炼每千瓦时 0.195 元，电热每千瓦时 0.155 元。

1997 年，县工商局、县供电局调整县内电价：居民生活照明每千瓦时 0.395 元；民用电热用电每千瓦时 0.25 元；非居民照明每千瓦时 0.55 元，营业性照明每千瓦时 0.622 元；普通工业、非工业每千瓦时 0.4 元；大工业每千瓦时 0.37 元；电炉铁合金每千瓦时 0.354 元；电石生产用电每千瓦时 0.339 元；农业排灌每千瓦时 0.21 元。9 月，黔西南州物价局、经济贸易局、供电局调整安龙县售电价格：农业排灌用电每千瓦时 0.144 元；民用电热每千瓦时 0.25 元；居民照明每千瓦时 0.395 元；非居民照明每千瓦时 0.426 元；营业性照明每千瓦时 0.675 元；普通工业、非工业每千瓦时 0.39 元；大工业每千瓦时 0.33 元；电炉铁合金每千瓦时 0.328 元；农业生产每千瓦时 0.267 元。农村电价：照明总表按每千瓦时 0.6—0.65 元收取，单户照明用电表按每千瓦时 0.65—0.75 元收取。

2000 年 4 月，州物价局调整农网改造一户一表安装收费标准：城镇一户一表收费标准为 400 元（含各种费用）；农村一户一表收费 150 元（含各种费用）。6 月，根据国家发展计划委员会，国家经济贸易委员会调整供电贴费标准等问题的通知精神，取消省级以下各级政府及部门自行出台的电力增容，各省自行提高的贴费一律停止执行。

2001年起，全县民用电基本实现城乡同价，电价为每千瓦时0.45元。

9. 医疗卫生收费

1989年，县政府调整全县行政事业单位公费医疗经费：医疗经费随工资按月包干，每人每月由2.5元提高到3.5元，离休干部提高到每人每月5元。结合实际困难，个人就医超过个人包干部分，作相应的补贴：30年工龄的，个人支付10%；25年工龄的，个人支付15%；20年工龄的，个人支付20%；15年以上工龄的，个人支付25%；不足15年工龄的，个人支付30%。财政补贴（除单位补贴20%）分别补余下部分70%、65%、60%、55%、50%，离休干部超支部分全部由财政给予补贴，退休人员就医超过年度领取包干经费部分，按95%给予补贴。同年，县物价局对全县药品氯霉素等80余种药品价格进行调整。

12月，黔西南州物价局对狂犬病疫苗、丙球和乙肝疫苗价格进行调整：狂犬病疫苗零售价每盒15元，丙球每盒17元，30微克乙肝疫苗每盒45元，10微克乙肝疫苗每盒15元。

1990年，调整盐酸罂粟碱、盐酸阿林吗啡、利他林等药品价格。

1992年，调整部分进口药品价格：白蛋白针20%50毫升每瓶批发价310元，零售价341元，25%50毫升每瓶批发价360元，零售价396元。菌必治针剂1克每支批发价80元，零售价92元。

1995年3月，县工商局、县卫生局调整全县行医、售药管理费标准：城镇个体行医管理费每月8元调为15元；售药管理费每月由8元调为15元；村个体行医管理费每月由5元调为10元；村售药管理费由5元调为10元。

1999年9月，按省物价局、财政厅、卫生厅规定，医疗机构发给新生儿监护人的《出生医学证明》每份不超过4元。

10. 学杂费收费

1989年，全县调整学校学杂费收取标准。高中每学期每生收费不超过60元，初中不超过50元，区（乡）中学低于以上标准的20%，补习班应参照上述标准收费。

1991年，高中学杂费标准为每生每学期10元，初中6元（新安镇范围内学校7元），乡镇中心小学5元（新安镇范围内学校14元），乡镇完小10元，一般公民办小学8元；学前教育费：全日制开餐幼儿园，每月每个幼儿收保育费12元，管理费5元，杂费2元，清洁费2元，伙食费视情况合理自定。全日制不开餐幼儿园，每月每个幼儿收保育费8元，管理费3元，杂费2元。补习费：高中60元，初中30元（一中、二中、新安中学、龙广中学不超过40元）。

1999年6月，规范全县中小学校收费项目和标准，清退学校收取的公物押金、治安费、活动费、非住校生水电费、校舍维修费（含集资费、捐资费、建校费）、校内课程测验考试费、学生学籍及档案管理费，对各学校学杂费收取标准进行调整：县政府所在地城镇初小每生每学期12—15元，高小15—20元，初中25—30元，高中杂费30—40元、学费30—50元；农村（含乡镇中心学校）小学（初小）5—10元，高小7—12元，初中10—14元，高中杂费20—30元，学费15—25元。

7月，按省物价局、省教委、省财政厅规定，调整普通高中收费标准。普通高中每学期每生180—380元；县政府所在地学校：小学25—40元，初中40—60元；农村小学10—25元，初中20—30元。

2004年起，对农村九年制义务教育学生实行免学费、免书本费，全县九年制义务教育学生不再缴纳学费、书本费。

至2012年，县内普通高中每生每学期收费380元，示范性高中每生每学期收费800元。

11. 环境保护收费

1995年8月，县工商局、建设局调整县城洗车场洗车费标准，轿车、微型车每次3元，中、小客车、小货车5元，大客车、大货车8元。9月，县政府对调整县城环境卫生收费标准，居民生活垃圾清运费（含暂住人口）每人每月交纳卫生费0.5元，水果、蔬菜每摊每天0.3元，饮食每摊每天0.5元，猪肉、鸡、鸭每摊每天0.4元，布匹、服装、百货、图书、每摊每天0.3元，马车每车每天0.5元，其他类似上述摊位的每天0.2元，赶场天一律不收费。烟酒、饲料、副食品批发门市每月交纳10元，零售门市3元，布匹、服装、百货、鞋类、钟表、眼镜门市每月交纳3元饮食店、餐馆、旅馆每月交纳5—15元，汽车修理门市每月交纳10元，机电、摩托车5元，缝纫、理发、照相每月交纳3元。行政事业机关、国营、集体企业等单位，每月交纳5—50元。基建临时占用街道、每天每平方米交纳0.5—1元，委托运输建筑废料、粪登临线车次20元。

2000年后，县城环境卫生费统一附加在自来水费中收取。

12. 气象有偿服务收费

1989年3月9日，根据省物价局、气象局《关于气象专业有偿服务收费标准》，县内开展气象有偿服务项目极少，主要有以下几种收费：各季天气预报和年报预报，每套收费120元；各月、旬天气预报每份收费10元；各旬、月、季、年预报，每套收费400元；逐时（日）气候资料，每个数据收费0.50元；逐候（旬）气候资料，每个数据收费1.50元；逐年气候资料每个数据收费5.00元；累年气候资料，每个数据每增加一年加收10%；气候特征值每个数据收费10元；年气候评价，每份收费100元。

13. 公安行政管理收费

1989年，由公安机关办理的签证证件，应交纳管理费。

外国人、外籍华人办理签证证件费　签证每人次20元、外国人居留证每人次20元。

公民申请出入境证件费：申请手续费：每次1元；护照：每本15元；出入境通行证：一次有效的10元，两次有效的15元，多次有效的20元；护照、证件期、加注、加页、合证：每次（项）5元。

往来港澳通行证件费　赴港澳通行证：每证15元；往来港澳通行证：每证15元；往来港澳通行证签注：每次10元；往来港澳通行证延期：每次5元。

签办边境通行证　每张1元。

机动车辆管理费　车牌费：大号牌每副22元，小号牌16元，挂车牌11元，临时牌每张3元，补牌证3元，教练员5元，学习驾驶证3元，执照1元；机动车检验证收费：汽车、大型拖拉机，每次4元，小型及手扶式拖拉机3元，摩托车3元，轻便摩托车2元，挂车3元；改装、改型、改造、报废：每车次15元，逾期补检每日1元。考证费：汽车、拖拉机场考每次5元，路考10元；驾驶员异动：每次2元；车辆管理大型汽车：每车每年8元，小型汽车每年5元。

自行车收费　自行车证、年检、转籍证：每辆每本1元，车牌1元，过户2元。20世纪90年代后，自行车不再进行号牌管理，所有收费项目取消。

残疾人专用车牌费　每副11元。

公安专用车辆管理费　号牌费每副35元，特种车行驶证5元。

人力三轮车号牌费　号牌费每付30元，行驶证每证2元，安装喇叭费每只30元，安全学习管理费20元。2000年后，县内人力三轮车全部清理整顿，不再保留人力三轮车号牌。

14. 矿产资源管理费

矿产资源管理收费，按产品销售金额的比例，在税前计征：

金额矿产：汞、铅、锌、铁、锰、铝土矿、铅等为2%；

非金属矿产：煤、重晶石、矿泉水、砂石黏土等为1%。

15. 审计事务收费

1989年审计事务所成立，依法独立承办审计查证和咨询等有偿服务。

审计查证业务收费：年度财务决算审计，出具报告书的，100人或200万元以下的单位收费600元；300人或500万元的单位收费900元；500人或1000万元的单位收费1000元；1000人或3000万元的单位收费1300元；1000人或3000万元以上的单位收费1500元。查清年度会计账目，出具报告书的，按上款人数范围及资金额度（不同）收费分别为800元、1000元、1200元、1500元、1800元。年度经济责任审计（包括承包、租赁、任期目标、离任）出具报告书的分别收费400元、600元、800元、1000元、1200元。（每年加一年，收费标准加收50%）。单项查账，出具报告书的，分别收费200元、300元、400元500元、600元。企业财产资金审计鉴定（包括联营、兼并、解散、破产及歇业），按审定前资金总额的2%收费，收费起点200元。鉴定经济案件、经济纠纷，出具证明书的，按鉴定金额的1%收费，收费起点为200元。验证注册资金和年检，按注册资金万分之三收费、年检按资金总额的万分之一收费，收费起点为50元，最高收费额为5000元。审基建、技乞讨项目决算、按送审金额的1%收费，收费地点为1000元。其他审计查证业务，按照业务量双方商定。

咨询服务收费：设计或改进财务会计、审计气度（仍按一项1款人数及资金额度范围，下同）分别计收400元、500元、600元、800元、1000元。担任常任审计、会计顾问（每年）分别计收800元、1000元、1200元、1600元、2000元。经洗项目可行性分析论斑点咨询，分别计收300元、400元、500元、600元、800元。企业经济效益咨询，分别计收400元、500元、600元、800元、1000元。代办申请借款、申请纳税（每次）分别计收100元、150元、200元、250元、300元。抽调人员参加有关工作，每天按相当中级职称者10—20元，其他人员，由双方议定。

1998年，县审计师事务所撤销，其业务和人员全部并入黔西南州审计事务所，县内不再开展审计查证和咨询等有偿服务。

16. 会计事务收费

查账收费：检查验证年度会计报表，按注册资本（下同）计收，200万元以下的收费1000—1500元；500万元以内的收费1500—200元；1000万元以内的，收费2000—3000元；3000万元以内的收费3000—5000元；1亿元以内的收费7000—10000元；2亿元以上的收费10000—15000元。检查验证中期会计报表，按上款注册资本（下同）分别计收500—750元、750—1000元、1000—1500元、1500—2500元、2500—3500元、3500—5000元、5000—7500元。检验资金，按注册资金额度计收，万分之五、万分之四、万分之三、万分之二、万分之一（起点为1000元）。解散和破产清算，按注册资金额度分别计收1500—2200元、2200—3000元、3000—4000元、4000—5000元、5000—6000元、6000—7000元、7000—10000元。鉴定经济案件证据和单项查账：鉴定案件金额行千分之五至千分之十计算，起点为500元；单项查账按日计收。

咨询收费：税务咨询和代理的税务申报费，按计税营业额万分之一计算，起点为200元。经济管理和财务会计咨询费，由双方商定。会计顾问（按年计算）收费，按注册资金额度分别计收：1200—1800元、1800—2400元、2400—300元、3000—3600元、3600—4200元、4200—4800元、4800—7000元。经济管理人员培训和其他单项业务，双方根据业务繁简面议。

劳务收费（按工作时间每天6小时计算）：主任注册会计师每日收40—50元。注册会计师30—40元。会计师25—30元。业务助理员20—25元。

17. 婚姻登记收费

1989年，婚姻登记收费标准：平装“结婚证”每张0.75元；精装“结婚证”每套3.00元。“离婚证”每张0.50元。夫妻关系证明书每张0.50元。解除夫妻关系证书每张0.30元。中国公民同外国人、外籍华人结婚登记收费为40元。中国公民同定居中国的外国侨民结婚登记收费为30元。中国公民同定居中国的外国侨民离婚登记收费为40元。

1991年，县物价局、县民政局调整本县婚姻登记手续费收取标准：每对办理结婚、复婚登记的收取手续费2元，办理离婚登记收取手续费15元；出具《夫妻证明书》和《解除夫妻关系证明书》，每对收取手续费1元。收取的婚姻登记手续费，留下50%作为婚姻档案管理开支和工作的必要的开支，专款专用，不得挪作他用。婚姻登记机关必须到当地物价部门“办理收费许可证”，并凭此证到财政部门申请购领《行政事业性收费收据》后，方可收费。

2004年1月1日起启用新式婚姻登记证。新式结婚证、离婚证封面均为枣红色。

至2012年，结婚证工本费为9元。

18. 烟草专卖颁证收费

专卖许可证：每证收60元；调拨许可证：每证收50元；特种批发许可证：每证收费40元；批发许可证（含委托代发）：每证收费30元；特种零售许可证：每证收费25元；收购许可证：每证收费10元；零售许可证（国营、集体）：每证无收费12元；个体零售许可证：每证收费6元；临时收购许可证：每证收费2元；临时零售许可证（国营、集体）：每证收费2元；个体临时零售许可证：每证收费1元；许可证企业年检，每次收费1元。

2000年后，卷烟销售实行统一配送，办理“烟草专卖许可证”不再收取费用。

第五章　质量技术监督

1978年11月，根据国务院批转国家计量局《关于改革中医处方用药计量单位的请示报告》，全县中医处方用药、中药销售计量一律使用克等公制计量单位，取消两、钱、分等旧制。1986年，根据国务院《关于在我国统一实行法定计量单位的命令》和《中华人民共和国计量法》，在全县范围内停止制造和销售市制衡器。到1988年，千克秤、米尺等法定计量器具在全县普遍使用。据统计，1976—1988年，全县采取定期与临时性检查相结合的办法，检查城乡市场或单位、个体零售门市计量器具8860台件，对违反计量管理的进行批准教育或处以罚款；周期检查计量器具5620台件，对检定不合格的进行修理，不能修复的停止使用。同时，自20世纪70年代以来，县内计量标准化工作也作了相关尝试，取得一定成效。

1976年10月，成立县标准计量所，隶属县科学技术局。1984年，改隶县经济委员会，有计量检定员3人。1986年10月，改标准计量管理所为标准计量局，有计量检定员、计量监督员各1人。1994年3月，将县物价局、县工商局、县标准计量局合并组建县工商行政管理局，原标准计量管理人员分散在新设置的各股室。

1999年7月，机构改革中质量技术监督实行省以下垂管，县质量技术监督局从县工商行政管理局分离出来，内设办公室、特种设备安全监察股、业务股3个股室，下设两个直属机构：县质量技术监督检测所、县质量技术监督局稽查大队，在职人员11人。2000年10月，在职人员12人；2009年年底在职人员13人；2010年年底在职人员13人。

2011年12月，在贵州省市县两级质量技术监督局机构改革中，县质量技术监督局内设办公室和业务股，不再保留特种设备安全监察股。设立县质量技术监督局稽查队，为县质量技术监督局直属副科级事业单位；县质量技术监督检测所，为县质量技术监督局直属正股级事业单位。至2012年年底，县质量技术监督局有在职人员17人。

第一节　计量管理

一、计量监督

计量监督是计量管理的一种特殊形式，是依照计量法律、法规和规章的有关规定，为保证其有效实施而进行的计量管理。

1999年4月26日，黔西南州技术监督局发布《淘汰使用杆秤的通告》，要求于1999年6月15日起停止生产、经销杆秤。县质量技术监督局根据州技术监督局、州农业局《关于在全州开展农村专项计量执法监督检查的通知》，在全县农村开展专项计量执法监督检查工作，历时近1年，没收国家禁止使用的计量器具130余台（件）。

2002年6月26日，成立县“价格、计量信得过”活动评审委员会。至年底，全县查处定量包装不足销售门市10户，授予珍珠山泉、亨得利家电商场等10户企业（销售门市）“价格、计量信得过单位”称号。

2003年5月初至6月底，开展防治“非典型性肺炎”用医疗卫生强制检定计量器具执法检查，检查销售和使用的体温计1280支、X光机7台（有效期内检定合格4台）。是年，在马场坝农贸市场和金龙市场内设置“公平秤”。

2004年，分4次对各大超市和大型零售商场经营的定量包装商品进行检查，共检查超市、商场60余家（次），检查定量包装产品50余种，查处计量违法案件3件，处以罚款8200元。

2005年，重点对餐饮业、油库、加油站、粮食、烟草、液化气等大宗物料的计量环节开展计量监督，受理计量投诉2起，处理计量纠纷2起。

2007年，对盐业公司和新安镇辖区内大型超市、水泥厂等10家定量包装产品生产企业开展计量监督检查。

2008年5月，开展“关注民生、计量惠民”免费宣传咨询活动，设立计量器具免费检测点。与集贸市场、眼镜制配业、加油站签订《诚信计量承诺书》共12份。检查计量使用单位26家，立案查处2家医院擅自使用未经检定的医用三源计量器具。

2009年4月14日，召开企业节能降耗与能源计量工作座谈会，总结交流节能降耗与能源计量工作开展以来的经验做法。在“5·20世界计量日”期间，在金龙市场设立宣传咨询点，发放宣传资料，接受群众咨询。

2010年，开展机动车安全技术检验机构专项检查，对在检查中发现的未按规定进行强制检定的计量器具要求立即送检。以煤炭、化工、建材等耗能企业为重点，调查县内耗能企业10家，了解企业基本情况、主要能源消耗、能源计量管理、能源计量器具配备和管理、能源计量检测和使用、能源计量产生的效益情况，建立重点耗能企业能源计量工作档案7份，与7家企业签订《2010年节能目标绩效管理责任书》。

2011年，开展“全国节能宣传周”“5·20世界计量日”等宣传活动，设立宣传咨询服务点，向人民群众发放资料300余份，宣传能源计量、能效标识、高耗能特种设备节能等有关知识。

2012年，继续开展计量器具检定工作，建立计量检定服务窗口，将服务承诺、服务流程、工作人员信息、计量工作职责、收费标准等计量服务内容全部公开上墙。

二、计量检定

计量检定是指查明和确认计量器具是否符合法定要求的程序，包括检查、加标记、出具检定证书，分强制检定和非强制检定两种形式。

强制检定是指由县级以上人民政府计量行政部门指定的法定计量检定机构或授权的计量检定机构，对强制检定的计量器具实行定点定周期检定。非强制检定是指由使用单位自己依法进行的定周期检验，或本单位不能检定的，送有权对社会开展量值传递工作的其他计量检定机构进行的检定。

1999年，县质量技术监督局抽调5人，历时4天，对县境16个乡镇粮管所（站）和直属粮库的台秤进行修理检定。

2000年，县质监部门规范计量器具周期检查，完成台案秤检定300余台（次）。

2002年，县质监部门检定大小秤110台，各乡镇粮油贸易公司地秤45台，调试合格31台，检修合格17台，检定合格103台，没收各型秤砣8个。协助安顺市质量技术监督检测所对全县医疗器具进行检测，检测血压计15台、X射线照光机4台、B超机5台；协助州计量测试所对全县加油机进行检定，共检定加油机102台（次）。

2003年，县质监部门协助州质量技术监督局检测所完成县内大型计量器具（地磅）和加油机的周期检定，共检定大型计量器25台，建立计量器具档案25个，检定加油机42台。

2004年，检定集贸市场、商场、粮食购销公司、烤烟收购点台案秤360台，合格率92%。协助州计量检测所检定县内地磅36台，检定合格率100%，检定加油机76台次，合格率100%。协助州质量技术监督局对3家眼镜行进行计量抽样检定，合格2家。

2005年7—8月，县质量技术监督局组成煤矿计量专项监督检查组，对县内煤矿使用瓦斯计、风压表（风表）、粉尘测量仪（粉尘采标器）及其他煤矿用强制检定计量器具进行专项检查，共检查煤矿生产企业26家，各类强检计量器具144台件，其中瓦斯计90台、风压表38台、大型衡器6台，所有煤矿生产企业都存在使用强检计量器具未检而使用的情况。10月20日，县质量技术监督局下发《关于开展煤矿用计量器具强制检定的通知》，要求统一在11月5日集中送检，全年送检瓦斯计42台，合格率100%。全年检定各类计量器具180台（次），合格率90%；配合州计量检测所检定加油机76台（次）、出租车里程计价器70台、大型衡器21台，全部检定合格。建立大型衡器和企业单位在用计量器具档案115个，免费检测各类计量器具20台（次）。

2006年，县质监部门检定各类计量器具280台（次）、公平秤4台（次），校验前合格率82%，校验后合格率98%；配合州计量检测所检定加油机76台（枪）、出租车计价器137台（次）、天平16台、瓦斯检测仪24台，建立计量器具档案管理登记236台（件）。

2007年，县质监部门出动人员362人（次）、车辆121辆（次），检定台案秤216台（次）、公平秤4台（次）。协助州计量检测所检定加油机72台（次）、出租车计价器66台（次）、天平11台（次）、地磅42台。

2008年，县质监部门检定加油机37台、汽车衡16台、台秤68台、公平秤1台；配合州计量检测所检定加油机42台、出租车计量价器66台、企业在用天平14台；配合省质量技术监督局计量院检定2家眼镜配店验光仪等器具8台，对3家医院检定B超、X光机、监护仪等仪器共12台。

2009年，县质监部门检定大型汽车衡器38台、加油机81台、台案秤89台、杆秤16支。

2010年，县质监部门检定集贸市场电子秤、弹簧秤212台、公平秤2台、检定加油机229枪、汽车衡器32台。

2011年，县质监部门检定大型汽车衡器38台（次）、台案秤180台（次）、加油机204台（次）。

2012年，县质监部门检定城区集贸市场固定摊点衡器40台（件）、燃油加油机260枪（次）、汽车衡25台；检查机动车维修企业6家，机动车维修企业在用计量器具102件。

第二节　标准化管理

一、产品标准登记备案

1989年4月1日，《中华人民共和国标准化法》正式实施，省以下地（州）、县（市）标准化行政主管部门不再承担制定、修订企业标准任务，企业的产品标准，在没有国家标准、行业标准、地方标准的，由企业自行制定、修订企业标准。企业标准除按规定备案外，不再由企业主管部门和标准化行政主管部门审批、发布。标准化行政主管部门的工作重点转向贯彻国家标准、行业标准、地方标准和对标准的实施进行监督检查，帮助、指导企业完善标准化工作，并提供咨询和服务。

1999年8月，县质量技术监督局从县工商行政管理局分离出来，重点检查酒类批发门市，查获不符合标准的金星王啤酒947箱（每箱12瓶）。

2000年，安龙县列为省级消灭无标生产工作试点县。4月，县政府成立消灭无标生产领导小组。至年底，全县有标产品覆盖率从1999年的12.7%上升到96.8%，产品质量抽检合格率由试点前的70%上升到86.5%，完成标准备案12户，产品执行标准登记38户，制定企业标准6个，登记备案执行标准数50个，其中国家标准38个、企业标准12个。经省质量技术监督局组织验收，达到省级“消灭无标生产验收达标县”要求。

2002年7月1日，制定工业企业标准15个，占全县执行标准总数的10.35%。全县全年32家企业完成产品标准备案、登记，其中新办企业1家，标准复审41个。

2003年，11家企业完成产品标准备案、登记，复审标准5个，重点加强“满口香”大米、金银花、水泥、复混肥生产企业的标准采集工作。

2004年，按照“市场引导、企业为主、政府推动、分类指导、国际接轨”方针，推进标准采集，收集最新标准15大类共100余份，为企业提供标准30余份，备案20余个生产加工企业的标准41种，实施绿色食品农业标准化计划。

2005年，建立企业产品标准动态管理机制，接待企业标准咨询20余人次，提供标准10份，标准备案15个，发放企业产品执行标准登记证50个；清理备案标准30个，执行标准20个，取消备案标准10个。

2006年，重点做好食品等企业产品执行标准后续监管，对10家企业进行食品企业标准、食品标签使用情况监督检查；完成标准清理复审46户，办理标准登记6户，修订食品标准办证2户，查处销售无“3C”认证产品手机、家用电器、汽车配件等经销户6家。

2007年，建立企业执行标准档案9个，接待企业查询12人（次），为9家企业产品进行登记备案，进行标准年审9个，食品标签备案2个。指导龙广镇顾屯村粉条加工户改进工艺、制定标准。对辖区GB18328《肥料标识内容和要求》、GB15063《复混肥料》执行情况进行监督检查，共检查化肥经营门市5家，未发现问题产品。宣传GB10344—255《预包装饮料酒标签通则》等食品企业标准化知识，发放宣传资料45份。

2008年，审核生产企业产品标准登记，发放《贵州省企业标准化工作调查表》72份，县境执行国家标准19个、行业标准6个、企业标准8个。县质量技术监督局全年开展标准登记办证72个，其中国家标准43个、行业标准16个、地方标准11个、企业标准2个。

2009年，开展备案企业产品标准清理复审，29家企业进行标准登记，新增登记企业6家。

2010年，据新方法统计，全县生产企业执行国家标准8个、地方标准3个、企业标准2个。

2011年，开展9家企业标准化工作调查，其中食品生产企业2家、电力企业7家。

2012年，重点加强标准化和地理标志工作，开展安龙县地理标志产品资源培训，联合旅游局、农业局等相关单位发掘本地名特优产品，争取申报产品地理标志。

二、组织机构代码管理

1993年4月27日，国家技术监督局与中国人民银行联合发出《关于在账户管理工作中实施查验全国统一代码证书的通知》，决定在全国范围内实行统一代码标识制度。

2000年，按照"分级管理，网上集中赋码办证点自行制证"的要求，全县办理组织机构代码证135个，其中新办证单位51户、到期换证单位84户。此后，全县组织机构代码证的办证、换证工作全部实现微机管理，与省质量技术监督局联网。至2009年底，全县共办理组织机构代码1094个。

2010年，全县办理组织机构代码证253个，其中新办证66个、换证118个、变更67个、迁入2个，迁出1个、废置20个，年检248个。

2011年，全县办理组织机构代码证313个，其中新办证115个、换证164个、变更34个，废置4个，年检191个。

2012年，全县办理组织机构代码证958件，其中年检281件，新办证389个（小微企业237户、其他152户），换证288户。

第三节　特种设备安全监察

特种设备是指涉及生命安全、危险性较大的锅炉、压力容器（含气瓶）、压力管道、电梯、起重机械、客运索道、大型游乐设施和场（厂）内专用机动车辆，是生产和生活中广泛使用的一种危险性设备。

1999年12月，经黔西南州机构编制委员会批准，原由劳动部门负责的锅炉、压力容器、电梯、防爆电器等特种设备的管理职能，统一划归同级质量技术监督部门负责，县质量技术监督局成立特种设备安全监察股，负责全县特种设备安全监察工作。

2003年，县质检部门开展锅炉等特种设备普查，经普查建档，全县有各型锅炉23台，其中在用锅炉19台。

2004年，荷花村桑拿浴室锅炉炉胆发生爆裂事故，县质量技术监督局接报后，成立事故调查小组对事故原因进行调查，将调查情况上报州质量技术监督局、县安全生产委员会办公室。据统计，全县登记在册锅炉35台，其中在用24台、停用11台；起重机械8台，其中5台正在安装，未办理手续；压力管道178米，电梯1台。

2005年，全县登记在用锅炉23台、压力容器1台、起重机械17台、电梯1台。开展液化气瓶专项整治，帮助1家充装单位建立气瓶档案，拆除销毁"土锅炉"1台；开展安全检查，发现和整改安全隐患5起，下达安全监察意见书11份，完成整改11起，报废并监督销毁锅炉2台。向州锅检所报检特种设备23台，到期检验率100%。配合州质量技术监督局培训人数6人，全县特种设备操作人员持证上岗率100%。与使用单位签订安全生产目标责任状23份，签状率100%。

2006年，召开全县特种设备安全监察工作会议，与特种设备使用单位签订安全监管责任书40份，制定《安龙县特种设备重特大事故应急救援预案》。全年开展专项检查10次，检查锅炉、压力容器、电梯、起重机械等特种设备500余台（次），发现事故隐患2处，下达安全监察指令书10余份，取缔土锅炉1台，立案查处1起，查获假冒锅炉操作证1个。

2007年，检查特种设备使用单位76家（户），检查设备548台（次），其中在用各型锅炉230台（次）、起重机械280台（次）、电梯9台（次）、液化气瓶9只（次），下达特种设备安全监察指令书20份，拆除报废特种设备2台，举行特种设备突发事件应急演练2家（次），对辖区内化学物品泄漏事故调查1次，查处未经许可非法安装使用锅炉1台。明确16个乡镇特种设备安全监察协管员64名，协助州锅检所检验到期锅炉20台。

2008年，开展特种设备普查，全县特种设备使用单位40家，有锅炉36台（其中在用24台、停用12台），起重机械55台（其中责令停止使用8台、报停1台、未办理注册登记证5台）；电梯9台，压力容器188台（其中在用186台、报停2台），液化气充装站1家。

2009年4月4日，召开全县特种设备安全工作会议，与35家特种设备使用单位签订《安龙县质量技术监督局2009年度特种设备安全监管责任书》，与5家重点监控设备使用单位签订《安全承诺书》；5月6—8日，举办特种设备作业人员培训1期，取证30人、换证13人。全县全年开展专项检查6次、联合检查2次，检查单位86家（次），出动执法人员100余人（次），下达《特种设备安全监察指令书》25份，查处问题32起，立案6件，结案6件，罚没款1.7万元。

2010年，召开全县特种设备安全工作会议，与52家特种设备使用单位签订《2010年特种设备安全监管责任书》，与5家重点监控设备使用单位签订《安全承诺书》。对汕昆高速公路等在建项目进行检查，重点检查县境6—11标段特种设备安装单位落实企业安全主体责任情况。全年开展隐患排查两次，出动车辆15台（次），执法人员45人次。重大节日期间，开展横到边、纵到底的特种设备安全大检查，出动检查车辆72台（次）、人员216人（次），检查特种设备使用单位84家，检查设备364台（次），下达安全监察指令书55份，行政处罚立案12件，现场处罚1件，罚款5.59万元。

2011年，召开全县特种设备安全工作会议，与58家特种设备使用单位签订《2011年特种设备安全监管责任书》，与5家重点监控设备使用单位签订《安全承诺书》。全年开展专项检查8次，出动执法人员180余人（次），检查特种设备使用单位350余家（次），检查设备750余台（次），下达《特种设备安全监察指令书》23份、整改安全隐患23处，立案查处7件，结案7件，行政罚款2.3万元。

2012年，开展特种设备"打非治违"专项行动，制定安龙县特种设备"打非治违"专项行动实施方案，督促各类特种设备使用单位自查自纠。全年检查特种设备使用单位80余次，检查特种设备100余台（次），下达《特种设备安全监察指令书》25份，立案查处4起。开展特种设备安全监察网数据清理，据统计，至2012年底，全县在用特种设备397台，其中锅炉29台、压力容器257台、电梯33台、起重机械74台、场内机动车辆4台。

第四节　产品质量监督管理

一、产品质量监督检查

产品质量监督检查是质量监督的主要手段，其检查有多种形式，主要有产品质量监督抽查、产品质量统一监督检查、定期监督检查等。

1999年，县质量技术监督局抽调5人组成检查组，检查金龙市场、马场坝市场、德卧市场等地机电产品门市3家、液化炉具门市4家、五金门市13家、化妆品门市8家、皮装门市6家、双桥味精门市3家，没收假冒伪劣的电线、门锁、闭路电视线圈209圈（把）、化妆品1500余瓶（包）、双桥味精600千克、劣质液化炉具34个，罚款1.62万元。

2000年，开展"打假"联合行动，检查商品店、门市2000多个，全县各乡镇平均检查3次以上，市场检查150次，办理行政处罚案件239起，罚款金额17.25万元。

2002年，开展抽样检查，抽样76个，送省、州质量检验所检验，其中钢材样品1个、散装白酒60个、眼镜样品2个、牛肉干3个、其他类10个。

2003年，检查县内棉絮、床垫的生产、销售和使用情况，没收、销毁“黑心棉”200多千克、不合格床垫10余床，县质监部门依法处罚4000元；查处销售不合格液化气案件1起，罚款2.5万元，查处“地条钢”生产窝点1个。全县全年办理各类违法案件71个，其中立案查处25个、现场处罚46个，罚款12.32万元。

2004年，县质监部门立案查处“黑心棉”案件1起，销毁“黑心棉”100余千克、被褥10余床，取缔“地条钢”生产窝点3个，现场销毁地条钢坯20余吨；查处无生产许可证生产加工铝型材违法行为2起，涉案金额5万多元；开展“3C”产品大检查2次，检查电视机、摩托车等国家强制性认证产品6大类共20余个规格型号，货值10余万元。

2005年，举办质量管理知识培训6次，培训企业负责人和各类技术人员200余人(次)，印发各类资料3000余份。

2006年，检查农资生产、经营单位6家，抽取化肥样品6个，立案查处同一化肥产品检验不合格经营单位3家，涉案货值8万余元；立案查处擅自用废旧轮胎加工柴油企业2家，查获成品油货值3万余元。

2007年，建立食品生产企业质量档案8个，获证工业产品质量档案5个，待申证化工企业1家、冶金企业1家。出动人员30人(次)，车辆20台(次)，巡查食品生产企业8家、工业生产企业5家，责令整改食品生产企业8家。对白酒、大米、牛肉干、干辣椒、饵块粑、普通烧砖等产品进行质量监督抽样，共抽样53个不同产品批(次)，合格50个批(次)，不合格产品3个批(次)，责令整改2个。协助州质监局“三无”床垫生产“黑窝点”1个，查获假冒床垫40余床，价值3万多元。立案处罚“地条钢”生产点1个，就地销毁地条钢坯货值2000元。全县全年查处质量违法案件7起，涉案金额4万多元，行政处罚1.2万余元；协调解决产品质量纠纷(投诉)2起，为消费者挽回经济损失3万元。

2008年，出动执法人员38人(次)、车辆10余辆(次)，检查乡镇8个、农资生产企业2家(次)、销售门市(网点)30余家(次)，检查钾肥、复混肥、复合肥、磷肥、化肥等产品6个品种，抽取样品16个批(次)，立案查处农资产品案件2件，罚款1.45万元，建立农资产品生产企业、销售门市台账16户。立案查处床垫加工作坊1家，下达整改通知1份。成立电煤打假专项行动领导小组。

2009年，抽取白酒样品40个批次送检，合格39个批次；抽取化肥样品15个批次送检，2个不合格；抽取五金样品20个批次送检，19个不合格。开展强制性产品认证专项监督检查，查处3C违法案件18起，罚没款2.77万元；开展家电下乡专项执法检查，出动执法人员30余人(次)、车辆10台(次)，检查新安、龙广、德卧、新桥、戈塘等乡镇家电、手机销售门市32家，货值10万余元。

2010年，建立已获取或正在申办生产许可证20家企业质量档案，其中工业企业5家、食品生产企业11家、眼镜店4家；摸底调查工业生产企业、食品生产作坊、水泥砖加工点等，建档250余家。全年抽样检查322个批次，其中食品类267个、化肥20个、水泥砖35个。开展水泥砖专项整治，举办培训会议1期，80余家水泥砖生产厂家参加培训。

2011—2012年，实施“质量兴县”战略，做好风险预警应急管理，召开产品质量安全专题研讨会2次。排查全县农资、建材、家具、车用油品等生产、销售企业100余家，未发现质量信用不良记录。

二、食品质量安全监管

2002年起，国家质检总局先后启动大米等老5类、肉制品等新10类、糖果制品等后13类计28类食品安全市场准入制度，实行“QS”认证。

2004年9月，根据国务院《关于进一步加强食品安全工作的决定》，原由卫生部门承担的食品生产加工环节的监管职责划归质检部门，县质监部门指导18家企业申办食品生产许可证，其中领证1家。据调查，全县食品生产加工企业148户，90%以上是食品生产小作坊。

2005年，成立食品生产加工业普查小组，全县食品生产加工企业和小作坊162家，建立质量档案13家。开展食品质量安全专项整治，检查食品生产企业、门店21家，立案查处2家；建立企业变化动态图、食品行业分布图、监管责任落实图、食品安全警示图，质监部门制定《食品生产企业质量监管分片责任制》《食品质量安全应急机制和应急机构》《食品生产企业定期巡查制度》《食品生产企业产品质量监督实施细则》《食品放心工程实施方案》，与26家食品加工企业、93家食品加工小作坊签订食品质量安全承诺书，定人员、定职责、定区域、定企业，做到“乡乡有人管，村村有重点，厂厂有人查”。

2006年，在县内各乡镇共聘请协管员16名、信息员293名，构建食品安全执法打假信息网络。全年检查食品生产企业、加工作坊、经销单位60余家，巡查食品生产加工企业3次共54户（次），责令整改22户（次）。抽样检查白酒、桶装饮用水、大米、牛肉干，共抽取白酒样品107个批次、牛肉干2个批次、大米6个批次、桶装水1个批次，查处非法使用酒精勾兑白酒案2起，没收原料酒精2吨。

2007年，巡查获证食品企业9家，责令整改8家；查处无证企业3家，其中奶制品1家、酱油1家、牛肉干生产企业1家，下达停产通知书；食品添加剂备案企业12家，其中牛肉干制品3家、蛋糕类3家、米粉2家、面条1家、奶制品1家、酱油2家。成立县产品质量和食品安全专项整治行动领导小组，分管副县长任组长，选配专职食品监管人员5名、乡镇协管员16名、信息员297名。开展食品安全专项整治，出动车辆80台（次）、人员245人（次），巡查获证生产企业8家、小作坊24家、回访获证企业8家，调查摸底建台账小作坊122家，允许生产小作坊100家、禁止生产小作坊11家。

2008年，据统计，全县有食品加工企业、小作坊127家，其中获证食品生产企业11家、允许食品加工小作坊116家，主要生产大米、肉制品、饮用水、白酒、糕点、食用菜油、面条、茶叶、饵块粑、藕粉制品等。全年改造小作坊47家，责令整改36家、停产整改10家。规范对食品添加剂备案管理，全县纳入食品添加物资管理食品生产企业127家，备案登记管理110家，其中使用食品添加物质66家、未使用添加物质44家。

2009年，日常巡查食品获证企业10家、生产小作坊117家，抽检白酒、米粉、食用菜油、茶叶、月饼、糕点等样品159个，其中委检157个、复检2个，有16个样品不合格，主要是白酒杂醇油超标、月饼大肠菌和酸价超标。

2010年，全县有食品生产加工单位111家，其中食品生产加工企业12家、小作坊99家。抽检食品生产企业食品7批次、小作坊260批次，涉及米、面、油、调味品、白酒、饵块粑等；检查桶装水生产企业1家、肉制品生产企业2家、含乳食品小作坊13家，没有发现违法行为。

2011年，抽样117个，其中白酒30个、米粉类食品18个、腊肉2个、面条5个、大米5个、豆腐制品3个、菜籽油6个、糕点17个、月饼5个、生牛肉1个（专项抽样）、芭蕉芋粉丝14个（2个重点企业专项抽样）、饵块粑5个、茶叶4个、调味油2个，检验不合格样品白酒23个、米粉9个、面条4个、菜籽油3个。

2012年，执法检查责令整改小作坊13家，其中白酒2家、菜籽油1家、米（剪）粉3家、糕点5家、茶叶1家、面条1家；涉嫌超范围使用食品添加剂明矾和违法使用工业漂白粉，停产整改芭蕉芋粉丝作坊19家、立案查处1家；查处“黑粉丝”生产窝点1个，销毁非法生产粉丝800千克，罚款1.02万元。立案查处检验不合格、未检验出厂销售食品生产企业2家。全年抽样检查112个，其中米粉类食品19个、面条6个、大米3个、菜籽油8个、糕点18个、月饼5个、芭蕉芋粉丝35个、饵块粑11个、茶叶5个、调味油2个，检验不合格样品茶叶1个、剪粉3个、菜籽油1个、糕点5个。据统计，到2012年底，全县有食品生产加工单位140家，其中食品生产加工企业16家、小作坊124家。

第六章　审　计

1981年，在县财政局设置监察股，负责监督检查国家机关、团体、企事业单位、部门和会计人员及有关人员贯彻执行、遵守财政制度、法令的情况和存在的问题；管理和配合有关部门检查违反财政制度、财经纪律的案件，以及因坚持财政制度而遭受打击报复的案件。根据监督检查发现的问题，提出改进财政、财务管理工作的建议，开展遵守社会主义法制、维护财经纪律的宣传教育。1984年3月，成立县审计局，按照“边组建，边工作”“抓重点，打基础”的审计工作方针，依照法律规定独立行使审计监督权。至1988年，全县共实施审计项目61项，查出各类违纪金额316.97万元，应上交财政资金31.21万元。

第一节　审计机构

一、县审计局

1993年前，县审计局主要根据国务院《批转审计署关于开展审计工作几个问题的请示的通知》《国务院关于审计工作的暂行规定》《中华人民共和国审计条例》等规定，对县本级人民政府各部门和下级人民政府，国家金融机构，全民所有制企业、事业单位和基本建设单位，国家给予财政拨款或者补贴的其他单位，有国家资产的中外合资经营企业、中外合作经营企业、国内联营企业和其他企业，国家法律、法规规定应当进行审计监督的其他单位的财政、财务收入，改造审计职权，开展审计监督工作。其他主要任务是对财政预算的执行和财政决算情况进行审计监督；对信贷计划的执行及其结果进行审计监督；对财务计划的执行和决算进行审计监督；对基本建设和更新改造项目的财务收支进行审计监督；对国家资产的管理情况进行审计监督；对预算资金的收支进行审计监督；对借用国外资金、接受国际援助项目的财务收支进行审计监督；对与财政、财务收支有关的各项经济活动及其经济效益进行审计监督；对严重侵占国家资产、严重损失浪费等损害国家经济利益行为进行监督；对全民所有制企业承包经营责任的有关审计事项进行审计监督；对国家法律、法规规定的其他审计事项进行审计监督。

1996年，遵照1994年8月颁布的《中华人民共和国审计法》，县审计局的主要职能调整为：对被审计单位的财政、财务收支及其有关经济活动的真实性、合法性和效益性进行监督、评价、鉴证，用以维护财政法纪，改善经营管理；提高经济效益，促进宏观调控、独立性经济监督；对县级国家审计机关及内设机构、社会审计组织的管理、监督、指导的任务；对本级财政预算执行情况和预算外资金以及罚没收入，“两金”、基本建设投资投入、管理、使用情况的审计；对企业的审计着重履行“一审、二帮、三促进”的监督职能和对国家审计机关、内部审计机构、社会审计组织及行政事业单位财会人员的思想、业务培训坚持依法审计，增强执法力度，严格审计纪律，实事求是客观公正处理问题，为安龙县经济发展服务。安龙县审计局是县人民政府主管经济活动审计监督工作的职能部门，并接受上级国家审计机关的领导，其业务工作直接向县人民政府和上级国家审计机关负责。

2001年，政府机构改革后，明确县审计局是主管全县审计工作的县政府工作部门，将指导和管理社会审计组织的职能划归县财政局。新增的职能有：依据《中华人民共和国审计法》，审计监督县级预算执行情况和其他财政收支情况；审计监督地方金融机构（商业银行、证券公司、信托、投资公司、财务公司）的财务收支及资产、负债和损益情况；组织对党政领导干部和国有企业及国有控股企业领导人员的任期经济责任审计；审计监督社会保障资金和环境保护资金；监督社会审计组织的审计业务质量。

2010年10月，再次实施机构改革，取消已由县以上人民政府公布取消的行政审批事项，调整对社会审计机构审计业务质量的监督范围，不再核查社会审计机构对审计机关审计监督对象以外的单位出具的相关审计报告。加强对经济责任、关系国计民生的资源能源、环境保护和社会保障资金、境外县属国有资产、财政资金、社会捐赠资金使用效益的审计职责。新增的职能有：主管全县审计工作；贯彻执行国家有关审计法律法规和方针政策，参与起草财政经济及其相关的地方性审计法规和规章草案，制定并组织全县审计工作发展规划、年度审计工作计划；向县人民政府提出年度县级预算执行和其他财政收支情况的审计结果报告；根据上级审计机关和县人民政府授权，直接进行下列审计并出具审计报告，在法定职权范围内做出决定或向有关主管机关提出处理处罚的建议；对属于县审计局审计监督对象的部门、单位主要负责人实施经济责任审计，对各乡（镇）党政领导班子及其主要领导人员开展经济责任审计并进行定性评价；组织实施对国家财经法律、法规、规章、政策和宏观调控措施执行情况、财政预算管理、国有资产管理使用等特定事项进行专项审计或审计调查；依法检查审计决定执行情况，督促纠正和处理审计发现的问题，依法办理被审计单位对审计决定提请行政复议、行政应诉或县人民政府裁决中的有关事项；依法受理被审计单位对审计机关审计处罚的听证申请，并组织听证；指导和监督内部审计工作，核查社会审计机构对依法属于审计监督对象的单位出具的相关审计报告。

县审计局内设办公室（法规股）、财政资金审计股、企业金融审计股、经济责任审计股、固定资产投资审计股（国家基本投资与结算审核中心）和监察室，归口管理县国家基本投资与结算审核中心和县政府性投资建设项目前置审计中心两个直属机构，至2012年年底有审计人员13人。

二、内部审计机构

根据《中华人民共和国审计条例》，内部审计机构或审计工作人员对本单位及单位下属机构的财务计划或单位预算执行情况和决算、与财务收支有关的经济活动及其经济效益、国家和单位资产的管理等事项进行内部审计监督。

1991年，县内建成内部审计机构2个，其中专职机构2个，配备内审人员6人。1994年，建内审专职机构3个，配备内审人员7人，其中专职人员6人。1996年，建内审专职机构4个，配备内审人员8人，其中专职人员8人。2001年，建内审专职机构4个，配备内审人员9人，其中专职人员8人。2008年，建内审专职机构8个，配备内审人员17人，其中专职人员16人。2010年，建内审专职机构12个，配备内审人员25人，其中专职人员24人；企业建立内审专职机构4个，配备内审专职人员8人；行政事业单位建内审专职机构2个，配备内审人员5人，其中专职人员4人；金融保险单位已建内审专职机构6个，配备专职内审人员12人；其他单位已建内审机构70余个，配备内审人员140余人，均为兼职人员。内部审计机构建立后，结合实际，开展财务收支审计、承包经营责任审计、经济责任审计、前置审计和竣工结（决）算审计等。至2012年年底，全县有80余个单位开展了内部审计工作，为促进经济管理，提高经济效益赶到积极推动作用。

三、社会审计组织

社会审计组织是根据国家法律或条例规定，经政府有关主管部门审核批准，注册登记的会计师事务所和审计事务所及民间审计，实行有偿服务，自收自支，独立核算，依法纳税。县审计事务所，1988年经贵州省审计局批准建立，在县审计局的管理和指导下，独立承办审计查证和咨询服务，业务活动接受黔西南州审计事务所管理和指导。主要承办下列经济业务：财务收支、经济效益、经济责任查证事项；经济案件鉴定事项；注册资金验证和年检；基建工程预、决算的验证；建账设制，资产评估，清理债权、债务；经济管理咨询服务；培训审计、财务、会计和其他经济管理人员；担任审计、会计咨询顾问。至

1995年，县审计事务所有从业人员6人，其中聘用人员4人、管理人员2人。1998年，根据中国注册会计师协会和贵州省注册会计师协会要求，县审计事务所业务和人员全部并入黔西南州审计事务所，县内不再保留审计事务所。

第二节　审计业务

一、审计计划管理

1989年，县审计局开始编制年度审计任务计划和上级审计项目计划完成情况，执行上级国家审计样审计计划分级负责、统一管理的审计工作制度。

1991年，县审计局贯彻“积极发展，逐步提高”方针，“紧紧围绕治理整顿、深化改革和发展经济，进一步加强对国家资金和有关经济活动的审计监督”，完成审计项目计划和审计调查。

1992年，根据国家审计署“八五”《审计工作发展纲要》，实行加强、改进、发展、提高的方针，强化对管理、使用国家资金多、关系国民经济全局的重点单位的审计。

1993年，对1992年新开工基建项目等经济效益情况开展审计调查。

1995年，重点加强对国家财政收支和与国有资产有关的财务收支的审计监督。

1996年，县审计局完成1995年度本级财政预算执行情况审计和乡镇级财政决算、预算外资金、第二期农业综合开发资金、国土有偿出让收入、金融等国有企业、固定资产投资、行政事业、外资运用审计等。

1997年，县审计局利用审计资源，突出重点，安排任务均衡，避免重复、交叉的原则制定审计计划草案，报县人民政府审定后下达。

2001年，县审计局重点开展财政预算执行和财政决算审计、专项资金审计、经济责任审计、国有企业审计、金融外资审计等。

2002年，根据审计资源状况，量力而行，留有余地，统筹协调，合理均衡地安排任务，避免重复，减少交叉的原则，围绕经济工作中心，加强对重点领域、重点部门、重点单位及重点资金、重点项目和重点问题的审计监督，完成财政预算执行情况和决算审计、金融审计、农业与资源环保资金审计、固定资产投资审计、社保资金审计、企业审计、行政事业审计、外资运用项目审计、任期经济责任审计等。

2003年，完成本级财政预算执行情况审计、部门预算执行审计、财政决算审计、金融审计、扶贫资金审计、经济责任审计、国债及环保资金审计等。

2004年，完成本级财政预算执行情况审计、财政决算审计、专项资金审计、行政事业审计、外资运用审计、经济责任审计、固定资产投资审计、企业审计等。

2006年，完成本级财政预算执行情况审计、财政决算审计、扶贫资金和住房公积金等专项资金审计，重点抓好投资项目审计、外资运用和金融审计或调查、经济责任审计等。

2007年，完成县级财政预算执行情况审计、财政决算审计、社会保障资金与公积金及农村义务教育保障新机制专项资金审计和审计调查、重点项目投资审计、国外贷援款项目和农村信用社审计、经济责任审计等方面的审计项目计划和审计调查项目。

2008年，县审计局围绕建设法治政府、责任政府，加大审计监督力度。

2009年，本着突出重点、量力而行、留有余地的原则，控制项目总量，合理确定项目审计规模，科学地配置审计资源。在审计内容和审计方式上坚持“两个并重”，积极开展效益审计，加大专项审计项目比重，促进提高财政资金效益和管理水平，促进国家政策的落实。完成财政收支审计、专项资金审计（审计调查）、重点项目投资审计、经济责任审计等方面的项目审计计划和审计调查工作。

1989年至2012年年底，全县审计机关累计完成本级财政预算执行情况审计、财政决算审计、金融保险审计、行政事业审计、固定资产投资审计、经济责任审计等相关方面的审计项目计划和项目专项审计调查880余项。

二、审计过渡专户管理

1989年，根据贵州省审计局、省财政厅、中国人民银行贵州省分行《关于审计收缴违纪款项专户管理办法》，县审计局在工商银行安龙支行“机关团体一般存款”科目开设“审计收缴违纪款项”专户，用于过渡所收缴被审计单位应上缴财政的各种违纪款、罚款、滞纳金。

安龙县国家审计机关自建立专户以来，按照专户的管理要求，明确专人负责、专人核算，建立账证报表制度，按季向同级财政部门和上级国家审计机关报送专户报表。每年一次执法检查，核实专户资金的收缴及入库情况，确保专户管理、核算的真实性和合法性。

2007年2月，根据国家审计署《关于开展审计机关财务检查工作的实施意见》、省财政厅《关于开展审计机关财务检查工作的通知》和省审计厅《贵州省审计机关财务管理检查工作方案》等文件要求，黔西南州审计局组织对全州国家审计机关2006年财务工作进行自查清理。清理结果认为，不存在虚列支出和隐瞒收入问题。

第七章　安全生产监管

20世纪80年代中期前，县内没有设置专门的安全生产监管机构。1984年12月，成立县安全监察站，归口县劳动工资局管理。全县安全生产监督管理工作自此逐渐开展起来。1987年，建立县安全生产委员会及其办公室，办公室设在县劳动工资局内。2000年12月，县安全监察站改由县工业局管理。2001年，县工业局与县贸易局合并为县经济贸易局，县安全监察站改由县经济贸易局管理。2004年10月，成立县安全生产监督管理局，加挂县安全生产委员会办公室牌子，编制17人。2005年，全县各乡镇均单独设立安全生产监督管理站，为乡镇政府的直属机构。

2010年4月，县安全生产监督管理局调整为县政府工作部门，内设办公室、监察室、综合股、非煤矿山监管股、危险化学品监管股、职业健康监管股、煤矿监管股、瓦斯监测监控中心、安全生产执法监察大队等9个职能股室。10月，县安全生产监督管理局调整为县政府工作部门，挂县安全生产委员会办公室牌子，内设办公室、政策法规股、非煤矿山监管股、危险化学品监管股（县危险化学品登记办公室）、职业安全健康监管股、煤矿监管股、监察室、瓦斯监测监控中心、安全生产执法监察大队等10个职能股室。

第一节　安全生产行政许可

根据《安全生产许可证条例》规定，2006年，全县17家合法煤矿、4家保留煤矿、11家金矿、56家采石场、1家页岩砖厂、3家危险化学品生产企业、8家危险化学品经营企业、168家烟花爆竹批发零售企业、2家建筑施工企业申办“安全生产许可证”；获得“安全生产许可证”的有17家合法煤矿、5家危险化学品生产经营企业、9家金矿企业（含1家尾矿库）、28家采石场、168家烟花爆竹批发零售企业、2家建筑施工企业；另有7家采石场、1家页岩砖厂、3家金矿企业、2家危险化学品生产经营企业报经州安监局受理。

2007年，15对合法煤矿、12家金矿、37家采石场、2家水泥厂、1家页岩砖厂、3家危险化学品生产企业、7家危险化学品经营企业、2家建筑施工企业取得“安全生产许可证”，1家烟花爆竹批发企业和190家烟花爆竹零售经营点取得“烟花爆竹经营批发（零售）经营许可证”。

2008年后，执行煤矿、非煤矿山、危险化学品、烟花爆竹、建筑施工、民爆器材、特种设备的安全生产行政许可制度，按照分级属地管理原则，严把审核、颁证关、换证关。开展“回头看”，依法暂扣或建议颁证部门吊销安全生产管理滑坡和不具备安全生产条件企业的安全许可证。至2010年12月，84家非煤矿山企业取得金属非金属矿山安全生产许可证，52家企业完成安全标准化建设考评。

第二节　应急预案

一、安龙县危险化学品事故应急救援预案

2012年3月制定，分总则、组织指挥体系及职责、基本应急处置、后期处置、保障措施、附则7个部分。根据事故严重程度、可控性、救灾难度和影响范围，原则上按照发生一般（四级）、较大（三级）、重大（二级）、特别重大（一级）四级事故响应。危险化学品事故发生后，按事故的级别分别启动相应级别应急预案，组织实施应急救援工作。当上一级预案启动时，下一级预案必须已经启动，进入应急准备状态。危险化学品事故发生后，发生事故企业按《生产安全事故报告和调查处理条例》规定，迅速采取有效措施，组织抢救，防止事故扩大，减少人员伤亡和财产损失，并按规定报告当地政府负责安全生产监督管理职责的部门。事发地人民政府主管部门和责任单位应立即将事故情况报告同级应急指挥部办公室和上级主管部门，同时开展先期处置工作；各级应急指挥部办公室向本级应急指挥部报送事故信息并提出启动预案的建议；应急指挥部办公室立即通知指挥部成员单位组织处置队伍赶赴现场，并调配所需应急资源；现场指挥部组织协调各工作组开展应急处置；如事态无法得到有效控制，由现场指挥部向本级应急指挥部请求实施扩大应急。应急处置结束后，转入后期处置工作阶段。危险化学品事故属于以下情况之一时，由县应急救援指挥部启动预案：①乡镇应急机构和应急指挥部无能力进行处置控制事态，需要县危化应急指挥部增援的；②发生的危险化学品事故属一般以上突发危险化学品事故或可能会导致较大社会灾害的。

二、安龙县矿山事故应急救援预案

2012年3月制定，分为总则，组织指挥体系及职责，预警和预防机制，应急响应，后期处置，保障措施，宣传、培训和学习，监督检查，附则10个部分。按照事故灾难的可控性、严重程度和影响范围，将矿山事故应急响应级别分为一级（特别重大事故）响应、二级（重大事故）响应、三级（较大事故）响应、四级（一般事故）响应等。造成30人以上死亡，或造成100人以上中毒、重伤，或者造成1亿元以上直接经济损失的事故，启动一级响应；造成10—29人死亡，或造成50—100人中毒、重伤，或造成5000—10000万元直接经济损失的事故，启动二级响应；造成3—9人死亡，或造成10—50人中毒、重伤，或者1000万元以上5000万元以下直接经济损失的事故，启动三级响应；造成或可能造成1—3人死亡，或造成10人以下中毒、重伤，或者1000万元以下直接经济损失的事故，启动四级响应。

第三节　事故处理

1997年7月29日下午3时10分左右，德卧镇平安爆竹厂工人韦某某将放在厂房外晒干的爆竹引线拿进车间内，在用木床做成的操作平台上用刀切割，因摩擦引燃引线，使引线燃烧火花跳向四周，引起堆放在生产车间内的爆竹发生爆炸，造成6人轻伤、5人重伤、13人死亡的特大安全生产责任事故。在伤亡的24人中，有19人为儿童。3时20分，24名伤员全部住进水电九局职工医院。当晚21时，县委紧急召开县委常委会议，专门研究部署德卧平安爆竹厂燃爆事故处置工作，成立以县政府副县长柴以华为组长的事故工作领导小组。8月，县委、县政府作出《对“7·29”事故相关部门及相关人员的初步处理意见》，责成乡企、公安、安委会、德卧镇政府和各单位分管领导及相关的经办、管理人员写出书面检查，后分别给予行政警告等处分。平安爆竹厂的生产管理员孙某未受过爆竹生产管理知识的专门培训，无上岗证，在生产中没有制定具体的规章制度，更无安全设施，其行为已构成重大责任事故罪，县检察院法纪科侦查终结后，依法对直接责任人孙某二人提起公诉，交付审判。

据统计，1990—1999年，全县发生一般生产安全事故206起，死亡20人，发生特大生产安全事故2起；2000—2003年，全县发生一般生产安全事故245起，死亡22人，发生重大生产安全事故1起。

2006年，全县发生各类事故62起，死亡34人，受伤57人，与2005年同期相比事故起数减少2起，死亡人数减少7人，直接经济损失171.68万元，比2005年减少270.41万元。其中工矿商贸企业发生事故9起，死亡10人，受伤1人，比2005年事故起数减少3起，死亡人数减少13人，直接经济损失145.4万元；道路交通发生事故30起，死亡20人，受伤47人，比2005年增加6起，死亡人数增加5人，直接经济损失16.61万元；铁路运输发生事故9起，死亡4人，受伤5人；火灾事故14起，受伤1人，比2005年事故起数减少14起，死亡人数减少3人，直接经济损失13.16万元。全县全年发生重大事故3起，死亡10人，受伤11人，占州下达重大事故控管指标的150%；无特大事故发生。

2008年，全县共发生各类生产安全事故37起，死亡21人，受伤40人（含工业中毒20人），直接经济损失382.4万元。其中煤矿发生事故3起，死亡3人；金属与非金属矿山发生事故1起，死亡1人；工矿商贸其他企业发生事故5起，死亡5人；消防火灾发生事故7起，无人员伤亡；道路交通发生事故18起，死亡10人，受伤20人；建筑施工发生事故1起，死亡1人；危险化学品生产企业发生事故1起，死亡1人，受伤20人；铁路运输发生事故1起，死亡1人。

2009年，全县共发生各类生产安全事故31起，死亡22人，死亡人数占州下达本县控制指标的73.33%。较大事故1起，死亡3人（道路交通）。其中工矿商贸企业事故6起，死亡7人（煤矿事故5起，死亡6人）；道路交通发生事故13起，死亡12人；火灾事故10起，死亡1人；铁路事故2起，死亡2人。全县GDP值30亿，亿元GDP死亡率0.73；工矿商贸从业人员7.2万人，10万从业人员死亡率9.72；原煤产量186万吨，百万吨死亡率3.23；车辆拥有量3万辆，万车死亡率4。

2010年，全县共发生各类生产安全事故20起（不含消防火灾），死亡27人。发生较大事故2起，死亡10人，未发生重大以上事故。其中工矿商贸事故5起，死亡10人；煤矿事故5起，死亡10人（透水事故1起、死亡6人，顶板事故3起、死亡3人，地面事故1起，死亡1人）；道路交通事故12起，死亡13人；火灾事故14起，死亡1人；铁路运输（路外）事故3起，死亡3人。全县GDP值38.06亿元，亿元GDP死亡率0.71；全县工矿商贸从业人员10.2万人，10万从业人员死亡率9.8；全县原煤产量221万吨，百万吨死亡率4.52；全县车辆拥有量6.1万辆，万车死亡率2.13。

2011年，全县发生各类生产安全事故28起，死亡18人（不含火灾事故），发生较大事故1起（钱相乡“9·25”道路交通事故，死亡3人）。其中工矿商贸企业事故6起，死亡6人（煤矿事故4起死亡4人、金属与非金属矿事故2起死亡2人）；道路交通发生事故20起，死亡10人；铁路事故2起，死亡2人。未发生建筑业、危险化学品、烟花爆竹、水上交通、农业机械、渔业船舶事故。全县GDP值46.5亿元，亿元GDP死亡率0.41；煤炭产量262.35万吨，百万吨死亡率为1.52；车辆拥有量6.3万辆，万车死亡率1.59；工矿商贸从业人员13万人，工矿商贸10万从业人员死亡率4.61。

2012年，全县发生各类生产安全事故16起，死亡16人（不含火灾事故）。其中道路交通事故10起，死亡10人；煤矿事故4起，死亡4人。全年亿元GDP生产安全事故死亡率为0.4，工矿商贸就业人员10万人生产安全事故死亡率为4.37，煤矿百万吨死亡率为1.33，道路交通万车死亡率为2.75。

第四节 煤矿及其他矿山监管

一、煤矿监管

2006年，制定并签订安全生产责任状19份，推进“包保”责任制，做到责任、任务落实到人。开展煤矿生产安全日常检查及配合各级各部门的安全检查。重点检查乡镇企业安全生产责任制的落实，做好煤矿“一通三防”、瓦斯监测监控管理、“雨季三防”、重大安全隐患排查等；督促煤炭企业对煤矿井上、井下存在的问题和隐患进行督促整改；全年共检查煤矿17对，下达整改通知书140余份，查出安全隐患670余条，提出整改意见670余条，督促其整改落实670余条。配合州安监局、州煤炭局检查煤矿6矿(次)和贵州煤矿安全监察局盘江分局检查10矿（次)。关闭煤矿2对。

2007年，成立安龙县煤炭资源整合办公室，落实煤炭资源整合协议等相关工作，全县煤矿企业整合为15家，其中整合煤矿13家换发整合后的采矿许可证，申报整合后技改扩能相关手续；有2家为新取得技改批复的技改煤矿。

2008年，推行专用回风井、壁式采煤方法和支护方式“三项改造”，建立完善煤矿井下通讯、压风和防尘供水系统“三条生命线”。巩固煤矿整顿关闭成果，建立小煤矿正常的淘汰退出机制。推广井下人员定位系统，严格控制井下作业人员。打击非法违法生产和超层越界开采，严防已关闭矿井“死灰复燃”。

2009年，查处无证照或证照不全进行生产经营活动1242个(次)，其中死灰复燃非法采煤窝点645个次、无牌无证营运车辆233辆、其他生产经营场所240个；加大对无证生产经营单位的取缔关闭力度，无证非法采矿行为得到有效控制。查处死灰复燃非法采煤窝点645个(次)，取缔炸封非法采煤窝点645个(次)，遣散民工30人，收缴无证采矿生产工具20余件，拆除工棚10余间，中断运输公路5条，没收非法采出的矿产品15吨，移交公安机关行政拘留54人。查处无证非煤矿山8个，全部拆除设施设备。

2010年，采取日常检查、专项督查、重点抽查等形式，检查煤矿106矿(次)，发现安全隐患1270条，下发整改指令146份，完成隐患整改1164条，处罚煤矿企业3家，罚款6.5万元。

2011年，印发《关于开展严厉打击非法违法生产经营建设行为专项行动实施方案的通知》，责令洒雨科兴煤矿、海子龙兴煤矿停产停业整改，相关部门停供火工用品、停供煤炭准销准运单，关闭11家煤矿企业保留系统，对非法生产经营建设的安泰煤矿罚款1万元。根据《省人民政府办公厅关于下达黔西南自治州煤矿生产建设关停计划的通知》，对县内年产15万吨在建的海子龙康、海子长湾、戈塘广隆、安泰、东平等5对矿井，下达停建指令。

2012年，以“一通三防”为重点开展多次专项检查，完善煤矿“六大系统”建设。全县共检查15家煤矿企业共65次，下达现场检查记录65份，查出各类隐患700条，责令整改指令书35份，现场处理措施决定书5份，整改复查意见书29份，发现并取缔炸封非法采煤窝点81个。

二、其他矿山监管

2006年，对县境所有无证矿山一律取缔炸封，包括炸毁井筒、捣毁设施设备、遣散民工等，全县封堵井口110个，截断运矿公路7条；使用炸药1620千克(67)件，炸封无证非法煤窑399个，其中海子193个、戈塘111个、龙山65个、洒雨30个，没收采矿工具100余件，销毁、拆除工棚80余间，遣散民工200余人，移送司法机关处理1人。没收非法煤炭660余吨，查处非法收购运输煤炭车辆及人员28辆(人)，收取罚没款6万余元；对所有无证非煤矿山及废弃矿(井)一律取缔关闭，拆除采矿设施设备、炸封、填实井口、遣散采矿人员；对无证开采的39个砂石场现场取缔10个，责令停工29个；取缔无证非法开采铁矿4个；遣散采矿人员60余人；炸封、填实废弃矿井112个。

2007年，由县安监局、黄金局牵头，检查非煤矿山79个，其中采砂石场64个，下达现场检查记录63份、责令整改指令书57份、处罚决定书4份。

2008年，贯彻国家安全生产监督管理总局《关于加强金属非金属矿山安全基础管理的指导意见》，继续抓好金属非金属矿山的安全专项整治和隐患排查治理，坚决取缔不具备安全生产条件的非煤矿山。

2010年，印发《关于开展非煤矿山企业节后复工复产验收检查工作的通知》，制定复产验收标准，做到合格一个，恢复一个。至4月5日，全县91家非煤矿山企业除7个企业因一直停产未提出复产验收申请外，其余84家企业通过验收恢复生产；强制推行井工矿山机械通风和露天矿山中深孔爆破技术，7家企业与爆破公司签订爆破协议。全县非煤矿山企业共投入340余万元，添加、更换碎石机、装载机、挖机等机械设备；金龙黄金公司、金宏公司分别投入700万元、900万元，治理尾矿库。执行安全生产风险抵押金制度，全年收缴风险抵押金1470万元。开展安全生产执法，通过部门、乡镇、企业3个方面排查安全隐患760条，督促整改600条，其中金属非金属矿山666条，督促整改535条；尾矿库25条，督促整改19条；冶金有色行业30条，督促整改12条，其他行业39条，督促整改34条。

2011年，落实国家安全生产监督管理总局《关于加强金属非金属矿山安全基础管理的指导意见》《非煤矿矿山安全生产许可证实施办法》，强制推行井工矿山机械通风和露天矿山中深孔爆破等技术措施，40家企业与爆破公司签订爆破协议；全县非煤矿山企业共投入340余万元，添加、更换碎石机、装载机、挖机等机械设备。综合治理尾矿库，列为国家五部委挂牌督促的金龙公司尾矿库，通过省安全监管局验收销号。收缴风险抵押金1013.1万元。推进非煤矿山及相关行业安全标准化建设，23家企业与中介机构签订金属非金属矿山标准化考评协议书。

2012年，发现并取缔炸封非法采煤窝点81个、无证采石场1个、无证取土1个，截断运矿公路3条，遣散民工30余人，捣毁工棚30余间，砌封无证矿井5个，查获大小运输车辆12辆，收缴水泵12个，移送司法机关行政拘留22人，批捕3人，判刑1人。结合地质及测绘主管部门的动态监测，发现4家矿山企业越界开采（其中大理石1宗、采石场3宗），立案查处矿山企业越界开采案4宗，没收矿产品1549立方米（其中大理石材139立方米、沙石1410立方米），没收矿产品折价为13.76万元，对越界开采行为罚款为2.99万元。

第五节　其他安全生产监管

一、公众聚集场所安全

2006年，根据1月23日全国全省安全生产电视电话会议和“5·26”会议精神，消防、公安、工商、文化、教育、旅游、经贸等部门联合开展公众聚集场所、商场市场、歌舞厅等人员密集场所消防安全专项治理，共检查学校、幼儿园、医院、商场、超市、养老院、娱乐场所、旅游景点、文物古建筑、厂矿企业和消防重点单位94余家（点），发现火灾隐患120余起，对存在火险隐患的单位由公安消防大队签发《责令整改通知书》80份、《复查意见书》80份，到12月底整改火灾隐患110余起。检查集贸市场超市、宾馆、网吧、打砂场、加油站、煤场、其他食品经营户等场所279处，收缴不符合食品质量标准水袋300袋，过期变质饮料149余瓶、牛奶16包、饼干45包、蛋糕18包。对商场、餐馆、宾馆、烟花爆竹等公共聚集场所的安全情况和食品质量进行全面检查，检查超市12家、宾馆5家、网吧11家、酒吧21家，立案查处无照经营酒吧1户。

二、建筑施工安全

2006年，对全县建筑施工现场进行8次安全大检查，共检查工程23个，建筑面积3.9万平方米，发现安全隐患6处，发出整改通知6份，检查燃煤气站点两次，发出整改通知书3份。

2009年，安全检查53次，排查隐患215条，发出限期安全整改通知9件。

三、危险化学物品安全

2006年，对危险化学品企业，烟花爆竹堆放不规范安全管理混乱，安全制度不落实，加油站安全管理人员及特种作业人员未经培训无证上岗等问题，下发整改通知书15份。对煤矿、黄金矿山、焦化、铁合金、电解石企业进行检查，对防污设施不完善，烟尘不达标排放，无固体废物专用堆放渣场，不按照环保“三同时”制度和环保要求施工，环保操作规程不严等提出具体要求，查处企业38家次，其中焦化厂6家，铁合金厂5家，电解锌厂2家，金矿1家，石灰重处违法行为20起，发生污染纠纷6起。

2007年，对企业产品堆放不规范，安全管理混乱，安全制度落实不到位，加油站安全管理人员及特种作业人员未经培训无证上岗等问题，下发整改通知书15份。

2010年，定期和不定期对危险化学品及烟花爆竹经营企业进行检查31次，下发检查记录25份、整改指令书21份；金宏化工委托贵阳博才公司对公司员工进行安全教育培训900余人；对全县烟花爆竹零售经营户换证工作进行培训主要负责人297人、安全管理人员315人，11月底完成全县烟花爆竹零售网点换证。

2011年，完善危险化学品事故应急救援预案，拟定危险化学品企业安全生产标准化工作方案，规范烟花爆竹零售网点，全面实施烟花爆竹防伪标识管理。

2012年，按照“六必查”要求，检查运输途中的危化运输车辆1430余辆（次）。开展夏季攻势，出动干警200余人（次）、车辆90台（次），检查涉爆单位81个，提出整改建议470余条，下发整改通知书36份，停业整改2家。

四、职业病危害申报

2007年，根据《国家安全监管总局关于开展作业场所职业病危害调查摸底工作的通知》及省安监局《关于开展作业场所职业病危害调查摸底工作的通知》，安龙县于7月底至10月初开展作业场所职业病危害摸底调查和申报工作。至10月18日，全县对涉及职业病危害的168家企业全部申报完毕，其中煤矿企业13家、化工企业16家、金矿9家、采砂石场57家、冶炼企业16家、石灰厂5家、页岩砖厂5家、水泥厂2家、发电厂6家、水泥砖和电杆厂5家、炼焦厂9家、医院或卫生院3家、其他企业22家。

2009年，申报企业166家，按《重大危险源辨识》（GB18218—2000）标准对30个重大危险源进行申报登记，按规定进行监控。

2010年，印发《安龙县开展粉尘与高毒物品危害治理专项行动实施方案》，制定粉尘等职业危害工程防护措施，鑫华水泥厂采取布袋除尘、湿式作业等措施，投入经费160万元；兴源水泥厂投入310万元。

2011年，关闭不具备条件的两家私人家具制造业，完成职业危害企业主要负责人、管理人员的培训工作，总持证222人，累计完成170户的职业危害申报工作。完成金宏化工的职业健康监管员岗位试点工作。

2012年，全县企业总数147个，其中中型企业6个、小型企业124个、其他企业17个，涉及工业、煤炭、化工、冶金、建材等，存在职业病危害的企业121个，从业人员6120人，主要职业危害因数有粉尘、噪声、高温、苯、矽尘、煤尘、水泥尘和其他粉尘。制定《职业卫生监督管理工作协调制度》，启动5家企业职业健康标准化试点，完成47家职业病危害项目申报。

第九篇　农业　农村　农民

第一章　农业经济

1978年，全县90个生产队试行定产到组、联系产量计算报酬的生产责任制。中共十一届三中全会以后，县委、县政府重新确立解放思想、实事求是的思想路线，把工作重心转移到经济建设上来，在全县广大农村推行家庭经营联产承包责任制，到1979年，全县有870个生产队包产到组，350个生产队实行包产到户。1980年，全县包干到户的生产队有1866个。1981年，全县1922个生产队全部实行家庭经营联产承包责任制。1984年8月，改人民公社为乡、生产大队为村、生产队为村民组，结束了人民公社管理体制，并将土地承包期从1984年延长到2000年。家庭经营联产承包责任制的推行，解放生产力，改变了“大锅饭”“大帮轰”和“瞎指挥”的弊病，涌现出一大批农业生产专业户、联合体，到1984年，全县农村有各类专业户3255户，有粉条加工、铸铧、煤矿开采、棕片加工等经济联合体98个。家庭经营联产承包责任制推行后，多种经营应运而生，优化了农村经济产业，农业生产总值大幅提升，1988年，全县粮食因灾比1978年减产1.05万吨，而农业生产总值却达到7551万元，比1978年增长1.52倍。

第一节　农村经济体制改革

一、家庭联产承包责任制

自中共十一届三中全会以来，全县农村同全国农村一样，实行家庭经营承包责任制，农民有了生产经营自主权，极大地调动了农民生产积极性，带来了农村经济和社会发展的历史性巨大变化，粮食产量连上新台阶，农民收入稳步增长，农村社会空前稳定。1997年，中共中央办公厅、国务院办公厅下发《关于进一步稳定和完善农村土地承包关系的通知》，全县积极贯彻稳定土地承包关系、延长耕地承包期、实行在承包期内增人不增地、减人不减地、实行土地有偿使用和合理流转等政策。在第一轮土地家庭承包经营的基础上，农村土地承包期再延长30年。到1998年全县新一轮延长农村土地承包期工作完成，全县土地承包经营户8.26万户，承包人口26.27万人，承包户总人口35.19万人，承包耕地面积170.37平方千米，其中水田88.94平方千米、旱地81.43平方千米，收回承包耕地人口5331人，收回承包耕地面积2.62平方千米，其中水田154.08公顷、旱地107.92公顷；新一轮土地承包后因国家征用等减少耕地面积2.77平方千米（习惯亩）。由于土地承包经营户已发生变化，“延包”工作还对农业税和合同订购粮重新进行了登记上证，全县共签定《土地承包合同书》23.04万份，向土地承包经营农户发放《土地经营权证书》

7.67万册。农村土地政策的稳定，促进了农村家庭承包耕地使用权的依法合理流转，推动了全县农业产业化的发展，流转呈现规模流转（100亩以上）速度明显加快，有组织流转比例逐步增加，新增土地流转主要流向合作社、企业等经济组织，土地流转价格逐年提高等特点。

二、农民专业合作社

自2007年《中华人民共和国农民专业合作社法》颁布实施以来，农民专业合作社依法在工商行政管理部门注册登记，农业行政主管部门和其他有关部门及有关组织依据各自职责，对农民专业合作社的建设和发展给予指导、扶持和服务。安龙县把培育、发展农民专业合作社纳入全县农村集体经济体制改革和农业产业化发展的重要内容，合作社已成为农民自愿联合的农业产业化经济组织，在加快农村社会化服务体系建设，提高农民进入市场的组织化程度，推动农业产业结构调整，促进农业向专业化、市场化方向发展，增加农民收入等方面发挥了积极的推动作用。

农民专业合作经济组织在农业行政主管部门备案登记情况：2007年1个，2008年3个，2009年11个。2010年，全年登记农民专业合作经济组织20个，比2007年增加19个，涉及粮食、蔬菜、茶叶、以金银花为主的中药材、肉牛养殖、生猪养殖、禽类养殖等特色优势产业及其加工与服务（包括农机服务）。合作社社员1219人，带动农户数4135户，农民专业合作经济组织资产总额达1460万元，注册资金总额(成员出资)1485万元。其中安龙县绿宇农特产农民专业合作社获得“州级农业产业化经营龙头企业”认定。

农民专业合作社从产业建设、信息和技术服务起步，逐步拓展到农产品营销服务，在联结市场和农户的过程中，引进、消化、传播、推广农业科技成果和适用技术，基本上都有科技部门、农业科技人员、农民专业合作社辅导员参与服务，成为我县农业社会化服务体系中的重要组成部分，在我县产业化经营中的作用日益增强，农产品品牌优势、市场声誉逐步扩大，在加强信息和技术服务、降低了生产成本和市场风险、引导农民有序进入市场、提高了农民组织化程度、维护农民的切身利益、提高农产品市场竞争力等方面发挥着重要作用。

农民专业合作社在推进产业建设、规范合作社运行等方面，采取“合作社＋基地＋农户”“合作社＋家庭农场＋农户”的产业化发展模式，有效协调与农户之间的利益关系，使利益共享、风险共担真正得以实现，其资产规模不断扩大，带动能力大幅提升，一村一品正逐步形成，农民专业合作社在自身发展的同时，不断增强合作社的社会责任意识，代表了安龙县“三农”工作在新时期的发展方向。

“十二五”期间，全县农村合作经济将坚持发展与规范并重、突出重点、统筹兼顾原则，以建一个组织、兴一个产业、活一方经济、富一方百姓的工作思路，按照“四个一”的标准（有一个规范的章程、有一个良好的运行机制、有一套科学的管理制度、有一个合理的利益分配机制）规范合作社运行管理，对具有一定规模、产业优势和产业基础尤其是具有特色优势的农产品包括种植业、养殖业和加工业进行分类指导，积极开展农民专业合作社示范社创建，把农村合作经济组织发展作为推进农业产业化、促进现代农业发展的重要载体、平台、载体和桥梁，切实抓紧、抓好、抓实。

三、农业产业结构调整

1989年全县农村经济工作以贯彻“绝不放松粮食生产，积极发展多种经营”的方针，重点做好“两推六改”实用农业技术的示范推广，全年粮食总产量68443吨，以粮食为主的种植业仍为农民收入的主要来源，以坡脚香蕉种植为主的南盘江河谷亚热带水果种植成为全县农业产业发展的亮点。随着农业科技的发展，农业技术的进步，各级政府对农业投入扶持力度的加大，全县农业产业化建设稳步推进，“十一五”以来县委、县政府制定了“五化五县”“八大产业100万亩基地”的发展战略，不断加大农业产业扶持力度，农业产业建设全面推进，2010年全县粮食总产量17.2万吨，是1989年产量2.52倍，全县农林牧渔业总产值13.26亿元，农业产值6.9亿元、牧业产值4.47亿元、渔业产值9523万元、林业产值

6915万元，粮食在农业中的比重逐渐降低，粮经比日趋合理，农民收入呈现多元化，以优质米、蔬菜、肉牛与生猪养殖、茶叶、中药材、烤烟、水果、马铃薯等为主的特色农产品生产基地初具规模，一批基础好、带动作用强的企业、农民专业合作社不断发展壮大，招商引资企业成为我县农业产业化发展的重要力量，订单农业稳步发展，农业产业化经营发展模式呈多元化，“公司+基地+农户”与“公司+基地+农民专业合作社+农户”“农民专业合作社+家庭农场+农户”等多种产业化经营模式并存，农村经济实现全面、快速发展。到2012年，黔西南州威尔牧业有限公司获得省级农业产业化经营龙头企业称号、安龙县农业开发公司、安龙县绿宇农特产农民专业合作社获得州级龙头企业称号，优质米、肉牛获得无公害农产品产地、产品认证，5个企业产品获得QS认证，“招堤”牌大米、藕粉、“布依情”牌饵块粑、“刘老伯”牌饵块粑、“顺华”牌面条等产品先后获州“优质农产品奖”，“招堤”优质米、藕粉获得贵州省著名商标，优质农产品基地建设的规模化、专业化、标准化程度不断提高，农产品流通体系建设取得新突破，农村集贸市场设施得到大幅改善，农副产品加工园区（轻工业园区）建设有序推进，农产品流通渠道和方式不断拓宽，农民进入市场的组织化程度进一步提升，抵御市场风险的能力增强。

四、农业总产值

农业总产值，也称农林牧渔业总产值，指以货币表现的农、林、牧、渔业全部产品和对农林牧渔业生产活动进行的各种支付性服务活动的价值总量。

1989年以来，全县农业取得长足发展，农业总产值从1989年的19840万元，上升到2012年的177338万元。

至2012年年末，全县乡村人口41.46万人，乡村劳动力资源数34.04万人，其中劳动年龄内30.55万人，实现农牧渔业增加值113271万元，比2011年增长22.54%。农业增加值65661.3万元，比2011年增长32.71%；农作物播种面积52850公顷，比2011年增加1645公顷，其中粮食作物种植面积35910公顷，比2011年增加549公顷。全年实现林业增加值9633.8万元，比2011年增长10.26%；畜牧业增加值24476.5万元，比2011年增长8.85%；渔业增加值11899.8万元，比2011年增长15.17%；农林牧渔服务业增加值1600万元，比2011年增长14.29%。

1989－2012年安龙县农业产值情况表

表9-1-1　　单位：万元

年度	农业总产值	农业			林业	牧业	副业	渔业	农业增加值	农业净产值	现价农村社会总产值	农业商品产值
		合计	种植业	其他								
1989	19840	10561	—	—	768	5049	3436	56	—	14914	22882	8913
1990	18693	10292	—	—	848	4849	2657	47	—	12362	21292	8705
1991	19686	10328	—	—	872	5194	3041	251	12899	12515	23385	8998
1992	21220	9608	—	—	1023	6441	3888	262	13567	13188	25429	8895
1993	24432	14654	10828	3826	962	8392	—	435	14797	—	—	9803
1994	34555	21725	17965	3760	1130	11293	—	407	21005	—	—	—
1995	39603	24381	19329	5052	1017	13839	—	366	23860	—	—	15631
1996	42793	27009	21585	5424	940	14471	—	373	25406	—	—	19130

续表 9—1—1

年度	农业总产值	农业			林业	牧业	副业	渔业	农业增加值	农业净产值	现价农村社会总产值	农业商品产值
		合计	种植业	其他								
1997	48588	30696	25396	5300	1133	16485	—	273	28448	—	—	21049
1998	49870	28234	23212	5022	1351	19590	—	695	19178	—	—	22517
1999	51637	29565	24848	4717	1367	19988	—	717	30275	—	—	24320
2000	54959	32462	27871	4591	1619	20153	—	725	33537	—	—	25501
2001	57553	35650	31226	4424	1787	19058	—	1058	35371	—	—	26547
2002	60829	32311	27224	5087	2061	24218	—	2239	37669	—	—	30507
2003	64991	37420	—	—	2647	21164	—	2668	40595	—	—	31077
2004	75058	38859	—	—	2764	27007	—	5271	45679	—	—	—
2005	80160	41840	—	—	2766	28422	—	5975	48100	—	—	—
2006	85214	43521	—	—	2554	31840	—	6124	51606	—	—	—
2007	92323	46151	—	—	2910	36680	—	5252	57080	—	—	—
2008	106833	52330	—	—	1834	44684	—	6442	68905	—	—	—
2009	116543	59284	—	—	5723	42592	—	7227	71143	—	—	—
2010	132647	68972	—	—	6915	44737	—	9523	84134	—	—	—
2011	149076	71865	—	—	9919	52187	—	11904	92436	—	—	—
2012	177338	102577	—	—	10305	43764	—	18242	113272	—	—	—

第二节 取消农业税

一、农村提留与统筹

农村提留，也称村提留，即是公积金、公益金和管理费村级3项提留，是村级经济组织按规定从农民生产收入中提取的用于村一级维护或扩大生产，兴办公益事业和日常管理开支费用的统称。其中公积金用于农田水利基本建设、植树造林、购置生产性固定资产和兴办集体企业；公益金用于五保户供养、特困户补助、合作医疗保健以及其他集体福利事业；管理费用于村干部报酬和村级管理开支。

农村统筹，也称乡统筹，即是教育费附加、计划生育费、民兵训练费、民政优抚费和民办交通费5项统筹，由乡人民政府收取。

以上两项从农民生产收入中提取的经费统称为“三提五统”。

根据省人民政府有关文件规定，1989—1993年，全县农村“三提五统”总额不超过上年人均收入的5%；1994—1999年，将此限额降至3%，其中村提留不超过6%，即人均收入的1.8%。其收取程序为：年初由村集体经济组织编制预算，经村经济合作社社员大会或社员代表大会讨论通过，报乡镇人民政府备案。村级经济合作社将预算收入任务分解落实到农户和村级集体企业。向农户收取的填入农民负担监督卡，一般在秋粮入库时与农业税一并收取。

上述两项附加属于村集体资金，由乡镇财政专户存储、村里安排使用，乡镇经营部门监督管理。

2000年，为减轻农民负担，国家进行税费改革，全面取消农村“三提五统”。

二、取消农业税

中共十一届三中全会后，全国农业获得长足发展，农业普遍增收，但到20世纪80年代中后期，国内部分农村出现“卖粮难”和农业收入乏力问题。同时，随着时间的推移，农民负担逐渐增加。21世纪初，为全面减轻农民负担，解决广大农民增产不增收的问题，中共中央、国务院将取消农业税征收纳入议事日程。

2004年3月，国务院总理温家宝在十届全国人大二次会议上，提出“自2004年起，逐步降低农业税率，平均每年降低1个百分点，5年内取消农业税”。4月1日，全县停止征收除烟叶以外的农业特产税，农业税在上年的基础上降低1个百分点。全县全年农业税比上年减少收入184万元（其中除烟叶外的农业特产税28万元，农业税156万元）。减少收入的资金，由中央财政全额补助。

2005年1月1日，全县全面停止农业税征收工作，全县每年免除农业税1200万元。

2006年1月1日，全面取消农业税，征收了2600多年的农业税自此寿终正寝。

第二章　种植业

安龙县是传统的农业种植生产大县，是贵州省著名的粮食主产区。中共十一届三中全会以来，随着家庭联产承包责任制的深入，因地制宜，有计划、有目的、有步骤地开展土壤改良工作，结合推广先进农业技术，使用良种，科学施肥等措施，全县种植业得到长足发展。县境粮食作物主要有稻谷、玉米、小麦等，1978年全县粮食总产7322.1万千克，平均亩产158千克。到1984年，全县粮食产量创历史最高水平，达到8392万千克，平均亩产171千克；其中水稻总产5135.5万千克，平均亩产347千克，总产和平均亩产分别比1978年增长30.8%和27.6%；玉米总产2418万千克，平均亩产202.5千克；小麦总产545万千克，平均亩产89.5千克。经济作物主要有油菜、烤烟、甘蔗、香蕉等，其中香蕉等亚热带经济作物主要集中在南盘江沿岸一带，1988年，全县香蕉总产1705吨，比1980年增长13.4倍。1988年，全县种植油菜2528.27公顷，总产1260吨，面积和产量分别比1978年增长1.38倍和2.51倍；烟叶种植434.4公顷，总产472吨，种植面积和产量分别比1978年增长6.04倍和8.24倍；甘蔗种植327.07公顷，总产17343吨，种植面积和总产分别比1978年增长78.99%和1.53倍。

第一节　农业生产条件

一、耕地

1989年，全县耕地总面积2.02万公顷（比1988年减少300公顷），其中田9706公顷、地1.05万公顷。全县的耕地在1990—2010年的20年间减少245.82公顷，其中国家重点工程建设用地1996年盘百公路占用旱地20.38公顷、水田7.65公顷，2008年柘仑水库占旱地32.92公顷、安贞公路建设占用旱地21.89公顷，2009年荷城变电站用地0.92公顷，2010年县城垃圾填埋场占用旱地0.98公顷、汕昆高速公路（安龙段）建设占用基本农田86.1公顷，县城西区开发2000年至2010年建设用地162公顷，农村居民建房用地1989年至2010年占田76.12公顷、旱地23.68公顷。

耕地面积的缺补由土地开发项目、土地整理项目、坡改梯项目、农业综合开发项目等实现。1991—2000年，全县坡改梯旱地完成3359.19公顷、坡土改梯田408.27公顷、荒坡改梯地690.53公顷、荒坡改梯田145.2公顷，治理水毁田土1042.73公顷，其他类型治理732.47公顷，全县合计完成7045.06公顷，涉及210个村的17094户，新增耕地1207.96公顷，其中"八五"期间增地297.23公顷、"九五"期间增地910.73公顷。2000年至2007年坡改梯总面积为2478.7公顷，新增耕地331.76公顷。

坡改梯新增耕地较为典型的是钱相乡阿赖村，1999年，全村有耕地77.4公顷，其中田不到13.33公顷。2000年，村委会主任杨再华在石旮旯地抠土造田1.19公顷，激励全村民众大搞坡改梯，当年全村完成优质工程坡改梯51.02公顷，建水池9个蓄水5000立方米，引水渠3.8千米，耕地便道8.6千米，杨再华被省评为基本农田建设先进个人，其事迹在中央电视台二套《金土地》栏目播出。到2002年，阿赖村基本农田坡改梯工程建设耕地增加到110公顷，其中水田净增3.67公顷。

到2005年，全县耕地面积不仅没有减少，反而略有增加，总耕地面积达2.05万公顷，比1990年净增246.67公顷；2010年总耕地面积为2.06万公顷，比1990年净增420公顷。至2012年年末，全县有耕地资源44574公顷，其中常用耕地20666公顷（水田9631公顷）。

二、劳动力

据统计，1989年全县有农村劳动力资源22.75万人；2000年，全县农村劳动力资源增加到24.03万人。至2012年，全县农村劳动力资源增加到34.04万人，其中劳动年龄内30.55万人。

（一）劳动力文化结构

1989年，全县有农村劳动力资源22.75万人，其中男劳动力11.93万人、女劳动力10.82万人。2006年，安龙县成为全省9个"新型农民科技培训"示范县之一，在全县开展农村劳动力"阳光工程"培训，当年培训1719人，到2007年底在40个村开班46期，培训学员1814人，辐射培训劳动力200户。2010年，对80户农村住房随机抽样基本情况调查，调查总人口366人、有劳动力271人；劳动力中，不识字或识字很少的26人、小学文化83人、初中132人、高中21人、中专4人、大专以上5人。按此比例推算，全县从事农业劳动力19.41万人，初中小学文化的按79.4%计15.41万人、高中及以上的按11%计2.14万人、文盲及识字不多的按9.6%计1.86万人。

（二）劳动力从业类别

安龙县劳动力外出务工自"七五"期末就有所行动，但外出人数不多，每年不足1000人。20世纪90年代后，随着改革开放的进一步深入，安龙县外出务工人员成倍增长，到1995年从事第一产业的劳动力外出打工人员1.95万人，2000年外出打工人员增加到2.69万人，2005年增加到3.06万人，占从事第一产业16.34万人的18.72%。

2010年，全县劳动力资源28.88万人，其中从事第一产业19.59万人、第二产业1.95万人、第三产业9.35万人。在第一产业中，外出打工1个月以上的劳动力3.85万人，以兴隆镇为最多，共计6500人。长年在外务工劳动力数3.11万人，也以兴隆镇为最多，达4600人，其次是龙广镇3982人，不足1000人的有海子乡、笃山乡、木咱镇和普坪镇，其余10个乡镇在1000—3000人之间。另有外出打工1月以上不足1年的劳动力7390人，一般是在完成农活杂务后到县城、镇上或邻近农村做零活"找活钱"。

至2012年，全县乡村劳动力资源34.04万人，其中劳动年龄内30.55万人，全县乡村从业人员30.86万人（男15.89万人、女14.97万人）。全县乡村劳动力中，农林牧渔业从业人员18.92万人、工业从业1.75万人、建筑业从业1.3万人、交通运输及邮电通讯从业1.13万人、信息传输和计算机报务从业168人、批发贸易从业人员1.55万人、住宿及餐饮业从业2905人、其他从业5.9万人，出省打工3.9万人。

三、灌溉设施

蓄水设施：20世纪80年代，全县有蓄水设施142个，其中小(一)型水库5个、小(二)型水库20个、小(二)型以下水库117个，水库山塘有效容量1610万立方米，干支渠189条，总长312.4千米，有效灌溉面积3982.13公顷，受益的有龙广、德卧、新桥、新安、木咱、兴隆、平乐、龙山、钱相、普坪、洒雨、戈塘等乡镇。其中小(一)型水库有栖仑、红旗、乌寨、龙滩口、白石岩5处，主要建设于水稻主产区龙广、德卧、新安、木咱、钱相、普坪、平乐、兴隆等乡镇。2012年12月27日，县内中型水库平桥水库开工建设。平桥水库是进入贵州省"三位一体"规划和省"十二五"规划水利发展专项规划的中型水库，总库容7898立方米，项目总投资17.5亿元。

提水引水设施：至20世纪80年代末，全县建成机械、电力、水轮泵提灌站116处，装机74台共1164千瓦，安装水轮泵67台，提水流量每秒1094立方米，渠道85条共57.03千米，有效灌溉面积1247.73公顷，保证灌面1134公顷，电站装机4台共430千瓦，提水流量每秒0.36立方米；干支渠260条共19.66千米，有效灌溉面积531.13公顷，保证灌面482.93公顷。引水设施241处，干渠233条，支渠429条，总长191.23千米，引水总流量每秒5.01立方米，有效灌溉面积3290.67公顷，保证灌面2509.13公顷，其中灌溉面积200公顷以上的1处、66—200公顷的9处、20—66公顷的40处、20公顷以下的191处。提水、引水灌溉覆盖新安、笃山、兴隆、普坪、新桥、龙广、戈塘、德卧、木咱、洒雨、坡脚、海子、钱相、龙山、平乐等乡镇。20世纪80年代后，主要以维护建设为主，辅以对坝体的加固，如对白石岩、巧洞、乌寨等水库的维修加固等；2000年，利用国家重点工程建设项目资金，对栖仑水库扩容建设，共增加龙广、德卧、新桥等乡镇灌溉面积533.33公顷。

1991—2000年，全县利用坡改梯辅助工程建设小水池、小水窖142个共29万立方米，建小山塘水库1座1.34万立方米，修建引水沟渠614条共234.13千米、排洪沟渠474条共161.65千米。2001—2007年，全县坡改梯配套建设引排水沟241条共96.78千米，修建蓄水池2151个共10.49万立方米。

动力灌溉：2001年，全县排灌动力机械5264台共2.02万千瓦，其中柴油机2261台共1.31万千瓦、电动机2321台共5190千瓦，最多的是德卧镇为1040台共2544千瓦，其次是兴隆镇888台共2544千瓦、新安镇875台共4456千瓦，笃山乡最少，仅5台共29千瓦。农用水泵2891台，最多的是龙广镇，有580台，其次是新安镇540台，最少的是笃山乡和龙山镇，仅4台和19台。全县机电灌溉总面积5213公顷，其中龙广镇804公顷、新安镇693公顷、德卧镇594公顷，最少的是坡脚乡和笃山乡，仅30公顷和36公顷，其余乡镇机电灌溉面积在160—500公顷之间。

2010年，全县拥有排灌动力机械4965台共2.26万千瓦，与2001年相比减少299台，增加2468千瓦。其中柴油机1444台共1.42万千瓦、电动机3521台共8384千瓦、农用水泵3957台，比2001年增加1066台，机电灌溉面积7000公顷。2011年，全县机械化提灌7200公顷，2012年全县机械化提灌面积与2011年持平。

1995年起，县境实施烤烟配套设施小水池、小水窖建设，除龙山镇、坡脚乡、万峰湖镇外，其余乡镇均有建设，每亩最少建设一个水池，全县2000公顷烤烟生产，建设有小水池、小水窖3万口。1998年起，县水利部门开始实施"渴望工程"，对解决人畜引水和旱地的人工浇灌起到积极的作用。

四、农机　农具

(一) 传统农具

安龙县种植业使用的传统农具主要有犁、耙、秒耙、挞斗、风车、镰刀、篾萝兜、扁担、尖担，犁、耙、秒耙配套的枷单、牵绳、犁扣、打脚、铧铁，粪桶、粪瓢、挖锄、椏扫、板锄、筛子、簸箕、撮箕、斗框、篾帽、浪筛、粮棍、背篼、石碾、磨、碓、水碾、马拉石碾、牛拉石碾、砍刀、斧头、锯、篾刀、囤箩、口袋、木仓、围席、晒席、龙骨水车等铁、竹、木制品农具近百种。传统农具遍及广大农村的千家万户，其中镰刀、扁担、挖锄、板锄等基本农具，几乎一人一套。20世纪90年代后，随着电动机械和内燃机械的普及，榨、水车、碓、磨、碾等传统农用工具逐步退出历史舞台。

手推车、脚踏三轮车是传统农具独轮车改进的新式农具，能在1米左右宽的小道上运物，比机动车安全，比人挑马驮载负量大。1989年263部，2000年1952部，到2012年在县城、木咱、德卧、龙广等乡镇的菜农、果农每户基本拥有一辆手推车或脚踏三轮车。

（二）农业机械

1990年，全县农机总动力3.59万千瓦，其中大中型拖拉机95台共2340千瓦，手扶式拖拉机146台共1370千瓦；机引农具235台，其中大中型拖拉机74台、手扶式拖拉机161台；农用排灌机械总动力1301台共5060千瓦，其中柴油机207台共1740千瓦、电动机81台共310千瓦，农用水泵642台；植保机械30台，总动力50千瓦；牧业机械19部，林业机械130千瓦；农产品加工机械总动力2.29万千瓦，其中磨面机和碾米机2494部、轧花机3部、榨油机73部；机动船19艘，其他农业机械总动力510千瓦。半机械农具2633辆，其中胶轮大车1038辆、胶轮手推车1595辆。

20世纪90年代，随着新型农业机械的引进、示范、推广，更新原有机械设备。至1995年，全县农机总动力5.55万千瓦，其中柴油机3111台共4.4万千瓦、汽油机1818台共5764千瓦、电动机1438台共5534千瓦、其他机械动力154千瓦，有脱粒机2.25万台；耕作机械中，大中型拖拉机39台共1000千瓦，小型拖拉机265台共2631千瓦，有大中型拖拉机配套农具1台、小型拖拉机配套农具236台。全年农机总作业3.21万公顷，其中机耕面积3334.6公顷、机灌面积2085.33公顷、机械加工4.24万吨、机械运输4.64万吨、机械植保1466.67公顷。与1994年相比，农机总作业增加7826.67公顷、脱粒机增加1110台、耕整机增加20台、植保面积增加490.67公顷、机械运输增加65.03吨、机耕增加1220.6公顷、机械加工增加26.3万吨、脱粒增加2.86万吨。

2000年，全县农业机械总动力发展到的8.91万千瓦，其中柴油发动机动力6.84万千瓦、汽油发动机动力2173千瓦、电动机动力1.85万千瓦；2005年达到20.54万千瓦；2010年，全县农业机械总动力23.91万千瓦。2011年，全县农业机械总动力25.16万千瓦；2012年，全县农业机械总动力达到29.85万千瓦。

1. 拖拉机及配套机械

1990年，全县大中型拖拉机95台共2340千瓦，手扶式拖拉机146台共1370千瓦。1995年，全县大中型拖拉机39台共1000千瓦，小型拖拉机265台共2631千瓦，有大中型拖拉机配套农具1台、小型拖拉机配套农具236台。2001年，全县拥有拖拉机727台共1.98万千瓦。其中大中型轮式拖拉机364台共1.6万千瓦、36.78千瓦以上的有6台共220千瓦、变形拖拉机329台共15.01万千瓦、小型拖拉机363台共3790千瓦（小四轮拖拉机92台共1000千瓦）；拖拉机配套农具，大中型21部、小型312部。2005年，拖拉机增加到1106台共1.93万千瓦，比2001年增加379台9553千瓦，其中大中型拖拉机517台共1.05万千瓦、小型拖拉机589台共8776千瓦；拖拉机配套农具，大中型24部、小型290部。2010年又有新的发展，拖拉机增加至1562台共4.7万千瓦，比2005年增加456台2.77万千瓦，其中大中型拖拉机719台共3.53万千瓦、小型手扶拖拉机871台共1.2万千瓦；拖拉机配套农具，大中型8部、小型拖拉机43部。至2012年，全县拖拉机设备与2010年基本持平。

2. 种植业机械

①耕整地机械。耕整机：20世纪90年代初步推广，至2001年全县拥有整耕机200台，其中新安镇101台、新桥21台，坡脚、海子没有，其余乡镇有少量分布。2005年发展到268台，新安99台、龙广64台，坡脚乡仍然没有。至2010年，全县发展到3657台（套），县内16个乡镇均有。

②机引犁。20世纪90年代初推广，至2001年，全县拥有84台，其中龙广21台、新安15台、德卧

12台，木咱、万峰湖、钱相3个乡镇没有。2005年全县拥有105台，其中龙广镇32台、德卧镇19台、新安镇17台。至2010年，全县发展到176台。

③机引耙。20世纪90年代初推广，至2001年全县拥有88台，其中龙广21台、德卧19台、新安15台，笃山、钱相、万峰湖、木咱4个乡镇没有。2005年全县83台。到2010年，全县减少到50台。

④旋耕机。20世纪90年代初推广，至2001年全县拥有旋耕机181台，其中龙广108台、德卧27台、新安25台、新桥6台，龙山、木咱、洒雨各3台，兴隆、普坪、戈塘各1台。2005年，全县拥有旋耕机233台，其中龙广138台、新安37台、德卧31台，洒雨、钱相、万峰湖、笃山、坡脚等5个乡镇没有。至2010年全县发展到714台，分布16个乡镇，较多的仍然是龙广、新安、德卧3镇，均在100台以上。

2011—2012年，县内耕作机械增幅不大。其中，2011年全县机耕面积190.67平方千米，2012年全县机耕面积比上年增加2平方千米。

⑤种植施肥机械。2007年，引进推广小麦油菜播种机20台。2010年引进10台，每天可播种小麦(油菜)5333平方米。2006年引进插秧机2台，试验示范，每天一台插秧2667平方米，到2010年拥有插秧机8台。至2012年，种植施肥机械没有增减，全县每年机械化插秧50公顷左右。

⑥化肥深施器。20世纪90年代引进推广，到2001年全县拥有3622台，2005年发展到4120台。由于使用效果不理想，群众满意度低，2005年后基本淘汰。

⑦农用排灌机械。1990年，全县拥有排灌机械1301台共5060千瓦，其中柴油机动力207台共1740千瓦、电动机动力81台共310千瓦，有农用水泵642台。2001年，全县拥有排灌动力机械4934台共2.26万千瓦，其中钱相760台共2425千瓦、新安663台共4829千瓦、龙广515台共194千瓦、万峰湖82台共456千瓦、德卧751台共3378千瓦，其余乡镇100—300台之间。2005年增加到5264台，年平均增加82.5台，但总动力下降至2.02万千瓦，其中德卧1040台共2544千瓦、兴隆888台共2732千瓦、新安875台共4456千瓦、钱相735台共2233千瓦、笃山5台共29千瓦、坡脚12台共57千瓦。2010年全县拥有排灌机械4965台共2.26万千瓦，减少300台，动力增加2468千瓦。2011—2012年，县内农用排灌机械动力增幅不大，全县每年机械化提灌的面积保持在7200公顷左右。

1990年，全县拥有农用水泵642台。至2001年，全县农用水泵发展到2891台，新安、龙广分别有540台和580台，300—500台之间的有兴隆、德卧、钱相3个乡镇，100—200台之间的有普坪、新桥、洒雨，其余乡镇均不足100台，最少的是笃山乡，仅4台。2005年，全县农用水泵发展到3926台，其中龙广640台、新安635台、钱相598台、兴隆478台、德卧437台，其余11个乡镇160台以下，最少的是笃山乡，仅60台。此后，全县农用水泵增幅放缓，至2010年，全县农用水泵共3957台。

3. 农作物保护机械　1990年，全县拥有植保机械30台，总动力50千瓦。至2001年，全县拥有植保机械机动喷雾器90台共180千瓦，主要分布在新安、龙广、龙山、新桥4个镇，其中新桥镇51台共96千瓦。2005年，全县增加到116台共261千瓦。至2010年，略有减少，仅为112台共180千瓦。

4. 收获机械　安龙县2001年开始购进15千瓦联合收割机1台，由县农机服务中心保管使用。到2005年，全县联合收割机增加到3台，其中新安2台共67千瓦、龙广1台34千瓦；普坪镇有机动割晒机1台4千瓦。2010年，全县拥有联合收获机20台共566千瓦，均为稻麦收割机，另有割晒机1台15千瓦。

21世纪初，引进推广马铃薯收获机10台共110千瓦。

2011—2012年，县内收获机械动力增幅不大，但工作量有较大提升，其中2011年全县机械化收获1733.33公顷，2012年机械收获达到2300公顷。

5. 脱粒烘干机械　20世纪80年代，县内脱粒机械基本为半自动脚踏式脱粒机，20世纪90年代后，逐步在脚踏脱粒机的基础上配套机械动力。至2001年，全县有机动脱粒机430台，其中德卧183台、新安80台、龙广44台；到2005年仅存10台。

2001年，全县有人力脱粒机4413台，最多的为龙广镇2200台；2005年增加到5727台，其中龙广2416台、新安857台、德卧732台；到2010年仅存1578台。2011—2012年，县内脱粒机械保持原有水平，其中2011年全县机械、半机械脱粒粮食12万吨；2012年，全县机械化（半机械化）脱粒8000公顷。

6. 水稻工厂化育秧设备　2005年，在县城建设育秧设备1套，温室面积80平方米。

7. 农副产品加工机械　①农副产品加工动力机械。1990年，全县农产品加工机械总动力2.29万千瓦，其中磨面机2494部、轧花机3部、榨油机73部。至2001年，全县农产品加工机械增加到7257台共5.23万千瓦，其中柴油机3368台共3.56万千瓦、电动机3889台共1.67万千瓦。2005年，全县拥有农产品加工机械1.85万台共7.09万千瓦，其中柴油机5315台共4.29万千瓦、电动机1.31万台共2.8万千瓦、汽油机20台共41千瓦。2010年，全县1.96万台共10.69万千瓦，其中柴油机5315台共7.81万千瓦、电动机1.43万台共2.88万千瓦。

②农副产品作业机械。2001年，全县农副产品作业机械7198台，其中龙广镇1800台、德卧镇1281台，粮食加工机械6966台、油料加工机械232台。2005年，全县农副产品作业机械增加到7294台，其中龙广镇1880台，粮食加工机械6994台、油料加工机械300台。2010年，全县有农副产品作业机械7965台，其中粮食加工机械7665台、油料加工机械300台。

2011—2012年，县内农产品加工作业机械保持原有水平。至2012年，全县全年完成农产品加工产值3亿元。

8. 畜牧养殖机械　2005年，安龙县开始引进畜牧业机械，当年拥有802台共415千瓦，其中龙广16台共1624千瓦、兴隆45台共208千瓦、钱相11台共45千瓦，牧草播种机15台、青储饲料收割机35台、饲料粉碎机460台；渔业机械70台共1065千瓦，其中万峰湖63台共943千瓦、坡脚7台共122千瓦。至2010年，全县拥有畜牧养殖机械37台共497千瓦，渔业养殖机械80台共1800千瓦。2012年，县农业部门利用农机具补贴，购置铡草机40台。

（三）运输机械

1990年，全县拥有农用运输车辆95辆，其中大中型拖拉机95辆。至2001年，全县农用运输车发展到471辆共1.32万千瓦，其中新安71辆、德卧54辆、万峰湖54辆、兴隆49辆、龙广44辆、普坪44辆、龙山35辆、钱相32辆、海子24辆、洒雨16辆、木咱12辆、戈塘10辆、新桥10辆、坡脚9辆、笃山4辆、平乐3辆；三轮运输车140辆共1749千瓦、四轮运输车212辆共5728千瓦。2005年，全县农用运输车743辆共3.12万千瓦，其中三轮运输车15辆共221千瓦、四轮运输车728辆共3.1万千瓦。到2010年，全县农用运输车拥有773台共3.66万千瓦，其中三轮车15辆共201千瓦、低速载货汽车758辆共3.64万千瓦。

（四）农机农具资金投入

2001年，全县农业机械购置农民总投入288.75万元，其中新安25.5万元、龙广120万元、龙山1.2万元、兴隆6.4万元、德卧23.13万元、普坪37.5万元、木咱8.91万元、戈塘3.72万元、万峰湖17.89万元、新桥13.85万元、钱相2.1万元、洒雨7.4万元、笃山0.95万元、平乐4.6万元、坡脚9.1万元、海子6.5万元。

2002年，中央财政投入10万元，安排在木咱、普坪；全县集体投入0.5万元、农民总投入511.3万元。

2003年，中央财政基本建设投入10万元，安排在龙广镇；全县单位和集体投入1.5万元（龙广1.2万元、木咱0.3万元）、农民总投入191.5万元。

2004年，中央财政基本建设投入10万元，安排在龙广镇，地方财政0.8万元，安排在新安镇；新安镇集体投入3.64万元，农民总投入150万元。

2005年地方财政投入基本建设12.6万元，其中新安2.45万元、龙广6.7万元、德卧0.76万元、新桥2.77万元，农民总投入602万元。

2006年后，中央财政和地方财政每年投入的农机农具资金10—20万元。

2010年，全县投放农业机械购置经费1705.8万元，其中中央财政470万、地方财政125.8万元、农民总投入990万元、其他投入120万元。

2011年，全县完成补贴资金169万元，购机补贴农户购买各类农机具727台（套）。

2012年，全县完成购机补贴资金1153.5万元，其中部级资金1100万元，省级资金53.5万元。补贴农户共购买各类农机具7590台（套）。

第二节　农业技术

一、耕作制度

在农作物种植结构上，20世纪80年代末至21世纪初，县境坝子地区以水稻、玉米、小麦、油菜、蔬菜、绿肥为主，次为豆类、马铃薯、红薯、茶叶等。1990年，县境农作物复种指数为127.12%，其结构为水稻35.5%、玉米31.41%、小麦7.6%、油菜5.11%、绿肥及其他杂粮作物占20.38%。2000年，县境农作物复种指数170.8%，其结构为水稻27.98%、玉米27.78%、小麦24.72%、油菜8.56%、洋芋3.94%、杂粮3.8%、绿肥12.36%。2005年，县境农作物复种指数为178.35%，其结构为水稻26.5%、玉米28.64%、小麦26.78%、油菜9.15%、烤烟2.97%、蔬菜7.65%、糖料3.19%、马铃薯3.99%、杂粮2.96%。至2010年，县境农作物复种指数184.21%，比2000年提高13.41个百分点。农作物种植结构是否合理，具体到每个乡镇、村、组，甚至到农户的每一地块。安龙县农民因地制宜，配合政府和农业部门统一规划实施连片种植，选择投资少收益高的项目实施作物栽培为主，不盲目追求和随意应付式种植，在农作物结构上形成了主产品水稻、小麦、油菜、烤烟、蔬菜持续稳步发展，其他品种兼顾不放松的发展模式。

在农作物种植上，县内主要品种为一年二熟，主要模式有水稻＋小麦（油菜、绿肥或蔬菜、洋芋、一年生牧草）、玉米（烤烟）＋小麦（油菜、绿肥、洋芋）等。豆类作物主要与玉米、小麦套种，基本上没有专门种植的地块，种植的模式主要是玉米套种黄豆（豌豆、金豆、银豆）、小麦套种豌豆（蚕豆）等，作为鲜蔬菜出售的早金豆、豌豆、蚕豆等单独栽种。在套种中，玉米也可套种向日葵、瓜类、红薯等。县境蔬菜产区为县城附近、龙广十二份、木咱等地菜农，每年种植蔬菜4熟至5熟，主要种植莴笋（或萝卜）—白菜（或青菜或包芯菜）—芹菜—白菜—白菜（或莴笋）等。

在耕作制度上，耕田犁地仍然沿用人工役力操作。正常情况下，一头役用牛一天作业8小时，可耕田（地）500—800平方米。1990年，全县有可供役用的耕牛5.41万头，当年播种2746.67公顷，每头牛平均承担0.5公顷，水田耕作三犁三耙或四犁四耙，每耕667平方米最快的4天完成，牲畜负担十分繁重。20世纪90年代中期，县农机部门引进大型拖拉机实施试验示范耕作，每台套机组每天作业8小时，可耕田1.33公顷。因耕作机组需平坦坝子、田块面积较宽的地方作业，在县内大面积、大范围推广不现实，仅在新安镇大坪、招堤、龙广镇小场坝、坡院、板拉、纳桃、七星、兴隆镇巧凹等村，以及木咱镇、钱相乡等地作业。1998年，安龙县引进小型轻便的微耕机（旋耕机）10台套，完成万亩草场的机耕操作示范，效果明显，适合县内山区地形推广。2010年，全县微耕机达到714台（套），机耕面积189.62平方千米，占当年播种面积的50.8%。至2012年，全县机耕面积达到192.67平方千米。

二、良种培育与研究

(一) 良种引进

1. 水稻 20 世纪 90 年代，主要引进以汕优 63、汕优 64、岗优 12、岗优 22、汕优多系、仙优多系 1 号、Ⅱ 838、Ⅱ 6078、K 优 5 号为主的杂交水稻良种。21 世纪后，主要引进“满口香”、滇屯 502、桂白糯等，其中“满口香”达到 GB/T17891—1999 二级优质稻米标准，为安龙县主推品种，属常规稻，可集中连片高标准育种。另外，还引进内香优 31、内香优 13、菲优多 188、特优 2105、益农 1 号、丰优香占、中优 117、冈优 825、Q 优 108、国丰 1 号、两优 456、内香优 8518、金优 299、T 优 855、黔优 894、威优 431、湘优 109、隆两优 9 号、精品Ⅱ优 527 等适合安龙县推广种植的高产优质品种。

小红米 又称“红米稻谷”，是安龙县本地水稻种植品种，种植历史 100 余年，包括红壳黏稻和红壳粳稻，其中高原黏稻类主要有小红香、小红脚、大红脚、马尾黏 4 个品种，高原粳稻类有红壳晚 1 个品种。红米稻谷外观呈梭形，色泽淡红光鲜，闻之清香，入口黏稠有度，富含淀粉、脂肪、蛋白质、维生素、微量元素，营养物质全面，尤其富含铁元素。20 世纪 80 年代中期，县农业局对红米稻谷进行保护性发展，把龙山、洒雨、平乐规划为原种保护区，经过选育、提纯、复壮，逐渐形成独特的地方特性，种植面积不断扩大，至 2012 年，全县种植面积突破 500 公顷。

2. 玉米 1989—2012 年，安龙县引进杂交玉米品种主要有 89—2、安龙单、兴 X 苏、新组合、兴单 6 号、兴单 7 号、兴单 8 号、兴黄单 993、兴黄单 936 和毕单系列，兴黄单系列、兴单系列、安单 136、盘玉 1 号、2 号、临奥 1 号、兴单 8 号、兴海 201、991、黔单 16 号、奥玉 3102、西山 70、正大 619、盘玉 6 号、三北 2 号、兴单 13、奥试 3220、黔单 13、SB246、迪卡 007、正大 818、奥玉 8 号、濮单 6 号、农玉 608、204、兴黄单 89—2、兴海 231、川单 12、西山 99 等。

3. 小麦 20 世纪 80 年代末以来，县内引进的小麦品种主要有贵农 10 号、兴麦 1 号、毕麦 5 号、丰优 2 号、4 号、兴麦 7 号、丰优 3 号、兴麦 19 号、兴麦 36、17 等。

4. 杂交油菜 20 世纪 90 年代以来，县内引进杂交油菜品种主要有黔油 9 号、油研系列、渝黄 1 号、杂选 1 号、黔油 18 等。

5. 马铃薯 20 世纪 80 年代末以来，县内主要引进有中薯 2 号、3 号、5 号、A1085、费乌瑞它、坝薯等 6 个脱毒马铃薯品种。

6. 绿肥 20 世纪 80 年代末以来，县内引进的绿肥品种主要有光叶紫花苕、马豌豆、肥田萝卜等。

7. 蔬菜 20 世纪 80 年代末以来，县内引进的白菜品种主要有改良青杂 3 号、抗病先锋、山东大白菜类的鲁白 6 号、山东 4 号、晋菜 3 号、秋绿 75 号；青菜品种有宽叶 (邦) 青菜、白青菜王；引进的其他蔬菜优良品种主要有南畔洲萝卜、青霸早豇豆 1 号、改良贵阳白棒豆、意大利生菜 (莴苣菜类)、辣丰 3 号、金刚石番茄、西兰花菜、牛芯菜等。

(二) 引进良种试验示范与制种

1. 引进良种试验示范 安龙县种子管理部门引进的农作物品种，每年都通过一定数量的土地进行试种，观察其适应性、长势、测其产量、分析品质，作出推广与否的判断。1997 年，安龙县在推广汕优 63.64、仙优多系 1 号、岗优 22、Ⅱ优 838、Ⅱ 6078 的基础上，引进杂交水稻新品种 K 优 5 号、Ⅱ优 6078、Ⅱ 838 和杂交玉米种新组合、兴单 6 号、兴单 7 号、兴单 8 号、兴黄单 933、兴黄单 936、毕单系列进行试种、示范，为选择丰产性、适应性、抗性较好的玉米、水稻种提供推广的科学依据。

2005 年，引进杂交玉米品种 31 个进行示范种植，选出适应安龙县大面积推广的品种 10 个：兴黄单 8 号、兴海 201、兴海 991、黔单 16 号、奥玉 3102、西山 70、安单 136、正大 619、盘江 16 等，上述品种具有产量高、品质优、耐肥、抗倒、抗病、株型紧凑等特点，具有较高的增产潜力；三北二号、兴单 13、奥试 3220、黔单 13、SB246、迪卡 007、正大 818、奥玉 8 号、濮单 6 号、农玉 608 等品种表现较好，有推广潜力，可作为后备品种使用；其余 11 个品种，不适合县境推广，予以淘汰。

2007 年，杂交水稻新品种引种试验 5 个，杂交玉米新品种 5 个，杂交玉米、杂交水稻展示点各 1 个，示范品种 21 个，杂交稻新品种筛选试验 1 个，参试品种 8 个。参试品种筛选出兴黄单 206、999、兴单 8 号、黔单 22 等 4 个杂交玉米品种及中优 117、冈优 825、Q 优 108、国丰 1 号、两优 456、内香优 8518、金优 299、T 优 855、黔优 894、威优 431、湘优 109、隆两优 9 号、精品Ⅱ优 527 等 13 个杂交水稻品种适合安龙县推广种植。通过引种试种示范，确定安龙县主要推广的两杂良种有：中部温和丘陵盆坝区新安、木咱、德卧、龙广等镇，水稻以种植中熟耐低温杂稻品种为主，如丰优香占、黔优 88、冈优 725、中优 117、177、“满口香”等，杂交玉米以高产、抗性强的中矮秆杂交玉米品种为主，如兴黄单系列、兴单系列、兴海 201 等；南部低热河谷区万峰湖、德卧、坡脚等乡镇，水稻以中晚熟品种为主，如汕优多系 1 号、B 优 811、冈优 527 等，玉米以耐贫瘠的杂交玉米品种为主，如正大 619、迪卡 007、兴黄单 828 等；西北部地区洒雨、海子、戈塘等乡镇，水稻以早熟杂稻品种为主，如金优 431、特优 559、Ⅱ优 46、黔优 568 等，玉米以抗寒性强、中矮秆杂交玉米品种为主，如贵单 8 号、兴黄单 206、999 等。

2. 制种　20 世纪 80 年代前，安龙县曾在海南开展玉米、水稻制种，但未在县境制种。2002 年，在龙广镇七星村和钱相乡三道墙村各选择 3.33 公顷种子繁殖田，分别种植“满口香”、滇屯 502，繁殖良种供应农户；另在种子繁殖田中穗选 200 千克，用于次年的种子繁殖。杂交玉米制种方面，20 世纪 80 年代末以后，安龙县每年选择 1—2 个制种点、面积 133—667 公顷，作为杂交玉米制种基地。1989 年至 1995 年，安龙县杂交玉米制种 359.6 公顷，收杂交玉米种子 42.09 万千克，年平均 6.01 万千克。此后，县内未再进行大面积制种工作。

（三）良种推广

20 世纪 90 年代，安龙县每年引进供应杂交玉米种子 7 万至 18 万千克，最多的一年是 1998 年，引进供应 18 万千克，最少的是 1991 年仅为 7.25 万千克，年平均 12.6 万千克。21 世纪后，安龙县每年引进供应的杂交玉米种子 10 万至 15.96 万千克，年平均 12.88 万千克，最多的一年是 2005 年，引进供应 15.96 万千克，最少的一年是 2001 年，引进供应 9.8 万千克。

20 世纪 90 年代，安龙县引进杂交水稻供应农户 123.26 万千克，年平均 12.36 万千克，最多的一年是 1998 年，引进供应 21 万千克，最少的一年是 1991 年，引进供应 10.1 万千克。21 世纪后，安龙县每年引进杂交水稻种 10 万至 12 万千克，最少的一年是 2005 年，引进供应杂交水稻种子 10.29 万千克，最多的一年是 2005 年，引进水稻种子 12 万千克。

小麦良种引进方面，1991 年引进 0.9 万千克，1997 年引进 4 万千克，1998 年引进 3 万千克，2000 年引进 1 万千克，2001 年引进 1 万千克，2005 年引进 4 万千克。

杂交油菜良种引进供应方面，1997 年引进 400 千克，1998 年引进 500 千克，2000 年引进 250 千克，2001 年引进 500 千克，2005 年引进 300 千克。

绿肥种引进方面，1997 年引进紫花苕、马豌豆 2.5 万千克，2000 年引进光叶紫花苕 0.8 万千克，2001 年引进绿肥种子 1 万千克，2005 年引进绿肥种子 10 万千克。

（四）种子管理与经营

2007 年前，种子的经营属国家规定的专营行业，安龙县由县种子公司独家经营。2007 年，按照省、州关于种子管理体制改革的要求，以政企分开为原则，完成种子管理的转制，县种子公司不再是种子专营单位。安龙县农作物种子由县农业综合执法大队进行专门管理，对种子经营行为按照《中华人民共和国种子法》《贵州省种子管理条例》进行审核，依法备案，把好主要农作物种子经营许可备案登记和种子市场准入关。2008年，安龙县共受理经营种子申请135份，经培训考核，许可参与种子代销118户，委托代销企业共8家，发放备案登记证204本，全年备案“两杂”品种144个，其中杂交玉米52个、杂交水稻92个。

三、栽培技术

（一）水稻栽培

1.两段育秧　20世纪80年代，安龙县开始推广水稻“两段育秧”技术。1989年，全县24个乡建温室80个，温室育种1.08万千克，寄栽面积120公顷，协助农户搞地坑育秧寄栽83.73公顷，先后组织71名农技干部深入基层办示范点94个，示范面积1951.21公顷，开展技术承包面积1666.67公顷。“两段育秧”寄栽240.33公顷，是上年的4.7倍，移栽大田1633.33公顷，是上年的37.3倍，每公顷平均用种量仅12千克，比水育秧大田用种量少24千克，全年推广“两段育秧”移栽大田1589.54公顷，少用杂稻种3.81万千克，按每千克9元算，节约34万元。“两段育秧”移栽大田其单产比水育秧移栽大田高，据对363户51.14公顷实施“两段育秧”的大田验收，平均每公顷单产8873.85千克，对51户8.32公顷水育秧的大田验收，平均每公顷单产7811.4千克，“两段育秧”比水育秧大田平均每公顷增产1062.45千克，全县增产稻谷168万千克。龙广板拉、纳桃等地农户基本普及“两段育秧”技术，做到了育秧温室化、秧苗良种化、栽培规范化。1990年，继续实施“两段育秧”寄栽秧田387.6公顷，比上年多183.27公顷。1994年，“两段育秧”技术推广达到高峰，寄栽秧田733.34公顷，移栽大田5933.34公顷。此后，“两段育秧”技术在全县得到普遍推广。

2.旱育秧　旱育秧是在“两段育秧”的基础上，改进提高的栽培技术，初期称为旱育浅植或旱育稀植。1994年，安龙县为解决水源条件差、靠涨水打田的干旱地区育秧晚、误农时的难题，试验示范2公顷，移栽大田146.67公顷，其中龙山镇旱育浅植1公顷，移栽大田63.09公顷。到1997年，全县推广旱育稀植3033.35公顷，测其产量平均每公顷产8617.5千克，比对照增产8.6%，全县总增产稻谷224.8万千克。2000年，全县水稻旱育稀植推广增加到5666.7公顷，新安、木咱、龙广、兴隆4乡镇都在666.67公顷以上，其余乡镇在66.67—666.67公顷之间。21世纪后，安龙县每年推广旱育秧种植6600公顷左右，最多的一年是2002年，达到9173.38公顷。2006年后，安龙县旱育稀植普及率达到80%以上。

3.水稻宽窄行规范化栽培　此项技术脱胎于20世纪70年代的拉绳插秧技术。1989年，全县推广宽窄行插秧453.2公顷，比上年增加446.87公顷，拉绳插秧面积占总面积的50%以上。1990年，全县拉绳插秧8200公顷，占水稻栽插总面积的87%，其中推广宽窄行插秧1438公顷，比上年多318.13公顷。到1994年，全县水稻宽窄行规范化插秧4060.02公顷，占水稻插秧总面积的70%。1995年后，县境每年均有部分乡镇组织实施。

4.水稻抛秧栽培　1984年，洒雨镇竜堡村实地示范种植666.67平方米。此后，县境每年均有小范围、小面积的试验示范，但此项技术对操作人员要求较高，若是操作人员通过专门的训练后，抛洒出的秧苗均匀分布，稀密合理，是一项省时、省力的新技术，若抛洒技术不过关，效果不甚理想。1997年，安龙县结合其他栽培技术完成水稻抛秧栽培33.33公顷，测产验收平均每公顷单产9549千克，比常规栽培插秧增产14.14%。2000年，全县抛秧种植发展到133.33公顷。2008年，全县水稻抛秧技术推广700公顷，占水稻插秧面积的7.1%，平均每公顷单产8512.5千克，效果较好。此后，每年均保持这一水平。

5.水稻半旱式栽培　1997年，示范推广水稻半旱式栽培133.33公顷，平均每公顷单产7815千克，比对照增产17.2%；叶龄模式栽培5173.36公顷，平均单产比对照增产8.6%。

6.稻田多熟制栽培　1997年，实施稻田多熟制1033.33公顷，平均亩产粮食616.7千克、种植经济作物产出1708.20元。2000年，推广实施2333.33公顷。2011年，推广实施7333.33公顷。

安龙县试验示范的水稻栽培技术还有旱地水稻栽培、地膜旱种、旱育保姆生态旱育秧、沼液浸种、沼液培肥苗床等，上述项目尚处于试验阶段，待进一步摸索后，方能全县普遍推广。

（二）玉米栽培

1. 玉米营养球育苗移栽（粪团育苗移栽或营养盘、营养杯） 1989年，试验1333.34平方米。1990年，全县推广128.47公顷。1991年，推广实施40.07公顷，亩产337千克，比常规种植增产103.6千克。1997年，全县推广玉米营养球育苗移栽，实施226.67公顷，平均亩产483.3千克。到2000年，安龙县玉米营养球育苗移栽达到5400公顷，2001年完成6066.67公顷。2005年，全县推广玉米粪团育苗移栽突破7333.33公顷，经测产验收，平均亩产489.3千克。此后，县境每年玉米粪团育苗移栽保持在7330公顷左右。

2. 旱地分带轮作多熟制　1989年，完成旱地分带轮作5.12公顷。1991年，实施旱地分带轮作多熟552.27公顷，实地验收6.48公顷，平均亩产603.6千克，比小麦—玉米两熟平均亩产431.6千克增产172千克。1997年，旱地分带轮作2006.67公顷。2002年，旱地分带轮作多熟制增加到5433.33公顷。2008年，此项目演变改进为“旱地宽厢宽带栽培技术”，龙广镇联新村示范种植33.33公顷，玉米平均亩产490.36千克，平均单产较上年增产4.8%，玉米间作花生、豆类经济作物15.8公顷，经济作物亩产值200—400元；玉米间作辣椒20.67公顷，辣椒平均亩产119.2千克，辣椒亩产值1390.94元，新增净产值41.86万元。试验说明旱地宽厢宽带栽培技术具有较好的生态效益和生产潜力，可减少水土流失，玉米间作辣椒等经济作物，高矮搭配，提高光能利用，通风透光，增加产量和产值，各种农作物轮换种植，减少病虫害的发生，减少农药用量，减少环境污染，提高农产品质量。

3. 地膜覆盖栽培　1989年，推广玉米地膜覆盖栽培223.07公顷，1990年达到584.8公顷。1991年实施428.53公顷，平均亩产286.5千克，增产53.4千克，2002年发展到1773.33公顷。2012年实施玉米地膜覆盖种植8666.67公顷，每个乡镇兴办13.33公顷以上的示范点，县级示范点33.33公顷以上，项目补贴经费287万元。

4. 聚垄栽培　1997年，实施聚垄栽培533.33公顷，平均亩产467.8千克。

5. 紧凑型玉米栽培　1997年，实施紧凑型玉米栽培260公顷，平均亩产472.4千克，2000年推广到666.67公顷，2002年推广种植1673.33公顷。

（三）小麦种植

分带轮作。1989年，实施小麦分带轮作552.27公顷，比上年增加528.93公顷。1997年，实施旱地分带轮作面积达2006.67公顷，旱地亩产729.94千克，其中玉米409千克、小麦178.3千克、薯类142.1千克。

（四）油菜栽培

在油菜栽培技术方面，县内主要推广实施了油菜育苗移栽技术。此技术1989年开始实施，当年完成32.87公顷。经逐年发展，全县每年在油菜种植过程中均采用这项新技术，一般每年油菜育苗移栽3000—4000公顷。2007年，县境还推广油菜免耕栽培666.67公顷，油菜育苗免耕栽培7.33公顷，均取得较好的效果。

（五）马铃薯栽培

2002年，在新安镇坡云村实施脱毒马铃薯稻草覆盖免耕栽培技术试验，栽培132公顷。2005年，全县推广马铃薯种植1440公顷，2006年完成2000公顷，2009年完成3000公顷。此后，每年种植面积均3000公顷以上。

（六）地膜覆盖蔬菜栽培

20世纪90年代，县境开始推广使用地膜覆盖蔬菜栽培技术。此技术能大幅度提高蔬菜抗旱、抗寒能力，提前蔬菜种植季节，提高农作物成活率，主要是县城周边地区菜农种植早瓜豆、早玉米。2008年，县境遭遇百年凝冻灾害，灾后在新安镇五格村实施应急速生蔬菜示范，带动、引导、辐射龙广、新桥、龙山、德卧等乡镇发展应急早熟蔬菜1333.33公顷，发展夏、秋冷凉蔬菜种植1333.33公顷，发展地膜覆盖栽培早熟辣椒、番茄、早瓜、早豆、早玉米种植200公顷，亩均收入2000余元。在龙山镇纳院村，指导农户建立塑料大棚36个，种植蔬菜0.67公顷，实现蔬菜四季种植上市，亩均收入4000—6000元。

四、改造中低产田

（一）改良工程

1. 以工代赈坡改梯　1991—1995年，全县共完成坡土改梯土1473.84公顷、坡土改梯田118.67公顷、荒坡改梯土313.33公顷、荒坡改梯田53.33公顷，治理水毁田土426.67公顷，涉及14个乡镇210个村434个组共17094户，增加耕地297.23公顷，累计增加粮食13310吨，经济作物增收229.66万元，人均增收446.8元，治理水土流失1770公顷。到2007年，全县累计完成坡改梯、治理水毁田土等9526.67公顷，增加耕地1693.33公顷，增加粮食58136吨，项目区内人均增粮85千克、增收86元。配套建设小水池、小水窖2625个共120899立方米，引水渠道505条共167.21千米，排洪沟渠385条共140.07千米，田间便道422条共165.67千米、机耕道393条共155.17千米，乡村公路60条共43.4千米，种植水土保持林117.67公顷，地埂树30.2万株。在项目的实施过程中，国家投入以工代赈工程项目资金2923.85万元。1991—2000年，每完成一公顷坡改梯和配套设施，国家补助2250元；2001—2007年，每公顷补助4.5万元。

2. 治理冷烂锈田　1990年，安龙县完成工程改造冷烂锈田15.8公顷、坡土5.33公顷。1991年，完成冷烂锈田工程改造20.67公顷。1997年，完成中低产田土改良4166.67公顷，其中渍害排水改良680公顷、坡地改良766.67公顷、黏重土地改良2720公顷。2004年至2005年，县农业主营部门在普坪石冲河流域和新安岔河实施“烂包田”的水田开沟排水，改造冷烂锈田200公顷；在钱相乡三道墙村、普坪镇鸭子井村、石冲村等地实施坡改梯266.67公顷，完成中低产田土改良466.67公顷。

（二）秸秆还田改良

秸秆还田改良工作自20世纪90年代中期开始在县内推广，1997年，全县完成秸秆还田17666.67公顷，其中过腹还田14866.67公顷、直接还田2800公顷。1998年，完成秸秆还田16466.67公顷，其中还田6866.67公顷、还土9600公顷，涉及除坡脚、万峰湖以外的14个乡镇。2004年，全县秸秆还田14333.33公顷。2005年完成4333.33公顷。2006—2010年，共完成84866.67公顷，其中2008年完成20066.67公顷。

（三）绿肥种植

安龙县绿肥主要有本地马豌豆、紫花苕、肥田萝卜、箭舌豌豆、光叶紫花苕等。1990年，全县种植绿肥3201.33公顷，供应旱地绿肥种2.65万千克。1991年，全县种植绿肥3674.8公顷，其中旱地绿肥1066.67公顷。1998年，种植绿肥4100公顷。2004年，绿肥种植3666.67公顷，其中水田绿肥2333.34公顷、旱地1333.33公顷，水田以本地马豌豆为主，旱地有光叶紫花苕、肥田萝卜、箭舌豌豆、马豌豆等，测产鲜草亩产1677千克，紫花苕年均亩产1617千克，肥田萝卜、箭舌豌豆产量略低于紫花苕和马豌豆，箭舌豌豆种子产量相对较高，且生育期晚易留种。2005年种植绿肥4000公顷，其中水田2266.67公顷、旱地1733.33公顷，主要是紫花苕和马豌豆，占总播面的90%以上。2006年后，全县绿肥种植面积保持在4000公顷左右，最少的是2010年，仅2858公顷。

五、科学施肥

1. 测土配方施肥　2007 年，按照农业部的安排，全县完成土地样品采集 2276 个，实施水稻配方施肥，发放建议卡 36120 张，推荐配方 9 个，使用配方肥 1.35 万吨，涉及农户 50870 户共 19126.67 公顷，安排化验室 11 间共 296 平方米，培训化验员 6 人。

2008 年，完成水稻土测定 1760 个，测定项次 1056 次，一般农化样 1677 个，试验示范样 56 个，剖面样 27 个，采样地块调查量 1077 个单元。水稻、玉米田间试验 9 个，其中“3414”试验 5 个；同田对比试验 12 个，配方肥效对比试验 2 个。由于雹灾，“3414”和同田对比试验各失败 1 个。水稻土实验安排在黄泥土 1 个、大力土 1 个；玉米“3414”试验安排在黄泥土 2 个，大泥土 1 个；同田对比试验水稻 10 个、玉米 2 个。全县共建设测土配方施玉米肥示范点 17 个共 143.33 公顷，其中县级示范点 1 个 34 公顷，乡镇级示范点 16 个共 109.33 公顷，水稻测土配方施肥示范点乡镇 1 个 283.33 公顷，县级 1 个 45.33 公顷。对示范点的作物临田验收，玉米验收 17 个点共 51 个地块，年均亩产 511.7 千克，高产地 17 块，平均亩产 568.4 千克，中产地 17 块，亩产 522.3 千克，低产地 17 块，亩产 444.4 千克，示范点比前三年每亩增产 83.1 千克；水稻 16 个示范点共 48 个地块，平均亩产 628.2 千克，比前三年每亩增 84.2 千克。

2009 年，围绕“测土—配方—配肥—供肥—施肥”的思路，以肥料田间试验和土地测试为基础，采集完成水稻耕层混合土样品 1200 个、植株样品 100 个，填写调查表格 1200 份，土样测定 4078 个共 28500 项次，按采样目的分一般农化样 4050 个、试验示范样 35 个、剖面样 3 个；配合开展田间调查采样地块调查单元 1077 个，填写表格 1077 份，完成录入 1077 张，数据量 5 万余个，农户调查 200 个，填写表格 900 份；完成田间试验水稻、玉米田间肥效试验 62 个，其中“3414”试验 22 个、同田对比试验 20 个、配方肥效对比试验 20 个；示范推广玉米测土配方施肥 10466.67 公顷，有效推广 9420 公顷，增产幅度 8.74%；水稻测土配方施肥完成 9933.33 公顷，有效推广 8940 公顷，增产幅度 10.33%；建设土地肥力径流观测站 3 个。

2010 年，实施配方肥 2 万公顷，土壤化验 500 个，完成耕地地力调查，田间试验 10 个，测土配方施肥推广 3.88 万公顷，涉及农户 5.2 万户。

2011 年，水稻实施测土配方施肥 9800 公顷，有效实施 8820 公顷，平均亩产 646.8 千克，比全县水稻平均产量每亩高出 268 千克，比当地项目前三年平均亩产高出 26.3 千克；玉米实施测土配方施肥 10733.33 公顷，有效实施 9660 公顷，平均亩产 402.2 千克，比全县平均亩产提高 50 千克。2012 年，开展水稻、玉米、蔬菜作物测土配方施肥技术推广，全县推广 2.28 万公顷，其中水稻 7666.67 公顷、玉米 6800 公顷、蔬菜 4333.33 公顷、烤烟 4000 公顷。

2. 微肥施用　1990 年，全县推广水稻微肥施用 59.33 公顷，测产验收结果施用微肥的比同片未施用的水稻增产 6.95%。1991 年，施用微肥田 638.4 公顷，平均每亩比对照田块增产 6.5%。1998 年，推广微肥及生长调节剂施用 2800 公顷。2005 年，微肥利用油菜 2333.33 公顷、水稻 666.67 公顷、玉米 666.67 公顷，发放硼肥 2.5 万千克、锌肥 2 万千克。

3. 平衡配方施肥　1990 年，安龙县试验示范推广水稻平衡配方施肥 43.07 公顷，增产 16.95%。1991 年，扩大推广面，使用平衡配方施肥 369.73 公顷，微机配方施肥 283.07 公顷，平均每亩比对照田增产稻谷 46.3 千克，增产 9.3%。1997 年，推广平衡配方施肥 16366.67 公顷。1998 年，全县水稻、玉米实施平衡配方施肥 10666.67 公顷，其中水稻 6000 公顷、玉米 4666.67 公顷，补助该项目尿素 1800 吨。2005 年，推广运用平衡配方施肥水稻 5646.67 公顷，据 7 个乡镇共 740 公顷范围的 63 户验收点测产验收，平均亩产 581.3 千克，亩增产 14.8 千克，推广面积共增产稻谷 124.32 万千克；玉米推广平衡配方施肥 4673.33 公顷，示范面积 33.07 公顷，136 个点共 10.92 公顷实测验收，玉米平均亩产 336.1 千克，比上年增产 24.7

千克。2001—2012年，每年推广玉米平衡配方施肥1—1.33万公顷，其中2004年为13266.67公顷，平均每年推广实施12240公顷。2005年，平衡配方施肥油菜栽培2333.33公顷，发放复合肥35万千克、硼肥2.5万千克。

4. 保肥施用　1998年，全县实施保肥施用培肥田土4400公顷，留种1000公顷，主要保肥品种有马豌豆、紫花苕、箭舌豌豆、满园花等。

六、植物保护

（一）病虫害测报

安龙县主要以县农业局植保站为中心，乡镇农技站为纽带，农作物种植农户为基点开展病虫害预测预报。1989—2012年，《病虫害测报》《病虫鼠害交流》一般一个月出一期，每年12期。病虫危害严重发生时，一个病害出一期测报和一期交流材料。2005年，安龙县发生小麦锈病、白粉病、蚜虫、黑穗病、麦蜘蛛、油菜蚜虫、霜霉病、白粉病、农田鼠害等病虫鼠害，全年共发布病虫鼠害情报24期共2160份，病害交流8期共640份，病虫害电视预报8期共24次。2007年，制作电视病虫预报6期，发布病虫草鼠害情报22期，病虫鼠害交流12期。2008年5—6月，受降雨偏高和气候条件的影响，迁飞性害虫稻飞虱、稻纵卷叶螟迁入早，虫量大，范围广，危害重，“落地成灾”明显，水稻病虫害发生30446.67公顷，县植保站发布病虫鼠害预报23期共1860份，鼠害交流12期共960份，病虫电视预报6期共18次。2009—2010年，每年发布病虫鼠害情报20期共2400份、鼠害交流12期共960份、病虫电视预报6期共18次。2011年，发布病虫鼠害情报19期共2280份，鼠害交流11期共902份，病虫电视预报5期共15次。2012年，发布病虫鼠害情报16期共1670份，鼠害交流4期共711份，病虫电视预报4期共10次。

（二）病虫鼠害防治

1990年，安龙县开展水稻病虫害防治共8000公顷，其中联合防治2333.33公顷、玉米铁甲虫防治133.33公顷，挽回粮食损失105万千克。1991年，防治面积8333.33公顷，挽回粮食损失215.79万千克，调进化学农药60.6吨，比上年增加45%。1994年，防治玉米铁甲虫800公顷、白背飞虱1666.67公顷，稻蝗发生533.33公顷，叶瘟病防治233.33公顷，负泥虫防治400公顷，螟虫防治533.33公顷，稻纵卷叶螟防治266.67公顷。1997年，综合防治14873.33公顷，其中小麦2693.33公顷、玉米5453.33公顷、水稻6726.67公顷、油菜680公顷、灭鼠7086.67公顷、住宅灭鼠2073.33公顷，挽回损失油菜籽2.65万千克、粮食275.29万千克。当年6月，龙广镇纳万、永革、十二份、新寨等9个村共43个村民组，长6千米宽4千米的农作物、树林、草坪遭受黏虫严重危害，最严重的是每株玉米虫量100余头，玉米、水稻受灾333.33公顷，成灾266.67公顷，绝收166.67公顷，县、乡农技部门组织机动喷雾器18台、手摇喷雾器300余台、农药1000余千克，奋战16天，有效控制了黏虫的危害。1998年后，县境每年开展病虫害综合防治13333.33公顷，包括水稻、玉米、小麦、油菜等。2007年，全县组建病虫害机防队7支，机防面积788.93公顷。2008年，病虫害机防队增加到18个，在龙广镇纳桃村等地安装频震式杀虫灯200台，治理柑橘溃疡病28.4公顷。2009年，病虫害机防队增加到20个，主要分布在龙广、兴隆、龙山、洒雨、德卧、木咱、钱相等乡镇水稻主产区，全年综合防治7.22万公顷，其中水稻防治27173.33公顷，挽回粮食损失31998.42吨；玉米防治9833.33公顷，挽回损失9511.72吨；小麦防治7166.67公顷，挽回损失60.27万千克；油菜防治1933.33公顷，其中蚜虫综合防治1450公顷。2010年后，安龙县病虫害防治率达到90%以上，其中2011年开展水稻细菌性条斑病治理14.67公顷。

（三）植物检疫

植物检疫包括产地检疫和进出境运输检疫。1997年，对安龙县杂交玉米繁殖基地实施产地检疫33.33公顷，烤烟产地检疫1000公顷，烤烟出境运输检疫100万千克，小麦调进运输检疫3批共1.4万千克。2000年，植物检疫35批次共10吨，收取检疫费16145元。2001年，检疫调运金银花2批共25.5万株、核桃苗1批800株、柑橘苗1批4.5万株、水稻常规种1批500千克；产地检疫金银花25万株、核桃苗1000株、柑橘苗5万株。2007年，检疫调运水稻种子84195千克、玉米种子83505千克，产地检疫烤烟1133.33公顷、金银花基地4公顷、马铃薯基地73.33公顷，调运中草药材5车次共7000千克，市场检疫7.2万千克。开展蔬菜、水果农药残留检测30个样品，合格率98.3%。2009年后，加强农药管理。2009—2010年，共检疫调运水稻种116.92万千克、玉米种13.18万千克，办理植物检疫证263份，审核发放农药备案登记证128本。2011年，开展产地检疫玉米种子繁育基地18.67公顷。

第三节　农业综合开发

一、商品粮生产基地建设

安龙县在“七五”期间列为全省第一批商品粮生产基地县。“八五”计划提出粮食年总产量达10万吨，要在1990年8.49万吨的基础上增加1.51万吨，年平均增长3%以上。围绕这一目标，着重抓好水稻、玉米、小麦丰产工程，把良种推广摆在首位，全县水稻、玉米两杂良种推广面超过50%。

“九五”计划提出全县粮食产量15万吨，年平均增长3%，要求“十五”期末达到17.5万吨、“十一五”期末达到19万吨。《规划》要求着力抓好水稻、玉米增产工程各6666.67公顷，其中优质稻种植6666.67公顷，两杂良种覆盖100%，玉米粪团育苗移栽90%以上，水稻旱育稀植100%，小麦增产工程6666.67公顷，其中高产栽培4000公顷，良种推广100%；同时抓好蔬菜基地4000公顷、金银花基地6666.67公顷、油菜基地6666.67公顷、经果林基地6666.67公顷、茶园基地6666.67公顷建设。

按照规划，1989年，全县实施小麦丰产示范2781.07公顷、油菜丰产示范367.8公顷。1991年，实施吨粮田124.67公顷，平均亩产668.5千克，最高亩产691.1千克；实施水稻丰收计划6139.33公顷，验收亩产458千克，比前三年平均每亩增产133千克。1994年，实施玉米丰产工程2600公顷、水稻丰产工程5800公顷。1997年，实施小麦丰产工程4333.33公顷、高产工程2000公顷，油菜丰产工程1333.33公顷、高产工程266.67公顷；实施水稻丰产工程5780公顷，平均亩产610.4千克，比面上增长22.5%，其中实施水稻高产样板工程1124公顷，平均亩产655.65千克，完成吨粮田513.33公顷，平均单产990.04千克，双纲田2093.33公顷，平均亩产860千克，双千田453.33公顷，平均亩产625.8千克，经济作物亩产值1627元；实施玉米丰产工程4653.33公顷，平均亩产492.2千克，双纲土126.67公顷，亩产粮754.13千克。指导全县2666.67公顷蔬菜、266.67公顷果树和1333.33公顷甘蔗的生产，着重抓好13333.33公顷高产蔬菜的品比试验。以点带面，突出“六线”“九坝”，办好88个示范点。六条主线是新安—新桥—龙广、木咱—德卧、新安—兴隆—平乐、新安—普坪—戈塘、新安—钱相—梨树—龙山、新安—洒雨—海子6条线路，“九坝”是龙广、德卧、木咱、新安、钱相、普坪、龙山、兴隆、平乐等9个200—666.67公顷大坝，做到点、线、面结合；全县党政、业务部门创办丰产高产示范点88个共8353.33公顷，其中水稻3273.33公顷、玉米1706.67公顷、小麦油菜3373.33公顷，县级领导办点2个共4173.33公顷（水稻2000公顷、玉米1000公顷、小麦和油菜1173.33公顷）、县农业局办点2个共440公顷（水稻100公顷、玉米120公顷、小麦和油菜220公顷）、各乡镇政府办点32个共2666.67公顷（水稻1066.67公顷、玉米533.33公顷、小麦和油菜1066.67公顷），乡镇农技站办高产示范点32个共160公顷（水稻106.67公顷、玉米53.33公顷）。

2000年，全县实施水稻丰产工程5666.67公顷，玉米丰产工程5400公顷，推广杂稻种植8000公顷，杂交玉米5466.67公顷，实施“双千田”1000公顷、“双千土”133.33公顷，通过水稻玉米丰产工程等项目基地建设，全县粮食总产量“九五”期末达到16.75万吨，超规划目标1.75万吨，年平均增长3.5%。

2001年，安龙县实施玉米丰产工程4666.67公顷，水稻丰产工程5733.33公顷，双千田1000公顷。2006年起，水稻、玉米丰产工程改为增产工程。是年，全县实施水稻增产工程2666.67公顷、玉米8000公顷，增产工程县级、乡镇级示范点及水稻增粮工程产量指标比项目实施前三年平均单产增长10%，杂稻良种覆盖率100%，旱育稀植普及率80%，杂交玉米种种植90%以上。2007年后，杂交玉米良种覆盖率达到100%，全县水稻、玉米增产工程1万公顷左右。至2010年，全县粮食总产达到19.17万吨，超规划目标1700吨；完成4666.67公顷优质稻种植，建设蔬菜基地4000公顷，金银花累计完成种植1.2万公顷。

二、重点项目实施

1.优质稻　2000年起，全县实施“满坝香”（2001年后改称“满口香”）等优质稻品种比较试验，当年扩繁666.67公顷。2001年，发展优质稻种植4466.67公顷，其中“满口香”1400公顷；落实“满口香”繁殖田10公顷，“兴香1号”原种繁殖0.2公顷，“浓香2号”666.67平方米，“清香1号”666.67平方米。2002年，全县实施优质稻示范项目333.33公顷，其中木咱100公顷，龙广、新安、钱相各66.67公顷，德卧33.33公顷，品种有“满口香”“滇屯502”等；采取“公司+农户+基地”经营模式，县农业局负责生产、技术指导，县农业开发公司负责组织加工，在全县发展优质稻4666.67公顷，主要品种有“满口香”“滇屯”“K优5号”“金优63”“D优527”等，其中“满口香”2066.67公顷、红壳晚100公顷。在龙广镇新建“满口香”原种繁殖基地1个13.33公顷，提纯复壮，保证优质稻质量，当年收获优质“满口香”种子2.1万千克。2005年，全县种植优质稻5000公顷，主推品种为“满口香”“两优363”等，年均亩产506.6千克。2006年后，全县每年优质稻种植保持4666.67公顷左右。在此基础上，2009年实施水稻高产创建示范项目，木咱镇、德卧镇各示范种植666.67公顷，通过省农业委员会专家组验收。2010年，全县实施优质稻订单农业1666.67公顷。2011年，落实优质稻6666.67公顷（常规优质稻1666.67公顷）。

2.优质玉米　安龙县优质玉米种植起步于1996年，当年引进高油玉米到龙山试验，但效果不十分明显。2001年，安龙县引进紧凑型玉米、特用玉米和黔单16号等优质玉米种10872千克试验示范，种植3066.67公顷，其中高油玉米33.33公顷取得较好的效果。2004年，完成优质特用玉米1666.67公顷。2010年，全县推广优质玉米3333.33公顷，完成优质玉米超高产示范基地666.67公顷。

3.马铃薯高产创建项目　安龙县自2002年起引种试验示范，到2005年全县种植脱毒马铃薯2000公顷。2008—2009年，引进早熟专用马铃薯“合作88”52公顷、“费乌瑞它”24.13公顷，平均亩产912千克，效果明显。2010年，在龙广镇联新村原种繁殖28.97公顷，年总产量60万千克，全县大田推广4080公顷，其中脱毒马铃薯3000公顷，占全县种植面积的73.5%。

4.蔬菜　20世纪80年代至90年代初，新安镇大坪、招堤、龙广镇十二份和木咱镇等地种植的蔬菜除供应县内市场外，还供应天生桥电站、南昆铁路等国家重点工程建设工地，逐渐远销广西、云南和省内贵阳等地。1997年，全县蔬菜种植2666.67公顷，完成1.33公顷优质、高产蔬菜的品种比较试验。2005年，实施夏季冷凉菜种植，引种白菜、甘蓝等10余个蔬菜品种，在新安镇五格试验0.67公顷，在龙山镇、坡脚乡等地示范种植反季节早熟蔬菜33.33公顷，全县蔬菜种植总面积2266.67公顷。2008年，在新安镇五格实施灾后应急蔬菜示范点，带动、引导、辐射龙广镇、新安镇、新桥镇、龙山镇、德卧镇等地发展应急早熟蔬菜1333.33公顷，夏秋冷凉蔬菜种植1333.33公顷，地膜覆盖栽培早熟辣椒、番茄、南瓜、四季豆、菜用玉米等200公顷。2009年，加大对龙山镇、万峰湖镇、坡脚乡等低热河谷地区早熟蔬菜种植的指导，重点完成万峰湖库区13.33公顷早熟蔬菜的示范种植，全县蔬菜种植4046.67公顷，产量17.1万吨。2010年，在戈塘镇香车河实施白山药（淮白种）引种示范，通过州的验收；以龙广镇联新、纳桃、新安镇耀泳、五格生态开发和龙广镇七星等蔬菜专业合作社为代表的蔬菜基地建设，日新月异。是年，全县蔬菜种植完成4000公顷，其中优质蔬菜无公害栽培1666.67公顷。至2012年，全县蔬菜种植面积达到4243公顷，总产量达到17.81万吨。

5.经果林　县境经果林种植历史悠久，特别是南盘江沿岸的坡脚乡、德卧镇、万峰湖镇等地，有着十分悠久的甘蔗种植历史。至1997年，全县发展甘蔗生产1333.33公顷，主要分布于南盘江沿岸的坡脚乡、万峰湖镇、德卧镇；全县其他果树基地栽培297.33公顷。2000年，完成新桥镇333.33公顷经果林基地建设。2001年，改造劣质梨园33.33公顷。2008年，县境甘蔗种植1200公顷，其他果树栽培4000公顷，主要开发地方特色的优质冰脆李等。2009年，种植精品水果133.33公顷。2010年，良种茶园种植333.33公顷，其中洒雨80公顷、龙山200公顷、普坪40公顷、兴隆13.33公顷；改造低产茶园66.66公顷，其中洒雨53.33公顷、海子13.33公顷。至2012年，全县甘蔗种植389公顷，总产量29960吨；年末茶叶种植面积252公顷，年产茶229吨；果园面积1492公顷，其中苹果园121公顷、梨园124公顷、柑橘园99公顷、香蕉园40公顷、桃园183公顷、葡萄园12公顷，全年出产各类水果15420吨。

6.金银花　20世纪90年代，以德卧镇大水井为代表的金银花种植，为全县发展金银花基地建设摸索经验，作出示范，随后新安镇、平乐乡、笃山乡、兴隆镇等地推广，每年新增种植666.67公顷左右。至2000年，安龙县基本建成金银花基地3333.33公顷。21世纪后，全县围绕13333.33公顷（20万亩）金银花基地建设目标，利用退耕还林、珠防、石漠化综合治理等工程建设，采取“金银花专业合作社＋基地＋农户”“干部职工或企业＋农户＋基地”“大户＋基地”等发展模式，建立科学合理的产供销一条龙服务体系，金银花种植取得突飞猛进的效果。至2010年，全县建成金银花种植专业农民合作社7个，其中德卧镇3个、新安镇2个、笃山乡1个、木咱镇1个，全县金银花种植总面积1.2万公顷，涉及14个乡镇96个村共2.7万户，年产干花900吨。2012年，全县新增金银花播种面积165公顷。

7.莲藕种植　安龙县莲藕种植历史悠久，21世纪前基本以观赏为主，特别是招堤风景区莲藕种植为景区特有一景。2003年，县委、县政府以恢复招堤“十里荷花”为目标，对外招商引资开发安龙莲藕产业，逐步建成集种植、加工、销售与旅游观光为一体招堤“十里荷花”景区。此后，安龙县每年种植莲藕166.67公顷左右，全部实行订单种植，年收鲜藕300万千克。

8.沼气池建设　1989年，安龙县新建沼气池137口。1990年，新建沼气池85口，指导农户改良使用省柴省煤节能灶2400个，全县改灶2.84万户，使用沼气的农户826户。2000年后，县内沼气池建设项目列为国家重点推广项目“国债项目”，全县实施沼气池建设配套的“三改”（改圈、改厕、改灶）工程，县农业局承办示范点2个，新建沼气池77口，维修旧沼气池62口，其中新桥镇新桥村新建沼气池30口，维修旧池26口，拥有沼气池户数占总户数的78.9%。2001年，全县建设沼气池示范点65个，其中“三位一体”示范点5个、综合利用示范点19个，全县完成沼气池建设3627口，初步建成沼气示范镇1个、沼气示范带2个，有力地推动“猪—沼—粮”“猪—沼—菜”“猪—沼—鱼”等模式的综合利用。2002年，建成新桥、东妹、小场坝3个沼气示范村和龙广镇狮子山至新安镇作坊村（324国道）、钱相乡陈庄至笃山乡暗河村（安坝公路）两个沼气示范带，全县建成沼气池7536口，主要分布龙广、新桥、洒雨、新安、普坪、兴隆、平乐、钱相、笃山、德卧等乡镇。2002—2010年，全县累计完成沼气池建设18407口，年平均2045口，最多的一年是2003年共3627口，最少是2008年共2000口，每个沼气池同时完成改圈、改厕、改灶“三改”配套工程。到2010年底，全县共建沼气池25943口，国家投资2176.5万元，年平均投入资金补助241.83万元，最高的是2007年450.5万元。2011—2012年，全县完成农村沼气池建设2200口。

9.基础设施重点建设项目　县农产品质量安全检验检测站，国家投资300万元，主要仪器设备有原子荧光光度计、气相色谱仪、液相色谱仪、紫外光度计等检测设备，2011年投入使用。

万峰湖水生动物疫病检测站，国家投资30万元，2011年建成。

县病虫害综合防治与控制区域站，国家投资300万元，至2012年，已完成田间工程建设和仪器设备等。

全县整村推进财政扶贫资金项目，国家投入资金326万元，至2012年全部完成项目44个。

三、农业技术培训

1989—2010年，安龙县累计进行各类农业技术培训11264期共30.86万人次，印发资料50余万份，最高是2000年培训27605人次，最少是1997年仅500人次，平均每年举办培训512期，有14029人受训，平均每年印发资料22727份。

1989—2010年，逢赶场天农技部门累计上街摆摊咨询7910场次，咨询人数11.2万人次，办专栏110期，电视录像放科教片1500多场次，接受宣传人数18万人次以上。培训的内容主要有"两段育秧"，水稻旱育稀植，测土配方施肥，优质稻栽培管理，玉米地膜覆盖栽培，玉米宽厢宽带、分带轮作，早熟蔬菜栽培、马铃薯免耕栽培，沼气池建设及"三改"，玉米营养球（粪团）育苗移栽，油菜育苗移栽，农作物病虫害防治等；培训形式以讲解技术要点与示范实地操作培训结合，特别是重点项目实施的培训和试验示范，全过程讲解操作示范，手把手把技术交给农户，使其在实施项目中掌握运用。

2011年，完成农村劳动力转移培训2期共408人次、"绿色证书"培训5期共520人，引导性培训2期共216人，农业实用技术普及培训17期共1150人次。2012年，在两个蔬菜基地、一个优质肉牛基地开展引导性培训25期共7100人，阳光工程培训6000人，阳光工程普及培训2万人次，"三百"工程培训技术指导员100人、农户100个、专家100人。

四、农业经费投入

1989—2010年，国家投入安龙县农业适用技术推广及基础设施建设等各项经费累计为3032.17万元，其中基础设施建设1710万元，商品粮基地建设及各种农业适用技术推广培训、试验示范及补助，植物保护等各种项目经费1322.17万元，平均每年向安龙县投入农业经费110.18万元。2011年，投入农业科教培训经费47.8万元。

第四节　烤烟生产

一、生产布局与烟叶质量

（一）生产布局

20世纪90年代以来，全县按三年轮作进行区域规划：海子、洒雨规划烟地3640公顷；新桥、德卧、龙广规划烟地4100公顷；兴隆、平乐、钱相规划烟地4540公顷；栖枫、招堤、木咱规划烟地4026.67公顷；普坪、戈塘、笃山规划烟地3453.33公顷；全县共规划烟地19760公顷。

新安基地单元　新安基地单元对应贵州中烟工业公司，服务贵烟卷烟品牌，包含栖凤街道、招堤街道、德卧镇、普坪镇、兴隆镇、钱相乡，涉及36个行政村。至2010年，整个基地单元种植烟叶1166.67公顷。2011年，基地单元规划基本烟田3300公顷，年种植烟叶面积1100公顷，计划收购烟叶240万千克，设烟叶工作站1个，收购线有新安（栖凤）线、德卧线、普坪线、兴隆线、钱相线等5条。该单元属县内新发展烟区，国土面积1182.06平方千米，喀斯特地形地貌山地占主要部分，有耕地23446.67公顷（其中水田7786.67公顷、旱地15660公顷），宜烟土地6666.67公顷（10万亩）以上。基地单元内土壤条件优良，温度适宜，光照充足，无霜期288天。

海子基地单元　海子基地单元对应贵州中烟工业公司，服务贵烟卷烟品牌，包含海子乡、洒雨镇、新桥镇、龙广镇、戈塘乡，涉及40个行政村。2010年，基地单元种植烟叶1260公顷。至2011年，基地

单元规划基本烟田3500公顷，年种植烟叶面积1166.67公顷，计划收购烟叶260万千克，规划烟叶工作站1个，收购线包括海子线、洒雨线、新桥线、龙广线、戈塘线5条。该单元内喀斯特地形地貌山地占主要部分，土地资源丰富，土壤类型适宜生产优质烟叶。

（二）烟叶质量

根据贵州中烟工业有限责任公司技术中心《安龙县烟叶质量评价报告》，安龙县烟叶风格为中偏清香型，成熟度适中，烟气飘逸，清香风格与云南曲靖地区烟叶接近，适宜在烤烟型卷烟中作主料烟叶，香气质好，香气透发型好，香气量较足，在卷烟配方中能起到提高香气质的作用。烟叶颜色多呈正黄色至橘黄色，成熟度略欠，身份适中，叶片结构疏松，色度中等，整体外观质量较好。烟叶色度强，油分多，烟叶部位准确，纯度较高；香气较为清雅、烟气飘逸，吃味柔和舒适，烟气透发性好，回甜感显，可作为中高档卷烟主料。

（三）烟区分布

根据全县宜烟土地布局、基础设施配套、生产组织、种植管理、专业化服务，重点选择自然条件适宜、种烟积极性高、土壤条件好、耕层深度20厘米以上、坡度小于25°、能够适宜规模（连片200亩以上）、有发展潜力的区域进行规划。

1997年前，县境烟区主要分布在海子乡、普坪镇两个乡镇；1997年调整为戈塘镇、普坪镇、钱相乡、平乐乡、兴隆镇、新桥镇、海子乡、德卧镇8个乡镇；1998—1999年，主要分布在海子乡、普坪镇、平乐乡3个乡镇；2000—2007年，主要分布在海子乡、普坪镇、洒雨镇、新桥镇、钱相乡5个乡镇；2008年后，县境除坡脚乡、万峰湖镇未发展烤烟生产外，其余乡镇（街道）均有烤烟生产，成为当地农民增收致富的农业基础产业。

20世纪80年代至90年代初，全县烤烟种植面积在400公顷左右，每亩单产50千克左右，总产5万至30万千克。其中1989年种植烤烟418公顷，产量38.1万千克；1990年种植烤烟437公顷，产量28.5万千克。

1991年，全县种植烤烟425公顷，总产43.4万千克。1992年，全县种植烤烟746公顷；1993年，种植745公顷。1994年，全县烤烟种植面积下降到191公顷，产量11.8万千克。1995年后，全县烤烟种植面积逐渐回升，当年种植167公顷，产量20.5万千克；1996年，种植384公顷，产量68.2万千克。

至1997年，全县烤烟种植面积突破1000公顷，达到1079公顷，产量162.9万千克；1998年，全县烤烟种植下降至436公顷；1999年后，再次逐渐回升，当年种植456公顷；2000年，全县种植706公顷；2001年，全县种植797公顷；2002年，全县种植970公顷；2003年，全县种植814公顷；2004年，全县种植931公顷。

2005年，全县烤烟种植面积再次突破1000公顷，达到1073公顷，当年收购烟叶184.3万千克。2006—2007年，全县烤烟种植面积保持在1000公顷左右，其中2006年种植917公顷、出产烟叶155.5万千克，2007年种植1062公顷、出产烟叶183.4万千克。

2008年后，县境除坡脚乡、万峰湖镇未发展烤烟生产外，其余乡镇均发展了烤烟种植，当年全县种植烤烟1142公顷，出产烟叶190.9万千克。2009年，全县烤烟种植面积突破2000公顷，达到2135公顷，出产烟叶413.9万千克；2010年，全县种植烤烟2481公顷，出产烟叶508.1万千克。

2011年，全县计划种植2666.67公顷、收购烟叶500万千克，实际落实种植面积2901公顷，签订合同550万千克。全县实际出产烟叶502.9万千克，县烟草公司收购烟叶388.17万千克，实现产值6210万元，创税1366.2万元，上中等烟比例92.9%，每50千克均价799.92元，排全州第一。

2012年，全县实际落实烤烟面积4335公顷，涉及13个乡镇92个村397个组共5037户，全县出产烟叶741.3万千克，县烟草公司收购烟叶706万千克，其中上等烟46.66%、上中等烟93.03%，中部烟叶46.37%，实现每50千克均价1015.93元，烟农收入1.43亿元，创税3156.84万元。

二、栽培调制

(一)耕作制度

1. 轮作　20 世纪 90 年代以来，县内烤烟生产基本按烟地 3 年轮作的要求，因地制宜采取旱地轮作或水旱轮作。

旱地轮作：烤烟—绿肥—玉米—油菜—玉米—空土；烤烟—油菜—玉米—小麦—玉米—空土。

水旱轮作：烤烟—油菜—优质稻—牧草—优质稻—绿肥。

2. 养地

秸秆还田　2000 年后，全县推广秸秆还田。主要采取以下 3 种方式：一是秸秆堆沤发酵后还田，即把秸秆收集起来，用铡草机或秸秆粉碎机切碎，采用微生物发酵技术，待秸秆腐熟后施用；二是秸秆覆盖还田，即把秸秆直接覆盖在烟田，使其在自然条件下腐解；三是通过牲畜过腹还田，即利用秸秆青贮—饲喂牲畜—粪便堆沤发酵后还田。

平衡配方施肥　建立基地单元植烟土壤养分管理系统，测土配方施肥，推进平衡施肥技术，增施厩肥、饼肥、沼肥(沼液、沼渣)等有机肥料，减少无机肥料施用，改善烟田生态环境，促进无公害生态烟叶开发。

绿肥聚垄免耕　秋季在秋收作物收获或烤烟顶叶采收前撒播绿肥种子，包括紫云英、箭舌豌豆等，作物收成后拔除秸秆，绿肥盛花时聚垄盖土。

保护性耕作　重点推广少耕、免耕、秸秆覆盖等保护性耕作措施。

(二)烤烟栽培调制

1. 育苗

1990 年，县内推行茶盘式苗床育苗、营养袋假植技术。1997 年，推行营养块假植新技术。优点是营养土疏松，利于烟根发育，便于起苗移栽，营养土形状完整，少伤根系；缺点是费工、费时，受草(纸)资源和投资的限制。

1999 年，县烟草公司引进包衣种直播。由县烟草公司统一供种、集中育苗、分户管理、统一指导。优点是有利播种均匀，烟苗生长整齐健壮，病害少，特别是对预防猝倒病效果好；不足之处是需水量大。在推广过程中，为减少烤烟花叶病发生，县烟草公司还要求播种、假植、禁用猪粪水。

2002 年，县烟草公司进行托盘育苗试验。2005 年，引进漂浮育苗。2006 年后，全县烤烟生产全部采用漂浮育苗、商品化供苗。

2. 移栽

整地、起垄　烟地在每年春节前进行翻犁，对较黏重的黄壤在翻犁时每公顷撒施生石灰 1125—1500 千克作改良剂。1997 年，县烟草公司提出“单行起垄”，拉绳开厢，垄高 15—20 厘米。2003 年，县烟草公司提出拉绳开厢、定点大窝、定株定量施肥。垄体疏松、垄直、土细、饱满、沟平。地膜烟：先盖膜后栽烟，在 4 月中旬按要求起好垄，垄高 20 厘米以上。当土壤含水量达 70% 以上时即盖膜，后在适宜时期移栽。2006 年，引进小型旋耕机。2008 年，引进大型旋耕机，代替蓄犁、人犁耕作。

移栽时期　2001 年以前，5 月上中旬至 6 月上旬移栽。2001 年后，5 月上中旬移栽，5 月 15 日前栽完。全县同一片区 5 天内移栽完毕，同户烟农在 3 天内移栽完毕。2012 年，推广井窖式移栽技术，移栽期提前至 4 月底至 5 月上旬。

移栽方法　1990 年，营养袋假植移栽。1991 年，实行营养块假植移栽；1998 年，实行营养袋假植移栽；2002 年，推广托盘假植移栽；2006 年，推广漂浮育苗移栽。拉绳等距移栽，横竖成行，打大窝深移栽，留 3 片真叶在外。2012 年，推广井窖式移栽。

移栽密度　20 世纪 80 年代中期，全县栽烟密度较大，每公顷 2.1 万株。2000 年后，行株距调整为

1.2米 ×0.6米，每公顷1.65万株左右。2009年，全县推广兴烟一号，其行株距1.3米 ×0.6米，每公顷1.28万株左右。

施肥　1993年前，县烟草公司统一供应复合肥、硫酸钾；1993年后，县烟草公司统一供应烟草专用复合肥、硫酸钾、油枯。2002年后，推广测土配方施肥，根据土壤养分，调整氮、磷、钾比例。

3. 大田管理

查苗补苗　移栽后3—5天及时查看烟地，查苗补缺。20世纪80年代，多数农户采用人工捕捉害虫，在烟垄的垄头上栽培一定量的营养块作查苗补缺用。20世纪90年代后，除准备营养块预备苗外，在移栽前用杀虫剂喷雾烟苗，并在移栽后当天用杀虫剂将烟苗、烟窝、烟垄上普洒一次农药防治害虫；对害虫多、危害严重的烟地在烟窝附近撒施毒饵。

追肥、中耕除草、培土上厢　栽后7—10天，第一次追肥，用浓度为2%的专用追肥水液，浇施烟苗。栽后25天，第二次追肥，追施剩余追肥和部分专用基肥，离烟株基部10厘米左右打孔穴施或环施。结合第二次追肥中耕除草、培土上厢。锄土远深近浅，深度远处至少达6厘米，培土后让所有叶尖均朝上。栽后35—40天进行最后一次深中耕、除草、培土上高厢，并将垄体垄沟全面锄松，离烟株远深近浅挖一遍。上厢时细泥围烟株基部，上厢后垄高30厘米以上。

水分管理　总体原则是灌足移栽水、重浇旺长水、适浇圆顶水、成熟采收不缺水。烟株白天萎蔫，傍晚不能恢复正常时，应及时补水。烟地忌漫灌，宜采用株浇、沟浇或喷灌。烟怕淹，在选地时，选择膀膀田或不积水的土，并在起垄时理好排水沟。

病虫害防治　苗期病害：1999年未使用包衣种前，主要有炭疽病、猝倒病；推广包衣种后，病害发生较少。2006年采用集约化育苗后，苗期主要病虫害为普通花叶病和野蛞蝓。大田期主要病害有黑胫病、青枯病、花叶病，以上病害常年均有发生，个别年份为害较重；野火病、气候斑、白粉病、赤星病偶尔年份为害严重，虫害主要有烟蚜、地老虎、烟青虫、斜纹夜蛾等。

打顶抹芽　20世纪80年代，全县推行“两打一去法”，即打顶打杈，去掉脚叶。打顶的方法有扣心打顶，见花打顶，现蕾打顶。打顶的最佳时期是烟地有50%烟株第一朵中心花开放时，进行全烟地烟株一次性打顶，埋掉脚叶2—3片。同时也规定瘦土和施肥少的早打，肥土和施肥多的迟打；容易退膘的见苞就打，生长青色茂盛的带花打。20世纪80年代，县内抹芽多采用人工进行，5—7天一次。2003年，引进化学抑芽剂，后逐年推广。

（三）烘烤

20世纪90年代初，烘烤设施从“火管三条龙”和“火管五条龙”改进为“明三暗五”烤房；2000年以后，改为“田字形”气流上升式烤房；2006年，普及“气流下降式”小改密烤房；2008年，引进大型密集烤房群，烤烟全部实现集中烤制。

1. 采收

采收原则：根据烟叶田间长势长相，下部叶适时早收，掌握成熟标准宜宽；中部叶适熟采收，掌握成熟标准宜严；上部叶充分成熟采收，顶部4—6片叶宜待成熟后集中一次采收，严禁顶部仅留1—2片叶作最后一次采烤。

成熟的一般标准：烟叶颜色（主体色）由绿色转为黄绿色；叶脉变白发亮；叶片下垂，自然弯曲呈弓形，叶边下卷，茎叶角度增大；叶面出现成熟斑（中上部叶），茸毛脱落。采摘声脆，断面整齐，不带茎皮；下部叶以绿色稍有消退为度。中部叶成熟时要明显落黄，青黄各半。上部叶成熟时要以黄为主，田间表现为黄灿灿、亮堂堂；后发晚熟或贪青晚熟的烟叶，应根据叶龄特征，适时采收。生产国际型烟叶要求中部5—6片叶只有转变为柠檬黄色时才示为成熟，上部6—8片叶，以整个叶面呈现黄色只有少部分微泛青为成熟的标志。下部叶达到成熟的叶龄一般为50—60天，中部叶为60—70天，上部叶为70—80天。

采收时间和方法：打顶前后清除底脚叶，打顶后10天左右进行第一次采收，接着第二次采收。接下来停炕7—10天左右采烤中部叶。中部叶采烤结束后再停烤10—15天采烤上部叶（两停一烤法）。真正营养均衡发育良好的烟田，烟叶成熟比较集中，每次可采收烟叶3片或3片以上，整体上采烤次数要控制在5次左右。烟叶采收宜在早上和上午进行，有利于识别和把握成熟度。旱天采露水烟，以利烘烤中保湿变黄。烟叶成熟后，若遇短时间降雨，可在雨后立即采收，以防返青；若降雨时间较长烟叶出现了返青，应等其重新落黄后再采收。

2. 绑杆

烟叶绑杆每撮两片，叶背相对。杆长一般1.5米。大叶每杆40—50撮，一般叶50—60撮左右，烟杆两端空10厘米，以便挂烟装炕。

3. 三段式烘烤新工艺

变黄阶段　烟叶装炕后关闭进风洞和排气窗，点火升温，当温度达到32℃时封火，待底层烟叶叶尖变黄后，以2小时左右升温1℃，升到37℃—38℃，干湿差2℃。待底层烟叶变黄到黄片青筋、叶片凋萎、烟筋变软，然后以2小时左右升温1℃升至40℃—42℃，使烟筋退绿。湿球温度通过开闭天窗地洞进行调控。目标任务是使烟叶变黄，防止“硬黄”和青烟。温湿度范围：干球温度32℃—42℃，干湿差1℃—5℃。

定色阶段　先加大火力蓄热，然后逐渐打开排气窗，再开进风洞；升温要稳，以2小时左右升温1℃的速度升至48℃，使烟筋变黄，烟叶小卷筒，再升至52℃左右，稳温10小时，使叶片大卷筒和至香物质充分形成；排气窗和进风洞开启的大小以湿球温度保持38℃ ±1℃为准。目标任务是固定黄色，干燥叶片，防止烟叶“回青”“挂灰”“倒汗”“蒸片”“褐片”。升温不能太急，否则造成“回青”；也不能太慢，定不住色，变成“褐片”；只能升温，不能降温，降温将造成烟叶“挂灰”；在升温同时必须配合排湿，若排湿不畅，就会造成“倒汗烟”和“蒸片”。温湿度范围是干球温度43—52℃，干湿差6—15℃。

干筋阶段　每小时升温1℃—2℃，直至升到60℃，稳温10小时左右，再升温至67℃，烤干烟筋；湿球温度不超过43℃，进风洞和排气窗可以逐渐关小。目标任务是烤干烟筋，防止烟叶“洇筋”“洇片”“活筋”和烤红。温度只能升不能降，否则会造成“洇筋”“洇片”；温度过高会将烟叶烤红；要烟筋全干才能停火，防止“活筋”烟。温湿度范围是干球温度53℃—67℃，干湿差16℃以上。

三、品种　品质

（一）品种

2000年前，县境主要以NC82、K326、品系85、云烟317等4个品种为主栽品种；2001年后，以NC82、云烟87、云烟85、云烟97、K326、贵烟11等6个品种为全县主栽品种。2009年，黔西南州烟草局选用贵州省部分自育品种，如南江3号、兴烟一号、贵烟201、晚花K326、贵烟4号，其中南江3号、兴烟一号、晚花K326等品种经济性状和烟叶质量优于其他主栽品种。

（二）技术更新

安龙县自20世纪90年代初普及营养块、营养袋育苗，大力实施平衡施肥、控氮增钾、开展合理轮作、用地与养地相结合等先进生产技术的推广与应用。育苗技术：2002年，托盘育苗试行成功；2004年后，全面普及集约化托盘育苗；2005年，全面普及集约化漂浮育苗和商品化供苗；2009年，引进大棚集约化漂浮育苗。至2012年底，全县全部漂浮育苗、集约化育苗、商品化供苗。栽培技术：引进和创新先进栽培技术，如施肥，测土配方施肥，施肥方法，盖膜，井窖式移栽等。收购方面，1991年试行40级收购；1998年实行WF3收购机收购，2005年实行微机收购，2007年实行封闭式收购。2004年试行烟叶收购预检制，2005年全面实行初分预检。2012年，试行专分散收购措施。

附：

新桥茶场简介

新桥茶场位于安龙县新桥镇，隶属于黔西南州农业局，总面积333.33公顷。新桥茶场于1974年开始种植茶叶，主要有“云大”“鸠坑”“福鼎”等大、中、小叶优良茶树品种，至2012年有茶园面积200公顷。

茶场以生产优质绿茶为主，有炒青、烘青两大系列，同时具备生产各类红茶、茉莉花茶、中高档名茶的能力和条件。研制和生产的“御茗”系列：奎尖、银峰、春螺等10余个品种，产品先后荣获“第五届中国新技术、新产品博览会银奖”“贵州省第一届新技术、新产品博览会金奖”“99中国国际农业博览会名牌产品”等殊荣，主导产品“直条炒青茶”2000年9月经省农业厅认定为“贵州省优质农产品”。

2001年，新桥茶场实行职工承包经营，全场225名在职职工全员承包。2004年10月，安龙重化工基地火蒙工业园征用茶场土地46.67公顷。至2010年，有离退休职工253人，在职职工106人，全场职工家属总人口826人（其中管理人员6人，全场具有各类初级以上职称人员共31人），有名特优茶、粗制、精制茶叶加工厂3个，厂房面积4200平方米，年生产能力40万千克，年销售额400万元，年利润50万元。

1989－2012年安龙县农作物播种面积和主要粮食作物种植面积及产量表

表9-2-1　　单位：公顷、吨

年份	农作物播种面积	粮食作物		夏粮		其中：小麦		秋粮		其中：稻谷		玉米		大豆	
		播面	总产量	播面	产量	播面	产量	播面	产量	播面	产量	播面	产量	播面	产量
1989	36570	27683	68398	8483	6835	6752	5762	19155	61563	8965	35756	8383	23650	553	244
1990	37449	28423	84911	8868	10655	6827	8881	19556	74256	9711	48712	8104	23901	496	265
1991	38750	28458	106469	8816	11758	6938	9983	19642	94711	9604	61313	8311	31552	467	190
1992	38801	27859	92663	8667	11983	6832	10188	19192	80680	9311	51389	8253	27652	336	134
1993	40128	—	—	—	—	9635	12609	—	—	9126	58494	8313	33192	316	140
1994	40399	30643	113755	10616	11467	9221	9708	—	—	9633	62539	8473	37604	351	120
1995	42011	30709	120030	10637	14516	9020	12695	—	—	9697	64360	8631	38407	182	126
1996	41958	30819	134165	10694	15592	9012	13513	—	—	9689	73097	8790	42912	190	106
1997	44396	31132	144670	10789	18034	9396	16019	20343	126636	9746	77492	8988	46602	189	141
1998	45687	32676	152043	10866	18590	9296	16480	21810	133453	9311	76344	9378	51678	255	348
1999	47718	34508	155732	11521	18050	9635	15532	22987	137682	9435	68555	9972	59747	388	617
2000	49636	35061	167540	11667	22529	9293	18782	23394	145011	9810	77732	10091	59825	167	199
2001	51355	36559	169287	12773	20520	9635	15691	23786	148767	8766	80729	10170	60834	592	287
2002	50786	36374	148636	12431	20811	9045	15235	23943	127825	9587	58908	9935	62076	614	314
2003	49111	35692	171133	12102	21537	9087	16131	23590	149596	9658	81077	9927	60998	319	296

续表 9—2—1

年份	农作物播种面积	粮食作物		夏粮		其中：小麦		秋粮		其中：稻谷		玉米		大豆	
		播面	总产量	播面	产量	播面	产量	播面	产量	播面	产量	播面	产量	播面	产量
2004	50525	35770	169982	12354	19460	9723	14190	23416	150522	9215	76440	10379	65998	472	370
2005	51483	36073	175164	12450	22600	9664	17624	23623	152564	9577	77889	10333	67142	682	475
2006	52346	35457	180207	12002	23330	9226	17476	23455	156877	9666	80020	10228	68355	382	251
2007	52989	35466	184197	11766	24005	9113	18377	23700	160192	9970	80951	10214	68694	443	314
2008	50316	31971	187680	8706	23994	6078	18290	26190	173396	9335	82649	10214	70490	479	340
2009	50680	33648	190426	8814	23409	6285	17853	24834	167017	27281	173887	10645	72377	—	—
2010	52155	35701	171946	8604	3687	6592	2221	27097	164572	9674	76799	11046	73766	—	—
2011	51205	35361	110603	8878	20436	6333	14541	26483	90167	8512	41447	11628	37794	—	—
2012	52850	35910	153173	9214	21979	6655	16904	26696	131194	9247	60440	12212	56030	—	—

1989－2012 年安龙县主要经济作物种植面积及产量表

表 9-2-2　　单位：公顷、吨

年份	播种面积	油料作物		其中：花生		油菜籽		麻类		甘蔗		烟叶		其中：烤烟		药材播面	其他经济作物播面
		播面	产量	播面	产量	播面	产量	播面	产量	播面	产量	播面	产量	播面	产量		
1989	3433	2485	715	34	37	1748	659	36	10	342	17337	544	490	418	381	—	22
1990	4293	2787	1391	25	36	2735	1335	36	12	352	12295	582	366	437	285	—	537
1991	5114	3432	2424	26	43	3379	2370	42	20	434	17680	554	531	425	434	2	—
1992	5550	3591	2525	49	63	3498	2426	35	20	342	10702	856	831	746	786	5	—
1993	—	2055	1199	56	89	1974	1086	—	—	—	11906	806	857	745	772	113	—
1994	—	2250	1034	92	320	2145	698	13	6	454	12881	252	181	191	118	28	—
1995	—	2192	1273	133	226	2046	1021	9	4	512	16286	190	234	167	205	22	—
1996	—	2373	1627	82	137	2255	1426	1	2	527	18009	298	694	384	682	12	—
1997	—	2660	2130	108	182	2544	1945	8	3	510	21035	1089	1636	1079	1629	20	—
1998	—	2818	2163	110	157	2700	2002	8	3	538	24001	457	857	436	834	114	—
1999	—	2919	2115	118	178	2793	1929	1	1	657	27779	479	734	456	698	297	—
2000	—	2883	2372	159	221	2701	2136	1	1	665	30029	722	1093	706	1071	272	—
2001	—	3145	2402	189	315	2929	2030	—	—	663	30163	864	1509	797	1446	324	—
2002	—	3471	3227	158	218	3184	2772	—	—	893	29129	1035	1712	970	1654	305	—
2003	—	3077	3139	134	178	2888	2908	—	—	819	30061	816	1282	814	1279	1080	—
2004	—	3161	3626	144	197	3000	3386	—	—	1078	30250	934	1366	931	1365	1590	—

续表 9—2—2

年份	播种面积	油料作物		其中：花生		油菜籽		麻类		甘蔗		烟叶		其中：烤烟		药材播面	其他经济作物播面
		播面	产量	播面	产量	播面	产量	播面	产量	播面	产量	播面	产量	播面	产量		
2005	—	3427	4727	111	144	3304	4548	—	—	1156	29298	1073	1843	1073	1843	1460	—
2006	—	4003	5795	173	243	3817	5451	—	—	1449	29935	918	1557	917	1555	1450	—
2007	—	4248	5976	190	356	4004	5436	—	—	858	42414	1062	1834	1062	1834	1449	—
2008	—	3264	4530	190	356	3063	3969	—	—	858	42414	1142	1909	1142	1909	1449	—
2009	—	3408	4192	186	341	3212	3851	—	—	838	36917	2135	4139	2135	4139	939	—
2010	—	3250	791	130	287	3070	463	—	—	846	37065	2481	5081	2481	5081	24	—
2011	—	3330	4273	157	261	3137	3969	—	—	745	23407	2901	5029	2901	5029	66	—
2012	—	3277	4481	169	442	3106	4037	—	—	389	29960	4335	7413	4335	7413	200	—

1989－2012 年安龙县其他农作物种植面积及产量表

表 9-2-3　　单位：公顷、吨

年份	总播面	蔬菜（含菜用瓜）		绿肥播面	青饲料播面	食用菌产量	薯类（折粮）		芭蕉芋		瓜类		其中：西瓜		荸荠		金银花产量	鲜切花（万枝）
		播面	产量				播面	产量	播面	产量	播面	产量	播面	产量	播面	产量		
1989	5512	2025	—	2592	—	—	—	—	861	9074	—	—	—	—	—	—	—	—
1990	4732	1784	—	2870	53	—	—	—	433	5161	25	—	—	—	—	—	—	—
1991	5828	2047	—	3025	677	—	—	—	650	7524	0	—	—	—	—	—	—	—
1992	6113	2080	—	468	13	—	—	—	721	9095	55	—	—	—	—	—	—	—
1993	—	2168	72134	3655	—	—	1048	1731	—	—	23	—	—	—	—	—	—	—
1994	—	2510	113760	3032	—	—	1600	2632	852	8376	27	820	—	—	—	—	—	—
1995	—	2801	98479	3598	862	—	—	—	1116	8846	194	1376	114	501	—	—	—	—
1996	—	2265	103908	3525	723	—	1505	2784	1158	8619	157	3163	32	1258	—	—	—	—
1997	—	2063	92646	3752	837	10	1548	3011	2148	15988	177	2648	26	769	—	—	—	—
1998	—	1965	114473	3580	1038	11	2471	5122	2308	16703	178	2237	20	582	—	—	—	—
1999	—	2916	130252	3642	660	1	2923	8167	1272	12054	250	2523	31	293	18	20	—	—
2000	—	2485	126798	3734	882	1	3230	8034	2551	27427	337	3522	32	307	44	25	—	—
2001	—	2853	140124	3793	814	14	3840	8416	2031	27727	202	2538	22	228	31	29	125	2
2002	—	2561	149389	3598	421	17	2309	4958	2004	27000	122	1434	30	419	2	2	175	3
2003	—	2577	148939	2676	258	17	3811	8985	1919	26260	174	2791	23	467	23	23	212	3

续表 9—2—3

年份	总播面	蔬菜(含菜用瓜)		绿肥播面	青饲料播面	食用菌产量	薯类(折粮)		芭蕉芋		瓜类		其中：西瓜		荸荠		金银花产量	鲜切花(万枝)
		播面	产量				播面	产量	播面	产量	播面	产量	播面	产量	播面	产量		
2004	—	2578	149935	3507	283	17	3569	9357	1468	26720	150	—	9	242	6	5	218	4
2005	—	2775	165164	3825	317	17	3662	8946	1078	22053	197	2774	20	102	22	10	218	4
2006	—	3091	148380	4139	466	20	1895	4718	1489	19289	152	—	35	310	32	14	250	5
2007	—	4025	170070	3641	1120	18	3871	12260	775	10827	259	1641	—	—	25	12	216	4
2008	—	4114	179263	3069	1749	20	3871	12214	1463	4902	212	316	—	—	—	—	263	6
2009	—	4114	198947	2828	1971	20	1746	4625	684	4918	—	—	—	—	—	—	263	6
2010	—	4218	198659	2858	2066	22	5051	14366	683	1982	—	—	—	—	—	—	549	8
2011	—	3906	187347	1908	2212	—	4992	10803	485	5000	—	—	—	—	—	—	—	—
2012	—	4243	178066	2564	1312	—	3577	8716	494	8816	105	371	6	45	—	—	38	—

第三章　畜牧业

中共十一届三中全会以后，国家调高部分农副产品收购价格，对生猪饲养实行分户为主，取消派购，实行开放流通政策，积极引进和繁殖良种猪，向生猪养殖户传授人工授精杂交改良新技术，推广和使用生饲、混合饲料养猪科学方法，其中1981—1988年，全县县区两级共举办各类培训班100余期，培训生猪养殖人员1.14万人次，极大地推动全县生猪养殖业的发展，全县生猪产量逐年提升，涌现出招堤乡巧洞、木城乡巧播等一批养猪先进村，到1988年，全县生猪出栏7.8万头、存栏14.61万头，分别比1978年增长1.57倍、1.64倍，全县农户平均饲养2.8头，比1978年户均增长1.16头。牛、羊、马等大型家畜和传统家禽饲养量也大幅增加。到1988年，全县牛饲养量83337头，比1978年增长60.34%；羊饲养量927只，比1978年增长61.5%；马饲养量9998匹，比1978年增长33.11%；鸡全年出栏24.11万羽，年末存栏31.18万羽。

第一节　畜牧业调查

一、畜禽品种资源调查

1996年9月，县畜牧局根据贵州省农业厅统一部署，对县境本地小黄牛、贵州马、兴义麻鸭和矮脚鸡等畜禽品种进行调查。

本地小黄牛　是役肉兼用型黄牛品种，体质健壮，结构匀称，肉质良好，耐粗饲，易管理，适应山区环境，具有典型的山地牛体形特征和良好的生产性能。体型为头大小适中，鼻镜宽大，口方平齐，角短而呈“萝卜角”和“鹰爪角”，有极少的“摇铃角”，颈稍短，肉垂发达，背腰平直，胸较深，尻部略倾斜，四肢筋健明显，前肢正直，后肢略外弧，蹄质坚实，毛黄色居多，褐色与黑色次之，极少白色，皮薄富有弹性。本地小黄牛役用性能良好，用单套旧式木犁耕地每天可使役6—8小时，耕作1333—1667平方米，而且水旱间作，善走山间崎岖小道，特别适应陡坡梯田的耕作和劳役；产肉性能良好，屠宰率平均50.1%，净肉率为40.7%，胴体瘦肉率达77.8%。本地黄牛性成熟早，繁殖期较长的特点，一般8—10月龄性成熟，2岁即可配种，若有种公牛的前提下，每年可产1胎。

贵州马 躯体显近高方形结构，皮薄毛细，鬃毛稠密，毛色以骝毛居多，也有粟毛、青毛、黑毛和兔褐毛，体质结实，富于悍威而温驯，背腰宽短平直，胸宽深中等，尾短斜而丰满，前肢正直，后肢曲飞，蹄质坚实，行动敏捷，善于爬山，能驮载物体，日行30千米左右，可连续使役15天，是山区长途运输的极好动力，尤以挽力好、速度快而著称，行走轻快自如，耐粗饲，长年以放牧为主，夜间补料有之，适应能力强，繁殖性能良好，性成熟年龄1.5—2岁，3岁配种，繁殖率为71%。

兴义鸭 县内主产区为龙广镇狮子山村桐柏组和招堤街道关桥社区新寨组。鸭体型方圆，羽毛疏松，头粗大，颈粗短，胸宽深得微挺，背较短，脚稍粗，虹彩褐色，胫蹼橘黄色，趾黑色，公鸭多为绿色，颈上头，尾部和钩部有黑绿色发光的羽毛，颈中部有白色颈圈，颈下部和胸部羽毛呈褐色，腹部羽毛灰白色，成年公鸭体重1.62千克左右，母鸭多为深麻色羽毛，嘴黄色，成年母鸭体重1.56千克左右，母鸭开产日龄春孵鸭为145—150天，秋孵鸭为180—200天，年产蛋量100—120枚，平均蛋重69.6克，公鸭性成熟为150天左右，利用期1年左右，母鸭利用期2—3年。其育肥性能好，是板鸭加工的原料，县境以兴义鸭为原料生产的板鸭，畅销昆明、贵阳和广西百色等地。

二、家畜家禽寄生虫病区系调查

1992年5月，全县展开家畜家禽寄生虫区系调查，对全县牛、马、羊、猪、鸡、鸭、鹅7种共6932头（匹、只、羽）畜禽进行调查，其中牛1664头、马123匹、羊915只、猪1766头、鸡1356羽、鸭775羽、鹅333只，涉及16个乡镇198个村484个村民组共3744户。检出虫卵26种，其中牛14种，分别是肝片吸虫、大片吸虫、前后盘吸虫、矛形双腔吸虫、腔阔盘吸虫、胰阔盘吸虫、东毕吸虫、牛新蛔虫、捻转血毛线虫、毛圆线虫、食道口线虫、牛球虫、牛绦虫、牛肺丝虫；马4种，分别为毛圆线虫、尖尾线虫、马副蛔虫、裸头绦虫；羊6种，分别为肝片吸虫、食道口线虫、前后盘吸虫、肺丝虫、捻转血矛虫、绦虫；猪7种，分别为猪蛔虫、食道口线虫、肺丝虫、球虫、姜片吸虫、后园线虫、猪囊虫；鸡6种，分别为鸡蛔虫、赖利绦虫，异刺线虫，前殖吸虫，毛细线虫，鸡球血；鸭3种：卷棘口吸虫、毛细线虫、绦虫；鹅3种，分别为卷棘口吸虫、鹅裂口线虫、蛔虫。收到的虫体标本11057条，经省畜禽寄生虫病区系调查技术小组二次鉴定，显微镜形态鉴定为42个种，隶属4个纲8个目21个科31个属。其中牛的寄生虫有20种，分别是肝片吸虫、腔阔盘吸虫、枝睾阔盘吸虫、胰阔盘吸虫、鹿同盘吸虫、长形菲策吸虫、荷包状腹袋吸虫、野牛平腹吸虫、扩展莫尼茨绦虫、绵羊夏伯特线虫、捻转血毛线虫、贝氏莫尼茨绦虫、球鞘毛首线虫、羊仰口线虫、哥伦比亚食道口线虫、犊新蛔虫、唇乳突丝状线虫、粗纹食道口线虫、指形长刺线虫；羊的寄生虫有13种，分别是肝片吸虫、大片形吸虫、腔阔盘吸虫、鹿同盘吸虫、长形菲策吸虫、扩展莫尼茨绦虫、贝氏莫尼茨绦虫、羊仰口线虫、哥伦比亚食道口线虫、绵羊夏伯特线虫、捻转血毛线虫、粗纹食道口线虫、指形长刺线虫；猪的寄生虫有7种，分别是细颈囊尾蚴、毛首线虫、长刺后园线虫、猪蛔虫、芽状叶冠线虫、有齿食道口线虫、长尾食道口线虫；马的寄生虫有7种，分别是胎丈普氏线虫、马副蛔虫、马尖尾线虫、马圆形线虫、肠胃蝇、普通园线虫、无齿园线虫；鸡的寄生虫有6种，分别是卷棘口吸虫、似锥低颈吸虫、四角赖利绦虫、棘勾赖利绦虫、鸡蛔虫、鸡异刺线虫；鸭的寄生虫有5种，分别是卷棘口吸虫、似锥低颈吸虫、鹅裂口线虫、鸡蛔虫、鸡导刺线虫；鹅的寄生虫有5种，分别是卷棘口吸虫、似锥低颈吸虫、冠状双盔绦虫、鸡蛔虫、鹅裂口线虫。

三、畜牧业重点调查

安龙县是农业部、贵州省农业厅畜牧局指定的全省20个畜禽及其产品、市场信息定点调查县之一。此项调查自1988年6月起，选择畜牧业发展上、中、下水平的新安区岔河村、普坪区阿赖村、洒雨区下龙村、化力区八坎村、龙广区小场坝村、龙山区利沃村、兴隆区久长村，然后按好、中、差各选1个村民组共21个村民组620户进行调查。1992年，调整为9个乡镇23个村69个村民组2000户；2004年，调整为26个村组1192户。每个季度调查1次，每季末月20—25日入村组调查，26—28日汇总上报。在此项工作中，县畜牧局刘洪国、邵吴霜、王世涌3人多次受到农业部、省农业厅、省畜牧局的奖励。

第二节　畜牧业区划

20世纪80年代初，安龙县成立农业区划委员会，根据《贵州省农业资源调查和农业区划实施细则》，对畜牧业等进行详细区划。至20世纪80年代末，形成《安龙县综合农业区划》等详细的区划资料，此后，安龙县未再进行畜牧业方面的农业区划。此次畜牧业区划，将全县划分为中部猪禽牛兔蜂区、东北部牛猪禽区、西北部养牛马鸡羊蜂区、东南部猪繁殖基地牛鸡羊区和南部牛马区等5个区域。

一、中部猪禽牛兔蜂区

包括龙广、木城、普坪等9个乡镇，以及德卧、木咱、石盘和鲁沟等8个乡的部分村，共110个行政村，该区有4个区及县城的所在地，城镇人口较多，交通方便，农副产品需求量很大，尤其需要大量的肉、蛋、奶。

全区总耕地13328.14公顷，其中水田7127.07公顷、地6201.07公顷，主要土壤为石灰土。气候温和湿润，种植的作物以水稻为主，其次是苞谷、小麦、油菜、黄豆、花生、蔬菜、烤烟、绿肥、芭蕉芋等，一年两熟，复种指数为152.5%，是县内粮食生产区。

农副产品比较丰富，为发展养猪提供了物质基础，规划1990年达8万头，2000年达13万头，出槽率由七成左右逐渐提高到2000年的130%。县城、龙广、普坪、兴隆应建立配合饲料加工厂，规划到1990年，60%的饲养户用生饲养猪，2000年前，全部用于生饲饲喂，逐步培育瘦肉型猪。

根据该区水流、养鸭、孵鸭技术条件，养鸭潜力很大，再把商品鸭加工成板鸭出售，销路就可大大增加，规划1990年养鸭15万羽，2000年达25万羽。大力发展养鸡重点户、专业户，规划到1990年人均养鸡达1.5羽，2000年时达3羽，品种以蛋鸡及肉鸡为主。

全区有草丛草场31片共10976.8公顷，可利用面积7020.07公顷，每公顷年产鲜草11.17吨。草场虽然小块分散，但草质较好，食口性强，利用比较充分。另有疏林草场662.8公顷、灌丛草场3119.53公顷、荒山草坡36728.73公顷，稻草、苞谷秆等粗饲料4771.7万千克。把25—35度的坡地退耕种草，发展黄牛，在山坡平缓的地方发展水牛、黄牛，规划到1990年全区水牛达2万头、黄牛达14700头，2000年水牛达2.5万头、黄牛达2万头。在本区域内试种牧草，规划1990年种草1666.67公顷（2.5万亩），2000年达4666.67公顷（7万亩）。

应在县城、德卧镇、龙广镇发展奶牛，规划1990年达50头，2000年达100头；把本地牛经杂交改良，使之成为役、肉、奶兼用型。

本区有一定的养兔基础，应引进和发展长毛兔。规划1990年引进1万只，2000年达10万只。

区内油菜、绿肥种植面积大，秋季月香花较多，交通方便，应着重发展西蜂，1990年达2000群，2000年达5000群，并把中蜂逐渐改成新法饲养。规划到2000年时，畜牧业总产值应占农业总收入的34%。

二、东北部牛猪禽区

包括北乡、巧岭、纳院、花障4个乡及梨树乡的两个村，共36个村，有11个村居住在龙头大山南坡。全区有田1973.13公顷、地916.2公顷，土壤以黄壤为主。

本区有草丛草场7片共2246.07公顷，有效利用面积1456.33公顷，有疏林草场985.87公顷、灌丛798.87公顷、荒山草坡5274.13公顷。气候温暖，无霜期长，牧草丰茂，利用时间长达10个月以上，加之该区水田多，稻草丰富，水牛生长繁殖较好。应搞好本品种选育，促进水牛的发展，规划1990年水牛达9000头，2000年达1.3万头。发展适量黄牛，以充分利用高坡的饲草资源。

由于田多，米糠较丰富，在抓好水牛发展的同时，继续抓好猪的发展。应扩大青饲料的种植，改变猪的品种，改熟食为生食，规划到1990年年末存栏达1.5万头，2000年达2.4万头。

根据本区副业少的情况，在抓好牛猪的同时，应抓好禽的全面发展。规划1990年养鸡3.8万羽、鸭2万羽、鹅2000羽；2000年，养鸡5.5万羽、3.5万羽、鹅1万羽。

三、西北部养牛、马、鸡、羊、蜂区

包括洒雨区所属的7个乡及戈塘乡的所有行政村、科汪乡的安叉村、大坪乡的作坊、法统两个村，鲁沟乡的科发村，共53个行政村，有田1704.6公顷、地5643.47公顷，土壤为石灰土及黄壤，气候温凉，种植的作物有苞谷、水稻、小麦、油菜、大麦、红薯、黄豆、刀豆、芭蕉芋等，多数一年两熟，少数一年一熟。

该区面积大，居住分散，各家各户房前屋后种植的芭蕉芋，红薯较多，玉米比重大，精青饲料充足，应继续抓好猪的发展，引进苏白猪等良种公猪进行杂交改良，提高出槽和出肉率，规划到1990年猪的存栏数达3.5万头，2000年达5万头。

由于面积大。荒山草坡较宽，成片草场的可利用面积3520.87公顷，有疏林草场2758.6公顷、灌丛2900.13公顷、荒山草坡23043公顷，是养牛、放马、放羊的好地方。规划1990年黄牛达7000头、水牛13000头、马7000匹、羊1800只；2000年黄牛达1万头、水牛1.5万头、马8000匹、羊6000只。必须严格禁止毁草开荒，把25—35度的地退耕种草养畜。搞牧草栽培，规划1990年种草面积达1333.33公顷，2000年时达6666.67公顷（10万亩）。

农户住居较分散，养鸡条件较好。搞好疫病防治，大力发展养鸡，规划1990年人均达2羽，2000年人均5只，品种以肉蛋兼用型为好。

本区的蜜源植物丰富，养蜂数量多，产蜜量高，应逐步把中蜂过箱，采用新法饲养，提高产蜜量。规划1990年中蜂达8000群，2000年达1万群。

四、东南部猪繁殖基地牛鸡羊区

包括长湾、冗华、阿赖、龙蛇、笃山5个乡的所有行政村及永和、幺塘、梨树等9个乡的部分村，共55个行政村。该区系偏僻边远地薄的石山区，可利用的土地不多，田1350.27公顷、地4578.93公顷。土壤以石灰土为主，农作物以苞谷为主，间种豆、瓜等，种有部分红薯、芭蕉芋，秋种部分油菜，田中种水稻、小麦、绿肥。

该区每个家畜单位拥有的混合精料，青料在全县占第二位，养猪数量较多，是县内仔猪基地，应有计划地引进内江、苏白等良种公猪，以便提供杂交仔猪。增加母猪的饲养量，规划1990年达8000头，2000年达1万头。在抓好仔猪生产的同时，育肥猪的饲养量也应增加，1990年育肥猪达1.8万头，2000年达2.2万头。

本区有草丛草场4片共2807.73公顷，有效利用率57.6%，可利用面积164公顷，有疏林草场132.07公顷、灌丛草场17348.93公顷、荒山草坡40964.47公顷，除草丛草场较平缓外，其余草场及荒山草坡都分布在石质山上，坡较陡，水源比较缺乏，但草质好，食口性强。从全区的发展来看，黄牛是优势，应搞好人畜饮水和冬性牧草种植，使黄牛的发展最初几年以年递增5%的比例上升。规划到1990年达1.2万头，2000年达1.7万头。重点抓好仙鹤坪草场的利用，抓好养牛专业户的发展。

本区农户居住特别分散，房屋周围宽敞，饲料资源也丰富，有利养鸡业的发展。规划到1990年时，人均达2.5只，2000年人均达5只，品种以肉蛋兼用型为主。

该区灌丛嫩枝丰富，应逐渐发展山羊。完成上述指标，畜牧业产值应达到农业总产值的37%。

五、南部牛马区

包括坡脚、停西两个乡及永和乡的7个村，纳赖乡的马安营、拉然沟两个村，共20个村，田749.67公顷、地986.67公顷，土壤以红壤为主，主要作物有水稻、苞谷、甘蔗等。

该区位于南盘江畔，气温较高，年平均温度18℃，无霜期长达350天，年降雨量1000—1200毫米，牧草生长茂盛，终年均可放牧。草从草场面积大，全区共3片共5183.73公顷，其中坡脚草场3584.6公顷、停西乡新花草场1375.73公顷、达秧坡草场224公顷，有疏林草场1406公顷、灌丛草场1849.6公顷、荒山草坡2810.33公顷，丰富的资源为养牛放马提供了物质保证。应大力投资办牧场，重点是坡脚乡，其次是停西的新花草场，以个体户或联营为主，中上部以发展黄牛为主，发展部分马，江边一带以水牛为主，规划：1990年，坡脚、停西两个乡黄牛达3500头、水牛2000头、马500匹；2000年黄牛达5500头，水牛达3000头，马800匹。至于永和乡的7个村、纳赖乡的两个村，气候条件较好，但没有成片草丛草场，有林地和灌丛较多，虽应发展大牲畜，但潜力不如坡脚、停西两乡。国家每年应扶持一部分农户办牛场。严禁放火烧山，毁草开荒，对已开垦的地段，应退耕种草还牧。引种热带牧草改良草场，对草场的管理应分片承包到场。对林业部门要求发展林的问题，应是在坡陡的地带发展密林，在缓坡地带发展疏林，以利发展畜牧业，采取以上措施，把这两个乡建成本县的商品牛基地。该区对猪禽的发展，以保证当地农户食用为主。完成上述指标，规划到2000年时，畜牧业总产值应达到农业总产值的37%。

第三节 家畜饲养

一、猪

20世纪80年代后，全县先后开展以“两推、五改、三提高、一降低”(即推广经济杂交、推广家庭速度规模养猪，改喂本地猪为杂交猪、改吊架仔为直线育肥、改稀熟饲为配混合饲料生饲、改深坑湿圈为干平圈、改喂憨猪为适时出栏，提高出栏率、提高杂交猪育肥和生饲养猪比例、提高猪的防疫密度，降低死亡率)、“四良四改三提高”(即推广良种，改一般品种为优良品种；推广良料，改一般饲料为配合饲料、混合饲料和全价饲料；推广良法，改熟饲为生饲；推广良舍，改深坑圈为向阳干平圈；提高出栏率，提高个体生产性能，提高饲料转化率和秸秆利用率）为核心的科学养猪技术推广活动，采取技术培训与实地操作现身说法相结合，专门举办和其他会议穿插培训相结合，贷款扶持，抓示范户，示范村组以点带面，有效地促进了生猪养殖。

1989年，全县有生猪养殖户21250户。广泛使用新式圈舍和杂交育肥改良技术，仅钱相乡三道墙村392户，就有353户将旧式猪舍改为了半运动式平底猪舍，杂交猪育肥达到70%。到1991年，生猪饲养32334户，占总数户40.4%，养猪117777头，占存栏总数的61.7%，在贷款养猪的22个乡镇107个村253个组2123户中，饲养商品猪15450头，户均7.28头，养20头以上的79户。1992年，县畜牧局牵头实施的“安龙县推广配套养猪技术”“安龙县推广生猪经济杂交促进养猪业大发展”项目获得省农业丰收奖三等奖。是年，全县77012户饲养杂交猪出栏9.4万头，推广面为89%和91.5%。

1989年后，全县推广配合饲料饲养技术，普及秸秆利用技术，县畜禽技术服务中心专门为养殖户供应饲料添加原料，逐步改变了传统的农作物直接喂养生猪的模式。2000年后，“国雄”“正虹”“希望”“骆驮”“贵阳处处春”“南宁正大”“新希望”“台农”“加大”“鹏翔”“富港王”等品牌配合饲料，逐渐深入千家万户。2001年，全县消费配合饲料4400吨，2005年达到6770吨，2007年8950吨。2008年突破1万吨，达到1.2万吨。此后，全县配合饲料消费总量均在1万吨以上。

2010年，全县生猪出栏246005头，年末存栏221967头，其中能繁殖母猪22908头。2011年，全县生猪出栏246025头，年末存栏222028头，其中能繁殖母猪22368头；2012年，全县生猪出栏252914头，年末存栏234018头，其中能繁殖母猪23464头。

二、牛

20世纪80年代中期，全县推广种草养殖、秸秆粉碎加工氨化和青绿多汁饲青贮等技术，养牛专业户、重点户不断涌现。

2000年，在普坪镇和钱相乡交界处实施“万亩草场”工程，不断改良天然草场，拉动了种草养畜事业。到2004年，全县完成人工饲草料基地建设4086.67公顷，围栏改良草地2900公顷，配套养畜1.61万头，其中66.67公顷（1000亩）以上人工草场9个，20公顷以上的人工草场11个，家庭适度规模的农户小草场100余个，逐步形成以养牛为主的良草良畜配套、兽医防疫、良种繁殖和社会化服务的四大体系。至2012年，全县全年牛出栏13377头，出产牛肉2364吨，年末存栏81536头，其中肉用牛9116头、役用牛72420头。

三、马

县境马的品种为西南型川马，以枣栗骝色为主，另有青毛、赤兔、花马等，一般成年公马体高109—118厘米，体长107—110厘米，母马体高109—113厘米，体长104—115厘米。体形紧凑结实，眼明灵活，蹄质坚硬，四肢有力，惯山路，驮挽两用，一般马负重80—100千克，挽车能拉500—800千克，日行40—50千米。

县境马匹主要用于交通运输，20世纪80年代至90年代中期，全县马匹饲养量呈逐年上升趋势；进入21世纪后，随着城乡交通条件的改善，马匹饲养量逐年萎缩。至2012年，县境除饲养商品马和个别边远山区农村有马匹代步外，其余地区不再饲养畜力用马匹。据统计，全县全年马出栏1890匹、骡出栏118匹，出产马肉133.8吨、骡肉18.2吨，年末马存栏5927匹、骡354匹。

四、羊

县境饲养的山羊原有品种主要是无角山羊（马羊）、有角山羊和青山山羊，其中无角山羊个体大，生长迅速，周岁可重75千克左右。

20世纪80年代末至90年代初，县内羊的养殖数量一直徘徊在1000只左右。1991年，坡脚乡列为全省综合开发试点乡镇，投资1.95万元，引进黑山羊90只，当年发展到140只。随后，羊的养殖在全境推广，1993年后出现了盲目发展情况，1993年发展到3699只，增长123.64%，1994年又增至4618只，1995年6937只，1996年达8008只，是1992年的4.83倍，在饲养管理方面没有经验，疾病防治做得不好，造成了损失。2000年后，县境实施种草养羊项目，饲料供应和疫病预防得到强化，羊的养殖事业进入良性发展状态。到2005年，养羊专业户102户，羊存栏5797只，户均57只；全县人工种草养畜示范点和家庭适度规模的小草场养羊存栏10492只，全县的羊存栏18876只，出栏10388只。至2012年，全县山羊出栏8596只，出产山羊肉192吨，年末山羊存栏15718只，其中能繁殖山羊6736只。

县境洒雨一带曾饲养有绵羊，20世纪80年代中后期绝种。

第四节　家禽及其他饲养

一、家禽饲养

20世纪90年代以后，县境广大农户引进家禽的优良品种，改良禽舍、饲料，在管理上由粗放的敞养、散养和单一的“吃活食”，发展到集约化圈养、笼养，使用配合饲料科学养殖，家禽养殖业产值逐年攀升，成为广大农户脱贫致富的重要支撑。

1996年，县畜牧兽医站、新安镇兽医站从贵阳、安顺、昆明引进安纳克、狄高、AA、艾维菌等肉用鸡苗5万羽，引进罗曼、迪卡、海兰蛋用鸡苗5.5万羽，改良本地鸡品种；新桥乡挑选57户，推广家庭短期育肥商品鸡技术，经45—90天饲养可出栏，户均纯收入2000元左右。1998年，饲养100羽以上的家庭小规模养鸡户达到3000户。1999年，推广家庭适度规模养殖，全县专业户达到5000余户，年内出栏家禽80万羽，年底存栏80万羽。是年8月，兴隆镇红星村引进乌骨鸡860羽。2000年，红星村贷款28.5万元，规模发展乌骨鸡养殖，成立乌骨鸡养殖协会，鸡苗由镇兽医站统一孵化、防疫，当年发展乌骨鸡5万羽。

2000年后，县境家禽饲养量基本保持在100万羽左右。除广大农户广泛养鸡以外，还出现了养鸡大户、专业养鸡场，出现了种鸡饲养专业户，其中新安镇农民李长波在双山创办来茵蛋鸡场，养殖种鸡1.5万羽，是全县最大种鸡基地。另有普坪镇姜笑放、笃山乡张志文、龙广镇何成书等人利用自身优势，建立了规模养殖场，每户养鸡均在3000羽左右。

龙广镇桐柏、招堤街道官桥社区鸨坊是县内传统鸭苗孵化基地，两地均已有100余年家禽孵化历史。从20世纪90年代起，两地引进孵化设备，扩大了生产力，桐柏年孵化禽蛋150万枚以上，鸨坊年孵化禽蛋50万枚以上。

二、其他饲养

蜂　县境蜜源植物资源丰富，民间养蜂历史悠久，品种有中华蜜蜂（中蜂）和西蜂两种。中蜂有枣红色品系和黑色品系，西蜂有意蜂和喀尼阿兰蜂。中蜂遍布全县，特别是山区乡村，占全县蜂群的90%以上；西蜂主要分布在洒雨镇一带。

1989年，县境养蜂3742群，蜂蜜产量19.87吨；1990年，全县养蜂3582群，产蜂蜜23.78吨；1991年，全县养蜂4004群，产蜂蜜26.6吨。1993年至1998年，县境年生产蜂蜜分别为27.58吨、26吨、26吨、23吨、33吨和36吨。2000年以后，县境蜜蜂养殖规模基本控制在4000群左右，年产蜂蜜35—40吨。

另外，县境还大量养殖兔、猫、狗及鸟类动物，对改善居民饮食结构和拓展农民致富门路做出了贡献。同时，县境部分地区还运用独特的地理资源优势，在国家扶贫贷款的支持下，创办特色养殖场，探索大鲵（娃娃鱼）、中华鲟、梅花鹿等特色珍稀动物的养殖技术。

1989－2012年全县畜牧业生产情况（存栏）

表9-3-1

年份	大牲畜年末存栏							猪（头）	羊（只）		家禽（羽）	家兔（只）	蜂（箱）
	总量	其中：牛（头）			马（匹）	驴（匹）	骡（匹）		山羊	绵羊			
		合计	黄牛	水牛									
1989	98578	88270	40254	48016	10287	—	—	—	—	—	—	—	—
1990	105081	93206	43977	49299	11832	18	25	170768	1096	13	—	—	4102

续表 9—3—1

年份	大牲畜年末存栏							猪（头）	羊（只）		家禽（羽）	家兔（只）	蜂（箱）
	总量	其中：牛（头）			马（匹）	驴（匹）	骡（匹）		山羊	绵羊			
		合计	黄牛	水牛									
1991	108085	96339	45203	51186	11665	15	16	175989	1554	8	—	—	4004
1992	112360	101752	47059	54690	10588	—	20	186299	1766	8	—	—	2601
1993	116792	—	49579	55357	11818	—	27	—	—	0	—	—	—
1994	120644	—	52959	56009	11647	—	29	204315	—	0	—	—	—
1995	128341	—	56363	60036	11891	—	51	206909	4550	0	500522	355	—
1996	133991	122062	59802	62260	11877	—	52	211232	5507	0	563054	246	—
1997	134835	122124	60322	61802	12661	—	50	218429	10796	0	572938	1252	—
1998	135724	122661	60319	62342	13000	—	63	246937	14380	0	724162	561	—
1999	129023	118173	54343	63830	10771	—	79	354772	15040	0	789333	738	—
2000	132615	121278	55996	65279	11243	—	94	265047	17132	0	839219	2360	—
2001	139120	126372	62770	63509	12646	—	102	271143	17009	0	856269	5812	—
2002	139829	128755	66978	61659	10979	—	91	301265	10492	0	876664	2702	—
2003	140580	129130	69106	59811	11331	—	119	301834	12391	0	886535	2271	—
2004	137058	125321	71066	53989	11615	—	122	311279	15717	0	881762	2077	—
2005	130749	119983	67013	52532	10632	—	134	311709	18876	0	886725	2236	—
2006	126340	116135	68061	47678	10068	—	137	307898	21127	0	869871	2765	—
2007	101966	95630	56850	37343	6130	—	206	232819	18134	0	836840	1867	—
2008	—	96097	—	—	6236	—	258	253599	18795	0	836912	3263	—
2009	101975	95459	—	—	5416	—	232	253599	18795	0	836912	4062	—
2010	101688	95599	—	—	5626	—	463	221967	22956	0	875084	386	—
2011	88017	81736	—	—	5927	—	354	222028	15290	0	945093	355	—
2012	87817	81536	—	—	5927	—	354	234018	15718	0	946038	393	—

1989－2012年全县畜牧业生产情况（出栏）

表 9—3—2

年份	当年出栏大牲畜						猪（头）	肉用羊（只）	家禽（羽）	家兔（只）
	总量	其中：牛（头）			马（匹）	骡（匹）				
		合计	黄牛	水牛						
1989	—	1182	—	—	—	—	82119	327	—	—

续表 9—3—2

年份	当年出栏大牲畜						猪（头）	肉用羊（只）	家禽（羽）	家兔（只）
	总量	其中：牛（头）			马（匹）	骡（匹）				
		合计	黄牛	水牛						
1990	—	1870	—	—	—	—	95494	641	—	—
1991	—	2561	—	—	—	—	98336	386	—	—
1992	—	3482	—	—	—	—	103977	485	—	—
1993	—	4537	—	—	—	—	109458	616	—	—
1994	—	5516	—	—	—	—	115056	1173	—	—
1995	7412	—	4045	2850	517	—	141331	2387	441644	150
1996	6934	6393	3582	2681	541	—	155778	2501	444303	18
1997	11082	10524	6179	4345	554	4	166151	3580	529378	1274
1998	12973	12218	7225	4993	742	13	181841	5139	634628	1229
1999	13287	12323	6654	5669	964	—	191368	5570	657672	616
2000	14822	13510	7142	6368	1312	—	206765	8077	712556	1498
2001	16268	14982	8990	5992	1286	—	221742	5965	798481	1703
2002	16965	15385	9083	6302	1563	—	233573	4828	825469	1812
2003	16265	14884	8993	5860	1358	—	260230	9547	858345	1408
2004	18436	17179	10958	6169	1232	—	268269	10006	859430	1335
2005	20898	19723	11848	7864	1159	—	282077	10388	865249	1036
2006	20693	19772	12409	7352	905	—	296707	11375	607186	1295
2007	27400	26736	17423	9313	621	—	253456	10337	731435	927
2008	—	14416	—	—	820	—	279399	9900	796156	915
2009	16782	14915	—	—	1062	—	239570	9380	810597	357
2010	17208	14958	—	—	2139	111	246005	10413	919798	203
2011	14858	12850	—	—	1890	118	146025	8570	851285	154
2012	15385	13377	—	—	1890	118	252914	8596	887890	154

1989－2012 年全县畜牧业生产情况（禽肉产量）

表 9—3—3　　单位：吨

年份	肉类总产量	猪肉	牛肉			山羊肉	马肉	禽肉	其他肉	蜂蜜	禽蛋产量
			合计	水牛肉	黄牛肉						
1989	7912	6977	162	—	—	6	—	766	—	63	828

续表 9—3—3

年份	肉类总产量	猪肉	牛肉			山羊肉	马肉	禽肉	其他肉	蜂蜜	禽蛋产量
			合计	水牛肉	黄牛肉						
1990	8871	7960	227	—	—	14	9	661	—	45	779
1991	9476	8733	300	—	—	8	16	419	—	29	902
1992	9828	8894	389	—	—	21	—	519	5	38.88	985.48
1993	8708	7688	450	—	—	17	—	553	—	27.58	1384.5
1994	10298	9177	487	—	—	27	—	581	—	—	1436
1995	13032	11759	597	—	—	58	29	589	—	26	1461
1996	13509	12170	595	—	—	55	33	656	—	33	1524
1997	16018	14144	990	365	625	101	41	741	1	23	2084
1998	18152	15624	1468	508	960	120	35	902	3	34	2207
1999	18971	16539	1199	534	665	104	69	1020	40	51	2226
2000	20267	17393	1396	645	751	164	77	1142	93	84	2315
2001	21301	18209	1471	574	897	100	83	1340	95	88	2524
2002	21404	18334	1465	587	878	90	115	1334	66	62	2826
2003	23873	20443	1414	461	950	138	105	1643	125	70	2964
2004	24485	21025	1653	644	1006	139	68	1457	138	69	3252
2005	25120	21329	2100	761	1336	143	34	1364	145	68	3159
2006	26471	22557	2216	805	1488	149	44	1344	148	69	3223
2007	25536	21046	2874	1042	1830	177	55	1320	30	70	3270
2008	26719	23047	1796	—	—	153	66	1608	43	75	3211
2009	23620	19226	2285	—	—	189	107	1759	46	80	3273
2010	23941	19780	2218	—	—	208	135	1547	53	42	3322
2011	24033.4	19784.9	2219.5	—	—	191.5	152	1589	93.6	48	3387.4
2012	25355	20794	2364	—	—	192	152	1603	250	48	3438

第五节　疫病防治

一、疫病防治机构

（一）兽医防治机构

1989年，设有县畜牧局和县兽医防治检疫站，下辖城关、德卧、新安、化力、龙广、洒雨、普坪、龙山、兴隆9个区（镇）畜牧兽医站。1992年撤区并乡建镇后，全县16个乡镇均建立畜牧兽医站，有专业技术人员57人；2002年，全县乡镇机构改革，撤销乡镇畜牧兽医站，其人员和职责全部并入乡镇农业服务中心。2004年，建立县畜牧兽医行政执法大队。2008年，县畜牧局增设法规股、兽医股，全县从事兽医防治工作人员90人，其中兽医师25人、助理兽医师52人、兽医技术员13人。

（二）检疫检验机构

1988年5月，成立县兽医卫生监督检验所，与兽医防治检疫站两块牌子一套人马。1991年6月，建立县兽药饲料监察站。1998年5月，经省人民政府批准，建立省际间坡脚动物防疫检查站；经州政府批准建立州县际间万峰湖动物检查站，另经县政府批准在德卧、兴隆、笃山、戈塘、海子等乡镇设立临时性检查站。

二、畜禽传染病

（一）种类和分布

1. 种类

根据历史记载和新中国成立后的疫病普查资料，全县历年来发生的畜禽传染疫共有41种。其中人畜共患的传染病种类有炭疽、结核、鼻疽、狂犬病、口蹄疫、破伤风、禽流感、布氏杆菌等8种；牛的传染病种类有牛瘟、牛巴氏杆菌病、气肿疽、牛流感、传染性角膜炎、病毒性下痢、烂舌病等7种；猪的传染病种类有猪瘟、猪丹毒、猪肺疫（巴氏杆菌病）、仔猪副伤寒、猪喘气病、传染性水泡病、仔猪白痢、流感、猪痢疾、传染性胃肠炎、猪腹泻、链球菌病、坏死杆菌病等13种；羊的传染病种类有快疫、羊瘟、腐蹄病、脑炎、肺炎等5种；鸡的传染病种类有鸡新城疫（鸡瘟）、鸡白痢、传染性支气管炎、禽霍乱等4种；鸭的传染病种类有鸭瘟、禽霍乱等2种；兔的传染病种类有兔瘟、副伤寒等2种；马的传染病种类有流行性淋巴管炎、马传贫、巴氏杆菌病等3种。

2. 主要畜禽传染病分布

炭疽　主要分布在龙山镇（北乡、纳院）、洒雨镇（洒雨、罗卡）、德卧镇（停西、甘河）、坡脚乡（石头寨、坡脚）、笃山乡（梨树、八达）、木咱镇（坡贡）、万峰湖镇（纳赖、马鞍营、岜皓）等疫区疫点，发病季节主要在每年的5—10月，常为局部地区发生和流行。

口蹄疫　俗称“五号病”。县境原无疫区、疫点，因畜禽的流动引起发病，全境均有发生，比较严重的是坡脚乡（者干、石头寨、岩怀）、栖凤街道（坡院、幺塘）、龙广镇（纳西、十二份、板拉、罗家云）、新桥镇（阿卧、青冈林）、海子乡（安岭）、普坪镇（危干坪、纳汪）、笃山乡（八达）、平乐乡（上渔浪）、德卧镇（纳早湾）17个疫区和洒雨、木咱两个镇的5个疫点，发病季节在6—7月和10—12月，多为局部地区发生流行。

牛瘟　1940—1943年和新中国成立初期曾发生过，主要在木咱、兴隆、龙广、洒雨和招堤街道5个乡（镇、街道）的局部发生和流行，以后未发生。

牛出败（巴氏杆菌病）　全境均有发生，1990年局部散发流行，1997年后疫情基本得到控制，主要发病季节为上年10月至次年3月。

气肿疽（黑腿病）　全县各乡镇均有发生，1955—1990年，不同程度的局部地区发生流行，主要分布在原新安镇城关、龙广镇（科汪、陇飘、合兴、海星）、德卧镇（德卧）、普坪镇（普坪新光）、木咱镇（化力）、兴隆镇（狗场）、龙山镇（北乡）、洒雨镇（洒雨）等地，发病季节不定，2—3月、8—10月、12月均有病例发生。

猪瘟　全境均有发生和流行，发病季节不定，常年呈局部多发流行传染。

猪肺疫（巴氏杆菌病）　全境均有发生，但单独以猪肺疫暴发流行的少见，常见于气温骤变及猪瘟流行的中后期继发感染此病。

猪丹毒　全境均有发生，但一般局限于村寨或饲养场的发生和流行，县境未发生大面积流行。

仔猪副伤寒　多发于仔猪密集的饲养场或农村养母猪户的仔猪和购进的育肥仔猪，以饲养管理条件差的容易发生，也是猪瘟流行的中后期继发病。龙广镇（龙广、长湾）、德卧镇（德卧）、普坪镇（普坪）、钱相乡（钱相、阿赖）、戈塘镇（戈塘）、洒雨镇（九头、戛那）、海子乡（大坝）、龙山镇（北乡、花障、纳院、巧岭）、笃山乡（梨树、笃山）、兴隆镇（石盘）、木咱镇（木咱）、栖凤街道（大坪）等地为疫区疫点。

猪喘气病 据历史资料记载，在栖凤街道（大坪）、龙广镇（科汪）、万峰湖镇（永和）、德卧镇（德卧）、海子乡（大坝）、兴隆镇（狗场、石盘、冗华）、平乐乡（平乐）以及海子农场、新桥农场等地曾有猪喘气病病例发生。

猪流感 据历史资料显示，在德卧镇（坡贡、德卧、停西）、龙广镇（科汪、五台、长湾）、洒雨镇（九头）、万峰湖镇（永和、纳赖）、兴隆镇（冗华）、平乐乡（龙蛇）和新桥农场等地曾有猪流感病例发生和流行。

仔猪白痢 主要发生在养猪场和饲养母猪的地区，据历史资料显示，龙广镇（长湾）、兴隆镇（石盘）、平乐乡（龙蛇）、钱相乡（阿赖）、洒雨镇（九头）、笃山乡（笃山）及招堤街道、栖凤街道农村地区为多发地带。

猪传染性胃肠炎 20世纪90年代，县境部分村组曾有疫情报告，呈局部地区发生状态。

猪病毒性腹泻 招堤街道、栖凤街道、龙广镇、洒雨镇、兴隆镇、木咱镇等镇（街道）有此病发生，未发生大面积传染，为村寨内户与户之间直接接触传播病毒。

腐蹄病 洒雨镇（民族村、陇松村）、戈塘镇（田坝村）、海子乡（陇桥村）、普坪镇（石冲村）、万峰湖镇及所有养羊的地区均有此病发生，四季均易发此病，特别是饲养管理不善和使用地圈养羊的容易发生此病。

鸡瘟（鸡新城疫） 全境四季均有发生和流行，主要以村寨流行，局部全部染病死亡。

鸭瘟 县境龙广镇（狮子山）、招堤街道（官桥）、龙山镇（北乡、纳院、花障、巧岭）、平乐乡（平乐）、兴隆镇（兴隆、石盘）等地为疫区，其余乡镇因养鸭数量少，很少发病。鸭瘟疫苗普遍注射后，得到有效控制。

禽霍乱（巴氏杆菌病） 全县养鸡养鸭的地区均有发生并局部流行，以1994年最为严重，发病4377只，死亡3749只。

鸡白痢 全境虽有发生，但以养鸡专业户、重点户或养鸡场发生和流行常年不断。

鸡痘 全境均有发生，数量不多。

猪蓝耳病 2008年，新安镇大坪村五格一带有发生。

（二）防治

1. 防疫

1989以来，县内的动物防疫工作主要围绕猪的四大传染病（猪瘟、猪丹毒、猪肺疫和仔猪副伤寒）和牛马炭疽、牛出败、气肿疽和鸡新城疫展开。1989—1999年，年平均注射疫苗108256针（只）；2000—2009年，平均每年预防注射411031针（只），最高的一年为75.6万针（只）。

2010年，完成注射牛W疫苗15.22万头、牛出败1.46万头、炭疽苗1.62万头匹，羊W疫苗2.32万只、山羊痘2.21万只，猪W疫苗29.98万头、猪瘟苗31.26万头、高致病性蓝耳病苗18.65万头、猪肺疫6.89万头、猪丹素7.24万头，高致病性禽流感81.56万羽、鸡新城疫62.26万羽、鸭瘟苗2.14万羽，狂犬病疫苗2.46万只。

2011年，注射猪W疫苗28.58万头、牛W疫苗11.62万头、羊W疫苗2.5万只，猪瘟苗28.7万头、高致病性蓝耳病苗21.2万头、高致病性禽流感47.07万羽、鸡新城疫56.9万羽、山羊痘2.08万只、狂犬病疫苗1.51万只、猪丹毒苗4.59万头、猪肺疫苗5.68万头、仔付2.35万头、牛出败苗3.3万头、牛（马）炭疽1.2万头。

2012年，注射猪W疫苗33.45万头、牛W疫苗18.7万头、羊W疫苗3.76万只，猪瘟苗36.05万头、高致病性蓝耳病苗25.39万头、高致病性禽流感67.62万羽、鸡新城疫147.51万羽、山羊痘2.31万只、狂犬病疫苗1.62万只、猪丹毒苗3.43万头、猪肺疫苗3.43万头、牛（马）炭疽4.83万头。

1989－2012年全县畜禽预防注射情况表

表9-3-4 单位：只、针

类别	1989	1990	1991	1992	1993	1994	1995	1996	1997	1998	1999	2000	2001	2002	2003	2004	2005	2006	2007	2008	2009	2010	2011	2012
防疫员人数	199	293	546	310	149	214	187	155	163	211	2709	417	387	963	1850	1850	1176	1460	747	355	250	—	—	—
猪W疫苗	—	—	—	—	—	—	—	—	—	—	—	—	—	—	—	—	—	—	—	—	—	299800	285825	334500
猪瘟	84350	99727	118083	103828	105891	97968	140839	160903	186246	177300	211267	214087	225860	248000	168900	142600	267800	532400	136200	334800	243330	312600	276966	360500
密度%	70	72.2	71.3	72.1	74.6	65.9	70.2	77.8	88.73	74.5	89	88.8	89.1	90.1	80	74.5	91.5	96	78	85.6	135.87	100	—	99.3
猪肺疫	7500	10255	18165	19720	13085	7237	13572	14963	51056	46860	16327	31414	46182	55000	22300	22300	31600	31600	36400	67000	62100	68900	56770	34300
猪丹毒	5378	8407	8565	189211	12354	6758	14564	17377	5097	6767	24791	42144	53465	58000	35000	35000	42900	42900	32100	73800	73700	72400	45870	34300
副伤寒	—	—	—	1392	5472	2293	19275	8394	8662	8999	9771	20578	31335	34000	26000	26180	42300	42300	27500	46200	54843	—	—	—
蓝耳病	—	—	—	—	—	—	—	—	—	—	—	—	—	—	—	—	—	—	—	—	—	186500	212022	253900
牛W疫苗	—	—	—	—	—	—	—	—	—	—	—	—	—	—	—	—	—	—	—	—	—	152200	116199	187000
牛出败	8125	9746	11530	11284	15496	6230	18450	26305	10847	11666	5929	41166	43640	38000	28000	28750	36240	36240	45000	16900	20112	14600	—	—
牛（马）炭疽	30447	23657	24460	65165	60790	49096	42600	66192	24419	54250	47523	37829	43645	64000	64000	16210	26451	26451	41200	43600	16932	16200	12000	48300
气肿疽	1218	1000	1796	4106	6747	5000	4980	2910	468	838	670	1500	1832	2000	2000	—	—	—	—	—	—	—	—	—
鸡Ⅰ、Ⅱ系	—	30000	—	154000	164500	168950	101254	86411	114980	136460	156000	41868	269440	376000	462000	462000	511600	675100	456300	756000	738335	—	—	—
禽霍乱	—	—	—	15000	—	—	—	2250	6256	6100	3000	2166	10364	12856	—	—	—	—	—	—	—	—	—	—
禽流感	—	—	—	—	—	—	—	—	—	—	—	—	—	—	—	53800	52000	697600	565600	83600	733205	815600	470728	616200
鸡新城疫	—	—	—	—	—	—	—	—	—	—	—	—	—	—	—	—	—	—	—	—	—	622600	568985	1475100
鸭瘟	7500	6000	9400	13000	—	—	—	—	—	—	—	11360	15380	—	—	—	—	—	—	—	19872	21400	—	—
狂犬病	—	300	300	400	—	—	—	130	135	686	833	849	1120	1528	6000	18000	7683	2421	5800	19300	11324	24600	15100	16200
口蹄疫	—	—	—	—	—	—	—	—	—	牛	72839	84788	118478	137000	106000	53000	186200	198600	56800	109800	97234	—	—	—
										猪	136473	98674	207800	216000	124500	120000	203100	434500	95000	242500	164989	—	—	—
										羊	3060	8311	8564	15600	5600	5652	17500	17500	4600	13600	14077	—	—	—
羊W疫苗	—	—	—	—	—	—	—	—	—	—	—	—	—	—	—	—	—	—	—	—	—	23200	24989	37600
羊痘	—	—	—	—	—	—	—	—	—	—	—	—	—	—	—	1340	2612	15600	3200	8400	6230	22100	20773	23100

2. 紧急预防注射

传染病紧急预防注射，是在疫情发生时采取控制疫病发生发展和流行的重要措施之一。1989年，县内有17个乡镇50个村共225个村民组局部发生猪瘟病，紧急预防注射猪瘟疫苗1330头（针）；局部发生猪丹毒、牛出败等疫情，紧急预防注射猪丹毒疫苗312头（针）、猪肺疫疫苗615头（针）、牛出败疫苗615头（针），在停西乡紧急防注炭疽疫苗360头（匹、针）。1993年，坡脚乡石头寨发生炭疽病，紧急防注炭疽病疫苗857头（匹、针）。1994年，德卧镇甘河尾奖、拉达等地发生炭疽病，紧急防注炭疽疫苗242头（匹、针）。1996年，在德卧停西村郎行组发生炭疽病，紧急防注炭疽疫苗424头（匹、针）。1998年，因猪贩从广西武鸣县购进带有口蹄疫（"五号病"）病毒的仔猪进入县境销售，紧急在购有仔猪的村组开展偶蹄兽口蹄疫疫苗注射工作，其中牛437头、猪1327头、羊118只。1999年6月，全县大面积发生口蹄疫，下半年紧急预防注射口蹄疫疫苗，其中牛7283头（针）、猪13647头（针）、羊3060只（针）。2004年4月，为预防高致病性禽流感，紧急注射禽流感疫苗5.38万只（针）。2008年，县境发生高致病性猪蓝耳病，紧急接种猪蓝耳病疫苗7.36万只（针）。

（三）畜禽传染病防制配套措施

1. 市场活畜检疫

1989年，对县城生猪交易市场、木咱、德卧、龙广、洒雨、普坪、龙山、兴隆、鲁沟、幺塘等10个市场活畜进行检疫。1991年，增加海子、永和、平乐、梨树、新桥5个市场。1993年，全县生猪交易市场增加到21个，县畜牧部门全部实行市场活畜检疫。1996年，增加到22个，其中新安镇3个市场，木咱镇、德卧镇、笃山乡、新桥乡、坡脚乡各2个市场，龙广镇、万峰湖镇、海子乡、洒雨镇、钱相乡、龙山镇、平乐乡、兴隆镇、普坪镇各1个市场。2001年后，减少木咱镇坡贡、笃山乡梨树、德卧镇停西、坡脚乡石头寨4个市场，全县18个市场。

1989－2009年安龙县牲畜市场检疫牛、马、猪情况表

表9-3-5　　单位：头、匹、只针

年度	开展检疫市场数（个）	市场检疫牲畜总数	牛、马		生猪			
			总数	注射炭疽疫苗数	总数	注射猪瘟苗数	检出病猪数	病猪检出率（%）
1989	10	64827	18500	18500	46327	40409	359	0.8
1990	10	37404	1904	1904	35500	35485	269	0.8
1991	13	50452	2140	2140	48312	444694	514	1.1
1992	15	86884	7884	7884	79000	79000	481	0.6
1993	21	47147	18727	18927	38420	26630	313	1.1
1994	21	52038	12558	12190	27680	32489	1470	3.9
1995	21	85593	18878	13592	66715	65835	882	1.3
1996	22	75014	12373	12246	58141	56720	1420	2.4
1997	22	26644	6309	—	20335	20150	375	1.8
1998	22	39351	11691	—	27660	27600	631	2.3
1999	22	41433	7433	7241	34000	32791	1029	3

续表9—3—5

年度	开展检疫市场数(个)	市场检疫牲畜总数	牛、马		生猪			
			总数	注射炭疽疫苗数	总数	注射猪瘟苗数	检出病猪数	病猪检出率(%)
2000	22	106825	20427	—	86398	81000	2492	2.9
2001	18	140607	25407	—	115200	114590	3145	2.7
2002	18	127700	27500	—	100200	98500	2500	2.5
2003	18	169525	30650	—	130875	129100	1127	0.8
2004	18	47802	35002	—	12800	11960	183	1.4
2005	18	55150	20350	3600	34800	8600	165	0.5
2006	18	108200	32000	44700	76200	26600	178	0.2
2007	18	91600	28450	11280	63150	49650	118	0.2
2008	18	84174	31521	6376	52653	31611	158	0.3
2009	18	49995	30152	—	49843	—	124	0.2

2. 进出境运输检疫

1989年，出境检疫大牲畜860头；1991年，检疫蜂1500群；1992年，出境检疫大牲畜3502头匹；1993年，出境检疫牛马1450头匹、猪1500头、家禽28050只；1995年，检疫大牲畜542头匹、猪4729头、牛肉11吨、鸡27459只；1996年，检疫出境生猪8904头、牛613头、马2匹、羊10只、狗30只、禽11610羽、禽蛋1100千克；1997年，公路出境检疫牛1691头、猪18593头、禽22734只、犬7条、猪肉2.5吨、牛皮1413吨，消毒运输车449辆；1998年，检疫出境家禽43400只。

1999年，建立省际间坡脚动物防疫检查站和万峰湖州际间动物防疫检查站，全年检疫出境猪17586头、牛978头，补检羊22192只，验证过境山羊103车共36140只、牛62车共704头、猪107车共4280头，牛皮7000张、马皮600张、羊皮7600张、猪皮2400张，堵截广西等外地入过境仔猪175车共16941头、牛46车共960头、羊3车共137只，责令原车返回。

2000年，坡脚、万峰湖检查站消毒畜禽64.55万头(匹、只、羽)，消毒汽车4578辆(次)，检疫出境猪1718车共6.08万头、牛108车共864头、羊4车共648只、马7车共61匹、禽278车共5.68万羽；验证查物过境车辆2467辆(次)，其中载畜汽车2452辆，载畜禽52.43万头(匹、只、羽)，动物产品15车共2602吨。

2001年，坡脚、万峰湖检查站消毒畜禽68.76万头(匹、只、羽)，汽车3328辆(次)，出境检疫猪1050车共11.55万头、牛120车共2400头、羊10车共2500只、马12车共240匹、禽50车共2.35万羽；检出病猪21头、病羊35只，全部隔离治疗；验证查物1056辆(次)共25.01万头(匹、只、羽)，其中生猪630车人94500头、山羊325车共8.13万只、家禽84车共8.4万羽、牛8车共125头、马9车共214匹。

2002年，坡脚、万峰湖检查站检疫消毒牲畜1.59万头(匹、只、羽)，车辆2501辆(次)，检疫出境猪12.68万头、仔猪4981头、牛5162头、羊638只、马144匹、禽21200羽；验证查物3531车、畜禽115.24万头(匹、只)，其中生猪2189车共22.7万头、仔猪323车共7.41万头、山羊255车共8.29万只、家禽355车共76.06万羽、牛249车共3872头、马160车共4005匹。

2003年，坡脚、万峰湖检查站检疫肥猪1320车共7.96万头、仔猪105车共1.53万头、大牲畜290车共2364头（匹）、山羊3车共267只，验证查物1569车共48.37万头（匹、只），消毒畜牧运输车辆3413辆。

2004年，坡脚、万峰湖检查站检疫出境猪759车共4.98万头、牛77车共1224头、马12车共129匹、羊1车200只，验证查物生猪3925车共56.2万头、牛70车共1652头、马骡105车共2605匹、羊120车共2.85万只、禽53车共15.1万羽、仔猪47车共12752头，消毒车2561辆共43.87万头（匹、只、羽）。

2005—2009年，坡脚、万峰湖检查站验证查物生猪20516车共221.41万头、牛1639车共4.64万头、马骡1415车共3.33万匹、羊2069车共85.37万只、家禽565车共145.38万羽；消毒生猪13279车共232.89万头，冻肉20吨；检疫出境生猪3733车共22.07万头、牛1361车共2.55万头、马骡222车共2114匹、山羊8车共2366只、家禽62车共43.69万羽，禽蛋1580千克；堵截令其原车返回家禽21车共15621羽，留置观察牛1车28头。查处违法案件23起，罚款14620元。

2010年，坡脚动物防疫检查站检查生猪704车共3.46万头、牛502车共1.05万头、羊2车75只、马骡113车4310匹、雏鸡和雏鸭7车，消毒生猪615车共3.28万头、牛468车共3.32万头、羊1车35只、马骡73车共1134头，全年检疫过境出境生猪738车共3.32万头、牛438车共8588头、马骡63车共515匹、羊1车35只，依法补检生猪15车共1349头、牛30车共666头、马骡15车共213匹。

2011年，坡脚动物防疫检查站检查生猪252车共9478头、牛46车共497头、马骡12车共159匹，依法补检牛1车14头，查证验物生猪62车、牛4车、其他1车，雏鸡、雏鸭2车，消毒过境生猪13车、牛18车、家禽2车。4月，县动物卫生监测所、疫控中心在县城逢赶场天组织检疫人员到大牲畜市场办理出境检疫工作，至11月，共办理大牲畜出境检疫206车共8146头匹，收取检疫和消毒费3.2万元。

2012年，县动物卫生监测所、疫控中心继续组织检疫人员在县城逢赶场天到大牲畜市场办理出境检疫工作。全年共办理大牲畜出境检疫582车共6731头匹，其中牛5682头、马988匹，收取检疫和消毒费3万元。

3. 农贸市场肉品卫生监督检验

1989年，对县城、木咱、德卧、龙广、洒雨、普坪、龙山、兴隆、鲁沟、幺塘、新桥、平乐等农贸市场肉品卫生进行监督检验；1990年，增加板磨、阿赖、笃山、永和4个农贸市场；1992年，增加海子、东妹场、梨树3个市场；1993年，增加关爷庙、停西、乔马道班3个市场；1996年，增加叉路口、果约、龙蛇、犚牛洞、沙厂坪、坡脚、石头寨7个市场；1998年后，全县开展肉品卫生监督检验的农贸市场为22个，即新安、化力、德卧、龙广、万峰湖、海子、戈塘、洒雨、普坪、钱相乔马、兴隆、坡脚、沙厂坪、新桥、东妹场、平乐、笃山、龙山、幺塘、阿赖、坡贡、叉路口。

1989－2010年安龙县肉品卫生检验情况表

表9-3-6　　单位：头（只、个）

年度	肉检市场总数（个）	检验猪肉尸			检验牛肉尸		检验羊	备注
		总数	检出病猪肉总数	检出率%	总数	高温处理头数		
1989	12	15457	539	3.5	480	76	—	
1990	16	18700	159	0.9	435	4	—	
1991	23	15614	260	1.7	652	—	—	
1992	19	19812	331	1.7	636	172	—	检疫肉狗584只
1993	22	15330	218	1.4	439	85	159	

续表 9—3—6

年度	肉检市场总数（个）	检验猪肉户			检验牛肉户		检验羊	备注
		总数	检出病猪肉总数	检出率 %	总数	高温处理头数		
1994	22	14503	830	5.7	1179	574	216	
1995	22	22652	259	1.1	617	24	138	
1996	29	24111	448	1.9	1310	70	655	
1997	29	11412	285	2.5	1404	402	395	
1998	22	15000	397	2.6	763	98	516	
1999	22	28079	372	1.3	596	23	417	
2000	22	28082	823	2.9	1208	78	550	
2001	22	29365	776	2.6	896	40	467	
2002	22	28500	318	1.1	1120	12	525	
2003	22	31500	363	1.2	1850	19	584	
2004	22	31500	363	1.2	1850	19	585	
2005	22	36800	52	0.2	6200	52	3400	检疫肉禽 6700 只
2006	22	47500	187	0.4	5100	48	2600	
2007	22	45876	—	—	1865	—	2547	
2008	22	49638	—	—	1978	159	2852	检疫肉狗 6249 只，肉禽 26725 羽
2009	22	46243	—	—	1921	—	1952	肉狗 3249 只，肉禽 21732 羽
2010	22	46400	—	—	3200	—	2400	检疫肉狗 5400 只，肉禽 14600 羽，无害化处理病害肉尸脏器 112 千克

4. 畜禽疫病联防

滇、黔、桂三省（区）四地州十七县（市）畜禽疫病联防协作　首届年会于 1991 年 11 月 6 日在兴义市召开，黔西南州、百色地区、文山州、曲靖地区和望谟、册亨、安龙、兴义、乐业、田林、西林、隆林、百色、那坡、靖西、富宁、广南、丘北、罗平、师宗、富源等县（市）的畜禽防疫机构协商建立联防协作机制。收集成员县（市）春秋两防、畜禽疫情动态，防、检、治综合防制完成情况等；组织到成员县检查督促畜禽防、检、治措施的落实；向成员县（市）和上一级业务主管部门反馈通报畜禽疫病的发生与流行和防治落实情况，成员县（市）大面积发生畜禽疫病流行，有义务和权利组织成员单位共同扑灭。至 2012 年，共召开 20 届畜禽疫病联防年会；安龙县于 2002 年 12 月 12—14 日，主持召开第十一届年会。

贵州省盘江流域动物疫病联防协作组　该组织原名“北盘江、打邦河流域炭疽联防协作组织”，始于 1982 年。1990 年在关岭召开的第八届炭疽联防会，吸收晴隆、兴义、安龙、安顺、平坝、清镇等县（市）参加。安龙县于 1994 年 12 月 1 日，主持召开第十二届年会。2001 年，“北盘江、打邦河流域炭疽联防组织”更名为“贵州省盘江流域动物疫病联防协作组”，增加普安、兴仁、普定、罗甸 4 个县为成员。

5. 畜禽疫病诊治

20世纪80年代以来，县畜牧兽医部门在强化畜禽疫病的防治的基础上，对已患病畜禽采取各种措施和手段予以救治，以减少农户损失。据统计，1991—2000年，全县治疗牛马炭疽病22头（匹），全部死亡；治疗牛出败143头，治愈125头，治愈率87.4%；治疗猪三大传染病（猪瘟、丹毒、肺疫）共11387头例，死亡8895头，治愈2494头，治愈率21.9%；治疗猪肺疫、猪丹毒共3320头，治愈2697头，治愈率81.2%。

三、畜禽寄生虫病

1992年，根据《贵州省家畜家禽寄生虫病区系调查实施方案》，安龙县列为全省家畜家禽寄生虫病区系调查试点县，通过牛、马、羊、猪、鸡、鸭、鹅（牛1664头、马123匹、羊915只、猪1766头、鸡1356羽、鸭775羽、鹅333羽）的调查，采集6932头（匹、只）畜禽的新鲜粪便进行镜检，检出虫卵种类25种，其中牛13种（肝片吸虫、大片吸虫、前后盘吸虫、矛形双腔吸虫、胰阔盘吸虫、腔阔盘吸虫、东毕吸虫、牛新蛔虫、捻转血矛线虫、毛圆线虫、食道口线虫、牛球虫、牛绦虫）、马4种（毛圆线虫、尖尾线虫、8副蛔虫、裸头绦虫）、羊6种（肝片吸虫、食道口线虫、前后盘吸虫、肺丝虫、捻转血矛虫、绦虫）、猪7种（猪蛔虫、食道口线虫、肺丝虫、球虫、姜片吸虫、后园线虫、猪囊虫）、鸡6种（鸡蛔虫、赖利绦虫、异刺线虫、前殖吸虫、毛细线虫、鸡球虫）、鸭3种（卷棘口吸虫、毛细线虫、绦虫）、鹅3种（卷棘口吸虫、鹅裂口线虫、蛔虫）。解剖动物206头（匹、只、羽），收集虫体11057条，血液涂片98张，经镜检形态系观察，共有寄生虫42种，隶属4个纲8个目21个科31个属，其中牛有20种，羊有13种，马有1种，猪有7种，鸡有6种，鸭有5种，鹅有5种。

1992年，对全县16个乡镇289个村1881个村民组实施驱虫灭疥工作，使用药物为敌百虫、驱虫灵、左旋咪唑、硝氯酚等。是年，全县牲畜驱虫灭疥68616头，占总存栏的66%。其中，马驱虫灭疥2835匹，占存栏的24.3%；羊驱虫灭疥560只，占存栏的40%；猪驱虫灭疥99814头，占存栏的55%；兔驱虫灭疥51只，占存栏的19.8%。1998—1999年，全县发双甲脒（12%×10×5×120）3箱、敌虫净（1210×100）2箱、复方开胃驱虫散2箱、敌百虫片5箱、伊维菌素6箱、丙硫咪唑1.5箱、别丁20瓶、左旋咪唑50盒、打虫王1箱、敌虫净2箱、“九加九”开胃散虫散1箱、“九加一”开胃驱虫散7箱、百虫灵2箱、硝氯酚2箱、驱虫灵1500包，驱虫范围包括16个乡镇274个村共78998户，畜禽驱虫总数为268113头（匹、只、羽），其中牛90126头、马581匹、猪162766头、羊3982只、禽10658羽。2000年，县畜牧兽医部门为2486户农户开展畜禽体内外寄生虫驱虫工作，牛5158头、猪45873头、马213匹、羊19893只、禽4883羽、兔128只。2006年驱牛体内寄生虫41000头，马1800匹，猪154200头，羊16200只，家禽65000只。2009年驱虫生猪256672头，牛41034头，羊7746只，家禽401865羽。

四、畜禽普通病

牛　县境牛容易罹患的普通病主要有瘤胃臌气、前胃弛缓、瘤胃积食、重瓣胃阻塞、肠炎内科病和口腔炎等消化系统病，另有难产、阴道脱出、子宫脱出、胎衣不下、骨折、挫膀、蹄叶炎、蹄叉腐烂、风湿病、眼结膜炎、感冒、支气管炎等，牛的普通病在每年的各个季节均有发生。

马　县境马容易罹患的普通病主要有胃肠炎、急性胃扩张、急性肠臌气、肠扭转、感冒、支气管炎、支气管肺炎、创伤、骨折、风湿病、风气疝、感冒、咽喉炎、鼻炎等，每年均有不同程度出现。

猪　县境生猪容易罹患的普通病主要有感冒、支气管炎、风湿病、软骨病、难产、产后瘫痪、扭伤、胃肠炎、不孕、胎衣不下等。

除上述普通病外，县境还曾发生畜禽中毒事件，主要有耕牛青杠叶中毒、猪亚硝酸盐中毒、牛农药中毒、黑霉斑薯中毒、霉烂稻草中毒、耕牛代谢性酸中毒、尿素中毒、猪食盐中毒、有机磷中毒、猪粉渣中毒以及猪、鸡呋喃唑酮中毒等。猫、狗还曾出现敌鼠钠盐中毒等。

五、冷链建设

1997年，购进背式保温桶156个，全部分发到乡镇畜牧兽医站用于畜禽防疫工作。

2004年后，相继建成县级实验室1个、乡镇实验室4个。其中，县级实验室250平方米，配备微机室、档案管理室、精密仪器管理室、隔离室、病料保存室、细菌诊断室、病毒诊断室、寄生虫检测室、中毒检验室、诊疗室、涮洗室和办公室，乡镇实验室每个30平方米左右。按要求配备冷链设施建设项目仪器设备，主要有体视显微镜1台，倒置显微镜1台，生物显微镜1台，荧光显微镜1台，防疫包（疫苗冷藏包）60台，高压灭菌器1套，电子精密天平1台，超净工作台1套，液氮罐1台，自动菌落计数器1台，无菌工作间1套，酸度计2台，高速台式离心机1台，超低温冰箱1台，普通冰箱26台，普通生化培养箱1台，酶标仪1台，移液器1套，稳压器1台，活动冷库1座，疫苗真空检测仪2台，微机、打印机、扫描仪2套，照相机1台，摄像机1台，采访机1台，DVD机1台，消毒喷雾器3台，消毒液机6台，解剖台及器具1套，备用发电机1台，医用焚烧炉1台，动物防疫车1辆，恒温水浴锅1台，普通离心机1台，隔离器1台，微波炉2台，恒温箱1台，取样设备1套，干燥箱1台，传真机1台，复印机1台，投影机1台，XSP—4C型生物显微镜1台，80—2离心机1台，TGL—16高速离心机1台，DYY—Ⅲ5型电泳仪1台，变倍体视显微镜1台，DG3022型酶联免疫检测仪1台，YN—2G—10不锈钢电热蒸馏水器1台，单从双面垂直净化工作台1台（套），202型手摇切片机1台，SKFC—01400×450鼓风干燥箱1台，GSJP—01300×350隔水式培养箱1台。

2006年起，利用财政扶贫资金建立村级兽医室，每年投入7万元建立村级兽医室40个，至2010年已建成120个，其中笃山7个、普坪9个、钱相10个、兴隆14个、新安14个、洒雨14个、新桥9个、龙广9个、德卧7个、木咱4个、海子3个、万峰湖3个、平乐3个、坡脚3个、龙山4个、戈塘3个，每个兽医室配置设备有电冰箱1台、冷藏箱1个、煮沸消毒锅1个、办公桌椅1套、出诊箱1个、50毫升金属注射器1支、20毫升金属注射器2支、止血钳2把、体温表2支、针头20盒。

第六节　草场利用

一、草地资源

县境草地资源丰富，面积大、分布广，据统计，至2012年底，全县有草地58614公顷，有效利用面积31753.07公顷，草地绝大部分为草丛类，灌丛疏林类草地少量插花或局部存在，另外还有荒山草坡92730.77公顷，可利用面积48220公顷。2010年，全县完成基本草原确权划界工作，已确权的基本草原面积7613.33公顷，共353宗。其中，连片天然草场2463.8公顷，共114宗114个图斑；林间草地496.2公顷，共237宗237个图斑；人工草地187.33公顷，共2宗2个图斑。基本草原分布德卧2960.47公顷、戈塘87.13公顷、海子310.4公顷、龙广243.07公顷、龙山182.33公顷、木咱479.27公顷、坡脚121.27公顷、普坪396.07公顷、钱相277公顷、洒雨526.93公顷、万峰湖56.4公顷、新安208.67公顷、新桥165.13公顷、兴隆510.4公顷，人工草地分布在钱相187.33公顷。

草丛草地　至2012年底，全县有草丛草地61片共25804.66公顷，有效利用面积17358.11公顷，主要分布于县境南部、中部、西北部，其特征呈现锥状、塔状，呈台的草丛主要分布于石质山地，插花性开荒较重。其中33.33公顷（500亩）以下草地有26片共437.33公顷，主要分布于招堤街道、栖凤街道、龙广镇、德卧镇、新桥镇、木咱镇、兴隆镇、平乐乡、钱相乡、普坪镇、戈塘镇、洒雨镇等地；33.33—66.67公顷的草地有3片，有效面积151.37公顷，主要分布于栖凤街道五格、栖凤街道麦子湾和龙广镇曹屯等地；66.67—133.33公顷的草地有6片，有效面积603.97公顷，主要分布于龙山镇大坡、马峰山、龙广镇哨底山、兴隆镇打牙、洒雨镇场坝、招堤街道宋家坡等地；133.33—333.33公顷的草地有11片，有效面积2385.01公顷，主要分布于德卧镇停西达秧、木咱镇火牛坡、龙广镇梁子上、普坪镇郑家坡、红岩、龙山镇龙头大山、公龙山、笃山乡拉坡、兴隆镇郎打、纳闹、洒雨镇唐家水井等地；333.33—666.67公顷的草地有5片，有效面积2119.38公顷，主要分布于德卧镇白水河、龙山镇南天门、钱相乡雷达山、刷把寨以及笃山乡与钱相乡之间的大风洞等地；666.67—2000公顷的草地有9片，有效面积9210.95公顷，主要分布于兴隆镇仙鹤坪、栖凤街道四头坡、普坪镇筏子河、戈塘镇二龙口、海子乡高寨、新桥镇新桥草场、木咱镇三姑井、德卧镇新花等地；2000公顷以上的仅1片，有效面积2867.7公顷，分布在坡脚乡。

县境草丛草地有低山、低中山两种类型，其中低山草丛仅1片179.87公顷，其余60片均为低中山草地，有效面积17616.25公顷。一等一级1片，有效面积1004.4公顷；二等一级7片，有效面积6228.82公顷；二等二级3片，有效面积1528.41公顷；二等三级7片，有效面积1848.55公顷；三等二级4片，有效面积3614.94公顷；三等三级8片，有效面积1690.95公顷；三等四级2片，有效面积260.5公顷；四等二级2片，有效面积1282.07公顷；四等三级1片，有效面积1562.37公顷。

灌丛草地 全县有灌丛草地26017.4公顷，全县各乡（镇、街道）均有分布，此类草地适宜山羊、黄牛的放养。

疏林草地 全县有疏林草地5945.27公顷，其中县境西北部洒雨镇、海子乡、龙广镇等地有效面积2758.53公顷，南部坡脚乡、德卧镇等地有效面积1406公顷，中部新桥镇、木咱镇、戈塘镇、钱相乡等地有效面积662.8公顷，东北部龙山镇有效面积985.87公顷；东部及中南部较少，仅132.07公顷。疏林草地是牲畜放牧利用的草地，县境绝大部分已开发利用。

零星草地 是县内9万余头大牲畜放牧利用的主要场地，指田坎地边、沟侧路旁、房前屋后和林边寨角的零星小块草地，总面积125091.07公顷，可利用面积54528.73公顷，县境各个乡镇、村组均有分布，但大小不一。此类草地是县内饲养草食性牲畜的主要基地，但未列入全县草地总面积统计和等级划分。

此外，县境有林地、冬闲田地及农业用地，也是饲养户割草养畜的极好草地。

二、牧草种类

县境牧草资源丰富，种类繁多，优良牧草占有相当比重。据20世纪80年代开展的牧草资源调查，县境共有牧草资源125种，其中禾本科87种、豆科13种、莎草科24种、木贼科1种。

禾本科：芸香草、桔草、纲锈竹、鹅冠草、棕叶狗尾草、柳叶箬、双穗雀稗、园果雀稗、雀稗、狗芽根、画眉草、无毛画眉草、小画眉草、扁穗雀稗、雀麦、茅叶荩草、野古草、密序野古草、刺芒野古草、荩草、马鞭草、硬秆子、莠竹、柔枝莠竹、香茅、马唐、华马唐、升马塘、毛马唐、止血马唐、皱叶狗尾草、金色狗尾草、大狗尾草、狗尾草、莠狗尾草、看麦粮、野麦子、小糠草、燕麦、鸭茅、水蔗、石芒草、芦竹、地毯草、臭根子草、青香茅、竹节草、龙爪茅、野青茅、疏穗、牛筋草、蔗茅、拟金茅、假稻、千金子、五节芒、类芦、竹叶草、金丝茅、狼尾草、金发草、斑茅、拟高粱、鼠尾粟、黄背茅、大菅、扭黄茅、油芒、短芒纤毛草、捧头草、早熟禾、芦苇、长叶省稗、求米草、旱稗、乱草、披硷草、牛鞭草、淡丝叶、四脉金芽、假俭草、白茅、秋鹅欢草、知风草、拂子茅、黑穗画眉草、龙须草。

豆科：马鞭草、短叶决明、含羞草决明、假苜蓿、山蚂蟥、鹅蚂蟥、波叶山蚂蟥、假木豆、铁扫帚、鸡眼草、胡枝子、葛藤、野豌豆。

莎草科：丝叶球柱草、高杆苔草、浆果苔草、粟竭苔草、丝叶苔草、中华苔草、复序苔草、十字苔草、苔尖苔草、亮稍苔草长梗苔草、珠穗苔草、舌叶苔草、扁穗莎草、碎米莎草、三轮草、香附子、水虱草、水莎草、水蜈蚣、砖子苗、猪毛草、荆三棱、二花珍珠茅。

木贼科：木贼（笔头草）。

三、人工草地与天然草场改良

2000年5月18日，安龙县开工建设“万亩草场”，被列入农业部“南方种草基地”项目。项目规划为新（安）普（坪）线、新桥镇324公路沿线及戈塘3个区域，其中中心示范场4个，至2012年建成66.67公顷（1000亩）以上的草场9个，20公顷以上草场10余个，家庭适度规模农区小草场1000余个。

项目区示范带动新安镇、钱相乡、普坪镇、新桥镇、龙广镇等5个乡镇34个村8040户，人工种植篁竹草、紫云英、燕麦等优质牧草2044公顷；带动新安镇、木咱镇、新桥镇、普坪镇、钱相乡实施天然草地改良2900公顷。

第七节　良种引进与繁育

一、品种

（一）猪

1.纯种猪

本地猪　属肉脂兼用型，耐粗饲，适应性抗病率强，体型中等。成年公猪体重100千克左右，体高79厘米左右，胸围141厘米左右；成年母猪体长143.1厘米左右，体高68.8厘米左右，胸围134.4厘米左右，体重170千克左右。本地猪性成熟早，公猪3个月龄就有配种能力，母猪4—6月龄开始配种，初产每窝5.4头，经产可达8.3—8.7头，初产窝重平均13每头千克，经产平均每头20.5千克。本地猪育肥性能良好，直接肥育8—10个月，体重可达85—120千克，屠宰率72%，瘦肉比例43.84%，肉质细嫩，皮厚，沉积脂肪能力强。

苏白猪　体质粗壮，结构紧凑，体躯大，属肉脂兼用型猪种。成年公猪体重323.04千克左右，体高88厘米左右，体长164.3厘米左右，胸围155.5厘米左右；成年母猪体长143厘米左右，体高80.3厘米左右，胸围137.9厘米左右，体重132.6千克左右。公猪12月龄配种，母猪10—12月龄初配，经产母猪平均窝产仔10.7头，产活仔数10.1头，成活率94.39%。苏白猪育肥性能和胴体品质好，与本地猪杂交，配合力好，杂种优势明显。20世纪60年代后期，县内开始引进饲养。

大约克　属肉用型猪种，毛色全白，头颈较长，脸微凹，耳薄而大，稍向前立，体躯长，肌肉发达，胸宽深，背稍呈弧形，腹下线平直，后躯宽长，四肢稍细而高，成年公猪体重300—330千克，成年母猪体重250千克左右。20世纪80年代中期，县内开始引进推广。

长白猪　全身被毛白色，头清秀狭长，嘴筒直，面无凹陷，耳大向前倾斜，体躯特长，肋骨比本地猪多1—2对，胸腹平直，背腰平直或稍呈拱形，后躯特丰满，皮薄，骨细结实，四肢细长直立、体高，属著名的肉用型品种，成年公猪体重300千克左右，成年母猪体重240—280千克。20世纪90年代，县内开始引进推广。

杜洛克　属引进品种，典型的瘦肉专用型猪种，全身被毛棕红色，俗称黄毛猪，有的将其视为“野猪”。杜洛克猪，耳中等大小，略向前倾，性温和，主要优点是饲料报酬高，胴体品质好，瘦肉率可达70%以上，成年公猪体重340—350千克，成年母猪体重300—390千克。20世纪80年代，县内开始引进推广。

陆川猪　属脂用型品种，体型圆、短、宽、矮。成年公猪120千克左右，成年母猪80—110千克。20世纪70年代，县内开始引进推广。

内江猪　肉脂兼用型，体躯宽深，皮厚，头大短宽，四肢粗短，适应性强，耐粗饲，生长发育较快。

6月龄母猪体重66.5千克左右、公猪71.1千克左右；成年母猪体重192千克左右，公猪体重188千克左右。1974年引进，2000年后县境不再饲养纯种内江猪，但内本杂、苏内杂、苏内本杂商品仔猪，依然深受养猪户喜爱。

此外，20世纪70年代以来，县内还有巴克夏、北京黑、黄泛、金华两头乌、荣昌等5个品种引进饲养，但未能推广。

2. 杂交猪

二元杂交猪 20世纪80年代前，县内有北本杂、陆本杂、长本杂、巴本杂等育肥猪品种，推广效果不佳。20世纪80年代后，县内有长本杂、苏长杂、苏本杂、苏内杂、内本杂、杜本杂、杜苏杂、杜长杂等二元杂交猪品种，通过群众饲养，苏本杂、内本交、苏内杂3个品种得到养猪户肯定，并逐渐推广。

三元杂交猪 2000年后，三元杂交猪逐渐成为县内育肥猪的主要品种，有苏内本、约内本、杜约长、杜苏长、约苏内、杜苏内等。①苏 ×（内 × 本），内江猪与本地猪杂交所产后代的母猪，通过选育，然后用苏白公猪与其配种所生后代。②约 ×（内 × 本），内江猪与本地猪杂交的后代作为母本，用大约克公猪与其杂交的后代，该猪的长势，生产性能，育肥效果，与苏内本猪种类似。③杜 ×（约 × 长），大约克公猪与长白母猪杂交的后代母猪，用杜洛克公猪配种杂交所生后代。④杜 ×（苏 × 长）苏白公与长白母猪杂交的后代杂种母猪再用杜洛克公猪配种杂交所生后代。⑤约 ×（苏 × 内），苏白公猪与内江母猪杂交的后代杂种母种，再用大约克公猪配种杂交所生后代。⑥杜 ×（苏 × 内），苏白公猪与内江母猪杂交的后代杂种母猪，再用杜洛克公猪配种杂交所生后代。以上6个三元杂交猪品种外貌特征相似，因个体差异，有少数猪全身白毛带黑斑，均属肉脂兼用型，具备三种猪的优点，体型大，长势快，瘦肉率高，4—6个月肥猪体重110—130千克。

（二）牛、马

1. 牛

本地黄牛 役肉兼用地方优良品种（其特点详见本章第一节）。

水牛 本地水牛额宽而鼻面部长，颈粗长，髻甲稍高，胸部宽深，背腰平直，腹圆大，尻长而斜，四肢粗短，全身丰满而结实，水牛抗寒抗旱力稍差，毛色多为灰色，青黑色，少数为白色和颈部有1—2个白环，角型多呈圆盘状，蹄质坚实。经测定，成年公牛平均体高122厘米、体长128.5厘米、胸围187.3厘米、管围21.4厘米、体重442.9千克，成年母牛经69头测定，平均体高114.5厘米、体长124.9厘米、胸围182.5厘米、管围20.9厘米、体重386.4千克，一般水牛的配种2.5—3岁，平均产犊间隔2.5年。该水牛品种占县内牛饲养总量的42%—48%，是农业生产的主要役力。

2. 马

西南马 也称贵州马，本地马品种，是西南地区古老的山地马品种（其特点详见本章第一节）。

驴、骡 县境数量不多，每年的饲养总量在200匹左右。

3. 引进品种

黑白花奶牛 1985年，农户王祥兴引进12头。2001年，县畜牧局引进66头，在钱相乡桥马草场建立绿原草地牧业开发公司，日产奶200—350千克，后因奶产品加工不合格，停止产奶。黑白花奶牛体型中等，结构紧凑，皮薄有弹性，牛头清秀，背腰平直，腹部圆大，尻宽中等，四肢正直，乳房发育良好，体重1000千克以上，母牛初配年龄2年左右，投产年龄30—36月龄，繁殖率86%，泌乳量300天高产奶牛为3000千克以上，含脂率3.56%。

西门塔尔牛 体型大，前躯发达，中躯呈圆形，骨骼结实，肌肉发育良好，整个体型长方形，毛为黄白花色为主，皮厚而富有弹性，被毛浓密，额及颈上多卷毛，颈长而充实，垂肉发达，胸宽深，肋开张，背中等长而宽平，腰宽而肌肉丰满，尻长而平，乳房发育中等，乳头粗大，结构匀称，四肢强壮正直，蹄质坚实，成年公牛体重1000—1100千克，母牛600千克。西门塔尔牛属乳肉兼用品种，增重快、育肥能力强，肉质良好，在良好的饲养条件下，12月龄日增重1000克，肥育牛的屠宰率60%—65%。西门塔尔体格大，耐粗饲，适应性和抗病能力强，是改良地方牛体格，改善体躯结构，提高乳肉役兼用生产性能的良好品种。

安格斯牛　外貌特征为头小而清秀，体躯宽深，背腰平直，臀部丰满，呈长方形，具有典型肉牛特征，四肢粗壮、短，蹄质结实，皮松而薄，且有弹性，以毛色可分为无角黑色和无角红色两种；安格斯牛生长快，早熟，肉质好，成年公牛体重800—900千克，母牛500—600千克，安格斯牛耐热耐干旱，较能适应恶劣环境，是改良地方黄牛较好的品种之一。

利木赞牛　毛色有棕色、深红色等，个体间毛色深浅不一，具有明显的“三粉”特征（眼圈、口鼻周围和四肢下端的毛色较浅）。头短小，额宽，肋圆，背腰较宽，尻平而宽，全身肌肉丰满，四肢较短，强健有力，蹄质良好，角为白色，蹄为红褐色。公牛角粗短，向两侧伸展，母牛角细，向前弯曲，体躯长而宽深。生长发育快，早熟，产肉性能好，在良好的饲养条件下，6月龄体重280—300千克，12月龄450千克。利木赞牛体型结构好，耐粗饲，生长快，出肉率高，是改良地方黄牛较理想的父本。

摩拉水牛　体型高大，皮薄而软，富有光泽，被毛稀疏，皮肤和被毛黝黑，头小，前额稍微突出，角短，显螺旋状，胸宽深，发育良好，乳房发达，乳头粗长，臀腰宽阔，但偏斜，四肢粗壮，体质结实。

尼里瑞菲水牛　与摩拉水牛相似，区别在于尼里瑞菲水牛的额顶和尾尖有白色被毛。

（三）羊

1. 山羊

县内的山羊品种主要有黑山羊（本地种）和南江黄羊，引进波尔山羊的冻精实施人工授精配种，杂交改良地方品种羊。

黑山羊　体格中等，体质结实，头清秀，大小适中，额较宽，颈细长，腹围较大，后躯略高，四肢较长而强健有力，蹄质坚实，被毛以黑色居多，成年公羊体长62.5厘米、体高62.5厘米、胸围75厘米、管围7.6厘米、体重45—55千克，母羊体长61.6厘米、体高58.8厘米、胸围79.2厘米、管围8.6厘米，体重32—46千克。一般一年一胎，年均一胎1.5只。县内山羊又分为有角山羊和无角山羊两种。有角山羊，头面部呈三角形，角成丫型，公羊角较长，个别成扭转状；无角山羊，又称为马羊，角基本退化，成年羊角最长的也只有3厘米左右，角质较软，似“肉瘤”，角基部能摇动，毛色棕红居多，亦有黑色、米汤色和黄色，成年羊体重可达75千克。

南江黄羊　1997年，县内从四川引进6只，2002年又引进68只。

2. 绵羊　本县在民国时期开始饲养，300只左右。1966年，从山东引进1000只进行饲养，至年底存栏1388只，到1975年仅剩283只，1980年有137只，1986年尚存11只，1987年后县境不再饲养绵羊。

（四）家禽

1. 鸡

县内饲养鸡品种主要有本地鸡、引进良种鸡和杂交鸡3种类型。其中杂交鸡数量多、分布广，主要作为育肥出售商品鸡；本地鸡在边远山区有饲养，但数量不多；良种鸡，在经济用途上分为肉用型和蛋用型两种。

（1）**本地鸡**　公鸡羽毛金黄、红黄与黑相间，尾羽、主副翼羽、腹羽多为黑色，单冠直立，冠大，冠、髯及眼部呈鲜红色，皮肤白色，脚为铁青色，母鸡黄麻色居多，黄褐羽、黑羽有之。单冠头清秀，冠、肉髯及眼睑部淡红色。本地鸡中也有数量极少的倒毛鸡、矮脚鸡和乌骨鸡。本地鸡生产性能一般，母鸡年产蛋80—100枚，蛋重48.5克左右，蛋壳多为乳白色，少数为浅棕色。生长速度慢，饲养1年的公鸡1.75—3千克、母鸡1.25—2.5千克，阉割鸡可达3.5—4千克。据1981年调查测定，本地鸡屠宰率较高，公鸡全净膛75.5%、母鸡69.6%。

矮脚鸡 蛋肉兼用型地方品种，体躯匀称，体质结实，骨骼粗壮，脚矮，胫长6厘米左右，整个体躯似葡于地面，羽松轻紧贴。公鸡多为黄羽，背、翅、胸、颈羽为红橘黄色，主副翼羽、腹羽、尾羽以黑绿色为主，白色、黑麻色次之。成年公鸡体重2.3千克左右、母鸡1.7千克左右，年产蛋120—150枚。

乌骨鸡 肉、骨为青灰色，故称乌骨鸡，其他体貌体型和生产性能与本地品种鸡类似。

(2) **良种鸡** 20世纪50年代后期及60年代，县内先后引进九斤黄、芦花、澳洲黑、来杭等品种；20世纪70年代引进白洛克、桃园鸡等品种。20世纪80年后，县畜牧局又引进了科尼什、星布洛、贵农黄、罗斯鸡、新杂二八八等品种，兴办县畜牧局鸡场，曾供应农户种蛋、种鸡，后因亏损严重而停办。1996年，引进罗曼、迪卡、海兰蛋用鸡。此后，县境主要饲养商品鸡，纯种鸡饲养较少。

贵农黄鸡 由贵州农学院培育的肉蛋兼用鸡。体型中等，体质结实，结构匀称，头大小适中，胸宽腹深，背平长，腿较高，肉质好，肉味鲜美。全身羽毛棕黄色，颈、翅、尾有黑色斑点羽毛，皮肤为黄色或黄褐色。公鸡冠发达，前胸挺立，成年公鸡体重3.3千克左右、母鸡2.2千克左右，年产蛋量175枚左右，平均蛋重55.9克。

2. 鸭

兴义麻鸭 蛋肉兼用型地方小型鸭品种，主要分布在招堤、栖凤、龙广、木咱、德卧、普坪、龙山、万峰湖、平乐、兴隆、新桥等乡（镇、街道），水源条件较好的地方饲养较多。体型方圆，羽毛疏松，头粗大，颈短，胸宽深而微挺，背短，脚稍粗。公鸭绿头占90%，嘴、脚多为铁灰色，头颈上部及尾羽、钩羽有墨绿色发光羽毛，颈中部有白色项圈，颈下部胸部羽毛褐色，背部为黑褐白相间的羽毛，腹羽灰白色；母鸭为深麻色，嘴、脚为黄褐色，眼为酱泥色。成年公鸭体重1.85千克左右，母鸭1.75千克左右。育肥性能好，产蛋多，生长快，母鸭年产蛋150—180枚，最高的可达250枚，蛋重65—68克；育肥90日龄可达1.5—1.75千克；屠宰率较高，公鸭全净膛73.7%、母鸭70.1%，宜加工板鸭。

番鸭 俗称洋鸭，省内主产于黔东南苗族侗族自治州天柱县，安龙县饲养不多。体型呈橄榄状，头粗大，嘴短狭，胸平宽、翼羽发达，胫稍短，行走迟缓，全身羽毛黑色或黑白花色。水陆两栖，生长快，肉质好，成年公鸭体重2.5千克左右、母鸭2千克左右，县内少数民族集居村寨饲养较多。

樱桃谷鸭 属引进品种。1986年年初，新安区幺塘乡白石岩农户高如全引进饲养100羽，到1987年年底产蛋3000余枚，逐渐在全县推广发展。该鸭具有品质好，适应性强，全身羽毛为白色，个体大，长势快的特点，饲养3个月平均体重2.75千克，宜制作烤鸭。

3. 鹅

县内鹅的饲养品种不多，以本地鹅为主，另有引进的狮头鹅等。

本地鹅 属小型肉用鹅种，以生长快，耐粗饲，抗病力强，育肥性能高为主要特点。体型紧凑，头清秀，颈长呈弓形，额顶有一宽窄不等的毛圈。公鹅颈粗壮，胸宽大，体长腰细，胫粗长，额瘤黑色、颈背毛色灰褐，腹羽灰白色，全身羽毛多为银灰、瓦灰、深灰、灰褐和灰白色。母鹅清秀。成年公鹅体重4—6千克、母鹅3.2—4.8千克，年产蛋25枚左右。民间流传鹅肉可治疗风湿病，鹅蛋可保胎。县内养鹅历史悠久，1936年全县有鹅65羽，1946年养鹅200羽产蛋200千克；1980年发展到1168羽，其中龙山318羽、洒雨283羽；2000年2100羽；至2008年，全县饲养3800羽。

狮头鹅 头顶的额瘤极为明显，看似狮头，属大型鹅种。羽毛多为深灰、褐灰、灰白色，成年公鹅体重8.8千克左右、母鹅7.8千克左右，产蛋28枚左右，蛋重217克左右，90日龄公鹅体重达6.18千克、母鹅5.51千克。

（五）家兔

县内养兔历史较长，品种多以地方品种为主，属皮肉兼用兔，全身毛以白色，灰色为主，体型小适应性和抗病力强，性成熟早，5月龄可配种，一年4—5胎，成年兔体重可达2.5千克，皮板较厚，皮张面积750平方厘米左右。20世纪60年前后，引进尼克斯、安哥拉、日本大白兔等，饲养量创历史新高，全县达8000余只，后因禁养、限养，到1980年仅存栏200只，均为本地兔品种。

1984年，县畜牧局兴办长毛兔种兔场，养种兔10只，后发展到52只，新桥、龙广、新安、洒雨、普坪等地均有饲养。1986年1月，县科协成立养兔协会，但因兔毛降价，销售不好，全县长毛兔全部处理，继续饲养本地兔，是年底兔存栏572只。2008年，戈塘镇农户汪庆松引进獭兔1000只，到年底发展到2000只。2009年，县内又引进良种兔125只。

二、畜禽品种改良

（一）猪的杂交改良

1. 优良种猪的推广

良种猪改良和本交点　20世纪80年代，全县推广的优良品种猪主要有内江猪、苏白猪两种，先后从四川内江引进内江猪477头，其中公猪62头、母猪415头，又从贵阳引进苏白公猪35头、母猪49头。

1989年，县境有良种猪本交点近200个，本交配种12165头次，供应种公猪18头。1990年后，全县良种猪本交点，根据种猪位置服务半径进行调整，保持在120个左右。是年，本交配种7329头，向社会提供种猪内江公猪28头、母猪8头、苏白公猪5头。到1990年年底，本县生猪结构发生改变，育肥猪一改本地猪独占的态势，转以饲养二元杂交的内本杂、苏本杂、苏内杂为多，并有少量苏内本三元杂交猪。此后，全县年均配种8000—10000头次。1991年，县畜牧部门引进大约克、杜洛克等品种，对本地猪进行改良。是年，县畜牧部门向社会供应大约克公猪27头、母猪33头、苏白公猪2头、内江公猪25头、母猪20头。1992年，提供大约克公猪25头、母猪38头、内江公猪76头、母猪60头。1993年，众达组合引进荣昌猪309头，提供大约克公猪17头、母猪8头、苏白公猪4头、母猪8头。1994年，提供大约克公猪20头、母猪23头。1995年，提供大约克公猪16头。1996年，新桥火蒙养猪场引进金华两头乌200头，供应农户养殖，提供大约克公猪28头、母猪20头。1997—2000年，共提供大约克公猪194头、种母猪200头，其中2000年县境120本交点配种50000头次。县境良种本交点主要分布在边远山区没有建立猪人工授精点的地方，海子、坡脚、笃山、万峰湖、木咱、兴隆、平乐、龙山、戈塘、普坪、洒雨等乡镇居多。

种猪场建设　2008年，县境有一定规模的养猪场12个，其中新安懒板凳养猪场80头、海子农场养殖场1380头、湘鸿养殖场83头、马嘴山养殖场84头、杨秀兴养猪场50头、丰原养猪场517头、新桥十二份养殖场310头、新胜养猪场71头、笃山种猪场450头、德卧静心养殖场174头、富民养殖场153头、三姊妹养猪场295头、金原养猪场214头，上述养猪场饲养的种猪主要是大约克、长白、杜洛克、太湖猪等。以纯种繁殖为主的有新安丰原养猪场和杨秀兴养猪场，主要为社会提供纯种大约克优良猪种，其余养猪场主要生产三元杂交猪供应市场。

2. 猪的人工授精

20世纪80年代初，县内开始建立猪人工授精点。1989年，县境有13个人工授精点，配种5010头次；1990年11个点，配种3841头次；1991—1992年，县内有12个点人工授精点，人工授精配种15999头次；1993年8个点，配种1949头次；1994年12个点，配种4100头次。1995—2000年，县境有13个人工授精点，人工授精配种母猪累计45226头次。2009年，引进良种公猪97头、良种母猪573头，建良种猪改点347个，推广优质杂交猪16.54万头，推广三元杂11.04万头。据统计，2009年全县有良种能繁母猪存栏 33313 头，后备母猪 4766 头。至 2012 年，全县有能繁殖母猪存栏 23464 头。

（二）牛的杂交改良

1. 人工授精配种

20 世纪 70 年代，县内开始实施人工授精对牛进行改良工作，因业务经费等原因，此项业务在 20 世纪 80 年代中后期停止。1999 年，县内恢复牛的改良工作，在钱相乡、兴隆镇、新安镇等地采取同步发情，使用冻精对牛实施人工配种，当年配种 279 头。2000 年冻配 2268 头，2001 年配 3586 头，2002 年配 3578 头。2003 年，全县牛改点增到 17 个，涉及 45 个村，配种 3224 头。2004 年增加到 27 个点，涉及 16 个乡镇 62 个村，配种 3139 头。2005 年 37 个点，涉及 68 个村，冻配 7650 头。2006 年，4 个点冻配 7500 头；2007 年冻配 7200 头，2008 年冻配 7500 头。据统计，2001—2008 年，全县共配种 43377 头，其中水牛 12406 头，以尼里瑞菲为主，摩拉水牛较少；黄牛配种 30971 头，西门塔尔、安格斯两个黄牛品种较多，利木赞次之；8 年共产杂交牛犊 6910 头，受胎率 8 年平均为 15.93%，其中产杂交水牛犊 1594 头，受胎率 12.85%，产黄牛杂交种 5316 头，受胎率为 17.16%。2009 年，全县 52 个牛改点共完成牛冻配 8135 头，产杂交牛犊 3942 头。

2. 本地牛品种选育

县内本地牛种的选育工作，在民国时期就已开始。20 世纪 50—80 年代，县境曾进行多次选育。1997 年，县内投入商品牛养殖贷款 150 万元，在钱相、德卧、新桥、兴隆、洒雨、普坪 6 个乡镇，选择良好的地方黄母牛 88 头，作为基础母牛，其中钱相 30 头、新桥 6 头、兴隆 12 头、洒雨 7 头、普坪 5 头、德卧 23 头。选用本地好的公牛配种，选育地方品种；选择体格良好的西门塔尔、安格斯等外地种公牛实施杂交配种，选育杂交品种。

3. 牛的杂交改良成效

摩本杂后代水牛 外貌特征与本地水牛有显著差别，主要表现在体型高大，四肢粗壮，结构匀称，发育紧凑，肌肉丰满，角小，长出后向前扭曲平伸，好似绵羊角一般，属肉役兼用型。初生重 45—55 千克，成年公牛体重 850—900 千克、母牛 650—750 千克。

尼本杂水牛 全身被毛青黑色，尾尖、头顶有白色斑点，属显性遗传，四肢粗壮，结构匀称，体型高大，发育良好，肌肉丰满，属肉役兼用型。初生重为 45—55 千克，成年公牛体重 900 千克左右、母牛 650—750 千克。

西本杂交黄牛 全身被毛为黄色，头顶、腹部、背部或尾部有白色斑块，四肢骨骼粗壮，公牛雄性特征明显，野性、好斗，对陌生人易攻击，属肉役兼用型。初生重 25—35 千克，成年公牛 800 千克、母牛 600 千克左右，周岁牛可达 300—350 千克。

安本杂交黄牛 全身被毛为黑色或棕红色，四肢粗壮，野性好斗，公牛雄性特征强，对陌生人易产生攻击，属肉役兼用型。初生重 25—30 千克，周岁杂交牛可达 300—350 千克，成年公牛体重 750 千克、母牛 500 千克左右。

县境自开展牛品种改良以来，以杂交牛育肥的专业养殖场、养殖重点户越来越多。据 2005 年统计，全县养牛 10 头以上的大户有 25 户，其中笃山 1 户 23 头、钱相 1 户 23 头、平乐 3 户共 35 头、新桥 2 户共 23 头、木咱 6 户共 61 头、坡脚 9 户共 149 头、新安 2 户共 46 头、普坪 1 户 11 头。2008 年，成立黔西南州威尔牧业有限公司，在万亩草场养牛 835 头，另有龙广狮子山养牛小区养牛 175 头。

（三）羊的杂交改良

2000 年，安龙县引进南江黄羊公、母各 3 只，投放到钱相者京兴华养殖场，以本交的方式，纯繁南江黄羊和杂交改良地方黑山羊，当年产杂交羊 68 只。2002 年，引南江黄羊 168 只，饲养在万亩草场；另引黑山羊60只与其本地黑山养混养，选育本地黑山羊。2008年，引进优质种母1900只、种公羊20只。2009年，引进波尔、黑山羊等良种羊1551只，设13个羊改点，配种1368只。

2006年，县内实施人工冻精配种杂交改良地方山羊品种，建县品改站、万亩牧场、新桥荷花、安窝、龙广狮子山5个人工授精点，引进波尔羊冻精，当年配种750只，产波黑杂种羊436只。波尔山羊与本地黑山羊杂交所生后代杂种羊，全身被毛白色，头小，耳大并下垂，四肢高大，角短或无角，后躯丰满，行动迟缓，较温顺。属肉用型，肉质细嫩，屠宰率高。成年公羊体重可达75千克、母羊60—65千克。南江黄牛与本地黑山羊杂交的后代，全身被毛为黄色或棕红色，头小，耳中等，四肢有力，全身丰满，行运敏捷，灵活，属肉用羊，肉细香可口，成年公羊体重50—55千克、母羊40—45千克。

（四）家禽杂交改良

20世纪50年代后期，县境开始实施家禽杂交改良工作，先后引进九斤黄、芦花洛克、澳洲黑、来抗、洛克、桃园鸡、科尼什、星布洛、贵农黄、罗斯鸡、新杂二八八等优良品种，实行良种鸡与本地鸡混养的本交改良。1996年后，每年引进安纳克、狄高、AA、艾维茵肉用鸡苗和罗曼、迪卡、海兰蛋用鸡苗等10万羽供应养鸡户，改良地方品种鸡。据市场调查，21世纪后本县出栏上市的鸡90%以上为杂交鸡，消费者称为肉鸡，本地鸡仅占10%。

（五）兔的杂交改良

1997年，新桥镇养兔专业户利用野兔与家兔进行杂交试验，在同等条件下，经30天的饲养，杂交兔体重0.9千克，家兔只有0.55千克，杂交兔有明显的优势。后因野种公兔来源有限，兔的杂交改良工作终止。

第四章　水产业

安龙县地处贵州省西南部，主要以山地为主，南盘江天生桥一、二级电站和平班电站蓄水发电之前，县境水产业比较薄弱，其水产养殖业主要集中在乌寨、晒纳、白石岩、红旗、巧洞、上坝、纳万等小型水库和农户池塘、水田之中，水产捕捞主要集中在南盘江流域。至1988年，全县养鱼水面198.4公顷，其中水库149.67公顷、池塘48.73公顷，年产鲜鱼51.6吨，水产捕捞鲜鱼40吨左右。

第一节　水产资源

一、水面资源

县内水域资源十分丰富，河溪众多，山塘、水库星罗棋布，有江、河、湖、塘、库淡水水面1330多公顷，大小河溪54条，总面积703.07公顷。径流大于10千米的河流有34条，其中南盘江流域的白水河、八坎河、巴猫河、坡脚河等诸小河、干、支流总长199.4千米，平均径流量495.5毫米，水资源总量2.91亿立方米；北盘江水系流域的筏子河、北乡河、石冲河、打卤河、陂塘河、纳马河、乐居河等诸小河、干、流总长213.2千米，径流量629毫米，水资源总量10.64亿立方米。

县境较大的天然海子有八光海子、大海子、绿海子、铁厂海子和麻窝海子，水域面积170.53公顷，蓄水量939万立方米。大海子最深，平均水深10米。

全县有蓄水面积137处共474.2公顷，总蓄水量1659.56万立方米，其中蓄水量在10万立方米以上的水库21座共329.8公顷，蓄水量为1486.2万立方米，蓄水量在10万立方米以下的山塘116处共144.4公顷，蓄水量173.36万立方米。

全县有池塘、坑塘134.67公顷，主要分布德卧镇、新安镇、新桥镇、兴隆镇、洒雨镇和海子农场。

县境可发展稻鱼工程的保水田456.07公顷、泡冬田471.47公顷，实施稻田养鱼最多的一年是1997年，稻田养鱼1074.13公顷。

天生桥一级电站高坝形成的万峰湖，总蓄水量102.6亿立方米，湖面总面积17600公顷，其中县境内水面2266.67公顷。天生桥二级电站水库可供养殖530多公顷。另外，平班电站水库400多公顷，也是发展渔业生产的好地方。

二、水生生物和天然鱼类资源

（一）水生生物

根据调查和相关资料记载，万峰湖有浮游植物83种，年平均浮游植物每升109.42万个，生物量每升1.89毫克，其中硅藻、甲藻、金藻和隐藻4种藻类生物量占85.53%，个体数量占78.5%；浮游动物82种，年平均数量每升923.5个，生物量每升195.6微克，其中原生动物生物量占11.2%、轮虫占60.5%、枝角类占13.2%、桡足类占15.2%；底栖动物15种，每立方米平均1164个（环节动物占76.03%、软体动物占5.67%、水生昆虫占18.3%）、生物量每立方米59.06克（环节动物占10.21%、轮体动物占84.88%、水生昆虫占4.19%，）；水生维管束植物有10余种，如轮叫黑藻、狐尾藻、小眼子菜、满江红、旱苗蓼、喜旱莲子草、荡萍和芦苇等。绝大多数水生植物可作为鱼类饵料。

（二）天然鱼类

县境有天然鱼类91种，属7个目16个科56个属，其中鲤科鱼类59种，占鱼类总数的64.9%；鮠科、铫科鱼类9种，占9.9%；平鳍鳅科鱼类6种，占6.6%；银鱼科、胡子鲶科、青鳉科、胎鳉科、鳢科、斗鱼科等鱼类较少。从鱼类起源看，土著鱼类75种，由5个鱼类复合体组成，其中印度平原鱼类区系复合体，起源于南岭以南的南亚热带、亚热带平原区，包括鲃亚科大部分鱼类及白鱼属、胡子鲶科、青鳉科、鳢科、鮠科鱼类等，共36种；江河平原鱼类区系复合体鱼类6种；中印山区鱼类区系复合体鱼类11种；上第三纪鱼类区系复合体鱼类14种；中亚高山区鱼类区系复合体鱼类8种。此外，县境还有三瑞鳖、淡水青虾、河蟹等天然水产资源。

（三）主要经济鱼类

鲤鱼 体侧扁而腹圆，呈纺锤形，口须2对，侧线鳞33—40枚。背部呈黑色，侧线下方近金黄色，腹部淡白色。鲤鱼适应性较强，鱼病少，常在水底活动，行动虽缓慢，但反应敏锐，较难捕捉。喜食软体动物等动物性的食物，如螺、蚌以及水生昆虫、幼鱼等。生长较慢，1龄一般重0.1—0.3千克，2龄成熟产卵，生殖期为5—8月。

鲫鱼 体侧扁较高，腹圆、头小吻钝，口无触须。侧线鳞26—30枚，体呈银灰色，背部呈灰黑色。鲫鱼适应能力很强，分布最广，无论江河、湖泊、清水或浊水都能生存。体形小于鲤鱼，县内常见个体为0.05—0.2千克。鲫鱼的主要食物是水蚤、红虫、摇蚊幼虫、小虾、丝状藻类等。鲫鱼肉味鲜美，但生长缓慢，多数2龄可产卵繁殖，繁殖期为5—8月。

草鱼 体略呈圆筒形，头平、腹圆、尾部侧扁，侧线鳞38—42枚，鳞片稍大而圆。体呈茶黄色，背部青灰，腹部灰白色。草鱼为草食性鱼类，贪食，易患疾病，但生长迅速，2龄鱼可达1.5—2.5千克。草鱼在静水中不能繁殖，县境南盘江有野生草鱼分布。

鲢鱼 体侧扁，稍高。头较小，吻短口宽，腹部狭窄，腹棱完整。胸鳍后缘伸达腹鳍或略超过。鳞小，体色银白，体上无斑纹，各鳍呈灰白色。侧线鳞100—120枚。鲢鱼生活于水之上层，终生以浮游植物为食，生长迅速，病少，性活泼，善跳跃，离水易死亡。是县境主要饲养鱼类之一。

鳙鱼　体侧扁较高，头大，吻钝口宽。腹棱自腹鳍基部至肛门。外形似鲢鱼，但体色较鲢鱼深，且有不规则的小斑纹。鳙鱼栖息在水体的中上层，主要以浮游动物为食，生长比鲢鱼快，鳙鱼性情温和，行动斯文，容易捕捞。

白鲦　体形狭长，状如柳叶，鳞细而整，洁白可爱，侧线鳞50—53枚。腹棱完全，自胸鳍基部至肛门。白鲦鱼性好群游，在流水和静水中都能生长繁殖，主要以虾、丰年虫、蚌壳虫、水蚤等为食。县内常见个体长10—30厘米。

鲶鱼　体抵长，头略平扁，尾部侧扁。体裸露无鳞，富黏液，侧线明显、触须2寸，须长可达胸鳍末端。下颌较上颌突出。背鳍小，无硬刺；胸鳍圆，有一硬刺，其前缘锯齿明显；臀鳍长，后端与尾鳍相连。鲶鱼喜居水底，常于黄昏或夜间觅食，主要以小型鱼类为食，亦食小虾及水生昆虫。县内常见个体为1—2.5千克，一般2龄可产卵繁殖，繁殖期在每年4—6月。

黄颡鱼　体延长，吻较圆钝，口大，体裸露无鳞，触须4对，上颌须伸达胸鳍基部之后，鼻须达眼后缘。胸鳍硬刺发达，前后缘均有锯齿，背鳍后方有一脂鳍，尾鳍分叉。体背呈黑褐色，体侧黄色，有三块断续的黑色条纹，腹部淡黄色，各鳍灰黑色。黄颡鱼生活于水底，适应力强，是以食动物为主的广食性鱼类。县内常见个体0.1—0.2千克。一般2—3龄成熟产卵，繁殖期在5—6月。雄鱼有护卵筑巢的习性。

乌鳢　体粗壮、呈圆筒形，体被圆鳞，头部鳞片较大。侧线鳞60—66枚。背鳍，臀鳍均长。各鳍无棘。尾鳍圆形。体呈灰黑色，腹部较淡，体侧有黑色斑纹，头侧有2条纵行黑色条纹，背鳍、臀鳍和尾鳍有黑色相同的花纹。胸鳍、腹鳍呈浅黄色。乌鳢性情凶猛，常栖息大水体容易浑浊的沼泽底泥中，有时喜潜伏在水草较多的水底，袭食鱼、虾。乌鳢适应性很强，对水质、水温要求不高，在无水的潮湿处，也能生活很长时间。县内常见个体为0.5—1.5千克。一般2龄即成熟产卵，繁殖期在5—7月，亲鱼有护巢习性。

黄鳝　体细长，呈蛇形，前段管状，后向逐渐侧扁，尾部尖细。无偶鳍，背鳍、臀鳍退化，仅留不明显的皮褶。体光滑无鳞。鳃退化。鳃有附呼吸器，可直接吸取空气，故出水后不易死亡。体呈黄褐色，具有不规则的黑色斑点，腹部黄色。黄鳝为营底栖生活的鱼类，喜居河岸和稻田的泥穴中。昼伏夜出，以水生昆虫的幼虫为食，也吞食小鱼、蝌蚪。生长较慢，2龄鱼体重10—25克。一般2龄性成熟，繁殖期在5—8月。黄鳝有性逆转现象，一般身长在24厘米以下时，全为雌性；身长24—42厘米时，雌、雄各占一半；身长42厘米以上时，全为雄性。黄鳝分布广，产量大，肉味鲜美，为广大群众所喜爱，是县境重要的经济鱼类。

安龙县境主要鱼类分布情况表

表9-4-1

目	科	亚科	属	种	分布
鲤形目	鲤科	雅罗鱼亚科	草鱼属	草鱼	全县各水系
			鲻属	宽鳍鲻鱲	
			马口鱼属	马口鱼	
		鳊亚科	鰲属	白鲦	南盘江、北盘江干支流
			拟鳘	南方拟鳘	
			细鳊属	线细鳊	

续表 9—4—1

目	科	亚科	属	种	分布
鲤形目	鲤科	鲢亚科	鲢属	鲢鱼	南盘江
			鳙属	鳙鱼	
鲤形目	鲤科	鮈亚科	麦穗鱼属	麦穗鱼	全县
			棒花鱼属	棒花鱼	南盘江
		鳑鲏亚科	鳑鲏属	中华鳑鲏	南盘江、北盘江
				高体鳑鲏	
				越南刺鳑鲏	
			鱊属	须鱊	
		鲃亚科	二须鲃属	条纹二须鲃	
			四须鲃属	刺鲃	北盘江
				倒刺鲃	南盘江、北盘江
			光唇鱼属	虹彩光唇鱼	
				云南光唇鱼	
			突吻鱼属	南方白甲鱼	
				珠江卵形白甲鱼	北盘江
			金线鲃属	狭孔金线鲃	南盘江
				粗壮金线鲃	南盘江
			鲈鲤属	鲈鲤	南盘江
			结鱼属	瓣结鱼	南、北盘江
				叶结鱼	北盘江
			华鲮属	桂华鲮	南、北盘江
				伍氏盆唇华鲮	南、北盘江
				云南华鲮	南盘江
			卷口鱼属	卷口鱼	北盘江
			德唇鲃属	巴马德辱鲃	北盘江
			唇鱼属	唇鱼	南、北盘江
				泉水鱼	北盘江
鲤形目	鲤科	鲃亚科	墨头鱼属	墨头鱼	北盘江
			盘鮈属	云南盘鮈	南、北盘江
		裂腹鱼亚科	裂腹鱼属	昆明裂腹鱼	南、北盘江
				光唇裂腹鱼	南盘江
				四川裂腹鱼	北盘江

续表 9—4—1

目	科	亚科	属	种	分布
鲤形目	鲤科	裂腹鱼亚科	裂腹鱼属	灰裂腹鱼	南、北盘江 全县各水系
		鲤亚科	鲤属	华南鲤	
			三角属	三角鲤	
			鲫属	鲫	
鲤形目	鳅科		泥鳅属	泥鳅	全县
			条鳅属	斑带条鳅	南、北盘江
				红尾条鳅	南、北盘江
	平鳍鳅科		间吸鳅属	大鳍间吸鳅	北盘江
			爬岩鳅属	广西爬岩鳅	南盘江
鲶形目	鲶科		鲶属	越鲶	南、北盘江
				鲶	南、北盘江
	盔鲶科		盔属	盔鲶	南、北盘江
	铫科		纹胸铫属	福建纹胸铫	北盘江
			铫属	长尾铫	南盘江
				短尾铫	南盘江
			黄颡鱼属	黄颡鱼	南、北盘江
合鳃目	合鳃鱼科		黄鳝属	黄鳝	全县
鲈形目	铠科		铠属	乌铠	南、北盘江
				月铠	南、北盘江

第二节　水产养殖

一、鱼苗和鱼种的培育

1986 年 11 月，建立县水产站。1988 年，县水产站在德卧白水河综合养殖场建立鱼苗鱼种培育基地。1989 年，从广西引进鱼苗 31.48 万尾，培育后向鱼农投放鱼种 40 万尾，全县养鱼面积 216.67 公顷。1990 年，培育投放鱼种 34 万尾，其中越冬鱼种 4 万尾、本地鲤鱼 10 万尾，引进 20 万尾。1991 年，引进培育鱼种 12 万尾。1992 年，引进培育 17 万尾，投放新安、兴隆、龙山、龙广、德卧、普坪、洒雨、新桥等 8 个乡镇共 94 户；向省水产站购进建鲤苗 6 万尾，在县境开展饲养试验。1993 年，县水产站在龙山镇承包 0.67 公顷水库水面建设鱼苗鱼种培育基地，饲养商品鱼和培育大规格鱼种，当年引进鱼苗鱼种 21 万尾，培育后供应 212 户。1995 年，县水产站贷款 20 万元，承包县农业局招堤试验田 1.16 公顷，建设专门的鱼苗鱼种场，1997 年建成投用。至 1997 年年底，此鱼苗场共生产鱼苗 60 万尾，无偿供给稻田养鱼工程的农户共 12 万尾；另调剂草鱼苗 16.8 万尾供应池塘、坑塘养鱼户。

1998 年，培育鱼种 50 万尾。1999 年，培育优质鱼苗鱼种 120 万尾，发展稻田养鱼 806.67 公顷、生态渔业示范户 3 个点 475 户共 32.33 公顷。此后，县水产站鱼苗鱼种场由个体养鱼户经营，水产技术人员主要承担指导和鱼苗引进的检疫监督等工作。

二、池塘、坑塘养鱼

1990年，全县池塘、坑塘面积63.6公顷，其中池塘52公顷、坑塘11.6公顷。1991年，县水产站承担省“池塘养鱼高产综合技术研究”项目26.67公顷、“坑塘养鱼高产技术”项目6.67公顷，实际完成池塘养鱼184户共30.27公顷，平均亩产312千克，超预定指标37千克；坑塘完成208户共8.93公顷，平均亩产453千克，超预定指标53千克。1992年，池塘养鱼57.6公顷，比上年增6.8公顷，坑塘养鱼14公顷。是年，全县在池塘养鱼高产技术项目中，采取“四改一挖”和“一足、二多、三勤、四及时、五早”方法，池塘、坑塘平均亩产376千克，比传统养殖方式亩产提高201千克，增产114.9%，获全省农业丰收奖三等奖。“四改一挖”是将浅水塘改为深水塘、小塘改大塘、漏水塘改为保水塘、死水塘改为活水塘，挖去过多的污泥；“一足”是有充足的饲料，定时、定量、定位科学投喂；“二多”是多肥多草；“三勤”是勤巡塘、勤打捞残饵、勤捞病鱼死鱼，多观察，早处理；“四及时”是及时预防鱼病、及时换注新水、及时检查鱼的生长情况、及时处理发现的问题；“五早”是早清塘、早施足底肥、早灌水、早放养、早投饲。1993年，全县池塘养鱼发展到88.53公顷、坑塘养鱼19.07公顷。1995年，全县池塘、坑塘养鱼增加到94.67公顷；1997年，全县池塘、坑塘养鱼面积134.67公顷；1998年，全县池塘、坑塘面积141.2公顷；2000年，池塘、坑塘养鱼增加到141.33公顷。2001年后，全县每年池塘养鱼80—100公顷，亩产500千克左右。

三、山塘水库养鱼

县内从20世纪60年代开始发展山塘、水库养鱼，主要集中在乌寨、白石岩、大鸭溪、红旗、板勒、上坝、巧洞、纳方、晒纳等小型水库，到20世纪90年代初养殖面积有133.33公顷，2008年后达到333.33公顷，主要养殖草鱼、白鲢、花鲢、青鱼等大众苗类。

四、稻田养鱼工程与生态渔业

县内于20世纪70年代中期开始试验稻田养鱼，20世纪80年代推广“田坑式”稻田养鱼。1990年，新安区五格、大坪、兴隆区排冗巧洞、龙广镇坡院、新桥乡马岭、化力区三合等地稻田养鱼12公顷，平均亩产27.25千克。1993年，发展到25.4公顷，主要分布在龙广镇坡院、德卧镇团山堡、兴隆镇排冗巧洞，平均亩产44千克。1995年，县水产站承担省水产局稻田养鱼高产技术6666.67公顷（1万亩）推广任务和标准化试验示范6.67公顷（100亩），分别在龙广镇坡院、兴隆镇排冗、新桥乡马岭、德卧镇团山堡建立试验示范点4个共11.83公顷，推广312公顷，投放稻鱼工程贷款18万元。1996年，全县完成稻田养鱼1072.2公顷，超省水产局下达安龙县666.67公顷的丰收计划，其中稻田养殖成鱼391公顷、稻田培育鱼种681.2公顷；试验示范11.83公顷，平均每公顷出产783.75千克，超预定指导33.75千克。1997年，推广稻田养鱼1074.13公顷，其中稻田养殖成鱼434公顷。1998年，重点抓好德卧镇团山堡、龙广镇坡院、新寨、洒雨镇磨社、新桥乡马岭5个村稻鱼生态工程，按水稻种植区、鱼池、生态带3个部分进行功能布局，取得良好效果，成为全省水产养殖的典型。德卧镇团山堡村1987年起池塘养鱼，至1998年，全村建池塘、坑塘292口共21.87公顷，养鱼户284户，占全村总户数的63.1%，全村年产鲜鱼13.12万千克，收入131万元。1997年，龙广镇小场坝村试验“田坑式”稻田养鱼23.47公顷，经州、县业务部门验收，平均亩产鲜鱼113.5千克、稻谷607.5千克，实现每亩稻田出产稻谷500千克、养鱼收入1000元，成为远近闻名的“双千田”。1998年，小场坝村坡院组“稻田生态渔业”模式，成为全省秋季农业现场会学习的榜样。1999年后，县内继续抓好德卧镇团山堡、龙广镇坡院、新寨、新桥镇马岭等地的生态渔业示范，并逐步向兴隆镇、新安镇、洒雨镇等地推广。至2003年，全县建成稻田生态渔业中心示范56.07公顷，面上稻田养鱼350公顷。此后，随着南盘江万峰湖库区、平班库区水产养殖的扩大，县内稻谷养鱼面积逐渐萎缩，至2012年，县内仅有少数农户实施稻田养鱼作业。

五、网箱养鱼

县境网箱养鱼主要有滤食性鱼类、投食性鱼类和名优鱼类养殖等。投食性网箱主要养殖鲤鱼、草鱼、鲫鱼、罗非鱼、鲂鱼、鲢鱼、鳙鱼等；滤食性网箱主要养殖花鲢鱼、白鲢鱼等；名优鱼类网箱主要养殖大口鲶、班占叉尾鮰、长吻鮠、加州鲈等。网箱结构包括：网箱、框架、浮子、沉子和锚绳等，县境使用的网箱主要是聚乙烯网线制成的网片袋配成正方形或长方形网箱。

1997年3月，建成红旗水库网箱养鱼基地，建网箱10口共250平方米；7月，生产商品成鱼1.8万千克，年底又生产成鱼5000千克。1998年，生产商品成鱼2万千克；1999年，生产商品成鱼2.4万千克。

2000年，县水产站与黔西南州水产站在南盘江万峰湖联合实施网箱养鱼示范40箱共1400平方米，吸引外地养鱼大户、库区移民发展网箱养鱼538箱共13450平方米，当年全县网箱渔业产量1400吨。2001年，发展网箱600箱共1.8万平方米。2002年，发展到1440箱共3.6万平方米，年产鱼3745吨。2003年，万峰湖库区网箱养鱼达到6万平方米，县境水域投食性网箱养鱼3800多箱，养殖的品种有鲤鱼、鲫鱼、草鱼、罗非鱼、南方大口鲶、美国斑点叉尾鮰、美国红鮰、加州鲈、长吻鮠、黄颡鱼、武昌鱼等10余种，年产鲜鱼1万余吨。投食性网箱养鱼局部密度过大，水域污染，水体向富营养型转变，浮游生物大量滋生，水质恶化，水体溶氧不足，鱼病时有发生，网箱养鱼效益降低，甚至亏本，因此，部分养殖户转产转业。2005年，县水产部门和当地政府引导并帮助养殖户主要发展滤食性花鲢、白鲢，万峰湖水域网箱养鱼减少到5.2万平方米，年产鲜鱼8110吨。2007年，万峰湖库区县境水域投食性网箱养鱼2800箱，滤食性网箱养殖花鲢、白鲢4200箱，年总产量为9660吨。2008年，《黔西南州渔业发展规划》颁布实施，万峰湖库区县境水域允许发展投食性网箱2500箱、滤食性网箱4000箱，县水产管理部门将万峰湖库区网箱养殖规范设置为12个养殖小区，允许在库区内养殖投食性网箱2439箱、滤食性网箱3217箱，动员养殖户拆除投食性网箱408箱，实有投食性网箱2487箱102492平方米、滤食性网箱3971箱158840平方米，年产鲜鱼9732吨；在平班库区县境水域发展网箱30户共150箱，养殖滤食性鱼类鲢、鳙鱼，年产鱼4.5万千克。2009年，全县网箱养鱼调整为滤食性网箱5200箱、投食性网箱2426箱。2010年，全县网箱养鱼总面积26.91公顷，其中投食性网箱2426箱共8.73公顷，滤食性网箱4850箱共17.46公顷。2011年，全县强制拆出深水张网78张，抬网93个，拆出无证养殖网箱400多口，搬迁碍航网箱180口。2012年，全县网箱养殖面积达到28公顷。

六、银鱼移植试验

2000—2002年，贵州省水产局、云南达诚科技贸易有限公司等单位向南盘江万峰湖库区投放银鱼受精卵3亿粒，2003年形成鱼群。2003年4—5月，在万峰湖库区县境4000公顷水域捕获3—7厘米银鱼126.5吨，平均每公顷出产31.63千克。后因过度捕捞，致使银鱼繁殖困难，产量逐年下降，到2006年整个万峰湖库区银鱼捕捞量仅40吨。

七、微流水养鱼和淡水珍珠养殖试验

（一）微流水养鱼

20世纪80年代初，县境开始进行微流水养鱼试验示范，1990年面积6.67公顷，到1993年发展到12.67公顷。1990年，新桥乡坡革村马岭组24户发展微流水养鱼，到1997年年底，全组48户养鱼3.27公顷，年产鲜鱼1.98万千克，收入21.8万元，占全组总产值56.35万元的38.65%，成为全州，乃至全省生态渔业典范。此后，由于微水流水产养殖规模不能进一步扩大，县内微水流水产养殖一直徘徊不前。

（二）淡水珍珠养殖试验

2004年6月，县内从浙江金华引进三角蚌600只，投入南盘江万峰湖库区，分8个点饲养试验，生长良好；当年11月中旬，又购进中蚌20万只，2005年4月手术。至2012年，万峰湖库区有插珠蚌9万余只，每只蚌插片32片，已全部形成米粒至黄豆大小的珍珠。

1990－2012年安龙县渔业生产情况表

表9-4-2

年份	水产品产量（吨）					内陆水域养殖面积（公顷）						补充资料：稻田养殖（公顷）
	总产量	捕捞		养殖		合计	池塘	湖泊	河沟	水库	其他养殖	
		合计	其中：鱼类	合计	其中：鱼类							
1990	54	32	—	21	—	48.47	5.7	—	—	33.8	—	6
1991	279	98	—	181	—	298.47	70.53	—	—	221.27	—	12
1992	290.74	98.41	—	192.33	—	456	54	—	—	385	—	27
1993	471.79	98.29	—	373.5	—	465	87	7	13	358	—	26
1994	486	130	107	356	—	308	61	24	7	197	—	10
1995	478	199	173	279	279	216	50	—	7	144	15	—
1996	487	209	183	278	278	225	49	—	—	176	—	—
1997	355	121	100	234	233	244	63	—	—	181	—	23
1998	902	377	371	525	523	318	154	—	—	157	—	81
1999	919	360	327	559	533	244	92	1	4	147	—	37
2000	925	464	423	461	430	265	101	7	11	143	—	35
2001	1330	593	501	737	711	335	112	4	10	173	36	24
2002	2349	—	—	—	—	313	112	4	10	151	36	24
2003	3461	732	577	2729	2707	286	94	34	19	110	33	25
2004	6953	840	759	6113	5793	298	87	56	27	112	16	24
2005	7898	906	828	6992	6687	297	85	57	28	111	16	24
2006	8256	1009	927	7247	6919	301	86	58	30	112	15	24
2007	7301	1715	1461	5586	5360	277	93	57	17	94	16	25
2008	7349	1636	1361	5713	5588	338	106	92	20	74	46	24
2009	8317	1671	1337	6646	6608	277	64	92	5	68	46	21
2010	9535	1572	992	7963	7963	90	—	4	15	61	10	1
2011	10286	2263	1873	8023	8022	155	2	59	15	69	10	1
2012	11722	2574	2134	9148	9146	168.5	2	62	25	69	—	—

第三节 捕 捞

县境有传统的捕鱼方法和捕鱼工具，但没有专门的捕捞组织。捕捞方法主要有网具类、钩钓类、笼篆类和电击类，其中电击类因对鱼类繁殖影响较大，已被禁绝。县境渔业捕捞主要集中在南盘江水域，天生桥电站、平班水库尚未蓄水发电之前，坡脚、停西、永和（万峰湖）等地渔民主要采取渔船拖网、电击方法进行捕捞作业，对鱼类繁殖影响较大，此后禁绝了电击捕捞。万峰湖建成蓄水初期，主要采用板罾、刺网、延绳钓、虾笼等原始的渔具渔法，捕捞数量较少。2001年起，当地渔民用抬网加灯光诱捕，效果很好，沿湖抬网大量增加。2006年8月，当地渔民购进定置强网（俗称迷魂阵）3具在万峰湖清水河口交界水域试捕，每天可捕获各种大小鱼类100千克以上。到2007年11月，万峰湖库区渔民发展定置强网1万余具，全县其他水域有数千具。2008年，万峰湖全县水域有机动渔船192户共235艘，总吨位1300吨，其中渔业捕捞146户共146艘，主要分布在万峰湖镇沿江7个村。2010年，为规范县内渔业捕捞行为，涵养鱼种，县农业林业和扶贫开发局成立渔业安全生产“三项行动”领导小组，取缔碍航地笼网12个，跨山钢绳拉线大抬网14张共4500平方米，拆除绞架30余个，全县渔船共267艘，其中渔业辅助213艘，渔业捕捞船54艘，渔船总功率3667千瓦，总吨位306吨。2011年，强制拆出深水张网78张，抬网93个，拆出无证养殖网箱400多箱，搬迁碍航网箱180箱。2012年，强制拆除非法设置抬网24张、地笼网9张，拆除抬网钢丝绳6000余米，拆除抬网钢丝绞架5个，收缴刺网1张，收缴虾笼1个，渔民主动拆出虾笼32个。

1990年，全县渔业捕捞产量3.2万千克；1991—1993年保持在9.8万千克左右，此后县内捕捞量稳中有升。2006年突破100万千克大关，到2012年，全县渔业捕捞产量达到257.4万千克。

第四节 鱼病防治

一、县境常见鱼病症状诊断

病毒性肠炎与细菌性肠炎及草鱼变形虫病 病鱼肠管均呈红色，病毒引起的还兼有口腔、肌肉、鳃盖、鳍条等充血现象，肠黏膜皮肤一般不腐烂脱落；而细菌性肠炎，没有口腔肌肉充血现象，肠道黏膜往往溃烂化脓，乳黄色的腹水很多；草鱼变形虫病症状相似于细菌性肠炎，但一般只表现于后肠。

具白点症状的鱼病 包括白皮病、打粉病（白鳞病）、小瓜虫病及微孢子虫病。后两种的主要区别是，病鱼死后2—3小时，观察其发病部位，仍有白点的是由微孢子虫引起的，没有则是小瓜虫引起的；前两种病的区别是，背鳍、尾鳍及背部先后出现白点，但随病情加剧，白点数目不断增多，最终白点遍及全身，使整个体表似擦了一层白色粉末，此是打粉病。白皮病白点只出现于背鳍基部或尾柄处，病情发展也只是白点本身的面积扩大，最终表现为以背鳍至臀鳍为界的整个后部皮肤呈白色。寄生于体表的小瓜虫与打粉病白点的主要区别是，前者细看白点间有充血的红斑。

“鳃盖张开”状鱼病 包括车轮虫病和指环虫病等。前者具有典型的“白头白嘴”，鳃丝鲜红等状；后者则鳃丝呈暗蓝色，鳃部明显浮肿。

“肠壁膨大”状鱼病 包括球虫病、许氏绦虫病、九江头槽绦虫病、侧殖吸虫病、新棘吻虫病及鲤棘吻虫病等，不同程度的肠壁膨大或肠道堵塞等。侧殖吸虫病和九江头槽绦虫病分别有闭口不吃食和口常张开不吃食的明显症状与其他病相区别。球虫主要寄生于青鱼；许氏绦虫和鲤长棘吻虫均只寄生于鲤鱼，

但后者一般是寄生于前肠，严重时肠管发炎、肿胀和溃疡，肠壁穿孔；刺棘吻虫主要危害草鱼。

鳞片隆起症状鱼病 包括鲤鳍子宫线虫病和竖磷病。前者鳞片隆起的程度大，以至鳞片竖起象松球状，磷的基部水肿呈半透明的小囊状，挤则出水。后者不具此症状。

“急躁不安”“狂游”或“跳跃”现象的鱼病 包括疯狂病、中华鳋病、鲺病、锚头鳋病及复口吸虫病。疯狂病和鲢中华鳋病均危害鲢鱼、鳙鱼。但前者病鱼有脊柱向背部弯曲，整个尾部极度上翘而露出水面，呈波浪形旋转运动，一时沉入水底，一时露出水面等明显症状；而后者脊柱不弯、尾鳍仅上叶常露出水面（故又称翘尾巴病），病鱼仅在水体表面打转或狂游。大中华鳋与鲢中华鳋病的主要区别是，前者只寄生于草鱼、青鱼的鳃部，而后者只寄生于鲢、鳙鱼鳃部；前者病鱼有跳跃、不安现象，后者病鱼一般不跳跃。大中华鳋病与鲺病均有跳跃现象，但只要掀开鳃盖观察，就可发现前者鳃丝末端挂有许多像白色的小蛆，因此人称“鳃蛆病”，后者鳃上没有这一现象。另外，锚头鳋病与复口吸虫病鱼也呈现急躁不安的现象，复口吸虫病不仅表现为在水面不安地挣扎，还有头朝下、尾朝上的显著症状，易于判断。

“乌头瘟” 包括青、草鱼肠炎病和细菌性烂鳃病。其共同症状是体色发黑，头部乌黑。但前者病鱼腹部常肿胀且有红斑，手摸有柔软感，肛门红肿，轻压腹部有乳黄色的黏液流出。后者鳃盖内表皮往往充血，值得注意的是，这两种病往往在同一鱼体上并发。

二、常见鱼病及防治

（一）网箱养鱼鱼病防治

1. 微生物鱼病

烂鳃病 病原为鱼害黏球菌，属网箱养鱼常见的细菌性鱼病。典型症状是鳃丝腐烂，严重时鳃丝发白，末端软骨外露，常带有污泥。鳃盖骨内表充血，中间部分有时烂穿，出现透明的天窗。高倍显微镜下检查能发现纤毛状菌体不断地摆动。此病流行于5—9月份，主要危害青鱼、草鱼1—2龄鱼种和成鱼，也是网箱饲养青鱼、鲤鱼、草鱼的常见鱼病，可造成严重损失。防治方法：①用漂白粉作全网箱泼洒，水体浓度控制在1ppm—2ppm；②生石灰全网箱泼洒，泼药后水体浓度达到15ppm—30ppm。

赤皮病 病原体为萤光极毛杆菌。发病原因是鱼种在拉网或运往网箱途中擦伤所致。体表局部出血、发炎，病灶处鳞片脱落或块状红斑，鳍基充血，鳍条末端腐烂呈破碎纸扇状。此病常与细菌性肠炎和烂鳃病并发。主要危害青鱼、草鱼、鲤的鱼种和成鱼。主要流行季节为5—9月份。防治方法：①拉网、运输和操作时，当心勿使鱼体受伤，可避免发生此病；②已受伤的病鱼，可用青霉素软膏涂抹；③内服药采用磺胺脒制成药饵。外用漂白粉全网箱泼洒，使泼药后水体药液浓度维持在1ppm。

病毒性出血病 病原体为副肠孤病毒。此病主要感染青鱼、草鱼，但以老口鱼种感染严重，常造成大批鱼种死亡。病症有3种：①红肌肉型出血症。全身肌肉明显充血，有时也会出现白鳃；②红鳍红鳃盖型出血症。鳃盖、鳍基、头顶、口腔等处体表明显出血；③肠炎型出血症。即肠道严重出血。防治方法：目前尚无良药可治，用免疫法预防成活率可达80%左右。

肠炎病 病原体为肠炎点状产气单胞杆菌。病鱼肛门红肿、外突，食欲减退，游动迟缓。解剖内脏后可见肠壁充血发红，肠内充满淡黄色黏液。主要危害2龄青鱼、草鱼，常造成大批死亡，是网箱和池塘养鱼的主要病害，流行于5—9月份。防治方法：药物治疗可外用与内服相结合。①用漂白粉100克，溶解后喷洒在配合饵料上或直接拌入饲料中，连用3—5天；②用漂白粉或生石灰全网箱泼洒，使泼药后水体药液保持1ppm漂白粉浓度或15ppm—30ppm的石灰液浓度；③每100千克饲养鱼，用大蒜头1—3千克添加入配合饵料或直接拌入粉状饵料中，连喂3—5天；④每100千克饲养鱼，用磺胺脒10克，连用6天，第一天药量加倍。

水霉病 为水霉、腐霉等真菌附生后所引起的一种鱼病。病鱼附生水霉、腐霉后，其菌丝体深入体表肌肉。肉眼可观察到分枝细长的灰色菌丝，柔软如棉絮状。各种鱼卵、鱼苗、幼鱼和成鱼均可感染此病，是网箱和池塘危害严重的鱼病之一。在拉网、运输中受伤的鱼种和幼鱼均能感染，尤以冬季至早春阶段为多发，常造成大批鱼类死亡。网箱养殖的青鱼、草鱼、鲤鱼、鲢鱼、鳙鱼、鲂鱼、罗非鱼等都能发生。防治方法：①拉网操作及运输鱼种时必须小心，勿使鱼体受伤；②已受伤并感染此病的鱼，如条件许可，使饲养环境的温度提高到26℃以上，可以很有效地抑制水霉病的发生；③用1ppm—2ppm碱性绿药液浸洗或全网箱泼洒，使水体初始药液浓度达到1ppm。

2. 寄生性鱼病

车轮虫病 病原体为车轮虫。在显微镜下鉴别虫体形态，正面观呈圆形，侧面观似碟形。虫体一般为50—80微米，体内具一明显的齿环，四周具密集的纤毛。运动时作车轮式的转动，故称车轮虫。主要寄生在鱼鳃部和鱼体表。主要危害夏花鱼种，是网箱养鱼严重的疾病之一。在网箱养鱼中除网养滤食性鱼类的鱼种外，主要养殖给食式鱼种到商品鱼，故其危害并不像池塘养殖严重。防治方法：①用硫酸铜全箱泼洒，使泼药后的水体药液达到0.7ppm—1.0ppm；②用5ppm—10ppm硫酸铜药液浸洗20—30分钟。

小瓜虫病 病原体为小瓜虫，属原生动物。是危害夏花和鱼种较严重的鱼病。虫体长卵形或球形，长500—800微米，肉眼观周围密生纤毛，前端具一胞口，体中央具一马蹄形的细胞核。主要流行季节在冬季至早春4月，当水温上升到24℃以上时，虫体可自行脱落。防治方法：用硝酸亚汞或醋酸亚汞泼洒，使泼药后的水体药液浓度达到0.1ppm—0.2ppm，或用2ppm的上述药物浸洗鱼种10—20分钟；也可用0.5ppm碱性绿浸洗半小时。但绝不能用硫酸铜和硫酸亚铁混合剂治疗，这不仅不能杀死小瓜虫，反而会促使小瓜虫成胞囊，大量繁殖，恶化病情。

大中华鳋病 由甲壳类大中华鳋寄生而引起。主要危害草鱼成鱼。虫体圆柱形，体分头、胸、腹3个部分，体前端有一对大钩，借此钩在鳃丝上。打开鳃盖肉眼即可见到白色虫体，很像蝇蛆，故又称鳃蛆病。鱼类寄生中华鳋后，常浮于水面，不时骚动着，食欲减退，严重时引起死亡。是网箱鱼的主要病害之一，流行于5—9月份。防治方法：①晶体敌百虫全箱泼洒，使泼药后的水体药液浓度达到0.2ppm—0.5ppm；②用硫酸铜、硫酸亚铁（5:2）合剂全箱泼洒，使泼药后的水体药液浓度达到0.7ppm—1.0ppm。

锚头鳋病 由甲壳类锚头鳋寄生引起，肉眼可见。主要危害青鱼、草鱼、鲢、鳙鱼，但以草鱼为最常见。虫体的头、胸、腹三部分分界不明显，头部有两对头角，形状似铁锚，故又称铁锚虫。主要流行季节在4—10月份。寄生部位在鳃、口腔和体表。防治方法：①用晶体敌百虫全箱泼洒，使泼药后的水体药液浓度达到0.2ppm—0.5ppm；②改变饲养环境的水质条件，如移动网箱位置时亦可使锚头鳋脱落。

中华颈蛭病 病原体为中华颈蛭，寄生鲤鱼鳃上。在部分湖泊网箱养鱼时很易感染这类鱼病。患病鱼群鱼体消瘦，不久即死亡，越冬成活率低。5月份后，因发病季节已过，逐渐好转。防治方法：①部分湖泊中不宜设置鲤鱼越冬网箱；②可用硫酸铜、硫酸亚铁合剂（5:2）全箱泼洒，使水体浓度保持0.7ppm1—2小时。

（二）县境常见鱼病防治

县境发生的鱼病主要有肠炎病、烂鳃病和赤皮病，其次为水霉病、打印病、猫头蚤病和鱼虱病等。发病率最高的是草鱼和青草，其次为鲢鱼、鳙鱼和鲤鱼。

草鱼肠炎、烂腮、赤皮“三病” 多发生于炎热的夏天，常常是“二病”或“三病”并发，主要危害0.25—0.5千克草鱼和青鱼。肠炎病的主要症状是肛门红肿，严重者轻压腹部有血黄色黏液流出，肠道发炎呈紫红色。烂鳃病表现为体发黑，鳃丝腐烂发白有污泥、多黏液、鳃盖内有透明小孔。赤皮病主要由受伤或冻伤引起，表现为体表局部或大部充血，发炎和鳞片脱落。对于草鱼“三病”的治疗方法，县内常用“四合剂”治疗，即每50千克鱼用90%晶体敌百虫50克、40%乐果乳剂100克、漂白粉250克、食盐500克，加水溶化后拌入饵料中投喂，疗效良好。

打印病 主要发生于鲢鱼和鳙鱼，多由受伤引起，常发生于夏秋两季，病鱼体测有圆形红斑，严重者肌肉腐烂可见骨骼和内脏。治疗用1ppm漂白粉全池泼洒。

水霉病 主要发生于受伤后的各种鱼类，2—7月常见，病鱼体表菌丝生长成丛，如旧棉絮状。治疗可用万分之四的食盐和万分之四的小苏打混合溶液浸洗或全池泼洒。

锚头蚤病 多发生于秋季，主要危害草鱼、鲢鱼和鳙鱼。病鱼体表上有象针状的虫体，如披"蓑衣"样。治疗用90%晶体敌百虫全池遍洒，使池水呈0.25ppm。

鱼虱病 主要发生于6—8月，对各种鱼类均有危害。病鱼体表可见象臭虫样的虫体爬行。治疗可用1ppm浓度的"六六六"粉剂（可湿性含丙体6%）全池泼洒，能有效地杀灭鱼虱。

第五节 渔政管理

一、机构

1989年，县畜牧局下设有县水产站。1990年，建立县渔政管理站，与县水产站实行"两块牌子一套人马管理"政策。1992年，全县建镇并乡撤区工作完成后，每个乡镇畜牧兽医站配备水产技术人员，负责当地水产和渔政管理工作。1996年，建立新安镇、德卧镇水产站。2000年，成立万峰湖渔政管理所。2002年，撤销县畜牧局，改建县畜牧水产事业局。2008，改县畜牧水产事业局为县畜牧兽医局，撤销县水产站、县渔政管理站、万峰湖渔政管理所，组建县渔业局，为归口县畜牧兽医局管理的副科级行政管理机构，内设县渔政渔港监督管理站（挂县渔业船舶检验站牌子）和县水产技术推广站（挂县水生动物疫病防治站牌子）。

二、管理

1990年，成立县渔政管理站。1993年12月，查处安顺渔场到县境销售病、劣鱼种案1起。1994年，查处毒鱼案1例，调解渔业纠纷5次。1996年，处理广西到本县境内无证经营劣质鱼苗的渔政案件2起。2000年，全县广泛宣传新修订《中华人民共和国渔业法》，对万峰湖库区的渔船、渔具和渔法进行摸底调查。

2002年，整顿万峰湖库区渔业生产混乱局面，打击电、毒、炸等非法作业，出动执法人员92人次、车船22辆（艘），查处非法作业32起，没收有害渔县15件、电鱼器1台，查处"三无"渔船8艘，行政处罚13人；当年9月起，根据《中华人民共和国动物防疫法》《中华人民共和国渔业法》，在万峰湖库区开展出县境水产品检疫工作。

2003年，继续集中整治万峰湖库区渔业生产，组织专项打击行动6次，出动执法人员148人次、车船22艘次，查获非法作业案件38起，没收有害渔具68件，查处毒鱼（虾）案3起，查处"三无"渔船11艘，行政处罚14人；检疫、检查鲜鱼运输车辆2586车，其中出县境检疫1203车，过境验证检查1383车。是年4月，根据黔西南州畜牧水产局《关于加强水上渔业安全生产管理的通知》，对万峰湖的渔船和网箱养鱼自用船进行检查、清理、登记，共清理登记渔业船只71艘，共有28艘有救生衣并设置夜航灯，其余船只均未配置救生衣、设置夜航灯。清理登记网箱养鱼业主138户网箱共2600口，部分网箱钢绳过小，存在安全隐患。对有安全隐患的网箱和渔船，下达整改通知书。

2004年，继续实施渔船的清理，分别于2月29日至4月28日、7月5日至8月5日、10月14日至11月13日以万峰湖库区和坡脚河为重点，对全县水域进行3次安全大检查，出动检查船只52艘次、汽车23辆次，清理登记渔业船只79艘，其中万峰湖库区77艘、坡脚乡2艘，有23艘无救生设备，责令其整改添置，查处电鱼、毒鱼案件5起，非法捕捞和收购银鱼1起，没收电鱼机2台，销毁迷魂阵、密眼大抬网3件共1150平方米，查处违规渔船6艘。

2005年9月25日至10月31日，在万峰湖库区和平班水库集中开展渔业法规专项宣传活动，清理整顿违法渔船、渔具和渔法行为，重点打击电、毒、炸鱼等严重违法行为，张贴《珠江流域渔业管理委员会关于珠江流域打击非法捕捞与保护生态环境的通告》230张、散发《依法加强渔业管理，保护珠江生态环境》宣传画150份，发放《中华人民共和国渔业法》《中华人民共和国水生野生动物保护实施条例》《中华人民共和国渔港水域交通安全管理条例》《中华人民共和国渔业船舶检验条例》和《水产苗种管理办法》宣传资料3000份；出动检查船只32艘次、汽车21辆次，清理登记渔业船只86艘，其中万峰湖库区74艘、平班水库12艘，查处毒鱼案件2起，没收电鱼机1台，销毁密眼大抬网2件。配合县、州法院，依法处理兴义万峰银鱼联营开发有限责任公司2004年擅自在禁渔区组织捕捞和收购银鱼案。

2006年，主要在万峰湖和坡脚等乡镇召开村、组干部参加的禁渔宣传动员会3次436人次，张贴《贵州省渔业条例》187份、标语580幅，发放各类宣传资料6350份，发出禁渔通知295份，出动宣传车船32辆（艘次）；组织专项整治行动18次，接受举报8起，取缔违禁渔具12张，查获违禁捕捞渔船6艘次，电捕鱼工具2台。

2009年，重点开展禁渔打非工作，在万峰湖、平班两库区张贴标语600余份，印制禁渔通知800余份，出动执法人员200余人，车辆40多次，取缔抬网11张、地笼网8户，没收10千瓦柴油发电机1台、电线300余米、打鱼照明灯具1套；发放渔业安全生产宣传单5000份，咨询300余人次，制作固定横幅标语16幅，培训7期共272人，发放船员证267份；组织安全检查65次，检查渔船230艘次，船员180人次，排查一般隐患81项；对县境养殖网箱水产品及渔料进行随机抽样检测，两次抽取34户共69个样品，未检出氯霉素、孔雀石绿、喹乙醇等残留药物及代谢物，万峰湖成为“农业部水产健康养殖示范场”。

2011年，出动执行人员60人次检查渔船222艘次、船员222人次，查出一般隐患船只31艘，与万峰湖、平班两库区258艘渔船主签订《渔业安全生产责任书》和《渔船安全保证书》；实施珠江禁渔期制度，出动执法车辆18辆次、执法人员51人次，发放禁渔宣传资料1200多份，张贴禁渔宣传标识150多张，张贴禁渔通告80张，渔民主动拆出非法设置的抬网8张、地笼网6张。7—10月，出动执法快艇25艘次，强制拆出深水张网78张、抬网93个、无证养殖网箱400多箱、碍航网箱180箱。发放渔船石油价格补贴202.11万元。

2012年，全年日常执法拆出非法设置的抬网74张、地笼网32张、抬网钢丝绳约2.4万米、抬网钢丝绞架15个。在万峰湖和坡脚者干码头设置固定禁渔宣传栏32幅，张贴禁渔通告60张，宣传标语120多张，悬挂禁渔横幅标语12幅，发放宣传资料1100份。禁渔期间拆除非法设置抬网24张、地笼网9张，拆除抬网钢丝绳6000余米，拆除抬网钢丝绞架5个，收缴刺网1张，收缴虾笼1个，渔民主动拆出虾笼32个。发放渔船油价补贴243.31万元。

第五章　扶贫开发

新中国成立后，党和政府一直致力于发展生产、消除贫困的工作。但真正严格意义上的扶贫，是在改革开放以后提出并大规模实施的。党的十一届三中全会以后，以家庭承包经营制度取代人民公社的集体经营制度，极大地激发了农民的劳动热情，从而极大地解放了生产力，提高了土地产出率。与此同时，在农村进行的农产品价格逐步放开、大力发展乡镇企业等多项改革，也为解决农村的贫困人口问题打开了出路。这些改革，促进了国民经济快速发展，并通过农产品价格的提升、农业产业结构向附加值更高的产业转化以及农村劳动力在非农领域就业三个方面的渠道，将利益传递到贫困人口，使贫困农民得以脱贫致富，农村贫困现象大幅度缓解。1986 年 5 月，国务院贫困地区经济开发领导小组成立后，安龙县列为国家级贫困县，全县扶贫工作机构随即建立，扶贫开发真正推开。至 1988 年，全县工农业总产值 10525 万元，比 1980 年增长 81.97%，人均国民收入 450 元，比 1980 年增长 1.62 倍，取得扶贫工作阶段性成果。

1994 年，实施“八七”扶贫攻坚计划，至 2000 年，全县到位扶贫资金 22049.36 万元，全县贫困人口从 1994 年的 14.1 万人下降到 2000 年底的 3.02 万人，农民人均纯收入从 1994 年的 512 元增加到 2000 年的 1500 元，农民人均占有粮从 1994 年的 320 千克增加到 2000 年的 430 千克。

2001 年后，进入开发式扶贫与可持续发展战略相结合的新阶段，全县先后实施国内信贷扶贫项目、财政扶贫项目、以工代赈项目、国债项目和世界银行养牛项目、世界银行造林项目、世界银行教育项目、西南世界银行扶贫项目以及宁波对口帮扶项目，投入各类扶贫资金 55095 万元，有效促进全县经济社会发展，经济运行质量明显提高，综合实力逐步提升。到 2012 年，全县城镇居民人均可支配收入 16900 元、农民人均纯收入 4590 元，农民人均生活消费支出 4874 元，全县小康程度实现程度达到 72.36%，脱贫攻坚取得历史性成果。

第一节　机　构

中共十一届三中全会后，党中央、国务院高度重视扶贫开发工作，出台一系列扶贫政策，全国农村发展形势越来越好，但是由于自然条件的差异，农村经济存在发展不平衡的状况，一些地区仍未摆脱贫困，群众的温饱问题尚未解决。根据 1984 年 9 月 20 日中共中央、国务院《关于帮助贫困地区尽快改变面貌的通知》，成立安龙县贫困地区经济开发领导小组及其办公室，属县政府组阁正科级单位。

1991 年 7 月，重新组建县扶贫开发领导小组，由县政府常务副县长担任组长，分别由 1 名县委常委、1 名县人大常委会副主任、1 名县政协副主席担任副组长，成立县扶贫开发办公室。

1992 年 1 月，成立安龙县贫困地区经济开发服务中心，为正股级事业单位，定编 4 人。

1993 年，县级机构改革，县扶贫开发办与县农经委等单位合并，组建县农村工作委员会，内设扶贫开发股。

1994 年，更名为安龙县扶贫开发领导小组及其办公室。

1995 年 2 月，成立世界银行扶贫领导小组及其办公室。

1996 年 5 月，规范县级党政机关机构及人员编制，成立县贫困地区扶贫开发办公室，为正科级事业单位，挂靠县农业办公室，内设业务股、财务股，定编 7 人。

1997 年 4 月，在全县 16 个乡镇设立“扶贫工作站”。

1997 年 10 月 9 日，将原扶贫领导小组和世行扶贫领导小组合并调整为县扶贫（世行扶贫项目）领导小组。县扶贫办、世行项目办作为领导小组的办事机构。

1997 年 12 月，成立宁波对口帮扶办公室，设在县扶贫办，由县扶贫办负责对口帮扶日常工作。自 1997 年 12 月起，县扶贫办、世行办、对口帮扶办合署办公，实行 3 块牌子 1 套人马。

2003 年 12 月，明确乡镇扶贫工作站为正股级事业单位，人员参照公务员法管理，笃山、平乐、普坪、兴隆、钱相、戈塘、木咱、洒雨、海子等9个乡镇定事业编制3名，设站长1名；新安、龙广、德卧、龙山、新桥、万峰湖、坡脚等7个乡镇，定事业编制2名，设站长1名。

2010年4月，根据黔西南州机构改革方案，撤销安龙县扶贫开发办公室，设立安龙县农业林业和扶贫开发局，内设安龙县扶贫开发中心，中心隶属安龙县农业林业和扶贫开发局管理的正科级事业机构，同时撤销乡镇扶贫工作站。

2012年3月，恢复安龙县扶贫开发办公室建制。设立安龙县扶贫开发技术服务中心（外资项目管理中心），与县扶贫办公室合署办公，为归口县扶贫办公室管理的副科级事业单位。

第二节　扶贫规划及成效

一、扶贫规划

（一）县级扶贫规划

1. 安龙县扶贫攻坚计划（1994—2000）

1994年8月31日制定发布，分“现状、形势与任务”“目标要求”“对策与措施”“社会动员”“组织领导”5个部分。《计划》提出，到2000年，实现贫困人口解决绝对贫困问题的目标：极贫户越过温饱线，生产生活条件明显改善；非极贫的贫困户稳定解决温饱，向小康迈进。《计划》提出的“对策与措施”有8条：解放思想，强化认识，拓宽思路，快速发展；大力推广科学技术，增大科技含量，积极改良土壤，建立高产稳产农田；大搞绿化工程；积极发展畜牧业；多渠道引进资金、技术和人才；加强基地设建设和计划生育工作；加强项目库建设，抓好支柱产业开发；加强扶贫资金的管理。《计划》还提出，在2000年前建成的扶贫开发项目9个：优质梨基地，1000公顷，全县范围，2000年；柑橙基地，666.67公顷（1万亩），坡脚等地，2000年；药园基地，666.67公顷（1万亩），全县范围，1997年；油桐基地，1333.33公顷（2万亩），龙山等地，2000年；白花泡桐基地，3333.33公顷（5万亩），海子等地，2000年；魔芋基地，2666.67公顷（4万亩），全县范围，1997年；芭蕉芋基地，2666.67公顷（4万亩），海子等地，2000年；杉木林基地，4000公顷，海子、洒雨、坡脚等地，2000年；干果基地，333.33公顷（5000亩），全县范围，1997年。提出扶贫开发配套加工项目9个：果脯厂，2000吨，新安，1996年；桐油加工厂，日产50吨，德卧，1996年；药材加工厂，年产300吨，新安，2000年；筏子河纸厂，年产300吨纸板，筏子河，1995年；木板加工厂，年产5万平方米，洒雨，2000年；魔芋系列产品加工厂，年产1000吨，海子，1995年；芭蕉芋淀粉加工厂，年产2000吨（2个），海子、洒雨，1995年；芭蕉芋粉丝加工厂，年产2000吨（2个），龙广、新安，2000年；硫磺系列产品冶炼厂，年产硫磺1万吨、年产一硫化碳（CS）2.4万吨，海子，1998年。

2. 安龙县扶贫攻坚项目总体规划（1998—2000）

1997年10月，县人民政府制定发布。《规划》分项目概述、项目区基本情况、项目建设的目标与内容、市场分析与预测、投资概算与资金筹措、扶贫效益分析、环境影响评价、项目实施与组织管理、结论及要求等9章，下设24节。《规划》以10个贫困乡镇为扶贫攻坚主区域，兼顾6个非贫困乡镇，共涉及134个贫困村，有贫困人口6.58万人，总投资2.45亿元，其中各类扶贫资金1.43亿元、县内自筹1.02亿元，农业综合开发项目投资6397.05万元、农副产品加工业投资1040万元、教育和卫生科技培训投资306.1万元、基础设施建设投资7748万元、工业项目投资1340万元、农田基本建设投资5537万元、渴望工程投资2153.72万元、计生项目投资48万元，计划1998年投资5303.26万元、1999年投资5233.83万元、2000年投资3810.7万元。主要目标：全县6.58万贫困人口到2000年稳定解决温饱并改善生产生活条件，实现项目区贫困人口年均纯收入1100元，人均占有粮食375千克，人均半亩稳产高产基本农田，户均1亩经济林，户均向非农业产业转移1个劳动力，户均1.5头商品畜（黄牛单位），户均拥有农业技术3项，达到经济效益和生态效益协调发展。

3. 重点扶贫县、乡（镇）、村（2001－2010年）扶贫开发规划

2001年，国家出台《中国农村扶贫开发纲要（2001—2010年）》，明确新阶段扶贫开发工作的指导思想、奋斗目标，制定新阶段的扶贫标准、确定以县为单位新的贫困线。县扶贫办根据《扶贫纲要》要求，编制完成《重点扶贫县、乡（镇）、村（2001—2010年）扶贫开发规划》。《规划》提出，到2004年，整村推进、产业化扶贫、农村劳动力培训转移（即"一体两翼"）扶贫模式在县内广泛推广，三项扶贫工作在124个重点扶贫村有计划、分年度逐步推进实施。

《规划》涉及项目1612个，主要涉及基础设施建设、社会公益、种养业、生态工程、经济林建设、牧草种植、农技培训、劳务输出等，涉及资金8.22亿元，其中国家财政扶贫资金3.21亿元、以工代赈资金1.26亿元、信贷扶贫资金2.36亿元、其他资金74万元、部门专项资金232万元、自筹资金1.37亿元。项目实施后，受益农户4.24万户，参与项目实施人数8.38万人。

4. 县级扶贫开发规划（2006—2010）

2005年6月，县政府编制完成《贵州省扶贫开发重点县——县级扶贫开发规划（2006—2010）》，分为"十五"期间扶贫开发工作简要回顾、农村贫困现状及其原因分析、指导思想和基本原则、编制"十一五"规划的重要意义、奋斗目标和任务、扶贫开发项目体系设计、投资概算及实施计划、社会效益、规划实施和监测、保障措施、项目规划表等11个部分。

《规划》提出"生态立县、农业富县、工业强县、文化塑县"战略，到2010年底，力争解决剩余贫困人口3.02万人温饱和4.63万人低收入问题，人均纯收入2100元以上，人均占有粮食468千克以上。提出全县主导产业规划布局：草地畜牧业主要布局在钱相、戈塘、普坪、新安、新桥、坡脚等6个乡镇，优质米主要布局在新安、龙广、德卧、木咱、兴隆、平乐、钱相、龙山等8个乡镇，金银花主要布局在德卧、万峰湖、龙广、木咱、坡脚、笃山、兴隆、平乐、钱相等9个乡镇，核桃布局在海子、洒雨、戈塘等3个乡镇，板栗布局在新桥、龙山、洒雨等3个乡镇，其他水果布局在新安、新桥、德卧、坡脚等4个乡镇，烤烟布局在海子、普坪、钱相、洒雨、新桥、戈塘、平乐、新安、龙广、兴隆等10个乡镇，蔬菜布局在新安、龙广、德卧、新桥、木咱、钱相等6个乡镇，茶叶布局在新桥、兴隆、洒雨、戈塘等4个乡镇，藕类作物与招堤风景区建设和恢复十里荷花相结合，主要布局在新安镇绿海、海庄、岔河等地，力争到2010年建成草场、优质米、金银花、经果林、茶叶各6666.67公顷（10万亩），烤烟、蔬菜、藕类作物各3333.33公顷（5万亩）。

《规划》提出村级扶贫规划项目830个，计划投入资金1.8亿元（财政扶贫资金4200万元、信贷扶贫资金1850万元、以工代赈资金5511万元、部门专项资金6464万元），其中基础设施建设项目226个、社会公益事业项目146个、种植业项目182个、养殖业项目260个；县级跨片区项目14个，计划投入资金1.42亿元（财政扶贫资金3900万元、以工代赈资金2460万元、部门专项资金7810万元），其中马铃薯基地续建项目、优质米种植项目、金银花种植项目、反季节无公害蔬菜基地项目、山苍子种植项目、板栗种植基地项目、竹类种植及加工项目、食用藕生产及加工项目、优质牧草基地建设项目、农村劳动力转移培训项目、烟水配套小水池项目、海农至钱相公路项目、石盘至仙鹤坪至丫他公路项目、笃山至册亨坡妹公路项目各1个。按照"统一规划，统筹安排，渠道不乱，性质不变，整村推进，资金整合，确保效益，各记其功"的原则，规划2006年实施项目164个，投资9480万元；2007年实施项目203个，投资1.02亿元；2008年实施项目303个，投资1.07亿元；2009年实施项目142个，投资3720万元，2010年实施项目32个，投资2214万元。

5. 安龙县草地生态畜牧业产业化科技扶贫项目发展规划（2009—2014）

2009年11月，县政府编制，分“概述”“县情分析”“现状和优势”“发展规划”“项目落实保障措施”“投资概算及资金筹措”“效益分析”“附表附图”8个部分，坚持政府主导部门参与、开发式扶贫、瞄准贫困群体、科技先导、市场导向、产业化扶持、可持续发展和依法治牧原则，规划投入省级产业化扶贫资金5500万元，扶持16个乡镇共89个村，草地生态畜牧业产业化科技扶贫项目农户4308户共19385人，项目区建设人工草地2400公顷，改良天然草地1600公顷，辐射带动农户种植人工牧草1333公顷（2万亩），改良天然草地1333公顷（2万亩），建成人工草地6667公顷（10万亩），投放基础能繁母羊（牛）9.31万个羊单位，种公羊（牛）4600个羊单位，新建圈舍13.98万平方米。规划到2014年，项目区实现年末羊（牛）存栏10.98万个羊单位，新增畜牧产值1.05亿元，新增收入3684.69万元，项目农户户均实现畜牧产值2.43万元，户均纯收入增加8553元，人均增加纯收入1900元，项目区农户全面脱贫。

2009年12月7日，县政府召开专题会议，对《发展规划》的实施工作进行专题研究，决定成立县草地生态畜牧业产业化科技扶贫项目领导小组，县委副书记、县长邓修宇任组长，副县长梅俊、政协副主席辛富康任副组长；组建县草地生态畜牧业发展中心，为正科级全额拨款事业单位，定编20人。

6. 安龙县“十二五”扶贫开发规划

2011年4月，安龙县人民政府编制，分“基本情况”“总体思路、基本原则、发展目标和工作重点”“重点项目建设内容、投资概算及效益测算”“保障措施”四个部分。其总体思想为：以“开发扶贫、生态建设、人口控制”为主题，“加速发展、加快转型、推动跨越”为主基调，科学发展为主线，以贫困人口增收脱贫为核心，产业发展和能力建设为重点，整村推进为基础，整村数村连片开发和集团帮扶、整县整村推进为手段，科技进步为支撑、资源为依托，基础设施、社会事业发展和生态建设为保障，以市场为向导，实行因地制宜、分类指导，调整种植结构、种养结构、种养加结构，培育主导产业，做大做强产业规模。实施工业化、城镇化和农业产业化带动战略，推动一、二、三产业协调发展。分别选准高寒山区（主要是洒雨、海子）、石山区、深山区（全县16个乡镇均不同程度存在）、少数民族聚居较集中的地区（主要是坡脚、万峰湖、平乐）等区域，突出9个重点乡镇112个重点村，以贫困人口94068人为主攻对象，加快实现重点乡镇、村和贫困户脱贫致富步伐，力争在2年内实现产业建设、基础设施、社会事业、生态建设等方面取得重点突破，5年内基本消除绝对贫困现象。

《规划》总体目标为：到2015年，全县在水、电、路、气、房、科教、文、卫、计（生）保等民生问题上取得重点突破。实现国民经济总产值达到100亿元，年均增长22%，财政总收入12亿元，平均年增长12%，第一产业产值达到13亿元，平均年增长10%。农民人均纯收入年均递增长12%，达到5800元，5年减少贫困人口43608人，贫困人口从94608人下降到5.1万人，贫困发生率从23%下降到12%，贫困村农民人均纯收入达到或超过国家标准。在产业培育、基础设施建设、社会事业发展、环境治理和生态等领域得到全面发展，基本实现“开发扶贫、生态建设、人口控制”三大目标任务。

《规划》分类目标为：在产业建设领域，加大产业和种植业结构调整力度，大力发展能够使农民和财政增收的产业和经济作物，建设生态主导型的产业体系和经济结构；在基础设施建设领域，通过加大投入，改善基础设施和生产生活基本条件，两年内基本解决事关民生的一些重大问题，五年内整体改变安龙贫困面貌；在社会事业领域，加大基础教育和农户基本素质培训投入力度，着力改善教学环境，努力提高教学水平；建立健全和完善以低保制度为基础的城乡困难群众基本生活救助体系，按标施保、应保尽保，应扶尽扶，实现老有所养、病有所医；基本控制和有效防治重大地方病的发生；有效控制人口过快增长，全面提高人口素质；在生态建设和环境保护领域，以退耕还林工程和土地整治为重点，使生态治理和环境保护取得重点突破，基本实现“开发扶贫、生态建设、人口控制”三大主题协调发展。

《规划》提出，项目总投资715680.21万元，涉及基础设施、社会事业、产业发展、生态建设及环境治理四类项目。其中资金投向：基础建设投资共235852.07万元，社发展86557.64万元，产业发展281916万元，生态建设及环境治理共112353.51万元。资金来源：中央财政扶贫资金103241.65万元，地方财政扶贫资金3115.00万元，行业部门投入资金372557.46万元，信贷资金46990.00万元，群众自筹及投工投劳折资174099.10万元，其他资金16676万元。项目资金进度安排：2011年共规划完成投资95192.67万元，占总投资的13.3%；2012年共规划完成投资162039.77万元，占总投资的22.6%；2013年共规划完成投资182576.71万元，占总投资的25.5%；2014年共规划完成投资171035.88万元，占总投资的23.9%；2015年共规划完成投资105834.18万元，占总投资的14.8%。

（二）乡村扶贫规划

1. 一类重点乡镇、村扶贫规划

2003年11月20日，县扶贫开发办公室完成笃山乡及70个一类重点村扶贫开发规划编制工作，以基础设施、退耕还林还草、种草养畜，发展养殖业为重点，力争与其他部门规划协调一致，集中人力、物力、财力投入，提高资金利用效率。规划涉及项目1273个共2.58亿元，其中基础设施项目322个共6901万元、社会公益项目156个共2974万元、种植业项目265个共5434万元、养殖业项目427个共8829万元、生态工程及经济发展项目68个共1283万元、培训及其他项目35个共372万元。

2. 黔西南州安龙平乐乡索汪村（2001—2005）综合扶贫规划

作为黔西南州扶贫办公室规划试点村，2000年11月，黔西南州扶贫办、安龙县人民政府编制发布《黔西南州安龙县平乐乡（2001—2005）综合扶贫规划》。其总体思路为：以大力改善基础设施为基础，夯实农业基础地位；大力调整农业产业结构，以增加农民收入特别是低收入人口收入，解决贫困人口温饱为根本出发点和落脚点，从根本上提高全民综合素质，为建设小康社会打好基础。其总体目标为：在完善基础设施的同时，到2005年，全村建成文明示范户150户，八成以上农户实现通水泥路，九成以上农户建成一口以上沼气池，逐步建成66.67公顷（1000亩）优质红壳晚米基地、1000只商品鸭基地、6000只商品鹅基地，村容村貌有较大改观。

3. 安龙县钱相乡沈洪村扶贫试点规划（2001—2005）

2000年11月，安龙县人民政府编制发布。其总的思路和途径为：以稳定解决温饱遏制返贫为中心，以改善生产生活条件为重点，以提高贫困人口素质为根本，统一规划，突出重点，主攻难点，变小农经济为规模经济，走规模化、产业化之路。其总体目标为：到2005年，稳定解决贫困人口温饱问题，户户用上自来水，广播电视覆盖率、闭路电视入户100%，户均住房占地面积250平方米，村级集体经济积累达到362万元以上。

二、扶贫成效

（一）"八七"扶贫攻坚成效

安龙县自1994年起实施国家"八七"扶贫攻坚计划，2000年结束。期间，全县上下加大宣传、培训力度，不断提高农民综合素质；强化农村基层组织建设，加强部门、领导包村帮扶责任制，积极发展村级集体经济；狠抓扶贫开发工作与计划生育、科教兴农的有机结合；以贫困村为对象，以贫困户为出发点和落脚点，抓好小额信贷资金扶贫工作；加强扶贫项目资金的使用监督管理，提高扶贫资金使用效益和收回再贷率等措施，扶贫开发工作取得阶段性成效。据统计，1994—2000年，全县到位扶贫资金22049.36万元，其中中央安排扶贫资金20157.36万元（信贷扶贫资金14059万元、财政扶贫资金1094.38万元、以工代赈资金2879.98万元、支援不发达地区发展资金2124万元），省州县投入及配套资金96.2万元，宁波对口帮扶捐赠物资178.8万件，收回再贷扶贫资金1617万元。完成坡改梯5902.2公顷，有效灌溉面积从1994年的7140公顷增加到2000年的7583.33公顷，户均稳产高产基本农田从1993年的413.33平方米增加到2000年的633.33平方米。全县贫困人口从1994年的14.1万人下降到2000年底的3.015万人，农民人均纯收入从1994年的512元增加到2000年的1500元，农民人均占有粮从1994年的320千克增加到2000年的430千克。

1. 农业基础设施建设得到加强。改造乡村公路200条共2015.7千米，新公路152条共1379.7千米，通公路村由1994年的200个增加到2000年的287个，通村公路率100%；相继建成天生桥水电站、110千伏输变电线路和龙广、德卧35千伏输变电线路，通电乡镇从1994年的13个增加到2000年的16个，通电村从1994年92个增加到2000年的255个；实施"渴望工程""三小工程"，解决人畜饮水困难人口75817人、牲畜37192头，人畜饮水困难从1994年的91457人、5.77万头下降至2000年的1.77万人、2.06万头；治理水土流失8510公顷，全县森林覆盖率从1994年的15.8%上升到2000年的30.5%。

2. 农村社会文化事业得到发展。农村广播电视覆盖率1994年68.76%增加2000年的80%，电视转播台从1994年的16座增加至2000年的46座，村级地面卫星接收站从1994年的14座增加到2000年的1032座；程控电话从无到有，通程控电话实现乡乡通，通电话村达到76个，占全县总村数的26%；农村中学从1994年的13所增加到2000年的25所，小学从1994年的252所调整为2000年的202所，村级卫生室从1993年的41个增加到2000年的157个，新建卫生院2所共505平方米，改造乡镇卫生院9所共2343平方米，新建村卫生室146个共3077平方米，改造村卫生室22个共965平方米，新建乡村中学5所共31326平方米，新建乡村小学36所共11132.5平方米，改建乡村小学65所共26004平方米，适龄儿童入学率从1993年的97.2%上升2000年的98.8%，青壮年文盲率从1993年的0.54%下降至2000年的0.4%。

3. 农村基层组织建设得到改善。"八七"扶贫计划实施以后，整顿软弱涣散村级班子198个，调整村级班子354个，"空壳村"由1994年的226个下降到2000年的56个，村级集体积累1000—5000元的117个、5000—10000元的96个、1万元以上的69个。

4. 党建扶贫常态化。采取定领导、定部门、定任务，对极贫户实行项目带、资金带、党员带、富裕户带和项目、计划、资金、物资、技术落实到户的"三定、四带、五到位"措施，有45名县级以上领导和90个县直部门共500余人进驻村组开展帮扶，省州共组建扶贫工作队15个，下派干部37人，为群众办好事、实事1500余件。

（二）新阶段扶贫开发成效

进入21世纪，安龙县扶贫开发进入新的发展时期。2001年，经省人民政府批准，全县有国家重点扶持乡镇9个，其中一类重点乡镇1个、二类重点乡镇5个、三类重点乡镇3个；重点扶持村154个，其中一类重点村13个、二类重点村71个、三类重点村70个。2007年，村级整合后全县有112个重点扶持村，其中：一类重点村66个，二类重点村40个，三类重点村6个。到2012年底，先后实施国内信贷扶贫项目、财政扶贫项目、以工代赈项目、国债项目和世行养牛项目、世行造林项目、世行教育项目、西南世行扶贫项目以及宁波对口帮扶项目，有效促进全县经济社会发展，经济运行质量明显提高，综合实力进一步提升。据不完全统计，2000—2012年，全县投入各类扶贫资金55095万元。

经济总量跃上新台阶。2010年，全县生产总值完成38.06亿元，是"十五"期末的2.63倍，年均增长21.35%。人均生产总值达到1360美元；全社会固定资产投资完成28.17亿元，是"十五"期末的3.64倍，年均增长29.49%；社会消费品零售总额6亿元，是"十五"期末的2.45倍；农民年人均纯收入3328元，是"十五"期末的1.8倍，城镇居民年人均可支配收入13060元，是"十五"期末的1.74倍。至2012年，全县生产总值52.6亿元，全县全年全社会固定资产投资55.01亿元、社会消费品零售总额7.3亿元、财政总收入76166万元、公共财政预算支出165648万元、城镇居民人均可支配收入16900

元、农民人均纯收入4590元，全县小康程度实现程度为72.36%，在全省经济发展增比进位综合测评中排名第60位。

“三农”工作扎实推进。县委、县政府始终坚持把“三农”工作作为各项工作的重中之重，积极应对百年不遇雪凝灾害和百年不遇特重旱灾，大力推进科技兴农，狠抓良种普及和农业实用技术的推广运用。2010年，大旱之年粮食总产量达到19.17万吨，比“十五”期末增长8.61%，实现连续7年粮食增。推进农业产业化，规划建设“100万亩八大优质农产基地”(即20万亩烤烟、20万亩金银花、10万亩草地畜牧业、10万亩优质稻、10万亩优质油菜、10万亩经果林、10万亩茶园、10万亩蔬菜基地)，种植烤烟2426.67公顷，烟叶收购突破500万千克（10万担）大关，是“十五”期末的3.03倍，烟农收入7303万元，是“十五”期末的4.17倍；种植优质稻6666.67公顷、油菜4666.67公顷、蔬菜4333.33公顷、中药材200公顷、茶叶333.33公顷，金银花种植10133.33公顷、经果林5000公顷；新增牧草3733.33公顷，万峰湖水产养殖区被评为“农业部水产健康养殖示范场”。实施整村推进、产业化扶贫、农村劳动力就业转移培训，农村低收入人口由“十五”期末的9.63万人减少到6.28万人，全县森林覆盖率达45.78%，比“十五”期末提高5.78个百分点。至2012年，全县全年粮食产量15.32万吨，油料作物种植3217公顷，烤烟种植4335公顷，烤烟产量741.3万千克，全县农林牧渔业增加值实现11.33亿元。

新型工业不断发展壮大。到2010年，全县工业总产值完成32.1亿元，是“十五”期末的3.48倍，年均增长28.34%，工业对财政的贡献率提高到70%以上。基本建成黔西南州循环经济工业园区，规划面积23.42平方千米，以化工、冶金、建材、制造等产业为主，建成由全国500强企业河南煤化集团投资控股的贵州金宏化工有限责任公司和安龙县金宏新型建筑材料有限公司，建成年产27万吨电石、12万吨聚氯乙烯、10万吨烧碱和日产1200吨熟料“三废”利用水泥项目，2006—2010年累计生产电石60.5万吨、聚氯乙烯19.4万吨、烧碱20.6万吨，填补贵州省聚氯乙烯生产领域的空白；编制完成安龙轻工业园区规划，占地1.73平方千米，突出发展以小商品生产、食品生产、加工贸易等为主的轻工业，开发功能适宜、适销对路的食品、五金、配件、铸件、机电、仪表、皮革、工艺品等轻工产品；编制完成安龙县木纹石建材工业园区规划，占地45.54公顷，重点打造以石材产业为支撑，发展装饰材料、工艺品及新型建材为主的石材产业聚集区，承载全县乃至全州石材加工与集散，建成凤凰石材厂、闽磊石材厂；编制完成《安龙县物流园区控制性详细规划》，选址位于汕昆高速木咱匝道与县城西城区之间，规划占地2.15平方千米，拟建设成为滇、黔、桂经济区重要物流节点，黔西南州南下两广、连接北部湾经济区、中国—东盟自由贸易区的重要物流枢纽，集批发采购、包装配送、仓储服务、加工生产、电子商务、物流信息与金融服务等多种功能于一体的综合大型物流园区；抓好煤炭等矿产资源管理，建成煤矿双回路供电工程、瓦斯监测监控系统联网工程和煤炭税费远程电子监控系统，完成煤炭资源整合，2006—2010年累计生产原煤784万吨（其中2010年产量220万吨），是“十五”时期的1.79倍；冶金、电力等产业健康有序发展，2006—2010年累计生产水泥58.16万吨、铁合金21.15万吨，初步形成具有比较优势的特色工业体系。至2012年，全县全年规模以上工业增加值13.91亿元，其中轻工业增加值931.59万元、重工业增加值13.82亿元。

财政收支大幅度增长。2010年，财政总收入完成4.71亿元，是“十五”期末的2.6倍，净增29045万元，其中地方一般预算收入2.01亿元，是“十五”期末的2.42倍，净增11775万元。至2012年，全县全年财政总收入76166万元，其中公共财政预算收入44119万元，公共财政预算支出165648万元，教育、科学技术、农林水事务、医疗卫生等支出有较大幅度增长。

金融事业长足发展。2010年，全县金融机构存贷款余额分别为40.53亿元、12.18亿元，分别是“十五”期末的3.47倍、1.74倍，其中城乡居民储蓄存款22.53亿元，是“十五”期末的2.90倍，存款总额排名全州第二。至2012年，全县金融机构人民币各项存贷款余额分别为55.01亿元、19.07亿元，其中城乡居民储蓄存款32.8亿元。

城乡消费市场繁荣活跃。2010年，实现社会消费品零售总额4.8亿元，是“十五”期末的2.4倍，年均增长7.3%。商贸服务业发展步伐加快，连锁经营、物流配送等新兴产业快速发展，宾馆酒店、休闲娱乐、物业管理、社区服务等服务业不断完善；家电下乡、以旧换新等活动深入开展，实现消费收入9800万元，兑现家电销售补贴1064万元；推进“万村千乡”网络建设和城乡农贸市场建设，城乡市场体系逐步完善。至2012年，全县全年社会消费品零售总额7.3亿元，批零住餐业增加值实现2.83亿元。

第三节 扶贫项目实施

一、概况

安龙县扶贫开发工作，自1986年起，遵循国家扶贫方针、政策，逐步开展起来，到2012年，随着中央扶贫政策的改进和扶贫方式调整，扶贫开发工作逐步实现优化。在此期间，县内扶贫开发工作可以分成3个阶段：1986—1993年，开发式扶贫的起步阶段；1994—2000年，“八七”扶贫攻坚阶段，也是开发式扶贫的深化、普及阶段；2001年后，新阶段扶贫开发，亦可称为开发式扶贫与可持续发展战略结合阶段。

1991年5月，安龙县列为全省新增的15个贫困县之一。7月，成立县扶贫开发领导小组及其办公室，县政府常务副县长担任组长，领导小组办公室设在县农经委。全县全年获切块扶贫专项贷款130万元，其中用于烤烟生产96万元、“叶面宝”推广4万元、中药材试验示范5万元、精粉厂生产21万元、新光玻纤厂新上冷胶项目4万元。年末，全县贫困人口总数为16.9万人，农民人均纯收入346元，人均占有粮200千克。

1992年，全县获切块扶贫专项贷款150万元，其中用于筏子河纸板纸箱厂45万元、硫磺产品开发年产1000吨项目30万元、魔芋高产栽培30万元、试养黑山羊5万元、加入贵州省扶贫综合展销楼股金10万元、建设连片33.33公顷（500亩）中药材基地30万元。

1993年，全县省州下达扶贫项目资金300万元，全部用于农业项目，其中水果基地续建80万元、中药材基地70万元、烤烟基地80万元、油桐基地70万元，年末全县贫困人口14.1万人。

1994年，安龙县列为国家实施“八七”扶贫攻坚计划中的重点扶贫县。县委组建成立全县脱贫致富奔小康调查领导小组，组织500人历时3个月完成全县调查，印制贫困县登记簿、贫困乡登记册、贫困户登记卡，完成“县建簿、乡造册、户立卡”工作。制定下发《安龙县扶贫攻坚计划》，明确副县级以上领导每人扶贫挂点联系1—2个村；启动扶贫项目库建设，筛选工农业项目共119个。

安龙县1991－1994年扶贫项目统计表

表9-5-1

年度	项目名称	承办单位	建设规模	立项资金（万元）
1991年	油桐基地	县粮食局	1333.33公顷（2万亩）	70.00
	香蕉基地	县农业局	1333.33公顷（2万亩）	80.00
	白花泡桐基地	县林业局	3333.33公顷（5万亩）	80.00

续表 9—5—1

年度	项目名称	承办单位	建设规模	立项资金（万元）
1991 年	烤烟基地	县烟草局	1066.67 公顷（1.6 万亩）	96.00
	精制粉丝加工厂	县轻工粉厂		21.00
1992 年	魔芋试种	县开发办	33.33 公顷（500 亩）	30.00
	中药材示范种植	县开发办	33.33 公顷（500 亩）	9.00
	水果基地	县农业局	133.33 公顷（2000 亩）	80.00
	精制粉丝加工	县轻工粉厂	年产 1000 吨	50.00
	烤烟种植	县烟草局		28.00
1992 年	叶面宝推广	县开发办		4.00
	玻璃纤维加工	县玻璃纤维厂		4.00
	筏子河纸厂	县水电局		48.00
	汞铊开发	县乡镇企业局	年产汞 170 吨、铊 30 吨	115.00
1993 年	油桐基地	县林业局	1333.33 公顷（2 万亩）	70.00
	水果基地	县农业局	133.33 公顷（2000 亩）	80.00
	中药材基地	县林业局	133.33 公顷（2000 亩）	70.00
	魔芋基地	县农业局	100 公顷	80.00
	坡脚水果基地	南亚公司	13.33 公顷（200 亩）	18.00
	固体酒精复合甘油开发	县生化厂		9.00
1994 年	35 千伏输变电线路	县供电局	输电线 15 千米、变电站 1 座	50.00
	35 千伏输变电线路	县供电局	输电线 15 千米、变电站 1 座	50.00
	固体酒精复合甘油开发	县生化厂	年产固体酒精 600 吨、甘油 600 吨	200.00
	坡脚水果	南亚公司	133.33 公顷（2000 亩）	80.00
	筏子河纸厂	县城乡工业局	年产机制纸 1500—2000 吨	30.00
	110 千伏输变电线路	县供电局		200.00

1994 年，国家实施《八七扶贫攻坚计划》，县内开发式扶贫方针发生根本性转变，主要体现在 5 个方面：第一，倡导和鼓励自力更生，艰苦奋斗的精神，克服贫困农户普遍存在的“等、靠、要”思想；第二，针对贫困地区基础设施薄弱、抵御自然灾害能力较差的实际情况，国家安排必要的以工代赈资金，鼓励、支持贫困户投工投劳，开展农田水利、公路等方面的基础设施建设，改善生产条件；第三，国家安排优惠的扶贫专项贴息贷款，制定相关优惠政策，重点帮助贫困地区、贫困户发展以市场为导向的种植业、养殖业以及相应的加工业项目，促进增产增收；第四，开展农业先进实用技术培训，提高贫困农户的科技文化素质，增强自我发展能力；第五，扶贫开发与水土保持、环境、生态建设相结合，实施可持续发展战略，增强贫困地区和贫困农户的发展后劲。

同时，根据贫困地区的实际情况，扶贫开发着重扶贫到村到户，也就是国家不仅将扶贫到户作为一项重要措施，而且把解决贫困农户温饱的各项指标也量化到户。在其实践中，县内扶贫到户方式主要有以下5种：一是机关干部包扶到村到户，就是组织各级机关干部包村扶贫与贫困户结对帮扶。二是实体带动、效益到户。就是通过鼓励企业与农户合作或组建各种产业协会，建立农产品生产加工基地，实现农产品产、供、销的良性循环。三是异地开发，移民到户。就是本着自愿的原则，将贫困农户从生产条件极其恶劣的地区搬迁到条件较好的地区，实现异地脱贫。四是农村劳动力培训转移就业扶贫到户。就是对外出务工就业的农村劳动力进行职业技能培训，国家无偿补助路费将其转移到发达地区务工，从事非农产业，以此实现输出一人，脱贫一户的扶贫目标；五是小额贴息贷款扶贫到户。就是对贫困农户自选的发展项目进行小额贷款扶持，利用国家财政扶贫资金给予贴息，以减轻贫困农户的贷款利息负担。

1995年，县扶贫办筛选上报工业项目9个，州县立项转报项目6个，省开发办立项4个共842万元，其中收回再贷解决项目2个：中草药饲料添加剂50万元、500型碾米机10万元。农业切块资金到位250万元，安排项目8个：温饱工程60万元、蔬菜种植10万元、芭蕉芋种植40万元、黑山羊基地40万元、鱼苗鱼种场及稻田养鱼38万元、瘦肉型猪品种改良15万元、商品种猪基地30万元、干果基地17万元。全县全年减少贫困人口2万人，年末贫困人口总数为10.53万人。1991—1994年，省、州下达专项扶贫贷款资金1652万元，实施项目26个。

1996年，全县全年减少贫困人口3万人，农民年人均纯收入758元（老口径），人均占有粮35千克，年末贫困人口下降为7.53万人。

1997年，重点扶持海子、洒雨、普坪、梨树、钱相、平乐等6个极贫乡镇和34个极贫村，从县乡两级机关抽调干部400余人对34个极贫村进行包村扶贫，乡镇干部、村组干部、党员、富裕户每人帮扶1—2户贫困户，不脱贫不脱钩。全县到位扶贫专项贷款1400万元，其中切块到县资金1290万元，温饱工程300万元、芭蕉芋240万元、烤烟150万元、金银花种植50万元、干果种植50万元、稻田养鱼50万元、黑山羊养殖100万元、精细化工厂50万元、特种养殖50万元、“王中王”饲料加工150万元。另外，计划生育三结合专项贷款10万元、专项民族扶贫贷款100万元。采取以物放贷方式，由各乡镇农业综合服务站具体承办，主要解决贫困农户所需农资产品，覆盖全县176个村1.42万户共6.13万贫困人口。戈塘镇凉台组30余户苗族群众，利用以物放贷形式解决的杂交玉米、化肥、农药、农膜，实施地膜玉米规范化种植6.67公顷（100亩），实现该组种植业发展的历史性转变。是年，安龙县以县为单位越过温饱线。

1998年，抽调干部453人参与扶贫开发工作，到位资金492万元，覆盖贫困农户6150户共2.64万人，人均纯收入增长到1230元。

据统计，至1999年，安龙县自1994年国家实施《八七扶贫攻坚计划》后，全县到位扶贫资金22049.36万元，其中中央安排扶贫资金20157.36万元（信贷扶贫资金14059万元、财政扶贫资金1094.38万元、以工代赈资金2879.98万元、支援不发达地区发展资金2124万元），省州县投入及配套资金96.2万元，宁波对口帮扶捐赠物资178.8万件，收回再贷扶贫资金1617万元。完成坡改梯5902.2公顷，有效灌溉面积从1994年的7140公顷增加到2000年的7583.33公顷，户均稳产高产基本农田从1993年的413.33平方米增加到2000年的633.33平方米。全县贫困人口从1994年的14.1万人下降到2000年底的30150人，农民人均纯收入从1994年的512元增加到2000年的1500元，农民人均占有粮从1994年的320千克增加到2000年的430千克。

2000年底，全县绝对贫困人口（纯收入625元以下）3.06万人，低收入人口（625—865元）7.35万人。

2001年，安龙县列为全国592个扶贫开发重点县之一，全县有一类重点乡镇1个、二类重点乡镇5个、三类重点乡镇3个，一类重点村70个、二类重点村71个、三类重点村13个。

到2002年底，全县贫困人口下降到3.37万人，农民人均纯收入554元。

2003年，按照“县建簿、乡造册、户立卡”要求，制定《关于对我县贫困人口实行“簿册卡”登记制度的通知》，完成贫困人口3.37万人的建档立卡工作，其中不具备自我发展能力人口1517人、不具备基本生存条件人口1254人、开发式扶贫人口3.36万人。当年解决贫困人口温饱1890人，全县贫困下降到3.18万人(不含当年返贫人口)。

2004年，全年解决贫困人口温饱3520人，全县贫困人口由31810人下降至28290人。

2006年，调整贫困人口执行标准，全县贫困人口43680人、低收入人口30892人，农民人均纯收入1942元，人均粮食产量412千克。

2007年3月，州扶贫办下达全州净减少贫困人口任务，安龙县全年净减少未解决温饱贫困人口770人、净减少低收入贫困人口770人。村级整合后，全县有112个重点扶持村，其中：一类重点村66个，二类重点村40个，三类重点村6个。

2008年，全县实施整村推进，重点实施种养殖项目，加大脱毒马铃薯、甘薯推广和技术服务工作，全县全年减少农村贫困人口5157人。

2009年，全县全年通过基础设施和社会公益事业建设，实施脱毒马铃薯、蔬菜和草地生态畜牧业科技扶贫等，完成农村贫困人口净减少5500人任务。完成新桥中学“温暖午餐”工程，投资6万元；启动兴隆镇中心小学“温暖午餐”工程。

2010年，贫困人口执行标准调整为2300元，全县有贫困户31541户共94608人，其中扶贫户10824户共41862人、五保户486户共628人，扶贫低保户20153户共72695人；低保户7681户共13835人。2010年全县绝对贫困人口发生率为14.7%，全县农民人均纯收入3328元。

至2012年，全县有9个乡镇列为重点扶贫乡镇，占全县乡镇总数的53%，其中一类重点乡镇1个(笃山乡)，二类重点乡镇5个(平乐乡、普坪镇、兴隆镇、钱相乡、戈塘镇)，三类重点乡镇3个(木咱镇、洒雨镇、海子乡)。

二、财政扶贫资金项目

1994年，国家实施《八七扶贫攻坚计划》后，各级财政加大扶贫资金投入，至2000年，全县到位扶贫资金22049.36万元，其中中央安排扶贫资金20157.36万元(信贷扶贫资金14059万元、财政扶贫资金1094.38万元、以工代赈资金2879.98万元、支援不发达地区发展资金2124万元)，省州县投入及配套资金96.2万元。

2000年，安龙县实施财政扶贫资金项目22个共237.1万元，其中种养业项目9个共117万元：草场建设65万元、优质米建设10万元、经果林基地建设15万元、以黄柏为主的中草药基地建设5万元、高效农业示范园建设10万元、引种水稻及科技试验示范建设4万元、无公害蔬菜基地建设5万元、坡脚香蕉种植3万元；农田水利建设项目2个共35万元：兴中灌区安龙段配套工程30万元、新桥乡三份田水浇地建设5万元；交通项目3个：钱相乡级公路建设5万元、兴隆冗讲村公路建设5万元、万峰湖冗堡至马安营村级公路建设5万元；其他基础设施建设项目2个共28万元：全县农村村级基础设施建设25万元、县气象局雹房建设3万元；其他项目6个共42.5万元，主要为培训、县级文明新村建设、教育扶贫等。

2001年，省、州下达安龙县财政扶贫资金项目43个共593.12万元。

2002年，省、州下达安龙县财政扶贫资金项目46个共509.65万元，其中种植业项目3个共34万元，基本农田建设项目1个共145万元，水利建设项目11个共52.1万元，交通建设项目16个共113.2万元，教育类项目4个共55万元，卫生类项目1个共1万元，广播电视项目1个共4万元，其他项目9个共81.95万元。

2003年，省、州下达安龙县财政资金项目59个共574.18万元，其中农村通村公路项目5个共91.56

万元、烟水配套工程项目2个共10万元、人畜饮水工程项目8个共82.8万元、学校建设项目8个共64万元、农村“三室”建设项目16个共59.1万元、杂交牛品改技术推广项目3个共12.1万元、基本农田建设项目1个共150万元、种植业项目8个共97万元、养殖业项目1个共11万元、村村通广播电视项目2个共7.88万元、培训及其他项目4个共29.24万元。

2004年，省级财政审批下达项目83个共626.15万元，其中种植业项目15个共130万元、养殖业项目29个共182.05万元、农村公路项目5个共50万元、农村电力项目2个共10万元、学校建设项目2个共4万元、农村“三室”建设项目7个共21万元、干部培训项目2个共19万元、小额信贷项目1个共120万元、水利项目6个共28万元、坡改梯项目1个共120万元、其他项目13个共48.6万元，项目管理费6.5万元。

2005年，省、州审批下达财政扶贫资金项目83个共567.96万元，其中种植业项目15个共77万元、养殖业项目33个共214万元、基本农田建设项目1个共93万元、水利项目5个共59.2万元、交通项目10个共34万元、文教卫生及广播电视项目5个共55.76万元、其他项目4个共34万元。

2006年，省扶贫办继续在安龙等县建设12个马铃薯良种繁育基地，下达安龙县良种基地建设资金21万元，下达脱毒马铃薯温饱工程项目大田推广任务3666.67公顷（5.5万亩）；5月，省扶贫办下达财政扶贫专项补贴资金20万元，修建笃山坡井、坡老、王院等村通村公路；6月，省扶贫办下达到户贷款贴息资金50万元。8月，省扶贫办下达中央财政到户贷款贴息资金50万元。11月，州扶贫办下达中央财政扶贫项目管理费8万元，专项用于扶贫规划编制、扶贫项目评估等事宜。全县全年下达各类扶贫资金1527.97万元，其中财政扶贫项目158个，资金839.97万元；以工代赈资金587万元，少数民族发展资金48万元，宁波对口帮扶及社会捐助资金53万元。

2007—2009年，全县到位财政扶贫资金3231.4万元，涉及项目413个，其中2007年1001.3万元，涉及项目117个；2008年997.8万元，项目143个；2009年1232.3万元，项目153个。

2011年，全县共到位财政扶贫资金2053.9万元，到位项目35个。其中草地生态畜牧产业化项目2个共504.4万元，中药材种植产业化扶贫项目2个（金银花种植及加工）共800万元，乡村旅游扶贫项目1个共300万元，马铃薯种薯扩繁及大田推广项目2个共215万元，“雨露计划”及干部培训项目3个共38万元，省直工作队帮扶项目4个共50万元，减贫奖励项目17个共68万元，小额到户信贷项目3个共41万元，项目管理费项目1个共37.5万元。

2012年，全县共申报项目81个，申报资金8147万元，到位项目61个共5171.48万元，重点实施优质核桃、中药材、草地生态畜牧业、马铃薯、蔬菜、乡村旅游、农产品加工等产业化扶贫项目。

2001－2006年全县财政扶贫资金项目汇总

表9-5-2

年度	项目		项目投资（万元）		
	类型	个数	投资总额	中央财政扶贫资金	自筹资金
全县合计			4465.13	3636.11	420.02
种植业合计		51	474.00	458.00	16.00
2001	种植业	2	35.00	30.00	5.00
2002	种植业	3	34.00	34.00	0
2003	种植业	8	108.00	97.00	11.00

续表 9—5—2

年度	项目		项目投资（万元）		
	类型	个数	投资总额	中央财政扶贫资金	自筹资金
2004	种植业	15	130.00	130.00	0
2005	种植业	16	82.00	82.00	0
2006	种植业	7	85.00	85.00	0
畜牧业合计		79	556.47	555.87	0.60
2001	畜牧业	2	35.82	35.22	0.60
2002	畜牧业	1	17.20	17.20	0
2003	畜牧业	4	23.10	23.10	0
2004	畜牧业	30	185.35	185.35	0
2005	畜牧业	33	214.00	214.00	0
2006	畜牧业	9	81.00	81.00	0
农田水利小计		124	393.83	375.15	18.68
2001	农田水利	4	18.60	13.00	5.60
2002	农田水利	12	68.65	59.10	9.55
2003	农田水利	10	55.83	52.30	3.53
2004	农田水利	7	29.40	29.40	0
2005	农田水利	21	59.20	59.20	0
2006	农田水利	59	162.15	162.15	0
公路交通小计		106	696.49	605.39	91.10
2001	公路交通	16	137.03	73.73	63.30
2002	公路交通	17	151.00	123.20	27.80
2003	公路交通	5	91.56	91.56	0
2004	公路交通	8	50.00	50.00	0
2005	公路交通	10	34.00	34.00	0
2006	公路交通	50	232.90	232.90	0
教育合计		23	270.81	210.50	35.31
2001	教育	5	101.31	62.00	14.31
2002	教育	4	73.00	55.00	18.00
2003	教育	8	67.00	64.00	3.00
2004	教育	2	4.00	4.00	0
2005	教育	1	2.40	2.40	0

续表 9—5—2

年度	项目		项目投资（万元）		
	类型	个数	投资总额	中央财政扶贫资金	自筹资金
2006	教育	3	23.10	23.10	0
卫生、计生、党员活动室合计		51	249.71	234.40	15.31
2001	农村“三室”建设	3	69.61	55.80	13.81
2002	农村“三室”建设	2	13.50	12.00	1.50
2003	农村“三室”建设	16	59.10	59.10	0
2004	农村“三室”建设	8	28.00	28.00	0
2005	农村“三室”建设	13	44.00	44.00	0
2006	农村“三室”建设	9	35.50	35.50	0
广播电视合计		12	66.38	49.36	17.02
2001	广播电视	3	17.74	8.87	8.87
2002	广播电视	2	15.90	7.75	8.15
2003	广播电视	3	11.68	11.68	0
2004	广播电视	3	11.70	11.70	0
2005	广播电视	1	9.36	9.36	0
各类培训合计		19	282.40	277.00	6.40
2001	各类培训	3	46.40	40.00	6.40
2002	各类培训	4	33.00	33.00	0
2003	各类培训	2	24.00	24.00	0
2004	各类培训	3	26.00	26.00	0
2005	各类培训	5	135.00	135.00	0
2006	各类培训	2	18.00	19.00	0
坡改梯建设合计		7	861.00	705.00	51.00
2001	坡改梯建设	1	318.00	162.00	51.00
2002	坡改梯建设	1	145.00	145.00	0
2003	坡改梯建设	1	150.00	150.00	0
2004	坡改梯建设	3	155.00	155.00	0
2005	坡改梯建设	1	93.00	93.00	0
农村电网建设合计		12	69.26	59.00	10.26
2001	农村电网建设	3	30.26	20.00	10.26
2004	农村电网建设	2	10.00	10.00	0

续表 9—5—2

年度	项目		项目投资（万元）		
	类型	个数	投资总额	中央财政扶贫资金	自筹资金
2006	农村电网建设	7	29.00	29.00	0
其他小计		8	544.78	106.44	158.34
2001	其他	4	530.84	92.50	158.34
2002	其他	1	9.00	9.00	0
2003	其他	1	1.44	1.44	0
2006	其他	2	3.50	3.50	0

说明：表内数据采自安龙县扶贫开发办公室年度统计报表

三、扶贫培训

1994年，国家“八七”扶贫计划实施后，采取县培训乡镇扶贫干部和村级干部、乡镇培训村组干部和农户，村组干部、先进农民宣传、培训、带动农户的逐级宣传、培训模式，至2000年，全县共培训乡镇干部810人次、培训村组干部7600余人次，宣传培训农民15万余人次，向农户发放《中国贫困地区》《扶贫与开发》《农村实用技术》《贵州农业实用技术全书》《万村书库》《农民文摘》等图书资料4.5万余册。

2001—2005年，全县开展各类培训438期，培训人员16.77万人次。其中干部培训98期，重点培训《中国农村扶贫开发纲要（2001—2010年）》、新阶段“三农”问题的特点和发展思路、加入世贸组织后贫困地区的应对措施、市场营销管理知识、农业产业结构调整等，培训县、乡、村三级干部3250人次；举办绿色证书培训56期，重点培训农学、良种繁育、蔬菜、水果、村兽医员、畜牧养殖、农机等知识，培训乡村科技人才3086人次，发放绿色证书2160人；举办农民实用技术普及培训284期，重点培训脱毒马铃薯“温饱工程”、“满口香”优质稻、金银花种植、蔬菜种植、养牛、养猪等，受训人员16.13万人次。通过培训，每户农户基本掌握1—2门实用技术。

2005年5月，县扶贫办启动“农村劳动力转移就业培训工程”，至2009年共培训2000余人，实现转移就业1000余人。

2008年，全县培训农村贫困劳动力352人，有组织的转移就业173人，实现自主就业125人。

2009年，全县完成各类培训311人，其中县职业中学培训297人，转移就业260人，自主就业32人，农民初级技工送兴义市职业中学培训14人。

2011年，下拨财政扶贫资金4万元，完成农业产业化技能培训培训8期共400人、培训贫困地区干部40人。

2012年，完成干部培训84人次，县、乡扶贫干部培训5期共40人次，贫困地区基层组织负责人、农村致富带头人培训1期28人次，完成村干部、产业带头人、合作社负责人培训6人次。

四、小额扶贫贷款

1998年，安龙县启动小额扶贫贷款发放工作，其原则为：小额短期贷款，整贷零还，连续贷款，只向贫困农户发放，重点向女户主贷款，建立互助组织。8月，根据全省小额贷款扶贫培训会议要求，制定《安龙县小额信贷实施方案》，完成确定试点（新桥乡、钱相乡）、调查摸底、宣传培训、组建中心组（联保小组）、农户贷款申请、综合服务站审批等工作，全年发放小额贷款98.63万元，其中县农行直接在万峰湖、龙广、普坪发放贷款48.63万元，另在新桥、钱相两个试点乡发放贷款50万元，贷款期为1年。至年底，新桥、钱相两个乡共建立中心组14个、联保小组100个。

1999年，采取农户贷款自愿，县农业银行根据经县扶贫办核准的农户申请，到村到组直接发放到农户，半年结息一次，贷款期一定三年。全县全年累计发放小额扶贫贷款1310万元，涉及农户1.12万户共3.92万人。

2000年，全县发放小额信贷资金754.63万元，涉及农户5436户共2.15万人，其中贫困户3228户共1.34万人，其中普坪镇37.3万元、钱相乡3.53万元、坡脚乡22.7万元、万峰湖镇9.15万元、龙广镇62.5万元、平乐乡8.17万元、新安镇56.93万元、笃山乡89.9万元、新桥乡64.55万元、海子乡烤烟基地建设400万元。

2002—2003年，全县发放信贷扶贫资金9940万元，其中法人客户贷款9215万元、自然人贷款50万元、小额到户贷款675万元。其中2003年，发放小额贷款105.75万元，涉及农户494户共2099人，其中贫困户223户共958人，主要用于发展种养业，涉及的项目主要有烤烟、金银花种植和种草养畜等。

2004年，全县发放小额扶贫贷款69.12万元，涉及烤烟烤房、养牛、养羊、养猪4个项目，涉及农户380共1580人，其中贫困人口270户共1100人。

2005年，全县发放小额扶贫贷款192万元，涉及烤烟、养牛、养羊、养猪等项目，覆盖8个乡镇15个村，受益农户768户共3456人，其中贫困户310户共1250人。

2007—2009年，全县发放小额扶贫贷款1710万元，拨付中央、省财政贴息资金85.5万元，涉及农户4850户。2008年11月，省财政厅、省扶贫开发办公室印发《贵州省扶贫贷款贴息资金管理暂行办法》，规范扶贫贷款贴息资金的管理和使用。

2011年，全县共发放小额信贷扶贫资金342万元。

2012年，全县共发放小额信贷扶贫资金6500余万元，完成绿宇公司、农业开发服务公司等龙头企业贴息61.5万元。

五、整村推进项目

根据《中国农村扶贫开发纲要（2001—2010年）》，改进扶贫工作方式，以扶贫开发工作重点村为对象，以增加贫困群众收入为核心，以完善基础设施建设、发展社会公益事业、改善群众生产生活条件为重点，以促进经济社会文化全面发展为目标，整合资源、科学规划、集中投入、规范运作、分批实施、逐村验收。2004年起，按照集中连片、集中扶持、整村推进战略，对全县154个重点贫困村（一类重点村70个、二类重点村71个、三类重点村13个），分期分批进行扶持。

2004—2006年，全县实施扶贫整村推进村62个，项目147个，投入财政扶贫专项资金894万元。其中，2004年，实施整村推进一类重点村12个，实施项目23个，投入财政扶贫专项资金121万元；2005年，实施整村推进一类重点村12个，实施项目61个，投入财政扶贫专项资金290万元；2006年，实施整村推进一类重点村21个，实施项目63个，投入财政扶贫专项资金483万元。一个村不足20万元的，全部从到县资金中补足，加上坡改梯及配套小水池建设资金、涉农资金等，每个村投入整村推进村资金35万元以上。

2007年，全县实施整村推进村21个，实施项目83个，投入财政扶贫专项资金525万元。2008年，全县实施整村推进村18个，实施项目71个，投入财政扶贫专项资金450万元。

此后，未再实施整村推进项目。

六、产业化扶贫开发项目

（一）脱毒马铃薯温饱工程

1997年，安龙县列为全省12个脱毒马铃薯温饱工程基地县之一，1998年启动项目实施。

1998年，全县计划实施种薯扩繁基地6.67公顷（100亩）、大田推广1333.33公顷（2万亩），计划投入信贷资金144万元、财政扶贫资金20万元。实际到位扶贫信贷资金32万元，完成新桥乡富兴村微型种扩繁基地2公顷、大田推广79.08公顷，推广品种主要有费乌瑞它、中薯二号、中薯三号、早大白、超白等9个。

1999年，新建新安镇关桥村种薯扩繁基地3公顷，建成种薯扩大棚5个共300平方米。

2001年，全县实施种薯扩繁24.39万粒共2.89公顷，涉及新安、新桥、龙广、万峰湖、平乐5个乡镇共93户农户。

2002年，全县实施种薯扩繁50万粒，生产种薯5万千克，推广大田种植3600公顷。

2003年，省扶贫办公室下达安龙县马铃薯推广资金18万元，下达脱毒马铃薯温饱工程项目大田推广任务3000公顷。是年，全县推广“稻田免耕，稻草全程覆盖”技术，聘请朱国荣、杨修家、岑念明、韦成安4人为“脱毒马铃薯温饱工程”项目技术顾问，建立一级种扩繁基地45公顷；完成种薯扩繁8公顷，产种薯183吨；完成大田推广种植3040公顷，涉及农户3.85万户，其中贫困户2240户共9501人。

2004年，实施原种扩繁6.67公顷，收获原种51.6吨；建立新安镇五格村、洒雨镇堵瓦村原种二繁基地共26.53公顷，涉及农户222户共912人；建立一级种生产基地2个共74.8公顷，生产种薯1330吨。全县春秋两季大田推广马铃薯种植4080公顷，其中脱毒马铃薯1667公顷。推广“免耕法”马铃薯示范种植172.67公顷。

2006年，省扶贫办下达安龙县良种基地建设资金21万元，下达脱毒马铃薯温饱工程项目大田推广任务3666.67公顷。

2007年1月，省扶贫办下达安龙县脱毒甘薯高产示范基地建设33.33公顷、原种繁育工程1.67公顷、原种防虫温室大棚900平方米，配套资金12万元。5月，省扶贫办下达中央和省级财政扶贫项目资金743万元，主要实施“不同海拔地区马铃薯示范推广”等项目99个，总投资789.7万元。12月，省扶贫办下达中央和省财政扶贫项目资金19万元，实施新安镇马铃薯原种扩繁基地项目5个，覆盖农户1636户。

2008年，全县全年完成脱毒马铃薯原种扩繁9.33公顷、良种扩繁40公顷、高产示范146.67公顷、大田推广4666.67公顷，占全县马铃薯种植面积的89.2%。

2009年，完成脱毒马铃薯种薯扩繁28.97公顷，产种薯600吨，大田推广4080公顷，其中脱毒马铃薯种植3000公顷。

2011年，下达马铃薯种薯扩繁及大田推广项目财政扶贫资金215万元，完成原种扩繁19.17公顷，一级种扩繁95.83公顷，种植优质商品薯133.33公顷。

2012年，原种扩繁基地建设107.33公顷，采收一、二级原种750吨，大田推广种植342公顷，其中春播193.33公顷、秋播完成148.67公顷。

（二）脱毒甘薯项目

安龙县于2006年启动脱毒甘薯项目，至2008年9月，共投入资金15万元，完成新安镇五格村扩繁基地建设，建立扩繁大棚5个，累计生产种苗150万株，完成脱毒甘薯种薯扩繁3.33公顷、高产示范46.47公顷，全县种植面积突破200公顷。

七、草地生态畜牧业科技扶贫

安龙县草地生态畜牧业科技扶贫项目启动于2007年，当年获财政扶贫资金150万元，分别在普坪镇讲埂村、胡巷村实施，完成人工种草200公顷，修建羊圈3000平方米、青贮池100立方米，引进种公羊20只、基础母羊1820只，涉及农户82户。

2008年，获财政扶贫资金150万元。

2011年，下达草地生态畜牧业项目财政扶贫资金500万元，完成种草393.87，扶持养羊农户26户，饲养基础母羊520只、种公羊26只，建设羊舍780平方米；扶持养牛大户20户、一般户225户，饲养基础母牛及短期育肥牛1100头，建设牛舍8110平方米；种羊场完成羊舍建设710平方米、人工种草93.33。项目实际支出456.38万元，结余43.62万元调整为养牛项目农户贷款贴息资金。

2012年，省扶贫办下达安龙县项目资金共1000万元（包含2010年以奖代补项目500万元）用于发展养殖优质肉牛产业，扶持农户600户，养殖规模4800头，至2012年12月底，全县已建成100头以上的规模养牛场42个，并已全部载畜，年出栏肉牛1万头以上，年创经济效益1000万元，户均增收1.6万元以上。

第四节　对口帮扶

一、宁波对口扶贫

1996年，根据国家扶贫开发总部署，浙江省宁波市开始对口扶贫黔西南州。

2006年，县内6中小学学生4184人获宁波市捐赠图书6.86万册，涉及学校6所。

2007年5月，开展“甬黔携手，图书传递”活动，宁波市对口帮助办向龙广一中捐赠图书4.85万册、文具2000余套。

2008年，宁波市向安龙县捐赠凝冻灾害救灾资金13万元，县财政匹配8444元，购置粮食3.03万千克、棉被248床、棉衣198件、套装158套，惠及农户1381户、4702人。

据统计，1996—2010年，安龙县共得到宁波对口帮扶项目63个，资金740万元，其中宁波市政府对口帮扶项目12个共230万元、宁波各企业和社会各界人士对口帮扶项目投入到教育方面的共51个共510万元。

二、朱英龙捐助

朱英龙，祖籍浙江宁波，系台湾著名企业家朱绣山之子，台湾嘉隆实业有限公司董事长。朱绣山父子身在台湾，心系故土，时思报效桑梓。2004年以来，朱英龙积极资助安龙县教育事业发展，至2012年，共资助县内44所中小学教学楼、学生宿舍、综合楼建设项目47个，捐助资金740余万元。

另外，据统计，至2009年，宁波市及台湾商人朱英龙资助安龙县贫困学生882人，其中贫困大学生49人、小学生833人，资助资金总额15.43万元。

朱英龙援建安龙县教育项目汇总表

表9-5-3

年度	捐助学校名称	建筑面积（平方米）	总投资（万元）	自筹资金（万元）	朱英龙捐助（万元）	开工时间	竣工时间
2003—2004	龙山镇宜拉小学教学楼	485.72	16.00	8.00	8.00	2004.3.14	2004.11.9

续表 9—5—3

年度	捐助学校名称	建筑面积（平方米）	总投资（万元）	自筹资金（万元）	朱英龙捐助（万元）	开工时间	竣工时间
2003—2004	洒雨镇磨舍小学教学楼	485.72	18.00	8.00	10.00	2003.11.20	2005.1.26
2003—2004	钱相乡中学学生宿舍楼	605	25.00	12.00	13.00	2004.3.14	2004.9.20
2005	海子乡卡作小学教学楼	401.76	16.00	9.00	7.00	2003.11.25	2005.1.26
2005	钱相乡坡硝小学教学楼	411.84	16.00	9.00	7.00	2004.9.6	2005.3.6
2006—2007	新安镇法统小学教学楼	420.76	23.00	15.00	8.00	2004.11.2	2005.7.27
2006—2007	安龙一中学生宿舍	1732.5	78.00	58.00	20.00	2005.1.17	2005.7.29
2008	普坪镇中学学生宿舍	1980.97	90.80	70.80	20.00	2005.7.1	2006.5.10
2008	海子乡中学学生宿舍	2134.76	116.80	94.80	22.00	2005.7.1	2005.5.15
2008	笃山乡中学学生宿舍	1290.24	60.00	46.00	14.00	2005.3.20	2005.11.24
2008	龙广镇小学教学楼	1458.11	69.00	55.00	14.00	2005.11.25	2006.4.5
2008	龙广镇五台小学教学楼	420.67	22.00	14.00	8.00	2005.12.1	2006.5.20
2008	德卧镇伟核小学教学楼	420.67	18.00	10.00	8.00	2005.7.15	2005.12.30
2008	普坪镇讲埂小学教学楼	420.67	23.00	15.00	8.00	2005.12.1	2006.5.16
2008	龙山镇肖家桥小学教学楼	420.67	23.00	15.00	8.00	2005.12.1	2006.5.15
2008	海子乡车头小学教学楼	420.67	23.00	15.00	8.00	2005.12.1	2006.5.18
2008	戈塘镇硐广小学教学楼	420.67	22.00	15.00	7.00	2005.11.29	2006.3.15
2008	洒雨镇堵瓦小学教学楼	420.67	23.00	15.00	8.00	—	—
2009	新安镇海龙小学教学楼	1300	65.00	48.00	17.00	—	—
2009	万峰湖镇中学学生宿舍	2222	80.50	57.50	23.00	—	—
2009	木咱镇中学学生宿舍	1685	83.50	63.50	20.00	—	—
2009	安龙二中综合楼	1221	54.00	37.00	17.00	—	—
2009	龙广镇第三中学学生宿舍	1610	80.50	60.50	20.00	—	—
2010	德卧镇海庄小学教学楼	837	41.01	27.01	14.00	—	—
2010	海子乡大地小学教学楼	457.64	22.89	12.89	10.00	—	—
2010	万峰湖镇贺家坪小学教学楼	457.64	23.35	13.35	10.00	—	—
2010	笃山乡大坡小学教学楼	457.64	23.81	13.81	10.00	—	—
2010	德卧镇三角洞小学教学楼	457.64	23.35	13.35	10.00	—	—
2010	兴隆镇钢厂小学教学楼	457.64	22.89	12.89	10.00	—	—
2010.	笃山乡坡老小学教学楼	457.64	22.89	12.89	10.00	—	—
2011	新安镇作坊小学教学楼	457.64	36.00	24.00	12.00	—	—

续表 9—5—3

年度	捐助学校名称	建筑面积（平方米）	总投资（万元）	自筹资金（万元）	朱英龙捐助（万元）	开工时间	竣工时间
2011	戈塘镇科发小学教学楼	457.64	36.00	24.00	12.00	—	—
2011	洒雨镇中心小学教学楼	1401.32	72.00	53.00	19.00	—	—
2011	海子乡黄角庆小学教学楼	457.64	23.35	13.35	10.00	—	—
2012	龙山镇巧岭小学（寄宿制）	1200	92.00	76.00	16.00	—	—
2012	德卧镇停西小学（寄宿制）	1200	92.00	76.00	16.00	—	—
2013	钱相乡小学	1260	84.00	63.00	21.00	—	—
2013	坡脚乡中心学校	610	42.00	28.00	14.00	—	—
2013	万峰湖民族小学	1104	91.00	73.00	18.00	—	—
2013	兴隆小学	156	78.00	60.00	18.00	—	—
2013	平乐乡民族小学	104	52.00	38.00	14.00	—	—
2014	新安五小宿舍、食堂	1007	78.00	62.00	16.00	—	—
2014	海子乡小学宿舍、食堂	882	70.00	54.00	16.00	—	—
2004	德卧小学宿舍、食堂	1065	85.00	67.00	18.00	—	—
第一批高中学校	德卧中学教学楼	2100	95.00	64.00	31.00	2005.4.1	2005.9.3
第二批高中学校	安龙一中综合楼	8497	765.00	685.00	80.00	2003.1.1	2005.8.10
第二批高中学校	龙广中学实验楼	3881.22	152.15	114.15	38.00	—	—
2004	资助贫困学生 65 人、大学生 2 人	—	—	—	1.84	—	—
2004	资助女童 50 人	—	—	—	0.80	—	—
2005	资助贫困学生 75 人、大学生 1 人	—	—	—	2.22	—	—
2006	资助大学生 3 人	—	—	—	0.90	—	—
合计		51813.37	3169.79	2431.79	743.76	—	—

第五节　扶贫工作管理

一、扶贫项目管理

根据扶贫开发工作的总体目标和要求，扶贫项目是从扶贫开发工作目标任务和扶贫开发对象的需要出发，利用当地自然资源和条件在一定的范围（区域）内，运用各种扶贫资金和相应的工程技术措施，进行某项开发性建设，能够改善贫困乡村和贫困农户基本生产生活条件，在一定时期内取得经济效益和生态效益的投资活动。

各类扶贫项目以贫困人口为基本对象，以扶贫开发重点村为主战场，以改善基本生产生活条件和增加收入为重点，遵循公平优先，注重效益；到村到户，整村推进；集中投入，不留缺口；奖优罚劣，激励竞争的原则，按照扶贫开发规划，统筹安排，相互结合，各有侧重，优化配置，相对集中，形成合力，发挥整体效益，投向不乱的原则进行投入。扶贫项目分为五类：财政扶贫资金项目（含少数民族发展资金项目、科技扶贫资金项目、扶贫培训资金项目），以工代赈资金（含国债）项目，扶贫贴息贷款项目，国家、省、州和县级定点扶贫单位帮扶资金以及东西扶贫协作援助资金项目，扶贫项目的管理依据“明确事权，分工协作”的原则，在各级扶贫开发领导小组的统一领导下，以各有关项目主管部门为主，组织管理和实施。

项目申报严格按照“项目跟着规划走、资金跟着项目走、服务跟着过程走”的要求，在项目立项审批上，由县、乡、村分级组织编制中长期规划，并在规划前向群众公示，充分听取群众意见，组织专家或技术干部进行评估论证，按照“统筹规划、择优扶持，分级审批、公开立项”的原则，在项目选择上“立足四个优先”：扶贫效益优先、示范开发优先、产业化建设优先、群众意愿优先；在项目库建设上，做到“规范化、动态化、微机化管理”；在审批立项上，坚持“三个不予”：未通过群众讨论的项目不予入库、未入项目库的项目不予审批、未审批和县扶贫领导小组未审批的项目不予申报。

二、扶贫资金管理

扶贫资金包括：国家财政扶贫资金、以工代赈资金、扶贫贴息贷款、省级配套财政扶贫资金、国家和省定点扶贫单位帮扶资金、东西扶贫协作援助资金、国际组织和外国政府援助资金和社会各界捐助资金，主要坚持4项制度：一是实行项目资金公示公告制，所有项目的实施均分三个阶段进行公示公告，即实施前、中、后期分阶段资金使用情况分别进行公示公告。二是资金实行专账报账制，资金按进度拨付，对已拨资金进行报账后方可申请下一期拨款，资金投入30万元以上的项目采取“3331”的拨付方式，即项目启动拨付30%、中期拨付30%、后期拨付30%、末期拨付10%。对资金投入30万元以下特别是一些投入较少的项目，则采取一次拨款占大部分，留极少部分在项目竣工验收完善档案资料后划拨尾款，避免项目验收后无档案材料和减少实施单位的运行成本。三是实行项目责任追究制，项目采取法人负责制，实施前与项目法人签订责任状，明确法人和有关人员的责任，对资金使用有问题的项目将追究法人和有关人员的责任；四是专项资金审计制，项目实施结束后，实施单位做出竣工决算，并提请审计部门对项目资金使用情况进行审计，发现问题及时整改。

三、档案管理

用创新方式促进项目档案管理，为强化项目档案资料的收集管理工作，县扶贫办不断完善财政扶贫项目档案管理工作体系，建立健全档案工作制度，在档案管理工作上形成“专人负责，全程收集，县乡一致、一事一档、分类存放，长期备案”的管理模式，使档案管理制度化、规范化。在建立项目验收档案时，严格按“一事一档、分类管理”的要求，一个项目一个档案专卷，认真编制目录、序号和内容，并分类排列入柜存放。项目档案专卷包括项目申报书、项目资金下达文件、项目建设责任书、实施方案、财务票据、劳务报账和项目验收申请、验收意见表，同时要收集好项目实施每个阶段的图片、影像资料并刻盘保存，随纸质统一归档，长期保存。

2000－2012年国家重点扶持贫困县统计监测情况表（安龙）

表9-5-4

项目指标	2000	2001	2002	2003	2004	2005	2006	2007	2008	2009	2010	2011	2012
一、贫困县基本情况	—	—	—	—	—	—	—	—	—	—	—	—	—
1. 年末乡村人口（人）	—	—	386791	391211	402113	391761	405126	408500	410500	413800	417400	409944	—
2. 村委会个数（个）	287	287	287	287	287	287	287	287	287	287	287	173	187
3. 贫困乡个数（个）	4	4	—	—	—	—	—	—	—	—	—	—	—
4. 贫困村个数（个）	10	10	154	141	154	154	154	154	154	154	154	112	112
5. 贫困村人口（人）	—	—	146300	133950	176746	177800	179222	25300	197100	201200	41853	321780	—
6. 年末贫困人口数（人）	13650	13942	—	—	—	—	—	—	—	—	—	—	—
7. 当年尚未解决饮水困难人数（人）	—	—	45800	48100	35817	20717	19117	14900	9700	9262	5800	240000	—
8. 当年尚未解决饮水困难牲畜数（头）	—	—	27200	34000	28160	19960	27160	14300	13000	12873	4300	81000	—
9. 当年脱贫人口（人）	5500	5500	—	—	—	—	—	—	—	—	—	—	—
10. 当年返贫人口（人）	450	742	—	—	—	—	—	—	—	—	—	—	—
二、扶贫投资总额（万元）	2631.88	1818.52	2021.95	1250.43	1655.5	1986.68	1616.45	2797.91	3628.31	2106.2	3559.2	12178.59	24494.9
1. 中央扶贫专项贷款（万元）	1680	906	—	—	—	—	—	—	—	—	—	—	—
2. 中央扶贫贴息贷款累计发放额（万元）	—	—	530	103.25	71.6	192	23	604.16	1892.31	240	282.3	412.5	6500
3. 扶贫专项贷款收回再贷款（万元）	48	400	—	—	—	—	—	—	—	—	—	—	—
4. 中央财政扶贫资金（万元）	439.6	508	500.95	574.18	541.9	667.96	827.45	754.3	716	398	607.6	2289.5	3391.3
5. 省级财政安排的扶贫资金（万元）	—	—	30	—	47	71	30	205	311.8	704.3	—	1242.9	1780.2
6. 以工代赈（万元）	447.88	—	658	—	554	571	418	504	466.3	517	837	432	986.5
7. 中央专项退耕还林还草工程补助（万元）	—	—	276	—	—	352	200	310	96	205	—	2100	2073.7
8. 接受各种捐款（万元）	16.4	4.52	—	—	—	—	—	—	—	—	—	—	—
其中：希望工程捐款（万元）	9.7	4.52	—	—	—	—	—	—	—	—	—	—	—
9. 中央拨付低保金（万元）	—	—	—	—	—	—	—	—	—	—	—	—	4655.2
10. 其他资金（万元）	—	—	—	—	—	—	—	—	—	—	—	—	5108

续表 9—5—4

项目指标	2000	2001	2002	2003	2004	2005	2006	2007	2008	2009	2010	2011	2012
三、实际扶贫投资总额（万元）	2631.88	912.52	2021.95	1250.43	1655.5	1986.68	1616.45	2797.91	3628.31	2106.2	3559.2	12178.59	24494.9
其中：用于项目建设（万元）	1726.88	512.52	—	—	—	—	—	—	—	—	—	—	—
农户直接贷款（万元）	905	400	—	—	—	—	—	—	—	—	—	—	—
按行业分	—	—	—	—	—	—	—	—	—	—	—	—	—
1. 农业（万元）	1646.14	464.72	385	—	—	—	170	—	—	—	—	—	—
其中：种植业（万元）	1096	456	109	97	159	153	89	306.81	1365.1	134	132	2355.9	7571.5
林业（万元）	—	—	276	—	—	—	—	—	—	—	—	—	2073.7
畜牧业（万元）	550.14	8.72	—	11	161	342	81	650.3	1083.21	932.5	1786.8	2004	4100
农产品加工（万元）	—	—	—	—	—	—	—	—	—	—	—	—	350
2. 采掘业、制造业、电力、煤气及水的生产和供应业（万元）	48	—	—	—	—	—	—	—	—	—	—	—	—
3. 卫生、教育（万元）	22	83.83	108	—	—	—	89.1	—	—	—	—	—	—
其中：电视接收设施、设备（万元）	—	—	4	7.88	10	9.36	—	—	—	—	—	—	—
学校及设备（万元）	—	—	105	64	71	127.4	89.1	192	105	—	—	—	850
农村中小学营养计划（万元）	—	—	—	—	—	—	—	—	—	—	—	—	1250
乡卫生院、村卫生室建设及设施（万元）	—	—	—	—	—	—	—	—	—	—	—	—	430
卫生技术人员培训（万元）	—	—	—	—	—	—	—	—	—	—	—	—	51
4. 其他（万元）	915.74	363.98	1527.95	—	—	—	1357.35	—	—	—	—	—	—
其中：基本农田建设（万元）	201.98	—	219	150	220	183	128.15	—	—	72	360	—	675
人畜饮水工程（万元）	70	8	159	52.3	103.4	120.2	136	311	187.1	36	40	40	560
道路修建（万元）	191	71.68	713	91.56	462	184	550.2	495	713.3	510	—	385	1394
电力设施（万元）	—	—	300	—	10	—	29	29.5	11.4	—	—	—	—
技术培训及技术推广（万元）	17	40	50.95	17	19	17	54.5	25	31.4	31	31	31	—

续表 9—5—4

项目指标	2000	2001	2002	2003	2004	2005	2006	2007	2008	2009	2010	2011	2012
农村水利水电建设（万元）	—	—	—	—	—	—	—	—	—	—	—	—	1132
危房改造（万元）	—	—	—	—	—	—	—	—	—	—	—	—	980
沼气等能源建设（万元）	—	—	—	—	—	—	—	—	—	—	—	—	102
易地扶贫搬迁（万元）	—	—	—	—	—	—	—	—	—	—	—	—	552
其他（万元）	—	—	86	700.59	416.86	447	459.5	437.2	131.9	184.8	516.1	5238.69	2983.7
四、扶贫成果	—	—	—	—	—	—	—	—	—	—	—	—	—
1. 当年实施扶贫项目的村数（个）	—	—	84	85	141	187	45	215	208	157	287	173	187
2. 当年扶贫贫困户数（户）	4276	1340	17733	21250	13568	14500	14520	61450	17680	13520	25890	18190	198836
3. 当年扶贫贫困人口（人）	18173	5528	79800	95625	71250	20944	57412	262100	75100	58100	11230	76950	194860
4. 当年项目吸收贫困户劳动力（人）	508	3100	15400	—	4756	7480	4680	3520	5120	3560	1562	2860	2560
5. 当年得到扶贫贷款的农户（户）	—	—	450	516	350	640	62	3613	5514	712	960	615	1360
6. 项目经营总收入（万元）	94	—	—	—	—	—	—	—	—	—	—	—	—
7. 项目利税总额（万元）	29	—	—	—	—	—	—	—	—	—	—	—	—
8. 项目形成固定资产（万元）	318	410	—	—	—	—	—	—	—	—	—	—	—
9. 新增基本农田（公顷）	—	—	106	466	67	73.32	120	—	—	24	3990	5214	1098
10. 新增及改建公路里程（千米）	31	59	204	45	213.9	36	351	257	146	129	48	47	68
11. 新增经济林面积（公顷）	45	1059	—	—	—	—	—	—	—	—	—	—	—
12. 新增草场面积（公顷）	—	—	230	340	1820	—	840	219	533	100	320	500	—
13. 新增教育、卫生用房面积（平方米）	—	—	2837	3860	3325	11008.77	7850	7480	8910	263	—	—	5410
12. 当年解决饮水困难人数（人）	20600	15200	14800	1180	16700	15100	11200	4200	5200	438	3800	57086	1087
13. 当年解决饮水困难牲畜头数（头）	20600	—	11500	3820	7500	8200	4200	12800	1300	127	4300	19028	4565
14. 当年退耕还林还草面积（公顷）	—	—	3066	3150	467	150	56	3735	533	150	—	—	—
15. 当年组织培训参加人次（人）	—	—	32262	35269	35560	36834	35660	36160	35926	37151	2500	3250	986
16. 向其他地区输出劳动力人数（人）	1004	2450	2515	3825	1580	3044	556	2266	173	297	—	—	—
其中：向省外输出劳动力人数（人）	847	—	1684	2950	1130	3044	556	1986	173	280	—	—	—

说明：表内数据采自安龙县统计局各年度统计年鉴

第六章　农　村

第一节　农村医疗卫生

一、村级卫生室建设

20 世纪 60 年代起，县、区两级医疗机构采取短期培训等方式，为生产大队培训赤脚医生、卫生员、接生员，开办合作医疗及生产队“红医室”，开展一般常见病防治工作，承担部分防疫、妇幼保健、计划生育宣传工作。至 1995 年，经审查批准的村卫生室 118 个。1998 年，县卫生局制定《村卫生室工作职责》及妇幼保健、门诊登记和处方、消毒、卫生防疫、财务统计等工作制度，规范村级卫生室工作。1999 年，全县有村级卫生室 189 个；2000 年，有村级卫生室 219 个；2002 年，全县村级卫生室增加至 262 个，有合作医疗点 3 个，有集体所有制卫生人员 55 人。2011 年，全县村级卫生室增加至 276 个，有卫生员 285 人。

二、业务用房建设及设备购置

2008 年以来，国家分批投入资金修建村级卫生室业务用房并配备相应的医疗卫生设备，至 2011 年全县完成村级卫生室 156 个，每个卫生室按 60 平方米建设。其中，2008 年，新建村级卫生室 64 个共 3840 平方米，总投资 320 万元，其中土建 275.2 万元、设备购置 44.8 万元（每个村卫生室投入土建资金 4.3 万元、设备采购 7000 元），资金全部来自省级财政专项补助；2009 年，新建村级卫生室 35 个共 2100 平方米，总投资 199.5 万元，其中土建 175 万元、设备购置 24.5 万元（每个村卫生室投入土建资金 5 万元、设备采购 7000 元），资金全部来自省级财政专项补助；2011 年，新建村级卫生室 70 个共 4200 平方米，总投资 399 万元，每个村卫生室投入土建资金 5 万元、设备采购 7000 元，其中省级财政补助 230 万元、中央财政补助 169 万元。

2008—2011 年，国家投入资金 118.3 万元为全县 169 个村级卫生室配备吸痰器、高压消毒锅、氧气包等基础医疗设备 23 种，以提高村级卫生室的医疗水平和服务能力。

安龙县村级卫生室医疗器械、物品配备情况表

表 9-6-1

序号	物品名称	规格型号	数量
1	听诊器	单用	1 台
2	血压计	外形尺寸：350×92×50 毫米	1 台
3	便携式高压锅（带压力表）	消毒容积：18 升（ ¢280×260）	1 台
4	地站灯	立式单孔手术灯	1 台
5	身高体重计	身高测量范围 70—190 厘米，分辨率 0.5 毫米	1 台
6	吸痰器	1. 无油汞，2. 极限负压，3. 可调节范围：Mpa—极限负压，4. 抽气速度≥ 3 升 / 分钟，5. 储液瓶 1000 毫升一个	1 台
7	清创缝合包（可重复使用）	标准型	1 个

续表 9—6—1

序号	物品名称	规格型号	数量
8	氧气包	容积：30 升	1 个
9	诊查床	碳钢，规格：2000×650×650 毫米	1 张
10	器械柜	碳钢，规格：950×400×1750 毫米	1 个
11	中、西药品柜	碳钢，规格：950×420×1750 毫米	1 个
12	紫外线灯	额定功率 5—55 瓦	1 台
13	开口器	丁字式，13 厘米	1 台
14	出诊箱	铝合金，规格：360×190×210 毫米	1 台
15	担架	铝合金型材，承重 100 千克	1 副
16	治疗盘	不锈钢，规格：260×180×60 毫米	1 个
17	医用药槽	不锈钢，规格：230 毫米	1 个
18	有盖方盘	不锈钢，规格：260×240×60 毫米	1 个
19	输液架	不锈钢主管，双钩立式，可升降	1 台
20	冷藏包(箱)	规格：270×220×310，容积：6 升	1 个
21	应急照明设施	光源：LED，功率 2×1 瓦，有消防安全认证	1 台
22	健康档案柜	规格：180×900×400 毫米	1 个
23	办公桌椅	桌子：高密板、五抽屉桌，椅子：实木框架	1 套

三、村卫生室人员

20 世纪 60 年代后，县、区两级医疗机构开办短期培训等方式，为县内生产大队培训赤脚医生、卫生员、接生员，掌握一般常见病的防治工作，承担部分卫生防疫和妇幼保健工作。1995 年，县卫生行政主管部门对村级卫生组织实行统一管理，加快村级卫生人员队伍建设，村级卫生人员大多由职业高中卫生班或具有相似学历人员担任，县人民医院、县疾病预防控制中心、县妇幼保健院结合业务工作对村级卫生人员进行反复培训，不断提高村级卫生组织人员在农村常见病、多发病诊治、疾病预防控制和妇幼保健方面的业务水平。同时，部分村级卫生组织人员通过医学继续教育，参加职称考试，逐步取得执业(助理)医师资格，至 2012 年，全县村级卫生员达到 200 人，其中取得执业医师资格 1 人、取得执业助理医师资格 8 人。

四、新型农村合作医疗

简称“新农合”，是指由政府组织、引导、支持，农民自愿参加，个人、集体和政府多方筹资，以大病统筹为主的农民医疗互助共济制度。采取个人缴费、集体扶持和政府资助的方式筹集资金。安龙县自 2007 年启动新型农村合作医疗工作，制定《安龙县新型农村合作医疗实施细则》(以下简称《实施细则》)。按照《实施细则》，2007 年“新农合”筹资标准为 50 元，其中中央财政补助 20 元、省财政补助 14 元、州县财政各补助 3 元、农民个人缴费 10 元。总筹资 1522.4 万元，其中中央财政配套资金 579.5 万元 (应到位 654 万元，缺口 74.5 万元)，省财政配套资金 457.8 万元，州财政配套资金 60 万元 (应到位 98.1 万元，缺口38.1万元），县财政配套资金98.1万元，农民缴费资金327万元。各级财政配套资金直接划入县财政局“新农合资金专户”，农民缴款由乡镇收缴后直接划入县财政局“新农合资金专户”。

至2012年，全县全年筹措城乡居民医疗保险资金达到10515.52万元，住院报销5285万元、门诊报销1934.47万元。

第二节　农村危房改造

据调查，2008年安龙县共有各类农村危房28430户（含地质灾害户），占全县农户总数的26.57%，其中一级危房11454户、二级危房10123户、三级危房6853户。

2009年5月，住房和城乡建设部等三部委发出《关于2009年扩大农村危房改造试点的指导意见》，提出完成陆地边境县、西部地区民族自治地方的县、国家扶贫开发工作重点县、贵州省全部县和新疆生产建设兵团边境一线团场约80万农村贫困户的危房改造。2008—2009年，省、州下达安龙县农村危房改造任务3148户，安龙县全面完成任务，同时整合国土、民政、发改等部门项目资金，搬迁安置408户，解决1.52万人的住房安全问题。

2010年4月，住房和城乡建设部等三部委发出《关于做好2010年扩大农村危房改造试点工作的通知》，提出2010年中央扩大农村危房改造试点实施范围是全国陆地边境县、西部地区县、国家扶贫开发工作重点县、国务院确定享受西部大开发政策的县和新疆生产建设兵团团场。经省政府批准，安龙县作为全省5个、全州唯一实施农村危房改造工程“整县推进”的试点县，农村危房改造总任务数为26113户（其中一级危房8947户、二级危房10808户、三级危房6358户），中央、省、州、县级财政补助资金共计1.36亿元。任务下达后，县委、县政府成立以县长为组长，纪委书记和5个副县长为副组长，各乡镇长和县直相关部门负责人为成员的领导小组，抽调25人组成技术服务组、纪检督查组、办公室、宣传报道组、财务组。

为确保危房改造整县推进工作的顺利进行，县委、县政府建立副县级领导干部挂帮制，23名副县级领导干部挂帮到16个乡镇，深入基层、靠前指挥，帮助乡镇协调解决“危改”工作中的困难和问题；建立经费保障制，划拨152.5万元解决县、乡两级工作经费；建立领导干部包保制，抽调县、乡两级干部包点包户，实行定村寨、定农户、定标准、定时间，包建筑质量、包施工安全、包改造效果的“四定三包”责任制；建立工作督查制，由县“危改”督查组对16个乡（镇）危房改造工作进行督查，责令存在问题的乡（镇）限期整改；严格执行问责制，对工作进度缓慢的乡（镇）主要领导、分管领导及相关责任人进行问责。实行部门联动，各单位在“危改”工作中各司其职、各负其责，密切配合、协同作战；安排县直部门和省、州驻县单位帮扶改造任务较重的60个村，实施重点帮扶。举办“危改”工作培训班、村镇建筑工匠培训班，培训4600多人（次）。

全县危房改造工作中，集中力量优先对五保户、低保户、困难户等困难群众和茅草房、一级危房等一批危险房屋进行改造，通过民主评议、张榜公示等形式，把好“危改”对象评审关，全程接受群众和社会监督。

在实施农村危房改造过程中，注重与村庄整治相结合，与新农村建设相结合，与村级规划相结合，与环境治理、扶贫开发、产业结构调整相结合，整合资金1100万元，用于新安镇海庄、戈塘镇香车河、钱相乡打凼、万峰湖镇坝盘等6个村庄整治点的民居改造、环境美化及基础设施建设，促进整治点的农村产业结构调整和乡村旅游发展。

2011年12月22日，省检查验收组对安龙县农村危房改造“整县推进”工程验收合格，认为安龙县实施农村危房改造亮点突出，已在全县范围内基本消除农村危房。在农村危房改造“整县推进”工作中，全县共完成农村危房改造26834户，其中拆除重建13849户，维修加固12985户，超任务数721户，切实解决12.56万人的“住有所居”问题。

但是，由于在农村危房改造整县推进过程中，赶时间、赶进度，在房屋建设特色上缺少指导，致使全县少数民族地区独具特色民族建筑在改造中遭到毁坏，建成后的房屋成了千篇一律的钢筋混凝土“火柴盒”。

第三节　新农村建设

1994—2003年，安龙县逐步将公路沿线和具有历史文化、民族等特色的部分行政村纳入新农村建设规划，开展村庄建设。

2004年，州委、州政府批准龙广镇纳桃村创建“生态家园文明示范村”，完成该村道路硬化、村庄绿化、庭院净化等基础设施建设。

2005年，钱相乡以农家小院为基础建家园、以改变村民群众的居住环境建花园、以乡为重点倡导文明健康生活方式建乐园；开展治穷变富、治愚变智、治脏变净，沼气池、改水、改厕、改灶、改路、改厩，绿化、美化、硬化、亮化，倡导文明健康生活方式，引导有条件的村寨挖掘民族文化，开发风情旅游；调整农村产业结构，发展种草养畜、果蔬种植，发展庭院经济和“农家乐”餐饮业，增加群众收入。

全县推出“三园五好村”20个。新桥镇洒垤、平乐乡索汪、戈塘镇洞广、钱相乡打凼等村，利用生态环境和民族文化，开发民族生态风情旅游，开展“农家乐”餐饮业服务；龙广镇十二份和新桥镇沿国道324线的村，利用交通优势和气候条件，大规模发展经果林和蔬菜种植2666.67公顷，形成绿色产业带。全县涌现出“小草场、小果园、小菜场、小鱼塘”等产业结构调整诸多亮点，以生态农业旅游、草场、蔬菜、经果林为主的农业产业化规模和水平有明显提高，社会、经济和生态效益十分明显，新农村建设初见成效。

2006年，贯彻《中共中央、国务院关于推进社会主义新农村建设的若干意见》和《中共贵州省委、贵州省人民政府关于推进社会主义新农村建设的实施意见》，按照“生产发展、生活宽裕、乡风文明、村容整洁、管理民主”的要求和“群众为主，政府引导；因地制宜，规划先行；分类指导，稳步推进；突出重点，整体推进；创新机制，务求实效”的基本原则，选定新安镇五格村、龙广镇纳桃村、钱相乡湾水井村、笃山乡小堡云村、德卧镇大水井村、坡脚乡八坎村、戈塘镇洞广村、海子乡陇桥村共8个村作为县级社会主义新农村建设试点村，新桥镇荷花村作为州级试点村、龙广镇狮子山村作为省级试点村。对省级新农村建设试点村（龙广镇狮子山村）和州级新农村建设试点村（新桥镇荷花村）进行规划。

2007年，实施“农家课堂”培训工程。全县287个“农家课堂”开展特色种植、特色养殖、加工、市场营销、劳务技能等30多类技术培训共1089期，建立实践示范基地883个，培训党员和群众骨干5000多人，其中1600多人获得“绿色证书”或达到农民科技员水平。编制完成龙广镇狮子山村（省级试点）、新桥镇荷花村（州级试点）新农村建设试点消防规划。

2008年，县委、县政府及新安镇协调整合“一事一议”、农村危房改造、水利等项目资金174万元的支持，成功帮助新安镇箐山村实施37户生态移民搬迁，建成水窖100口，改造危房110栋，修筑白坟、作坊、回龙3个村民组水泥路3千米，为17户种养大户提供滚动扶贫资金。新农村试点村形成以经济作物种植和禽畜养殖为主导产业的格局，推广“养殖—沼气—种植”“果—草—牛”等三位一体生态发展模式。新安镇大坪社区面向市场调整种植结构，发展蔬菜基地100公顷；笃山乡拉坡村21名农民组成建筑队，前往非洲安哥拉开展工程建设；纳桃村实施“改厕、改水、改路、改灶、改圈”工程，建成沼气池329口，配套实施改厨、改厕、改圈、改灶300余户。

2009年，围绕生态环境改善、森林资源保护、巩固退耕还林成果、美化农村环境、提高农民生产生活水平、促进农民增收，多措并举实施沼气生态家园富民工程，推广“猪—沼—菜”生态模式，促进“沼气、沼液、沼渣”综合利用。全县全年新建农村户用沼气1899户，完成大型沼气工程3个，集中供气农户达100户，受益7000余人。

2010年，围绕调整种植结构，打造“一镇一特”“一村一品”现代生态特色产业，集中连片规范化、标准化、科学化种植，促进农民增收。洒雨镇科学规划，合理布局，把茶叶产业作为“三农”工作的重要抓手，引进优质茶叶品种，按照“高产、优质、高效、生态、安全”要求，做大做强茶叶产业，茶叶种植200多公顷，实现“兴一项产业、活一地经济、富一方百姓”目标；龙山镇从浙江引种大佛龙井茶、西湖龙井1号、龙井43号，规划建设万亩茶叶基地；德卧镇大水井村在扩大金银花种植面积的同时，发展金银花育苗，带动周边农民致富；平乐乡坡炎村小洞子组种植莪术、苦参、前胡、板蓝根、玄参、韭菜根、姜黄等中药材80公顷。龙广镇狮子山村新建进户路硬化2.85万平方米、修建公厕1座，集中垃圾处理场1个。以“箐山经验”为范本，在戈塘镇香车河村、龙山镇下坛村、德卧镇大水井村等10个村创建农村基层组织“党建示范点”，推广“箐山经验”。全县200多个村种植烤烟，走烤烟种植规模化产业化发家之路。

2011年，县委、县政府整合村庄整治、农村危房改造、“一事一议”财政奖补等项目工程资金，培育农村经济发展的“亮点”，启动改善“香格里拉”戈塘镇香车河村、“布依族民族音乐的活化石”“布依八音之乡”万峰湖镇坝盘村、“十里彩岩”龙山镇下坛村等10个乡村旅游景点的基础设施建设，硬化水泥道路16条总长18.6千米、宽3.5米，修筑青石板路两条总长1.1千米、宽3.5米，修缮明、清时代遗存古民居100栋，同步推进社会主义新农村建设和乡村旅游业开发。

2012年，以改善农村生产生活条件、调整产业结构、培育主导产业、增加农民收入为着力点，整合交通水利、农村危房改造、村庄整治、电网改造、“一事一议”财政奖补、烟草配套等各项项目资金，完成农村危房改造“整县推进”工作达标验收，开展村庄整治工程，美化亮化乡村，促进乡风文明，推进新农村建设。其中龙山镇按照“镇矿共建、村矿互动、以工哺农、工农互促”的发展理念，走出一条矿山企业结对帮扶农村发展新路子。

龙广镇纳桃村 2004年，创建“生态家园文明示范村”工程，实施五改（改厕、改水、改路、改灶、改圈）、五通（通路、通水、通电、通电话、通电视）、五化（硬化、净化、绿化、亮化、美化），建成沼气池329口，配套实施改厨、改厕、改圈、改灶300余户。2006年，列为县级新农村建设试点村。争取资金投入1040万元，硬化连户路4.2千米，基本实现户户通水泥路；改造自来水主管道1200米、分管道4400米；建起沼气池392口，占总户数的85%，改灶300户，改厕400余间。在通组路旁种树1万株、养花6000盆，安装路灯150盏。改造龙广中心河2.8千米，修建机耕道6.4千米，修建灌溉渠10.8千米，实现水、电、路、电话、广播电视“五通”。依托沼气建设，推广“养殖—沼气—种植”“果—草—牛”三位一体生态发展模式。2010年，全村年人均纯收入3290余元，形成生态畜牧养殖、优质米精深加工、外出务工等三大产业。全年大牲畜存栏4万余头，创产值4000多万元；从事运输、加工170余户，年创产值4000余万元；每年外出务工1400余人，年收入800万元。2011年，投资8万元，建成纳桃村温馨计生园。2012年，提出“产业富村、劳务强村、生态兴村、文明旺村”的发展思路，定期开展“无辍学、无不孝之子，无违法乱纪，有理想、有技术、有道德”的“三无三有”“关爱女孩”“关心留守儿童”“敬老爱幼”活动。建成村民娱乐场所10处，安装照明灯150盏。村内生态良好，村容整洁，一派祥和，成为全县新

农村建设的样板，是全国敬老模范村。

新安镇箐山村　箐山村是新安镇边远、贫困、落后的行政村，村民极大部分散居在深石山中，居住条件恶劣，基础设施滞后。2008年，县委、县政府及新安镇政府协调“一事一议”、农村危房改造、水利等项目资金174万元，实施生态移民搬迁37户，建成水窖100口，改造危房110栋，修筑白坟、作坊、回龙3个村民组水泥路共3千米，惠及白坟组、杉树组等5个村民组200多户群众1000多人，为种养大户17户提供滚动扶贫资金。2009—2010年，全村种植金银花866.67公顷（1.3万亩），成为“万亩金银花村”，养殖肉牛500余头、猪5000头、生态鸡1万只，种植优质核桃133.33公顷。至2010年，全村农民人均纯收入3200元，是2007年的4倍多。2011—2012年，继续创造性地丰富发展“箐山经验”，完善农村基层组织建设与农村经济互动发展的新型模式。

龙广镇狮子山村　狮子山村是安龙县的西大门，东与龙广镇双合村、小场坝村接壤，南与坡关村相连，西与兴义市郑屯镇民族村毗邻，北接龙广镇纳万村、柘仑村。总面积7.24平方千米，辖田坝、丁屯、曹屯、桐柏、马儿田、柳树塘、坎叠、岩脚等13个村民组，2006年，全村共1124户人家5393人，其中少数民族占72.4%。2006年以来，狮子山村列入社会主义新农村建设试点村和省民委实施的“民族团结进步示范”和“电脑农业”示范村，成功举办六届春节联欢晚会、重阳节活动，“三月三”“六月六”“对情歌”等传统节日从无中断。2010年，争取资金80多万元，硬化进户路2.85万平方米，修建公厕和集中垃圾处理场各1座。水烟筒加工、棕绳加工、石碑打造、家禽孵化等，蓬勃发展；早熟玉米、脱毒马铃薯、反季节蔬菜栽种，初具规模。修建文体活动场所3处，民族活动室、党员活动室各1处，水渠灌溉系统逐步完善。2011年，村民李碧波获2011年度全国神内基金农技推广奖。2012年，启动烟水配套工程，完成提水泵站、高位水池、蓄水调节池建设，安装、铺设管道，从根本上解决烟地抗旱难题。获贵州省农民文化家园定点建设经费3万元。

坡脚乡八坎村　位于坡脚乡西部。2010年年末，全村辖7个村民组289户1409人，主要居住着布依族和苗族，属典型的少数民族村寨。寨中山青水秀，清澈见底的河水蜿蜒向南长流，千年古榕群遮天避雨，其根须盘旋交错蜿若盘龙嬉戏，出产的果蔗因清脆甘甜而享有盛名，布依民居吊脚楼别具特色。八坎村历史文化悠久，清朝中期建立八坎寨，民国年间和新中国成立初期曾经建乡。八坎村有三处古榕树群，古榕树20余株，树龄均在100年以上，树叶茂盛、形状各异、长年绿叶，几棵树就形成一片森林。

笃山乡龙井村　位于县境东北面。2010年年末，全村辖14个村民组456户2091人，总面积7.92平方千米，耕地面积210公顷（水田20.53公顷、旱地188.27公顷），山多地少，属典型的喀斯特地貌深石山区。主要以传统种植和小规模养殖为主，生产生活水平一直很落后。2000年以来，特别是现代远程教育站点建成后，该村围绕建设社会主义新农村目标，本着“一点多用、一站多能”工作思路，着力打造综合站点，抓好学用转化，拓宽群众致富门路。2010年，编制完成《安龙县笃山乡龙井村新农村建设规划》，确定“做大两产业（烤烟、金银花）、修建三条公路（政府—村中心油路、上坪—长田—瓦厂公路改造、上坪—下坪通组公路）、打造一个布依特色旅游业”的“231”工作思路。开发村境天门、天坑、溶洞等旅游资源，抓好交通基础设施、能源建设，抓好基本农田建设和土地开发整理、解决好人均半亩高产田问题，抓好农村信息化基础设施建设，依托村远程教育站点培育新型农民，加快农业产业化步伐，多形式发展农村经济，搞好农业综合开发，大力发展现代农业，促进农民增产增收，将龙井村打造成集观光旅游、休闲娱乐为一体，人与自然和谐相处，而又具民族特色的新农村。2011年，龙井村以笃山乡核桃产业发展规划和新农村建设规划为指导，以调整产业结构和群众脱贫致富奔小康为目标，立足资源优势，将重心落在发展特色经果林产业上，完成核桃种植40.33公顷，实现人均纯收入2988元。2012年，国家人口计生委和中国计生协会授予龙井村2012年度全国人口和计划生育基层群众自治示范村（居）称号，全村实现人均纯收入3623元。

新桥镇荷花村 荷花村是州级新农村建设试点村。2000年后，荷花村先后争取通村公路、人畜饮水工程、优质玉米水浇池配套工程投入资金100余万元，修建通组公路13千米，九成以上农户接通自来水，建标准牛圈70户，修建小水窖109口。2006年，列为州级新农村建设试点村，每年州里拨给新农村建设专项资金10万元，修建水泥串户路9.5千米；投入160多万元，修建水浇池300多口、沟渠7000多米、提灌站2个，16个组实现组组通公路。2007年后，荷花村投入30多万元，改造毛路、断头路、年久失修路6千米，新修村组路5条共12千米；投入资金20多万元，修建进组入户硬化路10千米。2011年，荷花村争取通村通组公路、人畜饮水工程、优质玉米水浇池配套工程资金100余万元，修建通组公路13千米，修建小水窖200余口、沼气池540口。采取“专业合作社＋养殖场＋农户”模式，开展胚胎移植合作制种和人工授精生产肉牛，大力发展“牛—沼（粪）—草（菜）”循环农业，100多户养牛户脱贫致富。2012年，完成通村、通组、入户道路硬化17.8千米，直接受益2500余人，建成人畜饮水、农田灌溉用水工程5个，解决16个组生产生活用水问题；发展经果林达266.67公顷，纯收入达200万元；投入资金6万元，示范种植早熟核桃和栎叶枇杷166.67公顷；建成肉牛养殖小区4个，优质肉牛存栏480多头；种植烤烟43.33公顷。

附：

古风打凼

胡学胜

打凼村位于安龙县城东北部，隶属钱相街道，距县城16千米，距钱相街道驻地6千米，全村辖湾子、大寨、坪寨、纳冗、河对门5个村民组，布依族人口占98.5%，先后被省、州、县授予“民族民间武术村”“文明村寨”“五好村”“青年文明之家”“治安模范村”“无毒害村”“五好基层党组织”及“三无两有”先进村等荣誉称号。2014年9月，被国家民委命名为“中国少数民族特色村寨”。

打凼村风景秀丽、环境幽雅、林木葱茏、古树参天，一条清澈碧绿的小河从寨前“叮当”流淌，岸边垂柳，河上古桥，桥头是炊烟袅袅的农家，还有那“三绝”“三谜”，令人神秘向往。

“三绝”与“三谜”

第一绝，是打凼村生长着56株树龄为数百年至千年的重阳树，树龄究竟多长至今仍是个“谜”。重阳树素有“美木”之称，在植物学上属大戟科，已列入古树名木名录，是有名的长寿树，只生长于长江以南。如此众多的重阳树生长一起，构成了一个密度很高且保存较为完好的天然古植物群落，为全省唯一，极具观赏与古生态研究价值。其中最古老的一株是村里的图腾树，胸径3米左右，需5人方能环抱，另有一株藤缠树，粗壮的树藤缠绕古树而上。这些古树或排列于寨中心风情楼畔，或植根于村寨旁边，枝繁叶茂，绿意盎然，古树下常是村里最热闹的地方，是村民纳凉、休闲、活动、聚会的最佳场所。

第二绝，是打凼村表土之下埋藏着“万年化石”，化石何时形成仍是个“谜”。打凼村民先祖搬到打凼的时候，当地就是一个极大的淡水湖，称为“凼”，这也是打凼村名的由来。后经沧海桑田的变幻，才有了今天的模样，而过去的痕迹则被定格在了一块块古化石上。当地村民取之作为房屋砌石之用，形态特殊，古色古香，构成了化石的古村落。

第三绝，是打凼村别具一格的武术，其流派至今仍是个“谜”。1992年11月，安龙县被国家体委评为“全国武术之乡”，打凼武术功不可没，其招式自成一家，不属国内其他流派。目前年龄最大的两位武术老人均已80高龄，天天演武不辍，村里男人几乎人人都会武术。据说村民早先学武术是为了不受外人欺负，后来一代传一代，这套武术成了打凼村最有特色的一绝。

天然生态环境与旖旎风光

打凼村生态良好，没有污染企业，全村森林覆盖率达90%以上，山高林密，郁郁葱葱，空气质量等级很高，是一个高质量的天然氧吧。

打凼村水源丰富，水质优良。打凼水源主要源于钱相村的母亲河——湾湾河，有丰富的山泉水作补充，水流清澈见底，流经村寨家家户户，在村寨旁形成了一个小型瀑布和一个十亩见方的水潭，构成了一幅“小桥流水人家”的天然水墨山水画。

在寨旁矗立着高达百米的绝壁，山光水色，相映成趣。坪寨组后山脚下，有一片青冈林，枝繁叶茂，是良好的休憩、青年谈情说爱和浪哨的场所，当地人称情人坡。青冈林上方，有两泉出于山中，泉水清冽，终年不绝，称为鸳鸯泉。坪寨组另有一泉，当地人称珍珠泉，泉眼处每隔三五秒向上冒气泡数串，气泡由小而大翻滚而上，形如珍珠。

从打凼向东至坡硝村界，有一片面积1000余亩的水淹地，这片地原先本是一个天然淡水湖，1960年至1972年间，当地村民围湖造田，打穿了引水隧洞，使湖水外泄成田。若把落水洞堵上，则可恢复原先的淡水湖，湖中有峰，形如玉笔，名玉笔峰，将可体验“舟行碧波上，人在画中游”的自然风光。

多彩的民俗文化

据村里人说，打凼先民分别来自江西、湖广和山西太原，称“京兆氏”和“太原氏”，现在村里还立有“京兆氏”和“太原氏”的牌坊，历史渊源久远，在长时间的历史进程中，形成了信仰、居住、服饰、饮食、节庆活动等多姿多彩、古意盎然的民俗风情。

悠远的“重阳文化”。打凼村生长的重阳树，树形高大优美，雌雄偶生，长寿耐腐，水陆两栖。每到春暖花开之时，据说它们总是以独具万木之灵的习性，雄树开花不结果，雌树结果不开花，更神秘莫测的是闰年开复穗花，不闰年开单穗花，形成了人性化的生态多元现象。古人以九为阳数，九九相合即为重阳，重阳树与重阳节、老龄树与老年节是生态文化与人文文化的融合，这其中潜藏着深远的历史渊源和丰富的文化信息。打凼村重阳文化历史久远，每年重阳节举行百叟宴，花甲以上的老年人齐聚一堂开怀宴饮，饭后丝竹管弦自得其乐。

“孝文化”与“和谐文化”。打凼村民有着久远的尊老爱幼、父贤子孝、妯娌和睦、婆媳得宜的优良传统，十分注重孝道，寨中一座林木蓊郁的小山名慈母山。据传，清乾隆年间，打凼村有一位非常慈祥睿智的老母亲，经常向村民传播孝道，使得打凼村民团结友爱、和睦相处。后来，打凼洪水泛滥，淹过寨子，其子背着老母亲爬上寨中小山上躲避山洪，当他再下山救乡亲的时候不幸被洪水卷去，老母亲也因思念儿子不久逝世。村民感念老母亲向村民传播孝道作出的贡献，把这慈祥的母亲葬在山顶，把寨中小山称为慈母山，建慈母庙、立慈母碑纪念。此后有妯娌、婆媳、父子、兄弟不和睦的，到慈母山上凭吊倾谈，矛盾全都化解。至今，打凼仍有“家庭美德十要”“生活习惯十要十不要”“妯娌相处四不谈”“当好婆婆八要八不要”等良好作风，被省委、省政府，州委、州政府，县委、县政府多次授予“文明单位”“先进集体”“文明村”“五好基层党组织”等荣誉称号。

多彩的节令习俗。打凼村经过多年的民风民俗积淀，形成了哭嫁、拦门酒、对山歌、祭祖、祭山等生活习俗。正月初一打糍粑，正月十五闹元宵，三月三祭祖，六月六祭山，重阳节开百叟宴，还有包粽粑、唱山歌、青年浪哨、打保福等习俗。其中打保福是打凼孝文化的延伸，通过举行盛大独特的仪式、唱说优美的祝福语言，祝福受福者长命百岁、幸福安康，是一项参与性很强的活动。

特色娱乐竞技，有演武、推磨、舂臼、陀螺、斗鸡等习俗。原先未围湖造田时，打凼湖上还举行端午龙舟赛。

丰富的文艺节目。打凼民族风情浓郁，村民能歌善舞，在长期的生产生活中形成了布依古歌、簸米谣、竹竿舞、篝火舞、纺布、舞龙、舞狮、八音坐唱等众多特色文艺节目。其中八音坐唱曲调优美，词句动人，极具特色，其中一首歌词为："打凼山寨傍山林，万年化石垒成墙。千年古树景色秀，清澈河水绕寨行。画眉声声入画景，布依山寨布依情。喜迎四面八方客，便当米酒敬亲人。"

神秘的掌故传说。打凼还有许多神奇有趣的掌故与传说，如赶山、云盘洗马、卖河契、告水状纸等等，把打凼衬托得神秘而富有韵味。

第七章　农　民

第一节　减轻农民负担

20世纪80年代末以来，中共中央、国务院将减轻农民负担作为农业农村工作的重要内容，一再出台措施减轻农民负担，直至2005年全面取消农业税。期间，全县减轻农民负担工作大体可分为四个阶段：

第一阶段：1990—1992年。1990年3月，国务院发出《关于切实减轻农民负担的通知》，明确指出向农民收取的提留统筹费不得超过上年农民收入的5%；9月，国务院下发《关于坚决制止乱收费罚款和各种摊派的决定》，把减轻农民负担工作纳入全国治理"三乱"的总体部署。1991年12月，国务院颁布《农民承担费用和劳务管理条例》；1992年8—10月，国务院委托农业部、监察部和国务院法制局组成检查团，在全国范围内治理"三乱"，拉开减轻农民负担工作的序幕。在此期间，县人民政府相继出台文件，成立治理"三乱"工作领导小组，在全县范围内开展全面治理"三乱"工作，努力减轻农民负担。

第二阶段：1993—1996年。1993年3月，中共中央、国务院发出紧急通知，要求各地涉及农民负担的文件和项目一律先停后清；7月，中共中央办公厅、国务院办公厅发布《关于涉及农民负担的项目审核处理意见的通知》，取消中央和国家机关37项涉及农民负担的收费、集资和基金项目以及43项达标升级活动，纠正10种错误标准的收费方法。1995年8月，全国农民负担监察管理工作会议在北京召开，国务院副总理姜春云在会上宣布"约法三章"：近几年来党中央、国务院出台的一系列减轻农民负担的基本政策不变，已经明令取消的项目不准恢复；暂停一切涉及加重农民负担的项目审批；各地农民负担提留统筹费不允许突破5%的乡镇出现。在此期间，县人民政府在贯彻执行全国农民负担监察管理工作会议精神的同时，组织县监察局、财政局以及税务部门加大治理力度，稳步推进减轻农民负担工作。

第三阶段：1997—1999年。1996年12月，中共中央、国务院作出《关于切实减轻农民负担工作的规定》，指出"全党务必从政治、全局的高度看待这个问题，采取有效措施，切实做好减轻农民负担工作"。1998年7月21日，中共中央办公厅、国务院办公厅下发《关于切实做好当前减轻农民负担工作的通知》，要求1998年农民承担的提留统筹绝对不得超过1997年预算数；10月，中共十五届三中全会作出《关于农业和农村工作若干重大问题的决定》，指出"合理负担坚持定项定额，保持相对稳定，一定三年不变"。国务院成立由财政部、农业部和中央农村工作领导小组办公室3个部门主要负责人组成的农村税费改革工作组，着手研究制定新的改革方案，适时转向税费改革。1999年，全县减轻农民负担工作重点是治理教育乱收费，财政、监察、税务、物价部门抽调人员组成治理教育乱收费工作队，全面清退全县中小学乱收费。

第四阶段：2000—2006年。2000年3月，中共中央、国务院下发《关于进行农村税费改革试点工作的通知》，安徽省率先在全省范围内进行了税费改革试点。2002年，税费改革试点工作在全国20个省份展开；2003年，全面推开农村税费改革试点工作。

安龙县税费改革工作在2002年全面展开，大体可分为5个阶段：

第一阶段，4—5月，组织领导、宣传动员和业务培训。成立县农村税费改革领导小组，县委书记担任组长、县长担任副组长，建立党政领导"抓点调研"制度，成立督查组，建立工作责任制，通过广播、电视、标语、公告、简报、专栏、板报等形式广泛宣传，让广大群众做税费改革的明白人。

第二阶段，6—8月，制定税费改革方案和相关配套措施。按照"三个百分之百"要求，对全县农民税费负担摸底调查、核实、登记、造册、张榜公布、农户签字认可，制定结合相关配套措施和实施细则。

第三阶段，8—9月，上报方案审批。制定《安龙县扩大农村税费改革试点工作实施方案》，经县委常委会讨论通过后，报黔西南州税改领导小组审核，最后报省税改领导小组审批。

第四阶段，10—11月，组织实施。按省、州税改领导小组批复的《安龙县扩大农村税费改革试点工作实施方案》，全县实施农村税费改革，按新标准征收农业税。

第五阶段，12月，检查验收和总结。按省税改办要求，对农村税费改革情况进行自查，对遗漏的工作进行整改，纠正工作中的偏差，检查验收。

2003年，按"八到户"(征收任务落实到户、张榜公布到户、纳税通知书下达到户、减免落实到户、税票开具到户、税收清册编制到户、税收结算到户、税收政策宣传到户)、"十不准"(不准借改革之机，巧立名目，变相加重农民负担；不准突破县上批准的农业税及附加指标；不准无故扩大农税征收范围；不准以任何借口向农民乱筹资、乱收费、乱罚款；不准以任何形式组织小分队到农户家中拉粮食，牵牲口，搬家具，强行征收农业两税及附加；不准收税不开票或打白条；不准将生产性费用与农业税混征；粮食部门不准以任何理由拒绝代征农业税及附加；不准代征农业税正税及附加以外的任何款项；不准截留挪用税款和附加）要求，规范征收行为，切实做好新标准农业税、农业特产税及附加的征管工作。在征收中简化手续，采取"定点、定时、定额"集中缴纳，分户开票的征收办法，正税和附加同时收取、分别入库。

第二节　国家对农民直接补贴

为调动农民种粮积极性，从2004年开始，国家对种粮农民实行种粮补贴，主要有粮食直补、水稻良种直补、农资综合直补、农机购置直补、家电下乡直补、摩托车下乡直补等。

2004年，全县执行国家直补3项：一是粮食直补按计税面积计算，每亩11元；二是水稻粮种直补；三是农机购置直补，按不超过机器价格的30%进行补贴。全县全年粮食直补9035.26公顷，省下达8500公顷，兑现补贴资金3773.91万元；杂交水稻补助5293.38万元，惠及农户84114户；水稻良种补贴67.66万元。退耕还林按每亩239元一次性补贴，全县共发放存折12944个，兑现补贴资金1722.35万元，其中粮补1589.35万元、还林管护费用133万元。

2005年，农机购置直补、水稻粮种直补标准不变，粮食直补增加到每亩13元，直补方式由现金发放改为"一折通"存折发放，此后每年的各项直补均通过"一折通"发放。

2006年，粮食直补、水稻良种直补标准不变，增加农资综合直补，标准按计税面积计算，每亩14.1元。

2007年，水稻良种直补标准不变，粮食直补标准提高到每亩13.5元，农资综合直补标准提高到每亩31.8元；增加能繁母猪饲养直补，补贴标准为每头50元。

2008年，粮食直补和水稻良种直补标准不变，农资综合直补标准提高到每亩71.9元。增加油菜良种直补，与种植面积挂钩，每亩补贴10元；能繁母猪饲养直补标准提高到每头100元。

2009年，安龙县开始执行国家家电下乡补贴政策，补贴品种包括彩电、冰箱（含冰柜）、洗衣机、手机、电脑、热水器、空调、微波炉、电磁炉和摩托车等10类，其中摩托车归入汽车下乡补贴。补贴标准为产品销售价的13%，每户每类补贴产品购买数量不得超过2台（件）。其中，2011年全县兑现家电下乡补贴882万元。

2011年，安龙县开始执行国家村级公益事业“一事一议”财政奖补政策。财政奖补资金由中央和省级财政安排，对于村民“一事一议”筹资筹劳项目给予奖补，奖补范围包括农民直接受益的村内小型水利设施，村内道路、环卫设施、植树造林等公益事业建设，优先解决村内道路硬化、村容村貌等公益事业建设。据统计，2011—2012年，全县用于村组事业“一事一议”财政奖补资金共1824.36万元，其中2011年项目惠及158个村民组。

第三节　劳务输出

1989年11月，撤销安龙县劳动服务公司，12月建立安龙县就业办公室。2011年6月，安龙县就业办公室升格为安龙县就业局，为副科级单位。

1987—1992年，为县内劳务输出高峰期，县劳动服务公司、就业办公室有组织输出和农村劳动力转移3078人。

2003年，县劳动部门统筹培训830人，有组织劳务输出农村劳动力480人。

2005年，县劳动部门统筹培训1340人，有组织劳务输出农村劳动力1215人。

2006年，县劳动部门统筹培训1064人，有组织劳务输出农村劳动力680人。

2007年，县劳动部门统筹培训1200人，劳务输出农村劳动力2010人（其中有组织劳务输出农村劳动力546人）。

2008年，县劳动部门统筹培训1892人，有组织劳务输出1892人，转移农村劳动力1714人。

2009年，县劳动部门统筹培训1160人，有组织劳务输出完成275人，转移农村劳动力4085人。

2010年，县劳动部门统筹培训838人，转移农业劳动力4185人。

2011年，县劳动部门统筹培训300人，转移农业劳动力5089人。

2012年，县劳动部门统筹培训1512人，转移农业劳动力5768人。

第四节　农民生活

一、五保户供养

1989—1992年，全县五保户基本为分散供养，或以集体提留支付供养资金，或分给责任田地由亲友或他人代耕供养，国家给予衣被和适当的救济款。1992年以后，农村敬老院陆续修建，部分五保、孤儿入敬老院集中供养。

1989年，全县发放救济款2325元，临时救济五保户38人。1990年，全县集体供养“五保户”151人，供给经费1.13万元；春节慰问475户共526人，发放慰问金5260元。1991年，全县发放救济款8985元，临时救济五保户484户共551人。1992年，全县集体供养五保户161人，集体供给经费2.1万元；进入4个敬老院集中供养20人，供养经费5200元。1994年12月，全县发放临时救济款9440元，救济五保户472人；春节走访慰问五保户451人，发放慰问金6.77万元，人均150元；全县全年发放集中供养五保经费5000元。

1995年春节，全县临时救济五保户859人共17180元；集体供养五保户674人，供给经费48.5万元；国家定期定量救济66人。7月，根据省民政厅《关于进行第二次全省五保普查工作的通知》，在全县开展五保普查。经普查，全县有五保户757户共863人，其中老年人667人、残疾人109人、未成年人87人。

1996年，全县集体供养五保户961人，供给经费67万元。

1997年，全县集体供养五保户932人，供给经费65万元。春节期间，发放临时救济款2.15万元，救济932人，人均20元。

1998年，全县集体供养五保户761人，供给经费69万元。春节期间，发放慰问金2.58万元，逐户走访慰问五保老人832人，人均30元。

1999年，全县集体供养五保户745人，供给经费77万元。春节期间，发放临时救济款2.28万元，救济五保老人761人，人均30元。

2000年，实行县统筹五保供养金制度，农村五保供养金收取标准为农业人口每人每年1元。全县全年集体供养五保户832人，供给经费79.8万元；春节期间，发放临时困难救济款1.65万元，救济五保人员803人，人均20元。

2001年，全县集体供养五保户870人，供给经费79.9万元；春节期间，临时救济五保811人共2.43万元，人均30元。

2002年农村税费改革后，国家和集体不再向农村居民收取五保户供养经费。1999年已纳入农村最低生活保障对象的五保人员，实行补差保障，税费改革后所需供养经费全部由最低生活保障金定期定量供给。2002年起，龙广、新安、德卧3镇五保户供养标准为每人每月40元，其余13个乡（镇）五保户供养标准为每人每月35元，执行至2004年12月。

2005年至2007年6月，全县五保供养人员纳入农村特困群体，定期定量救济。其中，2005年定期定量救济五保1007户，发放救济经费68.7万元；2006年定期定量救济五保944户共1175人，发放救济经费74.5万元。

2007年7月，按照国务院“在全国建立农村最低生活保障制度”要求，将五保供养纳入1—5类分类施保中的第一类对象实施保障。经调查，全县确定五保供养对象2116人，比2006年增加941人，其中分散供养2021人、进入敬老院集中供养95人。分散供养标准由2006年人均628元增加到年人均800元，集中供养标准由2006年人均1800元增加到1980元。此后，全县五保供养工作均按照上述标准定期定量发放保障金。

二、农村居民最低生活保障

1998年12月，县政府制定《安龙县农村最低生活保障制度暂行办法》《安龙县农村最低生活保障制度实施细则》，农村最低生活保障范围：一是“五保户”、孤幼、孤残、无依无靠以及无任何经济收入的农户；二是“四属”（烈属、因公牺牲军人家属、病故军人家属、军属）当中低于最低生活水平，无任何收入的农户；三是缺乏劳动能力或丧失劳动能力，家庭年人均纯收入低于最低生活保障线的农户；四是虽无劳动力、耕牛、靠请人生产、有微薄收入（属于“三缺户”中的一部分）但是生活仍处于最低生活保障线标准以下的农户。保障标准：新安镇、龙广镇、德卧镇为月人均收入40元，其余13个乡镇为月人均收入35元。1999年1月至2004年12月，全县共发放农村居民最低生活保障金293.5万元。其中1999年保障818人，发放保障金9万元；2000年保障2694人，发放保障金48.8万元；2001年保障2633人，发放保障金38.6万元；2002年保障1938人，发放保障金39.1万元；2003年保障5210人，发放保障金73.6万元；2004年保障5210人，发放保障金84.4万元。

2005年，改农村最低生活保障为农村特困群众救助，全县全年救济农村特困群众3879户，发放救济款249.6万元。2006年，全县救济农村特困群众4819户共10577人，发救济款211.8万元。

2007年，按省政府《关于全面建立实施农村居民最低生活保障制度的意见》，从是年7月1日起全面建立实施农村最低生活保障制度。根据《安龙县农村居民最低生活保障暂行办法》《安龙县农村居民最低生活保障实施方案》，对年人均收入低于700元的农村困难居民，按1—5类纳入保障对象。是年1—6月，全县发放农村特困救助金105.77万元，救助10577人（次）；7—12月，全县保障26811人，发放低保金480.7万元。

2008年，全县保障32559人，发放低保金1710.5万元；2009年，全县保障38658人，占全县农业人口的10%，发放低保金2640.4万元。

2010年，全县农村最低生活保障标准提高到每年1196元。全县保障人数57639人，累计发放保障金3176.5万元。

2011年，全县农村最低生活保障标准提高到每年1340元。全县保障人数49080人，累计发放保障金3353.9万元；发放价格补贴金2次共756.7万元、春节生活补助576.4万元。

2012年，全县农村最低生活保障标准提高到每年1502元。全县保障人数46389人，累计发放保障金3815.9万元，发放春节生活补助981.6万元。

三、农村敬老院

1989年，县民政局以木咱乡为试点，着手建设农村敬老院。1991年6月，木咱乡敬老院竣工，投资1.64万元，其中县民政局拨款1万元、乡自筹6400元，建筑面积176平方米，当年接收农村孤寡老人6人。

1993年，新桥乡敬老院竣工，总投资5.1万元，其中县级投入3万元、乡投入2.1万元，建筑面积300平方米，床位6个。

1995年11月，平乐乡敬老院竣工，总投资21万元，其中州级投入17万元、乡投入4万元，建筑面积421平方米，床位12个。

1996年8月，德卧镇敬老院竣工，总投资38万元，其中州级投入20万元、镇投入18万元，建筑面积1280平方米，床位11个。

1997年3月，龙山镇敬老院竣工，总投资20万元，其中州级投入13万元、镇投入7万元，建筑面积500平方米，床位10个。

2001年3月，笃山乡敬老院竣工，总投资34.5万元，其中州级投入13.5万元、县级投入9万元，建筑面积955平方米，床位12个。

2003年，兴隆镇敬老院和普坪镇敬老院竣工，分别投资35万元、18万元，其中州级投入兴隆23万元、普坪10万元，县级投入普坪5万元，乡镇自筹兴隆12万元、普坪3万元，建筑面积分别为900平方米、230平方米，床位分别为12个、10个。

2004年，洒雨镇敬老院竣工，总投资55万元，其中州级投入35万元、镇投入20万元，建筑面积1252平方米，床位15个。是年，开展福利机构供养儿童助学金活动，其中德卧镇敬老院6人，经费4440元；平乐乡敬老院8人，经费5300元；兴隆镇敬老院2人，经费1000元；洒雨镇敬老院2人，经费1360元；龙山镇敬老院5人，经费3220元。

2006年5月，龙广镇敬老院竣工，总投资6.8万元，其中县级投入6.8万元，建筑面积132平方米，床位6个。

2006年8月，钱相乡敬老院竣工，总投资14.5万元，其中州级投入8万元、县级投入4.5万元，建筑面积330平方米，床位12个。

2008年4月，海子乡敬老院竣工，投资39.7万元，其中中央投资危房改造经费19.7万元、州级投入10万元，建筑面积为394平方米，床位25个。

2009年8月，兴建戈塘镇敬老院，投资50万元，建筑面积413平方米，设床位35个；改建龙广镇敬老院，投资64万元，建筑面积543平方米，设床位35个。后改为两个镇敬老院共投资60万元，共设床位30个。

2011年5月，维修兴隆镇敬老院，投入资金1.6万元。

至2012年年底，全县除栖凤街道、万峰湖镇、坡脚乡3个乡镇（街道）外，其余乡镇全面完成农村敬老院建设工作，已建床位208个，入院老人（含孤儿）181人。在院民的供养上，人均月供养标准为490元（含城市低保金月人均290元），其中集中生活费240元、零用钱50元、医疗统筹费50元，实物供给粮食人均每月15千克，衣被随时满足院民需要。

2007年3月，龙广镇板拉村敬老院竣工，总投资7.5万元，全部由县级财政承担，建筑面积128平方米，床位6个，其供养标准与乡镇敬老院相同。

四、农村家庭生活调查

1989年以来，县农村调查队每年均对农村家庭进行抽样调查，本志摘录1990年、2000年、2012年抽样调查数据如下：

1989年，据当年农村抽样调查，被调查农户人均总支出947.9元，其中家庭经营费用支出364元、缴纳税款3.1元、上交集体承包任务9.7元、购置生产性固定资产1元、生活费用支出512.4元、其他非生产性支出9.2元。1990年，被调查农户人均总支出928.76元，其中家庭经营费用支出319.75元、缴纳税款3.09元、上交集体承包任务10.06元、购置生产性固定资产0.5元、生活费用支出559.44元、其他非生产性支出7.87元。

1990年农村调查户基本情况及人均支出、实物消费和购买商品情况表

表9-7-1

一、农村调查户基本情况

项目	单位	数量	项目	单位	数量
（一）调查户	户	60	（七）平均每户年末使用房屋面积	平方米	174.03
（二）家庭常住人口	人	327	其中：年末使用房屋价值	元	4420.42
平均每户常住人口	人	5.45	平均每户：粮食产量	千克	3041.65
（三）平均每户整半劳动力	人	3.07	油料产量	千克	36.12
平均每户整半劳动力负担人口	人	1.78	烟叶产量	千克	7.33
整半劳动力占人口比重	%	56.27	蔬菜产量	千克	2516.33
（四）平均每人经营耕地面积	亩	1.73	水果产量	千克	69.63
其中：自留地面积	亩	0.22	平均每户：出售自宰肥猪头数	头	3.03
（五）平均每户年末生产性固定资产原值	元	2353.42	出售自宰肥猪肉产量	千克	314.82

续表 9—7—1

(六) 平均每户年内新建房屋面积	平方米	0.33	出售自宰家禽只数	只	8.75
其中：每户年内新建房屋价值	元	7.42	禽蛋产量	千克	12.63

二、调查户家庭人均总支出

指标	单位	平均每人	指标	单位	平均每人
全年总支出	元	928.76	(2)衣着	元	55.05
(一) 家庭经营费用支出	元	319.75	(3)日用品	元	62.76
其中：1. 农业生产支出	元	104.51	(4)文化娱乐用品	元	5.67
2. 牧业生产支出	元	173.91	(5)书报杂志	元	6.21
3. 工业生产支出	元	16.11	(6)医药卫生用品	元	3.47
4. 运输业支出	元	3.09	(7)住房	元	23.73
(二) 缴纳税款	元	10.06	(8)燃料	元	20.69
(三) 上交集体承包任务	元	0.5	(9)其他商品	元	4.17
(四) 购置生产性固定资产	元	31.14	2. 文化生活服务及其他非商品支出	元	27.35
(五) 生活费用支出	元	559.44	(六) 其他非生产性支出	元	7.87
1. 生活消费品支出	元	532.09	1. 寄给和带给在外人口	元	1.09
(1)食品	元	350.34	2. 赠送亲友	元	1.43
①主食	元	112.25	3. 其他支出	元	5.35
②副食	元	198.17			
③其他食品	元	33.68			
④在外饮食	元	6.24			

三、调查户家庭人均现金收支平衡表

指标	单位	平均每人	指标	单位	平均每人
年初存款余额	元	9.37	(十) 其他经营的现金收入	元	2.45
年初手存现金	元	449.42	(十一) 其他非生产性现金收入	元	114.45
年内现金收入合计	元	652.95	(十二) 储蓄借贷现金收入	元	49.69
(一) 从集体统一经营中得到的现金	元	5.98	年内现金支出合计	元	617.9
(二) 从经济联合体得到的现金	元	—	(一) 家庭经营费用支出	元	169.1
(三) 出售产品的现金	元	346.23	(二) 购买生产性固定资产现金支出	元	31.14
其中：1. 出售农产品	元	111.27	(三) 开发性生产投资	元	—
2. 出售牧业产品	元	219.29	(四) 缴纳税款	元	10.06
3. 出售工业产品	元	—	(五) 上交集体承包任务的现金支出	元	0.29
4. 出售手工业产品	元	11.45	(六) 生活消费支出的现金	元	321.19

续表 9—7—1

(四) 工业加工费的现金收入	元	35.55	(七) 其他非生产性现金支出	元	52.69
(五) 建筑业的现金收入	元	2.27	(八) 储蓄借贷现金支出	元	33.43
(六) 运输业的现金收入	元	4.97	年末手存现金	元	484.47
(七) 生产性劳务现金收入	元	26.65	年内存款余额	元	13.69
(八) 商业、饮食业现金收入	元	34.03			
(九) 服务业现金收入	元	30.68			

四、调查户家庭主要实物消费量

主要实物消费量	单位	平均每人	主要实物消费量	单位	平均每人
蔬菜	千克	211.94	酒	千克	6.8
植物油	千克	1.13	茶叶	千克	0.44
动物油	千克	3.57	糖果	千克	0.09
猪肉	千克	24.19	糕点	千克	0.34
家禽	千克	0.83	水果	千克	12.88
蛋类	千克	0.96	烧柴	担	1.18
食糖	千克	2.28	烧草	担	2.37
卷烟	盒	13.25	煤炭	千克	158.03

五、调查户家庭购买商品情况

项目	单位	平均每户	项目	单位	平均每户
棉布	米	1.97	收录机	台	0.05
化纤布	米	11.13	大衣柜	个	0.1
尼绒	米	0.3	写字台	张	0.02
绸缎	米	0.17	水泥	千克	92.17
毛线及毛线制品	千克	0.38	木材	立方米	0.05
尼龙衫裤	件	0.63	钢材	千克	1.83
棉毛衫裤	件	0.32	水泥预制件	件	1.6
皮鞋	双	0.57	砖瓦	块	247.55
球鞋胶鞋	双	5.47	化肥	千克	491.52
床褥单	条	0.53	饼肥	千克	189.17
肥皂	块	18.77	农药	千克	1.03
洗衣粉	千克	5.9	农用薄膜	千克	1.7

续表 9—7—1

自行车	辆	0.08	生产用柴油	千克	14.43
手表	只	0.17	生产用汽油	千克	9.4
黑白电视机	台	0.02	生活用煤	千克	185.13
六、调查户年末耐用物品拥有量					
自行车	辆	0.53	收音机	台	0.23
缝纫机	架	0.57	黑白电视机	台	0.15
钟	只	0.07	收录机	台	0.23
手表	块	2.17	彩色电视机	台	0.02
其中：电子手表	块	0.6			
大型家具	件	2.28			
其中：沙发	件	0.28			
大衣柜	件	0.55			
写字台	件	0.55			

2000年，据当年农村抽样调查，被调查农户人均支出1708.93元，是1989年的1.8倍，其中家庭经营费用支出535.93元、生产性固定资产折旧42.8元、购置生产性固定资产支出33.92元、税费支出23.89元、生活消费支出1039.44元、财产性支出4.63元、转移性支出68.13元。

2000年全县农村调查户基本情况及人均支出、购置商品、人均食品消费情况

表 9-7-2

一、农村调查户基本情况					
项目	单位	数量	项目	单位	数量
(一) 调查户	户	60	(八) 平均每人主要农产品产量	—	—
(二) 家庭常住人口	人	286	粮食产量	千克	630.5
平均每户常住人口	人	4.77	油料产量	千克	1.25
(三) 平均每户整半劳动力	人	2.95	蔬菜产量	千克	346.76
平均每户整半劳动力负担人口	人	1.56	水果产量	千克	6.16
整半劳动力占人口比重	%	61.9	(九) 平均每人出售农产品产品产量	—	—
(四) 平均每人经营耕地面积	亩	1.1	出售粮食	千克	103.94
其中：自留地面积	亩	0.1	出售油料	千克	0.29
(五) 平均每户年末生产性固定资产原值	元	3060.42	出售蔬菜	千克	34.69
(六) 平均每户年内新建房屋面积	平方米	1.73	出售水果	千克	0.31

续表 9—7—2

其中：每户年内新建房屋价值	元	916.67	(十) 平均每人出售牧业产品	—	—
(七) 平均每户年末使用房屋面积	平方米	109.88	出售猪肉	千克	0.37
其中：年末使用房屋价值	元	7103.33	出售家禽	只	1.19
			出售蛋类	千克	0.79

二、调查户家庭人均总支出

指标	单位	平均每人	指标	单位	平均每人
全年总支出	元	1708.93	(五) 生活消费支出	元	1039.44
(一) 家庭经营费用支出	元	535.93	其中：食品消费支出	元	657.29
其中：1. 农业生产支出	元	146.58	衣着消费支出	元	35.65
2. 林业生产支出	元	0.14	居住消费支出	元	54.8
3. 牧业生产支出	元	374.81	(六) 财产性支出	元	4.63
4. 社会服务业支出	元	0.03	(七) 转移性支出	元	68.13
5. 其他家庭经营支出	元	14.37			
(二) 生产性固定资产折旧	元	42.8			
(三) 购置生产性固定资产支出	元	33.92			
(四) 税费支出	元	26.89			

三、调查户家庭购置商品情况

项目	单位	人均	项目	单位	人均
粮食	千克	7.67	木材	立方米	0.02
食用植物油	千克	0.71	钢材	千克	0.33
动物油	千克	0.8	水泥预制件	件	0.35
蔬菜	千克	8.4	砖瓦	块	11.75
豆制品	千克	4.05	购置洗涤及卫生用品	元	11.94
猪肉	千克	6.76	购置日用金属制品	元	1.31
牛肉	千克	0.01	购置日用塑料制品	元	1.21
羊肉	千克	—	购置其他日用日货	元	1.2
家禽	千克	0.32	购置日用小五金	元	4.98
其他肉禽	千克	—	购置住房装饰用品	元	2.14
鲜蛋	千克	1.26	购置缝纫机	台 / 百户	1.67
鲜活鱼类	千克	0.04	购置家具	元	1.28
食糖	千克	1.52	购置自行车	辆 / 百户	3.33
糕点	千克	0.08	购置药品医疗用品	元	4.21
糖果	千克	0.25	购置化肥	千克	85.19

续表 9—7—2

卷烟	盒	12.16	购置饼肥	千克	3.23
酒	千克	4.62	购置农药	千克	0.22
茶叶	千克	0.13	购置农用薄膜	千克	0.15
水果	千克	2.47	购置种子	千克	1.54
棉布	米	0.17	购置生产饲料	千克	72.29
化纤布	米	0.3	购置役畜	头 / 百户	11.67
化纤布服装	件	0.72	购置商品畜	头 / 百户	1.67
水泥	千克	41.96			
四、调查户粮食收入、支出情况					
项目	单位	人均	项目	单位	人均
年初粮食结存	千克	363.46	4. 种子	千克	4.62
粮食收入合计	千克	714.61	5. 饲料	千克	218.56
1. 家庭生产	千克	630.5	6. 其他粮食支出	千克	9.92
2. 购入	千克	84.11	年末粮食结存	千克	491.12
粮食支出合计	千克	587.09	其中：口粮	千克	317.71
1. 主食用粮	千克	237.39	种子	千克	5.86
2. 其他生活用粮	千克	12.66	饲料	千克	117.85
3. 出售	千克	103.94			
五、农村住户人均食品消费情况					
项目	单位	人均	项目	单位	人均
(一) 粮食	千克 / 人	244.98	(五) 肉禽及其制品	千克 / 人	17.5
其中：1. 小麦	千克 / 人	22.93	其中：1. 猪肉	千克 / 人	16.66
2. 稻谷	千克 / 人	201.67	2. 牛肉	千克 / 人	0.01
3. 玉米	千克 / 人	4.42	3. 家禽	千克 / 人	0.83
4. 薯类	千克 / 人	2.87	(六) 蛋类及蛋制品	千克 / 人	1.22
(二) 豆类及豆制品	千克 / 人	9.09	(七) 水产品	千克 / 人	0.04
其中：1. 大豆	千克 / 人	4.73	其中：鱼类	千克 / 人	0.04
2. 杂豆	千克 / 人	0.32	(八) 食糖	千克 / 人	1.52
(三) 蔬菜及茶制品	千克 / 人	159.48	(九) 酒和饮料	千克 / 人	4.83
其中：1. 茄果类	千克 / 人	23.98	其中：1. 白酒	千克 / 人	4.19
2. 白菜类	千克 / 人	103.84	2. 啤酒	千克 / 人	0.43
3. 绿叶菜类	千克 / 人	11.99	3. 饮料	千克 / 人	0.06
4. 其他鲜菜	千克 / 人	8.44	(十) 糖果	千克 / 人	0.25

续表 9—7—2

（四）油脂类	千克 / 人	—	（十一）糕点	千克 / 人	0.08
其中：1. 植物油	千克 / 人	0.86	（十二）水果及水果制品	千克 / 人	8.24
2. 动物油	千克 / 人	2.98	（十三）坚果及果仁制品	千克 / 人	1.4

2012 年，据当年农村抽样调查，被调查农户人均支出 8371.82 元，是 1989 年的 8.83 倍，其中家庭经营费用支出 1743.19 元、购置生产性固定资产支出 653.29 元、生活消费支出 4873.92 元、财产性和转移性支出 1101.41 元。

2012 年农村调查户基本情况及人均支出、购置商品、人均食品消费情况表

表 9—7—3

一、农村调查户基本情况					
项目	单位	数量	项目	单位	数量
（一）调查户	户	90	住户有卫生设备的户数	户	90
乡村干部户	户	1	使用火炕户数	户	90
其他户	户	89	使用安全饮用水户数	户	30
（二）家庭结构	—	—	调查家庭常住人口	人	382.5
单身或夫妇	户	5	调查家庭劳动力	个	268
夫妇与一个孩子	户	21	劳动力文化程度	—	—
夫妇与二个孩子	户	22	不识字或识字很少	人	8
夫妇与三个以上孩子	户	17	小学文化	人	113
单亲与孩子	户	1	初中文化	人	117
三代同堂	户	24	高中文化	人	19
其他	户	—	中专文化	人	9
（三）生产性固定资产原值	元	1843.28	中专以上文化	人	2
（四）耕地面积	亩	1.12	（六）人均农产品产量	—	—
其中：自留地	亩	0.49	粮食	千克	464.59
（五）住房面积	平方米	31.13	油料	千克	11.4
住房原值	元	11580.47	蔬菜	千克	260.18
二、调查户家庭人均总支出					
指标	**单位**	**平均每人**	**指标**	**单位**	**平均每人**
总支出	元	8371.82	（三）税费支出	元	—
（一）家庭经营费用支出	元	1743.19	（四）生活费用支出	元	4873.92
第一产业费用支出	元	1606.69	其中：食品消费支出	元	2315.06
第二产业费用支出	元	56.67	衣着消费支出	元	230.86

续表 9—7—3

第三产业费用支出	元	79.83	(五)财产性、转移性支出	元	1101.41
(二)购置生产性固定资产	元	653.29			
三、调查户家庭购置商品情况					
项目	单位	人均	项目	单位	人均
粮食	千克	22.36	电话	部	—
食用植物油	千克	0.65	摩托车	辆	0.03
动物油	千克	1.48	黑白电视机	台	—
蔬菜	千克	15.31	彩色电视机	台	0.01
豆制品	千克	—	手表	只	—
猪肉	千克	6.85	化妆品	元	0.74
家禽	千克	0.63	影碟机	台	—
鲜蛋	千克	0.56	购置生活用煤	千克	1.57
淡水鱼类	千克	0.16	迷信宗教用品	元	51.08
食糖	千克	0.87	购置药品	元	35.88
糕点	千克	10.3	购置生产资料	元	1189.92
糖果	千克	5.5	购置化肥	千克	179.09
卷烟	盒	15.17	购置饼肥	千克	0.07
白酒	千克	3.43	购置农药	千克	13.69
茶叶	千克	0.07	购置农用薄膜	千克	0.12
水果	千克	8.88	购置种子	千克	1.48
服装	件	2.03	购置牧业用饲料	千克	98.02
生活水	吨	5.3	购置机动脱粒机	台 / 百户	0.04
生活用电	度	78.19	购置胶轮大车	辆 / 百户	0.01
电锯锅	个	0.03	购置水泵	台 / 百户	—
自行车	辆	0.01	购置役畜	头 / 百户	0.03
四、调查户粮食收入、支出情况					
项目	**单位**	**人均**	**项目**	**单位**	**人均**
(一)年初粮食结存	千克	—	(四)年末粮食结存滚存计算数	千克	31.41
(二)粮食收入合计	千克	517.65	(五)年末粮食结存实际调查数	千克	—
1. 家庭生产	千克	464.6	其中：口粮	千克	—
2. 购入	千克	53.05	种子	千克	—
(三)粮食支出合计	千克	486.23	饲料	千克	—
1. 主食用粮	千克	229.96	(六)家禽产量	千克	6.11
2. 其他生活用粮	千克	—	(七)蛋类产量	千克	1.81

续表 9—7—3

3. 出售	千克	142.76	(八) 出售猪肉	千克	27.15
4. 种子	千克	0.91	(九) 出售家禽	千克	4.64
5. 饲料	千克	112.6			
5. 其他粮食支出	千克	—			

五、农村住户人均食品消费情况

项目	单位	人均	项目	单位	人均
(一) 粮食	千克 / 人	229.96	(六) 肉禽及其制品	千克 / 人	28.37
其中：1. 小麦	千克 / 人	28.92	其中：1. 猪肉	千克 / 人	25.94
2. 稻谷	千克 / 人	197.93	2. 家禽	千克 / 人	2.09
3. 玉米	千克 / 人	1.62	3. 肉禽制品	千克 / 人	0.21
4. 薯类	千克 / 人	—	(七) 水产品	千克 / 人	0.17
(二) 豆类及豆制品	千克 / 人	1.47	(八) 食糖	千克 / 人	0.87
其中：1. 大豆	千克 / 人	0.81	(九) 酒	千克 / 人	6.63
2. 杂豆	千克 / 人	0.65	其中：1. 白酒	千克 / 人	3.43
(三) 蔬菜及制品	千克 / 人	215.67	2. 啤酒	千克 / 人	3.2
其中：1. 鲜菜类	千克 / 人	215	(十) 蛋类及蛋制品	千克 / 人	2.08
2. 干菜类	千克 / 人	0.53	(十一) 水果及制品	千克 / 人	8.88
3. 鲜菌类	千克 / 人	0.06			
(四) 茶叶消费	千克 / 人	0.07			
(五) 油脂类	千克 / 人	2.13			
其中：1. 植物油	千克 / 人	0.65			
2. 动物油	千克 / 人	1.48			

第五节 农民业余教育与技术培训

20 世纪 80 年代，全县农民业余教育主要是扫盲工作，通过扫盲提高农民的知识水平并掌握一定的农业技术。1990 年 12 月 23 日，经贵州省和黔西南州验收团验收，安龙县达到基本无文盲县的标准，成为黔西南州第二个基本无文盲县。

1993 年 8 月，国务院修订《扫除文盲工作条例》，安龙县进一步加大扫盲工作力度。1994 年，全县开办扫盲班 302 个，有学员 4400 人，其中女学员 2183 人。1995 年，全县建立成人技术学校 296 所，其中乡镇农民技术学校 16 所、村办农民技术学校 280 所，有校学员 22426 人，有兼职教师 513 人；开办扫盲班 353 个，在校学员 3358 人。1996 年，全县建扫盲班 385 个，共有学员 13035 人，教职工 197 人；开办成人技术学校 296 所，在校学员 22426 人。

1999 年 11 月，省州组团复查安龙县普及六年义务教育和扫盲工作，15 周岁人口中初等教育完成率达到 93.1%，扫除青壮年文盲 2605 人，非文盲率达到 99.6%，各项指标达到黔教督发〔1998〕295 号文件要求，评定为基本合格。是年，全县有成人技术学校 222 所，在校学员 22307 人，有专职教师 11 人，兼职教师732人；开办乡级农民文化技术学校287所，开校面达到100%。

2000年，全县在校大中专院校、初高中学生利用寒、暑假参加扫盲工作，开办扫盲班（点）248个，参加学习4551人，脱盲4520人，非文盲率达到99.65%。

2001年，全县开办扫盲班（点）271个，参加学习5133人，脱盲4791人，其中女学员2759人，15—17周岁人口完成率分别达到98.5%、84.7%，15周岁人口文盲率下降为0.15%。

2003年，全县开办扫盲班（点）386个，参加学习3750人，脱盲3709人，完成率达到98.91%；2001年至2003年，全县共脱盲11840人，脱盲巩固率为99.31%。

2004年，全县开办扫盲班（点）288个，参加培训3564人，脱盲3564人。

2005年6月，启动“农村劳动力转移就业培训工程”，德卧中学、新桥中学、龙山中学、平乐中学、钱相中学相继开展农村实用技术培训，培训10520人次。是年，还开设扫盲班199个，1434人脱盲；德卧中学、新桥中学、洒雨中学与省物资学校联办中等职业教育班，581人参加学习。

2007年，全县16个乡镇中学建立农民文化技术学校，287个行政村建立农民文化技术培训点，有教室322间、课桌凳7980套、专兼职教师749人。乡镇中小学校实行“一校持两牌、日校办夜校”，“一长任两校、一师任两教”，使农村中小学校成为乡村基层文化、科技和教育的基地，将脱盲巩固与农村实用技术、农村劳动力转移培训结合起来。

2008年，执行《安龙县2008年扫盲工作方案》，投入扫盲经费12354元，人均73.5元，脱盲巩固培训3950人。2009年，贯彻《安龙县2009年扫盲工作方案》，重心搞好农技校人口和返乡农民工的培训工作。

21世纪初以来，为适应农业产业结构调整的需要，县委、县政府把培训乡土实用人才摆在突出位置，制定一系列政策措施，引导实用人才在农业和农村经济建设中的辐射作用。全县各乡镇及人事、农业、扶贫、林业、水利、教育、乡镇企业、妇联、民政、团委等部门，相互配合，从不同的角度培训乡土实用人才。至2010年年底，全县获得乡土人才证书的有420人，取得农民技术员资格的乡土人才有845人，经过培训获得绿色证书的农民有2500人。同时，县政府表彰拔尖优秀乡土人才30人，省、州人事部门表彰乡土优秀人才6人。

第十篇　工　业

第一章　工业概况

中共十一届三中全会以后，全县工业发展进入社会主义现代化建设新时期，乡镇企业迅速发展，到1980年全县工业总产值达到610.07万元。20世纪80年代中期，全面贯彻《中共中央关于经济体制改革的决定》，进一步调整产业结构，对企业进行简政放权，进而推行企业承包招标和厂长（经理）聘任制，极大地推进了县域工业经济的发展，特别是锑冶炼经济效益显著，开创安龙县工业产品打入国际市场的先例。到1988年，全县有国营、集体及个体工业单位3062个，全年工业产值2974万元（80不变价），主要产品有黄金、皮革、饮料酒、原煤、焦炭、电力、木材、农机具、红糖、皮鞋、日用陶瓷、食品等，地方工业产品逐步打破自产自销格局，部分产品出口免检。1989—2012年，安龙县工业经济发展进入加速时期，国有工业、集体工业、股份制工业、私营及个体工业类型多样。采矿、冶炼、化工、建筑材料、食品加工等门类增多。

2005年，县境建设工业园区，逐步将安龙县建设成为贵州省及珠三角腹地区域重要的工业基地，贵州省循环经济产业园的示范基地，黔西南州工业经济中心。

第一节　工业类型

一、国有工业

1989年，县内全民所有制工业企业16家，实现工业总产值525万元。2012年，县内规模以上国有企业4户，完成工业产值89526万元，工业销售产值88646万元；国有联营企业1家，完成工业产值10795万元，工业销售产值10795万元。

1989－2012年安龙县国有工业发展情况表

表10—1—1　　　　单位：个、万元

年度	国有工业总数	工业总产值	工业销售产值	工业增加值	省级		州级		县级		备注
					个数	总产值	个数	总产值	个数	总产值	
1989	16	525	—	—	—	—	—	—	—	—	
1990	15	603	—	—	—	—	2	160	13	442	

续表10—1—1

年度	国有工业总数	工业总产值	工业销售产值	工业增加值	省级		州级		县级		备注
					个数	总产值	个数	总产值	个数	总产值	
1991	15	1532	—	—	—	—	3	560	12	972	
1992	15	1292	—	—	—	—	3	207	12	1085	
1993	16	1951	—	—	—	—	4	684	12	1267	
1994	14	3539	—	—	—	—	—	—	—	—	
1995	35	4703	—	—	1	25	3	2229	31	2449	
1996	37	5124	—	—	1	69	3	2524	33	2531	
1997	21	3842.5	—	—	—	—	—	—	17	1450.5	
1998	14	3364.3	3074.8	914.4	—	—	—	—	—	—	
1999	13	3224.3	3199.5	809.1	—	—	—	—	—	—	
2000	14	3700.76	3704.8	—	—	—	2	2698.86	12	1001.9	
2001	11	7383.8	—	—	—	—	2	6067.9	9	1315.9	
2002	9	4642.4	4645.1	2421.9	—	—	—	—	—	—	
2003	9	4750.8	4473.4	—	—	—	—	—	—	—	国有联营企业1家，完成工业产值3616.9万元，工业销售产值3616.9万元，工业增加值905.4万元
2004	10	4160.9	4079.9	2260.1	—	—	—	—	—	—	国有联营企业1家，完成工业产值3616.9万元，工业销售产值3616.9万元，工业增加值905.4万元
2005	8	5112.3	5112.4	2182.5	—	—	—	—	—	—	国有联营企业1家，完成工业产值1957.8万元，工业销售产值1957.8万元，工业增加值401.6万元
2006	8	5712.2	5714.8	1916.1	—	—	—	—	—	—	国有联营企业1家，完成工业产值3305.3万元，工业销售产值3305.3万元，工业增加值1195.2万元
2007	3	11936.6	11936.6	6770.1	—	—	—	—	—	—	国有联营企业1家，完成工业产值3485.8万元，工业销售产值3485.8万元，工业增加值1041.8万元
2008	3	15825	15825	—	—	—	—	—	—	—	国有联营企业1家，完成工业产值4087万元，工业销售产值4087万元
2009	2	20438	20432	—	—	—	—	—	—	—	国有联营企业1家，完成工业产值6262万元，工业销售产值6262万元
2010	2	27715	27715	—	—	—	—	—	—	—	国有联营企业1家，完成工业产值6102万元，工业销售产值6102万元
2011	4	92820	93032	—	—	—	—	—	—	—	国有联营企业1家，完成工业产值6349万元，工业销售产值6348万元

续表 10—1—1

年度	国有工业总数	工业总产值	工业销售产值	工业增加值	省级		州级		县级		备注
					个数	总产值	个数	总产值	个数	总产值	
2012	4	89526	88646	—	—	—	—	—	—	—	国有联营企业1家，完成工业产值10795万元，工业销售产值10795万元

二、集体工业

1989年，县内集体所有制工业企业16家，实现工业总产值1663万元。其中乡办集体所有制工业企业2个，实现工业总产值133万元；全民与集体合营企业2家，实现工业总产值150万元。2000年，县内规模以上集体经济工业企业3家，实现工业产值11059万元，工业销售产值9914万元；规模以下集体经济企业22个，年末从业915人，实现工业产值1326.9万元。2005年，县内规模以上集体企业1家，完成工业产值742.2万元，工业销售产值771.8万元，工业增加值141.8万元；规模以下集体企业21家，年末从业698人，完成工业产值3708万元，上缴税金121万元。此后，县内集体所有制企业实行改革改制，逐渐成为联营公司或私营股份有限公司等。至2012年，县内规模以上集体联营企业1家，完成工业产值190万元，工业销售产值467万元。

1989－2005年安龙县集体工业企业发展情况

表10—1—2　　单位：个、万元

年度	总数	总产值	州级		县级		乡办		集体联营（合营）		备注
			个数	总产值	个数	总产值	个数	总产值	个数	总产值	
1989	16	1663	—	—	—	—	2	133	2	150	
1990	21	1795	1	128	8	696	12	971	—	—	
1991	27	1617	—	—	9	109	18	1508	—	—	
1992	20	1266	—	—	8	247	12	1018	—	—	
1993	15	2571	—	—	5	103	10	2468	—	—	
1994	13	6237	—	—	—	—	—	—	—	—	
1995	18	5342	—	—	—	—	—	—	—	—	
1996	16	2552	—	—	—	—	—	—	—	—	
1997	33	1712.7	—	—	—	—	—	—	—	—	
1998	1	1575	—	—	—	—	—	—	—	—	为规模以上工业。销售产值1616万元，增加值732万元
1999	3	1051.4	—	—	—	—	—	—	—	—	为规模以上工业。销售产值544.8万元，增加值413.3万元
2000	3	1150.9	—	—	—	—	—	—	—	—	为规模以上工业。销售产值991.4万元
2001	1	330.7	—	—	—	—	—	—	—	—	为规模以上工业。销售产值374.6万元
2002	1	684.3	—	—	—	—	—	—	—	—	为规模以上工业。销售产值684.3万元

续表 10—1—2

年度	总数	总产值	州级		县级		乡办		集体联营（合营）		备注
			个数	总产值	个数	总产值	个数	总产值	个数	总产值	
2003	1	1017.9	—	—	—	—	—	—	—	—	为规模以上工业。销售产值 1018.8 万元
2004	1	613.6	—	—	—	—	—	—	—	—	为规模以上工业。销售产值 602.2 万元
2005	1	742.2	—	—	—	—	—	—	—	—	为规模以上工业。销售产值 771.8 万元

三、股份制工业

1997 年，县内股份制工业企业 2 家，实现工业产值 21.5 万元。

1998 年，县内规模以上股份合作企业 2 家，实现工业产值 15447 万元，工业销售产值 16963 万元，工业增加值 5979 万元。

1999 年，县内规模以上股份合作企业 2 家，实现工业产值 6344 万元，工业销售产值 4742 万元，工业增加值 2686 万元。

2000 年，县内规模以上股份企业 2 家，实现工业产值 1225 万元，工业销售产值 1044.9 万元；规模以下股份合作企业 3 家，从业 70 人，实现工业产值 391.4 万元。

2001 年，县内规模以上股份合作企业 1 家，完成工业产值 633.8 万元，工业销售产值 604.2 万元。

2003 年，县内规模以上股份合作企业 1 家，完成工业产值 580.9 万元，工业销售产值 553.6 万元；私营合作企业 2 家，完成工业产值 1845.5 万元，工业销售产值 1845.5 万元；规模以下股份合作企业 20 家，年末从业人员 2021 人，完成工业产值 2959.2 万元。

2004 年，县内规模以上股份有限公司 2 家，完成工业产值 3923.1 万元，工业销售产值 3836.5 万元，工业增加值 2606.5 万元。

2005 年，县内规模以上股份有限公司 2 家，完成工业产值 4396.9 万元，工业销售产值 3997.3 万元，工业增加值 3769.9 万元；规模以下股份合作企业 21 家，年末从业 2039 人，实现工业总产值 7663 万元，上交税金 809 万元。

2007 年，县内规模以上股份有限公司 2 家，完成工业产值 2091 万元，工业销售产值 2091 万元，工业增加值 548.1 万元。

2008 年，县内规模以上私营股份有限公司 1 家，完成工业产值 1142 万元，工业销售产值 1132 万元；其他股份有限公司 1 家，完成工业产值 377 万元，工业销售产值 377 万元。

至 2012 年，县内规模以上股份有限公司 1 家，完成工业总产值 4750 万元，工业销售产值 4750 万元。

四、有限责任公司

1998 年，县内规模以上中外合资有限公司工业企业 1 家，实现工业产值 2701 万元，工业销售产值 2575 万元，工业增加值 1334 万元。

1999 年，县内规模以上中外合资有限公司工业企业 1 家，实现工业产值 2652 万元，工业销售产值 2298 万元，工业增加值 1144 万元。

2000 年，县内规模以上中外合资有限公司工业企业 1 家，实现工业产值 267 万元，工业销售产值 281.7 万元。

2001 年，县内规模以上股份有限公司 1 家，完成工业产值 2297.5 万元，工业销售产值 2281.4 万元；私营有限公司 1 家，完成工业产值 384 万元，工业销售产值 365 万元；中外合资有限公司 1 家，完成工业产值469.4万元，工业销售产值436.3万元；其他有限责任公司1家，完成工业产值3974.7万元，工业销售产值3413.1万元。

2002年，县内规模以上股份有限公司1家，完成工业产值4013.9万元，工业销售产值4178万元；私营有限公司2家，完成工业产值2903.5万元，工业销售产值2815万元；中外合资有限公司1个，完成工业产值467.3万元，工业销售产值436万元。

2003年，县内规模以上有限责任公司1家，完成工业产值4691.4万元，工业销售产值3787.8万元；股份有限公司1家，完成工业产值2264.3万元，工业销售产值2264.3万元，完成出口交货值2264.3万元；私营企业单位1家，完成工业产值920万元，工业销售产值910万元；中外合资有限公司1家，完成工业产值503.7万元，工业销售产值511.9万元。

2004年，县内规模以上私营有限公司4家，完成工业产值1770.5万元，工业销售产值1813.6万元，工业增加值6838万元；其他有限责任公司4家，完成工业产值27139.2万元，工业销售产值26041.8万元，工业增加值9996.3万元；中外合资有限公司1家，完成工业产值528.1万元，工业销售产值533.5万元，工业增加值216.7万元。

2005年，县内规模以上私营有限公司5家，完成工业产值7583.3万元，工业销售产值7032.3万元，工业增加值3076.5万元；中外合资有限公司1家，完成工业产值952.8万元，工业销售产值986.7万元，工业增加值356.1万元。

2007年，县内规模以上私营有限公司4家，完成工业产值7770.3万元，工业销售产值7568.5万元，工业增加值4352.6万元；中外合资有限公司1家，完成工业产值1290.4万元，工业销售产值1290.4万元，工业增加值628.2万元。

2008年，县内规模以上私营有限公司4家，完成工业产值8357万元，工业销售产值9346万元；中外合资有限公司1家，完成工业产值1066万元，工业销售产值1141万元；其他有限责任公司10个，完成工业产值116681万元，工业销售产值121734万元。

2010年，县内规模以上私营有限公司3家，完成工业产值11537万元，工业销售产值10891万元；中外合资有限公司1家，完成工业产值1407万元，工业销售产值1438万元；其他有限责任公司8家，完成工业产值127254万元，工业销售产值116245万元。

2011年，县内规模以上私营有限公司3家，完成工业产值6846万元，工业销售产值10227万元；中外合资有限公司1家，完成工业产值1666万元，工业销售产值1606万元；其他有限责任公司11家，完成工业产值84214万元，工业销售产值91931万元。

2012年，县内规模以上私营有限公司5家，完成工业产值35494万元，工业销售产值34728万元；中外合资有限公司1家，完成工业产值1675万元，工业销售产值1646万元；其他有限责任公司11家，完成工业产值75902万元，销售产值79788万元。

五、私营及个体工业

1989年，县内城镇个体工业企业161家，实现工业总产值150万元；农村合作经营工业企业12家，实现工业总产值109万元；农村个体工业企业99家，实现工业总产值285万元。

1990年，县内城镇个体工业企业96家，实现产值299万元。村及村以下办工业企业3791家（含不具备四个条件的企业），实现1855万元；其中农村合营企业1008家，实现产值754万元；农村个体企业2783家，实现产值1101万元。

1991年，县内城镇个体工业102家，产值226万元；农村村办工业企业2家，产值7万元；农村合作经营工业企业17家，产值174万元；农村个体工业企业114家，产值410万元。

1992年，县内城镇个体个体工业企业106家，产值338万元；农村村办工业企业4家，产值49万元；农村合作经营工业企业19家，产值179万元；农村个体工业企业196个，产值615万元。其他经济成分工业企业21家，产值364万元。

1993年，县内城镇个体个体工业产值568万元；农村村办工业产值50万元；农村合作经营工业产值238万元；农村个体工业产值1032万元。其他经济成分工业企业21家，产值415万元。

1994年，县内城镇个体个体工业产值892万元；农村村办工业产值38万元；农村合作经营工业产值445万元；农村个体工业产值1650万元。其他经济成分工业企业28家，产值1018万元。

1995年，县内城镇联营工业企业1家，产值12万元；城镇个体个体工业企业30家，产值652万元；农村村办工业企业1家，产值25万元；农村联营工业企业2家，产值35万元；农村个体工业企业302个，产值5715万元。其他经济成分工业企业8家，产值425万元。

1996年，县内城镇联营工业企业9家，产值20万元；城镇个体个体工业企业102家，产值632万元；农村村办工业企业1家，产值27万元；农村联营工业企业17家，产值53万元；农村个体工业企业313个，产值5807万元。其他经济成分工业企业68家，产值3446万元。

1997年，县内私营工业企业98家，实现工业产值4472.4万元；联营经济工业企业1家，实现工业产值777万元；外商投资经济企业（中外合资）1家，实现工业产值375万元。

2000年，县内村及村以下工业企业1465家，从业5636人，实现工业产值11663万元；其他企业1家，从业75人，实现工业产值760万元。

2001年，县内私营企业70家，年末从业人员275人，实现工业产值343.3万元，上缴税金21.8万元；农村个体工业企业809家，年末从业人员1095人，实现工业产值8711万元，上缴税金506.7万元；农村合作工业企业14家，年末从业248人，实现工业产值588.2万元，上缴税金38.4万元；城镇个体工业企业539家，年末从业人员895人，实现工业产值5807.4万元，上缴税金89.5万元；城镇合作工业企业3个，年末从业人员37人，实现工业产值93万元，上缴税金6.1万元；其他企业8家，年末从业人员867人，实现工业产值2228.5万元，上缴税金86.7万元。

2003年，县内规模以上私营独资企业5家，完成工业产值4113.9万元，工业销售产值4086.1万元。规模以下私营企业82家，年末从业2639人，完成工业产值4313.6万元；联营企业7家，完成工业产值1548万元；个体经营企业3585家，完成工业产值31453.4万元；外商及港澳台商投资企业2家，年末从业209人，完成工业总产值64.8万元；其他企业3家，年末从业320人，完成工业总产值2089万元。

2004年，县内规模以上私营独资企业9家，完成工业产值8917.3万元，工业销售产值8917.3万元，工业增加值4099.2万元；私营合伙企业2家，完成工业产值1757.1万元，工业销售产值1757.1万元，工业增加值887.5万元。

2005年，县内规模以上私营独资企业7家，完成工业产值7030.5万元，工业销售产值6961.7万元，工业增加值3323.6万元；私营合作企业5家，完成工业产值2723.7万元，工业销售产值2723.7万元，工业增加值1617.9万元。规模以下个体经营工业企业2534家，年末从业12316人，完成工业产值23641万元，上交税金1056万元。

2006年，县内规模以上私营独资企业9家，有5个企业亏损。全年完成生产总值13883.8万元，工业销售产值13852.3万元，工业增加值7667.6万元；私营合作企业3家，有2个企业亏损，全年完成生产总值1109万元，工业销售产值1109万元，工业增加值645.5万元。

2007年，县内规模以上私营独资企业7家，完成工业产值17966.5万元，工业销售产值17928万元，工业增加值9034.9万元；私营合作企业1家，完成工业产值1752.2万元，工业销售产值1752.2万元，工业增加值 731.7 万元。

2008 年，县内规模以上私营独资企业 11 家，完成工业产值 46708 万元，工业销售产值 46725 万元；私营合作企业 2 家，完成工业产值 4085 万元，工业销售产值 4085 万元。

2009 年，县内规模以上私营独资企业 9 家，有 5 个企业亏损，完成工业产值 47088 万元，工业销售产值 47040 万元；私营合作企业 3 家，完成工业产值 880 万元，工业销售产值 8801 万元。

2010 年，县内规模以上私营独资企业 7 家，完成工业产值 80795 万元，工业销售产值 80777 万元；私营合作企业 2 家，完成工业产值 4645 万元，工业销售产值 4645 万元。

2011 年，县内规模以上私营独资企业 11 家，完成工业产值 132495 万元，工业销售产值 132403 万元；私营合作企业 2 家，完成工业产值 2350 万元，工业销售产值 2333 万元。

2012 年，县内规模以上私营独资企业 12 家，完成工业产值 188028 万元，工业销售产值 187143 万元；私营合伙企业 3 家，完成工业产值 7140 万元，工业销售产值 7139 万元；其他工业企业 3 个，完成工业总产值 11805 万元，工业销售产值 9608 万元。

第二节 工业门类

一、采矿

县内采矿业主要为煤炭和黄金，另有一定量的土石沙等非金属开采。1989 年，县内乡办以上煤炭工业生产企业 3 家，产值 276 万元；有色金属矿采选企业 1 家，产值 250 万元。至 1995 年，县内乡以上独立核算煤炭采选企业 3 家，销售收入 273.3 万元，实现产值 279.1 万元；有色金属矿采选企业 18 家，销售收入 2901.1 万元，产值 2906.9 万元。

2000 年，县内规模以上煤炭开采企业 2 家，实现工业产值 136.1 万元，工业销售产值 136.1 万元；金矿开采企业 1 家，实现工业总产值 2302.4 万元，工业销售产值 2328 万元。

2011 年，县内规模以上煤炭开采企业 12 家，实现工业产值 146911.1 万元，工业销售产值 146911.1 万元；黄金开采企业 1 家，实现工业总产值 6348.9 万元，工业销售产值 6348.9 万元；炼焦企业 1 家，完成工业产值 6794.2 万元，工业销售产值 6794.2 万元；土石砂开采企业 1 家，完成工业总产值 471.5 万元，工业销售产值 471.5 万元。

2012 年，县内规模以上煤炭开采企业 14 家，实现工业产值 233745 万元，工业销售产值 233775 万元；黄金开采企业 1 家，实现工业总产值 10795 万元，工业销售产值 10795 万元；炼焦企业 1 家，完成工业产值 6691 万元，工业销售产值 6335 万元；非金属矿开采企业 2 家，完成工业总产值 2372 万元，工业销售产值 2372 万元。

1989－2012 年安龙县部分年度采矿工业生产经营情况表

表 10—1—3　　单位：个、万元

年度	煤炭开采				黄金采选				焦炭加工			
	企业个数	工业产值	销售产值	增加值	企业个数	工业产值	销售产值	增加值	企业个数	工业产值	销售产值	增加值
1989	3	276	—	—	1	250	—	—	—	—	—	—
1990	5	384	—	—	1	638	—	—	—	—	—	—

续表 10—1—3

年度	煤炭开采				黄金采选				焦炭加工			
	企业个数	工业产值	销售产值	增加值	企业个数	工业产值	销售产值	增加值	企业个数	工业产值	销售产值	增加值
1991	5	363	—	—	1	452	—	—	—	—	—	—
1992	6	1211	—	—	1	446	—	—	—	—	—	—
1995	3	279.1	273.3	—	18	2906.9	2901.1	—	—	—	—	—
1999	1	132.9	132.9	83.5	1	1908.2	1916.4	39.8	—	—	—	—
2000	2	136.1	136.1	—	1	2302.4	2328	—	—	—	—	—
2001	1	129.8	129.8	—	1	2093.2	2093.2	—	—	—	—	—
2002	1	120.1	120.1	—	1	3348.7	3348.9	—	—	—	—	—
2003	8	6914.2	6908.7	—	1	4484.8	4452.8	—	1	429.5	407.2	—
2004	10	10796.7	10714.2	5035.3	2	4333.3	4333.3	1192	6	4041.5	4084.6	1656.9
2005	11	9182.3	9185.9	5639.2	2	3194.2	3194.2	692.9	7	4041.5	3760.9	1606.9
2006	11	11990.2	12099.3	7031.4	2	5504.9	5504.9	1946.5	6	10393.4	9988.6	4530
2007	7	18125.2	18125.2	8707	2	5982.9	5982.9	1791	7	14055.5	13962.9	3656.3
2008	10	48163.7	48163.7	—	2	5344.3	5344.3	—	7	16517.9	18752.4	—
2009	10	55400	55400	—	1	6300	6300	—	7	15800	14300	—
2010	11	94702	94684	—	1	6102	6102	—	1	4268	3675	—
2011	12	146911.1	146911.1	—	1	6348.9	6348.9	—	1	6794.2	6794.2	—
2012	14	233745	233745	—	1	10795	10795	—	1	6691	6335	—

说明：表内数据，1989—1995 年为乡以上企业，1999 年后为规模以上企业

二、冶炼

县内冶炼工业主要为铁合金、锑、铅锌及黄金冶炼，其中锑产品曾在 20 世纪 80 年代为出口免检产品，为县内经济发展作出旧址贡献，后因国家产业政策调整，县境锑和铅锌冶炼冶炼产业日渐萎缩。

1989 年，县内乡办以上黑色金属冶炼及压延加工企业 2 家，实现产值 109 万元；有色金属冶炼及压延加工企业 6 家，实现产值 1154 万元。至 1992 年，县内乡办以上黑色金属冶炼及压延加工企业 1 家，实现产值 214 万元；锑冶炼企业 5 个，实现产值 827 万元。

2000 年，县内规模以上铁合金冶炼企业 1 家，实现工业总产值 783 万元，工业销售产值 595.2 万元；铅锌冶炼企业 1 家，实现工业总产值 529.9 万元，工业销售产值 501.4 万元；锑冶炼企业 1 家，实现工业产值 36 万元；黄金冶炼企业 1 家，实现工业产值 45.2 万元，工业销售产值 45.2 万元。

2011—2012 年，县内规模以上铁合金冶炼企业 5 家，工业总产值分别为 43888.6 万元、48153 万元，

工业销售产值分别55548.1万元、52244万元。至2012年，县内有锑冶炼企业1家，实现工业总产值2651万元，工业销售产值2651万元。

1989－2012年安龙县部分年度冶炼工业生产经营情况表

表10—1—4　　　　单位：个、万元

年度	黑色金属冶炼及压延加工			有色金属冶炼及压延加工			
	企业个数	工业产值	销售产值	企业个数	工业产值	销售产值	工业增加值
1989	2	109	—	6	1154	—	—
1990	1	128	—	5	810	—	—
1991	1	470	—	5	1432	—	—
1992	1	214	—	5	827	—	—
1995	2	87.8	72	10	4871.7	3974.2	—
1999	—	—	—	1	242	242	167
2002	1	2264.3	2264.3	1	56	56	—

年度	铁合金冶炼				黄金冶炼				铅锌冶炼			
	企业个数	工业产值	销售产值	工业增加值	企业个数	工业产值	销售产值	工业增加值	企业个数	工业产值	销售产值	工业增加值
2000	1	783	595.2	—	1	45.2	45.2	—	1	529.9	501.4	—
2001	1	2297.5	2281.4	—	1	62.8	62.8	—	1	384	365	—
2003	1	4013.9	4178	—	1	62.8	62.8	—	—	—	—	—
2004	2	5544.3	5544.3	1632.9	1	48.3	48.3	17	—	—	—	—
2005	5	6005.1	5251	1142	1	41.5	41.5	14.6	2	5955.8	5917.3	2253.8
2006	5	12967.3	11653.5	2895.6	1	42.3	42.3	23.9	2	7512.6	7463	2751.3
2007	2	24482.7	25637.9	9644.8	—	—	—	—	2	1847.8	1838.1	1125.5
2008	5	20939.5	24802.6	—	—	—	—	—	1	770.5	825.7	—
2009	5	29500	31000	—	—	—	—	—	1	—	—	—
2010	5	59772	54401	—	—	—	—	—	—	—	—	—
2011	5	43888.6	55548.1	—	—	—	—	—	—	—	—	—
2012	5	48153	52244	—	—	—	—	—	—	—	—	—

说明：表内数据，1989—1995年为乡以上企业，1999年后为规模以上企业。2002年黑色金属冶炼产值为出口交货值

三、化工

1990年，县内乡办以上化工企业2家，实现产值9万元。2003年，县内规模以上无机盐制造化工企业1家，完成工业总产值2006.5万元，工业销售产值1918万元。

到2012年，县内规模以上化工无机碱制造企业1家，完成工业总产值22455万元，工业销售产值21574万元；无机盐制造企业1家，完成工业总产值11633万元，工业销售产值10985万元。

1990－2012年安龙县部分年度化工工业生产经营情况表

表10—1—5　　单位：个、万元

年度	乡以上化工企业			
	企业个数	工业产值	销售产值	工业增加值
1990	2	9	—	—
1991		4	—	—
1992	1	5	—	—
1995	5	10.6	9	—

年度	无机盐制造				无机碱制造				塑料制造			
	企业个数	工业产值	销售产值	工业增加值	企业个数	工业产值	销售产值	工业增加值	企业个数	工业产值	销售产值	工业增加值
2003	1	2006.5	1918	—	—	—	—	—	—	—	—	—
2004	1	21104	19957.9	8202.9	—	—	—	—	—	—	—	—
2005	1	20227.2	19758.4	8159.4	—	—	—	—	—	—	—	—
2006	1	37369.1	37758.9	14943	—	—	—	—	—	—	—	—
2007	1	49655.6	50086.1	18361.8	—	—	—	—	1	983.7	983.7	14.2
2008	1	4402.9	41189.7	—	1	42047	44939.7	—	1	377.3	377.3	—
2009	1	38000	37200	—	1	28500	24300	—	1	200	200	—
2010	—	—	—	—	1	62950	57311	—	—	—	—	—
2011	1	23868.7	23304.8	—	1	58689.8	58901.5	—	—	—	—	—
2012	1	11633	10985	—	1	22455	21574	—	—	—	—	—

说明：表内数据，2003年后为规模以上企业

四、食品和农产品加工

1989年，县内乡办以上自来水生产和供应企业1家，实现产值12万元；食品制造企业4家，产值136万元；饮料制造企业3家，产值154万元；制茶企业1家，产值68万元。

1990年，县内乡办以上自来水生产和供应企业1家，实现产值15万元；食品制造企业3家，产值189万元；饮料制造企业3家，产值122万元。

1991年，县内乡办以上自来水生产和供应企业1家，实现产值15万元；食品制造企业5家，产值336万元；饮料制造企业6家，产值91万元。

1992年，县内乡办以上自来水生产和供应企业1家，实现产值17万元；食品制造企业3家，产值342万元；饮料制造企业4家，产值92万元；制茶企业2家，产值46万元。

1995年，县内乡以上独立核算自来水生产和供应企业1家，销售收入44.1万元，实现产值41万元；

食品加工企业2家，销售收入360.4万元，实现产值276.4万元；食品制造企业2家，销售收入101.3万元，实现产值135.8万元；饮料制造企业1家，销售收入56万元，实现产值56万元。

1999年，县内乡办以上食品加工企业1家，实现工业总产值44.5万元，工业销售产值12.8万元，工业增加值35.4万元；食品制造企业1家，实现工业总产值16.9万元，工业销售产值16.9万元，工业增加值4.8万元；饮料加工企业1家，实现工业总产值25.8万元，工业销售产值25.8万元，工业增加值9.8万元；自来水的生产和供应企业1家，实现工业总产值106万元，工业销售产值106万元，工业增加值47.8万元。

2000年，县内乡办以上碾米企业1家，完成工业产值79.1万元，工业销售产值66.2万元；非食用植物油加工企业1家，完成工业产值540万元，工业销售产值490万元；酱油制造企业1家；白酒制造企业1个；自来水生产企业1家，完成工业产值100万元，工业销售产值100万元。

2001年，县内乡办以上碾米企业1家，完成工业产值37.5万元，工业销售产值35.3万元；饲料制造企业1家，完成工业产值23.6万元，工业销售产值27.7万元；非食用植物油加工企业1家，完成工业产值330.7万元，工业销售产值374.6万元；自来水生产企业1家，完成工业产值103.8万元，工业销售产值103.8万元。

2002年，县内有乡办以上碾米企业1家，完成工业产值4.3万元，工业销售产值7.3万元；非食用植物油加工企业1家，完成工业产值684.3万元，工业销售产值684.3万元；自来水生产企业1家，完成工业产值122.2万元，工业销售产值122.2万元。

2003年，县内乡办以上碾米企业1家，完成工业产值8万元，工业销售产值5.1万元；非食用植物油加工企业1家，完成工业产值1017.9万元，工业销售产值1018.8万元；自来水生产企业1家，完成工业产值141万元，工业销售产值141万元。

2004年，县内乡办以上碾米企业1家，完成工业产值13.4万元，工业销售产值13.4万元，工业增加值4.7万元；非食用植物油加工企业1家，完成工业产值613.6万元，工业销售产值602.2万元，工业增加值233.3万元；自来水生产企业1家，完成工业产值198.5万元，工业销售产值198.5万元，工业增加值92.1万元。

2005年，县内乡办以上碾米企业1家，完成工业产值10.9万元，工业销售产值10.9万元，工业增加值4.1万元；非食用植物油加工企业1家，完成工业产值613.6万元，工业销售产值602.2万元，工业增加值141.8万元；自来水生产企业1家，完成工业产值340.3万元，工业销售产值340.3万元，工业增加值170.6万元。

至2012年，县内规模以上方便食品制造企业2家，实现工业产值3871万元，工业销售产值3871万元。

五、机械和交通运输设备制造

1989年，县内乡办以上机械工业1家，产值25万元；金属制品企业1家，产值6万元；1990年，县内乡办以上机械工业1家，产值36万元；交通运输设备制造企业1家，产值12万元；1991年，县内乡办以上机械工业1家，产值36万元；金属制品企业1家；1992年，县内乡办以上机械工业企业1个，产值26万元；金属制品企业1家，产值4万元。

至1995年，县内乡以上独立核算金属制品企业1家，销售收入73.4万元，实现产值90.3万元；专用设备制造企业1家，销售收入31万元，实现产值27.4万元；交通运输设备制造企业1家，销售收入25万元，实现产值25万元。

1999年，县内乡办以上专用设备制造企业1家，实现工业总产值29.4万元，工业销售产值31.2万元，工业增加值22.1万元。

2000—2005年，县内乡办以上粮油工业专用设备制造企业1家，完成工业产值分别为19万元、18.3万元、8.3万元、6.2万元、2.1万元、3万元，工业销售产值分别为17.4万元、16.6万元、7.8万元、7.1万元、3.6万元、1.3万元。2004—2005年，县内专用设备制造业工业增加值分别9000元和1.3万元。

2006年后，县内机械和设备制造企业逐渐萎缩，直至关停并转。

六、建材

1989年，县内乡办以上玻璃建材及玻璃制品企业2家，产值9万元。到1992年，县内乡办以上建材及其他非金属矿物制品企业3家，产值37万元。其中砖瓦制造企业2家，产值12万元；玻璃纤维及其他制品企业1家，产值24万元。木材及竹材采选企业1家，产值3万元。

2000年，县内乡办以上水泥制造企业1家，完成工业产值分别为709万元，工业销售产值731.4万元。到2002年，县内乡办以上水泥制造企业2家，完成工业产值1073.7万元，工业销售产值1094.7万元。

到2008年，县内规模以上非金属制品企业发展到4家，完成工业销售产值4180.8万元，工业增加值4207.6万元；其中水泥工业企业2家，完成工业销售产值2208万元，工业增加值2272.9万元。

到2012年，县内规模以上水泥制造企业3家，完成工业总产值14322万元，工业销售产值14293万元；石灰制造企业2家，完成工业产值12338万元，工业销售产值12347万元；砖瓦制造企业2家，完成工业产值191万元，工业销售产值191万元；石材制造企业3家，完成工业产值24094万元，工业销售产值22912万元。

2000－2012年安龙县建材工业生产经营情况表

表10—1—6　　　　单位：个、万元

年度	水泥制造			石灰制造			砖瓦制造			石材制造		
	企业个数	工业产值	销售产值	企业个数	工业产值	销售产值	企业个数	工业产值	销售产值	企业个数	工业产值	销售产值
2000	1	709	731.4	—	—	—	—	—	—	—	—	—
2001	1	1103.2	1040.5	—	—	—	—	—	—	—	—	—
2002	2	1703.7	1091.7	—	—	—	—	—	—	—	—	—
2003	2	1048.2	989.6	—	—	—	—	—	—	—	—	—
2004	2	1277.4	1331.5	—	—	—	—	—	—	—	—	—
2005	1	922	903.8	—	—	—	—	—	—	—	—	—
2006	2	1972.5	2088	—	—	—	—	—	—	—	—	—
2007	1	2456.9	2456.9	—	—	—	—	—	—	—	—	—
2008	4	2208	2272.9	—	—	—	—	—	—	—	—	—
2009	2	3400	3400	—	—	—	—	—	—	—	—	—
2010	2	3909	3909	—	—	—	—	—	—	—	—	—
2011	3	13444.1	13485.9	2	1775.7	1718.8	2	236.2	236.2	2	6063.9	5643.9
2012	3	14322	14293	2	12338	12347	2	191	191	3	24094	22912

说明：2005—2007年，水泥工业增加值分别为284.8万元、699.2万元和2272.9万元

七、日用品及其他工业

1989年，县内乡办以上皮革制造企业2家，产值7万元；家具制造企业1家，产值13万元；印刷企业1家，产值24万元；工艺美术品制造企业1家，产值12万元；电力、蒸汽、热水生产和供应企业5家，产值134万元；陶瓷制品企业1家，产值8万元。

1990年，县内乡办以上皮革制造企业1家，产值10万元；家具制造企业1家，产值15万元；印刷企业1家，产值26万元；工艺美术品制造企业1家，产值9万元；电力、蒸汽、热水生产和供应企业5家，产值180万元；其他工业企业3家，产值7万元。

1991年，县内乡办以上皮革制造企业1家，产值10万元；家具制造企业1家，产值18万元；印刷企业1家，产值25万元；工艺美术品制造企业1家，产值13万元；电力、蒸汽、热水生产和供应企业5家，产值214万元；文教用品制造企业1家，产值4万元。

1992年，县内乡办以上皮革制造企业1家，产值9万元；家具制造企业1家，产值17万元；印刷企业1家，产值26万元；电力、蒸汽、热水生产和供应企业4家，产值204万元。

1995年，县内乡以上独立核算造纸及纸制品制造企业1家；印刷企业2家，销售收入40.8万元，实现产值41.3万元；电力、蒸汽、热水生产和供应企业3家，销售收入749.3万元，实现产值619.9万元。

1999年，县内乡办以上木材加工及竹木、藤、棕、草制品企业1家，实现工业总产值5.7万元，工业销售产值3.7万元，工业增加值4.4万元；电业、煤气及水的生产和供应企业4家，实现工业总产值1016.7万元，工业销售产值1017.1万元，工业增加值583.6万元；电力、蒸汽、热水生产和供应企业3家，实现工业总产值910.7万元，工业销售产值911.1万元，工业增加值535.8万元。

2000年，县内乡办以上木材加工及竹木、藤、棕、草制品企业1家，实现工业总产值2.5万元；印刷企业1家，完成工业产值15.4万元，工业销售企业14.9万元；水力发电企业2家，完成工业产值439.6万元，工业销售产值435.6万元；电力供应企业1家，完成工业产值561.4万元，工业销售产值561.4万元。

2001年，县内乡办以上印刷企业1家，完成工业产值17.1万元，工业销售企业15.9万元；水力发电企业2家，完成工业产值4006.4万元，工业销售产值3444.8万元；电力供应企业1家，完成工业产值891.3万元，工业销售产值891.3万元。

2002年，县内规模以上水力发电企业2家，完成工业产值3837.6万元，工业销售产值3221.2万元；电力供应企业1家，完成工业产值959.4万元，工业销售产值959.4万元。有印刷企业2家，完成工业产值7.2万元。

2003年，县内规模以上水力发电企业2家，完成工业产值3053.3万元，工业销售产值2777.9万元；电力供应企业1家，完成工业产值1009.6万元，工业销售产值1009.6万元。

2004年，县内规模以上水力发电企业3家，完成工业产值3160.6万元，工业销售产值3074万元，工业增加值2350.7万元；电力供应企业1家，完成工业产值1234万元，工业销售产值1234万元，工业增加值935.4万元。

2005年，县内规模以上水力发电企业4家，完成工业产值6498.9万元，工业销售产值6099.3万元，工业增加值5195.2万元。

2006年，县内规模以上水力发电企业4家，完成工业产值6105.1万元，工业销售产值5807.5万元，工业增加值4171.3万元。

2007年，县内规模以上水力发电企业2家，完成工业产值11958.1万元，工业销售产值11813万元，工业增加值8941.7万元。

2008年，县内规模以上水力发电企业2家，完成工业产值15944万元，工业销售产值15944万元。

2009年，县内规模以上水力发电企业1家，完成工业产值3100万元，工业销售产值3100万元；电力供应企业1家，完成工业总产值1.5亿元，工业销售产值1.5亿元。

2010年，县内规模以上水力发电企业1家，完成工业产值4532万元，工业销售产值4532万元；电力供应企业1家，完成工业总产值23219万元，工业销售产值23219万元。

2011年，县内规模以上发电企业1家，完成工业产值1643.1万元，工业销售产值1643.1万元；电力供应企业1家，完成工业产值22705.8万元，工业销售产值22705.8万元；自来水供应企业1家，完成工业产值909万元，工业销售产值909万元。

2012年，县内规模以上发电企业1家，完成工业产值3745万元，工业销售产值3745万元；电力供应企业1家，完成工业产值39938万元，工业销售产值39938万元；自来水供应企业1家，完成工业产值652万元，工业销售产值652万元。

第三节　经济开发区和工业园区

2005年5月30日，安龙县重化工基地金宏一期年产12万吨聚氯乙烯、10万吨烧碱项目正式投产。12月28日，安龙重化工基地一期工程年产12万吨聚氯乙烯10万吨烧碱项目，在安龙金宏特种树脂公司试车运行，安龙重化工基地初具规模。2010年3月，以安龙重化工基地为基础，规划建设黔西南州循环经济工业园区。

2011年6月16日，安龙县园区管理委员会在新桥镇新桥村挂牌成立，为副县级事业单位，核定事业编制20人，列入县级财政全额预算，内设综合科、规划建设科、产业园区管理科和协调监督科。县政府副县长吴鹏兼任县园区管理委员会负责人。根据《省经济和信息化委关于印发省级工业园区及培育区名单的通知》和《贵州省省级工业园区认定管理暂行办法》，安龙工业园区［黔西南（安龙）循环经济工业园区］作为省级一类培育园区。8月14日，由贵州正业工程技术投资有限公司编制的《黔西南安龙工业园区发展规划》，通过省经信委在贵阳组织专家评审，10月8日获得省经信委批复。

2011年6月24日，州政府常务会议研究决定，将黔西南（安龙）循环经济工业园区申报为省级开发区。7月29日，由贵州仁和不动产评估有限公司编制的《贵州安龙开发区申报省级开发区土地利用方案》在贵阳通过专家评审。8月24日，贵州安龙开发区规划选址获得省住建厅的批复。2011年12月1日，省人民政府同意在安龙县设立省级经济开发区，定名为贵州安龙经济开发区。安龙经济开发区位于新桥镇、德卧镇和龙广镇结合部，规划面积23.42平方千米，建设用地21.34平方千米，首期开发面积10平方千米，起步期面积3.7平方千米。开发区内有汕（头）昆（明）高速公路匝道，有南昆铁路客货站。开发区是西南地区“西电东送”的电源基地，有“天广”（天生桥—广州）、“天贵”（天生桥—贵阳）两条500千伏安线路，有500千伏金州变电站1座，220千伏安龙变电站1座，110千伏德卧变电站1座。开发区分为综合服务及技术开发区、铁合金产业园、煤化工产业园、重化工循环经济园区、其他产业园区和职工公寓区6大板块。开发区产业定位：重点发展煤化工（含绿色高新精细化工）及电石、聚氯乙烯、烧碱、铁合金及相关上下游化工、建材、煤电铝一体化、冶金及矿产品加工等产业。经济目标：到规划期末，开发区工业经济总量年均增长20.5%以上，工业增加值年均增长30%以上，至2025年工业产值达1000亿元以上，工业增加值400亿元以上。环境控制目标：空气质量优良80%以上；工业废水重复利用率70%以上；工业固体废渣处置率90%，综合利用率40%以上；工业烟尘达标排放；辐射带动目标：成为黔西南州乃至贵州的新型工业增长极，为西南少数民族地区推进新型工业化和城乡一体化探索新的模式。开发区性质定位：建设成为贵州省及珠三角腹地区域重要的工业基地之一，贵州省循环经济产业园的示范基地，黔西南州工业经济中心，安龙县的工业经济中心及现代化城市新区。以安龙县资源优势和区位优势为依托，面向全国，发展电石、聚氯乙烯、铁合金、煤电铝及其加工等主导产业，实施电石渣制水泥、热电联产、物流等多业并举，发展绿色高新精细化工与开发新能源的现代化新型综合工业园区，力争打造安龙开发区成为清洁型、环保型的有较高形象的省级经济开发区。

2012年1月，组建安龙县新宇资源开发有限责任公司，由县园区管理委员会、安龙县宏源国有资产经营有限公司和安龙县自来水公司共同出资，出资比例分别为90%、9%和1%，注册资本为1亿元。园区内的基础设施项目，原则上由安龙县新宇资源开发有限责任公司作为业主单位投资建设。

至2012年8月，安龙经济开发区完成工业总产值2.97亿元，产业项目建设完成投资7.2亿元，基础设施建设完成投资2.25亿元。11月，黔西南州义龙新区组建后，安龙经济开发区划归义龙新区管辖；县园区管理委员会更名为县园区管理办公室，归县人民政府管理。

安龙工业园　安龙工业园位于县城北部，紧邻汕昆高速公路木咱匝道口，距安龙火车站15千米、兴义机场60千米，距贵阳300千米、昆明310千米、南宁380千米，规划面积45平方千米，是义龙新区组建后安龙县重新规划建设的工业园区。

安龙工业园是省级重点工业园区，包括物流园、轻工业园、石材工业园、特色工业园和教育园，总体规划按“一园两区”格局建设，“一园”即安龙工业园，“两区”即栖凤片区、新德龙片区。园内周边有煤炭、黄金、大理石、钛矿等资源，至2012年，园区内有国内产能第一的华虹电石厂、西南地区第一家金银花加工厂、全省第一家出口蔬菜加工厂等。

安龙工业园栖凤片区，规划面积40.59平方千米，紧邻县城，地处栖凤街道，按田园式产业新城理念进行规划建设，由现代物流版块、特色轻工版块、核心区3大版块组成。其中，现代物流版块，规划面积1.3平方千米，拟建成滇、黔、桂三省（区）重要的物流节点，集批发采购、仓储配送、分装加工、电子商务、金融服务等多种功能于一体的综合大型物流中心，至2013年，入驻企业17家，投产9家，代表性企业有中国西南最大的农用车展示交易中心——贵州滇黔桂百强车辆交易中心、中国西南最大的木纹石交易市场——安龙喜莱莹木纹石交易中心等；特色轻工业版块，规划面积1.8平方千米，主要产业以蔬菜、大米、莲藕、金银花、油脂等农特产品精深加工、民族传统工艺品生产、服装加工、中药材研发为主，是全县民营经济和小微企业聚集地，至2013年，入驻企业26家，投产3家，代表性企业有中国西南独有的金银花深加工企业——莱握金银花和金贵药业、贵州首家蔬菜出口企业——金州蔬菜公司等；核心区首期开发10平方千米，有中国西南地区产能最大的电石企业——南宁化工控股的华虹电石厂，有贵州规模最大、上下游配套、占地73.33公顷的农用机械产业园，农用机械产业园内有贵州百能车辆有限公司、贵州百立车辆有限公司、贵州百盛车辆有限公司、贵州百鸿车辆有限公司、贵州百荣车辆有限公司等互为配套企业15家，有占领行业技术高地的汇珠薏仁米精加工企业等。

安龙工业园新德龙片区，位于新桥镇、德卧镇和龙广镇结合部，规划面积23.42平方千米，建设用地21.34平方千米，首期开发10平方千米，至2012年，已开发3.5平方千米。园区利用珠三角腹地区域工业基础地位，依托县境煤炭、黄金和水晶等矿藏资源，以及笃山乡独特的“贵州木纹石”资源，主要发展化工、建材、冶金3大产业。至2013年，园区有产业项目9个，总投资60亿元。投产项目6个：金宏化工、金宏建材、恒锐石材、绿宇农特产专业合作社、闰土天然植物制品有限公司，2013年实现产值2亿元；在建项目3个：贵州安龙金石石材产业园、贵州鹏异纸业有限公司年产40万吨瓦楞纸项目和贵州金源投资有限公司年产60万吨铁合金项目，完成投资8亿元。

安龙工业园总体发展将实现“三年起步，五年成形，十年成势，十五年成城”的总目标。以项目带动园区建设，以园区支撑产业发展，以产业成就新城建设，利用15—20年，打造西南地区知名的千亿产业新城，力争建成100亿元园区。

安龙轻工业园区 位于县城西城区以北，与物流园区相邻，规划面积2.15平方千米，主要是发展农产品的精深加工，以促进农业产业化发展。至2012年年底，园区申请入园项目8个，在建项目2个，完成投资5000万元。建成投产项目1个，贵州金州农业开发有限责任公司，以出口蔬菜种植、加工、销售、农副土特产品、高新农业示范开发、进出口贸易为主，注册资金560万元，有职工250人，总资产2200万元。

笃山石材工业园区 位于笃山乡。至2012年底，园区投产企业2家，闽磊石材加工有限责任公司和凤凰石材经营部两家企业，年产能均为50万平方米。安龙县“贵州木纹石”石材远销福建、广东、上海、北京、香港、台湾和日本、新加坡等地区和国家。在建企业1家，即鑫盛隆石材厂，年产石材60万吨，总投资1.3亿元，完成投资9100万元。

第四节 工业管理

一、管理机构

1989年，设有县工业局、县轻工业局、县乡镇企业管理局，分别管理县内重工业、轻工业和乡镇企业。1990年1月，成立县黄金局，管理全县黄金生产与销售。1994年4月，撤销县经济委员会、县工业局、县轻工业局、县乡镇企业管理局，设置县城乡工业管理局，全面管理全县工业、乡镇企业生产与经营。1996年6月，撤销县城乡工业管理局，分设县工业局、县乡镇企业管理局（县煤炭局）。

2002年，撤销县工业局、县贸易局，合并建立县经济贸易局，职能包括原原贸易局承担的商业行业管理，原物资局承担的物资行业管理，原工业局承担的管理职能和中西药行业管理、轻工业管理，原政府体制改革办承担的国有企业改革、改制、股份公司设立审核，原人事劳动局承担的安全生产综合管理、原国资办承担的国有资产监管等职能。是年12月，县经济贸易局下发《关于对内设机构领导职位和人员进行竞争上岗的实施方案》，对内设机构7个股室股级领导实行双向选择、竞争上岗，公开选拔。

2005年4月，调整县经济贸易局职责，将指导国有企业改革的职责划入县发展和改革局、县安全生产委员会办公室及其职责划入县安全生产监督管理局；划入原县人事劳动和社会保障局承担的负责企业工资总额、经营者年薪和其他负责人工资标准审核职能，划入县黄金局承担的行业管理职能。

2006年，成立县中小企业服务中心，归口县经济贸易局管理。

2010年4月机构改革，撤销县经济贸易局、县科学技术局、县粮食局、县黄金管理局、县乡镇企业局（县煤炭局），设置县经济贸易和科学技术局，加挂县知识产权局、县粮食局、县煤炭局、县黄金管理局牌子，划入县发展和改革局的工业管理和信息化管理职责，划入原县经济贸易局、县科学技术局、县粮食局职责，划入县黄金管理局行政管理职责，划入县乡镇企业局农产品加工和煤炭安全生产监督管理职责，将节约能源综合协调职责划入县发展和改革局；主要承担经济贸易和科学技术的发展规划并组织实施，推进产业结构调整和优化升级，推进高新技术与传统工业改造结合等职责。

2011年，撤销县经济贸易和科学技术局，分设县工业和特色产业局、县贸易和科学技术局，全县工业生产管理工作由县工业和特色产业局承担。

二、国有和集体企业改革

1997年，县糖食加工厂所属资产全部转让给县供电局，所得资金用于解决职工生活，企业员工全部解除国有企业职工身份。2001年，县工业局向县政府提交《关于工业局直辖企业改革的请示》，提出对酒厂、印刷厂、煤炭公司采取“资本置换、房地产开发”的改革模式，对皮鞋厂、陶瓷厂实行租赁经营改革。2002年，县经济贸易局对产品没有市场、长期亏损且扭亏无望的县酒厂、印刷厂、酱菜厂等进行改革，实行破产、关闭、拍卖等，其中县酒厂与广建房地产公司达到房地产开发协议。2003年7月，引进贵州顺兴房地产开发公司，与县国营酒厂联合开发金凤苑商住小区，总投资1000万元，县国营酒厂按比例分成236万元，所得资金全部用于偿还银行债务和补交职工养老保险；经协商，县国营酒厂所欠华融公司债务160万元，一次性偿还本息45万元结清。2005年，县工艺美术厂、皮鞋厂资产挂牌拍卖，所得资金解决企业债务，企业职工全部解除国有企业职工身份。

三、计划管理

20世纪80年代末至90年代初，县内工业企业由县计划委员会下达生产计划，实行计划生产与管理。

1989年，县计划委员会下达全县工业生产总值为3600万元，至年底完成2506.28万元，比1988年减少15.73%。其中全民所有制企业生产计划766万元，全年完成459.69万元，比1988年减少41.1%；集体所有制企业生产计划185万元，全年完成311.23万元；其他经济成分企业生产计划97万元，全年完成51.88万元；个体工业企业生产计划1470万元，全年完成1283.48万元。

1990年，县计划委员会下达全县工业生产总值1865万元，至年底完成计划的95.78%。其中全民所有制企业完成413万元，占年计划的96.05%；集体企业完成805万元，占年计划的90.45%；个体工业企业完成554万元（含农村合作经营企业），占年计划的110.8%。完成计划较好的有县农机厂、玻璃纤维厂、电力公司、二龙金矿、双龙冶炼厂、安粤冶炼厂、印刷厂等，其余厂矿基本处于停产与半停产状态。

1991年，县计划委员会下达全县工业生产总值3670万元，到年度完成4730万元（90价），其中全民所有制企业完成1719.2万元、集体企业完成1854.3万元、个体及联户工业企业完成1156.6万元。完成计划较好的企业有白水河电站、硅铁厂、龙锡冶炼厂、轻工精制粉丝厂、农机厂、安粤冶炼厂、粮油加工厂等，龙广硅铁厂等处于停产状态。

20世纪90年代中期以后，随着市场经济的发展深入，全县工业生产受市场影响越来越大，县计划委员会不再对工业生产企业下达硬性的生产指标，由县计划或发展改革部门对全县工业企业下达指导性生产计划，引导企业生产。

进入21世纪后，县工业管理部门会同县计划和发展改革部门制定各时期的工业发展规划，引导资金和项目的投放。

四、安全生产管理

2005年以前，县安全生产委员会办公室设在县工业主管部门，全县各行业安全生产工作，由县工业主管部门负责监管。2005年，成立县安全生产监督管理局，县内工业企业的安全生产管理工作由县安全生产监督管理局负责监管。

2001年，县工业局举办安全生产培训2期共46人，配合相关职能部门开展交通运输、矿山安全、矿业秩序整顿、关井压产、消防、旅游、农用机车安全、民用爆炸物资和易燃易爆物品、建设施工、压力容器和特种设备、劳动用工、成品油市场规范和整顿、废旧金属收购、打击假冒伪劣等20余项专项行动。

2002年，县经济贸易局举办安全生产培训1期共40人，全县发生各类安全生产事故42起，死亡42人、受伤9人，经济损失35.33万元，重点处置德卧镇交通事故和坡脚乡沙厂坪沙石厂爆炸事故，其中4月2日坡脚乡沙厂坪爆炸事故1次死亡4人。

2003年，全县发生各类安全生产事故67起，死亡44人，受伤41人，经济损失57万元。其中，煤矿和乡镇企业发生安全生产事故4起，死亡5人，经济损失12万元；非煤矿山发生安全生产事故1起，死亡1人，经济损失3万元；陆上交通事故39起，死亡34人，伤41人，经济损失8.2万元；建筑安装行业发生事故1起，死亡1人，经济损失2万元；火灾事故22起，死亡3人，经济损失31.8万元。

2004年1月，县乡镇企业（煤炭工业）局制定《重特大事故应急救援预案》，分“重特大事故的确定”“重特大事故的上报与现场保护”“重特大事故救援的程序和措施”“重特大事故应急救援的职责分工”等部分，本着“及时救援、统一指挥、分工负责”原则，在当所辖区域发生重特大事故时启动应急预案。县乡镇企业局将收取的安全保证金109万元为全县109对煤矿职工1006人购置保险，返还泓发、龙公、邱家湾3对煤矿维简费139万元，返还21对有证煤矿63万元，补助企业购置瓦斯监测系统。

2005年，成立县安全生产监督管理局，承担全县安全生产监督管理工作。同时，县经贸局、县乡镇企业（煤炭工业）也对所属企业进行安全生产监督检查。

2007年，县经济贸易局对县石油公司、物资总公司等11家国营企业、闽龙公司等10家非公有制企业安全生产排查4次，发现安全隐患394处，下达整改通知书39份。

2008年，县乡镇企业局成立乡镇企业、煤炭工业安全大检查领导小组。9月，县乡镇企业局出动人员18人次，检查乡镇企业18户，其中焦化企业10户、砖厂1户、石灰企业6户、其他企业1户；县乡镇企业局矿山管理站检查煤矿16对，查出安全隐患66条，其中重大安全隐患5条。

2009年，全县重化工、铁合金、建材、民爆物品等企业在技术改造的同时投入资金建设安全生产设施，县经贸局开展安全生产专项检查6次。

1989－2000年全县工业企业主要产品产量表

表10—1—7

主要产品名称	1989	1990	1991	1992	1993	1994	1995	1996	1997	1998	1999	2000
原煤（万吨）	12.07	20.01	24.51	31.45	30.87	36	43.33	57.75	79.11	89.84	48.63	40.3
木材（立方米）	—	7744	—	—	6738	10000	1721	119	83	—	—	—
烧碱（吨）	—	39	4	—	—	—	—	—	—	—	—	—
发电量（万千瓦时）	1640	2382.6	2772.5	2400	2635.3	3233	4530.26	3580	3452.8	2339	2569.1	4190
自来水（供应量，万吨）	38.94	50	46	48.5	54	55	63	183	196	110.8	101.8	115.85
大米（吨）	800	1100	2106.9	37900	15500	30000	66259	42430	91200	—	—	—
面粉（吨）	900	1300	1303.9	1000	8300	10000	148	40000	—	—	—	—
食用植物油（吨）	78.26	214	442.1	300	433	594	645	803	1045	—	—	—
糖（吨）	720	—	349	399	—	635	626	1010	960	—	—	—
精制茶（吨）	148	—	171.2	201	2000	164.1	571	111	28	16.74	—	—
饮料酒（混合量，吨）	393.53	306	1180	1590.	2327.5	2020	1985	2554	3431	—	—	—
其中：白酒（商品量，吨）	393.53	270	1116	1536	2327.5	2020	1985	2554	3431	4141	4869	3777
配混合饲料（吨）	611.48	198	651.3	2016	1652	1610	1451	1377	2485	2481	—	—
服装（万件）	6.29	1.69	31.55	25.5	49	54	71	79	72	—	—	—
皮鞋（万双）	0.25	0.25	0.37	0.5	0.43	1	1	1	1	—	—	—
鞣制皮革（折合牛皮，万张）	0.15	—	—	—	—	—	—	—	—	—	—	—

续表 10—1—7

主要产品名称	1989	1990	1991	1992	1993	1994	1995	1996	1997	1998	1999	2000
轻革(万平方米)	0.08	—	—	—	—	—	—	—	—	—	—	—
家具(万件)	1.07	0.08	0.15	0.65	—	2	3.4	3.77	5.28	—	—	—
焦炭(万吨)	2.19	1.16	0.48	0.64	1.4	1.56	2	2.5	3.65	5.9	10.2	12.1
砖(万块)	449.2	—	553	719	1335.4	1692	1769	1936	710	3649.8	6337.4	5194
瓦(万片)	1045	—	1047	2180	—	4010	4029	6024	1418	—	—	—
水泥瓦(万片)	3.8	0.29	0.43	—	—	3	1.7	4.3	35	—	—	—
建筑用石灰(万吨)	0.62	—	—	—	—	—	4.61	—	—	—	—	—
玻璃纤维布(万平方米)	8	—	15.21	20	—	—	—	—	—	—	—	—
日用陶瓷器(万件)	3	5	12.5	19	—	—	—	—	—	—	—	—
铁合金(吨)	330	450	1500	700	17000	1103	266	—	1900	2769	540	2265
十种有色金属(吨)	1044.09	944.1	1663.6	964.75	1994	2089	—	—	—	—	—	—
其中：锑及锑白(吨)	1044.09	944.1	1428	971.75	1979	2089	2118	1438	998	700	199	—
锌(吨)	—	—	235.6	93	15	—	—	—	—	—	590	639
电石(吨)	—	—	—	—	—	—	—	—	—	—	—	—
黄金(千克)	50.81	134.1	97.2	92.89	82.19	236	360.14	372	349	398.53	345.22	403.86
食用机械(台)	845	1219	1320	825	941	723	782	916	650	—	—	—
中小农具(万件)	0.18	0.59	24.44	24.43	—	47	47.51	—	—	—	—	—
糖果(吨)	—	15	72.6	65	—	99	90	84	105	—	—	—
酱油(吨)	—	179.2	290.2	305.5	488	210	375	420	456	—	—	—
电石(吨)	—	—	300	—	—	—	—	—	—	—	—	—
硫磺(吨)	—	—	140	200	—	—	—	—	—	—	—	—
水泥砖(万块)	—	—	608	113.5	—	172	210.7	725	263.01	—	—	—
锰粉(吨)	—	—	120	—	—	—	—	—	—	—	—	—
机动脱粒机(台)	—	—	50	100	—	—	—	—	—	—	—	—
玻璃纤维油毡(万平方米)	—	—	12.54	—	—	—	—	—	—	—	—	—
畜肉制品(万吨)	—	—	—	98	—	119	147	112	96	—	—	—
玻璃纤维纱(吨)	—	—	—	18	—	—	—	—	—	—	—	—
粉丝(吨)	—	—	—	—	164	3201	4259	4789	7243	—	—	—
本册(万册)	—	—	—	—	231	57	—	—	—	—	—	—

续表 10—1—7

主要产品名称	1989	1990	1991	1992	1993	1994	1995	1996	1997	1998	1999	2000
硫铁矿（吨）	—	—	—	—	—	3600	3600	—	—	—	—	—
铸铁锅（万口）	—	—	—	—	—	5	2	—	—	—	—	—
供电量（万千瓦时）	—	—	—	—	—	—	1650	4066	3484	—	—	—
非食用植物油（吨）	—	—	—	—	—	—	170	97	150	—	—	—
鲜、冻畜肉（吨）	—	—	—	—	—	—	2372	3143	3423	—	—	—
糕点（吨）	—	—	—	—	—	122	108	126	143	—	—	—
豆制品（吨）	—	—	—	—	—	422	825	820	1752	—	—	—
淀粉（吨）	—	—	—	—	—	4069	5501	7065	6746	12034	13874	3000
人造板（立方米）	—	—	—	—	—	—	3750	1600	3606	—	—	—
饲料添加剂（吨）	—	—	—	—	—	—	17	32	38	—	—	—
竹、藤、棕、草制品（万元）	—	—	—	—	—	—	55	34.2	267	—	—	—
手工纸（吨）	—	—	—	—	—	150	88	190	155	—	—	—
单色印刷品（令）	—	—	—	—	—	—	2881	30000	30000	—	—	—
烟花爆竹（万元）	—	—	—	—	—	63.7	100	522.5	75	—	—	—
煤制品（吨）	—	—	—	—	—	526	4535	3493	—	—	—	—
丙三醇（精甘油，吨）	—	—	—	—	—	—	1	—	—	—	—	—
建筑涂料（吨）	—	—	—	—	—	—	12	13	—	—	—	—
中成药（吨）	—	—	—	—	—	—	203	111	—	—	—	—
水泥熟料（吨）	—	—	—	—	—	—	3735	—	—	—	—	—
水泥（吨）	—	—	—	—	—	—	4500	8000	20000	32400	32600	36700
水泥电杆（根）	—	—	—	—	—	—	1390	1952	987	—	—	—
塑料制品（吨）	—	—	—	—	—	—	2	—	—	—	—	—
石棉水泥瓦（平方米）	—	—	—	—	—	—	22048	2857	3718	—	—	—
防水油膏（吨）	—	—	—	—	—	—	3	—	—	—	—	—
炉具（万个）	—	—	—	—	—	—	4.4	6	6.9	—	—	—
矿山设备（吨）	—	—	—	—	—	—	100	—	—	—	—	—
铁矿石（万吨）	—	—	—	—	—	—	0.83	4.31	0.63	—	—	—
石灰石（万吨）	—	—	—	—	—	—	5	9	—	—	—	—
硅石（吨）	—	—	—	—	—	—	—	84753	—	—	—	—
民间工艺品（万元）	—	—	—	—	—	5	106.5	31.5	16	—	—	—

续表 10—1—7

主要产品名称	1989	1990	1991	1992	1993	1994	1995	1996	1997	1998	1999	2000
合成复合肥料（吨）	—	—	—	—	—	—	—	500	80	—	—	—
水泥预制构件（万立方米）	—	—	—	—	—	—	—	80	—	—	—	—
锰硅合金（吨）	—	—	—	—	—	—	—	908	1900	2769.4	540	—
锑氧粉（吨）	—	—	—	—	—	—	—	217	—	—	—	—
锯材（立方米）	—	—	—	3455	—	—	7640	8876	13029	—	—	—

2001－2012 年全县工业企业主要产品产量表

表 10—1—8

主要产品名称	2001	2002	2003	2004	2005	2006	2007	2008	2009	2010	2011	2012
原煤（万吨）	36.94	66.6	113.94	131	123	108	123	153	137	216	262.72	391.14
烧碱（吨）	—	—	—	—	—	—	—	—	40627	70170	57355	25566
发电量（万千瓦时）	20983	20409	20598	17355	24200	23000	29000	30000	12000	27800	67800	12300
自来水（供应量，万吨）	118.45	122	139	198.9	159	—	—	—	—	—	—	—
白酒（商品量，吨）	1753	2937	3201	1812	2707	2822	3038	3381	—	—	—	—
焦炭（万吨）	11	13.2	16	21	10	16	23.4	20.4	15.6	4	5.06	4.53
砖（万块）	3276	3210	2884	2796	—	—	—	—	—	—	868	1156.17
铁合金（吨）	6963	7003	12350	8285	12538	30393	39335	26113	47291	68371	64755	56940
锌（吨）	310	—	—	800	4775	3167	704	568	—	—	—	—
电石（吨）	—	—	10929	92430	83663	147725	179497	128054	123060	26668	52980	—
黄金（千克）	447	515.92	561.12	406.71	276.37	365.47	345	274	265	230	323.3	200
淀粉（吨）	2700	2915	2915	—	—	—	—	—	—	—	—	—
水泥（吨）	56900	58100	60300	67000	91400	100300	108800	96900	128000	147600	468100	510000
PVC（吨）	—	—	—	—	—	11030	43718	47661	34341	56954	46020	18197
盐酸（吨）	—	—	—	—	—	—	—	—	12851	23266	23716	9681
天然大理石板材（万平方米）	—	—	—	—	—	—	—	—	—	—	3.34	328.76

第二章 矿产采炼

1978年后，县境煤炭开采出现国营、集体和个体齐上阵的局面，产销量猛增，除满足本县城乡需求外，大量销往广东、广西。其间，国营龙山煤矿和戈塘煤矿相继完成技术改造，到1988年达到年产原煤万吨规模；乡镇企业煤矿从1978年的社队煤矿53队增加到1988年乡镇企业煤矿174队，从业2127人，其中年产原煤5万吨以上的1队、3万吨以上的1队、1万吨以上的12队。1988年，全县全年实现原煤产量11.29万吨、土焦产量1.16万吨。

县境有色金属冶炼主要为锑和黄金冶炼。1985年，县资源开发公司与湖南锡矿山矿务局工业公司各投资30万元建成龙锡冶炼厂，1986年5月建成投产，后又相继建成安粤、双龙、盘江、德卧4个锑冶炼厂，从业人员274人，产品全部达到国家标准，远销美国、西德、芬兰、日本等国家，成为县境出口创汇龙头产品。同时，黔西南州政府、安龙县政府、省地矿局117地质大队、地质矿产综合利用研究所共同投资293.2万元建成戈塘金矿，1987年建成投产，1988年又投资35万元建立二龙口金矿。至1989年，全县年产黄金50.81千克，居贵州省第二位。

第一节 煤矿开采

县境煤炭资源储量12.58亿吨，分有烟煤和无烟煤两种。有烟煤储量5.85亿吨，分布于龙头大山中部、中上部，属富硫炼焦煤。发热量为每千克8520大卡，含硫量3%—4%，灰分11.23%，挥发份37.88%。无烟煤分布于大坝背斜区戈塘、大坝、戛拉、竹林等地，储量6.73亿吨。发热量为每千克7643大卡，挥发份13.54%，含硫量2.5%—3.5%，灰分18.4%。

1989年，广东、广西厂家对安龙县有烟煤需求大增，生产供不应求，乡镇烟煤发展较快，企业个数达到235个。由于矿山企业过度发展，违规乱挖滥采现象十分严重。县政府根据省、州相关文件精神，对乡镇煤矿进行综合治理，至1990年12月，封停并转无证私采小煤窑203个，保留有证煤矿32对，其中乡办煤矿2对、个体煤矿30对，从业人员926人，年产原煤20.01万吨；1991年，全国经济治理整顿结束，乡镇煤矿坚持巩固与发展并举，安全与效益并行，发展规模和经济问题迅速增长，至年底，全县共有乡镇企业煤矿186对（有证煤矿36对），从业人员1691人，全县年产原煤24.51万吨。1992年后，国家加大对乡镇煤矿安全生产管理力度，逐步完善乡镇煤矿安全管理责任制，边发展边整顿，至1995年，全县关并封停私采乱挖无证小煤窑96对，保留乡镇企业煤矿90对，从业人员1480人，全县年产原煤43.26万吨。

1996年，全县乡镇企业煤矿发展到104对，万吨以上生产能力矿井30对。1997年，贯彻《中华人民共和国煤炭法》，依法保护合法乡镇煤矿开采，整顿煤炭生产经营秩序，规范行业生产经营行为。1998年，南昆铁路货运开通，县境煤矿企业增多，至年底，全县共有乡镇企业煤矿107对，从业人员2907人，产原煤85万吨、焦炭5.9万吨，产值4942万元。

1999年，全国煤炭市场生产过剩，国家对煤炭业实行关井压产和清理整顿政策，取缔关闭无证和不具备安全条件的矿井，对生产能力达不到1万吨的煤矿限期整改。全县关停不符合乡镇企业煤矿50对，其中有证煤矿30对，保留煤矿66对，从业人员1938人，年产原煤45万吨、焦炭10.5万吨，产值3354万元。

2000年，国家对煤炭行业继续实行关井压产政策“关闭年产3万吨以下煤矿企业”，全县关闭布局不合理、两证不全和无基本条件的乡镇企业煤矿10对，保留乡镇企业煤矿51对（部分煤矿并转），实际产量1—2.9万吨的煤矿37对、3万吨以上的煤矿7对，从业人员2385人，年产原煤37.43万吨，产值2616万元。投入煤矿维简费58万元，为企业购置通风主扇48台、局扇51台、瓦斯检查器56个、矿灯、矿帽600余套、劳保服880余套、放炮器70台；直接返还维简费12.21万元，支持企业扩大技改。

2001年，龙山镇龙公、泓发、邱家湾、金贵、时茂、纳细、万龙、鑫发、峰盛、双箐、雄鹰、聚盈、龙山煤炭产销公司、国营龙山煤矿、洒雨镇科兴、海子乡龙康、龙兴、长安、长湾、戈塘镇双福、兴旺、吉安、大坝、青杠林、龙联等25对煤矿生产企业进行1万吨改3万吨扩建改造，初步通过县级验收。据统计，全县有煤炭开采工业企业1对，从业人员71人，实现工业总产值1298万元、工业增加值545万元；乡镇企业煤矿27对，均私营企业，有生产工人1984人，全年生产原煤33万吨，实现销售产值935万元、生产总值1832万元、工业增加值423万元。

2002年，县委、县政府对全县煤炭行业实行统一安全、生产、税费、供销、运输“五统一”管理和实施“两单”(准销单、准运单)运作模式。通过关井压产、上大关小，关闭违反国家关井压产政策的小煤厂(窑)48对，全县有煤矿26对，经州、县验收合格21对、技改7对，其中9万吨4对、6万吨10对；焦化厂10家，其中投产8家、规模40万吨，在建2家、规模15万吨。龙山镇龙公煤矿、鑫发煤矿、泓发煤矿和泓洋焦化厂跻身500万元以上非国有工业企业行列。

2003年，全县煤矿技改工作基本完成，实现年产3万吨改6万吨煤矿有邱家湾、聚盈、龙兴3对煤矿，完成技改资金380万元；3万吨改9万吨的有鑫发、泓发2对煤矿，完成技改投资560万元。兴建晓宇、聚鑫、鑫兴3家年产5万吨以上焦化厂，总投资2458万元。全县有烟煤区（龙山）有煤矿企业14对，设置矿权14个，办理采矿许可证5对、上报换证9对，总核定年生产能力96万吨；洒雨、戈塘、海子无烟煤片区有煤矿企业19对，办理采矿许可证1对，其余全部上报换证，总核定年生产能力114万吨。关停、取缔砖瓦、煤焦等国家产业政策限制生产的乡镇企业106户，其中黏土砖瓦企业9户、非法小煤窑65户、土焦企业32户。据统计，全县有煤炭开采和洗选工业企业8家，就业人数1379人，实现工业总产值6914.2万元、销售产值6908.7万元、增加值3773.8万元，利润1343.2万元，利税总额3032.7万元；全县煤炭乡镇企业生产原煤131万吨、焦炭21万吨。

2004年，县乡镇企业（煤炭工业）局申报审批煤矿、焦化项目41个，其中煤矿企业续建、扩建项目17个，实际投资913万元，煤焦企业项目6个，实际投资400万元。3月，县乡镇企业（煤炭工业）局组织人员对清理整顿全县无证非法煤矿，炸封非法煤矿74个，疏散民工300余人，拆除工棚39间，没收非法煤炭产品300余吨；全县已建、在建联体圆窑、“蒙古包”等9家，其中全部建成投产龙山泓洋焦化厂、龙山焦化有限公司2家，部分建成投产的有钱相兴富焦化厂、林森焦化公司、晓宇焦化公司、聚鑫焦化厂、笃山桂黔焦化厂、新安宏能焦化公司等6家。据统计，全县有煤炭开采与洗选工业企业13家，就业人数1164人，实现工业总产值10796.7万元、销售产值10714.2万元、增加值5035.3万元，营业利润2076.1万元，利税总额3998.9万元；全县煤炭乡镇企业生产原煤110万吨。

2005年10月17—19日，州煤矿“五整顿、四关闭”和安全生产许可证检查验收组对19队煤矿进行检查验收，长湾、大坝、双福、邱家湾、金贵、时茂、鑫发、聚盈、龙兴等10队煤矿通过安全生产许可证验收，对其他9个煤矿提出整改意见。县乡镇企业（煤炭工业）局协同有关部门关封无证非法煤矿矿井70余口。据统计，全县有煤炭开采与洗选工业企业11家，其中亏损企业6家，全行业就业人数2081人，实现工业总产值9182.3万元、销售产值9185.9万元、工业增加值5639.2万元，全行业亏损434.2万元，利税总额422万元；全县乡镇企业煤矿生产原煤123万吨、焦炭10万吨。

2006年，全县有煤炭开采与洗选工业企业11家，其中亏损企业7家，全行业就业人数1963人，实现工业总产值11990.2万元、销售产值12099.3万元、工业增加值7031.4万元，全行业亏损165.8万元，利税总额1774万元；全县乡镇企业煤矿生产原煤108万吨、焦炭16万吨。是年3月，按省煤矿整顿关闭工作领导小组要求，关闭万龙煤矿、龙公煤矿、纳细煤矿、时茂煤矿和恒通煤矿。

2007年，全县原煤产量从2001年33万吨、煤炭各费1010万元提高到原煤产量123万吨、煤炭税费(会煤调查金)8032万元，煤炭价格调节基金从2005年461万元提高到2007年的2881万元。焦炭产量从2005年10万吨提高到2007年的23.37万吨。2008年煤炭产量达到153万吨，煤炭税费(含煤调基金)1.65亿元。是年，组建贵州福平煤业公司，下辖戈塘镇安泰煤矿、东平煤矿，洒雨镇嘎拉煤矿和遵义仁怀煤矿，总部设于贵阳市。11月，安泰煤矿投入资金2030万元，进行续建改造，至2011年完成技改试运行；12月，海子海箐煤矿投入资金进行续建改造，至2010年完成技改试运行。

2008年，全县有煤炭开采与洗选工业企业11家，其中亏损企业1家，全行业从业人员4655人，实现工业总产值4.82亿元；全县乡镇企业生产原煤153万吨、焦炭20.4万吨。国营龙山煤矿、龙山炜烽煤矿、戈塘广隆煤矿、海子长湾煤矿、龙康煤矿分别投入资金2092.5万元、2766万元、2819万元、2981万元、3391万元，对煤矿进行整合技改达到年产15万吨生产能力；戈塘吉祥煤矿投资3183.67万元，进行整合技改达到年产9万吨生产能力。上述煤矿技改工作于2011年底至2012年初完成，并进入试运行。

2009年，国家淘汰落后产能，县内关闭、拆除焦化企业9家，煤矿生产企业先后投入资金进行技术改造。其中，龙山泓发煤矿、戈塘东平煤矿、黑金煤矿分别投入资金4400万元、3220万元、7800万元，对煤矿进行整合技术改造，至2011年底全部完成技改试运行，经技改，黑金煤矿达到年产30万吨生产能力，泓发煤矿、东平煤矿达到年产15万吨生产能力。

2010年5月，执行国家淘汰落后产能政策，县经济贸易和科学技术局组织人员炸毁、拆除县境10家焦化厂8棵烟囱和247个碳化室，泓洋、龙山煤焦、闽盛、兴富、晓宇、效益、宏能等7家焦化企业获得淘汰落后产能中央财政奖励资金；按照“政府主导、部门联动、社会参与、综合治理”的要求，打击非法开采和收购经营非法矿产品，建立卡住非法矿产品运输的“打两头、卡中间”的长效机制，明确各部门和乡镇职责，根治非法采矿行为。全县推行能够形成负压通风系统的壁式采煤方法，全县合计有国营龙山煤矿、泓发煤矿、鑫发煤矿、邱家湾煤矿、烽煜煤矿、炜烽煤矿、戈塘广隆煤矿、安泰煤矿、东平煤矿、吉祥煤矿、黑金煤矿、长湾煤矿、安王寨煤矿、龙康煤矿、海箐煤矿等18对，其中整合煤矿13对、技改扩能煤矿2对、建设矿井2对、新建矿井1对；邱家湾煤矿、安王寨煤矿、鑫发煤矿通过试运行验收；龙兴煤矿、科兴煤矿因整合纷纷，技改项目未动工，其余煤矿均全面进行技术改造。在全县抗旱救灾中，国营龙山煤矿、龙山泓发煤矿、鑫发煤矿、邱家湾煤矿、炜烽煤矿、烽煜煤矿、戈塘广隆煤矿、安泰煤矿、吉祥煤矿、黑金煤矿、海子长湾煤矿、海箐煤矿、龙康煤矿、龙兴煤矿等14家煤矿捐款122.1万元。

2011年，关闭炜煜煤矿，全县有煤矿生产企业17对。组建泓鑫矿业公司，下辖龙山镇泓发、鑫发、炜烽、国营龙山、邱家湾，戈塘镇安泰、东平和兴仁县铁龙等8对煤矿，年生产能力102万吨；组建同煤集团公司，下辖戈塘镇吉祥、黑金、广隆和海子乡龙兴、长湾等煤矿，年生产能力114万吨。

2012年，全县生产原煤391.14万吨，比2011年增长48.88%；焦炭5.06万吨，比2011年增长11.70%。

附：

安龙县主要煤矿企业简介

国营龙山煤矿 位于龙山镇四门洞。至2010年，可采储量389.68万吨。国营龙山煤矿于20世纪90年代率先在全县煤炭行业中走向市场，但因矿井衰老、体制不畅、管理不善，全矿原煤生产量一直徘徊在3万吨左右，至2003年底，全矿潜亏500余万元，内外债30余万元，资产负债率81%。2004年，黄洪林担任煤矿矿长。当年8月，对矿井排水系统、通风系统和提升系统“三大系统”全面进行技术改造，生产能力从年产3万吨提高到9万吨。2006年，与双箐煤矿整合为国营龙山煤矿。至2007年，国营龙山煤矿实现煤炭产量9万吨、利润500余万元，上缴税费600余万元，职工月收入2000余元，分别是1999年的2.33倍、7.75倍、9.56倍和5倍。2008年7月，投资2092.5万元，对煤矿进行整合技术改造，至2010年，基本完成技术改造，煤矿设计开采能力达到9万吨，有从业人员250人，当年产煤9.17万吨。近年来，国营龙山煤矿积极参与地方经济文化建设，其中捐资40万元，参与“镇矿共建”工程项目—龙山镇安全培训中心综合楼建设。

龙山煤炭产销公司　创建于1984年7月，位于龙山镇四门洞村。至2000年，公司有矿井3对，总资产400余万元，年产原煤2.3万吨，产值117.8万元，实现销售收入128.4万元，上缴国家税费17万元。公司从创建至2000年，累计生产原煤45万吨，创产值(按不变价计)2304万元，销售收入1609万元，利税242万元。2002年，企业年生产能力为年产3万吨，当年有员工150人，全年生产原煤2万吨，实现营业收入110万元、工业总产值110万元、增加值39万元、企业利润33万元，上缴税金7万元。2003年，完成技改，生产能力由年产3万吨提高到6万吨，当年有员工157人，全年生产原煤8万吨，实现营业收入897万元、工业总产值897万元、增加值711万元、利润47万元，上缴税金298万元。2004年有员工61人，全年生产原煤2万吨，实现营业收入489万元、工业总产值564万元、增加值342万元、利润53万元。据统计，1984—2000年，该公司先后捐款捐物11.05万元，改善当地中小学教育设施，资助失学儿童返校，解决农村五保户和特困户生活困难，修建乡村公路等。1986年被省政府授予“贵州省增产增收先进企业”，1990年被黔西南州委、州政府授予“全州民族团结进步先进集体”，1992年、1995年、1996年，获贵州省乡镇企业局“安全生产先进企业(集体)”表彰。公司创始人颜学益也获得多项荣誉称号，1994年被农业部、中共贵州省委、省政府分别授予“全国乡镇企业家”“贵州省乡镇企业家”称号；1988年，被省人民政府、黔西南州人民政府分别授予“贵州省优秀农民企业家”“黔西南州农民企业家”称号；1984年获贵州省民族事务委员会“全省民族团结进步先进个人”表彰；1992年、1994年分别获评黔西南州乡镇企业局、贵州省乡镇企业局“安全生产先进个人”。2006年，公司整合为鑫发煤矿。

泓发煤矿　位于龙山镇纳院，乡镇企业私营煤矿，法人代表辛铧，至2010年煤矿资源储量733万吨。2001年前，年设计生产能力3万吨，就业人员60人，全年生产原煤2万吨，实现总产值110万元、工业增加值22万元，上缴税金3万元。2002年，完成技改，生产能力提高到年产6万吨，当年有员工250人，全年生产原煤5.2万吨，实现营业收入286万元、工业总产值286万元、增加值100万元、企业利润86万元，上缴税金17万元。2003年，生产能力提高到年产9万吨水平，当年有员工150人，全年生产原煤8万吨，实现营业收入895万元、工业总产值901万元、增加值627万元、利润262万元，上缴税金275万元。2005年，企业有员工150人，生产原煤8万吨，实现营业收入895万元、工业总产值901万元、增加值627万元、利润202万元，上缴税金408万元。2006年，企业有员工161人，生产原煤14.8万吨，实现营业收入3634万元、工业总产值3634万元、增加值1998万元、利润452万元，上缴税金732万元。2007年，生产原煤27.68万吨，实现营业收入7220万元、工业总产值7220万元、增加值4940万元、利润1130万元，上缴税金1905万元。2008年，生产原煤37.42万吨，实现营业收入15822万元、工业总产值15822万元、增加值9200万元、利润4500万元，上缴税金1581万元。2009年，投入资金4400万元，对煤矿进行改扩建，使煤矿年生产能力达到15万吨，至2010年，基本技术改造，试产运行，有从业人员300人，当年产煤36.85万吨。2010年，该矿获全县煤炭生产工作先进企业一等奖。

进入21世纪以来，泓发煤矿注重企业文化建设和工业反哺工作。2011年1月，捐资1000万元，建设栖凤街道省级示范幼儿园。该幼儿园选址于栖凤街道大坪社区杨柳街，按贵州省《省级示范幼儿园评估方案》标准建设，建设规模占地9300平方米，建筑面积2266.05平方米，设班级18个，含活动室、食堂、医务室、音体活动室等，产权归县人民政府所有。7月，泓发煤矿再次捐资200万元，建设龙山镇中心幼儿园，建筑面积1100平方米；捐资35万元，建设龙山镇柿花坪小学泓发教学楼1栋，另捐资16万元，硬化、绿化、美化校园，解决在校师生服装，与贫困生结对帮扶30人，帮扶资金6.7万元；救助县内“211工程”大学贫困学生10人共6.5万元。2000年以来，泓发煤矿还先后捐助了安龙一中申办示范高中、安龙一小扩建、黔西南民族师范专科学校专升本等。泓发煤矿在关注教育的同时，加强和谐煤矿建设，资助煤矿所在地基础设施建设，为龙山镇柿花坪村捐资800万元，建设通组水泥大道、串户路、蓄水池、道路桥梁、饮水工程和农田水利工程，建设集休闲娱乐、健身运动、学习文化为一体的花园式综合文化体育广场。同时，泓发煤矿还与鑫发煤矿、邱家湾煤矿、炜烽煤矿分别捐资60万元，国营龙山煤矿捐资40万元，政府投入30万元实施“镇矿共建”工程项目—龙山镇安全培训中心综合楼，总建筑面积1909.85平方米；另捐资180万元，建设龙山镇市政亮化工程4.5千米，安装路灯150盏。

安王寨煤矿 位于海子乡安王寨，乡镇企业私营煤矿，至2010年煤矿资源储量414.2万吨。2007年，生产能力3万吨，有员工311人，全年生产原煤3.72万吨，实现营业收入1011万元、工业总产值1011万元、增加值373万元、利润85万元，上缴税金102万元。2008年，生产原煤5.35万吨，实现营业收入1230万元、工业总产值1230万元、增加值480万元、利润86万元，上缴税金147万元。2009年，技改后生产能力年产9万吨。2010年7月8日，省能源局到矿验收“煤炭生产许可证”，提出整改意见26条，7月12日整改完毕，当年有从业人员150人，产煤7.08万吨。是年，该矿获全县煤炭生产先进企业三等奖。

邱家湾煤矿 位于龙山镇柿花坪，乡镇企业私营煤矿，1992年组建，至2010年煤矿资源储量280万吨。2001年前，年设计生产能力3万吨，就业人员80人，全年生产原煤2万吨，实现总产值110万元、工业增加值22万元，上缴税金3万元。2002年，完成技改，生产能力提高到年产6万吨，当年有员工210人，全年生产原煤5万吨，实现营业收入275万元、工业总产值275万元、增加值96万元、企业利润83万元，上缴税金17万元。2003年，有员工120人，全年生产原煤6万吨，实现营业收入686万元、工业总产值686万元、增加值300万元、利润64万元，上缴税金75万元。2004年有员工260人，全年生产原煤7万吨，实现营业收入1261万元、工业总产值1261万元、增加值882万元、利润182万元。2005年，投入技术改造资金540万元，经技术改造，达到年产9万吨生产能力，全年生产原煤6万吨，实现营业收入686万元、工业总产值686万元、增加值300万元、利润156万元，上缴税金310万元。2006年，生产原煤5.38万吨，实现营业收入1376万元、工业总产值1376万元、增加值842万元、利润152万元，上缴税金303万元。2007年，生产原煤18.5万吨，实现营业收入378万元、工业总产值378万元、增加值3517万元、利润784万元，上缴税金753万元。2008年，生产原煤2.24万吨，实现营业收入6875万元、工业总产值6875万元、增加值4050万元、利润843万元，上缴税金832万元。2009年，进行技改，年设计生产能力达到9万吨。2010年7月22日，省能源局到矿验收“煤炭生产许可证”，提出整改意见16条，8月6日整改完毕，当年有从业人员220人，产煤41.35万吨。是年，该矿获全县煤炭生产先进企业二等奖。近年来，鑫发煤矿积极参与地方经济文化建设，捐资60万元参与“镇矿共建”工程项目——龙山镇安全培训中心综合楼建设。

黑金煤矿 位于戈塘镇牙皂村。2006年，由原双福煤矿、宏田煤矿整合而成，距安龙县城北约15千米，313省道经矿区东部经过，矿区有专用公路与其相连，交通较方便，年生产能力30万吨，矿区面积5.66平方千米，开采标高1000—1575米，矿区呈不规则多边形，矿区走向长0—3.5千米，倾斜宽0.3—1.95千米。2009年2月，投入资金8400万元，进行煤矿整合和技术改造，2012年1月技改结束，煤矿年生产能力达到30万吨。至2010年，煤矿可采储量2032万吨，可采储量668万吨，当年有从业人员50人，产煤7300吨。

长湾煤矿　位于海子乡卡作村，乡镇企业私营煤矿，至2010年煤矿资源储量332万吨，可采储量225.79万吨。2002年生产能力为3万吨，有员工45人，全年生产原煤2万吨，实现营业收入121万元、工业总产值121万元、增加值31万元、企业利润12万元，上缴税金14万元。2006年，与海盛煤矿部分矿区整合为长湾煤矿。2007年，有员工307人，全年生产原煤9.51万吨，实现营业收入2173万元、工业总产值2173万元、增加值1451万元、利润320万元，上缴税金260万元。2008年，生产原煤9.78万吨，实现营业收入2266万元、工业总产值2266万元、增加值1050万元、利润258万元，上缴税金241万元。2008年12月，对煤矿进行整合和技术改造。2010年，该矿有从业人员120人，产煤1.16万吨，获全县煤炭生产先进企业三等奖。2011年，完成技改试运行，投入资金6400万元，年生产能力达到15万吨。

龙公煤矿　位于龙山镇，乡镇企业煤矿，2002年技改前年生产能力3万吨。其中2001年有工人60人，全年生产原煤2万吨，实现工业总产值110万元、增加值22万元，上缴税金3万元。2002年，经技改达到年生产6万吨能力，当年有员工240人，全年生产原煤5万吨，实现营业收入275万元、工业总产值275万元、增加值96万元、企业利润83万元，上缴税金17万元。2003年，企业有员工121人，全年生产原煤7万吨，实现营业收入874万元、工业总产值874万元、增加值464万元、利润43万元，上缴税金222万元。2004年有员工150人，全年生产原煤7万吨，实现营业收入1555万元、工业总产值1555万元、增加值1088万元、利润520万元。2006年3月，按省煤矿整顿关闭工作领导小组要求，龙公煤矿关闭。

鑫发煤矿　位于龙山镇，乡镇企业煤矿，2002年技改前年生产能力3万吨，至2010年煤矿总资源量612万吨。其中2001年有工人60人，全年生产原煤2万吨，实现工业总产值110万元、增加值22万元，上缴税金3万元。2002年技改达到年产6万吨能力，当年有员工200人，全年生产原煤4万吨，实现营业收入220万元、工业总产值220万元、增加值77万元、企业利润66万元，上缴税金13万元。2003年，企业有员工182人，全年生产原煤9万吨，实现营业收入830万元、工业总产值830万元、增加值486万元、利润22万元，上缴税金355万元。2003年有员工161人，全年生产原煤9万吨，实现营业收入1448万元、工业总产值1448万元、增加值1013万元、利润250万元。2004年有员工201人，全年生产原煤10万吨，实现营业收入1784万元、工业总产值1784万元、增加值1248万元、利润191万元。2005年，企业有员工182人，生产原煤9万吨，实现营业收入830万元、工业总产值830万元、增加值486万元、利润207万元，上缴税金427万元。2006年，与峰盛煤矿、龙山煤炭产销公司整合为鑫发煤矿，企业有员工201人，生产原煤8.22万吨，实现营业收入2677万元、工业总产值1677万元、增加值1471万元、利润332万元，上缴税金539万元。2007年，生产原煤11.78万吨，实现营业收入3349万元、工业总产值3349万元、增加值2219万元、利润550万元，上缴税金427万元。2008年，生产原煤24.58万吨，实现营业收入11668万元、工业总产值11668万元、增加值6800万元、利润3200万元，上缴税金989万元。2009年，投入资金进行技术改造，至当年10月完成技改试运行，年产能力达到15万吨。2010年，煤矿有从业人员280人，产煤59.92万吨。近年来，鑫发煤矿捐资60万元，参与"镇矿共建"工程项目—龙山镇安全培训中心综合楼建设。

长安煤矿　位于海子乡安王寨，乡镇企业煤矿。2001年，煤矿生产能力3万吨，有工人42人，全年生产原煤3万吨，实现营业收入165万元、工业总产值154万元、增加值68万元，上缴税金3万元。

2002年，企业生产原煤2万吨，实现营业收入116万元、工业总产值116万元、增加值32万元、企业利润12万元，上缴税金44万元。2006年，整合为龙兴煤矿。

兴旺煤矿　位于戈塘镇科发，乡镇企业煤矿。2001年，煤矿生产能力3万吨，有工人68人，全年生产原煤2万吨，实现工业总产值110万元、增加值15万元，上缴税金2万元。后在技术改造中关停整合。

龙联煤矿　位于戈塘镇免补，乡镇企业煤矿。2001年，煤矿生产能力3万吨，有工人132人，全年生产原煤2万吨，实现营业收入132万元，工业总产值132万元、增加值18万元，上缴税金2万元。2006年，关停整合到吉祥煤矿。

雄鹰煤矿　位于龙山镇四门洞，乡镇企业煤矿，1992年组建，1993年投产。2002年生产能力为年产3万吨，有员工60人，全年生产原煤1.8万吨，实现营业收入99万元、工业总产值99万元、增加值35万元、企业利润30万元，上缴税金6万元。2003年，完成技术改造，年生产能力由3万吨提高到6万吨，全年生产原煤2万吨，实现营业收入188万元、工业总产值188万元、增加值125万元、利润31万元，上缴税金34万元。2007年，整合为炜烽煤矿。

双箐煤矿　位于龙山镇，乡镇企业煤矿。2002年生产能力3万吨，有员工100人，全年生产原煤2.5万吨，实现营业收入130万元、工业总产值130万元、增加值48万元、企业利润41万元，上缴税金8万元。2003年技改，年生产能力提高到6万吨，当年有员工51人，全年生产原煤9万吨，实现营业收入1076万元、工业总产值1160万元、增加值824万元、利润597万元，上缴税金81万元。2004年有员工112人，全年生产原煤2万吨，实现营业收入412万元、工业总产值412万元、增加值288万元、利润106万元。2005年，企业有员工112人，生产原煤7300吨，实现营业收入154万元、工业总产值154万元、增加值92万元、利润17万元，上缴税金34万元；是年10月7日21时50分，该矿发生顶板事故1起，死亡1人。2006年，有企业员工34人，生产原煤8200吨，实现营业收入217万元、工业总产值217万元、增加值93万元、利润28万元，上缴税金39万元。2006年，关停整合到国营龙山煤矿。

峰盛煤矿　位于龙山镇，乡镇企业煤矿。2002年，煤矿生产能力为3万吨，有员工120人，全年生产原煤2万吨，实现营业收入110万元、工业总产值110万元、增加值39万元、企业利润33万元，上缴税金7万元。2003年，完成技改，年生产能力由3万吨提高到6万吨，当年有员工36人，全年生产原煤3万吨，实现营业收入309万元、工业总产值309万元、增加值205万元、利润52万元，上缴税金55万元。2006年，关停整合到烽煜煤矿和鑫发煤矿，其中烽煜煤矿于2011年关闭。

纳细煤矿　位于龙山镇利沃，乡镇企业煤矿。2002年生产能力为3万吨，有员工150人，全年生产原煤2.5万吨，实现营业收入138万元、工业总产值138万元、增加值48万元、企业利润41万元，上缴税金8万元。2003年，完成技改，年生产能力由3万吨提高到6万吨，当年有员工55人，全年生产原煤3万吨，实现营业收入384万元、工业总产值384万元、增加值248万元、利润58万元，上缴税金71万元。2006年3月，按省煤矿整顿关闭工作领导小组要求，纳细煤矿关闭。

万龙煤矿　位于龙山镇利沃，乡镇企业煤矿。2002年生产能力为3万吨，有员工150人，全年生产原煤2.5万吨，实现营业收入138万元、工业总产值138万元、增加值48万元、企业利润41万元，上缴税金8万元。2006年3月，按省煤矿整顿关闭工作领导小组要求，万龙煤矿关闭。

时茂煤矿　位于龙山镇，乡镇企业煤矿。2002年生产能力为3万吨，有员工100人，全年生产原煤2.8万吨，实现营业收入154万元、工业总产值154万元、增加值54万元、企业利润46万元，上缴税金9万元。2003年，完成技改，年生产能力由3万吨提高到6万吨，当年有员工31人，实现营业收入112万元、工业总产值112万元、增加值73万元、利润18万元，上缴税金20万元。2006年3月，按省煤矿整顿关闭工作领导小组要求，时茂煤矿关闭，部分矿井整合到烽煜煤矿，2011年关闭。

金岩煤矿 位于龙山镇，乡镇企业煤矿。2002年生产能力为3万吨，有员工120人，全年生产原煤2.5万吨，实现营业收入138万元、工业总产值138万元、增加值48万元、企业利润41万元，上缴税金8万元。后在技改中关停整合。

聚盈煤矿 位于龙山镇，乡镇企业煤矿，1992年组建，1993年投产。2002年生产能力为3万吨，有员工120人，全年生产原煤2万吨，实现营业收入121万元、工业总产值121万元、增加值42万元、企业利润36万元，上缴税金7万元。2005年，企业有员工96人，生产原煤3.38万吨，实现营业收入812万元、工业总产值812万元、增加值346万元、利润102万元，上缴税金194万元。2007年，企业有员工96人，生产原煤965吨，实现营业收入222万元、工业总产值222万元、增加值30万元、利润1万元，上缴税金18万元。2007年，整合为炜烽煤矿。

金贵煤矿 位于龙山镇，乡镇企业煤矿。2003年生产能力为9万吨，当年有员工65人，全年生产原煤9万吨，实现营业收入1080万元、工业总产值1080万元、增加值522万元、利润34万元，上缴税金413万元。2004年有员工102人，全年生产原煤3万吨，实现营业收入471万元、工业总产值471万元、增加值329万元、利润100万元。2005年企业有员工65人，生产原煤9万吨，实现营业收入1080万元、工业总产值1080万元、增加值522万元、利润53万元，上缴税金105万元；是年11月30日12时30分左右，该矿井口外煤场发生煤坝垮塌事故，造成5人死亡、5人受伤。2006年，企业有员工102人，生产原煤2.46万吨，实现营业收入640万元、工业总产值640万元、增加值310万元、利润89万元，上缴税金121万元。2007年，有员工130人，生产原煤3.73万吨，实现营业收入916万元、工业总产值916万元、增加值611万元、利润165万元，上缴税金147万元。2008年，生产原煤6.01万吨，实现营业收入2736万元、工业总产值2736万元、增加值1500万元、利润1100万元，上缴税金242万元。2007年，关停整合到烽煜煤矿，2011年关闭。

聚花煤矿 位于龙山镇，乡镇企业煤矿。2003年，该矿年生产能力为6万吨，当年有员工32人，生产原煤2万吨，实现营业收入201万元、工业总产值201万元、增加值116万元、利润34万元，上缴税金33万元。后在技改中关停整合。

大坝煤矿 位于戈塘镇，乡镇企业煤矿。2003年，该矿年生产能力为6万吨，当年有员工32人，生产原煤2万吨，实现营业收入165万元、工业总产值165万元、增加值103万元、利润35万元，上缴税金16万元。2007年，整合为东平煤矿。

青杠林煤矿 位于戈塘镇戈塘村，乡镇企业煤矿。2006年生产能力为年产3万吨，当年企业有员工29人，生产原煤4.21万吨，实现营业收入653万元、工业总产值653万元、增加值378万元、利润78万元，上缴税金137万元。2007年，生产原煤5万吨，实现营业收入817万元、工业总产值817万元、增加值836万元、利润240万元，上缴税金128万元。2008年，有企业员工205人，生产原煤7.48万吨，实现营业收入1886万元、工业总产值1886万元、增加值838万元、利润860万元，上缴税金245万元。2006年整合为广隆煤矿。

双福煤矿 位于戈塘镇牙皂村，乡镇企业煤矿。2007年，生产能力3万吨，有员工323人，全年生产原煤5.62万吨，实现营业收入1284万元、工业总产值1284万元、增加值841万元、利润150万元，上缴税金154万元。2008年，生产原煤6.6万吨，实现营业收入1329万元、工业总产值1329万元、增加值570万元、利润亏损136万元，上缴税金154万元。2007年整合为黑金煤矿。

吉祥煤矿 位于戈塘镇，乡镇企业煤矿。2007年，由原吉安煤矿与龙联煤矿未通过煤炭生产许可验收的遗留煤矿整合而成，生产能力3万吨，有员工221人，全年生产原煤3.14万吨，实现营业收入

733万元、工业总产值733万元、增加值555万元、利润80万元，上缴税金86万元。2008年，生产原煤7592吨，实现营业收入175万元、工业总产值175万元、增加值25万元、利润亏损5万元，上缴税金21万元。

龙康煤矿　位于海子乡箐口村，为贵州强盛集团下属煤矿，至2010年煤矿资源储量752.9万吨，可采储量218万吨。2007年，由原龙康煤矿与海盛煤矿部分未通过煤炭生产许可验收的遗留煤矿整合而成，年生产能力3万吨，有员工169人，全年生产原煤1.2万吨，实现营业收入284万元、工业总产值284万元、增加值135万元、利润30万元，上缴税金33万元。2009年4月，对煤矿进行整合技改，至2011年投入技改资金6900万元，技改后，煤矿生产能力达到15万吨。2010年，煤矿有从业人员120人，产煤2.69万吨。

龙兴煤矿　位于海子乡箐口村，距县城53千米，乡镇企业煤矿，属无烟煤开采，至2010年，煤矿井田面积536.79公顷，资源储量1066万吨。2003年，该矿年生产能力为6万吨，当年有员工41人，生产原煤2万吨，实现营业收入134万元、工业总产值134万元、增加值83万元、利润29万元，上缴税金13万元。2005年投入改造资金120万元。2007年，与长安煤矿、通达煤矿一并整合成立新的龙兴煤矿。2008年，有企业员工90人，生产原煤2.53万吨，实现营业收入582万元、工业总产值582万元、增加值380万元、利润25万元，上缴税金75万元。2010年，投入技改。

科兴煤矿　位于洒雨镇，乡镇企业煤矿，属无烟煤开采。2002年生产能力为3万吨，有员工30人，全年生产原煤2万吨，实现营业收入110万元、工业总产值110万元、增加值27万元、企业利润10万元，上缴税金13万元。2010年，与东安煤矿一并整合成立新兴煤矿，投入资金进行技术改造，经技术改造，达到年产9万吨生产能力，当年3月19日，该煤矿发生透水事故，死亡6人。煤矿井田面积548.7公顷，资源储量1259万吨。

安泰煤矿　位于戈塘镇戈塘村，属贵州福平煤业公司核心企业。2007年，由原戈塘国营煤矿与洪泰煤矿整合而成，投入资金1.6亿元进行技术改造。至2010年，该矿地质储量287.2万吨，可采储量185.34万吨，核定年生产能力15万吨，有从业人员180人，全年生产原煤15.89万吨。

东平煤矿　位于戈塘镇大坝村，2007年由原洪胜煤矿、大坝煤矿整合而成。至2010年，该矿地质储量260.7万吨，可采储量190.81万吨，核定年生产能力15万吨，当年有从业人员150人，生产原煤3100吨。

炜烽煤矿　位于龙山镇四门洞，2007年由原雄鹰煤矿、聚盈煤矿整合而成。至2010年，煤矿有从业人员200人，核定年生产能力15万吨，当年生产原煤12.81万吨。

广隆煤矿　位于戈塘镇，2006年由原青杠林煤矿、三岔河煤矿、西南煤矿整合而成，投入技改资金1.76亿元进行技改。该矿地质储量1420万吨，可采储量237.9万吨。至2010年，年生产能力15万吨，有从业人员200人，当年生产原煤12.75万吨。2012年，经省煤矿局和第13次省煤矿证照及相关事宜联合审批联席会议批准，年生产能力提升到45万吨。

海箐煤矿　位于海子乡箐口村，私营合伙企业，矿区面积177.44公顷。2010年，该矿有管理人员、操作职工共120人，其中安全员、瓦检员、电钳工等特殊工种30余人，矿级管理人员6人（其中高级职称1人、中级职称2人、初级职称2人），均持有安全资格证和矿长资格证，年生产能力9万吨，全年生产原煤6.46万吨。

兴富焦化厂　位于钱相乡者京村，由县人徐兴富投资建设，2001年10月23日注册成立，主要经营原煤、焦炭加工、零售，注册资本300万元。该厂建成12只环保型焦炉，2001年实现产值950万元，至2005年，企业生产总值达到1591万元，税收从2001年的170万元增加到300余万元，每年提供劳动力就业岗位80余个。2006年，企业有员工38人，生产焦炭2.62万吨，实现营业收入1913万元、工业总产值1913万元、增加值567万元、利润210万元，上缴税金129万元。2007年，企业生产焦炭2.39万吨，实现营业收入1725万元、工业总产值1725万元、增加值448万元、利润189万元，上缴税金159万元，获评黔西南州非公有制经济优秀企业。2008年，生产焦炭3.61万吨，实现营业收入2024万元、工业总产值2024万元、增加值780万元、利润175万元，上缴税金168万元。2001年以来，企业投资人徐兴富先后捐资4万余元，资助贫困儿童上学，帮扶贫困家庭脱贫致富；捐资1万元，资助《兴义府志》点校出版。2010年，因国家产业政策调整，兴富焦化厂关闭。

林森焦化厂　位于钱相乡，乡镇企业。2002年，生产能力6万吨，全年实现营业收入144万元、工业总产值146万元、增加值31万元，利润12万元，上缴税金8万元。2007年，生产能力3万吨，有员工26人，全年生产焦炭7455吨，实现营业收入430万元、工业总产值430万元、增加值102万元、利润40万元，上缴税金47万元。2008年，生产焦炭9660吨，实现营业收入794万元、工业总产值794万元、增加值260万元、利润37万元，上缴税金66万元。2010年，因国家产能政策调整，林森焦化厂关闭。

泓洋焦化厂　位于龙山镇纳院村，2003年3月8日注册成立，主要从事焦炭生产，设计年生产焦炭5.6万吨，当年有员工55人，全年生产焦炭2万吨，实现营业收入407万元、工业总产值430万元、增加值271万元、利润151万元，上缴税金48万元。2004年，生产焦炭2万吨，实现营业收入481万元、工业总产值481万元、增加值241万元、利润15万元。2005年，企业有员工65人，全年生产焦炭4900吨，实现营业收入236万元、工业总产值236万元、增加值70万元、利润26万元，上缴税金16万元。2008年，企业员工下降至16人，生产焦炭2.56万吨，实现营业收入2756万元、工业总产值2756万元、增加值540万元、利润亏损2万元，上缴税金191万元。2010年，因国家产能政策调整，泓洋焦化厂关闭。

龙山煤焦厂　位于龙山镇，乡镇企业。2006年，企业有员工33人，设计规模为年生产焦炭5万吨，当年生产焦炭1.31万吨，实现营业收入679万元、工业总产值759万元、增加值151万元、利润62万元，上缴税金39万元。2007年，生产焦炭2.33万吨，实现营业收入1651万元、工业总产值1312万元、增加值396万元、利润132万元，上缴税金227万元。2008年，生产焦炭2.21万吨，实现营业收入2474万元、工业总产值1472万元、增加值470万元、利润亏损18万元，上缴税金276万元。2010年，因国家产能政策调整，龙山煤焦厂关闭。

百兴煤焦有限责任公司　位于招堤街道东门社区，公司生产原料为有烟原煤，产品是焦炭和焦油，设计年生产能力10万吨，实际年产量6万吨，焦油实际年产量100吨；生产工艺为：有烟原煤—60个炭化室煅烧—熄焦—焦炭。该公司煤焦项目分三期建设，一期工期为2003—2008年，二期工期为2009—2011年，三期工期为2012—2014年，三个工期均建设SL4350D型焦炉，总投资2.02亿元，其中一期工程于2004年10月建成投产。2005年，公司有员工105人，生产焦炭4500吨，实现营业收入93万元、工业总产值469万元、增加值140万元、利润15万元，上缴税金9万元。2006年，生产焦炭4.17万吨，实现营业收入3089万元、工业总产值3453万元、增加值1030万元、利润498万元，上缴税金298万元。2007年，生产焦炭4.33万吨，实现营业收入3669万元、工业总产值4036万元、增加值663万元、利润591万元，上缴税金363万元。2008年，生产焦炭3.61万吨，实现营业收入3500万元、工业总产值4361万元、增加值1150万元、利润29万元，上缴税金291万元。在生产过程中，因炉窑污染防治设施、设备治污效果不理想，公司于2011年8月自行拆除一期炉窑生产线。二期工程2009年11月动工建设，6月建成投产，生产工艺为有烟原煤进入60个炭化室煅烧—煤气经过氨水冷却、初冷塔和分离塔分离出焦油，分离后部分煤气返回炉窑燃烧，另一部分煤气因配套的煤气公司未能如期建成，只能点燃排放，其余部分废气和蒸汽经约80米高的烟囱排放（有组织废气），在加煤进入炭化室过程中两分钟时段会产生无组织排放废气。

晓宇焦化厂 位于钱相乡者京村，乡镇企业，2003年开始兴建。2006年，生产能力6万吨，有员工65人，全年生产焦炭1.65万吨，实现营业收入1072万元、工业总产值1072万元、增加值258万元、利润86万元，上缴税金30万元。2007年，生产焦炭2433吨，实现营业收入1885万元、工业总产值1802万元、增加值380万元、利润150万元，上缴税金180万元。2008年，生产焦炭2.62万吨，实现营业收入3066万元、工业总产值1834万元、增加值580万元、利润50万元，上缴税金344万元。2010年，因国家产能政策调整，该厂关闭。

闽盛焦化厂 位于龙山镇坡基，乡镇企业。2006年，生产能力5万吨，有员工38人，全年生产焦炭2.1万吨，实现营业收入10631万元、工业总产值1063万元、增加值398万元、利润125万元，上缴税金98万元。2007年，生产焦炭3.63万吨，实现营业收入2173万元、工业总产值2173万元、增加值760万元、利润173万元，上缴税金425万元。2008年，生产焦炭3.01万吨，实现营业收入2706万元、工业总产值2706万元、增加值1350万元、利润197万元，上缴税金455万元。2010年，因国家产能政策调整，该企业关闭。

聚鑫焦化厂 位于钱相乡者京村，乡镇企业，2003年开始兴建。2007年，生产能力5万吨，有员工105人，当年生产焦炭1.62万吨，实现营业收入1107万元、工业总产值1107万元、增加值334万元、利润88万元，上缴税金114万元。2010年，因国家产能政策调整，该企业关闭。

桂黔焦化厂 位于笃山乡洪泥村，乡镇企业。2007年，生产能力3万吨，有员工33人，全年生产焦炭8832吨，实现营业收入561万元、工业总产值561万元、增加值198万元、利润52万元，上缴税金56万元。2008年，生产焦炭1.06万吨，实现营业收入1008万元、工业总产值1008万元、增加值490万元、利润73万元，上缴税金65万元。2010年，因国家产能政策调整，该企业关闭。

安龙县煤炭洗选储运中心 煤炭转运项目，位于新安镇大坪社区，东面紧邻县物流园区，北临国道324线，南距汕昆高速匝道口1.5千米，规划占地85.4公顷，计划总投资6亿元（一期总投资2亿元），是集储运、洗选、加工三位一体的煤炭储运和加工中心，计划每年转运煤炭1000万吨，创税1亿元。2012年9月动工建设，至年底，有永泰、鑫发、邱家湾、国营龙山、宏鑫、泓发等6家煤炭洗选企业进驻。

第二节 冶炼工业

一、铁矿开采及冶炼

20世纪90年代初，州内硅铁企业兴起，海子、戈塘、普坪、新安、钱相等乡镇又相继出现了以农民自筹投资为主，合伙开采铁矿石企业。1991年全县采掘铁矿石的个体企业有20户，从业人员100人，产量1000吨，当年产值3万元。至1996年，已发展铁矿石开采企业29户，从业人员127人，开采铁矿石4.31万吨，创当年产值194万元。之后随着新安、钱相、普坪等乡镇零星铁矿石资源的枯竭，开采企业逐步减少，开采地点主要在海子乡和戈塘镇。2000年底，铁矿石开采企业只有13户，从业人员73人，产铁矿石4.92万吨，创当年产值295万元。其铁矿石主要销往州内各硅铁厂、铁合金厂、水泥厂和锑、锌冶炼厂。

2001年，全县铁合金冶炼业有就业人员120人，实现产值2297.5万元、销售产值2281.4万元、工业增加值872.1万元，营业利润亏损53.2万元。

2002年，在德卧工业园内建成闽龙铁合金厂和闽发铸件厂。其中，闽龙铁合金厂，年产铁合金1.26万吨，总52投资万元；闽发铸件厂，8月20日建成投产，日产25吨，产品主要销往贵阳等地。

2003年，全县铁合金冶炼企业1家，从业人员155人，实现工业总产值4013.9万元、销售产值4178万元，其中出口交货值4178万元，工业增加值1546.6万元，利润亏损45万元，利税总额203.2万元。

2004年，全县铁合金冶炼企业2家，有从业人员215人，实现工业生产总值5544.3万元、销售产值5544.3万元，其中出口交货值5544.3万元，工业增加值1036.4万元。

2005年，县内铁合金生产企业发展到5家，均为亏损企业，实现工业总产值6005万元，工业销售产值5215万元，工业增加值1142万元，出口交货值2920万元。

2006年，生辉冶炼公司建成年产2吨铁合金生产线，当年有员工64人，生产铁合金5200吨，实现营业收入1665万元、工业总产值1980万元、增加值396万元、利润61万元，上缴税金37万元；盘江锑白厂上马年产3000吨铁合金生产线，当年生产铁合金1500吨，实现销售收入3753万元，上缴税金358万元；桂丰冶炼公司建成年产2万吨铁合金生产线，当年有员工111人，生产铁合金4200吨，实现营业收入1474万元、工业总产值1582万元、增加值391万元、利润58万元，上缴税金35万元。

2007年，盘江锑白厂生产铁合金671吨，实现营业收入1625万元、工业总产值1664万元、增加值117万元、利润161万元，上缴税金39万元；生辉冶炼公司员工增加到504人，全年生产铁合金8312吨，实现营业收入3975万元、工业总产值4301万元、增加值280万元、利润132万元，上缴税金113万元；桂丰冶炼公司生产铁合金4255吨，实现营业收入1541万元、工业总产值2037万元、增加值132万元、利润46万元，上缴税金69万元。

2008年，生辉冶炼公司生产铁合金5431吨，实现营业收入3607万元、工业总产值3804万元、增加值160万元、利润亏损60万元，上缴税金120万元；桂丰冶炼公司生产铁合金5840吨，实现营业收入5687万元、工业总产值4574万元、增加值380万元、利润15万元，上缴税金283万元。

2009年，桂丰铁合金公司投资800万元，实施技术改造，全县全年铁合金产量4.73万吨。

至2012年底，县内有铁合金生产企业5家，从业458人，实现工业总产值48153万元，工业销售产值52244万元。

二、锑矿开采与冶炼

县境未进行锑矿地质勘查，储量不明。

1985年，县资源开发公司与湖南锡矿山矿务局工业公司进行横向联合，各投入资金30万元，创办龙锡冶炼厂生产精锑，矿石主要来自邻县兴仁、晴隆。1986年5月建成投产，当年生产精锑737吨，创销售产值727.3万元，产品全部达到国家标准，经济效益显著。1988年10月，又从湖南引进锑白生产技术，投资180万元建锑白生产车间，到1989年8月生产锑白344吨。在该厂的带动下，又相继建成安粤、双龙、盘江、德卧4家锑冶炼厂。至1988年，5家锑企业累计生产精锑3882吨、锑氧粉5.7吨，总产值1363万元，销售收入3977万元，上缴国家税金427.9万元，占同期县级财政收入的31.51%。1989—1991年，三年经济“治理整顿”期间，锑行业受国际市场影响，国家禁止集体所有制和个体（含联户）从事锑产品冶炼及加工，县境锑行业生产走入低谷。据统计，1989—1991年，累计生产精锑1912吨、锑白1444吨，总产值2417.4万元，销售收入2588万元，上缴国家税金131万元。1992年，国际经济升温，国内经济“治理整顿”结束。1993年，锑行业逐步恢复正常生产，并进一步发展。从1993年下半年起，锑产品国际市场价格上涨，需求量大，锑企业生产旺盛，新企业不断上马，至1996年，先后又有大坪、华祥、龙兴、新星、星光等16家锑企业（生产线）建成投产，从而使全县锑冶炼企业达到20家，固定资产2299万元，设计年生产能力精锑7400吨、锑白2000吨、锑氧粉900吨。1995年，全县生产精锑1958吨，创历史最高记录，销售收入4417万元，上交国家税金276万元。1996年后，锑产品市场需求减弱，价格下跌，县境锑企业生产一路下滑，绝大部分企业先后停产。至2000年，县境仅有大坪、新星两家锑冶炼企业尚在生产，产量仅113吨，销售收入37万元，上缴税金3万元。据统计，1985—2000年，全县锑企业累计生产精锑14073吨、锑白2778吨、锑氧粉777.4吨，实现销售收入22663万元，上缴国家税金1589万元。

2002年，星光冶炼厂技术改造结束，企业大部产能转产铁合金、粗锌。大坪、新星两家锑冶炼企业也仅能在困境中艰难支撑，此后不久也相继下马锑生产线。

至2012年，县内有锑生产企业1家，从业人员18人，实现工业总产值2651万元，工业销售产值2651万元。

1989－2000年安龙县乡镇企业锑行业历年生产情况表

表10—2—1

年份	企业个数（个）	从业人员（人）	产品产量（吨）			产值（万元）	销售收入（万元）	上缴税金（万元）
			精锑	锑白	锑氧粉			
1989	4	273	640	344	—	364.1	545	32.6
1990	4	245	944	—	—	802.5	769.7	34.9
1991	3	147	328	1100	—	1268.8	1273.1	62.5
1992	2	138	415	457	—	764.1	1340.8	67.5
1993	3	198	1117	560	—	1453.5	2010.4	104.6
1994	4	227	1919	—	—	1631.0	4996	330
1995	9	373	1958	—	—	1664.3	3827	245
1996	12	373	1438	—	217.3	1385.3	2157.1	141.3
1997	12	254	610	126.7	261	828.3	931.7	72.62
1998	9	137	510	190	293.4	824.6	765.85	64.0
1999	2	65	199	—	—	169.2	46.8	12
2000	2	21	113	—	—	96.1	37	3

说明：表内产值为90天不变价

三、锌冶炼

县内无锌矿资源。县境锌冶炼业起步于20世纪90年代初，生产用锌矿资源主要来源于云南、广西，部分从越南进口。1991年，因锑行业生产不景气，市场需求疲软，盘江锑白厂利用锑锌冶炼的共同特点，投资15万元，对锑生产线进行技改转产，建成氧化锌生产线，年设计生产能力500吨，10月技改结束。受盘江锑白厂的启发，县境又相继建成新安区招堤乡粗锌厂和城工综合炼锌厂两家粗锌冶炼企业。1991年，县境锑冶炼企业生产氧化锌239.6吨、粗锌21吨，产值164万元，上缴税金6万元，从业人员66人。1992年，盘江锑白厂停产，招堤乡粗锌厂和城工综合炼锌厂共生产锌产品13吨，产值7万元。1993年，城工综合炼锌厂因资金困缺停产，招堤乡粗锌厂生产粗锌25吨，产值13万元。1994年，招堤乡粗锌厂也因资金短缺下马。1998年，锑行业全面疲软，锌产品市场缺口较大，盘江锑白厂斥资450万元，技改转产粗锌；1999年10月技改结束，建成"卧式火法炼锌炉"8个，年生产能力2000吨，当年生产粗锌590吨，产值443万元，销售收入77.1万元，上缴税金5.5万元，为安龙县万吨粗锌基础建设奠定基础。

2000年，县委、县政府提出万吨粗锌基地建设项目，从政策、资金、服务等各方面给予倾斜和支持，扶持县内锑企业技改转产。星光电冶有限公司自筹资金120万元，建成年产3000吨电炉锌生产线，试产出锌产品60吨。德卧利用水电九局天生桥分局交回地方的国有存量土地66.67公顷创建德卧工业园，以优惠的政策招商引资入园建设，祥龙电解锌厂、嘉兴电解锌厂、盘江锑白厂德卧锌分厂等8家锌冶炼企业进入园区。2000年12月18日，祥龙电解锌厂建成投产，总投资500万元，年可生产电解锌3600吨，可创产值2250万元、利税630万元。至2000年底，全县已建在建锌冶炼企业10家，实际完成投资2800万元，建成投资企业3家，年生产能力8600吨，生产锌锭639吨，产值479万元，销售收入501万元，上缴税金16万元。

2001年，德卧工业园锌业公司有生产工人300人，全年生产锌310吨，实现营业收入365万元，工业总产值384万元、增加值96万元，上缴税金8万元。

2002年9月，引进广西柳锌总厂、浙江温州电锌厂技术、人才及资金500万元，对嘉兴电锌厂、祥龙电锌厂分别完成技术改造，年生产能力由5000吨扩大到7000吨，组建县有色冶炼有限公司，11月投入生产，当年生产精锌300余吨。是年，德卧工业园达到年产锌1万吨生产能力，有员工166人，全年生产氧化锌1500吨，实现营业收入910万元，工业总产值920万元、增加值226万元、利润35万元，上缴税金26万元。

2003年，德卧工业园锌业公司有员工45人，生产电解锌226吨，实现营业收入151万元、工业总产值151万元、增加值29万元、利润12万元，上缴税金25万元。

2005年，县内铅锌生产企业有2家，从业人员175人，其中亏损企业1个，实现工业总产值5956万元，工业销售产值5917万元。

2006年，桂龙冶炼有限公司有员工96人，生产锌1600吨，实现营业收入3733万元、工业总产值3746万元、增加值939万元、利润370万元，上缴税金361万元。

2007年，桂龙冶炼公司有员工96人，生产锌33吨，实现营业收入177万元、工业总产值147万元、增加值10万元、利润17万元，上缴税金5万元。

2008年，海铭公司建成年产锌3000吨生产线，有员工88人，当年生产锌518吨，实现营业收入826万元、工业总产值771万元、增加值10万元、利润17万元，上缴税金5万元。全县全年工业企业生产锌系列产品568吨，比2007年下降19.3%。此后，随着国家产能政策的调整，县内锌冶炼企业相继关停并转。

四、黄金开采

1989年，全县共产黄金50.81千克，居省内金矿第二位。7月，国家黄金管理局组织有关单位对戈塘金矿的可行性报告进行审查，于10月18日下文，批准将该矿建设列入国家计划，建设资金由国家贷款，总投资控制在4750万元以内，计划两年建成，建成后，日采选矿能力可达300吨，年产黄金375千克以上。

2000年，县内有黄金采选企业1家，生产黄金447千克，实现工业总产值452万元。

2005年，县内黄金采选企业仍为1家，实现工业总产值415万元，工业销售产值415万元。

至2010年，全县县属金矿停产整顿，县内黄金企业由15个整合为5个，但仅有金龙公司生产，至11月底，该公司生产211.1千克（6755.2两），实现税收112.82万元。

2012年，县内有黄金采选企业1家，从业人员249人，实现工业总产值10795万元，工业销售产值10795万元。

附：

冶炼企业简介

星光电冶公司 位于新安镇岔河，为生产硅锰合金（铁合金）产品的乡镇企业，创建于1987年，从业人员80人，总资产1800万元，当时主要生产电石产品，1992年转产硅锰合金。1994年底开始技改扩建，1996年6月技改结束，当年生产硅锰合金450吨。1999年，星光电冶有限公司获自营进出口经营权许可证，产品主要出口韩国、日本、美国和东南亚等国家和地区。至2000年底，星光电冶有限公司累计生产硅锰合金8048吨，产值2725万元，销售收入2349.6万元，上缴国家税金138万元，其中2000年生产铁合金2265吨、粗锌63吨，实现营业收入595万元，工业总产值841万元、增加值219万元，上缴税金65万元。2001年，公司有员工120人，全年生产铁合金6962吨，实现营业收入2281万元，工业总产值2437万元、增加值609万元，实现出口交货值2281.4万元，上缴税金43万元。2002年，星光电冶公司公司引进湖南资金200万元，由3200千伏技改为6300千伏，年生产能力提高1万吨，全年生产铁合金1137吨，实现营业收入2264万元、工业总产值2264万元、增加值215万元，实现出口交货值2264万元，亏损45万元，上缴税金94万元。2003年，有企业员工155人，生产铁合金1万吨，实现营业收入4178万元、工业总产值1014万元、增加值335万元，出口交货4178万元，利润亏损45万元，上缴税金147万元。2004年，有企业员工127人，全年生产铁合金1万吨，实现营业收入4815万元、工业总产值21104万元、增加值428万元，出口交货值4815万元，利润177万元。2005年，企业有员工127人，生产铁合金1700吨，实现营业收入797万元、工业总产值797万元、增加值62万元、利润29万元，上缴利税18万元。2006年，生产铁合金5900吨，实现营业收入2765万元、工业总产值2765万元、增加值252万元、利润92万元，上缴税金62万元。2007年，企业生产铁合金7491吨，实现营业收入6117万元、工业总产值6117万元、增加值617万元、利润245万元，上缴税金168万元。2008年，生产铁合金185吨，实现营业收入1535万元、工业总产值1508万元、利润亏损154万元，上缴税金224万元。此后，随着国家产能政策的调整，星光电冶公司停产关闭。

闽龙冶炼有限公司 位于德卧工业园内，2002年投资建设，年产1.26万吨，总投资52万元。2006年，年生产能力达到2万吨，企业有员工120人，全年生产铁合金1.46万吨，实现营业收入5039万元、工业总产值5893万元、增加值1178万元、利润213万元，上缴税金115万元。2007年，生产铁合金1.93万吨，实现营业收入14161万元、工业总产值11958万元、增加值1290万元、利润424万元，上缴税金447万元。2008年，生产铁合金1.07万吨，实现营业收入12072万元、工业总产值9346万元、增加值1650万元、利润亏损133万元，上缴税金319万元。此后，随着国家产能政策的调整，闽龙冶炼有限公司关闭停产。

龙锡冶炼厂 1985年11月在招堤乡李箐村民组兴建，距县城4公里，翌年5月投产，当年产精锑737吨，产值257.95万元，销售收入727.35万元，实现利润240万元，上缴产品税74.04万元，创收的利润相当于4个同等规模的冶炼厂投资额。有职工101人，人均产值，创利税居黔西南州工业企业首位。1987年，该厂生产跃上一个新台阶，年产精锑1236吨，实现利润299万元，上缴税金196万元；人均产值4.24万元，创利润2.93万元。1988年1月，湖南锡矿山撤走股金，该厂由安龙一方独自经营，是年产精锑900吨。10月，该厂从湖南引进锑白粉生产技术，投资180万元新建锑白粉生产车间，向锑制品深加工方向发展，次年4月投产，至1989年8月，共生产零号锑白粉344吨，产值122万元，经化验产品各项理化指标均达到或超过国家标准。该厂是由双方对等投资、对等分成、共同承担风险而联合兴办的企业。建厂之初，即由投资方对等抽出人员组成厂管理委员会，制订工厂的经营方针和发展规划；下设厂部，行使企业生产指挥权。职工报酬是根据其劳动态度、贡献大小和技术高低，实行工资加奖金的按劳分配制，职工月均收入250元，最高为400元，最低为150元。投资双方对利润的分配，按利润总额的60%由投资双方平均分配，30%转为双方共同向企业投入的再生产发展基金，10%作为职工的福利基金和资金。1998年，该厂由安龙一方独自经营后改为厂长负责制，下设科室分工负责各项业务工作。期间，龙锡冶炼厂还多次被国务院、省、州各级评为先进企业、先进集体等荣誉称号，生产的“灿星”牌精锑、锑白以全优的质量被国家进出口商品检验局定为出口免检产品，成为省、州著名企业。进入21世纪后，由于锑产品市场疲软，龙锡冶炼厂也处于停产与半停产状态，最后完全停产。

盘江锑白厂　1987年11月兴建，原名综合加工厂，后更名为盘江锑白厂，转产粗锑，计划积累资金生产锑白粉，属股份制集体企业。1988年初投产，职工240人，当年生产粗锑50吨，产值17.5万元，销售收入50万元，创利润2万元，上缴税金4.5万元。至2000年，该厂年生产能力达到1500吨，当年有工人50人，全年生产粗锌576吨，实现营业收入530万元、工业增加值138万元，上缴税金25万元。2006年，企业有员工83人，建成年产3000吨铁合金生产线，全年生产铁合金1500吨，实现营业收入3753万元、工业总产值3767万元、增加值937万元、利润368万元，上缴税金358万元。2007年，生产铁合金671吨，实现营业收入1625万元、工业总产值1664万元、增加值117万元、利润161万元，上缴税金39万元。此后，随着国家产能政策的调整，盘江锑白厂关闭。

第三章　化学工业

安龙县化学工业起步较晚，产品单一，20世纪90年代前，县境化学工业仅有硝硫开采一项，且生产时断时续。

第一节　硝硫采炼

县内硝矿主要分布于县境东北笃山乡，硫黄矿主要产于县境西北海子乡大坝一带。硝矿储量未探明；硫黄矿储量960万吨，主要分布于戈塘、大坝、古里一带，长10余千米、宽3千米。硝和硫黄矿藏，在民国时期，曾有零星开采。1958年“大跃进”时，曾建立大坝硫黄矿厂和各区的火硝厂，采用土法铁锅熬硝、陶罐炼硫，产品用于炸药制造。1959年生产火药89吨、硫黄12吨。1961年工厂下马。1978年下半年，国家补助设备款1.3万元兴办大坝硫黄厂和笃山红硝厂，1979年初建成投产，当年即产硫黄1吨、红硝200公斤。因技术落后，资金跟不上，1980年即下马。1988年省委省政府出台《关于组织专业技术人员支援乡镇企业的决定》，县内许多有识之士采取不同形式大办乡镇企业。9月，县乡镇企业局职工王培兴停薪留职，自筹资金在大坝堡堡村建成洒雨硫黄厂，仍采用土法生产硫黄等化工产品，1989年投产，当年生产硫黄10余吨。1990年，县内建成硫黄生产企业3家，从业人员30人，生产硫黄130吨，产值13万元。由于生产工艺落后，生产成本较高，到1994年县内仅兴盛硫化厂生产硫黄外，其余硫黄生产企业全部停产。1995年，兴盛硫化厂停产。

随着国内硫酸企业对原料矿的需求量增大，县境开始开采硫铁矿，到1994年，全县发展个体硫铁矿开采企业49户，从业人员300人，开采硫铁矿3600吨，产值28万元；1995年，硫铁矿开采企业减至12户，从业人员120人，产量3600吨，产值28万元；到2000年，县境硫铁矿开采企业仅4户，年产量2.4万吨，产值184.8万元。

1978—2000年，全县累计生产硫黄567吨，产值56.7万元，开采硫铁矿7.04万吨，产值542.1万元。

进入21世纪后，因生产工艺简陋，生产成本高，市场竞争力差，且对环境造成的污染大，上述企业生产线相继下马关闭。

第二节　农用化肥

县内化学肥料制造业发展起步较晚，20世纪90年代中期开始创办，规模较小，年综合产量不足1万吨。1995—2000年，先后上马投产过3家化肥生产企业，生产的化肥品种有磁化肥、过磷酸钙、复合肥系列3种。

1995年8月，新安镇居民王永祥等人与云南陇川县民兵以劳养武磁化肥厂联营投资110万元，利用双龙酒厂闲置厂房创办安龙县磁化肥厂。1995年10月投产，从业人员58人，当年生产磁化肥200吨，产值23万元；产品主要在县内销售。1996年生产500吨，1997年生产80吨，累计产值66.7万元。由于联营双方存在分歧，云南方面撤走资金和人员，1998年停产。

1999年9月，从贵阳引进资金50万元和项目技术，12月从桐梓县引进资金60万元和项目技术，在县食品厂大坪养猪场内分别兴建安龙县磷肥开发有限公司、安龙县兴农复合肥厂。磷肥项目1999年12月投产，当年产量150吨，产值6万元；2000年生产954吨，产值33万元。复合肥项目2000年3月投产，当年产量450吨，产值41万元。磷肥和复合肥均在县内销售，复合肥有烤烟型、水稻型、甘蔗型等多个品种。小化肥厂的兴建和发展，填补了本县不能生产化肥的历史，对乡镇企业产业结构调整起了积极作用。进入21世纪后，因污染问题和国家产能政策调整，上述化工企业先后下马。

第三节　重化工

安龙县重化工基地建设始于21世纪初，通过招商引资先后引进华虹化工和金宏化工，主要生产电石、烧碱和PVC材料，至2012年，县内规模以上无机盐制造化工企业1个、无机碱制造化工企业1个，年产盐酸9681吨、PVC18197吨、烧碱25566吨，实现工业总产值22455万元，工业销售产值32560万元。

贵州省安龙华虹化工有限责任公司　位于新安镇法统村，前身为贵州省安龙昌宏化工有限责任公司，2003年4月2日注册成立，属安龙县重化工基地的重要组成部分，主要生产碳化钙（电石）及相关化工原料。2003年9月30日首台年产4万吨电石炉点火投产，11月第二台电石炉投产，年生产能力达到8万吨，有员工450人，全年生产电石1万吨，实现营业收入1423万元、工业总产值2007万元、增加值296万元，上缴税金60万元。

2004年3月，南宁化工股份有限公司（简称“南化股份”）将预付贵州省安龙昌宏化工有限责任公司及四川宜宾昌宏化工有限责任公司的预付款共计4000万元，转为对贵州省安龙昌宏化工有限责任公司的投资。5月，华虹化工一期项目建成，年产能力达到12万吨。是年，企业有员工411人，全年生产电石

9万吨，实现营业收入19958万元、工业总产值21104万元、增加值8210万元、利润2150万元。

2005年，公司进行增资扩股，四川昌宏集团、南宁化工股份公司、湖南株洲化工集团公司、黔西南州宏源实业公司和安龙县龙盛实业开发公司等8家企业成为股东，经股东会议同意，企业更名为贵州省安龙华虹化工有限公司，注册资本变更为1.08亿元，其中南化股份持有该公司股权4000万股，占股权比例37.04%。生产能力提高年产24万吨，全年生产电石8.37万吨，实现营业收入19758万元、工业总产值20227万元、增加值7869万元、利润2060万元，上缴税金1291万元，成为全县经济发展的支柱产业。

2006年，有生产员工806人，全年生产电石14.91万吨，实现营业收入37413万元、工业总产值37016万元、增加值14398万元、利润4594万元，上缴税金4692万元。2007年8月，原股东李泉将其持有华虹公司股权1850万股转让给南化股份，至此，南化股份公司共持有华虹公司股权5850万股，占股权比例57.35%。是年，企业有生产员工411人，全年生产电石17.95万吨，实现营业收入50086万元、工业总产值4965万元、增加值3560万元、利润6147万元，上缴税金830万元。2008年，生产电石12.81万吨，实现营业收入41190万元、工业总产值44043万元、增加值48731万元、利润140万元，上缴税金998万元。2009年，生产电石12.31万吨。

2010年4月，因国家产能政策调整，该厂重化工生产线停产。

贵州金宏化工有限公司 位于新桥镇，是由10家股东出资组建的大型股份制企业，也是贵州省发改委核准立项的安龙重化工基地龙头企业，注册资金2.08亿元。至2012年，公司有职工1208人，下辖4个子公司，主要生产PVC（聚氯乙烯）、烧碱、盐酸、液氯、氰化钠、水泥、PVC管材等产品，年生产PVC（聚氯乙烯）12万吨、烧碱10万吨，产品主要销往贵州、广东、广西、云南、四川等地。

2004年，安龙县华虹化工公司建成投产后，县委、县政府着手在新桥、德卧一带建立重化工基地。2月14日，县政府在兴义民航酒店与四川昌宏公司、南宁化工公司代表就安龙重化工基地建设有关问题进行洽谈。5月28日，贵州安龙昌宏化工基地建设启动仪式在安龙火车站（德卧）广场进行，仪式完成后，在紫薇园宾馆会议室召开安龙昌宏特种树脂有限公司股东发起人会议。11月18日，安龙县重化工基地一期工程正式开工建设，工程包括年产10万吨烧碱工艺装置，年产12万吨聚氯乙烯工艺装置，1.2万千瓦热电联供装置，总投资约6亿元。2005年5月，投料试车生产成功，标志全厂生产流程全线贯通，年生产能力达到10万吨水平。2006年，企业有员工421人，生产烧碱1.13万吨，实现营业收入8966万元、工业总产值8966万元、增加值3488万元、利润1102万元，上缴税金1124万元。2007年，企业有员工421人，生产烧碱3.92万吨，实现营业收入30868万元、工业总产值34039万元、增加值6075万元、利润3910万元，上缴税金1331万元。2008年，生产烧碱4.48万吨，实现营业收入44940万元、工业总产值42047万元、增加值4594万元、利润575万元，上缴税金1825万元。据统计，至2008年，公司累计生产聚氯乙烯25336吨，销售25090.2吨，产销率99.03%。

2009年，全年生产聚氯乙烯3.43万吨，烧碱4.06万吨。

2010年，公司生产烧碱71242.27吨、聚氯乙烯56751.59吨、液氯20728吨、工业盐酸17798.63吨、次氯酸钠1690吨，完成工业总产值4.71亿元，位列黔西南州前三位、安龙县之首。2011年，生产烧碱55170.13吨、聚氯乙烯46020.13吨、液氯13099吨，盐酸20723吨，年产值4.95亿元。

2012年后，因重化工能耗高、产品成本高、市场疲软，公司烧碱、聚氯乙烯等产品生产严重亏损，金宏公司重化工生产线停产。

第四节 日用化工及其他

县内日用化学工业的发展早于化学肥料制造业。从1989年木咱镇烧碱厂创建至2000年，先后有生物精细化工厂、氧气厂、甘油厂、农药厂、涂料厂、洗衣粉厂等14户企业投资建设，总投资363万元，累计完成产值359.6万元。

1989年9月，投资兴建木咱烧碱厂，1990年2月投产，从业人员22人，当年生产烧碱39吨，产值6.24万元。1991年上半年，生产烧碱4吨，因企业规模小、无竞争力，1991年下半年停产。

1992年9月，县内居民罗占祥投资10.24万元，创办安龙县精细化工厂，主要生产香菊精、固体酒精等产品。1996年4月，该厂贷款投资96万元进行技改扩建，1997年4月竣工。设计生产能力复合甘油500吨、固体酒精500吨。1997—1998年，此厂累计生产固体酒精62吨，产值44.6万元；1999年，复合甘油被评为黔西南州乡镇企业新产品。

1995年3月，安龙县新光玻璃纤维厂自筹资金58万元建成复合甘油（丙三醇）生产线，年设计生产能力1800吨，1995年8月竣工，当年生产复合甘油2吨，获1995年“贵州省首届星火计划新产品博览会”优秀奖。后，因流动资金匮乏停产。

1997年3月、7月，先后建成德卧武陵源洗衣粉厂、安龙万事通洗涤剂厂，总投资10万元，年生产能力250吨，后因资金匮乏、产品质量不合标准，年底前相继下马。

1997年5月，县人班鹤林自筹资金43万元、贷款60万元在德卧创办氧气厂，8月竣工投产，当年生产氧气1万瓶，产值16万元。1998年3月，因电力供应问题无法解决，工厂搬迁至兴义。

1995年11月，县内兴建个体涂料生产企业2户，当年生产涂料12吨，产值1万元。到2000年，县境涂料生产企业发展以6户，从业人员32人，生产涂料863吨，产值69万元。1995—2000年，县内涂料企业累计生产涂料1433吨，产值110.1万元。2000年7月建成的缤纷涂料厂，生产的超级雨刷漆，获国家专利认可。

1999年3月，县内居民吴燚投资20万元在大坪村创办安龙县农药分装厂，当年生产农药10吨，产值30万元。2000年3月，县农业局与重庆农药厂联营投资50万元，在县食品公司大坪养猪场内兴建安龙庆农化厂，7月竣工投产，有工人10人，当年生产颗粒农药1000吨，实现工业产值130万元、工业增加值34万元，上缴税金6万元。

进入21世纪后，上述小型化工企业因各种原因先后下马。

第四章 建筑材料工业

安龙县建材工业向以砖瓦、石灰、砂石为大宗，小规模生产为特点，玻璃、陶瓷生产历史较长。20世纪70年代，筹建国营鲁沟水泥厂，投产后不久即停产。1983年，安龙县与广西企业合作，投资60万元建设大型机制砖厂，未投产即停产。到1988年，全县从事砖瓦、石料生产的乡镇企业378户，从业人员1230人，年产砖669万块、瓦1816万片、石灰4200吨、砂石8万立方米、水泥砖3万块，总产值294.85万元。1988年9月，兴建新光玻璃纤维厂，次年3月投产，主要生产高碱有蜡玻璃纤维布和改性石油沥青玻纤布油毡，建成生产线2条，有职工88人。

第一节　砖瓦　石灰　砂石

一、砖瓦

1990年，全县砖瓦厂由1985年的182个增至197个，从业人员688人，其中机制砖厂8个，从业人员96人，全年产砖414万块、瓦1056万片，产值121.74万元。1991—1995年，先后又有陈应砖厂、长虹砖厂、龙广玉龙机制砖厂、新桥机制瓦厂等18户机制砖瓦厂兴建，总投资161万元，年生产能力为机制砖2390万块，机制瓦300万片。后这18户机制砖瓦厂，除陈应砖厂、长虹砖厂外，其余因取土问题，相继下马。1995年全县有砖瓦厂199户，从业人员820人，产砖1585万块（其中：机制砖407万块），瓦4029万片，产值465万元。1996年，国家继续加强对砖瓦制造行业生态破坏和环境污染的清理整治力度，严格控制砖瓦厂乱占耕地建设，众多个体砖瓦企业下马复垦。1996—2000年，先后新建德卧页岩砖厂、钱相闽兴机制砖厂等4个机制砖厂和1个页岩砖厂。德卧镇页岩砖厂建于1998年，1999年9月竣工，私人投资75万元，借贷乡镇企业发展基金10万元，年设计生产页岩砖800万块。闽兴机制砖厂建于1998年9月，当年11月竣工，引进省外投资90万元，年设计生产机制蒸汽砖800万块。到2000年底，全县有砖瓦企业99户，比1995年（下同）减少100户，从业人员435人、减少385人，产砖5194万块，产瓦600万片，总产值515.5万元。

进入21世纪后，县境建筑以砖石、钢混结构为主，代替原来的砖瓦、木瓦结构建筑，火烧泥瓦逐渐淡出市场，大量采用水泥屋面，部分地方采用石棉瓦、水泥瓦取代原来的火烧黏土泥瓦。至2002年，全县除保留长乐页岩砖厂、德卧页岩砖厂和闽兴砖厂外，其余小土窑（马蹄窑）砖瓦生产企业全部关闭。据统计，1989—1996年，全县生产玻纤水泥瓦1.1亿片；1989—2002，全县生产瓦片3亿片；1989—2008年，全县生产水泥瓦6000余万片、砖5亿块、水泥砖6000余万块。2009年，全县生产砖2089万块。2011年，全县生产砖868万块；2012年，全县生产砖1156.17万块。

二、石灰、砂石

1990年，全县石灰企业发展至127户，从业人员318人，产石灰5800吨，产值37.7万元；砂石厂41个，从业人员76人，产砂石3.47万立方米，产值20.4万元。1991年后，随着水泥生产行业的不断发展，石灰生产户逐渐减少，单位产量提高；同时，城镇街道、住户改造和农村水利及矿山建设市场旺盛，砂石需求量大，砂石开采厂个数增加，产量提高。至1995年减少至75户，从业人员259人，产石灰4.61万吨，产值300万元；砂石厂（场）104个，从业人员377人，1991—1995年产砂石31.26万立方米。其中建设于1993年的德卧羊肠坳砂石厂、龙广赖山砂石厂、新安宏发砂石厂规模较大，分别投资10万元、6万元、3万元，1995年共产砂石3.82万立方米，占全县产量的12.2%。1996年后，随着安（龙）坝（草）公路、金龙市场、盘（县）百（色）公路、国道324线公路安（龙）兴（义）段以及龙（山）笃（山）公路的新建、改造等工程相继上马，砂石开采业发展迅速，石灰生产行业回升。至2000年，全县石灰生产企业发展到109户，从业人员324人，产石灰9.16万吨，产值595.4万元；有砂石厂（场）185个，从业人员723人，产砂石120万立方米。2001—2006年，华虹化工、金宏化工公司先后落户安龙，特别是石灰作为电石生产的基础原料，县境石灰生产行业得到空前发展。

2007年，新桥石灰厂有员工8人，全年生产石灰9800吨，实现营业收入167万元、工业总产值167万元、增加值38万元、利润18万元，上缴税金9万元。东妹冗要砂石厂，有员工12人，全年生产砂石8300立方米，实现营业收入198万元、工业总产值198万元、增加值44万元、利润16万元，上缴税金27万元。隆源钢业公司有员工32人，生产石灰3.6万吨，实现营业收入910万元、工业总产值910万元、增加值444万元、利润115万元，上缴税金131万元。龙广赖山石灰厂有员工10人，生产石灰4574吨，实现营业收入96万元、工业总产值96万元、增加值90万元、利润9万元，上缴税金6万元。山峰石灰厂有员工9人，生产石灰2.03万吨，实现营业收入308万元、工业总产值308万元、增加值279万元、利润35万元，上缴税金60万元。

2008年，新桥石灰厂生产石灰2.87万吨，实现营业收入927万元、工业总产值965万元、增加值55万元、利润亏损110万元，上缴税金98万元。东妹冗要砂石厂生产砂石1.5万立方米，实现营业收入359万元、工业总产值359万元、增加值亏损30万元、利润亏损120万元，上缴税金53万元。隆源钙业公司生产石灰2.87万吨，实现营业收入1008万元、工业总产值1008万元、增加值55万元、利润亏损110万元，上缴税金98万元。龙广赖山石灰厂生产石灰1.08万吨，实现营业收入214万元、工业总产值214万元、增加值45万元、利润5万元，上缴税金18万元。山峰石灰石灰厂生产石灰2.16万吨，实现营业收入576万元、工业总产值576万元、增加值35万元、利润亏损50万元，上缴税金72万元。

2009年，全县生产石灰15.2万吨。

第二节　水　泥

一、水泥

20世纪90年代，县内水泥生产企业主要有鑫华建材有限公司、兴源水泥有限责任公司；2009年，投资1.8亿元，建成金宏新型建材有限公司，新建水泥厂，利用金宏化工电石废渣生产水泥；2012年，由海螺集团投资建设黔西南州发展资源开发有限公司。上述企业主要生产32.5号、42.5号普通硅酸盐水泥。至2012年，全县全年生产水泥46.81万吨。

二、水泥预制件

安龙县水泥预制体以水泥砖、石棉水泥瓦、水泥免烧砖为主，发展起步于20世纪80年代中后期。1990年，新光玻纤厂利用本厂生产的玻璃纤维丝生产玻纤水泥瓦，产量0.29万张，产值1.31万元。1991年，水泥预制件生产企业进一步发展，先后有新桥水泥预制件厂、新安城北建筑材料厂、德卧坡告水泥砖厂、安龙县水泥预制件厂等15户水泥预制件生产企业建立，从业人员100余人，1995年产水泥243万块，水泥瓦1.7万张，水泥预制板3788块（0.5米×4米），水泥电杆695根，免烧砖210.7万块，产值247万元。1996—2000年，由于建筑市场对水泥预制件需求量逐渐增长，水泥预制件加工企业发展较快，先后有德卧德华、新安鸿达、龙江建材、方正、龙广鸿兴等8户具有一定规模的水泥预制件生产企业兴建，总投资33.1万元，主要生产水泥砖、水泥瓦、水泥板（0.5米×4米）等产品。到2000年底，全县共有水泥预制件加工企业96户，从业人员329人，产水泥砖523万块，水泥瓦57.3万张，总产值561.7万元。这些企业的产品，除满足本县需求外，还销往册亨、望谟等县。

第三节　陶瓷　玻璃　石材

一、陶瓷、玻璃纤维制品

安龙县陶瓷质量优良，主要分布于龙广、龙山、钱相、兴隆等地，尤以龙山最为丰富。1989年龙广胡清国等人联办新建科汪山河陶瓷厂，总投资2万余元，从业人员30人，主要生产缸、碗、罐、钵等民用陶器。当年产陶瓷器1.25万件，产值0.5万元。1990年产4万件，产值2万元。1993年，产陶瓷器22.5万件，产值9万元。不久，该厂即停止生产经营。

玻璃纤维系列。1988年9月建立新光玻璃纤维厂，属合体联办乡镇企业，次年3月投产，生产高碱有蜡玻璃纤维布，并用此种产品生产波型水泥瓦，有盖瓦、脊瓦2种，供简易建筑物用，年产2万块左右。新开发的石油沥青玻纤布油毡，具有抗老化、耐腐蚀、耐高温、强度大、柔性好等特点，是油毡更新换代产品，用于屋面、仓库和地下管道的隔热、防水、防腐蚀建设，年产量12万卷（每卷20平方米）。该厂建成生产线2条，有各类设备31台（套），职工88人，总投资65万元。1990年该厂利用玻纤布做坯胎，开发纸胎油毡的替代品——改尾石油沥青玻纤油毡，该产品荣获1991年北京"七五"全国星火计划成果博览会优秀奖，年产能力240万平方米，同时利用玻璃纤维丝次品生产波型水泥瓦和脊瓦。该厂1990年时总投资65万元，从业人员85人，1991年产玻纤布油毡9.2万平方米，波型水泥瓦0.29万张，产值18.1万元。1991年产玻纤布（销售）15.11万平方米，油毡12.54万平方米，瓦4300张，产值32.4万元。1992年后生产下滑，油毡生产线停产，1992年生产玻纤布14.14万平方米，瓦0.35万张。1993年产玻纤丝16.3吨，瓦1.16万张，产值16.4万元。1994年后固有30余万元销售货款收不回影响企业资金周转而停产。同年，该厂又自筹和借款10余万元，于1994年2月建成高强度橡型防水胶生产线，年产900吨，产值2.7万元，1995年因无流动资金而停产。到1995年，该厂先后生产玻璃纤布、玻纤布油毡、防水胶、玻纤瓦等产品，主要用于屋面、仓库、地下管道隔热、防水、防腐蚀及防渗漏，简易建筑物用品等，销路较广，主要销往贵阳、新疆、陕西、广西等地。

二、石材

安龙县石材资源富集，其中石灰石储量1亿吨以上，孕育的饰面用灰岩矿（即"中国木纹石"），以"天然的木纹、淡雅的色调、板材体量大"的特点而名扬国内外，业内称为"黔龙木纹大理石"（简称"贵州木纹石"），主要有黑木纹、白木纹、灰木纹3种类型。2007年，经国家建筑材料工业石材质量监督检验测试中心检验，安龙县笃山凤凰石材开发部生产的"黔龙木纹大理石"内照射指数（IRa）为0.04，外照射指数（Iγ）为0.03，综合判定为A类装修材料，A类装修材料产销与使用范围不受限制（石中〔2007〕质检字第07SO79102号）。

安龙县饰面用灰岩矿各类丰富，储存量大，经中国建筑材料工业地质勘查中心贵州总队勘测，县域饰面用灰岩矿资源分别位于三叠系中统关岭组（T2g）、杨柳组（T2y）及同期形成的垄头组（T21）地层中，总资源量约1992万立方米。

县境石材企业于2011年进行整合，至2012年底全县有石材企业5家：安龙县笃山凤凰石材开发部、安龙县恒锐石材有限公司、安龙县闽磊建筑石料厂、贵州鑫盛隆石材有限公司、贵州安龙金石材有限公司，旗下生产、加工、销售企业共计18家。2012年，全县石材企业毛石开采量为52382.06立方米，销售总量25720.34立方米，板材生产总量395825.57平方米，销售总量58451.34平方米。全年缴纳税款346.11万元。

石材产业园区　安龙县石材产业园区位于县境东北部的笃山乡，规划范围东至万家店村毛坪组、南至红泥村下红泥组、西至梨树村、北至大坡村筏子河三级电站，总面积39.51公顷。主要以贵州木纹大理石矿开采与加工、新型石材、建材废弃物再生利用为主，以石材工业为支撑，发展装饰材料、工艺品为主的循环的经济工业集中区。

园区以"一心、两区"为框架。"一心"是指位于工业区中部的社区及生产管理服务中心。"两区"指沿东西两侧布局的两个功能区，分别为贵州木纹大理石生产加工区、新型石材产业区；木纹大理石工艺品产销、居住区。园区道路系统分3级：主干路红线宽度15米、次干路红线宽度12米、支线路宽度9米。园区水厂建于梨树河上游，规模为每分钟供水2000立方米，供电设施建设由笃山乡35千伏变电站引入10千米线路。

至2012年年底，笃山乡石材工业园区已全部完成规划，开发面积3.33公顷，水电路基础设施基本满足已入驻企业的需求。园区投产企业有两家：闽磊石材加工厂、凤凰石材加工厂，年加工板材5万平方米。在建企业两家：鑫盛隆石材厂，总投资1.2亿元，全部完成投资建设；玉林石材加工项目（凤凰石材厂二期），完成投资4650万元。

安龙县石材毛石开采、销售企业名录（2012年）

表10—4—1

企业名称	法定代表人	注册资金（万元）	企业类型	职工人数	矿山规模（公顷）	生产量（立方米）	销售量（立方米）
安龙县钱相乡坡硝山鹰石材厂	贺兴华	30	合伙企业	9	32.05	308.5	105
安龙县宏兴石料厂	商开国	—	个人独资	20	26.51	1980	1900
安龙县笃山顺发石材厂	陈　勇	40	合伙企业	32	15.85	1434	657.36
安龙县笃山俊才石料厂	沈俊才	50	个人独资	50	34.68	5984	2316.36
安龙县笃山杰隆石材厂	雷诗柱	—	合伙企业	80	7.17	4348.56	2072.09
安龙县笃山乡石峰石料厂	雷诗柱	50	个人独资	3	6.14	—	—
安龙县钱相瑞玉石材厂	艾吉芬	—	个人独资	23	12.24	1880	640
安龙县兴富石材厂	徐兴富	100	个人独资	24	5.61	—	—
安龙县笃山泰丰琼石料厂	雷诗柱	—	个人独资	23	17.81	931	465.5
安龙县笃山石材加工厂	张应发	—	个人独资	20	23.52	—	—
安龙县金龙石料厂	刘继林	—	个人独资	30	28.54	—	—

安龙县石材板材加工、销售企业名录（2012年）

表10—4—2

企业名称	法定代表人	注册资金（万元）	企业类型	职工人数（人）	生产量（平方米）	销售量（平方米）
安龙县恒瑞石材有限公司	沈俊才	4000	有限公司	180	3453.3	10791.8
安龙县闽磊建筑石料厂	江　强	200	个人独资	109	58527.76	—
安龙县金州石材加工厂	宋　敏	980	个人独资	30	—	—
贵州玉林有限公司	王登亮	2000	有限公司	—	—	—

全县毛石开采、板材加工厂及销售的企业名录(2012年)

表10—4—3

企业名称	法定代表人	注册资金(万元)	企业类型	职工人数(人)	矿山规模(公顷)	毛石生产量(立方米)	毛石销售量(立方米)	板材加工量(平方米)	板材销售量(平方米)
安龙县笃山凤凰石材开发部	李桂民	—	个人独资	80	37.2	31760	15880	174979.4	—
贵州鑫盛隆石材有限公司	张伟林	2100	有限公司	—	48.1	—	—	—	—
贵州安龙金石材有限公司	李贵友	10000	有限公司	150	253.89	—	—	—	—
安龙县玉素石料厂	刘富玄	40	个人独资	98	61.15	3756	1684.03	158865.1	34495.76

附:

建材企业简介

鑫华建材有限公司(鑫华水泥厂) 位于戈塘镇鲁沟，创建于1993年3月，其前身是国营鲁沟水泥厂。1970年着手筹建，1972年在原鲁沟铁厂的基础上建设国营鲁沟水泥厂，1974年3月投产，但不久即停产，1980年移交县水电局承办。鑫华建材有限公司主要产品为普通硅酸盐P032.3强度等级水泥。2000年，有企业员工130人，生产水泥2万吨，实现营业收入281万元、工业总产值281万元、增加值68万元，上缴税金13万元。2001年5月，横县东日房地厂开发有限责任公司承包鑫华建材有限公司，对主要机械设备进行技术改造，把生料磨机由原来直径1.5米×5.5米改为直径2.2米×7.5米，把立窑由原来直径2.2米×8.5米改为3.0米×10米，生料磨、水泥磨、水泥包装由原来的人工控制改为采用微机控制，生料、熟料、成品、包装均采用微机自动控制;更改生产流水线，投入环保收尘设备，在三大车间分别增加安装布袋除尘设备，增加机械设备和产品质量检测仪器，增加铁钙煤分析仪、自动快速量热仪等。当年有企业员工206人，生产水泥3万吨，实现营业收入436万元、工业总产值469万元、增加值267万元，上缴税金19万元。2002年生产水泥2.8万吨，销售水泥2.8万吨，产值475万元，上缴税款35万元;2003年生产水泥3万吨，销售水泥2.6万吨，产值467万元，上缴税款26万元。2004年，投入技改资金300多万元，合理改造生产线，申报获得“全国工业产品许可证”，经省、州、县各级技术质量监督部门检验，产品合格率100%。当年有员工190人，生产水泥3万吨，实现营业收入534万元、工业总产值528万元、增加值212万元，上缴税金14万元;2005年，生产水泥4.76万吨，实现营业收入987万元、工业总产值953万元、增加值376万元，上缴税金61万元;2006年，生产水泥4.85万吨，实现营业收入1010万元、工业总产值901万元、增加值400万元、利润110万元，上缴税金61万元。2007年1月17日，获得省经贸委《资源综合利用证书》。是年，生产水泥5.27万吨，实现营业收入1283万元、工业总产值1290万元、增加值281万元、利润148万元，上缴税金115万元。到2008年，企业有职工170人、工程技术人员20人，厂区占地面积4.78万平方米，固定资产1000万元，全年生产水泥4.25万吨，实现营业收入1141万元、工业总产值1066万元、增加值232万元、利润102万元，上缴税金85万元。鑫华建材公司生产的“鑫华”牌P032.5强度等级普通硅酸盐水泥，先后用于国家重点工程南昆铁路及兴仁县水厂工程、筏子河电站、泓芙蓉大酒店、西苑小区等，产品畅销省内外。2013年，因国家产业政策调整，该厂关闭。

兴源水泥有限责任公司 位于钱相乡，创建于1995年，由县供电局职工与局下属经济实体出资入股330万元作为启动资金，1997年3月竣工投产。该企业主要生产“招堤”牌32.5号、42.5号普通硅盐水泥，拥有设备配套齐全的现代化水泥生产流水线，生料、熟料、成球、成品、包装均采用微机自动控制，化验检测设备先进齐全，属科技含量及自动化较高的现代化建材企业。2000年，有员工250人，生产水泥2万吨，实现营业收入450万元、工业总产值442万元、增加值173万元，上将税金27万元。2001年，年产能力达到6万吨，全年生产水泥4万吨，实现营业收入604万元、工业总产值634万元、增加值215万元，上缴税金36万元。2002年，生产水泥3万吨，实现营业收入583万元、工业总产值567万元、增加值208万元，利润亏损46万元，上缴税金35万元。2003年，有员工260人，生产水泥3万吨，实现营业收入554万元、工业总产值581万元、增加值212万元，上缴税金38万元。2004年，生产水泥2万吨，实现营业收入481万元、工业总产值481万元、增加值241万元，上缴税金15万元。2005年，有员工88人，生产水泥4.38万吨，实现营业收入904万元、工业总产值922万元、增加值364万元、利润105万元，上缴税金59万元。2006年，生产水泥5.18万吨，实现营业收入1078万元、工业总产值1072万元、增加值423万元、利润125万元，上缴税金70万元。2007年，生产水泥5.62万吨，实现营业收入1166万元、工业总产值1166万元、增加值224万元、利润126万元，上缴税金113万元。2008年，有员工180人，工程技术人员30多人，厂区占地面积1.8万平方米，拥有固定资产2000多万元，年生产规模8.8万吨，全年生产水泥5.44万吨，实现营业收入1132万元、工业总产值1142万元、增加值223万元、利润99万元，上缴税金81万元。兴源水泥公司生产的“招堤”牌普通硅盐水泥，先后用于国家重点工程项目南昆铁路及册亨县坝朝水库建设、安龙县筏子河电站建设，贵州安龙华虹公司指定为专用水泥，产品畅销省内外，其产品具有颜色好、细度细、强度高等特点，在第七次全国水泥化学分析大对比中，国家水泥质量监督检验中心授予“全合格单位”；2005—2006年，获评贵州省消费者协会推荐商品。2013年，因国家产业政策调整，该厂关闭。

贵州金宏建材有限公司　位于新桥镇，占地15公顷，为利用重化工基地电石废渣生产水泥的循环经济项目，2010年7月16日点火投产。该企业由县政府通过招商引进河南煤化集团组建，为日产2400吨电石渣制水泥项目，2006年4月组建成立，2009年动工建设，其中一期投资2.57亿元，拥有日产1200吨熟料水泥生产线。采用国际先进、成熟的新型干法窑外分解生产工艺，选用设备先进、成熟、可靠，关键设备、部件从国外进口，采用中央控制室计算机控制系统，实现整个生产流程自动化，配备齐全的环保措施，是现代化环保型企业。

公司主导产品为“永创”牌42.5号普通硅酸盐水泥、32.5号复合硅酸盐水泥，采用新型干法旋窑生产，水泥质量稳定、袋重足、成色好、富裕强度高。根据贵州省建筑材料行业产品质量监督检验站检验，其生产的42.5号普通水泥3天抗压平均强度23.4兆帕，高于国家标准（17兆帕）；32.5号复合硅酸盐水泥3天抗压平均强度18.3兆帕，高于国家标准（10兆帕）。2011年，金宏建材公司参加中国建材研究院“天瑞杯”质量大对比活动，荣获全国参赛全优单位第47名，贵州省全优单位第2名；全年生产水泥36.8万吨，销售水泥38.5万吨，实现营业收入9118万元。

黔西南州发展资源开发有限公司　通称“安龙海螺盘江公司”，位于安龙县新桥镇，距安龙县城10千米、距兴义市55千米，公司主厂区紧邻324国道，系安徽海螺集团与贵州盘江投资控股（集团）有限公司共同出资，在贵州省建设的第四个大型水泥熟料基地。项目总投资6.5亿元，规划产能100万吨，生产线配套建设6兆瓦纯低温余热发电系统1套。2008年3月18日，安徽海螺集团与盘江煤电集团在安徽芜湖签署《合作协议》，约定在贵州省合作投资建设1000万吨新型水泥干法项目，每个项目由双方以现金方式出资建设，合资公司由海螺方负责经营。2011年11月30日，安龙县政府与安徽海螺集团及盘江煤电集团3方在安龙芜湖正式签订投资协议；12月21日，黔西南州发展资源开发有限公司完成工商变更，贵州区域第六家由安徽海螺集团与盘江煤电集团投资建设的子公司正式成立。2012年3月

17日，公司动工建设；4月1日，安龙海螺盘江公司主厂区实现首次爆破。8月28日，安龙海螺盘江公司一期日产水泥2000吨主体工程开工建设。

供电局水泥电杆厂　位于新安镇，乡镇企业。2000年，有企业员工32人，生产水泥电杆1.5万棵，实现营业收入260万元、工业总产值318万元、增加值28万元，上缴税金16万元。2001年，企业员工增加64人，年设计生产能力2.5万棵，全年生产水泥电杆4550棵，实现营业收入150万元、工业总产值188万元、增加值47万元，上缴税金9万元。

闽磊石业有限公司　安龙县闽磊石业有限公司始建于2007年，坐落于安龙县笃山乡石材工业园内，公司总投资5800万元，公司占地面积5万平方米，拥有大坡采石场和宏吉采石场2个矿山，年产贵州木纹大理石荒料30万立方米，是一家集矿山、石材加工、贸易为一体的大型石材生产企业。

公司拥有各种国内先进的大理石加工设备，同时公司还有大量经验丰富的石材专业人才，其中大专以上技术人员20人，各种异形石材加工人员25人，熟练工120人。公司生产各种规格的贵州木纹大板，各种规格的石栏杆、石线条、石桌、石几等异形石材。

闽磊建筑石料厂占地面积2.5万平方米，距安贞公路500米，2012年有员工109人，持有特种作业证的熟练工8人，熟练技术工25人，职业病防治专业人员6人，至2012年年底有固定资产2000万元。其中厂房8000平方米，住房600平方米，拥有SZ22型石材修边机4台、BM800型切割机5台、ZDMJ—16C型磨光机1台、ZDCQ—400红外线2台、25吨行吊1台、20吨行吊1台、10吨行吊1台、5吨行吊5台。主要生产各种板材，各种规格装饰板材。

贵州安龙金石石材有限公司　位于新桥镇，由贵州黔源矿业开发有限公司、广东云浮湘桂三和石材有限公司、上海飞宙石材机械有限公司、福建万龙金刚石工具有限公司共同出资建设，注册资金1亿元，规划面积13.33公顷，计划总投资15亿元，设计年产大理石板材400万平方米，石材线条、工艺等36万件，年产值12亿元，可创税1.06亿元，安置就业1000人。2012年3月，完成一期工程建设，总投资3.62亿元，重点建设基础设施，包括交通、供电、供水等基础设施及矿山开采点、石材生产加工厂房、石材原料堆放场、大型仓库、石材交易市场、行政综合楼、辅助工程、生活区等；2012年底完成二期建设，预算投资4.88亿元，主要是在一期基础上扩建，建成石材生产加工厂房、石材原料堆放场、大型仓库、石材交易市场、行政综合楼、辅助工程等7大工程，投入各类设备150余台套。

安龙县恒锐石材责任有限公司　由笃山俊材石材厂、玉素石材厂、顺发石材厂、杰隆石材厂等组合而成，年生产用荒料4万吨、加工板材60万平方米，解决就业320人。2011年10月动工建设，建设工期两年。

第五章　食品工业

20世纪80年代以前，安龙县有县粮油加工厂、国营酱菜厂、国营安龙县酒厂、坡脚打坐糖厂、甘河糖厂等一系列食品、粮油加工企业。20世纪80年代后，乡镇企业异军突起，食品加工行业基本被乡镇企业和个体工业占领。到1988年，全县共有粮食加工企业1169个，从业人员3570人，多数乡村都有机械操作的粮食加工点，属个体或联办小型乡镇企业。生产经营的国营、集体食品工业企业主要有县粮油加工厂、国营酱菜厂、国营安龙县酒厂等。

第一节　粮油加工

20世纪70年代以前，县内农户多用土砻、石碓、水碾加工大米，用木榨、树洞榨、板凳榨加工油料，用畜力大石磨和脚踏箩柜加工面粉。20世纪80年代后，多数乡村都有用机械操作的粮食加工点，属个体或联办小型乡镇企业。至1990年，全县共有粮油加工企业1106户，从业人员1517人，加工粮食4.16万吨，菜油234.1吨、桐油72.25吨，产值278.7万元。

20世纪90年代后，粮油加工企业向机械化、电动化方向发展。1991—1995年，先后有新桥农副产品加工厂、新安面粉厂、停西兴盛桐油加工厂、德卧油料加工厂、新安植物油加工厂、新安农副产品加工厂、坡脚乡桐油加工厂和新安面粉厂等8户加工设备比较先进的个体私营、合伙合作粮油加工企业建成投产，总投资96万元，年生产能力综合产值436万元。到1995年，全县乡镇企业粮油加工企业虽比1990年有所减少，但生产能力得到提高，是年加工粮食6.58万吨，产菜油624吨、桐油170吨，产值558万元。

1996年后，乡镇企业粮油加工企业发展步伐加快，盘江油脂公司、新安承德油脂厂、普坪粮油加工厂、平乐乡饵块粑加工厂等一批生产能力较大，设备较为先进、产品质量好的企业先后建成投产。同时一些加工能力小，设备陈旧的粮油加工户被淘汰。

到2000年，全县有粮食加工企业813家，从业人员944人，加工粮食16.65吨，产值644万元；加工饵块粑272吨，产值54.4万元；菜油加工企业43户，从业人员96人，加工菜油1758吨，产值639万元；桐油加工企业9户，从业人员48人，产桐油1320吨，产值12万元；粮食加工企业分布在全县16个乡镇，其中新安、龙广、德卧3个乡镇较多，分别为260户、195户和88户，加工粮食问题占全县的56.0%。菜油加工企业主要集中在新安、龙广、钱相3个乡镇，加工菜油1522吨，占全县总量的86.6%；桐油加工则分布在新安、德卧两乡镇，其中新安镇的盘江油脂公司产桐油1080吨，产值518.4万元，产品质量符合国家标准，主要销往福建、浙江、上海、广西等地。是年，县粮食局新库建成投入使用，县内粮食加工企业千方百计筹措资金，改善加工条件，提高加工精度，多渠道进行促销，全年共加工大米105.72吨、面粉85.72吨。

2002年，粮改分离出来的5个农工商公司和多种经营部，由于无法贷款，处于瘫痪状态，职工只能利用门面经营或外出自谋职业。粮食企业只生产饲料14吨，并亏损1.7万元。全年工业产值亏损6.81万元。2003年，随着粮食企业深化改革，粮食企业体制未能完全转型，粮食加工和饲料生产惨淡经营，全年共加工大米110吨。

随着粮食流通体制改革的深化，粮食加工企业重组和改造日益加剧，为谋求新的生存和发展空间，企业从国有成分向多种所有制经济逐步推进，其中民营粮食加工企业异军突起，发展迅速。粮食加工企业规模和经济实力不断增强，其中民营资本、民营企业逐步发展壮大，形成一定规模。至2006年全县资产50万元以上的中小粮食加工企业有11家，其中民营企业3家、国有控股1家，其他小型面粉厂、打米厂、油脂加工厂等共9家。每个乡镇都有个体粮食加工面坊，每个村都建有打米厂。具有一定生产规模和市场销售能力的加工企业集中在新安、德卧、龙广、普坪、龙山等乡镇。民营粮食加工企业在数量、生产规模和产值上，和国有粮食加工企业相比，形成绝对优势，占据主导地位。2006年，县内有国营大米加工厂1家，年生产能力16250吨；国营饲料加工厂1家，年生产能力7500吨。有私营大米加工厂51家，年生产能力97864吨；私营面粉厂13家，年生产能力23579吨；油脂加工厂2家，年生产能力100吨；饲料加工厂8家，年生产能力256吨。

1998—2006年，县内新成立的粮油加工企业主要有：1998年，分别成立新安、德卧、龙广、普坪和龙山等5个农工商有限公司，主营粮油加工、销售；1999年3月24日，成立新兴油脂厂，经营地址：海子农场，主营桐籽、农副产品加工、销售；2000年1月17日，成立德卧康农油脂厂，经营地址：德卧镇停西村木科组，主营植物油加工、销售；3月15日，成立永德油脂厂，经营地址：新安镇文化路，主营菜油、桐油加工销售；7月20日，成立万峰湖镇桐油加工厂，主营桐油加工、销售；2002年4月30日，成立德卧味鲜酱油厂（德卧工业园），主营酱油加工、销售；2003年2月21日，成立全荣副食加工厂（新安镇马场坝），主营豆制品加工；3月18日，成立县淀粉保健食品厂（新桥乡），主营淀粉、粉丝加工、销售；5月9日，成立湖南汨罗市天明饲料厂安龙分厂（新安镇西河村），主营饲料加工、销售；2004年4月，成立鑫源粮油有限公司，主营粮油制品加工、销售；同月，成立华星饲料有限公司，主营饲料加工、销售；2005年9月23日，成立龙广镇顾屯舒心米丝厂，主营粉丝加工；11月21日，成立五谷农产品食品厂，主营饵块粑、薏仁米加工、销售；2006年3月21日，成立泓芙蓉工贸有限责任公司（新安镇杨柳街），主营农副土特产加工、销售等。

1989－2006年全县部分年度粮油加工厂基本情况

表10—5—1

年度	职工人数（人）	利润（元）	产值（元）	产量（吨）		
				合计	成品粮	饲料
1989	36	700.0	1900000	—	—	46
1991	36	—	2020000	—	—	110
1993	36	−70000	2560000	3231	2032	1199
1995	36	—	1713000	—	—	102.6
1997	25	−39000	2030000	1628	816	812
1998	25	−20600	2999800	337	102	235
2000	25	−52400	256498	190	105	85
2001	25	43400	593000	388	355	33
2002	26	−68100	219500	14	—	14
2003	23	−44000	243000	110	110	—
2005	23	−56000	24500	—	—	—
2006	23	−6000	25000	—	—	—

附：

粮油加工企业简介

安龙县盘江油脂公司　位于新安镇马场坝，主要经营非食用植物油加工、购销、农副土特产品等，2000年2月25日在黔西南工商局登记注册，注册资本50万元，当年有工人50人，年生产桐油能力2000吨，全年生产桐油1080吨，实现营业收入540万元、工业增加值140万元，上缴税金25万元。2001年，有生产工人35人，全年生产桐油769吨，实现营业收入338万元、工业总产值423万元、增加值106万元，上缴税金22万元。

安龙县新兴油脂厂　位于新安镇岔河，1999年3月24日注册成立，主要经营加工、购销桐籽、菜籽、木籽、农副土特产品、废旧油桶、计划外中药材、计划外建材，年设计生产桐油1万吨，注册资本50万元。2002年，新兴油脂厂有员工7人，生产桐油1642吨，实现营业收入684万元、工业总产值684万元、增加值62万元，亏损5000元，上缴税金1300元。至2005年，企业有员工26人，生产桐油645吨，实现营业收入742万元、工业总产值742万元、增加值74万元、利润22万元，上缴税金23万元。2006年，生产桐油574吨，实现营业收入414万元、工业总产值405万元、增加值40万元、利润39万元，上缴税金41万元。

安龙县农业开发服务公司　创建于1993年，是集种植、生产、加工、经营为一体的农业产业化州级龙头企业，主要从事“招堤”牌满口香优质大米的研发、生产、加工和销售经营活动。2006年投入200余万元购进年产1.5万吨优质米加工生产流水线成套设备一套，加工厂总占地面积4019平方米。公司的“满口香”优质稻生产基地，于2003年12月被贵州农业厅认定为贵州省无公害农产品生产地。生产加工的“招堤”牌优质大米，2003年10月被贵州省名、特、优农产品展销会授予名牌农产品证书，2004年在第三届中国优质米博览交易会上，被授予优质产品称号。2005年1月，“招堤”优质大米经农业部产品质量安全中心认证为无公害农产品。2006年9月，“招堤”牌商标被贵州省行政管理局证定为贵州省著名商标。安龙县农业开发服务公司生产加工的“招堤”牌满口香系列优质大米远销昆明、南宁、重庆和省内贵阳、安顺、六盘水、兴义等大中城市，深受广大消费者的青睐，产品具有较好的发展前景和市场竞争力，企业初见效益，社会效益突出。2006年为提升“招堤”牌优质大米的品质，带动安龙县优质米产业向标准化、产业化、规模化方向发展，达到农民长期增收、企业增效的目的，公司实行“公司＋基地＋经纪人＋农户”的生产经营模式。在适宜优质稻种植的8个乡镇29个自然村，与2.01万户农户建立种植满口香稻谷为主的优质稻基地，无公害面积733.33公顷，带动面积933.33公顷。为稳定稻谷的产量和质量，公司对基地采取统一培训，统一良种、化肥、农药的供应使用，统一签订生产收购合同（订单种植合同），即“三统一”的管理方式。公司采取银企合作方式，按时履行公司与农户签订的订单合同，保证安龙县优质大米产业健康发展。2006年，公司分别向州农业银行发展银行贷款200万元，县农村信用联社贷款120万元，保证了当年农业产业化订单种植优质稻合同的兑现。2006年，公司与农民共签订订单合同1.2万份，合同收购优质稻谷449万千克，合同金额1254.6万元，带动农民新增加收入550余万元，企业实现销售收入1086.5万元，利润64.5万元。

第二节　食品加工

一、芭蕉芋粉丝

1989年后，安龙县形成以龙广镇顾屯村、狮子山村和新安镇东门村为主体的芭蕉芋生产基地。

“八五”期间，芭蕉芋种植及加工业列入安龙县重点发展的“六大商品基地”建设项目，大力推广。到1995年，全县芭蕉芋种植面积近2000公顷，产鲜芋4.5万吨。1991—1995年，先后有戈塘淀粉厂、洒雨淀粉加工厂等5户加工企业，生产能力达1550吨。同期，芭蕉芋产业链发生变化，由原来的本地种芭蕉芋，加工户收鲜芋并自己加工淀粉生产粉条原料，转变为淀粉加工与粉条生产分开，由淀粉加工厂收鲜芋加工成淀粉，再供应给粉条生产户的专业化协作分工方式，促进了异地之间芭蕉芋产业的互补性发展。如普坪、洒雨、海子、戈塘、新桥等乡（镇）加工淀粉，新安、龙广、钱相等乡（镇）则加工粉条。1997年10月，创建安龙县淀粉保健食品加工厂，1998年7月竣工试产，总投资170.38万元，其产品在安龙县第一届荷花节商品展销会上反响较好，后因缺乏流动资金而停产。之后，又有龙广玉龙保健食品厂、玉龙食品厂两家精制粉丝厂建成投产，年生产能力600吨，经济效益较好。同时，一些生产能力小，不具竞争力的个体加工户逐渐淘汰，使淀粉及粉条生产企业有所减少，到2000年，全县有芭蕉芋淀粉及粉条生产企业292户，从业人员1272人，生产芭蕉芋淀粉5080吨、粉条9826吨（其中精制粉条296吨），产值2434万元。安龙县生产的芭蕉芋淀粉及粉条，产品质量符合贵州省地方标准和食品卫生标准，产品销路广，除满足本县消费外，主要远销省内安顺、贵阳、遵义、毕节等地（市），以及广西、云南、湖南、浙江等省（区）。

进入21世纪后，随着农业产业结构的调整，县境粉条产量日趋下降。据统计，全县粉条产量从20世纪90年代末的1万吨，下降至2012年的1000吨左右。其中，2003—2008年，全县各年度乡镇企业生产的粉条产量分别为6700吨、3500吨、3616吨、2765吨、1536吨、1042吨。

二、莲藕

21世纪初，随着招堤风景区莲藕种植面积的扩大，县境莲藕产业逐步发展起来。县政府于2003年举办荷花节时，对外招商引资开发莲藕产业项目的新办企业。其中安龙县生态食品有限公司生产的藕淀粉及藕制系列食品保健食品，在2004年9月全国“质量月”期间，参加贵州省质量技术监督局主办的中国贵州首届名牌、特色产品展览会，获得优质特色产品的荣誉称号和证书；2004年12月，贵州省消费者协会列为推荐商品。至2012年，公司产品已投放全省各大中城市和10余家代理批发商场，是省内最大的藕粉加工生产企业之一。

三、饵块粑

饵块粑是布依族传统的极具地方特色的食品，选用地方独特的稻米、香米、薏仁、高粱、荞子、玉米等作原料，采用民间传统工艺制作，香味浓郁，软绵可口，老少皆宜，是接待宾朋和馈赠亲友的传统风味食品和特色礼品。安龙饵块粑在黔西南和省内外享有极高声誉，远销安顺、兴义、贵阳等大中城市，赢得广大消费者的认同和信赖。20世纪90年代前，县境饵块粑基本采用机械磨粉，手工成型工艺；20世纪90年代中期后，基本采用全机制加工成型工艺，提高了生产效率。进入21世纪后，加工的饵块粑还采用真空包装，解决了饵块粑不宜贮藏的难题。据统计，1989年以来，县境每年生产加工饵块粑500吨左右，主要销往贵阳、安顺等大中城市，以及兴义等周边地区，较为重要的生产企业有安龙县金州食品科技开发有限公司等。

四、肉制品

安龙县肉制品加工主要是牛肉干，零星分散，规模小，但采用传统的工艺制作，生产的产品深受广大消费者的青睐。1990年，安龙县有4户牛肉干加工企业，从业人员14人，产牛肉干25吨，产值17.5万元，销售收入27.5万元，纳税0.86万元。1996年后，牛肉干加工业发展较快，到2000年底，全县有牛肉干加工企业19户，从业人员86人，生产牛肉干495吨，产值347万元。其中规模最大的高乐食品工业有限公司，创办于1986年，1998年12月于新安镇大坪村选址技改扩建，1999年11月竣工投产，总投资53万元，年设计生产能力285吨，产值200万元。当年产牛肉干66吨，产值46.2万元，销售收入101万元。2000年产牛肉干1200吨，产值84万元，销售收入270万元，获利17万元。主要生产牛肉干、牛肉粒、牛肉脯三大系列21个不同规格的产品，色、香、味俱全，符合食品卫生标准，远销浙江、福建及台湾省。2000年，在新安镇安坡路建成城关镇美味食品厂，主要加工生产牛肉干。

五、生猪屠宰

1957年前，县境肥猪的收购、上调先后由贸易商品、农产品采购局和供销社承担，城乡居民所需猪肉均在市场上自由选购。县食品公司建立后，收购、上调肥猪和供应猪肉由该公司经营。为便于经营，公司建有养猪场，并在各区设食品站收购肥猪，供应居民肉食。1977年后，允许肥猪议销。1985年后，取消生猪派购，猪肉市场由商业部门统管。此后，生猪及猪肉允许自由上市，个体屠宰业逐渐兴起。到1990年底，全县生猪屠宰及销售个体户有11家，从业人员22人，屠宰量110吨，产值44万元，纳税0.11万元。由于人民群众生活水平逐渐提高，猪肉需求逐渐形成家庭饮食主菜之一，刺激了生猪饲养业及屠宰业的不断发展，1995年，全县生猪屠宰及销售个体户139户，从业人员237人，屠宰及销售猪肉

2372吨，产值176.3万元，纳税11.86万元，利润264万元。在个体户分散屠宰自由上市交易阶段，也暴露了一些突出问题，病害肉、注水肉等问题流向市场，严重危害人民群众的身体健康和生命安全，国务院于1997年颁布《生猪屠宰管理条例》，实行定点屠宰，集中检疫，统一纳税，分散经营的管理。安龙县于2000年启动定点屠宰场建设，德卧、新桥、普坪、兴隆、龙广等镇也相继投资兴建定点屠宰场。县城定点屠宰场是新安镇关桥村村办集体企业，最初，私屠滥宰窝点仍死灰复燃，反弹现象大，定点屠宰名不副实，2005年加大打击私屠滥宰，强化市场监管，由县屠宰办负责日常的事务工作，统一代缴除工商行政管理以外的一切税费，逐步转变屠宰企业经营观念和服务意识，县定点屠宰场从2005年9月后正常开展工作，每年为地税、国税代缴税款50万元。

2011年，原关桥村屠宰场关闭。县城有定点屠宰场有两个：一是位于山岔村二龙口的“双龙生猪定点屠宰场”，由原关桥村定点屠宰场搬迁新址后更名；另一个是安龙县金杯贸易有限公司投资新建的“金鑫生猪定点屠宰场”。两个屠宰场均达到屠宰场要求，年底进入试运行。两个屠宰场全年屠宰生猪1.66万头，征收屠宰税费75.62万元。

龙广镇、钱相乡分别申报生猪屠宰场1个，但钱相乡生猪定点屠宰场不符合设置要求。其他乡镇的屠宰工作也在逐步完善。

六、红糖、糖果糕点

安龙县传统红糖以个体、联户为主。1990年，全县有红糖生产企业145户，从业人员501人，产红糖534.5吨，产值112.2万元，加工设备逐渐向小型单机压榨、铁锅熬煮、柴油机或电动机作为动力方向发展。1995年，全县已有80%以上的红糖加工户使用机械榨糖，红糖加工户减少，户均生产能力提高，全县共有红糖生产企业89户，从业人员184人，产红糖626吨，产值132万元。“九五”期间，甘蔗产业是安龙县调整农业产业结构，增加农民收入而重点发展的项目，在坡脚、万峰湖和德卧3个乡（镇）扩大种植面积，积极发展蔗糖加工生产企业。1996年，坡脚乡码头附近由合伙人合办新田糖厂，1997年4月建成投产，总投资13.5万元，主要生产碗耳糖、片糖，当年生产红糖21吨，产值4.4万元，1999年平班电站建设征用土地而停产。到2000年，全县甘蔗种植540余公顷，红糖加工户137户，从业人员217人，产红糖1292吨，产值272万元。县境生产的红糖因其质量好、口感好而深受消费者好评，除满足当地居民生活需要外，还远销到江西、浙江等省。

改革开放后，允许个体户加工生产经营糖食糕点，安龙县糖食加工厂受到激烈的市场竞争冲击于1989年停产。尔后，全县糖食糕点加工业均由个体户生产，规模小，发展缓慢。1990年，纳入乡镇企业统计的糖食糕点加工户4户，从业人员16人，生产糖食糕点15吨，产值6.15万元。到1995年，全县有糖食糕点加工户8个，从业人员21人，产量198吨，产值81.2万元。1996年后，糖食糕点发展仍以个体为主，一般投资2万至3万元即可生产，加工设备逐步改进，市场由城镇向农村扩展，加工户发展较快。1997年，县糖食加工厂所属资产全部转让给县供电局，所得资金用于解决职工生活，企业员工全部解除国有企业职工身份。到2000年，全县有糖食糕点加工户41户，从业人员95人，产值800吨，产值328万元，生产的产品品种有饼干、鸡蛋糕、桃酥、云片糕、花生炸、甜饼、砂糖糕、面包、月饼等。

进入21世纪以来，全县糖类作物年播种面积在800公顷左右，年生产红糖1000吨左右，生产产值从2000年的400万元上升到2012年的6000万元，基本为农民自产自销的作坊式生产，红糖产品主要有片糖和碗糖两种，主要销往云南、广西、广东及省内市场，主要用于制药厂、饮料厂加工糖衣药片和加糖饮料等。

七、茶叶

早期，由于茶叶加工设备落后，产量低和原料供应不足，茶叶加工企业逐步减少，到1990年后，全县只有2户乡（镇）茶叶加工企业，从业人员4人，加工茶叶6吨，产值5.22万元。1992年后，茶叶加工开始出现个体、联户企业，1994年最后一个乡镇企业集体茶叶加工厂“古里茶叶加工厂”停厂。到1995年，全县个体茶叶加工企业有16户，加工茶叶48吨，产值41万元。1996—2000年，茶叶加工业发展时起时落，到1997年曾减到3户。1998年，新桥富新村创办“富新茶厂”，总投资10余万元，从业人员14人，生产6种不同等级（规格）的听（盒）装“富新茗茶”，年底产茶叶2吨，产值12万元，其产品远销省内兴义、贵阳及浙江、广东等省。到2000年，全县已发展茶叶加工业40户（其中个体企业39户），从业人员67人，加工生产茶叶20吨。2002年，全县茶叶种植面积3333余公顷，生产各类茶叶25万千克。至2012年，全县生产茶叶总产量达到277吨。

八、金银花茶

安龙县盛产中药材金银花，金银花具有清热解毒、生津止渴等功效。1998年上半年，先后建成金银花保健茶品厂、德卧金银花开发公司等4户金银花加工企业，生产金银花饮品。规格有50克盒装、100克和500克袋装3种。产品开发具有地方特色，销路广，除在当地销售外，还远销省城贵阳及广东、广西等省（区）。2002年，全县金银花种植面积突破3000公顷，改革生产技艺，生产特级宫廷饮品金银花5000余千克，在广州交易会获得特别推荐奖。至2012年，全县生产金银花近40吨，成为石漠化山区农民脱贫致富的重点项目。

九、桶装饮用水

20世纪90年代以来，随着人民生活水平提高和环境污染的日趋严重，广大群众对饮用水要求越来越高，以往的自来水、自开水已不能满足人们生活的需要，桶装饮用水应运而生。2001年，县人宋占金投资420万元，在县城东边龙井创建良源饮料有限公司，购进美国进口净水处理系统，生产“荷浪”牌“珍珠山泉”桶装饮用水，经贵州省质量技术监督局、省卫生厅、省疾病预防控制中心等单位检测，其质量达到DB52/434—2001标准，为可以直接饮用的卫生健康水，先后被安龙县质量技术监督局、物价局授予“质量、价格、计量信得过产品”、贵州省消费者协会授予“消费推荐”。至2007年，良源饮料有限公司已黔西南州各县市设立供水点28个，年销售桶装饮用水40万桶，年销售收入150余万元，每年向国家上缴税金10余万元。

十、酱菜

县酱菜加工厂成立于20世纪50年代中期，由一个占地50平方米的手工小作坊，发展成为占地2000平方米的国营小型商办工业企业，隶属县商业局。20世纪80年代末，实行承包租赁经营。1990年12月，由县商业局、县财政局代表县政府，将酱菜厂指挥决策及经营运行权顺延租赁给谭启明经营管理。1991年，县酱菜厂实现生产总值17.2万元，完成利润81.1元；1992年，实现生产总值12.22万元，亏损1.05万元。至1992年底，县酱菜厂有在册职工13人，留职停薪人员2人，退休人员15人，有固定资产原值11.28万元，国家流动资金3万元。此后，继续实行承包租赁经营，直至1997年全面停产。至2007年，县酱菜加工厂有在职职工6人、退休人员12人，所欠债务累计20.82万元、拖欠社保养老保险费10.83万元。是年9月，县酱菜加工厂制定《改革改制实施方案》，将县酱菜加工厂全部资产以拍卖或转让方式实行有偿转让、出售，对单位职工一次性安置，计发一次性安置费，在职人员解除劳动合同关系，不再保留其国有企业职工身份，补交退休养老保险费用，人员全部进入社保。

附：

食品加工企业简介

安龙县生态食品有限公司　位于招堤风景区内，距县城2千米。该公司是中共安龙县委、县政府于2003年举办荷花节时，对外招商引资开发莲藕产业项目的新办企业，2003年7月份由云南邱北普者黑食品有限公司、贵州省海子农场、安龙县农业局联合投资入股组成，属于股份制企业，是集种植、加工、销售为一体的农业产业化有限公司。至2008年，公司有固定资产350万元，厂区总体规划占地面积18664平方米，建成现代化厂房900多平方米拥有两条生产线，一条线生产藕淀粉及藕制系列食用保健食品；一条线是生产真空包装食用保鲜“清水藕”片。企业年生产能力4500吨以上，年产值1500万元以上。公司生产的藕淀粉及藕制系列食品保健食品，引进云南丘北普者黑食品有限公司荣获国家有关部门颁发的食品生产质量金奖和优质奖的先进技术，引进中国科学院植物研究所真空包装食用保险鲜清藕片生产工艺创新技术，后者是国内食用蔬菜保鲜最先进的加工技术。在2004年9月全国“质量月”期间，参加贵州省质量技术监督局主办的中国贵州首届名牌、特色产品展览会暨打击假冒伪劣产品专项成果展示会上，得到组委会的表彰，获得优质特色产品的荣誉称号和证书；2004年12月，贵州省消费者协会列为推荐商品。至2012年，公司产品已投放全省各大中城市和10余家代理批发商场，是省内最大的藕粉加工生产企业之一。

高乐食品有限公司 位于新安镇，私营乡镇企业，创建于1986年，1998年12月于新安镇大坪村选址改扩建。1999年11月竣工投产，总投资53万元，年设计生产能力285吨，产值200万元。当年产牛肉干66吨，产值46.2万元，销售收入101万元。2000年产牛肉干1200吨，产值84万元，销售收入270万元，获利17万元。2000年，有生产工人19人，全年生产牛肉干120吨，销售收入300万元，实现工业增加值60万元，上缴税金14万元。2001年，企业生产工人16人，全年生产牛肉干100吨，实现销售收入200万元，工业总产值250万元、增加值63万元，上交税金13万元。2002年，有员工16人，全年生产牛肉干150吨，实现营业收入319万元、工业总产值375万元、增加值112万元、利润32万元，上缴税金22万元。2002年，有员工29人，全年生产牛肉干80吨，实现营业收入191万元、工业总产值206万元、增加值17万元、利润13万元，上缴税金2万元。

城关镇美味食品厂 位于新安镇安坡路，私营乡镇企业，2000年3月29日在黔西南州工商局注册挂牌成立，厂长许俊如，有生产工人15人，年生产牛肉干能力100吨，当年生产牛肉干50吨，实现营业收入125万元、工业增加值7万元。

县糖食厂 县糖食厂为国有小型商办工业企业，隶属县商业局，20世纪80年代前，为全县唯一的糖食、糕点生产厂家。20世纪80年代后，随着改革开放的不断深入，县糖食厂生产原材料由计划供应改为市场供应，企业利润日趋衰减。1989年，全国治理整顿开始，金融政策调整，县糖食厂无流动资金继续生产，被迫终止生产经营。1995年5月，县政府同意将县糖食厂拍卖，拍卖收入用于退休人员待遇和在职职工生活安排，同时决定将产权属于县政府、由糖食厂管理使用的国有资产无偿划拨给县供电局使用。

第三节　酿　酒

20世纪80年代后，安龙县除工业部门办酒厂外，尚有商办及乡镇企业酒厂。到1990年，全县有乡（镇）酿酒企业179户，从业人员311人，产白酒244吨、香槟36吨、可乐23.5吨，产值67.8万元。1991—1995年，有平乐乡白酒厂、新桥酒厂等4户酿酒企业建成投产，一些个体酒厂缺乏竞争力而停厂。到1995年乡（镇）酿酒企业比1990年有所增加，只有192户，从业人员352人，生产能力相对提高，产白酒1935吨，产值416.4万元。1996年后，酿酒业迅速发展，一批股份合作、合伙、私营酒厂相继建成，个体酿酒户纷纷上马，生产品种多样化。至2000年，全县酿酒企业537户，从业人员821

人，生产白酒3927吨，黑糯米酒8吨，中药补酒10吨，产值997.28万元。其中，投资12万元于1999年9月始建的紫香糯米酒厂，其产品是利用县内特产黑糯米作主要原料，经科学配方研制而成的紫香型低度黑糯米酒，主要销往广西、广东及黔西南州境内；2000年6月8日，成立县生物精细化工厂，主营固体酒精。

进入21世纪后，因白酒生产门槛低，生产工艺简便，县内白酒生产呈现多点、散产的特点，白酒作坊遍地开花，但未能形成自己的成熟品牌，甚至有人以酒精兑水充当白酒向市场出售，出现了“只见白酒卖，不见火冒烟”怪现象，美其名曰“免烤酒”。据统计，2000—2012年，全县每年生产白酒3000吨左右，其中2004年产量最低，仅生产1800吨。

附:

国营安龙县酒厂简介

国营安龙县酒厂　位于城郊西龙井，1958年由县商业局开办。建厂时仅有简陋厂房1幢，木酒甑2个，铁锅数口，生产散装苞谷酒和香蕉酒；三年困难时期改用野生植物酿酒39种。1962年商转工办，隶属县轻工局，以生产45度散装苞谷酒为主。1965年改用土制冷凝器生产，减轻了工人劳动强度，出酒率提高一倍。1980年生产45度白酒224吨。1981年10月动工修建窖酒车间，1983年11月竣工投产。经历年扩建，该厂占地面积14346平方米，有白酒车间、窖酒车间、曲药发酵车间、化验室、办公室、锅炉房、成品房、地磅房及宿舍等生产生活用房，建筑面积6189平方米，固定资产73.3万元，产品有45度、50度、60度苞谷酒，56度窖酒，50度大曲酒。全厂职工85人，45度散装苞谷酒于1982年荣获黔西南州白酒评比第一名；“绿海大曲”“永历御液”两种瓶装酒于1986年获黔西南州第二届白酒大赛地方名酒称号。县酒厂投产以来，由于经营管理不善，长期亏损，1987年实行经济承包责任制后稍有好转。是年生产白酒80吨、窖酒51吨，总计131吨，仍未达到设计生产能力。1989年至1993年生产散装玉米酒、高粱酒2000吨，产值400万元，上缴税金15万元。由于受到市场冲击，1993年7月停止生产经营。

第六章　其他工业

安龙县农具农机生产多为民间手工加工的铁制农具，主要产品有铸铧、板锄、挖锄、钉耙、镰刀、弯刀、斧子、锯子、篾刀、皮刀、火钳等，大部分为县内自产自销。1978年以前建有县农业机械修造厂、龙广铁业农具社、龙山铁业社、洒雨农具厂、轻工联合厂等国营、集体机械工业企业，到20世纪80年代初期，龙广铁业农具社、龙山铁业社、洒雨农具厂等相继停产歇业。

第一节　农具农机　铁制品

一、铁制农具加工

中共十一届三中全会后，个体铁制家具加工企业相继发展起来，至1990年，铁制农具加工户数增加到61户，从业人员126人，产铁制农具27.98万件，产值42万元。1991—1995年，铁制农具加工业发展时盛时衰，1993年曾达到104户，从业人员242人，产铁制农具47.93万件，产值278万元，到1995年，减到48户，从业人员135人，产铁制农具47.51万件，产值275.6万元。1996年后，铁制农具加工业又复兴盛，1998年时达到1993年的发展水平，加工户超过100户，之后有所减少，到2000年，全县有铁制农具加工企业96户，产量52.87万件，产值306.65万元。

进入21世纪后，由于农业机械化的推广与普及，县境铁制农具生产产量急剧下降，全县产量从1999年80万件下降到2012年的不足2万件。据统计，2001—2008年，全县生产铁制农具133.72万件。

安龙县铁制农具加工以龙山镇为最，生产的产品主要有铁铧、板锄、挖锄、钉耙、镰刀、弯刀、斧子、锯子、篾刀、皮刀、火钳、火钩、火铲、菜刀等，质好价廉，销路广泛，除在本县销售外，还销往贞丰、册亨、兴仁等县的一些邻近农村。

二、农机

1978年县社队企业管理局成立后，国家拨款2.4万元支持建设社队农机厂4户，是年创产值1.8万元。1979年生产1个千瓦的交流电动机6台，内燃机、拖拉机、农机配件300件，产值2.38万元。1980年纷纷下马。1991年，德卧镇建立个体农机加工企业1户，从业人员2人，产脚踏稻谷脱粒机50台，产值1.13万元。到1993年底停产时已累计生产脚踏稻谷脱粒机350台，产值5.7万元。1996年9月，德卧镇兴建康兴建筑机械厂，投资8万元，从业人员4人。1997年产直筋机230台，产值40万元，后下马。1998年1月，德卧顺发机械厂建成投产，总投资44万元，从业人员12人，主要加工生产打砖机、脱粒机、搅拌机、打砂机、直筋机等产品，是年产脱粒机350台、打砖机93台，产值22万元。1999年又增建龙广农机加工厂，投资12万元，从业人员6人。到年底两户机械加工企业共生产脱粒机200台、水泥砖机5套、打砂机125台，产值28万元。2000年，生产脱粒机315台、打砂机50台，产值39万元。生产的产品主要在县境农村销售，部分销往邻县册亨。

进入21世纪后，随着农业机械化的推广普及和市场的深化，县境小型机械生产企业市场日趋萎缩，逐渐下马。

县农机厂　县农机厂前身为1954年成立的手工业合作社，主要生产铁器和木器农机具，1958年，由炼钢厂、发电厂、轴承厂、县第一铁业生产合作社、木器社、小五金、钟表社、汽车修理组等8个手工业组建成“地方国营安龙县机械厂”。1963年，发电厂分出，机械厂更名为“地方国营安龙县农机厂”，属县国有企业。原厂建在县城顺城街，即现县人民政府招待所和县供电局老办公楼处，有铸工车间，钳工、锻工车间、本工车间、金工车间和发电机房。1969年，搬迁至景家冲，主要设备有液压设备3台、车床7台、铣床2台、插床1台、插齿机1台、刨床2台、钻床2台、行车1台，恢复正常的农机产品生产和农机修理。1986年，因该厂原为天主教教会房产，由县政府每年支付1万元租金给教会，该厂才得以基本维持生产，但由于设备老化，年久失修，加之资金严重缺乏，技术力量薄弱，农机产品的生产修理处于小打小闹。1989—2002年，主要生产的农机产品有500型米机、手摇面机、卧式脱粒机、粑粑机、榨糖机等。期间，1996年打米机产量为历年最高，达916台，销售870台，最少的是1994年仅为269台，14年间平均每年生产销售的米机，在600台左右，生产销售的脱粒机100台，粑粑机100台，榨糖机20台，年平均实现产值30万—40万元。20世纪90年代中期以来，该厂连续出现亏损，其中亏损最多的一年为1994年，亏损3.5万元，亏损最少的年份是1996年，亏损5000元。2001年该厂亏损17684元，此后基本停产。

该厂所生产的农机产品主要销本县和邻近的兴义、册亨、广西隆林等地，有一定市场占有额。2003年，天主教会收回景家冲土地，该厂全面停止生产。该厂资产总额原为65.5万元，其中固定资产49.2万元。2004年，经评估设备资产值现价约10万元，库存产品、半成品、工夹具、磨具、标准件等原料估价7.6万元；另有厂房占地1.2万平方米、库房及车间房屋8栋，因年久失修，造成垮塌，无法估价；全厂欠贷款

27.3万元、社保养老金3.5万元。2005年，该厂处理顺城街房产，得款269万元，主要用于偿还贷款、欠款，剩余款项全部用于职工缴纳社保资金。此后，该厂职工基本依靠原政府招待所（未正式明文归农机厂）的地盘停车收入，解决困难职工生活补助和厂管人员生活费。

三、铁锅

1991年底，城关镇复员军人铁锅厂投资建成，1992年3月投产，总投资10余万元，从业人员7人，生产原料主要来自兴义铁厂，是年生产铸铁锅1.19万口，产值16.57万元，1993年产1.5万口，1994年产1.5万口，共计产值41.8万元。后因企业经营不善和缺乏流动资金于1995年初停产。

四、铁制回风炉

1993年前，县境家庭使用的回风炉均为外地产品。1993年10月，县内开始有人生产回风炉，年底共2户，从业人员7人，生产回风炉200个，产值8.4万元。之后回风炉生产缓慢发展，到1995年底，发展到3户，从业人员13人，产回风炉367个，产值15.4万元。到2000年，全县有回风炉生产企业5户，从业人员20人，生产回风炉950个，产值33万元。进入21世纪后，县城内禁止燃烧煤制品，普通家庭普遍采用电磁炉、电饭锅和煤气灶等清洁燃具，铁制回风炉逐渐淡出县内市场。

第二节　服装制造与皮革加工

一、服装制造

1982年起社队缝纫工业开始发展，到年底有社队缝纫工业企业2户，总投资2.17万元，从业人员37人，加工服装1.24万件，产值1.49万元。1983年停产。之后服装制造业以个体为主，到1985年，全县发展服装制造企业34家，从业人员47人，加工生产服装3.54万件，产值4.71万元。1986—1990年，县内服装制造业呈峰状发展趋势，1987年发展最快，全县服装加工生产企业达131户，从业人员145人，产服装8.06万件，产值12.1万元。之后逐渐回落，到1990年，全县只有服装加工生产企业36户，从业人员47人，产服装1.96万件，产值7.84万元。1991年后，随着国民经济和不断发展和人民生活水平的提高，服装制造业加快发展步伐，但仍以个体为主，生产的服装主要是满足本县消费市场。到1995年，全县服装加工与生产企业达117户，从业人员149人，产服装70.5万件，产值282万元。1996年后，服装制造业发展有了突破，工厂化管理，流水线作业的服装生产企业出现，生产能力提高，其中于1998年3月兴建的安龙县鸿蒙制衣厂，设备投资10余万元，有服装加工设备10套，从业人员15人，是年加工生产服装1.1万件，产值44万元，生产的产品主要有西服、民族服饰等。同年5月，安台服装厂建成，总投资20万元，从业人员5人，到年底加工生产服装8000件，产值32万元。到2000年，全县已有服装加工生产企业136户，从业人员238人，加工生产服装124.22万件，产值497万元。生产的服装除满足本县需求外，还部分销往兴义、贞丰等县市。

进入21世纪后，县境居民服装基本为购置品牌厂家的成衣，县境服装生产产量逐年下降，至2012年，全县服装总产量已不足2万件。据统计，2001—2008年，全县每年服装产量分别为57.88万件、124万件、24万件、15.1万件、13万件、4万件、2万件、2万件。

二、皮鞋加工

县内皮革加工主要是乡镇企业，发展始于1985年，是年3月，城关皮鞋厂建立，从业人员15人，到年底生产皮鞋3000双，产值4.1万元。1987年，发展到2户，从业人员23人，产皮鞋0.65万双，产值8.78万元。之后，下马停产1户，到1990年仍只有1户皮鞋生产企业，从业人员13人，产皮鞋200双，产值3800元。1993年后，有所发展，到1995年，已有皮鞋生产企业3户，从业人员9人，产皮鞋

1.1万双，产值21万元。1996—2000年，皮鞋加工业发展较快，先后有兴建皮鞋厂等一批个体私营皮鞋生产企业建成，以外地客商到本县投资生产皮鞋为主，到2000年，全县有皮鞋生产企业48户，从业人员107人，产皮鞋33.1万双，产值629万元。其加工生产设备主要有电动缝纫机、片皮机、砂轮机和鼓风机等。

进入21世纪后，县内皮鞋加工企业基本为手工作坊，采取厂店合一的方式加工皮鞋，产量少、市场竞争能力差，年销量逐年下降。至2012年，全县皮鞋产量已下降至2万双左右。据统计，2001—2008年，全县各年度皮鞋生产产量分别为33.52万双、5万双、9万双、9.1万双、7.1万双、2.2万双、2.3万双、2.4万双。

县皮革厂属集体经济企业，20世纪90年代停产，21世纪初完成改制，所属资产由县国土部门进行拍卖，所得资金用于偿还企业债务和解决职工困难，企业职工全部解除国有企业职工身份。

第三节　木材加工和家具制造

一、木材加工

安龙县木材加工主要集中在县木材加工厂，县内乡镇企业木材加工业始于80年代后期。1987年，全县有木材加工企业39户，从业人员49人，加工木材9800立方米，产值8.52万元。1988年后逐渐减少，到1990年减少至27户，从业人员39人，加工木材340立方米，产值10.54万元。1993年4月，龙广远勋胶合板厂兴建，7月投产，总投资15万元，从业人员18人，是年生产胶合板1500平方米，产值7.65万元。1994年胶合板12000平方米，产值61.2万元。1995年，全县木材加工业又比1990年减少6户，从业人员82人，加工木材7640立方米，胶合板3750平方米，产值256.0万元。加工工具及设备主要有电动盘锯、带锯、拉锯等。1996年后，木材加工业发展较快，主要在新安、普坪、洒雨、龙广、海子等乡镇，到2000年，全县有11个乡镇分布有木材加工厂，共58户，从业人员174人，由于资源限制，木材加工量比1995年减少一半，只有4393立方米，产值136.2万元。加工产品有锯材、板材及枋子等。

进入21世纪后，国家加大森林保护力度，特别是西部大开发、珠江流域防护林保护工程实施以后，县境木材加工产量也在逐年下降。至2012年，全县木材加工产量从20世纪90年代末的1万立方米，下降至1500立方米。据统计，2001—2008年，全县乡镇企业每年加工木材的产量为9255立方米、5403立方米、2277立方米、1632立方米、1611立方米、1557立方米、1540立方米、1543立方米。

二、家具制造

家具制造自古有之，但以个体制作为主而办厂始于20世纪80年代中期。1985年，新安木具厂建立，从业人员5人，是年生产家具400件，产值1.2万元。1987年后，家具行业发展较快，主要以个体生产，到1990年，共发展42户，从业人员75人，产家具1461件，产值12.9万元。1991—1993年，发展较为平稳。到1995年，家具制造企业比1990年有所增加，达到49户，从业人员84人，产家具9855件，产值157.14万元。1996—2000年，先后有新安镇木器加工厂、沙发厂、永顺家俬、麒麟家俬总汇等一批家具制造企业建成投产，生产高、中、低档家具、沙发、床等。到2000年，全县有各种家具制造企业126户，从业人员344人，生产各类家具共计2.65万件，产值422.5万元。其中新安、龙广两镇家具制造企业最多，达74户，占总数的58.7%，加工生产的产品产量占总产量的80%以上。除满足本县城乡人民需求外，还销往册亨、望谟、广西隆林等县。

1999年4月，万峰湖镇兴建木制包装箱厂，6月建成，投资10万元，从业人员15人，年设计产木制包装箱10万个，是年生产木制包装箱4.4万个，产值22万元。2000年产1.4万个，产值7万元。

进入21世纪后，随着品牌家具产品进入千家万户，县境家具生产产量也呈逐年下降趋势，至2012年，全县家具产量从2000年6.5万件下降至1.5万件。据统计，2000—2008年，全县乡镇企业每年生产家具总产量分别为6.5万件、4.89万件、5万件、5万件、4.7万件、3万件、1.6万件、1.6万件、1.7万件。

第四节　运输设备修理

安龙县交通运输业比较发达，交通运输设备修理业发展较早。1988年，安龙县城关北门机修站建成，总投资1.8万元，从业人员3人，1989年发展到6户，从业人员11人，创修理产值23.21万元。1990年增至8户，从业人员17人，创修理产值20.6万元。1991年后，交通运输设备修理业发展较快，先后有车相汽车维修部、龙广修理站、城西汽车修配厂、康宁汽车维修场等一批个体、合伙合作企业建成，总投资84万元，主要分布在新安、龙广、德卧、龙山等乡镇。到1995年，全县有交通运输设备修理企业45户，从业人员146人，创修理产值115万元。1996—2000年，交通运输设备修理业发展比前五年更快，全县除平乐、笃册、钱相、坡脚、海子等少数乡镇外，苦其余乡镇都发展起了汽车修理业，先后有顺城汽车修理场、车枢修理停车场、顺达汽车综合服务部等汽车修理企业建成，到2000年年底，全县交通运输设备企业由1995年的45户剧增到177户，从业人员586人，创修理产值1870万元，比1995年翻了4番多，已成为安龙县乡镇企业工业主要支柱产业之一。

进入21世纪后，交通运输修理业不再纳入工业或乡镇企业统计。

第五节　造纸和印刷

一、造纸

安龙县盛产竹、蓑草和构皮树等纤维植物，造纸原料丰富，手工造纸业一度发达，但由于工艺复杂，成本高，产出低，一度中断。20世纪80年代后，土纸业有所恢复，到1987年，有个体手工业造纸80户，从业人员102人，产土纸12.5万吨，产值1300元，1990年停产。1991年又有所恢复，到1995年，有16户土纸生产者，从业人员26人，产土纸88吨，产值5万元。1996年，发展到100户，从业人员200人，产土纸190吨，产值11.4万元。1997年后土纸逐渐回落，到1999年，虽仍有60户土纸生产者，但产量极低，只有8吨，产值1万元。2000年，全县造纸企业全部停产。

进入21世纪后，万峰湖镇坝盘村等地的土法造纸技艺作为非物质文化遗产予以保护，坝盘村等地土法造纸作坊相继恢复，当地村民在为游客表演土法技艺的同时生产土纸销售。据不完全统计，县境每年土纸生产产量在160吨左右。贵州鹏昇纸业有限公司位于新桥镇贵州安龙经济开发区（工业园区内），由黔西南州鹏昇商贸有限公司、安龙县瑞祺煤炭有限责任公司、安龙县龙腾运输有限公司出资组建，注册资本4600万元，2011年11月经贵州省工商行政管理局批准成立，是省内首家包装纸板研发、生产及销售的综合性实体企业。公司占地36.3公顷，总投资10.8亿元，其中一期投资2.84亿元、二期投资7.96亿元。2012年3月，正式开工一期建设。

二、印刷

1995年，安龙县职业中学创办职中印刷厂，总投资6.5万元，从业人员5人，主要生产作业本、账册等产品，是年生产作业本40万册、账册200万份，产值12万元，纳税0.2万元，获利1.6万元。到1998年，累计生产作业本175万册、账册950万份，产值57.0万元。1999年安龙县工艺美术印刷厂建立，总投资6万元，从业人员8人。是年生产作业本40万册，产值8万元。2000年，全县有乡镇企业印刷厂2户，从业人员16人，生产作业本95万册，产值29万元。主要在县内销售，部分产品销往册亨、望谟等县。进入21世纪后，县内各类复印、打印店大量涌现，印刷企业受到严重冲击。

县印刷厂 始建于20世纪50年代，为县属小型国有工业企业。1956年，组建成为公私合营印刷厂。1961年，公私合营印刷厂与安龙报社印刷厂合并成立地方国营安龙县印刷厂。1982年4月，按职工要求，分成两组生产经营。后因印刷业务逐年减少，部分职工离厂自谋出路，留厂职工承担原退休人员和在厂职工工资、保险，形成在厂职工和离厂职工两个群体。1988年，以承包经营方式由厂长刘素华经营管理。2002年后，因各类复印、打印店涌现，县印刷厂生产基本停滞，各类设备封存。至2007年，县印刷厂有房地产2处，总面积3831.6平方米，经县物价局价格认证中心鉴定，估价269.44万元。是年11月，县经济贸易局向县政府上报《关于请求处置印刷厂全部资产安置职工的请示》，2009年，县政府多次召开印刷厂改制改革工作会议，提出由龙山国营煤矿兼并，优先安置印刷厂在职职工就业，但因职工分歧较大，改革改制工作搁浅。此后，县委、县政府多次出台改革措施，均未得到彻底落实。至2012年，该厂改革仍在进行之中。

第六节　塑料制品与五金电器

一、塑料制品

1991年，木咱建立塑料制品厂，总投资6万元，主要生产桶、盆、瓢等日用塑料制品，从业人员5人，是年生产塑料制品1000件，产值1000元，1995年底停产，累计生产塑料制品10.2万件，产值36.9万元，生产的产品除在本县销售外，还销往册亨、贞丰、兴义及兴仁等县市。1997年1月，安龙县废旧塑料制品厂上马建设，8月竣工投产，总投资20万元，从业人员10人，主要生产桶、盆等产品。是年生产塑料桶8035对、塑料盆2092个，产值4.4万元，销售收入3.7万元。到2000年，该厂累计生产塑料制品12.32万件，产值72.4万元。该厂属县供销社职工入股创办的股份合作制企业，其产品主要通过供销渠道销售，部分销往邻县册亨、贞丰等农村。

2006年，建成汉中包装公司，为乡镇企业，有员工18人，当年生产塑料编织袋800吨，实现营业收入964万元、工业总产值964万元、增加值269万元、利润120万元，上缴税金71万元。2007年，生产塑料编织袋835吨，实现营业收入984万元、工业总产值984万元、增加值48万元、利润120万元，上缴税金11万元。2008年，生产塑料编织袋238吨，实现营业收入377万元、工业总产值377万元、增加值41万元、利润1万元，上缴税金5万元。

二、五金电器

1995年，龙广镇部分在深圳勒流打工回乡青年，利用其掌握的技术，在本地创办五金电器厂。是年9月始建超华五金电器厂，第二年初建成投产。后又相继建成3户五金电器厂，均属股份合作制企业，总投资60.2万元，主要生产街码、窗轮、玻璃夹、日光灯支架及镀锌材料加工。1996年，生产街码2000个，窗轮9万个、玻璃夹5万个、日光灯支架1100个，共计产值14.9万元。1997年，产窗轮1.8万个、日光灯支架400个，产值3.4万元，后因无流动资金而停产。

第七节　烟花爆竹　民族工艺　煤制品

一、烟花爆竹

安龙县烟花爆竹生产始于20世纪80年代中期。1985年洒雨区8位农民集资6000元，利用传统技术联办集体爆竹厂1个，从业人员30人，是年生产鞭炮100万响，产值0.17万元。到1988年仍只有1户，是年从业人员减少到12人，产鞭炮68万响，产值0.51万元。1989年停产。1991年6月，广西人到木咱乡创办玉龙爆竹厂，总投资7.5万元，从业人员60人，是年产爆竹3000万响，产值13.5万元，销售收入12万元，纳税0.04万元，获利0.76万元。在该厂的带动下，1992—1995年，先后又有木咱镇烟花爆竹厂、新桥爆竹厂、新广爆竹厂、木咱镇官屯爆竹厂、德卧平安烟花爆竹厂等6户企业建成生产爆竹，总投资46.8万元。到1995年底，只有5户企业生产，从业人员136人，产爆竹2.23亿响，产值100.2万元。1996年后，未曾发展新的企业。到1997年7月底，全县烟花爆竹企业5户，从业人员80人，产爆竹1.49亿响，产值67.1万元。1997年7月29日，德卧平安烟花爆竹厂发生特大安全责任事故，全县烟花爆竹企业随即全部停产。

二、手绣工艺

安龙县聚居着苗族、布依族等少数民族，人口数占全县总人口的48%，其中，苗族主要居住在戈塘、洒雨、海子、普坪等乡镇，苗族妇女擅长手工刺绣、织锦，精于靛染、绘画。为利用民族传统工艺和发展地方特色经济，1993年创办安龙县纳花厂和刺绣厂，加工手绣产品和刺绣产品，不久即停产。1997年5月，戈塘镇科发村苗族妇女班安芬投资7万元创办安龙县民族手绣工艺厂，固定从业人员40人，是年生产手绣领带2050条，产值26.65万元。1998年厂改成有限公司，注册资金58万元。在该公司的带领下，又先后发展两家苗族手绣厂，1998年固定从业人员63人，长期为手绣厂加工产品的人员1000余人，产领带4260条，产值48.8万元。到2000年，全县共发展民族手绣产品加工企业4户，固定从业人员92人，产领带16050条，产值192.6万元。同时，还利用传统工艺积极开发靛染服装、被套及围巾、提包、马夹、钱包等。

安龙县生产的苗族手绣产品，质量好，颜色鲜艳，图案精美，销路广。其中安龙县民族手绣工艺有限公司生产的“仰欧桑”牌苗族纯手绣领带，具有浓郁的民族特色，1999年8月被贵州省旅游局、经济委员会、商务厅和轻纺工业厅共同确定为贵州省旅游商品定点生产产品，主要销往省内兴义、贵阳及北京、湖北、湖南、浙江、四川、重庆、上海、海南及广东、广西等省区市。2006年，安龙县民族手绣工艺厂创始人班安芬因病去世，该厂逐渐停产。

三、工艺美术品

安龙县工艺美术品加工主要有匾牌、布标、镜屏、雕塑、通草系列制品等，除县工艺美术厂外，其他均为个体加工，自产自销。1989年，全县有工艺美术品加工企业3家，从业人员8人，产值9.1万元。1990年只有2户，从业人员4人，产值1.2万元。之后，工艺美术加工业发展较快，1991年兴建鲁沟车木玩具厂，属乡办集体企业，从业人员15人，加工车木玩具9.5万件，产值4.28万元，第二年停产。1993年，全县工艺美术企业发展到36户，从业人员106人，创产值137.4万元，其中通草系列制品占一半以上。1994年开始回落，到1995年，全县有工艺美术加工企业17家，从业人员31人，产值122万元。1996年后，工艺美术品加工业逐渐朝电脑设计制作刻绘、机械加工方向发展，新工艺品不断出现，其中由新安镇居民赵家典发明的通草仿真花，色泽鲜艳、逼真、适宜居室、商场、宾馆、会场、广场装饰，年加工产值30余万元，主要销往广东、福建及东北地区。2000年，全县有工艺美术品加工企业43户，从业人员58人，产值333万元。

进入21世纪后，县内工艺美术产业零星、分散、多点经营，无系统统计数据。2002年，县属集体所有制企业县工艺美术制品厂全面改制，其资产拍卖后用于偿还企业债务和解除职工困难，企业职工全部解除集体企业职工身份。

四、棕制品

安龙县棕树资源丰富，年产量约600吨，农户用以加工棕衣、棕绳、棕刷、棕床垫等棕制品，其质韧性强，不易腐烂。20世纪80年代，棕制品加工以一家一户为主，自产自销。1985年成立龙广棕丝厂，加工棕床垫，从业人员11人，年产棕床垫10万件，产值16.6万元。1990年，全县有棕制品加工企业5户，从业人员14人，加工床垫250床、棕丝绳7.7吨，产值2.9万元。1991年后，棕制品加工业发展较快。1994年6月，兴隆镇安比村棕制品厂建成投产，投资2.5万元，从业人员24人，主要生产棕丝绳（后于1997年停产）。1994年，全县生产棕制品11吨，产值3.52万元。到1995年，已发展棕制品加工企业21户，从业人员86人，产棕丝绳172吨，产值55万元。1996年后，棕制品业持续发展，产品主要是棕丝绳，主产区是龙广、兴隆等乡镇。到2000年，全县有棕制品加工企业62个，从业人员310人，产棕丝绳345吨，产值110.4万元。产品除在本县销售外，还远销浙江、福建、广东等沿海省份。进入21世纪后，县内棕制品产业处于分散、多点状态，无系统的统计数据。

五、草编

1988年5月，投资3万元，建成城关镇民族工艺厂，主要生产供外贸部门出口的包谷壳工艺制品，并从山东聘请2名技术人员传授包谷壳制品技术。是年，县乡镇企业局在新安、龙广、洒雨、普坪、龙山、兴隆6个区的8个乡兴办有306人参加的包谷壳编织培训班。1989年生产包谷壳坐垫4.5万个，由城关镇民族工艺厂统一验收交外贸部门出口，创产值15.5万元。1990年停产。

六、煤制品

安龙县煤炭资源丰富，煤质好，发热量高，因而煤制品加工业比较发达，主要产品蜂窝煤是本县城乡人民生活中的主要燃料之一。20世纪80年代前，家庭生活用煤以块煤或手工煤为主，进入20世纪90年代后，由于人力蜂窝煤机问世，专门生产蜂窝煤销售的煤制品加工户逐渐发展起来。1993年，全县有蜂窝煤加工户12家，从业人员19人，加工蜂窝煤87万个，产值5.7万元。蜂窝煤具有方便、易燃、灰尘少等特点，使用家庭逐年增多，蜂窝煤加工业发展较快。到1995年，全县已发展蜂窝加工户102家，从业人员131人，加工蜂窝煤907万个，产值68万元。除满足本县城镇居民生活燃料外，还销往册亨、望谟和广西隆林等县。1996年后，安龙县蜂窝煤加工业发展更快，生产规模扩大，生产能力提高，生产设备已向动力机械化方向发展。2000年3月，新安镇居民王礼贵租用县打米厂闲置厂房，投资4万元，购置全机械化蜂窝煤加工设备，创办蜂窝煤加工厂，有生产销售人员11人，年生产蜂窝煤384万个，产值28.8万元。之后，三洞桥又建成两家机械化蜂窝煤加工厂。2000年，全县有蜂窝煤加工企业266户，从业人员422人，生产蜂窝煤8516万个，产值638.7万元。全县16个乡镇除平乐乡外，其余15个乡镇都有蜂窝煤加工企业，其中新安、龙广、德卧3镇的生产量占全县总产量的75%以上。

进入21世纪后，因燃煤污染严重，县政府出台禁令，禁止县城区家庭烧燃煤取暖、做饭，取而代之的是电磁炉、电饭锅和液化石油气，县境内的煤制品产业也由此淡出市场。

第十一篇　水利　水电

第一章　水　利

20世纪70年代，贯彻“蓄、小、群”方针，安龙县建成大量的山塘水库和提水引水工程，并建成以筏子河电站为骨干的一批小水电站。1978年以后，以“建管并重，讲求实效”为原则，实行配套挖潜，处理病险水库，综合利用，对全县水利电力设施检查、整修和续修配套，提高水利工程利用效率。到1988年，全县共有蓄灌水利设施142个，其中小（一）型水库5个，小（二）型水库20个，小（二）型以下水库山塘117个，总有效库容1610万立方米，建成干、支渠189条，总长312.4千米，有效灌溉面积3982.13公顷；有提水、引水设施357处，提水流量每秒6.14立方米，灌溉渠306条，总长250.91千米，有效灌溉面积4761.47公顷，保证灌溉面积3643.13公顷。

第一节　引水工程

一、兴中灌区

“兴中灌区”水利工程位于黔西南州中西部，渠系纵横于兴义市腹地和安龙县西部共20个乡镇，整个灌区始建于20世纪50年代，至20世纪90年代形成一定的灌溉网络，控制灌溉面积204.67平方千米，但因灌区多数水利工程设施老化，且原建设标准和配套设施不完善，土地和水资源未充分合理利用。

1998年7月3日，省计委批复“兴中灌区”续建配套工程可行性研究报告。11月9日，州政府批复成立“兴中灌区建设管理处”，具体负责“兴中灌区”建设和管理工作，下设办公室、财务室、技术室、兴义工区、安龙工区。工程建设以灌溉为主，重点发展水浇地。“兴中灌区”续建配套工程以木梓冲隧洞、兴西湖、柘仑、围三湖4座中小型水利工程为骨干，配以各种小型水利工程共构成的灌溉网络。灌区规模（设计灌溉面积）204.67平方千米，续建配套工程新增灌溉面积122平方千米，其中一期续建配套后新增灌面1300公顷、改善灌面1633.33公顷，灌区总有效灌溉面积达到117.47平方千米。

（一）兴中灌区续建配套一期工程建设

1999年，省计委、省水电厅批复“兴中灌区”续建配套一期工程初步设计（代实施方案），一期工程项目审定总投资1251万元，其中安龙片区760万元，包括柘仑水库渠系配套改造及柘仑水库渠道改造。柘仑水库渠道防渗改造23.29千米，新建渠道18.77千米、渡槽1座250米、倒虹管4座共1198米，新建进水闸门、冲沙闸各1个。

1999年3月2日，兴中灌区续建配套一期工程开工，2000年4月18日建成。新建渠道20.74千米，为初步设计的89.86%；渠道防渗改造31.07千米，为初步设计的100.8%；新建隧洞2座，总长1205.9米，为初步设计（1座541米）的222.9%，因截弯取道新建堡上隧洞1座，减少防渗改造渠道3.08米；新建、改造倒虹管6座共2090.7米，为初步设计的126.86%。实际完成建设总投资1177.94万元，占审批投资额的94.16%，节约项目投资73.06万元。在实际完成建设总投资中，建安工程投资999.74万元，节约项目资金35.03万元，为审批概算的96.61%。上述建设投资及工程量，包括兴义市。

（二）兴中灌区安龙工区第二期续建配套节水改造

兴中灌区安龙工区二期工程主要是柘仑水库引水工程，规划续建配套支渠24条。

二期一批工程于2001年5月招（投）标，5月开工，2001年9月工程竣工；二批工程于2001年9月招（投）标，2003年10月全面开工，2004年2月5日全部竣工。贵州省水利水电勘测设研究院和黔西南州水利电力勘测设计院负责设计，贵州河水监理有限公司负责监理。兴中灌区安龙工区第二期审定总投资406万元，共分两批实施。第一批工程批准概算280万元（其中地方自筹80万元），第二批工程批准概算为126万元（其中地方自筹40万元）。二期一批工程有：板秧防支渠倒虹管176米、渠道720米，马鞭田支渠1586米，团山堡支渠334米，田边支渠857米，总干渠880米，新寨支渠1468米，新桥支渠1923米，火蒙1号支渠2293米、火蒙2号支渠1310米，德卧中支渠2497.8米，管理站房585.25平方米，五台支渠4100米，陡坡支渠544.8米，坡告支渠607米，长山支渠1611米，十二份支渠2030米，火蒙1号支渠尾段655米、火蒙2号支渠尾段707米，马鞭田支渠1160米，德卧中支渠尾段580米，板拉1号支渠521.7米、板拉2号支渠1363.9米、板拉3号支渠193.8米，五台大关支渠1363.9米，纳桃涌江支渠89.6米，平广支渠1286.7米，纳桑支渠1529.7米。二期二批工程分两标段实施，其中龙广7条支渠共6612.2米，德卧8条支渠共7630米。

兴中灌区渠系配套防渗改造工程：二期一批新建渠道10条共11.66千米，防渗加固渠道2条共4.98千米；渠系建筑物：新建倒虹管19条共927.5米，防渗加固渠道2条共4.98千克，渠道防渗面积42372.93平方米，新建倒虹管2座共829.5米，新建管理站房1幢585.25平方米。工程实施后，新增灌溉面积1450公顷，共完成土方开挖24195.37立方米，浆砌石13634.2立方米，埋石砼及钢筋5791.77立方米。项目于2004年3月投入试运行，运行效果总体良好，渠道通水长度27.2千米。

（三）兴中灌区续建配套与节水改造工程

续建工程于2008年开始实施，工程总投资350万元。当年，兴中灌区安龙工区完成工程总投资100万元，新建者要干渠、龙广中干渠、五台大关平干渠及田间工程渠道5.24千米。

至2010年11月，兴中灌区安龙工区工程全部完工，建设渠长142.64千米、渠系建筑物12座，解决农田灌溉2720公顷，总投资3332万元，其中中央投资2988万元、省投资119万元、地方投资225万元。

二、其他小型引水工程

1989年以来，县内引水工程基本为防渗维修，新建工程很少。其中，1998—2006年，全县引水工程防渗55处，新建引水工程15处，有效灌溉48.38公顷，渠道总长为129.30千米，总投资668.60万元。

安龙县引水工程特征表

表 11—1—1

工程名称	所在地点	所在河流	引水水源性质	引水流量（立方米/秒）	灌溉面积（平方米）				渠道		渠系建筑物		建设性质	投资（万元）		开工时间	竣工时间
					设计	有效	保灌	实灌	条数	总长（千米）	座次	总长（千米）		总投资	其中国家投资		
新桥引水渠	戈塘镇呰磨村	鲁沟河	河水	0.02	10466	9420	8373	6700	1	4.20	—	—	防渗	12.40	9.00	2000.10	2001.3
呰磨引水渠	戈塘镇呰磨村	鲁沟河	河水	0.02	10266	9240	8200	6573	1	5.80	—	—	防渗	15.60	12.00	1998.10	1999.4
山家寨引水渠	戈塘镇呰磨村	呰磨河	河水	0.02	5553	5000	4440	3553	1	3.10	—	—	防渗	12.00	8.40	2000.11	2001.2
者生引水渠	戈塘镇呰磨村	鲁沟河	河水	0.02	4447	4000	3560	2847	1	3.30	—	—	防渗	15.00	10.00	2001.10	2002.3
赖子洞引水渠	戈塘镇龙兴村	鲁沟河	河水	0.03	9067	8200	7293	5833	1	1.90	—	—	防渗	9.80	6.60	2002.10	2003.3
半边街引水渠	戈塘镇龙兴村	鲁沟河	河水	0.02	3113	2800	2493	1993	1	1.60	—	—	防渗	5.80	4.00	1998.10	1999.4
河边引水渠	戈塘镇呰磨村	鲁沟河	河水	0.03	9067	8160	7253	5800	1	2.90	—	—	防渗	12.00	9.00	1997.10	1998.5
田坝引水渠	戈塘镇呰磨村	鲁沟河	河水	0.03	8800	7907	7040	5633	11	2.50	—	—	防渗	8.50	6.00	2001.1	2002.5
大山引水渠	新桥镇高普陇	白水河	河水	0.03	5733	5160	4587	3667	1	2.00	—	—	防渗	6.00	4.00	2003.11	2004.5
高普陇引水渠	新桥镇高普陇	高普陇河	河水	0.03	5400	4860	4320	3453	1	3.50	—	—	防渗	13.50	10.00	2000.10	2001.4
阿卧引水渠	新桥镇巧烂村	新桥河	河水	0.01	2667	2400	2133	1707	1	1.00	—	—	防渗	3.00	2.00	1998.10	1999.2
底西引水渠	新桥镇巧烂村	白水河	河水	0.01	2800	2520	2173	1793	1	2.00	—	—	防渗	6.20	4.00	2001.11	2002.3
蜂洞引水	新桥镇巧烂村	白水河	河水	0.01	2887	2600	2307	1847	1	1.40	—	—	防渗	4.20	3.00	2000.11	2001.4
西海引水	兴隆镇狗厂村	纳马河	河水	0.1	8000	7200	6400	5120	1	1.60	—	—	防渗	8.00	6.50	2001.12	2002.3
坡荒引水	兴隆镇狗厂村	纳马河	河水	0.1	8000	7200	7067	5120	1	1.60	—	—	防渗	8.00	6.50	1998.12	1999.4
水坝引水	兴隆镇红星村	纳马河	河水	0.1	11067	9960	8853	7080	1	1.50	—	—	防渗	6.80	5.00	2000.11	2001.5
郎打引水	兴隆镇红星村	纳马河	河水	0.1	10200	9180	8160	6527	1	1.50	—	—	防渗	6.00	4.00	2001.11	2002.3
上雷庄引水	兴隆镇木城村	纳马河	河水	0.1	10200	9180	8160	6527	1	3.60	—	—	防渗	11.00	9.00	2001.10	2002.5
上井科引水	兴隆镇木城村	纳马河	河水	0.1	9333	8400	7467	5973	1	1.20	—	—	防渗	4.20	3.00	2003.10	2004.3
下井科引水	兴隆镇木城村	纳马河	河水	0.1	10400	9360	8320	5987	1	1.20	—	—	防渗	4.80	3.00	2004.20	2005.3
下打茅引水	兴隆镇大坪村	纳马河	河水	0.1	9467	8520	7573	6060	1	1.80	—	—	防渗	10.50	8.50	2002.12	2003.4
抱娥引水	兴隆镇杨方村	—	河水	0.1	11067	9960	8853	7080	1	6.80	—	—	防渗	32.00	28.00	2001.12	2002.6
卡作引水渠	海子乡卡作村	乐溪河	河水	0.03	3533	3180	2827	2260	1	1.41	—	—	防渗	6.20	4.80	2003.11	2004.3

续表 11—1—1

工程名称	所在地点	所在河流	引水水源性质	引水流量(立方米/秒)	灌溉面积（平方米）				渠道		渠系建筑物		建设性质	投资（万元）		开工时间	竣工时间
					设计	有效	保灌	实灌	条数	总长（千米）	座次	总长（千米）		总投资	其中国家投资		
打江引水渠	平乐乡打江村	乐溪河	河水	0.3	8887	8000	7107	5687	1	3.40	—	—	防渗	14.80	12.00	2004.11	2005.5
定头引水	平乐乡打江村	乐溪河	河水	0.2	9780	8800	7800	6260	1	4.20	—	—	防渗	16.20	14.00	1999.11	2000.5
联合引水	平乐乡联合村	乐溪河	河水	0.2	8867	8000	7107	5687	1	3.50	—	—	防渗	15.20	13.00	2001.10	2002.4
阿科引水	新桥镇阿科村	白水河	河水	0.02	4867	4380	3893	3113	1	1.00	—	—	防渗	4.00	2.50	1998.12	1999.3
安窝引水	新桥镇新桥村	白水河	河水	0.02	3113	2800	2493	1993	1	1.80	—	—	防渗	6.00	4.00	1999.10	2000.4
荷花引水	新桥镇荷花村	白水河	河水	0.03	16000	14400	12800	10240	1	2.00	—	—	防渗	12.00	9.00	1999.12	2000.3
喇盖引水	新桥镇荷花村	白水河	河水	0.03	8887	8000	7067	5687	1	1.50	—	—	防渗	4.50	3.00	1998.12	1999.3
洞止引水	新桥镇荷花村	白水河	河水	0.02	3113	2800	2493	1993	1	15.0	—	—	防渗	4.00	3.00	2000.10	2001.3
巧达引水	龙山镇岩脚村	阿岔河	河水	0.02	5333	4800	4267	3413	1	3.10	—	—	防渗	6.80	4.80	1998.10	1999.5
巧洞引水	龙山镇场坝村	立度河	河水	0.05	5333	4800	4267	3413	1	2.00	—	—	防渗	7.20	5.60	1997.11	1998.3
下坛引水	龙山镇下坛村	北乡河	河水	0.055	5333	4800	4267	3413	1	5.50	—	—	防渗	16.00	12.00	2000.12	2001.6
立度引水	龙山镇场坝村	立度河	河水	0.055	4467	4020	3573	2860	1	2.90	1	3	防渗	9.20	7.60	1998.11	1999.4
纳坡引水	龙山镇场坝村	板磨小河	河水	0.04	4000	3600	3200	2560	1	3.10	1	3.5	防渗	11.00	8.50	2004.11	2005.3
坡江引水	龙山镇纳赖村	北乡河	河水	0.03	3467	3120	2773	2220	1	3.00	1	1.1	防渗	9.00	6.50	2003.12	2004.4
国梁桥引水	龙山镇下坛村	北乡河	河水	0.02	2667	2400	2133	1707	1	2.50	—	—	防渗	10.50	8.50	2002.11	2003.4
科然引水	龙山镇丫科村	科然小河	河水	0.02	2667	2400	2133	1707	1	1.50	—	—	防渗	5.40	4.00	2005.11	2006.4
乔马引水渠	钱相乡	打凼河	河水	0.2	4220	3800	3373	2700	1	1.100	—	—	防渗	4.80	3.60	1998.1	1999.3
打凼引水渠	钱相乡	打凼河	河水	0.2	9780	8800	7827	6260	1	1.200	—	—	防渗	5.60	4.20	2000.1	2001.4
新华引水	钱相乡	石冲河	河水	0.2	9580	8620	7667	6133	1	1.80	—	—	防渗	12.00	9.60	1999.11	2000.3
绿荫塘引水渠	坡脚乡八坎村	八坎河	河水	0.2	9600	8640	7680	6147	1	1.00	—	—	防渗	5.80	4.60	2001.11	2002.4
龙滩引水工程	木咱镇木咱村	中心河	河水	0.31	17420	15680	19933	11147	1	2.00	—	—	防渗	18.00	12.00	1999.12	2000.3
者幺引水渠	木咱镇木咱村	中心河	河水	0.4	8667	7800	6933	5547	1	1.40	—	—	防渗	8.60	6.40	1997.12	2000.3
张家桥引水渠	笃山乡红泥村	梨树	河水	0.05	23533	21133	18827	15060	1	1.60	—	—	防渗	16.80	14.00	1997.12	1998.4
巧洞引水渠	戈塘镇硐广村	鲁沟河	河水	0.05	5333	4800	4267	3413	1	2.70	—	—	防渗	14.00	9.60	1999.11	2000.5

续表 11—1—1

工程名称	所在地点	所在河流	引水水源性质	引水流量(立方米/秒)	灌溉面积(平方米)				渠道		渠系建筑物		建设性质	投资(万元)		开工时间	竣工时间
					设计	有效	保灌	实灌	条数	总长(千米)	座次	总长(千米)		总投资	其中国家投资		
硐广引水渠	戈塘镇纳利村	鲁沟河	河水	0.05	5333	4800	4267	3413	1	2.00	—	—	防渗	12.00	8.90	1999.11	2000.3
纳磨引水渠	戈塘镇纳利村	鲁沟河	河水	0.05	9000	8100	7200	5760	1	2.00	—	—	防渗	14.00	10.00	1998.11	1999.5
科发引水渠	戈塘镇科发村	鲁沟河	河水	0.05	4800	4320	3840	3073	1	6.00	—	—	防渗	20.00	16.00	1999.11	2000.6
纳盘引水渠	戈塘镇纳利村	鲁沟河	河水	0.05	5333	4800	4267	3413	1	2.30	—	—	防渗	10.00	8.00	2001.10	2002.5
木桥引水	龙山镇下坛村	北乡河	河水	0.055	5533	4980	4427	3540	1	1.80	—	—	防渗	10.85	8.50	2003.12	2004.4
纳花引水	龙山镇场坝村	北乡河	河水	0.05	3067	2760	2453	1960	1	1.50	—	—	防渗	6.50	5.00	2002.11	2003.3
三家寨引水	兴隆镇红星村	纳马河	河水	0.1	5333	4800	4267	3413	1	1.20	—	—	防渗	4.20	3.00	1998.12	1999.9
偏山引水	兴隆镇红星村	纳马河	河水	0.1	9733	8760	7787	6227	1	1.50	—	—	防渗	12.00	10.00	2000.11	2001.4
老林冲引水	兴隆镇红星村	纳马河	河水	0.1	5333	4800	4267	3413	1	1.20	—	—	防渗	4.20	3.00	2006.11	2007.4
新庄引水	兴隆镇新庄村	纳马河	河水	0.1	5333	4800	4267	3413	1	6.90	—	—	防渗	19.00	16.00	2002.11	2003.4
张仲引水	兴隆镇安比村	纳马河	河水	0.1	5333	4800	4267	3413	1	1.60	—	—	防渗	5.20	4.00	2001.12	2002.3
木拉引水	兴隆镇安比村	纳马河	河水	0.1	9733	8760	7787	6227	1	1.20	—	—	防渗	5.60	4.00	2003.12	2004.3
竹林寨引水	兴隆镇安比村	纳马河	河水	0.1	10467	9420	8373	6700	1	1.20	—	—	防渗	8.00	6.80	2001.10	2002.3
宴比引水	兴隆镇狗厂村	纳马河	河水	0.1	3067	2760	2453	1960	1	1.20	—	—	防渗	4.80	3.00	2002.10	2003.3
狗厂引水	兴隆镇狗厂村	纳马河	河水	0.1	22667	20400	18133	21173	1	1.20	—	—	防渗	7.50	5.80	2001.12	2002.3
长冲引水	兴隆镇狗厂村	纳马河	河水	0.1	11067	9960	8853	7080	1	1.20	—	—	防渗	5.60	4.00	1997.11	1998.3
东播引水	兴隆镇狗厂村	纳马河	河水	0.1	8000	7200	6400	5120	1	1.60	—	—	防渗	6.80	5.00	2002.10	2003.3
大关坪引水	龙广镇簸箕寨	科汪河	河水	0.09	11067	9960	8853	7080	1	1.40	1	1.50	防渗	8.60	6.40	1999.10	2000.3
柘仑引水渠	龙广镇柘仑村	洗马河	—	0.09	2667	2400	2133	1707	1	1.80	1	1.5	防渗	10.50	8.50	1999.10	2000.3
纳万引水渠	龙广镇纳万村	洗马河	—	0.09	3533	3180	2827	2260	1	1.60	1	1.5	防渗	8.00	6.50	2001.10	2002.5
燕子岩引水	德卧镇平安村	白水河	—	0.05	14000	12600	11200	8960	1	3.50	1	4	防渗	15.20	12.80	1999.10	2000.4
耷堡引水	洒雨镇堵瓦村	免底河	—	0.04	5333	4800	4267	3413	1	1.80	1	2	防渗	12.50	9.50	1999.10	2000.4
天桥引水	洒雨镇天桥村	免底河	—	0.015	8867	7980	7093	5667	1	2.50	1	4	防渗	11.80	8.00	2003.10	2004.3

第二节 蓄水工程

一、平桥水库

平桥水库是安龙县进入贵州省“三位一体”规划和省“十二五”水利发展专项规划中的一座中型水库，距安龙县城29.8千米，总库容7898万立方米，项目总投资17.5亿元，年可供水量7900万立方米。工程建成后，可彻底解决县城饮用水问题，同时解决戈塘、普坪等7个乡镇的29万人饮水和5660公顷耕地的灌溉，是安龙县近年来最大的水利建设项目。2012年12月27日，平桥水库“三通一平”工程开工建设仪式戈塘镇举行，州委常委、州政府副州长刘建明，县委书记邓修宇、县长蔡平、县人大常委会主任黄朝文、县政协主席谭志平等县四大在家领导出席开工典礼，州水务局、移民局等相关部门和县直各部门、省州驻县单位、各乡镇（街道）相关负责人等参加开工典礼。平桥水库进库公路总投资2336万元，全长7.79千米。

二、柘仑水库扩建

柘仑水库位于龙广镇境内，原为“淌淌河引水工程”，属珠江流域南盘江水系，所在河流白水河上游的淌淌河段，属于南盘江的一级支流，其地理位置为北纬24°55′—25°33′，东经104°—105°41′。

根据地方经济的发展战略，柘仑水库除主要可提供4546.67公顷的灌溉水源外，同时向德卧、新桥、龙广及郑屯4乡镇经济带（沿南昆线）提供1.82万人畜饮水。2004年2月，柘仑水库扩建工程可行性研究报告通过审查。3月，县政府委托黔西南州水利电力勘测设计院编制完成柘仑水库扩建改造初步设计，将柘仑水库改造为浆砌重力坝，最大坝高59.4米，坝顶宽6米，底宽65.13米，设计总库容为1490万立方米。根据《水利水电工程待级划分及范例水标准》（SL252—2000）、《防洪标准》（GB50201—91）的规定，该工程属中型水库，工程等别为三等，主要建筑特为3级，设计洪水标准为50年一遇，校核洪水为500年一遇。

2006年10月，成立县柘仑水库扩建工程建设指挥部，在州柘仑水库扩建工程协调领导小组和县柘仑水库扩建工程协调服务领导小组领导下开展工作。

根据灌区内的用水需求，经水利调节计算，柘仑水库总库容为1490万立方米、兴利库容为939万立方米、死库容为281立方米，正常高水位1301米、校核洪水位1304.34米，设计洪水位303.43米、死水位1283.4立方米。

柘仑水库扩容改造主要有：将原高程1282.50米大坝加高至1304.40米；新建灌溉取水建筑物1座，新造导流隧洞1座，洞身断为圆形，直径2.5米，原施工导流底孔工程结束后封堵；导流隧洞后期改造成放空冲沙隧洞，其底板高程260米；新建取水高干渠9216米，干渠2条，合计9400米；渠系建筑4座：1号隧洞311米、2号隧洞328米、木梓冲隧洞1976米、老韦坡渡槽95.5米；支渠3条：马儿田干渠、永格支渠、塘坊支渠，总长12.24千米。原发电厂房后移恢复。

工程扩建后，恢复原有渠道电站，装机为2×250千瓦，设计水头为44.7米，使用HI160—WJ—42型水轮机组，SFW250—6/740型发电机组2台。

取水口设平面钢闸门一扇，为检修闸门。检修闸门在静水中运行，闸门尺寸为1.8×1.5米，采用卷扬式启闭机操作。冲沙隧洞进口底高程1260米设两道闸门，即工作闸门与事故检修闸门，隧洞全长230.1米，闸门尺寸均为3.1×2.8米，门体自重5.8吨，工作闸门在动水中运行，事故检修闸门在动水中运行，采用65吨卷扬式启闭机操作。

柘仑水库扩建工程概算总投资6780.36万元，2007年6月13日正式开工，贵州省水利机械化实业总公司承建，贵州黔水工程监理有限责任公司负责监理，贵州省水利厅质量监督中心站负责质量监督。至2008年7月，完成进库公路建设10.98千米、导流隧洞建设241米、上坝主体建设2.3千米、大坝和围堰基础清淤、大坝左右坝肩和大坝基坑土石方开挖以及上下游堤及钢性围堰工程项目的建设。完成工程量为：石方开挖9.98万立方米，土方开挖2400立方米，砼砌毛2.1万立方米，浆砌2300立方米，清淤4.48万立方米。其中，完成枢纽工程投资1500万元、土地征拨1000万元，累计完成投资3000万元。

至2011年，柘仑水库扩建工程全部结束，国家批复投资概算15260.11万元，实际到位资金15460万元，其中中央资金5917万元、省匹配资金7243万元、州匹配300万元、县政府贷款2000万元，建设渠长6.76千米，灌溉面积4546.67公顷，解决1.82万人饮水困难及工业用水，总库容1490万立方米。

三、小（一）型水库除险加固

(一) 红旗水库引洪渠清淤，小寨渠段加固

红旗水库引洪渠清淤，小寨渠段加固工程涉及红旗水库、大鸭溪水库。两座水库均为小(一)型水库，1958年初建，1966年扩建加高大坝，1978年建成蓄水受益。红旗引洪渠是红旗水库、大鸭溪水库的主体配套工程，因多年淤积，部分渠段沙石堆满，小寨渠段漏水不稳固，渠段垮塌威胁村寨安全。

2007年3月18日开工，4月17日竣工，总投资121387.13元。工程建设包括红旗引洪渠清淤段（钱相沈洪小寨至马家湾倒虹管进口）渠长8420米、潘家坝于罗涟湾湾渠长960米、马家湾倒虹管出口至大鸭溪水库500米，共计清淤渠长9880米，断面宽2.8米、高2.2米；小寨渠段引洪渠加固110米，渠高2.2米，平均厚0.6米；放水孔处理4个；杀赖桥至钱相封堵清水洞4个。清除淤泥、积土、石头等杂物7993.45立方米，土方挖运（运出村寨）59.96立方米，M7.5水泥砂浆砌块5137.88立方米。

(二) 大鸭溪水库

大鸭溪水库除险加固工程位于普坪镇纳汪村境内，坝址距县城15千米，为小(1)型水库，主要以农业灌溉为主，兼解决人畜饮水。大坝为均质土坝，坝顶高程1338.4米，最大坝高14米，总库容2073立方米；工程等级为四等，主要建筑物为4级，设计洪水标准为50年一遇，校核洪水为500年一遇。

除险加固工程包括原坝体整治、坝体充填灌浆，惟幕灌浆防渗、原溢洪道改造，金属结构及启用机安装及进场公路改造工程等。工程总投资325万元，其中国家补助资金295万元、地方配套110万元，2005—2006年建设完成。改造溢洪道140米；完成主、副坝黏土填筑，新建杨家垭口拦水坝1座，完成灌浆2960米，进库公路改造3.5千米。黔西南州水利水电勘测设计研究院负责设计，贵州东方世纪科技有限责任公司承担施工，贵州江河监理有限责任公司负责监理。

(三) 白石岩水库

白石岩水库属小(一)型水利工程，位于县城西南6.5千米，水库集雨面积2.5平方千米，有引洪渠补充库水，总库容234万立方米，兴利库容207万立方米，无死库容。主要灌溉新安、木咱两镇稻田406.67公顷。

水库始建于1958年“大跃进”时期，1974年工程扩建，1978年竣工，1979年大坝中部滑坡，塌方、垮坝，1984年修复竣工。至20世纪90年代末，大坝渗漏现象严重，危及水库大坝安全。1998年，县水利局勘测设计院对该工程进行勘测设计，报州计划局、水电局批准立项建设，下达资金15万元。建设内容包括：150块石砼基础截流墙，大坝迎水面坡比改造和薄膜防渗，放水洞管防渗改造，溢洪道防渗改造和坝顶整治等工程，工程预算总投资91.35万元。1999年4月，州水电局安排中央水利基金5万元，后又追加建设资金20万元。当年5月1日动工建设，7月1日完成建设。

2001年，委托贵州省水利电力勘测设计研究院进行安全评价，鉴定为三类坝，省计委批准实施除险加固，包括坝基帷幕灌浆、溢洪道整治、取水口改造、大坝整治、金属结构和管理站房改造、自动化检

测系统建设等。11月25日，贵州省水利厅批复初步设计；2002年9月11日，批复实施方案；26日，县政府成立白石岩水库除险加固工程招标领导小组。10月，公开招投标，工程审定投资计划380万元，其中国家补助260万元、地方匹配120万元。2003年1月10日正式开工，11月16日竣工，12月交付使用，包括大坝体整治、溢洪道改造、帷幕灌浆和高涵、低涵建设和取水隧洞工程等。整修工程由黔西南州水利水电勘测设计研究院负责设计，贵州东方世纪科技有限责任公司承担施工，贵州江河监理有限责任公司负责监理。

（四）龙滩口水库

龙滩口水库始建于1958年，经历年多次建设，1985年竣工，建成均质土坝长69.8米、高10.3米，总库容144万立方米，水库集雨面积1.34平方千米，设计灌溉面积217.47公顷。由于水库处在岩深发育地区，坝区地质结构极其复杂，大坝变形沉降，放水涵管位移漏水，溢洪道损坏，坝体、坝基渗漏严重。2002年10月，委托贵州水利科技责任公司作安全评价，鉴定为三类坝，需进行除险加固。

2002年12月，贵州水利科技开发有限责任公司完成龙滩口除险加固工程初步设计方案；2004年1月13日，省水利厅、省发展计划委员会批准工程实施方案，核定工程投资410万元，其中国家补助280万元、地方匹配130万元，包括上（下）洲坝面整治，铺设土工膜防渗2300平方米，基础截流墙砼浇筑680立方米，帷幕灌浆1962米，更换φ600双向转动闸门和φ100放水管；溢洪道改造108米，进口拓宽为8米；引洪渠改造2820米；进库公路1.28千米；新建管理站房230.8平方米（含厕所、启闭机房、闸阀房）；完成水库自动化测报系统；安装防汛通讯电话1台。2004年4月17日开工建设，当年12月17日完工，完成土方开挖6500立方米，石方开挖石渣外运6800立方米，砼及钢筋砼1238立方米、铺土工膜2300平方米、砼块护坡2800平方米、M10沙抹面11000平方米、管理（闸门）房240平方米、帷杂灌浆1962.3米、整修进库公路1279米、安装观测设施1套，贵州智龙水利监理有限公司负责监理，贵州东方世纪科技有限公司承担施工，黔西南州水利电力工程建设质量监督站负责质量监理。

附：

龙滩口水库除险加固自动监测系统

龙滩口水库除险加固自动监测系统工程为水库安全监测系统的建设项目，是为保证水库在除险加固后能正常运行的辅助性工程，主要负责收集水库的水情信息和大坝安全信息，直观地反映出除险加固后水库的运行状态，为水库防汛及正常管理提供支持。自动监测系统主要由计算机网络系统、水情自动测报系统、大坝安全监测系统、应用软件系统4个部分组成，站网布设在综合考虑系统采集具有良好的代表性、规律性、连续性的前提下结合龙滩口水库的实际情况，站点布设如下：中心站1个（安龙县水利局）、遥测中心站1个（龙滩口水库迎水面遥测站房）、遥测中心站1个（龙滩口水库迎不面遥测站房）、遥测中心站1个（龙滩口水库迎水面遥测站顶），站风总体为1个中心站、1个遥测中心站、2个遥测站。2004年8月20日开工，2005年4月20日完工。

（五）巧洞水库

巧洞水库于1957年动工兴建，1958年竣工蓄水，1976年扩建防渗，1979年基本建成。因水库位置处在县城上游，高于城区25米左右，水库无溢洪设施，每年汛期对县城造成严重威胁。1998年，省计委、省财政厅下达巧洞水库建设投资175万元。包括大坝完善及整治（左、右附坝及大坝完善，迎水面坝坡整治及做好防渗处理）；新建和完善溢江道（包括溢洪道上交通桥）；放水设施改造、完善管理设施，进库公路整修。1999年2月3日，开始施工，8月完工，实际完成投资160万元。2006年，县水利局又投资对溢水地段渠道200米进行加高。

（六）乌寨水库

乌寨水库始建于20世纪50年代末，后经1963年、1964年、1965年、1966年、1970年、1972年、1974年、1978年多次修建，于20世纪80年代初建成蓄水，水库总库容325.7万立方米，有效库容267.9万立方米，设计灌溉面积为525.47公顷，实际灌溉面积434.87公顷。

2005年4月，县水利局委托贵州水利科技开发有限责任公司对乌寨水库进行安全评价复核，认为溢洪道池洪能力不能满足抗洪要求，且未全面完成建设，侧墙开裂严重，无消力池及泄洪尾渠，大坝上下游坡均不满足稳定要求，坝体、坝肩及坝基渗漏严重，渗漏量达每秒9升，上、下游坝面局部有沉降、开裂现象，取水建筑已不能正常运行，进库公路不能正常通行。需进行除险加固。

乌寨水库除险加固工程于2008年9月1日动工，总投资405万元，其中中央275万元、省70万元、地方配匹58万元。工程包括降低堰顶高程0.45米，满足设计洪水的过洪能力；对原溢洪道进行改造重违，新修消力池，避免洪水冲刷下游坝脚，保证大坝安全；对坝体防渗进行改造，增设帷幕灌浆，帷幕总长181米共58孔，总进尺1130米，坝面采用土工膜，进行防渗处理；放缓上下游坡比，满足稳定要求；新建放水隧洞的取水口，设置检修门和放水闸阀；增加大坝安全监测设施；水库原设计洪水标准为50年一遇，校核洪水标准500年一遇。挡水建筑物为土石混合坝，最大坝高15.6米，坝顶高程1396.8米，坝长45米、宽5米，上游坝坡1:2，下游坝坡1:0.75；溢洪道位于左坝端，为岸边正槽式溢洪道，长35米，溢流堰为宽顶堰，堰顶高程1395.07米，堰高12米，泄槽为一矩形断面，纵坡为1:0.75。放水设施为隧洞们于右坝端，长64米，进口采用中600双向转动闸门控制，隧洞进口底板高程为1382.4米。12月5日，竣工验收：完成大坝改造工程拦河坝128.66万元、溢洪道改造工程87.31万元、放水设施改造工程额40.95万元、金属结构设备及安装工程34.36万元、工程费用4.66万元。

四、小（二）型水库除险加固

（一）上坝水库

上坝水库位于县城北7千米，坝址坐落于新安镇大坡村上坝组。始建于1976年，后停建。1988年，扩建加坝，增设副坝。主坝高10.5米，副坝高3.2米，水库集雨面积1.2平方千米，水库大坝为砌石重力坝，设有主、副两坝，总库容（校核洪水位以下库容）11.3万立方米，正常水位库容10万立方米，兴利库容9.85万立方米，为小（二）型水库，设计灌溉面积34.67公顷。此水库在运行中，主坝出现纵向4—5厘米裂缝，大坝堆石体与防渗体（浆砌体）分离，严重威胁大坝安全，2000年后不能正常蓄水。

经贵州水利科技开发有限责任公司勘测设计，县水利部门对上坝水库大坝主、副坝进行改造，主要建筑工程量：砌体拆除161.85立方米，土方开挖834.75立方米，石方开挖576立方米，砌石方7071.88立方米，临时工程2500元，其他费用5.94万元，基本预备费3.94万元。

（二）新寨、董埂水库

新寨、董埂水库位于龙山镇，距县城45千米，有干渠2条，总长4.5千米，其中新寨渠3千米，断面0.3米×0.3米，渠道采用100号块石混凝土，总灌溉面积53.33公顷。1958年，在水利调查中，选定新寨修建水库。次年9月，县水利工作组初步勘测，决定修建均质坝两座，主坝高8米，蓄水13万立方米。

新寨、董埂水库为均质土坝两座，主坝高8米、长50米、宽4米，坝上建0.5米防浪墙；副坝高6.5米、长48米、宽2.4米，坝上建0.5米防浪墙，放水设备20厘米（6吋）闸阀放水。溢浪堰长25米，设计洪水泄流每秒4.4立方米；放水口高程94.3米，长度24.85米，设计流量每秒0.15立方米。

水库建成后，经历两次大的质量事故，至1992年8月，水库枢纽工程才全部完善。

（三）纳洋水库

纳洋水库位于县境西北之龙山镇板磨村民组，距县城53千米。主要靠拦蓄山洪蓄水，集雨面积1.17平方千米，有土坝2座，主坝高9米，有效库容42.5万立方米，干支渠3条10.76千米，有效灌溉面积120公顷。1985年8月竣工，投资10.35万元，投入26.6万个工日。

2009年，对纳洋水库工程实施除险加固。拦河坝主体坝体加固，投资33.13公顷；清除原坝面干砌石，投资3518.64元；清除坝面碎石沙，投资2342.52元；挖除原坝面杂土，投资3888元；拆除放口竖井，投资882元；人工清淤，投资2553.80元；人工硬打沟槽石方，投资3750元；埋石砼截流墙，投资81659.20元；坝面黏土回填夯实1500立方米，投资49500元；防渗土工膜及铺设1210平方米，投资38272.30元。

（四）白利水库

白利水库位于龙山镇下坛村岜秧，距县城45千米，承担下游366.67公顷农田的灌溉任务，坝址以上集雨面积0.36平方千米，有均质土坝2座，主坝高10米，坝顶长75米，宽3.5米，副坝高3米，坝顶宽2.8米。上游边坡1:2，下游边坡1:1.2，溢流堰长51.2米，设计洪水池流每秒3立方米，校核洪水泄流每秒4.85立方米；放水口高程93.1米，长度24米，设计流量每秒0.2立方米。

1958年，在水利调查中，选定白利建水库；次年9月，县水利工作组进行初步、勘测，规划修建均质坝2座。1990年8月，全部建成。

（五）纳万水库

纳万水库位于龙广镇纳万村，距县城35千米。库内无长流水源，库区积雨面积1.5平方千米，有主、副坝各1座，均为土坝，总库容34万立方米。渠道2条共3千米，有效灌溉面积46.67公顷。

1958年2月动工，1959年1月建成。2009年，投资65万元，为该库除险加固。

（六）法兰水库

法兰水库位于龙山镇肖家桥村长田，距县城42千米，承担下游60公顷农田的灌溉任务，坝址以上集雨面积0.5平方千米。水库有均质土坝1座，主坝高8.5米，坝顶长70米，宽6米，上游边坡1:1.5，下游边坡1:2.5，溢流堰长31米，设计洪水泄流每秒6.25立方米，校核洪水泄流每秒4.9立方米，放水口高程1256.08米，长度30米，设计流量每秒0.2立方米。

1958年，在水利调查中，选定法兰修建水库。次年9月，县水利工作组进行初步勘测，规划修建均质坝1座，主坝高8.5米，蓄水10万立方米，渠长2944千米，灌溉面积60公顷。1992年8月，水库枢纽工程全部竣工使用。

（七）纳关水库

纳关水库位于龙山镇纳关，距县城40千米，坝以上集雨面积0.85平方千米。始建于1972年，规划修建均质坝1座。主坝高13.6米，蓄水10万立方米，渠长2千米，灌溉面积33.33公顷。1991年8月，水库枢纽工程全部竣工使用。

（八）小河边水库除险加固

小河边水库位于龙山镇云上村，距县城56千米，库区集雨面积4.15平方千米，来水量充沛，每年可蓄3—4库。水库大坝为均质土坝，坝高11.2米，总库容48万立方米，干渠1条5.54千米，有效灌溉面积140公顷。

工程始建于1958年，1976年大坝竣工。投劳4万工日，投资10.4万元。1983年，县水电局进行维修，完成土石方2.1万立方米。后因年久失修，左坝肩出现渗漏、涵洞顶板出现两处裂缝、渠道渗漏严重。2008年元月，对其进行除险加固，总投资126.79万元，其中国家补助60万元。

安龙县蓄水工程特征

表 11—1—2

工程名称	所在地点(乡镇)	所在河流	控制流域面积(平方千米)	库容(万立方米)			水位(米)			坝型、坝高		灌溉面积(公顷)				渠道		渠系建筑物		建设性质	投资(万元)		开竣工时间	备注
				总库容	其中：兴利库容	其中：死库容	校核洪水位	正常镐水位	死水位	型式	最大坝高(米)	设计	有效	保灌	实灌	条数	总长(千米)	条座数	总长(米)		总投资	其中:国家投资		
红旗水库	钱相乡	打凼河	8.5	110	74	10	1354.74	1352.46	1342.46	重力坝	19	513.33	40	26.67	26.67	2	14.8	2	750	续建配套	380	380	1957年至1978年	
大鸭溪水库	普坪镇	石冲河	1	212	173	10	1338.5	1337	1328.66	均质土坝	14	233.33	220	140	100	5	18	2	1800	续建配套	450	450	1957年至1986年	2006年除险加固
柘仑水库	龙广镇	白水河	47	1490	939	10	1283.4	1280.4	1263	重力坝	59.4	1900	1166.67	800	800	13	53.08	1	28	扩建工程	1378亿		2008年9月1日开工	正在扩建
乌寨水库	平乐乡	大田河	5	327	246.6	10	1379.1	1395.1	2382.4	土石混合坝	13.6	525.33	458.2	434.67	300	10	32.02	1	64	续建配套	126	126	1958年至1984年	正在除险加固
白石岩水库	新安镇	五格河	2.5	240	207	7.5	1322.8	1322.1	1311.01	均质土坝	17.8	406.67	406.6	333.33	26.67	6	13.56	1	83.4	续建配套	98	98	1959年至1986年	2002年除险加固
龙滩口水库	新安镇	坡脚河	2.8	145	110	2.1	1359.35	1358.73	1352.2	均质土坝	10.29	233.33	238.4	166.67	166.67	9	18.56	1	41	续建配套	126	126	1958年至1984年	2004年除险加固
巧洞水库	新安镇	陂塘河	5	168	75.8	8.66	1392.7	1392.3	1384.8	土石混合坝	13.6	140	120	100	86.67	1	3.2	1	10	续建配磋	181	181	1957年至1999年	

续表 11—1—2

工程名称	所在地点（乡镇）	所在河流	控制流域面积（平方千米）	库容（万立方米）			水位（米）			坝型、坝高		灌溉面积（公顷）				渠道		渠系建筑物		建设性质	投资（万元）		开竣工时间	备注
				总库容	其中：兴利库容	其中：死库容	校核洪水位	正常镐水位	死水位	型式	最大坝高（米）	设计	有效	保灌	实灌	条数	总长（千米）	条座数	总长（米）		总投资	其中：国家投资		
晒纳水库	新安镇	陂塘河	1.78	66.5	51	15.5	1392.32	1391.1	1386.2	土石混合坝	12.4	14	6.67	6.67	6.67	2	3.44	1	45	续建	25.14	21.8	1958年至1988年	
纳洋水库	龙山镇	北乡河	1.17	50	42.5	2.5	1380.21	1379.3	1369.1	均质土坝	9	18	6.67	6.67	6.67	3	10.76	1	15	续建	10.35	9	1959年至1958年	
小河边水库	龙山镇	梨树河	4.15	86.6	32.14	8	86.48	57.68	51.8	均质土坝	11.22	14	6.67	6.67	6.67	1	5.54	1	49	续建	20.4	18	1958年至1976年	
新寨水库	龙山镇	梨树河	0.5	10	9.5	2	99.02	99	94.3	均质土坝	9	3.33	2	1.33	1.33	2	3	1	24.85	续建	23.5	20	1958年至1989年	
板朗水库	龙山镇	北乡河	1	16	15	1	99.7	98.56	93.2	均质土坝	10	6.67	3.33	2.67	2	2	4.62	1	26.4	续建	4.52	3.52	1958年至1975年	
纳所水库	龙山镇	北乡河	0.6	18.5	8	2.4	97.37	96.05	85	均质土坝	19	6.67	0.67	0.67	0.67	1	3	1	65	续建	10.6	9.6	1958年至1987年	
白利水库	龙山镇	北乡河	0.5	11	7	0.7	99.75	98.4	93.15	均质土坝	7	6.67	2	1.33	1.33	1	2.4	1	24	续建	3.86	3	1958年至1985年	

续表 11—1—2

工程名称	所在地点(乡镇)	所在河流	控制流域面积(平方千米)	库容(万立方米)			水位(米)			坝型、坝高		灌溉面积(公顷)				渠道		渠系建筑物		建设性质	投资(万元)		开竣工时间	备注
				总库容	其中：兴利库容	其中：死库容	校核洪水位	正常镐水位	死水位	型式	最大坝高(米)	设计	有效	保灌	实灌	条数	总长(千米)	条座数	总长(米)		总投资	其中:国家投资		
法兰水库	龙山镇	北乡河	0.7	10	7	3	80.24	98.35	94.53	均质土坝	15	6.67	2	1.33	1.33	2	22.4	1	30	续建	28	26	1958年至1977年	
纳万水库	龙山镇	淌淌河	1.5	34	30	1.6	1320.53	1319.1	1346	均质土坝	7	6.67	2	1.33	1.33	2	3	2	24	续建	4.4	3.4	1958年至1989年	
者山河水库	龙广镇	淌淌河	2.5	22.8	21	1.3	1246.99	1246	1236.9	均质土坝	14	5.33	2	1.33	1.33	1	3.17	1	3	续建	8.5	7.5	1977年至1980年	
比武水库	木咱镇	白水河	1055	36.4	27	7.6	1259.02	1257.8	1252	均质土坝	12	13.33	6.67	5.33	5.33	2	2.98	1	56	续建	15.8	12.8	1957年至1987年	
上坝水库	新安镇	陂塘河	1.2	10	9.3	0.5	50.77	48.5	42	均质土坝	6	34.67	16.67	16.67	16.67	1	0.6	1	10	续建	5	5	1976年至1989年	
纳关水库	龙山镇	北乡河	0.85	10	8	2.7	100	98.8	94.6	均质土坝	9	33.33	20	18.67	16.67	1	0.5	1	56	续建	8.48	8.48	1977年至1978年	
坡牛水库	新安镇	坡脚河	0.8	20	18	2	108.09	108	98.26	均质土坝	12	65.33	33.33	30	26.67	1	1.3	1	37	续建	7.73	7.73	1965年至1983年	
坝歪水库	木咱镇	坡脚河	1.1	14	12	2	1194.5	1195	1191.9	均质土坝	4.8	33.33	33.33	30	26.67	1	0.8	1	28	续建	4	4	1958年至1985年	

说明：表内数据由安龙县水务局提供

第三节 提水工程

1989年以后，县境原有提灌工程，因工作效率低，特别是汽油、柴油机提灌工作噪音大，逐渐被淘汰。1989年以来，县境建成或维修使用的电力提灌站3座、水轮泵站2座。

飞机场电力提灌站 位于钱相乡沈洪村，抽乔马河水，提水流量为每秒6.55立方米。装机容量18.5千瓦，有效灌溉面积5公顷，配套渠道2条，总长3千米，总投资为9.2万元，其中国家投资7万元，1996年建成。

大水井二级提灌站 位于戈塘镇秧地村，抽鲁沟河水，提水流量每秒16.3立方米，装机容量74千瓦，有效灌溉面积120公顷，渠道2条，渠道长1.8千米，总投资16.8万元，其中国家投资14万元，2001年建成。

安窝提水站 位于新桥镇新桥村，提水流量每秒35立方分米，装机容量为37千瓦，有效灌溉面积72公顷，总投资6.8万元，其中国家投资4.2万元，1990年建成。

新桥水轮泵站 位于新桥镇新桥河，河水引水流量每秒2.5立方米，水输泵型号BSG40—6，3台串联，有效灌溉面积20公顷，渠道长3.8千米，配套总投资11.5万元，其中国家投资11.5万元，开工时间始于1968年，1998年维修竣工。

黄泥堡水轮泵站 位于戈塘镇苏家河，河水引水流量每秒3立方米，有效灌溉面积30公顷，渠道长500米，总计投资16万元，其中国家投资16万元，1993年开工，1999年竣工。2008年，新建建提水站300千瓦，渠道防渗修复12千米，新增有效灌溉面积1246.67公顷，其中新增水田有效灌溉面积173.33公顷、水浇地653.33公顷。

安龙县提水工程特征表

表11—1—3

小（2）型电力提水站

工程名称	所在地点	所在河流	引水水源性质	提水流量（立方米/秒）	装机容量（千瓦）	灌溉面积（公顷）				配套渠道		渠系建筑物		建设性质	投资（万元）		开工时间	竣工时间
						设计	有效	保灌	实灌	条数	总长（千米）	座次	总长（千米）		总投资	其中：国家投资		
飞机场	钱相乡沈洪村	乔马河	河水	6.55	18.5	5.6	5	4.53	4.33	2	3	—	—	防渗	9.2	7	1995年	1996年

续表 11—1—3

秧地村大水井二组提灌工程	戈塘镇秧地村	鲁沟河	河水	16.3	74	133.33	120	108	102.6	2	1.8	—	—	防渗	16.8	14	2000年	2001年

小（2）型水轮泵站

工程名称	所在地点（乡镇）	所在河流	引水水源性质	引水流量（立方米/秒）	水轮泵型号、台数	灌溉面积（公顷）				配套渠道		渠系建筑物		建设性质	投资（万元）		开竣工时间	竣工时间
						设计	有效	保灌	实灌	条数	总长（千米）	座次	总长（千米）		总投资	其中：国家投资		
新桥水轮泵站	新桥镇	新桥河	河水	2.5	BSG40—6，3台串联	33.33	20	20	20	1	3.85	1	360	补配套	11.5	11.5	1968年	1998年
黄泥堡水轮泵站	戈塘镇	苏家河	河水	3.2	BSG30—10，2台串联	33.33	30	26.67	20	1	0.5	2	480	续建	16	16	1993年	1999年
安窝提水站	新桥镇新桥村	新桥河	河水	0.035	37	80	72	64.8	61.53	1	2	—	—	防渗	6.8	4.2	1988年	1990年

第四节　防汛　抗旱

1998年12月，省防汛抗旱指挥部办公室审查通过安龙县抗旱排涝服务队建设规划，下拨补助资金75万元，购置排灌机具100台套、运输工具车1辆，至2004年底，县抗旱排涝服务队有柴油机720台共9.83千瓦、电动机62台、水轮泵120处，16个乡镇均建立雨量站，负责旱情测报，建立雨量、气温、旱情报告制度。

2007年4月，县政府印发栢仑水库、龙滩口水库、巧洞水库、红旗水库、乌寨水库、白石岩水库、大鸭溪水库7座小（一）型水库的防洪抢险应急预案。在防汛期间小二（型）以上水库工程实行首长包库负责制，明确行政首长、技术负责人和值班人员，实行24小时值班负责。

2009年8月至2010年5月，县内发生百年不遇的特大旱灾，县委、县政府要求“绝不让一户群众缺乏生活用水、绝不让一头牲畜因渴致死、绝不能发生一起因缺水导致的群体性事件”。4月1日，成都军区装甲某旅190余人进驻安龙协助抗旱；4月4日，中共中央政治局常委、国务院总理温家宝亲临万峰湖镇指导抗旱工作。县水利局抽出22人分成定点服务组、面上抗旱小组、蓄水保水、调水小组和后勤服务组4个抗旱作业组，分赴全县开展工作。省水利厅专门从贵阳、黔南调来专业打井队，为本县找水源打水井。至7月中旬全面战胜旱灾，全县投入专项资金2400多万元，大米32.5万千克、衣物近2000件。

安龙县机械抗旱统计表

表 11—1—4

序号	单位	合计	总金额（万元）	机械名称数量网络名称	新安片区服务队	普坪片区服务队	坡脚片区服务队	龙山片区服务队	龙广片区服务队	兴隆片区服务队	县抗旱服务队	备注（元）
1	棵	4	0.64	潜水泵 175 克、7.5 千瓦、100 米	—	—	—	—	—	—	4	1600 元 / 棵套
2	套 / 台	25	3	175 克 4.14 千瓦柴油机	—	—	—	—	—	—	25（已坏 10）	1200 元 / 台套
3	套 / 台	13	1.3	175—13.13 千瓦柴油机	—	—	—	—	—	—	13（已坏 6）	1000 元 / 台套
4	棵	1	0.26	潜水泵 200 克 50—6515 千瓦	—	—	—	—	—	1	—	2600 元 / 棵套
5	棵	1	0.16	潜水泵克 7.5 千瓦	—	—	—	—	—	1	—	1600 元 / 棵套
6	棵	1	0.08	潜水泵克 0.75 千瓦	—	—	—	—	—	1	—	800 元 / 棵套
7	棵	3	0.48	潜水泵克 7.5 千瓦	—	—	—	—	3	—	—	1600 元 / 棵套
8	棵	2	0.52	潜水泵 200 克 50—6515 千瓦	—	—	—	—	2	—	—	2600 元 / 棵套
9	棵	1	0.16	潜水泵克 7.5 千瓦	1	—	—	—	—	—	—	1600 元 / 棵套
10	棵	5	0.75	50 水泵	—	—	5	—	—	—	—	1500 元 / 棵套

第五节　人畜饮水

一、实施“渴望工程”

“渴望工程”，安龙县于 1997 年开始实施，2000 年结束，累计解决 79762 人、36887 头（匹）牲畜饮水困难，其中 1997 年解决 24402 人、12255 头（匹）牲畜，1998 年解决 20357 人、9713 头（匹）牲畜，1999 年解决 17301 人、7409 头（匹）牲畜，2000 年解决 17702 人、7510 头（匹）牲畜饮水困难。

1997 年，中央补助“渴望工程”专项补助资金 466 万元、各级财政配套 254.48 万元，其中以工代赈 60 万元，群众自筹和投劳折资 254.74 万元；1998 年，中央补助“渴望工程”专项补助资金 261 万元、各级财政配套 173.06 万元，其中以工代赈 43 万元，群众自筹及投劳折资 145.4 万元；1999 年，中央补助“渴望工程”专项资金 186 万元、各级财政配套 161.81 万元，其中以工代赈 74 万元、县配套 90.81 万元，群众自筹及投劳折资 90.78 万元；2000 年，中央补助“国家农村饮水解困工程”资金 288 万元，县配套 65.65 万元，群众集资 135.8 万元，群众投工 15.4 万个工日。据统计，1997—2000 年，安龙县共收到上级下达“渴望工程”及“国家村饮水解困工程”专项补助资金 1318 万元。

1997 年，全县“渴望工程”一期实施建点 506 处，完成水池 2033 个共 88835.74 立方米、水窖 1589 个共 43842.63 立方米，安装管道 802.06 千米，泵站 33 座共 446 千瓦，投入水泥 1.58 万吨，开挖土石方

22.93万立方米，80号水泥砂浆砌石15.43万立方米。其中1997年建点143处，完成水池1015个共38898立方米，水窖316个共8422.7立方米，完成管道铺设202.8千米，开挖土方5.68万立方米、石方2.67万立方米，完成砼及钢筋砼505.6立方米、150号砼防渗7172.07立方米、80号水泥砂浆砌石6.35万立方米，建泵站15座共170.5千瓦。

1998年，建点148处，完成水池604个共32333.1立方米、水窖243个共8319立方米，完成管道铺设164.37千米，开挖土方3.62万立方米、石方1.71万立方米，完成砼及钢筋砼388.8立方米、150号砼防渗4510.82立方米、80号水泥砂浆砌石3.93万立方米，建泵站6座共120千瓦。

1999年，建点132处，完成水池330个共15107.24立方米、水窖269个共8899.7立方米，完成管道铺设253.54千米，开挖土方2.56万立方米、石方1.22万立方米，完成砼及钢筋砼430.4立方米、150号砼防渗3066.68立方米、80号水泥砂浆砌石2.54万立方米，建泵站3座共18.5千瓦。

2000年，建点83处，完成水池84个共2497.3立方米、水窖761个共18201.2立方米，管道铺设181.39千米，开挖土方3.644万立方米、石方1.82万立方米，完成砼及钢筋砼1217.6立方米、150号砼防渗3841.6立方米、80号水泥砂浆砌2.6万立方米，建泵站10座共137千瓦。

二、实施“国家农村解困工程”

2002—2004年，全县累计完成“国家农村解困工程”资金862.04万元，其中国家补助546.9万元、地方自筹325.14万元。2002年共完成农村饮水解困工程专项补助资金4.86万元，群众投劳折资3.09万元，投入工日9266个。2003年共完成农村饮水解困工程专项补助资金335.365万元，群众投劳折资196.08万元，投入工日65976个。2004年共完成农村饮水解困工作专项补助资金206.68万元，群众投劳折资115.97万元，投入工日11.81万个。3年间，全县完成农村“饮水解困工程”216处，新建水池18452个共87089.75立方米、水窖254个共8567立方米，泵站33站共34台90.6千瓦；完成管道安装413.84千米；完成土石方136.12立方米、砌石方69222.5立方米、砼和钢筋砼10883.86立方米。至2004年底，全县累计解决26711人和10514头（匹）牲畜饮水困难，其中2002年解决246人和136头（匹）牲畜饮水困难，2003年完解决15980人和7246头（匹）牲畜饮水困难，2004年解决10485人和3132头（匹）牲畜饮水困难。

2006年，新建改建提水站200千瓦，新建水池（水窖）324口，解决农村饮水困难8000人，新增有效灌溉面积360公顷，新增水浇地166.67公顷，新增节水灌溉633.33公顷，改善灌溉面积100公顷；2007年新建改建提水站250千瓦，新建水池（水窖）1080口，解决11644人和5000头（匹）大牲畜饮水困难。

2008年，新建改建提水站300千瓦，新建水池（水窖）530口，渠道防渗修复12千米，新增有效灌溉1246.67公顷，其中新增水田有效灌溉173.33公顷，新增水浇地653.33公顷，恢复灌溉533.33公顷，解决22500人和5500头（匹）大牲畜饮水困难。

三、饮水安全工程

2009年3月，上级下达新增中央预算内投资计划，解决11919人的饮水安全，总投资600.64万元，其中中央预算内投资480.48万元、省配套60.08万元、州配套60.08万元；5月，下达新增中央预算内投资计划，解决7784人的饮水安全，总投资392.14万元，其中中央预算内投资313.73万元、省配套39.25万元、州配套39.16万元。2009年实施，2010年竣工。

2010年，解决57086人的饮水安全，总投资2872.05万元，其中中央资金2297.64万元、省配套287.25万元、州配套287.16万元。2010年实施，2011年竣工。

2011年，上级下达饮水安全工程资金4117.41万元，当年完成建设。

2012年，上级下达安龙县饮水安全项目资金1895.26万元，当年完成建设，新建水池（窖）256口，容积12490立方米，安装输水管道212千米，解决39633人和9400头（匹）大牲畜饮水不安全问题。

第六节　水务管理

20世纪80年代后，为使水利管理工作适应农业生产体制改革的新形势，全县范围内开展落实水利管理责任制，县政府办公室会同县水利局、县发展和改革局、县财政局、县法制办、县人事劳动和社会保障局、县物价局、县编委办根据国务院办公厅《水利工程管理体制改革实施意见的通知》《贵州省水利工程管理体制改革实施意见》，制定水利工程管理体制改革方案。

按照水利工程实行枢纽与灌区统一管理和按工程类型、行政区划分级管理的原则，明确管理权属，明确由县水利局统一管理。中型或小（一）型水利工程灌区范围内的小（二）型水利工程，以中型或小（一）型水利工程为龙头，合并到该中型或小（一）型水利工程的片区，成立以乡镇行政区划为片区的水管单位。以6个小（一）型水库和龙山镇行政区组建成立7个正股级工程管理所（含原有的柘仑、红旗两个工程管理所），将已确权划界，明确管理权属的21处小（二）型及其以上水利工程划归进行管理。

柘仑工程管理所：含柘仑水库及其坝后电站、者山河水库、纳万水库；红旗工程管理所：含红旗水库、大鸭溪水库；巧硐工程管理所：含巧硐水库、晒纳水库、上坝水库、城区排洪工程；龙滩口工程管理所：含龙滩口水库、坡牛水库；白石岩工程管理所：含白石岩水库、坝歪水库、比武水库；乌寨工程管理所：管理乌寨水库；龙山镇工程管理所：含纳洋水库、小河边水库、新寨水库、板浪水库、纳所水库、法兰水库、白利水库。

对原属集体管理的小（二）型水利工程和库容在1万—10万立方米的山塘所在地，由乡（镇）人民政府明确工程所在地村及村民组或受益户联合体等集体组织负责管理，并明确专人负责，个体投资修建的小型水利工程，接受当地乡（镇）人民政府水利站的业务指导，其安全管理明确专人负责。

水管单位类别、性质及编制。根据贵州省水利工程管理体制改革意见，将水管单位分为纯公益性、准公益性和经营性3类。第一类，承担防洪，排涝等水利工程的管理，运行和维护任务，以效益为主的水管单位，称为纯公益性水管单位；第二类，既承担防洪，排涝等公益性任务，又兼有城镇供水水力发电等经营功能的水利工程的管理，运行和维护任务的水管单位，称为公益性水管单位。准公益性水管单位依其收支情况确定性质。前3年水管单位收入低入大于按标准核定支出30%（含）的，定性为由财政实行差额拨款的事业单位；前3年水管单位收入等于及大于标准核定支出100%的，定性为自收自支事业单位；具备条件的定性为企业。柘仑工程管理所既承担有防洪，排涝等公益性任务，又兼有水力发电经营功能，前3年的平均收入都超过核定支出30%、小于100%，将者山河水库、纳万两水库小（二）型水库并入管理，这两座水库以社会效益为主，柘仑水库工程管理所为准公益性水管单位，定性为财政差额拨款事业单位。

根据《水利工程管理单位定岗标准》和《贵州省水利工程管理单位定员参考标准》，库容大于100万立方米小于500万立方米的（一）型水库，枢纽工程定员参考人数为5—10人；库容50万至100万立方米的小型（二）水库，枢纽工程定员考人数为3—6人；库容10万至50万立方米的小（二）型水库，枢纽工程定员参考人数3—4人，灌区定员参考人数每万亩10—14人。结合工程运行现状，全县采取“一人多岗”“岗位归并”的方式，对各管理所定岗定编制。

柘仑工程管理所定编28人。其中柘仑水库由小（一）型水库升为中型水库，故枢纽工程编制定员8人；者山河水库库容22.8万立方米，为小（二）型工程枢纽工程编制定员2人；纳万水库库容34万立方米，为小（二）型工程，枢纽工程编制定员2人；坝后电站编制定员8人；整个工程灌区实际灌溉253.33公顷，编制定员8人。

红旗工程管理所定编12人。其中红旗水库库容80万立方米，为小(一)型工程，枢纽工程编制定员4人；大鸭溪水库库容207万立方米，为小(一)型工程，枢纽工程编制定员4人；工程实际灌溉206.67公顷，编制定员4人。

巧硐工程管理所定编8人。其中巧硐水库库容168万立方米，为小(一)型工程，枢纽工程编制定员2人；晒纳水库库容66.5万立方米，为小(二)型工程，枢纽工程编制定员2人；上坝水库库容10万立方米，为小(二)型工程，枢纽工程编制定员2人；灌溉面积153.33公顷及城市排洪工程编制定员2人。

龙滩口工程管理所定编6人。其中龙滩口水库库容126万立方米，为小(二)型工程，枢纽工程编制定员2人；坡牛水库库容10万立方米，为小(二)型工程，枢纽工程编制定员2人；工程灌区实际灌溉160公顷，编制定员2人。

白石岩工程管理所定编10人。白石岩水库库容235万立方米，为小(一)型工程，枢纽工程编制定员4人；比武水库库容36.4万立方米，为小(二)型工程，枢纽工程编制定员2人；坝歪水库库容14万立方米，为小(二)型工程，枢纽工程编制定员2人；工程灌区实际灌溉286.67公顷，编制定员2人。

乌寨工程管理所定编6人。其中乌寨水库库容240万立方米，为小(一)型工程，枢纽工程编制定员4人；工程灌区实际灌溉233.33公顷，编制定员2人。

龙山镇水库工程管理所定编14人。龙山镇工程管理所工程包括纳洋水库、小河边水库、新寨水库、板浪水库、纳所水库、法兰水库、白利水库均为小(二)型工程，枢纽工程与灌区编制定员14人。

根据《中华人民共和国水法》《中华人民共和国价格法》和贵州省人民政府第46号令《关于贵州省水利工程供水价格核定及水费计收管理办法》，全县各水库水利工程供水价格核定如下：

小(一)型水库蓄水工程：

栖仑水库：最高限价每公顷793.2元；红旗水库：最高限价每公顷882.6元；巧硐水库：最高限价每公顷794.1元；乌寨水库：最高限价每公顷750元；白石岩水库：最高限价每公顷811.8元；龙滩口水库：最高限价每公顷814.8元。小(一)型水库蓄水工程最低限价每公顷300元。

小(二)型水库蓄水工程：最高限价每公顷750元；最低限价每公顷225元。

引水工程：最高限价每公顷315元；最低限价每公顷150元。

提水工程：最高限价每公顷375元(不含提水用电，耗油费等)；最低限价每公顷225元(不含提水用电，耗油费等)。

第二章　水　电

20世纪70年代后，安龙县相继建成以筏子河电站为骨干的一批小水电站，至1986年，全县共兴建小型水电站50座，其中40千瓦以下电站38座(保存27座)、40千瓦以上电站12座，装机容量3413.5千瓦，年均发电579.9千瓦时，利用时数1698小时。到1988年，全县共有高压输变电线路228.53千米，配变压器72台共5635千伏安，县城和8个区(镇)、18个乡(镇)所在地通电。通电行政村142个，占全县村总数的51.6%；通电村民组426个，占全县村民组总数的24.1%；用电总户数2.57万户，占全县总户数38.9%。同时，投资100万元架设县城至德卧高压输电线路，1989年竣工并入国家电网。在电力管理方面，1981年建立供电所，将发电、供电分开，经济独立核算；1982年，建立栖仑、红岩、梨树、龙路等9个电力管理站，其他小水电站按管理权属，建立管理委员会、管理站，明确管理人员。1987年，建立县小水电公司，后又改为县电力公司，将筏子河电站、县供电所、龙路电站和梨树电站划归该公司管理。

第一节 水能开发

20世纪80年代初，安龙县执行省财政厅、水电厅《贵州省小水电管理试行办法》，县水电局机电股改为小水电管理站，按发电、供电和用电统一的原则，负责全县小水电规划、计划、建设和管理工作。1996年1月，国家国有资产管理局、水利部发布《水利国有资产监督管理暂行办法》，2002年6月，省水利厅发布《贵州省农村水电产权制度改革的若干指导意见（试行）》。鼓励推行以股份（合作）制为主要形式的农村水电产权制度改革。此后，安龙县小水电开发取得迅猛发展。据不完全统计，到2009年，全县建有中小型水电站30余座，总装机近8万千瓦，年发电量1.97亿千瓦时。

安龙县中小水电企业情况表

表11—2—1

序号	企业名称	企业地址	电站（厂）所在地	取水河段	装机容量（台/千瓦）	实际装机容量（千瓦）	投资规模（万元）	年发电量（万千瓦时）
1	柘仑电站	安龙县龙广镇柘仑灌溉管理站	龙广镇	淌淌河	2/200	400	103	—
2	平寨电站	安龙县龙广镇柘仑村	龙广镇	淌淌河	2/125	250	80	20.2
3	红岩电站	安龙县龙广镇	龙广镇	—	2/75	150	20	78
4	大山电站	安龙县新安镇正德酒店	新桥镇	高普陇	2/125	250	85	69.3
5	坡革电站	安龙县新桥镇坡革村	新桥镇坡革村	新桥河	40+55	95	50	15.6
6	白水河电站	安龙县德卧镇	德卧镇白水河	白水河	2/2000	4000	—	—
7	白水河二级电站	安龙县德卧镇	德卧镇长田村	白水河	—	34000	—	—
8	绿阴塘电站	安龙县坡脚乡八坎村	坡脚乡八坎村	八坎河	2/250	500	239	111.8
9	者孔一级电站	安龙县坡脚乡者孔村	坡脚乡者孔村	八坎河	3/500+1/320	1820	660	727.3
10	者孔二级水力发电厂	安龙县坡脚乡者孔村	坡脚乡者孔村	八坎河	2/400+160	960	343.89	350.3
11	岩怀一级（纳河）电站	安龙县坡脚乡岩怀村	坡脚乡岩怀村	坡脚河	2/320	640	196	215.7
12	岩怀二级电站	安龙县坡脚乡岩怀村	坡脚乡岩怀村	坡脚河	3/250	750	323	274.1
13	巴猫河电站	安龙县坡脚乡坡脚村	坡脚乡坡脚村	巴猫河	3/400	1200	312.89	612.4
14	巴猫河二级电站	安龙县坡脚乡坡脚村	坡脚乡坡脚村	巴猫河	3/250	750	274.82	181
15	烂寨电站	安龙县平乐乡	平乐乡	烂寨河	1/320+2/160	640	120	78.9
16	打江电站	安龙县平乐乡	平乐乡	打江河	2/250	500	114	71.8
17	岔河电站（铁厂）	戈塘镇岔河村	戈塘镇岔河村	—	2/320	640	310	218.1

续表 11—2—1

序号	企业名称	企业地址	电站（厂）所在地	取水河段	装机容量（台 / 千瓦）	实际装机容量（千瓦）	投资规模（万元）	年发电量（万千瓦时）
18	板板桥电站	戈塘镇	戈塘镇	鲁沟河	2/75	150	100	64.3
19	龙路电站	安龙县供电局	戈塘镇	鲁沟河	2/125	250	60	88.8
20	荷庄电站	安龙县普坪镇	普坪镇	马路河	3/400	1200	320	505.3
21	筏子河电站	安龙县供电局	普坪镇	筏子河	3/800+1/1250	2400，增 1250	1200	1875.3
22	筏子河二级电站	兴义湖南街 83 号	普坪镇	筏子河	2/1500	3000	1396.7	1382
23	筏子河三级电站	笃山乡大坡村	笃山乡大坡村	筏子河	2/2500+1/1000	6000	1500	1146.5
24	筏子河四级	龙山镇花障村	龙山镇花障村	筏子河	960	960	4800	4328
25	红岩二级电站	三河水电开发公司	德卧镇	德卧河	2/400	8000	3250	204
26	三河电站	三河水电开发公司	德卧镇	坝力河	2/5000	10000	5508	3920
27	天星桥（秧地）电站	戈塘镇	戈塘镇	马路河	3/320	960	385	420.2
28	梨树电站	安龙县水利局	笃山乡梨树村	梨树河	2/40	80	10.3	49.4
29	母鸡寨电站	戈塘镇	戈塘镇	鲁沟河	3/320	960	541.95	423.77
30	黄泥堡电站	戈塘镇	戈塘镇	马路河	960	960	640	400

第二节　发电和供电

1993—1996 年，县内农村到户电价的最高限额每千瓦时不得超过 0.55 元。2000 年 10 月，县供电局以“人民电业为人民”为宗旨，开展“为人民服务，树行业新风”活动，聘请行风建设义务监督员 42 人，成立电力客户服务中心和 8 个供电所，实行电量、电价、电费“三公开”和电价、发票、抄表、核算、考核“五统一”。2008 年，经中国南方电网公司对安全管理、节能降耗、电压质量与供电可靠性管理、经营管理、营销与优质服务 5 个专项指标考核后，授予安龙供电局为“2006 年度县级供电企业基础管理南网公司达标企业”。1993—2012 年，县属国有发电厂平稳运行，年发电量 1000—2000 千瓦；2001 年后发展起来的小水电站，年发电量从 3000 千瓦时左右，发展到近 1 亿千瓦时，增长 3 倍。全县供电量从 1993 年 1000 万千瓦时，到 2012 年发展到 5.3 亿千瓦时，20 年间增长 53 倍。

1993－2012 年安龙供电局经营情况表

表 11—2—2

年度	发电量（万千瓦时）			供电量（万千瓦时）	购小水电电量（万千瓦时）	购网上电量（万千瓦时）	销售电量（万千瓦时）	上网电量（万千瓦时）	下网电量（万千瓦时）	销售收入（万元）	上缴税费（万元）	实现利润（万元）
	合计	筏子河电站	龙路电站									
1993	941.90	—	—	1200	—	393.90	1045.90	—	—	216.30	50.66	24
1994	1259.42	1204.59	54.83	1602.12	—	351.20	1208.25	—	—	330.59	46.61	—

续表 11—2—2

年度	发电量（万千瓦时）			供电量（万千瓦时）	购小水电电量（万千瓦时）	购网上电量（万千瓦时）	销售电量（万千瓦时）	上网电量（万千瓦时）	下网电量（万千瓦时）	销售收入（万无）	上缴税费（万元）	实现利润（万元）
	合计	筏子河电站	龙路电站									
1995	1405	1325	80	1759.67	—	—	1469	291.90	353	452.68	71	—
1996	1550	1457.90	92.10	2100	—	—	1759.80	180	520	535	562	—
1997	1536.82	1463.39	69.43	3193.48	—	—	2899.35	46.38	1762.60	678.40	38.40	—
1998	933.77	877.19	56.58	4309.47	—	—	3728.85	—	—	922	87.49	9.10
1999	1189.56	1015.65	59.14	3424.52	—	—	3007.07	116.02	2015.04	1007.08	92.41	23.36
2000	1639.05	1559.36	79.69	3393.65	—	—	2754.99	—	—	1034.73	127.31	24.89
2001	1417.74	1343.81	73.93	4773.56	3291.87	2861.99	3838.38	5.31	—	1609	127	16.67
2002	1299.37	1154.80	74.57	5397.38	4168.01	3195.45	4533.80	—	—	2137.58	157.62	33
2003	1095.26	1024.70	70.56	6298.28	1423.20	5203.03	5176.01	—	—	2173.64	161	—
2004	1070.84	—	—	12244.08	—	—	10794.82	—	—	3511.35	370	39.71
2005	1536	—	—	10438.4	4209.28	7027.54	8646.30	—	—	4078.13	365.88	19.13
2006	1653.89	—	—	18660	—	—	16550	—	—	6308	428.72	71.70
2007	1815.96	1729.08	86.89	21015	7562.68	13452	18677	—	—	7591.47	670	75
2008	—	—	—	27600	9044	20828	25100	—	—	10692	766	—
2009	—	—	—	45300	6868	38500	41780	—	—	17200	1115.60	—
2010	—	—	—	53500	9190	44300	50100	—	—	22800	1900	—
2011	—	—	—	51200	5671	45600	48000	—	—	—	1591	116
2012	—	—	—	53384	9160	44224	49646	—	—	—	1508.53	694.44

说明：2005 年，供电、售电均不含铁合金生产电量。2006 年，售电总成本 6083 万元，平均售电价 0.381 元 / 千瓦时。2007 年，售电总成本 7340.90 万元，平均售电价 0.476 元 / 千瓦时。2009 年，平均售电单价为 0.4815 元 / 千瓦时。表内数据安龙供电局提供

第三节　电网改造

一、农村电网改造前的电网建设

1993 年，安龙县列为全国第一批农村电气化试点县，省电力局补助 5 万元，全县发动群众自筹资金办电。6 月，完成筏子河电站至龙山镇 10 千伏输电线路；7 月，龙山 35 千伏变电站建成投运。群众自筹资金 25 万元，建设 10 千伏配电线路 6.5 千米、400 伏线路 5.4 千米，解决 320 户山区群众生产生活用电问题。

1994 年，完成长虹砖厂、戈塘十四、十七金矿、兴绿金矿、鲁沟水泥厂等厂矿的用电施工，架设 10 千伏线路 9.86 千米，安装变压器 7 台，总容量 1900 千伏安。筹资贷款 50 多万元，为海子乡、平乐乡勘测、架设 10 千伏输配电线路 24.05 千米，安装变压器 7 台，总容量 320 千伏安，解决 4 个村 926 户共 4060 人生产、生活用电。

1995 年 12 月 29 日，安龙 110 千伏输变电工程投入运行。投入资金 120 万元，架设 10 千伏线路 18 千

米，安装变压器19台，总容量2100千伏安，解决18个村900多户共4000人的生产生活用电。

1996年，投入资金110万元，改造县城电网；投入44万元，改造德卧商住小区电网；投入58万元，改造官桥110千伏变电站35千伏线路2千米、10千伏出线15千米。11月8日，德卧35千伏输变电工程建成运行，总投资224万元。投入农网建设资金40余万元，架设、延伸10千伏线路21.90千米、400伏线路12.60千米，安装配电变压器13台，总容量510千伏安，解决4个行政村15个村民组120余户共600余人的生产生活用电。

1997年12月10日，龙路35千伏输变电工程竣工，投资130余万元。笃山输变电工程竣工，投资225万元。微机调度自动化、实用化系统进入考核期，总投资260多万元。投入村村通电和农网建设延伸资金46万元按照农村电气化工程建设标准，架设、延伸10千伏线路57.22千米，安装配电变压器34台，总容量1250千伏安，解决34个村6657户共26898人的生产生活用电，在供、配电贴费上减轻农民负担39万元。

1998年2月20日，总投资260余万元的微机自动化系统投入使用，实现省内县级电力调度自动化实用化零的突破；7月3日，会计电算化用手工通过验收，成为全省第一家县级电力企业会计电算化用手工单位。按照规范标准架设、延伸10千伏线路71.88千米，安装变压器50台，加上增容，总容量达2410千伏安，解决38个村群众的生产生活用电。投入资金36万元，对城区供电设施进行更新改造。

二、农村电网建设与改造

1999年7月，安龙县纳入贵州省2000年第二批34个农网建设与改造竣工县之列。全县农网改造规划总投资4031.23万元，包括新建35千伏线路4条共69千米；新建35千伏变电站3座，变电总容量10300千伏安；新建10千伏线路176.30千米，改造10千伏线路344.20千米；新增配电变压器133台，总容量为5500千伏安，更换淘汰的高耗能变压器129台，总容量4360千伏安；新建380伏、220伏线路531千米，改造380伏、220伏线路共250千米。

2001年9月底，农村电网建设与改造工程全部完成，实际总投资5132万元。11月7日，过省、州验收组的验收，电网投入正常运行，全县90%以上的行政村用上优质、安全、可靠的电能，基本实现同网同价。

2002年，第一期农网改造工程结束后，贵州省电力公司下达安龙县第二期农网改造工程计划1500万元，实际投资2070万元。

到2002年12月底，共完成电网建设和改造工程10千伏线路156千米，完成投资406万元；新增配电变压器58台，总容量为1770千伏安；更换高耗能变压器36台，总容量1170千伏安；新建和改造400伏、220伏线路480千米，完成工程投资809万元；安装一户一表4268户，完成投资140.40万元；全年共完成电网建设与改造工程投资1355.40万元。

至2003年，全县第一期、第二期农网建设与改造完成一期新建35千伏变电站3座，总容量为9450千伏安；新建35千伏线路69千米；建设与改造10千伏线路678.7千米；配电变压器建设与改造342台，总容量为14065千伏安；新建与改造400伏及以下线路1085.8千米；新建10千伏开关站一座，新建10千伏线路分段开关16台。二期建设与改造10千伏线路178千米；建设与改造配电变压器99台，容量为3010千伏安；建设与改造400伏及以下线路766千米；新装设电压监测装置12套。

2004年，建成投运35千伏西区变电站、35千伏八坎变电站，总容量为8150千伏安；建成投运35千伏线路86.56千米；建设与改造10千伏线路657.843千米；完成建设与改造配变381台；完成建设与改造400伏及以下线路2113.957千米；完成10千伏分段开关安装16台；安装一户一表67611户；实现农村户表改造率80.20%。

三、农村电网改造后的电网建设

2005年4月，实施一、二期城网改造工程，总投资336万元(不含调度自动化系统)。

2006年4月19日、11月20日，县城电网改造工程分两批通过兴义供电局工程验收。是年，完成电网建设项目投资447万元，其中一、二期农网改造结余资金150万元，全年投入县城电网改造资金297万元。

2007年，完成35千伏筏龙线、西龙线、西龙线T接新桥变线路共47.66千米线路的勘测设计工作。实施项目总投资4673万元，除35千伏官筏线改造工程暂缓实施外，其他工程均在2007年9月下旬全面启动。

2008年，全县电网改造总投资5601.59万元，其中电网实施工程3991.59万元，第二批无电组电网工程项目1610万元。35千伏龙山变就地增容改扩建，一段2000千伏安主变及设备投运；新建35千伏新桥变电站，容量为5000千伏安，11月26日验收带电运行；35千伏筏龙线线路改造工程，2月3日竣工投运；35千伏西龙线T接新桥变电站线路工程，11月26日竣工投运。新建和改造10千伏线路85.53千米、低压线路164.1千米、配变52台，安装户表2805户，解决52个无电组2805户群众的用电难题。

2009年，全县投入城乡电网建设改造资金4.5亿元。安龙供电局实施35千伏及以下电网建设项目共266个，总投资4879.88万元；35千伏煤矿供电专项工程1个，投资1335万元；第三批无电地区通电工程(国债项目)24个，共投资533.23万元；第四批无电工程项目129个，共投资379.20万元；第五批农网完善化工程项目（国债项目）40个，共投资1968.85万元；县级电网其他项目（第五批调入项目）49个，共投资517.23万元；烤烟房供电工程项目23个，共投资146.37万元。建设和改造高低压线路432千米，其中35千伏线路16.7千米、10千伏线路103千米、400伏及以下线路312.3千米，解决1654户村民用电问题，实现全县“户户通电”目标。

2010年，全县电网基建工程建设总投资9576.25万元。新建35千伏普坪变电站1座，容量为5000千伏安；新建35千伏线路5条9.95千米；新建10千伏线路84条119.96千米；新建400伏、220伏线路166.96千米，改造一户一表5100户；完成总投资615.6万元的检修技改专项工程及1072.89万元的光缆工程。

2011年，全县农村电网改造升级工程（中央投资部分）总投资5521.55万元，线路长度651千米，配电变压器158台。县级电网其他项目总投资749.62万元，线路长度76.77千米。结余资金工程项目总投资628.16万元，线路长度69.79千米，配电变压器16台。电网建设预留资金（烤房）项目总投资烤295.93万元，线路长度12.38千米，配电变压器34台。

2012年，完成总投资8667万元，其中续建工程项目数207个，架设10千伏及以下线路815千米，安装变压器178台，总容量11780千伏安；新建工程项目数9个，架设线路67.65千米，变压器32台，总容量2710千伏安；烤烟房工程项目数27个，架设线路22.8千米，变压器71台，总容量4160千伏安。

第四节　电力管理

1987年7月，根据国发〔86〕103号文件和电力事业发展需要，县政府批准成立安龙县电力公司，将筏子河电站、龙路电站、梨树电站和县供电所合并，以公司为经济实体对电力统一管理。1993年1月3日，县政府与兴义供电局签订代管协议，将安龙县电力公司交由兴义供电局实现行业管理。2月10日，成立安龙县供电局，机构规格为企业一级局，与安龙县电力公司合署办公，实行“一套人马，两块牌子”的管理模式，这是黔西南州首家实行行业代管的县级供电企业。1994年9月，安龙县供电局率先在全县国有企业中实行人事、劳动、工资三项制度改革，制定下发《安龙县供电局劳动、人事、工资三项制度配套改革总体方案》等29个“三改”配套文件、方案，按照“精简、高效”的原则，从服从生产和管理的需要出发，着重对机关职能部门进行调整，理顺关系、精简机构、明确职责、提高效率。将原有的职能管理部门16个精简为11个，主业人员从198人减为149人，管理人员由56人减为41人，生产服务人员由142人减为115人，中层管理人员由原来的26人减为16人；将全局原有的120个岗位减为97个。按照“公开、公平、公正、择优”的原则，严格执行《安龙县供电局职工考试考核实施办法》，公布定岗、定员、岗位职责、规范、上岗及任职条件，根据职工志愿，对照上岗条件进行资格审查后进行考试考核(简称双考)。经过“双考”和“双向选择”，全局除局级领导和待岗人员外，均由企业法人代表或委托法人代表与被组合者在协商一致、平等自愿的基础上签订了《安龙县供电局上岗合同书》，并报县人事劳动局劳动仲裁委员会鉴证生效。1995年3月28日，安龙县供电局“三改”工作通过兴义供电局考评认定。自此，安龙供电局的各项管理工作步入规范化、系统化、科学化的运行机制。

附一：

天生桥电站简介

(一) 天生桥一级水电站

天生桥一级水电站是红水河梯级电站的第一级，位于珠江上游的南盘江干流上，地处广西、贵州、云南三省（区）交界地。工程以发电为主，水库总库容102.6亿立方米，调节库容57.96亿立方米，为不完全多年调节水库。电站装机容量120万千瓦（4×30万千瓦），年发电量52.26亿千瓦时，保证出力40.52万千瓦；并将增加下游已建的天生桥二级、岩滩和大化3个水电站的保证出力88.39万千瓦，年发电量40.77亿千瓦时。

坝址以上流域面积50139平方千米，多年平均流量每秒612立方米，年径流量193亿立方米。洪峰流量大，千年一遇洪峰流量每秒2.09万立方米，可能最大洪峰流量每秒2.85万立方米。多年平均输沙量1574万吨，平均含沙量每立方米810克。

昆明勘测设计研究院于1982年6月承担勘测设计工作，同年12月完成选坝报告，1984年5月完成可行性研究报告，1986年9月完成初步设计报告，并经原水电部审查批准。美国哈扎公司、巴西咨询工程师团、工程特别咨询团对电站咨询、评估后，对工程设计给予充分肯定和良好评价。

天生桥一级电站是红水河水电资源梯级开发的龙头电站，是国家“八五计划”的重点建设项目，是西电东送战略的重要组成部分，由国家和地方合资建设，其中广东省粤电集团有限公司占股50%、广西投资集团有限公司占股20%、中国大唐集团公司占股20%、贵州基本建设投资公司占股10%。

天生桥一级电站具有较为明显的技术先进性。电站为坝后式，枢纽工程主要建筑物有：混凝土面板堆石坝、岸坡开敞式溢洪道、放空隧洞、发电引水系统和电站地面厂房。其堆石填筑量、混凝土面板面积等指标均为同类型坝世界第一。溢洪道为国内规模最大的岸坡溢洪道。电站于1991年6月开工建设，1994年底大江截流，1998年12月首台机组投产发电，2000年12月4台机组全部投产，4台机组均实现投产达标。电站建成后，送电贵州、广西和广东。

2001年，随着国家电力体制改革深入，电站的管理由国家电力公司南方公司移交给天生桥一级水电开发有限责任公司。

(二) 天生桥二级水电站

天生桥二级水电站位于贵州安龙与广西隆林交界处的南盘江干流上，为红水河梯级电站的第二级。总装机容量132万千瓦，年发电量82亿千瓦时。电站距贵阳直线距离230千米，距南宁360千米，距广州820千米。

南盘江天生桥河段水力资源开发，20世纪50年代做出规划。1965—1967年，原水电部长沙勘测设计院对天生桥水电站进行初步设计；1973年起，原水电部第九工程局勘测设计院进行了大量的补充勘测设计工作。1976年9月，《补充初步设计》通过审查。1978年6月，国家计委、水利电力部正式批准建设天生桥二级（坝索）水电站工程。1979年，水电部第九工程局补充完成《南盘江黄泥河口至北盘江口干流河段规划选点报告》，建议在原河流梯级开发的前提下，在天生桥电站上游兴建一座较大型水库，加强调蓄以提高该水电站的保证出力，并提出天生桥水电站作为一组电源（分为一级高坝和二级低坝）开发的方案。1980年，水利电力部正式批准天生桥二级开发方案。

1982年3月，中国人民武装警察部队水电第一总队进驻天生桥，与水利电力部第九工程局一起进行施工前期准备工作。修筑公路310千米，架设110千伏、35千伏动力线162千米，形成每小时供水3580吨、供风460立方米能力，建成容量为2.08万千瓦的110千伏降压变电站。1984年底，天生桥二级电站主体工程开始动工。水利电力部第九工程局负责调压井施工，葛洲坝工程局机电安装处负责发电机组主、辅设备安装，其余工程由中国人民武装警察部队水电第一总队施工。

1986年11月19日12时，天生桥二级水电站大坝截流成功。国务院总理赵紫阳、副总理李鹏，中共贵州省委书记胡锦涛、省长王朝文，中共广西壮族自治区委员会书记陈辉光、政府主席韦纯束，中国人民武装警察部队水电指挥部主任贺毅等领导亲临现场指导。

1992年11月24日，天生桥二级水电站1号引水隧洞结束，调压井水位稳定于635.5米高程，调压井1号压力钢管事故检修闸门打开，向1号压力钢管充水；11月27日22时9分，首次手动启动1号机组，进入调试阶段。12月16日18时39分，1号机组经500千伏天贵线（天生桥至贵阳）并入贵州电网运行；19时25分，1号机组带200千瓦负荷进入72小时试运行，19日19时25分结束。1993年1月18日，天生桥水力发电总厂正式接收首台机组发电。

1994年1月，天生桥二级水电站的经营、管理权由中国人民武装警察部队水电指挥部移交给南方电网公司。

天生桥二级水电站2号机组于1993年并网发电；2号引水系统及其3号、4号机组相继于1997年、1998年通水发电。在天生桥一级水电站建成后，又扩建3号引水隧洞，3号引水系统及厂房的土建工程于2000年9月底基本完成；5号机组于2000年10月并网发电，6号机组于2000年底并网发电。

至2000年年底，天生桥二级电站主要工程量为：土方明挖743万立方米，石方洞挖量383万立方米，混凝土及钢筋混凝土量197万立方米，回填灌浆44万立方米，固结灌浆99万立方米。工程投资103.74亿元。

附二：

平班电站简介

平班水电站位于贵州省安龙县、册亨县与广西隆林县交界的南盘江上，是红水河综合利用规划的第三个梯级电站，正常蓄水位440米，上游与已建的天生桥二级水电站尾水位衔接，下游与龙滩水电站正常蓄水位400米衔接。

平班水电站安装3台13.5万千瓦轴流转桨式水轮发电机组，总装机容量40.5万千瓦，多年平均发电量16.03亿千瓦时，保证出力12.69万千瓦。平班水电站水库控制流域面积5.6万平方千米，多年平均流量每秒616立方米，多年平均年径流量为194亿立方米。水库正常蓄水位440米，设计洪水位441.67米，校核洪水位445.6米，死水位437.5米。总库容2.78亿立方米，调节库容2680万立方米，调洪库容6700万立方米，死库容1.84亿立方米。

平班水电站总投资20.73亿元，单位千瓦投资5118.5元，是技术经济指标很优越的电源点。电站工程由广西桂冠电力股份有限公司、广东能发集团有限公司、贵州黔西南州工业投资公司和广西隆林县电业公司分别出资35%、28%、27%、10%，组建广西平班水电开发有限责任公司建设和运营管理。平班水电站工程于2001年10月23日开工建设；2003年11月，实现大江截流；2004年12月4日，电站第一台机组正式投入商业运营；2005年8月23日，平班水电站最后一台机组（3号机组）投产发电。